购买医疗器械产品请查阅产品注册证

注册证号：
国食药监械（进）字2014第2544008号
国食药监械（进）字2014第2264358号

medi-matic
妇科检查椅

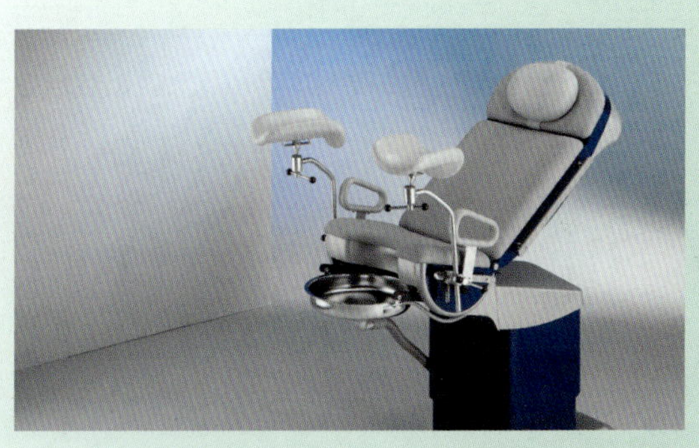

德国SCHMITZ在过往85年间，始终致力于手术室、日常检查治疗、门诊等科室适用的医疗设备设计及制作。

日积月累的成功经验与独到先进的设计理念结合高强度产品质量控制体系，奠定了SCHMITZ在医疗设备行业中的领先地位。

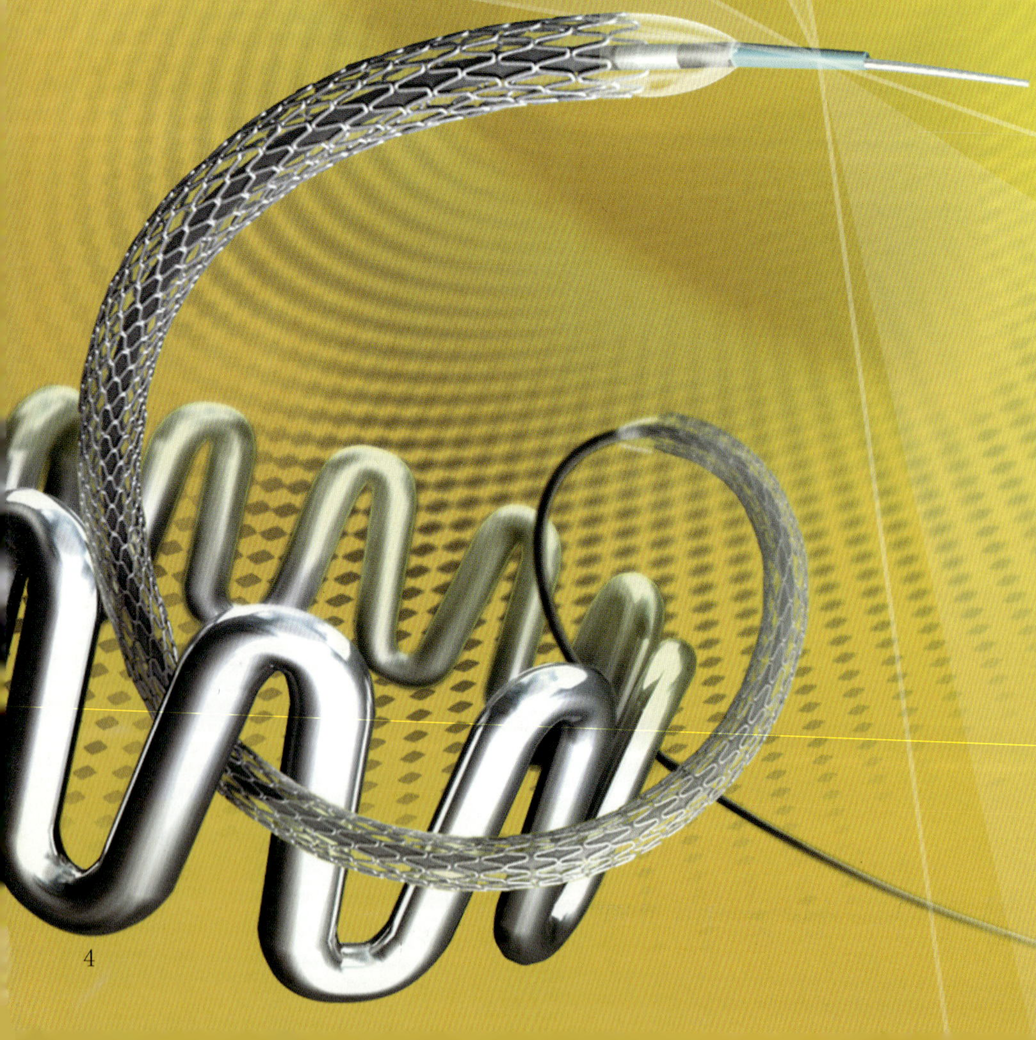

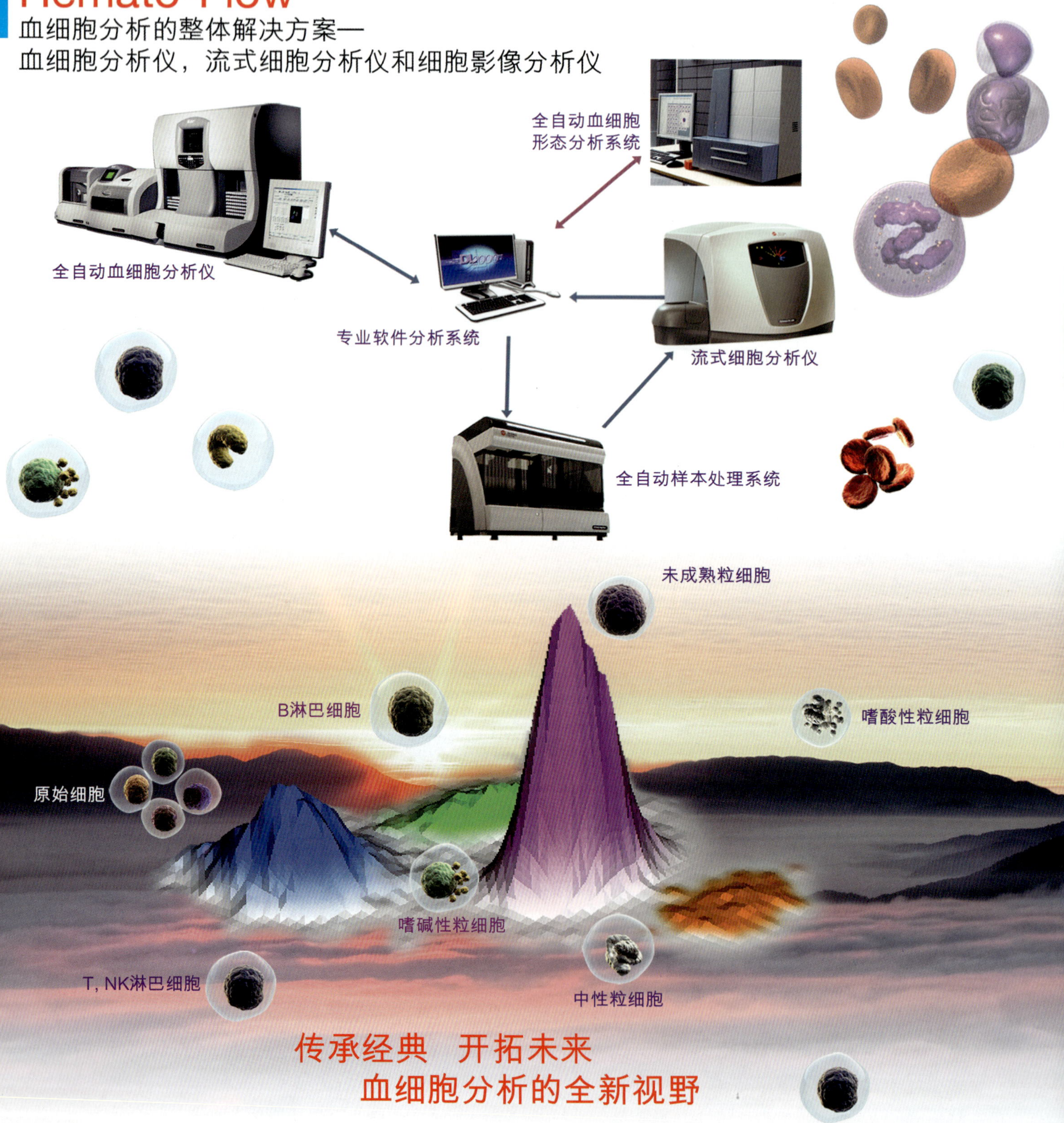

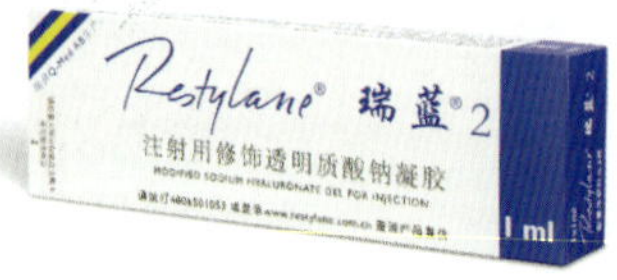

购买医疗器械产品请查阅产品注册证

罗氏完善的实验室解决方案

cobas® 8000 modular analyzer series
模块化组合分析系统

- 大型高速生化免疫分析系统
- 模块化设计，适应科室未来发展需求
- 创新的样本缓冲模块(MSB)
- 在线自动装载试剂功能
- 全面提高工作效率

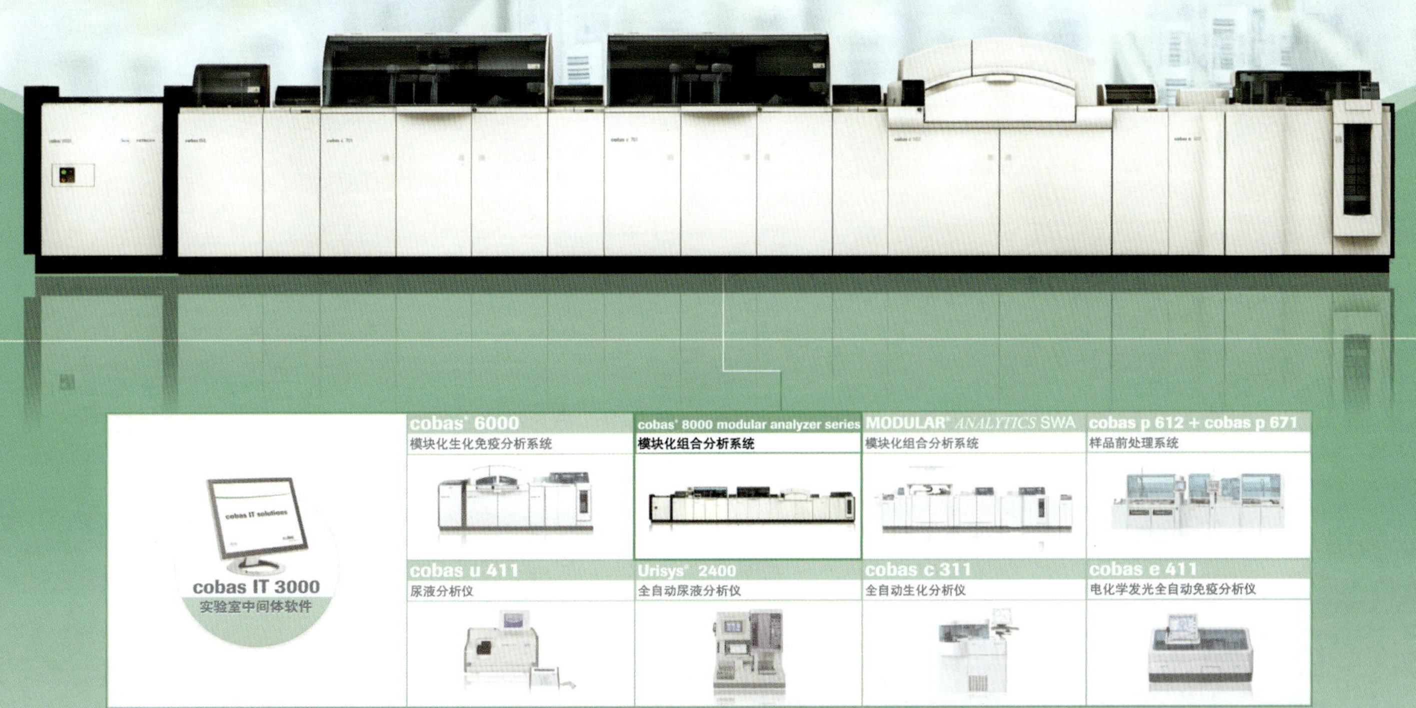

罗氏诊断产品(上海)有限公司

上海
上海市淮海中路1045号淮海国际12楼
邮编: 200031
Tel : +86 21 3397 1000
Fax: +86 21 3397 1888

北京
北京市东长安街1号东方广场东方经贸城
中一办公楼701-711室 邮编: 100738
Tel : +86 10 8515 4100
Fax: +86 10 8515 4188

广州
广州市环市东路403号广州国际电子大厦25楼
邮编: 510095
Tel : +86 20 8713 2600
Fax: +86 20 8713 2700

免费服务热线：800 820 8864 400 820 8864

国食药监械（进）字2011第3400532号 国食药监械（进）字2011第2402817号

专心 生产良品
用心 守护生命

我们需要更完善、更经济的医疗保障。西门子以此为己任，研发出更尖端的医疗技术，以及更高效的信息技术方案。

随着人均寿命的提高，医疗保健变得日益昂贵。西门子医疗创新解决方案，不仅有效提高医疗服务质量，而且优化医院在治疗前、治疗期间和治疗后的流程。通过使诊断更精确的创新影像和实验室系统，以及更高效的医院管理，我们可以省下更多的钱，做更重要的事——拯救生命。

Answers for life.

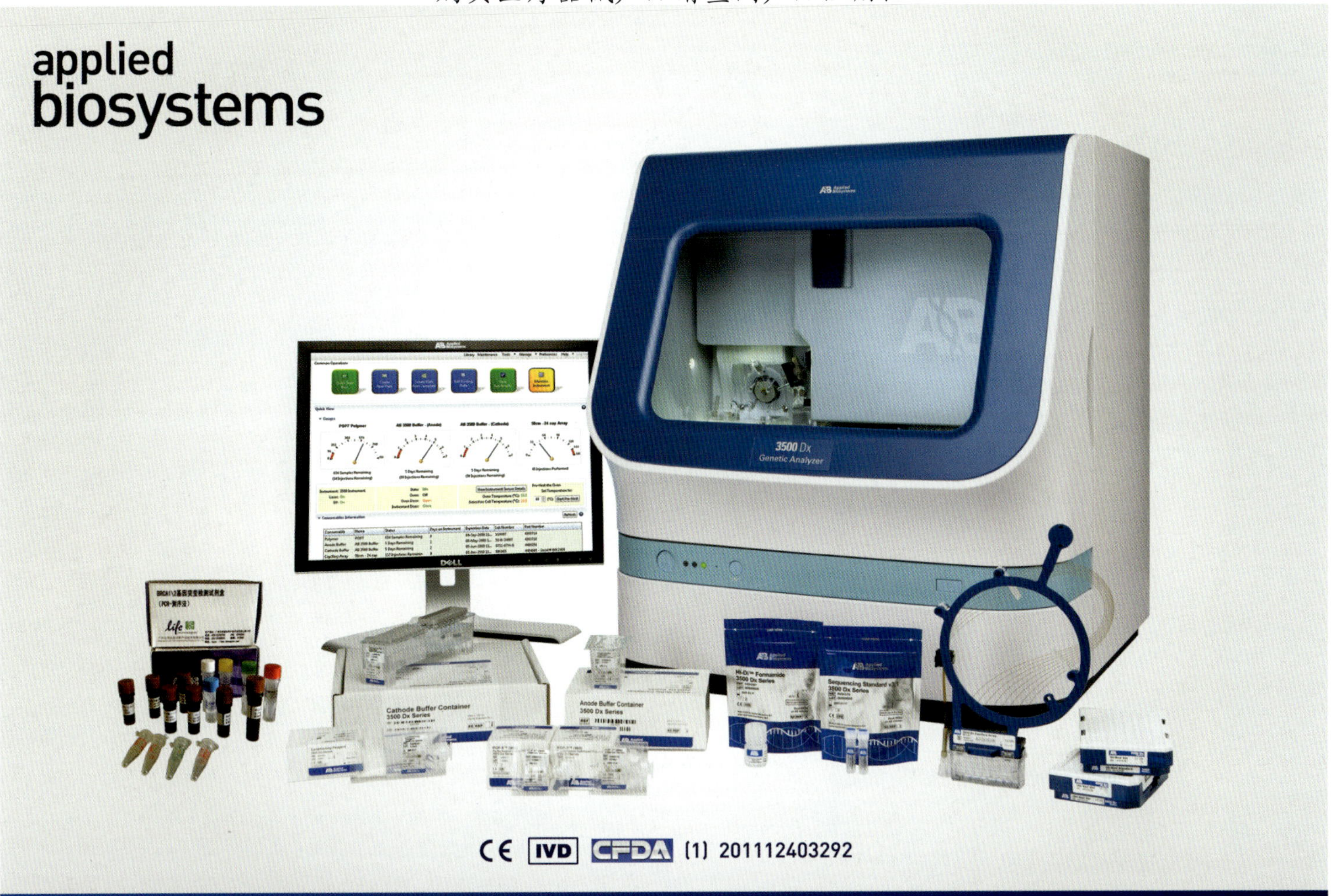

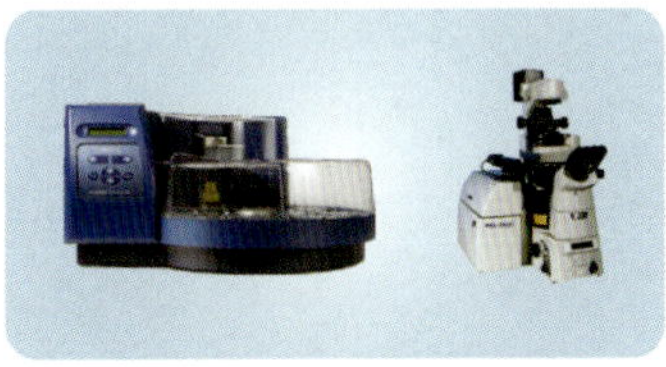

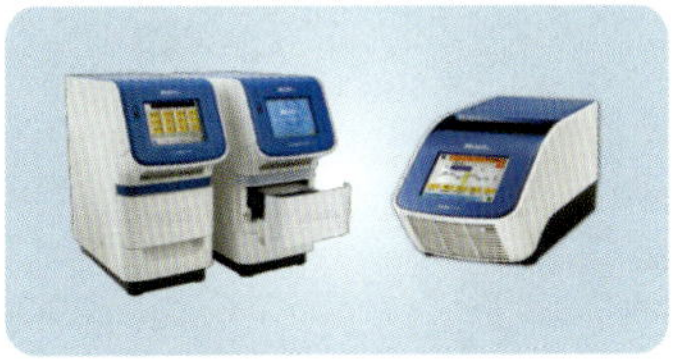

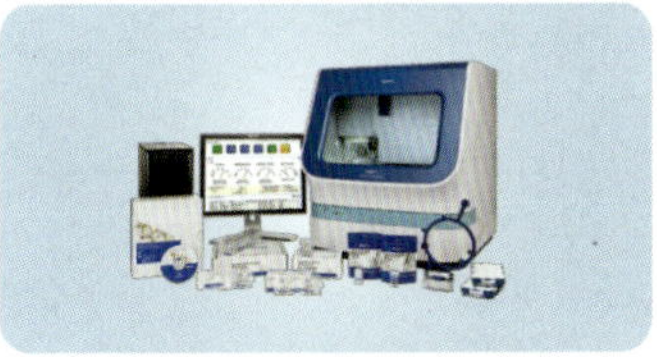

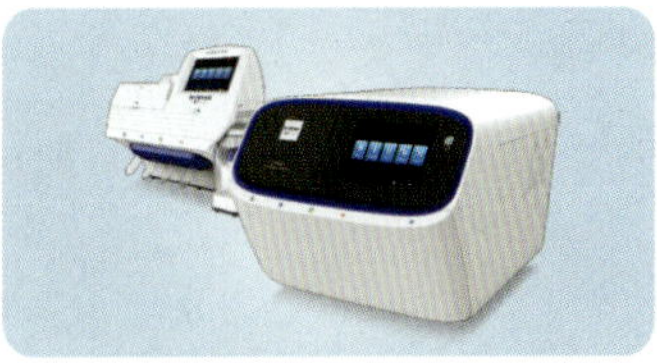

购买医疗器械产品请查阅产品注册证

深圳中科天悦科技有限公司

SHENZHEN ZHONGKE TIANYUE TECHNOLOGY CO.,LTD

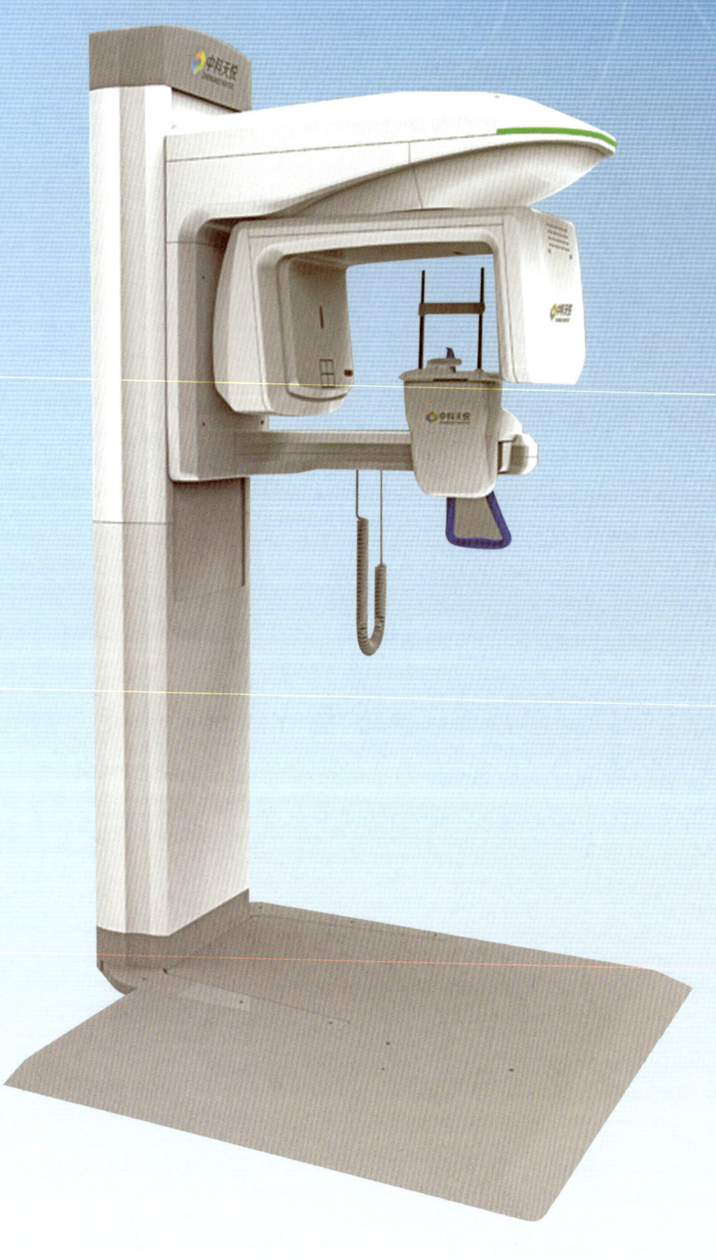

创造价值 分享价值

深圳中科天悦科技有限公司位于深圳市龙岗区龙城工业园内。成立于2011年10月11日，注册资本3000万人民币，由深圳市天悦投资发展有限公司、中科院深圳先进技术研究院、深圳中科育成科技有限公司三方合资共建的一家高新技术企业。主要从事医疗器械及与其相关的机械电子、软件、通讯、材料等产品开发与销售。公司自主研发的核心产品—ZCB-100口腔X射线数字化体层摄影系统（商品名：锥形束口腔CT医学影像系统）拥有20项发明专利，涵盖算法、伪影处理、优化加速、辐射剂量优化以及个性化操作系统等领域，可用于口腔种植、齿科外科、牙体牙髓科、牙周疾病诊断等领域。

目前公司已经获得产品注册证【国食药监械（准）字2014第3301644号】、产品CE证书，产品出口销售证明，深圳市高新技术企业证书等，为中华口腔医学会会员，深圳市医疗器械行业协会会员，深圳市软件行业协会会员，通过发改委考核,建立“国家地方联合工程实验室”，与中国科学院深圳先进技术研究院合作成立“口腔CT医学影像博士后产学研基地”。

公司计划投资3亿元人民币实施项目产业化建设，一期投资为8950万元人民币，2016年规划形成年产销110台设备的能力，2018年形成多品种500台产销能力。

公司的战略定位是立足广东，面向全国，走向海外，做基层买得起，老百姓用得起的口腔CT。

企 业 使 命：在竞争中成长为一流的医疗影像设备集成供应商

企业质量方针：质量是我们的尊严，精益求精。

企业发展目标：做行业的领跑者

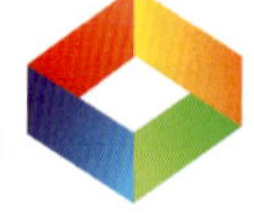

深圳中科天悦科技有限公司

SHENZHEN ZHONGKE TIANYUE TECHNOLOGY CO.,LTD

地址：深圳市龙岗区龙城街道清林西路龙城工业园1号厂房4楼
邮编：518172 电话：0755-89728266 传真：0755-89725266
邮箱：zkty@szzkty.com 网址：www.zhongketianyue.com

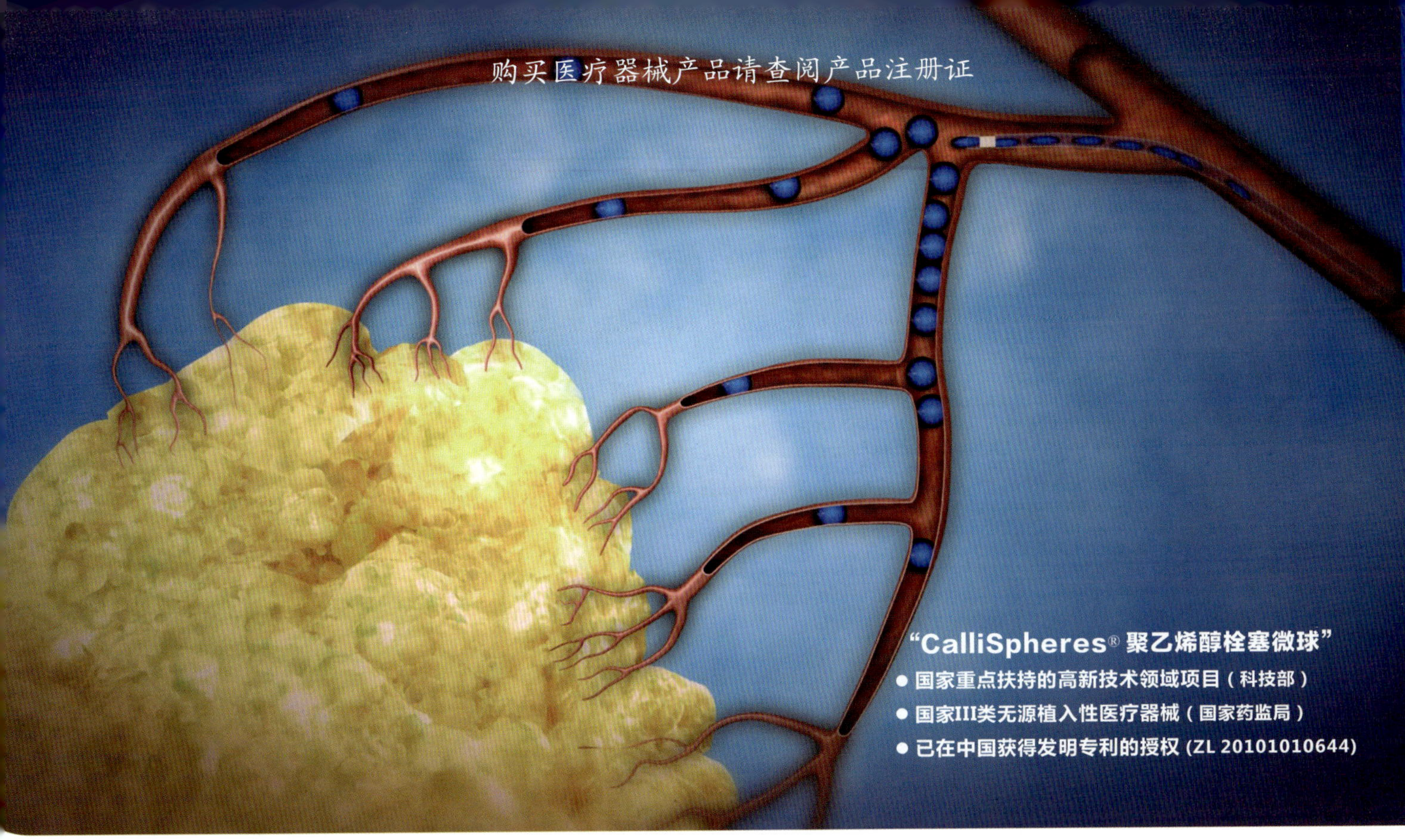

购买医疗器械产品请查阅产品注册证

"CalliSpheres® 聚乙烯醇栓塞微球"

- 国家重点扶持的高新技术领域项目（科技部）
- 国家III类无源植入性医疗器械（国家药监局）
- 已在中国获得发明专利的授权 (ZL 20101010644)

率先经CFDA批准上市的聚乙烯醇栓塞微球

国产领先"栓塞微球"
开启真正的"微球时代"

Callisyn Biomedical 2003年10月在美国波士顿注册成立，2006年在苏高新注册成立苏州迦俐生生物医药科技有限公司。科研团队是由以姚飞博士带领的来自海外资深科研人员组成，主要从事微创介入领域医疗器械和高值医用耗材的研发、生产和服务。第一个产业化项目CalliSpheres栓塞微球(聚乙烯醇栓塞微球),已获得国家药监总局注册批准，注册证号：国食药监械（准）字2013第3771856号。

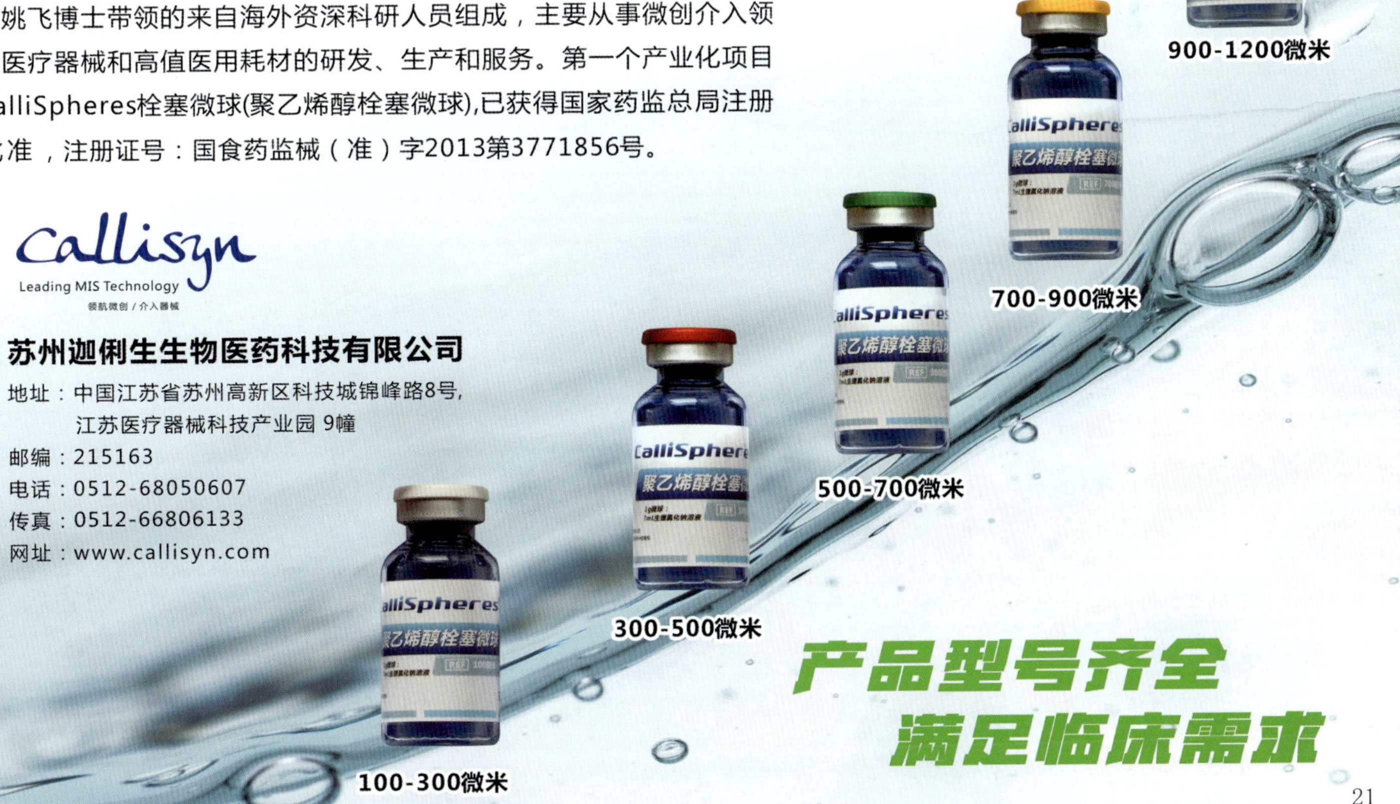

Callisyn
Leading MIS Technology

苏州迦俐生生物医药科技有限公司

地址：中国江苏省苏州高新区科技城锦峰路8号,
江苏医疗器械科技产业园 9幢
邮编：215163
电话：0512-68050607
传真：0512-66806133
网址：www.callisyn.com

广 告 索 引

特殊版位

目录前

医院采购专版

国品专版

临床检验专版

植入专版

正文后

中国医药系列丛书

2014年批准

进口医疗器械产品目录

CATALOGUE OF IMPORTED MEDICAL DEVICES

WWW.CMDI.GOV.CN

国家食品药品监督管理总局信息中心
中国医疗器械信息网　编辑

经济导报社 出版

2014年批准进口医疗器械产品目录

编　　辑：国家食品药品监督管理总局信息中心中国医疗器械信息网
地　　址：北京市西城区宣武门西大街26号院2号楼
邮　　编：100053
电　　话：（010）68349088、88330123
传　　真：(010) 88330123
E - mail：cmdi_sfda@126.com
网　　址：http://www.cmdi.gov.cn
出　　版：经济导报社
地　　址：香港轩尼诗道342号国华大厦十字楼
电　　话：（852）25788217　传 真：（852）25788469
开　　本：889×1194 1/16　　文 字：1850.979千字
版　　本：2015.4 第一版　　2015.4月 第一次印刷
国际书号：ISBN 978-962-531-192-0

定价：450元

编写说明

由**国家食品药品监督管理总局信息中心**编辑的中国医药系列丛书—**《进口医疗器械产品目录》**，自1998年开始每年一版，以后已连续编辑出版17册。本书是以**中国医疗器械信息网**进口医疗器械注册数据库的文本形式与读者见面的，其数据完整、准确、详实、可靠，深得广大经营企业、医疗机构和用户的厚爱，出版发行量逐年递增，已成为各级行政部门监督管理、招标采购的重要依据，同时亦成为广大用户查找、购买和使用医疗器械必备的工具书。

《2014年批准进口医疗器械产品目录》收录的是2014年进口医疗器械产品注册与备案情况。以2014年度进口医疗注册与备案产品资料为基础，正文刊载了注册与备案产品的名称、规格型号、产品标准号、性能及组成、适用范围、注册或备案号、批准时间、有效期截止日、生产厂家、注册代理公司、售后服务机构等信息。收录2014年批准进口注册产品6249个，进口备案产品338个。

本书正文按注册和备案流水号顺序编排，注册流水号为注册号的后四位数，如"**国食药监械(进)字2014第2550001号**"，其流水号为"0001"。如遇正文规格型号一栏中"见附页"或"详见附件"等字样，而未标明具体规格型号，表明此产品注册的规格型号有很多，因篇幅有限，所以在本书中未将这些产品注册的具体规格型号罗列，读者可登录中国医疗器械信息网查询更详细情况。

为方便读者查找，本书备有产品分类索引、生产厂家索引，并将它们放在正文的前面。读者可通过这二种索引快速查找产品，并根据注册号从正文中检索详细信息。

中国医疗器械信息网自1998年建立以来，一直本着**数据来源于政府，服务于政府、服务于大众**为宗旨，如读者想了解更多的医疗器械产品注册情况及其它相关专业信息，请访问**中国医疗器械信息网**（HTTP：//WWW.CMDI.GOV.CN）。

本书的广告由北京芃业广告公司征集，对他们的帮助，谨表示衷心的感谢！

由于时间仓促，错误之处在所难免，敬请广大读者谅解。

编　者

2015年4月

目　录

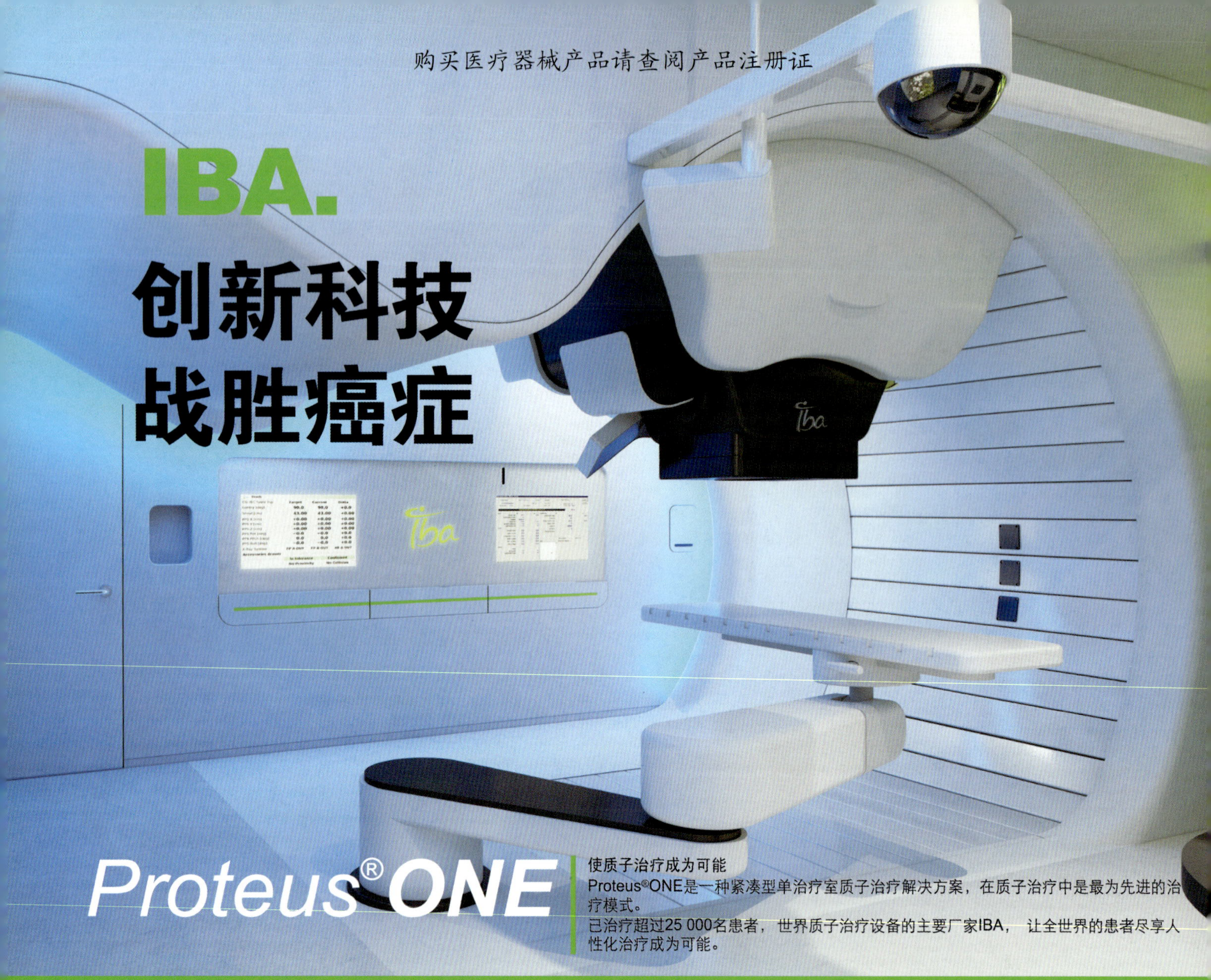

战胜病魔，彻底康复，是每一位病患的期望，是每一位物理师的工作目标，也是所有研究人员工作的动力。在IBA，我们是充满热情的专业团队，专注于开发和提供更加精细的医疗解决方案，用以诊断和治疗癌症以及其它重大疾病。

我们已经把我们的专长扩展到工业应用领域，提供工业消毒和工业电离的解决方案，以使我们的每日生活更加安全。

成立于1986年，现在IBA在其运营的四个互补的业务领域里已经成为世界领先者。

IBA的经营活动：

- 一质子治疗
- 一放射性药物解决方案
- 一剂量测量
- 一工业应用

www.iba-worldwide.com

Protect, enhance and save lives

iba

中国北京通州区光机电一体化产业基地兴光二街6号 邮编：101111 Tel 电话：+86 (10) 8080 9288 Fax 传真：+86 (10) 8080 9299 Email: Info-china@iba-group.com

HORIBA ABX
800-820-2786
服务热线
Micros 60 OT
MICROS ES 60
Micros CRP 200
Pentra MS CRP
PENTRA MS 60
Pentra XL 80
Pentra DF 120
Pentra DX 120
堀场(中国)贸易有限公司
上海办事处
地址：上海市天山西路1068号联强国际广场A栋1层D单元　邮编：200335
电话：021-6289 6060　传真：021-6289 5553
北京办事处
地址：北京市朝阳区建国门外大街甲6号爱思开大厦1801室　邮编：100022
电话：010-8567 9966　传真：010-8567 9066
Explore the future
Automotive Test Systems | Process & Environmental | Medical | Semiconductor | Scientific
HORIBA

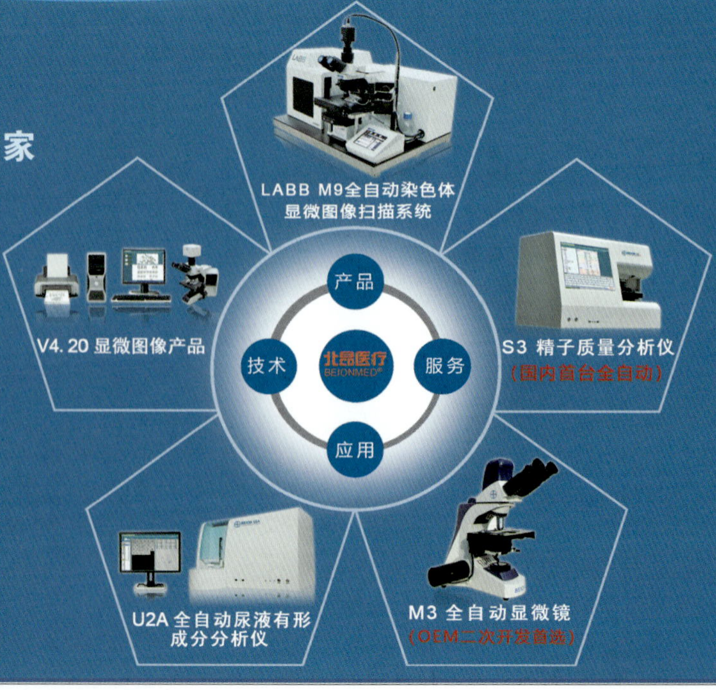

QIAGEN®

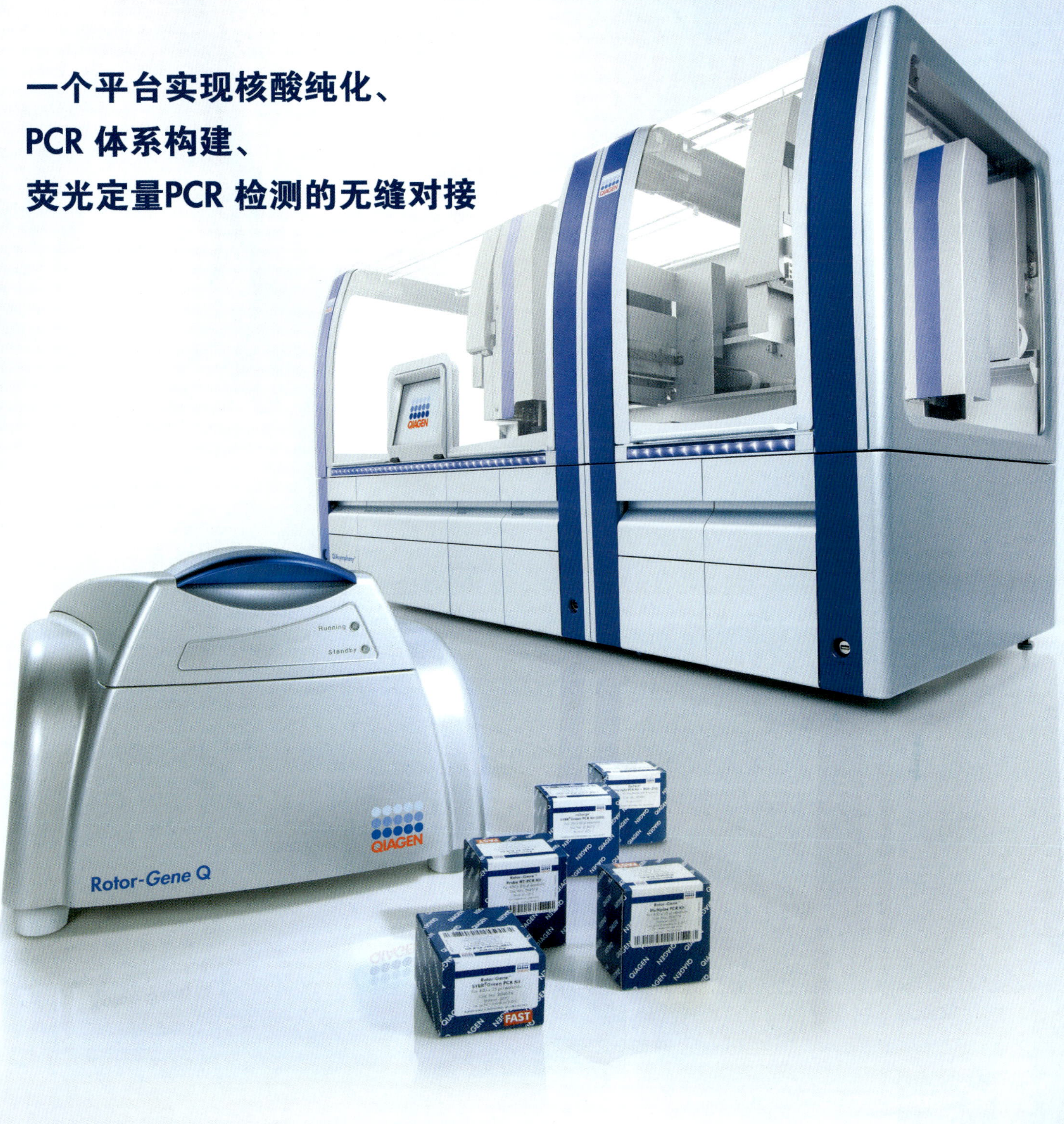

MEDICA 来自美国 专注检验30余年

EasyCell® assistant

血细胞形态分析仪

- 有核细胞自动预分类（9类），红细胞形态分析，血小板预估
- 代替人工显微镜，实现真正的全自动血细胞形态分析
- 全自动、半自动或手动制片均可接受
- 批量处理30张玻片，并配置急诊标本进样口
- 结果数字化存储，实时回顾玻片信息
- 存储容量大，可保存10,000张玻片信息
- 条形码自动扫描或拍照图像识别玻片
- VPN远程分析软件，加强协作，提高效率

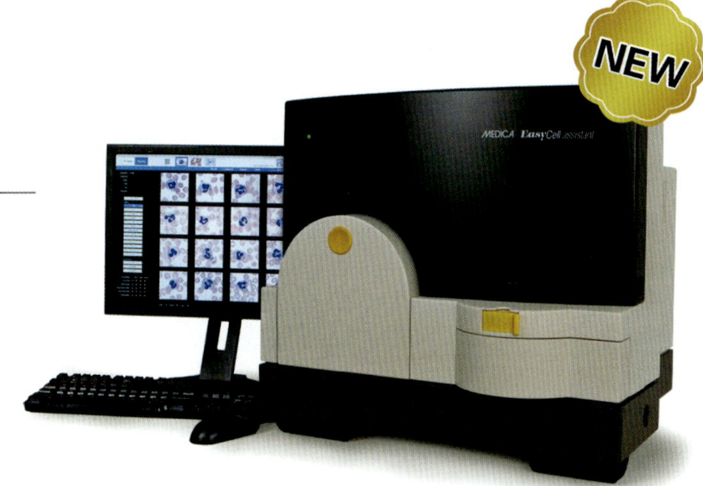

easy ra

全自动电解质和急诊生化分析仪

- 配备麦迪卡“金标准”ISE模块，电极法检测：Na/K/Cl/Li
- 生化项目全，有6个开放通道
- 快速出结果，常规生化七项只需8分钟，
- 电解质项目检测速度：220测试/小时
- 综合成本低，样品量2–25μl，用水量1L/24小时
- 体积小，重量轻
- 随机上样，专为急诊设计
- 人性化的软件设计
  免维修，电解质模块，密封稀释泵，闪烁氙气光源，
  无需维修

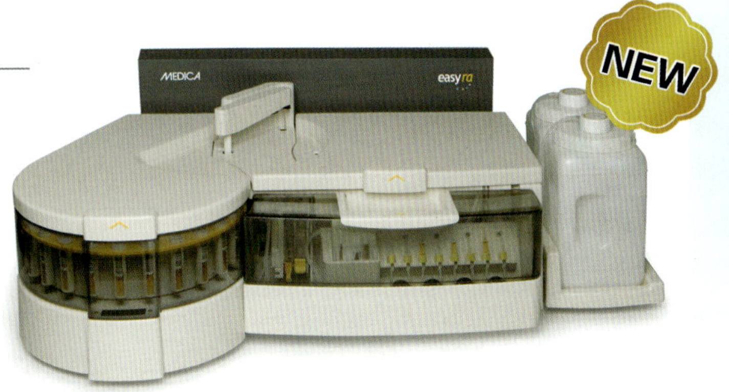

EasyLyte

（NA/K/CL）电解质分析仪

全球已装机100,000台

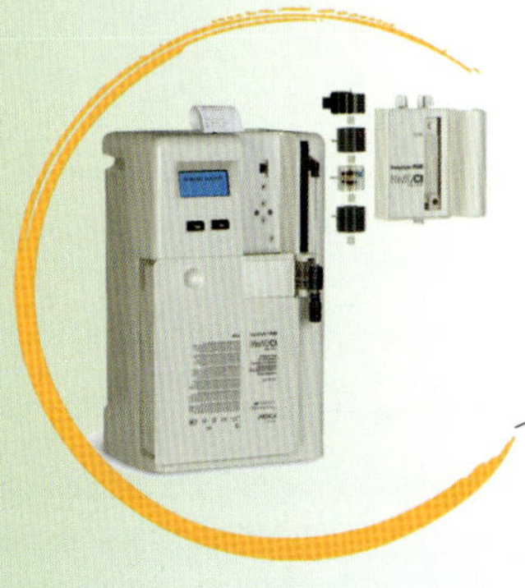

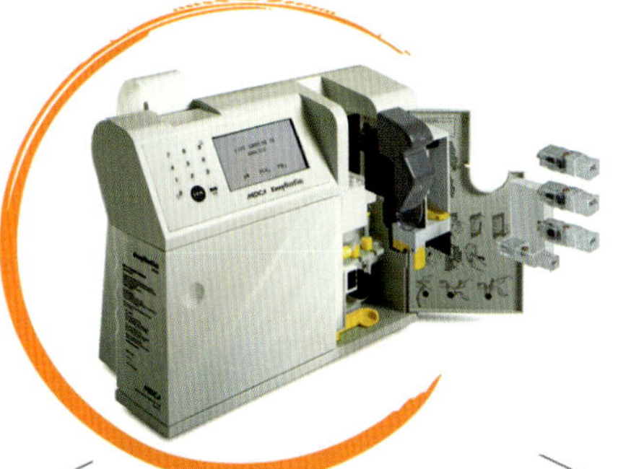

EasyStat

血气电解质分析仪

金标准电极，寿命平均2年

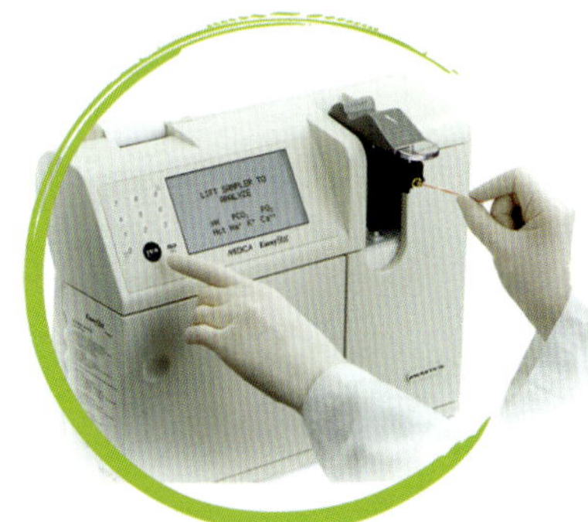

EasyBlood Gas

血气分析仪

测试成本最低的基础血气分析仪

特点：操作简单，免维护，性能稳定

麦迪卡医疗设备（苏州）有限公司

地址：苏州高新区锦峰路8号医疗产业园综合楼1号楼404-405

联系电话：0512-87660980　传真号码：0512-87660970

网站：www.medicacorp.cn

WLB–A型微量注药泵

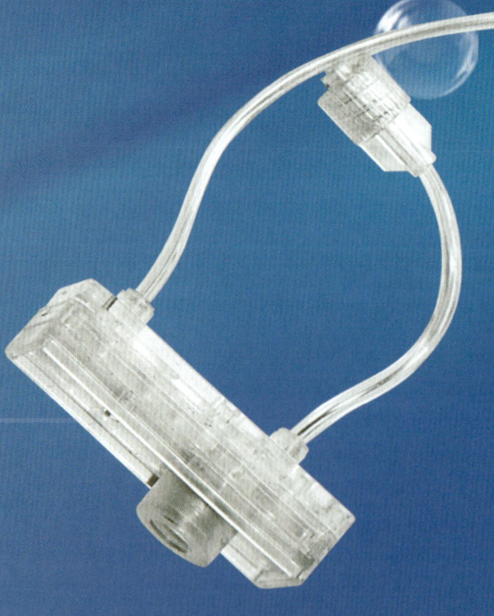

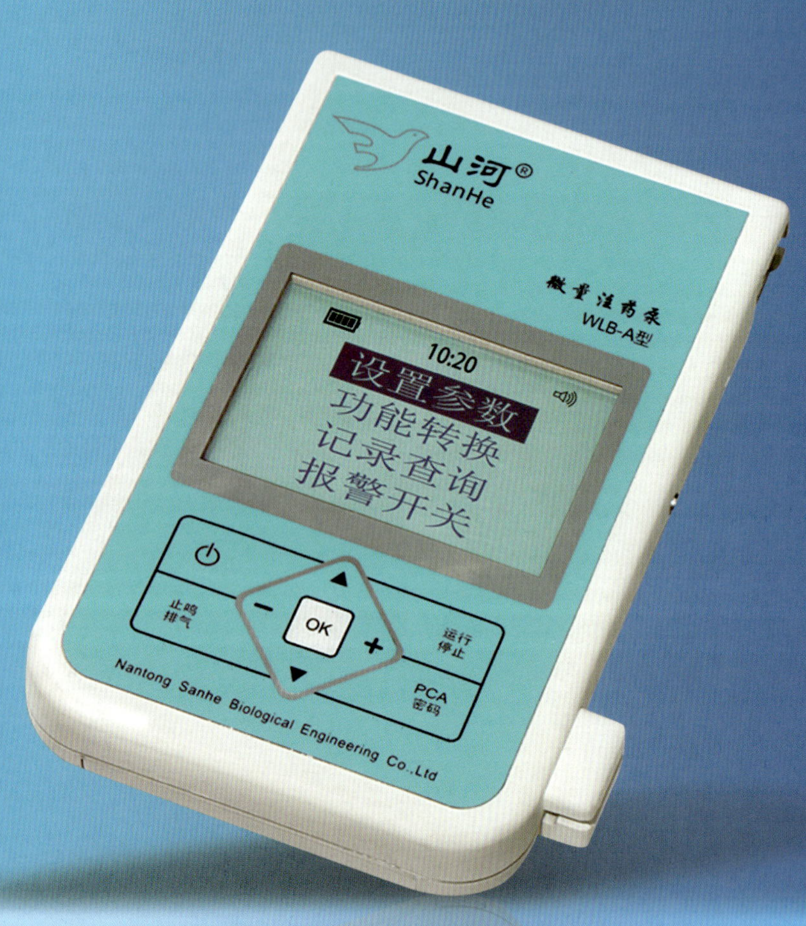

- 国内率先适用于成人胰岛素静脉输注的微量注药泵。拥有多项专利，有较强的竞争优势。
- 输注管路不含苯类增塑剂（DEHP），有效降低了PVC管路对胰岛素的吸附。
- 全方位的14重安全保护。
- 独家采用活塞工作原理，精度高，一致性好。
- 胰岛素输注的革命性产品，上量快，空间大。
- 长期、快捷和完善的售后服务系统。

产品注册证号：国食药监械（准）字2013第3504156号
生产企业许可证号：苏食药监械生产许2008–0072号
产品标准号：YZB/国 0281–2013

产品专利号：
ZL 2008 2 0036158.4　ZL 2010 2 0283042.8
ZL 2010 2 0283059.3　ZL 2010 2 0283073.3

诚招各区域合作伙伴

南通市三和生物工程有限公司
Nantong Sanhe Biological Engineering Co.,Ltd

地址：江苏省海安工业园区花园大道16号　邮编：226600
电话：0513–88162066 13862751766　传真：0513–88786628
邮箱：sanheshengwu@163.com　网址：www.ntshsw.cn

Panasonic

MCO-170AICL 可实现最佳细胞培养的新一代二氧化碳培养箱

新推出的二氧化碳培养箱配备了触摸屏控制面板，操作简便，易于清洗及维护，确保高精度高稳定的温度环境。

* 经过优化，适用于高价值样本培养，包括难以培养及对污染比较敏感的培养基/试剂
* 快速、有效、安全的过氧化氢净化循环
* 配备触摸屏控制面板，操作简便。

MDF-500VX 双重制冷回路系统的超低温保存箱

* VIP隔热系统 (Vacuum Insulation Panel)
* 独立控制的双重制冷系统
* 智能化环保运行模式(ECO),实现能耗最低化
* 运行状态实时监控，具多种报警功能
* 无过滤网结构（避免灰尘堆积；免清洗）

松下健康医疗器械（上海）有限公司
地址：中国（上海）自由贸易试验区华京路8号829室

松下健康医疗器械（上海）有限公司浦东分公司
地址：上海市浦东新区陆家嘴环路1000号恒生银行大厦11层031室
电话：021-38667971 传真：021-38667017

松下健康医疗器械（上海）有限公司北京分公司
地址：北京市朝阳区曙光西里甲5号院22号楼（H座）302单元
电话：010-56383601 传真：010-56383613

购买医疗器械产品请查阅产品注册证

重点产品介绍

- 胎儿纤维连接蛋白(fFn)检测诊断试剂盒(胶体金法)
- 幽门螺旋杆菌(HP)抗体检测试剂盒(胶体金法)
- 优生优育(Torch)十项检测试剂盒(化学发光法)
- 甲型肝炎(HAV)病毒IgM抗体检测试剂盒(胶体金法)
- 戊型肝炎(HEV)病毒IgM抗体检测试剂盒(胶体金法)
- 甲型肝炎病毒、戊型肝炎病毒(HAV-HEV)IgM抗体检测试剂盒(胶体金法)
- 恶性疟原虫(pf)抗原检测试剂盒(胶体金法)
- 恶性疟原虫/间日疟原虫(pf/pv)抗原检测试剂盒(胶体金法)
- 胃泌素释放肽前体ProGRP检测试剂盒(酶联免疫法)
- 人类免疫缺陷病毒(HIV1+2)抗原抗体检测试剂盒(酶联免疫法)

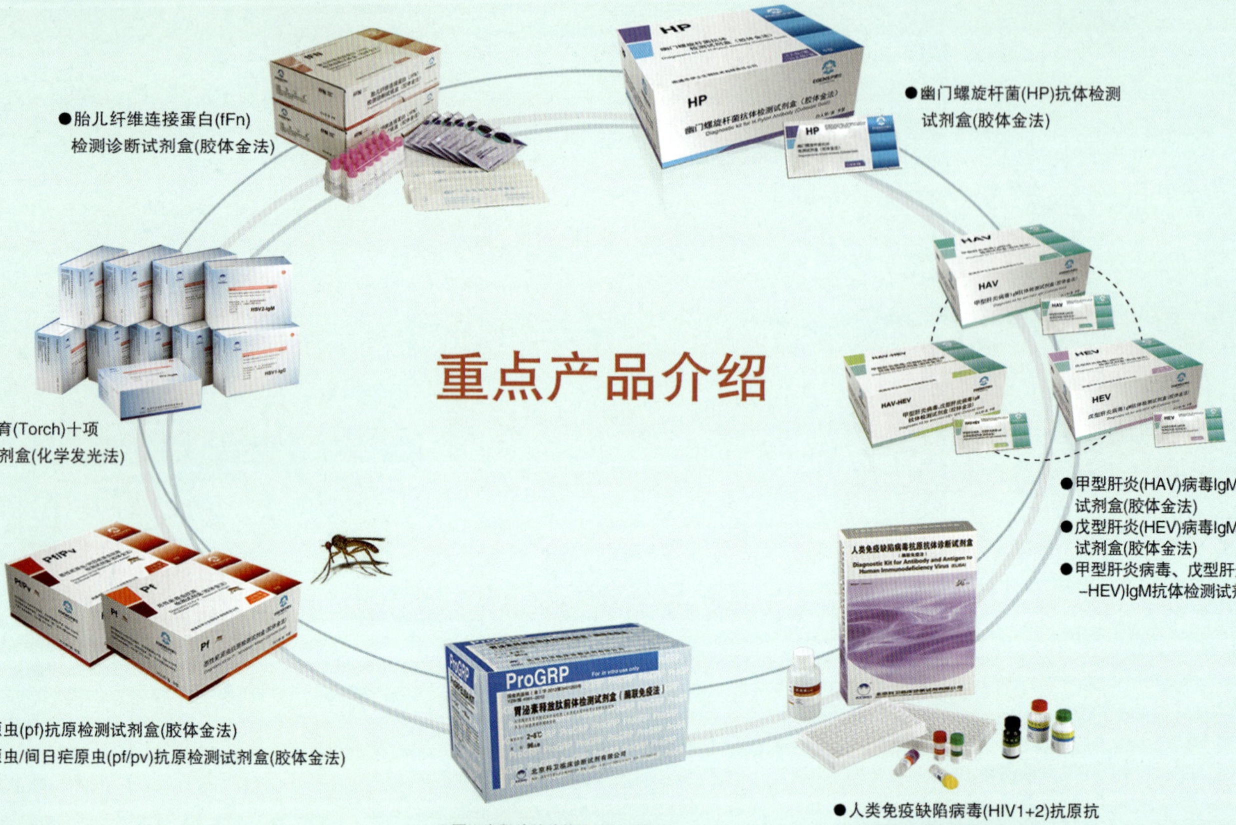

近期推出

胶体金试剂盒类(定性)	胶体金试剂盒类（定量）	化学发光法检测类	生化类定量试剂盒
【病原体检测类】	降钙素原(PCT)定量检测试剂盒	乙型肝炎病毒表面抗原检测试剂盒	血糖检测试纸及仪器
弓形虫(TOX)IgM抗体检测试剂盒	超敏C反应蛋白(Hs-CRP)定量检测试剂盒	乙型肝炎病毒表面抗体检测试剂盒	谷丙转氨酶(ALT)干式生化试剂及仪器
巨细胞病毒(CMV)IgM抗体检测试剂盒	心肌钙蛋白(cTnI)定量检测试剂盒	乙型肝炎病毒e抗原检测试剂盒	酒精唾液检测试纸
风疹病毒(RV)IgM抗体检测试剂盒	脑钠肽前体(NT-proBNP)定量检测试剂盒	乙型肝炎病毒e抗体检测试剂盒	
单纯疱疹病毒(HSV-Ⅰ)IgM抗体检测试剂盒	肌红蛋白(Myo)定量检测试剂盒	乙型肝炎病毒核心抗体检测试剂盒	
单纯疱疹病毒(HSV-Ⅱ)IgM抗体检测试剂盒	肌酸激酶同工酶(CK-MB)定量检测试剂盒	甲型肝炎病毒IgM抗体检测试剂盒	
TOX/CMV/RV/HSV-Ⅰ/HSV-Ⅱ-IgM抗体检测试剂盒	人心型脂肪酸结合蛋白(H-FABP)定量检测试剂盒	戊型肝炎病毒IgM抗体检测试剂盒	
肺炎支原体(MP)IgM抗体检测试剂盒	游离β-HCG定量检测试剂盒	戊型肝炎病毒IgG抗体检测试剂盒	
【毒品检测类】	促黄体生成激素(LH)定量检测试剂盒	人类免疫缺陷病毒抗原抗体检测试剂盒	
四氢大麻酚酸(THC)检测试剂盒	卵泡刺激素(FSH)定量检测试剂盒	梅毒螺旋体抗体检测试剂盒	
二亚甲基双氧安非他明(MDMA)检测试剂盒	促甲状腺激素(TSH)定量检测试剂盒	丙型肝炎病毒抗体检测试剂盒	
可卡因(COC)检测试剂盒			
甲基安非他明唾液检测试剂盒			
吗啡/甲基安非他明唾液联合检测试剂盒			

南通市伊士生物技术有限责任公司

地址：江苏南通市经济技术开发区星湖大道1692号15号厂房
电话：0513-85335963 传真：0513-85356915
网址：www.egens-bio.cn
邮箱：egens@egens-bio.cn

北京科卫临床诊断试剂有限公司

地址：北京石景山区古城西街19号
电话：010-68863153/68863259/转807/808/815/814
网址：www.keweidiagnostic.com
邮箱：kewei20080605@163.com

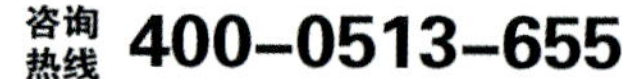

咨询热线 **400-0513-655**

专注品质　关注健康

上海景源医疗器械有限公司成立于2001年9月，坐落于上海张江高科技园区生物医药基地，是一家民营的有限责任公司。公司经营范围为医疗器械产品——体外诊断试剂的开发、生产、销售及售后服务等，主要市场为国内各类医疗单位及生物技术有关的各类企事业单位，我公司已在国内十多个省份建立了营销网络。

企业已于2004年初通过ISO9001质量体系认证，并于2006年初通过ISO13485质量体系认证，公司将以优质的产品质量及完善的售后服务为中国的临床诊断及生物技术的发展进程而努力。

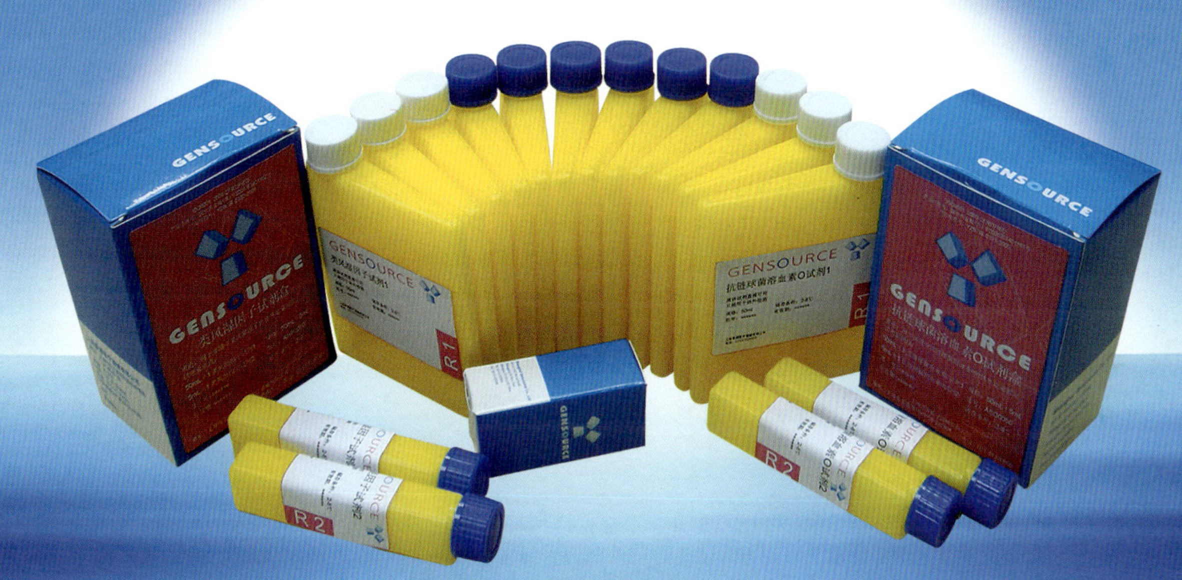

GENSOURCE

目前，企业核心产品为生化系列试剂，产品品种齐全、稳定性好、精密度高、线性范围宽。

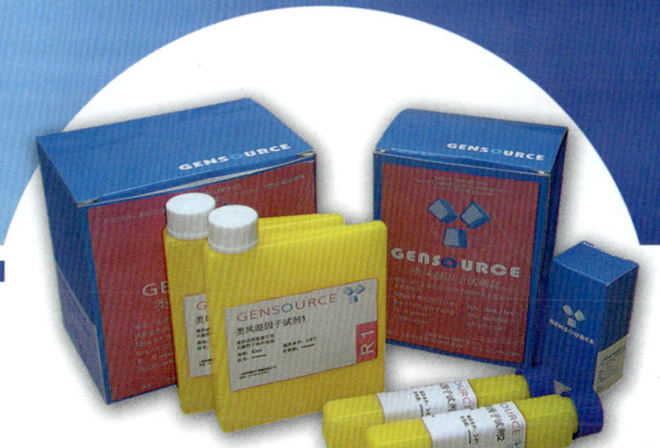

上海景源医疗器械有限公司

联系地址：上海市张江高科技园区哈雷路1043号402室

邮编：201203　电话：021-51320500　传真：021-51320436

金久测压
经典再创

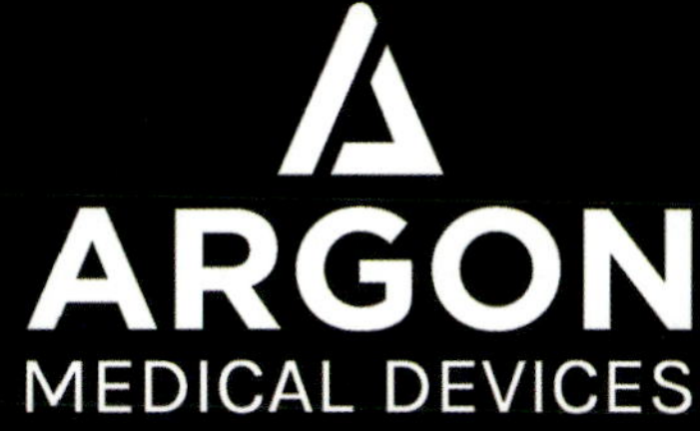

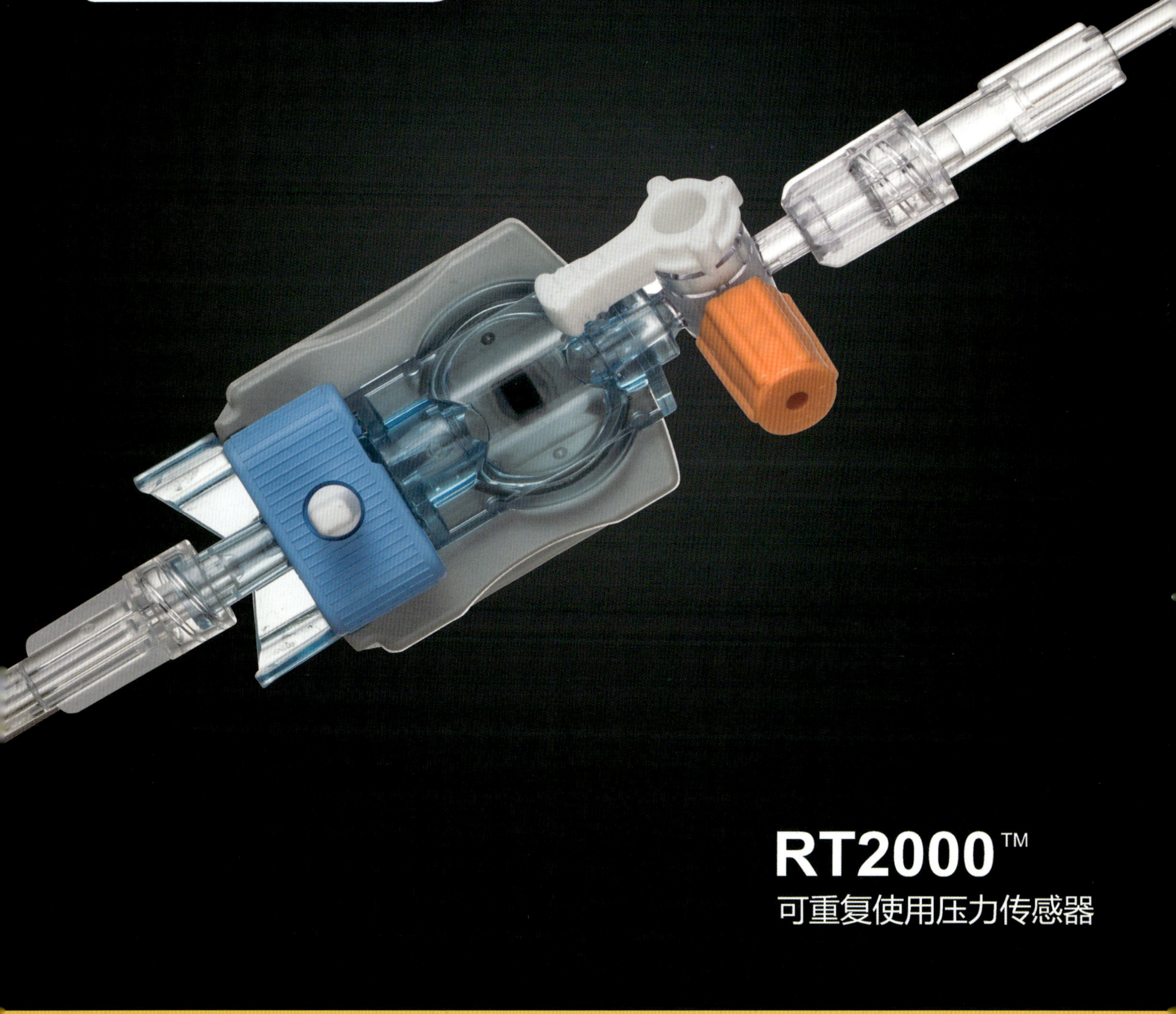

RT2000™

可重复使用压力传感器

爱琅医疗器械技术咨询（上海）有限公司

上海市静安区长寿路1111号悦达889中心1801室　邮编：200042
电话：+86 21 5239 3716　传真：+86 21 5239 3715
网址：www.argonmedical.com

ARGON
MEDICAL DEVICES

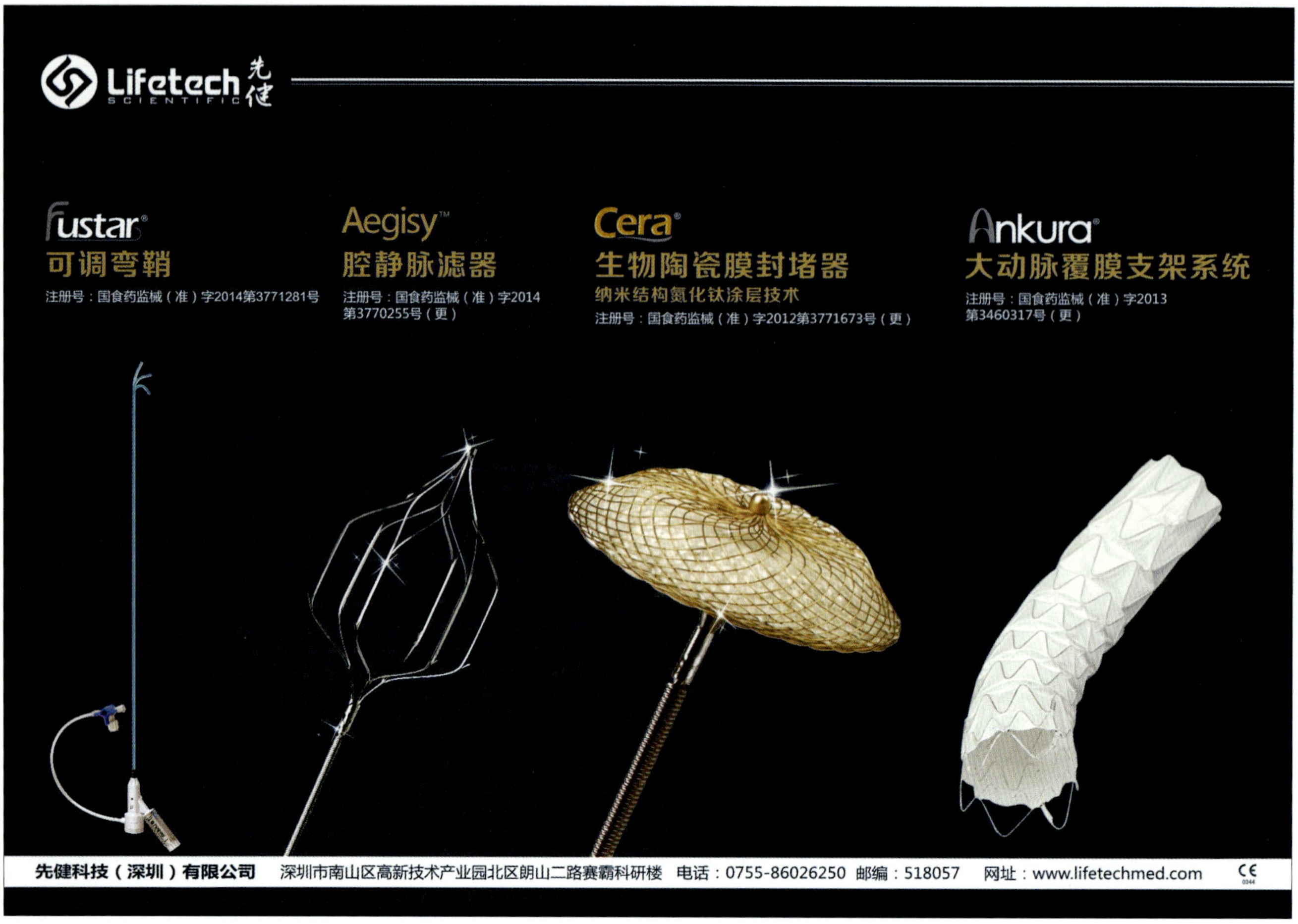
Lifetech SCIENTIFIC 先健
Fustar®
可调弯鞘
注册号：国食药监械（准）字2014第3771281号
Aegisy™
腔静脉滤器
注册号：国食药监械（准）字2014第3770255号（更）
Cera®
生物陶瓷膜封堵器
纳米结构氮化钛涂层技术
注册号：国食药监械（准）字2012第3771673号（更）
Ankura®
大动脉覆膜支架系统
注册号：国食药监械（准）字2013第3460317号（更）
先健科技（深圳）有限公司
深圳市南山区高新技术产业园北区朗山二路赛霸科研楼 电话：0755-86026250 邮编：518057 网址：www.lifetechmed.com
CE 0344

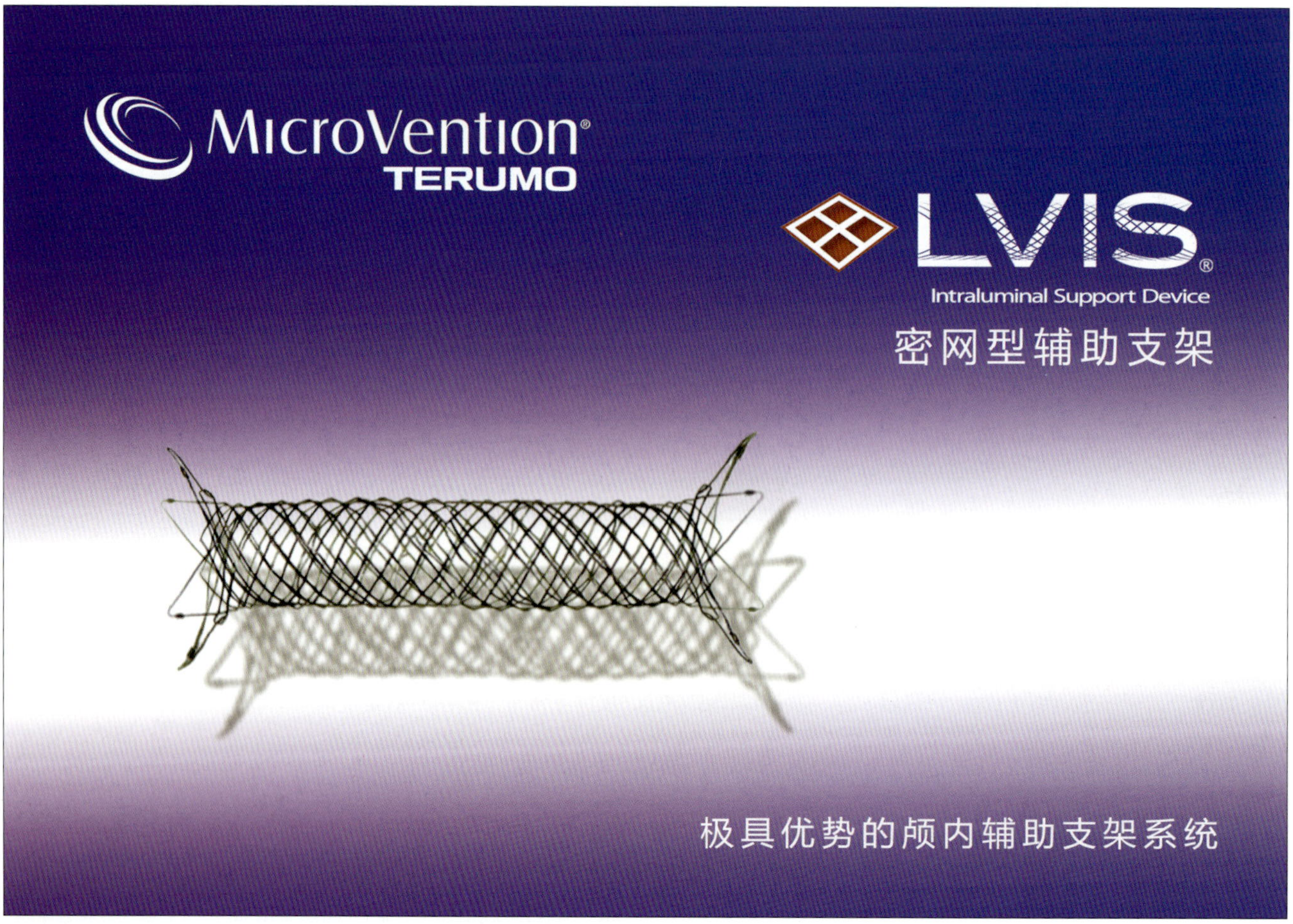
MicroVention®
TERUMO
LVIS®
Intraluminal Support Device
密网型辅助支架
极具优势的颅内辅助支架系统

购买医疗器械产品请查阅产品注册证

smith&nephew
施 乐 辉

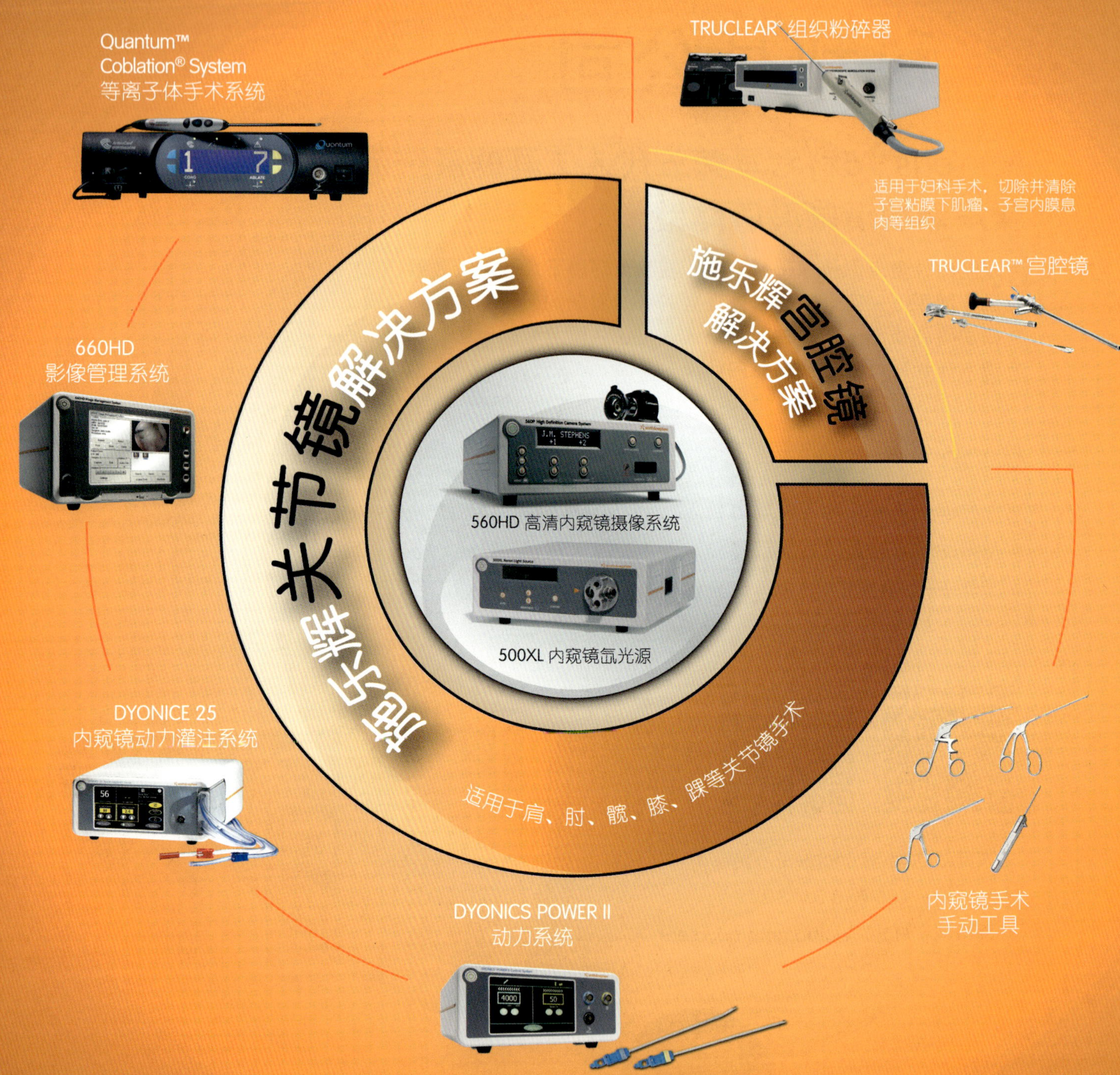

国食药监械（进）字2012第2224361号高清内窥镜摄像系统
国食药监械（进）字2011第2221764号内窥镜氙光源
国食药监械（进）字2012第2220001号内窥镜动力灌注系统
国食药监械（进）字2011第3542183号动力系统
国食药监械（进）字2014第3224078号宫腔镜及附件
国食药监械（进）字2011第3252048号（更）等离子体手术系统
国食药监械（进）字2012第2220761号内窥镜手术手动工具
国食药监械（进）字2012第2100232号内窥镜手术手动工具
国食药监械（进）字2014第3542375号组织粉碎器

CN-PM-E0036

施乐辉医用产品国际贸易（上海）有限公司
地址：上海市黄浦区西藏中路168号都市总部大楼12楼 邮编：200001
电话：021-23303000 传真：021-63501219

6801 基础外科手术器械

产品名称	生产厂家	注册或备案号
表皮镊子	巴基斯坦 Medisporex Pvt.Ltd.	20141012278
表皮镊子	巴基斯坦 Towne Brothers (Pvt.) Limited	20141012433
持针钳	巴基斯坦 Medisporex Pvt.Ltd.	20141012648
持针钳	巴基斯坦 Towne Brothers (Pvt.) Limited	20141012654
持针钳	美国 Scanlan International, Inc.	20141012717
持针钳	美国 Scanlan International, Inc.	20141012718
动脉瘤夹钳	德国 Peter Lazic GmbH	20141012523
跟骨复位安装手术器械	匈牙利 Sanatmetal Orthopaedic&Traumatologic Equipment Manufacturer Ltd	20141010746
基础外科手术器械	巴基斯坦 SURGICON (PVT) LTD	20141011226
基础外科手术器械	德国 Mattes Instrument GmbH	20141011463
可拆卸的内窥镜施夹钳及除夹钳	美国 Teleflex Medical	20142010800
拉钩	美国 CooperSurgical, Inc.	20141011357
拉钩(TSI)	美国 TeDan Surgical Innovations, LLC	20141010473
皮肤缝合器	日本 マニー株式会社	20142016021
牵开器	美国 CooperSurgical, Inc.	20141012411
牵开器	美国 CooperSurgical, Inc.	20141012412
牵开器(Pilling)	美国 Teleflex Medical	20141011462
牵开器(TSI)	美国 TeDan Surgical Innovations, LLC	20141011361
切口保护套	美国 Covidien llc	20142014120
施夹器	德国 Johnson & Johnson MEDICAL GmbH	20142014764
试模	荷兰 Mentor Medical Systems B.V.	20142013829
手术刀	德国 Aesculap AG	国械备 20140352 号
手术刀柄	巴基斯坦 Medisporex Pvt.Ltd.	20141012281
手术刀柄	巴基斯坦 Towne Brothers (Pvt.) Limited	20141012291
手术刀片(锋迅 IonFusion)	美国 镀层服务有限责任公司	20142010191
手术拉钩系统及附件	美国 Mediflex,a division of Flexbar Machine Corporation	20141010836
手外科基础手术器械(LINOS)	德国 Gebrüder Martin GmbH &Co. KG	20141011223
吸引管(TSI)	美国 TeDan Surgical Innovations, LLC	20141010753
血管刀	日本 Mani Inc.	20142010793
血管刀	日本 Mani Inc.	20142010793(更)
一次性使用无菌切割手术刀(KOBY GARD)	美国 OsteoMed	20142013229
一次性使用无刃穿刺器	美国 Covidien llc	20142014672
一次性无菌手术刀片(Accu Glide)	德国 Technolas Perfect Vision GmbH	20142014103
医用缝合针	日本 マニー株式会社	20142011066
医用缝合针(科琅淳 Needle)	日本 株式会社河野製作所	20142013447
医用剪	德国 ELCON Medical Instruments GmbH	国械备 20140059 号
医用剪	美国 Scanlan International, Inc.	国械备 20140090 号
医用剪	美国 Scanlan International, Inc.	国械备 20140091 号
医用镊	美国 Scanlan International, Inc.	国械备 20140093 号
医用镊	瑞典 Stille AB	国械备 20140234 号
医用钳	美国 Scanlan International, Inc.	20141012719
止血钳	巴基斯坦 Medisporex Pvt.Ltd.	20141012421
止血钳	巴基斯坦 Towne Brothers (Pvt.) Limited	20141012611

6802 显微外科手术器械

产品名称	生产厂家	注册或备案号
显微剪刀	俄罗斯 Общество с ограниченной отвенность《Микрохирург-ические инструметы》	20141020307
显微镊子	俄罗斯 Общество с ограниченной отвенность《Микрохирург-ические инструметы》	20141020308
显微外科手术器械	德国 AESCULAP AG	国械备 20140146 号
显微针持	俄罗斯 Общество с ограниченной отвенность《Микрохирурги-	

	ческие инструметы》	20141020309
一次性使用活检钳(SpyBite)	美国 Boston Scientific Corporation	20142024618

6803 神经外科手术器械

脑压板	美国 Integra LifeSciences Corporation	国械备20140283号
软轴牵开器	美国 Integra LifeSciences Corporation	国械备20140281号
神经外科手术器械	德国 AESCULAP AG	20141030264
头部固定系统附件	德国 pro med instruments GmbH	20142034514
一次性使用脑部扩张器	美国 Vycor Medical Inc.	20142035548
钻石刀(蛇牌)	德国 Aesculap AG	20142034762

6804 眼科手术器械

持针钳	德国 Precisemed GmbH	20141042408
睑板腺检查器	美国 TearScience, Inc	20141040480
角膜手术刀	美国 Accutome, Inc.	20141041807
矫形合成绷带(PrimeCast)	韩国 Prime Medical Inc	20141040802
开睑器	德国 Precisemed GmbH	20141042407
铝柄眼科手术刀	日本 FEATHER SAFETY RAZOR CO.,LTD	20142040103
囊袋张力环	法国 Carl Zeiss Meditec SAS	20143040065(更)
囊袋张力环注入器	英国 Duckworth & Kent Ltd	20142040888(更)
人工晶体推注器	德国 1stQ GmbH	20142041235
人工晶体植入系统	瑞士 Medicel AG	20142040139(更)
人工晶体植入系统	瑞士 Medicel AG	20142040140
人工晶体植入系统	瑞士 Medicel AG	20142044124
人工晶状体推进器	法国 CARL ZEISS MEDITEC SAS	20142043441
人工晶状体推注器	英国 Duckworth &;amp; Kent Ltd.	20142044717
人工晶状体推注器	英国 Duckworth & Kent Ltd.	20142044717
人工晶状体折叠夹(One Series)	美国 Abbott Medical Optics Inc.	20142043887
人工晶状体植入器	美国 Bausch&Lomb, Incorporated	20142046076
人工晶状体植入器(AccuJect)	瑞士 Medicel AG	20142041317
人工晶状体植入器(Nex-IJ)	日本 NIDEK Co., Ltd.	20142041474
人工晶状体植入器(Sofport Easy-Load)	美国 Bausch&Lomb, Incorporated	20142045599
手术用剪	德国 Precisemed GmbH	20141042735
眼科镊(Офтальмолог пинцет)	俄罗斯 Medin-Ural Co., Ltd	国械备20140230号
眼科手术刀	美国 Stephens Instruments	20142041041
眼科手术刀(Laseredge)	美国 Bausch&Lomb, Incorporated.	20142040408
眼科手术剪	俄罗斯 Cilita LLC	20141042268
眼科手术镊	俄罗斯 Cilita LLC	20141042267
眼科手术器械	德国 Precisemed GmbH	国械备20140136号
眼科手术用剪	美国 Stephens Instruments	20141040804
眼科用镊	德国 Precisemed GmbH	20141042406
眼用持针钳	俄罗斯 Medin-Ural Co., Ltd	国械备20140231号
眼用剪(Офтальмолог ножницы)	俄罗斯 Medin-Ural Co., Ltd	国械备20140229号
一次性使用塑柄眼科手术刀	日本 FEATHER SAFETY RAZOR CO.,LTD	20142040102
预装式虹膜扩张器	美国 OASIS Medical, Inc.	20142040834

6805 耳鼻喉科手术器械

鼻窦冲洗导管(Relieva Vortex 2)	美国 Acclarent, Inc.	20142054602
鼻窦导引导管把手(Relieva SidekickTM LP)	美国 Acclarent, Inc.	20142052409
鼻科手术器械	德国 MEDICON eG	20141052639
耳鼻喉科手术器械	美国 Medtronic Xomed, Inc.	20141050109
耳鼻喉科手术器械	美国 Medtronic Xomed, Inc.	20141051869
耳鼻喉科手术器械	美国 Medtronic Xomed, Inc.	20141051873
耳鼻喉科手术器械(蛇牌)	德国 AESCULAP AG	20141052722
耳鼻喉科用刀	德国 Richard Wolf GmbH	20141050475
耳鼻喉科用剪	德国 Richard Wolf GmbH	20141050476
耳鼻喉科用器械	德国 Richard Wolf GmbH	20141051459
耳鼻喉科用器械	德国 Richard Wolf GmbH	20141051460

耳鼻喉科用牵开器和拉钩	德国 Richard Wolf Gmbh	20141050269
耳鼻喉科用钳、镊	德国 Richard Wolf GmbH	20141051222
骨传导植入式听力解决方案手术器械	瑞典 Cochlear Bone Anchored Solutions AB	20141052603
骨传导植入式听力解决方案手术器械套件	瑞典 Cochlear Bone Anchored Solutions AB	20141051803

6806 口腔科手术器械

拔牙刀(Luxator)	瑞典 Directa AB	20141060814
拔牙钳	巴基斯坦 Towne Brothers (Pvt.) Limited	20141062428
拔牙钳	巴基斯坦 Medisporex Pvt.Ltd.	20141062647
彩色树脂柄刮牙器	美国 Hu-Friedy Mfg. Co., LLC	20141060838
彩色牙探针	美国 Hu-Friedy Mfg. Co., LLC	20141060839
超声根管治疗头(START-X)	瑞士 MAILLEFER INSTRUMENTS HOLDING SARL.	20142060259
成型片	瑞士 Polydentia SA	20141062609
成型片及配套工具(Palodent)	美国 DENTSPLY Caulk	20141062714
成形片夹	巴基斯坦 Medisporex Pvt.Ltd.	20141062422
成形片夹	巴基斯坦 Towne Brothers (Pvt.) Limited	20141062431
成形片套装	日本 株式会社ＹＤＭ	20141061040
带环推置器	巴基斯坦 Towne Brothers (Pvt.) Limited	20141062614
根管充填器(BL-S Kondenser)	韩国 B&L Biotech, Inc	20141060835
根管锉	美国 Coltène/Whaledent, Inc.	20142064523
根管锉	韩国 DiaDent Group International	国械备 20140025 号
根管锉针	法国 MICRO-MEGA SA	20141061319
根管刷	德国 Coltène/Whaledent GmbH + Co. KG	国械备 20140112 号
骨测量卡钳	日本 株式会社 YDM	20141062715
骨穿孔钳	日本 株式会社 YDM	20141062716
骨挤压器	美国 Hu-Friedy Mfg. Co., LLC	20141060507
金冠剪	巴基斯坦 Medisporex Pvt.Ltd.	20141062276
金冠剪	巴基斯坦 Towne Brothers (Pvt.) Limited	20141062616
开口器	巴基斯坦 Medisporex Pvt.Ltd.	20141062419
开口器	巴基斯坦 Towne Brothers (Pvt.) Limited	20141062619
口镜	瑞士 Degradable Solutions AG	20141062028
口镜	巴基斯坦 Towne Brothers (Pvt.) Limited	国械备 20140055 号
螺丝起	意大利 Easyfor Medical Device Srl	国械备 20140223 号
螺丝起	以色列 Cortex Dental Implants Industries Ltd.	国械备 20140226 号
螺丝起	瑞典 Nobel Biocare AB	国械备 20140285 号
螺丝起	以色列 Alpha-Bio Tec Ltd.	国械备 20140371 号
麻醉剂助推器	德国 Heraeus Kulzer GmbH	20141061229
麻醉剂助推器	韩国 BIODENT CO., LTD	20141061461
镍钛质手用根管器械	日本 马尼株式会社	20141061231
扭力扳手	美国 ZUGA MEDICAL, INC.	国械备 20140173 号
扭力扳手	以色列 Cortex Dental Implants Industries Ltd.	国械备 20140227 号
扭力扳手	以色列 Alpha-Bio Tec Ltd.	国械备 20140364 号
排龈线填塞器	日本 株式会社ＹＤＭ	20141061039
牵开器	巴基斯坦 Medisporex Pvt.Ltd.	20141062423
牵开器	巴基斯坦 Towne Brothers (Pvt.) Limited	20141062427
琼脂印模材料注射器	巴基斯坦 Towne Brothers (Pvt.) Limited	国械备 20140065 号
取骨器	韩国 Dentium Co., Ltd.	20142066065
取骨器	韩国 Dentium Co., Ltd.	20142066065
去冠器	巴基斯坦 Medisporex Pvt.Ltd.	20141062642
去冠器	巴基斯坦 Towne Brothers (Pvt.) Limited	20141062652
乳牙预成冠	美国 3M ESPE Dental Products	国械备 20140092 号
上颌窦提升器	以色列 Alpha-Bio Tec Ltd.	国械备 20140365 号
手动锉针	法国 MICRO-MEGA SA	20141062610
输送器	美国 Ultradent Products Inc.	20141062604
水门汀充填器	巴基斯坦 Towne Brothers (Pvt.) Limited	国械备 20140064 号
剔挖器	巴基斯坦 Towne Brothers (Pvt.) Limited	20141062429
剔挖器	巴基斯坦 Medisporex Pvt.Ltd.	20141062650
橡皮障打孔器	巴基斯坦 Medisporex Pvt.Ltd.	20141062270
橡皮障打孔器	巴基斯坦 Towne Brothers (Pvt.) Limited	20141062613

银汞合金充填器	巴基斯坦 Towne Brothers (Pvt.) Limited	国械备20140066号
银汞合金输送器	巴基斯坦 Towne Brothers (Pvt.) Limited	国械备20140068号
引流袋系统	芬兰 Serres Oy	20141060811
印模帽(Adaptor)	韩国 DIO Corporation	20141061321
粘固粉调刀	巴基斯坦 Medisporex Pvt.Ltd.	20141062282
粘固粉调刀	巴基斯坦 Towne Brothers (Pvt.) Limited	20141062430
正畸器械	美国 Hu-Friedy Mfg. Co., LLC	20141061369
正畸钳	巴基斯坦 Medisporex Pvt.Ltd.	20141062275
正畸钳	巴基斯坦 Towne Brothers (Pvt.) Limited	20141062288
种植辅助器械	意大利 B.&B.Dental s.r.l	国械备20140150号
种植工具	瑞士 Cendres +Métaux SA	20141061364
种植手术器械	意大利 C-TECH Implant S.r.l.	20141061792
种植体辅助用工具	英国 Neoss Limited	20141061359
种植体辅助用工具	德国 ALTATEC GmbH	20141061811
种植体工具	德国 bredent GmbH & Co.KG	20142063009
种植体配套工具	德国 ALTATEC GmbH	20141061809
种植体配套用工具	德国 BEGO Implant Systems GmbH & Co. KG	20141060491
种植体配套用工具	美国 Zimmer Dental, Inc.	20141061353
种植体手术工具	德国 ALTATEC GmbH	20141061810
种植体系统工具	韩国 KJ MEDITECH Co.,Ltd	国械备20140102号
种植系统用工具	德国 Dentsply Implants Manufacturing GmbH	20141060924(更)
种植用手术导板	韩国 Genoss Co., Ltd.	国械备20140279号
种植用手术导板	韩国 DIO Corporation	国械备20140299号
自动去冠器套装	日本 株式会社YDM	20141061387

6807 胸腔心血管外科手术器械

瓣膜安装工具套件(ThruPort)	美国 Edwards Lifesciences LLC	20142070741
测瓣器	美国 Medtronic Inc.	国械备20140239号
打孔器	美国 Teleflex Medical	20142072463
冠状动脉分流栓(Flo-Thru)	美国 Synovis Surgical Innovations, a Division of Synovis Life Technologies, Inc. (A Subsidiary of Baxter International Inc.)	20143076178
人工心脏瓣膜测瓣器套件	美国 St. Jude Medical	国械备20140359号
推结器(ThruPort)	美国 Edwards Lifesciences LLC	20142070260
心血管外科手术钳	德国 August Reuchlen GmbH	20142075546
胸骨撑开器(Octobase)	美国 Medtronic Inc.	20141070303
胸腔心血管外科手术器械	德国 AESCULAP AG	20141072711
胸腔心血管外科手术器械	德国 AESCULAP AG	20142075623
一次性血管夹	瑞士 BIOVER AG	20142072273

6808 腹部外科手术器械

导引器械	美国 Cook Incorporated(库克公司)	20142080483
环形牵开器	美国 Symmetry Surgical A Div of Symmetry Medical	国械备20140271号
内镜用气囊控制器	日本 富士胶片株式会社	20142086049
气腹针	德国 SOPRO-COMEG GmbH	国械备20140069号

6809 泌尿肛肠外科手术器械

泌尿科手术器械	德国 Tekno-Medical Optik-Chirurgie GmbH	20141091808
支撑棒(康复乐支撑棒)	美国 ConvaTec Inc.	20142093375
痔吻合器及附件	美国 Covidien llc	20142094751

6810 矫形外科(骨科)手术器械

扳手	瑞士 Synthes GmbH	国械备20140307号
扳手	法国 SCIENT'X SAS	国械备20140350号
半月板修补器械	美国 Smith & Nephew Inc.	20142102747
半月板修补器械	美国 Smith & Nephew Inc.	20142102747
背部支具	德国 medi GmbH & Co.KG	国械备20140078号

鼻夹板	韩国 KEOSAN TRADING CO	国械备 20140063 号
鼻外夹板(热塑鼻外夹板，铝衬鼻外夹板)	美国 Invotec International Inc.	20141100502
臂部支具	德国 medi GmbH & Co.KG	国械备 20140080 号
测深器	瑞士 Synthes GmbH	国械备 20140321 号
持棒钳	法国 SYNIMED s.àr.l.	国械备 20140270 号
持骨钳	瑞士 Synthes GmbH	国械备 20140326 号
创伤手术工具	美国 Biomet Trauma	20142103825
创伤通用手术工具	美国 Biomet Trauma	20141101245
创伤外科手术器械	瑞士 Synthes GmbH	20141102662
打入器	瑞士 Synthes GmbH	国械备 20140322 号
大骨动力器械	美国 Stryker Instruments	20142103987
单侧多功能外固定器	韩国 BK Meditech Co.,Ltd	20142100301
电动石膏锯	瑞士 Oscimed SA	20141100190
电动式骨手术器械	日本 株式会社 中西/株式会社ナカニシ	20142101767
电动式骨手术器械(Primado2)	日本 株式会社 中西	20142102985
钉板安装手术器械	匈牙利 Sanatmetal Orthopaedic&Traumatologic Equipment Manufacturer Ltd	20141100745
动力系统	美国 Linvatec Corporation D/B/A ConMed Linvatec	20142106090
跗骨螺钉工具(HyProCure)	美国 GraMedica	20141101259(更)
钢板弯曲钳	瑞士 Synthes GmbH	国械备 20140323 号
肱骨近端骨板系统工具	以色列 CarboFix Orthopedics Ltd.	20141102400
肱骨用髓内钉系统工具	以色列 CarboFix Orthopedics Ltd	20141101221
骨测量器	瑞士 Synthes GmbH	国械备 20140309 号
骨成型球囊	美国 Medtronic Sofamor Danek USA, Inc.	20143100864
骨成型球囊	美国 Medtronic Sofamor Danek USA, Inc.	20143104995
骨成型球囊(Xpander II)	美国 Medtronic Sofamor Danek USA, Inc.	20143103855
骨锤	瑞士 Synthes GmbH	国械备 20140342 号
骨锉	爱尔兰 DePuy Ireland	国械备 20140360 号
骨刀套件(Renovation)	瑞士 Smith&Nephew Orthopaedics AG	20142103007
骨导引针	瑞士 Synthes GmbH	国械备 20140303 号
骨定位针	瑞士 Synthes GmbH	国械备 20140312 号
骨动力器械附件	美国 Stryker Instruments	20142106119
骨动力系统(System 6)	美国 Stryker Instruments	20142102800
股骨胫骨用髓内钉系统工具	以色列 CarboFix Orthopedics Ltd	20141101236
股骨头坏死重建棒配套工具组合(Trabecular Metal)	美国 Zimmer Trabecular Metal Technology, Inc.	20141101033
骨刮匙	瑞士 Synthes GmbH	国械备 20140327 号
骨关节手术器械	美国 DePuy Mitek	国械备 20140151 号
骨铰刀	美国 Wright Medical Technology, Inc.	国械备 20140228 号
骨科定位片	瑞士 Synthes GmbH	国械备 20140313 号
骨科复位钳	瑞士 Synthes GmbH	国械备 20140311 号
骨科复位钳	法国 SCIENT'X SAS	国械备 20140348 号
骨科牵引架	德国 MAQUET GmbH	20141100947
骨科手术工具	美国 Biomet Microfixation	20141101225
骨科手术工具	芬兰 Inion Oy	国械备 20140141 号
骨科手术器械(Innomed)	美国 Innomed,Inc	20141100488
骨科手术器械(奥特)	德国 Ortho select GmbH	20141101913
骨科手术用锯片	美国 ConMed Corporation	20142101363(更)
骨科外科手术器械	巴基斯坦 ARSA ENTERPRISES	20141102627
骨科外科手术器械	德国 FEHLING INSTRUMENTS GmbH & Co. KG Germany	20141102710
骨科用撑开钳	瑞士 Synthes GmbH	国械备 20140328 号
骨科用螺丝刀	瑞士 Synthes GmbH	国械备 20140320 号
骨科用手术器械	日本 株式会社ナカニシ	20142101313
骨科钻孔瞄准器	瑞士 Synthes GmbH	国械备 20140341 号
骨科钻头	瑞士 Synthes GmbH	国械备 20140324 号
骨牵引针	瑞士 Synthes GmbH	国械备 20140316 号
骨桥可重复使用手术器械	奥地利 VIBRANT MED-EL Hearing Technology GmbH	国械备 20140143 号
骨水泥工具	英国 DePuy International Limited Trading as DePuy CMW	20142102892
骨水泥工具(Zimmer)	美国 Zimmer, Inc.	20142106120
骨水泥输送装置(OnControl)	美国 Vidacare Corporation	20142105009
骨水泥真空混合系统(Zimmer)	美国 Zimmer Surgical, Inc.	20142103439

骨探针	瑞士 Synthes GmbH	国械备 20140306 号
骨用牵开器	瑞士 Synthes GmbH	国械备 20140347 号
骨用丝锥	美国 Encore Medical, L.P.	国械备 20140014 号
骨用丝锥	德国 bricon GmbH	国械备 20140157 号
骨凿	瑞士 Synthes GmbH	国械备 20140346 号
固定针	瑞士 Synthes GmbH	国械备 20140276 号
固定针	瑞士 Synthes GmbH	国械备 20140339 号
关节手术工具	美国 Howmedica Osteonics Corp.	20141101882
颌面外科基础手术器械	德国 Gebrüder Martin GmbH &Co. KG	20141100742
后路腰椎椎间融合器手术工具(ROI)	法国 LDR Medical	20141100136
护套	瑞士 Synthes GmbH	国械备 20140305 号
环扎系统-手术工具	美国 Kinamed, Inc.	国械备 20140144 号
脊柱产品手动工具(Dynesys Top-Loading Spinal System)	美国 Zimmer Spine, Inc.	20141100754
脊柱横联接装置工具	法国 Stryker Spine S.A.S.	20141100273
脊柱内固定配套工具	法国 Stryker Spine S.A.S.	国械备 20140137 号
脊柱内固定系统工具	法国 Stryker Spine S.A.S.	20141101239
脊柱内固定系统手术工具(LOSPA IS)	韩国 Corentec Co., Ltd.	20141100747(更)
脊柱配套工具	美国 DePuy Spine, Inc.	20142101802
脊柱牵开器	美国 KOROS USA, INC.	国械备 20140287 号
脊柱手术工具	美国 Tecomet Inc.	20141100751
脊柱手术工具	美国 Medtronic Sofamor Danek USA, Inc.	20141100755
脊柱手术工具	美国 Medtronic Sofamor Danek USA, Inc.	20141102638
脊柱通用内固定器专用工具包	匈牙利 Mediox Orvosi Muszergyarto Kft.	20141101804
脊柱外科手术工具(Anyplus)	韩国 GS Medical Co., Ltd.	20141101241
脊柱外科手术工具(Anyplus)	韩国 GS Medical Co., Ltd.	20141101242
脊柱外科手术工具(Anyplus)	韩国 GS Medical Co., Ltd.	20141101243
脊柱外科手术工具(Anyplus)	韩国 GS Medical Co., Ltd.	20141101801
脊柱外科手术工具(Helix)	美国 NuVasive, Inc.	20141100147
脊柱外科手术工具(SKY)	韩国 GS Medical Co., Ltd.	20141101240
脊柱外科手术工具(Spartan S3)	美国 Amendia, Inc.	20141102602
脊柱外科手术工具(SpheRx)	美国 NuVasive, Inc.	20141102726
脊柱外科手术工具(XLP)	美国 NuVasive, Inc.	20141102725
脊柱外科用工具	瑞士 Synthes GmbH	20141102692
脊柱外科用工具	瑞士 Synthes GmbH	20142103402
脊柱外科用工具	瑞士 Synthes GmbH	20142103449
脊柱外科用工具(SYNTHES)	瑞士 Synthes GmbH	20141100285
脊柱微创操作系统工具	法国 Stryker Spine S.A.S.	国械备 20140138 号
脊柱微创产品配套工具	美国 DePuy Spine	20141100160
脊柱微创产品配套工具	美国 DePuy Spine, Inc.	20142101224
脊柱用手术工具	美国 Medtronic Sofamor Danek USA, Inc.	20141100271
脊柱用手术工具	美国 Medtronic Sofamor Danek USA, Inc.	20141102630
脊柱用手术工具	美国 Medtronic Sofamor Danek USA, Inc.	20141102633
脊柱用手术工具	美国 Medtronic Sofamor Danek USA, Inc.	20142105547
脊柱椎间融合产品配套工具	美国 DePuy Spine, Inc.	20142101043
脊柱椎间融合产品配套工具	美国 EBI, LLC	20142102750
脊柱椎间融合产品配套工具	美国 EBI, LLC	20142102750
夹板(3MTM ScotchcastTM 夹板)	德国 3M Deutschland GmbH	20141102520
肩部支具	德国 medi GmbH & Co. KG	国械备 20140079 号
肩关节手术工具	美国 Biomet Orthopedics	20142102266
肩袖肌肉缝合器工具	以色列 T.A.G. Medical Products Corporation Ltd.	20141102632
剪切钳	瑞士 Synthes GmbH	国械备 20140308 号
交叉韧带重建导向系统	美国 Smith&Nephew Inc.	20142100744
接骨板螺钉工具系统	美国 Smith & Nephew, Inc.	20141101795
紧凑型动力系统	瑞士 Synthes GmbH	20142101007
经皮椎间盘切除器	意大利 GALLINI 有限公司	20143102952
经皮椎间盘切除器(Dekompressor)	美国 Stryker Instruments	20143103983
颈椎产品配套工具(Skyline, Discover)	美国 DePuy Spine	20141100446
颈椎前路钢板系统配套工具(Aviator)	法国 Stryker Spine S.A.S.	20141100490
颈椎组织牵开器	美国 KOROS USA, INC.	国械备 20140288 号
锯片	德国 MEDICON eG	20142100270

聚左旋乳酸骨固定系统配套工具-钻头与手锥	日本 郡是株式会社	20142104121
聚左旋乳酸可吸收骨固定系统配套工具	日本 グンゼ株式会社	国械备 20140081 号
卡式双动头置换手术工具	瑞士 Smith&Nephew Orthopaedics AG	20141101065
开路器	瑞士 Synthes GmbH	国械备 20140314 号
快装手柄	瑞士 Synthes GmbH	国械备 20140325 号
髋关节假体工具	瑞士 Mathys Ltd Bettlach	20141100410
髋关节假体配套工具(Accolade II)	美国 Howmedica Osteonics Corp.	20141101238
髋关节假体配套工具组合	瑞士 Zimmer GmbH	20141100837
髋关节假体用手术器械	日本 京セラメディカル株式会社	20142103004
髋关节手术工具	美国 Biomet Orthopedics	20142101371
髋关节手术工具	英国 DePuy International Ltd.	20141102635
髋关节手术工具(Exceed ABT)	英国 Biomet UK LTD.	20141100156
髋关节手术工具(G7)	英国 Biomet UK LTD.	20141102640
髋关节手术工具(RECLAIM)	爱尔兰 DePuy (Ireland)	20141100752
髋关节手术工具(Tri-lock)	美国 DePuy Orthopaedics, Inc.	20141100272
髋关节手术器械(DYNASTY)	美国 Wright Medical Technology, Inc.	20141102734
髋关节手术器械(GLADIATOR)	美国 MicroPort Orthopedics Inc.	20141101318(更)
髋关节手术器械(Lineage)	美国 Wright Medical Technology, Inc.	20141100750
髋关节手术器械(MIS)	美国 Wright Medical Technology, Inc.	20141100756
髋关节手术器械(PROFEMUR)	美国 Wright Medical Technology, Inc.	20141101907
髋关节置换系统手术工具(BENCOX)	韩国 Corentec Co., Ltd.	20141100474(更)
髋臼杯系统工具	美国 DePuy Orthopaedics, Inc.	国械备 20140147 号
髋臼锉	美国 Smith & Nephew, Inc.	国械备 20140240 号
髋臼锉(Reamer)	美国 Mako Surgical Corp.	20142102751
髋臼锉(Reamer)	美国 Mako Surgical Corp.	20142102751
髋臼置换手术工具(EP-FIT PLUS)	瑞士 Smith & Nephew Orthopaedics AG	20141101185
颅面修复系统-手术工具	美国 Kinamed, Inc.	国械备 20140145 号
内窥镜手术手动工具	美国 Smith &Nephew, Inc. Endoscopy Division	20142104720
气动动力系统(Zimmer)	瑞士 Zimmer Surgical SA	20142104223
气动咬骨钳	德国 Aesculap AG	20142102297
牵引装置	韩国 HANIL TM CO. LTD	20142101985
取钉器	瑞士 Synthes GmbH	国械备 20140304 号
全髋关节置换手术手动工具	美国 Smith & Nephew, Inc.	国械备 20140087 号
桡骨远端骨板系统工具	以色列 CarboFix Orthopedics Ltd.	20141101908
人工椎间盘配套工具	美国 DePuy Spine	20141100137
软骨移植器械	美国 Smith & Nephew Inc.	20142104515
软性矫形器	法国 THUASNE	20141100152
上肢关节固定器	美国 Mueller Sports Medicine, Inc.	国械备 20140130 号
试模	瑞士 Synthes GmbH	国械备 20140040 号
试模	美国 Howmedica Osteonics Corp.	国械备 20140219 号
试模	美国 Exactech, Inc.	国械备 20140250 号
试模	瑞士 Smith & Nephew Orthopaedics AG	国械备 20140363 号
手足踝骨内固定螺钉系统手术工具	美国 Extremity Medical, LLC	20141102634
丝攻	法国 STRYKER SPINE, INC	国械备 20140211 号
丝攻	美国 STRYKER SPINE, INC	国械备 20140294 号
丝攻	瑞士 Synthes GmbH	国械备 20140310 号
髓核钳	美国 ELLIQUENCE LLC	20142100749
髓腔扩大器	美国 Microport Orthopedics, Inc.	国械备 20140039 号
锁针加压器	瑞士 Synthes GmbH	国械备 20140319 号
填充块	瑞士 Synthes GmbH	国械备 20140302 号
臀部支具	德国 medi GmbH & Co. KG	国械备 20140077 号
外科动力系统(Spiggle)	德国 Spiggle & Theis Medizintechnik GmbH	20142100583
微创牵开器	美国 Medtronic Sofamor Danek USA, Inc.	国械备 20140047 号
膝盖支具	德国 medi GmbH & Co. KG	国械备 20140071 号
膝关节翻修手术工具	美国 Howmedica Osteonics Corp.	国械备 20140139 号
膝关节翻修手术工具(Vanguard 360)	美国 Biomet Orthopedics	20141102608
膝关节辅助定位工具	加拿大 Zimmer CAS	20141101373
膝关节固定器	法国 THUASNE	国械备 20140046 号
膝关节假体配套工具组合(Trabecular Metal Shapes)	美国 Zimmer Trabecular Metal Technology, Inc.	20141100487
膝关节手术工具	瑞士 Mathys Ltd Bettlach	20141100411

膝关节手术工具	爱尔兰 DePuy(Ireland)	20141100478
膝关节手术工具	美国 DePuy Orthopaedics, Inc.	20141101227
膝关节手术工具(Triathlon)	美国 Howmedica Osteonics Corp.	20141102637
膝关节手术器械	美国 Synvasive Technology, Inc.	国械备20140152号
膝关节手术器械	美国 Smith & Nephew, Inc.	国械备20140291号
膝关节系统手术工具(LOSPA)	韩国 Corentec Co., Ltd.	20141101799(更)
膝关节系统手术工具(LOSPA)	韩国 Corentec Co., Ltd.	20141101800(更)
下肢骨折整复器	瑞士 Synthes GmbH	国械备20140317号
下肢关节固定器	美国 Mueller Sports Medicine, Inc.	国械备20140086号
显微测量尺(科琅淳 Microscale)	日本 株式会社河野製作所	20141100492
小型电池骨动力手机	美国 Stryker Instruments	20142102218
小型电动系统	瑞士 Synthes GmbH	20142101006
悬吊固定环用工具	美国 Linvatec Corporation d/b/a ConMed Linvatec	20142102676
压缩钳	法国 SCIENT'X SAS	国械备20140349号
腰椎椎间融合器手术工具(ROI-T)	法国 LDR MEDICAL	20141102721
咬骨钳	德国 Max Hauser Süddeutsche Chirurgie-Mechanik GmbH	国械备20140275号
一次性标记钉	美国 MAKO Surgical Corp.	20142104123
一次性骨针	美国 MAKO Surgical Corp.	20142106072
一次性使用手术器械	美国 DePuy Mitek	20142102899
一次性使用椎弓根探针和探头	美国 Medtronic Sofamor Danek USA, Inc.	20143102939
一次性使用钻头	美国 Medtronic Powered Surgical Solutions	20142100471
一次性使用钻头	美国 Medtronic Xomed, Inc.	20142102749
一次性使用钻头	美国 Medtronic Xomed, Inc.	20142102749
医用高分子夹板	韩国 Join Enterprise Co., Ltd	国械备20140203号
医用固定带	韩国 Join Enterprise Co., Ltd	国械备20140200号
婴儿颅骨矫形固定器	韩国 AIMMED CO., Ltd.	20142103437
真空骨水泥混合/传输系统	法国 Biomet France SARL	20142104595
椎板咬骨钳	德国 MEDICON eG	20142106121
椎间融合器辅助工具(Fidji Lumbar)	法国 Zimmer Spine	20142104125
椎间融合器手术工具	美国 Pioneer Surgical Technology, Inc.	20141100893
椎间融合器手术工具	美国 Pioneer Surgical Technology, Inc.	20142101230
椎体成形导引系统	美国 Medtronic Sofamor Danek USA, Inc.	20142103372
椎体融合器手术工具	法国 SPINEWAY S.A.S	20141101246
钻头	法国 ALCIS	20142104605

6812 妇产科用手术器械

宫颈采样器	德国 QIAGEN GmbH	20142123831

6813 计划生育手术器械

玻化冻存管	丹麦 ORIGIO a/s	20142132744
玻化冻存管	丹麦 ORIGIO a/s	20142132744
玻化冻存管	丹麦 ORIGIO a/s	20142132744
带保护鞘的胚胎移植导管(Guardia)	美国 Cook Incorporated	20142133830
计划生育手术器械	德国 AESCULAP AG	20141131890
胚胎移植导管	日本 株式会社北里メディカル	20142133443
输卵管内移植套装	美国 Cook Incorporated	20143130622(更)

6815 注射穿刺器械

笔式胰岛素注射器(拜林笔 3)	波兰 Copernicus Sp. Z O.O.	20142155881
笔式胰岛素注射器(佳朋; Sci Lin Pen)	波兰 Copernicus Sp. Z O.O.	20142155882
笔式胰岛素注射器(优伴经典 HumaPen Luxura)	美国 Eli Lilly and Company Pharmaceutical Delivery Systems	20142152519
笔式注射器	瑞士 Ares Trading S.A.	20142150261
超声活检针(SonoTip)	德国 Medi-Globe GmbH	20143155583
超声活检针及附件	德国 Medi-Globe GmbH	20143151966
超声活检针及附件	美国 Beacon Endoscopic Corporation	20143153841
穿刺器(ENDOPATH®XCELTM with OPTIVIEWTM Technology)	美国 Ethicon Endo-Surgery, LLC	20142151219
穿刺器及其附件	美国 SurgiQuest, Inc.	20142156073
穿刺针	美国 Cook Incorporated	20143154571

穿刺针(介入穿刺针)	日本 株式会社 八光	20143152708
穿刺针及附件	美国 MERIT MEDICAL SYSTEMS, INC.	20143156106
单腔取卵针	澳大利亚 William A. Cook Australia, Pty. Ltd.	20142154674
导管皮下隧道工具	美国 Medtronic Inc.	20142153446
电极传送鞘管	美国 Medtronic Inc.	20143150877
动静脉留置针(动全康)	德国 B. Braun Melsungen AG	20143155611
动静脉留置针(英初康)	德国 B. Braun Melsungen AG	20143155025
钝末端注射针	法国 THIEBAUD S.A.S.	20143151270
房间隔穿刺针	美国 MERIT MEDICAL SYSTEMS, INC.	20143154150
房间隔穿刺针	美国 Cook Incorporated	20143155640
高压造影防针刺伤输液针套件	美国 Smiths Medical ASD, Inc.	20143150624
骨髓抽吸针(OnControl)	美国 Vidacare Corporation	20143154575
骨髓活检针(OnControl)	美国 Vidacare Corporation	20143154576
混合液体注射器	美国 Harvest Technologies Corp.	20143153839
活检器(活检器 Multiple Biopsy Device)	美国 Promex Technologies, LLC	20142154614
脊柱硬膜外微创导管	韩国 DIO MEDICAL CO., LTD.	20143151636
计算机控制麻醉系统用带针手柄	美国 Milestone Scientific, Inc.	20143150914
经皮酒精注射疗法针(经皮酒精注射疗法针)	日本 株式会社 八光	20143152706
经皮无水酒精注射针	日本 クリエート メディック株式会社	20143152858
经支气管抽吸针(eXcelon)	美国 Boston Scientific Corporation	20143154583
经支气管吸引活检针	美国 Broncus Medical, Inc.	20143155589
静脉留置针(Optiva)	英国 Smiths Medical International Ltd	20143154729
静脉留置针(英初康)	德国 B. Braun Melsungen AG	20143156107
口腔麻醉剂助推器	巴基斯坦 Towne Brothers (Pvt.) Limited	国械备 20140111 号
口腔用一次性注射针(口腔用森田注射针)	日本 ニプロ医工株式会社	20143155022
麻醉剂助推器	加拿大 NOVOCOL PHARMACEUTICAL OF CANADA INC.	国械备 20140116 号
内镜用注射针	德国 ENDO-FLEX GmbH	20143153687
内窥镜超声活检针及配件(Expect)	美国 波士顿科学公司	20143153901
内窥镜超声活检针及配件(Expect)	美国 Boston Scientific Corporation	20143154104
膀胱镜注射针	美国 Cook Incorporated	20143150900(更)
膀胱镜注射针(Injekt Cysto Flexible)	爱尔兰 Cook Ireland Limited	20143152535
皮下注射针	菲律宾 Terumo (Philippines) Corporation	20143152879
球囊膨胀注射器	美国 Medtronic Sofamor Danek USA, Inc.	20143155577
乳房活检与旋切系统	美国 Bard Peripheral Vascular, Inc.	20142156050
乳房旋切穿刺针及配件(EnCor Probe)	美国 SenoRx, Inc.	20143150066
乳腺定位针(Chesbrough)	美国 Bard Peripheral Vascular, Inc.	20143150935
乳腺定位针(Ghiatas)	美国 Bard Peripheral Vascular, Inc.	20143151392
射频热凝电极套管针	德国 英诺曼德医疗科技有限公司	20143152589
双腔卵母细胞回取系统(Wallace)	英国 Smiths Medical International Limited	20142155612
双腔取卵针	澳大利亚 William A. Cook Australia, Pty. Ltd.	20142156116
套管针	美国 Cook Incorporated	20143151260(更)
微细注射针(INJEKTTM)	美国 Cook Incorporated	20143153782
无针头移液注射器	美国 Harvest Technologies Corp.	20143153840
吸引活检针(吸引活检针)	日本 株式会社 八光	20143152709
吸引式手动活检针(吸引式手动活检针)	日本 株式会社タスク 惣社第一工厂	20143156132
一次性半自动活检针(NIPRO ELPICK)	日本 株式会社プラスチック・ホンダ	20143156020
一次性钝型动静脉瘘穿刺针(NIPRO BioHole Needle)	日本 ニプロ株式会社	20143155618
一次性活检针(Max-Core)	美国 Bard Peripheral Vascular, Inc.	20143150789
一次性静脉留置针	德国 Helm Medical GmbH	20143154839
一次性内镜用注射针	日本 オリンパスメディカルシステムズ株式会社	20143153661
一次性内镜用注射针(InjectorForce Max)	日本 奥林巴斯医疗株式会社	20143153386
一次性使用泵用注射器(Omnifix® Luer Lock Solo)	德国 B. Braun Melsungen AG	20143154728
一次性使用采血针	日本 ニプロ株式会社	20143153398
一次性使用穿刺针套件(EZ-IO)	美国 Vidacare Corporation	20143151914
一次性使用动静脉留置针(JMS 安全式留置针)	日本 株式会社 JMS	20143154111
一次性使用动静脉留置针(Supercath)	日本 東郷メデイキット株式会社	20143150283
一次性使用动静脉留置针(八光 EV 导管针)	日本 株式会社 八光	20143152707
一次性使用动静脉瘘穿刺针	日本 ニプロ株式会社	20143155619
一次性使用动静脉瘘穿刺针(NIPRO SAFETOUCH TULIP)	日本 ニプロ株式会社	20143155620
一次性使用房间隔穿刺针(BRK-1TM)	美国 St. Jude Medical	20143150106

一次性使用冠状动脉造影注射器(麦瑞通)	美国 Merit Medical Systems,Inc.	20143154737
一次性使用活检穿刺针	德国 PAJUNK GmbH Medizintechnologie	20143152324
一次性使用活检针	美国 Cook Incorporated	20143151896
一次性使用活检针	德国 Pajunk GmbH Medizintechnologie	20143153898
一次性使用静脉采血器(BD Vacutainer®)	美国 Becton Dickinson and Company	20143154669
一次性使用静脉留置针	日本 テルモ株式会社	20143152321
一次性使用静脉留置针(BD Angiocath™)	美国 Becton Dickinson Infusion Therapy Systems Inc.	20143154726
一次性使用静脉留置针(英全康 3)	德国 B.Braun Melsungen AG	20143155406
一次性使用静脉血样采集针	英国 Becton Dickinson and Company	20143153485
一次性使用留置针	日本 BIOTRONIK SE &Co.KG	20143150883
一次性使用留置针(尼赛安)	日本 ニプロ株式会社	20143154558
一次性使用密闭式加药注射器(Chemoshield Syringe)	日本 テルモ株式会社(泰尔茂株式会社)	20143153250
一次性使用锁扣式采血器(VACUTAINER® Brand Eclipse™)	美国 Becton Dickinson and Company	20143150798
一次性使用体内注射治疗针(Interject™)	美国 Boston Scientific Corporation	20143150916
一次性使用无菌牙科注射针(赛特洁 SEPTOJECT XL)	法国 SEPTODONT	20143150786
一次性使用无菌胰岛素注射器	美国 Becton,Dickinson and Company	20143150108
一次性使用无菌胰岛素注射器 带针(Omnican)	德国 B.Braun Melsungen AG,OPM	20143154721
一次性使用无菌注射器	美国 Becton Dickinson and company	20143150072
一次性使用无菌注射器 带/不带注射针	新加坡 Becton Dickinson Medical(S)Pte. Ltd.	20143154648
一次性使用无菌注射器 带针	西班牙 Becton Dickinson, S.A.	20143152332
一次性使用无菌注射针	美国 Becton Dickinson and company	20143152882
一次性使用无菌注射针	新加坡 Becton Dickinson Medical(S)Pte. Ltd.	20143154621
一次性使用无菌注射针(Eclipse)	美国 Becton Dickinson and Company	20143155979
一次性使用无菌注射针(NEOLUS NEEDLE)	比利时 TERUMO EUROPE N.V	20143150098
一次性使用无菌注射针(SafetyGlide)	美国 Becton Dickinson and Company	20143155980
一次性使用无菌注射针(TSK)	日本 株式会社タスク	20143154646
一次性使用无菌注射针(微型注射针)	以色列 NanoPass Technologies Ltd.	20143154569
一次性使用吸引活检针	日本 奥林巴斯医疗株式会社	20143154708
一次性使用吸引活检针(EZShot2)	日本 オリンパスメディカルシステムズ株式会社	20143153630
一次性使用注射笔用针头	美国 Becton Dickinson and Company	20143153403
一次性使用注射笔用针头	美国 Becton Dickinson and Company	20143154115
一次性使用注射射频手术穿刺针	美国 COSMAN MEDICAL,INC.	20143151845
一次性使用自毁型无菌注射器(BD SoloMed™)	西班牙 Becton Dickinson, S.A.	20143154750
一次性使用自毁型注射笔用针头	美国 Becton Dickinson and Company	20143151965
一次性无刃穿刺器	美国 Covidien llc	20142150830
一次性吸引活检针	日本 オリンパスメディカルシステムズ株式会社	20143155600
一次性吸引活检针	日本 オリンパスメディカルシステムズ株式会社	20143155604
一次性胰岛素笔用针头(Omnican fine)	德国 B.Braun Melsungen AG, OPM	20143154733
胰岛素注射笔针头(来得时)	韩国 Twobiens Co.,Ltd	20143153359
移植用运送套包	美国 Harvest Technologies Corp.	20143153856
注射笔用针(Clickfine)	瑞士 Ypsomed AG	20143154136
注射笔用针头	英国 Owen Mumford Limited	20143151853
注射笔用针头	英国 Owen Mumford Limited	20143156244
注射针	德国 Medi-Globe GmbH	20143156016
自毁型固定剂量疫苗注射器 固定针头(BD SoloMed™)	西班牙 Becton Dickinson, S.A.	20143151876

6816 烧伤(整形)科手术器械

气动植皮刀(Zimmer)	美国 Zimmer Surgical, Inc.	20142163260
整形外科手术器械	德国 AESCULAP AG	20141162723

6820 普通诊察器械

电子体温计	美国 Welch Allyn,Inc	20142203175
电子血压计	日本 欧姆龙健康医疗株式会社/オムロンヘルスケア株式会社	20142202184
电子血压计	日本 欧姆龙健康医疗株式会社	20142202566
电子血压计	日本 欧姆龙健康医疗株式会社	20142202567
红外电子温度计	意大利 TECNIMED SRL	20142204024
红外耳温计	美国 Welch Allyn, Inc.	20142200196
经期计算机	德国 VE Valley Electronics GmbH	20142200999

临床用变色体温计(艾美体温计)	美国 艾美国际医疗技术有限公司	20142203459
全自动血压计	日本 爱安德株式会社	20142200974
数字视力图表	韩国 HUVITZ CO.,LTD	20142204466
体温监测系统	新加坡 CADI SCIENTIFIC PTE LTD	20142202764
头灯	美国 QED, INC.	国械备20140295号
液晶视力表	日本 NIDEK CO.,LTD.	20142202564
医用红外体温计	韩国 EASYTEM Co.,Ltd	20142203500
自动电子血压计	日本 爱安德株式会社	20142203140

6821 医用电子仪器设备

24/48小时动态血压记录仪	瑞士 SCHILLER AG	20142211512
VQmTM呼吸热量监测仪附件	加拿大 Rostrum Medical Innovations Inc.	20142213149
半自动体外除颤器	德国 Metrax GmbH	20143215742
半自动体外除颤仪	法国 SCHILLER MEDICAL	20143212207
半自动体外除颤仪	韩国 CU Medical Systems,Inc.	20143212229
鼻呼吸量仪	英国 GM Instruments Ltd.	20142214165
鼻腔测压仪	德国 Rhino Lab GmbH	20142213257
便携式脑电多导睡眠记录仪	美国 CADWELL LABORATORIES,INC.	20142212382
便携式神经刺激仪(Plexygon)	意大利 VYGON ITALIA S.r.l.	20142212350
表面电极	丹麦 Alpine bioMed ApS	20142213935
冰点渗透压仪	德国 GONOTEC Gesellschaft fur Mess - und Regeltechnik mbH	20142214173
病人监护仪	美国 Spacelabs Medical,Inc.	20143212230
病人监护仪	美国 Spacelabs Medical,Inc.	20143212230
病人监护仪	美国 Philips Medical Systems	20143212237
病人监护仪	美国 Spacelabs Medical, Inc.	20143212834
病人监护仪	芬兰 GE Healthcare Finland Oy	20143212922
病人监护仪	芬兰 GE Healthcare Finland Oy	20143212942
病人监护仪	芬兰 GE Healthcare Finland Oy	20143212974
病人监护仪	芬兰 GE Healthcare Finland Oy	20143212977
病人监护仪	芬兰 GE Healthcare Finland Oy	20143212981
病人监护仪	美国 Ivy Biomedical Systems Inc.	20142213142
病人监护仪	美国 Spacelabs Medical, Inc.	20143213166
病人监护仪	美国 Spacelabs Healthcare, Inc.	20143214387
病人监护仪	德国 Philips Medizin Systeme Boeblingen GmbH	20143214508
病人监护仪	德国 Philips Medizin Systeme Boeblingen GmbH	20143214509
病人终端	德国 BIOTRONIK SE &Co.KG	20143211170
测试刺激电极	美国 Mcdtronic Inc.	20143215274
测试刺激电极	美国 Medtronic Inc.	20143215275
程控仪(Merlin)	美国 St. Jude Medical Cardiac Rhythm Management Division	20142212580
冲击波治疗仪	意大利 ELETTRONICA PAGANI SRL	20142214004
除颤电极	奥地利 Leonhard Lang GmbH	20142215809
除颤电极导线	美国 Medtronic,Inc.	20143210076
除颤电极导线(Durata)	美国 St. Jude Medical Cardiac Rhythm Management Division	20143210597
除颤电极导线	美国 Medtronic Inc.	20143212113
除颤监护仪	法国 SCHILLER MEDICAL	20143210976
除颤起搏监护仪	美国 ZOLL Medical Corporation	20143215484
传感器	美国 迈心诺公司	20142215103
传感器	美国 Masimo Corporation	20142215317
传感器	美国 Masimo Corporation	20142215321
传感器	美国 Masimo Corporation	20142215324
传感器	美国 Masimo Corporation	20142215871
刺激记录电极	德国 inomed Medizintechnik GmbH	20142211209
单螺旋胎儿头皮电极	美国 Philips Medical Systems	20143210769
单探针碎石仪	美国 Med-Sonics Corporation	20143213422
电磁辅助刺激仪(Orthopulse)	荷兰 Ossatec Benelux B.V.	20142215808
电导分析仪	法国 IMPETO MEDICAL	20142211488
电动动力系统工具	德国 Aesculap AG	20142215037
电生理标测仪(商品名:EnSite Velocity System)	美国 St.Jude Medical	20143211339
电生理刺激仪(商品名:EP-4)	美国 St. Jude Medical	20143211756

电生理导航系统(商品名:CARTO 3)	以色列 Biosense Webster(Israel)Ltd.	20143210377
电生理及血液动力学记录系统	美国 GE Medical Systems Information Technologies, Inc	20143212164
电生理记录系统	美国 GE Medical Systems Information Technologies, Inc	20143212163
电生理诊断导管(MultiCath)	德国 VascoMed GmbH	20143212373
电子肺功能测量仪	日本 チェスト株式会社/日本CHEST株式会社	20142210318
电阻抗乳腺测试仪	俄罗斯 PKF“SIM-Technika”,Ltd.	20142212983
动脉生理检测仪	瑞典 St.Jude Medical Systems AB	20143215418
动态心电分析系统	美国 Cardiac Science Corporation	20143213419
动态心电记录盒	英国 Spacelabs Healthcare Ltd.	20142212582
动态心电记录盒	英国 Spacelabs Healthcare Ltd.	20142212990
动态心电记录器	美国 Diagnostic Monitoring Software	20142211172
动态心电记录仪	美国 MORTARA INSTRUMENT INC.	20142211161
动态心电记录仪	美国 MORTARA INSTRUMENT INC.	20142212155
动态心电记录仪	匈牙利 LABTECH Kft.	20142215944
动态血压测量记录系统	英国 Spacelabs Healthcare Ltd.	20142213258
多导睡眠记录系统	加拿大 Embla Systems	20142212212
多导睡眠记录仪	美国 Respironics, Inc.	20142211659
多导睡眠记录仪	澳大利亚 Compumedics Limited	20142212156
多导睡眠记录仪	澳大利亚 Compumedics Limited	20143212157
多点温度传感器	以色列 Galil Medical	20143212957
多普勒胎心仪	日本 东一株式会社(トーイツ株式会社)	20142215520
耳鼻诊断仪	德国 ATMOS Medizintechnik GmbH & Co.KG	20142212383
耳声发射测试仪(MADSEN)	丹麦 GN OTOMETRICS A/S	20142212397
耳声发射和诱发电位放大器	俄罗斯 ООО “Нейрософт”	20142211002
耳声发射筛查仪	美国 Diagnostic Group LLC, DBA Grason-Stadler	20142210025
耳声发射仪	日本 理音株式会社/リオン株式会社	20142213499
肺测试仪	德国 Geratherm Respiratory GmbH	20142214045
肺功能测定仪	意大利 MIR S.R.L.-MEDICAL INTERNATIONAL RESEARCH	20142214280
肺功能测量仪	英国 BTL Industries Limited	20142210523
肺功能测试仪	美国 PMD Healthcare	20142210522
肺功能仪	日本 チェスト株式会社/日本CHEST株式会社	20142210325
肺功能仪	瑞士 ndd Medizintechnik AG	20142210520
肺功能仪	日本 株式会社フクダ産業/日本福田产业株式会社	20142213164
肺功能仪	德国 eResearchTechnology GmbH	20142214801
肺功能仪	瑞士 SCHILLER AG	20142215303
肺叶通气功能检查仪	瑞士 Pulmonx International SARL	20142210628
分流管调压器(Codman)	美国 Codman & Shurtleff,Inc.	20143215982
功能神经外科生理导航系统	以色列 Alpha Omega Engineering Ltd.	20143212228
鼓膜刺激仪	韩国 CHAMMED Co., LTD	20142213497
光纤膀胱测压系统(Lumax TS Pro)	美国 CooperSurgical Inc.	20142212209
喉返神经电极	意大利 SPES MEDICA S.r.l.	20142211203
呼出一氧化氮测定系统	瑞典 Aerocrine AB	20142215522
呼末二氧化碳检测仪	瑞典 Masimo Sweden AB	20142215518
呼吸机睡眠监测工作站	澳大利亚 ResMed Limited	20142211768
患者程控仪	美国 Advanced Neuromodulation Systems, Inc.	20143214225
肌电/诱发电位头盒	俄罗斯 Neurosoft Ltd	20142210203
肌电图/诱发电位仪(Focus)	丹麦 Alpine bioMed ApS	20142210521
肌电图针电极	意大利 SPES MEDICA S.r.l.	20142210987
肌电诱发电位系统	意大利 Micromed S.p.A.	20142211766
肌松测量仪	爱尔兰 Organon (Ireland) Ltd.	20142215302
脊柱神经术中测量仪	美国 NuVasive, Inc	20143214053
脊柱神经术中测量仪用附件	美国 NuVasive, Inc	20143214054
间歇脉冲加压抗栓系统	美国 DJO, LLC	20142215852
脚压检测仪	韩国 alFOOTs Co., Ltd	20142214212
经皮电神经刺激器	韩国 Medirune Co., Ltd	20142213939
经皮电神经刺激器(HiCare-LADY)	韩国 Womens Care	20142215818
经皮神经低频电刺激仪	比利时 STX-Med Sprl	20142212368
静脉定位仪	美国 AccuVein Inc.	20142214052
咳痰机	美国 Respironics,Inc	20142214307
可高压灭菌针电极	丹麦 Alpine bioMed ApS	20142214214

可重复使用血氧饱和度传感器	日本 光電工業株式会社(日本光电工业株式会社)	20142212044
客观听觉测试平台	丹麦 Interacoustics A/S	20142210209
蓝牙式心电记录仪	以色列 SHL Telemedicine International Ltd.	20142211662
立体定向系统	瑞典 Elekta Instrument AB	20142216130
连续神经丛阻滞套件(Contiplex D)	德国 B. Braun Melsungen AG	20143213347
临时起搏电极	德国 MAQUET Cardiopulmonary AG	20143210975
临时起搏电极	德国 MAQUET Cardiopulmonary AG	20143213731
临时起搏器	德国 livetec Ingenieurbüro GmbH	20143214230
颅内压测量及引流针	德国 Spiegelberg (GmbH & Co.) KG	20143213808
颅内压传感器	美国 Codman & Shurtleff, Inc.	20143215743
颅内压监测仪	德国 Spiegelberg (GmbH & Co.) KG	20143213807
脉搏波速度测定系统	法国 ALAM MEDICAL	20142210179
脉搏计	韩国 Medicore Co.,Ltd.	20142212993
脉搏碳氧血氧测量仪	美国 Masimo Corporation	20142215334
脉搏碳氧血氧传感器	美国 Masimo Corporation	20142215336
脉搏血氧测量仪	美国 Masimo Corporation	20142215487
脉搏血氧传感器	美国 Masimo Corporation	20142215333
脉搏血氧仪	美国 Nonin Medical, Inc.	20142214410
脉搏血氧仪	美国 Nonin Medical, Inc.	20142214791
脉搏血氧仪	美国 Nonin Medical, Inc.	20142215261
脑电测量仪	加拿大 Natus Medical Incorporated DBA Excel-Tech Ltd. (XLTEK)	20142214029
脑电放大器系统	加拿大 Natus Medical Incorporated DBA Excel-tech Ltd. (XLTEK)	20142215326
脑电双频谱指数测量仪	美国 Covidien llc	20142216194
脑电图、肌电图和诱发电位仪	意大利 EB NEURO SPA	20142212354
脑电图放大器	美国 Natus Medical Incorporated	20142210608
脑电图放大器	美国 Natus Medical Incorporated	20142210609
脑电图放大器	美国 Natus Medical Incorporated	20142211001
脑电图仪	美国 Compumedics USA, Inc.	20142214802
脑电意识深度监测系统(Narcotrend)	德国 MT MonitorTechnik GmbH & Co.KG	20142213194
内窥镜三晶片摄像系统	德国 Schoelly Fiberoptic GmbH	20142213134
内脏脂肪测量装置	日本 欧姆龙健康医疗株式会社	20142211667
皮肤阻抗表	美国 NuVasive, Inc	20142214026
皮下电极	美国 Medtronic Xomed, Inc.	20142211675
起搏电极导线	美国 Medtronic, Inc	20143216008
起搏电极导线(Tendril MRI)	比利时 St. Jude Medical Coordination Center BVBA	20143214073
前庭功能自动旋转检测仪	美国 Western Systems Research .Inc	20142211520
全血凝血时间测定仪	美国 International Technidyne Corporation	20142213992
人体成分分析仪	德国 Fresenius Medical Care AG & Co.KGaA	20142211411
人体成分分析仪	韩国 Biospace Co., Ltd.	20142211515
人体成分分析仪	韩国 Biospace Co., Ltd.	20142211516
人体成分分析仪	韩国 Biospace Co., Ltd.	20142211517
容量、动/静脉压力测量系统(VolumeView)	美国 Edwards Lifesciences LLC	20143213421
乳房检测系统(SureTouch 可视成像系统)	美国 Medical Tactile, Inc	20142212169
身体成分分析仪(TANITA)	日本 株式会社百利达	20142210326
神经刺激电极	美国 Medtronic Inc.	20143210955
神经刺激器(InterStim II)	美国 Medtronic Inc.	20143210392
神经肌肉传导附件	芬兰 GE Healthcare Finland Oy	20142215943
神经肌肉电刺激和超声波复合治疗仪(Sonicator plus)	美国 Mettler Electronics Corp.	20142211649
声学呼吸传感器	美国 Masimo Corporation	20142215343
声音处理器(Neptune)	瑞士 Advanced Bionics AG	20142210988
声阻抗仪	德国 MAICO Diagnostic GmbH	20142210528
声阻抗仪	丹麦 Interacoustics A/S	20142214296
十二导联运动测试心电图机(COSMED)	意大利 COSMED S.R.L.	20142213494
手持设备(SJM MRI Activator)	比利时 St. Jude Medical Coordination Center BVBA	20142210989
手术动力系统	美国 Medtronic Xomed, Inc.	20142212161
术中脑电/肌电/诱发电位测量系统	美国 Medtronic Xomed, Inc.	20143212936
数字式心电图分析仪	日本 株式会社铃谦	20142212776
数字式心电图分析仪	日本 株式会社铃谦	20142212777
双极临时起搏电极导管	美国 St. Jude Medical	20143212016
双极临时起搏电极导管	美国 St.Jude Medical	20143214367

水刀系统	美国 Hydrocision, Inc	20143210383
水动力辅助吸脂系统	德国 Human Med AG	20143215314
睡眠参数记录仪	德国 SOMNOmedics GmbH	20142214806
睡眠记录系统	加拿大 Embla Systems	20142212211
睡眠记录仪(NOX T3)	冰岛 Nox Medical	20142211771
睡眠脑电图仪(脳波計 EEG-9200 ニューロファックス)	日本 光电工业株式会社(日本光電工業株式会社)	20142210006
睡眠治疗呼吸机	德国 Weinmann Geraete für Medizin GmbH + Co.KG	20142213514
碎石枪	瑞士 E.M.S. Electro Medical Systems S.A.	20143212376
胎儿监护仪(Sonicaid)	英国 Huntleigh Healthcare Ltd Diagnostic Products Division	20142215243
疼痛/感觉评估系统	以色列 MEDOC LTD ADVANCED MEDICAL SYSTEMS	20142215429
体表电极	美国 St.Jude Medical	20142213193
体电图仪(Amsat)	俄罗斯 KOVERT Co., Ltd.	20142212379
体感诱发电位刺激仪(PainVision 知觉・痛觉定量分析仪)	日本 Osachi 株式会社	20142215116
体外冲击波碎石机(Duet Magna)	以色列 Initia Ltd.	20143212193
体外冲击波碎石机(多尼尔)	德国 Dornier MedTech GmbH	20143212396
体外冲击波心血管治疗系统	瑞士 Storz Medical AG	20143210730
体外冲击波治疗仪	德国 Uniphy Elektromedizin GmbH &Co.KG	20142212986
体外神经刺激器	美国 Medtronic Inc.	20143212787
听觉脑干诱发电位仪	美国 Natus Medical Incorporated	20142212034
听觉诱发电位系统	丹麦 GN OTOMETRICS A/S	20142213261
听觉诱发电位仪	美国 Intelligent Hearing Systems	20142211765
听力测试平台	丹麦 Interacoustics A/S	20142210171
听力计	德国 Siemens Audiologische Technik GmbH	20142212177
听力计	德国 Siemens Audiologische Technik GmbH	20142212763
听力计	意大利 Inventis s.r.l	20142213138
听力计	意大利 Inventis s.r.l	20142213139
听力计	丹麦 GN Otometrics A/S	20142213498
听力计	日本 理音株式会社/リオン株式会社	20142213501
听力筛查仪	德国 Natus Europe GmbH	20142211664
听性脑干电位诱发仪	德国 PilotBlankenfeldeMedizinisch-elektronische Gerate GmbH	20142212351
外部病人激活器(SJM Confirm)	美国 St.Jude Medical Cardiac Rhythm Management Division	20142210201
胃肠动力诊断系统	美国 Sandhill Scientific, Inc.	20142214389
温度感觉分析仪	以色列 MEDOC LTD ADVANCED MEDICAL SYSTEMS	20142215827
无创心输出量测量系统(Physio Flow)	法国 MANATEC	20142213135
无线发射器	瑞典 St.Jude Medical Systems AB	20143214543
吸乳器	瑞士 Ardo medical AG	20141210635
心电电极	奥地利 Leonhard Lang GmbH	20142214467
心电电极	奥地利 Leonhard Lang GmbH	20142214468
心电电极	奥地利 Leonhard Lang GmbH	20142214469
心电分析仪	美国 GE MEDICAL SYSTEMS INFORMATION TECHNOLOGIES, INC.	20142213178
心电分析仪	美国 GE MEDICAL SYSTEMS INFORMATION TECHNOLOGIES, INC	20142214034
心电分析仪	美国 GE MEDICAL SYSTEMS INFORMATION TECHNOLOGIES, INC	20142214222
心电记录仪	以色列 Aerotel Medical Systems (1998) Ltd.	20142212987
心电记录仪	以色列 Aerotel Medical Systems (1998) Ltd.	20142213141
心电图机	日本 光电工业株式会社	20142215435
心电图机	韩国 Bionet Co., Ltd.	20142215861
心电图机	美国 Mortara Instrument, Inc.	20142215933
心电图机	英国 实业有限公司	20142215935
心电图机(Welch Allyn CP150)	美国 Welch Allyn, Inc.	20142214473
心肺功能测试系统	德国 CORTEX Biophysik GmbH	20142212785
心输出量测量仪	德国 PULSION Medical Systems SE	20143211994
心输出量测量仪	德国 PULSION Medical Systems SE	20143215985
心输出量测量仪	澳大利亚 Uscom Ltd	20142216192
心脏除颤仪	韩国 CU Medical Systems, Inc.	20143214541
胸腔按压系统	瑞典 Jolife AB	20142215503
胸阻抗断层成像仪	德国 Draeger Medical GmbH	20143211930
血流测量仪	瑞典 Perimed AB	20142213137
血压监测装置	韩国 ACE MEDICAL CO., LTD.	20143211922
血氧饱和度测量仪	日本 Konica Minolta, Inc.(コニカミノルタ株式会社)	20142215488
血氧传感器	美国 Covidien llc	20142216251

血液动力学和电生理记录系统	德国 Siemens AG	20143214079
血液动力学记录系统	美国 GE Medical Systems Information Technologies, Inc	20143211757
压力治疗系统	韩国 Wonjin Mulsan Co., Ltd	20142214360
眼电生理设备	德国 Medizin &Service GmbH	20142214007
眼电生理诊断系统	德国 ROLAND CONSULT Stasche & Finger GmbH	20142214000
一次性单极/感觉/头皮针电极	丹麦 Alpine bioMed ApS	20142214213
一次性电极	日本 Osachi 株式会社(株式会社 オサチ)	20142215502
一次性电极(Vitrode L)	日本 光电工业株式会社/日本光電工業株式会社	20142210022
一次性电极导管	美国 GIVEN IMAGING INC.	20142211772(更)
一次性肌电图针电极	意大利 SPES MEDICA S.r.l.	20142212175
一次性使用神经刺激探头	美国 Medtronic Xomed, Inc.	20143212938
一次性使用手术电极	美国 Medtronic Xomed, Inc.	20143212937
一次性使用心电电极	丹麦 Ambu A/S	20142214220
一次性使用心电电极	美国 Philips Medical Systems	20142214477
一次性使用心电电极	美国 INEEDMD, Inc.	20142214808
一次性使用心电电极	丹麦 Ambu A/S	20142214809
一次性使用心电电极	美国 3M Health Care	20142215119
一次性使用心电电极	美国 3M Health Care	20142215752
一次性使用心电电极	美国 Philips Medical Systems	20142216257
一次性使用注射射频电极	美国 COSMAN MEDICAL, INC.	20143215276
一次性同心针电极	丹麦 Alpine bioMed ApS	20142214422
一次性吸附表面电极	意大利 SPES MEDICA S.r.l.	20142212176
医用红外热像仪	韩国 Medicore Co., Ltd	20142215258
医用红外热像仪	韩国 Mesh Co., Ltd.	20142216103
硬膜下电极	美国 Ad-Tech Medical Instrument Corportion	20143213982
诊断型耳声发射仪	美国 Natus Medical Incorporated	20142211665
诊断型听力计	英国 AMPLIVOX LIMITED	20142212779
诊断型听力计	丹麦 国际听力设备公司	20142215840
植入式冠状窦电极导线	德国 百多力欧洲股份两合公司	20143211159
植入式冠状窦电极导线	德国 BIOTRONIK SE & Co.KG	20143214789
植入式起搏电极导线	美国 Cardiac Pacemakers, Incorporated, a wholly owned subsidiary of Guidant Corporation, a wholly owned subsidiary of Boston Scientific Corporation	20143216007
植入式起搏电极导线(Ingevity)	美国 Cardiac Pacemakers, Incorporated, a wholly owned subsidiary of Guidant Corporation, a wholly owned subsidiary of Boston Scientific Corporation	20143216200
植入式起搏电极导线(Ingevity)	美国 Cardiac Pacemakers, Incorporated, a wholly owned subsidiary of Guidant Corporation, a wholly owned subsidiary of Boston Scientific Corporation	20143216201
植入式心律转复除颤器(COGNIS)	美国 Cardiac Pacemakers Incorporated, a wholly owned subsidiary of Guidant Corporation, a wholly owned subsidiary of Boston Scientific Corporation	20143216056
植入式心律转复除颤器(ENERGEN)	美国 Cardiac Pacemakers Incorporated, a wholly owned subsidiary of Guidant Corporation, a wholly owned subsidiary of Boston Scientific Corporation	20143212950
植入式心律转复除颤器(EVERA)	美国 Medtronic Inc.	20143213428
植入式心律转复除颤器(INCEPTA)	美国 Cardiac Pacemakers Incorporated, a wholly owned subsidiary of Guidant Corporation, a wholly owned subsidiary of Boston Scientific Corporation	20143212951
植入式心律转复除颤器(PUNCTUA)	美国 Cardiac Pacemakers Incorporated, a wholly owned subsidiary of Guidant Corporation, a wholly owned subsidiary of Boston Scientific Corporation	20143212949
植入式心律转复除颤器(TELIGEN)	美国 Cardiac Pacemakers, Incorporated, a wholly owned subsidiary of Guidant Corporation, a wholly owned subsidiary of Boston Scientific Corporation	20143215312
植入式心律转复除颤器(TELIGEN)	美国 Cardiac Pacemakers Incorporated, a wholly owned subsidiary of Guidant Corporation, a wholly owned subsidiary of Boston Scientific Corporation	20143216055
植入式心律转复除颤器(Vitality 2)	美国 Cardiac Pacemakers Incorporated, a wholly owned subsidiary of Guidant Corporation, a wholly owned	

	subsidiary of Boston Scientific Corporation.	20143212833
植入式心脏除颤电极导线	美国 Cardiac Pacemakers, Incorporated, a wholly owned subsidiary of Guidant Corporation, a wholly owned subsidiary of Boston Scientific Corporation.	20143215423
植入式心脏除颤电极导线(Reliance 4-FRONT)	美国 Cardiac Pacemakers Incorporated, a wholly owned subsidiary of Guidant Corporation, a wholly owned subsidiary of Boston Scientific Corporation.	20143212836
植入式心脏除颤电极导线(Reliance 4-FRONT)	美国 Cardiac Pacemakers Incorporated, a wholly owned subsidiary of Guidant Corporation, a wholly owned subsidiary of Boston Scientific Corporation.	20143215292
植入式心脏复律/除颤器	德国 BIOTRONIK SE & Co. KG	20143212202
植入式心脏复律/除颤器	德国 BIOTRONIK SE &Co. KG	20143212203
植入式心脏复律/除颤器	德国 BIOTRONIK SE & Co. KG	20143214544
植入式心脏复律/除颤器	德国 BIOTRONIK SE & Co. KG	20143214777
植入式心脏复律除颤器	美国 St. Jude Medical Cardiac Rhythm Management Division	20143212165
植入式心脏复律除颤器	德国 BIOTRONIK SE & Co. KG	20143214787
植入式心脏复律除颤器	德国 BIOTRONIK SE & Co. KG	20143214788
植入式心脏复律除颤器	德国 BIOTRONIK SE & Co. KG	20143216004
植入式心脏复律除颤器	德国 BIOTRONIK SE & Co. KG	20143216005
植入式心脏复律除颤器	德国 BIOTRONIK SE & Co. KG	20143216006
植入式心脏复律除颤器(Current Accel)	美国 St. Jude Medical Cardiac Rhythm Management Division	20143212797
植入式心脏复律除颤器(Current)	美国 St. Jude Medical Cardiac Rhythm Management Division	20143212799
植入式心脏复律除颤器(Ellipse)	比利时 St. Jude Medical Coordination Center BVBA	20143212196
植入式心脏复律除颤器(Fortify Assura)	比利时 St. Jude Medical Coordination Center BVBA	20143212197
植入式心脏复律除颤器电极导线	德国 BIOTRONIK SE&Co. KG	20143211545
植入式心脏复律除颤器电极导线	德国 BIOTRONIK SE & Co. KG	20143214785
植入式心脏复律除颤器电极导线	德国 BIOTRONIK SE & Co. KG	20143215311
植入式心脏复律除颤器电极导线	德国 BIOTRONIK SE & Co. KG	20143216202
植入式心脏监测仪(SJM Confirm)	美国 St. Jude Medical Cardiac Rhythm Management Division	20143212210
植入式心脏起搏器	德国 BIOTRONIK SE &Co. KG	20143210545
植入式心脏起搏器	荷兰 Vitatron Holding B. V.	20143215740
植入式心脏起搏器(Accent MRI)	比利时 圣犹达医疗用品管理有限公司	20143214074
植入式心脏起搏器(Advantio)	美国 Cardiac Pacemakers Incorporated, a wholly owned subsidiary of Guidant Corporation, a wholly owned subsidiary of Boston Scientific Corporation	20143216199
植入式心脏起搏器(Altrua)	美国 Cardiac Pacemakers, Incorporated, a wholly owned subsidiary of Guidant Corporation, a wholly owned subsidiary of Boston Scientific Corporation	20143210207
植入式心脏起搏器(Formio)	美国 Cardiac Pacemakers Incorporated, a wholly owned subsidiary of Guidant Corporation, a wholly owned subsidiary of Boston Scientific Corporation	20143212961
植入式心脏起搏器(Sustain XL)	美国 St. Jude Medical Cardiac Rhythm Management Division	20143215842
植入式心脏起搏器(Vitalio)	美国 Cardiac Pacemakers Incorporated, a wholly owned subsidiary of Guidant Corporation, a wholly owned subsidiary of Boston Scientific Corporation	20143212960
植入式心脏起搏器电极导线	德国 BIOTRONIK SE & Co. KG	20143212171
植入式心脏起搏器电极导线	德国 BIOTRONIK SE & Co. KG	20143212171
植入式心脏起搏器电极导线	德国 BIOTRONIK SE &Co. KG	20143212594
植入式心脏再同步复律除颤器(Promote)	美国 St. Jude Medical Cardiac Rhythm Management Division	20143212798
植入式心脏再同步复律除颤器(Quadra Assura)	比利时 St. Jude Medical Coordination Center BVBA	20143212198
植入式心脏再同步复律除颤器(Unify Assura)	比利时 St. Jude Medical Coordination Center BVBA	20143212199
植入式心脏再同步复律复律除颤器(Promote Accel)	美国 St. Jude Medical Cardiac Rhythm Management Division	20143212796
植入式心脏再同步治疗起搏器(Inliven)	美国 Cardiac Pacemakers Incorporated, a wholly owned subsidiary of Guidant Corporation, a wholly owned subsidiary of Boston Scientific Corporation	20143212958
植入式心脏再同步治疗起搏器(Intua)	美国 Cardiac Pacemakers Incorporated, a wholly owned subsidiary of Guidant Corporation, a wholly owned subsidiary of Boston Scientific Corporation	20143213611
植入式心脏再同步治疗起搏器(Invive)	美国 Cardiac Pacemakers Incorporated, a wholly owned subsidiary of Guidant Corporation, a wholly owned	

	subsidiary of Boston Scientific Corporation	20143210393
植入式再同步治疗心律转复除颤器(BRAVA)	美国 Medtronic Inc.	20143213427
植入式再同步治疗心律转复除颤器(VIVA)	美国 Medtronic Inc.	20143213429
指趾收缩压测量仪	法国 ATYS	20142216084
中心工作站	美国 GE Medical Systems Information Technologies, Inc.	20142215843
中心静脉氧饱和度测量探头	德国 PULSION Medical Systems SE	20143210599
中央监护工作站	日本 光电工业株式会社/日本光電工業株式	20142214807
重复使用刺激和记录电极	意大利 SPES MEDICA S.r.l.	20142210986
周边血管诊断系统	以色列 Viasonix Ltd.	20142214472
主动脉内球囊反搏泵	美国 Datascope Corp.	20143215338
主动脉内球囊反搏泵	美国 Datascope Corp.	20143215339
主动脉内球囊反搏泵(CARDIOSAVE)	美国 Datascope Corp.	20143214542
注射泵	立陶宛 UAB VILTECHMEDA	20142211748
自动体外除颤器(HeartStart Defibrillator HS1)	美国 Philips Medical Systems	20143212220
自动体外除颤器(HeartStart FR3)	美国 Philips Medical Systems	20143210766
自动体外除颤器(HeartStart FRx)	美国 Philips Medical Systems	20143212219
自动心肺复苏系统(ZOLL AutoPulse)	美国 ZOLL Medical Corporation	20143215483

6822 医用光学器具、仪器及内窥镜设备

3D 电子腹腔镜(3D TIPCAM 1)	德国 Karl Storz GmbH & Co. KG	20143220381
3D 成像装置	日本 奥林巴斯医疗株式会社	20142222781
3D 电子腹腔镜(EndoEYE FLEX 3D)	日本 奥林巴斯医疗株式会社	20143222843
CMOS 内窥镜摄像系统	德国 Aesculap AG	20142222576
LED 内窥镜冷光源	德国 Tekno-Medical Optik-Chirurgie GmbH	20142225268
LTF-190-10-3D 内镜用管鞘	日本 オリンパスメディカルシステムズ株式会社	20142223008
半硬性气管插管镜	德国 Karl Storz GmbH & Co. KG	20142225822
鼻窦镜及附件	德国 SOPRO-COMEG GmbH	20143225534
闭孔器(Versapoint)	美国 Ethicon, Inc.	20141220486
便携式内窥镜成像系统	美国 Envisonier Medical Technologies, Inc.	20142224011
便携式内窥镜冷光源	德国 Karl Storz GmbH & Co. KG	20142225524
便携式内窥镜摄像系统	德国 XION GmbH	20142221169
便携式视野计	德国 OCULUS Optikgerate GmbH	20142222929
便携式眼科广域成像系统	美国 CLARITY MEDICAL SYSTEMS, Inc.	20142220631
波前像差仪	俄罗斯 ООО “Оптосистемы”	20142221481
玻切套包	美国 Bausch&Lomb, Incorporated	20143226048
玻切头	美国 Medical Instrument Development Laboratories, Inc	20143221887
玻切头套件	美国 Medical Instrument Development Laboratories, Inc.	20143221059
插入形状观测探头	日本 奥林巴斯医疗株式会社	20142225832
超声电子上消化道内窥镜	日本 HOYA 株式会社	20143222832
齿科瓷粉	德国 DeguDent GmbH	20142225633
冲洗泵	德国 ERBE Elektromedizin GmbH	20142220316
冲洗管路	德国 W.O.M. World of Medicine GmbH	20142223821
冲洗吸引泵	美国 Stryker Endoscopy	20142224010
冲洗吸引泵及附件(Aesculap)	德国 Aesculap AG	20142221646
冲洗吸引系统(STEMA II)	德国 STEMA Medizintechnik GmbH	20142221647
穿刺器	德国 XION GmbH	20142224658
单件式多焦复曲面人工晶状体(TECNIS)	美国 Abbott Medical Optics Inc.	20143222533
导丝	德国 Medi-Globe GmbH	20142221796
导丝	德国 pk endoskopie GmbH	20142222265
导丝	瑞士 Marflow AG	20142222401
导丝	瑞士 Marflow AG	20142222402
导丝	瑞士 Marflow AG	20142222403
导丝导引球囊扩张导管(CRE)	美国 Boston Scientific Corporation	20142221911
倒置显微镜	德国 Carl Zeiss Microscopy GmbH	20142221775
等凸双非球面人工晶状体	巴巴多斯 Lenstec (Barbados) Inc.	20143226224
电极	美国 Stryker Endoscopy	20143224291
电脑非接触眼压计	日本 株式会社拓普康,株式会社トプコン	20142226198
电脑眼压计	日本 株式会社拓普康(株式会社トプコン)	20142221212
电脑验光仪	日本 株式会社拓普康	20142221977

电切镜及附件	德国 Richard Wolf GmbH	20143220020
电切镜及附件	德国 Richard Wolf GmbH	20143224941
电切镜及附件	德国 MGB Endoskopische Gerate GmbH Berlin	20143225498
电切镜用器械	德国 Richard Wolf GmbH	20142223408
电子鼻咽喉镜	德国 XION GmbH	20143223743
电子鼻咽喉镜	日本 富士胶片株式会社，富士フィルム株式会社	20143224065
电子鼻咽喉镜	德国 ATMOS Medizintechnik GmbH & Co.KG	20143225673
电子鼻咽喉镜	德国 Karl Storz GmbH & Co. KG	20143225844
电子鼻咽喉镜控制器	德国 ATMOS Medizintechnik GmbH & Co.KG	20142225659
电子鼻咽喉镜系统	德国 XION GmbH	20143220778
电子鼻咽喉内窥镜(VISERA)	日本 奥林巴斯医疗株式会社	20143222312
电子喉镜	日本 大研医器株式会社	20142224359
电子结肠镜	日本 奥林巴斯医疗株式会社	20143222945
电子结肠镜(EVIS LUCERA ELITE)	日本 オリンパスメディカルシステムズ株式会社	20143220518
电子结肠镜(EVIS LUCERA ELITE)	日本 オリンパスメディカルシステムズ株式会社	20143220519
电子结肠镜(EVIS LUCERA ELITE)	日本 奥林巴斯医疗株式会社	20143220971
电子结肠镜(EVIS LUCERA)	日本 奥林巴斯医疗株式会社	20143221334
电子结肠镜(奥智)	日本 奥林巴斯医疗株式会社	20143222803
电子麻醉喉镜	德国 Karl Storz GmbH & Co. KG	20142225828
电子膀胱肾盂镜(VISERA)	日本 奥林巴斯医疗株式会社	20143222794
电子气管插管镜	日本 奥林巴斯医疗株式会社	20143222802
电子上消化道内窥镜	日本 富士胶片株式会社，富士フイルム株式会社	20143220417
电子上消化道内窥镜	日本 富士胶片株式会社,富士フイルム株式会社	20143220418
电子上消化道内窥镜	日本 HOYA株式会社	20143221983
电子上消化道内窥镜	日本 富士胶片株式会社，富士フィルム株式会社	20143222205
电子上消化道内窥镜	日本 富士胶片株式会社,富士フィルム株式会社	20143222206
电子上消化道内窥镜	日本 富士胶片株式会社，富士フィルム株式会社	20143222982
电子上消化道内窥镜	日本 富士胶片株式会社,富士フィルム株式会社	20143224380
电子上消化道内窥镜	日本 富士胶片株式会社，富士フィルム株式会社	20143224381
电子十二指肠镜(EVIS LUCERA)	日本 奥林巴斯医疗株式会社	20143222804
电子十二指肠镜(EVIS LUCERA)	日本 奥林巴斯医疗株式会社	20143225876
电子输尿管镜	德国 Karl Storz GmbH &;amp; Co. KG	20143225699
电子输尿管镜	德国 Karl Storz GmbH & Co. KG	20143225699
电子图像处理器	日本 富士フイルム株式会社(富士胶片株式会社)	20142225688
电子胃镜	日本 奥林巴斯医疗株式会社	20143222972
电子胃镜	日本 奥林巴斯医疗株式会社	20143222973
电子胃镜(EVIS LUCERA ELITE)	日本 奥林巴斯医疗株式会社	20143220395
电子胃镜(EVIS LUCERA ELITE)	日本 奥林巴斯医疗株式会社	20143221945
电子下消化道内窥镜	日本 富士胶片株式会社,富士フイルム株式会社	20143220416
电子下消化道内窥镜	日本 富士胶片株式会社,富士フイルム株式会社	20143220594
电子下消化道内窥镜	日本 富士胶片株式会社,富士フィルム株式会社	20143222965
电子下消化道内窥镜	日本 富士胶片株式会社	20143226205
电子下消化道内窥镜(ビデオ軟性大腸鏡)	日本 富士胶片株式会社,富士フイルム株式会社	20143224774
电子下消化道内窥镜(ビデオ軟性大腸鏡)	日本 富士胶片株式会社，富士フィルム株式会社	20143224775
电子小肠内窥镜	日本 富士胶片株式会社，富士フイルム株式会社	20143222959
电子胸腹腔镜(EndoEYE)	日本 奥林巴斯医疗株式会社	20143224232
电子胸腹腔镜(VISERA)(腹腔・胸腔ビデオスコープ)	日本 オリンパスメディカルシステムズ株式会社	20143223181
电子胸腔镜	日本 奥林巴斯医疗株式会社	20143223742
电子影像处理机	日本 HOYA株式会社	20142225869
电子硬管喉镜	德国 XION GmbH	20143221332
电子支气管镜	德国 Karl Storz GmbH & Co. KG	20143225496
电子支气管内窥镜 (EVIS LUCERA ELITE)	日本 奥林巴斯医疗株式会社	20143223612
电子支气管内窥镜(EVIS LUCERA ELITE)	日本 奥林巴斯医疗株式会社	20143221943
电子支气管内窥镜(EVIS LUCERA)	日本 奥林巴斯医疗株式会社	20143222793
多功能隐形眼镜护理液	新加坡 Opto-Pharm Pte Ltd	20143223350
多功能隐形眼镜护理液	新加坡 Opto-Pharm Pte Ltd	20143223351
多功能隐形眼镜护理液	新加坡 Opto-Pharm Pte Ltd	20143223349
多功能隐形眼镜护理液	新加坡 Opto-Pharm Pte Ltd	20143224632
多功能隐形眼镜护理液(Opto-Pharm P2 Penta-Plex)	新加坡 Opto-Pharm Pte Ltd	20143223861
多功能隐形眼镜护理液(Schon)	新加坡 Opto-Pharm Pte Ltd	20143224138

多光谱眼底分层成像系统(安递斯·层晰)	加拿大 ANNIDIS HEALTH SYSTEMS CORPORATION	20142223155
耳鼻通用内窥镜	德国 XION GmbH	20142224160
耳镜	德国 Karl Storz GmbH & Co. KG	20143222806
非接触光电眼压计	日本 興和株式会社	20142224155
非接触式眼压计	日本 NIDEK CO.,LTD.	20142220728
非接触式眼压计	日本 佳能公司 キヤノン株式会社	20142221770
非亲水丙烯酸后房人工晶体(Nex-Acri)	日本 NIDEK CO.,LTD.	20143220871
非球面散光人工晶状体	英国 Rayner Intraocular Lenses Limited	20143223249
腹腔镜	美国 Stryker Endoscopy	20143220578
腹腔镜	德国 STEMA Medizintechnik GmbH	20143221932
腹腔镜	德国 Richard Wolf GmbH	20143221935
腹腔镜	德国 MGB Endoskopische Gerate GmbH Berlin	20143225491
腹腔镜	加拿大 Novadaq Technologies Inc	20143225677
腹腔镜抽吸/冲洗管路(GeniCon 腹腔镜抽吸/冲洗管路)	美国 GENICON	20142226133
腹腔镜附件	美国 Stryker Endoscopy	20142223655
腹腔镜附件	德国 PAJUNK GmbH Medizintechnologie	20143224682
腹腔镜附件	德国 STEMA Medizintechnik GmbH	20142226071
腹腔镜手术工具	美国 Stryker Endoscopy	20142223889
腹腔镜手术器械	美国 Microline Surgical,Inc.	20143220762
腹腔镜手术器械	德国 MGB Endoskopische Gerate GmbH Berlin	20143224418
腹腔镜手术器械	德国 MGB Endoskopische Gerate GmbH Berlin	20142226134
腹腔镜下肝脏拉钩系统	澳大利亚 William A. Cook Australia Pty Ltd	20142223533
腹腔镜用器械	德国 Rudolf Medical GmbH+Co.KG	20142221316
腹腔镜用器械	德国 Richard Wolf GmbH	20142222271
腹腔内窥镜	德国 SCHOELLY FIBEROPTIC GMBH	20143224497
腹腔内窥镜	德国 XION GmbH	20143225319
肝素表面处理亲水性丙烯酸人工晶状体	美国 AAREN Scientific Inc.	20143220058
肝素表面处理亲水性丙烯酸人工晶状体(HexaVision)	法国 HexaVision SARL	20143220057
肛肠镜	德国 Karl Storz GmbH & Co. KG	20143223523
肛肠镜用无源手术器械	德国 Karl Storz GmbH & Co. KG	20142224723
肛肠镜用有源手术器械	德国 Karl Storz GmbH & Co. KG	20143223524
高频电缆线	德国 奥林巴斯苇音特和意北公司	20142222019
高频切除电极(TURis & TCRis)	德国 奥林巴斯苇音特和意北公司	20143222790
宫腔电切镜(Versapoint)	美国 Ethicon, Inc.	20143224507
宫腔电切镜附件	德国 OLYMPUS WINTER & IBE GMBH	20142223002
宫腔镜	德国 Rudolf Medical GmbH+Co.KG	20143220414
宫腔镜	德国 STEMA Medizintechnik GmbH	20142222037
宫腔镜(MGB)	德国 MGB Endoskopische Gerate GmbH Berlin	20143225494
宫腔镜附件	美国 Stryker Endoscopy	20142220949
宫腔镜附件	德国 STEMA Medizintechnik GmbH	20142223006
宫腔镜及附件	德国 SOPRO-COMEG GmbH	20143222969
宫腔镜及附件	美国 Smith & Nephew Inc.	20143224078
宫腔镜手术工具	美国 Stryker Endoscopy	20142224656
宫腔镜手术器械	美国 Smith &Nephew Inc.	20142223827
宫腔镜手术器械	德国 XION GmbH	20142226025
宫腔镜双极电外科系统(VERSAPOINT II)	美国 Ethicon, Inc.	20143222235
宫腔内窥镜	德国 SCHOELLY FIBEROPTIC GMBH	20142224465
共焦激光断层扫描仪	德国 Heidelberg Engineering GmbH	20142225335
刮匙	日本 オリンパスメディカルシステムズ株式会社	20142222464
关节镜	德国 MGB Endoskopische Gerate GmbH Berlin	20143223531
关节镜	德国 Rudolf Medical GmbH+Co.KG	20143225422
关节镜附件	美国 Stryker Endoscopy	20142222672
关节镜刨削手机及附件	美国 Stryker Endoscopy	20143221522
关节镜入路套管(CLEAR-TRAC)	美国 Smith &Nephew Inc.	20142220489
关节镜手术工具	美国 Stryker Endoscopy	20142220889
关节镜手术用冲洗装置(Linvatec 10K)	美国 Linvatec Corporation d/b/a ConMed Linvatec	20142225107
关节镜用冲洗泵	德国 W.O.M. World of Medicine AG	20142221524
关节镜用冲洗吸引系统(ARTHROPUMP POWER)	德国 Karl Storz GmbH &Co. KG	20142223148
关节镜用高频电极	德国 Rudolf Medical GmbH+Co.KG	20143223626
关节镜用器械	德国 Richard Wolf GmbH	20142223764

关节镜用器械	德国 RUDOLF MEDICAL GmbH + Co.KG	20142224604
关节镜用手术工具	美国 DePuy Mitek	20142225551
关节镜用手术器械	美国 Linvatec Corporation D/B/A ConMed Linvatec	20142223011
关节内窥镜附件	美国 Linvatec Corporation d/b/a ConMed Linvatec	20142225555
关节内窥镜及附件	美国 Linvatec Corporation	20143221972
光干涉断层扫描仪	日本 NIDEK CO.,LTD.	20142220633
光干涉式眼轴长测量仪	日本 尼德克株式会社(株式会社ニデック)	20143220391
光相干断层扫描仪	美国 Carl Zeiss Meditec, Inc.	20142220588(更)
光相干断层扫描仪	美国 Carl Zeiss Meditec, Inc.	20142224308
光学干涉断层成像系统	美国 Lightlab Imaging Inc.	20143225416
光学内窥镜摄像系统	美国 Linvatec Corporation d/b/a ConMed Linvatec	20142223744
光学相干断层扫描仪	日本 株式会社拓普康(株式会社トプコン)	20142225810
光学相干断层扫描仪	美国 Optovue, Inc.	20142225816
硅油	德国 Fluoron GmbH	20143225890
硅油(FCI)	法国 FCI	20143224988
虹膜夹无晶体眼人工晶状体(阿特森)	荷兰 OPHTEC B.V.	20143220403
喉镜	以色列 Truphatek International Ltd.	20142221174
喉镜	以色列 Truphatek International Ltd.	20142221219
喉镜	以色列 Truphatek International Ltd.	20142221973
喉镜	以色列 Truphatek International Ltd.	20142223739
喉镜	以色列 Truphatek International Ltd.	20142224216
喉镜	德国 XION GmbH	20142224297
喉镜	德国 Rudolf Riester GmbH	20142224470
喉镜	德国 Kirchner & Wilhelm GmbH + Co.KG	20142225817
喉镜及附件	德国 Richard Wolf GmbH	20142225105
喉镜频闪光源	意大利 INVENTIS S.r.l.	20142224006
喉镜用手术器械	德国 Richard Wolf GmbH	20142224695
后房式人工晶体(I-Lens(艾美))	加拿大 I-MED Pharma Inc.	20143220110
后房型丙烯酸酯多焦非球面蓝光滤过型人工晶状体	德国 HumanOptics Aktiengesellschaft	20143226241
后房型丙烯酸酯多焦非球面人工晶状体(Diff-aA)	德国 HumanOptics Aktiengesellschaft	20143226242
后房型丙烯酸酯非球面蓝光滤过型人工晶状体	德国 HumanOptics Aktiengesellschaft	20143225566
后房型丙烯酸酯非球面人工晶状体(Aspira-aA)	德国 HumanOptics Aktiengesellschaft	20143223638
后房型丙烯酸酯非球面人工晶状体(MC X11 ASP)	德国 HumanOptics Aktiengesellschaft	20143224827
后房型丙烯酸酯人工晶状体(AS)	德国 HumanOptics Aktiengesellschaft	20143223639
后房型丙烯酸酯人工晶状体(MC611MI)	德国 HumanOptics Aktiengesellschaft	20143223878
后房型聚甲基丙烯酸甲酯人工晶状体	德国 HumanOptics Aktiengesellschaft	20143221384
后房型屈光晶体(COLLAMER 可植入接触镜)	瑞士 STAAR Surgical AG	20143220288
后房型人工晶体(Ergomax)	荷兰 Ophtec B.V.	20143221378
活检钳	日本 オリンパスメディカルシステムズ株式会社	20142225634
脊柱内窥镜手术器械	德国 SPINENDOS GmbH	20142222850
脊柱内窥镜手术器械(ASAP)	德国 asap endoscopic products GmbH	20142220470
脊柱外科内窥镜	德国 Karl Storz GmbH & Co. KG	20143225692
夹子装置	日本 奥林巴斯医疗株式会社	20143225886
检耳镜	德国 Rudolf Riester GmbH	20142223458
检影镜	德国 Rudolf Riester GmbH	20142224480
角膜/屈光分析仪	日本 NIDEK CO.,LTD.	20142220172
角膜板层刀	德国 Technolas Perfect Vision GmbH	20143220376
角膜地形图仪	意大利 OPTIKON 2000 S.p.A.	20142225260
角膜地形图仪	意大利 C.S.O. SRL	20142226098
角膜地形图仪(Cassini)	荷兰 i-Optics BV	20142224392
角膜内皮细胞显微镜	日本 株式会社トーメーコーポレーション	20142221326
角膜内皮显微镜	日本 株式会社コーナン・メディカル	20142223184
角膜内皮显微镜	日本 株式会社コーナン・メディカル	20142224164
结肠胶囊式内窥镜诊断系统(PillCam)	以色列 Given Imaging Ltd.	20143224071
结石回收篮(Segura Hemisphere)	美国 Boston Scientific Corporation	20142223824
筋膜缝针和缝针套管	德国 Trokamed GmbH	20142221370
经皮肾镜	德国 Karl Storz GmbH & Co. KG	20143223995
经皮肾镜附件	德国 Olympus Winter & Ibe GmbH	20142225888
经皮肾镜及附件	德国 Tekno-Medical Optik-Chirurgie GmbH	20143224064
经皮肾镜用无源手术器械	德国 Karl Storz GmbH & Co. KG	20142224724

聚甲基丙烯酸甲酯人工晶状体(Isotechnics)	美国 EyeKon Medical, Inc.	20143226177
扩张导管	德国 ENDO-FLEX GmbH	20142220290
冷光源	美国 BFW, Inc.	20142224005
冷光源	西班牙 OPTOMIC ESPANA, S.A.	20142224022
冷光源	美国 林弗泰克公司 d/b/a 康美林弗泰克	20142225847
裂隙灯显微镜	日本 尼德克株式会社	20142225256
裂隙灯显微镜	英国 Keeler Ltd	20142225513
泌尿科内窥镜工具	美国 Stryker Endoscopy	20142221263
囊袋张力环	德国 Morcher GmbH	20143225614
内镜清洗消毒器	意大利 INTERNATIONAL STEEL CO.SPA	20142224302
内镜用超声水囊	日本 富士胶片株式会社	20142220266
内镜用二氧化碳送气装置	日本 奥林巴斯医疗株式会社	20142220009
内窥镜冲洗泵	德国 ENDO-TECHNIK Wolfgang Griesat GmbH	20142224019
内窥镜导丝	美国 Lake Region Medical	20143223242
内窥镜光源装置	日本 富士胶片株式会社(富士フィルム株式会社)	20142222575
内窥镜冷光源	德国 Richard Wolf GmbH	20142224401
内窥镜冷光源(EVIS LUCERA ELITE)	日本 オリンパスメディカルシステムズ株式会社	20142220533
内窥镜冷光源及摄像系统(Fiber Imaging System)	日本 ファイバーテック株式会社	20142221975
内窥镜清洗消毒机	德国 ENDO-TECHNIK Wolfgang Griesat GmbH	20142221510
内窥镜摄像机系统	美国 Stryker Endoscopy	20142221753
内窥镜摄像机系统	美国 Stryker Endoscopy	20142223528
内窥镜摄像系统	日本 オリンパスメデイカルシステムズ株式会社	20142220337
内窥镜摄像系统	日本 奥林巴斯医疗株式会社	20142220722
内窥镜摄像系统	德国 Richard Wolf GmbH	20142221684
内窥镜摄像系统	德国 XION GmbH	20142221762
内窥镜摄像系统	德国 Karl Storz GmbH & Co. KG	20142222050
内窥镜摄像系统	法国 SOPRO	20142223993
内窥镜摄像系统	德国 STEMA Medizintechnik GmbH	20142225436
内窥镜摄像系统	德国 Think!	20142225505
内窥镜摄像系统	美国 Endo Optiks, Inc.	20142225804
内窥镜摄像系统	日本 尼德克株式会社	20142225954
内窥镜摄像系统	美国 Arthrex, Inc.	20142226253
内窥镜摄像系统(IMAGE 1 SPIES)	德国 Karl Storz GmbH & Co. KG	20142221506
内窥镜摄像系统(Image1 hub HD)	德国 Karl Storz GmbH & Co. KG	20142221336
内窥镜摄像系统(STEMA HD1)	德国 STEMA 公司	20142226097
内窥镜摄像系统(TELE PACK X LED)	德国 Karl Storz GmbH & Co.KG	20142222188
内窥镜摄像系统(TRICAM)	德国 Karl Storz GmbH &Co. KG	20142222314
内窥镜摄像仪	德国 PolyDiagnost GmbH	20142224229
内窥镜手术器械	德国 STEMA Medizintechnik GmbH	20142221358
内窥镜手术器械	德国 Richard Wolf GmbH	20142223238
内窥镜手术手动工具	美国 Smith & Nephew Inc.Endoscopy Division	20142225898
内窥镜用冲洗吸引系统(HAMOU ENDOMAT)	德国 Karl Storz GmbH & Co. KG	20142222780
内窥镜用动力系统(UNIDRIVE S III ARTHRO)	德国 Karl Storz GmbH & Co. KG	20142221784
内窥镜用动力系统(UNIDRIVE S III ENT)	德国 Karl Storz GmbH & Co. KG	20142221787
内窥镜用二氧化碳送气装置	日本 富士胶片株式会社(富士フイルム株式会社)	20142222571
尿道膀胱镜及附件	德国 Richard Wolf GmbH	20143222583
尿道膀胱镜用器械	德国 Richard Wolf GmbH	20142221062
镍钛合金取石网篮(N-Circle)	美国 Cook Incorporated	20142224095
镍钛合金取石网篮(NCompass)	美国 Cook Incorporated	20142224094
镍钛诺取石网篮(NCompass)	美国 Cook Incorporated	20142223658
膀胱电切镜	德国 STEMA Medizintechnik GmbH	20143221542
膀胱镜	德国 MGB Endoskopische Gerate GmbH Berlin	20143223530
膀胱镜附件	德国 STEMA Medizintechnik GmbH	20142226122
膀胱内窥镜	德国 SCHOELLY FIBEROPTIC GMBH	20142224499
刨削刀头	美国 Linvatec Corporation d/b/a ConMed Linvatec	20142226075
刨削头	美国 Linvatec Corporation d/b/a ConMed Linvatec	20142226074
刨削系统(Shrill)	德国 joimax GmbH	20142221774
频闪光源(CLL-S1)	德国 Olympus Winter &Ibe GmbH	20142220991
牵开器	德国 Jakoubek Medizintechnik GmbH	20142221228
前列腺电切镜用手术器械	德国 Karl Storz GmbH &Co. KG	20142220073

腔镜直线型切割吻合器(ECHELON 60)	美国 Ethicon Endo - Surgery, LLC	20143222458
亲水性丙烯酸人工晶状体(HexaVision)	法国 HexaVision SARL	20143220059
亲水性丙烯酸人工晶状体(Isotechnics)	美国 EyeKon Medical, Inc.	20143221625
亲水性导丝(ZIPwire)	美国 Lake Region Medical	20142224119
清洗用管鞘	日本 オリンパスメディカルシステムズ株式会社	20142224639
球面人工晶状体	荷兰 Oculentis B.V.	20143224693
球囊扩张导管	美国 Wilson-Cook Medical Inc.	20142226069
球囊扩张导管	美国 Wilson-Cook Medical Inc.	20142226069
球囊扩张导管(CRE Pulmonary)	美国 Boston Scientific Corporation	20142221912
取石网篮(NGage)	美国 Cook Incorporated	20142220404(更)
全自动验光角膜曲率仪	日本 佳能公司(キヤノン株式会社)	20142221210
人工晶状体	美国 Medennium Inc	20143220870
人工晶状体	美国 Medennium, Inc	20143221306
人工晶状体	法国 Carl Zeiss Meditec SAS	20143225594
人工晶状体(AcrySof CACHET Phakic Lens)	美国 Alcon Laboratories, Incorporated	20143220901
人工晶状体(ACRYSOF IQ ReSTOR Multifocal IOL)	比利时 Alcon Laboratories Belgium	20143220044
人工晶状体(ACRYSOF IQ ReSTOR Multifocal IOL)	美国 Alcon Laboratories, Incorporated	20143220134
人工晶状体(Acrysof IQ)	美国 爱尔康公司	20143226151
人工晶状体(Akreos)	美国 Bausch&Lomb, Incorporated	20143225595
人工晶状体(enVista)	美国 Bausch&Lomb, Incorporated	20143220043
人工晶状体(Matrix Acrylic Aurium)	美国 Medennium, Inc	20143221038
人工晶状体(Matrix Acrylic)	美国 Medennium Inc	20143221058
人工晶状体推注器	英国 Duckworth & Kent Ltd	20142224707
软性角膜接触镜	韩国 POLYTOUCH Co., Ltd.	20143220626
软性角膜接触镜(亮眸)	美国 Johnson & Johnson Vision Care Inc.	20143224691
软性角膜接触镜(美瞳)	美国 Johnson &Johnson Vision Care Inc.	20143224692
软性角膜接触镜(美瞳两周)	美国 Johnson &Johnson Vision Care Inc.	20143224697
软性角膜接触镜(美瞳水凝)	美国 Johnson &Johnson Vision Care Inc.	20143223882
软性角膜接触镜(欧舒适)	美国 Johnson&Johnson Vision Care Inc.	20143224684
软性角膜接触镜(欧舒适散光)	美国 Johnson & Johnson Vision Care Inc.	20143224690
软性角膜接触镜(润眸)	美国 Johnson &Johnson Vision Care Inc.	20143224713
软性角膜接触镜(舒澈)	美国 Johnson & Johnson Vision Care Inc.	20143224092
软性角膜接触镜(舒日)	美国 Johnson & Johnson Vision Care Inc.	20143224709
软性角膜接触镜(舒日散光)	美国 Johnson & Johnson Vision Care Inc.	20143223877
软性角膜接触镜(舒晰)	美国 Johnson&Johnson Vision Care Inc.	20143223778
软性亲水接触镜	美国 Bausch &Lomb Incorporated	20143220064
软性亲水接触镜	英国 Sauflon Pharmaceuticals Limited	20143220086(更)
软性亲水接触镜	英国 Sauflon Pharmaceuticals Limited	20143220088(更)
软性亲水接触镜	英国 Sauflon Pharmaceuticals Limited	20143220089(更)
软性亲水接触镜	英国 Sauflon Pharmaceuticals Limited	20143220091(更)
软性亲水接触镜	马来西亚 Visco Technology Sdn.Bhd.	20143220095(更)
软性亲水接触镜	马来西亚 Visco Technology Sdn.Bhd.	20143220096(更)
软性亲水接触镜	新加坡 Oculus Private Limited	20143220427
软性亲水接触镜	美国 CooperVision Inc.	20143220625(更)
软性亲水接触镜	韩国 DUEBA CONTACT LENS	20143220809
软性亲水接触镜	韩国 Joowon Innovation Co., Ltd.	20143220857
软性亲水接触镜	韩国 Hi Cell Contact	20143220879
软性亲水接触镜	韩国 Joowon Innovation Co., Ltd.	20143220881
软性亲水接触镜	美国 CooperVision Inc.	20143221275(更)
软性亲水接触镜	美国 CooperVision Inc.	20143221295(更)
软性亲水接触镜	韩国 INTEROJO INC.	20143221300
软性亲水接触镜	韩国 DUEBA CONTACT LENS CO., LTD	20143221301
软性亲水接触镜	韩国 G&G CONTACT LENS	20143221308
软性亲水接触镜	英国 CooperVision Manufacturing Limited	20143221345(更)
软性亲水接触镜	韩国 G&G CONTACT LENS	20143221475
软性亲水接触镜	韩国 i-codi Co., Ltd	20143221496
软性亲水接触镜	韩国 GEO Medical Co., Ltd.	20143221499
软性亲水接触镜	韩国 GEO Medical Co., Ltd.	20143221500
软性亲水接触镜	英国 Sauflon Pharmaceuticals Limited	20143221850(更)
软性亲水接触镜	英国 Sauflon Pharmaceuticals Limited	20143221851(更)

软性亲水接触镜	英国 Sauflon Pharmaceuticals Limited	20143221852(更)
软性亲水接触镜	新加坡 CLEARLAB SG PTE.LTD.	20143221880(更)
软性亲水接触镜	韩国 M.I CONTACT Co.,Ltd.	20143221897
软性亲水接触镜	韩国 M.I CONTACT Co.,Ltd.	20143221959
软性亲水接触镜	韩国 MAX LOOK	20143221962
软性亲水接触镜	英国 Sauflon Pharmaceuticals Limited	20143222530(更)
软性亲水接触镜	马来西亚 Visco Technology Sdn.Bhd.	20143222534
软性亲水接触镜	韩国 G&G CONTACT LENS	20143222674
软性亲水接触镜	韩国 DUEBA CONTACT LENS	20143222675
软性亲水接触镜	英国 CooperVision Manufacturing Limited	20143222814
软性亲水接触镜	美国 CooperVision Inc.	20143222816
软性亲水接触镜	马来西亚 Visco Technology Sdn.Bhd.	20143222822
软性亲水接触镜	韩国 DUEBA CONTACT LENS	20143222828
软性亲水接触镜	韩国 Lensmam Co.,Ltd.	20143222868
软性亲水接触镜	美国 CooperVision Inc.	20143222876
软性亲水接触镜	美国 CooperVision Inc.	20143222877
软性亲水接触镜	英国 SAUFLON PHARMACEUTICALS LIMITED	20143223365
软性亲水接触镜	英国 SAUFLON PHARMACEUTICALS LIMITED	20143223366
软性亲水接触镜	美国 CooperVision Inc.	20143223678
软性亲水接触镜	韩国 Joowon Innovation Co.,Ltd.	20143223858
软性亲水接触镜	韩国 G&G Contact Lens	20143224153
软性亲水接触镜	美国 CooperVision Inc.	20143224566
软性亲水接触镜	韩国 INTEROJO INC.	20143224696
软性亲水接触镜	美国 Alcon Laboratories, Inc.	20143225004
软性亲水接触镜	韩国 Medios Co.,Ltd.	20143225007
软性亲水接触镜	韩国 INTEROJO INC.	20143225018
软性亲水接触镜	新加坡 Clearlab SG Pte. Ltd.	20143225024
软性亲水接触镜	韩国 Medios Co.,Ltd.	20143225405
软性亲水接触镜	韩国 Vision Science Co.,Ltd.	20143225978
软性亲水接触镜	新加坡 Clearlab SG Pte. Ltd.	20143226148
软性亲水接触镜	韩国 Vision Science Co.,Ltd.	20143226231
软性亲水接触镜	韩国 Vision Science Co.,Ltd.	20143226232
软性亲水接触镜	韩国 Vision Science Co.,Ltd.	20143226233
软性亲水接触镜	日本 Menicon Co.,Ltd	20143226243
软性亲水接触镜(FreshKon 58 UV)	新加坡 Oculus Private Limited	20143224585
软性亲水接触镜(FreshKon everyDAY uv)	新加坡 Oculus Private Limited	20143226150
软性亲水接触镜(Oculus FreshKon 1-Day	新加坡 Oculus Private Limited	20143224134
软性亲水接触镜(SEED 1daypure UP)	日本 SEED Co.,Ltd	20143220843
软性亲水接触镜(SEED 2week Pure)	日本 SEED Co.,Ltd.	20143220844
软性亲水接触镜(SEED 2weekPure)	日本 SEED Co.,Ltd	20143223348
软性亲水接触镜(博乐纯日抛)	美国 Bausch & Lomb Incorporated	20143224563
软性亲水接触镜(纯视散光 2)	美国 Bausch & Lomb Incorporated	20143224146
软性亲水接触镜(多水润天天抛渐进多焦)	美国 Alcon Laboratories,Inc.	20143226229
软性亲水接触镜(睛彩天天抛)	美国 Alcon Laboratories, Inc.	20143224619
软性亲水接触镜(美光)	韩国 Mi Gwang Contact Lens Co.,Ltd.	20143222819(更)
软性亲水接触镜(清朗多焦点)	美国 Bausch & Lomb Incorporated	20143223757
软性亲水接触镜(沙福隆碧昕每月更换型)	英国 SAUFLON PHARMACEUTICALS LIMITED	20143220906
软性亲水接触镜(舒视氧散光)	美国 Alcon Laboratories, Inc.	20143224699
软性亲水接触镜(茵洛)	韩国 INTEROJO INC.	20143225638
软组织修复系统(SpectrumⅡ)	美国 Linvatec Corporation d/b/a ConMed Linvatec	20142222660
三晶片内窥镜摄像系统(蛇牌)	德国 Aesculap AG	20142221483
三晶片内窥镜摄像系统(蛇牌)	德国 Aesculap AG	20142221484
摄像头	日本 奥林巴斯医疗株式会社	20142220038
摄像头	日本 奥林巴斯医疗株式会社	20142225490
摄像系统(MicroLux)	美国 Integra Burlington MA, Inc.	20142221650
神经外科内窥镜系统	德国 Zeppelin Medical Instruments Ltd.	20143220193
肾镜	德国 Richard Wolf GmbH	20143225838
肾镜及附件	德国 Richard Wolf GmbH	20143220012
生物显微镜	德国 Carl Zeiss Microscopy GmbH	20142220206(更)
生物显微镜	德国 Carl Zeiss Microscopy GmbH	20142220589(更)

生物显微镜	德国 Carl Zeiss Microscopy GmbH	20142220992(更)
生物显微镜	日本 奥林巴斯株式会社,オリンパス株式会社	20142222181
生物显微镜	日本 奥林巴斯株式会社,オリンパス株式会社	20142222182
生物显微镜	日本 奥林巴斯株式会社，オリンパス株式会社	20142222183
生物显微镜	德国 Leica Microsystems CMS GmbH	20142224218
生物显微镜	日本 Nikon Corporation	20142225267
生物显微镜	日本 Nikon Corporation(株式会社ニコン)	20142225316
生物显微镜	日本 奥林巴斯株式会社	20142225686
生物显微镜	日本 奥林巴斯株式会社	20142225687
生物显微镜	日本 Nikon Corporation	20142225803
生物显微镜	德国 Carl Zeiss Microscopy GmbH	20142225841
生物显微镜(尼康 Ti 系列倒置生物显微镜)	日本 株式会社ニコン	20142221160
视力筛选仪	美国 Welch Allyn, Inc.	20142221216
视频耳镜	意大利 INVENTIS S.r.l.	20142224027
视频喉镜系统	美国 Verathon Inc.	20142225945
视频喉镜系统	美国 Verathon Inc.	20142225946
视频喉镜系统	美国 Verathon Inc.	20142225947
视频喉镜系统	美国 Verathon Inc.	20142225948
视频喉镜系统	美国 Verathon Inc.	20142225949
视频喉镜系统	美国 Verathon Inc.	20142225950
视野计(Centerfield 2)	德国 OCULUS Optikgerate GmbH	20142221970
视野计(Twinfield)	德国 OCULUS Optikgerate GmbH	20142222770
手持式角膜测厚仪	美国 Accutome, Inc.	20143220724
手持式眼压计	美国 Accutome, Inc.	20142225255
手术放大镜	英国 Keeler Ltd.	国械备 20140260 号
手术显微镜	德国 Karl Kaps GmbH &Co.KG	20142220167
手术显微镜	美国 Seiler Instrument & Mfg. Co., Inc.	20142220634
手术显微镜	瑞士 Leica Microsystems (Schweiz) AG	20142222784
手术显微镜	瑞士 Leica Microsystems (Schweiz) AG	20142224009
手术显微镜	德国 Carl Zeiss Meditec AG	20142224391
手术显微镜	德国 Carl Zeiss Meditec AG	20142224414
手术显微镜	瑞士 Leica Microsystems (Schweiz) AG	20142225266
手术显微镜	德国 Carl Zeiss Meditec AG	20142226046
输尿管镜	德国 SOPRO-COMEG GmbH	20143221929
输尿管镜附件	德国 SOPRO-COMEG GmbH	20142222746
输尿管镜附件	德国 SOPRO-COMEG GmbH	20142222746
输尿管鞘(Navigator HD)	美国 Boston Scientific Corporation	20142225011
输尿管肾盂镜	德国 Schoelly Fiberoptic GmbH	20143224490
数码倒置显微镜	匈牙利 Vitrolife Kft.	20142226089
数码耳镜	日本 尼德克株式会社	20142225814
数码皮肤镜	日本 尼德克株式会社	20142225815
数码眼底相机	德国 Carl Zeiss Meditec AG	20142224306
数字视敏度测量系统	美国 Reichert Inc.	20142225963
数字眼底照相机	日本 佳能公司(キヤノン株式会社)	20142222359
数字眼底照相机	日本 佳能公司. キヤノン株式会社	20142225848
双极电切镜附件(TURis & TCRis)	德国 Olympus Winter & Ibe GmbH	20142222665
双极宫腔电切镜附件(TCRis)	德国 Olympus Winter & Ibe GmbH	20142222664
双极宫腔电切镜附件(TCRis)	德国 Olympus Winter & Ibe GmbH	20142222664
套管及闭孔器	美国 Linvatec Corporation D/B/A ConMed Linvatec	20142223822
套石网篮	德国 uroVision Gesellschaft für medizinischen Technologie-Transfer mbH	20142222601
头戴式放大镜	美国 Metrex Research LLC dba Orascoptic	国械备 20140236 号
头戴式放大镜	美国 Metrex Research LLC dba Orascoptic	国械备 20140247 号
网篮	德国 pk endoskopie GmbH	20142221220
微型视野计系统	日本 NIDEK CO., LTD.	20142222783
无散瞳眼底照相机	日本 株式会社拓普康(株式会社トプコン)	20142220581
无散瞳眼底照相机	日本 興和株式会社	20142224159
无源胸腹腔镜手术器械(HiQ+)	德国 Olympus Winter&Ibe GmbH	20142220805
五官科综合摄像系统	德国 XION GmbH	20142222581
吸引活检针	日本 オリンパスメディカルシステムズ株式会社	20143222893

产品名称	国别及生产企业	注册证号
细胞活检刷	美国 Wilson-Cook Medical Incorporated	20142223393
细胞活检刷	美国 Wilson-Cook Medical Incorporated	20142224667
细胞活检刷	美国 Wilson-Cook Medical Incorporated	20142224668
细胞活检刷(EchoBrush)	爱尔兰 Cook Ireland Limited	20142223394
细胞刷	日本 オリンパスメディカルシステムズ株式会社	20142220501
细胞刷	日本 オリンパスメディカルシステムズ株式会社	20142220934
氙灯光源	美国 QED,INC.	20142224481
氙灯冷光源	德国 Geuder AG	20142221657
氙灯冷光源	德国 XION GmbH	20142223802
氙灯冷光源	德国 MGB Endoskopische Gerate GmbH Berlin	20142224504
氙灯冷光源	德国 MGB Endoskopische Gerate GmbH Berlin	20142224505
氙灯冷光源	德国 W.O.M. World of Medicine GmbH	20142225662
纤维鼻咽喉镜	日本 奥林巴斯医疗株式会社	20142222934
纤维鼻咽喉镜	日本 奥林巴斯医疗株式会社	20142224500
纤维胆道镜	日本 オリンパスメディカルシステムズ株式会社	20142220332
纤维导光束	德国 Karl Storz GmbH &Co. KG	20142220035
纤维宫腔镜	日本 オリンパスメディカルシステムズ株式会社	20142220591
纤维麻醉内窥镜系统	德国 Karl Storz GmbH & Co. KG	20143226057
纤维膀胱肾盂镜	日本 奥林巴斯医疗株式会社	20142220726
纤维气管插管镜	日本 奥林巴斯医疗株式会社	20142225689
纤维输尿管肾盂镜	日本 奥林巴斯医疗株式会社	20143225412
纤维支气管内窥镜	日本 奥林巴斯医疗株式会社	20142224406
胸腹腔镜	德国 OLYMPUS WINTER&IBE GMBH	20143222005
胸腹腔镜	德国 奥林巴斯苇音特和意北公司	20143223177
胸腔镜	德国 Karl Storz GmbH & Co. KG	20143223462
胸腔镜手术器械	德国 August Reuchlen GmbH	20142224520
胸腔镜有源器械	德国 Karl Storz GmbH & Co. KG	20143223994
压平眼压计	瑞士 HAAG-STREIT AG	20142225507
咽喉镜	德国 Schoelly Fiberoptic GmbH	20143224055
眼底成像系统	德国 Carl Zeiss Meditec AG	20142225851
眼底照相机	意大利 CenterVue S.p.A.	20142222766
眼底照相机	日本 興和株式会社	20142224227
眼底照相机	日本 興和株式会社	20142225694
眼科内窥镜	美国 Endo Optiks,Inc.	20143222956
眼科生物测量及手术计划系统	德国 Alcon GPS - WaveLight GmbH	20143226003
眼科手术显微镜	美国 爱尔康公司	20142224043
眼科手术用硅油(Arciolane 1300)	法国 ARCADOPHTA SARL	20143222294
眼科手术用硅油(Arciolane 5500)	法国 ARCADOPHTA SARL	20143222295
眼科手术用重水	德国 Carl Zeiss Meditec AG	20143222466
眼科手术用重水(FCI-DECA)	法国 FCI	20143224573
眼科手术用重水(FCI-OCTA)	法国 FCI	20143224572
眼科用重水	德国 FLUORON GmbH	20143220124
眼压计	韩国 Huvitz Co.,Ltd	20142220170
眼压计	日本 株式会社トーメーコーポレーション	20142220953
眼压计	芬兰 Icare Finland Oy	20142225812
眼用透明质酸钠	英国 Hyaltech Ltd.	20143223851
眼用粘弹剂(欧弗白 OPHTEISBIO)	瑞士 Anteis SA	20143221842
验光头	日本 株式会社タカギセイコー	20142224303
验光仪	韩国 POTEC Co., Ltd.	20142221976
验光仪	日本 株式会社拓普康,株式会社トプコン	20142225508
液晶视力表	日本 株式会社拓普康(株式会社トプコン)	20142222989
一次性高频钳(Coagrasper)	日本 奥林巴斯医疗株式会社	20143222921
一次性高频钳(见附页)	日本 奥林巴斯医疗株式会社	20143222920
一次性内窥镜静脉采集系统(Terumo)	美国 Terumo Cardiovascular Systems Corporation	20143220003
一次性黏膜切开刀(DualKnife)	日本 奥林巴斯医疗株式会社	20143220213
一次性黏膜切开刀(Hookknife)	日本 奥林巴斯医疗株式会社	20143220214
一次性黏膜切开刀(ITknife nano)	日本 奥林巴斯医疗株式会社	20143221201
一次性热活检钳(Coagrasper)	日本 奥林巴斯医疗株式会社	20143220019
一次性使用活组织检查钳(商品名:Radial Jaw 4)	美国 Boston Scientific Corporation	20142223786
一次性使用结扎装置	日本 オリンパスメディカルシステムズ株式会社	20142223005

一次性使用视芯套	美国 Verathon Inc.	20142224687
一次性使用抓取钳(EndoLifter)	日本 奥林巴斯医疗株式会社	20142221237
一次性碎石器(威势(V))	日本 奥林巴斯医疗株式会社	20142225238
一次性细胞刷(威势(V))	日本 オリンパスメディカルシステムズ株式会社	20142225889
医用放大镜	美国 OCULAR INSTRUMENTS, INC	国械备20140362号
医用内窥镜冷光源	德国 PolyDiagnost GmbH	20142221979
医用内窥镜冷光源(LED nova 150)	德国 Karl Storz GmbH & Co. KG	20142223154
医用内窥镜冷光源(氙灯光源)	法国 SOPRO	20142222805
阴道显微镜	德国 LEISEGANG Feinmechanik-Optik GmbH	20142221525
隐形眼镜护理液(CyClean)	英国 Sauflon Pharmaceuticals Limited	20143220042
隐形眼镜护理液(CyClean)	英国 SAUFLON PHARMACEUTICALS LIMITED	20143224740
隐形眼镜护理液(Sauflon)	英国 Sauflon Pharmaceuticals Limited	20143220090
隐形眼镜护理液(Sauflon)	英国 SAUFLON PHARMACEUTICALS LIMITED	20143224739
隐形眼镜护理液(Zeiss All in One Advance)	德国 Woehlk-Contact-Linsen GmbH	20143225972
隐形眼镜润滑液(OPTI-FREE)	美国 Alcon Laboratories, Incorporated	20143223883
隐形眼镜润滑液(沙福隆)	英国 Sauflon Pharmaceuticals Limited	20143221044
应急碎石器	日本 オリンパスメディカルシステムズ株式会社	20142225601
硬性喉镜	德国 奥林巴斯苇音特和意北公司	20142225501
硬性角膜接触镜	韩国 Lucid Korea Co., Ltd.	20143221469
硬性角膜接触镜护理液(博视顿新洁)	美国 Bausch & Lomb Incorporated	20143224694
硬性透气接触镜用多功能护理液(MeniCare Plus)	日本 Menicon Co., Ltd.	20143220405
硬性透氧性角膜接触镜	荷兰 Procornea Nederland B.V.	20143223892
有源胸腹腔镜手术器械(HiQ+)	德国 Olympus Winter&Ibe GmbH	20143222310
预装式丙烯酸人工晶状体	奥地利 Croma GmbH	20143225879
预装式非亲水丙烯酸后房人工晶状体(Nex-Load System)	日本 NIDEK CO., LTD.	20143221015
预装式非球面单件式丙烯酸人工晶状体(TECNIS)	美国 Abbott Medical Optics Inc.	20143224994
预装式非球面后房人工晶状体(HOYA iSert)	日本 豪雅株式会社	20143220876
预装式人工晶体系统	日本 STAAR Japan Inc.	20143221340
预装式着色非球面后房人工晶状体(Nex-Load System SP)	日本 NIDEK CO., LTD.	20143224536
在体反射式共聚焦显微镜	美国 Lucid 公司	20142220952
折叠式丙烯酸人工晶体(Tecnis)	美国 Abbott Medical Optics Inc.	20143220788
折叠式多焦丙烯酸人工晶状体(Tecnis)	美国 Abbott Medical Optics Inc.	20143221014
折叠式非球面人工晶状体(世纪新秀)	美国 U.S.IOL, INC	20143220946
折叠式人工晶状体(优视)	美国 U.S.IOL, INC	20143225033
着色非亲水丙烯酸非球面后房人工晶状体(Nex-Acri AA 1P)	日本 NIDEK CO., LTD.	20143222861
着色非亲水丙烯酸非球面后房人工晶状体(Nex-Acri AA)	日本 NIDEK CO., LTD.	20143221035
着色非亲水丙烯酸后房人工晶状体(Nex-Acri AA)	日本 NIDEK CO., LTD.	20143221016
正置显微镜	德国 Carl Zeiss Microscopy GmbH	20142221528
支架回收器(N-Snare)	美国 Cook Incorporated	20143225030
支气管镜	德国 Karl Storz GmbH &Co. KG	20143222807
支气管内窥镜(EVIS LUCERA)	日本 オリンパスメディカルシステムズ株式会社	20143220014
直肠镜	德国 Richard Wolf GmbH	20143222809
直肠镜手术用高频器械	德国 Richard Wolf GmbH	20143223185
直肠镜用器械	德国 Richard Wolf GmbH	20143226013
中心孔后房屈光型人工晶状体(Visian® ICL)	瑞士 STAAR Surgical AG	20143225000
中心孔后房散光屈光型人工晶状体(Visian® TICL)	瑞士 STAAR Surgical AG	20143225001
椎间孔镜	德国 think!	20143225530
椎间盘镜	德国 Richard Wolf GmbH	20143220972
椎间盘镜(ASAP)	德国 asap endoscopic products GmbH	20143224061
椎间盘镜及附件	美国 Medtronic Sofamor Danek USA, Inc.	20143223738
椎间盘镜用手术器械	德国 Richard Wolf GmbH	20142226147
子镜推送导管(SpyScope)	美国 Boston Scientific Corporation	20142220146
自动电脑验光仪	日本 NIDEK CO., LTD.	20142220637
自动免散瞳眼底照相机	日本 尼德克株式会社(株式会社ニデック)	20142220524
自动免散瞳眼底照相机	日本 NIDEK CO., LTD.	20142221206
自动屏幕视力表	日本 株式会社拓普康(株式会社トプコン)	20142222049

6823 医用超声仪器及有关设备

X射线骨密度测定仪	法国 Diagnostic Medical System SA	20142232361

超声眼科乳化治疗仪	德国 Carl Zeiss Meditec AG	20143234502
超声眼科乳化治疗仪及附件	美国 Alcon Laboratories, Incorporated	20143232948
超声眼科专用诊断仪	法国 QUANTEL MEDICAL	20143232017
超声影像引导系统	加拿大 Elekta Ltd.	20143234590
超声用电磁定位工具	美国 CIVCO Medical Instruments Co., Inc.	20142234423
超声诊断设备	日本 东芝医疗系统株式会社(東芝メディカルシステムズ株式会社)	20143232931
超声诊断设备	日本 东芝医疗系统株式会社	20143232970
超声诊断设备	日本 东芝医疗系统株式会社	20143232971
超声诊断设备	日本 东芝医疗系统株式会社(東芝メディカルシステムズ株式会社)	20143233173
超声诊断设备	日本 东芝医疗系统株式会社,東芝メディカルシステムズ株式会社	20143233188
超声诊断设备	日本 东芝医疗系统株式会社(東芝メディカルシステムズ株式会社)	20142234478
超声诊断设备	日本 东芝医疗系统株式会社(東芝メディカルシステムズ株式会社)	20143236053
超声诊断系统	意大利 ESAOTE SPA	20143231156
超声诊断系统	意大利 ESAOTE SPA	20143231194
超声诊断系统	意大利 ESAOTE SPA	20143231195
超声诊断系统	美国 Teratech Corporation	20142231418
超声诊断系统	意大利 ESAOTE SPA	20143231540
超声诊断系统	韩国 ALPINION MEDICAL SYSTEMS CO., LTD.	20142231652
超声诊断系统	美国 Siemens Medical Solutions USA, Inc.	20143231944
超声诊断系统	美国 Siemens Medical Solutions USA, Inc.	20143232840
超声诊断系统	美国 Siemens Medical Solutions USA, Inc.	20143232924
超声诊断系统	美国 Siemens Medical Solutions USA, Inc.	20143232925
超声诊断系统	美国 Siemens Medical Solutions USA, Inc.	20143233182
超声诊断系统	意大利 ESAOTE SPA	20143233183
超声诊断系统	美国 Siemens Medical Solutions USA, Inc.	20143235112
超声诊断系统	韩国 ALPINION MEDICAL SYSTEMS CO., LTD.	20142235117
超声诊断系统	美国 SonoSite, Inc.	20143235485
超声诊断系统	意大利 ESAOTE SPA	20143235986
超声诊断系统	意大利 ESAOTE SPA	20143235987
超声诊断仪	韩国 SAMSUNG MEDISON CO., LTD.	20143230723
超声诊断仪	韩国 SAMSUNG MEDISON CO., LTD.	20142230725
超声诊断仪	美国 GE Medical Systems Ultrasound &Primary Care Diagnostics LLC	20143230970
超声诊断仪	美国 GE Medical Systems Ultrasound&Primary Care Diagnostics, LLC	20143231328
超声诊断仪	韩国 SAMSUNG MEDISON CO., LTD.	20142231330
超声诊断仪	韩国 SAMSUNG MEDISON CO., LTD.	20142231485
超声诊断仪	韩国 SAMSUNG MEDISON CO., LTD.	20142231688
超声诊断仪	日本 日立阿洛卡医疗株式会社(日立アロカメディカル株式会社)	20143231968
超声诊断仪	韩国 SAMSUNG MEDISON CO., LTD.	20142233150
超声诊断仪	奥地利 GE Healthcare Austria GmbH & Co OG	20142233180
超声诊断仪	韩国 SAMSUNG MEDISON CO., LTD.	20142233266
超声诊断仪	韩国 SAMSUNG MEDISON CO., LTD.	20142233505
超声诊断仪	以色列 GE Medical Systems Israel Ltd.	20143233805
超声诊断仪	韩国 SAMSUNG MEDISON CO., LTD.	20142234368
超声诊断仪	奥地利 GE Healthcare Austria GmbH & Co OG	20142234370
超声诊断仪	韩国 SAMSUNG MEDISON CO., LTD.	20142235499
超声诊断仪	韩国 SAMSUNG MEDISON CO., LTD.	20142235663
超声诊断仪	挪威 GE Vingmed Ultrasound AS	20142235830
超声诊断仪	挪威 GE Vingmed Ultrasound AS	20142235849
肝功能剪切波量化超声诊断仪(FibroScan)	法国 ECHOSENS	20143232967
灌注套和测试腔(AMO)	美国 Abbott Medical Optics Inc.	20142231180
经颅多普勒血流分析仪	以色列 Rimed Ltd.	20143231938
内镜用超声探头(内視鏡用超音波プローブ)	日本 奥林巴斯医疗株式会社	20143233800
膀胱容量测量仪(BladderScanTM)	美国 VERATHON INC.	20142231173
全自动血型配血分析仪	瑞士 DiaMed GmbH	20143231934
数字彩色超声波诊断仪(睿晶)	日本 日立阿洛卡医疗株式会社	20143232304
数字化彩色超声波诊断装置	日本 株式会社 日立医疗器械(株式会社日立メディコ)	20143232011
数字化彩色超声波诊断装置	日本 株式会社 日立医疗器械	20143232835
胎儿监护仪	德国 Philips Medizin Systeme Boeblingen GmbH	20143230767

显微眼科手术系统(Stellaris)	美国 Bausch&Lomb, Incorporated	20143231974
心腔内超声导管(ACUSON AcuNav)	美国 Siemens Medical Solutions USA, Inc.	20143235683
旋磨介入治疗仪(Rotablator)	美国 Boston Scientific Corporation	20143231758
血管内超声波诊断仪	美国 Volcano Corporation	20143232195
血管内超声波诊断仪	美国 Volcano Corporation	20143233186
血管内超声系统(iLab)	美国 Boston Scientific Corporation	20143231165
血管内超声系统(iLab)	美国 Boston Scientific Corporation	20143231166
血管内超声系统(iLab)	美国 Boston Scientific Corporation	20143233811
血管内超声系统(iLab)	美国 Boston Scientific Corporation	20143233812
眼科A型超声测量仪	日本 株式会社トーメーコーポレーション	20143235537
眼科B超超声诊断仪	美国 Sonomed, Inc.	20143231923
眼科超声乳化治疗仪(SOVEREIGN)	美国 Abbott Medical Optics, Inc	20143234384
眼科超声仪	法国 QUANTEL MEDICAL	20143231544
眼科广域成像系统	美国 CLARITY MEDICAL SYSTEMS	20142234409
眼科手术系统	日本 NIDEK CO., LTD.	20143235983
一次性超声探头	奥地利 A.M.I. Agency for Medical Innovations GmbH	20142235959
一次性超声探头	奥地利 A.M.I. Agency for Medical Innovations GmbH	20142236255
医用超声耦合剂(Aquasonic 100)	美国 Parker Laboratories, Inc.	20141231777
医用超声耦合剂(Aquasonic clear)	美国 Parker Laboratories, Inc.	20141231778
医用超声诊断设备	日本 株式会社トーメーコーポレーション	20143245421

6824 医用激光仪器设备

Er:YAG激光治疗仪	韩国 Won Technology Co., Ltd.	20143240776
ER:YAG激光治疗仪	德国 QUANTEL DERMA GmbH	20143245739
Nd:YAG/KTP激光治疗机	美国 CUTERA, INC.	20143244768
Nd:YAG倍频激光治疗仪	美国 American MedicalSystems Innovation Center-Silicon Valley	20143240328
Nd:YAG激光治疗仪	美国 Candela Corporation	20143244082
Nd:YAG激光治疗仪	韩国 Jeisys Medical Inc.	20143245997
Nd:YAG眼科激光治疗仪	德国 Carl Zeiss Meditec AG	20143245746
Nd:YAP激光治疗仪	法国 LOBEL MEDICAL	20143245671
Q开关Nd:YAG激光治疗仪	美国 Cynosure, Inc. dba ConBio, A Cynosure Company	20143242309
Q开关Nd:YAG激光治疗仪	美国 Cynosure, Inc. dba ConBio, A Cynosure Company	20143245675
Q开关翠绿宝石激光治疗仪	美国 Candela Corporation	20143240956
半导体激光手术系统	德国 CeramOptec GmbH	20143245998
半导体激光脱毛机	德国 Asclepion Laser Technologies GmbH	20143243176
半导体激光治疗机	德国 Livetec Ingenieurburo GmbH	20143241541
半导体激光治疗机	意大利 LASERING s.r.l.	20143245527
半导体激光治疗仪	韩国 LVI Technologies Inc.	20143240774
半导体激光治疗仪	斯洛文尼亚 Fotona d.d.	20143242369
半导体激光治疗仪	西班牙 INTERMEDIC ARFRAN S.A.	20143242831
半导体激光治疗仪	美国 IRIDEX Corporation	20143243167
半导体激光治疗仪	美国 IRIDEX Corporation	20143243169
半导体激光治疗仪	韩国 WON TECH Co., Ltd.	20143243809
半导体激光治疗仪	韩国 WON TECH Co., Ltd.	20143243810
半导体激光治疗仪	意大利 EUFOTON S.R.L	20143244376
半导体激光治疗仪	以色列 Alma Lasers Ltd	20143244786
半导体激光治疗仪	以色列 Alma Lasers Ltd	20143245299
半导体激光治疗仪(Pilot)	美国 CAO Group, Inc.	20143241926
倍频Nd:YAG激光光凝仪	美国 IRIDEX Corporation	20143243168
倍频Nd:YVO4眼科激光光凝机及附件	美国 Alcon Laboratories, Incorporated	20143242919
倍频Nd:YVO4眼科激光治疗仪	德国 Carl Zeiss Meditec AG	20143245747
掺铥光纤激光治疗仪	韩国 Won Technology Co., Ltd.	20143240513
掺钕钇铝石榴石固体激光治疗仪	韩国 UTI CO., LTD	20143243171
翠绿宝石激光治疗仪	美国 Candela Corporation	20143241642
翠绿宝石激光治疗仪	美国 Candela Corporation	20143244081
多波长激光光凝仪	日本 NIDEK CO., LTD.	20143241538
多波长激光治疗仪(DEKA)	意大利 DEKA M.E.L.A. Srl	20143241539
二氧化碳激光光束操控系统	以色列 IOPtima Ltd.	20143240388

6825 医用高频仪器设备

神经射频仪	瑞典 Elekta Instrument AB	20142255120
手术电极	美国 Stryker Endoscopy	20143255862
双极电凝手术剪	德国 AESCULAP AG	20142255510
双极电凝手术镊	德国 AESCULAP AG	20142253191
双极电凝手术钳	德国 AESCULAP AG	20142254425
双极电凝血器(蛇牌)	德国 Aesculap AG	20143251492
双极电凝血器(蛇牌)	德国 Aesculap AG	20143252201
双极器械	德国 ERBE Elektromedizin GmbH	20143255286
双极止血套装	德国 SPINENDOS GmbH	20143255271
外科消融系统附件	美国 Medtronic, Inc.	20143250962
微波治疗仪	韩国 HANIL TM CO.,LTD	20143252116
微波治疗仪	比利时 Fysiomed N.V.	20143252933
微波治疗仪	日本 NIHON MEDIX	20142254942
微波治疗仪(マイクロ波治療器)	日本 NIHON MEDIX	20142254942
吸引/灌流管	德国 Olympus Winter&Ibe GmbH	20143252311
牙科高频电刀	丹麦 XO CARE A/S	20143251543
牙科高频电刀	美国 Coltène/Whaledent Inc.	20143253174
氩气控制器	美国 通产美伦	20143251157
一次性使用电凝刷	德国 Bausch & Lomb GmbH	20142256085
一次性使用射频电极	美国 库克泌尿外科公司	20143254495
一次性息肉勒除器(Captiflex)	美国 Boston Scientific Corporation	20143252842
一次性息肉勒除器(Captivator)	美国 Boston Scientific Corporation	20143250969
一次性息肉勒除器(Profile)	美国 Boston Scientific Corporation	20143252841
一次性息肉勒除器(Rotatable Snare)	美国 Boston Scientific Corporation	20143250968
中性电极	德国 ERBE Elektromedizin GmbH	20142255875

6826 物理治疗及康复设备

冲击波治疗系统	法国 DJO FRANCE SAS	20142263145
冲击波治疗仪	英国 BTL Industries Limited	20142264028
充气式行走支具	美国 DJO, LLC	20142263378
臭氧治疗仪	德国 Zotzmann + Stahl GmbH + Co.KG	20143265495
单人高压氧舱(Sechrist)	美国 Sechrist Industries, Inc.	20143264378
低频治疗仪	日本 MINATO MEDICAL SCIENCE CO., LTD	20142260075
低频治疗仪	韩国 Hanau Medical Co.,Ltd	20142260957
低周波肌肉刺激仪	韩国 HANIL TM CO.,LTD	20142261783
电刺激治疗仪	俄罗斯 Закрытое акционерное общество Инженерно-медицинский центр《Новые Приборы》	20142260185
电动牵引装置	日本 欧技技研公司(オージー技研株式会社)	20142260333
电痉挛治疗仪	美国 Somatics, LLC	20143264943
电位治疗器(家庭用電位治療器)	日本 株式会社マルタカテクノ	20143264084
动静脉脉冲压力系统	美国 Covidien llc	20142262173
短波治疗仪	日本 ITO CO.,LTD.	20142262168
妇科检查椅	德国 Schmitz u. Sohne GmbH & Co. KG	20142264358
负压振动理疗仪	法国 LPG Systems	20142262048
干扰波治疗仪(Superkine SK-SERIES)	日本 MINATO医疗科学株式会社(ミナト医科学株式会社)	20142262395
干扰电型低频治疗仪	日本 欧技技研公司(オージー技研株式会社)	20142261655
干扰电治疗仪(BIOMED)	韩国 HANIL- TM 株式会社	20142262771
高压电位治疗仪	日本 东阪电子机器株式会社	20143260964
高压电位治疗仪	日本 株式会社利百世(株式会社 リブレックス)	20143261948
光疗设备	美国 Ohmeda Medical	20142262367
光疗设备	美国 Ohmeda Medical	20142262775
光疗设备	美国 Ohmeda Medical	20142266047
红光治疗仪	美国 PhotoMedex, Inc.	20142265960
红外辐照治疗装置	德国 Hydrosun Medizintechnik GmbH	20142265685
红外线治疗仪	荷兰 Philips Consumer Lifestyle B.V.	20142265693
红外线治疗仪	德国 BELA Lampenfabrikation Inhaber Boris Pichler e.K.	20142266256
肌肉关节振动治疗仪	美国 Sense Technology, Inc.	20142260632
机械和超声理疗设备	意大利 General Project S.r.l	20142262047

机械血栓切除系统(Straub)	瑞士 Straub Medical AG	20143265278
脊柱振动治疗仪	加拿大 Optima Health Solutions International Corporation	20142263495
间歇式空气压力仪	美国 Bio Compression Systems, Inc.	20142266259
空气压力治疗仪	韩国 Daesung Maref CO., LTD	20142264945
理疗仪	韩国 TRYCAM TECHNOLOGY CO.,LTD	20142262372
立式振动训练系统	德国 Novotec Medical GmbH	20142265264
脉冲止痛笔(派恩高)	英国 Medi-Direct International Limited	20142261995
平衡测试及训练系统	意大利 Tecnobody S.r.l.	20142262801
平衡及稳定性测试系统	以色列 BeamMed Ltd.	20142264419
牵引理疗仪	美国 DJO,LLC	20142266099
强光治疗仪	韩国 Lutronic Corporation	20142260629
强脉冲光光疗仪	韩国 Jeisys Medical Inc.	20143261927
强脉冲光治疗系统	韩国 Jeisys Medical Inc.	20143266191
强脉冲光治疗仪	韩国 AHWON MEDI INSTRUMENT Co., LTD.	20143260509
热疗系统	德国 Von Ardenne Institute ofApplied Medical Research GmbH	20142265098
热球子宫内膜去除仪	瑞士 Pnn Medical SA	20143262208
上/下肢振动康复训练器	德国 WellenGang GmbH	20142262029
上肢综合训练器	以色列 Motorika medical (Israel)Ltd.	20142264421
上肢综合训练器	瑞士 Hocoma AG	20142266258
深部肿瘤相控阵热疗系统	美国 BSD Medical Corporation	20143263797
生物刺激反馈仪	加拿大 Thought technology Ltd.	20142261527
手部连续被动训练系统	美国 QAL Medical LLC.	20142265953
手指关节持续被动活动仪	意大利 Idrogenet S.r.l	20142266101
体外冲击波治疗仪	瑞士 E.M.S.电子医疗系统有限公司	20142264463
温热治疗器	韩国 (株)美健医疗器	20142265961
膝关节矫形器	德国 Otto Bock HealthCare GmbH	20141260284
下肢康复训练器	日本 株式会社安川电机	20142262578
下肢连续被动训练系统	美国 QAL Medical, LLC.	20142264016
压力抗栓带	西班牙 Tejidos Elasticos Lloveras, S.A.	20142260126
压力腿套及连接管	美国 Covidien llc	20142262896
压力足套	美国 Covidien llc	20142261450
运动康复系统	意大利 TECNOBODY S.r.l.	20142260166
直接贴敷型热敷贴(撒隆巴斯热敷贴 Salonpas Heat Pad)	日本 三宝化学株式会社	20142261457
中频治疗仪	日本 NIHON MEDIX	20142266252
紫外光疗仪	德国 Lüllau Engineering GmbH	20142266102
紫外线光疗系统	意大利 DEKA M.E.L.A. SRL	20142260024
紫外线治疗机	德国 Herbert Waldmann GmbH &Co.KG	20142264169
紫外线治疗机(TheraBeam UV308)	日本 ウシオ電機株式会社	20142265315
紫外线准分子照射系统	美国 PhotoMedex,Inc	20142264783

6827 中医器械

一次性压力敏感止吐腕带	美国 Pressure Point Inc	20142276070

6828 医用磁共振设备

超导型磁共振成像系统	日本 东芝医疗系统株式会社	20143283425
超导型磁共振成像系统	日本 东芝医疗系统株式会社	20143283623
磁共振成像系统	美国 GE Medical Systems, LLC	20143280205
磁共振成像系统	日本 株式会社日立医疗器械	20143281503
磁共振成像系统	德国 Siemens AG	20143282943
磁共振成像系统	德国 Siemens AG	20143284816
磁共振成像系统	意大利 ESAOTE SPA	20143285293
磁共振成像系统	意大利 ESAOTE SPA	20143285294
磁共振成像系统	美国 GE Medical Systems, LLC	20143285313
磁共振引导聚焦超声治疗系统(ExAblate)	以色列 InSightec, Ltd	20143285748
骨关节磁共振成像系统	意大利 PARAMED SRL	20143280965
医用磁共振成像设备	加拿大 IMRIS Inc.	20143283512
医用磁共振成像系统	韩国 SCIMEDIX CO.,LTD.	20143284385

6830 医用 X 射线设备

X射线骨密度测定仪	法国 Diagnostic Medical System SA	20143302216
X射线骨密度测量仪	韩国 OsteoSys Co.,Ltd.	20142301990
X射线计算机体层摄影设备	日本 东芝医疗系统株式会社	20143303426
X射线计算机体层摄影设备	德国 Siemens AG	20143304068
X射线计算机体层摄影设备	日本 东芝医疗系统株式会社	20143306203
便携式X射线机	韩国 Poskom Co.,Ltd.	20142302172
便携式X射线机	韩国 Poskom Co.,Ltd.	20142302179
磁导航系统(Niobe)	美国 STEREOTAXIS, INC.	20143302394
骨密度仪	美国 Hologic, Inc.	20142305836
口腔X射线机	美国 Carestream Health,Inc.	20143302236
口腔X射线计算机体层摄影系统	芬兰 Soredex,PaloDEx Group Oy	20143306000
口腔X射线数字化体层摄影设备	美国 Carestream Health, Inc.	20143301158
口腔X射线数字化体层摄影设备(Cranex 3D)	芬兰 Soredex,PaloDEx Group Oy	20143300420
口腔全景/头颅X射线机	芬兰 Instrumentarium Dental PaloDEx Group Oy	20143300510
口腔全景X射线机	芬兰 Soredex PaloDEx Group Oy	20143301154
口腔全景X射线机	韩国 Genoray Co., Ltd.	20143302966
口腔数字X射线成像系统	韩国 VATECH Co.,Ltd	20142300194
口腔数字化X射线机	韩国 POINTNIX Co., Ltd.	20143305295
模拟定位机	荷兰 Nucletron B.V.	20143303522
全景、头颅和X射线数字化体层摄影设备	意大利 CEFLA S.C.	20143303430
全景及头颅X射线摄影机	日本 朝日X射线工业株式会社	20143301502
全景口腔X射线机	日本 朝日X射线工业株式会社	20143300317
全景口腔X射线机	日本 朝日X射线工业株式会社	20143301514
全身X射线计算机断层扫描系统	美国 GE Medical systems,LLC	20143304771
全身X射线计算机断层扫描系统	美国 GE Medical systems, LLC	20143305741
全身用X射线计算机体层摄影装置	美国 GE Medical Systems, LLC	20143304510
全身用X射线计算机体层摄影装置	日本 GEヘルスケア・ジャパン株式会社	20143305993
乳腺X射线机	德国 Siemens AG	20143303267
乳腺X射线机	匈牙利 GE Hungary Kft.	20142303460
乳腺X射线机	匈牙利 GE Hungary Kft.	20142303461
乳腺X射线机	德国 Siemens AG	20142305439
数字X射线成像系统	日本 佳能公司	20142305504
数字X射线成像装置(Digital X-ray Detector)	俄罗斯 ЗАО НИПК "Электрон"	20142301004
数字化X射线成像系统	日本 富士胶片株式会社	20142305509
数字化X射线摄影系统	瑞士 Swissray Medical AG	20142301669
数字化X射线摄影系统	意大利 General Medical Merate S.p.A	20142301980
数字化X射线摄影系统	韩国 Medical Instrument System Co., Ltd	20142304166
数字化X射线摄影系统	意大利 GENERAL MEDICAL MERATE SPA	20142305873
数字化X射线摄影系统	意大利 GENERAL MEDICAL MERATE SPA	20142305964
数字化X射线透视摄影设备	意大利 Villa Sistemi Medicali S.p.A.	20142303144
数字化X射线透视摄影系统	日本 株式会社 日立医疗器械	20142303735
数字化X射线透视摄影系统	日本 株式会社 岛津制作所	20143305990
数字化X射线系统	意大利 General Medical Merate S.p.A	20143301996
数字化口腔全景/断层X射线系统	韩国 PointNix Co.,Ltd	20143302191
数字化口腔全景/头颅X射线机(X-era Smart)	日本 株式会社吉田製作所	20143301196
数字化口腔全景X射线机	韩国 PointNix Co.,Ltd	20143302192
数字化口腔全景X射线机	芬兰 Soredex,PaloDEx Group Oy	20143305999
数字化乳腺X射线机	韩国 GENORAY Co., Ltd.	20142303937
数字化乳腺X射线诊断系统	日本 富士フイルム株式会社	20143306002
数字化医用X射线摄影系统	韩国 Samsung Electronics Co.,Ltd.	20142302364
数字化医用X射线摄影系统	美国 Carestream Health,Inc.	20142302597
数字化医用X射线摄影系统	西班牙 SEDECAL	20142302774
数字化医用X射线摄影系统	西班牙 SEDECAL	20142303466
数字化医用X射线摄影系统	瑞士 Swissray Medical AG	20142304018
数字化医用X射线摄影系统	西班牙 SEDECAL	20142304810
数字化医用X射线摄影系统	西班牙 SEDECAL	20142304811
数字化医用X射线摄影系统	美国 GE MEDICAL SYSTEMS,LLC	20142305104
数字化医用X射线摄影系统	比利时 Agfa HealthCare N.V.	20142305322
数字化医用X射线摄影系统	比利时 Agfa HealthCare N.V.	20142305323
数字化医用X射线摄影系统	法国 STEPHANIX	20142305519

数字化医用 X 射线摄影系统	美国 Carestream Health, Inc.	20142305751
数字化医用 X 射线摄影系统	韩国 三星电子株式会社	20142305874
数字化医用 X 射线摄影系统	日本 株式会社 岛津制作所	20142303941
数字化医用 X 射线摄影系统(CARESTREAM DRX-EVOLUTION)	美国 Carestream Health, Inc.	20142300534
数字化医用 X 射线摄影系统(CARESTREAM DRX-EVOLUTION)	美国 Carestream Health, Inc.	20142305750
数字化医用 X 射线摄影系统(DRX-Evolution)	美国 Carestream Health, Inc.	20142305867
数字化医用 X 射线摄影系统(DRX-Evolution)	美国 Carestream Health, Inc.	20142305870
数字化医用 X 射线摄影系统(DX-D300)	比利时 Agfa HealthCare N. V.	20142304819
数字化医用泌尿 X 射线系统	美国 Liebel-Flarsheim Company LLC	20143303621
数字化移动式摄影 X 射线机	美国 GE Medical Systems, LLC.	20142303507
数字化移动式摄影 X 射线机	意大利 SMAM SRL	20142304221
数字化移动式摄影 X 射线机	意大利 TECHNIX SPA	20142304475
数字化移动式摄影 X 射线机	美国 Carestream Health, Inc.	20142305500
数字乳腺 X 射线机	美国 Hologic, Inc.	20142300323
数字乳腺 X 射线摄影系统	美国 Hologic, Inc.	20142304277
双能 X 射线骨密度仪	法国 MEDILINK SARL	20142303521
牙科 X 射线机	德国 Sirona Dental Systems GmbH	20142304293
牙科全景 X 射线装置(Veraview IC5)	日本 株式会社モリタ製作所	20143303450
医用 X 射线摄影系统(Q-Rad System)	美国 Carestream Health, Inc.	20142302596
医用 X 射线摄影系统(Q-Rad System)	美国 Carestream Health, Inc.	20142306054
医用泌尿 X 射线系统	美国 Liebel-Flarsheim Company LLC	20143303456
医用血管造影 X 射线机	法国 GE MEDICAL SYSTEMS SCS	20143300379
医用血管造影 X 射线机	法国 GE MEDICAL SYSTEMS SCS	20143301643
医用血管造影 X 射线机	法国 GE MEDICAL SYSTEMS SCS	20143301644
医用血管造影 X 射线机	法国 GE MEDICAL SYSTEMS SCS	20143301645
医用血管造影 X 射线机	日本 东芝医疗系统株式会社	20143302978
医用血管造影 X 射线机	日本 东芝医疗系统株式会社	20143302979
医用血管造影 X 射线机	日本 东芝医疗系统株式会社	20143302980
医用血管造影 X 射线机	德国 Siemens AG	20143303613
医用血管造影 X 射线机	德国 Siemens AG	20143303614
医用血管造影 X 射线机	德国 Siemens AG	20143303615
医用血管造影 X 射线机	德国 Siemens AG	20143303616
医用血管造影 X 射线机	德国 Siemens AG	20143303617
医用血管造影 X 射线机	德国 Siemens AG	20143303618
医用血管造影 X 射线机	德国 Siemens AG	20143303619
医用血管造影 X 射线机	德国 Siemens AG	20143303620
医用血管造影 X 射线系统	荷兰 Philips Medical Systems Nederland B. V.	20143302213
医用血管造影 X 射线系统	荷兰 Philips Medical Systems Nederland B. V.	20143302214
医用血管造影 X 射线系统	荷兰 Philips Medical Systems Nederland B. V.	20143302215
医用血管造影 X 射线系统	荷兰 Philips Medical Systems Nederland B. V.	20143305281
医用血管造影 X 射线系统	荷兰 Philips Medical Systems Nederland B. V.	20143305282
医用血管造影 X 射线系统	荷兰 Philips Medical Systems Nederland B. V.	20143305283
医用血管造影 X 射线系统	荷兰 Philips Medical Systems Nederland B. V.	20143305284
医用血管造影 X 射线系统	荷兰 Philips Medical Systems Nederland B. V.	20143305285
医用血管造影 X 射线系统	荷兰 Philips Medical Systems Nederland B. V.	20143305287
医用血管造影 X 射线系统	荷兰 Philips Medical Systems Nederland B. V.	20143305288
医用血管造影 X 射线系统	荷兰 Philips Medical Systems Nederland B. V.	20143305289
医用血管造影 X 射线系统	荷兰 Philips Medical Systems Nederland B. V.	20143305290
医用血管造影 X 射线系统	荷兰 Philips Medical Systems Nederland B. V.	20143305291
医用诊断 X 射线管组件	美国 Dunlee Division of Philips Medical Systems (Cleveland) Inc.	20142304038
医用诊断 X 射线系统	德国 Philips Medical Systems DMC GmbH	20143300199
移动式 C 形臂 X 射线机	德国 Siemens AG	20143303431
移动式 C 形臂 X 射线机	意大利 EUROCOLUMBUS SRL	20143304083
移动式 C 形臂 X 射线机	德国 Siemens AG	20143304161
移动式 C 形臂 X 射线机	德国 Siemens AG	20143304162
移动式 C 形臂 X 射线机	意大利 TECHNIX SPA	20142304362
移动式 C 形臂 X 射线机	德国 Ziehm Imaging GmbH	20142304373
移动式 C 形臂 X 射线机	德国 Ziehm Imaging GmbH	20142304374
移动式 C 形臂 X 射线机	意大利 TECHNIX SPA	20143304769

移动式 C 形臂 X 射线机	德国 Ziehm Imaging GmbH	20142305110
移动式 C 形臂 X 射线机	德国 Ziehm Imaging GmbH	20142305111
移动式 C 形臂 X 射线机	德国 Ziehm Imaging GmbH	20143305497
移动式 C 型臂 X 射线机	日本 株式会社 岛津制作所	20142301213
移动式 C 形臂 X 射线机(PHILIPS)	荷兰 Philips Medical Systems Nederland B.V.	20143303454
移动式 C 形臂 X 射线系统(PHILIPS)	荷兰 Philips Medical Systems Nederland B.V.	20143301759
移动式摄影 X 射线机	德国 Siemens AG	20142300015
移动式摄影 X 射线机	德国 Philips Medical Systems DMC GmbH	20142300530
移动式摄影 X 射线机	德国 Philips Medical Systems DMC GmbH	20142300531
移动式摄影 X 射线机	西班牙 SEDECAL	20142302114
移动式摄影 X 射线机	美国 GE Medical Systems, LLC.	20142303506
移动式摄影 X 射线机	西班牙 SEDECAL	20142303736
移动式摄影 X 射线机	日本 株式会社 日立メディコ	20142305109
移动式牙科 X 射线机	韩国 DIGIMED CO., LTD	20142304304
正电子发射及 X 射线计算机断层成像系统	美国 Philips Medical Systems(Cleveland), Inc.	20143305863

6831 医用 X 射线附属设备及部件

CT/MRI 造影剂注射器	德国 ulrich GmbH & Co.KG	20142316195
DR 用全腿全脊柱立架(DX-D Full Leg Full Spine Stand)	比利时 AGFA HEALTHCARE N.V.	20141310536
X 光胶片自动洗片机	韩国 JPI Healthcare Co., Ltd	20141310978
X 射线管组件	意大利 I.A.E. INDUSTRIA APPLICAZIONI ELETTRONICHE S.P.A	20142310210
X 射线管组件	意大利 I.A.E. INDUSTRIA APPLICAZIONI ELETTRONICHE S.P.A	20142310211
X 射线管组件	意大利 I.A.E. INDUSTRIA APPLICAZIONI ELETTRONICHE S.P.A	20142310212
X 射线管组件	美国 Varian Medical Systems, X-Ray Products	20142311674
X 射线管组件	美国 GE MEDICAL SYSTEMS, LLC	20142311786
X 射线管组件	美国 GE MEDICAL SYSTEMS, LLC	20142311789
X 射线管组件	美国 GE MEDICAL SYSTEMS, LLC	20142312031
X 射线管组件	美国 Varian Medical Systems Interay	20142313136
X 射线管组件	印度 GE BE PRIVATE LIMITED	20142313157
X 射线管组件	美国 GE MEDICAL SYSTEMS. LLC	20142314178
X 射线管组件	美国 GE MEDICAL SYSTEMS, LLC	20142314224
X 射线管组件	美国 Varian Medical Systems Interay	20142315244
X 射线管组件(旋转阳极)	日本 东芝电子管器件株式会社	20142314795
X 射线管组件(旋转阳极)	日本 东芝电子管器件株式会社	20142314796
X 射线管组件(旋转阳极)	日本 东芝电子管器件株式会社	20142314797
X 射线管组件(旋转阳极)	日本 东芝电子管器件株式会社	20142314798
X 射线平板探测器	日本 东芝电子管器件株式会社	20142314474
X 射线摄影用影像板成像系统	美国 Radlink, Inc.	20142315301
X 射线摄影用影像板成像装置	比利时 AGFA HealthCare N.V.	20142311685
X 射线限束器	德国 Siemens AG	20142310034
定位膜	美国 Qfix	国械备 20140368 号
高压造影注射系统	美国 Medrad, Inc.	20142310783
高压注射器	德国 MEDTRON AG	20142314017
高压注射器	美国 Liebel-Flarsheim Company LLC	20142314051
高压注射器	德国 MEDTRON AG	20142314805
高压注射系统	美国 Medrad, Inc.	20142314492
呼吸门控系统	日本 安西医疗株式会社(安西メディカル株式会社)	20142311511
口腔数字 X 射线成像系统	德国 Sirona Dental Systems GmbH	20142314820
人体定位袋	美国 QFix	国械备 20140267 号
人体定位袋	美国 CIVCO Medical Solutions	国械备 20140355 号
摄片夹装置	美国 Dentsply - Rinn Division	20141312606
数字 X 射线成像系统	日本 佳能公司	20142311763
数字化医用 X 射线摄影系统	韩国 DRGEM Corporation	20142314483
数字口内放射影像系统	法国 VISIODENT S.A.	20142313517
数字口内影像板扫描处理系统	芬兰 Soredex, PaloDEx Group Oy	20142311204
双能 X 射线骨密度仪	韩国 OsteoSysCo., Ltd.	20142313455
医用 X 射线胶片	美国 ASHLAND INC.	国械备 20140245 号
医用 X 射线自动洗片机	美国 Carestream Health, Inc.	国械备 20140154 号
医用干式激光胶片	日本 柯尼卡美能达株式会社	20141310184

医用干式激光胶片	日本 柯尼卡美能达株式会社	20141310188
医用干式激光胶片	日本 柯尼卡美能达株式会社	20141310189
医用图像打印机	比利时 AGFA HEALTHCARE N.V.	国械备 20140244 号
医用诊断 X 射线管组件	美国 Dunlee Division of Philips Medical Systems (Cleveland) Inc.	20142314036
医用诊断 X 射线管组件	美国 Dunlee Division of Philips Medical Systems (Cleveland) Inc.	20142314037
医用诊断 X 射线管组件	美国 Dunlee Division of Philips Medical Systems (Cleveland) Inc.	20142314039
影像板	日本 富士フイルム株式会社	20141310595
影像接收装置	美国 Carestream Health, Inc.	20142314168
造影剂注射装置	日本 株式会社根本杏林堂	20142315430
造影注射器	德国 MEDTRON AG	20142313259
增感屏	日本 富士フイルム株式会社	20141310021

6832 医用高能射线设备

动态多叶准直器	英国 Elekta Limited	20143321942
后装治疗机	荷兰 NUCLETRON B.V.	20143321163
医用直线加速器	英国 Elekta Limited	20143320202
医用直线加速器	英国 Elekta Limited	20143321198
医用直线加速器	英国 Elekta Limited	20143322000
医用直线加速器	英国 Elekta Limited	20143324288
医用直线加速器	美国 Varian Medical Systems, Inc.	20143324815
医用直线加速器	美国 Varian Medical Systems, Inc.	20143324815
医用直线加速器	美国 Varian Medical Systems, Inc.	20143325307

6833 医用核素设备

单光子发射断层及 X 射线计算机体层摄影成像系统	以色列 GE Medical systems Israel, Functional Imaging	20143335340
单光子发射断层扫描装置	以色列 GE Medical systems Israel, Functional Imaging	20143333990
单光子发射及 X 射线计算机断层成像系统	美国 Siemens Medical Solutions USA, Inc.	20143330396
单光子发射及 X 射线计算机断层成像系统	美国 Siemens Medical Solutions USA, Inc.	20143330397
单光子发射及 X 射线计算机断层成像系统	美国 Siemens Medical Solutions USA, Inc.	20143330398
单光子发射及 X 射线计算机断层成像系统	美国 Siemens Medical Solutions USA, Inc.	20143330399
单光子发射及 X 射线计算机断层成像系统	美国 Philips Medical Systems (Cleveland), Inc.	20143331168
放射治疗电磁定位系统	美国 Varian Medical Systems, Inc.	20143335414
放射治疗患者定位系统	德国 Brainlab AG	20143334814
伽玛射线探测仪	德国 W.O.M.WORLD OF MEDICINE GmbH	20142335493
后装治疗机	荷兰 Nucletron B.V.	20143334388
后装治疗机	荷兰 Nucletron B.V.	20143334778
正电子发射断层及 X 射线计算机体层摄影成像系统	美国 GE Medical Systems, LLC	20143330394
正电子发射断层及 X 射线计算机体层摄影成像系统	美国 GE Medical Systems, LLC	20143330784
正电子发射断层及 X 射线计算机体层摄影成像系统	美国 GE Medical Systems, LLC	20143336009
正电子发射及 X 射线计算机断层成像系统	美国 Siemens Medical Solutions USA, Inc.	20143330514
正电子发射及 X 射线计算机断层成像系统	美国 Siemens Medical Solutions USA, Inc.	20143330515
正电子发射及 X 射线计算机断层成像系统	美国 Siemens Medical Solutions USA, Inc.	20143330516
正电子发射及 X 射线计算机断层成像系统	美国 Siemens Medical Solutions USA, Inc.	20143330517
正电子发射及 X 射线计算机断层成像系统	美国 Philips Medical Systems (Cleveland), Inc.	20143335342

6834 医用射线防护用品、装置

X 射线防护服	日本 株式会社 保科製作所	20141341221
X 射线防护服及配件	德国 Medical Index GmbH	国械备 20140049 号
X 射线防护屏	英国 Kenex(Electro-Medical) Ltd	20141342362
医用 X 射线防护用品(RADPAD)	美国 Worldwide Innovations &Technologies, Inc.	20141341489
医用 X 射线防护用品(RADPAD)	美国 Worldwide Innovations & Technologies, Inc.	20142345962
医用个人防护系统	美国 Stryker Instruments	20142344002
医用射线防护屏(Cabine Radioprotection)	法国 LEMER PAX	国械备 20140274 号

6840 临床检验分析仪器

17-α-羟孕酮测定试剂盒(酶联免疫吸附法)	德国 DRG Instruments GmbH	20142400233
17α-羟孕酮测定试剂盒(荧光法)	芬兰 Ani Labsystems Ltd. Oy	20142403562
17 号染色体探针	德国 Roche Diagnostics GmbH	20143403692
17-羟类固醇分析试剂盒(色谱-分光光度法)	西班牙 Biosystems S.A.	20142405475
17-酮类固醇分析试剂盒(色谱-分光光度法)	西班牙 Biosystems S.A.	20142405474
25-羟基维生素 D 测定试剂盒	德国 Abbott GmbH & Co. KG	20142405444
25-羟基维生素 D 定标液	德国 Roche Diagnostics GmbH	20142404893
25-羟基维生素 D 检测试剂盒(电化学发光法)	德国 Roche Diagnostics GmbH	20142405153
25-羟基维生素 D 检测试剂盒(酶联免疫吸附法)	德国 EUROIMMUN Medizinische Labordiagnostika AG	20142401144
25-羟基维生素 D 检测试剂盒(酶联免疫吸附法)	德国 EUROIMMUN Medizinische Labordiagnostika AG	20142401144(更)
25-羟基维生素 D 校准品	德国 Abbott GmbH & Co. KG	20142405446
25-羟基维生素 D 质控品	德国 Abbott GmbH & Co. KG	20142405445
25-羟基总维生素 D 测定试剂盒(化学发光免疫分析法)	美国 DiaSorin Inc.	20142403962
5'-核苷酸酶测定试剂盒(比色法)	德国 Autec Diagnostica	20142403305
Ⅰ型单纯疱疹病毒 IgG 检测试剂盒(电化学发光法)	德国 Roche Diagnostics GmbH	20143405049
Ⅱ型单纯疱疹病毒 IgG 检测试剂盒(电化学发光法)	德国 Roche Diagnostics GmbH	20143404450
ABO 血型正定型及 RhD 血型检测卡(干片直接凝血法)	丹麦 Eldon Biologicals A/S	20143400780
ALK 二合一病理质控片	德国 Roche Diagnostics GmbH	20143403114
ALK 基因重组检测试剂盒(荧光原位杂交法)	美国 Abbott Molecular, Inc.	20143405183
A 群链球菌抗原检测试剂盒(胶体金法)	美国 Alere Scarborough, Inc.	20143405795
Beta-2 微球蛋白质控品	英国 Siemens Healthcare Diagnostics Products Limited	20142402487
BP180 抗体检测试剂盒(ELISA)	日本 MEDICAL&BIOLOGICAL LABORATORIES CO.,LTD.	20142401127
BRAF V600 基因突变检测试剂盒(PCR 荧光法)	德国 Roche Diagnostics GmbH	20143405095
BUN 电极(pHOx Ultra/CCX BUN 传感器)	美国 Nova 生物医学公司	20142404191
BUN 电极膜(pHOx Ultra/CCX BUN 传感器膜)	美国 Nova 生物医学公司	20142404193
B 型氨基端利钠肽原样本稀释液	英国 Siemens Healthcare Diagnostics Products Limited	20141402507
B 型脑钠肽检测试剂盒(干式免疫法)	韩国 Humasis Co.,Ltd.	20142405765
B-型脑尿钠肽检测试剂盒(荧光磁微粒酶免法)	日本 Tosoh Corporation	20142401572
B-型脑尿钠肽检测用样本稀释液	日本 Tosoh Corporation	20141400606
B-型脑尿钠肽校准品	日本 Tosoh Corporation	20142401571
B-型脑尿钠肽质控品	日本 Tosoh Corporation	20142401570
B-型尿钠肽测定试剂盒(化学发光微粒子免疫检测法)	美国 Abbott Laboratories	20142401821
B 族链球菌增菌肉汤	法国 bioMérieux, SA	20142402476
CD20 小鼠单克隆抗体浓缩液(免疫组织化学法)	英国 Leica Biosystems Newcastle Ltd	20143403931
CD235a 抗原检测试剂盒(流式细胞仪法-PE)	法国 IMMUNOTECH S.A.S (a Beckman Coulter Company)	20143405908
CD3 检测试剂盒(流式细胞仪法-FITC)	美国 Becton, Dickinson and Company, BD Biosciences	20143401431
CD3 小鼠单克隆抗体试剂浓缩液(免疫组织化学法)	英国 Leica Biosystems Newcastle Ltd	20143404353
C 反应蛋白测定试剂盒(超敏胶乳增强免疫比浊法)	日本 KANTO CHEMICAL CO.,INC.	20142403052
C-反应蛋白测定试剂盒(高敏感微粒增强型浊度法)	芬兰 Orion Diagnostica Oy	20142405349
C 反应蛋白测定试剂盒(免疫比浊法)	德国 Autec Diagnostica	20142403286
C-反应蛋白测定试剂盒(免疫比浊法)	美国 Siemens Healthcare Diagnostics Inc.	20142400560
C 反应蛋白测定试剂盒(乳胶增强免疫比浊法)	美国 Ortho-Clinical Diagnostics, Inc.	20142402556
C-反应蛋白测定试剂盒(速率法)	日本 FUJIFILM Corporation	20142405923
C-反应蛋白检测试剂盒(干式免疫散射色谱法)	挪威 Axis-Shield PoC AS	20142405470
C 反应蛋白检测试剂盒(胶乳法)	德国 Roche Diagnostics GmbH	20142400347
C 反应蛋白检测试剂盒(免疫比浊法)	德国 Roche Diagnostics GmbH	20142403073
C 反应蛋白检测试剂盒(免疫比浊法)	英国 Randox Laboratories Ltd.	20142405134
C 反应蛋白检测试剂盒(免疫比浊法)	英国 Randox Laboratories Ltd.	20142405182
C-反应蛋白检测试剂盒(免疫比浊法)	美国 Beckman Coulter, Inc.	20142405464
C 反应蛋白检测试剂盒(免疫比浊法)	德国 Roche Diagnostics GmbH	20142400350
C 反应蛋白检测试剂盒(免疫色谱法)	挪威 Axis-Shield PoC AS	20142405361
C-反应蛋白检测试剂盒(免疫荧光干式定量法)(艾可美)	韩国 Boditech Med Inc	20142403699
C-反应蛋白检测试剂盒(免疫荧光干式定量法)(艾可美)	韩国 Boditech Med Inc	20142403699
C 反应蛋白检测用质控品	德国 Roche Diagnostics GmbH	20142400354
C 反应蛋白校准品	美国 Beckman Coulter, Inc.	20142400230
C-反应蛋白校准品	日本 FUJIFILM Corporation	20142405926
C-反应蛋白质控品	英国 Siemens Healthcare Diagnostics Products Limited	20142403219
C 肽测定试剂盒(化学发光法)	英国 Siemens Healthcare Diagnostics Products Limited	20142404349
C 肽测定试剂盒(化学发光法)	英国 Siemens Healthcare Diagnostics Products Limited	20142405136
C 肽检测试剂盒(电化学发光法)	德国 Roche Diagnostics GmbH	20142404342

C-肽检测试剂盒(荧光磁微粒酶免法)	日本 Tosoh Corporation	20142405193
C肽校准品	美国 Abbott Laboratories	20142402085
C-肽校准品	日本 Tosoh Corporation	20142405180
C肽样本稀释液	英国 Siemens Healthcare Diagnostics Products Limited	20141400708
C肽样本稀释液	英国 Siemens Healthcare Diagnostics Products Ltd.	20141401596
C肽质控品	美国 Abbott Laboratories	20142402086
DAB染色液	美国 Biogenex Laboratories, Inc.	20141402482
DAB染色液	美国 Ventana Medical Systems, Inc.	20141402757
DAB染色液	丹麦 Dako Denmark A/S	国械备20140351号
DNP抗体试剂	美国 Ventana Medical Systems, Inc.	20143402093
D-二聚体测定试剂盒(胶乳免疫比浊法)	西班牙 BIOKIT, S.A.	20142403548
D-二聚体测定试剂盒(免疫法)	德国 TECO MEDICAL INSTRUMENTS PRODUCTION + TRADING GMBH	20142403109
D-二聚体测定试剂盒(乳胶凝集法)	美国 Beckman Coulter, Inc.	20142404846
D-二聚体非定值低值质控品	奥地利 Technoclone GmbH	20142405360
D-二聚体非定值高值质控品	奥地利 Technoclone GmbH	20142404849
D二聚体检测卡(胶体金法)	德国 Roche Diagnostics GmbH	20142404912
D-二聚体检测试剂盒(干式免疫散射色谱法)	挪威 Axis-Shield PoC AS	20142405787
D-二聚体检测试剂盒(干式免疫散射色谱法)	挪威 Axis-Shield PoC AS	20142405787
D-二聚体检测试剂盒(免疫比浊法)	德国 Roche Diagnostics GmbH	20142404854
D-二聚体检测试剂盒(荧光免疫层析法)(锐普静栓)	加拿大 Response Biomedical Corporation	20142403908
D-二聚体校准品	西班牙 BIOKIT, S.A.	20142403956
D-二聚体校准品	德国 Roche Diagnostics GmbH	20142405208
D-二聚体校准品	美国 Beckman Coulter, Inc.	20142405759
D二聚体质控品	德国 Roche Diagnostics GmbH	20142405205
D-二聚体质控品	西班牙 BIOKIT, S.A.	20142403959
D-二聚体质控品	美国 Instrumentation Laboratory Co.	20142404338
D-二聚体质控品	美国 Beckman Coulter, Inc.	20142404847
D-二聚体质控品	德国 Roche Diagnostics GmbH	20142405155
EB病毒病毒壳抗原IgA检测试剂盒(酶联免疫法)	德国 IBL International GmbH	20143403748
EB病毒早期抗原IgA检测试剂盒(酶联免疫法)	德国 IBL International GmbH	20143403747
EGFR基因突变检测试剂盒(等位基因特异扩增荧光PCR法)	德国 Roche Diagnostics GmbH	20143403340
ENA(6项)抗体检测试剂盒(酶联免疫法)	美国 INOVA Diagnostics, Inc.	20142406219
HER2 DNA探针	德国 Roche Diagnostics GmbH	20143402343
HER2/17号染色体DNA双探针	德国 Roche Diagnostics GmbH	20143403113
HLA 抗原分型试剂盒(血清学法)	美国 One Lambda, Inc.	20143403706
HLA-B27检测试剂盒(流式细胞法)	美国 Becton, Dickinson and Company, BD Biosciences	20143401430
HLA-DNA分型试剂盒(SSP方法)	美国 One Lambda, Inc.	20143403705
Ki-67抗体试剂	美国 Ventana Medical Systems, Inc.	20143402342
Ki-67抗体试剂	美国 Ventana Medical Systems, Inc.	20143402342
Ki67抗原小鼠单克隆抗体浓缩液(免疫组织化学法)	英国 Leica Biosystems Newcastle Ltd	20143401422
KRAS基因突变检测试剂盒(TaqMan熔解曲线荧光PCR法)	德国 Roche Diagnostics GmbH	20143403339
Masson三色染色液	美国 Dako North America, Inc.	国械备20140023号
N端脑利钠肽校准品	英国 Ortho Clinical Diagnostics	20142402486
N端脑钠肽前体测定试剂盒(酶联免疫荧光法)	法国 bioMerieux SA	20142403547
N端肽测定试剂包(化学发光法)	英国 Ortho Clinical Diagnostics	20142402557
N末端脑钠肽前体检测试剂盒(酶联免疫法)	奥地利 Biomedica Medizinprodukte GmbH & Co KG	20142404254
N-乙酰普鲁卡因胺检测试剂盒(荧光偏振法)	德国 Roche Diagnostics GmbH	20142401587
N-乙酰普鲁卡因酰胺测定试剂盒(比浊法)	美国 Siemens Healthcare Diagnostics Inc.	20142400702
p53蛋白小鼠单克隆抗体浓缩液(免疫组织化学法)	英国 Leica Biosystems Newcastle Ltd	20143401421
pH电极	美国 Siemens Healthcare Diagnostics Inc.	20142400219
pH电极	美国 Siemens Healthcare Diagnostics Inc.	20142401535
pH电极(pHOx Ultra/CCX pH传感器)	美国 Nova生物医学公司	20142404190
pH电极(PHOX系列pH传感器)	美国 Nova生物医学公司	20142404202
RhD血型检测卡(干片直接凝血法)(EldonCard)	丹麦 Eldon Biologicals A/S	20143400781
Septin9基因甲基化检测试剂盒(PCR荧光探针法)	德国 Epigenomics AG	20143405186
α-1抗胰蛋白酶测定试剂盒(免疫比浊法)	爱尔兰 Beckman Coulter Ireland Inc.	20142405352
α-1-抗胰蛋白酶测定试剂盒(免疫比浊法)	美国 Siemens Healthcare Diagnostics Inc.	20142401728
α1-抗胰蛋白酶测定试剂盒(免疫比浊法)	美国 Ortho-Clinical Diagnostics, Inc.	20142402562
α1-抗胰蛋白酶测定试剂盒(免疫比浊法)	西班牙 BIOKIT, S.A.	20142403957
α1-抗胰蛋白酶检测试剂盒(免疫比浊法)	德国 Roche Diagnostics GmbH	20142405375

α1-酸性糖蛋白、α1-抗胰蛋白酶校准品	西班牙 BIOKIT, S.A.	20142403960
α-1 酸性糖蛋白测定试剂盒(免疫比浊法)	美国 Beckman Coulter, Inc.	20142405087
α1-酸性糖蛋白测定试剂盒(免疫比浊法)	西班牙 BIOKIT, S.A.	20142403958
α-1 酸性糖蛋白检测试剂盒(免疫比浊法)	英国 Randox Laboratories Ltd.	20142400371
α1-酸性糖蛋白检测试剂盒(免疫比浊法)	德国 Roche Diagnostics GmbH	20142401441
α1-酸性糖蛋白检测试剂盒(免疫比浊法)	德国 Roche Diagnostics GmbH	20142405073
α1-微球蛋白检测试剂盒(免疫比浊法)	德国 Roche Diagnostics GmbH	20142401732
α1-微球蛋白检测试剂盒(免疫比浊法)	美国 Beckman Coulter, Inc.	20142404866
α1 微球蛋白检测试剂盒(免疫层析法)(安母宁)	美国 AmniSure International LLC.	20142401813
α-L 岩藻糖苷酶测定试剂盒(CNPF 法)	德国 Autec Diagnostica	20143403320
α-淀粉酶测定试剂盒(速率法)	德国 HUMAN Gesellschaft fur Biochemica und Diagnostica mbH	20142405220
α-羟丁酸脱氢酶测定试剂盒(DGKC 推荐法)	德国 Autec Diagnostica	20142403314
α-羟丁酸脱氢酶测定试剂盒(α-酮丁酸底物法)	意大利 SENTINEL CH SpA	20142405717
α-胰淀粉酶检测试剂盒(酶比色法)	英国 Randox Laboratories Ltd.	20142401744
α肿瘤坏死因子样本稀释液	英国 Siemens Healthcare Diagnostics Products Limited	20141402499
β2 微球蛋白标准品	日本 DENKA SEIKEN CO., LTD.	20142400237
β2-微球蛋白测定试剂盒(化学发光免疫分析法)	意大利 DiaSorin S.p.A.	20143405401
β2-微球蛋白测定试剂盒(免疫比浊法)	德国 Autec Diagnostica	20142403313
β2-微球蛋白检测试剂盒(免疫比浊法)	德国 Roche Diagnostics GmbH	20142404855
β2-微球蛋白检测试剂盒(荧光磁微粒酶免法)	日本 Tosoh Corporation	20142404334
β2-微球蛋白校准品	日本 Tosoh Corporation	20142403917
β-胶原特殊序列定标液	德国 Roche Diagnostics GmbH	20142401080
β-胶原特殊序列检测试剂盒(电化学发光法)	德国 Roche Diagnostics GmbH	20142405211
β-羟丁酸试纸(电化学法)(辅理善百精益血酮)	英国 Abbott Diabetes Care Ltd.	20142401569
γ放射免疫计数器	韩国 Shin Jin Medics Inc.	20142404471
γ-谷氨酰转肽酶测定试剂盒(IFCC 推荐法)	德国 Autec Diagnostica	20142403316
γ-谷氨酰转肽酶测定试剂盒(速率法)	美国 Siemens Healthcare Diagnostics Inc.	20142401729
γ-谷氨酰转肽酶测定试剂盒(速率法)	日本 FUJIFILM Corporation	20142405930
γ-谷氨酰转肽酶检测试剂盒(双比色速率法)	英国 Randox Laboratories Ltd.	20142405387
γ-谷氨酰转肽酶检测试纸(酶活性测定法)	日本 ARKRAY Factory, Inc.	20142400565
γ-谷氨酰转移酶测定试剂盒(JSCC 推荐法)	日本 KANTO CHEMICAL CO., INC.	20142403070
γ-谷氨酰转移酶测定试剂盒(比色法)	美国 Beckman Coulter, Inc.	20142403274
γ-谷氨酰转移酶测定试剂盒(速率法)	德国 HUMAN Gesellschaft fur Biochemica und Diagnostica mbH	20142405221
γ-谷氨酰转移酶检测试纸(干化学法)	德国 Roche Diagnostics GmbH	20142404913
阿利辛蓝染色液	美国 Dako North America, Inc.	国械备 20140209 号
阿米卡星药敏实验纸片(扩散法)	英国 Oxoid Limited	20142405045
癌抗原 125 标准校准品	爱尔兰 Abbott Ireland Diagnostics Division	20143401832
癌抗原 125 测定试剂盒(微粒子酶联免疫检测法)	爱尔兰 Abbott Ireland Diagnostic Division	20143401831
癌抗原 125 校准品	美国 Abbott Laboratories	20143402344
癌抗原 15-3 标准校准品	爱尔兰 Abbott Ireland Diagnostics Division	20143401833
癌抗原 15-3 测定试剂盒(微粒子酶联免疫检测法)	爱尔兰 Abbott Ireland Diagnostic Division	20143401830
癌抗原 15-3 校准品	美国 Abbott Laboratories	20143402126
癌胚抗原(CEA)检测试剂盒(酶联免疫荧光法)	法国 BIOMERIEUX S.A.	20143401099(更)
癌胚抗原(CEA)检测试剂盒(酶联免疫荧光法)	法国 BIOMERIEUX S.A.	20143401099
癌胚抗原(CEA)校准品	美国 Beckman Coulter, Inc.	20143403272
癌胚抗原测定试剂盒(化学发光法)	英国 Siemens Healthcare Diagnostics Products Limited	20143400567
癌胚抗原定标液	德国 Roche Diagnostics GmbH	20143403586
癌胚抗原定量测定试剂盒(电化学发光法)	德国 Roche Diagnostics GmbH	20143404885
癌胚抗原校准品	爱尔兰 Abbott Ireland Diagnostics Division	20143401825
氨/乙醇质控品	美国 Beckman Coulter, Inc.	20142405462
氨苄西林/舒巴坦药敏实验纸片(扩散法)	英国 Oxoid Limited	20142402539
氨苄西林药敏实验纸片(扩散法)	英国 Oxoid Limited	20142405148
氨测定试剂盒(比色法)	美国 Beckman Coulter, Inc.	20142404969
氨水/乙醇/二氧化碳检测用病理值质控品	德国 Roche Diagnostics GmbH	20142400352
氨水/乙醇/二氧化碳检测用正常值质控品	德国 Roche Diagnostics GmbH	20142400349
氨质控品	意大利 SENTINEL CH. SpA	20142400241
奥普托欣测试纸片	法国 bioMérieux. S.A	20142403094
奥普托欣测试纸片	法国 bioMérieux. S.A	20142403094
白蛋白测定试剂盒(比色法)	美国 Beckman Coulter, Inc.	20142403097
白蛋白测定试剂盒(化学发光法)	英国 Siemens Healthcare Diagnostics Products Limited	20142401122

白蛋白测定试剂盒(溴甲酚绿法)	美国	Abbott Laboratories	20142400340
白蛋白测定试剂盒(溴甲酚绿法)	美国	Abbott Laboratories	20142400340(更)
白蛋白测定试剂盒(溴甲酚绿法)	日本	KANTO CHEMICAL CO., INC.	20142403050
白蛋白测定试剂盒(溴甲酚绿法)	日本	Wako Pure Chemical Industries, Ltd.	20142405459
白蛋白测定试剂盒(溴甲酚绿法)	美国	Beckman Coulter, Inc.	20142405731
白蛋白检测试剂盒(免疫比浊法)	德国	Roche Diagnostic GmbH	20142405071
白蛋白检测试剂盒(溴甲酚绿法)	英国	Randox Laboratories Ltd.	20142401610
白蛋白检测试剂盒(溴甲酚紫法)	德国	Roche Diagnostics GmbH	20142404261
白蛋白检测试纸(化学法)	日本	ARKRAY Factory, Inc.	20142401708
白蛋白质控品	英国	Siemens Healthcare Diagnostics Products Limited	20142403216
白介素-10 质控品	英国	Siemens Healthcare Diagnostics Products Ltd.	20142403221
白介素-1β 测定试剂盒(化学发光法)	英国	Siemens Healthcare Diagnostics Products Limited	20142404350
白介素 6 检测试剂盒(电化学发光法)	德国	Roche Diagnostics GmbH	20142401428
白介素-6 样本稀释液	英国	Siemens Healthcare Diagnostics Products Limited	20141402498
白介素-8 样本稀释液	英国	Siemens Healthcare Diagnostics Products Limited	20141402559
白细胞分化抗原 CD11b 检测试剂盒(流式细胞仪法-PE)	美国	Becton, Dickinson and Company, BD Biosciences	20143404447
白细胞分化抗原 CD13 检测试剂盒(流式细胞仪法)	法国	Immunotech S.A.S(a Beckman Coulter Company)	20143400782
白细胞分化抗原 CD15 检测试剂(流式细胞仪法-FITC)	美国	Becton, Dickinson and Company, BD Biosciences	20143405718
白细胞分化抗原 CD16 检测试剂盒(流式细胞仪法-FITC)	美国	Becton, Dickinson and Company, BD Biosciences	20143404448
白细胞分化抗原 CD19 检测试剂盒(流式细胞仪法)	法国	IMMUNOTECH S.A.S (a Beckman Coulter Company)	20143405910
白细胞分化抗原 CD19 检测试剂盒(流式细胞仪法)	法国	IMMUNOTECH S.A.S (a Beckman Coulter Company)	20143405912
白细胞分化抗原 CD19 检测试剂盒(流式细胞仪法)	法国	Immunotech S.A.S(a Beckman Coulter Company)	20143400362
白细胞分化抗原 CD19 检测试剂盒(流式细胞仪法-FITC)	美国	Becton, Dickinson and Company, BD Biosciences	20143404444
白细胞分化抗原 CD19 检测试剂盒(流式细胞仪法-PE-Cy7)	美国	Becton, Dickinson and Company, BD Biosciences	20143404443
白细胞分化抗原 CD20 检测试剂盒(流式细胞仪法)	法国	Immunotech S.A.S(a Beckman Coulter Company)	20143401104
白细胞分化抗原 CD25 检测试剂盒(流式细胞仪法)	法国	Immunotech S.A.S (a Beckman Coulter Company)	20143405775
白细胞分化抗原 CD2 检测试剂盒(流式细胞仪法)	法国	IMMUNOTECH S.A.S(a Beckman Coulter Company)	20143405394
白细胞分化抗原 CD2 检测试剂盒(流式细胞仪法-APC)	美国	Becton, Dickinson and Company, BD Biosciences	20143404899
白细胞分化抗原 CD3/ CD(16+56)检测试剂盒(流式细胞仪法)	法国	IMMUNOTECH S.A.S (a Beckman Coulter Company)	20143405399
白细胞分化抗原 CD3/HLA-DR 检测试剂盒(流式细胞仪法)	法国	IMMUNOTECH S.A.S(a Beckman Coulter Company)	20143405395
白细胞分化抗原 CD33 检测试剂盒(流式细胞仪法-PE-Cy7)	美国	Becton, Dickinson and Company, BD Biosciences	20143404901
白细胞分化抗原 CD34/CD45 检测用质控品(流式细胞仪法)	法国	IMMUNOTECH S.A.S (a Beckman Coulter Company)	20143405793
白细胞分化抗原 CD34 检测试剂盒(流式细胞仪法)	法国	Immunotech S.A.S(a Beckman Coulter Company)	20143401105
白细胞分化抗原 CD34 检测试剂盒(流式细胞仪法)	法国	Immunotech S.A.S(a Beckman Coulter Company)	20143401105
白细胞分化抗原 CD38 检测试剂盒(流式细胞仪法-FITC)	美国	Becton, Dickinson and Company, BD Biosciences	20143404446
白细胞分化抗原 CD3 检测试剂盒(流式细胞仪法)	法国	Immunotech S.A.S (a Beckman Coulter Company)	20143405906
白细胞分化抗原 CD3 检测试剂盒(流式细胞仪法)	法国	Immunotech S.A.S (a Beckman Coulter Company)	20143405909
白细胞分化抗原 CD3 检测试剂盒(流式细胞仪法)-FITC	法国	IMMUNOTECH S.A.S (a Beckman Coulter Company)	20143405907
白细胞分化抗原 CD4/CD8/CD3 检测试剂(FITC/PE/PerCP)	美国	Becton, Dickinson and Company, BD Biosciences	20143404550
白细胞分化抗原 CD45RO 检测试剂盒(流式细胞仪法)	法国	IMMUNOTECH S.A.S (a Beckman Coulter Company)	20143405778
白细胞分化抗原 CD45 检测试剂盒(流式细胞仪法)	法国	Immunotech S.A.S(a Beckman Coulter Company)	20143401704
白细胞分化抗原 CD45 检测试剂盒(流式细胞仪法)	法国	Immunotech S.A.S(a Beckman Coulter Company)	20143401706
白细胞分化抗原 CD45 检测试剂盒(流式细胞仪法)	法国	Immunotech S.A.S(a Beckman Coulter Company)	20143401713
白细胞分化抗原 CD45 检测试剂盒(流式细胞仪法)	法国	Immunotech S.A.S (a Beckman Coulter Company)	20143405905
白细胞分化抗原 CD4 检测试剂盒(流式细胞仪法)	法国	Immunotech S.A.S(a Beckman Coulter Company)	20143401705
白细胞分化抗原 CD4 检测试剂盒(流式细胞仪法)	法国	IMMUNOTECH S.A.S (a Beckman Coulter Company)	20143405776
白细胞分化抗原 CD4 检测试剂盒(流式细胞仪法)	法国	IMMUNOTECH S.A.S (a Beckman Coulter Company)	20143405777
白细胞分化抗原 CD5 检测试剂盒(流式细胞仪法)	法国	Immunotech S.A.S(a Beckman Coulter Company)	20143401103
白细胞分化抗原 CD5 检测试剂盒(流式细胞仪法)	法国	Immunotech S.A.S(a Beckman Coulter Company)	20143401103
白细胞分化抗原 CD5 检测试剂盒(PerCP-Cy5.5)	美国	Becton, Dickinson and Company, BD Biosciences	20143404900
白细胞分化抗原 CD7 检测试剂盒(流式细胞仪法)	法国	Immunotech S.A.S(a Beckman Coulter Company)	20143400367
白细胞分化抗原 CD8 检测试剂盒(流式细胞仪法)	法国	Immunotech S.A.S(a Beckman Coulter Company)	20143401707
白细胞分化抗原 CD8 检测试剂盒(流式细胞仪法)	法国	Immunotech S.A.S(a Beckman Coulter Company)	20143401715
白细胞分化抗原 CD8 检测试剂盒(流式细胞仪法)	法国	IMMUNOTECH S.A.S (a Beckman Coulter Company)	20143405398
白细胞分化抗原 CD8 检测试剂盒(流式细胞仪法-PE-Cy7)	美国	Becton, Dickinson and Company, BD Biosciences	20143404445
白细胞分化抗原 HLA-DR 检测试剂盒(流式细胞仪法)	法国	IMMUNOTECH S.A.S (a Beckman Coulter Company)	20143405400
白细胞分类试剂	美国	Siemens Healthcare Diagnostics Inc.	20141401603
白细胞分析仪	瑞典	HemoCue AB	20142403163
白细胞检测试剂片(干式计数法)	瑞典	HemoCue AB	20142402152
半胱氨酸蛋白酶抑制剂 C 定标液	德国	Roche Diagnostics GmbH	20142404907

半自动尿液分析仪	德国 Roche Diagnostics GmbH	20142405872
半自动生化分析仪用参比液	美国 Ortho-Clinical Diagnostics, Inc.	20142401283
苯丙氨酸测定试剂盒(茚三酮荧光法)	芬兰 Wallac Oy	20143403697
苯丙氨酸检测试剂盒(茚三酮-荧光法)	芬兰 Ani Labsystems Ltd. Oy	20143403561
苯妥英检测试剂盒(均相酶免疫测定法)	德国 Roche Diagnostics GmbH	20142403714
苯妥英检测试剂盒(免疫比浊法)	英国 Randox Laboratories Ltd.	20142401743
苯妥英校准品	美国 Abbott Laboratories	20142404426
苯唑西林药敏实验纸片(扩散法)	英国 Oxoid Limited	20142405041
比浊器浊度质控管	法国 bioMerieux, sa	20142405146
比浊仪	芬兰 Orion Diagnostica Oy	20142401999
比浊仪	英国 Trek Diagnostic Systems Ltd	20142402056
比浊仪定标管(散射光浊度法)	美国 Becton, Dickinson and Company	20142403550
便潜血检测试剂(乳胶免疫比浊法)	日本 Eiken Chemical Co., Ltd.	20142405710
便潜血检测试剂稀释液(OC-稀释液)	日本 EIKEN CHEMICAL CO., LTD.	20141401149
便潜血校准品	日本 荣研化学株式会社	20142403708
便潜血质控品	日本 荣研化学株式会社	20142403709
丙氨酸氨基转移酶测定试剂盒(IFCC 推荐法)	德国 Autec Diagnostica	20142403304
丙氨酸氨基转移酶测定试剂盒(JSCC 推荐法)	日本 KANTO CHEMICAL CO., INC.	20142403069
丙氨酸氨基转移酶测定试剂盒(比色法)	美国 Beckman Coulter, Inc.	20142403099
丙氨酸氨基转移酶测定试剂盒(速率法)	美国 Beckman Coulter, Inc.	20142400603
丙氨酸氨基转移酶测定试剂盒(速率法)	德国 HUMAN Gesellschaft fur Biochemica und Diagnostica mbH	20142405215
丙氨酸氨基转移酶检测试剂盒(IFFC 酶比色法)	德国 Roche Diagnostics GmbH	20142405059
丙戊酸检测试剂盒(免疫比浊法)	英国 Randox Laboratories Ltd.	20142402107
丙戊酸校准品	美国 Abbott Laboratories	20142405139
丙型肝炎病毒核酸定量检测试剂盒(PCR-荧光法)	美国 Roche Molecular Systems, Inc.	20143401702
丙型肝炎病毒核酸检测试剂盒(PCR-荧光法)	美国 Abbott Molecular Inc.	20143403130
丙型肝炎病毒抗体测定试剂盒(化学发光法)	美国 Siemens Healthcare Diagnostics Inc.	20143401110
丙型肝炎病毒抗体检测试剂盒(化学发光法)	英国 Ortho Clinical Diagnostics	20143403205
丙型肝炎病毒抗体检测试剂盒(化学发光法)	日本 SYSMEX CORPORATION	20143403933
丙型肝炎病毒抗体检测试剂盒(化学发光免疫分析法)	西班牙 BIOKIT, S.A.	20143401691
丙型肝炎病毒抗体校准品	西班牙 BIOKIT, S.A.	20143401699
丙型肝炎病毒抗体校准品	日本 SYSMEX CORPORATION	20143403932
丙型肝炎病毒抗体质控品	西班牙 BIOKIT, S.A.	20143401697
玻片扫描分析影像系统	美国 Hologic, Inc.	20142402792
补体 C3 测定试剂盒(免疫比浊法)	美国 Siemens Healthcare Diagnostics Inc.	20142400562
补体 C3 测定试剂盒(免疫比浊法)	美国 Beckman Coulter, Inc.	20142405351
补体 C3 测定试剂盒(免疫比浊法)	美国 Ortho-Clinical Diagnostics, Inc.	20142403925
补体 C3 检测试剂盒(免疫比浊法)	德国 Roche Diagnostics GmbH	20142405066
补体 C4 测定试剂盒(免疫比浊法)	美国 Siemens Healthcare Diagnostics Inc.	20142400561
补体 C4 测定试剂盒(免疫比浊法)	美国 Beckman Coulter, Inc.	20142405088
补体 C4 检测试剂盒(免疫比浊法)	德国 Roche Diagnostics GmbH	20142404452
不饱和铁结合力测定试剂盒(Nitroso-PSAP 法)	日本 KANTO CHEMICAL CO., INC.	20142403051
不饱和铁结合力测定试剂盒(红菲绕啉直接法)	日本 Wako Pure Chemical Industries, Ltd.	20142405456
不饱和铁结合力测定试剂盒(酶法)	美国 Beckman Coulter, Inc.	20142405086
不饱和铁结合力检测试剂盒(比色法)	德国 Roche Diagnostics GmbH	20142403075
不饱和铁结合力检测试剂盒(比色法)	德国 Roche Diagnostics GmbH	20142405068
参比电极	美国 Siemens Healthcare Diagnostics Inc.	20142400222
参比电极	美国 Siemens Healthcare Diagnostics Inc.	20142401534
参比电极	德国 Roche Diagnostics GmbH	20142403161
参比电极(pHOx Plus/L/C 参比传感器)	美国 Nova 生物医学公司	20142404207
参比电极(pHOx Ultra/CCX 参比传感器)	美国 Nova 生物医学公司	20142404201
参比电极(pHOx 参比传感器)	美国 Nova 生物医学公司	20142404199
参比电极(Prime 参比传感器)	美国 Nova 生物医学公司	20142404821
残余白细胞计数仪	韩国 NanoEnTek Inc.	20142404813
残余白细胞计数仪用质控品	韩国 NanoEnTek Inc.	20142403688
测试卡	丹麦 Radiometer Medical ApS	20142403270
茶碱检测试剂盒(免疫法)	英国 Randox Laboratories Ltd.	20142401611
茶碱检测试剂盒(荧光偏振法)	德国 Roche Diagnostics GmbH	20142401716
茶碱校准品	德国 Abbott GmbH & Co. KG	20142404487
产前三项血清质控物	美国 Bio-Rad Laboratories, Inc.	20142406214

分枝杆菌培养瓶	美国 bioMerieux,Inc.	20142403057
分枝杆菌染色液	法国 bioMerieux, sa	国械备 20140103 号
分枝杆菌用吡嗪酰胺培养基	美国 Becton, Dickinson and Company	20142405713
分枝杆菌用吡嗪酰胺药敏试剂盒(荧光法)	美国 Becton, Dickinson and Company	20142405712
分枝杆菌用乙胺丁醇药敏试剂盒(荧光法)	美国 Becton, Dickinson and Company	20142404958
封固剂	美国 Leica Biosystems Richmond, Inc.	20141402760
封片剂	美国 Leica Biosystems Richmond, Inc.	20141402480
孵育器	瑞士 DiaMed GmbH	20141401491
孵育器	美国 GEN-PROBE Incorporated	20141401678
复合质控品水平 3	日本 Tosoh Corporation	20143405096
钙测定试剂盒(比色法)	美国 Beckman Coulter, Inc.	20142403080
钙测定试剂盒(比色法)	德国 Autec Diagnostica	20142403308
钙测定试剂盒(甲烷基二甲苯酚蓝法)	日本 Wako Pure Chemical Industries, Ltd.	20142405457
钙测定试剂盒(邻甲酚酞络合酮法)	日本 KANTO CHEMICAL CO.,INC.	20142403049
钙测定试剂盒(邻甲酚酞络合酮法)	美国 Siemens Healthcare Diagnostics Inc.	20142405729
钙电极	美国 Siemens Healthcare Diagnostics Inc.	20142400224
钙电极	美国 Siemens Healthcare Diagnostics Inc.	20142401536
钙电极	德国 Roche Diagnostics GmbH	20142404800
钙检测试剂盒(比色法)	英国 Randox Laboratories Ltd.	20142401738
钙检测试剂盒(比色法)	英国 Randox Laboratories Ltd.	20142405181
钙检测试纸(化学法)	日本 ARKRAY Factory,Inc.	20142400575
肝素诱导血小板减少症抗体检测试剂盒(免疫比浊法)	西班牙 BIOKIT, S.A.	20142403553
肝素诱导血小板减少症抗体质控品	西班牙 BIOKIT, S.A.	20142403554
甘油三酸酯检测试纸(酶法)	日本 ARKRAY Factory,Inc.	20142400690
甘油三酯测定干片(比色法)	美国 Ortho-Clinical Diagnostics, Inc.	20142405364
甘油三酯测定试剂盒(GPO-PAP 法)	日本 SYSMEX CORPORATION	20142405228
甘油三酯测定试剂盒(比色法)	美国 Beckman Coulter, Inc.	20142404971
甘油三酯测定试剂盒(酶法)	美国 Siemens Healthcare Diagnostics Inc.	20142405728
甘油三酯测定试剂盒(酶法去游离甘油)	日本 KANTO CHEMICAL CO.,INC.	20142403055
甘油三酯测定试剂盒(去游离甘油法)	日本 Shino-Test Corporation	20142401442
甘油三酯测定试剂盒(氧化酶法)	德国 Autec Diagnostica	20142403312
甘油三酯测定试剂盒(终点法)	德国 HUMAN Gesellschaft fur Biochemica und Diagnostica mbH	20142405227
甘油三酯检测试剂盒(比色法)	德国 Roche Diagnostics GmbH	20142400244
甘油三酯检测试剂盒(比色法)	德国 Roche Diagnostics GmbH	20142401613
甘油三酯检测试剂盒(比色法)	德国 Roche Diagnostics GmbH	20142404319
甘油三酯检测试剂盒(酶比色法)	英国 Randox Laboratories Ltd.	20142405383
甘油三酯检测试纸(干化学法)	德国 Roche Diagnostics GmbH	20142404905
甘油三酯零值校准品	德国 Roche Diagnostics GmbH	20142405157
杆菌肽测试纸片	法国 bioMerieux.sa	20142403921
干化学尿液分析试纸条	日本 ARKRAY Factory,Inc.	20142403961
干式免疫分析仪(艾瑞德)	日本 株式会社常光	20142403737
干式生化多项质控品	德国 Roche Diagnostics GmbH	20142405164
干式生化分析仪	德国 Roche Diagnostics GmbH	20142405327
干式生化分析仪质控条	德国 Roche Diagnostics GmbH	20142405480
干式血细胞分析仪	美国 QBC Diagnostics,Inc.	20142403938
刚果红染色液	美国 Ventana Medical Systems, Inc.	国械备 20140017 号
刚果红染色液	美国 Dako North America, Inc.	国械备 20140208 号
高/低密度脂蛋白胆固醇检测用病理值质控品	德国 Roche Diagnostics GmbH	20142400348
高灵敏度 C 反应蛋白测定试剂盒(化学发光法)	英国 Siemens Healthcare Diagnostics Products Limited	20142403209
高灵敏度 C 反应蛋白测定试剂盒(化学发光法)	英国 Siemens Healthcare Diagnostics Products Limited	20142403210
高密度/低密度脂质胆固醇校准品(梅泰博丽)	日本 Kyowa Medex Co.,Ltd.	20142406212
高密度胆固醇检测试纸(干化学法)	德国 Roche Diagnostics GmbH	20142404919
高密度脂蛋白胆固醇测定试剂盒(直接法)	美国 Siemens Healthcare Diagnostics Inc.	20142401607
高密度脂蛋白胆固醇测定试剂盒(直接法)	德国 Autec Diagnostica	20142403319
高密度脂蛋白胆固醇检测试剂盒(酶比色法)	德国 Roche Diagnostics GmbH	20142404939
高密度脂蛋白胆固醇检测试剂盒(酶清除法)	英国 Randox Laboratories Ltd.	20142401739
高密度脂蛋白-胆固醇检测试纸(酶法)	日本 ARKRAY Factory,Inc.	20142400564
高密度脂蛋白胆固醇校准品	美国 Abbott Laboratories	20142403722
高密度脂蛋白胆固醇质控品	德国 Roche Diagnostics GmbH	20142404457
睾酮测定试剂包(化学发光法)	英国 Ortho Clinical Diagnostics	20142400737

睾酮测定试剂盒(化学发光免疫分析法)	美国 DiaSorin Inc.	20142403965
睾酮检测试剂盒 (荧光磁微粒酶免法)	日本 Tosoh Corporation	20142405140
睾酮检测试剂盒(电化学发光法)	德国 Roche Diagnostics GmbH	20142404879
睾酮校准品	日本 Tosoh Corporation	20142404433
高血压标志物质控物	美国 Bio-Rad Laboratories, Inc.	20142405167
高压液相全自动变异血红蛋白分析仪	美国 Trinity Biotech(Primus Corporation dba Trinity Biotech)	20142403268
革兰染色液	法国 bioMérieux SA	国械备 20140221 号
革兰氏阳性菌鉴定及折点药敏板	美国 Siemens Healthcare Diagnostics Inc.	20142403578
革兰氏阳性菌药敏板	英国 Trek Diagnostic Systems Ltd	20142403035
革兰氏阳性细菌鉴定/药敏板(菲凡)	美国 Becton, Dickinson and Company	20142404867
革兰氏阳性细菌药敏卡片	美国 bioMerieux, Inc.	20142401436
革兰氏阴性菌鉴定板	美国 Siemens Healthcare Diagnostics Inc.	20142401730
革兰氏阴性菌药敏板	英国 Trek Diagnostic Systems Ltd	20142403037
革兰氏阴性细菌鉴定/药敏板	美国 Becton, Dickinson and Company	20142404960
革兰阳性菌鉴定板(\)	英国 Trek Diagnostic Systems, Ltd	20142401714
革兰阴性菌鉴定板	英国 Trek Diagnostic Systems Ltd	20142401098
宫颈样本保存液(Shandon PapSpin Collection Fluid)	英国 Thermo Shandon Limited (Trading as Thermo Fisher Scientific)	20141401566
弓形虫 IgG 抗体亲合力检测试剂盒(化学发光免疫分析法)	意大利 DiaSorin S.p.A.	20143403341
弓形虫 IgG 抗体亲合力质控品	意大利 DiaSorin S.p.A.	20143401073
狗毛屑 e5 过敏原特异性 IgE 检测试剂(荧光免疫法)	瑞典 Phadia AB	20143405187
谷氨酸脱氢酶检测试剂盒(比色法)	德国 Roche Diagnostics GmbH	20142404977
谷氨酰转移酶检测试剂盒(比色法)	德国 Roche Diagnostics GmbH	20142401439
谷丙转氨酶测定试剂盒(酶法)	美国 Beckman Coulter, Inc.	20142405725
谷丙转氨酶检测试剂盒(紫外法)	英国 Randox Laboratories Ltd.	20142402106
谷丙转氨酶检测试纸(干化学法)	德国 Roche Diagnostics GmbH	20142404908
谷丙转氨酶检测试纸(酶活性测定法)	日本 ARKRAY Factory, Inc.	20142400685
谷草转氨酶检测试剂盒(IFCC 法)	英国 Randox Laboratories Ltd.	20142401745
谷草转氨酶检测试剂盒(酶法)	美国 Beckman Coulter, Inc.	20142404862
谷草转氨酶检测试纸(干化学法)	德国 Roche Diagnostics GmbH	20142404936
谷草转氨酶检测试纸(酶活性测定法)	日本 ARKRAY Factory, Inc.	20142401703
骨钙素定标液	德国 Roche Diagnostics GmbH	20142401089
骨钙素检测试剂盒(电化学发光法)	德国 Roche Diagnostics GmbH	20142404934
胱抑素 C 检测试剂盒(免疫比浊法)	德国 Roche Diagnostics GmbH	20142402078
胱抑素 C 检测试剂盒(免疫比浊法)	德国 Roche Diagnostics GmbH	20142402078
胱抑素 C 检测试剂盒(免疫比浊法)	德国 Roche Diagnostics GmbH	20142405126
胱抑素 C 检测用质控品	德国 Roche Diagnostics GmbH	20142405769
果糖胺(糖化血清蛋白)测定试剂盒(NBT)	德国 Autec Diagnostica	20142403307
果糖胺检测试剂盒(比色法)	德国 Roche Diagnostics GmbH	20142402083
果糖胺检测试剂盒(比色法)	德国 Roche Diagnostics GmbH	20142405230
果糖胺检测试剂盒(比色法)	德国 Roche Diagnostics GmbH	20142405230
果糖胺检测试剂盒(酶法)	英国 Randox Laboratories Ltd.	20142401427
果糖胺检测试纸(化学法)	日本 ARKRAY Factory, Inc.	20142401709
果糖胺质控品	意大利 SENTINEL CH. SpA	20142403029
果糖胺质控品	意大利 SENTINEL CH. SpA	20142403031
果糖胺质控品	德国 Roche Diagnostics GmbH	20142404923
过碘酸雪夫染色液	美国 Dako North America, Inc.	国械备 20140021 号
过碘酸雪夫染色液	美国 Dako North America, Inc.	国械备 20140266 号
过敏原特异性 IgE 抗体检测试剂盒(免疫印迹法)	德国 MEDIWISS Analytic GmbH	20143404269
核酸(DNA)提取试剂盒	美国 Promega Corporation	20141400670
核酸(RNA)提取试剂盒	美国 Promega Corporation	20141400674
核酸染色液	韩国 NanoEnTek Inc.	20141401573
核酸提取或纯化试剂	美国 QIAGEN Gaithersburg, Inc.	国械备 20140001 号
核酸提取或纯化试剂	德国 QIAGEN GmbH	国械备 20140005 号
核酸提取或纯化试剂	德国 QIAGEN GmbH	国械备 20140006 号
核酸提取或纯化试剂	德国 QIAGEN GmbH	国械备 20140007 号
核酸提取或纯化试剂	德国 QIAGEN GmbH	国械备 20140008 号
核酸提取或纯化试剂	德国 QIAGEN GmbH	国械备 20140013 号
核酸提取或纯化试剂	美国 Affymetrix. Inc	国械备 20140272 号
核酸提取或纯化试剂	德国 QIAGEN GmbH	国械备 20140004 号

核酸提取或纯化试剂(Loopamp PURE DNA 抽出キット)	日本 EIKEN CHEMICAL CO.,LTD.	国械备 20140018 号
核酸提取试剂	法国 bioMerieux SA	20143401072
核酸提取用蛋白酶 K	美国 Abbott Molecular Inc.	20141402148
恒温荧光核酸扩增仪	日本 EIKEN CHEMICAL CO.,LTD.	20143402968
红霉素药敏实验纸片(扩散法)	英国 Oxoid Limited	20142405151
红细胞压积质控品(水平 A)	荷兰 Eurotrol B.V.	20142400668
红细胞压积质控品(水平 B)	荷兰 Eurotrol B.V.	20142400667
红细胞压积质控品(水平 C)	荷兰 Eurotrol B.V.	20142400665
呼吸道病原体谱抗体 IgM 检测试剂盒(间接免疫荧光法)	德国 EUROIMMUN Medizinische Labordiagnostika AG	20143405426
琥珀酰丙酮样本前处理液(串联质谱法)	芬兰 Wallac Oy	20143403746
花生 f13 过敏原特异性 IgE 抗体检测试剂盒(荧光免疫法)	瑞典 Phadia AB	20143405346
化学发光底物	美国 Siemens Healthcare Diagnostics Inc.	20141400359
化学发光底物	美国 Siemens Healthcare Diagnostics Inc.	20141400360
化学发光免疫分析仪	美国 Siemens Healthcare Diagnostics Inc.	20143405118
化学清洗液	美国 Siemens Healthcare Diagnostics Inc.	20141402473
环孢霉素测定试剂盒(非均相免疫法)	美国 Siemens Healthcare Diagnostics Inc.	20142400566
环孢霉素定标液	德国 Roche Diagnostics GmbH	20142403546
环孢霉素检测试剂盒(电化学发光法)	德国 Roche Diagnostics GmbH	20142403201
环孢霉素校准品	美国 Abbott Laboratories	20142401605
环孢霉素校准品	德国 Roche Diagnostics GmbH	20142405050
环孢霉素样品预处理液	德国 Roche Diagnostics GmbH	国械备 20140133 号
环孢霉素质控品	美国 More Diagnostics Inc.	20142404871
环丙沙星药敏实验纸片(扩散法)	英国 Oxoid Limited	20142404956
缓冲液	美国 Siemens Healthcare Diagnostics Inc.	20142402231
缓冲液	美国 Siemens Healthcare Diagnostics Inc.	20142403324
缓冲液	美国 Beckman Coulter, Inc.	国械备 20140048 号
缓冲液	美国 Beckman Coulter, Inc.	国械备 20140155 号
缓冲液	美国 Beckman Coulter, Inc.	国械备 20140181 号
缓冲液	美国 Beckman Coulter, Inc.	国械备 20140188 号
缓冲液	美国 Beckman coulter, Inc.	国械备 20140233 号
缓冲液	美国 Beckman coulter, Inc.	国械备 20140237 号
缓冲液	德国 Siemens Healthcare Diagnostics Products GmbH	国械备 20140315 号
磺胺甲恶唑/甲氧苄啶药敏实验纸片(扩散法)	英国 Oxoid Limited	20142402540
黄疸计	日本 Konica Minolta, Inc.(コニカミノルタ株式会社)	20142404364
黄体生成激素检测试剂盒(电化学发光法)	德国 Roche Diagnostics GmbH	20142404877
黄体酮检测试剂盒(荧光磁微粒酶免法)	日本 Tosoh Corporation	20142405141
黄体酮校准品	日本 Tosoh Corporation	20142404434
黄体形成激素检测试剂盒(荧光磁微粒酶免法)	日本 Tosoh Corporation	20142405142
黄体形成激素校准品	日本 Tosoh Corporation	20142404272
活化部分凝血活酶时间测定试剂盒	德国 HUMAN Gesellschaft fur Biochemica und Diagnostica mbH	20142405224
活化部分凝血活酶时间检测试剂盒(干片法)	日本 A&T Corporation	20142400655
活化部分凝血活酶时间检测试剂盒(凝固法)	美国 Instrumentation Laboratory Co.	20142402549
活化部分凝血酶时间测定试剂盒(凝固法)	德国 TECO Medical Instruments, Production + Trading GmbH	20142404324
活化凝血时间和凝血速率检测试剂盒(粘弹性检测法)	美国 Sienco Inc.	20142402060
活性凝血酶测试卡片(干式电化学法)	美国 Abbott Point of Care Inc.	20142404235
肌钙蛋白 I 样本稀释液	英国 Siemens Healthcare Diagnostics Products Limited	20141400572
肌钙蛋白 I/肌酸激酶同工酶/肌红蛋白检测试剂盒(胶体金法)	美国 Rapid Diagnostics Division of MP Biomedicals LLC	20142403214
肌钙蛋白 I、肌酸激酶同工酶和肌红蛋白检测试剂盒(干式)	韩国 Humasis Co.,Ltd.	20142405767
肌钙蛋白 I/B 型钠尿肽检测试剂盒(胶体金法)	韩国 Standard Diagnostics, Inc.	20142403334
肌钙蛋白 I 测定试剂盒(化学发光法)	美国 Beckman Coulter, Inc.	20142405967
肌钙蛋白 I 测定试剂盒(化学发光法)	美国 Beckman Coulter, Inc.	20142405968
肌钙蛋白-I 测定试剂盒(化学发光微粒子免疫检测法)	美国 Abbott Laboratories	20142403730
肌钙蛋白 I 定标液	美国 Siemens Healthcare Diagnostics Inc.	20142405402
肌钙蛋白 I 检测试剂盒(干式免疫法)	韩国 Humasis Co.,Ltd.	20142405766
肌钙蛋白 I 检测试剂盒(胶体金法)	美国 Rapid Diagnostics Division of MP Biomedicals, LLC	20142403213
肌钙蛋白 I 检测试剂盒(胶体金法)	美国 Diagnostic Automation/Cortez Diagnostics,Inc.	20142403707
肌钙蛋白 I 校准品	美国 Beckman Coulter, Inc.	20142405965
肌钙蛋白 I 校准品	美国 Beckman Coulter, Inc.	20142406210
肌钙蛋白-I 校准品	美国 Abbott Laboratories	20142401727
肌钙蛋白-I 质控品	美国 Abbott Laboratories	20142401291

产品名称	生产企业	注册号
肌钙蛋白Ⅰ质控品(低水平)	美国 Siemens Healthcare Diagnostics Inc.	20142405365
肌钙蛋白Ⅰ质控品(高水平)	美国 Siemens Healthcare Diagnostics Inc.	20142405366
肌钙蛋白Ⅰ质控品(中水平)	美国 Siemens Healthcare Diagnostics Inc.	20142405367
肌钙蛋白T定量检测卡(胶体金法)	德国 Roche Diagnostics GmbH	20142405154
肌酐测定试剂盒	德国 HUMAN Gesellschaft fur Biochemica und Diagnostica mbH	20142405223
肌酐测定试剂盒(比色法)	美国 Siemens Healthcare Diagnostics Inc.	20142400549
肌酐测定试剂盒(比色法)	日本 NITTOBO MEDICAL CO.,LTD.	20142401288
肌酐测定试剂盒(肌氨酸氧化酶法)	爱尔兰 Beckman Coulter Ireland Inc.	20142405799
肌酐测定试剂盒(酶法)	日本 KANTO CHEMICAL CO.,INC.	20142403067
肌酐测定试剂盒(酶法)	德国 Autec Diagnostica	20142403318
肌酐电极	丹麦 Radiometer Medical ApS	20142403508
肌酐电极(pHOx Ultra/CCX 肌酐传感器)	美国 Nova生物医学公司	20142404188
肌酐电极膜(pHOx Ultra/CCX 肌酐传感器膜)	美国 Nova生物医学公司	20142404189
肌酐分析仪	美国 Nova生物医学公司	20142404417
肌酐检测试剂盒(苦味酸比色法)	德国 Roche Diagnostics GmbH	20142405737
肌酐检测试剂盒(酶比色法)	德国 Roche Diagnostics GmbH	20142404930
肌酐检测试纸(干化学法)	德国 Roche Diagnostics GmbH	20142404926
肌酐检测试纸(化学法)	日本 ARKRAY Factory,Inc.	20142401711
肌酐校准液	日本 Wako Pure Chemical Industries, Ltd.	20142401578
肌红蛋白测定试剂盒(化学发光微粒子免疫检测法)	美国 Abbott Laboratories	20142403728
肌红蛋白测定试剂盒(胶乳增强免疫比浊法)	日本 DENKA SEIKEN CO.,LTD.	20142405704
肌红蛋白定标液	德国 Roche Diagnostics GmbH	20142400343
肌红蛋白检测卡(胶体金法)	德国 Roche Diagnostics GmbH	20142404902
肌红蛋白检测试剂盒(电化学发光法)	德国 Roche Diagnostics GmbH	20142404887
肌红蛋白检测试剂盒(电化学发光法)	德国 Roche Diagnostics GmbH	20142404889
肌红蛋白检测试剂盒(免疫比浊法)	德国 Roche Diagnostics GmbH	20142405476
肌红蛋白检测试剂盒(荧光磁微粒酶免法)	日本 Tosoh Corporation	20142404267
肌红蛋白检测用质控品	德国 Roche Diagnostics GmbH	20142404909
肌红蛋白校准品	美国 Abbott Laboratories	20142401834
肌红蛋白校准品	日本 Tosoh Corporation	20142404442
肌酸激酶B型同工酶质控品	意大利 SENTINEL CH. SpA	20142403552
肌酸激酶MB型同工酶测定试剂盒(速率法)	日本 FUJIFILM Corporation	20142405921
肌酸激酶测定试剂盒(IFCC法)	德国 HUMAN Gesellschaft fur Biochemica und Diagnostica mbH	20142405212
肌酸激酶测定试剂盒(IFCC推荐法)	德国 Autec Diagnostica	20142403283
肌酸激酶测定试剂盒(JSCC推荐法)	日本 KANTO CHEMICAL CO.,INC.	20142403040
肌酸激酶测定试剂盒(比色法)	美国 Beckman Coulter, Inc.	20142403095
肌酸激酶测定试剂盒(磷酸肌酸底物法)	美国 Abbott Laboratories	20142403588
肌酸激酶测定试剂盒(酶法)	美国 Siemens Healthcare Diagnostics Inc.	20142404978
肌酸激酶测定试剂盒(速率法)	美国 Siemens Healthcare Diagnostics Inc.	20142400563
肌酸激酶定标液	美国 Siemens Healthcare Diagnostics Inc.	20142401117
肌酸激酶检测试剂盒(比色法)	德国 Roche Diagnostics GmbH	20142401432
肌酸激酶检测试剂盒(比色法)	德国 Roche Diagnostics GmbH	20142401440
肌酸激酶检测试剂盒(紫外法)	英国 Randox Laboratories Ltd.	20142401124
肌酸激酶检测试剂盒(紫外酶法)	英国 Randox Laboratories Ltd.	20142403590
肌酸激酶检测试纸(干化学法)	德国 Roche Diagnostics GmbH	20142404931
肌酸激酶同工酶(CK-MB)检测试剂盒(酶促免疫抑制法)	美国 Beckman Coulter, Inc.	20142405723
肌酸激酶同功酶(CK-MB)检测试剂盒(荧光磁微粒酶免法)	日本 Tosoh Corporation	20142403926
肌酸激酶同功酶(CK-MB)校准品	日本 Tosoh Corporation	20142403927
肌酸激酶同工酶MB检测试剂盒(比色法)	德国 Roche Diagnostics GmbH	20142400556
肌酸激酶同工酶MB检测用病理值质控品	德国 Roche Diagnostics GmbH	20142400346
肌酸激酶同工酶测定试剂盒(免疫抑制法)	日本 KANTO CHEMICAL CO.,INC.	20142403045
肌酸激酶同工酶测定试剂盒(免疫抑制法)	德国 Autec Diagnostica	20142403294
肌酸激酶同工酶测定试剂盒(免疫抑制法)	意大利 SENTINEL CH SpA	20142405716
肌酸激酶同工酶活性测定试剂盒(酶法)	美国 Siemens Healthcare Diagnostics Inc.	20142404352
肌酸激酶同工酶检测试剂盒(电化学发光法)	德国 Roche Diagnostics GmbH	20142403579
肌酸激酶同工酶检测试剂盒(电化学发光法)	德国 Roche Diagnostics GmbH	20142405156
肌酸激酶同功酶检测试剂盒(酶比色法)	德国 Roche Diagnostics GmbH	20142405798
肌酸激酶同工酶校准品	意大利 SENTINEL CH SpA	20142405715
肌酸磷酸激酶检测试纸(酶活性测定法)	日本 ARKRAY Factory,Inc.	20142400555
基因扩增分析仪	日本 SYSMEX CORPORATION	20143404001

基因杂交信号扩大仪	美国 QIAGEN Gaithersburg Inc	20142404233
激发液	爱尔兰 Abbott Ireland Diagnostics Division	20141401822
激发液	西班牙 BIOKIT, S. A.	20142402154
激发液	美国 Instrumentation Laboratory Co.	国械备20140129号
吉姆萨染色液	美国 Beckman coulter, Inc.	国械备20140176号
吉姆萨染色液	美国 Dako North America, Inc.	国械备20140206号
吉姆萨染色液	美国 Dako North America, Inc.	国械备20140264号
即用型分化剂	美国 Leica Biosystems Richmond, Inc.	20141402479
钾、钠、氯、锂离子校准试剂盒(离子选择性电极法)	德国 Roche Diagnostics GmbH	20142403120
钾、钠、氯测定试剂盒(电极法)	美国 Siemens Healthcare Diagnostics Inc.	20142403589
钾电极	美国 Siemens Healthcare Diagnostics Inc.	20142400225
钾电极	美国 Siemens Healthcare Diagnostics Inc.	20142401531
钾电极	德国 Roche Diagnostics GmbH	20142403162
钾电极	美国 Nova生物医学公司	20142404949
钾电极(pHOx Ultra/CCX 钾传感器)	美国 Nova生物医学公司	20142404205
钾检测试剂盒(紫外线法)	英国 Randox Laboratories Ltd.	20142401126
钾离子检测试纸(干化学法)	德国 Roche Diagnostics GmbH	20142404906
甲胎蛋白(AFP)检测试剂盒(酶联免疫荧光法)	法国 BIOMERIEUX S. A.	20143401096(更)
甲胎蛋白(AFP)检测试剂盒(酶联免疫荧光法)	法国 BIOMERIEUX S. A.	20143401096
甲胎蛋白/游离绒毛膜促性腺素β亚基双标测定试剂盒	芬兰 Wallac Oy	20142402338
甲胎蛋白/游离绒毛膜促性腺素β亚基双标测定试剂盒	芬兰 Wallac Oy	20142402338
甲胎蛋白/游离绒毛膜促性腺素β亚基双标测定试剂盒	芬兰 Wallac Oy	20142402339
甲胎蛋白标准品	日本 DENKA SEIKEN CO., LTD.	20143404548
甲胎蛋白测定试剂盒(化学发光法)	英国 Siemens Healthcare Diagnostics Products Ltd.	20143405920
甲胎蛋白测定试剂盒(胶乳增强免疫比浊法)	日本 DENKA SEIKEN CO., LTD.	20143405854
甲胎蛋白测定试剂盒(时间分辨荧光法)	芬兰 Wallac Oy	20142405379
甲胎蛋白定标液	德国 Roche Diagnostics GmbH	20143403327
甲胎蛋白检测试剂盒(电化学发光法)	德国 Roche Diagnostics GmbH	20143404874
甲酰胺	新加坡 Life Technologies Holdings Pte Ltd	20141400601
甲型肝炎病毒IgM抗体检测试剂盒(化学发光法)	英国 Ortho Clinical Diagnostics	20143403273
甲型肝炎病毒抗体(IgM)检测试剂盒(电化学发光法)	德国 Roche Diagnostics GmbH	20143403580
甲型肝炎病毒抗体(IgM)质控液	德国 Roche Diagnostics GmbH	20143403574
甲型肝炎病毒抗体测定试剂盒(电化学发光法)	德国 Roche Diagnostics GmbH	20143405450
甲型肝炎病毒抗体质控液	德国 Roche Diagnostics GmbH	20143403573
甲型肝炎病毒总抗体测定试剂盒(化学发光法)(HAVT)	美国 Siemens Healthcare Diagnostics Inc.	20143401111
甲状旁腺激素测定试剂盒(化学发光法)	美国 Beckman Coulter, Inc.	20142404858
甲状旁腺激素校准品	美国 Beckman Coulter, Inc.	20142405468
甲状旁腺素(1-84)检测试剂盒(电化学发光法)	德国 Roche Diagnostics GmbH	20142404880
甲状旁腺素定标液	德国 Roche Diagnostics GmbH	20142401086
甲状旁腺素检测试剂盒(电化学发光法)	德国 Roche Diagnostics GmbH	20142404458
甲状旁腺素检测试剂盒(电化学发光法)	德国 Roche Diagnostics GmbH	20142405471
甲状腺刺激激素检测试剂盒(荧光磁微粒酶免法)	日本 Tosoh Corporation	20142405191
甲状腺刺激激素校准品	日本 Tosoh Corporation	20142404967
甲状腺结合球蛋白样本稀释液	英国 Siemens Healthcare Diagnostics Products Limited	20141401823
甲状腺球蛋白测定试剂盒(化学发光法)	英国 Siemens Healthcare Diagnostics Products Limited	20142400571
甲状腺球蛋白抗体定标液	德国 Roche Diagnostics GmbH	20142404903
甲状腺球蛋白抗体检测试剂盒(电化学发光法)	德国 Roche Diagnostics GmbH	20142404876
甲状腺球蛋白样本稀释液	英国 Siemens Healthcare Diagnostics Products Limited	20141400573
甲状腺球蛋白样本稀释液	英国 Siemens Healthcare Diagnostics Products Ltd.	20141401597
甲状腺素测定试剂盒(时间分辨荧光法)	芬兰 Wallac Oy	20142402336
甲状腺素定标液	美国 Siemens Healthcare Diagnostics Inc.	20142400569
甲状腺素检测试剂盒(电化学发光法)	德国 Roche Diagnostics GmbH	20142404455
甲状腺素结合力检测试剂盒(电化学发光法)	德国 Roche Diagnostics GmbH	20142404924
甲状腺素结合率定标液	美国 Siemens Healthcare Diagnostics Inc.	20142400701
艰难梭菌毒素A/B检测试剂盒(酶联免疫法)	美国 Techlab, Inc	20143404545
艰难梭菌谷氨酸脱氢酶抗原及毒素检测试剂盒	美国 Techlab, Inc.	20143403929
碱性磷酸酶测定试剂盒(IFCC推荐法)	德国 Autec Diagnostica	20142403315
碱性磷酸酶测定试剂盒(JSCC推荐法)	日本 KANTO CHEMICAL CO., INC.	20142403068
碱性磷酸酶测定试剂盒(NPP-AMP缓冲液法)	美国 Siemens Healthcare Diagnostics Inc.	20142404850
碱性磷酸酶测定试剂盒(比色法)(碱性磷酸酶试剂盒)	美国 Beckman Coulter, Inc.	20142403092

碱性磷酸酶测定试剂盒(速率法)	美国	Siemens Healthcare Diagnostics Inc.	20142401594
碱性磷酸酶测定试剂盒(速率法)	日本	FUJIFILM Corporation	20142405931
碱性磷酸酶定标液	美国	Siemens Healthcare Diagnostics Inc.	20142405374
碱性磷酸酶检测试剂盒(比色法)	英国	Randox Laboratories Ltd.	20142405719
碱性磷酸酶检测试剂盒(酶比色法)	德国	Roche Diagnostics GmbH	20142405067
碱性磷酸酶检测试纸(干化学法)	德国	Roche Diagnostics GmbH	20142404910
碱性磷酸酶检测试纸(酶活性测定法)	日本	ARKRAY Factory, Inc.	20142401710
降钙素定标液	德国	Roche Diagnostics GmbH	20142401564
降钙素检测试剂盒(电化学发光法)	德国	Roche Diagnostics GmbH	20142401565
降钙素样本稀释液	英国	Siemens Healthcare Diagnostics Products Limited	20141400568
降钙素原检测试剂盒(化学发光法)	德国	B.R.A.H.M.S GmbH	20142405770
降钙素质控品	英国	Siemens Healthcare Diagnostics Products Limited	20142403212
酵母菌鉴定板(菲凡)	美国	Becton, Dickinson and Company	20142402144
酵母样真菌药敏试剂盒(微量稀释法)	法国	bioMerieux, sa	20142403922
结核分枝杆菌 IgG 抗体检测试剂盒(胶体金法)	新加坡	MP Biomedicals Asia Pacific Pte Ltd	20143405788
结核分枝杆菌 rpoB 基因和突变检测试剂盒(实时荧光 PCR 法)	瑞典	Cepheid AB	20143401153
结核分枝杆菌复合群核酸(DNA)检测试剂盒(LAMP 法)	日本	Eiken Chemical Co., Ltd.	20143405184
结核感染 T 细胞检测试剂盒(免疫斑点法)	英国	Oxford Immunotec Ltd.	20143405783
金胺染色试剂	法国	RAL DIAGNOSTICS	国械备 20140084 号
精液抗精子抗体 IgA/IgG/IgM 检测试剂盒(酶联免疫吸附法)	德国	EUROIMMUN Medizinische Labordiagnostika AG	20142403902
酒精检测试剂盒(酶比色法)	德国	Roche Diagnostics GmbH	20142400733
巨细胞病毒 IgG 抗体检测试剂盒(电化学发光法)	德国	Roche Diagnostics GmbH	20143403582
巨细胞病毒 IgG 抗体质控液	德国	Roche Diagnostics GmbH	20143401085
巨细胞病毒 IgM 抗体检测试剂盒(电化学发光法)	德国	Roche Diagnostics GmbH	20143403581
巨细胞病毒 IgM 抗体质控液	德国	Roche Diagnostics GmbH	20143401093
卡马西平测定干片(免疫速率法)	美国	Ortho-Clinical Diagnostics, Inc.	20142402553
卡马西平测定试剂盒(比浊法)	美国	Siemens Healthcare Diagnostics Inc.	20142403039
卡马西平检测试剂盒(均相酶免疫测定法)	德国	Roche Diagnostics GmbH	20142405802
卡马西平检测试剂盒(免疫法)	英国	Randox Laboratories Ltd.	20142401742
卡马西平校准品	德国	Abbott GmbH & Co. KG	20142404486
抗 ALK(D5F3)兔单克隆抗体试剂(免疫组织化学法)	德国	Roche Diagnostics GmbH	20143403115
抗 bcl-2(SP66)兔单克隆抗体试剂(免疫组织化学法)	美国	Ventana Medical Systems, Inc.	20143405448
抗 BP180 抗体 IgG 检测试剂盒(酶联免疫吸附法)	德国	EUROIMMUN Medizinische Labordiagnostika AG	20142405121
抗 BP230 抗体 IgG 检测试剂盒(酶联免疫吸附法)	德国	EUROIMMUN Medizinische Labordiagnostika AG	20142405123
抗 CD79a (SP18)兔单克隆抗体试剂(免疫组织化学法)	美国	Ventana Medical Systems, Inc.	20143404330
抗 c-Kit (9.7) 兔单克隆抗体试剂(免疫组织化学法)	美国	Ventana Medical Systems, Inc.	20143401071
抗 D(IgM+IgG)血型定型试剂(单克隆抗体)	英国	Millipore(UK)Limited	20143404333
抗 EB 病毒核抗原 IgG 抗体检测试剂盒(酶联免疫吸附法)	德国	EUROIMMUN Medizinische Labordiagnostika AG	20143405451
抗 EB 病毒衣壳抗原 IgG 抗体亲合力检测试剂盒	德国	EUROIMMUN Medizinische Labordiagnostika AG	20143404841
抗 EB 病毒衣壳抗原 IgM、衣壳抗原 IgG 抗体及抗体亲合力、早期抗原 IgG、核抗原抗体检测试剂盒(间接免疫荧光法)	德国	EUROIMMUN Medizinische Labordiagnostika AG	20143405425
抗 EB 病毒早期抗原 IgA 抗体检测试剂盒(酶联免疫吸附法)	德国	EUROIMMUN Medizinische Labordiagnostika AG	20143400552
抗 EB 病毒早期抗原 IgG 抗体检测试剂盒(酶联免疫吸附法)	德国	EUROIMMUN Medizinische Labordiagnostika AG	20143403087
抗 EB 病毒早期抗原 IgM 抗体检测试剂盒(酶联免疫吸附法)	德国	EUROIMMUN Medizinische Labordiagnostika AG	20143401682
抗 F-肌动蛋白抗体 IgG 检测试剂盒(间接免疫荧光法)	德国	EUROIMMUN Medizinische Labordiagnostika AG	20142403335
抗 Jo-1(Anti-Jo-1)IgG 抗体测定试剂盒(酶联免疫法)	德国	ORGENTEC Diagnostika GmbH	20142405081
抗 Jo-1 抗体 IgG 检测试剂盒(酶联免疫吸附法)	德国	EUROIMMUN Medizinische Labordiagnostika AG	20142404244
抗 Jo-1 抗体检测试剂盒(酶联免疫法)	美国	INOVA Diagnostics, Inc.	20142401131
抗 LMO2(1A9-1)鼠单克隆抗体试剂(免疫组织化学法)	美国	Ventana Medical Systems, Inc.	20143404328
抗 nRNP/Sm 抗体 IgG 检测试剂盒(酶联免疫吸附法)	德国	EUROIMMUN Medizinische Labordiagnostika AG	20142405129
抗 p16 (E6H4)鼠单克隆抗体试剂 (免疫组织化学法)	美国	Ventana Medical Systems, Inc.	20143402248
抗 Pax5 (SP34) 兔单克隆抗体试剂(免疫组织化学法)	美国	Ventana Medical Systems, Inc.	20143404332
抗 PM-Scl IgG 抗体检测试剂盒(酶联免疫吸附法)	德国	EUROIMMUN Medizinische Labordiagnostika AG	20142404246
抗 RA33 抗体定量检测试剂盒(酶联免疫法)	德国	HUMAN Gesellschaft für Biochemica und Diagnostica mbH	20142405392
抗 RNP/Sm 抗体(Anti-RNP/Sm)测定试剂盒(酶联免疫法)	德国	ORGENTEC Diagnostika GmbH	20142405753
抗 RNP 抗体检测试剂盒(酶联免疫法)	美国	INOVA Diagnostics, Inc.	20142401132
抗 Scl-70 抗体 IgG 检测试剂盒(酶联免疫吸附法)	德国	EUROIMMUN Medizinische Labordiagnostika AG	20142404245
抗 Scl-70 抗体检测试剂盒(酶联免疫法)	美国	INOVA Diagnostics, Inc.	20142401138
抗 Sm 抗体 IgG 检测试剂盒(酶联免疫吸附法)	德国	EUROIMMUN Medizinische Labordiagnostika AG	20142405130
抗 Sm 抗体检测试剂盒(酶联免疫法)	美国	INOVA Diagnostics, Inc.	20142401134

抗SS-A 52抗体检测试剂盒(酶联免疫法)	美国 INOVA Diagnostics, Inc.	20142401137
抗SS-A抗体IgG检测试剂盒(酶联免疫吸附法)	德国 EUROIMMUN Medizinische Labordiagnostika AG	20142405131
抗SS-A抗体检测试剂盒(酶联免疫法)	美国 INOVA Diagnostics, Inc.	20142401136
抗SS-B抗体IgG检测试剂盒(酶联免疫吸附法)	德国 EUROIMMUN Medizinische Labordiagnostika AG	20142405128
抗SS-B抗体检测试剂盒(酶联免疫法)	美国 INOVA Diagnostics, Inc.	20142401133
抗β2糖蛋白1IgG抗体检测试剂盒(酶联免疫法)	美国 INOVA Diagnostics, Inc.	20142403702
抗β2糖蛋白1抗体IgA检测试剂盒(酶联免疫吸附法)	德国 EUROIMMUN Medizinische Labordiagnostika AG	20142405763
抗β2-糖蛋白1抗体IgG检测试剂盒(酶联免疫吸附法)	德国 EUROIMMUN Medizinische Labordiagnostika AG	20142403915
抗β2-糖蛋白1抗体IgM检测试剂盒(酶联免疫吸附法)	德国 EUROIMMUN Medizinische Labordiagnostika AG	20142403913
抗β2糖蛋白I IgA/IgG/IgM抗体测定试剂盒(酶联免疫法)	德国 ORGENTEC Diagnostika GmbH	20142403950
抗β2糖蛋白I IgG/IgA/IgM抗体测定试剂盒(酶联免疫法)	德国 ORGENTEC Diagnostika GmbH	20142403953
抗表皮棘细胞桥粒抗体/抗表皮基底膜抗体检测试剂盒	德国 EUROIMMUN Medizinische Labordiagnostika AG	20142403912
抗表皮生长因子受体(3C6)鼠单克隆抗体试剂	美国 Ventana Medical Systems, Inc.	20143404331
抗表皮生长因子受体(5B7)兔单克隆抗体试剂	美国 Ventana Medical Systems, Inc.	20143404327
抗雌激素受体(SP1)兔单克隆抗体试剂(免疫组织化学法)	美国 Ventana Medical Systems, Inc.	20143403110
抗促甲状腺激素受体抗体IgG检测试剂盒(酶联免疫吸附法)	德国 EUROIMMUN Medizinische Labordiagnostika AG	20142405127
抗单纯疱疹病毒1+2型抗体IgM检测试剂盒(酶联免疫吸附)	德国 EUROIMMUN Medizinische Labordiagnostika AG	20143402125
抗单纯疱疹病毒1型抗体IgM检测试剂盒(酶联免疫吸附法)	德国 EUROIMMUN Medizinische Labordiagnostika AG	20143402484
抗单纯疱疹病毒2型抗体IgM检测试剂盒(酶联免疫吸附法)	德国 EUROIMMUN Medizinische Labordiagnostika AG	20143401084
抗单纯疱疹病毒2型抗体IgM检测试剂盒(酶联免疫吸附法)	德国 EUROIMMUN Medizinische Labordiagnostika AG	20143401084(更)
抗蛋白酶3 IgG抗体检测试剂盒(酶联免疫法)	美国 INOVA Diagnostics, Inc.	20142403696
抗蛋白酶3、抗髓过氧化物酶、抗肾小球基底膜 IgG抗体测定试剂盒(免疫印迹法)	德国 ORGENTEC Diagnostika GmbH	20142405755
抗肺炎衣原体抗体IgG检测试剂盒(酶联免疫吸附法)	德国 EUROIMMUN Medizinische Labordiagnostika AG	20143401075
抗肺炎衣原体抗体IgG检测试剂盒(酶联免疫吸附法)	德国 EUROIMMUN Medizinische Labordiagnostika AG	20143401075(更)
抗肺炎衣原体抗体IgM检测试剂盒(酶联免疫吸附法)	德国 EUROIMMUN Medizinische Labordiagnostika AG	20143402485
抗风疹病毒IgM抗体检测试剂盒(化学发光免疫分析法)	西班牙 BIOKIT, S.A.	20143400757
抗风疹病毒抗体IgM检测试剂盒(酶联免疫吸附法)	德国 EUROIMMUN Medizinische Labordiagnostika AG	20143400550
抗风疹病毒抗体IgM检测试剂盒(酶联免疫吸附法)	德国 EUROIMMUN Medizinische Labordiagnostika AG	20143400550(更)
抗肝肾微粒体1型抗体检测试剂盒(酶联免疫法)	美国 INOVA Diagnostics, Inc.	20142401128
抗弓形虫IgM抗体检测试剂盒(化学发光免疫分析法)	西班牙 BIOKIT, S.A.	20143400759
抗谷氨酸受体抗体检测试剂盒(间接免疫荧光法)	德国 EUROIMMUN Medizinische Labordiagnostika AG	20142400234
抗谷氨酸受体抗体检测试剂盒(间接免疫荧光法)	德国 EUROIMMUN Medizinische Labordiagnostika AG	20142400234(更)
抗谷氨酸脱羧酶IgG抗体检测试剂盒(酶联免疫法)	德国 Bioeurope GmbH	20142405358
抗谷氨酸脱羧酶抗体IgG检测试剂盒(酶联免疫吸附法)	德国 EUROIMMUN Medizinische Labordiagnostika AG	20142405784
抗谷氨酸脱羧酶抗体检测试剂盒(酶联免疫法)	美国 Biomerica Inc.	20142405708
抗核抗体(ANA)测定试剂盒(酶联免疫法)	德国 ORGENTEC Diagnostika GmbH	20142403198
抗核抗体(ANA)检测试剂盒(酶联免疫法)	德国 ORGENTEC Diagnostika GmbH	20142403903
抗核抗体(均质型)阳性质控品	德国 EUROIMMUN Medizinische Labordiagnostika AG	20142401549
抗核抗体IgG检测试剂盒(间接免疫荧光法)	德国 EUROIMMUN Medizinische Labordiagnostika AG	20142404848
抗核抗体定量检测试剂盒(酶联免疫法)	德国 HUMAN Gesellschaft für Biochemica und Diagnostica mbH	20142405393
抗核抗体检测试剂盒(多重微珠免疫法)	美国 Zeus Scientific, Inc.	20142402127
抗核抗体检测试剂盒(间接免疫荧光法)	美国 Scimedx Corporation	20142403322
抗核抗体检测试剂盒(间接免疫荧光法)	美国 INOVA Diagnostics, Inc.	20142405442
抗核抗体检测试剂盒(间接免疫荧光法)(迈康准®)	德国 AESKU.DIAGNOSTICS GmbH&Co.KG	20142404315
抗核抗体检测试剂盒(酶联免疫法)	美国 Zeus Scientific, Inc.	20142402130
抗核抗体检测试剂盒(酶联免疫法)	德国 AESKU.DIAGNOSTICS GmbH	20142400228
抗核抗体谱(IgG)检测试剂盒(流式点阵免疫发光法)	美国 Bio-Rad Laboratories, Inc.	20142403204
抗核抗体谱(IgG)检测试剂盒(欧蒙印迹法)	德国 EUROIMMUN Medizinische Labordiagnostika AG	20142403693
抗核抗体谱(IgG)检测试剂盒(欧蒙印迹法)	德国 EUROIMMUN Medizinische Labordiagnostika AG	20142403693
抗核抗体校准品	美国 Bio-Rad Laboratories, Inc.	20142404317
抗核抗体质控品	美国 Bio-Rad Laboratories, Inc.	20142405090
抗核糖核蛋白70抗体(Anti-RNP-70)测定试剂盒(酶联免疫)	德国 ORGENTEC Diagnostika GmbH	20142405756
抗核糖体P蛋白抗体IgG检测试剂盒(酶联免疫吸附法)	德国 EUROIMMUN Medizinische Labordiagnostika AG	20142405132
抗核糖体P蛋白抗体检测试剂盒(酶联免疫法)	美国 INOVA Diagnostics, Inc.	20142406218
抗核小体(Anti-Nucleosome)IgG抗体测定试剂盒(酶联免疫)	德国 ORGENTEC Diagnostika GmbH	20142403942
抗核小体(Anti-Nucleosome)IgG抗体测定试剂盒(酶联免疫)	德国 ORGENTEC Diagnostika GmbH	20142403947
抗环瓜氨酸肽IgG检测试剂盒(酶联免疫法)	美国 INOVA Diagnostics, Inc.	20142402506
抗肌动蛋白IgG抗体检测试剂盒(酶联免疫法)	美国 INOVA Diagnostics, Inc.	20142404950
抗甲状腺过氧化物酶抗体测定试剂盒(化学发光法)	美国 Beckman Coulter, Inc.	20142404270

抗甲状腺过氧化物酶抗体定标液	德国 Roche Diagnostics GmbH	20142404917
抗甲状腺过氧化物酶抗体检测试剂盒(电化学发光法)	德国 Roche Diagnostics GmbH	20142404897
抗甲状腺过氧化物酶抗体检测试剂盒(荧光磁微粒酶免法)	日本 Tosoh Corporation	20142405175
抗甲状腺过氧化物酶抗体校准品	日本 Tosoh Corporation	20142405170
抗甲状腺过氧化物酶抗体校准品	美国 Beckman Coulter, Inc.	20142405722
抗甲状腺抗体检测试剂盒(间接免疫荧光法)	德国 EUROIMMUN Medizinische Labordiagnostika AG	20142400553(更)
抗甲状腺抗体检测试剂盒(间接免疫荧光法)	德国 EUROIMMUN Medizinische Labordiagnostika AG	20142400553
抗甲状腺球蛋白抗体测定试剂盒(化学发光法)	英国 Siemens Healthcare Diagnostics Products Limited	20142400355
抗甲状腺球蛋白抗体检测试剂盒(荧光磁微粒酶免法)	日本 Tosoh Corporation	20142405190
抗甲状腺球蛋白抗体校准品	日本 Tosoh Corporation	20142404966
抗甲状腺转录因子-1(SP141)兔单克隆抗体试剂	美国 Ventana Medical Systems, Inc.	20143404276
抗精子抗体检测试剂盒(间接免疫荧光法)	德国 EUROIMMUN Medizinische Labordiagnostika AG	20142403911
抗精子自身抗体检测试剂盒(酶联免疫法)	德国 IBL International GmbH	20142405077
抗巨细胞病毒 IgM 抗体检测试剂盒(化学发光免疫分析法)	西班牙 BIOKIT, S.A.	20143400758
抗巨细胞病毒抗体 IgG 亲合力检测试剂盒(酶联免疫吸附法)	德国 EUROIMMUN Medizinische Labordiagnostika AG	20143405857
抗可溶性抗原抗体(ENA)测定试剂盒(酶联免疫法)	德国 ORGENTEC Diagnostika GmbH	20142405757
抗链球菌溶血素“O”测定试剂盒(胶乳增强免疫比浊法)	日本 DENKA SEIKEN CO., LTD.	20142400239
抗链球菌溶血素“O”检测试剂盒(免疫比浊法)	德国 Roche Diagnostics GmbH	20142404921
抗链球菌溶血素 O、类风湿因子质控品(水平 1)	西班牙 BIOKIT, S.A.	20142401562
抗链球菌溶血素 O、类风湿因子质控品(水平 2)	西班牙 BIOKIT, S.A.	20142401563
抗链球菌溶血素 O 测定试剂盒(胶乳免疫比浊法)	美国 Beckman Coulter, Inc.	20142400236
抗链球菌溶血素 O 测定试剂盒(免疫比浊法)	美国 Ortho-Clinical Diagnostics, Inc.	20142402554
抗链球菌溶血素 O 测定试剂盒(免疫比浊法)	德国 Autec Diagnostica	20142403301
抗链球菌溶血素 O 检测试剂盒(免疫比浊法)	德国 Roche Diagnostics GmbH	20142401585
抗链球菌溶血素 O 检测试剂盒(乳胶凝集法)	西班牙 SPINREACT, S.A.	20142403090
抗磷脂抗体检测试剂盒(酶联免疫法)	德国 AESKU.DIAGNOSTICS GmbH	20142400229
抗磷脂酶 A2 受体抗体 IgG 检测试剂盒(酶联免疫吸附法)	德国 EUROIMMUN Medizinische Labordiagnostika AG	20142405768
抗磷脂综合征 IgG 抗体检测试剂盒(流式点阵免疫发光法)	美国 Bio-Rad Laboratories, Inc.	20142404318
抗磷脂综合征 IgG 抗体校准品	美国 Bio-Rad Laboratories, Inc.	20142405969
抗磷脂综合征 IgG 抗体质控品	美国 Bio-Rad Laboratories, Inc.	20142405970
抗麻疹病毒抗体 IgM 检测试剂盒(酶联免疫吸附法)	德国 EUROIMMUN Medizinische Labordiagnostika AG	20143400251(更)
抗麻疹病毒抗体 IgM 检测试剂盒(酶联免疫吸附法)	德国 EUROIMMUN Medizinische Labordiagnostika AG	20143400251
抗麦胶蛋白(Anti-Gliadin)IgA/IgG 抗体测定试剂盒	德国 ORGENTEC Diagnostika GmbH	20142403952
抗麦胶蛋白抗体(Anti-Gliadin)测定试剂盒(酶联免疫法)	德国 ORGENTEC Diagnostika GmbH	20142405758
抗梅毒螺旋体、心磷脂 IgG 抗体检测试剂盒	德国 EUROIMMUN Medizinische Labordiagnostika AG	20143400640
抗内因子抗体 IgG 检测试剂盒(酶联免疫吸附法)	德国 EUROIMMUN Medizinische Labordiagnostika AG	20142404247
抗凝血酶 III 测定试剂盒(散射比浊法)	德国 Siemens Healthcare Diagnostics Products GmbH	20142403116
抗凝血酶III检测试剂盒(比色法)	德国 Roche Diagnostics GmbH	20142401435
抗凝血酶III检测试剂盒(显色性合成底物法)	日本 SEKISUI MEDICAL CO.,LTD	20142405390
抗凝血酶III质控品	德国 Roche Diagnostics GmbH	20142400353
抗凝血酶检测试剂盒(发色底物法)	美国 Instrumentation Laboratory Co.	20142402548
抗桥粒芯糖蛋白 1 抗体 IgG 检测试剂盒(酶联免疫吸附法)	德国 EUROIMMUN Medizinische Labordiagnostika AG	20142405122
抗桥粒芯糖蛋白 3 抗体 IgG 检测试剂盒(酶联免疫吸附法)	德国 EUROIMMUN Medizinische Labordiagnostika AG	20142405124
抗球蛋白试验质控品	美国 Immucor, Inc.	20143405185
抗肾小球基底膜(Anti-GBM)IgG 抗体测定试剂盒(酶联免疫)	德国 ORGENTEC Diagnostika GmbH	20142403904
抗史密斯抗原 IgG 抗体(Anti-Sm IgG)测定试剂盒(酶联免疫)	德国 ORGENTEC Diagnostika GmbH	20142405080
抗双链 DNA(Anti-dsDNA) IgA 抗体测定试剂盒(酶联免疫法)	德国 ORGENTEC Diagnostika GmbH	20142403948
抗双链 DNA(Anti-dsDNA) IgM 抗体测定试剂盒(酶联免疫法)	德国 ORGENTEC Diagnostika GmbH	20142403944
抗双链 DNA(Anti-dsDNA)IgA/IgG/IgM 抗体测定试剂盒	德国 ORGENTEC Diagnostika GmbH	20142403949
抗双链 DNA 抗体检测试剂盒(间接免疫荧光法)	美国 INOVA Diagnostics, Inc.	20142403694
抗双链 DNA 抗体阳性质控品	德国 EUROIMMUN Medizinische Labordiagnostika AG	20142401548
抗酸染色液	美国 Dako North America, Inc.	国械备 20140022 号
抗酸染色液	法国 RAL DIAGNOSTICS	国械备 20140041 号
抗酸染色液	法国 RAL DIAGNOSTICS	国械备 20140042 号
抗体稀释液	丹麦 DAKO DENMARK A/S	20141400642
抗脱氧核糖核酸酶 B 测定试剂盒(散射比浊法)	德国 Siemens Healthcare Diagnostics Products GmbH	20142402491
抗脱氧核糖核酸酶 B 检测试剂盒(免疫比浊法)	美国 Beckman Coulter, Inc.	20142405800
抗拓扑异构酶 I-70(Anti-Scl-70)IgG 抗体测定试剂盒	德国 ORGENTEC Diagnostika GmbH	20142405082
抗拓扑异构酶 IIα(JS5B4)兔单克隆抗体试剂	美国 Ventana Medical Systems, Inc.	20143404329
抗胃壁细胞、内因子抗体检测试剂盒(间接免疫荧光法)	德国 EUROIMMUN Medizinische Labordiagnostika AG	20142404248

产品名称	生产企业	注册号
抗胃壁细胞抗体 IgG 检测试剂盒(酶联免疫吸附法)	德国 EUROIMMUN Medizinische Labordiagnostika AG	20142404249
抗细胞周期蛋白 D1 (SP4-R) 兔单克隆抗体试剂)	美国 Ventana Medical Systems, Inc.	20143403930
抗线粒体(AMA-M2)抗体检测试剂盒(酶联免疫法)	美国 INOVA Diagnostics, Inc.	20142404951
抗线粒体抗体阳性质控品	德国 EUROIMMUN Medizinische Labordiagnostika AG	20142401550
抗肖格伦 A 52(Anti-SS-A 52)IgG 抗体测定试剂盒	德国 ORGENTEC Diagnostika GmbH	20142403945
抗肖格伦 A 60(Anti-SS-A 60)IgG 抗体测定试剂盒	德国 ORGENTEC Diagnostika GmbH	20142403951
抗肖格伦 A IgG 抗体(Anti-SS-A IgG)测定试剂盒	德国 ORGENTEC Diagnostika GmbH	20142405079
抗肖格伦 B(Anti-SS-B) IgG 抗体测定试剂盒(酶联免疫法)	德国 ORGENTEC Diagnostika GmbH	20142405083
抗心磷脂(Anti-Cardiolipin)IgA 抗体测定试剂盒	德国 ORGENTEC Diagnostika GmbH	20142403943
抗心磷脂(Anti-Cardiolipin)IgG/IgA/IgM 抗体测定试剂盒	德国 ORGENTEC Diagnostika GmbH	20142403905
抗心磷脂 IgG 抗体(Anti-Cardiolipin IgG)测定试剂盒	德国 ORGENTEC Diagnostika GmbH	20142405078
抗心磷脂 IgG 抗体检测试剂盒(酶联免疫法)	美国 INOVA Diagnostics, Inc.	20142403695
抗心磷脂 IgM 抗体(Anti-Cardiolipin IgM)测定试剂盒	德国 ORGENTEC Diagnostika GmbH	20142405754
抗心磷脂抗体 IgA 检测试剂盒(酶联免疫吸附法)	德国 EUROIMMUN Medizinische Labordiagnostika AG	20142405764
抗心磷脂抗体 IgG 检测试剂盒(酶联免疫吸附法)	德国 EUROIMMUN Medizinische Labordiagnostika AG	20142405785
抗心磷脂抗体检测试剂盒(酶联免疫法)	美国 INOVA Diagnostics, Inc.	20142404952
抗胰岛素(Anti-Insulin)IgG 抗体测定试剂盒(酶联免疫法)	德国 ORGENTEC Diagnostika GmbH	20142403954
抗胰岛素 IgG 抗体检测试剂盒(酶联免疫法)	美国 Biomerica Inc.	20142405706
抗胰岛素 IgG 抗体检测试剂盒(酶联免疫法)Isletest-IAA	德国 Bioeurope GmbH	20142405359
抗胰岛素样生长因子受体 1(G11)兔单克隆抗体试剂	美国 Ventana Medical Systems, Inc.	20143404863
抗胰岛细胞 IgG 抗体检测试剂盒(酶联免疫法)Isletest-ICA	德国 Bioeurope GmbH	20142405357
抗胰岛细胞抗体检测试剂盒(酶联免疫法)	美国 Biomerica Inc.	20142405707
抗幽门螺旋杆菌抗体检测试剂盒(胶体金法)	美国 Princeton BioMeditech Corporation	20143401282
抗着丝点抗体 IgG 检测试剂盒(酶联免疫吸附法)	德国 EUROIMMUN Medizinische Labordiagnostika AG	20142405133
抗中性粒细胞胞浆抗体(甲醛)检测试剂盒(间接免疫荧光法)	德国 AESKU.DIAGNOSTICS GmbH&Co.KG	20142403033
抗中性粒细胞胞浆抗体(乙醇)检测试剂盒(间接免疫荧光法)	德国 AESKU.DIAGNOSTICS GmbH&Co.KG	20142403034
抗中性粒细胞胞浆抗体检测试剂盒 (间接免疫荧光法)	美国 INOVA Diagnostics, Inc.	20142400649
抗中性粒细胞胞浆抗体检测试剂盒(多重微珠免疫法)	美国 Zeus Scientific, Inc.	20142402128
抗中性粒细胞胞浆抗体检测试剂盒(酶联免疫法)	美国 Zeus Scientific, Inc.	20142402510
抗组蛋白抗体检测试剂盒(酶联免疫法)	美国 INOVA Diagnostics, Inc.	20142401135
抗组织转谷氨酰胺酶 IgG 和 IgA 抗体测定试剂盒(酶联免疫法)	德国 ORGENTEC Diagnostika GmbH	20142403946
可溶性 fms 样酪氨酸激酶-1 定标液	德国 Roche Diagnostics GmbH	20142404264
可溶性 fms 样酪氨酸激酶-1 检测试剂盒(电化学发光法)	德国 Roche Diagnostics GmbH	20142404954
可溶性转铁蛋白受体检测试剂盒(免疫比浊法)	德国 Roche Diagnostics GmbH	20142403074
可溶性转铁蛋白受体校准品	德国 Roche Diagnostics GmbH	20142405203
可溶性转铁蛋白受体质控品	德国 Roche Diagnostics GmbH	20142405152
可提取核抗原 IgG 检测试剂盒(酶联免疫法)	美国 Zeus Scientific, Inc.	20142402129
可提取性核抗原 IgG 抗体检测试剂盒(酶联免疫吸附法)	德国 EUROIMMUN Medizinische Labordiagnostika AG	20142405782
克林霉素药敏实验纸片(扩散法)	英国 Oxoid Limited	20142405043
奎尼丁检测试剂盒(荧光偏振法)	德国 Roche Diagnostics GmbH	20142401717
蓝化剂	美国 Leica Biosystems Richmond, Inc.	20141402478
蓝化剂浓缩液	美国 Leica Biosystems Richmond, Inc.	20141401150
雷帕霉素测定试剂盒(化学发光微粒子免疫检测法)	美国 Abbott Laboratories	20142404337
雷帕霉素检测定标液	美国 Siemens Healthcare Diagnostics Inc.	20142401120
雷帕霉素校准品	美国 Abbott Laboratories	20142403720
类风湿因子(IgA 类)检测试剂盒(酶联免疫吸附法)	德国 EUROIMMUN Medizinische Labordiagnostika AG	20142403086
类风湿因子(IgG 类)检测试剂盒(酶联免疫吸附法)	德国 EUROIMMUN Medizinische Labordiagnostika AG	20142404853
类风湿因子(IgM 类)检测试剂盒(酶联免疫吸附法)	德国 EUROIMMUN Medizinische Labordiagnostika AG	20142403085
类风湿因子标准品	日本 DENKA SEIKEN CO., LTD.	20142404962
类风湿因子测定试剂盒(免疫比浊法)	美国 Ortho-Clinical Diagnostics, Inc.	20142400366
类风湿因子测定试剂盒(免疫比浊法)	德国 Autec Diagnostica	20142403287
类风湿因子检测试剂盒(多重微珠免疫法)	美国 Zeus Scientific, Inc.	20142402132
类风湿因子检测试剂盒(免疫比浊法)	德国 Roche Diagnostics GmbH	20142405057
类风湿因子检测试剂盒(乳胶凝集法)	西班牙 SPINREACT, S.A.	20142403089
类风湿因子检测试剂盒(乳胶增强免疫比浊法)	英国 Randox Laboratories Ltd.	20142405381
类风湿因子校准液	德国 Roche Diagnostics GmbH	20142405780
类风湿因子质控品	德国 Roche Diagnostics GmbH	20142404894
冷冻包埋剂	美国 Leica Biosystems Richmond, Inc.	国械备 20140125 号
冷冻包埋剂	美国 Leica Biosystems Richmond, Inc.	国械备 20140126 号

离子钙电极(pHOx Plus/L/C 离子钙传感器)	美国 Nova 生物医学公司	20142404182
离子钙电极(pHOx Ultra/CCX 离子钙传感器)	美国 Nova 生物医学公司	20142404197
离子镁电极(pHOx Ultra/CCX 离子镁传感器)	美国 Nova 生物医学公司	20142404192
锂电极	德国 Roche Diagnostics GmbH	20142403160
锂电极	德国 Roche Diagnostics GmbH	20142404300
锂检测试剂盒(比色法)	德国 Roche Diagnostics GmbH	20142403716
利多卡因测定试剂盒(比浊法)	美国 Siemens Healthcare Diagnostics Inc.	20142400704
链格孢 m6 过敏原特异性 IgE 检测试剂(荧光免疫法)	瑞典 Phadia AB	20143400641
链球菌鉴定/药敏板	美国 Becton, Dickinson and Company	20142404959
链球菌药敏板	英国 Trek Diagnostic Systems Ltd	20142403036
链球菌药敏接种培养液(菲凡)	美国 Becton, Dickinson and Company	20142405396
链球菌药敏指示剂	美国 Becton, Dickinson and Company	20142405397
亮氨酸氨基肽酶检测试剂盒(比色法)	英国 Randox Laboratories Ltd.	20142402348
亮氨酸氨肽酶测定试剂盒(L-亮氨酰-p-硝酰基苯胺基质法)	日本 Wako Pure Chemical Industries, Ltd.	20142405469
亮氨酰氨基肽酶测定试剂盒(GSCC 推荐法)	日本 KANTO CHEMICAL CO., INC.	20142403071
淋巴细胞亚群检测试剂(流式细胞仪法-6 色)	美国 Becton, Dickinson and Company, BD Biosciences	20143404549
淋巴细胞亚群检测试剂盒(流式细胞法)	美国 Becton, Dickinson and Company, BD Biosciences	20143400254
磷霉素/氨丁三醇药敏实验纸片(扩散法)	英国 Oxoid Limited	20142402474
鳞状上皮细胞癌抗原(SCC)测定试剂盒(化学发光法)	瑞典 Fujirebio Diagnostics AB	20143404546
鳞状上皮细胞癌抗原测定试剂盒(化学发光微粒子免疫检测法)	德国 Abbott GmbH & Co. KG	20143404868
鳞状上皮细胞癌抗原校准品	德国 Abbott GmbH & Co. KG	20143404273
鳞状细胞癌抗原(SCC)检测试剂盒(酶联免疫法)	瑞典 Fujirebio Diagnostics AB	20143404326
流感病毒抗原检测试剂盒(胶体金法)	韩国 Standard Diagnostics, Inc.	20143401820
流式细胞仪	美国 Becton, Dickinson and Company, BD Biosciences	20142404176
流式细胞仪(Cytomics FC 50、Cytomics FC 500 MPL)	美国 Beckman Coulter, Inc.	20142403463
流式细胞仪 APC 设置微球	美国 Becton, Dickinson and Company, BD Biosciences	20143403750
流式细胞仪精密度质控微球(Flow-Check Pro)	爱尔兰 Beckman Coulter Ireland, Inc.	20143402262
流式细胞仪三色设置微球	美国 Becton, Dickinson and Company, BD Biosciences	20143403751
流式细胞仪用溶血剂(IntraPrep)	法国 Immunotech S.A.S(a Beckman Coulter Company)	20141401557
流式细胞仪质控品(Flow-CheckTM)	美国 Beckman Coulter, Inc.	20143405465
流式细胞仪质控微球	爱尔兰 Beckman Coulter Ireland, Inc.	20143402245
硫酸去氢表雄酮测定试剂盒(化学发光法)	英国 Siemens Healthcare Diagnostics Products Limited	20142401721
硫酸去氢表雄酮测定试剂盒(化学发光法)	英国 Siemens Healthcare Diagnostics Products Limited	20142401838
硫酸去氢表雄酮样本稀释液	英国 Siemens Healthcare Diagnostics Products Limited	20141400707
硫酸脱氢表雄酮定标液	德国 Roche Diagnostics GmbH	20142401429
硫酸脱氢表雄酮校准品	德国 Abbott GmbH& Co. KG	20142403598
硫酸脱氢表雄甾酮检测试剂盒(电化学发光法)	德国 Roche Diagnostics GmbH	20142404888
六胺银染色液	美国 Dako North America, Inc.	国械备 20140207 号
卵巢粘蛋白抗原样本稀释液	英国 Siemens Healthcare Diagnostics Products Ltd.	20141401734
卵巢粘蛋白抗原样本稀释液	英国 Siemens Healthcare Diagnostics Products Limited	20141402512
卵泡刺激激素检测试剂盒(荧光磁微粒酶免法)	日本 Tosoh Corporation	20142405143
卵泡刺激激素校准品	日本 Tosoh Corporation	20142404271
轮状病毒和腺病毒抗原检测试剂盒(免疫层析法)	比利时 Coris BioConcept	20143403338
氯电极	美国 Siemens Healthcare Diagnostics Inc.	20142400220
氯电极	美国 Siemens Healthcare Diagnostics Inc.	20142401532
氯电极	德国 Roche Diagnostics GmbH	20142403159
氯电极	德国 Roche Diagnostics GmbH	20142404299
氯电极(pHOx Plus/L/C 氯传感器)	美国 Nova 生物医学公司	20142404184
氯电极(pHOx Ultra/CCX 氯传感器)	美国 Nova 生物医学公司	20142404180
氯化钠稀释液	德国 Roche Diagnostics GmbH	20141402081
氯化钠稀释液	德国 Roche Diagnostics GmbH	20141402123
氯检测试剂盒(比色法)	英国 Randox Laboratories Ltd.	20142403568
氯霉素药敏实验纸片(扩散法)	英国 Oxoid Limited	20142405040
麦氏比浊管	法国 bioMérieux. S.A	20142403123
酶标仪	奥地利 Tecan Austria GmbH	20142401992
酶标仪	美国 BioTek Instruments, Inc.	20142405438
酶标仪	奥地利 Tecan Austria GmbH	20142406052
梅毒螺旋体 IgG 抗体检测试剂盒(间接免疫荧光法)	德国 EUROIMMUN Medizinische Labordiagnostika AG	20143400639
梅毒螺旋体 IgG 抗体检测试剂盒(间接免疫荧光法)	德国 EUROIMMUN Medizinische Labordiagnostika AG	20143400639(更)
梅毒螺旋体抗体测定试剂盒(化学发光法)	美国 Siemens Healthcare Diagnostics Inc.	20143402258

梅毒螺旋体抗体检测试剂盒(电化学发光法)	德国 Roche Diagnostics GmbH	20143403753
梅毒螺旋体抗体检测试剂盒(化学发光法)	日本 Japan Lyophilization Laboratory	20143402261
梅毒螺旋体抗体检测试剂盒(凝集法)(赛乐迪亚)	日本 FUJIREBIO INC.	20143400369
梅毒螺旋体抗体检测试剂盒(血凝法)	英国 Lab21 Healthcare Ltd.	20143405771
梅毒螺旋体抗体检测试剂盒(血凝法)	英国 Newmarket Biomedical Ltd.	20143405853
梅毒螺旋体抗体校准品	日本 Japan Lyophilization Laboratory	20143402996
梅毒螺旋体抗体校准品	德国 Abbott GmbH & Co. KG	20143405145
梅毒螺旋体抗体质控品	美国 Siemens Healthcare Diagnostics Inc.	20143402259
梅毒螺旋体抗体质控品	德国 Roche Diagnostics GmbH	20143403752
梅毒螺旋体抗体质控品	德国 Abbott GmbH & Co. KG	20143405380
霉菌混合 mx1 过敏原特异性 IgE 检测试剂(荧光免疫法)	瑞典 Phadia AB	20143402256
霉菌混合 mx2 过敏原特异性 IgE 检测试剂(荧光免疫法)	瑞典 Phadia AB	20143402254
酶联免疫分析系统	德国 Siemens Healthcare Diagnostics Products GmbH	20142400959
酶免分析加样系统	瑞士 Hamilton Bonaduz AG.	20142405821
镁测定试剂盒(比色法)	美国 Beckman Coulter, Inc.	20142403091
镁测定试剂盒(二甲苯胺蓝法)	日本 KANTO CHEMICAL CO., INC.	20142403046
镁测定试剂盒(二甲苯胺蓝法)	美国 Siemens Healthcare Diagnostics Inc.	20142405481
镁测定试剂盒(二甲苯胺蓝法)	美国 Beckman Coulter, Inc.	20142405732
镁测定试剂盒(直接比色法)	德国 Autec Diagnostica	20142403291
镁检测试剂盒(比色法)	德国 Roche Diagnostics GmbH	20142400557
镁检测试剂盒(比色法)	德国 Roche Diagnostics GmbH	20142405072
镁检测试纸(化学法)	日本 ARKRAY Factory, Inc.	20142400577
美罗培能药敏实验纸片(扩散法)	英国 Oxoid Limited	20142404955
美沙酮定标/质控品	美国 Siemens Healthcare Diagnostics Inc.	20143400760
美沙酮检测试剂(酶放大免疫检测法)	美国 Siemens Healthcare Diagnostics Inc.	20143402238
门冬氨酸氨基转移酶测定试剂盒(JSCC 推荐法)	日本 KANTO CHEMICAL CO., INC.	20142403044
泌乳激素检测试剂盒(荧光磁微粒酶免法)	日本 Tosoh Corporation	20142405447
泌乳激素校准品	日本 Tosoh Corporation	20142404436
泌乳素测定试剂盒(化学发光法)	英国 Siemens Healthcare Diagnostics Products Limited	20142401121
泌乳素样本稀释液	英国 Siemens Healthcare Diagnostics Products Limited	20141400712
免疫层析检测仪	美国 Nano-Ditech 公司	20142404366
免疫多项质控品	德国 Roche Diagnostics GmbH	20142402077
免疫分析加样系统	瑞士 Tecan Schweiz AG	20142402565
免疫分析仪	丹麦 Radiometer Medical ApS	20142403526
免疫分析质控物	美国 Bio-Rad Laboratories, Inc.	20142406217
免疫分析专用质控品	英国 Randox Laboratories Ltd	20142401446
免疫分析专用质控品	英国 Randox Laboratories Ltd	20142401447
免疫分析专用质控品	英国 Randox Laboratories Ltd	20142401448
免疫分析专用质控品	英国 Randox Laboratories Ltd	20142402065
免疫分析专用质控品	英国 Randox Laboratories Ltd	20142402066
免疫分析专用质控品	英国 Randox Laboratories Ltd	20142402067
免疫球蛋白 A 测定试剂盒(比浊法)	美国 Siemens Healthcare Diagnostics Inc.	20142400551
免疫球蛋白 M 测定试剂盒(散射比浊法)	德国 Siemens Healthcare Diagnostics Products GmbH	20142403596
免疫球蛋白 A/免疫球蛋白 M 检测用校准品	德国 Roche Diagnostics GmbH	20142402481
免疫球蛋白 A 测定试剂盒(免疫比浊法)	美国 Beckman Coulter, Inc.	20142404241
免疫球蛋白 A 测定试剂盒(免疫比浊法)	美国 Siemens Healthcare Diagnostics Inc.	20142405063
免疫球蛋白 A 测定试剂盒(散射比浊法)	德国 Siemens Healthcare Diagnostics Products GmbH	20142403594
免疫球蛋白 A 检测试剂盒(免疫比浊法)	德国 Roche Diagnostics GmbH	20142403955
免疫球蛋白 E 测定试剂盒(胶乳免疫比浊法)	西班牙 BIOKIT, S.A.	20143402999
免疫球蛋白 E 测定试剂盒(颗粒增强免疫透射比浊法)	德国 DiaSys Diagnostic Systems GmbH	20143402092
免疫球蛋白 E 检测试剂盒(电化学发光法)	德国 Roche Diagnostics GmbH	20143404914
免疫球蛋白 E 检测试剂盒(荧光磁微粒酶免法)	日本 Tosoh Corporation	20143405176
免疫球蛋白 E 校准品	西班牙 BIOKIT, S.A.	20143402998
免疫球蛋白 E 校准品	日本 Tosoh Corporation	20143405174
免疫球蛋白 G1 测定试剂盒(散射比浊法)	德国 Siemens Healthcare Diagnostics Products GmbH	20142403331
免疫球蛋白 G2 测定试剂盒(散射比浊法)	德国 Siemens Healthcare Diagnostics Products GmbH	20142402492
免疫球蛋白 G3 测定试剂盒(散射比浊法)	德国 Siemens Healthcare Diagnostics Products GmbH	20142400356
免疫球蛋白 G4 测定试剂盒(散射比浊法)	德国 Siemens Healthcare Diagnostics Products GmbH	20142400357
免疫球蛋白 G 测定试剂盒(免疫比浊法)	美国 Beckman Coulter, Inc.	20142404240
免疫球蛋白 G 测定试剂盒(免疫比浊法)	美国 Siemens Healthcare Diagnostics Inc.	20142405727

免疫球蛋白 M 测定试剂盒(免疫比浊法)	美国 Beckman Coulter, Inc.	20142404239
免疫球蛋白 M 检测试剂盒(免疫比浊法)	英国 Randox Laboratories Ltd.	20142400692
免疫球蛋白 M 检测试剂盒(免疫比浊法)	德国 Roche Diagnostics GmbH	20142404313
免疫球蛋白 κ 型轻链测定试剂盒(散射比浊法)	德国 Siemens Healthcare Diagnostics Products GmbH	20142402089
免疫球蛋白 λ 型轻链测定试剂盒(散射比浊法)	德国 Siemens Healthcare Diagnostics Products GmbH	20142402090
免疫球蛋白轻链 κ 测定试剂盒(免疫比浊法)	意大利 SENTINEL CH SpA	20142405774
免疫球蛋白轻链 λ 测定试剂盒(免疫比浊法)	意大利 SENTINEL CH SpA	20142405773
免疫通用质控品	德国 Roche Diagnostics GmbH	20142401087
免疫显色试剂	丹麦 Dako Denmark A/S	国械备 20140301 号
免疫抑制药物检测样本预处理液	德国 Roche Diagnostics GmbH	20141402544
免疫抑制药物质控品	德国 Roche Diagnostics GmbH	20142403203
免疫质控品	日本 Wako Pure Chemical Industries, Ltd.	20142401577
免疫质控品	日本 Wako Pure Chemical Industries, Ltd.	20142401579
免疫质控品	意大利 SENTINEL CH. SpA	20142403028
免疫质控品	意大利 SENTINEL CH. SpA	20142403030
免疫组化抗原修复缓冲液	丹麦 Dako Denmark A/S	国械备 20140002 号
免疫组化抗原修复缓冲液	丹麦 Dako Denmark A/S	国械备 20140012 号
模块化生化免疫分析系统	德国 Roche Diagnostics GmbH	20143402587
钠电极	美国 Siemens Healthcare Diagnostics Inc.	20142400226
钠电极	美国 Siemens Healthcare Diagnostics Inc.	20142401529
钠电极	德国 Roche Diagnostics GmbH	20142403158
钠电极	德国 Roche Diagnostics GmbH	20142404301
钠电极(pHOx Plus/L/C 钠传感器)	美国 Nova 生物医学公司	20142404183
钠电极(pHOx Ultra/CCX 钠传感器)	美国 Nova 生物医学公司	20142404312
钠电极(pHOx 钠传感器)	美国 Nova 生物医学公司	20142404200
耐甲氧西林金黄色葡萄球菌鉴定培养基	法国 bioMerieux S.A	20142400246
脑脊液免疫球蛋白 G 单克隆带检测试剂盒(酶标免疫电泳法)	法国 SEBIA	20142401580
脑利钠肽前体定标液	德国 Roche Diagnostics GmbH	20142405051
脑利钠肽前体检测卡(胶体金法)	德国 Roche Diagnostics GmbH	20142400676
脑利钠肽前体检测试剂盒(电化学发光法)	德国 Roche Diagnostics GmbH	20142400240
脑利钠肽前体检测试剂盒(电化学发光法)	德国 Roche Diagnostics GmbH	20142404456
脑利钠肽前体检测用质控品	德国 Roche Diagnostics GmbH	20142405796
内因子抗体质控品	美国 Beckman Coulter, Inc.	20142403108
尿沉渣检测新板条(科宝)	匈牙利 77 ELEKTRONIKA Muszeripari Kft.	20142400227
尿蛋白质控品	美国 Beckman Coulter, Inc.	20142403082
尿电解质标准液(低值)	日本 A&T Corporation	20142403020
尿电解质标准液(高值)	日本 A&T Corporation	20142403022
尿免疫球蛋白 G 检测试剂盒(免疫比浊法)	美国 Beckman Coulter, Inc.	20142405801
尿素/尿素氮检测试剂盒(比色法)	德国 Roche Diagnostics GmbH	20142401434
尿素/尿素氮检测试剂盒(比色法)	德国 Roche Diagnostics GmbH	20142404981
尿素测定试剂盒(酶法)	美国 Beckman Coulter, Inc.	20142405726
尿素测定试剂盒(脲酶偶联法)	德国 Autec Diagnostica	20142403280
尿素测定试剂盒(尿素酶法&;bull;去游离氨)	日本 KANTO CHEMICAL CO., INC.	20142403066
尿素测定试剂盒(速率法)	德国 HUMAN Gesellschaft fur Biochemica und Diagnostica mbH	20142405216
尿素氮测定试剂盒(比色法)	美国 Beckman Coulter, Inc.	20142403081
尿素氮检测试纸(化学法)	日本 ARKRAY Factory, Inc.	20142400576
尿素检测试剂盒(酶动力法)	英国 Randox Laboratories Ltd.	20142405385
尿素检测试剂盒(紫外线法)	英国 Randox Laboratories Ltd.	20142401740
尿素检测试纸(干化学法)	德国 Roche Diagnostics GmbH	20142404933
尿酸测定试剂盒(比色法)	美国 Beckman Coulter, Inc.	20142403275
尿酸测定试剂盒(酶比色法)	德国 HUMAN Gesellschaft fur Biochemica und Diagnostica mbH	20142405219
尿酸测定试剂盒(尿酸酶法)	美国 Siemens Healthcare Diagnostics Inc.	20142401582
尿酸测定试剂盒(尿酸酶法)	日本 KANTO CHEMICAL CO., INC.	20142403064
尿酸测定试剂盒(尿酸酶-过氧化酶法)	德国 Autec Diagnostica	20142403298
尿酸检测试剂盒(比色法)	英国 Randox Laboratories Ltd.	20142402104
尿酸检测试剂盒(比色法)	德国 Roche Diagnostics GmbH	20142405479
尿酸检测试剂盒(酶促显色法)	美国 Beckman Coulter, Inc.	20142405730
尿酸检测试纸(干化学法)	德国 Roche Diagnostics GmbH	20142404916
尿酸检测试纸(酶法)	日本 ARKRAY Factory, Inc.	20142400683
尿糖计	日本 株式会社百利达秋田	20142403996

尿糖试纸	德国 Roche Diagnostics GmbH	20142402488
尿糖酮试纸	德国 Roche Diagnostics GmbH	20142402490
尿酮试纸	德国 Roche Diagnostics GmbH	20142402489
尿微量白蛋白/肌酐质控品	美国 Siemens Healthcare Diagnostics Inc.	20142405229
尿微量白蛋白检测试剂盒(胶体金法)	挪威 Axis-Shield Poc AS	20142400732
尿微量白蛋白检测试剂盒(免疫荧光干式定量法)	韩国 Boditech Med Inc	20142403698
尿微量白蛋白试条	德国 Roche Diagnostics GmbH	20142403572
尿微量白蛋白质控液	挪威 Axis-Shield PoC AS	20142401558
尿液/脑脊液蛋白校准品	美国 Abbott Laboratories	20142401812
尿液/脑脊液总蛋白检测试剂盒(比浊法)	德国 Roche Diagnostics GmbH	20142405790
尿液分析试纸条(干化学法)	日本 ARKRAY Factory,Inc.	20142400677
尿液分析试纸条(干化学法)	日本 ARKRAY Factory, Inc.	20142401556
尿液分析试纸条(干化学法)	德国 Roche Diagnostics GmbH	20142403593
尿液分析试纸条(干化学法)	韩国 YD Diagnostics CORP.	20142405703
尿液分析校准品	美国 Siemens Healthcare Diagnostics Inc.	20142403332
尿液分析阳性质控品	美国 Siemens Healthcare Diagnostics Inc.	20142403928
尿液分析仪	德国 Roche Diagnostics GmbH	20142401993
尿液分析仪	德国 MACHEREY-NAGEL GmbH &Co. KG	20142402768
尿液分析仪校准试条	德国 Roche Diagnostics GmbH	20142404343
尿液分析仪校准试条	德国 Roche Diagnostics GmbH	20142404344
尿液分析阴性质控品	美国 Siemens Healthcare Diagnostics Inc.	20142401726
尿液分析用鞘液	美国 IRIS International, Inc.	国械备 20140185 号
尿液分析用染色液	日本 SYSMEX CORPORATION	国械备 20140248 号
尿液分析用染色液	日本 SYSMEX CORPORATION	国械备 20140249 号
尿液分析用稀释液	美国 IRIS International, Inc.	国械备 20140182 号
尿液检测试纸(干化学法)	美国 Siemens Healthcare Diagnostics Inc.	20142402070
尿有形成份检测鞘液	日本 SYSMEX CORPORATION	20141400672
尿有形成份检测染液(沉渣模式)	日本 SYSMEX CORPORATION	20141400242
尿有形成份检测染液(细菌模式)	日本 SYSMEX CORPORATION	20141400243
尿有形成份检测稀释液(沉渣模式)	日本 SYSMEX CORPORATION	20141400671
尿有形成份检测稀释液(细菌模式)	日本 SYSMEX CORPORATION	20141400673
尿有形成份检测质控品	日本 SYSMEX CORPORATION	20142402102
柠檬酸溶液	美国 Ortho-Clinical Diagnostics, Inc.	20141400365
凝血分析仪	美国 Helena Laboratories	20142405661
凝血分析用稀释液	德国 Siemens Healthcare Diagnostics Products GmbH	国械备 20140358 号
凝血检测仪(康固全凝血检测仪)	德国 Roche Diagnostics GmbH	20142403197
凝血两项检测用质控品(凝血质控血浆)	德国 TECO Medical Instruments, Production + Trading GmbH	20142404325
凝血酶时间测定试剂盒	德国 HUMAN Gesellschaft fur Biochemica und Diagnostica mbH	20142405213
凝血酶时间测定试剂盒(凝固法)	德国 TECO Medical Instruments,Production + Trading GmbH	20142404321
凝血酶原时间测定试剂盒	德国 HUMAN Gesellschaft fur Biochemica und Diagnostica mbH	20142405214
凝血酶原时间测定试剂盒(凝固法)	德国 TECO Medical Instruments,Production + Trading GmbH	20142405440
凝血酶原时间测定试剂盒(凝固法)	德国 TECO Medical Instruments,Production + Trading GmbH	20142405441
凝血酶原时间测试片(凝固法)	西班牙 iLine Microsystems S.L.	20142402068
凝血酶原时间测试仪	西班牙 iLine Microsystems S.L.	20142402030
凝血酶原时间检测试剂盒(干片法)	日本 A&T Corporation	20142400653
凝血酶原时间检测条(电阻抗法)	美国 Alere San Diego, Inc.	20142402141
凝血酶原时间检测仪(康固全凝血检测仪专业版)	德国 Roche Diagnostics GmbH	20142403196
凝血因子 VIII 检测试剂盒(凝固法)	美国 Instrumentation Laboratory Co.	20143405668
凝血因子 VII 检测试剂盒(凝固法)	德国 TECO Medical Instruments, Production + Trading GmbH	20142404320
诺氟沙星药敏实验纸片(扩散法)	英国 Oxoid Limited	20142405150
哌拉西林/他唑巴坦药敏实验纸片(扩散法)	英国 Oxoid Limited	20142402537
硼酸盐亲和层析柱	美国 Trinity Biotech(Primus Corporation dba Trinity Biotech)	国械备 20140131 号
皮质醇测定试剂包(化学发光法)	英国 Ortho Clinical Diagnostics	20142403206
皮质醇测定试剂盒(化学发光微粒子免疫检测法)	美国 Abbott Laboratories	20142403105
皮质醇定标液	德国 Roche Diagnostics GmbH	20142401082
皮质醇检测试剂盒(电化学发光法)	德国 Roche Diagnostics GmbH	20142404896
皮质醇检测试剂盒(荧光磁微粒酶免法)	日本 Tosoh Corporation	20142405179
皮质醇校准品	美国 Abbott Laboratories	20142403104
皮质醇校准品	日本 Tosoh Corporation	20142405172
葡萄糖/乳酸/尿素电极盒	德国 Roche Diagnostics GmbH	20142403745

葡萄糖/乳酸电极	德国 Roche Diagnostics GmbH	20142404799
葡萄糖/乳酸分析仪(乐百全)	德国 BST Bio Sensor Technology GmbH	20142401672
葡萄糖-6磷酸脱氢酶测定试剂盒(荧光法)	芬兰 Ani Labsystems Ltd. Oy	20143403563
葡萄糖-6-磷酸脱氢酶测定试剂盒(荧光分析法)	芬兰 Wallac Oy	20143403577
葡萄糖测定试剂盒(GOD法)	德国 HUMAN Gesellschaft fur Biochemica und Diagnostica mbH	20142405225
葡萄糖测定试剂盒(HK法)	德国 HUMAN Gesellschaft fur Biochemica und Diagnostica mbH	20142405222
葡萄糖测定试剂盒(酶法)	美国 Siemens Healthcare Diagnostics Inc.	20142404348
葡萄糖测定试剂盒(葡萄糖脱氢酶法)	日本 KANTO CHEMICAL CO., INC.	20142403065
葡萄糖测定试剂盒(氧化酶法)	德国 Autec Diagnostica	20142403284
葡萄糖电极(pHOx Plus/L/C 葡萄糖传感器)	美国 Nova 生物医学公司	20142404211
葡萄糖电极(pHOx Ultra/CCX 葡萄糖传感器)	美国 Nova 生物医学公司	20142404203
葡萄糖电极膜(pHOx Plus L 葡萄糖传感器膜)	美国 Nova 生物医学公司	20142404812
葡萄糖电极膜(pHOx Ultra/CCX 葡萄糖传感器膜)	美国 Nova 生物医学公司	20142404196
葡萄糖检测试剂盒(己糖激酶比色法)	德国 Roche Diagnostics GmbH	20142404937
葡萄糖检测试剂盒(氧化酶比色法)	德国 Roche Diagnostics GmbH	20142405055
葡萄糖检测试纸(酶法)	日本 ARKRAY Factory, Inc.	20142400688
葡萄糖检测仪	德国 BST Bio Sensor Technology GmbH	20142401215
葡萄糖校准液	德国 BST Bio Sensor Technology GmbH	20142400662
葡萄糖质控液	德国 BST Bio Sensor Technology GmbH	20142400657
普乐可复测定试剂盒(化学发光微粒子免疫检测法)	美国 Abbott Laboratories	20142404336
普乐可复校准品	美国 Abbott Laboratories	20142403721
普鲁卡因酰胺测定试剂盒(比浊法)	美国 Siemens Healthcare Diagnostics Inc.	20142400703
萋-尼抗酸染色试剂	法国 RAL DIAGNOSTICS	国械备20140083号
七项呼吸道病毒检测试剂盒(免疫荧光法)	美国 Diagnostic Hybrids, Inc.	20143404484
铅测定试剂盒(阳极溶出伏安法)	美国 Magellan Diagnostics	20142402071
铅测定试剂盒(阳极溶出伏安法)	美国 Magellan Diagnostics	20142402072
铅校准液(低值)	美国 Magellan Diagnostics	20142402073
铅校准液(高值)	美国 Magellan Diagnostics	20142402074
前白蛋白测定试剂盒(比浊法)	日本 NITTOBO MEDICAL CO., LTD.	20142401287
前白蛋白测定试剂盒(比浊法)	德国 Autec Diagnostica	20142403290
前白蛋白测定试剂盒(免疫比浊法)	美国 Siemens Healthcare Diagnostics Inc.	20142405062
前白蛋白测定试剂盒(免疫透射比浊终点法)	美国 Beckman Coulter, Inc.	20142400681
前白蛋白定标液	美国 Siemens Healthcare Diagnostics Inc.	20142404449
前白蛋白检测试剂盒(比浊法)	英国 Randox Laboratories Ltd.	20142403585
前白蛋白检测试剂盒(免疫比浊法)	德国 Roche Diagnostics GmbH	20142405058
前白蛋白检测试剂盒(免疫比浊法)	美国 Beckman Coulter, Inc.	20142405467
前白蛋白校准品	美国 Abbott Laboratories	20142403724
前列腺酸性磷酸酶测定试剂盒(化学发光法)	英国 Siemens Healthcare Diagnostics Products Limited	20143403211
前列腺酸性磷酸酶检测试剂盒(荧光磁微粒酶免法)	日本 Tosoh Corporation	20143405779
前列腺酸性磷酸酶质控品	英国 Siemens Healthcare Diagnostics Products Limited	20143403218
前列腺特异性抗原测定试剂盒(化学发光法)	英国 Siemens Healthcare Diagnostics Products Limited	20143404840
前列腺特异性抗原样本稀释液	英国 Siemens Healthcare Diagnostics Products Limited	20141402508
桥粒芯蛋白1(Dsg1)抗体检测试剂盒(ELISA)	日本 Medical & Biological Laboratories Co., Ltd. (MBL)	20142403096
桥粒芯蛋白3(Dsg3)抗体检测试剂盒(ELISA)	日本 Medical & Biological Laboratories Co., Ltd. (MBL)	20142403101
鞘液	美国 Siemens Healthcare Diagnostics Inc.	20141401602
亲和层析高压液相糖化血红蛋白检测仪	美国 Trinity Biotech(Primus Corporation dba Trinity Biotech)	20142403527
轻链κ检测试剂盒(免疫比浊法)	德国 Roche Diagnostics GmbH	20142403713
轻链λ检测试剂盒(免疫比浊法)	德国 Roche Diagnostics GmbH	20142403119
青霉素药敏实验纸片(扩散法)	英国 Oxoid Limited	20142405042
清洗缓冲液	美国 Ventana Medical Systems, Inc.	20141402096
清洗缓冲液	美国 Ventana Medical Systems, Inc.	20141402097
清洗液	日本 SYSMEX CORPORATION	20141401151
清洗液	西班牙 BIOKIT, S.A.	20141401574
清洗液	美国 Roche Molecular Systems, Inc	20141401593
清洗液	芬兰 Wallac Oy	国械备20140011号
清洗液	美国 DiaSorin Inc.	国械备20140019号
清洗液	美国 IRIS International, Inc.	国械备20140183号
清洗液	美国 Roche Molecular Systems, Inc.	国械备20140273号
清洗液	英国 Leica Biosystems Newcastle Ltd	国械备20140293号
清洗液	丹麦 Dako Denmark A/S	国械备20140354号

清洗液	芬兰 Wallac Oy	国械备 20140370 号
清洗液(E テスト[TOSOH]II 洗净液)	日本 Tosoh Corporation	国械备 20140015 号
清洗液(Sub-X)	美国 Leica Biosystems Richmond, Inc.	20141402058
庆大霉素测定试剂盒(比浊法)	美国 Siemens Healthcare Diagnostics Inc.	20142402075
庆大霉素检测试剂盒(免疫比浊法)	英国 Randox Laboratories Ltd.	20142403567
庆大霉素检测试剂盒(荧光偏振法)	德国 Roche Diagnostics GmbH	20142401586
庆大霉素药敏实验纸片(扩散法)	英国 Oxoid Limited	20142405149
琼斯亮绿染色液	美国 Dako North America, Inc.	国械备 20140262 号
琼斯亮绿染色液	美国 Dako North America, Inc.	国械备 20140265 号
曲霉菌抗原检测试剂盒(酶联免疫法)	法国 Bio-Rad	20143400382
全段甲状旁腺激素样本稀释液	英国 Siemens Healthcare Diagnostics Products Ltd.	20141401598
醛固酮测定试剂盒(化学发光免疫分析法)	美国 DiaSorin Inc.	20142403549
醛固酮质控品	美国 DiaSorin Inc.	20142403032
醛固酮中和缓冲液	美国 DiaSorin Inc.	20141402349
全型甲状旁腺激素测定试剂盒(化学发光微粒子免疫检测法)	德国 Abbott GmbH & Co. KG	20142403571
全型甲状旁腺激素校准品	德国 Abbott GmbH & Co. KG	20142403726
全自动 PCR 分析系统	德国 Roche Diagnostics GmbH	20143402002
全自动蛋白印迹仪	奥地利 Tecan Austria GmbH	20142400593
全自动电解质分析仪	日本 株式会社常光	20142402393
全自动电泳仪	法国 SEBIA	20141400727
全自动电泳仪	意大利 INTERLAB S.R.L.	20141402742
全自动电泳仪	法国 SEBIA	国械备 20140088 号
全自动电泳仪	美国 HELENA LABORATORIES	国械备 20140222 号
全自动发光免疫分析仪	意大利 ADALTIS S.R.L	20143402730
全自动发光免疫分析仪	意大利 ADALTIS S.R.L	20143402730
全自动干式生化分析仪	日本 富士胶片株式会社	20142402225
全自动革兰染片仪	法国 bioMerieux SA	20141400330
全自动核酸分离纯化仪	美国 Roche Molecular Systems, Inc.	20141402014
全自动核酸检测分析系统	美国 Gen-Probe Incorporated	20143400422
全自动核酸检测分析系统	美国 Gen-Probe Incorporated	20143402944
全自动核酸检测系统	美国 Gen-Probe Incorporated	20143402838
全自动核酸提纯及荧光 PCR 分析系统	美国 Becton, Dickinson and Company	20143405420
全自动核酸提取纯化仪	美国 Abbott Molecular Inc.	国械备 20140235 号
全自动化学发光酶免分析仪	美国 Gold Standard Diagnostics	20143401504
全自动化学发光免疫分析仪	西班牙 Biokit, S.A.	20143402118
全自动化学发光免疫分析仪	美国 Siemens Healthcare Diagnostics Inc.	20143404170
全自动化学发光免疫分析仪	美国 Siemens Healthcare Diagnostics Inc.	20143404413
全自动间接免疫荧光操作/酶联免疫一体机	德国 EUROIMMUN Medizinsche Labordiagnostika AG	20142405246
全自动间接免疫荧光法分析仪	德国 AESKU.SYSTEMS GmbH & Co.KG	20142404823
全自动快速生物质谱检测系统	德国 Bruker Daltonik GmbH	20142402363
全自动临床生化分析仪	印度 Transasia Bio-medicals Ltd.	20142403195
全自动毛细管电泳仪(CAPILLARYS 2)	法国 SEBIA	20141400982
全自动酶标仪	美国 BioTek Instruments, Inc.	20142405320
全自动酶联免疫测定仪	意大利 ADALTIS S.R.L	20142402392
全自动酶联免疫测定仪	意大利 ADALTIS S.R.L	20142402392
全自动酶联免疫分析仪	德国 HUMAN Gesellschaft für Biochemica und Diagnostica mbH	20142404393
全自动酶免分析仪	瑞士 HAMILTON Bonaduz AG	20142400529
全自动酶免分析仪	瑞士 Hamilton Bonaduz AG	20143400980
全自动酶免分析仪	法国 BIO-RAD	20142401205
全自动酶免分析仪(变色龙)	西班牙 Diagnostic Grifols, S.A.	20142401507
全自动酶免工作站	瑞士 Tecan Schweiz AG	20142400032
全自动免疫分析仪	日本 Tosoh Corporation	20143400592
全自动免疫分析仪	日本 希森美康株式会社	20143403814
全自动免疫分析仪	美国 Abbott Laboratories	20143405690
全自动免疫检验系统用底物液	美国 Beckman coulter, Inc.	国械备 20140158 号
全自动免疫检验系统用底物液	日本 Tosoh Corporation	国械备 20140246 号
全自动免疫印迹仪	英国 Bee Robotics Ltd.	20142402305
全自动免疫印迹仪	德国 EUROIMMUN Medizinische Labordiagnostika AG	20142404174
全自动免疫荧光核型及滴度判读系统	德国 EUROIMMUN Medizinische Labordiagnostika AG	20142405252
全自动免疫组化染色系统	丹麦 Dako Denmark A/S	20141402741

妊娠相关血浆蛋白A测定试剂盒(时间分辨荧光法)	芬兰 Wallac Oy	20142404975
妊娠相关血浆蛋白A测定试剂盒(时间分辨荧光法)	芬兰 Wallac Oy	20142404976
妊娠相关血浆蛋白A质控品	英国 Siemens Healthcare Diagnostics Products Limited	20143403217
绒毛膜促性腺激素测定试剂盒(时间分辨荧光法)	芬兰 Wallac Oy	20142402334
绒毛膜促性腺激素测定试剂盒(时间分辨荧光法)	芬兰 Wallac Oy	20142402335
绒毛膜促性腺激素及β亚单位检测试剂盒(电化学发光法)	德国 Roche Diagnostics GmbH	20143404891
溶血剂	荷兰 Avantor Performance Materials B.V.	20141401575
溶血剂	韩国 SAMSUNG ELECTRONICS CO.,LTD.	国械备20140072号
溶血剂	美国 Beckman Coulter, Inc.	国械备20140107号
溶血洗净液	日本 Tosoh Corporation	国械备20140132号
肉汤培养基	法国 bioMerieux SA	20141401816
乳酸测定试剂盒(酶法)	美国 Beckman Coulter, Inc.	20142404238
乳酸测定试剂盒(乳酸氧化酶)	德国 Prodia Diagnostics	20142400248
乳酸测定试剂盒(乳酸氧化酶法)	美国 Abbott Laboratories	20142405772
乳酸测定试剂盒(紫外酶动力学法)	德国 DiaSys Diagnostic Systems GmbH	20142401724
乳酸电极(pHOx Plus L乳酸传感器)	美国 Nova生物医学公司	20142404204
乳酸电极(pHOx Ultra/CCX 乳酸传感器)	美国 Nova生物医学公司	20142404195
乳酸电极膜(pHOx Plus L乳酸传感器膜)	美国 Nova生物医学公司	20142404822
乳酸电极膜(pHOx Ultra/CCX 乳酸传感器膜)	美国 Nova生物医学公司	20142404181
乳酸检测试剂盒(比色法)	德国 Roche Diagnostics GmbH	20142401588
乳酸检测试剂盒(比色法)	英国 Randox Laboratories Ltd.	20142403566
乳酸检测试剂盒(比色法)	德国 Roche Diagnostics GmbH	20142404940
乳酸检测仪(立可普)	德国 BST Bio Sensor Technology GmbH	20142401218
乳酸脱氢酶测定试剂盒(JSCC推荐法)	日本 KANTO CHEMICAL CO.,INC.	20142403043
乳酸脱氢酶测定试剂盒(LD-L法)	德国 Autec Diagnostica	20142403303
乳酸脱氢酶测定试剂盒(比色法)	美国 Beckman Coulter, Inc.	20142403710
乳酸脱氢酶测定试剂盒(酶法)	美国 Siemens Healthcare Diagnostics Inc.	20142404980
乳酸脱氢酶检测试剂盒(IFCC酶比色法)	德国 Roche Diagnostics GmbH	20142404915
乳酸脱氢酶检测试剂盒(比色法)	英国 Randox Laboratories Ltd.	20142401614
乳酸脱氢酶检测试剂盒(酶比色法)	德国 Roche Diagnostics GmbH	20142405060
乳酸脱氢酶检测试纸(酶活性测定法)	日本 ARKRAY Factory,Inc.	20142400554
乳酸脱氢酶同工酶测定试剂盒(速率法)	德国 Autec Diagnostica	20142403299
乳酸校准液	德国 BST Bio Sensor Technology GmbH	20142400656
乳酸质控液	德国 BST Bio Sensor Technology GmbH	20142400659
瑞氏-姬姆萨染色缓冲液	美国 Siemens Healthcare Diagnostics Inc.	20141401719
瑞氏-姬姆萨染色液	美国 Siemens Healthcare Diagnostics Inc.	20141401608
瑞氏-吉姆萨染色液	美国 Beckman coulter, Inc.	国械备20140179号
瑞氏染色液	美国 Beckman coulter, Inc.	国械备20140187号
三碘甲状腺原氨酸检测试剂盒(电化学发光法)	德国 Roche Diagnostics GmbH	20142404925
三碘甲状腺原氨酸摄取试剂包(化学发光法)	英国 Ortho Clinical Diagnostics	20142402558
三重四极杆质谱仪	新加坡 AB Sciex Pte.Ltd.	20142404175
沙眼衣原体(CT)/淋球菌(NG)核酸检测试剂盒(PCR荧光探针法)	美国 Roche Molecular Systems,Inc.	20143405424
沙眼衣原体(CT)/淋球菌(NG)质控试剂盒	美国 Roche Molecular Systems,Inc.	20143404547
神经元抗原谱抗体IgG检测试剂盒(欧蒙印迹法)	德国 EUROIMMUN Medizinische Labordiagnostika AG	20142400235
神经元抗原谱抗体IgG检测试剂盒(欧蒙印迹法)	德国 EUROIMMUN Medizinische Labordiagnostika AG	20142400235(更)
神经元特异性烯醇化酶测定试剂盒(电化学发光法)	德国 Roche Diagnostics GmbH	20143404881
神经元特异性烯醇化酶测定试剂盒(化学发光免疫分析法)	意大利 DiaSorin S.p.A.	20143401285
神经元特异性烯醇化酶定标液	德国 Roche Diagnostics GmbH	20143404890
神经元特异性烯醇化酶定标液	德国 Roche Diagnostics GmbH	20143404890
神经元特异性烯醇化酶稀释液	德国 Roche Diagnostics GmbH	国械备20140108号
神经元特异性烯醇化酶质控品	意大利 DiaSorin S.p.A.	20143401074
肾素测定试剂盒(化学发光免疫分析法)	意大利 DiaSorin S.p.A.	20142400644
生化多项校准品	日本 SYSMEX CORPORATION	20142406207
生化多项质控品	日本 SYSMEX CORPORATION	20142406208
生化多项质控品	日本 SYSMEX CORPORATION	20142406209
生化分析仪用校准品	美国 Ortho-Clinical Diagnostics, Inc.	20143403127
生化模块定标液	德国 Roche Diagnostics GmbH	20142404260
生化质控品(pHOx Ultra/CCX生化内质控)	美国 Nova Biomedical Corporation	20142400714
生化质控品(pHOx Ultra/CCX生化内质控)	美国 Nova Biomedical Corporation	20142400714(更)

生化质控品(水平1)	意大利 SENTINEL CH. SpA	20142403543
生化质控品(水平2)	意大利 SENTINEL CH. SpA	20142403544
生长激素样本稀释液	英国 Siemens Healthcare Diagnostics Products Limited	20141402496
实时荧光定量PCR仪	新加坡 Life Technologies Holdings Pte Ltd	20143401505
食物混合fx5过敏原特异性IgE抗体检测试剂盒(荧光免疫)	瑞典 Phadia AB	20143405348
食物特异性IgG抗体检测试剂盒(酶联免疫法)	德国 Bioeurope GmbH	20142405353
食物特异性IgG抗体检测试剂盒(酶联免疫法)	德国 Bioeurope GmbH	20142405354
食物特异性IgG抗体检测试剂盒(酶联免疫法)	德国 Bioeurope GmbH	20142405355
食物特异性IgG抗体检测试剂盒(酶联免疫法)	德国 Bioeurope GmbH	20142405356
食物特异性IgG抗体检测试剂盒(酶联免疫法)	美国 Biomerica Inc.	20142405705
双链DNA检测试剂盒(酶联免疫法)	美国 Zeus Scientific, Inc.	20142402134
水杨酸校准品	德国 Roche Diagnostics GmbH	20142405454
四环素药敏实验纸片(扩散法)	英国 Oxoid Limited	20142405044
苏木素染色液	美国 Ventana Medical Systems, Inc.	20141402094
苏木素染色液	美国 Ventana Medical Systems, Inc.	20141402095
苏木素染色液	丹麦 Dako Denmark A/S	国械备20140353号
酸清洗缓冲液	美国 Ventana Medical Systems, Inc.	20141402101
髓过氧化物酶IgG检测试剂盒(酶联免疫法)	美国 Zeus Scientific, Inc.	20142402135
他克莫司定标液	德国 Roche Diagnostics GmbH	20142403545
他克莫司检测试剂盒(电化学发光法)	德国 Roche Diagnostics GmbH	20142403200
胎儿纤维连接蛋白测定试剂盒(固相免疫吸附法)	英国 Hologic UK Ltd	20142402098
胎儿纤维连接蛋白测定试剂盒(固相免疫吸附法)	英国 Hologic UK Ltd	20142402098(更)
胎儿纤维连接蛋白测定试剂盒(免疫层析法)	美国 Hologic, Inc.	20142402105
胎儿纤维连接蛋白测定试剂盒(免疫层析法)	美国 Hologic, Inc.	20142402105(更)
胎儿纤维连接蛋白分析仪	美国 Hologic, Inc	20142405115
胎盘生长因子定标液	德国 Roche Diagnostics GmbH	20142404489
胎盘生长因子检测试剂盒(电化学发光法)	德国 Roche Diagnostics GmbH	20142404953
痰消化液	英国 Oxoid Limited	国械备20140121号
糖化白蛋白测定试剂盒(酶法)(露喜佳 GA-L)	日本 ASAHI KASEI PHARMA CORPORATION	20142400361
糖化白蛋白校准品	日本 ASAHI KASEI PHARMA CORPORATION	20142403202
糖化白蛋白质控品	日本 ASAHI KASEI PHARMA CORPORATION	20142403025
糖化血红蛋白 HbA1c分析试剂盒(色谱-分光光度法)	西班牙 Biosystems S.A.	20142405791
糖化血红蛋白(HbA1c)测定试剂盒	德国 HUMAN Gesellschaft fur Biochemica und Diagnostica mbH	20142405218
糖化血红蛋白/多项脂类分析仪	德国 Roche Diagnostics GmbH	20142402052
糖化血红蛋白A1c检测试剂盒(HPLC法)	美国 Bio-Rad Laboratories, Inc.,	20142400736
糖化血红蛋白A1c质控品	美国 Ortho-Clinical Diagnostics, Inc.	20142400364
糖化血红蛋白层析柱(变异模式)	日本 Tosoh Corporation	20141402055
糖化血红蛋白层析柱(标准模式)	日本 Tosoh Corporation	20141402054
糖化血红蛋白检测试剂盒(干化学法)	德国 Roche Diagnostics GmbH	20142403199
糖化血红蛋白检测试剂盒(免疫比浊法)	德国 Roche Diagnostics GmbH	20142400682
糖化血红蛋白检测试剂盒(免疫比浊法)	德国 Roche Diagnostics GmbH	20142403078
糖化血红蛋白检测试剂盒(微粒色谱法)	挪威 Axis-Shield PoC AS	20142404963
糖化血红蛋白检测用异常值质控品	德国 Roche Diagnostics GmbH	20142405209
糖化血红蛋白检测用正常值质控品	德国 Roche Diagnostics GmbH	20142400351
糖化血红蛋白检测用质控品	德国 Roche Diagnostics GmbH	20142403019
糖化血红蛋白校准品	日本 ARKRAY Factory, Inc.	20142400651
糖化血红蛋白校准品	美国 Trinity Biotech(Primus Corporation dba Trinity Biotech)	20142401129
糖化血红蛋白校准品	日本 SYSMEX CORPORATION	20142404250
糖化血红蛋白校准品	德国 Roche Diagnostics GmbH	20142404982
糖化血红蛋白校准品	美国 Abbott Laboratories	20142405362
糖化血红蛋白质控品	日本 SYSMEX CORPORATION	20142404251
糖化血红蛋白质控品	美国 Siemens Healthcare Diagnostics Inc.	20142405231
糖化血红蛋白质控品	美国 Abbott Laboratories	20142405363
糖类抗原125定标液	德国 Roche Diagnostics GmbH	20143403592
糖类抗原125检测试剂盒(化学发光法)	美国 Beckman Coulter, Inc.	20143401284
糖类抗原125检测试剂盒(酶联免疫荧光法)	法国 BIOMERIEUX S.A.	20143401097(更)
糖类抗原125检测试剂盒(酶联免疫荧光法)	法国 BIOMERIEUX S.A.	20143401097
糖类抗原125校准品	美国 Beckman Coulter, Inc.	20143402546
糖类抗原15-3测定试剂盒(电化学发光法)	德国 Roche Diagnostics GmbH	20143404892
糖类抗原15-3测定试剂盒(化学发光免疫分析法)	意大利 DiaSorin S.p.A.	20143401286

糖类抗原 15-3 定标液	德国 Roche Diagnostics GmbH	20143403919
糖类抗原 15-3 检测试剂盒(酶联免疫荧光法)	法国 BIOMERIEUX S.A.	20143401101(更)
糖类抗原 15-3 检测试剂盒(酶联免疫荧光法)	法国 BIOMERIEUX S.A.	20143401101
糖类抗原 15-3 校准品	美国 Beckman Coulter, Inc.	20143400342
糖类抗原 15-3 样本稀释液	英国 Siemens Healthcare Diagnostics Products Limited	20141400695
糖类抗原 19-9 样本稀释液	英国 Siemens Healthcare Diagnostics Products Limited	20141402494
糖类抗原 19-9 测定试剂盒(电化学发光法)	德国 Roche Diagnostics GmbH	20143405201
糖类抗原 19-9 定标液	德国 Roche Diagnostics GmbH	20143404883
糖类抗原 19-9 检测试剂盒(酶联免疫荧光法)	法国 BIOMERIEUX S.A.	20143401095(更)
糖类抗原 19-9 检测试剂盒(酶联免疫荧光法)	法国 BIOMERIEUX S.A.	20143401095
糖类抗原 19-9 校准品	美国 Beckman Coulter, Inc.	20143400341
糖类抗原 19-9 校准品	美国 Abbott Laboratories	20143403125
糖类抗原 72-4 测定试剂盒(电化学发光法)	德国 Roche Diagnostics GmbH	20143404895
糖类抗原 72-4 定标液	德国 Roche Diagnostics GmbH	20143403587
糖类抗原 CA125 测定试剂盒(化学发光法)	瑞典 Fujirebio Diagnostics AB	20143404275
糖类抗原 CA19-9 检测试剂盒(化学发光法)	瑞典 Fujirebio Diagnostics AB	20143402247
糖缺失转铁蛋白测定试剂盒(乳胶增强散射比浊法)	德国 Siemens Healthcare Diagnostics Products GmbH	20142403330
糖缺失转铁蛋白缓冲液	英国 Helena Biosciences Europe	国械备 20140082 号
特种蛋白干式免疫散射色谱分析仪	挪威 Axis-Shield PoC AS	20142402773
特种蛋白金标检测仪	挪威 Axis-Shield PoC AS	20142401776
替加环素药敏实验纸片(扩散法)	英国 Oxoid Limited	20142402542
替考拉宁药敏实验纸片(扩散法)	英国 Oxoid Limited	20142402543
天冬氨酸氨基转移酶测定试剂盒(IFCC 推荐法)	德国 Autec Diagnostica	20142403293
天冬氨酸氨基转移酶测定试剂盒(比色法)	美国 Beckman Coulter, Inc.	20142403100
天冬氨酸氨基转移酶测定试剂盒(速率法)	美国 Siemens Healthcare Diagnostics Inc.	20142400558
天冬氨酸氨基转移酶检测试剂盒(IFCC 酶比色法)	德国 Roche Diagnostics GmbH	20142405735
天门冬氨酸氨基转移酶测定试剂盒(速率法)	美国 Beckman Coulter, Inc.	20142400638
天门冬氨酸氨基转移酶测定试剂盒(速率法)	德国 HUMAN Gesellschaft fur Biochemica und Diagnostica mbH	20142405217
铁/镁校准品	美国 Abbott Laboratories	20142403729
铁测定试剂盒(Nitroso-PSAP 法)	日本 KANTO CHEMICAL CO., INC.	20142403048
铁测定试剂盒(亚铁嗪法)	美国 Siemens Healthcare Diagnostics Inc.	20142405482
铁测定试剂盒(终点比色法)	德国 Autec Diagnostica	20142403292
铁蛋白/肌红蛋白/免疫球蛋白 E 质控品	西班牙 BIOKIT, S.A.	20143402997
铁蛋白测定试剂盒(非均相免疫法)	美国 Siemens Healthcare Diagnostics Inc.	20142404441
铁蛋白测定试剂盒(化学发光微粒子免疫检测法)	爱尔兰 Abbott Ireland Diagnostics Division	20142404427
铁蛋白测定试剂盒(免疫比浊法)	美国 Beckman Coulter, Inc.	20142404236
铁蛋白定标液	美国 Siemens Healthcare Diagnostics Inc.	20142404439
铁蛋白检测试剂盒(电化学发光法)	德国 Roche Diagnostics GmbH	20142404432
铁蛋白检测试剂盒(免疫比浊法)	英国 Randox Laboratories Ltd.	20142403208
铁蛋白检测试剂盒(免疫比浊法)	德国 Roche Diagnostics GmbH	20142403276
铁蛋白检测试剂盒(免疫比浊法) .	美国 Beckman Coulter, Inc.	20142405466
铁蛋白检测试剂盒(荧光磁微粒酶免法)	日本 Tosoh Corporation	20142405169
铁蛋白校准品	日本 Tosoh Corporation	20142405173
铁蛋白样本稀释液	英国 Siemens Healthcare Diagnostics Products Ltd.	20141400693
铁染色液	美国 Dako North America, Inc.	国械备 20140205 号
通用底物	日本 SYSMEX CORPORATION	国械备 20140076 号
通用洗液	英国 Ortho Clinical Diagnostics	20141402057
铜测定试剂盒(比色法)	德国 Autec Diagnostica	20142403302
铜蓝蛋白测定试剂盒(免疫比浊法)	意大利 SENTINEL CH. SpA	20142405085
铜蓝蛋白测定试剂盒(免疫比浊法)	美国 Beckman Coulter, Inc.	20142405350
铜蓝蛋白检测试剂盒(免疫比浊法)	德国 Roche Diagnostics GmbH	20142404454
同型半胱氨酸测定试剂盒(循环酶法)	德国 DiaSys Diagnostic Systems GmbH	20142401723
同型半胱氨酸检测用校准品	德国 Roche Diagnostics GmbH	20142401554
同型半胱氨酸检测用质控品	德国 Roche Diagnostics GmbH	20142401555
同型半胱氨酸样本稀释液	英国 Siemens Healthcare Diagnostics Products Ltd.	20141401731
头孢哌酮/舒巴坦药敏实验纸片(扩散法)	英国 Oxoid Limited	20142402538
头孢曲松药敏实验纸片(扩散法)	英国 Oxoid Limited	20142405046
头孢他啶药敏实验纸片(扩散法)	英国 Oxoid Limited	20142404957
头孢唑啉药敏实验纸片(扩散法)	英国 Oxoid Limited	20142405147
透明剂	美国 Leica Biosystems Richmond, Inc.	20141402059

兔单克隆阴性质控抗体	美国 Ventana Medical Systems, Inc.	20143403111
脱钙液	美国 Leica Biosystems Richmond, Inc.	国械备20140118号
脱钙液	美国 Leica Biosystems Richmond, Inc.	国械备20140119号
脱蜡清洗液	美国 Ventana Medical Systems, Inc.	20141402755
脱蜡热修复液	美国 Lab Vision Corporation	国械备20140122号
脱蜡热修复液	美国 Lab Vision Corporation	国械备20140123号
脱蜡热修复液	美国 Lab Vision Corporation	国械备20140124号
托普霉素检测试剂盒(荧光偏振法)	德国 Roche Diagnostics GmbH	20142401718
妥布霉素测定试剂盒(免疫法)	美国 Ortho-Clinical Diagnostics, Inc.	20142402561
万古霉素测定试剂盒(比浊法)	美国 Siemens Healthcare Diagnostics Inc.	20142400699
万古霉素检测试剂盒(均相酶免疫测定法)	德国 Roche Diagnostics GmbH	20142405734
万古霉素校准品	德国 Abbott GmbH & Co. KG	20142405137
腕式脉搏血氧仪	美国 Nonin Medical, Inc.	20142400984
网织红细胞染色试剂	美国 Siemens Healthcare Diagnostics Inc.	20141401604
网织红细胞质控品	美国 Siemens Healthcare Diagnostics Inc.	20142401115
网织红细胞质控品	美国 Abbott Laboratories	20142403725
网状纤维染色液	美国 Dako North America, Inc.	国械备20140204号
网状纤维染色液	美国 Dako North America, Inc.	国械备20140212号
微量白蛋白测定试剂盒(比色法)	美国 Beckman Coulter, Inc.	20142405048
微量白蛋白测定试剂盒(免疫比浊法)	爱尔兰 Beckman Coulter Ireland Inc.	20142401559
微量白蛋白测定试剂盒(免疫比浊法)	日本 KANTO CHEMICAL CO., INC.	20142403056
微量白蛋白检测试剂盒(免疫比浊法)	英国 Randox Laboratories Ltd.	20142405382
微量白蛋白检测试剂盒(免疫比浊法)	德国 Roche Diagnostics GmbH	20142405477
微量白蛋白抗原过剩检测试剂盒(免疫比浊法)	德国 Roche Diagnostics GmbH	20142405158
微量白蛋白校准品	爱尔兰 Beckman Coulter Ireland Inc.	20142400604
微量白蛋白校准品	美国 Beckman Coulter, Inc.	20142405911
微量总蛋白测定试剂盒(比色法)	美国 Beckman Coulter, Inc.	20142405733
微量总蛋白校准品	美国 Beckman Coulter, Inc.	20142404872
微生物分析仪	美国 Siemens Healthcare Diagnostics Inc.	20142403465
微生物鉴定和药敏分析系统	美国 GILES Scientific, Inc.	20143404493
微生物鉴定和药敏分析仪	法国 bioMerieux SA	20142400329
微生物鉴定和药敏分析仪	英国 Trek Diagnostic Systems Ltd	20142402385
微生物鉴定和药敏分析仪	英国 Trek Diagnostic Systems Ltd	20142402385
微生物培养仪(VersaTREK)	美国 Remel, Inc	20142402315
微生物培养仪(VersaTREK)	美国 Remel, Inc	20142402315
微生物药敏分析仪	英国 Trek Diagnostic Systems Ltd	20142402570
微阵列芯片扫描系统	新加坡 Agilent Technologies, Singapore Pte. Ltd.	20142405826
维生素B12/叶酸预处理试剂包(化学发光法)	英国 Ortho Clinical Diagnostics	20142402509
维生素B12测定试剂盒(化学发光法)	英国 Siemens Healthcare Diagnostics Products Limited	20142401839
维生素B12测定试剂盒(化学发光微粒子免疫检测法)	爱尔兰 Abbott Ireland Diagnostics Division	20142401836
维生素B12定标液	德国 Roche Diagnostics GmbH	20142403326
维生素B12检测试剂盒(电化学发光法)	德国 Roche Diagnostics GmbH	20142403328
维生素B12校准品	爱尔兰 Abbott Ireland Diagnostics Division	20142403597
胃蛋白酶原Ⅰ检测试剂盒(酶联免疫法)	芬兰 BIOHIT OYJ	20142402505
胃蛋白酶原Ⅱ检测试剂盒(酶联免疫法)	芬兰 BIOHIT OYJ	20142402504
胃泌素17检测试剂盒(酶联免疫法)	芬兰 BIOHIT OYJ	20142402503
胃泌素释放肽前体(ProGRP)检测试剂盒(酶联免疫法)	瑞典 Fujirebio Diagnostics AB	20143401700
胃泌素释放肽前体测定试剂盒(化学发光微粒子免疫检测法)	德国 Abbott GmbH & Co. KG	20143400253
胃泌素释放肽前体校准品	德国 Abbott GmbH & Co. KG	20143401090
胃泌素释放肽前体质控品	德国 Abbott GmbH & Co. KG	20143401091
屋尘混合hx2过敏原特异性IgE抗体检测试剂盒(荧光免疫)	瑞典 Phadia AB	20143405345
无机磷测定试剂盒(紫外分析法)	日本 KANTO CHEMICAL CO., INC.	20142403047
无机磷检测试剂盒(比色法)	德国 Roche Diagnostics GmbH	20142405070
无机磷检测试剂盒(磷钼酸盐法)	英国 Randox Laboratories Ltd.	20142405388
无机磷检测试剂盒(紫外法)	英国 Randox Laboratories Ltd.	20142403207
无机磷检测试纸(化学法)	日本 ARKRAY Factory, Inc.	20142400686
戊型肝炎病毒IgG抗体检测试剂盒(酶联免疫法)	新加坡 MP Biomedicals Asia Pacific Pte Ltd	20143403576
吸入性及食物性过敏原特异性IgE抗体检测试剂盒	德国 EUROIMMUN Medizinische Labordiagnostika AG	20143404851
稀释剂	韩国 SAMSUNG ELECTRONICS CO., LTD.	国械备20140073号
稀释液	荷兰 Avantor Performance Materials B.V.	20141401576

血细胞分析仪	美国 Beckman Coulter, Inc.	20142403464
血细胞分析仪用溶血剂	日本 光电工业株式会社	国械备 20140104 号
血细胞分析仪用溶血剂	日本 光电工业株式会社	国械备 20140106 号
血细胞分析仪用稀释液	日本 光电工业株式会社	国械备 20140105 号
血细胞分析仪用质控品	美国 Abbott Laboratories	20142403712
血细胞分析仪质控品	美国 Siemens Healthcare Diagnostics Inc.	20142401113
血细胞分析用溶血剂	瑞典 Boule Medical AB	国械备 20140026 号
血细胞分析用溶血剂	瑞典 Boule Medical AB	国械备 20140027 号
血细胞分析用溶血剂	美国 Beckman coulter, Inc.	国械备 20140184 号
血细胞分析用溶血剂	法国 Immunotech S.A.S (a Beckman Coulter Company)	国械备 20140189 号
血细胞分析用溶血剂	法国 Immunotech S.A.S (a Beckman Coulter Company)	国械备 20140201 号
血细胞分析用稀释液	瑞典 Boule Medical AB	国械备 20140003 号
血细胞分析用稀释液	美国 Beckman coulter, Inc.	国械备 20140159 号
血小板 P2Y12 受体功能检测试剂盒(闭合时间法)	德国 Siemens Healthcare Diagnostics Products GmbH	20142406206
血小板功能分析仪	德国 Siemens Healthcare Diagnostics Products GmbH	20142405666
血小板功能检测试剂盒(胶原/二磷酸腺苷触发的闭合时间法)	德国 Siemens Healthcare Diagnostics Products GmbH	20143405856
血小板功能检测试剂盒(胶原/肾上腺素触发的闭合时间法)	德国 Siemens Healthcare Diagnostics Products GmbH	20143405855
血小板聚集功能检测试剂盒(光学比浊法)	美国 Helena Laboratories	20142401584
血型分析用稀释液	美国 Immucor, Inc.	国械备 20140074 号
血型分析用稀释液	德国 Immucor Medizinische Diagnostik GmbH	国械备 20140075 号
血氧饱和度电极(pHOx Ultra/CCX 血氧饱和度传感器)	美国 Nova 生物医学公司	20142404198
血氧饱和度电极(PHOX 系列血氧饱和度传感器)	美国 Nova 生物医学公司	20142404206
血氧校准品(pHOx Ultra/CCX 血氧校准品)	美国 Nova Biomedical Corporation	20142400257
血氧校准品(pHOx Ultra/CCX 血氧校准品)	美国 Nova Biomedical Corporation	20142400257(更)
血氧血红蛋白测量仪	美国 Masimo Corporation	20142400979
血液分析仪	法国 HORIBA ABX SAS	20142401521
血液分析仪	韩国 SAMSUNG ELECTRONICS CO., LTD.	20142402053
血液分析仪	法国 HORIBA ABX SAS	20142403529
血液分析仪	美国 Beckman Coulter, Inc.	20142404158
血液分析仪	法国 HORIBA ABX SAS	20142405819
血液分析仪	法国 HORIBA ABX SAS	20142405820
血液分析仪	美国 Beckman Coulter, Inc.	20142405955
血液分析仪校准液	美国 Siemens Healthcare Diagnostics Inc.	20142401114
血液分析仪用校准品	法国 HORIBA ABX SAS	20142401108
血液分析仪用校准品	美国 Beckman Coulter, Inc.	20142403559
血液分析仪用质控品	美国 Beckman Coulter, Inc.	20142402099
血液分析仪用质控品	美国 Beckman Coulter, Inc.	20142403102
血液分析仪用质控品	美国 Beckman Coulter, Inc.	20142403103
血液分析仪用质控品	美国 Beckman Coulter, Inc.	20142403564
血液分析仪用质控品	美国 Beckman Coulter, Inc.	20142403565
血液分析仪用质控品	美国 Beckman Coulter, Inc.	20142403910
血液分析仪用质控品(低值)	法国 HORIBA ABX SAS	20142401106
血液分析仪用质控品(低值)	法国 HORIBA ABX SAS	20142401590
血液分析仪用质控品(高值)	法国 HORIBA ABX SAS	20142401109
血液分析仪用质控品(高值)	法国 HORIBA ABX SAS	20142401589
血液分析仪用质控品(中值)	法国 HORIBA ABX SAS	20142401107
血液分析仪用质控品(中值)	法国 HORIBA ABX SAS	20142401591
血脂测试片 (酶法)	韩国 Infopia Co., Ltd	20142400643
循环免疫复合物(含 IgG 抗体)检测试剂盒(酶联免疫吸附法)	德国 EUROIMMUN Medizinische Labordiagnostika AG	20142404852
循环上皮细胞分析仪	美国 Janssen Diagnostics, LLC	20143406051
盐桥液	美国 Siemens Healthcare Diagnostics Inc.	20142404979
厌氧和兼性厌氧微生物培养瓶	美国 bioMerieux, Inc.	20142403062
厌氧微生物培养瓶	美国 bioMerieux, Inc.	20142403060
洋地黄毒苷测定试剂盒(非均相免疫法)	美国 Siemens Healthcare Diagnostics Inc.	20143401112
阳极缓冲液槽	新加坡 Life Technologies Holdings Pte Ltd	20141400600
氧电极	美国 Siemens Healthcare Diagnostics Inc.	20142400221
氧电极	美国 Siemens Healthcare Diagnostics Inc.	20142401530
氧电极(pHOx Ultra/CCX 氧传感器)	美国 Nova 生物医学公司	20142404179
氧电极(pHOx/Basic/Plus/L/C 氧传感器)	美国 Nova 生物医学公司	20142404209
氧电极膜(pHOx Ultra/CCX 氧传感器膜)	美国 Nova 生物医学公司	20142404194

氧电极膜(pHOx/Basic/Plus/L/C 氧传感器膜)	美国 Nova 生物医学公司	20142404210
样本保存液	美国 Leica Biosystems Richmond, Inc.	国械备 20140224 号
样本处理器	美国 Beckman Coulter,Inc.	20141402112
样本萃取液及流动相溶剂包(串联质谱法)	芬兰 Wallac Oy	国械备 20140120 号
样本前处理仪	日本 A&T Corporation	20141402027
样本稀释液	日本 SYSMEX CORPORATION	20141401152
样本稀释液	美国 Siemens Healthcare Diagnostics Inc.	20142405054
样本稀释液	美国 Beckman Coulter, Inc.	国械备 20140045 号
样本稀释液	美国 Beckman Coulter, Inc.	国械备 20140180 号
样本稀释液	美国 DiaSorin Inc.	国械备 20140242 号
样本稀释液	美国 Siemens Healthcare Diagnostics Inc.	国械备 20140356 号
样本稀释液	美国 DiaSorin Inc.	国械备 20140369 号
样本稀释液	日本 Tosoh Corporation	国械备 20140194 号
样本稀释液(E テスト「TOSOH」 II PRL 検体希釈液)	日本 Tosoh Corporation	国械备 20140167 号
样本稀释液(E テスト「TOSOH」II(BNP)検体希釈液)	日本 Tosoh Corporation	国械备 20140009 号
样本稀释液	日本 Tosoh Corporation	国械备 20140164 号
样本稀释液(E テスト「TOSOH」II(E2)検体希釈液)	日本 Tosoh Corporation	国械备 20140193 号
样本稀释液(E テスト「TOSOH」II(IRI)検体希釈液)	日本 Tosoh Corporation	国械备 20140163 号
样本稀释液(E テスト「TOSOH」II(T4)検体希釈液)	日本 Tosoh Corporation	国械备 20140175 号
样本稀释液(E テスト「TOSOH」II(TPOAb/TgAb)検体希釈液)	日本 Tosoh Corporation	国械备 20140166 号
样本稀释液(E テスト「TOSOH」II(TSH)検体希釈液)	日本 Tosoh Corporation	国械备 20140171 号
样本稀释液(E テスト「TOSOH」II(βHCG)検体希釈液)	日本 Tosoh Corporation	国械备 20140196 号
样本稀释液	日本 Tosoh Corporation	国械备 20140161 号
样本稀释液	日本 Tosoh Corporation	国械备 20140190 号
样本稀释液	日本 Tosoh Corporation	国械备 20140195 号
样本稀释液	日本 Tosoh Corporation	国械备 20140198 号
样本稀释液	日本 Tosoh Corporation	国械备 20140192 号
样本稀释液	日本 Tosoh Corporation	国械备 20140172 号
样本稀释液	日本 Tosoh Corporation	国械备 20140191 号
样本稀释液	日本 Tosoh Corporation	国械备 20140165 号
样本稀释液	日本 Tosoh Corporation	国械备 20140162 号
样本稀释液	日本 Tosoh Corporation	国械备 20140168 号
样本稀释液	日本 Tosoh Corporation	国械备 20140174 号
样本稀释液	日本 Tosoh Corporation	国械备 20140255 号
样本制备试剂盒	美国 Roche Molecular Systems,Inc	20143402552
样品稀释液	德国 Roche Diagnostics GmbH	20141402121
样品稀释液	美国 Beckman Coulter, Inc.	国械备 20140109 号
药敏接种培养液	美国 Remel, Inc	国械备 20140037 号
药敏接种培养液	美国 Remel, Inc	国械备 20140220 号
药敏接种培养液	美国 Remel, Inc	国械备 20140252 号
药敏接种培养液	美国 Remel, Inc	国械备 20140253 号
药敏接种培养液	美国 Remel, Inc	国械备 20140280 号
药物定标液	美国 Siemens Healthcare Diagnostics Inc.	20143403038
药物质控品	美国 Ortho-Clinical Diagnostics, Inc.	20143403128
液基细胞制备试剂盒	美国 Roche Molecular Systems,Inc	20143402551
叶酸测定试剂盒(化学发光微粒子免疫检测法)	爱尔兰 Abbott Ireland Diagnostics Division	20142403606
叶酸校准品	爱尔兰 Abbott Ireland Diagnostics Division	20142403605
叶酸样本稀释液	英国 Siemens Healthcare Diagnostics Products Limited	20141400696
液态心肌标志物质控品	英国 Randox Laboratories Ltd	20142401443
液态心肌标志物质控品	英国 Randox Laboratories Ltd	20142401444
液态心肌标志物质控品	英国 Randox Laboratories Ltd	20142401445
液态悬浮芯片检测仪	美国 Luminex Corporation	20143402844
液体免疫学和蛋白质控品(Liquichek Immunology Control)	美国 Bio-Rad Laboratories, Inc.	20142405918
液体脂类质控品	美国 Bio-Rad Laboratories, Inc.	20142405166
伊红染色液	美国 Ventana Medical Systems,Inc.	20141402752
医用离心机	美国 Harvest Technologies Corp.	20141402740
衣原体抗原检测试剂盒(胶体金法)	韩国 Standard Diagnostics, Inc.	20143401722
遗传分析系统	美国 Beckman Coulter, Inc.	20142404282
胰岛素测定试剂盒(ELISA 法)	德国 DRG Instruments GmbH	20142404845
胰岛素测定试剂盒(化学发光法)	英国 Siemens Healthcare Diagnostics Products Limited	20142401840

胰岛素测定试剂盒(化学发光微粒子免疫检测法)	美国 Abbott Laboratories	20142403603
胰岛素检测试剂盒(荧光磁微粒酶免法)	日本 Tosoh Corporation	20142405192
胰岛素校准品	美国 Abbott Laboratories	20142403602
胰岛素校准品	日本 Tosoh Corporation	20142405177
胰岛素样本稀释液	英国 Siemens Healthcare Diagnostics Products Limited	20141400705
胰岛素样生长因子-1 测定试剂盒(ELISA 法)	德国 DRG Instruments GmbH	20142405760
胰岛素样生长因子-I 测定试剂盒(化学发光法)	英国 Siemens Healthcare Diagnostics Products Limited	20142401123
胰岛素样生长因子-I 测定试剂盒(化学发光法)	英国 Siemens Healthcare Diagnostics Products Limited	20142402076
胰岛素样生长因子质控品	英国 Siemens Healthcare Diagnostics Products Limited	20142403310
胰淀粉酶测定试剂盒(免疫抑制法)	美国 Beckman Coulter, Inc.	20142403107
胰淀粉酶检测试剂盒(酶比色法)	德国 Roche Diagnostics GmbH	20142405069
胰淀粉酶检测试纸(干化学法)	德国 Roche Diagnostics GmbH	20142404929
乙醇测定试剂盒(酶法)	美国 Siemens Healthcare Diagnostics Inc.	20142401119
乙醇测定试剂盒(紫外酶动力学法)	德国 DiaSys Diagnostic Systems GmbH	20142401725
乙醇检测试剂盒(比色法)	德国 Roche Diagnostics GmbH	20142402122
乙醇检测试剂盒(酶法)	美国 Beckman Coulter, Inc.	20142405913
乙型肝炎病毒 e 抗体检测试剂盒(电化学发光法) Anti-HBe	德国 Roche Diagnostics GmbH	20143405200
乙型肝炎病毒 e 抗体检测试剂盒(化学发光法)	英国 Ortho Clinical Diagnostics	20143400735
乙型肝炎病毒 e 抗体检测试剂盒(化学发光法)	日本 Japan Lyophilization Laboratory	20143402243
乙型肝炎病毒 e 抗体校准品	日本 Japan Lyophilization Laboratory	20143402241
乙型肝炎病毒 e 抗体质控品	意大利 DiaSorin S.p.A.	20143406041
乙型肝炎病毒 e 抗体质控液	德国 Roche Diagnostics GmbH	20143403704
乙型肝炎病毒 e 抗原检测试剂盒(电化学发光法) HBeAg	德国 Roche Diagnostics GmbH	20143405195
乙型肝炎病毒 e 抗原检测试剂盒(化学发光法)	日本 Japan Lyophilization Laboratory	20143402244
乙型肝炎病毒 e 抗原校准品	日本 Japan Lyophilization Laboratory	20143402240
乙型肝炎病毒 e 抗原质控品	意大利 DiaSorin S.p.A.	20143406043
乙型肝炎病毒 e 抗原质控液	德国 Roche Diagnostics GmbH	20143403920
乙型肝炎病毒表面抗体测定试剂盒(化学发光法)	美国 Siemens Healthcare Diagnostics Inc.	20143404355
乙型肝炎病毒表面抗体测定试剂盒(化学发光免疫分析法)	西班牙 BIOKIT, S.A.	20143405669
乙型肝炎病毒表面抗体检测试剂盒(电化学发光法)	德国 Roche Diagnostics GmbH	20143405202
乙型肝炎病毒表面抗体检测试剂盒(化学发光法)	日本 Japan Lyophilization Laboratory	20143404842
乙型肝炎病毒表面抗体检测试剂盒(化学发光法)	英国 Ortho Clinical Diagnostics	20143402124
乙型肝炎病毒表面抗体校准品	日本 Japan Lyophilization Laboratory	20143404843
乙型肝炎病毒表面抗体校准品	西班牙 BIOKIT, S.A.	20143406040
乙型肝炎病毒表面抗体质控品	美国 Siemens Healthcare Diagnostics Inc.	20143404354
乙型肝炎病毒表面抗体质控品	西班牙 BIOKIT, S.A.	20143406038
乙型肝炎病毒表面抗体质控液	德国 Roche Diagnostics GmbH	20143403918
乙型肝炎病毒表面抗原测定试剂盒(电化学发光法)	德国 Roche Diagnostics GmbH	20143405194
乙型肝炎病毒表面抗原测定试剂盒(化学发光法)(HBs)	美国 Siemens Healthcare Diagnostics Inc.	20143404865
乙型肝炎病毒表面抗原检测试剂盒(电化学发光法)	德国 Roche Diagnostics GmbH	20143405198
乙型肝炎病毒表面抗原检测试剂盒(化学发光法)	英国 Ortho Clinical Diagnostics	20143400739
乙型肝炎病毒表面抗原检测试剂盒(化学发光法)	日本 SYSMEX CORPORATION	20143402762
乙型肝炎病毒表面抗原检测试剂盒(化学发光免疫分析法)	西班牙 BIOKIT, S.A.	20143401698
乙型肝炎病毒表面抗原检测试剂盒(胶体硒法)	日本 Alere Medical Co., Ltd.	20143401595
乙型肝炎病毒表面抗原确认试剂	德国 Roche Diagnostics GmbH	20143405199
乙型肝炎病毒表面抗原确认试剂盒(化学发光法)(Conf)	美国 Siemens Healthcare Diagnostics Inc.	20143404429
乙型肝炎病毒表面抗原确认试剂手工稀释液	爱尔兰 Abbott Ireland Diagnostic Division	20141401817
乙型肝炎病毒表面抗原校准品	西班牙 BIOKIT, S.A.	20143401695
乙型肝炎病毒表面抗原校准品	日本 SYSMEX CORPORATION	20143402761
乙型肝炎病毒表面抗原质控品	西班牙 BIOKIT, S.A.	20143401693
乙型肝炎病毒表面抗原质控品	美国 Siemens Healthcare Diagnostics Inc.	20143404430
乙型肝炎病毒表面抗原质控品	德国 Roche Diagnostics GmbH	20143405197
乙型肝炎病毒表面抗原质控品	德国 Roche Diagnostics GmbH	20143405197
乙型肝炎病毒多项质控品	日本 SYSMEX CORPORATION	20143405427
乙型肝炎病毒核酸检测试剂盒(PCR-荧光法)	美国 Roche Molecular Systems, Inc.	20143405378
乙型肝炎病毒核心抗体 IgM 检测试剂盒(电化学发光法)	德国 Roche Diagnostics GmbH	20143403583
乙型肝炎病毒核心抗体 IgM 质控液	德国 Roche Diagnostics GmbH	20143403575
乙型肝炎病毒核心抗体 IgM 质控液	德国 Roche Diagnostics GmbH	20143403575
乙型肝炎病毒核心抗体测定试剂盒(化学发光法)(HBcT)	美国 Siemens Healthcare Diagnostics Inc.	20143404864
乙型肝炎病毒核心抗体检测试剂盒(电化学发光法)	德国 Roche Diagnostics GmbH	20143405196

原位杂交地高辛红染染色液	德国 Roche Diagnostics GmbH	20141402758
原位杂交蓝染染色液	美国 Ventana Medical Systems, Inc.	20141401141
原位杂交切片清洗用蛋白酶	美国 Ventana Medical Systems, Inc.	20141402753
原位杂交切片清洗用蛋白酶	美国 Ventana Medical Systems, Inc.	20141402756
原位杂交银染染色液	美国 Ventana Medical Systems, Inc.	20141402759
孕酮测定试剂盒(化学发光法)	英国 Siemens Healthcare Diagnostics Products Limited	20142401829
孕酮测定试剂盒(化学发光免疫分析法)	美国 DiaSorin Inc.	20142403964
孕酮定标液	德国 Roche Diagnostics GmbH	20142401081
孕酮检测试剂盒(电化学发光法)	德国 Roche Diagnostics GmbH	20142404459
孕酮受体抗体试剂(免疫组化法)	美国 Ventana Medical Systems, Inc.	20143403112
孕酮受体抗体试剂(免疫组化法)	美国 Ventana Medical Systems, Inc.	20143403112
孕酮质控品	美国 DiaSorin Inc.	20142405091
载脂蛋白 A-II 测定试剂盒(散射比浊法)	德国 Siemens Healthcare Diagnostics Products GmbH	20142401835
载脂蛋白 A1/B 校准品	美国 Abbott Laboratories	20142401818
载脂蛋白-A1 测定试剂盒(免疫比浊法)	德国 Autec Diagnostica	20142403300
载脂蛋白 A-1 测定试剂盒(免疫比浊法)	美国 Beckman Coulter, Inc.	20142404265
载脂蛋白 A1 测定试剂盒(免疫比浊法)	美国 Ortho-Clinical Diagnostics, Inc.	20142403923
载脂蛋白 A1 检测试剂盒(免疫比浊法)	德国 Roche Diagnostics GmbH	20142401612
载脂蛋白 A1 检测试剂盒(免疫比浊法)	德国 Roche Diagnostics GmbH	20142403121
载脂蛋白 A1 检测试剂盒(免疫比浊法)	美国 Beckman Coulter, Inc.	20142404973
载脂蛋白 A-1 检测试剂盒(免疫比浊法)	英国 Randox Laboratories Ltd.	20142401736
载脂蛋白 A-1 检测试剂盒(免疫比浊法)	英国 Randox Laboratories Ltd.	20142401737
载脂蛋白 A1 质控品	美国 Ortho-Clinical Diagnostics, Inc.	20142400363
载脂蛋白 B 测定试剂盒(免疫比浊法)	美国 Ortho-Clinical Diagnostics, Inc.	20142400740
载脂蛋白 B 测定试剂盒(免疫比浊法)	美国 Siemens Healthcare Diagnostics Inc.	20142401118
载脂蛋白 B 测定试剂盒(免疫比浊法)	德国 Autec Diagnostica	20142403317
载脂蛋白 B 测定试剂盒(免疫比浊法)	美国 Beckman Coulter, Inc.	20142404451
载脂蛋白 B 检测试剂盒(免疫比浊法)	英国 Randox Laboratories Ltd.	20142401735
载脂蛋白 B 检测试剂盒(免疫比浊法)	德国 Roche Diagnostics GmbH	20142403117
载脂蛋白 B 检测试剂盒(免疫比浊法)	英国 Randox Laboratories Ltd.	20142403591
载脂蛋白 B 检测试剂盒(免疫比浊法)	德国 Roche Diagnostics GmbH	20142404932
载脂蛋白 C-II 检测试剂盒(免疫比浊法)	英国 Randox Laboratories Ltd.	20142403569
载脂蛋白 E 检测试剂盒(免疫比浊法)	英国 Randox Laboratories Ltd.	20142403570
载脂蛋白质控品	德国 Siemens Healthcare Diagnostics Products GmbH	20142400358
增强 DAB 染色液	美国 Ventana Medical Systems, Inc.	20141402754
增强液	芬兰 Wallac Oy	20141401426
增强液	丹麦 Dako Denmark A/S	国械备 20140028 号
粘蛋白胭脂红染色液	美国 Dako North America, Inc.	国械备 20140210 号
真菌药敏板	英国 Trek Diagnostic Systems Ltd	20142405089
真菌药敏板	英国 Trek Diagnostic Systems Ltd	20142405761
脂蛋白(a)测定试剂盒(免疫比浊法)	德国 Autec Diagnostica	20142403281
脂蛋白(a)检测试剂盒(乳胶增强免疫比浊法)	德国 Roche Diagnostics GmbH	20142401148
脂蛋白(a)检测用校准品	德国 Roche Diagnostics GmbH	20142401560
脂蛋白(a)检测用质控品	德国 Roche Diagnostics GmbH	20142400669
脂蛋白(a)校准品	德国 Roche Diagnostics GmbH	20142405160
脂蛋白 a 校准品	西班牙 BIOKIT, S.A.	20142401561
脂蛋白相关磷脂酶 A2 测定试剂盒(连续监测法)	德国 DiaSys Diagnostic Systems GmbH	20142405762
脂肪酶测定试剂盒(色原底物法)	美国 Beckman Coulter, Inc.	20142404243
脂肪酶测定试剂盒(速率比色法)	德国 Prodia Diagnostics	20142402337
脂肪酶测定试剂盒(速率法)	美国 Siemens Healthcare Diagnostics Inc.	20142405064
脂肪酶定标液	美国 Siemens Healthcare Diagnostics Inc.	20142401606
脂肪酶校准品	美国 Abbott Laboratories	20142403600
脂类校准品	德国 DiaSys Diagnostic Systems GmbH	20142403555
脂类校准品	美国 Beckman Coulter, Inc.	20142404869
脂质质控品	日本 DENKA SEIKEN CO., LTD.	20142404961
直胆红素测定试剂盒(钒酸盐法)	德国 Autec Diagnostica	20142403297
直接胆红素测定试剂盒(比色法)	美国 Beckman Coulter, Inc.	20142403083
直接胆红素测定试剂盒(钒酸氧化法)	日本 Wako Pure Chemical Industries, Ltd.	20142405460
直接胆红素测定试剂盒(酶法)	日本 UNITIKA LTD	20142403042
直接胆红素检测试剂盒(比色法)	英国 Randox Laboratories Ltd.	20142405384

直接胆红素检测试剂盒(重氮比色法)	德国 Roche Diagnostics GmbH	20142404904
直接胆红素检测试剂盒(重氮比色法)	德国 Roche Diagnostics GmbH	20142405797
直接胆红素检测试剂盒(重氮法)	德国 Roche Diagnostics GmbH	20142405074
直接抗球蛋白试验用阳性质控品	美国 Immucor, Inc.	20143405858
质控稀释试剂盒	美国 Roche Molecular Systems, Inc.	20141402146
质谱样品处理基质	德国 Bruker Daltonik GmbH	国械备20140127号
质谱样品处理基质溶液	法国 bioMerieux, SA	20141401567
质谱样品预处理溶液	法国 bioMerieux, SA	国械备20140128号
肿瘤标记物质控品	英国 Randox Laboratories Ltd	20143402252
肿瘤标记物质控品	英国 Randox Laboratories Ltd	20143402253
肿瘤相关抗原CA242定量测定试剂盒(化学发光法)	瑞典 Fujirebio Diagnostics AB	20143402246
重碳酸盐检测试剂盒(比色法)	德国 Roche Diagnostics GmbH	20142400245
转铁蛋白测定试剂盒(比色法)	美国 Beckman Coulter, Inc.	20142404970
转铁蛋白测定试剂盒(比浊法)	美国 Siemens Healthcare Diagnostics Inc.	20142405144
转铁蛋白测定试剂盒(免疫比浊法)	美国 Siemens Healthcare Diagnostics Inc.	20142400559
转铁蛋白测定试剂盒(免疫比浊法)	美国 Beckman Coulter, Inc.	20142404237
转铁蛋白检测试剂盒(免疫比浊法)	德国 Roche Diagnostics GmbH	20142401433
转铁蛋白检测试剂盒(免疫比浊法)	美国 Beckman Coulter, Inc.	20142404870
转铁蛋白检测试剂盒(免疫比浊法)	德国 Roche Diagnostics GmbH	20142404935
转铁蛋白检测试剂盒(免疫比浊法)	美国 Beckman Coulter, Inc.	20142404972
自动凝血计时器(ACT Plus)	美国 Medtronic Inc.	20142403799
自动扫描显微镜和图像分析系统	美国 Leica Biosystems Richmond Inc.	20142404395
自身免疫肝病抗体谱检测试剂盒(线性免疫分析法)	德国 Seramun Diagnostica GmbH	20142400238
自身免疫性肝病IgG类抗体检测试剂盒(欧蒙印迹法)	德国 EUROIMMUN Medizinische Labordiagnostika AG	20142403916
总IgE检测试剂(荧光免疫法)	瑞典 Phadia AB	20143402514
总IgE曲线质控品	瑞典 Phadia AB	20143401424
总IgE校准品	瑞典 Phadia AB	20143401423
总I型胶原氨基端延长肽定标液	德国 Roche Diagnostics GmbH	20142400249
总β亚单位人绒毛膜促性腺激素校准品	美国 Beckman Coulter, Inc.	20142405966
总胆固醇测定试剂盒(酶法)	日本 KANTO CHEMICAL CO., INC.	20142403063
总胆固醇检测试纸(酶法)	日本 ARKRAY Factory, Inc.	20142400689
总胆红素测定试剂盒(比色法)	美国 Beckman Coulter, Inc.	20142403098
总胆红素测定试剂盒(钒酸盐法)	德国 Autec Diagnostica	20142403289
总胆红素测定试剂盒(钒酸氧化法)	日本 Wako Pure Chemical Industries, Ltd.	20142405461
总胆红素测定试剂盒(酶法)	日本 UNITIKA LTD	20142403041
总胆红素检测试剂盒(比色法)	德国 Roche Diagnostics GmbH	20142400255
总胆红素检测试剂盒(比色法)	德国 Roche Diagnostics GmbH	20142402079
总胆红素检测试剂盒(比色法)	德国 Roche Diagnostics GmbH	20142405781
总胆红素检测试剂盒(重氮法)	德国 Roche Diagnostics GmbH	20142403024
总胆红素检测试纸(化学法)	日本 ARKRAY Factory, Inc.	20142400684
总胆汁酸测定试剂盒(第五代循环酶法)	德国 Autec Diagnostica	20142403279
总胆汁酸检测试剂盒(酶比色法)	英国 Randox Laboratories Ltd.	20142402103
总胆汁酸检测试剂盒(酶比色法)	英国 Randox Laboratories Ltd.	20142405386
总胆汁酸质控品	意大利 SENTINEL CH. SpA	20142403551
总蛋白测定试剂盒 (双缩脲法)	美国 Siemens Healthcare Diagnostics Inc.	20142403072
总蛋白测定试剂盒(比色法)	美国 Beckman Coulter, Inc.	20142403093
总蛋白测定试剂盒(双缩脲法)	日本 KANTO CHEMICAL CO., INC.	20142403053
总蛋白测定试剂盒(双缩脲法)	日本 Wako Pure Chemical Industries, Ltd.	20142405455
总蛋白检测试剂盒(比色法)	德国 Roche Diagnostics GmbH	20142405478
总蛋白检测试剂盒(缩二脲法)	英国 Randox Laboratories Ltd.	20142402345
总蛋白检测试纸(化学法)	日本 ARKRAY Factory, Inc.	20142400691
总甲状腺素检测试剂盒(荧光磁微粒酶免法)	日本 Tosoh Corporation	20142404341
总甲状腺素校准品	日本 Tosoh Corporation	20142404965
总甲状腺素样本稀释液	英国 Siemens Healthcare Diagnostics Products Limited	20141400710
总霉酚酸校准品	德国 Roche Diagnostics GmbH	20142405135
总霉酚酸质控品	德国 Roche Diagnostics GmbH	20142405165
总免疫球蛋白E样本稀释液	英国 Siemens Healthcare Diagnostics Products Limited	20141400706
总前列腺特异性抗原(PSA)测定试剂盒(电化学发光法)	德国 Roche Diagnostics GmbH	20143405210
总前列腺特异性抗原测定试剂盒(化学发光微粒子免疫法)	爱尔兰 Abbott Ireland Diagnostics Division	20143405039
总前列腺特异性抗原定标液	德国 Roche Diagnostics GmbH	20143404882

总前列腺特异性抗原检测试剂盒(酶联免疫荧光法)	法国 BIOMERIEUX S.A.	20143401102(更)
总前列腺特异性抗原检测试剂盒(酶联免疫荧光法)	法国 BIOMERIEUX S.A.	20143401102
总前列腺特异性抗原校准品	美国 Beckman Coulter, Inc.	20143400344
总前列腺特异性抗原校准品	爱尔兰 Abbott Ireland Diagnostics Division	20143402084
总三碘甲状腺原氨酸测定试剂盒(化学发光微粒子免疫法)	爱尔兰 Abbott Ireland Diagnostics Division	20142405914
总三碘甲状腺原氨酸检测试剂盒(荧光磁微粒酶免法)	日本 Tosoh Corporation	20142404339
总三碘甲状腺原氨酸校准品	爱尔兰 Abbott Ireland Diagnostics Division	20142403718
总三碘甲状腺原氨酸校准品	日本 Tosoh Corporation	20142404964
总三碘甲状腺原氨酸样本稀释液	英国 Siemens Healthcare Diagnostics Products Limited	20141400709
总铁结合力测定试剂盒(比色法)	美国 Beckman Coulter, Inc.	20142403106
总铁结合力测定试剂盒(免疫比浊一步法)	美国 Ortho-Clinical Diagnostics, Inc.	20142402555
总铁结合力测定试剂盒(速率法)	美国 Ortho-Clinical Diagnostics, Inc.	20142400574
组织保存液	爱尔兰 Serosep Limited	20141401815
组织多肽抗原检测试剂盒(化学发光免疫分析法)	意大利 DiaSorin S.p.A.	20143401070
组织多肽抗原质控品	意大利 DiaSorin S.p.A.	20143403132
组织多肽特异抗原检测试剂盒(酶联免疫法)	瑞典 IDL Biotech AB	20143401641

6841 医用化验和基础设备器具

包埋机	澳大利亚 AMOS SCIENTIFIC PTY. LTD	国械备 20140010 号
病理切片扫描仪	日本 HAMAMATSU PHOTONICS K.K.	20142410610
病理切片扫描仪	匈牙利 3DHISTECH Ltd.	20142413151
病理石蜡包埋机	德国 Medite GmbH	国械备 20140213 号
采血笔	德国 Roche Diagnostics GmbH	国械备 20140043 号
采血笔	韩国 ASIA MEDICAL ELECTRONICS CO.,LTD	国械备 20140216 号
采血笔	韩国 ASIA MEDICAL ELECTRONICS CO.,LTD	国械备 20140217 号
采血笔	韩国 ASIA MEDICAL ELECTRONICS CO.,LTD	国械备 20140218 号
采血笔	美国 AgaMatrix, Inc.	国械备 20140241 号
采血笔	波兰 HTL-Strefa S.A.	国械备 20140261 号
采血笔(MEDISAFE FINETOUCH PRO)	日本 テルモ株式会社	20141412712
采血器(拜安轻 2)	美国 Bayer HealthCare LLC	20141412713
采血针(BGStar®)	美国 AgaMatrix, Inc.	20142415012
采血针(MEDISAFE Lancet for FINETOUCH PRO)	日本 テルモ株式会社	20142412705
采血针(罗康全乐采采血针)	德国 Roche Diagnostics GmbH	20142410892
大容量冷冻离心机	德国 Thermo Electron LED GmbH Zweigniederlassung Osterode	国械备 20140278 号
二氧化碳培养箱	美国 Thermo Fisher Scientific(Asheville)LLC	20142411335
二氧化碳培养箱	美国 Thermo Fisher Scientific(Asheville)LLC	20142411335
二氧化碳培养箱	美国 Sheldon Manufacturing, Inc.	20142412788
封闭式采血器	新加坡 Argon Critical Care Systems Singapore Pte. Ltd.	20143414838
高速冷冻离心机	德国 Thermo Electron LED GmbH	20141412022
高速冷冻离心机	德国 Thermo Electron LED GmbH	20141412024
高速冷冻离心机	德国 Thermo Electron LED GmbH	20141412025
高速冷冻离心机	德国 Eppendorf AG	20141412042
高速冷冻离心机	美国 Beckman Coulter, Inc.	国械备 20140177 号
高速冷冻离心机	美国 Beckman Coulter, Inc.	国械备 20140259 号
高速冷冻离心机	美国 Beckman Coulter, Inc.	国械备 20140268 号
高速离心机	德国 Eppendorf AG	20141410338
高速离心机	德国 Thermo Electron LED GmbH	20141412021
高速离心机	德国 Thermo Electron LED GmbH	20141412023
高速离心机	德国 Thermo Electron LED GmbH	20141412026
高速离心机	美国 Beckman Coulter, Inc.	国械备 20140044 号
宫颈采样器(hc2 DNA Collection Device)	美国 QIAGEN Gaithersburg, Inc	20142413648
宫颈刷(Rovers Cervex-Brush Combi)	荷兰 Rovers Medical Devices B.V.	20142411879
冷冻切片机	德国 Microm International GmbH	20141411656
冷冻切片机	日本 Sakura Seiki Co., Ltd.	20141411773
冷冻切片机	德国 Leica Biosystems Nussloch GmbH	20141412170
冷冻切片机	澳大利亚 AMOS SCIENTIFIC PTY. LTD.	国械备 20140032 号
冷冻切片机	澳大利亚 AMOS SCIENTIFIC PTY. LTD.	国械备 20140034 号
离心机	瑞士 DiaMed GmbH	20141411490
离心机	日本 株式会社久保田制作所	20141412222

轮转式切片机	德国 Medite GmbH	国械备20140038号
女性拭子样本收集盒	美国 Roche Molecular Systems, Inc.	20142412851
切片机	德国 Microm International GmbH	20141410334
切片机	意大利 Diapath S.p.A	20141411780
切片机	德国 Microm International GmbH	20141412224
切片机	德国 Microm International GmbH	20141412224
切片机	日本 大和光机工业公司	20141412593
全封闭组织脱水机	意大利 INTELSINT s.r.l.	20141412739
全自动革兰染片仪	法国 bioMerieux SA	国械备20140056号
全自动抗酸染色仪	法国 RAL Diagnostics	20141411788
全自动染色机(Thermo Scientific Gemini AS)	英国 Thermo Shandon Limited	20141410181
全自动染色系统	美国 BioGenex Laboratories, Inc.	20141410028
全自动制片仪	美国 Siemens Healthcare Diagnostics Inc.	20141411537
全自动组织化学染色机(全自动单独滴染染色机)	美国 Ventana Medical Systems, Inc.	20141412586
染色机	德国 Leica Biosystems Nussloch GmbH	20141410182
染色机	澳大利亚 Leica Biosystems Melbourne Pty Ltd	国械备20140016号
染色机	澳大利亚 AMOS SCIENTIFIC PTY. LTD.	国械备20140030号
染色机	澳大利亚 Leica Biosystems Melbourne Pty Ltd	国械备20140277号
手摇切片机	澳大利亚 AMOS SCIENTIFIC PTY. LTD.	国械备20140031号
推拉式切片机	日本 Yamato Kohki Industrial Co.,Ltd	20141412227
血型及配血离心孵育工作组	英国 Ortho-Clinical Diagnostics	国械备20140148号
液基薄层细胞制片机	美国 Hologic, Inc.	国械备20140292号
一次性使用末梢采血器(BD SentryTM)	英国 Becton, Dickinson and Company	20142410472
医用离心机	德国 Eppendorf AG	20141412043
医用离心机	美国 Beckman Coulter, Inc.	国械备20140178号
医用离心机	美国 Beckman Coulter, Inc.	国械备20140256号
医用离心机	美国 Beckman Coulter, Inc.	国械备20140258号
医用离心机	美国 Beckman Coulter, Inc.	国械备20140269号
真空采血管(BD Vacutainer®)	英国 Becton Dickinson and Company	20142412325
制片机	爱尔兰 Audit Diagnostics	20141411997
自动切片机	澳大利亚 AMOS SCIENTIFIC PTY. LTD.	国械备20140029号
自动切片机	澳大利亚 AMOS SCIENTIFIC PTY. LTD.	国械备20140033号
自动切片机	澳大利亚 AMOS SCIENTIFIC PTY. LTD.	国械备20140035号
自动染片机	美国 Ventana Medical Systems, Inc.	国械备20140160号
自动组织脱水机	德国 Medite GmbH	国械备20140170号
足跟采血器(BD MICROTAINER® Quikheel™)	美国 Becton Dickinson and Company	20142412904
组织处理机	英国 ThermoShandonLimited rading asThermoFisherScientific	20141411862
组织染色机	美国 Dako North America, Inc.	国械备20140020号
组织染色机	德国 Medite GmbH	国械备20140169号
组织染色机	丹麦 Dako Denmark A/S	国械备20140300号

6845 体外循环及血液处理设备

便携式血细胞采集仪(MCS+)	美国 Haemonetics Corporation	20143451749
超滤器	德国 Gambro Dialysatoren GmbH	20143453789
超滤器	德国 Gambro Dialysatoren GmbH	20143453790
单人血液透析机	日本 東レ・メディカル株式会社	20143453424
单人用血液透析装置	日本 日機装株式会社	20143450204
动脉灌注插管	美国 Edwards Lifesciences LLC	20143450850
分离系统	美国 Stryker Neurovascular	20142455660
分子吸附循环系统主机	瑞典 Gambro Lundia AB	20143450954
腹膜透析管	德国 JOLINE GmbH &Co. KG	20142450481
腹膜透析管	德国 Fresenius Medical Care AG&Co.KGaA	20142453438
腹膜透析管	德国 Fresenius Medical Care AG&Co.KGaA	20142455010
腹膜透析管套装	美国 Cook Incorporated	20143453675
腹膜透析螺旋帽钛接头	美国 Baxter Healthcare Corporation	20142450138
腹膜透析外接短管	美国 Baxter Healthcare Corporation	20142451034
腹膜透析治疗机	加拿大 Medionics International Inc.	20142450951
腹透机管路	美国 Baxter Healthcare Corporation	20142451191
肝素体外诱导血脂分离机	德国 B.Braun Avitum AG	20143453520

急性透析和体外血液治疗机	德国 Fresenius Medical Care AG &Co. KGaA	20143452108
聚砜膜空心纤维透析器	埃及 Haidylena for Advanced Medical Industries	20143450111
聚砜膜空心纤维透析器	埃及 Haidylena for Advanced Medical Industries	20143450114
可重复使用空心纤维透析器	美国 Medivators Inc.	20143450054(更)
可重复使用透析器	德国 Gambro Dialysatoren GmbH	20143451969
空心纤维血液透析/滤过器	德国 Fresenius Medical Care AG & Co. KGaA	20143453632
空心纤维血液透析滤过器	德国 Fresenius Medical Care AG & Co. KGaA	20143450616
空心纤维血液透析滤过器	德国 Fresenius Medical Care AG & Co. KGaA	20143450617
空心纤维血液透析滤过器	德国 Fresenius Medical Care AG &Co. KGaA	20143453760
空心纤维血液透析器	德国 Fresenius Medical Care AG&Co. KGaA	20143453777
空心纤维血液透析器	德国 Fresenius Medical Care AG&Co. KGaA	20143453894
离心泵	德国 MAQUET Cardiopulmonary AG	20142453515
离心泵头	意大利 Sorin Group Italia S.r.l.	20143451855
离心泵头	意大利 Sorin Group Italia S.r.l.	20143453017
离心泵血液控制监测系统(Bio-Console)	美国 Medtronic Inc.	20143452786
连续性血液净化管路	德国 Fresenius Medical Care AG&Co. KGaA	20143452845
膜式氧合器	意大利 Sorin Group Italia S.r.l.	20143451843
膜式氧合器	意大利 Sorin Group Italia S.r.l.	20143451844
膜式氧合器	意大利 Eurosets s.r.l.	20143451952
膜式氧合器(medos)	德国 Medos Medizintechnik AG	20143451621
膜型血浆成分分离器	日本 旭化成メディカル株式会社	20143451385
柠檬酸消毒液	德国 Fresenius Medical Care AG & Co. KGaA	20143454986
脐血分离装置	美国 ThermoGenesis Corp.	20143455298
热冲洗设备	德国 Fresenius Medical Care AG & Co. KGaA	20142455506
人工心肺机-滚压式血泵	德国 MAQUET Cardiopulmonary AG	20143453984
人工心肺机-热交换水箱	德国 MAQUET Cardiopulmonary AG	20142452038
疝修补网织片(Bard Modified Kugel)	美国 Davol, Inc., Subsidiary of C.R.Bard, Inc.	20143450112
输血、输液、透析加温仪	德国 Stihler Electronic GmbH	20142450208
体外循环管道	意大利 Sorin Group Italia S.r.l.	20143452439
体外循环连续血气监测系统	德国 MAQUET Cardiopulmonary AG	20143453516
体外循环套包(MECC 体外循环套包)	德国 MAQUET Cardiopulmonary AG	20143451341
透析导管	美国 Bard Access Systems, Inc.	20143453773
透析器复用机	美国 Medivators Inc.	20142454491
透析液过滤器	德国 Fresenius Medical Care AG&Co. KGaA	20143450885
无菌接管机	日本 泰尔茂株式会社	20142451325
小儿氧合系统(AFFINITY PIXIE)	美国 Medtronic Inc.	20143451854
心肺辅助膜式氧合器(HLS 心肺辅助膜式氧合器)	德国 MAQUET Cardiopulmonary AG	20143451395
心肺辅助系统	德国 MAQUET Cardiopulmonary AG	20143450763(更)
心肺转流系统 离心泵	德国 Sorin Group Deutschland GmbH	20143455697
选择性血浆成份吸附器	日本 旭化成メディカル株式会社	20143452888
血浆分离器(Haemoselect)	德国 B.Braun Avitum AG	20143453891
血浆融化箱(QuikThaw)	美国 Helmer Inc.	20142451208
血浆融化仪	美国 CytoTherm LP	20142455700
血浆融化仪	美国 CytoTherm LP	20142455850
血气监测组件	德国 Sorin Group Deutschland GmbH	20143454057
血小板套件	德国 Fresenius Kabi AG	20143451891
血液处理机一次性使用附件	美国 Haemonetics Corporation	20143456115
血液分离系统	英国 CaridianBCT Northern Ireland Ltd.	20143450372
血液灌流器及管路配套	法国 Gambro Industries	20143455621
血液回收分离机专用耗材	意大利 Sorin Group Italia S.r.l.	20143452532
血液净化体外循环血路	德国 Fresenius Medical Care AG &Co. KGaA	20143451057
血液净化用补液管路	德国 Fresenius Medical Care AG&Co. KGaA	20143451386
血液净化用管路	德国 Fresenius Medical Care AG & Co. KGaA	20143450443
血液净化用管路附件	德国 Fresenius Medical Care AG&Co. KGaA	20143450456
血液净化装置	日本 株式会社メテク	20143452374
血液滤过器(持续徐缓式血液滤过器 CUREFLO)	日本 旭化成医疗株式会社(旭化成メディカル株式会社)	20143454741
血液滤过器(持续徐缓式血液滤过器 EXCELFLO)	日本 旭化成メディカル株式会社	20143450787
血液浓缩器	意大利 Sorin Group Italia S.r.l.	20143453389
血液透析干粉	瑞典 Gambro Lundia AB	20143452326
血液透析干粉(NIPROCART)	西班牙 NIPRO RENAL SOLUTIONS SPAIN, S.R.L.	20143453900

产品名称	生产企业	注册号
血液透析滤过器	意大利 Bellco S.r.l	20143451292(更)
血液透析滤过器	意大利 BELLCO S.R.L	20143451955(更)
血液透析滤过器(ABH-F)	日本 旭化成メディカル株式会社	20143451956
血液透析滤过装置	意大利 Bellco S.r.l	20143450197(更)
血液透析滤过装置	德国 Fresenius Medical Care AG& Co.KGaA	20143452115
血液透析滤过装置	日本 涩谷工业株式会社	20143454085
血液透析器	意大利 Bellco S.r.l	20143455643
血液透析用浓缩干粉	德国 Fresenius Medical Care AG & Co.KGaA	20143455627
血液透析用水处理设备	德国 DWA GmbH & Co.KG	20142450527
血液透析用水处理设备	德国 Fresenius Medical Care AG & Co. KGaA	20142451677
血液透析用水处理设备	德国 Fresenius Medical Care AG & Co.KGaA	20142452166
血液透析用水处理设备	德国 Fresenius Medical Care AG & Co.KGaA	20142452167
血液透析用水处理设备	日本 ダイセン・メンブレン・システムズ株式会社	20142454040
血液透析用水处理系统	德国 Lauer Membran Wassertechnik GmbH	20142452009
血液透析用水处理系统	德国 Lauer Membran Wassertechnik GmbH	20142453165
血液透析用血流监测系统	美国 Transonic Systems Inc.	20143454226
血液透析装置(多用途透析装置)	日本 株式会社ジェイ・エム・エス	20143454773
一次性使用血浆灌流器	意大利 Bellco S.r.l.	20143455568
一次性使用血细胞分离器	美国 Haemonetics Corporation	20143451294
一次性使用血细胞分离器	美国 Haemonetics Corporation	20143456114
一次性使用血细胞分离器(围手术期自体血回输仪附件)	美国 Haemonetics Corporation	20143450441
一次性使用血细胞分离器(围手术期自体血回输仪附件)	美国 Haemonetics Corporation	20143456112
一次性使用血细胞分离器(血细胞回输仪一次性使用附件)	美国 Haemonetics Corporation	20143456113
一次性使用血液灌流器(碳肾)	德国 Gambro Dialysatoren GmbH	20143454757
一次性使用血液透析管路	马来西亚 UG Medical Disposables SDN. BHD.	20143450428
中心水处理系统	瑞典 Gambro Lundia AB	20142452387
中心水处理系统	瑞典 Gambro Lundia AB	20142452388
中心水处理系统	瑞典 Gambro Lundia AB	20142452389
自体血回收/分离机(Cell Saver Elite)	美国 Haemonetics Corporation	20143454058
自体血回收分离机(Cell Saver 5+)	美国 Haemonetics Corporation	20143451750
自体血回收机	德国 Fresenius Kabi AG	20143454782
自体血液回收分离机	德国 Sorin Group Deutschland GmbH	20143452194

6846　植入材料和人工器官

产品名称	生产企业	注册号
Schanz 钉	瑞士 Synthes GmbH	20143462683
TIPS 覆膜支架系统(GORE® VIATORR®)	美国 W.L.GORE & ASSOCIATES, INC.	20143466223
Y 形补片(ARTISYN)	比利时 Johnson & Johnson International, c/o European Logistics Centre	20143461918
β-磷酸三钙人工骨	瑞士 Synthes GmbH	20143465887
巴德造口(旁)疝补片(Bard)	美国 Davol,Inc. Subsidiary of C.R.Bard, Inc.	20143461465
半肩关节系统(Global)	美国 DePuy Orthopaedics, Inc.	20143461248
半髋关节假体组件(Tandem)	美国 Smith & Nephew,Inc.	20143463488
瓣膜(Biocor)	美国 St.Jude Medical, Inc.	20143463651
瓣膜(Epic)	美国 St. Jude Medical, Inc	20143463652
瓣膜成型带/环(CG Future)	美国 Medtronic Inc.	20143461618
瓣膜成形环(Carpentier-Edwards Classic)	美国 Edwards Lifesciences LLC	20143461871
瓣膜成形环(Cosgrove-Edwards)	美国 Edwards Lifesciences, LLC.	20143460905
半月板缝合系统	美国 Arthrex, Inc.	20143462447
半月板修复系统	美国 DePuy Mitek	20143462528
补片(嘉美诗)	美国 Ethicon LLC	20143461056
部分覆膜快速交换胆道金属支架系统(Wallflex RX)	美国 Boston Scientific Corporation	20143464615
肠道金属支架(Wallstent)	美国 Boston Scientific Corporation	20143460117
肠道支架(HANAROSTENT)	韩国 M. I. Tech Co., Ltd.	20143460150
耻骨后经阴道前壁尿道悬吊器(TVT EXACT)	瑞士 Ethicon SARL	20143463244
带缝线可吸收骨锚钉	美国 DePuy Mitek	20143461012
带锁金属接骨板系统	法国 TORNIER S.A.S.	20143465981
带锁髓内钉系统(Targon)	德国 Aesculap AG	20143464088
带线锚钉	美国 DePuy Mitek	20143463478
带有推送系统的支架(TIPS 支架和静脉支架)(Wallstent)	美国 Boston Scientific Corporation	20143463659

带针/不带针钢丝线(Steel Wire)	德国 RESORBA Medical GmbH	20143463783
单髁膝关节系统(Exactech Optetrak)	美国 Exactech, Inc.	20143466181
单髁膝关节系统(Oxford)	英国 Biomet UK LTD.	20143462681
胆道支架	韩国 M. I. Tech Co., Ltd.	20143460055
胆道支架(EGIS Biliary Stent)	韩国 S&G Biotech Inc.	20143463342(更)
胆道支架(Zilver 635)	爱尔兰 Cook Ireland Ltd.	20143465596
弹性可调节瓣成形环(Attune)	美国 St. Jude Medical	20143463899
弹性髓内钉系统	瑞士 Synthes GmbH	20143463391
骶骨棒系统	瑞士 Synthes GmbH	20143462916
电极导线帽	美国 St.Jude Medical Cardiac Rhythm Management Division	20143464284
动力加压接骨板	瑞士 Swiss Pro Orthopedic SA	20143461017
动力加压型接骨钢板	德国 TREU Instrumente GmbH	20143465232
堵塞插头	美国 St. Jude Medical CARDIAC RHYTHM MANAGEMENT DIVISION	20143461031
堵塞插头	美国 St. Jude Medical CARDIAC RHYTHM MANAGEMENT DIVISION	20143461031
多维锁定肱骨髓内钉系统	瑞士 Synthes GmbH	20143460294
多向牵引器系统	瑞士 Synthes GmbH	20143461470
多轴向椎弓根固定系统(SYNTHES)	瑞士 Synthes GmbH	20143461032
腭部牵引器	瑞士 Synthes GmbH	20143463832
二尖瓣心脏瓣膜成形环	美国 Edwards Lifesciences LLC	20143463228
翻修型髋臼外杯	德国 Aesculap AG	20143463484
非骨水泥柄(SL-PLUS)	瑞士 Smith & Nephew Orthopaedics AG	20143460461
非骨水泥股骨柄	美国 Smith & Nephew, Inc.	20143465038
非骨水泥股骨柄(Synergy)	美国 Smith & Nephew, Inc.	20143463792
非骨水泥型肱骨柄	瑞士 Zimmer GmbH	20143460615
非骨水泥型股骨柄(POLAR)	瑞士 Smith&Nephew Orthopaedics AG	20143465576
非骨水泥型股骨柄(Summit)	美国 DePuy Orthopaedics, Inc.	20143466185
非骨水泥型人工髋关节	瑞士 Mathys Ltd Bettlach	20143463628
非骨水泥型膝关节组件(Emotion Cementless)	德国 Aesculap AG	20143461277
腓骨钛板固定系统(VariAx)	德国 Stryker Leibinger GmbH & Co.KG Division Osteosynthesis	20143463865
缝线锚钉	美国 Linvatec Corporation d/b/a ConMed Linvatec	20143462529
跗骨螺钉	美国 GraMedica	20143462471
复合缝线骨锚钉	美国 DePuy Mitek	20143460289
复合可吸收骨锚钉	美国 Arthrex, Inc.	20143460099
复合可吸收螺钉系统	美国 Arthrex, Inc.	20143460100
复合疝补片(赫美)	意大利 HERNIAMESH S.R.L.	20143462299
腹主动脉覆膜血管内支架系统(GORE® EXCLUDER®)	美国 W.L. Gore & Associates, Inc.	20143465403
覆膜支架系统(Endurant)	美国 Medtronic Inc.	20143461383
肝素涂层血管内覆膜支架系统(GORE VIABAHN)	美国 W.L. Gore & Associates, Inc.	20143462817
干预螺钉(商品名:MILAGRO)(MILAGRO)	美国 DePuy Mitek	20143461888
高交联垫片(PFC Sigma)	美国 DePuy Orthopaedics, Inc.	20143464139
高交联聚乙烯内衬	美国 DePuy Orthopaedics, Inc.	20143465567
高位截骨固定系统	美国 Arthrex, Inc.	20143464140
跟骨骨板骨钉系统(CalFix)	美国 OsteoMed	20143464654
肱骨近端钢板系统(S3)	美国 DePuy Orthopaedics, Inc.	20143460932
肱骨近端钢板系统(S3)	美国 Biomet Trauma	20143462827
骨导式助听器	德国 Bruckhoff Hannover Gmbh	20142462356
股骨柄	瑞士 Medacta International SA	20143460861
股骨柄	意大利 Limacorporate S.p.A.	20143464666
股骨柄	瑞士 Mathys Ltd Bettlach	20143465027
股骨柄(Accolade TMZF)	美国 Howmedica Osteonics Corp	20143462695
股骨柄(PROFEMUR)	美国 MicroPort Orthopedics Inc.	20143464589
股骨柄(Solution)	美国 DePuy Orthopaedics, Inc.	20143461477
股骨柄(Summit Basic)	美国 DePuy Orthopaedics, Inc.	20143462859
股骨柄(Tri-lock)	美国 DePuy Orthopaedics, Inc.	20143463770
股骨柄(Zimmer 内/外侧锥形股骨柄)	美国 Zimmer, Inc.	20143461262
股骨柄系统(ADR)	瑞士 Smith&Nephew Orthopaedics AG	20143465407
股骨柄系统(PROFEMUR)	美国 Wright Medical Technology, Inc.	20143462694
股骨柄系统(PROFEMUR)	美国 Wright Medical Technology, Inc.	20143462694
股骨柄系统(SMF)	美国 Smith &Nephew, Inc.	20143461406
股骨柄组件(Bi-Metric)	美国 Biomet Orthopedics	20143463788

脊柱内固定系统	韩国 DIO MEDICAL CO.,LTD.	20143463680
脊柱内固定系统	美国 Biomet Spine,LLC	20143465574
脊柱内固定系统(CD HORIZON)	美国 Medtronic Sofamor Danek USA, Inc.	20143463784
脊柱内固定系统(InCompass)	美国 Zimmer Spine, Inc.	20143463780
脊柱内固定系统(Krypton)	德国 ulrich GmbH & Co. KG	20143460287
脊柱内固定系统(Sequoia)	美国 Zimmer Spine, Inc.	20143460875(更)
脊柱内固定系统(tangoRS)	德国 ulrich GmbH & Co. KG	20143460149
脊柱内固定系统(Trinica 颈椎前路钛板系列)	美国 Zimmer Spine, Inc.	20143460310
脊柱内固定系统(XLP)	美国 NuVasive,Inc.	20143462472
脊柱内固定系统—椎弓根螺钉组件(CD Horizon)	美国 Medtronic Sofamor Danek USA, Inc.	20143466247
脊柱内固定系统组件(InCompass)	美国 Zimmer Spine, Inc.	20143460856
脊柱内固定系统组件(Shiraz Java)	法国 Zimmer Spine	20143461251
脊柱内固定系统组件-连接棒	瑞士 Medos International SARL	20143460869
脊柱前路钉棒系统	美国 DePuy Spine	20143463387
脊柱前路融合器	法国 SPINEWAY S.A.S	20143465976
脊柱前路融合器用螺钉	法国 SPINEWAY S.A.S	20143465585
脊柱前路系统组件(Expedium)	美国 DePuy Spine.Inc	20143460820
脊柱融合器	日本 昭和医科工业株式会社	20143461293
脊柱融合器系统(Anchor-C)	瑞士 Stryker Spine SA	20143465404
脊柱外科植入物-胸腰椎钉棒固定系统(Pulse)	瑞士 Medos International SARL	20143464999
脊柱微创内固定系统组件(MANTIS)	美国 STRYKER SPINE,INC	20143460161(更)
脊柱微创椎间融合器(Concorde)	瑞士 Medos International SARL	20143461055
甲状软骨成形术植入物	美国 Boston Medical Products,Inc.	20143462441
肩关节不稳固定螺钉	美国 DePuy Mitek	20143462446
肩关节肱骨柄(Zimmer 骨金属)	美国 Zimmer, Inc.	20143460891
肩关节系统(Comprehensive)	美国 Biomet Orthopedics	20143461267
交锁髓内钉	德国 aap Implantate AG	20143461376
角度型金属接骨板	德国 aap Implantate AG	20143460130
角度型锁定接骨板系统组件	匈牙利 MedimetalGyogyaszatiTermekeketGyarto esForgalmazoKft	20143462527
矫形骨针	德国 MEDICON eG	20143465878
接骨板	意大利 Gruppo Bioimpianti S.r.l	20143466189
接骨钢板螺钉系统-直型锁定钢板(Zimmer 通用锁定	美国 Zimmer Inc.	20143461476
接骨螺钉	德国 TREU Instrumente GmbH	20143460412
接骨螺钉	瑞士 Swiss Pro Orthopedic SA	20143460945
接骨螺钉	瑞士 Synthes GmbH	20143461900
接骨螺钉	瑞士 Synthes GmbH	20143464540
节段性脊柱矫形系统(SSCS)	德国 ulrich GmbH & Co. KG	20143460148
结扎钉(Hemoclip Traditional)	美国 Teleflex Medical	20143465241
结扎夹和自动结扎钳(Hem-o-lok)	美国 Teleflex Medical	20143466018
解剖型接骨板	瑞士 Swiss Pro Orthopedic SA	20143460939
解剖型接骨板	瑞士 Swiss Pro Orthopedic SA	20143460941
解剖型接骨板	德国 TREU Instrumente GmbH	20143461186
解剖型接骨板	瑞士 Synthes GmbH	20143463884
解剖型接骨板系统	美国 Biomet Trauma	20143462869
界面螺钉(SoftSilk)	美国 Smith & Nephew, Inc.	20143465678
金属带锁髓内钉(Sirus)	瑞士 Zimmer GmbH	20143464745
金属带锁髓内钉固定系统	德国 TREU Instrumente GmbH	20143461067
金属股骨头	英国 DePuy International, Ltd.	20143461860
金属骨小梁髋臼系统	美国 Biomet Orthopedics	20143464749
金属骨针	美国 Biomet Trauma	20143464154
金属骨针(I.T.S.)	奥地利 I.T.S.GmbH	20143465584
金属接骨板及接骨螺钉(诺迈德)	德国 Normed Medizin-Technik GmbH	20143461841(更)
金属接骨板系统	美国 Acumed LLC	20143460873
金属接骨板系统(CDCP)	美国 Zimmer Inc.	20143460425
金属接骨板系统(Zimmer 围关节)	美国 Zimmer Inc.	20143462895
金属接骨板系统-异型钢板系列(Zimmer)	美国 Zimmer, Inc.	20143463415
金属接骨板系统-直型钢板系列(Zimmer)	美国 Zimmer, Inc.	20143463416
金属接骨钢板螺钉系统	美国 Zimmer, Inc.	20143464756
金属接骨螺钉(HerbertTM)	美国 Zimmer Inc.	20143462465
金属接骨螺钉(NCB MotionLoc)	美国 Zimmer Inc.	20143460041

产品名称	国别 生产企业	注册号
金属接骨螺钉(NCB PP Warsaw)	美国 Zimmer Inc.	20143463362
金属接骨螺钉(Talar-Fit)	美国 OsteoMed	20143462454
金属接骨螺钉(Zimmer 通用锁定	美国 Zimmer Inc.	20143460281
金属髓内钉(Zimmer Natural Nail)	美国 Zimmer Inc.	20143460840
金属髓内钉(ZNN)	瑞士 Zimmer GmbH	20143465679
金属锁定接骨板(Zimmer 通用锁定	美国 Zimmer Inc.	20143460282
金属锁定接骨板系统	匈牙利 sanatmetal Orthopaedic&Traumatologic Equipment Manufacturer Ltd	20143461269
金属锁定接骨板系统	匈牙利 MedimetalGyogyaszatiTermekeketGyarto esForgalmazoKft	20143461916
金属头	爱尔兰 DePuy (Ireland)	20143461400
经椎间孔腰椎后路椎间融合器(TSPACE PEEK Facelift)	德国 Aesculap AG	20143463868
颈动脉支架(单轨型)(Wallstent)	美国 Boston Scientific Corporation	20143462884
颈动脉支架系统(Acculink)	美国 Abbott Vascular	20143460439
颈前路钢板系统	美国 Zimmer Spine, Inc.	20143464105
颈前路固定板系统(anterior cervical plate system)	德国 ulrich GmbH & Co. KG	20143460911
颈椎后路钉棒固定系统组件-连接器(Synapse)	瑞士 Synthes GmbH	20143461061
颈椎前路钉板内固定系统(Quintex)	德国 Aesculap AG	20143462444
颈椎前路钢板固定系统(ZEPHIR)	美国 Medtronic Sofamor Danek USA, Inc.	20143464752
颈椎前路钢板系统	美国 Alphatec Spine, Inc.	20143460816
颈椎前路钢板系统(Atlantis)	美国 Medtronic Sofamor Danek USA, Inc.	20143462320
颈椎前路钢板系统(ATLANTIS)	美国 Medtronic Sofamor Danek USA, Inc.	20143460825
颈椎前路固定系统(ABC)	德国 Aesculap AG	20143463636
颈椎前路固定系统(Pulse)	瑞士 Medos International SARL	20143461402
颈椎前路固定系统(Skyline)	瑞士 Medos International SARL	20143464098
颈椎前路固定系统(Slim-Loc)	美国 DePuy Spine	20143460444
颈椎前路椎间融合固定系统	瑞士 Synthes GmbH	20143460845
颈椎前路椎间融合器(ACIS)	瑞士 Synthes GmbH	20143463367
颈椎椎间融合器(Prevail)	美国 Medtronic Sofamor Danek USA, Inc.	20143460842
胫骨部件-胫骨衬垫(GII)	美国 Smith & Nephew, Inc.	20143461021
胫骨垫片	美国 DePuy Orthopaedics Inc.	20143462818
聚丙烯补片	意大利 GALLINI S.R.L.	20143461297
聚醚醚酮骨锚钉系统	美国 Arthrex, Inc.	20143464555
聚醚醚酮膝关节韧带带鞘固定螺钉	美国 Arthrex, Inc.	20143461919
聚醚醚酮膝关节韧带固定螺钉	美国 Arthrex, Inc.	20143460046
聚四氟乙烯人工血管	英国 Vascutek Limited	20143466171
聚四氟乙烯人工血管(VascuGraft PTFE)	德国 Aesculap AG	20143464087
聚四氟乙烯人工血管(VascuGraft SOFT)	德国 Aesculap AG	20143463409
聚左旋丙交酯制生物吸收性接骨材料(FIXSORB MX)	日本 タキロン株式会社(日本他喜龙株式会社)	20143466139
聚左旋丙交酯制生物吸收性接骨材料(FIXSORB)	日本 他喜龙株式会社(タキロン株式会社)	20143465877
可吸收带线锚钉及配套工具(RAPTORMITE)	美国 Smith &Nephew Inc.	20143460094
可吸收骨接合植入物(芬力)	芬兰 Bioretec Ltd.	20143466220
可吸收骨折内骨固定体	美国 BIOMET MICROFIXATION	20143460808
可吸收固定系统(PolyMax RAPID)	瑞士 Synthes GmbH	20143464664
可吸收结扎夹与可重复使用单发施夹钳	美国 Covidien llc	20143465649
可吸收颅骨夹	瑞士 Synthes GmbH	20143461052
可吸收螺钉(BioRCI)	美国 Smith & Nephew Inc.	20143465035
可吸收内固定螺钉系统(Bioscrew)	美国 Linvatec Corporation D/B/A ConMed Linvatec	20143462697
可吸收人工骨粉(Genex)	英国 Biocomposites Ltd	20143463627
可吸收弯曲导向带线锚钉(Osteoraptor)	美国 Smith &Nephew Inc.	20143460435
克氏针	德国 aap Implantate AG	20143461377
空心接骨螺钉	德国 TREU Instrumente GmbH	20143461045
空心螺钉	瑞士 Synthes GmbH	20143462668
空心螺钉	美国 Biomet Trauma	20143463844
空心螺钉	德国 Konigsee Implantate GmbH	20143465036
空心螺钉(Asnis III)	瑞士 Stryker Trauma AG	20143464710
空心螺钉、垫片	匈牙利 Sanatmetal Orthopaedic&Traumatologic Equipment Manufacturer Ltd	20143465636
空心锁定螺钉	瑞士 Synthes GmbH	20143462669
髋部联合加压交锁髓内钉系统(TriGen InterTAN)	美国 Smith&Nephew, Inc.	20143465639
髋关节固定螺钉	德国 Waldemar Link GmbH & Co. KG	20143463254

髋关节假体	日本 京セラメディカル株式会社	20143460894
髋关节假体(非骨水泥型)	德国 Waldemar Link GmbH &Co. KG	20143460860
髋关节假体(非骨水泥型)(百康)	德国 Aesculap AG	20143465899
髋关节假体(非骨水泥型)-股骨柄及附件	德国 Waldemar Link GmbH & Co. KG	20143462903
髋关节假体(骨水泥型)- 髋臼杯	德国 Waldemar Link GmbH & Co. KG	20143462685
髋关节假体(骨水泥型)- 双极头	德国 Waldemar Link GmbH &Co. KG	20143462684
髋关节假体(骨水泥型)-股骨柄及附件	德国 Waldemar Link GmbH & Co. KG	20143462696
髋关节假体(CPT)	美国 Zimmer Inc.	20143463876
髋关节假体(Exceed ABT)	英国 Biomet UK Limited	20143462826
髋关节假体(SDC and PLC)	德国 Aesculap AG	20143464748
髋关节假体(VerSys Advocate)	美国 Zimmer Inc.	20143463481
髋关节假体柄组件	德国 Waldemar Link GmbH & Co. KG	20143463683
髋关节假体-股骨柄(ABG-II)	美国 Howmedica Osteonics Corp.	20143463472
髋关节假体-股骨柄(Alloclassic Zweymüller)	瑞士 Zimmer GmbH	20143460880
髋关节假体-股骨部件(Restoration)	美国 Howmedica Osteonics Corp.	20143461885
髋关节假体-股骨球头	美国 Howmedica Osteonics Corp.	20143462667
髋关节假体—股骨头(Global Acetabular Cup)	瑞士 Zimmer GmbH	20143466137
髋关节假体-股骨头(VerSys12/14 锥形)	美国 Zimmer Inc.	20143460817
髋关节假体-股骨头及翻修型髋臼外杯(Total Hip System)	瑞士 Zimmer GmbH	20143466182
髋关节假体-骨金属组合髋臼(Trabecular Metal)	美国 Zimmer, Inc.	20143461479
髋关节假体-骨水泥股骨柄(Metabloc)	瑞士 Zimmer GmbH	20143464673
髋关节假体-交联型超高分子量聚乙烯髋臼翻修衬垫	美国 Zimmer Inc.	20143465031
髋关节假体-髋臼填充块(Trabecular Metal)	美国 Zimmer Trabecular Metal Technology, Inc.	20143460158
髋关节假体-髋臼外杯(Trilogy)	美国 Zimmer, Inc.	20143464662
髋关节假体-髋臼系统(Allofit)	瑞士 Zimmer GmbH	20143465625
髋关节假体-双极杯(MultiPolar)	美国 Zimmer, Inc.	20143460312
髋关节假体-双极头	德国 Waldemar Link GmbH & Co.KG	20143460823
髋关节假体-陶瓷股骨头和衬垫(BIOLOX delta)	瑞士 Zimmer GmbH	20143465650
髋关节假体-陶瓷内衬	美国 Howmedica Osteonics Corp.	20143466142
髋关节假体组件	美国 Exactech, Inc.	20143460926
髋关节假体组件(Charnley)	英国 DePuy International, Limited	20143464765
髋关节假体组件(TRJ)	德国 Aesculap AG	20143460818
髋关节假体组件-髋臼外杯及孔塞	美国 Zimmer Inc.	20143465629
髋关节金属球头	德国 Waldemar Link GmbH & Co. KG	20143463491
髋关节系统组件(Bi-Metric)	英国 Biomet UK LTD	20143461635
髋关节置换系统(Birmingham)	英国 Smith & Nephew Orthopaedics Ltd.	20143463231
髋关节组件	美国 Biomet Orthopedics	20143460886
髋关节组件	美国 Biomet Orthopedics	20143461405
髋臼杯(EXTER X3)	美国 Howmedica Osteonics Corp.	20143462531
髋臼杯固定螺钉(奥特)	德国 ORTHO SELECT GMBH	20143461265
髋臼杯系统(Plasmacup DC)	德国 Aesculap AG	20143461957
髋臼加强系统	德国 Waldemar Link GmbH & Co. KG	20143463859
髋臼假体(Trident)	美国 Howmedica Osteonics Corp.	20143460129
髋臼内衬(Trident X3)	美国 Howmedica Osteonics Corp.	20143466183
髋臼系统	美国 Smith & Nephew, Inc.	20143465626
缆索固定系统	德国 Waldemar Link GmbH & Co. KG	20143462470
缆线固定系统	瑞士 Synthes GmbH	20143460812
肋骨内固定系统	瑞士 Synthes GmbH	20143462907
硫酸钙(思迪骨粒和思迪骨粉)	英国 Biocomposites Ltd	20143462296
颅骨固定器	西班牙 Neos Surgery, S.L.	20143460824
颅骨修复用钛网	德国 STEMA Medizintechnik GmbH	20143464148
颅颌固定系统	美国 BIOMET MICROFIXATION	20143460918
颅-颌-面骨重建金属接骨板、接骨螺钉	德国 Normed Medizin-Technik GmbH	20143465893
颅颌面固定系统	美国 OsteoMed L.P.	20143461398
颅颌面接骨板	德国 STEMA Medizintechnik GmbH	20143461633
颅颌面接骨板(Synthes)	瑞士 Synthes GmbH	20143465029
颅颌面接骨螺钉	德国 STEMA Medizintechnik GmbH	20143464147
颅颌面外科内固定系统	瑞士 Synthes GmbH	20143462906
颅颌面用接骨螺钉	瑞士 Synthes GmbH	20143461027
颅颌面用锁定接骨螺钉	瑞士 Synthes GmbH	20143462891

疝修补平片和预载补片(Bard)	美国 Davol,Inc., Subsidiary of C.R.Bard, Inc.	20143460442
疝修补网织片(Bard Ventralex)	美国 Davol Inc. Subsidiary of C.R.Bard, Inc	20143462860
疝修补预裁补片(Bard SpermaTex)	美国 Davol,Inc., Subsidiary of C.R.Bard, Inc.	20143465622
上肢微型锁定钢板系统	美国 DePuy Orthopaedics, Inc.	20143462688
舌悬吊系统	美国 Medtronic Xomed Inc.	20143463355
肾动脉支架系统(CARBOSTENT RADIX2)	意大利 CID S.p.A.	20143463253
生物可吸收性涂层/永久性网片(Sepramesh IP)	美国 Davol Inc. Subsidiary of C.R.Bard, Inc.	20143463012
生物疝修补片(Biodesign Surgisis)	美国 Cook Biotech Incorporated	20143463414
生物型髋关节假体组件	法国 GROUPE LEPINE	20143463681
生物硬脑膜修补片(Biodesign Surgisis)	美国 Cook Biotech Incorporated	20143462661
食道支架系统(ALIMAXX-ES)	美国 Merit Medical Systems,Inc	20143460434
手骨重建金属接骨板、接骨螺钉	德国 NORMED Medizintechnik GmbH	20143464747
手外科固定系统	德国 Stryker Leibinger GmbH & Co.KG	20143461258
手外科固定系统	德国 Stryker Leibinger GmbH & Co.KG	20143461258
手外科内固定系统(LINOS)	德国 Gebrüder Martin GmbH & Co. KG	20143463361
输尿管支架(Contour)	美国 Boston Scientific Corporation	20143462525
输尿管支架(Percuflex Plus)	美国 Boston Scientific Corporation	20143462442
输尿管支架(Percuflex)	美国 Boston Scientific Corporation	20143462857
输尿管支架(Polaris Loop)	美国 Boston Scientific Corporation	20143462855
输尿管支架(Polaris Ultra)	美国 Boston Scientific Corporation	20143462854
输尿管支架(Stretch VL)	美国 Boston Scientific Corporation	20143462856
输尿管支架(优力欧)	德国 B. Braun Melsungen AG	20143460122
术中远程助手	澳大利亚 Cochlear Limited	20142462988
双极假体	美国 TGM MEDICAL, Inc.	20143465581
双极头(Self-Centering)	美国 DePuy Orthopaedics, Inc.	20143460806
双束重建股骨端固定系统	美国 DePuy Mitek	20143463413
髓内钉系统	瑞士 Synthes GmbH	20143460807
髓内钉系统	瑞士 Synthes GmbH	20143464093
髓腔塞	德国 Waldemar Link GmbH & Co. KG	20143464152
索绑系统(Pioneer)	美国 Pioneer Surgical Technology,Inc.	20143464537
锁定接骨板	瑞士 Synthes GmbH	20143460925
锁定接骨板	瑞士 Synthes GmbH	20143464711
锁定接骨板	瑞士 Synthes GmbH	20143464997
锁定接骨螺钉	瑞士 Swiss Pro Orthopedic SA	20143460944
锁定接骨螺钉	瑞士 Synthes GmbH	20143463756
锁定解剖型接骨板	瑞士 Swiss Pro Orthopedic SA	20143460940
锁定解剖型接骨板	瑞士 Swiss Pro Orthopedic SA	20143460942
锁定金属接骨板系统	美国 Biomet Trauma	20143463686
锁定金属接骨板系统(NCB)	瑞士 Zimmer GmbH	20143464114
锁定型金属接骨板螺钉系统(NCB)	瑞士 Zimmer GmbH	20143464616
锁定型金属接骨板系统	美国 Biomet Trauma	20143465586
锁定直型接骨板	瑞士 Swiss Pro Orthopedic SA	20143461623
锁扣带袢钛板(TightRope)	美国 Arthrex, Inc.	20143460436
钛合金带线锚钉(带针)(Twinfix)	美国 Smith & Nephew Inc.Endoscopy Division	20143464587
钛合金缝线锚钉	美国 Arthrex, Inc.	20143462448
钛笼	匈牙利 Mediox Orvosi Müszergyarto Kft	20143462871
钛锁定接骨板系统(PERI-LOC)	美国 Smith & Nephew, Inc.	20143464539
钛网	美国 OsteoMed L.P.	20143461399
钛网	德国 Waldemar Link GmbH &Co. KG	20143462863
钛网	美国 Biomet Microfixation	20143462864
陶瓷股骨头(BIOLOX DELTA)	美国 Smith & Nephew,Inc.	20143464645
套袖	美国 Smith & Nephew,Inc.	20143463251
条状人工骨	瑞士 Synthes GmbH	20143464983
听小骨假体	美国 Medtronic Xomed Inc.	20143463793
听小骨假体(宾格)	德国 Spiggle & Theis Medizintechnik GmbH	20143465615
通用脊柱骨折微创系统	瑞士 Synthes GmbH	20143463685
外固定器用骨针系列(BK 外固定器用骨针)	韩国 BK MEDITECH CO.,LTD	20143462689
外科补片	法国 Sofradim Production	20143460056(更)
外周血管支架系统(ISTHMUS LOGIC CARBOSTENT)	意大利 CID S.p.A.	20143464108
外周自膨式支架系统(ProtégéTM EverFlexTM)	美国 ev3,Inc.	20143461060

6854 手术室、急救室、诊疗室设备及器具

便携式电动吸引器	西班牙 HERSILL, S. L.	20142540175
便携式电动吸引器	西班牙 HERSILL, S. L.	20142540176
便携式电动吸引器	西班牙 HERSILL, S. L.	20142540177
便携式呼吸机	美国 Impact Instrumentation, Inc.	20143540077
便携式呼吸机	美国 Allied Healthcare Products Inc.	20143545738
便携式自动复苏器	日本 SHIN-EI INDUSTRIES, INC.	20142544730
病人转移设备	德国 MAQUET GmbH	20142543453
产床	美国 Stryker Medical	20142544156
持续正压通气呼吸机	美国 Somnetics International Inc.	20142541663
储药器(塑料储药器)	德国 Roche Diagnostics GmbH	20143543410
储液盒(CADD®)	美国 Smiths Medical ASD, Inc.	20143543357
储液盒(CADD®)	美国 Smiths Medical ASD, Inc.	20143543474
穿刺针定位系统	印度 Perfint Healthcare Pvt. Ltd	20143540390
电动分娩台	日本 タカラベルモント株式会社	20142544780
电动式切割吻合器	美国 Covidien llc	20143545528
电动手术台	德国 UFSK-International OSYS GmbH	20142541661
电动手术台	美国 STERIS CORPORATION	20142543452
电动手术台	德国 Schmitz und Sohne GmbH & Co. KG	20142544008
电动手术台(OPT)	意大利 OPT SurgiSystems S. r. l.	20142541676(更)
电动吸引器	挪威 Laerdal Medical AS	20142542390
电动液压手术床	德国 MAQUET GmbH	20142544305
电动液压手术台	日本 瑞穗医科工业株式会社/瑞穗医科工業株式会社	20142542358
电动液压手术台	美国 Umbel Corporation	20142544035
电动植皮刀(Zimmer)	美国 Zimmer Surgical, Inc.	20142541164
电动综合分娩产床	波兰 Zywiecka Fabryka Sprzetu Szpitalnego FAMED S. A w upadlosci likwidacyjnej	20142541681
电子注射器	韩国 Panace Co., Ltd.	20142544476
动力系统	瑞士 Bien-Air Dental SA	20142541162
动力系统(Colibri)	瑞士 Synthes GmbH	20142543172
动力装置	美国 BIOMET MICROFIXATION	20142542180
耳鼻喉手术导航系统(富德)	德国 Fiagon GmbH	20143540542
耳鼻喉手术导航系统(富德)	德国 Fiagon GmbH	20143540542
耳鼻喉综合诊疗工作站	德国 ATMOS Medizintechnik GmbH &Co. KG	20142540607
耳鼻喉综合治疗台	韩国 CHAMMED CO., LTD	20142543187
耳鼻喉综合治疗台	韩国 CHAMMED CO., LTD	20142543733
发光二极管手术无影灯	法国 Maquet SAS	20142543467
负压创伤治疗仪	美国 KCI USA, Inc	20142542917
负压创伤治疗仪	美国 KCI USA, Inc	20142542923
腹腔镜用气腹机	德国 W. O. M. World of Medicine GmbH	20142545805
功能神经外科生理导航系统	以色列 Alpha Omega Engineering Ltd.	20143542228
骨科手术导航系统	美国 MAKO Surgical Corp.	20143545526
骨组织活检器械	美国 Stryker Instruments	20143544735
灌肠器	韩国 NAECLEAR, INC	20142540743
灌注泵(CircuCool)	美国 Boston Scientific Corporation	20143540779
灌注泵管系统(商品名:Cool PointTM)	美国 Irvine Biomedical, Inc. a St. Jude Medical Company	20143542306
灌注泵管系统(商品名:Cool PointTM)	美国 Irvine Biomedical, Inc. a St. Jude Medical Company	20143542306
光疗灯	德国 Draeger Medical GmbH	20142541338
硅胶复苏器	挪威 Laerdal Medical AS	20142542880
呼吸鼻罩	美国 SleepNet Corporation	20142545554
呼吸回路	德国 Draeger Medical GmbH	20142542404
呼吸机	德国 WEINMANN Geraete für Medizin GmbH+Co. KG	20142540023
呼吸机	美国 Respironics, Inc	20142540174
呼吸机	美国 Respironics, Inc	20143540373
呼吸机	以色列 Flight Medical Innovations Ltd.	20143540374
呼吸机	瑞士 Hamilton Medical AG	20143540375
呼吸机	德国 Draeger Medical GmbH	20143540423
呼吸机	法国 Air Liquide Medical Systems S. A.	20143540539
呼吸机	德国 Weinmann Geraete für Medizin GmbH + Co. KG	20143540721
呼吸机	美国 Respironics, Inc	20142541005
呼吸机	美国 eVent Medical, Ltd.	20143541200

呼吸机	爱尔兰 eVent Medical Limited	20143541526
呼吸机	瑞士 Hamilton Medical AG	20143541939
呼吸机	以色列 GE Medical Systems Israel Limited	20143542007
呼吸机	英国 SLE Limited	20143542110
呼吸机	美国 Respironics, Inc.	20143542940
呼吸机	澳大利亚 ResMed Limited	20143542962
呼吸机	澳大利亚 ResMed Limited	20143542963
呼吸机	澳大利亚 ResMed Limited	20143542964
呼吸机	德国 ResMed Germany Inc.	20143542995
呼吸机	瑞典 Maquet Critical Care AB	20143543624
呼吸机	瑞典 Maquet Critical Care AB	20143543625
呼吸机	美国 DeVilbiss Healthcare LLC	20143544292
呼吸机	新西兰 FISHER & PAYKEL HEALTHCARE Ltd.	20142544365
呼吸机	德国 Heyer Medical AG	20143544591
呼吸机	澳大利亚 ResMed Limited	20143544594
呼吸机	美国 Respironics California, Inc.	20143544944
呼吸机	美国 Respironics, Inc.	20143545337
呼吸机	瑞士 Hamilton Medical AG	20143545419
呼吸机	德国 Weinmann Geraete für Medizin GmbH+Co.KG	20143545531
呼吸机	德国 Weinmann Geraete für Medizin GmbH+Co.KG	20143545695
呼吸机	美国 Covidien llc	20143545696
呼吸机	法国 ResMed Paris SAS	20143545984
呼吸面罩	新西兰 Fisher & Paykel Healthcare Limited	20142542848
呼吸面罩	美国 SleepNet Corporation	20142545553
呼吸器	美国 Impact Instrumentation, Inc.	20143540063
呼吸湿化器	新西兰 FISHER & PAYKEL HEALTHCARE Ltd.	20142543190
缓冲输卵管液培养液	美国 Sage In-Vitro Fertilization, Inc., A CooperSurgical Company	20143544525
急诊患者手推车	芬兰 Merivaara Corp.	20141542599
脊柱探针(PediGuard)	法国 SpineGuard, S.A.	20143544070
脊柱外科手术定位系统	以色列 Mazor Robotics Ltd.	20143544076
检查灯	德国 Herbert Waldmann GmbH &Co.KG	20142540216
脚踏开关	日本 奥林巴斯医疗株式会社	20142542808
经鼻通气套件	德国 F. Stephan GmbH Medizintechnik	20142542399(更)
精子冲洗培养液	美国 Sage In-Vitro Fertilization, Inc., A CooperSurgical Company	20143544531
精子分离上层梯度介质(Isolate)	美国 IRVINE SCIENTIFIC SALES CO., INC.	20143543668
精子分离下层梯度介质(Isolate)	美国 IRVINE SCIENTIFIC SALES CO., INC.	20143543669
精子梯度分离液(SpermGrad)	瑞典 Vitrolife Sweden AB	20143541046
精子显微操作液(ICSI)	瑞典 Vitrolife Sweden AB	20143546152
精子显微操作液(ICSI)	瑞典 Vitrolife Sweden AB	20143546152
静脉滴注控制设备(Drip Eye)	日本 株式会社パラマ・テック	20142545829
空气微尘粒子阻隔器	美国 Nimbic Systems, Inc.	20142542384
卵裂胚玻璃化复苏液(RapidWarm Cleave)	瑞典 Vitrolife Sweden AB	20143546236
卵裂胚玻璃化冷冻液(RapidVit Cleave)	瑞典 Vitrolife Sweden AB	20143546237
卵裂胚培养液	瑞典 Vitrolife Sweden AB	20143546169
卵裂培养液	澳大利亚 William A Cook Australia Pty Ltd	20143540052
卵裂输卵管液培养液	美国 Sage In-Vitro Fertilization, Inc., A CooperSurgical Company	20143544526
卵泡冲洗液	澳大利亚 William A Cook Australia Pty Ltd	20143540048
麻醉机	加拿大 Dameca A/S	20143540770
麻醉机	丹麦 Dameca A/S	20143540771
麻醉系统	美国 Datex-Ohmeda, Inc.	20143542837
麻醉系统	英国 Spacelabs Healthcare Ltd.	20143544287
麻醉系统	英国 Spacelabs Healthcare Ltd.	20143544290
麻醉系统	英国 Spacelabs Healthcare Ltd.	20143544405
麻醉系统	德国 Draeger Medical GmbH	20143545277
麻醉系统	美国 Datex-Ohmeda, Inc.	20143545300
脉冲冲洗手机及附件(Interpulse)	美国 Stryker Instruments	20142543133
面罩	澳大利亚 ResMed Limited	20142542620

钠石灰二氧化碳吸附剂(Sofnolime)	英国 Molecular Products Limited	20141540462
囊胚玻璃化复苏液(RapidWarm Blast)	瑞典 Vitrolife Sweden AB	20143546234
囊胚玻璃化冷冻液(RapidVit Blast)	瑞典 Vitrolife Sweden AB	20143546235
囊胚培养液	澳大利亚 William A Cook Australia Pty Ltd	20143540050
囊胚培养液	瑞典 Vitrolife Sweden AB	20143546170
囊胚输卵管液培养液	美国 Sage In-Vitro Fertilization, Inc., A CooperSurgical Company	20143544527
脑脊液引流泵(LiquoGuard 7)	德国 Moeller Medical GmbH	20143540511
内窥镜手术用动力系统(UNIDRIVE S III Neuro)	德国 Karl Storz GmbH & Co. KG	20142542569
内窥镜用冲洗吸引系统(HYSTEROMAT E.A.S.I)	德国 Karl Storz GmbH & Co. KG	20142540994
胚胎活检液	澳大利亚 William A Cook Australia Pty Ltd	20143540049
胚胎活检液(G-PGD)	瑞典 Vitrolife Sweden AB	20143544524
胚胎解冻液	美国 Sage In-Vitro Fertilization, Inc., A CooperSurgical Company	20143544530
胚胎冷冻液	美国 Sage In-Vitro Fertilization, Inc., A CooperSurgical Company	20143544529
胚胎移植液(胚胎胶)	瑞典 Vitrolife Sweden AB	20143546157
胚胎移植液(胚胎胶)	瑞典 Vitrolife Sweden AB	20143546157
胚胎转移导管	美国 Cook Incorporated	20142544620
配子缓冲液	澳大利亚 William A Cook Australia Pty Ltd	20143540053
配子准备液(mHTF)	美国 IRVINE SCIENTIFIC SALES CO., INC.	20143544534
膨宫泵	德国 W.O.M. WORLD OF MEDICINE AG	20142545245
气道管理系统	以色列 Hospitech Respiration Ltd.	20143545988
气动力系统(蛇牌)	德国 Aesculap AG	20142541978
气动系统(Maestro)	美国 Stryker Instruments	20142543511
气腹机	美国 SURGIQUEST, INC.	20142544025
气腹机	德国 MGB Endoskopische Gerate GmbH Berlin	20142544171
气腹机(Tetraflator30)	德国 WISAP Gesellschaft fur wissenschaftlichen Apparatebau mbH	20142540165
气腹机系统	德国 Karl Storz GmbH & Co. KG	20142545825
气管内通气装置及附件	德国 VBM Medizintechnik GmbH	20142546019
器皿冲洗液(G-RINSE)	瑞典 Vitrolife Sweden AB	20143546153
器皿冲洗液(G-RINSE)	瑞典 Vitrolife Sweden AB	20143546153
取卵-胚胎处理液	瑞典 Vitrolife Sweden AB	20143546158
取卵-胚胎处理液	瑞典 Vitrolife Sweden AB	20143546158
全脸面罩	美国 Respironics, Inc.	20142543376
全面罩	美国 Respironics, Inc.	20142546111
桡动脉压迫止血带(RadiStop)	瑞典 St. Jude Medical Systems AB	20142544734
热交换控制器	美国 ZOLL CIRCULATION, Inc.	20143543518
人工复苏器	美国 Mercury Medical	20142543775
射频灌注泵(Qiona)	德国 M&;ouml;ller Medical GmbH	20143545533
深呼吸训练器	美国 Teleflex Medical	20141541187
神经外科手术导航系统(外科机器人系统)	法国 MEDTECH S.A.S	20143544377
生物安全柜	西班牙 Telstar Industrial, S.L.	20143542830
生物安全柜	意大利 FASTER S.r.l.	20143544060
石蜡培养油(OVOILTM)	瑞典 Vitrolife Sweden AB	20143540447
手术导航系统	德国 XION GmbH	20143541931
手术台	德国 BERCHTOLD GmbH&Co.KG	20142545860
手术无影灯	德国 TRUMPF Medizin Systeme GmbH +Co.KG	20142541009
手术无影灯	德国 TRUMPF Medizin Systeme GmbH +Co.KG	20142541010
手术无影灯	美国 STERIS CORPORATION	20142543451
手术无影灯	法国 Maquet SAS	20142545956
受精培养液	澳大利亚 William A Cook Australia Pty Ltd	20143540051
受精-培养液(IVF)	瑞典 Vitrolife Sweden AB	20143546156
受精-培养液(IVF)	瑞典 Vitrolife Sweden AB	20143546156
授精输卵管液培养液	美国 Sage In-Vitro Fertilization, Inc., A CooperSurgical Company	20143544533
授精液	美国 IRVINE SCIENTIFIC SALES CO., INC.	20143544535
输送头	美国 Ultradent Products, Inc.	20141531473
输液泵	美国 Smiths Medical ASD, Inc.	20142540997

输液泵	韩国 ACE MEDICAL CO., LTD.	20142544357
输液管理套装和延长管(CADD)	美国 Smiths Medical ASD,Inc	20143540917
输注系统	德国 Roche Diagnostics GmbH	20143540813
双极电刀系统-双极镊(Codman)	美国 Codman & Shurtleff, Inc.	20142542398
梯度离心培养液	美国 Sage In-Vitro Fertilization,Inc., A CooperSurgical Company	20143544528
体外受精显微操作管	美国 Sunlight Medical, Inc.	20142545680
头灯系统	美国 QED Inc.	20141542386
图像引导穿刺工具定位系统	印度 Perfint Healthcare Pvt.Ltd.	20143546011
外科手术导航系统	德国 Brainlab AG	20143540007
外科手术导航系统	德国 Brainlab AG	20143540544
外科手术导航系统	德国 Brainlab AG	20143540777
无创呼吸机	德国 WEINMANN Geraete fur Medizin GmbH+Co. KG	20142540005
雾化器系统	美国 Respironics,Inc.	20142540993
吸入笑气镇痛装置(Digital MDM)	美国 Parker Hannifin Corp-Porter Instrument Division	20143546001
吸引器	德国 WEINMANN-Geraete für Medizin GmbH+Co.KG	20142540719
洗肠机	西班牙 Transcendencias Comerciales S.L.	20142541971
洗精液(SpermRinse)	瑞典 Vitrolife Sweden AB	20143546155
洗精液(SpermRinse)	瑞典 Vitrolife Sweden AB	20143546155
心肺复苏机	美国 BRUNSWICK BIOMEDICAL TECHNOLOGIES, INC	20143543988
胸部穿刺器(FLEXIPATH)	美国 Ethicon Endo-Surgery, LLC	20143540921
血管通路泵系统	瑞士 pfm medical cpp SA	20143544556
压力调节器	奥地利 Baxter AG	20142544298
眼科手术定位导航系统	德国 Alcon GPS - WaveLight GmbH	20143545676
眼科手术计划及导航系统	德国 Alcon GPS - WaveLight GmbH	20143546010
药物注射器	韩国 KMG Co. Ltd.	20143545995
液体管理和组织清创系统	美国 DePuy Mitek	20143545538
液压手术台	美国 Merivaara Corp.	20142545698
一次性清洗系统(Pulsavac Plus AC)	美国 Zimmer Orthopaedic Surgical Products	20142541861
一次性使用患者施给器	澳大利亚 Cyclomedica Australia Pty Ltd.	20141540135
一次性使用输注泵(商品名: NIPRO SUREFUSER +)	日本 ニプロ株式会社	20143541639
一次性使用输注泵(NIPRO SUREFUSER)	日本 ニプロ株式会社	20143541011
医用臭氧治疗仪	意大利 ECO3 di Sardi Franco	20143540729
医用电动床	波兰 FAMED ZYWIEC Sp. z o.o.	20142545108
医用制氧机	美国 AIRSEP CORPORATION	20142544228
胰岛素泵	美国 INSULET CORPORATION	20143541193
胰岛素笔(得时笔2(ClikSTAR))	德国 Sanofi-Aventis Deutschland GmbH	20142546187
婴儿辐射保暖台(Infa Warmer i)	日本 ATOM MEDICAL 株式会社	20143545989
婴儿呼吸机附件	美国 CareFusion	20142540468
婴儿培养箱(Dual Incu i)	日本 ATOM MEDICAL 株式会社/アトムメテイォル株式会社	20143541501
婴儿培养箱(Incu i)	日本 ATOM MEDICAL 株式会社/アトムメテイォル株式会社	20143545279
婴儿正压呼吸治疗系统	新西兰 FISHER &PAYKEL HEALTHCARE Ltd.	20143544279
婴儿正压通气控制器	德国 Medin Medical Innovations GmbH	20143540772
婴幼儿呼吸机	德国 Heinen+Lowenstein GmbH & Co.KG	20143544075
造影剂注射器	德国 ulrich GmbH & Co.KG	20142544818
造影剂注射器	德国 ulrich GmbH & Co.KG	20142545492
真空脚踏泵(Zimmer)	美国 Zimmer Surgical,Inc.	20142543156
支气管镜弯管	美国 Respironics,Inc.	20142542405
植皮机(MEEK)	荷兰 Humeca B.V.	20141542018
止血袖带(Zimmer)	美国 Zimmer Surgical, Inc.	20142546077
注射笔(普丽康)	美国 BD Medical-Pharmaceutical Systems	20142543489
注射器推动器(Rebiject II 自动注射器推动器)	瑞士 Ares Trading S.A.	20142545903
综合手术动力系统	美国 Medtronic Xomed, Inc	20142542159
综合手术动力系统	美国 Medtronic Xomed, Inc	20142542160
组合式电钻系统	瑞士 Synthes GmbH	20142543192
组织粉碎器	以色列 Lumenis Limited	20143540590
组织粉碎器	德国 Richard Wolf GmbH	20143544407
组织粉碎器	瑞士 NOUVAG AG	20143545280
组织粉碎器(TRUCLEAR)	美国 Smith & Nephew Inc.	20143542375
组织固定系统(Octopus)	美国 Medtronic Inc.	20142542300

组织培养油	美国 Sage In-Vitro Fertilization, Inc., A CooperSurgical Company	20143544532

6855 口腔科设备及器具

LED 光固化灯	德国 3M Deutschland GmbH	20142552041
不锈钢车针(LA Axxess)	美国 Ormco Corporation also trading as Sybron Endo	20142551349
不锈钢牙钻	瑞士 MAILLEFER INSTRUMENTS HOLDING Sarl	20142550907
超声波洁牙机	奥地利 W&H Dentalwerk Bürmoos GmbH	20142552984
超声波洁牙机(Cavitron BOBCAT Pro)	美国 DENTSPLY Professional	20142550008
超声洁牙机	瑞士 E.M.S. Electro Medical Systems S.A.	20142550001
超声洁牙机	瑞士 E.M.S. Electro Medical Systems S.A.	20142550002
超声洁牙机	瑞士 E.M.S. Electro Medical Systems S.A.	20142551513
车针	美国 Ultradent Products, Inc.	20142555016
充电式根管治疗机(Entran)	奥地利 W&H Dentalwerk Bürmoos GmbH	20142553991
电动马达	德国 Sirona Dental Systems GmbH	20142551751
电动马达(NBX)	日本 株式会社 中西	20142551412
电动式耳鼻喉科用诊疗椅	韩国 CHAMMED Co., LTD	20142554163
电动式口腔正畸辅助仪	美国 OrthoAccel Technologies, Inc.	20142554803
电子根尖定位仪	以色列 MedicNRG Ltd	20142555511
电子根尖定位仪	以色列 MedicNRG Ltd	20142555512
动力系统	瑞士 Bien-Air Dental SA	20142555807
高速气涡轮手机	日本 株式会社森田制作所/株式会社モリタ製作所	20142553262
高速气涡轮手机	奥地利 W&H Dentalwerk Bürmoos GmbH	20142553519
高速气涡轮手机	巴西 KaVo do Brasil Indústria e Comércio Ltda	20142554050
高速气涡轮手机	德国 Kaltenbach &;amp; Voigt GmbH	20142554294
高速气涡轮手机	日本 株式会社 中西/株式会社ナカニシ	20142555837
高速气涡轮手机	日本 株式会社 中西/株式会社ナカニシ	20142555839
高速气涡轮手机	德国 Kaltenbach & Voigt GmbH	20142555952
高速气涡轮手机	德国 Sirona Dental Systems GmbH	20142555957
高速气涡轮手机)	日本 株式会社 中西(株式会社ナカニシ)	20142555257
高速涡轮牙科手机	德国 MK-dent GmbH	20142550027
根管充填仪	美国 Obtura Spartan	20142551660
根管冲洗手机	德国 DüRR DENTAL AG	20143552204
根管锉针	美国 Ormco Corporation also trading as SybronEndo	20142554522
根管手机	美国 Ormco Corporation also trading as SybronEndo	20142553153
根管手机	德国 Kaltenbach &Voigt GmbH	20142554014
根管手机	德国 Kaltenbach & Voigt GmbH	20142554031
根管预备设备	瑞士 MAILLEFER INSTRUMENTS HOLDING SARL	20142550180
根管预备设备	美国 Ormco Corporation also trading as SybronEndo	20142551214
根管预备设备	美国 Ormco Corporation also trading as SybronEndo	20142554046
根管诊断设备	美国 Ormco Corporation also trading as SybronEndo	20142551523
根管治疗仪	德国 VDW GmbH	20142550169
根管治疗仪	日本 株式会社 中西/日本株式会社ナカニシ	20142555865
根管桩用牙钻(FRC Postec Plus Reamer)	列支敦士登 Ivoclar Vivadent AG	20142550828
根尖定位仪	瑞士 MAILLEFER INSTRUMENTS HOLDING SARL	20142550582
骨锯手机	德国 MEDICON eG	20142553504
光固化机	意大利 MECTRON S.p.A.	20142554217
光固化机	美国 Kerr Corporation	20142554464
光固化机	德国 Kaltenbach & Voigt GmbH	20142555958
机用根管锉(Endo-Eze TiLOS)	美国 Ultradent Products Inc.	20142552745
机用根管锉(Endo-Eze TiLOS)	美国 Ultradent Products Inc.	20142552745
金刚砂车针(牙科用金刚砂车针)	美国 A&M Instruments, Inc.	20142551022
金刚砂牙科车针	美国 Abrasive Technology, Inc.	20142556188
金刚砂牙科车针(LA Axxess)	美国 Ormco Corporation also trading as Sybron Endo	20142552319
口腔灯	美国 Pelton & Crane	20141550033
口腔灯	意大利 FARO SPA	20141550537
口腔检查灯	美国 DENTLIGHT INC.	20142555521
口腔科手术器械	德国 AESCULAP AG	20141552724
口腔照明灯(Luna Vue)	日本 株式会社モリタ製作所	20141550630

抛光手机	美国 Ultradent Products, Inc.	20142552174
抛光手机	德国 Kaltenbach &Voigt GmbH	20142554015
喷粉洁牙手机(Prophy-Mate neo)	日本 株式会社 中西/日本株式会社ナカニシ	20142553998
喷粉器	美国 3M ESPE Dental Products	20142556254
喷砂粉	美国 DENTSPLY Professional	20142551347
喷砂枪	瑞士 E.M.S. Electro Medical Systems S.A.	20142554283
气动马达	日本 株式会社 中西/株式会社ナカニシ	20142555318
气动喷砂机	意大利 MECTRON S.p.A.	20142552187
龋齿探测笔	德国 Kaltenbach & Voigt GmbH	20142550973
龋齿探测仪	德国 Sirona Dental Systems GmbH	20142551207
热牙胶充填机	韩国 B&L Biotech, Inc	20142553985
热牙胶充填机	韩国 B&L Biotech, Inc	20142553985
热牙胶充填机	韩国 B&L Biotech, Inc	20142553986
热牙胶充填机	韩国 B&L Biotech, Inc	20142553986
三用喷枪	日本 株式会社森田制作所	20142551413
三用喷枪喷头(一次性三用喷枪喷头)	法国 Produits Dentaires Pierre Rolland SAS	20141550498
三用喷枪喷头(一次性三用喷枪喷头)	法国 Produits Dentaires Pierre Rolland SAS	20141550498
声波洁牙机	德国 Gebr. Brasseler GmbH &Co. KG	20142550029
手术用钻(DASK)	韩国 Dentium Co.,Ltd.	20142550141
碳化钨牙钻	瑞士 MAILLEFER INSTRUMENTS HOLDING Sarl	20142550909
唾液吸引头	美国 Hu-Friedy Mfg. Co., LLC	20141550508
弯手机	日本 株式会社 中西/株式会社ナカニシ	20142554424
钨钢车针	美国 Kerr Corporation	20142551877
钨钢车针	美国 Kerr Corporation	20142554601
吸唾管	意大利 EURONDA SPA	20141551048
纤维桩配套用扩孔钻	美国 Kerr Corporation also trading as Pentron Clinical	20142555017
牙科低压电动马达	意大利 TEKNE DENTAL SRL	20142554023
牙科低压电动马达(TORX TR-9)	日本 株式会社森田制作所	20142551211
牙科光固化机(Palmlight 10)	美国 CAO Group, Inc.	20142552033
牙科金刚砂车针	瑞士 Coltène/Whaledent AG	20142550132
牙科空气压缩机	德国 DüRR DENTAL AG	国械备20140085号
牙科空压机	德国 KAESER KOMPRESSOREN GmbH	20141550998
牙科马达	奥地利 W&H Dentalwerk Bürmoos GmbH	20142555824
牙科气动马达	奥地利 W&H Dentalwerk Bürmoos GmbH	20142554496
牙科气动马达(DynaLED M205LG)	日本 株式会社 中西/株式会社ナカニシ	20142554048
牙科手机	德国 Sirona Dental Systems GmbH	20142550037
牙科手机	奥地利 W&H Dentalwerk Bürmoos GmbH	20142553502
牙科手机	奥地利 W&H Dentalwerk Bürmoos GmbH	20142554408
牙科手机	奥地利 W&H Dentalwerk Bürmoos GmbH	20142554946
牙科手机	法国 Anthogyr SAS	20142555938
牙科手机	奥地利 W&H Dentalwerk Bürmoos GmbH	20142555941
牙科手机(TORQTECH)	日本 株式会社森田制作所	20142551666
牙科弯手机	德国 Kaltenbach & Voigt GmbH	20142550011
牙科弯手机	德国 Kaltenbach & Voigt GmbH	20142554013
牙科弯手机	德国 Kaltenbach & Voigt GmbH	20142554030
牙科弯手机	德国 Kaltenbach & Voigt GmbH	20142554032
牙科弯手机	法国 Anthogyr SAS	20142555937
牙科弯手机	法国 Anthogyr SAS	20142555939
牙科弯手机	法国 Anthogyr SAS	20142555940
牙科钨钢车针	瑞士 Coltène/Whaledent AG	20142550131
牙科修复体设计系统	德国 Sirona Dental Systems GmbH	20142551981
牙科用数字印模仪(TRIOS)	丹麦 3Shape TRIOS A/S	20142555248
牙科种植机	韩国 Dentium Co.,Ltd.	20142550178
牙科种植手机	奥地利 W&H Dentalwerk Bürmoos GmbH	20142555942
牙科种植用牙钻	韩国 DIO Corporation	20142551310(更)
牙科综合治疗机	意大利 CEFLA S.C.	20142551683
牙科综合治疗机	意大利 CEFLA S.C.	20142555249
牙科综合治疗台	日本 株式会社モリタ東京製作所	20142550173
牙科综合治疗台	韩国 Shinhung Co., Ltd.	20142550525
牙科综合治疗台	德国 Kaltenbach & Voigt GmbH	20142551668

牙科综合治疗台	德国 Sirona Dental Systems GmbH	20142551752
牙科综合治疗台	日本 株式会社モリタ東京製作所	20142553263
牙科综合治疗台	意大利 CEFLA S.C.	20142554021
牙科综合治疗台	美国 A-Dec Inc.	20142555308
牙科综合治疗台	意大利 CEFLA S.C.	20142555437
牙科综合治疗台(安福士)	意大利 CEFLA S.C.	20142550018
牙科综合治疗台(安福士)	意大利 CEFLA S.C.	20142550335
牙科综合治疗台(赛特伟邦)	意大利 CEFLA S.C.	20142550336
牙科钻头	瑞典 Nobel Biocare AB	20142553436
牙科钻头	以色列 MIS Implants Technologies Ltd.	20142553826
牙科钻头	意大利 JDentalCare S.r.l	20142554607
牙科钻头(牙科钻头)	瑞士 Institut Straumann AG	20142550128
牙钻	瑞士 Institut Straumann AG	20142550482
牙钻	德国 Medentis medical GmbH	20142550827
牙钻	意大利 ORNAGHI LUIGI & C.s.n.c.	20142551354
牙钻	韩国 CSM Implant	20142554609
牙钻	瑞士 Harald Nordin SA	20142555544
牙钻	瑞士 Dr. Ihde Dental AG	20142555556
牙钻(camlog)	德国 ALTATEC GmbH	20142553000
牙钻(UniCore)	美国 Ultradent Products Inc.	20142556078
正畸支抗配套用钻	美国 Ormco Corporation	20142555015
直手机	日本 株式会社 中西/株式会社ナカニシ	20142554817
直手机	日本 株式会社 中西(株式会社ナカニシ)	20142555106
种植手机	德国 Kaltenbach & Voigt GmbH	20142553806
种植手术用牙钻	美国 Basic Dental Implant Systems, Inc.	20142552453
种植体手术用牙钻	韩国 SHINHUNG MST Co.,LTD	20142550469
种植体手术用牙钻	瑞士 Biodenta Swiss AG	20142553435
种植体手术用牙钻	以色列 ADIN DENTAL IMPLANT SYSTEMS LTD.	20142554521
种植体手术用牙钻	日本 京セラメディカル株式会社	20142554608
种植体手术用牙钻	瑞士 Thommen Medical AG	20142556154
种植体手术用牙钻	瑞士 Thommen Medical AG	20142556154
种植体手术用牙钻及其配件	瑞士 Thommen Medical AG	20142554513
种植系统用钻	德国 DENTSPLY Implants Manufacturing GmbH	20142552680
种植用弯手机	德国 Kaltenbach & Voigt GmbH	20142554400
种植用弯手机	日本 株式会社 中西(株式会社ナカニシ)	20142555263
种植用直手机	德国 Kaltenbach &Voigt GmbH	20142554399

6856 病房护理设备及器具

ARTAS 患者用椅	美国 Restoration Robotics, Inc.	20141560036
病人推车	意大利 Spencer Italia s.r.l.	20141562743
产床	芬兰 Merivaara Corp.	20142565811
床垫	瑞典 ArjoHuntleigh AB	20141561779
电动病床	法国 HILL-ROM S.A.S	20142560168
电动充气防褥疮床垫	捷克共和国 Linet spol. s.r.o.	20142565433
电动充气防褥疮床垫	捷克共和国 Linet spol. s r.o.	20142566086
电动床	瑞典 ArjoHuntleigh AB	20142565934
电动床	瑞典 ArjoHuntleigh AB	20142565936
电动轮椅车	瑞典 Permobil AB	20142566091
电动轮椅车	瑞典 Permobil AB	20142566092
电动轮椅车	瑞典 Permobil AB	20142566093
电动轮椅车	瑞典 Permobil AB	20142566094
电动轮椅车	瑞典 Permobil AB	20142566095
电动轮椅车	瑞典 Permobil AB	20142566096
电动医用床(EnterpriseTM)	瑞典 ArjoHuntleigh AB	20142562391
吊顶式病人移位机	丹麦 V. Guldmann A/S	国械备 20140050 号
防褥疮床垫	丹麦 Safe4care ApS	20141562738
防褥疮床垫	瑞典 ArjoHuntleigh AB	20142565250
防褥疮床垫	瑞典 ArjoHuntleigh AB	20142565251
防褥疮床垫	德国 Eurofoam GmbH	国械备 20140058 号

呼吸面罩	新西兰 Fisher & Paykel Healthcare Limited	20142561797
呼吸湿化器	新西兰 FISHER & PAYKEL HEALTHCARE Ltd.	20142560331
泌尿系统检查治疗电动床	德国 Siemens AG	20142563147
面罩	澳大利亚 ResMed Limited	20142560279
面罩	德国 Weinmann Geraete für Medizin GmbH+Co.KG	20142561449
面罩	德国 Weinmann Geraete für Medizin GmbH + Co.KG	20142561452
面罩及附件	澳大利亚 ResMed Limited	20142560278
面罩及附件	澳大利亚 ResMed Limited	20142560280
全面罩	美国 Respironics, Inc.	20142566109
全面罩(PerforMax 全面罩 PerforMax Total Face Mask)	美国 Respironics, Inc.	20142566135
雾化装置及配件	英国 Intersurgical Ltd	20142560060
一次性使用输氧面罩	英国 Flexicare Medical Ltd	20141560467
医用床	德国 Volker GmbH	20142562380
医用床	德国 Volker GmbH	20142562381
医用电动床	美国 Stryker Medical	20142566088
医用控温仪系统(Blanketrol)	美国 Cincinnati Sub-Zero Products, Inc.	20142564462
医用治疗椅	澳大利亚 Fresenius Medical Care Seating (Australia) Pty Ltd	20142561003
移动式病人移位机	丹麦 V. Guldmann A/S	国械备 20140051 号
移位机	丹麦 ERGOLET A/S	20141560026
移位机	丹麦 ERGOLET A/S	国械备 20140053 号
振动正压通气治疗系统(Portex® acapella®)	美国 Smiths Medical ASD, Inc.	20142561454
正压通气套装(Flow Safe II)	美国 Mercury Medical	20142561417

6857 消毒和灭菌设备及器具

超声波清洗机	英国 医安公司	20141572035
超声波清洗器	德国 Elma Hans Schmidbauer GmbH & Co.KG	20141572352
超声波清洗装置	日本 技研工業株式会社	20141572039
超声清洗机	意大利 LIARRE S.r.l.	国械备 20140052 号
超声清洗器	英国 KeyMed(Medical and Industrial Equipment)Ltd	20141571760
导管消毒连接器	美国 Catheter Connections, Inc	20143571632
环氧乙烷灭菌器(STERI-VAC)	美国 3M Health Care	20142571327
灭菌器	墨西哥 STERIS MEXICO, S.de R.L.de C.V.	20142572357
灭菌器(Getinge)	瑞典 Getinge Sterilization AB	20142571171
内镜清洗消毒机	美国 Medivators Inc.	20142574402
内镜清洗消毒机	美国 Medivators Inc.	20142575523
内镜清洗消毒机(ENDOCLENS-NSX)	美国 Advanced Sterilization Products	20142574234
内窥镜清洗消毒机	美国 Medivators Inc.	20142574219
内窥镜自动清洗消毒机	日本 株式会社大和制作所	20142576196
清洗消毒机	德国 Miele & Cie.KG	20142574792
清洗消毒机	德国 Miele & Cie.KG	20142575247
清洗消毒机	加拿大 SCICAN LTD	20142575951
全自动内窥镜清洗消毒机	美国 Medivators Inc.	20142572585
小型蒸汽灭菌器	瑞典 Getinge Skarhamn AB	20142575859
压力蒸汽灭菌器	瑞典 Getinge Sterilization AB	20142575254
医用臭氧治疗仪	西班牙 SEDECAL	20143572947
蒸汽消毒器	瑞典 Getinge Sterilization AB	20142574784

6858 医用冷疗、低温、冷藏设备及器具

低温保存箱	美国 Thermo Fisher Scientific (Asheville) LLC	20142581754
低温保存箱	美国 Thermo Fisher Scientific (Asheville) LLC	20142581754
接触式速冻箱	卢森堡 Dometic S.à r.l.	20142584790
解热贴	日本 久光製薬株式会社	国械备 20140094 号
解热贴	日本 久光製薬株式会社	国械备 20140095 号
冷冻除疣喷雾剂	荷兰 Koninklijke Utermohlen N.V.	20142582748
冷冻除疣喷雾剂	荷兰 Koninklijke Utermohlen N.V.	20142582748
冷冻外科装置	美国 MedGyn Products Inc.	20142580985
冷冻消融针	以色列 Galil Medical	20143584592
器官保存液	美国 Organ Recovery Systems Inc.	20143586225

器官保存液	美国 Organ Recovery Systems Inc.	20143586226
头皮冷却系统	瑞典 Dignitana AB	20142581000
血浆冷冻保存箱	美国 Helmer Inc.	20142585432
血液冷藏箱	美国 Thermo Fisher Scientific (Asheville) LLC	20142585813

6863 口腔科材料

Ⅱ类错(牙合) 矫治器	美国 3M Unitek Corporation	20142630133
包埋料	德国 Heraeus Kulzer GmbH	20141631314
包埋料	德国 Heraeus Kulzer GmbH	20141631315
保护帽	韩国 Dentium Co.,Ltd	20142631451
玻璃离子水门汀	日本 株式会社松风	20143635637
玻璃离子水门汀(FUJI PLUS)	日本 GC Corporation	20143636026
玻璃离子水门汀(Medicem)	德国 Promedica Dental Material GmbH	20143630928
玻璃离子水门汀(而至富士 IX GP CAPSULE)	日本 株式会社ジーシー(GC Corporation) 株式会社而至	20143634661
玻璃离子修复材料	德国 DENTSPLY DeTrey GmbH	20143633881
不锈钢正畸丝	美国 American Orthodontics Corp	20142631312
常速凝固印模材料	美国 DENTSPLY Caulk	20142635642
齿科纯钛材料	德国 Kaltenbach&Voigt GmbH	20142633779
齿科磁性附着体(MAGFIT EX)	日本 愛知製鋼株式会社	20142630295
齿科根管充填材料	德国 Colt& /Whaledent GmbH+Co.KG	20143636058
齿科根管充填材料	德国 Coltène/Whaledent GmbH+Co.KG	20143636058
齿科根管调节剂(Glyde)	瑞士 MAILLEFER INSTRUMENTS HOLDING Sarl	20143633873
齿科烤瓷合金	德国 Adentatec GmbH	20142630145
齿科烤瓷合金	美国 Ivoclar Vivadent, Inc.	20142633388
齿科烤瓷合金	德国 BK Giulini GmbH	20142636080
齿科抛光膏	美国 DENTSPLY Caulk	20142632456
齿科抛光膏	瑞士 KerrHawe S.A.	20142634518
齿科抛光膏	瑞士 KerrHawe S.A.	20142634519
齿科水门汀	德国 Hoffmann Dental Manufaktur GmbH	20143633631
齿科水门汀(泰姆)	德国 DMG Chemisch-Pharmazeutische Fabrik GmbH	20143631866
齿科藻酸盐印模材料	荷兰 Cavex Holland B.V.	20142633448
齿科铸造合金	德国 DeguDent GmbH	20142634659
齿科铸造用纯钛	日本 株式会社ニッシン	20142630078
纯钛人工牙种植体	瑞士 Dr. Ihde Dental AG	20143633629
纯钛人工牙种植体(Cowellmedi 纯钛人工牙种植体)	韩国 Cowell Medi Co., Ltd.	20143635971
打磨抛光系统	美国 3M ESPE Dental Products	20141631791
单组分光固化自酸蚀粘接剂(One Coat 7.0)	瑞士 Coltène/Whaledent AG	20143632663
弹性体印模材料	德国 Heraeus Kulzer GmbH	20142635608
非丁香酚临时水门汀(NETC)	韩国 META BIOMED CO., LTD.	20142633010
非贵烤瓷合金	美国 Ivoclar Vivadent, Inc.	20142632901
非金属正畸托槽	美国 3M Unitek Corporation	20142634830
非金属正畸托槽(非金属自锁托槽)	美国 3M Unitek Corporation	20142631351
缝隙封闭糊剂(OraSeal)	美国 Ultradent Products, Inc.	20142633794
氟保护剂(Fluor Protector N)	列支敦士登 Ivoclar Vivadent AG	20142633820
氟保护凝胶	列支敦士登 Ivoclar Vivadent AG	20143631401
复合树脂(SureFil)	美国 DENTSPLY Caulk	20143633475
复合树脂(可乐丽菲露 遮色剂)	日本 可乐丽医疗器材株式会社(クラレメディカル株式会社)	20143632881
复合树脂修复材料	澳大利亚 SDI Limited	20143635603
复合树脂粘合剂(可乐丽菲露 SAC)	日本 可乐丽则武齿科株式会社	20143634825
复合树脂桩核材料(ParaCore)	瑞士 Coltène/Whaledent AG	20143630074
覆盖螺丝	韩国 DIO Corporation	20143632440
高分子绷带和夹板(Prime 高分子绷带和夹板)	韩国 Prime Medical Inc	20141632693
根管清洗糊剂	韩国 META BIOMED CO., LTD.	20142634761
根管润滑剂	美国 Ultradent Products, Inc.	20142633532
根管桩	意大利 OVERFIBERS S. r. l.	20143633353
钴铬合金	德国 DFS-DIAMON GmbH	20142636145
冠桥通用铸造合金	美国 Ivoclar Vivadent, Inc.	20142634613
光固化玻璃离子水门汀	美国 3M ESPE Dental Products	20143634831
光固化复合树脂	瑞士 Produits Dentaires SA	20143634143

临时冠桥(珞赛特)	德国 DMG Chemisch-Pharmazeutische Fabrik GmbH	20143631026
临时冠桥材料	德国 Bisico Bielefelder Dentalsilicone GmbH &Co. KG	20142630293
临时冠桥树脂	美国 Pulpdent Corporation	20142634598
临时冠桥树脂材料	德国 3M Deutschland GmbH	20142630296
临时基台及愈合帽	德国 BEGO Implant Systems GmbH & Co. KG	20143631637
流动性复合树脂修复材料	美国 Kerr Corporation	20143633642
流体树脂(Esthet-X Flow)	美国 DENTSPLY Caulk	20143631868
模型用丙烯酸树脂(GC PATTERN RESIN)	日本 株式会社ジーシーデンタルプロダクツ	20143636064
模型用丙烯酸树脂(GC PATTERN RESIN)	日本 株式会社ジーシーデンタルプロダクツ	20143636064
抛光膏	美国 PREMIER DENTAL PRODUCTS CO.	20142636123
抛光器(Jiffy Polishers)	美国 Ultradent Products, Inc.	20141631322
抛光刷	美国 Ultradent Products, Inc.	20142634126
喷粉除斑器	德国 Kaltenbach & Voigt GmbH	20142633997
起搏导线导丝	美国 St.Jude Medical Cardiac Rhythm Management Division	20142635632
亲水加聚型硅橡胶印模材料	德国 3M Deutschland GmbH	20142634759
氢氟酸凝胶(IPS Ceramic Etching gel)	列支敦士登 Ivoclar Vivadent AG	20142630829
氢氧化钙临时冠桥粘接剂	德国 VOCO GmbH	20142631628
琼脂印模材料(寒天印象材 海神)	日本 株式会社デントロケミカル	20142636067
琼脂印模材料(寒天印象材 海神)	日本 株式会社デントロケミカル	20142636067
全瓷义齿用氧化锆瓷块及配套用染色液(丹特仕)	瑞士 Biodenta Swiss AG	20142633538
人工牙种植体	德国 Medentis medical GmbH	20143632811
人工牙种植体(Straumann ROXOLID 种植体)	瑞士 Institut Straumann AG	20143633853
软质氧化锆坯料	德国 Kaltenbach&Voigt GmbH	20142631794
软质氧化锆坯料	德国 Kaltenbach & Voigt GmbH	20142633886
烧结膏(IPS Object Fix)	列支敦士登 Ivoclar Vivadent AG	20141632274
舌侧正畸矫治器	德国 TOP-Service für Lingualtechnik GmbH	20142634596
树脂充填材料(Filtek P90 低聚合收缩后牙充填材料)	美国 3M ESPE Dental Products	20143632467
树脂基托材料(SR Ivocap High Impact)	列支敦士登 Ivoclar Vivadent AG	20143636240
双固化树脂粘固剂	墨西哥 Conamco S.A. de C.V.	20143635563
双固化树脂粘固剂(布费时)	德国 VOCO GmbH	20143631298
塑料托槽	美国 American Orthodontics	20142634649
酸蚀剂	列支敦士登 Ivoclar Vivadent AG	20142630792
陶瓷托槽	美国 Dentsply GAC International	20142631232
陶瓷托槽(Clarity ADVANCED 陶瓷托槽)	美国 3M Unitek Corporation	20142632847
填压式后牙专用树脂(X-tra fil)	德国 VOCO GmbH	20143635655
贴面树脂(REVEAL)	美国 BISCO, INC.	20143630619
贴面粘固剂和试色糊剂	美国 3M ESPE Dental Products	20143636061
贴面粘固剂和试色糊剂	美国 3M ESPE Dental Products	20143636061
通用树脂粘合剂系统	美国 Kerr Corporation	20143630933
通用粘接系统(Single bond 通用粘接系统)	德国 3M Deutschland GmbH	20143636221
脱敏剂(Systemp.desensitizer)	列支敦士登 Ivoclar Vivadent AG	20142632600
脱敏剂(双氟 12)	德国 VOCO GmbH	20142633399
窝沟封闭剂	美国 3M ESPE Dental Products	20142631627
吸潮纸尖	韩国 META BIOMED CO., LTD.	国械备 20140199 号
纤维带	美国 Ribbond, Inc.	20143633643
纤维桩(FIBERCONE)	法国 R.T.D	20143630143
纤维桩(GLASSIX)	瑞士 Harald Nordin SA	20143631030
纤维桩(Macro-Lock Post Illusion X-RO)	法国 R.T.D	20143630142
橡皮障夹子	美国 Hu-Friedy Mfg. Co., LLC	20141630936
牙齿美白胶	美国 Ultradent Products Inc.	20143633407
牙齿美白胶	德国 S&C PolymerSilicon- und Composite-Spezialitaten GmbH	20143636245
牙齿美白胶(Opalescence Boost)	美国 Ultradent Products Inc.	20143633837
牙齿脱敏剂	韩国 NIBEC Jincheon Factory Co., Ltd.	20143631268
牙胶尖	韩国 SURE DENT CORPORATION	20143633850
牙科复合树脂充填材料(SwissTec Composite)	瑞士 Coltene/Whaledent AG	20143636062
牙科复合树脂充填材料(SwissTec Composite)	瑞士 Coltene/Whaledent AG	20143636062
牙科复合树脂暂时冠/桥材料(Cool Temp NATURAL)	瑞士 Coltène/Whaledent AG	20142634754
牙科骨粉	德国 RIEMSER Pharma GmbH	20143634755
牙科光固化复合树脂(Composan LCM)	德国 Promedica Dental Material GmbH	20143634680
牙科硅橡胶弹性印模材料	瑞士 Coltène/Whaledent AG	20142634766

牙科精密附着体	美国 Zest Anchors, LLC	20142630466
牙科烤瓷合金 钴铬合金(Keragen®	德国 Eisenbacher Dentalwaren ED GmbH	20142636179
牙科喷砂粉	瑞士 E.M.S.ELECTRO MEDICAL SYSTEMS S.A.	20142631805
牙科全瓷瓷块(易美)	列支敦士登 Ivoclar Vivadent AG	20142636059
牙科全瓷瓷块(易美)	列支敦士登 Ivoclar Vivadent AG	20142636059
牙科石膏	德国 dentona AG	国械备 20140089 号
牙科树脂水门汀	美国 Kerr Corporation	20143633781
牙科钛金属	德国 Dentaurum GmbH & Co.KG	20142633371
牙科窝沟封闭剂(Pulpdent Seal Rite Low Viscosity)	美国 Pulpdent Corporation	20142633895
牙科用光固化树脂	韩国 Vericom Co., Ltd.	20143634758
牙科用磷酸酸蚀剂	韩国 SPIDENT CO.,LTD	20142631323
牙科用树脂粘结剂(Dentin/Enamel Bonding Agent(Primer))	美国 Scientific Pharmaceuticals, Inc.	20143631042
牙科粘合剂(Prime & Bond NT)	德国 DENTSPLY DeTrey GmbH	20143630791
牙科粘接剂	美国 Kerr Corporation	20143636238
牙科粘接剂(Tetric N-Bond)	列支敦士登 Ivoclar Vivadent AG	20143632322
牙科正畸装置(无缝带环)	日本 トミー株式会社	20142630927
牙科种植体	美国 Implant Direct Sybron Manufacturing LLC	20143630847(更)
牙科种植体	美国 Zimmer Dental Inc.	20143631626(更)
牙科种植体	韩国 DIO Corporation	20143633860
牙科种植体及附件(BEGO Semados® Implant TiPurePlus)	德国 BEGO Implant Systems GmbH & Co. KG	20143635002
牙科种植体套装(Omni-Tight)	美国 Basic Dental Implant Systems, Inc.	20143636060
牙科种植体套装(Omni-Tight)	美国 Basic Dental Implant Systems, Inc.	20143636060
牙科种植体系统	美国 HIOSSEN,INC.	20143634551
牙科种植体系统(NobelActive)	瑞典 Nobel Biocare AB	20143630504
牙科铸造合金 钴铬合金(Robur 400®)	德国 Eisenbacher Dentalwaren ED GmbH	20142636180
牙釉质研磨膏(Opalustre)	美国 Ultradent Products Inc.	20142630795
牙种植体附件	德国 DENTSPLY Implants Manufacturing GmbH	20143632886
牙种植体系统	意大利 ORNAGHI LUIGI & C.S.n.c.	20143633013
研磨材料	日本 株式会社 昭研	20141631311
研磨材料	日本 马尼株式会社	国械备 20140057 号
研磨刷(STARbrush)	美国 Ultradent Products Inc.	20141632607
氧化锆瓷块及染色剂	德国 3M Deutschland GmbH	20142632626
氧化锆内冠用饰面陶瓷材料(CERABIEN ZR)	日本 クラレノリタケデンタル株式会社(可乐丽则武齿科株式会社)	20142631024
氧化铝内冠用饰面陶瓷材料(CERABIEN)	日本 クラレノリタケデンタル株式会社(可乐丽则武齿科株式会社)	20142631025
一步自酸蚀粘结剂	列支敦士登 IvoclarVivadentAG	20143635630
义齿基托聚合物(Re-fine Bright)	日本 山八齿材工业株式会社 山八歯材工業株式会社	20143634638
义齿基托树脂	美国 DENTSPLY International Inc.Prosthetics Division	20143630306
义齿软衬材料	德国 DMG Chemisch-Pharmazeutische Fabrik GmbH	20143635645
义齿稳固粉(齿固佳)	德国 Queisser Pharma GmbH &Co. KG	20142632451
义齿稳固剂(Denture Mate C)	日本 株式会社共和	20142632677
义齿稳固剂(齿固佳)	德国 Queisser Pharma GmbH & Co. KG	20142633771
银粉玻璃离子水门汀(而至 Miracle Mix)	日本 株式会社ジーシー	20143635236
硬质树脂牙(DURACROSS PHYSIO)	日本 株式会社ニッシン	20143630920
愈合帽	德国 ALTATEC GmbH	20143631638
暂封性根管充填材料	韩国 Vericom Co., Ltd.	20143634127
暂时粘固用氧化锌丁香酚水门汀	美国 Kerr Corporation	20142630291
则武氧化锆内冠材料	日本 可乐丽则武齿科株式会社	20142635032
粘合剂(可乐丽菲露 DC BOND)	日本 可乐丽则武齿科株式会社(クラレノリタケデンタル株式会社)	20143631380
粘接用玻璃离子水门汀	日本 株式会社ジーシー	20143636190
粘结剂(Solobond M)	德国 VOCO GmbH	20143634828
正畸颊面管	美国 Ormco Corporation	20142630297
正畸颊面管	美国 Ormco Corporation	20142634675
正畸螺钉	德国 Dentaurum GmbH & Co. KG	20143631894
正畸丝	美国 MASEL Enterprises	20142631375
正畸丝	美国 Ormco Corporation	20142632673
正畸丝	美国 Ormco Corporation	20142633383
正畸丝	美国 Ormco Corporation	20142634706
正畸丝(FORESTADENT)	德国 Bernhard Forster GmbH	20142634597
正畸陶瓷托槽	美国 Ormco Corporation	20142632318
正畸用带环和颊面管	美国 3M Unitek Corporation	20142631864

正畸预处理剂	美国 Ormco Corporation	20142630810
正畸粘接剂	墨西哥 Conamco S.A. de C.V.	20142634512
正畸粘接剂(System 1+)	美国 Ormco Corporation	20142630300
正畸粘接剂系统(Grengloo)	美国 Ormco Corporation	20142630302
正畸支抗	美国 Ormco Corporation	20143631037
正畸支抗系统	瑞士 Synthes GmbH	20143633345
正畸自锁颊面管	美国 Ormco Corporation	20142632410
支架铸造合金(TUFF COBALT)	日本 株式会社 RUBY 株式会社ルビー	20142634760
止血排龈膏	美国 Premier Dental Products Company	20143633888
止血排龈凝胶(ViscoStat Clear)	美国 Ultradent Products Inc.	20143631303
种植体	美国 Biomet 3i	20143631013(更)
种植体	韩国 Osstem Implant Co., Ltd.	20143632450
种植体、基台及配件(EZ Plus)	韩国 MegaGen Implant Co.,Ltd.	20143635021
种植体、基台及配件(Rescue)	韩国 MegaGen Implant Co.,Ltd.	20143634832
种植体附件	瑞士 Institut Straumann AG	20143634836
种植体附件(Locator)	美国 Zest Anchors, LLC	20143635005
种植体配套用基台(Locator)	美国 Zest Anchors, LLC	20143635006
种植体配套用基台及附件	德国 ALTATEC GmbH	20143635570
种植体配套用基台及螺丝	韩国 InnoBioSurg Co., Ltd.	20143630620
种植体系统	韩国 InnoBioSurg Co.,Ltd.	20143631859
种植体系统	韩国 DIO Corporation	20143631960
种植体系统	韩国 Osstem Implant Co.,Ltd.	20143633667
种植体系统(CSM Implant)	韩国 CSM Implant	20143633672
种植体系统配件(ANKYLOS)	德国 DENTSPLY Implants Manufacturing GmbH	20143634670
种植体支抗	韩国 OSSTEM IMPLANT Co., Ltd.	20143633650
专业牙齿美白剂(VivaStyle Paint On Plus)	列支敦士登 Ivoclar Vivadent AG	20143630801
锥形玻璃纤维复合树脂桩(珞赛-纤维桩)	德国 DMG 化学医药集团公司	20143633634
自酸蚀处理剂及粘接剂(P90 粘接系统)	德国 3M Deutschland GmbH	20143633872
自酸蚀粘结剂(福托邦)	德国 VOCO GmbH	20143635656

6864 医用卫生材料及敷料

0.9%等渗盐水凝胶(美诺佳)	瑞典 Molnlycke Health Care AB	20143641342
20%高渗盐水凝胶(美清佳®)	瑞典 Molnlycke Health Care AB	20143641343
Invotec 聚乙烯醇鼻腔止血海绵	美国 INVOTEC INTERNATIONAL, INC.	20142644625
疤痕贴	美国 BIODERMIS CORP.	20142643374
疤痕修复贴	韩国 Hans Biomed Corp.	20142643476
薄膜伤口敷贴(美舒安)	瑞典 Molnlycke Health Care AB	20142642522
绷带	德国 3M Deutschland GmbH	国械备 20140096 号
绷带	德国 3M Deutschland GmbH	国械备 20140097 号
创口贴片(海王星)	美国 TZ Medical, Inc	20142640897
创面敷料(CHUSHAVAN)	日本 ニチバン株式会社	20142642699
创面敷料(INJECTION PAD)	日本 ニチバン株式会社	20142642702
创面敷料(STEPTY)	日本 ニチバン株式会社	20142642700
弹性绷带	韩国 BNC Korea Inc.	20141642737
弹性创可贴	英国 Reckitt Benckiser Healthcare (UK) Ltd	国械备 20140153 号
弹性医用胶布	日本 爱乐康公司	国械备 20140098 号
骶尾部有边型敷料(Mepilex)	瑞典 Molnlycke Health Care AB	20143641863
防护用垫	丹麦 Safe4care ApS	20141641362
防漏膏(康复乐防漏膏)	美国 ConvaTec Inc.	20142645607
防水创可贴	韩国 Chong Kun Dang Pharm. Corp.	国械备 20140024 号
防粘连薄膜(SEPRAFILM)	美国 Genzyme Biosurgery	20143644089
防粘连膜(INTERCEED)	美国 Ethicon LLC	20143643653
非粘性手指脚趾用敷料(护创舒-指)	英国 Systagenix Wound Management Limited	20142643373
隔离套	瑞士 KAZ Europe S.A.	国械备 20140134 号
宫颈扩张棒(昆布条)	美国 MedGyn Products, Inc.	20142645681
供体和受体角膜环钻	美国 Katena Products, Inc.	20142644677
固定绷带(NEAL CAST)	韩国 BL TECH CO.,LTD	20141642629
固定环(固定珂)	丹麦 Radiometer Medical ApS	20141642727
固定夹板(NEAL SPLINT)	韩国 BL TECH CO.,LTD	20141642628

固定贴布(3M 固定贴布)	德国 3M Deutschland GmbH	20141641189
固定用弹力束带	美国 3M Health Care	国械备20140110号
海水鼻腔喷雾护理器(鼻乐)	英国 Nacur Healthcare Ltd	20142645884
磺胺嘧啶银脂质水胶敷料(商品名:优拓SSD)	法国 LABORATOIRES URGO	20143644653
检查手套	马来西亚 SUPERMAX GLOVE MANUFACTURING SDN. BHD.	国械备20140254号
聚氨酯泡沫敷料(泰拉舒®)	韩国 WONBIOGEN Co., Ltd.	20143641305(更)
聚酯绷带	德国 Lohmann & Rauscher International GmbH & Co. KG	国械备20140100号
聚酯衬垫(3MTM 聚酯衬垫)	德国 3M Deutschland GmbH	20141642521
聚酯泡沫敷料(3M Tegaderm 聚酯泡沫敷料)	美国 3M Health Care	20143645883
可降解耳鼻止血绵(纳吸绵)	荷兰 Polyganics BV	20143645240
可吸收止血海绵(斯泰可)	德国 Curasan AG	20143640458
可吸收止血流体明胶(Surgiflo)	丹麦 Ferrosan Medical Devices A/S	20143643226
泡沫敷料	美国 Ferris Mfg. Corp.	20143645590
泡沫敷料(爱康肤TM泡沫敷料)	美国 ConvaTec Inc.	20143641281
皮肤伤口吻合贴(3MTM Steri-StripTM)	美国 3M Health Care	20142644517
羟丙基甲基纤维素喷鼻器(诺舒易)	英国 Nasaleze Ltd.	20143640426
亲水性纤维敷料(爱康肤)	英国 ConvaTec Limited	20143640903
亲水性纤维敷料(爱康肤TM尼龙加强敷料)	英国 ConvaTec Limited	20143644586
亲水性纤维敷料(爱乐肤)	英国 Smith & Nephew Medical Ltd	20143640039
亲水性纤维凝胶泡棉敷料(爱润肤)	英国 ConvaTec Limited	20143641019
软硅胶鼻腔止血系列装置	美国 Invotec International Inc.	20142645885
伤口敷料	日本 株式会社瑞光メディカル	20142643536
伤口敷贴(3MTM MediporeTM伤口敷贴)	美国 3M Health Care	20142640832
伤口护理膏(多爱肤TM护理膏)	英国 ConvaTec Limited	20143640455
伤口清洁液体敷料(NeutroPhase(纽储非))	美国 NovaBay Pharmaceuticals, Inc.	20143643863
伤口贴(3M Tegaderm)	美国 3M Health Care	20142645657
石膏衬垫	美国 3M Health Care	国械备20140238号
石膏衬垫(3M Scotchcast 干湿两用石膏衬垫)	美国 3M Health Care	20141641889
手术薄膜(爱孚贴)	英国 Smith & Nephew Medical Ltd	20142643635
水胶体敷料(Suprasorb&;reg; H)	德国 Lohmann & Rauscher International GmbH & Co. KG	20143644554
水胶体敷料(多爱肤TM标准)	美国 ConvaTec Inc.	20143642898
水胶体敷料(多爱肤TM超薄)	美国 ConvaTec Limited	20143641257
水胶体敷料(多爱肤TM有边)	美国 ConvaTec Inc.	20143644660
水凝胶敷料(凝必敷)	土耳其 TOTAL iTHALAT iHRACAT PAZARLAMA LTD. STi	20143640087
水凝胶清创胶(优格清创胶)	法国 LABORATOIRES URGO	20143643875
水凝胶伤口敷料(3M Tegaderm)	美国 3M Health Care	20143645658
透明敷料(3M Tegaderm HP 透明敷料)	美国 3M Health Care	20142644715
透明敷料(3M Tegaderm 透明敷料)	美国 3M Health Care	20142644698
袜型医疗压力带	意大利 Laboratori Piazza S.r.l	20142643534
袜型医疗压力带	意大利 Mimosa S.r.l.	20142645552
外固定低温热塑板	比利时 Orfit Industries	20141641244
外科胶(GLUBRAN2)	意大利 GEM S.R.L.	20143640120
外科手术用海绵(MICROSPONGE & I-SPEAR)	美国 Alcon Laboratories, Incorporated	20142646015
外科用聚乙烯醇海绵	美国 Medsorb Dominicana, S.A.	20142644091
微生物密封剂(Kimberly-Clark*)	美国 Kimberly-Clark Corporation	20142640882
无菌透明质酸钠液(西施泰)	爱尔兰 BIONICHE TEORANTA	20143643227
吸收性藻酸钙敷料(爱舒可)	爱尔兰 B. Braun Hospicare Ltd.	20143642516
吸收性藻酸盐敷料(美即爽)	瑞典 Molnlycke Health Care AB	20143641247
压力绷带	德国 3M Deutschland GmbH	国械备20140289号
羊水检测试条	以色列 Common Sense Ltd.	20142642415
液体敷料(3M Cavilon)	美国 3M Health Care	20142646024
液体敷料(德赛恩)	美国 Oculus Innovative Sciences, Inc.	20143640085
液体敷料(赛肤润)	法国 LABORATOIRES URGO	20143643656
一次性使用丁腈橡胶检查手套	马来西亚 MULTISAFE SDN. BHD.	国械备20140135号
一次性使用医用无菌棉拭子	美国 Amnisure International LLC.	20142645557
一次性使用医用橡胶检查手套	马来西亚 LATEXX MANUFACTURING SDN. BHD.	国械备20140101号
医疗压力带(SIGVARIS)	瑞士 SIGVARIS AG	20142641233
医疗压力带(SIGVARIS)	瑞士 SIGVARIS AG	20142641234
医用弹力袜	美国 Carolon Company	20142642656
医用弹力袜(莉健)	日本 グンゼ株式会社	20142643434

医用敷贴	德国 BSN medical GmbH	国械备 20140060 号
医用固定套及护具	德国 Bauerfeind AG	20141640826
医用固定套及护具	德国 Bauerfeind AG	20141641368
医用护具	德国 Bauerfeind AG	20141641790
医用护具	德国 Bauerfeind AG	20141642625
医用夹板(BIO-SPLINT 医用夹板)	韩国 PACSUN CO.,LTD.	20141642736
医用体位胶垫	韩国 Clearview Healthcare Products, Inc.	国械备 20140329 号
医用透明敷贴	德国 BSN medical GmbH	国械备 20140061 号
医用透明质酸钠溶液(舒立芬)	韩国 Genewel Co.,Ltd.	20143643854
银离子藻酸盐敷料(拜尔坦银离子藻酸盐敷料)	英国 Advanced Medical Solutions Ltd.	20143643633
藻酸钙敷料(液超妥)	英国 Smith &Nephew Medical Ltd	20143641346
藻酸盐银离子敷料(美即爽银)	瑞典 Molnlycke Health Care AB	20143640084
脂质水胶敷料(优妥)	法国 LABORATOIRES URGO	20143644557
脂质水胶寡糖泡沫敷料(优拓达)	法国 LABORATOIRES URGO	20143643016
止血粉(赫血停)	德国 BioCer Entwicklungs-GmbH	20143643670
止血贴(NIPRO PUSHBAN)	日本 東洋化学株式会社	20142642704
止血贴(STEPTY P)	日本 ニチバン株式会社	20142642701
注射用修饰透明质酸钠凝胶(瑞蓝)	瑞典 Q-Med AB	20143640872
自粘弹性绷带(耐乐固)	法国 LABORATOIRES URGO	20141640499
自粘性软聚硅酮薄膜敷料(美菲)	瑞典 Molnlycke Health Care AB	20143643252
自粘性软聚硅酮超大型泡沫敷料(美畅)	瑞典 Molnlycke Health Care AB	20143641865
自粘性软聚硅酮银离子有边型泡沫敷料(美皮康银)	瑞典 Molnlycke Health Care AB	20143640424
自粘性软聚硅酮有边型泡沫敷料(美皮康 Mepilex Border)	瑞典 Molnlycke Health Care AB	20143646138
自粘性透明敷料(爱舒可)	爱尔兰 B. Braun Hospicare Ltd.	20143641472

6865 医用缝合材料及粘合剂

不可吸收缝合线(爱惜良(ETHILON))	美国 Ethicon, LLC	20142651905
不可吸收缝合线(爱惜良(ETHILON))	美国 Ethicon, LLC	20142651906
不可吸收缝合线(不锈钢缝线)	美国 Ethicon,LLC	20142656104
不可吸收缝合线(可柔 (COROLENE))	法国 PETERS SURGICAL	20142651261
不可吸收伤口缝合线	美国 Covidien llc	20142655543
不可吸收外科缝线(带针)(PremiCron(康福))	西班牙 B.Braun Surgical SA	20142654603
端端吻合器	美国 Covidien llc	20142656031
非吸收性缝合线 带针(帝恩帝(D&D))	美国 U.S.IOL,INC	20142653246
非吸收性聚酯缝线	美国 Covidien llc	20142655891
非吸收性尼龙缝线	美国 Covidien llc	20143655897
共聚体骨水泥(Ostcobond)	美国 Zimmer Inc.	20143652515
骨蜡	西班牙 B.Braun Surgical SA	20143653395
骨水泥	德国 Heraeus Medical GmbH	20143655900
骨水泥	德国 Heraeus Medical GmbH	20143655901
骨水泥	德国 Heraeus Medical GmbH	20143656033
骨水泥(CEMEX)	意大利 Tecres S.p.A	20143650440
骨水泥(CMW)	英国 DePuy International Limited Trading as DePuy CMW	20143653381
骨水泥(Hi-Fatigue)	德国 aap Biomaterials GmbH	20143654132
骨水泥(Simplex)	美国 Howmedica Osteonics Corp	20143654683
骨水泥及注入工具	意大利 Tecres S.P.A.	20143652518
合成可吸收性外科缝线(Monocryl)	美国 Ethicon LLC	20143653390
合成可吸收性外科缝线(PDS II)	美国 Ethicon LLC	20143655892
合成可吸收性外科缝线(VICRYL)	美国 Ethicon LLC	20143655592
合成可吸收性外科缝线(乐福)	西班牙 B.Braun Surgical SA	20143654834
合成可吸收性外科缝线(怡乔)	印度 Johnson & Johnson Limited	20143655895
聚丙烯不可吸收缝合线(普理灵)	美国 Ethicon,LLC	20142652913
聚丙烯不可吸收缝合线(普理灵)	美国 Ethicon LLC	20142653243
聚丙烯带针缝合线(马尼聚丙烯带针缝合线)	日本 マニー株式会社	20142653785
聚酰胺不可吸收缝合线(爱惜良)	比利时 Johnson & Johnson International c/o European Logistics Centre 20142654599	
聚酯不可吸收缝合线(爱惜邦)	美国 Ethicon LLC	20142653392
聚酯带针缝合线(马尼聚酯带针缝合线)	日本 マニー株式会社	20142652902
可吸收缝合线(爱迪)	法国 PETERS SURGICAL	20143654565

可吸收缝线	韩国 KJ MEDITECH.CO.,LTD	20143656222
可吸收手术缝合线(派格力(PETERGLYD))	法国 Peters Surgical	20143655880
可吸收外科带针缝线(Safil)	西班牙 B. Braun Surgical SA	20143653379
可吸收外科缝线(万福)	西班牙 B. Braun Surgical SA	20143652889
可吸收性缝线(MONOCRYL Plus)	美国 Ethicon LLC	20143654998
可吸收性缝线(PDS Plus)	美国 Ethicon, Inc.	20143650848
可吸收性缝线(PDS Plus)	美国 Ethicon LLC	20143650849
可吸收性缝线(SYNSYL Express)	印度 Johnson & Johnson Ltd.	20143655896
可吸收性缝线(VICRYL Plus)	美国 Ethicon, Inc.	20143654101
可吸收性外科缝线(可吸收自封缝合线)	美国 Surgical Specialties Corporation,dba Angiotech	20143650855
尼龙缝合线(CROWNJUN)	日本 株式会社河野製作所	20142651360
腔镜关节头直线型切割吻合器和钉仓(ECHELON FLEX)	美国 Ethicon Endo - Surgery, LLC	20143650887
软组织带线铆钉(Revo)	美国 Linvatec Corporation d/b/a ConMed Linvatec	20143652911
丝制带针缝合线(马尼丝制带针缝合线)	日本 马尼株式会社(マニー株式会社)	20142653479
丝质缝合线(科琅淳 SILK)	日本 株式会社河野制作所(株式会社河野製作所)	20142651798
外科不锈钢丝	美国 A&E Medical Corporation	20142650495
外科用封合剂(Coseal)	瑞士 Baxter Healthcare SA	20143653396
外科用封合剂喷射发生器	奥地利 Baxter AG	20143653480
弯形大钳口开放手术闭合器/分割器	美国 Covidien llc	20142655434
一次性使用皮肤缝合器及启钉器	美国 Teleflex Medical	20142650144
医用可吸收缝合线(POLYSYN (普利迅缝线))	美国 Surgical Specialties Corporation	20143652810
组织胶水(蓝灵)	西班牙 B.Braun Surgical SA	20143650852

6866 医用高分子材料及制品

Y 阀(Y-Connector)	德国 B. Braun Melsungen AG	20143666129
泵用精密过滤输液器(英贝宁)	德国 B. Braun Melsungen AG	20143664553
泵用输液器(英贝宁)	德国 B. Braun Melsungen AG	20143664129
鼻窦球囊导管(Relieva Ultirra)	美国 Acclarent Inc.	20142660831
鼻空肠饲养管套装	美国 Wilson-Cook Medical Incorporated	20142660262
鼻腔喷雾器(赞邦露美鼻腔喷雾器 FLUIMARE)	意大利 Zambon S.p.A.	20142663417
鼻腔清洗器	韩国 CHAMMED CO.LTD	20142663496
鼻饲管	美国 Covidien llc	20142662846
鼻咽通气道	美国 Covidien llc	20142660459
鼻罩	澳大利亚 ResMed Limited	20142660299
测温导尿管	美国 Ablexan Corporation	20142663767
插管导入器(Frova)	丹麦 William Cook Europe ApS	20142663445
肠梗阻导管套件	日本 秋田住友ベーク株式会社	20142661217
耻骨上膀胱造瘘套件	德国 uroVision Gesellschaft für medizinischen Technologie-Transfer mbH	20143660854
充盈压力泵系统	美国 Merit Medical System, Inc	20142663761
充盈压力泵系统(Basix Touch)	美国 Merit Medical Systems,Inc.	20142666083
充盈装置系列(Dolphin)	法国 Perouse Medical	20142664727
胆道扩张导管(Fusion)	美国 Wilson-Cook Medical Incorporated	20142663649
胆道扩张球囊(Fusion)	美国 Cook Incorporated	20142665034
导管(Bactiseal)	美国 Codman &Shurtleff, Inc.	20143661464
导管固定系统	美国 Merit Medical Systems,Inc.	20142663663
导管推进系统的传输部件(QuikCAS)	美国 Stereotaxis,Inc.	20142665593
导丝系列	德国 Medi-Globe GmbH	20142663874
导引导管(Guider Softip)	美国 Boston Scientific Corporation	20143661902
导引套管	德国 Medi-Globe GmbH	20142662413
二件式造口袋(胜舒)	丹麦 Coloplast A/S	20142663369
防漏膏(Adapt)	美国 Hollister Incorporated	20142665549
分隔膜无针密闭式输液接头(Q-SyteTM)	美国 Becton Dickinson Infusion Therapy Systems Inc.	20143661466
分流管调压器	美国 Codman & Shurtleff, Inc.	20143665310
粪便引流装置及附件(DIARFLEX)	德国 Primed Halberstadt Medizintechnik GmbH	20142662849
封闭式吸痰装置(Portex®)	英国 Smiths Medical International Limited	20142662264
封闭式吸痰装置(Portex®)	英国 Smiths Medical International Limited	20142662264
富血小板血浆(PRP)制备用套装	瑞士 REGEN LAB SA	20143661397
负压辅助愈合治疗系统用耗材	美国 KCI USA, Inc.	20143664655

负压引流装置及附件	德国 Primed Halberstadt Medizintechnik GmbH	20142663001
腹膜透析管及附件	美国 Covidien llc	20143662459
腹内压监测包	美国 ConvaTec Inc.	20142662328
高压三通旋塞	美国 Smiths Medical ASD, Inc.	20143660452
高压造影注射器管路系统	德国 ulrich GmbH & Co.KG	20143663758
高压注射器针筒及附件(Medrad Avanta)	美国 MEDRAD, INC.	20143660454
宫颈刷(Rovers Cervex-Brush)	荷兰 Rovers Medical Devices B.V.	20142661904
宫颈细胞刷(Wallach)	美国 CooperSurgical Inc.	20142663791
宫腔内测压导管	德国 Philips Medizin Systeme Boeblingen GmbH	20143660768
骨水泥髓腔塞(Allen)	美国 Zimmer, Inc.	20143660286
灌注管路(SMARTABLATE)	美国 Biosense Webster, Inc.	20143663356
灌注系统(Pulse Spray)	美国 AngioDynamics, Inc	20143664738
冠状动脉内分流管(CLEARVIEW)	美国 Medtronic, Inc.	20143663411
海水鼻腔喷雾器(菲丝摩尔)	法国 LABORATOIRE DE LA MER	20142664643
合成胶乳橡胶避孕套	英国 Reckitt Benckiser Healthcare (UK) Ltd	20142665542
喉通气管及附件	德国 VBM Medizintechnik GmbH	20142661344
呼吸过滤器及热湿交换器	英国 AIR SAFETY LIMITED	20142664116
呼吸回路及配件	德国 VBM Medizintechnik GmbH	20142664837
呼吸机管路	英国 Smiths Medical International Limited	20142665613
呼吸麻醉管路及配件	英国 Intersurgical Ltd.	20142664833
呼吸通路过滤器	瑞士 Pall Medical, A Division of Pall International Sarl	20142665545
呼吸通路过滤器	美国 Pall Corporation	20142665617
环甲膜穿刺用气管导管	美国 Cook Incorporated	20142663537
激光输尿管导管	美国 Cook Urological Inc.	20142663828
间歇性导尿管	日本 CREATE MEDIC 株式会社	20142664606
检查手套	马来西亚 SUPERMAX GLOVE MANUFACTURING SDN.BHD	国械备20140215号
结扎钉夹(ABSOLOK® EXTRA)	德国 Johnson & Johnson MEDICAL GmbH	20143664650
经闭孔经阴道前壁尿道悬吊器(TVT-O)	瑞士 Ethicon SARL	20143666149
经皮胆道引流管	日本 秋田住友ベーク株式会社(日本秋田住友电木株式会社)	20142661355
经皮肝穿刺胆道引流套件(经皮肝穿刺胆道引流套件)	日本 クリエート メディック株式会社	20143661898
经皮骨水泥搅拌注入系统	美国 Stryker Instruments	20142664627
经皮扩张气管切开管套件(Portex®)	英国 Smiths Medical International Limited	20143660884
经皮内镜引导下胃造口装置(福瑞可胃造口装置)	德国 Fresenius Kabi AG	20142664611
经皮肾穿刺套件	日本 CREATE MEDIC 株式会社	20143662323
经皮肾造瘘导管套装	美国 Cook Incorporated	20143663897
经皮胃造瘘套件	日本 クリエート メディック株式会社	20143664644
经外周穿刺的中心静脉导管(Per-Q-Cath 安全型预连式 PICC)	美国 Bard Access Systems, Inc.	20143663473
静脉输液过滤器	美国 Pall Corporation	20143664679
聚乙烯输注管	德国 Fresenius Kabi AG	20143660915
开花引流套管(开花引流套管)	日本 株式会社 八光	20143660460
可吸收泪小管塞栓	美国 Lacrimedics Inc.	20143660453
空肠造口装置(福瑞可空肠造口装置)	德国 Fresenius Kabi AG	20142664634
口咽通气管	美国 Covidien llc	20142661184
泪道引流管	法国 France Chirurgie Instrumentation	20143660621
连续硬膜外麻醉包及附件(Perifix)	德国 B. Braun Melsungen AG	20143665648
连续硬膜外麻醉套件	德国 B. Braun Melsungen AG	20143663754
两件式造口袋	美国 ConvaTec Inc.	国械备20140062号
两件式造口袋	英国 ConvaTec Limited	国械备20140099号
两件式造口袋(New Image)	美国 Hollister Incorporated	20142664511
麻醉呼吸回路	美国 Teleflex Medical	20142662327
麻醉机和呼吸机用呼吸管路	法国 SAINT GOBAIN PERFORMANCE PLASTICS FRANCE	20142665014
麻醉气管插管	马来西亚 Unomedical Sdn. Bhd.	20142661063
面罩	澳大利亚 ResMed Limited	20142660298
膜型血浆分离器(Plasmaflo)	日本 旭化成メディカル株式会社	20143664626
脑脊液分流管及附件	美国 Medtronic Inc.	20143665605
脑室外引流管	韩国 SEWOON MEDICAL CO.,LTD.	20143660496
脑室外引流系统及导管	法国 SOPHYSA	20143664991
内镜软性外套管	日本 秋田住友ベーク株式会社	20142663380
内镜用透明套	日本 秋田住友ベーク株式会社	20142662460
内窥镜护套	美国 Medtronic Xomed, Inc	20142663418

天然胶乳橡胶避孕套	马来西亚 Hevea Medical Sdn. Bhd	20142663440
天然胶乳橡胶避孕套	马来西亚 NULATEX SDN. BHD	20142663765
天然胶乳橡胶避孕套	马来西亚 SSN Medical Products Sdn.Bhd.	20142663818
天然胶乳橡胶避孕套(含苯佐卡因)(杜蕾斯)	泰国 SSL Manufacturing (Thailand) Ltd	20143665647
天然胶乳橡胶避孕套(安全套)	泰国 Innolatex (Thailand) Limited	20142661881
天然胶乳橡胶避孕套(安全套)	印度 J.K. Ansell Ltd.	20142663664
天然胶乳橡胶避孕套(避孕套)	马来西亚 INNOLATEX SDN. BHD	20142666082
天然胶乳橡胶避孕套(健马避孕套)	马来西亚 HEVEA MEDICAL SDN. BHD.	20142663486
天然胶乳橡胶避孕套(骄爱避孕套)	马来西亚 Innolatex Sdn.Bhd.	20142662897
贴皮胃造瘘管套装及附件	美国 Covidien llc	20142662887
透明肾鞘管	美国 Boston Scientific Corporation	20143661299
透明套管系统	美国 DePuy Mitek	20142666012
推送器	德国 Medi-Globe GmbH	20142660833
外科用封合剂备用喷嘴/加长喷嘴	瑞士 Baxter Healthcare SA	20143665602
外周中心静脉导管套装(福彼乐)	美国 Becton Dickinson Infusion Therapy Systems Inc.	20143666034
微量泵前管(普福特)	德国 B. Braun Melsungen AG	20143661254
微量泵前管(普福特)	德国 B. Braun Melsungen AG	20143661382
胃肠营养管	美国 CORPAK MedSystems, Inc	20142663893
胃造瘘置换套装(Passport®)	美国 Wilson-Cook Medical Incorporated	20142660263
无菌接管机	德国 Fresenius Kabi AG	20142664494
无张力经阴道的尿道悬吊系统(TVT Family)	瑞士 Ethicon SARL	20143665234
无针接头	瑞士 CareFusion Switzerland 317 Sàrl	20143661403
无针输液接头(Discofix® C Safeflow / 斯克福乐)	德国 B. Braun Melsungen AG	20143664130
无针输液接头(Safeflow/赛福乐)	德国 B. Braun Melsungen AG	20143663654
吸痰器	美国 DeVilbiss Healthcare LLC	20142663503
小肠喂养管(福瑞可小肠喂养管)	德国 Fresenius Kabi AG	20142664635
心脏定位装置	日本 秋田住友电木株式会社	20142664732
胸腔引流管	美国 Covidien llc	20143660896(更)
胸腔引流器(Ocean)	美国 Atrium Medical Corporation	20142662517
胸腔引流系统	瑞士 Medela AG	20142662032
选择性导管(MAGIC)	法国 BALT EXTRUSION	20143663492
血管造影套装及管路	美国 Smiths Medical ASD, Inc.	20143663676
血管造影注射器(Angiodyn Angiographic Syringes)	德国 B. Braun Melsungen AG	20143666017
血栓抽吸导管	日本 ゼオンメディカル株式会社	20143663660
血压传感器帽	新加坡 Argon Critical Care Systems Singapore Pte Ltd	20143664107
血液透析用中心静脉导管套件(Mahurkar 三腔血透导管)	美国 Covidien llc	20143666176
压力泵(Inflation Device)	德国 B. Braun Melsungen AG	20143665606
压力泵装置(Everest)	美国 Medtronic Inc.	20143662883
压力延长管	美国 MERIT MEDICAL SYSTEMS, INC.	20143665578
牙垫通气道及固定套	德国 VBM Medizintechnik GmbH	20142662452
腰骶腹腔分流管组件	美国 Medtronic Inc.	20143661857
咬嘴	美国 QUINTRON INSTRUMENT CO. INC.	国械备 20140232 号
药粉吸入器	美国 Novartis Pharmaceuticals Corporation	20141661875
药粉吸入器(吸乐)	德国 Boehringer Ingelheim Pharma GmbH&Co.KG	20141660908
药液输送器	美国 Covidien llc	20143663838
一次性闭合高负压引流系统	德国 pfm medical mepro gmbh	20143660432
一次性检查手套	马来西亚 Perusanhaan Getah Asas SDN. BHD.	20141662636
一次性内镜用软性导引套管	日本 オリンパスメディカルシステムズ株式会社	20143664657
一次性热湿交换器/过滤器(人工鼻过滤器)	马来西亚 Teleflex Medical Sdn.Bhd	20142661453
一次性使用泵用输液管路	德国 Fresenius Kabi AG	20143663647
一次性使用泵用输液器	德国 Fresenius Kabi AG	20143661396
一次性使用泵用输液器	德国 Fresenius Kabi AG	20143661950
一次性使用泵用输液器	德国 Fresenius Kabi AG	20143661951
一次性使用泵用输液器	德国 Fresenius Kabi AG	20143662872
一次性使用泵用输液器	德国 Fresenius Kabi AG	20143662873
一次性使用泵用输液器	德国 Fresenius Kabi AG	20143663343
一次性使用采血器(BD Microtainer®)	爱尔兰 Becton, Dickinson and Company Limited	20142665242
一次性使用测压用连接导管	新加坡 Argon Critical Care Systems Singapore Pte. Ltd.	20143665652
一次性使用肠内营养袋泵管	美国 Covidien llc	20142662316(更)
一次性使用肠外营养输液器	德国 Fresenius Kabi AG	20143661250

造口袋(舒信)	美国 ConvaTec Inc.	20142663444
造口护理用品(特舒)	丹麦 Coloplast A/S	20142664647
造口护理用品(艺舒)	丹麦 Coloplast A/S	20142663772
造口栓	丹麦 Coloplast A/S	20142663871
支架置入套装	德国 Medi-Globe GmbH	20142662414
支气管封堵器	德国 Willy Rüsch GmbH	20143660815
支气管双腔插管(Portex®)	英国 Smiths Medical International Limited	20142660902
植入式给药装置及其附件(Celsite)	法国 B.BRAUN MEDICAL	20143661895
置换液管	日本 尼普洛株式会社(ニプロ株式会社)	20143666144
中心静脉导管定位用辅助装置(Alphacard)	德国 B. Braun Melsungen AG	20143664069
皱襞式引流管	日本 秋田住友ベーク株式会社	20143661348
猪尾引流套管(猪尾引流套管)	日本 株式会社 八光	20143660948
注射液体配药接头	美国 B. Braun Medical Inc.	20143664568
专用无菌注射用具包	法国 IPSEN PHARMA BIOTECH	20143662703
子宫内膜取样器(TAO BrushTM)	美国 Cook Incorporated	20142666108
子宫内膜细胞采样器(Endocell)	美国 CooperSurgical Inc. also trading as Wallach Surgical Devices	20142663240
自体细胞采集器(ReCell)	英国 Avita Medical Europe Ltd.	20143662930
自体血液回输系统耗材(AutoLog)	美国 Medtronic, Inc.	20143660119

6870 软件

21 三体综合征，18 三体综合征和神经管缺陷风险计算软件	美国 Siemens Healthcare Diagnostics Inc.	20142702795
CT 结肠图像 CAD 软件	美国 iCAD, Inc.	20143704776
CT 图像处理软件	日本 ザイオソフト株式会社	20143704286
CT 图像分析软件	德国 Siemens AG	20143704066
HER2(4B5)病理图像分析软件	美国 Ventana Medical Systems, Inc.	20142705515
Ki-67(30-9)病理图像分析软件	美国 Ventana Medical Systems, Inc.	20142705514
MR 心脏图像处理软件	日本 ザイオソフト株式会社	20143704285
p53(DO-7)病理图像分析软件	美国 Ventana Medical Systems, Inc.	20142705517
PACS 工作站软件	加拿大 Cedara Software Corp.	20142700717
X 射线图像骨密度测量软件	美国 CompuMed, Inc.	20142704278
X 射线血管造影图像分析软件	德国 Siemens AG	20143703816
超声工作站软件	德国 GE Healthcare GmbH	20142703469
磁共振图像分析软件	德国 Siemens AG	20143700548
磁共振图像分析软件	德国 Siemens AG	20143704067
动态心电分析软件	英国 Spacelabs Healthcare Ltd.	20142702162
动态增强磁共振诊断图像处理软件	法国 GE Medical Systems SCS	20143701941
耳鼻喉外科手术导航计划系统	德国 Brainlab AG	20143700385
放射治疗计划系统	美国 IMPAC Medical Systems, Inc.	20143701761
放射治疗计划系统	美国 IMPAC Medical Systems, Inc.	20143705306
放射治疗计划系统	荷兰 NUCLETRON B.V.	20143705864
放射治疗记录与验证系统	美国 Varian Medical Systems, Inc.	20143702378
放射治疗记录与验证系统	美国 Varian Medical Systems, Inc.	20143702378
放射治疗轮廓勾画软件	美国 IMPAC Medical Systems, Inc.	20143705305
分娩管理软件	英国 Huntleigh Healthcare Ltd Diagnostic Products Division	20142704003
颌面整形外科手术导航计划系统	德国 Brainlab AG	20143700384
核医学工作站软件	瑞典 HERMES Medical Solutions Aktiebolag	20142701746
核医学图像分析软件	美国 Siemens Medical Solutions USA, Inc.	20143701202
核医学图像分析软件	美国 Siemens Medical Solutions USA, Inc.	20142704311
患者编程软件	澳大利亚 Cochlear Limited	20142705262
脊柱外科手术导航计划系统	德国 Brainlab AG	20143700386
近距离放射治疗计划系统	美国 Varian Medical Systems, Inc.	20143702221
近距离放射治疗计划系统	美国 Varian Medical Systems, Inc.	20143702221
近距离放射治疗计划系统	荷兰 NUCLETRON B.V.	20143706045
精子分析软件	西班牙 MICROPTIC S.L.	20142700977
口腔正畸和正颌手术计划软件	美国 Patterson Dental Supply Inc.	20143702731
立体定向外科手术导航计划系统	德国 Brainlab AG	20143700387
颅脑外科手术导航计划系统	德国 Brainlab AG	20143702189

免疫印迹结果自动分析软件	新加坡 MP 生物医学亚太私人有限公司	20142704020
脑部磁共振图像处理软件	挪威 NordicNeuroLab AS	20143700764
脑部医用磁共振图像处理软件	挪威 NordicNeuroLab AS	20143700765
全自动模块式血液体液分析仪 XN 系列 XN HPC master 软件	德国 SYSMEX EUROPE GMBH	20142704398
全自动模块式血液体液分析仪 XN 系列 XN IG master 软件	德国 SYSMEX EUROPE GMBH	20142704396
全自动模块式血液体液分析仪 XN 系列 XN IPF master 软件	德国 SYSMEX EUROPE GMBH	20142704397
乳腺 X 射线摄影图像分析软件	德国 Siemens AG	20143700380
乳腺 X 射线摄影图像分析软件	德国 Siemens AG	20143703815
乳腺诊断工作站	美国 Hologic, Inc.	20142701764
乳腺诊断图像处理软件	德国 Image Diagnost International	20142703264
数字乳腺 x 射线图像 CAD 软件	日本 富士フイルム株式会社	20143700546
睡眠呼吸暂停分析系统	以色列 WideMed Ltd.	20142702040
糖尿病管理软件	英国 Abbott Diabetes Care Ltd.	20142705265
听力调适软件	澳大利亚 Cochlear Limited	20142704390
听力调适软件	澳大利亚 Cochlear Limited	20142705536
图像编辑和噪音分析软件	德国 XION GmbH	20143705749
心电分析软件	美国 诊断监护软件公司	20142703734
心血管造影图像分析软件	荷兰 Pie Medical Imaging B.V.	20143700389
心脏 MRI 图像处理软件	美国 GE Medical Systems, LLC	20143700378
牙科种植体手术计划软件	比利时 Materialise Dental N.V.	20143704506
眼科影像管理系统	德国 Carl Zeiss Meditec AG	20142706100
医学图像处理软件	日本 コニカミノルタ株式会社	20142701324(更)
医学图像处理软件	德国 Siemens AG	20143703817
医学图像处理软件	日本 ザイオソフト株式会社	20142704804
医学图像处理软件	荷兰 Philips Medical Systems Nederland B.V.	20143705744
医学图像处理软件(FCR View)	日本 富士フィルム株式会社	20142702178
医学图像处理软件(ResolutionMD Web)	加拿大 Calgary Scientific Inc.	20142701680
医学图像存档软件(医疗数据中心软件)	比利时 Agfa HealthCare N.V.	20142703146
医学图像存档与传输软件	美国 Candelis Inc.	20142703256
医学影像存储及传输系统	德国 Siemens AG	20142702992
医学影像存储与传输系统软件	美国 Merge Healthcare	20143701192
医学影像存档与传输系统	比利时 AGFA HealthCare N.V.	20142704033
医学影像归档和通信软件	德国 TomTec Imaging Systems GmbH	20142701480
移动医学图像处理软件(ResolutionMD Mobile)	加拿大 Calgary Scientific Inc.	20142701679
影像档案传输处理系统软件	日本 ViewSend 株式会社	20142700164
影像归档及传输系统	美国 GE Healthcare	20142271687
影像归档及传输系统	美国 GE Healthcare	20142702186
孕酮受体(1E2)病理图像分析软件	美国 Ventana Medical Systems, Inc.	20142705516
诊断图像处理软件	美国 GE Medical Systems, LLC	20143703170
支气管镜放置导航软件	美国 Broncus Medical Inc.	20143705541
支气管镜放置计划软件	美国 Broncus Medical Inc.	20143705540
中央监护信息中心软件	美国 Philips Medical Systems	20142700004
注射泵血糖管理模块(适贝思)	德国 B.Braun Melsungen AG	20143702200

6877 介入器材

4 代血管塞(AMPLATZER)	美国 AGA MEDICAL CORPORATION	20143773846
CTO 专用穿透导丝和延长导丝(Stingray)	美国 Boston Scientific Corporation	20143774133
CTO 专用穿透微导管(CrossBoss)	美国 Boston Scientific Corporation	20143774113
CTO 专用重入真腔球囊扩张导管(Stingray)	美国 Boston Scientific Corporation	20143774135
III 型血管塞(AMPLATZER)	美国 AGA Medical Corporation	20143773405
II 代测量球囊导管(AMPLATZER®)	美国 AGA Medical Corporation	20143771624
II 代动脉导管未闭封堵器(AMPLATZER)	美国 AGA Medical Corporation	20143773406
II 型血管塞(AMPLATZER)	美国 AGA Medical Corporation	20143770406
OTW 球囊扩张导管(Sprinter Legend)	美国 Medtronic Inc.	20143774665
PTA 扩张导管(NanoCross)	美国 ev3, Inc	20143773401
PTA 球囊扩张导管(Gladiator Elite)	美国 Boston Scientific Corporation	20143776230
PTA 导管(Amphirion Plus)	美国 Medtronic, Inc.	20143770047

PTA 球囊导管(Gateway)	美国 Boston Scientific Corporation	20143774718
PTA 球囊导管(Joker 035)	德国 Eurocor GmbH	20143773864
PTA 球囊导管(立通)	德国 OptiMed Medizinische Instrumente GmbH	20143770431
PTA 球囊扩张导管(CONQUEST)	美国 Bard Peripheral Vascular, Inc.	20143773682
PTA 球囊扩张导管(Dorado)	美国 Bard Peripheral Vascular, Inc.	20143770097
PTA 球囊扩张导管(Sterling OTW)	美国 Boston Scientific Corporation	20143770890
PTA 球囊扩张导管(Ultraverse)	美国 Bard Peripheral Vascular, Inc.	20143770101
PTA 球囊扩张导管(VascuTrak)	美国 Bard Peripheral Vascular, Inc.	20143771407
PTCA 导丝(DMS)	日本 FMD Co., Ltd.	20143776249
PTCA 手术配件	美国 Abbott Vascular	20143770931
PTCA 导丝(ASAHI Gaia)	日本 ASAHI INTECC CO., LTD.	20143774141
PTCA 导丝(ASAHI SION black)	日本 ASAHI INTECC CO., LTD.	20143774561
PTCA 导丝(ASAHI SION blue)	日本 朝日インテック株式会社	20143770853
PTCA 导丝(ASAHI SION)	日本 ASAHI INTECC CO., LTD.	20143773763
PTCA 导丝(ASAHI)	日本 ASAHI INTECC CO., LTD.	20143773239
PTCA 导丝(ASAHI)	日本 ASAHI INTECC CO., LTD.	20143773404
PTCA 导丝(ASAHI)	日本 ASAHI INTECC CO., LTD.	20143774142
PTCA 扩张导管(Apex Monorail)	美国 Boston Scientific Corporation	20143774640
PTCA 扩张导管(Apex OVER-THE-WIRE)	美国 Boston Scientific Corporation	20143774641
PTCA 扩张导管(ASAHI Douvan)	日本 朝日インテック株式会社	20143773848
PTCA 扩张导管(Emerge Monorail)	美国 Boston Scientific Corporation	20143771497
PTCA 扩张导管(Emerge Over the Wire)	美国 Boston Scientific Corporation	20143771498
PTCA 扩张导管(Maverick2TM)	美国 Boston Scientific Corporation	20143771391
PTCA 扩张导管(NC Quantum Apex Monorail)	美国 Boston Scientific Corporation	20143771884
PTFE 涂层造影导丝	美国 Medtronic Inc.	20143770162
Van Schie 导丝辅助血管造影导管	美国 Cook Incorporated	20143774701
保护伞专用导引导丝(BareWire)	美国 Abbott Vascular	20143772698
超滑微导丝(Approach)	美国 Cook Incorporated	20143773360
成像导管	美国 Lightlab Imaging Inc.	20143775674
成像导管(C7 Dragonfly)	美国 Lightlab Imaging, Inc.	20143770596
传送导管系统(Attain Select II + SureValve)	美国 Medtronic Inc.	20143773857
传送鞘管(AMPLATZER TorqVue)	美国 AGA Medical Corporation	20143770794
带阀导引鞘	美国 W.L. GORE & ASSOCIATES, INC.	20143771182
带有 ICE 亲水涂层的 PTCA 导丝(Luge)	美国 Boston Scientific Corporation	20143775977
带止血阀导管鞘	美国 St. Jude Medical	20143775569
弹簧圈(Codman)	瑞士 Medos International SARL	20143771350
弹簧圈(Codman)	瑞士 Medos International SARL	20143771352
弹簧圈(GDC 360)	美国 Stryker Neurovascular	20143773644
弹簧圈(GDC-10 UltraSoft)	美国 Stryker Neurovascular	20143773645
导入器	美国 Cook Incorporated	20143770429
导入器	美国 Cook Incorporated	20143770430
导丝	美国 Micro Therapeutics Inc. dba ev3 Neurovascular	20143771309
导丝	美国 C.R.Bard, Inc.	20143772658
导丝	美国 C.R.Bard, Inc.	20143772659
导丝	爱尔兰 Lake Region Medical Ltd.	20143775573
导丝(Acuity Whisper View)	美国 Boston Scientific Corporation	20143771266
导丝(Aquatrack)	美国 Nitinol Devices and Components, Inc.	20143770437
导丝(Avigo)	美国 Micro Therapeutics Inc. dba ev3 Neurovascular	20143774582
导丝(Cougar)	美国 Medtronic Inc.	20143770163
导丝(Enteer)	美国 ev3 Inc.	20143773363
导丝(GuideRight)	美国 St. Jude Medical	20143774671
导丝(Mirage)	美国 Micro Therapeutics Inc.dba ev3 Neurovascular	20143772829
导丝(NiT-Vu)	美国 AngioDynamics, Inc	20143771276
导丝(RADIFOCUS GUIDE WIRE GT with Gold Coil)	日本 テルモ株式会社(泰尔茂株式会社)	20143771921
导丝(Radifocus Guide Wire M)	日本 テルモ株式会社	20143770118
导丝(RADIFOCUS GUIDE WIRE M)	日本 泰尔茂株式会社(テルモ株式会社)	20143774560
导丝(Stabilizer)	美国 Cordis Corporation	20143770313

导丝(V-14 ControlWire)	美国 Boston Scientific Corporation	20143771271
导丝(ZIPwire)	美国 Lake Region Medical	20143770407
导引导管(ADROIT)	美国 Cordis Corporation	20143771967
导引导管(Convey)	荷兰 PendraCare International B.V.	20143776228
导引导管(Heartrail)	日本 テルモ株式会社(泰尔茂株式会社)	20143774688
导引导管(Mach1)	美国 Boston Scientific Corporation	20143770950
导引导管(RunWay)	美国 Boston Scientific Corporation	20143776036
导引导管(RunWay)	美国 Boston Scientific Corporation	20143776036
导引导管(Vista Brite Tip)	美国 Cordis corporation	20143774731
导引导管系统(Chaperon)	美国 MicroVention, Inc.	20143771886
导引导丝	德国 OptiMed Medizinische Instrumente GmbH	20143770438
导引导丝	美国 St. Jude Medical CARDIAC RHYTHM MANAGEMENT DIVISION	20143772691
导引导丝	美国 St. Jude Medical CARDIAC RHYTHM MANAGEMENT DIVISION	20143775973
导引导丝(HI-TORQUE BALANCE HEAVYWEIGHT)	美国 Abbott Vascular	20143770448
导引导丝(HI-TORQUE BALANCE)	美国 Abbott Vascular	20143772330
导引导丝(HI-TORQUE PILOT)	美国 Abbott Vascular	20143771190
导引导丝(Hi-Torque Spartacore 14)	美国 Abbott Vascular	20143774624
导引导丝(HI-TORQUE STEELCORE)	美国 Abbott Vascular	20143772670
导引导丝(HI-TORQUE WHISPER ES)	美国 Abbott Vascular	20143772331
导引导丝(HI-TORQUE WHISPER LS/MS)	美国 Abbott Vascular	20143774712
导引系统(Watchman)	爱尔兰 Boston Scientific Ireland Limited	20143770627
电极导管锁紧系统	美国 Spectranetics Corporation	20143770878
电生理电极导管(商品名:Livewire)	美国 St. Jude Medical	20143770731
电生理电极导管(商品名:Response)	美国 St. Jude Medical	20143770961
电生理电极导管(商品名:Supreme)	美国 St. Jude Medical	20143770960
房间隔穿刺鞘(Fast-Cath)	美国 St.Jude Medical	20143774689
房间隔穿刺鞘(SWARTZ)	美国 St. Jude Medical	20143776227
放射造影导管	德国 OptiMed Medizinische Instrumente GmbH	20143770113
肺部导丝(Pulmonary Jagwire)	美国 Boston Scientific Corporation	20143772823
封堵球囊导管系统(HyperForm)	美国 Micro Therapeutics Inc.dba ev3 Neurovascular	20143773255
封堵球囊导管系统(Scepter C)	美国 MicroVention, Inc.	20143775974
封堵止血系统(EXOSEAL)	美国 Cordis Corporation	20143770083
宫腔镜手术器械	德国 MGB Endoskopische Gerate GmbH Berlin	20143775635
冠脉超声成像导管(Atlantis SR Pro2)	美国 Boston Scientific Corporation	20143772976
冠脉超声成像导管(Opticross)	美国 Boston Scientific Corporation	20143772975
灌注消融导管(MediGuide)	比利时 St. Jude Medical Coordination Center BVBA	20143774593
冠状动脉球囊导管(Brio Pegaso-SCRX)	意大利 CID S.p.A.	20143771049
冠状动脉球囊扩张导管(Powered Lacrosse2)	日本 株式会社 グッドマン	20143775410
冠状窦电极导线递送系统及附件(ScoutPro)	德国 BIOTRONIK SE &Co. KG	20143771053
冠状窦电极导线递送系统及附件(Selectra)	德国 BIOTRONIK SE & Co. KG	20143770092
环形标测导管(LASSO With Auto ID)	美国 Biosense Webster, Inc.	20143770963
经桡动脉通路套件	美国 Arrow International, Inc.	20143774559
经外周插管的中心静脉导管套件及附件	美国 Bard Access Systems, Inc.	20143773477
经外周插管的中心静脉导管套件及附件	美国 Bard Access Systems, Inc.	20143770067
经外周穿刺中心静脉导管套装(优力捷)	美国 Health Line International Corporation	20143773842
经外周中心静脉导管(商品名: Cavafix®)	德国 B.Braun Melsungen AG	20143771178
经外周中心静脉导管(Cavafix®)	德国 B.Braun Melsungen AG	20143770497
静脉腔内射频闭合导管	美国 Covidien llc	20143773609
静脉腔内射频闭合导管	美国 Covidien llc	20143773610
静脉曲张剥脱导管(静欣)	法国 Gamida Tech	20143774685
具有 Glidex 亲水涂层的导丝(Platinum Plus)	美国 Boston Scientific Corporation	20143773671
聚乙烯醇泡沫栓塞微粒	美国 Cook Incorporated	20143771047
绝缘导丝	爱尔兰 BRIVANT Limited	20143775868
可操纵导丝(NeuroScout)	美国 Codman & Shurtleff, Inc.	20143770851
可分离栓塞金球囊(金球囊)	法国 BALT EXTRUSION	20143773787
可解脱弹簧圈(Axium PGLA)	美国 Micro Therapeutics Inc. dba ev3 Neurovascular	20143775575
可控导丝(Agility)	美国 Codman & Shurtleff, Inc.	20143771280

可控导丝(ATW)	美国 Cordis Corporation	20143770311
可控导丝(SV)	美国 Cordis Corporation	20143770506
可控电生理诊断导管(ViaCath)	德国 VascoMed GmbH	20143771546
可撕开导管鞘	美国 MERIT MEDICAL SYSTEMS, INC	20143772445
可调控型导管系统(SelectSite)	美国 Medtronic Inc.	20143774086
可调直径导航星环形标测导管(LASSO 2515 NAV eco)	美国 Biosense Webster, Inc.	20143773622
快速交换 PTCA 球囊扩张导管(SeQuent II)	德国 B.Braun Melsungen AG	20143775616
快速交换式 PTCA 导管	瑞士 Biotronik AG	20143770409
临时腔静脉过滤器系统(TEMPOFILTER II)	法国 B.BRAUN MEDICAL	20143775233
颅内支撑导管(Navien)	美国 Micro Therapeutics Inc. dba ev3 Neurovascular	20143776248
耐高压球囊扩张导管(CTOTM)	瑞士 Acrostak (Schweiz)AG	20143770449
耐高压乳突球囊扩张导管(GRIPTM)	瑞士 Acrostak (Schweiz)AG	20143770450
脑室导管(RAUMEDIC-脑室导管)	德国 RAUMEDIC AG	20143771379
腔静脉滤器(Cook Celect)	丹麦 William Cook Europe ApS	20143772865
腔静脉滤器及其导引系统(VenaTech LP)	法国 B.BRAUN MEDICAL	20143776131
亲水桡动脉鞘组(桡动脉家族)	日本 テルモ株式会社(泰尔茂株式会社)	20143771495
亲水涂层导丝(HiWire)	美国 Cook Incorporated	20143773377
球囊导管(Ascent)	瑞士 Medos International SARL	20143774149
球囊扩张导管(Advance)	美国 Cook Incorporated	20143770062
球囊扩张导管(ATB ADVANCE)	美国 Cook Incorporated	20143774716
球囊扩张导管(Atlas PTA)	美国 Bard Peripheral Vascular, Inc.	20143774681
球囊扩张导管(CRE)	美国 Boston Scientific Corporation	20143776125
球囊扩张导管(Empira NC)	美国 Creganna Tactx Medical	20143773385
球囊扩张导管(Empira)	美国 Creganna Tactx Medical	20143773384
球囊扩张导管(Hiryu)	日本 テルモ株式会社	20143770790
球囊扩张导管(Maxi LD)	爱尔兰 Cordis Cashel	20143774686
球囊扩张导管(Pacific Xtreme)	意大利 Invatec S.p.A.	20143770500
球囊扩张导管(Ryujin Plus)	日本 テルモ株式会社	20143770107
球囊扩张导管(Savvy PTA Dilatation Catheter)	爱尔兰 Cordis Cashel	20143770796
球囊扩张导管(Sleek OTW)	爱尔兰 ClearStream Technologies Ltd.	20143772682
球囊扩张导管(Sprinter OTW)	美国 Medtronic Inc.	20143774663
球囊扩张导管(TMP PTCA)	日本 株式会社東海メディカルプロダクツ	20143772862
桡动脉造影导丝	日本 テルモ株式会社(泰尔茂株式会社)	20143771917
三维诊断超声导管(SOUNDSTAR)	美国 Biosense Webster, Inc.	20143772994
射频消融导管(AlCath Flux)	德国 VascoMed GmbH	20143771937
射频消融导管(AlCath)	德国 VascoMed GmbH	20143771936
射频消融导管(Stinger)	美国 Bard Electrophysiology, a Division of C.R.Bard, Inc.	20143770319
神经导丝(Synchro)	美国 Stryker Neurovascular	20143774714
肾造瘘球囊导管(Ultraxx)	美国 Cook Incorporated	20143773879
栓塞保护器(SpiderFX)	美国 ev3, Inc.	20143770123(更)
栓塞弹簧圈	美国 Cook Incorporated	20143773774
栓塞弹簧圈(MReye)	美国 Cook Incorporated	20143776246
栓塞弹簧圈(Nester)	美国 Cook Incorporated	20143770841
栓塞器械(Pipeline)	美国 Micro Therapeutics Inc.dba ev3 Neurovascular	20143770862(更)
栓塞微粒球	法国 Biosphere Medical SA	20143770613(更)
栓塞微粒球(Embosphere)	法国 Biosphere Medical SA	20143771181
栓塞微粒球(Embosphere)	法国 Biosphere Medical SA	20143771181
栓塞微球(DC Bead)	英国 Biocompatibles UK Limited	20143773862
栓塞系统(HydroCoil)	美国 MicroVention, Inc.	20143770612
双 Y 型接口	美国 Smiths Medical ASD, Inc.	20143771304
双向消融导管	比利时 St. Jude Medical Coordination Center BVBA	20143775417
套针外周导管	韩国 Medifirst Co., Ltd	20143773836
头端转向导丝	美国 Cook Incorporated	20143771493
涂层亲水导丝(Magic TorqueTM)	美国 Boston Scientific Corporation	20143774151
外周斑块切除系统(TurboHawk)	美国 ev3, Inc.	20143776197
外周插管中心静脉导管(巴德高压注射型 PICC 导管)	美国 Bard Access Systems, Inc.	20143774651
外周导丝(ASAHI)	日本 ASAHI INTECC CO., LTD.	20143773762

诊断用电极导管	美国 Bard Electrophysiology A Division of C.R. Bard Inc.	20143772579
诊断用电极导管	美国 Bard Electrophysiology A Division of C.R. Bard Inc.	20143772927
诊断用电极导管	美国 Bard Electrophysiology a division of C.R Bard Inc.	20143773510
支撑导管	美国 Spectranetics Corporation	20143773674
支持导管(SEEKER)	美国 Bard Peripheral Vascular, Inc.	20143773684
支气管热成形导管(商品名:Alair)	美国 Boston Scientific Corporation	20143770415
直肠测压球囊导管	美国 Cook Incorporated	20143770503(更)
指引导管(Launcher)	美国 Medtronic Inc.	20143775609
指引导丝(Navitas PMC)	爱尔兰 Brivant Ltd	20143770433
中心静脉导管(CareflowTM)	新加坡 Argon Critical Care Systems Singapore Pte. Ltd.	20143775653
中心静脉导管(赛托菲)	德国 B. Braun Melsungen AG	20143775019
中心静脉导管包	德国 intra special catheters GmbH	20143771273
中心静脉导管包	美国 Arrow International Inc.	20143773470
中心静脉导管套装	德国 Smiths Medical Deutschland GmbH	20143776032
中心静脉导管套装	德国 Smiths Medical Deutschland GmbH	20143776035
中心静脉导管套装	德国 Smiths Medical Deutschland GmbH	20143776035
中心静脉导管套装(VenX)	印度 B.L. Lifesciences Pvt. Ltd.	20143774128
中心静脉压监测及输液套件(Medifix)	德国 B. Braun Melsungen AG	20143774700
主动脉内球囊导管及附件(MEGA)	美国 Datascope Corp.	20143771054
主动脉内阻断导管(IntraClude)	美国 Edwards Lifesciences LLC	20143774579
主动脉内阻断导管(IntraClude)	美国 Edwards Lifesciences LLC	20143774579
子宫角套管	美国 Cook Incorporated	20143774623
自膨式颅内取栓器(ReVive SE)	瑞士 Medos International SARL	20143773354
纵裂式外导引导管(CPS Direct SL II)	美国 St.Jude Medical Cardiac Rhythm Management Division	20143773769
左心部传送导管系统(Attain Command + SureValve)	美国 Medtronic Inc.	20143772825
左心部传送导管系统(Attain Command)	美国 Medtronic Inc.	20143771188

埃及

生产厂家	产品名称	注册号
Haidylena for Advanced Medical Industries	聚砜膜空心纤维透析器	20143450111
Haidylena for Advanced Medical Industries	聚砜膜空心纤维透析器	20143450114

爱尔兰

生产厂家	产品名称	注册号
Abbott Ireland Diagnostic Division	癌抗原 125 测定试剂盒(微粒子酶联免疫检测法)	20143401831
Abbott Ireland Diagnostic Division	癌抗原 15-3 测定试剂盒(微粒子酶联免疫检测法)	20143401830
Abbott Ireland Diagnostic Division	乙型肝炎病毒表面抗原确认试剂手工稀释液	20141401817
Abbott Ireland Diagnostics Division	癌抗原 125 标准校准品	20143401832
Abbott Ireland Diagnostics Division	癌抗原 15-3 标准校准品	20143401833
Abbott Ireland Diagnostics Division	癌胚抗原校准品	20143401825
Abbott Ireland Diagnostics Division	促甲状腺激素测定试剂盒(化学发光微粒子免疫检测法)	20142405915
Abbott Ireland Diagnostics Division	促甲状腺激素校准品	20142403717
Abbott Ireland Diagnostics Division	激发液	20141401822
Abbott Ireland Diagnostics Division	铁蛋白测定试剂盒(化学发光微粒子免疫检测法)	20142404427
Abbott Ireland Diagnostics Division	维生素 B12 测定试剂盒(化学发光微粒子免疫检测法)	20142401836
Abbott Ireland Diagnostics Division	维生素 B12 校准品	20142403597
Abbott Ireland Diagnostics Division	叶酸测定试剂盒(化学发光微粒子免疫检测法)	20142403606
Abbott Ireland Diagnostics Division	叶酸校准品	20142403605
Abbott Ireland Diagnostics Division	游离甲状腺素校准品	20142401145
Abbott Ireland Diagnostics Division	游离甲状腺素校准品	20142401145(更)
Abbott Ireland Diagnostics Division	游离前列腺特异性抗原测定试剂盒(化学发光微粒子免疫检测法)	20143404857
Abbott Ireland Diagnostics Division	游离前列腺特异性抗原校准品	20143401826
Abbott Ireland Diagnostics Division	游离三碘甲状腺原氨酸测定试剂盒(化学发光微粒子免疫检测法)	20142405916
Abbott Ireland Diagnostics Division	游离三碘甲状腺原氨酸校准品	20142403719
Abbott Ireland Diagnostics Division	预激发液	20142404346
Abbott Ireland Diagnostics Division	总前列腺特异性抗原测定试剂盒(化学发光微粒子免疫检测法)	20143405039
Abbott Ireland Diagnostics Division	总前列腺特异性抗原校准品	20143402084
Abbott Ireland Diagnostics Division	总三碘甲状腺原氨酸测定试剂盒(化学发光微粒子免疫检测法)	20142405914
Abbott Ireland Diagnostics Division	总三碘甲状腺原氨酸校准品	20142403718
Abbott Vascular	自膨式外周支架系统(Absolute Pro LL)	20143464109
Abbott Vascular	自膨式外周支架系统(Absolute Pro)	20143464110
Audit Diagnostics	制片机	20141411997
B. Braun Hospicare Ltd.	吸收性藻酸钙敷料(爱舒可)	20143642516
B. Braun Hospicare Ltd.	自粘性透明敷料(爱舒可)	20143641472
Beckman Coulter Ireland Inc.	α-1 抗胰蛋白酶测定试剂盒(免疫比浊法)	20142405352
Beckman Coulter Ireland Inc.	肌酐测定试剂盒(肌氨酸氧化酶法)	20142405799
Beckman Coulter Ireland Inc.	微量白蛋白测定试剂盒(免疫比浊法)	20142401559
Beckman Coulter Ireland Inc.	微量白蛋白校准品	20142400604
Beckman Coulter Ireland Inc.	血清蛋白质控品(水平 1)	20142400646
Beckman Coulter Ireland Inc.	血清蛋白质控品(水平 2)	20142400647
Beckman Coulter Ireland Inc.	血清蛋白质控品(水平 3)	20142400648
Beckman Coulter Ireland, Inc.	流式细胞仪精密度质控微球(Flow-Check Pro)	20143402262
Beckman Coulter Ireland, Inc.	流式细胞仪质控微球	20143402245
Becton, Dickinson and Company Limited	一次性使用采血器(触压式一次性末梢采血器)	20142665242
BIONICHE TEORANTA	无菌透明质酸钠液(西施泰)	20143643227
Boston Scientific Ireland Limited	导引系统(Watchman)	20143770627
Boston Scientific Ireland Ltd	自扩张型支架系统(Innova)	20143463843
BRIVANT Limited	绝缘导丝	20143775868
Brivant Ltd	指引导丝(Navitas PMC)	20143770433
ClearStream Technologies Ltd.	球囊扩张导管(Sleek OTW)	20143772682
Cook Ireland Limited	膀胱镜注射针(Injekt Cysto Flexible)	20143152535
Cook Ireland Limited	细胞活检刷(EchoBrush)	20142223394
Cook Ireland Ltd.	胆道支架(Zilver 635)	20143465596
Cordis Cashel	球囊扩张导管(Maxi LD)	20143774686
Cordis Cashel	球囊扩张导管(Savvy PTA Dilatation Catheter)	20143770796

DePuy (Ireland)	髋关节手术工具(RECLAIM)	20141100752
DePuy (Ireland)	金属头	20143461400
DePuy Ireland	骨锉	国械备 20140360 号
DePuy Ireland	股骨假体(PFC Sigma PS150)	20143461404
DePuy(Ireland)	膝关节手术工具	20141100478
eVent Medical Limited	呼吸机	20143541526
Lake Region Medical Ltd.	导丝	20143775573
Organon (Ireland) Ltd.	肌松测量仪	20142215302
Serosep Limited	组织保存液	20141401815
Teleflex Medical	气管切开插管及配件	20142660265

澳大利亚

AMOS SCIENTIFIC PTY. LTD	包埋机	国械备 20140010 号
AMOS SCIENTIFIC PTY. LTD.	冷冻切片机	国械备 20140032 号
AMOS SCIENTIFIC PTY. LTD.	冷冻切片机	国械备 20140034 号
AMOS SCIENTIFIC PTY. LTD.	染色机	国械备 20140030 号
AMOS SCIENTIFIC PTY. LTD.	手摇切片机	国械备 20140031 号
AMOS SCIENTIFIC PTY. LTD.	自动切片机	国械备 20140029 号
AMOS SCIENTIFIC PTY. LTD.	自动切片机	国械备 20140033 号
AMOS SCIENTIFIC PTY. LTD.	自动切片机	国械备 20140035 号
Cochlear Limited	术中远程助手	20142462988
Cochlear Limited	患者编程软件	20142705262
Cochlear Limited	听力调适软件	20142704390
Cochlear Limited	听力调适软件	20142705536
Compumedics Limited	多导睡眠记录仪	20142212156
Compumedics Limited	多导睡眠记录仪	20143212157
Cyclomedica Australia Pty Ltd.	一次性使用患者施给器	20141540135
Fresenius Medical Care Seating (Australia) Pty Ltd	医用治疗椅	20142561003
Leica Biosystems Melbourne Pty Ltd	染色机	国械备 20140016 号
Leica Biosystems Melbourne Pty Ltd	染色机	国械备 20140277 号
National Diagnostic Products Pty Ltd.	血糖试纸(葡萄糖氧化酶法)	20142401094
ResMed Limited	呼吸机睡眠监测工作站	20142211768
ResMed Limited	鼻面罩	20142542621
ResMed Limited	鼻罩	20142544704
ResMed Limited	呼吸机	20143542962
ResMed Limited	呼吸机	20143542963
ResMed Limited	呼吸机	20143542964
ResMed Limited	呼吸机	20143544594
ResMed Limited	面罩	20142542620
ResMed Limited	面罩	20142560279
ResMed Limited	面罩及附件	20142560278
ResMed Limited	面罩及附件	20142560280
ResMed Limited	鼻罩	20142660299
ResMed Limited	面罩	20142660298
SDI Limited	复合树脂修复材料	20143635603
Uscom Ltd	心输出量测量仪	20142216192
William A Cook Australia Pty Ltd	卵裂培养液	20143540052
William A Cook Australia Pty Ltd	卵泡冲洗液	20143540048
William A Cook Australia Pty Ltd	囊胚培养液	20143540050
William A Cook Australia Pty Ltd	胚胎活检液	20143540049
William A Cook Australia Pty Ltd	配子缓冲液	20143540053
William A Cook Australia Pty Ltd	受精培养液	20143540051
William A. Cook Australia Pty Ltd	腹腔镜下肝脏拉钩系统	20142223533
William A. Cook Australia, Pty. Ltd.	单腔取卵针	20142154674
William A. Cook Australia, Pty. Ltd.	双腔取卵针	20142156116

奥地利

A.M.I. Agency for Medical Innovations GmbH	一次性超声探头	20142235959

A.M.I. Agency for Medical Innovations GmbH	一次性超声探头	20142236255
Baxter AG	压力调节器	20142544298
Baxter AG	外科用封合剂喷射发生器	20143653480
BHM-Tech Produktionsgesellschaft mbH	助听器	20142466087
Biomedica Medizinprodukte GmbH & Co KG	N末端脑钠肽前体检测试剂盒(酶联免疫法)	20142404254
Croma GmbH	预装式丙烯酸人工晶状体	20143225879
GE Healthcare Austria GmbH & Co OG	超声诊断仪	20142233180
GE Healthcare Austria GmbH & Co OG	超声诊断仪	20142234370
I.T.S.GmbH	金属骨针(I.T.S.)	20143465584
KLEMA Dentalprodukte GmbH	烤瓷牙用陶瓷粉(创意瓷粉)	20142634703
Leonhard Lang GmbH	除颤电极	20142215809
Leonhard Lang GmbH	心电电极	20142214467
Leonhard Lang GmbH	心电电极	20142214468
Leonhard Lang GmbH	心电电极	20142214469
MED-EL Elektromedizinische Geraete GmbH	人工耳蜗检测盒	20142463468
MED-EL Elektromedizinische Gerate GmbH	人工耳蜗植入系统-音频处理器	20143462158
Tecan Austria GmbH	酶标仪	20142401992
Tecan Austria GmbH	酶标仪	20142406052
Tecan Austria GmbH	全自动蛋白印迹仪	20142400593
Tecan Austria GmbH	全自动印迹仪	20142402217
Technoclone GmbH	D-二聚体非定值低值质控品	20142405360
Technoclone GmbH	D-二聚体非定值高值质控品	20142404849
VIBRANT MED-EL Hearing Technology GmbH	骨桥可重复使用手术器械	国械备20140143号
VIBRANT MED-EL Hearing Technology GmbH	振动成形耦合体	20143465579
W&H Dentalwerk Bürmoos GmbH	超声波洁牙机	20142552984
W&H Dentalwerk Bürmoos GmbH	充电式根管治疗机(Entran)	20142553991
W&H Dentalwerk Bürmoos GmbH	高速气涡轮手机	20142553519
W&H Dentalwerk Bürmoos GmbH	牙科马达	20142555824
W&H Dentalwerk Bürmoos GmbH	牙科气动马达	20142554496
W&H Dentalwerk Bürmoos GmbH	牙科手机	20142553502
W&H Dentalwerk Bürmoos GmbH	牙科手机	20142554408
W&H Dentalwerk Bürmoos GmbH	牙科手机	20142554946
W&H Dentalwerk Bürmoos GmbH	牙科手机	20142555941
W&H Dentalwerk Bürmoos GmbH	牙科种植手机	20142555942

巴巴多斯

Lenstec (Barbados) Inc.	等凸双非球面人工晶状体	20143226224

巴基斯坦

AR INSTRUMED	牙科拔牙器械	20141062624
AR INSTRUMED	牙科手术器械	20141062437
AR INSTRUMED	牙科修复器械	20141062438
AR INSTRUMED	牙科诊治器械	20141062436
AR INSTRUMED	牙科正畸器械	20141062622
AR INSTRUMED	牙科种植器械	20141062623
ARSA ENTERPRISES	骨科外科手术器械	20141102627
Medisporex Pvt.Ltd.	表皮镊子	20141012278
Medisporex Pvt.Ltd.	持针钳	20141012648
Medisporex Pvt.Ltd.	手术刀柄	20141012281
Medisporex Pvt.Ltd.	止血钳	20141012421
Medisporex Pvt.Ltd.	拔牙钳	20141062647
Medisporex Pvt.Ltd.	成形片夹	20141062422
Medisporex Pvt.Ltd.	金冠剪	20141062276
Medisporex Pvt.Ltd.	开口器	20141062419
Medisporex Pvt.Ltd.	牵开器	20141062423
Medisporex Pvt.Ltd.	去冠器	20141062642
Medisporex Pvt.Ltd.	剔挖器	20141062650
Medisporex Pvt.Ltd.	橡皮障打孔器	20141062270

Medisporex Pvt.Ltd.	橡皮障夹	20141062417
Medisporex Pvt.Ltd.	橡皮障夹钳	20141062277
Medisporex Pvt.Ltd.	牙骨锤	20141062284
Medisporex Pvt.Ltd.	牙骨锉	20141062269
Medisporex Pvt.Ltd.	牙刮匙	20141062280
Medisporex Pvt.Ltd.	牙科刮治器	20141062645
Medisporex Pvt.Ltd.	牙科洁治器	20141062649
Medisporex Pvt.Ltd.	牙探针	20141062646
Medisporex Pvt.Ltd.	牙挺	20141062286
Medisporex Pvt.Ltd.	牙用分离器	20141062643
Medisporex Pvt.Ltd.	牙用剪	20141062279
Medisporex Pvt.Ltd.	牙用镊	20141062420
Medisporex Pvt.Ltd.	牙用凿	20141062283
Medisporex Pvt.Ltd.	牙周袋探针	20141062641
Medisporex Pvt.Ltd.	研光器	20141062418
Medisporex Pvt.Ltd.	咬骨钳	20141062285
Medisporex Pvt.Ltd.	银汞雕刻刀	20141062644
Medisporex Pvt.Ltd.	银汞合金充填器	20141062651
Medisporex Pvt.Ltd.	粘固粉调刀	20141062282
Medisporex Pvt.Ltd.	正畸钳	20141062275
RSAMTI IMPEX	牙科器械	20141062605
SURGICON (PVT) LTD	基础外科手术器械	20141011226
Towne Brothers (Pvt.) Limited	表皮镊子	20141012433
Towne Brothers (Pvt.) Limited	持针钳	20141012654
Towne Brothers (Pvt.) Limited	手术刀柄	20141012291
Towne Brothers (Pvt.) Limited	止血钳	20141012611
Towne Brothers (Pvt.) Limited	拔牙钳	20141062428
Towne Brothers (Pvt.) Limited	成形片夹	20141062431
Towne Brothers (Pvt.) Limited	带环推置器	20141062614
Towne Brothers (Pvt.) Limited	金冠剪	20141062616
Towne Brothers (Pvt.) Limited	开口器	20141062619
Towne Brothers (Pvt.) Limited	口镜	国械备 20140055 号
Towne Brothers (Pvt.) Limited	牵开器	20141062427
Towne Brothers (Pvt.) Limited	琼脂印模材料注射器	国械备 20140065 号
Towne Brothers (Pvt.) Limited	去冠器	20141062652
Towne Brothers (Pvt.) Limited	水门汀充填器	国械备 20140064 号
Towne Brothers (Pvt.) Limited	剔挖器	20141062429
Towne Brothers (Pvt.) Limited	橡皮障打孔器	20141062613
Towne Brothers (Pvt.) Limited	橡皮障夹	20141062615
Towne Brothers (Pvt.) Limited	橡皮障夹钳	20141062432
Towne Brothers (Pvt.) Limited	牙骨锤	20141062289
Towne Brothers (Pvt.) Limited	牙骨锉	20141062435
Towne Brothers (Pvt.) Limited	牙刮匙	20141062434
Towne Brothers (Pvt.) Limited	牙科刮治器	20141062424
Towne Brothers (Pvt.) Limited	牙科洁治器	20141062292
Towne Brothers (Pvt.) Limited	牙探针	20141062287
Towne Brothers (Pvt.) Limited	牙挺	20141062612
Towne Brothers (Pvt.) Limited	牙用分离器	20141062655
Towne Brothers (Pvt.) Limited	牙用剪	20141062617
Towne Brothers (Pvt.) Limited	牙用镊	20141062290
Towne Brothers (Pvt.) Limited	牙用凿	20141062426
Towne Brothers (Pvt.) Limited	牙周袋探针	20141062653
Towne Brothers (Pvt.) Limited	研光器	20141062293
Towne Brothers (Pvt.) Limited	咬骨钳	20141062425
Towne Brothers (Pvt.) Limited	银汞雕刻刀	20141062618
Towne Brothers (Pvt.) Limited	银汞合金充填器	国械备 20140066 号
Towne Brothers (Pvt.) Limited	银汞合金输送器	国械备 20140068 号
Towne Brothers (Pvt.) Limited	粘固粉调刀	20141062430
Towne Brothers (Pvt.) Limited	正畸钳	20141062288
Towne Brothers (Pvt.) Limited	口腔麻醉剂助推器	国械备 20140111 号

巴西

Dentsply Indústria e Comércio Ltda	合成树脂牙	20143630079
KaVo do Brasil Indústria e Comércio Ltda	高速气涡轮手机	20142554050

比利时

Agfa HealthCare N.V.	数字化医用 X 射线摄影系统	20142305322
Agfa HealthCare N.V.	数字化医用 X 射线摄影系统	20142305323
Agfa HealthCare N.V.	数字化医用 X 射线摄影系统(DX-D300)	20142304819
AGFA HEALTHCARE N.V.	DR 用全腿全脊柱立架(DX-D Full Leg Full Spine Stand)	20141310536
AGFA HealthCare N.V.	X 射线摄影用影像板成像装置	20142311685
AGFA HEALTHCARE N.V.	医用图像打印机	国械备 20140244 号
Agfa HealthCare N.V.	医学图像存档软件(医疗数据中心软件)	20142703146
AGFA HealthCare N.V.	医学影像存档与传输系统	20142704033
Alcon Laboratories Belgium	人工晶状体(ACRYSOF IQ ReSTOR Multifocal IOL)	20143220044
Coris BioConcept	轮状病毒和腺病毒抗原检测试剂盒(免疫层析法)	20143403338
Fysiomed N.v.	短波治疗仪	20142255325
Fysiomed N.V.	微波治疗仪	20143252933
Johnson & Johnson International c/o European Logistics Centre	聚酰胺不可吸收缝合线(爱惜良)	20142654599
Johnson & Johnson International, c/o European Logistics Centre	Y 形补片(ARTISYN)	20143461918
Materialise Dental N.V.	牙科种植体手术计划软件	20143704506
Orfit Industries	外固定低温热塑板	20141641244
St. Jude Medical Coordination Center BVBA	起搏电极导线(Tendril MRI)	20143214073
St. Jude Medical Coordination Center BVBA	手持设备(SJM MRI Activator)	20142210989
St. Jude Medical Coordination Center BVBA	灌注消融导管(MediGuide)	20143774593
St. Jude Medical Coordination Center BVBA	双向消融导管	20143775417
St.Jude Medical Coordination Center BVBA	植入式心脏复律除颤器(Ellipse)	20143212196
St.Jude Medical Coordination Center BVBA	植入式心脏复律除颤器(Fortify Assura)	20143212197
St.Jude Medical Coordination Center BVBA	植入式心脏再同步复律除颤器(Quadra Assura)	20143212198
St.Jude Medical Coordination Center BVBA	植入式心脏再同步复律除颤器(Unify Assura)	20143212199
STX-Med Sprl	经皮神经低频电刺激仪	20142212368
TERUMO EUROPE N.V	一次性使用无菌注射针(NEOLUS NEEDLE)	20143150098
圣犹达医疗用品管理有限公司	植入式心脏起搏器(Accent MRI)	20143214074

冰岛

Nox Medical	睡眠记录仪(NOX T3)	20142211771

波兰

Copernicus Sp. Z O.O.	笔式胰岛素注射器(拜林笔 3)	20142155881
Copernicus Sp. Z O.O.	笔式胰岛素注射器(佳朋; Sci Lin Pen)	20142155882
FAMED ZYWIEC Sp. z o.o.	医用电动床	20142545108
HTL-Strefa S.A.	采血笔	国械备 20140261 号
Zywiecka Fabryka Sprzetu Szpitalnego FAMED S.A w upadlosci likwidacyjnej	电动综合分娩产床	20142541681

丹麦

Dako Denmark A/S	增强液	国械备 20140028 号
3Shape TRIOS A/S	牙科用数字印模仪(TRIOS)	20142555248
Alpine bioMed ApS	表面电极	20142213935
Alpine bioMed ApS	肌电图/诱发电位仪(Focus)	20142210521
Alpine bioMed ApS	可高压灭菌针电极	20142214214
Alpine bioMed ApS	一次性单极/感觉/头皮针电极	20142214213
Alpine bioMed ApS	一次性同心针电极	20142214422
Ambu A/S	一次性使用心电电极	20142214220
Ambu A/S	一次性使用心电电极	20142214809

B-K Medical ApS	超声探头	20143234063
Coloplast A/S	二件式造口袋(胜舒)	20142663369
Coloplast A/S	一件式造口袋(胜舒)	20142663368
Coloplast A/S	造口护理用品(特舒)	20142664647
Coloplast A/S	造口护理用品(艺舒)	20142663772
Coloplast A/S	造口栓	20142663871
Dako Denmark A/S	DAB 染色液	国械备 20140351 号
DAKO DENMARK A/S	抗体稀释液	20141400642
Dako Denmark A/S	免疫显色试剂	国械备 20140301 号
Dako Denmark A/S	免疫组化抗原修复缓冲液	国械备 20140002 号
Dako Denmark A/S	免疫组化抗原修复缓冲液	国械备 20140012 号
Dako Denmark A/S	清洗液	国械备 20140354 号
Dako Denmark A/S	全自动免疫组化染色系统	20141402741
Dako Denmark A/S	苏木素染色液	国械备 20140353 号
Dako Denmark A/S	组织染色机	国械备 20140300 号
Dameca A/S	麻醉机	20143540771
Eldon Biologicals A/S	ABO 血型正定型及 RhD 血型检测卡(干片直接凝血法)(EldonCard)	20143400780
Eldon Biologicals A/S	RhD 血型检测卡(干片直接凝血法)(EldonCard)	20143400781
ERGOLET A/S	移位机	20141560026
ERGOLET A/S	移位机	国械备 20140053 号
Ferrosan Medical Devices A/S	可吸收止血流体明胶(Surgiflo)	20143643226
Genius Periodental A/S	激光牙科治疗仪	20143245833
GN OTOMETRICS A/S	耳声发射测试仪(MADSEN)	20142212397
GN OTOMETRICS A/S	听觉诱发电位系统	20142213261
GN Otometrics A/S	听力计	20142213498
Interacoustics A/S	客观听觉测试平台	20142210209
Interacoustics A/S	声阻抗仪	20142214296
Interacoustics A/S	听力测试平台	20142210171
Lina Medical ApS	冲洗吸引电凝器	20143255525
ORIGIO a/s	玻化冻存管	20142132744
ORIGIO a/s	玻化冻存管	20142132744
ORIGIO a/s	玻化冻存管	20142132744
Pnn Medical A/S	尿道支架系统	20143462852
Radiometer Medical ApS	测试卡	20142403270
Radiometer Medical ApS	定标液	20142403222
Radiometer Medical ApS	定标液	20142403223
Radiometer Medical ApS	肌酐电极	20142403508
Radiometer Medical ApS	免疫分析仪	20142403526
Radiometer Medical ApS	血气、血氧、电解质、代谢物质控/定标液	20142402091
Radiometer Medical ApS	血气、血氧、电解质和代谢物分析仪	20142403525
Radiometer Medical ApS	血气分析仪	20142403509
Radiometer Medical ApS	固定环(固定环)	20141642727
Safe4care ApS	防褥疮床垫	20141562738
Safe4care ApS	防护用垫	20141641362
Unomedical a/s	胰岛素泵用一次性输注管路和针头(Silhouette)	20143660314
V. Guldmann A/S	吊顶式病人移位机	国械备 20140050 号
V. Guldmann A/S	移动式病人移位机	国械备 20140051 号
William Cook Europe ApS	插管导入器(Frova)	20142663445
William Cook Europe ApS	腔静脉滤器回收器械(Günther Tulip)	20143660069
William Cook Europe ApS	腔静脉滤器(Cook Celect)	20143772865
XO CARE A/S	牙科高频电刀	20143251543
丹麦国际听力设备公司	诊断型听力计	20142215840

德国

1stQ GmbH	人工晶体推注器	20142041235
3M Deutschland GmbH	夹板(3M™ Scotchcast™ 夹板)	20141102520
3M Deutschland GmbH	LED 光固化灯	20142552041
3M Deutschland GmbH	临时冠桥树脂材料	20142630296
3M Deutschland GmbH	亲水加聚型硅橡胶印模材料	20142634759

3M Deutschland GmbH	通用粘接系统(Single bond 通用粘接系统)	20143636221
3M Deutschland GmbH	氧化锆瓷块及染色剂	20142632626
3M Deutschland GmbH	自酸蚀处理剂及粘接剂(P90 粘接系统)	20143633872
3M Deutschland GmbH	绷带	国械备 20140096 号
3M Deutschland GmbH	绷带	国械备 20140097 号
3M Deutschland GmbH	固定贴布(3M 固定贴布)	20141641189
3M Deutschland GmbH	聚酯衬垫(3M™ 聚酯衬垫)	20141642521
3M Deutschland GmbH	压力绷带	国械备 20140289 号
aap Biomaterials GmbH	骨水泥(Hi-Fatigue)	20143654132
aap Implantate AG	交锁髓内钉	20143461376
aap Implantate AG	角度型金属接骨板	20143460130
aap Implantate AG	克氏针	20143461377
Abbott GmbH & Co. KG	25-羟基维生素 D 测定试剂盒	20142405444
Abbott GmbH & Co. KG	25-羟基维生素 D 校准品	20142405446
Abbott GmbH & Co. KG	25-羟基维生素 D 质控品	20142405445
Abbott GmbH & Co. KG	茶碱校准品	20142404487
Abbott GmbH & Co. KG	卡马西平校准品	20142404486
Abbott GmbH & Co. KG	鳞状上皮细胞癌抗原测定试剂盒(化学发光微粒子免疫检测法)	20143404868
Abbott GmbH & Co. KG	鳞状上皮细胞癌抗原校准品	20143404273
Abbott GmbH & Co. KG	梅毒螺旋体抗体校准品	20143405145
Abbott GmbH & Co. KG	梅毒螺旋体抗体质控品	20143405380
Abbott GmbH & Co. KG	全型甲状旁腺激素测定试剂盒(化学发光微粒子免疫检测法)	20142403571
Abbott GmbH & Co. KG	全型甲状旁腺激素校准品	20142403726
Abbott GmbH & Co. KG	人附睾蛋白 4 测定试剂盒(化学发光微粒子免疫检测法)	20143404856
Abbott GmbH & Co. KG	人类免疫缺陷病毒抗原及抗体联合测定试剂盒(化学发光微粒子)	20143404485
Abbott GmbH & Co. KG	万古霉素校准品	20142405137
Abbott GmbH & Co. KG	胃泌素释放肽前体测定试剂盒(化学发光微粒子免疫检测法)	20143400253
Abbott GmbH & Co. KG	胃泌素释放肽前体校准品	20143401090
Abbott GmbH & Co. KG	胃泌素释放肽前体质控品	20143401091
Abbott GmbH & Co. KG	细胞角蛋白 19 片段测定试剂盒(化学发光微粒子免疫检测法)	20143404262
Abbott GmbH & Co. KG	细胞角蛋白 19 片段校准品	20143405720
Abbott GmbH & Co. KG	细胞角蛋白 19 片段质控品	20143405721
Abbott GmbH & Co. KG	性激素结合球蛋白测定试剂盒(化学发光微粒子免疫检测法)	20142402137
Abbott GmbH& Co. KG	硫酸脱氢表雄酮校准品	20142403598
Abbott GmbH& Co. KG	性激素结合球蛋白校准品	20142403599
Adentatec GmbH	齿科烤瓷合金	20142630145
Aesculap AG	手术刀	国械备 20140352 号
AESCULAP AG	显微外科手术器械	国械备 20140146 号
AESCULAP AG	神经外科手术器械	20141030264
Aesculap AG	钻石刀(蛇牌)	20142034762
AESCULAP AG	耳鼻喉科手术器械(蛇牌)	20141052722
AESCULAP AG	胸腔心血管外科手术器械	20141072711
AESCULAP AG	胸腔心血管外科手术器械	20142075623
Aesculap AG	气动咬骨钳	20142102297
AESCULAP AG	计划生育手术器械	20141131890
AESCULAP AG	整形外科手术器械	20141162723
Aesculap AG	电动动力系统工具	20142215037
Aesculap AG	CMOS 内窥镜摄像系统	20142222576
Aesculap AG	冲洗吸引泵及附件(Aesculap)	20142221646
Aesculap AG	三晶片内窥镜摄像系统(蛇牌)	20142221483
Aesculap AG	三晶片内窥镜摄像系统(蛇牌)	20142221484
Aesculap AG	单极电凝镊	20142255489
Aesculap AG	高频电刀	20143255835
Aesculap AG	高频电刀	20143256193
Aesculap AG	射频切割凝闭器械	20143254779
Aesculap AG	射频组织凝闭系统	20143252954
AESCULAP AG	双极电凝手术剪	20142255510
AESCULAP AG	双极电凝手术镊	20142253191
AESCULAP AG	双极电凝手术钳	20142254425
Aesculap AG	双极电凝血器(蛇牌)	20143251492

Aesculap AG	双极电凝血器(蛇牌)	20143252201
Aesculap AG	带锁髓内钉系统(Targon)	20143464088
Aesculap AG	翻修型髋臼外杯	20143463484
Aesculap AG	非骨水泥型膝关节组件(Emotion Cementless)	20143461277
Aesculap AG	骨水泥型髋关节假体组件(百康)	20143464742
Aesculap AG	脊柱后路固定系统(SSE)	20143460451
Aesculap AG	经椎间孔腰椎后路椎间融合器(TSPACE PEEK Facelift)	20143463868
Aesculap AG	颈椎前路钉板内固定系统(Quintex)	20143462444
Aesculap AG	颈椎前路固定系统(ABC)	20143463636
Aesculap AG	聚四氟乙烯人工血管(VascuGraft PTFE)	20143464087
Aesculap AG	聚四氟乙烯人工血管(VascuGraft SOFT)	20143463409
Aesculap AG	髋关节假体(非骨水泥型)(百康)	20143465899
Aesculap AG	髋关节假体(SDC and PLC)	20143464748
Aesculap AG	髋关节假体组件(TRJ)	20143460818
Aesculap AG	髋臼杯系统(Plasmacup DC)	20143461957
Aesculap AG	全膝关节植入物系统(骨水泥型)(Columbus cemented)	20143462457
Aesculap AG	膝关节假体组件(非骨水泥型)(Columbus)	20143461256
Aesculap AG	胸腰椎后路固定系统组件(S4 Element & Augmentation)	20143462867
Aesculap AG	枕颈胸融合系统(S4)	20143460919
Aesculap AG	组件式胸腰段前路脊柱内固定系统(MACS TL)	20143461255
Aesculap AG	气动力系统(蛇牌)	20142541978
AESCULAP AG	口腔科手术器械	20141552724
AESKU.DIAGNOSTICS GmbH	抗核抗体检测试剂盒(酶联免疫法)	20142400228
AESKU.DIAGNOSTICS GmbH	抗磷脂抗体检测试剂盒(酶联免疫法)	20142400229
AESKU.DIAGNOSTICS GmbH&Co.KG	抗核抗体检测试剂盒(间接免疫荧光法)(迈康准®)	20142404315
AESKU.DIAGNOSTICS GmbH&Co.KG	抗中性粒细胞胞浆抗体(甲醛)检测试剂盒(间接免疫荧光法)	20142403033
AESKU.DIAGNOSTICS GmbH&Co.KG	抗中性粒细胞胞浆抗体(乙醇)检测试剂盒(间接免疫荧光法)	20142403034
AESKU.SYSTEMS GmbH & Co.KG	全自动间接免疫荧光法分析仪	20142404823
Alcon GPS - WaveLight GmbH	眼科生物测量及手术计划系统	20143226003
Alcon GPS - WaveLight GmbH	眼科手术定位导航系统	20143545676
Alcon GPS - WaveLight GmbH	眼科手术计划及导航系统	20143546010
ALTATEC GmbH	种植体辅助用工具	20141061811
ALTATEC GmbH	种植体配套工具	20141061809
ALTATEC GmbH	种植体手术工具	20141061810
ALTATEC GmbH	牙钻(camlog)	20142553000
ALTATEC GmbH	基台及附件	20143635003
ALTATEC GmbH	愈合帽	20143631638
ALTATEC GmbH	种植体配套用基台及附件	20143635570
Angiomed GmbH & Co. Medizintechnik KG	血管支架	20143461064
Angiomed GmbH&Co.Medizintechnik KG	肾穿刺造瘘套件(NEPHROPUR)	20143662890
asap endoscopic products GmbH	脊柱内窥镜手术器械(ASAP)	20142220470
asap endoscopic products GmbH	椎间盘镜(ASAP)	20143224061
Asclepion Laser Technologies GmbH	半导体激光脱毛机	20143243176
ATMOS Medizintechnik GmbH & Co.KG	耳鼻诊断仪	20142212383
ATMOS Medizintechnik GmbH & Co.KG	电子鼻咽喉镜	20143225673
ATMOS Medizintechnik GmbH & Co.KG	电子鼻咽喉镜控制器	20142225659
ATMOS Medizintechnik GmbH &Co.KG	耳鼻喉综合诊疗工作站	20142540607
August Reuchlen GmbH	心血管外科手术钳	20142075546
August Reuchlen GmbH	胸腔镜手术器械	20142224520
Autec Diagnostica	5’-核苷酸酶测定试剂盒(比色法)	20142403305
Autec Diagnostica	C反应蛋白测定试剂盒(免疫比浊法)	20142403286
Autec Diagnostica	α-L岩藻糖苷酶测定试剂盒(CNPF法)	20143403320
Autec Diagnostica	α-羟丁酸脱氢酶测定试剂盒(DGKC推荐法)	20142403314
Autec Diagnostica	β2-微球蛋白测定试剂盒(免疫比浊法)	20142403313
Autec Diagnostica	γ-谷氨酰转肽酶测定试剂盒(IFCC推荐法)	20142403316
Autec Diagnostica	丙氨酸氨基转移酶测定试剂盒(IFCC推荐法)	20142403304
Autec Diagnostica	胆固醇测定试剂盒(氧化酶法)	20142403295
Autec Diagnostica	胆碱酯酶测定试剂盒(速率法)	20142403288
Autec Diagnostica	低密度脂蛋白胆固醇测定试剂盒(直接法)	20142403306
Autec Diagnostica	淀粉酶测定试剂盒(CNP-G3法)	20142403282

Autec Diagnostica	钙测定试剂盒(比色法)	20142403308
Autec Diagnostica	甘油三酯测定试剂盒(氧化酶法)	20142403312
Autec Diagnostica	高密度脂蛋白胆固醇测定试剂盒(直接法)	20142403319
Autec Diagnostica	果糖胺(糖化血清蛋白)测定试剂盒(NBT)	20142403307
Autec Diagnostica	肌酐测定试剂盒(酶法)	20142403318
Autec Diagnostica	肌酸激酶测定试剂盒(IFCC 推荐法)	20142403283
Autec Diagnostica	肌酸激酶同工酶测定试剂盒(免疫抑制法)	20142403294
Autec Diagnostica	碱性磷酸酶测定试剂盒(IFCC 推荐法)	20142403315
Autec Diagnostica	抗链球菌溶血素 O 测定试剂盒(免疫比浊法)	20142403301
Autec Diagnostica	类风湿因子测定试剂盒(免疫比浊法)	20142403287
Autec Diagnostica	镁测定试剂盒(直接比色法)	20142403291
Autec Diagnostica	尿素测定试剂盒(脲酶偶联法)	20142403280
Autec Diagnostica	尿酸测定试剂盒(尿酸酶-过氧化酶法)	20142403298
Autec Diagnostica	葡萄糖测定试剂盒(氧化酶法)	20142403284
Autec Diagnostica	前白蛋白测定试剂盒(比浊法)	20142403290
Autec Diagnostica	乳酸脱氢酶测定试剂盒(LD-L 法)	20142403303
Autec Diagnostica	乳酸脱氢酶同工酶测定试剂盒(速率法)	20142403299
Autec Diagnostica	天冬氨酸氨基转移酶测定试剂盒(IFCC 推荐法)	20142403293
Autec Diagnostica	铁测定试剂盒(终点比色法)	20142403292
Autec Diagnostica	铜测定试剂盒(比色法)	20142403302
Autec Diagnostica	腺苷脱氨酶测定试剂盒(比色法)	20142403285
Autec Diagnostica	锌测定试剂盒(比色法)	20142403296
Autec Diagnostica	载脂蛋白-A1 测定试剂盒(免疫比浊法)	20142403300
Autec Diagnostica	载脂蛋白 B 测定试剂盒(免疫比浊法)	20142403317
Autec Diagnostica	脂蛋白(a)测定试剂盒(免疫比浊法)	20142403281
Autec Diagnostica	直胆红素测定试剂盒(钒酸盐法)	20142403297
Autec Diagnostica	总胆红素测定试剂盒(钒酸盐法)	20142403289
Autec Diagnostica	总胆汁酸测定试剂盒(第五代循环酶法)	20142403279
B. Braun Melsungen AG	动静脉留置针(动全康)	20143155611
B. Braun Melsungen AG	动静脉留置针(英初康)	20143155025
B. Braun Melsungen AG	静脉留置针(英初康)	20143156107
B. Braun Melsungen AG	一次性使用泵用注射器(Omnifix® Luer Lock Solo)	20143154728
B. Braun Melsungen AG	连续神经丛阻滞套件(Contiplex D)	20143213347
B. Braun Melsungen AG	冠脉支架及其输送系统(Coroflex Blue Neo)	20143465408
B. Braun Melsungen AG	输尿管支架(优力欧)	20143460122
B. Braun Melsungen AG	Y 阀(Y-Connector)	20143666129
B. Braun Melsungen AG	泵用精密过滤输液器(英贝宁)	20143664553
B. Braun Melsungen AG	泵用输液器(英贝宁)	20143664129
B. Braun Melsungen AG	连续硬膜外麻醉包及附件(Perifix)	20143665648
B. Braun Melsungen AG	连续硬膜外麻醉套件	20143663754
B. Braun Melsungen AG	三连三通旋塞(Angiodyn High Pressure Manifolds)	20143664705
B. Braun Melsungen AG	三通联板(斯克旋阀)	20143664567
B. Braun Melsungen AG	伤口负压引流系统及附件(Drainobag/迪诺保)	20143662821
B. Braun Melsungen AG	微量泵前管(普福特)	20143661254
B. Braun Melsungen AG	微量泵前管(普福特)	20143661382
B. Braun Melsungen AG	无针输液接头(Discofix® C Safeflow / 斯克福乐)	20143664130
B. Braun Melsungen AG	无针输液接头(Safeflow/赛福乐)	20143663654
B. Braun Melsungen AG	血管造影注射器(Angiodyn Angiographic Syringes)	20143666017
B. Braun Melsungen AG	压力泵(Inflation Device)	20143665606
B. Braun Melsungen AG	一次性使用精密过滤输液器(赛菲特)	20143661253
B. Braun Melsungen AG	一次性使用输液过滤器	20143664993
B. Braun Melsungen AG	一次性使用输液过滤器(英确普)	20143663890
B. Braun Melsungen AG	一次性使用压力输液器(英舒菲)	20143665237
B. Braun Melsungen AG	中心静脉导管定位用辅助装置(Alphacard)	20143664069
B. Braun Melsungen AG	中心静脉导管(赛托菲)	20143775019
B. Braun Melsungen AG	中心静脉压监测及输液套件(Medifix)	20143774700
B. Braun Melsungen AG, OPM	血糖试纸(葡萄糖氧化酶)(欧捷)	20142403026
B. Braun Melsungen AG, OPM	血糖试纸(葡萄糖氧化酶法)(倍佳)	20142403224
B. Braun Melsungen AG, OPM	血糖仪(倍佳)	20142405330
B. Braun Melsungen AG, OPM	血糖仪(欧捷)	20142405331

DeguDent GmbH	齿科瓷粉	20142225633
DeguDent GmbH	齿科铸造合金	20142634659
DeguDent GmbH	烤瓷粉	20142636184
Dentaurum GmbH & Co. KG	正畸螺钉	20143631894
DENTAURUM GmbH & Co.KG	金属烤瓷(CARMEN CCS)	20142632461
Dentaurum GmbH & Co.KG	牙科钛金属	20142633371
dentona AG	牙科石膏	国械备 20140089 号
DENTSPLY DeTrey GmbH	玻璃离子修复材料	20143633881
DENTSPLY DeTrey GmbH	光固化复合树脂	20143636066
DENTSPLY DeTrey GmbH	光固化复合树脂	20143636066
DENTSPLY DeTrey GmbH	聚羧酸锌水门汀(Poly- F)	20143636068
DENTSPLY DeTrey GmbH	聚羧酸锌水门汀(Poly- F)	20143636068
DENTSPLY DeTrey GmbH	牙科粘合剂(Prime & Bond NT)	20143630791
Dentsply Implants Manufacturing GmbH	种植系统用工具	20141060924(更)
DENTSPLY Implants Manufacturing GmbH	种植系统用钻	20142552680
DENTSPLY Implants Manufacturing GmbH	牙种植体附件	20143632886
DENTSPLY Implants Manufacturing GmbH	种植体系统配件(ANKYLOS)	20143634670
DFS-DIAMON GmbH	钴铬合金	20142636145
DiaSpect Medical GmbH	血红蛋白分析仪	20142402772
DiaSys Diagnostic Systems GmbH	免疫球蛋白 E 测定试剂盒(颗粒增强免疫透射比浊法)	20143402092
DiaSys Diagnostic Systems GmbH	全自动生化分析仪	20142402355
DiaSys Diagnostic Systems GmbH	乳酸测定试剂盒(紫外酶动力学法)	20142401724
DiaSys Diagnostic Systems GmbH	同型半胱氨酸测定试剂盒(循环酶法)	20142401723
DiaSys Diagnostic Systems GmbH	乙醇测定试剂盒(紫外酶动力学法)	20142401725
DiaSys Diagnostic Systems GmbH	脂蛋白相关磷脂酶 A2 测定试剂盒(连续监测法)	20142405762
DiaSys Diagnostic Systems GmbH	脂类校准品	20142403555
DMG Chemisch-Pharmazeutische Fabrik GmbH	齿科水门汀(泰姆)	20143631866
DMG Chemisch-Pharmazeutische Fabrik GmbH	加聚硅橡胶印模材料(加聚硅橡胶印模材料)	20142631872
DMG Chemisch-Pharmazeutische Fabrik GmbH	临时冠桥(珞赛特)	20143631026
DMG Chemisch-Pharmazeutische Fabrik GmbH	义齿软衬材料	20143635645
Dornier MedTech GmbH	体外冲击波碎石机(多尼尔)	20143212396
Draeger Medical GmbH	胸阻抗断层成像仪	20143211930
Draeger Medical GmbH	光疗灯	20142541338
Draeger Medical GmbH	呼吸回路	20142542404
Draeger Medical GmbH	呼吸机	20143540423
Draeger Medical GmbH	麻醉系统	20143545277
DRG Instruments GmbH	17-α-羟孕酮测定试剂盒(酶联免疫吸附法)	20142400233
DRG Instruments GmbH	胰岛素测定试剂盒(ELISA 法)	20142404845
DRG Instruments GmbH	胰岛素样生长因子-1 测定试剂盒(ELISA 法)	20142405760
DuRR DENTAL AG	根管冲洗手机	20143552204
DuRR DENTAL AG	牙科空气压缩机	国械备 20140085 号
DWA GmbH & Co.KG	血液透析用水处理设备	20142450527
Eisenbacher Dentalwaren ED GmbH	牙科烤瓷合金 钴铬合金(Keragen®)	20142636179
Eisenbacher Dentalwaren ED GmbH	牙科铸造合金 钴铬合金(Robur 400®)	20142636180
ELCON Medical Instruments GmbH	医用剪	国械备 20140059 号
Elma Hans Schmidbauer GmbH & Co.KG	超声波清洗器	20141572352
ENDO-FLEX GmbH	内镜用注射针	20143153687
ENDO-FLEX GmbH	扩张导管	20142220290
ENDO-TECHNIK Wolfgang Griesat GmbH	内窥镜冲洗泵	20142224019
ENDO-TECHNIK Wolfgang Griesat GmbH	内窥镜清洗消毒机	20142221510
Epigenomics AG	Septin9 基因甲基化检测试剂盒(PCR 荧光探针法)	20143405186
Eppendorf AG	高速冷冻离心机	20141412042
Eppendorf AG	高速离心机	20141410338
Eppendorf AG	医用离心机	20141412043
ERBE Elektromedizin GmbH	冲洗泵	20142220316
ERBE Elektromedizin GmbH	双极器械	20143255286
ERBE Elektromedizin GmbH	中性电极	20142255875
eResearchTechnology GmbH	肺功能仪	20142214801
Eschweiler GmbH & Co.KG	电解质检测定标液 3(CAL3)	20142405372
Eschweiler GmbH & Co.KG	电解质检测定标液 4(CAL4)	20142405369

Eschweiler GmbH & Co.KG	血气、电解质分析仪	20142405866
Eschweiler GmbH & Co.KG	血气检测定标液 1(BGA1)	20142405092
Eschweiler GmbH & Co.KG	血气检测定标液 2(BGA2)	20142405370
Eschweiler GmbH & Co.KG	血气检测定标液 3(BGA3)	20142405373
Eschweiler GmbH & Co.KG	血气检测定标液 4(BGA4)	20142405371
Eurocor GmbH	PTA 球囊导管(Joker 035)	20143773864
Eurofoam GmbH	防褥疮床垫	国械备 20140058 号
EUROIMMUN Medizinische Labordiagnostika AG	25-羟基维生素 D 检测试剂盒(酶联免疫吸附法)	20142401144
EUROIMMUN Medizinische Labordiagnostika AG	25-羟基维生素 D 检测试剂盒(酶联免疫吸附法)	20142401144(更)
EUROIMMUN Medizinische Labordiagnostika AG	大疱性皮肤病抗体检测试剂盒(间接免疫荧光法)	20142406211
EUROIMMUN Medizinische Labordiagnostika AG	呼吸道病原体谱抗体 IgM 检测试剂盒(间接免疫荧光法)	20143405426
EUROIMMUN Medizinische Labordiagnostika AG	精液抗精子抗体 IgA/IgG/IgM 检测试剂盒(酶联免疫吸附法)	20142403902
EUROIMMUN Medizinische Labordiagnostika AG	抗 BP180 抗体 IgG 检测试剂盒(酶联免疫吸附法)	20142405121
EUROIMMUN Medizinische Labordiagnostika AG	抗 BP230 抗体 IgG 检测试剂盒(酶联免疫吸附法)	20142405123
EUROIMMUN Medizinische Labordiagnostika AG	抗 EB 病毒核抗原 IgG 抗体检测试剂盒(酶联免疫吸附法)	20143405451
EUROIMMUN Medizinische Labordiagnostika AG	抗 EB 病毒衣壳抗原 IgG 抗体亲合力检测试剂盒(酶联免疫吸附法)	20143404841
EUROIMMUN Medizinische Labordiagnostika AG	抗 EB 病毒衣壳抗原 IgM、衣壳抗原 IgG 抗体及抗体亲合力、早期抗原 IgG、核抗原抗体检测试剂盒(间接免疫荧光法)	20143405425
EUROIMMUN Medizinische Labordiagnostika AG	抗 EB 病毒早期抗原 IgA 抗体检测试剂盒(酶联免疫吸附法)	20143400552
EUROIMMUN Medizinische Labordiagnostika AG	抗 EB 病毒早期抗原 IgG 抗体检测试剂盒(酶联免疫吸附法)	20143403087
EUROIMMUN Medizinische Labordiagnostika AG	抗 EB 病毒早期抗原 IgM 抗体检测试剂盒(酶联免疫吸附法)	20143401682
EUROIMMUN Medizinische Labordiagnostika AG	抗 F-肌动蛋白抗体 IgG 检测试剂盒(间接免疫荧光法)	20142403335
EUROIMMUN Medizinische Labordiagnostika AG	抗 Jo-1 抗体 IgG 检测试剂盒(酶联免疫吸附法)	20142404244
EUROIMMUN Medizinische Labordiagnostika AG	抗 nRNP/Sm 抗体 IgG 检测试剂盒(酶联免疫吸附法)	20142405129
EUROIMMUN Medizinische Labordiagnostika AG	抗 PM-Scl IgG 抗体检测试剂盒(酶联免疫吸附法)	20142404246
EUROIMMUN Medizinische Labordiagnostika AG	抗 Scl-70 抗体 IgG 检测试剂盒(酶联免疫吸附法)	20142404245
EUROIMMUN Medizinische Labordiagnostika AG	抗 Sm 抗体 IgG 检测试剂盒(酶联免疫吸附法)	20142405130
EUROIMMUN Medizinische Labordiagnostika AG	抗 SS-A 抗体 IgG 检测试剂盒(酶联免疫吸附法)	20142405131
EUROIMMUN Medizinische Labordiagnostika AG	抗 SS-B 抗体 IgG 检测试剂盒(酶联免疫吸附法)	20142405128
EUROIMMUN Medizinische Labordiagnostika AG	抗 β2 糖蛋白 1 抗体 IgA 检测试剂盒(酶联免疫吸附法)	20142405763
EUROIMMUN Medizinische Labordiagnostika AG	抗 β2-糖蛋白 1 抗体 IgG 检测试剂盒(酶联免疫吸附法)	20142403915
EUROIMMUN Medizinische Labordiagnostika AG	抗 β2-糖蛋白 1 抗体 IgM 检测试剂盒(酶联免疫吸附法)	20142403913
EUROIMMUN Medizinische Labordiagnostika AG	抗表皮棘细胞桥粒抗体/抗表皮基底膜抗体检测试剂盒(间接免疫)	20142403912
EUROIMMUN Medizinische Labordiagnostika AG	抗促甲状腺激素受体抗体 IgG 检测试剂盒(酶联免疫吸附法)	20142405127
EUROIMMUN Medizinische Labordiagnostika AG	抗单纯疱疹病毒 1+2 型抗体 IgM 检测试剂盒(酶联免疫吸附法)	20143402125
EUROIMMUN Medizinische Labordiagnostika AG	抗单纯疱疹病毒 1 型抗体 IgM 检测试剂盒(酶联免疫吸附法)	20143402484
EUROIMMUN Medizinische Labordiagnostika AG	抗单纯疱疹病毒 2 型抗体 IgM 检测试剂盒(酶联免疫吸附法)	20143401084
EUROIMMUN Medizinische Labordiagnostika AG	抗单纯疱疹病毒 2 型抗体 IgM 检测试剂盒(酶联免疫吸附法)	20143401084(更)
EUROIMMUN Medizinische Labordiagnostika AG	抗肺炎衣原体抗体 IgG 检测试剂盒(酶联免疫吸附法)	20143401075
EUROIMMUN Medizinische Labordiagnostika AG	抗肺炎衣原体抗体 IgG 检测试剂盒(酶联免疫吸附法)	20143401075(更)
EUROIMMUN Medizinische Labordiagnostika AG	抗肺炎衣原体抗体 IgM 检测试剂盒(酶联免疫吸附法)	20143402485
EUROIMMUN Medizinische Labordiagnostika AG	抗风疹病毒抗体 IgM 检测试剂盒(酶联免疫吸附法)	20143400550
EUROIMMUN Medizinische Labordiagnostika AG	抗风疹病毒抗体 IgM 检测试剂盒(酶联免疫吸附法)	20143400550(更)
EUROIMMUN Medizinische Labordiagnostika AG	抗谷氨酸受体抗体检测试剂盒(间接免疫荧光法)	20142400234
EUROIMMUN Medizinische Labordiagnostika AG	抗谷氨酸受体抗体检测试剂盒(间接免疫荧光法)	20142400234(更)
EUROIMMUN Medizinische Labordiagnostika AG	抗谷氨酸脱羧酶抗体 IgG 检测试剂盒(酶联免疫吸附法)	20142405784
EUROIMMUN Medizinische Labordiagnostika AG	抗核抗体(均质型)阳性质控品	20142401549
EUROIMMUN Medizinische Labordiagnostika AG	抗核抗体 IgG 检测试剂盒(间接免疫荧光法)	20142404848
EUROIMMUN Medizinische Labordiagnostika AG	抗核抗体谱(IgG)检测试剂盒(欧蒙印迹法)	20142403693
EUROIMMUN Medizinische Labordiagnostika AG	抗核抗体谱(IgG)检测试剂盒(欧蒙印迹法)	20142403693
EUROIMMUN Medizinische Labordiagnostika AG	抗核糖体 P 蛋白抗体 IgG 检测试剂盒(酶联免疫吸附法)	20142405132
EUROIMMUN Medizinische Labordiagnostika AG	抗甲状腺抗体检测试剂盒(间接免疫荧光法)	20142400553(更)
EUROIMMUN Medizinische Labordiagnostika AG	抗甲状腺抗体检测试剂盒(间接免疫荧光法)	20142400553
EUROIMMUN Medizinische Labordiagnostika AG	抗精子抗体检测试剂盒(间接免疫荧光法)	20142403911
EUROIMMUN Medizinische Labordiagnostika AG	抗巨细胞病毒抗体 IgG 亲合力检测试剂盒(酶联免疫吸附法)	20143405857
EUROIMMUN Medizinische Labordiagnostika AG	抗磷脂酶 A2 受体抗体 IgG 检测试剂盒(酶联免疫吸附法)	20142405768
EUROIMMUN Medizinische Labordiagnostika AG	抗麻疹病毒抗体 IgM 检测试剂盒(酶联免疫吸附法)	20143400251(更)
EUROIMMUN Medizinische Labordiagnostika AG	抗麻疹病毒抗体 IgM 检测试剂盒(酶联免疫吸附法)	20143400251
EUROIMMUN Medizinische Labordiagnostika AG	抗梅毒螺旋体、心磷脂 IgG 抗体检测试剂盒(欧蒙-免疫印迹法)	20143400640
EUROIMMUN Medizinische Labordiagnostika AG	抗内因子抗体 IgG 检测试剂盒(酶联免疫吸附法)	20142404247

EUROIMMUN Medizinische Labordiagnostika AG	抗桥粒芯糖蛋白 1 抗体 IgG 检测试剂盒(酶联免疫吸附法)	20142405122
EUROIMMUN Medizinische Labordiagnostika AG	抗桥粒芯糖蛋白 3 抗体 IgG 检测试剂盒(酶联免疫吸附法)	20142405124
EUROIMMUN Medizinische Labordiagnostika AG	抗双链 DNA 抗体阳性质控品	20142401548
EUROIMMUN Medizinische Labordiagnostika AG	抗胃壁细胞、内因子抗体检测试剂盒(间接免疫荧光法)	20142404248
EUROIMMUN Medizinische Labordiagnostika AG	抗胃壁细胞抗体 IgG 检测试剂盒(酶联免疫吸附法)	20142404249
EUROIMMUN Medizinische Labordiagnostika AG	抗线粒体抗体阳性质控品	20142401550
EUROIMMUN Medizinische Labordiagnostika AG	抗心磷脂抗体 IgA 检测试剂盒(酶联免疫吸附法)	20142405764
EUROIMMUN Medizinische Labordiagnostika AG	抗心磷脂抗体 IgG 检测试剂盒(酶联免疫吸附法)	20142405785
EUROIMMUN Medizinische Labordiagnostika AG	抗着丝点抗体 IgG 检测试剂盒(酶联免疫吸附法)	20142405133
EUROIMMUN Medizinische Labordiagnostika AG	可提取性核抗原 IgG 抗体检测试剂盒(酶联免疫吸附法)	20142405782
EUROIMMUN Medizinische Labordiagnostika AG	类风湿因子(IgA 类)检测试剂盒(酶联免疫吸附法)	20142403086
EUROIMMUN Medizinische Labordiagnostika AG	类风湿因子(IgG 类)检测试剂盒(酶联免疫吸附法)	20142404853
EUROIMMUN Medizinische Labordiagnostika AG	类风湿因子(IgM 类)检测试剂盒(酶联免疫吸附法)	20142403085
EUROIMMUN Medizinische Labordiagnostika AG	梅毒螺旋体 IgG 抗体检测试剂盒(间接免疫荧光法)	20143400639
EUROIMMUN Medizinische Labordiagnostika AG	梅毒螺旋体 IgG 抗体检测试剂盒(间接免疫荧光法)	20143400639(更)
EUROIMMUN Medizinische Labordiagnostika AG	全自动免疫印迹仪	20142404174
EUROIMMUN Medizinische Labordiagnostika AG	全自动免疫荧光核型及滴度判读系统	20142405252
EUROIMMUN Medizinische Labordiagnostika AG	神经元抗原谱抗体 IgG 检测试剂盒(欧蒙印迹法)	20142400235
EUROIMMUN Medizinische Labordiagnostika AG	神经元抗原谱抗体 IgG 检测试剂盒(欧蒙印迹法)	20142400235(更)
EUROIMMUN Medizinische Labordiagnostika AG	吸入性及食物性过敏原特异性 IgE 抗体检测试剂盒(欧蒙印迹法)	20143404851
EUROIMMUN Medizinische Labordiagnostika AG	循环免疫复合物(含 IgG 抗体)检测试剂盒(酶联免疫吸附法)	20142404852
EUROIMMUN Medizinische Labordiagnostika AG	印迹法自动成像仪	20142401781
EUROIMMUN Medizinische Labordiagnostika AG	自身免疫性肝病 IgG 类抗体检测试剂盒(欧蒙印迹法)	20142403916
EUROIMMUN Medizinsche Labordiagnostika AG	全自动间接免疫荧光操作/酶联免疫一体机	20142405246
eZono AG	超声探头	20142235806
F. Stephan GmbH Medizintechnik	经鼻通气套件	20142542399(更)
FEG Textiltechnik Forschungs- und Entwicklungsgesellschaft mbH	疝气补片(DynaMesh®-PP)	20143462908
FEG Textiltechnik Forschungs- und Entwicklungsgesellschaft mbH	疝气补片(DynaMesh)	20143462909
FEG Textiltechnik Forschungs- und Entwicklungsgesellschaft mbH	疝气补片(DynaMesh)	20143462910
FEHLING INSTRUMENTS GmbH & Co. KG Germany	骨科外科手术器械	20141102710
Fiagon GmbH	耳鼻喉手术导航系统(富德)	20143540542
Fiagon GmbH	耳鼻喉手术导航系统(富德)	20143540542
Fluoron GmbH	硅油	20143225890
FLUORON GmbH	眼科用重水	20143220124
Fresenius Kabi AG	血小板套件	20143451891
Fresenius Kabi AG	自体血回收机	20143454782
Fresenius Kabi AG	经皮内镜引导下胃造口装置(福瑞可胃造口装置)	20142664611
Fresenius Kabi AG	聚乙烯输注管	20143660915
Fresenius Kabi AG	空肠造口装置(福瑞可空肠造口装置)	20142664634
Fresenius Kabi AG	三腔喂养管(福瑞可三腔喂养管)	20142664636
Fresenius Kabi AG	无菌接管机	20142664494
Fresenius Kabi AG	小肠喂养管(福瑞可小肠喂养管)	20142664635
Fresenius Kabi AG	一次性使用泵用输液管路	20143663647
Fresenius Kabi AG	一次性使用泵用输液器	20143661396
Fresenius Kabi AG	一次性使用泵用输液器	20143661950
Fresenius Kabi AG	一次性使用泵用输液器	20143661951
Fresenius Kabi AG	一次性使用泵用输液器	20143662872
Fresenius Kabi AG	一次性使用泵用输液器	20143662873
Fresenius Kabi AG	一次性使用泵用输液器	20143663343
Fresenius Kabi AG	一次性使用肠外营养输液器	20143661250
Fresenius Kabi AG	一次性使用肠外营养输液器	20143663344
Fresenius Kabi AG	一次性使用输血器	20143661949
Fresenius Kabi AG	一次性使用输液器用防回流阀	20143663646
Fresenius Kabi AG	一次性使用输液器用药液过滤器	20143661953
Fresenius Kabi AG	一次性使用输液用连接管	20143661892
Fresenius Kabi AG	一次性无菌肠内用注射器(福瑞可 ENLock 注射器)	20142664516
Fresenius Medical Care AG & Co. KGaA	柠檬酸消毒液	20143454986

Fresenius Medical Care AG & Co. KGaA	热冲洗设备	20142455506
Fresenius Medical Care AG & Co. KGaA	血液透析用水处理设备	20142451677
Fresenius Medical Care AG & Co.KGaA	人体成分分析仪	20142211411
Fresenius Medical Care AG & Co.KGaA	空心纤维血液透析/滤过器	20143453632
Fresenius Medical Care AG & Co.KGaA	空心纤维血液透析滤过器	20143450616
Fresenius Medical Care AG & Co.KGaA	空心纤维血液透析滤过器	20143450617
Fresenius Medical Care AG & Co.KGaA	血液净化用管路	20143450443
Fresenius Medical Care AG & Co.KGaA	血液透析用浓缩干粉	20143455627
Fresenius Medical Care AG & Co.KGaA	血液透析用水处理设备	20142452166
Fresenius Medical Care AG & Co.KGaA	血液透析用水处理设备	20142452167
Fresenius Medical Care AG &Co.KGaA	急性透析和体外血液治疗机	20143452108
Fresenius Medical Care AG &Co.KGaA	空心纤维血液透析滤过器	20143453760
Fresenius Medical Care AG &Co.KGaA	血液净化体外循环血路	20143451057
Fresenius Medical Care AG& Co.KGaA	血液透析滤过装置	20143452115
Fresenius Medical Care AG&Co.KGaA	腹膜透析管	20142453438
Fresenius Medical Care AG&Co.KGaA	腹膜透析管	20142455010
Fresenius Medical Care AG&Co.KGaA	空心纤维血液透析器	20143453777
Fresenius Medical Care AG&Co.KGaA	空心纤维血液透析器	20143453894
Fresenius Medical Care AG&Co.KGaA	连续性血液净化管路	20143452845
Fresenius Medical Care AG&Co.KGaA	透析液过滤器	20143450885
Fresenius Medical Care AG&Co.KGaA	血液净化用补液管路	20143451386
Fresenius Medical Care AG&Co.KGaA	血液净化用管路附件	20143450456
GALLINI S.r.l	输尿管支架及导管套件(Ureteral Stents/Catheters)	20143662915
Gambro Dialysatoren GmbH	超滤器	20143453789
Gambro Dialysatoren GmbH	超滤器	20143453790
Gambro Dialysatoren GmbH	可重复使用透析器	20143451969
Gambro Dialysatoren GmbH	一次性使用血液灌流器(碳肾)	20143454757
GE Healthcare GmbH	超声工作站软件	20142703469
Gebr. Brasseler GmbH &Co. KG	声波洁牙机	20142550029
Gebrüder Martin GmbH & Co. KG	手外科内固定系统(LINOS)	20143463361
Gebrüder Martin GmbH & Co.KG	高频电刀	20143251197
Gebrüder Martin GmbH &Co. KG	手外科基础手术器械(LINOS)	20141011223
Gebrüder Martin GmbH &Co. KG	颌面外科基础手术器械	20141100742
Gebrüder Martin GmbH &Co. KG	颌面内固定系统	20143463677
Geratherm Respiratory GmbH	肺测试仪	20142214045
Geuder AG	氙灯冷光源	20142221657
Geuder AG	超声眼科乳化玻切治疗仪	20143231518
GONOTEC Gesellschaft fur Mess - und Regeltechnik mbH	冰点渗透压仪	20142214173
Hager & Werken GmbH & Co. KG	咬颌块	20141062416
Hager &Werken GmbH &Co. KG	激光高频治疗仪	20143240538
Heidelberg Engineering GmbH	共焦激光断层扫描仪	20142225335
Heidelberg Engineering GmbH	激光眼科诊断仪	20143244501
Heinen+Lowenstein GmbH & Co.KG	婴幼儿呼吸机	20143544075
Helm Medical GmbH	一次性静脉留置针	20143154839
Helmut Zepf Medizintechnik GmbH	牙根拔出系统	20141061218
Helmut Zepf Medizintechnik GmbH	牙周手术器械	20141060104
Heraeus Kulzer GmbH	麻醉剂助推器	20141061229
Heraeus Kulzer GmbH	包埋料	20141631314
Heraeus Kulzer GmbH	包埋料	20141631315
Heraeus Kulzer GmbH	弹性体印模材料	20142635608
Heraeus Medical GmbH	骨水泥	20143655900
Heraeus Medical GmbH	骨水泥	20143655901
Heraeus Medical GmbH	骨水泥	20143656033
Herbert Waldmann GmbH &Co.KG	紫外线治疗机	20142264169
Herbert Waldmann GmbH &Co.KG	检查灯	20142540216
Heyer Medical AG	呼吸机	20143544591
Hoffmann Dental Manufaktur GmbH	齿科水门汀	20143633631
HUMAN Gesellschaft für Biochemica und Diagnostica mbH	抗RA33抗体定量检测试剂盒(酶联免疫法)	20142405392
HUMAN Gesellschaft für Biochemica und Diagnostica mbH	抗核抗体定量检测试剂盒(酶联免疫法)	20142405393
HUMAN Gesellschaft für Biochemica und Diagnostica mbH	全自动酶联免疫分析仪	20142404393

HUMAN Gesellschaft für Biochemica und Diagnostica mbH	血管炎自身抗体检测试剂盒(线性免疫分析法)	20142405391
HUMAN Gesellschaft fur Biochemica und Diagnostica mbH	α-淀粉酶测定试剂盒(速率法)	20142405220
HUMAN Gesellschaft fur Biochemica und Diagnostica mbH	γ-谷氨酰转移酶测定试剂盒(速率法)	20142405221
HUMAN Gesellschaft fur Biochemica und Diagnostica mbH	丙氨酸氨基转移酶测定试剂盒(速率法)	20142405215
HUMAN Gesellschaft fur Biochemica und Diagnostica mbH	甘油三酯测定试剂盒(终点法)	20142405227
HUMAN Gesellschaft fur Biochemica und Diagnostica mbH	活化部分凝血活酶时间测定试剂盒	20142405224
HUMAN Gesellschaft fur Biochemica und Diagnostica mbH	肌酐测定试剂盒	20142405223
HUMAN Gesellschaft fur Biochemica und Diagnostica mbH	肌酸激酶测定试剂盒(IFCC 法)	20142405212
HUMAN Gesellschaft fur Biochemica und Diagnostica mbH	尿素测定试剂盒(速率法)	20142405216
HUMAN Gesellschaft fur Biochemica und Diagnostica mbH	尿酸测定试剂盒(酶比色法)	20142405219
HUMAN Gesellschaft fur Biochemica und Diagnostica mbH	凝血酶时间测定试剂盒	20142405213
HUMAN Gesellschaft fur Biochemica und Diagnostica mbH	凝血酶原时间测定试剂盒	20142405214
HUMAN Gesellschaft fur Biochemica und Diagnostica mbH	葡萄糖测定试剂盒(GOD 法)	20142405225
HUMAN Gesellschaft fur Biochemica und Diagnostica mbH	葡萄糖测定试剂盒(HK 法)	20142405222
HUMAN Gesellschaft fur Biochemica und Diagnostica mbH	糖化血红蛋白(HbA1c)测定试剂盒	20142405218
HUMAN Gesellschaft fur Biochemica und Diagnostica mbH	天门冬氨酸氨基转移酶测定试剂盒(速率法)	20142405217
HUMAN Gesellschaft fur Biochemica und Diagnostica mbH	纤维蛋白原测定试剂盒	20142405226
Human Med AG	水动力辅助吸脂系统	20143215314
HumanOptics Aktiengesellschaft	后房型丙烯酸酯多焦非球面蓝光滤过型人工晶状体(Diff-aAY)	20143226241
HumanOptics Aktiengesellschaft	后房型丙烯酸酯多焦非球面人工晶状体(Diff-aA)	20143226242
HumanOptics Aktiengesellschaft	后房型丙烯酸酯非球面蓝光滤过型人工晶状体	20143225566
HumanOptics Aktiengesellschaft	后房型丙烯酸酯非球面人工晶状体(Aspira-aA)	20143223638
HumanOptics Aktiengesellschaft	后房型丙烯酸酯非球面人工晶状体(MC X11 ASP)	20143224827
HumanOptics Aktiengesellschaft	后房型丙烯酸酯人工晶状体(AS)	20143223639
HumanOptics Aktiengesellschaft	后房型丙烯酸酯人工晶状体(MC611MI)	20143223878
HumanOptics Aktiengesellschaft	后房型聚甲基丙烯酸甲酯人工晶状体(HumanOptics PMMA IOL)	20143221384
HumanTech Germany GmbH	基台及附件(瑞西欧)	20143634588
Hydrosun Medizintechnik GmbH	红外辐照治疗装置	20142265685
IBL International GmbH	EB 病毒病毒壳抗原 IgA 检测试剂盒(酶联免疫法)	20143403748
IBL International GmbH	EB 病毒早期抗原 IgA 检测试剂盒(酶联免疫法)	20143403747
IBL International GmbH	抗精子自身抗体检测试剂盒(酶联免疫法)	20142405077
Image Diagnost International	乳腺诊断图像处理软件	20142703264
Immucor Medizinische Diagnostik GmbH	血型分析用稀释液	国械备 20140075 号
inomed Medizintechnik GmbH	刺激记录电极	20142211209
inomed Medizintechnik GmbH	射频电极	20142251482
intra special catheters GmbH	中心静脉导管包	20143771273
Jakoubek Medizintechnik GmbH	牵开器	20142221228
Johnson & Johnson MEDICAL GmbH	施夹器	20142014764
Johnson & Johnson MEDICAL GmbH	结扎钉夹(ABSOLOK® EXTRA)	20143664650
joimax GmbH	刨削系统(Shrill)	20142221774
JOLINE GmbH &Co. KG	腹膜透析管	20142450481
KAESER KOMPRESSOREN GmbH	牙科空压机	20141550998
Kaltenbach & Voigt GmbH	高速气涡轮手机	20142555952
Kaltenbach & Voigt GmbH	根管手机	20142554031
Kaltenbach & Voigt GmbH	光固化机	20142555958
Kaltenbach & Voigt GmbH	龋齿探测笔	20142550973
Kaltenbach & Voigt GmbH	牙科弯手机	20142550011
Kaltenbach & Voigt GmbH	牙科弯手机	20142554013
Kaltenbach & Voigt GmbH	牙科弯手机	20142554030
Kaltenbach & Voigt GmbH	牙科弯手机	20142554032
Kaltenbach & Voigt GmbH	牙科综合治疗台	20142551668
Kaltenbach & Voigt GmbH	种植手机	20142553806
Kaltenbach & Voigt GmbH	种植用弯手机	20142554400
Kaltenbach & Voigt GmbH	喷粉除斑器	20142633997
Kaltenbach & Voigt GmbH	软质氧化锆坯料	20142633886
Kaltenbach & Voigt GmbH	高速气涡轮手机	20142554294
Kaltenbach & Voigt GmbH	根管手机	20142554014
Kaltenbach & Voigt GmbH	抛光手机	20142554015
Kaltenbach & Voigt GmbH	种植用直手机	20142554399
Kaltenbach & Voigt GmbH	齿科纯钛材料	20142633779

Kaltenbach & Voigt GmbH	软质氧化锆坯料	20142631794
Karl Kaps GmbH &Co.KG	手术显微镜	20142220167
Karl Storz GmbH & Co. KG	3D 电子腹腔镜(3D TIPCAM 1)	20143220381
Karl Storz GmbH & Co. KG	半硬性气管插管镜	20142225822
Karl Storz GmbH & Co. KG	便携式内窥镜冷光源	20142225524
Karl Storz GmbH & Co. KG	电子鼻咽喉镜	20143225844
Karl Storz GmbH & Co. KG	电子麻醉喉镜	20142225828
Karl Storz GmbH & Co. KG	电子输尿管镜	20143225699
Karl Storz GmbH & Co. KG	电子支气管镜	20143225496
Karl Storz GmbH & Co. KG	耳镜	20143222806
Karl Storz GmbH & Co. KG	肛肠镜	20143223523
Karl Storz GmbH & Co. KG	肛肠镜用无源手术器械	20142224723
Karl Storz GmbH & Co. KG	肛肠镜用有源手术器械	20143223524
Karl Storz GmbH & Co. KG	脊柱外科内窥镜	20143225692
Karl Storz GmbH & Co. KG	经皮肾镜	20143223995
Karl Storz GmbH & Co. KG	经皮肾镜用无源手术器械	20142224724
Karl Storz GmbH & Co. KG	内窥镜摄像系统	20142222050
Karl Storz GmbH & Co. KG	内窥镜摄像系统(IMAGE 1 SPIES)	20142221506
Karl Storz GmbH & Co. KG	内窥镜摄像系统(Image1 hub HD)	20142221336
Karl Storz GmbH & Co. KG	内窥镜用冲洗吸引系统(HAMOU ENDOMAT)	20142222780
Karl Storz GmbH & Co. KG	内窥镜用动力系统(UNIDRIVE S III ARTHRO)	20142221784
Karl Storz GmbH & Co. KG	内窥镜用动力系统(UNIDRIVE S III ENT)	20142221787
Karl Storz GmbH & Co. KG	纤维麻醉内窥镜系统	20143226057
Karl Storz GmbH & Co. KG	胸腔镜	20143223462
Karl Storz GmbH & Co. KG	胸腔镜有源器械	20143223994
Karl Storz GmbH & Co. KG	医用内窥镜冷光源(LED nova 150)	20142223154
Karl Storz GmbH & Co. KG	内窥镜手术用动力系统(UNIDRIVE S III Neuro)	20142542569
Karl Storz GmbH & Co. KG	内窥镜用冲洗吸引系统(HYSTEROMAT E.A.S.I)	20142540994
Karl Storz GmbH & Co. KG	气腹机系统	20142545825
Karl Storz GmbH & Co.KG	内窥镜摄像系统(TELE PACK X LED)	20142222188
Karl Storz GmbH &;amp; Co. KG	电子输尿管镜	20143225699
Karl Storz GmbH &Co. KG	关节镜用冲洗吸引系统(ARTHROPUMP POWER)	20142223148
Karl Storz GmbH &Co. KG	内窥镜摄像系统(TRICAM)	20142222314
Karl Storz GmbH &Co. KG	前列腺电切镜用手术器械	20142220073
Karl Storz GmbH &Co. KG	纤维导光束	20142220035
Karl Storz GmbH &Co. KG	支气管镜	20143222807
Kirchner & Wilhelm GmbH + Co.KG	喉镜	20142225817
Koenigsee Implantate GmbH	支持型接骨板及螺钉	20143464984
Koenigsee Implantate GmbH	直型接骨板及螺钉	20143464985
Konigsee Implantate GmbH	空心螺钉	20143465036
Konigsee Implantate GmbH	支持型接骨板及螺钉	20143465558
Konigsee Implantate GmbH	直型接骨板及螺钉	20143465559
LAP GmbH Laser Applikationen	激光定位系统	20142242015
Lauer Membran Wassertechnik GmbH	血液透析用水处理系统	20142452009
Lauer Membran Wassertechnik GmbH	血液透析用水处理系统	20142453165
Leica Biosystems Nussloch GmbH	冷冻切片机	20141412170
Leica Biosystems Nussloch GmbH	染色机	20141410182
Leica Microsystems CMS GmbH	生物显微镜	20142224218
LEISEGANG Feinmechanik-Optik GmbH	阴道显微镜	20142221525
LEONI Fiber Optics GmbH	眼内激光光纤探针	20143244077
LEONI Fiber Optics GmbH	医用激光光纤	20142243936
LEONI Fiber Optics GmbH	医用激光光纤	20142245431
Lisa Laser Products OHG	钬(Ho:YAG)激光治疗仪	20143243423
livetec Ingenieurbüro GmbH	临时起搏器	20143214230
Livetec Ingenieurburo GmbH	半导体激光治疗机	20143241541
Lohmann & Rauscher International GmbH & Co.KG	聚酯绷带	国械备 20140100 号
Lohmann & Rauscher International GmbH & Co.KG	水胶体敷料(Suprasorb&;reg; H)	20143644554
Lüllau Engineering GmbH	紫外光疗仪	20142266102
M&;ouml;ller Medical GmbH	射频灌注泵(Qiona)	20143545533
MACHEREY-NAGEL GmbH &Co.KG	尿液分析仪	20142402768

MAICO Diagnostic GmbH	声阻抗仪	20142210528
MAQUET Cardiopulmonary AG	临时起搏电极	20143210975
MAQUET Cardiopulmonary AG	临时起搏电极	20143213731
MAQUET Cardiopulmonary AG	离心泵	20142453515
MAQUET Cardiopulmonary AG	人工心肺机-滚压式血泵	20143453984
MAQUET Cardiopulmonary AG	人工心肺机-热交换水箱	20142452038
MAQUET Cardiopulmonary AG	体外循环连续血气监测系统	20143453516
MAQUET Cardiopulmonary AG	体外循环套包(MECC 体外循环套包)	20143451341
MAQUET Cardiopulmonary AG	心肺辅助膜式氧合器(HLS 心肺辅助膜式氧合器)	20143451395
MAQUET Cardiopulmonary AG	心肺辅助系统	20143450763(更)
MAQUET GmbH	骨科牵引架	20141100947
MAQUET GmbH	病人转移设备	20142543453
MAQUET GmbH	电动液压手术床	20142544305
Mattes Instrument GmbH	基础外科手术器械	20141011463
Max Hauser Süddeutsche Chirurgie-Mechanik GmbH	咬骨钳	国械备 20140275 号
Medentis medical GmbH	牙钻	20142550827
Medentis medical GmbH	基台及配件	20143633835
Medentis medical GmbH	人工牙种植体	20143632811
medi GmbH & Co.KG	背部支具	国械备 20140078 号
medi GmbH & Co.KG	臂部支具	国械备 20140080 号
medi GmbH & Co.KG	肩部支具	国械备 20140079 号
medi GmbH & Co.KG	臀部支具	国械备 20140077 号
medi GmbH & Co.KG	膝盖支具	国械备 20140071 号
Medical Index GmbH	X 射线防护服及配件	国械备 20140049 号
MEDICON eG	鼻科手术器械	20141052639
MEDICON eG	锯片	20142100270
MEDICON eG	椎板咬骨钳	20142106121
MEDICON eG	矫形骨针	20143465878
Medicon eG	脑动脉瘤夹	20143462524
MEDICON eG	骨锯手机	20142553504
Medi-Globe GmbH	超声活检针(SonoTip)	20143155583
Medi-Globe GmbH	超声活检针及附件	20143151966
Medi-Globe GmbH	注射针	20143156016
Medi-Globe GmbH	导丝	20142221796
Medi-Globe GmbH	切开刀	20143251175
Medi-Globe GmbH	导丝系列	20142663874
Medi-Globe GmbH	导引套管	20142662413
Medi-Globe GmbH	推送器	20142660833
Medi-Globe GmbH	支架置入套装	20142662414
Medin Medical Innovations GmbH	婴儿正压通气控制器	20143540772
Medite GmbH	病理石蜡包埋机	国械备 20140213 号
Medite GmbH	轮转式切片机	国械备 20140038 号
Medite GmbH	自动组织脱水机	国械备 20140170 号
Medite GmbH	组织染色机	国械备 20140169 号
MEDIWISS Analytic GmbH	过敏原特异性 IgE 抗体检测试剂盒(免疫印迹法)	20143404269
Medizin &Service GmbH	眼电生理设备	20142214007
Medos Medizintechnik AG	膜式氧合器(medos)	20143451621
MEDTRON AG	高压注射器	20142314017
MEDTRON AG	高压注射器	20142314805
MEDTRON AG	造影注射器	20142313259
MEGADENTA Dentalprodukte GmbH	光固化树脂充填材料	20143636105
Metrax GmbH	半自动体外除颤器	20143215742
MGB Endoskopische Gerate GmbH Berlin	电切镜及附件	20143225498
MGB Endoskopische Gerate GmbH Berlin	腹腔镜	20143225491
MGB Endoskopische Gerate GmbH Berlin	腹腔镜手术器械	20143224418
MGB Endoskopische Gerate GmbH Berlin	腹腔镜手术器械	20142226134
MGB Endoskopische Gerate GmbH Berlin	宫腔镜(MGB)	20143225494
MGB Endoskopische Gerate GmbH Berlin	关节镜	20143223531
MGB Endoskopische Gerate GmbH Berlin	膀胱镜	20143223530
MGB Endoskopische Gerate GmbH Berlin	氙灯冷光源	20142224504

MGB Endoskopische Gerate GmbH Berlin	氙灯冷光源	20142224505
MGB Endoskopische Gerate GmbH Berlin	气腹机	20142544171
MGB Endoskopische Gerate GmbH Berlin	宫腔镜手术器械	20143775635
Microm International GmbH	冷冻切片机	20141411656
Microm International GmbH	切片机	20141410334
Microm International GmbH	切片机	20141412224
Microm International GmbH	切片机	20141412224
Miele & Cie.KG	清洗消毒机	20142574792
Miele & Cie.KG	清洗消毒机	20142575247
Mikrogen GmbH	人类免疫缺陷病毒(HIV1+2)抗体确证试剂盒(条带免疫法)	20143401690
Miltenyi Biotec GmbH	细胞分选仪器	20143404356
MK-dent GmbH	高速涡轮牙科手机	20142550027
Moeller Medical GmbH	脑脊液引流泵(LiquoGuard 7)	20143540511
Moeller Medical GmbH	引流导管(LiquoGuard 7)	20143664767
Moeller Medical GmbH	压力测量导管(LiquoGuard 7)	20143774383
Morcher GmbH	囊袋张力环	20143225614
MT MonitorTechnik GmbH & Co.KG	脑电意识深度监测系统(Narcotrend)	20142213194
Natus Europe GmbH	听力筛查仪	20142211664
Normed Medizin-Technik GmbH	金属接骨板及接骨螺钉(诺迈德)	20143461841(更)
Normed Medizin-Technik GmbH	颅-颌-面骨重建金属接骨板、接骨螺钉	20143465893
NORMED Medizintechnik GmbH	手骨重建金属接骨板、接骨螺钉	20143464747
Novotec Medical GmbH	立式振动训练系统	20142265264
OCULUS Optikgerate GmbH	视野计(Twinfield)	20142222770
OCULUS Optikgerate GmbH	便携式视野计	20142222929
OCULUS Optikgerate GmbH	视野计(Centerfield 2)	20142221970
OCULUS Optikgerate GmbH	眼前节测量评估系统	20142240718
OLYMPUS WINTER & IBE GMBH	宫腔电切镜附件	20142223002
Olympus Winter & Ibe GmbH	经皮肾镜附件	20142225888
Olympus Winter & Ibe GmbH	双极电切镜附件(TURis & TCRis)	20142222665
Olympus Winter & Ibe GmbH	双极宫腔电切镜附件(TCRis)	20142222664
Olympus Winter & Ibe GmbH	双极宫腔电切镜附件(TCRis)	20142222664
Olympus Winter & Ibe GmbH	高频电刀(ESG-100)	20143253803
Olympus Winter &Ibe GmbH	频闪光源(CLL-S1)	20142220991
Olympus Winter&Ibe GmbH	无源胸腹腔镜手术器械(HiQ+)	20142220805
OLYMPUS WINTER&IBE GMBH	胸腹腔镜	20143222005
Olympus Winter&Ibe GmbH	有源胸腹腔镜手术器械(HiQ+)	20143222310
Olympus Winter&Ibe GmbH	吸引/灌流管	20143252311
OptiMed Medizinische Instrumente GmbH	输尿管支架导管及套装	20143660125
OptiMed Medizinische Instrumente GmbH	PTA 球囊导管(立通)	20143770431
OptiMed Medizinische Instrumente GmbH	导引导丝	20143770438
OptiMed Medizinische Instrumente GmbH	放射造影导管	20143770113
ORGENTEC Diagnostika GmbH	抗 Jo-1(Anti-Jo-1)IgG 抗体测定试剂盒(酶联免疫法)	20142405081
ORGENTEC Diagnostika GmbH	抗 RNP/Sm 抗体(Anti-RNP/Sm)测定试剂盒(酶联免疫法)	20142405753
ORGENTEC Diagnostika GmbH	抗β2 糖蛋白Ⅰ IgA/IgG/IgM 抗体测定试剂盒(酶联免疫法)	20142403950
ORGENTEC Diagnostika GmbH	抗β2 糖蛋白Ⅰ IgG/IgA/IgM 抗体测定试剂盒(酶联免疫法)	20142403953
ORGENTEC Diagnostika GmbH	抗蛋白酶 3、抗髓过氧化物酶、抗肾小球基底膜 IgG 抗体测定试剂盒(免疫印迹法)	20142405755
ORGENTEC Diagnostika GmbH	抗核抗体(ANA)测定试剂盒(酶联免疫法)	20142403198
ORGENTEC Diagnostika GmbH	抗核抗体(ANA)检测试剂盒(酶联免疫法)	20142403903
ORGENTEC Diagnostika GmbH	抗核糖核蛋白 70 抗体(Anti-RNP-70)测定试剂盒(酶联免疫法)	20142405756
ORGENTEC Diagnostika GmbH	抗核小体(Anti-Nucleosome)IgG 抗体测定试剂盒(酶联免疫法)	20142403942
ORGENTEC Diagnostika GmbH	抗核小体(Anti-Nucleosome)IgG 抗体测定试剂盒(酶联免疫法)	20142403947
ORGENTEC Diagnostika GmbH	抗可溶性抗原抗体(ENA)测定试剂盒(酶联免疫法)	20142405757
ORGENTEC Diagnostika GmbH	抗麦胶蛋白(Anti-Gliadin)IgA/IgG 抗体测定试剂盒(酶联免疫)	20142403952
ORGENTEC Diagnostika GmbH	抗麦胶蛋白抗体(Anti-Gliadin)测定试剂盒(酶联免疫法)	20142405758
ORGENTEC Diagnostika GmbH	抗肾小球基底膜(Anti-GBM)IgG 抗体测定试剂盒(酶联免疫法)	20142403904
ORGENTEC Diagnostika GmbH	抗史密斯抗原 IgG 抗体(Anti-Sm IgG)测定试剂盒(酶联免疫法)	20142405080
ORGENTEC Diagnostika GmbH	抗双链 DNA(Anti-dsDNA) IgA 抗体测定试剂盒(酶联免疫法)	20142403948
ORGENTEC Diagnostika GmbH	抗双链 DNA(Anti-dsDNA) IgM 抗体测定试剂盒(酶联免疫法)	20142403944
ORGENTEC Diagnostika GmbH	抗双链 DNA(Anti-dsDNA)IgA/IgG/IgM 抗体测定试剂盒	20142403949

ORGENTEC Diagnostika GmbH	抗拓扑异构酶 I-70(Anti-Scl-70)IgG 抗体测定试剂盒	20142405082
ORGENTEC Diagnostika GmbH	抗肖格伦 A 52(Anti-SS-A 52)IgG 抗体测定试剂盒(酶联免疫法)	20142403945
ORGENTEC Diagnostika GmbH	抗肖格伦 A 60(Anti-SS-A 60)IgG 抗体测定试剂盒(酶联免疫法)	20142403951
ORGENTEC Diagnostika GmbH	抗肖格伦 A IgG 抗体(Anti-SS-A IgG)测定试剂盒(酶联免疫法)	20142405079
ORGENTEC Diagnostika GmbH	抗肖格伦 B(Anti-SS-B) IgG 抗体测定试剂盒(酶联免疫法)	20142405083
ORGENTEC Diagnostika GmbH	抗心磷脂(Anti-Cardiolipin)IgA 抗体测定试剂盒(酶联免疫法)	20142403943
ORGENTEC Diagnostika GmbH	抗心磷脂(Anti-Cardiolipin)IgG/IgA/IgM 抗体测定试剂盒	20142403905
ORGENTEC Diagnostika GmbH	抗心磷脂 IgG 抗体(Anti-Cardiolipin IgG)测定试剂盒	20142405078
ORGENTEC Diagnostika GmbH	抗心磷脂 IgM 抗体(Anti-Cardiolipin IgM)测定试剂盒	20142405754
ORGENTEC Diagnostika GmbH	抗胰岛素(Anti-Insulin)IgG 抗体测定试剂盒(酶联免疫法)	20142403954
ORGENTEC Diagnostika GmbH	抗组织转谷氨酰胺酶 IgG 和 IgA 抗体测定试剂盒(酶联免疫法)	20142403946
Ortho select GmbH	骨科手术器械(奥特)	20141101913
ORTHO SELECT GMBH	髋臼杯固定螺钉(奥特)	20143461265
Ortho select GmbH	支持型金属接骨板(奥特)	20143463232
osmed gmbh	自膨胀水凝胶眶内植入物	20143460859
Otto Bock HealthCare GmbH	膝关节矫形器	20141260284
PAJUNK GmbH Medizintechnologie	一次性使用活检穿刺针	20143152324
Pajunk GmbH Medizintechnologie	一次性使用活检针	20143153898
PAJUNK GmbH Medizintechnologie	腹腔镜附件	20143224682
Paradigm Spine GmbH	腰椎动态稳定系统(DSS)	20143463230
Peter Lazic GmbH	动脉瘤夹钳	20141012523
pfm medical mepro gmbh	一次性闭合高负压引流系统	20143660432
Philips Medical Systems DMC GmbH	医用诊断 X 射线系统	20143300199
Philips Medical Systems DMC GmbH	移动式摄影 X 射线机	20142300530
Philips Medical Systems DMC GmbH	移动式摄影 X 射线机	20142300531
Philips Medizin Systeme Boeblingen GmbH	病人监护仪	20143214508
Philips Medizin Systeme Boeblingen GmbH	病人监护仪	20143214509
Philips Medizin Systeme Boeblingen GmbH	胎儿监护仪	20143230767
Philips Medizin Systeme Boeblingen GmbH	宫腔内测压导管	20143660768
PHYSIOMED ELEKTROMEDIZIN AG	超声物理治疗装置	20142233796
PilotBlankenfeldeMedizinisch-elektronische Gerate GmbH	听性脑干电位诱发仪	20142212351
pk endoskopie GmbH	导丝	20142222265
pk endoskopie GmbH	网篮	20142221220
pk endoskopie GmbH	乳头切开刀	20143251199
pk endoskopie GmbH	逆行性胰/胆管造影导管	20142660485
PolyDiagnost GmbH	内窥镜摄像仪	20142224229
PolyDiagnost GmbH	医用内窥镜冷光源	20142221979
Precisemed GmbH	持针钳	20141042408
Precisemed GmbH	开睑器	20141042407
Precisemed GmbH	手术用剪	20141042735
Precisemed GmbH	眼科手术器械	国械备 20140136 号
Precisemed GmbH	眼科用镊	20141042406
Primed Halberstadt Medizintechnik GmbH	粪便引流装置及附件(DIARFLEX)	20142662849
Primed Halberstadt Medizintechnik GmbH	负压引流装置及附件	20142663001
pro med instruments GmbH	头部固定系统附件	20142034514
Prodia Diagnostics	乳酸测定试剂盒(乳酸氧化酶)	20142400248
Prodia Diagnostics	脂肪酶测定试剂盒(速率比色法)	20142402337
Promedica Dental Material GmbH	玻璃离子水门汀(Medicem)	20143630928
Promedica Dental Material GmbH	牙科光固化复合树脂(Composan LCM)	20143634680
PULSION Medical Systems SE	心输出量测量仪	20143211994
PULSION Medical Systems SE	心输出量测量仪	20143215985
PULSION Medical Systems SE	中心静脉氧饱和度测量探头	20143210599
QIAGEN GmbH	宫颈采样器	20142123831
QIAGEN GmbH	核酸提取或纯化试剂	国械备 20140005 号
QIAGEN GmbH	核酸提取或纯化试剂	国械备 20140006 号
QIAGEN GmbH	核酸提取或纯化试剂	国械备 20140007 号
QIAGEN GmbH	核酸提取或纯化试剂	国械备 20140008 号
QIAGEN GmbH	核酸提取或纯化试剂	国械备 20140013 号
QIAGEN GmbH	核酸提取或纯化试剂	国械备 20140004 号
QUANTEL DERMA GmbH	ER:YAG 激光治疗仪	20143245739

Queisser Pharma GmbH & Co. KG	义齿稳固剂(齿固佳)	20142633771
Queisser Pharma GmbH &Co. KG	义齿稳固粉(齿固佳)	20142632451
RAUMEDIC AG	脑室导管(RAUMEDIC-脑室导管)	20143771379
ResMed Germany Inc.	呼吸机	20143542995
RESORBA Medical GmbH	带针/不带针钢丝线(Steel Wire)	20143463783
Rhino Lab GmbH	鼻腔测压仪	20142213257
Richard Wolf GmbH	耳鼻喉科用刀	20141050475
Richard Wolf GmbH	耳鼻喉科用剪	20141050476
Richard Wolf GmbH	耳鼻喉科用器械	20141051459
Richard Wolf GmbH	耳鼻喉科用器械	20141051460
Richard Wolf Gmbh	耳鼻喉科用牵开器和拉钩	20141050269
Richard Wolf GmbH	耳鼻喉科用钳、镊	20141051222
Richard Wolf GmbH	电切镜及附件	20143220020
Richard Wolf GmbH	电切镜及附件	20143224941
Richard Wolf GmbH	电切镜用器械	20142223408
Richard Wolf GmbH	腹腔镜	20143221935
Richard Wolf GmbH	腹腔镜用器械	20142222271
Richard Wolf GmbH	关节镜用器械	20142223764
Richard Wolf GmbH	喉镜及附件	20142225105
Richard Wolf GmbH	喉镜用手术器械	20142224695
Richard Wolf GmbH	内窥镜冷光源	20142224401
Richard Wolf GmbH	内窥镜摄像系统	20142221684
Richard Wolf GmbH	内窥镜手术器械	20142223238
Richard Wolf GmbH	尿道膀胱镜及附件	20143222583
Richard Wolf GmbH	尿道膀胱镜用器械	20142221062
Richard Wolf GmbH	肾镜	20143225838
Richard Wolf GmbH	肾镜及附件	20143220012
Richard Wolf GmbH	直肠镜	20143222809
Richard Wolf GmbH	直肠镜手术用高频器械	20143223185
Richard Wolf GmbH	直肠镜用器械	20143226013
Richard Wolf GmbH	椎间盘镜	20143220972
Richard Wolf GmbH	椎间盘镜用手术器械	20142226147
Richard Wolf GmbH	耳鼻喉科高频手术器械	20143252598
Richard Wolf GmbH	组织粉碎器	20143544407
RIEMSER Pharma GmbH	牙科骨粉	20143634755
Roche Diagnostic GmbH	白蛋白检测试剂盒(免疫比浊法)	20142405071
Roche Diagnostics GmbH	17 号染色体探针	20143403692
Roche Diagnostics GmbH	25-羟基维生素 D 定标液	20142404893
Roche Diagnostics GmbH	25-羟基维生素 D 检测试剂盒(电化学发光法)	20142405153
Roche Diagnostics GmbH	Ⅰ型单纯疱疹病毒 IgG 检测试剂盒(电化学发光法)	20143405049
Roche Diagnostics GmbH	Ⅱ型单纯疱疹病毒 IgG 检测试剂盒(电化学发光法)	20143404450
Roche Diagnostics GmbH	ALK 二合一病理质控片	20143403114
Roche Diagnostics GmbH	BRAF V600 基因突变检测试剂盒(PCR 荧光法)	20143405095
Roche Diagnostics GmbH	C 反应蛋白检测试剂盒(胶乳法)	20142400347
Roche Diagnostics GmbH	C 反应蛋白检测试剂盒(免疫比浊法)	20142403073
Roche Diagnostics GmbH	C 反应蛋白检测试剂盒(免疫比浊法)	20142400350
Roche Diagnostics GmbH	C 反应蛋白检测用质控品	20142400354
Roche Diagnostics GmbH	C 肽检测试剂盒(电化学发光法)	20142404342
Roche Diagnostics GmbH	D 二聚体检测卡(胶体金法)	20142404912
Roche Diagnostics GmbH	D-二聚体检测试剂盒(免疫比浊法)	20142404854
Roche Diagnostics GmbH	D-二聚体校准品	20142405208
Roche Diagnostics GmbH	D 二聚体质控品	20142405205
Roche Diagnostics GmbH	D-二聚体质控品	20142405155
Roche Diagnostics GmbH	EGFR 基因突变检测试剂盒(等位基因特异扩增荧光 PCR 法)	20143403340
Roche Diagnostics GmbH	HER2 DNA 探针	20143402343
Roche Diagnostics GmbH	HER2/17 号染色体 DNA 双探针	20143403113
Roche Diagnostics GmbH	KRAS 基因突变检测试剂盒(TaqMan 熔解曲线荧光 PCR 法)	20143403339
Roche Diagnostics GmbH	N-乙酰普鲁卡因胺检测试剂盒(荧光偏振法)	20142401587
Roche Diagnostics GmbH	α1-抗胰蛋白酶检测试剂盒(免疫比浊法)	20142405375
Roche Diagnostics GmbH	α1-酸性糖蛋白检测试剂盒(免疫比浊法)	20142401441

Roche Diagnostics GmbH	α 1-酸性糖蛋白检测试剂盒(免疫比浊法)	20142405073
Roche Diagnostics GmbH	α 1-微球蛋白检测试剂盒(免疫比浊法)	20142401732
Roche Diagnostics GmbH	β 2-微球蛋白检测试剂盒(免疫比浊法)	20142404855
Roche Diagnostics GmbH	β -胶原特殊序列定标液	20142401080
Roche Diagnostics GmbH	β -胶原特殊序列检测试剂盒(电化学发光法)	20142405211
Roche Diagnostics GmbH	γ -谷氨酰转移酶检测试纸(干化学法)	20142404913
Roche Diagnostics GmbH	癌胚抗原定标液	20143403586
Roche Diagnostics GmbH	癌胚抗原定量测定试剂盒(电化学发光法)	20143404885
Roche Diagnostics GmbH	氨水/乙醇/二氧化碳检测用病理值质控品	20142400352
Roche Diagnostics GmbH	氨水/乙醇/二氧化碳检测用正常值质控品	20142400349
Roche Diagnostics GmbH	白蛋白检测试剂盒(溴甲酚紫法)	20142404261
Roche Diagnostics GmbH	白介素 6 检测试剂盒(电化学发光法)	20142401428
Roche Diagnostics GmbH	半胱氨酸蛋白酶抑制剂 C 定标液	20142404907
Roche Diagnostics GmbH	半自动尿液分析仪	20142405872
Roche Diagnostics GmbH	苯妥英检测试剂盒(均相酶免疫测定法)	20142403714
Roche Diagnostics GmbH	丙氨酸氨基转移酶检测试剂盒(IFFC 酶比色法)	20142405059
Roche Diagnostics GmbH	补体 C3 检测试剂盒(免疫比浊法)	20142405066
Roche Diagnostics GmbH	补体 C4 检测试剂盒(免疫比浊法)	20142404452
Roche Diagnostics GmbH	不饱和铁结合力检测试剂盒(比色法)	20142403075
Roche Diagnostics GmbH	不饱和铁结合力检测试剂盒(比色法)	20142405068
Roche Diagnostics GmbH	参比电极	20142403161
Roche Diagnostics GmbH	茶碱检测试剂盒(荧光偏振法)	20142401716
Roche Diagnostics GmbH	触珠蛋白检测试剂盒(免疫比浊法)	20142404453
Roche Diagnostics GmbH	雌二醇定标液	20142401079
Roche Diagnostics GmbH	促甲状腺激素和甲状腺球蛋白低值质控品	20142402147
Roche Diagnostics GmbH	促甲状腺激素检测试剂盒(电化学发光法)	20142404873
Roche Diagnostics GmbH	促甲状腺素定标液	20142401088
Roche Diagnostics GmbH	促卵泡成熟激素检测试剂盒(电化学发光法)	20142403329
Roche Diagnostics GmbH	促肾上腺皮质激素检测试剂盒(电化学发光法)	20142401083
Roche Diagnostics GmbH	胆固醇检测试剂盒(酶比色法)	20142404928
Roche Diagnostics GmbH	胆固醇检测试纸(干化学法)	20142405047
Roche Diagnostics GmbH	胆红素检测试纸(干化学法)	20142404922
Roche Diagnostics GmbH	胆碱酯酶检测试剂盒(比色法)	20142403715
Roche Diagnostics GmbH	胆碱酯酶检测试剂盒(酶比色法)	20142404938
Roche Diagnostics GmbH	蛋白质病理值质控品(尿液/脑脊液)	20142405204
Roche Diagnostics GmbH	蛋白质多项校准品	20142405207
Roche Diagnostics GmbH	蛋白质校准品(尿液/脑脊液)	20142406213
Roche Diagnostics GmbH	低密度脂蛋白胆固醇检测试剂盒(酶比色法)	20142405736
Roche Diagnostics GmbH	地高辛检测试剂盒(免疫比浊法)	20142401616
Roche Diagnostics GmbH	地高辛检测试剂盒(免疫比浊法)	20142405452
Roche Diagnostics GmbH	淀粉酶检测试剂盒(酶比色法)	20142405056
Roche Diagnostics GmbH	淀粉酶检测试纸(干化学法)	20142404927
Roche Diagnostics GmbH	电化学发光全自动免疫分析仪	20143404503
Roche Diagnostics GmbH	电解质参比液	20141401617
Roche Diagnostics GmbH	电解质参比液	20142405472
Roche Diagnostics GmbH	电解质定标液	20142402087
Roche Diagnostics GmbH	电解质定标液	20142403118
Roche Diagnostics GmbH	电解质检测用钠电极调整液	20142404461
Roche Diagnostics GmbH	电解质内标液	20142405161
Roche Diagnostics GmbH	对乙酰氨基酚校准品	20142405453
Roche Diagnostics GmbH	多标记物质控品	20142404460
Roche Diagnostics GmbH	多项生化低值质控品	20142405162
Roche Diagnostics GmbH	多项生化高值质控品	20142405159
Roche Diagnostics GmbH	多项生化校准品	20142405163
Roche Diagnostics GmbH	多项脂类检测试剂盒(干化学法)	20142403907
Roche Diagnostics GmbH	多项脂类检测用质控品	20142403906
Roche Diagnostics GmbH	多项治疗药物监测用校准品	20142405206
Roche Diagnostics GmbH	二氧化碳检测试剂盒(比色法)	20142405065
Roche Diagnostics GmbH	非小细胞肺癌相关抗原 21-1 定标液	20143403703
Roche Diagnostics GmbH	非小细胞肺癌相关抗原 21-1 定量测定试剂盒(电化学发光法)	20143404878

Roche Diagnostics GmbH	钙电极	20142404800
Roche Diagnostics GmbH	甘油三酯检测试剂盒(比色法)	20142400244
Roche Diagnostics GmbH	甘油三酯检测试剂盒(比色法)	20142401613
Roche Diagnostics GmbH	甘油三酯检测试剂盒(比色法)	20142404319
Roche Diagnostics GmbH	甘油三酯检测试纸(干化学法)	20142404905
Roche Diagnostics GmbH	甘油三酯零值校准品	20142405157
Roche Diagnostics GmbH	干式生化多项质控品	20142405164
Roche Diagnostics GmbH	干式生化分析仪	20142405327
Roche Diagnostics GmbH	干式生化分析仪质控条	20142405480
Roche Diagnostics GmbH	高/低密度脂蛋白胆固醇检测用病理值质控品	20142400348
Roche Diagnostics GmbH	高密度胆固醇检测试纸(干化学法)	20142404919
Roche Diagnostics GmbH	高密度脂蛋白胆固醇检测试剂盒(酶比色法)	20142404939
Roche Diagnostics GmbH	高密度脂蛋白胆固醇质控品	20142404457
Roche Diagnostics GmbH	睾酮检测试剂盒(电化学发光法)	20142404879
Roche Diagnostics GmbH	谷氨酸脱氢酶检测试剂盒(比色法)	20142404977
Roche Diagnostics GmbH	谷氨酰转移酶检测试剂盒(比色法)	20142401439
Roche Diagnostics GmbH	谷丙转氨酶检测试纸(干化学法)	20142404908
Roche Diagnostics GmbH	谷草转氨酶检测试纸(干化学法)	20142404936
Roche Diagnostics GmbH	骨钙素定标液	20142401089
Roche Diagnostics GmbH	骨钙素检测试剂盒(电化学发光法)	20142404934
Roche Diagnostics GmbH	胱抑素 C 检测试剂盒(免疫比浊法)	20142402078
Roche Diagnostics GmbH	胱抑素 C 检测试剂盒(免疫比浊法)	20142402078
Roche Diagnostics GmbH	胱抑素 C 检测试剂盒(免疫比浊法)	20142405126
Roche Diagnostics GmbH	胱抑素 C 检测用质控品	20142405769
Roche Diagnostics GmbH	果糖胺检测试剂盒(比色法)	20142402083
Roche Diagnostics GmbH	果糖胺检测试剂盒(比色法)	20142405230
Roche Diagnostics GmbH	果糖胺检测试剂盒(比色法)	20142405230
Roche Diagnostics GmbH	果糖胺质控品	20142404923
Roche Diagnostics GmbH	环孢霉素定标液	20142403546
Roche Diagnostics GmbH	环孢霉素检测试剂盒(电化学发光法)	20142403201
Roche Diagnostics GmbH	环孢霉素校准品	20142405050
Roche Diagnostics GmbH	环孢霉素样品预处理液	国械备 20140133 号
Roche Diagnostics GmbH	黄体生成激素检测试剂盒(电化学发光法)	20142404877
Roche Diagnostics GmbH	肌钙蛋白 T 定量检测卡(胶体金法)	20142405154
Roche Diagnostics GmbH	肌酐检测试剂盒(苦味酸比色法)	20142405737
Roche Diagnostics GmbH	肌酐检测试剂盒(酶比色法)	20142404930
Roche Diagnostics GmbH	肌酐检测试纸(干化学法)	20142404926
Roche Diagnostics GmbH	肌红蛋白定标液	20142400343
Roche Diagnostics GmbH	肌红蛋白检测卡(胶体金法)	20142404902
Roche Diagnostics GmbH	肌红蛋白检测试剂盒(电化学发光法)	20142404887
Roche Diagnostics GmbH	肌红蛋白检测试剂盒(电化学发光法)	20142404889
Roche Diagnostics GmbH	肌红蛋白检测试剂盒(免疫比浊法)	20142405476
Roche Diagnostics GmbH	肌红蛋白检测用质控品	20142404909
Roche Diagnostics GmbH	肌酸激酶检测试剂盒(比色法)	20142401432
Roche Diagnostics GmbH	肌酸激酶检测试剂盒(比色法)	20142401440
Roche Diagnostics GmbH	肌酸激酶检测试纸(干化学法)	20142404931
Roche Diagnostics GmbH	肌酸激酶同工酶 MB 检测试剂盒(比色法)	20142400556
Roche Diagnostics GmbH	肌酸激酶同工酶 MB 检测用病理值质控品	20142400346
Roche Diagnostics GmbH	肌酸激酶同工酶检测试剂盒(电化学发光法)	20142403579
Roche Diagnostics GmbH	肌酸激酶同工酶检测试剂盒(电化学发光法)	20142405156
Roche Diagnostics GmbH	肌酸激酶同功酶检测试剂盒(酶比色法)	20142405798
Roche Diagnostics GmbH	钾、钠、氯、锂离子校准试剂盒(离子选择性电极法)	20142403120
Roche Diagnostics GmbH	钾电极	20142403162
Roche Diagnostics GmbH	钾离子检测试纸(干化学法)	20142404906
Roche Diagnostics GmbH	甲胎蛋白定标液	20143403327
Roche Diagnostics GmbH	甲胎蛋白检测试剂盒(电化学发光法)	20143404874
Roche Diagnostics GmbH	甲型肝炎病毒抗体(IgM)检测试剂盒(电化学发光法)	20143403580
Roche Diagnostics GmbH	甲型肝炎病毒抗体(IgM)质控液	20143403574
Roche Diagnostics GmbH	甲型肝炎病毒抗体测定试剂盒(电化学发光法)	20143405450
Roche Diagnostics GmbH	甲型肝炎病毒抗体质控液	20143403573

Roche Diagnostics GmbH	甲状旁腺素(1-84)检测试剂盒(电化学发光法)	20142404880
Roche Diagnostics GmbH	甲状旁腺素定标液	20142401086
Roche Diagnostics GmbH	甲状旁腺素检测试剂盒(电化学发光法)	20142404458
Roche Diagnostics GmbH	甲状旁腺素检测试剂盒(电化学发光法)	20142405471
Roche Diagnostics GmbH	甲状腺球蛋白抗体定标液	20142404903
Roche Diagnostics GmbH	甲状腺球蛋白抗体检测试剂盒(电化学发光法)	20142404876
Roche Diagnostics GmbH	甲状腺素检测试剂盒(电化学发光法)	20142404455
Roche Diagnostics GmbH	甲状腺素结合力检测试剂盒(电化学发光法)	20142404924
Roche Diagnostics GmbH	碱性磷酸酶检测试剂盒(酶比色法)	20142405067
Roche Diagnostics GmbH	碱性磷酸酶检测试纸(干化学法)	20142404910
Roche Diagnostics GmbH	降钙素定标液	20142401564
Roche Diagnostics GmbH	降钙素检测试剂盒(电化学发光法)	20142401565
Roche Diagnostics GmbH	酒精检测试剂盒(酶比色法)	20142400733
Roche Diagnostics GmbH	巨细胞病毒 IgG 抗体检测试剂盒(电化学发光法)	20143403582
Roche Diagnostics GmbH	巨细胞病毒 IgG 抗体质控液	20143401085
Roche Diagnostics GmbH	巨细胞病毒 IgM 抗体检测试剂盒(电化学发光法)	20143403581
Roche Diagnostics GmbH	巨细胞病毒 IgM 抗体质控液	20143401093
Roche Diagnostics GmbH	卡马西平检测试剂盒(均相酶免疫测定法)	20142405802
Roche Diagnostics GmbH	抗 ALK(D5F3)兔单克隆抗体试剂(免疫组织化学法)	20143403115
Roche Diagnostics GmbH	抗甲状腺过氧化物酶抗体定标液	20142404917
Roche Diagnostics GmbH	抗甲状腺过氧化物酶抗体检测试剂盒(电化学发光法)	20142404897
Roche Diagnostics GmbH	抗链球菌溶血素“O”检测试剂盒(免疫比浊法)	20142404921
Roche Diagnostics GmbH	抗链球菌溶血素 O 检测试剂盒(免疫比浊法)	20142401585
Roche Diagnostics GmbH	抗凝血酶III检测试剂盒(比色法)	20142401435
Roche Diagnostics GmbH	抗凝血酶III质控品	20142400353
Roche Diagnostics GmbH	可溶性 fms 样酪氨酸激酶-1 定标液	20142404264
Roche Diagnostics GmbH	可溶性 fms 样酪氨酸激酶-1 检测试剂盒(电化学发光法)	20142404954
Roche Diagnostics GmbH	可溶性转铁蛋白受体检测试剂盒(免疫比浊法)	20142403074
Roche Diagnostics GmbH	可溶性转铁蛋白受体校准品	20142405203
Roche Diagnostics GmbH	可溶性转铁蛋白受体质控品	20142405152
Roche Diagnostics GmbH	奎尼丁检测试剂盒(荧光偏振法)	20142401717
Roche Diagnostics GmbH	类风湿因子检测试剂盒(免疫比浊法)	20142405057
Roche Diagnostics GmbH	类风湿因子校准液	20142405780
Roche Diagnostics GmbH	类风湿因子质控品	20142404894
Roche Diagnostics GmbH	锂电极	20142403160
Roche Diagnostics GmbH	锂电极	20142404300
Roche Diagnostics GmbH	锂检测试剂盒(比色法)	20142403716
Roche Diagnostics GmbH	硫酸脱氢表雄酮定标液	20142401429
Roche Diagnostics GmbH	硫酸脱氢表雄甾酮检测试剂盒(电化学发光法)	20142404888
Roche Diagnostics GmbH	氯电极	20142403159
Roche Diagnostics GmbH	氯电极	20142404299
Roche Diagnostics GmbH	氯化钠稀释液	20141402081
Roche Diagnostics GmbH	氯化钠稀释液	20141402123
Roche Diagnostics GmbH	梅毒螺旋体抗体检测试剂盒(电化学发光法)	20143403753
Roche Diagnostics GmbH	梅毒螺旋体抗体质控品	20143403752
Roche Diagnostics GmbH	镁检测试剂盒(比色法)	20142400557
Roche Diagnostics GmbH	镁检测试剂盒(比色法)	20142405072
Roche Diagnostics GmbH	免疫多项质控品	20142402077
Roche Diagnostics GmbH	免疫球蛋白 A/免疫球蛋白 M 检测用校准品	20142402481
Roche Diagnostics GmbH	免疫球蛋白 A 检测试剂盒(免疫比浊法)	20142403955
Roche Diagnostics GmbH	免疫球蛋白 E 检测试剂盒(电化学发光法)	20143404914
Roche Diagnostics GmbH	免疫球蛋白 M 检测试剂盒(免疫比浊法)	20142404313
Roche Diagnostics GmbH	免疫通用质控品	20142401087
Roche Diagnostics GmbH	免疫抑制药物检测样本预处理液	20141402544
Roche Diagnostics GmbH	免疫抑制药物质控品	20142403203
Roche Diagnostics GmbH	钠电极	20142403158
Roche Diagnostics GmbH	钠电极	20142404301
Roche Diagnostics GmbH	脑利钠肽前体定标液	20142405051
Roche Diagnostics GmbH	脑利钠肽前体检测卡(胶体金法)	20142400676
Roche Diagnostics GmbH	脑利钠肽前体检测试剂盒(电化学发光法)	20142400240

Roche Diagnostics GmbH	脑利钠肽前体检测试剂盒(电化学发光法)	20142404456
Roche Diagnostics GmbH	脑利钠肽前体检测用质控品	20142405796
Roche Diagnostics GmbH	尿素/尿素氮检测试剂盒(比色法)	20142401434
Roche Diagnostics GmbH	尿素/尿素氮检测试剂盒(比色法)	20142404981
Roche Diagnostics GmbH	尿素检测试纸(干化学法)	20142404933
Roche Diagnostics GmbH	尿酸检测试剂盒(比色法)	20142405479
Roche Diagnostics GmbH	尿酸检测试纸(干化学法)	20142404916
Roche Diagnostics GmbH	尿糖试纸	20142402488
Roche Diagnostics GmbH	尿糖酮试纸	20142402490
Roche Diagnostics GmbH	尿酮试纸	20142402489
Roche Diagnostics GmbH	尿微量白蛋白试条	20142403572
Roche Diagnostics GmbH	尿液/脑脊液总蛋白检测试剂盒(比浊法)	20142405790
Roche Diagnostics GmbH	尿液分析试纸条(干化学法)	20142403593
Roche Diagnostics GmbH	尿液分析仪	20142401993
Roche Diagnostics GmbH	尿液分析仪校准试条	20142404343
Roche Diagnostics GmbH	尿液分析仪校准试条	20142404344
Roche Diagnostics GmbH	凝血检测仪(康固全凝血检测仪)	20142403197
Roche Diagnostics GmbH	凝血酶原时间检测仪(康固全凝血检测仪专业版)	20142403196
Roche Diagnostics GmbH	皮质醇定标液	20142401082
Roche Diagnostics GmbH	皮质醇检测试剂盒(电化学发光法)	20142404896
Roche Diagnostics GmbH	葡萄糖/乳酸/尿素电极盒	20142403745
Roche Diagnostics GmbH	葡萄糖/乳酸电极	20142404799
Roche Diagnostics GmbH	葡萄糖检测试剂盒(己糖激酶比色法)	20142404937
Roche Diagnostics GmbH	葡萄糖检测试剂盒(氧化酶比色法)	20142405055
Roche Diagnostics GmbH	前白蛋白检测试剂盒(免疫比浊法)	20142405058
Roche Diagnostics GmbH	轻链κ检测试剂盒(免疫比浊法)	20142403713
Roche Diagnostics GmbH	轻链λ检测试剂盒(免疫比浊法)	20142403119
Roche Diagnostics GmbH	庆大霉素检测试剂盒(荧光偏振法)	20142401586
Roche Diagnostics GmbH	全自动PCR分析系统	20143402002
Roche Diagnostics GmbH	全自动尿液分析仪	20142405823
Roche Diagnostics GmbH	全自动血气、电解质和生化分析仪	20142404167
Roche Diagnostics GmbH	全自动样品处理系统	20141400532
Roche Diagnostics GmbH	人类免疫缺陷病毒抗体和抗原(P24)检测试剂盒(电化学发光法)	20143404898
Roche Diagnostics GmbH	人类免疫缺陷病毒质控品	20143404886
Roche Diagnostics GmbH	人绒毛膜促性腺激素定标液	20143404263
Roche Diagnostics GmbH	人生长激素定标液	20142404875
Roche Diagnostics GmbH	人生长激素检测试剂盒(电化学发光法)	20142404884
Roche Diagnostics GmbH	绒毛膜促性腺激素及β亚单位检测试剂盒(电化学发光法)	20143404891
Roche Diagnostics GmbH	乳酸检测试剂盒(比色法)	20142401588
Roche Diagnostics GmbH	乳酸检测试剂盒(比色法)	20142404940
Roche Diagnostics GmbH	乳酸脱氢酶检测试剂盒(IFCC酶比色法)	20142404915
Roche Diagnostics GmbH	乳酸脱氢酶检测试剂盒(酶比色法)	20142405060
Roche Diagnostics GmbH	三碘甲状腺原氨酸检测试剂盒(电化学发光法)	20142404925
Roche Diagnostics GmbH	神经元特异性烯醇化酶测定试剂盒(电化学发光法)	20143404881
Roche Diagnostics GmbH	神经元特异性烯醇化酶定标液	20143404890
Roche Diagnostics GmbH	神经元特异性烯醇化酶定标液	20143404890
Roche Diagnostics GmbH	神经元特异性烯醇化酶稀释液	国械备20140108号
Roche Diagnostics GmbH	生化模块定标液	20142404260
Roche Diagnostics GmbH	水杨酸校准品	20142405454
Roche Diagnostics GmbH	他克莫司定标液	20142403545
Roche Diagnostics GmbH	他克莫司检测试剂盒(电化学发光法)	20142403200
Roche Diagnostics GmbH	胎盘生长因子定标液	20142404489
Roche Diagnostics GmbH	胎盘生长因子检测试剂盒(电化学发光法)	20142404953
Roche Diagnostics GmbH	糖化血红蛋白/多项脂类分析仪	20142402052
Roche Diagnostics GmbH	糖化血红蛋白检测试剂盒(干化学法)	20142403199
Roche Diagnostics GmbH	糖化血红蛋白检测试剂盒(免疫比浊法)	20142400682
Roche Diagnostics GmbH	糖化血红蛋白检测试剂盒(免疫比浊法)	20142403078
Roche Diagnostics GmbH	糖化血红蛋白检测用异常值质控品	20142405209
Roche Diagnostics GmbH	糖化血红蛋白检测用正常值质控品	20142400351
Roche Diagnostics GmbH	糖化血红蛋白检测用质控品	20142403019

Roche Diagnostics GmbH	糖化血红蛋白校准品	20142404982
Roche Diagnostics GmbH	糖类抗原 125 定标液	20143403592
Roche Diagnostics GmbH	糖类抗原 15-3 测定试剂盒(电化学发光法)	20143404892
Roche Diagnostics GmbH	糖类抗原 15-3 定标液	20143403919
Roche Diagnostics GmbH	糖类抗原 19-9 测定试剂盒(电化学发光法)	20143405201
Roche Diagnostics GmbH	糖类抗原 19-9 定标液	20143404883
Roche Diagnostics GmbH	糖类抗原 72-4 测定试剂盒(电化学发光法)	20143404895
Roche Diagnostics GmbH	糖类抗原 72-4 定标液	20143403587
Roche Diagnostics GmbH	天冬氨酸氨基转移酶检测试剂盒(IFCC 酶比色法)	20142405735
Roche Diagnostics GmbH	铁蛋白检测试剂盒(电化学发光法)	20142404432
Roche Diagnostics GmbH	铁蛋白检测试剂盒(免疫比浊法)	20142403276
Roche Diagnostics GmbH	铜蓝蛋白检测试剂盒(免疫比浊法)	20142404454
Roche Diagnostics GmbH	同型半胱氨酸检测用校准品	20142401554
Roche Diagnostics GmbH	同型半胱氨酸检测用质控品	20142401555
Roche Diagnostics GmbH	托普霉素检测试剂盒(荧光偏振法)	20142401718
Roche Diagnostics GmbH	万古霉素检测试剂盒(均相酶免疫测定法)	20142405734
Roche Diagnostics GmbH	微量白蛋白检测试剂盒(免疫比浊法)	20142405477
Roche Diagnostics GmbH	微量白蛋白抗原过剩检测试剂盒(免疫比浊法)	20142405158
Roche Diagnostics GmbH	维生素 B12 定标液	20142403326
Roche Diagnostics GmbH	维生素 B12 检测试剂盒(电化学发光法)	20142403328
Roche Diagnostics GmbH	无机磷检测试剂盒(比色法)	20142405070
Roche Diagnostics GmbH	心肌质控品	20142401592
Roche Diagnostics GmbH	血氨检测试剂盒(比色法)	20142400734
Roche Diagnostics GmbH	血红蛋白检测试纸(干化学法)	20142404920
Roche Diagnostics GmbH	血浆氨检测试剂盒(比色法)	20142400675
Roche Diagnostics GmbH	血气、电解质、生化多项校准品	20142403311
Roche Diagnostics GmbH	血气、电解质和生化分析系统	20142402592
Roche Diagnostics GmbH	血气、电解质和生化分析仪用电极盒	20142403271
Roche Diagnostics GmbH	血气、电解质和生化分析用多项质控品	20142403309
Roche Diagnostics GmbH	血气、电解质检测用多项质控品(水平 1)	20142400679
Roche Diagnostics GmbH	血气、电解质检测用多项质控品(水平 2)	20142400680
Roche Diagnostics GmbH	血气、电解质检测用多项质控品(水平 3)	20142400678
Roche Diagnostics GmbH	血气、电解质检测用试剂包	20142404256
Roche Diagnostics GmbH	血气、电解质检测用校准品	20142404258
Roche Diagnostics GmbH	血气、电解质检测用校准品	20142404259
Roche Diagnostics GmbH	血气检测试剂包	20142404255
Roche Diagnostics GmbH	血气血红蛋白模块检测用校准品	20142404257
Roche Diagnostics GmbH	血清指数检测试剂盒(分光光度法)	20142405075
Roche Diagnostics GmbH	血糖检测试纸(干化学法)	20142404918
Roche Diagnostics GmbH	血糖试纸 (葡萄糖脱氢酶法)(活力型)	20142403333
Roche Diagnostics GmbH	血糖试纸(葡萄糖脱氢酶法)(罗康全优越型)	20142401289
Roche Diagnostics GmbH	样品稀释液	20141402121
Roche Diagnostics GmbH	胰淀粉酶检测试剂盒(酶比色法)	20142405069
Roche Diagnostics GmbH	胰淀粉酶检测试纸(干化学法)	20142404929
Roche Diagnostics GmbH	乙醇检测试剂盒(比色法)	20142402122
Roche Diagnostics GmbH	乙型肝炎病毒 e 抗体检测试剂盒(电化学发光法) Anti-HBe	20143405200
Roche Diagnostics GmbH	乙型肝炎病毒 e 抗体质控液	20143403704
Roche Diagnostics GmbH	乙型肝炎病毒 e 抗原检测试剂盒(电化学发光法) HBeAg	20143405195
Roche Diagnostics GmbH	乙型肝炎病毒 e 抗原质控液	20143403920
Roche Diagnostics GmbH	乙型肝炎病毒表面抗体检测试剂盒(电化学发光法)	20143405202
Roche Diagnostics GmbH	乙型肝炎病毒表面抗体质控液	20143403918
Roche Diagnostics GmbH	乙型肝炎病毒表面抗原测定试剂盒(电化学发光法)	20143405194
Roche Diagnostics GmbH	乙型肝炎病毒表面抗原检测试剂盒(电化学发光法)	20143405198
Roche Diagnostics GmbH	乙型肝炎病毒表面抗原确认试剂	20143405199
Roche Diagnostics GmbH	乙型肝炎病毒表面抗原质控品	20143405197
Roche Diagnostics GmbH	乙型肝炎病毒表面抗原质控品	20143405197
Roche Diagnostics GmbH	乙型肝炎病毒核心抗体 IgM 检测试剂盒(电化学发光法)	20143403583
Roche Diagnostics GmbH	乙型肝炎病毒核心抗体 IgM 质控液	20143403575
Roche Diagnostics GmbH	乙型肝炎病毒核心抗体 IgM 质控液	20143403575
Roche Diagnostics GmbH	乙型肝炎病毒核心抗体检测试剂盒(电化学发光法)	20143405196

Roche Diagnostics GmbH	乙型肝炎病毒核心抗体质控液	20143404268
Roche Diagnostics GmbH	游离β-绒毛膜促性腺激素检测试剂盒(电化学发光法)	20142405076
Roche Diagnostics GmbH	游离前列腺特异性抗原测定试剂盒(电化学发光法)	20143404911
Roche Diagnostics GmbH	游离前列腺特异性抗原定标液	20143403595
Roche Diagnostics GmbH	原位杂交地高辛红染染色液	20141402758
Roche Diagnostics GmbH	孕酮定标液	20142401081
Roche Diagnostics GmbH	孕酮检测试剂盒(电化学发光法)	20142404459
Roche Diagnostics GmbH	载脂蛋白A1检测试剂盒(免疫比浊法)	20142401612
Roche Diagnostics GmbH	载脂蛋白A1检测试剂盒(免疫比浊法)	20142403121
Roche Diagnostics GmbH	载脂蛋白B检测试剂盒(免疫比浊法)	20142403117
Roche Diagnostics GmbH	载脂蛋白B检测试剂盒(免疫比浊法)	20142404932
Roche Diagnostics GmbH	脂蛋白(a)检测试剂盒(乳胶增强免疫比浊法)	20142401148
Roche Diagnostics GmbH	脂蛋白(a)检测用校准品	20142401560
Roche Diagnostics GmbH	脂蛋白(a)检测用质控品	20142400669
Roche Diagnostics GmbH	脂蛋白(a)校准品	20142405160
Roche Diagnostics GmbH	直接胆红素检测试剂盒(重氮比色法)	20142404904
Roche Diagnostics GmbH	直接胆红素检测试剂盒(重氮比色法)	20142405797
Roche Diagnostics GmbH	直接胆红素检测试剂盒(重氮法)	20142405074
Roche Diagnostics GmbH	重碳酸盐检测试剂盒(比色法)	20142400245
Roche Diagnostics GmbH	转铁蛋白检测试剂盒(免疫比浊法)	20142401433
Roche Diagnostics GmbH	转铁蛋白检测试剂盒(免疫比浊法)	20142404935
Roche Diagnostics GmbH	总I型胶原氨基端延长肽定标液	20142400249
Roche Diagnostics GmbH	总胆红素检测试剂盒(比色法)	20142400255
Roche Diagnostics GmbH	总胆红素检测试剂盒(比色法)	20142402079
Roche Diagnostics GmbH	总胆红素检测试剂盒(比色法)	20142405781
Roche Diagnostics GmbH	总胆红素检测试剂盒(重氮法)	20142403024
Roche Diagnostics GmbH	总蛋白检测试剂盒(比色法)	20142405478
Roche Diagnostics GmbH	总霉酚酸校准品	20142405135
Roche Diagnostics GmbH	总霉酚酸质控品	20142405165
Roche Diagnostics GmbH	总前列腺特异性抗原(PSA)测定试剂盒(电化学发光法)	20143405210
Roche Diagnostics GmbH	总前列腺特异性抗原定标液	20143404882
Roche Diagnostics GmbH	采血笔	国械备20140043号
Roche Diagnostics GmbH	采血针(罗康全乐采采血针)	20142410892
Roche Diagnostics GmbH	储药器(塑料储药器)	20143543410
Roche Diagnostics GmbH	输注系统	20143540813
Roche Diagnostics GmbH	模块化生化免疫分析系统	20143402587
ROLAND CONSULT Stasche & Finger GmbH	眼电生理诊断系统	20142214000
RUDOLF MEDICAL GmbH + Co.KG	关节镜用器械	20142224604
Rudolf Medical GmbH+Co.KG	腹腔镜用器械	20142221316
Rudolf Medical GmbH+Co.KG	宫腔镜	20143220414
Rudolf Medical GmbH+Co.KG	关节镜	20143225422
Rudolf Medical GmbH+Co.KG	关节镜用高频电极	20143223626
Rudolf Riester GmbH	喉镜	20142224470
Rudolf Riester GmbH	检耳镜	20142223458
Rudolf Riester GmbH	检影镜	20142224480
S&C PolymerSilicon- und Composite-Spezialitaten GmbH	牙齿美白胶	20143636245
Sanofi-Aventis Deutschland GmbH	胰岛素笔(得时笔2(ClikSTAR))	20142546187
Schmitz u. Sohne GmbH & Co. KG	妇科检查椅	20142264358
Schmitz und Sohne GmbH & Co.KG	电动手术台	20142544008
Schoelly Fiberoptic GmbH	内窥镜三晶片摄像系统	20142213134
SCHOELLY FIBEROPTIC GMBH	腹腔内窥镜	20143224497
SCHOELLY FIBEROPTIC GMBH	宫腔内窥镜	20142224465
SCHOELLY FIBEROPTIC GMBH	膀胱内窥镜	20142224499
Schoelly Fiberoptic GmbH	输尿管肾盂镜	20143224490
Schoelly Fiberoptic GmbH	咽喉镜	20143224055
Seramun Diagnostica GmbH	自身免疫肝病抗体谱检测试剂盒(线性免疫分析法)	20142400238
Siemens AG	血液动力学和电生理记录系统	20143214079
Siemens AG	磁共振成像系统	20143282943
Siemens AG	磁共振成像系统	20143284816
Siemens AG	X射线计算机体层摄影设备	20143304068

Siemens AG	乳腺 X 射线机	20143303267
Siemens AG	乳腺 X 射线机	20142305439
Siemens AG	医用血管造影 X 射线机	20143303613
Siemens AG	医用血管造影 X 射线机	20143303614
Siemens AG	医用血管造影 X 射线机	20143303615
Siemens AG	医用血管造影 X 射线机	20143303616
Siemens AG	医用血管造影 X 射线机	20143303617
Siemens AG	医用血管造影 X 射线机	20143303618
Siemens AG	医用血管造影 X 射线机	20143303619
Siemens AG	医用血管造影 X 射线机	20143303620
Siemens AG	移动式 C 形臂 X 射线机	20143303431
Siemens AG	移动式 C 形臂 X 射线机	20143304161
Siemens AG	移动式 C 形臂 X 射线机	20143304162
Siemens AG	移动式摄影 X 射线机	20142300015
Siemens AG	X 射线限束器	20142310034
Siemens AG	泌尿系统检查治疗电动床	20142563147
Siemens AG	CT 图像分析软件	20143704066
Siemens AG	X 射线血管造影图像分析软件	20143703816
Siemens AG	磁共振图像分析软件	20143700548
Siemens AG	磁共振图像分析软件	20143704067
Siemens AG	乳腺 X 射线摄影图像分析软件	20143700380
Siemens AG	乳腺 X 射线摄影图像分析软件	20143703815
Siemens AG	医学图像处理软件	20143703817
Siemens AG	医学影像存储及传输系统	20142702992
Siemens Audiologische Technik GmbH	听力计	20142212177
Siemens Audiologische Technik GmbH	听力计	20142212763
Siemens Healthcare Diagnostics Products GmbH	多项蛋白定标品	20143402493
Siemens Healthcare Diagnostics Products GmbH	多项蛋白质控品(低值)	20143402500
Siemens Healthcare Diagnostics Products GmbH	多项蛋白质控品(高值)	20143402495
Siemens Healthcare Diagnostics Products GmbH	多项蛋白质控品(中值)	20143402497
Siemens Healthcare Diagnostics Products GmbH	缓冲液	国械备 20140315 号
Siemens Healthcare Diagnostics Products GmbH	抗凝血酶 III 测定试剂盒(散射比浊法)	20142403116
Siemens Healthcare Diagnostics Products GmbH	抗脱氧核糖核酸酶 B 测定试剂盒(散射比浊法)	20142402491
Siemens Healthcare Diagnostics Products GmbH	酶联免疫分析系统	20142400959
Siemens Healthcare Diagnostics Products GmbH	免疫球蛋白 M 测定试剂盒(散射比浊法)	20142403596
Siemens Healthcare Diagnostics Products GmbH	免疫球蛋白 A 测定试剂盒(散射比浊法)	20142403594
Siemens Healthcare Diagnostics Products GmbH	免疫球蛋白 G1 测定试剂盒(散射比浊法)	20142403331
Siemens Healthcare Diagnostics Products GmbH	免疫球蛋白 G2 测定试剂盒(散射比浊法)	20142402492
Siemens Healthcare Diagnostics Products GmbH	免疫球蛋白 G3 测定试剂盒(散射比浊法)	20142400356
Siemens Healthcare Diagnostics Products GmbH	免疫球蛋白 G4 测定试剂盒(散射比浊法)	20142400357
Siemens Healthcare Diagnostics Products GmbH	免疫球蛋白 κ 型轻链测定试剂盒(散射比浊法)	20142402089
Siemens Healthcare Diagnostics Products GmbH	免疫球蛋白 λ 型轻链测定试剂盒(散射比浊法)	20142402090
Siemens Healthcare Diagnostics Products GmbH	凝血分析用稀释液	国械备 20140358 号
Siemens Healthcare Diagnostics Products GmbH	糖缺失转铁蛋白测定试剂盒(乳胶增强散射比浊法)	20142403330
Siemens Healthcare Diagnostics Products GmbH	纤溶酶原测定试剂盒(散射比浊法)	20142402501
Siemens Healthcare Diagnostics Products GmbH	纤维蛋白原测定试剂盒(散射比浊法)	20142402088
Siemens Healthcare Diagnostics Products GmbH	纤维连接蛋白测定试剂盒(散射比浊法)	20142401837
Siemens Healthcare Diagnostics Products GmbH	血小板 P2Y12 受体功能检测试剂盒(闭合时间法)	20142406206
Siemens Healthcare Diagnostics Products GmbH	血小板功能分析仪	20142405666
Siemens Healthcare Diagnostics Products GmbH	血小板功能检测试剂盒(胶原/二磷酸腺苷触发的闭合时间法)	20143405856
Siemens Healthcare Diagnostics Products GmbH	血小板功能检测试剂盒(胶原/肾上腺素触发的闭合时间法)	20143405855
Siemens Healthcare Diagnostics Products GmbH	游离轻链 κ 型测定试剂盒(散射比浊法)	20143402251
Siemens Healthcare Diagnostics Products GmbH	游离轻链 λ 型测定试剂盒(散射比浊法)	20143402250
Siemens Healthcare Diagnostics Products GmbH	游离轻链补充试剂	20143402249
Siemens Healthcare Diagnostics Products GmbH	游离轻链定标品	20143400400
Siemens Healthcare Diagnostics Products GmbH	游离轻链质控品(水平 1)	20143400401
Siemens Healthcare Diagnostics Products GmbH	游离轻链质控品(水平 2)	20143400402
Siemens Healthcare Diagnostics Products GmbH	载脂蛋白 A-II 测定试剂盒(散射比浊法)	20142401835
Siemens Healthcare Diagnostics Products GmbH	载脂蛋白质控品	20142400358
Sirona Dental Systems GmbH	牙科半导体激光治疗仪	20143242231

Sirona Dental Systems GmbH	牙科激光治疗机	20143242370
Sirona Dental Systems GmbH	牙科 X 射线机	20142304293
Sirona Dental Systems GmbH	口腔数字 X 射线成像系统	20142314820
Sirona Dental Systems GmbH	电动马达	20142551751
Sirona Dental Systems GmbH	高速气涡轮手机	20142555957
Sirona Dental Systems GmbH	龋齿探测仪	20142551207
Sirona Dental Systems GmbH	牙科手机	20142550037
Sirona Dental Systems GmbH	牙科修复体设计系统	20142551981
Sirona Dental Systems GmbH	牙科综合治疗台	20142551752
Smiths Medical Deutschland GmbH	中心静脉导管套装	20143776032
Smiths Medical Deutschland GmbH	中心静脉导管套装	20143776035
Smiths Medical Deutschland GmbH	中心静脉导管套装	20143776035
SOMNOmedics GmbH	睡眠参数记录仪	20142214806
SOPRO-COMEG GmbH	气腹针	国械备 20140069 号
SOPRO-COMEG GmbH	鼻窦镜及附件	20143225534
SOPRO-COMEG GmbH	宫腔镜及附件	20143222969
SOPRO-COMEG GmbH	输尿管镜	20143221929
SOPRO-COMEG GmbH	输尿管镜附件	20142222746
SOPRO-COMEG GmbH	输尿管镜附件	20142222746
Sorin Group Deutschland GmbH	心肺转流系统 离心泵	20143455697
Sorin Group Deutschland GmbH	血气监测组件	20143454057
Sorin Group Deutschland GmbH	自体血液回收分离机	20143452194
Spiegelberg (GmbH & Co.) KG	颅内压测量及引流针	20143213808
Spiegelberg (GmbH & Co.) KG	颅内压监测仪	20143213807
Spiggle & Theis Medizintechnik GmbH	外科动力系统(Spiggle)	20142100583
Spiggle & Theis Medizintechnik GmbH	听小骨假体(宾格)	20143465615
SPINENDOS GmbH	脊柱内窥镜手术器械	20142222850
SPINENDOS GmbH	双极止血套装	20143255271
StarMedTec GmbH	钬(Ho:YAG)激光治疗仪(Auriga QI)	20143242234
STEMA Medizintechnik GmbH	冲洗吸引系统(STEMA II)	20142221647
STEMA Medizintechnik GmbH	腹腔镜	20143221932
STEMA Medizintechnik GmbH	腹腔镜附件	20142226071
STEMA Medizintechnik GmbH	宫腔镜	20142222037
STEMA Medizintechnik GmbH	宫腔镜附件	20142223006
STEMA Medizintechnik GmbH	内窥镜摄像系统	20142225436
STEMA Medizintechnik GmbH	内窥镜手术器械	20142221358
STEMA Medizintechnik GmbH	膀胱电切镜	20143221542
STEMA Medizintechnik GmbH	膀胱镜附件	20142226122
STEMA Medizintechnik GmbH	颅骨修复用钛网	20143464148
STEMA Medizintechnik GmbH	颅颌面接骨板	20143461633
STEMA Medizintechnik GmbH	颅颌面接骨螺钉	20143464147
STEMA Medizintechnik GmbH	CO2 气腹机(MF STEMA-Flow)	20142541769
Stihler Electronic GmbH	输血、输液、透析加温仪	20142450208
Stryker Leibinger GmbH & Co.KG	手外科固定系统	20143461258
Stryker Leibinger GmbH & Co.KG	手外科固定系统	20143461258
Stryker Leibinger GmbH & Co.KG	下颌骨牵引装置(MultiGuide Ⅱ)	20143461478
Stryker Leibinger GmbH&Co.KG Division Osteosynthesis	腓骨钛板固定系统(VariAx)	20143463865
SYSMEX EUROPE GMBH	全自动模块式血液体液分析仪 XN 系列 XN HPC master 软件	20142704398
SYSMEX EUROPE GMBH	全自动模块式血液体液分析仪 XN 系列 XN IG master 软件	20142704396
SYSMEX EUROPE GMBH	全自动模块式血液体液分析仪 XN 系列 XN IPF master 软件	20142704397
Technolas Perfect Vision GmbH	一次性无菌手术刀片(Accu Glide)	20142014103
Technolas Perfect Vision GmbH	角膜板层刀	20143220376
Technolas Perfect Vision GmbH	飞秒激光工作站	20143244059
Technolas Perfect Vision GmbH	一次性无菌手术刀片	20143242298
TECO MEDICAL INSTRUMENTS PRODUCTION + TRADING GMBH	D-二聚体测定试剂盒(免疫法)	20142403109
TECO MEDICAL INSTRUMENTS PRODUCTION + TRADING GMBH	全自动凝血分析仪(全自动血凝仪)	20142400611
TECO Medical Instruments, Production + Trading GmbH	活化部分凝血酶时间测定试剂盒(凝固法)	20142404324
TECO Medical Instruments, Production + Trading GmbH	凝血两项检测用质控品(凝血质控血浆)	20142404325
TECO Medical Instruments, Production + Trading GmbH	凝血因子 VII 检测试剂盒(凝固法)	20142404320
TECO Medical Instruments, Production + Trading GmbH	纤维蛋白原测定试剂盒(凝固法)	20142404322

TECO Medical Instruments, Production + Trading GmbH	纤维蛋白原测定试剂盒(凝固法)	20142404323
TECO Medical Instruments,Production + Trading GmbH	凝血酶时间测定试剂盒(凝固法)	20142404321
TECO Medical Instruments,Production + Trading GmbH	凝血酶原时间测定试剂盒(凝固法)	20142405440
TECO Medical Instruments,Production + Trading GmbH	凝血酶原时间测定试剂盒(凝固法)	20142405441
Tekno-Medical Optik-Chirurgie GmbH	泌尿科手术器械	20141091808
Tekno-Medical Optik-Chirurgie GmbH	LED 内窥镜冷光源	20142225268
Tekno-Medical Optik-Chirurgie GmbH	经皮肾镜及附件	20143224064
Thermo Electron LED GmbH	高速冷冻离心机	20141412022
Thermo Electron LED GmbH	高速冷冻离心机	20141412024
Thermo Electron LED GmbH	高速冷冻离心机	20141412025
Thermo Electron LED GmbH	高速离心机	20141412021
Thermo Electron LED GmbH	高速离心机	20141412023
Thermo Electron LED GmbH	高速离心机	20141412026
Thermo Electron LED GmbH Zweigniederlassung Osterode	大容量冷冻离心机	国械备 20140278 号
Think!	内窥镜摄像系统	20142225505
think!	椎间孔镜	20143225530
TomTec Imaging Systems GmbH	医学影像归档和通信软件	20142701480
TOP-Service für Lingualtechnik GmbH	舌侧正畸矫治器	20142634596
TREU Instrumente GmbH	动力加压型接骨钢板	20143465232
TREU Instrumente GmbH	接骨螺钉	20143460412
TREU Instrumente GmbH	解剖型接骨板	20143461186
TREU Instrumente GmbH	金属带锁髓内钉固定系统	20143461067
TREU Instrumente GmbH	空心接骨螺钉	20143461045
TREU Instrumente GmbH	直型接骨钢板	20143461068
Trilux Medical GmbH & Co.KG	LED 手术灯	20142544012
Trokamed GmbH	筋膜缝针和缝针套管	20142221370
TRUMPF Medizin Systeme GmbH +Co.KG	手术无影灯	20142541009
TRUMPF Medizin Systeme GmbH +Co.KG	手术无影灯	20142541010
UFSK-International OSYS GmbH	电动手术台	20142541661
ulrich GmbH & Co. KG	脊柱钉棒内固定系统(neon)	20143460910
ulrich GmbH & Co. KG	脊柱内固定系统(Krypton)	20143460287
ulrich GmbH & Co. KG	脊柱内固定系统(tangoRS)	20143460149
ulrich GmbH & Co. KG	节段性脊柱矫形系统(SSCS)	20143460148
ulrich GmbH & Co. KG	颈前路固定板系统(anterior cervical plate system)	20143460911
ulrich GmbH & Co.KG	CT/MRI 造影剂注射器	20142316195
ulrich GmbH & Co.KG	造影剂注射器	20142544818
ulrich GmbH & Co.KG	造影剂注射器	20142545492
ulrich GmbH & Co.KG	高压造影注射器管路系统	20143663758
Uniphy Elektromedizin GmbH &Co.KG	体外冲击波治疗仪	20142212986
uroVision Gesellschaft für medizinischen Technologie-Transfer mbH	套石网篮	20142222601
uroVision Gesellschaft für medizinischen Technologie-Transfer mbH	耻骨上膀胱造瘘套件	20143660854
uroVision Gesellschaft für medizinischen Technologie-Transfer mbH	尿动力测压管	20142660268
uroVision Gesellschaft für medizinischen Technologie-Transfer mbH	输尿管导管	20143661920
uroVision Gesellschaft für medizinischen Technologie-Transfer mbH	一次性使用无菌导尿管	20142661458
VascoMed GmbH	电生理诊断导管(MultiCath)	20143212373
VascoMed GmbH	可控电生理诊断导管(ViaCath)	20143771546
VascoMed GmbH	射频消融导管(AlCath Flux)	20143771937
VascoMed GmbH	射频消融导管(AlCath)	20143771936
VBM Medizintechnik GmbH	气管内通气装置及附件	20142546019
VBM Medizintechnik GmbH	喉通气管及附件	20142661344
VBM Medizintechnik GmbH	呼吸回路及配件	20142664837
VBM Medizintechnik GmbH	牙垫通气道及固定套	20142662452
VDW GmbH	根管治疗仪	20142550169
VE Valley Electronics GmbH	经期计算机	20142200999
VOCO GmbH	光固化临时充填材料(Clip F)	20142635654

XION GmbH	图像编辑和噪音分析软件	20143705749
Zeppelin Medical Instruments Ltd.	神经外科内窥镜系统	20143220193
Ziehm Imaging GmbH	移动式C形臂X射线机	20142304373
Ziehm Imaging GmbH	移动式C形臂X射线机	20142304374
Ziehm Imaging GmbH	移动式C形臂X射线机	20142305110
Ziehm Imaging GmbH	移动式C形臂X射线机	20142305111
Ziehm Imaging GmbH	移动式C形臂X射线机	20143305497
Zotzmann + Stahl GmbH + Co.KG	臭氧治疗仪	20143265495
奥林巴斯苇音特和意北公司	高频电缆线	20142222019
奥林巴斯苇音特和意北公司	高频切除电极(TURis & TCRis)	20143222790
奥林巴斯苇音特和意北公司	射频消融治疗仪(CelonLab ENT)	20143250580
奥林巴斯苇音特和意北公司	胸腹腔镜	20143223177
奥林巴斯苇音特和意北公司	硬性喉镜	20142225501
百多力欧洲股份两合公司	植入式冠状窦电极导线	20143211159
德国DMG化学医药集团公司	锥形玻璃纤维复合树脂桩(珞赛-纤维桩)	20143633634
德国STEMA公司	内窥镜摄像系统(STEMA HD1)	20142226097
德国爱尔博电子医疗仪器公司	高频电外科系统	20143254361
德国罗氏诊断有限公司	全自动血气、电解质分析仪	20142400010
德国罗氏诊断有限公司	血糖检测仪(智能型)	20142404415
德国罗氏诊断有限公司	血糖仪(活力型)	20142401785
德国罗氏诊断有限公司	血糖仪(罗氏卓越纤巧型血糖仪)	20142404375
德国罗氏诊断有限公司	血糖仪(逸动型)	20142401991
德国罗氏诊断有限公司	血糖仪(卓越精采型)	20142404948
英诺曼德医疗科技有限公司	射频热凝电极套管针	20143152589

俄罗斯

Cilita LLC	眼科手术剪	20141042268
Cilita LLC	眼科手术镊	20141042267
KOVERT Co., Ltd.	体电图仪(Amsat)	20142212379
Medin-Ural Co., Ltd	眼科镊(Офтальмолог пинцет)	国械备20140230号
Medin-Ural Co., Ltd	眼用持针钳	国械备20140231号
Medin-Ural Co., Ltd	眼用剪(Офтальмолог ножницы)	国械备20140229号
Neurosoft Ltd	肌电/诱发电位头盒	20142210203
PKF "SIM-Technika", Ltd.	电阻抗乳腺测试仪	20142212983
Закрытое акционерное общество Инженерно-медицинский центр《Новые Приборы》	电刺激治疗仪	20142260185
ЗАО НИПК "Электрон"	数字X射线成像装置(Digital X-ray Detector)	20142301004
ИОФ РАН	准分子激光角膜屈光治疗机	20143244289
Общество с ограниченной отвенность《Микрохирургические инструметы》	显微剪刀	20141020307
Общество с ограниченной отвенность《Микрохирургические инструметы》	显微针持	20141020309
Общество с ограниченной отвенность《Микрохирургические инструметы》	显微镊子	20141020308
ООО "Нейрософт"	耳声发射和诱发电位放大器	20142211002
ООО "Оптосистемы"	波前像差仪	20142221481

法国

Air Liquide Medical Systems S.A.	呼吸机	20143540539
ALAM MEDICAL	脉搏波速度测定系统	20142210179
ALCIS	钻头	20142104605
Anthogyr SAS	牙科手机	20142555938
Anthogyr SAS	牙科弯手机	20142555937
Anthogyr SAS	牙科弯手机	20142555939

Anthogyr SAS	牙科弯手机	20142555940
ARCADOPHTA SARL	眼科手术用硅油(Arciolane 1300)	20143222294
ARCADOPHTA SARL	眼科手术用硅油(Arciolane 5500)	20143222295
ATYS	指趾收缩压测量仪	20142216084
B. BRAUN MEDICAL	植入式给药装置及其附件(Celsite)	20143661895
B. BRAUN MEDICAL	临时腔静脉过滤器系统(TEMPOFILTER II)	20143775233
B. BRAUN MEDICAL	腔静脉滤器及其导引系统(VenaTech LP)	20143776131
BALT EXTRUSION	球囊扩张导管(Cristal Balloon)	20143664100
BALT EXTRUSION	选择性导管(MAGIC)	20143663492
BALT EXTRUSION	可分离栓塞金球囊(金球囊)	20143773787
bioMerieux S.A	耐甲氧西林金黄色葡萄球菌鉴定培养基	20142400246
BIOMERIEUX S.A.	癌胚抗原(CEA)检测试剂盒(酶联免疫荧光法)	20143401099(更)
BIOMERIEUX S.A.	癌胚抗原(CEA)检测试剂盒(酶联免疫荧光法)	20143401099
BIOMERIEUX S.A.	甲胎蛋白(AFP)检测试剂盒(酶联免疫荧光法)	20143401096(更)
BIOMERIEUX S.A.	甲胎蛋白(AFP)检测试剂盒(酶联免疫荧光法)	20143401096
bioMerieux S.A.	全自动荧光免疫分析仪	20143401946
BIOMERIEUX S.A.	糖类抗原 125 检测试剂盒(酶联免疫荧光法)	20143401097(更)
BIOMERIEUX S.A.	糖类抗原 125 检测试剂盒(酶联免疫荧光法)	20143401097
BIOMERIEUX S.A.	糖类抗原 15-3 检测试剂盒(酶联免疫荧光法)	20143401101(更)
BIOMERIEUX S.A.	糖类抗原 15-3 检测试剂盒(酶联免疫荧光法)	20143401101
BIOMERIEUX S.A.	糖类抗原 19-9 检测试剂盒(酶联免疫荧光法)	20143401095(更)
BIOMERIEUX S.A.	糖类抗原 19-9 检测试剂盒(酶联免疫荧光法)	20143401095
BIOMERIEUX S.A.	游离前列腺特异性抗原检测试剂盒(酶联免疫荧光法)	20143401100(更)
BIOMERIEUX S.A.	游离前列腺特异性抗原检测试剂盒(酶联免疫荧光法)	20143401100
BIOMERIEUX S.A.	总前列腺特异性抗原检测试剂盒(酶联免疫荧光法)	20143401102(更)
BIOMERIEUX S.A.	总前列腺特异性抗原检测试剂盒(酶联免疫荧光法)	20143401102
bioMerieux SA	N 端脑钠肽前体测定试剂盒(酶联免疫荧光法)	20142403547
bioMérieux SA	革兰染色液	国械备 20140221 号
bioMerieux SA	核酸提取试剂	20143401072
bioMerieux SA	全自动革兰染片仪	20141400330
bioMerieux SA	人类免疫缺陷病毒(HIV-1)核酸定量检测试剂盒(分子信标扩增法)	20143405789
bioMerieux SA	人类免疫缺陷病毒抗原及抗体检测试剂盒(酶联荧光分析法)	20143405376
bioMerieux SA	人类免疫缺陷病毒抗原及抗体检测试剂盒(酶联荧光分析法)	20143405377
bioMerieux SA	肉汤培养基	20141401816
bioMerieux SA	微生物鉴定和药敏分析仪	20142400329
bioMerieux SA	全自动革兰染片仪	国械备 20140056 号
bioMérieux, SA	B 族链球菌增菌肉汤	20142402476
bioMerieux, sa	分枝杆菌染色液	国械备 20140103 号
bioMerieux, SA	游离甲状腺素测定试剂盒(酶联荧光法)	20142403542
bioMerieux,sa	比浊器浊度质控管	20142405146
bioMerieux,sa	酵母样真菌药敏试剂盒(微量稀释法)	20142403922
bioMerieux,SA	质谱样品处理基质溶液	20141401567
bioMerieux,SA	质谱样品预处理溶液	国械备 20140128 号
bioMérieux. S.A	奥普托欣测试纸片	20142403094
bioMérieux. S.A	奥普托欣测试纸片	20142403094
bioMérieux. S.A	麦氏比浊管	20142403123
bioMerieux.sa	杆菌肽测试纸片	20142403921
Biomet France SARL	真空骨水泥混合/传输系统	20142104595
Bio-Rad	曲霉菌抗原检测试剂盒(酶联免疫法)	20143400382
BIO-RAD	全自动酶免分析仪	20142401205
Biosphere Medical SA	栓塞微粒球	20143770613(更)
Biosphere Medical SA	栓塞微粒球(Embosphere)	20143771181
Biosphere Medical SA	栓塞微粒球(Embosphere)	20143771181
Carl Zeiss Meditec SAS	囊袋张力环	20143040065(更)
CARL ZEISS MEDITEC SAS	人工晶状体推进器	20142043441
Carl Zeiss Meditec SAS	人工晶状体	20143225594
DePuy France SAS	全髋关节系统组件(Autobloquante)	20143460304
Diagnostic Medical System SA	X 射线骨密度测定仪	20142232361
Diagnostic Medical System SA	X 射线骨密度测定仪	20143302216
DIAGNOSTICA STAGO	全自动凝血分析仪	20142404177

DJO FRANCE SAS	冲击波治疗系统	20142263145
ECHOSENS	肝功能剪切波量化超声诊断仪(FibroScan)	20143232967
ECM	彩色超声诊断仪	20143230547
FCI	硅油(FCI)	20143224988
FCI	眼科手术用重水(FCI-DECA)	20143224573
FCI	眼科手术用重水(FCI-OCTA)	20143224572
France Chirurgie Instrumentation	泪道引流管	20143660621
Gambro Industries	血液灌流器及管路配套	20143455621
Gamida Tech	静脉曲张剥脱导管(静欣)	20143774685
GE MEDICAL SYSTEMS SCS	医用血管造影 X 射线机	20143300379
GE MEDICAL SYSTEMS SCS	医用血管造影 X 射线机	20143301643
GE MEDICAL SYSTEMS SCS	医用血管造影 X 射线机	20143301644
GE MEDICAL SYSTEMS SCS	医用血管造影 X 射线机	20143301645
GE Medical Systems SCS	动态增强磁共振诊断图像处理软件	20143701941
GROUPE LEPINE	生物型髋关节假体组件	20143463681
HexaVision SARL	肝素表面处理亲水性丙烯酸人工晶状体(HexaVision)	20143220057
HexaVision SARL	亲水性丙烯酸人工晶状体(HexaVision)	20143220059
HILL-ROM S.A.S	电动病床	20142560168
HORIBA ABX SAS	血液分析仪	20142401521
HORIBA ABX SAS	血液分析仪	20142403529
HORIBA ABX SAS	血液分析仪	20142405819
HORIBA ABX SAS	血液分析仪	20142405820
HORIBA ABX SAS	血液分析仪用校准品	20142401108
HORIBA ABX SAS	血液分析仪用质控品(低值)	20142401106
HORIBA ABX SAS	血液分析仪用质控品(低值)	20142401590
HORIBA ABX SAS	血液分析仪用质控品(高值)	20142401109
HORIBA ABX SAS	血液分析仪用质控品(高值)	20142401589
HORIBA ABX SAS	血液分析仪用质控品(中值)	20142401107
HORIBA ABX SAS	血液分析仪用质控品(中值)	20142401591
HUTCHINSON SANTE S.N.C.	一次性使用灭菌橡胶外科手套(KNPG-VIR)	20142660127
IDS France	全自动生化免疫分析仪	20143403813
IMMUNOTECH S.A.S (a Beckman Coulter Company)	CD235a 抗原检测试剂盒(流式细胞仪法-PE)	20143405908
IMMUNOTECH S.A.S (a Beckman Coulter Company)	白细胞分化抗原 CD19 检测试剂盒(流式细胞仪法)	20143405910
IMMUNOTECH S.A.S (a Beckman Coulter Company)	白细胞分化抗原 CD19 检测试剂盒(流式细胞仪法)	20143405912
Immunotech S.A.S (a Beckman Coulter Company)	白细胞分化抗原 CD25 检测试剂盒(流式细胞仪法)	20143405775
IMMUNOTECH S.A.S (a Beckman Coulter Company)	白细胞分化抗原 CD3/ CD(16+56)检测试剂盒(流式细胞仪法)	20143405399
IMMUNOTECH S.A.S (a Beckman Coulter Company)	白细胞分化抗原 CD34/CD45 检测用质控品(流式细胞仪法)	20143405793
Immunotech S.A.S (a Beckman Coulter Company)	白细胞分化抗原 CD3 检测试剂盒(流式细胞仪法)	20143405906
Immunotech S.A.S (a Beckman Coulter Company)	白细胞分化抗原 CD3 检测试剂盒(流式细胞仪法)	20143405909
IMMUNOTECH S.A.S (a Beckman Coulter Company)	白细胞分化抗原 CD3 检测试剂盒(流式细胞仪法)-FITC	20143405907
IMMUNOTECH S.A.S (a Beckman Coulter Company)	白细胞分化抗原 CD45RO 检测试剂盒(流式细胞仪法)	20143405778
Immunotech S.A.S (a Beckman Coulter Company)	白细胞分化抗原 CD45 检测试剂盒(流式细胞仪法)	20143405905
IMMUNOTECH S.A.S (a Beckman Coulter Company)	白细胞分化抗原 CD4 检测试剂盒(流式细胞仪法)	20143405776
IMMUNOTECH S.A.S (a Beckman Coulter Company)	白细胞分化抗原 CD4 检测试剂盒(流式细胞仪法)	20143405777
IMMUNOTECH S.A.S (a Beckman Coulter Company)	白细胞分化抗原 CD8 检测试剂盒(流式细胞仪法)	20143405398
IMMUNOTECH S.A.S (a Beckman Coulter Company)	白细胞分化抗原 HLA-DR 检测试剂盒(流式细胞仪法)	20143405400
Immunotech S.A.S (a Beckman Coulter Company)	血细胞分析用溶血剂	国械备 20140189 号
Immunotech S.A.S (a Beckman Coulter Company)	血细胞分析用溶血剂	国械备 20140201 号
Immunotech S.A.S a Beckman Coulter Company	细胞保存液	国械备 20140286 号
Immunotech S.A.S(a Beckman Coulter Company)	白细胞分化抗原 CD13 检测试剂盒(流式细胞仪法)	20143400782
Immunotech S.A.S(a Beckman Coulter Company)	白细胞分化抗原 CD19 检测试剂盒(流式细胞仪法)	20143400362
Immunotech S.A.S(a Beckman Coulter Company)	白细胞分化抗原 CD20 检测试剂盒(流式细胞仪法)	20143401104
IMMUNOTECH S.A.S(a Beckman Coulter Company)	白细胞分化抗原 CD2 检测试剂盒(流式细胞仪法)	20143405394
IMMUNOTECH S.A.S(a Beckman Coulter Company)	白细胞分化抗原 CD3/HLA-DR 检测试剂盒(流式细胞仪法)	20143405395
Immunotech S.A.S(a Beckman Coulter Company)	白细胞分化抗原 CD34 检测试剂盒(流式细胞仪法)	20143401105
Immunotech S.A.S(a Beckman Coulter Company)	白细胞分化抗原 CD34 检测试剂盒(流式细胞仪法)	20143401105
Immunotech S.A.S(a Beckman Coulter Company)	白细胞分化抗原 CD45 检测试剂盒(流式细胞仪法)	20143401704
Immunotech S.A.S(a Beckman Coulter Company)	白细胞分化抗原 CD45 检测试剂盒(流式细胞仪法)	20143401706
Immunotech S.A.S(a Beckman Coulter Company)	白细胞分化抗原 CD45 检测试剂盒(流式细胞仪法)	20143401713
Immunotech S.A.S(a Beckman Coulter Company)	白细胞分化抗原 CD4 检测试剂盒(流式细胞仪法)	20143401705

Immunotech S.A.S(a Beckman Coulter Company)	白细胞分化抗原CD5检测试剂盒(流式细胞仪法)	20143401103
Immunotech S.A.S(a Beckman Coulter Company)	白细胞分化抗原CD5检测试剂盒(流式细胞仪法)	20143401103
Immunotech S.A.S(a Beckman Coulter Company)	白细胞分化抗原CD7检测试剂盒(流式细胞仪法)	20143400367
Immunotech S.A.S(a Beckman Coulter Company)	白细胞分化抗原CD8检测试剂盒(流式细胞仪法)	20143401707
Immunotech S.A.S(a Beckman Coulter Company)	白细胞分化抗原CD8检测试剂盒(流式细胞仪法)	20143401715
Immunotech S.A.S(a Beckman Coulter Company)	流式细胞仪用溶血剂(IntraPrep)	20141401557
IMPETO MEDICAL	电导分析仪	20142211488
In2Bones	骨接合植入物-金属接骨螺钉/接骨针/骑缝钉固定系统	20143461409
InterVascular SAS	人造血管(InterGard Silver)	20143466141
InterVascular SAS	人造血管(InterGard)	20143461619
InterVascular SAS	人造血管补片(InterGard)	20143461620
IPSEN PHARMA BIOTECH	专用无菌注射用具包	20143662703
LABORATOIRE DE LA MER	海水鼻腔喷雾器(菲丝摩尔)	20142664643
LABORATOIRES URGO	磺胺嘧啶银脂质水胶敷料(优拓SSD)	20143644653
LABORATOIRES URGO	水凝胶清创胶(优格清创胶)	20143643875
LABORATOIRES URGO	液体敷料(赛肤润)	20143643656
LABORATOIRES URGO	脂质水胶敷料(优妥)	20143644557
LABORATOIRES URGO	脂质水胶寡糖泡沫敷料(优拓达)	20143643016
LABORATOIRES URGO	自粘弹性绷带(耐乐固)	20141640499
LDR Medical	后路腰椎椎间融合器手术工具(ROI)	20141100136
LDR MEDICAL	腰椎椎间融合器手术工具(ROI-T)	20141102721
LDR MEDICAL	前路颈椎椎间融合器(ROI-C)	20143464744
LDR MEDICAL	前路腰椎椎间融合器(ROI-A)	20143465894
LEMER PAX	医用射线防护屏(Cabine Radioprotection)	国械备20140274号
LOBEL MEDICAL	Nd:YAP激光治疗仪	20143245671
LPG Systems	负压振动理疗仪	20142262048
MANATEC	无创心输出量测量系统(Physio Flow)	20142213135
Maquet SAS	发光二极管手术无影灯	20142543467
Maquet SAS	手术无影灯	20142545956
Medical Biomat	人工骨(ATLANTIK)	20143464652
MEDICREA INTERNATIONAL SA	脊柱后路内固定系统(PASS LP)	20143463483
MEDILINK SARL	超声骨密度仪	20142232185
MEDILINK SARL	双能X射线骨密度仪	20142303521
MEDTECH S.A.S	神经外科手术导航系统(外科机器人系统)	20143544377
MICRO-MEGA SA	根管锉针	20141061319
MICRO-MEGA SA	手动锉针	20141062610
MicroVention Europe	颅内支架系统(LVIS)	20143460867
MINVASYS S.A.S.	冠脉支架(Amazonia CroCo)	20143462657
Newdeal SAS	骨接合植入物-空心接骨螺钉/骑缝钉/钢针固定系统	20143463241
Perouse Medical	充盈装置系列(Dolphin)	20142664727
PETERS SURGICAL	不可吸收缝合线(可柔 (COROLENE))	20142651261
PETERS SURGICAL	可吸收缝合线(爱迪)	20143654565
Peters Surgical	可吸收手术缝合线(派格力(PETERGLYD))	20143655880
PRODIMED	一次性使用经外周静脉置入的中心静脉导管	20143776029
Produits Dentaires Pierre Rolland SAS	三用喷枪喷头(一次性三用喷枪喷头)	20141550498
Produits Dentaires Pierre Rolland SAS	三用喷枪喷头(一次性三用喷枪喷头)	20141550498
QUANTEL MEDICAL	超声眼科专用诊断仪	20143232017
QUANTEL MEDICAL	眼科超声仪	20143231544
QUANTEL MEDICAL	双波长眼科激光光凝仪	20143244498
QUANTEL MEDICAL	眼科Nd:YAG倍频激光治疗仪	20143240512
QUANTEL MEDICAL	眼科Nd:YAG激光治疗仪	20143244793
QUANTEL MEDICAL	眼科半导体激光光凝机	20143240413
QUANTEL MEDICAL	眼科半导体激光光凝机	20143240775
QUANTEL MEDICAL	眼科倍频Nd:YAG激光光凝仪	20143245309
QUANTEL MEDICAL	眼科激光传输系统	20143240584
QUANTEL MEDICAL	眼科激光光凝机	20143245100
QUANTEL MEDICAL	紫外光皮肤治疗仪	20143245539
R.T.D	纤维桩(FIBERCONE)	20143630143
R.T.D	纤维桩(Macro-Lock Post Illusion X-RO)	20143630142
RAL DIAGNOSTICS	金胺染色试剂	国械备20140084号

RAL DIAGNOSTICS	抗酸染色液	国械备 20140041 号
RAL DIAGNOSTICS	抗酸染色液	国械备 20140042 号
RAL DIAGNOSTICS	萋-尼抗酸染色试剂	国械备 20140083 号
RAL Diagnostics	全自动抗酸染色仪	20141411788
ResMed Paris SAS	呼吸机	20143545984
SAINT GOBAIN PERFORMANCE PLASTICS FRANCE	麻醉机和呼吸机用呼吸管路	20142665014
SATELEC A Company of ACTEON Group	口腔高频电刀	20143254369
SCHILLER MEDICAL	半自动体外除颤仪	20143212207
SCHILLER MEDICAL	除颤监护仪	20143210976
SCIENT' X SAS	扳手	国械备 20140350 号
SCIENT' X SAS	骨科复位钳	国械备 20140348 号
SCIENT' X SAS	压缩钳	国械备 20140349 号
SEBIA	脑脊液免疫球蛋白 G 单克隆带检测试剂盒(酶标免疫固定电泳法)	20142401580
SEBIA	全自动电泳仪	20141400727
SEBIA	全自动电泳仪	国械备 20140088 号
SEBIA	全自动毛细管电泳仪(CAPILLARYS 2)	20141400982
SEBIA	血红蛋白测定试剂盒(电泳法)	20143403129
SEPTODONT	一次性使用无菌牙科注射针(赛特洁 SEPTOJECT XL)	20143150786
Sofradim Production	外科补片	20143460056(更)
SOPHYSA	植入式给药装置(SOPHYSA)	20143465026
SOPHYSA	脑室外引流系统及导管	20143664991
SOPRO	内窥镜摄像系统	20142223993
SOPRO	医用内窥镜冷光源(氙灯光源)	20142222805
SpineGuard, S. A.	脊柱探针(PediGuard)	20143544070
SPINEWAY S. A. S	椎体融合器手术工具	20141101246
SPINEWAY S. A. S	脊柱前路融合器	20143465976
SPINEWAY S. A. S	脊柱前路融合器用螺钉	20143465585
STEPHANIX	数字化医用 X 射线摄影系统	20142305519
Stryker Spine S. A. S.	脊柱横联接装置工具	20141100273
Stryker Spine S. A. S.	脊柱内固定配套工具	国械备 20140137 号
Stryker Spine S. A. S.	脊柱内固定系统工具	20141101239
Stryker Spine S. A. S.	脊柱微创操作系统工具	国械备 20140138 号
Stryker Spine S. A. S.	颈椎前路钢板系统配套工具(Aviator)	20141100490
Stryker Spine S. A. S.	脊柱后路钉棒系统(Diapason)	20143463641
Stryker Spine S. A. S.	脊柱后路钉棒系统(XIA)	20143460457
STRYKER SPINE, INC	丝攻	国械备 20140211 号
SuperSonic Imagine, SA	超声图像诊断仪	20143232307
SYNIMED s. àr. l.	持棒钳	国械备 20140270 号
THIEBAUD S. A. S.	钝末端注射针	20143151270
THUASNE	软性矫形器	20141100152
THUASNE	膝关节固定器	国械备 20140046 号
TORNIER S. A. S.	带锁金属接骨板系统	20143465981
VEDA LAB	促甲状腺素检测试剂盒(免疫层析法)	20142400650
VISIODENT S. A.	数字口内放射影像系统	20142313517
Zimmer Spine	椎间融合器辅助工具(Fidji Lumbar)	20142104125
ZIMMER SPINE	棘突间非融合动态稳定系统(Wallis 非融合植入物)	20143460799
Zimmer Spine	脊柱后路内固定系统组件(Java TL)	20143465411
Zimmer Spine	脊柱内固定系统组件(Shiraz Java)	20143461251
Zimmer Spine	椎间融合器(Fidji 腰椎笼)	20143461020

菲律宾

Terumo (Philippines) Corporation	皮下注射针	20143152879

芬兰

Ani Labsystems Ltd. Oy	17α-羟孕酮测定试剂盒(荧光法)	20142403562
Ani Labsystems Ltd. Oy	苯丙氨酸检测试剂盒(茚三酮-荧光法)	20143403561
Ani Labsystems Ltd. Oy	肺炎衣原体 IgM 抗体检测试剂盒(酶联免疫法)	20143402080
Ani Labsystems Ltd. Oy	肺炎支原体 IgM 抗体检测试剂盒(酶联免疫法)	20143402082

Ani Labsystems Ltd. Oy	葡萄糖-6磷酸脱氢酶测定试剂盒(荧光法)	20143403563
Ani Labsystems Ltd.Oy	促甲状腺素检测试剂盒(酶联免疫法)	20142403560
Ani labsystems Ltd.Oy	新生儿促甲状腺素检测试剂盒(化学发光法)	20142403122
BIOHIT OYJ	胃蛋白酶原Ⅰ检测试剂盒(酶联免疫法)	20142402505
BIOHIT OYJ	胃蛋白酶原Ⅱ检测试剂盒(酶联免疫法)	20142402504
BIOHIT OYJ	胃泌素17检测试剂盒(酶联免疫法)	20142402503
Bioretec Ltd.	可吸收骨接合植入物(芬力)	20143466220
GE Healthcare Finland Oy	病人监护仪	20143212922
GE Healthcare Finland Oy	病人监护仪	20143212942
GE Healthcare Finland Oy	病人监护仪	20143212974
GE Healthcare Finland Oy	病人监护仪	20143212977
GE Healthcare Finland Oy	病人监护仪	20143212981
GE Healthcare Finland Oy	神经肌肉传导附件	20142215943
Icare Finland Oy	眼压计	20142225812
Inion Oy	骨科手术工具	国械备20140141号
Inion Oy	运动损伤修复固定系统-可吸收固定钉	20143461958
Instrumentarium Dental PaloDEx Group Oy	口腔全景/头颅X射线机	20143300510
LM-Instruments Oy	矫治和保持器	20142636118
Merivaara Corp.	急诊患者手推车	20141542599
Merivaara Corp.	产床	20142565811
Orion Diagnostica Oy	C-反应蛋白测定试剂盒(高敏感微粒增强型浊度法)	20142405349
Orion Diagnostica Oy	比浊仪	20142401999
Serres Oy	引流袋系统	20141060811
Soredex PaloDEx Group Oy	口腔全景X射线机	20143301154
Soredex,PaloDEx Group Oy	口腔X射线计算机体层摄影系统	20143306000
Soredex,PaloDEx Group Oy	口腔X射线数字化体层摄影设备(Cranex 3D)	20143300420
Soredex,PaloDEx Group Oy	数字化口腔全景X射线机	20143305999
Soredex,PaloDEx Group Oy	数字口内影像板扫描处理系统	20142311204
THERMO FISHER SCIENTIFIC OY	磁珠法核酸提取仪	20141401486
Thermo Fisher Scientific Oy	全自动生化分析仪(Indiko Plus)	20142404044
Thermo Fisher Scientific Oy	全自动生化分析仪(Konelab PRIME 60)	20142401333
Wallac Oy	苯丙氨酸测定试剂盒(茚三酮荧光法)	20143403697
Wallac Oy	促甲状腺素测定试剂盒(时间分辨荧光法)	20142402511
Wallac Oy	琥珀酰丙酮样本前处理液(串联质谱法)	20143403746
Wallac Oy	甲胎蛋白/游离绒毛膜促性腺素β亚基双标测定试剂盒	20142402338
Wallac Oy	甲胎蛋白/游离绒毛膜促性腺素β亚基双标测定试剂盒	20142402338
Wallac Oy	甲胎蛋白/游离绒毛膜促性腺素β亚基双标测定试剂盒	20142402339
Wallac Oy	甲胎蛋白测定试剂盒(时间分辨荧光法)	20142405379
Wallac Oy	甲状腺素测定试剂盒(时间分辨荧光法)	20142402336
Wallac Oy	葡萄糖-6-磷酸脱氢酶测定试剂盒(荧光分析法)	20143403577
Wallac Oy	清洗液	国械备20140011号
Wallac Oy	清洗液	国械备20140370号
Wallac Oy	全自动荧光免疫分析仪	20143405992
Wallac Oy	染色体非整倍体和基因微缺失检测试剂盒 (Prenatal BoBs™)	20143403749
Wallac Oy	妊娠相关血浆蛋白A测定试剂盒(时间分辨荧光法)	20142404974
Wallac Oy	妊娠相关血浆蛋白A测定试剂盒(时间分辨荧光法)	20142404975
Wallac Oy	妊娠相关血浆蛋白A测定试剂盒(时间分辨荧光法)	20142404976
Wallac Oy	绒毛膜促性腺激素测定试剂盒(时间分辨荧光法)	20142402334
Wallac Oy	绒毛膜促性腺激素测定试剂盒(时间分辨荧光法)	20142402335
Wallac Oy	样本萃取液及流动相溶剂包(串联质谱法)	国械备20140120号
Wallac Oy	游离雌三醇测定试剂盒(时间分辨荧光法)	20142402340
Wallac Oy	游离雌三醇测定试剂盒(时间分辨荧光法)	20142402341
Wallac Oy	游离绒毛膜促性腺激素β亚基测定试剂盒(时间分辨荧光法)	20142403077
Wallac Oy	游离绒毛膜促性腺激素β亚基测定试剂盒(时间分辨荧光法)	20142403076
Wallac Oy	游离绒毛膜促性腺激素β亚基测定试剂盒(时间分辨荧光法)	20142403076
Wallac Oy	游离绒毛膜促性腺激素β亚基测定试剂盒(时间分辨荧光法)	20142403077
Wallac Oy	诱导剂	20141401425
Wallac Oy	增强液	20141401426
Walloc Oy	全自动时间分辨荧光免疫分析仪	20143405114

韩国

(株)美健医疗器	温热治疗器	20142265961
ACE MEDICAL CO., LTD.	血压监测装置	20143211922
ACE MEDICAL CO., LTD.	输液泵	20142544357
AHWON MEDI INSTRUMENT Co., LTD.	强脉冲光治疗仪	20143260509
AIMMED CO.,Ltd.	婴儿颅骨矫形固定器	20142103437
alFOOTs Co., Ltd	脚压检测仪	20142214212
All Medicus Co., Ltd.	血糖测试仪(GlucoDr Plus)	20142402365
All Medicus Co., Ltd.	血糖试纸(葡萄糖脱氢酶法)	20142405917
All Medicus Co., Ltd.	血糖仪	20142404412
All Medicus Co.,Ltd	血糖试片(葡萄糖脱氢酶法)	20142402145
ALPINION MEDICAL SYSTEMS CO.,LTD.	超声探头	20142232572
ALPINION MEDICAL SYSTEMS CO.,LTD.	超声探头	20142232573
ALPINION MEDICAL SYSTEMS CO.,LTD.	超声探头	20142232574
ALPINION MEDICAL SYSTEMS CO.,LTD.	超声诊断系统	20142231652
ALPINION MEDICAL SYSTEMS CO.,LTD.	超声诊断系统	20142235117
Asan Pharmaceutical Co., Ltd	幽门螺杆菌检测试剂盒(尿素酶法)	20142401547
ASIA MEDICAL ELECTRONICS CO.,LTD	采血笔	国械备 20140216 号
ASIA MEDICAL ELECTRONICS CO.,LTD	采血笔	国械备 20140217 号
ASIA MEDICAL ELECTRONICS CO.,LTD	采血笔	国械备 20140218 号
B&L Biotech,Inc	根管充填器(BL-S Kondenser)	20141060835
B&L Biotech,Inc	热牙胶充填机	20142553985
B&L Biotech,Inc	热牙胶充填机	20142553985
B&L Biotech,Inc	热牙胶充填机	20142553986
B&L Biotech,Inc	热牙胶充填机	20142553986
BIODENT CO., LTD	麻醉剂助推器	20141061461
Bionet Co.,Ltd.	心电图机	20142215861
Biospace Co., Ltd.	人体成分分析仪	20142211515
Biospace Co., Ltd.	人体成分分析仪	20142211516
Biospace Co., Ltd.	人体成分分析仪	20142211517
Biospace Co., Ltd.	人体成分分析仪	20142401167
BioSpine Co.,Ltd	脊柱弹性内固定系统(Bioflex)	20143462900
Bisco Dental Product Asia Ltd.	光固化正畸托槽粘接剂	20142631356
BK Meditech Co.,Ltd	单侧多功能外固定器	20142100301
BK MEDITECH CO.,LTD	脊柱内固定矫形系统(DynaFix)	20143464630
BK Meditech Co.,Ltd	脊柱内固定系统	20143460874
BK MEDITECH CO.,LTD	外固定器用骨针系列(BK 外固定器用骨针)	20143462689
BK MEDITECH CO.,LTD	椎间融合器	20143460463
BL TECH CO.,LTD	固定绷带(NEAL CAST)	20141642629
BL TECH CO.,LTD	固定夹板(NEAL SPLINT)	20141642628
BNC Korea Inc.	弹性绷带	20141642737
Boditech Med Inc	C-反应蛋白检测试剂盒(免疫荧光干式定量法)(艾可美)	20142403699
Boditech Med Inc	C-反应蛋白检测试剂盒(免疫荧光干式定量法)(艾可美)	20142403699
Boditech Med Inc	尿微量白蛋白检测试剂盒(免疫荧光干式定量法)(艾可美 MAU)	20142403698
CERAGEM MEDISYS Inc.	血糖试纸(葡萄糖脱氢酶法)(CERA-CHEK 1070)	20142403027
CERAGEM MEDISYS Inc.	血糖仪	20142405831
CERAGEM MEDISYS Inc.	血糖仪(CERA-CHEK 1070)	20142402568
CHAMMED Co., LTD	鼓膜刺激仪	20142213497
CHAMMED Co., LTD	电动式耳鼻喉科用诊疗椅	20142554163
CHAMMED CO.,LTD	耳鼻喉综合治疗台	20142543187
CHAMMED CO.,LTD	耳鼻喉综合治疗台	20142543733
CHAMMED CO.LTD	鼻腔清洗器	20142663496
Chong Kun Dang Pharm. Corp.	防水创可贴	国械备 20140024 号
Clearview Healthcare Products, Inc.	医用体位胶垫	国械备 20140329 号
Corentec Co.,Ltd.	脊柱内固定系统手术工具(LOSPA IS)	20141100747(更)
Corentec Co.,Ltd.	髋关节置换系统手术工具(BENCOX)	20141100474(更)
Corentec Co.,Ltd.	膝关节系统手术工具(LOSPA)	20141101799(更)
Corentec Co.,Ltd.	膝关节系统手术工具(LOSPA)	20141101800(更)
Cowell Medi Co., Ltd.	纯钛人工牙种植体(Cowellmedi 纯钛人工牙种植体)	20143635971

CSM Implant	牙钻	20142554609
CSM Implant	基台(CSM Implant)	20143633673
CSM Implant	种植体系统(CSM Implant)	20143633672
CU Medical Systems, Inc.	心脏除颤仪	20143214541
CU Medical Systems,Inc.	半自动体外除颤仪	20143212229
Daesung Maref CO., LTD	空气压力治疗仪	20142264945
Dentium Co.,Ltd	保护帽	20142631451
Dentium Co.,Ltd.	取骨器	20142066065
Dentium Co.,Ltd.	取骨器	20142066065
Dentium Co.,Ltd.	手术用钻(DASK)	20142550141
Dentium Co.,Ltd.	牙科种植机	20142550178
DiaDent Group International	根管锉	国械备 20140025 号
DIGIMED CO.,LTD	移动式牙科 X 射线机	20142304304
DIO Corporation	牙科种植体手术工具	国械备 20140142 号
DIO Corporation	印模帽(Adaptor)	20141061321
DIO Corporation	种植用手术导板	国械备 20140299 号
DIO Corporation	牙科种植用牙钻	20142551310(更)
DIO Corporation	覆盖螺丝	20143632440
DIO Corporation	基台及附件	20143631954
DIO Corporation	基台及附件	20143632526
DIO Corporation	基台及附件	20143633849
DIO Corporation	牙科种植体	20143633860
DIO Corporation	种植体系统	20143631960
DIO MEDICAL CO., LTD.	脊柱硬膜外微创导管	20143151636
DIO MEDICAL CO.,LTD.	脊柱内固定系统	20143463680
DRGEM Corporation	数字化医用 X 射线摄影系统	20142314483
DUEBA CONTACT LENS	软性亲水接触镜	20143220809
DUEBA CONTACT LENS	软性亲水接触镜	20143222675
DUEBA CONTACT LENS	软性亲水接触镜	20143222828
DUEBA CONTACT LENS CO.,LTD	软性亲水接触镜	20143221301
EASYTEM Co.,Ltd	医用红外体温计	20142203500
G&G CONTACT LENS	软性亲水接触镜	20143221308
G&G CONTACT LENS	软性亲水接触镜	20143221475
G&G CONTACT LENS	软性亲水接触镜	20143222674
G&G Contact Lens	软性亲水接触镜	20143224153
GE Ultrasound Korea, Ltd.	彩色超声诊断仪	20143230200(更)
GE Ultrasound Korea, Ltd.	彩色超声诊断仪	20142231217(更)
GE Ultrasound Korea, Ltd.	彩色超声诊断仪	20143232584
GE Ultrasound Korea, Ltd.	彩色超声诊断仪	20143232941
Genewel Co.,Ltd.	医用透明质酸钠溶液(舒立芬)	20143643854
Genoray Co., Ltd.	口腔全景 X 射线机	20143302966
GENORAY Co., Ltd.	数字化乳腺 X 射线机	20142303937
Genoss Co., Ltd.	种植用手术导板	国械备 20140279 号
Genoss Co.,Ltd.	口腔可吸收生物膜	20143633679
GEO Medical Co.,Ltd.	软性亲水接触镜	20143221499
GEO Medical Co.,Ltd.	软性亲水接触镜	20143221500
GS Medical Co., Ltd.	脊柱外科手术工具(Anyplus)	20141101241
GS Medical Co., Ltd.	脊柱外科手术工具(Anyplus)	20141101242
GS Medical Co., Ltd.	脊柱外科手术工具(Anyplus)	20141101243
GS Medical Co., Ltd.	脊柱外科手术工具(Anyplus)	20141101801
GS Medical Co., Ltd.	脊柱外科手术工具(SKY)	20141101240
Hanau Medical Co.,Ltd	低频治疗仪	20142260957
HANIL TM CO.,LTD	微波治疗仪	20143252116
HANIL TM CO.,LTD	低周波肌肉刺激仪	20142261783
HANIL TM CO.LTD	牵引装置	20142101985
HANIL- TM 株式会社	干扰电治疗仪(BIOMED)	20142262771
Hankook Latex gongup co.,ltd	天然胶乳橡胶避孕套	20142663400
HANS BIOMED Co., Ltd.	脊柱内非融合固定植入物(SPINOUS TWINS)	20143463666
Hans Biomed Corp.	硅胶鼻部假体和面部假体	20143464722
Hans Biomed Corp.	疤痕修复贴	20142643476

Hi Cell Contact	软性亲水接触镜	20143220879
Humasis Co., Ltd.	B型脑钠肽检测试剂盒(干式免疫法)	20142405765
Humasis Co., Ltd.	肌钙蛋白I、肌酸激酶同工酶和肌红蛋白检测试剂盒(干式免疫法)	20142405767
Humasis Co., Ltd.	肌钙蛋白I检测试剂盒(干式免疫法)	20142405766
HUVITZ CO., LTD	数字视力图表	20142204466
Huvitz Co., Ltd	眼压计	20142220170
i-codi Co., Ltd	软性亲水接触镜	20143221496
Infopia Co., Ltd.	血糖监测仪(Element)	20142401670
Infopia Co., Ltd.	血糖仪	20142400995
Infopia Co., Ltd	血脂测试片 (酶法)	20142400643
Infopia Co., Ltd.	血糖监测仪	20142401222
Infopia Co., Ltd.	血糖监测仪	20142401223
InnoBioSurg Co., Ltd.	种植体配套用基台及螺丝	20143630620
InnoBioSurg Co., Ltd.	种植体系统	20143631859
INTEROJO INC.	软性亲水接触镜	20143221300
INTEROJO INC.	软性亲水接触镜	20143224696
INTEROJO INC.	软性亲水接触镜	20143225018
INTEROJO INC.	软性亲水接触镜(茵洛)	20143225638
i-SENS, Inc.	血糖分析仪(爱先思)	20142403189
i-SENS, Inc.	血糖试纸(葡萄糖氧化酶法)(爱先思免条码)	20142403084
i-SENS, Inc.	血糖试纸(葡萄糖氧化酶法)(达乐2610)	20142403088
Jeisys Medical Inc.	Nd:YAG激光治疗仪	20143245997
Jeisys Medical Inc.	射频微针治疗仪	20143255670
Jeisys Medical Inc.	强脉冲光光疗仪	20143261927
Jeisys Medical Inc.	强脉冲光治疗系统	20143266191
JEJOONG MEDICAL CO., LTD.	高频电刀	20143255529
Join Enterprise Co., Ltd	医用高分子夹板	国械备20140203号
Join Enterprise Co., Ltd	医用固定带	国械备20140200号
Joowon Innovation Co., Ltd.	软性亲水接触镜	20143220857
Joowon Innovation Co., Ltd.	软性亲水接触镜	20143220881
Joowon Innovation Co., Ltd.	软性亲水接触镜	20143223858
JPI Healthcare Co., Ltd	X光胶片自动洗片机	20141310978
KEOSAN TRADING CO	鼻夹板	国械备20140063号
KJ MEDITECH Co., Ltd	种植体系统工具	国械备20140102号
KJ MEDITECH Co., Ltd	基台(植是道)	20143634990
KJ MEDITECH. CO., LTD	可吸收缝线	20143656222
KMG Co. Ltd.	药物注射器	20143545995
Lensmam Co., Ltd.	软性亲水接触镜	20143222868
LG Life Sciences, Ltd.	注射用修饰透明质酸钠凝胶	20143461856
Lucid Korea Co., Ltd.	硬性角膜接触镜	20143221469
Lutronic Corporation	强光治疗仪	20142260629
LVI Technologies Inc.	半导体激光治疗仪	20143240774
M. I. Tech Co., Ltd.	肠道支架(HANAROSTENT)	20143460150
M. I CONTACT Co., Ltd.	软性亲水接触镜	20143221897
M. I CONTACT Co., Ltd.	软性亲水接触镜	20143221959
M. I. Tech Co., Ltd.	胆道支架	20143460055
MAX LOOK	软性亲水接触镜	20143221962
Medical Instrument System Co., Ltd	数字化X射线摄影系统	20142304166
Medicore Co., Ltd	医用红外热像仪	20142215258
Medicore Co., Ltd.	脉搏计	20142212993
Medifirst Co., Ltd	套针外周导管	20143773836
Medios Co., Ltd.	软性亲水接触镜	20143225007
Medios Co., Ltd.	软性亲水接触镜	20143225405
Medirune Co., Ltd	经皮电神经刺激器	20142213939
Medyssey Co., Ltd	棘突间固定系统(OMEGA)	20143461915
MegaGen Implant Co., Ltd.	种植体、基台及配件(EZ Plus)	20143635021
MegaGen Implant Co., Ltd.	种植体、基台及配件(Rescue)	20143634832
Mesh Co., Ltd.	医用红外热像仪	20142216103
META BIOMED CO., LTD.	非丁香酚临时水门汀(NETC)	20142633010
META BIOMED CO., LTD.	根管清洗糊剂	20142634761

SURE DENT CORPORATION	牙胶尖	20143633850
SURGIDENT	牙骨锤	国械备20140251号
TRYCAM TECHNOLOGY CO.,LTD	理疗仪	20142262372
Twobiens Co.,Ltd	胰岛素注射笔针头(来得时)	20143153359
UTI CO.,LTD	掺钕钇铝石榴石固体激光治疗仪	20143243171
UTI CO.,LTD	二氧化碳激光治疗仪	20143243740
VATECH Co.,Ltd	口腔数字X射线成像系统	20142300194
Vericom Co., Ltd.	光固化窝沟封闭剂	20142634096
Vericom Co., Ltd.	牙科用光固化树脂	20143634758
Vericom Co., Ltd.	暂封性根管充填材料	20143634127
Vision Science Co.,Ltd.	软性亲水接触镜	20143225978
Vision Science Co.,Ltd.	软性亲水接触镜	20143226231
Vision Science Co.,Ltd.	软性亲水接触镜	20143226232
Vision Science Co.,Ltd.	软性亲水接触镜	20143226233
Womens Care	经皮电神经刺激器(HiCare-LADY)	20142215818
WON TECH Co., Ltd.	半导体激光治疗仪	20143243809
WON TECH Co., Ltd.	半导体激光治疗仪	20143243810
WON TECH Co., Ltd.	长脉冲Nd:YAG激光治疗仪	20143245270
Won Technology Co.,Ltd.	Er:YAG激光治疗仪	20143240776
Won Technology Co.,Ltd.	掺铥光纤激光治疗仪	20143240513
WONBIOGEN Co., Ltd.	聚氨酯泡沫敷料(泰拉舒®)	20143641305(更)
Wonjin Mulsan Co., Ltd	压力治疗系统	20142214360
YD Diagnostics CORP.	尿液分析试纸条(干化学法)	20142405703
ZERONE CO.,Ltd	高频电刀	20143251947
爱飞纽医疗系统有限公司	超声探头	20142230535
爱飞纽医疗系统有限公司	超声探头	20142231224
韩国 i-SENS,Inc.	血糖测试仪(达乐优享型)	20142401673
三星电子株式会社	数字化医用X射线摄影系统	20142305874

荷兰

Avantor Performance Materials B.V.	溶血剂	20141401575
Avantor Performance Materials B.V.	稀释液	20141401576
Cavex Holland B.V.	齿科藻酸盐印模材料	20142633448
Eurotrol B.V.	红细胞压积质控品(水平A)	20142400668
Eurotrol B.V.	红细胞压积质控品(水平B)	20142400667
Eurotrol B.V.	红细胞压积质控品(水平C)	20142400665
Eurotrol B.V.	血气-电解质和代谢物质控品(水平1)	20142400664
Eurotrol B.V.	血气-电解质和代谢物质控品(水平2)	20142400666
Eurotrol B.V.	血气-电解质和代谢物质控品(水平3)	20142400663
Humeca B.V.	植皮机(MEEK)	20141542018
i-Optics BV	角膜地形图仪(Cassini)	20142224392
i-Optics BV	扫描激光检眼镜(EasyScan)	20143245296
Koninklijke Utermohlen N.V.	冷冻除疣喷雾剂	20142582748
Koninklijke Utermohlen N.V.	冷冻除疣喷雾剂	20142582748
Mechatronics Manufacturing B.V.	全自动血沉分析仪	20142405664
Mechatronics Manufacturing B.V.	全自动血沉分析仪	20142405665
Mentor Medical Systems B.V.	试模	20142013829
Mentor Medical Systems B.V.	乳房植入体	20143462815
Nucletron B.V.	模拟定位机	20143303522
NUCLETRON B.V.	后装治疗机	20143321163
Nucletron B.V.	后装治疗机	20143334388
Nucletron B.V.	后装治疗机	20143334778
NUCLETRON B.V.	放射治疗计划系统	20143705864
NUCLETRON B.V.	近距离放射治疗计划系统	20143706045
Oculentis B.V.	球面人工晶状体	20143224693
OPHTEC B.V.	虹膜夹无晶体眼人工晶状体(阿特森)	20143220403
Ophtec B.V.	后房型人工晶体(Ergomax)	20143221378
Ossatec Benelux B.V.	电磁辅助刺激仪(Orthopulse)	20142215808
PendraCare International B.V.	导引导管(Convey)	20143776228

PendraCare International B.V.	造影导管(ANGIODYN)	20143770868
Philips Consumer Lifestyle B.V.	红外线治疗仪	20142265693
Philips Medical Systems Nederland B.V.	医用血管造影 X 射线系统	20143302213
Philips Medical Systems Nederland B.V.	医用血管造影 X 射线系统	20143302214
Philips Medical Systems Nederland B.V.	医用血管造影 X 射线系统	20143302215
Philips Medical Systems Nederland B.V.	医用血管造影 X 射线系统	20143305281
Philips Medical Systems Nederland B.V.	医用血管造影 X 射线系统	20143305282
Philips Medical Systems Nederland B.V.	医用血管造影 X 射线系统	20143305283
Philips Medical Systems Nederland B.V.	医用血管造影 X 射线系统	20143305284
Philips Medical Systems Nederland B.V.	医用血管造影 X 射线系统	20143305285
Philips Medical Systems Nederland B.V.	医用血管造影 X 射线系统	20143305287
Philips Medical Systems Nederland B.V.	医用血管造影 X 射线系统	20143305288
Philips Medical Systems Nederland B.V.	医用血管造影 X 射线系统	20143305289
Philips Medical Systems Nederland B.V.	医用血管造影 X 射线系统	20143305290
Philips Medical Systems Nederland B.V.	医用血管造影 X 射线系统	20143305291
Philips Medical Systems Nederland B.V.	移动式 C 形臂 X 射线机(PHILIPS)	20143303454
Philips Medical Systems Nederland B.V.	移动式 C 形臂 X 射线系统(PHILIPS)	20143301759
Philips Medical Systems Nederland B.V.	医学图像处理软件	20143705744
Pie Medical Imaging B.V.	心血管造影图像分析软件	20143700389
Polyganics BV	可降解耳鼻止血绵(纳吸绵)	20143645240
Procornea Nederland B.V.	硬性透氧性角膜接触镜	20143223892
Rovers Medical Devices B.V.	宫颈刷(Rovers Cervex-Brush Combi)	20142411879
Rovers Medical Devices B.V.	宫颈刷(Rovers Cervex-Brush)	20142661904
Vital Scientific B.V.	全自动生化分析仪	20142404372
Vitatron Holding B.V.	植入式心脏起搏器	20143215740

加拿大

ANNIDIS HEALTH SYSTEMS CORPORATION	多光谱眼底分层成像系统(安递斯·层晰)	20142223155
Baylis Medical Company Inc.	射频打孔发生器	20143255994
Calgary Scientific Inc.	医学图像处理软件(ResolutionMD Web)	20142701680
Calgary Scientific Inc.	移动医学图像处理软件(ResolutionMD Mobile)	20142701679
Cedara Software Corp.	PACS 工作站软件	20142700717
Dameca A/S	麻醉机	20143540770
Elekta Ltd.	超声影像引导系统	20143234590
Embla Systems	多导睡眠记录系统	20142212212
Embla Systems	睡眠记录系统	20142212211
Epocal Inc.	血气分析检测卡(干式电化学法)	20142401140
I-MED Pharma Inc.	后房式人工晶体(I-Lens(艾美))	20143220110
IMRIS Inc.	医用磁共振成像设备	20143283512
Laborie Medical Technologies Canada ULC	尿动力学导管	20142662687
Medionics International Inc.	腹膜透析治疗机	20142450951
MedMira Laboratories Inc.	人类免疫缺陷病毒(HIV-1/2)抗体检测试剂盒(胶体金渗透法)	20143401076
Natus Medical Incorporated DBA Excel-Tech Ltd. (XLTEK)	脑电测量仪	20142214029
Natus Medical Incorporated DBA Excel-tech Ltd.(XLTEK)	脑电放大器系统	20142215326
Novadaq Technologies Inc	腹腔镜	20143225677
NOVOCOL PHARMACEUTICAL OF CANADA INC.	麻醉剂助推器	国械备 20140116 号
Optima Health Solutions International Corporation	脊柱振动治疗仪	20142263495
Response Biomedical Corporation	D-二聚体检测试剂盒(荧光免疫层析法)(锐普静栓)	20142403908
Response Biomedical Corporation	荧光免疫分析仪(锐普 200)	20142400030
Response Biomedical Corporation	荧光免疫分析仪(锐普百分百)	20142400183
Rostrum Medical Innovations Inc.	VQm™ 呼吸热量监测仪附件	20142213149
Rostrum Medical Innovations Inc.	VQm™ 呼吸热量监测仪	20142542778
SCICAN LTD	清洗消毒机	20142575951
Sekisui Diagnostics P.E.I. Inc.	低密度脂蛋白胆固醇测定试剂盒(均相直接法)	20142402153
Sekisui Diagnostics P.E.I. Inc.	低密度脂蛋白胆固醇校准品	20142402069
Sekisui diagnostics P.E.I.Inc	二氧化碳定标品	20142401552
Sekisui diagnostics P.E.I.Inc	二氧化碳质控品(水平 1)	20142401551
Sekisui diagnostics P.E.I.Inc	二氧化碳质控品(水平 2)	20142401553
Sekisui diagnostics P.E.I.Inc	血氨测定试剂盒(酶法)	20142401139

Thought technology Ltd.	生物刺激反馈仪	20142261527
Ultrasonix Medical Corporation	彩色超声诊断系统	20143231984
Zimmer CAS	膝关节辅助定位工具	20141101373

捷克共和国

Linet spol. s r.o.	电动充气防褥疮床垫	20142566086
Linet spol. s.r.o.	电动充气防褥疮床垫	20142565433
SpofaDental a.s.	聚羧酸锌水门汀	20143631029

立陶宛

UAB VILTECHMEDA	注射泵	20142211748

列支敦士登

Ivoclar Vivadent AG	牙科修复塑形工具	国械备 20140149 号
Ivoclar Vivadent AG	根管桩用牙钻(FRC Postec Plus Reamer)	20142550828
Ivoclar Vivadent AG	氟保护剂(Fluor Protector N)	20142633820
Ivoclar Vivadent AG	氟保护凝胶	20143631401
Ivoclar Vivadent AG	光固化复合树脂(Tetric N-Ceram Bulk Fill)	20143636239
Ivoclar Vivadent AG	光固化透明窝沟封闭剂套装(Helioseal Clear)	20142630070
Ivoclar Vivadent AG	光固化牙科修复复合树脂(Te-Econom Plus)	20143635588
Ivoclar Vivadent AG	硅烷预处理剂(Monobond N)	20142633370
Ivoclar Vivadent AG	硅橡胶印模材料(Virtual)	20142631036
Ivoclar Vivadent AG	氢氟酸凝胶(IPS Ceramic Etching gel)	20142630829
Ivoclar Vivadent AG	烧结膏(IPS Object Fix)	20141632274
Ivoclar Vivadent AG	树脂基托材料(SR Ivocap High Impact)	20143636240
Ivoclar Vivadent AG	酸蚀剂	20142630792
Ivoclar Vivadent AG	脱敏剂(Systemp.desensitizer)	20142632600
Ivoclar Vivadent AG	牙科全瓷瓷块(易美)	20142636059
Ivoclar Vivadent AG	牙科全瓷瓷块(易美)	20142636059
Ivoclar Vivadent AG	牙科粘接剂(Tetric N-Bond)	20143632322
Ivoclar Vivadent AG	专业牙齿美白剂(VivaStyle Paint On Plus)	20143630801
IvoclarVivadentAG	光固化临时充填树脂(Systemp)	20142636117
IvoclarVivadentAG	一步自酸蚀粘结剂	20143635630

卢森堡

Dometic S.à r.l.	接触式速冻箱	20142584790

马来西亚

Ansell N.P.Sdn Bhd	一次性使用灭菌橡胶外科手套	20143665565
Hartalega Sdn. Bhd.	一次性使用无菌丁腈检查手套	20141661367
Hartalega Sdn. Bhd.	一次性使用无菌橡胶检查手套	20141661366
Hevea Medical Sdn. Bhd	天然胶乳橡胶避孕套	20142663440
HEVEA MEDICAL SDN. BHD.	天然胶乳橡胶避孕套(健马避孕套)	20142663486
INNOLATEX SDN. BHD	天然胶乳橡胶避孕套(避孕套)	20142666082
Innolatex Sdn.Bhd.	天然胶乳橡胶避孕套(骄爱避孕套)	20142662897
LATEXX MANUFACTURING SDN. BHD.	一次性使用医用橡胶检查手套	国械备 20140101 号
Latexx Manufacturing Sdn. Bhd.	一次性使用医用丁腈橡胶检查手套	20141661374
Latexx Manufacturing Sdn. Bhd.	一次性使用医用橡胶检查手套	20141661806
MULTISAFE SDN.BHD.	一次性使用丁腈橡胶检查手套	国械备 20140135 号
N.S.UNI-GLOVES SDN.BHD.	一次性使用医用丁腈检查手套(医用检查手套)	20141662732
NULATEX SDN. BHD	天然胶乳橡胶避孕套	20142663765
Perusahaan Getah Asas Sdn. Bhd.	一次性使用医用丁腈检查手套	20141660267
Perusanhaan Getah Asas SDN. BHD.	一次性检查手套	20141662636
Riverstone Resources Sdn.Bhd.	一次性使用丁腈无粉检查手套	20141660477
Rubbercare Protection Products Sdn. Bhd.	一次性使用医用丁腈检查手套	20141661365
Rubbercare Protection Products Sdn. Bhd.	一次性使用医用橡胶检查手套	20141660479

SSN Medical Products Sdn. Bhd.	天然胶乳橡胶避孕套	20142663818
SUPERMAX GLOVE MANUFACTURING SDN. BHD	检查手套	国械备 20140215 号
SUPERMAX GLOVE MANUFACTURING SDN. BHD.	检查手套	国械备 20140254 号
Teleflex Medical Sdn. Bhd.	一次性无菌气管切开插管(CrystalClear)	20142660505
Teleflex Medical Sdn. Bhd	一次性热湿交换器/过滤器(人工鼻过滤器)	20142661453
Teleflex Medical Sdn. Bhd	一次性使用无菌气管插管	20142664102
TERANG NUSA SDN. BHD.	一次性使用灭菌氯丁橡胶外科手套	20142660484
TERANG NUSA SDN. BHD.	一次性使用灭菌橡胶外科手套(无粉)	20142665013
TERANG NUSA SDN. BHD.	一次性使用灭菌橡胶外科手套(有粉)	20142664122
TG MEDICAL SDN. BHD.	一次性使用灭菌橡胶外科手套	20142661416
Top Glove Sdn. Bhd.	一次性使用医用橡胶检查手套	20141661903
UG Medical Disposables SDN. BHD.	一次性使用血液透析管路	20143450428
Unomedical Sdn. Bhd.	麻醉气管插管	20142661063
Unomedical Sdn. Bhd.	气管切开插管	20142661901
Unomedical Sdn. Bhd.	气囊导尿管	20142664678
Visco Technology Sdn. Bhd.	软性亲水接触镜	20143220095(更)
Visco Technology Sdn. Bhd.	软性亲水接触镜	20143220096(更)
Visco Technology Sdn. Bhd.	软性亲水接触镜	20143222534
Visco Technology Sdn. Bhd.	软性亲水接触镜	20143222822

美国

Dako North America, Inc.	组织染色机	国械备 20140020 号
Exactech, Inc.	试模	国械备 20140250 号
One Lambda, Inc.	HLA 抗原分型试剂盒(血清学法)	20143403706
One Lambda, Inc.	HLA-DNA 分型试剂盒(SSP 方法)	20143403705
3M ESPE Dental Products	乳牙预成冠	国械备 20140092 号
3M ESPE Dental Products	喷粉器	20142556254
3M ESPE Dental Products	打磨抛光系统	20141631791
3M ESPE Dental Products	光固化玻璃离子水门汀	20143634831
3M ESPE Dental Products	硅橡胶印模材料	20142632468
3M ESPE Dental Products	树脂充填材料(Filtek P90 低聚合收缩后牙充填材料)	20143632467
3M ESPE Dental Products	贴面粘固剂和试色糊剂	20143636061
3M ESPE Dental Products	贴面粘固剂和试色糊剂	20143636061
3M ESPE Dental Products	窝沟封闭剂	20142631627
3M Health Care	一次性使用心电电极	20142215119
3M Health Care	一次性使用心电电极	20142215752
3M Health Care	环氧乙烷灭菌器(STERI-VAC)	20142571327
3M Health Care	固定用弹力束带	国械备 20140110 号
3M Health Care	聚酯泡沫敷料(3M Tegaderm 聚酯泡沫敷料)	20143645883
3M Health Care	皮肤伤口吻合贴(3MTM Steri-StripTM)	20142644517
3M Health Care	伤口敷贴(3MTM MediporeTM 伤口敷贴)	20142640832
3M Health Care	伤口贴(3M Tegaderm)	20142645657
3M Health Care	石膏衬垫	国械备 20140238 号
3M Health Care	石膏衬垫(3M Scotchcast 干湿两用石膏衬垫)	20141641889
3M Health Care	水凝胶伤口敷料(3M Tegaderm)	20143645658
3M Health Care	透明敷料(3M Tegaderm HP 透明敷料)	20142644715
3M Health Care	透明敷料(3M Tegaderm 透明敷料)	20142644698
3M Health Care	液体敷料(3M Cavilon)	20142646024
3M Unitek Corporation	Ⅱ类错(牙合) 矫治器	20142630133
3M Unitek Corporation	非金属正畸托槽	20142634830
3M Unitek Corporation	非金属正畸托槽(非金属自锁托槽)	20142631351
3M Unitek Corporation	光固化正畸粘接剂(TransbondTM XT)	20142630797
3M Unitek Corporation	化学固化正畸粘接剂(UniteTM)	20142633471
3M Unitek Corporation	陶瓷托槽(Clarity ADVANCED 陶瓷托槽)	20142632847
3M Unitek Corporation	正畸用带环和颊面管	20142631864
A&E Medical Corporation	外科不锈钢丝	20142650495
A&M Instruments, Inc.	金刚砂车针(牙科用金刚砂车针)	20142551022
AAREN Scientific Inc.	肝素表面处理亲水性丙烯酸人工晶状体	20143220058
Abaxis, Inc.	全自动生化分析仪	20142405691

Abbott Point of Care Inc.	活性凝血酶测试卡片(干式电化学法)(i-STAT)	20142404235
Abbott Point of Care Inc.	血气生化八项测试卡片(干式电化学法)	20142402483
Abbott Vascular	颈动脉支架系统(Acculink)	20143460439
Abbott Vascular	药物洗脱冠脉支架系统(Xience Prime)	20143460785
Abbott Vascular	PTCA 手术配件	20143770931
Abbott Vascular	保护伞专用导引导丝(BareWire)	20143772698
Abbott Vascular	导引导丝(HI-TORQUE BALANCE HEAVYWEIGHT)	20143770448
Abbott Vascular	导引导丝(HI-TORQUE BALANCE)	20143772330
Abbott Vascular	导引导丝(HI-TORQUE PILOT)	20143771190
Abbott Vascular	导引导丝(Hi-Torque Spartacore 14)	20143774624
Abbott Vascular	导引导丝(HI-TORQUE STEELCORE)	20143772670
Abbott Vascular	导引导丝(HI-TORQUE WHISPER ES)	20143772331
Abbott Vascular	导引导丝(HI-TORQUE WHISPER LS/MS)	20143774712
Abbott Vascular	外周血管球囊扩张导管(Armada 14 XT)	20143771307
Ablexan Corporation	测温导尿管	20142663767
Abrasive Technology, Inc.	金刚砂牙科车针	20142556188
Acclarent Inc.	鼻窦球囊导管(Relieva Ultirra)	20142660831
Acclarent, Inc.	鼻窦导引导管把手(Relieva SidekickTM LP)	20142052409
Acclarent,Inc.	鼻窦冲洗导管(Relieva Vortex 2)	20142054602
Accutome, Inc.	角膜手术刀	20141041807
Accutome, Inc.	手持式角膜测厚仪	20143220724
Accutome, Inc.	手持式眼压计	20142225255
AccuVein Inc.	静脉定位仪	20142214052
Acumed LLC	金属接骨板系统	20143460873
ACUMED LLC	无头加压空心螺钉(Acutrak 系列螺钉)	20143464633
Acumed LLC	下肢锁定金属接骨板系统	20143460277
A-Dec Inc.	牙科综合治疗台	20142555308
Ad-Tech Medical Instrument Corportion	硬膜下电极	20143213982
Advanced Neuromodulation Systems, Inc.	患者程控仪	20143214225
Advanced Sterilization Products	内镜清洗消毒机(ENDOCLENS-NSX)	20142574234
Affymetrix. Inc	核酸提取或纯化试剂	国械备 20140272 号
AGA MEDICAL CORPORATION	4 代血管塞(AMPLATZER)	20143773846
AGA Medical Corporation	III 型血管塞(AMPLATZER)	20143773405
AGA Medical Corporation	II 代测量球囊导管(AMPLATZER®)	20143771624
AGA Medical Corporation	II 代动脉导管未闭封堵器(AMPLATZER)	20143773406
AGA Medical Corporation	II 型血管塞(AMPLATZER)	20143770406
AGA Medical Corporation	传送鞘管(AMPLATZER TorqVue)	20143770794
AGA Medical Corporation	小型传送系统(AMPLATZER TorqVue)	20143770274
AgaMatrix, Inc.	血糖试纸(葡萄糖氧化酶法)(BGStar®)	20142404316
AgaMatrix, Inc.	血糖仪(BGStar®)	20142403152
AgaMatrix, Inc.	血糖仪(iBGStar®)	20142404309
AgaMatrix, Inc.	血糖质控液(BGStar®)	20142404314
AgaMatrix, Inc.	采血笔	国械备 20140241 号
AgaMatrix, Inc.	采血针(BGStar®)	20142415012
AIRSEP CORPORATION	医用制氧机	20142544228
Alcon Laboratories, Inc.	软性亲水接触镜	20143225004
Alcon Laboratories, Inc.	软性亲水接触镜(睛彩天天抛)	20143224619
Alcon Laboratories, Inc.	软性亲水接触镜(舒视氧散光)	20143224699
Alcon Laboratories, Incorporated	人工晶状体(ACRYSOF IQ ReSTOR Multifocal IOL)	20143220134
Alcon Laboratories, Incorporated	隐形眼镜润滑液(OPTI-FREE)	20143223883
Alcon Laboratories, Incorporated	超声眼科晶状体摘除和玻璃体切除设备及附件	20143231982
Alcon Laboratories, Incorporated	超声眼科乳化治疗仪及附件	20143232948
Alcon Laboratories, Incorporated	倍频 Nd:YVO4 眼科激光光凝机及附件	20143242919
Alcon Laboratories, Incorporated	外科手术用海绵(MICROSPONGE & I-SPEAR)	20142646015
Alcon Laboratories,Inc.	软性亲水接触镜(多水润天天抛渐进多焦)	20143226229
Alcon Laboratories, Incorporated	人工晶状体(AcrySof CACHET Phakic Lens)	20143220901
Alere San Diego, Inc.	凝血酶原时间检测条(电阻抗法)	20142402141
Alere San Diego, Inc.	荧光免疫分析仪	20142402595
Alere Scarborough, Inc.	A 群链球菌抗原检测试剂盒(胶体金法)	20143405795
Alere Scarborough, Inc.	肺炎链球菌抗原检测试剂盒(胶体金法)	20143401116

Allied Healthcare Products Inc.	便携式呼吸机	20143545738
Alphatec Spine, Inc.	脊柱后路钉棒系统	20143464144
Alphatec Spine, Inc.	颈椎前路钢板系统	20143460816
Alphatec Spine, Inc.	枕颈胸后路板棒系统	20143464145
Alphatec Spine, Inc.	椎间融合器	20143461848
Alphatec Spine, Inc.	椎体植入物	20143461849
Amendia, Inc.	脊柱外科手术工具(Spartan S3)	20141102602
American Medical Systems Innovation Center-Silicon Valley	Nd:YAG 倍频激光治疗仪	20143240328
American Medical Systems, Inc	前壁脱垂修复系统(AMS Perigee)	20143461381
American Orthodontics	塑料托槽	20142634649
American Orthodontics Corp	不锈钢正畸丝	20142631312
AmniSure International LLC.	α1 微球蛋白检测试剂盒(免疫层析法)(安母宁)	20142401813
Amnisure International LLC.	一次性使用医用无菌棉拭子	20142645557
AMO Manufacturing USA, LLC	飞秒激光角膜屈光治疗仪	20143245684
AMO Manufacturing USA, LLC	激光角膜手术仪	20143245341
AMO Manufacturing USA, LLC	准分子激光角膜屈光治疗机	20143242928
AngioDynamics, Inc	凝固电极	20143252918
AngioDynamics, Inc	灌注系统(Pulse Spray)	20143664738
AngioDynamics, Inc	导丝(NiT-Vu)	20143771276
ANGIODYNAMICS, INC.	外周中心静脉导管	20143775564
Arrow International Inc.	中心静脉导管包	20143773470
Arrow International, Inc.	硬膜外麻醉套件	20143663755
Arrow International, Inc.	经桡动脉通路套件	20143774559
Arthrex, Inc.	内窥镜摄像系统	20142226253
Arthrex, Inc.	半月板缝合系统	20143462447
Arthrex, Inc.	复合可吸收骨锚钉	20143460099
Arthrex, Inc.	复合可吸收螺钉系统	20143460100
Arthrex, Inc.	聚醚醚酮骨锚钉系统	20143464555
Arthrex, Inc.	聚醚醚酮膝关节韧带固定螺钉	20143460046
Arthrex, Inc.	锁扣带袢钛板(TightRope)	20143460436
Arthrex, Inc.	高位截骨固定系统	20143464140
Arthrex, Inc.	聚醚醚酮膝关节韧带带鞘固定螺钉	20143461919
Arthrex, Inc.	门型钉固定系统	20143465409
Arthrex, Inc.	钛合金缝线锚钉	20143462448
ASHLAND INC.	医用 X 射线胶片	国械备 20140245 号
Atrium Medical Corporation	疝修补补片(Atrium)	20143462671
Atrium Medical Corporation	胸腔引流器(Ocean)	20142662517
B. Braun Medical Inc.	注射液体配药接头	20143664568
Bard Access Systems, Inc.	透析导管	20143453773
Bard Access Systems, Inc.	经外周穿刺的中心静脉导管(Per-Q-Cath 安全型预连式 PICC)	20143663473
Bard Access Systems, Inc.	经外周插管的中心静脉导管套件及附件	20143773477
Bard Access Systems, Inc.	经外周插管的中心静脉导管套件及附件(Groshong NXT ClearVue)	20143770067
Bard Access Systems, Inc.	外周插管中心静脉导管(巴德高压注射型 PICC 导管)	20143774651
Bard Electrophysiology a division of C.R Bard Inc.	诊断用电极导管	20143773510
Bard Electrophysiology A Division of C.R. Bard Inc.	诊断用电极导管	20143772579
Bard Electrophysiology A Division of C.R. Bard Inc.	诊断用电极导管	20143772927
Bard Electrophysiology, a Division of C. R. Bard, Inc.	射频消融导管(Stinger)	20143770319
Bard Peripheral Vascular, Inc.	乳房活检与旋切系统	20142156050
Bard Peripheral Vascular, Inc.	乳腺定位针(Chesbrough)	20143150935
Bard Peripheral Vascular, Inc.	人造血管	20143466172
Bard Peripheral Vascular, Inc.	人造血管(Distaflo)	20143466173
Bard Peripheral Vascular, Inc.	人造血管(Dynaflo)	20143466174
Bard Peripheral Vascular, Inc.	人造血管(Venaflo)	20143466175
Bard Peripheral Vascular, Inc.	PTA 球囊扩张导管(CONQUEST)	20143773682
Bard Peripheral Vascular, Inc.	PTA 球囊扩张导管(Dorado)	20143770097
Bard Peripheral Vascular, Inc.	PTA 球囊扩张导管(Ultraverse)	20143770101
Bard Peripheral Vascular, Inc.	PTA 球囊扩张导管(VascuTrak)	20143771407
Bard Peripheral Vascular, Inc.	球囊扩张导管(Atlas PTA)	20143774681
Bard Peripheral Vascular, Inc.	支持导管(SEEKER)	20143773684

Bard Peripheral Vascular, Inc.	乳腺定位针(Ghiatas)	20143151392
Bard Peripheral Vascular, Inc.	一次性活检针(Max-Core)	20143150789
Basic Dental Implant Systems, Inc.	种植手术用牙钻	20142552453
Basic Dental Implant Systems, Inc.	牙科种植体套装(Omni-Tight)	20143636060
Basic Dental Implant Systems, Inc.	牙科种植体套装(Omni-Tight)	20143636060
Bausch & Lomb Incorporated	软性亲水接触镜(博乐纯日抛)	20143224563
Bausch & Lomb Incorporated	软性亲水接触镜(纯视散光 2)	20143224146
Bausch & Lomb Incorporated	软性亲水接触镜(清朗多焦点)	20143223757
Bausch & Lomb Incorporated	硬性角膜接触镜护理液(博视顿新洁)	20143224694
Bausch &Lomb Incorporated	软性亲水接触镜	20143220064
Bausch&Lomb, Incorporated	显微眼科手术系统(Stellaris)	20143231974
Bausch&Lomb,Incorporated	人工晶状体植入器	20142046076
Bausch&Lomb,Incorporated	人工晶状体植入器(Sofport Easy-Load)	20142045599
Bausch&Lomb,Incorporated	玻切套包	20143226048
Bausch&Lomb,Incorporated	人工晶状体(Akreos)	20143225595
Bausch&Lomb,Incorporated	人工晶状体(enVista)	20143220043
Bausch&Lomb,Incorporated.	眼科手术刀(Laseredge)	20142040408
Baxter Healthcare Corporation	腹膜透析螺旋帽钛接头	20142450138
Baxter Healthcare Corporation	腹膜透析外接短管	20142451034
Baxter Healthcare Corporation	腹透机管路	20142451191
Bayer HealthCare LLC	采血器(拜安轻 2)	20141412713
Bayer Medical Care, Inc	血栓去除术装置(AngioJet SOLENT)	20143770618(更)
BD Medical-Pharmaceutical Systems	注射笔(普丽康)	20142543489
Beacon Endoscopic Corporation	超声活检针及附件	20143153841
Beckman Coulter, Inc.	C-反应蛋白检测试剂盒(免疫比浊法)	20142405464
Beckman Coulter, Inc.	C 反应蛋白校准品	20142400230
Beckman Coulter, Inc.	D-二聚体测定试剂盒(乳胶凝集法)	20142404846
Beckman Coulter, Inc.	D-二聚体校准品	20142405759
Beckman Coulter, Inc.	D-二聚体质控品	20142404847
Beckman Coulter, Inc.	α-1 酸性糖蛋白测定试剂盒(免疫比浊法)	20142405087
Beckman Coulter, Inc.	α1-微球蛋白检测试剂盒(免疫比浊法)	20142404866
Beckman Coulter, Inc.	γ-谷氨酰转移酶测定试剂盒(比色法)	20142403274
Beckman Coulter, Inc.	癌胚抗原(CEA)校准品	20143403272
Beckman Coulter, Inc.	氨/乙醇质控品	20142405462
Beckman Coulter, Inc.	氨测定试剂盒(比色法)	20142404969
Beckman Coulter, Inc.	白蛋白测定试剂盒(比色法)	20142403097
Beckman Coulter, Inc.	白蛋白测定试剂盒(溴甲酚绿法)	20142405731
Beckman Coulter, Inc.	丙氨酸氨基转移酶测定试剂盒(比色法)	20142403099
Beckman Coulter, Inc.	丙氨酸氨基转移酶测定试剂盒(速率法)	20142400603
Beckman Coulter, Inc.	补体 C3 测定试剂盒(免疫比浊法)	20142405351
Beckman Coulter, Inc.	补体 C4 测定试剂盒(免疫比浊法)	20142405088
Beckman Coulter, Inc.	不饱和铁结合力测定试剂盒(酶法)	20142405086
Beckman Coulter, Inc.	触珠蛋白测定试剂盒(免疫比浊法)	20142404242
Beckman Coulter, Inc.	促红细胞生成素测定试剂盒(化学发光法)	20142404859
Beckman Coulter, Inc.	促红细胞生成素校准品	20142404266
Beckman Coulter, Inc.	胆固醇测定试剂盒(比色法)	20142403079
Beckman Coulter, Inc.	胆固醇测定试剂盒(酶法)	20142405724
Beckman Coulter, Inc.	电解质标准液(低值)	20142401146
Beckman Coulter, Inc.	电解质标准液(低值)	20142401146
Beckman Coulter, Inc.	电解质标准液(高值)	20142401147
Beckman Coulter, Inc.	多项免疫校准品	20142405168
Beckman Coulter, Inc.	多项校准品	20142401092
Beckman Coulter, Inc.	多项校准品	20142401130
Beckman Coulter, Inc.	钙测定试剂盒(比色法)	20142403080
Beckman Coulter, Inc.	甘油三酯测定试剂盒(比色法)	20142404971
Beckman Coulter, Inc.	谷丙转氨酶测定试剂盒(酶法)	20142405725
Beckman Coulter, Inc.	谷草转氨酶检测试剂盒(酶法)	20142404862
Beckman Coulter, Inc.	缓冲液	国械备 20140048 号
Beckman Coulter, Inc.	缓冲液	国械备 20140155 号
Beckman Coulter, Inc.	缓冲液	国械备 20140181 号

Beckman Coulter, Inc.	缓冲液	国械备 20140188 号
Beckman coulter, Inc.	缓冲液	国械备 20140233 号
Beckman coulter, Inc.	缓冲液	国械备 20140237 号
Beckman Coulter, Inc.	肌钙蛋白 I 测定试剂盒(化学发光法)	20142405967
Beckman Coulter, Inc.	肌钙蛋白 I 测定试剂盒(化学发光法)	20142405968
Beckman Coulter, Inc.	肌钙蛋白 I 校准品	20142405965
Beckman Coulter, Inc.	肌钙蛋白 I 校准品	20142406210
Beckman Coulter, Inc.	肌酸激酶测定试剂盒(比色法)	20142403095
Beckman Coulter, Inc.	肌酸激酶同工酶(CK-MB)检测试剂盒(酶促免疫抑制法)	20142405723
Beckman coulter, Inc.	吉姆萨染色液	国械备 20140176 号
Beckman Coulter, Inc.	甲状旁腺激素测定试剂盒(化学发光法)	20142404858
Beckman Coulter, Inc.	甲状旁腺激素校准品	20142405468
Beckman Coulter, Inc.	碱性磷酸酶测定试剂盒(比色法)(碱性磷酸酶试剂盒)	20142403092
Beckman Coulter, Inc.	抗甲状腺过氧化物酶抗体测定试剂盒(化学发光法)	20142404270
Beckman Coulter, Inc.	抗甲状腺过氧化物酶抗体校准品	20142405722
Beckman Coulter, Inc.	抗链球菌溶血素 O 测定试剂盒(胶乳免疫比浊法)	20142400236
Beckman Coulter, Inc.	抗脱氧核糖核酸酶 B 检测试剂盒(免疫比浊法)	20142405800
Beckman Coulter, Inc.	流式细胞仪(Cytomics FC 500、Cytomics FC 500 MPL)	20142403463
Beckman Coulter, Inc.	流式细胞仪质控品(Flow-CheckTM)	20143405465
Beckman Coulter, Inc.	镁测定试剂盒(比色法)	20142403091
Beckman Coulter, Inc.	镁测定试剂盒(二甲苯胺蓝法)	20142405732
Beckman Coulter, Inc.	免疫球蛋白 A 测定试剂盒(免疫比浊法)	20142404241
Beckman Coulter, Inc.	免疫球蛋白 G 测定试剂盒(免疫比浊法)	20142404240
Beckman Coulter, Inc.	免疫球蛋白 M 测定试剂盒(免疫比浊法)	20142404239
Beckman Coulter, Inc.	内因子抗体质控品	20142403108
Beckman Coulter, Inc.	尿蛋白质控品	20142403082
Beckman Coulter, Inc.	尿免疫球蛋白 G 检测试剂盒(免疫比浊法)	20142405801
Beckman Coulter, Inc.	尿素测定试剂盒(酶法)	20142405726
Beckman Coulter, Inc.	尿素氮测定试剂盒(比色法)	20142403081
Beckman Coulter, Inc.	尿酸测定试剂盒(比色法)	20142403275
Beckman Coulter, Inc.	尿酸检测试剂盒(酶促显色法)	20142405730
Beckman Coulter, Inc.	前白蛋白测定试剂盒(免疫透射比浊终点法)	20142400681
Beckman Coulter, Inc.	前白蛋白检测试剂盒(免疫比浊法)	20142405467
Beckman coulter, Inc.	全自动免疫检验系统用底物液	国械备 20140158 号
Beckman Coulter, Inc.	全自动血细胞分析仪	20142404411
Beckman Coulter, Inc.	溶血剂	国械备 20140107 号
Beckman Coulter, Inc.	乳酸测定试剂盒(酶法)	20142404238
Beckman Coulter, Inc.	乳酸脱氢酶测定试剂盒(比色法)	20142403710
Beckman coulter, Inc.	瑞氏-吉姆萨染色液	国械备 20140179 号
Beckman coulter, Inc.	瑞氏染色液	国械备 20140187 号
Beckman Coulter, Inc.	糖类抗原 125 检测试剂盒(化学发光法)	20143401284
Beckman Coulter, Inc.	糖类抗原 125 校准品	20143402546
Beckman Coulter, Inc.	糖类抗原 15-3 校准品	20143400342
Beckman Coulter, Inc.	糖类抗原 19-9 校准品	20143400341
Beckman Coulter, Inc.	天冬氨酸氨基转移酶测定试剂盒(比色法)	20142403100
Beckman Coulter, Inc.	天门冬氨酸氨基转移酶测定试剂盒(速率法)	20142400638
Beckman Coulter, Inc.	铁蛋白测定试剂盒(免疫比浊法)	20142404236
Beckman Coulter, Inc.	铁蛋白检测试剂盒(免疫比浊法)	20142405466
Beckman Coulter, Inc.	铜蓝蛋白测定试剂盒(免疫比浊法)	20142405350
Beckman Coulter, Inc.	微量白蛋白测定试剂盒(比色法)	20142405048
Beckman Coulter, Inc.	微量白蛋白校准品	20142405911
Beckman Coulter, Inc.	微量总蛋白测定试剂盒(比色法)	20142405733
Beckman Coulter, Inc.	微量总蛋白校准品	20142404872
Beckman Coulter, Inc.	细胞质控品	20143401640
Beckman Coulter, Inc.	心肌 C-反应蛋白测定试剂盒(免疫透射比浊速率法)	20142400250
Beckman Coulter, Inc.	性激素结合球蛋白测定试剂盒(化学发光法)	20142405463
Beckman Coulter, Inc.	血细胞分析仪	20142403464
Beckman coulter, Inc.	血细胞分析用溶血剂	国械备 20140184 号
Beckman coulter, Inc.	血细胞分析用稀释液	国械备 20140159 号
Beckman Coulter, Inc.	血液分析仪用校准品	20142403559

Beckman Coulter, Inc.	血液分析仪用质控品	20142402099
Beckman Coulter, Inc.	血液分析仪用质控品	20142403102
Beckman Coulter, Inc.	血液分析仪用质控品	20142403103
Beckman Coulter, Inc.	血液分析仪用质控品	20142403564
Beckman Coulter, Inc.	血液分析仪用质控品	20142403565
Beckman Coulter, Inc.	血液分析仪用质控品	20142403910
Beckman Coulter, Inc.	样本稀释液	国械备 20140045 号
Beckman Coulter, Inc.	样本稀释液	国械备 20140180 号
Beckman Coulter, Inc.	样品稀释液	国械备 20140109 号
Beckman Coulter, Inc.	遗传分析系统	20142404282
Beckman Coulter, Inc.	胰淀粉酶测定试剂盒(免疫抑制法)	20142403107
Beckman Coulter, Inc.	乙醇检测试剂盒(酶法)	20142405913
Beckman Coulter, Inc.	抑制素 A 校准品	20142403126
Beckman Coulter, Inc.	抑制素 A 质控品	20142403711
Beckman Coulter, Inc.	游离前列腺特异性抗原校准品	20143400345
Beckman Coulter, Inc.	载脂蛋白 A-1 测定试剂盒(免疫比浊法)	20142404265
Beckman Coulter, Inc.	载脂蛋白 A1 检测试剂盒(免疫比浊法)	20142404973
Beckman Coulter, Inc.	载脂蛋白 B 测定试剂盒(免疫比浊法)	20142404451
Beckman Coulter, Inc.	脂肪酶测定试剂盒(色原底物法)	20142404243
Beckman Coulter, Inc.	脂类校准品	20142404869
Beckman Coulter, Inc.	直接胆红素测定试剂盒(比色法)	20142403083
Beckman Coulter, Inc.	转铁蛋白测定试剂盒(比色法)	20142404970
Beckman Coulter, Inc.	转铁蛋白测定试剂盒(免疫比浊法)	20142404237
Beckman Coulter, Inc.	转铁蛋白检测试剂盒(免疫比浊法)	20142404870
Beckman Coulter, Inc.	转铁蛋白检测试剂盒(免疫比浊法)	20142404972
Beckman Coulter, Inc.	总 β 亚单位人绒毛膜促性腺激素校准品	20142405966
Beckman Coulter, Inc.	总胆红素测定试剂盒(比色法)	20142403098
Beckman Coulter, Inc.	总蛋白测定试剂盒(比色法)	20142403093
Beckman Coulter, Inc.	总前列腺特异性抗原校准品	20143400344
Beckman Coulter, Inc.	总铁结合力测定试剂盒(比色法)	20142403106
Beckman Coulter, Inc.	高速冷冻离心机	国械备 20140177 号
Beckman Coulter, Inc.	高速冷冻离心机	国械备 20140259 号
Beckman Coulter, Inc.	高速冷冻离心机	国械备 20140268 号
Beckman Coulter, Inc.	高速离心机	国械备 20140044 号
Beckman Coulter, Inc.	医用离心机	国械备 20140178 号
Beckman Coulter, Inc.	医用离心机	国械备 20140256 号
Beckman Coulter, Inc.	医用离心机	国械备 20140258 号
Beckman Coulter, Inc.	医用离心机	国械备 20140269 号
Beckman Coulter, Inc.	血液分析仪	20142404158
Beckman Coulter, Inc.	血液分析仪	20142405955
Beckman Coulter, Inc.	样本处理器	20141402112
Becton Dickinson and Company	一次性使用静脉采血器(BD Vacutainer®)	20143154669
Becton Dickinson and Company	一次性使用锁扣式采血器(VACUTAINER® Brand Eclipse™)	20143150798
Becton Dickinson and company	一次性使用无菌注射器	20143150072
Becton Dickinson and company	一次性使用无菌注射针	20143152882
Becton Dickinson and Company	一次性使用无菌注射针(Eclipse)	20143155979
Becton Dickinson and Company	一次性使用无菌注射针(SafetyGlide)	20143155980
Becton Dickinson and Company	一次性使用注射笔用针头	20143153403
Becton Dickinson and Company	一次性使用注射笔用针头	20143154115
Becton Dickinson and Company	一次性使用自毁型注射笔用针头	20143151965
Becton Dickinson and Company	足跟采血器(BD MICROTAINER® Quikheel™)	20142412904
Becton Dickinson Infusion Therapy System Inc	一次性使用防针刺穿刺套装	20143661179
Becton Dickinson Infusion Therapy Systems Inc.	一次性使用静脉留置针(BD Angiocath™)	20143154726
Becton Dickinson Infusion Therapy Systems Inc.	分隔膜无针密闭式输液接头(Q-Syte™)	20143661466
Becton Dickinson Infusion Therapy Systems Inc.	外周中心静脉导管套装(福彼乐)	20143666034
Becton, Dickinson and Company	比浊仪定标管(散射光浊度法)	20142403550
Becton, Dickinson and Company	分枝杆菌培养管	20142405711
Becton, Dickinson and Company	分枝杆菌培养管	20142405919
Becton, Dickinson and Company	分枝杆菌用吡嗪酰胺培养基	20142405713
Becton, Dickinson and Company	分枝杆菌用吡嗪酰胺药敏试剂盒(荧光法)	20142405712

Becton, Dickinson and Company	分枝杆菌用乙胺丁醇药敏试剂盒(荧光法)	20142404958
Becton, Dickinson and Company	革兰氏阳性细菌鉴定/药敏板(菲凡)	20142404867
Becton, Dickinson and Company	革兰氏阴性细菌鉴定/药敏板	20142404960
Becton, Dickinson and Company	酵母菌鉴定板(菲凡)	20142402144
Becton, Dickinson and Company	链球菌鉴定/药敏板	20142404959
Becton, Dickinson and Company	链球菌药敏接种培养液(菲凡)	20142405396
Becton, Dickinson and Company	链球菌药敏指示剂	20142405397
Becton, Dickinson and Company	全自动核酸提纯及荧光PCR分析系统	20143405420
Becton, Dickinson and Company	全自动微生物分析系统	20142401998
Becton, Dickinson and Company	全自动细菌培养系统	20142401671
Becton, Dickinson and Company, BD Biosciences	CD3检测试剂盒(流式细胞仪法-FITC)	20143401431
Becton, Dickinson and Company, BD Biosciences	HLA-B27检测试剂盒(流式细胞法)	20143401430
Becton, Dickinson and Company, BD Biosciences	白细胞分化抗原CD11b检测试剂盒(流式细胞仪法-PE)	20143404447
Becton, Dickinson and Company, BD Biosciences	白细胞分化抗原CD15检测试剂(流式细胞仪法-FITC)	20143405718
Becton, Dickinson and Company, BD Biosciences	白细胞分化抗原CD16检测试剂盒(流式细胞仪法-FITC)	20143404448
Becton, Dickinson and Company, BD Biosciences	白细胞分化抗原CD19检测试剂盒(流式细胞仪法-FITC)	20143404444
Becton, Dickinson and Company, BD Biosciences	白细胞分化抗原CD19检测试剂盒(流式细胞仪法-PE-Cy7)	20143404443
Becton, Dickinson and Company, BD Biosciences	白细胞分化抗原CD2检测试剂盒(流式细胞仪法-APC)	20143404899
Becton, Dickinson and Company, BD Biosciences	白细胞分化抗原CD33检测试剂盒(流式细胞仪法-PE-Cy7)	20143404901
Becton, Dickinson and Company, BD Biosciences	白细胞分化抗原CD38检测试剂盒(流式细胞仪法-FITC)	20143404446
Becton, Dickinson and Company, BD Biosciences	白细胞分化抗原CD4/CD8/CD3检测试剂(FITC/PE/PerCP)	20143404550
Becton, Dickinson and Company, BD Biosciences	白细胞分化抗原CD5检测试剂盒(流式细胞仪法-PerCP-Cy5.5)	20143404900
Becton, Dickinson and Company, BD Biosciences	白细胞分化抗原CD8检测试剂盒(流式细胞仪法-PE-Cy7)	20143404445
Becton, Dickinson and Company, BD Biosciences	淋巴细胞亚群检测试剂(流式细胞仪法-6色)	20143404549
Becton, Dickinson and Company, BD Biosciences	淋巴细胞亚群检测试剂盒(流式细胞法)	20143400254
Becton, Dickinson and Company, BD Biosciences	流式细胞仪	20142404176
Becton, Dickinson and Company, BD Biosciences	流式细胞仪APC设置微球	20143403750
Becton, Dickinson and Company, BD Biosciences	流式细胞仪三色设置微球	20143403751
Becton,Dickinson and Company	一次性使用无菌胰岛素注射器	20143150108
BFW, Inc.	冷光源	20142224005
Bio Compression Systems, Inc.	间歇式空气压力仪	20142266259
BIODERMIS CORP.	疤痕贴	20142643374
Biogenex Laboratories, Inc.	DAB染色液	20141402482
BioGenex Laboratories, Inc.	全自动染色系统	20141410028
Biomerica Inc.	抗谷氨酸脱羧酶抗体检测试剂盒(酶联免疫法)	20142405708
Biomerica Inc.	抗胰岛素IgG抗体检测试剂盒(酶联免疫法)	20142405706
Biomerica Inc.	抗胰岛细胞抗体检测试剂盒(酶联免疫法)	20142405707
Biomerica Inc.	食物特异性IgG抗体检测试剂盒(酶联免疫法)	20142405705
BIOMERICA, INC.	人降钙素检测试剂盒(酶联免疫法)	20142400231
BIOMERICA, INC.	人全段甲状旁腺激素检测试剂盒(酶联免疫法)	20142400232
bioMerieux, Inc.	电子比浊仪	20142404947
bioMerieux, Inc.	肺炎链球菌药敏卡片	20142403914
bioMerieux, Inc.	分枝杆菌培养瓶	20142403057
bioMerieux, Inc.	革兰氏阳性细菌药敏卡片	20142401436
bioMerieux, Inc.	全自动细菌分枝杆菌培养监测系统	20142401989
bioMerieux, Inc.	需氧和兼性厌氧微生物培养瓶	20142403058
bioMerieux, Inc.	需氧和兼性厌氧微生物培养瓶	20142403059
bioMerieux, Inc.	需氧微生物培养瓶	20142403061
bioMerieux, Inc.	厌氧和兼性厌氧微生物培养瓶	20142403062
bioMerieux, Inc.	厌氧微生物培养瓶	20142403060
Biomet 3i	基台及配件	20143635560
Biomet 3i	种植体	20143631013(更)
Biomet Microfixation	骨科手术工具	20141101225
BIOMET MICROFIXATION	可吸收骨折内骨固定体	20143460808
BIOMET MICROFIXATION	颅颌固定系统	20143460918
Biomet Microfixation	钛网	20143462864
BIOMET MICROFIXATION	动力装置	20142542180
Biomet Orthopedics	肩关节手术工具	20142102266
Biomet Orthopedics	髋关节手术工具	20142101371
Biomet Orthopedics	膝关节翻修手术工具(Vanguard 360)	20141102608

Biomet Orthopedics	股骨柄组件(Bi-Metric)	20143463788
Biomet Orthopedics	股骨柄组件(Echo Bi-Metric)	20143462329
Biomet Orthopedics	股骨柄组件(Taperloc Complete Microplasty)	20143464562
Biomet Orthopedics	肩关节系统(Comprehensive)	20143461267
Biomet Orthopedics	金属骨小梁髋臼系统	20143464749
Biomet Orthopedics	髋关节组件	20143460886
Biomet Orthopedics	髋关节组件	20143461405
Biomet Orthopedics	人工髋关节	20143460464
Biomet Orthopedics	人工髋关节组件	20143462301
Biomet Orthopedics	膝关节组件(Vanguard)	20143461252
Biomet Orthopedics	膝关节组件(Vanguard)	20143465582
Biomet Spine,LLC	脊柱内固定系统	20143465574
Biomet Trauma	创伤手术工具	20142103825
Biomet Trauma	创伤通用手术工具	20141101245
Biomet Trauma	肱骨近端钢板系统(S3)	20143462827
Biomet Trauma	解剖型接骨板系统	20143462869
Biomet Trauma	金属骨针	20143464154
Biomet Trauma	空心螺钉	20143463844
Biomet Trauma	螺钉系统	20143465571
Biomet Trauma	锁定金属接骨板系统	20143463686
Biomet Trauma	锁定型金属接骨板系统	20143465586
Biomet Trauma	直型接骨板	20143464112
Bio-Rad Laboratories, Inc.	产前三项血清质控物	20142406214
Bio-Rad Laboratories, Inc.	定量尿液质控物	20142406216
Bio-Rad Laboratories, Inc.	高血压标志物质控物	20142405167
Bio-Rad Laboratories, Inc.	抗核抗体谱(IgG)检测试剂盒(流式点阵免疫发光法)	20142403204
Bio-Rad Laboratories, Inc.	抗核抗体校准品	20142404317
Bio-Rad Laboratories, Inc.	抗核抗体质控品	20142405090
Bio-Rad Laboratories, Inc.	抗磷脂综合征 IgG 抗体检测试剂盒(流式点阵免疫发光法)	20142404318
Bio-Rad Laboratories, Inc.	抗磷脂综合征 IgG 抗体校准品	20142405969
Bio-Rad Laboratories, Inc.	抗磷脂综合征 IgG 抗体质控品	20142405970
Bio-Rad Laboratories, Inc.	免疫分析质控物	20142406217
Bio-Rad Laboratories, Inc.	心肌标记物质控物	20142405792
Bio-Rad Laboratories, Inc.	血管炎抗体检测试剂盒(流式点阵免疫发光法)	20142402475
Bio-Rad Laboratories, Inc.	液体免疫学和蛋白质控品(Liquichek Immunology Control)	20142405918
Bio-Rad Laboratories, Inc.	液体脂类质控品	20142405166
Bio-Rad Laboratories, Inc.,	糖化血红蛋白 A1c 检测试剂盒(HPLC 法)	20142400736
Bio-Rad Laboratories,Inc	血红蛋白测试系统	20142405328
Bio-Rad Laboratories,Inc.	洗液/稀释液	20141400605
Biosense Webster, Inc.	灌注管路(SMARTABLATE)	20143663356
Biosense Webster, Inc.	环形标测导管(LASSO With Auto ID)	20143770963
Biosense Webster, Inc.	可调直径导航星环形标测导管(LASSO 2515 NAV eco)	20143773622
Biosense Webster, Inc.	三维诊断超声导管(SOUNDSTAR)	20143772994
Biosense Webster, Inc.	诊断/消融可调弯头端导管(NAVISTAR RMT Thermocool)	20143770013
Biosense Webster, Inc.	诊断/消融可调弯头端导管(Thermocool SF)	20143772008
BioTek Instruments, Inc.	多功能微孔板检测仪(SynergyH1)	20142402767
BioTek Instruments,Inc.	酶标仪	20142405438
BioTek Instruments,Inc.	全自动酶标仪	20142405320
BioTek Instruments,Inc.	洗板机	20142403801
BioTek Instruments, Inc.	洗板机(405LS)	20142405259
BISCO,INC.	烤瓷表面处理剂	20142633535
BISCO,INC.	贴面树脂(REVEAL)	20143630619
Boston Medical Products,Inc.	甲状软骨成形术植入物	20143462441
Boston Scientific Corporation	一次性使用活检钳(SpyBite)	20142024618
Boston Scientific Corporation	经支气管抽吸针(eXcelon)	20143154583
Boston Scientific Corporation	内窥镜超声活检针及配件(Expect)	20143154104
Boston Scientific Corporation	一次性使用体内注射治疗针(InterjectTM)	20143150916
Boston Scientific Corporation	导丝导引球囊扩张导管(CRE)	20142221911
Boston Scientific Corporation	结石回收篮(Segura Hemisphere)	20142223824
Boston Scientific Corporation	球囊扩张导管(CRE Pulmonary)	20142221912

Boston Scientific Corporation	输尿管鞘(Navigator HD)	20142225011
Boston Scientific Corporation	一次性使用活组织检查钳(Radial Jaw 4)	20142223786
Boston Scientific Corporation	子镜推送导管(SpyScope)	20142220146
Boston Scientific Corporation	旋磨介入治疗仪(Rotablator)	20143231758
Boston Scientific Corporation	血管内超声系统(iLab)	20143231165
Boston Scientific Corporation	血管内超声系统(iLab)	20143231166
Boston Scientific Corporation	血管内超声系统(iLab)	20143233811
Boston Scientific Corporation	血管内超声系统(iLab)	20143233812
Boston Scientific Corporation	括约肌切开刀(Dreamtome RX)	20143252006
Boston Scientific Corporation	一次性息肉勒除器(Captiflex)	20143252842
Boston Scientific Corporation	一次性息肉勒除器(Captivator)	20143250969
Boston Scientific Corporation	一次性息肉勒除器(Profile)	20143252841
Boston Scientific Corporation	一次性息肉勒除器(Rotatable Snare)	20143250968
Boston Scientific Corporation	部分覆膜快速交换胆道金属支架系统(Wallflex RX)	20143464615
Boston Scientific Corporation	肠道金属支架(Wallstent)	20143460117
Boston Scientific Corporation	带有推送系统的支架(TIPS 支架和静脉支架)(Wallstent)	20143463659
Boston Scientific Corporation	冠脉支架系统(Liberté Monorail)	20143463233
Boston Scientific Corporation	颈动脉支架(单轨型)(Wallstent)	20143462884
Boston Scientific Corporation	全覆膜快速交换胆道金属支架系统(WallFlex RX)	20143465239
Boston Scientific Corporation	输尿管支架(Contour)	20143462525
Boston Scientific Corporation	输尿管支架(Percuflex Plus)	20143462442
Boston Scientific Corporation	输尿管支架(Percuflex)	20143462857
Boston Scientific Corporation	输尿管支架(Polaris Loop)	20143462855
Boston Scientific Corporation	输尿管支架(Polaris Ultra)	20143462854
Boston Scientific Corporation	输尿管支架(Stretch VL)	20143462856
Boston Scientific Corporation	无覆膜快速交换胆道金属支架系统(Wallflex RX)	20143460157
Boston Scientific Corporation	预安装血管支架系统(Express LD)	20143463237
Boston Scientific Corporation	灌注泵(CircuCool)	20143540779
Boston Scientific Corporation	导引导管(Guider Softip)	20143661902
Boston Scientific Corporation	手持压力表	20141660748
Boston Scientific Corporation	透明肾鞘管	20143661299
Boston Scientific Corporation	CTO 专用穿透导丝和延长导丝(Stingray)	20143774133
Boston Scientific Corporation	CTO 专用穿透微导管(CrossBoss)	20143774113
Boston Scientific Corporation	CTO 专用重入真腔球囊扩张导管(Stingray)	20143774135
Boston Scientific Corporation	PTA 球囊扩张导管(Gladiator Elite)	20143776230
Boston Scientific Corporation	PTA 球囊导管(Gateway)	20143774718
Boston Scientific Corporation	PTA 球囊扩张导管(Sterling OTW)	20143770890
Boston Scientific Corporation	PTCA 扩张导管(Apex Monorail)	20143774640
Boston Scientific Corporation	PTCA 扩张导管(Apex OVER-THE-WIRE)	20143774641
Boston Scientific Corporation	PTCA 扩张导管(Emerge Monorail)	20143771497
Boston Scientific Corporation	PTCA 扩张导管(Emerge Over the Wire)	20143771498
Boston Scientific Corporation	PTCA 扩张导管(Maverick2TM)	20143771391
Boston Scientific Corporation	PTCA 扩张导管(NC Quantum Apex Monorail)	20143771884
Boston Scientific Corporation	带有 ICE 亲水涂层的 PTCA 导丝(Luge)	20143775977
Boston Scientific Corporation	导丝(Acuity Whisper View)	20143771266
Boston Scientific Corporation	导丝(V-14 ControlWire)	20143771271
Boston Scientific Corporation	导引导管(Mach1)	20143770950
Boston Scientific Corporation	导引导管(RunWay)	20143776036
Boston Scientific Corporation	导引导管(RunWay)	20143776036
Boston Scientific Corporation	肺部导丝(Pulmonary Jagwire)	20143772823
Boston Scientific Corporation	冠脉超声成像导管(Atlantis SR Pro2)	20143772976
Boston Scientific Corporation	冠脉超声成像导管(Opticross)	20143772975
Boston Scientific Corporation	具有 Glidex 亲水涂层的导丝(Platinum Plus)	20143773671
Boston Scientific Corporation	球囊扩张导管(CRE)	20143776125
Boston Scientific Corporation	涂层亲水导丝(Magic TorqueTM)	20143774151
Boston Scientific Corporation	外周切割球囊	20143771468
Boston Scientific Corporation	血栓保护系统(FilterWire EZ)	20143774610
Boston Scientific Corporation	延长导管(Guidezilla)	20143772449
Boston Scientific Corporation	一次性息肉勒除器(Sensation)	20143772791
Boston Scientific Corporation	造影导管	20143773759

Boston Scientific Corporation	支气管热成形导管(Alair)	20143770415
Bovie Medical Corporation	高频电刀(Bovie)	20143252190
Broncus Medical Inc.	支气管镜放置导航软件	20143705541
Broncus Medical Inc.	支气管镜放置计划软件	20143705540
Broncus Medical, Inc.	经支气管吸引活检针	20143155589
BRUNSWICK BIOMEDICAL TECHNOLOGIES, INC	心肺复苏机	20143543988
BSD Medical Corporation	深部肿瘤相控阵热疗系统	20143263797
C.R.Bard, Inc.	导丝	20143772658
C.R.Bard, Inc.	导丝	20143772659
C.R.Bard,Inc.	盆底补片及附件(爱唯她)	20143460275
CADWELL LABORATORIES,INC.	便携式脑电多导睡眠记录仪	20142212382
Candela Corporation	Nd:YAG 激光治疗仪	20143244082
Candela Corporation	Q 开关翠绿宝石激光治疗仪	20143240956
Candela Corporation	翠绿宝石激光治疗仪	20143241642
Candela Corporation	翠绿宝石激光治疗仪	20143244081
Candela Corporation	脉冲染料激光治疗仪(VBEAM II)	20143240585
Candela Corporation	双波长激光治疗仪	20143240981
Candela Corporation	双波长激光治疗仪	20143244080
Candelis Inc.	医学图像存档与传输软件	20142703256
CAO Group, Inc.	半导体激光治疗仪(Pilot)	20143241926
CAO Group, Inc.	牙科光固化机(Palmlight 10)	20142552033
Cardiac Pacemakers Incorporated, a wholly owned subsidiary of Guidant Corporation, a wholly owned subsidiary of Boston Scientific Corporation	植入式心律转复除颤器(COGNIS)	20143216056
Cardiac Pacemakers Incorporated, a wholly owned subsidiary of Guidant Corporation, a wholly owned subsidiary of Boston Scientific Corporation	植入式心律转复除颤器(ENERGEN)	20143212950
Cardiac Pacemakers Incorporated, a wholly owned subsidiary of Guidant Corporation, a wholly owned subsidiary of Boston Scientific Corporation	植入式心律转复除颤器(INCEPTA)	20143212951
Cardiac Pacemakers Incorporated, a wholly owned subsidiary of Guidant Corporation, a wholly owned subsidiary of Boston Scientific Corporation	植入式心律转复除颤器(PUNCTUA)	20143212949
Cardiac Pacemakers Incorporated, a wholly owned subsidiary of Guidant Corporation, a wholly owned subsidiary of Boston Scientific Corporation	植入式心律转复除颤器(TELIGEN)	20143216055
Cardiac Pacemakers Incorporated, a wholly owned subsidiary of Guidant Corporation, a wholly owned subsidiary of Boston Scientific Corporation.	植入式心律转复除颤器(Vitality 2)	20143212833
Cardiac Pacemakers Incorporated, a wholly owned subsidiary of Guidant Corporation, a wholly owned subsidiary of Boston Scientific Corporation.	植入式心脏除颤电极导线(Reliance 4-FRONT)	20143212836
Cardiac Pacemakers Incorporated, a wholly owned subsidiary of Guidant Corporation, a wholly owned subsidiary of Boston Scientific Corporation.	植入式心脏除颤电极导线(Reliance 4-FRONT)	20143215292
Cardiac Pacemakers Incorporated, a wholly owned subsidiary of Guidant Corporation, a wholly owned subsidiary of Boston Scientific Corporation	植入式心脏起搏器(Advantio)	20143216199
Cardiac Pacemakers Incorporated, a wholly owned subsidiary of Guidant Corporation, a wholly owned subsidiary of Boston Scientific Corporation	植入式心脏起搏器(Formio)	20143212961
Cardiac Pacemakers Incorporated, a wholly owned subsidiary of Guidant Corporation, a wholly owned subsidiary of Boston Scientific Corporation	植入式心脏起搏器(Vitalio)	20143212960
Cardiac Pacemakers Incorporated, a wholly owned subsidiary of Guidant Corporation, a wholly owned subsidiary of Boston Scientific Corporation	植入式心脏再同步治疗起搏器(Inliven)	20143212958
Cardiac Pacemakers Incorporated, a wholly owned subsidiary of Guidant Corporation, a wholly owned subsidiary of Boston Scientific Corporation	植入式心脏再同步治疗起搏器(Intua)	20143213611

Cardiac Pacemakers Incorporated, a wholly owned subsidiary of Guidant Corporation, a wholly owned subsidiary of Boston Scientific Corporation	植入式心脏再同步治疗起搏器(Invive)	20143210393
Cardiac Pacemakers, Incorporated, a wholly owned subsidiary of Guidant Corporation, a wholly owned subsidiary of Boston Scientific Corporation	植入式起搏电极导线	20143216007
Cardiac Pacemakers, Incorporated, a wholly owned subsidiary of Guidant Corporation, a wholly owned subsidiary of Boston Scientific Corporation	植入式起搏电极导线(Ingevity)	20143216200
Cardiac Pacemakers, Incorporated, a wholly owned subsidiary of Guidant Corporation, a wholly owned subsidiary of Boston Scientific Corporation	植入式起搏电极导线(Ingevity)	20143216201
Cardiac Pacemakers, Incorporated, a wholly owned subsidiary of Guidant Corporation, a wholly owned subsidiary of Boston Scientific Corporation	植入式心律转复除颤器(TELIGEN)	20143215312
Cardiac Pacemakers, Incorporated, a wholly owned subsidiary of Guidant Corporation, a wholly owned subsidiary of Boston Scientific Corporation.	植入式心脏除颤电极导线	20143215423
Cardiac Pacemakers, Incorporated, a wholly owned subsidiary of Guidant Corporation, a wholly owned subsidiary of Boston Scientific Corporation	植入式心脏起搏器(Altrua)	20143210207
Cardiac Science Corporation	动态心电分析系统	20143213419
CareFusion	婴儿呼吸机附件	20142540468
Carestream Health, Inc.	口腔 X 射线数字化体层摄影设备	20143301158
Carestream Health, Inc.	数字化医用 X 射线摄影系统	20142305751
Carestream Health, Inc.	数字化医用 X 射线摄影系统(CARESTREAM DRX-EVOLUTION)	20142305750
Carestream Health, Inc.	数字化医用 X 射线摄影系统(DRX-Evolution)	20142305867
Carestream Health, Inc.	数字化医用 X 射线摄影系统(DRX-Evolution)	20142305870
Carestream Health, Inc.	数字化移动式摄影 X 射线机	20142305500
Carestream Health, Inc.	医用 X 射线摄影系统(Q-Rad System)	20142306054
Carestream Health, Inc.	口腔 X 射线机	20143302236
Carestream Health, Inc.	数字化医用 X 射线摄影系统	20142302597
Carestream Health, Inc.	数字化医用 X 射线摄影系统(CARESTREAM DRX-EVOLUTION)	20142300534
Carestream Health, Inc.	医用 X 射线摄影系统(Q-Rad System)	20142302596
Carestream Health, Inc.	医用 X 射线自动洗片机	国械备 20140154 号
Carestream Health, Inc.	影像接收装置	20142314168
Carl Zeiss Meditec, Inc.	光相干断层扫描仪	20142220588(更)
Carl Zeiss Meditec, Inc.	光相干断层扫描仪	20142224308
Carolon Company	医用弹力袜	20142642656
Catheter Connections, Inc	导管消毒连接器	20143571632
Cincinnati Sub-Zero Products, Inc.	医用控温仪系统(Blanketrol)	20142564462
CIVCO Medical Instruments Co., Inc.	超声用电磁定位工具	20142234423
CIVCO Medical Solutions	人体定位袋	国械备 20140355 号
CLARITY MEDICAL SYSTEMS	眼科广域成像系统	20142234409
CLARITY MEDICAL SYSTEMS, Inc.	便携式眼科广域成像系统	20142220631
Codman & Shurtleff, Inc.	颅内压传感器	20143215743
Codman & Shurtleff, Inc.	硬膜补片(DURAFORM)	20143465641
Codman & Shurtleff, Inc.	双极电刀系统-双极镊(Codman)	20142542398
Codman & Shurtleff, Inc.	分流管调压器	20143665310
Codman & Shurtleff, Inc.	分流管调压器(Codman)	20143215982
Codman & Shurtleff, Inc.	可操纵导丝(NeuroScout)	20143770851
Codman & Shurtleff, Inc.	可控导丝(Agility)	20143771280
Codman &Shurtleff, Inc.	导管(Bactiseal)	20143661464
Coltène/Whaledent Inc.	牙科高频电刀	20143253174
Coltène/Whaledent, Inc.	根管锉	20142064523
CompuMed, Inc.	X 射线图像骨密度测量软件	20142704278
Compumedics USA, Inc.	脑电图仪	20142214802
ConMed Corporation	骨科手术用锯片	20142101363(更)
ConMed Corporation	高频电刀	20143251986
ConMed Corporation	高频电刀	20143255415

ConvaTec Inc.	支撑棒(康复乐支撑棒)	20142093375
ConvaTec Inc.	防漏膏(康复乐防漏膏)	20142645607
ConvaTec Inc.	泡沫敷料(爱康肤TM泡沫敷料)	20143641281
ConvaTec Inc.	水胶体敷料(多爱肤TM标准)	20143642898
ConvaTec Inc.	水胶体敷料(多爱肤TM有边)	20143644660
ConvaTec Inc.	腹内压监测包	20142662328
ConvaTec Inc.	两件式造口袋	国械备20140062号
ConvaTec Inc.	造口袋	20142660465
ConvaTec Inc.	造口袋(舒信)	20142663444
ConvaTec Limited	水胶体敷料(多爱肤TM超薄)	20143641257
Cook Biotech Incorporated	软组织修补片(Biodesign)	20143460937
Cook Biotech Incorporated	生物疝修补片(Biodesign Surgisis)	20143463414
Cook Biotech Incorporated	生物硬脑膜修补片(Biodesign Surgisis)	20143462661
Cook Biotech Incorporated	口腔修复膜(DynaMatrix)	20143631847
Cook Incorporated	带保护鞘的胚胎移植导管(Guardia)	20142133830
Cook Incorporated	输卵管内移植套装	20143130622(更)
Cook Incorporated	穿刺针	20143154571
Cook Incorporated	房间隔穿刺针	20143155640
Cook Incorporated	膀胱镜注射针	20143150900(更)
Cook Incorporated	套管针	20143151260(更)
Cook Incorporated	微细注射针(INJEKTTM)	20143153782
Cook Incorporated	一次性使用活检针	20143151896
Cook Incorporated	镍钛合金取石网篮(N-Circle)	20142224095
Cook Incorporated	镍钛合金取石网篮(NCompass)	20142224094
Cook Incorporated	镍钛诺取石网篮(NCompass)	20142223658
Cook Incorporated	取石网篮(NGage)	20142220404(更)
Cook Incorporated	支架回收器(N-Snare)	20143225030
Cook Incorporated	腹膜透析管套装	20143453675
Cook Incorporated	皮下尿路改道支架	20143464617
Cook Incorporated	胚胎转移导管	20142544620
Cook Incorporated	胆道扩张球囊(Fusion)	20142665034
Cook Incorporated	环甲膜穿刺用气管导管	20142663537
Cook Incorporated	经皮肾造瘘导管套装	20143663897
Cook Incorporated	尿道扩张器	20142666022
Cook Incorporated	尿道扩张球囊导管	20142662690(更)
Cook Incorporated	尿动力学导管	20142664676
Cook Incorporated	气道交换导管	20142665598
Cook Incorporated	气道交换气管导管	20142666079
Cook Incorporated	球囊子宫支架	20142664097
Cook Incorporated	绒毛取样套装	20143664622
Cook Incorporated	肾移植支架	20143666126
Cook Incorporated	输卵管导管插入术器械	20143665597
Cook Incorporated	输卵管造影导管导丝套装(Cook)	20142665644
Cook Incorporated	双猪尾硅胶输尿管支架	20142660494(更)
Cook Incorporated	引流导管	20142664746
Cook Incorporated	子宫内膜取样器(TAO BrushTM)	20142666108
Cook Incorporated	Van Schie 导丝辅助血管造影导管	20143774701
Cook Incorporated	超滑微导丝(Approach)	20143773360
Cook Incorporated	导入器	20143770429
Cook Incorporated	导入器	20143770430
Cook Incorporated	聚乙烯醇泡沫栓塞微粒	20143771047
Cook Incorporated	亲水涂层导丝(HiWire)	20143773377
Cook Incorporated	球囊扩张导管(Advance)	20143770062
Cook Incorporated	球囊扩张导管(ATB ADVANCE)	20143774716
Cook Incorporated	肾造瘘球囊导管(Ultraxx)	20143773879
Cook Incorporated	栓塞弹簧圈	20143773774
Cook Incorporated	栓塞弹簧圈(MReye)	20143776246
Cook Incorporated	栓塞弹簧圈(Nester)	20143770841
Cook Incorporated	头端转向导丝	20143771493
Cook Incorporated	微穿刺血管鞘(Micropuncture)	20143774570

Cook Incorporated	微导管(Cantata)	20143772812
Cook Incorporated	微导管(MiraFlex)	20143771176
Cook Incorporated	微导丝(Approach®)	20143771899
Cook Incorporated	微导丝(Approach)	20143773662
Cook Incorporated	血管标测导管	20143770151
Cook Incorporated	血管鞘(Check-Flo Performer)	20143776136
Cook Incorporated	血管鞘(Flexor Check-Flo)	20143770068
Cook Incorporated	直肠测压球囊导管	20143770503(更)
Cook Incorporated	子宫角套管	20143774623
Cook Incorporated(库克公司)	导引器械	20142080483
Cook OB/GYN	前庭大腺扩张球囊	20143665580
Cook Urological Inc.	激光输尿管导管	20142663828
Cookgas LLC	异型气管导管(air-Q sp)	20142665550
CooperSurgical Inc.	光纤膀胱测压系统(Lumax TS Pro)	20142212209
CooperSurgical Inc.	宫颈细胞刷(Wallach)	20142663791
CooperSurgical Inc. also trading as Wallach Surgical Devices	子宫内膜细胞采样器(Endocell)	20142663240
CooperSurgical, Inc.	拉钩	20141011357
CooperSurgical, Inc.	牵开器	20141012411
CooperSurgical, Inc.	牵开器	20141012412
CooperSurgical,Inc.	高频电刀	20143251155
CooperSurgical,Inc.	高频电极	20142255304
CooperVision Inc.	软性亲水接触镜	20143220625(更)
CooperVision Inc.	软性亲水接触镜	20143221275(更)
CooperVision Inc.	软性亲水接触镜	20143221295(更)
CooperVision Inc.	软性亲水接触镜	20143222816
CooperVision Inc.	软性亲水接触镜	20143222876
CooperVision Inc.	软性亲水接触镜	20143222877
CooperVision Inc.	软性亲水接触镜	20143223678
CooperVision Inc.	软性亲水接触镜	20143224566
Cordis Corporation	导丝(Stabilizer)	20143770313
Cordis Corporation	导引导管(ADROIT)	20143771967
Cordis corporation	导引导管(Vista Brite Tip)	20143774731
Cordis Corporation	封堵止血系统(EXOSEAL)	20143770083
Cordis Corporation	可控导丝(ATW)	20143770311
Cordis Corporation	可控导丝(SV)	20143770506
Cordis Corporation	造影导管(Infiniti)	20143773382
Cordis Corporation	诊断导丝(Emerald)	20143775023
CORPAK MedSystems, Inc	胃肠营养管	20142663893
COSMAN MEDICAL,INC.	一次性使用注射射频手术穿刺针	20143151845
COSMAN MEDICAL,INC.	一次性使用注射射频电极(Cosman RF Injection Electrodes)	20143215276
Cosman Medical,Inc.	射频套管	20143253776
Covidien llc	切口保护套	20142014120
Covidien llc	一次性使用无刃穿刺器	20142014672
Covidien llc	痔吻合器及附件	20142094751
Covidien llc	一次性无刃穿刺器	20142150830
Covidien llc	脑电双频谱指数测量仪	20142216194
Covidien llc	血氧传感器	20142216251
Covidien llc	超声刀系统	20143231933
Covidien llc	静脉腔内射频闭合发生器	20143252233
Covidien llc	动静脉脉冲压力系统	20142262173
Covidien llc	压力腿套及连接管	20142262896
Covidien llc	压力足套	20142261450
Covidien llc	超声刀系统	20143401933
Covidien llc	可吸收结扎夹与可重复使用单发施夹钳	20143465649
Covidien llc	腔镜下一次性切割吻合器弧形钉仓	20143461408
Covidien llc	电动式切割吻合器	20143545528
Covidien llc	呼吸机	20143545696
Covidien llc	不可吸收伤口缝合线	20142655543
Covidien llc	端端吻合器	20142656031

Covidien llc	非吸收性聚酯缝线	20142655891
Covidien llc	非吸收性尼龙缝线	20143655897
Covidien llc	弯形大钳口开放手术闭合器/分割器	20142655434
Covidien llc	鼻饲管	20142662846
Covidien llc	鼻咽通气道	20142660459
Covidien llc	腹膜透析管及附件	20143662459
Covidien llc	口咽通气管	20142661184
Covidien llc	气管插管	20142663003
Covidien llc	气管插管	20142663003
Covidien llc	气管插管	20142663870
Covidien llc	气管切开插管(Shiley)	20142663640
Covidien llc	贴皮胃造瘘管套装及附件	20142662887
Covidien llc	胸腔引流管	20143660896(更)
Covidien llc	血液透析用中心静脉导管套件(Mahurkar 三腔血透导管)	20143666176
Covidien llc	药液输送器	20143663838
Covidien llc	一次性使用肠内营养袋泵管	20142662316(更)
Covidien llc	静脉腔内射频闭合导管	20143773609
Covidien llc	静脉腔内射频闭合导管	20143773610
Creganna Tactx Medical	球囊扩张导管(Empira NC)	20143773385
Creganna Tactx Medical	球囊扩张导管(Empira)	20143773384
CUTERA, INC.	Nd:YAG/KTP 激光治疗机	20143244768
Cynosure, Inc.	激光/强脉冲光治疗仪	20143245535
Cynosure, Inc. dba ConBio, A Cynosure Company	Q 开关 Nd:YAG 激光治疗仪	20143242309
Cynosure, Inc. dba ConBio, A Cynosure Company	Q 开关 Nd:YAG 激光治疗仪	20143245675
CytoTherm LP	血浆融化仪	20142455700
CytoTherm LP	血浆融化仪	20142455850
Dako North America, Inc.	Masson 三色染色液	国械备 20140023 号
Dako North America, Inc.	阿利辛蓝染色液	国械备 20140209 号
Dako North America, Inc.	弹性纤维染色液	国械备 20140263 号
Dako North America, Inc.	刚果红染色液	国械备 20140208 号
Dako North America, Inc.	过碘酸雪夫染色液	国械备 20140021 号
Dako North America, Inc.	过碘酸雪夫染色液	国械备 20140266 号
Dako North America, Inc.	吉姆萨染色液	国械备 20140206 号
Dako North America, Inc.	吉姆萨染色液	国械备 20140264 号
Dako North America, Inc.	抗酸染色液	国械备 20140022 号
Dako North America, Inc.	六胺银染色液	国械备 20140207 号
Dako North America, Inc.	琼斯亮绿染色液	国械备 20140262 号
Dako North America, Inc.	琼斯亮绿染色液	国械备 20140265 号
Dako North America, Inc.	铁染色液	国械备 20140205 号
Dako North America, Inc.	网状纤维染色液	国械备 20140204 号
Dako North America, Inc.	网状纤维染色液	国械备 20140212 号
Dako North America, Inc.	粘蛋白胭脂红染色液	国械备 20140210 号
Datascope Corp.	主动脉内球囊反搏泵	20143215338
Datascope Corp.	主动脉内球囊反搏泵	20143215339
Datascope Corp.	主动脉内球囊反搏泵(CARDIOSAVE)	20143214542
Datascope Corp.	主动脉内球囊导管及附件(MEGA)	20143771054
Datex-Ohmeda, Inc.	麻醉系统	20143542837
Datex-Ohmeda, Inc.	麻醉系统	20143545300
Davol Inc. Subsidiary of C.R.Bard, Inc	疝修补网织片(Bard Ventralex)	20143462860
Davol Inc. Subsidiary of C.R.Bard, Inc.	生物可吸收性涂层/永久性网片(Sepramesh IP)	20143463012
Davol, Inc. Subsidiary of C.R.Bard, Inc.	巴德造口(旁)疝补片(Bard)	20143461465
Davol, Inc., Subsidiary of C.R.Bard, Inc.	疝环充填补片(Bard Perfix)	20143460105
Davol, Inc., Subsidiary of C.R.Bard, Inc.	疝修补平片和预裁补片(Bard)	20143460115
Davol, Inc., Subsidiary of C.R.Bard, Inc.	疝修补平片和预载补片(Bard)	20143460442
Davol, Inc., Subsidiary of C.R.Bard, Inc.	疝修补预裁补片(Bard SpermaTex)	20143465622
Davol, Inc., Subsidiary of C.R.Bard, Inc.	疝修补网织片(Bard Modified Kugel)	20143450112
DENTLIGHT INC.	口腔检查灯	20142555521
Dentsply - Rinn Division	摄片夹装置	20141312606
DENTSPLY Caulk	成型片及配套工具(Palodent)	20141062714
DENTSPLY Caulk	常速凝固印模材料	20142635642

DENTSPLY Caulk	齿科抛光膏	20142632456
DENTSPLY Caulk	复合树脂(SureFil)	20143633475
DENTSPLY Caulk	硅橡胶印模材常速套装	20142630080
DENTSPLY Caulk	后牙流动树脂(SDR)	20143633015
DENTSPLY Caulk	流体树脂(Esthet-X Flow)	20143631868
Dentsply GAC International	金属托槽	20142633432
Dentsply GAC International	陶瓷托槽	20142631232
Dentsply International Inc. Prosthetics Division	烤瓷粉(Ceramco 3)	20142633880
DENTSPLY International Inc.Prosthetics Division	义齿基托树脂	20143630306
DENTSPLY Professional	超声波洁牙机(Cavitron BOBCAT Pro)	20142550008
DENTSPLY Professional	喷砂粉	20142551347
DePuy Mitek	骨关节手术器械	国械备 20140151 号
DePuy Mitek	一次性使用手术器械	20142102899
DePuy Mitek	关节镜用手术工具	20142225551
DePuy Mitek	等离子射频汽化系统(VAPR3)	20143252012
DePuy Mitek	半月板修复系统	20143462528
DePuy Mitek	带缝线可吸收骨锚钉	20143461012
DePuy Mitek	带线锚钉	20143463478
DePuy Mitek	复合缝线骨锚钉	20143460289
DePuy Mitek	干预螺钉(MILAGRO)(MILAGRO)	20143461888
DePuy Mitek	关节软组织损伤修复固定螺钉	20143461274
DePuy Mitek	肩关节不稳固定螺钉	20143462446
DePuy Mitek	前交叉韧带固定针系统	20143460445
DePuy Mitek	前交叉韧带固定针系统(Rigidfix Curve)	20143464584
DePuy Mitek	双束重建股骨端固定系统	20143463413
DePuy Mitek	液体管理和组织清创系统	20143545538
DePuy Mitek	透明套管系统	20142666012
DePuy Orthopaedics Inc.	胫骨垫片	20143462818
DePuy Orthopaedics, Inc.	髋关节手术工具(Tri-lock)	20141100272
DePuy Orthopaedics, Inc.	髋臼杯系统工具	国械备 20140147 号
DePuy Orthopaedics, Inc.	膝关节手术工具	20141101227
DePuy Orthopaedics, Inc.	半肩关节系统(Global)	20143461248
DePuy Orthopaedics, Inc.	非骨水泥型股骨柄(Summit)	20143466185
DePuy Orthopaedics, Inc.	高交联垫片(PFC Sigma)	20143464139
DePuy Orthopaedics, Inc.	高交联聚乙烯内衬	20143465567
DePuy Orthopaedics, Inc.	肱骨近端钢板系统(S3)	20143460932
DePuy Orthopaedics, Inc.	股骨柄(Summit Basic)	20143462859
DePuy Orthopaedics, Inc.	股骨柄(Tri-lock)	20143463770
DePuy Orthopaedics, Inc.	骨水泥髓腔塞	20143464628
DePuy Orthopaedics, Inc.	人工髋关节假体组件(Pinnacle)	20143460154(更)
DePuy Orthopaedics, Inc.	上肢微型锁定钢板系统	20143462688
DePuy Orthopaedics, Inc.	双极头(Self-Centering)	20143460806
DePuy Orthopaedics, Inc.	直型接骨板	20143463352
DePuy Orthopaedics,Inc	后稳定型股骨假体(Sigma PFC & Sigma RP)	20143460895
DePuy Orthopaedics, Inc.	股骨柄(Solution)	20143461477
DePuy Spine	脊柱微创产品配套工具	20141100160
DePuy Spine	颈椎产品配套工具(Skyline, Discover)	20141100446
DePuy Spine	人工椎间盘配套工具	20141100137
DePuy Spine	脊柱后路钉棒系统	20143463482
DePuy Spine	脊柱前路钉棒系统	20143463387
DePuy Spine	颈椎前路固定系统(Slim-Loc)	20143460444
DePuy Spine , Inc.	脊柱后路内固定系统组件(Expedium)	20143462878
DePuy Spine, Inc.	脊柱椎间融合产品配套工具	20142101043
DePuy Spine, Inc.	椎间融合系统	20143460930
DePuy Spine, Inc.	椎体固定钉系统(MONARCH)	20143460305
DePuy Spine,Inc.	脊柱配套工具	20142101802
DePuy Spine,Inc.	脊柱微创产品配套工具	20142101224
DePuy Spine.Inc	脊柱前路系统组件(Expedium)	20143460820
DeVilbiss Healthcare LLC	呼吸机	20143544292
DeVilbiss Healthcare LLC	吸痰器	20142663503

GE Medical Systems, LLC	正电子发射断层及 X 射线计算机体层摄影成像系统	20143330394
GE Medical Systems, LLC	正电子发射断层及 X 射线计算机体层摄影成像系统	20143330784
GE Medical Systems, LLC	正电子发射断层及 X 射线计算机体层摄影成像系统	20143336009
GE Medical systems, LLC	全身 X 射线计算机断层扫描系统	20143304771
GE MEDICAL SYSTEMS, LLC	数字化医用 X 射线摄影系统	20142305104
GE MEDICAL SYSTEMS, LLC	X 射线管组件	20142314224
GE Medical Systems, LLC	心脏 MRI 图像处理软件	20143700378
GE Medical Systems, LLC	诊断图像处理软件	20143703170
GE Medical Systems, LLC.	数字化移动式摄影 X 射线机	20142303507
GE Medical Systems, LLC.	移动式摄影 X 射线机	20142303506
GE MEDICAL SYSTEMS. LLC	X 射线管组件	20142314178
GENICON	腹腔镜抽吸/冲洗管路(GeniCon 腹腔镜抽吸/冲洗管路)	20142226133
GEN-PROBE Incorporated	孵育器	20141401678
Gen-Probe Incorporated	全自动核酸检测分析系统	20143400422
Gen-Probe Incorporated	全自动核酸检测分析系统	20143402944
Gen-Probe Incorporated	全自动核酸检测系统	20143402838
Gen-Probe Incorporated	人乳头状瘤病毒 16 18/45 基因型检测试剂盒(捕获杂交法)	20143404844
Gen-Probe Incorporated	人乳头状瘤病毒检测试剂盒(捕获杂交法)	20143402263
Gen-Probe Incorporated	人乳头状瘤病毒检测试剂盒(捕获杂交法)	20143402263
Genzyme Biosurgery	防粘连薄膜(SEPRAFILM)	20143644089
GILES Scientific, Inc.	微生物鉴定和药敏分析系统	20143404493
GIVEN IMAGING INC.	一次性电极导管	20142211772(更)
Gold Standard Diagnostics	全自动化学发光酶免分析仪	20143401504
GraMedica	跗骨螺钉工具(HyProCure)	20141101259(更)
GraMedica	跗骨螺钉	20143462471
Haemonetics Corporation	便携式血细胞采集仪(MCS+)	20143451749
Haemonetics Corporation	血液处理机一次性使用附件	20143456115
Haemonetics Corporation	一次性使用血细胞分离器	20143451294
Haemonetics Corporation	一次性使用血细胞分离器	20143456114
Haemonetics Corporation	一次性使用血细胞分离器(围手术期自体血回输仪附件)	20143450441
Haemonetics Corporation	一次性使用血细胞分离器(围手术期自体血回输仪附件)	20143456112
Haemonetics Corporation	一次性使用血细胞分离器(血细胞回输仪一次性使用附件)	20143456113
Haemonetics Corporation	自体血回收/分离机(Cell Saver Elite)	20143454058
Haemonetics Corporation	自体血回收分离机(Cell Saver 5+)	20143451750
Haemonetics Corporation	一次性使用血细胞分离器(血小板/血浆机采耗材)	20143666023
Haemoscope Corporation	血栓弹力图仪	20142400327
Hamilton Thorne Inc.	透明带红外激光打孔系统	20141242036
Harvest Technologies Corp.	混合液体注射器	20143153839
Harvest Technologies Corp.	无针头移液注射器	20143153840
Harvest Technologies Corp.	移植用运送套包	20143153856
Harvest Technologies Corp.	医用离心机	20141402740
Health Line International Corporation	经外周穿刺中心静脉导管套装(优力捷)	20143773842
Helena Laboratories	单克隆免疫球蛋白测定试剂盒(电泳-免疫固定法)	20142403539
Helena Laboratories	凝血分析仪	20142405661
HELENA LABORATORIES	全自动电泳仪	国械备 20140222 号
Helena Laboratories	血小板聚集功能检测试剂盒(光学比浊法)	20142401584
Helmer Inc.	血浆融化箱(QuikThaw)	20142451208
Helmer Inc.	血浆冷冻保存箱	20142585432
HIOSSEN, INC.	牙科种植体系统	20143634551
Hollister Incorporated	防漏膏(Adapt)	20142665549
Hollister Incorporated	两件式造口袋(New Image)	20142664511
Hollister Incorporated	造口袋(Premier)	20142664117
Hologic, Inc.	骨密度仪	20142305836
Hologic, Inc.	玻片扫描分析影像系统	20142402792
Hologic, Inc.	胎儿纤维连接蛋白测定试剂盒(免疫层析法)	20142402105
Hologic, Inc.	胎儿纤维连接蛋白测定试剂盒(免疫层析法)	20142402105(更)
Hologic, Inc.	细胞保存液	国械备 20140197 号
Hologic, Inc.	细胞保存液	国械备 20140367 号
Hologic, Inc.	细胞清洗液	国械备 20140214 号
Hologic, Inc.	液基薄层细胞制片机	国械备 20140292 号

Hologic, Inc	胎儿纤维连接蛋白分析仪	20142405115
Hologic, Inc.	数字乳腺X射线机	20142300323
Hologic, Inc.	数字乳腺X射线摄影系统	20142304277
Hologic, Inc.	乳腺诊断工作站	20142701764
Howmedica Osteonics Corp	股骨柄(Accolade TMZF)	20143462695
Howmedica Osteonics Corp	骨水泥(Simplex)	20143654683
Howmedica Osteonics Corp.	关节手术工具	20141101882
Howmedica Osteonics Corp.	髋关节假体配套工具(Accolade II)	20141101238
Howmedica Osteonics Corp.	试模	国械备20140219号
Howmedica Osteonics Corp.	膝关节翻修手术工具	国械备20140139号
Howmedica Osteonics Corp.	膝关节手术工具(Triathlon)	20141102637
Howmedica Osteonics Corp.	股骨部件(Accolade HFx)	20143462469
Howmedica Osteonics Corp.	髋关节假体-股骨柄(ABG-II)	20143463472
Howmedica Osteonics Corp.	髋关节假体-股骨部件(Restoration)	20143461885
Howmedica Osteonics Corp.	髋关节假体-股骨球头	20143462667
Howmedica Osteonics Corp.	髋关节假体-陶瓷内衬	20143466142
Howmedica Osteonics Corp.	髋臼杯(EXTER X3)	20143462531
Howmedica Osteonics Corp.	髋臼假体(Trident)	20143460129
Howmedica Osteonics Corp.	髋臼内衬(Trident X3)	20143466183
Howmedica Osteonics Corp.	膝关节髌骨组件(无)	20143466014
Howmedica Osteonics Corp.	膝关节衬垫(Scorpio X3 Inserts)	20143464736
Howmedica Osteonics Corp.	膝关节翻修假体(Triathlon TS)	20143460865
Howmedica Osteonics Corp.	膝关节翻修假体-非骨水泥型钛合金柄(Triathlon TS)	20143460866
Howmedica Osteonics Corp.	膝关节假体(Triathlon)	20143462912
Howmedica Osteonics Corp.	膝关节假体组件(GMRS)	20143462666
Hu-Friedy Mfg. Co., LLC	彩色树脂柄刮牙器	20141060838
Hu-Friedy Mfg. Co., LLC	彩色牙探针	20141060839
Hu-Friedy Mfg. Co., LLC	骨挤压器	20141060507
Hu-Friedy Mfg. Co., LLC	正畸器械	20141061369
Hu-Friedy Mfg. Co., LLC	唾液吸引头	20141550508
Hu-Friedy Mfg. Co., LLC	橡皮障夹子	20141630936
Hydrocision, Inc	水刀系统	20143210383
iCAD, Inc.	CT结肠图像CAD软件	20143704776
Immucor, Inc.	低离子强度盐溶液	20141401142
Immucor, Inc.	低离子强度盐溶液	20141401143
Immucor, Inc.	抗球蛋白试验质控品	20143405185
Immucor, Inc.	血型分析用稀释液	国械备20140074号
Immucor, Inc.	直接抗球蛋白试验用阳性质控品	20143405858
Immucor, Inc.	全自动血库系统	20143403741
Immuno-Mycologics, Inc.	隐球菌抗原检测试剂盒(胶体金免疫层析法)	20143401686
IMPAC Medical Systems, Inc.	放射治疗计划系统	20143701761
IMPAC Medical Systems, Inc.	放射治疗计划系统	20143705306
IMPAC Medical Systems, Inc.	放射治疗轮廓勾画软件	20143705305
Impact Instrumentation, Inc.	便携式呼吸机	20143540077
Impact Instrumentation, Inc.	呼吸器	20143540063
Implant Direct Sybron Manufacturing LLC	牙科种植体	20143630847(更)
INEEDMD, Inc.	一次性使用心电电极	20142214808
Innomed, Inc	骨科手术器械(Innomed)	20141100488
INOVA Diagnostics, Inc.	ENA(6项)抗体检测试剂盒(酶联免疫法)	20142406219
INOVA Diagnostics, Inc.	抗Jo-1抗体检测试剂盒(酶联免疫法)	20142401131
INOVA Diagnostics, Inc.	抗RNP抗体检测试剂盒(酶联免疫法)	20142401132
INOVA Diagnostics, Inc.	抗Scl-70抗体检测试剂盒(酶联免疫法)	20142401138
INOVA Diagnostics, Inc.	抗Sm抗体检测试剂盒(酶联免疫法)	20142401134
INOVA Diagnostics, Inc.	抗SS-A 52抗体检测试剂盒(酶联免疫法)	20142401137
INOVA Diagnostics, Inc.	抗SS-A抗体检测试剂盒(酶联免疫法)	20142401136
INOVA Diagnostics, Inc.	抗SS-B抗体检测试剂盒(酶联免疫法)	20142401133
INOVA Diagnostics, Inc.	抗β2糖蛋白1IgG抗体检测试剂盒(酶联免疫法)	20142403702
INOVA Diagnostics, Inc.	抗蛋白酶3 IgG抗体检测试剂盒(酶联免疫法)	20142403696
INOVA Diagnostics, Inc.	抗肝肾微粒体1型抗体检测试剂盒(酶联免疫法)	20142401128
INOVA Diagnostics, Inc.	抗核抗体检测试剂盒(间接免疫荧光法)	20142405442

INOVA Diagnostics, Inc.	抗核糖体 P 蛋白抗体检测试剂盒(酶联免疫法)	20142406218
INOVA Diagnostics, Inc.	抗环瓜氨酸肽 IgG 检测试剂盒(酶联免疫法)	20142402506
INOVA Diagnostics, Inc.	抗肌动蛋白 IgG 抗体检测试剂盒(酶联免疫法)	20142404950
INOVA Diagnostics, Inc.	抗双链 DNA 抗体检测试剂盒(间接免疫荧光法)	20142403694
INOVA Diagnostics, Inc.	抗线粒体(AMA-M2)抗体检测试剂盒(酶联免疫法)	20142404951
INOVA Diagnostics, Inc.	抗心磷脂 IgG 抗体检测试剂盒(酶联免疫法)	20142403695
INOVA Diagnostics, Inc.	抗心磷脂抗体检测试剂盒(酶联免疫法)	20142404952
INOVA Diagnostics, Inc.	抗中性粒细胞胞浆抗体检测试剂盒 (间接免疫荧光法)	20142400649
INOVA Diagnostics, Inc.	抗组蛋白抗体检测试剂盒(酶联免疫法)	20142401135
Instrumentation Laboratory Co.	D-二聚体质控品	20142404338
Instrumentation Laboratory Co.	蛋白 S 检测试剂盒(凝固法)	20143405094
Instrumentation Laboratory Co.	活化部分凝血活酶时间检测试剂盒(凝固法)	20142402549
Instrumentation Laboratory Co.	激发液	国械备 20140129 号
Instrumentation Laboratory Co.	抗凝血酶检测试剂盒(发色底物法)	20142402548
Instrumentation Laboratory Co.	凝血因子 VIII 检测试剂盒(凝固法)	20143405668
Instrumentation Laboratory Co.	全自动凝血分析仪	20142401988
Instrumentation Laboratory Co.	全自动凝血分析仪	20142402003
Instrumentation Laboratory Co.	全自动凝血分析仪	20142402932
Instrumentation Laboratory Co.	全自动凝血分析仪	20142404371
Instrumentation Laboratory Co.	全自动血气分析仪	20142401987
Instrumentation Laboratory Co.	全自动血气分析仪	20142402001
Instrumentation Laboratory Co.	纤维蛋白原测定试剂盒(凝固法)	20142402550
Instrumentation Laboratory Co.	纤维蛋白原质控品(低值)	20142403278
Instrumentation Laboratory Co.	校准品	20142403277
Instrumentation Laboratory Co.	血管性血友病因子活性检测试剂盒(免疫比浊法)	20143404860
Instrumentation Laboratory Co.	血管性血友病因子抗原检测试剂盒 (免疫比浊法)	20143404861
Instrumentation Laboratory Co.	血气测定试剂盒(电极法)	20142405701
INSULET CORPORATION	胰岛素泵	20143541193
Integra Burlington MA, Inc.	摄像系统(MicroLux)	20142221650
Integra LifeSciences Corporation	脑压板	国械备 20140283 号
Integra LifeSciences Corporation	软轴牵开器	国械备 20140281 号
Integra LifeSciences Corporation	超声外科吸引系统(CUSA EXcel)	20143230315
Integrated Orbital Implants, Inc.	羟基磷灰石义眼台	20143462679
Intelligent Hearing Systems	听觉诱发电位仪	20142211765
International Technidyne Corporation	全血凝血时间测定仪	20142213992
International Technidyne Corporation	血凝分析仪	20142403989
International Technidyne Corporation	血气分析系统	20142400983
Invotec International Inc.	鼻外夹板(热塑鼻外夹板, 铝衬鼻外夹板)	20141100502
Invotec International Inc.	软硅胶鼻腔止血系列装置	20142645885
INVOTEC INTERNATIONAL, INC.	Invotec 聚乙烯醇鼻腔止血海绵	20142644625
IRIDEX Corporation	半导体激光治疗仪	20143243167
IRIDEX Corporation	半导体激光治疗仪	20143243169
IRIDEX Corporation	倍频 Nd:YAG 激光光凝仪	20143243168
IRIDEX Corporation	扫描激光传输装置	20143245996
IRIS International, Inc.	尿液分析用鞘液	国械备 20140185 号
IRIS International, Inc.	尿液分析用稀释液	国械备 20140182 号
IRIS International, Inc.	清洗液	国械备 20140183 号
Irvine Biomedical, Inc. a St. Jude Medical Company	灌注泵管系统(Cool PointTM)	20143542306
Irvine Biomedical, Inc. a St. Jude Medical Company	灌注泵管系统(Cool PointTM)	20143542306
IRVINE SCIENTIFIC SALES CO., INC.	精子分离上层梯度介质(Isolate)	20143543668
IRVINE SCIENTIFIC SALES CO., INC.	精子分离下层梯度介质(Isolate)	20143543669
IRVINE SCIENTIFIC SALES CO., INC.	配子准备液(mHTF)	20143544534
IRVINE SCIENTIFIC SALES CO., INC.	授精液	20143544535
Ivoclar Vivadent, Inc.	齿科烤瓷合金	20142633388
Ivoclar Vivadent, Inc.	非贵烤瓷合金	20142632901
Ivoclar Vivadent, Inc.	冠桥通用铸造合金	20142634613
Ivy Biomedical Systems Inc.	病人监护仪	20142213142
Janssen Diagnostics, LLC	循环上皮细胞分析仪	20143406051
Johnson & Johnson Vision Care Inc.	软性角膜接触镜(亮眸)	20143224691
Johnson & Johnson Vision Care Inc.	软性角膜接触镜(欧舒适散光)	20143224690

Johnson & Johnson Vision Care Inc.	软性角膜接触镜(舒澈)	20143224092
Johnson & Johnson Vision Care Inc.	软性角膜接触镜(舒日)	20143224709
Johnson & Johnson Vision Care Inc.	软性角膜接触镜(舒日散光)	20143223877
Johnson &Johnson Vision Care Inc.	软性角膜接触镜(美瞳)	20143224692
Johnson &Johnson Vision Care Inc.	软性角膜接触镜(美瞳两周)	20143224697
Johnson &Johnson Vision Care Inc.	软性角膜接触镜(美瞳水凝)	20143223882
Johnson &Johnson Vision Care Inc.	软性角膜接触镜(润眸)	20143224713
Johnson&Johnson Vision Care Inc.	软性角膜接触镜(欧舒适)	20143224684
Johnson&Johnson Vision Care Inc.	软性角膜接触镜(舒晰)	20143223778
Katena Products, Inc.	供体和受体角膜环钻	20142644677
KCI USA, Inc	负压创伤治疗仪	20142542917
KCI USA, Inc	负压创伤治疗仪	20142542923
KCI USA, Inc.	负压辅助愈合治疗系统用耗材	20143664655
Kerr Corporation	光固化机	20142554464
Kerr Corporation	钨钢车针	20142551877
Kerr Corporation	钨钢车针	20142554601
Kerr Corporation	光固化水门汀	20143636127
Kerr Corporation	硅橡胶印模材	20142634118
Kerr Corporation	含丁香酚水门汀	20142634600
Kerr Corporation	流动性复合树脂修复材料	20143633642
Kerr Corporation	通用树脂粘合剂系统	20143630933
Kerr Corporation	牙科树脂水门汀	20143633781
Kerr Corporation	牙科粘接剂	20143636238
Kerr Corporation	暂时粘固用氧化锌丁香酚水门汀	20142630291
Kerr Corporation also trading as Pentron Clinical	纤维桩配套用扩孔钻	20142555017
Kimberly-Clark	气管内导管	20142663234
Kimberly-Clark	一次性使用封闭式吸痰装置	20142665235
Kimberly-Clark	一次性使用封闭式吸痰装置(成人涡轮清洁型导管)	20142666027
Kimberly-Clark Corporation	微生物密封剂(Kimberly-Clark*)	20142640882
Kinamed, Inc.	环扎系统-手术工具	国械备 20140144 号
Kinamed, Inc.	颅面修复系统-手术工具	国械备 20140145 号
Kinamed, Inc.	环扎系统-植入部分(SuperCable Iso-Elastic)	20143463768
KOROS USA, INC.	脊柱牵开器	国械备 20140287 号
KOROS USA, INC.	颈椎组织牵开器	国械备 20140288 号
Lab Vision Corporation	脱蜡热修复液	国械备 20140122 号
Lab Vision Corporation	脱蜡热修复液	国械备 20140123 号
Lab Vision Corporation	脱蜡热修复液	国械备 20140124 号
Lacrimedics Inc.	可吸收泪小管塞栓	20143660453
Lake Region Medical	内窥镜导丝	20143223242
Lake Region Medical	亲水性导丝(ZIPwire)	20142224119
Lake Region Medical	导丝(ZIPwire)	20143770407
Lake Region Medical	血管内导丝(Freeway)	20143772813
Leica Biosystems Richmond Inc.	自动扫描显微镜和图像分析系统	20142404395
Leica Biosystems Richmond, Inc.	分化剂	20141402151
Leica Biosystems Richmond, Inc.	分化剂浓缩液	20141402150
Leica Biosystems Richmond, Inc.	封固剂	20141402760
Leica Biosystems Richmond, Inc.	封片剂	20141402480
Leica Biosystems Richmond, Inc.	即用型分化剂	20141402479
Leica Biosystems Richmond, Inc.	蓝化剂	20141402478
Leica Biosystems Richmond, Inc.	蓝化剂浓缩液	20141401150
Leica Biosystems Richmond, Inc.	冷冻包埋剂	国械备 20140125 号
Leica Biosystems Richmond, Inc.	冷冻包埋剂	国械备 20140126 号
Leica Biosystems Richmond, Inc.	清洗液(Sub-X)	20141402058
Leica Biosystems Richmond, Inc.	透明剂	20141402059
Leica Biosystems Richmond, Inc.	脱钙液	国械备 20140118 号
Leica Biosystems Richmond, Inc.	脱钙液	国械备 20140119 号
Leica Biosystems Richmond, Inc.	样本保存液	国械备 20140224 号
Liebel-Flarsheim Company LLC	数字化医用泌尿 X 射线系统	20143303621
Liebel-Flarsheim Company LLC	医用泌尿 X 射线系统	20143303456
Liebel-Flarsheim Company LLC	高压注射器	20142314051

LifeScan Inc.	血糖试纸(葡萄糖氧化酶法)(稳豪型)	20142400247
Lightlab Imaging Inc.	光学干涉断层成像系统	20143225416
Lightlab Imaging Inc.	成像导管	20143775674
Lightlab Imaging, Inc.	成像导管(C7 Dragonfly)	20143770596
Linvatec Corporation	关节内窥镜及附件	20143221972
Linvatec Corporation D/B/A ConMed Linvatec	动力系统	20142106090
Linvatec Corporation d/b/a ConMed Linvatec	悬吊固定环用工具	20142102676
Linvatec Corporation d/b/a ConMed Linvatec	关节镜手术用冲洗装置(Linvatec 10K)	20142225107
Linvatec Corporation D/B/A ConMed Linvatec	关节镜用手术器械	20142223011
Linvatec Corporation d/b/a ConMed Linvatec	关节内窥镜附件	20142225555
Linvatec Corporation d/b/a ConMed Linvatec	光学内窥镜摄像系统	20142223744
Linvatec Corporation d/b/a ConMed Linvatec	刨削刀头	20142226075
Linvatec Corporation d/b/a ConMed Linvatec	刨削头	20142226074
Linvatec Corporation d/b/a ConMed Linvatec	软组织修复系统(SpectrumⅡ)	20142222660
Linvatec Corporation D/B/A ConMed Linvatec	套管及闭孔器	20142223822
Linvatec Corporation d/b/a ConMed Linvatec	高频电极	20142254157
Linvatec Corporation d/b/a ConMed Linvatec	缝线锚钉	20143462529
Linvatec Corporation D/B/A ConMed Linvatec	可吸收内固定螺钉系统(Bioscrew)	20143462697
Linvatec Corporation d/b/a ConMed Linvatec	软组织铆钉用垫圈	20143464629
Linvatec Corporation d/b/a ConMed Linvatec	软组织带线铆钉(Revo)	20143652911
Lucid 公司	在体反射式共聚焦显微镜	20142220952
Luminex Corporation	液态悬浮芯片检测仪	20143402844
Magellan Diagnostics	铅测定试剂盒(阳极溶出伏安法)	20142402071
Magellan Diagnostics	铅测定试剂盒(阳极溶出伏安法)	20142402072
Magellan Diagnostics	铅校准液(低值)	20142402073
Magellan Diagnostics	铅校准液(高值)	20142402074
Magellan Diagnostics, Inc.	血铅分析仪	20142400031
Mako Surgical Corp.	髋臼锉(Reamer)	20142102751
Mako Surgical Corp.	髋臼锉(Reamer)	20142102751
MAKO Surgical Corp.	一次性标记钉	20142104123
MAKO Surgical Corp.	一次性骨针	20142106072
MAKO Surgical Corp.	骨科手术导航系统	20143545526
MASEL Enterprises	正畸丝	20142631375
Masimo Corporation	传感器	20142215317
Masimo Corporation	传感器	20142215321
Masimo Corporation	传感器	20142215324
Masimo Corporation	传感器	20142215871
Masimo Corporation	脉搏碳氧血氧测量仪	20142215334
Masimo Corporation	脉搏碳氧血氧传感器	20142215336
Masimo Corporation	脉搏血氧测量仪	20142215487
Masimo Corporation	脉搏血氧传感器	20142215333
Masimo Corporation	声学呼吸传感器	20142215343
Masimo Corporation	血氧血红蛋白测量仪	20142400979
Medennium Inc	人工晶状体	20143220870
Medennium Inc	人工晶状体(Matrix Acrylic)	20143221058
Medennium, Inc	人工晶状体	20143221306
Medennium, Inc	人工晶状体(Matrix Acrylic Aurium)	20143221038
MedGyn Products Inc.	冷冻外科装置	20142580985
MedGyn Products, Inc.	宫颈扩张棒(昆布条)	20142645681
Medica Corporation	电解质血气分析仪	20142405329
Medica Corporation	全自动生化分析仪	20142404394
MEDICA CORPORATION	血气电解质检测试剂包	20142401609
Medical Instrument Development Laboratories, Inc	玻切头	20143221887
Medical Instrument Development Laboratories, Inc.	玻切头套件	20143221059
Medical Tactile, Inc	乳房检测系统(SureTouch 可视成像系统)	20142212169
Mediflex, a division of Flexbar Machine Corporation	手术拉钩系统及附件	20141010836
Medivators Inc.	可重复使用空心纤维透析器	20143450054(更)
Medivators Inc.	透析器复用机	20142454491
Medivators Inc.	内镜清洗消毒机	20142574402
Medivators Inc.	内镜清洗消毒机	20142575523

Medivators Inc.	内窥镜清洗消毒机	20142574219
Medivators Inc.	全自动内窥镜清洗消毒机	20142572585
Medline Industries, Inc.	一次性使用无粉天然橡胶外科手套(TRIUMPHTM)	20142663442
Medrad, Inc.	高压注射系统	20142314492
MEDRAD, INC.	高压注射器针筒及附件(Medrad Avanta)	20143660454
Medrad, Inc.	输液管路套件(Intego)	20143660623
Medrad, Inc.	高压造影注射系统	20142310783
Med-Sonics Corporation	单探针碎石仪	20143213422
Medsorb Dominicana, S.A.	外科用聚乙烯醇海绵	20142644091
MEDTEC. Inc.	热塑性固定膜材料(美迪卡)	20141662720
Medtronic Inc.	测瓣器	国械备 20140239 号
Medtronic Inc.	胸骨撑开器(Octobase)	20141070303
Medtronic Inc.	导管皮下隧道工具	20142153446
Medtronic Inc.	电极传送鞘管	20143150877
Medtronic Inc.	测试刺激电极	20143215274
Medtronic Inc.	测试刺激电极	20143215275
Medtronic Inc.	除颤电极导线	20143212113
Medtronic Inc.	神经刺激电极	20143210955
Medtronic Inc.	神经刺激器(InterStim II)	20143210392
Medtronic Inc.	体外神经刺激器	20143212787
Medtronic Inc.	植入式心律转复除颤器(EVERA)	20143213428
Medtronic Inc.	植入式再同步治疗心律转复除颤器(BRAVA)	20143213427
Medtronic Inc.	植入式再同步治疗心律转复除颤器(VIVA)	20143213429
Medtronic Inc.	自动凝血计时器(ACT Plus)	20142403799
Medtronic Inc.	离心泵血液控制监测系统(Bio-Console)	20143452786
Medtronic Inc.	小儿氧合系统(AFFINITY PIXIE)	20143451854
Medtronic Inc.	瓣膜成型带/环(CG Future)	20143461618
Medtronic Inc.	覆膜支架系统(Endurant)	20143461383
Medtronic Inc.	髂动脉支架系统(Assurant)	20143463657
Medtronic Inc.	胸主动脉覆膜支架系统	20143465591
Medtronic Inc.	血管支架系统(Complete SE)	20143466128
Medtronic Inc.	组织固定系统(Octopus)	20142542300
Medtronic Inc.	脑脊液分流管及附件	20143665605
Medtronic Inc.	压力泵装置(Everest)	20143662883
Medtronic Inc.	腰骶腹腔分流管组件	20143661857
Medtronic Inc.	一次性使用血管内抽吸导管(Export AP)	20143663490
Medtronic Inc.	OTW 球囊扩张导管(Sprinter Legend)	20143774665
Medtronic Inc.	PTFE 涂层造影导丝	20143770162
Medtronic Inc.	传送导管系统(Attain Select II + SureValve)	20143773857
Medtronic Inc.	导丝(Cougar)	20143770163
Medtronic Inc.	可调控型导管系统(SelectSite)	20143774086
Medtronic Inc.	球囊扩张导管(Sprinter OTW)	20143774663
Medtronic Inc.	指引导管(Launcher)	20143775609
Medtronic Inc.	左心部传送导管系统(Attain Command + SureValve)	20143772825
Medtronic Inc.	左心部传送导管系统(Attain Command)	20143771188
Medtronic Powered Surgical Solutions	一次性使用钻头	20142100471
Medtronic Sofamor Danek USA, Inc.	骨成型球囊	20143100864
Medtronic Sofamor Danek USA, Inc.	骨成型球囊	20143104995
Medtronic Sofamor Danek USA, Inc.	骨成型球囊(Xpander II)	20143103855
Medtronic Sofamor Danek USA, Inc.	脊柱手术工具	20141100755
Medtronic Sofamor Danek USA, Inc.	脊柱手术工具	20141102638
Medtronic Sofamor Danek USA, Inc.	脊柱用手术工具	20141100271
Medtronic Sofamor Danek USA, Inc.	脊柱用手术工具	20141102630
Medtronic Sofamor Danek USA, Inc.	脊柱用手术工具	20141102633
Medtronic Sofamor Danek USA, Inc.	脊柱用手术工具	20142105547
Medtronic Sofamor Danek USA, Inc.	微创牵开器	国械备 20140047 号
Medtronic Sofamor Danek USA, Inc.	一次性使用椎弓根探针和探头	20143102939
Medtronic Sofamor Danek USA, Inc.	椎体成形导引系统	20142103372
Medtronic Sofamor Danek USA, Inc.	球囊膨胀注射器	20143155577
Medtronic Sofamor Danek USA, Inc.	椎间盘镜及附件	20143223738

Medtronic Sofamor Danek USA, Inc.	脊柱内固定系统(CD HORIZON)	20143463784
Medtronic Sofamor Danek USA, Inc.	脊柱内固定系统—椎弓根螺钉组件(CD Horizon)	20143466247
Medtronic Sofamor Danek USA, Inc.	颈椎前路钢板固定系统(ZEPHIR)	20143464752
Medtronic Sofamor Danek USA, Inc.	颈椎前路钢板系统(Atlantis)	20143462320
Medtronic Sofamor Danek USA, Inc.	颈椎前路钢板系统(ATLANTIS)	20143460825
Medtronic Sofamor Danek USA, Inc.	颈椎椎间融合器(Prevail)	20143460842
Medtronic Sofamor Danek USA, Inc.	中空螺钉(UCSS)	20143465610
Medtronic Sofamor Danek USA, Inc.	椎间融合器	20143465008
Medtronic Sofamor Danek USA, Inc.	椎间融合器(Capstone)	20143461050
Medtronic Sofamor Danek USA, Inc.	椎间融合器(Cornerstone-SR)	20143463637
Medtronic Sofamor Danek USA, Inc.	椎间融合器(CRESCENT)	20143460819
Medtronic Xomed Inc.	舌悬吊系统	20143463355
Medtronic Xomed Inc.	听小骨假体	20143463793
Medtronic Xomed Inc.	神经监护气管插管	20142660526
Medtronic Xomed, Inc	综合手术动力系统	20142542159
Medtronic Xomed, Inc	综合手术动力系统	20142542160
Medtronic Xomed, Inc.	耳鼻喉科手术器械	20141050109
Medtronic Xomed, Inc.	耳鼻喉科手术器械	20141051869
Medtronic Xomed, Inc.	皮下电极	20142211675
Medtronic Xomed, Inc.	手术动力系统	20142212161
Medtronic Xomed, Inc.	术中脑电/肌电/诱发电位测量系统	20143212936
Medtronic Xomed, Inc.	一次性使用神经刺激探头	20143212938
Medtronic Xomed, Inc.	一次性使用手术电极	20143212937
Medtronic Xomed, Inc.	神经监测气管插管(Trivantage)	20143662729
Medtronic Xomed,Inc	内窥镜护套	20142663418
Medtronic Xomed,Inc.	耳鼻喉科手术器械	20141051873
Medtronic Xomed,Inc.	一次性使用钻头	20142102749
Medtronic Xomed,Inc.	一次性使用钻头	20142102749
Medtronic, Inc	起搏电极导线	20143216008
Medtronic, Inc.	外科消融系统附件	20143250962
Medtronic, Inc.	人工心脏瓣膜(AP360)	20143461883
Medtronic, Inc.	人工心脏瓣膜(Hancock II)	20143466140
Medtronic, Inc.	冠状动脉内分流管(CLEARVIEW)	20143663411
Medtronic, Inc.	自体血液回输系统耗材(AutoLog)	20143660119
Medtronic, Inc.	PTA 导管(Amphirion Plus)	20143770047
Medtronic,Inc.	除颤电极导线	20143210076
Megadyne Medical Products Inc.	电刀笔	20142252302
Megadyne Medical Products Inc.	腹腔镜电极	20142252303
Megadyne Medical Products Inc.	高频电刀(Mega PowerTM)	20143251928
Mercury Medical	人工复苏器	20142543775
Mercury Medical	正压通气套装(Flow Safe II)	20142561417
Merge Healthcare	医学影像存储与传输系统软件	20143701192
Merit Medical System, Inc	充盈压力泵系统	20142663761
Merit Medical System, Inc.	一次性使用输注导管套件	20143664763
MERIT MEDICAL SYSTEMS, INC	可撕开导管鞘	20143772445
MERIT MEDICAL SYSTEMS, INC	血管内异物圈套器	20143771963
MERIT MEDICAL SYSTEMS, INC.	穿刺针及附件	20143156106
MERIT MEDICAL SYSTEMS, INC.	房间隔穿刺针	20143154150
Merit Medical Systems,Inc	配导丝用气管支气管支架和输送系统(AERO)	20143462874
Merit Medical Systems,Inc	配内窥镜用气管支气管支架和输送系统(AERO DV)	20143462875
Merit Medical Systems,Inc	食道支架系统(ALIMAXX-ES)	20143460434
Merit Medical Systems,Inc.	一次性使用冠状动脉造影注射器(麦瑞通)	20143154737
Merit Medical Systems,Inc.	充盈压力泵系统(Basix Touch)	20142666083
Merit Medical Systems,Inc.	导管固定系统	20142663663
MERIT MEDICAL SYSTEMS,INC.	压力延长管	20143665578
Merit Medical Systems,Inc.	造影导丝(InQwire)	20143774099
Merivaara Corp.	液压手术台	20142545698
Metrex Research LLC dba Orascoptic	头戴式放大镜	国械备 20140236 号
Metrex Research LLC dba Orascoptic	头戴式放大镜	国械备 20140247 号
Mettler Electronics Corp.	神经肌肉电刺激和超声波复合治疗仪(Sonicator plus)	20142211649

Mexpo International Inc.	一次性使用医用橡胶检查手套(Blossom Brand)	20141660913
Micro Therapeutics Inc. dba ev3 Neurovascular	导丝	20143771309
Micro Therapeutics Inc. dba ev3 Neurovascular	导丝(Avigo)	20143774582
Micro Therapeutics Inc. dba ev3 Neurovascular	可解脱弹簧圈(Axium PGLA)	20143775575
Micro Therapeutics Inc. dba ev3 Neurovascular	颅内支撑导管(Navien)	20143776248
Micro Therapeutics Inc. dba ev3 Neurovascular	微导管(EchelonTM)	20143770904
Micro Therapeutics Inc. DBA ev3 Neurovascular	微导管(Rebar)	20143772885
Micro Therapeutics Inc.dba ev3 Neurovascular	导丝(Mirage)	20143772829
Micro Therapeutics Inc.dba ev3 Neurovascular	封堵球囊导管系统(HyperForm)	20143773255
Micro Therapeutics Inc.dba ev3 Neurovascular	栓塞器械(Pipeline)	20143770862(更)
Microline Surgical, Inc.	腹腔镜手术器械	20143220762
MicroPort Orthopedics Inc.	髋关节手术器械(GLADIATOR)	20141101318(更)
MicroPort Orthopedics Inc.	股骨柄(PROFEMUR)	20143464589
Microport Orthopedics, Inc.	髓腔扩大器	国械备20140039号
MicroVention, Inc.	封堵球囊导管系统(Scepter C)	20143775974
MicroVention, Inc.	导引导管系统(Chaperon)	20143771886
MicroVention, Inc.	栓塞系统(HydroCoil)	20143770612
Milestone Scientific, Inc.	计算机控制麻醉系统用带针手柄	20143150914
Mini Lap Technologies, Inc.	迷你型电极	20143255532
More Diagnostics Inc.	环孢霉素质控品	20142404871
MORTARA INSTRUMENT INC.	动态心电记录仪	20142211161
MORTARA INSTRUMENT INC.	动态心电记录仪	20142212155
Mortara Instrument, Inc.	心电图机	20142215933
Mueller Sports Medicine, Inc.	上肢关节固定器	国械备20140130号
Mueller Sports Medicine, Inc.	下肢关节固定器	国械备20140086号
Natus Medical Incorporated	脑电图放大器	20142210608
Natus Medical Incorporated	脑电图放大器	20142210609
Natus Medical Incorporated	脑电图放大器	20142211001
Natus Medical Incorporated	听觉脑干诱发电位仪	20142212034
Natus Medical Incorporated	诊断型耳声发射仪	20142211665
New World Medical, Inc.	青光眼引流阀	20143661177
Nimbic Systems, Inc.	空气微尘粒子阻隔器	20142542384
Nipro Diagnostics, Inc.	血糖质控液(TRUEcontrol)	20142400652
Nitinol Devices and Components, Inc.	导丝(Aquatrack)	20143770437
Nonin Medical, Inc.	脉搏血氧仪	20142214410
Nonin Medical, Inc.	脉搏血氧仪	20142214791
Nonin Medical, Inc.	脉搏血氧仪	20142215261
Nonin Medical, Inc.	腕式脉搏血氧仪	20142400984
Nova Biomedica	血气分析仪	20142400215
Nova Biomedical Corporation	生化质控品(pHOx Ultra/CCX 生化内质控)	20142400714
Nova Biomedical Corporation	生化质控品(pHOx Ultra/CCX 生化内质控)	20142400714(更)
Nova Biomedical Corporation	血气分析仪用质控品(pHox Plus L 内质控)	20142402149
Nova Biomedical Corporation	血气分析仪用质控品(pHox Plus L 内质控)	20142402149(更)
Nova Biomedical Corporation	血气分析仪用质控品(pHOx Ultra/CCX 血气外质控)	20142401438(更)
Nova Biomedical Corporation	血气分析仪用质控品(pHOx Ultra/CCX 血气外质控)	20142401438
Nova Biomedical Corporation	血气分析仪用质控品(pHOx Ultra/CCX 生化外质控)	20142400258
Nova Biomedical Corporation	血气分析仪用质控品(pHOx Ultra/CCX 生化外质控)	20142400258(更)
Nova Biomedical Corporation	血气分析仪用质控品(pHOx Ultra/CCX 血气内质控)	20142401125(更)
Nova Biomedical Corporation	血气分析仪用质控品(pHOx Ultra/CCX 血气内质控)	20142401125
Nova Biomedical Corporation	血气质控品(pHox 内质控)	20142400256
Nova Biomedical Corporation	血气质控品(pHox 内质控)	20142400256(更)
Nova Biomedical Corporation	血氧校准品(pHOx Ultra/CCX 血氧校准品)	20142400257
Nova Biomedical Corporation	血氧校准品(pHOx Ultra/CCX 血氧校准品)	20142400257(更)
NovaBay Pharmaceuticals, Inc.	伤口清洁液体敷料(NeutroPhase(纽储非))	20143643863
NovaBone Products, LLC	口腔用生物玻璃人工骨(倍骼生)	20143632317
Novartis Pharmaceuticals Corporation	药粉吸入器	20141661875
NuMED, Inc.	造影导管(NuMED)	20143771069
NuVasive, Inc	脊柱神经术中测量仪	20143214053
NuVasive, Inc	脊柱神经术中测量仪用附件	20143214054
NuVasive, Inc	皮肤阻抗表	20142214026

NuVasive, Inc.	脊柱外科手术工具(Helix)	20141100147
NuVasive, Inc.	脊柱外科手术工具(SpheRx)	20141102726
NuVasive, Inc.	脊柱外科手术工具(XLP)	20141102725
NuVasive, Inc.	脊柱内固定系统(XLP)	20143462472
OASIS Medical, Inc.	预装式虹膜扩张器	20142040834
Obtura Spartan	根管充填仪	20142551660
OCULAR INSTRUMENTS, INC	医用放大镜	国械备 20140362 号
Oculus Innovative Sciences, Inc.	液体敷料(德赛恩)	20143640085
Ohmeda Medical	光疗设备	20142262367
Ohmeda Medical	光疗设备	20142262775
Ohmeda Medical	光疗设备	20142266047
On-X Life Technologies, Inc.	人工心脏瓣膜(On-X)	20143461893
Optovue, Inc.	光学相干断层扫描仪	20142225816
OrbusNeich Medical, Inc.	冠状动脉支架系统(Genous)	20143460082
Organ Recovery Systems Inc.	器官保存液	20143586225
Organ Recovery Systems Inc.	器官保存液	20143586226
Ormco Corporation	正畸支抗配套用钻	20142555015
Ormco Corporation	正畸颊面管	20142630297
Ormco Corporation	正畸颊面管	20142634675
Ormco Corporation	正畸丝	20142632673
Ormco Corporation	正畸丝	20142633383
Ormco Corporation	正畸丝	20142634706
Ormco Corporation	正畸陶瓷托槽	20142632318
Ormco Corporation	正畸预处理剂	20142630810
Ormco Corporation	正畸粘接剂(System 1+)	20142630300
Ormco Corporation	正畸粘接剂系统(Grengloo)	20142630302
Ormco Corporation	正畸支抗	20143631037
Ormco Corporation	正畸自锁颊面管	20142632410
Ormco Corporation also trading as Sybron Endo	不锈钢车针(LA Axxess)	20142551349
Ormco Corporation also trading as Sybron Endo	金刚砂牙科车针(LA Axxess)	20142552319
Ormco Corporation also trading as Sybron Endo	回填牙胶	20143632455
Ormco Corporation also trading as Sybron Endo	回填牙胶	20143636250
Ormco Corporation also trading as SybronEndo	根管锉针	20142554522
Ormco Corporation also trading as SybronEndo	根管手机	20142553153
Ormco Corporation also trading as SybronEndo	根管预备设备	20142551214
Ormco Corporation also trading as SybronEndo	根管预备设备	20142554046
Ormco Corporation also trading as SybronEndo	根管诊断设备	20142551523
Ormco Corporationalso trading asSybron Endo	旋转镍钛根管锉针(TF)	20142060923
OrthoAccel Technologies, Inc.	电动式口腔正畸辅助仪	20142554803
Ortho-Clinical Diagnostics, Inc.	C 反应蛋白测定试剂盒(乳胶增强免疫比浊法)	20142402556
Ortho-Clinical Diagnostics, Inc.	α 1-抗胰蛋白酶测定试剂盒(免疫比浊法)	20142402562
Ortho-Clinical Diagnostics, Inc.	半自动生化分析仪用参比液	20142401283
Ortho-Clinical Diagnostics, Inc.	补体 C3 测定试剂盒(免疫比浊法)	20142403925
Ortho-Clinical Diagnostics, Inc.	触珠蛋白测定试剂盒(免疫比浊法)	20142402560
Ortho-Clinical Diagnostics, Inc.	低密度脂蛋白测定试剂盒(免疫比浊一步法)	20142402563
Ortho-Clinical Diagnostics, Inc.	甘油三酯测定干片(比色法)	20142405364
Ortho-Clinical Diagnostics, Inc.	卡马西平测定干片(免疫速率法)	20142402553
Ortho-Clinical Diagnostics, Inc.	抗链球菌溶血素 O 测定试剂盒(免疫比浊法)	20142402554
Ortho-Clinical Diagnostics, Inc.	类风湿因子测定试剂盒(免疫比浊法)	20142400366
Ortho-Clinical Diagnostics, Inc.	柠檬酸溶液	20141400365
Ortho-Clinical Diagnostics, Inc.	全自动血型及配血分析系统	20143405846
Ortho-Clinical Diagnostics, Inc.	生化分析仪用校准品	20143403127
Ortho-Clinical Diagnostics, Inc.	糖化血红蛋白 A1c 质控品	20142400364
Ortho-Clinical Diagnostics, Inc.	妥布霉素测定试剂盒(免疫法)	20142402561
Ortho-Clinical Diagnostics, Inc.	药物质控品	20143403128
Ortho-Clinical Diagnostics, Inc.	载脂蛋白 A1 测定试剂盒(免疫比浊法)	20142403923
Ortho-Clinical Diagnostics, Inc.	载脂蛋白 A1 质控品	20142400363
Ortho-Clinical Diagnostics, Inc.	载脂蛋白 B 测定试剂盒(免疫比浊法)	20142400740
Ortho-Clinical Diagnostics, Inc.	总铁结合力测定试剂盒(免疫比浊一步法)	20142402555
Ortho-Clinical Diagnostics, Inc.	总铁结合力测定试剂盒(速率法)	20142400574

OsteoMed	一次性使用无菌切割手术刀(KOBY GARD)	20142013229
OsteoMed	跟骨骨板骨钉系统(CalFix)	20143464654
OsteoMed	金属接骨螺钉(Talar-Fit)	20143462454
OsteoMed	跖骨趾关节假体(Hemi)	20143465028
OsteoMed L.P	足踝锁定内固定系统-螺钉(FPS)	20143464552
OsteoMed L.P.	颅颌面固定系统	20143461398
OsteoMed L.P.	钛网	20143461399
OSTEOMED L.P.	足踝锁定内固定系统-金属接骨板(FPS)	20143463014
Pall Corporation	呼吸通路过滤器	20142665617
Pall Corporation	静脉输液过滤器	20143664679
Parker Hannifin Corp-Porter Instrument Division	吸入笑气镇痛装置(Digital MDM)	20143546001
Parker Laboratories, Inc.	医用超声耦合剂(Aquasonic 100)	20141231777
Parker Laboratories, Inc.	医用超声耦合剂(Aquasonic clear)	20141231778
Patterson Dental Supply Inc.	口腔正畸和正颌手术计划软件	20143702731
Pelton & Crane	口腔灯	20141550033
Philips Medical Systems	病人监护仪	20143212237
Philips Medical Systems	单螺旋胎儿头皮电极	20143210769
Philips Medical Systems	一次性使用心电电极	20142214477
Philips Medical Systems	一次性使用心电电极	20142216257
Philips Medical Systems	自动体外除颤器(HeartStart Defibrillator HS1)	20143212220
Philips Medical Systems	自动体外除颤器(HeartStart FR3)	20143210766
Philips Medical Systems	自动体外除颤器(HeartStart FRx)	20143212219
Philips Medical Systems	中央监护信息中心软件	20142700004
Philips Medical Systems (Cleveland), Inc.	单光子发射及X射线计算机断层成像系统	20143331168
Philips Medical Systems (Cleveland), Inc.	正电子发射及X射线计算机断层成像系统	20143335342
Philips Medical Systems(Cleveland),Inc.	正电子发射及X射线计算机断层成像系统	20143305863
Philips Ultrasound, Inc.	便携式彩色超声诊断系统	20143232590
Philips Ultrasound, Inc.	便携式彩色超声诊断系统	20143232591
Philips Ultrasound, Inc.	彩色超声诊断系统	20142231487
Philips Ultrasound, Inc.	彩色超声诊断系统	20143232839
Philips Ultrasound, Inc.	彩色超声诊断系统	20143234062
Philips Ultrasound, Inc.	彩色超声诊断系统	20143234379
PhotoMedex,Inc	紫外线准分子照射系统	20142264783
PhotoMedex,Inc.	外科半导体激光系统	20143240198
PhotoMedex,Inc.	准分子激光治疗系统	20143244386
PhotoMedex,Inc.	红光治疗仪	20142265960
Pioneer Surgical Technology, Inc.	椎间融合器手术工具	20141100893
Pioneer Surgical Technology, Inc.	椎间融合器手术工具	20142101230
Pioneer Surgical Technology,Inc.	索绑系统(Pioneer)	20143464537
Pioneer Surgical Technology,Inc.	中空螺钉(ZCS)	20143463346
PMD Healthcare	肺功能测试仪	20142210522
PREMIER DENTAL PRODUCTS CO.	抛光膏	20142636123
Premier Dental Products Company	止血排龈膏(Traxodent-Hemodent Paste Retraction System)	20143633888
Pressure Point Inc	一次性压力敏感止吐腕带	20142276070
Princeton BioMeditech Corporation	抗幽门螺旋杆菌抗体检测试剂盒(胶体金法)	20143401282
Promega Corporation	核酸(DNA)提取试剂盒(Abbott mSample Preparation System DNA)	20141400670
Promega Corporation	核酸(RNA)提取试剂盒(Abbott mSample Preparation System)	20141400674
Promex Technologies,LLC	活检器(活检器 Multiple Biopsy Device)	20142154614
Pulpdent Corporation	临时冠桥树脂	20142634598
Pulpdent Corporation	牙科窝沟封闭剂(Pulpdent Seal Rite Low Viscosity)	20142633895
QAL Medical LLC.	手部连续被动训练系统	20142265953
QAL Medical, LLC.	下肢连续被动训练系统	20142264016
QBC Diagnostics,Inc.	干式血细胞分析仪	20142403938
QED Inc.	头灯系统	20141542386
QED, INC.	头灯	国械备20140295号
QED,INC.	氙灯光源	20142224481
Qfix	定位膜	国械备20140368号
QFix	人体定位袋	国械备20140267号
QIAGEN Gaithersburg Inc	基因杂交信号扩大仪	20142404233
QIAGEN Gaithersburg, Inc.	核酸提取或纯化试剂	国械备20140001号

QIAGEN Gaithersburg, Inc	宫颈采样器(hc2 DNA Collection Device)	20142413648
QUINTRON INSTRUMENT CO. INC.	咬嘴	国械备 20140232 号
Radlink, Inc.	X 射线摄影用影像板成像系统	20142315301
Rapid Diagnostics Division of MP Biomedicals LLC	肌钙蛋白 I / 肌酸激酶同工酶 / 肌红蛋白检测试剂盒(胶体金法)	20142403214
Rapid Diagnostics Division of MP Biomedicals, LLC	肌钙蛋白 I 检测试剂盒(胶体金法)	20142403213
Reichert Inc.	数字视敏度测量系统	20142225963
Remel, Inc	微生物培养仪(VersaTREK)	20142402315
Remel, Inc	微生物培养仪(VersaTREK)	20142402315
Remel, Inc	药敏接种培养液	国械备 20140037 号
Remel, Inc	药敏接种培养液	国械备 20140220 号
Remel, Inc	药敏接种培养液	国械备 20140252 号
Remel, Inc	药敏接种培养液	国械备 20140253 号
Remel, Inc	药敏接种培养液	国械备 20140280 号
Remel, Inc.	分枝杆菌抗生素补充检测试剂盒	国械备 20140330 号
Remel, Inc.	分枝杆菌抗生素补充检测试剂盒	国械备 20140331 号
Respironics California, Inc.	呼吸机	20143544944
Respironics, Inc.	多导睡眠记录仪	20142211659
Respironics, Inc.	呼吸机	20143545337
Respironics, Inc.	全面罩(PerforMax EE 单个患者用全面罩)	20142546111
Respironics, Inc.	全面罩(PerforMax SE 全面罩 PerforMax SE Total Face Mask)	20142566109
Respironics, Inc.	全面罩(PerforMax 全面罩 PerforMax Total Face Mask)	20142566135
Respironics, Inc.	全面罩(PerforMax SE 单个患者用全面罩)	20142666110
Respironics, Inc	咳痰机	20142214307
Respironics, Inc	呼吸机	20142540174
Respironics, Inc	呼吸机	20143540373
Respironics, Inc	呼吸机	20142541005
Respironics, Inc.	呼吸机	20143542940
Respironics, Inc.	全脸面罩	20142543376
Respironics, Inc.	雾化器系统	20142540993
Respironics, Inc.	支气管镜弯管	20142542405
Restoration Robotics, Inc.	ARTAS 患者用椅	20141560036
Ribbond, Inc.	纤维带	20143633643
Richard-Allan Scientific Co.	细胞块制备试剂盒	国械备 20140117 号
Roche Molecular Systems, Inc.	丙型肝炎病毒核酸定量检测试剂盒(PCR-荧光法)	20143401702
Roche Molecular Systems, Inc.	清洗液	国械备 20140273 号
Roche Molecular Systems, Inc.	全自动核酸分离纯化仪	20141402014
Roche Molecular Systems, Inc.	全自动医用 PCR 分析系统	20143403999
Roche Molecular Systems, Inc.	人类免疫缺陷病毒(I 型)核酸定量检测试剂盒(PCR-荧光法)	20143405443
Roche Molecular Systems, Inc.	乙型肝炎病毒核酸检测试剂盒(PCR-荧光法)	20143405378
Roche Molecular Systems, Inc	清洗液	20141401593
Roche Molecular Systems, Inc	人乳头状瘤病毒(HPV)检测试剂盒(PCR 荧光法)	20143405904
Roche Molecular Systems, Inc	人乳头状瘤病毒(HPV)质控试剂盒	20143404252
Roche Molecular Systems, Inc	样本制备试剂盒	20143402552
Roche Molecular Systems, Inc	液基细胞制备试剂盒	20143402551
Roche Molecular Systems, Inc.	沙眼衣原体(CT)/淋球菌(NG)核酸检测试剂盒(PCR 荧光探针法)	20143405424
Roche Molecular Systems, Inc.	沙眼衣原体(CT)/淋球菌(NG)质控试剂盒	20143404547
Roche Molecular Systems, Inc.	质控稀释试剂盒	20141402146
Roche Molecular Systems, Inc.	女性拭子样本收集盒	20142412851
Sage In-Vitro Fertilization, Inc., A CooperSurgical Company	缓冲输卵管液培养液	20143544525
Sage In-Vitro Fertilization, Inc., A CooperSurgical Company	精子冲洗培养液	20143544531
Sage In-Vitro Fertilization, Inc., A CooperSurgical Company	卵裂输卵管液培养液	20143544526
Sage In-Vitro Fertilization, Inc., A CooperSurgical Company	囊胚输卵管液培养液	20143544527
Sage In-Vitro Fertilization, Inc., A CooperSurgical Company	胚胎解冻液	20143544530
Sage In-Vitro Fertilization, Inc., A CooperSurgical Company	胚胎冷冻液	20143544529

Sage In-Vitro Fertilization, Inc., A CooperSurgical Company	授精输卵管液培养液	20143544533
Sage In-Vitro Fertilization, Inc., A CooperSurgical Company	梯度离心培养液	20143544528
Sage In-Vitro Fertilization, Inc., A CooperSurgical Company	组织培养油	20143544532
Sandhill Scientific, Inc.	胃肠动力诊断系统	20142214389
Scanlan International, Inc.	持针钳	20141012717
Scanlan International, Inc.	持针钳	20141012718
Scanlan International, Inc.	医用剪	国械备 20140090 号
Scanlan International, Inc.	医用剪	国械备 20140091 号
Scanlan International, Inc.	医用镊	国械备 20140093 号
Scanlan International, Inc.	医用钳	20141012719
Scientific Pharmaceuticals, Inc.	牙科用树脂粘结剂(Dentin/Enamel Bonding Agent(Primer))	20143631042
Scimedx Corporation	抗核抗体检测试剂盒(间接免疫荧光法)	20142403322
Sechrist Industries, Inc.	单人高压氧舱(Sechrist)	20143264378
Seiler Instrument & Mfg. Co., Inc.	手术显微镜	20142220634
SenoRx, Inc.	乳房旋切穿刺针及配件(EnCor Probe)	20143150066
Sense Technology, Inc.	肌肉关节振动治疗仪	20142260632
Sheldon Manufacturing, Inc.	二氧化碳培养箱	20142412788
Siemens Healthcare Diagnostics Inc.	C-反应蛋白测定试剂盒(免疫比浊法)	20142400560
Siemens Healthcare Diagnostics Inc.	N-乙酰普鲁卡因酰胺测定试剂盒(比浊法)	20142400702
Siemens Healthcare Diagnostics Inc.	pH 电极	20142400219
Siemens Healthcare Diagnostics Inc.	pH 电极	20142401535
Siemens Healthcare Diagnostics Inc.	α-1-抗胰蛋白酶测定试剂盒(免疫比浊法)	20142401728
Siemens Healthcare Diagnostics Inc.	γ-谷氨酰转肽酶测定试剂盒(速率法)	20142401729
Siemens Healthcare Diagnostics Inc.	白细胞分类试剂	20141401603
Siemens Healthcare Diagnostics Inc.	丙型肝炎病毒抗体测定试剂盒(化学发光法)	20143401110
Siemens Healthcare Diagnostics Inc.	补体 C3 测定试剂盒(免疫比浊法)	20142400562
Siemens Healthcare Diagnostics Inc.	补体 C4 测定试剂盒(免疫比浊法)	20142400561
Siemens Healthcare Diagnostics Inc.	参比电极	20142400222
Siemens Healthcare Diagnostics Inc.	参比电极	20142401534
Siemens Healthcare Diagnostics Inc.	雌二醇测定试剂盒(直接化学发光法)	20142404488
Siemens Healthcare Diagnostics Inc.	胆碱酯酶测定试剂盒(丁酰硫代胆碱法)	20142401733
Siemens Healthcare Diagnostics Inc.	低密度脂蛋白胆固醇测定试剂盒(直接法)	20142405061
Siemens Healthcare Diagnostics Inc.	淀粉酶测定试剂盒(速率法)	20142403558
Siemens Healthcare Diagnostics Inc.	电解质标准液	20142405052
Siemens Healthcare Diagnostics Inc.	电解质标准液	20142405053
Siemens Healthcare Diagnostics Inc.	电解质参比液(间接离子选择电极法)	20142401599
Siemens Healthcare Diagnostics Inc.	电解质缓冲液(间接离子选择电极法)	20142401600
Siemens Healthcare Diagnostics Inc.	电解质校准液	20142401601
Siemens Healthcare Diagnostics Inc.	对乙酰氨基酚测定试剂盒(比色法)	20142400700
Siemens Healthcare Diagnostics Inc.	多项蛋白定标液	20142404435
Siemens Healthcare Diagnostics Inc.	二氧化碳电极	20142400223
Siemens Healthcare Diagnostics Inc.	二氧化碳电极	20142401533
Siemens Healthcare Diagnostics Inc.	钙测定试剂盒(邻甲酚酞络合酮法)	20142405729
Siemens Healthcare Diagnostics Inc.	钙电极	20142400224
Siemens Healthcare Diagnostics Inc.	钙电极	20142401536
Siemens Healthcare Diagnostics Inc.	甘油三酯测定试剂盒(酶法)	20142405728
Siemens Healthcare Diagnostics Inc.	高密度脂蛋白胆固醇测定试剂盒(直接法)	20142401607
Siemens Healthcare Diagnostics Inc.	革兰氏阳性菌鉴定及折点药敏板	20142403578
Siemens Healthcare Diagnostics Inc.	革兰氏阴性菌鉴定板	20142401730
Siemens Healthcare Diagnostics Inc.	化学发光底物	20141400359
Siemens Healthcare Diagnostics Inc.	化学发光底物	20141400360
Siemens Healthcare Diagnostics Inc.	化学发光免疫分析仪	20143405118
Siemens Healthcare Diagnostics Inc.	化学清洗液	20141402473
Siemens Healthcare Diagnostics Inc.	环孢霉素测定试剂盒(非均相免疫法)	20142400566
Siemens Healthcare Diagnostics Inc.	缓冲液	20142402231
Siemens Healthcare Diagnostics Inc.	缓冲液	20142403324
Siemens Healthcare Diagnostics Inc.	肌钙蛋白 I 定标液	20142405402

Siemens Healthcare Diagnostics Inc.	肌钙蛋白 I 质控品(低水平)	20142405365
Siemens Healthcare Diagnostics Inc.	肌钙蛋白 I 质控品(高水平)	20142405366
Siemens Healthcare Diagnostics Inc.	肌钙蛋白 I 质控品(中水平)	20142405367
Siemens Healthcare Diagnostics Inc.	肌酐测定试剂盒(比色法)	20142400549
Siemens Healthcare Diagnostics Inc.	肌酸激酶测定试剂盒(酶法)	20142404978
Siemens Healthcare Diagnostics Inc.	肌酸激酶测定试剂盒(速率法)	20142400563
Siemens Healthcare Diagnostics Inc.	肌酸激酶定标液	20142401117
Siemens Healthcare Diagnostics Inc.	肌酸激酶同工酶活性测定试剂盒(酶法)	20142404352
Siemens Healthcare Diagnostics Inc.	钾、钠、氯测定试剂盒(电极法)	20142403589
Siemens Healthcare Diagnostics Inc.	钾电极	20142400225
Siemens Healthcare Diagnostics Inc.	钾电极	20142401531
Siemens Healthcare Diagnostics Inc.	甲型肝炎病毒总抗体测定试剂盒(化学发光法)(HAVT)	20143401111
Siemens Healthcare Diagnostics Inc.	甲状腺素定标液	20142400569
Siemens Healthcare Diagnostics Inc.	甲状腺素结合率定标液	20142400701
Siemens Healthcare Diagnostics Inc.	碱性磷酸酶测定试剂盒(NPP-AMP 缓冲液法)	20142404850
Siemens Healthcare Diagnostics Inc.	碱性磷酸酶测定试剂盒(速率法)	20142401594
Siemens Healthcare Diagnostics Inc.	碱性磷酸酶定标液	20142405374
Siemens Healthcare Diagnostics Inc.	卡马西平测定试剂盒(比浊法)	20142403039
Siemens Healthcare Diagnostics Inc.	雷帕霉素检测定标液	20142401120
Siemens Healthcare Diagnostics Inc.	利多卡因测定试剂盒(比浊法)	20142400704
Siemens Healthcare Diagnostics Inc.	氯电极	20142400220
Siemens Healthcare Diagnostics Inc.	氯电极	20142401532
Siemens Healthcare Diagnostics Inc.	梅毒螺旋体抗体测定试剂盒(化学发光法)	20143402258
Siemens Healthcare Diagnostics Inc.	梅毒螺旋体抗体质控品	20143402259
Siemens Healthcare Diagnostics Inc.	镁测定试剂盒(二甲苯胺蓝法)	20142405481
Siemens Healthcare Diagnostics Inc.	美沙酮定标/质控品	20143400760
Siemens Healthcare Diagnostics Inc.	美沙酮检测试剂(酶放大免疫检测法)	20143402238
Siemens Healthcare Diagnostics Inc.	免疫球蛋白 A 测定试剂盒(比浊法)	20142400551
Siemens Healthcare Diagnostics Inc.	免疫球蛋白 A 测定试剂盒(免疫比浊法)	20142405063
Siemens Healthcare Diagnostics Inc.	免疫球蛋白 G 测定试剂盒(免疫比浊法)	20142405727
Siemens Healthcare Diagnostics Inc.	钠电极	20142400226
Siemens Healthcare Diagnostics Inc.	钠电极	20142401529
Siemens Healthcare Diagnostics Inc.	尿酸测定试剂盒(尿酸酶法)	20142401582
Siemens Healthcare Diagnostics Inc.	尿微量白蛋白/肌酐质控品	20142405229
Siemens Healthcare Diagnostics Inc.	尿液分析校准品	20142403332
Siemens Healthcare Diagnostics Inc.	尿液分析阳性质控品	20142403928
Siemens Healthcare Diagnostics Inc.	尿液分析阴性质控品	20142401726
Siemens Healthcare Diagnostics Inc.	尿液检测试纸(干化学法)	20142402070
Siemens Healthcare Diagnostics Inc.	葡萄糖测定试剂盒(酶法)	20142404348
Siemens Healthcare Diagnostics Inc.	普鲁卡因酰胺测定试剂盒(比浊法)	20142400703
Siemens Healthcare Diagnostics Inc.	前白蛋白测定试剂盒(免疫比浊法)	20142405062
Siemens Healthcare Diagnostics Inc.	前白蛋白定标液	20142404449
Siemens Healthcare Diagnostics Inc.	鞘液	20141401602
Siemens Healthcare Diagnostics Inc.	庆大霉素测定试剂盒(比浊法)	20142402075
Siemens Healthcare Diagnostics Inc.	全自动化学发光免疫分析仪	20143404170
Siemens Healthcare Diagnostics Inc.	全自动化学发光免疫分析仪	20143404413
Siemens Healthcare Diagnostics Inc.	全自动生化分析仪	20142402313
Siemens Healthcare Diagnostics Inc.	全自动微生物鉴定及药敏分析系统	20142403269
Siemens Healthcare Diagnostics Inc.	全自动样品处理系统	20141402223
Siemens Healthcare Diagnostics Inc.	全自动整合式生化分析仪	20142402782
Siemens Healthcare Diagnostics Inc.	人绒毛膜促性腺激素测定试剂盒(非均相免疫法)	20142404440
Siemens Healthcare Diagnostics Inc.	人绒毛膜促性腺激素定标液	20142404347
Siemens Healthcare Diagnostics Inc.	乳酸脱氢酶测定试剂盒(酶法)	20142404980
Siemens Healthcare Diagnostics Inc.	瑞氏-姬姆萨染色缓冲液	20141401719
Siemens Healthcare Diagnostics Inc.	瑞氏-姬姆萨染色液	20141401608
Siemens Healthcare Diagnostics Inc.	糖化血红蛋白质控品	20142405231
Siemens Healthcare Diagnostics Inc.	天冬氨酸氨基转移酶测定试剂盒(速率法)	20142400558
Siemens Healthcare Diagnostics Inc.	铁测定试剂盒(亚铁嗪法)	20142405482
Siemens Healthcare Diagnostics Inc.	铁蛋白测定试剂盒(非均相免疫法)	20142404441
Siemens Healthcare Diagnostics Inc.	铁蛋白定标液	20142404439

Siemens Healthcare Diagnostics Inc.	万古霉素测定试剂盒(比浊法)	20142400699
Siemens Healthcare Diagnostics Inc.	网织红细胞染色试剂	20141401604
Siemens Healthcare Diagnostics Inc.	网织红细胞质控品	20142401115
Siemens Healthcare Diagnostics Inc.	微生物分析仪	20142403465
Siemens Healthcare Diagnostics Inc.	血气测定试剂盒(电极法)	20142403124
Siemens Healthcare Diagnostics Inc.	血气分析仪	20142400217
Siemens Healthcare Diagnostics Inc.	血气分析仪	20142400218
Siemens Healthcare Diagnostics Inc.	血气分析仪	20142402991
Siemens Healthcare Diagnostics Inc.	血气分析仪用校准液	20142403225
Siemens Healthcare Diagnostics Inc.	血糖/乳酸零点校准液	20142403325
Siemens Healthcare Diagnostics Inc.	血糖/乳酸校准液	20142403323
Siemens Healthcare Diagnostics Inc.	血细胞分析仪质控品	20142401113
Siemens Healthcare Diagnostics Inc.	血液分析仪校准液	20142401114
Siemens Healthcare Diagnostics Inc.	盐桥液	20142404979
Siemens Healthcare Diagnostics Inc.	洋地黄毒苷测定试剂盒(非均相免疫法)	20143401112
Siemens Healthcare Diagnostics Inc.	氧电极	20142400221
Siemens Healthcare Diagnostics Inc.	氧电极	20142401530
Siemens Healthcare Diagnostics Inc.	样本稀释液	20142405054
Siemens Healthcare Diagnostics Inc.	样本稀释液	国械备 20140356 号
Siemens Healthcare Diagnostics Inc.	药物定标液	20143403038
Siemens Healthcare Diagnostics Inc.	乙醇测定试剂盒(酶法)	20142401119
Siemens Healthcare Diagnostics Inc.	乙型肝炎病毒表面抗体测定试剂盒(化学发光法)	20143404355
Siemens Healthcare Diagnostics Inc.	乙型肝炎病毒表面抗体质控品	20143404354
Siemens Healthcare Diagnostics Inc.	乙型肝炎病毒表面抗原测定试剂盒(化学发光法)(HBs)	20143404865
Siemens Healthcare Diagnostics Inc.	乙型肝炎病毒表面抗原确认试剂盒(化学发光法)(Conf)	20143404429
Siemens Healthcare Diagnostics Inc.	乙型肝炎病毒表面抗原质控品	20143404430
Siemens Healthcare Diagnostics Inc.	乙型肝炎病毒核心抗体测定试剂盒(化学发光法)(HBcT)	20143404864
Siemens Healthcare Diagnostics Inc.	乙型肝炎病毒核心抗体质控品	20143404428
Siemens Healthcare Diagnostics Inc.	游离甲状腺激素/甲状腺刺激素定标液	20142404438
Siemens Healthcare Diagnostics Inc.	载脂蛋白 B 测定试剂盒(免疫比浊法)	20142401118
Siemens Healthcare Diagnostics Inc.	脂肪酶测定试剂盒(速率法)	20142405064
Siemens Healthcare Diagnostics Inc.	脂肪酶定标液	20142401606
Siemens Healthcare Diagnostics Inc.	转铁蛋白测定试剂盒(比浊法)	20142405144
Siemens Healthcare Diagnostics Inc.	转铁蛋白测定试剂盒(免疫比浊法)	20142400559
Siemens Healthcare Diagnostics Inc.	总蛋白测定试剂盒 (双缩脲法)	20142403072
Siemens Healthcare Diagnostics Inc.	全自动制片仪	20141411537
Siemens Healthcare Diagnostics Inc.	21 三体综合征，18 三体综合征和神经管缺陷风险计算软件	20142702795
SIEMENS MEDICAL SOLUTIONS USA, INC.	超声探头	20142231653(更)
SIEMENS MEDICAL SOLUTIONS USA, INC.	超声探头	20143231940
Siemens Medical Solutions USA, Inc.	超声系统	20143230720
Siemens Medical Solutions USA, Inc.	超声诊断系统	20143231944
Siemens Medical Solutions USA, Inc.	超声诊断系统	20143232840
Siemens Medical Solutions USA, Inc.	超声诊断系统	20143232924
Siemens Medical Solutions USA, Inc.	超声诊断系统	20143232925
Siemens Medical Solutions USA, Inc.	超声诊断系统	20143233182
Siemens Medical Solutions USA, Inc.	超声诊断系统	20143235112
Siemens Medical Solutions USA, Inc.	正电子发射及 X 射线计算机断层成像系统	20143330514
Siemens Medical Solutions USA, Inc.	正电子发射及 X 射线计算机断层成像系统	20143330515
Siemens Medical Solutions USA, Inc.	正电子发射及 X 射线计算机断层成像系统	20143330516
Siemens Medical Solutions USA, Inc.	正电子发射及 X 射线计算机断层成像系统	20143330517
Siemens Medical Solutions USA, Inc.	核医学图像分析软件	20142704311
Siemens Medical Solutions USA,Inc.	心腔内超声导管(ACUSON AcuNav)	20143235683
Siemens Medical Solutions USA,Inc.	单光子发射及 X 射线计算机断层成像系统	20143330396
Siemens Medical Solutions USA,Inc.	单光子发射及 X 射线计算机断层成像系统	20143330397
Siemens Medical Solutions USA,Inc.	单光子发射及 X 射线计算机断层成像系统	20143330398
Siemens Medical Solutions USA,Inc.	单光子发射及 X 射线计算机断层成像系统	20143330399
Siemens Medical Solutions USA,Inc.	核医学图像分析软件	20143701202
Sienco Inc.	活化凝血时间和凝血速率检测试剂盒(粘弹性检测法)	20142402060
SleepNet Corporation	呼吸鼻罩	20142545554
SleepNet Corporation	呼吸面罩	20142545553

Smith & Nephew Inc.	半月板修补器械	20142102747
Smith & Nephew Inc.	半月板修补器械	20142102747
Smith & Nephew Inc.	软骨移植器械	20142104515
Smith & Nephew Inc.	宫腔镜及附件	20143224078
Smith & Nephew Inc.	可吸收螺钉(BioRCI)	20143465035
Smith & Nephew Inc.	组织粉碎器(TRUCLEAR)	20143542375
Smith & Nephew Inc.Endoscopy Division	内窥镜手术手动工具	20142225898
Smith & Nephew Inc.Endoscopy Division	钛合金带线锚钉(带针)(Twinfix)	20143464587
Smith & Nephew, Inc.	股骨近端锁定钢板系统(PERI-LOC)	20143466143
Smith & Nephew, Inc.	踝关节融合锁定钢板系统(PERI-LOC)	20143461858
Smith & Nephew, Inc.	界面螺钉(SoftSilk)	20143465678
Smith & Nephew, Inc.	钛锁定接骨板系统(PERI-LOC)	20143464539
Smith & Nephew, Inc.	伤口治疗负压包(爱纳苏)	20143660045
Smith & Nephew, Inc. Endoscopy Division	软组织固定物	20143463665
Smith & Nephew,Inc.	接骨板螺钉工具系统	20141101795
Smith & Nephew,Inc.	髋臼锉	国械备 20140240 号
Smith & Nephew,Inc.	全髋关节置换手术手动工具	国械备 20140087 号
Smith & Nephew,Inc.	膝关节手术器械	国械备 20140291 号
Smith & Nephew,Inc.	半髋关节假体组件(Tandem)	20143463488
Smith & Nephew,Inc.	非骨水泥股骨柄	20143465038
Smith & Nephew,Inc.	非骨水泥股骨柄(Synergy)	20143463792
Smith & Nephew,Inc.	股骨髓内钉系统(亚洲型)	20143464743
Smith & Nephew,Inc.	固定针(TSF)	20143463364
Smith & Nephew,Inc.	胫骨部件-胫骨衬垫(GII)	20143461021
Smith & Nephew,Inc.	髋臼系统	20143465626
Smith & Nephew,Inc.	陶瓷股骨头(BIOLOX DELTA)	20143464645
Smith & Nephew,Inc.	套袖	20143463251
Smith & Nephew,Inc.	无领抛光骨水泥柄(CPCS)	20143460929
Smith &Nephew Inc.	宫腔镜手术器械	20142223827
Smith &Nephew Inc.	关节镜入路套管(CLEAR-TRAC)	20142220489
Smith &Nephew Inc.	可吸收带线锚钉及配套工具(RAPTORMITE)	20143460094
Smith &Nephew Inc.	可吸收弯曲导向带线锚钉(Osteoraptor)	20143460435
Smith &Nephew,Inc.	股骨柄系统(SMF)	20143461406
Smith &Nephew,Inc.Endoscopy Division	内窥镜手术手动工具	20142104720
Smith&Nephew Inc.	交叉韧带重建导向系统	20142100744
Smith&Nephew,Inc.	髋部联合加压交锁髓内钉系统(TriGen InterTAN)	20143465639
Smiths Medical ASD, Inc.	高压造影防针刺伤输液针套件(GRIPPER PLUS POWER P.A.C.)	20143150624
Smiths Medical ASD, Inc.	输液泵	20142540997
Smiths Medical ASD, Inc.	高压三通旋塞	20143660452
Smiths Medical ASD, Inc.	气管切开插管(Bivona®)	20142663433
Smiths Medical ASD, Inc.	气管切开插管(Bivona®)	20142662631
Smiths Medical ASD, Inc.	血管造影套装及管路	20143663676
Smiths Medical ASD, Inc.	双 Y 型接口	20143771304
Smiths Medical ASD,Inc	输液管理套装和延长管(CADD)	20143540917
Smiths Medical ASD,Inc.	储液盒(CADD®)	20143543357
Smiths Medical ASD,Inc.	储液盒(CADD®)	20143543474
Smiths Medical ASD,Inc.	振动正压通气治疗系统(Portex® acapella®)	20142561454
Solta Medical Inc.	双波长激光系统	20143243420
Somatics, LLC	电痉挛治疗仪	20143264943
Somnetics International Inc.	持续正压通气呼吸机	20142541663
Sonomed, Inc.	便携式超声诊断设备	20142235099
Sonomed, Inc.	眼科 B 超超声诊断仪	20143231923
SonoSite, Inc.	便携式彩色超声诊断仪	20143233513
SonoSite, Inc.	超声诊断系统	20143235485
Spacelabs Healthcare, Inc.	病人监护仪	20143214387
Spacelabs Medical, Inc.	病人监护仪	20143212834
Spacelabs Medical, Inc.	病人监护仪	20143213166
Spacelabs Medical,Inc.	病人监护仪	20143212230
Spacelabs Medical,Inc.	病人监护仪	20143212230
Spectranetics Corporation	电极导管锁紧系统	20143770878

Stryker Instruments	骨动力系统(System 6)	20142102800
Stryker Instruments	经皮椎间盘切除器(Dekompressor)	20143103983
Stryker Instruments	小型电池骨动力手机	20142102218
Stryker Instruments	医用个人防护系统	20142344002
Stryker Instruments	骨组织活检器械	20143544735
Stryker Instruments	脉冲冲洗手机及附件(Interpulse)	20142543133
Stryker Instruments	气动系统(Maestro)	20142543511
Stryker Instruments	经皮骨水泥搅拌注入系统	20142664627
Stryker Medical	产床	20142544156
Stryker Medical	医用电动床	20142566088
Stryker Neurovascular	分离系统	20142455660
Stryker Neurovascular	弹簧圈(GDC 360)	20143773644
Stryker Neurovascular	弹簧圈(GDC-10 UltraSoft)	20143773645
Stryker Neurovascular	神经导丝(Synchro)	20143774714
STRYKER SPINE, INC	丝攻	国械备 20140294 号
STRYKER SPINE,INC	脊柱微创内固定系统组件(MANTIS)	20143460161(更)
Sunlight Medical, Inc.	体外受精显微操作管	20142545680
Sunoptic Technologies, LLC	脊柱外科用工具 - 光纤	20142241654
Surgical Specialties Corporation	医用可吸收缝合线(POLYSYN (普利迅缝线))	20143652810
Surgical Specialties Corporation,dba Angiotech	可吸收性外科缝线(可吸收自封缝合线)	20143650855
SurgiQuest, Inc.	穿刺器及其附件	20142156073
SURGIQUEST,INC.	气腹机	20142544025
Symmetry Surgical A Div of Symmetry Medical	环形牵开器	国械备 20140271 号
Synovis Surgical Innovations, a Division of Synovis Life Technologies, Inc. (A Subsidiary of Baxter International Inc.)	冠状动脉分流栓(Flo-Thru)	20143076178
Synvasive Technology, Inc.	膝关节手术器械	国械备 20140152 号
TearScience,Inc	睑板腺检查器	20141040480
Techlab, Inc	艰难梭菌毒素 A/B 检测试剂盒(酶联免疫法)	20143404545
Techlab, Inc.	艰难梭菌谷氨酸脱氢酶抗原及毒素检测试剂盒(酶联免疫层析法)	20143403929
Tecomet Inc.	脊柱手术工具	20141100751
TeDan Surgical Innovations, LLC	拉钩(TSI)	20141010473
TeDan Surgical Innovations, LLC	牵开器(TSI)	20141011361
TeDan Surgical Innovations, LLC	吸引管(TSI)	20141010753
Teleflex Medical	可拆卸的内窥镜施夹钳及除夹钳	20142010800
Teleflex Medical	牵开器(Pilling)	20141011462
Teleflex Medical	打孔器	20142072463
Teleflex Medical	结扎钉(Hemoclip Traditional)	20143465241
Teleflex Medical	结扎夹和自动结扎钳(Hem-o-lok)	20143466018
Teleflex Medical	深呼吸训练器	20141541187
Teleflex Medical	一次性使用皮肤缝合器及启钉器	20142650144
Teleflex Medical	麻醉呼吸回路	20142662327
Teratech Corporation	超声诊断系统	20142231418
Terumo BCT, Inc.	一次性使用离心带式血液成分分离器	20143664637
Terumo Cardiovascular Systems Corporation	一次性内窥镜静脉采集系统(Terumo)	20143220003
TGM MEDICAL, Inc.	双极假体	20143465581
Thermo Fisher Scientific (Asheville) LLC	低温保存箱	20142581754
Thermo Fisher Scientific (Asheville) LLC	低温保存箱	20142581754
Thermo Fisher Scientific (Asheville) LLC	血液冷藏箱	20142585813
Thermo Fisher Scientific(Asheville)LLC	二氧化碳培养箱	20142411335
Thermo Fisher Scientific(Asheville)LLC	二氧化碳培养箱	20142411335
ThermoGenesis Corp.	脐血分离装置	20143455298
Topcon Medical Laser Systems, Inc.	眼科激光光凝机	20143241924
Topcon Medical Laser Systems, Inc.	眼科激光光凝机	20143241925
TRANSONIC Systems Inc.	超声流量仪	20143231747
Transonic Systems Inc.	血液透析用血流监测系统	20143454226
Transonic Systems, Inc.	超声流量计	20142233143
TRIMEDYNE,INC.	钬(Ho:YAG)激光治疗仪(Trimedyne OmniPulse MAX®)	20143240579
Trinity Biotech(Primus Corporation dba Trinity Biotech)	高压液相全自动变异血红蛋白分析仪	20142403268
Trinity Biotech(Primus Corporation dba Trinity Biotech)	硼酸盐亲和层析柱	国械备 20140131 号

Trinity Biotech(Primus Corporation dba Trinity Biotech)	亲和层析高压液相糖化血红蛋白检测仪	20142403527
Trinity Biotech(Primus Corporation dba Trinity Biotech)	糖化血红蛋白校准品	20142401129
Trinity Biotech(Primus Corporation dba Trinity Biotech)	血红蛋白对照液	20142400645
TZ Medical, Inc	创口贴片(海王星)	20142640897
U.S.IOL,INC	折叠式非球面人工晶状体(世纪新秀)	20143220946
U.S.IOL,INC	折叠式人工晶状体(优视)	20143225033
U.S.IOL,INC	非吸收性缝合线 带针(帝恩帝(D&D))	20142653246
Ultradent Products Inc.	输送器	20141062604
Ultradent Products Inc.	机用根管锉(Endo-Eze TiLOS)	20142552745
Ultradent Products Inc.	机用根管锉(Endo-Eze TiLOS)	20142552745
Ultradent Products Inc.	牙钻(UniCore)	20142556078
Ultradent Products Inc.	牙齿美白胶	20143633407
Ultradent Products Inc.	牙齿美白胶(Opalescence Boost)	20143633837
Ultradent Products Inc.	牙釉质研磨膏(Opalustre)	20142630795
Ultradent Products Inc.	研磨刷(STARbrush)	20141632607
Ultradent Products Inc.	止血排龈凝胶(ViscoStat Clear)	20143631303
Ultradent Products, Inc.	输送头	20141531473
Ultradent Products, Inc.	车针	20142555016
Ultradent Products, Inc.	缝隙封闭糊剂(OraSeal)	20142633794
Ultradent Products, Inc.	根管润滑剂	20142633532
Ultradent Products, Inc.	抛光器(Jiffy Polishers)	20141631322
Ultradent Products, Inc.	抛光刷	20142634126
Ultradent Products,Inc.	抛光手机	20142552174
Umbel Corporation	电动液压手术台	20142544035
Varian Medical Systems Interay	X射线管组件	20142313136
Varian Medical Systems Interay	X射线管组件	20142315244
Varian Medical Systems, Inc.	医用直线加速器	20143325307
Varian Medical Systems, X-Ray Products	X射线管组件	20142311674
Varian Medical Systems,Inc.	医用直线加速器	20143324815
Varian Medical Systems,Inc.	医用直线加速器	20143324815
Varian Medical Systems,Inc.	放射治疗电磁定位系统	20143335414
Varian Medical Systems,Inc.	放射治疗记录与验证系统	20143702378
Varian Medical Systems,Inc.	放射治疗记录与验证系统	20143702378
Varian Medical Systems,Inc.	近距离放射治疗计划系统	20143702221
Varian Medical Systems,Inc.	近距离放射治疗计划系统	20143702221
Ventana Medical Systems, Inc.	刚果红染色液	国械备20140017号
Ventana Medical Systems, Inc.	全自动组织化学染色机(全自动单独滴染染色机)	20141412586
Ventana Medical Systems, Inc.	自动染片机	国械备20140160号
Ventana Medical Systems, Inc.	HER2(4B5)病理图像分析软件	20142705515
Ventana Medical Systems, Inc.	Ki-67(30-9)病理图像分析软件	20142705514
Ventana Medical Systems, Inc.	p53(DO-7)病理图像分析软件	20142705517
Ventana Medical Systems, Inc.	孕酮受体(1E2)病理图像分析软件	20142705516
Ventana Medical Systems,Inc.	DAB染色液	20141402757
Ventana Medical Systems,Inc.	DNP抗体试剂	20143402093
Ventana Medical Systems,Inc.	Ki-67抗体试剂	20143402342
Ventana Medical Systems,Inc.	Ki-67抗体试剂	20143402342
Ventana Medical Systems,Inc.	返蓝染色液	20141402100
Ventana Medical Systems,Inc.	抗bcl-2(SP66)兔单克隆抗体试剂(免疫组织化学法)	20143405448
Ventana Medical Systems,Inc.	抗CD79a (SP18)兔单克隆抗体试剂(免疫组织化学法)	20143404330
Ventana Medical Systems,Inc.	抗c-Kit (9.7) 兔单克隆抗体试剂(免疫组织化学法)	20143401071
Ventana Medical Systems,Inc.	抗LMO2(1A9-1)鼠单克隆抗体试剂(免疫组织化学法)	20143404328
Ventana Medical Systems,Inc.	抗p16 (E6H4)鼠单克隆抗体试剂 (免疫组织化学法)	20143402248
Ventana Medical Systems,Inc.	抗Pax5 (SP34) 兔单克隆抗体试剂(免疫组织化学法)	20143404332
Ventana Medical Systems,Inc.	抗表皮生长因子受体(3C6)鼠单克隆抗体试剂(免疫组织化学法)	20143404331
Ventana Medical Systems,Inc.	抗表皮生长因子受体(5B7)兔单克隆抗体试剂(免疫组织化学法)	20143404327
Ventana Medical Systems,Inc.	抗雌激素受体(SP1)兔单克隆抗体试剂(免疫组织化学法)	20143403110
Ventana Medical Systems,Inc.	抗甲状腺转录因子-1(SP141)兔单克隆抗体试剂(免疫组织化学法)	20143404276
Ventana Medical Systems,Inc.	抗拓扑异构酶IIα(JS5B4)兔单克隆抗体试剂(免疫组织化学法)	20143404329
Ventana Medical Systems,Inc.	抗细胞周期蛋白 D1 (SP4-R) 兔单克隆抗体试剂(免疫组织法)	20143403930
Ventana Medical Systems,Inc.	抗胰岛素样生长因子受体1(G11)兔单克隆抗体试剂(免疫组织法)	20143404863

Ventana Medical Systems, Inc.	清洗缓冲液	20141402096
Ventana Medical Systems, Inc.	清洗缓冲液	20141402097
Ventana Medical Systems, Inc.	苏木素染色液	20141402094
Ventana Medical Systems, Inc.	苏木素染色液	20141402095
Ventana Medical Systems, Inc.	酸清洗缓冲液	20141402101
Ventana Medical Systems, Inc.	兔单克隆阴性质控抗体	20143403111
Ventana Medical Systems, Inc.	脱蜡清洗液	20141402755
Ventana Medical Systems, Inc.	伊红染色液	20141402752
Ventana Medical Systems, Inc.	原位杂交蓝染染色液	20141401141
Ventana Medical Systems, Inc.	原位杂交切片清洗用蛋白酶	20141402753
Ventana Medical Systems, Inc.	原位杂交切片清洗用蛋白酶	20141402756
Ventana Medical Systems, Inc.	原位杂交银染染色液	20141402759
Ventana Medical Systems, Inc.	孕酮受体抗体试剂(免疫组化法)	20143403112
Ventana Medical Systems, Inc.	孕酮受体抗体试剂(免疫组化法)	20143403112
Ventana Medical Systems, Inc.	增强DAB染色液	20141402754
Verathon Inc.	视频喉镜系统	20142225945
Verathon Inc.	视频喉镜系统	20142225946
Verathon Inc.	视频喉镜系统	20142225947
Verathon Inc.	视频喉镜系统	20142225948
Verathon Inc.	视频喉镜系统	20142225949
Verathon Inc.	视频喉镜系统	20142225950
Verathon Inc.	一次性使用视芯套	20142224687
VERATHON INC.	膀胱容量测量仪(BladderScanTM)	20142231173
Vidacare Corporation	骨水泥输送装置(OnControl)	20142105009
Vidacare Corporation	骨髓抽吸针(OnControl)	20143154575
Vidacare Corporation	骨髓活检针(OnControl)	20143154576
Vidacare Corporation	一次性使用穿刺针套件(EZ-IO)	20143151914
Volcano Corporation	血管内超声波诊断仪	20143232195
Volcano Corporation	血管内超声波诊断仪	20143233186
Volcano Corporation	血管内超声成像导管	20143772728
Volcano Corporation	血管内超声诊断导管	20143772371
Volcano Corporation	压力导丝	20143774770
Vycor Medical Inc.	一次性使用脑部扩张器	20142035548
W.L. Gore & Associates, Inc.	腹主动脉覆膜血管内支架系统(GORE® EXCLUDER®)	20143465403
W.L. Gore & Associates, Inc.	肝素涂层血管内覆膜支架系统(GORE VIABAHN)	20143462817
W.L. GORE & ASSOCIATES, INC.	软组织补片(GORE-TEX)	20143460898
W.L. GORE & ASSOCIATES, INC.	微孔补片(GORE MYCROMESH)	20143460899
W.L. Gore & Associates, Inc.	三叶球囊导管	20143666063
W.L. Gore & Associates, Inc.	三叶球囊导管	20143666063
W.L. GORE & ASSOCIATES, INC.	带阀导引鞘	20143771182
W.L. GORE &ASSOCIATES, INC.(戈尔公司)	人工血管(GORE-TEX)	20143461471
W.L.GORE & ASSOCIATES, INC.	TIPS覆膜支架系统(GORE® VIATORR®)	20143466223
Waters Corporation	超高效液相色谱串联质谱系统	20142401651
Welch Allyn, Inc.	红外耳温计	20142200196
Welch Allyn, Inc	电子体温计	20142203175
Welch Allyn, Inc.	心电图机(Welch Allyn CP150)	20142214473
Welch Allyn, Inc.	视力筛选仪	20142221216
Western Systems Research .Inc	前庭功能自动旋转检测仪	20142211520
Wilson-Cook Medical Inc.	球囊扩张导管	20142226069
Wilson-Cook Medical Inc.	球囊扩张导管	20142226069
Wilson-Cook Medical Inc.	逆行性胰/胆管造影导管(Fusion Omni)	20142665902
Wilson-Cook Medical Incorporated	细胞活检刷	20142223393
Wilson-Cook Medical Incorporated	细胞活检刷	20142224667
Wilson-Cook Medical Incorporated	细胞活检刷	20142224668
Wilson-Cook Medical Incorporated	鼻空肠饲养管套装	20142660262
Wilson-Cook Medical Incorporated	胆道扩张导管(Fusion)	20142663649
Wilson-Cook Medical Incorporated	胃造瘘置换套装(Passport®)	20142660263
Worldwide Innovations & Technologies, Inc.	医用X射线防护用品(RADPAD)	20142345962
Worldwide Innovations &Technologies, Inc.	医用X射线防护用品(RADPAD)	20141341489
Wright Medical Technology, Inc	足踝髓内钉系统	20143462866

Wright Medical Technology, Inc.	骨铰刀	国械备 20140228 号
Wright Medical Technology, Inc.	髋关节手术器械(DYNASTY)	20141102734
Wright Medical Technology, Inc.	髋关节手术器械(Lineage)	20141100750
Wright Medical Technology, Inc.	髋关节手术器械(PROFEMUR)	20141101907
Wright Medical Technology, Inc.	股骨柄系统(PROFEMUR)	20143462694
Wright Medical Technology, Inc.	股骨柄系统(PROFEMUR)	20143462694
Wright Medical Technology, Inc.	骨填充物	20143466163
Wright Medical Technology, Inc.	骨移植替代物(OSTEOSET XR)	20143464753
Wright Medical Technology, Inc.	骨移植替代物(PRO-DENSE)	20143466165
Wright Medical Technology, Inc.	全膝修复系统(Advance)	20143463795
Wright Medical Technology, Inc.	人工膝关节组件(Advance)	20143461051
Wright Medical Technology, Inc.	微创型注射填充物套件	20143461249
Wright Medical Technology, Inc.	微创型注射填充物套件	20143466167
Wright Medical Technology, Inc.	小骨骨折固定系统(DARCO)	20143463885
Wright Medical Technology, Inc.	中空螺钉系统(DARCO)	20143462894
Wright Medical Technology, Inc.	中空螺钉系统(DARCO)DARCO Headless Screw System	20143466164
Wright Medical Technology, Inc.	足踝钉板系统(ORTHOLOC)	20143466161
Wright Medical Technology, Inc.	足踝钉板系统(ORTHOLOC)	20143466162
Wright Medical Technology, Inc.	足踝钉板系统(ORTHOLOC)	20143466159
Wright Medical Technology, Inc.	足踝髓内钉系统	20143466166
Wright Medical Technology, Inc.	足踝髓内钉系统	20143466168
Wright Medical Technology, Inc.	足踝系统(Charlotte)	20143466160
Wright Medical Technology, Inc.	髋关节手术器械(MIS)	20141100756
Zest Anchors, LLC	牙科精密附着体	20142630466
Zest Anchors, LLC	种植体附件(Locator)	20143635005
Zest Anchors, LLC	种植体配套用基台(Locator)	20143635006
Zeus Scientific, Inc.	蛋白酶 3 IgG 检测试剂盒(酶联免疫法)	20142402136
Zeus Scientific, Inc.	抗核抗体检测试剂盒(多重微珠免疫法)	20142402127
Zeus Scientific, Inc.	抗核抗体检测试剂盒(酶联免疫法)	20142402130
Zeus Scientific, Inc.	抗中性粒细胞胞浆抗体检测试剂盒(多重微珠免疫法)	20142402128
Zeus Scientific, Inc.	抗中性粒细胞胞浆抗体检测试剂盒(酶联免疫法)	20142402510
Zeus Scientific, Inc.	可提取核抗原 IgG 检测试剂盒(酶联免疫法)	20142402129
Zeus Scientific, Inc.	类风湿因子检测试剂盒(多重微珠免疫法)	20142402132
Zeus Scientific, Inc.	双链 DNA 检测试剂盒(酶联免疫法)	20142402134
Zeus Scientific, Inc.	髓过氧化物酶 IgG 检测试剂盒(酶联免疫法)	20142402135
Zeus Scientific, Inc.	心磷脂 IgG 检测试剂盒(酶联免疫法)	20142402131
Zeus Scientific, Inc.	心磷脂 IgM 检测试剂盒(酶联免疫法)	20142402133
Zimmer Dental Inc.	牙科种植体	20143631626(更)
Zimmer Dental, Inc.	种植体配套用工具	20141061353
Zimmer Inc.	接骨钢板螺钉系统-直型锁定钢板(Zimmer 通用锁定)	20143461476
Zimmer Inc.	金属接骨板系统(CDCP)	20143460425
Zimmer Inc.	金属接骨板系统(Zimmer 围关节)	20143462895
Zimmer Inc.	金属接骨螺钉(Herbert™)	20143462465
Zimmer Inc.	金属接骨螺钉(NCB MotionLoc)	20143460041
Zimmer Inc.	金属接骨螺钉(NCB PP Warsaw)	20143463362
Zimmer Inc.	金属接骨螺钉(Zimmer 通用锁定(Zimmer Universal Locking))	20143460281
Zimmer Inc.	金属髓内钉(Zimmer Natural Nail)	20143460840
Zimmer Inc.	金属锁定接骨板(Zimmer 通用锁定(Zimmer Universal Locking))	20143460282
Zimmer Inc.	髋关节假体(CPT)	20143463876
Zimmer Inc.	髋关节假体(VerSys Advocate)	20143463481
Zimmer Inc.	髋关节假体-股骨头(VerSys12/14 锥形)	20143460817
Zimmer Inc.	髋关节假体-交联型超高分子量聚乙烯髋臼翻修衬垫	20143465031
Zimmer Inc.	髋关节假体组件-髋臼外杯及孔塞	20143465629
Zimmer Inc.	全膝关节假体系统	20143465628
Zimmer Inc.	全肘关节假体(Coonrad/Morrey)	20143464824
Zimmer Inc.	膝关节假体-股骨部件(NexGen)	20143460155
Zimmer Inc.	直型锁定接骨板螺钉系统(Zimmer ULS Ti Locking)	20143461264
Zimmer Inc.	共聚体骨水泥(Osteobond)	20143652515
Zimmer Orthopaedic Surgical Products	一次性清洗系统(Pulsavac Plus AC)	20142541861
Zimmer Spine, Inc.	脊柱内固定系统(InCompass)	20143463780

Zimmer Spine, Inc.	脊柱内固定系统(Sequoia)	20143460875(更)
Zimmer Spine, Inc.	脊柱内固定系统(Trinica 颈椎前路钛板系列)	20143460310
Zimmer Spine, Inc.	脊柱内固定系统组件(InCompass)	20143460856
Zimmer Spine, Inc.	颈前路钢板系统	20143464105
Zimmer Spine, Inc.	脊柱产品手动工具(Dynesys Top-Loading Spinal System)	20141100754
Zimmer Surgical, Inc.	骨水泥真空混合系统(Zimmer)	20142103439
Zimmer Surgical, Inc.	气动植皮刀(Zimmer)	20142163260
Zimmer Surgical, Inc.	电动植皮刀(Zimmer)	20142541164
Zimmer Surgical, Inc.	止血袖带(Zimmer)	20142546077
Zimmer Surgical, Inc.	真空脚踏泵(Zimmer)	20142543156
Zimmer Trabecular Metal Technology, Inc	椎体替代物(Trabecular Metal)	20143460159
Zimmer Trabecular Metal Technology, Inc.	股骨头坏死重建棒配套工具组合(Trabecular Metal)	20141101033
Zimmer Trabecular Metal Technology, Inc.	膝关节假体配套工具组合(Trabecular Metal Shapes)	20141100487
Zimmer Trabecular Metal Technology, Inc.	髋关节假体-髋臼填充块(Trabecular Metal)	20143460158
Zimmer Trabecular Metal Technology, Inc.	膝关节假体-填充块	20143465631
Zimmer Trabecular Metal Technology, Inc.	膝关节假体组件(Trabecular Metal Shapes)	20143464989
Zimmer Trabecular Metal Technology, Inc.	椎间融合器(TM Ardis)	20143465975
Zimmer Trabecular Metal Technology, Inc.	椎间融合器(TM Ardis)	20143465975
Zimmer Trabecular Metal Technology, Inc.	股骨头坏死重建棒(Trabecular Metal)	20143463245
Zimmer, Inc.	骨水泥工具(Zimmer)	20142106120
Zimmer, Inc.	肩关节肱骨柄(Zimmer 骨金属)	20143460891
Zimmer, Inc.	金属接骨板系统-异型钢板系列(Zimmer)	20143463415
Zimmer, Inc.	金属接骨板系统-直型钢板系列(Zimmer)	20143463416
Zimmer, Inc.	金属接骨钢板螺钉系统(Versa-FX II Femoral Fixation System)	20143464756
Zimmer, Inc.	髋关节假体-骨金属组合髋臼(Trabecular Metal)	20143461479
Zimmer, Inc.	髋关节假体-髋臼外杯(Trilogy)	20143464662
Zimmer, Inc.	髋关节假体-双极杯(MultiPolar)	20143460312
Zimmer, Inc.	中空螺钉(Magna-Fx)	20143463867
Zimmer, Inc.	骨水泥髓腔塞(Allen)	20143660286
Zimmer, Inc.	股骨柄(Zimmer 内/外侧锥形股骨柄)	20143461262
ZOLL CIRCULATION, Inc.	热交换控制器	20143543518
ZOLL Medical Corporation	除颤起搏监护仪	20143215484
ZOLL Medical Corporation	自动心肺复苏系统(ZOLL AutoPulse)	20143215483
ZONARE Medical Systems Inc.	彩色多普勒超声系统	20143236204
ZUGA MEDICAL, INC.	扭力扳手	国械备 20140173 号
波士顿科学公司	内窥镜超声活检针及配件(Expect)	20143153901
镀层服务有限责任公司	手术刀片(锋迅 IonFusion)	20142010191
柯万外科产品有限公司	高频手术镊子	20142251648
库克泌尿外科公司	一次性使用射频电极	20143254495
林弗泰克公司 d/b/a 康美林弗泰克	冷光源	20142225847
迈心诺公司	传感器	20142215103
美国 Nova Biomedical 公司	血糖分析仪	20142400016
美国 Nova Biomedical 公司	血糖分析仪	20142400017
美国 Nano-Ditech 公司	免疫层析检测仪	20142404366
美国 Nova 生物医学公司	BUN 电极(pHOx Ultra/CCX BUN 传感器)	20142404191
美国 Nova 生物医学公司	BUN 电极膜(pHOx Ultra/CCX BUN 传感器膜)	20142404193
美国 Nova 生物医学公司	pH 电极(pHOx Ultra/CCX pH 传感器)	20142404190
美国 Nova 生物医学公司	pH 电极(PHOX 系列 pH 传感器)	20142404202
美国 Nova 生物医学公司	参比电极(pHOx Plus/L/C 参比传感器)	20142404207
美国 Nova 生物医学公司	参比电极(pHOx Ultra/CCX 参比传感器)	20142404201
美国 Nova 生物医学公司	参比电极(pHOx 参比传感器)	20142404199
美国 Nova 生物医学公司	参比电极(Prime 参比传感器)	20142404821
美国 Nova 生物医学公司	二氧化碳电极(pHOx Ultra/CCX 二氧化碳传感器)	20142404186
美国 Nova 生物医学公司	二氧化碳电极(PHOX 系列二氧化碳传感器)	20142404187
美国 Nova 生物医学公司	二氧化碳电极膜(pHOx Ultra/CCX 二氧化碳传感器膜)	20142404208
美国 Nova 生物医学公司	二氧化碳电极膜(PHOX 系列二氧化碳传感器膜)	20142404185
美国 Nova 生物医学公司	肌酐电极(pHOx Ultra/CCX 肌酐传感器)	20142404188
美国 Nova 生物医学公司	肌酐电极膜(pHOx Ultra/CCX 肌酐传感器膜)	20142404189
美国 Nova 生物医学公司	肌酐分析仪	20142404417
美国 Nova 生物医学公司	钾电极	20142404949

美国Nova生物医学公司	钾电极(pHOx Ultra/CCX 钾传感器)	20142404205
美国Nova生物医学公司	离子钙电极(pHOx Plus/L/C 离子钙传感器)	20142404182
美国Nova生物医学公司	离子钙电极(pHOx Ultra/CCX 离子钙传感器)	20142404197
美国Nova生物医学公司	离子镁电极(pHOx Ultra/CCX 离子镁传感器)	20142404192
美国Nova生物医学公司	氯电极(pHOx Plus/L/C 氯传感器)	20142404184
美国Nova生物医学公司	氯电极(pHOx Ultra/CCX 氯传感器)	20142404180
美国Nova生物医学公司	钠电极(pHOx Plus/L/C 钠传感器)	20142404183
美国Nova生物医学公司	钠电极(pHOx Ultra/CCX 钠传感器)	20142404312
美国Nova生物医学公司	钠电极(pHOx 钠传感器)	20142404200
美国Nova生物医学公司	葡萄糖电极(pHOx Plus/L/C 葡萄糖传感器)	20142404211
美国Nova生物医学公司	葡萄糖电极(pHOx Ultra/CCX 葡萄糖传感器)	20142404203
美国Nova生物医学公司	葡萄糖电极膜(pHOx Plus L 葡萄糖传感器膜)	20142404812
美国Nova生物医学公司	葡萄糖电极膜(pHOx Ultra/CCX 葡萄糖传感器膜)	20142404196
美国Nova生物医学公司	乳酸电极(pHOx Plus L 乳酸传感器)	20142404204
美国Nova生物医学公司	乳酸电极(pHOx Ultra/CCX 乳酸传感器)	20142404195
美国Nova生物医学公司	乳酸电极膜(pHOx Plus L 乳酸传感器膜)	20142404822
美国Nova生物医学公司	乳酸电极膜(pHOx Ultra/CCX 乳酸传感器膜)	20142404181
美国Nova生物医学公司	血气分析仪(Prime)	20142404482
美国Nova生物医学公司	血气检测用电极(Prime 传感器卡)	20142405269
美国Nova生物医学公司	血氧饱和度电极(pHOx Ultra/CCX 血氧饱和度传感器)	20142404198
美国Nova生物医学公司	血氧饱和度电极(PHOX 系列血氧饱和度传感器)	20142404206
美国Nova生物医学公司	氧电极(pHOx Ultra/CCX 氧传感器)	20142404179
美国Nova生物医学公司	氧电极(pHOx/Basic/Plus/L/C 氧传感器)	20142404209
美国Nova生物医学公司	氧电极膜(pHOx Ultra/CCX 氧传感器膜)	20142404194
美国Nova生物医学公司	氧电极膜(pHOx/Basic/Plus/L/C 氧传感器膜)	20142404210
美国爱尔康公司	人工晶状体(Acrysof IQ)	20143226151
美国爱尔康公司	眼科手术显微镜	20142224043
美国艾美国际医疗技术有限公司	临床用变色体温计(艾美体温计)	20142203459
美国诊断监护软件公司	心电分析软件	20142703734
通产美伦	氩气控制器	20143251157

墨西哥

Conamco S.A. de C.V.	光固化粘接剂	20143635561
Conamco S.A. de C.V.	聚羧酸锌粘接用水门汀	20143635562
Conamco S.A. de C.V.	双固化树脂粘固剂	20143635563
Conamco S.A. de C.V.	正畸粘接剂	20142634512
STERIS MEXICO,S.de R.L.de C.V.	灭菌器	20142572357

挪威

Axis-Shield PoC AS	C-反应蛋白检测试剂盒(干式免疫散射色谱法)	20142405470
Axis-Shield PoC AS	C 反应蛋白检测试剂盒(免疫色谱法)	20142405361
Axis-Shield PoC AS	D-二聚体检测试剂盒(干式免疫散射色谱法)	20142405787
Axis-Shield PoC AS	D-二聚体检测试剂盒(干式免疫散射色谱法)	20142405787
Axis-Shield Poc AS	尿微量白蛋白检测试剂盒(胶体金法)	20142400732
Axis-Shield PoC AS	尿微量白蛋白质控液	20142401558
Axis-Shield PoC AS	糖化血红蛋白检测试剂盒(微粒色谱法)	20142404963
Axis-Shield PoC AS	特种蛋白干式免疫散射色谱分析仪	20142402773
Axis-Shield PoC AS	特种蛋白金标检测仪	20142401776
GE Vingmed Ultrasound AS	彩色超声诊断仪	20143233179
GE Vingmed Ultrasound AS	超声诊断仪	20142235830
GE Vingmed Ultrasound AS	超声诊断仪	20142235849
Laerdal Medical AS	电动吸引器	20142542390
Laerdal Medical AS	硅胶复苏器	20142542880
NordicNeuroLab AS	脑部磁共振图像处理软件	20143700764
NordicNeuroLab AS	脑部医用磁共振图像处理软件	20143700765

日本

A&T Corporation	电解质标准液(低值)	20142403021

A&T Corporation	电解质标准液(高值)	20142403023
A&T Corporation	活化部分凝血活酶时间检测试剂盒(干片法)	20142400655
A&T Corporation	尿电解质标准液(低值)	20142403020
A&T Corporation	尿电解质标准液(高值)	20142403022
A&T Corporation	凝血酶原时间检测试剂盒(干片法)	20142400653
A&T Corporation	纤维蛋白原检测试剂盒(干片法)	20142400654
A&T Corporation	血凝分析仪(血液凝固分析装置)	20142405253
A&T Corporation	样本前处理仪	20141402027
ALCARE CO., LTD.	造口袋	国械备20140361号
Alere Medical Co., Ltd.	乙型肝炎病毒表面抗原检测试剂盒(胶体硒法)	20143401595
ARKRAY Factory, Inc.	全自动糖化血红蛋白分析仪(ADAMS A1c)	20142405845
ARKRAY Factory, Inc.	γ-谷氨酰转肽酶检测试纸(酶活性测定法)	20142400565
ARKRAY Factory, Inc.	白蛋白检测试纸(化学法)	20142401708
ARKRAY Factory, Inc.	淀粉酶检测试纸(酶活性测定法)	20142400687
ARKRAY Factory, Inc.	钙检测试纸(化学法)	20142400575
ARKRAY Factory, Inc.	甘油三酸酯检测试纸(酶法)	20142400690
ARKRAY Factory, Inc.	干化学尿液分析试纸条	20142403961
ARKRAY Factory, Inc.	高密度脂蛋白-胆固醇检测试纸(酶法)	20142400564
ARKRAY Factory, Inc.	谷丙转氨酶检测试纸(酶活性测定法)	20142400685
ARKRAY Factory, Inc.	谷草转氨酶检测试纸(酶活性测定法)	20142401703
ARKRAY Factory, Inc.	果糖胺检测试纸(化学法)	20142401709
ARKRAY Factory, Inc.	肌酐检测试纸(化学法)	20142401711
ARKRAY Factory, Inc.	肌酸磷酸激酶检测试纸(酶活性测定法)	20142400555
ARKRAY Factory, Inc.	碱性磷酸酶检测试纸(酶活性测定法)	20142401710
ARKRAY Factory, Inc.	镁检测试纸(化学法)	20142400577
ARKRAY Factory, Inc.	尿素氮检测试纸(化学法)	20142400576
ARKRAY Factory, Inc.	尿酸检测试纸(酶法)	20142400683
ARKRAY Factory, Inc.	尿液分析试纸条(干化学法)	20142400677
ARKRAY Factory, Inc.	尿液分析试纸条(干化学法)	20142401556
ARKRAY Factory, Inc.	葡萄糖检测试纸(酶法)	20142400688
ARKRAY Factory, Inc.	全自动尿液分析及有形成份分析仪	20142402769
ARKRAY Factory, Inc.	乳酸脱氢酶检测试纸(酶活性测定法)	20142400554
ARKRAY Factory, Inc.	糖化血红蛋白校准品	20142400651
ARKRAY Factory, Inc.	无机磷检测试纸(化学法)	20142400686
ARKRAY Factory, Inc.	血氨试纸条	20142404253
ARKRAY Factory, Inc.	血红蛋白检测试纸(化学法)	20142401712
ARKRAY Factory, Inc.	血糖试纸(葡萄糖氧化酶法)	20142401290
ARKRAY Factory, Inc.	血糖仪(GLUCOCARD G+meter)	20142401331
ARKRAY Factory, Inc.	总胆固醇检测试纸(酶法)	20142400689
ARKRAY Factory, Inc.	总胆红素检测试纸(化学法)	20142400684
ARKRAY Factory, Inc.	总蛋白检测试纸(化学法)	20142400691
ASAHI INTECC CO., LTD.	PTCA导丝(ASAHI Gaia)	20143774141
ASAHI INTECC CO., LTD.	PTCA导丝(ASAHI SION black)	20143774561
ASAHI INTECC CO., LTD.	PTCA导丝(ASAHI SION)	20143773763
ASAHI INTECC CO., LTD.	PTCA导丝(ASAHI)	20143773239
ASAHI INTECC CO., LTD.	PTCA导丝(ASAHI)	20143773404
ASAHI INTECC CO., LTD.	PTCA导丝(ASAHI)	20143774142
ASAHI INTECC CO., LTD.	外周导丝(ASAHI)	20143773762
ASAHI KASEI PHARMA CORPORATION	糖化白蛋白测定试剂盒(酶法)(露喜佳 GA-L)	20142400361
ASAHI KASEI PHARMA CORPORATION	糖化白蛋白校准品	20142403202
ASAHI KASEI PHARMA CORPORATION	糖化白蛋白质控品	20142403025
ATOM MEDICAL 株式会社/アトムメテイィカル株式会社	婴儿培养箱(Dual Incu i)	20143541501
ATOM MEDICAL 株式会社/アトムメテイィカル株式会社	婴儿培养箱(Incu i)	20143545279
ATOM MEDICAL株式会社	婴儿辐射保暖台(Infa Warmer i)	20143545989
BIOTRONIK SE &Co.KG	一次性使用留置针	20143150883
CREATE MEDIC 株式会社	间歇性导尿管	20142664606
CREATE MEDIC 株式会社	经皮肾穿刺套件	20143662323
DENKA SEIKEN CO., LTD.	β2 微球蛋白标准品	20142400237
DENKA SEIKEN CO., LTD.	甲胎蛋白标准品	20143404548
DENKA SEIKEN CO., LTD.	甲胎蛋白测定试剂盒(胶乳增强免疫比浊法)	20143405854

DENKA SEIKEN CO., LTD.	抗链球菌溶血素“O”测定试剂盒(胶乳增强免疫比浊法)	20142400239
DENKA SEIKEN CO., LTD.	类风湿因子标准品	20142404962
DENKA SEIKEN CO., LTD.	脂质质控品	20142404961
DENKA SEIKEN CO.,LTD.	肌红蛋白测定试剂盒(胶乳增强免疫比浊法)	20142405704
Eiken Chemical Co., Ltd.	便潜血检测试剂(乳胶免疫比浊法)	20142405710
EIKEN CHEMICAL CO.,LTD.	便潜血检测试剂稀释液(OC-稀释液)	20141401149
EIKEN CHEMICAL CO.,LTD.	核酸提取或纯化试剂(Loopamp PURE DNA 抽出キット)	国械备 20140018 号
EIKEN CHEMICAL CO.,LTD.	恒温荧光核酸扩增仪	20143402968
Eiken Chemical Co.,Ltd.	结核分枝杆菌复合群核酸(DNA)检测试剂盒(LAMP 法)(Loopamp®)	20143405184
FEATHER SAFETY RAZOR CO.,LTD	铝柄眼科手术刀	20142040103
FEATHER SAFETY RAZOR CO.,LTD	一次性使用塑柄眼科手术刀	20142040102
FMD Co., Ltd.	PTCA 导丝(DMS)	20143776249
FUJIFILM Corporation	C-反应蛋白测定试剂盒(速率法)	20142405923
FUJIFILM Corporation	C-反应蛋白校准品	20142405926
FUJIFILM Corporation	γ-谷氨酰转肽酶测定试剂盒(速率法)	20142405930
FUJIFILM Corporation	胆碱酯酶测定试剂盒(速率法)	20142405929
FUJIFILM Corporation	多项目低值质控品	20142405928
FUJIFILM Corporation	多项目高值质控品	20142405924
FUJIFILM Corporation	肌酸激酶 MB 型同工酶测定试剂盒(速率法)	20142405921
FUJIFILM Corporation	碱性磷酸酶测定试剂盒(速率法)	20142405931
FUJIFILM Corporation	血氨测定试剂盒(终点法)	20142405922
FUJIFILM Corporation	血氨测定试剂盒(终点法)	20142405927
FUJIFILM Corporation	血氨质控品	20142405932
FUJIFILM Corporation	血红蛋白测定试剂盒(终点法)	20142405925
FUJIREBIO INC.	肺炎支原体抗体检测试剂盒(被动凝集法)(赛乐迪亚-麦可Ⅱ)	20143400716
FUJIREBIO INC.	梅毒螺旋体抗体检测试剂盒(凝集法)(赛乐迪亚)	20143400369
FUJIREBIO INC.	人类免疫缺陷病毒 1/2 抗体检测试剂盒(明胶凝集法)(爱斯扶迪)	20143400370
FUJIREBIO INC.	异常凝血酶原(PIVKA-II)和涎液化糖链抗原 KL-6 质控品	20143403608
GC Corporation	玻璃离子水门汀(FUJI PLUS)	20143636026
GC Corporation	光固化正畸粘接用水门汀(而至富士 ORTHO LC)	20143635020
GC Corporation	活动义齿印模材料(ISO Functional)	20142636081
GE ヘルスケア・ジャパン株式会社	全身用 X 射线计算机体层摄影装置	20143305993
HAMAMATSU PHOTONICS K.K.	病理切片扫描仪	20142410610
HOYA 株式会社	超声电子上消化道内窥镜	20143222832
HOYA 株式会社	电子上消化道内窥镜	20143221983
HOYA 株式会社	电子影像处理机	20142225869
ITO CO.,LTD.	短波治疗仪	20142262168
Japan Lyophilization Laboratory	梅毒螺旋体抗体检测试剂盒(化学发光法)	20143402261
Japan Lyophilization Laboratory	梅毒螺旋体抗体校准品	20143402996
Japan Lyophilization Laboratory	乙型肝炎病毒 e 抗体检测试剂盒(化学发光法)	20143402243
Japan Lyophilization Laboratory	乙型肝炎病毒 e 抗体校准品	20143402241
Japan Lyophilization Laboratory	乙型肝炎病毒 e 抗原检测试剂盒(化学发光法)	20143402244
Japan Lyophilization Laboratory	乙型肝炎病毒 e 抗原校准品	20143402240
Japan Lyophilization Laboratory	乙型肝炎病毒表面抗体检测试剂盒(化学发光法)	20143404842
Japan Lyophilization Laboratory	乙型肝炎病毒表面抗体校准品	20143404843
Japan Lyophilization Laboratory	乙型肝炎病毒核心抗体检测试剂盒(化学发光法)	20143402242
Japan Lyophilization Laboratory	乙型肝炎病毒核心抗体校准品	20143402239
KANTO CHEMICAL CO.,INC.	C 反应蛋白测定试剂盒(超敏胶乳增强免疫比浊法)	20142403052
KANTO CHEMICAL CO.,INC.	γ-谷氨酰转移酶测定试剂盒(JSCC 推荐法)	20142403070
KANTO CHEMICAL CO.,INC.	白蛋白测定试剂盒(溴甲酚绿法)	20142403050
KANTO CHEMICAL CO.,INC.	丙氨酸氨基转移酶测定试剂盒(JSCC 推荐法)	20142403069
KANTO CHEMICAL CO.,INC.	不饱和铁结合力测定试剂盒(Nitroso-PSAP 法)	20142403051
KANTO CHEMICAL CO.,INC.	胆碱酯酶测定试剂盒(苯甲酰硫代胆碱基质法)	20142403054
KANTO CHEMICAL CO.,INC.	钙测定试剂盒(邻甲酚酞络合酮法)	20142403049
KANTO CHEMICAL CO.,INC.	甘油三酯测定试剂盒(酶法去游离甘油)	20142403055
KANTO CHEMICAL CO.,INC.	肌酐测定试剂盒(酶法)	20142403067
KANTO CHEMICAL CO.,INC.	肌酸激酶测定试剂盒(JSCC 推荐法)	20142403040
KANTO CHEMICAL CO.,INC.	肌酸激酶同工酶测定试剂盒(免疫抑制法)	20142403045
KANTO CHEMICAL CO.,INC.	碱性磷酸酶测定试剂盒(JSCC 推荐法)	20142403068
KANTO CHEMICAL CO.,INC.	亮氨酰氨基肽酶测定试剂盒(GSCC 推荐法)	20142403071

KANTO CHEMICAL CO., INC.	镁测定试剂盒(二甲苯胺蓝法)	20142403046
KANTO CHEMICAL CO., INC.	门冬氨酸氨基转移酶测定试剂盒(JSCC 推荐法)	20142403044
KANTO CHEMICAL CO., INC.	尿素测定试剂盒(尿素酶法&;bull;去游离氨)	20142403066
KANTO CHEMICAL CO., INC.	尿酸测定试剂盒(尿酸酶法)	20142403064
KANTO CHEMICAL CO., INC.	葡萄糖测定试剂盒(葡萄糖脱氢酶法)	20142403065
KANTO CHEMICAL CO., INC.	乳酸脱氢酶测定试剂盒(JSCC 推荐法)	20142403043
KANTO CHEMICAL CO., INC.	铁测定试剂盒(Nitroso-PSAP 法)	20142403048
KANTO CHEMICAL CO., INC.	微量白蛋白测定试剂盒(免疫比浊法)	20142403056
KANTO CHEMICAL CO., INC.	无机磷测定试剂盒(紫外分析法)	20142403047
KANTO CHEMICAL CO., INC.	总胆固醇测定试剂盒(酶法)	20142403063
KANTO CHEMICAL CO., INC.	总蛋白测定试剂盒(双缩脲法)	20142403053
Konica Minolta, Inc.(コニヵミノルタ株式会社)	黄疸计	20142404364
Konica Minolta, Inc.(コニヵミノルタ株式会社)	血氧饱和度测量仪	20142215488
Kyowa Medex Co., Ltd.	高密度/低密度脂质胆固醇校准品(梅泰博丽)	20142406212
Mani Inc.	血管刀	20142010793
Mani Inc.	血管刀	20142010793(更)
Medical & Biological Laboratories Co., Ltd. (MBL)	桥粒芯蛋白 1(Dsg1)抗体检测试剂盒(ELISA)	20142403096
Medical & Biological Laboratories Co., Ltd. (MBL)	桥粒芯蛋白 3(Dsg3)抗体检测试剂盒(ELISA)	20142403101
MEDICAL&BIOLOGICAL LABORATORIES CO., LTD.	BP180 抗体检测试剂盒(ELISA)	20142401127
Menicon Co., Ltd	软性亲水接触镜	20143226243
Menicon Co., Ltd.	硬性透气接触镜用多功能护理液(MeniCare Plus)	20143220405
MINATO MEDICAL SCIENCE CO., LTD	低频治疗仪	20142251509
MINATO MEDICAL SCIENCE CO., LTD	低频治疗仪	20142260075
MINATO 医疗科学株式会社(ミナト医科学株式会社)	干扰波治疗仪(Superkine SK-SERIES)	20142262395
Mitsubishi Chemical Medience Corporation	小型免疫分析仪	20142402013
NIDEK Co., Ltd.	人工晶状体植入器(Nex-IJ)	20142041474
NIDEK CO., LTD.	微型视野计系统	20142222783
NIDEK CO., LTD.	液晶视力表	20142202564
NIDEK CO., LTD.	非接触式眼压计	20142220728
NIDEK CO., LTD.	非亲水丙烯酸后房人工晶体(Nex-Acri)	20143220871
NIDEK CO., LTD.	光干涉断层扫描仪	20142220633
NIDEK CO., LTD.	角膜/屈光分析仪	20142220172
NIDEK CO., LTD.	预装式非亲水丙烯酸后房人工晶状体(Nex-Load System)	20143221015
NIDEK CO., LTD.	预装式着色非球面后房人工晶状体(Nex-Load System SP)	20143224536
NIDEK CO., LTD.	着色非亲水丙烯酸非球面后房人工晶状体(Nex-Acri AA 1P)	20143222861
NIDEK CO., LTD.	着色非亲水丙烯酸非球面后房人工晶状体(Nex-Acri AA)	20143221035
NIDEK CO., LTD.	着色非亲水丙烯酸后房人工晶状体(Nex-Acri AA)	20143221016
NIDEK CO., LTD.	自动电脑验光仪	20142220637
NIDEK CO., LTD.	自动免散瞳眼底照相机	20142221206
NIDEK CO., LTD.	眼科手术系统	20143235983
NIDEK CO., LTD.	多波长激光光凝仪	20143241538
NIDEK CO., LTD.	眼前段 Nd:YAG 激光系统	20143244231
NIHON MEDIX	微波治疗仪	20142254942
NIHON MEDIX	微波治疗仪(マイクロ波治療器)	20142254942
NIHON MEDIX	中频治疗仪	20142266252
Nikon Corporation	生物显微镜	20142225267
Nikon Corporation	生物显微镜	20142225803
Nikon Corporation(株式会社ニコン)	生物显微镜	20142225316
NITTOBO MEDICAL CO., LTD.	肌酐测定试剂盒(比色法)	20142401288
NITTOBO MEDICAL CO., LTD.	前白蛋白测定试剂盒(比浊法)	20142401287
Osachi 株式会社	体感诱发电位刺激仪(PainVision 知觉・痛觉定量分析仪)	20142215116
Osachi 株式会社(株式会社 オサチ)	一次性电极	20142215502
Sakura Seiki Co., Ltd.	冷冻切片机	20141411773
SEED Co., Ltd	软性亲水接触镜(SEED 1daypure UP)	20143220843
SEED Co., Ltd	软性亲水接触镜(SEED 2weekPure)	20143223348
SEED Co., Ltd.	软性亲水接触镜(SEED 2week Pure)	20143220844
SEKISUI MEDICAL CO., LTD	抗凝血酶III检测试剂盒(显色性合成底物法)	20142405390
SHIN-EI INDUSTRIES, INC.	便携式自动复苏器	20142544730
Shino-Test Corporation	甘油三酯测定试剂盒(去游离甘油法)	20142401442
SHOFU INC.	光固化自酸蚀一步粘结剂(BeautiBond)	20142630912

Tosoh Corporation	抗甲状腺球蛋白抗体检测试剂盒(荧光磁微粒酶免法)	20142405190
Tosoh Corporation	抗甲状腺球蛋白抗体校准品	20142404966
Tosoh Corporation	卵泡刺激激素检测试剂盒(荧光磁微粒酶免法)	20142405143
Tosoh Corporation	卵泡刺激激素校准品	20142404271
Tosoh Corporation	泌乳激素检测试剂盒(荧光磁微粒酶免法)	20142405447
Tosoh Corporation	泌乳激素校准品	20142404436
Tosoh Corporation	免疫球蛋白 E 检测试剂盒(荧光磁微粒酶免法)	20143405176
Tosoh Corporation	免疫球蛋白 E 校准品	20143405174
Tosoh Corporation	皮质醇检测试剂盒(荧光磁微粒酶免法)	20142405179
Tosoh Corporation	皮质醇校准品	20142405172
Tosoh Corporation	前列腺酸性磷酸酶检测试剂盒(荧光磁微粒酶免法)	20143405779
Tosoh Corporation	清洗液(E テスト[TOSOH]II 洗浄液)	国械备 20140015 号
Tosoh Corporation	全自动免疫分析仪	20143400592
Tosoh Corporation	全自动免疫检验系统用底物液(E テスト「TOSOH」II 基質セット)	国械备20140246号
TOSOH CORPORATION	全自动血红蛋白分析仪标准模式洗脱缓冲液	20142405794
Tosoh Corporation	人绒毛膜促性腺激素-β 亚基检测试剂盒(荧光磁微粒酶免法)	20142404335
Tosoh Corporation	人绒毛膜促性腺激素-β 亚基校准品	20142403924
Tosoh Corporation	人绒毛膜促性腺激素检测试剂盒(荧光磁微粒酶免法)	20142404345
Tosoh Corporation	人绒毛膜促性腺激素校准品	20142404437
Tosoh Corporation	溶血洗净液	国械备 20140132 号
Tosoh Corporation	糖化血红蛋白层析柱(变异模式)	20141402055
Tosoh Corporation	糖化血红蛋白层析柱(标准模式)	20141402054
Tosoh Corporation	铁蛋白检测试剂盒(荧光磁微粒酶免法)	20142405169
Tosoh Corporation	铁蛋白校准品	20142405173
Tosoh Corporation	洗脱缓冲液(变异模式)	20141400715
Tosoh Corporation	洗脱缓冲液(标准模式)	20141400368
Tosoh Corporation	样本稀释液	国械备 20140194 号
Tosoh Corporation	样本稀释液(E テスト「TOSOH」 II PRL 検体希釈液)	国械备 20140167 号
Tosoh Corporation	样本稀释液(E テスト「TOSOH」II(BNP)検体希釈液)	国械备 20140009 号
Tosoh Corporation	样本稀释液(E テスト「TOSOH」II(C－ペプチド)検体希釈液)	国械备 20140164 号
Tosoh Corporation	样本稀释液(E テスト「TOSOH」II(E2)検体希釈液)	国械备 20140193 号
Tosoh Corporation	样本稀释液(E テスト「TOSOH」II(IRI)検体希釈液)	国械备 20140163 号
Tosoh Corporation	样本稀释液(E テスト「TOSOH」II(T4)検体希釈液)	国械备 20140175 号
Tosoh Corporation	样本稀释液(E テスト「TOSOH」II(TPOAb/TgAb)検体希釈液)	国械备 20140166 号
Tosoh Corporation	样本稀释液(E テスト「TOSOH」II(TSH)検体希釈液)	国械备 20140171 号
Tosoh Corporation	样本稀释液(E テスト「TOSOH」II(βＨＣＧ)検体希釈液)	国械备 20140196 号
Tosoh Corporation	样本稀释液(E テスト「TOSOH」II(コルチゾール)検体希釈液)	国械备 20140161 号
Tosoh Corporation	样本稀释液(E テスト「TOSOH」II(ミオグロビン)検体希釈液)	国械备 20140190 号
Tosoh Corporation	样本稀释液(E テスト「TOSOH」II ＨＣＧ検体希釈液)	国械备 20140195 号
Tosoh Corporation	样本稀释液(E テスト「TOSOH」II(ＢＭＧ)検体希釈濃縮液)	国械备 20140198 号
Tosoh Corporation	样本稀释液(Ｅテスト「TOSOH」II(ＦＳＨ)検体希釈液)	国械备 20140192 号
Tosoh Corporation	样本稀释液(Ｅテスト「TOSOH」II(ＩｇＥ II)検体希釈液)	国械备 20140172 号
Tosoh Corporation	样本稀释液(Ｅテスト「TOSOH」II(LH II)検体希釈液)	国械备 20140191 号
Tosoh Corporation	样本稀释液(Ｅテスト「TOSOH」II(ＰＡＰ)検体希釈液)	国械备 20140165 号
Tosoh Corporation	样本稀释液(Ｅテスト「TOSOH」II(ＴＴ３)検体希釈液)	国械备 20140162 号
Tosoh Corporation	样本稀释液(Ｅテスト「」II(テストステロン)検体希釈液)	国械备 20140168 号
Tosoh Corporation	样本稀释液(Ｅテスト「TOSOH」II(フェリチン)検体希釈液)	国械备 20140174 号
Tosoh Corporation	样本稀释液(Ｅテスト「TOSOH」II(プロゲステロン)検体希釈液)	国械备20140255号
Tosoh Corporation	胰岛素检测试剂盒(荧光磁微粒酶免法)	20142405192
Tosoh Corporation	胰岛素校准品	20142405177
Tosoh Corporation	游离甲状腺素检测试剂盒(荧光磁微粒酶免法)	20142404340
Tosoh Corporation	游离甲状腺素校准品	20142405178
Tosoh Corporation	游离三碘甲状腺原氨酸检测试剂盒(荧光磁微粒酶免法)	20142405449
Tosoh Corporation	游离三碘甲状腺原氨酸校准品	20142405171
Tosoh Corporation	总甲状腺素检测试剂盒(荧光磁微粒酶免法)	20142404341
Tosoh Corporation	总甲状腺素校准品	20142404965
Tosoh Corporation	总三碘甲状腺原氨酸检测试剂盒(荧光磁微粒酶免法)	20142404339
Tosoh Corporation	总三碘甲状腺原氨酸校准品	20142404964
UNITIKA LTD	直接胆红素测定试剂盒(酶法)	20142403042
UNITIKA LTD	总胆红素测定试剂盒(酶法)	20142403041

ViewSend 株式会社	影像档案传输处理系统软件	20142700164
Wako Pure Chemical Industries, Ltd.	白蛋白测定试剂盒(溴甲酚绿法)	20142405459
Wako Pure Chemical Industries, Ltd.	不饱和铁结合力测定试剂盒(红菲绕啉直接法)	20142405456
Wako Pure Chemical Industries, Ltd.	低密度脂蛋白胆固醇测定试剂盒(直接测定法,选择保护法)	20142405458
Wako Pure Chemical Industries, Ltd.	多项质控品	20142403700
Wako Pure Chemical Industries, Ltd.	多项质控品	20142403701
Wako Pure Chemical Industries, Ltd.	钙测定试剂盒(甲烷基二甲苯酚蓝法)	20142405457
Wako Pure Chemical Industries, Ltd.	肌酐校准液	20142401578
Wako Pure Chemical Industries, Ltd.	亮氨酸氨肽酶测定试剂盒(L-亮氨酰-p-硝酰基苯胺基质法)	20142405469
Wako Pure Chemical Industries, Ltd.	免疫质控品	20142401577
Wako Pure Chemical Industries, Ltd.	免疫质控品	20142401579
Wako Pure Chemical Industries, Ltd.	游离脂肪酸校准液	20142402545
Wako Pure Chemical Industries, Ltd.	直接胆红素测定试剂盒(钒酸氧化法)	20142405460
Wako Pure Chemical Industries, Ltd.	总胆红素测定试剂盒(钒酸氧化法)	20142405461
Wako Pure Chemical Industries, Ltd.	总蛋白测定试剂盒(双缩脲法)	20142405455
Yamato Kohki Industrial Co.,Ltd	推拉式切片机	20141412227
ウシオ電機株式会社	紫外线治疗机(TheraBeam UV308)	20142265315
オリンパスメディカルシステムズ株式会社	LTF-190-10-3D 内镜用管鞘	20142223008
オリンパスメディカルシステムズ株式会社	电子结肠镜(EVIS LUCERA ELITE)	20143220518
オリンパスメディカルシステムズ株式会社	电子结肠镜(EVIS LUCERA ELITE)	20143220519
オリンパスメディカルシステムズ株式会社	电子胸腹腔镜(VISERA)(腹腔・胸腔ビデオスコープ)	20143223181
オリンパスメディカルシステムズ株式会社	刮匙	20142222464
オリンパスメディカルシステムズ株式会社	活检钳	20142225634
オリンパスメディカルシステムズ株式会社	内窥镜冷光源(EVIS LUCERA ELITE)	20142220533
オリンパスメデイカルシステムズ株式会社	内窥镜摄像系统	20142220337
オリンパスメディカルシステムズ株式会社	清洗用管鞘	20142224639
オリンパスメディカルシステムズ株式会社	吸引活检针	20143222893
オリンパスメディカルシステムズ株式会社	细胞刷	20142220501
オリンパスメディカルシステムズ株式会社	细胞刷	20142220934
オリンパスメディカルシステムズ株式会社	纤维胆道镜	20142220332
オリンパスメディカルシステムズ株式会社	纤维宫腔镜	20142220591
オリンパスメディカルシステムズ株式会社	一次性内镜用软性导引套管	20143664657
オリンパスメディカルシステムズ株式会社	一次性内镜用注射针	20143153661
オリンパスメディカルシステムズ株式会社	一次性使用结扎装置	20142223005
オリンパスメディカルシステムズ株式会社	一次性使用吸引活检针(EZShot2)	20143153630
オリンパスメディカルシステムズ株式会社	一次性吸引活检针	20143155600
オリンパスメディカルシステムズ株式会社	一次性吸引活检针	20143155604
オリンパスメディカルシステムズ株式会社	一次性细胞刷(威势(V))	20142225889
オリンパスメディカルシステムズ株式会社	胰管支架	20143464580
オリンパスメディカルシステムズ株式会社	应急碎石器	20142225601
オリンパスメディカルシステムズ株式会社	支气管内窥镜(EVIS LUCERA)	20143220014
クラレノリタケデンタル株式会社	光固化复合树脂(可乐丽菲露 AP-X)	20143631023
クラレノリタケデンタル株式会社	氧化锆内冠用饰面陶瓷材料(CERABIEN ZR)	20142631024
クラレノリタケデンタル株式会社	氧化铝内冠用饰面陶瓷材料(CERABIEN)	20142631025
クリエート メディック株式会社	经皮肝穿刺胆道引流套件(经皮肝穿刺胆道引流套件)	20143661898
クリエート メディック株式会社	经皮胃造瘘套件	20143664644
クリエート メディック株式会社	经皮无水酒精注射针	20143152858
クリエート メディック株式会社	术后胆管引流导管套件(顺行鼻胆引流管)	20142663823
グンゼ株式会社	聚左旋乳酸可吸收骨固定系统配套工具	国械备 20140081 号
グンゼ株式会社	医用弹力袜(莉健)	20142643434
コニカミノルタ株式会社	医学图像处理软件	20142701324(更)
ザイオソフト株式会社	CT 图像处理软件	20143704286
ザイオソフト株式会社	MR 心脏图像处理软件	20143704285
ザイオソフト株式会社	医学图像处理软件	20142704804
ゼオンメディカル株式会社	血栓抽吸导管	20143663660
ダイセン・メンブレン・システムズ株式会社	血液透析用水处理设备	20142454040
タカラベルモント株式会社	电动分娩台	20142544780
タキロン株式会社(日本他喜龙株式会社)	聚左旋丙交酯制生物吸收性接骨材料(FIXSORB MX)	20143466139
チェスト株式会社/日本 CHEST 株式会社	电子肺功能测量仪	20142210318
チェスト株式会社/日本 CHEST 株式会社	肺功能仪	20142210325

テルモ株式会社	一次性使用静脉留置针	20143152321
テルモ株式会社	采血笔(MEDISAFE FINETOUCH PRO)	20141412712
テルモ株式会社	采血针(MEDISAFE Lancet for FINETOUCH PRO)	20142412705
テルモ株式会社	导丝(Radifocus Guide Wire M)	20143770118
テルモ株式会社	球囊扩张导管(Hiryu)	20143770790
テルモ株式会社	球囊扩张导管(Ryujin Plus)	20143770107
テルモ株式会社	血管内造影导管(OUTLOOK)	20143771634
テルモ株式会社	血管内造影导管(RADIFOCUS ANGIOGRAPHIC CATHETER)	20143770846
テルモ株式会社	血管内造影导管(RADIFOCUS OPTITORQUE)	20143771272
テルモ株式会社(泰尔茂株式会社)	导引导管(Heartrail)	20143774688
テルモ株式会社(泰尔茂株式会社)	桡动脉造影导丝	20143771917
テルモ株式会社(泰尔茂株式会社)	血管内造影导管(RADIFOCUS GLIDECATH)	20143774577
テルモ株式会社(泰尔茂株式会社)	导丝(RADIFOCUS GUIDE WIRE GT with Gold Coil)	20143771921
テルモ株式会社(泰尔茂株式会社)	亲水桡动脉鞘组(桡动脉家族)	20143771495
テルモ株式会社(泰尔茂株式会社)	血管内造影导管(RADIFOCUS GLIDECATH)	20143774578
テルモ株式会社(泰尔茂株式会社)	血管内造影导管(桡动脉家族)	20143771494
テルモ株式会社(泰尔茂株式会社)	一次性使用密闭式加药注射器(Chemoshield Syringe)	20143153250
トミー株式会社	牙科正畸装置(无缝带环)	20142630927
ニチバン株式会社	创面敷料(CHUSHAVAN)	20142642699
ニチバン株式会社	创面敷料(INJECTION PAD)	20142642702
ニチバン株式会社	创面敷料(STEPTY)	20142642700
ニチバン株式会社	止血贴(STEPTY P)	20142642701
ニプロ医工株式会社	口腔用一次性注射针(口腔用森田注射针)	20143155022
ニプロ株式会社	一次性钝型动静脉瘘穿刺针(NIPRO BioHole Needle)	20143155618
ニプロ株式会社	一次性使用采血针	20143153398
ニプロ株式会社	一次性使用动静脉瘘穿刺针	20143155619
ニプロ株式会社	一次性使用动静脉瘘穿刺针(NIPRO SAFETOUCH TULIP)	20143155620
ニプロ株式会社	一次性使用输注泵(NIPRO SUREFUSER +)	20143541639
ニプロ株式会社	一次性使用输注泵(NIPRO SUREFUSER)	20143541011
ファイバーテック株式会社	内窥镜冷光源及摄像系统(Fiber Imaging System)	20142221975
フクダ電子株式会社	彩色超声诊断仪	20143234056
フクダ電子株式会社	超声图像诊断仪	20142232588
マニー株式会社	皮肤缝合器	20142016021
マニー株式会社	医用缝合针	20142011066
マニー株式会社	聚丙烯带针缝合线(马尼聚丙烯带针缝合线)	20142653785
マニー株式会社	聚酯带针缝合线(马尼聚酯带针缝合线)	20142652902
爱安德株式会社	全自动血压计	20142200974
爱安德株式会社	自动电子血压计	20142203140
爱乐康公司	弹性医用胶布	国械备 20140098 号
愛知製鋼株式会社	齿科磁性附着体(MAGFIT EX)	20142630295
安西医疗株式会社(安西メディカル株式会社)	呼吸门控系统	20142311511
奥林巴斯医疗株式会社	插入形状观测探头	20142225832
奥林巴斯医疗株式会社	超声内镜图像处理装置(EVIS EUS)	20143235991
奥林巴斯医疗株式会社	超声内镜图像处理装置(EVIS EUS)	20143235991
奥林巴斯医疗株式会社	电子结肠镜	20143222945
奥林巴斯医疗株式会社	电子十二指肠镜(EVIS LUCERA)	20143225876
奥林巴斯医疗株式会社	电子胃镜	20143222972
奥林巴斯医疗株式会社	电子胃镜	20143222973
奥林巴斯医疗株式会社	电子胃镜(EVIS LUCERA ELITE)	20143220395
奥林巴斯医疗株式会社	纤维输尿管肾盂镜	20143225412
奥林巴斯医疗株式会社	纤维支气管内窥镜	20142224406
奥林巴斯医疗株式会社	一次性内镜用注射针(InjectorForce Max)	20143153386
奥林巴斯医疗株式会社	一次性使用吸引活检针	20143154708
奥林巴斯医疗株式会社	一次性黏膜切开刀(DualKnife)	20143220213
奥林巴斯医疗株式会社	一次性黏膜切开刀(Hookknife)	20143220214
奥林巴斯医疗株式会社	一次性黏膜切开刀(ITknife nano)	20143221201
奥林巴斯医疗株式会社	一次性热活检钳(Coagrasper)	20143220019
奥林巴斯医疗株式会社	一次性碎石器(威势(V))	20142225238
奥林巴斯医疗株式会社	内镜用二氧化碳送气装置	20142220009
奥林巴斯医疗株式会社	超声手术系统(SonoSurg)	20143232789

奥林巴斯医疗株式会社	3D 电子腹腔镜(EndoEYE FLEX 3D)	20143222843
奥林巴斯医疗株式会社	夹子装置	20143225886
奥林巴斯医疗株式会社	内窥镜摄像系统	20142220722
奥林巴斯医疗株式会社	摄像头	20142225490
奥林巴斯医疗株式会社	一次性使用抓取钳(EndoLifter)	20142221237
奥林巴斯医疗株式会社	电子膀胱肾盂镜(VISERA)	20143222794
奥林巴斯医疗株式会社	电子气管插管镜	20143222802
奥林巴斯医疗株式会社	电子胸腹腔镜(EndoEYE)	20143224232
奥林巴斯医疗株式会社	电子胸腔镜	20143223742
奥林巴斯医疗株式会社	电子支气管内窥镜(ビデオ軟性気管支鏡)(EVIS LUCERA ELITE)	20143223612
奥林巴斯医疗株式会社	内镜用超声探头(内視鏡用超音波プローブ)	20143233800
奥林巴斯医疗株式会社	纤维膀胱肾盂镜	20142220726
奥林巴斯医疗株式会社	3D 成像装置	20142222781
奥林巴斯医疗株式会社	电子鼻咽喉内窥镜(VISERA)	20143222312
奥林巴斯医疗株式会社	电子结肠镜(EVIS LUCERA ELITE)	20143220971
奥林巴斯医疗株式会社	电子结肠镜(EVIS LUCERA)	20143221334
奥林巴斯医疗株式会社	电子结肠镜(奥智)	20143222803
奥林巴斯医疗株式会社	电子十二指肠镜(EVIS LUCERA)	20143222804
奥林巴斯医疗株式会社	电子胃镜(EVIS LUCERA ELITE)	20143221945
奥林巴斯医疗株式会社	电子支气管内窥镜(EVIS LUCERA ELITE)	20143221943
奥林巴斯医疗株式会社	电子支气管内窥镜(EVIS LUCERA)	20143222793
奥林巴斯医疗株式会社	脚踏开关	20142542808
奥林巴斯医疗株式会社	摄像头	20142220038
奥林巴斯医疗株式会社	纤维鼻咽喉镜	20142222934
奥林巴斯医疗株式会社	纤维鼻咽喉镜	20142224500
奥林巴斯医疗株式会社	纤维气管插管镜	20142225689
奥林巴斯医疗株式会社	一次性高频钳(Coagrasper)	20143222921
奥林巴斯医疗株式会社	一次性高频钳(见附页)	20143222920
奥林巴斯株式会社	生物显微镜	20142225686
奥林巴斯株式会社	生物显微镜	20142225687
奥林巴斯株式会社,オリンパス株式会社	生物显微镜	20142222181
奥林巴斯株式会社,オリンパス株式会社	生物显微镜	20142222182
奥林巴斯株式会社，オリンパス株式会社	生物显微镜	20142222183
朝日 X 射线工业株式会社	全景及头颅 X 射线摄影机	20143301502
朝日 X 射线工业株式会社	全景口腔 X 射线机	20143300317
朝日 X 射线工业株式会社	全景口腔 X 射线机	20143301514
朝日インテック株式会社	PTCA 导丝(ASAHI SION blue)	20143770853
朝日インテック株式会社	PTCA 扩张导管(ASAHI Douvan)	20143773848
大和光机工业公司	切片机	20141412593
大研医器株式会社	电子喉镜	20142224359
東レ・メディカル株式会社	单人血液透析机	20143453424
东阪电子机器株式会社	高压电位治疗仪	20143260964
东曹株式会社	全自动糖化血红蛋白分析仪	20142402004
東郷メディキット株式会社	一次性使用动静脉留置针(Supercath)	20143150283
東洋化学株式会社	止血贴(NIPRO PUSHBAN)	20142642704
东一株式会社(トーイツ株式会社)	多普勒胎心仪	20142215520
东芝电子管器件株式会社	X 射线管组件(旋转阳极)	20142314795
东芝电子管器件株式会社	X 射线管组件(旋转阳极)	20142314796
东芝电子管器件株式会社	X 射线管组件(旋转阳极)	20142314797
东芝电子管器件株式会社	X 射线管组件(旋转阳极)	20142314798
东芝电子管器件株式会社	X 射线平板探测器	20142314474
东芝医疗系统株式会社	X 射线计算机体层摄影设备	20143303426
东芝医疗系统株式会社	X 射线计算机体层摄影设备	20143306203
东芝医疗系统株式会社	超导型磁共振成像系统	20143283425
东芝医疗系统株式会社	超导型磁共振成像系统	20143283623
东芝医疗系统株式会社	超声诊断设备	20143232970
东芝医疗系统株式会社	超声诊断设备	20143232971
东芝医疗系统株式会社	医用血管造影 X 射线机	20143302978
东芝医疗系统株式会社	医用血管造影 X 射线机	20143302979
东芝医疗系统株式会社	医用血管造影 X 射线机	20143302980

东芝医疗系统株式会社(東芝メディカルシステムズ株式会社)	超声诊断设备	20143232931
东芝医疗系统株式会社(東芝メディカルシステムズ株式会社)	超声诊断设备	20143233173
东芝医疗系统株式会社(東芝メディカルシステムズ株式会社)	超声诊断设备	20143236053
东芝医疗系统株式会社(東芝メディカルシステムズ株式会社)	超声诊断设备	20142234478
东芝医疗系统株式会社,東芝メディカルシステムズ株式会社	超声诊断设备	20143233188
二プロ株式会社	一次性使用留置针(尼赛安)	20143154558
富士システムズ株式会社	一次性气管支气管插管	20143460493
富士フイルム株式会社	数字化乳腺X射线诊断系统	20143306002
富士フイルム株式会社	数字乳腺x射线图像CAD软件	20143700546
富士フィルム株式会社	医学图像处理软件(FCR View)	20142702178
富士フイルム株式会社	影像板	20141310595
富士フイルム株式会社	增感屏	20141310021
富士フイルム株式会社(富士胶片株式会社)	电子图像处理器	20142225688
富士胶片株式会社	内镜用气囊控制器	20142086049
富士胶片株式会社	电子下消化道内窥镜	20143226205
富士胶片株式会社	内镜用超声水囊	20142220266
富士胶片株式会社	数字化X射线成像系统	20142305509
富士胶片株式会社	全自动干式生化分析仪	20142402225
富士胶片株式会社(富士フィルム株式会社)	内窥镜光源装置	20142222575
富士胶片株式会社(富士フイルム株式会社)	内窥镜用二氧化碳送气装置	20142222571
富士胶片株式会社,富士フイルム株式会社	电子上消化道内窥镜	20143220418
富士胶片株式会社,富士フィルム株式会社	电子上消化道内窥镜	20143222206
富士胶片株式会社,富士フィルム株式会社	电子上消化道内窥镜	20143224380
富士胶片株式会社,富士フイルム株式会社	电子下消化道内窥镜	20143220416
富士胶片株式会社,富士フイルム株式会社	电子下消化道内窥镜	20143220594
富士胶片株式会社,富士フィルム株式会社	电子下消化道内窥镜	20143222965
富士胶片株式会社,富士フィルム株式会社	电子下消化道内窥镜(ビデオ軟性大腸鏡)	20143224774
富士胶片株式会社，富士フィルム株式会社	电子鼻咽喉镜	20143224065
富士胶片株式会社，富士フイルム株式会社	电子上消化道内窥镜	20143220417
富士胶片株式会社，富士フィルム株式会社	电子上消化道内窥镜	20143222205
富士胶片株式会社，富士フィルム株式会社	电子上消化道内窥镜	20143222982
富士胶片株式会社，富士フィルム株式会社	电子上消化道内窥镜	20143224381
富士胶片株式会社，富士フィルム株式会社	电子下消化道内窥镜(ビデオ軟性大腸鏡)	20143224775
富士胶片株式会社，富士フイルム株式会社	电子小肠内窥镜	20143222959
豪雅株式会社	预装式非球面后房人工晶状体(HOYA iSert)	20143220876
佳能公司	数字X射线成像系统	20142305504
佳能公司	数字X射线成像系统	20142311763
佳能公司 キヤノン株式会社	非接触式眼压计	20142221770
佳能公司(キヤノン株式会社)	全自动验光角膜曲率仪	20142221210
佳能公司(キヤノン株式会社)	数字眼底照相机	20142222359
佳能公司. キヤノン株式会社	数字眼底照相机	20142225848
京セラメディカル株式会社	髋关节假体用手术器械	20142103004
京セラメディカル株式会社	髋关节假体	20143460894
京セラメディカル株式会社	钛合金人工牙种植体及其附件	20143663866
京セラメディカル株式会社	牙科种植体手术用工具	20141061320
京セラメディカル株式会社	种植体手术用牙钻	20142554608
京セラメディカル株式会社(京瓷医疗株式会社)	膝关节假体	20143461389
久光製薬株式会社	解热贴	国械备20140094号
久光製薬株式会社	解热贴	国械备20140095号
郡是株式会社	聚左旋乳酸骨固定系统配套工具-钻头与手锥	20142104121
柯尼卡美能达株式会社	医用干式激光胶片	20141310184
柯尼卡美能达株式会社	医用干式激光胶片	20141310188
柯尼卡美能达株式会社	医用干式激光胶片	20141310189
可乐丽医疗器材株式会社(クラレメディカル株式会社)	复合树脂(可乐丽菲露 遮色剂)	20143632881
可乐丽则武齿科株式会社	复合树脂粘合剂(可乐丽菲露 SAC)	20143634825
可乐丽则武齿科株式会社	则武氧化锆内冠材料	20142635032
可乐丽则武齿科株式会社(クラレノリタケデンタル株式会社)	粘合剂(可乐丽菲露 DC BOND)	20143631380
理音株式会社/リオン株式会社	耳声发射仪	20142213499
理音株式会社/リオン株式会社	听力计	20142213501
马尼株式会社	镍钛质手用根管器械	20141061231

希森美康株式会社	全自动血液分析仪	20142400321
希森美康株式会社	全自动血液分析仪	20142400322
希森美康株式会社	全自动血液分析仪	20142400324
希森美康株式会社	全自动血液分析仪	20142401414
希森美康株式会社	全自动血液分析仪	20142404794
興和株式会社	非接触光电眼压计	20142224155
興和株式会社	无散瞳眼底照相机	20142224159
興和株式会社	眼底照相机	20142224227
興和株式会社	眼底照相机	20142225694
旭化成メディカル株式会社	膜型血浆成分分离器	20143451385
旭化成メディカル株式会社	膜型血浆分离器(Plasmaflo)	20143664626
旭化成メディカル株式会社	选择性血浆成份吸附器	20143452888
旭化成メディカル株式会社	血液滤过器(持续徐缓式血液滤过器 EXCELFLO)	20143450787
旭化成メディカル株式会社	血液透析滤过器(ABH-F)	20143451956
旭化成医疗株式会社(旭化成メディカル株式会社)	血液滤过器(持续徐缓式血液滤过器 CUREFLO)	20143454741
伊藤超短波株式会社	超声波治疗仪	20142232360
昭和医科工业株式会社	脊柱融合器	20143461293
株式会社 グッドマン	冠状动脉球囊扩张导管(Powered Lacrosse2)	20143775410
株式会社 八光	穿刺针(介入穿刺针)	20143152708
株式会社 八光	经皮酒精注射疗法针(经皮酒精注射疗法针)	20143152706
株式会社 八光	吸引活检针(吸引活检针)	20143152709
株式会社 八光	一次性使用动静脉留置针(八光 EV 导管针)	20143152707
株式会社 八光	开花引流套管(开花引流套管)	20143660460
株式会社 八光	猪尾引流套管(猪尾引流套管)	20143660948
株式会社 保科製作所	X 射线防护服	20141341221
株式会社 岛津制作所	数字化 X 射线透视摄影系统	20143305990
株式会社 岛津制作所	数字化医用 X 射线摄影系统	20142303941
株式会社 岛津制作所	移动式 C 型臂 X 射线机	20142301213
株式会社 日立メディコ	移动式摄影 X 射线机	20142305109
株式会社 日立医疗器械	数字化彩色超声波诊断装置	20143232835
株式会社 日立医疗器械	数字化 X 射线透视摄影系统	20142303735
株式会社 日立医疗器械(株式会社日立メディコ)	数字化彩色超声波诊断装置	20143232011
株式会社 昭研	研磨材料	20141631311
株式会社 中西	电动式骨手术器械(Primado2)	20142102985
株式会社 中西	超声骨刀系统(VarioSurg)	20142236044
株式会社 中西	电动马达(NBX)	20142551412
株式会社 中西(株式会社ナカニシ)	高速气涡轮手机)	20142555257
株式会社 中西(株式会社ナカニシ)	直手机	20142555106
株式会社 中西(株式会社ナカニシ)	种植用弯手机	20142555263
株式会社 中西/株式会社ナカニシ	电动式骨手术器械	20142101767
株式会社 中西/株式会社ナカニシ	高速气涡轮手机	20142555837
株式会社 中西/株式会社ナカニシ	高速气涡轮手机	20142555839
株式会社 中西/株式会社ナカニシ	气动马达	20142555318
株式会社 中西/株式会社ナカニシ	弯手机	20142554424
株式会社 中西/株式会社ナカニシ	牙科气动马达(DynaLED M205LG)	20142554048
株式会社 中西/株式会社ナカニシ	直手机	20142554817
株式会社 JMS	一次性使用动静脉留置针(JMS 安全式留置针)	20143154111
株式会社 RUBY 株式会社ルビー	支架铸造合金(TUFF COBALT)	20142634760
株式会社ＹＤＭ	成形片套装	20141061040
株式会社 YDM	骨测量卡钳	20141062715
株式会社 YDM	骨穿孔钳	20141062716
株式会社ＹＤＭ	排龈线填塞器	20141061039
株式会社ＹＤＭ	橡皮障套装	20141061867
株式会社 YDM	自动去冠器套装	20141061387
株式会社グッドテック	血管造影导管(Goodtec HT)	20143772820
株式会社コーナン・メディカル	角膜内皮显微镜	20142223184
株式会社コーナン・メディカル	角膜内皮显微镜	20142224164
株式会社ジーシー	银粉玻璃离子水门汀(而至 Miracle Mix)	20143635236
株式会社ジーシー	粘接用玻璃离子水门汀	20143636190
株式会社ジーシー(GC Corporation) 株式会社而至	玻璃离子水门汀(而至富士 IX GP CAPSULE)	20143634661

株式会社ジーシーデンタルプロダクツ	模型用丙烯酸树脂(GC PATTERN RESIN)	20143636064
株式会社ジーシーデンタルプロダクツ	模型用丙烯酸树脂(GC PATTERN RESIN)	20143636064
株式会社ジェイ・エム・エス	血液透析装置(多用途透析装置)	20143454773
株式会社タカギセイコー	验光头	20142224303
株式会社タスク	一次性使用无菌注射针(TSK)	20143154646
株式会社タスク 惣社第一工厂	吸引式手动活检针(吸引式手动活检针)	20143156132
株式会社デントロケミカル	琼脂印模材料(寒天印象材 海神)	20142636067
株式会社デントロケミカル	琼脂印模材料(寒天印象材 海神)	20142636067
株式会社トーメーコーポレーション	角膜内皮细胞显微镜	20142221326
株式会社トーメーコーポレーション	眼科A型超声测量仪	20143235537
株式会社トーメーコーポレーション	眼压计	20142220953
株式会社トーメーコーポレーション	医用超声诊断设备	20143245421
株式会社ナカニシ	骨科用手术器械	20142101313
株式会社ニコン	生物显微镜(尼康Ti系列倒置生物显微镜)	20142221160
株式会社ニッシン	齿科铸造用纯钛	20142630078
株式会社ニッシン	硬质树脂牙(DURACROSS PHYSIO)	20143630920
株式会社パラマ・テック	静脉滴注控制设备(Drip Eye)	20142545829
株式会社フクダ産業/日本福田产业株式会社	肺功能仪	20142213164
株式会社プラスチック・ホンダ	一次性半自动活检针(NIPRO ELPICK)	20143156020
株式会社マルタカテクノ	电位治疗器(家庭用電位治療器)	20143264084
株式会社メテク	血液净化装置	20143452374
株式会社モリタ東京製作所	牙科综合治疗台	20142550173
株式会社モリタ東京製作所	牙科综合治疗台	20142553263
株式会社モリタ製作所	口腔照明灯(Luna Vue)	20141550630
株式会社モリタ製作所	牙科全景X射线装置(Veraview IC5)	20143303450
株式会社安川电机	下肢康复训练器	20142262578
株式会社百利达	身体成分分析仪(TANITA)	20142210326
株式会社百利达秋田	尿糖计	20142403996
株式会社北里メディカル	胚胎移植导管	20142133443
株式会社常光	干式免疫分析仪(艾瑞德)	20142403737
株式会社常光	全自动电解质分析仪	20142402393
株式会社大和制作所	内窥镜自动清洗消毒机	20142576196
株式会社東海メディカルプロダクツ	球囊扩张导管(TMP PTCA)	20143772862
株式会社根本杏林堂	造影剂注射装置	20142315430
株式会社共和	义齿稳固剂(Denture Mate C)	20142632677
株式会社河野制作所(株式会社河野製作所)	丝质缝合线(科琅淳SILK)	20142651798
株式会社河野製作所	尼龙缝合线(CROWNJUN)	20142651360
株式会社河野製作所	医用缝合针(科琅淳 Needle)	20142013447
株式会社河野製作所	显微测量尺(科琅淳 Microscale)	20141100492
株式会社吉田製作所	数字化口腔全景/头颅X射线机(X-era Smart)	20143301196
株式会社久保田制作所	离心机	20141412222
株式会社利百世(株式会社 リブレックス)	高压电位治疗仪	20143261948
株式会社铃谦	数字式心电图分析仪	20142212776
株式会社铃谦	数字式心电图分析仪	20142212777
株式会社日立高新技术	全自动生化分析仪	20142402926
株式会社日立医疗器械	磁共振成像系统	20143281503
株式会社瑞光メディカル	伤口敷料	20142643536
株式会社森田制作所	三用喷枪	20142551413
株式会社森田制作所	牙科低压电动马达(TORX TR-9)	20142551211
株式会社森田制作所	牙科手机(TORQTECH)	20142551666
株式会社森田制作所/株式会社モリタ製作所	高速气涡轮手机	20142553262
株式会社松风	玻璃离子水门汀	20143635637
株式会社拓普康	电脑验光仪	20142221977
株式会社拓普康(株式会社トプコン)	光学相干断层扫描仪	20142225810
株式会社拓普康(株式会社トプコン)	液晶视力表	20142222989
株式会社拓普康(株式会社トプコン)	电脑眼压计	20142221212
株式会社拓普康(株式会社トプコン)	无散瞳眼底照相机	20142220581
株式会社拓普康(株式会社トプコン)	自动屏幕视力表	20142222049
株式会社拓普康,株式会社トプコン	电脑非接触眼压计	20142226198
株式会社拓普康,株式会社トプコン	验光仪	20142225508

株式会社滋贺松风 株式会社滋賀松風	合成树脂牙(Endura)	20143636028
株式会社滋贺松风(株式会社滋賀松風)	合成树脂牙(Livera)	20143635646

瑞典

Aerocrine AB	呼出一氧化氮测定系统	20142215522
ArjoHuntleigh AB	床垫	20141561779
ArjoHuntleigh AB	电动床	20142565934
ArjoHuntleigh AB	电动床	20142565936
ArjoHuntleigh AB	电动医用床(Enterprise™)	20142562391
ArjoHuntleigh AB	防褥疮床垫	20142565250
ArjoHuntleigh AB	防褥疮床垫	20142565251
Boule Medical AB	全自动血液分析仪	20142401658
Boule Medical AB	血细胞分析用溶血剂	国械备 20140026 号
Boule Medical AB	血细胞分析用溶血剂	国械备 20140027 号
Boule Medical AB	血细胞分析用稀释液	国械备 20140003 号
Cella Vision AB	全自动血细胞形态学分析仪(CellaVision® DM1200)	20142404479
CellaVision AB	全自动细胞形态学分析仪	20142404049
Cepheid AB	结核分枝杆菌 rpoB 基因和突变检测试剂盒(实时荧光 PCR 法)	20143401153
Cochlear Bone Anchored Solutions AB	骨传导植入式听力解决方案手术器械	20141052603
Cochlear Bone Anchored Solutions AB	骨传导植入式听力解决方案手术器械套件	20141051803
Dignitana AB	头皮冷却系统	20142581000
Directa AB	拔牙刀(Luxator)	20141060814
Elekta Instrument AB	立体定向系统	20142216130
Elekta Instrument AB	神经射频仪	20142255120
Fujirebio Diagnostics AB	鳞状上皮细胞癌抗原(SCC)测定试剂盒(化学发光法)	20143404546
Fujirebio Diagnostics AB	鳞状细胞癌抗原(SCC)检测试剂盒(酶联免疫法)	20143404326
Fujirebio Diagnostics AB	人附睾蛋白 4(HE4)检测试剂盒(化学发光法)	20143404274
Fujirebio Diagnostics AB	糖类抗原 CA125 测定试剂盒(化学发光法)	20143404275
Fujirebio Diagnostics AB	糖类抗原 CA19-9 检测试剂盒(化学发光法)	20143402247
Fujirebio Diagnostics AB	胃泌素释放肽前体(ProGRP)检测试剂盒(酶联免疫法)	20143401700
Fujirebio Diagnostics AB	肿瘤相关抗原 CA242 定量测定试剂盒(化学发光法)	20143402246
Gambro Lundia AB	分子吸附循环系统主机	20143450954
Gambro Lundia AB	血液透析干粉	20143452326
Gambro Lundia AB	中心水处理系统	20142452387
Gambro Lundia AB	中心水处理系统	20142452388
Gambro Lundia AB	中心水处理系统	20142452389
Getinge Skarhamn AB	小型蒸汽灭菌器	20142575859
Getinge Sterilization AB	灭菌器(Getinge)	20142571171
Getinge Sterilization AB	压力蒸汽灭菌器	20142575254
Getinge Sterilization AB	蒸汽消毒器	20142574784
HemoCue AB	白细胞分析仪	20142403163
HemoCue AB	白细胞检测试剂片(干式计数法)	20142402152
HERMES Medical Solutions Aktiebolag	核医学工作站软件	20142701746
IDL Biotech AB	组织多肽特异抗原检测试剂盒(酶联免疫法)	20143401641
Jolife AB	胸腔按压系统	20142215503
Maquet Critical Care AB	呼吸机	20143543624
Maquet Critical Care AB	呼吸机	20143543625
Masimo Sweden AB	呼末二氧化碳检测仪	20142215518
Molnlycke Health Care AB	0.9%等渗盐水凝胶(美诺佳)	20143641342
Molnlycke Health Care AB	20%高渗盐水凝胶(美清佳®)	20143641343
Molnlycke Health Care AB	薄膜伤口敷贴(美舒安)	20142642522
Molnlycke Health Care AB	骶尾部有边型敷料(Mepilex)	20143641863
Molnlycke Health Care AB	吸收性藻酸盐敷料(美即爽)	20143641247
Molnlycke Health Care AB	藻酸盐银离子敷料(美即爽银)	20143640084
Molnlycke Health Care AB	自粘性软聚硅酮薄膜敷料(美菲)	20143643252
Molnlycke Health Care AB	自粘性软聚硅酮超大型泡沫敷料(美畅)	20143641865
Molnlycke Health Care AB	自粘性软聚硅酮银离子有边型泡沫敷料(美皮康银)	20143640424
Molnlycke Health Care AB	自粘性软聚硅酮有边型泡沫敷料(美皮康 Mepilex Border)	20143646138
Nobel Biocare AB	螺丝起	国械备 20140285 号

Nobel Biocare AB	牙科钻头	20142553436
Nobel Biocare AB	牙科种植体系统(NobelActive)	20143630504
Perimed AB	血流测量仪	20142213137
Perimed AB	激光多普勒及经皮氧分压测量仪	20142242010
Permobil AB	电动轮椅车	20142566091
Permobil AB	电动轮椅车	20142566092
Permobil AB	电动轮椅车	20142566093
Permobil AB	电动轮椅车	20142566094
Permobil AB	电动轮椅车	20142566095
Permobil AB	电动轮椅车	20142566096
Phadia AB	德国小蠊 i6 过敏原特异性 IgE 抗体检测试剂盒(荧光免疫法)	20143405344
Phadia AB	动物皮毛屑混合 ex1 过敏原特异性 IgE 检测试剂(荧光免疫法)	20143405188
Phadia AB	狗毛屑 e5 过敏原特异性 IgE 检测试剂(荧光免疫法)	20143405187
Phadia AB	花生 f13 过敏原特异性 IgE 抗体检测试剂盒(荧光免疫法)	20143405346
Phadia AB	链格孢 m6 过敏原特异性 IgE 检测试剂(荧光免疫法)	20143400641
Phadia AB	霉菌混合 mx1 过敏原特异性 IgE 检测试剂(荧光免疫法)	20143402256
Phadia AB	霉菌混合 mx2 过敏原特异性 IgE 检测试剂(荧光免疫法)	20143402254
Phadia AB	食物混合 fx5 过敏原特异性 IgE 抗体检测试剂盒(荧光免疫法)	20143405348
Phadia AB	屋尘混合 hx2 过敏原特异性 IgE 抗体检测试剂盒(荧光免疫法)	20143405345
Phadia AB	小麦 f4 过敏原特异性 IgE 抗体检测试剂盒(荧光免疫法)	20143405347
Phadia AB	总 IgE 检测试剂(荧光免疫法)	20143402514
Phadia AB	总 IgE 曲线质控品	20143401424
Phadia AB	总 IgE 校准品	20143401423
Q-Med AB	注射用修饰透明质酸钠凝胶(瑞蓝)	20143640872
St. Jude Medical Systems AB	动脉生理检测仪	20143215418
St. Jude Medical Systems AB	无线发射器	20143214543
St. Jude Medical Systems AB	桡动脉压迫止血带(RadiStop)	20142544734
St. Jude Medical Systems AB	无线压力导丝	20143775273
St. Jude Medical Systems AB	压力导丝	20143775272
Stille AB	医用镊	国械备 20140234 号
Vitrolife Sweden AB	精子梯度分离液(SpermGrad)	20143541046
Vitrolife Sweden AB	精子显微操作液(ICSI)	20143546152
Vitrolife Sweden AB	精子显微操作液(ICSI)	20143546152
Vitrolife Sweden AB	卵裂胚玻璃化复苏液(RapidWarm Cleave)	20143546236
Vitrolife Sweden AB	卵裂胚玻璃化冷冻液(RapidVit Cleave)	20143546237
Vitrolife Sweden AB	卵裂胚培养液	20143546169
Vitrolife Sweden AB	囊胚玻璃化复苏液(RapidWarm Blast)	20143546234
Vitrolife Sweden AB	囊胚玻璃化冷冻液(RapidVit Blast)	20143546235
Vitrolife Sweden AB	囊胚培养液	20143546170
Vitrolife Sweden AB	胚胎活检液(G-PGD)	20143544524
Vitrolife Sweden AB	胚胎移植液(胚胎胶)	20143546157
Vitrolife Sweden AB	胚胎移植液(胚胎胶)	20143546157
Vitrolife Sweden AB	器皿冲洗液(G-RINSE)	20143546153
Vitrolife Sweden AB	器皿冲洗液(G-RINSE)	20143546153
Vitrolife Sweden AB	取卵-胚胎处理液	20143546158
Vitrolife Sweden AB	取卵-胚胎处理液	20143546158
Vitrolife Sweden AB	石蜡培养油(OVOIL™)	20143540447
Vitrolife Sweden AB	受精-培养液(IVF)	20143546156
Vitrolife Sweden AB	受精-培养液(IVF)	20143546156
Vitrolife Sweden AB	洗精液(SpermRinse)	20143546155
Vitrolife Sweden AB	洗精液(SpermRinse)	20143546155

瑞士

Abbott Laboratories Vascular Enterprises Ltd. Dublin, Beringen Branch	外周血管球囊扩张导管(Armada 35)	20143770081
Abbott Laboratories Vascular Enterprises Ltd. Dublin, Beringen Branch	外周血管球囊扩张导管(Fox SV)	20143770071
Acrostak (Schweiz) AG	耐高压球囊扩张导管(CTOTM)	20143770449
Acrostak (Schweiz) AG	耐高压乳突球囊扩张导管(GRIP™)	20143770450

Advanced Bionics AG	声音处理器(Neptune)	20142210988
Anteis SA	眼用粘弹剂(欧弗白 OPHTEISBIO)	20143221842
Ardo medical AG	吸乳器	20141210635
Ares Trading S.A.	笔式注射器	20142150261
Ares Trading S.A.	注射器推动器(Rebiject II 自动注射器推动器)	20142545903
Baxter Healthcare SA	外科用封合剂(Coseal)	20143653396
Baxter Healthcare SA	三通旋塞	20143666124
Baxter Healthcare SA	外科用封合剂备用喷嘴/加长喷嘴	20143665602
Baxter Healthcare SA	一次性使用精密调节输液器	20143664992
Bayer Consumer Care AG	血糖试纸（ 葡萄糖脱氢酶法)	20142405084
Bayer Consumer Care AG	血糖仪(拜安进®)	20142404310
Bien-Air Dental SA	动力系统	20142541162
Bien-Air Dental SA	动力系统	20142555807
Biodenta Swiss AG	种植体手术用牙钻	20142553435
Biodenta Swiss AG	全瓷义齿用氧化锆瓷块及配套用染色液(丹特仕)	20142633538
Biosafe S.A.	细胞分离机附件	20143401296
Biotronik AG	快速交换式 PTCA 导管	20143770409
BIOVER AG	一次性血管夹	20142072273
CareFusion Switzerland 317 Sàrl	无针接头	20143661403
Cendres +Métaux SA	种植工具	20141061364
Coltène/Whaledent AG	牙科金刚砂车针	20142550132
Coltène/Whaledent AG	牙科钨钢车针	20142550131
Coltène/Whaledent AG	单组分光固化自酸蚀粘接剂(One Coat 7.0)	20143632663
Coltène/Whaledent AG	复合树脂桩核材料(ParaCore)	20143630074
Coltene/Whaledent AG	牙科复合树脂充填材料(SwissTec Composite)	20143636062
Coltene/Whaledent AG	牙科复合树脂充填材料(SwissTec Composite)	20143636062
Coltène/Whaledent AG	牙科复合树脂暂时冠/桥材料(Cool Temp NATURAL)	20142634754
Coltène/Whaledent AG	牙科硅橡胶弹性印模材料	20142634766
Degradable Solutions AG	口镜	20141062028
DiaMed GmbH	全自动血型配血分析仪	20143231934
DiaMed GmbH	孵育器	20141401491
DiaMed GmbH	离心机	20141411490
Dr. Ihde Dental AG	牙钻	20142555556
Dr. Ihde Dental AG	纯钛人工牙种植体	20143633629
E.M.S. Electro Medical Systems S.A.	碎石枪	20143212376
E.M.S. Electro Medical Systems S.A.	超声洁牙机	20142550001
E.M.S. Electro Medical Systems S.A.	超声洁牙机	20142550002
E.M.S. Electro Medical Systems S.A.	超声洁牙机	20142551513
E.M.S. Electro Medical Systems S.A.	喷砂枪	20142554283
E.M.S.ELECTRO MEDICAL SYSTEMS S.A.	牙科喷砂粉	20142631805
E.M.S.电子医疗系统有限公司	体外冲击波治疗仪	20142264463
Ethicon SARL	耻骨后经阴道前壁尿道悬吊器(TVT EXACT)	20143463244
Ethicon SARL	经闭孔经阴道前壁尿道悬吊器(TVT-O)	20143666149
Ethicon SARL	无张力经阴道的尿道悬吊系统(TVT Family)	20143665234
Geistlich Pharma AG	骨填充材料(Bio-Oss)	20143460922
HAAG-STREIT AG	压平眼压计	20142225507
HAMILTON Bonaduz AG	全自动酶免分析仪	20142400529
Hamilton Bonaduz AG	全自动酶免分析仪	20143400980
Hamilton Bonaduz AG	全自动血型分析仪	20143403457
Hamilton Bonaduz AG.	酶免分析加样系统	20142405821
Hamilton Medical AG	呼吸机	20143540375
Hamilton Medical AG	呼吸机	20143541939
Hamilton Medical AG	呼吸机	20143545419
Harald Nordin SA	牙钻	20142555544
Harald Nordin SA	纤维桩(GLASSIX)	20143631030
Hocoma AG	上肢综合训练器	20142266258
Institut Straumann AG	牙科钻头(牙科钻头)	20142550128

Institut Straumann AG	牙钻	20142550482
Institut Straumann AG	人工牙种植体(Straumann ROXOLID 种植体)	20143633853
Institut Straumann AG	种植体附件	20143634836
KAZ Europe S.A.	隔离套	国械备20140134号
KerrHawe S.A.	齿科抛光膏	20142634518
KerrHawe S.A.	齿科抛光膏	20142634519
Leica Microsystems (Schweiz) AG	手术显微镜	20142222784
Leica Microsystems (Schweiz) AG	手术显微镜	20142224009
Leica Microsystems (Schweiz) AG	手术显微镜	20142225266
LifeScan Europe	血糖质控液	20142406215
MAILLEFER INSTRUMENTS HOLDING SARL	牙锉	20142064642
MAILLEFER INSTRUMENTS HOLDING SARL	牙锉(PathFile)	20142061393
MAILLEFER INSTRUMENTS HOLDING Sarl	不锈钢牙钻	20142550907
MAILLEFER INSTRUMENTS HOLDING SARL	根管预备设备	20142550180
MAILLEFER INSTRUMENTS HOLDING SARL	根尖定位仪	20142550582
MAILLEFER INSTRUMENTS HOLDING Sarl	碳化钨牙钻	20142550909
MAILLEFER INSTRUMENTS HOLDING Sarl	齿科根管调节剂(Glyde)	20143633873
MAILLEFER INSTRUMENTS HOLDING SARL.	超声根管治疗头(START-X)	20142060259
MAILLEFER INSTRUMNETS HOLDING SARL	牙用锉(ProTaper Universal)	20142061388
Marflow AG	导丝	20142222401
Marflow AG	导丝	20142222402
Marflow AG	导丝	20142222403
Mathys Ltd Bettlach	髋关节假体工具	20141100410
Mathys Ltd Bettlach	膝关节手术工具	20141100411
Mathys Ltd Bettlach	非骨水泥型人工髋关节	20143463628
Mathys Ltd Bettlach	股骨柄	20143465027
Mathys Ltd Bettlach	压合髋臼杯	20143463247
Medacta International SA	股骨柄	20143460861
Medacta International SA	骨水泥型全膝关节系统	20143460040
Medela AG	胸腔引流系统	20142662032
Medicel AG	人工晶体植入系统	20142040139(更)
Medicel AG	人工晶体植入系统	20142040140
Medicel AG	人工晶体植入系统	20142044124
Medicel AG	人工晶状体植入器(AccuJect)	20142041317
Medos International SARL	脊柱后路内固定螺钉(Moss Miami)	20143463487
Medos International SARL	脊柱后路内固定系统(Expedium)	20143463236
Medos International SARL	脊柱后路内固定系统组件(Expedium)	20143461964
Medos International SARL	脊柱后路内固定系统组件(Expedium)	20143463845
Medos International SARL	脊柱后路内固定系统组件(Expedium)	20143463869
Medos International SARL	脊柱后路内固定系统组件(Expedium)	20143464137
Medos International SARL	脊柱空心螺钉(Expedium)	20143461018
Medos International SARL	脊柱内固定系统组件-连接棒	20143460869
Medos International SARL	脊柱外科植入物-胸腰椎钉棒固定系统(Pulse)	20143464999
Medos International SARL	脊柱微创椎间融合器(Concorde)	20143461055
Medos International SARL	颈椎前路固定系统(Pulse)	20143461402
Medos International SARL	颈椎前路固定系统(Skyline)	20143464098
Medos International SARL	枕颈胸后路内固定系统(Mountaineer OCT)	20143464090
Medos International SARL	椎间融合系统	20143460803
Medos International SARL	弹簧圈(Codman)	20143771350
Medos International SARL	弹簧圈(Codman)	20143771352
Medos International SARL	球囊导管(Ascent)	20143774149
Medos International SARL	微导管(Prowler 27)	20143774131
Medos International SARL	远端通路导引导管(ENVOY DA)	20143771961
Medos International SARL	自膨式颅内取栓器(ReVive SE)	20143773354
ndd Medizintechnik AG	肺功能仪	20142210520
NOUVAG AG	组织粉碎器	20143545280
OBTECH Medical SARL	腔镜胃容量调节束带及附件	20143662686

Oscimed SA	电动石膏锯	20141100190
Pall Medical, A Division of Pall International Sarl	呼吸通路过滤器	20142665545
pfm medical cpp SA	血管通路泵系统	20143544556
Pnn Medical SA	热球子宫内膜去除仪	20143262208
Polydentia SA	成型片	20141062609
Produits Dentaires SA	光固化复合树脂	20143634143
Pulmonx International SARL	肺叶通气功能检查仪	20142210628
REGEN LAB SA	富血小板血浆(PRP)制备用套装	20143661397
SCHILLER AG	24/48 小时动态血压记录仪	20142211512
SCHILLER AG	肺功能仪	20142215303
SIC invent AG	基台	20143633412
SIE Surgical Instrument Engineering AG	飞秒眼科固体激光治疗仪	20143245672
SIGVARIS AG	医疗压力带(SIGVARIS)	20142641233
SIGVARIS AG	医疗压力带(SIGVARIS)	20142641234
Smith & Nephew Orthopaedics AG	髋臼置换手术工具(EP-FIT PLUS)	20141101185
Smith & Nephew Orthopaedics AG	试模	国械备 20140363 号
Smith & Nephew Orthopaedics AG	非骨水泥柄(SL-PLUS)	20143460461
Smith&Nephew Orthopaedics AG	骨刀套件(Renovation)	20142103007
Smith&Nephew Orthopaedics AG	卡式双动头置换手术工具	20141101065
Smith&Nephew Orthopaedics AG	非骨水泥型股骨柄(POLAR)	20143465576
Smith&Nephew Orthopaedics AG	股骨柄系统(ADR)	20143465407
Smith&Nephew Orthopaedics AG	骨水泥型股骨柄(POLAR)	20143460863
Smith&Nephew Orthopaedics AG	压配式球形臼系统组件-陶瓷内衬(EP-FIT Delta liner)	20143464581
Spineart	椎间融合器(TRYPTIK)	20143460822
STAAR Surgical AG	后房型屈光晶体(COLLAMER 可植入接触镜)	20143220288
STAAR Surgical AG	中心孔后房屈光型人工晶状体(Visian® ICL)	20143225000
STAAR Surgical AG	中心孔后房散光屈光型人工晶状体(Visian® TICL)	20143225001
Storz Medical AG	体外冲击波心血管治疗系统	20143210730
Straub Medical AG	机械血栓切除系统(Straub)	20143265278
Stryker Spine SA	脊柱融合器系统(Anchor-C)	20143465404
Stryker Trauma AG	骨折内固定锁定钢板系统(AxSOS)	20143461183
Stryker Trauma AG	空心螺钉(Asnis III)	20143464710
Stryker Trauma AG	直型骨板和接骨螺钉系统	20143462462
Swiss Pro Orthopedic SA	动力加压接骨板	20143461017
Swiss Pro Orthopedic SA	接骨螺钉	20143460945
Swiss Pro Orthopedic SA	解剖型接骨板	20143460939
Swiss Pro Orthopedic SA	解剖型接骨板	20143460941
Swiss Pro Orthopedic SA	锁定接骨螺钉	20143460944
Swiss Pro Orthopedic SA	锁定解剖型接骨板	20143460940
Swiss Pro Orthopedic SA	锁定解剖型接骨板	20143460942
Swiss Pro Orthopedic SA	锁定直型接骨板	20143461623
Swiss Pro Orthopedic SA	直型接骨板	20143460938
Swiss Pro Orthopedic SA	直型接骨板	20143461622
Swiss Pro Orthopedic SA	中空骨螺钉	20143460943
Swissray Medical AG	数字化 X 射线摄影系统	20142301669
Swissray Medical AG	数字化医用 X 射线摄影系统	20142304018
Synthes GmbH	扳手	国械备 20140307 号
Synthes GmbH	测深器	国械备 20140321 号
Synthes GmbH	持骨钳	国械备 20140326 号
Synthes GmbH	创伤外科手术器械	20141102662
Synthes GmbH	打入器	国械备 20140322 号
Synthes GmbH	钢板弯曲钳	国械备 20140323 号
Synthes GmbH	骨测量器	国械备 20140309 号
Synthes GmbH	骨锤	国械备 20140342 号
Synthes GmbH	骨导引针	国械备 20140303 号
Synthes GmbH	骨定位针	国械备 20140312 号
Synthes GmbH	骨刮匙	国械备 20140327 号

Synthes GmbH	骨科定位片	国械备 20140313 号
Synthes GmbH	骨科复位钳	国械备 20140311 号
Synthes GmbH	骨科用撑开钳	国械备 20140328 号
Synthes GmbH	骨科用螺丝刀	国械备 20140320 号
Synthes GmbH	骨科钻孔瞄准器	国械备 20140341 号
Synthes GmbH	骨科钻头	国械备 20140324 号
Synthes GmbH	骨牵引针	国械备 20140316 号
Synthes GmbH	骨探针	国械备 20140306 号
Synthes GmbH	骨用牵开器	国械备 20140347 号
Synthes GmbH	骨凿	国械备 20140346 号
Synthes GmbH	固定针	国械备 20140276 号
Synthes GmbH	固定针	国械备 20140339 号
Synthes GmbH	护套	国械备 20140305 号
Synthes GmbH	脊柱外科用工具	20141102692
Synthes GmbH	脊柱外科用工具	20142103402
Synthes GmbH	脊柱外科用工具	20142103449
Synthes GmbH	脊柱外科用工具(SYNTHES)	20141100285
Synthes GmbH	剪切钳	国械备 20140308 号
Synthes GmbH	紧凑型动力系统	20142101007
Synthes GmbH	开路器	国械备 20140314 号
Synthes GmbH	快装手柄	国械备 20140325 号
Synthes GmbH	取钉器	国械备 20140304 号
Synthes GmbH	试模	国械备 20140040 号
Synthes GmbH	丝攻	国械备 20140310 号
Synthes GmbH	锁针加压器	国械备 20140319 号
Synthes GmbH	填充块	国械备 20140302 号
Synthes GmbH	下肢骨折整复器	国械备 20140317 号
Synthes GmbH	小型电动系统	20142101006
Synthes GmbH	Schanz 钉	20143462683
Synthes GmbH	β-磷酸三钙人工骨	20143465887
Synthes GmbH	弹性髓内钉系统	20143463391
Synthes GmbH	骶骨棒系统	20143462916
Synthes GmbH	多维锁定肱骨髓内钉系统	20143460294
Synthes GmbH	多向牵引器系统	20143461470
Synthes GmbH	多轴向椎弓根固定系统(SYNTHES)	20143461032
Synthes GmbH	腭部牵引器	20143463832
Synthes GmbH	接骨螺钉	20143461900
Synthes GmbH	接骨螺钉	20143464540
Synthes GmbH	解剖型接骨板	20143463884
Synthes GmbH	颈椎后路钉棒固定系统组件-连接器(Synapse)	20143461061
Synthes GmbH	颈椎前路椎间融合固定系统	20143460845
Synthes GmbH	颈椎前路椎间融合器(ACIS)	20143463367
Synthes GmbH	可吸收固定系统(PolyMax RAPID)	20143464664
Synthes GmbH	可吸收颅骨夹	20143461052
Synthes GmbH	空心螺钉	20143462668
Synthes GmbH	空心锁定螺钉	20143462669
Synthes GmbH	缆线固定系统	20143460812
Synthes GmbH	肋骨内固定系统	20143462907
Synthes GmbH	颅颌面接骨板(Synthes)	20143465029
Synthes GmbH	颅颌面外科内固定系统	20143462906
Synthes GmbH	颅颌面用接骨螺钉	20143461027
Synthes GmbH	颅颌面用锁定接骨螺钉	20143462891
Synthes GmbH	颅面重建植入物	20143464987
Synthes GmbH	髓内钉系统	20143460807
Synthes GmbH	髓内钉系统	20143464093
Synthes GmbH	锁定接骨板	20143460925
Synthes GmbH	锁定接骨板	20143464711

Synthes GmbH	锁定接骨板	20143464997
Synthes GmbH	锁定接骨螺钉	20143463756
Synthes GmbH	条状人工骨	20143464983
Synthes GmbH	通用脊柱骨折微创系统	20143463685
Synthes GmbH	下颌单向牵引器	20143461278
Synthes GmbH	下颌骨内固定系统	20143461279
Synthes GmbH	胸腰椎用横向连接器(Pangea)	20143464702
Synthes GmbH	腰及腰骶椎椎间融合器(PlivioPore)	20143460153
Synthes GmbH	直型接骨板	20143463896
Synthes GmbH	椎间融合器(Oracle)	20143462905
Synthes GmbH	椎间融合器(SynFix-LR Cages)	20143462678
Synthes GmbH	椎间融合器(T-PAL Implants)	20143464106
Synthes GmbH	椎间小关节固定系统	20143465587
Synthes GmbH	动力系统(Colibri)	20142543172
Synthes GmbH	组合式电钻系统	20142543192
Synthes GmbH	正畸支抗系统	20143633345
Tecan Schweiz AG	免疫分析加样系统	20142402565
Tecan Schweiz AG	全自动酶免工作站	20142400032
Thommen Medical AG	种植体手术用牙钻	20142556154
Thommen Medical AG	种植体手术用牙钻	20142556154
Thommen Medical AG	种植体手术用牙钻及其配件	20142554513
Ypsomed AG	注射笔用针(Clickfine)	20143154136
Zimmer GmbH	髋关节假体配套工具组合	20141100837
Zimmer GmbH	非骨水泥型肱骨柄	20143460615
Zimmer GmbH	骨水泥型肩关节系统(Anatomic)	20143460614
Zimmer GmbH	金属带锁髓内钉(Sirus)	20143464745
Zimmer GmbH	金属髓内钉(ZNN)	20143465679
Zimmer GmbH	髋关节假体-股骨柄(Alloclassic Zweymüller)	20143460880
Zimmer GmbH	髋关节假体—股骨头(Global Acetabular Cup)	20143466137
Zimmer GmbH	髋关节假体-股骨头及翻修型髋臼外杯(Total Hip System)	20143466182
Zimmer GmbH	髋关节假体-骨水泥股骨柄(Metabloc)	20143464673
Zimmer GmbH	髋关节假体-髋臼系统(Allofit)	20143465625
Zimmer GmbH	髋关节假体-陶瓷股骨头和衬垫(BIOLOX delta)	20143465650
Zimmer GmbH	锁定金属接骨板系统(NCB)	20143464114
Zimmer GmbH	锁定型金属接骨板螺钉系统(NCB)	20143464616
Zimmer Surgical SA	气动动力系统(Zimmer)	20142104223

塞舌尔

The Laryngeal Mask Company Limited	一次性使用可弯曲喉罩(LMA Flexible Single Use)	20142666030
The Laryngeal Mask Company Limited	一次性使用气管插管(LMA Fastrach)	20142660061(更)

斯洛文尼亚

Fotona d. d.	半导体激光治疗仪	20143242369
Fotona d. d.	激光治疗系统(Fotona QX MAX)	20143240421

泰国

Innolatex (Thailand) Limited	天然胶乳橡胶避孕套(安全套)	20142661881
Siam Sempermed Corporation Limited	一次性使用医用丁腈检查手套	20141661455
Siam Sempermed Corporation Limited	一次性使用医用丁腈检查手套	20141661909
Siam Sempermed Corporation Limited	一次性使用医用橡胶检查手套	20141661456
Siam Sempermed Corporation Limited	一次性使用医用橡胶检查手套	20141661910
SSL Manufacturing (Thailand) Ltd	天然胶乳橡胶避孕套(含苯佐卡因)(杜蕾斯)	20143665647

土耳其

TOTAL iTHALAT iHRACAT PAZARLAMA LTD.STi	水凝胶敷料(凝必敷)	20143640087

西班牙

B. Braun Surgical SA	可吸收外科带针缝线(Safil)	20143653379
B. Braun Surgical SA	可吸收外科缝线(万福)	20143652889
B.Braun Surgical SA	不可吸收外科缝线(带针)(PremiCron(康福))	20142654603
B.Braun Surgical SA	骨蜡	20143653395
B.Braun Surgical SA	合成可吸收性外科缝线(乐福)	20143654834
B.Braun Surgical SA	组织胶水(蓝灵)	20143650852
Becton Dickinson, S.A.	一次性使用无菌注射器 带针	20143152332
Becton Dickinson, S.A.	一次性使用自毁型无菌注射器(BD SoloMed™)	20143154750
Becton Dickinson，S.A.	自毁型固定剂量疫苗注射器 固定针头(BD SoloMed™)	20143151876
BIOKIT, S.A.	D-二聚体测定试剂盒(胶乳免疫比浊法)	20142403548
BIOKIT, S.A.	D-二聚体校准品	20142403956
BIOKIT, S.A.	D-二聚体质控品	20142403959
BIOKIT, S.A.	α1-抗胰蛋白酶测定试剂盒(免疫比浊法)	20142403957
BIOKIT, S.A.	α1-酸性糖蛋白、α1-抗胰蛋白酶校准品	20142403960
BIOKIT, S.A.	α1-酸性糖蛋白测定试剂盒(免疫比浊法)	20142403958
BIOKIT, S.A.	丙型肝炎病毒抗体检测试剂盒(化学发光免疫分析法)	20143401691
BIOKIT, S.A.	丙型肝炎病毒抗体校准品	20143401699
BIOKIT, S.A.	丙型肝炎病毒抗体质控品	20143401697
BIOKIT, S.A.	单纯疱疹病毒1型IgG抗体校准品	20143406037
BIOKIT, S.A.	单纯疱疹病毒1型IgG抗体质控品	20143406039
BIOKIT, S.A.	肝素诱导血小板减少症抗体检测试剂盒(免疫比浊法)	20142403553
BIOKIT, S.A.	肝素诱导血小板减少症抗体质控品	20142403554
BIOKIT, S.A.	激发液	20142402154
BIOKIT, S.A.	抗风疹病毒IgM抗体检测试剂盒(化学发光免疫分析法)	20143400757
BIOKIT, S.A.	抗弓形虫IgM抗体检测试剂盒(化学发光免疫分析法)	20143400759
BIOKIT, S.A.	抗巨细胞病毒IgM抗体检测试剂盒(化学发光免疫分析法)	20143400758
BIOKIT, S.A.	抗链球菌溶血素O、类风湿因子质控品(水平1)	20142401562
BIOKIT, S.A.	抗链球菌溶血素O、类风湿因子质控品(水平2)	20142401563
BIOKIT, S.A.	免疫球蛋白E测定试剂盒(胶乳免疫比浊法)	20143402999
BIOKIT, S.A.	免疫球蛋白E校准品	20143402998
BIOKIT, S.A.	清洗液	20141401574
BIOKIT, S.A.	人类免疫缺陷病毒1+2型抗体检测试剂盒(化学发光免疫分析法)	20143403337
BIOKIT, S.A.	人类免疫缺陷病毒1+2型抗体校准品	20143401701
BIOKIT, S.A.	人类免疫缺陷病毒1+2型抗体质控品	20143402255
BIOKIT, S.A.	铁蛋白/肌红蛋白/免疫球蛋白E质控品	20143402997
BIOKIT, S.A.	乙型肝炎病毒表面抗体测定试剂盒(化学发光免疫分析法)	20143405669
BIOKIT, S.A.	乙型肝炎病毒表面抗体校准品	20143406040
BIOKIT, S.A.	乙型肝炎病毒表面抗体质控品	20143406038
BIOKIT, S.A.	乙型肝炎病毒表面抗原检测试剂盒(化学发光免疫分析法)	20143401698
BIOKIT, S.A.	乙型肝炎病毒表面抗原校准品	20143401695
BIOKIT, S.A.	乙型肝炎病毒表面抗原质控品	20143401693
BIOKIT, S.A.	乙型肝炎病毒核心抗体检测试剂盒(化学发光免疫分析法)	20143401694
BIOKIT, S.A.	乙型肝炎病毒核心抗体校准品	20143401696
BIOKIT, S.A.	乙型肝炎病毒核心抗体质控品	20143401692
BIOKIT, S.A.	脂蛋白a校准品	20142401561
Biokit,S.A.	全自动化学发光免疫分析仪	20143402118
Biosystems S.A.	17-羟类固醇分析试剂盒(色谱-分光光度法)	20142405475
Biosystems S.A.	17-酮类固醇分析试剂盒(色谱-分光光度法)	20142405474
Biosystems S.A.	全自动生化分析仪	20142401519
Biosystems S.A.	全自动特定蛋白分析仪	20142403940
Biosystems S.A.	糖化血红蛋白HbA1c分析试剂盒(色谱-分光光度法)	20142405791
Biosystems S.A.	香草扁桃酸分析试剂盒(色谱-分光光度法)	20142405473
Diagnostic Grifols, S.A.	全自动酶免分析仪(变色龙)	20142401507
Diagnostic Grifols, S.A.	全自动配血及血型分析仪	20143401508
HERSILL,S.L.	便携式电动吸引器	20142540175
HERSILL,S.L.	便携式电动吸引器	20142540176
HERSILL,S.L.	便携式电动吸引器	20142540177
iLine Microsystems S.L.	凝血酶原时间测试片(凝固法)	20142402068

iLine Microsystems S.L.	凝血酶原时间测试仪	20142402030
INTERMEDIC ARFRAN S.A.	半导体激光治疗仪	20143242831
MICROPTIC S.L.	精子分析软件	20142700977
Neos Surgery, S.L.	颅骨固定器	20143460824
NIPRO RENAL SOLUTIONS SPAIN, S.R.L.	血液透析干粉(NIPROCART)	20143453900
OPTOMIC ESPANA, S.A.	冷光源	20142224022
SEDECAL	医用臭氧治疗仪	20143572947
SEDECAL	数字化医用 X 射线摄影系统	20142302774
SEDECAL	数字化医用 X 射线摄影系统	20142303466
SEDECAL	移动式摄影 X 射线机	20142302114
SEDECAL	移动式摄影 X 射线机	20142303736
SEDECAL	数字化医用 X 射线摄影系统	20142304810
SEDECAL	数字化医用 X 射线摄影系统	20142304811
SPINREACT, S.A.	抗链球菌溶血素 O 检测试剂盒(乳胶凝集法)	20142403090
SPINREACT, S.A.	类风湿因子检测试剂盒(乳胶凝集法)	20142403089
Tejidos Elasticos Lloveras, S.A.	压力抗栓带	20142260126
Telstar Industrial, S.L.	生物安全柜	20143542830
Transcendencias Comerciales S.L.	洗肠机	20142541971

新加坡

AB Sciex Pte.Ltd.	三重四极杆质谱仪	20142404175
Agilent Technologies,Singapore Pte.Ltd.	微阵列芯片扫描系统	20142405826
Argon Critical Care Systems Singapore Pte Ltd	血压传感器帽	20143664107
Argon Critical Care Systems Singapore Pte Ltd	一次性使用压力导管(Argon 一次性使用压力导管)	20143663833
Argon Critical Care Systems Singapore Pte Ltd	一次性使用动脉导管套装	20143774564
Argon Critical Care Systems Singapore Pte. Ltd.	封闭式采血器	20143414838
Argon Critical Care Systems Singapore Pte. Ltd.	一次性使用测压用连接导管	20143665652
Argon Critical Care Systems Singapore Pte. Ltd.	中心静脉导管(Careflow™)	20143775653
Becton Dickinson Medical(S)Pte. Ltd.	一次性使用无菌注射器 带/不带注射针	20143154648
Becton Dickinson Medical(S)Pte. Ltd.	一次性使用无菌注射针	20143154621
Biosensors International Pte Ltd	热稀释漂浮导管包	20143664072
CADI SCIENTIFIC PTE LTD	体温监测系统	20142202764
Clearlab SG Pte. Ltd.	软性亲水接触镜	20143225024
Clearlab SG Pte. Ltd.	软性亲水接触镜	20143226148
CLEARLAB SG PTE.LTD.	软性亲水接触镜	20143221880(更)
Life Technologies Holdings Pte Ltd	甲酰胺	20141400601
Life Technologies Holdings Pte Ltd	实时荧光定量 PCR 仪	20143401505
Life Technologies Holdings Pte Ltd	阳极缓冲液槽	20141400600
Life Technologies Holdings Pte Ltd	阴极缓冲液槽	20141400602
MP Biomedicals Asia Pacific Pte Ltd	结核分枝杆菌 IgG 抗体检测试剂盒(胶体金法)	20143405788
MP Biomedicals Asia Pacific Pte Ltd	戊型肝炎病毒 IgG 抗体检测试剂盒(酶联免疫法)	20143403576
MP Biomedicals Asia Pacific Pte Ltd	幽门螺旋杆菌 IgG 抗体检测试剂盒(胶体金法)	20143404431
MP 生物医学亚太私人有限公司	免疫印迹结果自动分析软件	20142704020
Oculus Private Limited	软性亲水接触镜	20143220427
Oculus Private Limited	软性亲水接触镜(FreshKon 58 UV)	20143224585
Oculus Private Limited	软性亲水接触镜(FreshKon everyDAY uv)	20143226150
Oculus Private Limited	软性亲水接触镜(Oculus FreshKon 1-Day(Etafilcon A))	20143224134
Opto-Pharm Pte Ltd	多功能隐形眼镜护理液	20143223350
Opto-Pharm Pte Ltd	多功能隐形眼镜护理液	20143223351
Opto-Pharm Pte Ltd	多功能隐形眼镜护理液(Opto-Pharm Multi-purpose Solution)	20143223349
Opto-Pharm Pte Ltd	多功能隐形眼镜护理液(Opto-Pharm Multi-Purpose Solution)	20143224632
Opto-Pharm Pte Ltd	多功能隐形眼镜护理液(Opto-Pharm P2 Penta-Plex)	20143223861
Opto-Pharm Pte Ltd	多功能隐形眼镜护理液(Schon)	20143224138

新西兰

Fisher & Paykel Healthcare Limited	呼吸面罩	20142542848
Fisher & Paykel Healthcare Limited	呼吸面罩	20142561797
FISHER & PAYKEL HEALTHCARE Ltd.	呼吸机	20142544365

FISHER & PAYKEL HEALTHCARE Ltd.	呼吸湿化器	20142543190
FISHER & PAYKEL HEALTHCARE Ltd.	呼吸湿化器	20142560331
FISHER &PAYKEL HEALTHCARE Ltd.	婴儿正压呼吸治疗系统	20143544279

匈牙利

3DHISTECH Ltd.	病理切片扫描仪	20142413151
77 ELEKTRONIKA M&;uuml;szeripari Kft.	全自动尿液分析仪	20142404041
77 ELEKTRONIKA Müszeripari Kft.	全自动尿有形成分(沉渣)分析仪	20142404042
77 ELEKTRONIKA Muszeripari Kft.	尿沉渣检测新板条(科宝)	20142400227
77 ELEKTRONIKA Muszeripari Kft.	全自动尿有形成分分析仪(科宝)	20142404281
GE Hungary Kft.	乳腺X射线机	20142303460
GE Hungary Kft.	乳腺X射线机	20142303461
LABTECH Kft.	动态心电记录仪	20142215944
Medimetal Gyogyaszati Termekeket Gyarto es Forgalmazo Kft	角度型锁定接骨板系统组件	20143462527
Medimetal Gyogyaszati Termekeket Gyarto es Forgalmazo Kft	金属锁定接骨板系统	20143461916
Mediox Orvosi M&;uuml;szergyarto Kft	椎间融合器	20143462870
Mediox Orvosi Müszergyarto Kft	钛笼	20143462871
Mediox Orvosi Muszergyarto Kft.	脊柱通用内固定器专用工具包	20141101804
Sanatmetal Orthopaedic&Traumatologic Equipment Manufacturer Ltd	跟骨复位安装手术器械	20141010746
Sanatmetal Orthopaedic&Traumatologic Equipment Manufacturer Ltd	钉板安装手术器械	20141100745
sanatmetal Orthopaedic&Traumatologic Equipment Manufacturer Ltd	金属锁定接骨板系统	20143461269
Sanatmetal Orthopaedic&Traumatologic Equipment Manufacturer Ltd	空心螺钉、垫片	20143465636
Vitrolife Kft.	数码倒置显微镜	20142226089

以色列

ADIN DENTAL IMPLANT SYSTEMS LTD.	种植体手术用牙钻	20142554521
Aerotel Medical Systems (1998) Ltd.	心电记录仪	20142212987
Aerotel Medical Systems (1998) Ltd.	心电记录仪	20142213141
Alma Lasers Ltd	半导体激光治疗仪	20143244786
Alma Lasers Ltd	半导体激光治疗仪	20143245299
Alma Lasers Ltd	二氧化碳激光治疗机	20143245834
Alma Lasers Ltd	射频治疗仪	20143251755
Alma Lasers Ltd	射频治疗仪	20143254404
Alma Lasers Ltd.	激光/脉冲光工作站	20143245102
Alpha Omega Engineering Ltd.	功能神经外科生理导航系统	20143212228
Alpha Omega Engineering Ltd.	功能神经外科生理导航系统	20143542228
Alpha-Bio Tec Ltd.	螺丝起	国械备 20140371 号
Alpha-Bio Tec Ltd.	扭力扳手	国械备 20140364 号
Alpha-Bio Tec Ltd.	上颌窦提升器	国械备 20140365 号
Alpha-Bio Tec Ltd.	牙科种植定位器	国械备 20140366 号
Alpha-Bio Tec. LTD.	牙科手术器械	20141061878
BeamMed Ltd.	超声骨龄测试系统	20142231329
BeamMed Ltd.	平衡及稳定性测试系统	20142264419
BIOMETRIX LIMITED	血液透析导管套装	20143772914
Biosense Webster(Israel)Ltd.	电生理导航系统(CARTO 3)	20143210377
CarboFix Orthopedics Ltd	肱骨用髓内钉系统工具	20141101221
CarboFix Orthopedics Ltd	股骨胫骨用髓内钉系统工具	20141101236
CarboFix Orthopedics Ltd.	肱骨近端骨板系统工具	20141102400
CarboFix Orthopedics Ltd.	桡骨远端骨板系统工具	20141101908
Common Sense Ltd.	羊水检测试条	20142642415
Cortex Dental Implants Industries Ltd.	螺丝起	国械备 20140226 号

Cortex Dental Implants Industries Ltd.	扭力扳手	国械备20140227号
EndyMed Medical Ltd.	高频皮肤治疗仪	20143250419
Flight Medical Innovations Ltd.	呼吸机	20143540374
Galil Medical	多点温度传感器	20143212957
Galil Medical	冷冻消融针	20143584592
GE Medical Systems Israel Limited	呼吸机	20143542007
GE Medical Systems Israel Ltd.	便携式彩色多普勒超声诊断仪	20143233804
GE Medical Systems Israel Ltd.	超声诊断仪	20143233805
GE Medical systems Israel, Functional Imaging	单光子发射断层及X射线计算机体层摄影成像系统	20143335340
GE Medical systems Israel, Functional Imaging	单光子发射断层扫描装置	20143333990
Given Imaging Ltd.	结肠胶囊式内窥镜诊断系统(PillCam)	20143224071
Hospitech Respiration Ltd.	气道管理系统	20143545988
Initia Ltd.	体外冲击波碎石机(Duet Magna)	20143212193
InSightec, Ltd	磁共振引导聚焦超声治疗系统(ExAblate)	20143285748
IOPtima Ltd.	二氧化碳激光光束操控系统	20143240388
Lumenis Limited	二氧化碳激光皮肤治疗系统	20143242111
Lumenis Limited	二氧化碳激光治疗机	20143242935
Lumenis Limited	二氧化碳激光治疗机	20143244382
Lumenis Limited	二氧化碳激光治疗系统	20143242308
Lumenis Limited	强光与激光系统	20143240958
Lumenis Limited	无菌二氧化碳激光光纤及附件	20143244772
Lumenis Limited	一次性使用无菌二氧化碳激光光纤及附件	20142240187
Lumenis Limited	组织粉碎器	20143540590
Mazor Robotics Ltd.	脊柱外科手术定位系统	20143544076
MedicNRG Ltd	电子根尖定位仪	20142555511
MedicNRG Ltd	电子根尖定位仪	20142555512
MEDOC LTD ADVANCED MEDICAL SYSTEMS	疼痛/感觉评估系统	20142215429
MEDOC LTD ADVANCED MEDICAL SYSTEMS	温度感觉分析仪	20142215827
MIS Implants Technologies Ltd.	牙科种植体手术工具	20141061793
MIS Implants Technologies Ltd.	牙科种植体手术工具	20141062733
MIS Implants Technologies Ltd.	牙科种植体手术用钻及工具	20142062272
MIS Implants Technologies Ltd.	牙科钻头	20142553826
Motorika medical (Israel)Ltd.	上肢综合训练器	20142264421
NanoPass Technologies Ltd.	一次性使用无菌注射针(微型注射针)	20143154569
Rimed Ltd.	超声系统	20142230636
Rimed Ltd.	经颅多普勒血流分析仪	20143231938
SHL Telemedicine International Ltd.	蓝牙式心电记录仪	20142211662
Syneron Medical LTD.	二氧化碳激光治疗仪	20143245413
T.A.G. Medical Products Corporation Ltd.	肩袖肌肉缝合器工具	20141102632
Truphatek International Ltd.	喉镜	20142221174
Truphatek International Ltd.	喉镜	20142221219
Truphatek International Ltd.	喉镜	20142221973
Truphatek International Ltd.	喉镜	20142223739
Truphatek International Ltd.	喉镜	20142224216
Viasonix Ltd.	周边血管诊断系统	20142214472
WideMed Ltd.	睡眠呼吸暂停分析系统	20142702040

意大利

ADALTIS S.R.L	全自动发光免疫分析仪	20143402730
ADALTIS S.R.L	全自动发光免疫分析仪	20143402730
ADALTIS S.R.L	全自动酶联免疫测定仪	20142402392
ADALTIS S.R.L	全自动酶联免疫测定仪	20142402392
Adaltis S.r.l.	全自动生化分析仪	20142402765
B.&B.Dental s.r.l	种植辅助器械	国械备20140150号
Bellco S.r.l	血液透析滤过器	20143451292(更)
BELLCO S.R.L	血液透析滤过器	20143451955(更)
Bellco S.r.l	血液透析滤过装置	20143450197(更)

Bellco S.r.l	血液透析器	20143455643
Bellco S.r.l.	一次性使用血浆灌流器	20143455568
C.S.O. SRL	角膜地形图仪	20142226098
CEFLA S.C.	全景、头颅和X射线数字化体层摄影设备	20143303430
CEFLA S.C.	牙科综合治疗机	20142551683
CEFLA S.C.	牙科综合治疗机	20142555249
CEFLA S.C.	牙科综合治疗台	20142554021
CEFLA S.C.	牙科综合治疗台	20142555437
CEFLA S.C.	牙科综合治疗台(安福士)	20142550018
CEFLA S.C.	牙科综合治疗台(安福士)	20142550335
CEFLA S.C.	牙科综合治疗台(赛特伟邦)	20142550336
CenterVue S.p.A.	眼底照相机	20142222766
CID S.p.A.	肾动脉支架系统(CARBOSTENT RADIX2)	20143463253
CID S.p.A.	外周血管支架系统(ISTHMUS LOGIC CARBOSTENT)	20143464108
CID S.p.A.	膝下动脉支架系统(INPERIA ADVANCE CARBOSTENT)	20143463358
CID S.p.A.	自膨式外周支架系统(EASY FLYPE & HIFLYPE CARBOSTENT)	20143462824
CID S.p.A.	冠状动脉球囊导管(Brio Pegaso-SCRX)	20143771049
COSMED S.R.L.	十二导联运动测试心电图机(COSMED)	20142213494
C-TECH Implant S.r.l.	种植手术器械	20141061792
DEKA M.E.L.A. Srl	多波长激光治疗仪(DEKA)	20143241539
DEKA M.E.L.A. SRL	紫外线光疗系统	20142260024
Diapath S.p.A	切片机	20141411780
DiaSorin S.p.A.	β2-微球蛋白测定试剂盒(化学发光免疫分析法)	20143405401
DiaSorin S.p.A.	单纯疱疹病毒2型IgG抗体质控品	20143403131
DiaSorin S.p.A.	弓形虫IgG抗体亲合力检测试剂盒(化学发光免疫分析法)	20143403341
DiaSorin S.p.A.	弓形虫IgG抗体亲合力质控品	20143401073
DiaSorin S.p.A.	人绒毛膜促性腺激素(HCG)测定试剂盒(化学发光免疫分析法)	20142405125
DiaSorin S.p.A.	神经元特异性烯醇化酶测定试剂盒(化学发光免疫分析法)	20143401285
DiaSorin S.p.A.	神经元特异性烯醇化酶质控品	20143401074
DiaSorin S.p.A.	肾素测定试剂盒(化学发光免疫分析法)	20142400644
DiaSorin S.p.A.	糖类抗原15-3测定试剂盒(化学发光免疫分析法)	20143401286
DiaSorin S.p.A.	乙型肝炎病毒e抗体质控品	20143406041
DiaSorin S.p.A.	乙型肝炎病毒e抗原质控品	20143406043
DiaSorin S.p.A.	乙型肝炎病毒核心抗体质控品	20143406042
DiaSorin S.p.A.	游离甲状腺素测定试剂盒(化学发光免疫分析法)	20142401581
DiaSorin S.p.A.	游离三碘甲状腺原氨酸测定试剂盒(化学发光免疫分析法)	20142403690
DiaSorin S.p.A.	组织多肽抗原检测试剂盒(化学发光免疫分析法)	20143401070
DiaSorin S.p.A.	组织多肽抗原质控品	20143403132
Easyfor Medical Device Srl	螺丝起	国械备20140223号
EB NEURO SPA	脑电图、肌电图和诱发电位仪	20142212354
ECO3 di Sardi Franco	医用臭氧治疗仪	20143540729
ELETTRONICA PAGANI SRL	冲击波治疗仪	20142214004
ESAOTE SPA	超声诊断系统	20143231156
ESAOTE SPA	超声诊断系统	20143231194
ESAOTE SPA	超声诊断系统	20143231195
ESAOTE SPA	超声诊断系统	20143231540
ESAOTE SPA	超声诊断系统	20143233183
ESAOTE SPA	超声诊断系统	20143235986
ESAOTE SPA	超声诊断系统	20143235987
ESAOTE SPA	磁共振成像系统	20143285293
ESAOTE SPA	磁共振成像系统	20143285294
EUFOTON S.R.L	半导体激光治疗仪	20143244376
EUROCOLUMBUS SRL	移动式C形臂X射线机	20143304083
EURONDA SPA	吸唾管	20141551048
Eurosets s.r.l.	膜式氧合器	20143451952
FARO SPA	口腔灯	20141550537
FASTER S.r.l.	生物安全柜	20143544060

G.S.G. ROBOTIX S.R.L.	全自动血型分析仪	20143405097
GALLINI S.R.L.	聚丙烯补片	20143461297
GALLINI有限公司	经皮椎间盘切除器	20143102952
GEM S.R.L.	外科胶(GLUBRAN2)	20143640120
General Medical Merate S.p.A	数字化X射线摄影系统	20142301980
General Medical Merate S.p.A	数字化X射线系统	20143301996
GENERAL MEDICAL MERATE SPA	数字化X射线摄影系统	20142305873
GENERAL MEDICAL MERATE SPA	数字化X射线摄影系统	20142305964
General Project S.r.l	机械和超声理疗设备	20142262047
General Project S.r.l.	超声和负压理疗仪	20142230996
Gruppo Bioimpianti S.r.l	接骨板	20143466189
HERNIAMESH S.R.L.	复合疝补片(赫美)	20143462299
HERNIAMESH S.R.L.	尿失禁无张力悬吊系统(赫美)	20143461846
I.A.E.INDUSTRIA APPLICAZIONI ELETTRONICHE S.P.A	X射线管组件	20142310210
I.A.E.INDUSTRIA APPLICAZIONI ELETTRONICHE S.P.A	X射线管组件	20142310211
I.A.E.INDUSTRIA APPLICAZIONI ELETTRONICHE S.P.A	X射线管组件	20142310212
Idrogenet S.r.l	手指关节持续被动活动仪	20142266101
INTELSINT s.r.l.	全封闭组织脱水机	20141412739
INTERLAB S.R.L.	全自动电泳仪	20141402742
INTERNATIONAL STEEL CO.SPA	内镜清洗消毒器	20142224302
Invatec S.p.A.	球囊扩张导管(Pacific Xtreme)	20143770500
Invatec S.p.A.	血栓抽吸导管套装(Diver C.E.Max)	20143774725
Inventis s.r.l	听力计	20142213138
Inventis s.r.l	听力计	20142213139
INVENTIS S.r.l.	喉镜频闪光源	20142224006
INVENTIS S.r.l.	视频耳镜	20142224027
JDentalCare S.r.l	牙科钻头	20142554607
Laboratori Piazza S.r.l	袜型医疗压力带	20142643534
LASERING s.r.l.	半导体激光治疗机	20143245527
Leader Italia S.r.l	牙科种植用工具	20141061874
LIARRE S.r.l.	超声清洗机	国械备20140052号
LIMA LTO S.p.A.	人工髋臼杯	20143463248
Limacorporate S.p.A.	股骨柄	20143464666
Limacorporate S.p.A.	人工髋关节假体	20143463847
MECTRON S.p.A.	光固化机	20142554217
MECTRON S.p.A.	气动喷砂机	20142552187
Micromed S.p.A.	肌电诱发电位系统	20142211766
Mimosa S.r.l.	袜型医疗压力带	20142645552
MIR S.R.L.-MEDICAL INTERNATIONAL RESEARCH	肺功能测定仪	20142214280
OPT SurgiSystems S.r.l.	电动手术台(OPT)	20142541676(更)
OPTIKON 2000 S.p.A.	角膜地形图仪	20142225260
ORNAGHI LUIGI & C.s.n.c.	牙钻	20142551354
ORNAGHI LUIGI & C.S.n.c.	牙种植体系统	20143633013
OVERFIBERS S. r. l.	根管桩	20143633353
PARAMED SRL	骨关节磁共振成像系统	20143280965
Quanta System S.P.A	钬(Ho:YAG)激光手术系统(Quanta System)	20143242232
SEAC S.r.l.	全自动特定蛋白分析仪	20142403732
SENTINEL CH SpA	α-羟丁酸脱氢酶测定试剂盒(α-酮丁酸底物法)	20142405717
SENTINEL CH SpA	胆碱酯酶测定试剂盒(丁酰硫代胆碱底物法)	20142405714
SENTINEL CH SpA	肌酸激酶同工酶测定试剂盒(免疫抑制法)	20142405716
SENTINEL CH SpA	肌酸激酶同工酶校准品	20142405715
SENTINEL CH SpA	免疫球蛋白轻链 κ 测定试剂盒(免疫比浊法)	20142405774
SENTINEL CH SpA	免疫球蛋白轻链 λ 测定试剂盒(免疫比浊法)	20142405773
SENTINEL CH. SpA	氨质控品	20142400241
SENTINEL CH. SpA	果糖胺质控品	20142403029
SENTINEL CH. SpA	果糖胺质控品	20142403031
SENTINEL CH. SpA	肌酸激酶B型同工酶质控品	20142403552

SENTINEL CH. SpA	免疫质控品	20142403028
SENTINEL CH. SpA	免疫质控品	20142403030
SENTINEL CH. SpA	生化质控品(水平 1)	20142403543
SENTINEL CH. SpA	生化质控品(水平 2)	20142403544
SENTINEL CH. SpA	铜蓝蛋白测定试剂盒(免疫比浊法)	20142405085
SENTINEL CH. SpA	血浆蛋白校准品	20142405702
SENTINEL CH. SpA	总胆汁酸质控品	20142403551
SILFRADENT SRL	超声骨切割系统	20143230195
SMAM SRL	数字化移动式摄影 X 射线机	20142304221
Sorin Group Italia S.r.l.	离心泵头	20143451855
Sorin Group Italia S.r.l.	离心泵头	20143453017
Sorin Group Italia S.r.l.	膜式氧合器	20143451843
Sorin Group Italia S.r.l.	膜式氧合器	20143451844
Sorin Group Italia S.r.l.	体外循环管道	20143452439
Sorin Group Italia S.r.l.	血液回收分离机专用耗材	20143452532
Sorin Group Italia S.r.l.	血液浓缩器	20143453389
Spencer Italia s.r.l.	病人推车	20141562743
SPES MEDICA S.r.l.	喉返神经电极	20142211203
SPES MEDICA S.r.l.	肌电图针电极	20142210987
SPES MEDICA S.r.l.	一次性肌电图针电极	20142212175
SPES MEDICA S.r.l.	一次性吸附表面电极	20142212176
SPES MEDICA S.r.l.	重复使用刺激和记录电极	20142210986
TECHNIX SPA	数字化移动式摄影 X 射线机	20142304475
TECHNIX SPA	移动式 C 形臂 X 射线机	20142304362
TECHNIX SPA	移动式 C 形臂 X 射线机	20143304769
TECNIMED SRL	红外电子温度计	20142204024
Tecnobody S.r.l.	平衡测试及训练系统	20142262801
TECNOBODY S.r.l.	运动康复系统	20142260166
Tecres S.p.A	骨水泥(CEMEX)	20143650440
Tecres S.P.A.	骨水泥及注入工具	20143652518
TEKNE DENTAL SRL	牙科低压电动马达	20142554023
Villa Sistemi Medicali S.p.A.	数字化 X 射线透视摄影设备	20142303144
Vital Diagnostics S.r.l.	全自动血沉仪	20142402226
Vital Diagnostics S.r.l.	全自动血沉仪	20142404420
VYGON ITALIA S.r.l.	便携式神经刺激仪(Plexygon)	20142212350
Zambon S.p.A.	鼻腔喷雾器(赞邦露美鼻腔喷雾器 FLUIMARE)	20142663417

印度

B.L. Lifesciences Pvt. Ltd.	中心静脉导管套装(VenX)	20143774128
GE BE PRIVATE LIMITED	X 射线管组件	20142313157
J.K. Ansell Ltd.	天然胶乳橡胶避孕套	20143661394
J.K. Ansell Ltd.	天然胶乳橡胶避孕套(安全套)	20142663664
Johnson & Johnson Limited	合成可吸收性外科缝线(怡乔)	20143655895
Johnson & Johnson Ltd.	可吸收性缝线(SYNSYL Express)	20143655896
Perfint Healthcare Pvt. Ltd	穿刺针定位系统	20143540390
Perfint Healthcare Pvt.Ltd.	图像引导穿刺工具定位系统	20143546011
Transasia Bio-medicals Ltd.	全自动临床生化分析仪	20142403195

印度尼西亚

PT. Maja Agung Latexindo	一次性使用灭菌橡胶外科手套	20142661372

英国

Abbott Diabetes Care Limited	血糖质控液	20142402064
Abbott Diabetes Care Ltd.	β-羟丁酸试纸(电化学法)(辅理善百精益血酮)	20142401569
Abbott Diabetes Care Ltd.	血糖试纸(葡萄糖脱氢酶法)(辅理善百精益)	20142401568
Abbott Diabetes Care Ltd.	血糖试纸(葡萄糖脱氢酶法)(辅理善越佳型至新)	20142403557

Abbott Diabetes Care Ltd.	血糖试纸(葡萄糖脱氢酶法)(辅理善越佳型至新医院用)	20142403691
Abbott Diabetes Care Ltd.	血糖血酮仪(辅理善百精益)	20142402051
Abbott Diabetes Care Ltd.	血糖血酮仪(辅理善越佳型至新医院用)	20142402366
Abbott Diabetes Care Ltd.	血糖仪(辅理善越捷型)	20142404047
Abbott Diabetes Care Ltd.	糖尿病管理软件	20142705265
Advanced Medical Solutions Ltd.	银离子藻酸盐敷料(拜尔坦银离子藻酸盐敷料)	20143643633
AIR SAFETY LIMITED	呼吸过滤器及热湿交换器	20142664116
AMPLIVOX LIMITED	诊断型听力计	20142212779
AngioDynamics UK Ltd	激光手术套件	20143242955
Avita Medical Europe Ltd.	自体细胞采集器(ReCell)	20143662930
Becton Dickinson and Company	一次性使用静脉血样采集针(BD Vacutainer® PrecisionGlide™)	20143153485
Becton Dickinson and Company	真空采血管(BD Vacutainer®)	20142412325
Becton, Dickinson and Company	一次性使用末梢采血器(BD Sentry™)	20142410472
Bee Robotics Ltd.	全自动免疫印迹仪	20142402305
Biocompatibles UK Limited	栓塞微球(DC Bead)	20143773862
Biocomposites Ltd	可吸收人工骨粉(Genex)	20143463627
Biocomposites Ltd	硫酸钙(思迪骨粒和思迪骨粉)	20143462296
Biomet UK Limited	髋关节假体(Exceed ABT)	20143462826
Biomet UK LTD	髋关节系统组件(Bi-Metric)	20143461635
Biomet UK LTD.	髋关节手术工具(Exceed ABT)	20141100156
Biomet UK LTD.	髋关节手术工具(G7)	20141102640
Biomet UK LTD.	单髁膝关节系统(Oxford)	20143462681
Bio-Rad Laboratories Europe Ltd.	促甲状腺激素检测试剂盒(酶联免疫法)	20142402333
BTL Industries Limited	肺功能测量仪	20142210523
BTL Industries Limited	短波治疗仪	20142254215
BTL Industries Limited	冲击波治疗仪	20142264028
CaridianBCT Northern Ireland Ltd.	血液分离系统	20143450372
ConvaTec Limited	亲水性纤维敷料(爱康肤)	20143640903
ConvaTec Limited	亲水性纤维敷料(爱康™尼龙加强敷料)	20143644586
ConvaTec Limited	亲水性纤维凝胶泡棉敷料(爱润肤)	20143641019
ConvaTec Limited	伤口护理膏(多爱肤™护理膏)	20143640455
ConvaTec Limited	两件式造口袋	国械备 20140099 号
CooperVision Manufacturing Limited	软性亲水接触镜	20143221345(更)
CooperVision Manufacturing Limited	软性亲水接触镜	20143222814
DePuy International Limited Trading as DePuy CMW	骨水泥工具	20142102892
DePuy International Limited Trading as DePuy CMW	骨水泥(CMW)	20143653381
DePuy International Ltd.	髋关节手术工具	20141102635
DePuy International, Limited	骨水泥用中置器	20143465624
DePuy International, Limited	髋关节假体组件(Charnley)	20143464765
DePuy International, Ltd.	金属股骨头	20143461860
DiaSorin S.p.A. UK Branch	人 T 淋巴细胞病毒 I 型和 II 型抗体检测试剂盒(酶联免疫法)	20143402547
Drew Scientific Limited	全自动糖化血红蛋白分析仪	20142401008
Duckworth & Kent Ltd	囊袋张力环注入器	20142040888(更)
Duckworth & Kent Ltd	人工晶状体推注器	20142224707
Duckworth & Kent Ltd.	人工晶状体推注器	20142044717
Duckworth & Kent Ltd.	人工晶状体推注器	20142044717
Elekta Limited	动态多叶准直器	20143321942
Elekta Limited	医用直线加速器	20143320202
Elekta Limited	医用直线加速器	20143321198
Elekta Limited	医用直线加速器	20143322000
Elekta Limited	医用直线加速器	20143324288
EMS Physio Ltd	短波治疗仪	20142255113
Flexicare Medical Ltd	一次性使用输氧面罩	20141560467
GM Instruments Ltd.	鼻呼吸量仪	20142214165
Helena Biosciences Europe	糖缺失转铁蛋白缓冲液	国械备 20140082 号
Hologic UK Ltd	胎儿纤维连接蛋白测定试剂盒(固相免疫吸附法)	20142402098
Hologic UK Ltd	胎儿纤维连接蛋白测定试剂盒(固相免疫吸附法)	20142402098(更)

Huntleigh Healthcare Ltd Diagnostic Products Division	胎儿监护仪(Sonicaid)	20142215243
Huntleigh Healthcare Ltd Diagnostic Products Division	分娩管理软件	20142704003
Hyaltech Ltd.	眼用透明质酸钠	20143223851
Intersurgical Ltd	雾化装置及配件	20142560060
Intersurgical Ltd.	呼吸麻醉管路及配件	20142664833
Keeler Ltd	裂隙灯显微镜	20142225513
Keeler Ltd.	手术放大镜	国械备20140260号
Kenex(Electro-Medical) Ltd	X射线防护屏	20141342362
KeyMed(Medical and Industrial Equipment)Ltd	超声清洗器	20141571760
Lab21 Healthcare Ltd.	梅毒螺旋体抗体检测试剂盒(血凝法)	20143405771
Leica Biosystems Newcastle Ltd	CD20小鼠单克隆抗体浓缩液(免疫组织化学法)	20143403931
Leica Biosystems Newcastle Ltd	CD3小鼠单克隆抗体试剂浓缩液(免疫组织化学法)	20143404353
Leica Biosystems Newcastle Ltd	Ki67抗原小鼠单克隆抗体浓缩液(免疫组织化学法)	20143401422
Leica Biosystems Newcastle Ltd	p53蛋白小鼠单克隆抗体浓缩液(免疫组织化学法)	20143401421
Leica Biosystems Newcastle Ltd	清洗液	国械备20140293号
Medi-Direct International Limited	脉冲止痛笔(派恩高)	20142261995
Millipore(UK)Limited	抗D(IgM+IgG)血型定型试剂(单克隆抗体)	20143404333
Molecular Products Limited	钠石灰二氧化碳吸附剂(Sofnolime)	20141540462
Nacur Healthcare Ltd	海水鼻腔喷雾护理器(鼻乐)	20142645884
Nasaleze Ltd.	羟丙基甲基纤维素喷鼻器(诺舒易)	20143640426
Neoss Limited	种植体辅助用工具	20141061359
Newmarket Biomedical Ltd.	梅毒螺旋体抗体检测试剂盒(血凝法)	20143405853
OPTOS PLC	激光扫描检眼镜	20143242946
Ortho Clinical Diagnostics	N端脑利钠肽校准品	20142402486
Ortho Clinical Diagnostics	N端肽测定试剂包(化学发光法)	20142402557
Ortho Clinical Diagnostics	丙型肝炎病毒抗体检测试剂盒(化学发光法)	20143403205
Ortho Clinical Diagnostics	促甲状腺素测定试剂包(化学发光法)	20142402120
Ortho Clinical Diagnostics	睾酮测定试剂包(化学发光法)	20142400737
Ortho Clinical Diagnostics	甲型肝炎病毒IgM抗体检测试剂盒(化学发光法)	20143403273
Ortho Clinical Diagnostics	皮质醇测定试剂包(化学发光法)	20142403206
Ortho Clinical Diagnostics	三碘甲状腺原氨酸摄取试剂包(化学发光法)	20142402558
Ortho Clinical Diagnostics	通用洗液	20141402057
Ortho Clinical Diagnostics	维生素B12/叶酸预处理试剂包(化学发光法)	20142402509
Ortho Clinical Diagnostics	乙型肝炎病毒e抗体检测试剂盒(化学发光法)	20143400735
Ortho Clinical Diagnostics	乙型肝炎病毒表面抗体检测试剂盒(化学发光法)	20143402124
Ortho Clinical Diagnostics	乙型肝炎病毒表面抗原检测试剂盒(化学发光法)	20143400739
Ortho Clinical Diagnostics	乙型肝炎病毒核心抗体检测试剂盒(化学发光法)	20143400738
Ortho Clinical Diagnostics	游离三碘甲状腺原氨酸测定试剂包(化学发光法)	20142402119
Ortho-Clinical Diagnostics	人ABO血型反定型用0.8%红细胞试剂盒(柱凝集法)	20143402260
Ortho-Clinical Diagnostics	人ABO血型反定型用3%红细胞试剂盒(柱凝集法)	20143401419
Ortho-Clinical Diagnostics	人不规则抗体检测用3%红细胞试剂盒(柱凝集法)	20143401420
Ortho-Clinical Diagnostics	血型及配血离心孵育工作组	国械备20140148号
Owen Mumford Limited	注射笔用针头	20143151853
Owen Mumford Limited	注射笔用针头	20143156244
Oxford Immunotec Ltd.	结核感染T细胞检测试剂盒(免疫斑点法)	20143405783
Oxoid Limited	阿米卡星药敏实验纸片(扩散法)	20142405045
Oxoid Limited	氨苄西林/舒巴坦药敏实验纸片(扩散法)	20142402539
Oxoid Limited	氨苄西林药敏实验纸片(扩散法)	20142405148
Oxoid Limited	苯唑西林药敏实验纸片(扩散法)	20142405041
Oxoid Limited	厄他培南药敏实验纸片(扩散法)	20142402541
Oxoid Limited	红霉素药敏实验纸片(扩散法)	20142405151
Oxoid Limited	环丙沙星药敏实验纸片(扩散法)	20142404956
Oxoid Limited	磺胺甲恶唑/甲氧苄啶药敏实验纸片(扩散法)	20142402540
Oxoid Limited	克林霉素药敏实验纸片(扩散法)	20142405043
Oxoid Limited	磷霉素/氨丁三醇药敏实验纸片(扩散法)	20142402474
Oxoid Limited	氯霉素药敏实验纸片(扩散法)	20142405040
Oxoid Limited	美罗培能药敏实验纸片(扩散法)	20142404955

Randox Laboratories Ltd.	亮氨酸氨基肽酶检测试剂盒(比色法)	20142402348
Randox Laboratories Ltd.	氯检测试剂盒(比色法)	20142403568
Randox Laboratories Ltd.	免疫球蛋白M检测试剂盒(免疫比浊法)	20142400692
Randox Laboratories Ltd.	尿素检测试剂盒(酶动力法)	20142405385
Randox Laboratories Ltd.	尿素检测试剂盒(紫外线法)	20142401740
Randox Laboratories Ltd.	尿酸检测试剂盒(比色法)	20142402104
Randox Laboratories Ltd.	前白蛋白检测试剂盒(比浊法)	20142403585
Randox Laboratories Ltd.	庆大霉素检测试剂盒(免疫比浊法)	20142403567
Randox Laboratories Ltd.	乳酸检测试剂盒(比色法)	20142403566
Randox Laboratories Ltd.	乳酸脱氢酶检测试剂盒(比色法)	20142401614
Randox Laboratories Ltd.	铁蛋白检测试剂盒(免疫比浊法)	20142403208
Randox Laboratories Ltd.	微量白蛋白检测试剂盒(免疫比浊法)	20142405382
Randox Laboratories Ltd.	无机磷检测试剂盒(磷钼酸盐法)	20142405388
Randox Laboratories Ltd.	无机磷检测试剂盒(紫外法)	20142403207
Randox Laboratories Ltd.	心型脂肪酸结合蛋白校准品	20142402143
Randox Laboratories Ltd.	心型脂肪酸结合蛋白质控品水平2	20142402140
Randox Laboratories Ltd.	载脂蛋白A-1检测试剂盒(免疫比浊法)	20142401736
Randox Laboratories Ltd.	载脂蛋白A-1检测试剂盒(免疫比浊法)	20142401737
Randox Laboratories Ltd.	载脂蛋白B检测试剂盒(免疫比浊法)	20142401735
Randox Laboratories Ltd.	载脂蛋白B检测试剂盒(免疫比浊法)	20142403591
Randox Laboratories Ltd.	载脂蛋白C-Ⅱ检测试剂盒(免疫比浊法)	20142403569
Randox Laboratories Ltd.	载脂蛋白E检测试剂盒(免疫比浊法)	20142403570
Randox Laboratories Ltd.	直接胆红素检测试剂盒(比色法)	20142405384
Randox Laboratories Ltd.	总胆汁酸检测试剂盒(酶比色法)	20142402103
Randox Laboratories Ltd.	总胆汁酸检测试剂盒(酶比色法)	20142405386
Randox Laboratories Ltd.	总蛋白检测试剂盒(缩二脲法)	20142402345
Rayner Intraocular Lenses Limited	非球面散光人工晶状体	20143223249
Reckitt Benckiser Healthcare (UK) Ltd	弹性创可贴	国械备20140153号
Reckitt Benckiser Healthcare (UK) Ltd	合成胶乳橡胶避孕套	20142665542
Sauflon Pharmaceuticals Limited	软性亲水接触镜	20143220086(更)
Sauflon Pharmaceuticals Limited	软性亲水接触镜	20143220088(更)
Sauflon Pharmaceuticals Limited	软性亲水接触镜	20143220089(更)
Sauflon Pharmaceuticals Limited	软性亲水接触镜	20143220091(更)
Sauflon Pharmaceuticals Limited	软性亲水接触镜	20143221850(更)
Sauflon Pharmaceuticals Limited	软性亲水接触镜	20143221851(更)
Sauflon Pharmaceuticals Limited	软性亲水接触镜	20143221852(更)
Sauflon Pharmaceuticals Limited	软性亲水接触镜	20143222530(更)
SAUFLON PHARMACEUTICALS LIMITED	软性亲水接触镜	20143223365
SAUFLON PHARMACEUTICALS LIMITED	软性亲水接触镜	20143223366
SAUFLON PHARMACEUTICALS LIMITED	软性亲水接触镜(沙福隆碧昕每月更换型)	20143220906
Sauflon Pharmaceuticals Limited	隐形眼镜护理液(CyClean)	20143220042
SAUFLON PHARMACEUTICALS LIMITED	隐形眼镜护理液(CyClean)	20143224740
Sauflon Pharmaceuticals Limited	隐形眼镜护理液(Sauflon)	20143220090
SAUFLON PHARMACEUTICALS LIMITED	隐形眼镜护理液(Sauflon)	20143224739
Sauflon Pharmaceuticals Limited	隐形眼镜润滑液(沙福隆)	20143221044
Siemens Healthcare Diagnostics Products Limited	Beta-2 微球蛋白质控品	20142402487
Siemens Healthcare Diagnostics Products Limited	B型氨基端利钠肽原样本稀释液	20141402507
Siemens Healthcare Diagnostics Products Limited	C-反应蛋白质控品	20142403219
Siemens Healthcare Diagnostics Products Limited	C肽测定试剂盒(化学发光法)	20142404349
Siemens Healthcare Diagnostics Products Limited	C肽测定试剂盒(化学发光法)	20142405136
Siemens Healthcare Diagnostics Products Limited	C肽样本稀释液	20141400708
Siemens Healthcare Diagnostics Products Limited	α肿瘤坏死因子样本稀释液	20141402499
Siemens Healthcare Diagnostics Products Limited	癌胚抗原测定试剂盒(化学发光法)	20143400567
Siemens Healthcare Diagnostics Products Limited	白蛋白测定试剂盒(化学发光法)	20142401122
Siemens Healthcare Diagnostics Products Limited	白蛋白质控品	20142403216
Siemens Healthcare Diagnostics Products Limited	白介素-1β测定试剂盒(化学发光法)	20142404350
Siemens Healthcare Diagnostics Products Limited	白介素-6样本稀释液	20141402498

Siemens Healthcare Diagnostics Products Ltd.	铁蛋白样本稀释液	20141400693
Siemens Healthcare Diagnostics Products Ltd.	同型半胱氨酸样本稀释液	20141401731
SLE Limited	呼吸机	20143542110
Smith & Nephew Medical Ltd	亲水性纤维敷料(爱乐肤)	20143640039
Smith & Nephew Medical Ltd	手术薄膜(爱孚贴)	20142643635
Smith & Nephew Orthopaedics Ltd.	髋关节置换系统(Birmingham)	20143463231
Smith &Nephew Medical Ltd	藻酸钙敷料(液超妥)	20143641346
Smiths Medical International Limited	双腔卵母细胞回取系统(Wallace)	20142155612
Smiths Medical International Limited	封闭式吸痰装置(Portex®)	20142662264
Smiths Medical International Limited	封闭式吸痰装置(Portex®)	20142662264
Smiths Medical International Limited	呼吸机管路	20142665613
Smiths Medical International Limited	经皮扩张气管切开管套件(Portex®)	20143660884
Smiths Medical International Limited	气管切开插管及附件(Portex®)	20143661390
Smiths Medical International Limited	支气管双腔插管(Portex®)	20142660902
Smiths Medical International Ltd	静脉留置针(Optiva)	20143154729
Spacelabs Healthcare Ltd.	动态心电记录盒	20142212582
Spacelabs Healthcare Ltd.	动态心电记录盒	20142212990
Spacelabs Healthcare Ltd.	动态血压测量记录系统	20142213258
Spacelabs Healthcare Ltd.	麻醉系统	20143544287
Spacelabs Healthcare Ltd.	麻醉系统	20143544290
Spacelabs Healthcare Ltd.	麻醉系统	20143544405
Spacelabs Healthcare Ltd.	动态心电分析软件	20142702162
Systagenix Wound Management Limited	非粘性手指脚趾用敷料(护创舒-指)	20142643373
The Binding Site Group Ltd	游离 Kappa 轻链检测试剂盒(免疫比浊法)	20142403540
The Binding Site Group Ltd	游离 Lambda 轻链检测试剂盒(免疫比浊法)	20142403541
Thermo Shandon Limited	全自动染色机(Thermo Scientific Gemini AS)	20141410181
Thermo Shandon Limited (Trading as Thermo Fisher Scientific)	宫颈样本保存液(Shandon PapSpin Collection Fluid)	20141401566
Thermo Shandon Limited trading as Thermo Fisher Scientific	组织处理机	20141411862
Trek Diagnostic Systems Ltd	比浊仪	20142402056
Trek Diagnostic Systems Ltd	非苛养菌药敏板	20142401077(更)
Trek Diagnostic Systems Ltd	非苛养菌药敏板	20142401078
Trek Diagnostic Systems Ltd	非苛养菌药敏板	20142401078(更)
Trek Diagnostic Systems Ltd	非苛氧菌药敏板	20142401077
Trek Diagnostic Systems Ltd	革兰氏阳性菌药敏板	20142403035
Trek Diagnostic Systems Ltd	革兰氏阴性菌药敏板	20142403037
Trek Diagnostic Systems Ltd	革兰阴性菌鉴定板	20142401098
Trek Diagnostic Systems Ltd	链球菌药敏板	20142403036
Trek Diagnostic Systems Ltd	全自动微生物鉴定和药敏分析系统	20142403265
Trek Diagnostic Systems Ltd	微生物鉴定和药敏分析仪	20142402385
Trek Diagnostic Systems Ltd	微生物鉴定和药敏分析仪	20142402385
Trek Diagnostic Systems Ltd	微生物药敏分析仪	20142402570
Trek Diagnostic Systems Ltd	真菌药敏板	20142405089
Trek Diagnostic Systems Ltd	真菌药敏板	20142405761
Trek Diagnostic Systems,Ltd	革兰阳性菌鉴定板	20142401714
Vascutek Limited	聚四氟乙烯人工血管	20143466171
英国实业有限公司	心电图机	20142215935
英国医安公司	超声波清洗机	20141572035

国食药监械(进)字 2014 第 2550001 号

产品名称:超声洁牙机(Dental Scaler)
规格型号:Piezon Master 600
产品标准:YZB/SWI 6975-2013 《超声洁牙机》
性能组成:产品由主机、专用扳手、手柄(型号 FE-050)、工作尖、手柄连线、专用水瓶部件组成。工作尖规格型号为 A、P、PS, 材料为 AISI 420F Mod 不锈钢。
适用范围:该产品用于牙龈上下部结石的去除。
生产厂家:瑞士 E.M.S. Electro Medical Systems S.A.
注册代理:医迈斯电子医疗系统贸易(上海)有限公司
服务机构:医迈斯电子医疗系统贸易(上海)有限公司
发证日期:2014.01.02 **截止日期**:2018.01.01

国食药监械(进)字 2014 第 2550002 号

产品名称:超声洁牙机(Dental Scaler)
规格型号:miniMaster FT-155
产品标准:YZB/SWI 6976-2013 《超声洁牙机》
性能组成:产品由主机、专用扳手、手柄(型号 FE-093)、工作尖、手柄连线、专用水瓶部件组成。工作尖规格型号为 A、P、PS, 材料为 AISI 420F Mod 不锈钢。
适用范围:该产品用于牙龈上下部结石的去除。
生产厂家:瑞士 E.M.S. Electro Medical Systems S.A.
注册代理:医迈斯电子医疗系统贸易(上海)有限公司
服务机构:医迈斯电子医疗系统贸易(上海)有限公司
发证日期:2014.01.02 **截止日期**:2018.01.01

国食药监械(进)字 2014 第 3220003 号

产品名称:一次性内窥镜静脉采集系统 (商品名: Terumo) (VirtuoSaph Endoscopic Vein Harvesting Disposable System)
规格型号:MCVS550
产品标准:YZB/USA 7567-2013 《一次性内窥镜静脉采集系统》
性能组成:该产品由套针、分离器和采集器组成, 为一次性使用无菌产品。
适用范围:该产品可应用于冠状动脉和外周动脉搭桥手术中, 能够实现内窥镜大隐静脉采集操作的最小创口外科手术, 包括沿大隐静脉执行组织分离和静脉采集时使用。
生产厂家:美国泰尔茂心血管系统公司(Terumo Cardiovascular Systems Corporation)
注册代理:泰尔茂医疗产品(上海)有限公司
服务机构:泰尔茂医疗产品(上海)有限公司
发证日期:2014.01.02 **截止日期**:2018.01.01

国食药监械(进)字 2014 第 2700004 号

产品名称:中央监护信息中心软件(Information Center software)
规格型号:M3290A, 版本 N.0
产品标准:YZB/USA 7305-2013 《中央监护信息中心软件》
性能组成:由光盘和随机文件组成, 组成模块包括: 中央监视模块、回顾视图模块、护理分组模块、病人管理模块、科室设定模块、系统配置模块、测量参数设定模块、服务监测模块。本产品是中央监护信息中心 M3140/M3145/M3155/M3150/M3151/M3170/M3154/M3169/M3177 的配套软件。
适用范围:用于多位成人、儿童和新生儿患者的中央监护, 以及成人、儿童和新生儿患者的心律失常分析和成人患者的 ST 段监测。
生产厂家:美国 Philips Medical Systems
注册代理:飞利浦(中国)投资有限公司
服务机构:飞利浦(中国)投资有限公司
发证日期:2014.01.02 **截止日期**:2018.01.01

国食药监械(进)字 2014 第 2540005 号

产品名称:无创呼吸机(Sleep Apnea Therapy Sets)
规格型号:CPAP 20e
产品标准:YZB/GER 7136-2013 《无创呼吸机》
性能组成:产品由主机 (编号: WM 27321)、CLICK 2 湿化器 (编号: WM 27330)、电源适配器 (编号: WM 24480)、电源线 (编号: WM 24133)。
适用范围:该产品用于家庭和医疗保健部门的睡眠呼吸暂停治疗, 适用人群为 12 岁以上。
生产厂家:德国 WEINMANN Geraete fur Medizin GmbH+Co. KG
注册代理:德国万曼医疗器械有限公司上海代表处
服务机构:德国万曼医疗器械有限公司上海代表处
发证日期:2014.01.02 **截止日期**:2018.01.01

国食药监械(进)字 2014 第 2210006 号

产品名称:睡眠脑电图仪(脳波計 EEG-9200 ニューロファックス)
规格型号:EEG-9200K
产品标准:YZB/JAP 7500-2013 《睡眠脑电图仪》
性能组成:该产品由电源单元 SM-930AK、电极输入盒 JE-921A、PSG 输入盒 JE-912AK、迷你延长接线盒 JE-922A、电源线 GB、脑电用盘状电极 (NE-133A、NE-134A)、脑电用耳电极 NE-311A、SpO2 适配器 JL-550T2、SpO2 手指探头(TL-201T、TL-631T3)、 CO2 传感器组件 TG-921T3、鼻适配器(YG-120T、YG-121T)、照相捕捉器单元 QI-120A 和 EEG-9200K 系统程序组成。
适用范围:该产品通过电极输入盒或 PSG 输入盒, 可测量、记录患者睡眠检查的脑电、呼吸、SpO2 和 CO2 信号, 用于检测睡眠状态、睡眠呼吸暂停。
备注:2014 年 10 月 14 日同意更正生产企业名称内容, 2014 年 1 月 2 日核发的医疗器械注册证、医疗器械注册登记表予以废止。
生产厂家:日本光电工业株式会社(日本光電工業株式会社)
注册代理:上海光电医用电子仪器有限公司
服务机构:上海光电医用电子仪器有限公司
发证日期:2014.01.02 **截止日期**:2018.01.01

国食药监械(进)字 2014 第 3540007 号

产品名称:外科手术导航系统(Image Guided Surgery System)
规格型号:Kolibri 2.0
产品标准:YZB/GER 7531-2013 《外科手术导航系统》
性能组成:由摄像头、移动式摄像头支架、Kolibri 工作站、Kolibri 推车组成。
适用范围:是一种术中影像引导定位系统, 用以实现微创手术。该系统适用于神经外科、耳鼻喉外科、脊柱外科及创伤、髋关节外科及膝关节外科手术的导航。
生产厂家:德国 Brainlab AG
注册代理:博医来(北京)医疗设备贸易有限公司
服务机构:博医来(北京)医疗设备贸易有限公司
发证日期:2014.01.02 **截止日期**:2018.01.01

国食药监械(进)字 2014 第 2550008 号

产品名称:超声波洁牙机 (商品名: Cavitron BOBCAT Pro) (Ultrasonic Scaler)
规格型号:Gen-130B
产品标准:YZB/USA 7574-2013 《超声波洁牙机》
性能组成:该产品由主机、手机 (型号: BOBCAT Pro)、工作头(频率: 25KHz, 型号见《工作头型号附页》)、水连接线、脚踏开关、功率控制器、电源指示灯、水流调节阀组成。
适用范围:1. 各类常规牙龈洁治。2. 各类牙周疾病清创处理。3. 牙髓疾病治疗。
生产厂家:美国 DENTSPLY Professional
注册代理:登士柏(天津)国际贸易有限公司
服务机构:登士柏(天津)国际贸易有限公司
发证日期:2014.01.02 **截止日期**:2018.01.01

国食药监械(进)字 2014 第 2220009 号

产品名称:内镜用二氧化碳送气装置(内視鏡用炭酸ガス送気装置)
规格型号:见附页
产品标准:YZB/JAP 7509-2013《内镜用二氧化碳送气装置》
性能组成:见附页。
适用范围:本产品用于通过内镜向体内注入二氧化碳和水。送气装置仅用于上、下消化道。
生产厂家:日本奥林巴斯医疗株式会社 オリンパスメディカルシステムズ株式会社
注册代理:奥林巴斯贸易(上海)有限公司
服务机构:奥林巴斯(北京)销售服务有限公司

发证日期:2014.01.02 **截止日期**:2018.01.01

国食药监械(进)字 2014 第 2400010 号

产品名称:全自动血气、电解质分析仪(cobas b 121 system)
规格型号:cobas b 121, cobas b 121 <BGE>。
产品标准:YZB/GER 7603-2013 《全自动血气,电解质分析仪》
性能组成:主机、电极、自动质控组件和软件组成。
适用范围:该分析仪用于体外定量测定人血液、透析液和质控溶液的氧分压 (PO2)、二氧化碳分压 (PCO2)、pH、钠离子 (Na+)、钾离子 (K+)、氯离子 (Cl-)、钙离子 (Ca2+)、红细胞压积 (Hct)、总血红蛋白 (tHb)和血氧饱和度 (SO2)。(cobas b 121 <BGE> 型号没有光比色的模块,所以不能测定总血红蛋白 (tHb) 和血氧饱和度 (SO2))
生产厂家:德国罗氏诊断有限公司(德国罗氏诊断有限公司)
注册代理:罗氏诊断产品(上海)有限公司
服务机构:罗氏诊断产品(上海)有限公司
发证日期:2014.01.02 **截止日期**:2018.01.01

国食药监械(进)字 2014 第 2550011 号

产品名称:牙科弯手机(Dental Handpiece-Contra Angle)
规格型号:COMFORTdrive 200XD
产品标准:YZB/GER 6955-2013 《牙科弯手机》
性能组成:产品由牙科弯手机(型号:COMFORTdrive 200XD)和电动马达管线(型号:COMFORTbase 404L)组成。产品性能见附表。
适用范围:该产品适用于牙窝洞和牙冠的预备、去除填充材料、处理牙齿和修复体表面、切割牙冠和牙桥。
生产厂家:德国 Kaltenbach & Voigt GmbH
注册代理:卡瓦盛邦(上海)牙科医疗器械有限公司
服务机构:卡瓦盛邦(上海)牙科医疗器械有限公司
发证日期:2014.01.02 **截止日期**:2018.01.01

国食药监械(进)字 2014 第 3220012 号

产品名称:肾镜及附件(Compact-Operating-Nephroscope)
规格型号:8968405、8702.261
产品标准:YZB/GER 7626-2013 《肾镜及附件》
性能组成:该产品由肾镜 (8968405) 和手柄 (8702.261) 组成。
适用范围:该产品可通过自然通道(尿道/膀胱)或手术创建的通道来观察上尿路。
备注:2014 年 3 月 27 日同意更正售后服务机构内容, 2014 年 1 月 2 日核发的附页予以废止。
生产厂家:德国 Richard Wolf GmbH
注册代理:北京德华信达技术有限公司
服务机构:见附页
发证日期:2014.01.02 **截止日期**:2018.01.01

国食药监械(进)字 2014 第 3770013 号

产品名称:诊断/消融可调弯头端导管 (商品名: NAVISTAR RMT Thermocool)(Navistar RMT ThermoCool Electrophysiology Catheter)
规格型号:见附页
产品标准:YZB/USA 7553-2013 《诊断/消融可调弯头端导管(商品名:NAVISTAR RMT Thermocool)》
性能组成:产品由电生理导管以及配套的连接线缆组成。其中电生理导管包括有连接器,手柄,拇指调扭,管身以及电极。导管经环氧乙烷灭菌,一次性使用产品,在体内的时间不超过 24 小时。产品型号见附页。
适用范围:产品用于心内电生理标测(刺激和记录),与射频消融仪一起使用时可用于进行心内消融术。
生产厂家:美国 Biosense Webster, Inc.
注册代理:强生(上海)医疗器材有限公司
服务机构:强生(上海)医疗器材有限公司
发证日期:2014.01.02 **截止日期**:2018.01.01

国食药监械(进)字 2014 第 3220014 号

产品名称:支气管内窥镜 (商品名: EVIS LUCERA) (軟性気管支鏡)
规格型号:BF TYPE P260F
产品标准:YZB/JAP 7546-2013 《支气管内窥镜》
性能组成:产品由支气管内窥镜 (BF TYPE P260F) 和随机附件组成,随机附件包含吸引按钮 (MAJ-207)、钳子管道开口阀 (MD-495),口垫(MA-651)。内窥镜为操作部内置 CCD 的电子纤维复合型内镜。技术参数见附件。
适用范围:该产品与奥林巴斯图像处理装置、TV 监视器装置以及各种内窥镜用光源装置、摄像装置、治疗附件配套使用,用于在气管及支气管的各部位进行观察、摄像和治疗,不能用于高频电疗。
生产厂家:日本奥林巴斯医疗株式会社(オリンパスメディカルシステムズ株式会社)
注册代理:奥林巴斯贸易 (上海) 有限公司
服务机构:奥林巴斯(北京)销售服务有限公司
发证日期:2014.01.02 **截止日期**:2018.01.01

国食药监械(进)字 2014 第 2300015 号

产品名称:移动式摄影 X 射线机(Mobile Radiography X-ray Equipment)
规格型号:Mobilett Mira
产品标准:YZB/GER 4480-2013 《移动式摄影 X 射线机》
性能组成:产品由移动小车(包括图像处理工作站)、组合式 X 射线机头(型号:10656667, 包括高压发生器和 X 射线管(型号:01158815))、限束器、平板探测器(型号:pixiumFE3543 pR(无线) 或 PaxScan 4336X(有线))、选件组成。选件见注册产品标准。性能:标称电功率 30kW; X 射线管组件(旋转阳极,焦点 0.8); 管电压调节范围:40-133kV; 电流时间积调节范围:电源模式 0.32-140mAs, 电池模式:0.32-360mAs。
适用范围:本产品用于 X 射线摄影临床诊断,适用于病房、重症监护病房、急救室、手术室和放射科。
生产厂家:德国 Siemens AG
注册代理:西门子(中国)有限公司
服务机构:西门子(中国)有限公司
发证日期:2014.01.02 **截止日期**:2018.01.01

国食药监械(进)字 2014 第 2400016 号

产品名称:血糖分析仪(StatStrip Glucose Hospital Meter)
规格型号:StatStrip
产品标准:YZB/USA 7065-2013 《血糖分析仪》
性能组成:血糖分析仪主要由血糖测试干片插入口、触摸屏、硬键、软键、激光条码扫描器、操作软件、充电器座组成。
适用范围:该产品用于定量测量毛细管、静脉、动脉全血中的血糖含量。
生产厂家:美国 Nova Biomedical 公司(美国 Nova Biomedical 公司)
注册代理:美国诺瓦生物医学公司北京代表处
服务机构:美国诺瓦生物医学公司北京代表处
发证日期:2014.01.02 **截止日期**:2018.01.01

国食药监械(进)字 2014 第 2400017 号

产品名称:血糖分析仪(Nova StatStrip Xpress Glucose Hospital Meter)
规格型号:StatStrip Xpress
产品标准:YZB/USA 7066-2013 《血糖分析仪》
性能组成:该产品主要由血糖测试干片插入口、液晶显示屏、按键、操作软件组成。
适用范围:该产品用于定量测量毛细管、静脉、动脉和新生儿全血中的血糖含量。
生产厂家:美国 Nova Biomedical 公司(美国 Nova Biomedical 公司)
注册代理:美国诺瓦生物医学公司北京代表处
服务机构:美国诺瓦生物医学公司北京代表处
发证日期:2014.01.02 **截止日期**:2018.01.01

国食药监械(进)字 2014 第 2550018 号

产品名称:牙科综合治疗台 (商品名: 安福士) (Dental unit)
规格型号:A5 INTERNATIONAL、A5 CONTINENTAL
产品标准:YZB/ITA 6967-2013 《牙科综合治疗台》
性能组成:A5 INTERNATIONAL 牙科综合治疗台由牙科治疗机、供水供气系统、医生操作台(下挂式)、助手操作台、脚踏开关(推板型)、口腔灯(型号 VENUS PLUS-L)、牙科椅(ANTHOS 2.0 型号)组成。A5 CONTINENTAL 牙科综合治疗台由牙科治疗机、供水供气系统、医生操作台(上挂式)、助手操作台、脚踏开关(推板型)、口腔灯(型号 VENUSPLUS-L)、牙科椅(ANTHOS 2.0 型号)组成。
适用范围:本综合治疗台供口腔科诊断、治疗、手术用。
生产厂家:意大利 CEFLA S.C.

注册代理:苏州公理福医疗器械有限公司
服务机构:苏州公理福医疗器械有限公司
发证日期:2014.01.02 **截止日期**:2018.01.01

国食药监械(进)字 2014 第 3220019 号

产品名称:一次性热活检钳(商品名:Coagrasper)(ディスポーザブル高周波止血鉗子)
规格型号:FD-411QR、FD-411UR
产品标准:YZB/JAP 7609-2013《一次性热活检钳》
性能组成:本产品是配合内镜使用的一次性热活检钳,由聚四氟乙烯、不锈钢材料制成。产品为一次性使用,环氧乙烷灭菌。两种型号 FD-411QR、FD-411UR 的产品有效长度不同。产品具有旋转功能。
适用范围:本产品与奥林巴斯内镜配套使用,利用高频电流在消化道内进行电烧、凝固以及止血。
备注:2014 年 3 月 4 日同意更正注册号内容,2014 年 1 月 2 日核发的医疗器械注册证、医疗器械注册登记表予以废止。
生产厂家:日本奥林巴斯医疗株式会社
注册代理:奥林巴斯贸易(上海)有限公司
服务机构:奥林巴斯(北京)销售服务有限公司
发证日期:2014.01.02 **截止日期**:2018.01.01

国食药监械(进)字 2014 第 3220020 号

产品名称:电切镜及附件(Resectoscope And Accessories)
规格型号:见附页
产品标准:YZB/GER 7540-2013《电切镜及附件》
性能组成:产品由光学内窥镜、单极电极、双极电极、主动式操作器和被动式操作器组成。产品型号和技术参数见附页。
适用范围:该产品适用于泌尿科或妇科的临床医疗检查,并利用高频电流热效应对病变组织进行切割和凝血手术。
生产厂家:德国 Richard Wolf GmbH
注册代理:北京德华信达技术有限公司
服务机构:见附页
发证日期:2014.01.02 **截止日期**:2018.01.01

国食药监械(进)字 2014 第 1310021 号

产品名称:增感屏(X 線増感紙)
规格型号:AD MAMMO FINE,AD MAMMO MEDIUM,UM MAMMO FINE,UM MAMMO MEDIUM。
产品标准:YZB/JAP 7039-2013《增感屏》
性能组成:由保护膜、荧光体层(主要成分是钨酸钙或 Gd2O2S:Tb)和支持体组成,产品规格为 18cm×24cm,24cm×30cm。
适用范围:本产品与胶片和暗盒联合使用,用于乳腺 X 射线摄影成像。
生产厂家:日本富士フイルム株式会社(富士フイルム株式会社)
注册代理:富士胶片(中国)投资有限公司
服务机构:富士胶片(中国)投资有限公司
发证日期:2014.01.02 **截止日期**:2018.01.01

国食药监械(进)字 2014 第 2210022 号

产品名称:一次性电极(商品名:Vitrode L)(ディスポ電極 L ビトロード)
规格型号:L-150、L-150X
产品标准:YZB/JAP 1071-2010《一次性电极》
性能组成:该产品由电极(银/氯化银)和粘着凝胶组成。
适用范围:该产品为测量心电图所用的一次性使用心电电极,用于成年人心电图的监护和采用阻抗法的呼吸监护。
生产厂家:日本光电工业株式会社/日本光電工業株式会社
注册代理:上海光电医用电子仪器有限公司
服务机构:上海光电医用电子仪器有限公司
发证日期:2014.01.02 **截止日期**:2018.01.01

国食药监械(进)字 2014 第 2540023 号

产品名称:呼吸机(CPAP-Therapy device)
规格型号:SOMNOsoft 2e
产品标准:YZB/GER 4094-2011《呼吸机》
性能组成:产品由主机、加湿器、可重复使用的呼吸软管带快捷转接和电源适配器组成。
适用范围:此仪器是一部治疗睡眠呼吸障碍的 CPAP 呼吸机。该仪器产生呼吸道正压力,通过鼻罩、鼻枕型面罩和口鼻面罩施加正压,让患者的呼吸道在睡眠时保持张开。
生产厂家:德国 WEINMANN Geraete für Medizin GmbH+Co.KG
注册代理:德国万曼医疗器械有限公司上海代表处
服务机构:德国万曼医疗器械有限公司上海代表处
发证日期:2014.01.02 **截止日期**:2018.01.01

国食药监械(进)字 2014 第 2260024 号

产品名称:紫外线光疗系统(Ultraviolet phototherapy system)
规格型号:Excilite-μ
产品标准:YZB/ITA 7471-2013《紫外线光疗系统》
性能组成:产品由主机、手机、矩形治疗隔离器、圆形治疗隔离器组成。UVA 波段为 400nm-320nm,,UVB 波段的峰值波长为 308nm±2nm;最大有效紫外(UVA、UVB)辐照强度应不超过 50mW/cm2,最大有效紫外(UVA、UVB)照射量应不超过 4.5J/cm2。
适用范围:用于牛皮癣和白癜风患者的紫外光照射辅助治疗。
生产厂家:意大利 DEKA M.E.L.A. SRL
注册代理:北京怡泰科美科技有限公司
服务机构:北京怡泰科美科技有限公司
发证日期:2014.01.02 **截止日期**:2018.01.01

国食药监械(进)字 2014 第 2210025 号

产品名称:耳声发射筛查仪(AudioPath™ Screener)
规格型号:GSI 70
产品标准:YZB/USA 7539-2013《耳声发射筛查仪》
性能组成:由筛查器(包含主机[含数据采集器与探头组件]、主机用可充电电池)、打印/充电组件、快速检测耦合腔、清洁用具、打印纸、医用电源线组成。
适用范围:适用于婴幼儿的耳声发射筛查。
生产厂家:美国 Diagnostic Group LLC, DBA Grason-Stadler
注册代理:广州甘峰听力设备有限公司
服务机构:广州甘峰听力设备有限公司
发证日期:2014.01.02 **截止日期**:2018.01.01

国食药监械(进)字 2014 第 1560026 号

产品名称:移位机(Ceiling Hoist)
规格型号:015-01910、015-01912、015-01920、015-01922
产品标准:YZB/DEN 7580-2013《移位机》
性能组成:该产品由主机、吊索、传输把手、功能按钮、延长柄、延长柄吊钩、吊索举重皮带、手持控制器、充电器、充电电池组成。
适用范围:该产品设计用于在狭小的房间,医院,残障康复中心以及家庭护理等场所转移患者。
生产厂家:丹麦 ERGOLET A/S
注册代理:德中韦氏(北京)医疗技术有限公司
服务机构:德中韦氏(北京)医疗技术有限公司
发证日期:2014.01.02 **截止日期**:2018.01.01

国食药监械(进)字 2014 第 2550027 号

产品名称:高速涡轮牙科手机(High speed turbine handpiece)
规格型号:HC9021K
产品标准:YZB/GER 6982-2013《高速涡轮牙科手机》
性能组成:该手机带压盖式夹头,耗气量>40Nl/分,具备水冷却和气冷却功能。在推荐工作气压 2.8bar 时,手机转速≥160000 转/分,制动扭矩≥0.05N·cm,噪声≤80dB。
适用范围:该手机供口腔科或口腔门诊夹持高速牙科车针进行钻、磨牙等手术时使用。
生产厂家:德国 MK-dent GmbH
注册代理:北京国康东胜医疗科技有限公司
服务机构:北京国康东胜医疗科技有限公司
发证日期:2014.01.02 **截止日期**:2018.01.01

国食药监械(进)字 2014 第 1410028 号

产品名称:全自动染色系统(i6000 Automated Staining System)
规格型号:i6000 Diagnostics
产品标准:YZB/USA 7372-2013《全自动染色系统》

性能组成:产品组成:染色仪主机、空气管路、废液瓶盖/20L 废液瓶/管路/标签、去离子水瓶盖/管路/标签、缓冲液瓶盖/管路/标签及 10L 溶液瓶。
适用范围:该产品用于免疫组化(IHC)、原位杂交(ISH)、特殊染色(SS)及其它组织及组织化学染色等体外诊断用途。
生产厂家:美国 BioGenex Laboratories, Inc.
注册代理:北京英硕力新柏科技有限公司
服务机构:北京英硕力新柏科技有限公司
发证日期:2014.01.02 截止日期:2018.01.01

国食药监械(进)字 2014 第 2550029 号

产品名称:声波洁牙机(Sonic handpiece with light)
规格型号:SF1LM
产品标准:YZB/GER 6935-2013《声波洁牙机》
性能组成:本产品由手柄(带导光丝)、洁牙工作尖(型号:No.1、No.2、No.3)、换头器、通针、清洁刷组成。
适用范围:该产品通过压缩空气驱动簧片产生 6kHz 的声波能量,用于去除牙齿表面所粘着的牙垢、牙结石和着色斑。
生产厂家:德国 Gebr. Brasseler GmbH &Co. KG
注册代理:北京永轩科技有限公司
服务机构:北京永轩科技有限公司
发证日期:2014.01.02 截止日期:2018.01.01

国食药监械(进)字 2014 第 2400030 号

产品名称:荧光免疫分析仪(商品名:锐普 200)(RESPONSE READER ADVANCED SYSTEM)
规格型号:RAMP 200 Test Module(TM)、RAMP 200 Control Module(CM)
产品标准:YZB/CAN 7517-2013《荧光免疫分析仪》
性能组成:该产品主要由 RAMP 200 Test Module (TM)、RAMP 200 Control Module (CM)、分析仪设置应用软件安装 CD 光盘、电源及内部连接电缆、USB 闪存驱动器、随机软件和操作手册组成。
适用范围:该产品是一种用于对多种分析物进行体外诊断分析的快速、全定量、免疫荧光层析多通道检测系统,其型号 RAMP 200 Test Module (TM)和 RAMP 200 Control Module (CM) 应配合使用,专用于 Response Biomedical Corporation 生产的 RAMP 配套试剂卡的定量检测及判读。
生产厂家:加拿大 Response Biomedical Corporation
注册代理:加拿大瑞邦生物医疗股份有限公司上海代表处
服务机构:加拿大瑞邦生物医疗股份有限公司上海代表处
发证日期:2014.01.02 截止日期:2018.01.01

国食药监械(进)字 2014 第 2400031 号

产品名称:血铅分析仪(LeadCare®II Blood Lead Analyzer)
规格型号:LeadCare®II
产品标准:YZB/USA 7485-2013《血铅分析仪》
性能组成:该产品主要由便携式主机、电源适配器、随机软件组成。
适用范围:该产品采用电化学法(阳极伏安溶出法 ASV)检测人全血样本中铅的浓度。
备注:2014 年 4 月 10 日同意更正生产企业名称内容,2014 年 1 月 2 日核发的医疗器械注册证、医疗器械注册登记表予以废止。
生产厂家:美国 Magellan Diagnostics, Inc.
注册代理:北京惠泽联合科技有限公司
服务机构:北京惠泽联合科技有限公司
发证日期:2014.01.02 截止日期:2018.01.01

国食药监械(进)字 2014 第 2400032 号

产品名称:全自动酶免工作站(Freedom EVO® ELISA)
规格型号:INSTR. FREEDOM EVO ELISA 100, INSTR. FREEDOM EVO ELISA 150, INSTR. FREEDOM EVO ELISA 150 2 LIHA, INSTR. FREEDOM EVO ELISA 200, INSTR. FREEDOM EVO ELISA 200 2 LIHA。
产品标准:YZB/SWI 7552-2013《全自动酶免工作站》
性能组成:该产品主要由液体处理臂(Liha)(单臂或双臂)、机械手(RoMa)、条码扫描系统(PosID)、酶标仪、洗板机(单台或两台)、室温孵育箱、加热孵育箱、标准安全面板、安全工作台、工作台装载监控选件、配套用液体瓶及仪器控制软件组成。
适用范围:该产品适用于人体来源的不同类型样本的体外诊断处理,可根据制造商提供的实验步骤,复制与实验相关的手动分析步骤,如进行移液操作、条形码识别、洗板、孵育及光学强度检测。
生产厂家:瑞士 Tecan Schweiz AG
注册代理:帝肯(上海)贸易有限公司
服务机构:帝肯(上海)贸易有限公司
发证日期:2014.01.02 截止日期:2018.01.01

国食药监械(进)字 2014 第 1550033 号

产品名称:口腔灯(Dental Light)
规格型号:HL3T, HL3C, HL3WL, HL3CB, HL3S, HL3U, HLT, HLC、HLWL, HLCB, HLS, HLU。
产品标准:YZB/USA 7067-2013《口腔灯》
性能组成:口腔灯由手柄、灯壳、LED 灯泡组成。具体差异见附件。
适用范围:该产品用于患者口腔照明。
生产厂家:美国 Pelton & Crane
注册代理:卡瓦盛邦(上海)牙科医疗器械有限公司
服务机构:卡瓦盛邦(上海)牙科医疗器械有限公司
发证日期:2014.01.02 截止日期:2018.01.01

国食药监械(进)字 2014 第 2310034 号

产品名称:X 射线限束器(X-Ray Collimator)
规格型号:见附页
产品标准:YZB/GER 7403-2013《X 射线限束器》
性能组成:结构组成:限束器由限束器外壳、辐射野控制和调节机构、显示面板、附加滤过片调节机构组成。
适用范围:X 射线限束器用于限制散射对图像质量的影响,并通过消除身体非靶区域受到的辐射来保护病人和使用者(辐射保护)。适用于与 X 射线管电压不高于 150kV 的医用诊断 X 射线管组件配套使用。
生产厂家:德国 Siemens AG
注册代理:西门子爱克斯射线真空技术(无锡)有限公司
服务机构:西门子爱克斯射线真空技术(无锡)有限公司
发证日期:2014.01.02 截止日期:2018.01.01

国食药监械(进)字 2014 第 2220035 号

产品名称:纤维导光束(Fiber Optic Light Cable)
规格型号:见附页
产品标准:YZB/GER 7443-2013《纤维导光束》
性能组成:由纤维导光束和转接口组成。
适用范围:本产品适用于在内窥镜的诊断和治疗中传输光。
生产厂家:德国 Karl Storz GmbH &Co. KG
注册代理:卡尔史托斯内窥镜(上海)有限公司
服务机构:卡尔史托斯内窥镜(上海)有限公司
发证日期:2014.01.02 截止日期:2018.01.01

国食药监械(进)字 2014 第 1560036 号

产品名称:ARTAS 患者用椅(ARTAS Patient Chair)
规格型号:ASY-45179
产品标准:YZB/USA 7179-2013《ARTAS 患者用椅》
性能组成:该产品为手动式调节装置,由底座、座椅、头/脚枕、扶手、腰部支架、腿部支架和辅助座环组成。
适用范围:ARTAS 患者用椅仅与 ARTAS System 配合使用,用于在植发期间将患者保持在采集位置或植入位置,适用于身高在 165cm-190cm 之间、体重在 60kg-112kg 之间的男性患者。
生产厂家:美国 Restoration Robotics, Inc.
注册代理:捷通埃默高(北京)医药科技有限公司
服务机构:捷通埃默高(北京)医药科技有限公司
发证日期:2014.01.02 截止日期:2018.01.01

国食药监械(进)字 2014 第 2550037 号

产品名称:牙科手机(Dental Handpiece)
规格型号:T4 LINE B 40, T4 LINE BH 40。
产品标准:YZB/GER 7489-2013《牙科手机》
性能组成:牙科手机由机头和机身组成。
适用范围:该产品用于供口腔科夹持切削工具进行钻、磨牙手术治疗用。
生产厂家:德国 Sirona Dental Systems GmbH
注册代理:西诺德牙科设备商贸(上海)有限公司
服务机构:西诺德牙科设备商贸(上海)有限公司

发证日期:2014.01.02　　**截止日期**:2018.01.01

国食药监械(进)字 2014 第 2220038 号

产品名称:摄像头(HD カメラヘッド)
规格型号:CH-S190-08-LB
产品标准:YZB/JAP 7499-2013《摄像头》
性能组成:产品性能:输出像素数:1728(H)×1080(V),信噪比:≥51dB,灵敏度:≤3 lux,放大率:3.3倍,允差:±10%。
适用范围:该产品与本公司指定的图像处理装置和内窥镜以及周边设备配套使用,实现在监视器上观察内窥镜图像。
生产厂家:日本奥林巴斯医疗株式会社,オリンパスメディカルシステムズ株式会社
注册代理:奥林巴斯贸易(上海)有限公司
服务机构:奥林巴斯(北京)销售服务有限公司
发证日期:2014.01.02　　**截止日期**:2018.01.01

国食药监械(进)字 2014 第 3640039 号

产品名称:亲水性纤维敷料(商品名:爱乐肤)(DURAFIBER)
规格型号:66800563, 66800559, 66800560, 66800551, 66800561, , 66800546, 66800547, 66800548
产品标准:YZB/UK 7478-2013《亲水性纤维敷料》
性能组成:亲水性纤维敷料是一种灭菌无纺布垫或条状敷料,其成分为乙基磺酸盐纤维素。
适用范围:亲水性纤维敷料作为一种可吸收渗液的敷料,可用于慢性和急性、全皮层、部分皮层或浅表肉芽渗出伤口。例如:腿部溃疡、压疮、糖尿病性溃疡、外科伤口、二期愈合伤口、供皮区、瘘道和窦道伤口、部分皮层烧伤和创伤伤口。
生产厂家:英国 Smith & Nephew Medical Ltd
注册代理:施乐辉医用产品国际贸易(上海)有限公司
服务机构:施乐辉医用产品国际贸易(上海)有限公司
发证日期:2014.01.06　　**截止日期**:2018.01.05

国食药监械(进)字 2014 第 3460040 号

产品名称:骨水泥型全膝关节系统(GMK System)
规格型号:见附页
产品标准:YZB/SWI 7465-2013《骨水泥型全膝关节系统》
性能组成:产品由股骨髁、修复型胫骨楔、修复型股骨楔、髌骨部件、胫骨托和胫骨衬垫组成。产品中各组件均为骨水泥型,产品表面无着色。其中,修复型胫骨楔和胫骨托带有固定器;修复型股骨楔带有固定钉;胫骨衬垫中部分组件带有固定钉。股骨髁采用 YY 0117.3 中规定的铸造钴铬钼合金材料制造;修复型胫骨楔采用 ISO 5832-3 中规定的 Ti6Al4V 钛合金材料制造,其固定器采用 GB/T19701.2 中Ⅰ型规定的超高分子量聚乙烯材料制造。修复型股骨楔采用 YY 0605.9 中规定的锻造高氮不锈钢材料制造,其固定钉采用 ISO 5832-3 中规定的 Ti6Al4V 钛合金材料制造。髌骨部件采用 GB/T 19701.2 中Ⅰ型规定的超高分子量聚乙烯材料制造。胫骨托采用 YY 0117.3 中规定的铸造钴铬钼合金材料制造,其固定器采用 GB/T 19701.2 中Ⅰ型规定的超高分子量聚乙烯材料制造。胫骨衬垫采用 GB/T19701.2 中Ⅰ型规定的超高分子量聚乙烯材料制造,其固定钉采用 ISO5832-3 中规定的 Ti6Al4V 钛合金材料制造。股骨髁、修复型胫骨楔、修复型股骨楔和胫骨托的包装为灭菌包装,采用伽马射线灭菌,灭菌有效期为5年。髌骨部件和胫骨衬垫的包装为灭菌包装,采用环氧乙烷灭菌,灭菌有效期为5年。
适用范围:该产品适用于全膝关节置换术,以减轻疼痛。产品中用于置换手术的组件为股骨髁、髌骨部件、胫骨托和胫骨衬垫;用于修复手术的组件为修复型股骨髁、修复型胫骨楔、修复型股骨楔和修复型胫骨衬垫。
生产厂家:瑞士 Medacta International SA
注册代理:瑞士梅达塔国际有限公司上海代表处
服务机构:瑞士梅达塔国际有限公司上海代表处
发证日期:2014.01.06　　**截止日期**:2018.01.05

国食药监械(进)字 2014 第 3460041 号

产品名称:金属接骨螺钉(商品名:NCB MotionLoc)(Metal Bone Screw)
规格型号:见附页
产品标准:YZB/USA 7438-2013《金属接骨螺钉》
性能组成:该产品为双螺纹锁定钉,由符合 ISO5832-3 标准要求的 Ti6Al4V 钛合金材料制成,产品表面无着色,灭菌包装或非灭菌包装。
适用范围:该产品与 NCB 围关节接骨板系统和锁定螺帽配合使用,适用于骨折的临时性内固定以及长管状骨截骨术后的固定。其中 4.0mm 螺钉适用于胫骨和肱骨的骨干部位,5.0mm 螺钉适用于股骨骨干部位。
生产厂家:美国 Zimmer Inc.
注册代理:捷迈(上海)医疗国际贸易有限公司
服务机构:捷迈(上海)医疗国际贸易有限公司
发证日期:2014.01.06　　**截止日期**:2018.01.05

国食药监械(进)字 2014 第 3220042 号

产品名称:隐形眼镜护理液(商品名:CyClean)(Multi-purpose solution)
规格型号:100ml, 250ml, 380ml
产品标准:YZB/UK 7434-2013《隐形眼镜护理液(商品名:CyClean)》
性能组成:本产品由聚己缩胍、泊洛沙姆、乙二胺四乙酸二钠、羟丙甲基纤维素、无水磷酸钠、氯化钠、磷酸二氢钠、纯水组成。pH值:6.80-7.20。渗透压:270-330mOsm/Kg。
适用范围:适用于软性隐形眼镜(紫外和美容镜片除外),可以提供清洁、消毒、润湿、储存、湿润、冲洗功能。
生产厂家:英国 Sauflon Pharmaceuticals Limited
注册代理:北京爱尔默医药技术开发有限公司
服务机构:海昌隐形眼镜有限公司(其余售后服务机构参见附页)
发证日期:2014.01.06　　**截止日期**:2018.01.05

国食药监械(进)字 2014 第 3220043 号

产品名称:人工晶状体(商品名:enVista)(One-Piece Hydrophobic Intraocular Lens)
规格型号:MX60
产品标准:YZB/USA 7307-2013《人工晶状体》
性能组成:该产品为单件式后房人工晶状体,可折叠,襻形为改良 C 型。主体和支撑部分由聚乙二醇苯基醚丙烯酸、甲基丙烯酸羟乙酯、苯乙烯、乙二醇二甲基丙烯酸酯的共聚物材料制成,添加紫外吸收剂;屈光度范围:0.0D～+34.0D;光学设计:单焦,非球面(在孔径直径 3.0mm 范围内模拟眼状态下的轴截面光焦度分布符合反球差分布特征);无菌状态提供,一次性使用。
适用范围:用于白内障切除手术后无晶体眼的成人患者的视力矫正的一期植入,该产品用于囊袋中植入。
生产厂家:美国 Bausch&Lomb, Incorporated
注册代理:博士伦(上海)贸易有限公司
服务机构:博士伦(上海)贸易有限公司
发证日期:2014.01.06　　**截止日期**:2018.01.05

国食药监械(进)字 2014 第 3220044 号

产品名称:人工晶状体(商品名:ACRYSOF IQ ReSTOR Multifocal IOL)(STERILE UV and Blue Light Filtering Foldable Single-piece Apodized Diffractive Aspheric Posterior Chamber Lens)
规格型号:SV25T0
产品标准:YZB/BEL 7290-2013《人工晶状体》
性能组成:该产品为单件式后房人工晶状体,可折叠,襻形为 STABLEFORCE 改良型 L 襻。该人工晶状体主体和襻均由丙烯酸苯乙烯酯、甲基丙烯酸苯乙烯酯等疏水性丙烯酸酯类单体共聚物制成,添加紫外吸收剂和蓝光吸收剂;屈光度范围:+6.0D～+34.0D;附加光焦度+2.5D,允差±0.4D(+6.0D～+25.0D),±0.5D(+25.5D～+34.0D)。光学设计:多焦,非球面(在模拟眼内状态下孔栏 3.0mm 范围内的轴截面光焦度分布符合反球差分布特征);产品经环氧乙烷灭菌,一次性使用。
适用范围:该多焦人工晶体植入眼睛囊袋,为成年继发白内障患者摘除晶状体后提供矫正视力,可伴或无伴有老花眼,并且对近视力、中视力以及远视力均有需要从而在术后减少对眼镜的依赖的患者。
生产厂家:比利时 Alcon Laboratories Belgium
注册代理:爱尔康(中国)眼科产品有限公司
服务机构:爱尔康(中国)眼科产品有限公司
发证日期:2014.01.06　　**截止日期**:2018.01.05

国食药监械(进)字 2014 第 3660045 号

产品名称:伤口治疗负压包(商品名:爱纳苏)(Renasys-F Foam Dressing Kit with Soft Port)

规格型号:66800794、66800795、66800796、66800797、66800799、66800914、66800916

产品标准:YZB/USA 7435-2013《伤口治疗负压包》

性能组成:本产品由泡沫敷料、透明薄膜和(“搭桥”)吸盘管路，储液罐及其管路组成。其中伤口治疗负压包中泡沫敷料的材料为疏水性聚亚氨酯泡沫，透明薄膜的材料为涂布丙烯酸粘胶的聚亚安酯薄膜，(“搭桥”)吸盘管路的管路由白色聚氨酯薄膜外层、黑色聚氨酯泡沫和本色聚酯织物填充物组成。储液罐及连接管路为一次性且单病人使用，非无菌产品，不与人体直接接触。

适用范围:伤口治疗负压包用来与 Smith & Nephew 负压伤口治疗仪(NPWT)联用，适用于经临床评估能得益于负压治疗的病人。适用于以下伤口:慢性、急性、创伤、亚急性和撕裂伤、溃疡(如褥疮或糖尿病性溃疡)、部分皮层烧伤及皮瓣与移植。

生产厂家:美国 Smith & Nephew, Inc.

注册代理:施乐辉医用产品国际贸易(上海)有限公司

服务机构:施乐辉医用产品国际贸易(上海)有限公司

发证日期:2014.01.06 **截止日期**:2018.01.05

国食药监械(进)字 2014 第 3460046 号

产品名称:聚醚醚酮膝关节韧带固定螺钉(PEEK Interference Screw)

规格型号:见附页

产品标准:YZB/USA 7559-2013《聚醚醚酮膝关节韧带固定螺钉》

性能组成:产品由一系列用于运动医学手术的螺钉组成，材料均为 Invibio 公司符合 YY/T 0660 的 LT1 级 PEEK 材料，产品包装为环氧乙烷灭菌后的无菌包装。

适用范围:产品为膝关节韧带固定螺钉，用于固定软组织，包括骨骼与韧带或肌腱连接。

生产厂家:美国 Arthrex, Inc.

注册代理:锐适医疗器械(上海)有限公司

服务机构:锐适医疗器械(上海)有限公司

发证日期:2014.01.06 **截止日期**:2018.01.05

国食药监械(进)字 2014 第 3770047 号

产品名称:PTA 导管(商品名: Amphirion Plus)(PTA Catheter (Amphirion Plus))

规格型号:见附页

产品标准:YZB/USA 7367-2013《PTA 导管(商品名: Amphirion Plus)》

性能组成:该产品由 Y 型连接器(聚碳酸酯)，应力消除管(热塑性弹性体)，轴管(聚酰胺 12)，导丝管(聚醚嵌段酰胺、黑色染料、低密度聚乙烯、高密度聚乙烯)，球囊(聚酰胺 12)，不透射线标记(铂铱)，亲水涂层(PVP)，UV 胶(UV 树脂)组成。产品经环氧乙烷灭菌，一次使用。

适用范围:PTA 导管不仅可以扩张髂动脉、股动脉、髂股动脉、腘动脉、膝下动脉和肾动脉的狭窄处，还可用于治疗先天性或后天动静脉透析瘘管造成的阻塞性病变。

生产厂家:美国 Medtronic, Inc.

注册代理:美敦力(上海)管理有限公司

服务机构:美敦力(上海)管理有限公司

发证日期:2014.01.06 **截止日期**:2018.01.05

国食药监械(进)字 2014 第 3540048 号

产品名称:卵泡冲洗液(Sydney IVF Follicle Flush Buffer)

规格型号:K-SIFB-100

产品标准:YZB/AUL 7496-2013《卵泡冲洗液》

性能组成:产品组成成分: 氯化钠、氯化钾、硫酸镁(七水合物)、磷酸二氢钾、碳酸氢钠、HEPES (游离酸)、丙酮酸钠、L -乳酸钙(五水合物)、D-葡萄糖、丙氨酰谷氨酰胺、L-牛磺酸、甘氨酸、硫酸庆大霉素、L-丙氨酸、甘氨酸、L-脯氨酸、L-丝氨酸、L-天冬酰胺.H2O、 L-天冬氨酸、L-谷氨酸、纯净水。pH 值: 7.7±0.5，渗透压: 285～295mOsm。

适用范围:在采卵时使用，减轻卵细胞的应激反应。

生产厂家:澳大利亚 William A Cook Australia Pty Ltd

注册代理:库克(中国)医疗贸易有限公司北京分公司

服务机构:库克(中国)医疗贸易有限公司

发证日期:2014.01.06 **截止日期**:2018.01.05

国食药监械(进)字 2014 第 3540049 号

产品名称:胚胎活检液(Sydney IVF Embryo Biopsy Medium)

规格型号:K-SIEB-20

产品标准:YZB/AUL 7505-2013《胚胎活检液》

性能组成:产品组成成分: 氯化钠、氯化钾、磷酸二氢钾、EDTA 二钠盐、碳酸氢钠、丙酮酸钠、丙氨酰谷氨酰胺、L-牛磺酸、甘氨酸、硫酸庆大霉素、人血清白蛋白、L-丙氨酸、L-脯氨酸、L-丝氨酸、L-天冬酰胺.H2O、L-天冬氨酸、L-谷氨酸、纯净水。pH 值:7.7±0.5，渗透压:285～295mOsm。

适用范围:用于协助吸取分裂球进行植入前的基因诊断。

生产厂家:澳大利亚 William A Cook Australia Pty Ltd

服务机构:库克(中国)医疗贸易有限公司

发证日期:2014.01.06 **截止日期**:2018.01.05

国食药监械(进)字 2014 第 3540050 号

产品名称:囊胚培养液(Sydney IVF Blastocyst Medium)

规格型号:K-SIBM-20, K-SIBM-50

产品标准:YZB/AUL 7506-2013《囊胚培养液》

性能组成:产品组成成分: 氯化钠、氯化钾、硫酸镁(七水合物)、磷酸二氢钾、氯化镁 (六水合物)、碳酸氢钠、丙酮酸钠、L-精氨酸.HCl、L-赖氨酸.HCl、L-苏氨酸、L-缬氨酸、L-亮氨酸、L-苯丙氨酸、L-色氨酸、L-胱氨酸.2HCl、L-组氨酸.HCl.H2O、L-异亮氨酸、L-蛋氨酸、L-酪氨酸、L -乳酸钙 (五水合物)、D-葡萄糖、丙氨酰谷氨酰胺、L-牛磺酸、甘氨酸、D-泛酸钙、硫酸庆大霉素、人血清白蛋白、L-丙氨酸、L-脯氨酸、L-丝氨酸、L-天冬酰胺.H2O、L-天冬氨酸、L-谷氨酸、纯净水。

适用范围:为胚胎在体外发育至囊胚期提供必需营养物质，随后可移植至子宫。

生产厂家:澳大利亚 William A Cook Australia Pty Ltd

服务机构:库克(中国)医疗贸易有限公司

发证日期:2014.01.06 **截止日期**:2018.01.05

国食药监械(进)字 2014 第 3540051 号

产品名称:受精培养液(Sydney IVF Fertilization Medium)

规格型号:K-SIFM-20, K-SIFM-50, K-SIFM-100

产品标准:YZB/AUL 7507-2013《受精培养液》

性能组成:产品组成成分: 氯化钠、氯化钾、硫酸镁(七水合物)、磷酸二氢钾、EDTA 二钠盐、氯化镁(六水合物)、碳酸氢钠、丙酮酸钠、L -乳酸钙 (五水合物)、D-葡萄糖、丙氨酰谷氨酰胺、L-牛磺酸、甘氨酸、D-泛酸钙、硫酸庆大霉素、人血清白蛋白、L-丙氨酸、L-脯氨酸、L-丝氨酸、L-天冬酰胺.H2O、L-天冬氨酸、L-谷氨酸、纯净水。pH 值: 7.7±0.5, 渗透压: 285～295mOsm。

适用范围:可为卵细胞和精子提供最佳环境，从而达到理想受精率。

生产厂家:澳大利亚 William A Cook Australia Pty Ltd

服务机构:库克(中国)医疗贸易有限公司

发证日期:2014.01.06 **截止日期**:2018.01.05

国食药监械(进)字 2014 第 3540052 号

产品名称:卵裂培养液(Sydney IVF Cleavage Medium)

规格型号:K-SICM-20, K-SICM-50, K-SICM-100

产品标准:YZB/AUL 7508-2013《卵裂培养液》

性能组成:产品组成成分: 氯化钠、氯化钾、硫酸镁(七水合物)、磷酸二氢钾、EDTA 二钠盐、氯化镁(六水合物)、碳酸氢钠、丙酮酸钠、L-精氨酸.HCl、L-赖氨酸.HCl、L-苏氨酸、L-缬氨酸、L-亮氨酸、L-苯丙氨酸、L-色氨酸、L-胱氨酸.2HCl、L-组氨酸.HCl.H2O、L-异亮氨酸、L-蛋氨酸、L-酪氨酸、L -乳酸钙 (五水合物)、D-葡萄糖、丙氨酰谷氨酰胺、L-牛磺酸、甘氨酸、D-泛酸钙、硫酸庆大霉素、人血清白蛋白、L-丙氨酸、L-脯氨酸、L-丝氨酸、L-天冬酰胺.H2O、L-天冬氨酸、L-谷氨酸、纯净水。pH 值: 7.7±0.5, 渗透压: 285～295mOsm。

适用范围:可为胚胎外发育提供必需营养物质。胚胎在卵裂培养液内培养 2 天后，可被植入子宫或换用囊胚培养液继续 3 天的体外培养。

生产厂家:澳大利亚 William A Cook Australia Pty Ltd

服务机构:库克(中国)医疗贸易有限公司

发证日期:2014.01.06 **截止日期**:2018.01.05

国食药监械(进)字 2014 第 3540053 号

产品名称:配子缓冲液(Sydney IVF Gamete Buffer)

规格型号:K-SIGB-20, K-SIGB-50, K-SIGB-100

产品标准:YZB/AUL 7511-2013《配子缓冲液》

性能组成:产品组成成分: 氯化钠、氯化钾、硫酸镁(七水合物)、磷酸二氢钾、碳酸氢钠、HEPES(游离酸)、丙酮酸钠、L-乳酸钙(五水合物)、D-葡萄糖、丙氨酰谷氨酰胺、L-牛磺酸、甘氨酸、硫酸庆大霉素、人血清白蛋白、L-丙氨酸、L-脯氨酸、L-丝氨酸、L-天冬酰胺.H20、L-天冬氨酸、L-谷氨酸、纯净水。pH 值:7.7±0.5,渗透压:285~295mOsm。
适用范围:用于洗涤配子。
生产厂家:澳大利亚 William A Cook Australia Pty Ltd
服务机构:库克(中国)医疗贸易有限公司
发证日期:2014.01.06 **截止日期**:2018.01.05

国食药监械(进)字 2014 第 3450054 号(更)

产品名称:可重复使用空心纤维透析器(Multiple Use Primus Hollow Fiber Hemodialyzers)
规格型号:Primus 1350
产品标准:YZB/USA 6863-2013《可重复使用空心纤维透析器》
备注:生产企业名称由“MINNTECH CORPORATION”变更为“MedivatorsInc.”;代理人和售后服务机构名称由“美国明泰科公司北京代表处”变更为“美国美涤威公司北京代表处”;注册证由“国食药监械(进)字 2014 第 3450054 号”变更为“国食药监械(进)字 2014 第 3450054 号(更)”,原证自发证之日起作废。
生产厂家:美国 Medivators Inc.
注册代理:美国美涤威公司北京代表处
服务机构:美国美涤威公司北京代表处
变更日期:2014.05.08 **截止日期**:2018.01.05

国食药监械(进)字 2014 第 3460055 号

产品名称:胆道支架(HANAROSTENT Biliary Stent)
规格型号:见附页
产品标准:YZB/ROK 6843-2013《胆道支架》
性能组成:该产品由预装支架和推送器组成,推送器包括推送杆和外鞘。支架由镍钛合金丝编织成圆柱状。环氧乙烷灭菌,一次性使用。
适用范围:该产品用于扩张因良恶性肿瘤引起的胆道狭窄。
变更情况:变更日期:2014.11.20。“代理人:先健科技(深圳)有限公司”变更为“代理人:裕隆科泰(北京)贸易有限公司”。
生产厂家:韩国 美泰克(M.I. Tech Co., Ltd.)
注册代理:先健科技(深圳)有限公司
服务机构:先健科技(深圳)有限公司
发证日期:2014.01.06 **截止日期**:2018.01.05

国食药监械(进)字 2014 第 3460056 号(更)

产品名称:外科补片(Parietex™ Composite Mesh)
规格型号:见附页
产品标准:YZB/FRA 6908-2013《外科补片》
备注:注册后生产企业仍需完成以下工作:再次重新注册时应提交实时老化试验类型的 5 年货架寿命验证资料。产品英文名称由“Parietex Composite”变更为“Parietex™ CompositeMesh”;代理人和售后服务机构均由“柯惠医疗器材商贸(上海)有限公司”变更为“柯惠医疗器材国际贸易(上海)有限公司”;注册证由“国食药监械(进)字 2014 第 3460056 号”变更为“国食药监械(进)字 2014 第 3460056 号(更)”,原证自发证之日起作废。
生产厂家:法国 Sofradim Production
注册代理:柯惠医疗器材国际贸易(上海)有限公司
服务机构:柯惠医疗器材国际贸易(上海)有限公司
变更日期:2014.03.27 **截止日期**:2018.01.05

国食药监械(进)字 2014 第 3220057 号

产品名称:肝素表面处理亲水性丙烯酸人工晶状体(商品名:HexaVision)(Heparin Surface Modified Hydrophilic Acrylic Intraocular Lens)
规格型号:HQ-201 HEP
产品标准:YZB/FRA 6892-2013《肝素表面处理亲水性丙烯酸人工晶状体》
性能组成:该产品为单件式/后房人工晶状体,可折叠,襻形为改良 C。主体部分及支撑部分均由甲基丙烯酸羟乙酯、甲基丙烯酸甲酯、乙二醇二甲基丙烯酸酯共聚物材料制成,添加紫外吸收剂和肝素表面处理层。屈光度范围:+0.5~+34D,间隔 0.5D;光学设计:单焦,球面。该产品经湿热灭菌,一次性使用。
适用范围:该产品适用于白内障患者白内障摘除术后的后房内植入。
生产厂家:法国 HexaVision SARL
注册代理:北京爱尔默医药技术开发有限公司
服务机构:北京千禧金帆医药科技有限公司
发证日期:2014.01.06 **截止日期**:2018.01.05

国食药监械(进)字 2014 第 3220058 号

产品名称:肝素表面处理亲水性丙烯酸人工晶状体(Heparin Surface Modified Hydrophilic Acrylic Intraocular Lens)
规格型号:BioVue
产品标准:YZB/USA 6860-2013《肝素表面处理亲水性丙烯酸人工晶状体》
性能组成:该产品为单件式后房人工晶状体,可折叠,襻形为改良 C 型。该人工晶状体材料由 HEMA、MMA 添加交联剂、紫外吸收剂聚合而成,表面经肝素处理;屈光度范围:+2.00D~+30D,以 0.5D 递增;光学设计:单焦,球面;无菌状态提供,一次性使用。
适用范围:该产品适用于白内障患者白内障摘除术后的后房内植入。
生产厂家:美国 AAREN Scientific Inc.
注册代理:北京爱尔默医药技术开发有限公司
服务机构:北京爱尔默医药技术开发有限公司
发证日期:2014.01.06 **截止日期**:2018.01.05

国食药监械(进)字 2014 第 3220059 号

产品名称:亲水性丙烯酸人工晶状体(商品名:HexaVision)(Hydrophilic Acrylic Intraocular Lens)
规格型号:HQ-201
产品标准:YZB/FRA 6858-2013《亲水性丙烯酸人工晶状体》
性能组成:该产品为单件式后房人工晶状体,可折叠,襻形为改良 C 型。该人工晶状体材料由 HEMA、MMA 添加交联剂、紫外吸收剂聚合而成;屈光度范围:+2.00D~+30D,以 0.5D 递增。光学设计:单焦,球面;无菌状态提供,一次性使用。
适用范围:用于白内障患者白内障摘除术后的后房内植入。
生产厂家:法国 HexaVision SARL
注册代理:北京爱尔默医药技术开发有限公司
服务机构:北京爱尔默医药技术开发有限公司
发证日期:2014.01.06 **截止日期**:2018.01.05

国食药监械(进)字 2014 第 2560060 号

产品名称:雾化装置及配件(Nebulisation And Aerosol Therapy Device and Accessories)
规格型号:见附页
产品标准:YZB/UK 7062-2013《雾化装置及配件》
性能组成:包括雾化杯、吸嘴、波纹管、氧气管、接头、呼气阀、气囊、过滤器、面罩、加湿雾化装置、流量计接头、雾化加湿器、氧气加湿装置、氧气加湿器、家用氧气加湿器。为一次性使用无源产品。
适用范围:用于药物雾化的吸入治疗。
生产厂家:英国 Intersurgical Ltd
注册代理:英特赛克医疗器械(常州)有限公司
服务机构:英特赛克医疗器械(常州)有限公司
发证日期:2014.01.06 **截止日期**:2018.01.05

国食药监械(进)字 2014 第 2660061 号(更)

产品名称:一次性使用气管插管(商品名:LMA Fastrach)(LMA Fastrach ETT Single Use)
规格型号:LMA Fastrach ETT SU Size6 LMA Fastrach ETT SU Size6.5 LMA Fastrach ETT SU Size7 LMA Fastrach ETT SU Size7.5 LMA Fastrach ETT SU Size8
产品标准:YZB/SEY 7064-2013《一次性使用气管插管》
备注:代理人和售后服务机构均由“捷通埃默高(北京)医药科技有限公司”变更为“泰利福医疗器械商贸(上海)有限公司”;注册证由“国食药监械(进)字 2014 第 2660061 号”变更为“国食药监械(进)字 2014 第 2660061 号(更)”,原证自发证之日起作废。
生产厂家:塞舌尔 The Laryngeal Mask Company Limited
注册代理:泰利福医疗器械商贸(上海)有限公司
服务机构:泰利福医疗器械商贸(上海)有限公司

变更日期:2014.08.18 **截止日期**:2018.01.05

国食药监械(进)字 2014 第 3770062 号

产品名称:球囊扩张导管(商品名: Advance)(18LP Low Profile PTA Balloon Dilatation Catheter)
规格型号:见附页
产品标准:YZB/USA 6059-2013《球囊扩张导管》
性能组成:该产品由球囊、导管和导管座组成。球囊和导管的材料为尼龙 12.导管座的材料为尼龙。球囊远近端各有一个不透射线标记,材料为铂/铱合金。环氧乙烷灭菌,一次性使用。
适用范围:该产品用于经皮腔内血管成形术,以治疗外周动脉(包括髂动脉、肾动脉、腘动脉、膝下动脉、股动脉和髂股动脉)病变以及原发性或人工性动静脉透析瘘管的阻塞。
生产厂家:美国库克公司(Cook Incorporated)
注册代理:库克(中国)医疗贸易有限公司
服务机构:库克(中国)医疗贸易有限公司
发证日期:2014.01.06 **截止日期**:2018.01.05

国食药监械(进)字 2014 第 3540063 号

产品名称:呼吸器(Portable ventilator system)
规格型号:706
产品标准:YZB/USA 6356-2013《呼吸器》
性能组成:产品由主机、直流电源线、适配器和呼吸阀组成。具有 CPR、VENTILATION、HYPERVENTILATION 三种模式。具体性能指标及功能见产品标准。
适用范围:用于紧急状态病人的心肺复苏和人工辅助呼吸。
生产厂家:美国 Impact Instrumentation, Inc.
服务机构:北京百康商贸有限责任公司
发证日期:2014.01.07 **截止日期**:2018.01.06

国食药监械(进)字 2014 第 3220064 号

产品名称:软性亲水接触镜(Soflens 38(Polymacon)Visibility Tinted Contact Lenses)
规格型号:清朗半年型
产品标准:YZB/USA 6829-2013《软性亲水接触镜》
性能组成:该产品为日戴型软性亲水接触镜。镜片材料为 Polymacon,着淡蓝色,聚丙烯杯包装。含水量:38.6%±2%,折射率:1.437±0.5%,透氧系数标称值:8.4×10^{-11}(cm2/s)(mLO2/(mL×mmHg)),-3D 镜片透氧量 15.3×10^{-9}(cm/s) (mLO2/(mL×mmHg))(允差-20%),屈光度范围:0.00D~ -9.00D,可见光透射率>92%。推荐更换周期半年。产品经高压蒸汽灭菌。
适用范围:采用光学成像原理,用于矫正 18 岁以上患者近视(患者须依从性好,生活能自理,眼部无炎症)。
生产厂家:美国 Bausch &Lomb Incorporated
注册代理:北京博士伦眼睛护理产品有限公司
服务机构:见附页
发证日期:2014.01.06 **截止日期**:2018.01.05

国食药监械(进)字 2014 第 3040065 号(更)

产品名称:囊袋张力环(Intraocular Ring)
规格型号:TENSIOBAG 10, TENSIOBAG 11, TENSIOBAG 12, TENSIOBAG 13, TENSIOBAG 14
产品标准:YZB/FRA 6821-2013《囊袋张力环》
备注:代理人和售后服务机构均由"蔡司光学仪器(上海)国际贸易有限公司"变更为"卡尔蔡司(上海)管理有限公司";注册证由"国食药监械(进)字 2014 第 3040065 号"变更为"国食药监械(进)字 2014 第 3040065 号(更)",原证自发证之日起作废。
生产厂家:法国 Carl Zeiss Meditec SAS
注册代理:卡尔蔡司(上海)管理有限公司
服务机构:卡尔蔡司(上海)管理有限公司
变更日期:2014.03.27 **截止日期**:2018.01.05

国食药监械(进)字 2014 第 3150066 号

产品名称:乳房旋切穿刺针及配件(商品名: EnCor Probe)(Breast Biopsy Probe)
规格型号:见附页
产品标准:YZB/USA 7078-2013《乳房旋切穿刺针及配件》
性能组成:本产品由探针(包括外套、探针顶部、组织采集器和外罩)、真空导管、生理盐水导管、真空连接器、真空导管套件、真空桶、导引定位装置(MRI 套件)、导针器组成。
适用范围:该产品主要用于乳房病变组织取样,供诊断使用。部分或完全切除影像下异常组织,供组织学检查使用。
生产厂家:美国 SenoRx, Inc.
注册代理:巴德医疗科技(上海)有限公司
服务机构:巴德医疗科技(上海)有限公司
发证日期:2014.01.06 **截止日期**:2018.01.05

国食药监械(进)字 2014 第 3770067 号

产品名称:经外周插管的中心静脉导管套件及附件(商品名: Groshong NXT ClearVue)(Groshong NXT PICC Catheter)
规格型号:见附页
产品标准:YZB/USA 7083-2013《经外周插管的中心静脉导管套件及附件》
性能组成:本产品包括单腔导管、带穿刺针的导引套管、连接件、固定翼、护帽和 Statlock 导管固定装置(VPPDFP),部分型号包括微插管器(含导丝、穿刺针、PTFE 微导入器和刀片)。导管材质为硅胶,穿刺针和导丝的材质为 304 不锈钢,微导入器的材质为聚四氟乙烯,固定翼的材质为硅胶,导引套管的材质为低密度聚乙烯和聚碳酸酯。
适用范围:本产品适用于短期(短于 30 天)或长期(超过 30 天)外周置入中心静脉系统,进行静脉注射治疗或采血。
备注:2014 年 2 月 28 日同意更正注册号内容,2014 年 1 月 6 日核发的医疗器械注册证、医疗器械注册登记表、附页予以废止。
生产厂家:美国 Bard Access Systems, Inc.
注册代理:巴德医疗科技(上海)有限公司
服务机构:巴德医疗科技(上海)有限公司
发证日期:2014.01.06 **截止日期**:2018.01.05

国食药监械(进)字 2014 第 3770068 号

产品名称:血管鞘(商品名: Flexor Check-Flo)(Flexor Check-Flo Introducer Sets)
规格型号:见附页
产品标准:YZB/USA 6567-2013《血管鞘》
性能组成:血管鞘由扩张器、鞘管、鞘管座、止血阀、接头组成,套装由血管鞘、穿刺针、导丝和注射器组成。鞘管的材质为尼龙 6,扩张器的材质为聚乙烯和硫酸钡。产品带有 AQ 亲水涂层,材质为聚乙烯吡咯烷酮。环氧乙烷灭菌,一次性使用。
适用范围:该产品被设计用于经皮穿刺插入血管系统,导入导管、球囊导管或支架,进行介入诊断或治疗手术。
生产厂家:美国库克公司(Cook Incorporated)
注册代理:库克(中国)医疗贸易有限公司
服务机构:库克(中国)医疗贸易有限公司
发证日期:2014.01.06 **截止日期**:2018.01.05

国食药监械(进)字 2014 第 3660069 号

产品名称:腔静脉滤器回收器械(商品名: Günther Tulip)(Vena Cava Filter Retrieval Set)
规格型号:GTRS-200-RB
产品标准:YZB/DEN 6571-2013《腔静脉滤器回收器械》
性能组成:该产品由同轴回收鞘管系统(回收鞘管、回收导管和同轴扩张器)、回收圈套系统(鞘管、回收圈套和 Y 接头)、扩张器、穿刺针和导丝组成。材料:回收鞘管系统:鞘管为不透射线的氟化乙丙烯;回收导管为不透射线的特氟隆;同轴扩张器为不透射线的聚乙烯;回收圈套系统:鞘管为不透射线的特氟隆;金属圈为不锈钢丝和编织的铂金;穿刺针:针管为 304 不锈钢,针座为聚碳酸酯;导丝为 304 不锈钢、特氟隆涂层;扩张器为聚乙烯。环氧乙烷灭菌,一次性使用。
适用范围:该产品被设计用于回收已植入病人的库克公司 Günther Tulip 腔静脉滤器和 Cook Celect 腔静脉滤器。只能经颈静脉取出植入滤器。
生产厂家:丹麦库克欧洲公司(William Cook Europe ApS)
注册代理:库克(中国)医疗贸易有限公司
服务机构:库克(中国)医疗贸易有限公司
发证日期:2014.01.06 **截止日期**:2018.01.05

国食药监械(进)字 2014 第 2630070 号

产品名称:光固化透明窝沟封闭剂套装 (商品名: Helioseal Clear)(Light-cured transparent fissure sealant)
产品标准:YZB/LIE 6909-2013《光固化透明窝沟封闭剂套装》
性能组成:该产品由光固化透明窝沟封闭剂和酸蚀剂(Email Preparator blue)组成, 窝沟封闭剂由双甲基丙烯酸甘油酯(>60%), 三乙烯乙二醇二甲基丙烯酸酯(>39.3%)和樟脑醌(<0.7%)组成。酸蚀剂(EmailPreparator blue)由 蒸馏水(57.99%), 磷酸(37%), 聚乙烯醇(<5.0%)和 亚甲蓝(<0.01%)组成。
适用范围:该产品用于齿科窝洞、裂隙的封闭。
生产厂家:列支敦士登 Ivoclar Vivadent AG
注册代理:义获嘉伟瓦登特(上海)商贸有限公司
服务机构:义获嘉伟瓦登特(上海)商贸有限公司
发证日期:2014.01.06 **截止日期**:2018.01.05

国食药监械(进)字 2014 第 3770071 号

产品名称:外周血管球囊扩张导管 (商品名: Fox SV) (Fox SV PTA Catheter)
规格型号:见附页
产品标准:YZB/SWI 6381-2013《外周血管球囊扩张导管 (商品名: Fox SV)》
性能组成:该产品由球囊和导管组成, 为非水合性导管, 表面有硅树脂涂层;导管和球囊的材料为聚酰胺 L25,不透射线的材料为铂铱合金(90% 铂 10%铱)。电子束灭菌, 一次性使用。
适用范围:该产品用于对股动脉、肾动脉、髂动脉、腘动脉、腓动脉以及深部动脉狭窄的扩张。
生产厂家:瑞士 Abbott Laboratories Vascular Enterprises Ltd. Dublin, Beringen Branch
注册代理:雅培医疗器械贸易(上海)有限公司
服务机构:雅培医疗器械贸易(上海)有限公司
发证日期:2014.01.06 **截止日期**:2018.01.05

国食药监械(进)字 2014 第 3150072 号

产品名称:一次性使用无菌注射器(Syringes)
规格型号:见附页
产品标准:YZB/USA 7095-2013《一次性使用无菌注射器》
性能组成:该产品由套筒(聚丙烯)、活塞(合成橡胶)、芯杆(聚丙烯)和按手(聚丙烯)组成。
适用范围:该产品不同规格与一次性使用无菌注射针配套可用于皮下、肌肉、静脉注射药液或静脉抽血。
生产厂家:美国 Becton Dickinson and company
注册代理:碧迪医疗器械(上海)有限公司
服务机构:碧迪医疗器械(上海)有限公司
发证日期:2014.01.06 **截止日期**:2018.01.05

国食药监械(进)字 2014 第 2220073 号

产品名称:前列腺电切镜用手术器械(Non-active Instruments for Resectoscopes)
规格型号:见附页
产品标准:YZB/GER 6534-2013《前列腺电切镜用手术器械》
性能组成:该产品组件包括刮匙、穿刺器、穿刺器配件、探针、吸引管、封帽、镜鞘、镜鞘附件、镜桥、连接器。产品材料为硅橡胶和 YY/T 0294.1 中代号为 M 的不锈钢。非灭菌包装。
适用范围:该产品用于前列腺电切镜临床手术中的检查、诊断和治疗用。
生产厂家:德国 Karl Storz GmbH &Co. KG
注册代理:卡尔史托斯内窥镜(上海)有限公司
服务机构:卡尔史托斯内窥镜(上海)有限公司
发证日期:2014.01.06 **截止日期**:2018.01.05

国食药监械(进)字 2014 第 3630074 号

产品名称:复合树脂桩核材料 (商品名: ParaCore) (Dual-Cure Core Materials)
规格型号:型号: ParaCore 装量: 5ml/支
产品标准:YZB/SWI 6972-2013《复合树脂桩核材料》
性能组成:本品为双重固化、具有 X 射线阻射的复合树脂材料。该产品由甲基丙烯酸酯、氟化钠、钡玻璃填料、无定型硅石和颜料组成。
适用范围:用于桩核修复时核的堆砌。
生产厂家:瑞士 Coltène/Whaledent AG
注册代理:康特威尔登特齿科贸易(北京)有限公司
服务机构:康特威尔登特齿科贸易(北京)有限公司
发证日期:2014.01.06 **截止日期**:2018.01.05

国食药监械(进)字 2014 第 2260075 号

产品名称:低频治疗仪(Low Frequency Therapy Unit)
规格型号:MK 型
产品标准:YZB/JAP 7382-2013《低频治疗仪》
性能组成:产品由主机、吸引电极、电极固定带、治疗指示灯构成。
适用范围:该治疗仪在临床上用于缓解肩膀僵硬及末梢神经麻痹症状。
生产厂家:日本 MINATO MEDICAL SCIENCE CO., LTD
服务机构:深圳市兴汇科技有限公司
发证日期:2014.01.07 **截止日期**:2018.01.06

国食药监械(进)字 2014 第 3210076 号

产品名称:除颤电极导线 (Subcutaneous Unipolar Lead with Defibrillation Coil Electrode)
规格型号:电极体:6996SQ, 电极套管:6996T, 外接连接器:6726 DF-1 Y
产品标准:YZB/USA 7786-2013《除颤电极导线》
性能组成:本电极属于单极、经皮下除颤电极导线, 由以下部件组成:
- 6996SQ: 电极体 (包括电极体和附件: 固定套管 (1个)、塑形钢丝 (1根)、塑形钢丝导入器 (1个)、电极导引鞘 (2根)、撕开器 (2把))
-6996T: 电极套管 - 6726 DF-1 Y: 外接连接器 (包括外接连接器 (1个)、小螺丝刀 (1把)、DF-1 连接器塞 (1个))。

适用范围:该电极设计与植入式心律转复除颤器共同使用, 可提供经皮下的心律转复除颤, 以治疗心动过速的患者。
变更情况:变更日期: 2014.10.21。代理人由 "美国美敦力中国有限公司北京办事处" 变更为 "美敦力 (上海) 管理有限公司"; 售后服务机构由 "美敦力医疗用品技术服务 (上海) 有限公司" 变更为 "美敦力 (上海) 管理有限公司"。
生产厂家:美国 Medtronic, Inc.
注册代理:美国美敦力中国有限公司北京办事处
服务机构:美敦力医疗用品技术服务(上海)有限公司
发证日期:2014.01.07 **截止日期**:2018.01.06

国食药监械(进)字 2014 第 3540077 号

产品名称:便携式呼吸机(Portable ventilator system)
规格型号:754、750、73X
产品标准:YZB/USA 6357-2013《便携式呼吸机》
性能组成:产品组成: 754 型由主机 (配有压缩机、空氧混合器), 高压空气管、高压氧气管、电源适配器、直流电缆组成; 750 型由主机, 高压空气管、高压氧气管、电源适配器、直流电缆组成; 73X 型由主机, 电源适配器、直流电源线、交流电源线组成。
适用范围:754/750 型用于成人、儿童、婴儿, 可用于临床、战地医院、航空救护、家庭病房、院前的急救。73X 用于成人和儿童 (体重>30kg) 中患有呼吸衰竭或在复苏过程中需要持续正压通气的病人。
生产厂家:美国 Impact Instrumentation, Inc.
服务机构:北京百康商贸有限责任公司
发证日期:2014.01.07 **截止日期**:2018.01.06

国食药监械(进)字 2014 第 2630078 号

产品名称:齿科铸造用纯钛(歯科用鋳造用チタン合金)
规格型号:规格: φ20×h10、φ25×h9、φ25×h12、φ25×h14、φ30×h13。
产品标准:YZB/JAP 6993-2013《齿科铸造用纯钛》
性能组成:齿科铸造用纯钛根据日本 JIS H 4650 划分为 2 类纯钛, 符合国家标准 GB/T 3620.1 和 GB/T13810 中 TA1 的要求, 主要成分为 Ti (不小于 99%); 杂质包括 C (不大于 0.08%)、Fe (不大于 0.20%)、N (不大于 0.03%)、O (不大于 0.18%)、H (不大于 0.010%)。齿科铸造用纯钛的维氏硬度 (HV2.0) 达到了 110 以上。
适用范围:本产品为通过齿科用铸造机进行熔融成型后, 用于制作齿科修复体 (非植入类) 的铸造用金属, 主要是用于齿科冠桥、金属基托的制作。

备注:2014 年 4 月 8 日同意更正注册号内容,2014 年 1 月 6 日核发的医疗器械注册证、医疗器械注册登记表予以废止。
生产厂家:日本株式会社ニッシン
注册代理:日进齿科材料(昆山)有限公司
服务机构:日进齿科材料(昆山)有限公司
发证日期:2014.01.06 **截止日期**:2018.01.05

国食药监械(进)字 2014 第 3630079 号

产品名称:合成树脂牙(Plastic Teeth)
规格型号:型号: Biotone IPN; 色号: A2、A3、A3.5、B2、B3、B4、C3、D3、D4。
产品标准:YZB/BRA 6952-2013《合成树脂牙》
性能组成:甲基异丁烯酸盐 H-212 单体、过氧化苯甲酰、铵、气雾剂 GPG、alcogum6940、EDGM、磷酸氢二钠、硫磺酸 95-97%PA、马铃薯淀粉、termamyl 120 升、滤液、氢氧化钠层、k70 聚丙烯酸酯、lumiluz lz、色素。主要性能见标准。
适用范围:适用于义齿修复。
生产厂家:巴西 Dentsply Indústria e Comércio Ltda
注册代理:登士柏(天津)国际贸易有限公司
服务机构:登士柏(天津)国际贸易有限公司
发证日期:2014.01.06 **截止日期**:2018.01.05

国食药监械(进)字 2014 第 2630080 号

产品名称:硅橡胶印模材常速套装(Regular Set Smart Wetting Impression Material Introductory Kit)
规格型号:Aquasil Ultra Rigid、Aquasil Ultra Heavy、Aquasil Ultra Monophase 产品规格装量见附件表格。
产品标准:YZB/USA 6981-2013《硅橡胶印模材常速套装》
性能组成:该产品是一种四官能团亲水加成反应硅树脂弹性体印模材料套装,其中:Aquasil Ultra Rigid 是由硅橡胶印模材 Rigid 常速装、XLV 常速装、LV 常速装、B4 预处理剂、托盘粘合剂、硅橡胶印模材 digit LV & XLV 常速试用装、毛刷连棒、调和盘、印模材混合头、配套混合尖端组成。Aquasil Ultra Heavy 是由硅橡胶印模材 Heavy 常速装、XLV 常速装、LV 常速装、B4 预处理剂、托盘粘合剂、硅橡胶印模材 digit LV & XLV 常速试用装、毛刷连棒、调和盘、印模材混合头、配套混合尖端组成。AquasilUltra Monophase 是由硅橡胶印模材 Monophase 常速装、XLV 常速装、LV 常速装、B4 预处理剂、托盘粘合剂、硅橡胶印模材 digit LV& XLV 常速试用装、毛刷连棒、调和盘、印模材混合头、配套混合尖端组成。
适用范围:用于凝固印模
生产厂家:美国 DENTSPLY Caulk
注册代理:登士柏(天津)国际贸易有限公司
服务机构:登士柏(天津)国际贸易有限公司
发证日期:2014.01.06 **截止日期**:2018.01.05

国食药监械(进)字 2014 第 3770081 号

产品名称:外周血管球囊扩张导管(商品名: Armada 35)(PTA Catheter)
规格型号:见附页
产品标准:YZB/SWI 6957-2013《外周血管球囊扩张导管》
性能组成:该产品由双层球囊、球囊内部构件、头端、双腔导管轴、鲁尔接头以及压力释放阀组成,带有铂铱合金不透射线标记,产品远端外表面以及导丝腔涂覆涂层。制造材料为:球囊外层:聚酰胺 12、内层:Pebax7233; 球囊内部构件:聚酰胺 12 或热塑性聚酰胺; 头端:Pebax6333; 双腔导管轴:聚酰胺 12; 鲁尔接头:聚碳酸酯; 压力释放阀:热塑橡胶。该产品经电子束灭菌,一次性使用。
适用范围:该器械预期用于肾动脉、髂动脉、股动脉、腘动脉、胫动脉、腓动脉中的狭窄的扩张,还用于自体或者人工动静脉透析瘘管中的梗阻病变的治疗。该器械还适用于外周血管系统的支架后扩张。
变更情况:变更日期: 2014.11.19。生产企业名称由"Abbott Laboratories Vascular EnterprisesLtd.Dublin, Beringen Branch"变更为"AbbottVascular"; 企业注册地址由"Anthoptstrasse 8222Beringen Switzerland"变更为"3200 LakesideDrive, Santa Clara, California 95054, USA"。
生产厂家:瑞士 Abbott Laboratories Vascular Enterprises Ltd. Dublin, Beringen Branch
注册代理:雅培医疗器械贸易(上海)有限公司
服务机构:雅培医疗器械贸易(上海)有限公司
发证日期:2014.01.06 **截止日期**:2018.01.05

国食药监械(进)字 2014 第 3460082 号

产品名称:冠状动脉支架系统(商品名: Genous)(Genous Bio-engineered R Stent)
规格型号:见附页
产品标准:YZB/USA 7833-2013《冠状动脉支架系统(商品名: Genous)》
性能组成:该系统由支架和冠状动脉球囊导管组成。支架为经激光切割、雕刻成一定直径、长度和网状的管体,其表面修饰了羧甲基葡萄糖,鼠源的抗体 CD34 抗体共价结合于羧甲基葡萄糖层。经表面修饰的支架套在导管的球囊上。球囊导管由导管座、导管加强件、管身、球囊组成。球囊采用尼龙 12 制成,导管远端管体采用尼龙 11,导管近端管体内层采用 304 不锈钢、导管近端管体外层采用聚酰胺塑料 Pebax 制成。支架采用 316L 不锈钢。一次性使用产品,伽玛射线灭菌。
适用范围:适用于经选择适合接受球囊血管成形术,因原发性和/或再狭窄的冠状动脉病变引起的有症状的缺血性心脏病患者,同时具有下列情况之一者:1)近期需要进行外科手术的患者。2)不能耐受长期双重抗血小板治疗患者。3)服用双重抗血小板药物依从性差患者。4)有出血倾向或合并潜在出血性疾病患者。5)急性心肌梗死患者。6)高龄患者。
备注:注册后生产企业仍需完成以下工作:1、应进一步进行适宜的产品抗血小板治疗时间的研究工作,重新注册时提交资料。2、应保证上市后的每件产品具有可追溯性。应对不少于 2000 例的使用本产品患者进行术后至少 5 年的跟踪随访,该病例不能包括该产品上市前临床研究中的任何病例。应每年形成阶段性质量跟踪报告,对该产品上市后的安全性信息进行评价,并在重新注册时提交阶段性质量跟踪报告。如果出现重大的安全性问题,应按照有关不良事件监测规定及时上报相关部门。
生产厂家:美国 OrbusNeich Medical, Inc.
注册代理:业聚医疗器械(深圳)有限公司
服务机构:业聚医疗器械(深圳)有限公司
发证日期:2014.01.07 **截止日期**:2018.01.06

国食药监械(进)字 2014 第 3770083 号

产品名称:封堵止血系统(商品名:EXOSEAL)(EXOSEAL Vascular Closure Device)
规格型号:EX500, EX600, EX700
产品标准:YZB/USA 7701-2013《封堵止血系统》
性能组成:该系统由插塞填充器和可吸收性插塞组成,其中插塞填充器由手柄组件和输送杆组成。可吸收性插塞被完全封闭在输送杆的远端部分。通过使用现有的法式特定尺码的工作长度不超过 12 厘米的手术血管鞘引导器,插塞填充器将可吸收性插塞定位并释放至股穿刺部位的血管外表面。可吸收性插塞由聚乙醇酸(PGA)制成。电子束辐照灭菌,一次性使用。
适用范围:该系统适用于股动脉穿刺部位闭合,它使用工作长度长达 12 厘米的标准 5Fr、6Fr、或 7Fr 的血管鞘引导器,可使接受诊断性或介入性导管插入术的患者尽快止血和离床活动。此外,对于术前和/或手术中接受糖蛋白(GP)IIb/IIIa 抑制剂治疗的患者,该系统通过使用工作长度长达 12 厘米的标准 6Fr 血管鞘引导器,可使接受介入性导管插入术的患者尽快止血和离床活动。
生产厂家:美国 Cordis Corporation
注册代理:强生(上海)医疗器材有限公司
服务机构:强生(上海)医疗器材有限公司
发证日期:2014.01.07 **截止日期**:2018.01.06

国食药监械(进)字 2014 第 3640084 号

产品名称:藻酸盐银离子敷料(商品名:美即爽银)(Melgisorb® Ag)
规格型号:产品代码 敷料规格(cm) 256050 5×5 256100 10×10 256150 15×15 256200 20×30 256600 3×44
产品标准:YZB/SWE 7636-2013《藻酸盐银离子敷料》
性能组成:美即爽银是一种无纺布垫,由高 G(古罗糖醛酸)海藻酸钙、羧甲基纤维素(CMC)和一种银离子化合物(银离子氢化钠磷酸锆)构成。
适用范围:藻酸盐银离子敷料(商品名:美即爽银)适用于覆盖具有中度到严重渗液的浅层和全层创面,其中包括:术后创面、创伤(皮肤损伤、外部损伤或切伤)、腿部溃疡、压疮、糖尿病性溃疡、植皮和供皮区、腔隙创面、I 度和 II 度烧伤创面。本产品也可结合绷带加压包扎使用。
备注:注册后生产企业仍需完成以下工作:应对该产品应用于大面积创

面或长期累积使用时对人体安全性的有关数据进行收集和积累，加强不良事件监测，对该产品上市后的安全性信息进行收集整理，待下次重新注册时提交。
生产厂家:瑞典 Molnlycke Health Care AB
注册代理:瑞典墨尼克医疗用品有限公司北京代表处
服务机构:瑞典墨尼克医疗用品有限公司北京代表处
发证日期:2014.01.07 **截止日期**:2018.01.06

国食药监械(进)字 2014 第 3640085 号

产品名称:液体敷料（商品名：德赛恩）(Wound Care)
规格型号:50ml/瓶、100ml/瓶、125ml/瓶、150ml/瓶、236ml/瓶、500ml/瓶、5000ml/瓶
产品标准:YZB/USA 7492-2013《液体敷料》
性能组成:液体敷料是纯水经电化学反应产生多种氧氯化合物，为创伤愈合提供湿润的环境。PH 值为 6.2-7.8（在 25℃±1℃时）。产品组成：次氯酸 0.003%、次氯酸钠 0.004%、氯化钠 0.023%、纯水 99.97%，有效氯含量为 0.0067%±0.001%。
适用范围:该产品适用于急性和慢性皮肤病病变的润燥和清洁，如第一期到第四期的压迫溃疡，静脉性溃疡、糖尿病性溃疡、手术后创口，第一和第二级烫伤，擦伤和较小的皮肤不适。
生产厂家:美国 Oculus Innovative Sciences, Inc.
注册代理:天津艾森特进出口贸易有限公司
服务机构:天津艾森特进出口贸易有限公司
发证日期:2014.01.07 **截止日期**:2018.01.06

国食药监械(进)字 2014 第 3220086 号(更)

产品名称:软性亲水接触镜(Soft Hydrophilic Contact Lens)
规格型号:Bioclear Toric
产品标准:YZB/UK 7619-2013《软性亲水接触镜(型号:Bioclear Toric)》
备注:售后服务机构由“海昌隐形眼镜有限公司”变更为“海昌隐形眼镜有限公司”和“上海柯蓝光学眼镜有限公司”；注册证由“国食药监械(进)字 2014 第 3220086 号”变更为“国食药监械(进)字 2014 第 3220086 号(更)”，原证自发证之日起作废。
生产厂家:英国 Sauflon Pharmaceuticals Limited
注册代理:北京爱尔默医药技术开发有限公司
服务机构:海昌隐形眼镜有限公司、上海柯蓝光学眼镜有限公司
变更日期:2014.03.14 **截止日期**:2018.01.06

国食药监械(进)字 2014 第 3640087 号

产品名称:水凝胶敷料（商品名：凝必敷）(AGNIGEL Sterile Hydrogel Dressings)
规格型号:AGN-0606, AGN-0612, AGN-1010, AGN-1020, AGN-2030
产品标准:YZB/TUR 7822-2013《水凝胶敷料》
性能组成:本标准规定的水凝胶辅料，由塑料保护膜、水凝胶、背衬带组成，与粘性绷带配合使用。水凝胶由琼脂、聚乙烯吡咯烷酮（PVP）、聚乙醇（PEG）和蒸馏水组成。
适用范围:该产品适用浅表新鲜创面的覆盖，包括浅表的烧伤、褥疮、溃疡和辐射烧伤（中重度创伤、大量积液创面不适用该产品）。
生产厂家:土耳其 TOTAL iTHALAT iHRACAT PAZARLAMA LTD.STi
注册代理:宁波宏搏高科医疗器械有限公司
服务机构:宁波宏搏高科医疗器械有限公司
发证日期:2014.01.07 **截止日期**:2018.01.06

国食药监械(进)字 2014 第 3220088 号(更)

产品名称:软性亲水接触镜(Soft Hydrophilic Contact Lens)
规格型号:Clear Comfort Aspheric
产品标准:YZB/UK 7625-2013《软性亲水接触镜(型号:Clear Comfort Aspheric)》
备注:售后服务机构由“海昌隐形眼镜有限公司”变更为“海昌隐形眼镜有限公司”和“上海柯蓝光学眼镜有限公司”；注册证由“国食药监械(进)字 2014 第 3220088 号”变更为“国食药监械(进)字 2014 第 3220088 号(更)”，原证自发证之日起作废。
生产厂家:英国 Sauflon Pharmaceuticals Limited
注册代理:北京爱尔默医药技术开发有限公司
服务机构:海昌隐形眼镜有限公司、上海柯蓝光学眼镜有限公司
变更日期:2014.03.14 **截止日期**:2018.01.06

国食药监械(进)字 2014 第 3220089 号(更)

产品名称:软性亲水接触镜(Soft Hydrophilic Contact Lens)
规格型号:New Day
产品标准:YZB/UK 7608-2013《软性亲水接触镜(型号:New Day)》
备注:售后服务机构由“海昌隐形眼镜有限公司”和“上海科莱博隐形眼镜有限公司”变更为“海昌隐形眼镜有限公司”、“上海科莱博隐形眼镜有限公司”和“上海柯蓝光学眼镜有限公司”；注册证由“国食药监械(进)字 2014 第 3220089 号”变更为“国食药监械(进)字 2014 第 3220089 号(更)”，原证自发证之日起作废。
生产厂家:英国 Sauflon Pharmaceuticals Limited
注册代理:北京爱尔默医药技术开发有限公司
服务机构:海昌隐形眼镜有限公司、上海科莱博隐形眼镜有限公司、上海柯蓝光学眼镜有限公司
变更日期:2014.03.13 **截止日期**:2018.01.06

国食药监械(进)字 2014 第 3220090 号

产品名称:隐形眼镜护理液（商品名：Sauflon）(Multi-purpose solution)
规格型号:100ml, 250ml, 380ml
产品标准:YZB/UK 7646-2013《隐形眼镜护理液（商品名：Sauflon)》
性能组成:本产品由聚己缩胍、泊洛沙姆 188、乙二胺四乙酸二钠、无水磷酸钠、氯化钠、磷酸二氢钠和纯水组成。pH 值:6.80～7.20。渗透压:270～330mOsm/Kg。
适用范围:适用于软性隐形眼镜（紫外和美容镜片除外），可以提供清洁、消毒、润滑、储存、湿润、冲洗功能。
生产厂家:英国 Sauflon Pharmaceuticals Limited
注册代理:北京爱尔默医药技术开发有限公司
服务机构:上海柯蓝光学眼镜有限公司
发证日期:2014.01.07 **截止日期**:2018.01.06

国食药监械(进)字 2014 第 3220091 号(更)

产品名称:软性亲水接触镜(Soft Hydrophilic Contact Lens)
规格型号:Sauflon 55 UV
产品标准:YZB/UK 7612-2013《软性亲水接触镜(型号:Sauflon 55 UV)》
备注:售后服务机构由“海昌隐形眼镜有限公司”变更为“海昌隐形眼镜有限公司”和“上海柯蓝光学眼镜有限公司”；注册证由“国食药监械(进)字 2014 第 3220091 号”变更为“国食药监械(进)字 2014 第 3220091 号(更)”，原证自发证之日起作废。
生产厂家:英国 Sauflon Pharmaceuticals Limited
注册代理:北京爱尔默医药技术开发有限公司
服务机构:海昌隐形眼镜有限公司、上海柯蓝光学眼镜有限公司
变更日期:2014.03.14 **截止日期**:2018.01.06

国食药监械(进)字 2014 第 3770092 号

产品名称:冠状窦电极导线递送系统及附件（商品名：Selectra）(Coronary Sinus Lead Implantation System)
规格型号:见附页
产品标准:YZB/GER 3740-2013《冠状窦电极导线递送系统及附件》
性能组成:该产品是植入合适的冠状窦电极导线时使用的辅助工具。产品组成为导引内鞘管、导引外鞘管和套装配件。每根导引导管中都包括扩张器。套装配件中包括:导引钢丝、阀门通过工具、扭矩扳手、注射器、单向阀、连接阀门、封堵帽和切割工具。环氧乙烷灭菌，产品一次性使用。
适用范围:Selectra 导引导管与 Selectra 套装配件共同使用，可将电极导线通过冠状窦植入至心脏左侧。
生产厂家:德国 BIOTRONIK SE & Co. KG
注册代理:百多力(北京)医疗器械有限公司
服务机构:百多力(北京)医疗器械有限公司
发证日期:2014.01.07 **截止日期**:2018.01.06

国食药监械(进)字 2014 第 3770093 号

产品名称:血管鞘组（商品名：RADIFOCUS INTRODUCER II）(心臓用カテーテルイントロデューサキット)
规格型号:见附页
产品标准:YZB/JAP 7654-2013《血管鞘组》

性能组成:该产品由穿刺针、导引导管、导管鞘、扩张器、微导丝、皮肤切开器、注射器组成。环氧乙烷灭菌，一次性使用。
适用范围:该产品用于介入手术中，辅助导管、电极、球囊导管等器械的插入。
生产厂家:日本泰尔茂株式会社（テルモ株式会社）
注册代理:泰尔茂(中国)投资有限公司
服务机构:泰尔茂医疗产品(上海)有限公司
发证日期:2014. 01. 07 截止日期:2018. 01. 06

国食药监械(进)字 2014 第 3460094 号

产品名称:可吸收带线锚钉及配套工具（商品名: RAPTORMITE）(Raptormite 3.7 AB suture anchor with needles)
规格型号:产品编号:72201805; 72202038
产品标准:YZB/USA 7611-2013《可吸收带线锚钉及配套工具（商品名: RAPTORMITE)》
性能组成:该产品由锚钉、缝线、缝合针、插入器、钻头、导向器组成。锚钉由符合 YY/T0661 标准规定的左旋聚乳酸(PLLA)材料制成；缝线由超高分子量聚乙烯加聚丙烯单丝编织制成；缝合针、插入器与人体接触部分、钻头由符合 YY/T 0726 标准规定的 630 不锈钢材料制成；导向器由聚碳酸酯材料制成。灭菌包装。
适用范围:适用于髋、肩、肘、腕、手、膝、足、踝部位软组织与骨的连接固定。
生产厂家:美国 Smith &Nephew Inc.
注册代理:施乐辉医用产品国际贸易(上海)有限公司
服务机构:施乐辉医用产品国际贸易(上海)有限公司
发证日期:2014. 01. 07 截止日期:2018. 01. 06

国食药监械(进)字 2014 第 3220095 号(更)

产品名称:软性亲水接触镜(Silicone Hydrogel SoftContact Lens SiHy(1-Day))
规格型号:SiHy Daily
产品标准:YZB/MAL 6689-2013《软性亲水接触镜(型号:SiHy Daily)》
备注:新增售后服务机构“上海卫康光学眼镜有限公司”和“上海鼎亚生物科技有限公司”;注册证由“国食药监械(进)字 2014 第 3220095 号”变更为“国食药监械(进)字 2014 第 3220095 号(更)”，原证自发证之日起作废。
变更情况:变更日期：2014. 11. 19。售后服务机构由“达信医疗科技（苏州）有限公司”、“上海卫康光学眼镜有限公司”、“上海鼎亚生物科技有限公司”变更为“达信医疗科技（苏州）有限公司”、“上海卫康光学眼镜有限公司”、“上海鼎亚生物科技有限公司”和“成都艾爵隐形眼镜有限公司”。
生产厂家:马来西亚 Visco Technology Sdn. Bhd.
注册代理:达信医疗科技(苏州)有限公司
服务机构:达信医疗科技(苏州)有限公司、上海卫康光学眼镜有限公司、上海鼎亚生物科技有限公司
变更日期:2014. 05. 08 截止日期:2018. 01. 06

国食药监械(进)字 2014 第 3220096 号(更)

产品名称:软性亲水接触镜(Oxypure Silicone Hydrogel Soft Contact Lens)
规格型号:SiHy Monthly
产品标准:YZB/MAL 6692-2013《软性亲水接触镜(型号:SiHy Monthly)》
备注:增加售后服务机构“上海卫康光学眼镜有限公司”和“上海鼎亚生物科技有限公司”;注册证由“国食药监械(进)字 2014 第 3220096 号”变更为“国食药监械(进)字 2014 第 3220096 号(更)”，原证自发证之日起作废。
变更情况:变更日期：2014. 11. 19。售后服务机构由“达信医疗科技（苏州）有限公司”、“上海卫康光学眼镜有限公司”、“上海鼎亚生物科技有限公司”变更为“达信医疗科技（苏州）有限公司”、“上海卫康光学眼镜有限公司”、“上海鼎亚生物科技有限公司”和“成都艾爵隐形眼镜有限公司”。
生产厂家:马来西亚 Visco Technology Sdn. Bhd.
注册代理:达信医疗科技(苏州)有限公司
服务机构:达信医疗科技(苏州)有限公司、上海卫康光学眼镜有限公司、上海鼎亚生物科技有限公司
变更日期:2014. 05. 08 截止日期:2018. 01. 06

国食药监械(进)字 2014 第 3770097 号

产品名称:PTA 球囊扩张导管（商品名: Dorado）(PTA Dilatation Catheter)
规格型号:见附页
产品标准:YZB/USA 7663-2013《PTA 球囊扩张导管》
性能组成:DORADOPTA 球囊扩张导管由经导丝设计导管和固定在导管远端的球囊构成。非顺应性尼龙的小外形球囊设计可保证高压下球囊的直径和长度一致。球囊上的两个不透 X 线标记物可帮助医生确定球囊的工作长度，以及球囊正确位置。导管上还带有一个无创的尖端，用于穿入和穿过管腔狭窄段。环氧乙烷灭菌，一次性使用。
适用范围:DORADO PTA 球囊扩张导管推荐用于肾动脉、髂动脉、股动脉、腘动脉、胫动脉、腓动脉和锁骨下动脉的经皮腔内血管成形术以及用于先天或后天动静脉透析内瘘阻塞的治疗。该器械也用于外周血管中球囊扩张和自扩张支架的后扩张。该导管不适用于冠状动脉。
生产厂家:美国 Bard Peripheral Vascular, Inc.
注册代理:巴德医疗科技(上海)有限公司
服务机构:巴德医疗科技(上海)有限公司
发证日期:2014. 01. 07 截止日期:2018. 01. 06

国食药监械(进)字 2014 第 3150098 号

产品名称:一次性使用无菌注射针（商品名: NEOLUS NEEDLE）(Needle)
规格型号:NN-2613R
产品标准:YZB/BEL 7504-2013《一次性使用无菌注射针》
性能组成:一次性使用无菌注射针由针座、针管、保护套组成。
适用范围:一次性使用无菌注射针与一次性使用无菌注射器配套，供人体皮内、皮下、肌肉、静脉注射药液或取血液用。
生产厂家:比利时 TERUMO EUROPE N. V
注册代理:广东省医药保健品进出口公司
服务机构:广东省医药保健品进出口公司
发证日期:2014. 01. 07 截止日期:2018. 01. 06

国食药监械(进)字 2014 第 3460099 号

产品名称:复合可吸收骨锚钉(BioComposite Suture Anchor)
规格型号:见附页
产品标准:YZB/USA 7605-2013《复合可吸收骨锚钉》
性能组成:该产品由骨锚钉、缝线和插入器组成。骨锚钉由符合 YY/T 0661 标准规定的左旋聚乳酸材料和符合 YY/T 0683 标准规定的 β-磷酸三钙材料混合制成；骨锚钉穿线孔由符合 YY/T 0660 标准规定的聚醚醚酮（PEEK-OPTIMA-LT1）材料制成；缝线由聚乙烯材料制成；插入器（与人体接触部分）由符合 ASTM F899 标准规定的 630 不锈钢材料制成。灭菌包装。
适用范围:适用于肩、膝、指、踝、趾关节肌腱、韧带与骨的固定。
生产厂家:美国 Arthrex, Inc.
注册代理:锐适医疗器械(上海)有限公司
服务机构:锐适医疗器械(上海)有限公司
发证日期:2014. 01. 07 截止日期:2018. 01. 06

国食药监械(进)字 2014 第 3460100 号

产品名称:复合可吸收螺钉系统(BioComposite Tenodesis Screw System)
规格型号:见附页
产品标准:YZB/USA 7743-2013《复合可吸收螺钉系统》
性能组成:该产品由符合 YY/T 0661 标准规定的左旋聚乳酸材料和符合 YY/T 0683 标准规定的 β-磷酸三钙材料混合制成。灭菌包装。
适用范围:适用于肩、膝、指、腕、踝、趾关节肌腱、韧带与骨的固定。
生产厂家:美国 Arthrex, Inc.
注册代理:锐适医疗器械(上海)有限公司
服务机构:锐适医疗器械(上海)有限公司
发证日期:2014. 01. 07 截止日期:2018. 01. 06

国食药监械(进)字 2014 第 3770101 号

产品名称:PTA 球囊扩张导管（商品名: Ultraverse）(PTA Balloon Dilatation Catheter)
规格型号:见附页
产品标准:YZB/USA 7630-2013《PTA 球囊扩张导管》

性能组成:产品由穿有导丝的同轴内腔导管和固定在导管远端的球囊构成，球囊上的两个不透射线标记物可帮助医生确定球囊的工作长度，以及球囊的正确位置。导管上还带有一个无创的尖端，用于穿入和通过管腔狭窄段。为了便于导管穿入脉管和血管狭窄段，导管远端和球囊上附有 UltraCross 双层亲水性涂层。Ultraverse014 和 018 导管长度具有多种规格分别与 0.014” 和 0.018” 导丝兼容。导管的近端部分有两个母鲁尔锁定接口，分别用于与扩张内腔和导丝内腔相连。产品经环氧乙烷灭菌，一次性使用。

适用范围:Ultraverse 014 和 Ultraverse 018 PTA 球囊扩张导管推荐用于肾动脉、腘动脉、胫动脉、股动脉和腓动脉的经皮腔内血管成形术。该导管不适用于冠状动脉。

备注:2014 年 3 月 20 日同意更正生产地址、产品性能结构及组成内容，2014 年 1 月 7 日核发的医疗器械注册登记表予以废止。

生产厂家:美国 Bard Peripheral Vascular, Inc.

注册代理:巴德医疗科技(上海)有限公司

服务机构:巴德医疗科技(上海)有限公司

发证日期:2014.01.07 截止日期:2018.01.06

国食药监械(进)字 2014 第 2040102 号

产品名称:一次性使用塑柄眼科手术刀(MICRO FEATHER OPHTHALMIC SCALPEL with plastic handle)

规格型号:见附页

产品标准:YZB/JAP 6251-2013《一次性使用塑柄眼科手术刀》

性能组成:该产品由手术刀片、刀柄和栓组成。产品材料为不锈钢、ABS 树脂、聚碳酸酯。灭菌包装。

适用范围:该产品用于眼科手术切割软组织。

生产厂家:日本 FEATHER SAFETY RAZOR CO., LTD

注册代理:捷通埃默高(北京)医药科技有限公司

服务机构:捷通埃默高(北京)医药科技有限公司

发证日期:2014.01.09 截止日期:2018.01.08

国食药监械(进)字 2014 第 2040103 号

产品名称:铝柄眼科手术刀(MICRO FEATHER OPHTHALMIC SCALPEL WITH ALUMINUM HANDLE)

规格型号:见附页

产品标准:YZB/JAP 6254-2013《铝柄眼科手术刀》

性能组成:产品由刀片，栓和刀柄组成。产品材料为不锈钢、黄铜、铝。灭菌包装。

适用范围:该产品用于眼科手术切割软组织。

生产厂家:日本 FEATHER SAFETY RAZOR CO., LTD

注册代理:捷通埃默高(北京)医药科技有限公司

服务机构:捷通埃默高(北京)医药科技有限公司

发证日期:2014.01.09 截止日期:2018.01.08

国食药监械(进)字 2014 第 1060104 号

产品名称:牙周手术器械(Periodontal instruments)

规格型号:见附页

产品标准:YZB/GER 7098-2013《牙周手术器械》

性能组成:本产品由刮治器、洁治器、探针、口镜、口镜手柄、手术刀柄、拆卸手柄、牙龈分离器、牙周锉、骨凿、充填器、通用手柄和校正磨石(由 PEEK 制成，用于打磨刮治器和洁治器)组成。

适用范围:本产品适用于口腔牙周治疗时使用。

生产厂家:德国 Helmut Zepf Medizintechnik GmbH

注册代理:北京嘉联诚业医疗器械销售有限公司

服务机构:北京嘉联诚业医疗器械销售有限公司

发证日期:2014.01.09 截止日期:2018.01.08

国食药监械(进)字 2014 第 3460105 号

产品名称:疝环充填补片 (商品名: Bard Perfix) (Bard Mesh Perfix Plug)

规格型号:0112750、0112760、0112770、0112780、0112950、0112960、0112970、0112980

产品标准:YZB/USA 7231-2013 《疝环充填补片(商品名:Bard Perfix)》

性能组成:该产品是采用单丝聚丙烯编织构成的预成型三维立体结构产品，外层呈凹槽状，内层呈多层花瓣状，并在顶端缝合连接。在同一包装内配有一片预成型平片。该产品经环氧乙烷灭菌，一次性使用。

适用范围:该产品适用于腹股沟疝的修补。

生产厂家:美国 Davol, Inc., Subsidiary of C.R.Bard, Inc.

注册代理:巴德医疗科技(上海)有限公司

服务机构:巴德医疗科技(上海)有限公司

发证日期:2014.01.09 截止日期:2018.01.08

国食药监械(进)字 2014 第 3150106 号

产品名称:一次性使用房间隔穿刺针 (商品名: BRK-1™) (Transseptal Needle)

规格型号:407201, 407207, G407209, G407212

产品标准:YZB/USA 7300-2013 《一次性使用房间隔穿刺针》

性能组成:房间隔穿刺针由一个有腔的穿刺针(符合 GB/T 20878 的 S30408 不锈钢)和实心通管丝(符合 GB/T 20878 的 S30408 不锈钢)组成，穿刺针远端弯曲。环氧乙烷灭菌。

适用范围:房间隔穿刺针适用于在经房间隔导管插入术期间穿刺房间隔，以获取左心入路。

生产厂家:美国 St. Jude Medical

注册代理:圣犹达医疗用品(上海)有限公司

服务机构:圣犹达医疗用品(上海)有限公司

发证日期:2014.01.09 截止日期:2018.01.08

国食药监械(进)字 2014 第 3770107 号

产品名称:球囊扩张导管 (商品名: Ryujin Plus) (PTCA Dilatation Catheter)

规格型号:见附页

产品标准:YZB/JAP 6812-2013 《球囊扩张导管》

性能组成:该产品由轴管、球囊、套节及一些保护性部件组成。轴管材料为尼龙 12-聚四亚甲基醚二醇共聚物与尼龙的混合物、不锈钢、加入碳黑的聚四氟乙烯涂层，球囊材料为尼龙 12-聚四亚甲基醚二醇共聚物，导管远端涂有亲水性涂层，套节材料为聚碳酸酯。该产品为一次性使用，经环氧乙烷灭菌。

适用范围:该产品适用于经皮冠状动脉腔内成形术(PTCA)，对冠状动脉的狭窄部分进行扩张。

生产厂家:日本テルモ株式会社

注册代理:泰尔茂 (中国) 投资有限公司

服务机构:泰尔茂医疗产品(上海)有限公司

发证日期:2014.01.09 截止日期:2018.01.08

国食药监械(进)字 2014 第 3150108 号

产品名称:一次性使用无菌胰岛素注射器(BD Insulin Syringe)

规格型号:见附页。

产品标准:YZB/USA 7370-2013 《一次性使用无菌胰岛素注射器》

性能组成:单支纸塑包装:端帽(针管端)、针管、芯杆、外套、活塞和针座组成。10 支包装:端帽(针管端)、针管、芯杆、外套、活塞、针座和端帽(芯杆端)组成。

适用范围:用于胰岛素注射。

生产厂家:美国 Becton, Dickinson and Company

注册代理:碧迪医疗器械(上海)有限公司

服务机构:碧迪医疗器械(上海)有限公司

发证日期:2014.01.09 截止日期:2018.01.08

国食药监械(进)字 2014 第 1050109 号

产品名称:耳鼻喉科手术器械(Instruments)

规格型号:见附页

产品标准:YZB/USA 7299-2013《耳鼻喉科手术器械 》

性能组成:手术器械为无源器械，主要由鼻镜、喉镜及窥耳镜组成。

适用范围:该产品供耳鼻喉科手术用。

生产厂家:美国 Medtronic Xomed, Inc.

注册代理:美敦力(上海)管理有限公司

服务机构:美敦力(上海)管理有限公司

发证日期:2014.01.09 截止日期:2018.01.08

国食药监械(进)字 2014 第 3220110 号

产品名称:后房式人工晶体 (商品名: I-Lens(艾美)) (I-Lens PMMA Intraocular Lenses)

规格型号:SIFLEX2

产品标准:YZB/CAN 7276-2013 《后房式人工晶体(商品名: I-Lens(艾美))》
性能组成:该产品为一件后房人工晶状体,襻形为改良 C。主体和襻由 PMMA 材料制成;屈光度范围: -5~+30D。光学设计:单焦,球面;无菌状态提供,一次性使用。
适用范围:囊袋植入,适用于老年性白内障、外伤性白内障、先天性白内障、无晶状体之眼球。
生产厂家:加拿大 I-MED Pharma Inc.
注册代理:南京仁硕商贸实业有限公司
服务机构:南京仁硕商贸实业有限公司
发证日期:2014.01.09 截止日期:2018.01.08

国食药监械(进)字 2014 第 3450111 号

产品名称:聚砜膜空心纤维透析器(Polysulfone hollow fiber dialyzer)
规格型号:PS 130
产品标准:YZB/EGY 7393-2013 《聚砜膜空心纤维透析器》
性能组成:本产品由空心纤维、外壳、透析液口帽、血室口帽、O 型圈、端盖和封装胶组成。空心纤维膜材料为聚砜;外壳、血室口帽和端盖材料为聚碳酸酯;O 型圈材料为聚二甲基硅氧烷聚合物;透析液口帽材料为聚丙烯;封装胶为聚氨酯。经伽马射线或高温蒸汽灭菌。产品一次性使用。
适用范围:本产品适用于患有急性或慢性肾功能衰竭患者血液透析治疗,不得在透析以外的用途使用。
生产厂家:埃及 Haidylena for Advanced Medical Industries
注册代理:北京嘉华日晟生物科技发展有限公司
服务机构:北京嘉华日晟生物科技发展有限公司
发证日期:2014.01.09 截止日期:2018.01.08

国食药监械(进)字 2014 第 3450112 号

产品名称:疝修补网织片(商品名: Bard Modified Kugel)(Bard Modified Kugel Hernia Patch)
规格型号:0115808、0115810、0115812、0115814、0115816
产品标准:YZB/USA 7152-2013 《疝修补网织片(商品名:Bard Modified Kugel)》
性能组成:该产品是具有自膨胀特性的双层编织聚丙烯网状物,带有一个对苯二甲酸乙二醇酯多聚体(PET)弹性记忆环、聚丙烯定位指袋及定位带、聚四氟乙烯(PTFE)单纤丝缝线。在同一包装内配有一片预成型平片。该经环氧乙烷灭菌,一次性使用。
适用范围:适用于腹膜外修补腹股沟疝、脐疝。
生产厂家:美国 Davol, Inc., Subsidiary of C.R.Bard, Inc.
注册代理:巴德医疗科技(上海)有限公司
服务机构:巴德医疗科技(上海)有限公司
发证日期:2014.01.09 截止日期:2018.01.08

国食药监械(进)字 2014 第 3770113 号

产品名称:放射造影导管(AltaFlow Catheters)
规格型号:见附页
产品标准:YZB/GER 7138-2013 《放射造影导管》
性能组成:本产品由导管管座和管体组成,部分型号有侧孔。导管管座的材料为聚氨酯和聚碳酸酯。管体的材料为 Besno、Pebax3533 等组成。采用无菌包装(EO 灭菌),为一次性用品。
适用范围:该产品适用于血管造影术。
生产厂家:德国 OptiMed Medizinische Instrumente GmbH
注册代理:广州市景达斯医疗器械有限公司
服务机构:广州市景达斯医疗器械有限公司
发证日期:2014.01.09 截止日期:2018.01.08

国食药监械(进)字 2014 第 3450114 号

产品名称:聚砜膜空心纤维透析器(Polysulfone hollow fiber dialyzer)
规格型号:PS 160
产品标准:YZB/EGY 7395-2013 《聚砜膜空心纤维透析器》
性能组成:本产品由空心纤维、外壳、透析液口帽、血室口帽、O 型圈、端盖和封装胶组成。空心纤维膜材料为聚砜;外壳、血室口帽和端盖材料为聚碳酸酯;O 型圈材料为聚二甲基硅氧烷聚合物;透析液口帽材料为聚丙烯;封装胶为聚氨酯。经伽马射线或高温蒸汽灭菌。产品一次性使用。
适用范围:本产品适用于患有急性或慢性肾功能衰竭患者血液透析治疗,不得在透析以外的用途使用。
生产厂家:埃及 Haidylena for Advanced Medical Industries
注册代理:北京嘉华日晟生物科技发展有限公司
服务机构:北京嘉华日晟生物科技发展有限公司
发证日期:2014.01.09 截止日期:2018.01.08

国食药监械(进)字 2014 第 3460115 号

产品名称:疝修补平片和预裁补片(商品名: Bard)(Bard Mesh Flat and PreShape)
规格型号:0112640、0112650、0112660、0112670、0112680、0112720、0112700、0112710、0113700、0113710
产品标准:YZB/USA 7226-2013 《疝修补平片和预裁补片(商品名: Bard)》
性能组成:该产品分为疝修补平片和预裁补片,由单丝聚丙烯纤维编织而成。经环氧乙烷灭菌,一次性使用。
适用范围:该产品适用于腹腔外修补腹股沟疝、腹壁切口疝、腹壁及胸壁缺损。
备注:2014 年 11 月 20 日同意更正产品名称内容,2014 年 1 月 9 日核发的医疗器械注册证、医疗器械注册登记表予以废止。
生产厂家:美国 Davol, Inc., Subsidiary of C.R.Bard, Inc.
注册代理:巴德医疗科技(上海)有限公司
发证日期:2014.01.09 截止日期:2018.01.08

国食药监械(进)字 2014 第 3770116 号

产品名称:一次性使用房间隔穿刺针(商品名: BRK™)(Transseptal Needle)
规格型号:407200, 407205, 407206, G407208, G407210, G407211
产品标准:YZB/USA 7297-2013 《一次性使用房间隔穿刺针》
性能组成:房间隔穿刺针由一个有腔的穿刺针(符合 GB/T 20878 的 S30408 不锈钢)和实心通管丝(符合 GB/T 20878 的 S30408 不锈钢)组成,穿刺针远端弯曲。环氧乙烷灭菌。
适用范围:房间隔穿刺针适用于在经房间隔导管插入术期间穿刺房间隔,以获取左心入路。
生产厂家:美国 St. Jude Medical
注册代理:圣犹达医疗用品(上海)有限公司
服务机构:圣犹达医疗用品(上海)有限公司
发证日期:2014.01.09 截止日期:2018.01.08

国食药监械(进)字 2014 第 3460117 号

产品名称:肠道金属支架(商品名: Wallstent)(Wallstent Enteral Endoprosthesis Colonic/Duodenal with Unistep Plus Delivery System)
规格型号:见附页
产品标准:YZB/USA 7264-2013 《肠道金属支架(商品名:Wallstent)》
性能组成:该产品由支架和 Unistep 输送系统组成。支架由编制成管状网眼形状的 Elgiloy 合金 cond.M 单丝构成。环氧乙烷灭菌,一次性使用。
适用范围:该产品用于对由于恶性肿瘤引起的结肠、十二指肠或胃出口堵塞或狭窄进行姑息治疗,以便在为恶性狭窄病人进行结肠切除术之前减轻大肠堵塞症状。
生产厂家:美国波士顿科学公司(Boston Scientific Corporation)
注册代理:波科国际医疗贸易(上海)有限公司
服务机构:波科国际医疗贸易(上海)有限公司
发证日期:2014.01.09 截止日期:2018.01.08

国食药监械(进)字 2014 第 3770118 号

产品名称:导丝(商品名: Radifocus Guide Wire M)(Guidewire)
规格型号:见附页
产品标准:YZB/JAP 6804-2013 《导丝》
性能组成:该产品由导丝和抗扭装置组成,其中导丝由内芯、尖端环、管状容器组成。内芯的材料为镍钛合金,具有两层涂层,底涂层材料为含钨的聚氨酯,第二涂层为半脂甲基乙烯醚-顺丁烯二酸酐共聚物;部分型号产品具有尖端环,材料为黄金。环氧乙烷灭菌,一次性使用。

适用范围:该产品用于包括血管在内的管腔器官的诊断和治疗及将导管等引导到某个特定部位。
生产厂家:日本テルモ株式会社
注册代理:泰尔茂(中国)投资有限公司
服务机构:泰尔茂医疗产品(上海)有限公司
发证日期:2014.01.09 **截止日期**:2018.01.08

国食药监械(进)字 2014 第 3660119 号

产品名称:自体血液回输系统耗材(商品名:AutoLog)(AutoLog Autotransfusion System Disposable)
规格型号:ATL2001, BT725
产品标准:YZB/USA 7405-2013 《自体血液回输系统耗材》
性能组成:该产品与 AutoLog 自体血液回输系统配合使用,用于在手术中对病人自体血液进行收集和储存。
适用范围:该产品与美敦力公司生产的自体血液回输系统配合使用,临床适用于外科手术时,将自体同源的血液进行收集、浓缩、清洗和回输。
生产厂家:美国 Medtronic, Inc.
注册代理:美敦力(上海)管理有限公司
服务机构:美敦力(上海)管理有限公司
发证日期:2014.01.09 **截止日期**:2018.01.08

国食药监械(进)字 2014 第 3640120 号

产品名称:外科胶(商品名:GLUBRAN2)(GLUBRAN2)
规格型号:G-NB-2
产品标准:YZB/ITA 6974-2013《外科胶》
性能组成:本品的主要成份为 α-氰基丙烯酸正丁酯。
适用范围:用于手术切口接近皮肤表面边缘的封闭,包括微创介入手术穿刺口的封闭、完全清创后创口的封闭,不可用于皮肤亚表层的闭合;用于脑外科血管栓塞或胃底静脉曲张的治疗。
备注:2014 年 3 月 20 日同意更正生产国别内容,2014 年 1 月 9 日核发的医疗器械注册证、医疗器械注册登记表予以废止。
生产厂家:意大利 GEM S.R.L.
注册代理:北京永亨堂科贸有限公司
服务机构:北京永亨堂科贸有限公司
发证日期:2014.01.09 **截止日期**:2018.01.08

国食药监械(进)字 2014 第 3660121 号

产品名称:一次性使用输液过滤器(商品名:赛律福)(0.2um Infusion Filter)
规格型号:见附页
产品标准:YZB/GER 7102-2013《一次性使用输液过滤器》
性能组成:由管路(4099354 不带管路)、0.2μm 过滤器、鲁尔锁定接头和保护套组成。
适用范围:本静脉输液过滤器可与任何输液器一同使用。用于输注非脂质溶液,可去除输液中的微粒杂质、气泡和大于 0.2μm 的微生物。
生产厂家:德国 B.Braun Melsungen AG
注册代理:贝朗医疗(上海)国际贸易有限公司
服务机构:贝朗医疗(上海)国际贸易有限公司
发证日期:2014.01.09 **截止日期**:2018.01.08

国食药监械(进)字 2014 第 3460122 号

产品名称:输尿管支架(商品名:优力欧)(Urecath)
规格型号:见附页
产品标准:YZB/GER 6290-2013《输尿管支架》
性能组成:该产品由输尿管支架、输尿管支架夹、膀胱镜导入帽、导丝、推送管及患者卡组成。输尿管支架部分是由聚氨酯材料制成、输尿管支架夹有聚甲醛材料制成、导丝由不锈钢(牌号 1.4301)材料制成(输尿管支架置入时使用),导丝涂层(如果有)为聚四氟乙烯、操纵管由聚乙烯材料制成。环氧乙烷灭菌,一次性使用。
适用范围:该产品用于因输尿管阻塞、狭窄或闭塞所引起的肾盂积水,用于对结石>25mm 的患者做体外震波碎石术的术前保护,用于放射治疗前和输尿管手术后。
生产厂家:德国 B. Braun Melsungen AG
注册代理:贝朗医疗(上海)国际贸易有限公司
服务机构:贝朗医疗(上海)国际贸易有限公司
发证日期:2014.01.09 **截止日期**:2018.01.08

国食药监械(进)字 2014 第 3770123 号(更)

产品名称:栓塞保护器(商品名:SpiderFX)(SpiderFX Embolic Protection Device)
规格型号:SPD2-030-190, SPD2-040-190, SPD2-050-190, SPD2-060-190, SPD2-070-190, SPD2-030-320, SPD2-040-320, SPD2-050-320, SPD2-060-320, SPD2-070-320
产品标准:YZB/USA 4930-2013《栓塞保护器(SpiderFX)》
备注:代理人和售后服务机构均由“医伟司安医疗器材(北京)有限公司”变更为“柯惠医疗器材国际贸易(上海)有限公司”;注册证由“国食药监械(进)字 2014 第 3770123 号”变更为“国食药监械(进)字 2014 第 3770123 号(更)”,原证自发证之日起作废。
生产厂家:美国 ev3, Inc.
注册代理:柯惠医疗器材国际贸易(上海)有限公司
服务机构:柯惠医疗器材国际贸易(上海)有限公司
变更日期:2014.02.24 **截止日期**:2018.01.08

国食药监械(进)字 2014 第 3220124 号

产品名称:眼科用重水(Perfluorooctane)
规格型号:型号:F-Octane,规格:7 毫升/瓶
产品标准:YZB/GER 7162-2013《眼科用重水》
性能组成:该产品为无色、无味的透明液体,由过氟辛烷组成。过氟辛烷含量大于 95%,密度(25℃)为 1.72g/cm3±0.17g/cm3,沸点为 103℃±10℃,折射率(20℃)为 1.270±0.008,表面张力(25℃)为 13~15mN/m。产品经高温、高压灭菌。
适用范围:该产品适用于眼科手术的辅助治疗,在手术过程中用作临时填塞,适应症包括:视网膜脱离,巨大视网膜裂孔;眼部外伤;激光凝结和冷冻疗法。
生产厂家:德国 FLUORON GmbH
注册代理:广州达美康科技有限公司
服务机构:广州达美康科技有限公司
发证日期:2014.01.09 **截止日期**:2018.01.08

国食药监械(进)字 2014 第 3660125 号

产品名称:输尿管支架导管及套装(Ureteral Stents and Sets)
规格型号:见附页
产品标准:YZB/GER 7245-2013《输尿管支架导管及套装》
性能组成:该产品主要组件为输尿管支架导管,附件有推进器、预留线和固定夹。产品为无菌包装(环氧乙烷灭菌),为一次性用品。
适用范围:一般的输尿管阻塞和狭窄;治疗肾结石和输尿管结石的辅助措施;泌尿生殖道的外科术后;创伤。
生产厂家:德国 OptiMed Medizinische Instrumente GmbH
注册代理:广州市景达斯医疗器械有限公司
服务机构:广州市景达斯医疗器械有限公司
发证日期:2014.01.09 **截止日期**:2018.01.08

国食药监械(进)字 2014 第 2260126 号

产品名称:压力抗栓带(Medical Compression Elastic Stockings)
规格型号:见附页
产品标准:YZB/SPA 7237-2013《压力抗栓带》
性能组成:产品由莱卡和聚酰胺合成弹性纤维针织而成的压力抗栓带。
适用范围:本产品通过给予肢体由远及近循序递减的压力,促进静脉血液和淋巴回流,从而缓解静脉曲张和淋巴水肿的症状,降低静脉曲张和深静脉血栓的发生风险。
生产厂家:西班牙 Tejidos Elasticos Lloveras, S.A.
注册代理:北京龙慧珩医疗科技发展有限公司
服务机构:北京龙慧珩医疗科技发展有限公司
发证日期:2014.01.09 **截止日期**:2018.01.08

国食药监械(进)字 2014 第 2660127 号

产品名称:一次性使用灭菌橡胶外科手套(商品名:KNPG-VIR)(G-VIR gloves)
规格型号:6# 6.5# 7# 7.5# 8# 8.5# 9#
产品标准:YZB/FRA 7097-2013《一次性使用灭菌橡胶外科手套》
性能组成:产品由热塑性弹体(TPE)组成:弯曲、光面、无粉,一次性使用,伽马射线灭菌。

适用范围:用于外科操作中保护病人和使用者，避免交叉感染。
生产厂家:法国 HUTCHINSON SANTE S.N.C.
注册代理:康诺平(北京)生物科技有限公司
服务机构:康诺平(北京)生物科技有限公司
发证日期:2014.01.09 截止日期:2018.01.08

国食药监械(进)字 2014 第 2550128 号

产品名称:牙科钻头(商品名:牙科钻头)(Dental Drill Bits)
规格型号:见附页
产品标准:YZB/SWI 7207-2013《牙科钻头》
性能组成:牙科钻头包括牙钻及配件。牙钻包括适配器攻丝、成型钻、取骨钻、取出钻、先锋钻、手用攻丝、扩孔钻。配件包括机用适配器、取出钻导向杆、取出钻导向套、机用螺丝刀。牙钻和配件由德国牌号为 1.4108 (X30 Cr Mo N 15 1) 的不锈钢制成。
适用范围:本产品专门用于 Straumann 牙科种植体系统的植入手术、术后修复工作，适用于口腔种植过程中松质骨的钻孔，为植入 Straumann 牙科种植体做准备。
生产厂家:瑞士 Institut Straumann AG
注册代理:士卓曼(北京)医疗器械贸易有限公司
服务机构:士卓曼(北京)医疗器械贸易有限公司
发证日期:2014.01.09 截止日期:2018.01.08

国食药监械(进)字 2014 第 3460129 号

产品名称:髋臼假体(商品名:Trident)(Trident Acetabular Component System)
规格型号:见附页
产品标准:YZB/USA 7128-2013《髋臼假体(商品名:Trident)》
性能组成:该产品由髋臼外杯(含堵孔塞)和髋臼内衬(含金属外罩)组成。髋臼内衬由符合 GB/T 22750 标准规定的高纯氧化铝陶瓷材料制成；髋臼外杯基体、金属外罩由符合 ISO 5832-3 标准规定的 Ti6A14V 钛合金材料制成；堵孔塞由符合 ISO 5832-2 标准规定的纯钛材料制成；髋臼外杯外表面为符合 ISO 5832-2 标准规定的纯钛涂层或符合 ISO 13779 标准规定的羟基磷灰石涂层。灭菌包装。
适用范围:与该企业同一系统组件配合，做为非骨水泥型髋关节假体使用，适用于髋关节置换。
生产厂家:美国 Howmedica Osteonics Corp.
注册代理:史赛克(北京)医疗器械有限公司
服务机构:史赛克(北京)医疗器械有限公司
发证日期:2014.01.09 截止日期:2018.01.08

国食药监械(进)字 2014 第 3460130 号

产品名称:角度型金属接骨板(Bone Plates)
规格型号:见附页
产品标准:YZB/GER 7232-2013《角度型金属接骨板》
性能组成:该产品由符合 ISO5832-3 标准规定的 Ti6A14V 钛合金材料制成。表面经阳极氧化处理。非灭菌包装。
适用范围:适用于股骨转子骨折、股骨髁部、胫骨平台骨折内固定。
生产厂家:德国 aap Implantate AG
注册代理:北京百优华泰医疗科技有限公司
服务机构:北京百优华泰医疗科技有限公司
发证日期:2014.01.09 截止日期:2018.01.08

国食药监械(进)字 2014 第 2550131 号

产品名称:牙科钨钢车针(Diatech Tungsten Carbide Burs)
规格型号:见附页
产品标准:YZB/SWI 7224-2013《牙科钨钢车针》
性能组成:该产品的工作部分和柄部由碳化钨制成。
适用范围:该产品供口腔科治疗室钻削牙用。
生产厂家:瑞士 Coltène/Whaledent AG
注册代理:康特威尔登特齿科贸易(北京)有限公司
服务机构:康特威尔登特齿科贸易(北京)有限公司
发证日期:2014.01.09 截止日期:2018.01.08

国食药监械(进)字 2014 第 2550132 号

产品名称:牙科金刚砂车针(Diamond Instruments for dental surgeries)
规格型号:见附页
产品标准:YZB/SWI 7227-2013《牙科金刚砂车针》
性能组成:该产品为牙科旋转器械，材料主要为金刚砂及不锈钢。
适用范围:该产品用于牙科临床治疗，磨削牙体，制备洞型及牙体预备用。
生产厂家:瑞士 Coltène/Whaledent AG
注册代理:康特威尔登特齿科贸易(北京)有限公司
服务机构:康特威尔登特齿科贸易(北京)有限公司
发证日期:2014.01.09 截止日期:2018.01.08

国食药监械(进)字 2014 第 2630133 号

产品名称:Ⅱ类错(牙合)矫治器(见附页)
规格型号:见附页
产品标准:YZB/USA 7251-2013《Ⅱ类错(牙合)矫治器》
性能组成:本产品主要由 S30210, S30408, S31608, S51740 不锈钢以及 316L 双相迷你不锈钢材质的弹簧、推杆、固定夹和 L 型针或简易安装组合构成。本产品的主要性能:外观:Forsus 表面应光滑、不应有砂眼、锋棱、毛刺、裂纹、麻点、焊瘤、瑕疵和磨损痕迹；弹簧弹力:弹簧弹力应大于 150 gf；弹簧帽焊接力:弹簧帽的焊接力应不小于 2.3 kgf 力。
适用范围:该产品用于治疗上颌和下颌位置关系不调，解除远中错(牙合)关系。
生产厂家:美国 3M Unitek Corporation
注册代理:明尼苏达矿业制造(上海)国际贸易有限公司
服务机构:明尼苏达矿业制造(上海)国际贸易有限公司
发证日期:2014.01.09 截止日期:2018.01.08

国食药监械(进)字 2014 第 3220134 号

产品名称:人工晶状体(商品名:ACRYSOF IQ ReSTOR Multifocal IOL)(STERILE UV and Blue Light Filtering Foldable Single-piece Apodized Diffractive Aspheric Posterior Chamber Lens)
规格型号:SN6AD1
产品标准:YZB/USA 7168-2013《人工晶状体(商品名:ACRYSOF IQ ReSTOR Multifocal IOL)》
性能组成:该产品为单件式后房人工晶状体，可折叠，襻形为 STABLEFORCE 改良型 L 襻。该人工晶状体由疏水性丙烯酸酯类单体共聚物制成，添加紫外吸收剂和蓝光吸收剂；屈光度范围:+6.0D～+34.0D，附加光焦度+3.0D、允差±0.5D。光学设计:多焦，非球面(在模拟眼内状态下孔栏 3.0mm 范围内的轴截面光焦度分布符合反球差分布特征)；无菌状态提供，一次性使用。
适用范围:该产品用来替换人类晶状体，适用于无晶状体眼的伴有或不伴有老视的成人白内障患者的视力矫正，使患者可以无需借助阅读工具而享有近视力带来的益处，减少对眼镜的依赖。该产品用于囊袋内植入。
生产厂家:美国 Alcon Laboratories, Incorporated
注册代理:爱尔康(中国)眼科产品有限公司
服务机构:爱尔康(中国)眼科产品有限公司
发证日期:2014.01.09 截止日期:2018.01.08

国食药监械(进)字 2014 第 1540135 号

产品名称:一次性使用患者施给器(Patient Administration Set)
规格型号:Patient Administration Set
产品标准:YZB/AUL 7111-2013《一次性使用患者施给器》
性能组成:由过滤单元、软管、软性吸嘴和硬性吸嘴组成。一次性使用患者施给器为非灭菌、一次性使用吸入器管路产品，贮存有效期 4 年。
适用范围:与锝气体发生器配合使用，用于向患者输送锝气体，并过滤病人呼出的锝气体。
生产厂家:澳大利亚 Cyclomedica Australia Pty Ltd.
注册代理:上海捷生医疗器械有限公司
服务机构:上海捷生医疗器械有限公司
发证日期:2014.01.09 截止日期:2018.01.08

国食药监械(进)字 2014 第 1100136 号

产品名称:后路腰椎椎间融合器手术工具(商品名:ROI)(Posterior Cage Instruments)
规格型号:见附页
产品标准:YZB/FRA 7210-2013《后路腰椎椎间融合器手术工具》

性能组成:该产品由撑开器、融合器把持器固定钉、滑锤、植骨打压器、植骨支持器、T 型撑开器把手、假体试模组成。接触人体的部件采用符合 ASTM F899 标准的牌号为 630 不锈钢制造。非无菌状态，不与有源器械联用。
适用范围:该产品为植入 ROI 后路腰椎椎间融合器的配套使用工具.
生产厂家:法国 LDR Medical
注册代理:法国 LDR 医疗公司北京代表处
服务机构:法国 LDR 医疗公司北京代表处
发证日期:2014.01.09　截止日期:2018.01.08

国食药监械(进)字 2014 第 1100137 号

产品名称:人工椎间盘配套工具(Spine Artificial Disc instrument)
规格型号:见附页
产品标准:YZB/USA 7285-2013《人工椎间盘配套工具》
性能组成:该产品由把持器头部、植入器，骨锉，测量器，试模，限深器，导向器，开口器，插入器，椎体撑开器针，取出器，装备器底部、盖部手术工具等组成，接触人体部分采用符合 ASTM F 899 的 630 不锈钢制成，不与人体接触部分的材料为符合 ASTM F 899 的 420A 不锈钢、聚丙烯均聚物，工具的手柄均采用超高分子量聚乙烯制造，具体详见规格型号列表。非灭菌包装。
适用范围:该产品为手术工具，用于 L2 椎体上终板平面以下的腰椎人工椎间盘移植手术及经前路入路的颈椎人工椎间盘移植手术。
生产厂家:美国 DePuy Spine
注册代理:强生(上海)医疗器材有限公司
服务机构:强生(上海)医疗器材有限公司
发证日期:2014.01.09　截止日期:2018.01.08

国食药监械(进)字 2014 第 2450138 号

产品名称:腹膜透析螺旋帽钛接头(Locking Titanium Adapter for Peritoneal Dialysis Catheter)
规格型号:5C4129
产品标准:YZB/USA 7108-2013《腹膜透析螺旋帽钛接头》
性能组成:本产品材料为纯钛，产品由两部分组成:钛接头和螺旋帽。钛接头为一个双重密封，鲁尔内锁定接头。
适用范围:本产品用于腹透导管与带有锁扣接头的外接短管的连接。本产品适用的腹透导管规格:内径 2.6 毫米-外径 5 毫米，内径 3.5 毫米-外径 5.1 毫米。
备注:2014 年 6 月 24 日同意更正生产地址内容，2014 年 1 月 9 日核发的医疗器械注册登记表予以废止。
生产厂家:美国 Baxter Healthcare Corporation
注册代理:百特医疗用品贸易(上海)有限公司
服务机构:百特医疗用品贸易(上海)有限公司
发证日期:2014.01.09　截止日期:2018.01.08

国食药监械(进)字 2014 第 2040139 号(更)

产品名称:人工晶体植入系统(Intraocular Lens Injection System)
规格型号:见附页
产品标准:YZB/SWI 6924-2013《人工晶体植入系统》
备注:增加售后服务机构：上海视通医疗设备有限公司。注册证由“国食药监械(进)字 2014 第 2040139 号”变更为“国食药监械(进)字 2014 第 2040139 号（更)”，原证自发证之日起作废。
生产厂家:瑞士 Medicel AG
注册代理:北京爱尔默医药技术开发有限公司
服务机构:上海视通医疗设备有限公司、详见附页
变更日期:2014.09.28　截止日期:2018.01.08

国食药监械(进)字 2014 第 2040140 号

产品名称:人工晶体植入系统(Intraocular Lens Injection System)
规格型号:见附页
产品标准:YZB/SWI 6925-2013《人工晶体植入系统》
性能组成:人工晶体植入系统由折叠夹和推注器组成(部分型号配有硅胶垫)。折叠夹材料为聚丙烯，经环氧乙烷灭菌；推注器由针筒和推杆构成，材料是 Ti6Al4V 合金，不直接接触人体，可重复使用，使用前需消毒，是用于装载和辅助使用折叠夹的组件；硅胶垫装在推杆顶端，不直接接触人体，无菌状态提供，一次性使用，是用于辅助人工晶体推注的组件，材质是硅橡胶。
适用范围:本产品的 Multiject 型号和 Naviject 型号用于在白内障囊外摘除术后将单件式或三件式可折叠人工晶体折叠并注入囊袋或睫状沟内；Viscoject 型号用于在白内障囊外摘除术后将单件式可折叠人工晶体折叠并注入囊袋或睫状沟内。
生产厂家:瑞士 Medicel AG
注册代理:北京爱尔默医药技术开发有限公司
服务机构:见附页
发证日期:2014.01.09　截止日期:2018.01.08

国食药监械(进)字 2014 第 2550141 号

产品名称:手术用钻（商品名：DASK）(DASK Drill)
规格型号:XED331035、XED331035 T、XED331035D、XED331035DT、XRT332035、XRT372035、XRT064025、XRT084025、XST083025
产品标准:YZB/ROK 6911-2013《手术用钻》
性能组成:本产品为不锈钢材质，氮化钛和金刚石涂层。
适用范围:在上颌窦部位的因牙齿缺失牙槽骨发生萎缩的位置植入种植体时，需要提升上颌窦制造空间后，人工补充缺失的骨组织，本器械为提升上颌窦的手术过程中使用的手术工具。
生产厂家:韩国 Dentium Co., Ltd.
注册代理:登腾(北京)医疗器械商贸有限公司
服务机构:登腾(北京)医疗器械商贸有限公司
发证日期:2014.01.09　截止日期:2018.01.08

国食药监械(进)字 2014 第 3630142 号

产品名称:纤维桩（商品名：Macro-Lock Post Illusion X-RO）(Fiber Posts)
规格型号:1，2，3，4，5，6
产品标准:YZB/FRA 7090-2013《纤维桩》
性能组成:本品由阻射石英纤维复合环氧树脂制成，添加温控染色剂。
适用范围:临床用于口腔牙齿残根、残冠的修复。
生产厂家:法国 R.T.D
注册代理:上海超然贸易有限公司
服务机构:上海超然贸易有限公司
发证日期:2014.01.09　截止日期:2018.01.08

国食药监械(进)字 2014 第 3630143 号

产品名称:纤维桩（商品名：FIBERCONE）(Fiber Post)
规格型号:20 支/盒
产品标准:YZB/FRA 7092-2013《纤维桩》
性能组成:本品组成成分:主要由石英纤维与环氧树脂基质。结构:产品呈锥形。该产品是一个非常细的石英纤维半透明辅桩。主要性能见标准。
适用范围:本品作为辅桩，用于口腔临床残根、残冠的修复。
生产厂家:法国 R.T.D
注册代理:上海超然贸易有限公司
服务机构:上海超然贸易有限公司
发证日期:2014.01.09　截止日期:2018.01.08

国食药监械(进)字 2014 第 2650144 号

产品名称:一次性使用皮肤缝合器及启钉器(Disposable Skin Stapler and Skin Staple Remover)
规格型号:528135:皮肤缝合器，每盒6个，每个35钉，常规型 528235:皮肤缝合器，每盒 6 个，每个 35 钉，加宽型 525970:启钉器，每盒 6 个 525980:启钉器，每盒 12 个
产品标准:YZB/USA 7110-2013《一次性使用皮肤缝合器及启钉器》
性能组成:一次性使用皮肤缝合器包括缝合钉盒、把柄和缝合钉。一次性使用启钉器是皮肤缝合器的附件，包括把柄和咬嘴。环氧乙烷灭菌包装。
适用范围:一次性使用皮肤缝合器可广泛用于普通外科、胸外科、产科、妇科、矫形外科、心血管、泌尿科和整形外科手术的皮肤缝合。启钉器是附件，用于开启皮肤缝合钉。
生产厂家:美国泰利福医疗(Teleflex Medical)
注册代理:泰利福医疗器械商贸(上海)有限公司
服务机构:泰利福医疗器械商贸(上海)有限公司
发证日期:2014.01.09　截止日期:2018.01.08

国食药监械(进)字 2014 第 2630145 号

产品名称:齿科烤瓷合金(Dental alloy for porcelain)
规格型号:SYSTEM NE
产品标准:YZB/GER 7161-2013《齿科烤瓷合金》
性能组成:该产品由钴、铬、钨、钼、硅、铁、锰组成,具体含量见注册产品标准。
适用范围:该产品主要用于制作烤瓷冠及烤瓷桥。
生产厂家:德国 Adentatec GmbH
注册代理:东莞市越升医疗器械有限公司
服务机构:东莞市越升医疗器械有限公司
发证日期:2014.01.09 **截止日期**:2018.01.08

国食药监械(进)字 2014 第 2220146 号

产品名称:子镜推送导管(商品名:SpyScope)(SpyScope Access and Delivery Catheter)
规格型号:M00546230
产品标准:YZB/USA 7239-2013《子镜推送导管》
性能组成:SpyScope 子镜推送导管由推送导管,把手和 Y 型连接器组成。产品环氧乙烷灭菌,一次性使用。
适用范围:本器械用于在进行内窥镜胰胆管探查手术时,将 SpyGlass 直视可视化探头或其它可视化探头及各种辅助器械引导至胰胆管系统。
生产厂家:美国 Boston Scientific Corporation
注册代理:波科国际医疗贸易(上海)有限公司
服务机构:波科国际医疗贸易(上海)有限公司
发证日期:2014.01.09 **截止日期**:2018.01.08

国食药监械(进)字 2014 第 1100147 号

产品名称:脊柱外科手术工具(商品名:Helix)(HELIX ACP and HELIX MINI ACP System Instruments)
规格型号:见附页
产品标准:YZB/USA 0604-2010《脊柱外科手术工具》
性能组成:该产品由骨科用钻、骨科用定位工具、骨板弯压器、骨起子、拔出器、持拔器、导针等组成。产品制造材料见规格型号表。非灭菌提供,可重复使用。
适用范围:该产品用于颈椎前路外科手术中骨螺钉的固定。
生产厂家:美国 NuVasive, Inc.
注册代理:北京英普朗特科贸有限公司
服务机构:北京英普朗特科贸有限公司
发证日期:2014.01.09 **截止日期**:2018.01.08

国食药监械(进)字 2014 第 3460148 号

产品名称:节段性脊柱矫形系统(商品名:SSCS)(SSCS segmental spinal correction system)
规格型号:见附页
产品标准:YZB/GER 7318-2013《节段性脊柱矫形系统》
性能组成:该系统由椎弓根螺钉、骶骨螺钉、锁定螺钉、固定棒、交叉连接部件及椎弓根钩组成。其中椎弓根螺钉分为开放型和闭合型,开放型包括螺钉、钉帽和锁钉。该系统采用符合 ASTM F136-02a 标准的 Ti6Al4V ELI 材料制造。表面无着色,非灭菌包装。
适用范围:主要用于脊柱矫形后路内固定。
生产厂家:德国 ulrich GmbH & Co. KG
注册代理:北京百优华泰医疗科技有限公司
服务机构:北京百优华泰医疗科技有限公司
发证日期:2014.01.09 **截止日期**:2018.01.08

国食药监械(进)字 2014 第 3460149 号

产品名称:脊柱内固定系统(商品名:tangoRS)(Polyaxial System)
规格型号:见附页
产品标准:YZB/GER 7321-2013《脊柱内固定系统》
性能组成:该系统由万向椎弓根螺钉、单轴向椎弓根螺钉、锁定螺钉、固定棒以及交叉连接部件组成。采用符合 ISO 5832-3 标准的 Ti6Al4V 合金材料制造。表面经阳极氧化处理,非灭菌包装。
适用范围:适用于脊柱胸腰椎(包括)骶椎后路内固定。
生产厂家:德国 ulrich GmbH & Co. KG
注册代理:北京百优华泰医疗科技有限公司
服务机构:北京百优华泰医疗科技有限公司
发证日期:2014.01.09 **截止日期**:2018.01.08

国食药监械(进)字 2014 第 3460150 号

产品名称:肠道支架(商品名:HANAROSTENT)(HANAROSTENT Intestinal Stent)
规格型号:NDS-12-060-060 共 1050 种(见附页)
产品标准:YZB/ROK 6088-2013《肠道支架》
性能组成:本产品为十二指肠/幽门支架,由支架及推送器组成,出厂时支架已放置在推送器内。支架由镍钛合金丝编织而成。推送器外鞘由外层的 Pebax、中层的 304 不锈钢以及内层的聚四氟乙烯制成;内鞘、不透性标识物顶头、内挂段以及内窥镜标识物由聚氨基甲酸酯制成;推送杆由 304 不锈钢制成;导引导管由 PEEK 制成,Y 型连接由聚碳酸酯制成,尾部连接由尼龙制成。产品经环氧乙烷灭菌,一次性使用。
适用范围:适用于扩张不适宜手术的十二指肠,幽门部癌症晚期患者的肠道狭窄的缓解治疗,以及术前肿瘤抑制治疗(化疗或放疗)期间,治疗吞咽困难及营养不良症状。
变更情况:变更日期:2014.11.20。"代理人:先健科技(深圳)有限公司"变更为"代理人:裕隆科泰(北京)贸易有限公司"。
生产厂家:韩国 M. I. Tech Co., Ltd.(韩国 美泰克)
注册代理:先健科技(深圳)有限公司
服务机构:先健科技(深圳)有限公司
发证日期:2014.01.09 **截止日期**:2018.01.08

国食药监械(进)字 2014 第 3770151 号

产品名称:血管标测导管(Centimeter Sizing Catheter)
规格型号:见附页
产品标准:YZB/USA 6308-2013《血管标测导管》
性能组成:血管标测导管由导管、不透射线头、标记和导管座组成。材料:导管:尼龙 12,导管座:聚碳酸酯,导管头:尼龙 12 和钨,标记:18K 黄金,矫直器:特氟隆。环氧乙烷灭菌,一次性使用。
适用范围:血管标测导管被设计用于在心血管介入手术时插入血管系统,测量血管病变长度和进行血管造影。
生产厂家:美国 Cook Incorporated(库克公司)
注册代理:库克(中国)医疗贸易有限公司
服务机构:库克(中国)医疗贸易有限公司
发证日期:2014.01.09 **截止日期**:2018.01.08

国食药监械(进)字 2014 第 1100152 号

产品名称:软性矫形器(THUASNE Soft Orthosis)
规格型号:见附页
产品标准:YZB/FRA 7091-2013《软性矫形器》
性能组成:该产品由围领、护腰、护腕、护肘、前臂吊带、锁骨带、护膝和护踝组成,由符合 BS ISO 7214 标准要求的聚乙烯发泡材料、符合 GB/T7568.3 标准要求的聚酰胺纤维材料、符合 GB/T2910.2 标准要求的氨纶材料、符合 GB/T4238 标准要求的 316L 不锈钢材料制成。非灭菌包装。
适用范围:该产品用于人体颈部、躯干、四肢肌肉的预防损伤、支持治疗或术后理疗康复。
生产厂家:法国 THUASNE
注册代理:北京惠慈假肢医疗用品开发有限责任公司
服务机构:北京惠慈假肢医疗用品开发有限责任公司
发证日期:2014.01.09 **截止日期**:2018.01.08

国食药监械(进)字 2014 第 3460153 号

产品名称:腰及腰骶椎椎间融合器(商品名:PlivioPore)(PlivioPore)
规格型号:见附页
产品标准:YZB/SWI 2646-2013《腰及腰骶椎椎间融合器》
性能组成:该产品由椎间融合器及灌注装置组成。灌注装置用于将融合器与患者血液或骨髓混合。融合器采用符合 ISO 5832-2 的 4 级纯钛材料制成。灌注装置推杆采用聚苯乙烯制成,端盖和灌注主体采用聚丙烯制成,融合器把持体采用 316L 不锈钢制成。灭菌包装。
适用范围:该产品适用于腰椎和腰骶椎退行性疾病,包括退行性椎间盘病变及脊柱失稳,Ⅰ或Ⅱ度退行性脊柱滑脱,Ⅰ或Ⅱ度伴有椎管狭窄的脊椎滑脱,假关节形成或脊柱融合失败。
生产厂家:瑞士 Synthes GmbH
注册代理:强生(上海)医疗器材有限公司
服务机构:强生(上海)医疗器材有限公司(其他见附页)

发证日期:2014. 01. 09 截止日期:2018. 01. 08

国食药监械(进)字 2014 第 3460154 号(更)

产品名称:人工髋关节假体组件(商品名: Pinnacle)(Pinnacle Acetabular Cup System)
规格型号:见附页
产品标准:YZB/USA 6998-2013《人工髋关节假体组件》
备注:企业注册地址变更:由"700 Orthopaedic Drive, Warsaw, Indiana 46581-0988 USA"变更为" 700 Orthopaedic Drive, Warsaw, Indiana 46582, USA";注册证由"国食药监械(进)字 2014 第 3460154 号"变更为"国食药监械(进)字 2014 第 3460154 号(更)",原证自发证之日起作废。
生产厂家:美国 DePuy Orthopaedics, Inc.
注册代理:强生(上海)医疗器材有限公司
服务机构:强生(上海)医疗器材有限公司
变更日期:2014. 08. 18 截止日期:2018. 01. 08

国食药监械(进)字 2014 第 3460155 号

产品名称:膝关节假体-股骨部件(商品名: NexGen)(Knee Joint Prostheses-Femoral Component)
规格型号:见附页
产品标准:YZB/USA 6899-2013《膝关节假体-股骨部件(商品名: NexGen)》
性能组成:该产品由符合 ISO 5832-4 标准规定的铸造钴铬钼合金材料制成,双极内侧表面为聚甲基丙烯酸甲酯(PMMA)涂层。灭菌包装。
适用范围:与该企业同一系统组件配合,做为骨水泥型膝关节假体使用,适用于膝关节置换。
生产厂家:美国 Zimmer Inc.
注册代理:捷迈(上海)医疗国际贸易有限公司
服务机构:捷迈(上海)医疗国际贸易有限公司
发证日期:2014. 01. 09 截止日期:2018. 01. 08

国食药监械(进)字 2014 第 1100156 号

产品名称:髋关节手术工具(商品名: Exceed ABT)(Exceed ABT Acetabular System Instruments)
规格型号:见附页
产品标准:YZB/UK 7132-2013《髋关节手术工具》
性能组成:手术工具由取出器、螺丝刀、手柄、打入器、定位器、校正杆、持钉镊、钻头、试模、骨凿、髋臼驱动杆、适配器组成。该产品试模组件采用符合 ISO16061 的聚缩醛、符合 ASTM F899 的 630 不锈钢材料制成,其他部分由符合 ASTM F899 的 631、630、303、304、316、420、420C、XM-16 不锈钢及符合 ISO 16061 的聚砜、聚硅酮、和聚缩醛材料制成。非灭菌包装,不与有源器械联用。
适用范围:该产品用于髋关节置换和修复手术。
生产厂家:英国 Biomet UK LTD.
注册代理:邦美(上海)商贸有限公司
服务机构:邦美(上海)商贸有限公司
发证日期:2014. 01. 09 截止日期:2018. 01. 08

国食药监械(进)字 2014 第 3460157 号

产品名称:无覆膜快速交换胆道金属支架系统(商品名: Wallflex RX)(Wallflex™ BILIARY RX UNCOVERED STENT SYSTEM)
规格型号:见附页
产品标准:YZB/USA 6986-2013《无覆膜快速交换胆道金属支架系统(商品名: Wallflex RX)》
性能组成:该产品由支架和输送系统组成,支架为采用 DFT 工艺的金属丝编制而成,金属丝外层为镍钛合金,内芯为铂;支架上有一个回收环,可在首次支架放置过程中取出支架;支架两端各有一个扩展口。输送系统为快速交换型,由外管、内管、远端手柄、近端手柄和心轴组成。环氧乙烷灭菌,一次性使用。
适用范围:该产品用于恶性肿瘤引起的胆管狭窄的姑息治疗。
生产厂家:美国波士顿科学公司(Boston Scientific Corporation)
注册代理:波科国际医疗贸易(上海)有限公司
服务机构:波科国际医疗贸易(上海)有限公司
发证日期:2014. 01. 09 截止日期:2018. 01. 08

国食药监械(进)字 2014 第 3460158 号

产品名称:髋关节假体-髋臼填充块(商品名: Trabecular Metal)(Hip Joint Prostheses-Acetabular Augments)
规格型号:见附页
产品标准:YZB/USA 6901-2013《髋关节假体-髋臼填充块(商品名: Trabecular Metal)》
性能组成:该产品由钽金属通过化学蒸汽沉积工艺沉积至网状玻璃碳支架上而制成,为多孔状。灭菌包装。
适用范围:适用于在节段性髋臼缺损时为骨科医生在结构性异体植骨外提供了一个假体选择。
生产厂家:美国 Zimmer Trabecular Metal Technology, Inc.
注册代理:捷迈(上海)医疗国际贸易有限公司
服务机构:捷迈(上海)医疗国际贸易有限公司
发证日期:2014. 01. 09 截止日期:2018. 01. 08

国食药监械(进)字 2014 第 3460159 号

产品名称:椎体替代物(商品名: Trabecular Metal)(Vertebral Body Replacement)
规格型号:见附页
产品标准:YZB/USA 6923-2013《椎体替代物》
性能组成:该产品由 VBR-11 和 VBR-21, VBR-S 和 VBR-L 四种型式组成,原材料由多孔钽金属材料制成,其结构与骨小梁结构相似,灭菌包装。
适用范围:适用于经前路胸腰脊柱椎体替代,置换由于肿瘤或创伤所致的压缩、损害或不稳定的椎体,与脊柱辅助内固定系列联合使用,也可与骨移植骨同用。
生产厂家:美国 Zimmer Trabecular Metal Technology, Inc
注册代理:捷迈(上海)医疗国际贸易有限公司
服务机构:捷迈(上海)医疗国际贸易有限公司
发证日期:2014. 01. 09 截止日期:2018. 01. 08

国食药监械(进)字 2014 第 1100160 号

产品名称:脊柱微创产品配套工具(Spine Instrument for MIS product)
规格型号:见附页
产品标准:YZB/USA 6861-2013《脊柱微创产品配套工具》
性能组成:该产品由一系列提供手术视野及工作区域的管道、推进器、扩张套管、刮匙、撑开器、插片及辅助工具、挡片、手柄、导向器、扩孔钻、导针、骨撬、吸引器/嘴组成。其中接触人体的不锈钢产品是由符合 YY/T0294.1 标准要求的 B 级不锈钢材料、符合 ISO 5832-1 标准要求的不锈钢、符合 ASTM F899 标准要求的 300、304、630 不锈钢制造;不接触人体部件由 302、303、304、630、420A 不锈钢、聚苯砜制成。非灭菌包装,可重复使用。
适用范围:该产品用于脊柱微创手术。
生产厂家:美国 DePuy Spine
注册代理:强生(上海)医疗器材有限公司
服务机构:强生(上海)医疗器材有限公司
发证日期:2014. 01. 09 截止日期:2018. 01. 08

国食药监械(进)字 2014 第 3460161 号(更)

产品名称:脊柱微创内固定系统组件(商品名: MANTIS)(MANTIS Implants)
规格型号:见附页
产品标准:YZB/FRA 6991-2013《脊柱微创内固定系统组件》
备注:生产企业名称由"Stryker Spine S. A. S. "变更为"STRYKER SPINE, INC";企业注册地址由"ZIMarticot, 33610 Cestas, FRA"变更为"2 Pearl CourtALLENDALE, NJ-07401 UNITED STATES"。注册证由"国食药监械(进)字 2014 第 3460161 号"变更为"国食药监械(进)字 2014 第 3460161 号(更)",原证自发证之日起作废。
生产厂家:美国 STRYKER SPINE, INC
注册代理:史赛克(北京)医疗器械有限公司
服务机构:史赛克(北京)医疗器械有限公司
变更日期:2014. 09. 30 截止日期:2018. 01. 08

国食药监械(进)字 2014 第 3770162 号

产品名称:PTFE 涂层造影导丝(PTFE Coated Angiographic Guidewire)
规格型号:见附页
产品标准:YZB/USA 7031-2013《PTFE 涂层造影导丝》

性能组成:该产品为血管造影导丝，由芯丝、安全丝和外层的绕丝组成。芯丝分为固定式和移动式两种。导丝的远尖端有“J”型和直型两种型式。导丝由不锈钢材料制成，其外具有 PTFE（聚四氟乙烯）涂层，使导丝能够平滑地移动。产品经环氧乙烷灭菌，一次性使用。
适用范围:本产品用于在血管造影或介入手术中，使用 Seldinger 技术经皮进入血管。
备注:2014年5月6日同意更正生产地址内容，2014年1月9日核发的医疗器械注册登记表予以废止。
生产厂家:美国 Medtronic Inc.
注册代理:美敦力(上海)管理有限公司
服务机构:美敦力(上海)管理有限公司
发证日期:2014.01.09 截止日期:2018.01.08

国食药监械(进)字 2014 第 3770163 号

产品名称:导丝（商品名：Cougar）(Cougar Guidewire)
规格型号:见附页
产品标准:YZB/USA 7033-2013《导丝（商品名：Cougar)》
性能组成:该产品以镍钛合金为芯丝，由铂钨合金丝制成的远端部和以304不锈钢制成的近端部结合而成。导丝远端涂有涂层，部分型号导丝的远端为 Hydro-Track 涂层，部分型号导丝的涂层为 Pro/Pel 涂层；导丝近端涂层为聚四氟乙烯(PTFE)。导丝头端型式有直型(S)和 J 型(J)两种；支持强度有中等支持(XT)和较弱支持(LS)两种。产品经伽马射线灭菌，一次性使用。
适用范围:该产品用于在冠状动脉以及外周血管介入治疗中，达到并穿过病变部位，将诊断或介入治疗器械引入冠状动脉或外周血管。不可用于脑血管系统。
备注:2014年4月18日同意更正生产地址内容，2014年1月9日核发的医疗器械注册登记表予以废止。
生产厂家:美国 Medtronic Inc.
注册代理:美敦力(上海)管理有限公司
服务机构:美敦力(上海)管理有限公司
发证日期:2014.01.09 截止日期:2018.01.08

国食药监械(进)字 2014 第 2700164 号

产品名称:影像档案传输处理系统软件(Picture archiving and communication system software)
规格型号:版本:2.0
产品标准:YZB/JAP 3469-2013《影像档案传输处理系统软件》
性能组成:此产品有医学影像的通信传输、存档、浏览、处理、远程视频会议功能，可以单机模式工作，也可以服务器/工作站模式工作。
适用范围:此产品有医学影像的通信传输、存档、浏览、处理、远程视频会议功能，可以单机模式工作，也可以服务器/工作站模式工作。
备注:2014年5月12日同意更正产品名称、英文名称、产品性能结构及组成、产品适用范围、代理人内容，2014年1月7日核发的医疗器械注册证、医疗器械注册登记表予以废止。
生产厂家:日本 ViewSend 株式会社 卫圣株式会社
注册代理:日本卫圣株式会社上海代表处
服务机构:日本卫圣株式会社上海代表处
发证日期:2014.01.07 截止日期:2018.01.06

国食药监械(进)字 2014 第 2540165 号

产品名称:气腹机（商品名：Tetraflator30）(Insufflator)
规格型号:7070T30
产品标准:YZB/GER 7407-2013《气腹机》
性能组成:气腹机由主机(7070T30)及附件可重复使用加热充气管(型号7642HS)、过滤器接头(型号 7070TA)、过滤器(型号 7070TFW2)及电源线和接 CO2 气瓶的扳手组成。
适用范围:气腹机是一种腹腔手术过程中膨胀腹腔、创造腹腔内观察和手术空间的注气装置。加温装置将灌注的气体加温至体温的温度，以减少手术后并发症。
生产厂家:德国 WISAP Gesellschaft fur wissenschaftlichen Apparatebau mbH
服务机构:广州利菲达医疗设备有限公司
发证日期:2014.01.07 截止日期:2018.01.06

国食药监械(进)字 2014 第 2260166 号

产品名称:运动康复系统(Movement rehabilitation systems)
规格型号:MJS-MJS403
产品标准:YZB/ITA 7717-2013《运动康复系统》
性能组成:仿真臂、PC 操作平台、空气压缩机（型号：SIL AIR 50TDC)、人体座位、脚踏板平台、阻力/助力调节装置、PC 端软件（MJS 软件，版本号：1.7.2)。
适用范围:本设备用于训练并增加患者上肢关节活动度，增加患者上肢肌力、耐力。
生产厂家:意大利 TECNOBODY S.r.l.
注册代理:江苏天瑞医疗器械有限公司
服务机构:江苏天瑞医疗器械有限公司
发证日期:2014.01.07 截止日期:2018.01.06

国食药监械(进)字 2014 第 2220167 号

产品名称:手术显微镜(Operation microscopes)
规格型号:SOM 62
产品标准:YZB/GER 6894-2013《手术显微镜》
性能组成:手术显微镜由一个观察的光学系统（包括物镜、可变放大率的光学系统、镜管和目镜)、照明系统、支架、电气装置组成。各部件具体型号及描述见附页。
适用范围:本产品适用于为外科显微手术和诊断治疗时放大手术视野。
生产厂家:德国 Karl Kaps GmbH &Co.KG
注册代理:北京永轩科技有限公司
服务机构:上海倡宁医疗器械有限公司
发证日期:2014.01.07 截止日期:2018.01.06

国食药监械(进)字 2014 第 2560168 号

产品名称:电动病床(Electric Bed)
规格型号:LI900Ax、LI900Bx
产品标准:YZB/FRA 7741-2013《电动病床》
性能组成:病床由床身和控制装置组成。
适用范围:该病床可于一般护理、外科、重症监护以及术后或产后护理。
生产厂家:法国 HILL-ROM S.A.S
注册代理:北京金协信商贸有限责任公司
服务机构:北京金协信商贸有限责任公司
发证日期:2014.01.07 截止日期:2018.01.06

国食药监械(进)字 2014 第 2550169 号

产品名称:根管治疗仪(Electronic powered motor for root canal treatment)
规格型号:VDW.GOLD RECIPROC
产品标准:YZB/GER 7662-2013《根管治疗仪》
性能组成:该产品由主机、带电缆和插头的微型马达(电缆长度:1.8m)、减速弯手机、减速弯手机套、唇钩、唇钩电缆(带有专用磁环；电缆长度:1.7m)、根管锉夹、根管锉夹电缆(电缆长度:1.7m)、带缆线的脚踏开关(电缆长度:1.7m)、电源适配器(带有专用磁环；电缆长度:1.8m)以及互换插头构成。
适用范围:该产品是专为牙医使用而开发的，顺时针旋转式和往复式根管锉的牙科根管设备，可结合内置根测仪(根管长度测量)使用，用于根管预备。
生产厂家:德国 VDW GmbH
注册代理:上海埃蒙迪材料科技有限公司
服务机构:上海埃蒙迪材料科技有限公司
发证日期:2014.01.07 截止日期:2018.01.06

国食药监械(进)字 2014 第 2220170 号

产品名称:眼压计(Tonometer)
规格型号:HT-5000
产品标准:YZB/ROK 7617-2013《眼压计》
性能组成:本设备由主机(包括连接臂，测压旋钮，裂隙灯显微镜安装用杆(或柱))和附件(测量棱镜，重力平衡杆，裂隙灯显微镜安装用接头，电池)组成。产品为压平式眼压计，眼压测定范围 3-75mmHg，角膜压平直径 3.06±0.02mm。
适用范围:该产品需要与裂隙灯(接头直径为 12mm)配合，用于测量眼内压力。
生产厂家:韩国 Huvitz Co., Ltd

注册代理:上海湖碧驰精密仪器有限公司
服务机构:上海湖碧驰精密仪器有限公司
发证日期:2014.01.07　　截止日期:2018.01.06

国食药监械(进)字 2014 第 2210171 号

产品名称:听力测试平台(Audiometer platform)
规格型号:Equinox/Callisto
产品标准:YZB/DEN 7867-2013《听力测试平台》
性能组成:产品组成由主机,电源线,USB 数据线,患者应答器,麦克风,耳机(气导耳机、骨导耳机)组成。
适用范围:本产品用于人耳听力损失的检测。
生产厂家:丹麦国际听力设备公司(Interacoustics A/S)
注册代理:奥迪康国际贸易(上海)有限公司
服务机构:奥迪康国际贸易(上海)有限公司
发证日期:2014.01.07　　截止日期:2018.01.06

国食药监械(进)字 2014 第 2220172 号

产品名称:角膜/屈光分析仪(角膜形状/屈析力解析装置)
规格型号:OPD-Scan Ⅲ
产品标准:YZB/JAP 7691-2013《角膜/屈光分析仪》
性能组成:本装置由主机及电源线、输入笔、球面模拟眼、Eye Care 卡系统及软件组成,其软件 Advance 及 IOL-Station,版本号为 V.1。
适用范围:产品可进行全程屈光不正的测定及角膜形状的分析(包括角膜曲率半径、屈光力、散光量及散光轴角度的计算),以及波前像差分析、眼内部的屈光力分布的显示、瞳孔间距测量、角膜直径测量及瞳孔直径测量、角膜主经线方向计算测量、后部反光照明图像观察及人工晶体度数的计算。
生产厂家:日本尼德克株式会社(株式会社ニデック)(NIDEK CO., LTD.)
注册代理:日本尼德克株式会社北京代表处
服务机构:日本尼德克株式会社北京代表处
发证日期:2014.01.07　　截止日期:2018.01.06

国食药监械(进)字 2014 第 2550173 号

产品名称:牙科综合治疗台(歯科用ユニット)
规格型号:TU110
产品标准:YZB/JAP 7919-2013《牙科综合治疗台》
性能组成:本型号产品由牙科病人椅(躺椅型),口腔灯(Lunavue-EL 灯),痰盂(连椅型),自动供水装置,脚踏开关(单踏板),医生操作台(连椅型),助手操作台(连椅型),强力吸引器(带吸引量调整阀)和吸唾器(带吸引量调整阀)组成。
适用范围:该产品供医疗部门口腔科作诊断和治疗用。
生产厂家:日本株式会社モリタ東京製作所
注册代理:上海芸施实业有限公司
服务机构:上海芸施实业有限公司
发证日期:2014.01.07　　截止日期:2018.01.06

国食药监械(进)字 2014 第 2540174 号

产品名称:呼吸机(BiPAP System)
规格型号:BiPAP Auto Bi-Flex、 BiPAP Pro Bi-Flex
产品标准:YZB/USA 7672-2013《呼吸机》
性能组成:呼吸机由主机、记忆存储卡、过滤膜、湿化器(System One Heated Humidifier)、15mm 或 22mm 柔性软管(15mm 柔性软管型号:6FT System One Performance tubing-15;22mm 柔性软管型号:Performance Tubing 6',White)、电源适配器、电源线组成。
适用范围:该呼吸机可提供气道正压通气疗法,适用于治疗体重在 30kg(66lbs)以上有自主呼吸的阻塞性睡眠呼吸暂停患者。该设备可适用于家庭或医疗机构环境。
变更情况:变更日期:2014.10.08。型号、规格由"BiPAP Auto Bi-Flex、BiPAP Pro Bi-Flex"变更为"BiPAP Auto Bi-Flex(767P)、BiPAP Pro Bi-Flex(667P)"。
生产厂家:美国 Respironics, Inc
注册代理:飞利浦(中国)投资有限公司
服务机构:飞利浦(中国)投资有限公司
发证日期:2014.01.07　　截止日期:2018.01.06

国食药监械(进)字 2014 第 2540175 号

产品名称:便携式电动吸引器(Portable electronic suction pump)
规格型号:V7ac
产品标准:YZB/SPA 7676-2013《便携式电动吸引器》
性能组成:由主机、液体收集瓶、引流管、细菌过滤器组成。液体收集瓶为耐高温的聚碳酸(PC)或聚砜树脂(PSU)制成,可重复灭菌,引流管、细菌过滤器为一次性使用。
适用范围:该设备用于医院、救护车、家居护理和其他救护领域。它用来吸出患者呼吸道中的分泌物、血液和呕吐物,以便空气自由地抵达患者的肺器官。
生产厂家:西班牙 HERSILL, S.L.
注册代理:江苏日新医疗设备有限公司
服务机构:苏州医迈急救用品有限公司
发证日期:2014.01.07　　截止日期:2018.01.06

国食药监械(进)字 2014 第 2540176 号

产品名称:便携式电动吸引器(Portable electronic suction pump)
规格型号:V7 Plus b Emergency
产品标准:YZB/SPA 7677-2013《便携式电动吸引器》
性能组成:由主机、液体收集瓶、引流管、细菌过滤器组成。液体收集瓶为耐高温的聚碳酸(PC)或聚砜树脂(PSU)制成,可重复灭菌,引流管、细菌过滤器为一次性使用。
适用范围:该设备用于医院、救护车、家居护理和其他救护领域。它用来吸出患者呼吸道中的分泌物、血液和呕吐物,以便空气自由地抵达患者的肺器官。
生产厂家:西班牙 HERSILL, S.L.
注册代理:江苏日新医疗设备有限公司
服务机构:苏州医迈急救用品有限公司
发证日期:2014.01.07　　截止日期:2018.01.06

国食药监械(进)字 2014 第 2540177 号

产品名称:便携式电动吸引器(Portable electronic suction pump)
规格型号:V7mx
产品标准:YZB/SPA 7678-2013《便携式电动吸引器》
性能组成:由主机、液体收集瓶、引流管、细菌过滤器组成。液体收集瓶为耐高温的聚碳酸(PC)或聚砜树脂(PSU)制成,可重复灭菌,引流管、细菌过滤器为一次性使用。
适用范围:该设备用于医院、救护车、家居护理和其他救护领域。它用来吸出患者呼吸道中的分泌物、血液和呕吐物,以便空气自由地抵达患者的肺器官。
生产厂家:西班牙 HERSILL, S.L.
注册代理:江苏日新医疗设备有限公司
服务机构:苏州医迈急救用品有限公司
发证日期:2014.01.07　　截止日期:2018.01.06

国食药监械(进)字 2014 第 2550178 号

产品名称:牙科种植机(Dental Implant Equipment)
规格型号:WH-1、BL-1
产品标准:YZB/ROK 7325-2013《牙科种植机》
性能组成:本产品由主机(型号:WH-1、BL-1)、微型电动机(型号:ICT-M1)、脚踏控制器(型号:ICT-F1、ICT-F2)、手机架、供水支架和电源线组成。
适用范围:本产品适用于牙科种植手术。
备注:2014 年 5 月 12 日同意更正产品英文名称内容,2013 年 1 月 7 日核发的医疗器械注册证、医疗器械注册登记表予以废止。
生产厂家:韩国 Dentium Co., Ltd.
注册代理:登腾(北京)医疗器械商贸有限公司
服务机构:登腾(北京)医疗器械商贸有限公司
发证日期:2014.01.07　　截止日期:2018.01.06

国食药监械(进)字 2014 第 2210179 号

产品名称:脉搏波速度测定系统(Pulse Wave Velocity Measurement System)
规格型号:Complior Analyse
产品标准:YZB/FRA 7657-2013《脉搏波速度测定系统》
性能组成:该产品由信号获取装置、颈动脉压力传感器(型号为 TE 15241-16-c,生产企业为德国 OBO 公司)、股动脉压力传感器(型号为

TE15241-16-f，生产企业为德国 OBO 公司）、颈动脉传感器支持装置、股动脉传感器支持装置、USB 数据传输线、CD-ROM 软件安装光盘（软件名称为“康普乐程序”软件，版本号为 V1.1）。 性能：a）能显示被测患者颈股脉搏波速度值，单位 m/s；b）颈股脉搏波速度的测量精度：小于±10%。
适用范围：该产品通过采集人体颈股动脉节点的脉搏波，用于测量人体的颈股脉搏波速度。
生产厂家：法国 ALAM MEDICAL
注册代理：北京富通康达科技发展有限公司
服务机构：北京富通康达科技发展有限公司
发证日期：2014.01.07　　**截止日期**：2018.01.06

国食药监械(进)字 2014 第 2550180 号

产品名称：根管预备设备(Endodontic Micromotor)
规格型号：X-SMART™ Plus
产品标准：YZB/SWI 7624-2013《根管预备设备》
性能组成：该产品由根管马达(控制单元(型号:NE274)、马达手持件(型号:EM09M))、反角弯机头(型号:MF6)、交流适配器(型号:TR30RAM180)、F 型喷嘴组成。
适用范围：该产品适用于根管扩大与根管成形手术。
生产厂家：瑞士 MAILLEFER INSTRUMENTS HOLDING SARL
注册代理：登士柏(天津)国际贸易有限公司
服务机构：登士柏(天津)国际贸易有限公司
发证日期：2014.01.07　　**截止日期**：2018.01.06

国食药监械(进)字 2014 第 1410181 号

产品名称：全自动染色机（商品名：Thermo Scientific Gemini AS）(Automatic Stainer)
规格型号：A81500101、 A81500102
产品标准：YZB/UK 7830-2013《全自动染色机》
性能组成：该产品由抽排气出口、主操作门、电池隔离开关、主电源连接器和开关、取出门、USB 端口、主操作门、触摸屏、装入门、加热位（非加热型不配备）/存放位、试剂缸、机械传送臂、冲水位和用户界面软件组成。
适用范围：该产品用于组织标本病理分析前的自动染色。
生产厂家：英国 Thermo Shandon Limited
注册代理：赛默飞世尔(上海)仪器有限公司
服务机构：赛默飞世尔科技(中国)有限公司
发证日期：2014.01.07　　**截止日期**：2018.01.06

国食药监械(进)字 2014 第 1410182 号

产品名称：染色机(Small Linear Stainer)
规格型号：Leica ST4020
产品标准：YZB/GER 7976-2013《染色机》
性能组成：该产品主要由主机(包括控制面板)、试剂缸、冲洗缸、玻片架、提升杆、退出槽、试剂缸盖存放架组成。
适用范围：该产品用于常规组织学和细胞学样品的自动染色。
生产厂家：德国 Leica Biosystems Nussloch GmbH
注册代理：徕卡显微系统(上海)贸易有限公司
服务机构：徕卡显微系统(上海)贸易有限公司
发证日期：2014.01.07　　**截止日期**：2018.01.06

国食药监械(进)字 2014 第 2400183 号

产品名称：荧光免疫分析仪（商品名：锐普百分百）(RESPONSE READER SYSTEM)
规格型号：RAMP 100
产品标准：YZB/CAN 7518-2013《荧光免疫分析仪》
性能组成：该产品包括便携式 RAMP100 分析仪、电源适配器、电源线、随机软件和操作手册。
适用范围：该产品是一种用于对多种分析物进行体外诊断分析的快速、全定量、免疫荧光层析单通道检测系统，专用于 Response Biomedical Corporation 生产的 RAMP 配套试剂卡的定量检测及判读。
生产厂家：加拿大 Response Biomedical Corporation
注册代理：加拿大瑞邦生物医药股份有限公司上海代表处
服务机构：加拿大瑞邦生物医药股份有限公司上海代表处
发证日期：2014.01.07　　**截止日期**：2018.01.06

国食药监械(进)字 2014 第 1310184 号

产品名称：医用干式激光胶片(画像診断用自己現像フイルム)
规格型号：SD-S
产品标准：YZB/JAP 7586-2013《医用干式激光胶片》
性能组成：医用干式激光胶片是在支持体上涂布了银盐感光材料的薄膜状胶片。由保护层、感光乳剂层、支持体层、背涂层组成。医用干式激光胶片的尺寸规格包括 8x10inch，10x12inch，11x14inch，14x14inch，14x17inch。
适用范围：该产品以诊断目的，用于影像记录。与柯尼卡美能达 DRYPRO 系列干式激光打印机 DRYPRO SIGMA 配合使用。
备注：2014 年 8 月 22 日同意更正生产地址内容，2014 年 1 月 7 日核发的医疗器械注册登记表予以废止。
生产厂家：日本柯尼卡美能达株式会社
注册代理：柯尼卡美能达医疗印刷器材(上海)有限公司
服务机构：柯尼卡美能达医疗印刷器材(上海)有限公司
发证日期：2014.01.07　　**截止日期**：2018.01.06

国食药监械(进)字 2014 第 2260185 号

产品名称：电刺激治疗仪(Электростимулятор противоболевой с автоматическим биорегулированием длительно)
规格型号：Эл ИМАН-401
产品标准：YZB/RUS 7694-2013《电刺激治疗仪》
性能组成：产品由主机、患者线缆和电极片(选配)组成。基准波形为单向矩形脉冲波；等幅间歇输出方式；输出的基准波形频率为 50kHz，偏差 10%；输出的基准波形脉冲宽度为 10μs，偏差 2μs；输出的脉冲束持续脉冲周期数为 5；输出的脉冲束重复频率应在 100Hz～250Hz 范围内连续可调，偏差±10%；在标准负载条件下，在 0～99mA 范围内连续可调，偏差±30%，输出电流变化率应不大于 10%。
适用范围：用于在住院条件下对非中枢神经系统进行可生物控制的皮上电刺激，用于缓解外科手术后患者的疼痛。
生产厂家：俄罗斯新仪器工程医疗中心股份有限公司(Закрытое акционерное общество Инженерно-медицинский центр《Новые Приборы》)
注册代理：宁波市全灵医疗设备股份有限公司
服务机构：宁波市全灵医疗设备股份有限公司
发证日期：2014.01.07　　**截止日期**：2018.01.06

国食药监械(进)字 2014 第 2240186 号

产品名称：激光定位系统(Light beam patient position indicator)
规格型号：A3000A-PC-SYS2-CBL、100A100、Stan CT
产品标准：YZB/USA 7864-2013《激光定位系统》
性能组成：该产品由可移动激光轨（型号：A3000A-PC-SYS2-CBL）、手持悬挂式控制盒（型号：100A100)、电源信号控制盒组成（型号：Stan CT)。
适用范围：用于肿瘤病人放射治疗阶段时的模拟定位。
生产厂家：美国 Gammex Inc
注册代理：上海健长医疗器械有限公司
服务机构：上海健长医疗器械有限公司
发证日期：2014.01.07　　**截止日期**：2018.01.06

国食药监械(进)字 2014 第 2240187 号

产品名称：一次性使用无菌二氧化碳激光光纤及附件(Single Use Sterilized CO2 Laser Fiber and Accessories)
规格型号：见附页
产品标准：YZB/ISR 7632-2013《一次性使用无菌二氧化碳激光光纤及附件》
性能组成：一次性使用无菌二氧化碳激光光纤由光纤和激光器 SMA 905 连接头组成；FiberLase 光纤手具由不锈钢探针管、手柄和光纤固定螺帽组成；FiberLase 内窥镜保护套管由保护套管和光纤固定螺帽组成。
适用范围：该产品与 Lumenis 公司生产的二氧化碳激光治疗机配合使用，将医用激光设备的激光传输到患者病变部位。
生产厂家：以色列 Lumenis Limited
注册代理：科医人医疗激光设备贸易(北京)有限公司

服务机构:科医人医疗激光设备贸易(北京)有限公司
发证日期:2014.01.07　截止日期:2018.01.06

国食药监械(进)字 2014 第 1310188 号

产品名称:医用干式激光胶片(画像診断用自己現像フイルム)
规格型号:SD-Q
产品标准:YZB/JAP 7584-2013《医用干式激光胶片》
性能组成:医用干式激光胶片是在支持体上涂布了银盐感光材料的薄膜状胶片。由保护层、感光乳剂层、支持体层、背涂层组成。医用干式激光胶片的尺寸规格包括 8x10inch, 10x12inch, 11x14inch, 14x14inch, 14x17inch。
适用范围:该产品以诊断目的,用于影像记录。与柯尼卡美能达 DRYPRO 系列干式激光打印机 DRYPRO MODEL 832、DRYPROMODEL 873 配合使用。
备注:2014 年 8 月 22 日同意更正生产地址内容,2014 年 1 月 7 日核发的医疗器械注册登记表予以废止。
生产厂家:日本柯尼卡美能达株式会社
注册代理:柯尼卡美能达医疗印刷器材(上海)有限公司
服务机构:柯尼卡美能达医疗印刷器材(上海)有限公司
发证日期:2014.01.07　截止日期:2018.01.06

国食药监械(进)字 2014 第 1310189 号

产品名称:医用干式激光胶片(画像診断用自己現像フイルム)
规格型号:SD-P
产品标准:YZB/JAP 7583-2013《医用干式激光胶片》
性能组成:医用干式激光胶片是在支持体上涂布了银盐感光材料的薄膜状胶片。由保护层、感光乳剂层、支持体层、背涂层组成。医用干式激光胶片的尺寸规格包括 8x10inch, 10x12inch, 11x14inch, 14x14inch, 14x17inch。
适用范围:该产品以诊断目的,用于影像记录。与柯尼卡美能达 DRYPRO 系列干式激光打印机 DRYPRO MODEL 793、DRYPRO MODEL 771、DRYPRO MODEL 751、DRYPRO MODEL 752 配合使用。
备注:2014 年 8 月 22 日同意更正生产地址内容,2014 年 1 月 7 日核发的医疗器械注册登记表予以废止。
生产厂家:日本柯尼卡美能达株式会社
注册代理:柯尼卡美能达医疗印刷器材(上海)有限公司
服务机构:柯尼卡美能达医疗印刷器材(上海)有限公司
发证日期:2014.01.07　截止日期:2018.01.06

国食药监械(进)字 2014 第 1100190 号

产品名称:电动石膏锯(Plaster saw)
规格型号:OSCIMED 2000/OSCIMED ERGO Ⅱ/OSCIMED PSV
产品标准:YZB/SWI 7874-2013《电动石膏锯》
性能组成:产品由真空吸嘴、锯片、把手组成。具体区别见申请表附页。
适用范围:该产品用于石膏、绷带的切割。
生产厂家:瑞士 Oscimed SA
注册代理:南宁市鑫紫竹商贸有限公司
服务机构:南宁市鑫紫竹商贸有限公司
发证日期:2014.01.07　截止日期:2018.01.06

国食药监械(进)字 2014 第 2010191 号

产品名称:手术刀片(商品名:锋迅 IonFusion)(BLADE, SCALPEL)
规格型号:10, 11, 12, 15, 15c, 20, 21, 22, 23, 24, 60 每盒 100 片
产品标准:YZB/USA 7951-2013《手术刀片》
性能组成:该产品为不锈钢材质,一次性使用,无菌手术刀片。
适用范围:安装于手术刀柄上,作软组织切割。
生产厂家:美国镀层服务有限责任公司
注册代理:上海立秀医疗器械有限公司
服务机构:上海立秀医疗器械有限公司
发证日期:2014.01.07　截止日期:2018.01.06

国食药监械(进)字 2014 第 3230192 号

产品名称:超声刀系统(商品名:HARMONIC)(HARMONIC System)
规格型号:见附页
产品标准:YZB/USA 7411-2013《超声刀系统》
性能组成:产品由发生器、脚踏开关、电缆线、手柄、刀头、测试棒、转接器(转换帽)、扭力扳手组成,详细描述见《产品性能结构及组成附页》。性能见产品标准。
适用范围:产品适用于对需要控制出血和最小程度热损伤的软组织进行切开。不适用于骨切除和输卵管结扎。
生产厂家:美国 Ethicon Endo-Surgery, LLC
注册代理:强生(上海)医疗器材有限公司
服务机构:强生(上海)医疗器材有限公司
发证日期:2014.01.07　截止日期:2018.01.06

国食药监械(进)字 2014 第 3220193 号

产品名称:神经外科内窥镜系统(Neuro-Endoscopic System)
规格型号:见附页
产品标准:YZB/GER 7535-2013《神经外科内窥镜系统》
性能组成:该产品为硬性内窥镜,由观察内窥镜、脑室镜组成。
适用范围:该产品适用于对患者脑部进行检查及手术。
生产厂家:德国 Zeppelin Medical Instruments Ltd.
注册代理:北京轩兴行医疗设备有限公司
服务机构:北京轩兴行医疗设备有限公司
发证日期:2014.01.07　截止日期:2018.01.06

国食药监械(进)字 2014 第 2300194 号

产品名称:口腔数字 X 射线成像系统(Dental Digital X-ray image System)
规格型号:PaX-Uni3D
产品标准:YZB/ROK 7821-2013《口腔数字 X 射线成像系统》
性能组成:产品组成:高压发生器(EXG9),X 射线管(D-052SB),限束器,探测器(全景,Xmaru1501CF),探测器(头颅,Xmaru1210,选配),探测器(三维,Xmaru1215CF,选配)。产品性能:标称电功率 990W,管电流范围 2～10mA,管电压范围:全景 50～90KV、头颅 60～99KV、三维 50～90KV,加载时间范围:全景为成人 13.2s、儿童 11.3s、半部(左/右)6.6s、前牙 10.6s、TMJ4×2.7s、前窦 10.2s,头颅侧面和正面均为 0.5～1.2s,三维为 20、24s。
适用范围:用于齿科全景 X 射线成像,也可以增加选配功能进行头颅 X 射线摄影和颌部三维摄影。
生产厂家:韩国 VATECH Co., Ltd
注册代理:上海怡友医疗器械有限公司
服务机构:上海怡友医疗器械有限公司
发证日期:2014.01.07　截止日期:2018.01.06

国食药监械(进)字 2014 第 3230195 号

产品名称:超声骨切割系统(Equipment for bone ultrasound surgery)
规格型号:SURGYBONE
产品标准:YZB/ITA 7363-2013《超声骨切割系统》
性能组成:该产品由主机、手柄(包括马达及电缆)、脚踏控制器、切削工具组件(薄的骨截骨刀、扁平尾部骨刀,型号 SB P0500;扁平的燕尾/凹形的三刃缘切割刀,型号 SB P0600)组成,不包含冲洗管路。性能见产品标准。
适用范围:该产品临床适用于牙科修复手术、牙体牙髓手术及口腔外科手术。
生产厂家:意大利 SILFRADENT SRL
注册代理:智汇伟业国际医疗科技(北京)有限公司
服务机构:智汇伟业国际医疗科技(北京)有限公司
发证日期:2014.01.07　截止日期:2018.01.06

国食药监械(进)字 2014 第 2200196 号

产品名称:红外耳温计(Clinical Infrared Ear Thermometer)
规格型号:Pro 4000
产品标准:YZB/USA 7866-2013《红外耳温计》
性能组成:本产品由红外耳温计(04000-200 Pro 4000)、探头套(05075-800, 05075-200, 05075-001, 05075-005)组成。
适用范围:该体温计通过测量耳腔的热辐射来显示被测对象的体温。
生产厂家:美国 Welch Allyn, Inc.
注册代理:美国伟伦国际贸易公司上海代表处
服务机构:美国伟伦国际贸易公司上海代表处
发证日期:2014.01.07　截止日期:2018.01.06

国食药监械(进)字2014第3450197号(更)

产品名称:血液透析滤过装置(hemodialysisequipment)
规格型号:FORMULA, FORMULA2000, FORMULA THERAPY
产品标准:YZB/ITA 7998-2013《血液透析滤过装置》
备注:代理人和售后服务机构变更:由"上海和祥医疗器械有限公司"变更为"贝而克合翔医疗设备(上海)有限公司";注册证由"国食药监械(进)字 2014 第 3450197 号"变更为"国食药监械(进)字 2014 第 3450197号(更)",原证自发证之日起作废。
生产厂家:意大利 Bellco S.r.l
注册代理:贝而克合翔医疗设备(上海)有限公司
服务机构:贝而克合翔医疗设备(上海)有限公司
变更日期:2014.08.01 **截止日期**:2018.01.06

国食药监械(进)字2014第3240198号

产品名称:外科半导体激光系统(LaserPro Diode Laser System)
规格型号:LaserPro 810
产品标准:YZB/USA 7640-2013《外科半导体激光系统》
性能组成:该产品半导体激光系统主机、脚踏开关、传输光纤及刀头组成,光纤及刀头型号见附页。激光波长,应为 810nm,误差为±10nm;激光模式,多模;激光脉宽,应为 0.05s~99s,误差为±10%;脉冲间隔:0.01s~99s,误差为±10%。
适用范围:该产品临床适用于对人体组织的切割、汽化、烧灼和凝固。
生产厂家:美国 PhotoMedex, Inc.
注册代理:大连吉康医疗器械进出口有限公司
服务机构:大连吉康医疗器械进出口有限公司
发证日期:2014.01.07 **截止日期**:2018.01.06

国食药监械(进)字2014第3300199号

产品名称:医用诊断X射线系统(Medical Diagnostic X-ray System)
规格型号:EasyDiagnost Eleva
产品标准:YZB/GER 4679-2012《医用诊断X射线系统》
性能组成:产品组成:高压发生器(Velara R/F 2TRel.3);X射线管组件(管型号:9806 206 11102;管组件型号:SRO 2550 ROT 360);限束器;患者支撑装置;影像增强器(型号:FL IDS GE031XTV7E/FIXM);图像处理系统;ViewForum 工作站;显示器的手推车;控制台;检查室显示器;检查室显示器悬挂装置;控制室显示器;机柜;指示匣;遥控器;脚踏开关。性能:标称电功率:50kW;X射线管组件(阳极类型:旋转阳极,焦点:0.6/1.0);管电压调节范围:40-150kV;管电流调节范围:0.5-714.3mA;加载时间调节范围:1ms-16s;电流时间积调节范围:0.5-850mAs。
适用范围:EasyDiagnost Eleva 系统适用于站立位、坐位或卧位病人的常规X线检查以及特殊检查。其中包括:结肠检查、消化道检查、肺透视、胆囊检查、胸部检查、骨骼检查、儿科检查、血管造影成像(使用相应的扩充件)(不用于心血管)、脊髓造影、静脉造影、关节造影、支气管造影、涎腺造影、子宫输卵管造影。
生产厂家:德国 Philips Medical Systems DMC GmbH
注册代理:飞利浦(中国)投资有限公司
服务机构:飞利浦(中国)投资有限公司
发证日期:2014.01.07 **截止日期**:2018.01.06

国食药监械(进)字2014第3230200号(更)

产品名称:彩色超声诊断仪(Diagnostic Ultrasound System)
规格型号:VOLUSON S6; VOLUSON S8; VOLUSON S8 Pro
产品标准:YZB/ROK 7723-2013《彩色超声诊断仪》
备注:生产企业注册地址由"65-1, Sangdaewon-dong, Jungwon-gu, Seongnam-si, Gyeonggi-do, 462-120, Korea"变更为"9, Sunhwan-ro 214beon-gil, Jungwon-gu, Seongnam-si, Gyeonggi-do, Korea";生产地址由"65-1, Sangdaewon-dong, Jungwon-gu, Seongnam-si, Gyeonggi-do, 462-120, Korea"文字变更为"9, Sunhwan-ro 214beon-gil, Jungwon-gu, Seongnam-si, Gyeonggi-do, Korea";注册证由"国食药监械(进)字2014第3230200号"变更为"国食药监械(进)字2014第3230200号(更)",原证自发证之日起作废。
生产厂家:韩国 GE Ultrasound Korea, Ltd.
注册代理:通用电气医疗系统贸易发展(上海)有限公司
服务机构:通用电气医疗系统贸易发展(上海)有限公司
变更日期:2014.05.07 **截止日期**:2018.01.06

国食药监械(进)字2014第2210201号

产品名称:外部病人激活器(商品名:SJM Confirm)(External Patient Activator)
规格型号:DM2100A
产品标准:YZB/USA 7787-2013《外部病人激活器》
性能组成:产品是一种手持式设备,由激活器和内部电池组成。
适用范围:可启动由植入式心脏监测仪执行的心脏电活动记录,从植入式心脏监测仪读取存储的数据,并向临床指导发送储存的数据。
生产厂家:美国圣犹达医疗用品有限公司 CRMD(St.Jude Medical Cardiac Rhythm Management Division)
注册代理:圣犹达医疗用品(上海)有限公司
服务机构:圣犹达医疗用品(上海)有限公司
发证日期:2014.01.07 **截止日期**:2018.01.06

国食药监械(进)字2014第3320202号

产品名称:医用直线加速器(Linear Accelerator)
规格型号:Elekta Axesse
产品标准:YZB/UK 7847-2013《医用直线加速器》
性能组成:产品组成:a)治疗室:加速器主机、精确治疗床(标准版)、多叶准直器 Agility 或 MLCi2、XVI 容积影像系统、iViewGT 实时影像系统、高压脉冲调制器;b)控制室:控制台、直线加速器控制系统 Integrity R3.0(对应 Agility)或 R1.1(对应 MLCi2)、功能键盘(FKP)。产品性能: X射线分为低能档(4 MV、6 MV)、中能档(6MV、8 MV、10 MV)、高能档(10 MV、15 MV、18 MV、25MV)共3档,每档任选一种能量;电子线分为 4MeV、6MeV、8MeV、9MeV、10MeV、12MeV、15MeV、18MeV、20MeV、22MeV 共10档,可任选5种以上。
适用范围:用于患者的实性实体肿瘤的放射治疗。适用于头颈部肿瘤、颅内恶性肿瘤和转移瘤、胸腹部实体肿瘤和四肢肿瘤的放射治疗。肿瘤接近重要脏器或空腔脏器应慎用。
生产厂家:英国 Elekta Limited
注册代理:医科达(上海)医疗器械有限公司
服务机构:医科达(上海)医疗器械有限公司
发证日期:2014.01.07 **截止日期**:2018.01.06

国食药监械(进)字2014第2210203号

产品名称:肌电/诱发电位头盒(2-channel digital neurophysiologycal system(EMG、EP))
规格型号:Neuro-MEP-Micro
产品标准:YZB/RUS 7070-2013《肌电/诱发电位头盒》
性能组成:该产品由数字单元、隔离电源组成。
适用范围:该产品可采集、放大肌电信号和诱发电位信号。
生产厂家:俄罗斯 Neurosoft Ltd
注册代理:武汉爱斯捷捷电子有限公司
服务机构:武汉爱斯捷捷电子有限公司
发证日期:2014.01.07 **截止日期**:2018.01.06

国食药监械(进)字2014第3450204号

产品名称:单人用血液透析装置(個人用透析装置)
规格型号:DBB-27
产品标准:YZB/JAP 7700-2013《单人用血液透析装置》
性能组成:本产品由电源箱、液晶触摸显示屏、指示灯、体外血液循环监控部分(血泵、肝素泵、压力传感器、空气检测器、自动预充、透析器血液入口压监视器、夹紧式气泡检测器)、管路监控部分(加热器、脱气泵、电导率传感器、温度传感器、复式泵、微粒子过滤器(EF-02)、增压泵、脱水泵、漏血检测器)、通讯组件(通讯网卡)、盐水瓶吊架、呼叫护士电缆、血压计组件(BPM)、血容计组件(BVM)、原液喷嘴清洗组件、钠注入组件组成。不包括一次性使用血液管路及耗材。
适用范围:本产品是一种具有透析液配制功能、透析监视功能和脱水量控制功能的单人用血液透析装置,可以将透析液送入透析器进行精准透析。
生产厂家:日本日機装株式会社
注册代理:上海日机装贸易有限公司
服务机构:上海日机装贸易有限公司
发证日期:2014.01.07 **截止日期**:2018.01.06

国食药监械(进)字2014第3280205号

产品名称:磁共振成像系统(Magnetic Resonance Imaging System)
规格型号:Signa HDi
产品标准:YZB/USA 7774-2013《磁共振成像系统》
性能组成:1.5T 磁体子系统，梯度子系统，射频子系统，患者运送子系统(见表 1)，计算机子系统及软件(软件版本:HD16)，冷却子系统，供电子系统，门控附件(心电，指脉和呼吸)及线圈(见表 2)。
适用范围:适用于临床 MRI 图像诊断。
生产厂家:美国 GE Medical Systems, LLC
注册代理:通用电气医疗系统贸易发展(上海)有限公司
服务机构:通用电气医疗系统贸易发展(上海)有限公司
发证日期:2014.01.07 **截止日期**:2018.01.06

国食药监械(进)字2014第2220206号(更)

产品名称:生物显微镜(Inverted Microscope)
规格型号:Axio Observer A1, D1, Z1
产品标准:YZB/GER 7713-2013《生物显微镜》
备注:变更代理人、售后服务机构：由“蔡司光学仪器（上海）国际贸易有限公司”变更为“卡尔蔡司（上海）管理有限公司”；注册证由“国食药监械(进)字2014第2220206号”变更为“国食药监械(进)字2014第2220206号(更)”，原证自发证之日起作废。
生产厂家:德国 Carl Zeiss Microscopy GmbH
注册代理:卡尔蔡司（上海）管理有限公司
服务机构:卡尔蔡司（上海）管理有限公司
变更日期:2014.03.10 **截止日期**:2018.01.06

国食药监械(进)字2014第3210207号

产品名称:植入式心脏起搏器（商品名：Altrua）(Implantable Cardiac Pulse Generators)
规格型号:S201, S206, S208, S209, S401, S404, S501, S502, S503, S508, S601, S602, S606
产品标准:YZB/USA 7779-2013《植入式心脏起搏器》
性能组成:由脉冲发生器和扭矩扳手组成。
适用范围:植入人体治疗心动过缓、改善心功能，可提供频率适应性治疗，具体适应症见说明书。
备注:2014年4月10日同意更正生产企业名称内容，2014年1月7日核发的医疗器械注册证、医疗器械注册登记表予以废止。
生产厂家:美国 Cardiac Pacemakers, Incorporated, a wholly owned subsidiary of Guidant Corporation, a wholly owned subsidiary of Boston Scientific Corporation
注册代理:波科国际医疗贸易(上海)有限公司
服务机构:波科国际医疗贸易(上海)有限公司
发证日期:2014.01.07 **截止日期**:2018.01.06

国食药监械(进)字2014第2450208号

产品名称:输血、输液、透析加温仪(Warmer for blood, medical fluids and dialysate)
规格型号:ASTOFLO PLUS, ASTOFLO PLUS ECO
产品标准:YZB/GER 7932-2013《输血、输液、透析加温仪》
性能组成:ASTOFLO PLUS 由控制面板(主机型号为 ASTOFLOPLUS)、加热管(批号为 WP2418)组成。加热管温度:33℃～43℃任意设定，步进为0.5℃，允差为±1.0℃；温度过高提示:当加热管上升到 45℃±1℃时提示；低温提示:当加热管温度下降到 33℃±1℃时提示。j ASTOFLO PLUS ECO 由控制面板(主机型号为 ASTOFLO PLUSECO)、加热管(批号为 WP31)组成。加热管温度:33℃～43℃任意设定，步进为1.0℃，允差为±1.0℃；温度过高提示:当加热管上升到 43.6℃± 0.5℃时提示；低温提示:当加热管温度下降到低于设置温度3℃超过10分钟时提示。本产品两个型号不包含一次性使用部件。
适用范围:该产品临床适用于加热血液、静脉内液体和灌注液。主要用于预防和治疗手术期和术后的体温过低。
生产厂家:德国 Stihler Electronic GmbH
注册代理:北京创新联合经贸有限公司
服务机构:北京创新联合经贸有限公司
发证日期:2014.01.07 **截止日期**:2018.01.06

国食药监械(进)字2014第2210209号

产品名称:客观听觉测试平台(Medical PC platform)
规格型号:Eclipse
产品标准:YZB/DEN 7877-2013《客观听觉测试平台》
性能组成:见附件。
适用范围:见附件
生产厂家:丹麦国际听力设备公司(Interacoustics A/S)
注册代理:奥迪康国际贸易(上海)有限公司
服务机构:奥迪康国际贸易(上海)有限公司
发证日期:2014.01.07 **截止日期**:2018.01.06

国食药监械(进)字2014第2310210号

产品名称:X射线管组件(X-ray tube assemblies)
规格型号:C100(管芯 RTC 600 HS+套管 C100)
产品标准:YZB/ITA 4685-2013《X射线管组件》
性能组成:产品由球管和管套组成。靶材料：RT-TZM-C；焦点1.2/0.6。
适用范围:该产品供医用诊断X射线设备配套使用.
生产厂家:意大利 I.A.E. INDUSTRIA APPLICAZIONI ELETTRONICHE S.P.A
注册代理:康达医疗器械(上海)有限公司
服务机构:康达医疗器械(上海)有限公司
发证日期:2014.01.07 **截止日期**:2018.01.06

国食药监械(进)字2014第2310211号

产品名称:X射线管组件(X-ray tube assemblies)
规格型号:C352(管芯 RTM 782 HS+管套 C352)
产品标准:YZB/ITA 7619-2013《X射线管组件》
性能组成:产品由球管和管套组成。靶材料：RTM；焦点1.2/0.6。
适用范围:该产品供医用诊断X射线设备配套使用.
生产厂家:意大利 I.A.E. INDUSTRIA APPLICAZIONI ELETTRONICHE S.P.A
注册代理:康达医疗器械(上海)有限公司
服务机构:康达医疗器械(上海)有限公司
发证日期:2014.01.07 **截止日期**:2018.01.06

国食药监械(进)字2014第2310212号

产品名称:X射线管组件(X-ray tube assemblies)
规格型号:C100(管芯 RTM 101 HS+管套 C100)
产品标准:YZB/ITA 7620-2013《X射线管组件》
性能组成:产品由球管和管套组成。靶材料：RTM；焦点1.2/0.6。
适用范围:该产品供医用诊断X射线设备配套使用.
生产厂家:意大利 I.A.E. INDUSTRIA APPLICAZIONI ELETTRONICHE S.P.A
注册代理:康达医疗器械(上海)有限公司
服务机构:康达医疗器械(上海)有限公司
发证日期:2014.01.07 **截止日期**:2018.01.06

国食药监械(进)字2014第3220213号

产品名称:一次性黏膜切开刀（商品名：DualKnife）(ディスポーザブル高周波ナイフ)
规格型号:见附页
产品标准:YZB/JAP 7705-2013《一次性黏膜切开刀》
性能组成:该产品由一次性黏膜切开刀 KD-650L, KD-650Q, KD-650U 及 A 电缆 MH-969 组成。黏膜切开刀为一次性产品，环氧乙烷灭菌。A 电缆为重复使用。具体参数见附页。
适用范围:本产品与奥林巴斯内镜配套使用，用于在消化道内利用高频电流凝固和切开组织。
备注:2014年3月7日同意更正注册号内容，2014年1月7日核发的医疗器械注册证、医疗器械注册登记表、附页予以废止。
生产厂家:日本奥林巴斯医疗株式会社
注册代理:奥林巴斯贸易(上海)有限公司
服务机构:奥林巴斯(北京)销售服务有限公司
发证日期:2014.01.07 **截止日期**:2018.01.06

国食药监械(进)字2014第3220214号

产品名称:一次性黏膜切开刀（商品名：Hookknife）(ディスポーザブル高周波ナイフ)
规格型号:见附页
产品标准:YZB/JAP 7869-2013《一次性黏膜切开刀》
性能组成:产品由一次性黏膜切开刀 KD-620LR、KD-620QR、KD-620UR 和

A 电缆 MAJ-860、MH-969 构成。黏膜切开刀为一次性使用，环氧乙烷灭菌。A 电缆为重复使用。具体性能参数见附页。

适用范围:本产品与奥林巴斯内镜配套使用，用于在消化道内利用高频电流切开组织。

备注:2014 年 5 月 13 日同意更正注册号、附页内容，2014 年 1 月 7 日核发的医疗器械注册证、医疗器械注册登记表、附页予以废止。

生产厂家:日本奥林巴斯医疗株式会社

注册代理:奥林巴斯贸易(上海)有限公司

服务机构:奥林巴斯(北京)销售服务有限公司

发证日期:2014.01.07 **截止日期**:2018.01.06

国食药监械(进)字 2014 第 2400215 号

产品名称:血气分析仪(Stat Profile pHOx Analyzer)

规格型号:pHOx Plus L, pHOx Plus C, pHOx Plus, pHOx

产品标准:YZB/USA 7682-2013《血气分析仪》

性能组成:分析仪由显示器、键盘、内置打印机、采样针、传感器组件(包括预热器和液流池)、传感器、电极、气压计、电磁阀、蠕动泵和操作软件组成。

适用范围:用于定量测定肝素化全血中的项目，pHOxPlus C 可测定 pH, pCO2, pO2, SO2%, Hct, Hb, Na+, K+, Cl-, Ca++, Glu, pHOx Plus L 可测定 pH, pCO2, pO2, SO2%, Hct, Hb, Na+, K+, Cl-/Ca++, Glu, Lac, pHOxPlus 可测定 pH, pCO2, pO2, SO2%, Hct, Hb, Na+, K+, Cl-/Ca++, Glu, pHOx 可测定 pH, pCO2, pO2, SO2%, Hct, Hb。

变更情况:变更日期: 2014.10.08。代理人和售后服务机构变更: 由“美国诺瓦生物医学公司北京代表处”变更为“广州市浩通贸易有限公司”。

生产厂家:美国 Nova Biomedical 公司(Nova Biomedica)

注册代理:美国诺瓦生物医学公司北京代表处

服务机构:美国诺瓦生物医学公司北京代表处

发证日期:2014.01.07 **截止日期**:2018.01.06

国食药监械(进)字 2014 第 2540216 号

产品名称:检查灯(Diagnosis Light)

规格型号:DHLL 204UM, DHLL 404M

产品标准:YZB/GER 7712-2013《检查灯》

性能组成:DHLL 204UM 型手持检查灯由 2 个 4W 的 UVA 灯管和 2 个 4W 的白色荧光灯管组成，功耗:13W; UVA 辐射波长范围:320nm-400nm，辐射强度 0.6-1.0mW/cm2; DHLL 404M 型手持检查灯由 4 个 4W 的 UVA 灯管组成，功耗:24W; UVA 辐射波长范围:320nm-400nm，辐射强度 1.5-2.5mW/m2。

适用范围:产品用于照射皮肤，为诊断提供照明。

生产厂家:德国 Herbert Waldmann GmbH &Co.KG

注册代理:北京康联医用设备有限公司

服务机构:北京康联医用设备有限公司

发证日期:2014.01.07 **截止日期**:2018.01.06

国食药监械(进)字 2014 第 2400217 号

产品名称:血气分析仪(pH/Blood Gas Analyzer)

规格型号:348

产品标准:YZB/USA 7770-2013《血气分析仪》

性能组成:分析仪主要由主机、打印机、气瓶、软件组成。

适用范围:该产品用于测量肝素抗凝全血样本中 pH、pCO2、pO2、Na+、K+、Ca2+、Cl-、Hct 以及大气压，分析仪也可用于测量(乙酸盐和碳酸氢盐)透析液样本中的 pH、pCO2、Na+、K+ 、Ca2+ 。

生产厂家:美国 Siemens Healthcare Diagnostics Inc.

注册代理:西门子医学诊断产品(上海)有限公司

服务机构:西门子医学诊断产品(上海)有限公司

发证日期:2014.01.07 **截止日期**:2018.01.06

国食药监械(进)字 2014 第 2400218 号

产品名称:血气分析仪(pH/Blood Gas Analyzer)

规格型号:248

产品标准:YZB/USA 7772-2013《血气分析仪》

性能组成:分析仪主要由主机、打印机、气瓶、软件组成。

适用范围:该产品用于测量肝素抗凝全血样本中 pH、pCO2、pO2 和大气压。

生产厂家:美国 Siemens Healthcare Diagnostics Inc.

注册代理:西门子医学诊断产品(上海)有限公司

服务机构:西门子医学诊断产品(上海)有限公司

发证日期:2014.01.07 **截止日期**:2018.01.06

国食药监械(进)字 2014 第 2400219 号

产品名称:pH 电极(pH Sensor)

规格型号:1 个/盒

产品标准:YZB/USA 7751-2013《pH 电极》

性能组成:pH 电极一个。

适用范围:该产品与 Rapidlab 1200 系列血气分析仪一起使用，在医学临床上用于辅助测定样本中的 pH。

生产厂家:美国 Siemens Healthcare Diagnostics Inc.

注册代理:西门子医学诊断产品(上海)有限公司

服务机构:西门子医学诊断产品(上海)有限公司

发证日期:2014.01.07 **截止日期**:2018.01.06

国食药监械(进)字 2014 第 2400220 号

产品名称:氯电极(Chloride Sensor)

规格型号:1 个/盒

产品标准:YZB/USA 7752-2013《氯电极》

性能组成:氯电极一个。

适用范围:该产品与 Rapidlab 1200 系列血气分析仪一起使用，在医学临床上用于辅助测定样本中的氯。

生产厂家:美国 Siemens Healthcare Diagnostics Inc.

注册代理:西门子医学诊断产品(上海)有限公司

服务机构:西门子医学诊断产品(上海)有限公司

发证日期:2014.01.07 **截止日期**:2018.01.06

国食药监械(进)字 2014 第 2400221 号

产品名称:氧电极(pO2 Sensor)

规格型号:1 个/盒

产品标准:YZB/USA 7757-2013《氧电极》

性能组成:氧电极一个。

适用范围:该产品与 Rapidlab 1200 系列血气分析仪一起使用，在医学临床上用于辅助测定样本中的 pO2。

生产厂家:美国 Siemens Healthcare Diagnostics Inc.

注册代理:西门子医学诊断产品(上海)有限公司

服务机构:西门子医学诊断产品(上海)有限公司

发证日期:2014.01.07 **截止日期**:2018.01.06

国食药监械(进)字 2014 第 2400222 号

产品名称:参比电极(Reference Sensor)

规格型号:参比外电极:1 个/盒，参比内电极:1 个/盒。

产品标准:YZB/USA 7759-2013《参比电极》

性能组成:参比电极由参比外电极 (Reference sensor refill) 和参比内电极 (Reference inner) 组成。

适用范围:该产品与 Rapidlab 1200 系列血气分析仪一起使用，在医学临床上用于辅助测定样本中的 pH、钠、钾、钙、氯。

生产厂家:美国 Siemens Healthcare Diagnostics Inc.

注册代理:西门子医学诊断产品(上海)有限公司

服务机构:西门子医学诊断产品(上海)有限公司

发证日期:2014.01.07 **截止日期**:2018.01.06

国食药监械(进)字 2014 第 2400223 号

产品名称:二氧化碳电极(pCO2 Sensor)

规格型号:1 个/盒

产品标准:YZB/USA 7760-2013《二氧化碳电极》

性能组成:二氧化碳电极一个。

适用范围:该产品与 Rapidlab 1200 系列血气分析仪一起使用，在医学临床上用于辅助测定样本中的 pCO2。

生产厂家:美国 Siemens Healthcare Diagnostics Inc.

注册代理:西门子医学诊断产品(上海)有限公司

服务机构:西门子医学诊断产品(上海)有限公司

发证日期:2014.01.07 **截止日期**:2018.01.06

国食药监械(进)字 2014 第 2400224 号

产品名称:钙电极(Calcium Sensor)
规格型号:1 个/盒
产品标准:YZB/USA 7761-2013《钙电极》
性能组成:钙电极一个。
适用范围:该产品与 Rapidlab 1200 系列血气分析仪一起使用，在医学临床上用于辅助测定样本中的钙。
生产厂家:美国 Siemens Healthcare Diagnostics Inc.
注册代理:西门子医学诊断产品(上海)有限公司
服务机构:西门子医学诊断产品(上海)有限公司
发证日期:2014.01.07 **截止日期**:2018.01.06

国食药监械(进)字 2014 第 2400225 号

产品名称:钾电极(Potassium Sensor)
规格型号:1 个/盒
产品标准:YZB/USA 7763-2013《钾电极》
性能组成:钾电极一个。
适用范围:该产品与 Rapidlab 1200 系列血气分析仪一起使用，在医学临床上用于辅助测定样本中的钾。
生产厂家:美国 Siemens Healthcare Diagnostics Inc.
注册代理:西门子医学诊断产品(上海)有限公司
服务机构:西门子医学诊断产品(上海)有限公司
发证日期:2014.01.07 **截止日期**:2018.01.06

国食药监械(进)字 2014 第 2400226 号

产品名称:钠电极(Sodium Sensor)
规格型号:1 个/盒
产品标准:YZB/USA 7762-2013《钠电极》
性能组成:钠电极一个。
适用范围:该产品与 Rapidlab 1200 系列血气分析仪一起使用，在医学临床上用于辅助测定样本中的钠。
生产厂家:美国 Siemens Healthcare Diagnostics Inc.
注册代理:西门子医学诊断产品(上海)有限公司
服务机构:西门子医学诊断产品(上海)有限公司
发证日期:2014.01.07 **截止日期**:2018.01.06

国食药监械(进)字 2014 第 2400227 号

产品名称:尿沉渣检测新板条（商品名：科宝）(Cobio Cuvette)
规格型号:COBIO
产品标准:YZB/HUN 0006-2010《尿沉渣检测新板条》
性能组成:该产品主要由 LEXAN 141R 聚碳酸酯组成。
适用范围:该产品用于与 COBIO XS 全自动尿有形成分分析仪合用检测尿液样本。
生产厂家:匈牙利 77 ELEKTRONIKA Muszeripari Kft.
注册代理:上海创实医疗设备有限公司
服务机构:上海创实医疗设备有限公司
发证日期:2014.01.07 **截止日期**:2018.01.06

国食药监械(进)字 2014 第 2400228 号

产品名称:抗核抗体检测试剂盒(酶联免疫法)(商品名：迈康准™抗核抗体检测试剂盒(酶联免疫法)）(AESKULISA ANA-8S)
规格型号:96 人份/盒
产品标准:YZB/GER 7536-2013
性能组成:需要配制的试剂：5×样本稀释液，50×浓缩洗液；即用型试剂：阴性对照品，阳性对照品，临界对照品，酶联物，底物液，终止液，微孔板。（具体成分详见说明书）。产品有效期：2-8℃/35-46℉条件下保存，有效期 24 个月。附件：注册产品标准，产品说明书。
适用范围:该产品用于体外定性检测人体血清中的 8 种细胞核 IgG 抗体，包括抗 70kDa U1-snRNP，SS-B，SS-A （52kDa+60kDa），Scl70，着丝体蛋白 B (CenpB)，Jo-1 和人 snRNP/Sm，Sm 抗原的抗体。
生产厂家:德国 AESKU.DIAGNOSTICS GmbH
注册代理:广州市康润生物制品开发有限公司
发证日期:2014.01.02 **截止日期**:2018.01.01

国食药监械(进)字 2014 第 2400229 号

产品名称:抗磷脂抗体检测试剂盒(酶联免疫法)(商品名：迈康准™抗磷脂抗体检测试剂盒（酶联免疫法））（AESKULISA Phospholipid-Screen-GM)
规格型号:96 人份/盒
产品标准:YZB/GER 7537-2013
性能组成:需要配制的试剂：5×样本稀释液，50×浓缩洗液；即用型试剂：阴性对照品，阳性对照品，临界对照品，标准品，酶联物，底物液，终止液，微孔板。（具体成分详见说明书）。产品有效期：2-8℃/35-46℉条件下保存，有效期 24 个月。附件：注册产品标准，产品说明书。
适用范围:该产品用于体外定性和定量检测人血清中的磷脂 IgG 和/或 IgM 抗体。
生产厂家:德国 AESKU.DIAGNOSTICS GmbH
注册代理:广州市康润生物制品开发有限公司
发证日期:2014.01.02 **截止日期**:2018.01.01

国食药监械(进)字 2014 第 2400230 号

产品名称:C 反应蛋白校准品(CRP Latex Calibrator Normal Set)
规格型号:水平 1：2mL×1、水平 2：2mL×1、 水平 3：2mL×1、水平 4：2mL×1、 水平 5：2mL×1
产品标准:YZB/USA 8079-2013
性能组成:液体人血清基质中含有不定量人 C 反应蛋白和防腐剂。产品有效期：2-8℃保存，有效期 24 个月。附件：注册产品标准，产品说明书。
适用范围:本产品用于 C 反应蛋白项目检测时的校准。
生产厂家:美国 Beckman Coulter, Inc.
注册代理:贝克曼库尔特商贸(中国)有限公司
发证日期:2014.01.02 **截止日期**:2018.01.01

国食药监械(进)字 2014 第 2400231 号

产品名称:人降钙素检测试剂盒(酶联免疫法)(Calcitonin ELISA)
规格型号:96 人份/盒
产品标准:YZB/USA 8002-2013
性能组成:链霉亲和素包被的微孔板(PLA)、生物素标记的抗-降钙素抗体(RGT 1)、辣根过氧化物酶偶联的抗-降钙素抗体(RGT 2)、标准品(CAL A-F)、质控品 1&2(CTRL)、浓缩洗液(RGT A)、四甲基联苯胺 (TMB) 底物(RGT B)、终止液(SOLN)、复溶液(RGT 3)。(具体内容详见说明书)。产品有效期：2-8℃保存，有效期 12 个月。附件：注册产品标准，产品说明书。
适用范围:用于体外定量检测人血清中降钙素的水平。
生产厂家:美国 BIOMERICA, INC.
注册代理:北京荣志海达生物科技有限公司
发证日期:2014.01.02 **截止日期**:2018.01.01

国食药监械(进)字 2014 第 2400232 号

产品名称:人全段甲状旁腺激素检测试剂盒(酶联免疫法)(Intact PTH ELISA)
规格型号:96 人份/盒
产品标准:YZB/USA 8001-2013
性能组成:链霉亲和素包被的微孔板(PLA)、生物素标记的抗-甲状旁腺激素抗体(RGT 1)、辣根过氧化物酶偶联的抗-甲状旁腺激素抗体(RGT 2)、标准品(CAL A-F)、质控品 1&2(CTRL)、浓缩洗液(RGT A)、四甲基联苯胺 (TMB) 底物(RGT B)、终止液(SOLN)、样本稀释液(RGT 3)、复溶液(RGT 4)。(具体内容详见说明书)。产品有效期：2-8℃保存，有效期 12 个月。附件：注册产品标准，产品说明书。
适用范围:用于体外定量检测人血清中全段甲状旁腺激素(I-PTH)的水平。
生产厂家:美国 BIOMERICA, INC.
注册代理:北京荣志海达生物科技有限公司
发证日期:2014.01.02 **截止日期**:2018.01.01

国食药监械(进)字 2014 第 2400233 号

产品名称:17-α-羟孕酮测定试剂盒(酶联免疫吸附法)(17-α-OH Progesterone ELISA)
规格型号:96 人份/盒
产品标准:YZB/GER 7607-2013
性能组成:包被板/孔、标准液、酶联物、底物液、终止液和清洗液。(具体内容详见说明书)。产品有效期：2-8℃保存，有效期 12 个月。附件：

注册产品标准，产品说明书。
适用范围:用于体外定量检测人血清中的 17-α- 羟孕酮。
生产厂家:德国 DRG Instruments GmbH
注册代理:北京康思尔泰医学科技发展中心
发证日期:2014.01.02 **截止日期**:2018.01.01

国食药监械(进)字 2014 第 2400234 号

产品名称:抗谷氨酸受体抗体检测试剂盒(间接免疫荧光法)(IIFT: Glutamate Receptor Mosaic)
规格型号:FA 111m-1003-3: 30 人份/盒, FA111m-1005-3: 50 人份/盒, FA 111m-1010-3: 100 人份/盒, FA 111m-2005-3: 100 人份/盒, FA 111m-2010-3: 200 人份/盒, FA 112d-1003-51: 30 人份/盒, FA112d-1005-51: 50 人份/盒, FA 112d-1010-51: 100 人份/盒, FA 112d-2005-51: 100 人份/盒, FA112d-2010-51: 200 人份/盒。
产品标准:YZB/GER 7488-2013
性能组成:生物载片: 每张载片包含有不同种类的反应区, 反应区上可包被的抗原有: 海马抗原 (大鼠海马体)、小脑抗原 (大鼠小脑)、谷氨酸受体 (NMDA 型) (EU90 转染细胞和 EU90 非转染细胞); 异硫氰酸荧光素 (FITC) 标记的羊抗人 IgG; 阳性对照: 谷氨酸受体 (NMDA 型) 阳性; 阴性对照: 自身抗体阴性; 磷酸盐缓冲液 (PBS 盐) , pH7.2; 吐温 20; 封片介质; 盖玻片。产品有效期: 2-8℃保存, 不要冰冻。未开封前, 除非特别说明, 试剂盒自生产之日起可稳定 18 个月。附件: 注册产品标准, 产品说明书。
适用范围:该产品用于体外定性检测人血清或血浆中的抗谷氨酸受体抗体。
生产厂家:德国 EUROIMMUN Medizinische Labordiagnostika AG
注册代理:北京欧蒙生物技术有限公司
发证日期:2014.01.02 **截止日期**:2018.01.01

国食药监械(进)字 2014 第 2400234 号(变更批件)

产品名称:抗谷氨酸受体抗体检测试剂盒(间接免疫荧光法)(IIFT: Glutamate Receptor Mosaic)
规格型号:FA 111m-1003-3: 30 人份/盒, FA111m-1005-3: 50 人份/盒, FA 111m-1010-3: 100 人份/盒, FA 111m-2005-3: 100 人份/盒, FA 111m-2010-3: 200 人份/盒, FA 112d-1003-51: 30 人份/盒, FA112d-1005-51: 50 人份/盒, FA 112d-1010-51: 100 人份/盒, FA 112d-2005-51: 100 人份/盒, FA112d-2010-51: 200 人份/盒。
产品标准:YZB/GER 7488-2013
备注:变更内容: 1.代理人和注册代理机构名称由“北京欧蒙生物技术有限公司”变更为“欧蒙医学诊断(中国)有限公司”, 机构地址由“北京市朝阳区北辰东路 8 号院 1 号楼 19 层 1901-1907 号”变更为“北京市朝阳区北辰东路 8 号院 1 号楼 1908-1910 室”。2.产品说明书中售后服务单位名称由“北京欧蒙生物技术有限公司”变更为“欧蒙医学诊断(中国)有限公司”, 机构地址由“北京市朝阳区北辰东路 8 号院 1 号楼 19 层 1901-1907 号”变更为“北京市朝阳区北辰东路 8 号院 1 号楼 1908-1910 室”。申请人根据批准变更内容自行修订注册产品标准、说明书及包装标签中相应内容。审批结论: 根据《体外诊断试剂注册管理办法》(试行), 经审查, 予以变更。本批件与原注册证共同使用, 本批件有效期与原注册证有效期相同。
生产厂家:德国 EUROIMMUN Medizinische Labordiagnostika AG
变更日期:2014.07.02 **截止日期**:2018.01.01

国食药监械(进)字 2014 第 2400235 号

产品名称:神经元抗原谱抗体 IgG 检测试剂盒(欧蒙印迹法)(EUROLINE Neuronal Antigens Profile (IgG))
规格型号:DL 1111-1601-1G: 16 人份/盒, DL 1111-1601-2G: 16 人份/盒。
产品标准:YZB/GER 7490-2013
性能组成:膜条上包被不同种类的抗原, 每个膜条上可包被有: Amphiphysin、CV2、PNMA2 (Ma2/Ta)、Ri、Yo、Hu 抗原; 阳性对照: 人免疫球蛋白 G (IgG); 酶结合物: 碱性磷酸酶标记的抗人免疫球蛋白 G (IgG); 样本缓冲液; 清洗缓冲液; 色原/底物液: 四唑硝基苯胺兰/5-溴-4-氯啶-3-吲哚-磷酸盐 (NBT/BCIP); 温育盘。产品有效期: 2-8℃保存, 不要冰冻, 未开封前, 除非特别说明, 试剂盒自生产日起可稳定 18 个月。附件: 注册产品标准, 产品说明书。
适用范围:该产品用于体外定性检测人血清或血浆中的抗 amphiphysin, CV2, PNMA2(Ma2/Ta), Ri, Yo 和 Hu 的 IgG 抗体。
生产厂家:德国 EUROIMMUN Medizinische Labordiagnostika AG
注册代理:北京欧蒙生物技术有限公司
发证日期:2014.01.02 **截止日期**:2018.01.01

国食药监械(进)字 2014 第 2400235 号(变更批件)

产品名称:神经元抗原谱抗体 IgG 检测试剂盒(欧蒙印迹法)(EUROLINE Neuronal Antigens Profile (IgG))
规格型号:DL1111-1601-1G: 16 人份/盒; DL1111-1601-2G: 16 人份/盒。
产品标准:YZB/GER 7490-2013
备注:变更内容: 一、同意申请人提出的变更代理人、注册代理机构、产品说明书内容的申请, 具体内容如下: 1.代理人和注册代理机构名称由“北京欧蒙生物技术有限公司”变更为“欧蒙医学诊断(中国)有限公司”, 机构地址由“北京市朝阳区北辰东路 8 号院 1 号楼 19 层 1901-1907 号”变更为“北京市朝阳区北辰东路 8 号院 1 号楼 1908-1910 室”。2.产品说明书中售后服务单位名称由“北京欧蒙生物技术有限公司”变更为“欧蒙医学诊断(中国)有限公司”, 机构地址由“北京市朝阳区北辰东路 8 号院 1 号楼 19 层 1901-1907 号”变更为“北京市朝阳区北辰东路 8 号院 1 号楼 1908-1910 室”。二、不同意申请人提出的将产品说明书【检验方法】中, “从第一次使用起, 试剂在 2-8℃保存并无污染的情况下, 可稳定至所标示的有效期。”变更为“从第一次使用起, 除非特别说明, 在 2-8℃, 并且在没有污染的情况下, 试剂盒中各成分可稳定保存 12 个月或保存至有效期截止”的申请。申请人根据批准变更内容自行修订注册产品标准、说明书及包装标签中相应内容。审批结论: 根据《体外诊断试剂注册管理办法》(试行), 经审查, 予以变更。本批件与原注册证共同使用, 本批件有效期与原注册证有效期相同。
生产厂家:德国 EUROIMMUN Medizinische Labordiagnostika AG
变更日期:2014.07.02 **截止日期**:2018.01.01

国食药监械(进)字 2014 第 2400236 号

产品名称:抗链球菌溶血素 O 测定试剂盒(胶乳免疫比浊法)(ASO)
规格型号:试剂 1: 51mL×4、试剂 2: 7mL×4
产品标准:YZB/USA 8089-2013
性能组成:磷酸盐缓冲液、包被有链球菌素 O 的乳胶和防腐剂。(具体内容详见产品说明书)。产品有效期: 2-8℃保存, 有效期 20 个月。附件: 注册产品标准, 产品说明书。
适用范围:本产品用于体外定量检测人血清样本中的抗链球菌溶血素 O 浓度。
生产厂家:美国 Beckman Coulter, Inc.
注册代理:贝克曼库尔特商贸(中国)有限公司
发证日期:2014.01.02 **截止日期**:2018.01.01

国食药监械(进)字 2014 第 2400237 号

产品名称:β2 微球蛋白标准品(BMG Calibrator)
规格型号:血清·血浆用 (套 H X1-S): 2 mL x 4; 尿用 (套 H X1-U) : 2 mL x 4; 血清·血浆用 (套 F X1-S) : 2 mL x 5; 尿用 (套 F X1-U) : 2 mL x 5。
产品标准:YZB/JAP 7652-2013
性能组成:人 β2 微球蛋白, 牛血清白蛋白, HEPES(羟乙基哌嗪乙磺酸)缓冲液。(具体内容详见说明书)。产品有效期: 2～10℃保存, 有效期 1 年。附件: 注册产品标准, 产品说明书。
适用范围:该产品用在 β2 微球蛋白试剂盒检测中, 定量测定人血清、血浆和尿液中 β2 微球蛋白 (BMG) 时的校准。
生产厂家:日本 DENKA SEIKEN CO., LTD.
注册代理:上海盈科医学生物科技有限责任公司
发证日期:2014.01.02 **截止日期**:2018.01.01

国食药监械(进)字 2014 第 2400238 号

产品名称:自身免疫肝病抗体谱检测试剂盒(线性免疫分析法)(Seraline HepAk IgG)
规格型号:LIA 004 (货号): 20 人份/盒。
产品标准:YZB/GER 7834-2013
性能组成:包被抗原的硝化纤维膜条、洗涤和孵育缓冲液 (5×)、(羊)抗人 IgG-辣根过氧化物酶结合物、底物 (四甲基联苯胺, TMB); 试剂盒还包括: 孵育槽、结果判读卡。(具体内容详见说明书)。产品有效期:

2-8℃保存，可以稳定 12 个月。附件：注册产品标准，产品说明书。
适用范围:用于体外定性检测人血清中自身免疫肝病相关自身抗体，包括：抗线粒体 M2 型抗体（AMA/M2）、抗肝肾微粒体 1 型抗体（LKM1）、抗肝细胞胞浆抗原 1 型抗体（LC1）、抗可溶性肝抗原抗体（SLA）、抗核膜糖蛋白 210 抗体（gp210）、抗可溶性酸性核蛋白抗体（SP100）。
生产厂家:德国 Seramun Diagnostica GmbH
注册代理:深圳市炬英生物科技有限公司
发证日期:2014.01.02 **截止日期**:2018.01.01

国食药监械(进)字 2014 第 2400239 号

产品名称:抗链球菌溶血素“O”测定试剂盒(胶乳增强免疫比浊法)(商品名：抗链球菌溶血素“O”测定试剂盒)(ASO-LATEX X1“SEIKEN”)
规格型号:缓冲液（R-1）：30mL×1，胶乳悬浮液（R-2）：50mL×1；缓冲液（R-1）：32mL×1，胶乳悬浮液（R-2）：50mL×1。
产品标准:YZB/JAP 7733-2013
性能组成:缓冲液(R-1)：甘氨酸；胶乳悬浮液(R-2)：吸附链球菌溶血素“O”的胶乳粒子。产品有效期：2-10℃保存，有效期 1 年。附件：注册产品标准，产品说明书。
适用范围:该产品用于定量测定人体血清中抗链球菌溶血素“O”（ASO）的效价。
生产厂家:日本电化生研株式会社(DENKA SEIKEN CO.，LTD.)
注册代理:上海盈科医学生物科技有限责任公司
发证日期:2014.01.02 **截止日期**:2018.01.01

国食药监械(进)字 2014 第 2400240 号

产品名称:脑利钠肽前体检测试剂盒(电化学发光法)(proBNP II STAT)
规格型号:100 测试/盒
产品标准:YZB/GER 7604-2013
性能组成:链霉亲和素包被的磁珠微粒、生物素化的抗脑利钠肽前体抗体、钌复合物标记的抗脑利钠肽前体抗体。(详见说明书)。产品有效期：2-8℃保存，有效期 18 个月。附件：注册产品标准，产品说明书。
适用范围:用于体外定量测定人血清和血浆中氨基末端 B 型利钠肽前体的含量。
生产厂家:德国 Roche Diagnostics GmbH
注册代理:罗氏诊断产品(上海)有限公司
发证日期:2014.01.02 **截止日期**:2018.01.01

国食药监械(进)字 2014 第 2400241 号

产品名称:氨质控品(Ammonia Controls)
规格型号:质控品 1：5mL×1，质控品 2：5mL×1，质控品 3：5mL×1。
产品标准:YZB/ITA 8003-2013
性能组成:牛白蛋白基质中含有硫酸铵和防腐剂。产品有效期：2-8℃储存，有效期 30 个月。附件：注册产品标准，产品说明书。
适用范围:本产品用于氨项目检测时的质量控制。
生产厂家:意大利 SENTINEL CH. SpA
注册代理:雅培贸易(上海)有限公司
发证日期:2014.01.02 **截止日期**:2018.01.01

国食药监械(进)字 2014 第 1400242 号

产品名称:尿有形成份检测染液（沉渣模式）(UXⅡSEARCH-SED)
规格型号:29mL/袋
产品标准:YZB/JAP 7799-2013
性能组成:聚甲炔染料，乙二醇。产品有效期：2～35℃保存，有效期限 12 个月。附件：注册产品标准，产品说明书。
适用范围:该产品用于对尿中的有形成份染色后进行分类、计数。
备注:2014 年 4 月 25 日同意更正生产地址内容，2014 年 1 月 2 日核发的医疗器械注册登记表（体外诊断试剂）予以废止。
生产厂家:日本 SYSMEX CORPORATION
注册代理:希森美康医用电子(上海)有限公司
发证日期:2014.01.02 **截止日期**:2018.01.01

国食药监械(进)字 2014 第 1400243 号

产品名称:尿有形成份检测染液（细菌模式）(UXⅡSEARCH-BAC)
规格型号:25mL/袋
产品标准:YZB/JAP 7800-2013
性能组成:聚甲炔染料、乙二醇。产品有效期：2-35℃保存，有效期限 12 个月。附件：注册产品标准，产品说明书。
适用范围:该产品用于对尿中的细菌染色后进行细菌数量的检测。
备注:2014 年 4 月 25 日同意更正生产地址内容，2014 年 1 月 2 日核发的医疗器械注册登记表（体外诊断试剂）予以废止。
生产厂家:日本 SYSMEX CORPORATION
注册代理:希森美康医用电子(上海)有限公司
发证日期:2014.01.02 **截止日期**:2018.01.01

国食药监械(进)字 2014 第 2400244 号

产品名称:甘油三酯检测试剂盒(比色法)(Triglycerides (TRIGL))
规格型号:250 测试，4×50 测试，800 测试。
产品标准:YZB/GER 6106-2013
性能组成:PIPES 缓冲液、Mg2+ 、胆酸钠、ATP、4-氨基比林、4-氯酚、脂蛋白脂肪酶、甘油激酶、磷酸甘油氧化酶、过氧化物酶、防腐剂。(具体内容详见说明书)。产品有效期：2-8℃，有效期 15 个月。附件：注册产品标准，产品说明书。
适用范围:对人血清、血浆中甘油三酯浓度进行体外定量检测。
生产厂家:德国 Roche Diagnostics GmbH
注册代理:罗氏诊断产品(上海)有限公司
发证日期:2014.01.08 **截止日期**:2018.01.07

国食药监械(进)字 2014 第 2400245 号

产品名称:重碳酸盐检测试剂盒(比色法)(Bicarbonate Liquid (CO2-L))
规格型号:250 测试，2×100 测试，2050 测试，700 测试。
产品标准:YZB/GER 4928-2013
性能组成:磷酸烯醇丙酮酸、还原型烟酰胺腺嘌呤二核苷酸类似物、苹果酸脱氢酶、磷酸烯醇丙酮酸羧化酶。(具体内容详见说明书)。产品有效期：2-8℃，有效期 12 个月。附件：注册产品标准，产品说明书。
适用范围:体外定量测定人血浆、血清中的重碳酸盐的浓度。
变更情况:变更日期：2014.10.08。同意将产品包装规格变更为“250 测试，2×100 测试，1100 测试，700 测试。”，并将产品有效期延长至 18 个月。
生产厂家:德国 Roche Diagnostics GmbH
注册代理:罗氏诊断产品(上海)有限公司
发证日期:2014.01.08 **截止日期**:2018.01.07

国食药监械(进)字 2014 第 2400246 号

产品名称:耐甲氧西林金黄色葡萄球菌鉴定培养基(ChromIDTM MRSA agar(MRSA))
规格型号:REF 43451：20 平板/包装
产品标准:YZB/FRA 5732-2013
性能组成:植物和动物蛋白胨(猪或牛)、Tris、产色底物、选择性抑制剂、培养基、纯净水，pH 7.3。产品有效期：2-8℃条件下储存于包装盒内，有效期 11 周。附件：注册产品标准，产品说明书。
适用范围:该产品用于筛选甲氧西林耐药金黄色葡萄球菌(MRSA)。
生产厂家:法国 bioMerieux S.A
注册代理:梅里埃诊断产品(上海)有限公司
发证日期:2014.01.08 **截止日期**:2018.01.07

国食药监械(进)字 2014 第 2400247 号

产品名称:血糖试纸（葡萄糖氧化酶法）（商品名：稳豪型）(ONETOUCH®Ultra®Test Strips)
规格型号:10 片/瓶，25 片/盒，50 片/盒，100 片/盒。
产品标准:YZB/USA 6891-2013
性能组成:葡萄糖氧化酶(Aspergillus niger)；其他成分(缓冲液)。(具体内容详见产品说明书)。产品有效期：不高于 30℃保存，请勿冷藏，避免阳光直射和高温，有效期 20 个月。附件：注册产品标准，产品说明书。
适用范围:该产品用于体外定量测量手指、前臂以及手掌的新鲜毛细血管全血血糖。
变更情况:变更日期：2015.02.12。“代理人住所：上海市外高桥保税区富特西一路 439 号第一、二、三层 C 部位”变更为“代理人住所：中国(上海)自由贸易试验区富特西一路 439 号第一、二、三层 C 部位”。
生产厂家:美国 LifeScan Inc.
注册代理:强生(上海)医疗器材有限公司

发证日期:2014.01.08　　截止日期:2018.01.07

国食药监械(进)字2014第2400248号

产品名称:乳酸测定试剂盒(乳酸氧化酶)(Lactae(LOX-PAP method))
规格型号:8×25ml;2×15ml。
产品标准:YZB/GER 7498-2013
性能组成:TRIS缓冲液、乳酸氧化酶(LOD)、过氧化物酶(POD)、4-氨基氨替比林(4-AAP)、4-氯酚、表面活性剂和稳定剂。产品有效期:2-8℃贮存,有效期12个月。附件:注册产品标准,产品说明书。
适用范围:该产品用于定量检测人血浆中乳酸含量。
生产厂家:德国Prodia Diagnostics
注册代理:北京莱帮生物技术有限公司
发证日期:2014.01.08　　截止日期:2018.01.07

国食药监械(进)字2014第2400249号

产品名称:总I型胶原氨基端延长肽定标液(total P1NP CalSet)
规格型号:4 × 1.0 mL(冻干品复溶体积)
产品标准:YZB/GER 7606-2013
性能组成:试剂-工作溶液(冻干品):由人血清制成,添加了两个浓度范围的I型胶原氨基端延长肽(P1NP)(人源)和防腐剂;提供的其他物品:条形码卡、定标液条形码表、4个贴有标签的压盖式小空瓶、2×6个试剂瓶标签。(具体内容详见说明书)。产品有效期:2-8℃保存,有效期18个月。附件:注册产品标准,产品说明书。
适用范围:用于总I型胶原氨基端延长肽定量检测项目的定标。
生产厂家:德国Roche Diagnostics GmbH
注册代理:罗氏诊断产品(上海)有限公司
发证日期:2014.01.08　　截止日期:2018.01.07

国食药监械(进)字2014第2400250号

产品名称:心肌C-反应蛋白测定试剂盒(免疫透射比浊速率法)(High Sensitivity Cardiac C-Reactive Protein (CRPH))
规格型号:2 x 200 次
产品标准:YZB/USA 5777-2013
性能组成:一张批号特异参数卡;C反应蛋白抗体(颗粒结合态山羊和小鼠抗C反应蛋白抗体);试剂缓冲液:叠氮化钠,牛血清白蛋白和非反应性化学物质。产品有效期:在2℃-8℃保存,有效期为24个月。附件:注册产品标准,产品说明书。
适用范围:该产品用于SYNCHRON LX PRO生化分析系统,UniCel DxC 600/800生化分析系统和SYNCHRON系统增强校正剂5,通过比浊法定量测定人血清或血浆中的C-反应蛋白。
生产厂家:美国Beckman Coulter, Inc.
注册代理:贝克曼库尔特商贸(中国)有限公司
发证日期:2014.01.08　　截止日期:2018.01.07

国食药监械(进)字2014第3400251号

产品名称:抗麻疹病毒抗体IgM检测试剂盒(酶联免疫吸附法)(Anti-Measles Virus ELISA (IgM))
规格型号:96人份/盒
产品标准:YZB/GER 7446-2013
性能组成:1.微孔板;2.标准品;3.阳性对照;4.阴性对照;5.酶结合物;6.样本缓冲液;7.清洗缓冲液;8.色原/底物液;9.终止液。产品有效期:2-8°C保存,不要冰冻。未开封前,除非特别说明,试剂盒中各成分自生产之日起可稳定1年。附件:注册产品标准,产品说明书。
适用范围:该产品用于人血清或血浆中半定量检测人抗麻疹病毒IgM类抗体。
生产厂家:德国EUROIMMUN Medizinische Labordiagnostika AG
注册代理:北京欧蒙生物技术有限公司
发证日期:2014.01.08　　截止日期:2018.01.07

国食药监械(进)字2014第3400251号(变更批件)

产品名称:抗麻疹病毒抗体IgM检测试剂盒(酶联免疫吸附法)(Anti-Measles Virus ELISA (IgM))
规格型号:96人份/盒
产品标准:YZB/GER 7446-2013
备注:变更内容:1.代理人和注册代理机构名称由"北京欧蒙生物技术有限公司"变更为"欧蒙医学诊断(中国)有限公司",机构地址由"北京市朝阳区北辰东路8号院1号楼19层1901-1907号"变更为"北京市朝阳区北辰东路8号院1号楼1908-1910室"。2.产品说明书中售后服务单位名称由"北京欧蒙生物技术有限公司"变更为"欧蒙医学诊断(中国)有限公司",机构地址由"北京市朝阳区北辰东路8号院1号楼19层1901-1907号"变更为"北京市朝阳区北辰东路8号院1号楼1908-1910室"。3.产品标准及产品说明书的主要组成成分中"质量控制证书"变更为"靶值参照表"。申请人根据批准变更内容自行修订注册产品标准、说明书及包装标签中相应内容。审批结论:根据《体外诊断试剂注册管理办法》(试行),经审查,予以变更。本批件与原注册证共同使用,本批件有效期与原注册证有效期相同。
生产厂家:德国EUROIMMUN Medizinische Labordiagnostika AG
变更日期:2014.09.22　　截止日期:2018.01.07

国食药监械(进)字2014第2400252号

产品名称:胆固醇检测试剂盒(酶终点法)(Cholesterol)
规格型号:CH7945: 9 x 50ml,CH8019: 4 x 68ml。
产品标准:YZB/UK 5965-2013
性能组成:Pipes缓冲液,4-氨基安替吡啉,苯酚,过氧化物酶,胆固醇酯酶,胆固醇氧化酶。(具体内容详见说明书)。产品有效期:2℃至8℃保存,有效期24个月。附件:注册产品标准,产品说明书。
适用范围:体外定量测定人血清和血浆中的胆固醇。
生产厂家:英国Randox Laboratories Ltd.
注册代理:英国朗道实验诊断有限公司上海代表处
发证日期:2014.01.08　　截止日期:2018.01.07

国食药监械(进)字2014第3400253号

产品名称:胃泌素释放肽前体测定试剂盒(化学发光微粒子免疫检测法)(ARCHITECT ProGRP Reagent Kit)
规格型号:1×100测试/盒
产品标准:YZB/GER 7692-2013
性能组成:微粒子、结合物、项目稀释液。(具体内容详见说明书)。产品有效期:2-8℃竖直向上储存,,有效期18个月.。附件:注册产品标准,产品说明书。
适用范围:用于体外定量测定人血清和血浆中的胃泌素释放肽前体(ProGRP)。
生产厂家:德国Abbott GmbH & Co. KG
注册代理:雅培贸易(上海)有限公司
发证日期:2014.01.08　　截止日期:2018.01.07

国食药监械(进)字2014第3400254号

产品名称:淋巴细胞亚群检测试剂盒(流式细胞法)(BD Simultest IMK-Lymphocyte)
规格型号:50检测人份
产品标准:YZB/USA 7475-2013
性能组成:A瓶:LeucoGATE (CD45/CD14)试剂;B瓶:同型对照;C瓶:CD3、CD19抗体试剂;D瓶:CD3、CD4抗体试剂;E瓶:CD3、CD8抗体试剂;F瓶:CD3、CD16+56抗体试剂;G瓶:FACS溶血素。产品有效期:保存于2-8℃,有效期为24个月。附件:注册产品标准,产品说明书。
适用范围:该产品用于测定红细胞裂解的全血样本中下述成熟淋巴细胞亚群(不含未成熟细胞)的比例:T淋巴细胞(CD3+),B淋巴细胞(CD19+),辅助/诱导T淋巴细胞(CD3+CD4+),抑制/细胞毒T淋巴细胞(CD3+CD8+),自然杀伤细胞(NK)(CD3-CD16+和/或CD56+)。辅助/抑制T淋巴细胞的比例也可以确定。
生产厂家:美国Becton, Dickinson and Company, BD Biosciences
注册代理:碧迪医疗器械(上海)有限公司
发证日期:2014.01.08　　截止日期:2018.01.07

国食药监械(进)字2014第2400255号

产品名称:总胆红素检测试剂盒(比色法)(Total Bilirubin Special (BIL-TS))
规格型号:250测试,4×100测试,600测试。
产品标准:YZB/GER 7545-2013
性能组成:试剂1:氨基磺酸(H3NO3S)、醋酸钠缓冲剂(C2H3NaO2)、表面活性剂、增溶剂;试剂2/试剂SR:重氮离子、盐酸(HCl)。(详见说明书)。产品有效期:2-8℃储存,有效期12个月。附件:注册产品标准,产品说明书。

适用范围:体外定量测定人血清、血浆中总胆红素浓度。
变更情况:变更日期：2014.10.23。同意将产品有效期由 12 个月变更为 18 个月。
生产厂家:德国 Roche Diagnostics GmbH
注册代理:罗氏诊断产品(上海)有限公司
发证日期:2014.01.08　　截止日期:2018.01.07

国食药监械(进)字 2014 第 2400256 号

产品名称:血气质控品(商品名：pHox 内质控)(Stat Profile pHOx /Basic Control Auto-Cartridge)
规格型号:100ml/袋×3 袋；23930：75 次测试，23931：110 次测试，23933：330 次测试。
产品标准:YZB/USA 7696-2013
性能组成:碳酸盐缓冲溶液；平衡过的已知浓度的氧气、二氧化碳和氮气。产品有效期：2-8℃的环境中冷藏，18 个月。附件：注册产品标准，产品说明书。
适用范围:该产品用于 Stat Profile pHOx 分析仪上，检测分析仪上可以测量的参数:pH, pCO2, pO2, SO2%, Hct, Hb 的准确性。
生产厂家:美国 Nova Biomedical Corporation
注册代理:美国诺瓦生物医学公司北京代表处
发证日期:2014.01.08　　截止日期:2018.01.07

国食药监械(进)字 2014 第 2400256 号(变更批件)

产品名称:血气质控品(商品名：pHox 内质控)(Stat Profile pHOx /Basic Control Auto-Cartridge)
规格型号:100ml/袋×3 袋；23930：75 次测试，23931：110 次测试，23933：330 次测试。
产品标准:YZB/USA 7696-2013
备注:变更内容：变更代理人、注册代理机构：由“美国诺瓦生物医学公司北京代表处”变更为“广州市浩通贸易有限公司”。申请人根据批准变更内容自行修订注册产品标准、说明书及包装标签中相应内容。审批结论：经审查，建议予以变更。注册代理机构存档备查。本批件与原注册证共同使用，本批件有效期与原注册证有效期相同。
生产厂家:美国 Nova Biomedical Corporation
变更日期:2014.08.01　　截止日期:2018.01.07

国食药监械(进)字 2014 第 2400257 号

产品名称:血氧校准品(商品名：pHOx Ultra/CCX 血氧校准品)(Stat Profile® pHOx Ultra/Critical Care Xpress CO-Oximeter Calibrator Catridge With Bilirubun and Deproteinizing Solution)
规格型号:总血红蛋白校准液>70ml，稀释液>180ml，清洗液 F>620mL，去蛋白溶液>90mL
产品标准:YZB/USA 7695-2013
性能组成:总血红蛋白定标液、稀释液、清洗液 F、去蛋白溶液、废液袋。产品有效期:未开封的试剂包常温储存(15-30℃)，有效期 12 个月。附件：注册产品标准，产品说明书。
适用范围:该产品用于与 Stat Profile pHOx Ultra/ Critical Care Xpress 全自动分析仪配套使用，定量测定人血液中总血红蛋白、氧合血红蛋白、碳氧血红蛋白、高铁血红蛋白、脱氧血红蛋白和总胆红素。
生产厂家:美国 Nova Biomedical Corporation
注册代理:美国诺瓦生物医学公司北京代表处
发证日期:2014.01.08　　截止日期:2018.01.07

国食药监械(进)字 2014 第 2400257 号(变更批件)

产品名称:血氧校准品(商品名：pHOx Ultra/CCX 血氧校准品)(Stat Profile® pHOx Ultra/Critical Care Xpress CO-Oximeter Calibrator Catridge With Bilirubun and Deproteinizing Solution)
规格型号:总血红蛋白校准液>70ml，稀释液>180ml，清洗液 F>620mL，去蛋白溶液>90mL
产品标准:YZB/USA 7695-2013
备注:变更内容：变更代理人、注册代理机构：由“美国诺瓦生物医学公司北京代表处”变更为“广州市浩通贸易有限公司”。申请人根据批准变更内容自行修订注册产品标准、说明书及包装标签中相应内容。审批结论：经审查，建议予以变更。注册代理机构存档备查。本批件与原注册证共同使用，本批件有效期与原注册证有效期相同。
生产厂家:美国 Nova Biomedical Corporation
变更日期:2014.08.01　　截止日期:2018.01.07

国食药监械(进)字 2014 第 2400258 号

产品名称:血气分析仪用质控品(商品名：pHOx Ultra/CCX 生化外质控)(Stat Profile pHOx Ultra/Critical Care Xpress Chemistry Controls)
规格型号:1.7mL/安瓿×10 安瓿×2 水平/盒
产品标准:YZB/USA 7698-2013
性能组成:包含了已知浓度的钠、钾、离子钙、离子镁、糖、乳酸、尿素和肌酐两个水平，不含人源性成分。产品有效期：2-8℃、不可冷冻，24 个月。附件：注册产品标准，产品说明书。
适用范围:该产品用于 Stat Profile pHOx Ultra/CCX 血气分析仪上，两个水平，检测分析仪上可以测量的参数：Na+、K+、Cl-、Ca++、Mg++、Glu、Lac、BUN(Urea)、Creat 的准确性。
生产厂家:美国 Nova Biomedical Corporation
注册代理:美国诺瓦生物医学公司北京代表处
发证日期:2014.01.08　　截止日期:2018.01.07

国食药监械(进)字 2014 第 2400258 号(变更批件)

产品名称:血气分析仪用质控品(商品名：pHOx Ultra/CCX 生化外质控)(Stat Profile pHOx Ultra/Critical Care Xpress Chemistry Controls)
规格型号:1.7mL/安瓿×10 安瓿×2 水平/盒
产品标准:YZB/USA 7698-2013
备注:变更内容：变更代理人、注册代理机构：由“美国诺瓦生物医学公司北京代表处”变更为“广州市浩通贸易有限公司”。申请人根据批准变更内容自行修订注册产品标准、说明书及包装标签中相应内容。审批结论：经审查，建议予以变更。注册代理机构存档备查。本批件与原注册证共同使用，本批件有效期与原注册证有效期相同。
生产厂家:美国 Nova Biomedical Corporation
变更日期:2014.08.01　　截止日期:2018.01.07

国食药监械(进)字 2014 第 2060259 号

产品名称:超声根管治疗头 (商品名：START-X)(START-X Compatible)
规格型号:此产品分为 SATELEC 与 EMS 两个型号，每个型号的规格都分别为：No 1、No 2、No 3、No 4、No 5.
产品标准:YZB/SWI 7406-2013《超声根管治疗头》
性能组成:根管治疗头不含有源部件，材料为不锈钢，材料号:DIN1.4197，牌号为：X20CrNiMoS13-1；化学成分为：碳 C、硅 Si、锰 Mn、磷 P、硫 S、铬 Cr、钼 Mo、镍 Ni、铁 Fe。
适用范围:该产品与齿科超声波洁牙机配套使用，具体范围如下:No 1 辅助修整髓室壁 No 2 辅助探查第二近中颊根根管（第二近中颊根）No 3 去除根管口的障碍物 No 4 辅助去除金属根管桩 No 5 重新定位髓室底结构（去除髓石或者旧充填物）
生产厂家:瑞士 MAILLEFER INSTRUMENTS HOLDING SARL.
注册代理:登士柏(天津)国际贸易有限公司
服务机构:登士柏(天津)国际贸易有限公司
发证日期:2014.01.10　　截止日期:2018.01.09

国食药监械(进)字 2014 第 2070260 号

产品名称:推结器 (商品名：ThruPort)(Knot Pusher)
规格型号:KP1
产品标准:YZB/USA 7575-2013《推结器》
性能组成:本产品为 Vectra®A130 液晶聚合物液晶高分子聚合物(LCP)制成的，由头端，杆和把柄组成。一次性使用产品，射线灭菌。
适用范围:用于胸腔手术中体外缝线打结，将体外缝线结推到体表面或者胸腔内.
生产厂家:美国 Edwards Lifesciences LLC
注册代理:爱德华(上海)医疗用品有限公司
服务机构:爱德华(上海)医疗用品有限公司
发证日期:2014.01.10　　截止日期:2018.01.09

国食药监械(进)字 2014 第 2150261 号

产品名称:笔式注射器(RebiSlide for Rebif)
规格型号:RebiSlide
产品标准:YZB/SWI 7334-2013 《笔式注射器》

性能组成:产品由笔式注射器主体、活塞、注射按钮、剂量显示窗、剂量调节旋钮、剂量校正按钮、药筒仓、笔式注射器帽组成。不带药筒和注射针头,所有部件不与注射部位直接接触。
适用范围:产品用于皮下注射筒装药物利比(Rebif, 重组人干扰素 β 1a 注射液)。
生产厂家:瑞士 Ares Trading S.A.
注册代理:默克雪兰诺(北京)医药研发有限公司
服务机构:北京科园信海医药经营有限公司
发证日期:2014.01.10 截止日期:2018.01.09

国食药监械(进)字 2014 第 2660262 号

产品名称:鼻空肠饲养管套装(Nasal Jejunal Feeding Tube)
规格型号:NJFT-8, NJFT-10
产品标准:YZB/USA 7454-2013《鼻空肠饲养管套装》
性能组成:鼻空肠饲养管套装由鼻空肠饲养管、鼻饲专用接头、饲养管塞、导丝和鼻口转换管组成。鼻空肠饲养管由以下材料制造:鼻空肠饲养管:聚氯乙烯(使用 ATBC 增塑剂)鼻饲专用接头:聚氯乙烯(使用 ATBC 增塑剂)和聚碳酸酯饲养管塞:聚碳酸酯导管上的标记:Transtech B 型墨导丝:304 不锈钢、特氟伦涂层(聚四氟乙烯)鼻口转换管:聚氯乙烯(使用 ATBC 增塑剂)一次性使用,环氧乙烷灭菌。
适用范围:鼻空肠饲养管套装被设计用于提供短期肠道通道,以便向小肠内输入营养物质和/或药物。
生产厂家:美国 Wilson-Cook Medical Incorporated
注册代理:库克(中国)医疗贸易有限公司 Cook (China) Medical Trading Co., Ltd
服务机构:库克(中国)医疗贸易有限公司 Cook (China) Medical Trading Co., Ltd
发证日期:2014.01.10 截止日期:2018.01.09

国食药监械(进)字 2014 第 2660263 号

产品名称:胃造瘘置换套装(商品名:Passport®)(Passport® Low Profile Gastrostomy Devices)
规格型号:PASS-20-1.2, PASS-20-1.7, PASS-20-2.4, PASS-20-3.4, PASS-20-4.4, PASS-24-1.2, PASS-24-1.7, PASS-24-2.4, PASS-24-3.4, PASS-24-4.4, PASS-PCK, PASS-PCK-I, CMD-1
产品标准:YZB/USA 7514-2013《胃造瘘置换器械》
性能组成:胃造瘘置换套装由胃造瘘置换管、放置器、接头(圆锥形接头和内圆锥形接头)、连接管、导管夹、测量尺、钳子、纱布块和注射器组成。胃造瘘置换套装由以下材料制造:胃造瘘置换管:硅胶;放置器:304 不锈钢;圆锥形接头:聚乙烯;内圆锥形接头:聚氯乙烯(增塑剂:乙酰柠檬酸三丁酯(ATBC);连接管:聚氯乙烯(增塑剂:乙酰柠檬酸三丁酯(ATBC);导管夹:聚乙烯;测量尺:聚乙烯;钳子:聚乙烯;注射器:聚丙烯,天然橡胶;纱布块:脱脂棉。一次性使用,环氧乙烷灭菌。
适用范围:胃造瘘置换套装被设计用于更换从已经形成的造瘘通道中取出的胃造瘘管。
生产厂家:美国 Wilson-Cook Medical Incorporated
注册代理:库克(中国)医疗贸易有限公司
服务机构:库克(中国)医疗贸易有限公司 Cook (China) Medical Trading Co., Ltd
发证日期:2014.01.10 截止日期:2018.01.09

国食药监械(进)字 2014 第 1030264 号

产品名称:神经外科手术器械(Neurosurgical Instruments)
规格型号:见附页
产品标准:YZB/GER 7491-2013《神经外科手术器械》
性能组成:神经外科手术器械由持针器、施夹钳、手术钳、手术剪、钢丝锯、头皮瓣牵开器、手摇骨钻、脑凹牵开器固定架、脑凹牵开器支架柔性臂和压脑板组成;该产品为使用前灭菌的可重复性使用产品;该产品采用符合 YY/T 0294.1-2005 的不锈钢、符合 YY 0605.12-2007 的钴铬钼及符合 GB 13810-2007 的 Ti6A14V 合金材料制成,详见规格型号列表。
适用范围:用于神经外科手术。
生产厂家:德国 AESCULAP AG
注册代理:贝朗医疗(上海)国际贸易有限公司
服务机构:贝朗医疗(上海)国际贸易有限公司
发证日期:2014.01.10 截止日期:2018.01.09

国食药监械(进)字 2014 第 2660265 号

产品名称:气管切开插管及配件(Tracheostomy Tube)
规格型号:见附页
产品标准:YZB/IRE 7501-2013《气管切开插管及配件》
性能组成:本产品分为带套囊气管切开插管和无套囊气管切开插管。由管身、内套管、助插芯、颈带组成。带套囊气管切开插管还包括套囊、充气管、指示球囊和单向阀。其中管身、套囊、充气管、指示球囊、由聚氯乙烯制成。内套管由聚对苯二甲酸乙二酯材料制成,助插芯由聚乙烯材料制成,单向阀由聚丙烯材料制成,劲带由聚氨酯制成。本产品采用环氧乙烷灭菌,为一次性使用无菌产品。
适用范围:本产品用于已有气管造瘘口的患者进行气管切开插管。
备注:2014 年 8 月 13 日同意更正企业注册地址内容,2014 年 1 月 10 日核发的医疗器械注册登记表予以废止。
生产厂家:爱尔兰 Teleflex Medical
注册代理:泰利福医疗器械商贸(上海)有限公司
服务机构:泰利福医疗器械商贸(上海)有限公司
发证日期:2014.01.10 截止日期:2018.01.09

国食药监械(进)字 2014 第 2220266 号

产品名称:内镜用超声水囊(Balloon for ultrasonography)
规格型号:B20UR, B20UT, B20BU
产品标准:YZB/JAP 6781-2013 《内镜用超声水囊》
性能组成:该产品由水囊主体、水囊环组成。与人体接触部分的材料为天然橡胶和淀粉。B20BU 型号为灭菌包装,其余型号采用非灭菌包装。
适用范围:该产品用于封装超声波传导媒介的水囊,与超声波内窥镜组合使用。产品于医疗设施内在医生的管理下,用于通过超声波对体腔内执行观察和诊断。B20UR 配合超声电子上消化道内窥镜 EG-530UR 使用。B20UT 配合超声电子上消化道内窥镜 EG-530UT 使用。B20BU 配合超声电子气管镜 EB-530US 使用。
生产厂家:日本富士胶片株式会社
注册代理:富士胶片(中国)投资有限公司
服务机构:富士胶片(中国)投资有限公司
发证日期:2014.01.10 截止日期:2018.01.09

国食药监械(进)字 2014 第 1660267 号

产品名称:一次性使用医用丁腈检查手套(NITRILE EXAMINATION GLOVES)
规格型号:XS, S, M, L, XL(有粉/无粉)
产品标准:YZB/MAL 7420-2013《一次性使用医用丁腈检查手套》
性能组成:产品由 100%丁腈橡胶胶乳、玉米淀粉制成。产品分为射线灭菌包装和非灭菌包装;分为麻面有粉和麻面无粉两种。
适用范围:适用于医用检查和诊断治疗过程中降低病人和使用者之间交叉污染或感染的风险。
备注:2014 年 6 月 24 日同意更正产品适用范围内容,2014 年 1 月 10 日核发的医疗器械注册登记表予以废止。
生产厂家:马来西亚 Perusahaan Getah Asas Sdn. Bhd.
注册代理:北京高产贸易有限公司
服务机构:见附页
发证日期:2014.01.10 截止日期:2018.01.09

国食药监械(进)字 2014 第 2660268 号

产品名称:尿动力测压管(Urodynamic)
规格型号:UR-325、UR-425、UR-340、UR-440、UR-530、UR-540、UR-640、UR-740、UR-140、UR-150、UR-240、UR-250、UR-145、UR-155、UR-245、UR-255、UR-450
产品标准:YZB/GER 7481-2013《尿动力测压管》
性能组成:测压管为带有 1-3 个接头的细长管子,材料为聚氨酯,测压管横截面分为 1、2 或 3 个管腔,顶端对应各腔有开口。经环氧乙烷灭菌,限一次性使用。
适用范围:本产品用于与尿动力学仪器配合使用,测量膀胱压、尿道压和直肠压。
生产厂家:德国 uroVision Gesellschaft für medizinischen Technologie-Transfer mbH
注册代理:莱凯医疗器械(北京)有限公司
服务机构:莱凯医疗器械(北京)有限公司

发证日期:2014.01.10　　**截止日期**:2018.01.09

国食药监械(进)字 2014 第 1050269 号

产品名称:耳鼻喉科用牵开器和拉钩(ENT Retractor and Hook)
规格型号:见附页
产品标准:YZB/GER 7479-2013《耳鼻喉科用牵开器和拉钩》
性能组成:本组产品由牵开器、气管牵开器、创口牵开器、小舌牵开器、腋下牵开器、鼻牵开器、颚弓牵开器、扁桃体牵开器、拉钩组成。本产品采用符合 DIN EN 10088-3-2005 不锈钢材料制成，产品非灭菌包装提供，使用前请灭菌。
适用范围:本产品用于耳鼻喉科中牵开、拉开、固定组织，以便检查和治疗。
生产厂家:德国 Richard Wolf Gmbh
注册代理:北京德华信达技术有限公司
服务机构:见附页
发证日期:2014.01.10　　**截止日期**:2018.01.09

国食药监械(进)字 2014 第 2100270 号

产品名称:锯片(Sawblades)
规格型号:见附页
产品标准:YZB/GER 6988-2013《锯片》
性能组成:该产品由锯片组成，材质为符合 YY/T 0294.1-2005 中钢号 0 的不锈钢。非灭菌包装，可重复使用。
适用范围:该产品在外科手术中切割骨用。
生产厂家:德国 MEDICON eG
注册代理:北京嘉联诚业医疗器械销售有限公司
服务机构:北京嘉联诚业医疗器械销售有限公司
发证日期:2014.01.10　　**截止日期**:2018.01.09

国食药监械(进)字 2014 第 1100271 号

产品名称:脊柱用手术工具(Medtronic Reusable Instruments)
规格型号:见附页
产品标准:YZB/USA 7364-2013《脊柱用手术工具》
性能组成:手术工具由试模、手柄、插入器、前路推子、球头推子、调节器、叉锤、提取器、前路冲击器、植入物持取器、滑锤、植骨冲、翻修工具、螺纹杆手柄、扩张管左右叶、定位针、侧方挡板、辅助扳手、刮匙、扩张管持取器、平铧、弯铧、把手、撑开器、终板保护器、撑开支架、螺纹插入器、中空手柄、组件、成角组件、纤维环刀、吸引器、刮刀、拉钩、导针、起子、扩张器、自由臂连接头、夹头、自由臂、前后挡板、持板器及挡板左右叶组成。与人体接触材料有：符合 ASTM F899 规定的 630、302、304、303、316、400、420、440C、XM-16、465 的不锈钢材料，符合 ASTM F138 规定的 316LVM 不锈钢，符合 IS016061 的硅橡胶材料，具体详见规格型号列表。产品采用非灭菌包装，不与有源器械联用。
适用范围:该手术工具用于脊柱外科手术
生产厂家:美国 Medtronic Sofamor Danek USA, Inc.
注册代理:美敦力(上海)管理有限公司
服务机构:美敦力(上海)管理有限公司
发证日期:2014.01.10　　**截止日期**:2018.01.09

国食药监械(进)字 2014 第 1100272 号

产品名称:髋关节手术工具（商品名：Tri-lock）(Tri-lock Hip Instruments)
规格型号:见附页
产品标准:YZB/USA 7030-2013《髋关节手术工具》
性能组成:该产品由手柄、把持器、模块、开启器、骨凿、、打入器、髓腔锉、切割导引块、探针、锉刀组成。产品材料为 ASTM F899 的 S21800、630 不锈钢和 GB/T 19701.2 的超高分子量聚乙烯，非灭菌包装。
适用范围:该产品用于髋关节置换手术。
生产厂家:美国 DePuy Orthopaedics, Inc.
注册代理:强生(上海)医疗器材有限公司
服务机构:强生(上海)医疗器材有限公司
发证日期:2014.01.10　　**截止日期**:2018.01.09

国食药监械(进)字 2014 第 1100273 号

产品名称:脊柱横联接装置工具(MAC Instruments)
规格型号:48010000 48040120
产品标准:YZB/FRA 6990-2013《脊柱横联接装置工具》
性能组成:非有源矫形外科手术工具，由存放盒？p 持取器组成。其中持取器使用符合 IS05832-1 的不锈钢制造；存放盒采用不锈钢、钛合金及聚乙烯、聚酰胺材料制成。非灭菌包装。
适用范围:适用于胸腰段后路棒连接外科手术。
生产厂家:法国 Stryker Spine S.A.S.
注册代理:史赛克(北京)医疗器械有限公司
服务机构:史赛克(北京)医疗器械有限公司
发证日期:2014.01.10　　**截止日期**:2018.01.09

国食药监械(进)字 2014 第 3770274 号

产品名称:小型传送系统（商品名：AMPLATZER TorqVue）(AMPLATZER TorqVue Low Profile Delivery System)
规格型号:9-TVLP4F90/060, 9-TVLP4F90/080, 9-TVLP5F90/060, 9-TVLP5F90/080
产品标准:YZB/USA 6885-2013《小型传送系统(AMPLATZER TorqVue Low Profile Delivery System)》
性能组成:本产品由传送导管、装载器、止血阀、塑料钳和传送导丝组成。其中传送导管由传送导管和导管座组成；装载器由装载器和装载器座组成；止血阀带有延长柄和旋塞阀；传送导丝由导丝和微螺丝组成。环氧乙烷灭菌，产品一次性使用。
适用范围:本产品适用于心脏病介入治疗专家放置 AMPLATZER 装置。
生产厂家:美国 AGA Medical Corporation
注册代理:圣犹达医疗用品(上海)有限公司
服务机构:圣犹达医疗用品(上海)有限公司
发证日期:2014.01.13　　**截止日期**:2018.01.12

国食药监械(进)字 2014 第 3460275 号

产品名称:盆底补片及附件(商品名：爱唯她)(Avaulta Solo Synthetic Support System)
规格型号:486, 100, 486, 200
产品标准:YZB/USA 7469-2013《盆底补片及附件》
性能组成:产品由盆底补片和导引器组成。补片由聚丙烯单丝制成，带有蓝色丙纶缝线；导引器一端为 304 不锈钢导引针，内有镍钛合金圈套器，另一端为 ABS 塑料手柄。环氧乙烷灭菌，一次性使用。
适用范围:阴道壁脱垂需行外科手术进行机械支持或为缺失筋膜提供连接材料时，该产品用于加强组织并长期维持盆底筋膜结构的稳定性。
生产厂家:美国 C.R.Bard, Inc.
注册代理:巴德医疗科技(上海)有限公司
服务机构:巴德医疗科技(上海)有限公司
发证日期:2014.01.13　　**截止日期**:2018.01.12

国食药监械(进)字 2014 第 3660276 号

产品名称:一次性使用腰麻及硬膜外联合麻醉套件（商品名：Espocan）(Set for combined spinal and epidural anaesthesia)
规格型号:见附页
产品标准:YZB/GER 7516-2013《一次性使用腰麻及硬膜外联合麻醉套件》
性能组成:由腰麻针、硬膜外麻醉针、导管及对接接头、导管连接器、Perifix LOR 低阻力注射器、药液过滤器和药液过滤器固定附件组成。无菌，一次性使用。环氧乙烷灭菌。
适用范围:用于腹部和下肢手术麻醉。
备注:2014 年 4 月 18 日同意更正企业注册地址内容，2014 年 1 月 13 日核发的医疗器械注册登记表予以废止。
生产厂家:德国 B.Braun Melsungen AG
注册代理:贝朗医疗(上海)国际贸易有限公司
服务机构:贝朗医疗(上海)国际贸易有限公司
发证日期:2014.01.13　　**截止日期**:2018.01.12

国食药监械(进)字 2014 第 3460277 号

产品名称:下肢锁定金属接骨板系统(Acumed Lower Extremity Congruent Plate System)
规格型号:见附页
产品标准:YZB/USA 7425-2013《下肢锁定金属接骨板系统》
性能组成:该产品由锁定接骨板和锁定螺钉组成，由符合 ASTM F136 标准规定的 Ti6Al4V ELI 钛合金材料制成。表面经阳极氧化处理。非灭菌包装。
适用范围:适用于趾骨、跖骨、跗骨、跟骨骨折、骨融合、骨切开术内固定。
生产厂家:美国 Acumed LLC
注册代理:艾克曼(北京)咨询有限公司
服务机构:艾派(广州)医疗器械有限公司
发证日期:2014.01.13　**截止日期**:2018.01.12

国食药监械(进)字 2014 第 2560278 号

产品名称:面罩及附件(Mask)
规格型号:Ultra Mirage Non Vented Full Face Mask
产品标准:YZB/AUL 7593-2013《面罩及附件》
性能组成:该产品由面罩软垫(硅树脂)、软垫扣钩(聚碳酸酯)、鲁尔锁口帽(聚碳酸酯)、弯头(聚碳酸酯)、弯头定位器(聚碳酸酯)、面罩框(聚碳酸酯)、前额托架(聚碳酸酯)、前额托架垫(硅树脂)、头带扣钩{上端 Velcro 维克罗扣钩(聚对苯二甲酸丁二醇酯)、下端 Velcro 维克罗扣钩(聚对苯二甲酸丁二醇酯)}、头带(弹性材料)组成。该产品为环氧乙烷灭菌,可供患者重复使用。产品规格:Large(大号);Medium(中号);Small(小号)。根据面罩软垫外形不同,每种规格又分为 Standard(标准)、Shallow(浅)两种。
适用范围:该产品适用于与主动式排气阀呼吸机系统一起使用,对呼吸功能不全和呼吸衰竭的患者提供通气帮助。该产品供体重超过 30 公斤,需要非生命支持性通气帮助的患者。
生产厂家:澳大利亚 ResMed Limited
注册代理:瑞思迈(北京)医疗器械有限公司
服务机构:瑞思迈(北京)医疗器械有限公司
发证日期:2014.01.13　**截止日期**:2018.01.12

国食药监械(进)字 2014 第 2560279 号

产品名称:面罩(Mask)
规格型号:Mirage Quattro Full Face Mask
产品标准:YZB/AUL 7587-2013《面罩》
性能组成:该产品由防窒息阀{阀门膜(硅树脂)、阀门扣钩(聚碳酸酯)}、面罩软垫(硅树脂)、软垫扣钩(聚对苯二甲酸丁二醇酯)、端口帽(硅树脂)、弯头组件{弯头(聚碳酸酯)、万向轴(聚碳酸酯)}、面罩框(聚碳酸酯)、微调器(聚碳酸酯)、前额托架(聚碳酸酯)、前额托架垫(硅树脂)、头带扣钩(聚对苯二甲酸丁二醇酯)、头带{上端头带(弹性材料)、下端头带(弹性材料)}组成。该产品由环氧乙烷灭菌,可供患者重复使用。产品规格:Large(大号);Medium(中号);Small(小号);Extra Small(加小号)。
适用范围:该产品通过气道正压装置例如持续气道正压(CPAP)或双水平系统,以无创的方式向患者提供气流。该产品供体重超过 30 公斤,按医嘱须接受气道正压治疗的成年患者使用。
生产厂家:澳大利亚 ResMed Limited
注册代理:瑞思迈(北京)医疗器械有限公司
服务机构:瑞思迈(北京)医疗器械有限公司
发证日期:2014.01.13　**截止日期**:2018.01.12

国食药监械(进)字 2014 第 2560280 号

产品名称:面罩及附件(Mask)
规格型号:Mirage Liberty Full Face Mask
产品标准:YZB/AUL 7595-2013《面罩及附件》
性能组成:该产品由防窒息阀{阀瓣(硅树脂)、阀门夹子(聚碳酸酯)}、口垫(硅树脂)、鼻枕(硅树脂)、面罩框架(聚碳酸酯)、端口帽(硅树脂)、弯头(聚碳酸酯)、入口管(聚烯烃塑料)、万向轴(聚碳酸酯)、头带扣钩{上端扣钩(尼龙)、下端扣钩(聚对苯二甲酸丁二醇酯)}、头带(弹性材料)组成。该产品为环氧乙烷灭菌,可供患者重复使用。产品规格:Large(大号);Small(小号)。
适用范围:该产品通过气道正压装置例如持续气道正压(CPAP)或双水平系统,以无创的方式向患者提供气流。该产品供体重超过 30 公斤,按医嘱须接受气道正压治疗的成年患者使用。
生产厂家:澳大利亚 ResMed Limited
注册代理:瑞思迈(北京)医疗器械有限公司
服务机构:瑞思迈(北京)医疗器械有限公司
发证日期:2014.01.13　**截止日期**:2018.01.12

国食药监械(进)字 2014 第 3460281 号

产品名称:金属接骨螺钉(商品名:Zimmer 通用锁定(Zimmer Universal Locking))(Metallic Bone Screw)
规格型号:见附页
产品标准:YZB/USA 7551-2013《金属接骨螺钉》
性能组成:该产品采用符合 ISO 5832-1 标准规定的不锈钢材料制成,灭菌包装。
适用范围:该产品适用于在骨折后进行内固定和稳定骨的作用,为临时性内固定装置。本系统的螺钉可与本公司生产的钢板螺钉(ZPS)系统和围关节钢板(Peri-Locking)系统配合使用。
生产厂家:美国 Zimmer Inc.
注册代理:捷迈(上海)医疗国际贸易有限公司
服务机构:捷迈(上海)医疗国际贸易有限公司
发证日期:2014.01.13　**截止日期**:2018.01.12

国食药监械(进)字 2014 第 3460282 号

产品名称:金属锁定接骨板(商品名:Zimmer 通用锁定(Zimmer Universal Locking))(Metallic Locking Bone Plate)
规格型号:见附页
产品标准:YZB/USA 7554-2013《金属锁定接骨板》
性能组成:该产品由 T 型锁定钢板、L 型锁定钢板和管状锁定钢板组成,采用符合 ISO 5832-1 标准规定的不锈钢材料制成。灭菌或非灭菌包装。
适用范围:该产品适用于对骨折和截骨的临时内固定和稳定,包括:粉碎性骨折、髁上骨折、关节外骨折、骨质疏松骨的骨折、骨不连接和骨折愈合不良。该产品可与该公司生产的钢板螺钉(ZPS)系统和围关节钢板(Peri-Locking)系统中的螺钉配合使用。
生产厂家:美国 Zimmer Inc.
注册代理:捷迈(上海)医疗国际贸易有限公司
服务机构:捷迈(上海)医疗国际贸易有限公司
发证日期:2014.01.13　**截止日期**:2018.01.12

国食药监械(进)字 2014 第 3150283 号

产品名称:一次性使用动静脉留置针(商品名:Supercath)(プラスチックカニューレ型滅菌済み穿刺針)
规格型号:见附页
产品标准:YZB/JAP 7561-2013《一次性使用动静脉留置针》
性能组成:留置针按照外观型式可分成有翼型和无翼型两种。按照防护型式可分为普通型、安全护套型和自回收型。留置针由保护套、留置部分和穿刺部分组成。自回收型留置针的留置部分由导管、导管座、翼、防回血阀门和活塞组成,穿刺部分由导引针、针座、激活按钮、针管和排气接头组成。安全护套型留置针的留置部分由导管、导管座、翼(有翼型)、防回血阀门和活塞组成,穿刺部分由导引针、锭、针座、安全护套和排气接头组成。普通型留置针的留置部分由导管、导管座、翼(有翼型)、防回血阀门和活塞组成,穿刺部分由导引针、针座、安全护套和排气接头组成。防护套、活塞、锭和安全护套由聚丙烯制成;导管由硫酸钡聚氨酯制成;导管座和针座由聚碳酸酯制成;防回血阀门由聚异戊二烯制成;导引针由牌号为 06Cr19Ni10 的不锈钢制成;激活按钮由聚甲醛制成。留置针采用环氧乙烷灭菌。
适用范围:本产品适用于外周静脉输液,监测动脉压时的动脉穿刺,以及血液样本的采集。
生产厂家:日本東郷メディキット株式会社
注册代理:北京恒润泰医药科技有限公司
服务机构:北京恒润泰医药科技有限公司
发证日期:2014.01.13　**截止日期**:2018.01.12

国食药监械(进)字 2014 第 1260284 号

产品名称:膝关节矫形器(Knee Orthosis)
规格型号:见附页
产品标准:YZB/GER 7487-2013《膝关节矫形器》
性能组成:该产品主要由衬垫、带垫、护膝垫、搭扣带、锁销、角度调节盘、不锈钢管架、铝架或氧化铝板、塑料伸直限位块、屈曲限位块、套环等组成。其中衬垫、带垫、护膝垫、搭扣带、锁销、角度调节盘直接与人体皮肤接触,其余组件均不与人体直接接触。衬垫、带垫、护膝垫由丙纶或聚酰胺材料制成;搭扣带由尼龙材料制成;锁销和角度调节盘由聚丙烯塑料制成。非灭菌包装。

适用范围:主要用于膝关节创伤后和术后固定以及膝关节一定范围内的活动，并且能够固定和稳定膝关节矫正腿轴(大腿和小腿中间)。
生产厂家:德国 Otto Bock HealthCare GmbH
注册代理:奥托博克(中国)工业有限公司
服务机构:奥托博克(中国)工业有限公司
发证日期:2014.01.13 截止日期:2018.01.12

国食药监械(进)字 2014 第 1100285 号

产品名称:脊柱外科用工具(商品名:SYNTHES)(Instruments for Spinal Surgery)
规格型号:见附页
产品标准:YZB/SWI 7569-2013《脊柱外科用工具》
性能组成:该产品由改锥、丝攻、螺丝刀、瞄准器、钻头、螺钉取出器、测深尺、测径器、探针、取出钳、加压钳、把持器、弯棒钳、探子、推杆器、复位钳、直形/弯形钳、撑开器、拉钩、各种手柄、模板、模块、连接杆、保护帽/套、夹子、钻头导向器、钻套、改锥杆、定位装置、夹持钳、安装钳、扩张器、复位工具、铰刀、移除工具、滑锤等组成，其中工具中与人体接触部分的金属材料采用符合 ASTM F 899 规定的不锈钢材料或符合 ISO5832-1 规定的不锈钢材料，符合 ISO5832-11 和 ISO5832-3 的钛合金材料，以及符合 ASTM B 209 的铝合金材料制成。非灭菌包装。
适用范围:该产品为手术工具，用于辅助进行骨折内固定治疗手术中，协助完成骨折复位。钻头不与有源器械联用使用。
生产厂家:瑞士 Synthes GmbH
注册代理:强生(上海)医疗器材有限公司
服务机构:辛迪思(上海)医疗器械贸易有限公司、强生(上海)医疗器材有限公司
发证日期:2014.01.13 截止日期:2018.01.12

国食药监械(进)字 2014 第 3660286 号

产品名称:骨水泥髓腔塞(商品名: Allen)(Medullary Cement Plugs)
规格型号:见附页
产品标准:YZB/USA 7550-2013《骨水泥髓腔塞》
性能组成:该产品有不同尺寸的组合包装。骨水泥髓腔塞组合包括两种不同尺寸的髓腔塞和一个一次性使用的髓腔放置器(一次性工具)。髓腔塞采用高密度聚乙烯添加 10%硫酸钡添加剂制成；放置器是由共聚多醚材料制成。灭菌包装。
适用范围:适用于全髋关节置换术中控制、限制骨水泥的流动。
生产厂家:美国 Zimmer, Inc.
注册代理:捷迈(上海)医疗国际贸易有限公司
服务机构:捷迈(上海)医疗国际贸易有限公司
发证日期:2014.01.13 截止日期:2018.01.12

国食药监械(进)字 2014 第 3460287 号

产品名称:脊柱内固定系统(商品名: Krypton)(krypton multisegmental internal fixator)
规格型号:见附页
产品标准:YZB/GER 7544-2013《脊柱内固定系统》
性能组成:该产品由椎弓根螺钉、骶骨螺钉、锁定螺钉、连接环、固定棒和交叉连接部件组成，采用符合 ISO 5832-3: 2000 标准的 Ti6Al4V 合金材料制造。连接环表面经阳极氧化处理，非灭菌包装。
适用范围:适用于脊柱胸腰椎后路内固定。
生产厂家:德国 ulrich GmbH & Co. KG
注册代理:北京百优华泰医疗科技有限公司
服务机构:北京百优华泰医疗科技有限公司
发证日期:2014.01.13 截止日期:2018.01.12

国食药监械(进)字 2014 第 3220288 号

产品名称:后房型屈光晶体(商品名:COLLAMER 可植入接触镜)(COLLAMER IMPLANTABLE CONTACT LENS)
规格型号:TICM115V4, TICM120V4, TICM125V4, TICM130V4
产品标准:YZB/SWI 7385-2013《后房型屈光晶体》
性能组成:该产品为单件式后房人工晶状体，可折叠，襻型为一件式扁平襻。主体与支撑部分为同种材料，是猪胶原与聚甲基丙烯酸羟乙酯的复合物，添加紫外吸收剂。屈光度范围: -3.00D～-23.00D；柱镜度: +1.0D～+6.0D。光学设计: 单焦，球面。无菌状态提供，一次性使用。
适用范围:该产品适用于年龄 21～45 岁，有晶状体的成年人，治疗度数为-3.00 至-20.00 的近视和 1.00 至 4.00 的散光。
生产厂家:瑞士 STAAR Surgical AG
注册代理:达视光学设备技术(上海)有限公司
服务机构:上海兰生物产国际贸易有限公司
发证日期:2014.01.13 截止日期:2018.01.12

国食药监械(进)字 2014 第 3460289 号

产品名称:复合缝线骨锚钉(VersalokSutureAnchor)
规格型号:210808
产品标准:YZB/USA 7558-2013《复合缝线骨锚钉》
性能组成:该产品是一种两件式植入物，由锚体，锚套，Orthocord 部分可吸收缝线及相应插入器工具组成，用于将软组织牢固的固定在骨骼上。当与 2 号缝线及传送装置一起使用时植入物可牢固地将软组织再附着到骨骼上。骨锚锚体材质为符合 GB/T13810-2007 规定的 TC4ELI，锚套为符合 YY0660-2008 标准的聚醚醚酮(PEEK)，级别为 LT1；插入器为符合 ASTMF899 的 630 不锈钢制成。Orthocord 部分可吸收缝线用染色的(D&C2 号紫色或 D&C6 号蓝色)可吸收性聚对二氧环己酮(polydiaxanone, 简称 PDS)与未染色的非可吸收聚乙烯复合的人造无菌编织合成缝线。灭菌包装。
适用范围:适用于以下将软组织重新附着在骨骼上的手术:肩关节:肩袖撕裂伤修复和二头肌肌腱固定术。膝:内侧副韧带修复、外侧副韧带修复、后斜韧带修复、髂胫带腱固定、关节囊缝合。肘:二头肌肌腱再附着。
生产厂家:美国 DePuy Mitek
注册代理:强生(上海)医疗器材有限公司
服务机构:强生(上海)医疗器材有限公司
发证日期:2014.01.13 截止日期:2018.01.12

国食药监械(进)字 2014 第 2220290 号

产品名称:扩张导管(Dilation Catheter)
规格型号:见附页
产品标准:YZB/GER 7246-2013《扩张导管》
性能组成:该产品由连接器、本体管、金属环及金属环涂层组成。由聚甲醛、聚四氟乙烯、钨、聚烯烃及不锈钢 316 制成。环氧乙烷灭菌包装为一次性使用产品；非灭菌包装产品需消毒后再使用。
适用范围:与内窥镜配合使用，用于扩张患者消化道狭窄。灭菌产品(E 系列)仅适用于胆道系统。
生产厂家:德国 ENDO-FLEX GmbH
注册代理:苏州达美医疗科技有限公司
服务机构:苏州达美医疗科技有限公司
发证日期:2014.01.13 截止日期:2018.01.12

国食药监械(进)字 2014 第 2630291 号

产品名称:暂时粘固用氧化锌丁香酚水门汀(TempBond)
规格型号:29675(Base:50g/支×1 支+Accelerator:15g/支×1 支)/盒 31377 [(Base:1.8g/支+Accelerator:0.6g/支)/包×50 包]/盒
产品标准:YZB/USA 7386-2013《暂时粘固用氧化锌丁香酚水门汀》
性能组成:组成基质成分:矿物油、氧化锌、氧化铁。催化剂成分:天然树脂、丁香酚、醋酸锌盐。
适用范围:本品为临时修复材料，主要用于临时修复体包括临时冠、桥、嵌体、高嵌体的粘固。
生产厂家:美国 Kerr Corporation
注册代理:卡瓦盛邦(上海)牙科医疗器械有限公司
服务机构:卡瓦盛邦(上海)牙科医疗器械有限公司
发证日期:2014.01.13 截止日期:2018.01.12

国食药监械(进)字 2014 第 2630292 号

产品名称:硅橡胶印模材料(Elastomeric impression materials)
规格型号:型 号: BISICO S1、BISICO S4 规 格: 200 ml、76.5 ml、50 ml。
产品标准:YZB/GER 7282-2013《硅橡胶印模材料》
性能组成:BISICO S1(稠度 0 型):催化剂:二甲基甲基乙烯基聚硅氧烷、硅酸、二氧化钛、铂催化剂、基质:二甲基甲基氢硅氧烷、氧化铁。BISICO S4(稠度 3 型):催化剂:二甲基甲基乙烯基聚硅氧烷、硅酸、铝镁硅酸盐、二氧化钛、铂催化剂基质:二甲基甲基氢硅氧烷、铝酸钴。

适用范围:适用于医院口腔科在修复时对冠、桥、嵌体取印模用。
生产厂家:德国 Bisico Bielefelder Dentalsilicone GmbH & Co. KG
注册代理:北京永轩科技有限公司
服务机构:上海安登齿科器材有限公司
发证日期:2014.01.13 截止日期:2018.01.12

国食药监械(进)字2014第2630293号

产品名称:临时冠桥材料(Temporary of crown and bridge materials)
规格型号:型 号: Bisico Provi Temp K 规 格: 5ml/盒、50ml/盒
产品标准:YZB/GER 7284-2013《临时冠桥材料》
性能组成:主要组成:催化剂:石英玻璃填充剂 68%、N, N-二甲基苯胺 0.5%、过氧苯甲酰 0.5%、多官能团丙烯酸酯 15%、多官能团 10%、甲基丙烯酸酯 5%、马来酸 1%。基质:石英玻璃填充剂 60.6%、N, N-二甲基苯胺 0.5%、多官能团丙烯酸酯 9%、多官能团 21.1%、甲基丙烯酸酯 6.1%、二氧化硅 0.7%、马来酸 2%。性能:粘接强度不低于 5MPa。挠曲强度至少为 50MPa。吸水值不大于 40μg/mm3。溶解值不大于 7.5μg/mm3。细菌菌落总数≤20cfu/g。
适用范围:制作口腔临时用冠桥修复体 。
生产厂家:德国 Bisico Bielefelder Dentalsilicone GmbH &Co. KG
注册代理:北京永轩科技有限公司
服务机构:上海安登齿科器材有限公司
发证日期:2014.01.13 截止日期:2018.01.12

国食药监械(进)字2014第3460294号

产品名称:多维锁定肱骨髓内钉系统(MultiLoc Humeral Nail system)
规格型号:见附页
产品标准:YZB/SWI 7466-2013《多维锁定肱骨髓内钉系统》
性能组成:该产品由髓内钉主钉、螺钉和尾帽组成,髓内钉近端包括内嵌体。髓内钉主钉、螺钉和尾帽采用符合 ISO 5832-11 的钛 6 铝 7 铌合金材料制造,表面经阳极氧化处理。髓内近端钉内嵌体采用符合 GB/T 19701.2 的 2 型超高分子量聚乙烯材料制造。灭菌或非灭菌包装。
适用范围:该产品用于肱骨近端骨、肱骨近端骨折延伸至肱骨干、肱骨近端合并肱骨干骨折的内固定。
生产厂家:瑞士 Synthes GmbH
注册代理:强生(上海)医疗器材有限公司
服务机构:辛迪思(上海)医疗器械贸易有限公司(其它见附件)
发证日期:2014.01.13 截止日期:2018.01.12

国食药监械(进)字2014第2630295号

产品名称:齿科磁性附着体 (商品名: MAGFIT EX) (歯科用精密磁性アタッチメント)
规格型号:EX400W, EX600W
产品标准:YZB/JAP 7200-2013《齿科磁性附着体》
性能组成:该产品利用磁性将义齿固定在根面上。由嵌在义齿基托中的磁性附着体和装在根面上的衔铁组成。磁性附着体呈三明治结构,两层不锈钢磁轭包绕着钕铁硼磁石。磁性附着体表面材料为 SUS316 不锈钢材料。衔铁材料为 SUS444 不锈钢材料。
适用范围:适用于可摘局部义齿或覆盖义齿的固位。该产品只可用于死髓牙。
生产厂家:日本愛知製鋼株式会社
注册代理:日进齿科材料(昆山)有限公司
服务机构:日进齿科材料(昆山)有限公司
发证日期:2014.01.13 截止日期:2018.01.12

国食药监械(进)字2014第2630296号

产品名称:临时冠桥树脂材料(Protemp Composite for Temporary Crowns and Bridges)
规格型号:见附页
产品标准:YZB/GER 7069-2013《临时冠桥树脂材料》
性能组成:Protempt™ II 临时冠桥树脂材料: 本剂主要由 Bis-GDMA、锶玻璃、硅石组成; 催化剂主要由 2, 2′-[(1-甲基亚乙基)bis(4, 1-亚苯基氧基)]二乙基双乙酯二十二烷双乙酸酯、2, 2′-[(1-甲基亚乙基)bis(4, 1-亚苯基氧基)]二乙基双乙酯,过氧化十二烷、磺胺类替代物、硅石组成。Protempt™ 4 临时冠桥树脂材料: 本剂主要由二丙烯酸脂、硅烷化硅石、硅烷偶联剂、聚亚安酯甲基丙烯酸盐组成; 催化剂主要由 1-甲基亚乙基双(4, 1-苯氧基-2, 1-亚乙基)双乙酸酯、1-苄基-5-苯基巴比妥酸、硅烷化硅石组成。挠曲强度大于 50MP,抛光后具有高度抛光的表面。
适用范围:用于牙科修复治疗过程中冠、桥的临时修复。主要包括: - 临时牙冠,桥,嵌体,高嵌体和贴面的制作- 暂时性修复体的制作- 树脂(如由 3M ESPE 制作的 Protemp™ 冠)和金属(如由 3M ESPE 制作的 Iso-FormTM 冠)临时冠制作前的衬底材料
生产厂家:德国 3M Deutschland GmbH
注册代理:明尼苏达矿业制造(上海)国际贸易有限公司
服务机构:明尼苏达矿业制造(上海)国际贸易有限公司
发证日期:2014.01.13 截止日期:2018.01.12

国食药监械(进)字2014第2630297号

产品名称:正畸颊面管(Buccal Tubes)
规格型号:见附页
产品标准:YZB/USA 7431-2013《正畸颊面管》
性能组成:正畸颊面管由 Accent 系列、Damon 系列、Gingivally Offset 系列、Micro 系列、Peerless Cast 系列、Titanium Orthos 2.0 系列组成。Damon 系列和 Titanium Orthos 2.0 系列颊面管由符合 GB/T3620.1-2007 中的工业纯钛 TA4 制成; Accent 系列颊面管由符合 GB/T 1220-2007 中的 S31608 不锈钢制成,牌号为 06Cr17Ni12Mo2; Gingivally Offset 系列、Micro 系列、Peerless Cast 系列颊面管的主体、牵引钩及底板由符合 GB/T 1220-2007 中的 S31608 不锈钢制成,牌号为 06Cr17Ni12Mo2; 揭盖及滑板由符合 GB/T 1220-2007 中的 S30458 不锈钢制成,牌号为 06Cr19Ni10N。正畸颊面管为非自锁颊面管。
适用范围:正畸颊面管在口腔正畸治疗时用于矫治牙齿畸形。
备注:2014年5月14日同意更正企业注册地址内容,2014年1月13日核发的医疗器械注册登记表予以废止。
生产厂家:美国 Ormco Corporation
注册代理:卡瓦盛邦(上海)牙科医疗器械有限公司
服务机构:卡瓦盛邦(上海)牙科医疗器械有限公司
发证日期:2014.01.13 截止日期:2018.01.12

国食药监械(进)字2014第2660298号

产品名称:面罩(Mask)
规格型号:Hospital Full Face Mask
产品标准:YZB/AUL 7515-2013《面罩》
性能组成:本产品由面罩垫(硅橡胶)、面罩垫扣钩(聚碳酸酯)、防窒息阀(硅橡胶)、弯头(聚对苯二甲酸丁二酯)、万向轴(聚碳酸酯)、面罩框(聚丙烯)、远端压力孔(聚碳酸酯)、头带锁扣(聚对苯二甲酸丁二酯)、头带(聚酯弹性体)组成。本产品由环氧乙烷灭菌,一次性使用。产品规格:Large(大号); Medium(中号); Small(小号)。
适用范围:该产品用于接受持续气道正压通气治疗或双水平治疗的成年病人(大于30公斤)。其仅用于单一病人的短期(最长7天)治疗。
生产厂家:澳大利亚 ResMed Limited
注册代理:瑞思迈(北京)医疗器械有限公司
服务机构:瑞思迈(北京)医疗器械有限公司
发证日期:2014.01.13 截止日期:2018.01.12

国食药监械(进)字2014第2660299号

产品名称:鼻罩(Mask)
规格型号:Hospital Nasal Mask
产品标准:YZB/AUL 7563-2013《鼻罩》
性能组成:本产品由端口帽(硅树脂)、万向轴(聚丙烯)、弯头(聚碳酸酯)、鼻罩框(聚碳酸酯)、鼻罩垫扣钩(聚碳酸酯)、垫插入环(聚碳酸酯)、鼻罩垫(硅树脂)、头带(聚酯弹性体)组成。本产品由环氧乙烷灭菌,一次性使用。产品规格:Large(大号); Medium(中号)。
适用范围:该产品用于接受持续气道正压通气治疗或双水平治疗的成年病人(大于30公斤)。其仅用于单一病人的短期(最长7天)治疗。
生产厂家:澳大利亚 ResMed Limited
注册代理:瑞思迈(北京)医疗器械有限公司
服务机构:瑞思迈(北京)医疗器械有限公司
发证日期:2014.01.13 截止日期:2018.01.12

国食药监械(进)字2014第2630300号

产品名称:正畸粘接剂 (商品名: System 1+) (adhesive)

规格型号:740-0107, 740-0105, 740-0106, 740-0101, 740-0108
产品标准:YZB/USA 7472-2013《正畸粘接剂》
性能组成:正畸粘接剂(System 1+)由粘接剂、激活剂和酸蚀剂组成。固化方式为化学固化。其中粘接剂的主要成分为:双酚A二甲基丙烯酸甲酯、三乙二醇二甲基丙烯酸酯、二苯酚A乙氧酸二甲基丙烯酸、气相二氧化硅、2,6-二叔丁基对甲酚、2-羟基-4-甲氧基二苯甲酮、硅烷钡离子;激活剂的主要成分为:双酚A二甲基丙烯酸甲酯、三乙二醇二甲基丙烯酸酯、2,6-二叔丁基对甲酚、2-羟基-4-甲氧基二苯甲酮、聚甲基丙烯酸甲酯;酸蚀剂的主要成分为磷酸和水。
适用范围:正畸粘接剂(System 1+)在口腔正畸治疗时用于在牙齿表面上粘接正畸矫治器。
生产厂家:美国 Ormco Corporation
注册代理:卡瓦盛邦(上海)牙科医疗器械有限公司
服务机构:卡瓦盛邦(上海)牙科医疗器械有限公司
发证日期:2014.01.13　　**截止日期**:2018.01.12

国食药监械(进)字 2014 第 2100301 号

产品名称:单侧多功能外固定器(DynaExtor System)
规格型号:见附页
产品标准:YZB/ROK 7600-2013《单侧多功能外固定器》
性能组成:该产品由骨针夹具、架体、固定器、垫圈、垫片、连接体、板身、板盖、螺纹杆、刻度轴、滑动针、微调体、夹头、球碗、球头、固定轴、底座、延长杆、连接器、角度调节器、固定螺栓、引导槽组成。包括下肢固定器、上肢固定器、手腕固定器、手指固定器,分S型和T型。由铝合金和不锈钢材料制成,不锈钢材料进行喷砂处理;铝合金材料进行喷砂,阳极氧化处理。非灭菌包装。
适用范围:用于骨科临床治疗固定开放性骨折、局部组织再建、矫正畸形和延长肢体等。
生产厂家:韩国 BK Meditech 株式会社(BK Meditech Co., Ltd)
注册代理:郑州凯斯特医疗器械有限公司
服务机构:郑州凯斯特医疗器械有限公司
发证日期:2014.01.13　　**截止日期**:2018.01.12

国食药监械(进)字 2014 第 2630302 号

产品名称:正畸粘接剂系统 (商品名: Grengloo) (adhesive)
规格型号:740-0320, 740-0321, 740-0322, 740-0323,
产品标准:YZB/USA 7474-2013《正畸粘接剂系统》
性能组成:正畸粘接剂系统(Grengloo)由 Grengloo 粘接剂(以下简称"粘接剂")、Ortho Solo 正畸预处理剂(以下简称"预处理剂")、Etching Solution 酸蚀剂(以下简称"酸蚀剂")组成。固化方式为光固化。粘接剂的化学成分为双酚A二甲基丙烯酸甲酯、二苯酚A乙氧酸二甲基丙烯酸、二甲基丙烯酸聚氨酯、乙氧基化三羟甲基丙烷三丙烯酸酯、甲基丙烯酸失水甘油酯、樟脑醌、对二甲氨基苯甲酸异辛酯、2,6-二叔丁基-4-甲酚、二甲基丙烯酸三甘醇酯、二甲基丙烯酸甘油、丙烯酸聚氨酯、铝硅酸盐玻璃、硅烷、颜料;预处理剂的化学成分为:二甲基丙烯酸酯、钡铝硼酸盐玻璃、气相二氧化硅、氟硅酸钠、酒精;酸蚀剂的化学成分为磷酸和水。
适用范围:正畸粘接剂系统(Grengloo)在口腔正畸治疗时用于在牙齿表面上粘接正畸矫治器。
生产厂家:美国 Ormco Corporation
注册代理:卡瓦盛邦(上海)牙科医疗器械有限公司
服务机构:卡瓦盛邦(上海)牙科医疗器械有限公司
发证日期:2014.01.13　　**截止日期**:2018.01.12

国食药监械(进)字 2014 第 1070303 号

产品名称:胸骨撑开器 (商品名: Octobase) (Octobase Retractor)
规格型号:28701、28702、28703、28704、28705、28706、28707、28709、28710、28045.
产品标准:YZB/USA 7394-2013《胸骨撑开器》
性能组成:产品由 402 不锈钢制成,包括撑开器支架(28701),臂插件(28702),旋转叶片(标准)(28703),旋转叶片(深)(28704),固定叶片(标准)(28705),固定叶片(深)(28706),缝线固定插件(28707),手柄(28709),固定环绕式叶片(28710),撑开器适配器(28045)。
适用范围:用于牵开软组织及骨组织,为手术提供入路.
生产厂家:美国 Medtronic Inc.
注册代理:美敦力(上海)管理有限公司
服务机构:美敦力(上海)管理有限公司
发证日期:2014.01.13　　**截止日期**:2018.01.12

国食药监械(进)字 2014 第 3460304 号

产品名称:全髋关节系统组件(商品名:Autobloquante)(Autobloquante Hip System)
规格型号:见附页.
产品标准:YZB/FRA 7440-2013《全髋关节系统组件》
性能组成:产品为股骨柄,由符合 IS05832-9 标准要求的高氮不锈钢材料制成,灭菌包装。
适用范围:与该企业同一系统组件配合,作为骨水泥型髋关节假体使用,适用于全髋关节置换。
生产厂家:法国 DePuy France SAS
注册代理:强生(上海)医疗器材有限公司
服务机构:强生(上海)医疗器材有限公司
发证日期:2014.01.13　　**截止日期**:2018.01.12

国食药监械(进)字 2014 第 3460305 号

产品名称:椎体固定钉系统 (商品名: MONARCH) (Monarch Spine System)
规格型号:见附页
产品标准:YZB/USA 7513-2013《椎体固定钉系统》
性能组成:该系统包括螺钉和螺帽,由符合 GB/T13810 标准要求的 TC4ELI 钛合金材料制成。表面经阳极氧化处理。非灭菌包装。
适用范围:与同一系统组件配合使用,适用于非颈椎部位脊柱内固定。
生产厂家:美国 DePuy Spine, Inc.
注册代理:强生(上海)医疗器材有限公司
服务机构:强生(上海)医疗器材有限公司
发证日期:2014.01.13　　**截止日期**:2018.01.12

国食药监械(进)字 2014 第 3630306 号

产品名称:义齿基托树脂(Denture Base Resin)
规格型号:型号为:Lucitone 199, 粉:231g, 液:120ml; 色号:初始色(Original); 浅色(Light); 浅粉红色(Light Reddish); 深粉红色(Dark Pink)。
产品标准:YZB/USA 7389-2013《义齿基托树脂》
性能组成:本产品属于1型1类热凝型产品;它是由粉和液组成,其中粉由甲基丙烯酸甲脂及1,4-丁二醇二甲基丙烯酸酯,液由甲基丙烯酸甲脂及乙二醇二甲基丙烯酸酯组成,在使用时依据模型的大小按照粉液约为 3:1 比例混合。本产品所用的颜料分别为:红色偶氮颜料,二氧化钛,黑色氧化铁和黄色氧化铁。
适用范围:适用于口腔修复体的义齿基托的制作。
生产厂家:美国 DENTSPLY International Inc. Prosthetics Division
注册代理:登士柏(天津)国际贸易有限公司
服务机构:登士柏(天津)国际贸易有限公司
发证日期:2014.01.13　　**截止日期**:2018.01.12

国食药监械(进)字 2014 第 1020307 号

产品名称:显微剪刀(Микрохирургия ножницами)
规格型号:见附页
产品标准:YZB/RUS 7596-2013《显微剪刀》
性能组成:本产品由符合国标 GB1220-2007 标准中规定的 1Cr18Ni12 不锈钢材料制成,分为直型簧式剪刀和枪型簧式剪刀。
适用范围:用于显微外科手术时剪切组织和血管。
生产厂家:俄罗斯 Общество с ограниченной отвенность《Микрохирургические инструметы》
注册代理:北京市大维同创医疗设备有限公司
服务机构:北京市大维同创医疗设备有限公司
发证日期:2014.01.13　　**截止日期**:2018.01.12

国食药监械(进)字 2014 第 1020308 号

产品名称:显微镊子(Микро-щипчики)
规格型号:见附页
产品标准:YZB/RUS 7597-2013《显微镊子》
性能组成:本产品由符合国标 GB1220-2007 中规定的 1Cr18Ni12 不锈钢

材料或符合国标 GB/T2965-2007 中规定的 TC4 钛合金材料制成，分为普通型镊子、直型簧式镊子和枪型簧式镊子。
适用范围:用于显微外科手术时夹持软组织。
生产厂家:俄罗斯Общество с ограниченной отвенность《Микрохирургические инструметы》
注册代理:北京市大维同创医疗设备有限公司
服务机构:北京市大维同创医疗设备有限公司
发证日期:2014.01.13　**截止日期**:2018.01.12

国食药监械(进)字 2014 第 1020309 号

产品名称:显微针持(Микро-владения иглы)
规格型号:见附页
产品标准:YZB/RUS 7599-2013《显微针持》
性能组成:本产品由符合国标 GB1220-2007 中规定的 1Cr18Ni12 不锈钢材料或符合国标 GB/T2965-2007 中规定的 TC4 钛合金材料制成，分为直型簧式针持和枪型簧式针持。
适用范围:用于显微外科手术时夹持缝合针。
生产厂家:俄罗斯Общество с ограниченной отвенность《Микрохирургические инструметы》
注册代理:北京市大维同创医疗设备有限公司
服务机构:北京市大维同创医疗设备有限公司
发证日期:2014.01.13　**截止日期**:2018.01.12

国食药监械(进)字 2014 第 3460310 号

产品名称:脊柱内固定系统（商品名：Trinica 颈椎前路钛板系列）(Spinal Fixation System)
规格型号:见附页
产品标准:YZB/USA 7464-2013《脊柱内固定系统》
性能组成:该系列由颈椎前路钢板，可选择型颈椎前路钢板、固定和可变角度骨钉以及自钻固定螺钉组成。采用符合 ISO 5832-3：1996 标准的 Ti6Al4V 合金制造。表面经阳极氧化处理，非灭菌包装。
适用范围:该产品适用于颈椎 C2-T1 前路内固定。用于病患脊髓融合的复原期，暂时固定椎间盘退化疾病、创伤、肿瘤、残疾(驼背、脊柱前凸或脊柱侧弯)、假性关节退化，和(或)先前未成形的骨融合等症状的患者。
生产厂家:美国 Zimmer Spine, Inc.
注册代理:捷迈(上海)医疗国际贸易有限公司
服务机构:捷迈(上海)医疗国际贸易有限公司
发证日期:2014.01.13　**截止日期**:2018.01.12

国食药监械(进)字 2014 第 3770311 号

产品名称:可控导丝（商品名：ATW）(ATW Steerable Guidewire)
规格型号:见附页
产品标准:YZB/USA 7376-2013《可控导丝（商品名：ATW)》
性能组成:导丝主要由芯丝(304V 不锈钢)，绕丝(90%铂和 10%镍)，涂层(PTFE)，近端连接段(尼龙 12)，标记带(铂铱合金)组成。产品一次性使用，环氧乙烷灭菌。
适用范围:Cordis 导丝专门用于血管造影的操作过程，以便在冠状动脉和周围脉管系统中引导和定位导管与介入设备。
备注:2014 年 4 月 18 日同意更正生产地址、型号规格内容，2014 年 1 月 13 日核发的医疗器械注册登记表、附页予以废止。
生产厂家:美国 Cordis Corporation
注册代理:强生(上海)医疗器材有限公司
服务机构:强生(上海)医疗器材有限公司
发证日期:2014.01.13　**截止日期**:2018.01.12

国食药监械(进)字 2014 第 3460312 号

产品名称:髋关节假体-双极杯（商品名：MultiPolar）(Hip Joint Prostheses-Bipolar Cup)
规格型号:见附页
产品标准:YZB/USA 7449-2013《髋关节假体-双极杯》
性能组成:该产品由双极杯和衬垫组成。其中双极杯采用符合 YY 0117.3 标准的铸造钴铬钼合金制成，双极杯内衬锁环采用符合 YY 0117.1 标准的 Ti6Ai4V 合金制成，双极杯衬垫采用符合 GB/T 19701.2 标准中 2 型超高分子量聚乙烯制成，灭菌包装。
适用范围:该产品能与 Zimmer 股骨头和 Zimmer 陶瓷股骨头一起配合使用，适用于髋关节置换。
生产厂家:美国 Zimmer, Inc.
注册代理:捷迈(上海)医疗国际贸易有限公司
服务机构:捷迈(上海)医疗国际贸易有限公司
发证日期:2014.01.13　**截止日期**:2018.01.12

国食药监械(进)字 2014 第 3770313 号

产品名称:导丝（商品名：Stabilizer）(Stabilizer Steerable Guidewire)
规格型号:518-224、518-224J、518-224X、518-224Y、507-914、507-914J、507-914X、507-914Y、507-714、507-714J、507-714X、507-714Y、507-114、507-114J、507-114X、507-114Y、527-914、527-914J、527-914X、527-914Y、507-180S、507-300S、507-180E、507-300E。
产品标准:YZB/USA 7467-2013《导丝（商品名：Stabilizer)》
性能组成:该产品芯丝材料为 304V 不锈钢，远端有不透 X 线的铂钨合金盘绕，导丝带有 PTFE 涂层。环氧乙烷灭菌，一次性使用。
适用范围:该产品用于血管造影的操作过程，以便在冠状动脉和外周血管系统中引导和定位导管与介入设备。
备注:2014 年 4 月 18 日同意更正生产地址内容，2014 年 1 月 13 日核发的医疗器械注册登记表予以废止。
生产厂家:美国 Cordis Corporation
注册代理:强生(上海) 医疗器材有限公司
服务机构:强生(上海) 医疗器材有限公司
发证日期:2014.01.13　**截止日期**:2018.01.12

国食药监械(进)字 2014 第 3660314 号

产品名称:胰岛素泵用一次性输注管路和针头（商品名：Silhouette）(Infusion Set)
规格型号:MMT-371, MMT-373, MMT-377, MMT-378, MMT-381, MMT-382, MMT-368, MMT-369, MMT-370, MMT-383, MMT-384
产品标准:YZB/DEN 7476-2013《胰岛素泵用一次性输注管路和针头》
性能组成:本产品由穿刺针保护套、穿刺针(不锈钢针管)、输液针(PTFE 软针)、固定粘带、输液针盒、穿刺针座、输液针座、输液孔、垫块、连接器针、连接器盒、输注软管、粘胶、储药器接头、输液针盒保护头组成。灭菌方式为环氧乙烷灭菌，一次性使用。
适用范围:本产品用于通过胰岛素泵进行胰岛素皮下注射。
生产厂家:丹麦 Unomedical a/s
注册代理:美敦力(上海)管理有限公司
服务机构:美敦力(上海)管理有限公司
发证日期:2014.01.13　**截止日期**:2018.01.12

国食药监械(进)字 2014 第 3230315 号

产品名称:超声外科吸引系统（商品名：CUSA EXcel）(Cusa Excel Ultrasonic Surgical Aspirator System)
规格型号:CUSA Excel-8
产品标准:YZB/USA 7622-2013《超声外科吸引系统》
性能组成:本系统由主机控制台、手柄、刀头、复合管路、脚踏开关部分组成。手柄和刀头型号规格及参数见附件。
适用范围:该系统用于外科手术中各种组织的破碎、冲洗和吸引。
生产厂家:美国 Integra LifeSciences Corporation
注册代理:北京瑞之来科技发展有限责任公司
服务机构:北京瑞之来科技发展有限责任公司
发证日期:2014.01.10　**截止日期**:2018.01.09

国食药监械(进)字 2014 第 2220316 号

产品名称:冲洗泵(Irrigation Pump)
规格型号:EIP 2
产品标准:YZB/GER 7850-2013《冲洗泵》
性能组成:本产品由 EIP 2 主机(10325-000)、EIP 2 用连接管(20325-001, 20325-020)、EIP 2 脚踏开关(20325-000)和固定螺丝及连线组成。连接管为一次性使用产品，环氧乙烷灭菌。冲洗泵流速范围 0-500mL/min。
适用范围:用于各种手术特别是内镜手术过程中对手术部位进行冲洗，去除残余物质，来达到改善手术视野的目的。
生产厂家:德国 ERBE Elektromedizin GmbH

注册代理:爱尔博(上海)医疗器械有限公司
服务机构:爱尔博(上海)医疗器械有限公司
发证日期:2014.01.10 **截止日期**:2018.01.09

国食药监械(进)字 2014 第 3300317 号

产品名称:全景口腔 X 射线机(パノラマ X 線撮影装置)
规格型号:AUTO III N; AUTO III NCM
产品标准:YZB/JAP 6317-2012《全景口腔 X 射线机》
性能组成:产品组成:X 射线高压发生装置,机体,控制器,头颅部分机体(只限于 AUTO Ⅲ NCM 系列)。性能:标称电功率:1080W(AUTO III N);1500W(AUTO IIINCM);X 射线管组件:固定阳极,焦点:0.5;摄影管电压调节范围:60-90kV(AUTO III N);60-100kV(AUTO IIINCM);摄影管电流调节范围:2mA、4mA、6mA、8mA、10mA、12mA;(AUTO III N);2mA、4mA、6mA、8mA、10mA、12mA、15mA;(AUTO III NCM);加载时间调节范围:全景(PA):6.4、12s;TMJ 侧面:3s(×4);头颅:0.1s~3.2s(只限于 AUTO III NCM)。
适用范围:用于牙齿、颚颜面区域的 X 射线摄影诊断。
生产厂家:日本朝日 X 射线工业株式会社
注册代理:朝成医疗器械(上海)有限公司
服务机构:朝成医疗器械(上海)有限公司
发证日期:2014.01.10 **截止日期**:2018.01.09

国食药监械(进)字 2014 第 2210318 号

产品名称:电子肺功能测量仪(Spiro Meter)
规格型号:PC-10
产品标准:YZB/JAP 7683-2013《电子肺功能测量仪》
性能组成:该产品由带 USB 电缆的流量传感器(PC-10 型,由流量传感器主体和流量传感器敏感头组成)和专用的 PC-10 软件组成。
适用范围:该产品临床用于测定病人的肺功能参数(SVC、FVC、MVV、MV 和 BD)。
生产厂家:日本チエスト株式会社/日本 CHEST 株式会社
注册代理:北京百世贸易有限公司
服务机构:北京百世贸易有限公司
发证日期:2014.01.10 **截止日期**:2018.01.09

国食药监械(进)字 2014 第 3770319 号

产品名称:射频消融导管(商品名:Stinger)(Ablation Catheter)
规格型号:见附页
产品标准:YZB/USA 7520-2013《射频消融导管(商品名:Stinger)》
性能组成:射频消融导管是由导管,手柄和连接器组成的。产品规格型号及结构图示见附页。
适用范围:适用于成人在心脏消融手术期间形成心脏内损伤灶,对心律失常进行治疗;同时适用于心脏电生理标测和实施诊断性起搏刺激。
生产厂家:美国 Bard Electrophysiology, a Division of C. R. Bard, Inc.
注册代理:巴德医疗科技(上海)有限公司
服务机构:巴德医疗科技(上海)有限公司
发证日期:2014.01.10 **截止日期**:2018.01.09

国食药监械(进)字 2014 第 2400320 号

产品名称:全自动尿有形成份分析仪(Fully Automated Urine Particle Analyzer)
规格型号:UF-1000i
产品标准:YZB/JAP 7525-2013《全自动尿有形成份分析仪》
性能组成:分析仪由主机、进样器装置、压缩机 PU-17(选配件)和软件组成。
适用范围:该产品用于临床化验室中的尿液体外分析。
生产厂家:日本希森美康株式会社
注册代理:希森美康医用电子(上海)有限公司
服务机构:希森美康医用电子(上海)有限公司
发证日期:2014.01.10 **截止日期**:2018.01.09

国食药监械(进)字 2014 第 2400321 号

产品名称:全自动血液分析仪(Automated Hematology Analyzer)
规格型号:XS-500i
产品标准:YZB/JAP 7527-2013《全自动血液分析仪》
性能组成:仪器由 XS-500i 主机、软件组成。
适用范围:该产品用于对血液中的有形成分(红细胞、白细胞、血小板)进行定量检测,本仪器可检测规定量的血液中存在的红细胞和白细胞的绝对数,也有检测血小板绝对数、计数红细胞指数以及进行白细胞全部分类,血红蛋白(HGB)的检测用比色法。
生产厂家:日本希森美康株式会社
注册代理:希森美康医用电子(上海)有限公司
服务机构:希森美康医用电子(上海)有限公司
发证日期:2014.01.10 **截止日期**:2018.01.09

国食药监械(进)字 2014 第 2400322 号

产品名称:全自动血液分析仪(Automated Hematology Analyzer)
规格型号:XS-1000i
产品标准:YZB/JAP 7528-2013《全自动血液分析仪》
性能组成:仪器由 XS-1000i 主机、进样器(选配件)和软件组成。
适用范围:该产品用于对血液中的有形成分(红细胞、白细胞、血小板)进行定量检测,本仪器可检测规定量的血液中存在的红细胞和白细胞的绝对数,也有检测血小板绝对数、计数红细胞指数以及进行白细胞全部分类,血红蛋白(HGB)的检测用比色法。
生产厂家:日本希森美康株式会社
注册代理:希森美康医用电子(上海)有限公司
服务机构:希森美康医用电子(上海)有限公司
发证日期:2014.01.10 **截止日期**:2018.01.09

国食药监械(进)字 2014 第 2300323 号

产品名称:数字乳腺 X 射线机(Mammography System)
规格型号:Multicare Platinum
产品标准:YZB/USA 7693-2013《数字乳腺 X 射线机》
性能组成:产品组成:高压发生器(3-000-4509)、控制盒、X 射线管套(B-110)、X 射线管(M-149)、X 射线源组件(ASY-00072)、影像接收器(ASY-00098)、患者床(8-004-0017)、DSM 工作站(ASY-00730)、显示器、压迫板附件。产品性能:标称电功率 2.1kW,X 射线管(旋转阳极,焦点 0.25mm),管电压范围 22~34kV,电流时间积范围 3~400mAs。
适用范围:用于产生数字乳腺 X 射线摄影图像,并具有立体定位功能。
变更情况:变更日期:2014.10.08。代理人和售后服务机构由"美中互利(北京)国际贸易有限公司"变更为"北京豪洛捷科技有限公司"。
生产厂家:美国 Hologic, Inc.
注册代理:美中互利(北京)国际贸易有限公司
服务机构:美中互利(北京)国际贸易有限公司
发证日期:2014.01.10 **截止日期**:2018.01.09

国食药监械(进)字 2014 第 2400324 号

产品名称:全自动血液分析仪(Automated Hematology Analyzer)
规格型号:XT-4000i
产品标准:YZB/JAP 7529-2013《全自动血液分析仪》
性能组成:分析仪由主机、压缩机、进样器、软件组成。
适用范围:该产品用于对血液中的有形成分(红细胞、白细胞、血小板)进行定量分析;同时该分析仪可以对体液中红细胞、白细胞进行计数以及白细胞分类。
生产厂家:日本希森美康株式会社
注册代理:希森美康医用电子(上海)有限公司
服务机构:希森美康医用电子(上海)有限公司
发证日期:2014.01.10 **截止日期**:2018.01.09

国食药监械(进)字 2014 第 2210325 号

产品名称:肺功能仪(Multi-Function Spirometer)
规格型号:HI-801
产品标准:YZB/JAP 7685-2013《肺功能仪》
性能组成:该产品由主机(含液晶显示屏,HI-801 型)和患者呼吸管路组件(流量传感器,04-1480-110401 型)组成。
适用范围:该产品用于测量患者的肺功能参数(SCV、FVS、MVV、MV)。
生产厂家:日本チエスト株式会社/日本 CHEST 株式会社
注册代理:北京百世贸易有限公司
服务机构:北京百世贸易有限公司
发证日期:2014.01.10 **截止日期**:2018.01.09

国食药监械(进)字 2014 第 2210326 号

产品名称:身体成分分析仪（商品名: TANITA)(体組成計)
规格型号:MC-180
产品标准:YZB/JAP 7610-2013《身体成分分析仪》
性能组成:该产品由触控面板、左右侧卧柄(含手部电极)、测量平台(含脚部电极)、立柱组成。测量系统：多频 8 电极；测量频率：5KHz/50KHz/250KHz/500KHz；阻抗测量范围：75.0～1500.00Ω；最大体重测量值：270Kg。
适用范围:本产品适用于测量人体体重及人体电阻抗。
生产厂家:日本株式会社百利达
注册代理:百利达(上海)商贸有限公司
服务机构:百利达(上海)商贸有限公司
发证日期:2014.01.10 **截止日期**:2018.01.09

国食药监械(进)字 2014 第 2400327 号

产品名称:血栓弹力图仪(TEG® Thrombelastograph® Hemostasis System)
规格型号:5000
产品标准:YZB/USA 7547-2013《血栓弹力图仪》
性能组成:该产品主要由外前方组件（杯架、杯槽、杯架排线电缆、通道立柱、控制杆、电源开关、温度控制器、前盖板、电机指示灯、杯杆、平台、前水平调节支撑）和外后方组件（后侧水平调节支撑、后盖、调平气泡、A/D 接口盒串行端口、电位器调节螺丝-CAL、电位器调节螺丝-BASE、电源连接）以及软件组成。
适用范围:该产品用于监控和分析血液样品的凝聚状态以辅助患者的临床评估。
生产厂家:美国 Haemoscope Corporation
注册代理:唯美血液技术医疗器材(上海)国际贸易有限公司
服务机构:唯美血液技术医疗器材(上海)国际贸易有限公司
发证日期:2014.01.10 **截止日期**:2018.01.09

国食药监械(进)字 2014 第 3240328 号

产品名称:Nd:YAG 倍频激光治疗仪(GreenLight HPS Laser System)
规格型号:GreenLight HPS
产品标准:YZB/USA 7711-2013《Nd:YAG 倍频激光治疗仪》
性能组成:该产品由主机、导光系统、脚踏开关组成；主机由激光器、激光电源及控制装置、安全防护系统、冷却系统组成；导光系统包含光纤传输系统瞄准光装置。工作激光波长：532nm±5nm；激光终端输出功率 20-120W，瞄准光波长：635nm±10nm；瞄准光输出功率≤5mW。
适用范围:该产品临床适用于良性前列腺增生的汽化治疗。
生产厂家:美国 American Medical Systems Innovation Center-Silicon Valley
注册代理:捷通埃默高(北京)医药科技有限公司
服务机构:捷通埃默高(北京)医药科技有限公司
发证日期:2014.01.10 **截止日期**:2018.01.09

国食药监械(进)字 2014 第 2400329 号

产品名称:微生物鉴定和药敏分析仪(ATB Expression)
规格型号:ATB 1525 Expression
产品标准:YZB/FRA 7601-2013《微生物鉴定和药敏分析仪》
性能组成:该产品由核心部件自动读数器组成，其中含光学部件，该部件由卤素灯、光传感器及 K60、K40、DTb 和 DTv 4 个固定滤光片和随机软件组成。
适用范围:该产品用于对 ID32、rapid ID32、ATB 和 rapid ATB 条带做自动微生物鉴定和微生物敏感性试验。
生产厂家:法国 bioMerieux SA
注册代理:梅里埃诊断产品(上海)有限公司
服务机构:梅里埃诊断产品(上海)有限公司
发证日期:2014.01.10 **截止日期**:2018.01.09

国食药监械(进)字 2014 第 1400330 号

产品名称:全自动革兰染片仪(PREVI Color Gram)
规格型号:PREVI Color Gram
产品标准:YZB/FRA 7602-2013《全自动革兰染片仪》
性能组成:该产品由细胞离心转子，全自动革兰染片仪 12 片附件、全自动革兰染片仪 30 片附件、30 片转盘、12 片转盘和随机软件组成。
适用范围:该产品用于体外诊断中，对人体样本进行染色。
生产厂家:法国 bioMerieux SA
注册代理:梅里埃诊断产品(上海)有限公司
服务机构:梅里埃诊断产品(上海)有限公司
发证日期:2014.01.10 **截止日期**:2018.01.09

国食药监械(进)字 2014 第 2560331 号

产品名称:呼吸湿化器(Respiratory Humidifier)
规格型号:MR810AEA
产品标准:YZB/NZE 7644-2013《呼吸湿化器》
性能组成:呼吸湿化器由主机（MR810AEA），湿化水罐（MR290），呼吸管路（RT307，RT308，900MR810E），加热丝连接线（主机上自带）组成。
适用范围:该产品配合经过费雪派克医疗保健有限公司核准的呼吸管路，呼吸机及医用空气源、氧气源或者空氧混合器一起使用，设计用来给医院需要通过口鼻罩，鼻罩或口含式面罩进行呼吸支持的气体进行加热湿化作用。
生产厂家:新西兰 FISHER & PAYKEL HEALTHCARE Ltd.
注册代理:费雪派克医疗保健(广州)有限公司 Fisher&Paykel Healthcare (Guangzhou) Ltd.
服务机构:费雪派克医疗保健(广州)有限公司 Fisher&Paykel Healthcare (Guangzhou) Ltd.
发证日期:2014.01.10 **截止日期**:2018.01.09

国食药监械(进)字 2014 第 2220332 号

产品名称:纤维胆道镜(軟性胆道鏡)
规格型号:CHF TYPE BP30
产品标准:YZB/JAP 7650-2013《纤维胆道镜》
性能组成:该产品由纤维胆道镜 CHF TYPE BP30，及附件钳子管道开口阀 MAJ-579，送气按钮 MB-878，气管 MA-238，推进器 MD-103，钳子/灌流插头（绝缘型）MAJ-891，吸引按钮 MD-192，送气送水按钮 MD-227 构成。性能参数见附件。注：CHF-BP30 为 CHF TYPE BP30 的简略写法，其型号一致。
适用范围:该产品和各种内镜用光源、摄像装置组合使用，通过预先经口插入的十二指肠镜的工作通道插入，对胆道和胰管内进行观察和摄像。
生产厂家:日本奥林巴斯医疗株式会社(オリンパスメディカルシステムズ株式会社)
注册代理:奥林巴斯贸易(上海)有限公司
服务机构:奥林巴斯(北京)销售服务有限公司
发证日期:2014.01.10 **截止日期**:2018.01.09

国食药监械(进)字 2014 第 2260333 号

产品名称:电动牵引装置(オルソトラック)
规格型号:OL-2000, OL-1100
产品标准:YZB/JAP 7422-2013《电动牵引装置》
性能组成:产品由牵引主机、牵引床体、颈牵吊带、腰牵附件、颈部加热袋和手持安全开关组成。
适用范围:适用于颈椎和腰椎病人进行牵引治疗。
生产厂家:日本欧技技研公司(オージー技研株式会社)
注册代理:北京三捷欧技医疗器械有限公司
服务机构:北京三捷欧技医疗器械有限公司
发证日期:2014.01.10 **截止日期**:2018.01.09

国食药监械(进)字 2014 第 1410334 号

产品名称:切片机(Microtome Cryostat)
规格型号:CryoStar NX50
产品标准:YZB/GER 7825-2013《切片机》
性能组成:该产品主要由主机、低温室、触摸屏、手轮、刀架、样本夹、刀片和随机软件组成。
适用范围:该产品用于医学实验室中制备人体冷冻样本的组织切片。
生产厂家:德国 Microm International GmbH
注册代理:赛默飞世尔(上海)仪器有限公司
服务机构:赛默飞世尔科技(中国)有限公司
发证日期:2014.01.10 **截止日期**:2018.01.09

国食药监械(进)字 2014 第 2550335 号

产品名称:牙科综合治疗台(商品名:安福士)(Dental unit)
规格型号:A7 PLUS INTERNATIONAL, A7 PLUS CONTINENTAL
产品标准:YZB/ITA 6968-2013《牙科综合治疗台》
性能组成:A7 PLUS INTERNATIONAL 牙科综合治疗台由牙科治疗机、供水供气系统、医生操作台(下挂式)、助手操作台、脚踏控制(动力踏板型)、口腔灯(型号 VENUSPLUS-L)、牙科椅(ANTHOS A2.0)组成。A7 PLUSCONTINENTAL 牙科综合治疗台由牙科治疗机、供水供气系统、医生操作台(上挂式)、助手操作台、脚踏控制(动力踏板型)、口腔灯(型号 VENUSPLUS-L)、牙科椅(ANTHOSA2.0)组成。
适用范围:该牙科综合治疗台供口腔科诊断、治疗、手术用。
生产厂家:意大利 CEFLA S.C.
注册代理:苏州市公理福医疗器械有限公司
服务机构:苏州市公理福医疗器械有限公司
发证日期:2014.01.10 **截止日期**:2018.01.09

国食药监械(进)字 2014 第 2550336 号

产品名称:牙科综合治疗台(商品名:赛特伟邦)(Dental unit)
规格型号:S200 CONTINENTAL, S200 INTERNATIONAL
产品标准:YZB/ITA 6970-2013《牙科综合治疗台》
性能组成:S200 CONTINENTAL 是由牙科治疗机、供水供气系统、医生操作台(上挂式)、助手操作台、脚控制(推板型)、口腔灯(VENUS PLUS-L)、牙科椅(STERN 300P 型)组成。S200 INTERNATIONAL 是由牙科治疗机、供水供气系统、医生操作台(下挂式)、助手操作台、脚控制(推板型)、口腔灯(VENUS PLUS-L)、牙科椅(STERN 300P 型)组成。
适用范围:该牙科综合治疗台供口腔科诊断、治疗、手术用。
生产厂家:意大利 CEFLA S.C.
注册代理:苏州公理福医疗器械有限公司
服务机构:北京科通口腔医疗设备维修中心
发证日期:2014.01.10 **截止日期**:2018.01.09

国食药监械(进)字 2014 第 2220337 号

产品名称:内窥镜摄像系统(ビデオシステム)
规格型号:OTV-SI
产品标准:YZB/JAP 5439-2013《内窥镜摄像系统》
性能组成:产品性能结构及组成见附页。
适用范围:本产品与本公司指定的电子内窥镜及摄像头连接,并与本公司指定的周边设备配套使用,进行观察、诊断、经内镜治疗。
生产厂家:日本奥林巴斯医疗株式会社(オリンパスメデイカルシステムズ株式会社)
注册代理:奥林巴斯贸易(上海)有限公司
服务机构:奥林巴斯(北京)销售服务有限公司
发证日期:2014.01.10 **截止日期**:2018.01.09

国食药监械(进)字 2014 第 1410338 号

产品名称:高速离心机(Centrifuge)
规格型号:5804, 5810, 5804R, 5810R
产品标准:YZB/GER 7680-2013《高速离心机》
性能组成:该产品由主机和电源线组成。
适用范围:该产品适用于医疗单位及实验室对样品的分离。
生产厂家:德国 Eppendorf AG
注册代理:艾本德(上海)国际贸易有限公司
服务机构:艾本德(上海)国际贸易有限公司
发证日期:2014.01.10 **截止日期**:2018.01.09

国食药监械(进)字 2014 第 2400339 号

产品名称:胆固醇测定试剂盒(酶试剂法)(Cholesterol)
规格型号:R1:10 x 84 mL
产品标准:YZB/USA 5283-2013
性能组成:反应性成分:胆固醇氧化酶(微生物),胆固醇酯酶(微生物),过氧化物酶(山葵),4-氨基安替吡啉,HBA。非反应性成分:试剂 1 含有防腐剂叠氮钠(0.01%)和牛血清白蛋白(BSA)(0.02%)。产品有效期:2-8℃,18 个月。附件:注册产品标准,产品说明书。
适用范围:定量测定人血清或血浆中的胆固醇。
生产厂家:美国 Abbott Laboratories
注册代理:雅培贸易(上海)有限公司
发证日期:2014.01.10 **截止日期**:2018.01.09

国食药监械(进)字 2014 第 2400339 号(变更批件)

产品名称:胆固醇测定试剂盒(酶试剂法)(Cholesterol)
规格型号:R1:10 x 84 mL
产品标准:YZB/USA 5283-2013
备注:变更内容:原注册证内容:生产地址:1921 HurdDrive, Irving, Texas 75038, USA 变更后的内容:生产地址:8365 Valley Pike, Middletown, VA 22645 USA 说明书和产品标准变更见附件。申请人根据批准变更内容自行修订注册产品标准、说明书及包装标签中相应内容。审批结论:根据《体外诊断试剂注册管理办法》(试行),经审查,予以变更。本批件与原注册证共同使用,本批件有效期与原注册证有效期相同。
生产厂家:美国 Abbott Laboratories
变更日期:2014.05.16 **截止日期**:2018.01.09

国食药监械(进)字 2014 第 2400340 号

产品名称:白蛋白测定试剂盒(溴甲酚绿法)(Albumin BCG)
规格型号:R1:10 x 84 mL
产品标准:YZB/USA 5289-2013
性能组成:反应性成分:溴甲酚绿、TRIS、琥珀酸。非反应性成分:含有叠氮钠,作为防腐剂。产品有效期:15-30℃,24 个月。附件:注册产品标准,产品说明书。
适用范围:定量测定人血清或血浆中的白蛋白。
生产厂家:美国 Abbott Laboratories
注册代理:雅培贸易(上海)有限公司
发证日期:2014.01.10 **截止日期**:2018.01.09

国食药监械(进)字 2014 第 2400340 号(变更批件)

产品名称:白蛋白测定试剂盒(溴甲酚绿法)(Albumin BCG)
规格型号:R1:10 × 84 mL
产品标准:YZB/USA 5289-2013
备注:变更内容:原注册证内容:1)生产地址:1921Hurd Drive, Irving, Texas 75038, USA 变更后的内容:1)生产地址:8365 Valley Pike, Middletown, VA22645 USA说明书和产品标准变更见附件。申请人根据批准变更内容自行修订注册产品标准、说明书及包装标签中相应内容。审批结论:根据《体外诊断试剂注册管理办法》(试行),经审查,予以变更。本批件与原注册证共同使用,本批件有效期与原注册证有效期相同。
生产厂家:美国 Abbott Laboratories
变更日期:2014.05.08 **截止日期**:2018.01.09

国食药监械(进)字 2014 第 3400341 号

产品名称:糖类抗原 19-9 校准品(Access GI Monitor Calibrators)
规格型号:校准品 0(S0):2.5mL×1,校准品 1(S1):2.5mL×1,校准品 2(S2):2.5mL×1,校准品 3(S3):2.5mL×1,校准品 4(S4):2.5mL×1,校准品 5(S5):2.5mL×1。
产品标准:YZB/USA 5791-2013
性能组成:校准品 0(S0):牛血清白蛋白(BSA)、叠氮钠和 ProClin 300;校准品 1(S1)、校准品 2(S2)、校准品 3(S3)、校准品 4(S4)、校准品 5(S5):牛血清白蛋白(BSA)、糖类抗原 19-9、叠氮钠和 ProClin300;校准卡。(具体内容详见说明书)。产品有效期:在-20℃或更低的温度下保存,有效期为 12 个月。附件:注册产品标准,产品说明书。
适用范围:本产品用于糖类抗原 19-9 测定时的校准。
生产厂家:美国 Beckman Coulter, Inc.
注册代理:贝克曼库尔特商贸(中国)有限公司
发证日期:2014.01.10 **截止日期**:2018.01.09

国食药监械(进)字 2014 第 3400342 号

产品名称:糖类抗原 15-3 校准品(Access BR Monitor Calibrators)
规格型号:校准品 0(S0):1.5mL×1,校准品 1(S1):1.5mL×1,校准品 2(S2):1.5mL×1,校准品 3(S3):1.5mL×1,校准品 4(S4):1.5mL×1,校准品 5(S5):1.5mL×1。
产品标准:YZB/USA 5816-2013
性能组成:校准品 0(S0):牛血清白蛋白(BSA)、叠氮钠和 ProClin 300;校准品 1(S1)、校准品 2(S2)、校准品 3(S3)、校准品 4(S4)、校准品 5(S5):牛血清白蛋白(BSA)、糖类抗原 15-3、叠氮钠和 ProClin300;校准卡。(具体内容详见说明书)。产品有效期:在 2-10℃保存,有效期为 12 个月。附件:注册产品标准,产品说明书。
适用范围:本产品用于糖类抗原 15-3 测定时的校准。
生产厂家:美国 Beckman Coulter, Inc.
注册代理:贝克曼库尔特商贸(中国)有限公司
发证日期:2014.01.10　　**截止日期**:2018.01.09

国食药监械(进)字 2014 第 2400343 号

产品名称:肌红蛋白定标液(Myoglobin STAT CalSet)
规格型号:4× 1.0 mL
产品标准:YZB/GER 7868-2013
性能组成:试剂-工作溶液:含牛血清白蛋白的缓冲液基质中添加了两个浓度范围的肌红蛋白(人);提供的其他物品:条形码卡、定标液条形码表、2 ×6 个试剂瓶标签。(具体内容详见说明书)。产品有效期:2-8℃保存,有效期 24 个月。附件:注册产品标准,产品说明书。
适用范围:用于肌红蛋白定量检测项目的定标。
生产厂家:德国 Roche Diagnostics GmbH
注册代理:罗氏诊断产品(上海)有限公司
发证日期:2014.01.10　　**截止日期**:2018.01.09

国食药监械(进)字 2014 第 3400344 号

产品名称:总前列腺特异性抗原校准品(Access Hybritech PSA Calibrators)
规格型号:校准品 0 (S0):2.5mL×1,校准品 1 (S1):2.5mL×1,校准品 2 (S2):2.5mL×1,校准品 3 (S3):2.5mL×1,校准品 4 (S4):2.5mL×1,校准品 5 (S5):2.5mL×1。
产品标准:YZB/USA 7764-2013
性能组成:校准品 0 (S0):牛血清白蛋白(BSA)、叠氮钠和 ProClin 300;校准品 1 (S1)、校准品 2 (S2)、校准品 3 (S3)、校准品 4 (S4)、校准品 5 (S5):牛血清白蛋白(BSA)、人总前列腺特异性抗原、叠氮钠和 ProClin 300;校准卡。(具体内容详见说明书)。产品有效期:在 2-10℃保存且竖直存放,有效期为 12 个月。附件:注册产品标准,产品说明书。
适用范围:本产品用于总前列腺特异性抗原测定时的校准。
生产厂家:美国 Beckman Coulter, Inc.
注册代理:贝克曼库尔特商贸(中国)有限公司
发证日期:2014.01.10　　**截止日期**:2018.01.09

国食药监械(进)字 2014 第 3400345 号

产品名称:游离前列腺特异性抗原校准品(Access Hybritech free PSA Calibrators)
规格型号:校准品 0 (S0):5.0mL×1,校准品 1 (S1):2.5mL×1,校准品 2 (S2):2.5mL×1,校准品 3 (S3):2.5mL×1,校准品 4 (S4):2.5mL×1,校准品 5 (S5):2.5mL×1。
产品标准:YZB/USA 7769-2013
性能组成:校准品 0 (S0):牛血清白蛋白(BSA)、叠氮钠和 ProClin 300;校准品 1 (S1)、校准品 2 (S2)、校准品 3 (S3)、校准品 4 (S4)、校准品 5 (S5):牛血清白蛋白(BSA)、人游离前列腺特异性抗原、叠氮钠和 ProClin 300;校准卡。(具体内容详见说明书)。产品有效期:在 2-10℃保存且竖直存放,有效期为 12 个月。附件:注册产品标准,产品说明书。
适用范围:本产品用于游离前列腺特异性抗原测定时的校准。
生产厂家:美国 Beckman Coulter, Inc.
注册代理:贝克曼库尔特商贸(中国)有限公司
发证日期:2014.01.10　　**截止日期**:2018.01.09

国食药监械(进)字 2014 第 2400346 号

产品名称:肌酸激酶同工酶 MB 检测用病理值质控品(Precipath CK-MB)
规格型号:4 x 3 mL (冻干粉,复溶后体积),4 x 3 mL (QCS) (冻干粉,复溶后体积)。
产品标准:YZB/GER 7878-2013
性能组成:试剂-工作液 (冻干粉):活性成分包括牛血清白蛋白以及添加的肌酸激酶同工酶 MM (人类) 和肌酸激酶同工酶 MB (猪脑);非活性成分包括防腐剂和稳定剂。提供的其他材料包括条形码标签。(具体内容详见说明书)。产品有效期:2-8℃储存,有效期 21 个月。附件:注册产品标准,产品说明书。
适用范围:用于肌酸激酶同工酶 MB 检测的质量控制。
生产厂家:德国 Roche Diagnostics GmbH
注册代理:罗氏诊断产品(上海)有限公司
发证日期:2014.01.10　　**截止日期**:2018.01.09

国食药监械(进)字 2014 第 2400347 号

产品名称:C 反应蛋白检测试剂盒(胶乳法)(Cardiac C-Reactive Protein (Latex) High Sensitive (CRPHS))
规格型号:300 测试,2×50 测试,250 测试。
产品标准:YZB/GER 7881-2013
性能组成:试剂 1:含牛血清白蛋白和免疫球蛋白(小鼠)的三羟甲基氨基甲烷(TRIS)缓冲液,防腐剂,稳定剂。试剂 2:含有包被抗 C 反应蛋白抗体(小鼠)的乳胶微粒的甘氨酸缓冲液,防腐剂,稳定剂。产品有效期:2-8℃储存,有效期 24 个月。附件:注册产品标准,产品说明书。
适用范围:体外定量测定人血清、血浆中的 C 反应蛋白浓度。
变更情况:变更日期:2014.12.22。同意将产品中文名称变更为"C 反应蛋白 (hs-CRP) 检测试剂盒(胶乳法)"。
生产厂家:德国 Roche Diagnostics GmbH
注册代理:罗氏诊断产品(上海)有限公司
发证日期:2014.01.10　　**截止日期**:2018.01.09

国食药监械(进)字 2014 第 2400348 号

产品名称:高/低密度脂蛋白胆固醇检测用病理值质控品(Precipath HDL/LDL-C)
规格型号:4 x 3 mL (冻干粉,复溶后体积),4 x 3 mL (QCS) (冻干粉,复溶后体积)。
产品标准:YZB/GER 7883-2013
性能组成:试剂-工作液 (冻干粉):活性成分包括人类血清以及添加的高密度脂蛋白胆固醇 (人类) 和低密度脂蛋白胆固醇 (人类);非活性成分包括防腐剂和稳定剂;提供的其他材料包括条形码标签。(具体内容详见说明书)。产品有效期:2-8℃储存,有效期 24 个月。附件:注册产品标准,产品说明书。
适用范围:用于高密度脂蛋白胆固醇和低密度脂蛋白胆固醇检测的质量控制。
生产厂家:德国 Roche Diagnostics GmbH
注册代理:罗氏诊断产品(上海)有限公司
发证日期:2014.01.10　　**截止日期**:2018.01.09

国食药监械(进)字 2014 第 2400349 号

产品名称:氨水/乙醇/二氧化碳检测用正常值质控品(Ammonia/Ethanol/CO2 Control Normal)
规格型号:5×4mL
产品标准:YZB/GER 7884-2013
性能组成:试剂-工作溶液:活性成分为含有氨水、乙醇和碳酸氢钠的缓冲液;非活性成分为防腐剂;提供的其他物品包括条码标签。(具体内容详见说明书)。产品有效期:2-8℃储存,有效期 12 个月。附件:注册产品标准,产品说明书。
适用范围:用于对氨水、乙醇和二氧化碳检测的质量控制。
生产厂家:德国 Roche Diagnostics GmbH
注册代理:罗氏诊断产品(上海)有限公司
发证日期:2014.01.10　　**截止日期**:2018.01.09

国食药监械(进)字 2014 第 2400350 号

产品名称:C 反应蛋白检测试剂盒(免疫比浊法)(C-Reactive Protein (Latex) (CRPLX))
规格型号:300 测试,2×100 测试。
产品标准:YZB/GER 7888-2013
性能组成:试剂 1:含牛血清白蛋白和免疫球蛋白(鼠)的三羟甲基氨基甲烷(TRIS)缓冲液,防腐剂。试剂 2:甘氨酸缓冲液中包被抗-C 反应蛋白 (CRP)(鼠)的乳胶颗粒,防腐剂。产品有效期:2-8℃储存,有效期 24 个月。附件:注册产品标准,产品说明书。
适用范围:体外定量测定人血清、血浆中的 C 反应蛋白浓度。
生产厂家:德国 Roche Diagnostics GmbH
注册代理:罗氏诊断产品(上海)有限公司

发证日期:2014.01.10 **截止日期**:2018.01.09

国食药监械(进)字 2014 第 2400351 号

产品名称:糖化血红蛋白检测用正常值质控品(Precinorm HbA1c)
规格型号:3 x 1 mL (冻干粉, 复溶后体积)
产品标准:YZB/GER 7890-2013
性能组成:试剂-工作液 (冻干粉): 活性成分包括溶血后羊血以及添加的血红蛋白(Hb) (羊血) 和糖化血红蛋白 (HbA1c) (人类血液); 非活性成分包括防腐剂和稳定剂; 提供的其他材料包括条形码标签。 (具体内容详见说明书)。产品有效期: 2-8℃储存, 有效期 24 个月。附件: 注册产品标准, 产品说明书。
适用范围:用于糖化血红蛋白 (HbA1c) 检测的质量控制。
生产厂家:德国 Roche Diagnostics GmbH
注册代理:罗氏诊断产品(上海)有限公司
发证日期:2014.01.10 **截止日期**:2018.01.09

国食药监械(进)字 2014 第 2400352 号

产品名称:氨水/乙醇/二氧化碳检测用病理值质控品(Ammonia/Ethanol/CO2 Control Abnormal)
规格型号:5×4mL
产品标准:YZB/GER 7891-2013
性能组成:试剂-工作液: 活性成分为含有氨水、乙醇和碳酸氢钠的缓冲液; 非活性成分为防腐剂; 提供的其他物品包括条形码标签。 (具体内容详见说明书)。产品有效期: 2-8℃储存, 有效期 12 个月。附件: 注册产品标准, 产品说明书。
适用范围:用于氨水、乙醇和二氧化碳的定量测定的质量控制。
生产厂家:德国 Roche Diagnostics GmbH
注册代理:罗氏诊断产品(上海)有限公司
发证日期:2014.01.10 **截止日期**:2018.01.09

国食药监械(进)字 2014 第 2400353 号

产品名称:抗凝血酶Ⅲ质控品(PreciChrom I/II)
规格型号:水平 I: 6 x 1 mL (冻干粉, 复溶后体积); 水平 II: 6 x 1 mL (冻干粉, 复溶后体积)。
产品标准:YZB/GER 7899-2013
性能组成:试剂-工作溶液: 冻干的人血浆; 提供的其他材料: 条码转换表。产品有效期: 2-8℃储存, 有效期 36 个月。附件: 注册产品标准, 产品说明书。
适用范围:用于柠檬酸盐血浆中的抗凝血酶 III 活性检测的质量控制。
生产厂家:德国 Roche Diagnostics GmbH
注册代理:罗氏诊断产品(上海)有限公司
发证日期:2014.01.10 **截止日期**:2018.01.09

国食药监械(进)字 2014 第 2400354 号

产品名称:C 反应蛋白检测用质控品(CRP T Control N)
规格型号:5 x 0.5mL
产品标准:YZB/GER 7900-2013
性能组成:试剂-工作溶液:活性成分为人类血清,非活性成分为防腐剂;提供的其他材料包括条形码标签。 (具体内容详见说明书)。产品有效期: 2-8℃保存, 有效期 36 个月。附件: 注册产品标准, 产品说明书。
适用范围:用于 C 反应蛋白检测的质量控制。
生产厂家:德国 Roche Diagnostics GmbH
注册代理:罗氏诊断产品(上海)有限公司
发证日期:2014.01.10 **截止日期**:2018.01.09

国食药监械(进)字 2014 第 2400355 号

产品名称:抗甲状腺球蛋白抗体测定试剂盒(化学发光法)(IMMULITE2000 Anti-TG Ab)
规格型号:200 人份/盒, 600 人份/盒。
产品标准:YZB/UK 7776-2013
性能组成:抗甲状腺球蛋白抗体包被珠 (L2TG12)、抗甲状腺球蛋白抗体试剂楔 (L2TGA2)、抗甲状腺球蛋白抗体校正品 (LTGL, LTGH)、甲状腺自身抗体样本稀释液 (L2AAZ)。(具体内容详见说明书)。产品有效期: 在 2-8℃条件下保存, 有效期 12 个月。附件: 注册产品标准, 产品说明书。
适用范围:该产品用于定量检测血清、乙二胺四乙酸血浆和肝素化血浆中的甲状腺球蛋白(TG)自身抗体。
生产厂家:英国 Siemens Healthcare Diagnostics Products Limited
注册代理:西门子医学诊断产品(上海)有限公司
发证日期:2014.01.10 **截止日期**:2018.01.09

国食药监械(进)字 2014 第 2400356 号

产品名称:免疫球蛋白 G3 测定试剂盒(散射比浊法)(N Latex IgG3)
规格型号:1×2 mL
产品标准:YZB/GER 7780-2013
性能组成:由抗人免疫球蛋白 G3 的特异性抗体(来源于羊)包被的聚苯乙烯微粒悬浊液组成。防腐剂: 两性霉素、庆大霉素。(具体内容详见说明书)。产品有效期: 在+2-8° C 的环境中保存, 有效期 12 个月。附件: 注册产品标准, 产品说明书。
适用范围:该产品用于定量测定人血清或血浆中的免疫球蛋白 G3 的含量。
生产厂家:德国 Siemens Healthcare Diagnostics Products GmbH
注册代理:西门子医学诊断产品(上海)有限公司
发证日期:2014.01.10 **截止日期**:2018.01.09

国食药监械(进)字 2014 第 2400357 号

产品名称:免疫球蛋白 G4 测定试剂盒(散射比浊法)(N Latex IgG4)
规格型号:1× 2 mL
产品标准:YZB/GER 7784-2013
性能组成:由包被了抗人免疫球蛋白 G4 的特异性抗体(来源于羊)的聚苯乙烯微粒悬浊液组成。防腐剂: 两性霉素、庆大霉素。(具体内容详见说明书)。产品有效期: 在 2-8° C 的环境中保存, 有效期 12 个月。附件: 注册产品标准, 产品说明书。
适用范围:该产品用于定量测定人血清或血浆中的免疫球蛋白 G4 的含量。
生产厂家:德国 Siemens Healthcare Diagnostics Products GmbH
注册代理:西门子医学诊断产品(上海)有限公司
发证日期:2014.01.10 **截止日期**:2018.01.09

国食药监械(进)字 2014 第 2400358 号

产品名称:载脂蛋白质控品(Apolipoprotein Control Serum CHD)
规格型号:3×0.5 mL
产品标准:YZB/GER 7956-2013
性能组成:该质控品是由人血清制备的冻干试剂。防腐剂: 庆大霉素, 稳定剂: 抑肽酶、枸橼酸三钠二水合物、&; beta; -丙胺酸。(具体内容详见说明书)。产品有效期: 在 2-8° C 的环境中保存, 有效期 36 个月。附件: 注册产品标准, 产品说明书。
适用范围:该产品用于定量测定载脂蛋白 A-Ⅰ、A-Ⅱ、B 和 E 以及 C 反应蛋白(CRP)的准确度和精密度质控。
生产厂家:德国 Siemens Healthcare Diagnostics Products GmbH
注册代理:西门子医学诊断产品(上海)有限公司
发证日期:2014.01.10 **截止日期**:2018.01.09

国食药监械(进)字 2014 第 1400359 号

产品名称:化学发光底物(IMMULITE 2000 Chemiluminescent Substrate Module)
规格型号:产品编号: L2SUBX; 包装规格: 2 瓶/盒, 205mL/瓶。
产品标准:YZB/USA 7959-2013
性能组成:含溶于 2-氨基-2-甲基-1-丙醇 (AMP) 缓冲液的金刚烷基二氧杂环丁烷磷酸酯 (PPD) 以及增强剂。(具体内容详见说明书)。产品有效期: 在 2-8℃条件下保存, 有效期 16 个月。附件: 注册产品标准, 产品说明书。
适用范围:该产品用于 IMMULITE 2000 促甲状腺素试剂检测时作为发光底物。
生产厂家:美国 Siemens Healthcare Diagnostics Inc.
注册代理:西门子医学诊断产品(上海)有限公司
发证日期:2014.01.10 **截止日期**:2018.01.09

国食药监械(进)字 2014 第 1400360 号

产品名称:化学发光底物(IMMULITE/IMMULITE1000 Chemiluminescent Substrate)
规格型号:产品编号: LSUB5; 包装规格: 2 瓶/盒, 105mL/瓶。

产品标准:YZB/USA 7960-2013
性能组成:含溶于 2-氨基-2-甲基-1-丙醇（AMP）缓冲液的金刚烷基二氧杂环丁烷磷酸酯（PPD）以及增强剂。(具体内容详见说明书)。产品有效期：在 2-8℃条件下保存，有效期 15 个月。附件：注册产品标准，产品说明书。
适用范围:该产品用于 IMMULITE/IMMULITE 1000 促甲状腺素试剂检测时作为发光底物。
生产厂家:美国 Siemens Healthcare Diagnostics Inc.
注册代理:西门子医学诊断产品(上海)有限公司
发证日期:2014.01.10 **截止日期**:2018.01.09

国食药监械(进)字 2014 第 2400361 号

产品名称:糖化白蛋白测定试剂盒(酶法)(商品名：露喜佳 GA-L)(Lucica GA-L)
规格型号:糖化白蛋白试剂：GA R-1（前处理液）2x40ml/套，GA R-2（酶液）2x10ml/套；白蛋白试剂：ALB R-1（前处理液）2x40ml/套，ALB R-2（发色液）2x20ml/套。
产品标准:YZB/JAP 7436-2013
性能组成:糖化白蛋白试剂 GA R-1(前处理液):KAOD、TODB；GA R-2(酶液):蛋白酶、4-AA；白蛋白试剂 ALB R-1(前处理液):琥珀酸，ALB R-2(发色液):溴甲酚紫(BCP)。(具体内容详见说明书)。产品有效期：2-10℃遮光保存，有效期 12 个月。附件：注册产品标准，产品说明书。
适用范围:该产品用于定量检测血清或者血浆中的糖化白蛋白和白蛋白，得出的糖化白蛋白浓度除以白蛋白浓度算出糖化白蛋白的值(%)。
生产厂家:日本 ASAHI KASEI PHARMA CORPORATION
注册代理:北京捷通康诺医药科技有限公司
发证日期:2014.01.10 **截止日期**:2018.01.09

国食药监械(进)字 2014 第 3400362 号

产品名称:白细胞分化抗原 CD19 检测试剂盒（流式细胞仪法）(IOTest CD19-PE)
规格型号:100 测试/瓶
产品标准:YZB/FRA 7730-2013
性能组成:详见附件。产品有效期：2-8℃保存，有效期 36 个月。附件：注册产品标准，产品说明书。
适用范围:该产品用于在流式细胞仪上检测和定量人细胞表面的 CD19 抗原。
生产厂家:法国 Immunotech S.A.S(a Beckman Coulter Company)
注册代理:贝克曼库尔特商贸(中国)有限公司
发证日期:2014.01.10 **截止日期**:2018.01.09

国食药监械(进)字 2014 第 2400363 号

产品名称:载脂蛋白 A1 质控品(VITROS Chemistry Products ApoA1 Performance Verifier I)
规格型号:6×0.5mL
产品标准:YZB/USA 7984-2013
性能组成:由处理过的人血清制备，其中已加入无机盐、缓冲液、有机化合物、牛血清白蛋白以及防腐剂。(具体内容详见说明书)。产品有效期：≤-18℃冷冻保存，有效期:15 个月。附件：注册产品标准，产品说明书。
适用范围:该产品用于监测 VITROS 分析仪检测载脂蛋白 A1（ApoA1）项目时的质量控制。
生产厂家:美国 Ortho-Clinical Diagnostics, Inc.
注册代理:强生(上海)医疗器材有限公司
发证日期:2014.01.10 **截止日期**:2018.01.09

国食药监械(进)字 2014 第 2400364 号

产品名称:糖化血红蛋白 A1c 质控品(VITROS Chemistry Products %A1c Performance Verifiers I and II)
规格型号:糖化血红蛋白 A1c 质控品Ⅰ：3×1mL；糖化血红蛋白 A1c 质控品Ⅱ：3×1mL。
产品标准:YZB/USA 7987-2013
性能组成:由溶血产物制备，其中已加入表面活性剂、稳定剂及防腐剂的人和羊血液。(具体内容详见说明书)。产品有效期：2-8℃冷藏保存，有效期:24 个月。附件：注册产品标准，产品说明书。
适用范围:该产品用于监测 VITROS 分析仪检测糖化血红蛋白（%A1c）项目时 的质量控制。
生产厂家:美国 Ortho-Clinical Diagnostics, Inc.
注册代理:强生(上海)医疗器材有限公司
发证日期:2014.01.10 **截止日期**:2018.01.09

国食药监械(进)字 2014 第 1400365 号

产品名称:柠檬酸溶液(VITROS Chemistry Products Citric Acid Solution)
规格型号:6×10mL
产品标准:YZB/USA 7990-2013
性能组成:柠檬酸（具体内容详见说明书)。产品有效期：≤-18℃冷冻保存或 2-8℃冷藏保存，有效期：24 个月。附件：注册产品标准，产品说明书。
适用范围:该产品用于稳定血清和血浆中的酸性磷酸酶（AcP）。
生产厂家:美国 Ortho-Clinical Diagnostics, Inc.
注册代理:强生(上海)医疗器材有限公司
发证日期:2014.01.10 **截止日期**:2018.01.09

国食药监械(进)字 2014 第 2400366 号

产品名称:类风湿因子测定试剂盒(免疫比浊法)(VITROS Chemistry Products RF Reagent)
规格型号:300 测试/包装
产品标准:YZB/USA 7992-2013
性能组成:活性成分：试剂 1(R1):无；试剂 2(R2):人 IgG 包衣的乳胶颗粒。其它成分：试剂 1(R1):缓冲液、无机盐、蛋白质、防腐剂；试剂 2(R2):缓冲液、无机盐、防腐剂。(具体内容详见说明书)。产品有效期：2-8℃冷藏保存，有效期:12 个月。附件：注册产品标准，产品说明书。
适用范围:该产品用于在 VITROS 分析仪上定量测定人血清和血浆中类风湿因子(RF)的浓度。
生产厂家:美国 Ortho-Clinical Diagnostics, Inc.
注册代理:强生(上海)医疗器材有限公司
发证日期:2014.01.10 **截止日期**:2018.01.09

国食药监械(进)字 2014 第 3400367 号

产品名称:白细胞分化抗原 CD7 检测试剂盒(流式细胞仪法)(IOTest CD7-FITC)
规格型号:100 测试/瓶
产品标准:YZB/FRA 7734-2013
性能组成:详见附件。产品有效期：2-8℃保存，有效期 36 个月。附件：注册产品标准，产品说明书。
适用范围:该产品用于在流式细胞仪上检测和定量人细胞表面的 CD7 抗原。
生产厂家:法国 Immunotech S.A.S(a Beckman Coulter Company)
注册代理:贝克曼库尔特商贸(中国)有限公司
发证日期:2014.01.10 **截止日期**:2018.01.09

国食药监械(进)字 2014 第 1400368 号

产品名称:洗脱缓冲液（标准模式）(G8 Elution Buffer HSi No.1(S)、G8 Elution Buffer HSi No.2(S)、G8 Elution Buffer HSi No.3(S))
规格型号:No.1(S)：10×800mL；No.2(S)：10×800mL；No.3(S)：10×800mL。
产品标准:YZB/JAP 7840-2013
性能组成:该产品为有机酸缓冲液，每种缓冲液均含小于 0.05%的叠氮钠作为防腐剂。产品有效期：未开封 4-30℃保存，有效期 24 个月。附件：注册产品标准，产品说明书。
适用范围:该产品用于检测全血样本中的糖化血红蛋白（s-A1c)。
生产厂家:日本 Tosoh Corporation
注册代理:东曹(上海)生物科技有限公司
发证日期:2014.01.10 **截止日期**:2018.01.09

国食药监械(进)字 2014 第 3400369 号

产品名称:梅毒螺旋体抗体检测试剂盒(凝集法)(商品名：赛乐迪亚)(SERODIA-TPPA)
规格型号:100 人份/盒(20×5)；220 人份/盒(55×4)。
产品标准:YZB/JAP 7945-2013
性能组成:由溶解液、血清稀释液、致敏粒子、未致敏粒子、阳性对照血清组成，盒内还包含滴管。产品有效期：2-10℃下保存，有效期为12 个月。附件：注册产品标准，产品说明书。
适用范围：本品用于体外定性检测人血清和血浆中的梅毒螺旋体抗体及测定其抗体效价。
备注：2014 年 5 月 13 日同意更正产品名称内容，2014 年 1 月 10 日核发的医疗器械注册证、医疗器械注册登记表（体外诊断试剂）予以废止。
生产厂家：日本 FUJIREBIO INC.
注册代理：珠海丽珠试剂股份有限公司
发证日期：2014.01.10　**截止日期**：2018.01.09

国食药监械（进）字 2014 第 3400370 号

产品名称：人类免疫缺陷病毒 1/2 抗体检测试剂盒（明胶凝集法）（商品名：爱斯扶迪）（SFD HIV 1/2 PA）
规格型号：100 人份/盒（20×5）
产品标准：YZB/JAP 7946-2013
性能组成：由复溶液、样品稀释液、致敏粒子、对照粒子、阳性对照血清组成，盒内还包含滴管。产品有效期：2-10℃下保存，有效期为 12 个月。附件：注册产品标准，产品说明书。
适用范围：本品用于体外定性检测人血清和血浆中人类免疫缺陷病毒抗体（HIV-1/2）。
生产厂家：日本 FUJIREBIO INC.
注册代理：珠海丽珠试剂股份有限公司
发证日期：2014.01.10　**截止日期**：2018.01.09

国食药监械（进）字 2014 第 2400371 号

产品名称：α-1 酸性糖蛋白检测试剂盒（免疫比浊法）（ALPHA-1-ACID GLYCOPROTEIN(AGT)）
规格型号：AG 2472：　试剂 1（3 x 16 ml），试剂 2（3 x 5 ml）。
产品标准：YZB/UK 7361-2013
性能组成：试剂 1：聚乙二醇、Tris/HCI 缓冲液、氯化钠、叠氮钠；试剂 2：抗（人）α-1-酸性糖蛋白、Tris/HCI 缓冲液、氯化钠、叠氮钠。（具体内容详见说明书）。产品有效期：2～8℃保存，有效期 24 个月。附件：注册产品标准，产品说明书。
适用范围：本品适用于体外定量测定人血清和血浆中的 α-1-酸性糖蛋白的浓度。
生产厂家：英国 Randox Laboratories Ltd.
注册代理：英国朗道实验诊断有限公司上海代表处
发证日期：2014.01.10　**截止日期**：2018.01.09

国食药监械（进）字 2014 第 3450372 号

产品名称：血液分离系统（Apheresis System）
规格型号：Spectra Optia
产品标准：YZB/UK 7628-2013《血液分离系统》
性能组成：控制面板、回输泵、抗凝剂泵、采血泵、置换泵、离心舱（离心机和分离盘）、分离盘、感应器/探测器、报警装置为主要部件。泵的型号均为 PITTMAN LO-COG，离心机型号 MOOG BN34-45AG-04CH。此次注册不包括与血液分离系统配套使用的一次性组件。
适用范围：Spectra Optia 是一种血液成分分离设备，临床上用于进行血液分离。可用系统执行单核细胞采集（MNC）和红细胞置换/移除程序（RBCX）。
生产厂家：英国 CaridianBCT Northern Ireland Ltd.
注册代理：科安比司特血液技术产品贸易（上海）有限公司
服务机构：科安比司特血液技术产品贸易（上海）有限公司
发证日期：2014.01.10　**截止日期**：2018.01.09

国食药监械（进）字 2014 第 3540373 号

产品名称：呼吸机（Ventilatory System）
规格型号：BiPAP AVAPS、BiPAP S/T
产品标准：YZB/USA 7670-2013《呼吸机》
性能组成：呼吸机由主机、湿化器（System One 加热湿化器）、柔性软管（15mm 柔性软管型号：6FT System One Performance tubing-15；22mm 柔性软管型号：Performance Tubing 6‘，White）、过滤片、存储卡、交流电源适配器、电源线组成。
适用范围：本设备提供无创通气支持，治疗体重超过 30Kg 的成人患者、7 岁或 7 岁以上体重超过 18Kg 的小儿患者的阻塞性睡眠呼吸暂停（OSA）和呼吸功能不全。本设备可在医院或家庭使用。
生产厂家：美国 Respironics，Inc
注册代理：飞利浦（中国）投资有限公司
服务机构：飞利浦（中国）投资有限公司
发证日期：2014.01.10　**截止日期**：2018.01.09

国食药监械（进）字 2014 第 3540374 号

产品名称：呼吸机（Ventilator）
规格型号：Flight 60
产品标准：YZB/ISR 7659-2013《呼吸机》
性能组成：产品由主机和空氧混合器组成。
适用范围：Flight 60 设计用于为护理需要机械通气的患者提供持续的或间歇的正压机械通气支持。Flight 60 适用于主治医生认为需要如下一般类型的通气支持的、体重大于等于 10 kg（22 lbs）的婴幼儿、儿童和成人患者：ACMV、SIMV 和 SPONT 通气模式。Flight 60 是一种受限制的医疗设备，只能由具备资格的、经过培训的人员在医生的指导下使用；该设备适合用于医院、亚急性治疗、急救室、以及患者运输途中和应急场合。
变更情况：变更日期：2014.12.08。代理人和售后服务机构均由“美中互利（北京）国际贸易有限公司”变更为“凯迪泰（北京）医疗科技有限公司”。
生产厂家：以色列 Flight Medical Innovations Ltd.
注册代理：美中互利（北京）国际贸易有限公司
服务机构：美中互利（北京）国际贸易有限公司
发证日期：2014.01.10　**截止日期**：2018.01.09

国食药监械（进）字 2014 第 3540375 号

产品名称：呼吸机（Ventilator）
规格型号：HAMILTON-T1
产品标准：YZB/SWI 7726-2013《呼吸机》
性能组成：本产品由主机及相关附件组成，附件包括流速传感器、呼气阀膜和盖、氧浓度传感器。
适用范围：该产品适用于为成人和婴幼儿提供正压通气支持，预期使用区域为：重症监护病房或术后复苏室；紧急医疗护理或初级护理；医院内外的转运；救护车、飞机或直升机输送过程中。Hamilton-T1 呼吸机是一种受到限制的医疗设备，需要由合格的、经过培训的操作人员在医生的指导下以及在其技术规格的限制范围内使用。
生产厂家：瑞士 Hamilton Medical AG
注册代理：瑞士哈美顿医疗公司上海代表处
服务机构：上海禄天同商贸发展有限公司
发证日期：2014.01.10　**截止日期**：2018.01.09

国食药监械（进）字 2014 第 3220376 号

产品名称：角膜板层刀（Zyoptix XP Microkeratome）
规格型号：Zyoptix XP
产品标准：YZB/GER 7413-2013《角膜板层刀》
性能组成：产品由切割部分、控制部分、驱动部分和一次性配件组成。切割部分（刀头组件）由刀头、吸附手柄、吸附环组成；控制部分由控制台、前进/后退脚踏开关、负压脚踏开关组成；驱动部分（马达组件）由微型马达组件组成；一次性配件包括一次性无菌手术刀片和一次性负压吸引管。
适用范围：产品用于进行需接受先期角膜板层切割的 LASIK（准分子激光原位角膜磨镶术）手术的患者。
生产厂家：德国 Technolas Perfect Vision GmbH
注册代理：山东福瑞达医药集团公司
服务机构：山东福瑞达医药集团公司
发证日期：2014.01.10　**截止日期**：2018.01.09

国食药监械（进）字 2014 第 3210377 号

产品名称：电生理导航系统（商品名：CARTO 3）（CARTO 3 System）
规格型号：见附页
产品标准：YZB/ISR 7668-2013《电生理导航系统（商品名：CARTO 3）》
性能组成：产品结构组成及产品规格型号见附页。
适用范围：产品是基于导管的对心房和心室进行电生理标测的系统。该系统通过采集和分析心脏电生理活动，可实时显示人体心脏三维图形。
变更情况：变更日期：2014.12.08。生产企业注册地址由“4 Hatnufa Street，P.O.Box 275，Yokneam 20692，Israel”变更为“4 Hatnufa

Street, P.O.Box 275, Yokneam 2066717, Israel"。
生产厂家:以色列 Biosense Webster(Israel)Ltd.
注册代理:强生(上海)医疗器材有限公司
服务机构:强生(上海)医疗器材有限公司
发证日期:2014.01.10　截止日期:2018.01.09

国食药监械(进)字 2014 第 3700378 号

产品名称:心脏 MRI 图像处理软件(Cardiac MRI Image Processing Software)
规格型号:CardiacVX, 版本 1.1.0
产品标准:YZB/USA 7543-2013《心脏 MRI 图像处理软件》
性能组成:产品包含一张软件安装光盘，包括 CardiacVX Flow(选装)和 CardiacVX StarMap(选装)。组成模块包括：会话、DICOM 保存/加载，图像加载，分析控制器，分析模型，分析查看，分析引擎，研究数据模型，导出。
适用范围:本产品是一种关于心脏 MRI 的软件分析工具，能够提供用于查看和报告医疗图像的可重现工具。本产品具有心脏功能分析、血流分析、时程分析、心肌评估、卵圆孔张开症(PFO)分析和 T2Star 分析功能，用于辅助临床诊断。
生产厂家:美国 GE Medical Systems, LLC
注册代理:通用电气医疗系统贸易发展(上海)有限公司
服务机构:通用电气医疗系统贸易发展(上海)有限公司
发证日期:2014.01.10　截止日期:2018.01.09

国食药监械(进)字 2014 第 3300379 号

产品名称:医用血管造影 X 射线机(Medical X-ray angiography equipment)
规格型号:Discovery IGS 730
产品标准:YZB/FRA 4507-2013《医用血管造影 X 射线机》
性能组成:产品基本组成包括 C 形臂单元、检查床 Innova-IQ (型号:5142213)、高压发生器(型号:2326480)、X 射线管(型号: 2216450)、限束器、C1 控制柜和 C2 控制柜、数字探测器(型号:2359035)、室内监视器和控制监视器、冷却器、智能盒和床旁状态控制器(TSSC)、附件、DL 键盘、VCIM、蜂鸣器包、IR 发射器及接收器。附件、选件、软件见注册产品标准。性能:标称电功率:80kW; X 射线管:旋转阳极，焦点 0.3/0.6/1.0; 探测器:非晶硅+碘化铯; 摄影管电压调节范围:50-125kV, 透视管电压调节范围:60-120kV; 摄影管电流调节范围:最低 1mA,最高 1000mA;透视管电流调节范围:最低 1mA,最高 130mA; 加载时间:摄影 3.25-100ms, 透视 2ms-16ms; 电流时间积:摄影 0.00325-100mAs, 透视 0.002-2.08mAs。
适用范围:医用血管造影 X 射线机用于在心血管、血管及非血管的诊断和介入式检查中生成人体解剖结构的透视和旋转式图像。此外，配备 OR 床时，血管造影 X 射线机用于在图像引导手术程序中生成人体解剖结构的透视和旋转式图像。OR 床适用于介入和外科手术程序。
备注:根据《医疗器械注册管理办法》第十五条规定，该产品暂缓注册检测。生产企业必须在首台医疗器械入境后、投入使用前完成注册检测。经检测合格后方可投入使用。
生产厂家:法国 GE MEDICAL SYSTEMS SCS
注册代理:通用电气医疗系统贸易发展(上海)有限公司
服务机构:通用电气医疗系统贸易发展(上海)有限公司
发证日期:2014.01.10　截止日期:2018.01.09

国食药监械(进)字 2014 第 3700380 号

产品名称:乳腺 X 射线摄影图像分析软件(Mammography Images Analysis Software)
规格型号:syngo. Breast Care, 版本 VA20A
产品标准:YZB/GER 7841-2013《乳腺 X 射线摄影图像分析软件》
性能组成:由软件应用程序光盘和用户文档组成，组成模块包括：查看和处理模块 (Viewer)、读片模块 (Reading)、查看 CAD 模块 (CAD Display, 可选)。
适用范围:本产品是基于乳腺 X 射线摄影图像，用于乳腺疾病筛查和诊断的软件。
备注:2014 年 3 月 27 日同意更正生产地址内容，2014 年 1 月 10 日核发的医疗器械注册登记表予以废止。
生产厂家:德国 Siemens AG
注册代理:西门子(中国)有限公司
服务机构:西门子(中国)有限公司
发证日期:2014.01.10　截止日期:2018.01.09

国食药监械(进)字 2014 第 3220381 号

产品名称:3D 电子腹腔镜 (商品名: 3D TIPCAM 1) (3D Electronic laparoscope)
规格型号:26604BA
产品标准:YZB/GER 7656-2013《3D 电子腹腔镜》
性能组成:该产品由头端部、插入部、操作部及摄像头连接线组成。
适用范围:该产品适用于腹腔的检查、诊断，并可配合相关附件进行镜下治疗。
生产厂家:德国 Karl Storz GmbH & Co. KG
注册代理:卡尔史托斯内窥镜(上海)有限公司
服务机构:卡尔史托斯内窥镜(上海)有限公司
发证日期:2014.01.10　截止日期:2018.01.09

国食药监械(进)字 2014 第 3400382 号

产品名称:曲霉菌抗原检测试剂盒(酶联免疫法)(PLATELIATM ASPERGILLUS Ag)
规格型号:96 人份/盒
产品标准:YZB/FRA 8076-2013
性能组成:微孔板、浓缩洗液(20 倍)、阴性对照血清、临界值对照血清、阳性对照血清、结合物、样本处理液、显色液、终止液，试剂盒中还包括 微孔板密封贴纸。(具体内容详见产品说明书)。产品有效期：储存于 2-8℃，可保存 12 个月。附件：注册产品标准，产品说明书。
适用范围:本试剂盒用于体外定性检测人血清样本中的曲霉菌半乳甘露聚糖抗原。
生产厂家:法国 Bio-Rad
注册代理:伯乐生命医学产品(上海)有限公司
发证日期:2014.01.14　截止日期:2018.01.13

国食药监械(进)字 2014 第 3210383 号

产品名称:水刀系统(HydroSurgery System)
规格型号:52700
产品标准:YZB/USA 7781-2013《水刀系统》
性能组成:产品由主机，水刀机头，脚踏开关，快速连接套件(包括连接管路、瓶塞穿刺器和保护套)和穿刺套管组成。水刀机头和快速连接套件为一次性使用无菌产品，环氧乙烷灭菌。
适用范围:该产品为用于腰椎间盘髓核组织切吸的辅助工具。
生产厂家:美国 Hydrocision, Inc
服务机构:洽圩国际商贸(北京)有限公司
发证日期:2014.01.14　截止日期:2018.01.13

国食药监械(进)字 2014 第 3700384 号

产品名称:颌面整形外科手术导航计划系统(Navigation Planning System)
规格型号:iPlan CMF 3.0
产品标准:YZB/GER 7749-2013《颌面整形外科手术导航计划系统》
性能组成:由软件安装光盘、系统随机文件组成，组成模块包括：加载和导入、查看和调整、注册点、图像融合、创建对象、高级对象计划、轨迹计划、保存和导出。
适用范围:用于医学图像的手术计划处理，处理后的图像可用于颌面整形外科手术导航。
生产厂家:德国 Brainlab AG
注册代理:博医来(北京)医疗设备贸易有限公司
服务机构:博医来(北京)医疗设备贸易有限公司
发证日期:2014.01.14　截止日期:2018.01.13

国食药监械(进)字 2014 第 3700385 号

产品名称:耳鼻喉外科手术导航计划系统(Navigation Planning System)
规格型号:iPlan ENT 3.0
产品标准:YZB/GER 7753-2013《耳鼻喉外科手术导航计划系统》
性能组成:由软件安装光盘、系统随机文件组成，组成模块包括：加载和导入、查看和调整、注册点、图像融合、创建对象、高级对象计划、轨迹计划、保存和导出。

适用范围:用于医学图像的手术计划处理，处理后的图像可用于耳鼻喉外科手术导航。
生产厂家:德国 Brainlab AG
注册代理:博医来(北京)医疗设备贸易有限公司
服务机构:博医来(北京)医疗设备贸易有限公司
发证日期:2014.01.14 **截止日期**:2018.01.13

国食药监械(进)字 2014 第 3700386 号

产品名称:脊柱外科手术导航计划系统(Navigation Planning System)
规格型号:iPlan Spine 3.0
产品标准:YZB/GER 7754-2013《脊柱外科手术导航计划系统》
性能组成:由软件安装光盘、系统随机文件组成，组成模块包括：加载和导入、查看和调整、注册点、图像融合、创建对象、轨迹计划、保存和导出。
适用范围:用于医学图像的手术计划处理，处理后的图像可用于脊柱外科手术导航。
生产厂家:德国 Brainlab AG
注册代理:博医来(北京)医疗设备贸易有限公司
服务机构:博医来(北京)医疗设备贸易有限公司
发证日期:2014.01.14 **截止日期**:2018.01.13

国食药监械(进)字 2014 第 3700387 号

产品名称:立体定向外科手术导航计划系统(Navigation Planning System)
规格型号:iPlan Stereotaxy 3.0
产品标准:YZB/GER 7755-2013《立体定向外科手术导航计划系统》
性能组成:由软件安装光盘、系统随机文件组成，组成模块包括：加载和导入、注册点、AC/PC定位、定位、图像融合、创建对象、血氧水平依赖(BOLD)核磁成像、神经纤维束跟踪、立体定向计划、电极引导、保存和导出。本产品联合使用的定位器和弧系统详见产品标准。
适用范围:用于医学图像的手术计划处理，处理后的图像可用于立体定向外科手术导航。
生产厂家:德国 Brainlab AG
注册代理:博医来(北京)医疗设备贸易有限公司
服务机构:博医来(北京)医疗设备贸易有限公司
发证日期:2014.01.14 **截止日期**:2018.01.13

国食药监械(进)字 2014 第 3240388 号

产品名称:二氧化碳激光光束操控系统(CO2 Beam Manipulating System)
规格型号:OT-135P(产品目录号:ASS-35-100)
产品标准:YZB/ISR 7576-2013《二氧化碳激光光束操控系统》
性能组成:包括:1.光束操作单元及适配器。光束操作单元包括扫描仪元件和显微操作器元件；适配器用于将激光光束操控系统连接到眼科显微镜。2.具有集成读卡器的控制器。控制光束操作单元内扫描仪的运行，控制面板有一个双线液晶显示器以及读卡器。系统性能参数:光束操作单元的扫描尺寸:正方形:1.0≤长度≤4.0mm，增量为 0.2mm，允差±20%；矩形:1.0≤宽度；长度≤4.0mm，增量为 0.2mm，允差±20%；弧形:2.0≤宽度≤4.0 mm；1.0≤深度≤4.0 mm 5.5≤半径≤6.5mm，允差±20%；。
适用范围:该产品为一个附件装置，与医用 CO2 激光配合使用，消融巩膜组织，用于原发性开角型青光眼的治疗。
备注:2014年7月29日同意更正产品名称内容，2014年1月14日核发的医疗器械注册证、医疗器械注册登记表予以废止。
生产厂家:以色列 IOPtima Ltd.
注册代理:中国医药保健品股份有限公司
服务机构:中国医药保健品股份有限公司
发证日期:2014.01.14 **截止日期**:2018.01.13

国食药监械(进)字 2014 第 3700389 号

产品名称:心血管造影图像分析软件(Cardiovascular Angiography Analysis System)
规格型号:CAAS 5.9.2
产品标准:YZB/NET 8122-2013《心血管造影图像分析软件》
性能组成:本产品由软件安装光盘、加密装置组成，组成模块包括：CAL校准模块、LVA左心室分析、LVAbiplane双平面左心室分析、RVA右心室分析、QCA冠状动脉定量分析、QCA bifurcation冠状动脉分支定量分析的可选扩展、QCA research冠状动脉研究的可选扩展、QCA3D三维冠状动脉定量分析、QCA 3D bifurcation三维冠状动脉分支定量分析的可选扩展、QVA血管定量分析、QVAresearch血管定量分析研究的可选扩展、QVA 3D三维血管定量分析、MEAS测量模块、MEAS polygon密度测量模块的可选扩展。
适用范围:用于冠状动脉尺寸的定量分析，外围动脉和主动脉的定量分析，左心室和右心室的定量分析，管理定量分析的数据结果。
生产厂家:荷兰 Pie Medical Imaging B.V.
注册代理:百胜(深圳)医疗设备有限公司
服务机构:百胜(深圳)医疗设备有限公司
发证日期:2014.01.14 **截止日期**:2018.01.13

国食药监械(进)字 2014 第 3540390 号

产品名称:穿刺针定位系统(Needle Positioner)
规格型号:ROBIO EX
产品标准:YZB/IND 8130-2013《穿刺针定位系统》
性能组成:由控制台(又称集成计划工作站)、导向臂(包括末端执行器和导针器)、末端执行器、导针器、对接薄板、控制面板、脚踏开关、软件组成。
适用范围:本产品是一个定位辅助系统，旨在协助临床医师在CT引导的经皮穿刺手术过程中计划、执行和验证进针轨迹。
生产厂家:印度 Perfint Healthcare Pvt. Ltd
注册代理:中科迪高投资(北京)有限公司
服务机构:中科迪高投资(北京)有限公司
发证日期:2014.01.14 **截止日期**:2018.01.13

国食药监械(进)字 2014 第 3220391 号

产品名称:光干涉式眼轴长测量仪(光干涉式眼軸長測定装置)
规格型号:AL-Scan
产品标准:YZB/JAP 8107-2013《光干涉式眼轴长测量仪》
性能组成:产品组成:主机(仪器控制系统及电源输入部，包括基于光学测定功能单元，超声波测定功能的收发单元、处理单元、显示单元及打印单元的电控系统)、打印纸、电源线、防尘罩、遮光板、触屏笔、笔架、模拟眼、说明书。选配：超声波测定单元、A-scan探头(含测试块)、角膜测厚探头(45°固定类型)(含测试块)、脚踏开关、条形码读取器、磁卡读卡器、探头托、USB闪存驱动。性能见产品标准。
适用范围:用于对角膜曲率半径、角膜厚度、前房深度、眼轴长度等各类眼球结构部位的尺寸进行光学测定，以及通过超声波对眼轴长度及角膜厚度进行测量来为诊断提供依据。
生产厂家:日本尼德克株式会社(株式会社ニデック)
注册代理:日本尼德克株式会社北京代表处
服务机构:日本尼德克株式会社北京代表处
发证日期:2014.01.14 **截止日期**:2018.01.13

国食药监械(进)字 2014 第 3210392 号

产品名称:神经刺激器(商品名:InterStim II)(Neurostimulator)
规格型号:3058
产品标准:YZB/USA 2845-2013《神经刺激器》
性能组成:该产品为植入式神经刺激器，环氧乙烷灭菌，一次性使用植入产品。
适用范围:该产品用于骶神经电刺激，肠道控制疗法用于保守治疗无效或无法忍受保守治疗的患者的慢性大便失禁症状；排尿控制疗法用于保守治疗无效或不能耐受保守治疗的患者的尿潴留或膀胱过度活动症的症状，包括急迫性尿失禁，明显的尿急，和/或尿频。
生产厂家:美国 Medtronic Inc.
注册代理:美国美敦力中国有限公司北京办事处
服务机构:美敦力(上海)管理有限公司
发证日期:2014.01.14 **截止日期**:2018.01.13

国食药监械(进)字 2014 第 3210393 号

产品名称:植入式心脏再同步治疗起搏器(商品名:Invive)(CRT-P Resynchronization Pacemaker)
规格型号:W172, W173
产品标准:YZB/USA 8105-2013《植入式心脏再同步治疗起搏器》
性能组成:产品由脉冲发生器和扭矩扳手组成。

适用范围:该产品用于植入人体治疗心动过缓、改善心功能，可提供频率适应性治疗，还用于治疗充血性心衰患者。具体适应症见说明书。
生产厂家:美国 Cardiac Pacemakers Incorporated, a wholly owned subsidiary of Guidant Corporation, a wholly owned subsidiary of Boston Scientific Corporation
注册代理:波科国际医疗贸易(上海)有限公司
服务机构:波科国际医疗贸易(上海)有限公司
发证日期:2014.01.14 截止日期:2018.01.13

国食药监械(进)字2014第3330394号

产品名称:正电子发射断层及X射线计算机体层摄影成像系统(PET/CT)
规格型号:Optima PET/CT 560 FX
产品标准:YZB/USA 7343-2013《正电子发射断层及X射线计算机体层摄影成像系统》
性能组成:本产品由PET子系统(机架、PET探测器环(4个PET探测器环，共256个(镥闪烁晶体)探测器单元)、高速采集电子部件、数据和图像处理装置)、CT子系统(型号:BrightSpeedElite)(和PET子系统整合为一体的一体式机架、探测器(24排物理探测器，16层图像数据)、配电单元、PET/CT机架的定位和运动机构、诊断床、操作控制台)、图像软件及可选硬件、可选软件组成。产品可选硬件、可选软件见附页。
适用范围:该系统用于头部及全身衰减校正的PET成像，以及基于PET和CT的融合图像而对患者解剖体内放射活性进行定位。可由受训的专业医护人员用来对体内放射药物的分布情况进行成像，从而对分子代谢及生物功能进行评价，这样可帮助医生对病变区、疾病及器官功能如癌症、心血管疾病、脑部功能异常，进行评价、诊断、分期、再分期以及随访。该系统所产生的图像还可用于为医生制定放疗计划提供帮助。该系统还可作为独立的头部或全身多层CT诊断成像系统使用。
备注:根据《医疗器械注册管理办法》第十五条有关规定，该产品暂缓注册检测。生产企业必须在首台医疗器械入境后、投入使用前完成注册检测。经检测合格后方可投入使用。
生产厂家:美国 GE Medical Systems, LLC
注册代理:通用电气医疗系统贸易发展(上海)有限公司
服务机构:通用电气医疗系统贸易发展(上海)有限公司
发证日期:2014.01.14 截止日期:2018.01.13

国食药监械(进)字2014第3220395号

产品名称:电子胃镜（商品名: EVIS LUCERA ELITE）(ビデオ軟性胃十二指腸鏡)
规格型号:GIF-XP290N
产品标准:YZB/JAP 7782-2013《电子胃镜》
性能组成:该产品由电子胃镜(GIF-XP290N)和钳子管道开口阀(MB-358)组成，性能参数见附页。
适用范围:该产品用于经口或经鼻插入后对上消化道(消化器领域的体内腔管)以及咽喉、鼻腔的观察、诊断、撮影、治疗和口腔的观察、诊断、撮影。
生产厂家:日本奥林巴斯医疗株式会社
注册代理:奥林巴斯贸易(上海)有限公司
服务机构:奥林巴斯(北京)销售服务有限公司
发证日期:2014.01.14 截止日期:2018.01.13

国食药监械(进)字2014第3330396号

产品名称:单光子发射及X射线计算机断层成像系统(SPECT/CT)
规格型号:Symbia Intevo Excel
产品标准:YZB/USA 8073-2013《单光子发射及X射线计算机断层成像系统》
性能组成:该系统由SPECT组件、CT组件、患者检查床及计算机系统组成，其中SPECT组件由扫描架、探测器、准直器及准直器更换车组成；CT组件由扫描架、X射线源组件、探测器及电源柜组成。该系统CT部分为2层CT，探测器物理排数为2排。
适用范围:见附页。
备注:根据《医疗器械注册管理办法》第十五条有关规定，该产品暂缓注册检测。生产企业必须在首台医疗器械入境后、投入使用前完成注册检测。经检测合格后方可投入使用。
生产厂家:美国 Siemens Medical Solutions USA, Inc.
注册代理:西门子(中国)有限公司
服务机构:西门子(中国)有限公司
发证日期:2014.01.14 截止日期:2018.01.13

国食药监械(进)字2014第3330397号

产品名称:单光子发射及X射线计算机断层成像系统(SPECT/CT)
规格型号:Symbia Intevo 2
产品标准:YZB/USA 8095-2013《单光子发射及X射线计算机断层成像系统》
性能组成:该系统由SPECT组件、CT组件、患者检查床及计算机系统组成，其中SPECT组件由扫描架、探测器、准直器及准直器更换车组成；CT组件由扫描架、X射线源组件、探测器及电源柜组成。该系统CT部分为2层CT，探测器物理排数为2排。
适用范围:见附页
备注:根据《医疗器械注册管理办法》第十五条有关规定，该产品暂缓注册检测。生产企业必须在首台医疗器械入境后、投入使用前完成注册检测。经检测合格后方可投入使用。
生产厂家:美国 Siemens Medical Solutions USA, Inc.
注册代理:西门子(中国)有限公司
服务机构:西门子(中国)有限公司
发证日期:2014.01.14 截止日期:2018.01.13

国食药监械(进)字2014第3330398号

产品名称:单光子发射及X射线计算机断层成像系统(SPECT/CT)
规格型号:Symbia Intevo 6
产品标准:YZB/USA 8097-2013《单光子发射及X射线计算机断层成像系统》
性能组成:该系统由SPECT组件、CT组件、患者检查床及计算机系统组成，其中SPECT组件由扫描架、探测器、准直器及准直器更换车组成；CT组件由扫描架、X射线源组件、探测器及电源柜组成。该系统CT部分为6层CT，探测器物理排数为16排。
适用范围:见附页
备注:根据《医疗器械注册管理办法》第十五条有关规定，该产品暂缓注册检测。生产企业必须在首台医疗器械入境后、投入使用前完成注册检测。经检测合格后方可投入使用。
生产厂家:美国 Siemens Medical Solutions USA, Inc.
注册代理:西门子(中国)有限公司
服务机构:西门子(中国)有限公司
发证日期:2014.01.14 截止日期:2018.01.13

国食药监械(进)字2014第3330399号

产品名称:单光子发射及X射线计算机断层成像系统(SPECT/CT)
规格型号:Symbia Intevo 16
产品标准:YZB/USA 8099-2013《单光子发射及X射线计算机断层成像系统》
性能组成:该系统由SPECT组件、CT组件、患者检查床及计算机系统组成，其中SPECT组件由扫描架、探测器、准直器及准直器更换车组成；CT组件由扫描架、X射线源组件、探测器及电源柜组成。该系统CT部分为16层CT，探测器物理排数为24排。
适用范围:见附页
备注:根据《医疗器械注册管理办法》第十五条有关规定，该产品暂缓注册检测。生产企业必须在首台医疗器械入境后、投入使用前完成注册检测。经检测合格后方可投入使用。
生产厂家:美国 Siemens Medical Solutions USA, Inc.
注册代理:西门子(中国)有限公司
服务机构:西门子(中国)有限公司
发证日期:2014.01.14 截止日期:2018.01.13

国食药监械(进)字2014第3400400号

产品名称:游离轻链定标品(N FLC Standard SL)
规格型号:3 ×1.0 mL
产品标准:YZB/GER 7823-2013
性能组成:游离轻链定标品是稳定液体，含人游离轻链蛋白、人血清白蛋白和蛋白酶抑制剂，以及防腐剂叠氮钠。试剂盒内附有产品靶值单。(具体内容详见说明书)。产品有效期：在2-8 ℃条件下储存，有效期12个月。附件：注册产品标准，产品说明书。
适用范围:本产品用于测定κ和λ型游离轻链(FLC)时建立参考曲线。
生产厂家:德国 Siemens Healthcare Diagnostics Products GmbH

注册代理:西门子医学诊断产品(上海)有限公司
发证日期:2014.01.14　　截止日期:2018.01.13

国食药监械(进)字 2014 第 3400401 号

产品名称:游离轻链质控品(水平 1)(N FLC Control SL1)
规格型号:3 ×1.0 mL
产品标准:YZB/GER 7954-2013
性能组成:游离轻链质控品（水平 1）是稳定液体，含人游离轻链蛋白、人血清白蛋白和蛋白酶抑制剂，以及防腐剂叠氮钠。试剂盒内附有产品靶值单。(具体内容详见说明书)。产品有效期：2-8 ℃条件下储存，有效期 12 个月。附件：注册产品标准，产品说明书。
适用范围:本产品用于测定 κ 和 λ 型游离轻链（FLC)时，作为检测的准确度质控品和精密度质控品。
生产厂家:德国 Siemens Healthcare Diagnostics Products GmbH
注册代理:西门子医学诊断产品(上海)有限公司
发证日期:2014.01.14　　截止日期:2018.01.13

国食药监械(进)字 2014 第 3400402 号

产品名称:游离轻链质控品(水平 2)(N FLC Control SL2)
规格型号:3 ×1.0 mL
产品标准:YZB/GER 7955-2013
性能组成:游离轻链质控品（水平 2）是稳定液体，含人游离轻链蛋白、人血清白蛋白和蛋白酶抑制剂，以及防腐剂叠氮钠。试剂盒内附有产品靶值单。(具体内容详见说明书)。产品有效期：2-8 ℃条件下储存，有效期 12 个月。附件：注册产品标准，产品说明书。
适用范围:本产品用于测定 κ 和 λ 型游离轻链（FLC)时，作为检测的准确度质控品和精密度质控品。
生产厂家:德国 Siemens Healthcare Diagnostics Products GmbH
注册代理:西门子医学诊断产品(上海)有限公司
发证日期:2014.01.14　　截止日期:2018.01.13

国食药监械(进)字 2014 第 3220403 号

产品名称:虹膜夹无晶体眼人工晶状体（商品名：阿特森）(ARTISAN Aphakia)
规格型号:型号：205 规格:205001R 、 205001Y
产品标准:YZB/NET 7287-2013《虹膜夹无晶体眼人工晶状体（商品名：阿特森)》
性能组成:该产品为一件后房人工晶状体，襻型虹膜襻，采用虹膜固定方式。主体和襻由 PMMA 材料制成，添加紫外吸收剂；205001Y 人工晶体屈光度范围：+10～+30D,205001R 人工晶体屈光度范围:+2.0～+9.0。光学设计：单焦，球面；无菌状态提供，一次性使用。
适用范围:该产品使用于老年性白内障、外伤性白内障、先天性或青年性白内障，及其它方式无法矫正的无晶体眼。
生产厂家:荷兰 OPHTEC B.V.
注册代理:上海麦德医疗设备科技有限公司
服务机构:上海麦德医疗设备科技有限公司
发证日期:2014.01.15　　截止日期:2018.01.14

国食药监械(进)字 2014 第 2220404 号(更)

产品名称:取石网篮(商品名:NGage)(NGage Nitinol Stone Extractor)
规格型号:NGE-017115, NGE-017115-MB, NGE-022115, NGE-022115-MB
产品标准:YZB/USA 7355-2013《取石网篮》
备注:企业名称由“Cook Urological Incorporated”变更为“Cook Incorporated”，生产企业注册地址由“1100 West Morgan Street, Spencer, IN 47460”变更为“750 Daniels Way, Bloomington, IN47404, U.S.A.”;注册证由“国食药监械(进)字 2014 第 2220404 号”变更为“国食药监械(进)字 2014 第 2220404 号(更)”，原证自发证之日起作废。
生产厂家:美国 Cook Incorporated
注册代理:库克(中国)医疗贸易有限公司
服务机构:库克(中国)医疗贸易有限公司
变更日期:2014.03.14　　截止日期:2018.01.14

国食药监械(进)字 2014 第 3220405 号

产品名称:硬性透气接触镜用多功能护理液（商品名：MeniCare Plus）(Multipurpose Solution for RGP Lenses)
规格型号:50ml, 250ml
产品标准:YZB/JAP 7171-2013《硬性透气接触镜用多功能护理液》
性能组成:该产品由聚亚己基双胍、泊洛沙姆、羟丙基甲基纤维素和乙二胺四乙酸二钠（EDTA)、丙二醇、双(2-羟乙基)氨基(三羟甲基)甲烷（Bis-Tris)、氢氧化钠及纯净水配成。该产品经过滤灭菌。
适用范围:该产品适用于硬性透气接触镜的清洁、冲洗、保存、消毒使用。
生产厂家:日本 Menicon Co., Ltd.
注册代理:大连板桥医疗器械有限公司
服务机构:大连板桥医疗器械有限公司
发证日期:2014.01.15　　截止日期:2018.01.14

国食药监械(进)字 2014 第 3770406 号

产品名称:II 型血管塞(商品名:AMPLATZER)(AMPLATZER VASCULAR PLUG II)
规格型号:9-AVP2-003, 9-AVP2-004, 9-AVP2-006, 9-AVP2-008, 9-AVP2-010, 9-AVP2-012, 9-AVP2-014, 9-AVP2-016, 9-AVP2-018, 9-AVP2-020, 9-AVP2-022
产品标准:YZB/USA 6887-2013《II 型血管塞(AMPLATZER VASCULAR PLUG II)》
性能组成:II 型血管塞为无源血管内植入器材，由植入装置和传送装置组成。植入装置由镍钛合金丝网、标记带和末端螺丝组成。其中的镍钛合金丝网由镍钛记忆合金制造，标记带由铂铱合金制造，末端螺丝由 316L 不锈钢制造。传送装置由推送缆、装载器、推送缆末端螺丝连接件和塑料钳组成。其中的推送缆由镍钛记忆合金制造，装载器由聚四氟乙烯(PTFE)和高密度聚乙烯(HDPE)制造，推送缆末端螺丝连接件由 303 不锈钢制造，塑料钳由高密度聚乙烯制造。环氧乙烷灭菌，产品一次性使用。
适用范围:本产品适用于外周血管系统的动脉和静脉栓塞。
生产厂家:美国 AGA Medical Corporation
注册代理:圣犹达医疗用品(上海)有限公司
服务机构:圣犹达医疗用品(上海)有限公司
发证日期:2014.01.15　　截止日期:2018.01.14

国食药监械(进)字 2014 第 3770407 号

产品名称:导丝（商品名:ZIPwire）(ZIPwire Hydrophilic Guide Wire)
规格型号:见附页
产品标准:YZB/USA 7217-2013《导丝（商品名：ZIPwire)》
性能组成:该产品由一根带不透射线聚合体护套的可控镍钛芯构成，聚合体材料为聚亚胺酯及钨，亲水涂层覆盖在不透射线聚合体套层上。环氧乙烷灭菌，产品一次性使用。
适用范围:该产品为 PTA 导丝，协助在诊断和介入手术过程中放置器械。
生产厂家:美国 Lake Region Medical
注册代理:波科国际医疗贸易(上海)有限公司
服务机构:波科国际医疗贸易(上海)有限公司
发证日期:2014.01.15　　截止日期:2018.01.14

国食药监械(进)字 2014 第 2040408 号

产品名称:眼科手术刀（商品名：Laseredge）(Microsurgical Knives)
规格型号:见附页
产品标准:YZB/USA 7049-2013《眼科手术刀》
性能组成:该产品由侧切刀、植入刀、穿刺刀、隧道刀组成。手柄材料为尼龙、聚砜，刃部材料为 YY/T 0294.1 中代号为 C 的不锈钢。灭菌包装。
适用范围:用于眼科手术。
生产厂家:美国 Bausch&Lomb, Incorporated.
注册代理:博士伦(上海)贸易有限公司
服务机构:博士伦(上海)贸易有限公司
发证日期:2014.01.15　　截止日期:2018.01.14

国食药监械(进)字 2014 第 3770409 号

产品名称:快速交换式 PTCA 导管(Fast-Exchange PTCA Catheter)
规格型号:见附页
产品标准:YZB/SWI 7216-2013《快速交换式 PTCA 导管》
性能组成:该产品由球囊、操作手柄、海波管、管鞘组成，具有疏水性涂层及亲水性涂层。球囊的材料为聚醚嵌段酰胺。部分型号产品上有两个不透射线标记，一个位于球囊圆柱部分的近端，一个位于球囊圆柱部分的远端，可用于帮助透视观察和定位导管。直径为 1.25mm 与 1.5mm 的球囊在圆柱部分的中央有一个单一的不透射线标记。与直径为 0.014 英寸(0.36mm)的导丝以及内径>0.056 英寸(1.42mm)的导引导管相兼容。环氧乙烷灭菌，一次性使用。
适用范围:该产品用于对冠状动脉狭窄节段或搭桥移植血管的狭窄实施球囊扩张，以改善心肌灌注。
生产厂家:瑞士百多力股份有限公司(Biotronik AG)
注册代理:百多力(北京)医疗器械有限公司
服务机构:百多力(北京)医疗器械有限公司
发证日期:2014.01.15 **截止日期**:2018.01.14

国食药监械(进)字 2014 第 1100410 号

产品名称:髋关节假体工具(Instruments for hip)
规格型号:见附页
产品标准:YZB/SWI 7356-2013《髋关节假体工具》
性能组成:该产品包括头推进器、螺纹棒、定位器、螺栓、所轴套、隔离套螺纹型轮、塑料头、长横杆、耦合器、锉、测量星、试验椎、手柄、起子、模板、钻头、扩展环等。与人体接触的部件采用 YY0294.1-2005 规定的奥氏体 0 型不锈钢，其他部件材料采用聚乙烯、聚酰胺、聚醚醚铜、聚苯砜、陶瓷，具体详见规格型号列表。非灭菌包装，不与有源器械联用。
适用范围:作为工具使用，适用于对人体进行部分或者全髋关节置换手术。
生产厂家:瑞士 Mathys Ltd Bettlach
注册代理:瑞士马特仕有限公司上海代表处
服务机构:瑞士马特仕有限公司上海代表处
发证日期:2014.01.15 **截止日期**:2018.01.14

国食药监械(进)字 2014 第 1100411 号

产品名称:膝关节手术工具(Instruments for Knee)
规格型号:见附页
产品标准:YZB/SWI 7358-2013《膝关节手术工具》
性能组成:该产品由试模、导向器、固定螺栓、连接螺钉、骨凿、定位器、扩孔钻等组成，其中钻头不可与有源器械连接使用。接触人体的材料为:YY/T0294.1-2005 中的奥氏体 0 型不锈钢、马氏体 S 型不锈钢以及 GB17100 中的钴铬钼材料，具体详见规格型号列表；非灭菌提供，不与有源器械联用。
适用范围:该产品用于部分或者全膝关节置换手术。
生产厂家:瑞士 Mathys Ltd Bettlach
注册代理:瑞士马特仕有限公司上海代表处
服务机构:瑞士马特仕有限公司上海代表处
发证日期:2014.01.15 **截止日期**:2018.01.14

国食药监械(进)字 2014 第 3460412 号

产品名称:接骨螺钉(Bone Screws)
规格型号:见附页
产品标准:YZB/GER 7310-2013《接骨螺钉》
性能组成:该产品由 00Cr18Ni14Mo3 不锈钢材料制成，非无菌状态提供，一次性使用。
适用范围:该产品适用于四肢骨折内固定。
生产厂家:德国 TREU Instrumente GmbH
注册代理:通用(上海)医疗器材有限公司
服务机构:通用(上海)医疗器材有限公司
发证日期:2014.01.15 **截止日期**:2018.01.14

国食药监械(进)字 2014 第 3240413 号

产品名称:眼科半导体激光光凝机(Ophthalmic Photocoagulator)
规格型号:SUPRA 577.Y
产品标准:YZB/FRA 7613-2013《眼科半导体激光光凝机》
性能组成:组成部分:主机；脚踏开关；传输系统(多点扫描适配器，型号:SUPRA SCAN；裂隙灯适配器，型号:BMBQ；眼内光纤，型号：XL END 20 STM, XL END 20 CSTM, XL END25 STM, XL END 23 STM)；电源线；手术显微镜滤光镜；577nm 激光防护镜；性能：激光波长:577nm±3nm；终端输出功率:50mW～2000mW±20%；终端输出功率不稳定度:<±10%；终端输出功率复现性:应优于±10%；输出模式为单脉冲模式、重复脉冲模式、Painting 脉冲模式、连续模式、微脉冲模式、多点扫描模式；光斑直径:多点扫描模式预置值为 100～500μm±20%，其它模式预置值为 50～500μm±20%；瞄准光波长:635nm±20nm；输出功率:<1.0mW；。
适用范围:该产品临床适用于眼科对患者进行眼科光凝手术。
生产厂家:法国 QUANTEL MEDICAL
注册代理:北京高视远望科技有限责任公司
服务机构:北京高视远望科技有限责任公司
发证日期:2014.01.17 **截止日期**:2018.01.16

国食药监械(进)字 2014 第 3220414 号

产品名称:宫腔镜(Hysteroscopes)
规格型号:见附页
产品标准:YZB/GER 8147-2013《宫腔镜》
性能组成:该产品由硬性内窥镜组成。
适用范围:该产品适用于患者子宫腔内的内窥镜诊断、检查。
变更情况:变更日期：2015.01.15。“原代理人:深圳市洛克氏医疗器械有限公司原代理人住所:深圳市罗湖区宝岗路 269 号美芝大华电视机厂 1 号厂房 1 栋 4 楼 411 号”变更为“新代理人:迈迪思创(北京)科技发展有限公司新代理人住所:北京市朝阳区霞光里 66 号院 2 号楼 8 层 806”。
生产厂家:德国 Rudolf Medical GmbH+Co.KG
注册代理:深圳市洛克氏医疗器械有限公司
服务机构:深圳市洛克氏医疗器械有限公司
发证日期:2014.01.17 **截止日期**:2018.01.16

国食药监械(进)字 2014 第 3770415 号

产品名称:支气管热成形导管(商品名:Alair)(Bronchial Thermoplasty Catheter)
规格型号:ATS 2-5 (M005ATS25010)
产品标准:YZB/USA 7463-2013《支气管热成形导管(商品名:Alair)》
性能组成:产品为一次性使用导管，包含手柄，已灭菌。导管结合 ATS 200 型 Alair 射频控制器使用，可将控制器能量传输至气管中的相应位置，并将温度反馈给控制器。ATS 导管应使用可兼容高频的柔性支气管镜，工作通道应不小于 2.0mm，外径应达到 5.0mm。
适用范围:产品与 ATS 200 型射频控制器配合使用，构成支气管热成形系统。该系统适用于治疗用吸入糖皮质激素及长效β受体激动剂无法有效控制哮喘的 18 岁及以上的重度持续性哮喘患者。
生产厂家:美国波士顿科学公司(Boston Scientific Corporation)
注册代理:波科国际医疗贸易(上海)有限公司
服务机构:波科国际医疗贸易(上海)有限公司
发证日期:2014.01.17 **截止日期**:2018.01.16

国食药监械(进)字 2014 第 3220416 号

产品名称:电子下消化道内窥镜(ビデオ軟性大腸鏡)
规格型号:EC-590WM
产品标准:YZB/JAP 8060-2013《电子下消化道内窥镜》
性能组成:该产品是由插入部(头端部、弯曲部和软性部)、操作部、LG 软性部、LG 连接器、图像连接器、中继线软性部构成，有-H-和-S-的两种规格。电子下消化道内窥镜与富士生产的电子图像处理器 VP-4400、内窥镜光源装置 XL-4400 及附件组合使用。
适用范围:插入到体内、管腔、体腔或体内腔，提供用于对体内、管腔、体腔或体内腔进行观察、诊断、拍摄或治疗的图像。本产品于医疗设施内在医生的管理下，用于对直肠、S 字结肠、大肠、回盲部进行观察和诊断。
生产厂家:日本富士胶片株式会社，富士フイルム株式会社
注册代理:富士胶片(中国)投资有限公司
服务机构:富士胶片(中国)投资有限公司
发证日期:2014.01.17 **截止日期**:2018.01.16

国食药监械(进)字 2014 第 3220417 号

产品名称:电子上消化道内窥镜(ビデオ軟性胃十二指腸鏡)
规格型号:EG-590WR
产品标准:YZB/JAP 8075-2013《电子上消化道内窥镜》
性能组成:该产品是由插入部(头端部、弯曲部和软性部)、操作部、LG 软性部、LG 连接器、图像连接器、中继线软性部构成的图像软性内窥镜。与富士生产的电子图像处理器 VP-4400、内窥镜光源装置 XL-4400 及附件组合使用。

适用范围:插入到体内、管腔、体腔或体内腔，提供用于对体内、管腔、体腔或体内腔进行观察、诊断、拍摄或治疗的图像。该产品于医疗设施内在医生的管理下，用于对食道、胃、十二指肠进行观察和诊断。
生产厂家:日本富士胶片株式会社，富士フイルム株式会社
注册代理:富士胶片(中国)投资有限公司
服务机构:富士胶片(中国)投资有限公司
发证日期:2014.01.17 截止日期:2018.01.16

国食药监械(进)字 2014 第 3220418 号

产品名称:电子上消化道内窥镜(ビデオ軟性胃十二指腸鏡)
规格型号:EG-590ZW
产品标准:YZB/JAP 8080-2013《电子上消化道内窥镜》
性能组成:该产品是由插入部(头端部、弯曲部和软性部)、操作部、LG 软性部、LG 连接器、图像连接器、中继线软性部构成。与富士生产的电子图像处理器 VP-4400、内窥镜光源装置 XL-4400 及附件组合使用。
适用范围:插入到体内、管腔、体腔或体内腔，提供用于对体内、管腔、体腔或体内腔进行观察、诊断、拍摄或治疗的图像。该产品于医疗设施内在医生的管理下，用于对食道、胃、十二指肠进行观察和诊断。
生产厂家:日本富士胶片株式会社，富士フイルム株式会社
注册代理:富士胶片(中国)投资有限公司
服务机构:富士胶片(中国)投资有限公司
发证日期:2014.01.17 截止日期:2018.01.16

国食药监械(进)字 2014 第 3250419 号

产品名称:高频皮肤治疗仪(Skin Treatment System)
规格型号:EndyMed Pro
产品标准:YZB/ISR 8123-2013《高频皮肤治疗仪》
性能组成:产品由主机(射频发生器，内置冷却系统)、紧急开关、系统电子钥匙开关、治疗手柄(3DEEP Large、3DEEP Small、3DEEP Fine、3DEEP FSR)组成。有两种治疗方式: TC 方式(配用手柄 3DEEP Large/Small/Fine)需配合凝胶使用，有冷却; FSR 方式(配用手柄 3DEEPFSR)需配合指定一次性 FSR 治疗前端使用，无冷却。(凝胶和治疗前端不包含在产品组成范围内)。射频输出方式为双极。额定频率 1MHz。TC 方式功率范围 10-65W，额定负载为内电极 330Ω 、中间电极 470Ω、外电极 660Ω; FSR 方式功率 4/5/6W，额定负载为 4×660Ω。
适用范围:用于皮肤科进行皱纹和褶皱的无创治疗。
生产厂家:以色列 EndyMed Medical Ltd.
注册代理:北京市捷瑞嘉科技有限责任公司
服务机构:北京市捷瑞嘉科技有限责任公司
发证日期:2014.01.21 截止日期:2018.01.20

国食药监械(进)字 2014 第 3300420 号

产品名称:口腔 X 射线数字化体层摄影设备 (商品名: Cranex 3D) (3D Dental Imaging System)
规格型号:PP3
产品标准:YZB/FIN 6121-2012《口腔 X 射线数字化体层摄影设备》
性能组成:产品由立柱及底座、控制面板、X 线球管组件 (型号:NGEO)、探测器、头部定位装置、旋转装置、摄影手闸、电源开关、图像处理软件组成。性能: 标称电功率: 1431W; X 射线管 (固定阳极; 球管型号 1: D-054SB-C; 球管型号 2:D-052SB); 三维成像探测器(型号:NEGO-3D-S; 材料: CMOS); 全景、头颅成像探测器 (型号: NGEO-CEPH; 材料 CMOS); 摄影管电压调节范围 : 57-90kV; 摄影管电流调节范围: 3.2-15.9mA; 加载时间调节范围见注册产品标准。
适用范围:用于口腔全景及头颅的三维摄影。
变更情况:变更日期: 2015.03.02。“ 代理人名称:北京思迪克斯医疗器械有限公司代理人住所:北京市东城区广渠门南小街 1 号楼 1 单元 1508 号”变更为“ 代理人名称:卡瓦盛邦(上海)牙科医疗器械有限公司代理人住所:中国(上海)自由贸易试验区泰谷路 18 号 1 号楼第 7 层 701A 部位”。
生产厂家:芬兰 Soredex, PaloDEx Group Oy
注册代理:北京思迪克斯医疗器械有限公司
服务机构:北京思迪克斯医疗器械有限公司
发证日期:2014.01.21 截止日期:2018.01.20

国食药监械(进)字 2014 第 3240421 号

产品名称:激光治疗系统 (商品名: Fotona QX MAX) (Surgical Laser Systems)
规格型号:M031-3A/2
产品标准:YZB/SVN 8067-2013《激光治疗系统》
性能组成:该产品由主机(包括中心控制器、激光器、电源系统、冷却系统、导光臂、激光耦合系统和光束终止器)、手具(型号:R28)及脚踏开关组成。激光类型及参数:Q 开关 Nd:YAG 激光:激光输出模式:多模; 波长 1064nm±10nm, ; 最大单脉冲输出能量:1600mJ±20%; 最高能量密度:12.7J/cm2±20%; 脉宽:5-20ns; 最高频率: 10HZ±20%; 适用手具 R28; 光斑大小:2-8mm 可调; Nd:YAG/KTP 倍频激光:激光输出模式:多模; 波长 532nm±10nm; 最大单脉冲输出能量:600mJ±20%; 最高能量密度:6.4J/cm2±20%; 脉宽:5-20ns; 最高频率: 10HZ±20%; 适用手具 R28; 光斑大小:2-8mm 可调; Nd:YAG 长脉冲激光:激光输出模式:多模; 波长 1064nm±10nm; 最大单脉冲输出能量:5J±20%, 最高能量密度:160J/cm2±20%, 脉宽:250us±20%; 最高频率:2.2HZ±20%; ; 适用手具:R28; 光斑大小:2-8mm 可调; 瞄准激光:半导体激光, 波长 650nm±10nm, 输出功率<1mW。
适用范围:Q 开关 Nd:YAG 1064nm 激光临床适用于对患者色素性皮肤病的治疗:太田痣，褐青色痣及色素斑的治疗以及去除黑色、深蓝色、褐色的皮肤纹刺。Nd:YAG/KTP 倍频 532nm 激光适用于去除红色、紫色、橙色纹刺及色素性病变，雀斑、胎记的治疗。Nd:YAG 长脉冲 1064nm 激光适用于细小皱纹和毛细血管扩张的治疗。
生产厂家:斯洛文尼亚 Fotona d.d.
注册代理:广州欧之星激光设备有限公司
服务机构:广州欧之星激光设备有限公司
发证日期:2014.01.21 截止日期:2018.01.20

国食药监械(进)字 2014 第 3400422 号

产品名称:全自动核酸检测分析系统(Procleix®PANTHER®System)
规格型号:PANTHER
产品标准:YZB/USA 8034-2013《全自动核酸检测分析系统》
性能组成:该产品由位于同一装置中的测试仪器和计算机组成，具体组件如下: 遮盖: 顶部遮板、左右侧遮盖门、显示器; 上部隔间组件: 试剂隔间和试剂条码阅读器、吸头抽屉、样本隔间和样本条码阅读器、靶标捕获试剂 (TCR) 转盘、移液器系统、液体泵; 中部隔间组件: 保温箱、MTU 输入队列、分配器、AMP 加载台、HPA 加载台、磁清洗工作台、样本混合台、冷光仪、输出队列; 下部隔间组件: 计算机、废料抽屉、通用液体抽屉、NaOCl 瓶、真空系统; Procleix® PANTHER®系统软件。
适用范围:该产品是一种集成式核酸检测系统，与经批准的 Procleix 核酸试剂共同使用，可全自动完成人类样本中致病性病原体检测过程中的样本处理、扩增、检测和数据压缩步骤。
生产厂家:美国 Gen-Probe Incorporated
注册代理:上海诺华贸易有限公司
服务机构:上海诺华贸易有限公司
发证日期:2014.01.21 截止日期:2018.01.20

国食药监械(进)字 2014 第 3540423 号

产品名称:呼吸机(Intensive Care Ventilator)
规格型号:Evita V300
产品标准:YZB/GER 7112-2013《呼吸机》
性能组成:本机由控制和显示单元 Infinity C300 (系统缆线)，通气单元，车架，供气单元(即空压机)GS500 (选配)，电源单元 PS500 (选配)，主流流量传感器，呼出过滤器 (选配)，CO2 监测模块 (选配)，护士呼叫系统组成。本机配置包括成人通气、儿童通气和 (或) 新生儿通气。
适用范围:该产品用于成人、儿童和新生儿患者通气。Evita V300 提供指令通气模式，以及用于自主呼吸支持和气道监测的通气模式。Evita V300 设计用于在医院和医疗室内固定使用，或在医院内部转运患者时使用。
生产厂家:德国 Draeger Medical GmbH
注册代理:德尔格医疗设备(上海)有限公司
服务机构:德尔格医疗设备(上海)有限公司
发证日期:2014.01.21 截止日期:2018.01.20

国食药监械(进)字 2014 第 3640424 号

产品名称:自粘性软聚硅酮银离子有边型泡沫敷料 (商品名: 美皮康银) (Mepilex® Border Ag)

规格型号:见附页
产品标准:YZB/SWE 7965-2013《自粘性软聚硅酮银离子有边型泡沫敷料》
性能组成:美皮康银是一种软聚硅酮泡沫敷料，由司肤泰克软聚硅酮伤口接触层、含有银离子化合物和活性碳的可吸收性聚氨脂泡沫垫、可吸收性聚丙烯酸酯层、以及能阻水透气阻菌的的无纺布保护膜组成，它可以吸收渗液保持一个平衡湿润的伤口环境。美皮康银含有硫酸银，当遇到伤口渗出液时将释放出银离子。
适用范围:美皮康银用于中度到高度渗液体表伤口的覆盖，例如腿和足部溃疡、压疮、恶性创面、深二度烧伤、外伤和手术伤口。美皮康银在专业医护人员的指导下可用于感染性伤口。美皮康银也可结合绷带加压包扎使用。
备注:注册后生产企业仍需完成以下工作：应对该产品应用于大面积创面或长期累积使用时对人体安全性的有关数据进行收集和积累，加强不良反应事件监测，对该产品上市后的安全性信息进行收集整理，待下次重新注册时提交。
生产厂家:瑞典 Molnlycke Health Care AB
注册代理:瑞典墨尼克医疗用品有限公司北京代表处
服务机构:瑞典墨尼克医疗用品有限公司北京代表处
发证日期:2014.01.20　　截止日期:2018.01.19

国食药监械(进)字 2014 第 3460425 号

产品名称:金属接骨板系统（商品名：CDCP）(Metallic Bone Plate and Screw System)
规格型号:见附页
产品标准:YZB/USA 7915-2013《金属接骨板系统》
性能组成:由非锁定型双侧加压钢板、窄型双侧加压钢板、宽型双侧加压钢板组成。由符合 ISO5832-1 标准规定的 00Cr18Ni14Mo3 不锈钢材料制成。非灭菌包装。
适用范围:主要适用于四肢骨干骨折等手术中，在骨折正常愈合期给损伤的骨作内固定，为临时性内固定装置。
生产厂家:美国 Zimmer Inc.
注册代理:捷迈(上海)医疗国际贸易有限公司
服务机构:捷迈(上海)医疗国际贸易有限公司
发证日期:2014.01.20　　截止日期:2018.01.19

国食药监械(进)字 2014 第 3640426 号

产品名称:羟丙基甲基纤维素喷鼻器（商品名：诺舒易）(Nasaleze)
规格型号:500mg/瓶
产品标准:YZB/UK 7969-2013《羟丙基甲基纤维素喷鼻器》
性能组成:主要由天然纤维素粉末和输送装置组成。主要成分是天然纤维素粉末，含 98.5%的天然纤维素粉末（羟丙基甲基纤维素）和 1.5%的高质量薄荷粉。
适用范围:本产品喷于鼻粘膜上形成一种机械性阻碍层，辅助减少过敏原等颗粒物质的吸入量。
生产厂家:英国 Nasaleze Ltd.
注册代理:上海领检科技有限公司
服务机构:上海领检科技有限公司
发证日期:2014.01.20　　截止日期:2018.01.19

国食药监械(进)字 2014 第 3220427 号

产品名称:软性亲水接触镜(Oculus FreshKon Airis contact lens)
规格型号:FreshKon Airis contact lens
产品标准:YZB/SIN 7778-2013《软性亲水接触镜(型号:FreshKon Airis contact lens)》
性能组成:日戴型软性亲水接触镜，镜片材料为 Enfilcon A，着淡蓝色，采用 PP 杯包装。含水量标称值:46%±2%，透氧系数标称值:100×10-11（cm2/S）[ml02/（ml×mmHg）]，透氧量标称值：129.8×10^{-9}（cm/s）[ml02/（ml×mmHg）]（允差-20%，-3.00D）。屈光度范围：-0.25D～-12.00D，折射率：1.402±0.5%，可见光透射比（湿体）>90%，UVA 段(316nm-380nm)透射率<50%，UVB 段(280nm-315nm)透射率<5%。建议镜片更换周期为一个月。
适用范围:适用于 18 岁以上患者矫正近视。
生产厂家:新加坡 Oculus Private Limited
注册代理:上海菲士康隐形眼镜有限公司
服务机构:上海菲士康隐形眼镜有限公司
发证日期:2014.01.20　　截止日期:2018.01.19

国食药监械(进)字 2014 第 3450428 号

产品名称:一次性使用血液透析管路(U-SAFE Arteria-Venous Bloodline)
规格型号:U680008、U680010、U680012、U680015、U680018、U680020、U680022、U680036、U680108、U680111、U680122、U680133、U680168、U680222、U680333、U680680、U680688、U680690、U680868
产品标准:YZB/MAL 7961-2013《一次性使用血液透析管路》
性能组成:本产品由动脉管路和静脉管路组成。动脉管路由泵管、主管、肝素管、辅助管、滴口室及接头组成。静脉管路由主管、辅助管、滴口室和接头组成。产品性能：本品能承受最大正压 100kPa，最大负压 93.3kPa，最大血流速率 300ml/min，无菌无热原。
适用范围:适用于血液透析治疗。
生产厂家:马来西亚 UG Medical Disposables SDN. BHD.
注册代理:上海优司医疗器械科技有限公司
服务机构:上海优司医疗器械科技有限公司
发证日期:2014.01.20　　截止日期:2018.01.19

国食药监械(进)字 2014 第 3770429 号

产品名称:导入器(Flexor Check-Flo Introducer)
规格型号:见附页
产品标准:YZB/USA 7904-2013《导入器》
性能组成:导入器由导管鞘和扩张器组成。导管鞘由鞘管、止血阀和三通接头组成。鞘管涂覆聚乙烯吡咯烷酮的亲水涂层，带有铂铱合金标志带，主要由尼龙 12、304 不锈钢和聚四氟乙烯制成。止血阀由硅胶、高密度聚乙烯和乙缩醛制成。三通阀由尼龙 6、聚碳酸酯、聚氯乙烯和聚氨酯组成制成。扩张器涂覆聚乙烯吡咯烷酮涂层，主要由含氯氧化铋的聚氨酯制成。产品经环氧乙烷灭菌，一次性使用。
适用范围:导入器预期用于导入球囊、闭合末端和非锥形末端导管或其它诊断性和介入性器械。
生产厂家:美国库克公司(Cook Incorporated)
注册代理:库克(中国)医疗贸易有限公司
服务机构:库克(中国)医疗贸易有限公司
发证日期:2014.01.20　　截止日期:2018.01.19

国食药监械(进)字 2014 第 3770430 号

产品名称:导入器(Flexor Check-Flo Introducer)
规格型号:见附页
产品标准:YZB/USA 7908-2013《导入器》
性能组成:导入器由导管鞘和扩张器组成。导管鞘由鞘管、止血阀和三通接头组成。鞘管涂覆聚乙烯吡咯烷酮的亲水涂层，带有铂铱合金标志带，主要由尼龙 12、304 不锈钢和聚四氟乙烯制成。止血阀由硅胶、聚丙烯和尼龙 6 制成。三通接头由尼龙 6、聚碳酸酯、聚氯乙烯和乙缩醛制成。扩张器涂覆聚乙烯吡咯烷酮涂层，主要由含氯氧化铋的聚氨酯制成。产品经环氧乙烷灭菌，一次性使用。
适用范围:导入器预期用于导入球囊、闭合末端和非锥形末端导管或其它诊断性和介入性器械。
生产厂家:美国库克公司(Cook Incorporated)
注册代理:库克(中国)医疗贸易有限公司
服务机构:库克(中国)医疗贸易有限公司
发证日期:2014.01.20　　截止日期:2018.01.19

国食药监械(进)字 2014 第 3770431 号

产品名称:PTA 球囊导管（商品名：立通）(PTA Balloon Catheters)
规格型号:见附页
产品标准:YZB/GER 7916-2013《PTA 球囊导管》
性能组成:该产品主要由球囊及导管组成，球囊由尼龙材料制成，导管由聚酰胺材料制成，标记为铂铱合金，根据球囊的长度及直径、导管长度及直径的不同分为多种规格。经环氧乙烷灭菌，一次性使用。
适用范围:用于中枢循环系统以外的血管狭窄处扩张成形(腔内血管成形术)。
生产厂家:德国 OptiMed Medizinische Instrumente GmbH
注册代理:广州市景达斯医疗器械有限公司
服务机构:广州市景达斯医疗器械有限公司
发证日期:2014.01.20　　截止日期:2018.01.19

国食药监械(进)字 2014 第 3660432 号

产品名称:一次性闭合高负压引流系统(Redon Set)
规格型号:见附页
产品标准:YZB/GER 7963-2013《一次性闭合高负压引流系统》
性能组成:该产品为无源器械,是一种闭合式高负压引流系统,引流瓶内预置高负压,最大初始真空负压为 98000Pa,可为术后伤口引流提供高真空负压吸引;引流瓶瓶体透明,可直观评价引流分泌物;瓶体的刻度标记可以提供引流瓶已使用容积的信息。该产品是由高负压引流瓶、连接管、管夹板、引流管接头、引流管、套管针组成;其中引流瓶由引流瓶瓶体、连接管接头、接头夹板、悬挂环、真空指示器、悬挂吊带组成。
适用范围:本产品用于临床手术,护理过程中创口分泌物的连续负压引流。引流管通常置于皮下或筋膜下,不可置于腔体内。
生产厂家:德国 pfm medical mepro gmbh
注册代理:德国 PFM 医疗集团北京代表处
服务机构:德国 PFM 医疗集团北京代表处
发证日期:2014.01.20 **截止日期**:2018.01.19

国食药监械(进)字 2014 第 3770433 号

产品名称:指引导丝(商品名:Navitas PMC)(Coronary Guide Wires)
规格型号:901-000-010,902-000-010,903-000-010,902-100-010
产品标准:YZB/IRE 7357-2013《指引导丝》
性能组成:产品主要由芯丝和绕丝组成,近端涂覆聚四氟乙烯涂层,头端内层涂层聚氨酯涂层,外层涂覆 Harland 亲水涂层包覆。芯丝材料为不锈钢,绕丝的制造材料为铂钨合金。产品经环氧乙烷灭菌,一次性使用。
适用范围:用于冠状动脉血管及周围动脉血管的介入治疗。
生产厂家:爱尔兰 Brivant Ltd
注册代理:贝朗医疗(上海)国际贸易有限公司
服务机构:贝朗医疗(上海)国际贸易有限公司
发证日期:2014.01.20 **截止日期**:2018.01.19

国食药监械(进)字 2014 第 3460434 号

产品名称:食道支架系统(商品名:ALIMAXX-ES)(ALIMAXX-ES Esophageal Stent Delivery System)
规格型号:80129-201、80129-202、80129-203、80129-204、80129-205、80129-206、80129-207、80129-208、80129-209、80129-210、80129-211、80129-212、80129-213、80129-214、80129-215
产品标准:YZB/USA 7832-2013《食道支架系统》
性能组成:该产品由支架及输送系统组成。支架组成包括裸支架(镍钛诺)、支架涂层(医用硅橡胶)、支架覆膜(聚氨酯)、缝线(聚乙烯),输送系统由中心鞘(聚碳酸酯)、滑动手柄(聚碳酸酯)、钢管(不锈钢)等组成。一次性使用,产品非灭菌。
适用范围:用于治疗恶性肿瘤及食道瘘引起的食道狭窄。
生产厂家:美国 Merit Medical Systems, Inc
注册代理:麦瑞通医疗器械(北京)有限公司
服务机构:麦瑞通医疗器械(北京)有限公司
发证日期:2014.01.20 **截止日期**:2018.01.19

国食药监械(进)字 2014 第 3460435 号

产品名称:可吸收弯曲导向带线锚钉(商品名:Osteoraptor)(Osteoraptor Curved 2.3 Suture Anchors)
规格型号:产品编号:72203290
产品标准:YZB/USA 7756-2013《可吸收弯曲导向带线锚钉》
性能组成:该产品由锚钉、缝线及插入器组成。锚钉由符合 YY/T 0661 标准规定的左旋聚乳酸材料和符合 YY 0303 标准规定的羟基磷灰石材料混合制成;缝线由超高分子量聚乙烯加聚丙烯单丝编织制成;插入器与人体接触部分由符合 YY/T 0726 标准规定的 630 不锈钢材料制成。灭菌包装。
适用范围:适用于髋、肩、肘、腕、手、膝、足、踝部位软组织与骨的连接固定。
生产厂家:美国 Smith &Nephew Inc.
注册代理:施乐辉医用产品国际贸易(上海)有限公司
服务机构:施乐辉医用产品国际贸易(上海)有限公司
发证日期:2014.01.20 **截止日期**:2018.01.19

国食药监械(进)字 2014 第 3460436 号

产品名称:锁扣带袢钛板(商品名:TightRope)(TightRope)
规格型号:见附页
产品标准:YZB/USA 7731-2013《锁扣带袢钛板》
性能组成:该产品由钛板,锁扣,引线组成,钛板采用符合 GB/T 13810 标准规定的 TC4 ELI 钛合金制成,锁扣和尾线为白色 3/4 号缝线,纯聚乙烯制成,引线为蓝色缝线,纯聚乙烯制成,蓝色染料为 D&C 蓝色 6 号,仅起导引作用。灭菌包装。
适用范围:适用于前交叉韧带软组织与骨的固定
生产厂家:美国 Arthrex, Inc.
注册代理:锐适医疗器械(上海)有限公司
服务机构:锐适医疗器械(上海)有限公司
发证日期:2014.01.20 **截止日期**:2018.01.19

国食药监械(进)字 2014 第 3770437 号

产品名称:导丝(商品名:Aquatrack)(AQUATRACK Hydrophilic Guidewire)
规格型号:C3515-RSS, C3515-RSA, C3515-SSS, C3515-SSA, C3518-RSS, C3518-RSA, C3518-SSS, C3518-SSA, C3526-RSS, C3526-RSA, C3526-SSS, C3526-SSA
产品标准:YZB/USA 7767-2013《导丝》
性能组成:该产品芯丝由镍钛合金材料制成,整体涂有亲水涂层。环氧乙烷灭菌,一次性使用。
适用范围:该产品用于血管造影术,用于外周血管内的导入和定位导管和介入器械。
生产厂家:美国 Nitinol Devices and Components, Inc.
注册代理:强生(上海)医疗器材有限公司
服务机构:强生(上海)医疗器材有限公司
发证日期:2014.01.20 **截止日期**:2018.01.19

国食药监械(进)字 2014 第 3770438 号

产品名称:导引导丝(Guide Wires)
规格型号:见附页
产品标准:YZB/GER 7901-2013《导引导丝》
性能组成:该产品由芯丝、涂层组成。芯丝的近端材料为镍钛合金,远端材料为铂合金,部分规格产品涂有聚四氟乙烯(PTFE)涂层。环氧乙烷灭菌,一次性使用。
适用范围:用于介入和诊断性检查。
生产厂家:德国 OptiMed Medizinische Instrumente GmbH
注册代理:广州市景达斯医疗器械有限公司
服务机构:广州市景达斯医疗器械有限公司
发证日期:2014.01.21 **截止日期**:2018.01.20

国食药监械(进)字 2014 第 3460439 号

产品名称:颈动脉支架系统(商品名:Acculink)(RX Acculink Carotid Stent System)
规格型号:见附页
产品标准:YZB/USA 7727-2013《颈动脉支架系统(商品名:Acculink)》
性能组成:颈动脉支架系统由输送系统、自膨胀镍钛合金支架和漏斗形导引器组成;输送系统由导管尖端、内导管、外导管鞘、按钮和手柄组成。支架为一定长度和直径的网状管体,采用镍钛合金(Nitinol)材料制成,安装在内导管和外导管鞘之间。支架外形分为直形和锥形两种。输送导管由高密度和低密度聚乙烯、聚醚醚酮(PEEK)和尼龙 12 制成。漏斗形导引器由聚四氟乙烯制成。产品电子束灭菌,一次性使用。
适用范围:见附页
生产厂家:美国 Abbott Vascular
注册代理:雅培医疗器械贸易(上海)有限公司
服务机构:雅培医疗器械贸易(上海)有限公司
发证日期:2014.01.21 **截止日期**:2018.01.20

国食药监械(进)字 2014 第 3650440 号

产品名称:骨水泥(商品名:CEMEX)(Bone cement)
规格型号:1200/A, 1200/I, 1200/S, 1220/I, 1400/A, 1400/I, 1310/S, 1500/S。
产品标准:YZB/ITA 7966-2013《骨水泥》

性能组成：该产品由液体及粉体组成，经混合搅拌后使用。液体的成分为甲基丙烯酸甲酯单体、对苯二酚和N，N二甲基聚合苯胺；粉体的成分为聚甲基丙烯酸甲酯甲基、过氧化二苯和硫酸钡。有高、低粘度两种。灭菌包装。
适用范围：适用于人工假体植入物与人体骨骼的固定联接。
生产厂家：意大利 Tecres S.p.A
注册代理：北京爱康宜诚医疗器材股份有限公司
服务机构：北京爱康宜诚医疗器材股份有限公司
发证日期：2014.01.21 截止日期：2018.01.20

国食药监械(进)字2014第3450441号

产品名称：一次性使用血细胞分离器（商品名：围手术期自体血回输仪一次性使用附件）(Disposable Sets for Blood Apheresis System)
规格型号：1150H，OPT-P-1000，OPT-R-1000，CPT-P-274，CPT-R-274，1200，1300，1400T，273
产品标准：YZB/USA 7889-2013《一次性使用血细胞分离器》
性能组成：产品组成：由贮血器、动态离心盘(以下简称离心盘)、管路系统和自体血收集袋(以下简称收集袋)、废液袋五部分全部或部分组成；动态离心盘由固定部件、弹性膜和旋转轴封组成；管路系统应由溶液袋穿刺器(以下简称穿刺器)、旋塞阀、软管、夹具、术中吸引管路、术后引流管路组成。该产品与围手术期自体血回输仪设备配合，一次性使用。
适用范围：本产品与配套围手术期自体血回输仪设备配合，一次性使用。用于外科手术中和手术后自体血液中血细胞的回收、分离、洗涤和回输。病人血液经过过滤→进液→离心分离→离心洗涤→离心浓缩→回输，回收到压积稳定的浓缩红细胞悬液。1150H，OPT-P-1000，OPT-R-1000适用于骨科围手术期；CPT-P-274，CPT-R-274，273适用于心血管围手术期；1200，1300，1400T同时适用于骨科围手术期及心血管围手术期。从手术部位回收血液和体液的预计处理能力小于或等于每小时两公升。
生产厂家：美国 Haemonetics Corporation
注册代理：唯美血液技术医疗器材(上海)国际贸易有限公司
服务机构：唯美血液技术医疗器材(上海)国际贸易有限公司
发证日期：2014.01.21 截止日期：2018.01.20

国食药监械(进)字2014第3460442号

产品名称：疝修补平片和预载补片（商品名：Bard）(Bard Soft Mesh)
规格型号：0117008、0117009、0117010、0117011、0117012、0117013、0117014、0117015
产品标准：YZB/USA 7451-2013《疝修补平片和预载补片(商品名：Bard)》
性能组成：该产品包括疝修补平片和预裁补片，采用大孔设计由聚丙烯单纤丝编织而成，一次性使用，经环氧乙烷灭菌。
适用范围：该产品适用于腹膜外修补腹股沟疝、腹壁切口疝、腹壁及胸壁缺损。
备注：2014年10月10日同意更正产品性能结构及组成内容，2014年1月21日核发的医疗器械注册登记表予以废止。
生产厂家：美国 Davol, Inc., Subsidiary of C.R.Bard, Inc.
注册代理：巴德医疗科技(上海)有限公司
服务机构：巴德医疗科技(上海)有限公司
发证日期：2014.01.21 截止日期：2018.01.20

国食药监械(进)字2014第3450443号

产品名称：血液净化用管路(Fresenius HD-Tubing systems)
规格型号：见附页
产品标准：YZB/GER 7957-2013《血液净化用管路》
性能组成：本产品由Y型连接器、泵管、泵管固定器、穿刺器、单向阀、管路、管路固定器、管路夹、接头、滤器接头、保护帽、加热壶组成。材料采用PVC、PP、PE、丙烯酸膜、甲基丙烯酸酯、硅树脂、MABS。本产品采用环氧乙烷灭菌，一次性使用。
适用范围：血液净化用管路系统是配套于血液净化装置使用，用于血液透析、血液透析滤过、血液滤过、血浆置换等血液净化治疗时，输注透析液、置换液或血浆等液体，与连续性血液净化管路配合使用，以达到血液净化治疗的目的。本产品不适用于新生儿。
生产厂家：德国 Fresenius Medical Care AG & Co.KGaA
注册代理：费森尤斯医药用品(上海)有限公司
服务机构：费森尤斯医药用品(上海)有限公司
发证日期：2014.01.21 截止日期：2018.01.20

国食药监械(进)字2014第3460444号

产品名称：颈椎前路固定系统（商品名：Slim-Loc）(Slim-Loc Anterior Cervical Fixation System)
规格型号：见附页
产品标准：YZB/USA 7773-2013《颈椎前路固定系统(商品名：Slim-Loc)》
性能组成：该产品由螺钉及钛板组成。由符合GB/T 13810标准规定的TC4ELI钛合金材料制成。表面经阳极氧化处理。非灭菌包装。
适用范围：适用于颈椎前路内固定。
生产厂家：美国 DePuy Spine
注册代理：强生(上海)医疗器材有限公司
服务机构：强生(上海)医疗器材有限公司
发证日期：2014.01.21 截止日期：2018.01.20

国食药监械(进)字2014第3460445号

产品名称：前交叉韧带固定针系统(ACL Fixation System-Rigidfix Femoral/Tibial Cross Pin System)
规格型号：见附页
产品标准：YZB/USA 7923-2013《前交叉韧带固定针系统》
性能组成：该系统由固定针和相应的工具组成。固定针由符合YY/T0661标准要求的PLA聚乳酸材料制成，工具由符合ASTM F899标准要求的316L不锈钢材料制成，工具包括克氏针和套筒。灭菌包装。
适用范围：用于前交叉韧带重建术中，将软组织固定在骨组织上
生产厂家：美国 DePuy Mitek
注册代理：强生(上海)医疗器材有限公司
服务机构：强生(上海)医疗器材有限公司
发证日期：2014.01.21 截止日期：2018.01.20

国食药监械(进)字2014第1100446号

产品名称：颈椎产品配套工具（商品名：Skyline，Discover）(Cervical Instrument)
规格型号：见附页
产品标准：YZB/USA 7699-2013《颈椎产品配套工具（商品名：Skyline，Discover)》
性能组成：该产品由一系列用于颈椎手术的螺钉器、套管、固定针、把持器、压棒器、手柄、持钉器、导针、弯棒器、模棒、导向器、锁紧器、探子、钻头、下压块、持板器、试模、插入器、剪断器、加压器、骨锉、装配器、撑开器、撑开器针、移除器、打入器、敲击器、上钉器、工具箱、钛板盘、工具盘、钻头/丝攻盘、植入物盒、螺钉盘、工具盒、箱盖组成。产品与人体接触部分的材料由符合ASTM F899的430、630和XM-16不锈钢材质以及符合ISO5832-1的不锈钢材质制成，具体详见规格型号列表。非灭菌包装，不与有源器械联用。
适用范围：用于颈椎手术。
生产厂家：美国 DePuy Spine
注册代理：强生(上海)医疗器材有限公司
服务机构：强生(上海)医疗器材有限公司
发证日期：2014.01.21 截止日期：2018.01.20

国食药监械(进)字2014第3540447号

产品名称：石蜡培养油（商品名：OVOILTM）(Ovoil Paraffin oil)
规格型号：1x100mL
产品标准：YZB/SWE 7746-2013《石蜡培养油（商品名：OVOIL)》
性能组成：该产品组成成分为无菌、无热原的轻质石蜡油。
适用范围：该产品适用于体外生殖技术中用于体外授精和显微操作过程中覆盖培养液。
生产厂家：瑞典 Vitrolife Sweden AB
注册代理：瑞典瑞利芙瑞典有限公司北京代表处
服务机构：瑞典瑞利芙瑞典有限公司北京代表处
发证日期：2014.01.21 截止日期：2018.01.20

国食药监械(进)字2014第3770448号

产品名称：导引导丝（商品名：HI-TORQUE BALANCE HEAVYWEIGHT）(Guide Wire with Hydrocoat Hydrophilic Coating)
规格型号：1000460H，1000460HJ，1000462H，1000462HJ，1000463H，1000463HJ，

产品标准:YZB/USA 7824-2013《导引导丝（商品名：HI-TORQUE BALANCE HEAVYWEIGHT)》
性能组成:该产品由芯丝、线圈、安全丝等部件构成，近端涂覆 PTFE 涂层，远端涂覆聚亚胺酯衍生物亲水涂层。制造材料为:近段芯丝:304V 不锈钢；远段芯丝:镍钛合金；近端线圈:304V 不锈钢；尖端线圈:铂镍合金；安全丝:304V 不锈钢。产品经电子束放射灭菌，一次性使用。
适用范围:该产品主要用在经皮冠状动脉腔内成形术(PTCA)和经皮腔内血管成形术(PTA)中，有利于球囊扩张导管的置放。
生产厂家:美国 Abbott Vascular
注册代理:雅培医疗器械贸易(上海)有限公司
服务机构:雅培医疗器械贸易(上海)有限公司
发证日期:2014.01.21 **截止日期**:2018.01.20

国食药监械(进)字 2014 第 3770449 号

产品名称:耐高压球囊扩张导管（商品名：CTOTM）(High Pressure PTCA Catheter)
规格型号:150150350、150200350、200150350、200200350、250150350、250200350、300150350、300200350、150150480、150200480、200150480、200200480。
产品标准:YZB/SWI 7381-2013《耐高压球囊扩张导管》
性能组成:该产品为快速交换式球囊扩张导管。主要由球囊、轴管、Hypo 管、鲁尔接头等部分组成，涂有“Hydrolubric TM”亲水性涂层。球囊材料为聚酰胺 PA12L25。环氧乙烷灭菌，一次性使用。
适用范围:该产品适用于冠状动脉狭窄部分或搭桥狭窄的球囊扩张，以便改善心肌灌注。
生产厂家:瑞士 Acrostak (Schweiz) AG
注册代理:乐普(北京)医疗器械股份有限公司
服务机构:上海泰美医疗器械有限公司、乐普(北京)医疗器械股份有限公司
发证日期:2014.01.21 **截止日期**:2018.01.20

国食药监械(进)字 2014 第 3770450 号

产品名称:耐高压乳突球囊扩张导管（商品名：GRIPTM）(PTCA balloon dilatation catheter)
规格型号:250080340、250120340、250160340、300080340、300120340、300160340、350080340、350120340、350160340、400080340、400120340、400160340。
产品标准:YZB/SWI 7391-2013《耐高压乳突球囊扩张导管》
性能组成:该产品为快速交换式球囊扩张导管。主要由球囊、轴管、Hypo 管、座等部分组成，涂有“Hydrolubric TM”亲水性涂层。球囊表面有 4 排纵向排列的乳突。球囊材料为聚酰胺 PA12L25。环氧乙烷灭菌，一次性使用。
适用范围:该产品适用于冠状动脉狭窄部分或搭桥狭窄的球囊扩张，以便改善心肌灌注。
生产厂家:瑞士 Acrostak (Schweiz) AG
注册代理:乐普(北京)医疗器械股份有限公司
服务机构:上海泰美医疗器械有限公司、乐普(北京)医疗器械股份有限公司
发证日期:2014.01.21 **截止日期**:2018.01.20

国食药监械(进)字 2014 第 3460451 号

产品名称:脊柱后路固定系统（商品名：SSE）(Spine System Evolution)
规格型号:见附页
产品标准:YZB/GER 7758-2013《脊柱后路固定系统》
性能组成:本产品由椎弓根螺钉、多轴螺钉、固定螺钉、螺母、连接棒、横向连接板、挂钩和夹钳组成。采用符合 ISO5832-3 标准的 Ti6Al4V 合金材料制成。产品表面经阳极氧化处理。非灭菌包装。
适用范围:本产品用于脊柱单节段和多节段的椎骨间固定。
生产厂家:德国 Aesculap AG
注册代理:贝朗医疗(上海)国际贸易有限公司
服务机构:贝朗医疗(上海)国际贸易有限公司
发证日期:2014.01.21 **截止日期**:2018.01.20

国食药监械(进)字 2014 第 3660452 号

产品名称:高压三通旋塞(Manifolds)
规格型号:见附页
产品标准:YZB/USA 7637-2013《高压三通旋塞》
性能组成:本产品由旋塞主体、三通开关及圆锥接头构成，组成材料为聚碳酸酯、乙缩醛。
适用范围:本产品用于控制静脉液体流动方向。
生产厂家:美国 Smiths Medical ASD, Inc.
注册代理:史密斯医疗器械(北京)有限公司
服务机构:史密斯医疗器械(北京)有限公司
发证日期:2014.01.21 **截止日期**:2018.01.20

国食药监械(进)字 2014 第 3660453 号

产品名称:可吸收泪小管塞栓(Dissolvable VisiPlug)
规格型号:直径 0.4mm，直径 0.5mm
产品标准:YZB/USA 7378-2013《可吸收泪小管塞栓》
性能组成:该产品材料为聚对二氧环己酮 Polydioxanone (PDO)，将塞栓平衡放置在泪管中，在大约 180 天后降解并和泪水自然排出。产品经环氧乙烷灭菌，一次性使用。
适用范围:该产品适用于对泪小管的临时性封闭。
生产厂家:美国 Lacrimedics Inc.
注册代理:北京麦德医疗设备有限公司
服务机构:北京麦德医疗设备有限公司
发证日期:2014.01.21 **截止日期**:2018.01.20

国食药监械(进)字 2014 第 3660454 号

产品名称:高压注射器针筒及附件（商品名：Medrad Avanta）(MEDRAD Avanta Fluid Management Injection System Disposables)
规格型号:AVA 500 MPAT
产品标准:YZB/USA 7660-2013《高压注射器针筒及附件》
性能组成:本产品由针筒套包(型号:AVA 500 MPAT(PART 1 OF 2))和附件套包(型号：AVA 500 MPAT (PART 2 OF 2))组成。针筒套包由活塞、针筒、保护套组成。附件套包由瓶塞穿刺器，连接管路，滴斗，三通阀，保护套和鲁尔接头组成。针筒套包经辐射灭菌，附件套包经环氧乙烷灭菌。
适用范围:本产品与 MEDRAD, INC.的 Avanta 高压注射器配套使用，适用于以不同剂量、不同流速注射血管内造影剂和生理盐水，可用于心脏病学、放射医学和血管外科学的诊断和介入性血管造影。
变更情况:变更日期：2014.11.24。生产企业名称由“MEDRAD, INC.”变更为“Bayer Medical Care, Inc.”；企业注册地址和生产地址由“One Medrad Drive IndianolaPennsylvania 15051 USA”变更为“1 Bayer DriveIndianola Pennsylvania 15051USA”；售后服务机构由“美德瑞达医疗器械贸易（北京）有限公司”变更为“美德瑞达医疗器械贸易（北京）有限公司、拜耳医药保健有限公司”。
生产厂家:美国 MEDRAD, INC.
注册代理:美德瑞达医疗器械贸易(北京)有限公司
服务机构:美德瑞达医疗器械贸易(北京)有限公司
发证日期:2014.01.21 **截止日期**:2018.01.20

国食药监械(进)字 2014 第 3640455 号

产品名称:伤口护理膏(商品名:多爱肤™护理膏)(DuoDERM Hydroactive Paste)
规格型号:187930
产品标准:YZB/UK 7714-2013《伤口护理膏》
性能组成:产品为膏状，由白明胶(18.33%w/w)、胶质(18.33%w/w)、羧甲基纤维素钠(18.33%w/w)及矿物油(45%w/w)组成。
适用范围:本产品适合与第二层敷料一同使用，例如与多爱肤 TM 敷料一同使用。适用于有渗出的皮肤溃疡包括全层皮肤损伤：下肢溃疡、压疮及糖尿病足溃疡。护理膏辅助吸收伤口的渗液，使伤口保持湿润，同时辅助避免伤口的新生组织在脱除敷料时受到损伤。
生产厂家:英国 ConvaTec Limited
注册代理:康维德(中国)医疗用品有限公司
服务机构:康维德(中国)医疗用品有限公司
发证日期:2014.01.21 **截止日期**:2018.01.20

国食药监械(进)字 2014 第 3450456 号

产品名称:血液净化用管路附件(HD-Tubing systems Accessories)
规格型号:见附页
产品标准:YZB/GER 7651-2013《血液净化用管路附件》

性能组成:产品由管路、传感器接头、保护套、接头/圆锥接头、夹具组成。本产品采用环氧乙烷灭菌，一次性使用。
适用范围:该产品配套用于血液净化用管路系统，用于血液透析、血液透析滤过、血液滤过、血浆置换等血液净化治疗时，连接不同器件或传感器等，一次性使用。本产品不适用于新生儿。
生产厂家:德国 Fresenius Medical Care AG&Co.KGaA
注册代理:费森尤斯医药用品(上海)有限公司
服务机构:费森尤斯医药用品(上海)有限公司
发证日期:2014.01.21　**截止日期**:2018.01.20

国食药监械(进)字 2014 第 3460457 号

产品名称:脊柱后路钉棒系统（商品名：XIA）(XIA 3 Implants)
规格型号:见附页
产品标准:YZB/FRA 7724-2013《脊柱后路钉棒系统》
性能组成:该产品由骨螺钉(单轴螺钉、多轴螺钉)、矫形棒(直型矫形棒、预弯矫形棒)、螺塞、横连杆和骨钩组成，采用符合 ISO5832-3 标准规定的 Ti6A14V 钛合金材料制造，表面经阳极氧化处理，非灭菌包装。
适用范围:适用于对胸椎到骶椎的椎体实施暂时性或永久性矫正或固定，其目的是帮助加固或促进骨融合。
变更情况:变更日期：2014.11.19。生产者名称由“Stryker Spine S.A.S.”变更为“STRYKER SPINE, INC”；生产者地址由“ZI Marticot, 33610 Cestas, FRA”变更为“2 Pearl Court ALLENDALE, NJ-07401 UNITED STATES”。
生产厂家:法国 Stryker Spine S.A.S.
注册代理:史赛克(北京)医疗器械有限公司
服务机构:史赛克(北京)医疗器械有限公司
发证日期:2014.01.21　**截止日期**:2018.01.20

国食药监械(进)字 2014 第 3640458 号

产品名称:可吸收止血海绵（商品名：斯泰可）(Stypro)
规格型号:见附页
产品标准:YZB/GER 7495-2013《可吸收止血海绵》
性能组成:本品是一种具有止血作用的可吸收、可植入变性胶原蛋白海绵，取材于猪。射线灭菌。本品一次性使用，不能重新灭菌。
适用范围:用于手术过程(除眼科和泌尿外科)中的止血，可用于在通过压力、结扎或其他传统止血方法无效时的毛细血管、静脉和小动脉出血的止血。
生产厂家:德国 Curasan AG
注册代理:北京贝科达医疗器械有限公司
服务机构:北京福泰康医疗仪器有限公司
发证日期:2014.01.21　**截止日期**:2018.01.20

国食药监械(进)字 2014 第 2660459 号

产品名称:鼻咽通气道(Nasopharyngeal Airway)
规格型号:8888247015、8888247023、8888247031、8888247049、8888247056、8888247064
产品标准:YZB/USA 7681-2013《鼻咽通气道》
性能组成:由带有凸缘末端的呼吸管组成。一次性使用产品。灭菌方式为环氧乙烷灭菌。
适用范围:临床用于手术中建立患者的开放气道。
生产厂家:美国 Covidien llc
注册代理:柯惠医疗器材国际贸易(上海)有限公司
服务机构:柯惠医疗器材国际贸易(上海)有限公司
发证日期:2014.01.21　**截止日期**:2018.01.20

国食药监械(进)字 2014 第 3660460 号

产品名称:开花引流套管（商品名：开花引流套管）(HAKKO DRAINAGE FLOWER-CATHER TYPE Y(原文名称：フラワーカテーテルY型セット))
规格型号:见附页
产品标准:YZB/JAP 7715-2013《开花引流套管》
性能组成:本产品是胆管用灭菌导管，由 Y 型导管和附外导管的扩张管构成。
适用范围:本产品适用闭塞性黄疸、急性化脓性胆管炎、急性化脓性胆囊炎、总胆管炎的胆汁、脓肿、囊肿的引流介入。
生产厂家:日本株式会社 八光
注册代理:八光商贸(上海)有限公司
服务机构:八光商贸(上海)有限公司
发证日期:2014.01.21　**截止日期**:2018.01.20

国食药监械(进)字 2014 第 3460461 号

产品名称:非骨水泥柄（商品名：SL-PLUS）(SL-PLUS Non-cemented Hip Stem)
规格型号:见附页
产品标准:YZB/SWI 7541-2013《非骨水泥柄（商品名：SL-PLUS)》
性能组成:该产品由符合 ISO 5832-3 标准规定的 Ti6A14V 钛合金材料制成，表面经喷砂处理。灭菌包装。
适用范围:与该企业同一系统组件配合，做为非骨水泥型髋关节假体使用，适用于髋关节置换。
生产厂家:瑞士 Smith & Nephew Orthopaedics AG
注册代理:施乐辉医用产品国际贸易(上海)有限公司
服务机构:施乐辉医用产品国际贸易(上海)有限公司
发证日期:2014.01.21　**截止日期**:2018.01.20

国食药监械(进)字 2014 第 1540462 号

产品名称:钠石灰二氧化碳吸附剂（商品名：Sofnolime）(Soda Lime Carbon Dioxide Absorbent)
规格型号:P2550P78T13、W2550P78T38
产品标准:YZB/UK 7417-2013《钠石灰二氧化碳吸附剂》
性能组成:本产品为颗粒状复合物，由氢氧化钠(3%)、水(12-19%)、乙基紫或钛黄颜色指示剂(<0.3%)和氢氧化钙(余下部分，>75%)混合而成。PH 值:12 -14，二氧化碳吸收能力:≥19.0%。产品在使用过程中吸收二氧化碳后颜色将发生如下变化：W2550P78T38（由白色变为紫色），P2550P78T13（由粉色变为白色）。
适用范围:本产品用于吸收二氧化碳。可用于麻醉机、医用供氧系统、呼吸系统及空气清洁系统。
生产厂家:英国 Molecular Products Limited
注册代理:上海展阳投资管理有限公司
服务机构:上海景年医疗器械有限公司
发证日期:2014.01.21　**截止日期**:2018.01.20

国食药监械(进)字 2014 第 3460463 号

产品名称:椎间融合器(INNESIS CAGE)
规格型号:45008-23、45009-23、45010-23、45011-23、45012-23、45013-23、45014-23、45409-23、45410-23、45411-23、45412-23、45413-23、45414-23、45810-23、45811-23、45812-23、45813-23、45814-23
产品标准:YZB/ROK 7710-2013《椎间融合器》
性能组成:该产品由椎间融合器和椎间融合器的配件螺钉构成。材料采用符合 GB/T 13810-2007 标准的 TC4 ELI 钛合金制造。非灭菌包装，表面无着色。
适用范围:适用于腰椎间融合。
生产厂家:韩国 BK MEDITECH CO., LTD
注册代理:郑州凯斯特医疗器械有限公司
服务机构:郑州凯斯特医疗器械有限公司
发证日期:2014.01.21　**截止日期**:2018.01.20

国食药监械(进)字 2014 第 3460464 号

产品名称:人工髋关节(Hip Modular System)
规格型号:见附页
产品标准:YZB/USA 7614-2013《人工髋关节》
性能组成:人工髋关节包括髋臼组件和髋臼配件。髋臼组件包括髋臼外杯(含堵孔塞、锁环)和髋臼内衬；髋臼配件包括堵孔塞、钛合金骨螺钉，髋臼锁环。髋臼外杯，髋臼外杯堵孔塞和钛合金骨螺钉由符合 GB/T 13810 标准要求的 TC4 ELI 钛合金材料制成；髋臼内衬由符合 ISO5834-2 中 II 型要求的超高分子量聚乙烯材料制成。髋臼锁环由符合 ISO5832-2 标准中 II 级要求的纯钛材料制成。灭菌包装。
适用范围:髋臼外杯采用生物固定方式。作为生物型假体或混合型假体使用，适用于髋关节置换。适应症 1) 非炎性退行性骨关节疾病，包括骨关节炎和骨关节无血管形成性坏死 2) 风湿性关节炎 3) 纠正功能性畸形 4) 治疗骨不连、股骨颈骨折和涉及股骨头的股骨近端粗隆骨折，而无法采取其他方式治疗的。5) 其他治疗方式或医疗器械失效的修复
生产厂家:美国 Biomet Orthopedics

注册代理:邦美(上海)商贸有限公司
服务机构:邦美(上海)商贸有限公司
发证日期:2014.01.21 截止日期:2018.01.20

国食药监械(进)字 2014 第 2660465 号

产品名称:造口袋(Advanced Pouches System)
规格型号:416932, 416934, 416937, 416940, 416942, 416945, 416948, 416950, 416953, 416957, 416917, 416918, 416919, 416921, 416922, 416923, 416925, 416926, 416938, 416946, 416954, 416958, 416920, 416924, 416400, 416401, 416402, 416403, 416404, 416405, 416406, 416407, 416408, 416409, 416410, 416411, 416412, 416413, 416414, 416415, 416416, 416417, 416418, 416419, 416420, 416421, 416422, 416423, 416424, 416472
产品标准:YZB/USA 7970-2013《造口袋》
性能组成:本产品包含两件式造口袋、两件式造口底盘及减压环组成的套装,以及单独的两件式造口袋。两件式造口底盘粘胶有两种形式:Durahesive 和 Durahesive+Stomahesive 粘合剂。其中 Durahesive+Stomahesive 底盘的两层粘合剂中间夹有薄层聚乙烯。两件式造口底盘卡环的材料为低密度聚乙烯。两件式造口底盘软边的材料为无纺布。造口底盘底纸的材料为有机硅剥离纸。两件式造口袋体的材料为乙烯醋酸乙烯酯+聚偏二氯乙烯。两件式造口袋卡环的材料为乙烯醋酸乙烯酯。减压环的材料为聚乙烯及乙烯醋酸乙烯酯。
适用范围:本产品用于处理造口排泄物。
生产厂家:美国 ConvaTec Inc.
注册代理:康维德(中国)医疗用品有限公司
服务机构:康维德(中国)医疗用品有限公司
发证日期:2014.01.21 截止日期:2018.01.20

国食药监械(进)字 2014 第 2630466 号

产品名称:牙科精密附着体(LOCATOR IMPLANT ATTACHMENT SYSTEM)
规格型号:见附页
产品标准:YZB/USA 7642-2013《牙科精密附着体》
性能组成:牙科精密附着体由阳性垫片、基底帽、临时垫片、封闭环组成。阳性垫片由聚酰胺 66 制成;基底帽由符合 GB/T 13810 的 TC4 钛合金,即 Ti-6Al-4V 合金制成,无表面处理;临时垫片由聚乙烯制成;封闭环由硅橡胶制成。
适用范围:牙科精密附着体用于齿科矫形修复。
生产厂家:美国 Zest Anchors, LLC
注册代理:士卓曼(北京)医疗器械贸易有限公司
服务机构:士卓曼(北京)医疗器械贸易有限公司
发证日期:2014.01.21 截止日期:2018.01.20

国食药监械(进)字 2014 第 1560467 号

产品名称:一次性使用输氧面罩(Disposable oxygen mask)
规格型号:见附页
产品标准:YZB/UK 7643-2013《一次性使用输氧面罩》
性能组成:该产品为一次性使用,非灭菌供应,组成及材质见附件。
适用范围:该产品供患者在病房通过口鼻吸入氧气时使用。
生产厂家:英国 Flexicare Medical Ltd
注册代理:北京金协信商贸有限责任公司
服务机构:富利凯医疗用品(东莞)有限公司
发证日期:2014.01.21 截止日期:2018.01.20

国食药监械(进)字 2014 第 2540468 号

产品名称:婴儿呼吸机附件(Infant Flow System and Accessories)
规格型号:见附页
产品标准:YZB/USA 7887-2013《婴儿呼吸机附件》
性能组成:本产品由发生器套装、鼻塞、鼻罩和呼吸管路组成。本产品材质:发生器、呼吸管路主要材质是 PVC 和聚丙烯;鼻塞、鼻罩主要材质是硅胶。本产品为非灭菌供应,一次性使用。
适用范围:该系列婴儿呼吸机附件专门用于与美国 CareFusion 生产的婴儿呼吸机(型号:SiPAP)配套使用。
生产厂家:美国 CareFusion
注册代理:康尔福盛(上海)商贸有限公司
服务机构:康尔福盛(上海)商贸有限公司
发证日期:2014.01.21 截止日期:2018.01.20

国食药监械(进)字 2014 第 2550469 号

产品名称:种植体手术用牙钻(Luna Drills)
规格型号:见附页
产品标准:YZB/ROK 7415-2013《种植体手术用牙钻》
性能组成:本产品有定心钻、方向钻、麻花钻和埋头钻组成。其材质为 S42010 不锈钢,表面处理方式件附录 A。
适用范围:本产品用于种植体手术中牙槽骨的制备。
生产厂家:韩国 SHINHUNG MST Co., LTD
注册代理:捷通埃默高(北京)医药科技有限公司
服务机构:捷通埃默高(北京)医药科技有限公司
发证日期:2014.01.21 截止日期:2018.01.20

国食药监械(进)字 2014 第 2220470 号

产品名称:脊柱内窥镜手术器械(商品名:ASAP)(Surgical Instruments of Spinal Endoscope)
规格型号:见附页
产品标准:YZB/GER 7629-2013《脊柱内窥镜手术器械》
性能组成:本产品由抓钳、咬骨钳、黄韧带切钳、环锯、关节钻、分离器、扩张器、工作套管、骨锤、工作套管推进器和手柄组成。采用符合 YY/T 0294.1 中 M 牌号不锈钢制造,非灭菌包装,不与有源器械联用。
适用范围:本产品用于脊柱外科手术。
生产厂家:德国 asap endoscopic products GmbH
注册代理:北京爱博咨科技有限公司
服务机构:北京爱博咨科技有限公司
发证日期:2014.01.21 截止日期:2018.01.20

国食药监械(进)字 2014 第 2100471 号

产品名称:一次性使用钻头(Burs)
规格型号:见附页
产品标准:YZB/USA 7641-2013《一次性使用钻头》
性能组成:一次性使用钻头由符合 ASTM F899 的 440C 不锈钢和符合 ASTM A600 的 M2 钢组成,用于神经外科、耳鼻喉科、头部和颈部手术中切削软硬组织和骨质。
适用范围:该产品用于神经外科、耳鼻喉科、头部和颈部手术中切削软硬组织和骨质。
生产厂家:美国 Medtronic Powered Surgical Solutions
注册代理:美敦力(上海)管理有限公司
服务机构:美敦力(上海)管理有限公司
发证日期:2014.01.21 截止日期:2018.01.20

国食药监械(进)字 2014 第 2410472 号

产品名称:一次性使用末梢采血器(商品名:BD SentryTM)(BD Sentry Safety Lancet)
规格型号:1.5mm×28G 1.8mm×23G
产品标准:YZB/UK 7687-2013《一次性使用末梢采血器》
性能组成:该产品由按钮、外壳、针套、针头、针座、弹簧组成,射线灭菌。
适用范围:本产品为一次性使用无菌末梢采血器,医学临床上用于皮肤穿刺,以采集末梢血液样本。
备注:2014 年 4 月 18 日同意更正企业注册地址内容,2014 年 1 月 21 日核发的医疗器械注册登记表予以废止。
生产厂家:英国 Becton, Dickinson and Company
注册代理:碧迪医疗器械(上海)有限公司
服务机构:碧迪医疗器械(上海)有限公司
发证日期:2014.01.21 截止日期:2018.01.20

国食药监械(进)字 2014 第 1010473 号

产品名称:拉钩(商品名:TSI)(Hooks)
规格型号:见附页
产品标准:YZB/USA 7979-2013《拉钩》
性能组成:本产品由不锈钢、铝合金和钛合金制成,除钝拉钩为一次性使用产品外,其他型号为可重复使用产品。本产品均以未灭菌形式提供,耐高温高压消毒,具体型号及描述见附件规格型号表。
适用范围:本产品为普通外科手术器械,适用于外科手术中拉开手术刀口,充分暴露手术视野。

生产厂家:美国 TeDan Surgical Innovations, LLC
注册代理:北京威尼汇力医疗器械有限公司
服务机构:北京威尼汇力医疗器械有限公司
发证日期:2014.01.21 截止日期:2018.01.20

国食药监械(进)字 2014 第 1100474 号(更)

产品名称:髋关节置换系统手术工具(商品名:BENCOX)(Hip Replacement System Instrument)
规格型号:见附页
产品标准:YZB/ROK 7674-2013《髋关节置换系统手术工具》
备注:代理人和售后服务机构均由"广东众康益医药有限公司"变更为"上海科钛医疗器械有限公司";注册证由"国食药监械(进)字 2014 第 1100474 号"变更为"国食药监械(进)字 2014 第 1100474 号(更)",原证自发证之日起作废。
生产厂家:韩国 Corentec Co., Ltd.
注册代理:上海科钛医疗器械有限公司
服务机构:上海科钛医疗器械有限公司
变更日期:2014.07.10 截止日期:2018.01.20

国食药监械(进)字 2014 第 1050475 号

产品名称:耳鼻喉科用刀(ENT Knife)
规格型号:见附页
产品标准:YZB/GER 7810-2013《耳鼻喉科用刀》
性能组成:本组产品由鼻中隔刀、扁桃体刀、镰状刀、喉头刀、软骨纵切刀组成。本产品采用符合 DIN EN10088-3-2005 标准的不锈钢材料制成,产品非无菌包装提供,使用前请灭菌。
适用范围:用于耳鼻喉科手术中对粘连部位、软组织、软骨和缝合材料进行切割。
生产厂家:德国 Richard Wolf GmbH
注册代理:北京德华信达技术有限公司
服务机构:见附页
发证日期:2014.01.21 截止日期:2018.01.20

国食药监械(进)字 2014 第 1050476 号

产品名称:耳鼻喉科用剪(ENT Scissor)
规格型号:见附页
产品标准:YZB/GER 7814-2013《耳鼻喉科用剪》
性能组成:本组产品由鼻剪、精细剪、微型剪、剪刀、扁桃体剪、喉头切除术用剪组成。本产品采用符合 DIN EN10088-3-2005 的不锈钢材料制成,产品非无菌包装提供,使用前请灭菌。
适用范围:本产品适用于切除粘连,分离和切断组织、软骨和缝线。
生产厂家:德国 Richard Wolf GmbH
注册代理:北京德华信达技术有限公司
服务机构:见附页
发证日期:2014.01.21 截止日期:2018.01.20

国食药监械(进)字 2014 第 1660477 号

产品名称:一次性使用丁腈无粉检查手套(Powder Free Nitrile Examination Gloves)
规格型号:特小号(XS)、小号(S)、中号(M)、大号(L)和特大号(XL)
产品标准:YZB/MAL 7418-2013《一次性使用丁腈无粉检查手套》
性能组成:该产品主要由丁腈橡胶胶乳制造。该产品表面型式有麻面(手指麻面、手掌麻面)和光面。该产品为一次性使用、非无菌产品。
适用范围:该产品用于医疗检查,卫生防护。
生产厂家:马来西亚 Riverstone Resources Sdn.Bhd.
注册代理:立合斯顿科技(无锡)有限公司
服务机构:立合斯顿科技(无锡)有限公司
发证日期:2014.01.21 截止日期:2018.01.20

国食药监械(进)字 2014 第 1100478 号

产品名称:膝关节手术工具(Knee Instruments)
规格型号:见附页
产品标准:YZB/IRE 7279-2013《膝关节手术工具》
性能组成:该产品由一系列在膝关节置换手术中使用的髁间窝截骨板、股骨试模、导向挡板及测量器组成。髁间窝截骨板、导向挡板及测量器选用 630 不锈钢材料,且符合 ASTM F899 标准;股骨试模选用铸造钴铬钼材料,且符合 ISO 5832-4 标准。属于无源骨科手术工具,为非灭菌包装。
适用范围:用于膝关节手术置换。
生产厂家:爱尔兰 DePuy(Ireland)
注册代理:强生(上海)医疗器材有限公司
服务机构:强生(上海)医疗器材有限公司
发证日期:2014.01.21 截止日期:2018.01.20

国食药监械(进)字 2014 第 1660479 号

产品名称:一次性使用医用橡胶检查手套(Latex Examination Gloves)
规格型号:有粉:XS, S, M, L, XL;无粉:XS, S, M, L, XL;
产品标准:YZB/MAL 7913-2013《一次性使用医用橡胶检查手套》
性能组成:本产品由天然橡胶胶乳组成,有粉产品含 UPS 玉米淀粉。该产品为非无菌产品,有粉产品有效期限为 4 年,无粉产品有效期为 3 年。
适用范围:该产品用以降低医疗保健人员与患者之间交叉污染或感染的风险。
生产厂家:马来西亚 Rubbercare Protection Products Sdn. Bhd.
注册代理:艾迈柯思贸易(上海)有限公司
服务机构:艾迈柯思贸易(上海)有限公司
发证日期:2014.01.21 截止日期:2018.01.20

国食药监械(进)字 2014 第 1040480 号

产品名称:睑板腺检查器(Meibomian Gland Evaluator)
规格型号:MGE-1000
产品标准:YZB/USA 7725-2013《睑板腺检查器》
性能组成:由手柄部分和头端组成。
适用范围:此产品用于评估成年患者的睑板腺的分泌物时,按压下眼睑。
生产厂家:美国 TearScience, Inc
注册代理:北京爱德一视医疗设备有限公司
服务机构:北京爱德一视医疗设备有限公司
发证日期:2014.01.21 截止日期:2018.01.20

国食药监械(进)字 2014 第 2450481 号

产品名称:腹膜透析管(PeritonealCatheters)
规格型号:见附页
产品标准:YZB/GER 7997-2013《腹膜透析管》
性能组成:该产品由带有安全迷你夹的导管、J 型导丝、穿刺针、扩张器、隧道针组成。导管主要材质为硅橡胶,J 型导丝、穿刺针及隧道针的主要材质为不锈钢,扩张器的材质为聚四氟乙烯及高密度聚乙烯。产品经环氧乙烷灭菌,一次性使用。
适用范围:该产品适用于急性和慢性腹膜透析。
生产厂家:德国 JOLINE GmbH &Co. KG
注册代理:广州荣健科技有限公司
服务机构:广州荣健科技有限公司
发证日期:2014.01.21 截止日期:2018.01.20

国食药监械(进)字 2014 第 2550482 号

产品名称:牙钻(Drill)
规格型号:见附页
产品标准:YZB/SWI 7856-2013《牙钻》
性能组成:牙钻由研磨钻、先锋钻、扩孔钻、成型钻、机用攻丝钻、粘膜钻、粘膜环钻组成。牙钻由德国牌号 1.4108(X30 Cr Mo N 15 1)不锈钢制成,化学成分为:C:0.25~0.35%; Si:≤1.00%; Mn: ≤1.00%; P: ≤0.030%; S:≤0.020%; Cr: 14.0~16.0%; Ni: ≤0.50%; Mo:0.85~1.10%; N:0.30~0.50%; Fe:余量。牙钻为非无菌产品。牙钻的表面应平整、光滑、匀称,不得有毛刺、裂纹等缺陷。刻度应清晰可见。具体详见标准。
适用范围:牙钻用于牙科种植体手术中钻孔。
生产厂家:瑞士 Institut Straumann AG
注册代理:士卓曼(北京)医疗器械贸易有限公司
服务机构:士卓曼(北京)医疗器械贸易有限公司
发证日期:2014.01.21 截止日期:2018.01.20

国食药监械(进)字 2014 第 2080483 号

产品名称:导引器械(Cope Gastrojejunostomy Cannula)

规格型号:GRM-13-30-COPE
产品标准:YZB/USA 7768-2013《导引器械》
性能组成:导引器械由导引套管和导引套管座组成。导引套管座由黄铜制成，导引套管由 304 不锈钢制成，产品经环氧乙烷灭菌，一次性使用。
适用范围:导引器械被设计用于引导和支持导丝和导管在经皮胃空肠吻合术穿过幽门。
生产厂家:美国 Cook Incorporated (库克公司)
注册代理:库克(中国)医疗贸易有限公司
服务机构:库克(中国)医疗贸易有限公司
发证日期:2014.01.21　　截止日期:2018.01.20

国食药监械(进)字 2014 第 2660484 号

产品名称:一次性使用灭菌氯丁橡胶外科手套(Polychoroprene Synthetic Tan Surgical Glove - Powderfree)
规格型号:5.5、6、6.5、7、7.5、8、8.5、9
产品标准:YZB/MAL 8024-2013《一次性使用灭菌氯丁橡胶外科手套》
性能组成:本产品主要由医用氯丁橡胶制造，无粉表面，麻面，辐照灭菌。
适用范围:该产品适用于外科医生、医疗护理人员或类似人员在无菌条件下的手术和检查过程中戴在手上，作为防护性隔离。
生产厂家:马来西亚 TERANG NUSA SDN. BHD.
注册代理:北京稳大医疗用品有限公司
服务机构:北京稳大医疗用品有限公司
发证日期:2014.01.21　　截止日期:2018.01.20

国食药监械(进)字 2014 第 2660485 号

产品名称:逆行性胰/胆管造影导管(ERCP-Catheter)
规格型号:PM-3CEPK1810210M, PM-3CTPK1810210M, PM-3CTPK1810250M, PM-3CXPK1810210M
产品标准:YZB/GER 7804-2013《逆行性胰/胆管造影导管》
性能组成:该产品由导管座、导管轴、管芯保护丝和标记带及金属头端组成。导管座材料为共聚甲醛，导管轴材料为聚四氟乙烯，管芯保护丝材料为 301 不锈钢，金属头端材料为 303 不锈钢。产品非无菌状态提供，可重复使用。
适用范围:用于胆管/胰管插管和注射造影剂。
生产厂家:德国 pk endoskopie GmbH
注册代理:北京红辉力上科技有限公司
服务机构:北京红辉力上科技有限公司
发证日期:2014.01.21　　截止日期:2018.01.20

国食药监械(进)字 2014 第 1220486 号

产品名称:闭孔器 (商品名: Versapoint) (GYNECARE VERSAPOINT Standard Obturator)
规格型号:1934
产品标准:YZB/USA 5053-2013《闭孔器》
性能组成:本产品由不锈钢制成，可重复使用。
适用范围:本产品与 Versapoint 系列双极电手术系统配套使用，作为旋转外鞘的内芯，可闭塞旋转外鞘喙部的窗孔，在扩宫充分的情况下，辅助旋转外鞘进入宫腔。
备注:2014 年 8 月 13 日同意更正生产地址内容，2014 年 1 月 21 日核发的医疗器械注册登记表予以废止。
生产厂家:美国 Ethicon, Inc.
注册代理:强生(上海)医疗器材有限公司
服务机构:强生(上海)医疗器材有限公司
发证日期:2014.01.21　　截止日期:2018.01.20

国食药监械(进)字 2014 第 1100487 号

产品名称:膝关节假体配套工具组合 (商品名: Trabecular Metal Shapes) (Knee Joint Prostheses Instrument)
规格型号:见附页
产品标准:YZB/USA 7796-2013《膝关节假体配套工具组合》
性能组成:该器械为组合形式，由各种型号的胫骨填充块、胫骨填充块试模、干骺端股骨填充块试模、骨骺股骨填充块试模、胫骨填充块凿、各种导向器、胫骨填充块钻孔器、胫骨填充块钻孔器模板、填充块打击器头、胫骨填充块锉、填充块对线杆、骨骺股骨填充块锉、套筒、胫骨填充块套筒袖套、手柄及平台组成。胫骨填充块试模、骨骺股骨填充块试模及干骺端股骨填充块试模采用符合 ISO16061 标准的聚砜材料制成，其他器械均采用符合 ASTMF899 标准的 630 不锈钢材料制成。非灭菌产品，不与有源器械联用。
适用范围:该手术器械是一套供临床用于 Trabecular Metal Shapes 假体进行膝关节置换术，并且可重复使用的临时的手术工具组合。
生产厂家:美国 Zimmer Trabecular Metal Technology, Inc.
注册代理:捷迈(上海)医疗国际贸易有限公司
服务机构:捷迈(上海)医疗国际贸易有限公司
发证日期:2014.01.21　　截止日期:2018.01.20

国食药监械(进)字 2014 第 1100488 号

产品名称:骨科手术器械 (商品名: Innomed) (Innomed surgical instruments)
规格型号:见附页
产品标准:YZB/USA 7802-2013《骨科手术器械》
性能组成:该产品由咬骨钳、抓钳、持骨钳、持骨打入钳、撑开器等组成，采用符合 YY0294.1 标准规定的代号为 B、C、D、M 的不锈钢材料制成，具体详见规格型号列表，非灭菌包装。
适用范围:该产品为手术工具，适用于四肢骨科手术中。
生产厂家:美国 Innomed, Inc
注册代理:北京贝科达医疗器械有限公司
服务机构:北京福泰康医疗仪器有限公司
发证日期:2014.01.21　　截止日期:2018.01.20

国食药监械(进)字 2014 第 2220489 号

产品名称:关节镜入路套管 (商品名: CLEAR-TRAC) (CLEAR-TRAC Cannulas)
规格型号:见附页
产品标准:YZB/USA 7785-2013《关节镜入路套管》
性能组成:该产品包括套管，闭孔器，穿刺锥，密封帽。套管材质有医用级塑料、聚丙烯、沙林树脂、聚碳酸酯、聚酯，闭孔器材质有医用级塑料、符合 YY/T0294.1 的 M 号不锈钢，穿刺椎材料为医用级塑料，密封帽材质为聚碳酸酯，材质详见规格型号列表，其中部分规格型号产品为无菌产品，其余型号产品为非灭菌产品、可重复使用。
适用范围:本产品用于关节镜手术入路保护，适用于所有关节镜手术。
生产厂家:美国 Smith &Nephew Inc.
注册代理:施乐辉医用产品国际贸易(上海)有限公司
服务机构:施乐辉医用产品国际贸易(上海)有限公司
发证日期:2014.01.21　　截止日期:2018.01.20

国食药监械(进)字 2014 第 1100490 号

产品名称:颈椎前路钢板系统配套工具 (商品名: Aviator) (AVIATOR Instruments)
规格型号:见附页
产品标准:YZB/FRA 7973-2013《颈椎前路钢板系统配套工具》
性能组成:该产品弯板器、临时固定针、导向器、手柄、钻头、套筒、丝攻、起子、螺丝刀等组成。接触人体部分采用符合 ISO 5832-3 的 Ti6Al4V 钛合金或符合 ISO5832-1 的不锈钢制成，非接触人体的无创应用工具或有创工具的手柄等部分采用符合 YY/T0726 标准中规定的硅橡胶或符合 ISO5832-1 的不锈钢制成，具体详见规格型号列表，非灭菌包装。
适用范围:该产品为手术工具，适用于颈椎前路植入物装配固定的外科手术。
生产厂家:法国 Stryker Spine S.A.S.
注册代理:史赛克(北京)医疗器械有限公司
服务机构:史赛克(北京)医疗器械有限公司
发证日期:2014.01.21　　截止日期:2018.01.20

国食药监械(进)字 2014 第 1060491 号

产品名称:种植体配套用工具(Surgical Instruments for Dental Implant)
规格型号:见附页
产品标准:YZB/GER 7917-2013《种植体配套用工具》
性能组成:该产品主要组成为不锈钢和钛合金，详见注册产品标准。
适用范围:该产品为牙科种植体手术过程中的辅助工具。

生产厂家:德国 BEGO Implant Systems GmbH & Co. KG
注册代理:北京友源前景医疗器械有限公司
服务机构:北京友源前景医疗器械有限公司
发证日期:2014.01.21 截止日期:2018.01.20

国食药监械(进)字 2014 第 1100492 号

产品名称:显微测量尺(商品名:科琅淳 Microscale)(CROWNJUN Microscale)
规格型号:OMR01
产品标准:YZB/JAP 7922-2013《显微测量尺》
性能组成:该产品 由聚酯材料制成。
适用范围:该产品用于测量伤口表面的大小。
生产厂家:日本株式会社河野製作所
注册代理:科琅淳(上海)医疗器械贸易有限公司
服务机构:科琅淳(上海)医疗器械贸易有限公司
发证日期:2014.01.21 截止日期:2018.01.20

国食药监械(进)字 2014 第 3460493 号

产品名称:一次性气管支气管插管(ユニベント気管内チューブ)
规格型号:1202928、1202930、1202931、1202933
产品标准:YZB/JAP 7828-2013《一次性气管支气管插管》
性能组成:产品性能本产品为一次性使用产品,产品出厂灭菌方式为环氧乙烷灭菌。产品结构及组成本产品由主导管(硅胶)、主气囊(硅胶)、支气管(聚氨酯,增塑剂 1,4 丁二醇)、支气管前端(硅胶)、阻塞囊(硅胶)、封口装置(开关)(硅胶)、造影线(硅胶)、主气囊充气管(硅胶)、主气囊指示球囊(硅胶)、主气囊单向阀(硅胶)、气管插管接头(聚丙烯)、卡夹(硅胶)、支气管外套管(聚酰胺)、双层护套(硅胶)、固定管(聚氨酯)、分支器(聚氨酯)、阻塞囊充气管(硅胶)、阻塞囊指示球(聚氯乙烯)、阻塞囊单向阀(聚氯乙烯)、通气帽(聚丙烯)、阀门(聚氨酯)、盖帽(06Cr17Ni12Mo2 医用不锈钢)组成。
适用范围:一次性气管支气管插管用于外科患者的通气处理,进行单肺通气。
生产厂家:日本富士システムズ株式会社
注册代理:北京华兴东贸易有限公司
服务机构:北京华兴东贸易有限公司
发证日期:2014.01.21 截止日期:2018.01.20

国食药监械(进)字 2014 第 2660494 号(更)

产品名称:双猪尾硅胶输尿管支架(Black Silicone Filiform Double Pigtail Ureteral Stent Set Wire Guide With Hydrophilic Coating)
规格型号:133620、133622、133624、133626、133628、133630、133720、133722、133724、133726、133728、133730、133820、133822、133824、133826、133828
产品标准:YZB/USA 7833-2013《双猪尾硅胶输尿管支架》
备注:生产企业名称由"Cook UrologicalIncorporated"变更为"Cook Incorporated";生产者地址由"1100 West Morgan Street, Spencer, IN47460"变更为"750 Daniels Way, Bloomington, IN47404, U.S.A.";注册证由"国食药监械(进)字 2014 第 2660494 号"变更为"国食药监械(进)字 2014 第 2660494 号(更)",原证自发证之日起作废。
生产厂家:美国 Cook Incorporated
注册代理:库克(中国)医疗贸易有限公司
服务机构:库克(中国)医疗贸易有限公司
变更日期:2014.03.14 截止日期:2018.01.20

国食药监械(进)字 2014 第 2650495 号

产品名称:外科不锈钢丝(MYO/Wire II Sternotomy Sutures)
规格型号:见附页
产品标准:YZB/USA 7843-2013《外科不锈钢丝》
性能组成:该产品是由 316L 不锈钢丝组成的不可吸收外科缝线。该产品无菌状态提供,一次性使用。
适用范围:该产品用于胸骨闭合、腹部伤口闭合、疝修补、以及某些包括环扎术和腱修补的整形手术处理。
生产厂家:美国 A&E Medical Corporation
注册代理:北京德灵科医疗科技有限公司
服务机构:北京德灵科医疗科技有限公司
发证日期:2014.01.21 截止日期:2018.01.20

国食药监械(进)字 2014 第 3660496 号

产品名称:脑室外引流管(External Ventricular Drainage Catheter)
规格型号:2133-060、2133-075、2133-090、2133-105、2133-120、2133-140
产品标准:YZB/ROK 7872-2013《脑室外引流管》
性能组成:本产品由硅橡胶内管、导丝、套管针、鲁尔接头连接件、保护套和固定片组成,为一次性使用产品。
适用范围:本产品用于持续排出脑室积液及血肿。
生产厂家:韩国 SEWOON MEDICAL CO., LTD.
注册代理:青岛世运贸易有限公司
服务机构:青岛世运贸易有限公司
发证日期:2014.01.21 截止日期:2018.01.20

国食药监械(进)字 2014 第 3770497 号

产品名称:经外周中心静脉导管(商品名:Cavafix®)(Cavafix)
规格型号:见附页
产品标准:YZB/GER 7859-2013《经外周中心静脉导管》
性能组成:经外周中心静脉导管由穿刺导引针、导引套管(可分裂导引套管和不可分裂导引套管)和导管组成。产品经环氧乙烷灭菌,有效期限为 5 年。
适用范围:本产品适用于长时间静脉输液治疗,输入高渗或静脉高刺激性溶液及胃肠外营养,用于持续或间歇性监测中心静脉压,或者在病人休克、末梢静脉损伤等外周静脉无法找到时用于血样的采集。
生产厂家:德国 B.Braun Melsungen AG
注册代理:贝朗医疗(上海)国际贸易有限公司
服务机构:贝朗医疗(上海)国际贸易有限公司
发证日期:2014.01.21 截止日期:2018.01.20

国食药监械(进)字 2014 第 1550498 号

产品名称:三用喷枪喷头(商品名:一次性三用喷枪喷头)(Disposable tips for air and water syringe)
规格型号:TOTAL PROTEC by RISKONTROL; CLASSIC by RISKONTROL ART by RISKONTROL(ANISE); ART by RISKONTROL(BLACKCURRANT); ART by RISKONTROL(LIQORICE); ART by RISKONTROL (MANDARIN); ART by RISKONTROL(MINT).
产品标准:YZB/FRA 7876-2013《三用喷枪喷头》
性能组成:由高密度聚乙烯和调色剂制成。非灭菌产品,一次性使用。TOTAL PROTEC by RISKONTROL 为 100 只/盒,其他型号均为 250 只/盒的独立包装。
适用范围:该产品作为喷头与牙科三用喷枪连接,在牙科冲洗和吹干中使用。
生产厂家:法国 Produits Dentaires Pierre Rolland SAS
注册代理:法国艾龙集团公司北京办事处
服务机构:北京联瑞通医疗器械有限责任公司
发证日期:2014.01.21 截止日期:2018.01.20

国食药监械(进)字 2014 第 1550498 号

产品名称:三用喷枪喷头(商品名:一次性三用喷枪喷头)(Disposable tips for air and water syringe)
规格型号:TOTAL PROTEC by RISKONTROL; CLASSIC by RISKONTROL; ART by RISKONTROL(ANISE); ART by RISKONTROL(BLACKCURRANT); ART by RISKONTROL(LIQORICE); ART by RISKONTROL (MANDARIN); ART by RISKONTROL(MINT).
产品标准:YZB/FRA 7876-2013《三用喷枪喷头》
性能组成:由高密度聚乙烯和调色剂制成。非灭菌产品,一次性使用。TOTAL PROTEC by RISKONTROL 为 100 只/盒,其他型号均为 250 只/盒的独立包装。
适用范围:该产品作为喷头与牙科三用喷枪连接,在牙科冲洗和吹干中使用。
生产厂家:法国 Produits Dentaires Pierre Rolland SAS
注册代理:法国艾龙集团公司北京办事处
服务机构:北京联瑞通医疗器械有限责任公司
发证日期:2014.01.21 截止日期:2018.01.20

国食药监械(进)字 2014 第 1640499 号

产品名称:自粘弹性绷带（商品名：耐乐固）(Nylexogrip)
规格型号:5cm×4.5m，10cm×4.5m，15cm×4.5m
产品标准:YZB/FRA 7709-2013《自粘弹性绷带》
性能组成:该产品由 45%棉，46%纤维胶，9%弹力纤维覆以天然乳胶微颗粒组成。其中纤维胶来源于纤维素，弹力纤维由 85%以上的嵌段聚氨酯高弹性纱布组成。
适用范围:该产品适用于骨折和包扎固定。
备注:2014 年 4 月 18 日同意更正生产地址内容，2014 年 1 月 21 日核发的医疗器械注册登记表予以废止。
生产厂家:法国 LABORATOIRES URGO
注册代理:法国优格制药公司北京代表处
服务机构:法国优格制药公司北京代表处
发证日期:2014.01.21　　**截止日期**:2018.01.20

国食药监械(进)字 2014 第 3770500 号

产品名称:球囊扩张导管（商品名：Pacific Xtreme）(PTA Catheter)
规格型号:见附页
产品标准:YZB/ITA 7618-2013《球囊扩张导管（商品名：Pacific Xtreme)》
性能组成:该产品由 Y 型连接器(聚碳酸酯)、远端连接管(聚酰胺)、近端连接管(聚酰胺)、外管(聚酰胺)、导丝管(聚醚嵌段酰胺、低密度聚乙烯、高密度聚乙烯)、不透射线标记(铂铱合金)、头端管(聚醚嵌段酰胺)、球囊(聚酰胺)、应力释放管(聚烯烃)和亲水涂层(PVP)组成。产品经环氧乙烷灭菌，一次性使用。
适用范围:球囊扩张导管(商品名:Pacific Xtreme)用于对患有外周动脉血管堵塞的患者实施经皮穿刺血管成形术。
备注:2014 年 8 月 13 日同意更正生产地址内容，2014 年 1 月 21 日核发的医疗器械注册登记表予以废止。
生产厂家:意大利 Invatec S.p.A.
注册代理:美敦力(上海)管理有限公司
服务机构:美敦力(上海)管理有限公司
发证日期:2014.01.21　　**截止日期**:2018.01.20

国食药监械(进)字 2014 第 2220501 号

产品名称:细胞刷(*デイスポーザブル細胞診ブラシ*)
规格型号:BC-23Q、BC-24Q、BC-202D-1210、BC-202D-2010、BC-202D-3010、BC-202D-5010、BC-203D-2006、BC-17W
产品标准:YZB/JAP 7854-2013《细胞刷》
性能组成:本产品主要由操作部、插入部和刷子部构成，其中刷子部由刷子、先端和金属丝组成。刷子材料为聚酰胺，先端的材料为不锈钢 SUS303。环氧乙烷灭菌，一次性使用。
适用范围:BC-23Q、BC-24Q:本产品与奥林巴斯内镜配套使用，用于采集胰管和胆管内的细胞。BC-202D-1210、BC-202D-2010、BC-202D-3010、BC-202D-5010、BC-203D-2006:本产品与奥林巴斯内镜配套使用，用于采集呼吸器官内的细胞。BC-17W:本产品与奥林巴斯内镜配套使用，用于采集胆管内的细胞。
生产厂家:日本**オリンパスメデイカルシステムズ**株式会社
注册代理:奥林巴斯贸易(上海)有限公司
服务机构:奥林巴斯(北京)销售服务有限公司
发证日期:2014.01.21　　**截止日期**:2018.01.20

国食药监械(进)字 2014 第 1100502 号

产品名称:鼻外夹板(商品名:热塑鼻外夹板，铝衬鼻外夹板)(Invotec External Nasal Splints)
规格型号:热塑鼻外夹板:20-10100、20-10110、20-10120、20-10125；铝衬鼻外夹板:20-10200、20-10210、20-10220、20-10300、20-10310、20-10320.
产品标准:YZB/USA 7845-2013《鼻外夹板》
性能组成:热塑鼻外夹板由聚己内酯、聚亚安酯材料制成；铝衬鼻外夹板的材料是聚乙烯泡沫、铝和低敏感性粘合剂（丙烯酸（酯）类共聚物）组成。未灭菌或消毒。不接触皮肤。本产品为一次性使用。
适用范围:用于鼻外部起固定保护作用。
生产厂家:美国 Invotec International Inc.
注册代理:北京新华国康科技有限公司
服务机构:北京新华国康科技有限公司
发证日期:2014.01.21　　**截止日期**:2018.01.20

国食药监械(进)字 2014 第 3770503 号(更)

产品名称:直肠测压球囊导管(Rectal Pressure Catheter)
规格型号:028412-S1，028412-S2
产品标准:YZB/USA 7333-2013《直肠测压球囊导管》
备注:生产企业名称由“Cook UrologicalIncorporated”变更为“Cook Incorporated”；生产企业注册地址由“ 1100 West Morgan Street, Spencer, IN 47460”变更为“750 Daniels Way, Bloomington, IN47404, U.S.A.”；注册证由“国食药监械(进)字 2014 第 3770503 号”变更为“国食药监械(进)字 2014 第 3770503 号(更)”，原证自发证之日起作废。
生产厂家:美国 Cook Incorporated
注册代理:库克(中国)医疗贸易有限公司
服务机构:库克(中国)医疗贸易有限公司
变更日期:2014.03.14　　**截止日期**:2018.01.20

国食药监械(进)字 2014 第 3630504 号

产品名称:牙科种植体系统（商品名：NobelActive）(Dental Implant System)
规格型号:见附页
产品标准:YZB/SWE 7669-2013《牙科种植体系统》
性能组成:该产品由纯钛制成，表面阳极氧化处理。
适用范围:该产品适用于牙科种植。
生产厂家:瑞典 Nobel Biocare AB
注册代理:诺保科商贸(上海)有限公司
服务机构:诺保科商贸(上海)有限公司
发证日期:2014.01.21　　**截止日期**:2018.01.20

国食药监械(进)字 2014 第 2660505 号

产品名称:一次性无菌气管切开插管（商品名：CrystalClear）(Tracheostomy Tube)
规格型号:见附页
产品标准:YZB/MAL 7771-2013《一次性无菌气管切开插管》
性能组成:本产品分为有套囊气管切开插管和无套囊气管切开插管，由管身、机器端、病人端及固定翼组成，有套囊气管切开插管还包括充气管和带充气阀指示球囊；配件包括插管芯和颈部固定带。气管切开插管管身、套囊、指示球囊、充气管及固定翼材质为聚氯乙烯，充气阀材质为聚丙烯，颈部固定带材质为棉布，插管芯材质为低密度聚乙烯。产品采用环氧乙烷灭菌，为一次性使用无菌产品。
适用范围:本产品主要用于耳鼻喉科和重症监护病人的紧急救治。
生产厂家:马来西亚 Teleflex Medical Sdn. Bhd.
注册代理:泰利福医疗器械商贸(上海)有限公司
服务机构:泰利福医疗器械商贸(上海)有限公司
发证日期:2014.01.21　　**截止日期**:2018.01.20

国食药监械(进)字 2014 第 3770506 号

产品名称:可控导丝（商品名：SV）(SV 0.018″ Peripheral Steerable Guidewire)
规格型号:503-558，503-658，503-558X，503-658X
产品标准:YZB/USA 7380-2013《可控导丝（商品名：SV)》
性能组成:该产品由芯丝(304V 不锈钢)、绕丝(90%铂和 10%镍)、近端连接(银/锡焊接)、涂层(PTFE)和扭转器(聚酰胺塑料)构成。产品一次性使用，环氧乙烷灭菌。
适用范围:该产品用于血管造影术中，将导管和介入器械引入并安放于外周血管系统中。
备注:2014 年 4 月 18 日同意更正企业注册地址、生产地址内容，2014 年 1 月 21 日核发的医疗器械注册登记表予以废止。
生产厂家:美国 Cordis Corporation
注册代理:强生(上海) 医疗器材有限公司
服务机构:强生(上海) 医疗器材有限公司
发证日期:2014.01.21　　**截止日期**:2018.01.20

国食药监械(进)字 2014 第 1060507 号

产品名称:骨挤压器(Bone Spreadings)
规格型号:见附页
产品标准:YZB/USA 7645-2013《骨挤压器》
性能组成:产品分骨挤压器工作头、骨挤压器手柄和固定式骨挤压器；

骨挤压器工作头装入手柄组成活动式骨挤压器，固定式骨挤压器由工作头与手柄固定连接组成。
适用范围:产品适用于上颌窦提升，牙槽嵴扩张术，遇到牙槽嵴较窄或骨质较松时，可以替代钻孔和为将来做种植牙或植骨做准备。本产品为非无菌产品，使用前应进行灭菌处理；本产品为手持型口腔科用手动手术器械，使用过程中不连接其他任何有源器械。
生产厂家:美国 Hu-Friedy Mfg. Co., LLC
注册代理:豪孚迪医疗器械(上海)有限公司
服务机构:豪孚迪医疗器械(上海)有限公司
发证日期:2014.01.21 **截止日期**:2018.01.20

国食药监械(进)字 2014 第 1550508 号

产品名称:唾液吸引头(Aspirators)
规格型号:见附页
产品标准:YZB/USA 7664-2013《唾液吸引头》
性能组成:本产品由唾液吸引头组成。
适用范围:本产品为在牙病的临床诊断和治疗时，与标准牙科治疗椅上的吸水管连接，吸出患者口腔内唾液的唾液吸引头。本产品为非无菌产品，不锈钢材质，其头端为非可塑型，使用前应进行灭菌处理；本产品为手持型口腔科用手动手术器械。
生产厂家:美国 Hu-Friedy Mfg. Co., LLC
注册代理:豪孚迪医疗器械(上海)有限公司
服务机构:豪孚迪医疗器械(上海)有限公司
发证日期:2014.01.21 **截止日期**:2018.01.20

国食药监械(进)字 2014 第 3260509 号

产品名称:强脉冲光治疗仪(Phototherapy Unit)
规格型号:R2PL
产品标准:YZB/ROK 8169-2013《强脉冲光治疗仪》
性能组成:产品由强脉冲光治疗仪主机、手持光头(RPL-K/A/B01 RPL-C/D-02)、LCD 显示器组成。 415～950nm 时，能量密度为 5～40J/cm2；560～950nm 以及 590～950nm 时，能量密度为 5～35J/cm2；640～1200nm 以及 695～1200nm 时，能量密度为 10～40J/cm2。
适用范围:415～950nm:治疗痤疮；560～950nm:用于面部色素斑；590～950nm: 用于毛细血管扩张症；640～1200nm: 用于治疗暗沉皮肤的表皮性色素病变及改善皱纹；695～1200nm，用于腋下和腿部脱毛。
生产厂家:韩国 AHWON MEDI INSTRUMENT Co., LTD.
注册代理:深圳市和路元电子有限公司
服务机构:深圳市和路元电子有限公司
发证日期:2014.01.21 **截止日期**:2018.01.20

国食药监械(进)字 2014 第 3300510 号

产品名称:口腔全景/头颅 X 射线机(Diagnostic X-ray Equipment)
规格型号:OP 300
产品标准:YZB/FIN 7332-2013《口腔全景/头颅 X 射线机》
性能组成:产品组成：主支架、旋转单元、开关、X 射线管头、触摸屏显示器、定位面板、CMOS 探测器、头颅单元。标称电功率：1.232kW；X 射线管组件：阳极类型：固定阳极、焦点：0.5；探测器：碘化铯；摄影管电压调节范围：57-90KV；摄影管电流调节范围：3.2-16.0 mA；加载时间见注册产品标准。
适用范围:该产品用于齿科全景、头颅和 3D 的 X 射线摄影诊断。
生产厂家:芬兰 Instrumentarium Dental PaloDEx Group Oy
注册代理:北京永轩科技有限公司
服务机构:上海天鹰医疗器械有限公司
发证日期:2014.01.21 **截止日期**:2018.01.20

国食药监械(进)字 2014 第 3540511 号

产品名称:脑脊液引流泵(商品名：LiquoGuard 7)(CSF drainage pump)
规格型号:3500
产品标准:YZB/GER 8156-2013《脑脊液引流泵》
性能组成:脑脊液引流泵由蠕动泵、触摸显示屏、电池、固定支架、引流袋支架和提式把手组成。
适用范围:本品与 Moeller Medical GmbH 公司生产的导管(Drainage Set、Infusion test Set)配套使用，适用于临时性鞘内脑脊液的引流、持续性脑脊液的引流。
备注:2014 年 4 月 10 日同意更正生产企业名称内容，2014 年 1 月 21 日核发的医疗器械注册证、医疗器械注册登记表予以废止。
生产厂家:德国 Moeller Medical GmbH
注册代理:北京泰升景康医药科技有限公司
服务机构:上海屹邦医疗器械科技发展有限公司
发证日期:2014.01.21 **截止日期**:2018.01.20

国食药监械(进)字 2014 第 3240512 号

产品名称:眼科 Nd:YAG 倍频激光治疗仪(Ophthalmic Photocoagulator)
规格型号:VITRA MULTISPOT
产品标准:YZB/FRA 8078-2013《眼科 Nd:YAG 倍频激光治疗仪》
性能组成:组成部分:主机(包括控制器、激光器、激光电源、治疗激光系统、瞄准激光系统、激光传输系统和冷却系统)；传输系统(多点扫描适配器，型号:VITRAMULTISPOT；裂隙灯适配器，型号:BMBQ)；脚踏开关；电源线；手术显微镜滤光镜；532nm 激光防护镜。性能:激光光源:光泵浦半导体激光；激光波长:532nm±5nm；输出模式为单脉冲模式、重复脉冲模式、Painting 脉冲模式、连续模式、多点扫描模式；适配器终端输出功率:单脉冲和重复脉冲和多点扫描模式下 50～1300mW，Painting 和连续模式下:50～600mW，实际值与预置值的误差应小于±20%。眼内光纤终端输出功率:单脉冲和重复脉冲模式下 50～1500mW±20%，Painting 和连续模式下:50～600mW 实际值与预置值的误差应小于±20%；终端输出功率不稳定度应优于±10%；终端输出功率复现性应优于±10%；光斑直径:多点扫描模式预置值为 100～500μm，单点扫描模式预置值为 100～500μm，实际值与预置值的误差应小于 ±20%；瞄准光波长:650nm±20nm；输出功率<1.0mW；。
适用范围:临床用于眼底光凝、眼科小梁成形、虹膜打孔以及青光眼的治疗中。
备注:2014 年 5 月 7 日同意更正产品性能结构及组成内容，2014 年 1 月 21 日核发的医疗器械注册登记表予以废止。
生产厂家:法国 QUANTEL MEDICAL
注册代理:北京高视远望科技有限责任公司
服务机构:北京高视远望科技有限责任公司
发证日期:2014.01.21 **截止日期**:2018.01.20

国食药监械(进)字 2014 第 3240513 号

产品名称:掺铥光纤激光治疗仪(Thulium Laser Device)
规格型号:Lavieen
产品标准:YZB/ROK 8427-2013《掺铥光纤激光治疗仪》
性能组成:该产品由主机、导光系统、手柄、脚踏开关组成；主机由电源装置、激光共振器、接触式液晶显示器组成。导光系统为光纤。性能参数见附页。
适用范围:该产品用于皮肤组织的汽化、凝固、照射，临床用于良性色素性病变的治疗。
生产厂家:韩国 Won Technology Co., Ltd.
注册代理:北京润美康医药有限公司
服务机构:北京润美康医药有限公司
发证日期:2014.01.21 **截止日期**:2018.01.20

国食药监械(进)字 2014 第 3330514 号

产品名称:正电子发射及 X 射线计算机断层成像系统(PET/CT)
规格型号:Biograph mCT Flow 20
产品标准:YZB/USA 8209-2013《正电子发射及 X 射线计算机断层成像系统》
性能组成:该系统由 PET 机架、CT 机架、患者检查床、电源柜(PDU)、CT 电气控制柜(PDC)及计算机系统组成，其中计算机系统由图像采集工作站(syngo AcquisitionWorkplace)、图像重建工作站(IRS)、PET 采集计算机系统(ACS)、PET 重建系统(PRS)及核医学工作站(syngo MIWorkplace)(选件)组成。本系统 CT 部分为 20 层 CT，探测器物理排数为 32 排，探测器电子渠道数(DAS)数量 20。PET 部分为 39 环 LSO 探测器(52 环 LSO 探测器可选)。
适用范围:该系统组合了 X 射线计算机断层扫描系统(CT)和正电子发射计算机断层扫描系统(PET)，提供生理和解剖信息的配准与融合。CT 子系统能够产生人体的断层图像，该图像由计算机重建来自不同角度的同一轴面或螺旋面的 X 射线投射数据产生。PET 子系统对注射到人体中的正电子发射型放射药物进行分布的测量和成像，测定人体中各种不同的代谢(分子)和生理功能。PET 组件利用 CT 可得到用于 PET 检查的衰减校正图，还可以为融合的 PET 和 CT 图像提供解剖结构参考。该系统还保持了PET和CT设备的独立功能，允许单模的CT和/或PET诊断成像。

备注:根据《医疗器械注册管理办法》第十五条有关规定，该产品暂缓注册检测。生产企业必须在首台医疗器械入境后、投入使用前完成注册检测。经检测合格后方可投入使用。

生产厂家:美国 Siemens Medical Solutions USA, Inc.

注册代理:西门子(中国)有限公司

服务机构:西门子(中国)有限公司

发证日期:2014.01.21 **截止日期**:2018.01.20

国食药监械(进)字2014第3330515号

产品名称:正电子发射及X射线计算机断层成像系统(PET/CT)

规格型号:Biograph mCT Flow 40

产品标准:YZB/USA 8218-2013《正电子发射及X射线计算机断层成像系统》

性能组成:该系统由PET机架、CT机架、患者检查床、电源柜(PDU)、CT电气控制柜(PDC)及计算机系统组成，其中计算机系统由图像采集工作站(syngo AcquisitionWorkplace)、图像重建工作站(IRS)、PET采集计算机系统(ACS)、PET 重建系统(PRS)及核医学工作站(syngo MIWorkplace)(选件)组成。本系统CT部分为40层CT，探测器物理排数为32排，探测器电子渠道数 (DAS) 数量40。PET部分为39环LSO探测器(52环LSO探测器可选)。

适用范围:该系统组合了X射线计算机断层扫描系统(CT)和正电子发射计算机断层扫描系统(PET)，提供生理和解剖信息的配准与融合。CT子系统能够产生人体的断层图像，该图像由计算机重建来自不同角度的同一轴面或螺旋面的X射线投射数据产生。PET子系统对注射到人体中的正电子发射型放射药物进行分布的测量和成像，测定人体中各种不同的代谢(分子)和生理功能。PET组件利用CT可得到用于PET检查的衰减校正图，还可以为融合的PET和CT图像提供解剖结构参考。该系统还保持了PET和CT设备的独立功能，允许单模的CT和/或PET诊断成像。

备注:根据《医疗器械注册管理办法》第十五条有关规定，该产品暂缓注册检测。生产企业必须在首台医疗器械入境后、投入使用前完成注册检测。经检测合格后方可投入使用。

生产厂家:美国 Siemens Medical Solutions USA, Inc.

注册代理:西门子(中国)有限公司

服务机构:西门子(中国)有限公司

发证日期:2014.01.21 **截止日期**:2018.01.20

国食药监械(进)字2014第3330516号

产品名称:正电子发射及X射线计算机断层成像系统(PET/CT)

规格型号:Biograph mCT Flow 64

产品标准:YZB/USA 8221-2013《正电子发射及X射线计算机断层成像系统》

性能组成:该系统由PET机架、CT机架、患者检查床、电源柜(PDU)、CT电气控制柜(PDC)及计算机系统组成，其中计算机系统由图像采集工作站(syngo AcquisitionWorkplace)、图像重建工作站(IRS)、PET采集计算机系统(ACS)、PET 重建系统(PRS)及核医学工作站(syngo MIWorkplace)(选件)组成。本系统CT部分为64层CT，探测器物理排数为32排，探测器电子渠道数 (DAS) 数量64。PET部分为39环LSO探测器(52环LSO探测器可选)。

适用范围:该系统组合了X射线计算机断层扫描系统(CT)和正电子发射计算机断层扫描系统(PET)，提供生理和解剖信息的配准与融合。CT子系统能够产生人体的断层图像，该图像由计算机重建来自不同角度的同一轴面或螺旋面的X射线投射数据产生。PET子系统对注射到人体中的正电子发射型放射药物进行分布的测量和成像，测定人体中各种不同的代谢(分子)和生理功能。PET组件利用CT可得到用于PET检查的衰减校正图，还可以为融合的PET和CT图像提供解剖结构参考。该系统还保持了PET和CT设备的独立功能，允许单模的CT和/或PET诊断成像。

备注:根据《医疗器械注册管理办法》第十五条有关规定，该产品暂缓注册检测。生产企业必须在首台医疗器械入境后、投入使用前完成注册检测。经检测合格后方可投入使用。

生产厂家:美国 Siemens Medical Solutions USA, Inc.

注册代理:西门子(中国)有限公司

服务机构:西门子(中国)有限公司

发证日期:2014.01.21 **截止日期**:2018.01.20

国食药监械(进)字2014第3330517号

产品名称:正电子发射及X射线计算机断层成像系统(PET/CT)

规格型号:Biograph mCT Flow Edge

产品标准:YZB/USA 8225-2013《正电子发射及X射线计算机断层成像系统》

性能组成:该系统由PET机架、CT机架、患者检查床、电源柜(PDU)、CT电气控制柜(PDC)及计算机系统组成，其中计算机系统由图像采集工作站(syngo AcquisitionWorkplace)、图像重建工作站(IRS)、PET采集计算机系统(ACS)、PET 重建系统(PRS)及核医学工作站(syngo MIWorkplace)(选件)组成。本系统CT部分为128层CT，探测器物理排数为64排，探测器电子渠道数 (DAS) 数量128。PET部分为39环LSO探测器(52环LSO探测器可选)。

适用范围:该系统组合了X射线计算机断层扫描系统(CT)和正电子发射计算机断层扫描系统(PET)，提供生理和解剖信息的配准与融合。CT子系统能够产生人体的断层图像，该图像由计算机重建来自不同角度的同一轴面或螺旋面的X射线投射数据产生。PET子系统对注射到人体中的正电子发射型放射药物进行分布的测量和成像，测定人体中各种不同的代谢(分子)和生理功能。PET组件利用CT可得到用于PET检查的衰减校正图，还可以为融合的PET和CT图像提供解剖结构参考。该系统还保持了PET和CT设备的独立功能，允许单模的CT和/或PET诊断成像。

备注:根据《医疗器械注册管理办法》第十五条有关规定，该产品暂缓注册检测。生产企业必须在首台医疗器械入境后、投入使用前完成注册检测。经检测合格后方可投入使用。

生产厂家:美国 Siemens Medical Solutions USA, Inc.

注册代理:西门子(中国)有限公司

服务机构:西门子(中国)有限公司

发证日期:2014.01.21 **截止日期**:2018.01.20

国食药监械(进)字2014第3220518号

产品名称:电子结肠镜 (商品名: EVIS LUCERA ELITE) (ビデオ軟性大腸鏡)

规格型号:CF-HQ290L、CF-HQ290I

产品标准:YZB/JAP 8270-2013《电子结肠镜》

性能组成:该产品由电子结肠镜CF-HQ290L、CF-HQ290I和附件MH-443、MH-438、MB-358组成，性能参数见附件。

适用范围:该产品用于大肠的观察、诊断、摄影与治疗。

生产厂家:日本奥林巴斯医疗株式会社(オリンパスメディカルシステムズ株式会社)

注册代理:奥林巴斯贸易(上海)有限公司

服务机构:奥林巴斯(北京)销售服务有限公司

发证日期:2014.01.21 **截止日期**:2018.01.20

国食药监械(进)字2014第3220519号

产品名称:电子结肠镜 (商品名: EVIS LUCERA ELITE) (ビデオ軟性大腸鏡)

规格型号:CF-H290L、CF-H290I

产品标准:YZB/JAP 8278-2013《电子结肠镜》

性能组成:该产品由电子结肠镜CF-H290L、CF-H290I和附件MH-443、MH-438、MB-358组成，性能参数见附件。

适用范围:该产品用于大肠的观察、诊断、摄影与治疗。

生产厂家:日本奥林巴斯医疗株式会社(オリンパスメディカルシステムズ株式会社)

注册代理:奥林巴斯贸易(上海)有限公司

服务机构:奥林巴斯(北京)销售服务有限公司

发证日期:2014.01.21 **截止日期**:2018.01.20

国食药监械(进)字2014第2210520号

产品名称:肺功能仪(Spirometer)

规格型号:Easy on-PC

产品标准:YZB/SWI 8343-2013《肺功能仪》

性能组成:该产品由手持式测量传感器、鼻夹、USB连线、Spirette □含器和Easy on-PC软件CD(软件名称: EasyWare Pro)组成。

适用范围:该产品适用于成人和4岁以上小儿的肺功能测试。

生产厂家:瑞士 ndd Medizintechnik AG
注册代理:天卓睿丰医疗科技(北京)有限公司
服务机构:天卓睿丰医疗科技(北京)有限公司
发证日期:2014.01.17　截止日期:2018.01.16

国食药监械(进)字 2014 第 2210521 号

产品名称:肌电图/诱发电位仪（商品名：Focus）(Electromyograph/Evoked Potentials Equipment)
规格型号:Keypoint 9033A07
产品标准:YZB/DEN 8138-2013《肌电图/诱发电位仪》
性能组成:该产品由主机、隔离变压器、台车、延长组件、放大器、放大器支臂、电流刺激器、刺激手柄、视觉刺激器、辅件、电缆和 keypoint.Net 软件组成，详见附件。
适用范围:该产品用于肌电图(EMG)、神经传导研究和诱发电位记录，用于神经肌肉疾病的辅助诊断。
生产厂家:丹麦 Alpine bioMed ApS
注册代理:上海本迪医疗器械有限公司
服务机构:上海本迪医疗器械有限公司
发证日期:2014.01.17　截止日期:2018.01.16

国食药监械(进)字 2014 第 2210522 号

产品名称:肺功能测试仪(Spirometer)
规格型号:Spiro PD
产品标准:YZB/USA 8265-2013《肺功能测试仪》
性能组成:该产品由主机（包括液晶显示屏、开/关按钮、USB 连接器、挤压手柄和指示灯)、接口（包括儿童接口和成人接口)、支架和电源适配器组成。
适用范围:该产品在医师和呼吸治疗师指导下用于测量 2 岁及以上患者的肺功能，仅供单个患者使用。
生产厂家:美国 PMD Healthcare
注册代理:捷通埃默高(北京)医药科技有限公司
服务机构:捷通埃默高(北京)医药科技有限公司
发证日期:2014.01.17　截止日期:2018.01.16

国食药监械(进)字 2014 第 2210523 号

产品名称:肺功能测量仪(Spirometer)
规格型号:BTL-08 Spiro
产品标准:YZB/UK 8352-2013《肺功能测量仪》
性能组成:该产品由主机(彩色液晶轻触式显示屏、键盘、内置热敏打印机、充电式锂电池、输入输出面板)、流量传感器（003-BODY100 型流量传感器手柄、003-TUBE101 型流量管)、003-4201MOUTHPIECE102 型过滤器（口件）组成。
适用范围:该产品用于医疗机构对患者进行 FVC（用力肺活量)、SVC（静息肺活量)、MVV（最大通气量）的测量，并用于用药前/用药后的气管扩张与激发试验。
生产厂家:英国 BTL 实业有限公司(BTL Industries Limited)
注册代理:广州市华盛贸易公司
服务机构:广州市华盛贸易公司
发证日期:2014.01.17　截止日期:2018.01.16

国食药监械(进)字 2014 第 2220524 号

产品名称:自动免散瞳眼底照相机(オート無散瞳眼底カメラ)
规格型号:AFC-330
产品标准:YZB/JAP 8148-2013《自动免散瞳眼底照相机》
性能组成:组成：AFC-330 主机，电源线，防尘罩，物镜帽，眼前节图像采集垫圈，气刷，外部固视灯；选配件:图像存档软件 NAVIS-EX，USB 连线。性能:视场角 45 度，分辨率:中心≥60lp/mm，中间≥40lp/mm，外围≥25lp/mm。
适用范围:该自动免散瞳眼底照相机是用于采集眼底及眼前节的图像，有阅览，输出，处理图像功能，存档的图像可提供参考信息。
生产厂家:日本尼德克株式会社（株式会社ニデック）
注册代理:日本尼德克株式会社北京代表处
服务机构:日本尼德克株式会社北京代表处
发证日期:2014.01.17　截止日期:2018.01.16

国食药监械(进)字 2014 第 2550525 号

产品名称:牙科综合治疗台(Dental unit and chair)
规格型号:TAURUS G2
产品标准:YZB/ROK 8222-2013《牙科综合治疗台》
性能组成:该产品由牙科治疗机、控制面板、病人椅、助手台、器械盘、痰盂、三用喷枪(型号:AWS)、强吸唾器、吸唾器、观片灯、脚踏开关(型号:MF2000)和供水供气系统组成。
适用范围:该产品供口腔科作诊断和治疗用。
生产厂家:韩国 Shinhung Co., Ltd.
注册代理:韩国株式会社新兴上海代表处
服务机构:韩国株式会社新兴上海代表处
发证日期:2014.01.17　截止日期:2018.01.16

国食药监械(进)字 2014 第 2660526 号

产品名称:神经监护气管插管(NIM Flex EMG Endotracheal Tube)
规格型号:8229960、8229965、8229970、8229975、8229980、8229985
产品标准:YZB/USA 8167-2013《神经监护气管插管》
性能组成:该产品包含一根气管插管、一根绿色皮下针头和一根白色皮下针头。气管插管由管身、接触电极、电极连线、可充气气囊和套囊充气管组成。
适用范围:该产品用于与合适的神经监护仪连接，提供畅通的病人通气气道，也可作为术中监视喉内肌神经活动的一种工具。该产品适合在手术过程中需要持续测量支配喉内肌的神经时使用。该产品不适合术后使用。
生产厂家:美国 Medtronic Xomed Inc.
注册代理:美敦力(上海)管理有限公司
服务机构:美敦力(上海)管理有限公司
发证日期:2014.01.17　截止日期:2018.01.16

国食药监械(进)字 2014 第 2450527 号

产品名称:血液透析用水处理设备(Reverse Osmosis System)
规格型号:nephRO TP 1、nephRO TP 2、nephRO TP 3、nephRO TP 4、nephRO TP 5
产品标准:YZB/GER 8291-2013《血液透析用水处理设备》
性能组成:本产品由泵、反渗透膜组、前置过滤器、内毒素过滤器、管道、反渗透膜罐、框架、微处理监控、报警系统、显示面板和热消毒装置组成，为直接供水的双级水处理设备，型号差异在于反渗透膜组模块的不同。
适用范围:供医疗单位制备血液透析用水，适用于多床透析。
生产厂家:德国 DWA GmbH & Co.KG
注册代理:上海和祥医疗器械有限公司
服务机构:上海和祥医疗器械有限公司
发证日期:2014.01.17　截止日期:2018.01.16

国食药监械(进)字 2014 第 2210528 号

产品名称:声阻抗仪(Impedance Meter)
规格型号:easyTymp
产品标准:YZB/GER 8174-2013《声阻抗仪》
性能组成:产品由 主机、台座(含打印机)、电源适配器、电池、探头、校准腔、耳塞组成。
适用范围:该产品用于进行鼓室图测试和声反射筛查测试。
生产厂家:德国麦科听力仪器公司(MAICO Diagnostic GmbH)
注册代理:奥迪康国际贸易(上海)有限公司
服务机构:奥迪康国际贸易(上海)有限公司
发证日期:2014.01.17　截止日期:2018.01.16

国食药监械(进)字 2014 第 2400529 号

产品名称:全自动酶免分析仪(ELISA STAR)
规格型号:194000
产品标准:YZB/SWI 7905-2013《全自动酶免分析仪》
性能组成:该产品主要由 ELISA STAR 全自动酶免分析仪主机和 ELISA STAR 软件组成。主机由工作台、机械臂、1000μl 移液通道、5ml 移液通道、移板机械手（iSWAP)、孵育器、洗板机、酶标仪组成。
适用范围:该产品是专门用于对 ELISA 测定进行全自动处理的仪器。
生产厂家:瑞士 HAMILTON Bonaduz AG
注册代理:瑞士哈美顿博纳图斯股份公司上海代表处
服务机构:瑞士哈美顿博纳图斯股份公司上海代表处

发证日期:2014. 01. 17　　截止日期:2018. 01. 16

国食药监械(进)字 2014 第 2300530 号

产品名称:移动式摄影 X 射线机(Mobile Radiography X-Ray System)
规格型号:MobileDiagnost wDR(配置 20KW 高压发生器)
产品标准:YZB/GER 8158-2013《移动式摄影 X 射线机》
性能组成:产品基本组成:高压发生器(Type9890-010-89581)、X 射线管组件(E7865X)、限束器、无线探测器(FD-W17)、图像处理系统、监视器、遥控器。选件和附件(详见标准)。性能:标称电功率 20kW;X 射线管组件(管型号:E7865,管套型号:E7865X、旋转阳极,焦点 3.5kW 时 0.3、40kW 时 1.0);探测器(碘化铯);管电压调节范围 40-150kV;管电流调节范围 10-320mA;加载时间调节范围 1ms-10s;电流时间积范围 0.1-500mAs。
适用范围:适用于所有常规放射检查,包括重症监护、创伤、手术室或儿科等专科领域。
生产厂家:德国 Philips Medical Systems DMC GmbH
注册代理:飞利浦(中国)投资有限公司
服务机构:飞利浦(中国)投资有限公司
发证日期:2014. 01. 17　　截止日期:2018. 01. 16

国食药监械(进)字 2014 第 2300531 号

产品名称:移动式摄影 X 射线机(Mobile Radiography X-Ray System)
规格型号:MobileDiagnost wDR(配置 40KW 高压发生器)
产品标准:YZB/GER 8143-2013《移动式摄影 X 射线机》
性能组成:产品基本组成由高压发生器(Type9890-010-89541)、X 射线管组件(E7886X)、限束器、无线探测器(FD-W17)、图像处理系统、监视器、遥控器组成。选件和附件(详见标准)。性能:标称电功率 40kW;X 射线管组件(管型号:E7886 管套型号:E7886X,旋转阳极,焦点 17kW 时 0.7、40kW 时 1.3);探测器(碘化铯);管电压调节范围 40-150kV;管电流调节范围 10-500mA;加载时间调节范围 1ms-10s;电流时间积范围 0.1-500mAs。
适用范围:适用于所有常规放射检查,包括重症监护、创伤、手术室或儿科等专科领域。
生产厂家:德国 Philips Medical Systems DMC GmbH
注册代理:飞利浦(中国)投资有限公司
服务机构:飞利浦(中国)投资有限公司
发证日期:2014. 01. 17　　截止日期:2018. 01. 16

国食药监械(进)字 2014 第 1400532 号

产品名称:全自动样品处理系统(cobas connection modules (CCM))
规格型号:cobas p 612、cobas p 512、cobas p 471、cobas p 671、Conveyor Connection Module。
产品标准:YZB/GER 8005-2013《全自动样品处理系统》
性能组成:该产品由分杯处理系统(cobas p 612)或分类处理系统(cobas p 512)、医用离心机(cobas p 471 或 cobas p 671)、输送带连接模块(Conveyor Connection Module)和软件组成。
适用范围:该系统主要用于样品的去盖、离心、分杯和分类。
生产厂家:德国 Roche Diagnostics GmbH
注册代理:罗氏诊断产品(上海)有限公司
服务机构:罗氏诊断产品(上海)有限公司
发证日期:2014. 01. 17　　截止日期:2018. 01. 16

国食药监械(进)字 2014 第 2220533 号

产品名称:内窥镜冷光源(商品名:EVIS LUCERA ELITE)(高辉度光源装置)
规格型号:见附页
产品标准:YZB/JAP 8145-2013《内窥镜冷光源》
性能组成:见附页。
适用范围:本产品为内镜提供照明,并可利用送气功能通过内镜向体腔内送气送水。
生产厂家:日本奥林巴斯医疗株式会社(オリンパスメディカルシステムズ株式会社)
注册代理:奥林巴斯贸易(上海)有限公司
服务机构:奥林巴斯(北京)销售服务有限公司
发证日期:2014. 01. 17　　截止日期:2018. 01. 16

国食药监械(进)字 2014 第 2300534 号

产品名称:数字化医用 X 射线摄影系统(商品名:CARESTREAM DRX-EVOLUTION)(Digital Medical X-ray Radiography System)
规格型号:VX3739-SYS
产品标准:YZB/USA 4722-2013《数字化医用 X 射线摄影系统》
性能组成:产品由高压发生器(型号:QG-65)、X 射线管组件(包括 X 射线管套 型号:B-130H 和 X 射线管 型号:RAD-60)、限束器、电源/曝光控制盒、控制台(选配)、条形码扫描仪(选配)、平板探测器(包括 DRX-1 SystemDetector、DRX-1C SystemDetector 和 4343R)、计算机主机、显示器、摄影床(QT-750、QT-740 和 SPT2)、胸片架(QW-420-T-D 和 QW-420-D)、悬吊管球机架、电源单元、UPS、系统电池充电器、DAP 测量系统(选配)以及附件组成。附件见注册产品标准。
适用范围:该系统为永久安装系统,用于生成并控制 X 射线来检查解剖部位
生产厂家:美国 Carestream Health, Inc.
注册代理:锐珂亚太投资管理(上海)有限公司
服务机构:锐珂亚太投资管理(上海)有限公司
发证日期:2014. 01. 17　　截止日期:2018. 01. 16

国食药监械(进)字 2014 第 2230535 号

产品名称:超声探头(Ultrasound Probe)
规格型号:SC1-4H
产品标准:YZB/ROK 8091-2013《超声探头》
性能组成:见《产品性能结构及组成附页》。
适用范围:与爱飞纽超声诊断系统(E-CUBE 9 或 E-CUBE 9 SMART)连接后,用于体表超声诊断的检查
生产厂家:韩国爱飞纽医疗系统有限公司
注册代理:爱飞纽(广州)医疗器械贸易有限公司
服务机构:爱飞纽(广州)医疗器械贸易有限公司
发证日期:2014. 01. 17　　截止日期:2018. 01. 16

国食药监械(进)字 2014 第 1310536 号

产品名称:DR 用全腿全脊柱立架(商品名:DX-D Full Leg Full Spine Stand)(Whole-Body positioning frame)
规格型号:6001/100
产品标准:YZB/BEL 7948-2013《DR 用全腿全脊柱立架》
性能组成:由全腿全脊柱立架拼接格栅、患者固定带、患者固定带的旋钮、垂直尺、地板安装锁、稳定板、护栏、水平尺、全腿全脊柱立架手柄、可移动底脚、伸缩式底脚、轮子组成。
适用范围:是 DX-D 600 和 DX-D 300 数字 x 射线摄影系统的可选配件,支持患者处于站立位置获取全腿全脊柱 X 射线影像。
生产厂家:比利时 AGFA HEALTHCARE N.V.
注册代理:爱克发医疗系统设备(上海)有限公司
服务机构:爱克发医疗系统设备(上海)有限公司
发证日期:2014. 01. 17　　截止日期:2018. 01. 16

国食药监械(进)字 2014 第 1550537 号

产品名称:口腔灯(DENTAL OPERATING LIGHT)
规格型号:ALYA、MAIA、EDI
产品标准:YZB/ITA 8272-2013《口腔灯》
性能组成:ALYA 由操纵杆、手柄、透镜、抛物镜、近距离传感器、保险丝、主变压器外壳组成;MAIA 由开关、手柄、透镜、抛物镜、近距离传感器、保险丝、变压器组成;EDI 由开关、固定手柄、可拆卸手柄、变压器、风扇、保险丝、近距离传感器组成。
适用范围:该产品用于患者口腔照明。
生产厂家:意大利 FARO SPA
注册代理:北京麦捷易事达医疗器械有限责任公司
服务机构:北京麦捷易事达医疗器械有限责任公司
发证日期:2014. 01. 17　　截止日期:2018. 01. 16

国食药监械(进)字 2014 第 3240538 号

产品名称:激光高频治疗仪(Surgical Unit Laser-HF)
规格型号:见附页
产品标准:YZB/GER 7398-2013《激光高频治疗仪》
性能组成:产品包含:主机,脚踏开关,中性电极板,单极手术电极,AS 200/240 激光光纤,AS320/385 激光光纤,黄色高频手柄,蓝色高频

手柄，红色激光手柄(6W 激光，激光波长 975nm)。二极管激光功率:6W；二极管激光波长:975nm；LLLT 功率 100mW；LLLT 激光波长:660nm；瞄准激光波长：660nm；瞄准激光功率:不大于 1mw；频率:2.2MHz，切割模式:50W；切割/凝血模式:45W；凝血模式:45W；双极 45W。
适用范围:本产品高频模式用于口腔软组织切割和凝血，激光模式用于口腔减少细菌、冠延长、弱激光治疗（包括疱疹治疗和口腔溃疡治疗）及种植手术暴露。
生产厂家:德国 Hager &Werken GmbH &Co. KG
注册代理:上海翱嘉科贸有限公司
服务机构:上海翱嘉科贸有限公司
发证日期:2014.01.06　　**截止日期**:2018.01.05

国食药监械(进)字 2014 第 3540539 号

产品名称:呼吸机(Ventilator)
规格型号:MONNAL T50
产品标准:YZB/FRA 7577-2013《呼吸机》
性能组成:设备由主机，呼气阀，流量传感器和内置电池组成。
适用范围:该设备适用于医院和家庭，对依赖呼吸机的成人，儿童患者（体重＞5 公斤）进行通气支持。
生产厂家:法国 Air Liquide Medical Systems S.A.
注册代理:法液空医疗用品(北京)有限公司
服务机构:法液空医疗用品(北京)有限公司
发证日期:2014.01.06　　**截止日期**:2018.01.05

国食药监械(进)字 2014 第 3250540 号

产品名称:高频手术系统(Surgitron 4.0 Dual RFTM/S5)
规格型号:IEC5-S30、PellevéTMS5
产品标准:YZB/USA 7526-2013《高频手术系统》
性能组成:产品由控制主机（IEC5-S30 主机型号为 IEC5-S30，Pellevé TMS5 主机型号为 IEC5P-ST)、脚踏开关（DF-FSC)、手柄（IEC-3FHPB）组成。两种型号产品仅主机外壳颜色不同（IEC5-S30 为绿色，Pellevé TMS5 为棕色)，性能完全一致。额定输出频率：单极 4.0MHz、双极 1.70MHz。单极额定负载 500Ω，最大功率：切割 120W、切割/凝固 90W、止血 60W；双极额定负载 200Ω，最大功率 120W。
适用范围:该产品配合 Pellevé手持除皱电极用于非剥脱式治疗轻度到中度的面部细纹和褶皱，适于皮肤分型 I-IV。也可适用于高频手术中软组织切割、混切、止血和双极电凝。
生产厂家:美国 ELLMAN INT`L INC.
注册代理:捷通埃默高(北京)医药科技有限公司
服务机构:捷通埃默高(北京)医药科技有限公司
发证日期:2014.01.06　　**截止日期**:2018.01.05

国食药监械(进)字 2014 第 3250541 号

产品名称:高频手术系统(Radio Surgical Equipment)
规格型号:120IEC、 90IEC
产品标准:YZB/USA 7533-2013《高频手术系统》
性能组成:产品由主机（120IEC、90IEC)、脚踏开关（DF-FSC)、手柄（IEC-3FHPB）组成。两种型号最大输出功率不同。额定输出频率：单极 4.0MHz、双极 1.70MHz。单极模式额定负载 500Ω，120IEC 型号最大功率：切割 120W、切割/凝固 90W、止血 60W，90IEC 型号最大功率：切割 90W、切割/凝固 65W、止血 45W；双极模式额定负载 200Ω，120IEC 型号最大功率 120W，90IEC 型号最大功率 90W。
适用范围:产品用于高频手术中软组织切割、混切、止血和双极电凝。
生产厂家:美国 ELLMAN INT`L INC.
注册代理:捷通埃默高(北京)医药科技有限公司
服务机构:捷通埃默高(北京)医药科技有限公司
发证日期:2014.01.06　　**截止日期**:2018.01.05

国食药监械(进)字 2014 第 3540542 号

产品名称:耳鼻喉手术导航系统（商品名：富德）(Navigation System)
规格型号:Fiagon
产品标准:YZB/GER 7441-2013《手术导航系统》
性能组成:由导航系统主机(E31 1103)，导航传感器(E31 1003)，探针(E01 2002, E01 2300, E01 2003, E01 2101, E01 2102, E01 2103, E01 2104)，定位器(E01 2200)，头带(E01 3000)组成。
适用范围:用于开放式 ENT 及颅底手术导航。
生产厂家:德国 Fiagon GmbH
注册代理:北京杰富瑞科技有限公司
服务机构:北京杰富瑞科技有限公司
发证日期:2014.01.06　　**截止日期**:2018.01.05

国食药监械(进)字 2014 第 3540542 号
产品名称:耳鼻喉手术导航系统（商品名：富德）(Navigation System)
规格型号:Fiagon
产品标准:YZB/GER 7441-2013《手术导航系统》
性能组成:由导航系统主机(E31 1103)，导航传感器(E31 1003)，探针(E01 2002, E01 2300, E01 2003, E01 2101, E01 2102, E01 2103, E01 2104)，定位器(E01 2200)，头带(E01 3000)组成。
适用范围:用于开放式 ENT 及颅底手术导航。
生产厂家:德国 Fiagon GmbH
注册代理:北京杰富瑞科技有限公司
服务机构:北京杰富瑞科技有限公司
发证日期:2014.01.06　　截止日期:2018.01.05

国食药监械(进)字 2014 第 3230543 号(更)

产品名称:便携式彩色超声诊断仪(Ultrasound System)
规格型号:Edge
产品标准:YZB/USA 7470-2013《便携式彩色超声诊断仪》
备注:生产企业名称由“SonoSite, Inc.”变更为“FUJIFILMSonoSite, Inc.”；代理人和售后服务机构名称由“所诺升医疗器械贸易（上海）有限公司”变更为“富士胶片（中国）投资有限公司”。注册证由“国食药监械(进)字 2014 第 3230543 号”变更为“国食药监械(进)字 2014 第 3230543 号(更)”，原证自发证之日起作废。
生产厂家:美国 FUJIFILM SonoSite, Inc.
注册代理:富士胶片（中国）投资有限公司
服务机构:富士胶片（中国）投资有限公司
变更日期:2014.06.18　　**截止日期**:2018.01.05

国食药监械(进)字 2014 第 3540544 号

产品名称:外科手术导航系统(Image guided surgery system)
规格型号:Curve Single Display、Curve Dual Display
产品标准:YZB/GER 7348-2013《外科手术导航系统》
性能组成:产品由摄像机、摄像机推车、工作站及监视器推车（Curve Single Display 配有一个 26 吋触摸屏监视器，Curve Dual Display 配有两个 26 吋触摸屏监视器）组成。
适用范围:本产品是一种术中影像引导定位系统，用以实现微创手术。适用于神经外科、耳鼻喉外科、脊柱外科及创伤、髋关节外科及膝关节外科手术的导航。
生产厂家:德国 Brainlab AG
注册代理:博医来(北京)医疗设备贸易有限公司
服务机构:博医来(北京)医疗设备贸易有限公司
发证日期:2014.01.06　　**截止日期**:2018.01.05

国食药监械(进)字 2014 第 3210545 号

产品名称:植入式心脏起搏器(Implantable Pacemaker Systems with a conditional intended use in a MRI environment)
规格型号:Evia HF, Evia HF-T
产品标准:YZB/GER 7555-2013《植入式心脏起搏器》
性能组成:由混合电路、连接端、外壳(钛)、伺服系统、X 光标记、馈通电路和天线(天线只有带 T 功能的起搏器具备)和电池组成。订货号:Evia HF-T:381534　Evia HF: 381532。
适用范围:该产品适用于患有心动过缓性心律失常的患者，产品为三腔起搏器，Evia HF-T 还提供百多力公司的家庭监护功能。
生产厂家:德国百多力欧洲股份两合公司(BIOTRONIK SE &Co.KG)
注册代理:百多力(北京)医疗器械有限公司
服务机构:百多力(北京)医疗器械有限公司
发证日期:2014.01.06　　**截止日期**:2018.01.05

国食药监械(进)字 2014 第 3700546 号

产品名称:数字乳腺 x 射线图像 CAD 软件（X線画像診断装置ワークステーション）
规格型号:MV-SR657EG，版本 V3.2

产品标准:YZB/JAP 7437-2013《数字乳腺 x 射线图像 CAD 软件》
性能组成:本产品由软件光盘、随机文件、加密狗组成，组成模块包括任务分配器、图像处理单元、乳腺 X 射线图像 CAD 算法、控制台、C-STORE、数据库。
适用范围:本产品通过对数字乳腺图像的数字化解析，对数字乳腺图像中的乳腺癌病例的肿块及钙化部位的图像特征进行区域限定和检出。
生产厂家:日本富士フイルム株式会社
注册代理:富士胶片(中国)投资有限公司
服务机构:富士胶片(中国)投资有限公司
发证日期:2014.01.06 截止日期:2018.01.05

国食药监械(进)字 2014 第 3230547 号

产品名称:彩色超声诊断仪(Diagnostic ultrasound echographs)
规格型号:IMAGYNE
产品标准:YZB/FRA 7460-2013《彩色超声诊断仪》
性能组成:见《产品性能结构及组成附页》。
适用范围:用于人体超声诊断检查。
生产厂家:法国 ECM
注册代理:北京劲健昌达医疗科技有限公司
服务机构:广东省医疗器械工业公司
发证日期:2014.01.06 截止日期:2018.01.05

国食药监械(进)字 2014 第 3700548 号

产品名称:磁共振图像分析软件(MR Images Analyses Software)
规格型号:syngo.via MR，版本 VA20A
产品标准:YZB/GER 7308-2013《磁共振图像分析软件》
性能组成:由软件应用程序光盘和用户文档组成，组成模块包括:1) syngo.MR General 、2) syngo.MR Oncology、3) syngo.MR Cardiology、4) syngo.MR Neurology 、 5) syngo.MR Spectroscopy 、6) syngo.MR Brevis、7) syngo.MR Vascular。
适用范围:本产品是磁共振图像分析软件，其中：syngo.MR General 用于查看、操作和评估 MR 图像；syngo.MR Oncology 用于查看、操作和评估 MR 肿瘤图像；syngo.MR Cardiology 用于查看、操作和评估 MR 心脏图像；syngo.MR Neurology 用于查看、操作和评估 MR 神经系统图像；syngo.MR Spectroscopy 是分析和评估 MR 波谱数据的后处理应用程序，它为 MR 单体素波谱(SVS) 数据和 MR 化学位移成像(CSI)数据的评估提供工作流程指导，以支持诊断过程；syngo.MR BreVis 是用于显示和分析磁共振成像(MRI)的软件包，其支持动态 MR 数据的评估；syngo.MR Vascular 用于查看、操作和评估 MR 血管图像。
生产厂家:德国 Siemens AG
注册代理:西门子(中国)有限公司
服务机构:西门子(中国)有限公司
发证日期:2014.01.06 截止日期:2018.01.05

国食药监械(进)字 2014 第 2400549 号

产品名称:肌酐测定试剂盒(比色法)(Creatinine Flex Reagent Cartridge (CREA))
规格型号:产品编号：DF33A，包装规格： 480 测试/盒 (4×120 测试/盒)。
产品标准:YZB/USA 8384-2013
性能组成:试剂船位 1-3(液体)：苦味酸锂；试剂船位 4-6(液体)：氢氧化钠 (NaOH) 、铁氰化钾[K3Fe(CN) 6]。(具体内容详见说明书)。产品有效期：在 2-8℃条件下储存，有效期 12 个月。附件：注册产品标准，产品说明书。
适用范围:该产品用于体外定量检测人类血清、血浆和尿液中肌酐的含量。
生产厂家:美国 Siemens Healthcare Diagnostics Inc.
注册代理:西门子医学诊断产品(上海)有限公司
发证日期:2014.01.22 截止日期:2018.01.21

国食药监械(进)字 2014 第 3400550 号

产品名称:抗风疹病毒抗体 IgM 检测试剂盒(酶联免疫吸附法)(Anti-Rubella Virus ELISA (IgM))
规格型号:EI 2590-9601 M：96 人份/盒
产品标准:YZB/GER 8339-2013
性能组成:微孔板、标准品、 阳性对照、阴性对照、酶结合物、样本缓冲液、清洗缓冲液、色原/底物液、终止液。(具体内容详见产品说明书)。产品有效期：2-8° C 保存，有效期 1 年。附件：注册产品标准，产品说明书。
适用范围:该产品用于体外半定量检测人血清或血浆中的抗风疹病毒抗体免疫球蛋白 M (IgM)。
生产厂家:德国 EUROIMMUN Medizinische Labordiagnostika AG
注册代理:北京欧蒙生物技术有限公司
发证日期:2014.01.22 截止日期:2018.01.21

国食药监械(进)字 2014 第 3400550 号(变更批件)

产品名称:抗风疹病毒抗体 IgM 检测试剂盒(酶联免疫吸附法)(Anti-Rubella Virus ELISA (IgM))
规格型号:EI 2590-9601 M：96 人份/盒
产品标准:YZB/GER 8339-2013
备注:变更内容：1.代理人和注册代理机构名称由“北京欧蒙生物技术有限公司”变更为“欧蒙医学诊断(中国)有限公司”，机构地址由“北京市朝阳区北辰东路 8 号院 1 号楼 19 层 1901-1907 号”变更为“北京市朝阳区北辰东路 8 号院 1 号楼 1908-1910 室”。2.产品说明书中售后服务单位名称由“北京欧蒙生物技术有限公司”变更为“欧蒙医学诊断(中国)有限公司”，机构地址由“北京市朝阳区北辰东路 8 号院 1 号楼 19 层 1901-1907 号”变更为“北京市朝阳区北辰东路 8 号院 1 号楼 1908-1910 室”。3.产品标准及产品说明书的主要组成成分中“质量控制证书”变更为“靶值参照表”。申请人根据批准变更内容自行修订注册产品标准、说明书及包装标签中相应内容。审批结论：根据《体外诊断试剂注册管理办法》(试行)，经审查，予以变更。本批件与原注册证共同使用，本批件有效期与原注册证有效期相同。
生产厂家:德国 EUROIMMUN Medizinische Labordiagnostika AG
变更日期:2014.09.22 截止日期:2018.01.21

国食药监械(进)字 2014 第 2400551 号

产品名称:免疫球蛋白 A 测定试剂盒(比浊法)(Immunoglobulin A Flex® Reagent Cartridge (IGA))
规格型号:产品编号：DF74；包装规格：120 测试/盒 (4×30 测试/盒)。
产品标准:YZB/USA 8385-2013
性能组成:检测孔 1，2，3 (液体)：聚乙二醇、缓冲液、稳定剂 ；检测孔 4，5，6 (液体)：抗免疫球蛋白 A 抗体、稳定剂。(具体内容详见说明书)。产品有效期：在 2- 8℃条件下储存，有效期 12 个月。附件：注册产品标准，产品说明书。
适用范围:该产品用于体外定量测定人血清和血浆中免疫球蛋白 A(IgA)的含量。
生产厂家:美国 Siemens Healthcare Diagnostics Inc.
注册代理:西门子医学诊断产品(上海)有限公司
发证日期:2014.01.22 截止日期:2018.01.21

国食药监械(进)字 2014 第 3400552 号

产品名称:抗 EB 病毒早期抗原 IgA 抗体检测试剂盒(酶联免疫吸附法)(Anti-EBV-EA-D ELISA (IgA))
规格型号:货号：EI 2795-9601 A 规格：96 人份/盒。
产品标准:YZB/GER 8321-2013
性能组成:1. 微孔板、2. 标准品、3. 阳性对照、4.阴性对照、5. 酶结合物、6. 样本缓冲液、7. 清洗缓冲液、8. 色原/底物液、9.终止液。(具体内容详见说明书)。产品有效期：2-8℃保存，不要冰冻。未开封前，除非特别说明，试剂盒中各成分自生产日起可稳定 1 年。附件：注册产品标准，产品说明书。
适用范围:该产品用于体外半定量检测人血清或血浆中的抗 EB 病毒早期抗原抗体免疫球蛋白 A (IgA)。
变更情况:变更日期：2014.10.23。1.代理人、注册代理机构和售后服务机构由“北京欧蒙生物技术有限公司”变更为“欧蒙医学诊断(中国)有限公司”。2.产品中文说明书： (1)【主要组成成分】中的“质量控制证书”变更为“靶值参照表”。 (2) 售后服务机构地址由“北京市朝阳区北辰东路 8 号院 1 号楼 19 层 1901-1907 号”变更为“北京市朝阳区北辰东路 8 号院 1 号楼 1908-1910 室”。
生产厂家:德国 EUROIMMUN Medizinische Labordiagnostika AG
注册代理:北京欧蒙生物技术有限公司
发证日期:2014.01.22 截止日期:2018.01.21

国食药监械(进)字 2014 第 2400553 号

产品名称:抗甲状腺抗体检测试剂盒(间接免疫荧光法)(IIFT Mosaic: Thyroid Gland (Monkey) / Kidney (Rat))
规格型号:见附件。
产品标准:YZB/GER 8328-2013
性能组成:1. 生物载片,包被有检测基质;2. 异硫氰酸荧光素(FITC)标记的羊抗人 IgG;3. 阳性对照;4.阴性对照;5. 磷酸盐;6. 吐温 20;7. 封片介质;8.盖玻片。(具体内容详见说明书)。产品有效期:生物载片和试剂盒于 2-8°C保存,有效期:自生产之日起 18 个月。附件:注册产品标准,产品说明书。
适用范围:该产品用于体外定性或定量检测人血清或血浆中的抗甲状腺微粒体抗体和抗甲状腺球蛋白抗体。
生产厂家:德国 EUROIMMUN Medizinische Labordiagnostika AG
注册代理:北京欧蒙生物技术有限公司
发证日期:2014.01.22 **截止日期**:2018.01.21

国食药监械(进)字 2014 第 2400553 号(变更批件)

产品名称:抗甲状腺抗体检测试剂盒(间接免疫荧光法)(IIFT Mosaic: Thyroid Gland (Monkey) / Kidney (Rat))
规格型号:见附件。
产品标准:YZB/GER 8328-2013
备注:变更内容:1.代理人和注册代理机构名称由“北京欧蒙生物技术有限公司”变更为“欧蒙医学诊断(中国)有限公司”,机构地址由“北京市朝阳区北辰东路 8 号院 1 号楼 19 层 1901-1907 号”变更为“北京市朝阳区北辰东路 8 号院 1 号楼 1908-1910 室”。2.产品说明书中售后服务单位名称由“北京欧蒙生物技术有限公司”变更为“欧蒙医学诊断(中国)有限公司”,机构地址由“北京市朝阳区北辰东路 8 号院 1 号楼 19 层 1901-1907 号”变更为“北京市朝阳区北辰东路 8 号院 1 号楼 1908-1910 室”。申请人根据批准变更内容自行修订注册产品标准、说明书及包装标签中相应内容。审批结论:根据《体外诊断试剂注册管理办法》(试行),经审查,予以变更。本批件与原注册证共同使用,本批件有效期与原注册证有效期相同。
生产厂家:德国 EUROIMMUN Medizinische Labordiagnostika AG
变更日期:2014.09.22 **截止日期**:2018.01.21

国食药监械(进)字 2014 第 2400554 号

产品名称:乳酸脱氢酶检测试纸(酶活性测定法)(SPOTCHEM Ⅱ LDH)
规格型号:50 条/盒、25 条/盒。
产品标准:YZB/JAP 8240-2013
性能组成:该产品由试纸、试纸卡(SP-4420、SP-4430 专用)组成。试纸由附有多层测试区的塑胶带组成,测试层包括样品保留层、试剂层和支持层;试纸含活性成分:L-乳酸锂、辅酶Ⅰ(NAD)、四唑紫、硫辛酰胺脱氢酶。(具体内容详见说明书)。产品有效期:储存在 2-8℃,有效期 12 个月。附件:注册产品标准,产品说明书。
适用范围:该产品主要用于定量检测血清或血浆中乳酸脱氢酶(LDH)的活性。
生产厂家:日本 ARKRAY Factory, Inc.
注册代理:爱科来国际贸易(上海)有限公司
发证日期:2014.01.22 **截止日期**:2018.01.21

国食药监械(进)字 2014 第 2400555 号

产品名称:肌酸磷酸激酶检测试纸(酶活性测定法)(SPOTCHEM Ⅱ CPK)
规格型号:50 条/盒、25 条/盒。
产品标准:YZB/JAP 8241-2013
性能组成:由试纸、试纸卡(SP-4420、SP-4430 专用)组成。试纸由附有多层测试区的塑胶带组成,测试层包括样品保留层、试剂层和支持层;试纸含活性成分:磷酸肌酸、腺苷-5`-二磷酸钾(ADP)、己糖激酶、葡萄糖-6-磷酸脱氢酶(G6PDH)、葡萄糖、辅酶Ⅱ(NADP)、四唑紫、硫辛酰胺脱氢酶。(具体内容详见说明书)。产品有效期:储存在 2-8℃,有效期 12 个月。附件:注册产品标准,产品说明书。
适用范围:该产品主要用于定量检测血清或血浆中肌酸磷酸激酶(CPK)的活性。
生产厂家:日本 ARKRAY Factory, Inc.
注册代理:爱科来国际贸易(上海)有限公司
发证日期:2014.01.22 **截止日期**:2018.01.21

国食药监械(进)字 2014 第 2400556 号

产品名称:肌酸激酶同工酶 MB 检测试剂盒(比色法)(Creatine Kinase-MB (CKMB L))
规格型号:100 测试、2×50 测试。
产品标准:YZB/GER 8212-2013
性能组成:试剂 1:异吡唑、N-乙酰半胱氨酸、乙二胺四乙酸(EDTA)、一磷酸腺苷(AMP)、二腺苷五磷酸、烟酰胺腺嘌呤二核苷酸磷酸(NADP+)、镁离子(Mg2+)、D-葡萄糖、稳定剂。试剂 2:乙二胺四乙酸(EDTA)、己糖激酶(HK)(酵母)、葡萄糖-6-磷酸脱氢酶(G6PDH)、二磷酸腺苷(ADP)、磷酸肌酸、N-四基二乙醇胺、单克隆鼠抗体抑制人肌酸激酶 M 亚单元(CK-M)、防腐剂、稳定剂、清洁剂。(具体内容详见说明书)。产品有效期:2-8℃储存,有效期 15 个月。附件:注册产品标准,产品说明书。
适用范围:用于体外定量检测人血清、血浆中肌酸激酶同工酶 MB 催化活性。
变更情况:变更日期:2014.10.23。同意在产品说明书中增加“生理浓度的柳氮磺胺吡啶或磺胺吡啶会导致错误的结果。”的描述
生产厂家:德国 Roche Diagnostics GmbH
注册代理:罗氏诊断产品(上海)有限公司
发证日期:2014.01.22 **截止日期**:2018.01.21

国食药监械(进)字 2014 第 2400557 号

产品名称:镁检测试剂盒(比色法)(Magnesium (MG))
规格型号:175 测试、2×50 测试。
产品标准:YZB/GER 8215-2013
性能组成:试剂 1:N-三(羟甲基)甲基-2-氨基乙磺酸(TES)、偶氮氯膦Ⅲ、乙二醇-双-(2-氨基乙基)四乙酸(EGTA)、无反应性表面活性剂、含防腐剂。试剂 2:N-三(羟甲基)甲基-2-氨基乙磺酸(TES)、乙二胺四乙酸(EDTA)、无反应性表面活性剂、防腐剂。(具体内容详见说明书)。产品有效期:15-25℃储存,有效期 24 个月。附件:注册产品标准,产品说明书。
适用范围:体外定量测定人血清、血浆和尿液中镁浓度。
生产厂家:德国 Roche Diagnostics GmbH
注册代理:罗氏诊断产品(上海)有限公司
发证日期:2014.01.22 **截止日期**:2018.01.21

国食药监械(进)字 2014 第 2400558 号

产品名称:天冬氨酸氨基转移酶测定试剂盒(速率法)(Aspartate Aminotransferase(AST) Reagents)
规格型号:货号 07499718:7×360 测试/盒 (试剂 1:7×38 mL,试剂 2:7×11.2 mL);货号 03039631:6×670 测试/盒 (试剂 1:6×68 mL,试剂 2:6×20 mL)。
产品标准:YZB/USA 8386-2013
性能组成:试剂 1:L-天冬氨酸、苹果酸脱氢酶、乳酸脱氢酶(猪心脏)、叠氮钠;试剂 2:α-酮戊二酸、还原型辅酶Ⅰ(NADH)、叠氮钠。(具体内容详见说明书)。产品有效期:在 2-8℃条件下保存,有效期 15 个月。附件:注册产品标准,产品说明书。
适用范围:本产品用于定量测量人类血清和血浆中天冬氨酸氨基转移酶的活性。
备注:2014 年 5 月 26 日同意更正包装规格内容,2014 年 1 月 22 日核发的予以废止。
生产厂家:美国 Siemens Healthcare Diagnostics Inc.
注册代理:西门子医学诊断产品(上海)有限公司
发证日期:2014.01.22 **截止日期**:2018.01.21

国食药监械(进)字 2014 第 2400559 号

产品名称:转铁蛋白测定试剂盒(免疫比浊法)(Transferrin (TRF) Reagents)
规格型号:货号: 03059160:4 ×110 测试/盒(试剂 1:4×12.1mL,试剂 2:4×4.7mL)。
产品标准:YZB/USA 8388-2013
性能组成:试剂 1:聚乙二醇、叠氮钠;试剂 2:抗人转铁蛋白(羊)、叠氮钠。(具体内容详见说明书)。产品有效期:在 2-8℃条件下保存,有效期 24 个月。附件:注册产品标准,产品说明书。
适用范围:该产品用于体外定量测量人血清和血浆中的转铁蛋白。
备注:2014 年 5 月 26 日同意更正包装规格内容,2014 年 1 月 22 日核发

的予以废止。
生产厂家:美国 Siemens Healthcare Diagnostics Inc.
注册代理:西门子医学诊断产品(上海)有限公司
发证日期:2014.01.22 **截止日期**:2018.01.21

国食药监械(进)字 2014 第 2400560 号

产品名称:C-反应蛋白测定试剂盒(免疫比浊法)(Wide Range C-Reactive Protein Reagents (wrCRP))
规格型号:货号 : 03108390: 2×220 测试/盒 (试剂 1: 2×13.0 mL,试剂 2: 2×13.0 mL);货号: 00829585: 7×315 测试/盒 (试剂 1: 7×18.0 mL、试剂 2: 7×18.0 mL)。
产品标准:YZB/USA 8392-2013
性能组成:试剂 1:甘氨酸、氯化钠、乙二胺四乙酸钠二钠盐二水合物、叠氮钠;试剂 2:抗-C 反应蛋白抗体(兔)-合成乳胶、叠氮钠。(具体内容详见说明书)。产品有效期:在 2-8℃条件下保存,有效期 18 个月。附件:注册产品标准,产品说明书。
适用范围:该产品用于体外定量测定人血清和血浆中的 C 反应蛋白。
备注:2014 年 5 月 26 日同意更正包装规格内容,2014 年 1 月 22 日核发的予以废止。
生产厂家:美国 Siemens Healthcare Diagnostics Inc.
注册代理:西门子医学诊断产品(上海)有限公司
发证日期:2014.01.22 **截止日期**:2018.01.21

国食药监械(进)字 2014 第 2400561 号

产品名称:补体 C4 测定试剂盒(免疫比浊法)(Complement C4 (C4) Reagents)
规格型号:货号 03060770:2×100 测试/盒 (试剂 1: 2×11.2 mL,试剂 2: 2×4.2 mL)。
产品标准:YZB/USA 8402-2013
性能组成:试剂 1:聚乙二醇、三(羟甲基)氨基甲烷(Tris/HCl 缓冲液)、氯化钠、叠氮钠;试剂 2:抗人补体 C4(山羊)、三 (羟甲基) 氨基甲烷(Tris/HCl 缓冲液)、氯化钠、叠氮钠。(具体内容详见说明书)。产品有效期:在 2-8℃条件下保存,有效期 12 个月。附件:注册产品标准,产品说明书。
适用范围:本产品用于体外定量测量人血清中的补体 C4。
备注:2014 年 5 月 26 日同意更正包装规格内容,2014 年 1 月 22 日核发的予以废止。
生产厂家:美国 Siemens Healthcare Diagnostics Inc.
注册代理:西门子医学诊断产品(上海)有限公司
发证日期:2014.01.22 **截止日期**:2018.01.21

国食药监械(进)字 2014 第 2400562 号

产品名称:补体 C3 测定试剂盒(免疫比浊法)(Complement C3 Reagents (C3))
规格型号:货号 03060444:2×100 测试/盒 (试剂 1: 2×11.2mL,试剂 2: 2×4.2mL)。
产品标准:YZB/USA 8403-2013
性能组成:试剂 1:聚乙二醇、三(羟甲基)氨基甲烷(Tris/HCl 缓冲液)、氯化钠、叠氮钠;试剂 2:抗人补体 C3(山羊)、三 (羟甲基) 氨基甲烷(Tris/HCl 缓冲液)、氯化钠、叠氮钠。(具体内容详见说明书)。产品有效期:2-8℃条件下储存,有效期 12 个月。附件:注册产品标准,产品说明书。
适用范围:该产品用于体外定量测定人类血清中的补体 C3。
生产厂家:美国 Siemens Healthcare Diagnostics Inc.
注册代理:西门子医学诊断产品(上海)有限公司
发证日期:2014.01.22 **截止日期**:2018.01.21

国食药监械(进)字 2014 第 2400563 号

产品名称:肌酸激酶测定试剂盒(速率法)(Creatine Kinase (CKNAC) Reagents)
规格型号:货号 07498541:7×140 测试/盒 (试剂 1: 7×15mL,试剂 1 混合物: 7×350mg); 货号 02096577 (B01-4137-01):4×270 测试/盒 (试剂 1: 4×30mL,试剂 1 混合物: 4×700mg)。
产品标准:YZB/USA 8405-2013
性能组成:试剂 1: 叠氮钠;试剂 1 混合物:二磷酸腺苷 (ADP)、一磷酸腺苷 (AMP)、二腺苷五磷酸、还原型辅酶Ⅰ (NADP)、己糖激酶 (HK)、葡萄糖-6-磷酸脱氢酶 (G6PD)、N-乙酰-L-半胱氨酸、肌酸磷酸。(具体内容详见说明书)。产品有效期:在 2-8℃条件下保存,有效期 36 个月。附件:注册产品标准,产品说明书。
适用范围:本产品用于体外定量测量人类血清和血浆中肌酸激酶。
生产厂家:美国 Siemens Healthcare Diagnostics Inc.
注册代理:西门子医学诊断产品(上海)有限公司
发证日期:2014.01.22 **截止日期**:2018.01.21

国食药监械(进)字 2014 第 2400564 号

产品名称:高密度脂蛋白-胆固醇检测试纸(酶法)(SPOTCHEM Ⅱ HDL-Cholesterol)
规格型号:50 条/盒、25 条/盒。
产品标准:YZB/JAP 8180-2013
性能组成:由试纸、试纸卡 (SP-4420、SP-4430 专用) 组成。试纸由附有多层测试区的塑胶带组成,测试层包括样品保留层、试剂层和支持层;试纸含活性成分:胆醇酯酶(CE)、胆固醇氧化酶(COD)、4-氨基安替比林、N-乙基-N-(2-羟基-3-磺基丙基)-3, 5-二甲氧基苯胺钠盐(DAOS)、过氧化物酶(POD)。(具体内容详见说明书)。产品有效期:储存在 2-8℃,有效期 18 个月。附件:注册产品标准,产品说明书。
适用范围:该产品主要用于定量检测血清或血浆中高密度脂蛋白-胆固醇(HDL-Cholesterol)的浓度。
生产厂家:日本 ARKRAY Factory, Inc.
注册代理:爱科来国际贸易(上海)有限公司
发证日期:2014.01.22 **截止日期**:2018.01.21

国食药监械(进)字 2014 第 2400565 号

产品名称:γ-谷氨酰转肽酶检测试纸(酶活性测定法)(SPOTCHEM Ⅱ GGT)
规格型号:50 条/盒、25 条/盒。
产品标准:YZB/JAP 0002-2014
性能组成:由试纸、试纸卡 (SP-4420、SP-4430 专用) 组成。试纸由附有多层测试区的塑胶带组成,测试层包括样品保留层、试剂层和支持层;试纸含活性成分 L-γ-谷氨酰氨-p-硝基苯胺 (G-pNA) 和 N-甘氨酰甘氨酸。(具体内容详见说明书)。产品有效期:储存在 2-8℃,有效期 18 个月。附件:注册产品标准,产品说明书。
适用范围:该产品主要用于定量检测血清或血浆中γ-谷氨酰转肽酶(γ-GTP) 的活性。
生产厂家:日本 ARKRAY Factory, Inc.
注册代理:爱科来国际贸易(上海)有限公司
发证日期:2014.01.22 **截止日期**:2018.01.21

国食药监械(进)字 2014 第 2400566 号

产品名称:环孢霉素测定试剂盒(非均相免疫法)(Cyclosporine Extended Range Flex® Reagent Cartridge(CSAE))
规格型号:产品编号:DF108;包装规格:80 测试/盒 (4×20 测试/盒)。
产品标准:YZB/USA 8236-2013
性能组成:试剂船位 1, 2(液体):Ab-β-半乳糖苷酶;试剂船位 3, 4(片剂):固定于二氧化铬颗粒上的环孢霉素 A(CSA-CrO2);试剂船位 5, 6(片剂):氯酚红β-d-半乳糖苷(CPRG);试剂船位 7(液体):底物稀释液;试剂船位 8(液体):预处理试剂。(具体内容详见说明书)。产品有效期:在 2-8℃条件下保存,有效期 12 个月。附件:注册产品标准,产品说明书。
适用范围:该产品用于体外定量测定人全血中的环孢霉素 A (CSA)。
生产厂家:美国 Siemens Healthcare Diagnostics Inc.
注册代理:西门子医学诊断产品(上海)有限公司
发证日期:2014.01.22 **截止日期**:2018.01.21

国食药监械(进)字 2014 第 3400567 号

产品名称:癌胚抗原测定试剂盒(化学发光法)(IMMULITE/IMMULITE1000 CEA)
规格型号:100 人份/盒,500 人份/盒。
产品标准:YZB/UK 8412-2013
性能组成:CEA 检测单位(LCE1):每个带有条形码的检测单位内有一个包被珠,包被有单克隆鼠抗 CEA 抗体。LKCE1:100 人份/盒,LKCE5:500 人份/盒。CEA 试剂楔(LCEA, LCEB):试剂楔带有条形码。LCEA:一个 7.5mL 的试剂楔,含有缓冲液/鼠血清基质,含防腐剂。LCEB:一个 7.5mL 的试剂楔，含有碱性磷酸酶(小牛小肠)标记的多克隆兔抗 CEA 抗体缓冲液，含防腐剂。LKCE1:1套，LKCE5:5套。CEA 校正品(LCEL, LCEH)：两瓶(低浓度和高浓度)冻干品，在不含 CEA 的人血清中加入 CEA，含防腐剂。每瓶使用 3.0mL 蒸馏水或去离子水复溶。轻轻旋转或翻转混匀，直到冻干粉全部溶解。LKCE1:1 套，LKCE5:2 套。产品有效期：在 2-8℃条件下保存，有效期 12 个月。附件：注册产品标准，产品说明书。

适用范围:该产品用于体外定量检测人血清中的癌胚抗原(CEA)。

备注:2014 年 5 月 26 日同意更正包装规格、预期用途、产品有效期内容，2014 年 1 月 22 日核发的予以废止。

生产厂家:英国 Siemens Healthcare Diagnostics Products Limited

注册代理:西门子医学诊断产品(上海)有限公司

发证日期:2014.01.22　　**截止日期**:2018.01.21

国食药监械(进)字 2014 第 1400568 号

产品名称:降钙素样本稀释液(Immulite Calcitonin Sample Diluent)

规格型号:LCLZ(产品编号):25mL/瓶。

产品标准:YZB/UK 8377-2013

性能组成:缓冲液:无水磷酸氢二钠、磷酸氢钾、氯化钠、氯化钾；蛋白:牛血清；防腐剂：叠氮化钠、硫酸庆大霉素。(具体内容详见说明书)。产品有效期：在 2-8℃条件下保存，有效期 3 年。附件：注册产品标准，产品说明书。

适用范围:该产品用于降钙素检测时对血清或肝素化血浆样本的人工稀释。

备注:2014 年 5 月 26 日同意更正包装规格、主要组成成分、预期用途、产品有效期内容，2014 年 1 月 22 日核发的予以废止。

生产厂家:英国 Siemens Healthcare Diagnostics Products Limited

注册代理:西门子医学诊断产品(上海)有限公司

发证日期:2014.01.22　　**截止日期**:2018.01.21

国食药监械(进)字 2014 第 2400569 号

产品名称:甲状腺素定标液(Thyroxine Calibrator (T4 CAL))

规格型号:产品编号：DC13。包装规格：水平 1：2 × 1.0 mL (复溶后)、水平 2：2 × 1.0 mL (复溶后)、水平 3：2 × 1.0 mL (复溶后)、水平 4：2 × 1.0 mL (复溶后)、水平 5：2 × 1.0 mL (复溶后)。

产品标准:YZB/USA 8363-2013

性能组成:该定标液是一种冻干的含有甲状腺素的人类血清基质产品。产品有效期：在 2-8℃条件下保存，有效期 12 个月。附件：注册产品标准，产品说明书。

适用范围:该产品用于对甲状腺素方法的定标。

生产厂家:美国 Siemens Healthcare Diagnostics Inc.

注册代理:西门子医学诊断产品(上海)有限公司

发证日期:2014.01.22　　**截止日期**:2018.01.21

国食药监械(进)字 2014 第 1400570 号

产品名称:多项稀释液(Immulite 2000 Multi-Diluent 2)

规格型号:L2M2Z(产品编号)：25mL/瓶，L2M2Z4(产品编号)：55mL/瓶。

产品标准:YZB/UK 8380-2013

性能组成:缓冲液：磷酸氢二钠、磷酸二氢钾、氯化钠、氯化钾；蛋白：牛血清白蛋白；防腐剂：叠氮化钠、硫酸庆大霉素。(具体内容详见说明书)。产品有效期：在 2-8℃条件下保存，有效期 3 年。附件：注册产品标准，产品说明书。

适用范围:该产品用于甲胎蛋白，白蛋白，β2 微球蛋白，糖类抗原 15-3，降钙素，癌胚抗原，肌酸激酶同工酶 MB，促红细胞生成激素，铁蛋白，胃泌素，糖类抗原 19-9，生长激素，总免疫球蛋白 E，白介素-6，肌红蛋白，烟碱代谢产物，妊娠相关血浆蛋白 A，前列腺特异性抗原，第三代前列腺特异性抗原，游离前列腺特异性抗原，白介素 2 受体检测时对血清、羊水、尿液、乙二胺四乙酸二钠或肝素化血浆样本的在机稀释。

备注:2014 年 5 月 26 日同意更正包装规格内容，2014 年 1 月 22 日核发的予以废止。

生产厂家:英国 Siemens Healthcare Diagnostics Products Limited

注册代理:西门子医学诊断产品(上海)有限公司

发证日期:2014.01.22　　**截止日期**:2018.01.21

国食药监械(进)字 2014 第 2400571 号

产品名称:甲状腺球蛋白测定试剂盒(化学发光法)(IMMULITE2000 Thyroglobulin)

规格型号:200 人份/盒

产品标准:YZB/UK 8408-2013

性能组成:含甲状腺球蛋白包被珠 (L2TY12)、甲状腺球蛋白试剂楔 (L2TYA2)、甲状腺球蛋白校正品 (LTYL, LTYH)。(具体内容详见说明书)。产品有效期：在 2-8℃的环境中保存，有效期 12 个月。附件：注册产品标准，产品说明书。

适用范围:该产品用于定量检测血清或肝素化血浆中甲状腺球蛋白的含量。

生产厂家:英国 Siemens Healthcare Diagnostics Products Limited

注册代理:西门子医学诊断产品(上海)有限公司

发证日期:2014.01.22　　**截止日期**:2018.01.21

国食药监械(进)字 2014 第 1400572 号

产品名称:肌钙蛋白 I 样本稀释液(Immulite Troponin I Sample Diluent)

规格型号:LTIZ(产品编号)：25mL/瓶。

产品标准:YZB/UK 8418-2013

性能组成:基质：4-羟乙基哌嗪丙磺酸 (HEPPS) 缓冲液、氯化钠；蛋白：马血清；防腐剂：叠氮化钠、庆大霉素。(具体内容详见说明书)。产品有效期：在 2-8℃条件下保存，有效期 3 年。附件：注册产品标准，产品说明书。

适用范围:该产品用于肌钙蛋白 I 检测时对血清，肝素化或乙二胺四乙酸 (EDTA) 血浆样本的人工稀释。

备注:2014 年 5 月 26 日同意更正包装规格内容，2014 年 1 月 22 日核发的予以废止。

生产厂家:英国 Siemens Healthcare Diagnostics Products Limited

注册代理:西门子医学诊断产品(上海)有限公司

发证日期:2014.01.22　　**截止日期**:2018.01.21

国食药监械(进)字 2014 第 1400573 号

产品名称:甲状腺球蛋白样本稀释液(IMMULITE 2000 Thyroglobulin Sample Diluent)

规格型号:L2TYZ(产品编号)：25mL/瓶。

产品标准:YZB/UK 8419-2013

性能组成:缓冲液：去离子水；蛋白：冻干马血清；防腐剂：叠氮化钠、硫酸庆大霉素。(具体内容详见说明书)。产品有效期：在 2-8℃条件下保存，有效期 3 年。附件：注册产品标准，产品说明书。

适用范围:该产品用于甲状腺球蛋白检测时对血清或肝素化血浆样本的在机稀释。

备注:2014 年 5 月 26 日同意更正包装规格内容，2014 年 1 月 22 日核发的予以废止。

生产厂家:英国 Siemens Healthcare Diagnostics Products Limited

注册代理:西门子医学诊断产品(上海)有限公司

发证日期:2014.01.22　　**截止日期**:2018.01.21

国食药监械(进)字 2014 第 2400574 号

产品名称:总铁结合力测定试剂盒(速率法)(VITROS Chemistry Products TIBC Kit)

规格型号:50 管/包装

产品标准:YZB/USA 8374-2013

性能组成:反应成分:总铁结合力柱：活化氧化铝，铁饱和试剂:六水氯化铁；非反应成分:铁饱和试剂:柠檬酸，防腐剂和稳定剂。(具体内容详见说明书)。产品有效期：15-30℃保存，有效期 12 个月。附件：注册产品标准，产品说明书。

适用范围:该产品用于体外定量测定血清中总铁结合力(TIBC)的含量。

生产厂家:美国 Ortho-Clinical Diagnostics, Inc.

注册代理:强生(上海)医疗器材有限公司

发证日期:2014.01.22　　**截止日期**:2018.01.21

国食药监械(进)字 2014 第 2400575 号

产品名称:钙检测试纸(化学法)(SPOTCHEM II Calcium)

规格型号:50 条/盒，25 条/盒。

产品标准:YZB/JAP 8360-2013

性能组成:该产品由试纸、试纸卡 (SP-4420、SP-4430 专用) 组成。试纸由附有多层测试区的塑胶带组成，测试层包括样品保留层、试剂层和支持层；试纸含活性成分邻甲酚酞氨羧络合剂 (OCPC)。(具体内容详见说明书)。产品有效期:储存在2-8℃,有效期18个月。附件:注册产品标准,产品说明书。
适用范围:该产品主要用于定量检测血清或血浆中钙的含量。
生产厂家:日本ARKRAY Factory, Inc.
注册代理:爱科来国际贸易(上海)有限公司
发证日期:2014.01.22 **截止日期**:2018.01.21

国食药监械(进)字2014第2400576号

产品名称:尿素氮检测试纸(化学法)(SPOTCHEM Ⅱ Blood Urea Nitrogen)
规格型号:50条/盒、25条/盒。
产品标准:YZB/JAP 8332-2013
性能组成:该产品由试纸、试纸卡(SP-4420、SP-4430专用)组成。试纸由附有多层测试区的塑胶带组成,测试层包括样品保留层、试剂层和支持层;试纸含活性成分:邻苯二醛、N-1-萘基-N`-二乙基乙二胺乙二酸。(具体内容详见说明书)。产品有效期:储存在2-8℃,有效期12个月。附件:注册产品标准,产品说明书。
适用范围:该产品主要用于定量检测血清或血浆中尿素氮的含量。
生产厂家:日本ARKRAY Factory, Inc.
注册代理:爱科来国际贸易(上海)有限公司
发证日期:2014.01.22 **截止日期**:2018.01.21

国食药监械(进)字2014第2400577号

产品名称:镁检测试纸(化学法)(SPOTCHEM II Magnesium)
规格型号:50条/盒、25条/盒。
产品标准:YZB/JAP 8357-2013
性能组成:该产品由试纸、试纸卡(SP-4420、SP-4430专用)组成。试纸由附有多层测试区的塑胶带组成,测试层包括样品保留层、试剂层和支持层;试纸含活性成分邻甲酚酞氨羧络合剂(OCPC)和0,0'-双(2-氨基苯)-乙二醇-N,N,N'N'-四乙酸四钾盐水合物(BAPTA)。(具体内容详见说明书)。产品有效期:储存在2-8℃,有效期18个月。附件:注册产品标准,产品说明书。
适用范围:该产品主要用于定量检测血清或血浆中镁的浓度。
生产厂家:日本ARKRAY Factory, Inc.
注册代理:爱科来国际贸易(上海)有限公司
发证日期:2014.01.22 **截止日期**:2018.01.21

国食药监械(进)字2014第3220578号

产品名称:腹腔镜(Laparoscopy)
规格型号:见附页
产品标准:YZB/USA 8303-2013《腹腔镜》
性能组成:产品由腹腔镜组成。
适用范围:该产品适用于人体腹腔的检查和手术。
生产厂家:美国Stryker Endoscopy
注册代理:史赛克(北京)医疗器械有限公司
服务机构:史赛克(北京)医疗器械有限公司
发证日期:2014.01.22 **截止日期**:2018.01.21

国食药监械(进)字2014第3240579号

产品名称:钬(Ho:YAG)激光治疗仪(商品名:Trimedyne OmniPulse MAX®)(Holmium Laser System)
规格型号:1210-VHP OmniPulse MAX®
产品标准:YZB/USA 8329-2013《钬(Ho:YAG)激光治疗仪》
性能组成:一、主要性能:1. 激光波长:2.1微米;2. 最大输出功率:80W;3. 双脉冲:激光脉冲最小时间间隔为2.3ms±0.5ms;4. 单脉冲能量:0.2-3.5J;04-7.0J(双脉冲模式);5. 脉冲宽度:350±50μs;6. 重复频率:单脉冲模式:5-60Hz,双脉冲模式:3-30Hz。二、治疗仪由主机、脚踏开关组成;主机包括激光器系统、控制系统、激光输出能量反馈系统、供电电源系统、冷却系统及安全防护装置。不含导光系统。
适用范围:该产品用于人体组织的汽化、碳化、凝固及结石粉碎,以达到治疗的目的。
生产厂家:美国TRIMEDYNE, INC.
注册代理:爱科凯能科技(北京)有限公司
服务机构:爱科凯能科技(北京)有限公司
发证日期:2014.01.22 **截止日期**:2018.01.21

国食药监械(进)字2014第3250580号

产品名称:射频消融治疗仪(商品名:CelonLab ENT)(Celon ENT System)
规格型号:见附页
产品标准:YZB/GER 8154-2013《射频消融治疗仪》
性能组成:产品由射频消融治疗仪、脚踏开关、Celon双极切割系统和射频针组成。射频针为一次性使用,辐照灭菌。射频输出方式为双极。额定输出频率470kHz。额定负载为100Ω,额定输出功率为25W;配合切割转换仪工作时,额定负载为900Ω,输出功率为0.85倍输入功率。
适用范围:本产品用于在耳鼻喉科手术中消融、切割和凝固软组织。
备注:2014年5月7日同意更正代理人内容,2014年1月22日核发的医疗器械注册登记表予以废止。
生产厂家:德国奥林巴斯苇音特和意北公司
注册代理:奥林巴斯贸易(上海)有限公司
服务机构:奥林巴斯(北京)销售服务有限公司
发证日期:2014.01.22 **截止日期**:2018.01.21

国食药监械(进)字2014第2220581号

产品名称:无散瞳眼底照相机(無散瞳眼底カメラ TRC-NW300)
规格型号:TRC-NW300
产品标准:YZB/JAP 8160-2013《无散瞳眼底照相机》
性能组成:无散瞳眼底照相机由眼底照相机主机,颌托和电源组成。
适用范围:该产品用于患者眼底的观察和拍摄。
生产厂家:日本株式会社拓普康(株式会社トプコン)
注册代理:北京拓普康商贸有限公司
服务机构:奥腾思格玛科技发展有限公司
发证日期:2014.01.22 **截止日期**:2018.01.21

国食药监械(进)字2014第2550582号

产品名称:根尖定位仪(Apex Locator)
规格型号:ProPex Pixi™、ProPex™ II
产品标准:YZB/SWI 8344-2013《根尖定位仪》
性能组成:根尖定位仪(型号:ProPex Pixi™)由一台ProPex Pixi™主机、一个电源适配器、一根测量电线、两个唇夹、一个连接钩及1.2V镍氢可充电电池(型号:GP100AAAHC)组成。根尖定位仪(型号:ProPex™ II)由一台ProPex™ II主机、一个电源适配器、一根测量电线、两个唇夹、两个连接钩、两个连接叉及2.4V镍氢可充电电池(型号:GP210AAH)组成。
适用范围:该产品适用于根管手术中定位牙根尖位置。
生产厂家:瑞士MAILLEFER INSTRUMENTS HOLDING SARL
注册代理:登士柏(天津)国际贸易有限公司
服务机构:登士柏(天津)国际贸易有限公司
发证日期:2014.01.22 **截止日期**:2018.01.21

国食药监械(进)字2014第2100583号

产品名称:外科动力系统(商品名:Spiggle)(Surgical drill system and accessories)
规格型号:DT55
产品标准:YZB/GER 8199-2013《外科动力系统》
性能组成:由主机、脚踏开关、马达、手柄和冲洗管组成。最大扭矩应不小于10N·CM。各组成部分型号见附页。
适用范围:用于耳鼻喉科和口腔颌面外科手术过程中。
生产厂家:德国Spiggle & Theis Medizintechnik GmbH
注册代理:北京贝科达医疗器械有限公司
服务机构:北京福泰康医疗仪器有限公司
发证日期:2014.01.22 **截止日期**:2018.01.21

国食药监械(进)字2014第3240584号

产品名称:眼科激光传输系统(Scanning Delivery System for Ophthalmic Laser)
规格型号:SUPRA SCAN
产品标准:YZB/FRA 8084-2013《眼科激光传输系统》
性能组成:该产品由主机、触摸屏控制盒、短镜、垫高环、外部电源、及医生滤光镜组成。光斑直径为50μm~500μm;激光脉冲间隔为10ms±2ms。
适用范围:该产品通过配接光太医疗公司制造的SUPRA型号(激光波长为532nm)或SUPRA 577.Y型号(激光波长为577nm)的眼科激光光凝机以

传输激光，临床用于眼科光凝治疗。
生产厂家:法国 QUANTEL MEDICAL
注册代理:北京高视远望科技有限责任公司
服务机构:北京高视远望科技有限责任公司
发证日期:2014.01.22 **截止日期**:2018.01.21

国食药监械(进)字 2014 第 3240585 号

产品名称:脉冲染料激光治疗仪（商品名：VBEAM II）(Candela Family of Pulse Dye Laser System)
规格型号:Vbeam Perfecta、 Vbeam Platinum、Vbeam Aesthetica
产品标准:YZB/USA 8436-2013《脉冲染料激光治疗仪》
性能组成:由主机、导光系统、手柄、脚踏开关组成；主机由脉冲染料激光器、激光电源及控制装置、水循环冷却系统，和DCD 动态冷却系统组成；导光系统为用户可选光斑尺寸的透镜偶合光纤和手柄；应用部分为距离规。不含制冷剂。性能参数见附件。
适用范围:治疗良性皮肤血管损伤和皮肤损伤。
生产厂家:美国 Candela Corporation
注册代理:美中互利(北京)国际贸易有限公司
服务机构:美中互利(北京)国际贸易有限公司
发证日期:2014.01.22 **截止日期**:2018.01.21

国食药监械(进)字 2014 第 3240586 号(更)

产品名称:一次性使用无菌眼内探针(Endoprobe)
规格型号:20 gauge straight, 20 gauge angled, 23 gauge straight, 23 gauge angled, 25 gauge straight。
产品标准:YZB/GER 8430-2013《一次性使用无菌眼内探针》
备注:代理人和售后服务机构均由“蔡司光学仪器（上海）国际贸易有限公司”变更为“卡尔蔡司（上海）管理有限公司”；注册证由“国食药监械(进)字 2014 第 3240586 号”变更为“国食药监械(进)字 2014 第 3240586 号(更)”，原证自发证之日起作废。
生产厂家:德国 Carl Zeiss Meditec AG
注册代理:卡尔蔡司（上海）管理有限公司
服务机构:卡尔蔡司（上海）管理有限公司
变更日期:2014.04.15 **截止日期**:2018.01.21

国食药监械(进)字 2014 第 2220588 号(更)

产品名称:光相干断层扫描仪(Cirrus HD-OCT)
规格型号:4000、400
产品标准:YZB/USA 8142-2013《光相干断层扫描仪》
备注:代理人和售后服务机构均由“蔡司光学仪器（上海）国际贸易有限公司”变更为“卡尔蔡司（上海）管理有限公司”；注册证由“国食药监械(进)字 2014 第 2220588 号”变更为“国食药监械(进)字 2014 第 2220588 号(更)”，原证自发证之日起作废。
生产厂家:美国 Carl Zeiss Meditec, Inc.
注册代理:卡尔蔡司（上海）管理有限公司
服务机构:卡尔蔡司（上海）管理有限公司
变更日期:2014.04.15 **截止日期**:2018.01.21

国食药监械(进)字 2014 第 2220589 号(更)

产品名称:生物显微镜(Microscope)
规格型号:Axio Scope.A1
产品标准:YZB/GER 8322-2013《生物显微镜》
备注:代理人和售后服务机构由“蔡司光学仪器(上海)国际贸易有限公司”变更为“卡尔蔡司(上海)管理有限公司”;注册证由“国食药监械(进)字 2014 第 2220589 号”变更为“国食药监械(进)字 2014 第 2220589 号(更)”，原证自发证之日起作废。
生产厂家:德国 Carl Zeiss Microscopy GmbH
注册代理:卡尔蔡司(上海)管理有限公司
服务机构:卡尔蔡司(上海)管理有限公司
变更日期:2014.05.14 **截止日期**:2018.01.21

国食药监械(进)字 2014 第 3540590 号

产品名称:组织粉碎器(Tissue Morcellator)
规格型号:VersaCut Tissue Morcellator
产品标准:YZB/ISR 8261-2013《组织粉碎器》
性能组成:该产品由手具及电缆、刀头套件(内刀头和外刀头)、控制器及吸引泵、脚踏开关及电缆、内镜接头、无菌吸引管组成。其中无菌吸引管为一次性使用环氧乙烷灭菌的产品。
适用范围:该粉碎器与 Lumenis 钬(Ho:YAG)激光治疗机或者双波长激光(Ho:YAG&Nd:YAG)治疗机配合使用，在手术部位入路受限时在盆腔镜、腹腔镜、经皮、内窥镜手术操作中在内镜观察下进行切除组织的粉碎和去除。
生产厂家:以色列科医人有限公司(Lumenis Limited)
注册代理:科医人医疗激光设备贸易(北京)有限公司
服务机构:科医人医疗激光设备贸易(北京)有限公司
发证日期:2014.01.22 **截止日期**:2018.01.21

国食药监械(进)字 2014 第 2220591 号

产品名称:纤维宫腔镜(軟性子宮鏡)
规格型号:HYF TYPE XP、HYF TYPE 1T
产品标准:YZB/JAP 8312-2013《纤维宫腔镜》
性能组成:该产品由纤维宫腔镜（HYF TYPE XP、HYF TYPE 1T）和附属品钳子/灌流插头（绝缘型）(MAJ-891)、钳子管道开口阀（MAJ-579)、吸引按钮（MD-159）组成。性能参数见附页。
适用范围:HYF TYPE XP 与各种内镜用光源装置、摄像装置配套使用，对子宫内进行观察和摄影，不能和高频附件配合使用。HYF TYPE 1T:本产品与各种内镜用光源装置、摄影装置、治疗附件配套使用，经阴道插入子宫内进行观察、摄影和治疗，不能和高频附件配合使用。
生产厂家:日本奥林巴斯医疗株式会社(オリンパスメディカルシステムズ株式会社)
注册代理:奥林巴斯贸易(上海)有限公司
服务机构:奥林巴斯(北京)销售服务有限公司
发证日期:2014.01.22 **截止日期**:2018.01.21

国食药监械(进)字 2014 第 3400592 号

产品名称:全自动免疫分析仪(Automated Enzyme Immunoassay Analyzer AIA-2000)
规格型号:AIA-2000 ST、AIA-2000 LA
产品标准:YZB/JAP 8086-2013《全自动免疫分析仪》
性能组成:该产品主要由试剂仓、试剂加样针、样品加样针、B/F 洗涤机构、基质液加注机构、洗涤盘、检测盘、中转盘、抓杯器、检测器、电源供给部、控制部及随机软件组成。
适用范围:该产品基于荧光酶免疫测定法（FEIA)，在临床实验室可对来源于人体的样本进行激素、肿瘤标志物、特定蛋白的测定。
生产厂家:日本 Tosoh Corporation
注册代理:东曹(上海)生物科技有限公司
服务机构:上海蓝怡医药有限公司
发证日期:2014.01.22 **截止日期**:2018.01.21

国食药监械(进)字 2014 第 2400593 号

产品名称:全自动蛋白印迹仪(Blot Processor)
规格型号:PROFIBLOT 48
产品标准:YZB/AUS 8083-2013《全自动蛋白印迹仪》
性能组成:该产品主要由控制部分、样本槽、加样通道、配套用瓶、吸入及加样泵和随机软件组成。
适用范围:该产品可用于多达 48 条蛋白印迹条的样本洗涤和孵育。
生产厂家:奥地利 Tecan Austria GmbH
注册代理:帝肯(上海)贸易有限公司
服务机构:帝肯(上海)贸易有限公司
发证日期:2014.01.22 **截止日期**:2018.01.21

国食药监械(进)字 2014 第 3220594 号

产品名称:电子下消化道内窥镜(ビデオ軟性大腸鏡)
规格型号:EC-590ZW/M
产品标准:YZB/JAP 8069-2013《电子下消化道内窥镜》
性能组成:本产品是由插入部(头端部、弯曲部和软性部)、操作部、LG 软性部、LG 连接器、图像连接器、中继线软性部构成，具有标准和近点两种观察模式，有-H-和-S-的两种规格。与富士生产的电子图像处理器 VP-4400、内窥镜光源装置 XL-4400 及附件组合使用。
适用范围:插入到体内、管腔、体腔或体内腔，提供用于对体内、管腔、体腔或体内腔进行观察、诊断、拍摄或治疗的图像。该产品于医疗设施内在医生的管理下，用于对直肠、S 字结肠、大肠、回盲部进行观察和诊断。
生产厂家:日本富士胶片株式会社，富士フイルム株式会社
注册代理:富士胶片(中国)投资有限公司
服务机构:富士胶片(中国)投资有限公司
发证日期:2014.01.22　　**截止日期**:2018.01.21

国食药监械(进)字 2014 第 1310595 号

产品名称:影像板(光辉尽性萤光板)
规格型号:ST-VI、ST-VN、ST-BD、HR-BD、HR-V
产品标准:YZB/JAP 8129-2013《影像板》
性能组成:由保护层、含磷荧光层、成像层、像基、感光层、支持层、条形码标签组成，尺寸规格（单位:cm）包括：ST-VI 为 15×30、18×24、20×25、24×30、25×30、35×35、35×43；ST-VN 为 15×30、18×24、24×30、35×35、35×43；ST-BD、HR-BD 和 HR-V 均为 18×24、24×30。
适用范围:用于 X 射线影像的存储，与富士生产的暗盒和 CR 联合使用。
生产厂家:日本富士フイルム株式会社
注册代理:富士胶片(中国)投资有限公司
服务机构:富士胶片(中国)投资有限公司
发证日期:2014.01.22　　**截止日期**:2018.01.21

国食药监械(进)字 2014 第 3770596 号

产品名称:成像导管（商品名：C7 Dragonfly）(C7 Dragonfly Imaging Catheter)
规格型号:13751-02
产品标准:YZB/USA 8282-2013《成像导管（商品名：C7 Dragonfly）》
性能组成:产品由导管头端、成像窗、远端导管轴、近端导管轴、侧管接头、冲洗液注入口、鲁尔接头保护帽、PIU 外壳连接端口、保护帽、透镜、牵引丝、扭力传导管、镍钛合金管和光纤连接器组成。产品为一次性使用无菌产品，环氧乙烷灭菌，产品结构图见附件。
适用范围:C7 Dragonfly 成像导管与 OCT 成像系统预期用于冠状动脉的成像，建议用于可能进行腔内介入治疗的病人。C7 Dragonfly 成像导管设计用于直径 2.0 到 3.5 毫米的血管。C7 Dragonfly 成像导管未设计用于左冠状动脉主干或以前做过搭桥手术的目标血管。
生产厂家:美国 Lightlab Imaging, Inc.
注册代理:圣犹达医疗用品(上海)有限公司
服务机构:圣犹达医疗用品(上海)有限公司
发证日期:2014.01.22　　**截止日期**:2018.01.21

国食药监械(进)字 2014 第 3210597 号

产品名称:除颤电极导线（商品名：Durata）(Implantable Cardioverter/Defibrillator Leads)
规格型号:7120、7121、 7122、 7170、7171
产品标准:YZB/USA 5302-2013《除颤电极导线》
性能组成:由 1 根安装好导引导丝和缝合鞘的电极导线、1 个额外的缝合鞘、1 个静脉钩、1 个电极导线帽、不同硬度的导引导丝、1 个导引导丝导向器（漏斗状）、2 个夹持工具（仅 7120, 7121, 7122）和 1 个 DF-1 插头（仅 7120, 7121, 7122）组成。
适用范围:该导线与兼容的脉冲发生器一起使用。它们为心脏提供起搏和感知，并给心脏传送复律/除颤治疗。
备注:2014 年 7 月 7 日同意更正生产企业英文名称、产品英文名称内容，2014 年 1 月 22 日核发的医疗器械注册证、医疗器械注册登记表予以废止。
生产厂家:美国圣犹达医疗用品有限公司 CRMD(St. Jude Medical Cardiac Rhythm Management Division)
注册代理:圣犹达医疗用品(上海)有限公司
服务机构:圣犹达医疗用品(上海)有限公司
发证日期:2014.01.22　　**截止日期**:2018.01.21

国食药监械(进)字 2014 第 3210599 号

产品名称:中心静脉氧饱和度测量探头(CeVOX Probe)
规格型号:PV2022-30、PV2022-31、PV2022-32、PV2022-33、PV2022-34、PV2022-35、PV2022-36、PV2022-37、PV2022-38、PV2022-46、PV2022-47、PV2022-48
产品标准:YZB/GER 8433-2013《中心静脉氧饱和度测量探头》
性能组成:该产品由光纤探头、固定翼、固定夹(蓝色)、密封帽组成。光纤探头由探头、Y 型连接器、延长管、接头组成。该产品为环氧乙烷灭菌产品，一次性使用。
适用范围:该产品用于临床中连续测量成人患者的中心静脉氧饱和度。
备注:2014 年 4 月 10 日同意更正企业注册地址、生产地址内容，2014 年 1 月 22 日核发的医疗器械注册登记表予以废止。
生产厂家:德国 PULSION Medical Systems SE
注册代理:上海展阳投资管理有限公司
服务机构:上海景年医疗器械有限公司
发证日期:2014.01.22　　**截止日期**:2018.01.21

国食药监械(进)字 2014 第 1400600 号

产品名称:阳极缓冲液槽(Anode Buffer Container (ABC))
规格型号:45mL/瓶
产品标准:YZB/SIN 8407-2013
性能组成:水，TAPS 和 EDTA。产品有效期：2-8℃保存，有效期：9 个月。附件：注册产品标准，产品说明书。
适用范围:该产品用于为电泳应用提供缓冲环境。
生产厂家:新加坡 Life Technologies Holdings Pte Ltd
注册代理:英潍捷基(上海)贸易有限公司
发证日期:2014.01.22　　**截止日期**:2018.01.21

国食药监械(进)字 2014 第 1400601 号

产品名称:甲酰胺(Hi-DiTM Formamide)
规格型号:5mL
产品标准:YZB/SIN 0085-2014
性能组成:甲酰胺，EDTA。产品有效期：-15 至-25° C 冷冻保存，有效期：12 个月。附件：注册产品标准，产品说明书。
适用范围:该产品在应用中被作为检测样本的进样溶剂。
生产厂家:新加坡 Life Technologies Holdings Pte Ltd
注册代理:英潍捷基(上海)贸易有限公司
发证日期:2014.01.22　　**截止日期**:2018.01.21

国食药监械(进)字 2014 第 1400602 号

产品名称:阴极缓冲液槽(Cathode Buffer Container (CBC))
规格型号:86 mL/瓶
产品标准:YZB/SIN 0106-2014
性能组成:水，TAPS 和 EDTA。产品有效期：2-8° C 保存，有效期：9 个月。附件：注册产品标准，产品说明书。
适用范围:该产品用于为电泳应用提供缓冲环境。
生产厂家:新加坡 Life Technologies Holdings Pte Ltd
注册代理:英潍捷基(上海)贸易有限公司
发证日期:2014.01.22　　**截止日期**:2018.01.21

国食药监械(进)字 2014 第 2400603 号

产品名称:丙氨酸氨基转移酶测定试剂盒(速率法)(ALT-(Alanine Aminotransferase Pyridoxal-5’-phosphate))
规格型号:2×300 测试/盒、2×100 测试/盒。
产品标准:YZB/USA 0112-2014
性能组成:α-酮戊二酸盐、还原型β-烟酰胺腺嘌呤二核苷酸（NADH）、L-丙氨酸、乳酸脱氢酶（猪）、5’-磷酸吡哆醛、其他非反应性化学物质。(具体内容详见产品说明书)。产品有效期：2-8℃保存，有效期 18 个月。附件：注册产品标准，产品说明书。
适用范围:本产品用于体外定量检测人血清或血浆样本中的丙氨酸氨基转移酶浓度。
生产厂家:美国 Beckman Coulter, Inc.
注册代理:贝克曼库尔特商贸(中国)有限公司
发证日期:2014.01.22　　**截止日期**:2018.01.21

国食药监械(进)字 2014 第 2400604 号

产品名称:微量白蛋白校准品(Microalbumin Calibrator)
规格型号:水平 1：1×2mL、水平 2：1×2mL、水平 3：1×2mL、水平 4：1×2mL、水平 5：1×2mL。
产品标准:YZB/IRE 0139-2014
性能组成:氯化钠、人白蛋白、防腐剂。(具体内容详见产品说明书)。产品有效期：2-8℃保存，有效期 12 个月。附件：注册产品标准，产品说明书。

适用范围:本产品用于微量白蛋白项目检测时的校准。
生产厂家:爱尔兰 Beckman Coulter Ireland Inc.
注册代理:贝克曼库尔特商贸(中国)有限公司
发证日期:2014.01.22 截止日期:2018.01.21

国食药监械(进)字2014第1400605号

产品名称:洗液/稀释液(Wash/Diluent Solution Set)
规格型号:4×2500mL
产品标准:YZB/USA 8389-2013
性能组成:含有叠氮化钠的去离子水。(具体内容详见说明书)。产品有效期:15-30℃保存,有效期:2年。附件:注册产品标准,产品说明书。
适用范围:该产品用于样本稀释和管路冲洗。
生产厂家:美国 Bio-Rad Laboratories, Inc.
注册代理:伯乐生命医学产品(上海)有限公司
发证日期:2014.01.22 截止日期:2018.01.21

国食药监械(进)字2014第1400606号

产品名称:B-型脑尿钠肽检测用样本稀释液(ST AIA-PACK BNP SAMPLE DILUTING SOLUTION)
规格型号:4.0mL装×4瓶
产品标准:YZB/JAP 0172-2014
性能组成:磷酸盐,牛血清白蛋白。(具体内容详见说明书)。产品有效期:保存方法:2-8℃保存;有效期:12个月。附件:注册产品标准,产品说明书。
适用范围:该产品配套东曹株式会社生产的B-型脑尿钠肽试剂使用,仅用于对B-型脑尿钠肽样本的稀释,不直接参与检测反应。
生产厂家:日本 Tosoh Corporation
注册代理:东曹(上海)生物科技有限公司
发证日期:2014.01.22 截止日期:2018.01.21

国食药监械(进)字2014第2540607号

产品名称:耳鼻喉综合诊疗工作站(ENT Diagnosis and therapy workstation)
规格型号:ATMOS S61
产品标准:YZB/GER 7721-2013《耳鼻喉综合诊疗工作站》
性能组成:产品由耳鼻喉综合诊疗操作台(ATMOS S 61Servant ENT workstation)、视频操作台(ATMOS S 61Servant vision)、器械整理柜(ATMOS S 61Servant therapy)、频闪光源系统(Strobo 21LED)、摄像系统(ATMOS CAM 31)、病人椅(E2)和脚踏开关组成。
适用范围:产品用于耳鼻喉科作诊断和治疗用设备。
生产厂家:德国 ATMOS Medizintechnik GmbH &Co.KG
服务机构:德国艾特莫斯医疗科技有限责任公司上海代表处
发证日期:2014.01.22 截止日期:2018.01.21

国食药监械(进)字2014第2210608号

产品名称:脑电图放大器(Biologic Ceegraph/Sleepscan Netlink)
规格型号:580-G2CGDC、580-NLICU2
产品标准:YZB/USA 8415-2013《脑电图放大器》
性能组成:该产品由EEG采集放大器(580-G2CGDC和580-NLICU2型)、头盒(580-G2CGDC和580-NLICU2型)、隔离电源(ISB-060W型)和电源适配器(520-PS5V5A型)组成。
适用范围:该产品在医疗单位使用,可采集患者的脑电图信号。
生产厂家:美国 Natus Medical Incorporated
注册代理:北京爱博尔医疗器械有限公司
服务机构:北京爱博尔医疗器械有限公司
发证日期:2014.01.22 截止日期:2018.01.21

国食药监械(进)字2014第2210609号

产品名称:脑电图放大器(Biologic Ceegraph/Sleepscan Netlink)
规格型号:580-NLICU1、580-G2CGSS
产品标准:YZB/USA 8421-2013《脑电图放大器》
性能组成:该产品由EEG采集放大器(580-NLICU1和580-G2CGSS型)、头盒(580-QCBICU和580-QCBG2B型)、隔离电源(ISB-060W型)和电源适配器(520-PS5V5A型)组成。
适用范围:该产品在医疗单位使用,可采集患者的脑电图信号。
生产厂家:美国 Natus Medical Incorporated
注册代理:北京爱博尔医疗器械有限公司
服务机构:北京爱博尔医疗器械有限公司
发证日期:2014.01.22 截止日期:2018.01.21

国食药监械(进)字2014第2410610号

产品名称:病理切片扫描仪(NanoZoomer Digital Pathology)
规格型号:C9600-12, C10730-12
产品标准:YZB/JAP 8127-2013《病理切片扫描仪》
性能组成:C9600-02由电源、图像分析工作台、主机(C9600-02)、样片盒A10294、图像采集卡AS-PHX-D24CL-PE1、保护盖及软件NDP.scan组成。C10730-12由电源、图像分析工作台、主机(C10730-12)、载玻片盒7626;A10743-01、图像采集卡AS-PHX-D24CL-PE1保护盖及软件NDP.scan组成。
适用范围:该产品用于在透射光模式下或反射荧光模式下拍摄置于平滑载片上的生物样本,生成数码照片。
生产厂家:日本 HAMAMATSU PHOTONICS K.K.
注册代理:滨松光子学商贸(中国)有限公司
服务机构:滨松光子学商贸(中国)有限公司
发证日期:2014.01.22 截止日期:2018.01.21

国食药监械(进)字2014第2400611号

产品名称:全自动凝血分析仪(商品名:全自动血凝仪)(Fully Automated Coagulation Analyzer)
规格型号:Coatron 3000
产品标准:YZB/GER 8413-2013《全自动凝血分析仪》
性能组成:分析仪由废液杯盒、废液瓶、样本杯塔、样品杯传送马达、光学检测块、试剂块、系统块、样品架、检测探针、注射器、泵单元、机械臂、管道系统、冲洗液瓶组成。
适用范围:该全自动凝血分析仪适用于凝血酶原时间(PT)、活化部分凝血活酶时间(APTT)、纤维蛋白原(FIB)、凝血酶时间(TT)、D-二聚体(DD)和凝血因子VII(FVII)的测定。
生产厂家:德国 TECO MEDICAL INSTRUMENTS PRODUCTION + TRADING GMBH
注册代理:北京美创新跃医疗器械有限公司
服务机构:北京美创新跃医疗器械有限公司
发证日期:2014.01.22 截止日期:2018.01.21

国食药监械(进)字2014第3770612号

产品名称:栓塞系统(商品名:HydroCoil)(HydroCoil Embolic System with V-Trak Delivery System)
规格型号:见附页
产品标准:YZB/USA 7939-2013《栓塞系统》
性能组成:产品由塑料盘管、线圈、导入鞘管、缩退锁和递送推杆组成。线圈材料为铂(92%)钨(8%)合金、铂(90%)铱(10%)合金、聚烯烃弹性体、凝胶芯;递送推杆的材料为304不锈钢、铂、银、镀金不锈钢(304);导入鞘管的材料为聚乙烯;缩退锁材料为聚对苯二甲酸乙二醇酯(PET)。伽马射线灭菌,产品一次性使用。
适用范围:该产品用于对颅内动脉瘤和诸动静脉畸形和动静脉瘤等其它神经血管异常实施血管内栓塞术。还可以用于阻塞神经血管系统的血管,藉以永久性地阻断流向动脉瘤或其他血管畸形处的血流及对外周血管系统的动静脉实施栓塞术治疗。
生产厂家:美国 MicroVention, Inc.
注册代理:上海胜迈医疗器械有限公司
服务机构:上海胜迈医疗器械有限公司
发证日期:2014.01.23 截止日期:2018.01.22

国食药监械(进)字2014第3770613号(更)

产品名称:栓塞微粒球(Vial Embosphere microspheres)
规格型号:V110GH, V210GH, V410GH, V610GH, V810GH, V1010GH, V120GH, V220GH, V420GH, V620GH, V820GH, V1020GH,
产品标准:YZB/USA 7812-2013《栓塞微粒球》
备注:生产企业名称由"Biosphere Medical, Inc"变更为"Biosphere Medical SA";生产企业注册地址由"1050Hingham St, Rockland, MA 02370"变更为"Parc DesNations-Paris Nord 2, 383 Rue de la Belle Etoile95700 Roissy en France-France";生产地址由"ParcDes Nations, Paris Nord 2, 383 Rue 95700 Roissy EnFrance Fra Roissy, France

95700"变更为"Parc DesNations-Paris Nord 2, 383 Rue De La Belle Etoile95700 Roissy En France Fra"。注册证由"国食药监械(进)字2014第3770613号"变更为"国食药监械(进)字2014第3770613号(更)",原证自发证之日起作废。
生产厂家:法国 Biosphere Medical SA
注册代理:麦瑞通医疗器械(北京)有限公司
服务机构:麦瑞通医疗器械(北京)有限公司
变更日期:2014.09.26 **截止日期**:2018.01.22

国食药监械(进)字2014第3460614号

产品名称:骨水泥型肩关节系统(商品名:Anatomic)(Cemented Shoulder System)
规格型号:见附页
产品标准:YZB/SWI 7720-2013《骨水泥型肩关节系统(商品名:Anatomic)》
性能组成:该产品由肱骨柄(AS骨折型、AS骨水泥型)、肱骨头(AS骨折型、AS型)、AS反转肱骨聚乙烯嵌体、AS反转肱骨杯、AS反转关节盂组件、AS球-锥形组件以及AS反转关节盂头组成,AS骨水泥型肱骨柄由肱骨柄、AS球锥形组件和螺栓组成,AS骨折型肱骨头由肱骨头、肱骨柄近端部分、螺栓组成。螺栓、肱骨头由符合ISO5832-12标准规定的锻造钴铬钼合金材料制成,肱骨柄由符合ISO5832-11标准规定的Ti6Al7Nb钛合金材料或由符合ISO5832-4标准规定的铸造钴铬钼合金材料制成,反转肱骨聚乙烯嵌体由符合ISO5834-2标准规定的2型超高分子量聚乙烯材料制成,肱骨柄近端部分、反转肱骨杯、反转关节盂组件、AS球锥形组件由符合ISO5832-11标准规定的Ti6Al7Nb钛合金材料制成。灭菌包装。
适用范围:做为骨水泥型肩关节假体使用,适用于肩关节置换。
生产厂家:瑞士 Zimmer GmbH
注册代理:捷迈(上海)医疗国际贸易有限公司
服务机构:捷迈(上海)医疗国际贸易有限公司
发证日期:2014.01.23 **截止日期**:2018.01.22

国食药监械(进)字2014第3460615号

产品名称:非骨水泥型肱骨柄(Uncemented Humeral Stem)
规格型号:见附页
产品标准:YZB/SWI 7721-2013《非骨水泥型肱骨柄》
性能组成:该产品由肱骨柄、肱骨颈、螺栓组成。螺栓由符合ISO5832-12标准规定的锻造钴铬钼合金材料制成,肱骨柄及肱骨颈由符合ISO5832-11标准规定的Ti6Al7Nb钛合金材料制成。灭菌包装。
适用范围:与该企业同一系统组件配合,做为非骨水泥型肩关节假体使用,适用于肩关节置换。
生产厂家:瑞士 Zimmer GmbH
注册代理:捷迈(上海)医疗国际贸易有限公司
服务机构:捷迈(上海)医疗国际贸易有限公司
发证日期:2014.01.23 **截止日期**:2018.01.22

国食药监械(进)字2014第3450616号

产品名称:空心纤维血液透析滤过器(Capillary Haemodiafilters)
规格型号:FX CorDiax 600, FX CorDiax 800, FX CorDiax 1000
产品标准:YZB/GER 8234-2013《空心纤维血液透析滤过器》
性能组成:本产品由五部分组成:透析膜、外壳材料、封装材料、密封环、血液保护帽和透析液保护帽。膜材料:聚砜纤维膜;外壳材料:聚丙烯;封装材料:聚氨酯;密封环:硅树脂;血液保护帽和透析液保护帽:聚丙烯。本品经流动蒸汽灭菌,一次性使用。
适用范围:空心纤维血液透析滤过器一次性使用于常规血液透析或血液透析滤过治疗。
生产厂家:德国 Fresenius Medical Care AG & Co.KGaA
注册代理:费森尤斯医药用品(上海)有限公司
服务机构:费森尤斯医药用品(上海)有限公司
发证日期:2014.01.23 **截止日期**:2018.01.22

国食药监械(进)字2014第3450617号

产品名称:空心纤维血液透析滤过器(Capillary High Flux Dialysers)
规格型号:FX CorDiax 40, FX CorDiax 50, FX CorDiax 60, FX CorDiax 80, FX CorDiax 100, FX CorDiax 120
产品标准:YZB/GER 8238-2013《空心纤维血液透析滤过器》
性能组成:本产品由五部分组成:透析膜、外壳材料、封装材料、密封环、血液保护帽和透析液保护帽。膜材料:聚砜纤维膜;外壳材料:聚丙烯;封装材料:聚氨酯;密封环:硅树脂;血液保护帽和透析液保护帽:聚丙烯。本品经流动蒸汽灭菌,一次性使用。
适用范围:空心纤维血液透析滤过器一次性使用于常规血液透析或血液透析滤过治疗。
生产厂家:德国 Fresenius Medical Care AG & Co.KGaA
注册代理:费森尤斯医药用品(上海)有限公司
服务机构:费森尤斯医药用品(上海)有限公司
发证日期:2014.01.23 **截止日期**:2018.01.22

国食药监械(进)字2014第3770618号(更)

产品名称:血栓去除术装置(商品名:AngioJet SOLENT)(AngioJet SOLENT Thrombectomy Sets)
规格型号:SOLENT omni, SOLENT proxi
产品标准:YZB/USA 8186-2013《血栓去除术装置》
备注:生产企业名称由"Medrad, Inc."更改为"BayerMedical Care, Inc";注册地址由"One Medrad DriveIndianola Pennsylvania 15051 USA"更改为"1 BayerDrive Indianola Pennsylvania 15051USA";售后服务机构由"美德瑞达医疗器械贸易(北京)有限公司"变更为"美德瑞达医疗器械贸易(北京)有限公司、拜耳医药保健有限公司"。注册证由"国食药监械(进)字2014第3770618号"变更为"国食药监械(进)字2014第3770618号(更)",原证自发证之日起作废。
生产厂家:美国 Bayer Medical Care, Inc
注册代理:美德瑞达医疗器械贸易(北京)有限公司
服务机构:美德瑞达医疗器械贸易(北京)有限公司、拜耳医药保健有限公司
变更日期:2014.09.30 **截止日期**:2018.01.22

国食药监械(进)字2014第3630619号

产品名称:贴面树脂(商品名:REVEAL)(REVEAL)
规格型号:C-461A12P, C-462BL2P
产品标准:YZB/USA 8139-2013《贴面树脂》
性能组成:该产品主要成分包括钡玻璃、无定形二氧化硅、双甲基丙烯酸缩水甘油酯、双甲基丙烯酸二缩三乙酯二醇。
适用范围:用于临时性构建(用于第一次取模和第二次修复体之间,大约2-4周)美容贴面,满足患者在最终修复前的审美期望。
生产厂家:美国 BISCO, INC.
注册代理:杰朗(北京)医疗器械有限公司
服务机构:杰朗(北京)医疗器械有限公司
发证日期:2014.01.23 **截止日期**:2018.01.22

国食药监械(进)字2014第3630620号

产品名称:种植体配套用基台及螺丝(Abutment and Screw for Implant)
规格型号:见附页
产品标准:YZB/ROK 8040-2013《种植体配套用基台及螺丝》
性能组成:该产品由基台和覆盖螺丝组成,其中基台分为愈合基台、角度基台、实心基台和对基台。
适用范围:该产品同种植体组合一起使用,用于支持种植义齿上部结构。
生产厂家:韩国 InnoBioSurg Co., Ltd.
注册代理:北京麦捷易事达医疗器械有限责任公司
服务机构:北京麦捷易事达医疗器械有限责任公司
发证日期:2014.01.23 **截止日期**:2018.01.22

国食药监械(进)字2014第3660621号

产品名称:泪道引流管(Lacrimal Intubation Sets)
规格型号:见附页
产品标准:YZB/FRA 7842-2013《泪道引流管》
性能组成:该产品各型号包含不同的部件,具体详见型号规格表。硅胶管、硅胶矛、扩张器、穿孔塞的材质为聚二甲基硅氧烷,探针的材质为符合ISO7153-1的304不锈钢,引线的材质为聚丙烯。产品一次性使用,经环氧乙烷灭菌。
适用范围:该产品适用于泪道破损、狭窄、阻塞或缺失导致的泪溢治疗。
生产厂家:法国 France Chirurgie Instrumentation
注册代理:北京爱尔科商贸有限公司

服务机构：北京爱尔科商贸有限公司
发证日期：2014.01.23　　截止日期：2018.01.22

国食药监械（进）字2014第3130622号（更）

产品名称：输卵管内移植套装(Echosight Jansen-Anderson Intratubal Transfer Set)
规格型号：K-J-JITS-572900
产品标准：YZB/USA 8163-2013《输卵管内移植套装》
备注：企业名称变更：由“Cook OB/GYN”变更为“库克公司(Cook Incorporated)”，注册地址变更：由“1100West Morgan Street, Spencer, Indiana 47460”变更为“750 Daniels Way, Bloomington, IN47404, U.S.A.”；注册证由“国食药监械(进)字2014第3130622号”变更为“国食药监械(进)字2014第3130622号(更)”，原证自发证之日起作废。
生产厂家：美国库克公司(Cook Incorporated)
注册代理：库克(中国)医疗贸易有限公司
服务机构：库克(中国)医疗贸易有限公司
变更日期：2014.04.09　　截止日期：2018.01.22

国食药监械（进）字2014第3660623号

产品名称：输液管路套件（商品名：Intego）(Intego Administration Sets)
规格型号：INT CSS, INT CPS
产品标准：YZB/USA 7972-2013《输液管路套件》
性能组成：本产品由系统输液管路和患者输液管路组成。系统输液管路(型号：INT CSS)由盐水穿刺器，盐水连接管，FDG穿刺针，电离室线圈，T型接头，废料收集袋，可插式阀门，鲁尔接头和汇流器组成；患者输液管路(型号：INT CPS)由管路，可拆卸预充管，单向止回阀和鲁尔接头组成。
适用范围：本产品适用于在分子成像(核医学)诊断程序中向患者输送精确剂量的18F氟脱氧葡萄糖(FDG)和18F氟化钠(NaF)放射性药物以及常用冲洗剂。
备注：2014年8月13日同意更正产品适用范围内容，2014年1月23日核发的医疗器械注册登记表予以废止。
变更情况：变更日期：2014.12.08。生产者名称由“Medrad Inc.”变更为“Bayer Medical Care, Inc.”；生产企业注册地址和生产地址由“One Medrad DriveIndianola, PA 15051”变更为“1 Bayer DriveIndianola Pennsylvania 15051 USA”；增加“拜耳医药保健有限公司”为售后服务机构。
生产厂家：美国Medrad, Inc.
注册代理：美德瑞达医疗器械贸易(北京)有限公司
服务机构：美德瑞达医疗器械贸易(北京)有限公司
发证日期：2014.01.23　　截止日期：2018.01.22

国食药监械（进）字2014第3150624号

产品名称：高压造影防针刺伤输液针套件（商品名：GRIPPER PLUS POWER P.A.C.）(Non-Coring Safety Needle for Power Injection)
规格型号：见附页
产品标准：YZB/USA 7211-2013《高压造影防针刺伤输液针套件》
性能组成：本产品由针组件、延长管、连接座、输液接头、标识签、夹子及针管保护套构成，主要组成材料为304号不锈钢、聚氯乙烯、丙烯酸树脂、低密度聚乙烯、乙缩醛、聚碳酸酯、硅橡胶、ABS塑料及EVA。
适用范围：用于植入给药装置输注或抽取液体。本产品具有防止针尖意外刺伤的保护装置，从而避免因刺伤引起的血源性病原体暴露；当与耐高压注射型植入式静脉给药系统配套使用时，可用于输注造影剂。
生产厂家：美国Smiths Medical ASD, Inc.
注册代理：史密斯医疗器械(北京)有限公司
服务机构：史密斯医疗器械(北京)有限公司
发证日期：2014.01.23　　截止日期：2018.01.22

国食药监械（进）字2014第3220625号（更）

产品名称：软性亲水接触镜(Soft Hydrophilic Contact Lens)
规格型号：Enfilcon DK 100 Aspheric
产品标准：YZB/USA 8016-2013《软性亲水接触镜(型号：Enfilcon DK 100 Aspheric)》
备注：代理人和售后服务机构由“酷柏光学产品贸易（上海）有限公司”变更为“库博光学产品贸易（上海）有限公司”；注册证由“国食药监械(进)字2014第3220625号”变更为“国食药监械(进)字2014第3220625号(更)”，原证自发证之日起作废。
生产厂家：美国CooperVision Inc.
注册代理：库博光学产品贸易（上海）有限公司
服务机构：库博光学产品贸易（上海）有限公司
变更日期：2014.06.06　　截止日期：2018.01.22

国食药监械（进）字2014第3220626号

产品名称：软性角膜接触镜(Soft Contact Lens)
规格型号：FREE-FULL
产品标准：YZB/ROK 8025-2013《软性角膜接触镜》
性能组成：日戴彩色软性亲水接触镜，镜片材料由HEMA、甲基丙烯酸添加交联剂、引发剂及着色剂聚合而成，可着黑色、蓝色、棕色、绿色、灰色、紫色，分单色、双色、三色，采用PP杯包装。含水量标称值：38%±2%，透氧系数标称值：9.00×10-11(cm2/s)[ml02/(ml×mmHg)]，透氧量标称值：12.85×10^{-9} (cm/s) [ml02/ (ml×mmHg)]（允差-20%，-3.00D)。屈光度范围：0.00D～-10.00D，折射率：1.437±0.5%，可见光透射比：95%±0.5%。
适用范围：该产品采用光学成像原理，用于矫正18岁以上者近视。
生产厂家：韩国POLYTOUCH Co., Ltd.
注册代理：北京尚迪妙瞳贸易有限公司
服务机构：北京尚迪妙瞳贸易有限公司
发证日期：2014.01.23　　截止日期：2018.01.22

国食药监械（进）字2014第3770627号

产品名称：导引系统（商品名：Watchman）(Access System)
规格型号：见附页
产品标准：YZB/IRE 3370-2013《导引系统》
性能组成：该产品由导管鞘和扩张器组成。制造材料为：扩张器：高密度聚乙烯和低密度聚乙烯；导管鞘轴：Pebax和304不锈钢编织内衬；导管鞘不透射线标记：铂铱合金；导管鞘手柄：Pebax；导管鞘侧管：聚氯乙烯；导管鞘的侧孔和端口帽：聚碳酸酯；导管鞘密封剂：硅橡胶。产品经环氧乙烷灭菌，一次性使用。
适用范围：该产品用于为带传送系统的Watchman左心耳封堵器提供血管和经中隔通路。
生产厂家：爱尔兰Boston Scientific Ireland Limited
注册代理：波科国际医疗贸易(上海)有限公司
服务机构：波科国际医疗贸易(上海)有限公司
发证日期：2014.01.23　　截止日期：2018.01.22

国食药监械（进）字2014第2210628号

产品名称：肺叶通气功能检查仪(Pulmonary Assessment System Console)
规格型号：CHARTIS CONSOLE
产品标准：YZB/SWI 0206-2014《肺叶通气功能检查仪》
性能组成：包括肺叶通气功能检查仪操控主机一台，电源一个。
适用范围：该产品适用于成人患者的支气管镜检诊断。旨在测算待检肺叶气流阻力的压力值并量化支气管通气的气流量。连接于CHARTIS肺叶通气功能检查仪的CHARTIS导管通过一个支气管镜操作通道进行工作，以评价肺叶通气性及顺应性。
生产厂家：瑞士Pulmonx International SARL
注册代理：北京诚茂兴业生物技术有限公司
服务机构：北京诚茂兴业生物技术有限公司
发证日期：2014.01.24　　截止日期：2018.01.23

国食药监械（进）字2014第2260629号

产品名称：强光治疗仪(Phototherapy Unit)
规格型号：HEALITE II
产品标准：YZB/ROK 0216-2014《强光治疗仪》
性能组成：该产品由系统主体、装置头和吊臂组成。该产品有三个灯头波长分别为：830/590nm、633nm、415nm。总能量范围：830/590nm时，20～80J/cm2；633nm时，20～80J/cm2；415nm时，10～50J/cm2；误差均为±10%。
适用范围：830/590nm用于促进伤口愈合（手术伤口、咬伤伤口、感染伤口、皮肤伤口）及伤口疼痛缓解；633nm用于疼痛缓解（术后疼痛、关节疼痛、肌肉疼痛、神经疼痛);415nm 用于痤疮治疗。
生产厂家:韩国 Lutronic Corporation
注册代理:韩国(株)路创丽公司北京代表处
服务机构:韩国(株)路创丽公司北京代表处
发证日期:2014.01.24　截止日期:2018.01.23

国食药监械(进)字2014第1550630号

产品名称:口腔照明灯(商品名:Luna Vue)
规格型号:ED (CL-10)、LD (CL-30)
产品标准:YZB/JAP 0128-2014《口腔照明灯》
性能组成:产品包括灯头,臂。其中灯头由前罩盖、传感器(或开关)、把手(灯手柄)、反光镜、灯镜(选配)构成。
适用范围:用于牙科治疗时,患者口腔内的照明。
生产厂家:日本株式会社モリタ製作所
注册代理:森田医疗器械(上海)有限公司
服务机构:森田医疗器械(上海)有限公司
发证日期:2014.01.24　截止日期:2018.01.23

国食药监械(进)字2014第2220631号

产品名称:便携式眼科广域成像系统(RetCam Portable Ophthalmic Imaging System)
规格型号:RetCam Portable
产品标准:YZB/USA 0070-2014《便携式眼科广域成像系统》
性能组成:本产品由笔计本电脑、手柄(采用可更换镜头)和镜头(手柄型号:21-100223;镜头型号:D1300, B1200, E800, PL200)、手柄接头、手柄托、光电盒、脚踏开关(型号:18-000071)、保护箱组成。
适用范围:本产品用于常规眼科成像,包括视网膜、角膜和外部成像。
生产厂家:美国 CLARITY MEDICAL SYSTEMS, Inc.
注册代理:上海中智科技应用发展公司
服务机构:上海中智科技应用发展公司
发证日期:2014.01.24　截止日期:2018.01.23

国食药监械(进)字2014第2260632号

产品名称:肌肉关节振动治疗仪(PulstarFRAS)
规格型号:Pulstar G3
产品标准:YZB/USA 8424-2013《肌肉关节振动治疗仪》
性能组成:产品由振动头、振动头控制器、计算机组成。软件版本号:10.1.1。力度设定:设定力范围5磅(2.268Kg)~35磅(15.876Kg),步进5磅(2.268Kg),设定力误差±5%,重复性不高于10%;固定锤击频率调节范围为2.0Hz~20.0Hz,步进调节0.1Hz,误差±10%。
适用范围:用于缓解由关节紊乱、关节活动受限、肌痉挛和韧带损伤引起的肌肉疼痛。
生产厂家:美国传感技术有限公司(Sense Technology, Inc.)
注册代理:中和盛道(北京)投资管理有限公司
服务机构:中和盛道(北京)投资管理有限公司
发证日期:2014.01.24　截止日期:2018.01.23

国食药监械(进)字2014第2220633号

产品名称:光干涉断层扫描仪(光干涉断層計(OPTICAL COHERENCE TOMOGRAPHY))
规格型号:RS-3000Advance
产品标准:YZB/JAP 8411-2013《光干涉断层扫描仪》
性能组成:本产品由主机、计算机(主机、键盘、鼠标及显示器)和隔离变压器及眼前节适配器(可选)、PC支架(可选)和电动光学工作台(可选),电源线,外部固视灯,相机连接电缆,触发器电缆组成。性能见产品标准。
适用范围:附带规范数据库的该产品是一款非接触式眼科成像系统,可用于眼部结构的观察和轴向剖面成像。用于视网膜、视网膜神经纤维层和视神经盘的体内成像和测量,以此作为视网膜病变的诊断和治疗的辅助手段。此外,固定在主机物镜上的眼前段适配器(特制镜片单元)可实现对眼睛眼前段形状的无创非接触式观察,如:角膜或眼前房角。
生产厂家:日本尼德克株式会社(株式会社ニデック)(NIDEK CO., LTD.)
注册代理:日本尼德克株式会社北京代表处
服务机构:日本尼德克株式会社北京代表处
发证日期:2014.01.24　截止日期:2018.01.23

国食药监械(进)字2014第2220634号

产品名称:手术显微镜(Microscope, Surgical)
规格型号:Evolution XR6
产品标准:YZB/USA 0209-2014《手术显微镜》
性能组成:该产品由双目显微镜头、落地式支架、光源、固定45o双目镜筒组成。
适用范围:该产品用于手术区域的照明放大及视野观察,不适用于眼科。
生产厂家:美国 Seiler Instrument & Mfg. Co., Inc.
注册代理:安华诺德(北京)科技有限公司
服务机构:安华诺德(北京)科技有限公司
发证日期:2014.01.24　截止日期:2018.01.23

国食药监械(进)字2014第1210635号

产品名称:吸乳器(Breast pumps)
规格型号:CARUM
产品标准:YZB/SWI 0225-2014《吸乳器》
性能组成:该产品由吸乳器和一个泵唧装置(单泵或双泵)组成。刺激模式真空度3-15kPa,吸乳模式真空度3-33kPa。
适用范围:产品用于解决哺乳期妇女的乳液淤积问题,避免因乳液淤积而导致的问题,并对乳头凹陷有矫正作用。
生产厂家:瑞士 Ardo medical AG
注册代理:安朵(上海)母婴护理用品有限公司
服务机构:安朵(上海)母婴护理用品有限公司
发证日期:2014.01.24　截止日期:2018.01.23

国食药监械(进)字2014第2230636号

产品名称:超声系统(Ultrasound System)
规格型号:Digi-Lite IP
产品标准:YZB/ISR 8431-2013《超声系统》
性能组成:产品由超声模块、探头、电脑主机、可移式多孔插座和附件(鼠标、键盘、USB连接线、电源线、数据线等)组成。性能见《产品附页》。
适用范围:适用于临床超声诊断,详见《产品附页》
生产厂家:以色列 Rimed Ltd.
注册代理:南京浩千科技有限公司
服务机构:南京浩千科技有限公司
发证日期:2014.01.24　截止日期:2018.01.23

国食药监械(进)字2014第2220637号

产品名称:自动电脑验光仪(オートレフラクトメータ)
规格型号:AR-1s、AR-1a、AR-1
产品标准:YZB/JAP 8426-2013《自动电脑验光仪》
性能组成:性能:他觉屈光不正测量球镜度数测量范围:-30.00D ~ +25.00D(VD=12mm)、柱镜度数测量范围:0D~±12.00D、柱镜轴向测量范围:0°~180°。自觉屈光不正测量视力测量:英文字母和数字视标(0.1/0.25/0.32/0.4/0.5/0.63/0.8/1.0/1.25/全体)、球镜度数测量范围:-20.00D ~ +20.00D(VD=12mm)、柱镜度数测量范围:0D ~ ±8.00D最大值(使用他觉屈光度)、柱镜轴向测量范围:0° ~ 180°(使用他觉屈光度)、近视下加度数测量范围:0D ~ +9.75D。组成:本装置由本体、电源线、球镜模拟眼、通讯电缆(可选配件)、EyeCare卡(可选)、条形码扫描仪(可选配件),以及磁卡读卡器(可选配件)构成。
适用范围:自动电脑验光仪(AR-1/AR-1a)适用于患者眼睛的他觉式屈光度的测量。自动电脑验光仪(AR-1s)适用于患者眼睛的他觉式屈光度测量以及自觉式屈光度测量。
生产厂家:日本尼德克株式会社(株式会社ニデック)(NIDEK CO., LTD.)
注册代理:日本尼德克株式会社北京代表处
服务机构:日本尼德克株式会社北京代表处
发证日期:2014.01.24　截止日期:2018.01.23

国食药监械(进)字2014第2400638号

产品名称:天门冬氨酸氨基转移酶测定试剂盒(速率法)(AST-(Pyridoxal-5'-phosphate Aspartate Aminotransferase))
规格型号:2×300测试/盒、2×100测试/盒。
产品标准:YZB/USA 0114-2014
性能组成:α-酮戊二酸盐、还原型β-烟酰胺腺嘌呤二核苷酸(NADH)、L-天门冬氨酸、乳酸脱氢酶(猪)、苹果酸脱氢酶(猪)、5'-磷酸吡哆醛、其他非反应性化学物质。(具体内容详见产品说明书)。产品有效期:

2-8℃保存，有效期 18 个月。附件：注册产品标准，产品说明书。
适用范围：本产品用于体外定量检测人血清或血浆样本中的天门冬氨酸氨基转移酶浓度。
生产厂家：美国 Beckman Coulter, Inc.
注册代理：贝克曼库尔特商贸(中国)有限公司
发证日期：2014.01.24 截止日期：2018.01.23

国食药监械(进)字 2014 第 3400639 号

产品名称：梅毒螺旋体 IgG 抗体检测试剂盒(间接免疫荧光法)(Treponema pallidum / Treponema phagedenis (IgG))
规格型号：FI 2112-1003 G：30 人份/盒，FI 2112-1005G：50 人份/盒，FI 2112-1010 G：100 人份/盒，FI2112-2005 G：100 人份/盒，FI 2112-2010 G：200 人份/盒，FI 2111-1003 G：30 人份/盒，FI 2111-1005 G：50 人份/盒，FI 2111-1010 G：100 人份/盒，FI2111-2005 G：100 人份/盒，FI 2111-2010 G：200 人份/盒。
产品标准：YZB/GER 8013-2013
性能组成：生物载片、异硫氰酸荧光素 (FITC) 标记的羊抗人 IgG 抗体、阳性对照、阴性对照、磷酸盐 (PBS 盐)、吐温 20，试剂盒中还包括封片介质、盖玻片和 FTA 吸附剂（具体内容详见说明书）。产品有效期：生物载片与试剂 2-8℃保存。如保存妥当，试剂盒的有效期为自生产之日起的 18 个月。附件：注册产品标准，产品说明书。
适用范围：该产品用于体外定性检测人血清或血浆中的抗梅毒螺旋体抗体免疫球蛋白 G (IgG)。
生产厂家：德国 EUROIMMUN Medizinische Labordiagnostika AG
注册代理：北京欧蒙生物技术有限公司
发证日期：2014.01.21 截止日期：2018.01.20

国食药监械(进)字 2014 第 3400639 号(变更批件)

产品名称：梅毒螺旋体 IgG 抗体检测试剂盒(间接免疫荧光法)(Treponema pallidum / Treponema phagedenis (IgG))
规格型号：FI 2112-1003 G：30 人份/盒，FI 2112-1005G：50 人份/盒，FI 2112-1010 G：100 人份/盒，FI2112-2005 G：100 人份/盒，FI 2112-2010 G：200 人份/盒，FI 2111-1003 G：30 人份/盒，FI 2111-1005 G：50 人份/盒，FI 2111-1010 G：100 人份/盒，FI2111-2005 G：100 人份/盒，FI 2111-2010 G：200 人份/盒。
产品标准：YZB/GER 8013-2013
备注：变更内容：1.代理人和注册代理机构名称由“北京欧蒙生物技术有限公司”变更为“欧蒙医学诊断(中国)有限公司”，机构地址由“北京市朝阳区北辰东路 8 号院 1 号楼 19 层 1901-1907 号”变更为“北京市朝阳区北辰东路 8 号院 1 号楼 1908-1910 室”。2.产品说明书中售后服务单位名称由“北京欧蒙生物技术有限公司”变更为“欧蒙医学诊断(中国)有限公司”，机构地址由“北京市朝阳区北辰东路 8 号院 1 号楼 19 层 1901-1907 号”变更为“北京市朝阳区北辰东路 8 号院 1 号楼 1908-1910 室”。申请人根据批准变更内容自行修订注册产品标准、说明书及包装标签中相应内容。审批结论：根据《体外诊断试剂注册管理办法》(试行)，经审查，予以变更。本批件与原注册证共同使用，本批件有效期与原注册证有效期相同。
生产厂家：德国 EUROIMMUN Medizinische Labordiagnostika AG
变更日期：2014.09.22 截止日期：2018.01.20

国食药监械(进)字 2014 第 3400640 号

产品名称：抗梅毒螺旋体、心磷脂 IgG 抗体检测试剂盒(欧蒙印迹法-免疫印迹法)(Treponema pallidum EUROLINE-WB (IgG))
规格型号：DY 2111-1601 G：16 人份/盒，DY 2111-2401 G：24 人份/盒，DY 2111-1601-1 G：16 人份/盒，DY 2111-2401-1 G：24 人份/盒。
产品标准：YZB/GER 8019-2013
性能组成：检测膜条、阳性对照模板、酶结合物、通用缓冲液、底物液，试剂盒还包括结果判定模板、温育盘、塑料封膜(具体内容详见说明书)。产品有效期：2-8℃保存，不要冰冻。未开封前，除非特别说明，试剂盒中各成分自生产日起可稳定 18 个月。附件：注册产品标准，产品说明书。
适用范围：该产品用于体外定性检测人血清或血浆中的抗梅毒螺旋体抗体 IgG(包括梅毒特异性抗体 IgG、非梅毒特异性的抗心磷脂抗体 IgG)。
变更情况：变更日期：2014.10.23。1.代理人、注册代理机构和售后服务机构由“北京欧蒙生物技术有限公司”变更为“欧蒙医学诊断(中国)有限公司”。2.产品说明书内容文字性变更详见附件。
生产厂家：德国 EUROIMMUN Medizinische Labordiagnostika AG
注册代理：北京欧蒙生物技术有限公司
发证日期：2014.01.21 截止日期：2018.01.20

国食药监械(进)字 2014 第 3400641 号

产品名称：链格孢 m6 过敏原特异性 IgE 检测试剂(荧光免疫法)(ImmunoCAP Allergen m6, Alternaria alternata)
规格型号：16 人份/支
产品标准：YZB/SWE 8376-2013
性能组成：抗原包被帽；试剂盒中还包括笔状容器筒。(具体内容详见产品说明书)。产品有效期：2-8 °C 条件下储存，有效期为 24 个月。附件：注册产品标准，产品说明书。
适用范围：该产品用于体外定量检测人血清中的链格孢 m6 特异性 IgE。
生产厂家：瑞典 Phadia AB
注册代理：北京法迪亚诊断技术有限公司
发证日期：2014.01.21 截止日期：2018.01.20

国食药监械(进)字 2014 第 1400642 号

产品名称：抗体稀释液(EnVisionTM FLEX Antibody Diluent)
规格型号：120ml
产品标准：YZB/DEN 8401-2013
性能组成：Tris 缓冲液，pH 7.2，内含 15mmol/L 叠氮钠及蛋白质。产品有效期：2-8℃保存，有效期 18 个月。附件：注册产品标准，产品说明书。
适用范围：该产品用于免疫组化技术中浓缩型一抗的的稀释。
生产厂家：丹麦 DAKO DENMARK A/S
注册代理：丹科医疗器械技术服务(上海)有限公司
发证日期：2014.01.22 截止日期：2018.01.21

国食药监械(进)字 2014 第 2400643 号

产品名称：血脂测试片（酶法）(Lipid Profile Test Strip)
规格型号：10 片/瓶
产品标准：YZB/ROK 8370-2013
性能组成：总胆固醇：胆固醇酯酶，胆固醇氧化酶，过氧化物酶，4-AAP，DAOS；高密度脂蛋白胆固醇：胆固醇酯酶，胆固醇氧化酶，过氧化物酶，4-AAP，MAOS，表面活性剂；甘油三酯：脂蛋白脂肪酶，甘油激酶，甘油-3-磷酸氧化酶，过氧化物酶，ATP，4-AAP，DAOS。产品有效期：2-30℃保存，有效期 12 个月。附件：注册产品标准，产品说明书。
适用范围：该产品用于定量检测指尖全血和静脉全血中的总胆固醇 (TC)、高密度脂蛋白胆固醇 (HDL)、甘油三酯 (TG)。
变更情况：变更日期：2014.10.27。注册地址和生产地址由“891, Hogye-Dong, Dongan-Gu, Anyang Kyunggi431-080, REPUBLIC OF KOREA”变更为“132, Anyangcheondong-ro, Dongan-Gu, Anyang-si, Gyeonggi-do, 431-836, Korea.”.注册代理机构和代理人由“凯纳西科技(北京)有限公司”变更为“山东英帕生物科技有限公司”。
生产厂家：韩国 Infopia Co., Ltd
注册代理：凯纳西科技(北京)有限公司。
发证日期：2014.01.22 截止日期：2018.01.21

国食药监械(进)字 2014 第 2400644 号

产品名称：肾素测定试剂盒(化学发光免疫分析法)(LIAISON (R) Direct Renin)
规格型号：100 人份/盒
产品标准：YZB/ITA 8116-2013
性能组成：磁微粒（悬浮液）、结合物溶液、校准品 A（冻干粉）、校准品 B（冻干粉），试剂盒中还包括校准品 A 和校准品 B 条形码标签。(具体内容详见产品说明书)。产品有效期：2-8℃保存，有效期 18 个月。附件：注册产品标准，产品说明书。
适用范围：本产品用于体外定量测定人 EDTA-血浆样本中肾素的含量。
备注：2014 年 5 月 26 日同意更正代理人内容，2014 年 1 月 22 日核发的予以废止。
变更情况：变更日期：2014.12.08。原注册证内容：1）注册代理机构：富源云隆管理咨询（北京）有限公司；2）适用机型：LIAISON®化学发光分析仪；3）生产地址、注册地址：Via Crescentino, snc 13040 Saluggia(VC)-Italy 变更后的内容：1）注册代理机构：索灵诊断医疗设备(上海)有限公司；2)适用机型：LIAISON®化学发光分析仪、LIAISON®

XL 全自动化学发光免疫分析仪；3）生产地址、注册地址：Via Crescentino, snc, 13040 SALUGGIA (VC) ITALY 说明书和产品标准变更见附件。
生产厂家：意大利 DiaSorin S.p.A.
注册代理：索灵诊断医疗设备（上海）有限公司
发证日期：2014.01.22 **截止日期**：2018.01.21

国食药监械（进）字 2014 第 2400645 号

产品名称：血红蛋白对照液（FASC Reference Material）
规格型号：2×1000μL
产品标准：YZB/USA 8081-2013
性能组成：人全血。产品有效期：2-8℃保存，有效期 2 年。附件：注册产品标准，产品说明书。
适用范围：该对照液与高压液相全自动变异血红蛋白分析仪随机专用试剂配套使用，主要用于测定实验室体外诊断血红蛋白病的总血红蛋白和变异血红蛋白的质量控制程序。
生产厂家：美国 Trinity Biotech（Primus Corporation dba Trinity Biotech）
注册代理：普莱默斯医疗器械（上海）有限公司
发证日期：2014.01.17 **截止日期**：2018.01.16

国食药监械（进）字 2014 第 2400646 号

产品名称：血清蛋白质控品（水平 1）（ITA Control Serum 1）
规格型号：6×2mL
产品标准：YZB/IRE 3382-2013
性能组成：α1-酸性糖蛋白（人源）、α1-抗胰蛋白酶（人源）、抗链球菌溶血素 O（人源）、β2 微球蛋白（人源）、铜蓝蛋白（人源）、补体 C3（人源）、补体 C4（人源）、C 反应蛋白（人源）、铁蛋白（人源）、结合珠蛋白（人源）、免疫球蛋白 A（人源）、免疫球蛋白 G（人源）、免疫球蛋白 M（人源）、前白蛋白（人源）、类风湿因子（人源）、转铁蛋白（人源）、防腐剂和稳定剂。产品有效期：在 2-8℃储存，有效期为 36 个月。附件：注册产品标准，产品说明书。
适用范围：本产品用于 α1-酸性糖蛋白、α1-抗胰蛋白酶、抗链球菌溶血素 O、β2 微球蛋白、铜蓝蛋白、补体 C3、补体 C4、C 反应蛋白、铁蛋白、结合珠蛋白、免疫球蛋白 A、免疫球蛋白 G、免疫球蛋白 M、前白蛋白、类风湿因子及转铁蛋白项目检测时的质量控制。
生产厂家：爱尔兰 Beckman Coulter Ireland Inc.
注册代理：贝克曼库尔特商贸（中国）有限公司
发证日期：2014.01.17 **截止日期**：2018.01.16

国食药监械（进）字 2014 第 2400647 号

产品名称：血清蛋白质控品（水平 2）（ITA Control Serum 2）
规格型号：6×2mL
产品标准：YZB/IRE 3387-2013
性能组成：α1-酸性糖蛋白（人源）、α1-抗胰蛋白酶（人源）、抗链球菌溶血素 O（人源）、β2 微球蛋白（人源）、铜蓝蛋白（人源）、补体 C3（人源）、补体 C4（人源）、C 反应蛋白（人源）、铁蛋白（人源）、结合珠蛋白（人源）、免疫球蛋白 A（人源）、免疫球蛋白 G（人源）、免疫球蛋白 M（人源）、前白蛋白（人源）、类风湿因子（人源）、转铁蛋白（人源）、防腐剂和稳定剂。产品有效期：在 2-8℃储存，有效期为 36 个月。附件：注册产品标准，产品说明书。
适用范围：本产品用于 α1-酸性糖蛋白、α1-抗胰蛋白酶、抗链球菌溶血素 O、β2 微球蛋白、铜蓝蛋白、补体 C3、补体 C4、C 反应蛋白、铁蛋白、结合珠蛋白、免疫球蛋白 A、免疫球蛋白 G、免疫球蛋白 M、前白蛋白、类风湿因子及转铁蛋白项目检测时的质量控制。
生产厂家：爱尔兰 Beckman Coulter Ireland Inc.
注册代理：贝克曼库尔特商贸（中国）有限公司
发证日期：2014.01.17 **截止日期**：2018.01.16

国食药监械（进）字 2014 第 2400648 号

产品名称：血清蛋白质控品（水平 3）（ITA Control Serum 3）
规格型号：6×2mL
产品标准：YZB/IRE 3401-2013
性能组成：α1-酸性糖蛋白（人源）、α1-抗胰蛋白酶（人源）、抗链球菌溶血素 O（人源）、β2 微球蛋白（人源）、铜蓝蛋白（人源）、补体 C3（人源）、补体 C4（人源）、C 反应蛋白（人源）、铁蛋白（人源）、结合珠蛋白（人源）、免疫球蛋白 A（人源）、免疫球蛋白 G（人源）、免疫球蛋白 M（人源）、前白蛋白（人源）、类风湿因子（人源）、转铁蛋白（人源）、防腐剂和稳定剂。产品有效期：在 2-8℃储存，有效期为 36 个月。附件：注册产品标准，产品说明书。
适用范围：本产品用于 α1-酸性糖蛋白、α1-抗胰蛋白酶、抗链球菌溶血素 O、β2 微球蛋白、铜蓝蛋白、补体 C3、补体 C4、C 反应蛋白、铁蛋白、结合珠蛋白、免疫球蛋白 A、免疫球蛋白 G、免疫球蛋白 M、前白蛋白、类风湿因子及转铁蛋白项目检测时的质量控制。
生产厂家：爱尔兰 Beckman Coulter Ireland Inc.
注册代理：贝克曼库尔特商贸（中国）有限公司
发证日期：2014.01.17 **截止日期**：2018.01.16

国食药监械（进）字 2014 第 2400649 号

产品名称：抗中性粒细胞胞浆抗体检测试剂盒（间接免疫荧光法）（NOVA Lite ANCA Formalin Kit）
规格型号：60 人份/盒，240 人份/盒。
产品标准：YZB/USA 8368-2013
性能组成：载玻片，阳性对照品血清，阴性对照品血清，结合物，1%伊文氏蓝，磷酸盐缓冲液（PBS）；试剂盒中还包括封片介质，盖玻片。（具体内容详见产品说明书）。产品有效期：2-8℃保存，有效期 18 个月。附件：注册产品标准，产品说明书。
适用范围：该产品用于定性检测人血清中存在的循环抗中性粒细胞胞浆 IgG 类抗体（ANCA）。
生产厂家：美国 INOVA Diagnostics, Inc.
注册代理：沃芬医疗设备国际贸易（上海）有限公司。
发证日期：2014.01.22 **截止日期**：2018.01.21

国食药监械（进）字 2014 第 2400650 号

产品名称：促甲状腺素检测试剂盒（免疫层析法）（TSH-CHECK-1）
规格型号：20 人份/盒
产品标准：YZB/FRA 8052-2013
性能组成：TSH-CHECK-1 检测卡、稀释液，试剂盒中还包括一次性塑料吸管（具体内容详见说明书）。产品有效期：保存于 4-30℃，有效期为 18 个月。附件：注册产品标准，产品说明书。
适用范围：本试剂盒主要用于定性检测人血清中的促甲状腺素水平。
生产厂家：法国 VEDA LAB
注册代理：上海鸿泰生物工程有限公司
发证日期：2014.01.17 **截止日期**：2018.01.16

国食药监械（进）字 2014 第 2400651 号

产品名称：糖化血红蛋白校准品（CALIBRATOR 80）
规格型号：校准品 80（低）冻干粉：3mL 相当量/瓶×3 瓶；校准品 80（高）冻干粉：3 mL 相当量/瓶×3 瓶；校准品专用溶解液：10 mL/瓶×3 瓶。
产品标准：YZB/JAP 8333-2013
性能组成：校准品 80（低）和校准品 80（高）：人体血液冻干品；校准品专用溶解液：非离子表面活性剂磷酸盐缓冲剂溶液。产品有效期：在 2℃-8℃冷藏保存，有效期 18 个月。附件：注册产品标准，产品说明书。
适用范围：用于校准全自动糖化血红蛋白分析仪（型号：HA-8180）。
生产厂家：日本 ARKRAY Factory, Inc.
注册代理：爱科来国际贸易（上海）有限公司
发证日期：2014.01.22 **截止日期**：2018.01.21

国食药监械（进）字 2014 第 2400652 号

产品名称：血糖质控液（商品名：TRUEcontrol）（TRUEcontrol Glucose Control Solution）
规格型号：Level 0:3 mL、Level 1:3 mL、Level 2:3 mL。
产品标准：YZB/USA 8219-2013
性能组成：本产品主要由水、D-葡萄糖、增稠剂、无机盐、苋菜红和防腐剂组成。（具体成份详见说明书）。产品有效期：2-30℃保存，请勿冷藏或冷冻。有效期：24 个月。附件：注册产品标准，产品说明书。
适用范围：该产品用于葡萄糖项目检测时的质量控制。
生产厂家：美国 Nipro Diagnostics, Inc.
注册代理：尼普洛贸易（上海）有限公司
发证日期：2014.01.17 **截止日期**：2018.01.16

国食药监械(进)字 2014 第 2400653 号

产品名称:凝血酶原时间检测试剂盒(干片法)(DRIHEMATO® PT)
规格型号:凝血酶原时间检测试剂(检测卡):50 张; 批次卡:1 张。
产品标准:YZB/JAP 8137-2013
性能组成:凝血致活酶(来自兔脑)。(具体内容详见说明书)。产品有效期:2-10℃保存,有效期 18 个月。附件:注册产品标准,产品说明书。
适用范围:定量测定全血或血浆中的凝血酶原时间。
生产厂家:日本 A&T Corporation
注册代理:沈阳东软医疗系统有限公司
发证日期:2014.01.17 截止日期:2018.01.16

国食药监械(进)字 2014 第 2400654 号

产品名称:纤维蛋白原检测试剂盒(干片法)(DRIHEMATO® Fib)
规格型号:纤维蛋白原检测试剂(检测卡):50 张; 批次卡:1 张。
产品标准:YZB/JAP 8135-2013
性能组成:牛凝血酶。(具体内容详见说明书)。产品有效期:2-10℃保存,有效期 18 个月。附件:注册产品标准,产品说明书。
适用范围:定量测定全血或者血浆中的纤维蛋白原浓度。
生产厂家:日本 A&T Corporation
注册代理:沈阳东软医疗系统有限公司
发证日期:2014.01.17 截止日期:2018.01.16

国食药监械(进)字 2014 第 2400655 号

产品名称:活化部分凝血活酶时间检测试剂盒(干片法)(DRIHEMATO® APTT)
规格型号:活化部分凝血活酶试剂(检测卡):50 张; 批次卡:1 张。
产品标准:YZB/JAP 8007-2013
性能组成:脑磷脂(来自兔脑)。产品有效期:2-10℃保存,有效期 18 个月。附件:注册产品标准,产品说明书。
适用范围:定量测定全血或血浆中的活化部分凝血活酶时间。
生产厂家:日本 A&T Corporation
注册代理:沈阳东软医疗系统有限公司
发证日期:2014.01.17 截止日期:2018.01.16

国食药监械(进)字 2014 第 2400656 号

产品名称:乳酸校准液(Calibrator Lactate)
规格型号:46 000050:50mL/瓶。
产品标准:YZB/GER 8327-2013
性能组成:含磷酸盐缓冲溶液,乳酸及稳定剂 。(具体内容详见说明书)。产品有效期:18-25℃保存,有效期:13 个月。附件:注册产品标准,产品说明书。
适用范围:该产品用于乳酸项目检测时的校准控制。
生产厂家:德国 BST Bio Sensor Technology GmbH
注册代理:瀚联生物科技(上海)有限公司
发证日期:2014.01.22 截止日期:2018.01.21

国食药监械(进)字 2014 第 2400657 号

产品名称:葡萄糖质控液(Glucose Control)
规格型号:38 000001:L1(低值) :1 瓶/袋,1mL/瓶;37 000001 :L2(高值):1 瓶/袋,1mL/瓶;38 000010:L1(低值):10 瓶/袋,1mL/瓶;37 000010:L2(高值):10 瓶/袋,1mL/瓶。
产品标准:YZB/GER 8351-2013
性能组成:葡萄糖。(具体内容详见说明书)。产品有效期:2-8℃保存,有效期 13 个月。附件:注册产品标准,产品说明书。
适用范围:该产品用于葡萄糖项目检测时的质量控制。
生产厂家:德国 BST Bio Sensor Technology GmbH
注册代理:瀚联生物科技(上海)有限公司
发证日期:2014.01.22 截止日期:2018.01.21

国食药监械(进)字 2014 第 1400658 号

产品名称:系统液(System Solutions for LabTrend)
规格型号:06 200500:500mL/瓶,06 205000:5L/瓶,06 300500:500mL/瓶 ,13 101000:0.5mLX1000,13 001000:1mLX1000,14 101000:0.5mLX1000。
产品标准:YZB/GER 8359-2013
性能组成:磷酸盐缓冲液。(具体内容详见说明书)。产品有效期:18-25℃保存,有效期 9 个月。附件:注册产品标准,产品说明书。
适用范围:该产品用于测试前样本稀释和冲洗管路。
生产厂家:德国 BST Bio Sensor Technology GmbH
注册代理:瀚联生物科技(上海)有限公司
发证日期:2014.01.22 截止日期:2018.01.21

国食药监械(进)字 2014 第 2400659 号

产品名称:乳酸质控液(Lactate Control)
规格型号:47 000001:L1(低值) :1 瓶/袋,1mL/瓶;48 000001:L2(高值):1 瓶/袋,1mL/瓶;47 000010:L1(低值):10 瓶/袋,1mL/瓶;48 000010:L2(高值)10 瓶/袋,1mL/瓶。
产品标准:YZB/GER 8361-2013
性能组成:乳酸。(具体内容详见说明书)。产品有效期:2-8℃保存,有效期 13 个月。附件:注册产品标准,产品说明书。
适用范围:该产品用于乳酸项目检测时的质量控制。
生产厂家:德国 BST Bio Sensor Technology GmbH
注册代理:瀚联生物科技(上海)有限公司
发证日期:2014.01.22 截止日期:2018.01.21

国食药监械(进)字 2014 第 1400660 号

产品名称:反应缓冲液(Fluid bag for GLUKOMETERPRO)
规格型号:10 300001:1 包/盒,40mL/包;10 300002:2 包/盒,40mL/包。
产品标准:YZB/GER 8362-2013
性能组成:磷酸盐缓冲液和稳定剂。(具体内容详见说明书)。产品有效期:2-8℃保存,有效期 9 个月。附件:注册产品标准,产品说明书。
适用范围:该产品与葡萄糖检测仪(GLUKOMETERPRO)配合使用,将检测样本带入检测部位,为检测提供离子缓冲及反应环境。
生产厂家:德国 BST Bio Sensor Technology GmbH
注册代理:瀚联生物科技(上海)有限公司
发证日期:2014.01.22 截止日期:2018.01.21

国食药监械(进)字 2014 第 1400661 号

产品名称:反应缓冲液(Fluid bag for LACPRO)
规格型号:12 300001:1 包/盒,40mL/包;12 300002:2 包/盒,40mL/包。
产品标准:YZB/GER 8365-2013
性能组成:磷酸盐缓冲液和稳定剂。(具体内容详见说明书)。产品有效期:2-8℃保存,有效期 9 个月。附件:注册产品标准,产品说明书。
适用范围:该产品与乳酸检测仪(LAC PRO)配合使用,将检测样本带入检测部位,为检测提供离子缓冲及反应环境。
生产厂家:德国 BST Bio Sensor Technology GmbH
注册代理:瀚联生物科技(上海)有限公司
发证日期:2014.01.22 截止日期:2018.01.21

国食药监械(进)字 2014 第 2400662 号

产品名称:葡萄糖校准液(Calibrator Glucose)
规格型号:32 000050:50mL/瓶。
产品标准:YZB/GER 8366-2013
性能组成:磷酸盐缓冲溶液,葡萄糖及稳定剂。产品有效期:18-25° C 保存,有效期 13 个月。附件:注册产品标准,产品说明书。
适用范围:该产品用于葡萄糖项目检测时的校准控制。
生产厂家:德国 BST Bio Sensor Technology GmbH
注册代理:瀚联生物科技(上海)有限公司
发证日期:2014.01.22 截止日期:2018.01.21

国食药监械(进)字 2014 第 2400663 号

产品名称:血气-电解质和代谢物质控品(水平 3)(Eurotrol GAS-ISE Metabolites - Level 3)
规格型号:2.5ml×10 瓶
产品标准:YZB/NET 8014-2013
性能组成:本质控品是在生理缓冲基质中添加盐来制备的。(具体内容详见说明书)。产品有效期:2-8℃下保存,有效期为 12 个月。附件:注册产品标准,产品说明书。
适用范围:本质控品是一种分析血气、电解质和代谢物的用于验证 epoc 血液分析系统的精密度和准确性的参考品。用于协助实验室评价或验证

pH、氧分压 pO2、二氧化碳分压 pCO2、钠 Na+、钾 K+、钙 Ca++、葡萄糖 Glu 和乳酸 Lac 的检测性能。
生产厂家:荷兰 Eurotrol B. V.
注册代理:美艾利尔(中国)医疗器械有限公司
发证日期:2014. 01. 17 **截止日期**:2018. 01. 16

国食药监械(进)字 2014 第 2400664 号

产品名称:血气-电解质和代谢物质控品(水平 1)(Eurotrol GAS-ISE Metabolites - Level 1)
规格型号:2.5ml×10 瓶
产品标准:YZB/NET 8015-2013
性能组成:本质控品是在生理缓冲基质中添加盐来制备的。(具体内容详见说明书)。产品有效期:2-8℃下保存,有效期为 12 个月。附件:注册产品标准,产品说明书。
适用范围:本质控品是一种分析血气、电解质和代谢物的用于验证 epoc 血液分析系统的精密度和准确性的参考品。用于协助实验室评价或验证 pH、氧分压 pO2、二氧化碳分压 pCO2、钠 Na+、钾 K+、钙 Ca++、葡萄糖 Glu 和乳酸 Lac 的检测性能。
生产厂家:荷兰 Eurotrol B. V.
注册代理:美艾利尔(中国)医疗器械有限公司
发证日期:2014. 01. 17 **截止日期**:2018. 01. 16

国食药监械(进)字 2014 第 2400665 号

产品名称:红细胞压积质控品(水平 C)(Eurotrol Hct Control Level C)
规格型号:2.5ml×10 瓶/盒
产品标准:YZB/NET 7819-2013
性能组成:本质控品是在生理缓冲基质中添加纯的化学物质制备的。(具体内容详见说明书)。产品有效期:2-30℃下保存,有效期为 12 个月。附件:注册产品标准,产品说明书。
适用范围:该产品是测定红细胞压积的参考品,用于验证 epoc 血液分析系统的精密度和准确性。
生产厂家:荷兰 Eurotrol B. V.
注册代理:美艾利尔(中国)医疗器械有限公司
发证日期:2014. 01. 17 **截止日期**:2018. 01. 16

国食药监械(进)字 2014 第 2400666 号

产品名称:血气-电解质和代谢物质控品(水平 2)(Eurotrol GAS-ISE Metabolites - Level 2)
规格型号:2.5ml×10 瓶
产品标准:YZB/NET 8012-2013
性能组成:本质控品是在生理缓冲基质中添加盐来制备的。(具体内容详见说明书)。产品有效期:2-8℃下保存,有效期为 12 个月。附件:注册产品标准,产品说明书。
适用范围:本质控品是一种分析血气、电解质和代谢物的用于验证 epoc 血液分析系统的精密度和准确性的参考品。用于协助实验室评价或验证 pH、氧分压 pO2、二氧化碳分压 pCO2、钠 Na+、钾 K+、钙 Ca++、葡萄糖 Glu 和乳酸 Lac 的检测性能。
生产厂家:荷兰 Eurotrol B. V.
注册代理:美艾利尔(中国)医疗器械有限公司
发证日期:2014. 01. 17 **截止日期**:2018. 01. 16

国食药监械(进)字 2014 第 2400667 号

产品名称:红细胞压积质控品(水平 B)(Eurotrol Hct Control Level B)
规格型号:2.5ml×10 瓶/盒
产品标准:YZB/NET 7815-2013
性能组成:本质控品是在生理缓冲基质中添加纯的化学物质制备的。(具体内容详见说明书)。产品有效期:2-30℃下保存,有效期为 12 个月。附件:注册产品标准,产品说明书。
适用范围:该产品是测定红细胞压积的参考品,用于验证 epoc 血液分析系统的精密度和准确性。
生产厂家:荷兰 Eurotrol B. V.
注册代理:美艾利尔(中国)医疗器械有限公司
发证日期:2014. 01. 17 **截止日期**:2018. 01. 16

国食药监械(进)字 2014 第 2400668 号

产品名称:红细胞压积质控品(水平 A)(Eurotrol Hct Control Level A)
规格型号:2.5ml×10 瓶/盒
产品标准:YZB/NET 7806-2013
性能组成:本质控品是在生理缓冲基质中添加纯的化学物质制备的。(具体内容详见说明书)。产品有效期:2-30℃下保存,有效期为 12 个月。附件:注册产品标准,产品说明书。
适用范围:该产品是测定红细胞压积的参考品,用于验证 epoc 血液分析系统的精密度和准确性。
生产厂家:荷兰 Eurotrol B. V.
注册代理:美艾利尔(中国)医疗器械有限公司
发证日期:2014. 01. 17 **截止日期**:2018. 01. 16

国食药监械(进)字 2014 第 2400669 号

产品名称:脂蛋白(a)检测用质控品(PreciControl Lp(a) Gen.2)
规格型号:低水平:2× 1mL(冻干粉,复溶后体积); 高水平:2×1mL(冻干粉,复溶后体积)。
产品标准:YZB/GER 8175-2013
性能组成:试剂-工作液:冻干剂中的反应性成分包括人类血浆以及添加的脂蛋白(a)(来源于人血浆),无反应性成分包括稳定剂。提供的其他物品:条形码标签。(具体内容详见说明书)。产品有效期:2-8℃保存,有效期 15 个月。附件:注册产品标准,产品说明书。
适用范围:用于对脂蛋白(a)检测进行质量控制。
生产厂家:德国 Roche Diagnostics GmbH
注册代理:罗氏诊断产品(上海)有限公司
发证日期:2014. 01. 22 **截止日期**:2018. 01. 21

国食药监械(进)字 2014 第 1400670 号

产品名称:核酸(DNA)提取试剂盒(商品名:Abbott mSample Preparation System DNA)(Abbott mSample Preparation System DNA)
规格型号:4 × 24 测试/盒
产品标准:YZB/USA 8390-2013
性能组成:DNA 裂解液(Abbott mLysis DNA):Tris 缓冲液(含硫氰酸胍和洗涤剂); DNA 洗液 1(Abbott mWash 1DNA):Tris 缓冲液(含硫氰酸胍和洗涤剂); DNA 洗液 2(Abbott mWash 2 DNA):无核酸酶水; DNA 洗脱液(Abbott mElution Buffer DNA):无核酸酶水; DNA 磁珠(Abbott mMicroparticles DNA):盐酸胍含 8%的磁珠。(具体内容详见说明书)。产品有效期:15℃ -30℃储存,18 个月。附件:注册产品标准,产品说明书。
适用范围:本产品主要用于从生物样本中提取核酸 DNA,并将其应用于标准 PCR 反应。
生产厂家:美国 Promega Corporation
注册代理:雅培贸易(上海)有限公司
发证日期:2014. 01. 22 **截止日期**:2018. 01. 21

国食药监械(进)字 2014 第 1400671 号

产品名称:尿有形成份检测稀释液(沉渣模式)(UXⅡ PACK-SED)
规格型号:2.1L/瓶
产品标准:YZB/JAP 8233-2013
性能组成:缓冲剂。产品有效期:2～35℃保存,有效期限 12 个月。附件:注册产品标准,产品说明书。
适用范围:该产品用于对尿中的有形成份稀释后进行分类、计数。
备注:2014 年 6 月 30 日同意更正生产地址内容,2014 年 1 月 22 日核发的医疗器械注册登记表(体外诊断试剂)予以废止。
生产厂家:日本 SYSMEX CORPORATION
注册代理:希森美康医用电子(上海)有限公司。
发证日期:2014. 01. 22 **截止日期**:2018. 01. 21

国食药监械(进)字 2014 第 1400672 号

产品名称:尿有形成份检测鞘液(UXⅡ SHEATH)
规格型号:20L
产品标准:YZB/JAP 8235-2013
性能组成:Tris 缓冲液。产品有效期:2～35℃保存,有效期限 12 个月。附件:注册产品标准,产品说明书。
适用范围:该产品用于在尿有形成份(FCM)的检测区域形成鞘流。
备注:2014 年 6 月 30 日同意更正生产地址内容,2014 年 1 月 22 日核发的医疗器械注册登记表(体外诊断试剂)予以废止。
生产厂家:日本 SYSMEX CORPORATION

注册代理:希森美康医用电子(上海)有限公司。
发证日期:2014.01.22 截止日期:2018.01.21

国食药监械(进)字 2014 第 1400673 号

产品名称:尿有形成份检测稀释液（细菌模式）(UXⅡ PACK-BAC)
规格型号:2.1L/瓶
产品标准:YZB/JAP 8237-2013
性能组成:缓冲剂，阳离子表面活性剂。产品有效期：2～35℃保存，有效期限 12 个月。附件：注册产品标准，产品说明书。
适用范围:该产品用于对尿液稀释后进行细菌数量的检测。
备注:2014 年 6 月 30 日同意更正生产地址内容，2014 年 1 月 22 日核发的医疗器械注册登记表（体外诊断试剂）予以废止。
生产厂家:日本 SYSMEX CORPORATION
注册代理:希森美康医用电子(上海)有限公司。
发证日期:2014.01.22 截止日期:2018.01.21

国食药监械(进)字 2014 第 1400674 号

产品名称:核酸(RNA)提取试剂盒(商品名:Abbott mSample Preparation System)(Abbott mSample Preparation System)
规格型号:4 ×24 测试/盒
产品标准:YZB/USA 8393-2013
性能组成:RNA 裂解液(Abbott mLysis)：Tris 缓冲液(含硫氰酸胍和洗涤剂)； RNA 洗液 1(Abbott mWash 1)：醋酸酯溶液(含硫氰酸胍和洗涤剂)； RNA 洗液 2(Abbott mWash2)：无核酸酶水； RNA 洗脱液(Abbott mElutionBuffer)： 磷酸盐溶液（含防腐剂）；RNA 磁珠(AbbottmMicroparticles)：50%的 RNA 裂解液(Abbott mLysis)中含 1.5%的磁珠。（具体内容详见说明书）。产品有效期：15℃ -30℃储存，18 个月。附件：注册产品标准，产品说明书。
适用范围:主要用于从生物样本中提取核酸 RNA，并将其应用于标准 PCR 反应。
生产厂家:美国 Promega Corporation
注册代理:雅培贸易(上海)有限公司
发证日期:2014.01.22 截止日期:2018.01.21

国食药监械(进)字 2014 第 2400675 号

产品名称:血浆氨检测试剂盒(比色法)(Ammonia)
规格型号:瓶 1：2x15mL，瓶 2：2x4.65mL（冻干品配制后体积)，瓶 2a：2x10mL，瓶 2b：2x0.5mL（冻干品配制后体积）。
产品标准:YZB/GER 6105-2013
性能组成:试剂 1(R1):三乙醇胺缓冲液、a-酮戊二酸、二磷酸腺苷(ADP)、防腐剂。试剂 2（R2)：还原型烟酰胺腺嘌呤二核苷酸磷酸（NADPH)、谷氨酸脱氢酶(GLDH)、三乙醇胺缓冲液、a-酮戊二酸、二磷酸腺苷(ADP)、防腐剂。（具体内容详见说明书）。产品有效期：2-8℃，有效期 15 个月。附件：注册产品标准，产品说明书。
适用范围:体外定量测定人血浆的氨浓度。
生产厂家:德国 Roche Diagnostics GmbH
注册代理:罗氏诊断产品(上海)有限公司
发证日期:2014.01.17 截止日期:2018.01.16

国食药监械(进)字 2014 第 2400676 号

产品名称:脑利钠肽前体检测卡(胶体金法)(CARDIAC proBNP/CARDIAC proBNP+)
规格型号:10 条/盒
产品标准:YZB/GER 8068-2013
性能组成:一条检测卡，包括：生物素标记的多克隆抗-N-端脑利钠肽前体(anti-NT-proBNP)抗体、金标记单克隆抗-N-端脑利钠肽前体(anti-NT-proBNP)抗体、缓冲液和非活性成分。一个编码芯片。（具体内容详见说明书)。产品有效期：2-8℃保存，有效期 9 个月。附件：注册产品标准，产品说明书。
适用范围:用于在体外定量检测肝素抗凝的静脉全血中的 N-端脑利钠肽前体（NT-proBNP)。
生产厂家:德国 Roche Diagnostics GmbH
注册代理:罗氏诊断产品(上海)有限公司
发证日期:2014.01.17 截止日期:2018.01.16

国食药监械(进)字 2014 第 2400677 号

产品名称:尿液分析试纸条(干化学法)(AUTION Sticks 10EA)
规格型号:100 条/筒
产品标准:YZB/JAP 7909-2013
性能组成:葡萄糖氧化酶(GOD)、 过氧化物酶(POD)、4-氨基安替比林(4-AAP)、1-萘酚-3，6-二磺酸，二钠盐、四溴酚蓝(TBPB)、2-甲基-5-硝基苯胺、亚硝酸钠、3，3`-二甲氧基-4，4`-联苯二(四氟硼酸重氮盐)、溴甲酚绿、溴二甲苯酚蓝、二(2-乙基己基)磷酸(D-2-EHPA)、溴百里酚蓝、过氧化氢异丙苯(CHP)、3，3`，5，5`-四甲基联苯胺(TMBZ)、硝普钠、盐磺胺、N-1-萘乙二胺盐酸盐(NEDA-2HCI)、3-(N-甲苯磺酰-L-丙氨酰氧基)吲哚(TAI)、2-甲氧基-4-(N-吗啉基)重氮苯(MMB)。(具体内容详见说明书)。产品有效期:保存条件:避光保存(1℃-30℃)。有效期:2 年。附件：注册产品标准，产品说明书。
适用范围:对尿液中的葡萄糖、蛋白质、胆红素、尿胆原、pH、比重、隐血、酮体、亚硝酸盐、白细胞进行半定量检查。
生产厂家:日本 ARKRAY Factory, Inc.
注册代理:爱科来国际贸易(上海)有限公司
发证日期:2014.01.17 截止日期:2018.01.16

国食药监械(进)字 2014 第 2400678 号

产品名称:血气、电解质检测用多项质控品（水平 3）(COMBITOL TS+/AUTO-TROL TS+)
规格型号:COMBITOL TS+（水平 3)：30x1.7mL， AUTO-TROL TS+（水平 3)：40x1.6mL。
产品标准:YZB/GER 8058-2013
性能组成:在水溶液中配制，充入预定含量的氧气、二氧化碳和氮气达到平衡，并加入盐、有机物和碳酸盐缓冲剂、代谢产物，以及塑料(聚苯乙烯基)微球，微球用 BSA（牛血清白蛋白，小于 0.5%）作稳定剂。产品有效期：2-8℃保存，有效期 24 个月。附件：注册产品标准，产品说明书。
适用范围:用于 pH、二氧化碳分压（PCO2)、氧分压（PO2)、血氧饱和度（SO2)、钠离子（Na+)、钾离子（K+)、氯离子（Cl-)、钙离子（iCa 2+）、红细胞压积（Hct）和总血红蛋白（tHb）测定的质量控制。
生产厂家:德国 Roche Diagnostics GmbH
注册代理:罗氏诊断产品(上海)有限公司
发证日期:2014.01.20 截止日期:2018.01.19

国食药监械(进)字 2014 第 2400679 号

产品名称:血气、电解质检测用多项质控品（水平 1）(COMBITOL TS+/AUTO-TROL TS+)
规格型号:COMBITOL TS+（水平 1)：30x1.7mL； AUTO-TROL TS+（水平 1)：40x1.6mL。
产品标准:YZB/GER 8064-2013
性能组成:在水溶液中配制，充入预定含量的氧气、二氧化碳和氮气达到平衡，并加入盐、有机物和碳酸盐缓冲剂、代谢产物，以及塑料（聚苯乙烯基）微球，微球用 BSA（牛血清白蛋白，小于 0.5%）作稳定剂。产品有效期：2-8℃保存，有效期 24 个月。附件：注册产品标准，产品说明书。
适用范围:用于 pH、二氧化碳分压（PCO2)、氧分压（PO2)、血氧饱和度（SO2)、钠离子（Na+)、钾离子（K+)、氯离子（Cl-)、钙离子（iCa 2+）、红细胞压积（Hct）和总血红蛋白（tHb）测定的质量控制。
生产厂家:德国 Roche Diagnostics GmbH
注册代理:罗氏诊断产品(上海)有限公司
发证日期:2014.01.20 截止日期:2018.01.19

国食药监械(进)字 2014 第 2400680 号

产品名称:血气、电解质检测用多项质控品（水平 2）(COMBITROL TS+/AUTO-TROL TS+)
规格型号:COMBITROL TS+（水平 2)：30x1.7mL， AUTO- TROL TS+（水平 2)：40x1.6mL。
产品标准:YZB/GER 8066-2013
性能组成:在水溶液中配制，充入预定含量的氧气、二氧化碳和氮气达到平衡，并加入盐、有机物和碳酸盐缓冲剂、代谢产物，以及塑料（聚苯乙烯基）微球，微球用 BSA（牛血清白蛋白，小于 0.5%）作稳定剂。产品有效期：2-8℃保存，有效期 24 个月。附件：注册产品标准，产品说明书。
适用范围:用于 pH、二氧化碳分压（PCO2)、氧分压（PO2)、血氧饱和度（SO2）、钠离子（Na+）、钾离子（K+）、氯离子（Cl-）、钙离子（iCa 2+）、红细胞压积（Hct）和总血红蛋白（tHb）测定的质量控制。
生产厂家:德国 Roche Diagnostics GmbH
注册代理:罗氏诊断产品(上海)有限公司
发证日期:2014.01.20 **截止日期**:2018.01.19

国食药监械(进)字 2014 第 2400681 号

产品名称:前白蛋白测定试剂盒(免疫透射比浊终点法)(Prealbumin Reagent)
规格型号:200 测试
产品标准:YZB/USA 5769-2013
性能组成:试剂缓冲液，抗人前白蛋白多克隆抗体(山羊)，其他非反应性化学物质。(具体内容详见产品说明书)。产品有效期：2-8℃保存，有效期 24 个月。附件：注册产品标准，产品说明书。
适用范围:本产品用于体外定量检测人血清或血浆样本中的前白蛋白浓度。
生产厂家:美国 Beckman Coulter，Inc.
注册代理:贝克曼库尔特商贸(中国)有限公司
发证日期:2014.01.17 **截止日期**:2018.01.16

国食药监械(进)字 2014 第 2400682 号

产品名称:糖化血红蛋白检测试剂盒（免疫比浊法）（Tina-quant Hemoglobin A1c III(HBA1C III)）
规格型号:试剂 1：4x15 mL，试剂 2：4x4 mL，试剂 3：4x17 mL；试剂 1：2x66 mL，试剂 2：2x16 mL，试剂 3：2x66 mL。
产品标准:YZB/GER 7902-2013
性能组成:试剂 1：抗体试剂，含有 2-吗啉乙磺酸（MES）缓冲液、三羟甲基氨基甲烷（TRIS）缓冲液、糖化血红蛋白（HbA1c）抗体(羊血清)、洗涤剂、稳定剂和防腐剂。试剂 2：多重半抗原试剂，含有 2-吗啉乙磺酸（MES）缓冲液、三羟甲基氨基甲烷（TRIS）缓冲液、糖化血红蛋白（HbA1c）多重半抗原、洗涤剂、稳定剂和防腐剂。试剂 3：含磷酸缓冲液和稳定剂。（具体内容详见说明书)。产品有效期：2-8℃储存，有效期 18 个月。附件：注册产品标准，产品说明书。
适用范围:体外定量测定人全血的糖化血红蛋白（HbA1c)。
生产厂家:德国 Roche Diagnostics GmbH
注册代理:罗氏诊断产品(上海)有限公司
发证日期:2014.01.17 **截止日期**:2018.01.16

国食药监械(进)字 2014 第 2400683 号

产品名称:尿酸检测试纸(酶法)(SPOTCHEM II Uric Acid)
规格型号:50 条/盒，25 条/盒。
产品标准:YZB/JAP 8082-2013
性能组成:由试纸和试纸卡（SP-4420、SP-4430 专用）组成。试纸由附有多层测试区的塑胶带组成，测试层包括样品保留层、试剂层和支持层；试纸含活性成分：尿酸酶、4-氨基安替比林、N-乙基-N-(2-羟基-3-磺基丙基)-m-甲苯胺钠盐(TOOS)、过氧化物酶(POD)、抗坏血酸氧化酶(AsOD)。（具体内容详见说明书)。产品有效期：试纸应储存在 2-8℃，有效期 18 个月。附件：注册产品标准，产品说明书。
适用范围:该产品主要用于定量检测血清或血浆中尿酸浓度。
生产厂家:日本 ARKRAY Factory，Inc.
注册代理:爱科来国际贸易(上海)有限公司
发证日期:2014.01.17 **截止日期**:2018.01.16

国食药监械(进)字 2014 第 2400684 号

产品名称:总胆红素检测试纸(化学法)(SPOTCHEM II Total Bilirubin)
规格型号:50 条/盒，25 条/盒。
产品标准:YZB/JAP 8115-2013
性能组成:由试纸和试纸卡（SP-4420、SP-4430 专用）组成。试纸由附有多层测试区的塑胶带组成，测试层包括样品保留层、试剂层和支持层；试纸含活性成分：对氨基苯磺酸、亚硝酸钠、双羟丙茶碱。（具体内容详见说明书)。产品有效期：储存在 2-8℃，有效期 18 个月。附件：注册产品标准，产品说明书。
适用范围:该产品主要用于定量检测血清或血浆中总胆红素（T-Bil）的含量。
生产厂家:日本 ARKRAY Factory，Inc.
注册代理:爱科来国际贸易(上海)有限公司
发证日期:2014.01.17 **截止日期**:2018.01.16

国食药监械(进)字 2014 第 2400685 号

产品名称:谷丙转氨酶检测试纸(酶活性测定法)(SPOTCHEM II GPT/ALT)
规格型号:50 条/盒，25 条/盒。
产品标准:YZB/JAP 8124-2013
性能组成:由试纸和试纸卡（SP-4420、SP-4430 专用）组成。试纸由附有多层测试区的塑胶带组成，测试层包括样品保留层、试剂层和支持层；试纸含活性成分：左旋丙氨酸、α-酮戊二酸、丙酮酸氧化酶（POP)、4-氨基安替比林、N-乙基-N-（2-羟基-3-磺基丙基酰胺）-3，5-藜芦酸钠盐（DAOS）、过氧化物酶（POD）、抗坏血酸氧化酶（AsOD）、硫胺素焦磷酸（TPP）、氯化镁。（具体内容详见说明书）。产品有效期：储存在 2-8℃，有效期 18 个月。附件：注册产品标准，产品说明书。
适用范围:该产品主要用于定量检测血清或血浆中谷丙转氨酶的活性。
生产厂家:日本 ARKRAY Factory，Inc.
注册代理:爱科来国际贸易(上海)有限公司
发证日期:2014.01.17 **截止日期**:2018.01.16

国食药监械(进)字 2014 第 2400686 号

产品名称:无机磷检测试纸（化学法）(SPOTCHEM II Inorganic Phosphorus)
规格型号:50 条/盒，25 条/盒。
产品标准:YZB/JAP 8153-2013
性能组成:由试纸、试纸卡（SP-4420、SP-4430 专用）组成。试纸由附有多层测试区的塑胶带组成，测试层包括样品保留层、试剂层和支持层；试纸含活性成分：四水合钼酸铵、L（+）-抗坏血酸。（具体内容详见说明书)。产品有效期：储存在 2-8℃，有效期 18 个月。附件：注册产品标准，产品说明书。
适用范围:该产品主要用于定量检测血清或血浆中无机磷的含量。
生产厂家:日本 ARKRAY Factory，Inc.
注册代理:爱科来国际贸易(上海)有限公司
发证日期:2014.01.17 **截止日期**:2018.01.16

国食药监械(进)字 2014 第 2400687 号

产品名称:淀粉酶检测试纸(酶活性测定法)(SPOTCHEM Ⅱ Amylase)
规格型号:50 条/盒，25 条/盒。
产品标准:YZB/JAP 8159-2013
性能组成:由试纸、试纸卡（SP-4420、SP-4430 专用）组成。试纸由附有多层测试区的塑胶带组成，测试层包括样品保留层、试剂层和支持层；试纸含活性成分：亚苄基-p-硝基苯基麦芽糖庚苷(BG7-pNP)、葡糖淀粉酶、α 葡糖苷酶。（具体内容详见说明书)。产品有效期：储存在 2-8℃，有效期 18 个月。附件：注册产品标准，产品说明书。
适用范围:该产品主要用于定量检测血清或血浆中 α 淀粉酶的活性。
生产厂家:日本 ARKRAY Factory，Inc.
注册代理:爱科来国际贸易(上海)有限公司
发证日期:2014.01.17 **截止日期**:2018.01.16

国食药监械(进)字 2014 第 2400688 号

产品名称:葡萄糖检测试纸(酶法)(SPOTCHEM Ⅱ Glucose)
规格型号:50 条/盒，25 条/盒。
产品标准:YZB/JAP 8161-2013
性能组成:由试纸、试纸卡（SP-4420、SP-4430 专用）组成。试纸由附有多层测试区的塑胶带组成，测试层包括样品保留层、试剂层和支持层；试纸含活性成分：葡糖氧化酶(GOD)、4-氨基安替比林、1-萘酚-3，6-二磺酸二钠、过氧化物酶(POD)。（具体内容详见说明书)。产品有效期：储存在 2-8℃，有效期 12 个月。附件：注册产品标准，产品说明书。
适用范围:该产品主要用于定量检测血清或血浆中葡萄糖浓度。
生产厂家:日本 ARKRAY Factory，Inc.
注册代理:爱科来国际贸易(上海)有限公司
发证日期:2014.01.17 **截止日期**:2018.01.16

国食药监械(进)字 2014 第 2400689 号

产品名称:总胆固醇检测试纸（酶法）(SPOTCHEM Ⅱ Total Cholesterol)
规格型号:50 条/盒，25 条/盒。

产品标准:YZB/JAP 8164-2013
性能组成:由试纸、试纸卡（SP-4420、SP-4430 专用）组成。试纸由附有多层测试区的塑胶带组成，测试层包括样品保留层、试剂层和支持层；试纸含活性成分：胆固醇氧化酶(COD)、4-氨基安替比林、N-乙基-N-(2-羟基-3-磺基丙基)-3，5-二甲氧基苯胺钠盐(DAOS)、过氧化物酶(POD)、胆醇酯酶(CE)。（具体内容详见说明书）。产品有效期：储存在 2-8℃，有效期 18 个月。附件：注册产品标准，产品说明书。
适用范围:该产品主要用于定量检测血清或血浆中总胆固醇的含量。
生产厂家:日本 ARKRAY Factory, Inc.
注册代理:爱科来国际贸易(上海)有限公司
发证日期:2014.01.17　　**截止日期**:2018.01.16

国食药监械(进)字 2014 第 2400690 号

产品名称:甘油三酸酯检测试纸(酶法)(SPOTCHEM Ⅱ Triglyceride)
规格型号:50 条/盒，25 条/盒。
产品标准:YZB/JAP 8166-2013
性能组成:由试纸、试纸卡（SP-4420、SP-4430 专用）组成。试纸由附有多层测试区的塑胶带组成，测试层包括样品保留层、试剂层和支持层；试纸含活性成分：脂蛋白脂肪酶(LPL)、甘油激酶、甘油-3-磷酸氧化酶、4-氨基安替比林、N-乙基-N-(2-羟基-3-磺基丙基)-3，5-二甲氧基苯胺钠盐(DAOS)、过氧化物酶(POD)、腺苷-5'-三磷酸二钠盐(ATP)。（具体内容详见说明书）。产品有效期：储存在 2-8℃，有效期 18 个月。附件：注册产品标准，产品说明书。
适用范围:该产品主要用于定量检测血清或血浆中甘油三酸酯（TG）的含量。
生产厂家:日本 ARKRAY Factory, Inc.
注册代理:爱科来国际贸易(上海)有限公司
发证日期:2014.01.17　　**截止日期**:2018.01.16

国食药监械(进)字 2014 第 2400691 号

产品名称:总蛋白检测试纸(化学法)(SPOTCHEM Ⅱ Total Protein)
规格型号:50 条/盒，25 条/盒。
产品标准:YZB/JAP 8168-2013
性能组成:由试纸、试纸卡（SP-4420、SP-4430 专用）组成。试纸由附有多层测试区的塑胶带组成，测试层包括样品保留层、试剂层和支持层；试纸含活性成分硫酸铜。（具体内容详见说明书）。产品有效期：储存在 2-8℃，有效期 18 个月。附件：注册产品标准，产品说明书。
适用范围:该产品主要用于定量检测血清或血浆中总蛋白的含量。
生产厂家:日本 ARKRAY Factory, Inc.
注册代理:爱科来国际贸易(上海)有限公司
发证日期:2014.01.17　　**截止日期**:2018.01.16

国食药监械(进)字 2014 第 2400692 号

产品名称:免疫球蛋白 M 检测试剂盒(免疫比浊法)(IgM)
规格型号:货号 IM7977：8x20mL
产品标准:YZB/UK 6349-2013
性能组成:IgM 试剂：聚乙二醇、抗(人类)IgM、Tris/HCL 缓冲液、叠氮化钠。产品有效期：2～8℃保存，有效期 24 个月。附件：注册产品标准，产品说明书。
适用范围:体外定量测定血清和血浆中的 IgM。
生产厂家:英国 Randox Laboratories Ltd.
注册代理:英国朗道实验诊断有限公司上海代表处
发证日期:2014.01.17　　**截止日期**:2018.01.16

国食药监械(进)字 2014 第 1400693 号

产品名称:铁蛋白样本稀释液(Immulite Ferritin Sample Diluent)
规格型号:LFEZ（产品编号）：25mL/瓶。
产品标准:YZB/UK 8194-2013
性能组成:缓冲液：去离子水；蛋白：炭吸附人血清白蛋白；防腐剂：叠氮化钠、硫酸新霉素、N-乙基马来酰亚胺。(具体内容详见说明书)。产品有效期：在 2-8℃条件下保存，有效期 3 年。附件：注册产品标准，产品说明书。
适用范围:该产品用于铁蛋白检测时对血清样本的人工稀释。
生产厂家:英国 Siemens Healthcare Diagnostics Products Ltd.
注册代理:西门子医学诊断产品(上海)有限公司
发证日期:2014.01.17　　**截止日期**:2018.01.16

国食药监械(进)字 2014 第 1400694 号

产品名称:人绒毛膜促性腺激素样本稀释液(Immulite HCG Sample Diluent)
规格型号:LCGZ（产品编号）：25mL/瓶；LCGZ4（产品编号）：100mL/瓶。
产品标准:YZB/UK 8201-2013
性能组成:基质：男性血清；防腐剂：叠氮化钠、庆大霉素。(具体内容详见说明书)。产品有效期：在 2-8℃条件下保存，有效期 3 年。附件：注册产品标准，产品说明书。
适用范围:该产品用于人绒毛膜促性腺激素检测时对血清和尿液样本的人工稀释。
生产厂家:英国 Siemens Healthcare Diagnostics Products Ltd.
注册代理:西门子医学诊断产品(上海)有限公司
发证日期:2014.01.17　　**截止日期**:2018.01.16

国食药监械(进)字 2014 第 1400695 号

产品名称:糖类抗原 15-3 样本稀释液(Immulite BR-MA Sample Diluent)
规格型号:LBRZ（产品编号）：25mL/瓶。
产品标准:YZB/UK 8214-2013
性能组成:基质：小牛血清；防腐剂：叠氮化钠、硫酸庆大霉素。(具体内容详见说明书)。产品有效期：在 2-8℃条件下保存，有效期 3 年。附件：注册产品标准，产品说明书。
适用范围:该产品用于糖类抗原 15-3 检测时对血清样本的人工稀释。
生产厂家:英国 Siemens Healthcare Diagnostics Products Limited
注册代理:西门子医学诊断产品(上海)有限公司
发证日期:2014.01.17　　**截止日期**:2018.01.16

国食药监械(进)字 2014 第 1400696 号

产品名称:叶酸样本稀释液(Immulite Folic Acid Sample Diluent)
规格型号:LFOZ（产品编号）：25mL/瓶。
产品标准:YZB/UK 8202-2013
性能组成:基质：(10%)炭吸附人血清白蛋白；防腐剂：杆菌肽、氯霉素、制霉菌素、庆大霉素。(具体内容详见说明书)。产品有效期：在 2-8℃条件下保存，有效期 3 年。附件：注册产品标准，产品说明书。
适用范围:该产品用于叶酸检测时对血清、肝素化血浆或经抗坏血酸处理的全血样本的人工稀释。
生产厂家:英国 Siemens Healthcare Diagnostics Products Limited
注册代理:西门子医学诊断产品(上海)有限公司
发证日期:2014.01.17　　**截止日期**:2018.01.16

国食药监械(进)字 2014 第 1400697 号

产品名称:雌二醇样本稀释液(Immulite Estradiol Sample Diluent)
规格型号:LE2Z（产品编号）：25mL/瓶。
产品标准:YZB/UK 8204-2013
性能组成:基质：脱脂男性血清；防腐剂：叠氮化钠、硫酸庆大霉素。(具体内容详见说明书)。产品有效期：在 2-8℃条件下保存，有效期 3 年。附件：注册产品标准，产品说明书。
适用范围:该产品用于雌二醇检测时对血清样本的人工稀释。
生产厂家:英国 Siemens Healthcare Diagnostics Products Limited
注册代理:西门子医学诊断产品(上海)有限公司
发证日期:2014.01.17　　**截止日期**:2018.01.16

国食药监械(进)字 2014 第 1400698 号

产品名称:促卵泡生成激素样本稀释液(Immulite FSH Sample Diluent)
规格型号:LFSZ（产品编号）：25mL/瓶。
产品标准:YZB/UK 8217-2013
性能组成:基质：小牛血清、5%牛血清白蛋白溶液；防腐剂：叠氮化钠、硫酸庆大霉素、两性霉素 B。(具体内容详见说明书)。产品有效期：在 2-8℃条件下保存，有效期 3 年。附件：注册产品标准，产品说明书。
适用范围:该产品用于促卵泡生成激素检测时对血清样本的人工稀释。
生产厂家:英国 Siemens Healthcare Diagnostics Products Limited
注册代理:西门子医学诊断产品(上海)有限公司
发证日期:2014.01.17　　**截止日期**:2018.01.16

国食药监械(进)字 2014 第 2400699 号

产品名称:万古霉素测定试剂盒(比浊法)(Vancomycin Flex® Reagent Cartridge (VANC))
规格型号:产品编号: DF86; 包装规格: 80测试/盒 (4x20测试/盒)。
产品标准:YZB/USA 8220-2013
性能组成:试剂船位1, 2(液体): 颗粒试剂; 试剂船位3, 4(液体): 缓冲液; 试剂船位5, 6(液体): 抗体; 试剂船位8(液体): 0.5N 氢氧化钠 (NaOH)。(具体内容详见说明书)。产品有效期: 在2-8℃条件下保存, 有效期12个月。附件: 注册产品标准, 产品说明书。
适用范围:该产品用于体外定量测定人类血清或血浆中的万古霉素 (一种糖肽抗生素) 的浓度。
生产厂家:美国 Siemens Healthcare Diagnostics Inc.
注册代理:西门子医学诊断产品(上海)有限公司
发证日期:2014.01.17 **截止日期**:2018.01.16

国食药监械(进)字2014第2400700号

产品名称:对乙酰氨基酚测定试剂盒(比色法)(Acetaminophen Flex® Reagent Cartridge (ACTM))
规格型号:产品编号: DF88; 包装规格: 80测试/盒 (4x20测试/盒)。
产品标准:YZB/USA 8227-2013
性能组成:试剂船位1, 2(片):酶; 试剂船位3, 4(液体): 硫酸铜; 试剂船位5, 6(液体): o-甲酚 。(具体内容详见说明书)。产品有效期: 在2 -8℃条件下储存, 有效期12个月。附件: 注册产品标准, 产品说明书。
适用范围:该产品用于体外定量检测人血清和血浆中对乙酰氨基酚 (一种镇痛清热药) 的浓度。
生产厂家:美国 Siemens Healthcare Diagnostics Inc.
注册代理:西门子医学诊断产品(上海)有限公司
发证日期:2014.01.17 **截止日期**:2018.01.16

国食药监械(进)字2014第2400701号

产品名称:甲状腺素结合率定标液(Thyronine Uptake Calibrator (TU Cal))
规格型号:产品编号: DC14; 包装规格: 水平1: 2×2.0mL (复溶后); 水平2: 2×2.0 mL (复溶后); 水平3: 2×2.0 mL (复溶后); 水平4: 2×2.0 mL (复溶后); 水平5: 2×2.0 mL (复溶后)。
产品标准:YZB/USA 8228-2013
性能组成:该定标液为冻干人血清基质产品。产品有效期: 在2-8℃条件下保存, 有效期12个月。附件: 注册产品标准, 产品说明书。
适用范围:该定标液用于甲状腺素结合率检测时的定标。
生产厂家:美国 Siemens Healthcare Diagnostics Inc.
注册代理:西门子医学诊断产品(上海)有限公司
发证日期:2014.01.17 **截止日期**:2018.01.16

国食药监械(进)字2014第2400702号

产品名称:N-乙酰普鲁卡因酰胺测定试剂盒(比浊法)(N-Acetylprocainamide Flex® Reagent Cartridge (NAPA))
规格型号:产品编号: DF111; 包装规格: 80测试/盒 (4×20测试/盒)。
产品标准:YZB/USA 8229-2013
性能组成:试剂船位1, 2(液体): 颗粒试剂、缓冲液、微生物抑制剂; 试剂船位3, 4(液体): 缓冲液; 试剂船位5, 6(液体): 抗体试剂、缓冲液、微生物抑制剂; 试剂船位7, 8: 空。(具体内容详见说明书)。产品有效期: 在2-8℃的条件下储存, 有效期12个月。附件: 注册产品标准, 产品说明书。
适用范围:该产品用于体外定量测定人类血清或血浆中N-乙酰普鲁卡因酰胺的含量。
生产厂家:美国 Siemens Healthcare Diagnostics Inc.
注册代理:西门子医学诊断产品(上海)有限公司
发证日期:2014.01.17 **截止日期**:2018.01.16

国食药监械(进)字2014第2400703号

产品名称:普鲁卡因酰胺测定试剂盒(比浊法)(Procainamide Flex® Reagent Cartridge (PROC))
规格型号:产品编号: DF110; 包装规格: 80测试/盒 (4×20测试/盒)。
产品标准:YZB/USA 8230-2013
性能组成:试剂船位1, 2(液体): 颗粒试剂、缓冲液、微生物抑制剂; 试剂船位3, 4(液体): 缓冲液; 试剂船位5, 6(液体): 抗体试剂、缓冲液、微生物抑制剂; 试剂船位7, 8: 空。产品有效期: 在2-8℃条件下储存, 有效期12个月。附件: 注册产品标准, 产品说明书。
适用范围:该产品用于体外定量测定人类血清或血浆中普鲁卡因酰胺含量。
生产厂家:美国 Siemens Healthcare Diagnostics Inc.
注册代理:西门子医学诊断产品(上海)有限公司
发证日期:2014.01.17 **截止日期**:2018.01.16

国食药监械(进)字2014第2400704号

产品名称:利多卡因测定试剂盒(比浊法)(Lidocaine Flex®Reagent Cartridge (LIDO))
规格型号:产品编号: DF113; 包装规格: 80测试/盒 (4 ×20测试/盒)。
产品标准:YZB/USA 8231-2013
性能组成:试剂船位1, 2(液体): 颗粒试剂、缓冲液、微生物抑制剂; 试剂船位3: 空; 试剂船位4, 5(液体): 抗体、缓冲液、抑菌剂; 试剂船位6: 空; ; 试剂船位7, 8(液体): 缓冲液、微生物抑制剂。(具体内容详见说明书)。产品有效期: 在2- 8℃条件下储存, 有效期12个月。附件: 注册产品标准, 产品说明书。
适用范围:该产品用于体外定量测定人类血清或血浆中利多卡因的含量。
生产厂家:美国 Siemens Healthcare Diagnostics Inc.
注册代理:西门子医学诊断产品(上海)有限公司
发证日期:2014.01.17 **截止日期**:2018.01.16

国食药监械(进)字2014第1400705号

产品名称:胰岛素样本稀释液(Immulite 2000 Insulin Sample Diluent)
规格型号:L2INZ (产品编号): 25mL/瓶。
产品标准:YZB/UK 8179-2013
性能组成:基质: 去离子水; 蛋白: 正常羊血清和热灭活羊血清冻干混合物; 防腐剂: 叠氮化钠、硫酸庆大霉素。(具体内容详见说明书)。产品有效期: 在2-8℃条件下保存, 有效期3年。附件: 注册产品标准, 产品说明书。
适用范围:该产品用于胰岛素检测时对血清或肝素化血浆样本的在机稀释。
生产厂家:英国 Siemens Healthcare Diagnostics Products Limited
注册代理:西门子医学诊断产品(上海)有限公司
发证日期:2014.01.17 **截止日期**:2018.01.16

国食药监械(进)字2014第1400706号

产品名称:总免疫球蛋白E样本稀释液(Immulite Total IgE Sample Diluent)
规格型号:LIEZ (产品编号): 25mL/瓶。
产品标准:YZB/UK 8182-2013
性能组成:基质: 马血清、氯化钠 、氨基己酸; 防腐剂: 叠氮化钠、硫酸庆大霉素、2-甲基-4异噻唑啉-3-酮。(具体内容详见说明书)。产品有效期: 在2-8℃条件下保存, 有效期3年。附件: 注册产品标准, 产品说明书。
适用范围:该产品用于总免疫球蛋白E检测时对血清样本的人工稀释。
生产厂家:英国 Siemens Healthcare Diagnostics Products Limited
注册代理:西门子医学诊断产品(上海)有限公司
发证日期:2014.01.17 **截止日期**:2018.01.16

国食药监械(进)字2014第1400707号

产品名称:硫酸去氢表雄酮样本稀释液(Immulite DHEA-SO4 Sample Diluent)
规格型号:LDSZ (产品编号): 25mL/瓶。
产品标准:YZB/UK 8188-2013
性能组成:基质: 炭吸附人血清; 防腐剂: 叠氮化钠、硫酸庆大霉素。(具体内容详见说明书)。产品有效期: 在2-8℃条件下保存, 有效期3年。附件: 注册产品标准, 产品说明书。
适用范围:该产品用于硫酸去氢表雄酮检测时对血清样本的人工稀释。
生产厂家:英国 Siemens Healthcare Diagnostics Products Limited
注册代理:西门子医学诊断产品(上海)有限公司
发证日期:2014.01.17 **截止日期**:2018.01.16

国食药监械(进)字 2014 第 1400708 号

产品名称:C 肽样本稀释液(Immulite C-Peptide Sample Diluent)
规格型号:LPEZ (产品编号): 25mL/瓶。
产品标准:YZB/UK 8189-2013
性能组成:缓冲液: 羟乙基哌嗪乙磺酸 (HEPPS) 缓冲液、氯化钠; 蛋白: 热处理炭吸附人血清白蛋白、抑肽酶; 防腐剂: 叠氮化钠、硫酸庆大霉素。(具体内容详见说明书)。产品有效期: 在 2-8℃条件下保存, 有效期 3 年。附件: 注册产品标准, 产品说明书。
适用范围:该产品用于 C 肽检测时对血清、肝素化血浆或尿液样本的人工稀释。
生产厂家:英国 Siemens Healthcare Diagnostics Products Limited
注册代理:西门子医学诊断产品(上海)有限公司
发证日期:2014.01.17 **截止日期**:2018.01.16

国食药监械(进)字 2014 第 1400709 号

产品名称:总三碘甲状腺原氨酸样本稀释液(Immulite Total T3 Sample Diluent)
规格型号:LT3Z (产品编号): 25mL/瓶。
产品标准:YZB/UK 8205-2013
性能组成:基质: 不含三碘甲状腺原氨酸的人血清; 防腐剂: 叠氮化钠、硫酸庆大霉素。(具体内容详见说明书)。产品有效期: 在 2-8℃条件下保存, 有效期 3 年。附件: 注册产品标准, 产品说明书。
适用范围:该产品用于总三碘甲状腺原氨酸检测时对血清样本的人工稀释。
生产厂家:英国 Siemens Healthcare Diagnostics Products Limited
注册代理:西门子医学诊断产品(上海)有限公司
发证日期:2014.01.17 **截止日期**:2018.01.16

国食药监械(进)字 2014 第 1400710 号

产品名称:总甲状腺素样本稀释液(Immulite Total T4 Sample Diluent)
规格型号:LT4Z (产品编号): 25mL/瓶。
产品标准:YZB/UK 8208-2013
性能组成:基质: 不含甲状腺素的人血清; 防腐剂: 叠氮化钠、硫酸庆大霉素。(具体内容详见说明书)。产品有效期: 在 2-8℃条件下保存, 有效期 3 年。附件: 注册产品标准, 产品说明书。
适用范围:该产品用于总甲状腺素检测时对血清样本的人工稀释。
生产厂家:英国 Siemens Healthcare Diagnostics Products Limited
注册代理:西门子医学诊断产品(上海)有限公司
发证日期:2014.01.17 **截止日期**:2018.01.16

国食药监械(进)字 2014 第 1400711 号

产品名称:促肾上腺皮质激素样本稀释液(Immulite ACTH Sample Diluent)
规格型号:LACZ (产品编号): 25mL/瓶。
产品标准:YZB/UK 8190-2013
性能组成:缓冲液: 羟乙基哌嗪乙磺酸 (HEPES) 缓冲液; 蛋白: 碱性酪蛋白、游离蛋白酶牛血清白蛋白、抑肽酶; 防腐剂: 叠氮化钠、硫酸庆大霉素。(具体内容详见说明书)。产品有效期: 在 2-8℃条件下保存, 有效期 3 年。附件: 注册产品标准, 产品说明书。
适用范围:该产品用于促肾上腺皮质激素检测时对乙二胺四乙酸 (EDTA) 血浆样本的人工稀释。
生产厂家:英国 Siemens Healthcare Diagnostics Products Limited
注册代理:西门子医学诊断产品(上海)有限公司
发证日期:2014.01.17 **截止日期**:2018.01.16

国食药监械(进)字 2014 第 1400712 号

产品名称:泌乳素样本稀释液(Immulite Prolactin Sample Diluent)
规格型号:LPRZ (产品编号): 25mL/瓶。
产品标准:YZB/UK 8211-2013
性能组成:缓冲液: 无水磷酸氢二钠、一水磷酸二氢钠、氯化钠; 蛋白: 马血清; 防腐剂: 叠氮化钠、硫酸庆大霉素。(具体内容详见说明书)。产品有效期: 在 2-8℃条件下保存, 有效期 3 年。附件: 注册产品标准, 产品说明书。
适用范围:该产品用于泌乳素检测时对血清样本的人工稀释。
生产厂家:英国 Siemens Healthcare Diagnostics Products Limited
注册代理:西门子医学诊断产品(上海)有限公司
发证日期:2014.01.17 **截止日期**:2018.01.16

国食药监械(进)字 2014 第 1400713 号

产品名称:促卵泡生成激素样本稀释液(Immulite 2000 FSH Sample Diluent)
规格型号:L2FSZ (产品编号): 25mL/瓶。
产品标准:YZB/UK 8193-2013
性能组成:缓冲液: 去离子水; 蛋白: 冻干小牛血清、牛血清白蛋白; 防腐剂: 叠氮化钠、硫酸庆大霉素、两性霉素 B 。(具体内容详见说明书)。产品有效期: 在 2-8℃条件下保存, 有效期 3 年。附件: 注册产品标准, 产品说明书。
适用范围:该产品用于促卵泡生成激素检测时对血清样本的在机稀释。
生产厂家:英国 Siemens Healthcare Diagnostics Products Limited
注册代理:西门子医学诊断产品(上海)有限公司
发证日期:2014.01.17 **截止日期**:2018.01.16

国食药监械(进)字 2014 第 2400714 号

产品名称:生化质控品(商品名: pHOx Ultra/CCX 生化内质控) (Stat Profile pHOx Ultra/Critical Care Xpress Chemistry Controls & Performance Check Solution Auto-Cartridge With Creatinine)
规格型号:水平 4 质控液:100mL/袋×1 袋; 水平 5 质控液: 100mL/袋×1 袋; 葡萄糖和肌酐电极膜性能检查溶液: 100mL/袋×1 袋; 肌酐溶液: 3mL/支×3 支
产品标准:YZB/USA 8196-2013
性能组成:两个水平的质控 4、5 包含了已知浓度的钠、钾、离子钙、离子镁、葡萄糖、乳酸、尿素和肌酐两个水平, 线性检查液是盐水溶液, 包含了已知浓度的葡萄糖、肌酐、肌酸。(具体内容详见说明书)。产品有效期: 贮存在 2-8℃、不可冷冻, 储存有效期为 18 个月。附件: 注册产品标准, 产品说明书。
适用范围:该产品用于监测 Stat Profile pHOx Ultra/CCX 分析仪上分析两个水平的 Na+, K+, Cl-, Ca++, Mg++, Glu, Lac, BUN(Urea), Creatinine 的准确性。
备注:2014 年 4 月 25 日同意更正包装规格内容, 2014 年 1 月 17 日核发的医疗器械注册登记表 (体外诊断试剂) 予以废止。
生产厂家:美国 Nova Biomedical Corporation
注册代理:美国诺瓦生物医学公司北京代表处
发证日期:2014.01.17 **截止日期**:2018.01.16

国食药监械(进)字 2014 第 2400714 号(变更批件)

产品名称:生化质控品(商品名: pHOx Ultra/CCX 生化内质控) (Stat Profile pHOx Ultra/Critical Care Xpress Chemistry Controls & Performance Check Solution Auto-Cartridge With Creatinine)
规格型号:水平 4 质控液:100mL/袋×1 袋; 水平 5 质控液: 100mL/袋×1 袋; 葡萄糖和肌酐电极膜性能检查溶液: 100mL/袋×1 袋; 肌酐溶液: 3mL/支×3 支
产品标准:YZB/USA 8196-2013
备注:变更内容: 变更代理人、注册代理机构: 由"美国诺瓦生物医学公司北京代表处"变更为"广州市浩通贸易有限公司"。申请人根据批准变更内容自行修订注册产品标准、说明书及包装标签中相应内容。审批结论: 经审查, 建议予以变更。注册代理机构存档备查。本批件与原注册证共同使用, 本批件有效期与原注册证有效期相同。
生产厂家:美国 Nova Biomedical Corporation
变更日期:2014.08.01 **截止日期**:2018.01.16

国食药监械(进)字 2014 第 1400715 号

产品名称:洗脱缓冲液 (变异模式) (G8 Variant Elution Buffer HSi No.1(S)、G8 Variant Elution Buffer HSi No.2(S)、G8 Variant Elution Buffer HSi No.3(S))
规格型号:No.1(S): 10×800mL、No.2(S): 10×800mL、No.3(S): 10×800mL。
产品标准:YZB/JAP 7836-2013
性能组成:该产品为有机酸缓冲液, 每种缓冲液均含小于 0.05%的叠氮钠作为防腐剂。产品有效期: 未开封产品 4-30℃保存, 有效期 24 个月。附件: 注册产品标准, 产品说明书。
适用范围:该产品用于检测全血样本的糖化血红蛋白(s-A1c)。
备注:2014 年 8 月 1 日同意更正产品预期用途内容, 2014 年 1 月 17 日核发的医疗器械注册登记表（体外诊断试剂）予以废止。
生产厂家:日本 Tosoh Corporation
注册代理:东曹(上海)生物科技有限公司
发证日期:2014.01.17　　**截止日期**:2018.01.16

国食药监械(进)字 2014 第 3400716 号

产品名称:肺炎支原体抗体检测试剂盒(被动凝集法)(商品名:赛乐迪亚-麦可Ⅱ(SERODIA-MYCO Ⅱ)）(Diagnostic Kit for Measurement of Antibodies to Mycoplasma pneumoniae(Passive Particle Agglutination))
规格型号:5 测试×5（25 人份/盒）
产品标准:YZB/JAP 8033-2013
性能组成:血清稀释液(液体)、致敏粒子(冻干)、未致敏粒子(冻干)、阳性对照(液体)；试剂盒还含有滴管。(具体内容详见说明书)。产品有效期：2～10℃下保存。有效期为 12 个月。附件：注册产品标准，产品说明书。
适用范围:本试剂用于体外半定量检测人血清中的肺炎支原体抗体。
生产厂家:日本 FUJIREBIO INC.
注册代理:珠海丽珠试剂股份有限公司
发证日期:2014.01.17　　**截止日期**:2018.01.16

国食药监械(进)字 2014 第 2700717 号

产品名称:PACS 工作站软件(Multi-Modality PACS Workstation)
规格型号:Cedara I-SoftView，版本 6.3
产品标准:YZB/CAN 0159-2014《PACS 工作站软件》
性能组成:由 I-SoftView 软件安装光盘、软件加密狗和随机文件组成，组成模块包括：Winpipe、PrS、DbS、DbSProv、P10Prov、HcS、DcS、DCUI、Consult、DbMon、Study List、P10FileHandler、Ortho、Archive。
适用范围:用于对符合 DICOM 标准医疗影像的获取、显示、存储、处理、3 维图像重建、多平面重建、打印和传输。
生产厂家:加拿大 Cedara Software Corp.
注册代理:思代软件(上海)有限公司
服务机构:思代软件(上海)有限公司
发证日期:2014.01.24　　**截止日期**:2018.01.23

国食药监械(进)字 2014 第 2240718 号

产品名称:眼前节测量评估系统(Measurement and Evaluation System for the Anterior Segment of the Eye)
规格型号:Pentacam 70700
产品标准:YZB/GER 0150-2014《眼前节测量评估系统》
性能组成:该产品由主机、头部托架、电源适配器、连接线、应用软件（软件版本号:V1.17）组成。
适用范围:该产品使用旋转式 Scheimpflug 成像系统，旋转式测量程序生成 Scheimpflug 图像。临床用于眼科，帮助医生对患者眼前节分析、白内障分析、角膜厚度测量和角膜曲率半径测量及角膜容积参考性数据获得。
生产厂家:德国 OCULUS Optikgerate GmbH
注册代理:广州达美康科技有限公司
服务机构:广州达美康科技有限公司
发证日期:2014.01.24　　**截止日期**:2018.01.23

国食药监械(进)字 2014 第 2540719 号

产品名称:吸引器(Aspirator)
规格型号:ACCUVAC Rescue、ACCUVAC Basic
产品标准:YZB/GER 0182-2014《吸引器》
性能组成:吸引器由电源适配器、主机、连接电缆、可重复使用收集罐、吸引管组成。
适用范围:吸引器用于吸取堵塞在口腔、鼻、喉及支气管系统中的血、分泌物、食物。
生产厂家:德国 WEINMANN-Geraete für Medizin GmbH+Co.KG
注册代理:德国万曼医疗器械有限公司上海代表处
服务机构:德国万曼医疗器械有限公司上海代表处
发证日期:2014.01.24　　**截止日期**:2018.01.23

国食药监械(进)字 2014 第 3230720 号

产品名称:超声系统(Ultrasound System)
规格型号:ACUSON S2000 ABVS
产品标准:YZB/USA 0052-2014《超声系统》
性能组成:见《产品性能结构及组成附页》。
适用范围:该产品用于临床超声检查及诊断。
生产厂家:美国西门子医疗系统公司(Siemens Medical Solutions USA, Inc.)
注册代理:西门子(中国)有限公司
服务机构:西门子(中国)有限公司
发证日期:2014.01.24　　**截止日期**:2018.01.23

国食药监械(进)字 2014 第 3540721 号

产品名称:呼吸机(Home mechanical ventilator)
规格型号:VENTImotion 2
产品标准:YZB/GER 0179-2014《呼吸机》
性能组成:产品由呼吸机主机（型号 VENTImotion 2）、湿化器(VENTIclick)、电源适配器、电源连接线组成。
适用范围:产品是一种无创通气、但不用于生命维持的无创呼吸机。适用于自主呼吸功能不全的成人患者。
生产厂家:德国 Weinmann Geraete für Medizin GmbH + Co.KG
注册代理:德国万曼医疗器械有限公司上海代表处
服务机构:德国万曼医疗器械有限公司上海代表处
发证日期:2014.01.24　　**截止日期**:2018.01.23

国食药监械(进)字 2014 第 2220722 号

产品名称:内窥镜摄像系统(ビデオシステム)
规格型号:见附页
产品标准:YZB/JAP 0019-2014《内窥镜摄像系统》
性能组成:见《产品性能结构及组成附页》。
适用范围:本产品与本公司指定的内窥镜及周边设备组合使用，用于监视器观察、诊断和内镜手术。
生产厂家:日本奥林巴斯医疗株式会社（オリンパスメデイカルシステムズ株式会社）
注册代理:奥林巴斯贸易(上海)有限公司
服务机构:奥林巴斯(北京)销售服务有限公司
发证日期:2014.01.24　　**截止日期**:2018.01.23

国食药监械(进)字 2014 第 3230723 号

产品名称:超声诊断仪(Ultrasound Diagnostic Equipment)
规格型号:ACCUVIX XG
产品标准:YZB/ROK 0057-2014《超声诊断仪》
性能组成:见《产品性能结构及组成附页》。
适用范围:临床超声诊断检查。
生产厂家:韩国三星麦迪逊有限公司(SAMSUNG MEDISON CO., LTD.)
注册代理:三星(中国)投资有限公司
服务机构:三星电子(北京)技术服务有限公司
发证日期:2014.01.24　　**截止日期**:2018.01.23

国食药监械(进)字 2014 第 3220724 号

产品名称:手持式角膜测厚仪(Pachpen Handheld Pachymeter)
规格型号:Pachpen
产品标准:YZB/USA 2224-2009《手持式角膜测厚仪》
性能组成:本产品为手持式测量仪器，A 超工作模式。产品组成：测量端、液晶显示屏、操作按钮、内部控制电路、锂电池和电池盒。技术指标：锂电池电源供电 DC3.6V；超声工作频率 10.5MHz；读数分辨率 1μm；测量误差±10μm；单色液晶屏尺寸 1.13 英寸(28.6mm)；重量 85g。
适用范围:产品用于测量角膜厚度。
生产厂家:美国 Accutome, Inc.
注册代理:英国豪迈国际有限公司北京代表处
服务机构:英国豪迈国际有限公司北京代表处
发证日期:2014.01.24　　**截止日期**:2018.01.23

国食药监械(进)字 2014 第 2230725 号

产品名称:超声诊断仪(Ultrasound Diagnostic Equipment)
规格型号:MySono U6
产品标准:YZB/ROK 0069-2014《超声诊断仪》
性能组成:见《产品性能结构及组成附页》。

适用范围:临床超声诊断检查
生产厂家:韩国三星麦迪逊有限公司(SAMSUNG MEDISON CO., LTD.)
注册代理:三星(中国)投资有限公司
服务机构:三星电子(北京)技术服务有限公司
发证日期:2014.01.24 截止日期:2018.01.23

国食药监械(进)字 2014 第 2220726 号

产品名称:纤维膀胱肾盂镜(軟性膀胱尿道鏡)
规格型号:CYF-5A、CYF-5
产品标准:YZB/JAP 0018-2014《纤维膀胱肾盂镜》
性能组成:该产品由纤维膀胱肾盂镜(CYF-5A、CYF-5)、钳子管道开口阀 MAJ-579、钳子/灌流插头(绝缘型)MAJ-891、吸引按钮 MAJ-207、导光束适配器 MAJ-1413、塞子 MAJ-1940、一次性吸引按钮 MAJ-209 组成。产品主要性能见产品性能附页。
适用范围:该产品与奥林巴斯医疗株式会社指定的导光束、光源、记录装置、诊疗附件及高频电装置配合使用,用于经尿道的膀胱、尿道内以及经皮肾盂内的观察及内镜治疗。
生产厂家:日本奥林巴斯医疗株式会社,**オリンパスメディカルシステムズ**株式会社
注册代理:奥林巴斯贸易(上海)有限公司
服务机构:奥林巴斯(北京)销售服务有限公司
发证日期:2014.01.24 截止日期:2018.01.23

国食药监械(进)字 2014 第 1400727 号

产品名称:全自动电泳仪(HYDRASYS 2)
规格型号:HYDRASYS 2
产品标准:YZB/FRA 8387-2013《全自动电泳仪》
性能组成:本电泳仪由电极/点样器架、遮罩导杆、凝胶固定器、横杆、TFT 彩色触摸屏、扫描仪和操作软件组成。
适用范围:该产品可满足琼脂糖凝胶电泳全程需要:标本点样、迁移、温育、干燥、染色、脱色和最终干燥;可以与配套的体外诊断试剂使用,用于医学临床检验和血清蛋白、尿蛋白、免疫固定、本周氏蛋白,脂蛋白、血红蛋白、乳酸脱氢酶 LDH、碱磷酶 APL、肌酸激酶 CK、脑脊液酶免电泳、胆固醇、α-1 抗胰蛋白酶的分离及分析。
生产厂家:法国 SEBIA
注册代理:法国赛比亚公司上海代表处
服务机构:法国赛比亚公司上海代表处
发证日期:2014.01.24 截止日期:2018.01.23

国食药监械(进)字 2014 第 2220728 号

产品名称:非接触式眼压计(*ノンコンタクトトノメータ*)
规格型号:NT-510、NT-530、NT-530P
产品标准:YZB/JAP 0020-2014《非接触式眼压计》
性能组成:性能:眼压测定范围:1~60mmHg,允差:7~16mmHg 时±5 mmHg,16~23mmHg(不包括 16 与 23)时±5mmHg,>23 mmHg 时±5 mmHg;可设置测量范围:APC40,APC60,40,60;工作距:11mm;眼压测量重复性:1~29mmHg:⩽1mmHg;30~60mmHg:⩽2mmHg;装置水平方向可移动范围:前后 36mm 或以上;左右:85mm 或以上 本装置具有自动追踪功能。其中 NT-530 和 NT-530P 为 3D 自动跟踪,跟踪范围上下 32mm,左右 5mm,前后 5mm,各侧允差:±1mm;NT-510 仅上下方向跟踪,跟踪范围上下 32mm。NT-530 和 NT-530P 具有 AI 模式。NT-530 和 NT-530P 具有眼内压力计算功能,计算范围 0.1~99.9mmHg。NT-530 可通过输入角膜厚度(范围 150~1300 μm);NT-530P 可通过测定角膜厚度(测量范围 150~1300 μm 增量:1 μm 允差±5 μm),重新计算眼压测量值,得出经矫正的眼内压力值。 组成:装置由主体与基座组成。
适用范围:NT-510/NT-530:通过角膜并根据眼球壁的紧张度来测定眼球内的压力,所得信息用于诊断。NT-530P:根据眼球壁的紧张程度,经角膜测定眼球内的压力,用光学技术测定角膜厚度,为诊断提供各信息。
备注:2014 年 5 月 7 日同意更正生产企业名称、产品日文名称内容,2014 年 1 月 24 日核发的医疗器械注册证、医疗器械注册登记表予以废止。
生产厂家:日本尼德克株式会社(株式会社**ニデック**)(NIDEK CO., LTD.)
注册代理:日本尼德克株式会社北京代表处
服务机构:日本尼德克株式会社北京代表处
发证日期:2014.01.24 截止日期:2018.01.23

国食药监械(进)字 2014 第 3540729 号

产品名称:医用臭氧治疗仪(Oxygen-ozone Electro-Medical Devices)
规格型号:E30、E80
产品标准:YZB/ITA 0160-2014《医用臭氧治疗仪》
性能组成:产品由控制/显示面板,生成 O2~O3 气体的发生装置及电气控制部分,检测、显示臭氧浓度的光度计,多余臭氧气体的催化还原器组成。
适用范围:用于缓解腰椎间盘突出症引起的腰腿痛。
生产厂家:意大利 ECO3 di Sardi Franco
注册代理:济南豪丰汇商贸有限公司
服务机构:济南豪丰汇商贸有限公司
发证日期:2014.01.24 截止日期:2018.01.23

国食药监械(进)字 2014 第 3210730 号

产品名称:体外冲击波心血管治疗系统(MODULITH SLC)
规格型号:MODULITH SLC
产品标准:YZB/SWI 1365-2010《体外冲击波心血管治疗系统》
性能组成:产品由治疗主机(包括冲击波源、治疗臂、控制器、水囊和显示器)组成。焦点压力范围:2.9MPa~74.0MPa;压力脉冲宽度:不大于 1 μs;压力脉冲上升时间:不大于 0.5 μs;治疗频率调节范围:1Hz~4Hz;可调焦点区域聚焦范围:径向:3.5mm~8mm×3.5~8mm,轴向:90mm~110mm;焦点定位偏差:径向(X)±1.5mm,轴向(Y)±3mm;治疗臂和治疗头的调节范围:a)治疗臂:水平不小于 1100mm、垂直不小于 680mm~1080mm;b)治疗头调节角度:顺时针不小于 180°、逆时针不小于 180°。
适用范围:用于对冠心病患者进行辅助治疗,减轻患者心绞痛等相关症状,提高患者的生存质量。
生产厂家:瑞士 Storz Medical AG
注册代理:北京海德鸿景科技有限公司
服务机构:北京海德鸿景科技有限公司
发证日期:2014.01.24 截止日期:2018.01.23

国食药监械(进)字 2014 第 3770731 号

产品名称:电生理电极导管(商品名:Livewire)(Livewire Steerable Electrophysiology Catheter)
规格型号:见附页
产品标准:YZB/USA 8432-2013《电生理电极导管(商品名:Livewire)》
性能组成:产品是一种头端可弯曲的电极导管,为一次性使用无菌产品,环氧乙烷灭菌。由电极头、导管主体和遥控手柄组成。导管主体材料为聚氨基甲酸乙酯,电极头和电极环材料为铂。不同型号产品电极数和头端曲型不同,具体描述见规格型号附页。
适用范围:通过专用电缆与电生理记录仪器连接,用于评估位于心内和血管内的心律不齐。
生产厂家:美国 St. Jude Medical
注册代理:圣犹达医疗用品(上海)有限公司
服务机构:圣犹达医疗用品(上海)有限公司
发证日期:2014.01.24 截止日期:2018.01.23

国食药监械(进)字 2014 第 2400732 号

产品名称:尿微量白蛋白检测试剂盒(胶体金法)(NycoCard U-Albumin)
规格型号:24 人份/盒
产品标准:YZB/NOR 0067-2014
性能组成:稀释液(R1)、胶体金缀合物(R2)、洗涤液(R3)、反应板(TD)。(具体内容详见说明书)。产品有效期:保存于 2-8℃,有效期 14 个月。附件:注册产品标准,产品说明书。
适用范围:本产品用于体外定量检测人尿液中的微量白蛋白。
生产厂家:挪威 Axis-Shield Poc AS
注册代理:美艾利尔(中国)医疗器械有限公司
发证日期:2014.01.24 截止日期:2018.01.23

国食药监械(进)字 2014 第 2400733 号

产品名称:酒精检测试剂盒(酶比色法)(Ethanol Gen.2(ETOH2))
规格型号:100 测试,2×50 测试,300 测试。
产品标准:YZB/GER 0096-2014
性能组成:试剂 1:缓冲液、防腐剂。 试剂 2:烟酰胺腺嘌呤二核苷酸(NAD)、醇脱氢酶(ADH)、稳定剂、防腐剂。(具体内容详见说明书)。产品有效期:2-8℃储存,有效期 10 个月。附件:注册产品标准,产品说明书。

适用范围:体外定量测定人血浆、血清和尿液中的酒精的浓度。
生产厂家:德国 Roche Diagnostics GmbH
注册代理:罗氏诊断产品（上海）有限公司
发证日期:2014.01.24 **截止日期**:2018.01.23

国食药监械(进)字 2014 第 2400734 号

产品名称:血氨检测试剂盒(比色法)(Ammonia (NH3L))
规格型号:150 测试，2×50 测试。
产品标准:YZB/GER 0005-2014
性能组成:试剂 1: N, N-二(2-羟乙)-甘氨酸 (BICINE) 缓冲液；谷氨酸脱氢酶 (GLDH)(微生物)；2-酮戊二酸；洗洁剂；防腐剂；无反应性稳定剂。 试剂 2：还原型烟酰胺腺嘌呤二核苷酸磷酸 (NADPH)；洗洁剂；防腐剂；无反应性缓冲液。（具体内容详见说明书）。产品有效期：2-8℃储存，有效期 21 个月。附件：注册产品标准，产品说明书。
适用范围:体外定量测定人血浆中血氨浓度。
变更情况:变更日期：2014.10.23。同意在产品说明书中增加“生理浓度的柳氮磺胺吡啶或磺胺吡啶会导致错误的结果，治疗浓度的替莫唑胺会导致错误的结果。”的描述
生产厂家:德国 Roche Diagnostics GmbH
注册代理:罗氏诊断产品(上海)有限公司
发证日期:2014.01.24 **截止日期**:2018.01.23

国食药监械(进)字 2014 第 3400735 号

产品名称:乙型肝炎病毒 e 抗体检测试剂盒(化学发光法)(VITROS Immunodiagnostic Products Anti-HBe)
规格型号:试剂盒:52 人份/包装，校准品:1 套/包装， 质控品:2 套/包装。
产品标准:YZB/UK 8375-2013
性能组成:试剂盒:包被好的反应杯:链霉亲和素。分析试剂:重组 HBeAg、溶于含有牛血清白蛋白，胎牛血清，鼠血清和抗微生物剂的缓冲液中。酶结合物试剂:HRP-小鼠单克隆乙型肝炎病毒 e 抗体、生物素-小鼠单克隆乙型肝炎病毒 e 抗体，溶于含有绵羊血清、鼠血清、牛血清白蛋白、牛&; gamma；球蛋白和抗微生物剂的缓冲液中；校准品:冻干的抗 HBe 阴性人类血浆；质控品:成分为冻干的人血浆，加入抗菌剂。（具体内容详见说明书）。产品有效期：2-8℃保存，有效期 22 周。附件：注册产品标准，产品说明书。
适用范围:该产品用于定性检测人血清中的乙型肝炎病毒 e 抗体 (Anti-HBe)。
生产厂家:英国 Ortho Clinical Diagnostics
注册代理:强生(上海)医疗器材有限公司
发证日期:2014.01.24 **截止日期**:2018.01.23

国食药监械(进)字 2014 第 2400736 号

产品名称:糖化血红蛋白 A1c 检测试剂盒(HPLC 法)(D-10 Hemoglobin A1c Program)
规格型号:400 人份
产品标准:YZB/USA 8378-2013
性能组成:清洗缓冲液 1:Bis-Tris 磷酸盐缓冲液，pH 值 6.0。 清洗缓冲液 2: Bis-Tris 磷酸盐缓冲液，pH 值 6.7。洗液/稀释液：去离子水。分析柱：阳离子交换柱。软盘：含糖化血红蛋白 A1c 检测试剂盒(HPLC 法)的参数。校准品/校准品稀释液：校准品-冻干的人红细胞裂解剂；校准品稀释液-去离子水。全血灌注液。样本管。(具体内容详见说明书)。产品有效期：清洗缓冲液 1、清洗缓冲液 2 和洗液/稀释液和分析柱在 15-30℃保存，校准品/校准品稀释液和全血灌注液在 2-8℃保存，有效期为 2 年。附件：注册产品标准，产品说明书。
适用范围:该产品用于体外定量检测人全血中的糖化血红蛋白 A1c。
生产厂家:美国 Bio-Rad Laboratories, Inc.,
注册代理:伯乐生命医学产品(上海)有限公司
发证日期:2014.01.24 **截止日期**:2018.01.23

国食药监械(进)字 2014 第 2400737 号

产品名称:睾酮测定试剂包(化学发光法)(VITROS Immunodiagnostic Products Testosterone Reagent Pack)
规格型号:100 测试/包装
产品标准:YZB/UK 0038-2014
性能组成:包被好的反应杯(链霉亲和素)；酶结合物试剂(HRP-睾酮)，溶于含有牛血清白蛋白和抗微生物剂的缓冲液中；生物素化的抗体试剂(生物素-鼠抗-睾酮)，溶于含有人血清和抗微生物剂的缓冲液中。（具体内容详见说明书）。产品有效期：2-8℃冷藏保存，有效期：30 周。附件：注册产品标准，产品说明书。
适用范围:该产品用于定量测定人血清和血浆(EDTA 或肝素抗凝)中睾酮的含量。
生产厂家:英国 Ortho Clinical Diagnostics
注册代理:强生(上海)医疗器材有限公司
发证日期:2014.01.24 **截止日期**:2018.01.23

国食药监械(进)字 2014 第 3400738 号

产品名称:乙型肝炎病毒核心抗体检测试剂盒(化学发光法)(VITROS Immunodiagnostic Products Anti-HBc)
规格型号:乙型肝炎病毒核心抗体检测试剂包:100 人份/包装；乙型肝炎病毒核心抗体校准品:1 套/包装，1 支/套，2.2mL/支；乙型肝炎病毒核心抗体质控品:3 套/包装，2 支/套，1.0mL/支。
产品标准:YZB/UK 0046-2014
性能组成:试剂包：包被好的反应杯[包被好的重组 HBcAg，(来源于细菌 E.coli)]、分析试剂[溶于含有新出生的小牛血清、牛γ球蛋白和抗微生物剂(Kathon)的缓冲液中]、酶结合物试剂(HRP-小鼠单克隆抗-HBc)，溶于含有小鼠血清、人类血浆和抗微生物剂(Kathon)的缓冲液中。校准品：抗-HBc 阴性人类血浆与抗微生物剂。质控品：加入了抗微生物剂的人类血浆。（具体内容详见说明书）。产品有效期：2-8℃冷藏保存，有效期：52 周。附件：注册产品标准，产品说明书。
适用范围:该产品用于定性检测人类血清或血浆(EDTA，肝磷脂或柠檬酸盐)中的乙型肝炎病毒核心抗体(Anti-HBc)。
生产厂家:英国 Ortho Clinical Diagnostics
注册代理:强生(上海)医疗器材有限公司
发证日期:2014.01.24 **截止日期**:2018.01.23

国食药监械(进)字 2014 第 3400739 号

产品名称:乙型肝炎病毒表面抗原检测试剂盒(化学发光法)(VITROS Immunodiagnostic Products HBsAg)
规格型号:试剂盒:100 测试/包装；校准品:1 套/包装；质控品:3 套/包装。
产品标准:YZB/UK 0048-2014
性能组成:试剂盒：每个反应杯包被小鼠单克隆抗-HBs，酶结合物试剂:HRP-小鼠单克隆抗-HBs，溶于含牛血清白蛋白、山羊血清和抗菌剂的缓冲液中，分析试剂:含有人血清、新生小牛血清、小鼠血清和抗菌剂；校准品:灭活的人 ad 亚型 HBsAg，溶于含牛血清和抗菌剂的缓冲液中；质控品:成分为冻干的人血清，加入抗菌剂。（具体内容详见说明书）。产品有效期：2-8℃冷藏保存，有效期：52 周。附件：注册产品标准，产品说明书。
适用范围:该产品用于定性检测人类血清和血浆(EDTA、肝素或柠檬酸盐抗凝)中的乙型肝炎病毒表面抗原(HBsAg)。
生产厂家:英国 Ortho Clinical Diagnostics
注册代理:强生(上海)医疗器材有限公司
发证日期:2014.01.24 **截止日期**:2018.01.23

国食药监械(进)字 2014 第 2400740 号

产品名称:载脂蛋白 B 测定试剂盒(免疫比浊法)(VITROS Chemistry Products ApoB Reagent)
规格型号:300 测试/包装
产品标准:YZB/USA 0049-2014
性能组成:活性成分:试剂 1(R1):无；试剂 2(R2):山羊抗人载脂蛋白 B 血清。其他成分:试剂 1(R1):防腐剂、聚合物、缓冲液、无机盐；试剂 2(R2):防腐剂、缓冲液、无机盐。(具体内容详见说明书)。产品有效期：2-8℃冷藏保存，有效期:16 个月。附件：注册产品标准，产品说明书。
适用范围:该产品用于体外定量测定人血清和血浆中载脂蛋白 B(ApoB)的浓度。
生产厂家:美国 Ortho-Clinical Diagnostics, Inc.
注册代理:强生(上海)医疗器材有限公司
发证日期:2014.01.24 **截止日期**:2018.01.23

国食药监械(进)字 2014 第 2070741 号

产品名称:瓣膜安装工具套件（商品名：ThruPort）(Valve Placement

Pack)
规格型号:VPP
产品标准:YZB/USA 8187-2013《瓣膜安装工具套件》
性能组成:本产品包括推结器(1 个),瓣膜探测针(1 个)和瓣膜安置器(1个)。其中推结器由 Vectra®A130 液晶聚合物制成,安置器和探测针的头端为Baysilone®LSP 4070PC液体硅橡胶,杆和把柄为Vectra®A130液晶聚合物。一次性使用,射线灭菌。
适用范围:用在瓣膜手术中,推结器将体外缝线结推到体表面或者胸腔内,瓣膜探测针检验机械瓣膜瓣叶的活动。瓣膜安置器用于瓣膜手术中放置机械瓣膜。
生产厂家:美国 Edwards Lifesciences LLC
注册代理:爱德华(上海)医疗用品有限公司
服务机构:爱德华(上海)医疗用品有限公司
发证日期:2014. 01. 28 **截止日期**:2018. 01. 27

国食药监械(进)字 2014 第 1100742 号

产品名称:颌面外科基础手术器械(Surgical Instruments)
规格型号:见附页
产品标准:YZB/GER 8018-2013《颌面外科基础手术器械》
性能组成:产品包括截骨刀、组织剪、钢丝剪、解剖剪、敷料镊、组织镊、持板镊、持针镊、帕巾镊、撑开钳、持板钳、持针钳、持骨钳、剪切钳、弯曲钳、咬骨钳、器械钳、组织钳、复位钳、止血钳、拉钩、牵开器、开口器、压舌板、鼻镜、固定器、骨折固定夹、骨凿、骨锉、刮匙、剥离器、探针、测深器、测径器、钻头、丝锥、骨扩张器、钻孔器、定位架、导向器、保护器、螺丝刀、螺丝刀手柄、扳手、钻头手柄、模板、持骨钳链、螺钉取出器、打入器、打入器计量器、拔出器和夹持器。与人体接触部分采用符合 GB4234-2003 标准的 00Cr18Ni14Mo3 不锈钢或符合 GB13810 标准的 TC4 钛合金制造。非灭菌包装,不与有源器械联用。
适用范围:用于颌面外科手术时使用。
生产厂家:德国 Gebrüder Martin GmbH &Co. KG
注册代理:德国马丁兄弟有限两合公司上海代表处
服务机构:德国马丁兄弟有限两合公司上海代表处
发证日期:2014. 01. 28 **截止日期**:2018. 01. 27

国食药监械(进)字 2014 第 2540743 号

产品名称:灌肠器(enema kit)
规格型号:UCL L 3.1
产品标准:YZB/ROK 7962-2013《灌肠器》
性能组成:分为硅胶材料的球体和喷嘴,以及由软管构成的灌肠工具和外盒。由外壳 (SUS304)、喷嘴 (硅胶)、盖体 (乙缩醛)、钳夹 (乙缩醛 L)、软管 (硅胶+金粉)、手动泵 (硅胶和金粉)、滑管 (乙缩醛)、板式螺母 (乙缩醛) 各组件组成。
适用范围:本品是用于将蒸馏水液体填入结肠的灌肠器。
生产厂家:韩国 NAECLEAR, INC
注册代理:上海满恩水贸易有限公司
服务机构:上海满恩水贸易有限公司
发证日期:2014. 01. 28 **截止日期**:2018. 01. 27

国食药监械(进)字 2014 第 2100744 号

产品名称:交叉韧带重建导向系统(ACUFEX PINPOINT Anatomic ACL Guide System)
规格型号:见附页
产品标准:YZB/USA 7862-2013《交叉韧带重建导向系统》
性能组成:该产品由瞄准器把手、导向管支持器、瞄准臂、导向管、定位标记锥组成。导向管支持器、瞄准臂及导向管由符合 ASTM F899 标准规定的 630 号不锈钢材料制成;定位标记锥与人体接触部分由符合 ASTM F899 标准规定的 S46500 号不锈钢材料制成,表面为氮化钛涂层。非灭菌包装。
适用范围:适用于膝关节交叉韧带重建手术的导向定位。
生产厂家:美国 Smith&Nephew Inc.
注册代理:施乐辉医用产品国际贸易(上海)有限公司
服务机构:施乐辉医用产品国际贸易(上海)有限公司
发证日期:2014. 01. 28 **截止日期**:2018. 01. 27

国食药监械(进)字 2014 第 1100745 号

产品名称:钉板安装手术器械(plate/Screw Instruments)
规格型号:见附页
产品标准:YZB/HUN 8243-2013《钉板安装手术器械》
性能组成:钉板安装手术器械由 T 型手柄、测深尺、套筒、骨钻限位器、夹钉器、螺钉把持套筒、埋头钻、螺丝刀、扭力限制扳手、丝锥、丝攻-快速接口、弯板器、弯针器、瞄准器和器械盒组成。钉板安装手术器械中 T 型手柄、测深尺、套筒、夹钉器、螺钉把持套筒、丝攻-快速接口、弯板器、弯针器选用 YY/T0294.1 中规定的代号为 B 的材料制造;埋头钻、螺丝刀、扭力限制扳手、丝攻选用 YY/T0294.1 中规定的代号为 D 的材料制造;器械盒选用 YY/T0294.1 中规定的代号为 M 的材料制造;骨钻限位器选用 QB/T4041 中规定的聚四氟乙烯材料制造;瞄准器选用 GB/T3191 中规定的 2A12 材料制造。非灭菌包装。产品不与有源器械联用。
适用范围:本产品用于四肢骨折手术中安装钉板。
生产厂家:匈牙利 Sanatmetal Orthopaedic&Traumatologic Equipment Manufacturer Ltd
注册代理:广州幸好医疗器械有限公司
服务机构:广州幸好医疗器械有限公司
发证日期:2014. 01. 28 **截止日期**:2018. 01. 27

国食药监械(进)字 2014 第 1010746 号

产品名称:跟骨复位安装手术器械(Calcaneus Reduction Instruments)
规格型号:见附页
产品标准:YZB/HUN 7910-2013《跟骨复位安装手术器械》
性能组成:跟骨复位安装手术器械由套筒、撑开器、测深尺、螺丝刀、弯针器、加压器、软组织剥离器、剥离器和器械盒组成。其中器械盒选用 YY/T0294.1 中规定的代号为 M 的材料制造;螺丝刀的主体选用 YY/T0294.1 中规定的代号为 D 的材料制造;套筒主体选用 YY/T0294.1 中规定的 B 材料制造;撑开器、测深尺、弯针器、加压器、软组织剥离器、剥离器选用 YY/T0294.1 中规定的 B 材料制造。非灭菌包装。
适用范围:该产品适用在手术过程中安装跟骨接骨板
生产厂家:匈牙利 Sanatmetal Orthopaedic&Traumatologic Equipment Manufacturer Ltd
注册代理:广州幸好医疗器械有限公司
服务机构:广州幸好医疗器械有限公司
发证日期:2014. 01. 28 **截止日期**:2018. 01. 27

国食药监械(进)字 2014 第 1100747 号(更)

产品名称:脊柱内固定系统手术工具(商品名:LOSPA IS)(Spinal Fixation System Instrument)
规格型号:见附页
产品标准:YZB/ROK 8119-2013《脊柱内固定系统手术工具》
备注:代理人和售后服务机构由"广东众康益医药有限公司"变更为"上海科钛医疗器械有限公司";注册证由"国食药监械(进)字 2014 第 1100747 号"变更为"国食药监械(进)字 2014 第 1100747 号(更)",原证自发证之日起作废。
生产厂家:韩国 Corentec Co., Ltd.
注册代理:上海科钛医疗器械有限公司
服务机构:上海科钛医疗器械有限公司
变更日期:2014. 07. 10 **截止日期**:2018. 01. 27

国食药监械(进)字 2014 第 1660748 号

产品名称:手持压力表(Pneumatic Inflator)
规格型号:M00553200
产品标准:YZB/USA 8301-2013《手持压力表》
性能组成:手持压力表为无源器械,是一种可重复使用的扩张器械,用于扩张 Rigiflex II 一次性弛缓不能症球囊扩张器。该器械由一个充气球和控制阀、一个压力计以及一根用于连接球囊的软管组成。
适用范围:该产品用于扩张和收缩 Rigiflex II 一次性弛缓不能症球囊扩张器,同时监控球囊压力。该产品仅可与 Rigiflex II 一次性弛缓不能症球囊扩张器配合使用,用于扩张弛缓不能症患者的贲门(LES)。
生产厂家:美国 Boston Scientific Corporation
注册代理:波科国际医疗贸易(上海)有限公司
服务机构:波科国际医疗贸易(上海)有限公司
发证日期:2014. 01. 28 **截止日期**:2018. 01. 27

国食药监械(进)字 2014 第 2100749 号

产品名称:髓核钳(GraspingForceps)
规格型号:DFX-G
产品标准:YZB/USA 8191-2013《髓核钳》
性能组成:该产品由钳头、主体和手柄三部分组成，钳头和手柄采用符合 YY/T 0294.1-2005 标准规定的代号为 B 的不锈钢材料制成，其余部分采用符合 YY/T 0294.1-2005 标准中代号为 M 的不锈钢材料制成，非灭菌包装。
适用范围:该产品为手术工具，用于骨科手术操作中处理组织(夹取和切割)。
生产厂家:美国 ELLIQUENCE LLC
注册代理:博能华医疗器械(上海)有限公司
服务机构:博能华医疗器械(上海)有限公司
发证日期:2014.01.28 **截止日期**:2018.01.27

国食药监械(进)字 2014 第 1100750 号

产品名称:髋关节手术器械 (商品名: Lineage) (LINEAGE Hip System Instruments)
规格型号:见附页
产品标准:YZB/USA 8048-2013《髋关节手术器械》
性能组成:器械由试模、拔出器、扣打器、定位器、假体打入器、手柄、螺丝起子和工具箱/托盘组成。试模采用聚醚酰亚胺材料或符合 ASTM F899 的牌号为 630 的不锈钢材料制造。扣打器采用聚醚酰亚胺材料或聚四氟乙烯材料或符合 ASTM F899 的牌号为 630 的不锈钢材料制造。定位器采用符合 ASTM F899 的牌号为 316 或 630 的不锈钢材料制造。螺丝起子采用聚亚苯基砜材料或符合 ASTM F899 的牌号为 440C 或 630 的不锈钢材料制造。拔出器、假体打入器和手柄采用符合 ASTM F899 的牌号为 630 的不锈钢材料制造。不与有源器械联用，非灭菌包装。
适用范围:该产品为手动式骨科手术器械，预期用于髋关节置换和修复的外科手术中。
生产厂家:美国 Wright Medical Technology, Inc.
注册代理:上海迈凯医疗器械有限公司
服务机构:上海迈凯医疗器械有限公司
发证日期:2014.01.28 **截止日期**:2018.01.27

国食药监械(进)字 2014 第 1100751 号

产品名称:脊柱手术工具(General Instruments)
规格型号:见附页
产品标准:YZB/USA 8109-2013《脊柱手术工具》
性能组成:该产品由剪棒器、剪棒钳、扳手和手柄组成，采用符合 ASTM F899 的 630、303、304、XM-16 不锈钢及符合 ISO 16061 的硅橡胶制成，具体详见规格型号列表。非灭菌包装。
适用范围:该产品为手术器械，适用于骨科脊柱手术。
生产厂家:美国 Tecomet Inc.
注册代理:美敦力(上海)管理有限公司
服务机构:美敦力(上海)管理有限公司
发证日期:2014.01.28 **截止日期**:2018.01.27

国食药监械(进)字 2014 第 1100752 号

产品名称:髋关节手术工具 (商品名: RECLAIM) (Hip instruments)
规格型号:见附页
产品标准:YZB/IRE 8268-2013《 髋关节手术工具》
性能组成:该产品由 T 型手柄、 分解工具、 分解工具夹头、 分解工具拉杆、 分解工具帽、 分解工具手柄、 分解扭力杆、 分解扭力手柄、假体植入器适配器、 角度调节器、近端假体植入器、近端试模、 远端试模、 近端钻、 拉伸棒、 螺栓扳手、 螺栓扳手把手、髓腔锉取出器适配器、 通用六角起子、 修整锉、 远端保护袖套、 远端杆适配器、远端开启钻、 远端扩髓钻、远端扩髓钻离合手柄、远端扩髓钻延长器、远端植入器、 锥度打击器、 组装工具、 组装工具拉杆、 组装工具适配器、 组装工具手柄组成，采用符合 ASTM F899 的 420A、455、630、304、440C 不锈钢、符合 ISO5834-2 标准的超高分子量聚乙烯材料及玻璃纤维增强的聚醚醚酮材料等材料制成，具体详见规格型号列表，非灭菌包装。
适用范围:该产品为手术工具，应用于骨科手术中的髋关节置换。
生产厂家:爱尔兰 DePuy (Ireland)
注册代理:强生(上海) 医疗器材有限公司
服务机构:强生(上海) 医疗器材有限公司
发证日期:2014.01.28 **截止日期**:2018.01.27

国食药监械(进)字 2014 第 1010753 号

产品名称:吸引管 (商品名: TSI) (Suction Tube)
规格型号:见附页
产品标准:YZB/USA 8210-2013 《吸引管》
性能组成:本产品由不锈钢制成。可重复使用，耐高温高压消毒。具体型号及描述见规格型号附页。
适用范围:该产品用于医疗单位，适用于抽吸外科手术过程中切割下来的组织或血液，保持手术创面视野的清晰。产品用于开放式外科手术。
生产厂家:美国 TeDan Surgical Innovations, LLC
注册代理:北京威尼汇力医疗器械有限公司
服务机构:北京威尼汇力医疗器械有限公司
发证日期:2014.01.28 **截止日期**:2018.01.27

国食药监械(进)字 2014 第 1100754 号

产品名称:脊柱产品手动工具 (商品名: Dynesys Top-Loading Spinal System) (Spinal Device Manual Instruments)
规格型号:见附页
产品标准:YZB/USA 8059-2013《脊柱产品手动工具》
性能组成:器械为组合型式，由丝攻 T 型手柄、各种类型丝攻、尖椎、椎弓根探子套筒、椎弓根探子、试模、探针、螺钉改锥、改锥手柄、齿轮手柄、测量尺、推管器、拉紧器、切割器、持器、滑移器、控制杆、导引器、扳手、探子、偏向六角改锥组成，其中接触人体的工具中，丝攻是由符合 ASTM F899 标准的 XM-16 不锈钢制成; 尖椎、探子、试模、探针是由符合 ASTM F 899 标准的 630 不锈钢制成。不与有源器械联用，非灭菌包装。
适用范围:该用具适用于椎体椎弓根部位的一般骨科手术。
生产厂家:美国 Zimmer Spine, Inc.
注册代理:捷迈(上海)医疗国际贸易有限公司
服务机构:捷迈(上海)医疗国际贸易有限公司
发证日期:2014.01.28 **截止日期**:2018.01.27

国食药监械(进)字 2014 第 1100755 号

产品名称:脊柱手术工具(Medtronic Reusable Instruments)
规格型号:见附页
产品标准:YZB/USA 8070-2013《脊柱手术工具》
性能组成:手术工具由骨试模、模棒、丝攻、钻套、定位针、定位针起子、螺钉起子、锁定起子、拉紧钳、夹紧钳、加压钳、撑开钳、持板钳、持棒钳、持钩器、椎板钩探子、探针、套管/筒、T 型通条、钻头适配器、DTS 导向器、准线工具、翻修工具、开路器/锥、弯板器、弯棒器、压棒器、剪棒器、通用手柄、深度计组成，接触人体的部件采用符合 ASTM F899 标准的 303、304、316、630、XM-16 不锈钢制造，详见型号规格附页。不与有源器械联用，非灭菌包装。
适用范围:本产品用于骨科脊柱手术。
生产厂家:美国 Medtronic Sofamor Danek USA, Inc.
注册代理:美敦力(上海)管理有限公司
服务机构:美敦力(上海)管理有限公司
发证日期:2014.01.28 **截止日期**:2018.01.27

国食药监械(进)字 2014 第 1100756 号

产品名称:髋关节手术器械 (商品名: MIS) (MIS Hip Instruments)
规格型号:见附页
产品标准:YZB/USA 8275-2013《髋关节手术器械》
性能组成:该产品由试模、骨科用钻/针、拔出器、导向器、扣打器/打入器、起子、牵开器、骨压缩器、骨科用钳、手柄、套管、测量器、螺丝、打孔器、骨锉、骨钩、骨凿、刮匙、扩孔器和连接器组成，采用符合 ASTM F899 标准规定的 630、304、420、XM-16、XM-13、440C、316、410、302 不锈钢及苯基砜等材料制成，或采用符合 ASTM F138 标准的 S31673 不锈钢材料制成，具体详见规格型号列表，非灭菌包装。
适用范围:该产品为手动式矫形外科(骨科)手术器械，预期用于髋关节置换和修复的外科手术中。
生产厂家:美国 Wright Medical Technology, Inc.
注册代理:上海迈凯医疗器械有限公司
服务机构:上海迈凯医疗器械有限公司
发证日期:2014.01.28 **截止日期**:2018.01.27

国食药监械(进)字 2014 第 3400757 号

产品名称:抗风疹病毒 IgM 抗体检测试剂盒(化学发光免疫分析法)(BIO-FLASH Rubella IgM)
规格型号:50 个测试/盒
产品标准:YZB/SPA 8438-2013
性能组成:试剂盒中有 4 个不同的小管,分别如下:A.一个圆柱状小管,装有包被了小鼠抗人 IgM 单克隆抗体的微粒,悬浮于磷酸盐缓冲液中。另含有浓度低于 0.1%的叠氮钠。B. 一管测试缓冲液。另含有浓度低于 0.1%的叠氮钠。C. 一支不透明的小管,其中含有由标有异氨基苯二酰肼所组成的风疹抗原示踪剂。另含有浓度低于 0.1%的叠氮钠。D. 一支示踪剂的稀释液,另含有浓度低于 0.1%的叠氮钠。产品有效期:2-8° C 下保存,有效期为 15 个月。附件:注册产品标准,产品说明书。
适用范围:该产品用于定性检测人血清或血浆中的抗风疹病毒 IgM 抗体。
生产厂家:西班牙 BIOKIT, S.A.
注册代理:沃芬医疗设备国际贸易(上海)有限公司
发证日期:2014.01.27 **截止日期**:2018.01.26

国食药监械(进)字 2014 第 3400758 号

产品名称:抗巨细胞病毒 IgM 抗体检测试剂盒(化学发光免疫分析法)(BIO-FLASH CMV IgM)
规格型号:50 个测试/盒
产品标准:YZB/SPA 8439-2013
性能组成:试剂盒中有 4 个不同的小管,分别如下:A.一个圆柱状小管,装有包被了巨细胞病毒抗原的微粒,悬浮于甘氨酸缓冲液中。另含有浓度低于 0.1%的叠氮钠。B. 一管测试缓冲液。另含有浓度低于 0.1%的叠氮钠。C.一支不透明的小管,其中含有由标有异氨基苯二酰肼小鼠抗人 IgM 单克隆抗体所组成的示踪剂。另含有浓度低于 0.1%的叠氮钠。D. 一支空管。产品有效期:2-8° C 下保存,有效期为 15 个月。附件:注册产品标准,产品说明书。
适用范围:该产品用于定性检测人血清或血浆中的抗巨细胞病毒 IgM 抗体。
变更情况:变更日期:2014.10.23。产品说明书内容由"【储存条件及有效期】中 2-8° C 下试剂盒在仪器上的稳定 16 周"变更为"【储存条件及有效期】中 2-8° C 下试剂盒在仪器上的稳定 14 周;【注意事项】增加6. 既不要重复使用试剂盒,也不要向使用过的试剂盒或管中添加试剂。"
生产厂家:西班牙 BIOKIT, S.A.
注册代理:沃芬医疗设备国际贸易(上海)有限公司
发证日期:2014.01.27 **截止日期**:2018.01.26

国食药监械(进)字 2014 第 3400759 号

产品名称:抗弓形虫 IgM 抗体检测试剂盒(化学发光免疫分析法)(BIO-FLASH Toxo IgM)
规格型号:50 个测试/盒
产品标准:YZB/SPA 8440-2013
性能组成:试剂盒中有 4 个不同的小管,分别如下:A.一个圆柱状小管,装有包被了弓形虫抗原的微粒,悬浮于磷酸盐缓冲液中。另含有浓度低于 0.1%的叠氮钠。B. 一管测试缓冲液。另含有浓度低于 0.1%的叠氮钠。C.一支不透明的小管,其中含有由标有异氨基苯二酰肼小鼠抗人 IgM 单克隆抗体所组成的示踪剂。另含有浓度低于 0.1%的叠氮钠。D. 一支空管。产品有效期:2-8° C 下保存,有效期为 12 个月。附件:注册产品标准,产品说明书。
适用范围:该产品用于定性检测人血清或血浆中的抗弓形虫 IgM 抗体。
生产厂家:西班牙 BIOKIT, S.A.
注册代理:沃芬医疗设备国际贸易(上海)有限公司
发证日期:2014.01.27 **截止日期**:2018.01.26

国食药监械(进)字 2014 第 3400760 号

产品名称:美沙酮定标/质控品(Emit® Calibrator/Control)
规格型号:9A509UL:1×14 mL; 9A549UL:1×14 mL; 9A569UL:1×14 mL; 9A589UL:1×14 mL; 9A609UL:1×14 mL。
产品标准:YZB/USA 0050-2014
性能组成:货号 9A509UL:美沙酮定标/质控品,水平 0,成分为人尿液,含防腐剂;货号 9A549UL:美沙酮定标/质控品,水平 2,成分为人尿液,含美沙酮及其他化合物*(含苯甲酰芽子碱、氯甲西泮、美沙酮、D-甲基苯丙胺、甲喹酮、吗啡、11-正-9-羧基-四氢大麻酚、苯环利定、右丙氧芬,司可巴比妥),防腐剂。货号 9A569UL:美沙酮定标/质控品,水平 3,成分为人尿液,含美沙酮及其他化合物*(含苯甲酰芽子碱、氯甲西泮、美沙酮、D-甲基苯丙胺、甲喹酮、吗啡、11-正-9-羧基-四氢大麻酚、苯环利定、右丙氧芬,司可巴比妥),防腐剂。货号 9A589UL:美沙酮定标/质控品,水平 4,成分为人尿液,含美沙酮及其他化合物*(含苯甲酰芽子碱、氯甲西泮、美沙酮、甲喹酮、11-正-9-羧基-四氢大麻酚、苯环利定、右丙氧芬,司可巴比妥),防腐剂。货号 9A609UL:美沙酮定标/质控品,水平 5,成分为人尿液,含美沙酮及其他化合物*(含苯甲酰芽子碱、氯甲西泮、美沙酮、D-甲基苯丙胺、甲喹酮、吗啡、11-正-9-羧基-四氢大麻酚、苯环利定、右丙氧芬,司可巴比妥),防腐剂。产品有效期:9A509UL:在 2-8℃条件下储存,有效期 12 个月;9A549UL、9A569UL、9A589UL、9A609UL:在 2-8℃条件下储存,有效期 9 个月。附件:注册产品标准,产品说明书。
适用范围:该定标/质控品用于美沙酮检测法的校准。该定标/质控品根据药物滥用检测法规定测试截断值水平也可用做美沙酮检测法的质控品。
生产厂家:美国 Siemens Healthcare Diagnostics Inc.
注册代理:西门子医学诊断产品(上海)有限公司
发证日期:2014.01.27 **截止日期**:2018.01.26

国食药监械(进)字 2014 第 3400761 号

产品名称:人类 EGFR 基因突变检测试剂盒(蝎形探针 ARMS 荧光 PCR 法)(therascreen® EGFR RGQ PCR Kit)
规格型号:24 测试/盒
产品标准:YZB/UK 0024-2014
性能组成:对照反应混合液,T790M 反应混合液,缺失突变反应混合液,L858R 反应混合液,L861Q 反应混合液,G719X 反应混合液,S768I 反应混合液,插入突变反应混合液,EGFR 阳性对照,Taq DNA 聚合酶,无核酸酶水。(具体内容详见产品说明书)。产品有效期:在-15 ℃至-25 ℃避光保存,产品有效期 6 个月。附件:注册产品标准,产品说明书。
适用范围:该产品用于定性检测福尔马林固定、石蜡包埋的非小细胞肺癌(NSCLC)组织样本中提取的 DNA 样本 EGFR 相关基因 23 种体细胞突变。
生产厂家:英国 QIAGEN Manchester Ltd
注册代理:凯杰企业管理(上海)有限公司
发证日期:2014.01.27 **截止日期**:2018.01.26

国食药监械(进)字 2014 第 3220762 号

产品名称:腹腔镜手术器械(Re-New Laparoscopic Instrument)
规格型号:见附页
产品标准:YZB/USA 7360-2013《腹腔镜手术器械》
性能组成:由腹腔镜操作杆(手柄)与腹腔镜操作头(电极头)组成,电极头为可脱卸电极。其中操作杆为可重复使用,操作头有可重复使用和一次性使用两种,一次性操作头为环氧乙烷灭菌。
适用范围:产品用于医疗单位外科腹腔镜手术,配合高频发生器使用,进行切割、凝血。
生产厂家:美国 Microline Surgical, Inc.
注册代理:北京爱博容科技有限公司
服务机构:北京爱博容科技有限公司
发证日期:2014.01.27 **截止日期**:2018.01.26

国食药监械(进)字 2014 第 3450763 号(更)

产品名称:心肺辅助系统(Heart-Lung Support System CARDIOHELP System)
规格型号:CARDIOHELP-i
产品标准:YZB/GER 0148-2014《心肺辅助系统》
备注:生产企业注册地址由"Hechinger Str.38, 72145Hirrlingen, Germany"变更为"Kehler Str. 31, 76437Rastatt, Germany";注册证由"国食药监械(进)字 2014 第 3450763 号"变更为"国食药监械(进)字 2014 第 3450763 号(更)",原证自发证之日起作废。2014 年 7 月 15 日同意更正产品性能结构及组成内容,2013 年 10 月 11 日核发的医疗器械注册证、医疗器械注册登记表予以废止。
生产厂家:德国 MAQUET Cardiopulmonary AG

注册代理:迈柯唯(上海)医疗设备有限公司
服务机构:迈柯唯(上海)医疗设备有限公司
变更日期:2013.10.11 截止日期:2018.01.26

国食药监械(进)字 2014 第 3700764 号

产品名称:脑部磁共振图像处理软件(MRI Image Processing Software for Brain)
规格型号:nordicICE, 版本 2.3.13
产品标准:YZB/NOR 8441-2013《脑部磁共振图像处理软件》
性能组成:产品由安装光盘、随机文件组成,组成模块为:nordicICE 基础模块、DICOM 数据库模块、感兴趣体积模块、配准模块、2D/3D 可视化模块、灌注模块(可选)、动态对比增强(DCE)影像分析模块(可选)、弥散分析模块(可选)、BOLD fMRI 模块(可选)、报告模块。
适用范围:本产品是由受过训练的专业人员使用的图像处理软件,可用于脑部磁共振图像的查看、处理及分析。对通过磁共振获得的功能性及动态影像数据集提供查看与分析功能,包括血氧水平依赖(BOLD)fMRI、弥散加权核磁共振(DWI)/纤维束追踪、动态分析。
生产厂家:挪威 NordicNeuroLab AS
注册代理:北京纽创科技有限公司
服务机构:北京纽创科技有限公司
发证日期:2014.01.27 截止日期:2018.01.26

国食药监械(进)字 2014 第 3700765 号

产品名称:脑部医用磁共振图像处理软件(MRI Medical Image Processing Software for Brain)
规格型号:产品型号:nordicBrainEx 产品版本号:Version 1.1.0
产品标准:YZB/NOR 0149-2014《脑部医用磁共振图像处理软件》
性能组成:产品外部组成:安装光盘,随机文件。产品组成模块:nordicBrainEx 基础模块、配准模块、BOLD 模块、DTI 模块、2D/3D 可视化模块、感兴趣体积模块(VOI)。
适用范围:该软件用于对脑部磁共振图像进行 BOLD(血氧依赖水平)的分析,为临床术前脑部绘图提供辅助信息。
生产厂家:挪威 NordicNeuroLab AS
注册代理:北京纽创科技有限公司
服务机构:北京纽创科技有限公司
发证日期:2014.01.27 截止日期:2018.01.26

国食药监械(进)字 2014 第 3210766 号

产品名称:自动体外除颤器(商品名:HeartStart FR3)(Automated External Defibrillator)
规格型号:861388、861389
产品标准:YZB/USA 0104-2014《自动体外除颤器》
性能组成:该产品由主机、电源、HEARTSTART SMART PADS III 电极(989803149981 单套和 989803149991 五套)、婴儿/儿童用钥匙(989803150031)组成,其中含有 HeartStart FR3 软件组件。
适用范围:该产品配合一次性除颤电极使用,用于治疗心室纤维颤动(VF)和心动过速(VTs),适用于没有反应、停止呼吸的疑似心跳骤停(SCA)病人。该产品可用于成人及体重在 25 千克或年龄大于 8 岁小儿。在配合使用"婴儿/儿童用钥匙"的情况下,该产品可用于体重小于 25 千克或 8 岁以下的小儿。该产品应由受过操作培训以及下列培训的急救人员使用:基本救护支持(BLS)、高级救护支持(ALS)或其他医生授权的紧急医疗救援计划。
生产厂家:美国 Philips Medical Systems
注册代理:飞利浦(中国)投资有限公司
服务机构:飞利浦(中国)投资有限公司
发证日期:2014.01.27 截止日期:2018.01.26

国食药监械(进)字 2014 第 3230767 号

产品名称:胎儿监护仪(Avalon Fetal Monitor FM40/50)
规格型号:M2704A、M2705A
产品标准:YZB/GER 8394-2013《胎儿监护仪》
性能组成:该产品由主机(含记录仪)、电源线、Toco 传感器(M2734A)、TocoMP 传感器(M2734B)、Toco+传感器(M2735A)、超声多普勒传感器(M2736A)、DECG/MECG/IUP 病人模块(M2738A)、MECG 心电电缆(M1363A)、事件标记器(989803143411)、DECG 腿板适配电缆(989803137651)、DECG 大腿粘贴电极(989803139771)、IUP 适配电缆(989803143931)、Sp02 传感器(M1192A、M1194A、M1196A、M1191T、M1192T、M1196T)、Sp02 适配器电缆(M1943A、M1943AL)、Sp02 延长电缆(M1941A)、血压袖带(M1576A、M1575A、M1574A、M1573A)及胶管(M1598B、M1599B)组成。无线传感器主机台(M2720A)配合无线 Toco 传感器(M2725A)、无线超声传感器(M2726A)及无线心电传感器(M2727A)使用。
适用范围:该产品应由训练有素的医护专业人员使用。适合在产前检查室、临产室和分娩室以及产后住院恢复期间使用,不能在 ICU 或手术室内使用,用于监护胎儿和母体的下述生理参数:M2704A 型产品可用于监护胎心率(单胎、双胎和三胎)、宫缩压力、自动胎动、手动胎动(事件标记)、母体心率 MHR、母体脉搏、母体无创血压、母体血氧饱和度。M2705A 型产品可用于监护胎心率(单胎、双胎和三胎)、宫缩压力、自动胎动、手动胎动(事件标记)、胎儿直接心电图 DECG、宫腔内压力 IUP、母体心率 MHR、母体 ECG、母体脉搏、母体无创血压、母体血氧饱和度。两个型号的监护仪均具有 NST 报告功能,均可选配事件标记器,同时还可以配合无线传感器使用进行遥测监护。M2720A 型产品在与上述监护仪连接后,通过无线传感器可监护胎心率(单胎)、胎儿直接心电图 DECG、宫缩压力、母体心率 MHR 及母体 ECG。
生产厂家:德国 Philips Medizin Systeme Boeblingen GmbH
注册代理:飞利浦(中国)投资有限公司
服务机构:飞利浦(中国)投资有限公司
发证日期:2014.01.27 截止日期:2018.01.26

国食药监械(进)字 2014 第 3660768 号

产品名称:宫腔内测压导管(Intrauterine Pressure Catheter)
规格型号:M1333A
产品标准:YZB/GER 0032-2014《宫腔内测压导管》
性能组成:该产品由外部引导管、外管身、内管身、头端部、球囊、蓝色排放帽和透明密封帽组成。该产品为伽玛射线照射灭菌,一次性使用,可配用飞利浦 M2703A 和 M2705A 型胎儿监护仪。
适用范围:该产品供单个病人在分娩期内进行宫腔内压力的测量。该产品需在破膜后使用。
生产厂家:德国 Philips Medizin Systeme Boeblingen GmbH
注册代理:飞利浦(中国)投资有限公司
服务机构:飞利浦(中国)投资有限公司
发证日期:2014.01.27 截止日期:2018.01.26

国食药监械(进)字 2014 第 3210769 号

产品名称:单螺旋胎儿头皮电极(Single Spiral DECG Fetal Scalp Electrode)
规格型号:9.8980313763e+011
产品标准:YZB/USA 0034-2014《单螺旋胎儿头皮电极》
性能组成:该产品由针、针座、参考电极、内管、外管、内管管柄、电线及接口部分组成。该产品为伽玛射线照射灭菌,一次性使用,可配用飞利浦 M2703A 和 M2705A 型胎儿监护仪。
适用范围:该产品于临产和分娩期间,可在胎儿头皮测量胎儿心率。该产品需在破膜后使用。
生产厂家:美国 Philips Medical Systems
注册代理:飞利浦(中国)投资有限公司
服务机构:飞利浦(中国)投资有限公司
发证日期:2014.01.27 截止日期:2018.01.26

国食药监械(进)字 2014 第 3540770 号

产品名称:麻醉机(Anaesthesia Machine)
规格型号:Siesta i Whispa
产品标准:YZB/DEN 0197-2014《麻醉机》
性能组成:产品由主机(Siesta i Whispa)、蒸发器、集成式呼吸回路(IBS1)、麻醉呼吸机(Whispa-ROT)、麻醉气体净化系统(AGSS - Siesta i)(可选)、负压吸引系统(Jet Suction)(可选)、移动支架组成。蒸发器:型号 Sigma Delta,规格有安氟醚、异氟醚、七氟醚三种,具有压力补偿、流量补偿及温度补偿功能。
适用范围:该设备适用于在麻醉期间提供混合气体,并为病人进行手动或机械通气。该设备对成人和儿童(29 天-12 岁)均适用。
生产厂家:加拿大 Dameca A/S
注册代理:飞利浦(中国)投资有限公司
服务机构:飞利浦(中国)投资有限公司
发证日期:2014.01.27 截止日期:2018.01.26

国食药监械(进)字2014第3540771号

产品名称:麻醉机(Anaesthesia Machine)
规格型号:Dameca MRI 508
产品标准:YZB/DEN 0198-2014《麻醉机》
性能组成:产品由主机(Dameca MRI 508)、蒸发器、集成式呼吸回路(IBS1)、麻醉呼吸机(Whispa-ROT)、麻醉气体净化系统(AGSS-Siesta i)(可选)、负压吸引系统(JetSuction)(可选)、移动支架组成。蒸发器:型号 SigmaDelta,规格有安氟醚、异氟醚、七氟醚三种,具有压力补偿、流量补偿及温度补偿功能。
适用范围:该设备适用于在麻醉期间提供混合气体,并为病人进行手动或机械通气。该设备对成人和儿童(29天-12岁)均适用,且可在磁场强度为1000高斯的环境中正常工作。
生产厂家:丹麦 Dameca A/S
注册代理:飞利浦(中国)投资有限公司
服务机构:飞利浦(中国)投资有限公司
发证日期:2014.01.27 **截止日期**:2018.01.26

国食药监械(进)字2014第3540772号

产品名称:婴儿正压通气控制器(nCPAP Driver)
规格型号:3090 (Medin-cno)
产品标准:YZB/GER 0068-2014《婴儿正压通气控制器》
性能组成:本产品由操作控制台、显示屏以及各气体连接口组成,内置可充电电池。
适用范围:本产品为具有自主呼吸的早产儿和新生儿提供经鼻持续气道正压(CPAP)通气治疗。
生产厂家:德国 Medin Medical Innovations GmbH
注册代理:迈柯唯(上海)医疗设备有限公司
服务机构:迈柯唯(上海)医疗设备有限公司
发证日期:2014.01.27 **截止日期**:2018.01.26

国食药监械(进)字2014第3230773号

产品名称:超声高频外科集成系统超声刀头(商品名:HARMONIC ACE)(HARMONIC ACE Ultrasonic Surgical Devices)
规格型号:HAR23、HAR36
产品标准:YZB/USA 0218-2014《超声高频外科集成系统超声刀头》
性能组成:超声刀头由钳口、钳杆、手柄及其连接电缆组成。产品为一次性使用,环氧乙烷灭菌。不同型号产品描述见附页。
适用范围:超声刀头与 GEN11 超声高频外科集成系统主机配合,在开放式和内窥镜手术中使用,适用于软组织切口时按所需控制出血及将热损伤最小化。
生产厂家:美国 Ethicon Endo - Surgery, LLC
注册代理:强生(上海)医疗器材有限公司
服务机构:强生(上海)医疗器材有限公司
发证日期:2014.01.27 **截止日期**:2018.01.26

国食药监械(进)字2014第3240774号

产品名称:半导体激光治疗仪(DIODE LASER SYSTEM)
规格型号:OCLA
产品标准:YZB/ROK 0142-2014《半导体激光治疗仪》
性能组成:该产品由主机、光纤、脚踏开关组成。主机由砷镓铝(GaAlAs)半导体激光器、电源系统及控制装置、安全防护装置组成。激光波长:808nm±10nm;终端输出最大功率:15W±20%;终端输出激光功率不稳定度:优于±10%;终端输出激光功率复现性:优于±10%;激光输出方式:连续、脉冲;瞄准光波长:635nm±10nm;输出功率<5mW。
适用范围:适用于下肢浅静脉曲张疾病的治疗。
生产厂家:韩国 LVI Technologies Inc.
注册代理:德恩世(北京)商贸有限公司
服务机构:德恩世(北京)商贸有限公司
发证日期:2014.01.27 **截止日期**:2018.01.26

国食药监械(进)字2014第3240775号

产品名称:眼科半导体激光光凝机(Ophthalmic Photocoagulator)
规格型号:SUPRA 810
产品标准:YZB/FRA 8334-2013《眼科半导体激光光凝机》
性能组成:组成部分:主机(包括激光器、激光电源、控制器、治疗激光系统、瞄准激光系统和冷却系统);脚踏开关;电源线;钥匙;手术显微镜滤光镜,型号:XL 810532 CFMZCN2;810nm 激光防护镜,型号:XL 810 PROT。
适用范围:临床用于眼底光凝及青光眼的治疗中。
生产厂家:法国 QUANTEL MEDICAL
注册代理:北京高视远望科技有限责任公司
服务机构:北京高视远望科技有限责任公司
发证日期:2014.01.27 **截止日期**:2018.01.26

国食药监械(进)字2014第3240776号

产品名称:Er:YAG激光治疗仪(Er:YAG Laser Device)
规格型号:AVVIO
产品标准:YZB/ROK 0155-2014《Er:YAG激光治疗仪》
性能组成:该产品由主机、导光臂、手柄、脚踏开关组成;主机由电源装置及激光共振器、接触式液晶显示器组成。性能参数见附页。
适用范围:该产品用于皮肤组织的碳化、凝固和照射,临床用于疤痕及良性色素性病变的治疗。
生产厂家:韩国 Won Technology Co., Ltd.
注册代理:北京润美康医药有限公司
服务机构:北京润美康医药有限公司
发证日期:2014.01.27 **截止日期**:2018.01.26

国食药监械(进)字2014第3540777号

产品名称:外科手术导航系统(Image Guided Surgery Platform)
规格型号:Kick
产品标准:YZB/GER 0156-2014《外科手术导航系统》
性能组成:由伸缩式摄像头支架、摄像头、摄像头推车、监视器推车、触摸屏监视器、监视器支架组成,软件功能模块包括 Cranial 2.1、ENT 2.1、Spine & trauma 3D 2.0、Spine & trauma 2D 3.1、Fluoro Express 3.1、Hip 6.0、Knee 2.6。
适用范围:本产品是一种术中影像引导定位系统,用以实现微创手术。适用于神经外科、耳鼻喉外科、脊柱外科及创伤、髋关节外科、膝关节外科手术的导航。
生产厂家:德国 Brainlab AG
注册代理:博医来(北京)医疗设备贸易有限公司
服务机构:博医来(北京)医疗设备贸易有限公司
发证日期:2014.01.27 **截止日期**:2018.01.26

国食药监械(进)字2014第3220778号

产品名称:电子鼻咽喉镜系统(Video Nasopharyngoscope)
规格型号:EV-NC
产品标准:YZB/GER 8326-2013《电子鼻咽喉镜系统》
性能组成:系统由前端可弯曲的插入管(由主软管以及弯曲管构成)和手柄组成。在手柄上有控制前端弯转的操控杆、两个功能键、一个内置的麦克风、测漏器接口和 ETO(环氧乙烷)帽。
适用范围:该产品临床对鼻咽喉进行内窥检查、诊断和治疗用。
生产厂家:德国 XION GmbH
注册代理:艾克松有限公司杭州办事处
服务机构:艾克松有限公司杭州办事处
发证日期:2014.01.27 **截止日期**:2018.01.26

国食药监械(进)字2014第3540779号

产品名称:灌注泵(商品名:CircuCool)(CircuCool Pump)
规格型号:见附页
产品标准:YZB/USA 6651-2013《灌注泵(商品名:CircuCool)》
性能组成:产品由一个灌注泵组成。流速:泵可以36±4ml/min流速持续灌注8小时。
适用范围:适合与 Boston Scientific Chilli II 冷却消融系统配合使用。Chilli II 冷却消融导管包括下列型号:9031(M00490310),9031K2(M0049031K20),9031N4(M0049031N40)。
备注:2014年4月10日同意更正企业注册地址、生产地址、产品适用范围内容,2014年1月27日核发的医疗器械注册登记表予以废止。2014年8月18日同意更正生产地址内容,2014年4月10日核发的医疗器械注册登记表予以废止。
生产厂家:美国波士顿科学公司(Boston Scientific Corporation)
注册代理:波科国际医疗贸易(上海)有限公司

服务机构:波科国际医疗贸易(上海)有限公司
发证日期:2014.01.27 **截止日期**:2018.01.26

国食药监械(进)字2014第3400780号

产品名称:ABO血型正定型及RhD血型检测卡(干片直接凝血法)(商品名: EldonCard)(Test card with dried Blood Grouping Reagents ABO and RhD(slid technique))
规格型号:见附页
产品标准:YZB/DEN 8000-2013
性能组成:每张测定卡含有:抗A区域含有鼠IgM抗A单抗,卡片呈绿色(精制蓝紫+柠檬黄);抗B区域含有鼠IgM抗B单抗,以及红色染料(铭变素FB);抗D区域含有人类IgM抗D单抗,以及黄色染料(柠檬黄);对照区域不含有抗体,但含有与其它区域相同的磷酸盐缓冲液,以及蓝色染料(精制蓝紫)。(具体内容详见说明书)。产品有效期:在5-37℃之间条件下储存,有效期2年。附件:注册产品标准,产品说明书。
适用范围:用于手工测试红细胞抗原A、B和RhD的存在和缺失情况。
生产厂家:丹麦Eldon Biologicals A/S
注册代理:广州普莱治医药有限公司
发证日期:2014.01.24 **截止日期**:2018.01.23

国食药监械(进)字2014第3400781号

产品名称:RhD血型检测卡(干片直接凝血法)(商品名: EldonCard)(Triple test card with dried blood grouping reagent anti-D (slid technique))
规格型号:ELDONCARD RhD:3人份/卡,1000卡/盒(3000人份/盒)。
产品标准:YZB/DEN 8004-2013
性能组成:每张测定卡含有:抗D区域含有人类IgM抗D单抗,以及黄色染料(柠檬黄);对照区域不含有抗体,但含有与其它区域相同的磷酸盐缓冲液,以及蓝色染料(精制蓝紫)。(具体内容详见说明书)。产品有效期:在5-37℃之间条件下储存,有效期2年。附件:注册产品标准,产品说明书。
适用范围:本产品用于手工测试红细胞抗原RhD的存在或缺失情况。
生产厂家:丹麦Eldon Biologicals A/S
注册代理:广州普莱治医药有限公司
发证日期:2014.01.24 **截止日期**:2018.01.23

国食药监械(进)字2014第3400782号

产品名称:白细胞分化抗原CD13检测试剂盒(流式细胞仪法)(IOTest CD13-PE)
规格型号:100测试/瓶
产品标准:YZB/FRA 7735-2013
性能组成:见审评报告附件。产品有效期:2-8℃保存,有效期36个月。附件:注册产品标准,产品说明书。
适用范围:该产品用于在流式细胞仪上检测和定量人细胞表面的CD13抗原。
生产厂家:法国Immunotech S.A.S(a Beckman Coulter Company)
注册代理:贝克曼库尔特商贸(中国)有限公司
发证日期:2014.01.24 **截止日期**:2018.01.23

国食药监械(进)字2014第2310783号

产品名称:高压造影注射系统(MR Injector System)
规格型号:Spectris Solaris EP
产品标准:YZB/USA 6808-2013《高压造影注射系统》
性能组成:系统主机由两部分构成:操作室组件(CRU)和扫描室组件(SRU),其间由光导纤维直接连接进行通讯。操作室组件包括触摸屏和电子器件,用以编制注射器的工作程序。扫描室组件置于扫描架附件。包括注射器头,电池组和输注液体的机械部分。本系统还提供一充电器,用以对电池组充电。此次注册不包括配套使用的针筒。
适用范围:用于静脉注射磁共振造影剂和在人体血管内注射常用的冲刷液,以满足磁共振扫描诊断的需要。
变更情况:变更日期:2014.10.21。生产者名称由"Medrad Inc."变更为"Bayer Medical Care, Inc.";生产者地址由"One Medard Drive Indianola, PA 15051"变更为"1 Bayer Drive Indianola Pennsylvania 15051 USA";新增售后服务机构"拜耳医药保健有限公司"
生产厂家:美国Medrad, Inc.
注册代理:美德瑞达医疗器械贸易(北京)有限公司
服务机构:美德瑞达医疗器械贸易(北京)有限公司
发证日期:2014.01.29 **截止日期**:2018.01.28

国食药监械(进)字2014第3330784号

产品名称:正电子发射断层及X射线计算机体层摄影成像系统(PET/CT)
规格型号:Optima PET/CT 560
产品标准:YZB/USA 7174-2013《正电子发射断层及X射线计算机体层摄影成像系统》
性能组成:本产品由PET子系统(机架、PET探测器环(4个PET探测器环,共256个(由锗酸铋闪烁晶体和位置敏感光电倍增管组成探测器单元)、高速采集电子部件、数据和图像处理装置)、CT子系统(和PET子系统整合为一体的一体式机架、探测器、配电单元、PET/CT机架的定位和运动机构、诊断床、操作控制台)、图像软件及可选硬件、可选软件组成。产品可选硬件、可选软件见附页。
适用范围:该系统用于头部及全身衰减校正的PET成像,以及基于PET和CT的融合图像而对患者解剖体内放射活性进行定位。可由受训的专业医护人员用来对体内放射药物的分布情况进行成像,从而对分子代谢及生物功能进行评价,这样可帮助医生对病变区、疾病及器官功能如癌症、心血管疾病、脑部功能异常,进行评价、诊断、分期、再分期以及随访。该系统所产生的图像还可用于为医生制定放疗计划提供帮助。该系统还可作为独立的头部或全身多层CT诊断成像系统使用。
备注:2014年5月8日同意更正产品名称、附页内容,2014年2月10日核发的医疗器械注册证、医疗器械注册登记表予以废止。
生产厂家:美国GE Medical Systems, LLC
注册代理:通用电气医疗系统贸易发展(上海)有限公司
服务机构:通用电气医疗系统贸易发展(上海)有限公司
发证日期:2014.02.10 **截止日期**:2018.02.09

国食药监械(进)字2014第3460785号

产品名称:药物洗脱冠脉支架系统(商品名:Xience Prime)(Everolimus Eluting Coronary Stent System)
规格型号:见附页
产品标准:YZB/USA 7424-2013《药物洗脱冠脉支架系统(商品名:Xience Prime)》
性能组成:该产品由预装的药物支架和快速交换型输送系统组成。金属支架由L-605钴铬合金制成,支架的底涂层材料为聚甲基丙烯酸正丁酯(PBMA),药物涂层由依维莫司和偏氟乙烯-六氟丙烯共聚物(PVDF-HEP)组成,依维莫司剂量为100μg/cm2,载药量为40-232μg。输送系统由头端、球囊、显影标记、远段推送杆、海波管、股动脉标志、上臂动脉标志、突鼻组件、连接座组成,球囊的材料为Pebax72D,导管远侧尖端至30cm范围内除球囊外涂有亲水涂层。环氧乙烷灭菌,一次性使用。
适用范围:该产品适用于改善因散在原发冠状动脉病变而导致的症状性缺血性心脏病患者的冠状动脉管腔直径,病变长度应小于支架标称长度(8mm、12mm、15mm、18mm、23mm、28mm、33mm、或38mm)且不超过32mm,参考血管直径为≥2.25 mm且≤4.00 mm。
备注:本产品重新注册批准上市后,仍需完成以下工作:生产企业须按照提交的产品中国上市后单组研究方案完成使用本产品的、至少2000例患者、术后至少5年的上市后临床研究工作,每年形成阶段性临床研究总结报告,对该产品上市后的安全性信息进行评价,并在到期重新注册时提交阶段性临床研究总结报告。如果出现重大的安全性问题,应按照有关不良事件监测规定及时上报相关部门。
生产厂家:美国Abbott Vascular
注册代理:雅培医疗器械贸易(上海)有限公司
服务机构:雅培医疗器械贸易(上海)有限公司
发证日期:2014.01.28 **截止日期**:2018.01.27

国食药监械(进)字2014第3150786号

产品名称:一次性使用无菌牙科注射针(商品名:赛特洁 SEPTOJECT XL)(Sterile siliconised needles)
规格型号:27G(0.4x21mm), 30G(0.3x10mm), 27G(0.4x35mm), 30G(0.3x23mm)30G(0.3 x 21mm), 30G (0.3x 25mm), 30G(0.3x 16mm)
产品标准:YZB/FRA 8088-2013《一次性使用无菌牙科注射针》
性能组成:产品主要由针管、针座、保护套组成。
适用范围:用于牙科局部麻醉注射,27G长针用于阻滞麻醉;其他用于浸润注射。

变更情况:变更日期: 2014.11.26。"代理人:法国赛普敦有限公司上海代表处代理人住所:上海市徐汇区虹桥路808号加华商务中心A栋8120室"变更为"代理人:赛谱敦(上海)贸易有限公司代理人住所:上海市长宁区天山路30号甲1206、1207室"。
生产厂家:法国 SEPTODONT
注册代理:法国赛普敦有限公司上海代表处
服务机构:赛谱敦(上海)贸易有限公司
发证日期:2014.01.28 **截止日期**:2018.01.27

国食药监械(进)字2014第3450787号

产品名称:血液滤过器(商品名:持续徐缓式血液滤过器 EXCELFLO)(持続緩徐式血液濾過器)
规格型号:AEF-03、AEF-07、AEF-10、AEF-13
产品标准:YZB/JAP 8149-2013《血液滤过器》
性能组成:本产品由容器、中空纤维、血液口、滤液口、血液口盖、滤液口盖、O形环及封装剂组成。本产品为一次性使用产品,灭菌方法为γ射线灭菌。
适用范围:该产品用于败血症、多脏器衰竭、急性肝功能衰竭、急性呼吸衰竭、急性循环衰竭、急性胰腺炎、烧伤、外伤、手术后患者,以及伴有其他疾病的急性肾功能衰竭患者,或伴有上述疾病、循环不稳定的慢性肾功能衰竭患者。
生产厂家:日本旭化成メディカル株式会社
注册代理:旭化成医疗器械(杭州)有限公司
服务机构:旭化成医疗器械(杭州)有限公司
发证日期:2014.01.28 **截止日期**:2018.01.27

国食药监械(进)字2014第3220788号

产品名称:折叠式丙烯酸人工晶体(商品名:Tecnis)(Tecnis® Foldable Acrylic Intraocluar Lenses)
规格型号:ZA9003
产品标准:YZB/USA 8026-2013《折叠式丙烯酸人工晶体》
性能组成:该产品为三件式后房人工晶状体,可折叠,襻形为改良C型。主体部分由丙烯酸乙酯、甲基丙烯酸乙酯、乙二醇二甲基丙烯酸酯、2,2,2-甲基丙烯酸三氟乙酯聚合而成的共聚物制成,添加紫外线吸收剂,支撑部分由聚甲基丙烯酸甲酯材料和染色剂制成。屈光度范围:10~30D,间隔0.5D。光学设计:单焦,在孔径光栏半径1.5mm范围内模拟眼状态下的轴截面光焦度分布符合反球差分布特征。该产品经环氧乙烷灭菌,一次性使用。
适用范围:该产品适用于在白内障晶状体已经通过白内障囊外摘出术摘除的成年患者矫正无晶体眼的视力。
生产厂家:美国 Abbott Medical Optics Inc.
注册代理:眼力健(上海)医疗器械贸易有限公司
服务机构:眼力健(上海)医疗器械贸易有限公司
发证日期:2014.01.28 **截止日期**:2018.01.27

国食药监械(进)字2014第3150789号

产品名称:一次性活检针(商品名:Max-Core)(Max-Core Disposable Core Biopsy Instrument)
规格型号:见附页
产品标准:YZB/USA 8242-2013《一次性活检针》
性能组成:一次性活检针由手柄和活检针组成,手柄由树脂和热塑性弹性体构成,活检针由304不锈钢穿刺针和同心套管组成。套管上有厘米刻度标识。手柄旁侧和后部的传动按钮按照不同的规格大小用不同颜色标出:黄色=20G、粉红色=18G、紫色=16G、绿色=14G。
适用范围:该活检器械拟定用于获得肝、肾、前列腺、脾、淋巴结和各软组织瘤的活检组织。不适用于骨骼。
生产厂家:美国 Bard Peripheral Vascular, Inc.
注册代理:巴德医疗科技(上海)有限公司
服务机构:巴德医疗科技(上海)有限公司
发证日期:2014.01.28 **截止日期**:2018.01.27

国食药监械(进)字2014第3770790号

产品名称:球囊扩张导管(商品名:Hiryu)(冠血管向けバルーン拡張式血管形成術用カテーテル)
规格型号:见附页
产品标准:YZB/JAP 7426-2013《球囊扩张导管》
性能组成:该产品由球囊(外层:尼龙12-聚四亚甲基醚二醇共聚物;内层:尼龙12)、套节(聚碳酸酯)、轴管、导丝插入口、亲水性聚合物涂层组成。产品经环氧乙烷灭菌,一次性使用。
适用范围:该产品适用于经皮冠状动脉腔内成形术(PTCA)中狭窄性冠状动脉血管的扩张以及留置支架时的后扩张。
生产厂家:日本テルモ株式会社
注册代理:泰尔茂(中国)投资有限公司
服务机构:泰尔茂医疗产品(上海)有限公司
发证日期:2014.01.28 **截止日期**:2018.01.27

国食药监械(进)字2014第3630791号

产品名称:牙科粘合剂(商品名:Prime & Bond NT)(Nano-technology Dental Adhensive)
规格型号:Prime & Bond NT
产品标准:YZB/GER 8113-2013《牙科粘合剂》
性能组成:成分:二、三甲基丙烯酸酯,功能性的非晶体二氧化硅,PENTA(季戊四醇),光引发剂,稳定剂,氟化氢十六胺,丙酮。本品属于光固化牙科粘合剂。
适用范围:用于1、复合树脂的修复,复合体材料间接的粘合修复;2、粘接汞合金修复剂下的牙空洞涂层;3、保护易过敏的牙颈区域的涂层。
生产厂家:德国 DENTSPLY DeTrey GmbH
注册代理:登士柏(天津)国际贸易有限公司
服务机构:登士柏(天津)国际贸易有限公司
发证日期:2014.01.28 **截止日期**:2018.01.27

国食药监械(进)字2014第2630792号

产品名称:酸蚀剂(Etching Gel)
规格型号:Total Etch, Eco-Etch
产品标准:YZB/LIE 2824-2013《酸蚀剂》
性能组成:Total Etch 由磷酸溶液(37%磷酸)、二氧化硅(增稠剂)、亚甲基蓝(色素)、去离子水组成。Eco-Etch 由磷酸溶液(37%磷酸)、二氧化硅(增稠剂)、亚甲基蓝(色素)、去离子水组成。
适用范围:该产品在使用树脂修复体、树脂或全瓷粘固类嵌体、冠、桥、贴面、粘接桥、根管桩、夹板、托槽、窝沟封闭剂之前用于牙釉质酸蚀或全酸蚀。
生产厂家:列支敦士登 Ivoclar Vivadent AG
注册代理:义获嘉伟瓦登特(上海)商贸有限公司
服务机构:义获嘉伟瓦登特(上海)商贸有限公司
发证日期:2014.01.28 **截止日期**:2018.01.27

国食药监械(进)字2014第2010793号

产品名称:血管刀(Vessel Knife)
规格型号:刀:VKE 100、VKE101、VKE 500;柄:VKEH 175-0、VKEH 175-10
产品标准:YZB/JAP 7863-2013《血管刀》
性能组成:该产品刀片材料为SUS 302不锈钢,刀柄材料为SUS316不锈钢,刀片把和保护套材料为ABS。刀为灭菌包装。
适用范围:该产品用于血管切割和分离。
变更情况:变更日期:2015.02.25。"代理人住所:北京市朝阳区建国路乙118号3层B008内A032室"变更为"代理人住所:北京市朝阳区呼家楼(京广中心)商务楼7层702室"。
生产厂家:日本 Mani Inc.
注册代理:杭州爱普医疗器械有限公司
服务机构:见附页
发证日期:2014.01.28 **截止日期**:2018.01.27

国食药监械(进)字2014第2010793号(更)

产品名称:血管刀(Vessel Knife)
规格型号:刀:VKE 100、VKE101、VKE 500;柄:VKEH 175-0、VKEH 175-10
产品标准:YZB/JAP 7863-2013《血管刀》
备注:代理人由"杭州爱普医疗器械有限公司"变更为"马尼(北京)贸易有限公司";售后服务机构由"杭州爱普医疗器械有限公司和北京德维众志商贸有限公司"变更为"马尼(北京)贸易有限公司";注册证由"国食药监械(进)字2014第2010793号"变更为"国食药监械(进)字2014第2010793号(更)",原证自发证之日起作废。
生产厂家:日本 Mani Inc.
注册代理:马尼(北京)贸易有限公司

服务机构:马尼（北京）贸易有限公司
变更日期:2014.06.06　　截止日期:2018.01.27

国食药监械(进)字 2014 第 3770794 号

产品名称:传送鞘管(商品名:AMPLATZER TorqVue)(AMPLATZER TorqVue 45°×45° Delivery Sheath)
规格型号:9-TV45×45-09F-100, 9-TV45×45-10F-100, 9-TV45×45-12F-100, 9-TV45×45-13F-100, 9-TV45×45-14F-100
产品标准:YZB/USA 7775-2013《传送鞘管》
性能组成:本产品与 AMPLAZTER 的封堵器产品配合使用。由传送鞘管、扩张器和冲洗接头组成。传送鞘管由管体、座、编织丝、管内涂层、标记带构成。扩张器由管体、座、鲁尔旋帽构成。冲洗接头由座、鲁尔旋帽构成。产品采用环氧乙烷灭菌，一次性使用。
适用范围:本产品适用于为心腔和心脏的冠状血管系统或外周血管系统提供一条用于传送装置的通道。
生产厂家:美国 AGA Medical Corporation
注册代理:圣犹达医疗用品(上海)有限公司
服务机构:圣犹达医疗用品(上海)有限公司
发证日期:2014.01.28　　截止日期:2018.01.27

国食药监械(进)字 2014 第 2630795 号

产品名称:牙釉质研磨膏（商品名：Opalustre）(Opalustre Enamel Microabrasion Slurry)
产品标准:YZB/USA 7865-2013《牙釉质研磨膏》
性能组成:本产品主要由碳化硅、聚乙二醇、盐酸组成。具体成分详见注册产品标准。
适用范围:用于纠正(打磨、抛光)病理矿化深度小于 0.2mm 的表面白色、棕色及其它颜色的牙釉质。
生产厂家:美国 Ultradent Products Inc.
注册代理:上海复星医疗系统有限公司
服务机构:上海复星医疗系统有限公司
发证日期:2014.01.28　　截止日期:2018.01.27

国食药监械(进)字 2014 第 3770796 号

产品名称:球囊扩张导管（商品名：Savvy PTA Dilatation Catheter）(Savvy PTA Dilatation Catheter)
规格型号:见附页
产品标准:YZB/IRE 8027-2013《球囊扩张导管（商品名：Savvy PTA Dilatation Catheter）》
性能组成:该产品由球囊、管体、管子、应力释放装置和座组成，带有铂铱合金不透射线标记。制造材料为：球囊：尼龙 12；管体内层：尼龙 12；管体外层：尼龙 12 和 Pebax 聚合物；管子：PTFE；应力释放装置：聚亚安酯；座：聚碳酸酯。该产品经环氧乙烷灭菌，一次性使用。
适用范围:用于通过球囊扩张外周动脉病变(髂动脉、肾动脉、腘动脉、腘下动脉、股动脉和髂股动脉)，还用来治疗以自体血管或人工合成血管为材料的动静脉透析瘘管的阻塞性病变。
生产厂家:爱尔兰 Cordis Cashel
注册代理:强生(上海)医疗器材有限公司
服务机构:强生(上海)医疗器材有限公司
发证日期:2014.01.28　　截止日期:2018.01.27

国食药监械(进)字 2014 第 2630797 号

产品名称:光固化正畸粘接剂(商品名:TransbondTM XT)(TransbondTM XT Light Cure Orthodontic Adhesive)
规格型号:712-030, 712-031, 712-035, 712-036, 712-066
产品标准:YZB/USA 7885-2013《光固化正畸粘接剂》
性能组成:产品组成成分:硅烷化石英，二氯二甲基硅烷和二氧化硅反应物，双酚-A-二缩水甘油醚二甲基丙烯酸酯(Bis-GMA)，双酚-A-双(2-羟乙基醚)二甲基丙烯酸酯(Bis-DMA).产品主要性能:粘接剂为白色糊剂，应无杂质、无凝块，填料分布均匀；薄膜厚度应不大于 50μm；固化深度应不小于 1.5mm。
适用范围:本产品用于陶瓷、金属制品与牙釉质的粘接。
生产厂家:美国 3M Unitek Corporation
注册代理:明尼苏达矿业制造(上海)国际贸易有限公司
服务机构:明尼苏达矿业制造(上海)国际贸易有限公司
发证日期:2014.01.28　　截止日期:2018.01.27

国食药监械(进)字 2014 第 3150798 号

产品名称:一次性使用锁扣式采血器（商品名：VACUTAINER® Brand EclipseTM)（见附件）
规格型号:21G x 1.25“（0.8 x 32mm）22G x 1.25“（0.7 x 32mm）
产品标准:YZB/USA 8010-2013《一次性使用锁扣式采血器》
性能组成:本产品由 Eclipse 采血针、穿刺针、锁扣式防护罩、针座、防护罩座、穿刺针封套、采血针护帽和穿刺针护帽组成。使用后可将采血针锁入防护罩内，防止针刺伤。
适用范围:本产品与一次性使用真空采血管和持针器配套，用于临床医学静脉血液样本的采集。
生产厂家:美国 Becton Dickinson and Company
注册代理:碧迪医疗器械(上海)有限公司
服务机构:碧迪医疗器械(上海)有限公司
发证日期:2014.01.28　　截止日期:2018.01.27

国食药监械(进)字 2014 第 3460799 号

产品名称:棘突间非融合动态稳定系统(商品名:Wallis 非融合植入物)(Spinal Fixation System)
规格型号:见附页
产品标准:YZB/FRA 7801-2013《棘突间非融合动态稳定系统》
性能组成:该产品由植入物组合、夹子和曲环组成，其中植入物组合中包含一个带两条人造韧带的棘间垫，两个夹子(连接到融合器两边可以收紧人造韧带)和两个曲环。棘间垫和夹子由符合 ASTM F2026 标准要求的 OptimaLT1 的聚醚醚酮(PEEK)材料制造，人造韧带由聚酯(PET)材料制造，夹子中的显影标记物由符合 ISO13782 标准的纯钽制造，曲环由符合 ISO 5832-2 标准的纯钛(2 级)制造。灭菌包装。
适用范围:该产品是一种用于稳定脊柱的非融合植入物，经后路手术途径插入到腰椎椎体的棘突之间。适用于治疗因单个椎体不稳定造成的个别椎骨间功能异常(如复发性椎间盘突出及腰痛)，也用于单个 MODIC1 型退行性病变
生产厂家:法国 ZIMMER SPINE
注册代理:捷迈(上海)医疗国际贸易有限公司
服务机构:捷迈(上海)医疗国际贸易有限公司
发证日期:2014.01.28　　截止日期:2018.01.27

国食药监械(进)字 2014 第 2010800 号

产品名称:可拆卸的内窥镜施夹钳及除夹钳(Take Apart Endoscopic Clip Appliers/Removers)
规格型号:238110T, 338110T, 544965T, 544995T, 544990T, 544121T, 544130T
产品标准:YZB/USA 8020-2013《可拆卸的内窥镜施夹钳及除夹钳》
性能组成:该产品是一种枪式施夹钳，由钳头、钳杆、旋转钮(转盘)、钳柄、支撑弹簧组成。钳体采用不锈钢材料制成；可旋转的转盘采用聚醚醚酮材料制成。产品非灭菌、用前需消毒、可重复使用。
适用范围:用于在外科手术时递送或去除结扎钉。
生产厂家:美国 Teleflex Medical
注册代理:泰利福医疗器械商贸(上海)有限公司
服务机构:泰利福医疗器械商贸(上海)有限公司
发证日期:2014.01.28　　截止日期:2018.01.27

国食药监械(进)字 2014 第 3630801 号

产品名称:专业牙齿美白剂（商品名：VivaStyle Paint On Plus）(VivaStyle Paint On Plus Tooth Whitening System)
产品标准:YZB/LIE 7918-2013《专业牙齿美白剂》
性能组成:该产品包括毛刷，专用盘和美白胶(6%过氧化氢、乙醇、乙基纤维素、D-泛醇、蒸馏水、芳香)。
适用范围:该产品用于 16 岁以上身体健康人群，因烟草、可乐、茶、咖啡、酱油等有色物质造成的外源性染色牙的牙齿美白。本品必须经过牙科专业人员检查并指导后，方可在家里进行使用。使用过程中，应由牙科专业人员监督漂白过程。对于内源性因素引起牙齿变色，如四环素牙、氟斑牙、增龄性变色牙、褐黄病牙、先天性疾病引起的变色牙等，其美白效果目前尚不清楚。
备注:2014 年 5 月 14 日同意更正产品英文名称、商品名、产品性能结构及组成内容，2014 年 1 月 28 日核发的医疗器械注册证、医疗器械注册登记表予以废止。

生产厂家:列支敦士登 Ivoclar Vivadent AG
注册代理:义获嘉伟瓦登特(上海)商贸有限公司
服务机构:义获嘉伟瓦登特(上海)商贸有限公司
发证日期:2014.01.28 **截止日期**:2018.01.27

国食药监械(进)字 2014 第 1040802 号

产品名称:矫形合成绷带 (商品名: PrimeCast) (ORTHOPAEDIC CASTING PrimeCast Orthopadic Synthetic Casting Tape)
规格型号:见附页
产品标准:YZB/ROK 8244-2013《矫形合成绷带》
性能组成:矫形合成绷带由支撑体(玻璃纤维和聚酯纤维)、硬化剂(聚氨酯树脂)、着色剂(铜酞菁绿)和塑料卷轴构成。依据制成材料和颜色的不同有多种型号。
适用范围:产品用于骨折和四肢扭伤做外固定用。
生产厂家:韩国 Prime Medical Inc
注册代理:郑州凯斯特医疗器械有限公司
服务机构:郑州凯斯特医疗器械有限公司
发证日期:2014.01.28 **截止日期**:2018.01.27

国食药监械(进)字 2014 第 3460803 号

产品名称:椎间融合系统(Cage System)
规格型号:见附页
产品标准:YZB/SWI 7653-2013《椎间融合系统》
性能组成:椎间融合器采用牌号为 PEEK OPTIMA LT1DA30 的碳纤维加强型聚醚醚酮材料制成,椎间融合器内的显影珠采用符合 ASTM F560 标准要求的纯钽材料制成,非灭菌包装。
适用范围:该系统是用于提供即时的稳定性,以重建解剖关系,协助完成椎体间的融合。
生产厂家:瑞士 Medos International SARL
注册代理:强生(上海)医疗器材有限公司
服务机构:强生(上海)医疗器材有限公司
发证日期:2014.01.28 **截止日期**:2018.01.27

国食药监械(进)字 2014 第 1040804 号

产品名称:眼科手术用剪(Scissors)
规格型号:见附页
产品标准:YZB/USA 8011-2013《眼科手术用剪》
性能组成:该产品材料为 2Cr13 不锈钢以及 Ti6Al4V 钛合金,非无菌状态提供。
适用范围:该产品为眼科手术时的手术操作工具。
生产厂家:美国 Stephens Instruments
注册代理:上海潇莱科贸有限公司
服务机构:上海潇莱科贸有限公司
发证日期:2014.01.28 **截止日期**:2018.01.27

国食药监械(进)字 2014 第 2220805 号

产品名称:无源胸腹腔镜手术器械 (商品名: HiQ+) (Passive Thoracoscopic and Laparoscopic Hand Instruments)
规格型号:见附页
产品标准:YZB/GER 8256-2013《无源胸腹腔镜手术器械》
性能组成:本产品由抓取钳、持针器和打结器组成。抓取钳和打结器由钳嘴、套杆和手柄组成。持针器由钳嘴和手柄组成。本产品为非无菌、非一次性使用产品。在初次使用和每次使用之前,要按照说明书进行彻底清洗、消毒和灭菌。
适用范围:本产品用于胸腹腔镜下的诊断和手术。
生产厂家:德国奥林巴斯苇音特和意北公司(Olympus Winter&Ibe GmbH)
注册代理:奥林巴斯贸易(上海)有限公司
服务机构:奥林巴斯(北京)销售服务有限公司
发证日期:2014.01.28 **截止日期**:2018.01.27

国食药监械(进)字 2014 第 3460806 号

产品名称:双极头 (商品名: Self-Centering) (Self-Centering Hip System)
规格型号:见附页
产品标准:YZB/USA 0446-2010《双极头》
性能组成:该产品包括外杯和内衬。外杯材料为铸造钴铬钼合金;内衬材料为超高分子量聚乙烯。灭菌包装。
适用范围:适用于部分髋关节置换。
生产厂家:美国 DePuy Orthopaedics, Inc.
注册代理:强生(上海)医疗器材有限公司
服务机构:强生(上海)医疗器材有限公司
发证日期:2014.01.28 **截止日期**:2018.01.27

国食药监械(进)字 2014 第 3460807 号

产品名称:髓内钉系统(Intramedullary Nailing System)
规格型号:见附页
产品标准:YZB/SWI 7803-2013《髓内钉系统》
性能组成:该系统包括髓内钉、螺旋刀片和尾帽,由符合 ISO 5832-11 的钛 6 铝 7 铌钛合金材料制造。产品表面经阳极氧化着色处理,灭菌包装。
适用范围:该产品适用于股骨骨折内固定。
生产厂家:瑞士 Synthes GmbH
注册代理:强生(上海)医疗器材有限公司
服务机构:辛迪思(上海)医疗器械贸易有限公司;强生(上海)医疗器材有限公司
发证日期:2014.01.28 **截止日期**:2018.01.27

国食药监械(进)字 2014 第 3460808 号

产品名称:可吸收骨折内骨固定体(LactoSorb Bone Fixation Set)
规格型号:见附页
产品标准:YZB/USA 7852-2013《可吸收骨折内骨固定体》
性能组成: 该产品由骨板、螺钉、颅骨锁组成,采用 81.4%左旋丙交酯和 18.6%乙交酯的共聚物制成,灭菌包装。
适用范围: 该产品适用于中面部或颅面部骨骼创伤手术中的骨骼重塑。
生产厂家:美国 BIOMET MICROFIXATION
注册代理:上海普天阳医疗器械有限公司
服务机构:上海普天阳医疗器械有限公司
发证日期:2014.01.28 **截止日期**:2018.01.27

国食药监械(进)字 2014 第 3220809 号

产品名称:软性亲水接触镜(Soft Contact Lens)
规格型号:Namy
产品标准:YZB/ROK 7920-2013《软性亲水接触镜》
性能组成:彩色日戴型软性亲水接触镜,由 HEMA、NVP、GMA、EGDMA、AIBN 及着色剂制成,镜片着色为灰色、黑色、棕色、蓝色、紫色、绿色、褐色、粉色。相同颜色有不同图案。PP 盒或玻璃瓶包装,含水量:38%±2%,透氧系数 9.5×10-11cm2/s×[ml02(ml×mmHg)]透氧量:10.5×10^{-9}(cm / s) (ml 02 / ml×mmHg)](允差-20%, -3.00D),光度范围:0.00D 至-10.00D,折射率:1.435±0.005,透光率>95%。建议镜片更换周期为半年。
适用范围:用于 18 岁及以上无禁忌症患者矫正近视。
生产厂家:韩国 DUEBA CONTACT LENS
注册代理:北京金英明隐形眼镜有限公司
服务机构:北京金英明隐形眼镜有限公司
发证日期:2014.01.28 **截止日期**:2018.01.27

国食药监械(进)字 2014 第 2630810 号

产品名称:正畸预处理剂(Ortho Solo)
规格型号:740-0269, 740-0270, 740-0271
产品标准:YZB/USA 7736-2013《正畸预处理剂》
性能组成:正畸预处理剂的主要成分是 60-80%二甲基丙烯酸酯、14-24%钡铝硼酸盐玻璃、2-10%气相二氧化硅、1-5%氟硅酸钠、1-5%酒精。
适用范围:该产品在口腔正畸治疗时与正畸粘接剂配合使用,用于辅助粘接正畸矫治器。
生产厂家:美国 Ormco Corporation
注册代理:卡瓦盛邦(上海)牙科医疗器械有限公司
服务机构:卡瓦盛邦(上海)牙科医疗器械有限公司
发证日期:2014.01.28 **截止日期**:2018.01.27

国食药监械(进)字 2014 第 1060811 号

产品名称:引流袋系统(Suction Bag System)

规格型号:见附页
产品标准:YZB/FIN 7982-2013《引流袋系统》
性能组成:本产品由引流袋、引流瓶、引流串接管、负压管、负压转换器、开关阀组成。非灭菌产品。
适用范围:用于患者治疗过程中收集分泌物和体液。本产品无与人体接触部分。
备注:2014 年 4 月 18 日同意更正生产注地址内容,2014 年 1 月 28 日核发的医疗器械注册登记表、附页予以废止。
生产厂家:芬兰 Serres Oy
注册代理:北京迈迪克豪尔医药技术咨询服务有限公司
服务机构:北京佰利天成科贸有限公司
发证日期:2014. 01. 28 截止日期:2018. 01. 27

国食药监械(进)字 2014 第 3460812 号

产品名称:缆线固定系统(Cable System)
规格型号:见附页
产品标准:YZB/SWI 7848-2013《缆线固定系统》
性能组成:该系统包括缆线(由缆线和锁扣组成)、转子复位装置(由缆线、锁扣和接骨板组成)、定位针和环扎眼。缆线材料采用符合 ISO5832-1 标准的 00Cr18Ni14Mo3、符合 ISO5832-11 标准的钛 6 铝 7 铌或符合 ISO5832-5 标准的钴铬钨镍合金制造;定位针材料采用符合 ISO5832-2 标准的 4 级纯钛或符合 ISO5832-1 标准的 00Cr18Ni14Mo3 制造;环扎眼和锁扣材料采用符合 ISO5832-2 标准的 2 级纯钛或符合 ISO5832-1 标准的 00Cr18Ni14Mo3 制造,接骨板材料采用符合 ISO5832-11 的钛 6 铝 7 铌制造。其中纯钛及钛合金产品表面经阳极氧化处理,灭菌和非灭菌两种包装。
适用范围:适用于四肢、骨盆骨折的内固定并辅以外固定。
生产厂家:瑞士 Synthes GmbH
注册代理:强生(上海)医疗器材有限公司
服务机构:见附件
发证日期:2014. 01. 28 截止日期:2018. 01. 27

国食药监械(进)字 2014 第 3540813 号

产品名称:输注系统(Infusion Sets)
规格型号:见附页
产品标准:YZB/GER 8181-2013《输注系统》
性能组成:产品经环氧乙烷灭菌,一次性使用。ACCU-CHEK RapidLink 组成:针头,针头套帽,自贴胶布,胶布保护纸,指压翼,导管,鲁尔接头。ACCU-CHEKRapid-DLink 组成:针头,针头套帽,自贴胶布,胶布保护纸,指压翼,导管,连接器针头端;连接器导管端,连接器针头,导管,鲁尔接头,连接器保护帽;。
适用范围:本产品与胰岛素泵配套使用,用于持续皮下注射胰岛素。
生产厂家:德国 Roche Diagnostics GmbH
注册代理:罗氏诊断产品(上海)有限公司
服务机构:罗氏诊断产品(上海)有限公司
发证日期:2014. 01. 28 截止日期:2018. 01. 27

国食药监械(进)字 2014 第 1060814 号

产品名称:拔牙刀 (商品名: Luxator) (periodental ligament knife)
规格型号:L1S, L2S, L3S, L5S, L3C, L5C, L3CA, L3IC, DE3, DE5, S2S, S3S, S5S, S3C, S3CA, F25, F32, F40, L3S TiN
产品标准:YZB/SWE 7943-2013《拔牙刀》
性能组成:拔牙刀由塑料手柄和不锈钢杆头组成。拔牙刀的头部应经热处理,L3STiN 型号拔牙刀不锈钢头部由 3Cr13 不锈钢和氮化钛制成,其余型号拔牙刀不锈钢头部由 3Cr13 不锈钢制成,硬度为 463-561HV0.3。所有型号拔牙刀的柄部由聚酰胺 PA6.6 制成。拔牙刀具有良好的密合性和耐腐蚀性。
适用范围:该产品用于临床中牙齿的拔除,临床中辅助牙医进行牙齿的切角缺损和全冠缺损的修复治疗。
生产厂家:瑞典 Directa AB
注册代理:上海汉瑞祥贸易有限公司
服务机构:上海汉瑞祥贸易有限公司
发证日期:2014. 01. 28 截止日期:2018. 01. 27

国食药监械(进)字 2014 第 3660815 号

产品名称:支气管封堵器(Bronchus Blocker Set)
规格型号:330600、330601、330602
产品标准:YZB/GER 8274-2013《支气管封堵器》
性能组成:该产品由封堵器管身、球囊、旋转连接件组成,配件包括 3mL 或 5mL 一次性注射器、Y 形连接件及探针。330600 和 330601 的球囊由天然乳胶制成,330602 的球囊由合成橡胶制成。伽马射线灭菌,一次性使用。
适用范围:该产品适用于支气管封堵,治疗自发性或在活组织检查后咳血(特别是穿透支气管的活组织检查)及单肺通气(仅 330602 适用)。
生产厂家:德国 Willy Rüsch GmbH
注册代理:泰利福医疗器械商贸(上海)有限公司
服务机构:泰利福医疗器械商贸(上海)有限公司
发证日期:2014. 02. 07 截止日期:2018. 02. 06

国食药监械(进)字 2014 第 3460816 号

产品名称:颈椎前路钢板系统(Trestle Anterior Cervical Plate System)
规格型号:见附页
产品标准:YZB/USA 8054-2013《颈椎前路钢板系统》
性能组成:该产品由颈椎前路固定板和固定螺钉组成,固定板带有椭圆形弹簧和滑块,其中椭圆形弹簧采用符合 GB24627 标准的 NiTi 合金制成,其余组件采用符合 ISO5832-3 标准的 Ti6Al4V 钛合金材料制成。表面经阳极氧化处理,非灭菌包装。
适用范围:适用于成熟骨骼患者的 C2~C7 颈椎减压和融合(ACDF)手术中椎体前路暂时固定,脊椎融合后应取出植入物。
备注:注册后生产企业仍需完成以下工作:应对临床植入的每件产品进行长期的注册随访研究,重点关注镍离子析出的安全性,需要有血/尿镍离子浓度等数据的支持,并将上述注册随访资料进行统计学分析。在重新注册时,应按照相关法规及文件的要求提供详细的质量跟踪报告,此外,还应提交该产品详细的镍离子析出的安全性评价资料和注册随访研究的统计分析报告。
生产厂家:美国 Alphatec Spine, Inc.
注册代理:通用(上海)医疗器材有限公司
服务机构:通用(上海)医疗器材有限公司
发证日期:2014. 02. 07 截止日期:2018. 02. 06

国食药监械(进)字 2014 第 3460817 号

产品名称:髋关节假体-股骨头(商品名:VerSys12/14 锥形)(Hip Joint Prostheses-Femoral Head)
规格型号:见附页
产品标准:YZB/USA 8223-2013《髋关节假体-股骨头》
性能组成:该产品由符合 ISO 5832-12 标准要求的锻造钴铬钼合金制成,产品表面未经氮化处理。灭菌包装。
适用范围:该产品可与同一企业的高交联聚乙烯髋关节假体配合使用,适用于全髋关节置换术。
生产厂家:美国 Zimmer Inc.
注册代理:捷迈(上海)医疗国际贸易有限公司
服务机构:捷迈(上海)医疗国际贸易有限公司
发证日期:2014. 02. 07 截止日期:2018. 02. 06

国食药监械(进)字 2014 第 3460818 号

产品名称:髋关节假体组件 (商品名: TRJ) (TRJ Hip System)
规格型号:见附页
产品标准:YZB/GER 7792-2013《髋关节假体组件》
性能组成:该产品采用符合 ISO5832-3 的 Ti6Al4V 钛合金制造,表面经喷砂处理,灭菌包装。
适用范围:产品采用非骨水泥固定,与同一系统组件配合使用,适用于因退行性骨关节炎、风湿性关节炎、髋关节骨折、股骨头坏死引起的,无法采用其他疗法治疗的急性髋关节病变的髋关节初次置换手术。
生产厂家:德国 Aesculap AG
注册代理:贝朗医疗(上海)国际贸易有限公司
服务机构:贝朗医疗(上海)国际贸易有限公司
发证日期:2014. 02. 07 截止日期:2018. 02. 06

国食药监械(进)字 2014 第 3460819 号

产品名称:椎间融合器 (商品名: CRESCENT) (CRESCENT Spinal System)
规格型号:见附页

产品标准:YZB/USA 8037-2013《椎间融合器(商品名: CRESCENT)》
性能组成:该产品由符合 YY/T 0660 标准规定的聚醚醚酮(PEEK-OPTIMA-LT1)材料制成,含有符合 ISO 13782 标准规定的纯钽材料制成的显影条。灭菌包装。
适用范围:与脊柱内固定系统配合,适用于腰椎(L2～S1)1 个或 2 个节段的椎间融合术。
生产厂家:美国 Medtronic Sofamor Danek USA, Inc.
注册代理:美敦力(上海)管理有限公司
服务机构:美敦力(上海)管理有限公司
发证日期:2014.02.07 **截止日期**:2018.02.06

国食药监械(进)字 2014 第 3460820 号

产品名称:脊柱前路系统组件(商品名: Expedium)(Expedium Anterior Spine System)
规格型号:见附页
产品标准:YZB/USA 5897-2013《脊柱前路系统组件》
性能组成:该系统为前路连接器和螺钉组成。采用符合 ASTM F136 标准规定的 Ti-6Al-4VELI 钛合金材料制成,为非灭菌状态提供。部分部件表面经阳极氧化处理。
适用范围:该系统适用于将螺钉侧前路固定于脊柱的 T4-L4 节段,所有金属与大血管之间至少保持 1cm 距离。产品为侧前方入路,胸段采取肋间隙入路。该系统适用于:椎间盘退行性疾病(ddd),由患者病历与 X 光诊断证实的伴有椎间盘退变的椎间盘源性背痛;脊椎滑脱;创伤(如骨折或脱位);脊柱狭窄;畸形或弯曲(如脊柱侧凸,脊柱后凸和/或脊柱前凸);肿瘤;假关节;先前融合失败。
生产厂家:美国 DePuy Spine.Inc
注册代理:强生(上海)医疗器材有限公司
服务机构:强生(上海)医疗器材有限公司
发证日期:2014.02.07 **截止日期**:2018.02.06

国食药监械(进)字 2014 第 3460821 号

产品名称:骨水泥型髋臼杯系统(Cementable Acetabular Cup System)
规格型号:见附页
产品标准:YZB/GER 7942-2013《骨水泥型髋臼杯系统》
性能组成:该产品由髋臼杯和防脱位环组成,髋臼杯包含显影丝,防脱位环包含螺钉。髋臼杯和防脱位环由符合 ISO 5834-2 标准规定的 1 型超高分子量聚乙烯材料制成;髋臼杯显影丝由符合 ISO 5832-7 标准规定的锻造钴铬镍钼铁合金材料制成;防脱位环螺钉由符合 ISO 5832-3 标准规定的 Ti6Al4V 钛合金材料制成。灭菌包装。
适用范围:与该企业同一系统组件配合,作为骨水泥型髋关节假体使用,适用于髋关节置换。
生产厂家:德国 Waldemar Link GmbH &Co. KG
注册代理:北京威联德骨科技术有限公司
服务机构:北京威联德骨科技术有限公司
发证日期:2014.02.07 **截止日期**:2018.02.06

国食药监械(进)字 2014 第 3460822 号

产品名称:椎间融合器(商品名: TRYPTIK)(TRYPTIK Cervical Cage)
规格型号:见附页
产品标准:YZB/SWI 8028-2013《椎间融合器》
性能组成:融合器是由符合 ASTM F2026 要求的 Optim PEEK(LT1)材料制成,内有符合 ISO 5832-3 要求的 Ti6Al4V ELI 制成的显影点,固定钢板是由符合 ISO 5832-2 要求的纯钛(1 级)制成,灭菌包装。
适用范围:该产品适用于矫正脊柱病理椎间代替,并做固定及治疗之用
生产厂家:瑞士 Spineart
注册代理:北京飞渡医疗器械有限公司
服务机构:北京飞渡医疗器械有限公司
发证日期:2014.02.07 **截止日期**:2018.02.06

国食药监械(进)字 2014 第 3460823 号

产品名称:髋关节假体-双极头(Vario Cup Prosthesis System)
规格型号:见附页
产品标准:YZB/GER 8118-2013《髋关节假体-双极头》
性能组成:该产品由金属杯、聚乙烯衬和防脱位卡环组成,金属杯采用符合 ISO 5832-4 的铸造钴铬钼材料制成,内衬和防脱卡环采用符合 ISO 5834-2 的 1 型超高分子聚乙烯材料制成。灭菌包装。
适用范围:与同一系统组件配合,适用于部分髋关节置换。
生产厂家:德国 Waldemar Link GmbH & Co.KG
注册代理:北京威联德骨科技术有限公司
服务机构:北京威联德骨科技术有限公司
发证日期:2014.02.07 **截止日期**:2018.02.06

国食药监械(进)字 2014 第 3460824 号

产品名称:颅骨固定器(Cranial Loop)
规格型号:FC050100/FC050000/FC050200
产品标准:YZB/SPA 8044-2013《颅骨固定器》
性能组成:型号为 FC050100 和 FC050000 的颅骨固定器,由顶盘、底盘、拉杆、把手和施压器构成;型号为 FC050200 的颅骨固定器,由顶盘、底盘、拉杆、中心盘、把手和施压器构成。其中植入部分(顶盘,底盘,拉杆,中心盘)采用符合 YY/T 0660-2008 的 Optima PEEK(LT3 级 PEEK)材料,把手和施压器的材质为符合 USP Class VI 的聚碳酸酯,灭菌包装。
适用范围:适用于颅骨切开术后的骨瓣固定。
备注:2014 年 5 月 6 日同意更正产品性能机构及组成内容,2014 年 2 月 7 日核发的医疗器械注册登记表予以废止。
生产厂家:西班牙 Neos Surgery, S.L.
注册代理:捷通埃默高(北京)医药科技有限公司
服务机构:捷通埃默高(北京)医药科技有限公司
发证日期:2014.02.07 **截止日期**:2018.02.06

国食药监械(进)字 2014 第 3460825 号

产品名称:颈椎前路钢板系统(商品名: ATLANTIS)(ATLANTIS Anterior Cervical Plate System)
规格型号:见附页
产品标准:YZB/USA 8055-2013《颈椎前路钢板系统》
性能组成:本系统由钢板和垫片组成,钢板采用符合 GB/T 13810-2007 标准的 TC4 ELI 钛合金制造,垫片采用符合 GB 24627-2009 标准的镍-钛记忆合金制造。钛合金部件均经过阳极氧化,非灭菌包装。
适用范围:本产品适用于颈椎融合过程中前路的临时固定。
生产厂家:美国 Medtronic Sofamor Danek USA, Inc.
注册代理:美敦力(上海)管理有限公司
服务机构:美敦力(上海)管理有限公司
发证日期:2014.02.07 **截止日期**:2018.02.06

国食药监械(进)字 2014 第 1640826 号

产品名称:医用固定套及护具(Loc Series)
规格型号:见附页
产品标准:YZB/GER 8437-2013《医用固定套及护具》
性能组成:该产品由充气垫、铆钉、护板、足跟垫、压力垫、粘扣带、支撑条、腘窝垫、粘扣束缚带、拉力箍带、缓冲垫、基座、拇指扣、拇指粘扣带、腕部粘扣带、按摩垫、关节护板组成。产品材料及所符合标准详见附件。非灭菌包装。
适用范围:AirLoc® 用于防止崴脚,稳定踝关节的腓侧副韧带。CaligaLoc® 用于防止崴脚和稳定踝关节上下部位。EpiPoint® 用于治疗肘外侧肌腱炎症(外上髁炎)GenuLoc® 用于固定膝关节的矫形辅助工具 LordoLoc® 用于提高腰椎以及腰骶接合部位的肌肉活性和减轻这些部位的负荷。LumboLoc 用于提高腰椎以及腰骶接合部位的肌肉活性和减轻这些部位的负荷。LumboLoc® Forte 用于优化脊柱姿势和减轻腰椎负荷。MalleoLoc® 用于防止侧面扭伤,有效保持肌肉稳定性。ManuLoc® 用于前臂和腕关节的稳定矫形,有助于避免整个腕关节部位不正确的活动和缓解疼痛。ManuRhizoLoc® 用于前臂、腕关节和拇指的稳定矫形,有助于避免整个腕关节部位不正确的活动和缓解疼痛。RhizoLoc® 用于稳定拇指腕掌关节和掌指关节,有助于避免整个拇指掌指关节部位不正确的活动和缓解疼痛。SacroLoc® 用于稳定整个骨盆和骶髂关节,以及减轻相关肌群和韧带的负荷,有助于缓解疼痛和恢复身体活动能力。ValguLoc® 用于治疗大足拇错位。ValguLoc® II 用于治疗大拇趾畸形(拇外翻)。
生产厂家:德国 Bauerfeind AG
注册代理:北京勤利嘉德国际科贸有限公司
服务机构:北京勤利嘉德国际科贸有限公司
发证日期:2014.02.11 **截止日期**:2018.02.10

国食药监械(进)字 2014 第 2550827 号

产品名称:牙钻(ICX-templant Drills)
规格型号:见附页
产品标准:YZB/GER 8414-2013《牙钻》
性能组成:采用符合 GB1220-2007 标准的 0Cr17Ni4Cu4Nb 不锈钢制成。非无菌状态交付。
适用范围:用于牙科种植体植入手术中钻孔。产品仅限于与本公司生产的种植体配套使用。
变更情况:变更日期: 2015.02.06。“原代理人名称:北京博雅泰医药技术开发有限公司原代理人住所:北京市西城区茶马北街 1 号院 2 号楼 18 层 2 单元 2146”变更为“现代理人名称:广州市门登特斯医疗器械有限公司现代理人住所:广州市海珠区新港东路 1022 号 1703 房”。
生产厂家:德国 Medentis medical GmbH
注册代理:北京博雅泰医药技术开发有限公司
服务机构:北京博雅泰医药技术开发有限公司
发证日期:2014.02.11 截止日期:2018.02.10

国食药监械(进)字 2014 第 2550828 号

产品名称:根管桩用牙钻(商品名:FRC Postec Plus Reamer)(FRC Postec Plus Reamer)
规格型号:见附页
产品标准:YZB/LIE 8383-2013《根管桩用牙钻》
性能组成:该产品由不锈钢 1.4034 材料制成, 不锈钢由碳、硅、锰、磷、硫、铬和铁余量组成。
适用范围:该产品用于 GG 钻去除根管充填物后,预备纤维桩的根管桩道。
生产厂家:列支敦士登 Ivoclar Vivadent AG
注册代理:义获嘉伟瓦登特(上海)商贸有限公司
服务机构:义获嘉伟瓦登特(上海)商贸有限公司
发证日期:2014.02.11 截止日期:2018.02.10

国食药监械(进)字 2014 第 2630829 号

产品名称:氢氟酸凝胶(商品名:IPS Ceramic Etching gel)(IPS Ceramic Etching gel)
规格型号:单品规格装量:氢氟酸凝胶:5ml 套装规格装量:氢氟酸凝胶:5ml; 中和粉:30g
产品标准:YZB/LIE 0045-2014《氢氟酸凝胶》
性能组成:氢氟酸凝胶由氢氟酸、增稠剂、颜料和蒸馏水组成,中和粉由碳酸钠和碳酸钾组成。
适用范围:氢氟酸凝胶用于树脂水门汀粘结玻璃陶瓷(白榴石陶瓷、二硅酸锂陶瓷、氟磷灰石陶瓷等)间接修复体前,使用本品酸蚀处理修复体粘接面(修复体与水门汀的接触表面)后,可以在其表面形成微孔,增加接触面积,同时彻底清洁修复体粘接面,以增强树脂水门汀与修复体的粘结强度。
生产厂家:列支敦士登 Ivoclar Vivadent AG
注册代理:义获嘉伟瓦登特(上海)商贸有限公司
服务机构:义获嘉伟瓦登特(上海)商贸有限公司
发证日期:2014.02.11 截止日期:2018.02.10

国食药监械(进)字 2014 第 2150830 号

产品名称:一次性无刃穿刺器(Versaport V2 Bladeless Optical Trocar)
规格型号:见附页
产品标准:YZB/USA 0126-2014《一次性无刃穿刺器》
性能组成:产品由穿刺套管、穿刺针、密闭片和通气阀门组成。其中穿刺器刀头采用透明、无刃设计。穿刺器套管为尼龙,穿刺针头端材质为 ABS 树脂及尼龙,穿刺针主体为 304 不锈钢,密闭片为橡胶,通气阀门为尼龙。环氧乙烷灭菌。
适用范围:该产品在临床应用于胸外科、普外科、泌尿外科、妇科的腔镜手术中建立和维持器械进入胸腔或腹腔的工作通道。
备注:2014 年 4 月 18 日同意更正企业注册地址、生产地址内容,2014 年 2 月 11 日核发的医疗器械注册登记表予以废止。
生产厂家:美国 Covidien llc
注册代理:柯惠医疗器材国际贸易(上海)有限公司
服务机构:柯惠医疗器材国际贸易(上海)有限公司
发证日期:2014.02.11 截止日期:2018.02.10

国食药监械(进)字 2014 第 2660831 号

产品名称:鼻窦球囊导管(商品名:Relieva Ultirra)(Relieva Ultirra Sinus Balloon Catheter)
规格型号:BC0516RU, BC0616RU, BC0716RU, BC0524RU, BC0724RU,
产品标准:YZB/USA 8136-2013《鼻窦球囊导管(商品名: Relieva Ultirra)》
性能组成:本产品由球囊导管、插入探针及冲洗管组成。球囊导管主要材料有:软性头端:尼龙、硫酸钡; 球囊:尼龙; 海波管:304 不锈钢; 球囊标记带:铂铱合金; 插入探针:镍钛诺; 冲洗管管身:Pellethane 树脂。环氧乙烷灭菌,一次性使用。
适用范围:鼻窦球囊导管为设计用于在诊断和治疗程序中,扩张窦口和鼻窦腔内空间的器械; 也可用于在目标窦内进行冲洗,从而完成治疗程序和方便诊断程序。对于 17 及 17 岁以下的儿童,该鼻窦球囊导管设计用于在诊断和治疗程序中扩张窦口和上颌窦空间的器械; 也可用于在目标窦内进行冲洗,从而完成治疗程序和方便诊断程序。
生产厂家:美国 Acclarent Inc.
注册代理:强生(上海) 医疗器材有限公司
服务机构:强生(上海) 医疗器材有限公司
发证日期:2014.02.11 截止日期:2018.02.10

国食药监械(进)字 2014 第 2640832 号

产品名称:伤口敷贴(商品名: 3MTM MediporeTM 伤口敷贴)(3MTM MediporeTM + Pad Soft Cloth Adhesive Wound Dressing)
规格型号:3562, 3564, 3566, 3568, 3569, 3570, 3571, 3573
产品标准:YZB/USA 0095-2014《伤口敷贴》
性能组成:伤口敷贴是由周边涂有粘胶的无纺布背衬和中间不含粘胶的吸收垫组成。
适用范围:伤口敷贴是针对急性伤口设计的,如割伤、I-II 度烧伤、擦伤、静脉穿刺点和手术切口。也可用于浅表、中等深度伤口。与伤口累积接触时间不得超过 30 天。
生产厂家:美国 3M Health Care
注册代理:明尼苏达矿业制造(上海)国际贸易有限公司
服务机构:明尼苏达矿业制造(上海)国际贸易有限公司
发证日期:2014.02.11 截止日期:2018.02.10

国食药监械(进)字 2014 第 2660833 号

产品名称:推送器(Pusher)
规格型号:见附页
产品标准:YZB/GER 7414-2013《推送器》
性能组成:该产品由推送管、金属环组成。推送管由 PTFE 制成; 金属环由 1.4301 不锈钢(AISI 304)制成,为不透射线标记带。环氧乙烷灭菌,一次性使用。
适用范围:本产品配合导引套管使用,用于置入胆道/胰管支架。
生产厂家:德国 Medi-Globe GmbH
注册代理:优诺康(北京)医药技术服务有限公司
服务机构:优诺康(北京)医药技术服务有限公司
发证日期:2014.02.11 截止日期:2018.02.10

国食药监械(进)字 2014 第 2040834 号

产品名称:预装式虹膜扩张器(OASIS Iris Expander)
规格型号:9700/7.00mm, 9700-S/7.00mm, 9625/6.25mm, 9625-S/6.25mm
产品标准:YZB/USA 8198-2013《预装式虹膜扩张器》
性能组成:产品由虹膜扩张器、导入器两部分组成。虹膜扩张器为一个单件式、方形、蓝色聚丙烯环,环的四角各有一个凹口,相邻两个凹口之间为横梁; 导入器由导入头和导入器主体组成,导入头内置有导入线,导入头和导入线材料为 06Cr19Ni10 不锈钢。虹膜扩张器预先连接在导入线上,置于导入头前端。产品经辐照灭菌,一次性使用。
适用范围:预装式虹膜扩张器用于在扩张状态下暂时扩张和支撑虹膜,在通过瞳孔实施的眼科手术中起辅助作用。
生产厂家:美国 OASIS Medical, Inc.
注册代理:深圳市新产业眼科新技术有限公司
服务机构:深圳市新产业眼科新技术有限公司
发证日期:2014.02.11 截止日期:2018.02.10

国食药监械(进)字 2014 第 1060835 号

产品名称:根管充填器(商品名: BL-S Kondenser)(BL-S Kondenser)
规格型号:BL-S Kondenser-35/70、BL-S Kondenser-40/80、BL-S Kondenser-50/100、BL-S Kondenser-60/120
产品标准:YZB/ROK 0131-2014《根管充填器》
性能组成:该产品由符合 GB 24627-2009 的镍钛合金和 022Cr19Ni10 不锈钢制成的工作尖与工作手柄组成，采用高温高压灭菌，可重复使用。每种型号分 1 套/盒和 4 套/盒两种包装规格。
适用范围:该产品适用于根管手术时充填和压紧根管充填材料。
备注:2014 年 4 月 18 日同意更正生产企业名称、企业注册地址、生产地址内容，2014 年 2 月 11 日核发的医疗器械注册登记表予以废止。
生产厂家:韩国 B&L Biotech, Inc
注册代理:明光圣睿(北京)医学技术有限公司
服务机构:明光圣睿(北京)医学技术有限公司
发证日期:2014.02.11 截止日期:2018.02.10

国食药监械(进)字 2014 第 1010836 号

产品名称:手术拉钩系统及附件(Retractors System and accessory)
规格型号:见附页
产品标准:YZB/USA 7893-2013《手术拉钩系统及附件》
性能组成:该手术拉钩系统及附件由 1Cr18Ni9 不锈钢材料组成，其它见附件。
适用范围:该器械用于开放手术中组织和器官的牵开以及支撑拉钩、不同的手术器械以及术者的手。
生产厂家:美国 Mediflex, a division of Flexbar Machine Corporation
注册代理:大连德泰贸易有限公司
服务机构:大连德泰贸易有限公司
发证日期:2014.02.11 截止日期:2018.02.10

国食药监械(进)字 2014 第 1100837 号

产品名称:髋关节假体配套工具组合(Hip Instruments)
规格型号:见附页
产品标准:YZB/SWI 8216-2013《髋关节假体配套工具组合》
性能组成:髋关节假体配套工具组合包括内衬试模、组配锉、组配脖、内衬打击垫、把持器、把持柄、取出器、取出套、取出滑锤、撑开器、拉钩、绞刀、凿、固定螺钉、六角扳手、螺钉孔测深尺和尺组成。产品的材料包括聚甲醛、铝合金、符合 ASTM F899 的 420A、304、431、630、303 不锈钢。该产品为非灭菌产品，可重复使用，均不与有源器械连用。
适用范围:该手术器械是一套供临床用于进行髋关节置换术，可重复使用的手术工具组合。
生产厂家:瑞士 Zimmer GmbH
注册代理:捷迈(上海)医疗国际贸易有限公司
服务机构:捷迈(上海)医疗国际贸易有限公司
发证日期:2014.02.11 截止日期:2018.02.10

国食药监械(进)字 2014 第 1060838 号

产品名称:彩色树脂柄刮牙器(Color Resin Scalers & Curettes)
规格型号:见附页
产品标准:YZB/USA 7944-2013《彩色树脂柄刮牙器》
性能组成:彩色树脂柄刮牙器由头部和手柄固定连接组成；手柄由手柄芯及树脂覆盖层构成。头部的制造材料为 68Cr17、95Cr18 不锈钢；手柄芯的制造材料为 06Cr19Ni10 不锈钢，外覆盖层材料为聚苯砜(PPSU)树脂。
适用范围:适用于口腔科，用于刮除牙齿表面上的结石。为非无菌产品，使用前应进行灭菌处理；为手持型口腔科器械，使用过程中不连接其他任何有源器械。
生产厂家:美国 Hu-Friedy Mfg. Co., LLC
注册代理:豪孚迪医疗器械(上海)有限公司
服务机构:豪孚迪医疗器械(上海)有限公司
发证日期:2014.02.11 截止日期:2018.02.10

国食药监械(进)字 2014 第 1060839 号

产品名称:彩色牙探针(Colorvue Probes)
规格型号:PPS10KIT12, PPS12KIT12, PPS10KIT6, PPS12KIT6, PPS10PT, PPS12PT, PPSPROMO10, PPSPROMO12, PH6. PCV11KIT12, PCV11KIT6, PCV11PT, PCV12KIT12, PCV12KIT6, PCV12PT, PCVNCKIT12, PCVNCKIT6, PCVUNC12PT, PCVWKIT6, PCVWPT.
产品标准:YZB/USA 8203-2013《彩色牙探针》
性能组成:彩色牙探针由工作头和手柄连接组成，使用时工作头安装在手柄上。彩色牙探针工作头的制造材料为聚醚酰亚胺(PEI)树脂，手柄的制造材料为 06Cr19Ni10 不锈钢。
适用范围:适用于口腔科诊查牙科疾病，用于探测龋齿、结石或牙周袋，评估牙周袋深度、附着程度、解剖结构以及牙龈渗血。为非无菌产品，使用前应进行灭菌处理；为手持型口腔科器械，使用过程中不连接其他任何有源器械。
生产厂家:美国 Hu-Friedy Mfg. Co., LLC
注册代理:豪孚迪医疗器械(上海)有限公司
服务机构:豪孚迪医疗器械(上海)有限公司
发证日期:2014.02.11 截止日期:2018.02.10

国食药监械(进)字 2014 第 3460840 号

产品名称:金属髓内钉(商品名: Zimmer Natural Nail)(Metallic Intramedullary Nail)
规格型号:见附页
产品标准:YZB/USA 8279-2013《金属髓内钉》
性能组成:该产品由胫骨髓内钉，顺行股骨髓内钉，皮质骨螺钉，松质骨螺钉及配套使用的髓内钉封帽组成。由符合 ISO 5832-3 标准规定的 Ti6A14V 合金材料制成。表面经阳极氧化处理。灭菌和非灭菌包装。
适用范围:适用于胫骨和股骨骨折内固定。
生产厂家:美国 Zimmer Inc.
注册代理:捷迈(上海)医疗国际贸易有限公司
服务机构:捷迈(上海)医疗国际贸易有限公司
发证日期:2014.02.12 截止日期:2018.02.11

国食药监械(进)字 2014 第 3770841 号

产品名称:栓塞弹簧圈(商品名: Nester)(Embolization Coils)
规格型号:见附页
产品标准:YZB/USA 8325-2013《栓塞弹簧圈》
性能组成:该产品由弹簧圈和装载管组成。弹簧圈由铂钨合金丝制成，带有合成纤维(尼龙 66)。环氧乙烷灭菌，一次性使用。
适用范围:该产品用于在荧光屏监视下，通过导管进行动静脉血管畸形的介入性栓塞治疗。
生产厂家:美国 Cook Incorporated
注册代理:库克(中国)医疗贸易有限公司
服务机构:库克(中国)医疗贸易有限公司 Cook (China) Medical Trading Co., Ltd
发证日期:2014.02.12 截止日期:2018.02.11

国食药监械(进)字 2014 第 3460842 号

产品名称:颈椎椎间融合器(商品名: Prevail)(PREVAIL Cervical Interbody Device)
规格型号:4210564, 4210664, 4210764, 4210864, 4210964
产品标准:YZB/USA 8417-2013《颈椎椎间融合器(商品名: Prevail)》
性能组成:该产品由符合 YY/T 0660 标准规定的聚醚醚酮(PEEK-OPTIMA-LTI)材料制成，含有由符合 GB 24627 标准规定的镍钛形状记忆合金材料制成的锁定用金属条以及由符合 ISO 13782 标准规定的纯钽材料制成的显影用金属条。灭菌包装。
适用范围:与 ZEPHIR 颈椎前路螺钉配合，适用于骨骼成熟的颈椎间盘疾病患者颈椎(C2～T1)单节段椎间融合术。
生产厂家:美国 Medtronic Sofamor Danek USA, Inc.
注册代理:美敦力(上海)管理有限公司
服务机构:美敦力(上海)管理有限公司
发证日期:2014.02.12 截止日期:2018.02.11

国食药监械(进)字 2014 第 3220843 号

产品名称:软性亲水接触镜(商品名: SEED 1daypure UP)(Soft Hydrophilic Contact Lenses)
规格型号:日抛球面镜
产品标准:YZB/JAP 8345-2013《软性亲水接触镜》
性能组成:该产品日戴软性亲水接触镜，产品材料由甲基丙烯酸羟乙酯、甲基丙烯酰丙基三甲基氯化铵、琥珀酸单{2-{(2-甲基-丙烯酰基)氧}乙基}酯、甲基丙烯酸甲酯、乙二醇二甲基丙烯酸酯以及添加剂、染色剂聚合而成。着淡蓝色，PP 杯包装，含水量为 58%±2%，折射率为 1.406

±0.5%，透氧系数标称值：30×10-11（cm2/S）·[mLO2 /mL×mmHg]±20%，透氧量标称值：32.3×10^{-9}cm/s×[ml02/(ml×mmHg)]（允差-20%，-3.00D），屈光度范围：0.00D～±20.00D，可见光透射比>98%，UV-A（315～380nm）<50%，UV-B（280nm～315nm）<40%，UV-C（220nm～280nm）<20%，建议镜片使用周期为1天。
适用范围：该产品适用于18岁以上近视、远视患者的矫正。
生产厂家：日本SEED Co.，Ltd
注册代理：实瞳（上海）商贸有限公司
服务机构：实瞳（上海）商贸有限公司
发证日期：2014.02.12 **截止日期**：2018.02.11

国食药监械（进）字2014第3220844号

产品名称：软性亲水接触镜（商品名：SEED 2week Pure）（Soft Hydrophilic Contact Lenses）
规格型号：两周抛球面镜片
产品标准：YZB/JAP 8350-2013《软性亲水接触镜》
性能组成：该产品日戴软性亲水接触镜，产品材料由甲基丙烯酸羟乙酯、甲基丙烯酰丙基三甲基氯化铵、琥珀酸单{2-{(2-甲基-丙烯酰基)氧}乙基}酯、甲基丙烯酸甲酯、乙二醇二甲基丙烯酸酯以及添加剂、染色剂聚合而成。着淡蓝色，PP杯包装，含水量为58%±2%，折射率为1.406±0.5%，透氧系数标称值：30×10-11（cm2/S）·[mLO2 /mL×mmHg]±20%，透氧量标称值：33×10^{-9}cm/s×[ml02/(ml×mmHg)]（允差-20%，-3.00D），屈光度范围：0.00D～±20.00D，可见光透射比>98%，UV-A（315～380nm）<50%，UV-B（280nm～315nm）<40%，UV-C（220nm～280nm）<20%，建议镜片使用周期为两周。
适用范围：该产品用于18岁以上近视、远视患者的矫正
备注：2014年10月10日同意更正生产企业名称、型号、规格内容，2014年2月12日核发的医疗器械注册证、医疗器械注册登记表予以废止。
生产厂家：日本SEED Co.，Ltd.
注册代理：实瞳（上海）商贸有限公司
服务机构：实瞳（上海）商贸有限公司
发证日期：2014.02.12 **截止日期**：2018.02.11

国食药监械（进）字2014第3460845号

产品名称：颈椎前路椎间融合固定系统（Zero-P VA）
规格型号：见附页
产品标准：YZB/SWI 0006-2014《颈椎前路椎间融合固定系统》
性能组成：该系统由带有前路固定板的椎间融合器和颈椎螺钉组成。融合器由符合YY/T 0660标准要求的LT1级别的超高分子聚合物-聚醚醚酮材料制成，内部嵌有由符合ISO 5832-3标准要求的钛6铝4钒材料制成的显影钉，前路固定板由符合ISO 5832-11标准要求的钛6铝7铌材料制成，表面经阳极氧化处理，内部嵌有由符合ISO 5832-3标准要求的钛6铝4钒材料制成的卡环和由符合ASTM F 1058标准要求的锻造钴-铬-镍-钼-铁合金材料制成的螺旋管。颈椎螺钉由符合ISO 5832-11标准要求的钛6铝7铌材料制成，固定板及螺钉表面经阳极氧化着色处理。
适用范围：适用于（C2-C7）颈椎前路椎间盘切除后颈椎的复位和稳定。适应症包括颈椎间盘退变性疾病（已经被病史以及影像学证实的褪变间盘源性颈痛）。
生产厂家：瑞士Synthes GmbH
注册代理：强生（上海）医疗器材有限公司
服务机构：强生（上海）医疗器材有限公司、辛迪思（上海）医疗器械贸易有限公司
发证日期：2014.02.12 **截止日期**：2018.02.11

国食药监械（进）字2014第3770846号

产品名称：血管内造影导管（商品名：RADIFOCUS ANGIOGRAPHIC CATHETER）（中心循環系血管造影用カテーテル）
规格型号：见附页
产品标准：YZB/JAP 7661-2013《血管内造影导管（商品名：RADIFOCUS ANGIOGRAPHIC CATHETER）》
性能组成：产品由导管和导管套节组成。导管带有不锈钢316编织层。产品经环氧乙烷灭菌，一次性使用。
适用范围：血管内造影导管用于血管造影术。它可以将不透射线介质和药物输送到血管系统预先选定部位，也可用于将导丝或导管引导到目标部位。
生产厂家：日本テルモ株式会社
注册代理：泰尔茂（中国）投资有限公司
服务机构：泰尔茂医疗产品（上海）有限公司
发证日期：2014.02.12 **截止日期**：2018.02.11

国食药监械（进）字2014第3630847号（更）

产品名称：牙科种植体（SBM Dental Implant）
规格型号：见附页
产品标准：YZB/USA 8226-2013《牙科种植体》
备注：代理人由捷通埃默高（北京）医药科技有限公司变更为卡瓦盛邦（上海）牙科医疗器械有限公司；注册证由“国食药监械（进）字2014第3630847号”变更为“国食药监械（进）字2014第3630847号（更）”，原证自发证之日起作废。
生产厂家：美国Implant Direct Sybron Manufacturing LLC
注册代理：卡瓦盛邦（上海）牙科医疗器械有限公司
服务机构：卡瓦盛邦（上海）牙科医疗器械有限公司
变更日期：2014.08.18 **截止日期**：2018.02.11

国食药监械（进）字2014第3650848号

产品名称：可吸收性缝线（商品名：PDS Plus）（PDS Plus SYNTHETIC ABSORBABLE SUTURES）
规格型号：见附页
产品标准：YZB/USA 0028-2014《可吸收性缝线》
性能组成：缝线是由Polydioxanone（聚对二氧环己酮）材料制成的无菌可吸收性单股缝线，分为紫色和未染色缝线。缝线上含抗菌物质三氯生，该成份只用于抑制细菌在缝线上的定植。
适用范围：该产品可用于软组织缝合，包括会不断生长的小儿心血管组织的缝合和眼科手术（但与角膜和巩膜有接触的手术除外）。本品不适用于成人心血管组织、显微外科和神经组织。这些缝线尤其适合于那些既需要缝线吸收又需要长时间伤口支持（长达六周）的部位。
生产厂家：美国Ethicon，Inc.
注册代理：强生（上海）医疗器材有限公司
服务机构：强生（上海）医疗器材有限公司
发证日期：2014.02.12 **截止日期**：2018.02.11

国食药监械（进）字2014第3650849号

产品名称：可吸收性缝线（商品名：PDS Plus）（PDS Plus SYNTHETIC ABSORBABLE SUTURES）
规格型号：见附页
产品标准：YZB/USA 0026-2014《可吸收性缝线》
性能组成：缝线是由Polydioxanone（聚对二氧环己酮）材料制成的无菌可吸收性单股缝线，染为紫色。缝线上含抗菌物质三氯生，该成份只用于抑制细菌在缝线上的定植。
适用范围：该产品可用于软组织缝合，包括会不断生长的小儿心血管组织的缝合和眼科手术（但与角膜和巩膜有接触的手术除外）。本品不适用于成人心血管组织、显微外科和神经组织。这些缝线尤其适合于那些既需要缝线吸收又需要长时间伤口支持（长达六周）的部位。
生产厂家：美国Ethicon LLC
注册代理：强生（上海）医疗器材有限公司
服务机构：强生（上海）医疗器材有限公司
发证日期：2014.02.12 **截止日期**：2018.02.11

国食药监械（进）字2014第3450850号

产品名称：动脉灌注插管（Arterial Perfusion Cannula）
规格型号：OPTI16，OPTI18，OPTI20，OPTI22
产品标准：YZB/USA 0200-2014《动脉灌注插管》
性能组成：动脉灌注插管管体由热塑聚氨酯和304V不锈钢加强丝制成，头端含有钡条，带硅橡胶制成的缝合环，插管接头为PVC，鲁尔接头帽为聚丙烯。配有热塑聚氨酯（含硫酸钡）制成的导管鞘，其鲁尔接头为PVC，接头帽为高密度聚乙烯。一次性使用，环氧乙烷灭菌。
适用范围：动脉灌注插管用于体外循环不超过6小时的动脉灌注。
生产厂家：美国Edwards Lifesciences LLC
注册代理：爱德华（上海）医疗用品有限公司
服务机构：爱德华（上海）医疗用品有限公司
发证日期：2014.02.12 **截止日期**：2018.02.11

国食药监械(进)字 2014 第 3770851 号

产品名称:可操纵导丝（商品名：NeuroScout）(NeuroScout steerable guidewire)
规格型号:见附页
产品标准:YZB/USA 8371-2013《可操纵导丝》
性能组成:该产品由导丝和扭控器组成。导丝由 304V 不锈钢芯丝和远端头端铂/钨合金绕丝组成，涂有亲水涂层。扭控器由 Zytel 101L 尼龙制成。环氧乙烷灭菌，一次性使用。
适用范围:该产品用于在神经和外周血管中选择性的安放微导管和其他装置。
生产厂家:美国 Codman & Shurtleff, Inc.
注册代理:强生(上海)医疗器材有限公司
服务机构:强生(上海)医疗器材有限公司
发证日期:2014.02.12　**截止日期**:2018.02.11

国食药监械(进)字 2014 第 3650852 号

产品名称:组织胶水（商品名：蓝灵）(Histoacryl Tissue Adhesive)
规格型号:1050044, 1050052
产品标准:YZB/SPA 0201-2014《组织胶水》
性能组成:本品由 2-氰基丙烯酸正丁酯(恩布酯)、色素(1-羟基-4[(甲苯)氨基]-9, 10-蒽醌)和稳定剂(对苯二酚、二氧化硫、磷酸)组成。
适用范围:用于闭合最小张力的皮肤清洁伤口，以及简单且已彻底清创的撕裂伤。
生产厂家:西班牙 B. Braun Surgical SA
注册代理:贝朗医疗(上海)国际贸易有限公司
服务机构:贝朗医疗(上海)国际贸易有限公司
发证日期:2014.02.12　**截止日期**:2018.02.11

国食药监械(进)字 2014 第 3770853 号

产品名称:PTCA 导丝（商品名：ASAHI SION blue）(ガイドワイヤーIV)
规格型号:AHW14R004S; AHW14R304S; AHW14R004J; AHW14R304J
产品标准:YZB/JAP 8372-2013《PTCA 导丝》
性能组成:产品由芯丝、绕丝和安全丝组成，外表面覆有 PTFE 涂层、亲水涂层和硅涂层。制造材料为：外部绕丝：铂镍合金和不锈钢；内部绕丝：不锈钢；芯丝：不锈钢；安全丝：不锈钢。产品经环氧乙烷灭菌，一次性使用。
适用范围:导丝适用于经皮腔内冠状动脉成形术(PTCA)中导引血管内诊断或介入器械。
生产厂家:日本朝日インテック株式会社
注册代理:朝日英达科贸(北京)有限公司
服务机构:朝日英达科贸(北京)有限公司
发证日期:2014.02.12　**截止日期**:2018.02.11

国食药监械(进)字 2014 第 3660854 号

产品名称:耻骨上膀胱造瘘套件(Suprapubic bladder drainage catheters/-kits)
规格型号:见附页
产品标准:YZB/GER 0129-2014《耻骨上膀胱造瘘套件》
性能组成:耻骨上膀胱造瘘套件由导尿管、穿刺针、破皮刀和导管塞组成。导尿管材质为硅胶，破皮刀和穿刺针材质为 06Cr19Ni10 不锈钢，导管塞材质为 PVC。经环氧乙烷灭菌，限一次性使用。
适用范围:该产品用于经耻骨上膀胱穿刺临时引流。
生产厂家:德国 uroVision Gesellschaft für medizinischen Technologie-Transfer mbH
注册代理:莱凯医疗器械(北京)有限公司
服务机构:莱凯医疗器械(北京)有限公司
发证日期:2014.02.12　**截止日期**:2018.02.11

国食药监械(进)字 2014 第 3650855 号

产品名称:可吸收性外科缝线（商品名：可吸收自封缝合线）(QuillTMMonodermTMKnotless Tissue-Closure Device)
规格型号:见附页
产品标准:YZB/USA 0011-2014《可吸收性外科缝线》
性能组成:本产品由 25%的已内酯和 75%的乙交酯聚合物组成，缝线无涂层。成品经环氧乙烷灭菌，带缝合针。
适用范围:适用于软组织缝合。
生产厂家:美国 Surgical Specialties Corporation, dba Angiotech
注册代理:北京佰利天成科贸有限公司
服务机构:北京柯美康科技有限公司
发证日期:2014.02.12　**截止日期**:2018.02.11

国食药监械(进)字 2014 第 3460856 号

产品名称:脊柱内固定系统组件（商品名：InCompass）(InCompass Spinal Fixation System)
规格型号:见附页
产品标准:YZB/USA 8271-2013《脊柱内固定系统组件》
性能组成:该产品由不同规格的脊柱棒组成，采用符合 GB/T13810 标准规定的 TA4 纯钛材料制成，表面无着色，非灭菌包装。
适用范围:与本企业同一系统组件配合使用，经后路用于 T1-S1 脊柱内固定。
生产厂家:美国 Zimmer Spine, Inc.
注册代理:捷迈(上海)医疗国际贸易有限公司
服务机构:捷迈(上海)医疗国际贸易有限公司
发证日期:2014.02.12　**截止日期**:2018.02.11

国食药监械(进)字 2014 第 3220857 号

产品名称:软性亲水接触镜(Soft Contact Lens)
规格型号:ChicView
产品标准:YZB/ROK 8349-2013《软性亲水接触镜(型号:ChicView)》
性能组成:该产品为日戴型软性亲水接触镜。主要由 HEMA、MA、EGDMA、NVP 及着色剂聚合而成，镜片颜色：单色(黑色、棕色)，双色(蓝色、棕色、紫色、绿色、灰色)，聚丙烯杯或玻璃瓶包装。含水量：38%±2%，折射率：1.440±0.005，透氧系数标称值：10×10^{-11}(cm2/s)(mLO2/(mL×mmHg))，-3D 镜片透氧量 11×10^{-9}(cm/s)　(mLO2/(mL×mmHg))（允差-20%），屈光度范围：0.00D～ -10.00D，可见光透射率>95%。推荐更换周期一年。产品经高压蒸汽灭菌。
适用范围:镜片适用于 18 岁及以上无禁忌症患者矫正近视。
生产厂家:韩国 Joowon Innovation Co., Ltd.
注册代理:镇江美多隐形眼镜有限公司
服务机构:镇江美多隐形眼镜有限公司
发证日期:2014.02.12　**截止日期**:2018.02.11

国食药监械(进)字 2014 第 3630858 号

产品名称:口腔人工骨(Bone Graft Materials)
规格型号:型号：BoneMedik-DM；规格：见附页
产品标准:YZB/ROK 0203-2014《口腔人工骨》
性能组成:产品含 60%硅羟基磷灰石和 40%β-磷酸钙。
适用范围:本产品用于牙周或牙槽骨缺损部位的充填，种植体周围骨组织缺失部位的充填以及上颌窦的提升。
生产厂家:韩国 Meta Biomed Co., Ltd.
注册代理:包头市美伊塔医疗器械有限公司
服务机构:包头市美伊塔医疗器械有限公司
发证日期:2014.02.12　**截止日期**:2018.02.11

国食药监械(进)字 2014 第 3460859 号

产品名称:自膨胀水凝胶眶内植入物(Tissue Expander)
规格型号:球体:1ml、2ml、3ml、4ml、5ml；半球体:0.4ml、0.9ml、0.9ml/P、1.5ml、2ml；圆柱体:0.24ml、0.9ml
产品标准:YZB/GER 0211-2014《自膨胀水凝胶眶内植入物》
性能组成:该产品有球体、半球体和圆柱体三种物理形态，是由甲基丙烯酸甲酯、N-乙烯吡咯烷酮和二烯丙基酒石酸二酰胺经共聚后而形成的胶状固体物，其中半球体有为方便穿缝线而制造的孔。该产品无菌状态提供，一次性使用。
适用范围:该产品用于小眼球、无眼球患者的眼眶内填充及其结膜囊扩张。
备注:注册后生产企业仍需完成以下工作：观察产品植入后的安全性，企业应保证每个产品具有可追溯性，待重新注册时提供包括移位等不良事件的安全性评估报告。若在注册证书到期前进行变更重新注册，需提交阶段性的临床安全性评估报告。
生产厂家:德国 osmed gmbh
注册代理:北京创意生物工程新材料有限公司
服务机构:北京创意生物工程新材料有限公司

发证日期:2014.02.12 **截止日期**:2018.02.11

国食药监械(进)字 2014 第 3460860 号

产品名称:髋关节假体(非骨水泥型)(LINK Cementless Hip Prostheses LCU)

规格型号:见附页

产品标准:YZB/GER 7538-2013《髋关节假体(非骨水泥型)》

性能组成:该产品基体由符合 YY0117.1 标准规定的 Ti6Al4V 合金材料制成。表面经喷砂处理或带有磷酸钙涂层。灭菌包装。

适用范围:作为生物型假体使用，与同一系统组件配合使用，适用于髋关节置换。

备注:2014 年 5 月 6 日同意增加产品英文名称内容，2014 年 2 月 12 日核发的医疗器械注册证、医疗器械注册登记表予以废止。

生产厂家:德国 Waldemar Link GmbH &Co. KG

注册代理:北京威联德骨科技术有限公司

服务机构:北京威联德骨科技术有限公司

发证日期:2014.02.12 **截止日期**:2018.02.11

国食药监械(进)字 2014 第 3460861 号

产品名称:股骨柄(AMIStem C System)

规格型号:见附页

产品标准:YZB/SWI 0309-2014《股骨柄》

性能组成:该产品为股骨柄，由符合 ISO5832-9 标准要求的高氮不锈钢材料制成。灭菌包装。

适用范围:该产品与同一企业生产的股骨头配合使用，适用于全髋关节置换或修复术。本产品为骨水泥固定，所匹配的髋臼组件为骨水泥固定或非骨水泥固定。

生产厂家:瑞士 Medacta International SA

注册代理:瑞士梅达塔国际有限公司上海代表处

服务机构:瑞士梅达塔国际有限公司上海代表处

发证日期:2014.02.12 **截止日期**:2018.02.11

国食药监械(进)字 2014 第 3770862 号(更)

产品名称:栓塞器械（商品名：Pipeline）(Pipeline Embolization Device)

规格型号:见附页

产品标准:YZB/USA 8335-2013《栓塞器械(商品名:Pipeline)》

备注:注册后生产企业仍需完成以下工作：应对每一植入患者体内的产品进行登记，并且对所有植入该产品的患者进行长期跟踪随访，观察指标至少包括以下内容：围手术期（支架置放 30 天内）的死亡、相关卒中事件，以及术后 6 个月内及以上的死亡、卒中和与病变相关症状的临床随访情况。临床随访率应不低于 70%。生产企业应每年形成阶段性质量跟踪报告，并对报告中相关数据进行统计分析，以对该产品上市后的安全性信息进行评价。在重新注册时提交阶段性质量跟踪报告。如果出现重大的安全性问题，应按照有关不良事件监测规定及时上报相关部门。代理人和售后服务机构均由“医伟司安医疗器材（北京）有限公司”变更为“柯惠医疗器材国际贸易（上海）有限公司”；注册证由“国食药监械(进)字 2014 第 3770862 号”变更为“国食药监械(进)字 2014 第 3770862 号(更)”，原证自发证之日起作废。

生产厂家:美国 Micro Therapeutics Inc. dba ev3 Neurovascular

注册代理:柯惠医疗器材国际贸易（上海）有限公司

服务机构:柯惠医疗器材国际贸易（上海）有限公司

变更日期:2014.05.08 **截止日期**:2018.02.11

国食药监械(进)字 2014 第 3460863 号

产品名称:骨水泥型股骨柄（商品名：POLAR）(Polarstem Cemented)

规格型号:见附页

产品标准:YZB/SWI 0059-2014《骨水泥型股骨柄》

性能组成:该产品的柄体材料为高氮不锈钢合金，符合 ISO 5832-9 的要求，灭菌包装。

适用范围:作为骨水泥髋关节股骨柄，配合球头和髋臼用于全髋关节置换。

生产厂家:瑞士 Smith&Nephew Orthopaedics AG

注册代理:施乐辉医用产品国际贸易(上海)有限公司

服务机构:施乐辉医用产品国际贸易(上海)有限公司

发证日期:2014.02.12 **截止日期**:2018.02.11

国食药监械(进)字 2014 第 3100864 号

产品名称:骨成型球囊(Inflatable Bone Tamps)

规格型号:K08A, K09A, K13A

产品标准:YZB/USA 0076-2014《骨成型球囊》

性能组成:该产品由球囊、导管、应力消除部件、Y 接头、Y 接头标记、导针、不透射线标记、保护套、充盈口和标记组成。球囊和导管由聚氨酯材料制成；应力消除部件由热塑橡胶材料制成；Y 接头由聚碳酸酯材料制成；导针由 304 不锈钢材料制成；不透射线标记由铂铱合金材料制成；保护套由聚酰胺(尼龙)材料制成；充盈口由聚碳酸酯及硅胶材料制成；标记由银墨制成；Y 接头标记由油墨制成。灭菌包装。

适用范围:适用于为减少脊柱松质骨骨折和/或空腔出现的骨填塞术(包括使用骨水泥的球囊扩张椎体后凸成形术)。

生产厂家:美国 Medtronic Sofamor Danek USA, Inc.

注册代理:美敦力(上海)管理有限公司

服务机构:美敦力(上海)管理有限公司

发证日期:2014.02.12 **截止日期**:2018.02.11

国食药监械(进)字 2014 第 3460865 号

产品名称:膝关节翻修假体(商品名:Triathlon TS)(Triathlon TS Knee Revision Implants)

规格型号:见附页

产品标准:YZB/USA 0136-2014《膝关节翻修假体》

性能组成:该产品包括胫骨平台、胫骨衬垫、胫骨垫块、延长柄、股骨髁、股骨远端垫块、股骨后侧垫块、骨水泥柄和偏心距调节器。胫骨平台由基座和胫骨柄组成，基座由符合 ISO5832-4 的铸造钴铬钼合金制造，胫骨柄采用符合 YY0605.12 的锻造钴铬钼合金制造；胫骨衬垫由符合 GB/T19701.2 的超高分子量聚乙烯制造，边缘带有符合 YY0605.5 的锻造钴铬钨镍合金制造的显影丝，附带符合 YY0605.12 的锻造钴铬钼合金制造的栓子；胫骨垫块由垫块基体和紧固螺钉组成，垫块基体由符合 ISO5832-4 的铸造钴铬钼合金制造，紧固螺钉由符合 YY0605.12 的锻造钴铬钼合金制造；延长柄、骨水泥柄由符合 YY0605.12 的锻造钴铬钼合金制造；偏心距调节器由偏心距调节器基体和螺母组成，由符合 YY0605.12 的锻造钴铬钼合金制造；股骨髁由符合 ISO5832-4 的铸造钴铬钼合金制造；股骨远端垫块和股骨后侧垫块均附带紧固螺钉，股骨远端垫块和股骨后侧垫块由符合 ISO5832-4 的铸造钴铬钼合金制造，紧固螺钉由符合 YY0605.12 的锻造钴铬钼合金制造。灭菌包装。

适用范围:产品为骨水泥型膝关节假体，适用于翻修全膝关节置换术，以缓解疼痛和恢复功能。

生产厂家:美国 Howmedica Osteonics Corp.

注册代理:史赛克(北京)医疗器械有限公司

服务机构:史赛克(北京)医疗器械有限公司

发证日期:2014.02.12 **截止日期**:2018.02.11

国食药监械(进)字 2014 第 3460866 号

产品名称:膝关节翻修假体-非骨水泥型钛合金柄（商品名：Triathlon TS）(Triathlon TS Knee Revision Implants-cementless stem)

规格型号:见附页

产品标准:YZB/USA 0138-2014《膝关节翻修假体-非骨水泥型钛合金柄》

性能组成:非骨水泥型钛合金柄由符合 GB/T 13810 的 TC4ELI 钛合金制造.灭菌包装。

适用范围:与企业 Triathlon TS 系统组件配合使用，适用于翻修全膝关节置换术，以缓解疼痛和恢复功能。

生产厂家:美国 Howmedica Osteonics Corp.

注册代理:史赛克(北京)医疗器械有限公司

服务机构:史赛克(北京)医疗器械有限公司

发证日期:2014.02.12 **截止日期**:2018.02.11

国食药监械(进)字 2014 第 3460867 号

产品名称:颅内支架系统（商品名：LVIS）(LVIS Intraluminal Support Device)

规格型号:见附页

产品标准:YZB/FRA 0168-2014《颅内支架系统》

性能组成:系统由支架、输送导丝和导入鞘管组成。其中支架为镍钛合金材料制成，两端各有 4 个铂铱合金标记带，并且有 2 根螺旋形的钽标记带；输送导丝材料为镍钛合金、304 不锈钢、铂铱合金、铂钨合金、聚酰亚胺、粘合剂、聚对苯二甲酸乙二醇酯(PET)、油墨、硬化剂、缓凝剂；导入鞘管材料为聚乙烯。产品采用电子束辐射灭菌。产品一次性使用。

适用范围:该产品用于与栓塞弹簧圈配合使用，治疗颅内神经血管疾病。

生产厂家:法国 MicroVention Europe

注册代理:上海胜迈医疗器械有限公司

服务机构:上海胜迈医疗器械有限公司

发证日期:2014.02.12 **截止日期**:2018.02.11

国食药监械(进)字 2014 第 3770868 号

产品名称:造影导管（商品名：ANGIODYN）(Angiographic Catheter)

规格型号:见附页

产品标准:YZB/NET 8435-2013《造影导管》

性能组成:该产品由柔软头端、导管管体及导管座组成。导管由聚合物内外壳和金属编织层构成。环氧乙烷灭菌，一次性使用。

适用范围:该产品用于将造影剂输送到血管系统的目标位置。

生产厂家:荷兰 PendraCare International B.V.

注册代理:贝朗医疗(上海)国际贸易有限公司

服务机构:贝朗医疗(上海)国际贸易有限公司

发证日期:2014.02.12 **截止日期**:2018.02.11

国食药监械(进)字 2014 第 3460869 号

产品名称:脊柱内固定系统组件-连接棒(Spine Fixation System-Rods)

规格型号:见附页

产品标准:YZB/SWI 0282-2014《脊柱内固定系统组件-连接棒》

性能组成:该产品由一系列钴铬钼合金棒组成。由符合 ISO 5832-12 标准要求的钴铬钼合金制成。非灭菌包装提供。

适用范围:该产品适用于与 Mountaineer OCT 脊柱系统钛合金组件配合使用，从而实现颈椎和枕颈胸(枕骨-T3)后路内固定。

生产厂家:瑞士 Medos International SARL

注册代理:强生(上海)医疗器材有限公司

服务机构:强生(上海)医疗器材有限公司

发证日期:2014.02.12 **截止日期**:2018.02.11

国食药监械(进)字 2014 第 3220870 号

产品名称:人工晶状体(Intraocular Lenses)

规格型号:403 型

产品标准:YZB/USA 0404-2014《人工晶状体》

性能组成:该产品为一件式后房人工晶状体，可折叠，襻形为 L 形。晶体主体与襻材料均由丙烯酸-2-苯氧基乙酯聚合物材料制成，含有紫外吸收剂。屈光度范围：0.0D～9.0D(1.0D 递增)/10.0D-30.0D(0.5D 递增)。光学设计：单焦，非球面（在孔径光栏半径 1.5mm 范围内模拟眼状态下的轴截面光焦度分布符合反球差分布特征）；，伽马射线灭菌，一次性使用产品。

适用范围:用于晶状体已经通过超声乳化手术摘除的成年白内障患者。本晶体需要囊袋内植入。

生产厂家:美国 Medennium Inc

注册代理:北京麦德医疗设备有限公司

服务机构:北京麦德医疗设备有限公司

发证日期:2014.02.12 **截止日期**:2018.02.11

国食药监械(进)字 2014 第 3220871 号

产品名称:非亲水丙烯酸后房人工晶体（商品名：Nex-Acri）(HYDROPHOBIC ACRYLIC Posterior Chamber Intraocular Lenses)

规格型号:N4-18 (N4-18A:光学直径 5.5mm, N4-18B:光学直径 6.0mm, N4-18C:光学直径 6.5mm)

产品标准:YZB/JAP 7958-2013《非亲水丙烯酸后房人工晶体（商品名：Nex-Acri）》

性能组成:该产品为多件式/后房人工晶状体,可折叠,支撑部分为 C 形。主体部分由非亲水丙烯酸材料（由乙二醇苯基醚丙烯酸酯、丁基甲基丙烯酸酯、丁基丙烯酸酯和 1，4-丁二醇丙烯酸酯等合成，添加紫外吸收剂）制成，支撑部分材质为聚甲基丙烯酸甲酯添加蓝色着色剂；屈光度范围：1.0～30.0D。光学设计：单焦，球面；无菌状态提供，一次性使用。

适用范围:该产品用于在白内障手术后，作为替代人体眼部晶状体的移植物，矫正白内障手术后无晶状体眼的视力。

生产厂家:日本株式会社ニデック(尼德克株式会社)(NIDEK CO., LTD.)

注册代理:日本尼德克株式会社北京代表处

服务机构:日本尼德克株式会社北京代表处

发证日期:2014.01.28 **截止日期**:2018.01.27

国食药监械(进)字 2014 第 3640872 号

产品名称:注射用修饰透明质酸钠凝胶（商品名：瑞蓝）(Modified Sodium Hyaluronate Gel for Injection)

规格型号:瑞蓝 2(Restylane)

产品标准:YZB/SWE 8120-2013《注射用修饰透明质酸钠凝胶》

性能组成:该产品由预灌封玻璃注射器、不锈钢注射针和封装在注射器中的凝胶颗粒悬液组成。凝胶颗粒悬液由经交联的透明质酸钠、氯化钠、磷酸盐缓冲体系以及注射用水组成，其中透明质酸钠由微生物发酵法制备，标示浓度为 20mg/mL。封装了凝胶颗粒悬液的注射器已经高温蒸汽灭菌，注射针已经伽玛射线辐照灭菌。该产品一次性使用。

适用范围:该产品用于面部真皮组织中层填充以纠正中重度鼻唇沟皱纹。

备注:1.该产品仅限于在国家正式批准的医疗机构中由具有相关专业医师资格的人员，经生产厂家或其委托/指定机构的专业培训并获得培训合格证书后，严格按照产品使用说明书的要求进行使用。2.应保证上市后的每件产品具有可追溯性，并积极进行不良事件收集工作。如果出现重大的安全性问题，应按照有关不良反应监测规定及时上报相关部门。且在重新注册时提交使用该产品所有不良事件的评价报告。 3.重新注册时需提交规范的、大样本的随访至该产品完全降解时间的临床安全性评估报告。此种情况，若在注册证书到期前进行变更重新注册，则需提交阶段性的临床安全性评估报告。2014 年 6 月 24 日同意更正产品适用范围内容，2014 年 1 月 28 日核发的医疗器械注册登记表予以废止。

生产厂家:瑞典 Q-Med AB

注册代理:科医国际贸易(上海)有限公司

服务机构:科医国际贸易(上海)有限公司

发证日期:2014.01.28 **截止日期**:2018.01.27

国食药监械(进)字 2014 第 3460873 号

产品名称:金属接骨板系统(Acumed Congruent Bone Plate System)

规格型号:见附页

产品标准:YZB/USA 7941-2013《金属接骨板系统》

性能组成:该产品由接骨板和接骨螺钉组成。接骨板由符合 ASTM F67 标准规定的 2 级纯钛材料制成，接骨螺钉由符合 ASTM F 136 标准规定的 Ti6Al4V ELI 钛合金材料制成。产品表面经阳极氧化处理。灭菌和非灭菌包装。

适用范围:适用于锁骨、肱骨、桡骨、尺骨、掌骨、跖骨、踝关节、胫骨、腓骨骨折内固定。

生产厂家:美国 Acumed LLC

注册代理:艾克曼(北京)咨询有限公司

服务机构:艾派(广州)医疗器械有限公司

发证日期:2014.01.28 **截止日期**:2018.01.27

国食药监械(进)字 2014 第 3460874 号

产品名称:脊柱内固定系统(MEGA SPINE SYSTEM)

规格型号:见附页

产品标准:YZB/ROK 7826-2013《脊柱内固定系统》

性能组成:该产品由椎弓根螺钉，可转向椎弓根螺钉，提拉复位螺钉，可转向提拉复位螺钉，连接棒，六角连接棒，预弯连接棒，固定螺帽，横向连接杆，多米诺棒连接器，可转向棒连接器，髂骨螺钉，髂骨连接器和髂骨螺帽组成。材料采用 GB/T13810 规定的 TC4ELI 钛合金材料。表面无着色。非灭菌包装。

适用范围:适用于胸，腰椎骨折脱位，椎管狭窄后路内固定。

生产厂家:韩国 BK Meditech Co., Ltd

注册代理:郑州凯斯特医疗器械有限公司

服务机构:郑州凯斯特医疗器械有限公司

发证日期:2014.01.28 **截止日期**:2018.01.27

国食药监械(进)字 2014 第 3460875 号(更)

产品名称:脊柱内固定系统（商品名：Sequoia）(Spinal Fixation System)

规格型号:见附页
产品标准:YZB/USA 0232-2014《脊柱内固定系统》
备注:生产企业注册地址由"5301RiataParkCour, BuildingF, AustinTX78727USA"变更为"7375 Bush Lake Road, Minneapolis, Minnesota 55439, USA"。注册证由"国食药监械(进)字2014第3460875号"变更为"国食药监械(进)字2014第3460875号(更)",原证自发证之日起作废。
生产厂家:美国Zimmer Spine, Inc.
注册代理:捷迈(上海)医疗国际贸易有限公司
服务机构:捷迈(上海)医疗国际贸易有限公司
变更日期:2014.09.26 **截止日期**:2018.02.11

国食药监械(进)字2014第3220876号

产品名称:预装式非球面后房人工晶状体(商品名:HOYA iSert)(HOYA iSert Preloaded System Aspherical Posterior Chamber Intraocular Lenses)
规格型号:250
产品标准:YZB/JAP 0645-2014《预装式非球面后房人工晶状体》
性能组成:该产品为预装式非球面后房人工晶状体,是将人工晶状体预装在由推注头及推进组件组成的植入器上。推注头材料为聚丙烯,植入器其它部分材料由聚乙烯或聚丙烯类材料制成。人工晶状体为一件式后房人工晶状体,可折叠,襻形为C型。主体部分由含紫外吸收剂的软性丙烯酸树脂制成,襻前端为含着色剂的聚甲基丙烯酸酯材料制成,其它部分与人工晶状体主体材料相同;屈光度范围:+6D~+30D。光学设计:单焦,非球面(在孔径光栏半径1.5mm范围内模拟眼状态下的轴截面光焦度分布符合反球差分布特征);环氧乙烷灭菌,一次性使用。
适用范围:适用于无晶状体眼的视力矫正。
生产厂家:日本豪雅株式会社
注册代理:深圳市瑞霖医疗器械有限公司
服务机构:深圳市瑞霖医疗器械有限公司
发证日期:2014.02.12 **截止日期**:2018.02.11

国食药监械(进)字2014第3150877号

产品名称:电极传送鞘管(Lead Introducer Kit)
规格型号:3550-18
产品标准:YZB/USA 0280-2014《电极传送鞘管》
性能组成:该产品由钢丝、鞘管、扩张器、带管芯针的穿刺针、接地垫和电线、测试刺激电缆和病人连接电缆组成,其中接地垫和测试刺激电缆为非无菌提供,其它产品环氧乙烷灭菌。产品一次性使用。
适用范围:该产品用于将骶神经刺激电极经皮下导入或移出体内。
生产厂家:美国Medtronic Inc.
注册代理:美国美敦力中国有限公司北京办事处
服务机构:美敦力(上海)管理有限公司
发证日期:2014.02.12 **截止日期**:2018.02.11

国食药监械(进)字2014第3770878号

产品名称:电极导管锁紧系统(Lead Locking Device)
规格型号:518-018、518-021、518-019、518-022、518-020、518-023、518-039、518-062、518-067、518-024、518-027
产品标准:YZB/USA 8342-2013《电极导管锁紧系统》
性能组成:产品包括电极导管锁紧装置、清除探针、切割器、线圈扩展器和针规。电极导管锁紧装置由两个线圈环状把手和一个带有不锈钢齿轮固定机制的芯杆组成。清除探针和切割器由不锈钢制成,线圈扩展器和针规由不锈钢和聚碳酸酯制成。产品经环氧乙烷灭菌,一次性使用。
适用范围:适用于经静脉移除患者体内需要长期植入单腔并使用高级静脉途径的起搏器或除颤器的电极导管。
生产厂家:美国Spectranetics Corporation
注册代理:捷通埃默高(北京)医药科技有限公司
服务机构:捷通埃默高(北京)医药科技有限公司
发证日期:2014.02.12 **截止日期**:2018.02.11

国食药监械(进)字2014第3220879号

产品名称:软性亲水接触镜(Soft contact lens)
规格型号:Hi cell soft
产品标准:YZB/ROK 0164-2014《软性亲水接触镜》
性能组成:该产品为日戴型软性亲水接触镜。主要由甲基丙烯酸2-羟乙酯、N-乙烯基吡咯烷酮、二甲基丙烯酸乙二醇酯及着色剂聚合而成,着三色(灰色,绿色,紫色,棕色,蓝色),二色(灰色,绿色,紫色,棕色,蓝色)或单色(黑色,棕色,淡蓝色),聚丙烯杯或玻璃瓶包装。含水量:38%±2%,折射率:1.440±0.5%,透氧系数标称值:10.0×10^{-11}(cm2/s)(mLO2/(mL×mmHg)),-3D镜片透氧量16.66×10^{-9}(cm/s)(mLO2/(mL×mmHg))(允差-20%),屈光度范围:0.00D~-10.00D(间隔0.25D),可见光透射率≥90%。推荐更换周期一年。产品经高压蒸汽灭菌。
适用范围:采用光学成像原理,用于矫正18岁以上患者近视。
生产厂家:韩国Hi Cell Contact
注册代理:上海天润商贸有限公司
服务机构:上海天润商贸有限公司
发证日期:2014.02.12 **截止日期**:2018.02.11

国食药监械(进)字2014第3460880号

产品名称:髋关节假体-股骨柄(商品名:Alloclassic Zweymüller)(Hip Joint Prostheses)
规格型号:见附页
产品标准:YZB/SWI 8077-2013《髋关节假体-股骨柄》
性能组成:该股骨柄是由符合ISO 5832-11-1994标准的锻造Ti6Al7Nb制成,柄表面是全开槽喷砂处理的粗糙面。灭菌包装。
适用范围:髋关节假体(商品名:Alloclassic Zweymüller),该股骨柄适用于非炎症性退行性关节炎(NIDJD),如缺血性坏死、骨关节炎,和炎症性关节病(IJD),如类风湿性关节炎的非骨水泥型全髋关节置换术。
生产厂家:瑞士Zimmer GmbH
注册代理:捷迈(上海)医疗国际贸易有限公司
服务机构:捷迈(上海)医疗国际贸易有限公司
发证日期:2014.02.12 **截止日期**:2018.02.11

国食药监械(进)字2014第3220881号

产品名称:软性亲水接触镜(Soft Contact Lens)
规格型号:Oxygen Eye
产品标准:YZB/ROK 8346-2013《软性亲水接触镜(型号:Oxygen Eye)》
性能组成:该产品为日戴型软性亲水接触镜。主要由HEMA、TRISS、NMV、NVP、EGDMA、紫外线吸收剂及着色剂聚合而成,着淡蓝色,聚丙烯杯包装。含水量:55%±2%,折射率:1.420±0.005,透氧系数标称值:25×10^{-11}(cm2/s)(mLO2/(mL×mmHg)),-3D镜片透氧量25×10^{-9}(cm/s)(mLO2/(mL×mmHg))(允差-20%),屈光度范围:-0.50D~-10.00D(间隔0.25D),可见光透射率≥95%。UV-A段(316nm~380nm)平均透射率≤30%,UV-B段(280nm~315nm)平均透射率≤5%。推荐更换周期一个月。产品经高压蒸汽灭菌。
适用范围:镜片适用于18岁及以上无禁忌症患者矫正近视。
生产厂家:韩国Joowon Innovation Co., Ltd.
注册代理:镇江美多隐形眼镜有限公司
服务机构:镇江美多隐形眼镜有限公司
发证日期:2014.02.12 **截止日期**:2018.02.11

国食药监械(进)字2014第2640882号

产品名称:微生物密封剂(商品名:Kimberly-Clark*)(Integuseal Microbial Sealant)
规格型号:IS50型:1.5mL;IS100型:2.7mL;IS200型:5.4mL。
产品标准:YZB/USA 8397-2013《微生物密封剂》
性能组成:产品成分:α-氰基丙烯酸正丁酯、磷酸三丁酯-o-乙酰基柠檬酸盐、对甲酚、二氧化硫和2号D&C紫。产品为灭菌产品,敷药器和包装是环氧乙烷灭菌,液体部分是干热灭菌。
适用范围:产品在术前备皮(与标准手术盖布一起使用)之后、手术切口之前使用,用于辅助减少手术执行期间皮肤受污染的风险。
生产厂家:美国Kimberly-Clark Corporation
注册代理:北京美至奕成科技发展有限公司
服务机构:北京美至奕成科技发展有限公司
发证日期:2014.01.28 **截止日期**:2018.01.27

国食药监械(进)字2014第3150883号

产品名称:一次性使用留置针(透析用留置針)
规格型号:SP502-16(25), SP502-16(33), SP502-17(25),

SP502-17(33), SP502-18(25), SP502-18(33)
产品标准:YZB/JAP 8354-2013《一次性使用留置针》
性能组成:本产品由外导管组件(导管、导管夹、夹持软管、连接器、橡胶连接器)、内针管组件(针管、针座、过滤连接器)、排气接头和保护套组成。本产品为环氧乙烷灭菌产品,灭菌有效期为三年,一次性使用。
适用范围:本产品主要用于血管穿刺,与血路连接,以进行血液透析。
生产厂家:日本東鄉メディキット株式会社(BIOTRONIK SE &Co.KG)
注册代理:北京恒润泰医药科技有限公司
服务机构:北京恒润泰医药科技有限公司
发证日期:2014.01.28 **截止日期**:2018.01.27

国食药监械(进)字 2014 第 3660884 号

产品名称:经皮扩张气管切开管套件(商品名:Portex®)(Percutaneous Dilation Tracheostomy Kit)
规格型号:见附页
产品标准:YZB/UK 8307-2013《经皮扩张气管切开管套件》
性能组成:经皮扩张气管切开管套件由气管切开插管及配件组成。其中气管切开插管由插管、内插管、插管导入器(插管芯)、套囊、充气管、指示球囊组成;无套囊型号不含套囊、充气管和指示球囊;Blue Line Ultra®Suctionaid®气管切开插管含有吸痰管及抽吸控制阀。配件包括塑柄手术刀、10ml 注射器、穿刺针及套管、导丝及导入器、扩张器、导引导管、单级扩张器、纱布、气管切开管固定绑带、清洁刷或清洁棉拭子、扩张钳、Point-Lok穿刺针保护装置、气管切开管分离楔、带头部观察窗的帘子、仅用于7、8、9毫米插管的软性导入器(插管芯)、无菌润滑剂。本产品经环氧乙烷灭菌,一次性使用。
适用范围:经皮扩张气管切开管套件,采用 Seldinger 穿刺技术,经环状软骨下去选择性控制插入气管切开套管,进行气道管理。
生产厂家:英国 Smiths Medical International Limited
注册代理:史密斯医疗器械(北京)有限公司
服务机构:史密斯医疗器械(北京)有限公司
发证日期:2014.01.28 **截止日期**:2018.01.27

国食药监械(进)字 2014 第 3450885 号

产品名称:透析液过滤器(Fluidfilter)
规格型号:Diasafe plus
产品标准:YZB/GER 0044-2014《透析液过滤器》
性能组成:本产品由封口端、O 型环、灌封材料、外壳和聚砜纤维膜组成。封口端材料为聚丙烯;O型环材料为硅胶;灌封材料为聚氨基甲酸酯;外壳材料为聚丙烯;膜材料为费森尤斯聚砜膜。
适用范围:本品配合费森尤斯医疗用品有限公司生产的血液透析装置使用,其工作原理是利用空心纤维膜的作用,对配套血液透析装置使用的透析液进行处理,制备符合要求的超纯透析液。本产品应在使用 12 周或100次治疗(Online Plus)后更换。
生产厂家:德国 Fresenius Medical Care AG&Co.KGaA
注册代理:费森尤斯医药用品(上海)有限公司
服务机构:费森尤斯医药用品(上海)有限公司
发证日期:2014.01.28 **截止日期**:2018.01.27

国食药监械(进)字 2014 第 3460886 号

产品名称:髋关节组件(Hip Components)
规格型号:见附页
产品标准:YZB/USA 8036-2013《髋关节组件》
性能组成:髋关节组件为一体式(骨水泥)髋臼。一体式(骨水泥)髋臼采用符合 ISO5834-2 表1中2型要求的超高分子量聚乙烯材料制造,组件上配有不锈钢 X 光标记线。作为骨水泥型髋关节假体使用,与符合 ISO5832-12 的锻造钴铬钼合金、或符合 ISO6474-2 的氧化铝基复合陶瓷股骨头配合使用,适用于髋关节置换。灭菌包装。
适用范围:适应症 1)非炎性退行性骨关节疾病,包括骨关节炎和骨关节无血管形成性坏死 2)风湿性关节炎 3)纠正功能性畸形 4)治疗骨不连、股骨颈骨折和涉及股骨头的股骨近端粗隆骨折,而无法采取其他方式治疗的。5)其他治疗方式或医疗器械失效的修复
生产厂家:美国 Biomet Orthopedics
注册代理:邦美(上海)商贸有限公司
服务机构:邦美(上海)商贸有限公司
发证日期:2014.01.28 **截止日期**:2018.01.27

国食药监械(进)字 2014 第 3650887 号

产品名称:腔镜关节头直线型切割吻合器和钉仓(商品名:ECHELON FLEX)(ECHELON FLEX Articulating Endoscopic Linear Cutters and Reloads)
规格型号:EC45A, SC45A, EC45AL, EC60A, SC60A, LONG60A, ECR60W, ECR60B, ECR60D, ECR60G, ECR60T, ECR60M
产品标准:YZB/USA 8347-2013《腔镜关节头直线型切割吻合器和钉仓》
性能组成:产品由吻合器和钉仓组成,组成部件有钉仓、关闭杆、击发杆、旋转钮、关节翅片、手动刀倒转开关、行程计数指示器、刀向指示器、钉砧释放钮、关闭杆和钉砧。吻合器材质为不锈钢,吻合钉材质为钛合金(Titanium3A12.5V)。产品经辐射灭菌。
适用范围:适用于吻合术中的横切、切除和/或重建。可用于多种开放式或微创性普通外科、妇科、泌尿科、胸外科和小儿外科操作。可与吻合线或组织吻合钉支持物配合使用。还可用于横切和切除肝实质组织(肝脏血管系统和胆道结构)、胰腺、肾脏和脾脏。
生产厂家:美国 Ethicon Endo - Surgery, LLC
注册代理:强生(上海)医疗器材有限公司
服务机构:强生(上海)医疗器材有限公司
发证日期:2014.01.28 **截止日期**:2018.01.27

国食药监械(进)字 2014 第 2040888 号(更)

产品名称:囊袋张力环注入器(Capsular Tension Ring Delivery Sytem)
规格型号:7-810
产品标准:YZB/UK 3694-2010《囊袋张力环注入器》
备注:代理人和售后服务机构均由"蔡司光学仪器(上海)国际贸易有限公司"变更为"卡尔蔡司(上海)管理有限公司";注册证由"国食药监械(进)字 2014 第 2040888 号"变更为"国食药监械(进)字 2014 第 2040888 号(更)",原证自发证之日起作废。
生产厂家:英国 Duckworth & Kent Ltd
注册代理:卡尔蔡司(上海)管理有限公司
服务机构:卡尔蔡司(上海)管理有限公司
变更日期:2014.05.08 **截止日期**:2018.01.27

国食药监械(进)字 2014 第 2220889 号

产品名称:关节镜手术工具(Arthroscopy Instruments)
规格型号:见附页
产品标准:YZB/USA 8056-2013《关节镜手术工具》
性能组成:产品由手术钳、手术剪、抓持器、钝刀头、刀柄、探针和导丝组成,由符合 YY0294.1 标准要求的代号为 N 的不锈钢材料制成。非灭菌包装。
适用范围:本产品与内窥镜配合使用,适用于四肢关节的检查和手术。
生产厂家:美国 Stryker Endoscopy
注册代理:史赛克(北京)医疗器械有限公司
服务机构:史赛克(北京)医疗器械有限公司
发证日期:2014.01.28 **截止日期**:2018.01.27

国食药监械(进)字 2014 第 3770890 号

产品名称:PTA球囊扩张导管(商品名:Sterling OTW)(Sterling OTW PTA Balloon Dilatation Catheter)
规格型号:见附页
产品标准:YZB/USA 8061-2013《PTA球囊扩张导管(商品名:Sterling OTW)》
性能组成:该产品为整体交换型(OTW)球囊导管,球囊为半顺应性。球囊导管采用同轴管身设计。外腔用于球囊扩张,导丝腔可以通过 0.014 英寸/0.018 英寸(0.36 mm/0.46 mm)的导丝,球囊的材料为 Pebax 7233-SA01,近端和远端各有一个不透 X 射线标志带。环氧乙烷灭菌,一次性使用。
适用范围:该产品用于髂动脉、股动脉、髂股动脉、腘动脉、肾动脉等周围血管的经皮经腔血管成形术(PTA),以及治疗天然或人造动静脉透析瘘管的阻塞性病变。该装置还适用于在周围血管系统中行球囊扩张支架和自膨式支架的后扩张。
生产厂家:美国波士顿科学公司(Boston Scientific Corporation)
注册代理:波科国际医疗贸易(上海)有限公司
服务机构:波科国际医疗贸易(上海)有限公司
发证日期:2014.01.28 **截止日期**:2018.01.27

国食药监械(进)字 2014 第 3460891 号

产品名称:肩关节肱骨柄（商品名：Zimmer 骨金属）(Shoulder Humeral Stem)
规格型号:见附页
产品标准:YZB/USA 8288-2013《肩关节肱骨柄》
性能组成:该产品由符合 ISO5832-3 标准要求的 Ti6Al4V 钛合金材料制成，其肱骨柄近端表面由小梁金属结构的多孔钽材料覆盖。灭菌包装。
适用范围:产品是一种全肩或半肩关节置换的非限制型假体（表面置换）。该肱骨柄的近端部分使用小梁金属结构材料的设计，可使用或不使用骨水泥获得与骨骼的固定 4 度(Morse)锥形，可与 Zimmer 公司生产的 Bigliani/Flatow 全肩关节系统的肱骨头和肩盂组配。
生产厂家:美国 Zimmer, Inc.
注册代理:捷迈(上海)医疗国际贸易有限公司
服务机构:捷迈(上海)医疗国际贸易有限公司
发证日期:2014.01.28　　**截止日期**:2018.01.27

国食药监械(进)字 2014 第 2410892 号

产品名称:采血针（商品名：罗康全乐采采血针）(Accu-Chek Softclix Lancet)
规格型号:型号:Accu-Chek Softclix Lancet(包装规格:10 个/盒、17 个/盒、25 个/盒、200 个/盒)
产品标准:YZB/GER 8406-2013《采血针》
性能组成:产品由采血针及保护帽组成，材料为 1.4301 不锈钢和聚乙烯。产品经 γ 射线灭菌。一次性使用。
适用范围:产品与罗氏诊断公司出品的血糖仪配套使用，用于医院快速血糖检测及糖尿病患者自我血糖监测。
生产厂家:德国 Roche Diagnostics GmbH
注册代理:罗氏诊断产品(上海)有限公司
服务机构:罗氏诊断产品(上海)有限公司
发证日期:2014.01.28　　**截止日期**:2018.01.27

国食药监械(进)字 2014 第 1100893 号

产品名称:椎间融合器手术工具(Fusion Instruments-Class I)
规格型号:见附页
产品标准:YZB/USA 8131-2013《椎间融合器手术工具》
性能组成:该产品由手柄、植入器、骨锉、椎间隙高度试模、撑开器、漏斗、钩、起始器、填充器、拔出器、牵开器、推入器、滑锤、骨膜剥离器、纤维环刀、可变神经剥离子器、扩张器、调节器和滑动条组成，不与有源器械联用。产品与人体接触部分采用符合 YY/T0294.1 标准规定的代号为 N 和 H 的不锈材料制成，具体详见规格型号列表，非灭菌包装。
适用范围:该产品为手术工具，用于手术中植入本公司生产的椎间融合器。
生产厂家:美国 Pioneer Surgical Technology, Inc.
注册代理:博能华医疗器械(上海)有限公司
服务机构:博能华医疗器械(上海)有限公司
发证日期:2014.01.28　　**截止日期**:2018.01.27

国食药监械(进)字 2014 第 3460894 号

产品名称:髋关节假体(股関節インプラント)
规格型号:见附页
产品标准:YZB/JAP 8101-2013《髋关节假体》
性能组成:该产品包括股骨柄、球头、双极头、髋臼外杯、髋臼内衬及螺钉。股骨柄及髋臼外杯为符合 ISO5832-3 的 Ti6Al4V 钛合金，表面为符合 ISO 5832-2 的纯钛及羟基磷灰石涂层；球头材料为符合 ISO6474-1 高纯氧化铝陶瓷和符合 ISO5832-12 的钴铬钼合金；双极头外杯材料为符合 ISO5832-4 的铸造钴铬钼合金；双极头内衬及髋臼内衬材料符合 ISO 5834-2 表 1 中 2 型的超高分子量聚乙烯；螺钉、双极头杯圈及弹簧材料为符合 ISO5832-3 的 Ti6Al4V 钛合金。灭菌包装。
适用范围:做为非骨水泥型髋关节假体使用，适用于髋关节置换。
生产厂家:日本京セラメディカル株式会社
注册代理:北京优百伟业科贸有限公司
服务机构:北京优百伟业科贸有限公司
发证日期:2014.01.28　　**截止日期**:2018.01.27

国食药监械(进)字 2014 第 3460895 号

产品名称:后稳定型股骨假体（商品名：Sigma PFC & Sigma RP）(Sigma PS Femur Component)
规格型号:见附页
产品标准:YZB/USA 8102-2013《后稳定型股骨假体》
性能组成:该产品由股骨髁和髁孔塞组成。股骨髁采用符合 YY 0117.3-2005 的铸造钴铬钼合金制造；髁孔塞用于保护股骨髁，不植入人体。灭菌包装。
适用范围:作为骨水泥假体使用，适用于膝关节置换手术
生产厂家:美国 DePuy Orthopaedics, Inc
注册代理:强生(上海)医疗器材有限公司
服务机构:强生(上海)医疗器材有限公司
发证日期:2014.01.28　　**截止日期**:2018.01.27

国食药监械(进)字 2014 第 3660896 号(更)

产品名称:胸腔引流管(Argyle Thoracic Catheters)
规格型号:见附页
产品标准:YZB/USA 0320-2014《胸腔引流管》
备注:代理人和售后服务机构均由“柯惠医疗器材商贸（上海）有限公司”变更为“柯惠医疗器材国际贸易（上海）有限公司”；注册证由“国食药监械(进)字 2014 第 3660896 号”变更为“国食药监械(进)字 2014 第 3660896 号(更)”，原证自发证之日起作废。
生产厂家:美国 Covidien llc
注册代理:柯惠医疗器材国际贸易（上海）有限公司
服务机构:柯惠医疗器材国际贸易（上海）有限公司
变更日期:2014.05.08　　**截止日期**:2018.02.12

国食药监械(进)字 2014 第 2640897 号

产品名称:创口贴片（商品名：海王星）(Neptune Pad)
规格型号:8870-01
产品标准:YZB/USA 0465-2014《创口贴片》
性能组成:该产品由藻酸钙纤维经机械压制而成。由百分百的藻酸钙纤维组成，不含有其他活性或非活性的组分。
适用范围:适用于拔掉针/管后的体表辅助止血。
生产厂家:美国 TZ Medical, Inc
注册代理:心宜医疗器械(深圳)有限公司
服务机构:北京东方美通科技有限公司
发证日期:2014.02.13　　**截止日期**:2018.02.12

国食药监械(进)字 2014 第 3460898 号

产品名称:软组织补片（商品名：GORE-TEX）(GORE-TEX® Soft Tissue Patch)
规格型号:见附页
产品标准:YZB/USA 8172-2013《软组织补片（商品名：GORE-TEX)》
性能组成:该产品采用膨体聚四氟乙烯(ePTFE)制造，具有多微孔结构，补片有 1mm 和 2mm 两种厚度。产品无菌状态提供，一次性使用。
适用范围:该产品适用于疝和软组织缺损重建。
生产厂家:美国 W.L. GORE & ASSOCIATES, INC.
注册代理:戈尔工业品贸易(上海)有限公司
服务机构:戈尔工业品贸易(上海)有限公司
发证日期:2014.02.13　　**截止日期**:2018.02.12

国食药监械(进)字 2014 第 3460899 号

产品名称:微孔补片（商品名：GORE MYCROMESH）(GORE® MYCROMESH® Biomaterial)
规格型号:见附页
产品标准:YZB/USA 8178-2013《微孔补片(商品名(GORE MYCROMESH)》
性能组成:该产品采用膨体聚四氟乙烯(ePTFE)制造，产品具有微孔节点纤维结构和规则间隔的大孔隙。产品无菌状态提供，一次性使用。
适用范围:该产品适用于疝和软组织缺损重建及筋膜缺损暂时性桥接。
生产厂家:美国 W.L. GORE & ASSOCIATES, INC.
注册代理:戈尔工业品贸易(上海)有限公司
服务机构:戈尔工业品贸易(上海)有限公司
发证日期:2014.02.13　　**截止日期**:2018.02.12

国食药监械(进)字 2014 第 3150900 号(更)

产品名称:膀胱镜注射针(Williams Cystoscopic Injection Needle)
规格型号:090001, 090001-S9, 090001-S10, 090001-S20, 090001-S26, 090001-S34
产品标准:YZB/USA 0288-2014《膀胱镜注射针》
备注:生产企业名称由“Cook UrologicalIncorporated”变更为“Cook Incorporated”;生产企业注册地址由“1100 West Morgan Street Spencer, IN47460 USA”变更为“750 Daniels Way, Bloomington, IN 47404, U.S.A.”;注册证由“国食药监械(进)字2014第3150900号”变更为“国食药监械(进)字2014第3150900号(更)”,原证自发证之日起作废。
生产厂家:美国 Cook Incorporated
注册代理:库克(中国)医疗贸易有限公司
服务机构:库克(中国)医疗贸易有限公司
变更日期:2014.05.08 截止日期:2018.02.12

国食药监械(进)字2014第3220901号

产品名称:人工晶状体(商品名:AcrySof CACHET Phakic Lens)(Sterile UV Absorbing Foldable Single-Piece Anterior Chamber Phakic Lens)
规格型号:L12500, L13000, L13500, L14000
产品标准:YZB/USA 7096-2013《人工晶状体》
性能组成:该产品为单件式前房人工晶状体,可折叠,四角固定襻。主体与支撑部分均由疏水性丙烯酸脂类单体共聚物材料制成,添加紫外吸收剂;屈光度范围:(-6.0D~ -16.5D);光学设计:单焦,球面;无菌状态提供,一次性使用。
适用范围:适用于降低或者消除前房深度>3.2毫米(包括角膜厚度)的年龄为21岁至49岁的成年患者的屈光度为-6.0D至-16.5D的近视。
备注:2014年4月18日同意更正生产地址、产品性能结构及组成内容,2014年2月13日核发的医疗器械注册登记表予以废止。
生产厂家:美国 Alcon Laboratories, Incorporated
注册代理:爱尔康(中国)眼科产品有限公司
服务机构:爱尔康(中国)眼科产品有限公司
发证日期:2014.02.13 截止日期:2018.02.12

国食药监械(进)字2014第2660902号

产品名称:支气管双腔插管(商品名:Portex®)(Endobronchial Tubes)
规格型号:198-28L、197-28R、198-32L、197-32R、198-35L、197-35R、198-37L、197-37R、198-39L、197-39R、198-41L、197-41R
产品标准:YZB/UK 0285-2014《支气管双腔插管》
性能组成:支气管双腔插管分为左侧型和右侧型,包括带探针支气管双腔插管、Y型适配器、单轴可旋转适配器、适用于气管和支气管的接有延长管的15mm接头及4根吸痰管。产品经环氧乙烷无菌,一次性使用。
适用范围:支气管双腔插管适用于胸部手术、支气管呼吸测量以及在支气管麻醉和其它需要进行支气管双腔插管过程中的气道管理。支气管双腔插管放置于支气管主干内,可用于选择性的充气或放气、吸痰、单侧肺通气,或用于支气管镜检查时使用。支气管双腔插管必须遵照现行的医疗技术进行操作。
生产厂家:英国 Smiths Medical International Limited
注册代理:史密斯医疗器械(北京)有限公司
服务机构:史密斯医疗器械(北京)有限公司
发证日期:2014.02.13 截止日期:2018.02.12

国食药监械(进)字2014第3640903号

产品名称:亲水性纤维敷料(商品名:爱康肤)(HydrofiberTM Dressing)
规格型号:见附页
产品标准:YZB/UK 0237-2014《亲水性纤维敷料》
性能组成:亲水性纤维敷料为接触性创面敷料,标准型由亲水纤维(羧甲基纤维素钠)制造,条状加强型和片状加强型由亲水性纤维(羧甲基纤维素钠)和纤维素组成,经射线灭菌。
适用范围:可用于处理擦伤、裂伤、轻微割伤、轻微烫伤与轻微烧伤伤口。在专业医护人员监督情况下使用,适用于护理:腿部溃疡、压疮(II期-IV期)和糖尿病足溃疡;手术创伤(手术后、供皮区、皮肤损伤);部分皮层(II度)烧伤;留待二期愈合的外科伤口或手术创伤,如开裂的手术切口;通过一期愈合治疗的手术伤口,如皮肤科及外科切口(例如骨科及血管外科);创伤伤口;局部处理容易出血的伤口,例如经过机械或手术清创之伤口和供皮区。
生产厂家:英国 ConvaTec Limited
注册代理:康维德(中国)医疗用品有限公司
服务机构:康维德(中国)医疗用品有限公司
发证日期:2014.02.13 截止日期:2018.02.12

国食药监械(进)字2014第3770904号

产品名称:微导管(商品名:EchelonTM)(EchelonTM Micro Catheter)
规格型号:见附页
产品标准:YZB/USA 8157-2013《微导管(商品名:EchelonTM)》
性能组成:该产品为过导丝型单腔微导管,包装内带有一个蒸汽塑形针。导管近端有标准鲁尔圆锥接头的座以便与其他附件相连接。导管的材料为聚醚酰胺聚合物(PEBAX),支撑编织层为镍钛合金,内衬为聚四氟乙烯。导管的外表面有透明质酸亲水涂层,远端有两个不透射线标记。环氧乙烷灭菌,一次性使用。
适用范围:该产品适用于专业医生有选择地控制灌注药物如栓塞材料和诊断材料如造影剂到外周及神经血管。
备注:2014年4月8日同意更正注册号内容,2014年2月13日核发的医疗器械注册证、医疗器械注册登记表、附页予以废止。
生产厂家:美国 Micro Therapeutics Inc. dba ev3 Neurovascular
注册代理:柯惠医疗器材国际贸易(上海)有限公司
服务机构:柯惠医疗器材国际贸易(上海)有限公司
发证日期:2014.02.13 截止日期:2018.02.12

国食药监械(进)字2014第3460905号

产品名称:瓣膜成形环(商品名:Cosgrove-Edwards)(Annuloplasty System)
规格型号:型号:4600;规格:4600G26L, 4600G28L, 4600G30L, 4600G32L, 4600G34L, 4600G36L, 4600G38L
产品标准:YZB/USA 0157-2014《瓣膜成形环》
性能组成:该产品由成形环和持环器组成。成形环中缝合环由硅橡胶(含有硫酸钡)制成,外覆白色聚酯布(PET),缝合线由白色聚四氟乙烯制成;成形环两端有绿色标记线。持环器由聚苯砜制成。高压蒸汽灭菌,一次性使用。
适用范围:该产品用于二尖瓣和三尖瓣的修复。
生产厂家:美国 Edwards Lifesciences, LLC.
注册代理:爱德华(上海)医疗用品有限公司
服务机构:爱德华(上海)医疗用品有限公司
发证日期:2014.02.13 截止日期:2018.02.12

国食药监械(进)字2014第3220906号

产品名称:软性亲水接触镜(商品名:沙福隆碧昕每月更换型)(SoftContact Lens)
规格型号:Clariti
产品标准:YZB/UK 6553-2013《软性亲水接触镜(型号:Clariti)》
性能组成:该产品为日戴型软性亲水接触镜。主要由甲基丙烯酸烷基酯、有机硅丙烯酸酯、烷基丙烯酰胺、乙烯内酰胺聚合而成,聚丙烯杯包装。含水量:56%±2%,折射率:1.4008±0.005,透氧系数标称值:60×10^{-11}(cm2/s)(mLO2/(mL×mmHg)),-3D镜片透氧量 86×10^{-9}(cm/s)(mLO2/(mL×mmHg))(允差-20%),屈光度范围:+8.00D~-10.00D,可见光透过率>92%。每月抛弃型。产品经湿热灭菌。
适用范围:采用光学成像原理,用于矫正18岁以上患者近视和远视。
生产厂家:英国 SAUFLON PHARMACEUTICALS LIMITED
注册代理:北京爱尔默医药技术开发有限公司
服务机构:上海柯蓝光学眼镜有限公司
发证日期:2014.02.13 截止日期:2018.02.12

国食药监械(进)字2014第2550907号

产品名称:不锈钢牙钻(Bur)
规格型号:D0023, D0024, D0028, D0034, D0038, D0041, D0205, D0061, D0062, D0063, D0064, D0065, D065B, D0171I, D0172I
产品标准:YZB/SWI 0099-2014《不锈钢牙钻》
性能组成:该产品工作部分材料为:不锈钢;柄部材料:淬火不锈钢金属材料。性能:径向圆跳动值:不大于0.08mm,颈部强度:试验后永久变形量应不大于0.08mm。该产品为非灭菌产品,使用前需进行灭菌处理。
适用范围:供口腔科钻削牙齿用。
生产厂家:瑞士 MAILLEFER INSTRUMENTS HOLDING Sarl

注册代理:登士柏(天津)国际贸易有限公司
服务机构:登士柏(天津)国际贸易有限公司
发证日期:2014.02.13　截止日期:2018.02.12

国食药监械(进)字2014第1660908号

产品名称:药粉吸入器 (商品名: 吸乐) (HandiHaler)
规格型号:HandiHaler
产品标准:YZB/GER 0313-2014《药粉吸入器》
性能组成:该产品是药粉吸入器，由防尘帽、吸嘴、基托、刺孔按钮、中央贮药室组成。防尘帽、吸嘴、基托、刺孔按钮的材质均为丙烯晴-丁二烯-苯乙烯聚合体 (ABS)，中央储药室的材质为甲基丙烯酸甲酯-丙烯晴-苯乙烯聚合体 (MABS)。本产品可重复使用。
适用范围:产品用于从噻托溴铵胶囊中吸入药物。
备注:2014年8月13日同意更正生产企业名称、企业注册地址、生产地址、产品禁忌症内容，2014年2月13日核发的医疗器械注册证、医疗器械注册登记表予以废止。
生产厂家:德国 Boehringer Ingelheim Pharma GmbH&Co.KG
注册代理:上海勃林格殷格翰药业有限公司
服务机构:上海勃林格殷格翰药业有限公司
发证日期:2014.02.13　截止日期:2018.02.12

国食药监械(进)字2014第2550909号

产品名称:碳化钨牙钻(Bur)
规格型号:见附页
产品标准:YZB/SWI 0107-2014《碳化钨牙钻》
性能组成:该产品工作部分材料为: 碳化钨; 柄部材料:淬火不锈钢。性能:径向圆跳动值:不大于 0.05mm，颈部强度: 试验后永久变形量应不大于0.05mm。该产品为非灭菌产品，使用前需进行灭菌处理。
适用范围:供口腔科钻削牙齿用。
生产厂家:瑞士 MAILLEFER INSTRUMENTS HOLDING Sarl
注册代理:登士柏(天津)国际贸易有限公司
服务机构:登士柏(天津)国际贸易有限公司
发证日期:2014.02.13　截止日期:2018.02.12

国食药监械(进)字2014第3460910号

产品名称:脊柱钉棒内固定系统 (商品名: neon) (Screw-Rod Systems)
规格型号:见附页
产品标准:YZB/GER 0110-2014《脊柱钉棒内固定系统》
性能组成:该系统由螺钉、钩板、棒、连接器、垫圈、锁钉、调节杆、螺母、交叉连接、爪型钳环套针组成。产品由符合 ISO5832-3 标准要求的 Ti6Al4V 钛合金材料制成。部分组件表面经阳极化着色处理。非灭菌包装。
适用范围:主要用于脊柱枕-颈段、颈椎、颈-胸段后路内固定。
生产厂家:德国 ulrich GmbH & Co. KG
注册代理:北京百优华泰医疗科技有限公司
服务机构:北京百优华泰医疗科技有限公司
发证日期:2014.02.13　截止日期:2018.02.12

国食药监械(进)字2014第3460911号

产品名称:颈前路固定板系统 (商品名: anterior cervical plate system) (osmium anterior cervical plate system)
规格型号:见附页
产品标准:YZB/GER 0111-2014《颈前路固定板系统》
性能组成:该系统由固定板、螺钉(含锁芯)和松质骨螺钉组成。由符合 ISO5832-3 标准要求的 Ti6Al4V 钛合金材料制成，表面经阳极氧化着色处理。非灭菌包装。
适用范围:适用于颈椎前路内固定。
生产厂家:德国 ulrich GmbH & Co. KG
注册代理:北京百优华泰医疗科技有限公司
服务机构:北京百优华泰医疗科技有限公司
发证日期:2014.02.13　截止日期:2018.02.12

国食药监械(进)字2014第2630912号

产品名称:光固化自酸蚀一步粘结剂(商品名:BeautiBond)(Light-cure self-Etching One Component Dental Adhesive)
规格型号:见附页
产品标准:YZB/JAP 0118-2014《光固化自酸蚀一步粘结剂》
性能组成:本产品由:丙酮、精制水、双酚A甲基丙烯酸缩水甘油酯、羧酸单体、三乙二醇二甲基丙烯酸酯、亚磷酸系单体、樟脑酮、二甲醚氨基苯酸乙基、氟化物、二丁基羟基甲苯组成。
适用范围:牙齿洞型缺损和树脂修复的粘结(包括牙本质)。
生产厂家:日本株式会社松风(SHOFU INC.)
注册代理:松风齿科器材贸易(上海)有限公司
服务机构:松风齿科器材贸易(上海)有限公司
发证日期:2014.02.13　截止日期:2018.02.12

国食药监械(进)字2014第1660913号

产品名称:一次性使用医用橡胶检查手套 (商品名: Blossom Brand) (Latex Examination Gloves)
规格型号:特小(XS)、小(S)、中(M)、大(L)、特大(XL)
产品标准:YZB/USA 0314-2014《一次性使用医用橡胶检查手套》
性能组成:本产品由天然橡胶胶乳制成。分为光面有粉式/无粉式，麻面有粉式/无粉式。均未灭菌。
适用范围:本产品用于医疗检查和卫生防护等用途。
生产厂家:美国 Mexpo International Inc.
注册代理:百乐盛(厦门)进出口有限公司
服务机构:百乐盛(厦门)进出口有限公司
发证日期:2014.02.13　截止日期:2018.02.12

国食药监械(进)字2014第3150914号

产品名称:计算机控制麻醉系统用带针手柄(Wand Plus and Wand STA Handpieces)
规格型号:WA-2050-2725, WA-2050-301, WA-2050-305、STA-5050A、STA-5050-2725、STA-5050-301、STA-5050-305
产品标准:YZB/USA 0277-2014《计算机控制麻醉系统用带针手柄》
性能组成:结构和组成:由麻醉剂药筒、导管和手持柄及针构成。材料:导管为聚氯乙烯，手持柄、麻醉剂药筒为聚丙烯，针为不锈钢 (不锈钢牌号: X5CrNi18-9)。伽马射线灭菌。一次性使用。
适用范围:用于牙科应用中局部麻醉剂的皮下或肌肉注射以渗透或神经阻断。
备注:2014年4月18日同意更正企业注册地址、生产地址内容，2014年2月13日核发的医疗器械注册登记表予以废止。
生产厂家:美国 Milestone Scientific, Inc.
注册代理:北京永轩科技有限公司
服务机构:国药前景口腔科技(北京)有限公司
发证日期:2014.02.13　截止日期:2018.02.12

国食药监械(进)字2014第3660915号

产品名称:聚乙烯输注管(Polyethylene (PE) Infusion Lines)
规格型号:150cm
产品标准:YZB/GER 0443-2014《聚乙烯输注管》
性能组成:本产品材料为聚乙烯，规格 150cm。本品由保护帽; 6%外圆锥(鲁尔)锁定接头; 6%内圆锥(鲁尔)锁定接头和管路组成。一次性使用。
适用范围:在临床上用于尼膜同输液给药。
备注:2014年9月9日同意更正企业注册地址、生产地址、产品标准号内容，2014年2月13日核发的医疗器械注册登记表予以废止。
生产厂家:德国 Fresenius Kabi AG
注册代理:拜耳医药保健有限公司
服务机构:拜耳医药保健有限公司
发证日期:2014.02.13　截止日期:2018.02.12

国食药监械(进)字2014第3150916号

产品名称:一次性使用体内注射治疗针 (商品名: InterjectTM) (Injection Therapy Needle Catheter)
规格型号:见附页
产品标准:YZB/USA 0312-2014《一次性使用体内注射治疗针》
性能组成:本产品包含一个用于注射的手柄、一个管鞘以及一个注射针。外管和外轴手柄为高密度聚乙烯或聚丙烯，内部星状管为聚丙烯，注射针、外轴轴套和硬质管为304不锈钢。本产品为一次性使用产品。环氧乙烷灭菌。
适用范围:本产品用于内窥镜检查中向既定部位注入硬化剂、血管收缩剂或者生理盐水。
备注:2014 年 4 月 18 日同意更正企业注册地址、生产地址内容，2014 年 2 月 13 日核发的医疗器械注册登记表予以废止。
生产厂家:美国 Boston Scientific Corporation
注册代理:波科国际医疗贸易(上海)有限公司
服务机构:波科国际医疗贸易(上海)有限公司
发证日期:2014. 02. 13 **截止日期**:2018. 02. 12

国食药监械(进)字 2014 第 3540917 号

产品名称:输液管理套装和延长管（商品名: CADD）(Administration Sets and Extension Sets)
规格型号:见附页
产品标准:YZB/USA 0093-2014《输液管理套装和延长管》
性能组成:该产品由鲁尔接头、抗虹吸阀、管路、夹子、瓶塞穿刺器、除气泡过滤器，Y 型延长管和防回流阀组成。产品经环氧乙烷灭菌，一次性使用。
适用范围:该产品用来作为输液通路可配合 SmithsMedical ASD, Inc. 公司生产的 CADD®输液泵，从静脉输液袋或者带有注射器的无菌容器中对患者进行输液，除说明书中具体说明的情况外，输液管理套装与任何史密斯生产的 CADD®输液泵均能自由搭配；延长管产品用来与 Smiths MedicalASD, Inc. 公司生产的储液盒配合使用，提供输液通路。
生产厂家:美国 Smiths Medical ASD, Inc
注册代理:史密斯医疗器械(北京)有限公司
服务机构:史密斯医疗器械(北京)有限公司
发证日期:2014. 02. 13 **截止日期**:2018. 02. 12

国食药监械(进)字 2014 第 3460918 号

产品名称:颅颌固定系统(Titanium Bone Fixation Set)
规格型号:见附页
产品标准:YZB/USA 8337-2013《颅颌固定系统》
性能组成:该产品由骨板、钛网和骨钉组成，骨板和钛网材料符合 GB/T13810 标准规定的 TA1、TA2 或 TA4 材料制成，骨钉和垫片采用符合 GB/T13810 标准规定的 TC4 ELI 钛合金材料制成，具体详见规格型号列表，部分产品表面经过了阳极氧化处理，非灭菌或灭菌包装。
适用范围:该产品用于口腔、颅骨上颌面的手术。如骨折内固定、截骨术(包括正颌)、修复和重建。
生产厂家:美国 BIOMET MICROFIXATION
注册代理:深圳市普天阳医疗器械有限公司
服务机构:深圳市普天阳医疗器械有限公司
发证日期:2014. 02. 13 **截止日期**:2018. 02. 12

国食药监械(进)字 2014 第 3460919 号

产品名称:枕颈胸融合系统（商品名: S4）(S4 occipital Cervical Thoracic System)
规格型号:见附页
产品标准:YZB/GER 0037-2014《枕颈胸融合系统》
性能组成:该产品由多轴螺钉、大角度多轴螺钉、光滑颈螺钉、枕骨板、棒、顶丝、固定横联、可调横联、侧方偏距连接器、线缆连接器、锁定螺钉、钩、枕骨板螺钉组成。其中顶丝材料采用符合 ISO 5832-2 规定的 2 级纯钛，其它组件材料采用符合 ISO 5832-3 的 Ti6Al4V 钛合金，部分产品表面经阳极氧化处理。非灭菌包装。
适用范围:适用于枕颈联合部、颈椎和上胸椎退变性不稳、外伤后不稳、骨折、肿瘤的单节段和多节段后路固定。
生产厂家:德国 Aesculap AG
注册代理:贝朗医疗(上海)国际贸易有限公司
服务机构:贝朗医疗(上海)国际贸易有限公司
发证日期:2014. 02. 13 **截止日期**:2018. 02. 12

国食药监械(进)字 2014 第 3630920 号

产品名称:硬质树脂牙（商品名: DURACROSS PHYSIO）(硬質レジン歯)
规格型号:见附页
产品标准:YZB/JAP 0036-2014《硬质树脂牙》
性能组成:硬质树脂牙主要成分为 UDMA、聚甲基丙烯酸甲酯、甲基丙烯酸甲酯、三甘醇二甲基丙烯酸酯、新戊二醇二甲基丙烯酸酯、二氧化硅、三羟甲基丙烷三甲基丙烯酸酯、过氧化苯甲酰、4-甲氧基苯酚、氧化钛、红色氧化铁、黄色氧化铁、黑色氧化铁。硬质树脂牙分前牙和后牙，前牙每组 6 颗，后牙每组有 8 颗。硬质树脂牙的维氏硬度值 HV0. 2 不小于 21。
适用范围:适用于牙科修复治疗中人工义齿的制作。
生产厂家:日本株式会社ニッシン
注册代理:日进齿科材料(昆山)有限公司
服务机构:日进齿科材料(昆山)有限公司
发证日期:2014. 02. 13 **截止日期**:2018. 02. 12

国食药监械(进)字 2014 第 3540921 号

产品名称:胸部穿刺器（商品名: FLEXIPATH）(FLEXIPATH Flexible Surgical Trocar)
规格型号:FP007, FP015, FP020, FPK02
产品标准:YZB/USA 0194-2014《胸部穿刺器》
性能组成:胸部穿刺器由阻塞器(1 个)和柔性套管(1 个或 3 个)组成。阻塞器材料为聚碳酸酯，柔性套管材料为热固聚氨酯。7 毫米直径穿刺器的阻塞器有一滑动推环(聚碳酸酯)，无膨胀式套管夹；15 毫米和 20 毫米直径穿刺器的阻塞器有膨胀式套管夹，无滑动推环。
适用范围:本产品适用于胸腔镜和其它微创操作，以便在不需要充气的情况下为进入内脏器官建立进入通道。
生产厂家:美国 Ethicon Endo-Surgery, LLC
注册代理:强生(上海)医疗器材有限公司
服务机构:强生(上海)医疗器材有限公司
发证日期:2014. 02. 13 **截止日期**:2018. 02. 12

国食药监械(进)字 2014 第 3460922 号

产品名称:骨填充材料（商品名: Bio-Oss）(Geistlich Bio-Oss)
规格型号:松质骨小颗粒(直径 0.25-1.0mm)：0.25g/盒，0.5g/盒，2.0g/盒；松质骨大颗粒（直径 1.0-2.0mm)：0.5g/盒，2.0g/盒。
产品标准:YZB/SWI 8428-2013《骨填充材料》
性能组成:该产品是从牛骨中提取的无机盐材料。灭菌包装。
适用范围:适用于牙周骨缺损、颌面外科骨缺损的填充。
生产厂家:瑞士 Geistlich Pharma AG
注册代理:盖思特利商贸(北京)有限公司
服务机构:盖思特利商贸(北京)有限公司
发证日期:2014. 02. 13 **截止日期**:2018. 02. 12

国食药监械(进)字 2014 第 2060923 号

产品名称:旋转镍钛根管锉针（商品名: TF）(Rotary Nickel Titanium File)
规格型号:见附页
产品标准:YZB/USA 8280-2013《旋转镍钛根管锉针》
性能组成:本产品由锉针和橡胶限位块组成。锉针由符合 GB 24627-2009 标准的镍钛合金制成。
适用范围:本产品专门用于牙科根管预备成型，可重复使用。
生产厂家:美国 Ormco Corporationalso trading asSybron Endo
注册代理:卡瓦盛邦(上海)牙科医疗器械有限公司
服务机构:卡瓦盛邦(上海)牙科医疗器械有限公司
发证日期:2014. 02. 13 **截止日期**:2018. 02. 12

国食药监械(进)字 2014 第 1060924 号(更)

产品名称:种植系统用工具(surgical instruments for implant system)
规格型号:见附页
产品标准:YZB/GER 8422-2013《种植系统用工具》
备注:代理人和售后服务机构均由“启安华锐（北京）技术有限公司”变更为“登士柏（天津）国际贸易有限公司”；注册证由“国食药监械(进)字 2014 第 1060924 号”变更为“国食药监械(进)字 2014 第 1060924 号(更)”，原证自发证之日起作废。
生产厂家:德国 Dentsply Implants Manufacturing GmbH
注册代理:登士柏（天津）国际贸易有限公司
服务机构:登士柏（天津）国际贸易有限公司
变更日期:2014. 05. 30 **截止日期**:2018. 02. 12

国食药监械(进)字 2014 第 3460925 号

产品名称:锁定接骨板(Locking Plates)
规格型号:见附页

产品标准:YZB/SWI 8255-2013《锁定接骨板》
性能组成:该产品由符合 ISO 5832-1 标准规定的不锈钢材料、符合 ISO 5832-2 标准规定的 4 级纯钛材料或符合 ISO 5832-11 标准规定的 Ti6Al7Nb 合金材料制成。纯钛或 Ti6Al7Nb 合金材料制成的产品表面经阳极化处理。灭菌和非灭菌包装。
适用范围:与该企业同一系统接骨螺钉配合，适用于四肢骨折内固定。
生产厂家:瑞士 Synthes GmbH
注册代理:强生(上海)医疗器材有限公司
服务机构:强生(上海)医疗器材有限公司、辛迪思(上海)医疗器械贸易有限公司
发证日期:2014. 02. 13 **截止日期**:2018. 02. 12

国食药监械(进)字 2014 第 3460926 号

产品名称:髋关节假体组件(Exactech Press-Fit Hip System)
规格型号:见附页
产品标准:YZB/USA 8072-2013《髋关节假体组件》
性能组成:该产品由一体式股骨柄、组合式股骨柄(干骺端、颈部、远端部分)、髋臼杯、髋臼内衬和锁定螺钉组成。股骨柄基体、髋臼杯基体和锁定螺钉由符合 ISO5832-3 标准规定的 Ti6Al4V 钛合金材料制成；髋臼内衬由符合 GB/T 19701.2 标准规定的 1 型或 2 型超高分子量聚乙烯材料制成；一体式股骨柄、组合式股骨柄干骺端表面为符合 ISO 5832-2 标准规定的纯钛涂层；髋臼杯表面为符合 ISO 5832-2 标准规定的纯钛烧结涂层。灭菌包装。
适用范围:与该企业同一系统组件配合，做为非骨水泥型髋关节假体使用，适用于髋关节置换。
生产厂家:美国 Exactech, Inc.
注册代理:美精技医疗器械(上海)有限公司
服务机构:美精技医疗器械(上海)有限公司
发证日期:2014. 02. 13 **截止日期**:2018. 02. 12

国食药监械(进)字 2014 第 2630927 号

产品名称:牙科正畸装置(无缝带环)(シームレスバンド A)
规格型号:见附页
产品标准:YZB/JAP 0043-2014《牙科正畸装置(无缝带环)》
性能组成:本品由不锈钢带环构成。组成材料不锈钢的牌号为 SUS304J1。
适用范围:本品用于牙科正畸治疗，主要用于磨牙固定颊面管和舌侧装置时使用。
生产厂家:日本 Tomy 株式会社(トミー株式会社)
注册代理:北京信和贸易有限公司
服务机构:北京信和贸易有限公司
发证日期:2014. 02. 13 **截止日期**:2018. 02. 12

国食药监械(进)字 2014 第 3630928 号

产品名称:玻璃离子水门汀(商品名: Medicem)(Medicem Glass ionomer(polyalkenoate) luting cement)
规格型号:粉:35g/瓶，液:15ml/瓶；粉:15g/瓶，液:7ml/瓶
产品标准:YZB/GER 8269-2013《玻璃离子水门汀》
性能组成:本品为粘结用玻璃离子水门汀。产品由粉剂和液剂组成，粉剂由钙铝氟硅酸和聚丙烯酸组成；液剂由水和酒石酸组成。
适用范围:用于对牙冠、牙桥、嵌体、高嵌体、钉、桩和正畸带环的粘结。
生产厂家:德国 Promedica Dental Material GmbH
注册代理:广州松麟贸易有限公司
服务机构:邯郸市冠达医疗器材有限公司
发证日期:2014. 02. 13 **截止日期**:2018. 02. 12

国食药监械(进)字 2014 第 3460929 号

产品名称:无领抛光骨水泥柄(商品名: CPCS)(CPCS Hip System)
规格型号:见附页
产品标准:YZB/USA 8331-2013《无领抛光骨水泥柄》
性能组成: 该产品采用符合 ISO5832-12 的锻造钴铬钼合金或符合 ISO5832-9 锻造高氮不锈钢。灭菌包装。
适用范围: 与该企业同一系统组件配合，作为骨水泥型髋关节假体使用，适用于髋关节置换。
生产厂家:美国 Smith & Nephew, Inc.
注册代理:施乐辉医用产品国际贸易(上海)有限公司
服务机构:施乐辉医用产品国际贸易(上海)有限公司
发证日期:2014. 02. 13 **截止日期**:2018. 02. 12

国食药监械(进)字 2014 第 3460930 号

产品名称:椎间融合系统(Cage System)
规格型号:见附页
产品标准:YZB/USA 0015-2014《椎间融合系统》
性能组成:该系统包括颈椎椎间融合器(C2-T1)、胸腰椎椎间融合器(T1-S1)，采用碳纤维加强型聚醚醚酮(PEEK OPTIMA LT1DA30)材料制造，融合器内的显影珠为符合 ASTM F560-2008 的 R05200 纯钽。该系统应与脊柱内固定器配合使用。非灭菌包装。
适用范围:该系统是用于提供即时的稳定性，以重建解剖关系，协助完成椎体间的融合。
生产厂家:美国 DePuy Spine, Inc.
注册代理:强生(上海)医疗器材有限公司
服务机构:强生(上海)医疗器材有限公司
发证日期:2014. 02. 13 **截止日期**:2018. 02. 12

国食药监械(进)字 2014 第 3770931 号

产品名称:PTCA 手术配件(Accessories for PTCA)
规格型号:见附页
产品标准:YZB/USA 8094-2013《PTCA 手术配件》
性能组成:该产品主要包括 20/30 INDEFLATOR 充压装置、20/30 PRIORITY PACK 充压装置配件套装、导丝导引器、导丝配件套装、导丝扭控器。该产品主要材料为:不锈钢、聚碳酸酯、硅树脂材料。采用环氧乙烷灭菌，灭菌效期两年。
适用范围:该产品用于在介入手术期间与其他器械(如:球囊扩张导管，导引导丝，导引导管等)合用。
生产厂家:美国 Abbott Vascular
注册代理:雅培医疗器械贸易(上海)有限公司
服务机构:雅培医疗器械贸易(上海)有限公司
发证日期:2014. 02. 13 **截止日期**:2018. 02. 12

国食药监械(进)字 2014 第 3460932 号

产品名称:肱骨近端钢板系统(商品名: S3)(S3 Plate System)
规格型号:见附页
产品标准:YZB/USA 8151-2013《肱骨近端钢板系统》
性能组成:该产品由钢板和螺钉组成，采用符合 ISO 5832-1 不锈钢材料制成。钢板上包含与导向器配合的锁扣，该锁扣选用 Ti6AI4V 钛合金制造，锁扣不植入人体。非灭菌包装。
适用范围:该产品适用于肱骨近端骨折、骨折脱位、骨不连接手术内固定。
生产厂家:美国 DePuy Orthopaedics, Inc.
注册代理:邦美(上海)商贸有限公司
服务机构:邦美(上海)商贸有限公司
发证日期:2014. 02. 13 **截止日期**:2018. 02. 12

国食药监械(进)字 2014 第 3630933 号

产品名称:通用树脂粘合剂系统(NX3)
规格型号:见附页
产品标准:YZB/USA 8315-2013《通用树脂粘合剂系统》
性能组成:通用树脂粘合剂系统基底:二氨甲酸乙酯二甲基丙烯酸酯(UDMA)、三乙胺甘油二甲基丙烯酸酯(TEGDMA)、silanised, GM39923、二氧化硅、二甲基氨基甲基丙烯酸乙酯(DMAEMA)；通用树脂粘接剂系统催化剂:二氨甲酸乙酯二甲基丙烯酸酯(UDMA)、三乙胺甘油二甲基丙烯酸酯(TEGDMA)、甲基丙烯酸 2-羟乙烷、聚氨酯二甲基丙烯酸酯、钡铝硅酸盐玻璃。
适用范围:该产品在口腔治疗时主要用于临床粘固镶饰、嵌体、贴面、牙冠、牙桥以及牙桩，粘结汞合金修复和桩、核材料，用于陶瓷、树脂、金属基材料以及 CAD/CAM 的粘固。
生产厂家:美国 Kerr Corporation
注册代理:卡瓦盛邦(上海)牙科医疗器械有限公司
服务机构:卡瓦盛邦(上海)牙科医疗器械有限公司
发证日期:2014. 02. 13 **截止日期**:2018. 02. 12

国食药监械(进)字 2014 第 2220934 号

产品名称:细胞刷(デイスポーザブル細胞診ブラシ)
规格型号:BC-201C-1006
产品标准:YZB/JAP 0195-2014《细胞刷》
性能组成:一、尺寸:有效长度 1050mm;刷子外径Φ1mm;刷子长度 6mm 二、本产品由手柄和插入部组成,接触黏膜部材料为不锈钢、聚酰胺,仅限一次性使用,环氧乙烷灭菌,灭菌有效期限为3年。三、拉伸强度:≤14.7N。
适用范围:本器械与本公司指定内窥镜组合,用于擦取并采集呼吸器官内的细胞。
生产厂家:日本オリンパスメデイカルシステムズ株式会社
注册代理:奥林巴斯贸易(上海)有限公司
服务机构:奥林巴斯(北京)销售服务有限公司
发证日期:2014.02.13 **截止日期**:2018.02.12

国食药监械(进)字2014第3150935号

产品名称:乳腺定位针(商品名:Chesbrough)(Chesbrough Breast Localization Wire)
规格型号:460519;460719;460919
产品标准:YZB/USA 0217-2014《乳腺定位针》
性能组成:乳腺定位针由一个带参考标识的穿刺针和一个带串珠标识的双钩定位针。穿刺针的针管材质为304不锈钢,手柄材质为丙烯酸,定位针的材质为302不锈钢。
适用范围:乳腺定位针在乳腺病灶手术中用作医生切除病灶的导向装置。
生产厂家:美国 Bard Peripheral Vascular, Inc.
注册代理:巴德医疗科技(上海)有限公司
服务机构:巴德医疗科技(上海)有限公司
发证日期:2014.02.13 **截止日期**:2018.02.12

国食药监械(进)字2014第1630936号

产品名称:橡皮障夹子(Rubber Dam Clamps)
规格型号:见附页
产品标准:YZB/USA 8206-2013《橡皮障夹子》
性能组成:本产品由橡皮障夹子组成,制造材料均为不锈钢,选用符合GB/T 1220中规定的奥氏体不锈钢Y12Cr18Ni9(303)。
适用范围:本产品适用于齿科治疗中用来固定橡皮障使用,隔离需要治疗的牙齿,使橡皮障固定覆盖其他不需要治疗的牙齿。本产品为非无菌产品,使用前应进行灭菌处理;本产品为手持型口腔科用手动器械,使用过程中不连接其他任何有源器械。
生产厂家:美国 Hu-Friedy Mfg. Co., LLC
注册代理:豪孚迪医疗器械(上海)有限公司
服务机构:豪孚迪医疗器械(上海)有限公司
发证日期:2014.02.13 **截止日期**:2018.02.12

国食药监械(进)字2014第3460937号

产品名称:软组织修补片(商品名:Biodesign)(Biodesign® Surgisis® Tissue Graft & Biodesign® Surgisis® Hiatal Hernia Graft)
规格型号:见附页
产品标准:YZB/USA 0101-2014《软组织修补片》
性能组成:该产品是取材于猪的小肠粘膜下层的组织制成的1层、4层或6层片状物,具有独特的网架结构。该产品经环氧乙烷灭菌,一次性使用。
适用范围:该产品用于植入人体,加强和修补软组织。
备注:注册后申请人仍需完成以下工作:生产者应保证上市后的每件产品具有可追溯性并进行临床随访工作,重新注册时应提交针对每个适应证的临床随访资料及不良事件评价报告,并在此基础上规范产品的适用范围。
生产厂家:美国 Cook Biotech Incorporated
注册代理:库克(中国)医疗贸易有限公司
服务机构:库克(中国)医疗贸易有限公司
发证日期:2014.02.13 **截止日期**:2018.02.12

国食药监械(进)字2014第3460938号

产品名称:直型接骨板(Bone Plate)
规格型号:见附页
产品标准:YZB/SWI 0221-2014《直型接骨板》
性能组成:该产品为非锁定直型接骨板,由符合ISO 5832-1标准要求的不锈钢材料制成,非灭菌包装。
适用范围:本产品适用于成人患者骨盆重建、骨折内固定及外科手术(骨切开术)进行矫治、畸形矫形手术和关节融合术时的骨骼固定。
生产厂家:瑞士 Swiss Pro Orthopedic SA
注册代理:上海熙可医疗器械有限公司
服务机构:上海熙可医疗器械有限公司
发证日期:2014.02.13 **截止日期**:2018.02.12

国食药监械(进)字2014第3460939号

产品名称:解剖型接骨板(Bone Plate)
规格型号:见附页
产品标准:YZB/SWI 0193-2014《解剖型接骨板》
性能组成:该产品为非锁定解剖型接骨板,由符合ISO 5832-1标准要求的不锈钢材料制成,非灭菌包装。
适用范围:适用于成人患者骨盆重建、骨折内固定及外科手术(骨切开术)进行矫治、畸形矫形手术和关节融合术时的骨骼固定。
生产厂家:瑞士 Swiss Pro Orthopedic SA
注册代理:上海熙可医疗器械有限公司
服务机构:上海熙可医疗器械有限公司
发证日期:2014.02.13 **截止日期**:2018.02.12

国食药监械(进)字2014第3460940号

产品名称:锁定解剖型接骨板(Bone Plate)
规格型号:见附页
产品标准:YZB/SWI 0127-2014《锁定解剖型接骨板》
性能组成:该产品为锁定型解剖型接骨板,由符合GB/T13810标准要求的TC4ELI钛合金材料制成,表面无着色,非灭菌包装。
适用范围:适用于成人患者骨盆重建、骨折内固定及外科手术(骨切开术)进行矫治、畸形矫形手术和关节融合术时的骨骼固定。
生产厂家:瑞士 Swiss Pro Orthopedic SA
注册代理:上海熙可医疗器械有限公司
服务机构:上海熙可医疗器械有限公司
发证日期:2014.02.13 **截止日期**:2018.02.12

国食药监械(进)字2014第3460941号

产品名称:解剖型接骨板(Bone Plate)
规格型号:见附页
产品标准:YZB/SWI 0130-2014《解剖型接骨板》
性能组成:该产品为非锁定接骨板,由符合ISO 5832-2标准要求的4级纯钛材料制成,表面无着色,非灭菌包装。
适用范围:适用于成人患者骨盆重建、骨折内固定及外科手术(骨切开术)进行矫治、畸形矫形手术和关节融合术时的骨骼固定。
生产厂家:瑞士 Swiss Pro Orthopedic SA
注册代理:上海熙可医疗器械有限公司
服务机构:上海熙可医疗器械有限公司
发证日期:2014.02.13 **截止日期**:2018.02.12

国食药监械(进)字2014第3460942号

产品名称:锁定解剖型接骨板(Bone Plate)
规格型号:见附页
产品标准:YZB/SWI 0191-2014《锁定解剖型接骨板》
性能组成:该产品为锁定接骨板,由符合ISO 5832-2标准要求的4级纯钛材料制成,表面无着色,非灭菌包装。
适用范围:适用于成人患者骨盆重建、骨折内固定及外科手术(骨切开术)进行矫治、畸形矫形手术和关节融合术时的骨骼固定。
生产厂家:瑞士 Swiss Pro Orthopedic SA
注册代理:上海熙可医疗器械有限公司
服务机构:上海熙可医疗器械有限公司
发证日期:2014.02.13 **截止日期**:2018.02.12

国食药监械(进)字2014第3460943号

产品名称:中空骨螺钉(Bone Screw)
规格型号:见附页
产品标准:YZB/SWI 0123-2014《中空骨螺钉》
性能组成:该产品由中空骨螺钉组成;由符合ISO 5832-1标准要求的不

锈钢材料或符合 GB/T 13810 标准要求的 TC4 ELI 钛合金材料制成，非锁定型，非灭菌包装。
适用范围:该产品适用于成人患者骨盆重建、骨折内固定及外科手术(骨切开术)进行矫治、畸形矫形手术和关节融合术时的骨骼固定。不锈钢中空骨螺钉配合不锈钢材质的直型接骨板、解剖型接骨板和动力加压接骨板使用，钛合金中空骨螺钉配合钛合金材质的直型接骨板、解剖型接骨板和动力加压接骨板使用。
生产厂家:瑞士 Swiss Pro Orthopedic SA
注册代理:上海熙可医疗器械有限公司
服务机构:上海熙可医疗器械有限公司
发证日期:2014.02.13 **截止日期**:2018.02.12

国食药监械(进)字 2014 第 3460944 号

产品名称:锁定接骨螺钉(Bone Screw)
规格型号:见附页
产品标准:YZB/SWI 0117-2014《锁定接骨螺钉》
性能组成:该产品由锁定骨螺钉组成，由符合 GB/T 13810 标准要求的 TC4 ELI 材料制造，表面有着色，非灭菌包装。
适用范围:该产品适用于成人患者骨盆重建、骨折内固定及外科手术(骨切开术)进行矫治、畸形矫形手术和关节融合术时的骨骼固定。
生产厂家:瑞士 Swiss Pro Orthopedic SA
注册代理:上海熙可医疗器械有限公司
服务机构:上海熙可医疗器械有限公司
发证日期:2014.02.13 **截止日期**:2018.02.12

国食药监械(进)字 2014 第 3460945 号

产品名称:接骨螺钉(Bone Screw)
规格型号:见附页
产品标准:YZB/SWI 0121-2014《接骨螺钉》
性能组成:该产品由皮质骨螺钉、踝骨骨螺钉、骨干骨螺钉和骨盆皮质螺钉组成，由符合 ISO 5832-1 标准要求的不锈钢材料或符合 GB/T 13810 规定的 TC4 ELI 钛合金材料制成，非灭菌包装。
适用范围:该产品适用于成人患者骨盆重建、骨折内固定及外科手术(骨切开术)进行矫治、畸形矫形手术和关节融合术时的骨骼固定。
生产厂家:瑞士 Swiss Pro Orthopedic SA
注册代理:上海熙可医疗器械有限公司
服务机构:上海熙可医疗器械有限公司
发证日期:2014.02.13 **截止日期**:2018.02.12

国食药监械(进)字 2014 第 3220946 号

产品名称:折叠式非球面人工晶状体（商品名：世纪新秀）(Acrylic Aspheric Intraocular Lens)
规格型号:868UV
产品标准:YZB/USA 0253-2014《折叠式非球面人工晶状体》
性能组成:该产品为单式后房人工晶状体，可折叠。主体及支撑部分由亲水性丙烯酸酯材料制成，添加紫外吸收剂；屈光度范围：0.0D-30.0D。光学设计：单焦，非球面（在孔阑半径 1.5mm 范围内模拟眼状态下的轴截面光焦度分布符合反球差分布特征）；无菌状态提供，一次性使用。
适用范围:该产品用于供眼科对无晶体眼病人做眼内模拟晶状体的人工光学透镜植入，以代替人眼晶状体，恢复白内障弱视或失明等患者视力。
生产厂家:美国 U.S.IOL，INC
注册代理:上海潇莱科贸有限公司
服务机构:上海潇莱科贸有限公司
发证日期:2014.02.13 **截止日期**:2018.02.12

国食药监械(进)字 2014 第 1100947 号

产品名称:骨科牵引架(Extension Device)
规格型号:1419.01B0 Extension Device、1419.01JC Extension device (coded)1419.01C0 Extension-Device 、 1419.01HC Extension device(coded)
产品标准:YZB/GER 0058-2014《骨科牵引架》
性能组成:该产品由连接固定器、会阴柱、外展杆、牵引器、脚板固定杆、侧导轨、支撑立柱、转向接头、车架、牵引脚板、牵引脚板万向夹头、坐板、坐板支撑模块、牵引杆、径向夹头组成。由符合 GB 20878 标准要求的 X5CrNi1810 不锈钢材料制成。非灭菌包装。
适用范围:该产品用于骨科(手外科、腿外科、脚外科)手术前、手术中和手术后固定患者。
生产厂家:德国 MAQUET GmbH
注册代理:迈柯唯(上海)医疗设备有限公司
服务机构:迈柯唯(上海)医疗设备有限公司
发证日期:2014.02.13 **截止日期**:2018.02.12

国食药监械(进)字 2014 第 3660948 号

产品名称:猪尾引流套管（商品名：猪尾引流套管）(超音波ガイド下1ステツプドレナ-ジセツト S 型) (ULTRASONICALLY GUIDED ONE STEP DRAINAGE SET TYPE-S)
规格型号:见附页
产品标准:YZB/JAP 0240-2014《猪尾引流套管》
性能组成:本产品是胆管用灭菌导管，由猪尾形引流导管、切断针和通心针构成。
适用范围:本产品适用于脓肿&bull；囊肿及胆汁的引流。
生产厂家:日本株式会社 八光
注册代理:八光商贸(上海)有限公司
服务机构:八光商贸(上海)有限公司
发证日期:2014.02.13 **截止日期**:2018.02.12

国食药监械(进)字 2014 第 2220949 号

产品名称:宫腔镜附件(Hysteroscopy Accessories)
规格型号:见附页
产品标准:YZB/USA 0054-2014《宫腔镜附件》
性能组成:该产品由镜鞘、打孔器、闭孔器组成。材料为 YY/T 0294.1 中代号为 N 的不锈钢。非灭菌包装。
适用范围:该产品与内窥镜配合使用，适用于人体宫腔的诊断和治疗。
生产厂家:美国 Stryker Endoscopy
注册代理:史赛克(北京)医疗器械有限公司
服务机构:史赛克(北京)医疗器械有限公司
发证日期:2014.02.13 **截止日期**:2018.02.12

国食药监械(进)字 2014 第 3770950 号

产品名称:导引导管（商品名：Mach1）(Guide Catheter)
规格型号:见附页
产品标准:YZB/USA 0056-2014《导引导管（商品名：Mach1)》
性能组成:导引导管由手柄/应力缓冲器和导引导管管杆组成。导管管杆分为内层，中层和外层三层。导管外层主要材料为 Arnitel(聚醚酯)，中层为钨丝/不锈钢丝，内层为聚四氟乙烯。产品环氧乙烷灭菌，一次性使用。
适用范围:该导管可提供通路，供球囊扩张导管、导引导钢丝或其它医疗器械经由导管导入。本器械不应在脑血管内使用。外周导引导管预定用于普通血管和外周血管。冠状动脉导引导管预定用于普通血管和冠状动脉。
生产厂家:美国波士顿科学公司(Boston Scientific Corporation)
注册代理:波科国际医疗贸易(上海)有限公司
服务机构:波科国际医疗贸易(上海)有限公司
发证日期:2014.02.13 **截止日期**:2018.02.12

国食药监械(进)字 2014 第 2450951 号

产品名称:腹膜透析治疗机(PERITONEAL DIALYSIS TREATMENT)
规格型号:Easy Care
产品标准:YZB/CAN 0269-2014《腹膜透析治疗机》
性能组成:产品为腹膜透析治疗机，有主机 EC-M1、加热盘 EC-H1、废液袋挂架 EC-DBH1 和可移动支架 EC-ST1 组成，不包括与透析机配套用管路部分。
适用范围:腹膜透析治疗机适用于临床，是一种提供自动腹膜透析(APD)医疗设备。
生产厂家:加拿大 Medionics International Inc.
注册代理:天津志联医械有限公司
服务机构:天津志联医械有限公司
发证日期:2014.02.17 **截止日期**:2018.02.16

国食药监械(进)字 2014 第 2220952 号

产品名称:在体反射式共聚焦显微镜(In Vivo Confocal Reflectance

Microscope)
规格型号:VivaScope
产品标准:YZB/USA 0249-2014《在体反射式共聚焦显微镜》
性能组成:产品包括(1)成像头(VivaScope 1500 固定式成像头、VivaScope 3000手持式成像头、VivaCam全彩皮肤镜);(2)显示器;(3)计算机;(4)载运车。性能参数详见注册产品标准。
适用范围:在体共聚焦显微镜对体表未染色的上皮细胞及其基质中的,包括血液、胶原和色素在内的组织在体所成图像进行采集、储存、检索、显示和转换,辅助医生进行临床诊断。(该产品不作为主要诊断工具)
生产厂家:美国 Lucid 公司
注册代理:上海康奥实业发展有限公司
服务机构:上海康奥实业发展有限公司
发证日期:2014.02.17　**截止日期**:2018.02.16

国食药监械(进)字2014第2220953号

产品名称:眼压计(ノンコンタクト トノメーター)
规格型号:FT-1000
产品标准:YZB/JAP 0161-2014《眼压计》
性能组成:眼压计由操作台(主机)、显示器、电源线组成。眼压测量范围0-60mmHg,显示格值1mmHg,平均值显示格值0.1mmHg。
适用范围:眼压计临床作患者眼内压力检查、青光眼诊断用。
生产厂家:日本株式会社トーメーコーポレーション
注册代理:上海天视科技发展有限公司
服务机构:上海天视科技发展有限公司
发证日期:2014.02.17　**截止日期**:2018.02.16

国食药监械(进)字2014第3450954号

产品名称:分子吸附循环系统主机(Molecular Adsorbents Recirculating System Monitor)
规格型号:MARS Monitor 1TC
产品标准:YZB/SWE 0264-2014《分子吸附循环系统主机》
性能组成:分子吸附循环系统主机由开关电源、显示单元、操作面板、白蛋白泵(型号:Art.00000925)、加热器(型号:Master Heizfolien)和监控部分组成。不包括与之配套使用的一次性耗材。
适用范围:该产品配合MARS治疗套件使用,用于清除蛋白结合和/或水溶性毒素,特别是对伴内源性中毒、黄疸或肝昏迷状态的急性或慢性肝衰竭。
备注:2014年5月12日同意更正生产地址内容,2014年2月17日核发的医疗器械注册登记表予以废止。
生产厂家:瑞典 Gambro Lundia AB
注册代理:金宝肾护理产品(上海)有限公司
服务机构:金宝肾护理产品(上海)有限公司
发证日期:2014.02.17　**截止日期**:2018.02.16

国食药监械(进)字2014第3210955号

产品名称:神经刺激电极(Lead)
规格型号:3093、3889
产品标准:YZB/USA 1654-2013《神经刺激电极》
性能组成:该产品由电极体,导丝,皮下隧道工具,扭矩扳手,连接保护套,测试电缆,经皮延伸导线和隧道套管组成。
适用范围:神经刺激电极与植入式神经刺激器配套使用,适用于骶神经电刺激,用于排尿控制疗法和肠道控制疗法。排尿控制疗法适用于保守治疗无效或不能耐受保守治疗的患者的尿潴留或膀胱过度活动症的症状,包括急迫性尿失禁,明显的尿急,和/或尿频;肠道控制疗法适用于保守治疗无效或无法接受保守治疗的患者的慢性大便失禁症状。
生产厂家:美国 Medtronic Inc.
注册代理:美国美敦力中国有限公司北京办事处
服务机构:美敦力(上海)管理有限公司
发证日期:2014.02.17　**截止日期**:2018.02.16

国食药监械(进)字2014第3240956号

产品名称:Q开关翠绿宝石激光治疗仪(Candela Family of Q-Switched Alexandrite Laser: Alex TriVantage)
规格型号:Alex Trivantage
产品标准:YZB/USA 0174-2014《Q开关翠绿宝石激光治疗仪》
性能组成:该产品由主机(翠绿宝石固态激光器、激光电源及控制系统、触摸屏控制面板、Q开关装置、内部光束传输系统、水冷却系统和脚踏开关)、导光系统(透镜耦合光纤和手柄)、应用附件(变频晶体、光斑透镜筒、吊架、距离规)组成。工作激光波长:755nm/1064nm/532nm;允差±10nm;多模;最大激光输出能量:755nm(短脉冲):0.625J、755nm(长脉冲):2.72J、532nm:0.160J、1064nm:0.355J;允差±20%;瞄准光:650nm,±20%;瞄准光功率不大于3.5mW。
适用范围:该产品755nm激光临床适用于改善性治疗色素病灶、清除纹身;1064nm和532nm激光临床适用于清除纹身、改善性治疗血管疾病和改善性治疗色素疾病。
备注:2014年5月7日同意更正企业注册地址、生产地址内容,2014年2月17日核发的医疗器械注册登记表予以废止。
生产厂家:美国 Candela Corporation
注册代理:美中互利(北京)国际贸易有限公司
服务机构:美中互利(北京)国际贸易有限公司
发证日期:2014.02.17　**截止日期**:2018.02.16

国食药监械(进)字2014第2260957号

产品名称:低频治疗仪(Low frequency therapeutic apparatus)
规格型号:HAT-2000
产品标准:YZB/ROK 0115-2014《低频治疗仪》
性能组成:产品由主机、电极、电源电缆和固定带组成。
适用范围:用于缓解肌肉疼痛。
生产厂家:韩国 Hanau Medical Co., Ltd
注册代理:济南康卓商贸有限公司
服务机构:济南康卓商贸有限公司
发证日期:2014.02.17　**截止日期**:2018.02.16

国食药监械(进)字2014第3240958号

产品名称:强光与激光系统(Intense Pulsed Light and Laser System)
规格型号:M22
产品标准:YZB/ISR 0175-2014《强光与激光系统》
性能组成:本产品由主机包括触摸屏、电源及控制系统和水冷却系统、手具治疗头(可选配强脉冲光治疗头、Multi-Spot Nd:YAG治疗头和ResurFX激光治疗头)和脚踏开关组成。具体规格参数见附页。
适用范围:强脉冲光(IPL)用于治疗血管和色素损伤、减少毛发及改善皮肤质地;Multi-Spot Nd:YAG用于静脉曲张和血管损伤的治疗;ResurFX模块采用点阵非剥脱皮表重建技术,用于治疗皮肤色素异常、痤疮疤痕及手术疤痕、皮肤细纹、眼周皱纹。
生产厂家:以色列科医人有限公司(Lumenis Limited)
注册代理:科医人医疗激光设备贸易(北京)有限公司
服务机构:科医人医疗激光设备贸易(北京)有限公司
发证日期:2014.02.17　**截止日期**:2018.02.16

国食药监械(进)字2014第2400959号

产品名称:酶联免疫分析系统(BEP® III System)
规格型号:BEP III
产品标准:YZB/GER 0345-2014《酶联免疫分析系统》
性能组成:酶联免疫分析系统由分析仪主机、供给装置,计算机,打印机(可选)和应用软件组成。
适用范围:该产品在医学临床检验中用于微量板酶联免疫检测(ELISA)的分析。
生产厂家:德国 Siemens Healthcare Diagnostics Products GmbH
注册代理:西门子医学诊断产品(上海)有限公司
服务机构:西门子医学诊断产品(上海)有限公司
发证日期:2014.02.17　**截止日期**:2018.02.16

国食药监械(进)字2014第3770960号

产品名称:电生理电极导管(商品名:Supreme)(Supreme Electrophysiology Catheter)
规格型号:见附页
产品标准:YZB/USA 0301-2014《电生理电极导管(商品名:Supreme)》
性能组成:产品由导管及电缆组成。导管由电极头、电极环、导管主体和操作手柄组成。一次性使用无菌产品,环氧乙烷灭菌。产品型号规格见附页。
适用范围:通过专用电缆与电生理记录仪器连接使用,用于评估从心内到血管内的多种心律失常。

生产厂家:美国 St. Jude Medical
注册代理:圣犹达医疗用品(上海)有限公司
服务机构:圣犹达医疗用品(上海)有限公司
发证日期:2014.02.17　截止日期:2018.02.16

国食药监械(进)字 2014 第 3770961 号

产品名称:电生理电极导管(商品名:Response)(Response Electrophysiology Catheter)
规格型号:见附页
产品标准:YZB/USA 0303-2014《电生理电极导管(商品名:Response)》
性能组成:产品由导管及电缆组成。导管由电极头、电极环、导管主体和操作手柄组成。一次性使用无菌产品,环氧乙烷灭菌。产品型号规格见附页。
适用范围:通过专用电缆与电生理记录仪器连接使用,用于评估从心内到血管内的多种心律失常。
生产厂家:美国 St. Jude Medical
注册代理:圣犹达医疗用品(上海)有限公司
服务机构:圣犹达医疗用品(上海)有限公司
发证日期:2014.02.17　截止日期:2018.02.16

国食药监械(进)字 2014 第 3250962 号

产品名称:外科消融系统附件(The Accessories of Cardioblate Surgical Ablation System)
规格型号:49205、49260、49261
产品标准:YZB/USA 0304-2014《外科消融系统附件》
性能组成:外科消融系统附件包括 GEMINI-S 外科消融电极(49260)、GEMINI-X 外科消融电极(49261)、MAPS 外科消融起搏标测电极(49205)。此附件为一次性使用无菌产品。
适用范围:该产品与 Cardioblate 外科消融系统配套使用,在心脏外科手术中利用射频能量治疗心律失常。本系统用于直视或内镜手术,包括微创外科手术。
生产厂家:美国 Medtronic, Inc.
注册代理:美敦力(上海)管理有限公司
服务机构:美敦力(上海)管理有限公司
发证日期:2014.02.17　截止日期:2018.02.16

国食药监械(进)字 2014 第 3770963 号

产品名称:环形标测导管(商品名:LASSO With Auto ID)(LassoDeflectable Circular Mapping Catheter with Auto ID Technology)
规格型号:见附页
产品标准:YZB/USA 0300-2014《环形标测导管(商品名:LASSO With Auto ID)》
性能组成:本导管由连接器、手柄、导管和电极组成。一次性使用灭菌产品,环氧乙烷灭菌。规格型号见附页。
适用范围:该导管用于心脏结构多电极电生理标测,即仅用于刺激和记录目的。该导管用于获得心房区的心电图。
生产厂家:美国 Biosense Webster, Inc.
注册代理:强生(上海)医疗器材有限公司
服务机构:强生(上海)医疗器材有限公司
发证日期:2014.02.17　截止日期:2018.02.16

国食药监械(进)字 2014 第 3260964 号

产品名称:高压电位治疗仪(高圧電位治療器)
规格型号:COLLABOREX-9000
产品标准:YZB/JAP 0017-2014《高压电位治疗仪》
性能组成:该产品由主机、通电布、电子笔、连接线、电源线、绝缘垫、检电器组成。治疗仪输出电压实效值:全身通电分 9000V、6000V 和 3000V,误差不大于每档的±10%;局部通电分 800V、1200V 和 1500V,误差不大于每档的±10%;睡觉通电为 800V±10%。配合该产品睡眠模式 8 小时使用的专用坐垫不在此次注册范围。
适用范围:该产品用于缓解头痛、肩酸、失眠及慢性便秘,一般家庭使用。
生产厂家:日本东阪电子机器株式会社
注册代理:北京市海森医药进出口有限公司
服务机构:北京市海森医药进出口有限公司
发证日期:2014.02.20　截止日期:2018.02.19

国食药监械(进)字 2014 第 3280965 号

产品名称:骨关节磁共振成像系统(Magnetic resonance imaging units)
规格型号:MRopen
产品标准:YZB/ITA 0310-2014《骨关节磁共振成像系统》
性能组成:产品由磁体、梯度系统、射频(RF)系统、接收线圈【包括:①脊椎线圈,线圈编码#03-2016-00,应用部位:脊椎;②体线圈(小,大),线圈编码#03-2002-00,应用部位:躯干及脊椎;③头部线圈,线圈编码#03-2001-00,应用部位:头部;④手部线圈,线圈编码#03-2006-00,应用部位:手和腕部;⑤颈椎线圈,线圈编码#03-2003-00,应用部位:颈椎;⑥膝盖线圈,线圈编码#03-2004-00,应用部位:膝盖;⑦多用途柔性线圈(MP-Loop),线圈编码#03-2010-00,应用部位:根据需要,可用于不同部位:肩部,足部/脚踝,不适合用常规膝盖线圈的来进行检查的比较大的膝盖,颈椎屈/伸;⑧柔性扁平线圈(MP-Flat),线圈编码#03-2015-00,应用部位:用于承重状态下的脊椎检查】、患者支撑装置、图像处理系统、电气柜组成。
适用范围:应用于骨关节,供临床 MRI 诊断。
备注:根据《医疗器械注册管理办法》第十五条有关规定,该产品暂缓注册检验,生产企业必须在首台医疗器械入境后,投入使用前完成注册检验。经检测合格后方可投入使用。
生产厂家:意大利 PARAMED SRL
注册代理:康达医疗器械(上海)有限公司
服务机构:康达医疗器械(上海)有限公司
发证日期:2014.02.20　截止日期:2018.02.19

国食药监械(进)字 2014 第 3230966 号

产品名称:超声高频外科集成系统主机(Ultrasonic Surgical & Electrosurgical Generator)
规格型号:GEN11
产品标准:YZB/USA 0212-2014《超声高频外科集成系统主机》
性能组成:产品由超声高频外科集成系统发生器(GEN11)、脚踏开关(FSW11)、电缆线、转接头(HGA11、EGA11)组成。发生器通过不同的转接头连接超声刀头和高频刀头,可分别输出超声和高频能量。超声模式(HARMONIC)最大输出功率 35W,输出频率 30-80kHz(标称 55.5kHz);手持部件激励频率 55±0.5kHz,工作功率<10W。电外科模式(ENSEAL)最大输出功率 135W(额定负载 15Ω),额定输出频率 330kHz,高频输出为双极模式。
适用范围:超声高频外科集成系统发生器提供了射频电源以驱动 ENSEAL 电外科手术器械,用于开放性或腹腔镜普通外科手术和妇产科手术,供切开和封闭血管以及切割、抓握和切开组织。此外,发生器提供电源以驱动 HARMONIC 超声手术器械,适用于止血及期望热损伤最小时的软组织切割。
备注:2014 年 7 月 7 日同意更正注册号内容,2014 年 2 月 20 日核发的医疗器械注册证、医疗器械注册登记表予以废止。
生产厂家:美国 Ethicon Endo - Surgery, LLC
注册代理:强生(上海)医疗器材有限公司
服务机构:强生(上海)医疗器材有限公司
发证日期:2014.02.20　截止日期:2018.02.19

国食药监械(进)字 2014 第 3250967 号

产品名称:超声高频外科集成系统切割闭合刀头(商品名:ENSEAL G2)(ENSEAL G2 Electrosurgical Devices)
规格型号:见附页
产品标准:YZB/USA 0252-2014《超声高频外科集成系统切割闭合刀头》
性能组成:产品由钳口、钳杆、手柄及其连接电缆组成,钳口内含有 I-Blade 刀。具体型号及参数描述见附页。产品为一次性使用,辐照灭菌。高频输出方式为双极。
适用范围:产品与 GEN11 超声高频外科集成系统主机配合使用,适用于在腹腔镜检查和开腔手术中进行双极凝固和机械离断。
生产厂家:美国 Ethicon Endo - Surgery, LLC
注册代理:强生(上海)医疗器材有限公司
服务机构:强生(上海)医疗器材有限公司
发证日期:2014.02.20　截止日期:2018.02.19

国食药监械(进)字2014第3250968号

产品名称:一次性息肉勒除器 (商品名: Rotatable Snare) (Rotatable Snare Single-Use Polypectomy Snares)
规格型号:见附页
产品标准:YZB/USA 8308-2013《一次性息肉勒除器》
性能组成:产品由一条柔性连接钢丝和一个套环组成，套环可延伸并随旋转调节器旋转，并可通过三环式手柄从勒除器的柔性外鞘撤回。其高频工作方式为单极。产品为一次性使用，环氧乙烷灭菌。
适用范围:该产品适用于通过内窥镜进行胃肠道息肉的电外科去除与烧灼。
生产厂家:美国波士顿科学公司(Boston Scientific Corporation)
注册代理:波科国际医疗贸易(上海)有限公司
服务机构:波科国际医疗贸易(上海)有限公司
发证日期:2014.02.20 **截止日期**:2018.02.19

国食药监械(进)字2014第3250969号

产品名称:一次性息肉勒除器 (商品名: Captivator) (Captivator Single-Use Polypectomy Snares)
规格型号:见附页
产品标准:YZB/USA 8309-2013《一次性息肉勒除器》
性能组成:产品包含有一条柔软的钢丝绳及套圈，该套圈可利用三孔手柄从勒除器柔软外鞘中伸出和缩回。其高频工作方式为单极。产品为一次性使用，环氧乙烷灭菌。
适用范围:该产品适用于切除和烧灼:小型息肉、无蒂息肉和有蒂息肉。
生产厂家:美国波士顿科学公司(Boston Scientific Corporation)
注册代理:波科国际医疗贸易(上海)有限公司
服务机构:波科国际医疗贸易(上海)有限公司
发证日期:2014.02.20 **截止日期**:2018.02.19

国食药监械(进)字2014第3230970号

产品名称:超声诊断仪(Ultrasonic Imaging Systems)
规格型号:LOGIQ e
产品标准:YZB/USA 0245-2014《超声诊断仪》
性能组成:详见《产品性能结构及组成附页》。
适用范围:适用于临床超声诊断
生产厂家:美国 GE Medical Systems Ultrasound &Primary Care Diagnostics LLC
注册代理:通用电气医疗系统贸易发展(上海)有限公司
服务机构:通用电气医疗系统贸易发展(上海)有限公司
发证日期:2014.02.20 **截止日期**:2018.02.19

国食药监械(进)字2014第3220971号

产品名称:电子结肠镜 (商品名: EVIS LUCERA ELITE) (大腸ビデオスコープ)
规格型号:PCF-H290L、PCF-H290I，附件:MH-443、MH-438、MB-358
产品标准:YZB/JAP 0411-2014《电子结肠镜》
性能组成:该产品由电子结肠镜 PCF-H290L、PCF-H290I，吸引按钮 MH-443，送气送水按钮 MH-438，钳子管道开口阀 MB-358 构成。性能参数见附件。
适用范围:该产品用于大肠的观察、诊断、摄影与治疗。
生产厂家:日本奥林巴斯医疗株式会社，オリンパスメディカルシステムズ株式会社
注册代理:奥林巴斯贸易(上海)有限公司
服务机构:奥林巴斯(北京)销售服务有限公司
发证日期:2014.02.20 **截止日期**:2018.02.19

国食药监械(进)字2014第3220972号

产品名称:椎间盘镜(Spine Surgery)
规格型号:892109205
产品标准:YZB/GER 0306-2014《椎间盘镜》
性能组成:该产品为硬管内窥镜。
适用范围:该产品可用于椎间盘部的观察及手术。不能与激光设备附件配合使用。
生产厂家:德国 Richard Wolf GmbH
注册代理:北京德华信达技术有限公司
服务机构:见附页
发证日期:2014.02.20 **截止日期**:2018.02.19

国食药监械(进)字2014第2550973号

产品名称:龋齿探测笔(DIAGNOdent Pen)
规格型号:2190
产品标准:YZB/GER 0452-2014《龋齿探测笔》
性能组成:该产品由龋齿探测笔主机、备用套筒和探针组成。
适用范围:该产品适用于医院口腔科作诊断用，利用激光照射牙齿，诊断出龋齿。
生产厂家:德国 Kaltenbach & Voigt GmbH
注册代理:卡瓦盛邦(上海)牙科医疗器械有限公司
服务机构:卡瓦盛邦(上海)牙科医疗器械有限公司
发证日期:2014.02.20 **截止日期**:2018.02.19

国食药监械(进)字2014第2200974号

产品名称:全自动血压计(Automatic Blood Pressure Monitor)
规格型号:TM-2655, TM-2655P
产品标准:YZB/JAP 0543-2014《全自动血压计》
性能组成:组成:主机、电源线、袖套、内置打印机(仅 TM-2655P 适用)。
适用范围:该产品用于成人血压和脉率的测量。
生产厂家:日本爱安德株式会社
注册代理:爱安德技研贸易(上海)有限公司
服务机构:爱安德技研贸易(上海)有限公司
发证日期:2014.02.20 **截止日期**:2018.02.19

国食药监械(进)字2014第3210975号

产品名称:临时起搏电极(MYWIRE)
规格型号:见附页
产品标准:YZB/GER 0379-2014《临时起搏电极》
性能组成:双极临时起搏电极 Mywire03, Mywire04, Mywire05, Mywire06, Mywire17, Mywire18, Mywire25 和 Mywire42 由外部接头、挂线盘、心肌起搏导线、电极套管、胸壁针、心肌固定件和心肌针组成；双极临时起搏电极 Mywire07, Mywire08, Mywire09, Mywire10, Mywire28, Mywire29 由外部接头、挂线盘、心肌起搏导线、胸壁针、心肌固定件和心肌针组成；双极临时起搏电极 Mywire12, Mywire13, Mywire27 由外部接头、挂线盘、心肌起搏导线、胸壁针和心肌固定件组成；单极临时起搏电极 Mywire01, Mywire02, Mywire16, Mywire21, Mywire24 由外部接头、挂线盘、心肌起搏导线、胸壁针、心肌固定件和心肌针组成。单极临时起搏电极 Mywire11, Mywire14, Mywire15 由外部接头、挂线盘、心肌起搏导线、胸壁针和心肌固定件组成。
适用范围:该产品用于通过临时外置起搏器向心肌发放电冲动，以治疗心外科手术后的缓慢心律失常或用于终止快速心律失常，也可以用于和心电图有关的电生理反应的检测。
生产厂家:德国 MAQUET Cardiopulmonary AG
注册代理:迈柯唯(上海)医疗设备有限公司
服务机构:迈柯唯(上海)医疗设备有限公司
发证日期:2014.02.20 **截止日期**:2018.02.19

国食药监械(进)字2014第3210976号

产品名称:除颤监护仪(Defibrillator and Monitor)
规格型号:DEFIGARD 5000
产品标准:YZB/FRA 0460-2014《除颤监护仪》
性能组成:该产品由除颤监护仪主机(DEFIGARD 5000型，含除颤手柄)、一次性成人电极片(0-21-0003型)、一次性小儿电极片(0-21-0000型)、3-导联病人导联线(GF2010A型)及可充电锂电池(DG-5000型)组成。
适用范围:该产品用于终止患者的心动过速和心室颤动症状，可为患者进行半自动体外除颤、手动异步除颤、同步化心脏复律、无创体外起搏治疗，同时也可对患者进行 ECG、脉搏血氧饱和度、无创血压监护，其中:半自动体外除颤用于治疗无脉搏、无呼吸、无反应的室颤及心率大于180次/分的室速患者，适用于年龄大于1周岁的患者。手动异步除颤治疗用于治疗无脉搏、无呼吸、无反应患者的室颤和无灌注的室性心动过速，适用于年龄大于29天的患者。同步化心脏复律治疗用于终止心房纤维性颤动，适用于年龄大于29天的患者。无创体外起搏治疗用于症状性心动过缓患者，适用于年龄大于29天的患者。ECG 监护用于测量、显示和记录患者的 ECG 波形和心率，并提供报警，适用于年龄大于29天的患者。脉搏血氧饱和度监护可对年龄大于29天的患者进行

Sp02、脉搏率监护。NIBP 监护可对上臂周长大于 13cm 且年龄大于 3 周岁的患者，无创地进行动脉血压监护。该设备由接受过设备操作培训的合格医务人员以及在基本生命支持、高级心脏支持和除颤方面培训的合格人员使用。该设备必须由医师或遵医嘱使用。

生产厂家:法国 SCHILLER MEDICAL

注册代理:席勒国际贸易(上海)有限公司

服务机构:席勒国际贸易(上海)有限公司

发证日期:2014.02.20 **截止日期**:2018.02.19

国食药监械(进)字 2014 第 2700977 号

产品名称:精子分析软件(Sperm Class Analyzer)

规格型号:SCA

产品标准:YZB/SPA 0464-2014《精子分析软件》

性能组成:该产品主要由软件光盘、使用说明书、软件加密匙组成，其中软件光盘包括两个模块化程序：精子活动力和浓度分析模块，形态分析模块。版本号：5.2。

适用范围:该产品采用世界卫生组织（WHO）标准，可对人精液标本中精子的浓度、活动力、形态进行分析。

生产厂家:西班牙 MICROPTIC S.L.

注册代理:广东友宁贸易有限公司

服务机构:广东友宁贸易有限公司

发证日期:2014.02.20 **截止日期**:2018.02.19

国食药监械(进)字 2014 第 1310978 号

产品名称:X 光胶片自动洗片机(X-RAY Film Automatic Processor)

规格型号:JP-33

产品标准:YZB/ROK 0315-2014《X 光胶片自动洗片机》

性能组成:该产品由(1)主机(2)顶盖(3)带有盖板的显影齿轮系统(4)带有盖板的定影齿轮系统(5)带有内部保护干燥和清洗部分(6)控制面板和带有控制按钮的液晶显示板(7)送片架(8)显影、定影内部接头(9)水内部接头(10)平衡螺丝(11)水溢出接头(12)定影药液溢出接头(13)显影药液溢出接头(14)显影、定影、清洗排出阀门(15)显影、定影、清洗排出接头(16)电源开关组成。

适用范围:产品用于医疗单位 X 射线胶片的冲洗

生产厂家:韩国 JPI Healthcare Co., Ltd

注册代理:北京康达和美经贸有限公司

服务机构:北京康达和美经贸有限公司

发证日期:2014.02.20 **截止日期**:2018.02.19

国食药监械(进)字 2014 第 2400979 号

产品名称:血氧血红蛋白测量仪(Pulse CO-Oximeter)

规格型号:Pronto

产品标准:YZB/USA 0143-2014《血氧血红蛋白测量仪》

性能组成:由主机、患者导联线和操作软件组成。

适用范围:该产品用于连续无创监测动脉血红蛋白功能性血氧饱和度(Sp02)、脉搏率、全血红蛋白(SpHb)。

生产厂家:美国 Masimo Corporation

注册代理:迈心诺(北京)医疗科技有限公司

服务机构:迈心诺(北京)医疗科技有限公司

发证日期:2014.02.20 **截止日期**:2018.02.19

国食药监械(进)字 2014 第 3400980 号

产品名称:全自动酶免分析仪(Microlab STAR IVD ELISA)

规格型号:2CH、4CH、8CH

产品标准:YZB/SWI 0467-2014《全自动酶免分析仪》

性能组成:该产品主要由全自动酶免分析仪主机（加样系统、洗板系统、孵育系统、读数系统、微板传输系统、自动装载单元）和软件组成。

适用范围:该产品适用于使用光度测量微板的体外诊断。

生产厂家:瑞士 Hamilton Bonaduz AG

注册代理:烟台澳斯邦生物工程有限公司

服务机构:烟台澳斯邦生物工程有限公司

发证日期:2014.02.20 **截止日期**:2018.02.19

国食药监械(进)字 2014 第 3240981 号

产品名称:双波长激光治疗仪(Candela Family of Multiple-Wavelength Laser Systems)

规格型号:GentleMAX

产品标准:YZB/USA 0173-2014《双波长激光治疗仪》

性能组成:该产品由主机(翠绿宝石和 Nd:YAG 固态激光器、激光电源及控制系统、触摸屏控制面板、内部光束传输系统、动态冷却系统、水冷却系统和脚踏开关)、导光系统(透镜耦合光纤和手柄)、应用附件(吊架、距离规)组成。不包含气瓶。激光波长：翠绿宝石激光:755nm±10nm, Nd:YAG 激光:1064nm±10nm；多模；最大激光输出能量：翠绿宝石激光:53J±20%, Nd:YAG 激光:79.2J±20%；光斑直径:1.5、3、6、8、10、12、15、18mm 可调，误差±20%；瞄准光:520nm～550nm:瞄准光功率不大于 5mW。

适用范围:该产品临床 755nm 翠绿宝石激光适用于祛除毛发，改善性治疗浅表性良性色素病变及皱纹；1064nmNd:YAG 激光适用于祛除毛发，色素性病变的治疗及祛除深色纹身。

生产厂家:美国 Candela Corporation

注册代理:美中互利(北京)国际贸易有限公司

服务机构:美中互利(北京)国际贸易有限公司

发证日期:2014.02.20 **截止日期**:2018.02.19

国食药监械(进)字 2014 第 1400982 号

产品名称:全自动毛细管电泳仪（商品名：CAPILLARYS 2）(CAPILLARYS)

规格型号:CAPILLARYS 2

产品标准:YZB/FRA 0147-2014《全自动毛细管电泳仪》

性能组成:电泳仪由电源、正负气压单元、毛细管单元、吸样稀释系统、自动进样系统、氘光光路、温度气路、液路检测系统、操作软件组成。

适用范围:该电泳仪在临床上用于血清蛋白、血红蛋白、尿蛋白、免疫固定蛋白、寡糖基转铁蛋白分析(CDT)、高分辨率血清蛋白的分离及分析。

生产厂家:法国 SEBIA

注册代理:法国赛比亚公司上海代表处

服务机构:法国赛比亚公司上海代表处

发证日期:2014.02.20 **截止日期**:2018.02.19

国食药监械(进)字 2014 第 2400983 号

产品名称:血气分析系统(IRMA TRUpoint Blood Analysis System)

规格型号:IRMA TRUpoint

产品标准:YZB/USA 0595-2014《血气分析系统》

性能组成:该产品主要由 IRMA 分析仪、电池充电器及电源供给、温度卡、操作软件组成。

适用范围:该产品与 IRMA 试剂一起使用进行人体全血中各种关键护理的分析成份的试管中测量，使用 BG 试剂可测量 PH, PCO2, PO2，可计算出 HCO3-, TCO2, BEb, BEecf, O2Sat；使用 CC 试剂可测量 PH, PCO2, PO2, Hct, Na+, K+, iCa，可计算出 HCO3-, TCO2, BEb, BEecf, O2Sat, tHb, iCa(N)；使用 H3 可测量 Hct, Na+, K+, iCa，可计算出 tHb；使用 H4 试剂可测量 Hct, Na+, K+, Cl-, BUN/Urea，可计算出 tHb；使用 GL 试剂可测量 GLu, Na+, K+, Cl-。

生产厂家:美国 International Technidyne Corporation

注册代理:北京八运通医疗设备有限公司

服务机构:北京八运通医疗设备有限公司

发证日期:2014.02.20 **截止日期**:2018.02.19

国食药监械(进)字 2014 第 2400984 号

产品名称:腕式脉搏血氧仪(WristOx2 Pulse Oximeter)

规格型号:3150

产品标准:YZB/USA 0242-2014《腕式脉搏血氧仪》

性能组成:该产品由腕式脉搏血氧仪主机、血氧探头(8000SS、8000SM、8000SL)、腕带(长度分别为 15cm、20cm、25cm)组成。

适用范围:该产品是小型腕式设备，用于同时测量、显示及记录成人和儿科患者的血氧饱和度(Sp02)及脉搏率状态，适用非运动状态下对正常或低灌注的病人即时检查和数据收集及记录。

生产厂家:美国 Nonin Medical, Inc.

注册代理:广州市赫特仪器有限公司

服务机构:广州市赫特仪器有限公司

发证日期:2014.02.17 **截止日期**:2018.02.16

国食药监械(进)字 2014 第 2580985 号

产品名称:冷冻外科装置(Cryosurgical Instrument)
规格型号:MGC-200
产品标准:YZB/USA 0266-2014《冷冻外科装置》
性能组成:a) 冷冻外科设备:体长为 345mm 高 150mm 枪管长度:170mm b) 冷冻头 c) 通气管 d) 压力表 e) 压力表插座 f) 通气筒 g) 触发器 h) 排气过滤器部件型号、尺寸及参数见附件。
适用范围:该产品通过利用医用二氧化碳气体制冷用于冻结宫颈组织的冷冻外科装置。
生产厂家:美国 MedGyn Products Inc.
注册代理:江苏天瑞医疗器械有限公司
服务机构:江苏天瑞医疗器械有限公司
发证日期:2014.02.17 **截止日期**:2018.02.16

国食药监械(进)字 2014 第 2210986 号

产品名称:重复使用刺激和记录电极(Reusable Stimulating and Recording Electrodes)
规格型号:见附页
产品标准:YZB/ITA 0244-2014《重复使用刺激和记录电极》
性能组成:产品由重复使用刺激和记录电极和指环电极组成。具体型号及描述见附页。
适用范围:产品用于外科手术中的神经电生理检测。
生产厂家:意大利 SPES MEDICA S.r.l.
注册代理:北京爱博尔医疗器械有限公司
服务机构:北京爱博尔医疗器械有限公司
发证日期:2014.02.17 **截止日期**:2018.02.16

国食药监械(进)字 2014 第 2210987 号

产品名称:肌电图针电极(Electromyography needle electrodes)
规格型号:见附页
产品标准:YZB/ITA 0247-2014《肌电图针电极》
性能组成:产品由肌电可重复使用同心圆针电极、同心圆肌电针电极连线组成。
适用范围:产品用于肌电图检测。
生产厂家:意大利 SPES MEDICA S.r.l.
注册代理:北京爱博尔医疗器械有限公司
服务机构:北京爱博尔医疗器械有限公司
发证日期:2014.02.17 **截止日期**:2018.02.16

国食药监械(进)字 2014 第 2210988 号

产品名称:声音处理器 (商品名: Neptune) (Sound Processor)
规格型号:见附页
产品标准:YZB/SWI 0659-2013《声音处理器》
性能组成:产品由 Neptune 声音处理器、Neptune Connect 控制模块、头件、导线、彩色盖、彩色外壳及专业软件组成。
适用范围:该产品可以将麦克风接收到的声音转换为人工耳蜗使用的电子信号,以此恢复用户听力。
生产厂家:瑞士 Advanced Bionics AG
注册代理:领先仿生医疗器械(上海)有限公司
服务机构:领先仿生医疗器械(上海)有限公司
发证日期:2014.02.17 **截止日期**:2018.02.16

国食药监械(进)字 2014 第 2210989 号

产品名称:手持设备 (商品名: SJM MRI Activator) (Handheld Device)
规格型号:EX4000
产品标准:YZB/BEL 7927-2013《手持设备》
性能组成:由激活器和内部电池组成。
适用范围:该手持设备用于评估先前存储的 MRI 设置的状态,以及启用和禁用这些 MRI 设置。激活器应当与 St. Jude Medical MR Conditional 脉冲发生器配合使用。
生产厂家:比利时圣犹达医疗用品管理有限公司(St. Jude Medical Coordination Center BVBA)
注册代理:圣犹达医疗用品(上海)有限公司
服务机构:圣犹达医疗用品(上海)有限公司
发证日期:2014.02.17 **截止日期**:2018.02.16

国食药监械(进)字 2014 第 2250990 号

产品名称:超声高频外科集成系统切割闭合刀头 (商品名: ENSEAL G2 Super Jaw) (ENSEAL G2 Super Jaw Electrosurgical Devices)
规格型号:NSEALX22L
产品标准:YZB/USA 0268-2014《超声高频外科集成系统切割闭合刀头》
性能组成:产品由钳口、钳杆、手柄及其连接电缆组成,钳口内含有 I-Blade 刀。杆径 12mm,杆长 22cm,钳口形状为弯型。产品为一次性使用,辐照灭菌。高频输出为双极模式。
适用范围:与 GEN11 超声高频外科集成系统主机配合使用,适用于在开腔手术中进行双极凝固和机械离断。
备注:2014 年 5 月 13 日同意更正生产地址内容,2014 年 2 月 17 日核发的医疗器械注册登记表予以废止。
生产厂家:美国 Ethicon Endo - Surgery, LLC
注册代理:强生(上海)医疗器材有限公司
服务机构:强生(上海)医疗器材有限公司
发证日期:2014.02.17 **截止日期**:2018.02.16

国食药监械(进)字 2014 第 2220991 号

产品名称:频闪光源 (商品名: CLL-S1) (Stroboscopy Light Source)
规格型号:WA97010A
产品标准:YZB/GER 0170-2014《频闪光源》
性能组成:该产品由光源、脚踏开关、无线麦克风组成。其中脚踏开关为选配件,型号为 WF HS 0-5V/0-5V MED GP14。
适用范围:本产品为喉部内窥镜检查和治疗提供频闪光和普通光照明。
生产厂家:德国奥林巴斯苇音特和意北公司(Olympus Winter &Ibe GmbH)
注册代理:奥林巴斯贸易(上海)有限公司
服务机构:奥林巴斯(北京)销售服务有限公司
发证日期:2014.02.17 **截止日期**:2018.02.16

国食药监械(进)字 2014 第 2220992 号(更)

产品名称:生物显微镜(Inverted Microscope)
规格型号:Axio Vert.A1
产品标准:YZB/GER 0258-2014《生物显微镜》
备注:代理人和售后服务机构由"蔡司光学仪器(上海)国际贸易有限公司"变更为"卡尔蔡司(上海)管理有限公司";注册证由"国食药监械(进)字 2014 第 2220992 号"变更为"国食药监械(进)字 2014 第 2220992 号(更)",原证自发证之日起作废。
生产厂家:德国 Carl Zeiss Microscopy GmbH
注册代理:卡尔蔡司(上海)管理有限公司
服务机构:卡尔蔡司(上海)管理有限公司
变更日期:2014.05.14 **截止日期**:2018.02.16

国食药监械(进)字 2014 第 2540993 号

产品名称:雾化器系统(Nebulizer System)
规格型号:NIVO Pro-X
产品标准:YZB/USA 0255-2014《雾化器系统》
性能组成:NIVO Pro-X 雾化器系统由 NIVO Pro-X 控制器、NIVO 雾化器和 EE 及 SE 雾化弯管附件组成。
适用范围:该雾化器系统是一种便携式医疗设备,可雾化医师处方中的液态药物以供使用通气或其它正压呼吸辅助设备的患者吸入。NIVO Pro-X 雾化器系统适用于成人患者或 7 岁及以上(>20kg)的儿童患者。本设备仅供医院使用。
生产厂家:美国 Respironics, Inc.
注册代理:飞利浦(中国)投资有限公司
服务机构:飞利浦(中国)投资有限公司
发证日期:2014.02.17 **截止日期**:2018.02.16

国食药监械(进)字 2014 第 2540994 号

产品名称:内窥镜用冲洗吸引系统 (商品名: HYSTEROMAT E.A.S.I) (Suction and Irrigation Systems for Endoscope)
规格型号:见附页
产品标准:YZB/GER 0243-2014《内窥镜用冲洗吸引系统》
性能组成:本产品由主机、电源线、SCB 连接线、脚踏开关、冲洗管路套件和吸引管路套件组成。
适用范围:本产品适用于妇科和腹腔镜手术中,可将腹腔、子宫腔内的液体、小血块和小组织碎块冲洗吸引干净。

生产厂家:德国 Karl Storz GmbH & Co. KG
注册代理:卡尔史托斯内窥镜(上海)有限公司
服务机构:卡尔史托斯内窥镜(上海)有限公司
发证日期:2014.02.17　　**截止日期**:2018.02.16

国食药监械(进)字 2014 第 2400995 号

产品名称:血糖仪(Blood Glucose Monitoring System)
规格型号:EasyGluco Auto-coding
产品标准:YZB/ROK 0289-2014《血糖仪》
性能组成:本产品由血糖仪主机，操作软件组成。
适用范围:用于定量检测新鲜毛细血管全血中的血糖浓度。
备注:2014 年 5 月 30 日同意更正型号、规格内容，2014 年 2 月 17 日核发的医疗器械注册登记表予以废止。
生产厂家:韩国 Infopia Co., Ltd.
注册代理:山东英帕生物科技有限公司
服务机构:山东英帕生物科技有限公司
发证日期:2014.02.17　　**截止日期**:2018.02.16

国食药监械(进)字 2014 第 2230996 号

产品名称:超声和负压理疗仪(Vacuum and Ultrasonic Physiotherapy Device)
规格型号:MED2 CONTOUR DUAL
产品标准:YZB/ITA 0166-2014《超声和负压理疗仪》
性能组成:该产品由主机、治疗手具和弹性膜(放置在真空抽吸手具前端)组成。主机包括真空泵及其调节装置、电路控制装置和控制面板(触摸屏)；治疗手具包括一个超声手具(有两个超声换能器)和一个真空抽吸手具。
适用范围:该产品用于缓解轻微的周身肌肉疼痛、肌肉痉挛和暂时改善局部血液循环。
生产厂家:意大利 General Project S.r.l.
注册代理:科医人医疗激光设备贸易(北京)有限公司
服务机构:科医人医疗激光设备贸易(北京)有限公司
发证日期:2014.02.17　　**截止日期**:2018.02.16

国食药监械(进)字 2014 第 2540997 号

产品名称:输液泵(Ambulatory Infusion Pump)
规格型号:6400
产品标准:YZB/USA 0423-2014《输液泵》
性能组成:由输液泵主机，储液盒锁、电池盒、适配器组成。
适用范围:可用于医院静脉、动脉内、皮下、腹膜腔内、硬膜外腔或蛛网膜下隙输液。
备注:1、开展上市后临床跟踪工作，应详细说明用于输注液体的临床使用情况，包括输液的途径、临床使用效果、有无发生软件出错、人为因素（包括但不限于使用错误)、元器件破损、电池故障、警报故障、输液过量以及输液不足等不良事件。2、说明使用过程中的副作用以及采取的措施及结果，详述临床使用中的所有不良事件投诉发生情况并提交统计数据，提交对不良事件、投诉原因分析与处理情况（包括措施、效果以及对市场再用产品采取的措施)。3、以上资料应形成正式文件并在重新注册时提交。
生产厂家:美国 Smiths Medical ASD, Inc.
注册代理:史密斯医疗器械(北京)有限公司
服务机构:史密斯医疗器械(北京)有限公司
发证日期:2014.02.20　　**截止日期**:2018.02.19

国食药监械(进)字 2014 第 1550998 号

产品名称:牙科空压机(Reciprocating Compressors)
规格型号:见附页
产品标准:YZB/GER 0456-2014《牙科空压机》
性能组成:该产品由空压机机体、驱动马达、储气罐和压力开关组成，可选配带有空气干燥器。
适用范围:该产品供医疗单位的口腔科、牙科或牙科诊所的牙科设备或其它类似设备作动力和治疗源使用。
生产厂家:德国 KAESER KOMPRESSOREN GmbH
注册代理:凯撒空压机(上海)有限公司
服务机构:凯撒空压机(上海)有限公司
发证日期:2014.02.20　　**截止日期**:2018.02.19

国食药监械(进)字 2014 第 2200999 号

产品名称:经期计算机(The Fertility Computers)
规格型号:Baby-Comp; Lady-Comp
产品标准:YZB/GER 0451-2014《经期计算机》
性能组成:产品由主机、体温传感器和充电器组成。
适用范围:该产品通过测量和记录女性基础体温来监测排卵日期，并智能提示可孕期与不孕期，以辅助规划生育。
生产厂家:德国 VE Valley Electronics GmbH
注册代理:杭州诺旺科技有限公司
服务机构:杭州诺旺科技有限公司
发证日期:2014.02.20　　**截止日期**:2018.02.19

国食药监械(进)字 2014 第 2581000 号

产品名称:头皮冷却系统(The DigniCapTMSystem)
规格型号:Digni C3
产品标准:YZB/SWE 0447-2014《头皮冷却系统》
性能组成:本产品由主机(Digni C3)，硅橡胶帽(DigniCapTM)，氯丁(二烯)橡胶帽(DigniThermTM)，冷却液(DigniCoolTM)，存储器(DigniStickTM)以及读卡器(DigniCardTM)组成。
适用范围:本产品适用于通过头皮的冷却以预防因化疗而导致的头发脱落。
生产厂家:瑞典 Dignitana AB
注册代理:柯尼卡美能达医疗印刷器材(上海)有限公司
服务机构:柯尼卡美能达医疗印刷器材(上海)有限公司
发证日期:2014.02.20　　**截止日期**:2018.02.19

国食药监械(进)字 2014 第 2211001 号

产品名称:脑电图放大器(Ceegraph/Sleepscan Netlink Traveler)
规格型号:580-T2ASM3、580-T2ASM2
产品标准:YZB/USA 0432-2014《脑电图放大器》
性能组成:该产品由 EEG 采集放大器(580-T2ASM3 和 580-T2ASM2 型)、头盒(580-T2ELBK-2 型)、电源适配器(520-NTPS12 型)、电池和视频模块组成。
适用范围:该产品在医疗单位使用，可采集患者的脑电图信号。
生产厂家:美国 Natus Medical Incorporated
注册代理:北京爱博尔医疗器械有限公司
服务机构:北京爱博尔医疗器械有限公司
发证日期:2014.02.20　　**截止日期**:2018.02.19

国食药监械(进)字 2014 第 2211002 号

产品名称:耳声发射和诱发电位放大器(Digital neurophysiological system for EP and OAE)
规格型号:Neuro-Audio
产品标准:YZB/RUS 7940-2013《耳声发射和诱发电位放大器》
性能组成:该产品由放大器电子单元组成。
适用范围:该产品可采集、放大脑电信号和诱发电位信号。
生产厂家:俄罗斯ООО “Нейрософт”
注册代理:武汉爱斯捷捷电子有限公司
服务机构:武汉爱斯捷捷电子有限公司
发证日期:2014.02.20　　**截止日期**:2018.02.19

国食药监械(进)字 2014 第 2561003 号

产品名称:医用治疗椅(Medical Treatment Chair)
规格型号:T688
产品标准:YZB/AUL 0531-2014《医用治疗椅》
性能组成:本品由电驱动装置、手动控制装置、扶手、颈枕、带锁的脚轮、支撑腿和坐垫组成。
适用范围:供医疗单位使用，在进行血液收集、血液透析、化疗和其他类似的治疗过程中为患者提供座位。
生产厂家:澳大利亚 Fresenius Medical Care Seating (Australia) Pty Ltd
注册代理:费森尤斯医药用品(上海)有限公司
服务机构:费森尤斯医药用品(上海)有限公司
发证日期:2014.02.20　　**截止日期**:2018.02.19

国食药监械(进)字2014第2301004号

产品名称:数字X射线成像装置(商品名:Digital X-ray Detector)(Приемник рентгеновский цифровой ДФП)
规格型号:DFP4343G5, DFP4343G7, DFP4343C5, DFP4343C7
产品标准:YZB/RUS 8125-2013《数字X射线成像装置》
性能组成:产品由电子X射线机组(EXU)(防散射滤线栅,电离室,外壳,传感器面板),电源和DFP软件组成。
适用范围:与X射线发生装置和机械附属装置组合,组成供医疗机构临床诊断用的数字化X射线摄影系统。该产品仅供整机生产商使用,为整机生产商提供部件。
生产厂家:俄罗斯ЗАО НИПК "Электрон"
注册代理:北京美德福贸易有限公司
服务机构:北京赛德科医疗设备有限公司、珠海保税区和佳医疗影像设备有限公司
发证日期:2014.02.20 **截止日期**:2018.02.19

国食药监械(进)字2014第2541005号

产品名称:呼吸机(CPAP System)
规格型号:REMstar Auto A-Flex, REMstar Pro C-Flex+, REMstar Plus C-Flex
产品标准:YZB/USA 7671-2013《呼吸机》
性能组成:呼吸机由主机、记忆存储卡、过滤膜、湿化器(System One Heated Humidifier)、15mm或22mm柔性软管(15mm柔性软管型号:6FT System One Performance tubing-15;22mm柔性软管型号:Performance Tubing 6', White)、电源适配器、电源线组成。
适用范围:该呼吸机可提供气道正压通气疗法,适用于治疗体重在30kg(66lbs)以上有自主呼吸的阻塞性睡眠呼吸暂停患者。该设备可适用于家庭或医疗机构环境。
变更情况:变更日期:2014.10.08。型号、规格由"REMstar Auto A-Flex, REMstar Pro C-Flex+, REMstar Plus C-Flex"变更为"REMstar Auto A-Flex(567P), REMstar Pro C-Flex+(467P), REMstar Plus C-Flex(267P)"。
生产厂家:美国Respironics, Inc
注册代理:飞利浦(中国)投资有限公司
服务机构:飞利浦(中国)投资有限公司
发证日期:2014.02.20 **截止日期**:2018.02.19

国食药监械(进)字2014第2101006号

产品名称:小型电动系统(Small Electric Drive)
规格型号:见附页
产品标准:YZB/SWI 0454-2014《小型电动系统》
性能组成:该产品由Small Electric Drive手机、接头组成。
适用范围:本产品适用于骨骼创伤,特别应用于手、足外科中的钻孔、磨、扩髓扩孔、克氏针/导针固定、骨骼切割等。
生产厂家:瑞士Synthes GmbH
注册代理:强生(上海)医疗器材有限公司
服务机构:见附页
发证日期:2014.02.20 **截止日期**:2018.02.19

国食药监械(进)字2014第2101007号

产品名称:紧凑型动力系统(Colibri II)
规格型号:见附页
产品标准:YZB/SWI 0457-2014《紧凑型动力系统》
性能组成:该产品包括主机,电池,无菌盖,电池盒(含盖)。
适用范围:本产品适用于骨骼创伤、整形修复外科手术,如骨骼钻孔、扩髓扩孔或切割等。
生产厂家:瑞士Synthes GmbH
注册代理:强生(上海)医疗器材有限公司
服务机构:见附页
发证日期:2014.02.20 **截止日期**:2018.02.19

国食药监械(进)字2014第2401008号

产品名称:全自动糖化血红蛋白分析仪(DS360 Analyzer)
规格型号:DS360
产品标准:YZB/UK 0436-2014《全自动糖化血红蛋白分析仪》
性能组成:该产品主要由显示屏、检测转盘、自动加样器、高压泵、储气筒、中央处理器、电源适配器、软件组成。
适用范围:该产品用于临床检验及分析全血中的糖化血红蛋白。
生产厂家:英国Drew Scientific Limited
注册代理:北京柏彬医疗器械有限公司
服务机构:北京柏彬医疗器械有限公司
发证日期:2014.02.20 **截止日期**:2018.02.19

国食药监械(进)字2014第2541009号

产品名称:手术无影灯(Surgical Light)
规格型号:iLED 3、iLED 3 ALC+/SLC、iLED 3K、iLED 3K ALC+、iLED 5、iLED 5 ALC+/SLC、iLED 5K、iLED 5K ALC+
产品标准:YZB/GER 0453-2014《手术无影灯》
性能组成:产品安装形式为固定式,具体产品组成及性能参见附表。
适用范围:该产品供医疗单位作医用手术照明用。
生产厂家:德国TRUMPF Medizin Systeme GmbH +Co.KG
注册代理:通快医疗设备(太仓)有限公司
服务机构:通快医疗设备(太仓)有限公司
发证日期:2014.02.20 **截止日期**:2018.02.19

国食药监械(进)字2014第2541010号

产品名称:手术无影灯(Surgical Light)
规格型号:TruLight 3300、TruLight 3500、TruLight 5300、TruLight 5320、TruLight 5500、TruLight 5520、TruLight 3510、TruLight 5310、TruLight 5510
产品标准:YZB/GER 0455-2014《手术无影灯》
性能组成:产品安装形式为固定式,具体产品组成及性能参见附表。
适用范围:该产品供医疗单位作医用手术照明用。
生产厂家:德国TRUMPF Medizin Systeme GmbH +Co.KG
注册代理:通快医疗设备(太仓)有限公司
服务机构:通快医疗设备(太仓)有限公司
发证日期:2014.02.20 **截止日期**:2018.02.19

国食药监械(进)字2014第3541011号

产品名称:一次性使用输注泵(商品名:NIPRO SUREFUSER)(シュアーフューザーA)
规格型号:SFS-1002D, SFS-2-25, SFS-5-25
产品标准:YZB/JAP 0525-2014《一次性使用输注泵》
性能组成:本产品由储液装置和输注管路组成,储液装置主要包括外壳、贮液囊、加药口和加药口盖,输注管路主要包括加药口接头、止流夹、管路、药液过滤器、流量控制器、鲁尔接头和鲁尔盖。储液装置的外壳、加药口和加药口盖由聚丙烯制成,贮液囊由异戊二烯橡胶制成;输注管路的加药口接头由聚碳酸酯制成,止流夹由聚甲醛制成,管路由聚氯乙烯制成,药液过滤器由丙烯酸树脂、聚醚砜和聚四氟乙烯制成,流量控制器由聚氯乙烯和ABS树脂制成,鲁尔接头由聚碳酸酯制成,鲁尔盖由聚丙烯制成。给药参数:标称容量为100mL、250mL,标称流量为2mL/hr、2.1mL/hr、5mL/hr。
适用范围:本产品用于对血管或肌肉微量持续注入药液,适用于输注注射用阿糖胞苷、重组人血管内皮抑制素注射液(恩度)、注射用盐酸多比柔星(注射用盐酸阿霉素)、氟尿嘧啶注射液和盐酸布比卡因注射液。
生产厂家:日本ニプロ株式会社
注册代理:尼普洛贸易(上海)有限公司
服务机构:尼普洛贸易(上海)有限公司
发证日期:2014.02.24 **截止日期**:2018.02.23

国食药监械(进)字2014第3461012号

产品名称:带缝线可吸收骨锚钉(Bioabsorbable Anchor with Orthocord)
规格型号:见附页
产品标准:YZB/USA 0442-2014《带缝线可吸收骨锚钉》
性能组成:该产品由骨锚、缝线、插入器组成。骨锚由符合YY/T0661标准规定的左旋聚乳酸(PLLA)材料制成;Orthocord缝线由聚对二氧环已酮(PDS)和聚乙烯材料制成,表面为90%己内酯和10%乙交酯组成的共聚物涂层;Ethibond缝线由聚酯材料制成;插入器与人体接触部分由符合ASTM F899标准规定的630不锈钢材料制成。灭菌包装。
适用范围:适用于肩、膝、指、踝、趾、肘关节肌腱、韧带的连接固定。

生产厂家:美国 DePuy Mitek
注册代理:强生(上海)医疗器材有限公司
服务机构:强生(上海)医疗器材有限公司
发证日期:2014.02.24 **截止日期**:2018.02.23

国食药监械(进)字 2014 第 3631013 号(更)

产品名称:种植体(Dental Implants)
规格型号:见附页
产品标准:YZB/USA 0437-2014《种植体》
备注:代理人和售后服务机构由“上海达优科技发展有限公司”变更为“优特医事科技(上海)有限公司”;注册证由“国食药监械(进)字 2014 第 3631013 号”变更为“国食药监械(进)字 2014 第 3631013 号(更)”,原证自发证之日起作废。
生产厂家:美国 Biomet 3i
注册代理:优特医事科技(上海)有限公司
服务机构:优特医事科技(上海)有限公司
变更日期:2014.05.14 **截止日期**:2018.02.23

国食药监械(进)字 2014 第 3221014 号

产品名称:折叠式多焦丙烯酸人工晶状体(商品名:Tecnis)(Multifocal Foldable Acrylic Intraocular Lens)
规格型号:ZMA00
产品标准:YZB/USA 0412-2014《折叠式多焦丙烯酸人工晶状体》
性能组成:该产品为多件式后房人工晶状体,可折叠,襻形为改良 C 形。主体材料由疏水丙烯酸酯聚合物制成,添加紫外吸收剂,支撑部分由聚甲基丙烯酸甲酯材料制成成,添加蓝色染料;屈光度范围:5D~34D,附加光焦度:+4.0D;光学设计:多焦,非球面(在孔径光栏半径 1.5mm 范围内模拟眼状态下的轴截面光焦度分布符合反球差分布特征);环氧乙烷灭菌,一次性使用产品。
适用范围:该晶体适用于已摘除白内障晶体的成人无晶体眼及老花眼成年患者摘除透明晶体后的无晶体眼的首次植入,该晶体将被植入囊袋内。
生产厂家:美国 Abbott Medical Optics Inc.
注册代理:眼力健(上海)医疗器械贸易有限公司
服务机构:眼力健(上海)医疗器械贸易有限公司
发证日期:2014.02.24 **截止日期**:2018.02.23

国食药监械(进)字 2014 第 3221015 号

产品名称:预装式非亲水丙烯酸后房人工晶状体(商品名:Nex-Load System)(Hydrophobic Acrylic Posterior Chamber Intraocular)
规格型号:NX-1
产品标准:YZB/JAP 0186-2014《预装式非亲水丙烯酸后房人工晶状体》
性能组成:该产品系将人工晶状体预装在一次性使用植入器内的产品。人工晶状体为多件式后房人工晶状体,可折叠,支撑部为 J 型。主体部分由非亲水性丙烯酸材料制成,添加紫外吸收剂,支撑部分由聚甲基丙烯酸甲酯材料制成,添加蓝色染料;屈光度范围:1.0~30.0D。光学设计:单焦,球面;无菌状态提供,一次性使用。
适用范围:在白内障手术后,作为替代人体眼部晶状体的移植物矫正白内障手术后无晶体眼的视力。
备注:注册后企业仍需完成以下工作:一、严格监控生产工艺过程,降低不溶无机物等所带来危害的风险。二、进行产品的跟踪随访,包括产品上市后所有不良事件及投诉,重点关注可能与压缩力轴向位移及不溶无机物相关的事件,并对不良事件、投诉进行原因分析,说明其处理情况,重新注册时提交相关信息资料。
生产厂家:日本株式会社ニデック(NIDEK CO., LTD.)
注册代理:日本尼德克株式会社北京代表处
服务机构:日本尼德克株式会社北京代表处
发证日期:2014.02.24 **截止日期**:2018.02.23

国食药监械(进)字 2014 第 3221016 号

产品名称:着色非亲水丙烯酸后房人工晶状体(商品名:Nex-Acri AA)(Blue Light-absorbing Hydrophobic Acrylic Posterior Chamber Intraocular Lenses)
规格型号:N4-18Y(N4-18YA:光学直径 5.5mm,N4-18YB:光学直径 6.0mm,N4-18YC:光学直径 6.5mm)N4-11Y(N4-11YA:光学直径 5.5mm,N4-11YB:光学直径 6.0mm,N4-11YC:光学直径 6.5mm)
产品标准:YZB/JAP 0220-2014《着色非亲水丙烯酸后房人工晶状体》
性能组成:人工晶状体为多件式后房人工晶状体,可折叠,N4-18Y 支撑部为 C 型,N4-11Y 支撑部为 J 型。主体部分由非亲水性丙烯酸材料制成,添加紫外吸收剂、黄色染料及红色染料,支撑部分由聚甲基丙烯酸甲酯材料制成,添加蓝色染料;屈光度范围:1.0~30.0D。光学设计:单焦,球面;无菌状态提供,一次性使用。
适用范围:在白内障手术后,作为替代人体眼部晶状体的移植物矫正白内障手术后无晶状体眼的视力,同时减少紫外线和蓝光辐射危害。
备注:注册后企业仍需完成以下工作:一、严格监控生产工艺过程,降低不溶无机物等所带来危害的风险。二、进行产品的跟踪随访,包括产品上市后所有不良事件及投诉,重点关注可能与压缩力轴向位移及不溶无机物相关的事件,并对不良事件、投诉进行原因分析,说明其处理情况,重新注册时提交相关信息资料。
生产厂家:日本株式会社ニデック(NIDEK CO., LTD.)
注册代理:日本尼德克株式会社北京代表处
服务机构:日本尼德克株式会社北京代表处
发证日期:2014.02.24 **截止日期**:2018.02.23

国食药监械(进)字 2014 第 3461017 号

产品名称:动力加压接骨板(Bone Plate)
规格型号:见附页
产品标准:YZB/SWI 0617-2014《动力加压接骨板》
性能组成:该产品采用符合 ISO5832-1 标准规定的不锈钢材料或符合 GB/T 13810 规定的 TC4EL1 材料制成,具体详见规格型号列表。钛合金产品表面无着色,非灭菌包装。
适用范围:本产品适用于成人及小儿科患者骨盆重建、骨折内固定及外科手术(骨切开术)进行矫治、畸形矫形手术和关节融合术时的骨骼固定。本产品不适用对于位于骨折固定位置或周围有活动性感染的患者。
生产厂家:瑞士 Swiss Pro Orthopedic SA
注册代理:上海熙可医疗器械有限公司
服务机构:上海熙可医疗器械有限公司
发证日期:2014.02.24 **截止日期**:2018.02.23

国食药监械(进)字 2014 第 3461018 号

产品名称:脊柱空心螺钉(商品名:Expedium)(Expedium Fenestrated Screw)
规格型号:见附页
产品标准:YZB/SWI 0569-2014《脊柱空心螺钉》
性能组成:该产品为空心多轴的螺钉,采用符合 GB/T 13810-2007 中 TC4ELI 钛合金的材料制成,其远端有孔,用于水泥输送。非灭菌包装。产品表面经阳极氧化。
适用范围:该产品用于与 Confidence 脊柱骨水泥系统 或 V-max 混合及输送系统和 Vertebroplastic 不透射线树脂质材料结合使用,适用于脊柱胸椎、腰椎、骶椎的椎弓根固定,从而在治疗骨质下降患者的急慢性胸椎、腰椎与骶椎的不稳定或畸形过程中,用于固定与稳定脊柱节段。该产品用于在骨质融合或骨质愈合过程中提供临时性的内部支撑和固定,也适用与肿瘤患者的姑息性手术。
生产厂家:瑞士 Medos International SARL
注册代理:强生(上海)医疗器材有限公司
服务机构:强生(上海)医疗器材有限公司
发证日期:2014.02.24 **截止日期**:2018.02.23

国食药监械(进)字 2014 第 3641019 号

产品名称:亲水性纤维凝胶泡棉敷料(商品名:爱润肤)(Versiva XC Gelling Foam Dressing)
规格型号:粘性:410609,410610,410611,410612,410613,410615。非粘性:410606,410607,410608,410614。
产品标准:YZB/UK 0517-2014《亲水性纤维凝胶泡棉敷料》
性能组成:本品分为粘性和非粘性两种类型,两种类型均由聚氨酯泡沫/薄膜、粘性水胶体、Hydrofiber(亲水性纤维)中心夹层、聚酰胺网、Hydrofiber(亲水性纤维)伤口接触层 5 层材料组成(含 CMC-Na)。
适用范围:本产品可用于皮肤溃疡、压疮、糖尿病性溃疡的护理;表面创伤(如轻微擦伤、割伤、轻微烧烫伤)护理;烧伤(Ⅱ度)、手术伤口、外伤伤口的护理口。
生产厂家:英国 ConvaTec Limited
注册代理:康维德(中国)医疗用品有限公司

服务机构:康维德(中国)医疗用品有限公司
发证日期:2014. 02. 24 **截止日期**:2018. 02. 23

国食药监械(进)字 2014 第 3461020 号

产品名称:椎间融合器 (商品名: Fidji 腰椎笼) (Spinal Fixation System)
规格型号:见附页
产品标准:YZB/FRA 0558-2014《椎间融合器》
性能组成:该产品分为胸腰椎前路、前侧路、侧路和后路融合器。结构内由一个或几个空腔, 以及顶端和侧壁有开孔。采用符合 ASTM F2026 标准的 Optima LT1 聚醚醚酮(PEEK) 聚合物材料制成, 其内显影物标记物由符合 ISO 13782 标准规定的纯钽制成。灭菌包装。
适用范围:适用于经前路、后路手术途径插入到腰椎椎体间固定, 并使手术后的椎间盘保持其高度。用于椎间盘退行性病变、节段性不稳定、前期融合失败的外科手术及翻修手术的治疗
生产厂家:法国 Zimmer Spine
注册代理:捷迈(上海)医疗国际贸易有限公司
服务机构:捷迈(上海)医疗国际贸易有限公司
发证日期:2014. 02. 24 **截止日期**:2018. 02. 23

国食药监械(进)字 2014 第 3461021 号

产品名称:胫骨部件-胫骨衬垫 (商品名: GII) (GII Tibial Component-Insert)
规格型号:见附页
产品标准:YZB/USA 0596-2014《胫骨部件-胫骨衬垫》
性能组成:该产品为胫骨衬垫, 采用符合 GB/T19701 的超高分子量聚乙烯材料制造, 灭菌包装。
适用范围:与该企业同一系统组件配合, 做为骨水泥型膝关节假体使用, 适用于膝关节置换。
生产厂家:美国 Smith & Nephew, Inc.
注册代理:施乐辉医用产品国际贸易(上海)有限公司
服务机构:施乐辉医用产品国际贸易(上海)有限公司
发证日期:2014. 02. 24 **截止日期**:2018. 02. 23

国食药监械(进)字 2014 第 2551022 号

产品名称:金刚砂车针 (商品名: 牙科用金刚砂车针) (Diamond Dental Burs)
规格型号:见附页
产品标准:YZB/USA 0448-2014《金刚砂车针》
性能组成:金刚砂车针由柄部和工作端组成; 柄部由整块不锈钢制成, 不易断裂变形; 工作端具有金刚砂磨粒, 有良好的打磨性能及耐用性能。
适用范围:本产品主要用于牙齿打磨及抛光。
生产厂家:美国 A&M Instruments, Inc.
注册代理:北京华美赛光贸易有限公司
服务机构:北京华美赛光贸易有限公司
发证日期:2014. 02. 24 **截止日期**:2018. 02. 23

国食药监械(进)字 2014 第 3631023 号

产品名称:光固化复合树脂 (商品名: 可乐丽菲露 AP-X) (原文: 齒科充填用コンポジツトレジン)
规格型号:色号:A2、A3、A3.5、A4、B2、B3、B4、C2、C3、C4、XL、OA3。
产品标准:YZB/JAP 8266-2013《光固化复合树脂》
性能组成:该产品为牙科光固化复合树脂, 含表面处理合成钡玻璃粉, 表面处理轻质无水硅酸酐, Bis-GMA, 甲基丙烯酸酯类物质以及微量颜料。
适用范围:该产品适用于口腔内牙齿窝洞、缺损的成形修复(不适用于根管内)或人工修复体的修补, 如: 前牙及后牙充填修复; 牙冠修复体的修补。
生产厂家:日本クラレノリタケデンタル株式会社 (可乐丽则武齿科株式会社)
注册代理:可乐丽国际贸易(上海)有限公司
服务机构:可乐丽国际贸易(上海)有限公司
发证日期:2014. 02. 24 **截止日期**:2018. 02. 23

国食药监械(进)字 2014 第 2631024 号

产品名称:氧化锆内冠用饰面陶瓷材料 (商品名: CERABIEN ZR) (Dental Ceramic(原文: 歯科用陶材))
规格型号:见附页
产品标准:YZB/JAP 0653-2014《氧化锆内冠用饰面陶瓷材料》
性能组成:陶瓷主要成分为硅酸铝钾玻璃。
适用范围:本品熔附在锆制底层冠表面上, 用于牙体缺损、缺失等的修复。
生产厂家:日本クラレノリタケデンタル株式会社 (可乐丽则武齿科株式会社)
注册代理:可乐丽国际贸易(上海)有限公司
服务机构:日进齿科材料(昆山)有限公司; 山八齿材工业(常熟)有限公司
发证日期:2014. 02. 24 **截止日期**:2018. 02. 23

国食药监械(进)字 2014 第 2631025 号

产品名称:氧化铝内冠用饰面陶瓷材料 (商品名: CERABIEN) (Dental Ceramic(歯科用陶材))
规格型号:见附页
产品标准:YZB/JAP 0516-2014《氧化铝内冠用饰面陶瓷材料》
性能组成:本产品主要成分为硅酸铝钾玻璃, 具体成分及含量请参看产品标准。
适用范围:本品熔附在氧化铝制底层冠表面上, 用于牙体缺损、缺失等的修复。
生产厂家:日本クラレノリタケデンタル株式会社 (可乐丽则武齿科株式会社)
注册代理:可乐丽国际贸易(上海)有限公司
服务机构:日进齿科材料(昆山)有限公司; 山八齿材工业(常熟)有限公司
发证日期:2014. 02. 24 **截止日期**:2018. 02. 23

国食药监械(进)字 2014 第 3631026 号

产品名称:临时冠桥 (商品名: 珞赛特) (Temporary Crown & Bridge material)
规格型号:见附页
产品标准:YZB/GER 0500-2014《临时冠桥》
性能组成:该产品包括基质和催化剂, 主要由钡玻璃、乙氧化双酚 A 双甲基丙烯酸酯、二甲基丙烯酸氨基甲酸酯、三乙二醇二甲基丙烯酸酯、樟脑醌及颜料组成, 附属品为调拌纸、调刀、注射器、注射枪、混合头。具体详见产品标准。
适用范围:该产品用于制作各类临时修复体, 包括临时冠、桥、嵌体、高嵌体、部分冠、贴面。
生产厂家:德国 DMG 化学医药集团公司(DMG Chemisch-Pharmazeutische Fabrik GmbH)
注册代理:德国 DMG 化学医药集团公司北京代表处
服务机构:德国 DMG 化学医药集团公司北京代表处
发证日期:2014. 02. 24 **截止日期**:2018. 02. 23

国食药监械(进)字 2014 第 3461027 号

产品名称:颅颌面用接骨螺钉(Screws for Cranio-Maxillofacial)
规格型号:见附页
产品标准:YZB/SWI 0035-2014《颅颌面用接骨螺钉》
性能组成:该产品包括各个颅颌面用接骨螺钉, 采用符合 ISO 5832-2 中的规定的纯钛, 符合 ISO 5832-11 中的规定的钛 6 铝 7 铌或符合 ISO 5832-1 的规定的不锈钢材料制造。纯钛及钛合金产品的表面经过阳极氧化处理。产品包装分为灭菌包装和非灭菌包装。
适用范围:该产品供颅颌面骨科手术时与接骨板配合作骨折内固定用, 主要用于骨折断端或骨碎片的临时稳定, 直到骨愈合为止。
生产厂家:瑞士 Synthes GmbH
注册代理:强生(上海)医疗器材有限公司
服务机构:见附页
发证日期:2014. 02. 24 **截止日期**:2018. 02. 23

国食药监械(进)字 2014 第 2631028 号

产品名称:烤瓷合金(Porcelain Alloys)
规格型号:型号:Gialloy CB; 规格:1 公斤/盒、25 公斤/盒
产品标准:YZB/GER 0575-2014《烤瓷合金》

性能组成:本品成份及含量:钴:61.6%、铬:27.8%、钨:8.5%、硅:1.6%、铁0.3%、锰:0.2%。
适用范围:用于制作烤瓷修复体的金属内冠。
生产厂家:德国BK Giulini GmbH
注册代理:北京永轩科技有限公司
服务机构:北京永轩科技有限公司
发证日期:2014.02.24 **截止日期**:2018.02.23

国食药监械(进)字2014第3631029号

产品名称:聚羧酸锌水门汀(Adhesor Carbofine)
规格型号:(80g粉/瓶+40g液/瓶)/盒
产品标准:YZB/CZE 0576-2014《聚羧酸锌水门汀》
性能组成:聚羧酸锌水门汀是一种由粉、液两组分组成的牙科修复、垫底材料。粉剂主要由氧化锌、氧化镁、氢氧化铝、硼酸组成。液剂主要由异丙醇、马来酸酐、丙烯酸、纯化水组成。
适用范围:用于口腔科临床的粘结和封闭。1.用于粘结矫正器(正畸带环)。2.暂时封闭材料(临时性窝沟封闭)。3.粘合较少的固定义齿(1-2个牙冠)。
生产厂家:捷克SpofaDental a.s.
注册代理:卡瓦盛邦(上海)牙科医疗器械有限公司
服务机构:卡瓦盛邦(上海)牙科医疗器械有限公司
发证日期:2014.02.24 **截止日期**:2018.02.23

国食药监械(进)字2014第3631030号

产品名称:纤维桩(商品名:GLASSIX)(Glassix Fibre Post)
规格型号:SIZE1;SIZE2;SIZE3;SIZE4
产品标准:YZB/SWI 0582-2014《纤维桩》
性能组成:本品是由编织结构的玻璃纤维束和树脂复合而成。
适用范围:本品是用于非活髓牙重建修复的固位材料。
生产厂家:瑞士Harald Nordin SA
注册代理:北京千树行商贸有限公司
服务机构:北京千树行商贸有限公司
发证日期:2014.02.24 **截止日期**:2018.02.23

国食药监械(进)字2014第3461031号

产品名称:堵塞插头(IS-1 Receptacle Plug)
规格型号:AC-IP-2
产品标准:YZB/USA 2469-2011《堵塞插头》
性能组成:堵塞插头由316L不锈钢和硅胶构成。环氧乙烷灭菌,一次性使用。
适用范围:用于堵塞无需连接电极导线的圣犹达公司的双腔起搏器或除颤器连接器插孔。
生产厂家:美国圣犹达医疗用品有限公司CRMD(St. Jude Medical CARDIAC RHYTHM MANAGEMENT DIVISION)
注册代理:圣犹达医疗用品(上海)有限公司
服务机构:圣犹达医疗用品(上海)有限公司
发证日期:2014.02.24 **截止日期**:2018.02.23

国食药监械(进)字2014第3461031号

产品名称:堵塞插头(IS-1 Receptacle Plug)
规格型号:AC-IP-2
产品标准:YZB/USA 2469-2011《堵塞插头》
性能组成:堵塞插头由316L不锈钢和硅胶构成。环氧乙烷灭菌,一次性使用。
适用范围:用于堵塞无需连接电极导线的圣犹达公司的双腔起搏器或除颤器连接器插孔。
生产厂家:美国圣犹达医疗用品有限公司CRMD(St. Jude Medical CARDIAC RHYTHM MANAGEMENT DIVISION)
注册代理:圣犹达医疗用品(上海)有限公司
服务机构:圣犹达医疗用品(上海)有限公司
发证日期:2014.02.24 **截止日期**:2018.02.23

国食药监械(进)字2014第3461032号

产品名称:多轴向椎弓根固定系统(商品名:SYNTHES)(USS II Polyaxial)
规格型号:见附页
产品标准:YZB/SWI 0571-2014《多轴向椎弓根固定系统》
性能组成:该产品由双芯多轴向椎弓根钉、双芯多轴向松质骨椎弓根钉、钉头和套筒组成。其中钉头由主体和锁定环两部件组装而成。产品由符合ISO 5832-11标准要求的钛6铝7铌钛合金材料制成,产品表面经阳极氧化着色处理。灭菌包装和非灭菌包装。
适用范围:该产品适用于胸、腰椎以及骼骶(T1-S2)后路内固定。
生产厂家:瑞士Synthes GmbH
注册代理:强生(上海)医疗器材有限公司
服务机构:强生(上海)医疗器材有限公司,辛迪思(上海)医疗器械贸易有限公司
发证日期:2014.02.24 **截止日期**:2018.02.23

国食药监械(进)字2014第1101033号

产品名称:股骨头坏死重建棒配套工具组合(商品名:Trabecular Metal)(Trabecular Metal AVN ROD Instruments)
规格型号:见附页
产品标准:YZB/USA 0481-2014《股骨头坏死重建棒配套工具组合》
性能组成:该产品由试装假体、髓腔锉、导针、打击器、丝攻、取出器、测探器、空心钻、空心钻组配柄和螺钉起子等组成,不能与任何有源器械连接使用,采用符合ASTM A564标准规定的630不锈钢材料制成,改进型测深器采用符合ASTM B308标准规定的6061-T6铝合金材料制成,非灭菌包装。
适用范围:该产品为手术工具,用于I期或II期未发生股骨头塌陷的头坏死,在对坏死区域提供结构性支持的手术中,配合植入股骨头坏死重建棒假体。
生产厂家:美国Zimmer Trabecular Metal Technology, Inc.
注册代理:捷迈(上海)医疗国际贸易有限公司
服务机构:捷迈(上海)医疗国际贸易有限公司
发证日期:2014.02.24 **截止日期**:2018.02.23

国食药监械(进)字2014第2451034号

产品名称:腹膜透析外接短管(MiniCap Extended Life PD Transfer Set with Twist Clamp)
规格型号:5C4482
产品标准:YZB/USA 0450-2014《腹膜透析外接短管》
性能组成:本产品结构组成包括:尖端保护帽、浅蓝开关、白色套筒、管路、腹透管连接端口、拉环帽及百特腹透液连接端口。
适用范围:本产品用于腹膜透析,可与百特螺旋钛接头共同连接于腹膜透析导管,用于与分离管路或循环管路的接合点进行无菌操作连接及分离。本产品用于连接百特CAPD双联双袋系统、碘液微型盖或其它百特医疗用品有限公司适用的分离管路。本产品还可用于连接配有通用接头的循环管路。
生产厂家:美国Baxter Healthcare Corporation
注册代理:百特医疗用品贸易(上海)有限公司
服务机构:百特医疗用品贸易(上海)有限公司
发证日期:2014.02.24 **截止日期**:2018.02.23

国食药监械(进)字2014第3221035号

产品名称:着色非亲水丙烯酸非球面后房人工晶状体(商品名:Nex-Acri AA)(Blue Light-absorbing Hydrophobic Acrylic Aspherical Posterior Chamber Intraocular Lenses)
规格型号:N4-18YG
产品标准:YZB/JAP 0219-2014《着色非亲水丙烯酸非球面后房人工晶状体》
性能组成:人工晶状体为多件式后房人工晶状体,可折叠,支撑部为C型。主体部分由非亲水性丙烯酸材料制成,添加紫外吸收剂、黄色染料及红色染料,支撑部分由聚甲基丙烯酸甲酯材料制成,添加蓝色染料;屈光度范围:1.0~30.0D。光学设计:单焦,非球面(在孔径光栏半径1.5mm范围内模拟眼状态下的轴截面光焦度分布应符合光焦度轴截面光焦度分布图的反球差分布特征);无菌状态提供,一次性使用。
适用范围:该产品供眼科白内障手术后无晶状体眼的视力矫正。
备注:注册后申请人仍需完成以下工作:一、严格监控生产工艺过程,降低不溶无机物等带来危害的风险。二、进行产品跟踪随访,包括产品上市后所有不良事件及投诉,重点需关注可能与压缩力轴向位移及不溶无机物相关的事件,并对不良事件、投诉进行原因分析,说明处理情况。收集相关信息,重新注册时提交。

生产厂家:日本株式会社ニデック(NIDEK CO., LTD.)
注册代理:日本尼德克株式会社北京代表处
服务机构:日本尼德克株式会社北京代表处
发证日期:2014.02.24 截止日期:2018.02.23

国食药监械(进)字 2014 第 2631036 号

产品名称:硅橡胶印模材料(商品名:Virtual)(Virtual Dental Impression Material)
规格型号:见附页
产品标准:YZB/LIE 0729-2014《硅橡胶印模材料》
性能组成:该产品是经过加成反应的硅橡胶印模材。组成成分为乙烯基聚硅氧烷、甲基氢硅氧烷、有机铂复合物、硅石和食用染料(颜料红、颜料蓝和颜料黄),具体详见附件。
适用范围:该产品可用于口腔软/硬组织的精细印模;制取间接修复体(冠、牙桥、嵌体、高嵌体和贴面)终印模;制取口腔种植印模;根据"蜡型"翻制工作导板或制取诊断、研究模型;制取无牙颌印模;为临时修复体制取工作阴模。
生产厂家:列支敦士登 Ivoclar Vivadent AG
注册代理:义获嘉伟瓦登特(上海)商贸有限公司
服务机构:义获嘉伟瓦登特(上海)商贸有限公司
发证日期:2014.02.24 截止日期:2018.02.23

国食药监械(进)字 2014 第 3631037 号

产品名称:正畸支抗(dental implant)
规格型号:601-0020, 601-0021, 601-0022, 601-0023 具体详见附件
产品标准:YZB/USA 0503-2014《正畸支抗》
性能组成:正畸支抗由 6mm×1.4 mm 正畸支抗、8 mm ×1.4 mm 正畸支抗、10 mm ×2.0 mm 正畸支抗、以及 12 mm×2.0 mm 正畸支抗 4 种规格的正畸支抗组成;由 Ti6Al4V 材料制成;材料符合 GB/T 13810 标准要求,正畸支抗经表面阳极氧化处理。该产品为一次性使用无菌产品,灭菌方式为伽马射线灭菌。
适用范围:正畸支抗是一种钛螺钉,作为一种固定部件植入上颌骨及下颌骨,可抵制牙齿移动时所产生的反作用力,从而辅助牙齿的正畸活动。
生产厂家:美国 Ormco Corporation
注册代理:卡瓦盛邦(上海)牙科医疗器械有限公司
服务机构:卡瓦盛邦(上海)牙科医疗器械有限公司
发证日期:2014.02.24 截止日期:2018.02.23

国食药监械(进)字 2014 第 3221038 号

产品名称:人工晶状体(商品名:Matrix Acrylic Aurium)(Intraocular Lenses)
规格型号:400 型
产品标准:YZB/USA 0349-2014《人工晶状体》
性能组成:该产品为三件式后房人工晶状体,可折叠,襻形为 C 形,主体部分由丙烯酸-2-苯氧基乙酯等材料聚合而成,添加紫外线吸收剂和黄色染料变色剂,支撑部分由聚偏二氟乙烯材料制成。屈光度范围:0D~9.0D(1.0D 递增)/10.0D~30.0D(0.5D 递增)。光学设计:单焦,球面,紫外光照射下可变色。该产品经环氧乙烷灭菌,一次性使用。
适用范围:该产品适用于晶状体已经通过超声乳化手术摘除的成年白内障患者。本晶体需要囊袋内植入。
生产厂家:美国 Medennium, Inc
注册代理:北京麦德医疗设备有限公司
服务机构:北京麦德医疗设备有限公司
发证日期:2014.02.24 截止日期:2018.02.23

国食药监械(进)字 2014 第 1061039 号

产品名称:排龈线填塞器(ジンジパックインスツルメント)
规格型号:见附页
产品标准:YZB/JAP 0661-2014《排龈线填塞器》
性能组成:本品由头部和柄部组成,柄部分为角柄和圆柄两种。排龈线填塞器用钩的头部应以 GB/T 1220 中规定的 07Cr17Ni7Al(由 C、Si、Mn、P、S、Ni 和 Cr 组成)材料制造,手柄应以 JIS H 3250 中规定的 C3604(相当于中国的 HPb60-2 铜(由 Cu、Fe、Pb 和 Zn 组成)材料制造。两头式填塞器的头部应以 GB/T 1220 中规定的 30Cr13(由 C、Si、Mn、P、S、Ni、Cr 和 Al 组成)材料制造,手柄应以 JIS H 3250 中规定的 C3604(相当于中国的 HPb60-2 铜(由 Cu、Fe、Pb 和 Zn 组成))材料制造。
适用范围:本品适用于牙科治疗时,在对牙颈部取模前,将排龈线压入牙龈沟中。
生产厂家:日本株式会社 YDM
注册代理:日进齿科材料(昆山)有限公司
服务机构:日进齿科材料(昆山)有限公司
发证日期:2014.02.24 截止日期:2018.02.23

国食药监械(进)字 2014 第 1061040 号

产品名称:成形片套装(マトリックスリテーナーセット)
规格型号:成形片 成形片夹
产品标准:YZB/JAP 0662-2014《成形片套装》
性能组成:成形片套装由成形片及成形片夹组成,成形片夹由固定螺母、调整螺母、插入部和固定器构成。成形片以 GB/T 4231-1993 中规定的 0Cr19Ni9 的材料制造;固定螺母、调整螺母和插入部以 GB/T 1220-2007 中规定的 Y12Cr18Ni9 的材料制造;固定器以 GB/T 1220-2007 中规定的 06Cr19Ni10 的材料制造。
适用范围:本品适用于牙科治疗中牙科医师在进行牙齿直接修复治疗时,恢复牙齿原有形态及邻接关系。
生产厂家:日本株式会社 YDM
注册代理:日进齿科材料(昆山)有限公司
服务机构:日进齿科材料(昆山)有限公司
发证日期:2014.02.24 截止日期:2018.02.23

国食药监械(进)字 2014 第 2041041 号

产品名称:眼科手术刀(Ophthalmic Surgical Blade)
规格型号:见附页
产品标准:YZB/USA 0614-2014《眼科手术刀》
性能组成:该产品由切开刀、裂隙刀、全柄刀、月型刀、针式刀、针刺刀、角膜刀、囊刀组成。产品材料为 2Cr13 不锈钢及聚碳酸酯。灭菌包装。
适用范围:该产品用于眼科手术中各种软组织的切割。
生产厂家:美国 Stephens Instruments
注册代理:上海潇莱科贸有限公司
服务机构:上海潇莱科贸有限公司
发证日期:2014.02.24 截止日期:2018.02.23

国食药监械(进)字 2014 第 3631042 号

产品名称:牙科用树脂粘结剂(商品名:Dentin/Enamel Bonding Agent(Primer))(Dentin/Enamel Bonding Agent(Primer))
规格型号:SP 50-121
产品标准:YZB/USA 0752-2014《牙科用树脂粘结剂》
性能组成:本产品主要有机成分为:烷基丙烯酸甲酯单体混合物 90%;双酚 A 双甲基丙烯酸缩水甘油酯 8.5%;甲基丙烯酸二乙氨基乙酯 1%;樟脑醌 0.5%。
适用范围:该产品用于牙齿修复中牙本质和牙釉质的粘结。
生产厂家:美国 Scientific Pharmaceuticals, Inc.
注册代理:北京华美赛光贸易有限公司
服务机构:北京华美赛光贸易有限公司
发证日期:2014.02.24 截止日期:2018.02.23

国食药监械(进)字 2014 第 2101043 号

产品名称:脊柱椎间融合产品配套工具(Spine Instruments for Interbody Fusion)
规格型号:见附页
产品标准:YZB/USA 0529-2014《脊柱椎间融合产品配套工具》
性能组成:该产品由撑开器和椎间盘起子组成,由符合 ASTM F899-07 的 630、420A 不锈钢制成。非灭菌包装。
适用范围:该产品适用于 L2 椎体上终板平面以下脊柱椎间融合手术。
生产厂家:美国 DePuy Spine, Inc.
注册代理:强生(上海)医疗器材有限公司
服务机构:强生(上海)医疗器材有限公司
发证日期:2014.02.24 截止日期:2018.02.23

国食药监械(进)字 2014 第 3221044 号

产品名称:隐形眼镜润滑液(商品名:沙福隆)(Comfort Drops)

规格型号:10ml , 15ml , 20ml
产品标准:YZB/UK 0559-2014《隐形眼镜润滑液》
性能组成:一种无菌缓冲溶液，内含聚六亚甲基双胍盐酸盐、泊洛沙姆188、乙二胺四乙酸二钠、2-羟丙基甲基纤维素、无水磷酸钠、氯化钠、二水磷酸二氢钠和纯水。pH值为6.80-7.20,渗透压为270-330mOsm/kg。
适用范围:软性隐形眼镜配戴者使用,在佩戴隐形眼镜前或后直接滴眼,用于缓解佩戴眼镜时的眼干涩和眼疲劳等不适。
生产厂家:英国 Sauflon Pharmaceuticals Limited
注册代理:北京爱尔默医药技术开发有限公司
服务机构:上海柯蓝光学眼镜有限公司(其他售后服务机构见附件)
发证日期:2014.02.24 **截止日期**:2018.02.23

国食药监械(进)字2014第3461045号

产品名称:空心接骨螺钉(Bone Screws)
规格型号:见附页
产品标准:YZB/GER 0333-2014《空心接骨螺钉》
性能组成:该产品由00Cr18Ni14Mo3不锈钢材料制成，非无菌状态提供，一次性使用。
适用范围:该产品适用于股骨大转子、股骨颈、股骨髁部骨折内固定。
生产厂家:德国 TREU Instrumente GmbH
注册代理:通用(上海)医疗器材有限公司
服务机构:通用(上海)医疗器材有限公司
发证日期:2014.02.24 **截止日期**:2018.02.23

国食药监械(进)字2014第3541046号

产品名称:精子梯度分离液（商品名：SpermGrad）(Media for Sperm Preparation)
规格型号:1x30mL，1x125mL
产品标准:YZB/SWE 0394-2014《精子梯度分离液（商品名：SpermGrad)》
性能组成:该产品为无菌、无热原的含有硅烷包裹的胶体二氧化硅颗粒的悬浮性缓冲溶液。组成成分为:氯化钙，葡萄糖，HEPES，硫酸镁，氯化钾，磷酸二氢钾，丙酮酸钠，硅烷包裹的胶体二氧化硅，碳酸氢钠，氯化钠，乳酸钠，高纯水。
适用范围:本产品适用于体外生殖过程，作为密度梯度分离介质用于精子的收集和准备。
生产厂家:瑞典 Vitrolife Sweden AB
注册代理:瑞典瑞利芙瑞典有限公司北京代表处
服务机构:瑞典瑞利芙瑞典有限公司北京代表处
发证日期:2014.02.24 **截止日期**:2018.02.23

国食药监械(进)字2014第3771047号

产品名称:聚乙烯醇泡沫栓塞微粒(Polyvinyl Alcohol Foam Embolization Particles)
规格型号:PVA-100, PVA-200, PVA-300, PVA-500, PVA-700, PVA-1000, PVA-1500, PVA-2000
产品标准:YZB/USA 0534-2014《聚乙烯醇泡沫栓塞微粒》
性能组成:聚乙烯醇泡沫栓塞微粒为白色、多孔的不规则粒子，原材料为聚乙烯醇，须与造影剂混合后方能显影。注入血管系统后，对血管进行机械性堵塞。根据颗粒直径大小分为不同规格。伽马射线灭菌，一次性使用。
适用范围:聚乙烯醇泡沫栓塞微粒被设计用于血管丰富的肿瘤以及动静脉畸形的血管内栓塞。
生产厂家:美国库克公司(Cook Incorporated)
注册代理:库克(中国)医疗贸易有限公司
服务机构:库克(中国)医疗贸易有限公司
发证日期:2014.02.24 **截止日期**:2018.02.23

国食药监械(进)字2014第1551048号

产品名称:吸唾管(Saliva Ejector)
规格型号:EM15
产品标准:YZB/ITA 0638-2014《吸唾管》
性能组成:一次性使用吸唾管长度为125mm或150mm，材质为聚氯乙烯材料，内嵌一根金属丝。
适用范围:本产品用于吸取口内的唾液，与牙科综合治疗台的抽吸装置一起使用。
生产厂家:意大利 EURONDA SPA
注册代理:北京同心行科贸有限公司
服务机构:北京同心行科贸有限公司
发证日期:2014.02.24 **截止日期**:2018.02.23

国食药监械(进)字2014第3771049号

产品名称:冠状动脉球囊导管（商品名：Brio Pegaso-SCRX）(Brio PTCA Balloon Catheter)
规格型号:ICV8350, ICV8351, ICV8352, ICV8353, ICV8354, ICV8355, ICV8356, ICV8357, ICV8358, ICV8359, ICV8360, ICV8361, ICV8362, ICV8363, ICV8364, ICV8365, ICV8366, ICV8367, ICV8368, ICV8369, ICV8370, ICV8371, ICV8372, ICV8373
产品标准:YZB/ITA 1912-2009《冠状动脉球囊导管》
性能组成:该产品由不透射线的标记物、近端导管、球囊、导管近端轴、导丝管、导管头端、远端导管和Luer接头组成。环氧乙烷灭菌，一次性使用。
适用范围:该产品用于冠状动脉狭窄部分或是旁路分支血管狭窄进行球囊扩张术从而改善血液循环。
生产厂家:意大利CID有限公司(CID S.p.A.)
注册代理:兆科药业(合肥)有限公司
服务机构:兆科药业(合肥)有限公司
发证日期:2014.02.24 **截止日期**:2018.02.23

国食药监械(进)字2014第3461050号

产品名称:椎间融合器（商品名：Capstone）(Capstone Spinal System)
规格型号:见附页
产品标准:YZB/USA 0663-2014《椎间融合器》
性能组成:该产品采用符合YY/T0660标准规定的聚醚醚酮(PEEK)材料制成，等级为OPTIMA LT1，内含显影丝采用符合ISO13782标准规定的纯钽材料制成，灭菌包装。
适用范围:适用于椎间盘退变性疾病(DDD)的患者，从L2至S1椎体，一个或两个相邻椎体节段，需要结合自体骨移植。
生产厂家:美国 Medtronic Sofamor Danek USA, Inc.
注册代理:美敦力(上海)管理有限公司
服务机构:美敦力(上海)管理有限公司
发证日期:2014.02.24 **截止日期**:2018.02.23

国食药监械(进)字2014第3461051号

产品名称:人工膝关节组件（商品名：Advance）(ADVANCE Knee System Cemented)
规格型号:见附页
产品标准:YZB/USA 1333-2010《人工膝关节组件》
性能组成:该系统组件包括胫骨平台、衬垫和髌骨组件。胫骨平台、衬垫和髌骨组件由超高分子聚乙烯材料制造，部分胫骨衬垫带有Ti6Al4V钛合金材料制造的固定钉。灭菌包装。
适用范围:作为骨水泥假体使用，适用于骨骼发育成熟患者的膝关节置换术。
变更情况:变更日期：2015.02.12。“生产企业名称:Wright Medical Technology, Inc.代理人:上海迈凯医疗器械有限公司代理人住所:上海市黄浦区瑞金南路345弄1号楼2103、2104室”变更为“生产企业名称:MicroportOrthopedics Inc.代理人:上海微创骨科医疗科技有限公司代理人住所:浦东新区周浦镇天雄路588弄1-28号第23幢”。
生产厂家:美国 Wright Medical Technology, Inc.
注册代理:上海迈凯医疗器械有限公司
服务机构:上海迈凯医疗器械有限公司
发证日期:2014.02.24 **截止日期**:2018.02.23

国食药监械(进)字2014第3461052号

产品名称:可吸收颅骨夹(Rapidsorb Cranial Clamp)
规格型号:851.801.01S
产品标准:YZB/SWI 0100-2014《可吸收颅骨夹》
性能组成:该产品由一根棘轮轴连接的两个圆板构成，由85：15聚（L-丙交酯-共聚-乙交酯）材料制成。灭菌包装。
适用范围:适用于覆盖颅骨钻孔以及固定颅骨瓣，适合于儿童和成年患者。
生产厂家:瑞士 Synthes GmbH
注册代理:强生(上海)医疗器材有限公司

服务机构:强生(上海)医疗器材有限公司、辛迪思(上海)医疗器械贸易有限公司
发证日期:2014.02.24 **截止日期**:2018.02.23

国食药监械(进)字2014第3771053号

产品名称:冠状窦电极导线递送系统及附件(商品名:ScoutPro)(Coronary Sinus Lead Implantation System)
规格型号:见附页
产品标准:YZB/GER 0008-2014《冠状窦电极导线递送系统及附件》
性能组成:该产品是植入合适的冠状窦电极导线时使用的一套辅助工具。递送系统中包括一根穿刺针,一个注射器,一根导引钢丝,一个撕开式导引鞘带扩张器,两根导引鞘,用于导引鞘的扩张器,一个止血阀,两个切割工具。附件包括ScoutPro 7F Sheath Multipurpose Hook导引鞘,ScoutPro 7F Amplatz 6.0导引鞘,ScoutPro 7F ShealthHook导引鞘,ScoutPro 7F Shealth Extended Hook导引鞘,ScoutPro 7F Shealth Extended Hook Right导引鞘,ScoutPro 7F Shealth BIO2导引鞘,ScoutPro 7FShealth MPEP导引鞘(每根导引鞘中包括扩张器),以及切割工具(改进型)和导引钢丝。环氧乙烷灭菌,产品一次性使用。
适用范围:ScoutPro 7F冠状窦电极导线递送系统及附件,用于简化通过冠状窦在左心植入电极导线的手术。
生产厂家:德国百多力欧洲股份两合公司(BIOTRONIK SE &Co. KG)
注册代理:百多力(北京)医疗器械有限公司
服务机构:百多力(北京)医疗器械有限公司
发证日期:2014.02.24 **截止日期**:2018.02.23

国食药监械(进)字2014第3771054号

产品名称:主动脉内球囊导管及附件(商品名:MEGA)(MEGA Intra-Aortic Balloon Catheters)
规格型号:Mega 8Fr. 50cc (0684-00-0498-01), Mega 7.5Fr. 40cc (0684-00-0295-05), Mega 7.5Fr. 30cc (0684-00-0294-05).
产品标准:YZB/USA 0318-2014《主动脉内球囊导管及附件》
性能组成:与主动脉内球囊反搏泵联合使用,由主动脉内球囊反搏泵向导管内充气和排气,导管随之扩张和收紧。球囊导管主要包括:尖端、球囊膜、导管、Y形接头、体外管、体外管接头、球囊抽空用接头、中心腔支撑钢丝及中心腔支撑钢丝帽、袖带、鞘封及缝线垫等。附件包括:穿刺针、组织扩张器及导引扩张器、导管鞘、导丝、三通阀、压力管和延长管。环氧乙烷灭菌,一次性使用。
适用范围:适应症:顽固性不稳定心绞痛;接近梗塞;急性心肌梗塞;顽固性心室衰竭;急性心肌梗塞(MI)并发症(即急性MR或VSD或乳头肌断裂);心源性休克;用于诊断、经皮血管成形和介入手术;缺血性顽固性室性心律失常;感染性休克;手术中搏动性血流的形成;体外循环脱机;用于非心脏手术的心脏支持;心脏手术前的预防性措施;术后心功能异常/低心排综合症;心肌顿挫;过渡至其他左心室辅助装置;纠正心脏解剖缺陷手术后的心脏支持。
生产厂家:美国Datascope Corp.
注册代理:迈柯唯(上海)医疗设备有限公司
服务机构:迈柯唯(上海)医疗设备有限公司
发证日期:2014.02.24 **截止日期**:2018.02.23

国食药监械(进)字2014第3461055号

产品名称:脊柱微创椎间融合器(商品名:Concorde)(Minimal Invasive Surgery Cage)
规格型号:见附页
产品标准:YZB/SWI 0378-2014《脊柱微创椎间融合器》
性能组成:椎间融合器主体采用牌号为PEEK OPTIMA LTIDA30的碳纤维加强型聚醚醚酮制成,椎间融合器内的显影珠材料采用符合ASTM F560标准要求的纯钽制成。该产品由一系列胸腰椎融合器组成,包含平行型及前凸型,产品带有凸脊或凸齿,以及容纳骨移植体填料的空腔。非灭菌包装。
适用范围:适用于在胸腰椎(及T1到L5)中替代因肿瘤治疗而被切除或割除的患病椎体,也适用于治疗胸腰椎的骨折。该产品与脊柱内固定器械配合使用。
生产厂家:瑞士Medos International SARL
注册代理:强生(上海)医疗器材有限公司
服务机构:强生(上海)医疗器材有限公司
发证日期:2014.02.24 **截止日期**:2018.02.23

国食药监械(进)字2014第3461056号

产品名称:补片(商品名:嘉美诗)(Gynecare Gynemesh PS Nonabsorbable PROLENE Soft Mesh)
规格型号:GPSL, GPSXL3
产品标准:YZB/USA 0119-2014《补片(商品名:嘉美诗)》
性能组成:本产品是由单股未染色和蓝色聚丙烯非吸收性纤维编织而成的网状物。经环氧乙烷灭菌,一次性使用。
适用范围:本产品适用于用作有(开腹或腹腔镜)手术指征的阴道顶部脱垂和子宫脱垂的桥接材料。
生产厂家:美国Ethicon LLC
注册代理:强生(上海)医疗器材有限公司
服务机构:强生(上海)医疗器材有限公司
发证日期:2014.02.24 **截止日期**:2018.02.23

国食药监械(进)字2014第3451057号

产品名称:血液净化体外循环血路(HD-Bloodlines)
规格型号:AV-Set ONLINEplus 5008-R, AV-Set ONLINEplus BVM 5008-R, AV-Set ONLINEplus BVM Paed 5008-R
产品标准:YZB/GER 0438-2014《血液净化体外循环血路》
性能组成:血液净化体外循环血路主要采用PVC、PP、PC、ABS材料制成,不包含任何乳胶成分,用于体外连续性血液净化治疗。
适用范围:血液净化体外循环血路为一次性使用产品,用于体外血液净化。
生产厂家:德国Fresenius Medical Care AG &Co. KGaA
注册代理:费森尤斯医药用品(上海)有限公司
服务机构:费森尤斯医药用品(上海)有限公司
发证日期:2014.02.24 **截止日期**:2018.02.23

国食药监械(进)字2014第3221058号

产品名称:人工晶状体(商品名:Matrix Acrylic)(Intraocular Lenses)
规格型号:401型
产品标准:YZB/USA 0400-2014《人工晶状体(商品名:Matrix Acrylic)》
性能组成:该产品为三件式后房人工晶状体,可折叠,襻形为C形,主体部分由丙烯酸-2-苯氧基乙酯聚合物材料制成,添加紫外线吸收剂,支撑部分由聚偏二氟乙烯材料制成。屈光度范围:0D~9.0D(1.0D递增)/10.0D~30.0D(0.5D递增)。光学设计:单焦,球面。该产品经环氧乙烷灭菌,一次性使用。
适用范围:用于晶状体已经通过超声乳化手术摘除的成年白内障患者。本晶体需要囊袋内植入。
生产厂家:美国Medennium Inc
注册代理:北京麦德医疗设备有限公司
服务机构:北京麦德医疗设备有限公司
发证日期:2014.02.24 **截止日期**:2018.02.23

国食药监械(进)字2014第3221059号

产品名称:玻切头套件(Vitreous Cutter)
规格型号:2350CE、2370CE、2400CE、2420CE、2440CE、2450CE、2470CE、2500CE、2520CE、2540CE、2700CE、2720CE、2740CE、2900CE、2920CE、2940CE、5600、5700
产品标准:YZB/USA 0565-2014《玻切头套件》
性能组成:该产品由玻切头、套管和套管穿刺刀组成。玻切头头部探针材料为GB 1220中的304不锈钢和聚亚砜,管道材料为PVC,套管穿刺刀材料为聚丙烯、硅橡胶和YY/T0294.1的M号不锈钢。该产品为玻璃体切割器的配件,与玻璃体切割器连接使用时通过气体驱动,无高频和超声输出。灭菌包装。该产品不得连接可能输出高频电流和超声能量的仪器。
适用范围:该产品与玻璃体切割器连接,用于眼科外科手术时切割玻璃体切割手术
生产厂家:美国Medical Instrument Development Laboratories, Inc.
注册代理:仪诺康科技(天津)有限公司
服务机构:仪诺康科技(天津)有限公司
发证日期:2014.02.24 **截止日期**:2018.02.23

国食药监械(进)字2014第3461060号

产品名称:外周自膨式支架系统(商品名:ProtégéTM EverFlexTM)(Prot

égéTM EverFlexTM Self-Expanding Peripheral Stent System)
规格型号:见附页
产品标准:YZB/USA 0199-2014《外周自膨式支架系统（商品名：ProtégéTM EverFlexTM)》
性能组成:该产品由预装支架和 OTW 型输送系统组成。支架的材料为镍钛合金，两端带有不透射线的钽标记。环氧乙烷灭菌，一次性使用。
适用范围:该产品用于突发性闭塞导致的高危险性梗阻和损伤，或 PTA 手术后可能出现的闭塞；以及 PTA 手术后，髂总动脉，髂外动脉，股浅动脉，腘动脉，锁骨下动脉容易出现的高危险性再狭窄损伤。支架支撑是为了改善和维持动脉腔内的直径。
生产厂家:美国 ev3, Inc.
注册代理:柯惠医疗器材国际贸易(上海)有限公司
服务机构:柯惠医疗器材国际贸易(上海)有限公司
发证日期:2014.02.24 **截止日期**:2018.02.23

国食药监械(进)字 2014 第 3461061 号

产品名称:颈椎后路钉棒固定系统组件-连接器（商品名：Synapse）(Synapse-Connector)
规格型号:见附页
产品标准:YZB/SWI 0279-2014《颈椎后路钉棒固定系统组件-连接器》
性能组成:该产品由横向连接器、横杆(杆连接器)和平行连接器组成。采用符合 ISO5832-11 的 Ti A16 Nb7 材料制造。表面经阳极氧化处理。非灭菌包装。
适用范围:该产品作为颈椎后路钉棒固定系统的组件，用于颈椎后路内固定。
生产厂家:瑞士 Synthes GmbH
注册代理:强生(上海)医疗器材有限公司
服务机构:见附页
发证日期:2014.02.24 **截止日期**:2018.02.23

国食药监械(进)字 2014 第 2221062 号

产品名称:尿道膀胱镜用器械(Instruments for CYSTO-Urethroscope)
规格型号:见附页
产品标准:YZB/GER 0246-2014《尿道膀胱镜用器械》
性能组成:该产品由钳子、闭孔器、镜鞘、转接器、手柄、解剖刀、穿刺管和棉签棒组成。材料包括 PETP、PPSU、PEEK 以及 YY/T 0294.1 中代号为 B、M、N、O 的不锈钢。非灭菌包装。
适用范围:该产品用于对患者尿道和膀胱内疾病进行内窥镜检查和治疗。
生产厂家:德国 Richard Wolf GmbH
注册代理:北京德华信达技术有限公司
服务机构:见附页
发证日期:2014.02.24 **截止日期**:2018.02.23

国食药监械(进)字 2014 第 2661063 号

产品名称:麻醉气管插管(Endotracheal Tubes)
规格型号:见附页
产品标准:YZB/MAL 0363-2014《麻醉气管插管》
性能组成:由导管充气管、套囊、接头、针芯(针芯插管)组成。材料：插管本体:PVC；插管针芯本体:铝条；管针芯表面覆膜:PVC。无菌，一次性使用。环氧乙烷灭菌.。
适用范围:本产品适用于各种鼻腔或口腔气管插管的气道管理。拥有各种尺寸和式样的麻醉气管插管以满足儿科与成年患者的不同需要。临床医生需根据每一位患者的具体情况而选择尺寸和式样合适的麻醉气管插管。插管长度可视临床需要进行剪裁。
生产厂家:马来西亚 Unomedical Sdn. Bhd.
注册代理:康维德(中国)医疗用品有限公司
服务机构:康维德(中国)医疗用品有限公司
发证日期:2014.02.24 **截止日期**:2018.02.23

国食药监械(进)字 2014 第 3461064 号

产品名称:血管支架(LifeStent and LifeStent XL Vascular Stent)
规格型号:见附页
产品标准:YZB/GER 0169-2014《血管支架》
性能组成:本产品由支架和输送系统组成。支架采用镍钛合金材料制成。输送系统主要由内管组件、支架输送鞘、系统稳定鞘、手柄、无创导管尖端、鲁尔接头、不透射线区、安全锁、指轮组成。一次性使用产品，环氧乙烷灭菌。
适用范围:该产品适用于外周动脉新发病变或再狭窄病变的支架术。
生产厂家:德国 Angiomed GmbH & Co. Medizintechnik KG
注册代理:巴德医疗科技(上海)有限公司
服务机构:巴德医疗科技(上海)有限公司
发证日期:2014.02.24 **截止日期**:2018.02.23

国食药监械(进)字 2014 第 1101065 号

产品名称:卡式双动头置换手术工具(Instruments of Bipolar Ball Head)
规格型号:见附页
产品标准:YZB/SWI 0504-2014《卡式双动头置换手术工具》
性能组成:该产品由试头、试头手柄及镊子组成；试头材料为 POMC，符合 ASTM F1855 的要求；试头手柄的材料为 POMC 和 303 不锈钢，符合 ASTM F1855 和 ASTM F899 的要求；镊子的材料为 420 不锈钢，符合 ASTM F899 的要求；非灭菌提供，可重复使用。
适用范围:该产品用于辅助瑞士施乐辉公司相关股骨头的组装和植入。
生产厂家:瑞士 Smith&Nephew Orthopaedics AG
注册代理:施乐辉医用产品国际贸易(上海)有限公司
服务机构:施乐辉医用产品国际贸易(上海)有限公司
发证日期:2014.02.24 **截止日期**:2018.02.23

国食药监械(进)字 2014 第 2011066 号

产品名称:医用缝合针(マニーアイド縫合針)
规格型号:见附页
产品标准:YY 0043-2005《医用缝合针》
性能组成:缝合针由不锈钢制成。适用于创伤伤口的缝合。规格为 7-76mm，弧度为 3/8、1/2、5/16、7/16，分为卡针和穿针两种。
适用范围:适用于创伤伤口的缝合
生产厂家:日本マニー株式会社
注册代理:马尼(北京)贸易有限公司
服务机构:马尼(北京)贸易有限公司
发证日期:2014.02.24 **截止日期**:2018.02.23

国食药监械(进)字 2014 第 3461067 号

产品名称:金属带锁髓内钉固定系统(Metallic interlocking intramedullary nailing system)
规格型号:见附页
产品标准:YZB/GER 0330-2014《金属带锁髓内钉固定系统》
性能组成:该产品由髓内钉、交锁髓内钉和封尾帽组成。分为多功能股骨粗隆重建钉，(股骨颈、股骨干双骨折)带锁髓内钉，股骨带锁髓内钉，胫骨带锁髓内钉，肱骨带锁髓内钉。材料采用 00Cr18Ni14Mo3 不锈钢。该产品非无菌状态提供，一次性使用。
适用范围:该产品适用于股骨，胫骨，肱骨髓腔内固定。
生产厂家:德国 TREU Instrumente GmbH
注册代理:通用(上海)医疗器材有限公司
服务机构:通用(上海)医疗器材有限公司
发证日期:2014.02.24 **截止日期**:2018.02.23

国食药监械(进)字 2014 第 3461068 号

产品名称:直型接骨钢板(Straight Bone Plate)
规格型号:见附页
产品标准:YZB/GER 7040-2013《直型接骨钢板》
性能组成:该产品由 00Cr18Ni14Mo3 不锈钢材料制成，非无菌状态提供，一次性使用。
适用范围:该产品适用于四肢骨骨干骨折内固定。
生产厂家:德国 TREU Instrumente GmbH
注册代理:通用(上海)医疗器材有限公司
服务机构:通用(上海)医疗器材有限公司
发证日期:2014.02.24 **截止日期**:2018.02.23

国食药监械(进)字 2014 第 3771069 号

产品名称:造影导管（商品名：NuMED）(Multi-Track Angiographic Catheter)
规格型号:MMTA2580、MMTA2560、MMTA03100、MMTA0380、MMTA0360、

MMTA04100、MMTA0480、MMTA05100、MMTA0580、MMTA06100
产品标准:YZB/USA 7344-2013《造影导管》
性能组成:该产品为单腔导管，包括连接座、缓张力管和导管杆（头端有四个侧孔和铂金标记带）。连接座的材料为聚醚砜（PES），缓张力管的材料为Pebax，导管杆材料为聚醚砜（PES）。产品经环氧乙烷灭菌，一次性使用。
适用范围:该产品用于在心血管和/或心腔的导管介入造影所使用。可用于注射造影剂和测量心血管和心腔的压力。
生产厂家:美国NuMED, Inc.
注册代理:北京诚诺美迪科技有限公司
服务机构:北京诚诺美迪科技有限公司
发证日期:2014.02.24 **截止日期**:2018.02.23

国食药监械（进）字2014第3401070号

产品名称:组织多肽抗原检测试剂盒（化学发光免疫分析法）(LIAISON®TPA®-M)
规格型号:100人份/盒
产品标准:YZB/ITA 0358-2014
性能组成:固相、校准品1、校准品2、示踪剂、样本稀释液、缓冲液A。（具体内容详见说明书）。产品有效期：2-8°C条件下保存，不能冷冻保存，竖直放置，避免直射光线，有效期18个月。附件：注册产品标准，产品说明书。
适用范围:本产品用于体外定量测定已确诊的肺癌患者血清中组织多肽抗原（TPA）的含量。
生产厂家:意大利DiaSorin S.p.A.
注册代理:索灵诊断医疗设备（上海）有限公司
发证日期:2014.02.20 **截止日期**:2018.02.19

国食药监械（进）字2014第3401071号

产品名称:抗c-Kit (9.7) 兔单克隆抗体试剂（免疫组织化学法）(PATHWAY® Anti-c-KIT (9.7) Primary Antibody)
规格型号:50测试
产品标准:YZB/USA 0357-2014
性能组成:包括一只c-KIT一抗分配器（兔单克隆抗体）并含有约5mL（50次检测）的预稀释试剂。分配器中含有约25ug的抗体，存在于Tris缓冲液内，pH7.5，且配有载体蛋白，非离子去污剂，以及0.09%的叠氮钠（防腐剂）。这种抗体针对的是源于KIT癌蛋白C-末端（细胞浆）区域的合成肽。（具体内容详见说明书）。产品有效期：储存在2-8°C温度下，不可冰冻，有效期至12个月。附件：注册产品标准，产品说明书。
适用范围:该产品用于借助光学显微镜定性检测福尔马林固定的、石蜡包埋的胃肠道间质瘤（GIST）中的KIT蛋白。
生产厂家:美国Ventana Medical Systems, Inc.
注册代理:罗氏诊断产品（上海）有限公司
发证日期:2014.02.20 **截止日期**:2018.02.19

国食药监械（进）字2014第3401072号

产品名称:核酸提取试剂(NucliSENS easyMAG Extraction Reagents)
规格型号:REF 280130:4×1000ml, REF 280131: 4X1000ml, REF 280132: 4X1000ml, REF 280133: 48X0.6ml, REF 282134:4X1000ml。
产品标准:YZB/FRA 7212-2013
性能组成:NucliSENS easyMAG 提取试剂1：异硫氰酸胍；NucliSENS easyMAG提取试剂2:包含有机缓冲液和灭菌剂溶液；NucliSENS easyMAG提取试剂3：包含无机缓冲液和灭菌剂溶液；NucliSENS easyMAG磁性硅胶：包含悬浮在灭菌剂溶液中的二氧化硅；NucliSENSeasyMAG裂解缓冲液：包含异硫氰酸胍。产品有效期：提取试剂1和裂解缓冲液储存于2-30℃，有效期24个月；提取试剂2储存于2-30℃，有效期18个月；提取试剂3储存于2-8℃，有效期15个月；磁性硅胶储存于2-8℃，有效期18个月。附件：注册产品标准，产品说明书。
适用范围:该产品与法国生物梅里埃公司生产的NucliSENS easyMAG核酸提取仪和NucliSENS EasyQ HIV-1 v2.0配合使用，用于对来源于人体的样本进行核酸（RNA）提取。
生产厂家:法国bioMerieux SA
注册代理:梅里埃诊断产品（上海）有限公司
发证日期:2014.02.20 **截止日期**:2018.02.19

国食药监械（进）字2014第3401073号

产品名称:弓形虫IgG抗体亲合力质控品(LIAISON® XL Control Toxo IgG Avidity)
规格型号:低亲合力质控品:2 x 0.6 mL，高亲合力质控品:2 x 0.6 mL。
产品标准:YZB/ITA 0391-2014
性能组成:低亲合力质控品、高亲合力质控品。（具体内容详见说明书）。产品有效期：2-8℃竖直向上储存，不得冻存，有效期为12个月。附件：注册产品标准，产品说明书。
适用范围:本产品用于弓形虫IgG抗体亲合力检测时，评价检测的可靠性。
生产厂家:意大利DiaSorin S.p.A.
注册代理:索灵诊断医疗设备（上海）有限公司
发证日期:2014.02.20 **截止日期**:2018.02.19

国食药监械（进）字2014第3401074号

产品名称:神经元特异性烯醇化酶质控品(LIAISON® Control NSE)
规格型号:质控品1:2瓶×1.0 mL，质控品2:2瓶×1.0 mL。
产品标准:YZB/ITA 0439-2014
性能组成:质控品1:低值质控品；质控品2:高值质控品。（具体内容详见说明书）。产品有效期：竖直向上放置保存在2-8℃下，有效期18个月。附件：注册产品标准，产品说明书。
适用范围:本产品用于LIAISON®神经元特异性烯醇化酶定量测定试剂盒（化学发光法），以检验试剂运行的可靠性。
生产厂家:意大利DiaSorin S.p.A.
注册代理:索灵诊断医疗设备（上海）有限公司
发证日期:2014.02.20 **截止日期**:2018.02.19

国食药监械（进）字2014第3401075号

产品名称:抗肺炎衣原体抗体IgG检测试剂盒（酶联免疫吸附法）(Anti-Chlamydia pneumoniae ELISA(IgG))
规格型号:EI 2192-9601G：96人份/盒。
产品标准:YZB/GER 0214-2014
性能组成:微孔板、标准品1、标准品2、标准品3、阳性对照、阴性对照、酶结合物、样本缓冲液、清洗缓冲液、色原/底物液、终止液，试剂盒中还包括保护膜。（具体内容详见产品说明书）。产品有效期：2-8℃保存，不要冰冻。未开封前，除非特别说明，试剂盒中各成分自生产日起可稳定1年。附件：注册产品标准，产品说明书。
适用范围:该产品用于体外定量或半定量检测人血清或血浆中的抗肺炎衣原体抗体免疫球蛋白G（IgG）。
生产厂家:德国EUROIMMUN Medizinische Labordiagnostika AG
注册代理:北京欧蒙生物技术有限公司
发证日期:2014.02.24 **截止日期**:2018.02.23

国食药监械（进）字2014第3401075号（变更批件）

产品名称:抗肺炎衣原体抗体IgG检测试剂盒（酶联免疫吸附法）(Anti-Chlamydia pneumoniae ELISA(IgG))
规格型号:EI 2192-9601G：96人份/盒。
产品标准:YZB/GER 0214-2014
备注:变更内容：1.代理人和注册代理机构名称由“北京欧蒙生物技术有限公司”变更为“欧蒙医学诊断（中国）有限公司”，机构地址由“北京市朝阳区北辰东路8号院1号楼19层1901-1907号”变更为“北京市朝阳区北辰东路8号院1号楼1908-1910室”。2.产品说明书中售后服务单位名称由“北京欧蒙生物技术有限公司”变更为“欧蒙医学诊断（中国）有限公司”，机构地址由“北京市朝阳区北辰东路8号院1号楼19层1901-1907号”变更为“北京市朝阳区北辰东路8号院1号楼1908-1910室”。3.产品标准及产品说明书的主要组成成分中“质量控制证书”变更为“靶值参照表”。申请人根据批准变更内容自行修订注册产品标准、说明书及包装标签中相应内容。审批结论：根据《体外诊断试剂注册管理办法》（试行），经审查，予以变更。本批件与原注册证共同使用，本批件有效期与原注册证有效期相同。
生产厂家:德国EUROIMMUN Medizinische Labordiagnostika AG
注册代理:北京欧蒙生物技术有限公司
变更日期:2014.09.22 **截止日期**:2018.02.23

国食药监械（进）字2014第3401076号

产品名称:人类免疫缺陷病毒（HIV-1/2）抗体检测试剂盒(胶体金渗透

法)(Rapid HIV (HIV-1/2) Test Kit)
规格型号:1 人份/盒; 30 人份/盒; 50 人份/盒。
产品标准:YZB/CAN 0594-2014
性能组成:50 人份/盒: 50 个检测盒、50 个胶体金 Instant Gold®瓶合帽、50 支小吸管、1 支缓冲溶液(30mL)、阳性和阴性控制包装、*50 支预制均等的稀释缓冲溶液 (*检测冷冻样品时请向厂商提出需要要求); 1 人份/盒: 1 个聚酯薄膜袋内有 1 个安置有蓝色过滤帽 (蓝色小帽) 的检测盒 (仅为全血检测时配置)、1 个显色用的胶体金 Instant Gold® (绿色小帽)、1 支一次性的小吸管、1 瓶缓冲溶液 (白色瓶盖)、1 瓶稀释用的缓冲液(粉红色瓶盖); 30 人份/盒: 30 个聚酯薄膜袋, 每个内有 1 个安置有蓝色过滤帽 (蓝色小帽) 的检测盒 (仅为全血检测时配置)、1 个显色用的胶体金 Instant Gold® (绿色小帽)、1 支一次性的小吸管、1 瓶缓冲溶液 (白色瓶盖)、1 瓶稀释用的缓冲液 (粉红色瓶盖)。产品有效期: 室温(2-30℃)保存, 有效期 24 个月。附件: 注册产品标准, 产品说明书。
适用范围:本产品适用于人血清、血浆和全血中的人类免疫缺陷病毒 (HIV1/2) 抗体的定性检测。
生产厂家:加拿大 MedMira Laboratories Inc.
注册代理:泰普生物科学(中国)有限公司
发证日期:2014.02.24 **截止日期**:2018.02.23

国食药监械(进)字 2014 第 2401077 号

产品名称:非苛氧菌药敏板(SENSITITRE SUSCEPTIBILITY PLATES FOR CLINICAL NON-FASTIDIOUS ORGANISMS PRCM2F)
规格型号:10 块/盒
产品标准:YZB/UK 0414-2014
性能组成:每块板都包被有适量稀释度的抗生素试剂。板条内容: 氨苄西林、阿米卡星、氨曲南、头孢唑啉、复合磺胺、头孢曲松、头孢哌酮、头孢他啶、头孢吡肟、庆大霉素、亚胺培南、头孢西丁、左氧氟沙星、诺氟沙星、呋喃妥因、替卡西林/克拉维酸、替卡西林、四环素、氯霉素、哌拉西林、妥布霉素、阳性对照、阴性对照。试剂盒中还包含封膜。(具体内容详见说明书)。产品有效期: 存于室温(15-25℃), 避免阳光直射和接触热源, 有效期 24 个月。附件: 注册产品标准, 产品说明书。
适用范围:本试剂盒适用于革兰阴性非苛氧菌 (包括肠杆菌科, 假单胞菌属和其他非肠杆菌科细菌) 对各种抗生素的药物敏感性 (MIC) 测定。
生产厂家:英国 Trek Diagnostic Systems Ltd
注册代理:赛默飞世尔(上海)仪器有限公司
发证日期:2014.02.24 **截止日期**:2018.02.23

国食药监械(进)字 2014 第 2401077 号(变更批件)

产品名称:非苛养菌药敏板(SENSITITRE SUSCEPTIBILITY PLATES FOR CLINICAL NON-FASTIDIOUS ORGANISMS PRCM2F)
规格型号:10 块/盒
产品标准:YZB/ UK 0414-2014
备注:变更内容: 原注册证内容: 1) 产品名称: 非苛氧菌药敏板; 2) 预期用途: 本试剂盒适用于革兰阴性非苛氧菌 (包括肠杆菌科, 假单胞菌属和其他非肠杆菌科细菌) 对各种抗生素的药物敏感性 (MIC) 测定。变更后的内容: 1) 产品名称: 非苛养菌药敏板; 2) 预期用途: 本试剂盒适用于革兰阴性非苛养菌 (包括肠杆菌科, 假单胞菌属和其他非肠杆菌科细菌) 对各种抗生素的药物敏感性 (MIC) 测定。说明书和产品标准变更见附件。申请人根据批准变更内容自行修订注册产品标准、说明书及包装标签中相应内容。审批结论: 根据《体外诊断试剂注册管理办法》(试行), 经审查, 予以变更。本批件与原注册证共同使用, 本批件有效期与原注册证有效期相同。
生产厂家:英国 Trek Diagnostic Systems Ltd
变更日期:2014.09.22 **截止日期**:2018.02.23

国食药监械(进)字 2014 第 2401078 号

产品名称:非苛养菌药敏板(SENSITITRE SUSCEPTIBILITY PLATES FOR CLINICAL NON-FASTIDIOUS ORGANISMS PRCM1F)
规格型号:10 块/盒
产品标准:YZB/UK 0416-2014
性能组成:每块板都包被有适量稀释度的抗生素试剂。板条内容: 氨苄西林、青霉素、阿莫西林/克拉维酸、链霉素、苯唑西林、呋喃妥因、环丙沙星、红霉素、庆大霉素、四环素、加替沙星、克林霉素、万古霉素、利福平、奎奴普汀/达福普汀、诺氟沙星、克拉霉素、氯霉素、阳性对照、阴性对照。试剂盒中还包括封膜。(具体内容详见说明书)。产品有效期: 保存于室温(15-25℃), 避免阳光直射和接触热源, 18 个月。附件: 注册产品标准, 产品说明书。
适用范围: 本试剂盒适用于革兰阳性非苛氧菌 (包括金黄色葡萄球菌属, 肠球菌属, 除肺炎链球菌外的 β 溶血性链球菌) 对各种抗生素的药物敏感性 (MIC) 测定。
生产厂家:英国 Trek Diagnostic Systems Ltd
注册代理:赛默飞世尔(上海)仪器有限公司
发证日期:2014.02.24 **截止日期**:2018.02.23

国食药监械(进)字 2014 第 2401078 号(变更批件)

产品名称:非苛养菌药敏板(SENSITITRE SUSCEPTIBILITY PLATES FOR CLINICAL NON-FASTIDIOUS ORGANISMS PRCM1F)
规格型号:10 块/盒
产品标准:YZB/ UK 0416-2014
备注:变更内容: 原注册证内容: 1) 产品名称: 非苛氧菌药敏板; 2) 预期用途:本试剂盒适用于革兰阳性非苛氧菌(包括金黄色葡萄球菌属, 肠球菌属, 除肺炎链球菌外的 β 溶血性链球菌) 对各种抗生素的药物敏感性 (MIC) 测定。变更后的内容: 1) 产品名称: 非苛养菌药敏板; 2) 预期用途:本试剂盒适用于革兰阳性非苛养菌(包括金黄色葡萄球菌属, 肠球菌属, 除肺炎链球菌外的 β 溶血性链球菌) 对各种抗生素的药物敏感性 (MIC) 测定。说明书和产品标准变更见附件。申请人根据批准变更内容自行修订注册产品标准、说明书及包装标签中相应内容。审批结论: 根据《体外诊断试剂注册管理办法》(试行), 经审查, 予以变更。本批件与原注册证共同使用, 本批件有效期与原注册证有效期相同。
生产厂家:英国 Trek Diagnostic Systems Ltd
变更日期:2014.09.22 **截止日期**:2018.02.23

国食药监械(进)字 2014 第 2401079 号

产品名称:雌二醇定标液(Estradiol II CalSet II)
规格型号:4×1.0 mL (冻干品复溶体积)
产品标准:YZB/GER 0396-2014
性能组成:试剂-工作溶液 (冻干品): 由人血清制成, 添加了雌二醇 (合成); 提供的其他物品: 条形码卡、定标液条形码表、4 个贴有标签的压盖式小空瓶和 2×6 个试剂瓶标签。 (具体内容详见说明书)。产品有效期: 2-8℃储存, 有效期 18 个月。附件: 注册产品标准, 产品说明书。
适用范围:用于雌二醇定量检测项目的定标。
生产厂家:德国 Roche Diagnostics GmbH
注册代理:罗氏诊断产品(上海)有限公司
发证日期:2014.02.24 **截止日期**:2018.02.23

国食药监械(进)字 2014 第 2401080 号

产品名称:β-胶原特殊序列定标液(β-CrossLaps CalSet)
规格型号:4×1.0 mL
产品标准:YZB/GER 0403-2014
性能组成:试剂-工作溶液: 由马血清制成, 添加了 β-胶原特殊序列 (β-CTx, 合成肽); 提供的其他物品: 条形码卡、定标液条形码表、2×4 个试剂瓶标签。 (具体内容详见说明书)。产品有效期: 2-8℃储存, 有效期 18 个月。附件: 注册产品标准, 产品说明书。
适用范围:用于 β-胶原特殊序列定量检测项目的定标。
生产厂家:德国 Roche Diagnostics GmbH
注册代理:罗氏诊断产品(上海)有限公司
发证日期:2014.02.24 **截止日期**:2018.02.23

国食药监械(进)字 2014 第 2401081 号

产品名称:孕酮定标液(Progesterone II CalSet)
规格型号:4 ×1.0 mL (冻干品复溶体积)
产品标准:YZB/GER 0407-2014
性能组成:试剂-工作溶液 (冻干品): 由人血清制成, 添加了孕酮 (来源于植物材料); 提供的其他物品: 条形码卡、定标液条形码表、4 个贴有标签的压盖式小空瓶和 2×6 个试剂瓶标签。 (具体内容详见说明书)。产品有效期: 2-8℃储存, 有效期 18 个月。附件: 注册产品标准, 产品说明书。
适用范围:用于孕酮定量检测项目的定标。
生产厂家:德国 Roche Diagnostics GmbH

注册代理:罗氏诊断产品(上海)有限公司
发证日期:2014.02.24 截止日期:2018.02.23

国食药监械(进)字2014第2401082号

产品名称:皮质醇定标液(Cortisol CalSet)
规格型号:4×1.0 mL(冻干品复溶体积)
产品标准:YZB/GER 0409-2014
性能组成:试剂-工作溶液(冻干品):由人血清制成,添加了皮质醇(合成); 提供的其他物品:条形码卡、定标液条形码表、4个贴有标签的压盖式小空瓶和2×6个试剂瓶标签。 (具体内容详见说明书)。产品有效期:2-8℃储存,有效期18个月。附件:注册产品标准,产品说明书。
适用范围:用于皮质醇定量检测项目的定标。
生产厂家:德国Roche Diagnostics GmbH
注册代理:罗氏诊断产品(上海)有限公司
发证日期:2014.02.24 截止日期:2018.02.23

国食药监械(进)字2014第2401083号

产品名称:促肾上腺皮质激素检测试剂盒(电化学发光法)(ACTH)
规格型号:100测试/盒
产品标准:YZB/GER 0410-2014
性能组成:链霉亲合素包被的微粒、生物素化抗促肾上腺皮质激素(ACTH)抗体、钌复合物标记的抗促肾上腺皮质激素(ACTH)抗体。 (具体内容详见说明书)。产品有效期:2-8℃储存,有效期18个月。附件:注册产品标准,产品说明书。
适用范围:用于体外定量测定人血浆中的促肾上腺皮质激素(ACTH)。
生产厂家:德国Roche Diagnostics GmbH
注册代理:罗氏诊断产品(上海)有限公司
发证日期:2014.02.24 截止日期:2018.02.23

国食药监械(进)字2014第3401084号

产品名称:抗单纯疱疹病毒2型抗体IgM检测试剂盒(酶联免疫吸附法)(Anti-HSV-2(gG2) ELISA(IgM))
规格型号:EI 2532-9601-2M:96人份/盒。
产品标准:YZB/GER 0541-2014
性能组成:1. 微孔板、2. 标准品、3. 阳性对照、4. 阴性对照、5. 酶结合物、6. 样本缓冲液、7. 清洗缓冲液、8. 色原/底物液、9. 终止液、10.质量控制证书。(具体内容详见说明书)。产品有效期:2-8° C保存,有效期1年。附件:注册产品标准,产品说明书。
适用范围:该产品用于体外定性检测人血清、血浆中2型单纯疱疹病毒(HSV-2)特异性糖蛋白G2抗体(IgM)。
生产厂家:德国EUROIMMUN Medizinische Labordiagnostika AG
注册代理:北京欧蒙生物技术有限公司
发证日期:2014.02.24 截止日期:2018.02.23

国食药监械(进)字2014第3401084号(变更批件)

产品名称:抗单纯疱疹病毒2型抗体IgM检测试剂盒(酶联免疫吸附法)(Anti-HSV-2(gG2) ELISA(IgM))
规格型号:96人份/盒
产品标准:YZB/GER 0541-2014
备注:变更内容:1.说明书【主要组成成分】项中,"质量控制证书"变更为"靶值参照表"。2.代理人和注册代理机构名称由"北京欧蒙生物技术有限公司"变更为"欧蒙医学诊断(中国)有限公司",机构地址由"北京市朝阳区北辰东路8号院1号楼19层1901-1907号"变更为"北京市朝阳区北辰东路8号院1号楼1908-1910室"。3.产品说明书中售后服务单位名称由"北京欧蒙生物技术有限公司"变更为"欧蒙医学诊断(中国)有限公司",机构地址由"北京市朝阳区北辰东路8号院1号楼19层1901-1907号"变更为"北京市朝阳区北辰东路8号院1号楼1908-1910室"。申请人根据批准变更内容自行修订注册产品标准、说明书及包装标签中相应内容。审批结论:根据《体外诊断试剂注册管理办法》(试行),经审查,予以变更。本批件与原注册证共同使用,本批件有效期与原注册证有效期相同。
生产厂家:德国EUROIMMUN Medizinische Labordiagnostika AG
变更日期:2014.07.02 截止日期:2018.02.23

国食药监械(进)字2014第3401085号

产品名称:巨细胞病毒IgG抗体质控液(PreciControl CMV IgG)
规格型号:16× 1.0 mL
产品标准:YZB/GER 0413-2014
性能组成:试剂-工作溶液:人血清基质中含有巨细胞病毒IgG抗体和防腐剂。(具体内容详见说明书)。产品有效期:2-8℃储存,有效期21个月。附件:注册产品标准,产品说明书。
适用范围:用于巨细胞病毒IgG检测的质量控制。
生产厂家:德国Roche Diagnostics GmbH
注册代理:罗氏诊断产品(上海)有限公司
发证日期:2014.02.24 截止日期:2018.02.23

国食药监械(进)字2014第2401086号

产品名称:甲状旁腺素定标液(PTH CalSet)
规格型号:4 ×1.0 mL(冻干品复溶体积)
产品标准:YZB/GER 0415-2014
性能组成:试剂-工作溶液(冻干品):由人血清制成,添加了甲状旁腺素(PTH)(合成肽,人序列)和防腐剂; 提供的其他物品:条形码卡、定标液条形码表、4个贴有标签的压盖式小空瓶和2×6个试剂瓶标签。(具体内容详见说明书)。产品有效期:2-8℃储存,有效期18个月。附件:注册产品标准,产品说明书。
适用范围:用于全段甲状旁腺素(PTH)定量检测项目的定标。
生产厂家:德国Roche Diagnostics GmbH
注册代理:罗氏诊断产品(上海)有限公司
发证日期:2014.02.24 截止日期:2018.02.23

国食药监械(进)字2014第2401087号

产品名称:免疫通用质控品(PreciControl Universal)
规格型号:4 × 3.0 mL(冻干品复溶体积)
产品标准:YZB/GER 0427-2014
性能组成:试剂-工作溶液(冻干品):含有人血清; 提供的其他物品:2个条形码卡、质控条形码单、2×2个带标签的压盖式空瓶、2×6个瓶标签。 (具体内容详见说明书)。产品有效期:2-8℃储存,有效期24个月。附件:注册产品标准,产品说明书。
适用范围:用于甲胎蛋白(AFP)、癌胚抗原(CEA)、皮质醇(Cortisol)、硫酸脱氢表雄甾酮(DHEA-S)、雌二醇(Estradiol)、促卵泡成熟激素(FSH)、游离三碘甲状腺原氨酸(free T3)、游离甲状腺素(freeT4)、绒毛膜促性腺激素(HCG)、绒毛膜促性腺激素及β亚单位(HCG+β)、免疫球蛋白E(IgE)、胰岛素(Insulin)、黄体生成激素(LH)、孕酮(Progesterone)、催乳素(Prolactin)、总前列腺特异性抗原(totalPSA)、S100、性激素结合球蛋白(SHBG)、三碘甲状腺原氨酸(T3)、甲状腺素(T4)、睾酮(Testosterone)、甲状腺球蛋白(Tg)、甲状腺激素(TSH)、甲状腺素结合力(T-Uptake)检测项目的质量控制。
生产厂家:德国Roche Diagnostics GmbH
注册代理:罗氏诊断产品(上海)有限公司
发证日期:2014.02.24 截止日期:2018.02.23

国食药监械(进)字2014第2401088号

产品名称:促甲状腺素定标液(TSH CalSet)
规格型号:4 × 1.3 mL
产品标准:YZB/GER 0422-2014
性能组成:试剂-工作溶液:促甲状腺素定标液1(TSHCal1)含有马血清;促甲状腺素定标液2(TSH Cal2)含有人血清和添加的促甲状腺素(TSH)。 提供的其他物品:条形码卡、定标液条形码表、2×4个试剂瓶标签。 (具体内容详见说明书)。产品有效期:2-8℃储存,有效期9个月。附件:注册产品标准,产品说明书。
适用范围:用于促甲状腺素定量检测项目的定标。
生产厂家:德国Roche Diagnostics GmbH
注册代理:罗氏诊断产品(上海)有限公司
发证日期:2014.02.24 截止日期:2018.02.23

国食药监械(进)字2014第2401089号

产品名称:骨钙素定标液(N-MID Osteocalcin CalSet)
规格型号:4× 1.0 mL(冻干品复溶体积)
产品标准:YZB/GER 0424-2014
性能组成:试剂-工作溶液(冻干品):由人血清制成,添加了骨钙素(合成肽,人类序列); 提供的其他物品:条形码卡、定标液条形码表、4

个贴有标签的压盖式小空瓶和 2×6 个试剂瓶标签。（具体内容详见说明书）。产品有效期：2-8℃储存，有效期 18 个月。附件：注册产品标准，产品说明书。

适用范围:用于骨钙素定量检测项目的定标。

生产厂家:德国 Roche Diagnostics GmbH

注册代理:罗氏诊断产品(上海)有限公司

发证日期:2014.02.24　**截止日期**:2018.02.23

国食药监械(进)字 2014 第 3401090 号

产品名称:胃泌素释放肽前体校准品(ARCHITECT ProGRP Calibrators)

规格型号:6 瓶(4.0 mL/瓶)

产品标准:YZB/GER 7125-2013

性能组成:校准品 A 为含有蛋白(牛)稳定剂的柠檬酸盐缓冲液。校准品 B-F 为合成胃泌素释放肽前体，储存于含有蛋白(牛)稳定剂的柠檬酸盐缓冲液中。防腐剂：ProClin300 和 ProClin 950。(具体内容详见说明书)。产品有效期：在 2℃-8℃储存时，有效期 10 个月。附件：注册产品标准，产品说明书。

适用范围:用于定量测定人血清和血浆中的胃泌素释放肽前体(ProGRP)时，对胃泌素释放肽前体项目进行校准。

生产厂家:德国 Abbott GmbH & Co. KG

注册代理:雅培贸易(上海)有限公司

发证日期:2014.02.24　**截止日期**:2018.02.23

国食药监械(进)字 2014 第 3401091 号

产品名称:胃泌素释放肽前体质控品(ARCHITECT ProGRP Controls)

规格型号:3 瓶(8.0 mL/瓶)

产品标准:YZB/GER 0325-2014

性能组成:含有合成胃泌素释放肽前体，制备于含有蛋白(牛)稳定剂的柠檬酸盐缓冲液中。防腐剂：ProClin 300 和 ProClin 950。(具体内容详见说明书)。产品有效期：在 2℃-8℃储存时，有效期 10 个月。附件：注册产品标准，产品说明书。

适用范围:用于定量测定人血清和血浆中的胃泌素释放肽前体(ProGRP)时，对胃泌素释放肽前体项目的准确度和精密度进行验证。

生产厂家:德国 Abbott GmbH & Co. KG

注册代理:雅培贸易(上海)有限公司

发证日期:2014.02.24　**截止日期**:2018.02.23

国食药监械(进)字 2014 第 2401092 号

产品名称:多项校准品(Multi Calibrator)

规格型号:6×20 mL

产品标准:YZB/USA 0392-2014

性能组成:由人血清制备而成，并且添加了乙二醇作为防腐剂，试剂盒还包括数值指定单。(具体内容详见产品说明书)。产品有效期：-15℃至-20℃保存，有效期 22 个月。附件：注册产品标准，产品说明书。

适用范围:本产品用于白蛋白、血尿素氮、钙、胆固醇、葡萄糖、无机磷、乳酸、镁、总蛋白、甘油三酯和尿酸测定时的校准。

生产厂家:美国 Beckman Coulter, Inc.

注册代理:贝克曼库尔特商贸(中国)有限公司

发证日期:2014.02.24　**截止日期**:2018.02.23

国食药监械(进)字 2014 第 3401093 号

产品名称:巨细胞病毒 IgM 抗体质控液(PreciControl CMV IgM)

规格型号:16×1.0 mL

产品标准:YZB/GER 0426-2014

性能组成:试剂-工作溶液：巨细胞病毒 IgM 抗体质控液 1 (PC CMV IgM1)为人血清，巨细胞病毒 IgM 抗体阴性，含有防腐剂；巨细胞病毒 IgM 抗体质控液 2 (PC CMVIgM2)：为人血清，巨细胞病毒 IgM 抗体阳性，含有 HEPES 缓冲液 (pH7.4)、牛血清白蛋白和防腐剂。(具体内容详见说明书)。产品有效期：2-8℃储存，有效期 15 个月。附件：注册产品标准，产品说明书。

适用范围:用于巨细胞病毒 IgM 抗体检测的质量控制。

生产厂家:德国 Roche Diagnostics GmbH

注册代理:罗氏诊断产品(上海)有限公司

发证日期:2014.02.24　**截止日期**:2018.02.23

国食药监械(进)字 2014 第 2401094 号

产品名称:血糖试纸（葡萄糖氧化酶法）(BETACHEK Blood Gulcose Test Strips)

规格型号:1 支/盒、2 支/盒、4 支/盒、6 支/盒、10 支/盒、25 支/盒、50 支/盒、100 支/盒

产品标准:YZB/AUL 0522-2014

性能组成:粉色区域：葡萄糖氧化酶、过氧化物酶、TMB、DCP；蓝色区域：葡萄糖氧化酶、过氧化物酶、TMB。产品有效期：4-30℃凉爽干燥处保存，不要冷冻、远离热源、避免阳光直射，注意防潮，有效期 24 个月。附件：注册产品标准，产品说明书。

适用范围:该产品用于定量测量人体新鲜指尖毛细血管全血中葡萄糖浓度。

生产厂家:澳大利亚 National Diagnostic Products Pty Ltd.

注册代理:北京迈迪克豪尔医药技术咨询服务有限公司

发证日期:2014.02.24　**截止日期**:2018.02.23

国食药监械(进)字 2014 第 3401095 号

产品名称:糖类抗原 19-9 检测试剂盒（酶联免疫荧光法）(VIDAS CA 19-9)

规格型号:30 测试/盒

产品标准:YZB/FRA 0479-2014

性能组成:糖类抗原 19-9 试剂条 (STR)、糖类抗原 19-9 固相管 (SPR)、糖类抗原 19-9 对照品 (C1)、糖类抗原 19-9 校准品 (S1)、糖类抗原 19-9 稀释液 (R1)、总批次数据输入卡 (MLE 卡)。(具体内容详见产品说明书)。产品有效期：2-8℃保存，切勿冷冻，有效期 12 个月。附件：注册产品标准，产品说明书。

适用范围:本产品用于体外定量检测人血清样本中的糖类抗原 19-9 浓度。

生产厂家:法国 BIOMERIEUX S.A.

注册代理:梅里埃诊断产品(上海)有限公司

发证日期:2014.02.24　**截止日期**:2018.02.23

国食药监械(进)字 2014 第 3401095 号(变更批件)

产品名称:糖类抗原 19-9 检测试剂盒(酶联免疫荧光法)(VIDAS CA 19-9)

规格型号:30 测试/盒

产品标准:YZB/FRA 0479-2014

备注:变更内容：1.适用机型由“VIDAS、miniVIDAS”变更为“VIDAS、miniVIDAS、VIDAS 3”。2.产品标准中主要组成成分删除“总批次数据输入卡 (MLE 卡)：出厂主参数卡，用于校准测试。读取 MLE 卡，请参考用户手册”。3.产品说明书内容文字性变更详见附件。申请人根据批准变更内容自行修订注册产品标准、说明书及包装标签中相应内容。审批结论：根据《体外诊断试剂注册管理办法》(试行)，经审查，予以变更。本批件与原注册证共同使用，本批件有效期与原注册证有效期相同。

生产厂家:法国 BIOMERIEUX S.A.

变更日期:2014.09.22　**截止日期**:2018.02.23

国食药监械(进)字 2014 第 3401096 号

产品名称:甲胎蛋白 (AFP) 检测试剂盒（酶联免疫荧光法）(VIDAS AFP)

规格型号:60 测试/盒

产品标准:YZB/FRA 0480-2014

性能组成:甲胎蛋白试剂条 (STR)、甲胎蛋白固相管 (SPR)、甲胎蛋白对照品 (C1)、甲胎蛋白校准品 (S1)、甲胎蛋白稀释液 (R1)、总批次数据输入卡 (MLE 卡)。(具体内容详见产品说明书)。产品有效期：2-8℃保存，切勿冷冻，有效期 12 个月。附件：注册产品标准，产品说明书。

适用范围:本产品用于体外定量检测人血清、血浆和羊水样本中的甲胎蛋白浓度。

生产厂家:法国 BIOMERIEUX S.A.

注册代理:梅里埃诊断产品(上海)有限公司

发证日期:2014.02.24　**截止日期**:2018.02.23

国食药监械(进)字 2014 第 3401096 号(变更批件)

产品名称:甲胎蛋白(AFP)检测试剂盒(酶联免疫荧光法)(VIDAS AFP)

规格型号:60 测试/盒

产品标准:YZB/FRA 0480-2014

备注:变更内容：1.适用机型由“VIDAS、miniVIDAS”变更为“VIDAS、miniVIDAS、VIDAS 3”。2.产品标准中主要组成成分删除“总批次数据

输入卡（MLE 卡）：出厂主参数卡，用于校准测试。读取 MLE 卡，请参考用户手册”。3.产品说明书内容文字性变更详见附件。申请人根据批准变更内容自行修订注册产品标准、说明书及包装标签中相应内容。审批结论：根据《体外诊断试剂注册管理办法》（试行），经审查，予以变更。本批件与原注册证共同使用，本批件有效期与原注册证有效期相同。

生产厂家：法国 BIOMERIEUX S.A.

变更日期：2014.09.22　**截止日期**：2018.02.23

国食药监械(进)字 2014 第 3401097 号

产品名称：糖类抗原 125 检测试剂盒（酶联免疫荧光法）（VIDAS CA 125 II）

规格型号：30 测试/盒

产品标准：YZB/FRA 0478-2014

性能组成：糖类抗原 125 试剂条（STR）、糖类抗原 125 固相管（SPR）、糖类抗原 125 对照品（C1）、糖类抗原 125 校准品（S1）、糖类抗原 125 稀释液（R1）、总批次数据输入卡（MLE 卡）。（具体内容详见产品说明书）。产品有效期：2-8℃保存，切勿冷冻，有效期 12 个月。附件：注册产品标准，产品说明书。

适用范围：本产品用于体外定量检测人血清样本中的糖类抗原 125 浓度。

生产厂家：法国 BIOMERIEUX S.A.

注册代理：梅里埃诊断产品(上海)有限公司

发证日期：2014.02.24　**截止日期**：2018.02.23

国食药监械(进)字 2014 第 3401097 号(变更批件)

产品名称：糖类抗原 125 检测试剂盒(酶联免疫荧光法)（VIDAS CA 125 II）

规格型号：30 测试/盒

产品标准：YZB/FRA 0478-2014

备注：变更内容：1.适用机型由“VIDAS、miniVIDAS”变更为“VIDAS、miniVIDAS、VIDAS 3”。2.产品标准中主要组成成分删除“总批次数据输入卡（MLE 卡）：出厂主参数卡，用于校准测试。读取 MLE 卡，请参考用户手册”。3.产品说明书内容文字性变更详见附件。申请人根据批准变更内容自行修订注册产品标准、说明书及包装标签中相应内容。审批结论：根据《体外诊断试剂注册管理办法》（试行），经审查，予以变更。本批件与原注册证共同使用，本批件有效期与原注册证有效期相同。

生产厂家：法国 BIOMERIEUX S.A.

变更日期：2014.09.22　**截止日期**：2018.02.23

国食药监械(进)字 2014 第 2401098 号

产品名称：革兰阴性菌鉴定板(SENSITITRE GNID IDENTIFICATION PLATE FOR GRAM NEGATIVE ORGANISMS)

规格型号：10 块/盒

产品标准：YZB/UK 0435-2014

性能组成：板条组成：赖氨酸-7-甲基香豆素酰胺、尿素、鸟氨酸、山梨醇、木糖、2-乙酰基-乙去氧吡喃葡萄糖-4-甲基伞形酮、蔗糖、葡萄糖醛酸化物-4-甲基伞形酮、磷酸盐-4-甲基伞形酮、海藻糖、双磷酸盐-4-甲基伞形酮、甘露醇、麦芽糖、α-D 吡喃葡萄糖-4-甲基伞形酮、肌醇、β-D 吡喃半乳糖-4-甲基伞形酮、脯氨酸-7-甲基香豆素酰胺、果糖、七叶苷、阿拉伯醇、阿拉伯糖、赖氨酸、色氨酸、棉子糖、γ-谷氨酰胺-7-甲基香豆素酰胺、精氨酸、α-D-吡喃半乳糖-4-甲基伞形酮、纤维二糖、丙二酸盐、丙酮酸盐、柠檬酸盐、胍丁胺。试剂盒还包含封膜。（具体内容详见说明书）。产品有效期：保存于室温（15-25℃），避免阳光直射和接触热源，有效期 12 个月。附件：注册产品标准，产品说明书。

适用范围：本试剂盒适用于革兰阴性细菌的鉴定。

生产厂家：英国 Trek Diagnostic Systems Ltd

注册代理：赛默飞世尔(上海)仪器有限公司

发证日期：2014.02.24　**截止日期**：2018.02.23

国食药监械(进)字 2014 第 3401099 号

产品名称：癌胚抗原（CEA）检测试剂盒（酶联免疫荧光法）（VIDAS CEA(S)）

规格型号：60 测试/盒

产品标准：YZB/FRA 0474-2014

性能组成：癌胚抗原试剂条（STR）、癌胚抗原固相管（SPR）、癌胚抗原对照品（C1）、癌胚抗原校准品（S1）、癌胚抗原稀释液（R1）、总批次数据输入卡（MLE 卡）。（具体内容详见产品说明书）。产品有效期：2-8℃保存，切勿冷冻，有效期 12 个月。附件：注册产品标准，产品说明书。

适用范围：本产品用于体外定量检测人血清样本中的癌胚抗原（CEA）浓度。

生产厂家：法国 BIOMERIEUX S.A.

注册代理：梅里埃诊断产品(上海)有限公司

发证日期：2014.02.24　**截止日期**：2018.02.23

国食药监械(进)字 2014 第 3401099 号(变更批件)

产品名称：癌胚抗原(CEA)检测试剂盒(酶联免疫荧光法)(VIDAS CEA(S))

规格型号：60 测试/盒

产品标准：YZB/FRA 0474-2014

备注：变更内容：1.适用机型由“VIDAS、miniVIDAS”变更为“VIDAS、miniVIDAS、VIDAS 3”。2.产品标准中主要组成成分删除“总批次数据输入卡（MLE 卡）：出厂主参数卡，用于校准测试。读取 MLE 卡，请参考用户手册”。3.产品说明书内容文字性变更详见附件。申请人根据批准变更内容自行修订注册产品标准、说明书及包装标签中相应内容。审批结论：根据《体外诊断试剂注册管理办法》（试行），经审查，予以变更。本批件与原注册证共同使用，本批件有效期与原注册证有效期相同。

生产厂家：法国 BIOMERIEUX S.A.

变更日期：2014.07.02　**截止日期**：2018.02.23

国食药监械(进)字 2014 第 3401100 号

产品名称：游离前列腺特异性抗原检测试剂盒(酶联免疫荧光法)（VIDAS FPSA）

规格型号：30 测试/盒

产品标准：YZB/FRA 0468-2014

性能组成：游离前列腺特异性抗原试剂条（STR）、游离前列腺特异性抗原固相管（SPR）、游离前列腺特异性抗原对照品（C1）、游离前列腺特异性抗原校准品（S1）、总批次数据输入卡（MLE 卡）。（具体内容详见产品说明书）。产品有效期：2-8℃保存，切勿冷冻，有效期 12 个月。附件：注册产品标准，产品说明书。

适用范围：本产品用于体外定量检测人血清样本中的游离前列腺特异性抗原浓度。

生产厂家：法国 BIOMERIEUX S.A.

注册代理：梅里埃诊断产品(上海)有限公司

发证日期：2014.02.24　**截止日期**：2018.02.23

国食药监械(进)字 2014 第 3401100 号(变更批件)

产品名称：游离前列腺特异性抗原检测试剂盒(酶联免疫荧光法)（VIDAS FPSA）

规格型号：30 测试/盒

产品标准：YZB/FRA 0468-2014

备注：变更内容：1.适用机型由“VIDAS、miniVIDAS”变更为“VIDAS、miniVIDAS、VIDAS 3”。2.产品标准中主要组成成分删除“总批次数据输入卡（MLE 卡）：出厂主参数卡，用于校准测试。读取 MLE 卡，请参考用户手册”。3.产品说明书内容文字性变更详见附件。申请人根据批准变更内容自行修订注册产品标准、说明书及包装标签中相应内容。审批结论：根据《体外诊断试剂注册管理办法》（试行），经审查，予以变更。本批件与原注册证共同使用，本批件有效期与原注册证有效期相同。

生产厂家：法国 BIOMERIEUX S.A.

变更日期：2014.07.02　**截止日期**：2018.02.23

国食药监械(进)字 2014 第 3401101 号

产品名称：糖类抗原 15-3 检测试剂盒（酶联免疫荧光法）（VIDAS CA 15-3）

规格型号：30 测试/盒

产品标准：YZB/FRA 0419-2014

性能组成：糖类抗原 15-3 试剂条（STR）、糖类抗原 15-3 固相管（SPR）、糖类抗原 15-3 对照品（C1）、糖类抗原 15-3 校准品（S1）、糖类抗原 15-3 稀释液（R1）、总批次数据输入卡（MLE 卡）、密封夹。（具体内容详见产品说明书）。产品有效期：2-8℃保存，切勿冷冻，有效期 12 个月。附件：注册产品标准，产品说明书。

适用范围：本产品用于体外定量检测人血清样本中的糖类抗原 15-3 浓

度。
生产厂家:法国 BIOMERIEUX S.A.
注册代理:梅里埃诊断产品(上海)有限公司
发证日期:2014.02.24 截止日期:2018.02.23

国食药监械(进)字2014第3401101号(变更批件)

产品名称:糖类抗原15-3检测试剂盒(酶联免疫荧光法)(VIDAS CA 15-3)
规格型号:30测试/盒
产品标准:YZB/FRA 0419-2014
备注:变更内容:1.适用机型由“VIDAS、miniVIDAS”变更为“VIDAS、miniVIDAS、VIDAS 3”。2.产品标准中主要组成成分删除“总批次数据输入卡(MLE卡):出厂主参数卡,用于校准测试。读取MLE卡,请参考用户手册”。3.产品说明书内容文字性变更详见附件。申请人根据批准变更内容自行修订注册产品标准、说明书及包装标签中相应内容。审批结论:根据《体外诊断试剂注册管理办法》(试行),经审查,予以变更。本批件与原注册证共同使用,本批件有效期与原注册证有效期相同。
生产厂家:法国 BIOMERIEUX S.A.
变更日期:2014.07.02 截止日期:2018.02.23

国食药监械(进)字2014第3401102号

产品名称:总前列腺特异性抗原检测试剂盒(酶联免疫荧光法)(VIDAS TPSA)
规格型号:60测试/盒
产品标准:YZB/FRA 0461-2014
性能组成:总前列腺特异性抗原试剂条(STR)、总前列腺特异性抗原固相管(SPR)、总前列腺特异性抗原对照品(C1)、总前列腺特异性抗原校准品(S1)、总前列腺特异性抗原稀释液(R1)、总批次数据输入卡(MLE卡)。(具体内容详见产品说明书)。产品有效期:2-8℃保存,切勿冷冻,有效期12个月。附件:注册产品标准,产品说明书。
适用范围:本产品用于体外定量检测人血清样本中的总前列腺特异性抗原浓度。
生产厂家:法国 BIOMERIEUX S.A.
注册代理:梅里埃诊断产品(上海)有限公司
发证日期:2014.02.24 截止日期:2018.02.23

国食药监械(进)字2014第3401102号(变更批件)

产品名称:总前列腺特异性抗原检测试剂盒(酶联免疫荧光法)(VIDAS TPSA)
规格型号:60测试/盒
产品标准:YZB/FRA 0461-2014
备注:变更内容:1.适用机型由“VIDAS、miniVIDAS”变更为“VIDAS、miniVIDAS、VIDAS 3”。2.产品标准中主要组成成分删除“总批次数据输入卡(MLE卡):出厂主参数卡,用于校准测试。读取MLE卡,请参考用户手册”。3.产品说明书内容文字性变更详见附件。申请人根据批准变更内容自行修订注册产品标准、说明书及包装标签中相应内容。审批结论:根据《体外诊断试剂注册管理办法》(试行),经审查,予以变更。本批件与原注册证共同使用,本批件有效期与原注册证有效期相同。
生产厂家:法国 BIOMERIEUX S.A.
变更日期:2014.07.02 截止日期:2018.02.23

国食药监械(进)字2014第3401103号

产品名称:白细胞分化抗原CD5检测试剂盒(流式细胞仪法)(IOTest CD5-PE)
规格型号:100测试/瓶
产品标准:YZB/FRA 0544-2014
性能组成:见附件。产品有效期:试剂应在2-8º C避光保存,未开瓶试剂有效期为36个月。附件:注册产品标准,产品说明书。
适用范围:该产品用于流式细胞仪鉴定和定量人类细胞生物学标本表面CD5抗原表达。
生产厂家:法国 Immunotech S.A.S(a Beckman Coulter Company)
注册代理:贝克曼库尔特商贸(中国)有限公司
发证日期:2014.02.24 截止日期:2018.02.23

国食药监械(进)字2014第3401103号

产品名称:白细胞分化抗原CD5检测试剂盒(流式细胞仪法)(IOTest CD5-PE)
规格型号:100测试/瓶
产品标准:YZB/FRA 0544-2014
性能组成:见附件。产品有效期:试剂应在2-8℃避光保存,未开瓶试剂有效期为36个月。附件:注册产品标准,产品说明书。
适用范围:该产品用于流式细胞仪鉴定和定量人类细胞生物学标本表面CD5抗原表达。
生产厂家:法国 Immunotech S.A.S(a Beckman Coulter Company)
注册代理:贝克曼库尔特商贸(中国)有限公司
发证日期:2014.02.24 截止日期:2018.02.23

国食药监械(进)字2014第3401104号

产品名称:白细胞分化抗原CD20检测试剂盒(流式细胞仪法)(IOTest CD20-FITC)
规格型号:100测试/瓶
产品标准:YZB/FRA 0549-2014
性能组成:见附件。产品有效期:试剂应在2-8℃避光保存,未开瓶试剂有效期为36个月。附件:注册产品标准,产品说明书。
适用范围:该产品用于利用流式细胞术对人体生物样本中的CD20抗原表达进行鉴定和定量。
生产厂家:法国 Immunotech S.A.S(a Beckman Coulter Company)
注册代理:贝克曼库尔特商贸(中国)有限公司
发证日期:2014.02.24 截止日期:2018.02.23

国食药监械(进)字2014第3401105号

产品名称:白细胞分化抗原CD34检测试剂盒(流式细胞仪法)(IOTest CD34-PE)
规格型号:100测试/瓶
产品标准:YZB/FRA 0550-2014
性能组成:见附件。产品有效期:试剂应在2-8º C避光保存,未开瓶试剂有效期为36个月。附件:注册产品标准,产品说明书。
适用范围:该产品用于利用流式细胞术对人体生物样本中的CD34抗原表达进行鉴定和定量。
生产厂家:法国 Immunotech S.A.S(a Beckman Coulter Company)
注册代理:贝克曼库尔特商贸(中国)有限公司
发证日期:2014.02.24 截止日期:2018.02.23

国食药监械(进)字2014第3401105号

产品名称:白细胞分化抗原CD34检测试剂盒(流式细胞仪法)(IOTest CD34-PE)
规格型号:100测试/瓶
产品标准:YZB/FRA 0550-2014
性能组成:见附件。产品有效期:试剂应在2-8℃避光保存,未开瓶试剂有效期为36个月。附件:注册产品标准,产品说明书。
适用范围:该产品用于利用流式细胞术对人体生物样本中的CD34抗原表达进行鉴定和定量。
生产厂家:法国 Immunotech S.A.S(a Beckman Coulter Company)
注册代理:贝克曼库尔特商贸(中国)有限公司
发证日期:2014.02.24 截止日期:2018.02.23

国食药监械(进)字2014第2401106号

产品名称:血液分析仪用质控品(低值)(ABX Difftrol)
规格型号:2062207 :2×3毫升
产品标准:YZB/FRA 0291-2014
性能组成:为类血浆悬浮液,含有哺乳动物白细胞、红细胞和血小板。(具体内容详见说明书)。产品有效期:2-8℃保存,有效期2个月。附件:注册产品标准,产品说明书。
适用范围:该产品用于HORIBA Medical血液分析仪的质量控制
备注:2014年8月1日同意更正商品名称内容,2014年2月24日核发的医疗器械注册证、医疗器械注册登记表(体外诊断试剂)予以废止。
变更情况:变更日期:2015.02.27。“代理人住所:上海市外高桥保税区富特东一路438号天马大楼5楼D部位”变更为“代理人住所:中国(上海)自由贸易试验区富特东一路438号天马大楼5楼D部位”。
生产厂家:法国 HORIBA ABX SAS
注册代理:堀场(中国)贸易有限公司
发证日期:2014.02.24 截止日期:2018.02.23

国食药监械(进)字2014第2401107号

产品名称:血液分析仪用质控品(中值)(ABX Difftrol)
规格型号:2062203 : 2×3毫升
产品标准:YZB/FRA 0293-2014
性能组成:为类血浆悬浮液,含有哺乳动物白细胞、红细胞和血小板。(具体内容详见说明书)。产品有效期:2-8℃保存,有效期2个月。附件:注册产品标准,产品说明书。
适用范围:该产品用于HORIBA Medical血液分析仪的质量控制。
备注:2014年8月1日同意删除商品名内容,2014年2月24日核发的医疗器械注册证、医疗器械注册登记表(体外诊断试剂)予以废止。
生产厂家:法国HORIBA ABX SAS
注册代理:堀场(中国)贸易有限公司
发证日期:2014.02.24 **截止日期**:2018.02.23

国食药监械(进)字2014第2401108号

产品名称:血液分析仪用校准品(ABX MINOCAL)
规格型号:2032002: 1×2毫升
产品标准:YZB/FRA 0294-2014
性能组成:为类血浆悬浮液,含有哺乳动物白细胞,红细胞和血小板。(具体内容详见说明书)。产品有效期:2-8℃保存,有效期1个月。附件:注册产品标准,产品说明书。
适用范围:该产品用于HORIBA Medical 血液分析仪的校准控制。
生产厂家:法国HORIBA ABX SAS
注册代理:堀场(中国)贸易有限公司
发证日期:2014.02.24 **截止日期**:2018.02.23

国食药监械(进)字2014第2401109号

产品名称:血液分析仪用质控品(高值)(ABX Difftrol)
规格型号:2062208 : 2×3毫升
产品标准:YZB/FRA 0295-2014
性能组成:为类血浆悬浮液,含有哺乳动物白细胞、红细胞和血小板。(具体内容详见说明书)。产品有效期:2-8℃保存,有效期2个月。附件:注册产品标准,产品说明书。
适用范围:该产品用于HORIBA Medical血液分析仪的质量控制。
备注:2014年8月1日同意删除商品名内容,2014年2月24日核发的医疗器械注册证、医疗器械注册登记表(体外诊断试剂)予以废止。
生产厂家:法国HORIBA ABX SAS
注册代理:堀场(中国)贸易有限公司
发证日期:2014.02.24 **截止日期**:2018.02.23

国食药监械(进)字2014第3401110号

产品名称:丙型肝炎病毒抗体测定试剂盒(化学发光法)(ADVIA Centaur HCV(HCV, aHCV))
规格型号:200测试/盒
产品标准:YZB/USA 0339-2014
性能组成:由主试剂包(内含固相试剂、标记试剂和辅助试剂),辅助试剂包(内含辅助试剂)、标准曲线卡、低值校准品、高值校准品、校准品定值卡组成。产品有效期:2-8℃条件下保存,有效期为12个月。附件:注册产品标准,产品说明书。
适用范围:该产品用于体外定性检测人血清或血浆(乙二胺四乙酸,肝素锂或肝素钠)中丙型肝炎病毒免疫球蛋白G抗体。
生产厂家:美国Siemens Healthcare Diagnostics Inc.
注册代理:西门子医学诊断产品(上海)有限公司
发证日期:2014.02.24 **截止日期**:2018.02.23

国食药监械(进)字2014第3401111号

产品名称:甲型肝炎病毒总抗体测定试剂盒(化学发光法)(商品名:HAVT)(ADVIA Centaur HAV Total (HAV Total))
规格型号:100测试/盒
产品标准:YZB/USA 0340-2014
性能组成:由主试剂包(内含标记试剂、固相试剂和抗原试剂)、辅助试剂包(内含辅助试剂)、标准曲线卡、低值校准品、高值校准品、校准品定值卡组成。产品有效期:于2-8 ℃的条件下保存,有效期为12个月。附件:注册产品标准,产品说明书。
适用范围:该产品用于体外定性检测人血清中的甲型肝炎病毒总抗体。
生产厂家:美国Siemens Healthcare Diagnostics Inc.
注册代理:西门子医学诊断产品(上海)有限公司
发证日期:2014.02.24 **截止日期**:2018.02.23

国食药监械(进)字2014第3401112号

产品名称:洋地黄毒苷测定试剂盒(非均相免疫法)(Digitoxin Flex® Reagent Cartridge (DGTX))
规格型号:产品编号:DF36;包装规格:80测试/盒 (4×20测试/盒)。
产品标准:YZB/USA 0342-2014
性能组成:试剂船位1,2(液体):抗体轭合物、试剂和稳定剂;试剂船位3,4(片剂):乌本苷, 磁颗粒;试剂船位5,6(片剂):氯酚红-β-D-吡喃糖苷(CPRG);试剂船位7(液体):底物稀释剂、缓冲液。产品有效期:在2- 8℃条件下储存,有效期9个月。附件:注册产品标准,产品说明书。
适用范围:该产品用于体外检测人类血清和血浆中洋地黄毒苷(一种心血管药物)的含量。
生产厂家:美国Siemens Healthcare Diagnostics Inc.
注册代理:西门子医学诊断产品(上海)有限公司
发证日期:2014.02.24 **截止日期**:2018.02.23

国食药监械(进)字2014第2401113号

产品名称:血细胞分析仪质控品(TESTpoint Hematology Controls)
规格型号:低值质控品:1×4mL (T03-3686-01),4 ×4mL[00848547 (T03-3686-54)]; 中值质控品:1×4mL (T03-3687-01),4 × 4mL[05147873 (T03-3687-54)]; 高值质控品:1×4mL (T03-3688-01),4 × 4mL[08822644 (T03-3688-54)]。
产品标准:YZB/USA 0372-2014
性能组成:防腐介质中含有人红细胞,人白细胞和模拟血小板。盒内附有靶值单。产品有效期:在2-8℃条件下保存,有效期75天。附件:注册产品标准,产品说明书。
适用范围:本产品在白细胞计数(WBC),过氧化物酶通道白细胞计数(WBCP),红细胞计数(RBC),血红蛋白(Hgb),红细胞压积(Hct),平均红细胞体积(MCV),红细胞血红蛋白均值(MCH),平均红细胞血红蛋白浓度(MCHC),红细胞血红蛋白浓度均值(CHCM),红细胞体积分布宽度(RDW),血红蛋白浓度分布宽度(HDW),血小板计数(Plt),平均血小板体积(MPV),中性粒细胞百分比[Neutrophils(%)], 淋巴细胞百分比[Lymphocytes(%)], 单核细胞百分比[Monocytes(%)], 嗜酸性粒细胞百分比[Eosinophils(%)], 嗜碱性粒细胞百分比[Basophils(%)], 巨大未染色细胞百分比[LUC(%)]测定时,用于监测血液分析仪的精确度和准确度。
生产厂家:美国Siemens Healthcare Diagnostics Inc.
注册代理:西门子医学诊断产品(上海)有限公司
发证日期:2014.02.24 **截止日期**:2018.02.23

国食药监械(进)字2014第2401114号

产品名称:血液分析仪校准液(SETpoint Calibrator)
规格型号:货号[09170071(T03-3685-52)]: 2×6.1mL。
产品标准:YZB/USA 0373-2014
性能组成:防腐介质中含人红细胞、白细胞和模拟血小板成分。盒内附有靶值单。产品有效期:在2-8℃条件下储存,有效期45天。附件:注册产品标准,产品说明书。
适用范围:本产品用于白细胞计数(WBC),过氧化物酶通道白细胞计数(WBCP),红细胞计数(RBC),血红蛋白(Hgb),平均红细胞体积(MCV),红细胞血红蛋白浓度均值(CHCM),血小板计数(Plt),嗜中性粒细胞组群X道均值(NEUTx),嗜中性粒细胞组群Y道均值(NEUTy)测定时的校准。
生产厂家:美国Siemens Healthcare Diagnostics Inc.
注册代理:西门子医学诊断产品(上海)有限公司
发证日期:2014.02.24 **截止日期**:2018.02.23

国食药监械(进)字2014第2401115号

产品名称:网织红细胞质控品(TESTpoint Reticulocyte Controls)
规格型号:低值质控品:1×4mL (T03-3690-01),4×4mL[08773805 (T03-3690-54)]; 高值质控品:1×4mL (T03-3691-01),4×4mL [09091295 (T03-3691-54)]。
产品标准:YZB/USA 0374-2014

性能组成:防腐介质中含有人红细胞。产品有效期：在 2-8℃条件下储存，有效期 75 天。附件：注册产品标准，产品说明书。
适用范围:本产品在网织红细胞百分比[Reticulocyte(%)]，网织红细胞计数(Retic RBC)，特定细胞群的平均细胞体积(MCVg)，网织红细胞平均体积(MCVr)，特定细胞群的血红蛋白浓度均值(CHCMg)，网织红细胞血红蛋白浓度均值(CHCMr)，特定细胞群的血红蛋白含量(CHg)，网织红细胞血红蛋白含量(CHr)测定时，用于监测血液分析仪的精确度和准确度。
生产厂家:美国 Siemens Healthcare Diagnostics Inc.
注册代理:西门子医学诊断产品(上海)有限公司
发证日期:2014.02.24　　**截止日期**:2018.02.23

国食药监械(进)字 2014 第 3401116 号

产品名称:肺炎链球菌抗原检测试剂盒(胶体金法)(Alere BinaxNOW® Streptococcus pneumoniae Antigen Card)
规格型号:22 人份/盒
产品标准:YZB/USA 0463-2014
性能组成:试剂盒内含检测卡、A 试剂、阳性对照拭子、阴性对照拭子、样本拭子。(具体内容详见说明书)。产品有效期：储存于 2-30℃，有效期为 24 个月。附件：注册产品标准，产品说明书。
适用范围:本产品用于体外定性检测肺炎病人尿液和脑膜炎病人脑脊液(CSF)中的肺炎链球菌抗原。
生产厂家:美国 Alere Scarborough, Inc.
注册代理:美艾利尔(中国)医疗器械有限公司
发证日期:2014.02.24　　**截止日期**:2018.02.23

国食药监械(进)字 2014 第 2401117 号

产品名称:肌酸激酶定标液(CKI/MBI Calibrator (CKI/MBI CAL))
规格型号:产品编号:DC32；包装规格:水平 2:2×2mL，水平 3:2×2mL。
产品标准:YZB/USA 0366-2014
性能组成:该定标液是含有猪脑肌酸激酶 BB 和人心脏肌酸激酶 MM 的液体冷冻人血清白蛋白基质产品。产品有效期：在-20℃或以下冻存，有效期 12 个月。附件：注册产品标准，产品说明书。
适用范围:该定标液用于对肌酸激酶 (CKI) 和肌酸激酶 MB (MBI) 的检测方法进行定标。
变更情况:变更日期：2014.11.21。“代理人注册地址:上海市外高桥保税区加太路 78 号第一幢第一层 Q1 部位”变更为“代理人住所:中国(上海)自由贸易试验区加太路 78 号第一幢第一层 Q1 部位”。
生产厂家:美国 Siemens Healthcare Diagnostics Inc.
注册代理:西门子医学诊断产品(上海)有限公司
发证日期:2014.02.24　　**截止日期**:2018.02.23

国食药监械(进)字 2014 第 2401118 号

产品名称:载脂蛋白 B 测定试剂盒(免疫比浊法)(Apolipoprotein B (APO B) Reagents)
规格型号:货号 03055068：2×85 测试/盒(试剂 1：2×10.0mL，试剂 2：2×4.0 mL)。
产品标准:YZB/USA 0367-2014
性能组成:试剂 1：聚乙二醇、叠氮钠；试剂 2：抗人载脂蛋白 B(APO B)、叠氮钠。(具体内容详见说明书)。产品有效期：在 2-8℃条件下保存，有效期 24 个月。附件：注册产品标准，产品说明书。
适用范围:该产品用于体外定量测定人血清和血浆中的载脂蛋白 B。
生产厂家:美国 Siemens Healthcare Diagnostics Inc.
注册代理:西门子医学诊断产品(上海)有限公司
发证日期:2014.02.24　　**截止日期**:2018.02.23

国食药监械(进)字 2014 第 2401119 号

产品名称:乙醇测定试剂盒(酶法)(Ethyl Alcohol Flex® reagent cartridge(ETOH))
规格型号:产品编号：DF22；包装规格：120 测试/盒 (4×30 测试/盒)。
产品标准:YZB/USA 0370-2014
性能组成:试剂船位 1-2 (试剂 2)：乙醇脱氢酶、尼克酰胺腺嘌呤二核苷酸(NAD)、缓冲液。试剂船位 5-6(试剂 1)：三羟甲基氨基甲烷(Tris)缓冲液。(具体内容详见说明书)。产品有效期：2-8℃条件下保存，有效期 12 个月。附件：注册产品标准，产品说明书。
适用范围:该产品用于体外定量测定人类血清，血浆以及尿液中的乙醇的浓度。
生产厂家:美国 Siemens Healthcare Diagnostics Inc.
注册代理:西门子医学诊断产品(上海)有限公司
发证日期:2014.02.24　　**截止日期**:2018.02.23

国食药监械(进)字 2014 第 2401120 号

产品名称:雷帕霉素检测定标液(Sirolimus Calibrator(SIRO CAL))
规格型号:产品编号：DC306；包装规格：水平 1 ：2×2.0mL；水平 2 ：2×1.0mL；水平 3 ：2×1.0mL；水平 4 ：2×1.0mL；水平 5 ：2×1.0mL。
产品标准:YZB/USA 0371-2014
性能组成:该定标液是一种含有雷帕霉素的液性全血性溶血产品。产品有效期：在-25℃至-15℃条件下储存，不要在自动除霜(无霜)冰箱中储存，有效期 6 个月。附件：注册产品标准，产品说明书。
适用范围:该定标液是用于对雷帕霉素测定试剂盒（免疫法）检测时的定标。
生产厂家:美国 Siemens Healthcare Diagnostics Inc.
注册代理:西门子医学诊断产品(上海)有限公司
发证日期:2014.02.24　　**截止日期**:2018.02.23

国食药监械(进)字 2014 第 2401121 号

产品名称:泌乳素测定试剂盒(化学发光法)(IMMULITE2000 Prolactin)
规格型号:200 人份/盒，600 人份/盒。
产品标准:YZB/UK 0466-2014
性能组成:试剂盒含有泌乳素包被珠(L2PR12)、泌乳素试剂楔(L2PRA2)、泌乳素校正品(LPRL，LPRH)。(具体内容详见说明书)。产品有效期：在 2-8℃条件下保存，有效期 12 个月。附件：注册产品标准，产品说明书。
适用范围:该产品用于体外定量检测血清泌乳素水平。
生产厂家:英国 Siemens Healthcare Diagnostics Products Limited
注册代理:西门子医学诊断产品(上海)有限公司
发证日期:2014.02.24　　**截止日期**:2018.02.23

国食药监械(进)字 2014 第 2401122 号

产品名称:白蛋白测定试剂盒(化学发光法)(IMMULITE/IMMULITE1000 Albumin)
规格型号:100 人份/盒，500 人份/盒。
产品标准:YZB/UK 0469-2014
性能组成:试剂盒含白蛋白检测单位 (LHA1)、白蛋白试剂楔 (LHA2)、白蛋白校正品 (LHAL，LHAH)。(具体内容详见说明书)。产品有效期：在 2-8℃条件下保存，有效期 12 个月。附件：注册产品标准，产品说明书。
适用范围:该产品用于体外定量检测微量蛋白尿，即用常规方法检测不到的人尿白蛋白浓度。
生产厂家:英国 Siemens Healthcare Diagnostics Products Limited
注册代理:西门子医学诊断产品(上海)有限公司
发证日期:2014.02.24　　**截止日期**:2018.02.23

国食药监械(进)字 2014 第 2401123 号

产品名称:胰岛素样生长因子-I 测定试剂盒(化学发光法)(IMMULITE/IMMULITE1000 IGF-I)
规格型号:100 人份/盒
产品标准:YZB/UK 0470-2014
性能组成:试剂盒含胰岛素样生长因子-I 检测单位(LGF1)、胰岛素样生长因子-I 试剂楔(LGF2)、胰岛素样生长因子-I 校正品(LGFL，LGFH)、胰岛素样生长因子-I 预处理液(LGFA)。(具体内容详见说明书)。产品有效期：在 2-8℃条件下保存，有效期 12 个月。附件：注册产品标准，产品说明书。
适用范围:该产品用于体外定量检测血清或肝素化血浆中胰岛素样生长因子-I (IGF-I) 含量。
生产厂家:英国 Siemens Healthcare Diagnostics Products Limited
注册代理:西门子医学诊断产品(上海)有限公司
发证日期:2014.02.24　　**截止日期**:2018.02.23

国食药监械(进)字 2014 第 2401124 号

产品名称:肌酸激酶检测试剂盒(紫外法)(CK NAC-activated (CK-NAC))
规格型号:货号 CK 7121 试剂 1a:4 x 80ml；试剂 1b:4 x 80ml；试剂

2a:2 x 40 ml；试剂 2b:1 x 100ml。
产品标准:YZB/UK 0297-2014
性能组成:试剂 1a:缓冲液/葡萄糖；试剂 1b:酶/辅酶；试剂 2a:底物；试剂 2b:稀释液。(具体详见说明书)。产品有效期：2-8℃保存，有效期 36 个月。附件：注册产品标准，产品说明书。
适用范围:用于体外定量测定人血清或血浆中肌酸激酶的浓度。
生产厂家:英国 Randox Laboratories Ltd.
注册代理:英国朗道实验诊断有限公司上海代表处
发证日期:2014.02.24 **截止日期**:2018.02.23

国食药监械(进)字 2014 第 2401125 号

产品名称:血气分析仪用质控品(商品名：pHOx Ultra/CCX 血气内质控)(Stat Profile® pHOx Ultra/Critical Care Xpress Blood Gas Controls Auto-Cartridge)
规格型号:100mL/袋×3 个水平
产品标准:YZB/USA 0299-2014
性能组成:碳酸盐缓冲液。每一种质控均含有已知的 pH。溶液为已知的 O2，CO2 和 N2 平衡液。(具体内容详见说明书)。产品有效期：贮存在 2-8℃、不可冷冻，储存有效期为 18 个月。附件：注册产品标准，产品说明书。
适用范围:该产品可以用于 Stat Profile pHox Ultra/CCX 分析仪上，可以检测仪器上可以测量的参数:pH，pCO2，pO2，SO2%，Hct，Hb 的准确性。
生产厂家:美国 Nova Biomedical Corporation
注册代理:美国诺瓦生物医学公司北京代表处
发证日期:2014.02.24 **截止日期**:2018.02.23

国食药监械(进)字 2014 第 2401125 号(变更批件)

产品名称:血气分析仪用质控品(商品名：pHOx Ultra/CCX 血气内质控)(Stat Profile (R) pHOx Ultra/Critical Care Xpress Blood Gas Controls Auto-Cartridge)
规格型号:100mL/袋×3 个水平
产品标准:YZB/USA 0299-2014
备注:变更内容：变更代理人、注册代理机构：由“美国诺瓦生物医学公司北京代表处”变更为“广州市浩通贸易有限公司”。申请人根据批准变更内容自行修订注册产品标准、说明书及包装标签中相应内容。审批结论：经审查，建议予以变更。注册代理机构存档备查。本批件与原注册证共同使用，本批件有效期与原注册证有效期相同。
生产厂家:美国 Nova Biomedical Corporation
变更日期:2014.08.01 **截止日期**:2018.02.23

国食药监械(进)字 2014 第 2401126 号

产品名称:钾检测试剂盒(紫外线法)(POTASSIUM)
规格型号:货号：PT7168 试剂 1a 缓冲液：4x50ml；试剂 1b 酶/底物：4x50ml；试剂 2a 稀释液：2x43ml；试剂 2b 酶：2x43ml。
产品标准:YZB/UK 0526-2014
性能组成:试剂 1a 缓冲液、试剂 1b 酶/底物：Tris 缓冲液，穴状配体，PEP，ADP，α-酮戊二酸，NADH，GLDH，PK；试剂 2a 稀释液、试剂 2b 酶：LDH。(具体内容详见说明书)。产品有效期：2～8℃保存，有效期 24 个月。附件：注册产品标准，产品说明书。
适用范围:体外定量检测人血清中或血浆中钾浓度。
生产厂家:英国 Randox Laboratories Ltd.
注册代理:英国朗道实验诊断有限公司上海代表处
发证日期:2014.02.24 **截止日期**:2018.02.23

国食药监械(进)字 2014 第 2401127 号

产品名称:BP180 抗体检测试剂盒(ELISA)(MESACUP BP180 TEST)
规格型号:48 人份/盒
产品标准:YZB/JAP 0538-2014
性能组成:BP180 微孔条带、标准血清 1 和 2、酶标记抗体液、反应用缓冲液、清洗缓冲液、酶基质液、终止液。(具体内容详见说明书)。产品有效期：2-8℃保存，有效期一年。附件：注册产品标准，产品说明书。
适用范围:体外定性测定人血清中的抗 BP180 抗体。
生产厂家:日本 MEDICAL&BIOLOGICAL LABORATORIES CO., LTD.
注册代理:北京博尔迈生物技术有限公司
发证日期:2014.02.24 **截止日期**:2018.02.23

国食药监械(进)字 2014 第 2401128 号

产品名称:抗肝肾微粒体 1 型抗体检测试剂盒(酶联免疫法)(QUANTA Lite LKM-1 ELISA)
规格型号:96 人份/盒
产品标准:YZB/USA 0377-2014
性能组成:聚苯乙烯微孔板、阴性质控品、低阳性质控品、高阳性质控品、辣根过氧化物酶 (HRP) 样品稀释液、辣根过氧化物酶 (HRP) 清洗浓缩液、辣根过氧化物酶 (HRP) IgG 结合物、TMB 显色剂、辣根过氧化物酶 (HRP) 终止液。(具体内容详见说明书)。产品有效期：试剂盒在 2-8℃条件下保存，有效期为 21 个月。附件：注册产品标准，产品说明书。
适用范围:用于定性检测人血清中存在的抗肝肾微粒体 1 型抗体。
生产厂家:美国 INOVA Diagnostics, Inc.
注册代理:沃芬医疗设备国际贸易(上海)有限公司
发证日期:2014.02.17 **截止日期**:2018.02.16

国食药监械(进)字 2014 第 2401129 号

产品名称:糖化血红蛋白校准品(HbA1c Calibrator Kit)
规格型号:水平 I：1×40μL；水平 II：1×400μL。
产品标准:YZB/USA 0399-2014
性能组成:人全血。产品有效期：2-8℃保存，有效期 1 年。附件：注册产品标准，产品说明书。
适用范围:该 HbA1c Calibrator Kit 校准品与 Trinity Biotech (Primus Corporation dba Trinity Biotech)公司生产的亲和层析高压液相糖化血红蛋白检测仪配套使用，主要用于糖化血红蛋白的亲和层析 A1c 定量分析的校准。
生产厂家:美国 Trinity Biotech(Primus Corporation dba Trinity Biotech)
注册代理:普莱默斯医疗器械(上海)有限公司
发证日期:2014.02.17 **截止日期**:2018.02.16

国食药监械(进)字 2014 第 2401130 号

产品名称:多项校准品(Serum Protein Multi-Calibrator)
规格型号:水平 1：2mL×1，水平 2：2mL×1，水平 3：2mL×1，水平 4：2mL×1，水平 5：2mL×1，水平 6：2mL×1 (此水平仅用于 C-反应蛋白项目)。
产品标准:YZB/USA 0205-2014
性能组成:由液体人血清基质、防腐剂以及不确定量的免疫球蛋白 G、免疫球蛋白 A、免疫球蛋白 M、补体 C3、补体 C4、转铁蛋白、C-反应蛋白、抗链球菌溶血素 O 和铁蛋白组成。(具体内容详见产品说明书)。产品有效期：2-8℃保存，有效期 36 个月。附件：注册产品标准，产品说明书。
适用范围:本产品用于免疫球蛋白 G、免疫球蛋白 A、免疫球蛋白 M、补体 C3、补体 C4、转铁蛋白、C-反应蛋白、抗链球菌溶血素 O 和铁蛋白检测时的校准，其中水平 6 仅用于 C-反应蛋白的校准。
生产厂家:美国 Beckman Coulter, Inc.
注册代理:贝克曼库尔特商贸(中国)有限公司
发证日期:2014.02.17 **截止日期**:2018.02.16

国食药监械(进)字 2014 第 2401131 号

产品名称:抗 Jo-1 抗体检测试剂盒 (酶联免疫法) (QUANTA Lite Jo-1 ELISA)
规格型号:96 人份/盒
产品标准:YZB/USA 0637-2014
性能组成:1. 聚苯乙烯微孔板，2. 阴性质控品，3. 低阳性质控品，4. 高阳性质控品，5. 样本稀释液，6. 清洗液，7. 结合物，8. TMB 显色剂，9. 终止液。产品有效期：2-8℃条件下保存，有效期为 18 个月。附件：注册产品标准，产品说明书。
适用范围:该产品用于半定量检测人血清中存在的抗 Jo-1 抗体。
生产厂家:美国 INOVA Diagnostics, Inc.
注册代理:沃芬医疗设备国际贸易(上海)有限公司
发证日期:2014.02.20 **截止日期**:2018.02.19

国食药监械(进)字 2014 第 2401132 号

产品名称:抗 RNP 抗体检测试剂盒 (酶联免疫法) (QUANTA Lite RNP

ELISA)
规格型号:96 人份/盒
产品标准:YZB/USA 0639-2014
性能组成:1. 聚苯乙烯微孔板,2. 阴性质控品,3. 低阳性质控品,4. 高阳性质控品,5. 样本稀释液,6. 清洗液,7. 结合物,8. TMB 显色剂,9. 终止液。产品有效期:在 2-8℃下保存,有效期为 18 个月。附件:注册产品标准,产品说明书。
适用范围:该产品用于半定量检测人血清中存在的抗 RNP 抗体。
生产厂家:美国 INOVA Diagnostics, Inc.
注册代理:沃芬医疗设备国际贸易(上海)有限公司
发证日期:2014.02.20 **截止日期**:2018.02.19

国食药监械(进)字 2014 第 2401133 号

产品名称:抗 SS-B 抗体检测试剂盒(酶联免疫法)(QUANTA Lite SS-B ELISA)
规格型号:96 人份/盒
产品标准:YZB/USA 0642-2014
性能组成:1. 聚苯乙烯微孔板,2. 阴性质控品,3. 低阳性质控品,4. 高阳性质控品,5. 样本稀释液,6. 清洗液,7. 结合物,8. TMB 显色剂,9. 终止液。产品有效期:在 2-8℃条件下保存,有效期为 18 个月。附件:注册产品标准,产品说明书。
适用范围:该产品用于半定量检测人血清中存在的抗 SS-B 抗体。
生产厂家:美国 INOVA Diagnostics, Inc.
注册代理:沃芬医疗设备国际贸易(上海)有限公司
发证日期:2014.02.20 **截止日期**:2018.02.19

国食药监械(进)字 2014 第 2401134 号

产品名称:抗 Sm 抗体检测试剂盒(酶联免疫法)(QUANTA Lite Sm ELISA)
规格型号:96 人份/盒
产品标准:YZB/USA 0643-2014
性能组成:1. 聚苯乙烯微孔板,2. 阴性质控品,3. 低阳性质控品,4. 高阳性质控品,5. 样本稀释液,6. 清洗液,7. 结合物,8. TMB 显色剂,9. 终止液。产品有效期:在 2-8℃条件下保存,有效期为 18 个月。附件:注册产品标准,产品说明书。
适用范围:该产品用于半定量检测人血清中存在的抗 Sm 抗体。
生产厂家:美国 INOVA Diagnostics, Inc.
注册代理:沃芬医疗设备国际贸易(上海)有限公司
发证日期:2014.02.20 **截止日期**:2018.02.19

国食药监械(进)字 2014 第 2401135 号

产品名称:抗组蛋白抗体检测试剂盒(酶联免疫法)(QUANTA Lite Histone ELISA)
规格型号:96 人份/盒
产品标准:YZB/USA 0646-2014
性能组成:1. 聚苯乙烯微孔板,2. 阴性质控品,3. 低阳性质控品,4. 高阳性质控品,5. 样本稀释液,6. 清洗液,7. 结合物,8. TMB 显色剂,9. 终止液。产品有效期:在 2-8℃条件下保存,有效期为 9 个月。附件:注册产品标准,产品说明书。
适用范围:该产品用于半定量检测人血清中存在的抗组蛋白抗体。
生产厂家:美国 INOVA Diagnostics, Inc.
注册代理:沃芬医疗设备国际贸易(上海)有限公司
发证日期:2014.02.20 **截止日期**:2018.02.19

国食药监械(进)字 2014 第 2401136 号

产品名称:抗 SS-A 抗体检测试剂盒(酶联免疫法)(QUANTA Lite SS-A ELISA)
规格型号:96 人份/盒
产品标准:YZB/USA 0648-2014
性能组成:1. 聚苯乙烯微孔板,2. 阴性质控品,3. 低阳性质控品,4. 高阳性质控品,5. 样本稀释液,6. 清洗液,7. 结合物,8. TMB 显色剂,9. 终止液。产品有效期:在 2-8℃条件下保存,有效期为 18 个月。附件:注册产品标准,产品说明书。
适用范围:该产品用于半定量检测人血清中存在的抗 SS-A 抗体。
生产厂家:美国 INOVA Diagnostics, Inc.
注册代理:沃芬医疗设备国际贸易(上海)有限公司
发证日期:2014.02.20 **截止日期**:2018.02.19

国食药监械(进)字 2014 第 2401137 号

产品名称:抗 SS-A 52 抗体检测试剂盒(酶联免疫法)(QUANTA Lite SS-A 52 ELISA)
规格型号:96 人份/盒
产品标准:YZB/USA 0649-2014
性能组成:1. 聚苯乙烯微孔板,2. 阴性质控品,3. 低阳性质控品,4. 高阳性质控品,5. 样本稀释液,6. 清洗液,7. 结合物,8. TMB 显色剂,9. 终止液。产品有效期:在 2-8℃条件下保存,有效期为 12 个月。附件:注册产品标准,产品说明书。
适用范围:该产品用于半定量检测人血清中存在的抗 SS-A 52 IgG 抗体。
生产厂家:美国 INOVA Diagnostics, Inc.
注册代理:沃芬医疗设备国际贸易(上海)有限公司
发证日期:2014.02.20 **截止日期**:2018.02.19

国食药监械(进)字 2014 第 2401138 号

产品名称:抗 Scl-70 抗体检测试剂盒(酶联免疫法)(QUANTA Lite Scl-70 ELISA)
规格型号:96 人份/盒
产品标准:YZB/USA 0651-2014
性能组成:1. 聚苯乙烯微孔板,2. 阴性质控品,3. 低阳性质控品,4. 高阳性质控品,5. 样本稀释液,6. 清洗液,7. 结合物,8. TMB 显色剂,9. 终止液。产品有效期:在 2-8℃条件下保存,有效期为 18 个月。附件:注册产品标准,产品说明书。
适用范围:该产品用于半定量检测人血清中存在的抗 Scl-70 抗体。
生产厂家:美国 INOVA Diagnostics, Inc.
注册代理:沃芬医疗设备国际贸易(上海)有限公司
发证日期:2014.02.20 **截止日期**:2018.02.19

国食药监械(进)字 2014 第 2401139 号

产品名称:血氨测定试剂盒(酶法)(ammonia L3K® Assay)
规格型号:氨试剂:2 x 20 mL;标准液:1 x 15 mL。
产品标准:YZB/CAN 8423-2013
性能组成:氨试剂:缓冲液、a-酮戊二酸、GLDH、NADPH、稳定剂;标准液:硫酸铵(氨)溶液。(具体内容详见说明书)。产品有效期:2-8℃条件下保存,有效期 14 个月。附件:注册产品标准,产品说明书。
适用范围:体外定量测定血浆中的氨含量。
生产厂家:加拿大 Sekisui diagnostics P.E.I.Inc
注册代理:上海基恩科技有限公司
发证日期:2014.02.17 **截止日期**:2018.02.16

国食药监械(进)字 2014 第 2401140 号

产品名称:血气分析检测卡(干式电化学法)(epoc BGEM)
规格型号:50 人份/盒
产品标准:YZB/CAN 0215-2014
性能组成:由传感器及校准液组成。(具体内容详见说明书)。产品有效期:在室温 15-30℃条件下储存与卡带内,有效期为 168 天。附件:注册产品标准,产品说明书。
适用范围: 体外定量检测动脉全血样本中的 pH、二氧化碳分压(pCO2)、氧分压(pO2)、钠(Na+)、钾(K+)、钙离子(Ca++)、红细胞压积(Hct)、血红蛋白(cHgb*)、实际碳酸氢盐(cHCO3-*)、总二氧化碳(cTCO2*)、碱剩余(BE*)、氧饱和度(cSO2*)、乳酸(Lac)和葡萄糖(Glu)的浓度(*为计算项目)。
生产厂家:加拿大 Epocal Inc.
注册代理:美艾利尔(中国)医疗器械有限公司
发证日期:2014.02.17 **截止日期**:2018.02.16

国食药监械(进)字 2014 第 1401141 号

产品名称:原位杂交蓝染染色液(VENTANA ISH iVIEW Blue Detection Kit)
规格型号:200 测试
产品标准:YZB/USA 0532-2014
性能组成:iVIEW Blue 检测试剂盒内含足够供 200 次测试的试剂。(具体内容详见附页)。产品有效期:存放于 2-8° C,有效期至 12 个月。附件:注册产品标准,产品说明书。
适用范围:该产品是一种抗荧光素鼠抗体,用于在间接生物素链酶亲和素系统中检测特异性荧光素标记的探针。
生产厂家:美国 Ventana Medical Systems, Inc.
注册代理:罗氏诊断产品(上海)有限公司
发证日期:2014.02.20 **截止日期**:2018.02.19

国食药监械(进)字 2014 第 1401142 号

产品名称:低离子强度盐溶液(Gamma PeG)
规格型号:3 x10ml, 10x10ml。
产品标准:YZB/USA 0208-2014
性能组成:聚乙二醇,甘氨酸,叠氮化钠 0.1%。产品有效期:1-10℃下避光保存,有效期为 2 年。附件:注册产品标准,产品说明书。
适用范围:本产品作为添加剂,用于在检测血型意外抗体时,增强检测的灵敏度。
生产厂家:美国 Immucor, Inc.
注册代理:海尔施生物医药股份有限公司
发证日期:2014.02.20 **截止日期**:2018.02.19

国食药监械(进)字 2014 第 1401143 号

产品名称:低离子强度盐溶液(Gamma N-HANCE)
规格型号:3x10ml, 10x10ml。
产品标准:YZB/USA 0190-2014
性能组成:甘氨酸,表面活性剂,叠氮化钠。产品有效期:1-10℃下避光保存,有效期为 3 年。附件:注册产品标准,产品说明书。
适用范围:本产品作为低离子强度添加剂溶液,用于抗体检测试验。
生产厂家:美国 Immucor, Inc.
注册代理:海尔施生物医药股份有限公司
发证日期:2014.02.20 **截止日期**:2018.02.19

国食药监械(进)字 2014 第 2401144 号

产品名称:25-羟基维生素 D 检测试剂盒(酶联免疫吸附法)(25-OH Vitamin D ELISA)
规格型号:EQ 6411-9601: 96 人份/盒。
产品标准:YZB/GER 0699-2014
性能组成:微孔板、标准品 1-6、质控品 1-2、生物素、样本缓冲液、酶结合物、清洗缓冲液、色原/底物液、终止液、质量控制证书。(具体内容详见说明书)。产品有效期:2-8℃保存,不要冰冻。未开封前,除非特别说明,试剂盒中各成分自生产之日起可稳定 1 年。附件:注册产品标准,产品说明书。
适用范围:该产品用于体外定量检测人血清或血浆中 25-羟基维生素 D 的含量。
生产厂家:德国 EUROIMMUN Medizinische Labordiagnostika AG
注册代理:北京欧蒙生物技术有限公司
发证日期:2014.02.20 **截止日期**:2018.02.19

国食药监械(进)字 2014 第 2401144 号(变更批件)

产品名称:25-羟基维生素 D 检测试剂盒(酶联免疫吸附法)(25-OH Vitamin D ELISA)
规格型号:96 人份/盒
产品标准:YZB/GER 0699-2014
备注:变更内容:1.说明书【主要组成成分】项中,“质量控制证书”变更为“靶值参照表”。2.代理人和注册代理机构名称由“北京欧蒙生物技术有限公司”变更为“欧蒙医学诊断(中国)有限公司”,机构地址由“北京市朝阳区北辰东路 8 号院 1 号楼 19 层 1901-1907 号”变更为“北京市朝阳区北辰东路 8 号院 1 号楼 1908-1910 室”。3.产品说明书中售后服务单位名称由“北京欧蒙生物技术有限公司”变更为“欧蒙医学诊断(中国)有限公司”,机构地址由“北京市朝阳区北辰东路 8 号院 1 号楼 19 层 1901-1907 号”变更为“北京市朝阳区北辰东路 8 号院 1 号楼 1908-1910 室”。申请人根据批准变更内容自行修订注册产品标准、说明书及包装标签中相应内容。审批结论:根据《体外诊断试剂注册管理办法》(试行),经审查,予以变更。本批件与原注册证共同使用,本批件有效期与原注册证有效期相同。
生产厂家:德国 EUROIMMUN Medizinische Labordiagnostika AG
变更日期:2014.07.02 **截止日期**:2018.02.19

国食药监械(进)字 2014 第 2401145 号

产品名称:游离甲状腺素校准品(ARCHITECT Free T4 Calibrators)
规格型号:6 瓶(4 mL/瓶)
产品标准:YZB/IRE 0302-2014
性能组成:校准品 A 含人血清。校准品 B-F 含游离甲状腺素、人血清。防腐剂:叠氮钠。(具体内容详见说明书)。产品有效期:2-8℃储存,有效期 12 个月。附件:注册产品标准,产品说明书。
适用范围:用于定量测定人血清和血浆中的游离甲状腺素(Free T4)时,对游离甲状腺素项目进行校准。
生产厂家:爱尔兰 Abbott Ireland Diagnostics Division
注册代理:雅培贸易(上海)有限公司
发证日期:2014.02.17 **截止日期**:2018.02.16

国食药监械(进)字 2014 第 2401145 号(变更批件)

产品名称:游离甲状腺素校准品(ARCHITECT Free T4 Calibrators)
规格型号:6 瓶(4 mL/瓶)
产品标准:YZB/IRE 0302-2014
备注:变更内容:原注册证内容:1)产品有效期:2-8℃储存,有效期 12 个月。 变更后的内容:1)产品有效期:2~8℃储存,有效期 18 个月。说明书和产品标准变更见附件。申请人根据批准变更内容自行修订注册产品标准、说明书及包装标签中相应内容。审批结论:根据《体外诊断试剂注册管理办法》(试行),经审查,予以变更。本批件与原注册证共同使用,本批件有效期与原注册证有效期相同。
生产厂家:爱尔兰 Abbott Ireland Diagnostics Division
变更日期:2014.09.22 **截止日期**:2018.02.16

国食药监械(进)字 2014 第 2401146 号

产品名称:电解质标准液(低值)(ISE Low Serum Standard)
规格型号:4&; times; 100 mL
产品标准:YZB/USA 0351-2014
性能组成:钠、钾、氯和防腐剂。(具体内容详见产品说明书)。产品有效期:2-25℃保存,有效期 18 个月。附件:注册产品标准,产品说明书。
适用范围:本产品用测定人血清或血浆中钠、钾和氯离子浓度时的校准。
生产厂家:美国 Beckman Coulter, Inc.
注册代理:贝克曼库尔特商贸(中国)有限公司
发证日期:2014.02.17 **截止日期**:2018.02.16

国食药监械(进)字 2014 第 2401146 号

产品名称:电解质标准液(低值)(ISE Low Serum Standard)
规格型号:4×100 mL
产品标准:YZB/USA 0351-2014
性能组成:钠、钾、氯和防腐剂。(具体内容详见产品说明书)。产品有效期:2-25℃保存,有效期 18 个月。附件:注册产品标准,产品说明书。
适用范围:本产品用测定人血清或血浆中钠、钾和氯离子浓度时的校准。
生产厂家:美国 Beckman Coulter, Inc.
注册代理:贝克曼库尔特商贸(中国)有限公司
发证日期:2014.02.17 **截止日期**:2018.02.16

国食药监械(进)字 2014 第 2401147 号

产品名称:电解质标准液(高值)(ISE High Serum Standard)
规格型号:4×100 mL
产品标准:YZB/USA 0352-2014
性能组成:钠、钾、氯和防腐剂。(具体内容详见产品说明书)。产品有效期:2-25℃保存,有效期 18 个月。附件:注册产品标准,产品说明书。
适用范围:本产品用于测定人血清或血浆中钠、钾和氯离子浓度时的校准。
生产厂家:美国 Beckman Coulter, Inc.
注册代理:贝克曼库尔特商贸(中国)有限公司
发证日期:2014.02.17 **截止日期**:2018.02.16

国食药监械(进)字 2014 第 2401148 号

产品名称:脂蛋白(a)检测试剂盒(乳胶增强免疫比浊法)(Tina-quant Lipoprotein (a) Gen.2 (Latex)(LPA2))
规格型号:150 测试;200 测试;试剂 1:2 × 8mL,试剂 2:2 × 3mL;试剂 1:6 × 40mL,试剂 2:6 × 12mL。

产品标准:YZB/GER 0802-2014
性能组成:试剂 1: 甘氨酸缓冲液、稳定剂、牛血清白蛋白(BSA)、0.1%兔血清、防腐剂。试剂 2: 多克隆抗人脂蛋白(a)抗体(家兔)包被的乳胶颗粒、甘氨酸缓冲液、牛血清白蛋白(BSA)、防腐剂。(具体内容详见说明书)。产品有效期: 2-8℃,保存 18 个月。附件: 注册产品标准,产品说明书。
适用范围:体外定量测定人类血清和血浆中的脂蛋白(a)。
生产厂家:德国 Roche Diagnostics GmbH
注册代理:罗氏诊断产品(上海)有限公司
发证日期:2014.02.20 **截止日期**:2018.02.19

国食药监械(进)字 2014 第 1401149 号

产品名称:便潜血检测试剂稀释液(商品名: OC-稀释液)(OC-Auto 3 Buffer)
规格型号:200mL/瓶 × 1
产品标准:YZB/JAP 0335-2014
性能组成:缓冲剂(N-2-羟乙基哌嗪-N′ -2-乙磺酸) 11.92mg/mL。产品有效期: 在 2-10℃条件下保存,有效期 1 年。附件: 注册产品标准,产品说明书。
适用范围:本产品用于检测粪便中血红蛋白时,作为便潜血检测试剂的稀释液使用。
生产厂家:日本 EIKEN CHEMICAL CO., LTD.
注册代理:荣研生物科技(中国)有限公司
发证日期:2014.02.17 **截止日期**:2018.02.16

国食药监械(进)字 2014 第 1401150 号

产品名称:蓝化剂浓缩液(SelecTech Blue Buffer 8 Concentrate)
规格型号:500ml
产品标准:YZB/USA 0711-2014
性能组成:三羟甲基氨基甲烷盐酸盐,三羟甲基氨基甲烷,固绿。产品有效期: 室温 15℃-30℃储存。有效期 24 个月。附件: 注册产品标准,产品说明书。
适用范围:在标准苏木精伊红染色中用于对冷冻或石蜡包埋组织标本进行蓝化。
生产厂家:美国 Leica Biosystems Richmond, Inc.
注册代理:徕卡显微系统(上海)贸易有限公司
发证日期:2014.02.20 **截止日期**:2018.02.19

国食药监械(进)字 2014 第 1401151 号

产品名称:清洗液(HISCL Washing Solution)
规格型号:10L/箱
产品标准:YZB/JAP 0552-2014
性能组成:表面活性剂(Tween20)。产品有效期:2-30℃保存(禁止冷冻),有效期 12 个月。附件: 注册产品标准,产品说明书。
适用范围:本产品是在使用全自动免疫分析仪进行测定时,在抗原抗体反应后使用本产品清洗反应比色杯,以除去未反应物质。
生产厂家:日本 SYSMEX CORPORATION
注册代理:希森美康医用电子(上海)有限公司
发证日期:2014.02.20 **截止日期**:2018.02.19

国食药监械(进)字 2014 第 1401152 号

产品名称:样本稀释液(HISCL Diluent)
规格型号:20mL × 1瓶
产品标准:YZB/JAP 0553-2014
性能组成:含有 1%BSA 的三乙醇胺缓冲液。产品有效期: 2-8℃保存(禁止冷冻),有效期 12 个月。附件: 注册产品标准,产品说明书。
适用范围:使用全自动免疫分析仪进行测定,样本需要稀释时,使用本产品对样本进行稀释。
生产厂家:日本 SYSMEX CORPORATION
注册代理:希森美康医用电子(上海)有限公司
发证日期:2014.02.20 **截止日期**:2018.02.19

国食药监械(进)字 2014 第 3401153 号

产品名称:结核分枝杆菌 rpoB 基因和突变检测试剂盒(实时荧光 PCR 法)(商品名: Xpert® MTB/RIF)(MTB/RIF Assay)
规格型号:10 人份/盒
产品标准:YZB/SWE 0773-2014
性能组成:内含反应管的检测匣(1 号珠、2 号珠、3 号珠、试剂 1、试剂 2),样品处理试剂(SR)和一次性移液管。(具体内容详见产品说明书)。产品有效期: 2-28℃保存,有效期 24 个月。附件: 注册产品标准,产品说明书。
适用范围:本产品用于体外定性检测结核菌阳(涂片阳性或者细菌培养阳性)痰沉淀物样本中的结核分枝杆菌复合物 DNA 和利福平耐药相关的 rpoB 基因突变。
变更情况:变更日期:2015.01.15。"代理人:天津仪美科技有限公司 天津港保税区海滨十一路 166 号 212 室"变更为"代理人: 赛沛(上海)商贸有限公司 上海市徐汇区虹桥路 1 号 1 座 3705 室"。
生产厂家:瑞典 Cepheid AB
注册代理:天津仪美科技有限公司
发证日期:2014.02.26 **截止日期**:2018.02.25

国食药监械(进)字 2014 第 3301154 号

产品名称:口腔全景 X 射线机(Panoramic X-ray Unit)
规格型号:CRA-1
产品标准:YZB/FIN 0796-2014《口腔全景 X 射线机》
性能组成:产品组成: 支柱、X 射线管组件(INTH 1)、X 射线管(D-058)、限束器、数字影像接受器(CRA-1)和 Digora forWindows 软件(版本 2.7)。产品性能: 标称电功率 490W,X 射线管组件(固定阳极,焦点 0.5mm),管电压为儿童 60kV、成人 70kV,管电流为 7mA,加载时间为成人全景摄影 9s、儿童全景摄影 8s、颞下颌关节摄影 1.8+1.8s。
适用范围:用于口腔全景摄影诊断
生产厂家:芬兰 Soredex PaloDEx Group Oy
注册代理:北京思迪克斯医疗器械有限公司
服务机构:北京思迪克斯医疗器械有限公司
发证日期:2014.02.26 **截止日期**:2018.02.25

国食药监械(进)字 2014 第 3251155 号

产品名称:高频电刀(ELECTROSURGICAL SYSTEM)
规格型号:Quantum 2000
产品标准:YZB/USA 0630-2014《高频电刀》
性能组成:产品由主机、脚踏开关(型号 109868-1)组成。高频额定输出频率 495kHz。高频输出方式为单极,具有电切、电凝、混合模式,在额定负载 500Ω 下,额定输出功率均为 100W。
适用范围:该产品用于妇科/产科的电热手术。
生产厂家:美国 CooperSurgical, Inc.
注册代理:广州三瑞医疗器械有限公司
服务机构:广州三瑞医疗器械有限公司
发证日期:2014.02.26 **截止日期**:2018.02.25

国食药监械(进)字 2014 第 3231156 号

产品名称:超声诊断系统(Ultrasonic Diagnostic Equipment)
规格型号:KM60 kontron-PE/KM60 kontron-SS
产品标准:YZB/ITA 0894-2014《超声诊断系统》
性能组成:见《产品性能结构及组成附页》。
适用范围:用于临床超声诊断检查。各探头临床应用见《产品性能结构及组成附页》。
生产厂家:意大利 ESAOTE SPA
注册代理:百胜(深圳)医疗设备有限公司
服务机构:百胜(深圳)医疗设备有限公司
发证日期:2014.02.26 **截止日期**:2018.02.25

国食药监械(进)字 2014 第 3251157 号

产品名称:氩气控制器(Electrosurgical Expansion System with Accessories)
规格型号:EES 100
产品标准:YZB/USA 0873-2014《氩气控制器》
性能组成:设备由主机、脚踏开关组成。该产品是氩气流量控制装置,无高频功率源,不是能量发生设备,必须与高频电刀配合使用。氩气流量控制范围 0.1-12L/min。允许通过的高频频率范围 200-700kHz、切割功率范围 0-300W、凝血功率范围 0-120W。
适用范围:本产品与电外科手术发生器设备以及电极刀笔相结合,传导氩气至病人组织,通过氩气离子实现其对病人组织的强化止血。

生产厂家:美国通产美伦
注册代理:北京朗怡康医疗器械有限公司
服务机构:北京朗怡康医疗器械有限公司
发证日期:2014.02.26 截止日期:2018.02.25

国食药监械(进)字 2014 第 3301158 号

产品名称:口腔 X 射线数字化体层摄影设备(Medical Dental X-ray Equipment)
规格型号:CS 9300 Select , CS 9300C Select
产品标准:YZB/USA 4609-2013《口腔 X 射线数字化体层摄影设备》
性能组成:产品组成: X 射线源组件 (包括--- X 射线管:型号 OPX 110, 限束器, X 射线管组件(包括高压发生器):型号 CU234)、全景和三维数字探测器 (型号: PaxScan1515DXT)、头颅数字探测器 (型号: CEPHALOSTAT, 仅 CS 9300CSelect)、附件、设备头(包含所有的电子控制)、旋转臂、带控制面板的固定臂、移动曝光手闸、腮托基座、鬓角支架、固定扶手、头固定臂及头部固定器(仅 CS 9300CSelect)、头夹和耳锥(仅 CS 9300CSelect)和影像获取软件组成; 其中附件见注册产品标准。性能: 标称电功率: 900W; X 射线管组件 (固定阳极, 焦点尺寸: 0.7); 全景和三维数字探测器 (非晶硅平板探测器 (带 Csi 涂层)); 头颅数字探测器(CCD); X 射线管电压调节范围: 60-90 kV, X 射线管电流调节范围: 2-15mA; 加载时间范围见注册产品标准。
适用范围:本产品用于生成儿科患者和成人患者的口腔颌面区域的二维和三维数字 X 射线影像; 另外, CS 9300C Select 还可生成测颅影像(包括手部和手腕成像), 可获得腕骨的增长和成熟度评估影像。
生产厂家:美国 Carestream Health, Inc.
注册代理:锐珂亚太投资管理(上海)有限公司
服务机构:锐珂亚太投资管理(上海)有限公司
发证日期:2014.02.26 截止日期:2018.02.25

国食药监械(进)字 2014 第 3211159 号

产品名称:植入式冠状窦电极导线(Implantable Coronary Sinus Lead)
规格型号:Corox ProMRI OTW 75-BP、Corox ProMRI OTW 85-BP、Corox ProMRI OTW-S 75-BP、 Corox ProMRI OTW-S 85-BP、Corox ProMRI OTW-L 75-BP、Corox ProMRI OTW-L 85-BP
产品标准:YZB/GER 0791-2014《植入式冠状窦电极导线》
性能组成:产品由电极导线及附件组成, 电极导线有 IS-1 连接器、导线缠绕芯、头端电极、环形电极、电极导线体、类固醇药套、电极导线固定套管组成。附件见附表。
适用范围:该产品用于有源植入设备 (除颤器或起搏器) 一起, 构成一个起搏系统。在特定的前提和条件下, 在保证对患者和植入设备采取了特殊保护措施的情况下, 可以用该电极导线进行核磁共振影像检查。
生产厂家:德国百多力欧洲股份两合公司
注册代理:百多力(北京)医疗器械有限公司
服务机构:百多力(北京)医疗器械有限公司
发证日期:2014.02.26 截止日期:2018.02.25

国食药监械(进)字 2014 第 2221160 号

产品名称:生物显微镜 (商品名: 尼康 Ti 系列倒置生物显微镜) (生物顯微鏡)
规格型号:Ti-E、Ti-E/B、Ti-U、Ti-U/B、Ti-S、Ti-S/L100
产品标准:YZB/JAP 0745-2014《生物显微镜》
性能组成:该产品为研究用显微镜, 由主机、照明立柱、电源、目镜筒、目镜筒底座、物镜、物镜转换器、聚光镜、载物台组成, 可更换组件的型号见标准。
适用范围:该产品用于投射或反射照明下的活体细胞和组织的微观观察以及微观操作。
生产厂家:日本株式会社ニコン
注册代理:尼康仪器(上海)有限公司
服务机构:尼康仪器(上海)有限公司
发证日期:2014.02.24 截止日期:2018.02.23

国食药监械(进)字 2014 第 2211161 号

产品名称:动态心电记录仪(Holter Analysis Recorder)
规格型号:H3+
产品标准:YZB/USA 0485-2014《动态心电记录仪》
性能组成:该产品由记录仪和患者导联线组成。
适用范围:该产品用于病人的心电图数据的采集、记录和存储。
生产厂家:美国 MORTARA INSTRUMENT INC.
注册代理:北京美林科技有限责任公司
服务机构:北京美林科技有限责任公司
发证日期:2014.02.24 截止日期:2018.02.23

国食药监械(进)字 2014 第 2541162 号

产品名称:动力系统(Drill System)
规格型号:OPTIMA MX
产品标准:YZB/SWI 0726-2014《动力系统》
性能组成:产品由彩色显示触摸屏(1500231)、触摸笔(1300134-010)、微型马达(1600375-001)、B4VX 管线(1600428-001)组成。
适用范围:该产品控制牙科手机适用于口腔科修复治疗的需要。
生产厂家:瑞士 Bien-Air Dental SA
注册代理:北京彼岸医疗器械技术服务有限公司
服务机构:北京彼岸医疗器械技术服务有限公司
发证日期:2014.02.24 截止日期:2018.02.23

国食药监械(进)字 2014 第 3321163 号

产品名称:后装治疗机(Brachytherapy System)
规格型号:microSelectron V3
产品标准:YZB/NET 7041-2013《后装治疗机》
性能组成:由治疗机、治疗控制面板、治疗控制站、应急安全容器、治疗状态指示器、遥控装置、施源器组成, 采用单原子铱-192 作为辐射源。
适用范围:机帮助操作人员通过遥控进行操作, 将放射性核素放置到体内(包括组织间、腔内、管内、支气管、血管内和术中)或体表进行放射治疗。
生产厂家:荷兰 NUCLETRON B.V.
注册代理:医科达(上海)医疗器械有限公司
服务机构:医科达(上海)医疗器械有限公司
发证日期:2014.02.24 截止日期:2018.02.23

国食药监械(进)字 2014 第 2541164 号

产品名称:电动植皮刀 (商品名: Zimmer) (Electric Dermatome)
规格型号:见附页
产品标准:YZB/USA 2231-2013《电动植皮刀》
性能组成:电动植皮刀由主机、手持件、消毒盒组成。
适用范围:用于提供多种厚度及宽度的皮肤移植用器械。
生产厂家:美国 Zimmer Surgical, Inc.
注册代理:捷迈(上海) 医疗国际贸易有限公司
服务机构:捷迈(上海) 医疗国际贸易有限公司
发证日期:2014.02.24 截止日期:2018.02.23

国食药监械(进)字 2014 第 3231165 号

产品名称:血管内超声系统 (商品名: iLab) (Ultrasound Imaging System)
规格型号:见附页
产品标准:YZB/USA 0509-2014《血管内超声系统》
性能组成:该系统 (型号: H749iLab220CARTO) 由成像主机、带触摸屏的控制面板、LCD 显示器、打印机、CD/DVD 驱动器、可移动式硬盘驱动器及系统附件组成。系统附件包括一次性滑板(型号:H749A70200)和马达驱动单元(型号:H749I50330)。性能见产品标准。
适用范围:配合 Atlantis SR Pro 冠脉超声成像导管(型号:H749389420)及 Ultra ICE 心脏内超声导管 (型号: M00499000), 用于血管内通道的超声成像检查。
生产厂家:美国波士顿科学公司(Boston Scientific Corporation)
注册代理:波科国际医疗贸易(上海)有限公司
服务机构:波科国际医疗贸易(上海)有限公司
发证日期:2014.02.24 截止日期:2018.02.23

国食药监械(进)字 2014 第 3231166 号

产品名称:血管内超声系统 (商品名: iLab) (Ultrasound Imaging System)
规格型号:见附页
产品标准:YZB/USA 0510-2014《血管内超声系统》

性能组成:该系统(型号:H749iLab220INS0)由成像主机、带触摸屏的控制面板、LCD显示器、打印机、CD/DVD驱动器、可移动式硬盘驱动器及系统附件组成。系统附件包括一次性滑板(型号:H749A70200)和马达驱动单元(型号:H749I50330)。性能见产品标准。
适用范围:配合Atlantis SR Pro冠脉超声成像导管(型号:H749389420)及Ultra ICE心脏内超声导管(型号:M00499000),用于血管内通道的超声成像检查。
生产厂家:美国波士顿科学公司(Boston Scientific Corporation)
注册代理:波科国际医疗贸易(上海)有限公司
服务机构:波科国际医疗贸易(上海)有限公司
发证日期:2014.02.24 截止日期:2018.02.23

国食药监械(进)字2014第2401167号

产品名称:人体成分分析仪(Body Composition Analyzer)
规格型号:InBody J20
产品标准:YZB/ROK 0696-2014《人体成分分析仪》
性能组成:该产品由触控面板、左右侧卧柄(含手掌电极、拇指电极)、脚踏板(含脚跟电极、脚掌电极)、立柱、电源线、适配器组成。测量方式:8 点接触式电极;测量频率:5KHz/50KHz/250KHz;体电阻测量范围:10～1000Ω,测量误差:右上肢、左上肢、右下肢、左下肢的误差范围为±1%,躯干为±5%;体重测量范围:10～250Kg,体重精确度为100g;身高测量范围:95～220cm。
适用范围:本产品适用于测量人体体重、身高及体电阻。
生产厂家:韩国Biospace Co., Ltd.
注册代理:拜斯倍斯医疗器械贸易(上海)有限公司
服务机构:拜斯倍斯医疗器械贸易(上海)有限公司
发证日期:2014.02.24 截止日期:2018.02.23

国食药监械(进)字2014第3331168号

产品名称:单光子发射及X射线计算机断层成像系统(Single Photom Emission and Computed Tomography System)
规格型号:BrightView XCT
产品标准:YZB/USA 0675-2014《单光子发射及X射线计算机断层成像系统》
性能组成:系统由两部分组成:单光子发射计算机断层装置(SPECT)成像系统和X射线计算机断层扫描成像系统。SPECT平台为BrightView成像系统,在BrightView系统的机架上安装了球管及平板探测器而达到X射线断层扫描的功能。结构组成为:核医学(NM)扫描架和探测器、X射线管组件、计算机断层扫描平板X射线探测器、X射线发生器和重建服务器柜、准直器和准直器更换推车、触摸屏、手持控制器、成像检查床及附件、不间断电源和数据采集及处理系统。
适用范围:BrightView XCT是结合了单光子核医学图像采集与X射线计算机断层成像系统图像的影像系统。BrightView XCT可产生未经衰减校正和经过衰减校正的人体中放射性药剂分布图像,以及X射线透射图像。XCT透射数据可用于生成经衰减校正的核医学图像。可以将核医学图像和CT图像用融合格式(按相同方向重叠)配准和显示,以提供合并的单光子和解剖数据,从而为核医学数据提供解剖结构参考。系统的单光子部分可以作为独立的单光子系统使用,也可用于组合系统使用。CT部分不可以作为独立的诊断CT系统使用。可以将核医学和CT图像传输到其他系统,例如放疗计划系统。BrightView XCT影像系统只能由经过培训的专业医护人员使用。
生产厂家:美国Philips Medical Systems (Cleveland), Inc.
注册代理:飞利浦(中国)投资有限公司
服务机构:飞利浦(中国)投资有限公司
发证日期:2014.02.24 截止日期:2018.02.23

国食药监械(进)字2014第2221169号

产品名称:便携式内窥镜摄像系统(Compact Camera)
规格型号:USB Compact Camera
产品标准:YZB/GER 0706-2014《便携式内窥镜摄像系统》
性能组成:组成:系统由摄像头组成,摄像头由CCD头,物镜适配器构成.性能参数:1 有效像素:系统有效像素名义值为300000,允差-20%,上限不计.2 图像传递像素:图像传递像素为752×582。3.最小照度(灵敏度):最小照度≤3lux。4 信噪比:应>46dB 5 接口尺寸 物镜适配器与内窥镜目镜罩接口直径设计值应为φ32mm,允差+0.50/0.00mm。
适用范围:本系统适用于医院做内窥镜手术时,将体内检查和手术区域视频放大成像用
生产厂家:德国XION GmbH
注册代理:艾克松有限公司杭州办事处
服务机构:艾克松有限公司杭州办事处
发证日期:2014.02.24 截止日期:2018.02.23

国食药监械(进)字2014第3211170号

产品名称:病人终端(Telemonitoring Systems)
规格型号:CardioMessenger II
产品标准:YZB/GER 0728-2014《病人终端》
性能组成:产品组成包括移动单元(CardioMessenger II/M,充电底座(CardioMessenger II/L),携带软包(Carrying case),皮带夹(Belt Clip),电源适配器(Friwo MMP15)。
适用范围:适用于体内安装有百多力公司生产的具有家庭监护功能的植入式心脏起搏器或植入式心脏复律/除颤器的病人。其结构和工作方式类似于一个普通手机,能将从有源植入物(如植入式心脏起搏器或植入式心脏复律/除颤器)中接收到的信息通过短信(SMS)的方式经移动电话网络(GSM)传输至百多力服务中心,方便医生查看病人体内植入物的工作状况。
生产厂家:德国百多力欧洲股份两合公司(BIOTRONIK SE &Co.KG)
注册代理:百多力(北京)医疗器械有限公司
服务机构:百多力(北京)医疗器械有限公司
发证日期:2014.02.24 截止日期:2018.02.23

国食药监械(进)字2014第2571171号

产品名称:灭菌器(商品名:Getinge)(Steam Sterilizer)
规格型号:HS6606;HS6610;HS6613;HS6617;HS6620
产品标准:YZB/SWE 0628-2014《灭菌器》
性能组成:见附页。
适用范围:供医疗机构用于医疗物品的压力蒸汽灭菌。
生产厂家:瑞典Getinge Sterilization AB
注册代理:洁定贸易(上海)有限公司
服务机构:洁定贸易(上海)有限公司
发证日期:2014.02.24 截止日期:2018.02.23

国食药监械(进)字2014第2211172号

产品名称:动态心电记录器(Holter Recorder)
规格型号:DMS300-2、DMS300-3、DMS300-4
产品标准:YZB/USA 0580-2014《动态心电记录器》
性能组成:该产品由主机组成。
适用范围:该产品用于动态心电图信号的采集和储存。
生产厂家:美国诊断监护软件公司(Diagnostic Monitoring Software)
注册代理:迪姆软件(北京)有限公司
服务机构:迪姆软件(北京)有限公司
发证日期:2014.02.24 截止日期:2018.02.23

国食药监械(进)字2014第2231173号

产品名称:膀胱容量测量仪(商品名:BladderScanTM)(Diagnostic Ultrasound System with Accessories)
规格型号:BVI 6100
产品标准:YZB/USA 0562-2014《膀胱容量测量仪》
性能组成:该产品由扫描仪、充电器、网络连接基座组成。
适用范围:产品适用于非侵入性测量患者膀胱的尿容量。
生产厂家:美国威尔逊公司(VERATHON INC.)
注册代理:北京乐宝瑞商贸有限公司
服务机构:北京乐宝瑞商贸有限公司
发证日期:2014.02.24 截止日期:2018.02.23

国食药监械(进)字2014第2221174号

产品名称:喉镜(Laryngoscope)
规格型号:见附页
产品标准:YZB/ISR 0607-2014《喉镜》
性能组成:喉镜由喉镜片(即窥视片)、手柄、灯泡和可拆光纤组成。
适用范围:该产品用于供临床医生施行气管插管术使用。
生产厂家:以色列Truphatek International Ltd.
注册代理:真泰(北京)商贸有限公司

服务机构:真泰(北京)商贸有限公司
发证日期:2014.02.24 截止日期:2018.02.23

国食药监械(进)字2014第3251175号

产品名称:切开刀(Sphincterotomes)
规格型号:见附页
产品标准:YZB/GER 0604-2014《切开刀》
性能组成:一次性乳头切开刀由手柄、HF-连接器、Luer锁连接器、管鞘组成。可重复使用乳头切开刀由固定螺丝、手柄、连接钉、Luer锁连接器、HF-连接器、止推器和管鞘组成。
适用范围:该产品是与内窥镜配套使用的手术器械,需要高频电流,用于消化道乳头组织切开手术。
生产厂家:德国Medi-Globe GmbH
注册代理:优诺康(北京)医药技术服务有限公司
服务机构:优诺康(北京)医药技术服务有限公司
发证日期:2014.02.24 截止日期:2018.02.23

国食药监械(进)字2014第3771176号

产品名称:微导管(商品名:MiraFlex)(MiraFlex 18 Microcatheter)
规格型号:MF-2.5-18-135-15, MF-2.5-18-150-15
产品标准:YZB/USA 0327-2014《微导管》
性能组成:微导管由一条微导管、一个Y接头连接管和2个1mL注射器组成。微导管材料:管身:尼龙12、Pebax、304不锈钢和PTFE;导管座:尼龙6;应力缓冲管:硅胶;导管头端的标记:铂铱合金;涂层:亲水涂层(聚乙烯吡咯烷酮)。环氧乙烷灭菌,产品一次性使用。
适用范围:该产品用于对小血管或超选择性解剖结构进行诊断及介入操作,包括用于神经脉管系统、外周脉管系统或冠脉系统。
生产厂家:美国库克公司(Cook Incorporated)
注册代理:库克(中国)医疗贸易有限公司
服务机构:库克(中国)医疗贸易有限公司
发证日期:2014.02.28 截止日期:2018.02.27

国食药监械(进)字2014第3661177号

产品名称:青光眼引流阀(Ahmed Glaucoma Valve)
规格型号:S2, S3
产品标准:YZB/USA 0891-2014《青光眼引流阀》
性能组成:青光眼引流阀使房水分流的单向阀装置,由盛盘和导管两部分组成,导管材料为硅胶,盛盘材料为聚丙烯。一次性使用产品,伽马射线灭菌。
适用范围:用于控制难治性青光眼眼压、排泄眼内房水用。S3适用于儿童和小眼球患者。
生产厂家:美国New World Medical, Inc.
注册代理:北京欣明仁医疗器械技术有限公司
服务机构:北京欣明仁医疗器械技术有限公司
发证日期:2014.02.28 截止日期:2018.02.27

国食药监械(进)字2014第3771178号

产品名称:经外周中心静脉导管(商品名:Cavafix®)(Cavafix)
规格型号:见附页
产品标准:YZB/GER 0884-2014《经外周中心静脉导管》
性能组成:经外周中心静脉导管Cavafix®Certodyn®和Cavafix®Duo由穿刺导引针、导引套管(可分裂导引套管或不可分裂导引套管)、导管、心电导联线及接头(外径,导联线部分:1.2mm;长度,包含接头部分:1m)组成;Braunüle Splittocan仅包括穿刺导引针、导引套管(可分裂导引套管)。产品经环氧乙烷灭菌,一次性使用。
适用范围:本产品适用于长时间静脉输液治疗,输入高渗或静脉高刺激性溶液及胃肠外营养,用于配合中心静脉压检测器械进行持续或间歇性监测中心静脉压,或者在病人休克、末梢静脉损伤等外周静脉无法找到时用于血样的采集。
生产厂家:德国B.Braun Melsungen AG
注册代理:贝朗医疗(上海)国际贸易有限公司
服务机构:贝朗医疗(上海)国际贸易有限公司
发证日期:2014.02.28 截止日期:2018.02.27

国食药监械(进)字2014第3661179号

产品名称:一次性使用防针刺穿刺套装(BD Safety MST Accessory Kit)
规格型号:防针刺伤型改良斯丁格尔法穿刺导引套装16GA,防针刺伤型改良斯丁格尔法穿刺导引套装18GA,防针刺伤型改良斯丁格尔法穿刺导引套装20GA
产品标准:YZB/USA 0934-2014《一次性使用防针刺穿刺套装》
性能组成:该产品由导丝、SP-ProTM导引穿刺针、InsyteTM AutoguardTM套针外周导管、带扩张器的导引鞘、手术刀、注射器组成。环氧乙烷灭菌,一次性使用。
适用范围:适用于采用改良斯丁格尔法置入外周中心静脉导管和中等长度导管,或导管置换。
生产厂家:美国Becton Dickinson Infusion Therapy System Inc
注册代理:爱琅医疗器械技术咨询(上海)有限公司
服务机构:爱琅医疗器械技术咨询(上海)有限公司
发证日期:2014.02.28 截止日期:2018.02.27

国食药监械(进)字2014第2231180号

产品名称:灌注套和测试腔(商品名:AMO)(AMO Infusion Sleeve and Test Chamber)
规格型号:AMO Infusion Sleeve: OM3452032AMO Test Chamber:OM3452022
产品标准:YZB/USA 0976-2014《灌注套和测试腔》
性能组成:产品组成:由无菌硅树脂灌注套和测试腔组成。灌注套和测试腔均为独立结构。主要特征参数:压力、重复性。灌注套和测试腔为可重复使用产品,最多使用20次,已经过伽马射线灭菌。
适用范围:灌注套和测试腔用于和SERIES III超声乳化手柄联合使用来打碎(乳化)白内障核和移除剩余的核碎片。
生产厂家:美国Abbott Medical Optics Inc.
注册代理:眼力健(上海)医疗器械贸易有限公司
服务机构:眼力健(上海)医疗器械贸易有限公司
发证日期:2014.02.28 截止日期:2018.02.27

国食药监械(进)字2014第3771181号

产品名称:栓塞微粒球(商品名:Embosphere)(Embosphere microspheres)
规格型号:S210GH, S410GH, S610GH, S810GH, S1010GH, S120GH, S220GH, S420GH, S620GH, S820GH, S1020GH
产品标准:YZB/FRA 7199-2013《栓塞微粒球》
性能组成:栓塞微粒球是由丙烯酸聚合物及猪凝胶制成,保存在生理盐水中。微粒球直径范围为40-1200um,根据微粒球尺寸和装量的不同分为不同规格。蒸汽灭菌,注射器包装,一次性使用。
适用范围:栓塞微粒球在临床上用于栓塞血管,适用于动静脉畸形、血供丰富型肿瘤及症状性子宫肌瘤的栓塞治疗。
生产厂家:法国Biosphere Medical SA
注册代理:麦瑞通医疗器械(北京)有限公司
服务机构:麦瑞通医疗器械(北京)有限公司
发证日期:2014.02.28 截止日期:2018.02.27

国食药监械(进)字2014第3771181号

产品名称:栓塞微粒球(商品名:Embosphere)(Embosphere microspheres)
规格型号:S210GH, S410GH, S610GH, S810GH, S1010GH, S120GH, S220GH, S420GH, S620GH, S820GH, S1020GH
产品标准:YZB/FRA 7199-2013《栓塞微粒球》
性能组成:栓塞微粒球是由丙烯酸聚合物及猪凝胶制成,保存在生理盐水中。微粒球直径范围为40-1200um,根据微粒球尺寸和装量的不同分为不同规格。蒸汽灭菌,注射器包装,一次性使用。
适用范围:栓塞微粒球在临床上用于栓塞血管,适用于动静脉畸形、血供丰富型肿瘤及症状性子宫肌瘤的栓塞治疗。
生产厂家:法国Biosphere Medical SA
注册代理:麦瑞通医疗器械(北京)有限公司
服务机构:麦瑞通医疗器械(北京)有限公司
发证日期:2014.02.28 截止日期:2018.02.27

国食药监械(进)字2014第3771182号

产品名称:带阀导引鞘(GORE® Introducer Sheath with Silicone Pinch Valve)
规格型号:TS2030、TS2230、TS2430

产品标准:YZB/USA 0718-2014《带阀导引鞘》
性能组成:主要由导引鞘管、扩张器、鞘管帽、止血夹阀组成。环氧乙烷灭菌，一次性使用。
适用范围:带阀导引鞘适用于从外周血管插入，以便为腔内器械进入体内提供导入通道。
生产厂家:美国戈尔公司(W.L. GORE & ASSOCIATES, INC.)
注册代理:戈尔工业品贸易(上海)有限公司
服务机构:戈尔工业品贸易(上海)有限公司
发证日期:2014.02.28 截止日期:2018.02.27

国食药监械(进)字2014第3461183号

产品名称:骨折内固定锁定钢板系统（商品名：AxSOS）(AxSOS Locking Plate System)
规格型号:见附页
产品标准:YZB/SWI 0693-2014《骨折内固定锁定钢板系统（商品名：AxSOS)》
性能组成:该系统由骨钉、骨板、锁定环和缆塞组成，产品均采用符合ISO 5832-1 标准的不锈钢材料制造。包装分为灭菌和非灭菌包装，其中尾号带“S”的采用伽马射线灭菌，不带“S”的型号采用非灭菌包装。
适用范围:该产品主要用于骨折断端或骨碎片的临时稳定，直到骨骼愈合为止。
生产厂家:瑞士 Stryker Trauma AG
注册代理:史赛克(北京)医疗器械有限公司
服务机构:史赛克(北京)医疗器械有限公司
发证日期:2014.02.28 截止日期:2018.02.27

国食药监械(进)字2014第2661184号

产品名称:口咽通气管(Guedel Airway)
规格型号:见附页
产品标准:YZB/USA 0715-2014《口咽通气管》
性能组成:口咽通气管由法兰盘端、带加强插入物的口腔部分和咽部端加强导管组成。产品材质为聚乙烯（PE)，环氧乙烷灭菌，一次性使用。
适用范围:口咽通气管在临床上用于开放气道.
生产厂家:美国 Covidien llc
注册代理:柯惠医疗器材国际贸易(上海)有限公司
服务机构:柯惠医疗器材国际贸易(上海)有限公司
发证日期:2014.02.28 截止日期:2018.02.27

国食药监械(进)字2014第1101185号

产品名称:髋臼置换手术工具（商品名：EP-FIT PLUS）(Instruments of EP-FIT PLUS Press-Fit Acetabular Cup System)
规格型号:见附页
产品标准:YZB/SWI 0521-2014《髋臼置换手术工具》
性能组成:该产品包括器械箱、托盘、槽锤、EP-FIT 安装杆、试杯、髋臼定位器、探针、臼衬取出器、臼衬安装接口、衬安装杆、臼衬打入接口、髋臼锉连杆、髋臼锉、试衬、软钻杆、软钻钻头、万向改锥、软钻导向杆、髋臼导向器、螺钉测深器、直六角改锥、螺钉把持器、臼杯安装器、安装接口组成。其中与人体接触的工具为试杯、探针、髋臼锉、软钻钻头、软钻导向杆、螺钉测深器、螺钉把持器。试杯材料为纯钛，符合 ISO5832-2 的要求；探针的材料为 304 不锈钢，符合 ASTM F899 的要求；髋臼锉的材料为 420A、303 不锈钢，符合 ASTM F899 的要求；软钻钻头的材料为 420C 不锈钢，符合 ASTM F899 的要求；软钻导向杆的材料为 304、440B 不锈钢，符合 ASTM F899 的要求；螺钉测深器的材料为 431 不锈钢，符合 ASTM F899 的要求；螺钉把持器材料为 420A 不锈钢，符合 ASTM F899 的要求。非灭菌提供，可重复使用。
适用范围:该产品用于辅助瑞士施乐辉公司相关髋臼假体的组装和植入。
生产厂家:瑞士 Smith & Nephew Orthopaedics AG
注册代理:施乐辉医用产品国际贸易(上海)有限公司
服务机构:施乐辉医用产品国际贸易(上海)有限公司
发证日期:2014.02.28 截止日期:2018.02.27

国食药监械(进)字2014第3461186号

产品名称:解剖型接骨板(Bone Plate)
规格型号:见附页
产品标准:YZB/GER 0337-2014《解剖型接骨板》
性能组成:该产品由 00Cr18Ni14Mo3 不锈钢材料制成。非灭菌包装，一次性使用。
适用范围:适用于四肢骨干骺端，掌指骨、跖趾骨骨折内固定。
生产厂家:德国 TREU Instrumente GmbH
注册代理:通用(上海)医疗器材有限公司
服务机构:通用(上海)医疗器材有限公司
发证日期:2014.02.28 截止日期:2018.02.27

国食药监械(进)字2014第1541187号

产品名称:深呼吸训练器(Deep Breathing Exerciser)
规格型号:8884719009, 8884719017, 8884719025, 8884717301
产品标准:YZB/USA 7722-2013《深呼吸训练器》
性能组成:产品由吸气速度显示器，吸气容量计，白色浮标，黄色指示标，外接口，螺纹管，咬嘴组成。此产品为未灭菌、仅单一患者使用产品。
适用范围:本产品用于患者进行深呼吸训练，可以提高肺部顺应性，增加有效通气，改善呼吸功能，减少和预防术后肺部并发症。
生产厂家:美国 Teleflex Medical
注册代理:泰利福医疗器械商贸(上海)有限公司
服务机构:泰利福医疗器械商贸(上海)有限公司
发证日期:2014.02.28 截止日期:2018.02.27

国食药监械(进)字2014第3771188号

产品名称:左心部传送导管系统(商品名:Attain Command)(Left-heart Delivery System)
规格型号:6250C, 6250S, 6250-45S, 6250-50S, 6250-57S, 6250-MB2, 6250-MB2X, 6250-MP, 6250-MPX, 6250-EH, 6250-EHXL, 6250-MPR, 6250-AM
产品标准:YZB/USA 0870-2014《左心部传送导管系统》
性能组成:该产品由导引导管、扩张器、导引钢丝、止血阀和导管切开刀组成。导引导管主要材料为聚醚酰胺和聚酰胺，扩张器材料为聚乙烯，导引钢丝材料为 304 不锈钢，止血阀材料为聚碳酸酯，导管切开刀刀片为不锈钢。产品经环氧乙烷灭菌，一次性使用。
适用范围:该产品用于经冠状窦将经静脉器械和电极导线插入左心部血管内。
生产厂家:美国 Medtronic Inc.
注册代理:美国美敦力中国有限公司北京办事处
服务机构:美敦力(上海)管理有限公司
发证日期:2014.02.28 截止日期:2018.02.27

国食药监械(进)字2014第1641189号

产品名称:固定贴布（商品名：3M 固定贴布）(3MTM Cloth Adhesive Tape)
规格型号:2950-0, 2950-1, 2950-2, 2950-3
产品标准:YZB/GER 0689-2014《固定贴布》
性能组成:本产品是由棉布为背衬，和丙烯酸酯粘胶组成(不含乳胶和橡胶)；四种规格产品 2950-0, 2950-1, 2950-2, 2950-3 的长度和宽度不同。
适用范围:用于医疗导管、敷料的固定及支持。
生产厂家:德国 3M Deutschland GmbH
注册代理:明尼苏达矿业制造(上海)国际贸易有限公司
服务机构:明尼苏达矿业制造(上海)国际贸易有限公司
发证日期:2014.02.28 截止日期:2018.02.27

国食药监械(进)字2014第3771190号

产品名称:导引导丝（商品名：HI-TORQUE PILOT）(Guide Wire with Hydrophilic Coating)
规格型号:见附页
产品标准:YZB/USA 0602-2014《导引导丝》
性能组成:HI-TORQUEPILOT 导引导丝是一种可控导丝。根据不锈钢芯丝远端尺寸的不同分为 50, 150 和 200 三种类型，各有两种长度（190 厘米和 300 厘米)，导丝尖端可由医生塑成各种形状，或预塑成“J”型。芯丝及近端绕丝材料为 304V 不锈钢，远端绕丝材料为铂镍合金，内部尖端有聚氨酯涂层，远端护套部分材料为含钨聚氨酯，导丝近端表面有聚四氟乙烯(PTFE)涂层，远端表面有 PVP 亲水涂层。产品电子束灭菌，一次性使用。

适用范围:主要用于经皮冠状动脉腔内成形术(PTCA)和经皮腔内血管成形术(PTA)中有利于球囊扩张导管的置放。
生产厂家:美国 Abbott Vascular
注册代理:雅培医疗器械贸易(上海)有限公司
服务机构:雅培医疗器械贸易(上海)有限公司
发证日期:2014.02.28 **截止日期**:2018.02.27

国食药监械(进)字 2014 第 2451191 号

产品名称:腹透机管路(HomeChoice APD Set with Cassette and 4 Prong Spike)
规格型号:5C4469C
产品标准:YZB/USA 0708-2014《腹透机管路》
性能组成:本产品组件为卡匣、管组架、外圆锥鲁尔接头装配、穿刺器尖端保护帽、外圆锥接头、浇铸端口、夹子、外圆锥鲁尔接头装配集合、管路、Y 形连接器、拉环末端保护帽、内拉环帽、拉环帽和接头尖端保护帽。本产品经环氧乙烷灭菌,一次性使用。
适用范围:本产品用于腹膜透析治疗。
生产厂家:美国 Baxter Healthcare Corporation
注册代理:百特医疗用品贸易(上海)有限公司
服务机构:百特医疗用品贸易(上海)有限公司
发证日期:2014.02.28 **截止日期**:2018.02.27

国食药监械(进)字 2014 第 3701192 号

产品名称:医学影像存储与传输系统软件(Picture Archiving Communications System)
规格型号:eFilm Workstation 3.0 (Platinum)
产品标准:YZB/USA 0369-2014《医学影像存储与传输系统软件》
性能组成:由软件安装光盘及随机文件组成,组成模块包括:SQLExpressEfilm\efilmWorkstation、eFilm Process Manager、Rebuild Database、Database Maintenance、Compact Database、eFilm Disk Management、eFilm Database Monitor、eFilm Server、eFilm。
适用范围:用于数字化医学影像的显示、分析、处理、存储和传输。
生产厂家:美国 Merge Healthcare
注册代理:思代软件(上海)有限公司
服务机构:思代软件(上海)有限公司
发证日期:2014.02.24 **截止日期**:2018.02.23

国食药监械(进)字 2014 第 3541193 号

产品名称:胰岛素泵(OmniPod Insulin Management System)
规格型号:OmniPod(包含两部分 13100 遥控器和 11200 无菌包装)
产品标准:YZB/USA 3003-2011《胰岛素泵》
性能组成:产品组成:遥控器(13100)和无菌包装(11200)。胰岛素泵、注射针、注射器为一个无菌包装。
适用范围:适用于需要胰岛素治疗的糖尿病患者,通过固定和可调的速率进行皮下胰岛素的输注来管理糖尿病,血糖仪检测结果不能作为治疗药物调整的依据,也不能作为输注胰岛素的依据。
生产厂家:美国 INSULET CORPORATION
注册代理:北京麦邦生物技术有限公司
服务机构:北京麦邦生物技术有限公司
发证日期:2014.02.24 **截止日期**:2018.02.23

国食药监械(进)字 2014 第 3231194 号

产品名称:超声诊断系统(Ultrasonic Diagnostic Equipment)
规格型号:MyLab 65
产品标准:YZB/ITA 0731-2014《超声诊断系统》
性能组成:见《产品性能结构及组成附页》。
适用范围:用于临床超声诊断检查。各探头临床应用见《产品性能结构及组成附页》。
生产厂家:意大利 ESAOTE SPA
注册代理:百胜(深圳)医疗设备有限公司
服务机构:百胜(深圳)医疗设备有限公司
发证日期:2014.02.24 **截止日期**:2018.02.23

国食药监械(进)字 2014 第 3231195 号

产品名称:超声诊断系统(Ultrasonic Diagnostic Equipment)
规格型号:MyLab 75
产品标准:YZB/ITA 0740-2014《超声诊断系统》
性能组成:见《产品性能结构及组成附页》。
适用范围:用于临床超声诊断检查。各探头临床应用见《产品性能结构及组成附页》。
生产厂家:意大利 ESAOTE SPA
注册代理:百胜(深圳)医疗设备有限公司
服务机构:百胜(深圳)医疗设备有限公司
发证日期:2014.02.24 **截止日期**:2018.02.23

国食药监械(进)字 2014 第 3301196 号

产品名称:数字化口腔全景/头颅 X 射线机(商品名:X-era Smart)(デジタル式歯科用パノラマ 断層撮影 X 线診断装置)
规格型号:XP73
产品标准:YZB/JAP 1651-2013《数字化口腔全景/头颅 X 射线机》
性能组成:产品组成:支柱、旋转臂、X 射线管头(组合式)、探测器、滑架主体、头颅定位部分、工作站及数字化图像处理系统。性能:标称电功率 0.82kW;X射线管组件(X射线管型号 SXR90-15,焦点 0.5*0.5);探测器(型号:SNAP225,碘化铯,CMOS);管电压调节范围:60-82kV,管电流调节范围 2.0-10 mA;加载时间见注册产品标准。
适用范围:该产品用于齿科诊断、是能够执行 2D 影像、简单的投影,以及口腔、下颚和面部全景 X 射线摄影、头颅定位摄影的设备。
生产厂家:日本株式会社吉田製作所
注册代理:北京永轩科技有限公司
服务机构:北京兄弟联合医疗器械有限公司
发证日期:2014.02.24 **截止日期**:2018.02.23

国食药监械(进)字 2014 第 3251197 号

产品名称:高频电刀(HF-surgery units)
规格型号:ME MB3、ME MB1、ME MB2
产品标准:YZB/GER 0627-2014《高频电刀》
性能组成:高频电刀由主机、电源线、脚踏开关、高频连接线组成。额定工作频率 450kHz。不同型号主机的输出模式及功率不同,详见附页。
适用范围:产品用于高频外科手术中对人体组织进行剥离、切割或者凝血。
变更情况:变更日期:2014.12.08。企业注册地址由"Ludwigstaler Straβe 132, 78532 Tuttlingen, Germany"变更为"KLS Martin Platz 1, 78532 Tuttlingen, Germany"。
生产厂家:德国 Gebrüder Martin GmbH & Co.KG
注册代理:莱凯医疗器械(北京)有限公司
服务机构:莱凯医疗器械(北京)有限公司
发证日期:2014.02.24 **截止日期**:2018.02.23

国食药监械(进)字 2014 第 3321198 号

产品名称:医用直线加速器(Linear Accelerator)
规格型号:Versa HD
产品标准:YZB/UK 0458-2014《医用直线加速器》
性能组成:该产品由以下部件组成:机架、治疗床、Agility 多叶准直器、XVI 容积影像系统、iViewGT 实时影像系统、Integrity 控制系统和控制台。
适用范围:用于由执照医师确定的恶性肿瘤疾病的放射治疗。
生产厂家:英国 Elekta Limited
注册代理:医科达(上海)医疗器械有限公司
服务机构:医科达(上海)医疗器械有限公司
发证日期:2014.02.24 **截止日期**:2018.02.23

国食药监械(进)字 2014 第 3251199 号

产品名称:乳头切开刀(papillotome)
规格型号:见附页
产品标准:YZB/GER 0334-2014《乳头切开刀》
性能组成:乳头切开刀由鞘管(含刀丝孔和导丝孔)、刀丝、控制手柄、鞘管座组成。产品可重复灭菌使用。具体性能参数见附页。
适用范围:该产品临床适用于在内窥镜下借助高频电流进行乳头切开手术。
生产厂家:德国 pk endoskopie GmbH
注册代理:北京红辉力上科技有限公司
服务机构:北京红辉力上科技有限公司

发证日期:2014.02.24 截止日期:2018.02.23

国食药监械(进)字2014第3541200号

产品名称:呼吸机(Ventilator System)
规格型号:Inspiration 5i
产品标准:YZB/USA 0350-2014《呼吸机》
性能组成:该产品由呼吸主机(型号:Ventilator System)、台车及相关附件组成，附件包括显示屏、内置可充蓄电池，EZ-Flow近端流量传感器，呼气阀膜和盖，氧浓度传感器。
适用范围:该产品用于给需要呼吸支持的病人提供连续通气。该呼吸机用于在医院使用；根据主治医生规定适用于婴儿、儿童到成人的各类患者。该呼吸机是在经过专业医生指导下有资格的人员使用的医疗设备。
生产厂家:美国eVent Medical, Ltd.
注册代理:凯迪泰(北京)医疗科技有限公司
服务机构:凯迪泰(北京)医疗科技有限公司
发证日期:2014.02.24 截止日期:2018.02.23

国食药监械(进)字2014第3221201号

产品名称:一次性黏膜切开刀（商品名：ITknife nano）(ディスポーザブル高周波ナイフ)
规格型号:KD-612L，KD-612U
产品标准:YZB/JAP 0631-2014《一次性黏膜切开刀》
性能组成:产品为一次性使用，环氧乙烷灭菌。高频使用方式为单极。具体性能参数见附页。
适用范围:本产品与奥林巴斯内镜配套使用，用于在消化道内利用高频电流切开组织。
备注:2014年5月13日同意更正注册号内容，2014年2月24日核发的医疗器械注册证、医疗器械注册登记表、附页予以废止。
生产厂家:日本奥林巴斯医疗株式会社
注册代理:奥林巴斯贸易(上海)有限公司
服务机构:奥林巴斯(北京)销售服务有限公司
发证日期:2014.02.24 截止日期:2018.02.23

国食药监械(进)字2014第3701202号

产品名称:核医学图像分析软件(MI Images Analyses Software)
规格型号:syngo.via MI Workflows，版本为VA20A
产品标准:YZB/USA 0556-2014《核医学图像分析软件》
性能组成:本产品包括软件应用程序光盘以及用户文档，组成模块为：1)syngo. MI Cardiology、2)syngo. MI Neurology、3)syngo. NM Reading、4)syngo. PET&CT Oncology（其中syngo. CT Lung CAD版本为VC20)。
适用范围:syngo. via MI Workflows是核医学图像分析软件，其中包括：syngo.MI Cardiology用于解读PET.CT、SPECT.CT和SPECT心肌图像和心血管图像。syngo.MI Neurology用于显示、量化和报告PET.CT、SPECT.CT、MR.PET、PET和SPECT神经图像。syngo.NMReading用于NM、SPECT和SPECT/CT常规核医学检查的图像解读。syngo.PET&CTOncology用于对不同成像设备和/或不同时间点的医学图像进行查看、处理、三维显示和比较，该应用程序支持功能数据(PET或SPECT)和解剖数据集(CT或MR)，为肿瘤学工作流程提供支持。
生产厂家:美国Siemens Medical Solutions USA, Inc.
注册代理:西门子(中国)有限公司
服务机构:西门子(中国)有限公司
发证日期:2014.02.24 截止日期:2018.02.23

国食药监械(进)字2014第2211203号

产品名称:喉返神经电极(Laryngeal surface electrodes)
规格型号:LSE3446MCP075 LSE3446MCA075 LSE4246MCA075 LSE3463DCA200 LSE4263DCA200
产品标准:YZB/ITA 0720-2014《喉返神经电极》
性能组成:该产品由传感器、基底、导线和连接线组成。
适用范围:该产品固定在一个气管导管上，与医用级肌电测量设备配合使用，在甲状腺手术过程中持续测量喉部的肌电信号。该产品仅供拥有医师证的医生使用。
生产厂家:意大利SPES MEDICA S.r.l.
注册代理:北京爱博尔医疗器械有限公司
服务机构:北京爱博尔医疗器械有限公司
发证日期:2014.02.24 截止日期:2018.02.23

国食药监械(进)字2014第2311204号

产品名称:数字口内影像板扫描处理系统(Digital Intraoral Imaging Plate System)
规格型号:Digora Optime
产品标准:YZB/FIN 0666-2014《数字口内影像板扫描处理系统》
性能组成:由主机、影像板、Digora for Windows 2.7软件、电源（EXM 80 5121）组成。影像板尺寸为22X31mm、24X40mm、31X41mm、27X54mm、48X54mm。
适用范围:用于读取指定型号影像板的口内牙科X射线图像。
生产厂家:芬兰Soredex, PaloDEx Group Oy
注册代理:北京思迪克斯医疗器械有限公司
服务机构:北京思迪克斯医疗器械有限公司
发证日期:2014.02.24 截止日期:2018.02.23

国食药监械(进)字2014第2401205号

产品名称:全自动酶免分析仪(EVOLIS Twin Plus)
规格型号:EVOLIS Twin Plus
产品标准:YZB/FRA 0603-2014《全自动酶免分析仪》
性能组成:该产品主要由触摸屏，机盖，洗液、阀门瓶和真空瓶，样品和试剂加载单元，加样器，微孔板加载和加样位置，后室（洗板器、孵育器和比色仪），吸头架，稀释板/大试剂瓶（稀释液），吸头移除滑道和吸头废物袋，电源开关和连接仪表板，随机软件组成。
适用范围:该产品主要用于人体样本处理过程，性能测试，吸光度测量读数和数据评价。
生产厂家:法国BIO-RAD
注册代理:伯乐生命医学产品(上海)有限公司
服务机构:伯乐生命医学产品(上海)有限公司
发证日期:2014.02.24 截止日期:2018.02.23

国食药监械(进)字2014第2221206号

产品名称:自动免散瞳眼底照相机(オート無散瞳眼底カメラ)
规格型号:AFC-330
产品标准:YZB/JAP 0636-2014《自动免散瞳眼底照相机》
性能组成:组成：AFC-330主机，电源线、眼前节图像采集垫圈、外部固视灯；选配件:图像存档软件NAVIS-EX USB连线。性能：视场角45度；分辨率:中心＞60lp/mm，中间＞40lp/mm，外围＞25lp/mm。
适用范围:该自动免散瞳眼底照相机是不与被检眼接触，通过瞳孔观察眼底，拍摄并记录，为诊断提供眼底影像信息。
生产厂家:日本尼德克株式会社(株式会社ニデック)(NIDEK CO., LTD.)
注册代理:日本尼德克株式会社北京代表处
服务机构:日本尼德克株式会社北京代表处
发证日期:2014.02.24 截止日期:2018.02.23

国食药监械(进)字2014第2551207号

产品名称:龋齿探测仪(Caries Detector)
规格型号:SIROInspect
产品标准:YZB/GER 0493-2014《龋齿探测仪》
性能组成:该产品由手柄、导光头(90°和140°)、电池、充电器座、充电器和滤光镜(橙色)组成。
适用范围:该产品用于龋齿治疗过程中辅助检查龋齿中的龋坏物质。
生产厂家:德国Sirona Dental Systems GmbH
注册代理:西诺德牙科设备商贸(上海)有限公司
服务机构:西诺德牙科设备商贸(上海)有限公司
发证日期:2014.02.24 截止日期:2018.02.23

国食药监械(进)字2014第2451208号

产品名称:血浆融化箱（商品名：QuikThaw）(Plasma Thawing System)
规格型号:DH2，DH4，DH8
产品标准:YZB/USA 7827-2013《血浆融化箱》
性能组成:血浆融化箱由主机(控制系统、加热系统、篮式振荡/装取系统、时间控制系统)及血浆篮式汇集架组成。不包含一次性部件。三种型号DH2、DH4、DH8仅体积规格不同，内部容积分别为8.2L、18L和32L。
适用范围:该血浆融化箱供血库进行冷冻血浆的融化。

生产厂家:美国 Helmer Inc.
注册代理:北京威尼汇力医疗器械有限公司
服务机构:山东威高集团医用高分子制品股份有限公司
发证日期:2014. 02. 24　　**截止日期**:2018. 02. 23

国食药监械(进)字 2014 第 2211209 号

产品名称:刺激记录电极(Micro/Macro recording and stimulation electrodes and guide tubes)
规格型号:见附页
产品标准:YZB/GER 0338-2014《刺激记录电极》
性能组成:产品由刺激记录电极、导管组成。详见附页。
适用范围:产品配合电生理记录仪使用,用于刺激、记录脑部神经细胞的电生理反应。
生产厂家:德国 inomed Medizintechnik GmbH
注册代理:医科达(上海)医疗器械有限公司
服务机构:医科达(上海)医疗器械有限公司
发证日期:2014. 02. 24　　**截止日期**:2018. 02. 23

国食药监械(进)字 2014 第 2221210 号

产品名称:全自动验光角膜曲率仪(フルオートレフケラトメーター)
规格型号:RK-F2
产品标准:YZB/JAP 0554-2014《全自动验光角膜曲率仪》
性能组成:由主机和电源线组成。
适用范围:产品是具有角膜曲率半径测量功能的验光角膜曲率仪。
生产厂家:日本佳能公司 (キヤノン株式会社)
注册代理:佳能(中国)有限公司
服务机构:佳能(中国)有限公司
发证日期:2014. 02. 24　　**截止日期**:2018. 02. 23

国食药监械(进)字 2014 第 2551211 号

产品名称:牙科低压电动马达 (商品名: TORX TR-9) (歯科用電気回転駆動装置)
规格型号:TR-91-0、TR-91
产品标准:YZB/JAP 0583-2014《牙科低压电动马达》
性能组成:产品由牙科低压电动马达组成。性能:马达空载转速最大为 40, 000r/min±10%。二者区别在于 TR-91-0 型号马达带 LED 灯, TR-91 型号马达不带灯。
适用范围:该产品用于驱动牙科手机,进行牙科手术。
生产厂家:日本株式会社森田制作所
注册代理:森田医疗器械(上海)有限公司
服务机构:森田医疗器械(上海)有限公司
发证日期:2014. 02. 24　　**截止日期**:2018. 02. 23

国食药监械(进)字 2014 第 2221212 号

产品名称:电脑眼压计(ノンコンタクトタイプトノメーター)
规格型号:CT-1P, CT-1
产品标准:YZB/JAP 0449-2014《电脑眼压计》
性能组成:电脑眼压计由主体(主体部、电源部、颌托部)以及电源线构成; 眼压测量范围两档可选: 1 到 30mmHg 或 1 到 60mmHg(显示单位:1mmHg, 平均值显示单位:1mmHg/0.1mmHg), 允差±2.5mmHg; 角膜厚度测量 (只适用于型号 CT-1P): 测量范围: 0.400～0.750mm, 格值: 0.001mm, 测量允差: ＜0.600mm 时, 允差±0.010mm; ＞0.600mm 时, 允差±0.025mm。
适用范围:此电脑眼压计通过角膜测量眼球内压力, 提供诊断信息。
生产厂家:日本株式会社拓普康 (株式会社トプコン)
注册代理:北京拓普康商贸有限公司
服务机构:奥腾思格玛科技发展有限公司
发证日期:2014. 02. 24　　**截止日期**:2018. 02. 23

国食药监械(进)字 2014 第 2301213 号

产品名称:移动式 C 型臂 X 射线机(移動型アナログ式汎用一体型 x 線透視診断装置)
规格型号:ACTIVO
产品标准:YZB/JAP 4479-2013《移动式 C 型臂 X 射线机》
性能组成:产品组成:X 线发生装置 (含 X 射线管组件、高压发生器), X 线影像系统 (含影像增强器、摄像机、监视器)、C 型臂推车、选件、软件。性能参数如下:标称电功率:2kW; X 射线管组件(管型号:SDO-0.6, 管套型号:AD110P-200H、固定阳极、焦点 0.6), 摄影管电压调节范围:40-110kV, 透视管电压调节范围:40-110kV, 透视管电流调节范围:0.3-9mA, 摄影管电流:最大 20mA; 脉冲透视最大管电流:最大 16mA, 电流时间积范围:0.5-200mAs。
适用范围:该产品为移动式影像系统, 用于手术时以及在 X 射线检查室内进行 X 线透视和摄影。该产品不适用于心血管介入诊疗。
生产厂家:日本株式会社 岛津制作所
注册代理:岛津企业管理(中国)有限公司
服务机构:岛津企业管理(中国)有限公司
发证日期:2014. 02. 24　　**截止日期**:2018. 02. 23

国食药监械(进)字 2014 第 2551214 号

产品名称:根管预备设备(Dental Handpiece and Accessories)
规格型号:SybronEndo DTC Motor
产品标准:YZB/USA 0231-2014《根管预备设备》
性能组成:本产品由控制面板(编号:815-9152)、无刷微型电机机头(编号:815-9150)、脚踏开关(编号:815-9153)组成。
适用范围:该产品用于口腔科根管预备手术。
生产厂家:美国 Ormco Corporation also trading as SybronEndo
注册代理:卡瓦盛邦(上海)牙科医疗器械有限公司
服务机构:卡瓦盛邦(上海)牙科医疗器械有限公司
发证日期:2014. 02. 24　　**截止日期**:2018. 02. 23

国食药监械(进)字 2014 第 2401215 号

产品名称:葡萄糖检测仪(GLUKOMETER PRO)
规格型号:仪器:10010 000000, 10011 000000, 10012 000000
产品标准:YZB/GER 0656-2014《葡萄糖检测仪》
性能组成:产品由主机、传感器、操作软件和电源适配器组成。
适用范围:该产品通过酶-电极法测量原理测定全血中的葡萄糖浓度。
生产厂家:德国 BST Bio Sensor Technology GmbH
注册代理:瀚联生物科技(上海)有限公司
服务机构:瀚联生物科技(上海)有限公司
发证日期:2014. 02. 24　　**截止日期**:2018. 02. 23

国食药监械(进)字 2014 第 2221216 号

产品名称:视力筛选仪(Vision Screener)
规格型号:14001-2、14011-2
产品标准:YZB/USA 0599-2014《视力筛选仪》
性能组成:仪器由主机、电池、充电器和打印机组成。
适用范围:本产品旨在供训练有素的操作员通过测量视网膜的反光能力来测量眼睛的屈光力,仅用于患者视力筛查,不能用于验光配镜
生产厂家:美国 Welch Allyn, Inc.
注册代理:伟伦医疗设备(苏州)有限公司
服务机构:伟伦医疗设备(苏州)有限公司
发证日期:2014. 02. 24　　**截止日期**:2018. 02. 23

国食药监械(进)字 2014 第 2661217 号

产品名称:肠梗阻导管套件(ワンステップイレウス)
规格型号:见附页
产品标准:YZB/JAP 0431-2014《肠梗阻导管套件》
性能组成:本产品由肠梗阻导管 (分为前段开口型和前端闭塞型两种,由以下组件组成: 前端部、连接接头、导管主体、球囊、分歧接头、吸引管、分歧管、吸引接头、球囊接头、球囊方阀、沉淀接头、沉淀方阀、前段开口型短管还含有锤和内、外弹簧, 前端闭塞型则含有金属球)、导丝以及注液接头三部分组成。肠梗阻导管主体采用软质聚氯乙烯材料制成、导丝采用不锈钢材料制成, 注液接头采用硬质聚氯乙烯材料制成。
适用范围:本产品是用于吸引出肠内容物, 对肠梗阻等疾病进行肠管内减压而经鼻插入到肠内使用的导管。
生产厂家:日本秋田住友ベーク株式会社
注册代理:东西贸易(上海浦东新区)有限公司
服务机构:东西贸易(上海浦东新区)有限公司
发证日期:2014. 03. 06　　**截止日期**:2018. 03. 05

国食药监械(进)字 2014 第 2231217 号(更)

产品名称:彩色超声诊断仪(Ultrasound imaging system)
规格型号:VOLUSON P6, VOLUSON P8
产品标准:YZB/ROK 0496-2014《彩色超声诊断仪》
备注:变更注册地址、生产地址:由“65-1, Sangdaewon-dong, Jungwon-gu, Seongnam-si, Gyeonggi-do, 462-120, Korea”变更为“9, Sunhwan-ro214 beon-gil , Jungwon-gu , Seongnam-si, Gyeonggi-doRepublic of Korea”;注册证由“国食药监械(进)字2014第2231217号”变更为“国食药监械(进)字2014第2231217号(更)”,原证自发证之日起作废。
生产厂家:韩国 GE Ultrasound Korea, Ltd.
注册代理:通用电气医疗系统贸易发展(上海)有限公司
服务机构:通用电气医疗系统贸易发展(上海)有限公司
变更日期:2014.07.04 **截止日期**:2018.02.23

国食药监械(进)字2014第1061218号

产品名称:牙根拔出系统(Benex Extractor System)
规格型号:见附页
产品标准:YZB/GER 0102-2014《牙根拔出系统》
性能组成:牙根拔出系统由牙根拔出器、支撑盘、牙根拔出系统牵引绳、导向起和支撑垫组成。牙根拔出系统部件由符合 YY/T 0294.1-2005 的不锈钢材料或 PTFE(聚四氟乙烯)制成。本产品为非灭菌包装,使用前请灭菌。
适用范围:本产品适用于口腔科切牙、尖牙以及前磨牙的牙根拔除(龋坏、健康或经根管治疗的单根牙根的拔除)。
生产厂家:德国 Helmut Zepf Medizintechnik GmbH
注册代理:北京嘉联诚业医疗器械销售有限公司
服务机构:北京嘉联诚业医疗器械销售有限公司
发证日期:2014.03.06 **截止日期**:2018.03.05

国食药监械(进)字2014第2401218号

产品名称:乳酸检测仪(商品名:立可普)(LAC PRO)
规格型号:9010 000000, 9011 000000, 9012 000000
产品标准:YZB/GER 0658-2014《乳酸检测仪》
性能组成:产品由主机、传感器、操作软件、电源线和适配器组成。
适用范围:该产品通过基于生物传感器的酶-电极法定量测定全血中的乳酸浓度。
生产厂家:德国 BST Bio Sensor Technology GmbH
注册代理:瀚联生物科技(上海)有限公司
服务机构:瀚联生物科技(上海)有限公司
发证日期:2014.02.24 **截止日期**:2018.02.23

国食药监械(进)字2014第2221219号

产品名称:喉镜(Laryngoscope)
规格型号:见附页
产品标准:YZB/ISR 0613-2014《喉镜》
性能组成:喉镜由喉镜片(即窥视片)、手柄、灯泡和可拆光纤组成。
适用范围:该产品主要用于喉部检查、诊断和治疗。
生产厂家:以色列 Truphatek International Ltd.
注册代理:真泰(北京)商贸有限公司
服务机构:真泰(北京)商贸有限公司
发证日期:2014.02.24 **截止日期**:2018.02.23

国食药监械(进)字2014第2151219号

产品名称:穿刺器(商品名:ENDOPATH® XCELTM with OPTIVIEWTM Technology)(ENDOPATH XCEL with OPTIVIEW Technology Trocars)
规格型号:2B5LT, 2B5ST, 2B5XT, 2B12LT, 2B12XT, 2D5LT, 2D5ST, 2D12LT, 2D12XT, 2H12LP, 2CB5LT, 2CB5ST, 2CB12LT, 2K5LT, 2K5ST
产品标准:YZB/USA 0390-2014《穿刺器》
性能组成:本产品由阻塞器和套管(稳定套管或光滑套管)组成。该产品辐射灭菌,一次性使用。
适用范围:本产品适用于腹部、胸部和妇科微创手术,以便为内窥镜设备建立进入通道。
备注:2014年5月14日同意更正企业注册地址内容,2014年3月6日核发的医疗器械注册登记表予以废止。
生产厂家:美国 Ethicon Endo-Surgery, LLC
注册代理:强生(上海)医疗器材有限公司
服务机构:强生(上海)医疗器材有限公司
发证日期:2014.03.06 **截止日期**:2018.03.05

国食药监械(进)字2014第2221220号

产品名称:网篮(Basket)
规格型号:见附页
产品标准:YZB/GER 0324-2014《网篮》
性能组成:该产品由网篮、鞘管和控制手柄组成。网篮由镍钛合金丝制成,鞘管轴由聚四氟乙烯制成,鞘管座由聚甲醛制成。该产品非无菌状态提供,使用前应彻底消毒。
适用范围:该产品主要是与内窥镜配合使用,用于取出消化道内的异物、结石或组织样本。
生产厂家:德国 pk endoskopie GmbH
注册代理:北京红辉力上科技有限公司
服务机构:北京红辉力上科技有限公司
发证日期:2014.03.06 **截止日期**:2018.03.05

国食药监械(进)字2014第1101221号

产品名称:肱骨用髓内钉系统工具(PICCOLO Humeral & Proximal Humeral Instrumention Set)
规格型号:见附页
产品标准:YZB/ISR 8257-2013《肱骨用髓内钉系统工具》
性能组成:工具由于人体接触的符合 YY/T0294-2005 中不锈钢材料代号为M的瞄准器、适配器,套管针、导向套、钻套、螺钉起子、锤、放射尺,符合 ASTM F899 中不锈钢材料牌号为 440A 钻头,符合 ASTM F899 中不锈钢材料牌号为 316 手柄、远端瞄准器、锥子,符合 ASTMF899 中不锈钢材料牌号为 630 内杆、开放针,聚乙烯材料钻套和不与人体接触的灭菌用器械盒组成,产品为非灭菌包装,不与有源器械联用。
适用范围:该产品适用于肱骨用髓内钉植入手术时使用。
生产厂家:以色列 CarboFix Orthopedics Ltd
注册代理:斯潘威医疗科技(北京)有限公司
服务机构:斯潘威医疗科技(北京)有限公司
发证日期:2014.03.06 **截止日期**:2018.03.05

国食药监械(进)字2014第1341221号

产品名称:X射线防护服(放射線防護用前掛)
规格型号:见附页
产品标准:YZB/JAP 0590-2014《X射线防护服》
性能组成:X射线防护服按款式分为围裙形(型号 PAF、PAE、PAW、PAO),长外套形(型号 PGC、PGI、PGE),短外套形(型号 PGT-A)。前面侧防护程度依据不同型号规格具多个防护级别,参见随附型号规格表;后面侧防护程度均不小于 0.25mmPb。防护服防护屏蔽材料为氯乙烯,面料及镶边材料为聚亚安酯及氯乙烯,扣带及内网采用聚酯纤维、聚丙烯及尼龙。
适用范围:该产品用于进行放射诊断时对人体的防护。
生产厂家:日本株式会社 保科製作所
注册代理:天津贝克西弗科技有限公司
服务机构:天津贝克西弗科技有限公司
发证日期:2014.02.24 **截止日期**:2018.02.23

国食药监械(进)字2014第1051222号

产品名称:耳鼻喉科用钳、镊(ENT Forceps)
规格型号:见附页
产品标准:YZB/GER 7829-2013《耳鼻喉科用钳、镊》
性能组成:本组产品由钳子、动脉钳、微型钳、持针钳、海绵夹持钳、扁桃体钳、咬钳、骨钳、鼻用钳、鼻抓钳、筛窦钳、腺样钳、帕巾钳、鼻中隔钳、敷料镊、组织镊、小柱镊、下外侧镊组成。本产品采用符合 DINEN10088-3-2005 的不锈钢材料制成,产品非无菌包装提供,使用前请灭菌。
适用范围:本产品用于耳鼻喉科,钳用于清除残余组织和异物,压迫血管。用做贯穿切割或用于清除软组织、软骨或骨组织,在手术中夹持和引导外科缝针。镊用于夹持组织和器官。
生产厂家:德国 Richard Wolf GmbH
注册代理:北京德华信达技术有限公司
服务机构:见附页
发证日期:2014.03.06 **截止日期**:2018.03.05

国食药监械(进)字 2014 第 2401222 号

产品名称:血糖监测仪(Finetest Auto-codingTM Blood Glucose Monitoring System)
规格型号:IGM-0017B
产品标准:YZB/ROK 0501-2014《血糖监测仪》
性能组成:主要由液晶显示屏，血糖监测仪主机，内置存储器，操作软件组成。
适用范围:该产品用于定量监测新鲜毛细血管全血中的葡萄糖浓度.
变更情况:变更日期: 2014.12.22。产品英文名称由“Finetest Auto-codingTM Blood Glucose Monitoring System”变更为“Finetest Auto-codingTM premium Blood Glucose Monitoring System”。
生产厂家:韩国 Infopia Co., Ltd.
注册代理:山东英帕生物科技有限公司
服务机构:山东英帕生物科技有限公司
发证日期:2014.02.24　截止日期:2018.02.23

国食药监械(进)字 2014 第 1011223 号

产品名称:手外科基础手术器械(商品名: LINOS)(Surgical Instruments for hand surgery)
规格型号:见附页
产品标准:YZB/GER 0141-2014《手外科基础手术器械》
性能组成:本产品包括钻头、测深器、导向器和螺丝刀。
适用范围:用于手外科手术。
生产厂家:德国 Gebrüder Martin GmbH &Co. KG
注册代理:德国马丁兄弟有限两合公司上海代表处
服务机构:德国马丁兄弟有限两合公司上海代表处
发证日期:2014.03.06　截止日期:2018.03.05

国食药监械(进)字 2014 第 2401223 号

产品名称:血糖监测仪(Glucolab Auto-coding Blood Glucose Monitoring System)
规格型号:IGM-0022
产品标准:YZB/ROK 0502-2014《血糖监测仪》
性能组成:主要由液晶显示屏，血糖监测仪主机，内置存储器，操作软件组成。
适用范围:该产品用于定量检测新鲜毛细血管全血中的葡萄糖浓度.
生产厂家:韩国 Infopia Co., Ltd.
注册代理:山东英帕生物科技有限公司
服务机构:山东英帕生物科技有限公司
发证日期:2014.02.24　截止日期:2018.02.23

国食药监械(进)字 2014 第 2101224 号

产品名称:脊柱微创产品配套工具(Spine Instrument for MIS product)
规格型号:见附页
产品标准:YZB/USA 0003-2014《脊柱微创产品配套工具》
性能组成:该产品由一系列钳、骨凿、终板刨、导丝组成。其中钳、骨凿、终板刨接触人体部分由符合 ASTMF 899 标准要求的 420A、420B、630 不锈钢制成；导丝接触人体部分由符合 ISO 5832-1 标准要求的不锈钢制成。非灭菌包装。
适用范围:用于脊柱微创手术。
生产厂家:美国 DePuy Spine, Inc.
注册代理:强生(上海)医疗器材有限公司
服务机构:强生(上海)医疗器材有限公司
发证日期:2014.03.06　截止日期:2018.03.05

国食药监械(进)字 2014 第 2231224 号

产品名称:超声探头(Ultrasound Probe)
规格型号:SVC1-6H
产品标准:YZB/ROK 0441-2014《超声探头》
性能组成:见附页。
适用范围:与爱飞纽超声诊断系统(E-CUBE 15)连接后，用于体表超声诊断的检查
生产厂家:韩国爱飞纽医疗系统有限公司
注册代理:爱飞纽(广州)医疗器械贸易有限公司
服务机构:爱飞纽(广州)医疗器械贸易有限公司
发证日期:2014.02.24　截止日期:2018.02.23

国食药监械(进)字 2014 第 1101225 号

产品名称:骨科手术工具(Orthopedic Manual Surgical Instrument)
规格型号:见附页
产品标准:YZB/USA 0053-2014《骨科手术工具》
性能组成:该手术工具包括钻头、刀头、手柄、持板器、钳、攻纹器、起钉器、沉槽孔工具、眼眶窝拉钩、牵颊器、测探器、组织穿通器、钻针导向器、 磨板器、光缆、工具盒等。产品接触人体部分的材质及所符合的标准详见型号规格列表。产品非灭菌，可重复使用。
适用范围:本产品为手动工具，适用于颅颌面骨科手术。
生产厂家:美国 Biomet Microfixation
注册代理:上海普天阳医疗器械有限公司
服务机构:上海普天阳医疗器械有限公司
发证日期:2014.03.06　截止日期:2018.03.05

国食药监械(进)字 2014 第 1011226 号

产品名称:基础外科手术器械(Surgical Instruments)
规格型号:见附页
产品标准:YZB/PAK 0041-2014《基础外科手术器械》
性能组成:该产品由基础外科用钳，基础外科用剪，基础外科用镊、基础外科用针钩、基础外科用刀、刀柄、刀片夹持器及卷棉子组成。采用不锈钢材料制成，用于基础外科手术。
适用范围:该产品用于基础外科手术。
生产厂家:巴基斯坦 SURGICON (PVT) LTD
注册代理:杭州博聚科技有限公司
服务机构:杭州博聚科技有限公司
发证日期:2014.03.06　截止日期:2018.03.05

国食药监械(进)字 2014 第 1101227 号

产品名称:膝关节手术工具(Knee Instruments)
规格型号:见附页
产品标准:YZB/USA 0223-2014《膝关节手术工具》
性能组成:该产品由膝关节置换手术中使用的试模、钻、打入器、剪线器、导入器、拉紧器、压实器、连接柱、钻塔、对线杆手柄、阻挡器、胫骨螺栓、取钉器、持钉器、骨钉、带头钉、螺纹钉、间隙测量块、挡板、笔针、髓内杆定位器、工具盒组成。产品材质详见型号规格附页。产品不与有源器械联用，非灭菌包装。
适用范围:产品作为手术工具，适用于膝关节置换手术。
生产厂家:美国 DePuy Orthopaedics, Inc.
注册代理:强生(上海)医疗器材有限公司
服务机构:强生(上海)医疗器材有限公司
发证日期:2014.03.06　截止日期:2018.03.05

国食药监械(进)字 2014 第 2221228 号

产品名称:牵开器(Retractor)
规格型号:WA51190A, WA51193A
产品标准:YZB/GER 7989-2013《牵开器》
性能组成:牵开器由扇片、转动轴、芯杆、滚花螺母、手柄、鲁尔接头、密封帽和转动环组成。
适用范围:用于胸腔镜和腹腔镜检查及手术时牵开组织和脏器，暴露视野。
生产厂家:德国 Jakoubek Medizintechnik GmbH
注册代理:奥林巴斯贸易(上海)有限公司
服务机构:奥林巴斯(北京)销售服务有限公司
发证日期:2014.03.06　截止日期:2018.03.05

国食药监械(进)字 2014 第 1061229 号

产品名称:麻醉剂助推器(SOPIRA Citoject)
规格型号:SOPIRA Citoject
产品标准:YZB/GER 8213-2013《麻醉剂助推器》
性能组成:主要性能结构及组成:针筒、药筒用观察室、注射针用的螺纹嘴、手柄。本品不含麻醉药品。不接触药液与针头。
适用范围:用于口腔牙周韧带内麻醉。
生产厂家:德国 Heraeus Kulzer GmbH
注册代理:贺利氏古莎齿科有限公司

服务机构:贺利氏古莎齿科有限公司
发证日期:2014.03.06 **截止日期**:2018.03.05

国食药监械(进)字2014第2101230号

产品名称:椎间融合器手术工具(Pioneer Fusion Instruments-CLASS II)
规格型号:见附页
产品标准:YZB/USA 0239-2014《椎间融合器手术工具》
性能组成:该产品由刮匙,铰刀,旋转铰刀和骨凿组成。椎间融合器手术工具中与人体组织及植入物接触的部分符合ASTM F899-2011标准选用420A不锈钢和XM-16不锈钢材料制造。非灭菌包装。该产品不与有源器械联用。
适用范围:本产品作为手术工具,用于在手术中植入美国Pioneer Surgical Technology, Inc.公司生产的椎间融合器的手术中。
生产厂家:美国Pioneer Surgical Technology, Inc.
注册代理:博能华医疗器械(上海)有限公司
服务机构:博能华医疗器械(上海)有限公司
发证日期:2014.03.06 **截止日期**:2018.03.05

国食药监械(进)字2014第1061231号

产品名称:镍钛质手用根管器械(マニ—Fファイル NiTi、マニ—Hファイル NiTi、マニ—スプレッダ—NiTi、マニ—プラガ—NiTi)
规格型号:MANI H-FILES NiTi、MANI FLARE FILES NiTi、MANI SPREADERS NiTi和MANI PLUGGERS NiTi
产品标准:YZB/JAP 0196-2014《镍钛质手用根管器械》
性能组成:根管器械由工作部分、柄部和(或)橡胶限位块组成。根管器械的工作部分采用由镍钛合金制造,柄部由聚对苯二甲酸丁二酯PBT制造。
适用范围:适用于对根管进行成形、填充等根管治疗。
生产厂家:日本马尼株式会社
注册代理:马尼(北京)贸易有限公司
服务机构:马尼(北京)贸易有限公司
发证日期:2014.03.06 **截止日期**:2018.03.05

国食药监械(进)字2014第2631232号

产品名称:陶瓷托槽(Ceramic Orthodontic Brackets)
规格型号:见附页
产品标准:YZB/USA 7794-2013《陶瓷托槽》
性能组成:该产品由陶瓷材料制成,氧化铝含量>99.9%,二氧化硅含量<0.1%。沟槽里的材料为聚四氟乙烯(PTFE)。
适用范围:该产品用于口腔科牙齿矫正(除了下颌双尖牙)。
生产厂家:美国Dentsply GAC International
注册代理:上海埃蒙迪材料科技有限公司
服务机构:上海埃蒙迪材料科技有限公司
发证日期:2014.03.06 **截止日期**:2018.03.05

国食药监械(进)字2014第2641233号

产品名称:医疗压力带(商品名:SIGVARIS)(SIGVARIS ULCER X Medical Compression Stockings)
规格型号:见附页
产品标准:YZB/SWI 0353-2014《医疗压力带》
性能组成:医疗压力带采用70%尼龙和30%氨纶制成;衬袜材料为62%的尼龙、26%的氨纶和12%的棉。含有钠羟基萘磺酸钠盐及硝基苯磺酸钠磺酸钠盐染料,为非灭菌、可重复使用产品。本产品不能直接接触皮肤破损。
适用范围:该产品利用循序阶段压力递减的原理,在腿部形成自下而上、压力递减的压力梯度,用于对抗血管内静脉高压状态,促进下肢静脉血液回流,辅助治疗静脉曲张。
生产厂家:瑞士SIGVARIS AG
注册代理:丝维亚(上海)贸易有限公司
服务机构:丝维亚(上海)贸易有限公司
发证日期:2014.03.06 **截止日期**:2018.03.05

国食药监械(进)字2014第2641234号

产品名称:医疗压力带(商品名:SIGVARIS)(SIGVARIS THROMBO-X Medical Compression Stockings)
规格型号:见附页
产品标准:YZB/SWI 0354-2014《医疗压力带》
性能组成:医疗压力带采用75%尼龙和25%氨纶制成,不含有染料,为非灭菌、可重复使用产品。本产品不能直接接触皮肤破损。
适用范围:该产品主要利用循序阶段压力递减的原理,帮助静脉血液回流,以预防和降低腿部深静脉血栓发生风险,改善水肿症状。
生产厂家:瑞士SIGVARIS AG
注册代理:丝维亚(上海)贸易有限公司
服务机构:丝维亚(上海)贸易有限公司
发证日期:2014.03.06 **截止日期**:2018.03.05

国食药监械(进)字2014第2041235号

产品名称:人工晶体推注器(disposable injector Kit)
规格型号:1st INJECT Instrument 1.8;1st INJECT Instrument 2.0 HB;1st INJECT Instrument 2.4 HB
产品标准:YZB/GER 0251-2014《人工晶体推注器》
性能组成:该产品由推注器主体、折叠夹组成。材料包括:聚丙烯、聚碳酸酯、聚醚酰亚胺、硅胶以及EN 10270-3中的Inox不锈钢。灭菌包装。
适用范围:该产品用于人工晶体的植入。
生产厂家:德国1stQ GmbH
注册代理:深圳清清视界眼科产品有限公司
服务机构:深圳清清视界眼科产品有限公司
发证日期:2014.03.06 **截止日期**:2018.03.05

国食药监械(进)字2014第1101236号

产品名称:股骨胫骨用髓内钉系统工具(PICCOLOTibia & Femur Instrumentation set-USA)
规格型号:见附页
产品标准:YZB/ISR 8260-2013《股骨胫骨用髓内钉系统工具》
性能组成:工具由灭菌盒、手柄、适配器、瞄准器、套管针、导向套、钻套、钻头、通用钻套、螺钉起子、锤、射线尺、锥子组成,与人体接触部分采用符合ASTM F899及YY0294的医用不锈钢材料制造,详见产品规格附页;非灭菌包装,产品不与有源器械联用。
适用范围:该产品预期用于腿骨用髓内钉植入手术使用。
生产厂家:以色列CarboFix Orthopedics Ltd
注册代理:斯潘威医疗科技(北京)有限公司
服务机构:斯潘威医疗科技(北京)有限公司
发证日期:2014.03.06 **截止日期**:2018.03.05

国食药监械(进)字2014第2221237号

产品名称:一次性使用抓取钳(商品名:EndoLifter)(内視鏡用軟性把持鉗子)
规格型号:LA-201, LA-202
产品标准:YZB/JAP 0230-2014《一次性使用抓取钳》
性能组成:该产品由插入部和操作部组成。接触黏膜部的材料有不锈钢、聚乙烯(含钛白、碳黑颜料)、聚碳酸酯、苯乙烯热塑性弹性体、聚四氟乙烯。产品为一次性使用的灭菌产品。
适用范围:本产品用于辅助内镜的治疗,安装在奥林巴斯指定的内镜上,确保内镜视野,用于胃内组织的把持和牵引。
生产厂家:日本奥林巴斯医疗株式会社(オリンパスメディカルシステムズ株式会社)
注册代理:奥林巴斯贸易(上海)有限公司
服务机构:奥林巴斯(北京)销售服务有限公司
发证日期:2014.03.06 **截止日期**:2018.03.05

国食药监械(进)字2014第1101238号

产品名称:髋关节假体配套工具(商品名:Accolade II)(Accolade II Instruments)
规格型号:见附页
产品标准:YZB/USA 0292-2014《髋关节假体配套工具》
性能组成:该产品由接触人体的有创应用(切割导向器、锉、扩髓钻、骨凿);非接触人体的无创应用工具或手柄(打入器、连接器、打击器、滑锤、手柄);容器(工具箱、托盘)和各种试模组成。接触人体的部分由符合ISO5832-1标准要求的不锈钢材料或符合ASTMD5205标准要求的聚醚酰亚胺材料制成,非接触人体的部分由符合ISO1874标准要求的聚酰胶材料、符合 YY0605.12 标准要求的钴铬钼合金材料或符合 ASTMD1418 标准要求的硅橡胶材料制成。非灭菌包装。
适用范围:该产品为主要用于 Accolade II Femoral Stem 髋关节假体和 EM Femoral Stem 髋关节假体装配的外科手术的手动工具。
生产厂家:美国 Howmedica Osteonics Corp.
注册代理:史赛克(北京)医疗器械有限公司
服务机构:史赛克(北京)医疗器械有限公司
发证日期:2014.03.06 **截止日期**:2018.03.05

国食药监械(进)字 2014 第 1101239 号

产品名称:脊柱内固定系统工具(Occipital Plate System & Vitallium Instruments)
规格型号:见附页
产品标准:YZB/FRA 0560-2014《脊柱内固定系统工具》
性能组成:该产品为无源手动工具，由起子、导向器、开路钻、弯折器、内轴、扳手、丝攻组成。材料为硅橡胶和 ISO 5832-1 的不锈钢。非灭菌包装。
适用范围:该产品为手动工具，适用于应用脊柱内固定系统植入物装配的外科手术。
生产厂家:法国 Stryker Spine S.A.S.
注册代理:史赛克(北京)医疗器械有限公司
服务机构:史赛克(北京)医疗器械有限公司
发证日期:2014.03.06 **截止日期**:2018.03.05

国食药监械(进)字 2014 第 1101240 号

产品名称:脊柱外科手术工具 (商品名: SKY) (Orthopedics and bone operating instruments)
规格型号:见附页
产品标准:YZB/ROK 0287-2014《脊柱外科手术工具》
性能组成:该产品由临时固定器、临时固定针、六角螺钉起子、丝锥头、丝锥、探棒、测深器、丝锥导向器、扳手、攻螺丝器、钻头导向器、钻头丝锥导向器、钻头、钻头限位器、持棒钳、持棒连接器、截棒钳、弯棒钳、弯曲铁、棒推进器、打入器、棒试模、压棒钳、撑开钳、深度尺、压缩钳、持板钳、板盖锁定器、攻螺丝器导向套管和骨钩组成。接触人体部分均采用符合 ASTM F899 中规定的 303、304、630 或 XM-16 不锈钢材料制造；手柄部分采用符合 GB/T 3191-2010 中规定的 6061 铝或符合 YY/T0726-2009 的硅材料制造。非无菌包装。
适用范围:该产品适用于植入物在脊柱外科手术中的装配。
生产厂家:韩国 GS Medical Co., Ltd.
注册代理:北京捷通康诺医药科技有限公司
服务机构:北京捷通康诺医药科技有限公司
发证日期:2014.03.06 **截止日期**:2018.03.05

国食药监械(进)字 2014 第 1101241 号

产品名称:脊柱外科手术工具 (商品名: Anyplus) (Instruments, bone, surgical, manually-operated)
规格型号:见附页
产品标准:YZB/ROK 0298-2014《脊柱外科手术工具》
性能组成:该产品由试模、托架、骨压缩器、持笼器、Casper 拉钩、导针和导针打入器组成。接触人体部分采用符合 ASTM F899 中规定的 304、431、XM-16 或 630 不锈钢材料、符合 ASTM F138 中规定的 316L 不锈钢材料制造;手柄部分采用符合 GB/T 3191-2010 中规定的 6061 铝材制造，托架采用 6061 铝和聚四氟乙烯材料制造，不与人体接触。非无菌包装。
适用范围:该产品适用于颈椎前路椎间融合固定系统植入手术。
生产厂家:韩国 GS Medical Co., Ltd.
注册代理:北京捷通康诺医药科技有限公司
服务机构:北京捷通康诺医药科技有限公司
发证日期:2014.03.06 **截止日期**:2018.03.05

国食药监械(进)字 2014 第 1101242 号

产品名称:脊柱外科手术工具 (商品名: Anyplus) (Instruments, bone, surgical, manually-operated)
规格型号:见附页
产品标准:YZB/ROK 0305-2014《脊柱外科手术工具》
性能组成:该产品由试模、托架、骨压缩器、假体间隔器、试模夹持器、刮匙、敲击锤插入及取出器、推进器、假体打入器、植骨漏斗组成。接触人体部分采用符合 ASTMF899 中规定的 303、304、431、XM-16 或 630 不锈钢材料制造；手柄部分采用符合 GB/T 3191-2010 中规定的 6061 铝材制造，托架采用 6061 铝和聚四氟乙烯材料制造，不与人体接触。非无菌包装。
适用范围:该工具适用于经椎间孔椎间融合术。
生产厂家:韩国 GS Medical Co., Ltd.
注册代理:北京捷通康诺医药科技有限公司
服务机构:北京捷通康诺医药科技有限公司
发证日期:2014.03.06 **截止日期**:2018.03.05

国食药监械(进)字 2014 第 1101243 号

产品名称:脊柱外科手术工具 (商品名: Anyplus) (Instruments, bone, surgical, manually-operated)
规格型号:见附页
产品标准:YZB/ROK 0311-2014《脊柱外科手术工具》
性能组成:该产品由试模、托架、骨压缩器、持笼器、ALIF 假体间隔器、I 型扳手和牵引器组成。接触人体部分采用符合 ASTM F899 中规定的 304、431、XM-16 或 630 不锈钢材料制造；手柄部分采用符合 GB/T 3191-2010 中规定的 6061 铝材制造，托架采用 6061 铝和聚四氟乙烯材料制造，不与人体接触。非无菌包装。
适用范围:该工具适用于腰椎前路椎间融合术。
生产厂家:韩国 GS Medical Co., Ltd.
注册代理:北京捷通康诺医药科技有限公司
服务机构:北京捷通康诺医药科技有限公司
发证日期:2014.03.06 **截止日期**:2018.03.05

国食药监械(进)字 2014 第 1641244 号

产品名称:外固定低温热塑板(Low Temperature Thermoplastic Sheet)
规格型号:8133MG.2/NS; 8133GO.2/NS; 8133MB.2/NS; 4030; 4031; 4032; 4033; 8332.2/L; 8338.2/L; 8334.1/L; 8334.4/L; 1433.3; 1434.3
产品标准:YZB/BEL 0109-2014《外固定低温热塑板》
性能组成:产品材质为聚己内酯，板材密度应不低于 1.210g/cm3。
适用范围:该产品用于矫形器的制作，起到外部固定和康复辅助治疗的作用。主要适应症为术后、扭伤、骨折的肢体固定。
生产厂家:比利时 Orfit Industries
注册代理:奥托博克(中国)工业有限公司
服务机构:奥托博克(中国)工业有限公司
发证日期:2014.03.06 **截止日期**:2018.03.05

国食药监械(进)字 2014 第 1101245 号

产品名称:创伤通用手术工具(Biomet Trauma Instruments)
规格型号:见附页
产品标准:YZB/USA 0183-2014《创伤通用手术工具》
性能组成:手术工具由扳手、手柄、适配器、护套、套筒、套管、装配器、尖锥、Tommy 杆、支撑杆、工具箱、折弯器、模具、模块、螺栓、尖帽、合成环、卡盘夹、复位钳、骨钳、丝攻、铣刀、导针剪刀、测深尺、靶向装置、螺丝刀、骨钻、导向器、简易钉、骨膜分离器、尾帽、取出器、集成器、固定钉、夹持钳、导针、耦合器、托盘、半钉、滑锤、牵引器、把持器、探针、尖钩、打入器、夹具、万用接头、带槽锥、螺母、填塞器、导钉、骨锉、管套针、模板、环锯组成。与人体接触部分材料采用符合 ASTM F 899 标准的不锈钢、符合 ISO 5832-3 标准的钛 6 铝 4 钒合金、符合 GB/T 13810 TA4 要求的纯钛或符合符合 ISO5832-12 要求的钴铬钼合金制成（具体规格型号及材料牌号见附页)。非灭菌包装。
适用范围:该套工具为手动工具，不得与电动、气动有源器械联用，预期用于四肢骨折的内固定手术。
生产厂家:美国 Biomet Trauma
注册代理:邦美(上海)商贸有限公司
服务机构:邦美(上海)商贸有限公司
发证日期:2014.03.06 **截止日期**:2018.03.05

国食药监械(进)字 2014 第 1101246 号

产品名称:椎体融合器手术工具(Surgical instrumentation)
规格型号:见附页
产品标准:YZB/FRA 0097-2014《椎体融合器手术工具》

性能组成:产品由椎板撑开器、刀片、牵引剪、扩孔器、椎间撑开器、固定器、植骨器、持取器、持取器内杆、快换工具、试模、骨锉、假体座、小圆骨凿、牵开器针、牵开器针持针器、工具盒、模块和工具架组成。与人体接触部分采用符合 ASTMF899 标准中牌号为 630 不锈钢材料和符合 YY/T0294-2005 标准中代号为 M 的不锈钢材料制造，试模采用符合 ISO5832-3 标准的钛合金材料制造；产品不与有源器械联用，非灭菌包装。
适用范围:该产品预期用于椎体融合器植入物植入时的手术。
生产厂家:法国 SPINEWAY S.A.S
注册代理:斯潘威医疗科技(北京)有限公司
服务机构:斯潘威医疗科技(北京)有限公司
发证日期:2014.03.06 截止日期:2018.03.05

国食药监械(进)字 2014 第 3641247 号

产品名称:吸收性藻酸盐敷料（商品名：美即爽）(Melgisorb Absorbent Calcium Sodium Alginate Dressing)
规格型号:见附页
产品标准:YZB/SWE 1117-2014《吸收性藻酸盐敷料》
性能组成:采用藻酸钙纤维制成。
适用范围:用于覆盖具有中等到严重渗出的创面，包括感染性和非感染性创面。比如：压疮、动静脉性溃疡、糖尿病性溃疡、供皮区，手术后创面，皮肤损伤以及创伤导致的其它创面外伤创面。
生产厂家:瑞典 Molnlycke Health Care AB
注册代理:瑞典墨尼克医疗用品有限公司北京代表处
服务机构:瑞典墨尼克医疗用品有限公司北京代表处
发证日期:2014.03.06 截止日期:2018.03.05

国食药监械(进)字 2014 第 3461248 号

产品名称:半肩关节系统（商品名：Global）(Global Shoulder System)
规格型号:见附页
产品标准:YZB/USA 1050-2014《 全肩关节系统》
性能组成:该系统包括肱骨柄和肱骨头。其中肱骨柄和肱骨头由符合 YY0117.3-2005 的铸造钴铬钼合金制成。灭菌包装。
适用范围:与骨水泥配合使用，适用于半肩关节置换。
生产厂家:美国 DePuy Orthopaedics, Inc.
注册代理:强生(上海)医疗器材有限公司
服务机构:强生(上海)医疗器材有限公司
发证日期:2014.03.06 截止日期:2018.03.05

国食药监械(进)字 2014 第 3461249 号

产品名称:微创型注射填充物套件(MIIG)
规格型号:见附页
产品标准:YZB/USA 0585-2014《微创型注射填充物套件》
性能组成:该产品由骨填充物和配套工具组成，工具由注射针、注射器和搅拌用工具等组成。骨填充物由硫酸钙半水化合物和水/生理盐水溶液组成，注射针采用符合 YY0294.1 标准的 M 号不锈钢制成，注射器采用医用聚碳酸酯材料制成，其余工具组件采用高分子材料制成，具体详见规格型号列表。灭菌包装。
适用范围:该产品用于注入不影响骨骼系统(即四肢、脊柱、骨盆)中骨性结构固有稳定性的开放性骨腔/缝隙，并在原位固化。作为临时支撑介质，不可在愈合过程中提供结构性支持。
生产厂家:美国 Wright Medical Technology, Inc.
注册代理:上海迈凯医疗器械有限公司
服务机构:上海迈凯医疗器械有限公司
发证日期:2014.03.06 截止日期:2018.03.05

国食药监械(进)字 2014 第 3661250 号

产品名称:一次性使用肠外营养输液器(Infusion Set VL PN00)
规格型号:M46444300 VL PN00
产品标准:YZB/GER 1141-2014《一次性使用肠外营养输液器》
性能组成:产品组件包括瓶塞穿刺器保护套、瓶塞穿刺器、进气口、滴斗、15μm药液过滤器、流量调节器、管路、硅橡胶泵管、安全夹、管路、1.2μm 药液过滤器、鲁尔外圆锥接头、圆锥接头保护套。主要部件原材料包括：聚丙烯、聚苯乙烯、丁二烯共聚物、聚酰胺、聚氯乙烯、硅橡胶、甲基丙烯酸甲酯、丙烯腈-丁二烯-苯乙烯共聚物。
适用范围:本产品为一次性使用泵用输液器，用于 VOLUMAT AGILIA / VOLUMAT MC AGILIA 输液泵上的输液软袋/瓶，进行肠外营养输注。
生产厂家:德国 Fresenius Kabi AG
注册代理:费森尤斯卡比(中国)投资有限公司
服务机构:费森尤斯卡比(中国)投资有限公司
发证日期:2014.03.06 截止日期:2018.03.05

国食药监械(进)字 2014 第 3461251 号

产品名称:脊柱内固定系统组件（商品名：Shiraz Java）(Spinal Osteosynthesis Implants)
规格型号:见附页
产品标准:YZB/FRA 0772-2014《脊柱内固定系统组件》
性能组成:该产品是一个脊柱内固定植入物系统组件，为椎弓根螺钉、螺塞、连接块。由符合 GB/T13810 标准规定的 TC4 钛合金材料制成。部分椎弓根螺钉表面有经阳极氧化处理。非灭菌包装，一次性使用。
适用范围:该产品做为系统组件适用于骨骼成熟患者进行胸椎、腰椎和骶骨椎骨的后路内固定。
生产厂家:法国捷迈脊柱公司(Zimmer Spine)
注册代理:捷迈(上海)医疗国际贸易有限公司
服务机构:捷迈(上海)医疗国际贸易有限公司
发证日期:2014.03.06 截止日期:2018.03.05

国食药监械(进)字 2014 第 3461252 号

产品名称:膝关节组件（商品名：Vanguard）(Vanguard Total Knee System)
规格型号:见附页
产品标准:YZB/USA 1049-2014《膝关节组件》
性能组成:该系统包括股骨部件、胫骨部件和髌骨组件。股骨部件为后稳定型股骨假体；胫骨组件包括一体式胫骨组件、分体式胫骨底板、半月板部件、胫骨底板锁定件和胫骨锥度塞。股骨假体采用符合 ISO5832-4 规定的铸造钴铬钼合金材料制成；胫骨底板采用符合 ISO5832-4 规定的铸造钴铬钼合金材料制成；一体式胫骨部件采用符合 ISO5832-4 规定的铸造钴铬钼合金材料、GB/T13810 规定的 TC4ELI 材料和 ISO5834-2 规定的 II 型超高分子量聚乙烯材料制成；半月板部件、髌骨和胫骨锥度塞采用符合 ISO5834-2 规定的 II 型超高分子量聚乙烯材料制成；胫骨锁定件采用符合 GB/T 13810 规定的 TC4ELI 材料制成。产品为灭菌包装。
适用范围:与该企业同一系统组件配合，作为骨水泥型膝关节假体使用，适用于全膝关节置换。
生产厂家:美国 Biomet Orthopedics
注册代理:邦美(上海)商贸有限公司
服务机构:邦美(上海)商贸有限公司
发证日期:2014.03.06 截止日期:2018.03.05

国食药监械(进)字 2014 第 3661253 号

产品名称:一次性使用精密过滤输液器（商品名：赛菲特）(Precise Retention I.V. Infusion Administration Sets for Pressure and Gravity Infusions)
规格型号:见附页
产品标准:YZB/GER 1179-2014《一次性使用精密过滤输液器》
性能组成:由滴壶、管路和鲁尔圆锥接头组成，带防水膜和空气隔膜。型号 4063001 还带有止逆阀，可在重力和压力并行输液时防止液体回流；型号 4063004 还带有 Y 型无针接口，可经无针接口给药；型号 4063005 还带有注射口，可经注射口给药；型号 4063006 还带有三通，可经三通装置给药。防水膜可以使输液器自动排气并防止液体渗漏，空气隔膜可以阻止空气进入输液管。过滤器孔径为 3μm，本产品 PVC 管路所用增塑剂为 DEHT，不含 DEHP 增塑剂成分。
适用范围:用于压力或重力输注。
生产厂家:德国 B. Braun Melsungen AG
注册代理:贝朗医疗(上海)国际贸易有限公司
服务机构:贝朗医疗(上海)国际贸易有限公司
发证日期:2014.03.06 截止日期:2018.03.05

国食药监械(进)字 2014 第 3661254 号

产品名称:微量泵前管（商品名：普福特）(Original Perfusor Line)
规格型号:8255059、8255067、8722935、8723060、8272565
产品标准:YZB/GER 1176-2014《微量泵前管》

性能组成:微量泵前管主要由管路、鲁尔接头、保护套组成;管路由聚乙烯材料(PE)制成。
适用范围:本产品适用于在注射泵输液中延长液体输注的路径,并保护患者避免受到直接的机械输注压力。
生产厂家:德国 B. Braun Melsungen AG
注册代理:贝朗医疗(上海)国际贸易有限公司
服务机构:贝朗医疗(上海)国际贸易有限公司
发证日期:2014.03.06 截止日期:2018.03.05

国食药监械(进)字 2014 第 3461255 号

产品名称:组件式胸腰段前路脊柱内固定系统(商品名:MACS TL)(MACS TL)
规格型号:见附页
产品标准:YZB/GER 1021-2014《组件式胸腰段前路脊柱内固定系统》
性能组成:该产品由多轴向螺钉、单轴螺钉、稳定螺钉、植骨块螺钉、螺母、锁定螺丝、固定板、夹钳组成。由符合 ISO5832-3 的 Ti6Al4V 钛合金制成。部分产品表面经阳极氧化处理。非灭菌包装。
适用范围:该产品适用于胸腰椎(T1-L5)的前路内固定。
生产厂家:德国 Aesculap AG
注册代理:贝朗医疗(上海)国际贸易有限公司
服务机构:贝朗医疗(上海)国际贸易有限公司
发证日期:2014.03.06 截止日期:2018.03.05

国食药监械(进)字 2014 第 3461256 号

产品名称:膝关节假体组件(非骨水泥型)(商品名:Columbus)(Columbus Knee System, cementless)
规格型号:见附页
产品标准:YZB/GER 0826-2014《膝关节假体组件(非骨水泥型)(商品名:Columbus)》
性能组成:该产品由股骨部件(股骨髁)、胫骨部件(胫骨托)组成。基体部分由符合 ISO 5832-4 标准规定的铸造钴铬钼合金材料制成,股骨部件内表面和胫骨部件下表面为符合 ISO 5832-2 标准规定的纯钛涂层。灭菌包装。
适用范围:与该企业同一系统组件配合,做为非骨水泥型膝关节假体使用,适用于膝关节置换。
生产厂家:德国 Aesculap AG
注册代理:贝朗医疗(上海)国际贸易有限公司
服务机构:贝朗医疗(上海)国际贸易有限公司
发证日期:2014.03.06 截止日期:2018.03.05

国食药监械(进)字 2014 第 3641257 号

产品名称:水胶体敷料(商品名:多爱肤 TM 超薄)(DuoDERM Extra Thin)
规格型号:187932, 187902, 187903, 187900, 187961, 187901, 187955, 187957
产品标准:YZB/USA 1104-2014《水胶体敷料》
性能组成:多爱肤 TM 超薄水胶体敷料为接触性创面敷料,为双层结构,一层为 177A 粘胶剂膜(含羧甲基纤维素钠),另一层为聚氨酯薄膜。
适用范围:多爱肤 TM 超薄水胶体敷料适用于干燥及轻微渗液表面皮肤溃疡的护理;手术后伤口和一般伤口保护。
备注:2014 年 8 月 13 日同意更正生产企业国别内容,2014 年 3 月 6 日核发的医疗器械注册证予以废止。
生产厂家:美国 ConvaTec Limited
注册代理:康维德(中国)医疗用品有限公司
服务机构:康维德(中国)医疗用品有限公司
发证日期:2014.03.06 截止日期:2018.03.05

国食药监械(进)字 2014 第 3461258 号

产品名称:手外科固定系统(Hand system for the Orthopaedic Surgery)
规格型号:见附页
产品标准:YZB/GER 0647-2014《手外科固定系统》
性能组成:该产品由接骨板、接骨螺钉和垫片组成,接骨板、垫片和除空心螺钉外的所有接骨螺钉采用符合 ISO5832-3 的 4 级纯钛材料制成,空心螺钉采用符合 ISO5832-3 的 Ti6Al4V 钛合金材料制成。产品表面经阳极氧化处理,非灭菌包装。
适用范围:该产品主要用于创伤引起的小骨骨折内固定或重建、关节融合术。
生产厂家:德国 Stryker Leibinger GmbH & Co.KG
注册代理:史赛克(北京)医疗器械有限公司
服务机构:史赛克(北京)医疗器械有限公司
发证日期:2014.03.06 截止日期:2018.03.05

国食药监械(进)字 2014 第 3461258 号

产品名称:手外科固定系统(Hand system for the Orthopaedic Surgery)
规格型号:见附页
产品标准:YZB/GER 0647-2014《手外科固定系统》
性能组成:该产品由接骨板、接骨螺钉和垫片组成,接骨板、垫片和除空心螺钉外的所有接骨螺钉采用符合 ISO5332-3 的 4 级纯钛材料制成,空心螺钉采用符合 ISO5332-3 的 Ti6Al4V 钛合金材料制成。产品表面经阳极氧化处理,非灭菌包装。
适用范围:该产品主要用于创伤引起的小骨骨折内固定或重建、关节融合术。
备注:2014 年 12 月 26 日同意更正产品性能结构及组成内容,2014 年 3 月 6 日核发的医疗器械注册登记表、附页予以废止。
生产厂家:德国 Stryker Leibinger GmbH & Co.KG
注册代理:史赛克(北京)医疗器械有限公司
服务机构:史赛克(北京)医疗器械有限公司
发证日期:2014.03.06 截止日期:2018.03.05

国食药监械(进)字 2014 第 1101259 号(更)

产品名称:跗骨螺钉工具(商品名:HyProCure)(Sinus Tarsi Implant System Instrument & Instrument Tray)
规格型号:见附页
产品标准:YZB/USA 1058-2014《跗骨螺钉工具》
备注:售后服务机构变更:由"捷通埃默高(北京)医药科技有限公司"变更为"施百恩脊椎医疗科技(北京)有限公司";注册证由"国食药监械(进)字 2014 第 1101259 号"变更为"国食药监械(进)字 2014 第 1101259 号(更)",原证自发证之日起作废。
生产厂家:美国 GraMedica
注册代理:捷通埃默高(北京)医药科技有限公司
服务机构:施百恩脊椎医疗科技(北京)有限公司
变更日期:2014.07.10 截止日期:2018.03.05

国食药监械(进)字 2014 第 3151260 号(更)

产品名称:套管针(Disposable Two-Part Trocar Needle)
规格型号:090020, 090020-S1, 090020-ET, 090021, 090021-ET, 090040
产品标准:YZB/USA 1153-2014《套管针》
备注:企业名称由"Cook Urological Inc."变更为"Cook Incorporated";注册地址由"1100 West MorganStreet, Spencer, Indiana 47460, USA"变更为"750Daniels Way, Bloomington, IN47404, U.S.A.",注册证由"国食药监械(进)字 2014 第 3151260 号"变更为"国食药监械(进)字 2014 第 3151260 号(更)",原证自发证之日起作废。
生产厂家:美国 Cook Incorporated
注册代理:库克(中国)医疗贸易有限公司
服务机构:库克(中国)医疗贸易有限公司
变更日期:2014.05.14 截止日期:2018.03.05

国食药监械(进)字 2014 第 2651261 号

产品名称:不可吸收缝合线(商品名:可柔(COROLENE))(Unabsorbable Suture)
规格型号:见附页
产品标准:YZB/FRA 1164-2014《不可吸收缝合线》
性能组成:本产品为单股聚丙烯不可吸收缝合线,由酞氰-铜染成蓝色,带有不锈钢缝合针。灭菌方式:环氧乙烷灭菌。
适用范围:用于普通软组织的缝合及/或结扎,包括用于心血管、血管、眼科及神经手术。
生产厂家:法国 PETERS SURGICAL
注册代理:北京派特迪鑫医疗设备有限公司
服务机构:北京派特迪鑫医疗设备有限公司
发证日期:2014.03.06 截止日期:2018.03.05

国食药监械(进)字 2014 第 3461262 号

产品名称:股骨柄（商品名：Zimmer 内/外侧锥形股骨柄）(Femoral Stem)

规格型号:见附页

产品标准:YZB/USA 1033-2014《股骨柄（商品名：Zimmer 内/外侧锥形股骨柄)》

性能组成:该产品材料为 Ti6Al4V 钛合金，表面为 Ti6Al4V 钛合金涂层。灭菌包装。

适用范围:与该企业同一系统组件配合，做为非骨水泥型髋关节假体使用，适用于髋关节置换。

生产厂家:美国 Zimmer, Inc.

注册代理:捷迈(上海)医疗国际贸易有限公司

服务机构:捷迈(上海)医疗国际贸易有限公司

发证日期:2014.03.06 **截止日期**:2018.03.05

国食药监械(进)字 2014 第 2221263 号

产品名称:泌尿科内窥镜工具(Urology Accessories and Instruments)

规格型号:见附页

产品标准:YZB/USA 1095-2014《泌尿科内窥镜工具》

性能组成:产品由钳子、剪刀、尿道扩张器、适配器、封帽组成。为可重复性使用工具。

适用范围:该产品与内窥镜配合使用，适用于泌尿科检查和手术。

生产厂家:美国 Stryker Endoscopy

注册代理:史赛克(北京)医疗器械有限公司

服务机构:史赛克(北京)医疗器械有限公司

发证日期:2014.03.06 **截止日期**:2018.03.05

国食药监械(进)字 2014 第 3461264 号

产品名称:直型锁定接骨板螺钉系统（商品名：Zimmer ULS Ti Locking) (Plate and Screw System-Straight Plate Series)

规格型号:见附页

产品标准:YZB/USA 7486-2013《直型锁定接骨板螺钉系统》

性能组成:该系统包括加压锁定接骨板、直型重建锁定接骨板和锁定螺钉、自攻皮质骨螺钉、自攻松质骨螺钉。其中加压锁定接骨板和螺钉均采用符合 ISO 5832-3 标准规定的锻造钛 6 铝 4 钒合金材料制成，直型重建锁定接骨板采用符合 ISO 5832-2 标准规定的纯钛材料制成。表面经阳极氧化处理。灭菌包装和非灭菌包装。

适用范围:该产品适用于临时内固定和在骨切开或骨折时对骨进行稳定。本系统的接骨板产品可与本公司生产的接骨板螺钉(ZPS)系统和围关节接骨板(Peri-Locking)系统中的螺钉配合使用。

生产厂家:美国 Zimmer Inc.

注册代理:捷迈(上海)医疗国际贸易有限公司

服务机构:捷迈(上海)医疗国际贸易有限公司

发证日期:2014.03.10 **截止日期**:2018.03.09

国食药监械(进)字 2014 第 3461265 号

产品名称:髋臼杯固定螺钉（商品名：奥特）(bone screws)

规格型号:3052-0-0915; 3052-0-0920; 3052-0-0925; 3052-0-0930; 3052-0-0935; 3052-0-0940; 3052-0-0945; 3052-0-0950; 3052-0-0955; 3052-0-0960。

产品标准:YZB/GER 0064-2014《髋臼杯固定螺钉》

性能组成:该产品由符合 ISO 5832-3 标准规定的 Ti6Al4V 钛合金材料制成。表面无着色。灭菌包装。

适用范围:适用于骨科髋关节置换术中固定髋臼杯。

生产厂家:德国 ORTHO SELECT GMBH

注册代理:珠海市盛澜进出口有限公司

服务机构:珠海市盛澜进出口有限公司

发证日期:2014.03.10 **截止日期**:2018.03.09

国食药监械(进)字 2014 第 3771266 号

产品名称:导丝（商品名：Acuity Whisper View) (Guide Wire)

规格型号:见附页

产品标准:YZB/USA 0498-2014《导丝》

性能组成:该产品由芯丝、远端绕丝和套管组成。芯丝由 304V 不锈钢制成，远端绕丝由铂/钨合金制成，套管由聚氨酯制成；导丝近端涂有聚四氟乙烯涂层，远端涂有 ICE 亲水涂层；导丝的远端分为直形和 J 形。环氧乙烷灭菌，一次性使用。

适用范围:该产品设计用于辅助将 Boston Scientific 生产的或者 Guidant 生产的左心室电极导线放置到冠状静脉血管中。

变更情况:变更日期：2015.01.22。“One Boston Scientific Place, Natick, MA 01760-1537 USA”变更为“300 Boston Scientific Way, Marlborough, MA 01752, USA”。

生产厂家:美国 Boston Scientific Corporation

注册代理:波科国际医疗贸易(上海)有限公司

服务机构:波科国际医疗贸易(上海)有限公司

发证日期:2014.03.10 **截止日期**:2018.03.09

国食药监械(进)字 2014 第 3461267 号

产品名称:肩关节系统（商品名：Comprehensive）(Comprehensive Fracture Shoulder System)

规格型号:见附页

产品标准:YZB/USA 0488-2014《肩关节系统》

性能组成:该产品由肱骨柄、中置器、双极肱骨头、双极聚乙烯组件和双极肱骨杯(含一枚纯钛锁环)组成。肱骨柄和双极肱骨杯采用符合 ISO5832-4 标准的铸造钴铬钼合金材料制造，双极肱骨杯内含一枚锁环采用符合 ISO5832-2 标准的 2 级纯钛材料制成，肱骨柄表面涂层采用符合 ISO5832-3 钛合金粉末制成；中置器采用聚甲基丙烯酸甲酯材料制成；双极肱骨头采用符合 ISO5832-12 标准规定的锻造钴铬钼合金材料制成；双极聚乙烯组件采用符合 ISO5834-2 标准规定的 2 型超高分子量聚乙烯材料制成。肱骨柄表面为钛合金微孔表面，预期用于压配或骨水泥固定；中置器仅用于骨水泥固定。灭菌包装。

适用范围:用于以下疾病的肩关节置换术：1）非炎性退行性骨关节疾病，包括骨关节炎和无血管性坏死 2）类风湿性关节炎 3）其他治疗方式或医疗器械失效的修复 4）功能性畸形的纠正 5）肱骨近端粗隆骨折，而无法采取其他方式治疗的 6)疑难的临床问题，包括肩袖关节病，而无法采取其他方式治疗的肱骨柄表面为钛合金微孔表面，预期用于压配或骨水泥固定；中置器仅用于骨水泥固定，预期与 Comprehensive 肱骨骨折柄使用。

生产厂家:美国 Biomet Orthopedics

注册代理:邦美(上海)商贸有限公司

服务机构:邦美(上海)商贸有限公司

发证日期:2014.03.10 **截止日期**:2018.03.09

国食药监械(进)字 2014 第 3631268 号

产品名称:牙齿脱敏剂(SensBlok)

规格型号:SB 5, SB 7, SB 10

产品标准:YZB/ROK 0323-2014《牙齿脱敏剂》

性能组成:本产品是添加草酸钾的牙齿脱敏剂。主要成分为草酸钾，氯化锶。

适用范围:本产品用于牙本质脱敏。

生产厂家:韩国 NIBEC Jincheon Factory Co., Ltd.

注册代理:山东医大口腔医疗器材经销部

服务机构:山东医大口腔医疗器材经销部

发证日期:2014.03.10 **截止日期**:2018.03.09

国食药监械(进)字 2014 第 3461269 号

产品名称:金属锁定接骨板系统(Locking Plate System)

规格型号:见附页

产品标准:YZB/HUN 0622-2014《金属锁定接骨板系统》

性能组成:该产品由 vortex 系列锁定接骨板、锁定螺钉、皮质骨螺钉组成，直型锁定接骨板选用符合 ISO5832-2 的 TA3 纯钛制造，解剖型锁定接骨板选用符合 ISO5832-2 的 TA2 纯钛制造，锁定螺钉和皮质骨螺钉材料采用符合 ISO5832-3 的 Ti6Al4V 钛合金制造。表面无着色，非灭菌包装。

适用范围:该产品适用于四肢骨折内固定。

生产厂家:匈牙利 sanatmetal Orthopaedic&Traumatologic Equipment Manufacturer Ltd

注册代理:广州幸好医疗器械有限公司

服务机构:广州幸好医疗器械有限公司

发证日期:2014.03.10 **截止日期**:2018.03.09

国食药监械(进)字 2014 第 3151270 号

产品名称:钝末端注射针(Blunt tip injection cannula)
规格型号:型号:PIX´L 和 PIX´L+ 规格:PIX´L:21G, 23G, 25G, 27G 和 30G。PIX´L+:25G 和 28G
产品标准:YZB/FRA 7912-2013《钝末端注射针》
性能组成:产品由护套、针管和针座组成。产品为一次性使用,环氧乙烷灭菌。
适用范围:产品为一次性无菌医疗器械,用于在真皮组织注射瑞蓝系列透明质酸钠凝胶产品(瑞蓝系列产品由瑞典 Q-Med-AB 生产)以进行面部填充。
生产厂家:法国 THIEBAUD S.A.S.
注册代理:科医国际贸易(上海)有限公司
服务机构:科医国际贸易(上海)有限公司
发证日期:2014.03.10 **截止日期**:2018.03.09

国食药监械(进)字 2014 第 3771271 号

产品名称:导丝 (商品名: V-14 ControlWire) (V-14 ControlWire Guidewire)
规格型号:见附页
产品标准:YZB/USA 8103-2013《导丝 (商品名: V-14 ControlWire)》
性能组成:产品具有一个 10 或 38 cm 的多聚体套管(涂有 ICE 亲水涂层),套在远端逐渐变细的芯丝上,产品远端 2cm 是不透射线的。芯丝由 304V 不锈钢制成,近端涂覆 PTFE 涂层。182cm 长导丝带有一个磁性近端节段。产品经环氧乙烷灭菌,一次性使用。
适用范围:V-14 ControlWire 导丝用于在经皮腔内血管成形术 (PTA) 或其他血管内介入手术中辅助球囊扩张导管或其他治疗器械的放置和交换。V-14 ControlWire 导丝不适用于脑血管。
生产厂家:美国 Boston Scientific Corporation
注册代理:波科国际医疗贸易(上海)有限公司
服务机构:波科国际医疗贸易(上海)有限公司
发证日期:2014.03.10 **截止日期**:2018.03.09

国食药监械(进)字 2014 第 3771272 号

产品名称:血管内造影导管 (商品名: RADIFOCUS OPTITORQUE) (中心循環系血管造影用カテーテル)
规格型号:见附页
产品标准:YZB/JAP 0678-2014《血管内造影导管 (商品名: RADIFOCUS OPTITORQUE)》
性能组成:产品由导管、尖端软管、套节和抗折套管/插入器组成。导管内层和外层材料为含硫酸钡的聚氨酯和聚酰胺弹性体的混合物,中层为不锈钢织网。尖端软管材料为含硫酸钡的聚氨酯,套节材料为尼龙,抗折套管材料为聚酰胺弹性体,插入器材料为聚乙烯。产品经环氧乙烷灭菌,一次性使用。
适用范围:血管内造影导管用于血管造影术。它可以将不透射线介质和药物输送到血管系统预先选定部位,也可用于将导丝或导管引导到目标部位。
生产厂家:日本テルモ株式会社
注册代理:泰尔茂(中国)投资有限公司
服务机构:泰尔茂医疗产品(上海)有限公司
发证日期:2014.03.10 **截止日期**:2018.03.09

国食药监械(进)字 2014 第 3771273 号

产品名称:中心静脉导管包(Central Venous Catheter)
规格型号:见附页
产品标准:YZB/GER 0570-2014《中心静脉导管包》
性能组成:产品由单腔、双腔、三腔以及四腔中心静脉导管包组成。每个包中均包含中心静脉导管、5ml 注射器、穿刺针、导丝、扩张器、固定夹各一个。产品为一次性使用;灭菌方式为环氧乙烷灭菌。
适用范围:中心静脉导管通过使用经股动脉穿刺技术使得导管插入上腔静脉,从而开通中央静脉通路。适用于建立一个测量中心静脉压的液体通路,药物输注,肠外营养输注。血液透析用中心静脉导管可用于血液透析治疗或其他血液净化治疗,三腔血液透析型导管还可用于在血液透析过程中输注药液。
生产厂家:德国 intra special catheters GmbH
注册代理:赫麦森(大连)贸易有限公司
服务机构:赫麦森(大连)贸易有限公司
发证日期:2014.03.10 **截止日期**:2018.03.09

国食药监械(进)字 2014 第 3461274 号

产品名称:关节软组织损伤修复固定螺钉(Intrafix PEEK Tapered Screw)
规格型号:型号: 254652, 254653, 254654, 规格见附页
产品标准:YZB/USA 0664-2014《关节软组织损伤修复固定螺钉》
性能组成:该产品为螺钉,由符合 YY/T0660 标准要求的 OPTIMA-LT3 聚醚醚酮(PEEK)材料制成,灭菌包装。
适用范围:该产品与 INTRAFIX 胫骨护套配合使用,用于交叉韧带重建术中软组织移植物的固定。
生产厂家:美国 DePuy Mitek
注册代理:强生(上海)医疗器材有限公司
服务机构:强生(上海)医疗器材有限公司
发证日期:2014.03.10 **截止日期**:2018.03.09

国食药监械(进)字 2014 第 3221275 号(更)

产品名称:软性亲水接触镜(Soft Hydrophilic Contact Lens)
规格型号:Biomedics 55
产品标准:YZB/USA 0537-2014《软性亲水接触镜》
备注:代理人和售后服务机构变更:由"酷柏光学产品贸易(上海)有限公司"变更为"库博光学产品贸易(上海)有限公司";注册证由"国食药监械(进)字 2014 第 3221275 号"变更为"国食药监械(进)字 2014 第 3221275 号(更)",原证自发证之日起作废。
生产厂家:美国 CooperVision Inc.
注册代理:库博光学产品贸易(上海)有限公司
服务机构:库博光学产品贸易(上海)有限公司
变更日期:2014.06.06 **截止日期**:2018.03.09

国食药监械(进)字 2014 第 3771276 号

产品名称:导丝 (商品名: NiT-Vu) (Guide Wires)
规格型号:见附页
产品标准:YZB/USA 0234-2014《导丝》
性能组成:导丝由芯丝、绕丝组成,芯丝材料为镍钛合金,绕丝材料为钨合金,并涂覆有硅涂层。产品经环氧乙烷灭菌,一次性使用。
适用范围:导丝适用于导引诊断和介入器械进入血管内,此导丝不适用于冠状动脉。
生产厂家:美国 AngioDynamics, Inc
注册代理:上海美创医疗器械有限公司
服务机构:上海美创医疗器械有限公司
发证日期:2014.03.10 **截止日期**:2018.03.09

国食药监械(进)字 2014 第 3461277 号

产品名称:非骨水泥型膝关节组件 (商品名: Emotion Cementless) (e.motion Knee System, cementless)
规格型号:见附页
产品标准:YZB/GER 0748-2014《非骨水泥型膝关节组件 (商品名: Emotion Cementless)》
性能组成:该产品由股骨髁、胫骨托、胫骨延长杆和股骨延长杆组成。股骨髁和胫骨托基体由符合 ISO5832-4 标准规定的铸造钴铬钼合金材料制成,股骨髁内表面和胫骨托底部为纯钛 (ISO5832-2) 和磷酸钙双涂层;胫骨延长杆和股骨延长杆由符合 ISO5832-12 标准规定的锻造钴铬钼合金材料制成。灭菌包装。
适用范围:与该企业同一系统组件配合,做为非骨水泥型膝关节假体使用,适用于膝关节置换。
生产厂家:德国 Aesculap AG
注册代理:贝朗医疗(上海)国际贸易有限公司
服务机构:贝朗医疗(上海)国际贸易有限公司
发证日期:2014.03.10 **截止日期**:2018.03.09

国食药监械(进)字 2014 第 3461278 号

产品名称:下颌单向牵引器(Mandible Distractor, monoaxial)
规格型号:见附页
产品标准:YZB/SWI 0487-2014《下颌单向牵引器》
性能组成:该产品由牵引器、固定板及螺钉组成,其中牵引器和固定板采用符合 ISO5832-11 标准规定的 Ti6Al7Nb 钛合金制成,螺钉采用符合

ISO5832-2 标准规定的 4 级纯钛制成。产品表面经过了阳极氧化处理。灭菌或非灭菌包装。
适用范围:适用于对下颌骨进行连续性延长，包括先天性下颌骨发育不全和创伤后骨缺损的病例。
生产厂家:瑞士 Synthes GmbH
注册代理:强生(上海)医疗器材有限公司
服务机构:强生(上海)医疗器材有限公司、辛迪思(上海)医疗器械贸易有限公司(详见附页)
发证日期:2014.03.10 **截止日期**:2018.03.09

国食药监械(进)字 2014 第 3461279 号

产品名称:下颌骨内固定系统(Cranio-Maxillofacial System)
规格型号:见附页
产品标准:YZB/SWI 0733-2014《下颌骨内固定系统》
性能组成:该产品由接骨板和接骨螺钉组成。接骨板由符合 ISO5832-2 标准规定的纯钛材料制成，接骨螺钉由符合 ISO5832-11 标准规定的 Ti6Al7Nb 钛合金材料制成。表面经阳极氧化处理。灭菌和非灭菌包装。
适用范围:适用于下颌骨创伤、特别是下颌骨髁下部位骨折和下颌骨髁状突基底部骨折内固定。
生产厂家:瑞士 Synthes GmbH
注册代理:强生(上海)医疗器材有限公司
服务机构:强生(上海)医疗器材有限公司、辛迪思(上海)医疗器械贸易有限公司
发证日期:2014.03.10 **截止日期**:2018.03.09

国食药监械(进)字 2014 第 3771280 号

产品名称:可控导丝(商品名:Agility)(Agility steerable guidewire)
规格型号:见附页
产品标准:YZB/USA 0539-2014《可控导丝》
性能组成:该产品由导丝和扭控器组成。导丝由 304V 不锈钢芯丝和远端铂/钨合金绕丝组成，涂有亲水涂层。扭控器由 Zytel 101L 尼龙制成。环氧乙烷灭菌，一次性使用。
适用范围:该产品用于在神经和外周血管中选择性的安放微导管和其他装置。
生产厂家:美国 Codman & Shurtleff, Inc.
注册代理:强生(上海)医疗器材有限公司
服务机构:强生(上海)医疗器材有限公司
发证日期:2014.03.10 **截止日期**:2018.03.09

国食药监械(进)字 2014 第 3641281 号

产品名称:泡沫敷料(商品名:爱康肤 TM 泡沫敷料)(AQUACELTM Foam HydrofiberTM Dressing)
规格型号:粘性:420804(8cm×8cm), 420680(10cm×10cm), 420619(12.5cm×12.5cm), 420621(17.5cm×17.5cm), 420623(21cm×21cm), 420624(25cm×30cm), 420625(19.8cm×14cm), 420626(20cm×16.9cm); 非粘性:420631(5cm×5cm), 420633(10cm×10cm), 420635(15cm×15cm), 420636(20cm×20cm), 420637(15cm×20cm).
产品标准:YZB/USA 0574-2014《泡沫敷料》
性能组成:泡沫敷料为含吸收垫的覆盖敷料，环氧乙烷灭菌.此敷料分粘性和非粘性两种，粘性敷料由 6 层结构组成，即亲水纤维(羧甲基纤维素钠)伤口接触垫/层、聚酰胺结合层、聚氨脂泡沫垫、粘性涂层(粉色)聚氨酯膜背衬、薄层丙烯酸结合粘性层、粘性硅酮；非粘性敷料没有粘性硅酮层。
适用范围:用于处理慢性和急性伤口，如:腿部溃疡、压力性溃疡(II-IV 期)和糖尿病溃疡；手术创伤(手术后、供皮区、皮肤损伤)；部分皮层(II 度)烧伤；留待二期愈合治疗的外伤伤口或手术创伤，如开裂的手术切口；通过一期愈合治疗的手术创伤，如皮肤科和外科切口(如骨科和血管外科)；局部处理易于出血的伤口，如经过机械或手术清除的伤口和供皮区；疼痛伤口；擦伤；裂伤；小割伤；小烫伤和灼伤.
生产厂家:美国 ConvaTec Inc.
注册代理:康维德(中国)医疗用品有限公司
服务机构:康维德(中国)医疗用品有限公司
发证日期:2014.03.10 **截止日期**:2018.03.09

国食药监械(进)字 2014 第 3401282 号

产品名称:抗幽门螺旋杆菌抗体检测试剂盒(胶体金法)(BioSign® H. pylori WB)
规格型号:35 人份/盒
产品标准:YZB/USA 0811-2014
性能组成:测试板条和显影液。(具体内容详见产品说明书)。产品有效期:在 2-30℃保存，有效期为 15 个月。附件:注册产品标准，产品说明书。
适用范围:本产品用于体外定性检测人全血、血清或者血浆中的抗幽门螺旋杆菌抗体。
生产厂家:美国 Princeton BioMeditech Corporation
注册代理:北京美德嘉华科技发展有限公司
发证日期:2014.03.10 **截止日期**:2018.03.09

国食药监械(进)字 2014 第 2401283 号

产品名称:半自动生化分析仪用参比液(VITROS Chemistry Products DT Reference Fluid)
规格型号:4 瓶/包装
产品标准:YZB/USA 0895-2014
性能组成:反应成份:氯化钾，醋酸钠，碳酸氢钠，溴化钠和氯化钠；其他成份:染料，聚乙烯吡咯烷酮，防腐剂和氢氧化钠。(具体内容详见说明书)。产品有效期:2-8℃保存，有效期:24 个月；或 18-28℃保存，有效期:8 小时。附件:注册产品标准，产品说明书。
适用范围:该产品应用电位测定法测定钠离子 (Na^+), 钾离子 (K^+), 氯离子 (Cl^-) 和二氧化碳 (CO_2)。
生产厂家:美国 Ortho-Clinical Diagnostics, Inc.
注册代理:强生(上海)医疗器材有限公司
发证日期:2014.03.10 **截止日期**:2018.03.09

国食药监械(进)字 2014 第 3401284 号

产品名称:糖类抗原 125 检测试剂盒(化学发光法)(Access OV Monitor)
规格型号:2×50 测试/盒
产品标准:YZB/USA 0815-2014
性能组成:试剂 1 (R1a):包被着山羊抗生物素抗体、生物素化小鼠抗糖类抗原 125 单克隆抗体的顺磁性微粒、牛血清白蛋白、叠氮钠和 ProClin 300；试剂 2 (R1b):小鼠抗糖类抗原 125 单克隆抗体-碱性磷酸酶(牛)结合物、牛血清白蛋白、叠氮钠和 ProClin 300；试剂 3 (R1c):蛋白缓冲溶液(牛、山羊、小鼠)、叠氮钠和 ProClin300。(具体内容详见产品说明书)。产品有效期:2-10℃竖直存放，有效期 12 个月。附件:注册产品标准，产品说明书。
适用范围:本产品用于体外定量测定人血清或血浆的糖类抗原 125 浓度。
生产厂家:美国 Beckman Coulter, Inc.
注册代理:贝克曼库尔特商贸(中国)有限公司
发证日期:2014.03.10 **截止日期**:2018.03.09

国食药监械(进)字 2014 第 3401285 号

产品名称:神经元特异性烯醇化酶测定试剂盒(化学发光免疫分析法)(LIAISON® NSE)
规格型号:100 测试/盒
产品标准:YZB/ITA 0820-2014
性能组成:固相；校准品 1，低值；校准品 2，高值；样本稀释液；结合物。(具体内容详见说明书)。产品有效期:2-8℃保存，不能冷冻，直立向上放置，避免光照，有效期为 18 个月。附件:注册产品标准，产品说明书。
适用范围:本产品用于体外定量检测血清中神经元特异性烯醇化酶的含量。
生产厂家:意大利 DiaSorin S.p.A.
注册代理:索灵诊断医疗设备(上海)有限公司
发证日期:2014.03.10 **截止日期**:2018.03.09

国食药监械(进)字 2014 第 3401286 号

产品名称:糖类抗原 15-3 测定试剂盒(化学发光免疫分析法)(LIAISON® CA 15-3®)
规格型号:100 测试/盒
产品标准:YZB/ITA 0824-2014
性能组成:固相；校准品 1，低值；校准品 2，高值；缓冲液 A；样本稀释液；结合物。(具体内容详见说明书)。产品有效期:2-8℃保存，

直立向上放置，避免光照，有效期为 18 个月。附件：注册产品标准，产品说明书。
适用范围:本产品用于体外定量检测人血清和血浆样本中的糖类抗原 15-3 (CA15-3) 的含量。
生产厂家:意大利 DiaSorin S.p.A.
注册代理:索灵诊断医疗设备(上海)有限公司
发证日期:2014.03.10 **截止日期**:2018.03.09

国食药监械(进)字 2014 第 2401287 号

产品名称:前白蛋白测定试剂盒(比浊法)(PreAlb)
规格型号:试剂 1：20mL×4、R2：8mL×2； 试剂 1：50mL×4、R2：10mL×4。
产品标准:YZB/JAP 0684-2014
性能组成:试剂 1（缓冲液）:Tris-缓冲液， 试剂 2（抗血清液）:抗人前白蛋白抗血清。（具体内容详见说明书)。产品有效期：2-10℃保存，避免阳光直接照射及冰冻，有效期：1 年。附件：注册产品标准，产品说明书。
适用范围:该产品用于体外定量检测血清中前白蛋白的浓度。
生产厂家:日本 NITTOBO MEDICAL CO.，LTD.
注册代理:上海云大生物工程有限公司
发证日期:2014.03.10 **截止日期**:2018.03.09

国食药监械(进)字 2014 第 2401288 号

产品名称:肌酐测定试剂盒（比色法）(CRE-L)
规格型号:试剂 1：250mL×2、试剂 2：125ml×2。
产品标准:YZB/JAP 0686-2014
性能组成:试剂 1(酶试剂):三羟 2.4.6 三磺醋酸安息香酸(HTIB)，肌酸脱水酶，肌氨酸氧化酶。 试剂 2(酶试剂Ⅱ):Good 缓冲液，肌酐酶，4-氨基安替比林。标准品（液）：肌酐。(具体内容详见说明书)。产品有效期:2-10℃冷藏保存，避免阳光直接照射及冰冻，有效期 1 年。附件：注册产品标准，产品说明书。
适用范围:该产品用于体外定量检测血清中肌酐的浓度。
生产厂家:日本 NITTOBO MEDICAL CO.，LTD.
注册代理:上海云大生物工程有限公司
发证日期:2014.03.10 **截止日期**:2018.03.09

国食药监械(进)字 2014 第 2401289 号

产品名称:血糖试纸(葡萄糖脱氢酶法)(商品名：罗康全优越型)(ACCU-CHEK Advantage II test strips)
规格型号:50 条/盒、25 条/盒、10 条/盒。
产品标准:YZB/GER 0968-2014
性能组成:铁氰化钾，葡萄糖脱氢酶，缓冲液，稳定剂，非反应成份。(具体内容详见说明书)。产品有效期：2-32℃保存，有效期 18 个月。附件：注册产品标准，产品说明书。
适用范围:该产品用于体外定量检测新鲜毛细血管血、动脉血或新生儿血以及肝素（锂或钠）或 EDTA 抗凝的静脉血中的葡萄糖浓度。
生产厂家:德国 Roche Diagnostics GmbH
注册代理:罗氏诊断产品(上海)有限公司
发证日期:2014.03.10 **截止日期**:2018.03.09

国食药监械(进)字 2014 第 2401290 号

产品名称:血糖试纸(葡萄糖氧化酶法)(GLUCOCARD Test Strip Ⅱ)
规格型号:铝箔包装 50 片/盒
产品标准:YZB/JAP 0700-2014
性能组成:葡萄糖氧化酶(GOD) 铁氰化钾（具体内容详见说明书)。产品有效期：1-30℃保存。有效期：18 个月。附件：注册产品标准，产品说明书。
适用范围:该产品用于定量检测人体指尖、手掌新鲜毛细血管全血中的葡萄糖浓度。
生产厂家:日本 ARKRAY Factory, Inc.
注册代理:爱科来国际贸易(上海)有限公司
发证日期:2014.03.10 **截止日期**:2018.03.09

国食药监械(进)字 2014 第 2401291 号

产品名称:肌钙蛋白-I 质控品(ARCHITECT STAT Troponin-I Controls)
规格型号:6 瓶(3.0mL/瓶)
产品标准:YZB/USA 0861-2014
性能组成:含有重组人心肌钙蛋白 IC 复合物，储存于添加了蛋白(鱼和人)稳定剂的 N，N-双(2-羟乙基)-2-氨基乙磺酸(BES)缓冲液中。防腐剂：抗菌剂和抗真菌剂。产品有效期：≤-10℃储存，有效期 3 年。附件：注册产品标准，产品说明书。
适用范围:本质控品用于定量测定人血清和血浆中的心肌钙蛋白(cTnI)时，对肌钙蛋白-I 测定试剂盒的准确性和精密度进行验证。
生产厂家:美国 Abbott Laboratories
注册代理:雅培贸易(上海)有限公司
发证日期:2014.03.10 **截止日期**:2018.03.09

国食药监械(进)字 2014 第 3451292 号(更)

产品名称:血液透析滤过器(Hemodiafilter)
规格型号:SPIRAFLO PHF0719, SPIRAFLO PHF0714
产品标准:YZB/ITA 8285-2013《血液透析滤过器》
备注:生产企业名称由“Sorin Group Italia S.r.l”变更为“Bellco S.r.l”；企业注册地址由“ViaStatale 12 Nord, 86, 41037 Mirandola(MO), Italy”变更为“Via Camurana, 1 41037Mirandola(MO), Italy”。代理人和售后服务机构由“上海和亭商贸有限公司”变更为“贝而克合翔医疗设备（上海）有限公司”；注册证由“国食药监械(进)字 2014 第 3451292 号”变更为“国食药监械(进)字 2014 第 3451292 号(更)”，原证自发证之日起作废。
生产厂家:意大利 Bellco S.r.l
注册代理:贝而克合翔医疗设备（上海）有限公司
服务机构:贝而克合翔医疗设备（上海）有限公司
变更日期:2014.08.18 **截止日期**:2018.03.13

国食药监械(进)字 2014 第 3461293 号

产品名称:脊柱融合器(EIVS Cage)
规格型号:见附页
产品标准:YZB/JAP 5882-2013《脊柱融合器》
性能组成:该产品由符合 ASTM F136 的 Ti6A14V 钛合金制成，产品表面经阳极氧化处理，以非无菌状态提供。
适用范围:该产品作为移植骨的填充或代替品使用，通过代替腰椎间盘或脊椎的一部分，从而重塑脊椎结构，进而促进上下脊椎骨的愈合。
生产厂家:日本昭和医科工业株式会社
注册代理:北京达信伟业科技发展有限公司
服务机构:北京达信伟业科技发展有限公司
发证日期:2014.03.14 **截止日期**:2018.03.13

国食药监械(进)字 2014 第 3451294 号

产品名称:一次性使用血细胞分离器(Cell Saver Elite Disposable Sets)
规格型号:CSE-P-70， CSE-P-125， CSE-P-225， CSE-SQ-1000， CSE-B-1000
产品标准:YZB/USA 0825-2014《一次性使用血细胞分离器》
性能组成:该产品组成如下:CSE-P-70、CSE-P-125 及 CSE-P-225 型号由泵管、泵管接头、红细胞袋、封闭接头、锁合轧口、管路限位卡、盐水袋穿刺器、分离杯及废液袋组成；CSE-SQ-1000 型号由泵管、泵管接头、接头、封闭接头、锁合轧口、血袋穿刺器、废液管接头、黄、蓝色和透明管锁合轧口、血浆袋锁合轧口、血小板袋锁合轧口、血浆袋、血小板袋组成；CSE-B-1000 型号由废液袋和废液袋封闭接头组成。该产品一次性使用。产品采用环氧乙烷灭菌。
适用范围:该产品与我公司生产的 CSE-E-XX 型号的 Haemonetics Cell SaverElite 血细胞回输仪配合一次性使用。血液将在 CSE-P-70、CSE-P-125、CSE-P-225 装置中进行收集、清洗并分离为红细胞和废液。CSE-SQ-1000 分离装置可在血细胞回收程序开始前分离血小板。CSE-B-1000 废液袋替换装，用于在手术过程中，替换离心杯套装耗材中自带的已经装满废液的废液袋，以保证血液处理过程可以持续进行。
生产厂家:美国 Haemonetics Corporation
注册代理:唯美血液技术医疗器材(上海)国际贸易有限公司
服务机构:唯美血液技术医疗器材(上海)国际贸易有限公司
发证日期:2014.03.14 **截止日期**:2018.03.13

国食药监械(进)字 2014 第 3221295 号(更)

产品名称:软性亲水接触镜(Soft Hydrophilic Contact Lens)

规格型号:Breeze
产品标准:YZB/USA 0854-2014《软性亲水接触镜(型号:Breeze)》
备注:变更代理人、售后服务机构:由"酷柏光学产品贸易(上海)有限公司"变更为"库博光学产品贸易(上海)有限公司";注册证由"国食药监械(进)字 2014 第 3221295 号"变更为"国食药监械(进)字 2014 第 3221295 号(更)",原证自发证之日起作废。2014 年 10 月 14 日同意更正生产地址内容,2014 年 5 月 26 日核发的医疗器械注册登记表予以废止。
生产厂家:美国 CooperVision Inc.
注册代理:库博光学产品贸易(上海)有限公司
服务机构:库博光学产品贸易(上海)有限公司
变更日期:2014.05.26 截止日期:2018.03.13

国食药监械(进)字 2014 第 3401296 号

产品名称:细胞分离机附件(Cell Separation device accessories)
规格型号:CS-430.1、CS-470.0、CS-490.1、CS-600.1、CS-900.1、CS-900.2
产品标准:YZB/SWI 0913-2014《细胞分离机附件》
性能组成:细胞分离机附件由一个离心杯以及管路、废液袋组成。本产品采用环氧乙烷灭菌。一次性使用。
适用范围:细胞分离机附件是血细胞分离机的专属配件,需要和血细胞分离机配合使用,用于从血袋中分离白细胞,仅用于体外诊断,不用于回输人体,该产品不接触人体。
生产厂家:瑞士 Biosafe S.A.
注册代理:唯安医疗设备贸易(上海)有限公司
服务机构:唯安医疗设备贸易(上海)有限公司
发证日期:2014.03.14 截止日期:2018.03.13

国食药监械(进)字 2014 第 3461297 号

产品名称:聚丙烯补片(Implantable meshes)
规格型号:见附页
产品标准:YZB/ITA 0797-2014《聚丙烯补片》
性能组成:该产品由聚丙烯单股纤维编织而成,分为平片、预裁补片、自成型网塞、预成型网塞、K 补片、改良 K 补片六种形式。产品经环氧乙烷灭菌,一次性使用。
适用范围:该产品适用于腹股沟疝、腹壁疝的修补。
生产厂家:意大利 GALLINI S.R.L.
注册代理:北京德迈特贸易有限公司
服务机构:北京德迈特贸易有限公司
发证日期:2014.03.14 截止日期:2018.03.13

国食药监械(进)字 2014 第 3631298 号

产品名称:双固化树脂粘固剂(商品名:布费时)(Bifix SE Self-adhesive dual-curing luting composite)
规格型号:透明色(T)、通用色(U)、不透明白色(WO)
产品标准:YZB/GER 0657-2014《双固化树脂粘固剂》
性能组成:该产品由基础剂和催化剂两部分组成,具体成分含量为:双甲基丙烯酸尿烷酯(UDMA)、甲基丙烯酸缩水甘油酯(BisGMA)、二甲基丙烯酸甘油酯(GlyDMA)、磷酸氢二(甲基丙烯酰氧乙基)酯、2,6-二叔丁基对甲酚(BHT)、钙硅酸铝、二氧化硅、过氧化苯甲酰、二氧化钛、樟脑醌、对二甲氨基苯甲酸乙酯(DABE)、N,N-二羟乙基对甲苯胺、氧化铁。
适用范围:产品用于永久粘接陶瓷、树脂及金属材料的嵌体、高嵌体、冠、桥(不包括马里兰桥);永久粘接金属、陶瓷及树脂加强根管桩。
生产厂家:德国 VOCO GmbH
注册代理:德国沃柯有限公司上海代表处
服务机构:德国沃柯有限公司上海代表处
发证日期:2014.03.14 截止日期:2018.03.13

国食药监械(进)字 2014 第 3661299 号

产品名称:透明肾鞘管(Clear Renal Sheath)
规格型号:型号:M0062601600,规格见附页
产品标准:YZB/USA 0763-2014《透明肾鞘管》
性能组成:该产品为内径 30Fr.(10.0mm)、外径 34Fr.(11.5mm)、长 17cm 的鞘管,近端有一号丝凹口,远端有一不透射线的标记(24K 金);鞘管由聚氯乙烯制成。环氧乙烷灭菌,一次性使用。
适用范围:建议使用透明肾鞘管建立经皮入路。
生产厂家:美国 Boston Scientific Corporation
注册代理:波科国际医疗贸易(上海)有限公司
服务机构:波科国际医疗贸易(上海)有限公司
发证日期:2014.03.14 截止日期:2018.03.13

国食药监械(进)字 2014 第 3221300 号

产品名称:软性亲水接触镜(Soft Contact Lens)
规格型号:月抛型 0202
产品标准:YZB/ROK 6572-2013《软性亲水接触镜》
性能组成:日戴软性亲水接触镜,镜片材料为 PDMS、TRIS、DMA、NVP 及少量着色剂聚合而成,着淡蓝色,采用 PP 盒包装。含水量标称值:45% ±2%,透氧系数标称值:48.00×10-11 (cm2/s) [ml02/ (ml×mmHg)],透氧量标称值:40×10^{-9}(cm/s)[ml02/(ml×mmHg)](允差-20%,-3.00D)。屈光度范围:0.00D～-9.75D,折射率:1.394±0.5%,可见光谱透射率>95%。建议镜片更换周期为 1 个月。
适用范围:适用于 18 岁及以上无禁忌症的患者矫正近视。
生产厂家:韩国 INTEROJO INC.
注册代理:上海茵洛光学产品有限公司
服务机构:上海茵洛光学产品有限公司
发证日期:2014.03.14 截止日期:2018.03.13

国食药监械(进)字 2014 第 3221301 号

产品名称:软性亲水接触镜(Soft Hydrophilic Contact Lenses)
规格型号:Lucia
产品标准:YZB/ROK 0782-2014《软性亲水接触镜》
性能组成:该产品为日戴型软性亲水接触镜。主要由 HEMA、EGDMA、NVP、GMA 及着色剂聚合而成,着蓝色、紫色、灰色、棕色、绿色或巧克力色,玻璃瓶包装。含水量:38%±2%,折射率:1.437±0.5%,透氧系数标称值:9.0×10^{-11}(cm2/s)(mL02/(mL×mmHg)),-3D 镜片透氧量 10×10^{-9}(cm/s)(mL02/(mL×mmHg))(允差-20%),屈光度范围:0.00D～-10.00D(间隔 0.25D),可见光平均透过率(湿体)>88%。推荐更换周期一年。产品经高压蒸汽灭菌。
适用范围:采用光学成像原理用于 18 岁以上患者矫正近视。
生产厂家:韩国 DUEBA CONTACT LENS CO., LTD
注册代理:北京佳盛汇通商贸有限公司
服务机构:北京佳盛汇通商贸有限公司
发证日期:2014.03.14 截止日期:2018.03.13

国食药监械(进)字 2014 第 3461302 号

产品名称:盆腔脏器脱垂修复系统(商品名:POP-UP)(POP-UP)
规格型号:PUP-101、PUP-102、PUP-103、PUA-101、PUA-102、PUA-103、PUH-101、PUH-102、PUH-103
产品标准:YZB/ROK 0606-2014《盆腔脏器脱垂修复系统》
性能组成:该产品由网状编织物主体、网支带、保护套管、套绳或连接扣构成。网状编织物主体及网支带由蓝色和未染色聚丙烯单丝编织而成,保护套管材质为聚乙烯,套绳材质为聚丙烯,连接扣材质为聚碳酸酯。产品经环氧乙烷灭菌,一次性使用。
适用范围:该产品为用于治疗骨盆脏器脱垂而设计的植入性网状编织物,适用于骨盆脏器脱垂所引起的病症。
生产厂家:韩国 PRESTIGE MEDICARE Co., Ltd.
注册代理:凯纳西科技(北京)有限公司
服务机构:凯纳西科技(北京)有限公司
发证日期:2014.03.14 截止日期:2018.03.13

国食药监械(进)字 2014 第 3631303 号

产品名称:止血排龈凝胶(商品名:ViscoStat Clear)(ViscoStat Clear Gingiva Hemostatic Gel)
规格型号:包装规格:1.2ml/支,30ml/支
产品标准:YZB/USA 1000-2014《止血排龈凝胶》
性能组成:该产品由氯化铝、水、聚乙二醇、二氧化硅、硅氧烷共聚物、硼酸钠组成。具体成分及含量见产品标准。
适用范围:本产品用于龈沟扩开和止血。
生产厂家:美国 Ultradent Products Inc.
注册代理:上海复星医疗系统有限公司
服务机构:上海复星医疗系统有限公司

发证日期:2014.03.14 截止日期:2018.03.13

国食药监械(进)字2014第3771304号

产品名称:双Y型接口(Twin Hemostatic Y Connector)
规格型号:Twin Interchange Y Lg Bore Accepts 0.010 to 9F
产品标准:YZB/USA 0611-2014《双Y型接口》
性能组成:本品由Y型接口、导管拧紧器、Y型导管密封垫、Y型导管密封垫圈、O型环、旋塞柄主体组成，材料包括聚碳酸酯、硅胶、高密度聚乙烯、丁基橡胶。本产品经环氧乙烷灭菌，为一次性使用。
适用范围:本产品用做导引导管和复合管之间的连接，并允许通过导引导管引入介入球囊或旋切导管。
生产厂家:美国Smiths Medical ASD, Inc.
注册代理:史密斯医疗器械(北京)有限公司
服务机构:史密斯医疗器械(北京)有限公司
发证日期:2014.03.14 截止日期:2018.03.13

国食药监械(进)字2014第3641305号(更)

产品名称:聚氨酯泡沫敷料(商品名:泰拉舒®)(Therasorb® Algiplus Adhesive Dressing)
规格型号:见附页
产品标准:YZB/ROK 0523-2014《聚氨酯泡沫敷料》
备注:售后服务机构由“嘉善元比金医疗用品销售有限公司”变更为“威海洁瑞医用制品有限公司”；注册证由“国食药监械(进)字2014第3641305号”变更为“国食药监械(进)字2014第3641305号(更)”，原证自发证之日起作废。
生产厂家:韩国WONBIOGEN Co., Ltd.
注册代理:嘉善元比金医疗用品销售有限公司
服务机构:威海洁瑞医用制品有限公司
变更日期:2014.08.08 截止日期:2018.03.13

国食药监械(进)字2014第3221306号

产品名称:人工晶状体(Intraocular Lenses)
规格型号:404型
产品标准:YZB/USA 0348-2014《人工晶状体》
性能组成:该产品为单件式后房人工晶状体，可折叠，襻形为L形，主体和支撑部分均由丙烯酸-2-苯氧基乙酯等材料聚合而成，添加紫外线吸收剂和黄色染料变色剂。屈光度范围:0D～9.0D(1.0D递增)/10.0D～30.0D(0.5D递增)。光学设计：单焦，非球面(在孔径光栏半径1.5mm范围内模拟眼状态下的轴截面光焦度分布符合反球差分布特征)，紫外光照射下可变色。该产品经环氧乙烷灭菌，一次性使用。
适用范围:该产品适用于晶状体已经通过超声乳化手术摘除的成年白内障患者。本晶体需要囊袋内植入。
生产厂家:美国Medennium, Inc
注册代理:北京麦德医疗设备有限公司
服务机构:北京麦德医疗设备有限公司
发证日期:2014.03.14 截止日期:2018.03.13

国食药监械(进)字2014第3771307号

产品名称:外周血管球囊扩张导管(商品名:Armada 14 XT)(Armada 14 XT PTA Catheter)
规格型号:F2012-006、F2012-008、F2012-012、F2012-015、F2012-020、F2015-006、F2015-008、F2015-012、F2015-015、F2015-020、F2020-006、F2020-008、F2020-012、F2020-015、F2020-020
产品标准:YZB/USA 5168-2013《外周血管球囊扩张导管(商品名:Armada 14 XT)》
性能组成:本产品为OTW系统，是球囊位于远端头端附近的双腔导管。一个内腔用于输送造影剂以扩张球囊，另一个内腔可容纳导引导丝，帮助推送导管到达并通过狭窄部位进行扩张，还可通过远侧头端注射造影剂和/或药物。有两个用于定位球囊的不透射线标记。球囊的材料为Pebax 70D。本品经环氧乙烷灭菌，一次性使用。
适用范围:该产品用于对股动脉、腘动脉、腘下动脉和肾动脉的狭窄部位进行扩张，用于治疗原发性或继发性动静脉瘘透析部位的阻塞性病变。球囊直径为2.0mm至5.0mm，也能够用于外周血管内支架的后扩。
生产厂家:美国Abbott Vascular
注册代理:雅培医疗器械贸易(上海)有限公司
服务机构:雅培医疗器械贸易(上海)有限公司

发证日期:2014.03.14 截止日期:2018.03.13

国食药监械(进)字2014第3221308号

产品名称:软性亲水接触镜(Soft Contact Lens)
规格型号:Nabie
产品标准:YZB/ROK 0296-2014《软性亲水接触镜》
性能组成:彩色日戴软性亲水接触镜，镜片材料为HEMA、NVP、EGDMA、GMA、AIBN及微量色素制成，可着灰色、棕色、蓝色、紫色、绿色、巧克力色，采用PP盒及瓶子包装。含水量标称值：38%±2%，透氧系数标称值：10×10-11 (cm2/s)[ml02/(ml×mmHg)]，透氧量标称值：11×10^{-9} (cm/s)[ml02/(ml×mmHg)](允差-20%，-3.00D)。屈光度范围：0.00D～-10.00D，折射率：1.439±0.5%，可见光透射比(湿体)>96%。
适用范围:用于18岁及以上无禁忌症患者矫正近视。
备注:2014年7月24日同意更正产品性能结构及组成内容，2014年3月14日核发的医疗器械注册登记表予以废止。
生产厂家:韩国G&G CONTACT LENS
注册代理:北京金英明隐形眼镜有限公司
服务机构:北京金英明隐形眼镜有限公司
发证日期:2014.03.14 截止日期:2018.03.13

国食药监械(进)字2014第3771309号

产品名称:导丝(Hydrophilic Guidewires)
规格型号:见附页
产品标准:YZB/USA 0540-2014《导丝》
性能组成:该产品包括导丝、导丝导引器及导丝扭转器。导丝由芯丝、头端绕丝组成，远端涂覆亲水涂层，X-Celerator系列导丝近端涂覆PTFE涂层。制造材料为：芯丝：不锈钢；远端绕丝：铂钨合金。产品经环氧乙烷灭菌，一次性使用。
适用范围:亲水性导丝适用于在一般血管结构中进行诊断性和/或治疗性手术时，辅助导管在到外周、内脏及脑血管结构中的超选到位。
生产厂家:美国Micro Therapeutics Inc. dba ev3 Neurovascular
注册代理:柯惠医疗器材国际贸易(上海)有限公司
服务机构:柯惠医疗器材国际贸易(上海)有限公司
发证日期:2014.03.14 截止日期:2018.03.13

国食药监械(进)字2014第2551310号(更)

产品名称:牙科种植用牙钻(Dental drills)
规格型号:见附页
产品标准:YZB/ROK 0644-2014《牙科种植用牙钻》
备注:注册地址和生产地址文字性变更由“1464, U-dongHaeundae-gu Busan, 612-020, Korea”变更为“66, Centumseo-ro, Haeundae-gu, Busan 612-020, REPUBLICOF KOREA”；注册证由“国食药监械(进)字2014第2551310号”变更为“国食药监械(进)字2014第2551310号(更)”，原证自发证之日起作废。
生产厂家:韩国DIO Corporation
注册代理:北京迪斯艾科贸有限公司
服务机构:北京迪斯艾科贸有限公司
变更日期:2014.05.26 截止日期:2018.03.13

国食药监械(进)字2014第1631311号

产品名称:研磨材料(齿科用研削材料)
规格型号:硅橡胶磨头、硬质硅橡胶磨头、基托打磨头、瓷精细抛光材、树脂精细抛光材 具体详见附页
产品标准:YZB/JAP 0533-2014《研磨材料》
性能组成:由碳化硅、硅橡胶、合成硅橡胶、氧化铝和不锈钢轴柄组成。不锈钢牌号：1Cr17。
适用范围:用于对齿科材料(金属、树脂、瓷)的研磨抛光。具体详见附件。
生产厂家:日本株式会社 昭研
注册代理:松风齿科器材贸易(上海)有限公司
服务机构:松风齿科器材贸易(上海)有限公司
发证日期:2014.03.14 截止日期:2018.03.13

国食药监械(进)字2014第2631312号

产品名称:不锈钢正畸丝(STAINLESS STEEL WIRE)

规格型号:见附页
产品标准:YZB/USA 0536-2014《不锈钢正畸丝》
性能组成:产品由预成型圆丝、预成型方丝、直筒圆丝和直筒方丝组成。组成材质为302不锈钢。
适用范围:将矫正用弓丝通过正畸结扎圈等组件固定在托槽上,通过拉伸力引导牙齿朝一定方向运动,从而协助其他矫正产品达到矫正,调整牙齿位置的目的。
生产厂家:美国 American Orthodontics Corp
注册代理:美奥正畸(上海)贸易有限公司
服务机构:美奥正畸(上海)贸易有限公司
发证日期:2014.03.14 截止日期:2018.03.13

国食药监械(进)字2014第2101313号

产品名称:骨科用手术器械(単回使用やすり、単回使用手術用のこぎり)
规格型号:见附页
产品标准:YZB/JAP 0417-2014《骨科用手术器械》
性能组成: 该产品由刀片、锉刀组成,采用符合 ASTM F899 标准规定的631、440A号不锈钢或符合YY/T0294.1标准规定的C号和0号不锈钢材料制成,具体详见规格型号列表,灭菌包装。
适用范围: 该产品与相适应的电动式骨手术器械的手动接头连接,用于骨科手术中对骨骼进行切断、切除、分离以及磨平或削骨。配合使用的产品为本公司生产的电动式骨手术器械。
生产厂家:日本株式会社中西(株式会社ナカニシ)
注册代理:上海磐速克国际贸易有限公司
服务机构:上海磐速克国际贸易有限公司
发证日期:2014.03.14 截止日期:2018.03.13

国食药监械(进)字2014第1631314号

产品名称:包埋料(Moldavest Master)
规格型号:450g粉; 300ml液、31液。
产品标准:YZB/GER 0578-2014《包埋料》
性能组成:产品成分:石英75%, 方石英10%, 粘合剂15%。
适用范围:用于各种钴铬钼和贵金属包埋(硅橡胶及琼脂复模)。
生产厂家:德国 Heraeus Kulzer GmbH
注册代理:贺利氏古莎齿科有限公司
服务机构:贺利氏古莎齿科有限公司
发证日期:2014.03.14 截止日期:2018.03.13

国食药监械(进)字2014第1631315号

产品名称:包埋料(Heravest Speed)
规格型号:60g粉、160g粉; 300ml液、31液
产品标准:YZB/GER 0579-2014《包埋料》
性能组成:产品成分:石英70%, 方石英13%, 粘合剂17%。
适用范围:产品为快速预热型精细磷酸盐包埋料(不含石墨),适用于金属铸圈和无圈包埋。
生产厂家:德国 Heraeus Kulzer GmbH
注册代理:贺利氏古莎齿科有限公司
服务机构:贺利氏古莎齿科有限公司
发证日期:2014.03.14 截止日期:2018.03.13

国食药监械(进)字2014第2221316号

产品名称:腹腔镜用器械(Accessories for Laparoscope)
规格型号:见附页
产品标准:YZB/GER 7846-2013《腹腔镜用器械》
性能组成:该产品为无源器械,由穿刺套管、穿刺鞘、穿刺针、气腹针、抽吸管、举肝器、钳类、缩小套管、探针、打结导杆、无菌液瓶穿刺器、固定器、连接头、硅胶阀、封帽、转接头组成。材料为PEEK、钛合金、PPSU、硅橡胶以及YY/T 0294.1中代号为M、B、N、0的不锈钢。非灭菌包装。
适用范围:该产品与腹腔镜配合使用,用于腹腔镜手术的检查和治疗。
变更情况:变更日期: 2015.01.15。"原代理人:深圳市洛克氏医疗器械有限公司原代理人住所:深圳市罗湖区宝岗路269号美芝大华电视机厂1号厂房1栋4楼411号"变更为"新代理人:迈迪思创(北京)科技发展有限公司新代理人住所:北京市朝阳区霞光里66号院2号楼8层806"。
生产厂家:德国 Rudolf Medical GmbH+Co.KG
注册代理:深圳市洛克氏医疗器械有限公司
服务机构:深圳市洛克氏医疗器械有限公司
发证日期:2014.03.14 截止日期:2018.03.13

国食药监械(进)字2014第2041317号

产品名称:人工晶状体植入器(商品名: AccuJect)(Injector Set)
规格型号:LP604530(Rev.02)
产品标准:YZB/SWI 0716-2014《人工晶状体植入器》
性能组成:产品组件包括主体、推注杆和一次性卡槽组成。产品材料为聚丙烯、硅胶树脂。灭菌包装。
适用范围:该产品用于白内障囊外摘除术后,将一片式可折叠人工晶状体折叠并注入囊袋或睫状沟内。
生产厂家:瑞士 Medicel AG
注册代理:博士伦(上海)贸易有限公司
服务机构:博士伦(上海)贸易有限公司
发证日期:2014.03.14 截止日期:2018.03.13

国食药监械(进)字2014第1101318号(更)

产品名称:髋关节手术器械(商品名: GLADIATOR)(GLADIATOR Bipolar Instruments)
规格型号:见附页
产品标准:YZB/USA 0605-2014《髋关节手术器械》
备注:生产企业名称由"Wright MedicalTechnology, Inc."变更为"MicroPort OrthopedicsInc.";代理人和售后服务机构由"上海迈凯医疗器械有限公司"变更为"上海微创骨科医疗科技有限公司";注册证由"国食药监械(进)字2014第1101318号"变更为"国食药监械(进)字2014第1101318号(更)",原证自发证之日起作废。
生产厂家:美国 MicroPort Orthopedics Inc.
注册代理:上海微创骨科医疗科技有限公司
服务机构:上海微创骨科医疗科技有限公司
变更日期:2014.05.30 截止日期:2018.03.13

国食药监械(进)字2014第1061319号

产品名称:根管锉针(Root Canal Instruments)
规格型号:见附页
产品标准:YZB/FRA 0640-2014《根管锉针》
性能组成:本产品由针柄、橡胶限位块和针体组成。本品为手动根管锉针。
适用范围:本产品用于在根管充填前,对根管的制备和扩大。
生产厂家:法国 MICRO-MEGA SA
注册代理:贺利氏古莎齿科有限公司
服务机构:贺利氏古莎齿科有限公司
发证日期:2014.03.14 截止日期:2018.03.13

国食药监械(进)字2014第1061320号

产品名称:牙科种植体手术用工具(Surgical Instrument for the Dental Implant)
规格型号:见附页
产品标准:YZB/JAP 0655-2014《牙科种植体手术用工具》
性能组成:该产品包括技工室修复螺丝(钛合金 Ti-6Al-4V ELI)、抛光保护帽(不锈钢 SUS303)、种植体螺丝起(不锈钢 SUS304、SUS304WPB, UNSS42010, SUS440C 和氧化锆)、种植体螺丝起套装(不锈钢 SUS304, SUS304WPB, UNSS42010, SUS440C 和氧化锆)、塑料套筒(PMMA)、夹持器(钛合金 Ti-6Al-4V ELI)、转移帽(钛合金 Ti-6Al-4VELI)、窄骨扩孔器(不锈钢 SUS630)、攻丝器(钛合金 Ti-6Al-4V ELI)、取膜柱(钛合金 Ti-6Al-4V ELI)、替代体(钛合金 Ti-6Al-4V ELI)和粗探测器(不锈钢 SUS304)。该产品为非无菌产品。使用前需按产品说明书中规定的方法进行灭菌。
适用范围:该产品是在牙科种植体外科手术、修复过程以及技工室使用的多种器械。
备注:2014年8月13日同意更正生产地址内容,2014年3月14日核发的医疗器械注册登记表予以废止。
生产厂家:日本京セラメディカル株式会社
注册代理:北京优百伟业科贸有限公司
服务机构:北京优百伟业科贸有限公司

发证日期:2014.03.14 截止日期:2018.03.13

国食药监械(进)字 2014 第 1061321 号

产品名称:印模帽(商品名:Adaptor)(Impression Coping)
规格型号:见附页
产品标准:YZB/ROK 0709-2014《印模帽》
性能组成:本产品由印模帽及螺钉组成，材质为钛合金(Ti-6Al-4V ELI)，表面无处理。
适用范围:本产品用于将患者口腔内的种植体替代体或基台在牙列或牙槽骨的位置转移到工作模型上。
变更情况:变更日期: 2014.12.29。企业注册地址和生产地址由“66, Centumseo-ro, Haeundae-gu, Busan, Korea”变更为“66, Centum seo-ro, Haeundae-gu, Busan 612-020, REPUBLIC OF KOREA”。
生产厂家:韩国 DIO Corporation
注册代理:北京迪斯艾科贸有限公司
服务机构:北京迪斯艾科贸有限公司
发证日期:2014.03.14 截止日期:2018.03.13

国食药监械(进)字 2014 第 1631322 号

产品名称:抛光器(商品名: Jiffy Polishers)(Cups, Disks, Points)
规格型号:Jiffy HiShine Cups, Points & Disks; Jiffy Polishing Cups, Points & Disks.
产品标准:YZB/USA 0714-2014《抛光器》
性能组成:产品由抛光杯，抛光头和抛光碟组成，具体结构由头部和杆部组成。杆部材料为不锈钢，头部材料为合成硅橡胶。
适用范围:本器械在口腔科中用于修整，加工和抛光供修复和预防用的复合材料和陶瓷材料。
生产厂家:美国 Ultradent Products, Inc.
注册代理:广州市皓齿登医疗器械有限公司
服务机构:广州市皓齿登医疗器械有限公司
发证日期:2014.03.14 截止日期:2018.03.13

国食药监械(进)字 2014 第 2631323 号

产品名称:牙科用磷酸酸蚀剂(Dental Phosphoric Acid Etching Agent)
规格型号:SPIDENT FINE ETCH 37 - 5
产品标准:YZB/ROK 0589-2014《牙科用磷酸酸蚀剂》
性能组成:本品磷酸含量为 37%，由磷酸、蒸馏水、黄胶质、蓝色颜料、苯扎氯铵、丙三醇组成。
适用范围:牙科治疗中，有效去除污垢，协助成功粘接。
生产厂家:韩国 SPIDENT CO., LTD
注册代理:北京智爱好必特国际贸易有限公司
服务机构:北京智爱好必特国际贸易有限公司
发证日期:2014.03.14 截止日期:2018.03.13

国食药监械(进)字 2014 第 2701324 号(更)

产品名称:医学图像处理软件(汎用画像診断装置ワークステーション)
规格型号:Acies，版本 1.40
产品标准:YZB/JAP 0672-2014《医学图像处理软件》
备注:企业名称由“コニカミノルタエムジー株式会社”变更为“コニカミノルタ株式会社”；注册地址由“日本国东京都日野市樱町 1 番地”变更为“日本国东京都千代田区丸之内二丁目 7 番 2 号”；注册证由“国食药监械(进)字 2014 第 2701324 号”变更为“国食药监械(进)字 2014 第 2701324 号(更)”，原证自发证之日起作废。
变更情况:变更日期: 2015.02.28。“我公司境内代理人住所为“上海市外高桥保税区德堡路 11 号 46 号楼 105 部位””变更为“代理人住所变更为“中国(上海)自由贸易试验区富特北路 386 号 3 幢第二层 B 部位””。
生产厂家:日本コニカミノルタ株式会社
注册代理:柯尼卡美能达医疗印刷器材(上海)有限公司
服务机构:柯尼卡美能达医疗印刷器材(上海)有限公司
变更日期:2014.06.09 截止日期:2018.03.09

国食药监械(进)字 2014 第 2451325 号

产品名称:无菌接管机(Sterile Tubing Welder)
规格型号:TSCD-II
产品标准:YZB/JAP 0471-2014《无菌接管机》
性能组成:该产品由主机、交流电源线、血带支架、熔接片(型号 SC*W017)、熔接片卡死修复工具及表面紧固件组成。
适用范围:该产品是用作在向患者输注血液制剂等医药品的调整操作中，将一对管子在无菌状态下进行接合的装置。
备注:2014 年 5 月 15 日同意更正产品中英文名称内容，2014 年 3 月 10 日核发的医疗器械注册证、医疗器械注册登记表予以废止。
生产厂家:日本泰尔茂株式会社
注册代理:日本泰尔茂株式会社北京办事处
服务机构:泰尔茂比司特医疗产品贸易(上海)有限公司
发证日期:2014.03.10 截止日期:2018.03.09

国食药监械(进)字 2014 第 2221326 号

产品名称:角膜内皮细胞显微镜(スペキュラーマイクロスコープ)
规格型号:EM-3000
产品标准:YZB/JAP 8155-2013《角膜内皮细胞显微镜》
性能组成:该产品由主机、显示器和电源线组成。
适用范围:该产品临床供医院眼科对患者做眼角膜内皮细胞显微放大检查、摄像诊断及角膜厚度测量。
生产厂家:日本株式会社トーメーコーポレーション
注册代理:上海天视科技发展有限公司
服务机构:上海天视科技发展有限公司
发证日期:2014.03.10 截止日期:2018.03.09

国食药监械(进)字 2014 第 2571327 号

产品名称:环氧乙烷灭菌器(商品名: STERI-VAC)(Gas Sterilizer/Aerator and Equipment)
规格型号:5XL(规格 5XLPB, 5XLDPB), 8XL(规格 8XLP, 8XLDP)
产品标准:YZB/USA 0513-2014《环氧乙烷灭菌器》
性能组成:由主机和排气管组成，5XL 包含的规格有 5XLPB、5XLDPB；8XL 包含的规格有 8XLP、8XLDP。
适用范围:可用于热、湿敏感物品的灭菌。
备注:2014 年 5 月 13 日同意更正生产地址内容，2014 年 3 月 10 日核发的医疗器械注册登记表予以废止。
变更情况:变更日期: 2014.10.08。企业注册地址变更: 由“3M Center Building 275 St.Paul Minnesota 55144-1000 USA”变更为“2510 Conway Avenue St.Paul, Minnesota 55144 USA”。
生产厂家:美国 3M Health Care
注册代理:明尼苏达矿业制造(上海)国际贸易有限公司
服务机构:明尼苏达矿业制造(上海)国际贸易有限公司
发证日期:2014.03.10 截止日期:2018.03.09

国食药监械(进)字 2014 第 3231328 号

产品名称:超声诊断仪(Diagnostic Ultrasound Scanner)
规格型号:LOGIQ E9
产品标准:YZB/USA 0818-2014《超声诊断仪》
性能组成:见《产品性能结构及组成附页》。
适用范围:用于临床超声诊断。各探头应用见《产品性能结构及组成附页》。
生产厂家:美国 GE Medical Systems Ultrasound & Primary Care Diagnostics, LLC
注册代理:通用电气医疗系统贸易发展(上海)有限公司
服务机构:通用电气医疗系统贸易发展(上海)有限公司
发证日期:2014.03.10 截止日期:2018.03.09

国食药监械(进)字 2014 第 2231329 号

产品名称:超声骨龄测试系统(Ultrasonic Bone Age device)
规格型号:BonAge
产品标准:YZB/ISR 0852-2014《超声骨龄测试系统》
性能组成:产品组成：包括主机、一个含超声探头的测量单元和质控物质(系统质量校验模块)。性能见产品标准。
适用范围:BonAge 超声骨龄测试系统是一种测量腕部骨骼声波参数，并提供与 Greulich Pyle (GP)解读结果一致的骨骼成熟状况预测结果的无创超声设备。用以预测儿童和青少年的骨龄，旨在作为诊断和监测发育异常的辅助性工具。
生产厂家:以色列 BeamMed Ltd.
注册代理:以色列毕美特有限公司上海代表处

服务机构:上海毕迈电子科技有限公司
发证日期:2014.03.10 **截止日期**:2018.03.09

国食药监械(进)字2014第2231330号

产品名称:超声诊断仪(Ultrasound Diagnostic Equipment)
规格型号:UGEO H60
产品标准:YZB/ROK 0860-2014《超声诊断仪》
性能组成:见《产品性能结构及组成附页》。
适用范围:用于临床超声诊断检查。各探头临床应用见《产品性能结构及组成附页》。
生产厂家:韩国三星麦迪逊有限公司(SAMSUNG MEDISON CO., LTD.)
注册代理:三星(中国)投资有限公司
服务机构:三星电子(北京)技术服务有限公司
发证日期:2014.03.10 **截止日期**:2018.03.09

国食药监械(进)字2014第2401331号

产品名称:血糖仪(商品名:GLUCOCARD G+meter)(Blood Glucose Meter)
规格型号:GT-1820
产品标准:YZB/JAP 0694-2014《血糖仪》
性能组成:本系统的产品主要组件包括:血糖仪主机、操作软件。
适用范围:该产品用于定量检测指尖和前臂新鲜毛细血管全血中的葡萄糖浓度。
生产厂家:日本ARKRAY Factory, Inc.
注册代理:爱科来国际贸易(上海)有限公司
服务机构:爱科来国际贸易(上海)有限公司
发证日期:2014.03.10 **截止日期**:2018.03.09

国食药监械(进)字2014第3221332号

产品名称:电子硬管喉镜(Video Laryngoscope)
规格型号:327307070U、327307090U、327310070U、327310090U
产品标准:YZB/GER 0904-2014《电子硬管喉镜》
性能组成:电子硬管喉镜由硬性光学内窥镜组成。内窥镜由物镜、CCD、针孔麦克风、调焦环、手柄、主机接口、光源接口组成。基本参数详见附页。
适用范围:电子硬管喉镜用于喉部内窥镜检查
备注:2014年7月29日同意更正型号、规格内容,2014年3月10日核发的医疗器械注册登记表予以废止。
生产厂家:德国XION GmbH
注册代理:艾克松有限公司杭州办事处
服务机构:艾克松有限公司杭州办事处
发证日期:2014.03.10 **截止日期**:2018.03.09

国食药监械(进)字2014第2401333号

产品名称:全自动生化分析仪(商品名:Konelab PRIME 60)(Clinical Chemistry Analyzer)
规格型号:Konelab PRIME 60
产品标准:YZB/FIN 0851-2014《全自动生化分析仪》
性能组成:主要由生化分析系统主机、样本架装载器、样本盘、比色杯装载器、试剂盘、比色杯废料舱、废水和蒸馏水容器组成。
适用范围:该产品与试剂结合在医学临床检验中通过光度分析原理对血清、血浆、尿液、脑脊液和其它液体样品的浓度进行分析。
生产厂家:芬兰Thermo Fisher Scientific Oy
注册代理:赛默飞世尔科技(中国)有限公司
服务机构:赛默飞世尔科技(中国)有限公司
发证日期:2014.03.10 **截止日期**:2018.03.09

国食药监械(进)字2014第3221334号

产品名称:电子结肠镜(商品名:EVIS LUCERA)(大腸ビデオスコープ)
规格型号:PCF TYPE Q260JL, PCF TYPE Q260JI
产品标准:YZB/JAP 0907-2014《电子结肠镜》
性能组成:该产品由电子结肠镜(PCF TYPE Q260JL、PCF TYPE Q260JI)及其附件吸引按钮MH-443、送气送水按钮MH-438、钳子管道开口阀MB-358构成。性能参数见附件。
适用范围:该产品用于大肠的观察、诊断、摄影与治疗。
生产厂家:日本奥林巴斯医疗株式会社,オリンパスメディカルシステムズ株式会社
注册代理:奥林巴斯贸易(上海)有限公司
服务机构:奥林巴斯(北京)销售服务有限公司
发证日期:2014.03.10 **截止日期**:2018.03.09

国食药监械(进)字2014第2411335号

产品名称:二氧化碳培养箱(CO2 Incubator)
规格型号:371、381、311、321、351、361、3111、3121、3131、3141
产品标准:YZB/USA 0816-2014《二氧化碳培养箱》
性能组成:本产品主要由箱体结构件、温度控制系统、CO2供气控制系统组成。
适用范围:该产品主要用于实验室样品的培养。
生产厂家:美国Thermo Fisher Scientific(Asheville)LLC
注册代理:赛默飞世尔科技(中国)有限公司
服务机构:赛默飞世尔科技(中国)有限公司
发证日期:2014.03.10 **截止日期**:2018.03.09

国食药监械(进)字2014第2411335号

产品名称:二氧化碳培养箱(CO2 Incubator)
规格型号:371、381、311、321、351、361、3111、3121、3131、3141
产品标准:YZB/USA 0816-2014《二氧化碳培养箱》
性能组成:本产品主要由箱体结构件、温度控制系统、CO2供气控制系统组成。
适用范围:该产品主要用于实验室样品的培养。
生产厂家:美国Thermo Fisher Scientific(Asheville)LLC
注册代理:赛默飞世尔(上海)仪器有限公司
服务机构:赛默飞世尔科技(中国)有限公司
发证日期:2014.03.10 **截止日期**:2018.03.09

国食药监械(进)字2014第2221336号

产品名称:内窥镜摄像系统(商品名:Image1 hub HD)(Image1 hub HD Endovision Camera Systems)
规格型号:见附页
产品标准:YZB/GER 0779-2014《内窥镜摄像系统》
性能组成:该产品由控制主机、高清三晶片摄像头、三晶片摄像头、电源线、连接线、延长线、SCB连接线、适配器组成。
适用范围:该产品适用于医院做内窥镜手术时,将手术区域的视频影像或抓取的图像传输到监视器上。
生产厂家:德国Karl Storz GmbH & Co. KG
注册代理:卡尔史托斯内窥镜(上海)有限公司
服务机构:卡尔史托斯内窥镜(上海)有限公司
发证日期:2014.03.10 **截止日期**:2018.03.09

国食药监械(进)字2014第2401337号

产品名称:全自动生化分析仪(ARCHITECT c8000 System)
规格型号:ARCHITECT c8000
产品标准:YZB/USA 0906-2014《全自动生化分析仪》
性能组成:分析仪由3个主要部分构成:系统控制中心(SCC)、处理模块和样本处理装置。系统控制中心由计算机系统以一个集中的界面提供给用户对处理模块及相关部分的管理。处理模块是通过使用电势和光度测定法进行样本处理的模块。样本处理装置是将样本传送到处理模块进行分析及再测试的传送模块。
适用范围:该分析仪适用于医学实验室对血液/尿液/脑脊液中蛋白质物质、酯类和酶含量或活性的检测。
生产厂家:美国Abbott Laboratories
注册代理:雅培贸易(上海)有限公司
服务机构:雅培贸易(上海)有限公司
发证日期:2014.03.10 **截止日期**:2018.03.09

国食药监械(进)字2014第2541338号

产品名称:光疗灯(Phototherapy Unit)
规格型号:Photo-Therapy 4000
产品标准:YZB/GER 0938-2014《光疗灯》
性能组成:本产品由治疗灯(4个蓝光灯,单个灯瓦数为18W)、照明灯(2个白光灯,单个灯瓦数为18W,可更换成蓝光灯)和支架组成。
适用范围:本产品用于利用光疗辐射来降低早产儿和新生儿的血清胆红

素浓度。
备注:2014 年 7 月 7 日同意更正生产企业名称内容，2014 年 3 月 10 日核发的医疗器械注册证、医疗器械注册登记表予以废止。
生产厂家:德国 Draeger Medical GmbH
注册代理:德尔格医疗设备(上海)有限公司
服务机构:德尔格医疗设备(上海)有限公司
发证日期:2014.03.10 **截止日期**:2018.03.09

国食药监械(进)字 2014 第 3211339 号

产品名称:电生理标测仪(商品名:EnSite Velocity System)(EnSite Velocity System)
规格型号:EE3000
产品标准:YZB/USA 0932-2014《电生理标测仪(商品名:EnSite Velocity System)》
性能组成:电生理标测仪包括 EnSite 放大器子系统和演示工作站子系统。EnSite 放大器子系统组成包括：EnSite 放大器、NavLink 连接器、ArrayLink 连接器、CathLink 连接器、ECG 导联线、GENCONNECT 连接器和放大器推车;演示工作站子系统包括:演示工作站(计算机和显示器)、视频扩展器、视频转换器、光纤电缆、以太网隔离器、演示工作站推车。
适用范围:EnSite VelocityTM 电生理标测仪是适用于患者电生理研究的推荐诊断工具。与 EnSite ArrayTM 电生理诊断导管配合使用时，可辨别传统图形系统难以鉴别的右心房综合心律不齐的患者。与 EnSite NavXTM 体表电极使用时，可用于显示心脏中电极导管的位置。
生产厂家:美国圣犹达医疗用品有限公司(St.Jude Medical)
注册代理:圣犹达医疗用品(上海)有限公司
服务机构:圣犹达医疗用品(上海)有限公司
发证日期:2014.03.10 **截止日期**:2018.03.09

国食药监械(进)字 2014 第 3221340 号

产品名称:预装式人工晶体系统(Preset IOL System KS-X)
规格型号:KS-X
产品标准:YZB/JAP 0889-2014《预装式人工晶体系统》
性能组成:该产品为预装式人工晶体系统，其中植入器由上凸缘、滑块、停止块、柱塞、O 环、喷嘴、杆等部件组成，人工晶体为三件式后房人工晶状体，可折叠，襻形为 J 型。人工晶体主体部分由丙烯酸 2-苯氧基乙基酯、甲基丙烯酸丁酯及丙烯酸丁酯聚合而成，添加紫外吸收剂，支撑部分由聚甲基丙烯酸甲酯材料制成，添加微量蓝色染料；屈光度范围：+1～+40D。光学设计：单焦，球面；环氧乙烷灭菌，一次性使用。
适用范围:用于老年性白内障手术眼球晶状体置换。
生产厂家:日本 STAAR Japan Inc.
注册代理:大连板桥医疗器械有限公司
服务机构:大连板桥医疗器械有限公司
发证日期:2014.03.13 **截止日期**:2018.03.12

国食药监械(进)字 2014 第 3451341 号

产品名称:体外循环套包（商品名：MECC 体外循环套包）(MECC)
规格型号:BE-P-4001, BE-P-0480, BE-HQV85200
产品标准:YZB/GER 7309-2013《体外循环套包》
性能组成:MECC 体外循环套包由离心泵泵头、氧合器、静脉贮血袋、管路、动脉过滤器组成，整套管路带 Bioline 肝素涂层。
适用范围:用于体外循环手术支持。
生产厂家:德国 MAQUET Cardiopulmonary AG
注册代理:迈柯唯(上海)医疗设备有限公司
服务机构:迈柯唯(上海)医疗设备有限公司
发证日期:2014.03.13 **截止日期**:2018.03.12

国食药监械(进)字 2014 第 3641342 号

产品名称:0.9%等渗盐水凝胶（商品名：美诺佳）(Normlgel)
规格型号:产品编号：370500 / 规格（g)：5；产品编号：371500 / 规格（g)：15
产品标准:YZB/SWE 0758-2014《0.9%等渗盐水凝胶》
性能组成:美诺佳是一种含有 0.9%氯化钠的水凝胶，其组成成分为水、氯化钠及天然水溶性黄原胶。
适用范围:美诺佳可保持创面湿润促进创面愈合和保护创面新生的组织，用于肉芽和开放性的皮肤损伤例如压迫性溃疡、动静脉腿部溃疡、糖尿病溃疡，浅表烧伤(2 度烧伤)和开放性手术创伤的治疗。
生产厂家:瑞典 Molnlycke Health Care AB
注册代理:瑞典墨尼克医疗用品有限公司北京代表处
服务机构:瑞典墨尼克医疗用品有限公司北京代表处
发证日期:2014.03.13 **截止日期**:2018.03.12

国食药监械(进)字 2014 第 3641343 号

产品名称:20%高渗盐水凝胶（商品名：美清佳®）(Hypergel®)
规格型号:产品编号：360500 / 规格（g)：5；产品编号：361500 / 规格（g)：15
产品标准:YZB/SWE 0759-2014《20%高渗盐水凝胶》
性能组成:美清佳是一种含有 20%氯化钠的水凝胶，其组成成分为水，氯化钠和天然水溶性黄原胶。
适用范围:美清佳用于各种类型的皮肤损伤干性坏死的软化和去除的治疗。
生产厂家:瑞典 Molnlycke Health Care AB
注册代理:瑞典墨尼克医疗用品有限公司北京代表处
服务机构:瑞典墨尼克医疗用品有限公司北京代表处
发证日期:2014.03.13 **截止日期**:2018.03.12

国食药监械(进)字 2014 第 2661344 号

产品名称:喉通气管及附件(Laryngeal Tube and Accessories)
规格型号:见附页
产品标准:YZB/GER 4054-2012《喉通气管及附件》
性能组成:单腔喉通气管由通气口、通气管、气囊压力平衡阀、充气管、测压球、近端气囊、远端气囊组成。双腔喉通气管由通气口、通气管、气囊压力平衡阀、充气管、测压球、胃管入口、近端气囊、远端气囊组成。
适用范围:产品用于快速建立呼吸通道，在短小手术麻醉中使患者自主或正压通气，以及困难气道管理。
生产厂家:德国 VBM Medizintechnik GmbH
注册代理:北京伊杉麟贸易有限公司
服务机构:北京伊杉麟贸易有限公司
发证日期:2014.03.13 **截止日期**:2018.03.12

国食药监械(进)字 2014 第 3221345 号(更)

产品名称:软性亲水接触镜(Soft Hydrophilic Contact Lenses)
规格型号:Frequency 55
产品标准:YZB/UK 0856-2014《软性亲水接触镜》
备注:变更代理人、售后服务机构：由“酷柏光学产品贸易(上海)有限公司”变更为“库博光学产品贸易(上海)有限公司”；注册证由“国食药监械(进)字 2014 第 3221345 号”变更为“国食药监械(进)字 2014 第 3221345 号(更)”，原证自发证之日起作废。
生产厂家:英国 CooperVision Manufacturing Limited
注册代理:库博光学产品贸易(上海)有限公司
服务机构:库博光学产品贸易(上海)有限公司
变更日期:2014.05.26 **截止日期**:2018.03.12

国食药监械(进)字 2014 第 3641346 号

产品名称:藻酸钙敷料(商品名:液超妥)(Algisite M Calcium Alginate Dressing)
规格型号:见附页
产品标准:YZB/UK 0756-2014《藻酸钙敷料》
性能组成:本产品是一个藻酸钙纤维垫，由藻酸钙纤维采用非编织粘结工艺制成。
适用范围:可用于体表中度到重度渗液的压疮和下肢静脉溃疡的覆盖，条状敷料可用于腔洞型伤口的充填。
生产厂家:英国 Smith &Nephew Medical Ltd
注册代理:施乐辉医用产品国际贸易(上海)有限公司
服务机构:施乐辉医用产品国际贸易(上海)有限公司
发证日期:2014.03.13 **截止日期**:2018.03.12

国食药监械(进)字 2014 第 2551347 号

产品名称:喷砂粉(Prophy Powder)
规格型号:Cavitron Jet-Fresh Prophy Powder
产品标准:YZB/USA 0730-2014《喷砂粉》
性能组成:组成成分：氢氧化铝、薄荷味香料（具体百分含量详见标准)。

本产品可用于专业喷砂机，不可口服使用。
适用范围:本产品与喷砂机系统一起使用，祛除牙齿表面污渍，清洁牙齿表面。
生产厂家:美国 DENTSPLY Professional
注册代理:登士柏(天津)国际贸易有限公司
服务机构:登士柏(天津)国际贸易有限公司
发证日期:2014.03.13 截止日期:2018.03.12

国食药监械(进)字2014第3661348号

产品名称:皱襞式引流管(プリーツドレーンチューブ)
规格型号:见附页
产品标准:YZB/JAP 0723-2014《皱襞式引流管》
性能组成:皱襞式引流管有三种类型，分别为带连接器的标准型引流管、不带连接器的标准型引流管和一体式柔软型引流管。导管主体、连接器的材料是硅橡胶。
适用范围:本品的目的是术后去除血液、脓、渗出液、消化液及空气，留置在体内(主要是腹腔内或皮下)，利用重力或负压进行排液或者排气的导管。
生产厂家:日本秋田住友ベーク株式会社
注册代理:东西贸易(上海浦东新区)有限公司
服务机构:东西贸易(上海浦东新区)有限公司
发证日期:2014.03.13 截止日期:2018.03.12

国食药监械(进)字2014第2551349号

产品名称:不锈钢车针 (商品名: LA Axxess) (Stainless Steel Burs)
规格型号:815-1401; 815-1402; 815-1403
产品标准:YZB/USA 0872-2014《不锈钢车针》
性能组成:本产品由不锈钢材料制成。
适用范围:本产品是牙科用低速车针，在牙根管治疗中用于开髓和扩大根管口。
生产厂家:美国 Ormco Corporation also trading as Sybron Endo
注册代理:卡瓦盛邦(上海)牙科医疗器械有限公司
服务机构:卡瓦盛邦(上海)牙科医疗器械有限公司
发证日期:2014.03.13 截止日期:2018.03.12

国食药监械(进)字2014第3771350号

产品名称:弹簧圈 (商品名: Codman) (Codman Microcoil Delivery System)
规格型号:见附页
产品标准:YZB/SWI 0497-2014《弹簧圈》
性能组成:该产品由递送钢丝(DPU)和弹簧圈组成，递送钢丝外部套有导入套管。弹簧圈材料为铂钨合金。电子射线灭菌，产品一次性使用。
适用范围:该产品适用于对颅内动脉瘤进行栓塞治疗。
备注:原商品名: Micrus
生产厂家:瑞士 Medos International SARL
注册代理:强生(上海) 医疗器材有限公司
服务机构:强生(上海) 医疗器材有限公司
发证日期:2014.03.13 截止日期:2018.03.12

国食药监械(进)字2014第2631351号

产品名称:非金属正畸托槽 (商品名: 非金属自锁托槽) (Orthodontic Nonmetal Brackets)
规格型号:见附页
产品标准:YZB/USA 0902-2014《非金属正畸托槽》
性能组成:见附页。
适用范围:本产品适用于口腔科正畸治疗.
生产厂家:美国 3M Unitek Corporation
注册代理:明尼苏达矿业制造(上海)国际贸易有限公司
服务机构:明尼苏达矿业制造(上海)国际贸易有限公司
发证日期:2014.03.13 截止日期:2018.03.12

国食药监械(进)字2014第3771352号

产品名称:弹簧圈 (商品名: Codman) (Codman Microcoil Delivery System)
规格型号:见附页
产品标准:YZB/SWI 0530-2014《弹簧圈》
性能组成:该产品由递送钢丝(DPU)和弹簧圈组成，递送钢丝外部套有导入套管。弹簧圈材料为铂钨合金，弹簧圈内部含有聚羟基乙酸抗解线。电子射线灭菌，产品一次性使用。
适用范围:该产品适用于对颅内动脉瘤进行栓塞治疗。
备注:原商品名: Micrus
生产厂家:瑞士 Medos International SARL
注册代理:强生(上海) 医疗器材有限公司
服务机构:强生(上海) 医疗器材有限公司
发证日期:2014.03.13 截止日期:2018.03.12

国食药监械(进)字2014第1061353号

产品名称:种植体配套用工具(Tools for Dental Implants)
规格型号:见附页
产品标准:YZB/USA 0710-2014《种植体配套用工具》
性能组成:种植体配套用工具包括平行杆、平行工具、转移帽、转移杆、印模杆、印模帽、试戴体、蜡套筒、替代体、骨成形工具及配套用螺刀、手机适配器、扳手、螺刀、就位工具、种植体安装工具、种植体/基台分离工具、基台螺栓分离工具、组织环切刀、攻丝工具、钻止动环、底冠用扩孔工具和基台底冠蜡型。
适用范围:种植体配套用工具用于种植体植入和基台修复。
生产厂家:美国 Zimmer Dental, Inc.
注册代理:皆美(上海)医疗器械有限公司
服务机构:皆美(上海)医疗器械有限公司
发证日期:2014.03.13 截止日期:2018.03.12

国食药监械(进)字2014第2551354号

产品名称:牙钻(Drills)
规格型号:PDCL28, PDCL33, PDCL38, PDCL42, PDCL52, CSCL35, CSCL4, CSCL45, CSCL5, CSCL6D, TDCL3616, TDCL416, TDCL4516, TDCL5516, KIT01, MKIT02, CODR04, CODR045, CODR05, LCDR01, TDCL216, TDCL2816, TDCL3316, TDCL3816, TDCL4216D, TDCL5216
产品标准:YZB/ITA 0935-2014《牙钻》
性能组成:本产品由 17-4PH 不锈钢制成，包括导向孔钻，锥口钻和麻花钻，详见附表。
适用范围:该产品用于牙科种植体植入手术时钻孔用.
生产厂家:意大利 ORNAGHI LUIGI & C.s.n.c.
注册代理:北京世纪信诚科技有限公司
服务机构:北京世纪信诚科技有限公司
发证日期:2014.03.14 截止日期:2018.03.13

国食药监械(进)字2014第2661355号

产品名称:经皮胆道引流管(PTCS カテーテル)
规格型号:见附页
产品标准:YZB/JAP 0703-2014《经皮胆道引流管》
性能组成:经皮胆道引流管采用聚氯乙烯材料制成。经皮胆道引流管为灭菌包装，采用环氧乙烷灭菌，灭菌有效期为三年。
适用范围:本产品用于引流胆道内的血液、脓、渗出液、消化液、空气，可留置在体内(包括消化管内)，并依靠重力向体外排液或排气。本产品还能扩张或扩大胆道瘘孔留置在内腔的创口或开口部，在胆道镜下进行活检和治疗结石的经皮经肝胆道镜切石术。
生产厂家:日本秋田住友ベーク株式会社(日本秋田住友电木株式会社)
注册代理:东西贸易(上海浦东新区)有限公司
服务机构:东西贸易(上海浦东新区)有限公司
发证日期:2014.03.14 截止日期:2018.03.13

国食药监械(进)字2014第2631356号

产品名称:光固化正畸托槽粘接剂(Ortho One Band Blue)
规格型号:F-5011BP, 4克
产品标准:YZB/ROK 0865-2014《光固化正畸托槽粘接剂》
性能组成:本产品按 YY0269 标准属于Ⅱ型产品，将正畸用托槽粘接牙釉质时所使用的牙科正畸用托槽粘接材料，给正畸托槽和牙釉质提供粘接力的同时可去除的光固化材料。主要由氟化钠，二氧化硅，双硅酸铅，双酚 A 丙三醇双甲基丙烯酸酯，二甲基砜，二甲基丙酸盐，樟脑醌，三乙二醇二甲基丙烯酸酯，2, 4-二羟二苯甲酮，4-(二甲基氨基)苯甲酸乙酯，MEHQ，4-甲氧基苯酚，C. I. 颜料蓝 29 成分组成。
适用范围:适用于口腔科牙齿正畸时金属、陶瓷、亚克力材料托槽与牙釉质粘接的所有临床案例。
生产厂家:韩国 Bisco Dental Product Asia Ltd.
注册代理:北京极爱斯商贸有限公司
服务机构:北京极爱斯商贸有限公司
发证日期:2014.03.14 截止日期:2018.03.13

国食药监械(进)字2014第1011357号

产品名称:拉钩(Hooks)
规格型号:3205-8G; 3311-1G; 3311-8G; 3314-1G; 3314-8G; 3316-1G; 3316-8G; 3325-4G; 3327-4G; 3329-4G; 3330-4G; 3331-4G; 3332-4G; 3333-4G; 3334-4G; 3335-4G; 3338-4G; 3350-1G; 3350-8G3350L-4G; 3384-4; 3550-1G
产品标准:YZB/USA 0970-2014《拉钩》
性能组成:主要由不锈钢组成,详见附页。牌号:302不锈钢1Cr18Ni9;304不锈钢0Cr18Ni19;316不锈钢0Cr17Ni12Mo2。
适用范围:供外科手术牵开软组织用,此类拉钩用于妇科、泌尿外科、结肠/直肠、普外科、ENT手术、整形修复、手/脚踝手术、足部医疗、神经外科手术时,牵开切口软组织暴露术野用。
生产厂家:美国 CooperSurgical, Inc.
注册代理:北京威尼汇力医疗器械有限公司
服务机构:北京威尼汇力医疗器械有限公司
发证日期:2014.03.14 截止日期:2018.03.13

国食药监械(进)字2014第2221358号

产品名称:内窥镜手术器械(Endoscope accessories)
规格型号:见附页
产品标准:YZB/GER 0587-2014《内窥镜手术器械》
性能组成:该产品为无源器械,由探头、冲洗吸引管、手柄、器械芯、抓钳、持针器、封闭器械、打结器、钛夹钳、扇形钳、抓钳、活检钳、举宫器、肌瘤钻、冲洗瓶、套石篮、扩张器、膨胀套管组成。产品材料为聚酰胺、橡胶、玻璃以及YY/T 0294.1的代号B的不锈钢。非灭菌包装。
适用范围:该产品用于内窥镜手术中检查、诊断和治疗用。
生产厂家:德国 STEMA Medizintechnik GmbH
注册代理:上海安润医疗设备有限公司
服务机构:上海圣菲实业有限公司
发证日期:2014.03.14 截止日期:2018.03.13

国食药监械(进)字2014第1061359号

产品名称:种植体辅助用工具(Accessories for laboratory)
规格型号:见附页
产品标准:YZB/UK 0920-2014《种植体辅助用工具》
性能组成:该产品由聚丙烯、钛合金(TC4 ELI),或不锈钢材料(Y12Cr18Ni9)制成。
适用范围:该产品用于牙科种植体手术过程中的辅助、加工。其中:可燃塑料套在技工室中与种植体替代体配合使用,用于基台的塑形;塑料修复帽在技工室中用于石膏模型上选择种植配套用基台;基台替代体在技工室用于石膏模型上代替基台;技工室螺丝用于在技工室制中将基台固定到种植体替代体上。
生产厂家:英国 Neoss Limited
注册代理:北京泽恩诺科技发展有限公司
服务机构:北京泽恩诺科技发展有限公司
发证日期:2014.03.14 截止日期:2018.03.13

国食药监械(进)字2014第2651360号

产品名称:尼龙缝合线(商品名:CROWNJUN)(ポリアミド縫合糸)
规格型号:见附页
产品标准:YZB/JAP 0712-2014《尼龙缝合线》
性能组成:该产品由缝合线和缝合针组成。缝合线由聚酰胺制成,缝合针由不锈钢06Cr19Ni10制成,染色剂为食用色素亮蓝,采用环氧乙烷灭菌。
适用范围:该产品用于手术部位的缝合。
生产厂家:日本株式会社河野製作所
注册代理:科琅淳(上海)医疗器械贸易有限公司
服务机构:科琅淳(上海)医疗器械贸易有限公司
发证日期:2014.03.14 截止日期:2018.03.13

国食药监械(进)字2014第1011361号

产品名称:牵开器(商品名:TSI)(Retractor)
规格型号:见附页
产品标准:YZB/USA 0719-2014《牵开器》
性能组成:本产品由铝和钛合金制成。可重复使用,耐高温高压消毒。具体型号及描述见规格型号附页。
适用范围:该产品用于医疗单位,适用于外科手术中拉开手术刀口,充分暴露手术视野。
生产厂家:美国 TeDan Surgical Innovations, LLC
注册代理:北京威尼汇力医疗器械有限公司
服务机构:北京威尼汇力医疗器械有限公司
发证日期:2014.03.14 截止日期:2018.03.13

国食药监械(进)字2014第1641362号

产品名称:防护用垫(cushion)
规格型号:见附页
产品标准:YZB/DEN 0724-2014《防护用垫》
性能组成:组成部分:外罩(可选),粘弹性垫(SAF层)。外罩材料为聚氨酯PU,粘弹性垫材料为多聚氨酯粘弹性泡沫。
适用范围:该产品适用于预防压力疮的形成,减轻皮肤所受的压力和剪切力,用于手术中固定体位和病房护理。
生产厂家:丹麦 Safe4care ApS
注册代理:广州中研生物科技有限公司
服务机构:杭州厚道科技有限公司
发证日期:2014.03.14 截止日期:2018.03.13

国食药监械(进)字2014第2101363号(更)

产品名称:骨科手术用锯片(Saw blades)
规格型号:见附页
产品标准:YZB/USA 0871-2014《骨科手术用锯片》
备注:生产企业名称由"Linvatec Corporation D/B/AConMed Linvatec"变更为"ConMed Corporation";企业注册地址由"11311 Concept Boulevard Largo, FL33773"变更为"525 French Road Utica, New York13502, USA";注册证由"国食药监械(进)字2014第2101363号"变更为"国食药监械(进)字2014第2101363号(更)",原证自发证之日起作废。
生产厂家:美国 ConMed Corporation
注册代理:康美林弗泰克(北京)医疗器械有限公司
服务机构:康美林弗泰克(北京)医疗器械有限公司
变更日期:2014.08.08 截止日期:2018.03.13

国食药监械(进)字2014第1061364号

产品名称:种植工具(Instruments of SFI-Anchor)
规格型号:见附页
产品标准:YZB/SWI 8043-2013《种植工具》
性能组成:本产品由占位器、印模帽、替代体、设计基台、平行杆、扳手和螺丝刀组成。
适用范围:本产品用于种植手术后的印模过程,代替种植体以制备牙齿模型。
生产厂家:瑞士 Cendres +Métaux SA
注册代理:北京索雷尔科技发展有限公司
服务机构:士卓曼(北京)医疗器械贸易有限公司
发证日期:2014.03.14 截止日期:2018.03.13

国食药监械(进)字2014第1661365号

产品名称:一次性使用医用丁腈检查手套(Nitrile Examination Gloves)
规格型号:无粉 XS; S; M; L; XL
产品标准:YZB/MAL 0713-2014《一次性使用医用丁腈检查手套》
性能组成:本产品由丁腈橡胶制成,表面规格形式包括无粉光面和无粉麻面两种。该产品为非无菌产品,有效期为3年。
适用范围:该产品用以降低医疗保健人员与患者之间交叉污染或感染的风险。
生产厂家:马来西亚 Rubbercare Protection Products Sdn. Bhd.
注册代理:艾迈柯思贸易(上海)有限公司

服务机构:艾迈柯思贸易(上海)有限公司
发证日期:2014.03.14 **截止日期**:2018.03.13

国食药监械(进)字 2014 第 1661366 号

产品名称:一次性使用无菌橡胶检查手套(Natural Latex Powdered and Powder-Free Sterile Examination Gloves)
规格型号:纸质包装:有粉表面, XS、S、M、L、XL;无粉表面, XS、S、M、L、XL。塑料包装:有粉表面, XS、S、M、L、XL;无粉表面, XS、S、M、L、XL。
产品标准:YZB/MAL 0725-2014《一次性使用无菌橡胶检查手套》
性能组成:主要由天然橡胶胶乳制造,分为有粉表面和无粉表面,均为无菌类型。
适用范围:用于医用检测和诊断治疗,降低病人和使用者之间交叉感染的风险。
生产厂家:马来西亚 Hartalega Sdn. Bhd.
注册代理:北京中轻科图经贸有限公司
服务机构:盐城环贸得医疗器械有限公司
发证日期:2014.03.14 **截止日期**:2018.03.13

国食药监械(进)字 2014 第 1661367 号

产品名称:一次性使用无菌丁腈检查手套(Nitrile Powdered and Powder-Free Sterile Examination Gloves)
规格型号:纸质包装:有粉表面, XS、S、M、L、XL;无粉表面, XS、S、M、L、XL。塑料包装:有粉表面, XS、S、M、L、XL;无粉表面, XS、S、M、L、XL。
产品标准:YZB/MAL 0727-2014《一次性使用无菌丁腈检查手套》
性能组成:主要由丁腈橡胶胶乳制造,分为有粉表面和无粉表面,均为无菌类型。
适用范围:用于医用检测和诊断治疗,降低病人和使用者之间交叉感染的风险。
生产厂家:马来西亚 Hartalega Sdn. Bhd.
注册代理:北京中轻科图经贸有限公司
服务机构:盐城环贸得医疗器械有限公司
发证日期:2014.03.14 **截止日期**:2018.03.13

国食药监械(进)字 2014 第 1641368 号

产品名称:医用固定套及护具(SecuTec Series)
规格型号:见附页
产品标准:YZB/GER 0997-2014《医用固定套及护具》
性能组成:该产品由粘扣带、机械旋转轴、腘窝垫、缓冲垫、金属护板、粘扣束带、低倍拉力箍带、支撑条、支撑部件组成,由聚酰胺、聚酯纤维、聚氨酯、聚甲醛、棉、二烯类弹性纤维、聚乙烯、乙烯-醋酸乙烯酯共聚物、不锈钢、泡沫橡胶、弹簧钢、铝合金、人造丝、共聚酯、苯丙醇胺、玻璃纤维、碳纤维材料制成,具体各型号组件、材料及所符合材料标准详见附件。非灭菌包装。
适用范围:SecuTec® Dorso 用于支撑腰椎以及往上直至下胸椎,通过收缩腹部软组织来减轻腰椎的负荷。SecuTec® Genu 用于在治疗过程中保护膝盖,并有助于通过理疗训练肌肉。SecuTec® Lumbo 用于减轻腰椎负荷。MOS Genu 用于在治疗过程中保护膝盖,并有助于通过理疗训练肌肉。
生产厂家:德国 Bauerfeind AG
注册代理:北京勤利嘉德国际科贸有限公司
服务机构:北京勤利嘉德国际科贸有限公司
发证日期:2014.03.14 **截止日期**:2018.03.13

国食药监械(进)字 2014 第 1061369 号

产品名称:正畸器械(Orthodontic Collections)
规格型号:见附页
产品标准:YZB/USA 0039-2014《正畸器械》
性能组成:正畸器械分正畸剪切钳、正畸夹制钳、正畸镊、正畸弯制器;正畸剪切钳的制造材料为 12Cr13, 正畸夹制钳的制造材料为 32Cr13Mo;正畸镊的制造材料为 20Cr13;正畸弯制器头部的制造材料为 68Cr17,手柄的制造材料为 06Cr19Ni10;为手持型口腔手术用器械,使用过程中不连接其他任何有源器械。
适用范围:正畸器械分正畸剪切钳、正畸夹制钳、正畸镊、正畸弯制器,适用于口腔正畸科;正畸剪切钳用于修剪、刻断正畸弓丝,正畸夹制钳用于夹持、引导、弯制、成型正畸弓丝,正畸镊用于夹持、放置、移除正畸托槽,正畸弯制器用于引导、弯制正畸弓丝。
生产厂家:美国 Hu-Friedy Mfg. Co., LLC
注册代理:豪孖迪医疗器械(上海)有限公司
服务机构:豪孖迪医疗器械(上海)有限公司
发证日期:2014.03.14 **截止日期**:2018.03.13

国食药监械(进)字 2014 第 2221370 号

产品名称:筋膜缝针和缝针套管(Needle and Cannula)
规格型号:WA51203A , WA51205A
产品标准:YZB/GER 8041-2013《筋膜缝针和缝针套管》
性能组成:该产品由缝针、缝针套管和连接件组成,产品材质为不锈钢 06Cr19Ni10 和 12Cr18Ni9。产品为非一次性使用,使用前需灭菌。
适用范围:该产品用于内窥镜诊断和手术中缝合筋膜。
生产厂家:德国 Trokamed GmbH
注册代理:奥林巴斯贸易(上海)有限公司
服务机构:奥林巴斯(北京)销售服务有限公司
发证日期:2014.03.14 **截止日期**:2018.03.13

国食药监械(进)字 2014 第 2101371 号

产品名称:髋关节手术工具(Miscellaneous Hip Instruments)
规格型号:见附页
产品标准:YZB/USA 1048-2014《髋关节手术工具》
性能组成:手术工具由:锥形髓腔锉,髓腔开口锉,PGP 螺旋钻带导向头,Exact 圆柱形髓腔锉,大粗隆扩孔钻,微创髋关节髋臼锉,髓腔扩孔钻,Alliance 组合髓腔锉,Exact 打磨刀片,Exact 全锯齿髋臼锉,髋臼定位钻头,近端股骨髓腔锉,粗隆钻,开孔钻,快速连接钻头,髋臼锉内八角接口,Premier 全齿髋臼锉,远端股骨锉组成。材料包括符合 ASTMF-899 的 630 不锈钢、304 不锈钢、420B 不锈钢、410 不锈钢、440C 不锈钢、XM-16 不锈钢、316 不锈钢,部分产品含有氮化钛涂层。全部材料均与人体接触。所有工具均可与有源器械联用。非灭菌包装。
适用范围:预期用于髋关节置换和修复的外科手术。其中,髓腔锉产品用于扩大股骨髓腔;髓腔开口锉、螺旋钻、快速连接钻头、髋臼定位钻头、粗隆钻用于髓腔或粗隆的钻孔;髋臼锉产品用于扩大髋臼髓腔;扩孔钻产品用于髓腔钻孔或扩大髓腔;打磨刀片用于磨平股骨。
生产厂家:美国 Biomet Orthopedics
注册代理:邦美(上海)商贸有限公司
服务机构:邦美(上海)商贸有限公司
发证日期:2014.03.14 **截止日期**:2018.03.13

国食药监械(进)字 2014 第 2661372 号

产品名称:一次性使用灭菌橡胶外科手套(MY GUARD Steril Latex Surgical Gloves)
规格型号:型号:5.5, 6.5, 7, 7.5, 8, 8.5, 9 表面形式:麻面有粉
产品标准:YZB/INS 0999-2014《一次性使用灭菌橡胶外科手套》
性能组成:本产品由天然橡胶胶乳组成,有粉手套表面含玉米淀粉,环氧乙烷灭菌。
适用范围:该产品用于医疗外科手术。
生产厂家:印度尼西亚 PT. Maja Agung Latexindo
注册代理:常州美康纸塑制品有限公司
服务机构:常州美康纸塑制品有限公司
发证日期:2014.03.14 **截止日期**:2018.03.13

国食药监械(进)字 2014 第 1101373 号

产品名称:膝关节辅助定位工具(Instruments for IASSIST Knee System)
规格型号:见附页
产品标准:YZB/CAN 0113-2014《膝关节辅助定位工具》
性能组成:该产品由小尖钉、股骨参考器、股骨调整机制、股骨前后位滑块、切割导向器、股骨锯槽、校准夹具、对线导向器、定位器、验证工具、对线拱、六角旋钮、六角螺钉组成。与人体接触部位的材料为符合 ASTM F899 的 630 不锈钢制成。
适用范围:本产品是膝关节可视化电子定位系统配套的可重复使用的手动手术工具,用于在全膝关节置换手术期间协助术者定位骨植入物系统部件,为非灭菌可重复使用器械。
生产厂家:加拿大 Zimmer CAS

注册代理:捷迈(上海)医疗国际贸易有限公司
服务机构:捷迈(上海)医疗国际贸易有限公司
发证日期:2014.03.14 截止日期:2018.03.13

国食药监械(进)字 2014 第 1661374 号

产品名称:一次性使用医用丁腈橡胶检查手套(Nitrile Examination Gloves)
规格型号:无粉 XS, S, M, L, XL, XXL;
产品标准:YZB/MAL 1152-2014《一次性使用医用丁腈橡胶检查手套》
性能组成:该产品由丁腈合成橡胶制成。该产品为非无菌产品,包括无粉指尖麻面/无粉手指麻面/无粉手掌麻面三种表面型式。
适用范围:该产品用以降低医疗保健人员与患者之间交叉污染或感染的风险。
生产厂家:马来西亚 Latexx Manufacturing Sdn. Bhd.
注册代理:森佩理特(上海)管理有限公司
服务机构:森佩理特(上海)管理有限公司
发证日期:2014.03.14 截止日期:2018.03.13

国食药监械(进)字 2014 第 2631375 号

产品名称:正畸丝(Orthodontic wires)
规格型号:见附页
产品标准:YZB/SWI 7412-2013《正畸丝》
性能组成:本产品由正畸丝和结扎丝组成,正畸丝按材质分为不锈钢正畸丝(分为方形和圆形两种)和镍钛合金正畸丝(分为方形和圆形两种),按正畸丝的弹性行为分为 I 型和 II 型两种。不锈钢正畸丝由符合 GB/T1220 规定的 022Cr19Ni10 不锈钢合金制成;镍钛正畸丝中镍元素的含量应为 55%± 2%,其余为钛含量;结扎丝由符合 GB/T 1220 规定的 12Cr17Mn6Ni5N 不锈钢合金制成。
适用范围:本产品由正畸丝和结扎丝组成,其中结扎丝用于口腔牙列正畸时将矫正弓丝与托槽或其它附件相结扎,以达到固定弓丝及牵引牙齿移动的目的。正畸丝用于错牙合畸形的矫治。
生产厂家:美国 MASEL Enterprises
注册代理:上海广宝医疗器械有限公司
服务机构:上海广宝医疗器械有限公司
发证日期:2014.03.13 截止日期:2018.03.12

国食药监械(进)字 2014 第 3461376 号

产品名称:交锁髓内钉(Intramedullary Nails)
规格型号:见附页
产品标准:YZB/GER 1215-2014《交锁髓内钉》
性能组成:该产品由胫骨髓内钉、股骨髓内钉、固定螺钉和保护帽组成,采用 ISO 5832-3 规定的 Ti6A14V 钛合金材料制成。非灭菌包装。表面经阳极氧化处理。
适用范围:该产品用于胫骨、股骨骨折内固定。
生产厂家:德国 aap Implantate AG
注册代理:北京百优华泰医疗科技有限公司
服务机构:北京百优华泰医疗科技有限公司
发证日期:2014.03.13 截止日期:2018.03.12

国食药监械(进)字 2014 第 3461377 号

产品名称:克氏针(Wires)
规格型号:见附页
产品标准:YZB/GER 1216-2014《克氏针》
性能组成:该产品采用 ISO 5832-3 规定的 Ti6A14V 钛合金材料制成。非灭菌包装。表面经阳极氧化处理。
适用范围:该产品用于四肢骨折的内固定手术。
生产厂家:德国 aap Implantate AG
注册代理:北京百优华泰医疗科技有限公司
服务机构:北京百优华泰医疗科技有限公司
发证日期:2014.03.13 截止日期:2018.03.12

国食药监械(进)字 2014 第 3221378 号

产品名称:后房型人工晶体(商品名: Ergomax)(PC 525 Ergomax)
规格型号:52501TW、52501TY
产品标准:YZB/NET 1217-2014《后房型人工晶体》
性能组成:该产品为单件式/后房人工晶状体,可折叠,襻形为对称环形襻。主体/支撑部分由甲基丙烯酸-2-乙氧基乙酯、甲基丙烯酸羟乙酯共聚物材料制成,添加紫外线吸收剂。屈光度范围:52501TY 型号 6D~35D, 52501TW 型号-7D~5D。光学设计: 单焦,球面。该产品经高压蒸汽灭菌,一次性使用。
适用范围:该产品适用于成年人白内障超声乳化摘除术后的无晶体眼视力矫正,人工晶体应植入囊袋内。
备注:该产品原注册证书商品名为 OCULAID
生产厂家:荷兰 Ophtec B.V.
注册代理:上海麦德医疗设备科技有限公司
服务机构:上海麦德医疗设备科技有限公司
发证日期:2014.03.13 截止日期:2018.03.12

国食药监械(进)字 2014 第 3771379 号

产品名称:脑室导管(商品名: RAUMEDIC-脑室导管)(Ventricular Catheter for ICP Readings)
规格型号:单腔脑室导管 single lumen ventricular catheter(EVK1),规格:871621(长)871871(短);双腔脑室导管 double lumen ventricular catheter(EVK2),规格:871631(长)871881(短)。
产品标准:YZB/GER 1155-2014《脑室导管》
性能组成:脑室导管由导液测压软管、可插入的硬细探针、不透辐射指示标、止流夹和鲁尔锁接头构成。本产品采用环氧乙烷灭菌,是一次性使用产品。
适用范围:该产品是在诊断和治疗脑脊髓液、血肿、液囊瘤以及大脑内的血肿实施导液法和颅内压监测时,所必需的医疗器械。分单腔导管 EVK1 和双腔导管 EVK2 两种,单腔导管 EVK1:在诊断和治疗疾病时,可分别进行导液,ICP 测量或者排出液体。双腔导管 EVK2:在诊断和治疗疾病时,可同时进行持续的 ICP 测量和排出液体。
生产厂家:德国 RAUMEDIC AG
注册代理:北京蓝天共享健康科技有限公司
服务机构:北京蓝天共享健康科技有限公司
发证日期:2014.03.13 截止日期:2018.03.12

国食药监械(进)字 2014 第 3631380 号

产品名称:粘合剂(商品名: 可乐丽菲露 DC BOND)(歯科用象牙質接着材料)
规格型号:包装规格:A 液为 4mL/瓶和 1mL/瓶;B 液为 4mL/瓶 和 1mL/瓶。
产品标准:YZB/JAP 1157-2014《粘合剂》
性能组成:本品由粘合剂、混合调剂板、海绵片及遮光板组成,粘合剂分 A 液,B 液。A 液主要由 EMA, Bis-GMA, MDP 制成;B 液主要由精制水和乙醇制成。具体成分及含量请见产品标准。
适用范围:该产品用于粘接包括牙本质在内的窝洞、缺损。
生产厂家:日本可乐丽则武齿科株式会社(クラレノリタケデンタル株式会社)
注册代理:可乐丽国际贸易(上海)有限公司
服务机构:可乐丽国际贸易(上海)有限公司
发证日期:2014.03.13 截止日期:2018.03.12

国食药监械(进)字 2014 第 3461381 号

产品名称:前壁脱垂修复系统(商品名: AMS Perigee)(AMS Perigee System)
规格型号:720003-02
产品标准:YZB/USA 1166-2014《前壁脱垂修复系统》
性能组成:该产品由聚丙烯网和增加张力的聚丙烯线组成,聚丙烯网为非吸收性永久体内植入物。聚丙烯线为单股无涂层的缝线,染蓝色。配件有 4 个不锈钢弯曲针通管,通管一端固定接头,另一端是塑料把手;该产品有保护性塑料鞘,材质为聚乙烯,及可选配件连接工具。连接工具材质为聚醚酰亚胺。配件为辅助聚丙烯网方便植入。该产品无菌状态提供,一次性使用。
适用范围:该产品用于经患者闭孔在阴道前壁植入以治疗阴道前壁脱垂。
生产厂家:美国 American Medical Systems, Inc
注册代理:捷通埃默高(北京)医药科技有限公司
服务机构:捷通埃默高(北京)医药科技有限公司
发证日期:2014.03.13 截止日期:2018.03.12

国食药监械(进)字 2014 第 3661382 号

产品名称:微量泵前管(商品名:普福特)(Original Perfusor Line)
规格型号:8255172、8722960、8722862、8255490、8255253、8722820、8722870、8255504、8723001
产品标准:YZB/GER 1188-2014《微量泵前管》
性能组成:微量泵前管主要由管路、鲁尔接头、保护套组成,根据货号不同,有些产品还带有单向阀或过滤器;管路由聚氯乙烯材料(PVC)制成。
适用范围:本产品适用于在注射泵输液中延长液体输注的路径,并保护患者避免受到直接的机械输注压力。
生产厂家:德国 B. Braun Melsungen AG
注册代理:贝朗医疗(上海)国际贸易有限公司
服务机构:贝朗医疗(上海)国际贸易有限公司
发证日期:2014.03.13 **截止日期**:2018.03.12

国食药监械(进)字 2014 第 3461383 号

产品名称:覆膜支架系统(商品名:Endurant)(Endurant Stent Graft System)
规格型号:见附页
产品标准:YZB/USA 1007-2014《覆膜支架系统》
性能组成:该产品由覆膜支架和输送系统组成。覆膜支架的弹簧支撑结构采用镍钛合金丝制成,合金丝支架结构外被覆多纤聚酯纤维膜。输送系统是由一次性使用导管和整合在一起的手柄组成,能够匹配 0.035″的导丝。电子束灭菌,一次性使用。
适用范围:该产品适用于肾下腹主动脉或主髂动脉瘤的血管内治疗。
生产厂家:美国 Medtronic Inc.
注册代理:美敦力(上海)管理有限公司
服务机构:美敦力(上海)管理有限公司
发证日期:2014.03.13 **截止日期**:2018.03.12

国食药监械(进)字 2014 第 3221384 号

产品名称:后房型聚甲基丙烯酸甲酯人工晶状体(商品名:HumanOptics PMMA IOL)(PMMA IOL)
规格型号:PM 555
产品标准:YZB/GER 1214-2014《后房型聚甲基丙烯酸甲酯人工晶状体》
性能组成:该产品为单件式/后房人工晶状体,不可折叠,襻形为改良 C 型。主体/支撑部分由聚甲基丙烯酸甲酯材料制成,添加紫外线吸收剂。屈光度范围:0D~25D。光学设计:单焦,球面。该产品经环氧乙烷灭菌,一次性使用。
适用范围:该产品适用于囊袋植入,适用于手术后取出晶状体的无晶体眼的矫正。
生产厂家:德国 HumanOptics Aktiengesellschaft
注册代理:北京世代保康科技发展有限公司
服务机构:北京世代保康科技发展有限公司
发证日期:2014.03.13 **截止日期**:2018.03.12

国食药监械(进)字 2014 第 3451385 号

产品名称:膜型血浆成分分离器(膜型血漿成分分離器)
规格型号:Cascadeflo EC-20W、Cascadeflo EC-30W、Cascadeflo EC-40W、Cascadeflo EC-50W
产品标准:YZB/JAP 1186-2014《膜型血浆成分分离器》
性能组成:本产品由中空纤维、O 型环、血液出入口、纤维固定材料、外壳、盖子(滤液侧盖子、血浆侧盖子)组成。填充溶液为注射用水。本产品为一次性使用产品,灭菌方法为γ射线灭菌。
适用范围:本产品适用于实施双重滤过血浆交换疗法中,与血浆交换用血浆分离器并用,通过膜分离方法,从分离出来的血浆中分离一定分子量的物质为目的。
生产厂家:日本旭化成メディカル株式会社
注册代理:旭化成医疗器械(杭州)有限公司
服务机构:旭化成医疗器械(杭州)有限公司
发证日期:2014.03.13 **截止日期**:2018.03.12

国食药监械(进)字 2014 第 3451386 号

产品名称:血液净化用补液管路(Tubing Sets for Hemodialysis)
规格型号:Safe Line
产品标准:YZB/GER 1212-2014《血液净化用补液管路》
性能组成:产品由管路、接头、保护帽、Y 型连接部件和夹具组成,管路材质为聚氯乙烯,接头、保护帽、Y 型连接部件材质为聚碳酸酯,夹具材质为聚丙烯。本品采用蒸汽灭菌,一次性使用。
适用范围:本产品供血液透析滤过时作为补液管路使用,不直接接触血液。
生产厂家:德国 Fresenius Medical Care AG&Co. KGaA
注册代理:费森尤斯医药用品(上海)有限公司
服务机构:费森尤斯医药用品(上海)有限公司
发证日期:2014.03.13 **截止日期**:2018.03.12

国食药监械(进)字 2014 第 1061387 号

产品名称:自动去冠器套装(オートマチッククラウンリムーバーセット)
产品标准:YZB/JAP 1002-2014《自动去冠器套装》
性能组成:自动去冠器套装由去冠器头和去冠器手柄组成,去冠器头分为 S 型和 W 型两种。去冠器头的主体以 GB/T1220 中规定的 30Cr13 材料(由 C、Si、Mn、P、S、Ni 和 Cr 组成)制造;去冠器头的卡头应以 GB/T 1220 中规定的 06Cr19Ni10 材料(由 C、Si、Mn、P、S、Ni 和 Cr 组成)制造;自动去冠器手柄应以 GB/T1220 中规定的 Y12Cr18Ni9 材料(由 C、Si、Mn、P、S、Ni 和 Cr 组成)、30Cr13 材料(由 C、Si、Mn、P、S、Ni 和 Cr 组成)、06Cr19Ni10 材料(由 C、Si、Mn、P、S、Ni 和 Cr 组成)、YB/T 11 中规定的 0Cr19Ni10 材料(由 C、Si、Mn、P、S、Ni 和 Cr 组成)和 GB/T 4231 中规定的 07Cr17Ni7Al 材料(由 C、Si、Mn、P、S、Ni 和 Cr 组成)制造。
适用范围:本产品适用于从患牙上撤除冠和嵌体。
生产厂家:日本株式会社 YDM
注册代理:日进齿科材料(昆山)有限公司
服务机构:日进齿科材料(昆山)有限公司
发证日期:2014.03.13 **截止日期**:2018.03.12

国食药监械(进)字 2014 第 2061388 号

产品名称:牙用锉(商品名:ProTaper Universal)(Dental Files)
规格型号:成形锉:机用 SX, S1, S2;精修锉:机用 F1, F2, F3, F4, F5;再治疗锉:机用 D1, D2, D3.
产品标准:YZB/SWI 1045-2014《牙用锉》
性能组成:牙锉是由工作部分和手柄两部分组成.各种 ProTaper Universal 牙用锉的工作部分均为镍钛合金材料。牙用锉柄部材料为硅树脂。机用的成形锉和精修锉柄部里层为黄铜镀 2 微米后,表层用金镀 0.2 微米涂层。再治疗锉柄部为原色表面。
适用范围:用于根管成型,清理根管系统及根管再治疗时,去除根管充填物。
生产厂家:瑞士 MAILLEFER INSTRUMNETS HOLDING SARL
注册代理:登士柏(天津)国际贸易有限公司
服务机构:登士柏(天津)国际贸易有限公司
发证日期:2014.03.13 **截止日期**:2018.03.12

国食药监械(进)字 2014 第 3461389 号

产品名称:膝关节假体(膝関節インプラント)
规格型号:见附页
产品标准:YZB/JAP 1205-2014《膝关节假体》
性能组成:该产品包括股骨假体、胫骨衬垫、胫骨平台、胫骨垫块、胫骨延长柄及髌骨假体。股骨假体由符合 ISO13356 标准要求的氧化锆陶瓷材料制成,胫骨衬垫、髌骨假体由符合 ISO 5834-2 标准要求的 2 型超高分子量聚乙烯材料制成,胫骨平台、胫骨垫块、胫骨延长柄由符合 GB/T13810 标准要求的 TC4 ELI 钛合金材料制成。灭菌包装。
适用范围:做为骨水泥型膝关节假体使用。本产品适用于膝关节置换。
生产厂家:日本京セラメディカル株式会社(京瓷医疗株式会社)
注册代理:北京优百伟业科贸有限公司
服务机构:北京优百伟业科贸有限公司
发证日期:2014.03.13 **截止日期**:2018.03.12

国食药监械(进)字 2014 第 3661390 号

产品名称:气管切开插管及附件(商品名:Portex®)(Tracheostomy Kit)
规格型号:见附页
产品标准:YZB/UK 1222-2014《气管切开插管及附件》
性能组成:该产品由气管切开插管及附件组成,气管切开插管由 DEHP

增塑的聚氯乙烯插管、套囊、充气管、指示球囊组成；无套囊型号不含套囊、充气管和指示球囊；气管切开插管附件包括：塑柄手术刀、10mL注射器、穿刺针及套管、导丝、预扩张器、内插管、插管芯、固定绷带、清洁刷、扩张器。10mL 注射器仅限检测患者气道穿刺位置及套囊充放气使用。本产品经环氧乙烷灭菌，为一次性使用产品。
适用范围:本产品用于气切套管人工呼吸和抽吸呼吸道的分泌物，适用于气管切开患者气道管理。
备注:2014年11月28日同意更正产品名称内容，2014年3月13日核发的医疗器械注册证、医疗器械注册登记表予以废止。
生产厂家:英国 Smiths Medical International Limited
注册代理:史密斯医疗器械(北京)有限公司
发证日期:2014.03.13 **截止日期**:2018.03.12

国食药监械(进)字2014第3771391号

产品名称:PTCA 扩张导管（商品名：Maverick2TM）(PTCA Dilatation Catheter)
规格型号:见附页
产品标准:YZB/USA 0866-2014《PTCA扩张导管》
性能组成:该产品为快速交换球囊导管。导管末端部分同轴双腔设计，外层管腔用于对球囊进行扩张处理，导引钢丝腔适用于直径<0.014 in/0.36 mm的导引钢丝。直径2.25-4.0mm的球囊材料为Pebax 7033；直径1.5-2.0mm的球囊材料为Pebax 6333。产品经环氧乙烷灭菌，一次性使用。
适用范围:该产品主要用于对冠状动脉狭窄部位或旁路移植血管的狭窄部位进行球囊扩张处理，以便改善心肌灌注。球囊直径2.25mm-4.00mm产品也适用于球囊扩张支架进行放置后扩张处理。
生产厂家:美国 Boston Scientific Corporation
注册代理:波科国际医疗贸易(上海)有限公司
服务机构:波科国际医疗贸易(上海)有限公司
发证日期:2014.03.13 **截止日期**:2018.03.12

国食药监械(进)字2014第3151392号

产品名称:乳腺定位针（商品名：Ghiatas）(Ghiatas Beaded Breast Localization Wire)
规格型号:47519、47919、47320、47520、47720、47920、47020、49520、49720、49920、475201、477201、479201、470201
产品标准:YZB/USA 1246-2014《乳腺定位针》
性能组成:Ghiatas 乳腺定位针包括 Ghiatas 串珠乳腺定位针、Ghiatas 质硬头端串珠乳腺定位针和 MRGhiatas 串珠乳腺定位针三大类。均由两个部件组成，包括一个带参考标识的穿刺针和一个带串珠标识的定位针。穿刺针(除MR)的材质为302不锈钢，定位针(除MR)的材质为304不锈钢(0Cr18Ni9)；MR穿刺针和定位针的材质均为Inconel 625合金。
适用范围:本器械拟用乳腺病变外科手术期间，用作外科医生切除病变的导引。
备注:2015年1月6日同意更正生产地址内容，2014年3月13日核发的医疗器械注册登记表予以废止。
生产厂家:美国 Bard Peripheral Vascular, Inc.
注册代理:巴德医疗科技(上海)有限公司
服务机构:巴德医疗科技(上海)有限公司
发证日期:2014.03.13 **截止日期**:2018.03.12

国食药监械(进)字2014第2061393号

产品名称:牙锉（商品名：PathFile）(PathFile)
规格型号:见附页
产品标准:YZB/SWI 1003-2014《牙锉》
性能组成:由工作部分和柄部两部分组成。
适用范围:该产品用于疏通牙齿根管通道。
生产厂家:瑞士 MAILLEFER INSTRUMENTS HOLDING SARL
注册代理:登士柏(天津)国际贸易有限公司
服务机构:登士柏(天津)国际贸易有限公司
发证日期:2014.03.13 **截止日期**:2018.03.12

国食药监械(进)字2014第3661394号

产品名称:天然胶乳橡胶避孕套(Natural latex rubber condom)
规格型号:53mm
产品标准:YZB/IND 7675-2013《天然胶乳橡胶避孕套》
性能组成:该产品由天然橡胶组成，不含杀精剂，颜色为粉红色，避孕套润滑剂中加入药物成分(苯佐卡因)。
适用范围:在正确使用下，避孕套可有助于降低受孕风险及减少某些性传播疾病感染的风险。
生产厂家:印度 J.K. Ansell Ltd.
注册代理:武汉杰士邦卫生用品有限公司
服务机构:武汉杰士邦卫生用品有限公司
发证日期:2014.03.18 **截止日期**:2018.03.17

国食药监械(进)字2014第3451395号

产品名称:心肺辅助膜式氧合器（商品名：HLS 心肺辅助膜式氧合器）(HLS set)
规格型号:BE-HLS 7050, BE-HLS 5050, BE-HLS 7051, BE-HLS 5051
产品标准:YZB/GER 0446-2014《心肺辅助膜式氧合器》
性能组成:心肺辅助膜式氧合器由 HLS 模块和管路接头组成，带有 BIOLINE 涂层。
适用范围:心肺辅助膜式氧合器以体外循环方式支持呼吸或循环功能，或同时支持呼吸和循环功能。
备注:注册后生产企业仍需完成以下工作：应收集产品上市后关于炎症因子和抗体产生的临床数据和资料，并于重新注册时提交。2014年6月24日同意更正生地址内容，2014年3月18日核发的医疗器械注册登记表予以废止。
变更情况:变更日期:2014.11.19。注册地址变更:由"Hechinger Str.38, 72145 Hirrlingen, Germany"变更为"Kehler Str.31, 76437 Rastatt, Germany"。
生产厂家:德国 MAQUET Cardiopulmonary AG
注册代理:迈柯唯(上海)医疗设备有限公司
服务机构:迈柯唯(上海)医疗设备有限公司
发证日期:2014.03.18 **截止日期**:2018.03.17

国食药监械(进)字2014第3661396号

产品名称:一次性使用泵用输液器(Infusion Set)
规格型号:M46444000 Infusion Set VL ON42、M46444600 Infusion Set VL ON70、M46444100 Infusion Set VL ON72
产品标准:YZB/GER 1123-2014《一次性使用泵用输液器》
性能组成:输液器由瓶塞穿刺器保护套，瓶塞穿刺器，带空气过滤器的塞和进气口，滴斗，15μm过滤器，管路，流量调节器，硅胶泵管，安全夹具，0.2μm过滤器，无针接头，外圆锥接头，外圆锥接头保护帽组成。
适用范围:该产品为用于 VOLUMAT AGILIA/VOLUMAT MC AGILIA 型输液泵的一次性使用泵用输液器，用于输注无特定过滤要求的药物。
生产厂家:德国 Fresenius Kabi AG
注册代理:费森尤斯卡比(中国)投资有限公司
服务机构:费森尤斯卡比(中国)投资有限公司
发证日期:2014.03.18 **截止日期**:2018.03.17

国食药监械(进)字2014第3661397号

产品名称:富血小板血浆(PRP)制备用套装(Regen ACR-C)
规格型号:Ⅰ型(Regen ACR-C Plus)、Ⅲ(Regen ACR-C Classic)
产品标准:YZB/SWI 0890-2014《富血小板血浆(PRP)制备用套装》
性能组成:该产品由采血针、采血管、固定器、注射器、转移针、无菌转换器、注射针组成。性能:产品经辐照灭菌，有效期18个月。
适用范围:产品适用于抽取患者自体血液制备富血小板血浆(PRP)，PRP可应用于治疗慢性伤口。
生产厂家:瑞士 REGEN LAB SA
注册代理:山东威高新生医疗器械有限公司
服务机构:山东威高新生医疗器械有限公司
发证日期:2014.03.18 **截止日期**:2018.03.17

国食药监械(进)字2014第3461398号

产品名称:颅颌面固定系统(M3 trauma Fixation System(Anodized))
规格型号:见附页
产品标准:YZB/USA 0926-2014《颅颌面固定系统》
性能组成:该产品由颅颌面固定板和固定螺钉组成，固定板采用符合 ISO5832-2 标准规定的1级、2级、3级和4级纯钛材料制成；固定螺钉采用符合 ISO5832-3 标准规定的 Ti6Al4V 钛合金材料制成，具体详见规格型号列表，纯钛及钛合金产品表面经过阳极氧化处理。非灭菌包装。
适用范围：适用于颅颌面骨折内固定。
生产厂家：美国 OsteoMed L.P.
注册代理：艾派(广州)医疗器械有限公司
服务机构：艾派(广州)医疗器械有限公司
发证日期：2014.03.18 截止日期：2018.03.17

国食药监械(进)字 2014 第 3461399 号

产品名称：钛网(M3 mesh trauma Fixation System(Anodized))
规格型号：见附页
产品标准：YZB/USA 0924-2014《钛网》
性能组成：该产品采用符合 ISO5832-2 标准规定的 1 级、2 级、3 级和 4 级纯钛材料制成，具体详见规格型号列表，表面经过阳极氧化处理。非灭菌包装。
适用范围：适用于颅颌面骨折内固定。
生产厂家：美国 OsteoMed L.P.
注册代理：艾派(广州)医疗器械有限公司
服务机构：艾派(广州)医疗器械有限公司
发证日期：2014.03.18 截止日期：2018.03.17

国食药监械(进)字 2014 第 3461400 号

产品名称：金属头(Metal Heads)
规格型号：见附页
产品标准：YZB/IRE 0819-2014《金属头》
性能组成：该产品由符合 ISO 5832-12 标准规定的锻造钴铬钼合金材料制成。灭菌包装。
适用范围：与该企业同一系统组件配合，适用于髋关节置换。
生产厂家：爱尔兰 DePuy (Ireland)
注册代理：强生(上海)医疗器材有限公司
服务机构：强生(上海)医疗器材有限公司
发证日期：2014.03.18 截止日期：2018.03.17

国食药监械(进)字 2014 第 3631401 号

产品名称：氟保护凝胶(Fluor Protector Gel)
规格型号：产品装量：1×20g，1×50g，1×10g
产品标准：YZB/LIE 0955-2014《氟保护凝胶》
性能组成：该产品由木糖醇、增稠剂、氟化钾、甘油磷酸钙、D-泛醇、添加剂、增味剂、稳定剂、蒸馏水组成。
适用范围：该产品用于防止牙齿出现龋齿。
生产厂家：列支敦士登 Ivoclar Vivadent AG
注册代理：义获嘉伟瓦登特(上海)商贸有限公司
服务机构：义获嘉伟瓦登特(上海)商贸有限公司
发证日期：2014.03.18 截止日期：2018.03.17

国食药监械(进)字 2014 第 3461402 号

产品名称：颈椎前路固定系统（商品名：Pulse）(Pulse Anterior Cervical Plate System)
规格型号：见附页
产品标准：YZB/SWI 0641-2014《颈椎前路固定系统》
性能组成：该产品固定螺钉及固定板板组成，采用符合 GB/T 13810 标准中规定的 TC4ELI 钛合金材料制成，表面无着色，灭菌或非灭菌包装。
适用范围：适用于采用单皮质骨螺钉固定在椎体前路对 C2 到 T1 颈椎进行固定。
生产厂家：瑞士 Medos International SARL
注册代理：强生(上海)医疗器材有限公司
服务机构：强生(上海)医疗器材有限公司
发证日期：2014.03.18 截止日期：2018.03.17

国食药监械(进)字 2014 第 3661403 号

产品名称：无针接头(MaxPlus Needleless Connector)
规格型号：MP1000
产品标准：YZB/SWI 1178-2014《无针接头》
性能组成：本产品由输液接头和接头保护套组成。产品为射线灭菌。
适用范围：本产品用于直接注射、间断性输液、持续性输液、抽吸药液或血液。
生产厂家：瑞士 CareFusion Switzerland 317 Sarl
注册代理：康尔福盛(上海)商贸有限公司
服务机构：康尔福盛(上海)商贸有限公司
发证日期：2014.03.18 截止日期：2018.03.17

国食药监械(进)字 2014 第 3461404 号

产品名称：股骨假体（商品名：PFC Sigma PS150）(PFC Sigma PS150)
规格型号：见附页
产品标准：YZB/USA 0786-2014《股骨假体(商品名：PFC Sigma PS150)》
性能组成：该产品由符合 ASTM F75 标准规定的铸造钴铬钼合金材料制成。灭菌包装。
适用范围：与该企业同一系统组件配合，做为骨水泥型膝关节假体使用，适用于膝关节置换。
生产厂家：爱尔兰 DePuy Ireland
注册代理：强生(上海)医疗器材有限公司
服务机构：强生(上海)医疗器材有限公司
发证日期：2014.03.18 截止日期：2018.03.17

国食药监械(进)字 2014 第 3461405 号

产品名称：髋关节组件(Hip Components)
规格型号：见附页
产品标准：YZB/USA 0766-2014《髋关节组件》
性能组成：该产品由符合 ISO5832-12 标准规定的锻造钴铬钼合金材料制成。灭菌包装。
适用范围：与该企业同一系统组件配合，适用于髋关节置换。
生产厂家：美国 Biomet Orthopedics
注册代理：邦美(上海)商贸有限公司
服务机构：邦美(上海)商贸有限公司
发证日期：2014.03.18 截止日期：2018.03.17

国食药监械(进)字 2014 第 3461406 号

产品名称：股骨柄系统（商品名：SMF）(Short Modular Femoral System)
规格型号：见附页
产品标准：YZB/USA 1061-2014《股骨柄系统》
性能组成：该产品基底部分由符合 ISO 5832-3 标准规定的 Ti6Al4V 钛合金材料制成，表面为烧结纯钛（ISO5832-2）涂层。灭菌包装。
适用范围：与该企业同一系统组件配合，做为非骨水泥型髋关节假体使用，适用于髋关节置换。
生产厂家：美国 Smith &Nephew, Inc.
注册代理：施乐辉医用产品国际贸易(上海)有限公司
服务机构：施乐辉医用产品国际贸易(上海)有限公司
发证日期：2014.03.18 截止日期：2018.03.17

国食药监械(进)字 2014 第 3771407 号

产品名称：PTA 球囊扩张导管（商品名：VascuTrak）(PTA Dilatation Catheter)
规格型号：见附页
产品标准：YZB/USA 0747-2014《PTA 球囊扩张导管(商品名：VascuTrak)》
性能组成：VascuTrak PTA 球囊扩张导管由远端带有半顺应性球囊的软轴，以及远端可穿出 0.018″ 或 0.014″ 导丝腔构成。导管轴含扩张内腔，起始于近端母鲁尔锁定座，止于球囊的近端部分。导管轴的近端部分由不锈钢管构成，而其远端含与扩张内腔平行的不锈钢芯线，芯线从球囊近端穿出轴并一直延伸至球囊远端。外芯线上的两个不透射线标记条带以标明球囊的工作长度，并辅助球囊的定位。产品经环氧乙烷灭菌，一次性使用。
适用范围：VascuTrak PTA 球囊扩张导管用于扩张髂动脉、股动脉、髂股动脉、腘动脉、腘下动脉以及肾动脉狭窄，治疗先天或后天透析动静脉内瘘阻塞。还适用于外周血管中球囊扩张式支架、自膨式支架和覆膜支架的再扩张。
生产厂家：美国 Bard Peripheral Vascular, Inc.
注册代理：巴德医疗科技(上海)有限公司
服务机构：巴德医疗科技(上海)有限公司
发证日期：2014.03.18 截止日期：2018.03.17

国食药监械(进)字 2014 第 3461408 号

产品名称：腔镜下一次性切割吻合器弧形钉仓(Endo GIA Auto Suture Radial Reload with Tri-Staple Technology)

规格型号:EGIARADMT
产品标准:YZB/USA 1189-2014《腔镜下一次性切割吻合器弧形钉仓》
性能组成:腔镜下一次性切割吻合器弧形钉仓在切割线两侧各有 3 排 60mm 的缝钉，击发后能形成 60mm 的弧形切缘。缝钉的尺寸基于所选择的弧形钉仓。钉仓(紫色)具有 3.0mm(最靠近切割线)，3.5mm 和 4mm 钛钉。配合 Endo-GIA 新一代腔镜下切割吻合器及 Endo-GIA 通用型切割吻合器使用，采用 Tri-Staple 技术。环氧乙烷灭菌。
适用范围:腔镜下一次性切割吻合器弧形钉仓能在开放及微创普外科腹部，妇产科和胸外科手术中被用于离断和横断组织并建立吻合，同样能被应用于盆腔深部，如低位前切除手术。它也同样能被用于肝脏实质，肝血管和胆管结构以及离断和横断胰腺。
生产厂家:美国 Covidien llc
注册代理:柯惠医疗器材国际贸易(上海)有限公司
服务机构:柯惠医疗器材国际贸易(上海)有限公司
发证日期:2014.03.18 **截止日期**:2018.03.17

国食药监械(进)字 2014 第 3461409 号

产品名称:骨接合植入物-金属接骨螺钉/接骨针/骑缝钉固定系统(OSTEOSYNTHESIS SYSTEM)
规格型号:见附页
产品标准:YZB/FRA 0981-2014《骨接合植入物-金属接骨螺钉/接骨针/骑缝钉固定系统》
性能组成:该产品由金属接骨螺钉、接骨针和骑缝钉组成。其中金属接骨螺钉包括自折断螺钉、接骨螺钉、接骨螺钉(梅花形)、接骨螺钉(内六角)和中和接骨螺钉，采用符合 ISO5832-1 标准的 00Cr18Ni14Mo3 不锈钢或符合 ISO5832-3 标准的 TC4 钛合金材料制成；接骨针和骑缝钉采用符合 ISO5832-1 标准的 00Cr18Ni14Mo3 不锈钢材料制成。本产品分灭菌包装和非灭菌包装。
适用范围:该产品适用于骨折及截骨术的固定、软组织术后固定。
生产厂家:法国 In2Bones
注册代理:上海通祥医疗器械有限公司
服务机构:上海通祥医疗器械有限公司
发证日期:2014.03.18 **截止日期**:2018.03.17

国食药监械(进)字 2014 第 2231410 号

产品名称:超声理疗仪(超音波骨折治療器)
规格型号:OSTEOTRON IV
产品标准:YZB/JAP 0229-2014《超声理疗仪》
性能组成:由主机、超声波探头 (M) 1.5MHz、绑带、AC 适配器、AC 适配器电源线、固体胶垫组成。性能见产品标准。
适用范围:该产品通过将低强度的超声波，作用于人体的骨折部位，起到加速骨折愈合的效果。
生产厂家:日本伊藤超短波株式会社
注册代理:上海成良实业有限公司
服务机构:上海成良实业有限公司
发证日期:2014.02.24 **截止日期**:2018.02.23

国食药监械(进)字 2014 第 2211411 号

产品名称:人体成分分析仪(Body Composition Monitor)
规格型号:BCM
产品标准:YZB/GER 0680-2014《人体成分分析仪》
性能组成:该产品由主机、电极连接电缆、一次性电极、测试盒、电源适配器和儿童用一次性电极组成，其中含有嵌入式软件组件 BCM3.3。
适用范围:该产品通过对人体成份进行生物阻抗频谱测量估算水合状态，从中推算出水分过多的程度，也允许对身体成份进行连续测量并可计算出肌肉组织指数和脂肪组织指数，可快速可靠地测定尿素分布容积，以计算透析剂量(Kt/V)。该产品适用于透析治疗和体外治疗范围内的肾脏疾病患者。该产品可在透析中心、医院、医疗实践中使用，仅供具有专业知识和接受过正式培训的人员进行安装、操作和使用。该产品所显示的身体成分和体液平衡参数是基于生理模型计算出，应仅被视为参考信息，不应仅基于该产品所提供的信息而得出治疗决定和治疗参数。
生产厂家:德国 Fresenius Medical Care AG & Co.KGaA
注册代理:费森尤斯医药用品(上海)有限公司
服务机构:费森尤斯医药用品(上海)有限公司
发证日期:2014.02.24 **截止日期**:2018.02.23

国食药监械(进)字 2014 第 2551412 号

产品名称:电动马达(商品名: NBX)(歯科用電気回転駆動装置)
规格型号:NBX、NBX N
产品标准:YZB/JAP 0507-2014《电动马达》
性能组成:产品由电动马达组成。性能:马达空载转速为 40, 000r/min ±10%。二者区别在于 NBX 型号马达带照明功能，NBX N 型号马达不带照明功能。
适用范围:该产品用于驱动牙科手机，进行牙科手术。
生产厂家:日本株式会社 中西
注册代理:上海謦速克国际贸易有限公司
服务机构:上海謦速克国际贸易有限公司
发证日期:2014.02.24 **截止日期**:2018.02.23

国食药监械(进)字 2014 第 2551413 号

产品名称:三用喷枪(歯科用シリンジ)
规格型号:WS-12, WS-10-O, WS-12N, WS-10-ON, WS-10-O-N-IP, WS-12N-IP, WS-10-O-LD, WS-10-O-LD-IP
产品标准:YZB/JAP 0492-2014《三用喷枪》
性能组成:产品类型包括无灯型、带白炽灯型、带 LED 灯型。每种类型的结构组成请见申请表附页。
适用范围:该产品适用于冲洗口腔内的切削粉末，并干燥口腔。
生产厂家:日本株式会社森田制作所
注册代理:森田医疗器械(上海)有限公司
服务机构:森田医疗器械(上海)有限公司
发证日期:2014.02.24 **截止日期**:2018.02.23

国食药监械(进)字 2014 第 2401414 号

产品名称:全自动血液分析仪(Automated Hematology Analyzer)
规格型号:XS-900i
产品标准:YZB/JAP 0545-2014《全自动血液分析仪》
性能组成:仪器由主机、进样器、软件组成。
适用范围:该产品通过电阻、光散射或染料结合对血液中的有形成分(红细胞、白细胞、血小板)进行定量检测，本仪器可检测规定量的血液中存在的红细胞和白细胞的绝对数，也有检测血小板绝对数、计数红细胞指数以及进行白细胞全部分类，血红蛋白(HGB)的检测用比色法。
生产厂家:日本希森美康株式会社
注册代理:希森美康医用电子(上海)有限公司
服务机构:希森美康医用电子(上海)有限公司
发证日期:2014.02.24 **截止日期**:2018.02.23

国食药监械(进)字 2014 第 2401415 号

产品名称:全自动尿液综合分析仪(Fully Automated Integrated Urine Analyzer)
规格型号:UX-2000
产品标准:YZB/JAP 0547-2014《全自动尿液综合分析仪》
性能组成:分析仪由主机、进样器装置、压缩气源和软件组成。
适用范围:该产品用于人体尿液中的化学成分及有形成分分析，主要是利用光度检测法，以半定量的方式检测尿液中的化学成分，利用流式细胞技术对尿液中的有形成分进行定量计数。
生产厂家:日本希森美康株式会社
注册代理:希森美康医用电子(上海)有限公司
服务机构:希森美康医用电子(上海)有限公司
发证日期:2014.02.24 **截止日期**:2018.02.23

国食药监械(进)字 2014 第 2661416 号

产品名称:一次性使用灭菌橡胶外科手套(Disposable Sterile Surgical Gloves)
规格型号:6.0, 6.5, 7.0, 7.5, 8.0, 8.5, 9.0
产品标准:YZB/MAL 0009-2014《一次性使用灭菌橡胶外科手套》
性能组成:本产品主要由天然橡胶胶乳制成。包括麻面有粉，麻面无粉两种表面型式。
适用范围:该产品用于医疗手术。保护病人和使用者，避免交叉感染。
生产厂家:马来西亚 TG MEDICAL SDN. BHD.
注册代理:北京捷通康诺医药科技有限公司
服务机构:茵康博智国际贸易(上海)有限公司

发证日期:2014.03.27　　**截止日期**:2018.03.26

国食药监械(进)字 2014 第 2561417 号

产品名称:正压通气套装(商品名:Flow Safe II)(Disposable CPAP System)
规格型号:见附页
产品标准:YZB/USA 1074-2014《正压通气管套装》
性能组成:正压通气套装为一次性使用，非无菌包装。该产品由面罩，带压力计和压力释放阀的通气软管和头带三部分组成。各组件材质如下:面罩主体:聚碳酸酯(PC); 气垫:聚氯乙烯(PVC); 压力计:聚碳酸酯(PC)压力释放阀:聚甲醛树脂、304 不锈钢、聚碳酸酯(PC); 通气软管:聚氯乙烯(PVC)布头带:尼龙布和尼龙带; 硅胶头带:热塑橡胶(TPR)。
适用范围:正压通气套装用于为医院及院前护理的自主呼吸病人提供持续正压通气。
生产厂家:美国 Mercury Medical
注册代理:北京威尼汇力医疗器械有限公司
服务机构:北京威尼汇力医疗器械有限公司
发证日期:2014.03.27　　**截止日期**:2018.03.26

国食药监械(进)字 2014 第 2231418 号

产品名称:超声诊断系统(Terason Ultrasound Systems)
规格型号:Terason t3200
产品标准:YZB/USA 7191-2013《超声诊断系统》
性能组成:见《产品性能结构及组成附页》。
适用范围:用于临床超声图像诊断检查。各探头临床应用见《产品性能结构及组成附页》。
生产厂家:美国 Teratech Corporation
注册代理:北京捷通康诺医药科技有限公司
服务机构:北京捷通康诺医药科技有限公司
发证日期:2014.02.24　　**截止日期**:2018.02.23

国食药监械(进)字 2014 第 3401419 号

产品名称:人 ABO 血型反定型用 3%红细胞试剂盒(柱凝集法)(3% Affirmagen® Reagent Red Blood Cells)
规格型号:3mL/瓶 x 2
产品标准:YZB/UK 0761-2014
性能组成:每个试剂瓶中含有经磷酸-柠檬酸缓冲液稀释的混合型 Rh 阴性(D-, C-, E-)人红细胞的 3%悬液，并含有嘌呤、类固醇及核苷，以维持其反应活性，并防止检测期间发生溶血。其中含有氯霉素(1:3, 000)、硫酸新霉素(1:10, 000)和庆大霉素(1:20, 000)以防止细菌污染。其中所含的乙二胺四乙酸(EDTA)磷酸氢二钠用于阻止补体介导的溶血反应。(具体内容详见说明书)。产品有效期:储存温度为 2～8°C，切勿冷冻，有效期自采血之日起 63 日。附件:注册产品标准，产品说明书。
适用范围:该产品用于确定 ABO 正定型(红细胞)的 Ortho® BioVue System 血型定型结果。该产品用于检测病人和供体样品中预期存在的 ABO 血型抗体，血清或血浆均可使用。该产品用于体外诊断，不适用于血源筛查。
生产厂家:英国 Ortho-Clinical Diagnostics
注册代理:强生(上海)医疗器材有限公司
发证日期:2014.02.26　　**截止日期**:2018.02.25

国食药监械(进)字 2014 第 3401420 号

产品名称:人不规则抗体检测用 3%红细胞试剂盒(柱凝集法)(Surgiscreen®)
规格型号:3mL/瓶 x 3
产品标准:YZB/UK 0768-2014
性能组成:每个试剂瓶中含有经磷酸-柠檬酸缓冲液稀释的 O 型个体来源红细胞的 3%悬液，并含有嘌呤、类固醇及核苷，以维持其反应活性，并防止检测期间发生溶血。其中含有氯霉素(1:3, 000)、硫酸新霉素(1:10, 000)和庆大霉素(1:20, 000)以防止细菌污染。其中所含的乙二胺四乙酸(EDTA)磷酸氢二钠用于阻止补体介导的溶血反应。(具体内容见说明书)。产品有效期:储存温度为 2-8°C，切勿冷冻。有效期:自第一份全血单位用于产品生产之日起 63 日。附件:注册产品标准，产品说明书。
适用范围:该产品用于定性检测不规则血型抗体，血清或血浆均可使用。该产品用于体外诊断，不适用于血源筛查。
生产厂家:英国 Ortho-Clinical Diagnostics
注册代理:强生(上海)医疗器材有限公司
发证日期:2014.02.26　　**截止日期**:2018.02.25

国食药监械(进)字 2014 第 3401421 号

产品名称:p53 蛋白小鼠单克隆抗体浓缩液(免疫组织化学法)(NovocastraTM Liquid Mouse Monoclonal Antibody p53 Protein (DO-7))
规格型号:1mL/支
产品标准:YZB/UK 0566-2014
性能组成:该产品含有叠氮化钠作为防腐剂的液态组织培养上清液。(具体内容见附件)。产品有效期:2℃-8℃条件下贮存，有效期 26 个月，不要冷冻。附件:注册产品标准，产品说明书。
适用范围:该产品用于通过光学显微镜技术对石蜡切片内的 p53 蛋白分子进行定性鉴别。
变更情况:变更日期:2014.10.23。1.注册地址和生产地址由"Balliol Business Park, Benton Lane, Newcastle-Upon-Tyne, Tyne&Wear, NE12 8EW, UnitedKingdom2."变更为"Balliol Business Park West, Benton Lane, Newcastle upon Tyne, NE12 8EW, UnitedKingdom2." 2.有效期由"26 个月"变更为"36 个月"。
生产厂家:英国 Leica Biosystems Newcastle Ltd
注册代理:徕卡显微系统(上海)贸易有限公司
发证日期:2014.02.26　　**截止日期**:2018.02.25

国食药监械(进)字 2014 第 3401422 号

产品名称:Ki67 抗原小鼠单克隆抗体浓缩液(免疫组织化学法)(NovocastraTM Liquid Mouse Monoclonal Antibody Ki67 Antigen)
规格型号:1mL/支
产品标准:YZB/UK 0568-2014
性能组成:该产品含有叠氮化钠作为防腐剂的液态组织培养上清液。(具体内容见附件)。产品有效期:2℃-8℃条件下贮存，有效期 36 个月，不要冷冻。附件:注册产品标准，产品说明书。
适用范围:该产品用于通过光学显微镜技术对石蜡切片内的 Ki67 抗原分子进行定性鉴别。
生产厂家:英国 Leica Biosystems Newcastle Ltd
注册代理:徕卡显微系统(上海)贸易有限公司
发证日期:2014.02.26　　**截止日期**:2018.02.25

国食药监械(进)字 2014 第 3401423 号

产品名称:总 IgE 校准品(ImmunoCAP Total IgE Calibrator Reagents)
规格型号:规格 1 (ImmunoCAP Total IgE Calibrator Strip):5 套/盒，每套包括 2, 10, 50, 200, 1000, 5000kU/l 各 1 孔，0.2ml/孔; 规格 2 (ImmunoCAP Total IgE Calibrators):1 套/盒，每套包括 2, 10, 50, 200, 1000, 5000kU/l 各 1 瓶，0.2ml/瓶
产品标准:YZB/SWE 0616-2014
性能组成:不同浓度的人源性 IgE 溶液:人源性 IgE、牛血清白蛋白和 0.003%防腐剂的磷酸盐缓冲液，其中防腐剂的成分为 5-氯-2-甲基-异噻唑啉-3-酮和 2-甲基-2-氢-异噻唑-3-酮的混合物(3:1)。产品有效期:2-8°C 条件下储存，有效期为 24 个月。附件:注册产品标准，产品说明书。
适用范围:该产品用于建立总 IgE 标准曲线。
生产厂家:瑞典 Phadia AB
注册代理:北京法迪亚诊断技术有限公司
发证日期:2014.02.26　　**截止日期**:2018.02.25

国食药监械(进)字 2014 第 3401424 号

产品名称:总 IgE 曲线质控品(ImmunoCAP Total IgE Curve Control Reagents)
规格型号:规格 1 (ImmunoCAP Total IgE Curve Control Strip):5 套/盒，每套包括:CC-1 3 x 0.1 ml, CC-2 3 x 0.1 ml 规格 2 (ImmunoCAP Total IgE Curve Controls):3 套/盒，每套包括:CC-1: 1 x 0.2 ml, CC-2: 1 x 0.2 ml
产品标准:YZB/SWE 0620-2014
性能组成:不同浓度的人源性 IgE 溶液:人源性 IgE、牛血清白蛋白和 0.003%防腐剂的磷酸盐缓冲液，其中防腐剂的成分为 5-氯-2-甲基-异

噻唑啉-3-酮和 2-甲基-2-氢-异噻唑-3-酮的混合物（3：1）。产品有效期：2-8 °C 条件下储存，有效期为 24 个月。附件：注册产品标准，产品说明书。
适用范围:该产品用于对储存的总 IgE 标准曲线的有效性进行控制。
生产厂家:瑞典 Phadia AB
注册代理:北京法迪亚诊断技术有限公司
发证日期:2014.02.26 **截止日期**:2018.02.25

国食药监械(进)字 2014 第 1401425 号

产品名称:诱导剂(DELFIA® Inducer)
规格型号:8 瓶 (30 mL)
产品标准:YZB/FIN 0688-2014
性能组成:该产品是一种含有 Triton X-100、甘氨酸、盐酸和螯合剂的即用型溶液。产品有效期：2-8℃条件下，避光保存，有效期为自生产日期开始 13 个月。附件：注册产品标准，产品说明书。
适用范围:该产品使用 DELFIA Xpress 临床随机式筛查平台，用于解离增强时间分辨荧光免疫分析中铕（Eu3+）的体外定量测定。
生产厂家:芬兰 Wallac Oy
注册代理:珀金埃尔默仪器(上海)有限公司
发证日期:2014.02.28 **截止日期**:2018.02.27

国食药监械(进)字 2014 第 1401426 号

产品名称:增强液(DELFIA® Enhancement Solution)
规格型号:8 瓶 (250mL)
产品标准:YZB/FIN 0695-2014
性能组成:该产品是一种含有 Triton X-100、乙酸和螯合剂的即用型溶液。产品有效期：于 2-8℃条件下保存，避光，试剂盒的有效期为自生产日期开始 24 个月。附件：注册产品标准，产品说明书。
适用范围:该产品用于解离增强时间分辨荧光免疫分析中铕（Eu3+）和钐（Sm3+）的体外定量测定。
生产厂家:芬兰 Wallac Oy
注册代理:珀金埃尔默仪器(上海)有限公司
发证日期:2014.02.28 **截止日期**:2018.02.27

国食药监械(进)字 2014 第 2401427 号

产品名称:果糖胺检测试剂盒(酶法)(FRUCTOSAMINE(FRUC))
规格型号:FR2992(R1:5x25mL; R2:5x6.3mL), FR3829(R1:4x19.8mL; R2:4x6.9mL)
产品标准:YZB/UK 6434-2013
性能组成:果糖胺试剂 R1：TRIS 缓冲液、蛋白酶 K、4-氨基安替比林（AAP）、稳定剂；果糖胺试剂 R2：TRIS 缓冲液、果糖氨基酸氧化酶、N-乙基-N-（2-羟基-3-丙磺酸钠）间甲苯胺、(TOOS)、过氧化物酶、稳定剂。产品有效期：2～8℃保存，有效期 24 个月。附件：注册产品标准，产品说明书。
适用范围:体外定量测定人血清和血浆中的糖化蛋白(果糖胺)。
生产厂家:英国 Randox Laboratories Ltd.
注册代理:英国朗道实验诊断有限公司上海代表处
发证日期:2014.02.28 **截止日期**:2018.02.27

国食药监械(进)字 2014 第 2401428 号

产品名称:白介素 6 检测试剂盒(电化学发光法)(IL-6)
规格型号:100 测试/盒
产品标准:YZB/GER 0734-2014
性能组成:包被链霉亲合素的磁珠微粒、生物素化的抗白介素-6 抗体、钌标记的抗白介素-6 抗体。（具体内容详见说明书）。产品有效期：2-8℃保存，有效期 24 个月。附件：注册产品标准，产品说明书。
适用范围:用于体外定量检测人体血清和血浆中的白介素-6(IL-6)。
生产厂家:德国 Roche Diagnostics GmbH
注册代理:罗氏诊断产品(上海)有限公司
发证日期:2014.02.28 **截止日期**:2018.02.27

国食药监械(进)字 2014 第 2401429 号

产品名称:硫酸脱氢表雄酮定标液(DHEA-S CalSet)
规格型号:4 x 1.0 mL (冻干品复溶体积)
产品标准:YZB/GER 0597-2014
性能组成:试剂-工作溶液（冻干品）：由人血清（无分析物）制成，添加了硫酸脱氢表雄酮（合成）。提供的其他物品：条码形卡、定标液条形码单、4 个贴有标签的压盖式小空瓶、2×6 个试剂瓶标签。（具体内容详见说明书）。产品有效期：2-8℃储存，有效期 18 个月。附件：注册产品标准，产品说明书。
适用范围:用于硫酸脱氢表雄酮定量检测项目的定标。
生产厂家:德国 Roche Diagnostics GmbH
注册代理:罗氏诊断产品(上海)有限公司
发证日期:2014.02.28 **截止日期**:2018.02.27

国食药监械(进)字 2014 第 3401430 号

产品名称:HLA-B27 检测试剂盒（流式细胞法）(BD HLA-B27 Kit)
规格型号:50 检测人份
产品标准:YZB/USA 0701-2014
性能组成:该产品包括一瓶鼠单克隆抗体结合物，FITC 结合的 HLA-B27，PE 结合的 CD3；一瓶 10x BD FACS 溶血素浓缩液和一瓶可用于 10 次校准的 HLA-B27 校准微球。试剂 A 抗-HLA-B27 FITC/CD3 PE，试剂 B 10x BD FACS 溶血素，试剂 CHLA-B27 校准微球。（具体内容详见说明书）。产品有效期：试剂 A、C 保存于 2-8℃，试剂 B 保存于 2-25℃，有效期为 6 个月。附件：注册产品标准，产品说明书。
适用范围:该试剂盒利用定性双色直接免疫荧光方法检测红细胞被溶解的全血（LWB）样本中 HLA-B27 抗原表达。
生产厂家:美国 Becton, Dickinson and Company, BD Biosciences
注册代理:碧迪医疗器械(上海)有限公司
发证日期:2014.02.28 **截止日期**:2018.02.27

国食药监械(进)字 2014 第 3401431 号

产品名称:CD3 检测试剂盒（流式细胞仪法-FITC）(CD3 FITC)
规格型号:50 检测人份，250 检测人份。
产品标准:YZB/USA 0721-2014
性能组成:该产品是一种单克隆抗体，存放在含有凝胶和 0.1%叠氮化钠溶液的磷酸盐缓冲盐溶液中，有两种使用规格：50 或 250 检测人份。试剂含有 FITC 标记的 CD3 抗体，SK7 克隆 9-12。其中，CD3 抗体由小鼠 IgG1 重链和 κ 轻链构成。（具体内容详见说明书）。产品有效期：在 2-8℃环境下存储试剂，有效期 24 个月。附件：注册产品标准，产品说明书。
适用范围:该产品是一种直接的单色免疫荧光检测试剂，借助荧光显微镜或流式细胞仪（BD FACSCaliburTM, BD FACSortTM, BD FACScanTM <或 BD FACS AnalyzerTM)，进行 T 淋巴细胞（CD3+）的鉴别和计数。
生产厂家:美国 Becton, Dickinson and Company, BD Biosciences
注册代理:碧迪医疗器械(上海)有限公司
发证日期:2014.02.28 **截止日期**:2018.02.27

国食药监械(进)字 2014 第 2401432 号

产品名称:肌酸激酶检测试剂盒(比色法)(Creatine Kinase(CKL))
规格型号:200 测试，2×100 测试。
产品标准:YZB/GER 0615-2014
性能组成:试剂 1：咪唑、N-乙酰半胱氨酸、乙二胺四乙酸（EDTA)、一磷酸腺苷（AMP)、二腺苷五磷酸、烟酰胺腺嘌呤二核苷酸磷酸（NADP+)、镁离子（Mg 2+）、D-葡萄糖、防腐剂、稳定剂。试剂 2：乙二胺四乙酸（EDTA)、己糖激酶(酵母菌）、葡萄糖-6-磷酸脱氢酶（G6PDH）（微生物)、二磷酸腺苷（ADP)、磷酸肌酸、N-甲基二乙醇氨、防腐剂、稳定剂、洗涤剂。（具体内容详见说明书)。产品有效期：2-8℃储存，有效期 15 个月。附件：注册产品标准，产品说明书。
适用范围:体外定量测定人血清和血浆中的肌酸激酶活性。
生产厂家:德国 Roche Diagnostics GmbH
注册代理:罗氏诊断产品(上海)有限公司
发证日期:2014.02.28 **截止日期**:2018.02.27

国食药监械(进)字 2014 第 2401433 号

产品名称:转铁蛋白检测试剂盒（免疫比浊法）(Tina-quant Transferrin ver.2(TRSF2))
规格型号:100 测试，500 测试。
产品标准:YZB/GER 0619-2014
性能组成:试剂 1：磷酸缓冲液、氯化钠（NaCl）、聚乙二醇（PEG)、防腐剂。试剂 2：抗人转铁蛋白抗体（兔)、氯化钠（NaCl)、防腐剂。（具体内容详见说明书)。产品有效期：2-8℃储存，有效期 24 个月。

附件：注册产品标准，产品说明书。
适用范围：用于体外定量测定人血清和血浆中的转铁蛋白的浓度。
生产厂家：德国 Roche Diagnostics GmbH
注册代理：罗氏诊断产品（上海）有限公司
发证日期：2014.02.28 截止日期：2018.02.27

国食药监械（进）字 2014 第 2401434 号

产品名称：尿素/尿素氮检测试剂盒（比色法）（UREAL（UREA/BUN））
规格型号：4×100 测试，500 测试，1900 测试。
产品标准：YZB/GER 0795-2014
性能组成：试剂 1：9%氯化钠稀释液。试剂 2：三羟甲基氨基甲烷（TRIS）缓冲液、2-酮戊二酸、还原性烟酰胺腺嘌呤二核苷酸（NADH）、二磷酸腺苷（ADP）、脲酶（刀豆）、谷氨酸脱氢酶（牛肝脏）、防腐剂、稳定剂。（具体内容详见说明书）。产品有效期：2-8℃，有效期 12 个月。附件：注册产品标准，产品说明书。
适用范围：体外定量测定人体内血清、血浆和尿液中的尿素/尿素氮浓度。
生产厂家：德国 Roche Diagnostics GmbH
注册代理：罗氏诊断产品（上海）有限公司
发证日期：2014.02.28 截止日期：2018.02.27

国食药监械（进）字 2014 第 2401435 号

产品名称：抗凝血酶Ⅲ检测试剂盒（比色法）（Antithrombin Ⅲ（AT））
规格型号：试剂 1：6×21 mL，试剂 2：6×6 mL；100 测试。
产品标准：YZB/GER 0625-2014
性能组成：试剂 1（R1）凝血酶试剂：三羟甲基氨基甲烷/盐酸（TRIS/HCl）缓冲液、肝素（猪粘膜）、抑肽酶（牛肺）、氯化钠（NaCl）、凝血酶（牛血浆）。试剂 2（R2）底物（启动试剂）：显色底物 MeOCO-Gly-Pro-Arg-pNA·AcOH。（具体内容详见说明书）。产品有效期：2-8℃储存，有效期 24 个月。附件：注册产品标准，产品说明书。
适用范围：体外定量测定柠檬酸盐血浆中的抗凝血酶Ⅲ活性。
生产厂家：德国 Roche Diagnostics GmbH
注册代理：罗氏诊断产品（上海）有限公司
发证日期：2014.02.28 截止日期：2018.02.27

国食药监械（进）字 2014 第 2401436 号

产品名称：革兰氏阳性细菌药敏卡片（VITEK 2 AST-GP67 Test Kit）
规格型号：20 测试/盒
产品标准：YZB/USA 0744-2014
性能组成：氨苄西林、苄青霉素、头孢西丁平板筛、环丙沙星、克林霉素、红霉素、庆大霉素、高浓度庆大霉素、诱导性克林霉素、左氧氟沙星、利奈唑胺、莫西沙星、呋喃妥因、苯唑西林、奎奴普汀/达福普丁、利福平、高浓度链霉素、四环素、替加环素、复方新诺明、万古霉素。（具体内容详见说明书）。产品有效期：2-8℃，切勿冷冻，有效期 18 个月。附件：注册产品标准，产品说明书。
适用范围：该产品用于确定葡萄球菌属、肠球菌属和无乳链球菌对抗生素的敏感性。
备注：2014 年 11 月 4 日同意更正注册地址内容，2014 年 2 月 28 日核发的医疗器械注册登记表（体外诊断试剂）予以废止。
生产厂家：美国 bioMerieux，Inc.
注册代理：梅里埃诊断产品（上海）有限公司
发证日期：2014.02.28 截止日期：2018.02.27

国食药监械（进）字 2014 第 2401437 号

产品名称：胆汁酸检测试剂盒（酶比色法）（BILE ACIDS）
规格型号：货号：BI 2672 试剂 1b. 复溶缓冲液：1 x 105 mL；试剂 2.3 α-HSDH：1 x 30 mL；试剂 1a. 空白试剂：10 x 10 mL。
产品标准：YZB/UK 0591-2014
性能组成：试剂 1b. 缓冲液，试剂 2.3 α-HSDH（3 α-羟基类固醇脱羟酶），试剂 1a. 空白试剂。产品有效期：2-8℃保存，有效期 24 个月。附件：注册产品标准，产品说明书。
适用范围：用于体外定量测定人血清和血浆中的总胆汁酸。
生产厂家：英国 Randox Laboratories Ltd.
注册代理：英国朗道实验诊断有限公司上海代表处
发证日期：2014.02.28 截止日期：2018.02.27

国食药监械（进）字 2014 第 2401438 号

产品名称：血气分析仪用质控品（商品名：pHOx Ultra/CCX 血气外质控）（Stat Profile pHOx Ultra/ Critical Care Xpress Blood Gas Controls）
规格型号：1.7mL/瓶×10 瓶×3 个水平/盒，编号：48935
产品标准：YZB/USA 0685-2014
性能组成：碳酸盐缓冲液，每一种质控均含有已知的 pH。溶液为已知的 O2，CO2 和 N2 平衡液。（具体详见说明书）。产品有效期：15-30℃，不可冷冻，保质期 24 个月。附件：注册产品标准，产品说明书。
适用范围：该产品用于 Stat Profile pHOx Ultra/CCX 分析仪上，检测仪器上可以测量的参数：pH，pCO2，pO2，SO2%，Hct，Hb 的准确性。
生产厂家：美国 Nova Biomedical Corporation
注册代理：美国诺瓦生物医学公司北京代表处
发证日期：2014.02.28 截止日期：2018.02.27

国食药监械（进）字 2014 第 2401438 号（变更批件）

产品名称：血气分析仪用质控品（商品名：pHOx Ultra/CCX 血气外质控）（Stat Profile pHOx Ultra/ Critical Care Xpress Blood Gas Controls）
规格型号：1.7mL/瓶×10 瓶×3 个水平/盒，编号：48935
产品标准：YZB/USA 0685-2014
备注：变更内容：变更代理人、注册代理机构：由“美国诺瓦生物医学公司北京代表处”变更为“广州市浩通贸易有限公司”。申请人根据批准变更内容自行修订注册产品标准、说明书及包装标签中相应内容。审批结论：经审查，建议予以变更。注册代理机构存档备查。本批件与原注册证共同使用，本批件有效期与原注册证有效期相同。
生产厂家：美国 Nova Biomedical Corporation
变更日期：2014.08.01 截止日期：2018.02.27

国食药监械（进）字 2014 第 2401439 号

产品名称：谷氨酰转移酶检测试剂盒（比色法）（Gamma-glutamyltransferase liquid（GGT））
规格型号：试剂 1：12×48 mL，试剂 2：6×22 mL；试剂 1：6×66 mL，试剂 2：6×16 mL；试剂 1：6×267 mL；试剂 2：6×71 mL；试剂 1：4×653 mL；试剂 2：4×146 mL。
产品标准：YZB/GER 0776-2014
性能组成：试剂 1：TRIS 缓冲液，甘氨酰甘氨酸，防腐剂，添加剂；试剂 2：乙酸盐缓冲液，L-γ-谷氨酰-3-羧基-4-硝基苯胺，防腐剂，稳定剂。产品有效期：2-8℃储存，有效期 15 个月。附件：注册产品标准，产品说明书。
适用范围：用于体外定量测定人血浆和血清中谷氨酰转移酶水平。
生产厂家：德国 Roche Diagnostics GmbH
注册代理：罗氏诊断产品（上海）有限公司
发证日期：2014.02.28 截止日期：2018.02.27

国食药监械（进）字 2014 第 2401440 号

产品名称：肌酸激酶检测试剂盒（比色法）（Creatine Kinase liquid, acc. to IFCC（CK））
规格型号：试剂 1：6×60mL，试剂 2：6×15mL；试剂 1：6×250mL，试剂 2：6×63mL；试剂 1：12×22mL，试剂 2：6×10mL。
产品标准：YZB/GER 0777-2014
性能组成：试剂 1：咪唑缓冲液，EDTA，Mg 2+，ADP，AMP，二腺苷五磷酸，NADP（酵母），乙酰半胱氨酸，HK（酵母），G6P-DH（埃氏大肠杆菌），防腐剂，稳定剂，添加剂；试剂 2：3-环已胺基-2-羟基丙磺酸缓冲液，葡萄糖，EDTA，磷酸肌酸，防腐剂，稳定剂，添加剂。产品有效期：2-8℃保存，有效期 12 个月。附件：注册产品标准，产品说明书。
适用范围：用于体外定量测定人血浆和血清中的肌酸激酶水平。
生产厂家：德国 Roche Diagnostics GmbH
注册代理：罗氏诊断产品（上海）有限公司
发证日期：2014.02.28 截止日期：2018.02.27

国食药监械（进）字 2014 第 2401441 号

产品名称：α 1-酸性糖蛋白检测试剂盒（免疫比浊法）（Tina-quant α 1-Acid Glycoprotein （α 1-Acid Glycoprotein））
规格型号：试剂 1：2×18mL，试剂 2：2×7mL。
产品标准：YZB/GER 0780-2014

性能组成：试剂 1：TRIS/HCl 缓冲液，NaCl，PEG，防腐剂；试剂 2：抗人α1-酸性糖蛋白多克隆抗体(羊)，TRIS/HCl 缓冲液，NaCl，防腐剂。产品有效期：2-8℃储存，有效期 21 个月。附件：注册产品标准，产品说明书。
适用范围：用于体外定量测定人血浆和血清中的α1-酸性糖蛋白水平。
生产厂家：德国 Roche Diagnostics GmbH
注册代理：罗氏诊断产品(上海)有限公司
发证日期：2014.02.28　截止日期：2018.02.27

国食药监械(进)字 2014 第 2401442 号

产品名称：甘油三酯测定试剂盒(去游离甘油法)(QUICK AUTO NEO TGⅡ(A))
规格型号：酶反应试剂 1 (R-Ⅰ)：60mL×4；酶反应试剂 2 (R-Ⅱ)：30mL×4。
产品标准：YZB/JAP 0814-2014
性能组成：酶反应试剂 1 (R-Ⅰ)：甘油激酶 (GK)，三磷酸腺苷二钠盐 (ATP·2Na)，甘油磷酸氧化酶 (GPO)，N-(2-羟乙基)-N-乙基-间-苯甲胺盐酸盐 (CEMBHCl)；酶反应试剂 2 (R-Ⅱ)：脂蛋白脂肪酶 (LPL)，4-氨基安替比林 (4-AA)。(具体内容详见产品说明书)。产品有效期：在 2-8℃储存，有效期为 1 年。附件：注册产品标准，产品说明书。
适用范围：本产品用于体外定量测定人体血清或血浆中的甘油三酯的浓度。
变更情况：变更日期：2014.12.26。同意将产品售后服务单位由“上海市茂名南路 205 号瑞金大厦 1308 室”变更为“上海市黄浦区茂名南路 205 号瑞金大厦 1007A 室”。
生产厂家：日本 Shino-Test Corporation
注册代理：日本世诺临床诊断制品株式会社上海代表处
发证日期：2014.02.28　截止日期：2018.02.27

国食药监械(进)字 2014 第 2401443 号

产品名称：液态心肌标志物质控品(Liquid Cardiac Control Level 1)
规格型号：CQ5051 3×3ml
产品标准：YZB/UK 0951-2014
性能组成：人血清基质。产品有效期：在 2～8℃储存条件下，有效期为 24 个月。附件：注册产品标准，产品说明书。
适用范围：该产品主要用于临床生化及免疫分析系统中检测心肌标志物时的质量控制。质控项目包括：脑钠肽、肌酸激酶同工酶质量、D-二聚体、地高辛、同型半胱氨酸、高敏 C 反应蛋白、肌红蛋白、N 端脑钠肽、肌钙蛋白 I、肌钙蛋白 T。
生产厂家：英国 Randox Laboratories Ltd
注册代理：英国朗道实验诊断有限公司上海代表处
发证日期：2014.02.28　截止日期：2018.02.27

国食药监械(进)字 2014 第 2401444 号

产品名称：液态心肌标志物质控品(Liquid Cardiac Control Level 2)
规格型号：CQ5052 3×3ml
产品标准：YZB/UK 0977-2014
性能组成：人血清基质。产品有效期：在 2～8℃储存条件下，有效期为 24 个月。附件：注册产品标准，产品说明书。
适用范围：该产品主要用于临床生化及免疫分析系统中检测心肌标志物时的质量控制。质控项目包括：脑钠肽、肌酸激酶同工酶质量、D-二聚体、地高辛、同型半胱氨酸、高敏 C 反应蛋白、肌红蛋白、N 端脑钠肽、肌钙蛋白 I、肌钙蛋白 T。
生产厂家：英国 Randox Laboratories Ltd
注册代理：英国朗道实验诊断有限公司上海代表处
发证日期：2014.02.28　截止日期：2018.02.27

国食药监械(进)字 2014 第 2401445 号

产品名称：液态心肌标志物质控品(Liquid Cardiac Control Level 3)
规格型号：CQ5053 3×3ml
产品标准：YZB/UK 0978-2014
性能组成：人血清基质。产品有效期：在 2～8℃储存条件下，有效期为 24 个月。附件：注册产品标准，产品说明书。
适用范围：该产品主要用于临床生化及免疫分析系统中检测心肌标志物时的质量控制。质控项目包括：脑钠肽、肌酸激酶同工酶质量、D-二聚体、地高辛、同型半胱氨酸、高敏 C 反应蛋白、肌红蛋白、N 端脑钠肽、肌钙蛋白 I、肌钙蛋白 T。
生产厂家：英国 Randox Laboratories Ltd
注册代理：英国朗道实验诊断有限公司上海代表处
发证日期：2014.02.28　截止日期：2018.02.27

国食药监械(进)字 2014 第 2401446 号

产品名称：免疫分析专用质控品(IMMUNOASSAY SPECIALITY I - LEVEL 1)
规格型号：IAS3113 5 x 2ml
产品标准：YZB/UK 0810-2014
性能组成：人血清基质。产品有效期：在 2～8℃储存条件下，有效期为 24 个月。附件：注册产品标准，产品说明书。
适用范围：该产品主要用于在临床生化系统免疫分析项目准确性的质量控制。质控项目包括：25-羟基维生素 D、甲状腺球蛋白抗体、抗甲状腺过氧化物酶抗体、C-肽、胰岛素、骨钙素、甲状旁腺激素和原降钙素。
生产厂家：英国 Randox Laboratories Ltd
注册代理：英国朗道实验诊断有限公司上海代表处
发证日期：2014.02.28　截止日期：2018.02.27

国食药监械(进)字 2014 第 2401447 号

产品名称：免疫分析专用质控品(IMMUNOASSAY SPECIALITY I - LEVEL 3)
规格型号：IAS3115 5 x 2ml
产品标准：YZB/UK 0883-2014
性能组成：人血清基质。产品有效期：在 2～8℃储存条件下，有效期为 24 个月。附件：注册产品标准，产品说明书。
适用范围：该产品主要用于在临床生化系统免疫分析项目准确性的质量控制。质控项目包括：25-羟基维生素 D、甲状腺球蛋白抗体、抗甲状腺过氧化物酶抗体、C-肽、胰岛素、骨钙素、甲状旁腺激素和原降钙素。
生产厂家：英国 Randox Laboratories Ltd
注册代理：英国朗道实验诊断有限公司上海代表处
发证日期：2014.02.28　截止日期：2018.02.27

国食药监械(进)字 2014 第 2401448 号

产品名称：免疫分析专用质控品(IMMUNOASSAY SPECIALITY I - LEVEL 2)
规格型号：IAS3114 5 x 2ml
产品标准：YZB/UK 0887-2014
性能组成：人血清基质。产品有效期：在 2～8℃储存条件下，有效期为 24 个月。附件：注册产品标准，产品说明书。
适用范围：该产品主要用于在临床生化系统免疫分析项目准确性的质量控制。质控项目包括：25-羟基维生素 D、甲状腺球蛋白抗体、抗甲状腺过氧化物酶抗体、C-肽、胰岛素、骨钙素、甲状旁腺激素和原降钙素。
生产厂家：英国 Randox Laboratories Ltd
注册代理：英国朗道实验诊断有限公司上海代表处
发证日期：2014.02.28　截止日期：2018.02.27

国食药监械(进)字 2014 第 2561449 号

产品名称：面罩(Sleep Apnea Mask Systems)
规格型号：JOYCE SilkGel vented，JOYCE SilkGel non-vented，JOYCE SilkGel Full Face vented，JOYCE SilkGel Full Face non-vented。
产品标准：YZB/GER 0235-2014《面罩》
性能组成：产品由硅胶材质的测压接口、测压接口堵头；硅树酯和硅树酯凝胶涂层材质的面罩凸缘和额垫；聚碳酸酯材质的面罩底壳和转接头、聚丙烯和热塑橡胶材质的固定环、急救呼气阀(只有带排气孔的面罩有)、额部支架的微调装置和额部支架的粗调装置；聚甲醛材质的带夹；聚酰胺材质的旋转套筒；聚氨基甲酸酯纤维(Lycra 纤维)、聚酯纤维、聚氨酯、聚酰胺尼龙搭扣(UBLLoop)、棉和聚酰胺材质的头带、软管紧固带组成。带排气孔的型号为透明；不带排气孔的型号为蓝色。产品为非灭菌供应，可重复使用。
适用范围：产品适用于治疗患有呼吸机能不全患者的睡眠呼吸暂停以及为其进行非侵入性人工呼吸，为使用者提供持续气道正压通气或双水平气道正压通气治疗的界面连接装置。
生产厂家：德国 Weinmann Geraete für Medizin GmbH+Co.KG
注册代理：德国万曼医疗器械有限公司上海代表处
服务机构：德国万曼医疗器械有限公司上海代表处
发证日期：2014.03.27　截止日期：2018.03.26

国食药监械(进)字 2014 第 2261450 号

产品名称:压力足套(A-V Impulse Impad Rigid Sole Foot Cover)
规格型号:AV730-5; AV740-5; AV750-5
产品标准:YZB/USA 0505-2014《压力足套》
性能组成:包括充气垫和固定带。
适用范围:此产品与动静脉脉冲压力系统中的主机配套使用，用于增强血液循环，预防下肢深静脉血栓和肺栓塞，减轻急性和慢性水肿、外伤或手术引起的疼痛、下肢溃烂、静脉淤血/静脉功能不全、淋巴水肿等。
备注:2014 年 6 月 24 日同意更正企业注册地址、产品适用范围内容，2014 年 3 月 27 日核发的医疗器械注册登记表予以废止。
生产厂家:美国 Covidien llc
注册代理:柯惠医疗器材国际贸易(上海)有限公司
服务机构:柯惠医疗器材国际贸易(上海)有限公司
发证日期:2014.03.27 截止日期:2018.03.26

国食药监械(进)字 2014 第 2631451 号

产品名称:保护帽(Comfort Cap)
规格型号:见附页
产品标准:YZB/ROK 1079-2014《保护帽》
性能组成:本器械由 PMMA 聚甲基丙烯酸甲酯制成；一次性使用产品；非无菌包装。
适用范围:本器械适用于口腔科种植手术后的临时修复过程，用以保护种植体的上部结构(基台)。
生产厂家:韩国 Dentium Co., Ltd
注册代理:登腾(北京)医疗器械商贸有限公司
服务机构:登腾(北京)医疗器械商贸有限公司
发证日期:2014.03.27 截止日期:2018.03.26

国食药监械(进)字 2014 第 2561452 号

产品名称:面罩(Full Face Mask)
规格型号:JOYCE Lite vented, JOYCE Lite non vented
产品标准:YZB/GER 0383-2014《面罩》
性能组成:产品由硅胶材质的面罩凸缘、测压孔口盖，聚碳酸酯材质的面罩框、弯头、头带接头，聚丙烯材质的转动套、锁紧圈，POM 材质的头带扣、测压孔口，TPE、聚丙烯材质的急救呼气阀，聚氨基甲酸酯纤维 (Lycra 纤维)、聚酯纤维、聚氨酯、聚酰胺尼龙搭扣 (UBL Loop)、棉、聚酰胺材质的头带组成。带排气口的为透明；不带排气口的为蓝色。产品为非灭菌供应，可重复使用。
适用范围:产品适用于治疗患有呼吸机能不全患者的睡眠呼吸暂停以及为其进行非侵入性人工呼吸，为使用者提供持续气道正压通气或双水平气道正压通气治疗的界面连接装置。
生产厂家:德国 Weinmann Geraete für Medizin GmbH + Co.KG
注册代理:德国万曼医疗器械有限公司上海代表处
服务机构:德国万曼医疗器械有限公司上海代表处
发证日期:2014.03.27 截止日期:2018.03.26

国食药监械(进)字 2014 第 2661453 号

产品名称:一次性热湿交换器/过滤器 (商品名: 人工鼻过滤器) (Heat and Moisture Exchanger/Filter)
规格型号:29001, 29002, 29001T, 29002T
产品标准:YZB/MAL 0137-2014《一次性热湿交换器/过滤器》
性能组成:产品由壳体，机器端口接头，患者端口接头，过滤介质和热湿交换介质，气体采样口和保护帽组成。产品一次性使用，型号 29001 和 29001T 为无菌包装，经环氧乙烷灭菌；型号 29002 和 29002T 为清洁包装。壳体，机器端口接头和患者端口接头为聚丙烯材质，型号 29001 和 29002 气体采样口保护帽材质为树脂，型号 29001T 和 29002T 气体采样口保护帽材质为橡胶，过滤介质为玻璃纤维纸，热湿交换介质为微孔纸。
适用范围:本产品适用于全身麻醉手术、呼吸机治疗、重症监护和转运过程中建立人工气道的患者，对其呼吸的气体进行热湿交换和细菌/病毒过滤。
生产厂家:马来西亚 Teleflex Medical Sdn.Bhd
注册代理:泰利福医疗器械商贸(上海)有限公司
服务机构:泰利福医疗器械商贸(上海)有限公司
发证日期:2014.03.27 截止日期:2018.03.26

国食药监械(进)字 2014 第 2561454 号

产品名称:振动正压通气治疗系统 (商品名: Portex® acapella®) (Vibratory PEP Therapy System)
规格型号:27-7000、27-9000、27-9001
产品标准:YZB/USA 1085-2014《振动正压通气治疗系统》
性能组成:振动正压通气治疗系统为无源器械，由带可拆卸咬嘴的振动正压通气装置(27-7000、27-9001)及配件组成。配件包括小容量药物雾化杯、折叠式储液管、2.13 米氧气管组成。其中振动正压通气装置由呼气阻力调节转盘、单向吸气阀、可拆卸罩盖和可拆卸摇杆组成。产品单一患者可重复使用，非灭菌供应。
适用范围:该产品在患者自主呼吸时，通过单向吸气阀作用产生呼气正压，可以与雾化器气雾药物疗法配合同时使用。
生产厂家:美国 Smiths Medical ASD, Inc.
注册代理:史密斯医疗器械(北京)有限公司
服务机构:史密斯医疗器械(北京)有限公司
发证日期:2014.03.27 截止日期:2018.03.26

国食药监械(进)字 2014 第 1661455 号

产品名称:一次性使用医用丁腈检查手套(Single-use medical nitrile examination gloves)
规格型号:见附页
产品标准:YZB/THA 0741-2014《一次性使用医用丁腈检查手套》
性能组成:本产品由丁腈橡胶胶乳制造，一次性使用产品，手指尖端 30mm 内为麻面，其余部位都是光面；有粉手套的粉末成分是玉米粉；包括无菌和非无菌两种形式，灭菌方式有伽玛射线灭菌和环氧乙烷灭菌两种。
适用范围:本产品用于医用检查和诊断治疗过程中降低病人和使用者之间交叉感染的风险，也用于处理受污染医疗材料。
生产厂家:泰国 Siam Sempermed Corporation Limited
注册代理:上海诗董贸易有限公司
服务机构:上海诗董贸易有限公司
发证日期:2014.03.27 截止日期:2018.03.26

国食药监械(进)字 2014 第 1661456 号

产品名称:一次性使用医用橡胶检查手套(Single-use medical rubber examination gloves)
规格型号:见附页
产品标准:YZB/THA 0742-2014《一次性使用医用橡胶检查手套》
性能组成:本产品由天然橡胶胶乳制造，一次性使用产品，手指尖端 30mm 内为麻面，其余部位都是光面；有粉手套的粉末成分是玉米粉；包括无菌和非无菌两种形式，灭菌方式有伽玛射线灭菌和环氧乙烷灭菌两种。
适用范围:本产品用于医用检查和诊断治疗过程中降低病人和使用者之间交叉感染的风险，也用于处理受污染医疗材料。
生产厂家:泰国 Siam Sempermed Corporation Limited
注册代理:上海诗董贸易有限公司
服务机构:上海诗董贸易有限公司
发证日期:2014.03.27 截止日期:2018.03.26

国食药监械(进)字 2014 第 2261457 号

产品名称:直接贴敷型热敷贴 (商品名: 撒隆巴斯热敷贴 Salonpas Heat Pad) (サロンパス温熱用具)
规格型号:直接贴敷型
产品标准:YZB/JAP 0770-2014《直接贴敷型热敷贴》
性能组成:热敷贴是在多孔膜、无纺布、粘性物质及离型膜等组成的复合膜内装中装入粉末状发热体，与空气中的氧气发生放热反应的简易型一次性使用的发热器具，并可直接贴敷在皮肤表面。
适用范围:热敷贴为局部使用产品，具有发热效果，可改善血液循环，消除肌肉疲劳，舒缓肌肉僵硬，缓解神经痛和肌肉疼痛，促进胃肠道的蠕动，缓解疲劳。
生产厂家:日本三宝化学株式会社
注册代理:久光制药技术咨询(北京)有限公司
服务机构:久光制药技术咨询(北京)有限公司
发证日期:2014.03.27 截止日期:2018.03.26

国食药监械(进)字 2014 第 2661458 号

产品名称:一次性使用无菌导尿管(Drainage balloon-catheters)

规格型号:见附页
产品标准:YZB/GER 0380-2014《一次性使用无菌导尿管》
性能组成:一次性使用无菌导尿管由导尿管(材质为硅胶)和导管塞(材质为 PVC)组成。经环氧乙烷灭菌,限一次性使用。
适用范围:该产品用于经尿道膀胱引流和冲洗。
生产厂家:德国 uroVision Gesellschaft für medizinischen Technologie-Transfer mbH
注册代理:莱凯医疗器械(北京)有限公司
服务机构:莱凯医疗器械(北京)有限公司
发证日期:2014.03.27 截止日期:2018.03.26

国食药监械(进)字 2014 第 1051459 号

产品名称:耳鼻喉科用器械(ENT Instruments)
规格型号:见附页
产品标准:YZB/GER 0134-2014《耳鼻喉科用器械》
性能组成:本组产品由反光喉镜、窥鼻器、卷棉子、压舌板、起子、打孔器、鼻甲刀、打结器、锤子、锯、开口器、胸部支撑架组成。本产品采用符合 DIN EN10088-3-2005 标准的不锈钢材料制成,产品非无菌包装提供,使用前请灭菌。
适用范围:适用于耳鼻喉科手术。
生产厂家:德国 Richard Wolf GmbH
注册代理:北京德华信达技术有限公司
服务机构:见附页
发证日期:2014.03.27 截止日期:2018.03.26

国食药监械(进)字 2014 第 1051460 号

产品名称:耳鼻喉科用器械(ENT Instruments)
规格型号:见附页
产品标准:YZB/GER 0135-2014《耳鼻喉科用器械》
性能组成:本组产品由刮匙、鼻窦刮匙、腺样体刮匙、骨锉、锉、凿子、探针、鼻窦探针组成。本产品由符合 DIN EN10088-3-2005 标准的不锈钢材料制成,产品非无菌包装提供,使用前请灭菌。
适用范围:适用于耳鼻喉科手术。
生产厂家:德国 Richard Wolf GmbH
注册代理:北京德华信达技术有限公司
服务机构:见附页
发证日期:2014.03.27 截止日期:2018.03.26

国食药监械(进)字 2014 第 1061461 号

产品名称:麻醉剂助推器(Dental syringe)
规格型号:Leeject Syringe 1.8ml A Type, Leeject Syringe 1.8ml CW Type
产品标准:YZB/ROK 0506-2014《麻醉剂助推器》
性能组成:该产品由不锈钢(SUS 304)制成,由管筒、推杆、手柄、和环状把手组成。不含接触药液部件。
适用范围:该产品与口腔麻醉剂注射器械配合使用。
备注:2014 年 6 月 24 日同意更正型号、规格内容,2014 年 3 月 27 日核发的医疗器械注册登记表予以废止。
生产厂家:韩国 BIODENT CO., LTD
注册代理:北京中瑞联合医疗器械有限公司
服务机构:北京中瑞联合医疗器械有限公司
发证日期:2014.03.27 截止日期:2018.03.26

国食药监械(进)字 2014 第 1011462 号

产品名称:牵开器(商品名:Pilling)(Retractors)
规格型号:见附页
产品标准:YZB/USA 0901-2014《牵开器》
性能组成:牵开器是可重复使用的产品。该产品由爪钉,左右铆合片组成。材料为不锈钢 303 和不锈钢 304。非灭菌,可重复使用。
适用范围:该产品为外科使用的牵开器,用于外科手术中撑开组织、扩大手术视野。本产品不包含用于显微外科手术、心脏外科手术中的二类牵开器。
生产厂家:美国 Teleflex Medical
注册代理:泰利福医疗器械商贸(上海)有限公司
服务机构:泰利福医疗器械商贸(上海)有限公司
发证日期:2014.03.27 截止日期:2018.03.26

国食药监械(进)字 2014 第 1011463 号

产品名称:基础外科手术器械(Basic Surgical Instruments)
规格型号:见附页
产品标准:YZB/GER 0519-2014《基础外科手术器械》
性能组成:本产品为非有源外科手术器械,由外科用镊、外科用剪、外科用钳、外科用钩、持针钳组成。包装为非灭菌包装。
适用范围:该产品为基础外科手术器械,在开放式手术中用于切割、夹取组织,暴露、处理伤口或与其他器材并用。
生产厂家:德国 Mattes Instrument GmbH
注册代理:北京市海斯莱福医药科技有限公司
服务机构:北京希普禾美商贸有限公司
发证日期:2014.03.27 截止日期:2018.03.26

国食药监械(进)字 2014 第 3661464 号

产品名称:导管(商品名:Bactiseal)(BACTISEAL Catheter)
规格型号:821745/821749/823072/823073/823074
产品标准:YZB/USA 0755-2014《导管》
性能组成:BACTISEAL 导管由不透射线(钡浸渍)硅胶管构成,经灭菌处理。BACTISEAL 导管所用硅胶经过了利福平和盐酸克林霉素的浸渍处理。
适用范围:本品可作为分流系统的组件用于脑积水患者的脑脊液(CSF)引流或分流术中。
备注:注册后申请人仍需完成以下工作:加强对操作者的培训和不良事件监测,对可能引起的副反应、并发症和利福平、盐酸克林霉素配伍颅内使用安全性及对中国耐药人群应用情况效果等问题进行观察和研究,加强上市后的长期随访和跟踪,收集和整理该产品临床应用中人体安全性的有关数据,重新注册时提交。
生产厂家:美国 Codman &Shurtleff, Inc.
注册代理:强生(上海)医疗器材有限公司
服务机构:强生(上海)医疗器材有限公司
发证日期:2014.03.27 截止日期:2018.03.26

国食药监械(进)字 2014 第 3461465 号

产品名称:巴德造口(旁)疝补片(商品名:Bard)(Bard CK Parastomal Hernia Patch)
规格型号:0118001、0118002、0118003、0118004
产品标准:YZB/USA 1245-2014《巴德造口(旁)疝补片》
性能组成:该产品结构为双层单丝聚丙烯网织片通过聚四氟乙烯(PTFE)单丝与一个膨体聚四氟乙烯(ePTFE)薄片缝合在一起,通过聚对苯二甲酸乙二醇酯(PET)环进一步增加了产品的稳固性,以利于确保补片正确定位及放置。该产品一次性使用,经环氧乙烷灭菌。
适用范围:该产品在腹腔内使用,适用于造口旁疝的修补。
生产厂家:美国 Davol, Inc. Subsidiary of C.R.Bard, Inc.
注册代理:巴德医疗科技(上海)有限公司
服务机构:巴德医疗科技(上海)有限公司
发证日期:2014.03.27 截止日期:2018.03.26

国食药监械(进)字 2014 第 3661466 号

产品名称:分隔膜无针密闭式输液接头(商品名:Q-SyteTM)(Q-SyteTM Luer Access Split-Septum)
规格型号:Q-SyteTM 分隔膜无针密闭式输液接头;Q-SyteTM 分隔膜无针密闭式输液接头,带延长管
产品标准:YZB/USA 1271-2014《分隔膜无针密闭式输液接头》
性能组成:分隔膜无针密闭式输液接头结构及组成包括:1)Q-SyteTM 分隔膜无针密闭式输液接头:隔膜,主体和端帽组成。2)Q-SyteTM 分隔膜无针密闭式输液接头,带延长管:隔膜、主体、端帽和延长管组成。其中延长管部分包含鲁尔锁定接头和滑动夹。
适用范围:本产品用于静脉输液管理,是密闭式输液系统的连接装置。
生产厂家:美国 Becton Dickinson Infusion Therapy Systems Inc.
注册代理:碧迪医疗器械(上海)有限公司
服务机构:碧迪医疗器械(上海)有限公司
发证日期:2014.03.27 截止日期:2018.03.26

国食药监械(进)字 2014 第 2661467 号

产品名称:逆行性经胆管引流管(RTBD チューブ)
规格型号:见附页

产品标准:YZB/JAP 1295-2014《逆行性经胆管引流管》
性能组成:本产品由导引针、引流管、和钝针三部分组成，其中，引流管与导引针连接在一起；导引针分为两种，一种为纯铝棒导引针，另一种塑料芯棒/铝中空管导引针。
适用范围:本产品用于去除血液，脓，渗出液，空气以及减压，留置在胆管，用于排液或排气。
生产厂家:日本秋田住友ベーク株式会社
注册代理:东西贸易(上海浦东新区)有限公司
服务机构:东西贸易(上海浦东新区)有限公司
发证日期:2014.03.27 **截止日期**:2018.03.26

国食药监械(进)字 2014 第 3771468 号

产品名称:外周切割球囊(2cm Peripheral Cutting Balloon Microsurgical Dilatation Device)
规格型号:见附页
产品标准:YZB/USA 1288-2014《外周切割球囊》
性能组成:外周切割球囊的导管主体为双腔设计，外腔为球囊充盈腔，内腔用于沿导丝递送导管。导管远端的非顺应性球囊外部表面纵向安装有 4 片约 2cm 长的显微外科手术刀片。球囊导管额定工作压力为 6 ATM，额定破裂压为 10ATM。辐射灭菌，一次性使用。
适用范围:适用于周围血管中阻塞病变部位的经皮腔内血管成形术(PTA)。目标病变部位应当具有下列特征:近侧血管段弯曲度最小，并且是非成角的病变段(不超过 45°)。
备注:2015 年 1 月 21 日同意更正产品性能结构及组成内容，2014 年 3 月 27 日核发的医疗器械注册登记表予以废止。
生产厂家:美国波士顿科学公司(Boston Scientific Corporation)
注册代理:波科国际医疗贸易(上海)有限公司
服务机构:波科国际医疗贸易(上海)有限公司
发证日期:2014.03.27 **截止日期**:2018.03.26

国食药监械(进)字 2014 第 3221469 号

产品名称:硬性角膜接触镜(Rigid Gas Permeable Contact Lenses)
规格型号:Extra
产品标准:YZB/ROK 0047-2014《硬性角膜接触镜(型号:Extra)》
性能组成:该产品为日戴型硬性角膜接触镜,非球面镜片,材料为 BOSTON XO，着淡蓝色、淡绿色、淡紫色。折射率：1.415±0.5%，透氧系数标称值：100×10^{-11}(cm2/s)(ml02/ml×mmHg)，屈光度范围：0.00D～-20.00D，可见光平均透射比>86%，UV-A 段(316nm～380nm)透射比<16.3%，UV-B 段(280nm～315nm)透射比≤2%。产品非无菌包装供应。
适用范围:适用于无禁忌症 8 岁(18 岁以下家长监护)以上的患者矫正因近视而引起的屈光不正。
生产厂家:韩国 Lucid Korea Co., Ltd.
注册代理:上海有康医疗器械有限公司
服务机构:上海有康医疗器械有限公司
发证日期:2014.03.27 **截止日期**:2018.03.26

国食药监械(进)字 2014 第 3461470 号

产品名称:多向牵引器系统(Mandible Distractor, multiaxial)
规格型号:见附页
产品标准:YZB/SWI 1315-2014《多向牵引器系统》
性能组成:该产品包括牵引器主体、牵引臂杆、牵引螺帽和固定夹。其中牵引螺帽由符合 YY/T 0294.1 标准要求的代号 M 的不锈钢(同时符合 ASTM F 899-12b 中的 304 不锈钢)材料制成；牵引器主体、牵引臂杆和固定夹的主要部件由符合 ISO 5832-3 标准要求的 Ti6A14V 钛合金材料制成，其余的小部件由符合 YY/T 0294.1 标准要求的代号为 N 的不锈钢(同时符合 ASTM F 899-12b 中的 303 不锈钢)材料、符合 ASTM F 899-12b 标准要求的 304 不锈钢材料、630 不锈钢材料和符合 ISO 5832-1 标准要求的不锈钢材料制成。钛合金产品表面经阳极氧化着色处理。非灭菌包装。
适用范围:该产品不与人体直接接触，与同一企业同系列产品配合使用，作为下颌骨固定器和延长器，用于需要渐进式骨牵引的情况下延长下颌骨长度。
生产厂家:瑞士 Synthes GmbH
注册代理:强生(上海)医疗器材有限公司
服务机构:强生(上海)医疗器材有限公司、辛迪思(上海)医疗器械贸易有限公司
发证日期:2014.03.27 **截止日期**:2018.03.26

国食药监械(进)字 2014 第 3461471 号

产品名称:人工血管(商品名：GORE-TEX)(Vascular Graft)
规格型号:见附页
产品标准:YZB/USA 1194-2014《人工血管》
性能组成:该产品由膨体聚四氟乙烯(ePTFE)制成，按照标准壁、薄壁、带环、不带环、带可拆卸环、带 Intering 环、分叉、非分叉、延展和非延展性划分不同规格型号。环的材料为氟化乙烯丙烯(FEP)，部分产品中还包含硅胶和蓝色染料材料。蒸汽灭菌，一次性使用。
适用范围:该产品作为血管修补物以替代或设置病变血管旁路、治疗血管闭塞性或动脉瘤疾病、外伤、透析或用于其他血管手术。带 FEP 环腋双股 GORE-TEX 人工血管(配备可移除环)和带 FEP 环腋双股 GORE-TEX 弹性人工血管(配备可移除环)旨在用于恢复下肢血液供应的 旁路手术。
生产厂家:美国 W.L. GORE &ASSOCIATES, INC.(戈尔公司)
注册代理:戈尔工业品贸易(上海)有限公司
服务机构:戈尔工业品贸易(上海)有限公司
发证日期:2014.03.27 **截止日期**:2018.03.26

国食药监械(进)字 2014 第 3641472 号

产品名称:自粘性透明敷料(商品名：爱舒可)(Askina Biofilm Transparent)
规格型号:F72090CN, F72091CN, F72092CN, F72095CN, F72097CN, F72098CN
产品标准:YZB/IRE 1268-2014《自粘性透明敷料》
性能组成:由羧甲基纤维素、聚异丁烯和半渗透性聚氨酯薄膜背衬组成。经射线灭菌。仅限一次性使用。
适用范围:用于低渗透性的急性、慢性伤口。
生产厂家:爱尔兰 B. Braun Hospicare Ltd.
注册代理:贝朗医疗(上海)国际贸易有限公司
服务机构:贝朗医疗(上海)国际贸易有限公司
发证日期:2014.03.27 **截止日期**:2018.03.26

国食药监械(进)字 2014 第 1531473 号

产品名称:输送头(Tips)
规格型号:见附页
产品标准:YZB/USA 1283-2014《输送头》
性能组成:产品为输送头，带有毛刷头或金属套管，主要材料为聚丙烯，聚碳酸酯，不锈钢，聚乙烯，聚酰胺，聚酯，聚苯乙烯，丙烯酸和天然橡胶。输送头分为多种型号(具体见附件规格型号表)，所有型号都是以非无菌的形式提供。
适用范围:用于临床中，与输送针筒配套使用，将针筒中的液体或胶体慢慢地注射出并均匀地涂抹在牙齿上。
生产厂家:美国 Ultradent Products, Inc.
注册代理:广州市皓齿登医疗器械有限公司
服务机构:广州市皓齿登医疗器械有限公司
发证日期:2014.03.27 **截止日期**:2018.03.26

国食药监械(进)字 2014 第 2041474 号

产品名称:人工晶状体植入器(商品名：Nex-IJ)(IOL Pincet)
规格型号:Type2C Type3C
产品标准:YZB/JAP 1223-2014《人工晶状体植入器》
性能组成:该产品由把手、先端斜面、插入管、绞折部组成，由聚丙烯材料制成，涂有 MPC 聚合物。产品经环氧乙烷灭菌，一次性使用。
适用范围:本产品为配套用手术器械，需与 NIDEK Co., Ltd.生产的 Nex-IJ 人工晶体植入推进器 IJ-2 配套使用，并将 NIDEK Co., Ltd.生产的 Nex-Acri 人工晶状体或 Nex-Acri AA 人工晶状体植入眼内。
生产厂家:日本株式会社ニデック(NIDEK Co., Ltd.)
注册代理:日本尼德克株式会社北京代表处
服务机构:日本尼德克株式会社北京代表处
发证日期:2014.03.27 **截止日期**:2018.03.26

国食药监械(进)字 2014 第 3221475 号

产品名称:软性亲水接触镜(Soft Contact Lens)
规格型号:G&G BTII
产品标准:YZB/ROK 8283-2013《软性亲水接触镜(型号:G&G BTII)》

性能组成:该产品为日戴型软性亲水接触镜。主要由 2-甲基丙烯酸羟乙酯、N-乙烯基吡咯烷酮、甲基丙烯酸及着色剂聚合而成，着灰色、黑色、棕色、蓝色、紫色、绿色、褐色、海蓝、天蓝或橙色，聚丙烯杯或玻璃瓶包装。含水量：36.5%±2%，折射率：1.4391±0.5%，透氧系数标称值：8.8×10^{-11}(cm2/s)(mLO2/(mL×mmHg))，-3D 镜片透氧量 10×10^{-9}(cm/s) (mLO2/(mL×mmHg)) (允差-20%)，屈光度范围：0.00D～-10.00D (间隔 0.25D)，可见光透过率＞88%。推荐更换周期 1 年。产品经蒸汽湿热灭菌。
适用范围:镜片用于 18 岁及以上无禁忌症患者矫正近视。
生产厂家:韩国 G&G CONTACT LENS
注册代理:北京金英明隐形眼镜有限公司
服务机构:北京金英明隐形眼镜有限公司
发证日期:2014.03.27　　**截止日期**:2018.03.26

国食药监械(进)字 2014 第 3461476 号

产品名称:接骨钢板螺钉系统-直型锁定钢板 (商品名：Zimmer 通用锁定(Zimmer Universal Locking)) (Universal Locking Plate System)
规格型号:见附页
产品标准:YZB/USA 1258-2014《接骨钢板螺钉系统-直型锁定钢板》
性能组成:该产品包括加压锁定钢板和直型重建锁定钢板，由符合 ISO 5832-1 的不锈钢材料制成。产品编号以“47”开头的为灭菌包装部件，产品编号以“00”开头的为非灭菌包装部件。一次性使用，无菌产品经伽玛射线灭菌。
适用范围:该产品适用于在对骨折和截骨的临时性内固定和稳定。本系统的钢板产品可与本公司生产的钢板螺钉(ZPS)系统和围关节钢板(Peri-Locking)系统中的螺钉配合使用。
生产厂家:美国 Zimmer Inc.
注册代理:捷迈(上海)医疗国际贸易有限公司
服务机构:捷迈(上海)医疗国际贸易有限公司
发证日期:2014.03.27　　**截止日期**:2018.03.26

国食药监械(进)字 2014 第 3461477 号

产品名称:股骨柄 (商品名：Solution) (Solution Hip System)
规格型号:见附页
产品标准:YZB/USA 1375-2014《股骨柄 (商品名：Solution)》
性能组成:该产品仅包括股骨柄组件。股骨柄基体原材料为符合 YY 0117.3 的铸造钴铬钼合金，股骨柄通过烧结工艺处理，附有 Porocoat 微孔涂层。Porocoat 涂层是在股骨柄表面经过烧结附着的微孔涂层，涂层的材料为符合 YY 0117.3 的铸造钴铬钼合金。灭菌包装。
适用范围:应用于骨科手术中对病人损伤的髋关节进行置换，来增加病人的活动能力并减轻痛苦。
生产厂家:美国 DePuy Orthopaedics, Inc.
注册代理:强生(上海)医疗器材有限公司
服务机构:强生(上海)医疗器材有限公司
发证日期:2014.03.27　　**截止日期**:2018.03.26

国食药监械(进)字 2014 第 3461478 号

产品名称:下颌骨牵引装置 (商品名：MultiGuide Ⅱ) (Mandibular Distraction System)
规格型号:62-01000 62-01010 62-01020 62-01025 62-20020 62-20021 62-20022 62-20023
产品标准:YZB/GER 1026-2014《下颌骨牵引装置 (商品名：MultiGuide Ⅱ)》
性能组成:该产品由牵引支架和固定针组成，牵引支架由主体和牵引滑块组成，牵引滑块由滑块牵引轮、固定夹和锁紧螺钉组成，均由符合 ISO5832-1 标准规定的不锈钢材料制成。非灭菌包装。
适用范围:适用于治疗下颌骨升支、下颌骨局部或整个下颌骨发育不全。
生产厂家:德国 Stryker Leibinger GmbH & Co.KG
注册代理:史赛克(北京)医疗器械有限公司
服务机构:史赛克(北京)医疗器械有限公司
发证日期:2014.03.27　　**截止日期**:2018.03.26

国食药监械(进)字 2014 第 3461479 号

产品名称:髋关节假体-骨金属组合髋臼 (商品名：Trabecular Metal) (Hip Joint Prostheses-Modular Acetabular System)
规格型号:见附页
产品标准:YZB/USA 1415-2014《髋关节假体-骨金属组合髋臼》
性能组成:该产品分为 3 孔髋臼壳及多孔髋臼壳，髋臼壳的内杯和卡环由符合 ISO5832-3 标准要求的 Ti6Al4V 钛合金材料制成，外壳表面为具有骨小梁结构的多孔钽材料制成的粗糙面，两者材料通过扩散连接的方式进行加工处理。灭菌包装。
适用范围:该产品与该企业同一系统组件配合使用，适用于髋关节置换手术。
生产厂家:美国 Zimmer, Inc.
注册代理:捷迈(上海)医疗国际贸易有限公司
服务机构:捷迈(上海)医疗国际贸易有限公司
发证日期:2014.03.27　　**截止日期**:2018.03.26

国食药监械(进)字 2014 第 2701480 号

产品名称:医学影像归档和通信软件 (Picture Archiving and Communication System)
规格型号:Image-Arena，版本 4.5
产品标准:YZB/GER 0803-2014《医学影像归档和通信软件》
性能组成:由软件安装光盘和用户操作手册组成，组成模块包括：Image-Arena GUI 平台、TOMTEC 数据库服务器管理器、数据导入导出模块、查询/检索模块、存档模块和报告模块。
适用范围:用于 DICOM 3.0 医学图像的输入、输出、存储、查询和报告。
生产厂家:德国 TomTec Imaging Systems GmbH
注册代理:北京泽亚科技有限公司
服务机构:北京泽亚科技有限公司
发证日期:2014.03.24　　**截止日期**:2018.03.23

国食药监械(进)字 2014 第 2221481 号

产品名称:波前像差仪(A БEPPOCKOп Г ЛJA3HOЙ)
规格型号:MultiSpot-1000-I1 MultiSpot-1000-I2
产品标准:YZB/RUS 0789-2014《波前像差仪》
性能组成:产品由波前像差仪主机、软件及电缆线组成。主机由 3 部分组成：光学仪器板、定位面板、坐标座板。软件在外配计算机上运行。电缆线包含 RS232 连接线、USB 数据连接线、DVI-D 数据连接线、电源线(3 根)。两种型号产品功能相同，仅外观差异。
适用范围:像差仪具有自动分析确认人眼的直接像差和补偿像差的功能，适用于眼科测量患者的波前像差。
生产厂家:俄罗斯 OOO “Оптосистемы”
注册代理:雷杰科技(上海)有限公司
服务机构:雷杰科技(上海)有限公司
发证日期:2014.03.24　　**截止日期**:2018.03.23

国食药监械(进)字 2014 第 2251482 号

产品名称:射频电极(Bipolar and monopolar RF electrodes and RF cannulas)
规格型号:见附页
产品标准:YZB/GER 0592-2014《射频电极》
性能组成:产品由单极毁损电极、双极毁损电极、疼痛电极及套管组成。详见附页。
适用范围:产品配合 Leksell Neuro Generator 神经射频仪使用，用于中枢、周围神经系统的阻抗测量、刺激及毁损。
生产厂家:德国 inomed Medizintechnik GmbH
注册代理:医科达(上海)医疗器械有限公司
服务机构:医科达(上海)医疗器械有限公司
发证日期:2014.03.24　　**截止日期**:2018.03.23

国食药监械(进)字 2014 第 2221483 号

产品名称:三晶片内窥镜摄像系统 (商品名：蛇牌) (HD 3CCD Camera System)
规格型号:PV440
产品标准:YZB/GER 0769-2014《三晶片内窥镜摄像系统》
性能组成:本摄像系统由摄像控制器 (PV440)、摄像头 (PV442)、摄像电缆 (PV441)、变焦镜头 (PV126S) 及定焦镜头 (PV127S) 组成。图像传递像素为 1920*1080。
适用范围:摄像系统与内窥镜、光源和监视器配合使用，临床用于内窥镜检查和手术时图像采集与处理。
生产厂家:德国 Aesculap AG

注册代理:贝朗医疗(上海)国际贸易有限公司
服务机构:贝朗医疗(上海)国际贸易有限公司
发证日期:2014.03.24 截止日期:2018.03.23

国食药监械(进)字 2014 第 2221484 号

产品名称:三晶片内窥镜摄像系统(商品名:蛇牌)(Full HD 3CCD Camera System)
规格型号:PV460
产品标准:YZB/GER 0794-2014《三晶片内窥镜摄像系统》
性能组成:摄像系统由摄像控制单元(PV460)和摄像头组成,其中摄像头有两种,变焦距摄像头(PV462)和固定焦距摄像头(PV463),均为选配件,可任选其一与控制单元配合使用。分辨率为 1920*1080 像素。
适用范围:摄像系统可与内窥镜、光源和监视器配合使用,临床用于内窥镜检查和手术时图像采集与处理。
生产厂家:德国 Aesculap AG
注册代理:贝朗医疗(上海)国际贸易有限公司
服务机构:贝朗医疗(上海)国际贸易有限公司
发证日期:2014.03.24 截止日期:2018.03.23

国食药监械(进)字 2014 第 2231485 号

产品名称:超声诊断仪(Ultrasound Diagnostic Equipment)
规格型号:UGEO X60
产品标准:YZB/ROK 0864-2014《超声诊断仪》
性能组成:见《产品性能结构及组成附页》。
适用范围:用于临床超声诊断检查。各探头应用见《产品性能结构及组成附页》。
生产厂家:韩国三星麦迪逊有限公司(SAMSUNG MEDISON CO., LTD.)
注册代理:三星(中国)投资有限公司
服务机构:三星电子(北京)技术服务有限公司
发证日期:2014.03.24 截止日期:2018.03.23

国食药监械(进)字 2014 第 1401486 号

产品名称:磁珠法核酸提取仪(Magnetic Particle Processor)
规格型号:KingFisher Flex, KingFisher mL, KingFisher, KingFisher Duo
产品标准:YZB/FIN 0847-2014《磁珠法核酸提取仪》
性能组成:设备由主机、软件及配件组成。其中主机包括:控制装置、机械传动装置、显示屏。配件包括:磁头、磁套、微孔板、加热模块(仅 KingFisher Flex 和 KingFisher Duo)。
适用范围:该产品用于从血液、组织、体液、细胞、细菌等各类样品中提取核酸,仅可用于医疗机构临床实验室。
生产厂家:芬兰 THERMO FISHER SCIENTIFIC OY
注册代理:赛默飞世尔科技(中国)有限公司
服务机构:赛默飞世尔科技(中国)有限公司
发证日期:2014.03.24 截止日期:2018.03.23

国食药监械(进)字 2014 第 2231487 号

产品名称:彩色超声诊断系统(Diagnostic Ultrasound System and Transducers)
规格型号:ClearVue 650
产品标准:YZB/USA 0524-2014《彩色超声诊断系统》
性能组成:见《产品性能结构及组成附页》。
适用范围:用于人体超声诊断成像。各探头临床应用部位见《产品性能结构及组成附页》。
生产厂家:美国 Philips Ultrasound, Inc.
注册代理:飞利浦(中国)投资有限公司
服务机构:飞利浦(中国)投资有限公司
发证日期:2014.03.24 截止日期:2018.03.23

国食药监械(进)字 2014 第 2211488 号

产品名称:电导分析仪(Digital Chronoamperometric Analyzer)
规格型号:SudoScan+
产品标准:YZB/FRA 0799-2014《电导分析仪》
性能组成:该产品由主机(已安装软件,REF: SGMU)、手部电极板和连接线(REF: APH2)、脚部电极板和连接线(REF: APF2)、医用电源适配器和电源线组成。
适用范围:该产品用于测试皮肤的电反应,测量汗腺在电化学激活作用下释放氯离子的能力,通过导电性来评估周围神经病变。该产品适用于年龄在 21 岁以上的人群。
生产厂家:法国 IMPETO MEDICAL
注册代理:北京英佩特医疗器械有限公司
服务机构:北京英佩特医疗器械有限公司
发证日期:2014.03.24 截止日期:2018.03.23

国食药监械(进)字 2014 第 1341489 号

产品名称:医用 X 射线防护用品(商品名:RADPAD)(Radiation Protection Product)
规格型号:见附页
产品标准:YZB/USA 0793-2014《医用 X 射线防护用品》
性能组成:由防护毯、防护单和异形防护品组成,其中异形防护品包括防护帽、甲状腺防护帘、防护巾、防护帘、防护袖套。
适用范围:用于医用 X 射线诊断中对 X 射线的防护,减少 X 射线对人体的危害。
生产厂家:美国 Worldwide Innovations &Technologies, Inc.
注册代理:湖北同济堂瑞新医疗器材有限公司
服务机构:湖北同济堂瑞新医疗器材有限公司
发证日期:2014.03.24 截止日期:2018.03.23

国食药监械(进)字 2014 第 1411490 号

产品名称:离心机(ID-Centrifuge 12 S II)
规格型号:ID-Centrifuge 12 S II
产品标准:YZB/SWI 0704-2014《离心机》
性能组成:该产品由主机及离心机转头组成。
适用范围:离心机仅用于离心 ID 卡
生产厂家:瑞士 DiaMed GmbH
注册代理:伯乐生命医学产品(上海)有限公司
服务机构:伯乐生命医学产品(上海)有限公司
发证日期:2014.03.24 截止日期:2018.03.23

国食药监械(进)字 2014 第 1401491 号

产品名称:孵育器(ID-Incubator 37 S I)
规格型号:ID-Incubator 37 S I
产品标准:YZB/SWI 0705-2014《孵育器》
性能组成:该产品由主机组成。
适用范围:该产品在预定温度下孵育 DiaMed ID 卡
生产厂家:瑞士 DiaMed GmbH
注册代理:伯乐生命医学产品(上海)有限公司
服务机构:伯乐生命医学产品(上海)有限公司
发证日期:2014.03.24 截止日期:2018.03.23

国食药监械(进)字 2014 第 3251492 号

产品名称:双极电凝血器(商品名:蛇牌)(Bipolar Coagulator GN060)
规格型号:GN060
产品标准:YZB/GER 0757-2014《双极电凝血器》
性能组成:本仪器由主机 GN060 和脚控开关 GK226 组成。额定输出频率 450kHz。具有两个输出模式:MICRO 模式额定负载 50Ω,最大功率 10W;MACRO 模式额定负载 100Ω,最大功率 50W。
适用范围:用于神经外科、耳鼻喉外科、泌尿外科和整形外科手术中的凝血操作。
生产厂家:德国 Aesculap AG
注册代理:贝朗医疗(上海)国际贸易有限公司
服务机构:贝朗医疗(上海)国际贸易有限公司
发证日期:2014.03.10 截止日期:2018.03.09

国食药监械(进)字 2014 第 3771493 号

产品名称:头端转向导丝(Reuter Tip Deflecting Wire Guide)
规格型号:DTDW-35-110-10, DTDW-35-145-10, DTDW-38-110-10, TDW-25-100-5, TDW-25-125-5, TDW-25-145-10, TDW-25-180-5, TDW-25-80-5, TDW-35-100-10, TDW-35-100-5, TDW-35-120-5, TDW-35-145-10, TDW-35-145-5
产品标准:YZB/USA 0827-2014《头端转向导丝》
性能组成:TDW-型号产品主要由导丝和转向头组成。DTDW-型号产品主要由导丝、转向头、导丝手柄和冲洗接头组成。TDW-型号产品:导丝:不锈钢。含不锈钢材料的绕丝和转向芯丝组成;转向头:不锈钢。含黄铜材料的转向控制滑轮、不锈钢材料的套管和黄铜材料的芯轴垫圈。DTDW-型号的头端转向导丝:导丝:不锈钢。含不锈钢材料的绕丝和转向芯丝组成;转向头:不锈钢。含黄铜材料的转向控制滑轮、不锈钢材料的套管和黄铜材料的芯轴垫圈;导丝手柄:聚碳酸酯;冲洗接头:聚甲醛。本产品采用环氧乙烷灭菌,仅供一次性使用。

适用范围:本产品适用于与头端转向导丝手柄组件一起使用,被设计用于导管头部弯曲或转向,实施肺血管造影、选择性血管造影、经腰主动脉造影、支气管造影,或重新放置中心静脉导管的头部,以及其它血管和非血管性治疗。

生产厂家:美国 Cook Incorporated

注册代理:库克(中国)医疗贸易有限公司

服务机构:库克(中国)医疗贸易有限公司

发证日期:2014.03.31　**截止日期**:2018.03.30

国食药监械(进)字 2014 第 3771494 号

产品名称:血管内造影导管(商品名:桡动脉家族)(中心循環系血管造影用カテーテル (Optiflash))

规格型号:见附页

产品标准:YZB/JAP 7748-2013《血管内造影导管》

性能组成:该产品由导管主体、前端软管、柔软尖端、导管套结、插入器和抗折套管组成。环氧乙烷灭菌,一次性使用。

适用范围:该产品用于血管造影术。

生产厂家:日本テルモ株式会社(泰尔茂株式会社)

注册代理:日本泰尔茂株式会社北京办事处

服务机构:泰尔茂医疗产品(上海)有限公司

发证日期:2014.03.31　**截止日期**:2018.03.30

国食药监械(进)字 2014 第 3771495 号

产品名称:亲水桡动脉鞘组(商品名:桡动脉家族)(心臓用カテーテルイントロデユーサキツト(ラジフオーカスガイドワイヤーM))

规格型号:见附页

产品标准:YZB/JAP 0654-2014《亲水桡动脉鞘组》

性能组成:该产品由穿刺针、导管鞘、扩张器、微导丝、皮肤切开器、注射器和插入器组成。环氧乙烷灭菌,一次性使用。

适用范围:该产品是将导管等经皮插入血管时使用的器具。

生产厂家:日本テルモ株式会社(泰尔茂株式会社)

注册代理:泰尔茂(中国)投资有限公司

服务机构:泰尔茂医疗产品(上海)有限公司

发证日期:2014.03.31　**截止日期**:2018.03.30

国食药监械(进)字 2014 第 3221496 号

产品名称:软性亲水接触镜(Soft Contact Lens)

规格型号:Giselle

产品标准:YZB/ROK 1167-2014《软性亲水接触镜》

性能组成:该产品为日戴型软性亲水接触镜。主要由甲基丙烯酸羟乙酯、N-乙烯基吡咯烷酮、甲基丙烯酸、甲基丙烯酸甲酯聚合而成,按颜色分为单色(棕、黑)、双色及三色(主要颜色为紫、绿、蓝、灰、棕)镜片。聚丙烯杯或玻璃瓶包装。含水量:38%,折射率:1.437,透氧系数标称值:12.0×10^{-11}(cm2/s)(mLO2/(mL×mmHg))(允差±20%),-3D 镜片透氧量 12×10^{-9}(cm/s)(mLO2/(mL×mmHg))(允差-20%),后顶焦度范围:0.00D~-15.00D,可见光透过率>95%。推荐更换周期半年至一年。产品经蒸汽湿热灭菌。

适用范围:该产品适用于 18 岁及以上,无禁忌症的患者矫正近视。

生产厂家:韩国 i-codi Co., Ltd

注册代理:北京可美特商贸有限公司

服务机构:北京可美特商贸有限公司

发证日期:2014.03.31　**截止日期**:2018.03.30

国食药监械(进)字 2014 第 3771497 号

产品名称:PTCA 扩张导管(商品名:Emerge Monorail)(Emerge PTCA Dilatation Catheter)

规格型号:见附页

产品标准:YZB/USA 0972-2014《PTCA 扩张导管(商品名:Emerge Monorail)》

性能组成:该产品是快速交换导管,导管远端尖端附近都带有一个半顺应性球囊。导管的远端部分是双腔同轴结构。外腔用于球囊扩张,内腔允许使用直径 ≤0.014 in(0.36 mm) 的导丝将导管推进到并通过需要扩张的狭窄部位或支架部位。该产品环氧乙烷灭菌,一次性使用。

适用范围:该产品(球囊型号 1.20-4.00 mm)适用于对冠状动脉的狭窄节段或搭桥狭窄部位进行球囊导管扩张,以改善心肌灌注。(球囊型号 2.00-4.00 mm)还适用于球囊扩张支架(裸金属和药物洗脱)的递送后扩张。

变更情况:变更日期:2015.01.22。“One Boston Scientific Place, Natick, MA 01760, USA”变更为“300 Boston Scientific Way, Marlborough, MA 01752, USA”。

生产厂家:美国 Boston Scientific Corporation

注册代理:波科国际医疗贸易(上海)有限公司

服务机构:波科国际医疗贸易(上海)有限公司

发证日期:2014.03.31　**截止日期**:2018.03.30

国食药监械(进)字 2014 第 3771498 号

产品名称:PTCA 扩张导管(商品名:Emerge Over the Wire)(Emerge PTCA Dilatation Catheter)

规格型号:见附页

产品标准:YZB/USA 0984-2014《PTCA 扩张导管(商品名:Emerge Over the Wire)》

性能组成:该产品是 Over TheWire 导管,导管远端尖端附近带有一个半顺应性球囊。导管的远端部分以及近端部分都是双腔同轴结构。外腔用于球囊扩张,内腔允许使用直径 ≤0.014 in(0.36 mm) 的导丝将导管推进到并通过需要扩张的狭窄部位或支架部位。该产品环氧乙烷灭菌,一次性使用。

适用范围:该产品(球囊型号 1.20-4.00 mm)适用于对冠状动脉的狭窄节段或搭桥狭窄部位进行球囊导管扩张,以改善心肌灌注。(球囊型号 2.00-4.00 mm)还适用于球囊扩张支架(裸金属和药物洗脱)的递送后扩张。

变更情况:变更日期:2015.01.22。“One Boston Scientific Place, Natick, MA 01760, USA”变更为“300 Boston Scientific Way, Marlborough, MA 01752, USA”。

生产厂家:美国 Boston Scientific Corporation

注册代理:波科国际医疗贸易(上海)有限公司

服务机构:波科国际医疗贸易(上海)有限公司

发证日期:2014.03.31　**截止日期**:2018.03.30

国食药监械(进)字 2014 第 3221499 号

产品名称:软性亲水接触镜(Soft Contact Lens)

规格型号:GEO Fresh

产品标准:YZB/ROK 0405-2014《软性亲水接触镜》

性能组成:彩色日戴软性亲水接触镜,镜片材料为 HEMA、NVP、EGDMA、AIBN、1.3-Divinyltetramethyldisiloxane 及微量色素制成,可着单色(黑、灰、绿、紫、棕 1、棕 2、蓝),三色或双色(灰、绿、紫、棕、蓝),采用玻璃瓶或 PP 杯包装。含水量标称值:48%±2%,透氧系数标称值:12×10-11 (cm2/s) [ml02/ (ml×mmHg)],透氧量标称值:15 $\times10^{-9}$ (cm/s) [ml02/ (ml×mmHg)](允差-20%,-3.00D)。屈光度范围:0.00D~-10.00D,折射率:1.415±0.005,可见光透射比(湿体)>95%。建议镜片更换周期为 1 天。

适用范围:用于无禁忌症 18 岁及以上患者矫正近视。

生产厂家:韩国 GEO Medical Co., Ltd.

注册代理:上海高乐博眼镜有限公司

服务机构:上海高乐博眼镜有限公司

发证日期:2014.03.31　**截止日期**:2018.03.30

国食药监械(进)字 2014 第 3221500 号

产品名称:软性亲水接触镜(Soft Contact Lens)

规格型号:IMAGE COLOR II

产品标准:YZB/ROK 0838-2014《软性亲水接触镜》

性能组成:彩色日戴软性亲水接触镜,镜片材料为 HEMA、MMA、NVP、EGDMA、AIBN 及微量色素制成,可着单色(黑、灰、绿、紫、棕 1、棕 2、蓝),三色或双色(灰、绿、紫、棕、蓝),采用玻璃瓶或 PP 盒包装。含水量标称值:40%±2%,透氧系数标称值:9.7×10-11 (cm2/s) [ml02/ (ml×mmHg)],透氧量标称值:12×10^{-9} (cm/s) [ml02/ (ml×mmHg)](允差-20%，-3.00D)。屈光度范围：0.00D～-10.00D，折射率：1.435±0.005，可见光透射比（湿体）≥95%。
适用范围：用于无禁忌症 18 岁及以上患者矫正近视。
生产厂家：韩国 GEO Medical Co., Ltd.
注册代理：上海高乐博眼镜有限公司
服务机构：上海高乐博眼镜有限公司
发证日期：2014.03.31 **截止日期**：2018.03.30

国食药监械(进)字 2014 第 3541501 号

产品名称：婴儿培养箱（商品名：Dual Incu i）(定置型保育器)
规格型号：Atom Infant Incubator 100
产品标准：YZB/JAP 0567-2014《婴儿培养箱》
性能组成：产品由主机、皮肤/空气温度传感器、氧浓度传感器、湿度传感器、罩子组成。
适用范围：该产品属于新生儿、早产儿保育装置。其中婴儿培养箱部分用于低体重儿、早产儿、病危儿、新生儿恒温培养、新生儿体温复苏。婴儿辐射保暖台部分适用于抢救危重患儿和需要快速复温者，也可进行一般性治疗。该产品主要供医疗单位、妇幼保健院使用。
生产厂家：日本 ATOM MEDICAL 株式会社/アトムメディカル株式会社
注册代理：北京百世贸易有限公司
服务机构：北京百世贸易有限公司
发证日期：2014.03.11 **截止日期**：2018.03.10

国食药监械(进)字 2014 第 3301502 号

产品名称：全景及头颅 X 射线摄影机(パノラマ X 線撮影装置)
规格型号：Hyper-G; Hyper-G CM
产品标准：YZB/JAP 6298-2012《全景及头颅 X 射线摄影机》
性能组成：产品组成：X 射线管头（高压发生器及 X 射线管）；机架和摇臂；数字化图像处理系统（计算机工作站及显示器）；全景 CMOS 传感器（探测器）：C10500D-42；头颅 CMOS 传感器（探测器）：C10502D-42。性能：标称电功率：1080W；X 射线管头型号：Hyper-G，Hyper - GCM，X 射线管型号：D-052SB，固定阳极、焦点：0.5，；CMOS 传感器；摄影管电压调节范围：60-90kV；摄影管电流调节范围：2mA、4mA、6mA、8mA、10mA、12mA；加载时间调节范围：全景(PA)：7s/12s；TMJ4 分割：3s(×4)，头颅：正位 4s、侧位：短时间 2.9s，通常时间 4s。
适用范围：用于全景、头颅定位、上颌窦、颞颌关节摄影。
生产厂家：日本朝日 X 射线工业株式会社
注册代理：朝成医疗器械(上海)有限公司
服务机构：朝成医疗器械(上海)有限公司
发证日期：2014.03.11 **截止日期**：2018.03.10

国食药监械(进)字 2014 第 3281503 号

产品名称：磁共振成像系统(MR Imaging System)
规格型号：ECHELON OVAL
产品标准：YZB/JAP 0476-2014《磁共振成像系统》
性能组成：见附页。
适用范围：本产品为 1.5T 超导型磁共振成像系统，用于临床 MR 诊断。
备注：根据《医疗器械注册管理办法》第十五条有关规定，该产品暂缓注册检测。生产企业必须在首台医疗器械入境后、投入使用前完成注册检测。经检测合格后方可投入使用。
生产厂家：日本株式会社日立医疗器械
注册代理：日立医疗器械(北京)有限公司
服务机构：日立医疗器械(北京)有限公司
发证日期：2014.03.11 **截止日期**：2018.03.10

国食药监械(进)字 2014 第 3401504 号

产品名称：全自动化学发光酶免分析仪(ThunderBolt EIA)
规格型号：EIA
产品标准：YZB/USA 0608-2014《全自动化学发光酶免分析仪》
性能组成：该产品主要由智能样本架、试剂架、微孔板架、摄像头、加样针组件、条码扫描仪、温育组件、阅读组件、振荡组件、便携式电脑、软件组成。
适用范围：该产品用于对来源于人体的样本进行全自动酶免检测和化学发光试验。
生产厂家：美国 Gold Standard Diagnostics
注册代理：深圳德夏科技发展有限公司
服务机构：深圳德夏科技发展有限公司
发证日期：2014.03.11 **截止日期**：2018.03.10

国食药监械(进)字 2014 第 3401505 号

产品名称：实时荧光定量 PCR 仪(Real-Time PCR Instrument)
规格型号：QuantStudio Dx
产品标准：YZB/SIN 0535-2014《实时荧光定量 PCR 仪》
性能组成：该产品主要由温度控制系统、荧光检测系统、触摸屏、反应板和软件组成。
适用范围：该产品可用于进行基于荧光的聚合酶链反应，以提供人源性标本的核酸序列检测。
生产厂家：新加坡 Life Technologies Holdings Pte Ltd
注册代理：英潍捷基(上海)贸易有限公司
服务机构：英潍捷基(上海)贸易有限公司
发证日期：2014.03.11 **截止日期**：2018.03.10

国食药监械(进)字 2014 第 2221506 号

产品名称：内窥镜摄像系统（商品名：IMAGE 1 SPIES）(Endovision Camera Systems)
规格型号：见附页
产品标准：YZB/GER 0618-2014《内窥镜摄像系统》
性能组成：该产品由控制主机模块、高清三晶片摄像头连接主机模块、多用连接主机模块、摄像头、适配器和线缆组成。
适用范围：该产品与摄像头或电子镜配合使用，用于在常规内窥镜手术时对镜下画面进行观察、记录和存档。
生产厂家：德国 Karl Storz GmbH & Co. KG
注册代理：卡尔史托斯内窥镜(上海)有限公司
服务机构：卡尔史托斯内窥镜(上海)有限公司
发证日期：2014.02.24 **截止日期**：2018.02.23

国食药监械(进)字 2014 第 2401507 号

产品名称：全自动酶免分析仪（商品名：变色龙）(TRITURUS ANALYZER)
规格型号：Triturus
产品标准：YZB/SPA 0929-2014《全自动酶免分析仪》
性能组成：该产品主要由主机（样品旋转盘、试管旋转器、条码阅读器、微孔板加载台、稀释器、试剂架、探针清洗位、微板孵育器、洗板器、读板器、移动机械臂、板盖位置、废板位、容器瓶、废品盒和读板光源）及一次性 Tip 头、安装软件组成。
适用范围：该产品适用于医学实验室采用 96 孔微孔板对人类血清样本进行酶联免疫测定。
生产厂家：西班牙 Diagnostic Grifols, S.A.
注册代理：北京市斑珀斯技贸有限责任公司
服务机构：北京市斑珀斯技贸有限责任公司
发证日期：2014.04.09 **截止日期**：2018.04.08

国食药监械(进)字 2014 第 3401508 号

产品名称：全自动配血及血型分析仪(WADiana Compact)
规格型号：WADiana Compact
产品标准：YZB/SPA 0863-2014《全自动配血及血型分析仪》
性能组成：该产品主要由吸液系统、离心机、孵育器、图像处理阅读器、清洗系统、控制系统及随机软件 Diana 安装盘组成。
适用范围：该产品在医学临床检验上用于进行免疫血液学实验操作，可完成以下项目检测：ABO 血型正反定型、抗体筛查/鉴定、Rh 表型分析、直接 Coombs 试验、交叉配血实验。
生产厂家：西班牙 Diagnostic Grifols, S.A.
注册代理：北京市斑珀斯技贸有限责任公司
服务机构：北京市斑珀斯技贸有限责任公司
发证日期：2014.03.24 **截止日期**：2018.03.23

国食药监械(进)字 2014 第 2251509 号

产品名称：低频治疗仪(Low Frequency Therapy Unit)
规格型号：NB, NF, NB-T, NF-T
产品标准：YZB/JAP 0869-2014《低频治疗仪》
性能组成：产品由主机、电极（大(椭圆)10cm×7cm、中(圆)直径 4.5cm、小(圆)3cm)、海绵垫（大/中/小)、常规电极（长方形 8.5cm×6.5cm)、橡胶绑带（长、短)、乙烯袋、地线、乙烯罩组成。依据产品工作频率、脉冲宽度以及所配置附件（电极、常规电极）的数量不同分为以下型号：NB 型、NF 型、NB-T 型和 NF-T 型。
适用范围：该产品在临床上用于缓解肩部僵硬及末梢神经麻痹症状（恢复疲劳、改善血液循环、缓解神经和肌肉疼痛）。
生产厂家：日本 MINATO MEDICAL SCIENCE CO., LTD
服务机构：深圳市兴汇科技有限公司
发证日期：2014.04.09　**截止日期**：2018.04.08

国食药监械（进）字 2014 第 2221510 号

产品名称：内窥镜清洗消毒机（Endoscope Washing Disinfector）
规格型号：WASH:MASTER; WASH:MASTER plus executive
产品标准：YZB/GER 0973-2014《内窥镜清洗消毒机》
性能组成：该产品由消毒箱、灌装冲洗泵、水管、消毒池连接管、蓄水池连接管、消毒盖及脚踏开关组成。
适用范围：用于软式内窥镜的清洗和消毒。
生产厂家：德国 ENDO-TECHNIK Wolfgang Griesat GmbH
注册代理：康泰永信国际贸易（北京）有限公司
服务机构：南京微创医疗器械销售有限公司
发证日期：2014.03.24　**截止日期**：2018.03.23

国食药监械（进）字 2014 第 2311511 号

产品名称：呼吸门控系统（Respiratory Gating System）
规格型号：AZ-733V
产品标准：YZB/JAP 7791-2013《呼吸门控系统》
性能组成：该产品由传感器端口、波动装置、负载单元、负载单元固定带、负载单元校准器、连接线缆和 AZ-733V 软件（版本号：V3.0AW1）组成。
适用范围：该产品根据患者的腹部运动变化，取得患者的呼吸信息，根据需要，将呼吸门控信息提供给图像诊断设备或放射治疗设备。
生产厂家：日本安西医疗株式会社（安西メディカル株式会社）
注册代理：北京博雅泰医药技术开发有限公司
服务机构：北京博雅泰医药技术开发有限公司
发证日期：2014.03.24　**截止日期**：2018.03.23

国食药监械（进）字 2014 第 2211512 号

产品名称：24/48 小时动态血压记录仪（24/48 Hour Blood Pressure Recorder）
规格型号：BR-102 plus
产品标准：YZB/SWI 0753-2014《24/48 小时动态血压记录仪》
性能组成：该产品由主机和 MT300 后期分析软件（版本号：3.01.2）组成。
适用范围：该产品在专业的医疗机构和场所使用，仅供专业医生或在其指导下的经过培训的人员操作，对上臂围不小于 18 厘米且年龄大于 6 岁的小儿和成人，测量收缩压、舒张压、平均动脉压和脉搏率，并可储存、传输、显示和分析取得的数据。
生产厂家：瑞士席勒国际有限责任公司（SCHILLER AG）
注册代理：席勒国际贸易（上海）有限公司
服务机构：席勒国际贸易（上海）有限公司
发证日期：2014.03.24　**截止日期**：2018.03.23

国食药监械（进）字 2014 第 2551513 号

产品名称：超声洁牙机（Dental Scaler）
规格型号：Mini-Piezon
产品标准：YZB/SWI 1017-2014《超声洁牙机》
性能组成：产品由主机单元、各种工作尖（A 型、P 型、PS 型）和专用扳手、手柄（EN-041/A）、手柄连线、变压器、脚踏开关及供水管组成。
适用范围：该产品用于牙龈上下部结石的去除、齿根膜的治疗、邻接窝洞的制备、根管的制备、清洁和冲洗。
生产厂家：瑞士 E.M.S. Electro Medical Systems S.A.
注册代理：医迈斯电子医疗系统贸易（上海）有限公司
服务机构：医迈斯电子医疗系统贸易（上海）有限公司
发证日期：2014.04.09　**截止日期**：2018.04.08

国食药监械（进）字 2014 第 3301514 号

产品名称：全景口腔 X 射线机（パノラマ X 線撮影装置）
规格型号：AUTO III E; AUTO III ECM
产品标准：YZB/JAP 7591-2013《全景口腔 X 射线机》
性能组成：产品由 a）X 线高压发生装置；b）机体；c）控制器；d）头颅部分机体（只限于 AUTO IIIECM）组成。性能：标称电功率 900w，X 射线管焦点：0.5×1.0；X 射线管电压范围：60-90KV；摄影管电流：固定 10mA；加载时间：12s（全景摄影），0.3-3.2s（头颅摄影，只限于 AUTO III ECM），TMJ 侧面：3s（×4）。
适用范围：用于牙齿、颚颜面区域的 X 射线摄影诊断。
生产厂家：日本朝日 X 射线工业株式会社
注册代理：朝成医疗器械（上海）有限公司
服务机构：朝成医疗器械（上海）有限公司
发证日期：2014.03.24　**截止日期**：2018.03.23

国食药监械（进）字 2014 第 2211515 号

产品名称：人体成分分析仪（Body Composition Analyzer）
规格型号：InBody720
产品标准：YZB/ROK 0831-2014《人体成分分析仪》
性能组成：该产品由触控面板、左右侧卧柄（含手掌电极、拇指电极）、脚踏板（含脚跟电极、脚掌电极）、立柱、电源线组成。
适用范围：本产品适用于测量人体体重及体电阻。
生产厂家：韩国 Biospace Co., Ltd.
注册代理：拜斯倍斯医疗器械贸易（上海）有限公司
服务机构：拜斯倍斯医疗器械贸易（上海）有限公司
发证日期：2014.03.24　**截止日期**：2018.03.23

国食药监械（进）字 2014 第 2211516 号

产品名称：人体成分分析仪（Body Composition Analyzer）
规格型号：InBody770, InBody370, InBody570, InBodyJ30
产品标准：YZB/ROK 0832-2014《人体成分分析仪》
性能组成：该产品由触控面板、左右侧卧柄（含手掌电极、拇指电极）、脚踏板（含脚跟电极、脚掌电极）、立柱、电源线、适配器组成。
适用范围：本产品适用于测量人体体重及体电阻。
生产厂家：韩国 Biospace Co., Ltd.
注册代理：拜斯倍斯医疗器械贸易（上海）有限公司
服务机构：拜斯倍斯医疗器械贸易（上海）有限公司
发证日期：2014.04.09　**截止日期**：2018.04.08

国食药监械（进）字 2014 第 2211517 号

产品名称：人体成分分析仪（Body Composition Analyzer）
规格型号：InBodyS10
产品标准：YZB/ROK 0833-2014《人体成分分析仪》
性能组成：该产品由触控面板、电源适配器、电源线、电极（包括手电极和足电极）和电池组成。
适用范围：本产品适用于测量人体体重及体电阻。
生产厂家：韩国 Biospace Co., Ltd.
注册代理：拜斯倍斯医疗器械贸易（上海）有限公司
服务机构：拜斯倍斯医疗器械贸易（上海）有限公司
发证日期：2014.04.09　**截止日期**：2018.04.08

国食药监械（进）字 2014 第 3231518 号

产品名称：超声眼科乳化玻切治疗仪（Ophthalmic Surgical System）
规格型号：Megatron, Megatron Cool
产品标准：YZB/GER 1025-2014《超声眼科乳化玻切治疗仪》
性能组成：产品由主机、脚踏开关、超乳附件、玻切附件、注吸附件和电凝附件组成，规格型号详见《产品性能结构及组成附页》。
适用范围：临床用于眼科白内障超声乳化和玻璃体切除术中。
生产厂家：德国 Geuder AG
注册代理：北京高视远望科技有限责任公司
服务机构：北京高视远望科技有限责任公司
发证日期：2014.04.09　**截止日期**：2018.04.08

国食药监械（进）字 2014 第 2401519 号

产品名称：全自动生化分析仪（Automatic Analyzer）
规格型号：A25
产品标准：YZB/SPA 0886-2014《全自动生化分析仪》
性能组成：该产品主要由操作臂、分液系统和读数反应转盘、控制系统、打印系统和随机软件组成。

适用范围:该产品用于人体血清、血浆、尿液、脑脊液样本的临床生化项目检测。
生产厂家:西班牙 Biosystems S.A.
注册代理:重庆圣利安医疗设备有限公司
服务机构:重庆圣利安医疗设备有限公司
发证日期:2014.04.09 截止日期:2018.04.08

国食药监械(进)字 2014 第 2211520 号

产品名称:前庭功能自动旋转检测仪(Vestibular Autorotation Test)
规格型号:VAT
产品标准:YZB/USA 0900-2014《前庭功能自动旋转检测仪》
性能组成:由头盔(包括头部传感器)、放大器、光盘(型号:VAT;版本号:Version 105)、隔离电源组成。
适用范围:记录、分析内耳和脑干电生理信号。
生产厂家:美国 Western Systems Research .Inc
注册代理:北京曼泰里生物技术有限公司
服务机构:北京曼泰里生物技术有限公司
发证日期:2014.03.24 截止日期:2018.03.23

国食药监械(进)字 2014 第 2401521 号

产品名称:血液分析仪(Hematology analyzer)
规格型号:PENTRA DX 120
产品标准:YZB/FRA 0849-2014《血液分析仪》
性能组成:该分析仪由主机组成,其中包含有进样架、进样架接受盘、试剂室、手动进样装置、控制面板、LCD 显示器及软件组件。
适用范围:该分析仪用于对全血样本进行细胞分类和计数。
备注:2014 年 8 月 8 日同意更正企业注册地址、生产地址内容,2014 年 3 月 24 日核发的医疗器械注册登记表予以废止。
生产厂家:法国 HORIBA ABX SAS
注册代理:堀场(中国)贸易有限公司
服务机构:堀场(中国)贸易有限公司
发证日期:2014.03.24 截止日期:2018.03.23

国食药监械(进)字 2014 第 3221522 号

产品名称:关节镜刨削手机及附件(Arthroscopic Shaver System)
规格型号:见附页
产品标准:YZB/USA 0905-2014《关节镜刨削手机及附件》
性能组成:本产品由刨削手机和刨刀组成,具体型号见附页。性能参数详见注册产品标准。
适用范围:关节镜刨削手机及附件供外科医生在骨科手术中用于切除组织和骨粘附物。
生产厂家:美国 Stryker Endoscopy
注册代理:史赛克(北京)医疗器械有限公司
服务机构:史赛克(北京)医疗器械有限公司
发证日期:2014.04.09 截止日期:2018.04.08

国食药监械(进)字 2014 第 2551523 号

产品名称:根管诊断设备(Elements Diagnostic Unit)
规格型号:Diagnostic
产品标准:YZB/USA 7658-2013《根管诊断设备》
性能组成:本产品由主机(带小卫星的主机编号:973-0300;无小卫星的主机编号:973-0320)、锉夹(编号:973-0310)、唇钩(编号:973-0313)、牙根管长度测定探测针(编号:973-0307)、长针头牙髓活力探测针(编号:973-0309)、短针头牙髓活力探测针(编号:973-0308)、患者引导线(编号:973-0311)、充电适配器(编号:973-0302)、电池组(编号:973-0305)和可选配件:小卫星(带连接线)(编号:973-0303)、小卫星连接线(编号:973-0304)组成。
适用范围:本产品在 AL 模式下,用于牙髓根管治疗中定位根尖位置;在 VS 模式下,用于测量牙髓活力。
生产厂家:美国 Ormco Corporation also trading as SybronEndo
注册代理:卡瓦盛邦(上海)牙科医疗器械有限公司
服务机构:卡瓦盛邦(上海)牙科医疗器械有限公司
发证日期:2014.03.24 截止日期:2018.03.23

国食药监械(进)字 2014 第 2221524 号

产品名称:关节镜用冲洗泵(Flosteady Arthroscopy Pump)
规格型号:200
产品标准:YZB/GER 0993-2014《关节镜用冲洗泵》
性能组成:该产品由主机、无菌包装的管路套装(Z1450-39,Z1451-39,Z1452-39,Z1453-39,Z1454-39,Z1455-39)和脚踏开关组成。
适用范围:该产品用于关节镜诊断和检查时,通过供给冲洗液使关节内压力达到预设压力,扩大关节腔间隙,从而使医生能够进行关节镜的诊断和检查。
变更情况:变更日期:2014.12.08。生产企业名称变更:由“W.O.M.World of Medicine AG”变更为“W.O.M.WORLD OF MEDICINE GmbH”;注册地址变更:由“Salzufer 8 10587 Berlin, Germany”变更为“Salzufer8, 10587 Berlin, Germany”;生产地址变更:由“AltePoststraβe 11 96337 Ludwigsstadt, Germany”变更为“Alte Poststraβe 11, 96337 Ludwigsstadt, Germany”。
生产厂家:德国 W.O.M. World of Medicine AG
注册代理:史赛克(北京)医疗器械有限公司
服务机构:史赛克(北京)医疗器械有限公司
发证日期:2014.04.09 截止日期:2018.04.08

国食药监械(进)字 2014 第 2221525 号

产品名称:阴道显微镜(Colposcope)
规格型号:3ML LED
产品标准:YZB/GER 0956-2014《阴道显微镜》
性能组成:本产品有光学镜头,支架,底盘,电源适配器和照相机接口组成。
适用范围:本产品适用于妇科检查中对女性外生殖器的无接触检测,同时也可用于其它外周器官无接触检测.
生产厂家:德国 LEISEGANG Feinmechanik-Optik GmbH
注册代理:北京威尼汇力医疗器械有限公司
服务机构:北京四维赛洋科技有限公司
发证日期:2014.04.09 截止日期:2018.04.08

国食药监械(进)字 2014 第 3541526 号

产品名称:呼吸机(Ventilator System)
规格型号:InspirationTM LS
产品标准:YZB/IRE 0961-2014《呼吸机》
性能组成:产品由主机及电源线组成。
适用范围:用于新生儿、儿童和成人的呼吸支持及呼吸治疗。
生产厂家:爱尔兰 eVent Medical Limited
注册代理:凯迪泰(北京)医疗科技有限公司
服务机构:凯迪泰(北京)医疗科技有限公司
发证日期:2014.03.24 截止日期:2018.03.23

国食药监械(进)字 2014 第 2261527 号

产品名称:生物刺激反馈仪(Myotrac Infiniti System)
规格型号:SA9800
产品标准:YZB/CAN 1115-2014《生物刺激反馈仪》
性能组成:产品由主机(2 通道、含嵌入式软件)、上位机软件、电脑(选配)、电源适配器、USB 数据传输线、贴片电极、电极线、阴道电极和直肠电极组成。
适用范围:该仪器对患者的体表肌电信号进行采集、分析和反馈训练,可以对患者的肌肉施加电刺激来恢复患者的肌肉功能障碍。
生产厂家:加拿大 Thought technology Ltd.
注册代理:南京伟思医疗科技有限责任公司
服务机构:南京伟思医疗科技有限责任公司
发证日期:2014.04.09 截止日期:2018.04.08

国食药监械(进)字 2014 第 2221528 号

产品名称:正置显微镜(Microscope)
规格型号:Axio Imager A2、Axio Imager D2、Axio Imager M2、Axio Imager Z2
产品标准:YZB/GER 1015-2014《正置显微镜》
性能组成:1)目镜、物镜(规格型号见附录 B);2)双目镜筒;3)显微镜主机,电动(Axio Imager M2、Axio ImagerZ2),半电动(Axio Imager D2),手动(Axio ImagerA2);4)透射光照明器(HAL 100:卤素灯 12V, 100W);荧光光源(X-Cite 120,金属卤化物灯);5)TFT 显示器;6)载物台;7)物镜转换器;8)聚光镜;9)反射模块转盘。

适用范围:该产品适合用于生物和医学领域，可用于观察人体血液和/或组织样本。
生产厂家:德国 Carl Zeiss Microscopy GmbH
注册代理:卡尔蔡司(上海)管理有限公司
服务机构:卡尔蔡司(上海)管理有限公司
发证日期:2014.04.09 截止日期:2018.04.08

国食药监械(进)字 2014 第 2401529 号

产品名称:钠电极(Sodium Sensor)
规格型号:电极:1 个/盒
产品标准:YZB/USA 0983-2014《钠电极》
性能组成:钠电极一个。
适用范围:该产品与 Rapidlab 348/348EX/800 系列/1200 系列血气分析仪一起使用，在医学临床上用于辅助测定样本中的钠。
生产厂家:美国 Siemens Healthcare Diagnostics Inc.
注册代理:西门子医学诊断产品(上海)有限公司
服务机构:西门子医学诊断产品(上海)有限公司
发证日期:2014.03.24 截止日期:2018.03.23

国食药监械(进)字 2014 第 2401530 号

产品名称:氧电极(pO2 Sensor)
规格型号:电极:1 个/盒
产品标准:YZB/USA 0986-2014《氧电极》
性能组成:氧电极一个。
适用范围:该产品与 Rapidlab 248/348/348EX/800 系列血气分析仪一起使用，在医学临床上用于辅助测定样本中的 pO2。
生产厂家:美国 Siemens Healthcare Diagnostics Inc.
注册代理:西门子医学诊断产品(上海)有限公司
服务机构:西门子医学诊断产品(上海)有限公司
发证日期:2014.03.24 截止日期:2018.03.23

国食药监械(进)字 2014 第 2401531 号

产品名称:钾电极(Potassium Sensor)
规格型号:电极:1 个/盒
产品标准:YZB/USA 0987-2014《钾电极》
性能组成:钾电极一个。
适用范围:该产品与 Rapidlab 348/348EX/800 系列/1200 系列血气分析仪一起使用，在医学临床上用于辅助测定样本中的钾。
生产厂家:美国 Siemens Healthcare Diagnostics Inc.
注册代理:西门子医学诊断产品(上海)有限公司
服务机构:西门子医学诊断产品(上海)有限公司
发证日期:2014.03.24 截止日期:2018.03.23

国食药监械(进)字 2014 第 2401532 号

产品名称:氯电极(Chloride Sensor)
规格型号:电极:1 个/盒
产品标准:YZB/USA 0990-2014《氯电极》
性能组成:氯电极一个。
适用范围:该产品与 Rapidlab 348/348EX/800 系列/1200 系列血气分析仪一起使用，在医学临床上用于辅助测定样本中的氯。
生产厂家:美国 Siemens Healthcare Diagnostics Inc.
注册代理:西门子医学诊断产品(上海)有限公司
服务机构:西门子医学诊断产品(上海)有限公司
发证日期:2014.03.24 截止日期:2018.03.23

国食药监械(进)字 2014 第 2401533 号

产品名称:二氧化碳电极(pCO2 Sensor)
规格型号:电极:1 个/盒
产品标准:YZB/USA 0992-2014《二氧化碳电极》
性能组成:二氧化碳电极一个。
适用范围:该产品与 Rapidlab 248/348/348EX/800 系列血气分析仪一起使用，在医学临床上用于辅助测定样本中的 pCO2。
生产厂家:美国 Siemens Healthcare Diagnostics Inc.
注册代理:西门子医学诊断产品(上海)有限公司
服务机构:西门子医学诊断产品(上海)有限公司
发证日期:2014.03.24 截止日期:2018.03.23

国食药监械(进)字 2014 第 2401534 号

产品名称:参比电极(Reference Sensor)
规格型号:参比外电极:1 个/盒，参比内电极:1 个/盒。
产品标准:YZB/USA 0994-2014《参比电极》
性能组成:参比电极由参比外电极 (Reference sensor refill) 一个和参比内电极 (Reference inner) 一个组成。
适用范围:该产品与 Rapidlab 248/348/348EX/800 系列血气分析仪一起使用，在医学临床上用于辅助测定样本中的 pH、钠、钾、钙、氯。
生产厂家:美国 Siemens Healthcare Diagnostics Inc.
注册代理:西门子医学诊断产品(上海)有限公司
服务机构:西门子医学诊断产品(上海)有限公司
发证日期:2014.03.24 截止日期:2018.03.23

国食药监械(进)字 2014 第 2401535 号

产品名称:pH 电极(pH Sensor)
规格型号:电极:1 个/盒
产品标准:YZB/USA 0995-2014《pH 电极》
性能组成:pH 电极一个。
适用范围:该产品与 Rapidlab 248/348/348EX/800 系列/1200 系列血气分析仪一起使用，在医学临床上用于辅助测定样本中的 pH。
生产厂家:美国 Siemens Healthcare Diagnostics Inc.
注册代理:西门子医学诊断产品(上海)有限公司
服务机构:西门子医学诊断产品(上海)有限公司
发证日期:2014.03.24 截止日期:2018.03.23

国食药监械(进)字 2014 第 2401536 号

产品名称:钙电极(Calcium Sensor)
规格型号:电极:1 个/盒
产品标准:YZB/USA 0996-2014《钙电极》
性能组成:钙电极一个。
适用范围:该产品与 Rapidlab 348/348EX/800 系列血气分析仪一起使用，在医学临床上用于辅助测定样本中的钙。
生产厂家:美国 Siemens Healthcare Diagnostics Inc.
注册代理:西门子医学诊断产品(上海)有限公司
服务机构:西门子医学诊断产品(上海)有限公司
发证日期:2014.03.24 截止日期:2018.03.23

国食药监械(进)字 2014 第 1411537 号

产品名称:全自动制片仪(ADVIA Autoslide Slide Maker Stainer)
规格型号:ADVIA AUTOSLIDE
产品标准:YZB/USA 1093-2014《全自动制片仪》
性能组成:该仪器由制片仪机身、推片装置、染色装置、运输装置、软件组成。
适用范围:该产品用于制备表面带有血膜的玻片，与西门子公司生产的血液分析仪配合使用，做为显微镜下检查白细胞形态的辅助工具。
生产厂家:美国 Siemens Healthcare Diagnostics Inc.
注册代理:西门子医学诊断产品(上海)有限公司
服务机构:西门子医学诊断产品(上海)有限公司
发证日期:2014.04.09 截止日期:2018.04.08

国食药监械(进)字 2014 第 3241538 号

产品名称:多波长激光光凝仪(Multicolor Laser Photocoagulator)
规格型号:MC-500
产品标准:YZB/JAP 1260-2014《多波长激光光凝仪》
性能组成:该产品是将主波长 532nm、577nm、647nm 激光作为光源的眼科用激光光凝仪。绿色激光(主波长 532nm)、黄色激光(主波长 577nm)、红色激光(主波长 647nm)的 3 波长均可选择作为治疗光。其激光照射模式可任选在单发照射的单点或通过连续照射的各种模式形状扫描的扫描照射光凝仪由系统主机、脚踏开关及适配器系统组成。可选适配器:可拆卸适配器 (适用于 NIDEKSL-1800)、扫描可拆卸型适配器 (适用于 NIDEKSL-1800)。
适用范围:该产品利用激光的热作用，通过视网膜、虹膜、睫状体及前房光凝固手术治疗眼科疾病。
生产厂家:日本尼德克株式会社，株式会社ニデック(NIDEK CO., LTD.)
注册代理:日本尼德克株式会社北京代表处

服务机构:日本尼德克株式会社北京代表处
发证日期:2014.03.31 截止日期:2018.03.30

国食药监械(进)字 2014 第 3241539 号

产品名称:多波长激光治疗仪（商品名: DEKA）(Multi-wavelength Laser Unit)
规格型号:SmartXide2 C80
产品标准:YZB/ITA 1031-2014《多波长激光治疗仪》
性能组成:该产品由主机、脚踏开关、二氧化碳激光导光臂、手件及接头、显微镜操纵器及扫描器（Hi-Scan DOT/RF 扫描器、Hi-Scan V2LR 扫描器、Hi-Scan 外科扫描器和 EndoScan 扫描器）组成。
适用范围:二氧化碳激光可用于耳鼻喉科、妇科、神经外科、皮肤美容科，二极管激光可用于耳鼻喉科的治疗。
生产厂家:意大利 DEKA M.E.L.A. Srl
注册代理:北京德卡光学技术有限公司
服务机构:北京德卡光学技术有限公司
发证日期:2014.03.31 截止日期:2018.03.30

国食药监械(进)字 2014 第 3231540 号

产品名称:超声诊断系统(Ultrasonic Diagnostic Equipment)
规格型号:MyLabAlpha
产品标准:YZB/ITA 0892-2014《超声诊断系统》
性能组成:见《产品性能结构及组成附页》。
适用范围:用于临床超声诊断检查。各探头临床应用见《产品性能结构及组成附页》。
生产厂家:意大利 ESAOTE SPA
注册代理:百胜(深圳)医疗设备有限公司
服务机构:百胜(深圳)医疗设备有限公司
发证日期:2014.03.31 截止日期:2018.03.30

国食药监械(进)字 2014 第 3241541 号

产品名称:半导体激光治疗机(Laserdusche POWER TWIN21)
规格型号:LDU8021PN
产品标准:YZB/GER 1160-2014《半导体激光治疗机》
性能组成:该产品由电源适配器、主机、PowerTwin 激光输出头组成。
适用范围:该产品可针对（长期）不愈合伤口、炎症和疼痛进行辅助治疗，可加速伤口愈合或促进人体自我恢复功能。
生产厂家:德国 Livetec Ingenieurburo GmbH
注册代理:康科德(北京)医疗设备有限公司
服务机构:康科德(北京)医疗设备有限公司
发证日期:2014.03.31 截止日期:2018.03.30

国食药监械(进)字 2014 第 3221542 号

产品名称:膀胱电切镜(Cystoscopy)
规格型号:见附页
产品标准:YZB/GER 0888-2014《膀胱电切镜》
性能组成:该产品由硬性光学内窥镜及附件组成。
适用范围:该产品适用于膀胱临床手术中检查、诊断和治疗用。
生产厂家:德国 STEMA 公司(STEMA Medizintechnik GmbH)
注册代理:上海安润医疗设备有限公司
服务机构:上海圣菲实业有限公司
发证日期:2014.03.31 截止日期:2018.03.30

国食药监械(进)字 2014 第 3251543 号

产品名称:牙科高频电刀(Dental high frequency electro-surgery unit)
规格型号:XO Odontosurge
产品标准:YZB/DEN 0632-2014《牙科高频电刀》
性能组成:高频电刀由一台主机箱、手柄及电缆、一套 7 个不同的电极和一条主电源线组成。电极型号及描述见附页。主机额定输出频率 27.126MHz。高频输出方式为单极，具有切割、电凝模式。额定负载 500 Ω，最大输出功率 50W，能够自动控制输出功率。
适用范围:产品用于口腔手术过程中切割、移除软组织或控制出血。
生产厂家:丹麦 XO CARE A/S
注册代理:金冕医学仪器(深圳)有限公司
服务机构:金冕医学仪器(深圳)有限公司
发证日期:2014.03.31 截止日期:2018.03.30

国食药监械(进)字 2014 第 3231544 号

产品名称:眼科超声仪(Ophthalmic echograph)
规格型号:Axis Nano
产品标准:YZB/FRA 1136-2014《眼科超声仪》
性能组成:该产品由 Axis Nano 测量仪、探头支架、TP-02-las A 超探头、TP-01-b A 超探头、普拉格杯（型号 XEAAACOQPRAEG15、XEAAACOQPRAEG17)、便携箱组成。
适用范围:该产品用于测量眼轴长度、计算植入的眼内晶体的屈光度。
生产厂家:法国 QUANTEL MEDICAL
注册代理:北京高视远望科技有限责任公司
服务机构:北京高视远望科技有限责任公司
发证日期:2014.03.31 截止日期:2018.03.30

国食药监械(进)字 2014 第 3211545 号

产品名称:植入式心脏复律除颤器电极导线(Implantable ICD Lead)
规格型号:Linox Smart ProMRI S 65, Linox Smart ProMRI S 75, Linox Smart ProMRI SD 65/16, Linox Smart ProMRI SD 65/18, Linox Smart ProMRI SD 75/18, Linox Smart ProMRI S DX 65/15, Linox Smart ProMRI S DX 65/17
产品标准:YZB/GER 0989-2014《植入式心脏复律除颤器电极导线》
性能组成:产品由电极导线及附件组成，电极导线由传导电线、电极导线体、固定套管、分岔、环形电极、类固醇药套、可伸缩螺旋、1 根 IS-1 连接器（DX 型号为 2 根）、1 根 DF-1 连接器（SD 型号为 2 根）、1 个放电线圈（SD 型号为 2 个）。产品附件见附表。
适用范围:与植入式心脏复律除颤器相连接，构成一个心脏除颤和起搏系统。在特定的前提和条件下，在保证对患者和植入设备采取了特殊保护措施的情况下，可以用该电极导线进行核磁共振影像检查。
生产厂家:德国百多力欧洲股份两合公司(BIOTRONIK SE&Co.KG)
注册代理:百多力(北京)医疗器械有限公司
服务机构:百多力(北京)医疗器械有限公司
发证日期:2014.03.31 截止日期:2018.03.30

国食药监械(进)字 2014 第 3771546 号

产品名称:可控电生理诊断导管（商品名: ViaCath）(Cardiac Diagnostic Catheters)
规格型号:见附页
产品标准:YZB/GER 1009-2014《可控电生理诊断导管》
性能组成:产品为一次性使用，经环氧乙烷灭菌。由导管头端、铂铱电极、导管管身、把手和插头组成。产品规格型号及头端弯型图示见附页。
适用范围:该产品适用于临时静脉使用，结合外部起搏器以及电生理检查和记录仪器刺激和诱导心内信号。
备注:2014 年 6 月 23 日同意更正生产地址内容，2014 年 3 月 31 日核发的医疗器械注册登记表予以废止。
生产厂家:德国 VascoMed GmbH
注册代理:百多力(北京)医疗器械有限公司
服务机构:百多力(北京)医疗器械有限公司
发证日期:2014.03.31 截止日期:2018.03.30

国食药监械(进)字 2014 第 2401547 号

产品名称:幽门螺杆菌检测试剂盒（尿素酶法）(Diagnostic Kit for Detection of Helicobacter pylori)
规格型号:50 人份/盒
产品标准:YZB/ROK 1006-2014
性能组成:pH 指示剂（氯酚红）0.05mg、尿素酶底物（尿素）1mg、醋酸钠 0.03mg、氯化钾 1mg、细菌琼脂 3mg。产品有效期：贮存于 2～8℃下，有效期 12 个月。附件：注册产品标准，产品说明书。
适用范围:该试剂盒用于定性检测胃粘膜活检标本中幽门螺杆菌。
生产厂家:韩国 Asan Pharmaceutical Co., Ltd
注册代理:北京林特医药科技有限公司
发证日期:2014.03.24 截止日期:2018.03.23

国食药监械(进)字 2014 第 2401548 号

产品名称:抗双链 DNA 抗体阳性质控品(Positive control: Anti-dsDNA(nDNA))

规格型号:CA 1572-0101-3：1×0.1ml，CA 1572-0105-3：1×0.5ml。
产品标准:YZB/GER 7189-2013
性能组成:阳性质控品：抗 dsDNA 自身抗体（人源)。产品有效期：2-8°C 保存，有效期 18 个月。附件：注册产品标准，产品说明书。
适用范围:该产品用于绿蝇短膜虫的欧蒙间接免疫荧光法检测系统，实验室可以确定试剂检测性能的重复性（精密度)。
生产厂家:德国 EUROIMMUN Medizinische Labordiagnostika AG
注册代理:北京欧蒙生物技术有限公司
发证日期:2014.03.28 **截止日期**:2018.03.27

国食药监械(进)字 2014 第 2401549 号

产品名称:抗核抗体（均质型）阳性质控品（Positive control：ANA homogeneous)
规格型号:CA 1570-0101-3：1×0.1ml，CA 1570-0105-3：1×0.5ml。
产品标准:YZB/GER 7204-2013
性能组成:阳性质控品：自身抗核抗体（ANA）(人源)。产品有效期：2-8°C 保存，有效期 18 个月。附件：注册产品标准，产品说明书。
适用范围:该产品用于 HEp-2 细胞/HEp-20-10 细胞的欧蒙间接免疫荧光法检测系统，实验室可以确定试剂检测性能的重复性（精密度)。
生产厂家:德国 EUROIMMUN Medizinische Labordiagnostika AG
注册代理:北京欧蒙生物技术有限公司
发证日期:2014.03.28 **截止日期**:2018.03.27

国食药监械(进)字 2014 第 2401550 号

产品名称:抗线粒体抗体阳性质控品（Positive control：Anti-mitochondria)
规格型号:CA 1622-0101-03：1×0.1mL，CA 1622-0105-03：1×0.5mL。
产品标准:YZB/GER 7206-2013
性能组成:阳性质控品：抗 AMA-M2 自身抗体（人源)。产品有效期：2-8°C 保存，有效期 18 个月。附件：注册产品标准，产品说明书。
适用范围:该产品用于大鼠肾的欧蒙间接免疫荧光法检测系统，实验室可以确定试剂检测性能的重复性（精密度)。
生产厂家:德国 EUROIMMUN Medizinische Labordiagnostika AG
注册代理:北京欧蒙生物技术有限公司
发证日期:2014.03.28 **截止日期**:2018.03.27

国食药监械(进)字 2014 第 2401551 号

产品名称:二氧化碳质控品（水平 1）(DC-TROL level 1)
规格型号:10×5ml
产品标准:YZB/CAN 1419-2014
性能组成:该质控血清是由人血清制备，并添加了人和非人类酶以及非蛋白成分而成。添加抑菌剂将延长复溶稳定性。产品有效期：2-8℃条件下保存，有效期 36 个月。附件：注册产品标准，产品说明书。
适用范围:用于评估二氧化碳的质控情况。
生产厂家:加拿大 Sekisui diagnostics P.E.I.Inc
注册代理:上海基恩科技有限公司
发证日期:2014.03.28 **截止日期**:2018.03.27

国食药监械(进)字 2014 第 2401552 号

产品名称:二氧化碳定标品(DC-CAL)
规格型号:5×3mL
产品标准:YZB/CAN 1425-2014
性能组成:基于人基质的冻干血清。产品有效期：2-8℃条件下保存，有效期 36 个月。附件：注册产品标准，产品说明书。
适用范围:用于二氧化碳的定标。
生产厂家:加拿大 Sekisui diagnostics P.E.I.Inc
注册代理:上海基恩科技有限公司
发证日期:2014.03.28 **截止日期**:2018.03.27

国食药监械(进)字 2014 第 2401553 号

产品名称:二氧化碳质控品（水平 2）(DC-TROL level 2)
规格型号:10×5mL
产品标准:YZB/CAN 1435-2014
性能组成:该质控血清是由人血清制备，并添加了人和非人类酶以及非蛋白成分而成。添加抑菌剂将延长复溶稳定性。产品有效期：2-8℃条件下保存，有效期 36 个月。附件：注册产品标准，产品说明书。
适用范围:用于评估二氧化碳的质控情况。
生产厂家:加拿大 Sekisui diagnostics P.E.I.Inc
注册代理:上海基恩科技有限公司
发证日期:2014.03.28 **截止日期**:2018.03.27

国食药监械(进)字 2014 第 2401554 号

产品名称:同型半胱氨酸检测用校准品(Homocysteine Calibrator Kit)
规格型号:2 × 3 mL
产品标准:YZB/GER 7851-2013
性能组成:试剂-工作液：反应性成分含人类血清，添加了同型半胱氨酸（来源于人类血清)；无反应性成分包括防腐剂；提供的其他物品：条形码标签。（具体内容详见说明书)。产品有效期：保存在 2-8℃，有效期 15 个月。附件：注册产品标准，产品说明书。
适用范围:用于同型半胱氨酸检测的校准。
变更情况:变更日期：2014.10.23。同意将生产地址变更为“9115 Hague Road Indianapolis, Indiana 46250, USA”。
生产厂家:德国 Roche Diagnostics GmbH
注册代理:罗氏诊断产品(上海)有限公司
发证日期:2014.03.24 **截止日期**:2018.03.23

国食药监械(进)字 2014 第 2401555 号

产品名称:同型半胱氨酸检测用质控品(Homocysteine Control Kit)
规格型号:质控 1：2×3 mL；质控 2：2×3 mL。
产品标准:YZB/GER 7853-2013
性能组成:试剂-工作液：反应性成份包括人类血清以及添加的同型半胱氨酸（人类血清)，无反应性成份包括防腐剂；提供的其他物品包括条码标签。（具体内容详见说明书)。产品有效期：保存在 2-8℃，有效期 15 个月。附件：注册产品标准，产品说明书。
适用范围:用于同型半胱氨酸定量检测的质量控制。
变更情况:变更日期：2014.10.23。生产地址变更为“9115 Hague Road Indianapolis, Indiana 46250, USA”。
生产厂家:德国 Roche Diagnostics GmbH
注册代理:罗氏诊断产品(上海)有限公司
发证日期:2014.03.28 **截止日期**:2018.03.27

国食药监械(进)字 2014 第 2401556 号

产品名称:尿液分析试纸条(干化学法)(Uriflet S 10HA)
规格型号:100 条/筒
产品标准:YZB/JAP 1467-2014
性能组成:试纸条包含：葡萄糖测试块、蛋白质测试块、胆红素测试块、尿胆原测试块、肌酐测试块、pH 测试块、隐血测试块、酮体测试块、亚硝酸盐测试块、白细胞测试块。(具体内容详见说明书)。产品有效期：1-30℃储存，有效期：2 年。附件：注册产品标准，产品说明书。
适用范围:用于临床尿液中葡萄糖、蛋白质、胆红素、尿胆原、肌酐、pH、隐血、酮体、亚硝酸盐、白细胞的半定量检查。
生产厂家:日本 ARKRAY Factory, Inc.
注册代理:爱科来国际贸易（上海）有限公司
发证日期:2014.03.28 **截止日期**:2018.03.27

国食药监械(进)字 2014 第 1401557 号

产品名称:流式细胞仪用溶血剂（商品名：IntraPrep）(IntraPrep Permeabilization Reagent)
规格型号:6 x 5 毫升
产品标准:YZB/FRA 1062-2014
性能组成:试剂 1：固定剂，甲醛；试剂 2：破膜剂，皂甙。(具体内容详见说明书)。产品有效期：18-25℃保存，未开瓶有效期 17 个月。附件：注册产品标准，产品说明书。
适用范围:该产品由两种可直接使用的试剂组成，用于诱导改变白细胞的细胞膜产生通透性，从而暴露出细胞内抗原决定簇，使得荧光单克隆抗体可透过细胞膜与抗原结合，用于流式细胞仪分析的样本准备。
生产厂家:法国 Immunotech S.A.S(a Beckman Coulter Company)
注册代理:贝克曼库尔特商贸(中国)有限公司
发证日期:2014.03.28 **截止日期**:2018.03.27

国食药监械(进)字 2014 第 2401558 号

产品名称:尿微量白蛋白质控液(NycoCard U-Albumin Control)

规格型号:阳性对照 (C+): 1×1.0ml, 阴性对照 (C-): 1×1.0ml。
产品标准:YZB/NOR 1044-2014
性能组成:阳性对照 (C+): 含有叠氮化钠的人源尿液, 阴性对照 (C-): 含有叠氮化钠的人源尿液。(具体内容详见说明书)。产品有效期: 储存在 2-8℃的环境中, 避免暴露在阳光直射下和温度高于 25℃的环境中。有效期为 24 个月。附件: 注册产品标准, 产品说明书。
适用范围:本产品用于确认尿微量白蛋白检测的有效性和正确性。
生产厂家:挪威 Axis-Shield PoC AS
注册代理:美艾利尔(中国)医疗器械有限公司
发证日期:2014.03.24 **截止日期**:2018.03.23

国食药监械(进)字 2014 第 2401559 号

产品名称:微量白蛋白测定试剂盒(免疫比浊法)(Microalbumin)
规格型号:试剂 1: 4×15mL, 试剂 2: 4×5mL。
产品标准:YZB/IRE 1280-2014
性能组成:活性成分: 三羟甲基氨基甲烷缓冲液, 山羊抗人白蛋白抗体; 防腐剂。(具体内容详见产品说明书)。产品有效期: 2-8℃保存, 有效期 24 个月。附件: 注册产品标准, 产品说明书。
适用范围:本产品用于体外定量检测人尿液中的微量白蛋白浓度。
生产厂家:爱尔兰 Beckman Coulter Ireland Inc.
注册代理:贝克曼库尔特商贸(中国)有限公司
发证日期:2014.03.28 **截止日期**:2018.03.27

国食药监械(进)字 2014 第 2401560 号

产品名称:脂蛋白(a)检测用校准品(Preciset Lp(a) Gen.2)
规格型号:5x1 mL (冻干粉, 复溶后体积)
产品标准:YZB/GER 7879-2013
性能组成:试剂-工作液 (试剂瓶 1-5, 冻干粉): 反应性成份包括人血浆以及添加的脂蛋白 (a) (人血浆); 无反应性成份包括稳定剂; 提供的其他物品包括条形码标签。 (具体内容详见说明书)。产品有效期: 2-8℃, 保存 18 个月。附件: 注册产品标准, 产品说明书。
适用范围:用于脂蛋白 (a) 定量检测的校准。
生产厂家:德国 Roche Diagnostics GmbH
注册代理:罗氏诊断产品(上海)有限公司
发证日期:2014.03.28 **截止日期**:2018.03.27

国食药监械(进)字 2014 第 2401561 号

产品名称:脂蛋白 a 校准品(Quantia Lp(a) Standard)
规格型号:5 瓶(1.0 mL/瓶)
产品标准:YZB/SPA 8330-2013
性能组成:该产品为人源性产品, 可溯源至内部参考品 (单位为 mg/dL) 和 IFCC/SRM 2B (单位为 nmol/L)。校准品浓度参见校准品说明书中的数据单, 单位为 mg/dL 和 nmol/L。校准品 1-5 含有<0.1%的叠氮钠。产品有效期: 2-8℃储存, 有效期 19 个月。附件: 注册产品标准, 产品说明书。
适用范围:该产品用于通过免疫比浊法为脂蛋白 a 项目建立校准曲线。
生产厂家:西班牙 BIOKIT, S.A.
注册代理:雅培贸易(上海)有限公司
发证日期:2014.03.28 **截止日期**:2018.03.27

国食药监械(进)字 2014 第 2401562 号

产品名称:抗链球菌溶血素 0、类风湿因子质控品 (水平 1) (Quantia ASO-RF Control I)
规格型号:6 ×1 mL
产品标准:YZB/SPA 1218-2014
性能组成:该产品为人源性产品, 参见质控品说明书数据单中的赋值, 含有叠氮钠(<0.1%)。靶值单。产品有效期: 2 - 8 ℃储存, 有效期 20 个月。附件: 注册产品标准, 产品说明书。
适用范围:该产品用于通过比浊法监测 Quantia(抗链球菌溶血素 0, 类风湿因子)项目所得结果的质量控制。
生产厂家:西班牙 BIOKIT, S.A.
注册代理:雅培贸易(上海)有限公司
发证日期:2014.03.24 **截止日期**:2018.03.23

国食药监械(进)字 2014 第 2401563 号

产品名称:抗链球菌溶血素 0、类风湿因子质控品 (水平 2) (Quantia ASO-RF Control II)
规格型号:3 × 1 mL
产品标准:YZB/SPA 1219-2014
性能组成:该产品为人源性产品, 参见质控品说明书数据单中的赋值, 含有叠氮钠(<0.1%)。靶值单。产品有效期: 2-8 ℃储存时, 有效期 24 个月。附件: 注册产品标准, 产品说明书。
适用范围:该产品用于通过比浊法监测 Quantia(抗链球菌溶血素 0, 类风湿因子)项目所得结果的质量控制。
生产厂家:西班牙 BIOKIT, S.A.
注册代理:雅培贸易(上海)有限公司
发证日期:2014.03.24 **截止日期**:2018.03.23

国食药监械(进)字 2014 第 2401564 号

产品名称:降钙素定标液(Calcitonin CalSet)
规格型号:4 x 1.0mL (冻干品, 复溶体积)
产品标准:YZB/GER 1379-2014
性能组成:工作溶液: 马血清基质中两种浓度范围的降钙素 (合成); 其他组分: 条码卡、定标液定值表、4 个带标签的压盖式小空瓶和 2×6 个小瓶标签。(具体内容详见说明书)。产品有效期: 2-8℃保存, 有效期 15 个月。附件: 注册产品标准, 产品说明书。
适用范围:降钙素定标液适用于降钙素定量检测项目的定标。
生产厂家:德国 Roche Diagnostics GmbH
注册代理:罗氏诊断产品(上海)有限公司
发证日期:2014.03.28 **截止日期**:2018.03.27

国食药监械(进)字 2014 第 2401565 号

产品名称:降钙素检测试剂盒(电化学发光法)(Calcitonin)
规格型号:100 测试/盒
产品标准:YZB/GER 1413-2014
性能组成:链霉亲合素包被的磁珠微粒、生物素化的抗人降钙素抗体、钌复合物标记的抗人降钙素抗体。(具体内容详见说明书)。产品有效期: 2-8℃保存, 有效期 15 个月。附件: 注册产品标准, 产品说明书。
适用范围:用于体外定量测定血浆和血清中的人降钙素(甲状腺降钙素)。
生产厂家:德国 Roche Diagnostics GmbH
注册代理:罗氏诊断产品(上海)有限公司
发证日期:2014.03.28 **截止日期**:2018.03.27

国食药监械(进)字 2014 第 1401566 号

产品名称:宫颈样本保存液(商品名: Shandon PapSpin Collection Fluid) (PapSpin Collection Fluid)
规格型号:30 mL 瓶、125mL 瓶、500mL 瓶。
产品标准:YZB/UK 1320-2014
性能组成:异丙醇、甲醇、乙二醇、甲醛、氢氧化钠、磷酸二氢钠、醋酸钠、氯化钠、水。产品有效期: 低于 30℃保存, 有效期 2 年。附件: 注册产品标准, 产品说明书。
适用范围:该产品用于收集宫颈细胞样本, 与 Papette brush 宫颈细胞刷配合使用, 实现细胞收集、固定、用于后续的离心涂片和检验。
生产厂家:英国 Thermo Shandon Limited (Trading as Thermo Fisher Scientific)
注册代理:赛默飞世尔(上海)仪器有限公司
发证日期:2014.03.28 **截止日期**:2018.03.27

国食药监械(进)字 2014 第 1401567 号

产品名称:质谱样品处理基质溶液(VITEK MS-CHCA Matrix for use with VITEK MS)
规格型号:5×0.5 mL
产品标准:YZB/FRA 1383-2014
性能组成:α-氰基-4-羟基-肉桂酸、乙醇、乙腈和溶剂。(具体内容详见说明书)。产品有效期: 2-8℃下避光储藏, 有效期 12 个月。附件: 注册产品标准, 产品说明书。
适用范围:用于质谱样本的预处理。
生产厂家:法国 bioMerieux, SA
注册代理:梅里埃诊断产品(上海)有限公司
发证日期:2014.03.28 **截止日期**:2018.03.27

国食药监械(进)字2014第2401568号

产品名称:血糖试纸（葡萄糖脱氢酶法）（商品名：辅理善百精益）(FreeStyle Precision Pro Blood Glucose Test Strips)
规格型号:100片/盒
产品标准:YZB/UK 1231-2014
性能组成:葡萄糖脱氢酶（GDH-NAD），NAD+(钠盐)，邻菲咯啉醌，非反应性成份，（具体内容详见说明书）。产品有效期：4-30℃保存，有效期18个月。附件：注册产品标准，产品说明书。
适用范围:该产品用于定量检测取自新鲜毛细血管(即从手指)、静脉、动脉和新生儿的全血样本中的葡萄糖(D-葡萄糖)浓度。
生产厂家:英国 Abbott Diabetes Care Ltd.
注册代理:雅培贸易(上海)有限公司
发证日期:2014.03.28 **截止日期**:2018.03.27

国食药监械(进)字2014第2401569号

产品名称:β-羟丁酸试纸（电化学法）（商品名：辅理善百精益血酮）(FreeStyle Precision Pro Blood β-Ketone Test Strips)
规格型号:50片/盒
性能组成:β-羟丁酸脱氢酶（假单胞菌），NAD(游离酸形式)，邻菲咯啉醌，非反应性成份。(具体内容详见说明书)。产品有效期：4-30℃保存，有效期18个月。附件：注册产品标准，产品说明书。
适用范围:该产品用于定量检测取自新鲜毛细血管(即从手指)和静脉全血样本中的β-羟丁酸浓度。
生产厂家:英国 Abbott Diabetes Care Ltd.
注册代理:雅培贸易(上海)有限公司
发证日期:2014.03.28 **截止日期**:2018.03.27

国食药监械(进)字2014第2401570号

产品名称:B-型脑尿钠肽质控品(AIA-PACK BNP CONTROL SET)
规格型号:Level 1和Level 2：各1.0mL装×2瓶。
产品标准:YZB/JAP 0785-2014
性能组成:磷酸盐、牛血清白蛋白、明胶分解物、B-型脑尿钠肽（BNP）。（具体内容详见说明书）。产品有效期：2-8℃保存。有效期：12个月。附件：注册产品标准，产品说明书。
适用范围:该产品用于在东曹株式会社全自动免疫分析仪上对B-型脑尿钠肽检测项目进行质量控制，常规验证东曹株式会社 B-型脑尿钠肽试剂的使用特性。
变更情况:变更日期：2014.12.08。注册代理人由“上海蓝怡医药有限公司”变更为“东曹(上海)生物科技有限公司”；产品标准说明书文字性变更（见附件）。
生产厂家:日本 Tosoh Corporation
注册代理:东曹(上海)生物科技有限公司
发证日期:2014.03.28 **截止日期**:2018.03.27

国食药监械(进)字2014第2401571号

产品名称:B-型脑尿钠肽校准品(ST AIA-PACK BNP CALIBRATOR SET)
规格型号:校准品(1)：1.0mL×2瓶；校准品(2)-(6)：各1.0mL装×2瓶。
产品标准:YZB/JAP 0792-2014
性能组成:校准品(1)：磷酸盐，牛血清白蛋白，明胶分解物；校准品(2)～(6)：磷酸盐，牛血清白蛋白，明胶分解物，B-型脑钠尿肽（BNP）校准品（2)-(6)。(具体内容详见说明书)。产品有效期：保存方法：2-8℃保存。有效期：12个月。附件：注册产品标准，产品说明书。
适用范围:该产品用于在东曹株式会社全自动免疫分析仪上对东曹株式会社的 B-型脑尿钠肽检测项目进行定标并确定标准曲线，以便测定EDTA 血浆中 B-型脑尿钠肽的浓度。
变更情况:变更日期：2014.10.23。见说明书变更对比表。
生产厂家:日本 Tosoh Corporation
注册代理:东曹(上海)生物科技有限公司
发证日期:2014.03.28 **截止日期**:2018.03.27

国食药监械(进)字2014第2401572号

产品名称:B-型脑尿钠肽检测试剂盒(荧光磁微粒酶免法)(ST AIA-PACK BNP)
规格型号:100次检测用量
产品标准:YZB/JAP 1108-2014
性能组成:鼠抗BNP单克隆抗体固定化磁微粒、鼠抗BNP单克隆抗体碱性磷酸酶结合物。(具体内容详见说明书)。产品有效期：保存于2～8℃，有效期：12个月。附件：注册产品标准，产品说明书。
适用范围:该产品为通过1步夹心EIA(IEMA)法测定EDTA血浆中的B-型脑尿钠肽测定专用试剂，作为辅助诊断使用。
变更情况:变更日期：2014.10.23。见说明书变更对比表。
生产厂家:日本 Tosoh Corporation
注册代理:东曹(上海)生物科技有限公司
发证日期:2014.03.28 **截止日期**:2018.03.27

国食药监械(进)字2014第1401573号

产品名称:核酸染色液(RDR-50)
规格型号:25mL/瓶
产品标准:YZB/ROK 0857-2014
性能组成:PI(碘化丙啶)、TritonX-100、纯化水。(具体内容详见说明书)。产品有效期：2-8℃保存，有效期：12个月。附件：注册产品标准，产品说明书。
适用范围:该产品用于对ADAM-rWBC残余白细胞计数仪的样品进行处理和细胞染色
生产厂家:韩国 NanoEnTek Inc.
注册代理:益思开医疗器械(北京)有限公司
发证日期:2014.03.24 **截止日期**:2018.03.23

国食药监械(进)字2014第1401574号

产品名称:清洗液(BIO-FLASH System Rinse)
规格型号:1x5L
产品标准:YZB/SPA 1046-2014
性能组成:磷酸钾，氯化钾，表面活性剂和叠氮化钠＜0.1%。产品有效期：15-30℃温度下保存24个月。附件：注册产品标准，产品说明书。
适用范围:该产品用于在全自动化学发光免疫分析仪上使用，用于检测过程中清洗反应体系，以便于对待测物质进行体外检测。
生产厂家:西班牙 BIOKIT, S.A.
注册代理:沃芬医疗器械商贸(北京)有限公司
发证日期:2014.03.24 **截止日期**:2018.03.23

国食药监械(进)字2014第1401575号

产品名称:溶血剂(CyMet 22 Cyanide Free)
规格型号:500ml/瓶
产品标准:YZB/NET 1240-2014
性能组成:碱性盐，缓冲液，混合离子和非离子表面活性剂，血红蛋白螯合剂，防腐剂，白细胞保护剂，水。产品有效期：2-30℃环境中保存，有效期12个月。附件：注册产品标准，产品说明书。
适用范围:本产品用于人体血液样本中白细胞计数、分类、血红蛋白测定时作为溶血剂，溶解红细胞。
生产厂家:荷兰 Avantor Performance Materials B.V.
注册代理:北京欧迪创新生物技术有限公司
发证日期:2014.03.28 **截止日期**:2018.03.27

国食药监械(进)字2014第1401576号

产品名称:稀释液(Diluid 22)
规格型号:10L/瓶
产品标准:YZB/NET 1244-2014
性能组成:含氯化钠，硫酸钠，盐酸，防腐剂的缓冲液。产品有效期：18-30℃环境中保存，有效期3年。附件：注册产品标准，产品说明书。
适用范围:本产品用于对人体血液中的细胞进行计数和分类时，对血细胞进行稀释。
生产厂家:荷兰 Avantor Performance Materials B.V.
注册代理:北京欧迪创新生物技术有限公司
发证日期:2014.03.28 **截止日期**:2018.03.27

国食药监械(进)字2014第2401577号

产品名称:免疫质控品(Immunology Control 1)
规格型号:产品编号：993-42801，包装规格：4×2mL。单瓶 990-42811 2mL。
产品标准:YZB/JAP 0746-2014
性能组成:成份：人血清；防腐剂：叠氮化钠 0.09%；本品是以人血清

为原料的液状质控品。(具体内容详见说明书)。产品有效期：2-10℃保存，有效期限为制造后 15 个月。附件：注册产品标准，产品说明书。
适用范围：该产品为免疫球蛋白 G(IgG)、免疫球蛋白 A(IgA)、免疫球蛋白 M(IgM)、补体蛋白(C3)、补体蛋白(C4)、C 反应蛋白(CRP)、类风湿因子(RF)以及抗链球菌溶血素“O”(ASO)的质控品，请与本公司的测定试剂共同使用。
生产厂家：日本 Wako Pure Chemical Industries, Ltd.
注册代理：日立高新技术(上海)国际贸易有限公司
发证日期：2014.03.26 截止日期：2018.03.25

国食药监械(进)字 2014 第 2401578 号

产品名称：肌酐校准液(Creatinine Standard Solution)
规格型号：产品编号：997-42201 包装规格：4×5mL。单瓶 994-42211 5mL。
产品标准：YZB/JAP 0754-2014
性能组成：成份：肌酐；本品为肌酐校准液。(具体内容详见说明书)。产品有效期：2-10℃保存，有效期限为制造后 12 个月。附件：注册产品标准，产品说明书。
适用范围：该产品是校正日本和光纯药工业株式会社肌酐试剂（苦味酸法）的专用校准液。
生产厂家：日本 Wako Pure Chemical Industries, Ltd.
注册代理：日立高新技术(上海)国际贸易有限公司
发证日期：2014.03.26 截止日期：2018.03.25

国食药监械(进)字 2014 第 2401579 号

产品名称：免疫质控品(Immunology Control 2)
规格型号：产品编号：999-42901，包装规格：4×2mL。单瓶 996-42911 2mL。
产品标准：YZB/JAP 0764-2014
性能组成：成份：人血清；防腐剂：叠氮化钠 0.09%；本品是以人血清为原料的液状质控品。(具体内容详见说明书)。产品有效期：贮存方法：2-10℃保存，有效期限：制造后 15 个月。附件：注册产品标准，产品说明书。
适用范围：该产品为免疫球蛋白 G(IgG)、免疫球蛋白 A(IgA)、免疫球蛋白 M(IgM)、补体蛋白(C3)、补体蛋白(C4)、C 反应蛋白(CRP)、类风湿因子(RF)以及抗链球菌溶血素“O”(ASO)的质控品，请与本公司的测定试剂共同使用。
生产厂家：日本 Wako Pure Chemical Industries, Ltd.
注册代理：日立高新技术(上海)国际贸易有限公司
发证日期：2014.03.26 截止日期：2018.03.25

国食药监械(进)字 2014 第 2401580 号

产品名称：脑脊液免疫球蛋白 G 单克隆带检测试剂盒（酶标免疫固定电泳法）(HYDRAGEL CSF)
规格型号：30 人份/盒，60 人份/盒。
产品标准：YZB/FRA 0817-2014
性能组成：琼脂糖凝胶、缓冲条、CSF 样品稀释液、CSF 抗血清稀释液、CSF 再水合溶液、TTF3 溶剂、TTF3（原液）；试剂盒还包括：加样梳、滤纸（薄）、滤纸（厚）、滤纸梳。(具体内容详见说明书)。产品有效期：保存于 2-8℃，有效期 24 个月。附件：注册产品标准，产品说明书。
适用范围：该产品用于定性检测及鉴定脑脊液蛋白电泳中出现的单克隆条带。
生产厂家：法国 SEBIA
注册代理：法国赛比亚公司上海代表处
发证日期：2014.03.26 截止日期：2018.03.25

国食药监械(进)字 2014 第 2401581 号

产品名称：游离甲状腺素测定试剂盒(化学发光免疫分析法)(LIAISON® FT4)
规格型号：100 测试/盒
产品标准：YZB/ITA 0979-2014
性能组成：固相；校准品 1，低值；校准品 2，高值；结合物。(具体内容详见说明书)。产品有效期：2-8℃保存，直立向上放置，避免光照，有效期 13 个月。附件：注册产品标准，产品说明书。
适用范围：本产品用于体外定量检测人血清或血浆中的游离甲状腺素(FT4)。
生产厂家：意大利 DiaSorin S.p.A.
注册代理：索灵诊断医疗设备(上海)有限公司
发证日期：2014.03.26 截止日期：2018.03.25

国食药监械(进)字 2014 第 2401582 号

产品名称：尿酸测定试剂盒(尿酸酶法)(Uric Acid (UA) Reagents)
规格型号：03051305（货号）：6×670 测试/盒（试剂 1：6×68mL，试剂 2：6×20mL）；07497014（货号）：7×140 测试/盒（试剂 1：7×15mL，试剂 2：7×5.4mL）。
产品标准：YZB/USA 0322-2014
性能组成：试剂 1：N-乙基-N-(2-羟基-3-磺丙基)-3-甲基苯胺钠盐（TOOS），叠氮钠；试剂 2：4-氨基安替比林，过氧化物酶，尿酸酶，叠氮钠。(具体内容详见说明书)。产品有效期：在 2～8°C 条件下保存，有效期 18 个月。附件：注册产品标准，产品说明书。
适用范围：本产品用于体外定量测定人血清、血浆（肝素锂）中的尿酸。
生产厂家：美国 Siemens Healthcare Diagnostics Inc.
注册代理：西门子医学诊断产品(上海)有限公司
发证日期：2014.03.26 截止日期：2018.03.25

国食药监械(进)字 2014 第 3401583 号

产品名称：染色体非整倍体（DNA）检测试剂盒(荧光原位杂交法)(商品名：AneuVysion)(AneuVysion Multicolor DNA Probe Kit)
规格型号：10 人份/盒、30 人份/盒、50 人份/盒。
产品标准：YZB/USA 1028-2014
性能组成：探针试剂盒、质控片。(具体内容详见说明书)。产品有效期：在-20 ℃(± 5 ℃)下，避光干燥处保存，其中 20×SSC 盐和 NP-40 -20℃～25℃保存，可保存在室温条件下。有效期：12 个月。附件：注册产品标准，产品说明书。
适用范围：本试剂盒用于体外定性检测高危孕妇羊水细胞的中期分裂细胞或间期细胞的 13，18，21，X 和 Y 染色体的数目异常。
生产厂家：美国 Abbott Molecular Inc.
注册代理：雅培贸易(上海)有限公司
发证日期：2014.03.26 截止日期：2018.03.25

国食药监械(进)字 2014 第 2401584 号

产品名称：血小板聚集功能检测试剂盒（光学比浊法）(Platelet Aggregation Kit)
规格型号：货号：5369。胶原试剂(液体)，CollagenReagent，1×1.0mL（液体）；腺苷二磷酸(ADP)试剂，ADP Reagent，1×1.0mL（冻干品，复溶体积）；肾上腺素试剂，Epinephrine Reagent，1×1.0mL（冻干品，复溶体积）；花生四烯酸试剂，Arachidonic Acid，1×1.0mL（冻干品，复溶体积）。
产品标准：YZB/USA 1012-2014
性能组成：花生四稀酸试剂、腺苷二磷酸（ADP）试剂、肾上腺素试剂、胶原试剂（液体）。(具体内容详见说明书)。产品有效期：保存于 2-6℃，有效期 12 个月。附件：注册产品标准，产品说明书。
适用范围：用于体外检测人全血样本的血小板聚集度。
生产厂家：美国 Helena Laboratories
注册代理：北京柏彬医疗器械有限公司
发证日期：2014.03.26 截止日期：2018.03.25

国食药监械(进)字 2014 第 2401585 号

产品名称：抗链球菌溶血素 0 检测试剂盒(免疫比浊法)(ASO)
规格型号：100 测试
产品标准：YZB/GER 0835-2014
性能组成：试剂 1：含牛血清白蛋白的甘氨酸缓冲液；稳定剂（液体）。试剂 2：含牛血清白蛋白的甘氨酸缓冲液；包被链球菌溶血素 0 抗原的乳胶颗粒；稳定剂（液体）。产品有效期：2-8℃保存，有效期 18 个月。附件：注册产品标准，产品说明书。
适用范围：用于体外定量测定人血清中的抗链球菌溶血素 0 的浓度。
生产厂家：德国 Roche Diagnostics GmbH
注册代理：罗氏诊断产品(上海)有限公司
发证日期：2014.03.26 截止日期：2018.03.25

国食药监械(进)字 2014 第 2401586 号

产品名称：庆大霉素检测试剂盒(荧光偏振法)(GENTAMICIN)

规格型号:200 测试
产品标准:YZB/GER 0837-2014
性能组成:试剂 1: 抗体试剂，缓冲液中含抗庆大霉素单克隆抗体 (鼠)，pH 7.5，含稳定剂和防腐剂。 试剂 2: 示踪剂，缓冲液中含荧光素标记庆大霉素衍生物，pH 8.5，含稳定剂和防腐剂。产品有效期: 2-8℃保存，有效期 24 个月。附件: 注册产品标准，产品说明书。
适用范围:用于体外定量测定人血清和血浆中的庆大霉素的浓度。
生产厂家:德国 Roche Diagnostics GmbH
注册代理:罗氏诊断产品(上海)有限公司
发证日期:2014.03.26 **截止日期**:2018.03.25

国食药监械(进)字 2014 第 2401587 号

产品名称:N-乙酰普鲁卡因胺检测试剂盒(荧光偏振法)(N-ACETYL-PROCAINAMIDE)
规格型号:200 测试
产品标准:YZB/GER 0840-2014
性能组成:试剂 1: 抗体试剂。缓冲液中含抗 N-乙酰普鲁卡因胺 (NAPA) 单克隆抗体 (鼠)，pH 7.5，含稳定性和防腐剂。 试剂 2: 示踪剂。缓冲液中含荧光素标记 N-乙酰普鲁卡因胺 (NAPA) 衍生物，pH 6.5，含稳定剂和防腐剂。产品有效期: 2-8℃保存，有效期 24 个月。附件: 注册产品标准，产品说明书。
适用范围:用于体外定量测定人血清和血浆中的N-乙酰普鲁卡因胺的浓度。
生产厂家:德国 Roche Diagnostics GmbH
注册代理:罗氏诊断产品(上海)有限公司
发证日期:2014.03.26 **截止日期**:2018.03.25

国食药监械(进)字 2014 第 2401588 号

产品名称:乳酸检测试剂盒(比色法)(Lactate Gen.2 (LACT2))
规格型号:100 测试，2×50 测试，225 测试。
产品标准:YZB/GER 0841-2014
性能组成:试剂 1: 氢供体，1.75 mmol/L; 抗坏血酸氧化酶 (黄瓜)，501 μkat/L; 缓冲液; 防腐剂。 试剂 2: 4-安替比林，5 mmol/L; 乳酸氧化酶 (微生物)，251μkat/L; 过氧化物酶 (辣根)，401 μkat/L; 缓冲液; 防腐剂。产品有效期: 2-8℃储存，有效期 15 个月。附件: 注册产品标准，产品说明书。
适用范围:用于体外定量测定人血浆、脑脊液中乳酸的浓度。
生产厂家:德国 Roche Diagnostics GmbH
注册代理:罗氏诊断产品(上海)有限公司
发证日期:2014.03.26 **截止日期**:2018.03.25

国食药监械(进)字 2014 第 2401589 号

产品名称:血液分析仪用质控品 (高值) (ABX Minotrol 16)
规格型号:2042209: 2x2.5 毫升
产品标准:YZB/FRA 1078-2014
性能组成:本品为类血浆悬浮液，含有哺乳动物白细胞，红细胞和血小板。(具体内容详见说明书)。产品有效期: 2-8℃保存，有效期 3 个月。附件: 注册产品标准，产品说明书。
适用范围:该产品用于 HORIBA Medical 血液分析仪的质量控制。
备注:2014 年 8 月 1 日同意删除商品名内容，2014 年 3 月 26 日核发的医疗器械注册证、医疗器械注册登记表 (体外诊断试剂) 予以废止。
生产厂家:法国 HORIBA ABX SAS
注册代理:堀场(中国)贸易有限公司
发证日期:2014.03.26 **截止日期**:2018.03.25

国食药监械(进)字 2014 第 2401590 号

产品名称:血液分析仪用质控品 (低值) (ABX Minotrol 16)
规格型号:2042208: 2x2.5 毫升
产品标准:YZB/FRA 1081-2014
性能组成:本品为类血浆悬浮液，含有哺乳动物白细胞，红细胞和血小板。(具体内容详见说明书)。产品有效期: 2-8℃保存，有效期 3 个月。附件: 注册产品标准，产品说明书。
适用范围:该产品用于 HORIBA Medical 血液分析仪的质量控制。
备注:2014 年 8 月 1 日同意删除商品名内容，2014 年 3 月 26 日核发的医疗器械注册证、医疗器械注册登记表 (体外诊断试剂) 予以废止。
变更情况:变更日期: 2015.02.27。“代理人住所:上海市外高桥保税区富特东一路 438 号天马大楼 5 楼 D 部位”变更为“代理人住所:中国(上海)自由贸易试验区富特东一路 438 号天马大楼 5 楼 D 部位”。
生产厂家:法国 HORIBA ABX SAS
注册代理:堀场(中国)贸易有限公司
发证日期:2014.03.26 **截止日期**:2018.03.25

国食药监械(进)字 2014 第 2401591 号

产品名称:血液分析仪用质控品 (中值) (ABX Minotrol 16)
规格型号:2042202: 2x2.5 毫升
产品标准:YZB/FRA 1080-2014
性能组成:本品为类血浆悬浮液，含有哺乳动物白细胞，红细胞和血小板。(具体内容详见说明书)。产品有效期: 2-8℃保存，有效期 3 个月。附件: 注册产品标准，产品说明书。
适用范围:该产品用于 HORIBA Medical 血液分析仪的质量控制。
备注:2014 年 8 月 1 日同意删除商品名内容，2014 年 3 月 26 日核发的医疗器械注册证、医疗器械注册登记表 (体外诊断试剂) 予以废止。
变更情况:变更日期: 2015.02.27。“代理人住所:上海市外高桥保税区富特东一路 438 号天马大楼 5 楼 D 部位”变更为“代理人住所:中国(上海)自由贸易试验区富特东一路 438 号天马大楼 5 楼 D 部位”。
生产厂家:法国 HORIBA ABX SAS
注册代理:堀场(中国)贸易有限公司
发证日期:2014.03.26 **截止日期**:2018.03.25

国食药监械(进)字 2014 第 2401592 号

产品名称:心肌质控品(PreciControl Cardiac II)
规格型号:4 x 2.0mL (冻干品，复溶体积)
产品标准:YZB/GER 0912-2014
性能组成:心肌质控品 1 和心肌质控品 2: 人血清基质中含有肌酸激酶同工酶 (CK-MB) (人)、肌红蛋白(人)、脑利钠肽前体 (NT-proBNP1-76)(合成); 提供的其他材料: 2 个条形码卡、质控条形码单、2×2 空的 snap-cap 瓶、2×6 瓶标记。(具体内容详见说明书)。产品有效期: 2-8℃保存，有效期 18 个月。附件: 注册产品标准，产品说明书。
适用范围:该产品用于肌酸激酶同工酶(CK-MB)、肌酸激酶同工酶(CK-MB STAT)、肌红蛋白 (Myoglobin)、肌红蛋白 (Myoglobin STAT)、脑利钠肽前体 (proBNP Ⅱ) 和脑利钠肽前体 (proBNPⅡSTAT) 检测项目的质量控制。
生产厂家:德国 Roche Diagnostics GmbH
注册代理:罗氏诊断产品(上海)有限公司
发证日期:2014.03.26 **截止日期**:2018.03.25

国食药监械(进)字 2014 第 1401593 号

产品名称:清洗液(cobas 4800 System Wash Buffer Kit)
规格型号:240 测试; 960 测试。
产品标准:YZB/USA 0915-2014
性能组成:枸橼酸钠二水化物、0.05% N-Methylisothiazolone HCl。(具体内容详见说明书)。产品有效期: 15-25℃储存，有效期至 24 个月。附件: 注册产品标准，产品说明书。
适用范围:作为一种清洗缓冲液，用于去除未结合的物质和杂质，包括变性蛋白和水解蛋白、细胞碎片和潜在 PCR 抑制物。
生产厂家:美国 Roche Molecular Systems, Inc
注册代理:罗氏诊断产品(上海)有限公司
发证日期:2014.03.26 **截止日期**:2018.03.25

国食药监械(进)字 2014 第 2401594 号

产品名称:碱性磷酸酶测定试剂盒(速率法)(Alkaline Phosphatase Reagents (ALPAMP))
规格型号:试剂 1: 7×38mL，试剂 2: 7×11.7mL (ADVIA 1200: 7×220 测试/盒; ADVIA 1650/1800/2400: 7×350 测试/盒)
产品标准:YZB/USA 0515-2014
性能组成:试剂 1: 2-氨基-2-甲基-1 丙醇 (AMP)、叠氮钠; 试剂 2: 对硝基苯磷酸盐、叠氮钠。(具体内容详见说明书)。产品有效期: 在 2～8°C 条件下保存，有效期 15 个月。附件: 注册产品标准，产品说明书。
适用范围:本产品用于体外定量测定人血清和血浆中碱性磷酸酶的活性。
生产厂家:美国 Siemens Healthcare Diagnostics Inc.
注册代理:西门子医学诊断产品(上海)有限公司

发证日期:2014. 03. 26　　**截止日期**:2018. 03. 25

国食药监械(进)字 2014 第 3401595 号

产品名称:乙型肝炎病毒表面抗原检测试剂盒(胶体硒法)(Alere Determine HBsAg)
规格型号:100 个测试/包装袋
产品标准:YZB/JAP 0982-2014
性能组成:本试剂盒含有鼠单克隆抗乙型肝炎病毒表面 (HBs) 抗体包被的检测条。产品有效期: 在 2-30℃保存, 试剂盒有效期 18 个月。附件: 注册产品标准, 产品说明书。
适用范围:本产品用于体外定性检测人血清、血浆或全血中的乙型肝炎病毒表面抗原 (HBsAg)。
生产厂家:日本 Alere Medical Co., Ltd.
注册代理:美艾利尔(中国)医疗器械有限公司
发证日期:2014. 03. 26　　**截止日期**:2018. 03. 25

国食药监械(进)字 2014 第 1401596 号

产品名称:C 肽样本稀释液(Immulite 2000 C-Peptide Sample Diluent)
规格型号:L2PEZ (货号): 25mL/瓶。
产品标准:YZB/UK 0326-2014
性能组成:缓冲液: 热处理炭吸附人血清白蛋白溶液, 4-羟乙基哌嗪丙磺酸 (HEPPS) 缓冲液, 氯化钠; 蛋白: 抑肽酶; 防腐剂: 叠氮化钠, 硫酸庆大霉素。(具体内容详见说明书)。产品有效期: 在 2~8℃条件下保存, 有效期 36 个月。附件: 注册产品标准, 产品说明书。
适用范围:该产品用于检测 C 肽时对血清, 肝素化血浆或尿液样本的在机稀释。
生产厂家:英国 Siemens Healthcare Diagnostics Products Ltd.
注册代理:西门子医学诊断产品(上海)有限公司
发证日期:2014. 03. 26　　**截止日期**:2018. 03. 25

国食药监械(进)字 2014 第 1401597 号

产品名称:甲状腺球蛋白样本稀释液(Immulite Thyroglobulin Sample Diluent)
规格型号:LTYZ (货号): 25mL/瓶。
产品标准:YZB/UK 0328-2014
性能组成:基质: 马血清; 防腐剂: 叠氮化钠, 硫酸庆大霉素。(具体内容详见说明书)。产品有效期: 在 2~8℃条件下保存, 有效期 36 个月。附件: 注册产品标准, 产品说明书。
适用范围:该产品用于检测甲状腺球蛋白时对血清或肝素化血浆样本的人工稀释。
生产厂家:英国 Siemens Healthcare Diagnostics Products Ltd.
注册代理:西门子医学诊断产品(上海)有限公司
发证日期:2014. 03. 26　　**截止日期**:2018. 03. 25

国食药监械(进)字 2014 第 1401598 号

产品名称:全段甲状旁腺激素样本稀释液(IMMULITE 2000 Intact PTH Sample Diluent)
规格型号:L2PHZ (货号): 25mL/瓶。
产品标准:YZB/UK 0329-2014
性能组成:缓冲液: 4-羟乙基哌嗪乙磺酸 (HEPES) 缓冲液, 氯化钠; 蛋白: 碱处理酪蛋白; 防腐剂: 硫酸庆大霉素, 抑肽酶。(具体内容详见说明书)。产品有效期: 在 2-8℃的环境中保存, 有效期 36 个月。附件: 注册产品标准, 产品说明书。
适用范围:该产品用于检测全段甲状旁腺激素时对乙二胺四乙酸 (EDTA) 血浆和血清样本的在机稀释。
生产厂家:英国 Siemens Healthcare Diagnostics Products Ltd.
注册代理:西门子医学诊断产品(上海)有限公司
发证日期:2014. 03. 26　　**截止日期**:2018. 03. 25

国食药监械(进)字 2014 第 2401599 号

产品名称:电解质参比液(间接离子选择电极法)(ISE Reference Solution)
规格型号:00824710 (货号): 1×1000mL。
产品标准:YZB/USA 0511-2014
性能组成:氯化钾和防腐剂。(具体内容详见说明书)。产品有效期: 在 5~25° C 条件下保存, 有效期 18 个月。附件: 注册产品标准, 产品说明书。
适用范围:该产品是用于参比电极的填充试剂, 用以降低液体接界电位并使参比电极与样品离子选择性电极之间的离子保持连通。
生产厂家:美国 Siemens Healthcare Diagnostics Inc.
注册代理:西门子医学诊断产品(上海)有限公司
发证日期:2014. 03. 26　　**截止日期**:2018. 03. 25

国食药监械(进)字 2014 第 2401600 号

产品名称:电解质缓冲液(间接离子选择电极法)(ISE Buffer)
规格型号:03463190(货号):1×2000 mL, 04997873(货号):1×3000mL。
产品标准:YZB/USA 0512-2014
性能组成:甲醛、钠、钾、氯、缓冲液、防腐剂。(具体内容详见说明书)。产品有效期: 在 5~25° C 条件下保存, 有效期 18 个月。附件: 注册产品标准, 产品说明书。
适用范围:该产品作为辅助试剂, 为电解质 (ISE) 电极定量测定人血清、血浆和尿液中的钠、钾和氯的含量时, 提供了恒定的 pH 值和恒定的离子反应条件。
生产厂家:美国 Siemens Healthcare Diagnostics Inc.
注册代理:西门子医学诊断产品(上海)有限公司
发证日期:2014. 03. 26　　**截止日期**:2018. 03. 25

国食药监械(进)字 2014 第 2401601 号

产品名称:电解质校准液(ISE Serum Standard Set)
规格型号:00729777 (货号): 电解质校准液-高值 1 × 100mL, 电解质校准液-低值 1 × 100mL。
产品标准:YZB/USA 0375-2014
性能组成:钠、钾、氯、甲醛、防腐剂。(具体内容详见说明书)。产品有效期: 在 5~25℃条件下保存, 有效期 12 个月。附件: 注册产品标准, 产品说明书。
适用范围:本产品用于对体外定量测定人血清和血浆中的钠、钾、氯时的校准。
生产厂家:美国 Siemens Healthcare Diagnostics Inc.
注册代理:西门子医学诊断产品(上海)有限公司
发证日期:2014. 03. 26　　**截止日期**:2018. 03. 25

国食药监械(进)字 2014 第 1401602 号

产品名称:鞘液(SHEATH/RINSE)
规格型号:20L/桶
产品标准:YZB/USA 0055-2014
性能组成:防腐剂、缓冲液、表面活性剂。产品有效期: 15-30℃储存, 有效期 24 个月。附件: 注册产品标准, 产品说明书。
适用范围:本产品用于在嗜碱通道、红细胞/血小板通道和网织红测量通道形成鞘液, 并对分析仪的每个通道进行冲洗。
生产厂家:美国 Siemens Healthcare Diagnostics Inc.
注册代理:西门子医学诊断产品(上海)有限公司
发证日期:2014. 03. 26　　**截止日期**:2018. 03. 25

国食药监械(进)字 2014 第 1401603 号

产品名称:白细胞分类试剂(Diff Timepac)
规格型号:试剂 1: 2×650mL, 试剂 2: 2×575mL, 试剂 3: 2×585mL, 鞘液: 2×2725mL。
产品标准:YZB/USA 0586-2014
性能组成:试剂 1: 十二烷基硫酸钠, 山梨醇, 氯化钠, 甲醛, 十二烷基聚乙二醇醚, 缓冲液; 试剂 2: 4-氯-1-萘酚, 二甘醇; 试剂 3: 稳定剂, 过氧化氢; 鞘液: 丙二醇, 表面活性剂。(具体内容详见说明书)。产品有效期: 在 15-30℃的环境中保存, 有效期 24 个月。附件: 注册产品标准, 产品说明书。
适用范围:该产品用于溶解红细胞并保存白细胞, 以进行白细胞计数及其分类计数。试剂 1 用于稀释使用抗凝血剂的全血样本, 溶解红细胞, 并固定白细胞; 试剂 2 和试剂 3 可对嗜中性粒细胞、嗜酸性粒细胞和单核细胞颗粒中的过氧化物酶区域进行染色; 鞘液在白细胞检测时形成鞘流。
生产厂家:美国 Siemens Healthcare Diagnostics Inc.
注册代理:西门子医学诊断产品(上海)有限公司
发证日期:2014. 03. 26　　**截止日期**:2018. 03. 25

国食药监械(进)字 2014 第 1401604 号

产品名称:网织红细胞染色试剂(autoRETIC)
规格型号:4×820 mL
产品标准:YZB/USA 0584-2014
性能组成:氧氮杂芑-750，缓冲液，N-四乙基-N，N-二甲基-3-氨-1-丙烷磺酸盐，N-N-二甲基替甲酰胺。(具体内容详见说明书)。产品有效期：在 15-30℃的环境中保存，有效期 24 个月。附件：注册产品标准，产品说明书。
适用范围:本产品用于血液中网织红细胞的染色，以便进行计数。
生产厂家:美国 Siemens Healthcare Diagnostics Inc.
注册代理:西门子医学诊断产品(上海)有限公司
发证日期:2014.03.26 截止日期:2018.03.25

国食药监械(进)字 2014 第 2401605 号

产品名称:环孢霉素校准品(ARCHITECT Cyclosporine Calibrators)
规格型号:6 瓶 (校准品 A: 9.0 mL，校准品 B-F: 4.5mL/瓶)
产品标准:YZB/USA 1066-2014
性能组成:校准品 A-F 由经处理的人全血制备。校准品 B-F 含有环孢霉素。防腐剂：叠氮钠和 ProClin 950。(具体内容详见说明书)。产品有效期：2-8°C保存，有效期 12 个月。附件：注册产品标准，产品说明书。
适用范围:本试剂盒用于定量测定人全血中的环孢霉素时，对环孢霉素项目进行校准。
生产厂家:美国 Abbott Laboratories
注册代理:雅培贸易(上海)有限公司
发证日期:2014.03.26 截止日期:2018.03.25

国食药监械(进)字 2014 第 2401606 号

产品名称:脂肪酶定标液(Lipase Calibrator (LIPL CAL))
规格型号:DC56: 6×1.0 mL (水平 1: 2×1.0 mL，水平 2: 2×1.0 mL，水平 3: 2×1.0 mL)。
产品标准:YZB/USA 0577-2014
性能组成:本产品为液体，基质是牛血清白蛋白。水平 1 定标液含有低于检出限浓度的脂肪酶。水平 2 和水平 3 定标液含猪胰腺脂肪酶。产品有效期：在 2-8℃条件下保存，有效期 12 个月。附件：注册产品标准，产品说明书。
适用范围:本产品用于脂肪酶检测时的定标。
生产厂家:美国 Siemens Healthcare Diagnostics Inc.
注册代理:西门子医学诊断产品(上海)有限公司
发证日期:2014.03.26 截止日期:2018.03.25

国食药监械(进)字 2014 第 2401607 号

产品名称:高密度脂蛋白胆固醇测定试剂盒(直接法)(Direct HDL Cholesterol Reagents (D-HDL))
规格型号:07511947 (货号): 4×326 测试/盒 (试剂 1: 4×35.0 mL，试剂 2: 4×13.5mL); 06521559 (货号): 6×670 测试/盒 (试剂 1: 6×68 mL， 试剂 2: 6×28.6 mL)。
产品标准:YZB/USA 0520-2014
性能组成:试剂 1:两性离子(Goods)缓冲液、N-(2-羟基-3-磺丙基)-3,5-二甲氧基苯胺、胆固醇酯酶、胆固醇氧化酶、过氧化氢酶；试剂 2:两性离子 (Goods) 缓冲液、4-氨基安替比林、过氧化物酶、叠氮钠。(具体内容详见说明书)。产品有效期：在 2～8°C 条件下避光保存，有效期 12 个月。附件：注册产品标准，产品说明书。
适用范围:本产品用于体外定量测定人血清和血浆中的高密度脂蛋白胆固醇。
生产厂家:美国 Siemens Healthcare Diagnostics Inc.
注册代理:西门子医学诊断产品(上海)有限公司
发证日期:2014.03.26 截止日期:2018.03.25

国食药监械(进)字 2014 第 1401608 号

产品名称:瑞氏-姬姆萨染色液(Wright-Giemsa Stain)
规格型号:4×3.8L
产品标准:YZB/USA 0588-2014
性能组成:甲醇，多色的亚甲基蓝-伊红染液。(具体内容详见说明书)。产品有效期：在 15-30℃条件下储存，有效期 18 个月。附件：注册产品标准，产品说明书。
适用范围:该产品可以对血细胞内成分进行染色，用于在显微镜下对细胞进行识别。
生产厂家:美国 Siemens Healthcare Diagnostics Inc.
注册代理:西门子医学诊断产品(上海)有限公司
发证日期:2014.03.26 截止日期:2018.03.25

国食药监械(进)字 2014 第 2401609 号

产品名称:血气电解质检测试剂包(EasyStat Reagent Module)
规格型号:标准液 A: 720mL，标准液 B:415mL， 标准液 C: 555mL。
产品标准:YZB/USA 1024-2014
性能组成:校准液 A、校准液 B、标准液 C，试剂盒中还包含废液容器。(具体内容详见说明书)。产品有效期：4℃-25℃，禁止冷冻，有效期 10 个月。附件：注册产品标准，产品说明书。
适用范围:本产品用于人血样中的氢离子活度 (pH 值)，二氧化碳分压 (PCO2)，氧分压 (PO2)，红细胞压积 (Hct)，钠离子 (Na+)，钾离子 (K+)、钙离子 (Ca++) 的体外定量检测。
变更情况:变更日期：2014.10.08。原注册证内容：1) 代理人、注册代理机构、售后服务单位：希森美康医用电子 (上海) 有限公司。 变更后的内容：1) 代理人、注册代理机构、售后服务单位：麦迪卡医疗设备 (苏州) 有限公司。 说明书前后变更见附件。
生产厂家:美国 MEDICA CORPORATION
注册代理:希森美康医用电子(上海)有限公司
发证日期:2014.03.26 截止日期:2018.03.25

国食药监械(进)字 2014 第 2401610 号

产品名称:白蛋白检测试剂盒(溴甲酚绿法)(ALBUMIN(ALB))
规格型号:货号: AB3800 9x51mL; AB8000 4x68mL。
产品标准:YZB/UK 1052-2014
性能组成:溴甲酚绿：琥珀酸缓冲液，溴甲酚绿，Brij35，防腐剂。产品有效期：在+15～+25℃条件下储存，有效期 18 个月。附件：注册产品标准，产品说明书。
适用范围:用于体外定量测定血清和血浆中的白蛋白浓度。
生产厂家:英国 Randox Laboratories Ltd.
注册代理:英国朗道实验诊断有限公司上海代表处
发证日期:2014.03.26 截止日期:2018.03.25

国食药监械(进)字 2014 第 2401611 号

产品名称:茶碱检测试剂盒(免疫法)(THEOPHYLLINE (THEO))
规格型号:TD3412 试剂 1 抗体缓冲液:2x17mL;试剂 2 乳化剂:2x5mL。
产品标准:YZB/UK 1060-2014
性能组成:试剂 1. 抗体缓冲液:抗茶碱抗体、叠氮钠;试剂 2. 乳化剂:乳化剂、叠氮钠。产品有效期：保存于 2-8℃，有效期 15 个月。附件：注册产品标准，产品说明书。
适用范围:用于体外定量测定人血清中的茶碱。
生产厂家:英国 Randox Laboratories Ltd.
注册代理:英国朗道实验诊断有限公司上海代表处
发证日期:2014.03.26 截止日期:2018.03.25

国食药监械(进)字 2014 第 2401612 号

产品名称:载脂蛋白 A1 检测试剂盒(免疫比浊法)(Tina-quant Apolipoprotein A-1 ver.2 (APO A-1 ver.2))
规格型号:试剂 1: 6 x 19mL，试剂 2: 6 x 5 mL； 试剂 1: 6 x 53mL，试剂 2: 6 x14 mL。
产品标准:YZB/GER 0962-2014
性能组成:试剂 1: (羟甲基)- 氨基甲烷 (TRIS) 缓冲液，50mmol/L，pH 8.0；聚乙二醇 (PEG)，3.8%；去污剂，防腐剂。 试剂 2: 抗人-载脂蛋白 A-1 抗体 (羊)，取决于滴度；(羟甲基)- 氨基甲烷 (TRIS) 缓冲液，100mmol/L，pH 8.0；防腐剂。产品有效期：2-8℃保存，有效期 24 个月。附件：注册产品标准，产品说明书。
适用范围:用于体外定量测定人血浆和血清中的载脂蛋白 A1 水平。
生产厂家:德国 Roche Diagnostics GmbH
注册代理:罗氏诊断产品(上海)有限公司
发证日期:2014.03.26 截止日期:2018.03.25

国食药监械(进)字 2014 第 2401613 号

产品名称:甘油三酯检测试剂盒(比色法)(Triglycerides

GPO-PAP(TG))
规格型号:12 x 65 mL; 6 x 258 mL; 4x 641 mL; 8x 20 mL; 18 x 50 mL。
产品标准:YZB/GER 1213-2014
性能组成:哌嗪-N, N-双(2-乙磺酸)(PIPES)缓冲液、镁(Mg2+)、胆酸钠、三磷酸腺苷(ATP)、4-氨基非那宗、4-氯酚、六氰合铁酸钾(II)、脂肪醇聚乙二醇乙醚、脂蛋白脂酶(假单胞菌属)、甘油激酶(嗜热脂肪芽孢杆菌)、甘油磷酸氧化酶(E. coli)、过氧化物酶(辣根)、防腐剂。(具体内容详见说明书)。产品有效期: 2-8℃储存, 有效期 15 个月。附件: 注册产品标准, 产品说明书。
适用范围:用于体外定量测定人血浆和血清中甘油三酯水平。
生产厂家:德国 Roche Diagnostics GmbH
注册代理:罗氏诊断产品(上海)有限公司
发证日期:2014. 03. 26　　截止日期:2018. 03. 25

国食药监械(进)字 2014 第 2401614 号

产品名称:乳酸脱氢酶检测试剂盒(比色法)(LDH)
规格型号:LD2812　4 x 120 t
产品标准:YZB/UK 1073-2014
性能组成:NAD、Tris 缓冲液、L-乳酸。(具体详见说明书)。产品有效期: 2-8℃保存, 有效期 35 周。附件: 注册产品标准, 产品说明书。
适用范围:用于体外定量测定人血清或血浆中的乳酸脱氢酶的浓度。
生产厂家:英国 Randox Laboratories Ltd.
注册代理:英国朗道实验诊断有限公司上海代表处
发证日期:2014. 03. 26　　截止日期:2018. 03. 25

国食药监械(进)字 2014 第 2401615 号

产品名称:低密度脂蛋白胆固醇检测试剂盒(酶清除法)(DIRECT LDL-Cholesterol (LDL))
规格型号:货号 CH 2656: 试剂 1 6 x 78 ml, 试剂 2 3x 52 ml; 货号 CH 2657: 试剂 1 6 x 30 ml, 试剂 2 3 x20 ml; 货号 CH 3841: 试剂 1 3 x 51 ml, 试剂 2 3 x20 ml; 货号 CH 8312: 试剂 1 4 x 20 ml, 试剂 2 4 x 9ml; 货号 CH 8032: 试剂 1 4 x 19.2 ml, 试剂 2 4 x8.2 ml; 货号 CH 9702: 试剂 1 6 x 20 ml, 试剂 2 2 x20 ml; 货号 CH 5731: 2 x 270t。
产品标准:YZB/UK 1100-2014
性能组成:试剂 1: PIPES 缓冲液, 哌嗪-1, 4-双(2-乙烷磺酸), TOOS, N-乙基-N-((2-羟基-3-甲氧基)-3-甲基苯胺, 胆固醇酯酶, 胆固醇氧化酶, 过氧化氢酶;试剂 2:PIPES 缓冲液, 哌嗪-1, 4-双(2-乙烷磺酸), 4-氨基安替比林, 过氧化物酶, 叠氮化钠。(具体详见说明书)。产品有效期: 2~8℃保存, 有效期 21 个月。附件: 注册产品标准, 产品说明书。
适用范围:本品适用于定量测定人血清和血浆中的低密度脂蛋白胆固醇(LDL-胆固醇)浓度。
生产厂家:英国 Randox Laboratories Ltd.
注册代理:英国朗道实验诊断有限公司上海代表处
发证日期:2014. 03. 26　　截止日期:2018. 03. 25

国食药监械(进)字 2014 第 2401616 号

产品名称:地高辛检测试剂盒(免疫比浊法)(Digoxin(DIG))
规格型号:200 测试, 250 测试。
产品标准:YZB/GER 1187-2014
性能组成:试剂 1: 含有防腐剂的缓冲液中抗地高辛单克隆抗体(小鼠)和人源材料。试剂 2: 结合了地高辛衍生物的微颗粒, 人源材料, 以及防腐剂。产品有效期: 2-8℃储存, 有效期 15 个月。附件: 注册产品标准, 产品说明书。
适用范围:用于体外定量测定人血浆和血清中的地高辛水平。
生产厂家:德国 Roche Diagnostics GmbH
注册代理:罗氏诊断产品(上海)有限公司
发证日期:2014. 03. 26　　截止日期:2018. 03. 25

国食药监械(进)字 2014 第 1401617 号

产品名称:电解质参比液(ISE Reference Electrolyte)
规格型号:1×250mL
产品标准:YZB/GER 1209-2014
性能组成:氯化钾: 3.416mol/L。产品有效期: 15-25℃保存, 有效期 30 个月。附件: 注册产品标准, 产品说明书。
适用范围:该参比液为罗氏 cobas Integra 400/400 Plus 全自动生化分析仪 ISE 模块中钾、钠、氯、锂离子的参比电极提供一个十分稳定的参比电位。
生产厂家:德国 Roche Diagnostics GmbH
注册代理:罗氏诊断产品(上海)有限公司
发证日期:2014. 03. 26　　截止日期:2018. 03. 25

国食药监械(进)字 2014 第 3461618 号

产品名称:瓣膜成型带/环(商品名: CG Future)(CG Future Annuloplasty Band/Ring)
规格型号:638B 638R
产品标准:YZB/USA 1344-2014《瓣膜成型带/环(商品名: CG Future)》
性能组成:该产品包括瓣膜成型带(638B)、瓣膜成型环(638R)及附件(测瓣器 7638 和测瓣手柄 7615)。其中瓣膜成型带的规格分别为 26、28、30、32、34、36、38mm; 瓣膜成型环的规格分别为 24、26、28、30、32、34、36、38mm。测瓣器(型号 7638)的规格为 7638S, 测瓣手柄(型号 7615)的规格为 7615XL。瓣膜成型带/环由 MP35N 刚性丝、含硫酸钡硅橡胶、聚酯织物和彩色缝线构成, 经环氧乙烷灭菌, 一次性使用。测瓣手柄和测瓣器为非无菌供货。
适用范围:此产品为一次性使用植入性医疗器械, 主要用于病理性二尖瓣瓣膜重建和/或重塑。
生产厂家:美国 Medtronic Inc.
注册代理:美敦力(上海)管理有限公司
服务机构:美敦力(上海)管理有限公司
发证日期:2014. 04. 09　　截止日期:2018. 04. 08

国食药监械(进)字 2014 第 3461619 号

产品名称:人造血管(商品名: InterGard)(Vascular Prostheses)
规格型号:见附页
产品标准:YZB/FRA 6994-2013《人造血管》
性能组成:该产品由聚酯材料并涂牛胶原制成。该器械无菌状态提供, 一次性使用。
适用范围:该产品适用于血管外科手术。
生产厂家:法国 InterVascular SAS
注册代理:迈柯唯(上海)医疗设备有限公司
服务机构:迈柯唯(上海)医疗设备有限公司
发证日期:2014. 04. 09　　截止日期:2018. 04. 08

国食药监械(进)字 2014 第 3461620 号

产品名称:人造血管补片(商品名: InterGard)(Vascular Patches)
规格型号:见附页
产品标准:YZB/FRA 6995-2013《人造血管补片》
性能组成:该产品由聚酯材料并涂牛胶原制成。该器械无菌状态提供, 一次性使用。
适用范围:该产品适用于血管外科手术。
生产厂家:法国 InterVascular SAS
注册代理:迈柯唯(上海)医疗设备有限公司
服务机构:迈柯唯(上海)医疗设备有限公司
发证日期:2014. 04. 09　　截止日期:2018. 04. 08

国食药监械(进)字 2014 第 3451621 号

产品名称:膜式氧合器(商品名:medos)(Medos®hilite®LT Oxygenator)
规格型号:hilite 7000LT, hilite 2400LT, hilite 800LT
产品标准:YZB/GER 1587-2014《膜式氧合器》
性能组成:该产品是一种中空纤维氧合器, 其中气体交换的材料是聚甲基戊烯, 热交换的材料是聚酯。
适用范围:用于心外手术或治疗中的体外循环, 进行血液的氧合及二氧化碳的排除.
生产厂家:德国 Medos Medizintechnik AG
注册代理:北京米道斯医疗器械有限公司
服务机构:北京米道斯医疗器械有限公司
发证日期:2014. 04. 09　　截止日期:2018. 04. 08

国食药监械(进)字 2014 第 3461622 号

产品名称:直型接骨板(Bone Plate)

规格型号:见附页
产品标准:YZB/SWI 0222-2014《直型接骨板》
性能组成:该产品为非锁定直型接骨板，由符合 ISO 5832-2 标准要求的纯钛(4 级)材料制成。表面无着色。非灭菌包装。
适用范围:本产品适用于成人患者骨盆重建、骨折内固定及外科手术(骨切开术)进行矫治、畸形矫形手术和关节融合术时的骨骼固定。
生产厂家:瑞士 Swiss Pro Orthopedic SA
注册代理:上海熙可医疗器械有限公司
服务机构:上海熙可医疗器械有限公司
发证日期:2014.04.09 截止日期:2018.04.08

国食药监械(进)字 2014 第 3461623 号

产品名称:锁定直型接骨板(Bone Plate)
规格型号:见附页
产品标准:YZB/SWI 0224-2014《锁定直型接骨板》
性能组成:该产品为锁定直型接骨板，由符合 GB/T 13810 标准规定的 TC4ELI 钛合金材料制成，表面无着色，非灭菌包装。
适用范围:本产品适用于成人患者骨盆重建、骨折内固定及外科手术(骨切开术)进行矫治、畸形矫形手术和关节融合术时的骨骼固定。
生产厂家:瑞士 Swiss Pro Orthopedic SA
注册代理:上海熙可医疗器械有限公司
服务机构:上海熙可医疗器械有限公司
发证日期:2014.04.09 截止日期:2018.04.08

国食药监械(进)字 2014 第 3771624 号

产品名称:II 代测量球囊导管（商品名：AMPLATZER (R)）(AMPLATZER (R) Sizing Balloon II)
规格型号:9-SB-018，9-SB-024，9-SB-034
产品标准:YZB/USA 6881-2013《II 代测量球囊导管(AMPLATEZR (R) Sizing Balloon II)》
性能组成:该产品由球囊、导管、单通阀、标记带和接头组成。其中单通阀和接头由聚氯乙烯制造，近端导管由聚乙烯制造，球囊由 Pellethane 热塑性聚氨酯制造，导管尖端由聚酰胺制造，标记带由铂铱合金制造。该产品经环氧乙烷灭菌，一次性使用。
适用范围:本产品设计用于测量心血管结构，适用于那些患有心血管缺损，而且只有通过精确测量才能正确选择封堵器尺寸的患者。
备注:2014 年 8 月 13 日同意更正产品英文名称内容，2014 年 4 月 9 日核发的医疗器械注册登记表予以废止。
生产厂家:美国 AGA Medical Corporation
注册代理:圣犹达医疗用品(上海)有限公司
服务机构:圣犹达医疗用品(上海)有限公司
发证日期:2014.04.09 截止日期:2018.04.08

国食药监械(进)字 2014 第 3221625 号

产品名称:亲水性丙烯酸人工晶状体（商品名：Isotechnics）(Hydrophilic Acrylic Intraocular Lenses)
规格型号:HP25B
产品标准:YZB/USA 1238-2014《亲水性丙烯酸人工晶状体》
性能组成:该产品为单件式/后房人工晶状体，可折叠，襻形为改良 C 型。主体/支撑部分由甲基丙烯酸羟乙酯、2-乙氧基乙基甲基丙烯酸甲酯、三羟甲基丙烷三甲基丙烯酸酯聚合而成的共聚物材料制成，添加紫外线吸收剂。屈光度范围：1D～30D。光学设计：单焦，球面。该产品经高压蒸汽灭菌，一次性使用。
适用范围:该产品适用于白内障患者白内障摘除术后的植入，矫正无晶体眼的视力。
生产厂家:美国 EyeKon Medical，Inc.
注册代理:上海艾本医疗器械有限公司
服务机构:上海艾本医疗器械有限公司
发证日期:2014.04.09 截止日期:2018.04.08

国食药监械(进)字 2014 第 3631626 号(更)

产品名称:牙科种植体(Dental Implant)
规格型号:见附页
产品标准:YZB/USA 1372-2014《牙科种植体》
备注:代理人和售后服务机构由“捷迈（上海）医疗国际贸易有限公司”变更为“皆美（上海）医疗器械有限公司”；注册证由“国食药监械(进)字 2014 第 3631626 号”变更为“国食药监械(进)字 2014 第 3631626 号(更)”，原证自发证之日起作废。
生产厂家:美国 Zimmer Dental Inc.
注册代理:皆美（上海）医疗器械有限公司
服务机构:皆美（上海）医疗器械有限公司
变更日期:2014.06.24 截止日期:2018.04.08

国食药监械(进)字 2014 第 2631627 号

产品名称:窝沟封闭剂(Sealants)
规格型号:见附页
产品标准:YZB/USA 1401-2014《窝沟封闭剂》
性能组成:ConciseTM 窝沟封闭剂主要成分:TEGDMA，二甲基丙烯酸缩水甘油醚双酚 A，硅烷化硅石，DL-樟脑醌；ClinproTM 窝沟封闭剂主要成分:TEGDMA，二甲基丙烯酸缩水甘油醚双酚 A，硅烷化硅石，四丁基四氟硼酸铵，DL-樟脑醌(具体成分及百分含量详见标准)。
适用范围:本产品用于封闭牙釉上的窝沟和点隙以预防龋齿。
生产厂家:美国 3M ESPE Dental Products
注册代理:明尼苏达矿业制造(上海)国际贸易有限公司
服务机构:明尼苏达矿业制造(上海)国际贸易有限公司
发证日期:2014.04.09 截止日期:2018.04.08

国食药监械(进)字 2014 第 2631628 号

产品名称：氢氧化钙临时冠桥粘接剂（商品名：Provicol/Provicol C/Provicol QM）(Eugenol-free temporary cement with calcium hydroxide)
规格型号:见附页
产品标准:YZB/GER 1502-2014《氢氧化钙临时冠桥粘接剂》
性能组成:不含丁香油，含有氢氧化钙的临时冠桥粘接剂。
适用范围:可用作修复体的临时性粘接剂，并可封闭小的单表面窝沟。
生产厂家:德国 VOCO GmbH
注册代理:优诺康(北京)医药技术服务
服务机构:北京欧亚康桥商贸有限公司
发证日期:2014.04.09 截止日期:2018.04.08

国食药监械(进)字 2014 第 3771629 号(更)

产品名称:血管造影导管（商品名：Goodtec）(グッドテックカテーテル)
规格型号:见附页
产品标准:YZB/JAP 1259-2014《血管造影导管（商品名：Goodtec)》
备注:企业名称由“日本株式会社 Goodtec（株式会社グッドテック)”变更为“日本株式会社戈德曼(株式会社グッドマン)”；注册地址由“日本国岐阜县关市上白金 501 番地 2 号(日本国岐阜県関市上白金 501 番地の 2)”变更为“日本国爱知县名古屋市名东区藤丘 108 番地（日本国愛知県名古屋市名東区藤が丘 108 番地)”。注册证由“国食药监械(进)字 2014 第 3771629 号”变更为“国食药监械(进)字 2014 第 3771629 号(更)”，原证自发证之日起作废。2014 年 12 月 26 日同意更正产品名称内容，2014 年 9 月 26 日核发的医疗器械注册证、医疗器械注册登记表予以废止。
生产厂家:日本株式会社戈德曼（株式会社グッドマン)
注册代理:戈德曼医疗器械国际贸易(上海)有限公司
服务机构:戈德曼医疗器械国际贸易(上海)有限公司
变更日期:2014.09.26 截止日期:2018.04.08

国食药监械(进)字 2014 第 3461630 号

产品名称:自膨式支架系统（商品名：ProtégéTM GPSTM）(ProtégéTM GPSTM Self-Expanding Stent System)
规格型号:见附页
产品标准:YZB/USA 1133-2014《自膨式支架系统（商品名：ProtégéTM GPSTM)》
性能组成:该产品由自膨式支架和输送系统组成。支架的材料为镍钛合金，带有纯钽的不透射线标记。环氧乙烷灭菌，一次性使用。
适用范围:该产品适用于治疗 PTA 术后有梗阻危险或极可能发生突发性梗阻的闭塞和损伤；或在髂总动脉、髂外动脉或锁骨下动脉进行 PTA 手术后极易发生的再狭窄的损伤。支架支撑是为了改善和维持动脉腔内的直径。6Fr/0.018”，直径 6-10mm，长度 20-40mm 的支架适用于治疗颈总动脉(CCA)、颈内动脉(ICA)和颈动脉分叉处的狭窄。

生产厂家：美国 ev3, Inc.
注册代理：柯惠医疗器材国际贸易（上海）有限公司
服务机构：柯惠医疗器材国际贸易（上海）有限公司
发证日期：2014.04.09　　截止日期：2018.04.08

国食药监械（进）字 2014 第 3461631 号

产品名称：硅橡胶面部植入物（Silicone Facial Implants）
规格型号：见附页
产品标准：YZB/USA 1161-2014《硅橡胶面部植入物》
性能组成：该产品材质为聚二甲基甲基乙烯基硅氧烷硅橡胶弹性体，按适用部位不同分为下颌植入物、颧骨植入物和鼻小柱植入物。产品经辐照灭菌，一次性使用。
适用范围：该产品用于重建下颌、鼻部和颧骨部位先天或创伤引起的畸形，填充下颌、鼻部和颧骨部位改善面部比例。
生产厂家：美国 Spectrum Designs, Inc.
注册代理：上海康奥实业发展有限公司
服务机构：上海康奥实业发展有限公司
发证日期：2014.04.09　　截止日期：2018.04.08

国食药监械（进）字 2014 第 3571632 号

产品名称：导管消毒连接器（DualCap）
规格型号：DualCap, DualCapsolo, DualCapDuo
产品标准：YZB/USA 0079-2014《导管消毒连接器》
性能组成：产品包括外接头、内圆锥锁定接头、外接头海绵、内圆锥锁定接头海绵、支撑硅橡胶、连接管、70%异丙醇水溶液组成。伽马射线灭菌，一次性使用。
适用范围：用于对外圆锥锁定接头及内圆锥锁定接头进行消毒。连接后保持 5 分钟，可在未取下的状态下保持 96 小时消毒状态。
生产厂家：美国 Catheter Connections, Inc
注册代理：昊朗科技（佛山）有限公司
服务机构：昊朗科技（佛山）有限公司
发证日期：2014.04.11　　截止日期：2018.04.10

国食药监械（进）字 2014 第 3461633 号

产品名称：颅颌面接骨板（Micro-Bone Plates）
规格型号：见附页
产品标准：YZB/GER 1289-2014《颅颌面接骨板》
性能组成：由符合 GB/T13810 中纯钛 TA3 材料制造，产品表面无着色，非灭菌包装。
适用范围：产品和螺钉配套使用，用于颅颌面骨折内固定。
生产厂家：德国 STEMA Medizintechnik GmbH
注册代理：上海铁马医疗器械有限公司
服务机构：上海铁马医疗器械有限公司
发证日期：2014.04.11　　截止日期：2018.04.10

国食药监械（进）字 2014 第 3771634 号

产品名称：血管内造影导管（商品名：OUTLOOK）（Angiographic Catheter（中心循環系血管造影用カテーテル））
规格型号：见附页
产品标准：YZB/JAP 1004-2014《血管内造影导管》
性能组成：血管内造影导管由导管主体、远端软管、柔软尖端、座、抗折套管组成，部分型号含有插入器。制造材料：导管主体外层及远端软管：含有氧化铋的聚酰胺弹性体；导管主体编织层：316 不锈钢；导管主体内层：含有氧化铋的尼龙 12；柔软尖端：含有硫酸钡的热可塑型氨基甲酸乙酯树脂；座：尼龙 12；抗折套管：聚酯弹性体。产品经环氧乙烷灭菌，一次性使用。
适用范围：该产品除用于对血管进行造影检查时，将造影剂或各种药剂注入以外，还可用作将导丝及其它导管导入到目标部位的器械。
生产厂家：日本テルモ株式会社
注册代理：泰尔茂（中国）投资有限公司
服务机构：泰尔茂医疗产品（上海）有限公司
发证日期：2014.04.11　　截止日期：2018.04.10

国食药监械（进）字 2014 第 3461635 号

产品名称：髋关节系统组件（商品名：Bi-Metric）（Bi-Metric Hip System）
规格型号：见附页
产品标准：YZB/UK 1274-2014《髋关节系统组件》
性能组成：该产品包括股骨柄和股骨头。股骨柄和股骨头材料均为符合 ISO5832-12-2007 的锻造钴铬钼合金。股骨柄为无涂层骨水泥柄。股骨头应与塑料髋臼部件配合使用。灭菌包装。
适用范围：与该企业同一系统组件配合，做为骨水泥型髋关节假体使用，适用于髋关节置换。
生产厂家：英国 Biomet UK LTD
注册代理：邦美（上海）商贸有限公司
服务机构：邦美（上海）商贸有限公司
发证日期：2014.04.11　　截止日期：2018.04.10

国食药监械（进）字 2014 第 3151636 号

产品名称：脊柱硬膜外微创导管（NAVIDIAN Epidural Catheter System）
规格型号：Navi30
产品标准：YZB/ROK 1171-2014《脊柱硬膜外微创导管》
性能组成：本产品由导管和穿刺针组成，环氧乙烷灭菌，一次性使用。
适用范围：本产品供骨科手术时做脊柱神经粘连剥离手术后，为了缓解疼痛及治疗时往硬膜外腔注入药物时使用的导管。
备注：2014 年 7 月 24 日同意更正产品适用范围内容，2014 年 4 月 11 日核发的医疗器械注册登记表予以废止。
生产厂家：韩国 DIO MEDICAL CO., LTD.
注册代理：杭州广华医疗科技有限公司
服务机构：杭州广华医疗科技有限公司
发证日期：2014.04.11　　截止日期：2018.04.10

国食药监械（进）字 2014 第 3631637 号

产品名称：临时基台及愈合帽（Temporary abutment and healing post）
规格型号：见附页
产品标准：YZB/GER 7926-2013《临时基台及愈合帽》
性能组成：该产品包括临时基台、技工专用螺钉、固位螺钉及愈合帽。
适用范围：该产品适用于采用 BEGO Semados S 或 RI 型种植体治疗的患者，直接安装在种植体内用于固定单牙修复体、临时冠、临时嵌合冠桥。
生产厂家：德国 BEGO Implant Systems GmbH & Co. KG
注册代理：北京友源前景医疗器械有限公司
服务机构：北京友源前景医疗器械有限公司
发证日期：2014.04.11　　截止日期：2018.04.10

国食药监械（进）字 2014 第 3631638 号

产品名称：愈合帽（Healing Cap）
规格型号：见附页
产品标准：YZB/GER 1150-2014《愈合帽》
性能组成：该产品由钛合金（TC4 ELI）制成。
适用范围：该产品同种植体组合一起使用，用于种植体手术之后愈合期到最终修复体制作之前的准备工作。
生产厂家：德国 ALTATEC GmbH
注册代理：上海汉瑞祥贸易有限公司
服务机构：上海汉瑞祥贸易有限公司
发证日期：2014.04.11　　截止日期：2018.04.10

国食药监械（进）字 2014 第 3541639 号

产品名称：一次性使用输注泵（商品名：NIPRO SUREFUSER +）（シユアーフユーザーA）
规格型号：注速固定型：SFS-1001DP、SFS-1002DP、SFS-1003DP、SFS-3.5-25P、SFS-2-25P；注速可变型：SMA-0123-10P、SMA-2345-10P、SMA-123-10P、SMA-2345-25P
产品标准：YZB/JAP 0418-2014《一次性使用输注泵》
性能组成：本产品为持续给药型输注泵，按注速方式分为注速固定型和注速可变型 2 种。由储液装置和输注管路组成，储液装置主要包括外壳、贮液囊、加药口和加药口盖，输注管路主要包括止流夹、管路、药液过滤器、流量控制器、鲁尔接头和开关手柄（注速可变型用）。给药参数：注速固定型的标称容量为 100mL、250mL，标称流量为 4.2mL/hr、2.1mL/hr、1.4mL/hr、3.5mL/hr、2mL/hr；注速可变型的标称容量为 100mL、250mL，标称流量为 0.5, 1.5, 2.5, 3.5mL/hr、2, 3, 4, 5mL/hr、Off, 1, 2, 3mL/hr。
适用范围：本产品适用于持续性药液输注治疗：术后镇痛、癌性疼痛控制、癌症化疗等。
生产厂家:日本ニプロ株式会社
注册代理:尼普洛贸易（上海）有限公司
服务机构:尼普洛贸易（上海）有限公司
发证日期:2014.04.11 截止日期:2018.04.10

国食药监械(进)字2014第3401640号

产品名称:细胞质控品(Immuno-trol low cells)
规格型号:2×3 毫升
产品标准:YZB/USA 1072-2014
性能组成:该产品是一种经过稳定处理的人类红细胞和白细胞液体制备物，悬浮于包含牛血清白蛋白的稳定液中。产品有效期：2-8℃保存，有效期9个月。附件：注册产品标准，产品说明书。
适用范围:该产品是一种经过分析的可溶解全血质量控制产品，用于在流式细胞仪上使用单克隆抗体试剂进行免疫表型分析的质量控制。
生产厂家:美国 Beckman Coulter, Inc.
注册代理:贝克曼库尔特商贸(中国)有限公司
发证日期:2014.03.31 截止日期:2018.03.30

国食药监械(进)字2014第3401641号

产品名称:组织多肽特异抗原检测试剂盒(酶联免疫法)(TPS ELISA)
规格型号:96测试/盒
产品标准:YZB/SWE 1442-2014
性能组成:微孔板、HRP标记抗TPS抗体、标本稀释液(0U/L)、标准液(30, 150, 500, 1200U/L)、质控(低浓度和高浓度)、清洗液溶质片剂、TMB底物、终止液；试剂盒还含有避光膜。(具体内容详见说明书)。产品有效期：2-8℃储存，有效期为16个月。附件：注册产品标准，产品说明书。
适用范围:用于体外定量检测人血清中细胞角蛋白18的含量。
生产厂家:瑞典 IDL Biotech AB
注册代理:北京泰丰瀚盛商贸有限公司
发证日期:2014.03.31 截止日期:2018.03.30

国食药监械(进)字2014第3241642号

产品名称:翠绿宝石激光治疗仪(Candela GentleLASE Family of Laser Systems:GentleLase Pro LE)
规格型号:GentleLase Pro LE
产品标准:YZB/USA 7627-2013《翠绿宝石激光治疗仪》
性能组成:翠绿宝石激光治疗仪由主机，手柄套装，距离规，脚踏开关组成:主机包括一个翠绿宝石激光器、电源、冷却水循环器、DCD动态冷却系统、带内部激光能量计的校准口、基于微处理器的系统控制器、触摸显示屏，光纤撑杆和托架。手柄套装为：透镜偶合2.5m光纤以及手持件构成的DCD手柄套装(包括DCD手持件、光缆、6/8/10 mm滑杆附件、和12/15/18 mm滑杆附件)；透镜偶合2.5m光纤以及手持件构成的ACC手柄套装(包括ACC手持件、光缆、6/8/10 mm滑杆附件、12/15/18 mm滑杆附件、和空气夹具)。距离规：6、8、10、12、15和18 mm距离规（6mm和8 mm光斑尺寸共用相同的距离规)。性能参数见产品标准。
适用范围:用于去除多余毛发.
生产厂家:美国 Candela Corporation
注册代理:美中互利(北京)国际贸易有限公司
服务机构:美中互利(北京)国际贸易有限公司
发证日期:2014.04.11 截止日期:2018.04.10

国食药监械(进)字2014第3301643号

产品名称:医用血管造影X射线机(Medical X-ray angiography equipment)
规格型号:Innova IGS 520
产品标准:YZB/FRA 1437-2014《医用血管造影X射线机》
性能组成:产品由基本硬件、可选硬件、软件选项组成。基本硬件包括机架、检查床 Omega V(型号:2320045-6)OmegaIV(型号 2320221-3)或 Innova-IQ(型号5142213)、床旁用户界面(智能盒，或智能手柄，床旁状态控制器)、高压发生器(型号:2326480)、X射线管(型号:2216450)、限束器、C1控制柜和C2控制柜、数字探测器(型号:5127984)、室内监视器和控制监视器、监视器吊架、冷却器(探测器冷却器、球管冷却器)、DL键盘、VCIM、患者附件、蜂鸣箱、红外发射器接收器。可选硬件、软件选项(软件版本:IGS5_1.0)见标准。
适用范围:医用血管造影X射线机用于在心血管、血管及非血管的诊断和介入式检查中生成人体解剖结构的透视和旋转式图像。
备注:根据《医疗器械注册管理办法》第十五条有关规定，该产品暂缓注册检测。生产企业必须在首台医疗器械入境后、投入使用前完成注册检测。经检测合格后方可投入使用。
生产厂家:法国 GE MEDICAL SYSTEMS SCS
注册代理:通用电气医疗系统贸易发展(上海)有限公司
服务机构:通用电气医疗系统贸易发展(上海)有限公司
发证日期:2014.04.11 截止日期:2018.04.10

国食药监械(进)字2014第3301644号

产品名称:医用血管造影X射线机(Medical X-ray angiography equipment)
规格型号:Innova IGS 540
产品标准:YZB/FRA 2938-2013《医用血管造影X射线机》
性能组成:产品由基本硬件、可选硬件、软件选项组成。基本硬件包括机架、检查床 OmegaV(型号:2320045-5)或 Innova-IQ(型号5142213)、床旁用户界面(智能盒，或智能手柄，床旁状态控制器)、高压发生器(型号:2326480)、X射线管(型号:2216450)、限束器、C1控制柜和C2控制柜、数字探测器(型号:2329766)、室内监视器和控制监视器、监视器吊架、冷却器(探测器冷却器、球管冷却器)、DL键盘、VCIM、患者附件、蜂鸣箱、红外发射器及接收器。可选硬件、软件选项(软件版本:IGS5_1.0)见标准。
适用范围:医用血管造影X射线机用于在心血管、血管及非血管的诊断和介入式检查中生成人体解剖结构的透视和旋转式图像。
备注:根据《医疗器械注册管理办法》第十五条有关规定，该产品暂缓注册检测。生产企业必须在首台医疗器械入境后、投入使用前完成注册检测。经检测合格后方可投入使用。
生产厂家:法国 GE MEDICAL SYSTEMS SCS
注册代理:通用电气医疗系统贸易发展(上海)有限公司
服务机构:通用电气医疗系统贸易发展(上海)有限公司
发证日期:2014.04.11 截止日期:2018.04.10

国食药监械(进)字2014第3301645号

产品名称:医用血管造影X射线机(Medical X-ray angiography equipment)
规格型号:Innova IGS 530
产品标准:YZB/FRA 2942-2013《医用血管造影X射线机》
性能组成:产品由基本硬件、可选硬件、软件选项组成。基本硬件包括机架、检查床 OmegaV(型号:2320045-5)或 Innova-IQ(型号5142213)、床旁用户界面(智能盒，或智能手柄，床旁状态控制器)、高压发生器(型号:2326480)、X射线管(型号:2216450)、限束器、C1控制柜和C2控制柜、数字探测器(型号:2359035)、室内监视器和控制监视器、监视器吊架、冷却器(探测器冷却器、球管冷却器)、DL键盘、VCIM、患者附件、蜂鸣箱、红外发射器及接收器。可选硬件、软件选项(软件版本:IGS5_1.0)见标准。
适用范围:医用血管造影X射线机用于在心血管、血管及非血管的诊断和介入式检查中生成人体解剖结构的透视和旋转式图像。
备注:根据《医疗器械注册管理办法》第十五条有关规定，该产品暂缓注册检测。生产企业必须在首台医疗器械入境后、投入使用前完成注册检测。经检测合格后方可投入使用。
生产厂家:法国 GE MEDICAL SYSTEMS SCS
注册代理:通用电气医疗系统贸易发展(上海)有限公司
服务机构:通用电气医疗系统贸易发展(上海)有限公司
发证日期:2014.04.11 截止日期:2018.04.10

国食药监械(进)字2014第2221646号

产品名称:冲洗吸引泵及附件（商品名：Aesculap）(Multiflow Irrigation Unit with accessories)
规格型号:见附页
产品标准:YZB/GER 0969-2014《冲洗吸引泵及附件》
性能组成:产品由冲洗吸引泵、单踏板脚控开关、红外遥控器、腹腔镜激活器、子宫镜激活器、关节镜激活器、尿道镜激活器、数字式容积差天平、冲洗吸引管路组成。激活器用于激活相应的功能模式，各模式的工作压力为：腹腔镜500mmHg，关节镜15-200mmHg，宫腔镜15-150mmHg，尿道镜 15-150mmHg;最大冲洗量为:腹腔镜 3.5L/min,关节镜 2.5L/min,宫腔镜 0.5L/min,尿道镜 0.5L/min。具体产品型号及描述见附页。其中一次性使用部件为环氧乙烷灭菌。

适用范围:用于腹腔镜、子宫镜、关节镜和尿道镜手术中,通过一个无菌软管输送无菌冲洗液,使相应的体腔扩张并得到冲洗,从而为手术医生提供操作空间和/或清晰视野。同时通过备选的吸引功能可以将分泌液体吸出,在使用激光或高频手术一起时,可使用备选的吸引功能吸出雾气。

生产厂家:德国 Aesculap AG

注册代理:贝朗医疗(上海)国际贸易有限公司

服务机构:贝朗医疗(上海)国际贸易有限公司

发证日期:2014.03.24 **截止日期**:2018.03.23

国食药监械(进)字 2014 第 2221647 号

产品名称:冲洗吸引系统(商品名:STEMA II)(Suction and Irrigation Pump System)

规格型号:CG-003-002

产品标准:YZB/GER 0916-2014《冲洗吸引系统》

性能组成:该产品由带充气抽吸泵的主机组成。

适用范围:产品用于内窥镜手术区域做灌注液体,及将含分泌物、血液和组织碎片的液体吸出。

生产厂家:德国 STEMA 公司(STEMA Medizintechnik GmbH)

注册代理:上海安润医疗设备有限公司

服务机构:上海圣菲实业有限公司

发证日期:2014.03.24 **截止日期**:2018.03.23

国食药监械(进)字 2014 第 2251648 号

产品名称:高频手术镊子(Bipolar Coagulating Forceps)

规格型号:见附页

产品标准:YZB/USA 0167-2014《高频手术镊子》

性能组成:高频镊由两个金属片、绝缘涂层组合而成,高频镊的导电部分由不锈钢、金、镍或钛组成,绝缘涂层由尼龙或聚偏二氟乙烯组成。按使用次数不同,产品分为一次性和多次性使用两种,其中一次性使用产品为辐照灭菌。均为双极使用。具体型号及描述见附页。

适用范围:该高频镊与频率范围为 0.3MHz~1MHz,开路输出电压为 1100Vp-p 的高频电刀配套使用,在手术中作凝血用。

生产厂家:美国柯万外科产品有限公司

注册代理:广州科域医疗设备有限公司

服务机构:广州科域医疗设备有限公司

发证日期:2014.03.24 **截止日期**:2018.03.23

国食药监械(进)字 2014 第 2211649 号

产品名称:神经肌肉电刺激和超声波复合治疗仪(商品名:Sonicator plus)(Combination Electrical Muscle Stimulator/Therapeutic Ultrasound)

规格型号:ME994、ME992、ME930

产品标准:YZB/USA 1034-2014《神经肌肉电刺激和超声波复合治疗仪》

性能组成:治疗仪由 1 台主机、1 个 5cm2 双频超声波输出探头 1MHz 和 3MHz(ME7513)、1 根防水通用探头连接线(ME7392)、4 根电极线(ME2027)、1 根用于复合疗法的电极连接线(ME2261)、1 根电源线(ME7293)组成。

适用范围:超声波治疗适应症:1、疼痛缓解;2、减轻肌肉痉挛;3、促进局部血液循环;4、通过热效应和伸展疗法,增加受限关节的活动范围。神经肌肉电刺激的适应症:1、缓解慢性顽固性疼痛、急性创伤后的疼痛或急性手术后疼痛的症状(干涉、预调制波和微电流波形);2、暂时性缓解肌肉痉挛症状(除微电流外的所有波形);3、通过刺激小腿肌肉,防止术后静脉血栓的形成(除微电流外的所有波形);4、促进治疗部位的血液循环(除微电流外的所有波形);5、预防或迟缓的伤后废用性萎缩(除微电流外的所有波形);6、肌肉再训练(除微电流外的所有波形);7、保持或增加关节的活动范围(除微电流外的所有波形)。

生产厂家:美国梅特勒电子股份有限公司(Mettler Electronics Corp.)

注册代理:北京永康泰科技有限公司

服务机构:北京永康泰科技有限公司

发证日期:2014.03.24 **截止日期**:2018.03.23

国食药监械(进)字 2014 第 2221650 号

产品名称:摄像系统(商品名:MicroLux)(DLX Camera System)

规格型号:003085PAL

产品标准:YZB/USA 0959-2014《摄像系统》

性能组成:该产品由摄像头、头具光灯电线、系头带、视频连接线和接头以及摄像机控制器组成。

适用范围:安装在头具光灯上,为伤口或手术区提供视觉影像。

生产厂家:美国 Integra Burlington MA, Inc.

注册代理:上海康迎医疗器械有限公司

服务机构:上海康迎医疗器械有限公司

发证日期:2014.03.24 **截止日期**:2018.03.23

国食药监械(进)字 2014 第 2401651 号

产品名称:超高效液相色谱串联质谱系统(ACQUITY® UPLC/MS/MS System)

规格型号:ACQUITY

产品标准:YZB/USA 0897-2014《超高效液相色谱串联质谱系统》

性能组成:该产品主要由二元溶剂管理器、样品管理器/高温色谱柱加热装置、三重四极杆串联质谱检测器、MassLynx 软件组成。

适用范围:该产品主要用于分析多种化合物,包括诊断指示物和治疗监控化合物。

生产厂家:美国 Waters Corporation

注册代理:沃特世科技(上海)有限公司

服务机构:沃特世科技(上海)有限公司

发证日期:2014.03.24 **截止日期**:2018.03.23

国食药监械(进)字 2014 第 2231652 号

产品名称:超声诊断系统(Ultrasound Imaging System)

规格型号:E-CUBE 15

产品标准:YZB/ROK 1200-2014《超声诊断系统》

性能组成:见《产品性能结构及组成附页》。

适用范围:用于人体超声诊断检查。各探头临床应用见《产品性能结构及组成附页》。

生产厂家:韩国爱飞纽医疗系统有限公司(ALPINION MEDICAL SYSTEMS CO., LTD.)

注册代理:爱飞纽(广州)医疗器械贸易有限公司

服务机构:爱飞纽(广州)医疗器械贸易有限公司

发证日期:2014.03.24 **截止日期**:2018.03.23

国食药监械(进)字 2014 第 2231653 号(更)

产品名称:超声探头(Transducer)

规格型号:6C1HD

产品标准:YZB/USA 1043-2014《超声探头》

备注:生产企业生产地址由"Pohang Technopark, 601, Jigok-dong, Nam-gu, Pohang-si, 2nd & 3rd VentureBlvd., Gyeongsangbuk-Do 790-834, REPUBLIC OFKOREA"变更为"2nd & 3rd Venture Building, Pohang Technopark, 394, Jigok-ro, Nam-gu, Pohang-si, Gyeongsangbuk-Do, REPUBLIC OFKOREA";注册证由国食药监械(进)字 2014 第 2231653 号"变更为"国食药监械(进)字 2014 第 2231653 号(更)",原证自发证之日起作废。

生产厂家:美国西门子医疗系统公司(SIEMENS MEDICAL SOLUTIONS USA, INC.)

注册代理:西门子(中国)有限公司

服务机构:西门子(中国)有限公司

变更日期:2014.03.24 **截止日期**:2018.03.23

国食药监械(进)字 2014 第 2241654 号

产品名称:脊柱外科用工具 - 光纤(Instruments for Spinal Surgery - Fiber)

规格型号:见附页

产品标准:YZB/USA 1035-2014《脊柱外科用工具 - 光纤》

性能组成:该产品为非灭菌产品,不接触人体。产品规格型号、图示及基本参数见附页。

适用范围:该产品设计通过从光纤光源向手术部位传送光能来为手术提供照明。

生产厂家:美国 Sunoptic Technologies, LLC

注册代理:强生(上海)医疗器材有限公司

服务机构:强生(上海)医疗器材有限公司
发证日期:2014.03.24　　截止日期:2018.03.23

国食药监械(进)字2014第2261655号

产品名称:干扰电型低频治疗仪(オージオトロン スーパー)
规格型号:EF-150、EF-250
产品标准:YZB/JAP 1053-2014《干扰电型低频治疗仪》
性能组成:EF-150干扰电型低频治疗仪由主机1台、抽吸电极(红色)1组、抽吸电极(蓝色)1组、抽吸电极用海绵2包(8个)、电源线1根、说明书1本组成。EF-250干扰电型低频治疗仪由主机1台、抽吸电极(红色)1组、抽吸电极(蓝色)1组、抽吸电极(绿色)1组、抽吸电极(茶色)1组、抽吸电极用海绵4包(16个)、电源线1根、说明书1本组成。
适用范围:该产品进行神经及肌肉刺激,用以经皮性止痛和改善肌肉萎缩。
生产厂家:日本欧技技研公司(オージー技研株式会社)
注册代理:北京三捷欧技医疗器械有限公司
服务机构:北京三捷欧技医疗器械有限公司
发证日期:2014.03.24　　截止日期:2018.03.23

国食药监械(进)字2014第1411656号

产品名称:冷冻切片机(Thermo Scientific HM525 NX)
规格型号:HM525 NX, HM525 NX UV
产品标准:YZB/GER 1173-2014《冷冻切片机》
性能组成:该产品主要由主机、冷冻箱、触摸屏用户界面、手轮、标本头、刀架、刀片组成。
适用范围:该产品用于医疗中制备冷冻样本的组织切片。
生产厂家:德国Microm International GmbH
注册代理:赛默飞世尔(上海)仪器有限公司
服务机构:赛默飞世尔科技(中国)有限公司
发证日期:2014.03.24　　截止日期:2018.03.23

国食药监械(进)字2014第2221657号

产品名称:氙灯冷光源(Xenon Cold Light Source)
规格型号:Xenotron III
产品标准:YZB/GER 1122-2014《氙灯冷光源》
性能组成:产品由主机(编号:G-26033)、光导(包括一次性广角防眩光20G眼内照明光导(编号:G-46023)、一次性标准20G眼内照明光导(编号:G-46021)、一次性广角防眩光23G眼内照明光导(编号:G-46323)、一次性标准23G眼内照明光导(编号:G-46321))、电源线、冷光源支撑盖板(编号:G-60510)构成。
适用范围:氙灯冷光源在眼外科手术中作眼内照明用。
生产厂家:德国歌德公司(Geuder AG)
注册代理:北京高视远望科技有限责任公司
服务机构:北京高视远望科技有限责任公司
发证日期:2014.03.24　　截止日期:2018.03.23

国食药监械(进)字2014第2401658号

产品名称:全自动血液分析仪(Quintus 5-part analyzer)
规格型号:Quintus
产品标准:YZB/SWE 1174-2014《全自动血液分析仪》
性能组成:(1)主机:包括LCD触摸屏,旋转进样器。(2)管路系统:包括废液管,稀释液进样管,溶血剂进样管,阻止液进样管以及内部管路。(3)条形码阅读器。(4)自动进样器。
适用范围:该产品在临床上主要用于人全血样本中的血细胞进行分类计数,其中对白细胞有五分类功能。
生产厂家:瑞典Boule Medical AB
注册代理:布尔医疗设备(北京)有限公司
服务机构:布尔医疗设备(北京)有限公司
发证日期:2014.03.24　　截止日期:2018.03.23

国食药监械(进)字2014第2211659号

产品名称:多导睡眠记录仪(Polysomnography System)
规格型号:Alice 6 LDxN、Alice 6 LDxS、Alice 6 LDE
产品标准:YZB/USA 7589-2013《多导睡眠记录仪》
性能组成:该产品由基站、头盒、热敏电阻式气流传感器、压力式气流传感器、鼾声传感器、体位传感器、体动传感器、血氧传感器、胸部呼吸努力度传感器、腹部呼吸努力度传感器和电源适配器组成,详见附件。
适用范围:该产品用于为临床人员/医生记录生理信息,在医院、护理机构、睡眠中心、诊所中,用于记录成人或婴儿患者的各种睡眠或其他生理障碍(包括失眠、睡眠呼吸障碍、原发性嗜睡、睡眠节律障碍、异态睡眠、睡眠运动障碍、独立症候群)。该产品不提供报警,不可用作自动呼吸暂停监护仪。
生产厂家:美国Respironics, Inc.
注册代理:飞利浦(中国)投资有限公司
服务机构:飞利浦(中国)投资有限公司
发证日期:2014.04.09　　截止日期:2018.04.08

国食药监械(进)字2014第2551660号

产品名称:根管充填仪(Heated Gutta Percha System)
规格型号:823-800
产品标准:YZB/USA 1064-2014《根管充填仪》
性能组成:本产品由主机、手柄、手柄支架、交流适配器组成。
适用范围:供牙科医生在根管治疗中用来加热牙胶尖,并将牙胶尖放置到事先预备好的人牙根管中,以封闭根管,达到根管治疗及牙科修复目的。
生产厂家:美国Obtura Spartan
注册代理:北京立迈健德科技有限责任公司
服务机构:北京立迈健德科技有限责任公司
发证日期:2014.04.09　　截止日期:2018.04.08

国食药监械(进)字2014第2541661号

产品名称:电动手术台(Treatment Chair)
规格型号:600XLE
产品标准:YZB/GER 1102-2014《电动手术台》
性能组成:见附表。
适用范围:产品适用于眼科、耳鼻喉科、口腔科和口腔颌面外科的手术。
生产厂家:德国UFSK-International OSYS GmbH
注册代理:北京世通康泰医疗器械有限公司
服务机构:北京世通康泰医疗器械有限公司
发证日期:2014.04.09　　截止日期:2018.04.08

国食药监械(进)字2014第2211662号

产品名称:蓝牙式心电记录仪(Bluetooth personal ECG transmitter)
规格型号:Smartheart
产品标准:YZB/ISR 0834-2014《蓝牙式心电记录仪》
性能组成:该产品由主机(包括外壳胸部电极)、电极(包括左臂电极、右臂电极、腰部电极、绑带胸部电极)和电极带组成,不包括内部电池和外置数据存储卡。产品可记录12导心电数据。
适用范围:该设备用于获取心电信号,并通过蓝牙通信技术将心电信号传输至远程工作站。
生产厂家:以色列SHL Telemedicine International Ltd.
注册代理:北京捷通康诺医药科技有限公司
服务机构:北京捷通康诺医药科技有限公司
发证日期:2014.04.09　　截止日期:2018.04.08

国食药监械(进)字2014第2541663号

产品名称:持续正压通气呼吸机(CPAP system)
规格型号:300157
产品标准:YZB/USA 0941-2014《持续正压通气呼吸机》
性能组成:该产品由CPAP呼吸机、AC通用电源组成。
适用范围:本产品适用于治疗阻塞性睡眠呼吸暂停的成年患者(体重超过30公斤)。
生产厂家:美国Somnetics International Inc.
注册代理:北京普康科健医疗设备有限公司
服务机构:北京普康科健医疗设备有限公司
发证日期:2014.04.09　　截止日期:2018.04.08

国食药监械(进)字2014第2211664号

产品名称:听力筛查仪(Echo-Screen)
规格型号:Echo Screen T plus、Echo Screen D plus、Echo Screen A plus、Echo Screen TD plus、Echo Screen TA plus、Echo Screen DA plus、Echo Screen TDA plus、Echo Screen TS、Echo Screen DS

产品标准:YZB/GER 0896-2014《听力筛查仪》
性能组成:该产品由主机、耳探头、充电电池、电池充电器、测试腔、清洁线、电极电缆、ABR 电缆、红外数据线、RS232 数据线、回声耦合器组成。
适用范围:该产品用于检查新生儿，婴儿，儿童和成人的听觉损失。
生产厂家:德国 Natus Europe GmbH
注册代理:南京伟韬商贸有限公司
服务机构:南京伟韬商贸有限公司
发证日期:2014.04.09 **截止日期**:2018.04.08

国食药监械(进)字 2014 第 2211665 号

产品名称:诊断型耳声发射仪(Scout Sport)
规格型号:580-SP2191
产品标准:YZB/USA 0898-2014《诊断型耳声发射仪》
性能组成:本装置由主机、探头、电缆、电源适配器组成。
适用范围:本产品在耳道内产生受控的声信号并测量由内耳外毛细胞对其反应产生的诱发耳声信号(OAEs)。本产品用于瞬态声诱发耳声发射(TEOAE)、畸变产物耳声发射(DPOAE)和 DPOAE 输入/输出(I/O)的测试。
生产厂家:美国 Natus Medical Incorporated
注册代理:南京伟韬商贸有限公司
服务机构:南京伟韬商贸有限公司
发证日期:2014.04.09 **截止日期**:2018.04.08

国食药监械(进)字 2014 第 2551666 号

产品名称:牙科手机(商品名: TORQTECH)(ストレート・ギアードアングルハンドピース)
规格型号:ST-DH, CA-DC-O, CA-DC, CA-5IF-O
产品标准:YZB/JAP 1037-2014《牙科手机》
性能组成:产品由牙科手机组成。产品参数请见申请表附页。
适用范围:产品由低压电动马达驱动，通过夹持牙科专用车针，用于切割或研磨牙齿、义齿。
生产厂家:日本株式会社森田制作所
注册代理:森田医疗器械(上海)有限公司
服务机构:森田医疗器械(上海)有限公司
发证日期:2014.04.09 **截止日期**:2018.04.08

国食药监械(进)字 2014 第 2211667 号

产品名称:内脏脂肪测量装置(内臓脂肪測定装置)
规格型号:HDS-2000
产品标准:YZB/JAP 0988-2014《内脏脂肪测量装置》
性能组成:由主机、专用床垫、电极腰带及线缆、腹部测量单元及线缆、手脚夹及线缆、电源线组成。
适用范围:通过在腹部背侧及四肢安装电极测定的活体阻抗与腹腔脐位的厚度与宽度，来推测内脏脂肪面积。
生产厂家:日本欧姆龙健康医疗株式会社
注册代理:北京百世贸易有限公司
服务机构:北京百世贸易有限公司
发证日期:2014.04.09 **截止日期**:2018.04.08

国食药监械(进)字 2014 第 2551668 号

产品名称:牙科综合治疗台(Dental Unit)
规格型号:ESTETICA E30
产品标准:YZB/GER 1183-2014《牙科综合治疗台》
性能组成:该产品由患者座椅、医生控制台(S 型和 TM 型)、助手控制台、痰盂、脚踏控制器(型号:1065)、漱口给水装置、多功能枪(包括直机类型、弯机类型)、器械盘、口腔灯(型号:FARO MAIA, FARO EDI)、吸唾器(包括强吸和弱吸)。
适用范围:该产品供口腔科诊断、治疗、手术用。
生产厂家:德国 Kaltenbach & Voigt GmbH
注册代理:卡瓦盛邦(上海)牙科医疗器械有限公司
服务机构:卡瓦盛邦(上海)牙科医疗器械有限公司
发证日期:2014.04.09 **截止日期**:2018.04.08

国食药监械(进)字 2014 第 2301669 号

产品名称:数字化 X 射线摄影系统(Direct Digital X-Ray System)
规格型号:ddRFormula Plus
产品标准:YZB/SWI 6426-2013《数字化 X 射线摄影系统》
性能组成:该产品由图像处理系统，操作台，ddR 系统架，探测器(型号:FP6000)，滤线栅(型号:05766683)，X-射线高压发生器(型号:VZW2556RD3-27)，X 射线管组件(型号:Optitop 150/40/80 HC-100L)，X-射线管(型号:Optitop150/40/80 HC)，准直仪，患者支撑装置(型号:IGS1200, IGS1500)，KVM-Box 组成。标称电功率:80 kW; X 射线管组件:旋转阳极，焦点 0.6 / 1.0; 探测器:碘化铯非晶硅; 管电压调节范围:40 ～150kV; 摄影管电流调节范围:10～1000mA; 加载时间调节范围:2～6300ms; 电流时间积:0.5～1000mAs。
适用范围:该产品应用于对仰卧、坐着或站立的病人进行常规的摄影检查。
生产厂家:瑞士 Swissray Medical AG
注册代理:广州市久和医疗器械有限公司
服务机构:广州市久和医疗器械有限公司
发证日期:2014.04.09 **截止日期**:2018.04.08

国食药监械(进)字 2014 第 2401670 号

产品名称:血糖监测仪(商品名: Element)(Blood Glucose Monitoring Meter)
规格型号:Element
产品标准:YZB/ROK 0862-2014《血糖监测仪》
性能组成:本产品包括主机和操作软件。
适用范围:该产品用于体外定量检测新鲜毛细血管全血样本中葡萄糖浓度。
生产厂家:韩国 Infopia Co., Ltd.
注册代理:山东英帕生物科技有限公司
服务机构:山东英帕生物科技有限公司
发证日期:2014.04.09 **截止日期**:2018.04.08

国食药监械(进)字 2014 第 2401671 号

产品名称:全自动细菌培养系统(BD BACTECTM FX40 Instrument)
规格型号:BD BACTECTM FX40
产品标准:YZB/USA 1056-2014《全自动细菌培养系统》
性能组成:孵育器、测量系统、LCD 触摸屏控制器、荧光检测器、系统指示灯、培养瓶位置及状态指示灯、声音报警器、培养瓶位置传感器、空气过滤器、USB 端口、电源开关及随机软件。
适用范围:该培养系统用于临床样本中细菌和真菌的培养检测。
生产厂家:美国 Becton, Dickinson and Company
注册代理:碧迪医疗器械(上海)有限公司
服务机构:碧迪医疗器械(上海)有限公司
发证日期:2014.04.09 **截止日期**:2018.04.08

国食药监械(进)字 2014 第 2401672 号

产品名称:葡萄糖/乳酸分析仪(商品名: 乐百全)(LABTREND)
规格型号:7020000000, 7023000000
产品标准:YZB/GER 0867-2014《葡萄糖/乳酸分析仪》
性能组成:产品由主机、传感器、操作软件、电源线和适配器组成。
适用范围:该产品通过基于生物传感器的酶-电极法测定人体全血、血浆或血清中葡萄糖或乳酸浓度。
生产厂家:德国 BST Bio Sensor Technology GmbH
注册代理:瀚联生物科技(上海)有限公司
服务机构:瀚联生物科技(上海)有限公司
发证日期:2014.04.09 **截止日期**:2018.04.08

国食药监械(进)字 2014 第 2401673 号

产品名称:血糖测试仪(商品名: 达乐优享型)(CareSens N Blood Glucose Monitoring System)
规格型号:GM505PAE, GM505PBE, GM505PCE
产品标准:YZB/ROK 0859-2014《血糖测试仪》
性能组成:该产品主要由液晶显示屏，血糖测试仪主机，内置存储器，操作软件组成。
适用范围:该产品用于体外监测人体毛细血管全血中的葡萄糖浓度。
生产厂家:韩国 i-SENS, Inc.
注册代理:韩国株式会社爱森斯上海代表处
服务机构:韩国株式会社爱森斯上海代表处
发证日期:2014.04.09 **截止日期**:2018.04.08

国食药监械(进)字 2014 第 2311674 号

产品名称:X 射线管组件(X-Ray Tube Housing Assembly)
规格型号:GS-5076/B-590H
产品标准:YZB/USA 2484-2012《X 射线管组件》
性能组成:管组件由管套、定子线圈、X 射线球管(包括阳极、阴极)、绝缘油、热交换器组成。
适用范围:该产品主要用于 X 射线计算机断层成像诊断设备(CT),作为医用 X 射线成像设备的组件。仅供整机制造商使用。
生产厂家:美国 Varian Medical Systems, X-Ray Products
注册代理:瓦里安医疗器械贸易(北京)有限公司
服务机构:瓦里安医疗器械贸易(北京)有限公司
发证日期:2014.04.09　**截止日期**:2018.04.08

国食药监械(进)字 2014 第 2211675 号

产品名称:皮下电极(Subdermal Electrode)
规格型号:见附页
产品标准:YZB/USA 1338-2014《皮下电极》
性能组成:该产品由皮下记录电极和皮下回路电极两部分组成,其中皮下记录电极依据外形可分为三种:钩线型皮下记录电极、针式皮下记录电极、成对皮下记录电极。
适用范围:该产品放置于皮下,与 NIM 或其他神经监护系统连接使用,可记录电信号。
生产厂家:美国 Medtronic Xomed, Inc.
注册代理:美敦力(上海)管理有限公司
服务机构:美敦力(上海)管理有限公司
发证日期:2014.04.09　**截止日期**:2018.04.08

国食药监械(进)字 2014 第 2541676 号(更)

产品名称:电动手术台(商品名:OPT)(Operating Table)
规格型号:Vanto
产品标准:YZB/ITA 1319-2014《电动手术台》
备注:企业名称变更:由"OFFICINA DI PROTESI TRENTO S.p.A."变更为"OPT SurgiSystems S.r.l.";注册证由"国食药监械(进)字 2014 第 2541676 号"变更为"国食药监械(进)字 2014 第 2541676 号(更)",原证自发证之日起作废。
生产厂家:意大利 OPT SurgiSystems S.r.l.
注册代理:德尔格医疗设备(上海)有限公司
服务机构:德尔格医疗设备(上海)有限公司
变更日期:2014.07.04　**截止日期**:2018.04.08

国食药监械(进)字 2014 第 2451677 号

产品名称:血液透析用水处理设备(Water treatment equipment)
规格型号:AquaBplus500、AquaBplus1000、AquaBplus1500、AquaBplus2000、AquaBplus2500、AquaBplus3000
产品标准:YZB/GER 1294-2014《血液透析用水处理设备》
性能组成:本产品可独立构成单级反渗透系统,也可与选配件 AquaBplusB2 构成双级反渗透系统。产品由 AquaBplus、AquaBplusB2(选配)和 AquaBplusHF(选配)组成,其中 AquaBplus、AquaBplusB2 由操作面板、反渗膜、控制电路、泵、电磁阀、电源模块组成,AquaBplusHF 由控制电路、泵、电源模块、加热模块组成。配置情况详见附页。
适用范围:本产品是一个室内生产单元,适用于为血液透析装置提供血液透析用反渗水,用于多床透析。
生产厂家:德国 Fresenius Medical Care AG & Co. KGaA
注册代理:费森尤斯医药用品(上海)有限公司
服务机构:费森尤斯医药用品(上海)有限公司
发证日期:2014.04.09　**截止日期**:2018.04.08

国食药监械(进)字 2014 第 1401678 号

产品名称:孵育器(PROCLEIX® Reagent Preparation Incubator)
规格型号:RPI
产品标准:YZB/USA 1368-2014《孵育器》
性能组成:该产品由基于微处理器的温度控制箱(含随机软件)和独立式温度监视仪组成。温度控制箱由温度控制器、电源开关、旋转控制开关和可转动的旋转转盘组成。
适用范围:该产品是一种基于微处理器的温度控制箱,内置可转动的转盘,可制备最多 3 组 PROCLEIX®分析试剂(Assay Reagent, AR),包括 3 瓶鉴别探针试剂。
生产厂家:美国 GEN-PROBE Incorporated
注册代理:上海诺华贸易有限公司
服务机构:上海诺华贸易有限公司
发证日期:2014.04.09　**截止日期**:2018.04.08

国食药监械(进)字 2014 第 2701679 号

产品名称:移动医学图像处理软件(商品名:ResolutionMD Mobile)(Mobile Medical Image Processing Software)
规格型号:RMD-MOB-31,版本 3.1
产品标准:YZB/CAN 1405-2014《移动医学图像处理软件》
性能组成:本产品不以实物形式交付用户,用户需从互联网下载软件并安装使用。组成模块:客户端包括搜索模块、2D 模块、3D 模块、MIP/MPR 模块、PureWeb SDK 模块;服务器端包括 PureWeb Servlet 模块、PureWeb ServiceSDK 模块、CSI Dicom 模块、状态管理器模块、CSI 算法模块、CSI 显示模块。
适用范围:本产品供通用计算服务器和特定平板电脑移动设备使用,为符合 DICOM3.0 标准的图像数据提供通讯、存储、处理和显示功能,用于诊断。本产品不适用于乳腺 X 射线摄影检查术。
生产厂家:加拿大 Calgary Scientific Inc.
注册代理:北京诺维博美医药科技有限公司
服务机构:北京新网医讯技术有限公司
发证日期:2014.04.09　**截止日期**:2018.04.08

国食药监械(进)字 2014 第 2701680 号

产品名称:医学图像处理软件(商品名:ResolutionMD Web)(Medical Image Processing Software)
规格型号:RMD-WEB-31,版本 3.1
产品标准:YZB/CAN 1406-2014《医学图像处理软件》
性能组成:本产品不以实物形式交付用户,用户需从互联网下载软件并安装使用。组成模块:客户端包括搜索模块、2D 模块、3D 模块、MIP/MPR 模块、PureWeb SDK 模块;服务器端包括 PureWeb Servlet 模块、PureWeb ServiceSDK 模块、CSI Dicom 模块、状态管理器模块、CSI 算法模块、CSI 显示模块。
适用范围:本产品供通用计算服务器和特定互联网浏览器使用,为符合 DICOM 3.0 标准的图像数据提供通讯、存储、处理和显示功能,用于诊断。本产品不适用于乳腺 X 射线摄影检查术。
生产厂家:加拿大 Calgary Scientific Inc.
注册代理:北京诺维博美医药科技有限公司
服务机构:北京新网医讯技术有限公司
发证日期:2014.04.09　**截止日期**:2018.04.08

国食药监械(进)字 2014 第 2541681 号

产品名称:电动综合分娩产床(Delivery Bed)
规格型号:LM-02.1 型
产品标准:YZB/POL 0676-2014《电动综合分娩产床》
性能组成:LM-02.1 型产床由身床和分体式腿床组成,身床包括床体、床板(背板及臀板)、床垫(背垫及臀垫)、升降柱、液压传动系统、床头拉手、床身侧拉手、腿托、线控手柄、脚踏开关、污物盘及输液杆,分体式腿床包括底座、床板、床垫、足托、升降柱及线控手柄。
适用范围:该产床用于各个分娩阶段的产妇病房,包括分娩前、自然分娩过程中及分娩后。
生产厂家:波兰 Zywiecka Fabryka Sprzetu Szpitalnego FAMED S.A w upadlosci likwidacyjnej
注册代理:法迈(北京)医疗技术有限公司
服务机构:法迈(北京)医疗技术有限公司
发证日期:2014.04.09　**截止日期**:2018.04.08

国食药监械(进)字 2014 第 3401682 号

产品名称:抗 EB 病毒早期抗原 IgM 抗体检测试剂盒(酶联免疫吸附法)(Anti-EBV-EA-D ELISA (IgM))
规格型号:EI 2795-9601 M:96 人份/盒。
产品标准:YZB/GER 1232-2014
性能组成:1.微孔板、2.标准品、3.阳性对照、4.阴性对照、5.酶结合物、6.样本缓冲液、7.清洗缓冲液、8.色原/底物液、9.终止液。(具体内容详见说明书)。产品有效期:2-8°C保存,不要冰冻。未开封前,除非特别说明,试剂盒中各成分自生产日起可稳定1年。附件:注册产品标准,产品说明书。

适用范围:该产品用于体外半定量检测人血清或血浆中的抗 EB 病毒早期抗原抗体免疫球蛋白 M (IgM)。

变更情况:变更日期: 2015.01.06。1.代理人、注册代理机构由"北京欧蒙生物技术有限公司"变更为"欧蒙医学诊断(中国)有限公司"。2.说明书中售后服务单位由"名称:北京欧蒙生物技术有限公司,地址:北京市朝阳区北辰东路8号院1号楼19层1901-1907号"变更为"名称:欧蒙医学诊断(中国)有限公司,地址:北京市朝阳区北辰东路8号院1号楼19层1908-1910号"。请申请人依据变更内容自行修订产品说明书。

生产厂家:德国 EUROIMMUN Medizinische Labordiagnostika AG

注册代理:北京欧蒙生物技术有限公司

发证日期:2014.03.31 **截止日期**:2018.03.30

国食药监械(进)字 2014 第 2551683 号

产品名称:牙科综合治疗机(Dental unit)

规格型号:PUMA ELI, PUMA ELI A, PUMA ELI CP, PUMA ELI ORTHO

产品标准:YZB/ITA 1366-2014《牙科综合治疗机》

性能组成:PUMA ELI 由脚控制器(移动杆式)、牙科器械盘(下挂式)、助手器械盘、牙科椅、供水系统、口腔灯(型号 E-LIGHT)组成。PUMA ELI CP 由脚控制器(移动杆式)、牙科器械盘(上挂式)、助手器械盘、牙科椅、供水系统、口腔灯(型号 E-LIGHT)组成。PUMA ELI A 由脚控制器(移动杆式)、牙科器械盘(左右手通用式)、助手器械盘、牙科椅、供水系统、口腔灯(型号 E-LIGHT)组成。PUMAELI ORTHO 由脚控制器(移动杆式)、助手器械盘、牙科椅、供水系统、口腔灯(型号 E-LIGHT)组成。

适用范围:本产品供口腔科作诊断、治疗、手术用。

生产厂家:意大利赛福徕集团(CEFLA S.C.)

注册代理:苏州公理福医疗器械有限公司

服务机构:苏州公理福医疗器械有限公司

发证日期:2014.04.09 **截止日期**:2018.04.08

国食药监械(进)字 2014 第 2221684 号

产品名称:内窥镜摄像系统(Camera, HD Endocam)

规格型号:见附页

产品标准:YZB/GER 1127-2014《内窥镜摄像系统》

性能组成:本产品由摄像主机、手动遥控器、高清摄像头和镜头组成。

适用范围:该产品与内窥镜配合使用,摄像机可将图像从内窥镜传输到医学监视器上。

生产厂家:德国 Richard Wolf GmbH

注册代理:北京德华信达技术有限公司

服务机构:见附页

发证日期:2014.04.09 **截止日期**:2018.04.08

国食药监械(进)字 2014 第 2311685 号

产品名称:X射线摄影用影像板成像装置(Computed Radiography Device for Radiograph X-ray)

规格型号:CR12-X(5151/200)

产品标准:YZB/BEL 7392-2013《X射线摄影用影像板成像装置》

性能组成:由 CR 数字化扫描仪 CR 12-X (5151/200),CR 数字化扫描仪电源适配器 AHM150PS24-XE0527 组成。

适用范围:该产品用于读取影像板的数据。

生产厂家:比利时 AGFA HealthCare N.V.

注册代理:爱克发医疗系统设备(上海)有限公司

服务机构:爱克发医疗系统设备(上海)有限公司

发证日期:2014.04.09 **截止日期**:2018.04.08

国食药监械(进)字 2014 第 3401686 号

产品名称:隐球菌抗原检测试剂盒(胶体金免疫层析法)(CrAg Lateral Flow Assay)

规格型号:50 人份/盒 (货号 CR2003)

产品标准:YZB/USA 1008-2014

性能组成:样本稀释液、隐球菌抗原试纸条。(具体内容详见说明书)。产品有效期: 存放在室温 (22-25℃) 下,干燥的瓶子里,有效期 24 个月。附件: 注册产品标准,产品说明书。

适用范围:本试剂盒用于体外定性检测脑脊液中隐球菌多个种(包括新型隐球菌和哥特隐球菌)荚膜多糖抗原。

生产厂家:美国 Immuno-Mycologics, Inc.

注册代理:北京康晖煜科技有限公司

发证日期:2014.03.31 **截止日期**:2018.03.30

国食药监械(进)字 2014 第 2271687 号

产品名称:影像归档及传输系统(Picture Archiving and Communications System)

规格型号:Centricity PACS, 版本 4.0

产品标准:YZB/USA 1172-2014《影像归档及传输系统》

性能组成:本产品由八张软件光盘组成,组成模块包括:1)服务器:DAS、ITS、C2C、IMS、CDPS、AIM、STS、CCG、MT、ENM; 2) 客户端: RA1000 工作站、Centricity Exam Manager(CEM)检查管理器、Centricity CAT 系统管理工具。

适用范围:用于对从诊断成像设备获取的数字图像和数据进行存储、读取、诊断、复查、分析、注解、分发、打印、编辑和处理。

生产厂家:美国 GE Healthcare

注册代理:通用电气医疗系统贸易发展(上海)有限公司

服务机构:通用电气医疗系统贸易发展(上海)有限公司

发证日期:2014.04.09 **截止日期**:2018.04.08

国食药监械(进)字 2014 第 2231688 号

产品名称:超声诊断仪(Ultrasound Diagnostic Equipment)

规格型号:UGEO HM70A

产品标准:YZB/ROK 1192-2014《超声诊断仪》

性能组成:见附页《产品性能结构及组成》。

适用范围:临床超声诊断检查

生产厂家:韩国三星麦迪逊有限公司(SAMSUNG MEDISON CO., LTD.)

注册代理:三星(中国)投资有限公司

服务机构:三星电子(北京)技术服务有限公司

发证日期:2014.04.09 **截止日期**:2018.04.08

国食药监械(进)字 2014 第 3401689 号

产品名称:人类免疫缺陷病毒抗原及抗体检测试剂盒(胶体金法)(SD BIOLINE HIV Ag/Ab Combo Rapid)

规格型号:30 测试/盒

产品标准:YZB/ROK 0957-2014

性能组成:检测板和检测稀释液。(具体内容详见产品说明书)。产品有效期: 储存在 1-30℃,有效期为 18 个月。附件: 注册产品标准,产品说明书。

适用范围:该产品用于体外定性检测人血清、血浆或全血(静脉血和指尖血)中的人类免疫缺陷病毒 (HIV) 蛋白抗原 (p24) 和 1 型 (HIV-1)、2 型 (HIV-2)、O 型 (HIV-O) 抗体。

变更情况:变更日期: 2014.12.22。变更内容见附页。

生产厂家:韩国 Standard Diagnostics, Inc.

注册代理:美艾利尔(中国)医疗器械有限公司

发证日期:2014.03.31 **截止日期**:2018.03.30

国食药监械(进)字 2014 第 3401690 号

产品名称:人类免疫缺陷病毒 (HIV1+2) 抗体确证试剂盒 (条带免疫法)(recomLine HIV-1 & HIV-2 IgG)

规格型号:20 人份/盒

产品标准:YZB/GER 0954-2014

性能组成:洗涤缓冲液 A (10 倍浓缩),底物 TMB (即用),脱脂奶粉,检测试纸条,抗人 IgG-HRP 标记物 (绿盖),阳性质控血清,阴性质控血清;试剂盒中还包括评估表。(具体内容详见产品说明书)。产品有效期: 2-8℃保存,请勿冷冻,有效期为 15 个月。附件: 注册产品标准,产品说明书。

适用范围:该产品用于定性检测人血浆或血清中的人类免疫缺陷病毒 HIV-1 和 HIV-2 IgG 抗体。

生产厂家:德国 Mikrogen GmbH

注册代理:北京麦克莱金生物技术有限公司

发证日期:2014.03.31 **截止日期**:2018.03.30

国食药监械(进)字 2014 第 3401691 号

产品名称:丙型肝炎病毒抗体检测试剂盒（化学发光免疫分析法）(BIO-FLASH anti-HCV)
规格型号:100 个测试/盒
产品标准:YZB/SPA 0874-2014
性能组成:试剂盒中含有 4 个不同的小管,它们分别含有如下内容物: A.一支圆柱形小管，装有包被有重组丙型肝炎病毒（丙型肝炎病毒表征性抗原决定簇: Core, NS3, NS4 和 NS5）的悬浮微粒。B. 一支包含有＜0.1%叠氮钠和 1.0% Triton X-100 的测试缓冲液。 C.一支不透明的小管，其中包含标记有异鲁米诺的小鼠抗人 IgG 单克隆抗体所组成的示踪剂。另含有＜0.1%叠氮钠和 8.0%的乙二醇。 D.一支包含有＜0.1%叠氮钠的样本稀释液。产品有效期：未打开的试剂盒在 2-8℃条件下竖直贮存时，有效期为 16 个月。附件：注册产品标准，产品说明书。
适用范围:该产品采用全自动化学发光原理的两步免疫分析方法，在全自动化学发光免疫分析仪（BIO-FLASH）上定性检测人血清或者血浆中存在的抗丙型肝炎病毒 IgG 抗体。
生产厂家:西班牙 BIOKIT, S.A.
注册代理:沃芬医疗设备国际贸易(上海)有限公司
发证日期:2014.03.31　　**截止日期**:2018.03.30

国食药监械(进)字 2014 第 3401692 号

产品名称:乙型肝炎病毒核心抗体质控品(BIO-FLASH anti-HBc Controls)
规格型号:乙型肝炎病毒核心抗体阴性质控品: 3x2mL ，乙型肝炎病毒核心抗体阳性质控品: 3x2mL
产品标准:YZB/SPA 0875-2014
性能组成:包含有不同浓度的兔 HBc 抗体,人阴性血清,防腐剂(＜ 0.1%叠氮钠）和缓冲液。(具体内容详见说明书)。产品有效期: 2-8° C 下保存有效期为 12 个月。附件：注册产品标准，产品说明书。
适用范围:该产品用于 BIO-FLASH 仪器上的乙型肝炎病毒核心抗体分析过程中的质量控制。
生产厂家:西班牙 BIOKIT, S.A.
注册代理:沃芬医疗设备国际贸易(上海)有限公司
发证日期:2014.03.31　　**截止日期**:2018.03.30

国食药监械(进)字 2014 第 3401693 号

产品名称:乙型肝炎病毒表面抗原质控品(BIO-FLASH HBsAg Controls)
规格型号:乙型肝炎病毒表面抗原阴性质控品: 3x3mL ；乙型肝炎病毒表面抗原阳性质控品: 3x3mL
产品标准:YZB/SPA 0876-2014
性能组成:乙型肝炎病毒表面抗原阴性质控品:3x3mL，含有乙型肝炎病毒表面抗原阴性的人血清和防腐剂(&; 1t; 0.1%叠氮钠)的缓冲液溶液;乙型肝炎病毒表面抗原阳性质控品: 3x3mL，含有不同浓度乙型肝炎病毒表面抗原、人乙型肝炎病毒表面抗原阴性血清和防腐剂（＜0.1%叠氮钠）的缓冲液溶液。(具体内容详见说明书)。产品有效期: 2-8° C 下保存有效期为 16 个月。附件：注册产品标准，产品说明书。
适用范围:该产品用于 BIO-FLASH 仪器上的乙型肝炎病毒表面抗原分析过程中的质量控制。
生产厂家:西班牙 BIOKIT, S.A.
注册代理:沃芬医疗设备国际贸易(上海)有限公司
发证日期:2014.03.31　　**截止日期**:2018.03.30

国食药监械(进)字 2014 第 3401694 号

产品名称:乙型肝炎病毒核心抗体检测试剂盒(化学发光免疫分析法)(BIO-FLASH anti-HBc)
规格型号:100 个测试/盒
产品标准:YZB/SPA 0877-2014
性能组成:试剂盒中有 4 个不同的小管，分别如下：A.一个圆柱形小管，装有包被有重组乙型肝炎病毒核心抗原的悬浮微粒，另含有浓度低于 0.1%的叠氮钠。 B.一支测试缓冲液。 C.一支不透明的小管，其中包含标记有异鲁米诺的兔抗乙型肝炎病毒核心 IgG 抗体所组成的示踪剂。另含有浓度低于 0.1%的叠氮钠。 D. 一支空管。产品有效期：当将试剂盒放在 2-8° C 并且朝上放置时，有效期为 12 个月。附件：注册产品标准，产品说明书。
适用范围:该产品用化学发光免疫分析法（两步法）在全自动化学发光免疫分析仪（BIO-FLASH）上定性检测人血清或血浆中的乙型肝炎病毒核心抗体。
生产厂家:西班牙 BIOKIT, S.A.
注册代理:沃芬医疗设备国际贸易(上海)有限公司
发证日期:2014.03.31　　**截止日期**:2018.03.30

国食药监械(进)字 2014 第 3401695 号

产品名称:乙型肝炎病毒表面抗原校准品(BIO-FLASH HBsAg Calibrators)
规格型号:乙型肝炎病毒表面抗原校准品 1: 1x3mL， 乙型肝炎病毒表面抗原校准品 2: 1x3mL
产品标准:YZB/SPA 0878-2014
性能组成:校准品为含有乙型肝炎病毒表面抗原、人阴性血清、防腐剂（＜0.1%叠氮钠)和缓冲液。(具体内容详见说明书)。产品有效期:2-8° C 下保存，有效期为 16 个月。附件：注册产品标准，产品说明书。
适用范围:该产品用于全自动化学发光免疫分析仪（BIO-FLASH）上的乙型肝炎病毒表面抗原分析前的校准。
生产厂家:西班牙 BIOKIT, S.A.
注册代理:沃芬医疗设备国际贸易(上海)有限公司
发证日期:2014.03.31　　**截止日期**:2018.03.30

国食药监械(进)字 2014 第 3401696 号

产品名称:乙型肝炎病毒核心抗体校准品(BIO-FLASH anti-HBc Calibrators)
规格型号:乙型肝炎病毒核心抗体校准品 1: 1x2mL 乙型肝炎病毒核心抗体校准品 2: 1x2mL
产品标准:YZB/SPA 0879-2014
性能组成:校准品 1: 1x2mL 是一种含有乙型肝炎病毒核心抗体阴性的人血清和防腐剂(＜0.1% 叠氮钠)的缓冲液；校准品 2: 1x2mL 包含有乙型肝炎病毒核心兔 IgG 抗体，后者稀释于含有人阴性血清和防腐剂(＜0.1%叠氮钠)的缓冲液中。(具体内容详见说明书)。产品有效期: 2-8° C 下保存有效期为 12 个月。附件：注册产品标准，产品说明书。
适用范围:该产品用于全自动化学发光免疫分析仪（BIO-FLASH）上的乙型肝炎病毒核心抗体分析前的校准。
生产厂家:西班牙 BIOKIT, S.A.
注册代理:沃芬医疗设备国际贸易(上海)有限公司
发证日期:2014.03.31　　**截止日期**:2018.03.30

国食药监械(进)字 2014 第 3401697 号

产品名称:丙型肝炎病毒抗体质控品(BIO-FLASH anti-HCV Controls)
规格型号:丙型肝炎病毒抗体阴性质控品: 3x1mL ，丙型肝炎病毒抗体阳性质控品: 3x1mL
产品标准:YZB/SPA 0880-2014
性能组成:丙型肝炎病毒抗体阴性质控品: 3x1mL 含有丙型肝炎病毒抗体阴性的人血清和防腐剂(＜0.1%叠氮钠)的缓冲液溶液;丙型肝炎病毒抗体阳性质控品: 3x1mL 为含有不同浓度丙型肝炎病毒抗体、人丙型肝炎病毒抗体阴性血清和防腐剂（＜0.1%叠氮钠）的缓冲液溶液。(具体内容详见说明书)。产品有效期: 2-8° C 下保存有效期为 16 个月。附件：注册产品标准，产品说明书。
适用范围:该产品用于全自动化学发光免疫分析仪（BIO-FLASH）上的丙型肝炎病毒抗体分析过程中的质量控制。
生产厂家:西班牙 BIOKIT, S.A.
注册代理:沃芬医疗设备国际贸易(上海)有限公司
发证日期:2014.03.31　　**截止日期**:2018.03.30

国食药监械(进)字 2014 第 3401698 号

产品名称:乙型肝炎病毒表面抗原检测试剂盒(化学发光免疫分析法)(BIO-FLASH HBsAg)
规格型号:100 个测试/盒
产品标准:YZB/SPA 0910-2014
性能组成:试剂盒中有 3 个不同的小管，分别如下：A.一个圆柱状小管，装有包被了豚鼠乙型肝炎表面 IgG 抗体的悬浮微粒。另含有浓度低于 0.1%的叠氮钠。 B. 空缺。C. 一支不透明的小管，其中含有由标有异鲁米诺的羊抗人 IgG 单克隆抗体所组成的示踪剂，另含有稳定剂。 D.一支空管。产品有效期: 2-8° C 下保存有效期为 16 个月。附件：注册产品标准，产品说明书。
适用范围:该产品用化学发光免疫分析法（两步法）在全自动化学发光免疫分析仪（BIO-FLASH）上定性检测人血清或血浆中的乙型肝炎病毒

表面抗原。
生产厂家：西班牙 BIOKIT, S.A.
注册代理：沃芬医疗设备国际贸易（上海）有限公司
发证日期：2014.03.31 截止日期：2018.03.30

国食药监械（进）字 2014 第 3401699 号

产品名称：丙型肝炎病毒抗体校准品（BIO-FLASH anti-HCV Calibrators）
规格型号：丙型肝炎病毒抗体校准品 1：1x1mL，丙型肝炎病毒抗体校准品 2：1x1mL
产品标准：YZB/SPA 0881-2014
性能组成：丙型肝炎病毒抗体校准品 1：1x1mL 含有丙型肝炎病毒抗体阴性人血清、防腐剂（<0.1%叠氮钠）和缓冲液溶液；丙型肝炎病毒抗体校准品 2：1x1mL 含有丙型肝炎病毒抗体、人阴性血清、防腐剂（<0.1%叠氮钠）和缓冲液溶液。（具体内容详见说明书）。产品有效期：2-8°C 下保存有效期为 16 个月。附件：注册产品标准，产品说明书。
适用范围：该产品用于全自动化学发光免疫分析仪（BIO-FLASH）上的丙型肝炎病毒抗体分析前的校准。
生产厂家：西班牙 BIOKIT, S.A.
注册代理：沃芬医疗设备国际贸易（上海）有限公司
发证日期：2014.03.31 截止日期：2018.03.30

国食药监械（进）字 2014 第 3401700 号

产品名称：胃泌素释放肽前体（ProGRP）检测试剂盒（酶联免疫法）（CanAg ProGRP EIA）
规格型号：96 人份/盒
产品标准：YZB/SWE 1065-2014
性能组成：微孔板（12×8）、ProGRP 标准品、ProGRP 质控品、生物素（抗-ProGRP）、酶结合物（抗-ProGRP）、样本稀释液、底物液（TMB）、终止液、清洗液（25×）。（具体内容详见说明书）。产品有效期：2-8℃保存，有效期 18 个月。附件：注册产品标准，产品说明书。
适用范围：该产品用于体外定量检测人血清中胃泌素释放肽前体（ProGRP）的含量。
生产厂家：瑞典 Fujirebio Diagnostics AB
注册代理：康乃格诊断产品（北京）有限公司
发证日期：2014.03.31 截止日期：2018.03.30

国食药监械（进）字 2014 第 3401701 号

产品名称：人类免疫缺陷病毒 1+2 型抗体校准品（BIO-FLASH anti-HIV 1+2 Calibrators）
规格型号：校准品 1：1x2mL、校准品 2：1x2mL。
产品标准：YZB/SPA 0882-2014
性能组成：校准品 1：1x2mL 含有人类免疫缺陷病毒抗体、人阴性血清、防腐剂（<0.1%叠氮钠）和缓冲液溶液；校准品 2：1x2mL 含有人类免疫缺陷病毒抗体、人阴性血清、防腐剂（<0.1%叠氮钠）和缓冲液溶液。（具体内容详见说明书）。产品有效期：2-8℃下保存，有效期 12 个月。附件：注册产品标准，产品说明书。
适用范围：该产品用于全自动化学发光免疫分析仪（BIO-FLASH）上的人类免疫缺陷病毒 1+2 型抗体分析前的校准。
生产厂家：西班牙 BIOKIT, S.A.
注册代理：沃芬医疗设备国际贸易（上海）有限公司
发证日期：2014.03.31 截止日期：2018.03.30

国食药监械（进）字 2014 第 3401702 号

产品名称：丙型肝炎病毒核酸定量检测试剂盒（PCR-荧光法）（COBAS AmpliPrep/COBAS TaqMan HCV Quantitative Test, version 2.0）
规格型号：72 人份/盒
产品标准：YZB/USA 1457-2014
性能组成：HCV 磁性玻璃颗粒试剂盒、HCV 裂解试剂盒、HCV 多元试剂盒、HCV 测试专用试剂盒、HCV 强阳性质控品、HCV 弱阳性质控品、COBAS TaqMan 阴性质控品（人血浆）、HCV 强阳性质控品条形码插片、HCV 弱阳性质控品条形码插片、HCV 阴性质控品条形码插片。（具体内容详见说明书）。产品有效期：条形码插片（HCV 强阳性质控品条形码插片、HCV 弱阳性质控品条形码插片和 HCV 阴性质控品条形码插片）保存于 2-30℃，其余试剂保存于 2-8℃，有效期为 18 个月。附件：注册产品标准，产品说明书。
适用范围：用于定量检测人 EDTA 抗凝血浆或血清中 1-6 型丙型肝炎病毒（HCV）RNA。
生产厂家：美国 Roche Molecular Systems, Inc.
注册代理：罗氏诊断产品（上海）有限公司
发证日期：2014.04.09 截止日期：2018.04.08

国食药监械（进）字 2014 第 2401703 号

产品名称：谷草转氨酶检测试纸（酶活性测定法）（SPOTCHEM II GOT/AST）
规格型号：50 条/盒、25 条/盒。
产品标准：YZB/JAP 1373-2014
性能组成：由试纸、试纸卡（SP-4420、SP-4430 专用）1 枚（1 盒）组成。试纸：由附有多层测试区的塑胶带组成，测试层包括样品保留层、试剂层和支持层；试纸含活性成分：L-天冬氨酸钠、α-酮戊二酸、草酰乙酸脱羧酶（OAC）、丙酮酸氧化酶（POP）、4-氨基安替比林、N-乙基-N-（2-羟基-3-磺基丙基）-3，5-二甲氧基苯胺钠盐（DAOS）、过氧化物酶（POD）、抗坏血酸氧化酶（AsOD）、硫胺素焦磷酸（TPP）、氯化镁。（具体内容详见说明书）。产品有效期：储存在 2-8℃，有效期 18 个月。附件：注册产品标准，产品说明书。
适用范围：该产品主要用于定量检测血清或血浆中谷草转氨酶（GOT）的活性。
生产厂家：日本 ARKRAY Factory, Inc.
注册代理：爱科来国际贸易（上海）有限公司
发证日期：2014.04.09 截止日期：2018.04.08

国食药监械（进）字 2014 第 3401704 号

产品名称：白细胞分化抗原 CD45 检测试剂盒（流式细胞仪法）（IOTest CD45-PC5）
规格型号：100 测试/瓶
产品标准：YZB/FRA 7811-2013
性能组成：详见附件。产品有效期：2-8℃避光保存，未开封试剂有效期 14 个月。附件：注册产品标准，产品说明书。
适用范围：该产品用于在流式细胞仪上检测和定量人细胞表面的 CD45 抗原。
生产厂家：法国 Immunotech S.A.S（a Beckman Coulter Company）
注册代理：贝克曼库尔特商贸（中国）有限公司
发证日期：2014.04.09 截止日期：2018.04.08

国食药监械（进）字 2014 第 3401705 号

产品名称：白细胞分化抗原 CD4 检测试剂盒（流式细胞仪法）（IOTest CD4-PC5）
规格型号：100 测试/瓶
产品标准：YZB/FRA 7805-2013
性能组成：详见附件。产品有效期：2-8℃避光保存，未开瓶试剂有效期 36 个月。附件：注册产品标准，产品说明书。
适用范围：该产品用于流式细胞仪鉴定和定量人类细胞生物学标本表面 CD4 抗原表达。
生产厂家：法国 Immunotech S.A.S（a Beckman Coulter Company）
注册代理：贝克曼库尔特商贸（中国）有限公司
发证日期：2014.04.09 截止日期：2018.04.08

国食药监械（进）字 2014 第 3401706 号

产品名称：白细胞分化抗原 CD45 检测试剂盒（流式细胞仪法）（IOTest CD45-PC7）
规格型号：100 测试/瓶
产品标准：YZB/FRA 7808-2013
性能组成：详见附件。产品有效期：2-8℃避光保存，未开瓶试剂有效期 12 个月。附件：注册产品标准，产品说明书。
适用范围：该产品用于在流式细胞仪上检测和定量人细胞表面的 CD45 抗原。
生产厂家：法国 Immunotech S.A.S（a Beckman Coulter Company）
注册代理：贝克曼库尔特商贸（中国）有限公司
发证日期：2014.04.09 截止日期：2018.04.08

国食药监械（进）字 2014 第 3401707 号

产品名称：白细胞分化抗原 CD8 检测试剂盒（流式细胞仪法）（IOTest CD8-FITC）

规格型号:100 测试/瓶
产品标准:YZB/FRA 1014-2014
性能组成:见附件。产品有效期: 2-8℃避光保存,未开瓶试剂有效期为36个月。附件: 注册产品标准,产品说明书。
适用范围:该产品用于利用流式细胞术对人体生物样本中的 CD8 抗原表达进行鉴定和定量。
生产厂家:法国 Immunotech S.A.S(a Beckman Coulter Company)
注册代理:贝克曼库尔特商贸(中国)有限公司
发证日期:2014.04.09 **截止日期**:2018.04.08

国食药监械(进)字 2014 第 2401708 号

产品名称:白蛋白检测试纸(化学法)(SPOTCHEM II Albumin)
规格型号:50 条/盒, 25 条/盒。
产品标准:YZB/JAP 1448-2014
性能组成:该产品由试纸、试纸卡 (SP-4420、SP-4430 专用) 1 枚 (1 盒) 组成。 试纸: 由附有多层测试区的塑胶带组成, 测试层包括样品保留层、试剂层和支持层; 试纸含溴甲酚绿。(具体内容详见说明书)。产品有效期: 储存在 2-8℃, 有效期:18 个月。附件: 注册产品标准, 产品说明书。
适用范围:用于定量检测血清或血浆中白蛋白的含量。
生产厂家:日本 ARKRAY Factory, Inc.
注册代理:爱科来国际贸易(上海)有限公司
发证日期:2014.04.09 **截止日期**:2018.04.08

国食药监械(进)字 2014 第 2401709 号

产品名称:果糖胺检测试纸(化学法)(SPOTCHEM II Fructosamine)
规格型号:50 条/盒、25 条/盒。
产品标准:YZB/JAP 1450-2014
性能组成:该产品由试纸、试纸卡组成。试纸: 由附有多层测试区的塑胶带组成, 测试层包括样品保留层、试剂层和支持层; 试纸含 2- (4-碘苯) -3- (4-硝基苯) -5-苯-2H 四唑翁盐酸盐。 (具体内容详见说明书)。产品有效期: 储存在 2-8℃, 有效期:18 个月。附件: 注册产品标准, 产品说明书。
适用范围:该产品主要用于定量检测血清或血浆中果糖胺的浓度。
生产厂家:日本 ARKRAY Factory, Inc.
注册代理:爱科来国际贸易(上海)有限公司
发证日期:2014.04.09 **截止日期**:2018.04.08

国食药监械(进)字 2014 第 2401710 号

产品名称:碱性磷酸酶检测试纸(酶活性测定法)(SPOTCHEM II ALP)
规格型号:50 条/盒、25 条/盒。
产品标准:YZB/JAP 1451-2014
性能组成:该产品由试纸、试纸卡 (SP-4420、SP-4430 专用) 1 枚 (1 盒) 组成。试纸: 由附有多层测试区的塑胶带组成, 测试层包括样品保留层、试剂层和支持层。试纸含活性成分: 磷酸对硝基苯二 (2-氨基-2-乙基-1, 3-丙二醇) 盐。 (具体内容详见说明书)。产品有效期: 储存在 2-8℃, 有效期:12 个月。附件: 注册产品标准, 产品说明书。
适用范围:用于定量检测血清或血浆中碱性磷酸酶 (ALP) 的活性。
生产厂家:日本 ARKRAY Factory, Inc.
注册代理:爱科来国际贸易(上海)有限公司
发证日期:2014.04.09 **截止日期**:2018.04.08

国食药监械(进)字 2014 第 2401711 号

产品名称:肌酐检测试纸(化学法)(SPOTCHEM II Creatinine)
规格型号:50 条/盒、25 条/盒。
产品标准:YZB/JAP 1460-2014
性能组成:该产品由试纸、试纸卡 (SP-4420、SP-4430 专用) 1 枚 (1 盒) 组成。 试纸: 由附有多层测试区的塑胶带组成, 测试层包括样品保留层、试剂层和支持层; 试纸含活性成分: 3, 5-二硝基苯甲酸。 (具体内容详见说明书)。产品有效期: 储存在 2-8℃, 有效期:18 个月。附件: 注册产品标准, 产品说明书。
适用范围:该产品主要用于定量检测血清或血浆中肌酐的含量。
生产厂家:日本 ARKRAY Factory, Inc.
注册代理:爱科来国际贸易(上海)有限公司
发证日期:2014.04.09 **截止日期**:2018.04.08

国食药监械(进)字 2014 第 2401712 号

产品名称:血红蛋白检测试纸(化学法)(SPOTCHEM II Hemoglobin)
规格型号:50 条/盒、25 条/盒。
产品标准:YZB/JAP 1462-2014
性能组成:该产品由试纸、试纸卡 (SP-4420、SP-4430 专用) 1 枚 (1 盒) 组成。 试纸: 由附有多层测试区的塑胶带组成, 测试层包括样品保留层、试剂层和支持层; 试纸含活性成分: 十二烷基硫酸钠。 (具体内容详见说明书)。产品有效期: 储存在 2-8℃, 有效期:18 个月。附件: 注册产品标准, 产品说明书。
适用范围:用于定量检测全血中血红蛋白 (Hb) 的含量。
生产厂家:日本 ARKRAY Factory, Inc.
注册代理:爱科来国际贸易(上海)有限公司
发证日期:2014.04.09 **截止日期**:2018.04.08

国食药监械(进)字 2014 第 3401713 号

产品名称:白细胞分化抗原 CD45 检测试剂盒(流式细胞仪法)(IOTest CD45-ECD)
规格型号:100 测试/瓶
产品标准:YZB/FRA 0801-2014
性能组成:见附件。产品有效期: 2-8℃避光保存, 未开瓶试剂有效期为12个月。附件: 注册产品标准, 产品说明书。
适用范围:该产品用于利用流式细胞术对人体生物样本中的 CD45 抗原表达进行鉴定和定量。
生产厂家:法国 Immunotech S.A.S(a Beckman Coulter Company)
注册代理:贝克曼库尔特商贸(中国)有限公司
发证日期:2014.04.09 **截止日期**:2018.04.08

国食药监械(进)字 2014 第 2401714 号

产品名称:革兰阳性菌鉴定板(商品名: \)(SENSITITRE GPID IDENTIFICATION PLATE FOR GRAM POSITIVE ORGANISMS)
规格型号:10 块/盒
产品标准:YZB/UK 1069-2014
性能组成:见附件。产品有效期: 板条应保存于室温 (15-25℃), 避免阳光直射和接触热源, 有效期: 24 个月。附件: 注册产品标准, 产品说明书。
适用范围:该产品适用于革兰阳性细菌的鉴定。
生产厂家:英国 Trek Diagnostic Systems, Ltd
注册代理:赛默飞世尔(上海)仪器有限公司
发证日期:2014.04.09 **截止日期**:2018.04.08

国食药监械(进)字 2014 第 3401715 号

产品名称:白细胞分化抗原 CD8 检测试剂盒(流式细胞仪法)(IOTest CD8-PC5)
规格型号:100 测试/瓶
产品标准:YZB/FRA 0805-2014
性能组成:见附件。产品有效期: 2-8℃避光保存, 未开瓶试剂有效期为36个月。附件: 注册产品标准, 产品说明书。
适用范围:该产品用于利用流式细胞术对人体生物样本中的 CD8 抗原表达进行鉴定和定量。
生产厂家:法国 Immunotech S.A.S(a Beckman Coulter Company)
注册代理:贝克曼库尔特商贸(中国)有限公司
发证日期:2014.04.09 **截止日期**:2018.04.08

国食药监械(进)字 2014 第 2401716 号

产品名称:茶碱检测试剂盒(荧光偏振法)(THEOPHYLLINE)
规格型号:225 测试
产品标准:YZB/GER 1352-2014
性能组成:试剂 1(R1):抗体试剂。缓冲液中含有抗茶碱单克隆抗体(鼠), pH 7.5, 含稳定剂和防腐剂。 试剂 2 (R2): 示踪剂。缓冲液中含有荧光标记的茶碱衍生物, pH 7.5, 含稳定性、表面活性剂和防腐剂。产品有效期: 2-8℃保存, 有效期 24 个月。附件: 注册产品标准, 产品说明书。
适用范围:体外定量测定人血清和血浆中的茶碱的浓度。
生产厂家:德国 Roche Diagnostics GmbH
注册代理:罗氏诊断产品(上海)有限公司
发证日期:2014.04.09 **截止日期**:2018.04.08

国食药监械(进)字 2014 第 2401717 号

产品名称:奎尼丁检测试剂盒(荧光偏振法)(QUINIDINE)
规格型号:200 测试
产品标准:YZB/GER 1353-2014
性能组成:试剂 1(R1):抗体试剂。缓冲液中含抗奎尼丁单克隆抗体(鼠),pH 7.5,含稳定性和防腐剂。试剂 2 (R2):示踪剂。缓冲液中含荧光素标记奎尼丁衍生物,pH 7.5,含稳定剂和防腐剂。产品有效期:2-8℃保存,有效期 24 个月。附件:注册产品标准,产品说明书。
适用范围:体外定量测定人血清和血浆中的奎尼丁的浓度。
生产厂家:德国 Roche Diagnostics GmbH
注册代理:罗氏诊断产品(上海)有限公司
发证日期:2014.04.09 **截止日期**:2018.04.08

国食药监械(进)字 2014 第 2401718 号

产品名称:托普霉素检测试剂盒(荧光偏振法)(TOBRAMYCIN)
规格型号:150 测试
产品标准:YZB/GER 1358-2014
性能组成:试剂 1 (R1):抗体试剂。缓冲液中含有抗托普霉素单克隆抗体(鼠),pH 7.5,含稳定剂和防腐剂。试剂 2 (R2):示踪剂。缓冲液中含有荧光标记的托普霉素衍生物,pH 8.0,含稳定性和防腐剂。产品有效期:2-8℃保存,有效期 18 个月。附件:注册产品标准,产品说明书。
适用范围:体外定量测定人血清和血浆中的托普霉素的浓度。
生产厂家:德国 Roche Diagnostics GmbH
注册代理:罗氏诊断产品(上海)有限公司
发证日期:2014.04.09 **截止日期**:2018.04.08

国食药监械(进)字 2014 第 1401719 号

产品名称:瑞氏-姬姆萨染色缓冲液(Wright-Giemsa Buffer)
规格型号:4×3.8L
产品标准:YZB/USA 0850-2014
性能组成:0.1% 磷酸二氢钾,0.07% 磷酸二氢钠,表面活性剂,防腐剂。产品有效期:在 15-30℃条件下储存,有效期 18 个月。附件:注册产品标准,产品说明书。
适用范围:该产品用于在瑞氏-姬姆萨染色时维持稳定的 pH 值环境。
生产厂家:美国 Siemens Healthcare Diagnostics Inc.
注册代理:西门子医学诊断产品(上海)有限公司
发证日期:2014.04.09 **截止日期**:2018.04.08

国食药监械(进)字 2014 第 2401720 号

产品名称:地高辛测定试剂盒(化学发光法)(IMMULITE/IMMULITE1000 Digoxin)
规格型号:100 人份/盒,500 人份/盒。
产品标准:YZB/UK 1257-2014
性能组成:地高辛检测单位(LDI1),地高辛试剂楔(LDI2),地高辛校正品 (LDIL, LDIH)。(具体内容详见说明书)。产品有效期:在 2-8℃条件下保存,有效期 12 个月。附件:注册产品标准,产品说明书。
适用范围:本产品用于体外定量测定血清或肝素化血浆中的地高辛。
生产厂家:英国 Siemens Healthcare Diagnostics Products Limited
注册代理:西门子医学诊断产品(上海)有限公司
发证日期:2014.04.09 **截止日期**:2018.04.08

国食药监械(进)字 2014 第 2401721 号

产品名称:硫酸去氢表雄酮测定试剂盒(化学发光法)(IMMULITE/IMMULITE1000 DHEA-SO4)
规格型号:100 人份/盒,500 人份/盒。
产品标准:YZB/UK 1261-2014
性能组成:硫酸去氢表雄酮检测单位 (LDS1),硫酸去氢表雄酮试剂楔 (LDS2),硫酸去氢表雄酮校正品 (LDSL, LDSH)。(具体内容详见说明书)。产品有效期:在 2-8℃条件下保存,有效期 12 个月。附件:注册产品标准,产品说明书。
适用范围:本产品用于体外定量测定血清中的硫酸去氢表雄酮 (DHEA-SO4)。
生产厂家:英国 Siemens Healthcare Diagnostics Products Limited
注册代理:西门子医学诊断产品(上海)有限公司
发证日期:2014.04.09 **截止日期**:2018.04.08

国食药监械(进)字 2014 第 3401722 号

产品名称:衣原体抗原检测试剂盒(胶体金法)(SD BIOLINE Chlamydia)
规格型号:25 人份/盒
产品标准:YZB/ROK 1094-2014
性能组成:试剂盒含有 25 个检测板、试剂 A 和试剂 B。(具体内容详见说明书)。产品有效期:保存于 2-30℃,有效期 1.5 年。附件:注册产品标准,产品说明书。
适用范围:该产品用于体外定性检测直接来自女性子宫颈内的拭子和细胞刷标本的衣原体抗原。
生产厂家:韩国 Standard Diagnostics, Inc.
注册代理:美艾利尔(中国)医疗器械有限公司
发证日期:2014.04.09 **截止日期**:2018.04.08

国食药监械(进)字 2014 第 2401723 号

产品名称:同型半胱氨酸测定试剂盒(循环酶法)(Homocysteine FS)
规格型号:见附件。
产品标准:YZB/GER 1020-2014
性能组成:S-腺苷甲硫氨酸,还原型烟酰胺腺嘌呤二核苷酸,磷酸三氯乙酯,α-酮戊二酸,谷氨酸脱氢酶,S-腺苷同型半胱氨酸水解酶,腺苷脱氨酶,同型半胱氨酸甲基转移酶。(具体内容详见说明书)。产品有效期:试剂避光保存于 2~8℃,不可冰冻,若无污染,自生产之日起本试剂盒的有效期为 12 个月。附件:注册产品标准,产品说明书。
适用范围:该产品用于体外定量测定人血清或血浆的同型半胱氨酸。
生产厂家:德国 DiaSys Diagnostic Systems GmbH
注册代理:德赛诊断系统(上海)有限公司
发证日期:2014.04.09 **截止日期**:2018.04.08

国食药监械(进)字 2014 第 2401724 号

产品名称:乳酸测定试剂盒(紫外酶动力学法)(Lactate FS)
规格型号:见附件。
产品标准:YZB/GER 1022-2014
性能组成:试剂 1 (R1):缓冲液、乳酸脱氢酶 (LDH);试剂 2(R2):烟酰胺腺嘌呤二核苷酸 (NAD)。(具体内容详见说明书)。产品有效期:试剂避光保存于 2~8℃,不可冰冻,若无污染,自生产之日起本试剂盒的有效期为 18 个月。附件:注册产品标准,产品说明书。
适用范围:该产品用于体外定量测定人血浆或脑脊液中乳酸。
生产厂家:德国 DiaSys Diagnostic Systems GmbH
注册代理:德赛诊断系统(上海)有限公司
发证日期:2014.04.09 **截止日期**:2018.04.08

国食药监械(进)字 2014 第 2401725 号

产品名称:乙醇测定试剂盒(紫外酶动力学法)(Ethanol FS)
规格型号:见附件。
产品标准:YZB/GER 1023-2014
性能组成:试剂 1 (R1):缓冲液、稳定剂和防腐剂;试剂 2 (R2):缓冲液、烟酰胺腺嘌呤二核苷酸 (NAD)、醇脱氢酶、稳定剂和防腐剂。产品有效期:试剂避光保存于 2~8℃,不可冰冻,若无污染,自生产之日起本试剂盒的有效期为 18 个月。附件:注册产品标准,产品说明书。
适用范围:该产品用于体外定量测定人血清或血浆中乙醇。
生产厂家:德国 DiaSys Diagnostic Systems GmbH
注册代理:德赛诊断系统(上海)有限公司
发证日期:2014.04.09 **截止日期**:2018.04.08

国食药监械(进)字 2014 第 2401726 号

产品名称:尿液分析阴性质控品(Clinitek Atlas Negative Control Strips)
规格型号:25 条/瓶
产品标准:YZB/USA 0848-2014
性能组成:每条尿液分析阴性质控品含有六个独立分开的待测物。主要成份为:磷酸二氢钾和磷酸氢二钾,氯化钠,尿素。产品有效期:在 15-30°C条件下储存,有效期 18 个月。附件:注册产品标准,产品说明书。
适用范围:本产品用于尿液分析中对颜色、浊度、葡萄糖、胆红素、酮体(乙酰乙酸)、比重、潜血、pH 值、蛋白、尿胆原、亚硝酸盐和白细胞检测项目的质控。
生产厂家:美国 Siemens Healthcare Diagnostics Inc.
注册代理:西门子医学诊断产品(上海)有限公司
发证日期:2014.04.09 **截止日期**:2018.04.08

国食药监械(进)字 2014 第 2401727 号

产品名称:肌钙蛋白-I 校准品(ARCHITECT STAT Troponin-I Calibrators)
规格型号:6 瓶 (4.0 mL/瓶)
产品标准:YZB/USA 1476-2014
性能组成:校准品 A 含有人血清。防腐剂:叠氮钠。校准品 B-F 含有重组人心肌肌钙蛋白 IC 复合物,储存于含有蛋白(牛)稳定剂的磷酸盐缓冲液中。防腐剂:ProClin 300。(具体内容详见说明书)。产品有效期:2-8 ℃储存,有效期 18 个月。附件:注册产品标准,产品说明书。
适用范围:本校准品用于体外定量测定人血清和血浆中的心肌肌钙蛋白-I 时,对系统进行校准。
生产厂家:美国 Abbott Laboratories
注册代理:雅培贸易(上海)有限公司
发证日期:2014.04.09 **截止日期**:2018.04.08

国食药监械(进)字 2014 第 2401728 号

产品名称:α-1-抗胰蛋白酶测定试剂盒(免疫比浊法)(Alpha-1-antitrypsin Reagents (AAT))
规格型号:03059241 (货号): 2× 100 测试/盒 (试剂 1: 2× 10.6 mL, 试剂 2: 2× 4.2 mL)。
产品标准:YZB/USA 1264-2014
性能组成:试剂 1: 聚乙二醇,三羟甲基氨基甲烷/盐酸 (Tris/HCL) 缓冲液,氯化钠,叠氮钠;试剂 2: 抗人α-1-抗胰蛋白酶,三羟甲基氨基甲烷/盐酸 (Tris/HCL) 缓冲液,氯化钠,叠氮钠。(具体内容详见说明书)。产品有效期:在 2~8° C 条件下保存,有效期 18 个月。附件:注册产品标准,产品说明书。
适用范围:本产品用于体外定量测定人血清和血浆 (肝素锂) 中的α-1-抗胰蛋白酶。
生产厂家:美国 Siemens Healthcare Diagnostics Inc.
注册代理:西门子医学诊断产品(上海)有限公司
发证日期:2014.04.09 **截止日期**:2018.04.08

国食药监械(进)字 2014 第 2401729 号

产品名称:γ-谷氨酰转肽酶测定试剂盒(速率法)(Gamma-Glutamyl Transferase Reagents (GGT))
规格型号:07498649 (货号): 7×140 测试/盒 (试剂 1: 7×15 mL, 试剂 2: 7×15 mL); 02011954 (货号): 4×675 测试/盒 (试剂 1: 4×68 mL, 试剂 2: 4×68 mL)。
产品标准:YZB/USA 1265-2014
性能组成:试剂 1: 双甘氨肽,叠氮钠; 试剂 2: L-γ-谷氨酰-3-羧基-4-硝基苯胺。(具体内容详见说明书)。产品有效期:在 2~8℃条件下保存,有效期 15 个月。附件:注册产品标准,产品说明书。
适用范围:本产品用于体外定量测定人血清和血浆 (肝素锂) 中γ-谷氨酰转移酶的活性。
生产厂家:美国 Siemens Healthcare Diagnostics Inc.
注册代理:西门子医学诊断产品(上海)有限公司
发证日期:2014.04.09 **截止日期**:2018.04.08

国食药监械(进)字 2014 第 2401730 号

产品名称:革兰氏阴性菌鉴定板(Rapid Neg ID Panel Type 3(RNID3))
规格型号:20 板/盒
产品标准:YZB/USA 1251-2014
性能组成:见附件。产品有效期:在 2-8° C 环境中保存,有效期 12 个月。附件:注册产品标准,产品说明书。
适用范围:本产品用于在"种"的水平确定快速增长的需氧和兼性厌氧革兰氏阴性杆菌(肠杆菌科葡萄糖非发酵微生物和非肠杆菌科葡萄糖发酵微生物)。
生产厂家:美国 Siemens Healthcare Diagnostics Inc.
注册代理:西门子医学诊断产品(上海)有限公司
发证日期:2014.04.09 **截止日期**:2018.04.08

国食药监械(进)字 2014 第 1401731 号

产品名称:同型半胱氨酸样本稀释液(Immulite 2000 Homocysteine Sample Diluent)
规格型号:L2HOZ (货号): 25mL/瓶
产品标准:YZB/UK 1256-2014
性能组成:缓冲液:三羟甲基氨基甲烷-盐酸(TRIS-HCL)缓冲液,氯化钠;蛋白:碱处理酪蛋白; 防腐剂:2-甲基-4 异噻唑啉-3-酮。(具体内容详见说明书)。产品有效期:在 2~8℃条件下保存,有效期 3 年。附件:注册产品标准,产品说明书。
适用范围:本产品用于同型半胱氨酸检测时对血浆或血清样本的在机稀释。
生产厂家:英国 Siemens Healthcare Diagnostics Products Ltd.
注册代理:西门子医学诊断产品(上海)有限公司
发证日期:2014.04.09 **截止日期**:2018.04.08

国食药监械(进)字 2014 第 2401732 号

产品名称:α1-微球蛋白检测试剂盒(免疫比浊法)(Tina-quant α1-Microglobulin (α1-Microglobulin))
规格型号:试剂 1: 2 × 20mL, 试剂 2: 2 × 5 mL; 2×75 测试。
产品标准:YZB/GER 1286-2014
性能组成:试剂 1:乙酸盐缓冲液、PEG、去污剂、防腐剂;试剂 2:多克隆抗人α1-微球蛋白抗体(羊)、乙酸盐缓冲液、防腐剂。(具体内容详见说明书)。产品有效期:2-8℃储存,有效期 24 个月。附件:注册产品标准,产品说明书。
适用范围:用于体外定量测定人尿液中的α1-微球蛋白水平。
变更情况:变更日期:2014.12.22。同意申请人提出的有关产品包装规格、适用机型和产品英文名称的变更事项 (具体内容详见附页)。
生产厂家:德国 Roche Diagnostics GmbH
注册代理:罗氏诊断产品(上海)有限公司
发证日期:2014.04.09 **截止日期**:2018.04.08

国食药监械(进)字 2014 第 2401733 号

产品名称:胆碱酯酶测定试剂盒(丁酰硫代胆碱法)(Cholinesterase Reagents (CHE))
规格型号:01410545 (货号): 4×234 测试/盒 (ADVIA 1200), 4×120 测试/盒 (ADVIA 1650/1800), 4×180 测试/盒 (ADVIA 2400); 09231828 (货号): 4×234 测试/盒 (ADVIA 1200), 4×133 测试/盒 (ADVIA 1650/1800/2400)。
产品标准:YZB/USA 1267-2014
性能组成:试剂 1: 5, 5'-二硫代双 (2-硝基苯甲酸), 磷酸缓冲液; 试剂 2: 丁酰硫代胆碱碘化物。(具体内容详见说明书)。产品有效期:在 2~8° C 条件下保存,有效期 12 个月。附件:注册产品标准,产品说明书。
适用范围:本产品用于体外定量测定人血清和血浆 (肝素锂) 中胆碱酯酶的活性。
生产厂家:美国 Siemens Healthcare Diagnostics Inc.
注册代理:西门子医学诊断产品(上海)有限公司
发证日期:2014.04.09 **截止日期**:2018.04.08

国食药监械(进)字 2014 第 1401734 号

产品名称:卵巢粘蛋白抗原样本稀释液(Immulite 2000 OM-MA Sample Diluent)
规格型号:L2OPZ (货号): 25mL/瓶
产品标准:YZB/UK 1254-2014
性能组成:缓冲液:无水磷酸氢二钠,无水磷酸氢钾,氯化钠,氯化钾;蛋白:小牛血清白蛋白; 防腐剂:叠氮化钠,硫酸庆大霉素。(具体内容详见说明书)。产品有效期:在 2~8℃条件下保存,有效期 3 年。附件:注册产品标准,产品说明书。
适用范围:本产品用于卵巢粘蛋白抗原检测时对血清样本的在机稀释。
生产厂家:英国 Siemens Healthcare Diagnostics Products Ltd.
注册代理:西门子医学诊断产品(上海)有限公司
发证日期:2014.04.09 **截止日期**:2018.04.08

国食药监械(进)字 2014 第 2401735 号

产品名称:载脂蛋白 B 检测试剂盒(免疫比浊法)(APOLIPOPROTEIN B)
规格型号:LP 2990 试剂 1. 分析缓冲液 4 x 60 mL、试剂 2. 抗体试剂 4 x 15 mL; LP 3839 试剂 1. 分析缓冲液 4 x 20 mL、试剂 2. 抗体试剂 4 x 6 mL; LP8008 试剂 1. 分析缓冲液 2 x 10 mL、试剂 2. 抗体试剂 2 x 4 mL。
产品标准:YZB/UK 1118-2014
性能组成:试剂 1. 缓冲液: 聚乙二醇、Tris/HCL 缓冲液、氯化钠; 试剂 2. 抗体试剂: 抗人载脂蛋白 B。(具体详见说明书)。产品有效期: 2~8℃保存, 有效期 24 个月。附件: 注册产品标准, 产品说明书。
适用范围:该产品用于定量测定血清和血浆中的载脂蛋白 B(Apo B)。
生产厂家:英国 Randox Laboratories Ltd.
注册代理:英国朗道实验诊断有限公司上海代表处
发证日期:2014.04.09 **截止日期**:2018.04.08

国食药监械(进)字 2014 第 2401736 号

产品名称:载脂蛋白 A-1 检测试剂盒(免疫比浊法)(APOLIPOPROTEINA-1(APO A-1))
规格型号:LP2866 4 x 40t
产品标准:YZB/UK 1120-2014
性能组成:抗体试剂:抗-人-载脂蛋白 A-1;缓冲液:聚乙二醇、Tris/HCL 缓冲液、氯化钠。产品有效期: 2~8℃保存, 有效期 2 年。附件: 注册产品标准, 产品说明书。
适用范围:该本品用于体外定量测定人血清中载脂蛋白 A-1 的浓度。
生产厂家:英国 Randox Laboratories Ltd.
注册代理:英国朗道实验诊断有限公司上海代表处
发证日期:2014.04.09 **截止日期**:2018.04.08

国食药监械(进)字 2014 第 2401737 号

产品名称:载脂蛋白 A-1 检测试剂盒(免疫比浊法)(Apolipoprotein A-1(APO A-1))
规格型号:货号 LP2400 试剂 1:4×100ml, 试剂 2:4×17ml; 货号 LP2989 试剂 1:4×60ml, 试剂 2:4×36ml; 货号 LP3838 试剂 1:4×30ml, 试剂 2:4×12ml; 货号 LP8007 试剂 1:2×10ml, 试剂 2:2×4.9ml。
产品标准:YZB/UK 1180-2014
性能组成:试剂 1 缓冲液: 聚乙二醇、Tris/HCL 缓冲液、氯化钠; 试剂 2 抗体试剂: 抗人载脂蛋白 A-1。产品有效期: 2-8℃保存, 有效期 24 个月。附件: 注册产品标准, 产品说明书。
适用范围:本品用于定量测定人血清和血浆中的载脂蛋白 A-1 浓度.
生产厂家:英国 Randox Laboratories Ltd.
注册代理:英国朗道实验诊断有限公司上海代表处
发证日期:2014.04.09 **截止日期**:2018.04.08

国食药监械(进)字 2014 第 2401738 号

产品名称:钙检测试剂盒(比色法)(Calcium(Ca))
规格型号:货号 CA2390: 偶氮砷试剂 6×100ml; 货号 CA3871: 偶氮砷试剂 9×51ml; 货号 CA8021: 偶氮砷试剂 8×68ml。
产品标准:YZB/UK 1142-2014
性能组成:偶氮砷 III 试剂:乙酸钠、偶氮砷、非反应性稳定剂。产品有效期: 15-25℃保存, 有效期 24 个月。附件: 注册产品标准, 产品说明书。
适用范围:该产品用于定量测定血清, 血浆或尿中的钙。
生产厂家:英国 Randox Laboratories Ltd.
注册代理:英国朗道实验诊断有限公司上海代表处
发证日期:2014.04.09 **截止日期**:2018.04.08

国食药监械(进)字 2014 第 2401739 号

产品名称:高密度脂蛋白胆固醇检测试剂盒(酶清除法)(DIRECT HDL-cholesterol (HDL))
规格型号:CH 2652: 试剂 1 6 x 30 ml, 试剂 2 3 x 20 ml; CH 2655: 试剂 1 6 x 78 ml, 试剂 2 3 x 52 ml; CH 3811: 试剂 1 3 x 51 ml, 试剂 2 3 x 20 ml; CH 8033: 试剂 1 4 x 38.2 ml, 试剂 2 4 x 15.2 ml; CH 9701: 试剂 1 6 x 20 ml, 试剂 2 2 x 20 ml; CH 5730: 2 x 270t。
产品标准:YZB/UK 1149-2014
性能组成:试剂 1.酶试剂 1:N, N-双(2-羟基乙基)-2-胺基乙磺酸, N-(2-羟基-3-磺丙基)-3, 5-二甲氧基苯胺, 钠盐(HDAOS), 胆固醇酯酶, 胆固醇氧化酶, 过氧化氢酶, 抗坏血酸氧化酶.试剂 2.酶试剂 2:N, N-双(2-羟基乙基)-2-胺基乙磺酸, 4-氨基安替比林, 过氧化物酶, 叠氮化钠, 表面活性剂。产品有效期: 2~8℃保存, 有效期 18 个月。附件: 注册产品标准, 产品说明书。
适用范围:该产品用于定量测定人血清和血浆中的高密度脂蛋白胆固醇。
生产厂家:英国 Randox Laboratories Ltd.
注册代理:英国朗道实验诊断有限公司上海代表处
发证日期:2014.04.09 **截止日期**:2018.04.08

国食药监械(进)字 2014 第 2401740 号

产品名称:尿素检测试剂盒(紫外线法)(Urea)
规格型号:货号 UR3825 辅酶:6 x 51 ml, 酶/底物:4 x 20 ml; 货号 UR3873 辅酶:6 x 17.5ml, 酶/底物:6 x 3.5ml; 货号 UR 8070 辅酶:6 x 68 ml, 酶/底物.6 x 20ml; 货号 UR 8334 辅酶:4 x 20ml, 酶/底物:4 x 7ml.
产品标准:YZB/UK 1177-2014
性能组成:辅酶:Capso 缓冲液, NADH; 酶/底物:N-二甘氨酸缓冲液, 尿素酶, GLDH, α-酮戊二酸。产品有效期: 2-8℃保存, 有效期 15 个月。附件: 注册产品标准, 产品说明书。
适用范围:用于体外定量测定人血清、血浆和尿中的尿素。
生产厂家:英国 Randox Laboratories Ltd.
注册代理:英国朗道实验诊断有限公司上海代表处
发证日期:2014.04.09 **截止日期**:2018.04.08

国食药监械(进)字 2014 第 2401741 号

产品名称:低密度脂蛋白胆固醇检测试剂盒(直接清除法)(DIRECT LDL-CHOLESTEROL (LDL))
规格型号:货号 CH2850 4 x 40 t
产品标准:YZB/UK 1250-2014
性能组成:试剂 1. 酶试剂 1: PIPES 缓冲液、哌嗪-1, 4-双(2-乙烷磺酸)、TOOS、N-乙基-N-((2-羟基-3-甲氧基)-3-甲基苯胺、胆固醇酯酶、胆固醇氧化酶、过氧化氢酶; 试剂 2. 酶试剂 2: PIPES 缓冲液、哌嗪-1, 4-双(2-乙烷磺酸)、4-氨基安替比林、过氧化物酶、叠氮化钠。(具体详见说明书)。产品有效期: 2~8℃保存, 有效期 21 个月。附件: 注册产品标准, 产品说明书。
适用范围:用于体外定量测定人血清和血浆中的低密度脂蛋白胆固醇。
生产厂家:英国 Randox Laboratories Ltd.
注册代理:英国朗道实验诊断有限公司上海代表处
发证日期:2014.04.09 **截止日期**:2018.04.08

国食药监械(进)字 2014 第 2401742 号

产品名称:卡马西平检测试剂盒(免疫法)(CARBAMAZEPINE(CBZ))
规格型号:TD3416 试剂 1.抗体缓冲液 2X12ml; 试剂 2.乳化剂 2X5ml。
产品标准:YZB/UK 1308-2014
性能组成:试剂 1.抗体缓冲液: 抗卡马西平抗体、叠氮钠; 试剂 2. 乳化剂: 乳化剂、叠氮钠。产品有效期: 保存于 2-8℃, 有效期 27 个月。附件: 注册产品标准, 产品说明书。
适用范围:该产品用于定量测定人血清中的卡马西平。
生产厂家:英国 Randox Laboratories Ltd.
注册代理:英国朗道实验诊断有限公司上海代表处
发证日期:2014.04.09 **截止日期**:2018.04.08

国食药监械(进)字 2014 第 2401743 号

产品名称:苯妥英检测试剂盒(免疫比浊法)(PHENYTOIN (PHT))
规格型号:TD3409: 试剂 1 抗体缓冲液 2x17ml; 试剂 2 乳化剂 2x6ml。
产品标准:YZB/UK 1311-2014
性能组成:试剂 1 抗体缓冲液: 抗苯妥英抗体、叠氮钠; 试剂 2 乳化剂: 乳化剂、叠氮钠。产品有效期: 2-8℃保存, 有效期 27 个月。附件: 注册产品标准, 产品说明书。
适用范围:用于体外定量测定人血清中的苯妥英。
生产厂家:英国 Randox Laboratories Ltd.
注册代理:英国朗道实验诊断有限公司上海代表处
发证日期:2014.04.09 **截止日期**:2018.04.08

国食药监械(进)字 2014 第 2401744 号

产品名称:α-胰淀粉酶检测试剂盒(酶比色法)(PANCREATIC α

-AMYLASE(P AMY))
规格型号:AY3855 试剂 1 酶/抗体:4x16ml; 试剂 2 底物:4x5ml。
产品标准:YZB/UK 1333-2014
性能组成:试剂 1.酶/抗体 Hepes 缓冲液、氯化镁、氯化钠、a-葡萄糖苷酶、单克隆抗体; 试剂 2.底物 乙缩醛-G7 pNP。产品有效期: 保存于 2-8℃, 有效期 18 个月。附件: 注册产品标准, 产品说明书。
适用范围:该产品用于定量测定人血清、血浆和尿液中的 a-胰淀粉酶活性。
生产厂家:英国 Randox Laboratories Ltd.
注册代理:英国朗道实验诊断有限公司上海代表处
发证日期:2014.04.09 截止日期:2018.04.08

国食药监械(进)字 2014 第 2401745 号

产品名称:谷草转氨酶检测试剂盒(IFCC 法)(ASPARTATE AMINOTRANSFERASE (AST))
规格型号:AS2800 4x90t
产品标准:YZB/UK 1342-2014
性能组成:MDH、LDH、NADH、P5P、缓冲液、天冬氨酸、酮戊二酸。产品有效期: 2~8℃保存, 有效期 40 周。附件: 注册产品标准, 产品说明书。
适用范围:用于体外定量测定人血清和血浆中谷草转氨酶的活性。
生产厂家:英国 Randox Laboratories Ltd.
注册代理:英国朗道实验诊断有限公司上海代表处
发证日期:2014.04.09 截止日期:2018.04.08

国食药监械(进)字 2014 第 2701746 号

产品名称:核医学工作站软件(Nuclear Medicine Workstation Software)
规格型号:HERMES Workstation, 版本 3.4
产品标准:YZB/SWE 1303-2014《核医学工作站软件》
性能组成:由安装光盘、加密狗、授权许可软盘和随机文件组成, 组成模块包括数据的处理、存储、管理和传输模块, 数据应用分析模块, 影像数据显示模块。
适用范围:用于核医学影像的显示、分析、处理、传输、报告生成、多模态影像信息的整合。
生产厂家:瑞典 HERMES Medical Solutions Aktiebolag
注册代理:北京天一美派科技有限公司
服务机构:赫慕斯(上海)信息科技有限公司
发证日期:2014.04.15 截止日期:2018.04.14

国食药监械(进)字 2014 第 3231747 号

产品名称:超声流量仪(Clinical Flowmeter)
规格型号:HT313
产品标准:YZB/USA 1202-2014《超声流量仪》
性能组成:产品由主机和探头组成。探头型号及性能参数见附页。
适用范围:产品用于对患者的心包血管诸如升主动脉及冠状动脉血液以及其它液体流量的测量。
变更情况:变更日期: 2015.02.05。" /" 变更为 " 美中互利(北京)国际贸易有限公司北京市朝阳区朝阳北路 237 号 28 层"。
生产厂家:美国 TRANSONIC Systems Inc.
服务机构:广州新仪仪器有限公司
发证日期:2014.04.15 截止日期:2018.04.14

国食药监械(进)字 2014 第 2211748 号

产品名称:注射泵(syringe pump)
规格型号:SEP-10S PLUS、 SP-12S PRO、 SEP-21S PLUS
产品标准:YZB/LIT 1228-2014《注射泵》
性能组成:产品由注射泵主机、固定托座及电源线组成。
适用范围:用于医院通过静脉的药物注射。
备注:1.开展上市后临床跟踪工作, 应详细说明用于输注液体的临床使用情况, 包括输液的途径、临床使用效果、有无发生软件出错、人为因素 (包括但不限于使用错误)、元器件破损、电池故障、警报故障、输液过量以及输液不足等不良事件。2.说明使用过程中的副作用以及采取的措施及结果, 详述临床使用中的所有不良事件投诉发生情况并提交统计数据, 提交对不良事件、投诉原因分析与处理情况 (包括措施、效果以及对市场再用产品采取的措施)。3.以上资料应形成正式文件并在重新注册时提交。
生产厂家:立陶宛 UAB VILTECHMEDA
注册代理:北京泰士特商贸有限公司
服务机构:北京泰士特商贸有限公司
发证日期:2014.04.15 截止日期:2018.04.14

国食药监械(进)字 2014 第 3451749 号

产品名称:便携式血细胞采集仪 (商品名: MCS+) (Mobile Collection System)
规格型号:9000
产品标准:YZB/USA 0940-2014《便携式血细胞采集仪》
性能组成:本产品由离心机、蠕动泵(血液泵、输送泵和抗凝剂泵)、气动阀门、超声气泡监测器、压力监测器、管路感知器、显示屏、控制面板和数据输出装置组成。
适用范围:临床用于采集血液成分
生产厂家:美国 Haemonetics Corporation
注册代理:唯美血液技术医疗器材(上海)国际贸易有限公司
服务机构:唯美血液技术医疗器材(上海)国际贸易有限公司
发证日期:2014.04.15 截止日期:2018.04.14

国食药监械(进)字 2014 第 3451750 号

产品名称:自体血回收分离机 (商品名: Cell Saver 5+) (Autotransfusion Apparatus)
规格型号:2005
产品标准:YZB/USA 0942-2014《自体血回收分离机》
性能组成:由离心机、蠕动泵、气动阀门、超声气泡监测器、卡紧管路感知器、管路感知器、显示屏、控制面板组成。不包括配套使用的一次性使用血细胞分离器。
适用范围:临床用于外科手术中和手术后自体血红细胞的回收、分离、洗涤、浓缩及外科手术期前富血小板血浆的采集。
生产厂家:美国 Haemonetics Corporation
注册代理:唯美血液技术医疗器材(上海)国际贸易有限公司
服务机构:唯美血液技术医疗器材(上海)国际贸易有限公司
发证日期:2014.04.15 截止日期:2018.04.14

国食药监械(进)字 2014 第 2551751 号

产品名称:电动马达(Electrical Motor)
规格型号:BL
产品标准:YZB/GER 1359-2014《电动马达》
性能组成:本产品由电动马达组成。主要性能:马达空载转速 90~40,000r/min, 误差不超过±10%。马达转矩大于 2N·cm。
适用范围:本产品用于驱动牙科手机, 进行牙科治疗。
生产厂家:德国 Sirona Dental Systems GmbH
注册代理:西诺德牙科设备商贸(上海)有限公司
服务机构:西诺德牙科设备商贸(上海)有限公司
发证日期:2014.04.15 截止日期:2018.04.14

国食药监械(进)字 2014 第 2551752 号

产品名称:牙科综合治疗台(Dental Treatment Unit)
规格型号:D3509 TENEO
产品标准:YZB/GER 1356-2014《牙科综合治疗台》
性能组成:本牙科综合治疗台由以下部件组成:牙科治疗台(包括医生器械台和助手器械台)、牙科病人椅、水单元(包括痰盂和漱口给水装置)、口腔灯(型号: LEDview)、无线脚踏开关(型号: D3537)、吸唾器、喷枪(型号:SPRAYVIT)、数字口腔观察仪(型号:SiroCam AF+)及显示器。
适用范围:本产品供口腔科做诊断、治疗、手术用。
生产厂家:德国 Sirona Dental Systems GmbH
注册代理:西诺德牙科设备商贸(上海)有限公司
服务机构:西诺德牙科设备商贸(上海)有限公司
发证日期:2014.04.15 截止日期:2018.04.14

国食药监械(进)字 2014 第 2221753 号

产品名称:内窥镜摄像机系统(Video Medical Camera)
规格型号:见附页
产品标准:YZB/USA 1159-2014《内窥镜摄像机系统》
性能组成:产品由摄像主机、摄像头、连接电缆组成。

适用范围:本系统适用于内窥镜手术应用中采集静止图像和视频图像。
生产厂家:美国 Stryker Endoscopy
注册代理:史赛克(北京)医疗器械有限公司
服务机构:史赛克(北京)医疗器械有限公司
发证日期:2014.04.15　截止日期:2018.04.14

国食药监械(进)字2014第2581754号

产品名称:低温保存箱(Ultra-low temperature freezers)
规格型号:见附页
产品标准:YZB/USA 7322-2013《低温保存箱》
性能组成:产品由箱体、制冷系统、控制系统、记录系统(可选件)、嵌入式软件组成。
适用范围:该产品用于医院样品的保存,温度范围为-50℃到-86℃。此设备不可用于爆炸性环境,也不可用于储存可燃性物品。储存的样品预期不再进入人体。该产品也不用于血液和药品的储存。
生产厂家:美国 Thermo Fisher Scientific (Asheville) LLC
注册代理:赛默飞世尔科技(中国)有限公司
服务机构:赛默飞世尔科技(中国)有限公司
发证日期:2014.04.15　截止日期:2018.04.14

国食药监械(进)字2014第2581754号

产品名称:低温保存箱(Ultra-low temperature freezers)
规格型号:见附页
产品标准:YZB/USA 7322-2013《低温保存箱》
性能组成:产品由箱体、制冷系统、控制系统、记录系统(可选件)、嵌入式软件组成。
适用范围:该产品用于医院样品的保存,温度范围为-50℃到-86℃。此设备不可用于爆炸性环境,也不可用于储存可燃性物品。储存的样品预期不再进入人体。该产品也不用于血液和药品的储存。
生产厂家:美国 Thermo Fisher Scientific (Asheville) LLC
注册代理:赛默飞世尔(上海)仪器有限公司
服务机构:赛默飞世尔科技(中国)有限公司
发证日期:2014.04.15　截止日期:2018.04.14

国食药监械(进)字2014第3251755号

产品名称:射频治疗仪(Radio Frequency Medical Multifunctional Device)
规格型号:Accent XL
产品标准:YZB/ISR 1664-2010《射频治疗仪》
性能组成:射频治疗仪由主机、脚踏开关、Unilarge射频手柄、Bipolar射频手柄、Pixel射频手柄和UniForm射频手柄组成。
适用范围:该产品用于皮肤组织加热以改善皮肤皱纹及痤疮疤痕的非侵入性治疗。
生产厂家:以色列 Alma Lasers Ltd
注册代理:以色列飞顿激光有限公司北京代表处
服务机构:北京飞顿医学科技发展有限公司
发证日期:2014.04.15　截止日期:2018.04.14

国食药监械(进)字2014第3211756号

产品名称:电生理刺激仪(商品名:EP-4)(EP-4 Cardiac Stimulator)
规格型号:EP-4-04
产品标准:YZB/USA 1279-2014《电生理刺激仪(商品名:EP-4)》
性能组成:电生理刺激仪由刺激器、触摸屏式电脑、键盘和刺激仪电缆及延长电缆组成。软件版本2.0。
适用范围:电生理刺激仪是在临床心脏电生理手术中使用,预期用途是用于对心脏进行诊断性电刺激,目的是进行不应期的测量、快速性心律失常的诱发和终止及电传导的测量。
生产厂家:美国 St. Jude Medical
注册代理:圣犹达医疗用品(上海)有限公司
服务机构:圣犹达医疗用品(上海)有限公司
发证日期:2014.04.15　截止日期:2018.04.14

国食药监械(进)字2014第3211757号

产品名称:血液动力学记录系统(Hemodynamic Recording System)
规格型号:Mac-Lab,详见附页
产品标准:YZB/USA 1248-2014《血液动力学记录系统》
性能组成:该产品由电脑主机、键盘、集成电子盒IEB、UPS电源、TRAM模块、TRAM RAC模块箱、CO2模块和相关附件组成,详见附表。
适用范围:该系统用于采集、筛选、数字化处理、放大、测量和计算、显示、记录和观察患者的临床数据。该系统是一个可配置系统。临床数据包括:ECG波形、心率、脉搏血氧饱和度(SpO2)、呼吸频率、呼吸末二氧化碳(EtCO2)、体温、血液动力学测量值(例如,跨瓣压差和瓣膜面积、心输出量、分流、血流储备分数(FFR)、有创血压和无创血压)。生理参数(如舒张压、收缩压、平均血压和心率)使用显示和记录的信号数据推导得出。数据可以手动输入,也可通过接口设备和/或信息系统采集,还可用于生成报告。其中:TRAM模块可采集患者的心电图(ECG)、热稀释法心输出量(TDCO)、体温、有创血压(IBP)、无创血压(NIBP)和血氧饱和度(SpO2)。CO2模块用于在该系统上显示患者的呼吸数据。该系统没有设置警告、不会向患者传递能量、不可用于给药,也不可执行任何生命支持或生命维持功能。该系统不可用于无人看管的患者,也不可用于需要使用诊断性心律失常检测的情况。该系统能够通过网络连接将患者数据传输至临床机构之内的其他地点,以便进行数据存储、分析和查看。该系统也可作为独立设备使用。该系统可用于包括介入室(例如,心脏导管室和放射科)、手术室以及治疗前和治疗后区域在内的医院和临床环境,但都要在负责判读数据的持证医务人员的直接监督下使用。
生产厂家:美国 GE Medical Systems Information Technologies, Inc
注册代理:通用电气医疗系统贸易发展(上海)有限公司
服务机构:通用电气医疗系统贸易发展(上海)有限公司
发证日期:2014.04.15　截止日期:2018.04.14

国食药监械(进)字2014第3231758号

产品名称:旋磨介入治疗仪(商品名:Rotablator)(Rotablator Rotational Atherectomy System)
规格型号:见附页
产品标准:YZB/USA 2877-2013《旋磨介入治疗仪》
性能组成:产品由操作台(RC 5000 Rotablator)、脚踏开关和压缩空气软管组成。
适用范围:用于冠状动脉旋磨术,可监视和控制磨头的转速并向操作人员提供整个程序过程中的性能信息。
生产厂家:美国 Boston Scientific Corporation
注册代理:波科国际医疗贸易(上海)有限公司
服务机构:波科国际医疗贸易(上海)有限公司
发证日期:2014.04.15　截止日期:2018.04.14

国食药监械(进)字2014第3301759号

产品名称:移动式C形臂X射线系统(商品名:PHILIPS)(Mobile C-arm X-Ray System)
规格型号:BV Endura
产品标准:YZB/NET 4509-2013《移动式C形臂X射线系统》
性能组成:组成:由高压发生器(型号:SCPU-E)、X射线管组件(管型号:FO 17,管套型号:H.T.CONVERTOR TANK BV300)、限束器、影像增强器、图像处理系统和电源柜、选件和附件组成。详见注册产品标准。
适用范围:产品适用于患者诊断、介入和手术过程中的放射学引导和成像(不用于心血管疾病介入诊疗)。
生产厂家:荷兰 Philips Medical Systems Nederland B.V.
注册代理:飞利浦(中国)投资有限公司
服务机构:飞利浦(中国)投资有限公司
发证日期:2014.04.15　截止日期:2018.04.14

国食药监械(进)字2014第1571760号

产品名称:超声清洗器(Ultrasonic Cleaner)
规格型号:ENDOSONIC
产品标准:YZB/UK 1235-2014《超声清洗器》
性能组成:本产品由主机(7500620)、清洗篮(7500927)、清洗盖(7500828)、排放软管(7500878)、软管夹(7500879)、电源线(7318561)组成。
适用范围:本产品通过超声清洗奥林巴斯内窥镜附件。
备注:2014年7月14日同意更正生产企业名称、企业注册地址、生产地址、产品性能结构及组成内容,2014年4月15日核发的医疗器械注册证、医疗器械注册登记表予以废止。
生产厂家:英国 KeyMed(Medical and Industrial Equipment)Ltd

注册代理:奥林巴斯贸易(上海)有限公司
服务机构:奥林巴斯(北京)销售服务有限公司
发证日期:2014.04.15　　截止日期:2018.04.14

国食药监械(进)字 2014 第 3701761 号

产品名称:放射治疗计划系统(Radiation Treatment Planning System)
规格型号:Monaco RTP System, 版本 3.30.00
产品标准:YZB/USA 1297-2014《放射治疗计划系统》
性能组成:由软件安装光盘和随机文件组成，组成模块包括：患者数据管理、DICOM 接口、计划设计模块（轮廓勾画工具、模拟计划工具、IMRT 计划工具（其中 VMAT 选装）、DCAT 计划工具（选装））、图像融合模块（选装）、计划审核模块、IMRT QA 模块。
适用范围:用于 X 射线外照射 IMRT、DCAT 和 VMAT 放射治疗计划的制定。
生产厂家:美国 IMPAC Medical Systems, Inc.
注册代理:医科达(上海)医疗器械有限公司
服务机构:医科达(上海)医疗器械有限公司
发证日期:2014.04.15　　截止日期:2018.04.14

国食药监械(进)字 2014 第 2221762 号

产品名称:内窥镜摄像系统(Digital Endovision Camera System)
规格型号:Matrix E 2
产品标准:YZB/GER 1103-2014《内窥镜摄像系统》
性能组成:系统由摄像头、控制主机组成、详细规格见附页。主要性能参数:有效像素名义值 320kpix, 允差-20%, 上限不计, 分辨率:系统水平分辨率>470 线, 垂直分辨率>420 线; 最小照度<3lux(f=1.4 条件下), 信噪比>46dB, 物镜适配器与内窥镜目镜罩接口直径应为 32mm, 允差+0.50/0.00mm。
适用范围:本系统适用于内窥镜检查和手术时视频放大成像
备注:2014 年 7 月 29 日同意更正生产企业名称内容, 2014 年 4 月 15 日核发的医疗器械注册证、医疗器械注册登记表予以废止。
生产厂家:德国 XION GmbH
注册代理:艾克松有限公司杭州办事处
服务机构:艾克松有限公司杭州办事处
发证日期:2014.04.15　　截止日期:2018.04.14

国食药监械(进)字 2014 第 2311763 号

产品名称:数字 X 射线成像系统(无)
规格型号:CXDI-70C Wireless
产品标准:YZB/JAP 1658-2014《数字 X 射线成像系统》
性能组成:成像系统包括:探测器(CXDI-70C Wiireless), 电池(LB-1A), 电池充电器(BC-1A), X 射线接口单元(XB-1A)。选购部件包括:电池(LB-1A), 布线单元(WU-1A), 操作单元(HU-1A), 滤线栅框(GF-70)。
适用范围:本产品是通过接收 SEDECAL(SociedadEspanola de Electromedicinay Calidad, S.A.) 生产的 SM-50HF-B-D 和 Multi-RAD 及同类 X 射线设备发出的 X 射线并将其转换为数字图像来采集人体解剖的放射学影像的设备 。本产品适用于一般 X 射线影像成像应用。本产品不适用于乳腺放射成像、荧光放射成像、断层显像和血管造影应用。
生产厂家:日本佳能公司
注册代理:佳能(中国)有限公司
服务机构:佳能(中国)有限公司
发证日期:2014.04.15　　截止日期:2018.04.14

国食药监械(进)字 2014 第 2701764 号

产品名称:乳腺诊断工作站(Breast Diagnostic Workstation)
规格型号:SecurView DX, 版本 7.1.0
产品标准:YZB/USA 1620-2014《乳腺诊断工作站》
性能组成:由软件安装光盘组成, 组成模块包括 Database、DICOM Input、Image Preparation、Image Presentation、Analysis Tools、DICOM Output、User Interface。
适用范围:用于对来自多种成像设备影像的选取、显示、操作、文件交换。本产品使用 5 百万像素高分辨率灰度显示器对无损压缩或未压缩乳腺影像进行显示、操作和解读。
变更情况:变更日期: 2014.10.08。代理人和售后服务机构均由“美中互利（北京）国际贸易有限公司”变更为“北京豪洛捷科技有限公司”。
生产厂家:美国 Hologic, Inc.
注册代理:美中互利(北京)国际贸易有限公司
服务机构:美中互利(北京)国际贸易有限公司
发证日期:2014.04.15　　截止日期:2018.04.14

国食药监械(进)字 2014 第 2211765 号

产品名称:听觉诱发电位仪(Evoked response auditory stimulator)
规格型号:SmartEP M010000
产品标准:YZB/USA 1423-2014《听觉诱发电位仪》
性能组成:详见附表。
适用范围:该产品可记录各年龄层的患者对听觉刺激的诱发反应，具有获取和测量听觉数据的功能。该产品应由受过培训的人员、听力矫正专家、EP 技术专家、外科医生在医院、诊所或医生的办公室、手术室或其它医疗场所使用。
生产厂家:美国 Intelligent Hearing Systems
注册代理:北京爱生科贸有限公司
服务机构:北京爱生科贸有限公司
发证日期:2014.04.15　　截止日期:2018.04.14

国食药监械(进)字 2014 第 2211766 号

产品名称:肌电诱发电位系统(Electromyographs and Evoked potentials Acquisition system and Review stations)
规格型号:MYOQUICK 1400ME
产品标准:YZB/ITA 0665-2014《肌电诱发电位系统》
性能组成:该产品由采集放大器(MATRIX 1009 型)、诱发电位刺激器(ENERGY TWIN 型)、隔离变压器(TOR 500 型)、HBC INT MATRIX 连接线及 BQ PCI PLUS 接口、KEYPAD10 专用键盘和 PC 端软件(System plus evolution1.04.0090)组成，其中含有嵌入式软件 ENERGYFirmware 和 MATRIX Firmware。
适用范围:该产品用于诱发电位和肌电图的检查。
生产厂家:意大利 Micromed S.p.A.
注册代理:北京华泰长润科技发展有限公司
服务机构:北京华泰长润科技发展有限公司
发证日期:2014.04.15　　截止日期:2018.04.14

国食药监械(进)字 2014 第 2101767 号

产品名称:电动式骨手术器械(電動式骨手術器械)
规格型号:Surgic Pro+, Surgic Pro
产品标准:YZB/JAP 1438-2014《电动式骨手术器械》
性能组成:该产品由 Surgic Pro+控制主机（型号：NE250)、Surgic Pro 控制主机（型号：NE294)、电源线、脚踏开关（型号：FC-78)、带光纤 LED 马达（型号：SGL70M)、无光纤马达（型号：SG70M）组成。
适用范围:该产品适用于口腔颌面外科骨手术。
生产厂家:日本株式会社 中西/株式会社ナカニシ
注册代理:上海馨速克国际贸易有限公司
服务机构:上海馨速克国际贸易有限公司
发证日期:2014.04.15　　截止日期:2018.04.14

国食药监械(进)字 2014 第 2211768 号

产品名称:呼吸机睡眠监测工作站(ventilator monitoring workstation)
规格型号:Tx Link and EasyCare Tx
产品标准:YZB/AUL 1431-2014《呼吸机睡眠监测工作站》
性能组成:该产品由 EasyCare Tx 软件（版本 5.00)、Tx Link 连接装置、电源适配器、专用电缆线和以太网跳接线组成。
适用范围:EasyCare Tx 通过 Tx Link 与含有专用通信协议的 ResMed 持续气道正压通气(CPAP)或双水平呼吸机使用。本产品在临床环境下使用，实时显示呼吸机的数据和设置参数，也能够远程设置呼吸机的参数，仅用于阻塞性睡眠呼吸暂停综合症。
生产厂家:澳大利亚 ResMed Limited
注册代理:瑞思迈(北京)医疗器械有限公司
服务机构:瑞思迈(北京)医疗器械有限公司
发证日期:2014.04.15　　截止日期:2018.04.14

国食药监械(进)字 2014 第 2541769 号

产品名称:CO2 气腹机（商品名：MF STEMA-Flow) (CO2 Insufflator)
规格型号:CC-001-001、CC-001-002、CC-001-003、CC-001-004、CC-001-011、CC-001-012、CC-001-013、CC-001-014

产品标准:YZB/GER 1382-2014《CO2 气腹机》
性能组成:产品由气腹机主机、气体加热装置及高压管组成。
适用范围:产品用于在腹腔内窥镜手术过程中，用 CO2 气体来建立并维持病人体腔内一定的腹压，以提供理想的视像条件和足够的手术空间。
生产厂家:德国 STEMA 公司(STEMA Medizintechnik GmbH)
注册代理:上海安润医疗设备有限公司
服务机构:上海圣菲实业有限公司
发证日期:2014.04.15 截止日期:2018.04.14

国食药监械(进)字 2014 第 2221770 号

产品名称:非接触式眼压计(フルオートー非接触眼圧計)
规格型号:TX-20P
产品标准:YZB/JAP 0844-2014《非接触式眼压计》
性能组成:由主单元和电源线组成。性能参数见产品标准。
适用范围:产品可用于测量人眼的眼内压及中央角膜厚度，并将结果用于诊断。
生产厂家:日本佳能公司 キヤノン株式会社
注册代理:佳能(中国)有限公司
服务机构:佳能(中国)有限公司
发证日期:2014.04.15 截止日期:2018.04.14

国食药监械(进)字 2014 第 2211771 号

产品名称:睡眠记录仪（商品名: NOX T3）(Medical Sleep Recorder)
规格型号:ASDB1
产品标准:YZB/ICE 1589-2014《睡眠记录仪》
性能组成:该产品由记录仪主机(ASDB1)、一次性睡眠测量胸腹电极带(RIPDL、RIPDM、RIPDS、RIPDP)、胸腹连接锁(562050)、数据下载线(562011)、便携包(568010)和 Noxturnal 软件组成。
适用范围:该产品用于睡眠期间生理信号的动态记录，包括鼻/面罩压力、患者体位、腹部、呼吸运动信号、胸部呼吸运动信号、呼吸声音/打鼾、EOG/EMG/EEG/ECG 信号和显示血氧饱和度范围。该产品适用于 2 岁以上患者，不适用于患者自行测试。该产品用于医院、医疗机构、睡眠中心、睡眠诊所。
生产厂家:冰岛 Nox Medical
注册代理:北京杰富瑞科技有限公司
服务机构:北京杰富瑞科技有限公司
发证日期:2014.04.15 截止日期:2018.04.14

国食药监械(进)字 2014 第 2211772 号(更)

产品名称:一次性电极导管(Disposable Catheter)
规格型号:VersaFlex VersaFlex Z
产品标准:YZB/USA 1449-2014《一次性电极导管》
备注:代理人和售后服务机构由“北京康联医用设备有限公司”变更为“柯惠医疗器材国际贸易(上海)有限公司”;注册证由“国食药监械(进)字 2014 第 2211772 号”变更为“国食药监械(进)字 2014 第 2211772 号(更)”，原证自发证之日起作废。
生产厂家:美国 GIVEN IMAGING INC.
注册代理:柯惠医疗器材国际贸易（上海）有限公司
服务机构:柯惠医疗器材国际贸易（上海）有限公司
变更日期:2014.08.01 截止日期:2018.04.14

国食药监械(进)字 2014 第 1411773 号

产品名称:冷冻切片机(Cryostat Microtome)
规格型号:POLAR-B、POLAR-D、POLAR-DM。
产品标准:YZB/JAP 1703-2014《冷冻切片机》
性能组成:POLAR-B: 由控制部分、显示器(触屏)、冷却室(库内)、旋转式薄片切片机、废液槽、随机软件构成。POLAR-D: 由控制部分、显示器(触屏)、冷却室(库内)、旋转式薄片切片机、废液槽、臭氧灯、真空过滤器套件、随机软件构成。POLAR-DM: 由控制部分、显示器(触屏)、冷却室(库内)、旋转式薄片切片机、废液槽、臭氧灯、真空过滤器套件、随机软件构成。
适用范围:该产品适用于人体组织样本的冷冻和切割。
生产厂家:日本 Sakura Seiki Co., Ltd.
注册代理:樱花医疗科技(泰州)有限公司
服务机构:樱花医疗科技(泰州)有限公司
发证日期:2014.04.15 截止日期:2018.04.14

国食药监械(进)字 2014 第 2221774 号

产品名称:刨削系统（商品名: Shrill）(Shaver system)
规格型号:见附页
产品标准:YZB/GER 1592-2014《刨削系统》
性能组成:刨削系统由控制主机，手柄，脚控开关，电源线，一次性使用的无菌刀头组成。
适用范围:本产品与脊柱内窥镜配合使用，用于切除和修整腰椎间盘部位的增生组织。
生产厂家:德国 joimax GmbH
注册代理:上海懋煜医疗器械有限公司
服务机构:上海懋煜医疗器械有限公司
发证日期:2014.04.15 截止日期:2018.04.14

国食药监械(进)字 2014 第 2221775 号

产品名称:倒置显微镜(inverted Microscope)
规格型号:Primo Vert, Primo Vert Monitor
产品标准:YZB/GER 1564-2014《倒置显微镜》
性能组成:该产品由主机（内置可选的 LED/卤素灯光源)、聚光镜、物镜和电源适配器组成。
适用范围:该产品主要用于观察细胞和培养组织以及烧瓶中，皮式培养皿和微量滴定板中的沉积物等。
变更情况:变更日期: 2015.01.04。“蔡司光学仪器(上海)国际贸易有限公司”变更为“卡尔蔡司(上海)管理有限公司”。
生产厂家:德国 Carl Zeiss Microscopy GmbH
注册代理:蔡司光学仪器(上海)国际贸易有限公司
服务机构:蔡司光学仪器(上海)国际贸易有限公司
发证日期:2014.04.15 截止日期:2018.04.14

国食药监械(进)字 2014 第 2401776 号

产品名称:特种蛋白金标检测仪(NycoCard Reader II)
规格型号:NycoCard Reader II
产品标准:YZB/NOR 1630-2014《特种蛋白金标检测仪》
性能组成:该产品包括主体机，光学检测笔和随机软件。
适用范围:该产品利用光反射比色原理检测与该产品配套使用的试剂盒。
变更情况:变更日期: 2014.12.30。“注册人名称:Axis-Shield PoC AS 注册人住所:Kjelsasveien 161, N-0884 Oslo, Norway”变更为“注册人名称:Alere Technologies AS 注册人住所:Kjelsasveien 161, P.O. Box 6863 Rodelokka, NO-0504 Oslo, Norway”。
生产厂家:挪威 Axis-Shield PoC AS
注册代理:美艾利尔(中国)医疗器械有限公司
服务机构:美艾利尔(上海)医疗器械销售有限公司
发证日期:2014.04.15 截止日期:2018.04.14

国食药监械(进)字 2014 第 1231777 号

产品名称:医用超声耦合剂（商品名: Aquasonic 100）(Ultrasound Transmission Gel)
规格型号:01-20、01-02、01-08、01-34、01-50
产品标准:YZB/USA 1613-2014《医用超声耦合剂》
性能组成:产品为塑料瓶装医用超声耦合剂。成分为丙二醇、苯甲酸甲酯防腐剂、对羟基苯甲酸丙酯、FD&C BLUE # 1、水溶性聚合物、反渗透水。
适用范围:该产品用于在超声诊断和治疗操作中用作探头与皮肤之间的透声媒质。
生产厂家:美国 Parker Laboratories, Inc.
注册代理:北京今事达商务服务有限公司
服务机构:北京今事达商务服务有限公司
发证日期:2014.04.15 截止日期:2018.04.14

国食药监械(进)字 2014 第 1231778 号

产品名称:医用超声耦合剂（商品名: Aquasonic clear）(Ultrasound Transmission Gel)
规格型号:03-02、03-08、03-34、03-50、03-54
产品标准:YZB/USA 1610-2014《医用超声耦合剂》
性能组成:产品为塑料瓶装医用超声耦合剂。成分为丙二醇、苯甲酸甲酯防腐剂、对羟基苯甲酸丙酯、水溶性聚合物、反渗透水。
适用范围:该产品用于在超声诊断和治疗操作中用作探头与皮肤之间的透声媒质。
生产厂家:美国 Parker Laboratories, Inc.
注册代理:北京今事达商务服务有限公司
服务机构:北京今事达商务服务有限公司
发证日期:2014.04.15 **截止日期**:2018.04.14

国食药监械(进)字2014第1561779号

产品名称:床垫(Foam Mattress)
规格型号:见附页
产品标准:YZB/SWE 1533-2014《床垫》
性能组成:该产品由床垫、床罩及隐藏式拉链组成。
适用范围:该产品适用于包括浅表性溃疡患者在内的各类患者。
生产厂家:瑞典 ArjoHuntleigh AB
注册代理:北京金协信商贸有限责任公司
服务机构:安究(上海)医疗设备贸易有限公司
发证日期:2014.04.15 **截止日期**:2018.04.14

国食药监械(进)字2014第1411780号

产品名称:切片机(Rotary microtome Galileo)
规格型号:全自动型: SDSGA9000; 半自动型 SDSGS9000。
产品标准:YZB/ITA 1722-2014《切片机》
性能组成:本产品由主机、刀头、刀架、控制面板、紧急停机开关、固定装置、废料托盘以及软件组件(版本号: 1.0.1)组成。
适用范围:该产品用于对人体组织标本进行切片。
生产厂家:意大利 Diapath S.p.A
注册代理:凯纳西科技(北京)有限公司
服务机构:凯纳西科技(北京)有限公司
发证日期:2014.04.15 **截止日期**:2018.04.14

国食药监械(进)字2014第2401781号

产品名称:印迹法自动成像仪(EUROBlotCamera)
规格型号:EUROBlotCamera
产品标准:YZB/GER 1627-2014《印迹法自动成像仪》
性能组成:该产品由主机、图像采集卡、I/O主板、温育槽位置固定垫片、定标板、EUROLineScan印迹法判读软件组成。
适用范围:该产品用于欧蒙印迹法和蛋白印迹法膜条的数字图像处理。
变更情况:变更日期: 2014.10.21。代理人和售后服务机构均由"北京欧蒙生物技术有限公司"变更为"欧蒙医学诊断(中国)有限公司"。
生产厂家:德国 EUROIMMUN Medizinische Labordiagnostika AG
注册代理:北京欧蒙生物技术有限公司
服务机构:北京欧蒙生物技术有限公司
发证日期:2014.04.15 **截止日期**:2018.04.14

国食药监械(进)字2014第2401782号

产品名称:全自动生化分析仪(HITACHI LABOSPECT 008 AS AUTOMATIC ANALYZER)
规格型号:日立 LABOSPECT 008 AS
产品标准:YZB/JAP 1498-2014《全自动生化分析仪》
性能组成:该产品由操作部、样品搬运部(包括投入部、收纳部)、比色分析部(包括S模块及P模块)、电解质分析模块(选装,最多可选装2个模块)、样品ID读取部(选装)构成。比色分析部最多可以由4个模块组合构成;操作部由PC主机,鼠标,键盘;显示器以及操作软件组成。
适用范围:该产品用于以血清、尿液和血浆为样本的临床化学分析、电解质分析检查等。
生产厂家:日本株式会社日立高新技术
注册代理:日立高新技术(上海)国际贸易有限公司
服务机构:日立高新技术(上海)国际贸易有限公司
发证日期:2014.04.15 **截止日期**:2018.04.14

国食药监械(进)字2014第2261783号

产品名称:低周波肌肉刺激仪(low cycle therapy instrument)
规格型号:H-3000
产品标准:YZB/ROK 1456-2014《低周波肌肉刺激仪》
性能组成:治疗仪由主机、吸附电极碗(4极)和电极片(2极)及连接导线组成。
适用范围:该产品适用于缓解肌肉疼痛
生产厂家:韩国 HANIL TM CO., LTD
注册代理:北京捷拓永翔科贸有限公司
服务机构:北京捷拓永翔科贸有限公司
发证日期:2014.04.15 **截止日期**:2018.04.14

国食药监械(进)字2014第2221784号

产品名称:内窥镜用动力系统(商品名: UNIDRIVE S III ARTHRO)(Motor System for Endoscope)
规格型号:见附页
产品标准:YZB/GER 1443-2014《内窥镜用动力系统》
性能组成:本产品由主机、SCB线、电源线、脚踏开关、手柄、连接线和工具头组成。
适用范围:通过配装相应的刀头,本系统特别适用于关节内窥镜外科手术中膝关节、肩关节、踝关节、肘关节、腕关节、髋关节、颞下颌关节的骨头及组织的切除、刨削、研磨
生产厂家:德国 Karl Storz GmbH & Co. KG
注册代理:卡尔史托斯内窥镜(上海)有限公司
服务机构:卡尔史托斯内窥镜(上海)有限公司
发证日期:2014.04.15 **截止日期**:2018.04.14

国食药监械(进)字2014第2401785号

产品名称:血糖仪(商品名:活力型)(ACCU-CHEK Active Blood Glucose Meter)
规格型号:ACCU-CHEK Active[Model GU]
产品标准:YZB/GER 1556-2014《血糖仪》
性能组成:由血糖仪、操作软件组成。
适用范围:该产品用于定量检测新鲜毛细血管全血中的葡萄糖浓度。
生产厂家:德国罗氏诊断有限公司
注册代理:罗氏诊断产品(上海)有限公司
服务机构:罗氏诊断产品(上海)有限公司
发证日期:2014.04.15 **截止日期**:2018.04.14

国食药监械(进)字2014第2311786号

产品名称:X射线管组件(X-ray tube assembly)
规格型号:2219500-5
产品标准:YZB/USA 0154-2014《X射线管组件》
性能组成:产品由X射线管(阴极、旋转阳极),X射线管套,固定架,绝缘油组成。
适用范围:X射线管组件产生的X射线用于CT或PET-CT系统。
生产厂家:美国 GE MEDICAL SYSTEMS, LLC
注册代理:通用电气医疗系统贸易发展(上海)有限公司
服务机构:通用电气医疗系统贸易发展(上海)有限公司
发证日期:2014.04.15 **截止日期**:2018.04.14

国食药监械(进)字2014第2221787号

产品名称:内窥镜用动力系统(商品名: UNIDRIVE S III ENT)(Motor System for Endoscope)
规格型号:见附页
产品标准:YZB/GER 1567-2014《内窥镜用动力系统》
性能组成:本产品由控制主机、电源线、马达、马达连接线和 INTRA DRILL 手柄组成。
适用范围:本产品适用于ENT手术中提供动力,驱动配套的手柄及刀具进行切割、粉碎手术操作。
生产厂家:德国 Karl Storz GmbH & Co. KG
注册代理:卡尔史托斯内窥镜(上海)有限公司
服务机构:卡尔史托斯内窥镜(上海)有限公司
发证日期:2014.04.15 **截止日期**:2018.04.14

国食药监械(进)字2014第1411788号

产品名称:全自动抗酸染色仪(RAL STAINER)
规格型号:RAL STAINER
产品标准:YZB/FRA 1756-2014《全自动抗酸染色仪》
性能组成:该产品是一个自动浸渍的染色仪器,由LED触屏、4个染色

站点、1 个清洗站点和随机软件组成，容量是 2×10 张玻片。
适用范围:该产品用于体外诊断中，供细菌学涂片染色之用。
生产厂家:法国 RAL Diagnostics
注册代理:梅里埃诊断产品(上海)有限公司
服务机构:梅里埃诊断产品(上海)有限公司
发证日期:2014.04.15 **截止日期**:2018.04.14

国食药监械(进)字 2014 第 2311789 号

产品名称:X 射线管组件(X-ray Tube Assembly)
规格型号:2216500
产品标准:YZB/USA 1404-2014《X 射线管组件》
性能组成:由 X 射线管(阴极、旋转阳极)，X 射线管套，固定架，绝缘油，热交换器和循环油泵组成的冷却系统组成。
适用范围:X 射线管组件产生的 X 射线用于血管造影系统.
生产厂家:美国 GE MEDICAL SYSTEMS, LLC
注册代理:通用电气医疗系统贸易发展(上海)有限公司
服务机构:通用电气医疗系统贸易发展(上海)有限公司
发证日期:2014.04.14 **截止日期**:2018.04.13

国食药监械(进)字 2014 第 1641790 号

产品名称:医用护具(Visco Series)
规格型号:见附页
产品标准:YZB/GER 1001-2014《医用护具》
性能组成:产品由粘弹性足跟垫和粘弹性鞋垫组成，材质为硅树脂，非灭菌产品，材料符合标准详见附页。
适用范围:ViscoHeel® 用于减轻关节、韧带、肌肉和肌腱(如跟腱)上的负担；ViscoPed® 用于减轻脚前掌、跖骨以及足跟部位的局部压力；ViscoSpot® 用于治疗脚跟骨刺。
生产厂家:德国 Bauerfeind AG
注册代理:北京勤利嘉德国际科贸有限公司
服务机构:北京勤利嘉德国际科贸有限公司
发证日期:2014.04.24 **截止日期**:2018.04.23

国食药监械(进)字 2014 第 1631791 号

产品名称:打磨抛光系统(Sof-LexTM Spiral Finishing and Polishing wheels)
规格型号:见附页
产品标准:YZB/USA 1182-2014《打磨抛光系统》
性能组成:本产品由打磨抛光轮和轴柄组成。打磨抛光轮由氧化铝和热塑性弹性体(聚酯橡胶)组成。轴柄由不锈钢 303 组成。
适用范围:本产品用于口腔修复体的打磨和抛光。
生产厂家:美国 3M ESPE Dental Products
注册代理:明尼苏达矿业制造(上海)国际贸易有限公司
服务机构:明尼苏达矿业制造(上海)国际贸易有限公司
发证日期:2014.04.24 **截止日期**:2018.04.23

国食药监械(进)字 2014 第 1061792 号

产品名称:种植手术器械(Instruments for dental implant system)
规格型号:见附页
产品标准:YZB/ITA 1408-2014《种植手术器械》
性能组成:该产品由转移杆、转移杆中央螺丝、螺丝刀、替代体、印模帽、延长杆、停钻器、扳手、深度测量尺、平行杆和分离螺丝组成。由 ASTM F899 中规定的不锈钢 630 或 ISO5832-3 中规定的 Ti6Al4V 或 ASTM F2026 规定的 PEEK 制造。各组件的具体材质请见附录 A。
适用范围:本产品是用于牙科种植手术过程中。
生产厂家:意大利 C-TECH Implant S.r.l.
注册代理:北京恒惠科达医疗器械有限责任公司
服务机构:北京恒惠科达医疗器械有限责任公司
发证日期:2014.04.24 **截止日期**:2018.04.23

国食药监械(进)字 2014 第 1061793 号

产品名称:牙科种植体手术工具(Surgical Instrument for Dental Implant system)
规格型号:见附页
产品标准:YZB/ISR 1611-2014《牙科种植体手术工具》
性能组成:手术工具由印模顶盖，转移帽，替代体，冲顶器，六角扳手，深度计，棘轮扳手和扳手组成。手术工具中印模顶盖采用符合 YY/T 0294.1 的不锈钢 N 或符合 GB/T13810 的钛合金 TC4 制造；转移帽采用乙缩醛制造；替代体采用符合 YY/T 0294.1 的不锈钢 N 或符合 GB/T 13810 的钛合金 TC4 制造；冲顶器采用符合 YY/T 0294.1 的不锈钢 N 或 D 制造；六角扳手采用符合 YY/T 0294.1 的不锈钢 N 制造；扳手采用符合 YY/T 0294.1 的不锈钢 D 制造；深度计和棘轮扳手采用符合 ASTM F899 的不锈钢 630 制造。
适用范围:该产品是用于牙科种植体种植的手动手术工具。
生产厂家:以色列 MIS Implants Technologies Ltd.
注册代理:成都贝尔丹生物科技有限责任公司
服务机构:成都贝尔丹生物科技有限责任公司
发证日期:2014.04.24 **截止日期**:2018.04.23

国食药监械(进)字 2014 第 2631794 号

产品名称:软质氧化锆坯料(Soft Zirconia Blank)
规格型号:见附页
产品标准:YZB/GER 1387-2014《软质氧化锆坯料》
性能组成:该产品由氧化锆(ZrO2)，氧化钇(Y2O3)，氧化铝(Al2O3)组成。
适用范围:该产品适用于牙冠、牙桥的制作。
生产厂家:德国 Kaltenbach&Voigt GmbH
注册代理:卡瓦盛邦(上海)牙科医疗器械有限公司
服务机构:卡瓦盛邦(上海)牙科医疗器械有限公司
发证日期:2014.04.24 **截止日期**:2018.04.23

国食药监械(进)字 2014 第 1101795 号

产品名称:接骨板螺钉工具系统(Plate and Screw Instrument System)
规格型号:见附页
产品标准:YZB/USA 1030-2014《接骨板螺钉工具系统》
性能组成:工具包括模板、测深器、临时固定针、瞄准器把手、改锥、瞄准架、扭力限制器、钻头、空心钻、套筒把手、钻孔导向器、限位器、精度测量器、校正导向器、螺栓、螺栓放置架、折弯器、钻头套筒、套筒移除器、磨钻、通用夹头、骨钩、顶棒、拉钩、带齿圆盘、复位钳、折弯钳。接触人体的材料为符合 ASTM F 899 要求的不锈钢与符合 ISO 5832-3 要求的钛 6 铝 4 钒。具体产品材料信息详见型号规格附录。该产品不与有源器械连用，为非灭菌包装，可重复使用，手动操作。
适用范围:该产品适用于四肢手术，包括了肩胛及骨盆手术中骨复位和骨接合产品的植入及辅助。
生产厂家:美国 Smith & Nephew, Inc.
注册代理:施乐辉医用产品国际贸易(上海)有限公司
服务机构:施乐辉医用产品国际贸易(上海)有限公司
发证日期:2014.04.24 **截止日期**:2018.04.23

国食药监械(进)字 2014 第 2221796 号

产品名称:导丝(Guide Wires)
规格型号:见附页
产品标准:YZB/GER 1292-2014《导丝》
性能组成:该产品为芯丝、安全丝和绕丝组成，材料由不锈钢组成，并覆有聚四氟乙烯涂层。环氧乙烷灭菌，一次性使用。
适用范围:该产品用来引导柔性内窥镜器械(须与导丝兼容)进入人体内待治疗的部位。
生产厂家:德国 Medi-Globe GmbH
注册代理:优诺康(北京)医药技术服务有限公司
服务机构:优诺康(北京)医药技术服务有限公司
发证日期:2014.04.24 **截止日期**:2018.04.23

国食药监械(进)字 2014 第 2561797 号

产品名称:呼吸面罩(Mask)
规格型号:400449、400450、400451、400475、400476、400477
产品标准:YZB/NZE 1208-2014《呼吸面罩》
性能组成:产品由硅胶密封罩、面罩架、头带、头带扣、弯头、气源接头和扣环组成。 产品为清洁包装，可重复消毒 20 次或使用 6 个月。
适用范围:适用于为使用者提供持续正压通气和双水平正压通气应用的界面连接装置。适用于单一成人(体重大于 30 公斤)在家中或多个成人在医院或其它能对多患者间使用进行正规消毒的医疗场所中使用，可重复消毒 20 次或使用 6 个月。

生产厂家:新西兰 Fisher & Paykel Healthcare Limited
注册代理:费雪派克医疗保健(广州)有限公司
服务机构:费雪派克医疗保健(广州)有限公司
发证日期:2014.04.24　**截止日期**:2018.04.23

国食药监械(进)字2014第2651798号

产品名称:丝质缝合线(商品名:科琅淳 SILK)(原文:滅菌済み絹製縫合糸)
规格型号:见附页
产品标准:YZB/JAP 1191-2014《丝质缝合线》
性能组成:该产品由缝合线和缝合针组成。缝合线材质为蚕丝,染成黑色,结构包括单股和多股,涂层材料为石油精、甲苯和异丁醇的混合物。采用环氧乙烷灭菌。
适用范围:该产品用于手术部位的缝合、结扎以及固定。
生产厂家:日本株式会社河野制作所(株式会社河野製作所)
注册代理:科琅淳(上海)医疗器械贸易有限公司
服务机构:科琅淳(上海)医疗器械贸易有限公司
发证日期:2014.04.24　**截止日期**:2018.04.23

国食药监械(进)字2014第1101799号(更)

产品名称:膝关节系统手术工具(商品名:LOSPA)(Knee System Instrument)
规格型号:见附页
产品标准:YZB/ROK 1201-2014《膝关节系统手术工具》
备注:代理人和售后服务机构由"广东众康益医药有限公司"变更为"上海科钛医疗器械有限公司";注册证由"国食药监械(进)字2014第1101799号"变更为"国食药监械(进)字2014第1101799号(更)",原证自发证之日起作废。
生产厂家:韩国 Corentec Co., Ltd.
注册代理:上海科钛医疗器械有限公司
服务机构:上海科钛医疗器械有限公司
变更日期:2014.07.10　**截止日期**:2018.04.23

国食药监械(进)字2014第1101800号(更)

产品名称:膝关节系统手术工具(商品名:LOSPA)(Knee System Instrument)
规格型号:见附页
产品标准:YZB/ROK 1206-2014《膝关节系统手术工具》
备注:代理人和售后服务机构由"广东众康益医药有限公司"变更为"上海科钛医疗器械有限公司";注册证由"国食药监械(进)字2014第1101800号"变更为"国食药监械(进)字2014第1101800号(更)",原证自发证之日起作废。
生产厂家:韩国 Corentec Co., Ltd.
注册代理:上海科钛医疗器械有限公司
服务机构:上海科钛医疗器械有限公司
变更日期:2014.07.10　**截止日期**:2018.04.23

国食药监械(进)字2014第1101801号

产品名称:脊柱外科手术工具(商品名:Anyplus)(Instruments, bone, surgical, manually-operated)
规格型号:见附页
产品标准:YZB/ROK 1317-2014《脊柱外科手术工具》
性能组成:本产品由扳手、拔出器、丝锥、扩张器、EMG 袖套、弯压器、闭孔器、棒状刀片、杆长测量器、棒推进器、扭矩稳定器、攻螺丝器、减速器、导丝打入器、中空绞孔钻、手柄、打孔器和探针组成。非无菌包装。
适用范围:该产品用于植入物在脊柱外科手术中的装配。
生产厂家:韩国 GS Medical Co., Ltd.
注册代理:北京捷通康诺医药科技有限公司
服务机构:北京捷通康诺医药科技有限公司
发证日期:2014.04.24　**截止日期**:2018.04.23

国食药监械(进)字2014第2101802号

产品名称:脊柱配套工具(Spine Instrument for Minimally Invasive Surgery product)
规格型号:见附页
产品标准:YZB/USA 0985-2014《脊柱配套工具》
性能组成:该产品由骨凿,神经剥离器组成。产品材料为 ASTM F899 的630、420B、XM-16 不锈钢,ASTM D6394 的聚苯砜。非灭菌包装。
适用范围:该产品用于脊柱手术。
生产厂家:美国 DePuy Spine, Inc.
注册代理:强生(上海)医疗器材有限公司
服务机构:强生(上海)医疗器材有限公司
发证日期:2014.04.24　**截止日期**:2018.04.23

国食药监械(进)字2014第1051803号

产品名称:骨传导植入式听力解决方案手术器械套件(Baha Surgical Procedure Kits)
规格型号:90095, 90381, 90453, 90469, 90474, 90478, 90943, 90944, 91095, 91116, HIA009-0
产品标准:YZB/SWE 1506-2014《骨传导植入式听力解决方案手术器械套件》
性能组成:90095 单鼓型夹具座,90381 螺丝刀头,90453 六角形螺丝起子 20mm,90469 手动螺丝刀,90474 基座安装器,90478 手工具接头,90943 探针,90944 手动骨锉,91095Baha 标记模型,91116 钻孔导引器,HIA009-0 反扭矩扳手。
适用范围:本产品是在安装听力系统的手术过程中使用的手术工具。
生产厂家:瑞典 Cochlear Bone Anchored Solutions AB
注册代理:澳科利耳医疗器械(北京)有限公司
服务机构:澳科利耳医疗器械(北京)有限公司
发证日期:2014.04.24　**截止日期**:2018.04.23

国食药监械(进)字2014第1101804号

产品名称:脊柱通用内固定器专用工具包(Spine Instrument)
规格型号:见附页
产品标准:YZB/HUN 1135-2014《脊柱通用内固定器专用工具包》
性能组成:专用工具包由持棒钳、撑开钳、压缩钳、弯棒钳、折断钳、椎弓根丝锥、枪式复位钳、套针、压棒器、扳手、上钉扳手、体内弯棒器、横快换手柄、竖快换手柄、椎弓根钉钉尾折断器、抗扭力扳手、探针、标记杆手柄、标记杆-圆柱形、标记杆-球形、模棒、转棒器、扭力限制扳手、器械盒、弯形压棒钳、折断扶持钳组成。产品材质及所符合的标准详见型号规格列表。非灭菌包装。
适用范围:该产品供骨科手术时安装、植入或取出 mediox 脊柱钉棒系统型内固定用。
生产厂家:匈牙利 Mediox Orvosi Muszergyarto Kft.
注册代理:广州健隆医疗科技有限公司
服务机构:广州健隆医疗科技有限公司
发证日期:2014.04.24　**截止日期**:2018.04.23

国食药监械(进)字2014第2631805号

产品名称:牙科喷砂粉(Prophylaxis powder)
规格型号:AIR-FLOW SUPRAGINGIVAL CLASSIC COMFORT
产品标准:YZB/SWI 1087-2014《牙科喷砂粉》
性能组成:主要成分及含量:重碳酸钠:>92%;疏水改性二氧化硅:<8%;碳酸钠:<0.3%;氯化钠:<0.01%;氧化铁:<0.002%。
适用范围:该产品用于牙科治疗,与 EMS 抛光设备配合使用。
生产厂家:瑞士 E.M.S.ELECTRO MEDICAL SYSTEMS S.A.
注册代理:医迈斯电子医疗系统贸易(上海)有限公司
服务机构:医迈斯电子医疗系统贸易(上海)有限公司
发证日期:2014.04.24　**截止日期**:2018.04.23

国食药监械(进)字2014第1661806号

产品名称:一次性使用医用橡胶检查手套(Latex Examination Gloves)
规格型号:无粉 XS, S, M, L, XL 有粉 XS, S, M, L, XL
产品标准:YZB/MAL 1539-2014《一次性使用医用橡胶检查手套》
性能组成:产品由天然橡胶胶乳组成,有粉产品含 USP 玉米淀粉。无粉产品分为手掌麻面/手指麻面/指尖麻面三种表面型式;有粉产品分为光面/手掌麻面/指尖麻面/手指麻面四种表面型式。该产品为非无菌产品。无粉及有粉产品的有效期均为3年。
适用范围:该产品用以降低医疗保健人员与患者之间交叉污染或感染的风险。
生产厂家:马来西亚 Latexx Manufacturing Sdn. Bhd.

注册代理:森佩理特(上海)管理有限公司
服务机构:森佩理特(上海)管理有限公司
发证日期:2014.04.24 截止日期:2018.04.23

国食药监械(进)字 2014 第 1041807 号

产品名称:角膜手术刀(AccuSharp Ophthalmic Knife)
规格型号:见附页
产品标准:YZB/USA 1239-2014《角膜手术刀》
性能组成:该产品分为有保护套手术刀和无保护套手术刀。有保护套手术刀由刀片，刀柄和刀套组成；无保护套手术刀由刀片，刀柄和刀盒组成。产品材料为 S42000 不锈钢、聚砜、聚碳酸酯。非灭菌包装。
适用范围:该产品用于眼科手术中角膜的切割。
生产厂家:美国 Accutome, Inc.
注册代理:英国豪迈国际有限公司北京代表处
服务机构:英国豪迈国际有限公司北京代表处
发证日期:2014.04.24 截止日期:2018.04.23

国食药监械(进)字 2014 第 1091808 号

产品名称:泌尿科手术器械(Surgical instruments for Urology)
规格型号:见附页
产品标准:YZB/GER 8128-2013《泌尿科手术器械》
性能组成:泌尿科手术器械由手术钳、拉钩和扩张器组成。手术钳分为肾石钳、前列腺组织钳和异物钳三种形式。拉钩分为膀胱拉钩和前列腺拉钩二种形式。扩张器头部分为钝锥形和球柱形二种形式。泌尿科手术器械选用符合 ISO 7153-1 规定的不锈钢制造。为非无菌产品。
适用范围:用于泌尿科开放式外科手术。
生产厂家:德国 Tekno-Medical Optik-Chirurgie GmbH
注册代理:湖北同济堂瑞新医疗器材有限公司
服务机构:湖北同济堂瑞新医疗器材有限公司
发证日期:2014.04.24 截止日期:2018.04.23

国食药监械(进)字 2014 第 1061809 号

产品名称:种植体配套工具(Impression components for implants)
规格型号:见附页
产品标准:YZB/GER 1541-2014《种植体配套工具》
性能组成:该产品由聚甲醛(POM)制成。
适用范围:该产品适用于牙科种植体手术过程中的辅助、加工。
生产厂家:德国 ALTATEC GmbH
注册代理:上海汉瑞祥贸易有限公司
服务机构:上海汉瑞祥贸易有限公司
发证日期:2014.04.24 截止日期:2018.04.23

国食药监械(进)字 2014 第 1061810 号

产品名称:种植体手术工具(Instruments for dental implant system)
规格型号:见附页
产品标准:YZB/GER 1547-2014《种植体手术工具》
性能组成:该产品由校准工具、钻头延长器、适配器、钻头停止器、起子、转移杆、螺丝刀、螺丝刀驱动器、螺钉、扭矩扳手、托盘盒等工具组成。详见产品型号附页。
适用范围:该产品是种植体植入手术时所使用的辅助工具。
生产厂家:德国 ALTATEC GmbH
注册代理:上海汉瑞祥贸易有限公司
服务机构:上海汉瑞祥贸易有限公司
发证日期:2014.04.24 截止日期:2018.04.23

国食药监械(进)字 2014 第 1061811 号

产品名称:种植体辅助用工具(Laboratory tools for dental implant)
规格型号:见附页
产品标准:YZB/GER 1548-2014《种植体辅助用工具》
性能组成:该产品由钻用 CT 套管、印模杆、CAMLOG 咬合定位杆、印模帽、钻头停止器、SCREW-LINE 平行杆、种植体固位套筒、CAMLOG 扫描体、就位工具固定扣组成。产品型号详见附页。
适用范围:该产品适用于牙科种植体手术过程中的辅助、加工。
生产厂家:德国 ALTATEC GmbH
注册代理:上海汉瑞祥贸易有限公司
服务机构:上海汉瑞祥贸易有限公司
发证日期:2014.04.24 截止日期:2018.04.23

国食药监械(进)字 2014 第 2401812 号

产品名称:尿液/脑脊液蛋白校准品(Urine/CSF Protein Calibrator)
规格型号:校准品 1-5: 1× 5 mL。
产品标准:YZB/USA 1631-2014
性能组成:含有人蛋白和防腐剂。(具体内容详见说明书)。产品有效期：在 2-8℃ 竖直向上储存，有效期 24 个月。附件：注册产品标准，产品说明书。
适用范围:本校准品用于定量测定人尿液或脑脊液(CSF)中的蛋白质时，对尿液/脑脊液蛋白(UPro)项目进行校准。
生产厂家:美国 Abbott Laboratories
注册代理:雅培贸易(上海)有限公司
发证日期:2014.04.15 截止日期:2018.04.14

国食药监械(进)字 2014 第 2401813 号

产品名称:α1 微球蛋白检测试剂盒(免疫层析法)(商品名：安毋宁)(AmniSure® ROM (rupture of fetal membranes) Test)
规格型号:25 人份/盒、10 人份/盒。
产品标准:YZB/USA 1293-2014
性能组成:α1 微球蛋白检测条和缓冲溶剂。(具体内容详见产品说明书)。产品有效期：4-24℃保存，有效期 36 个月。附件：注册产品标准，产品说明书。
适用范围:本产品用于体外定性检测孕妇阴道分泌物羊水中的 α1 微球蛋白。
生产厂家:美国 AmniSure International LLC.
注册代理:凯杰企业管理(上海)有限公司
发证日期:2014.04.15 截止日期:2018.04.14

国食药监械(进)字 2014 第 2401814 号

产品名称:蛋白测定试剂盒(比浊法)(URINE/CSF PROTEIN)
规格型号:试剂 1:10 × 53 mL，试剂 2:10 × 15 mL；试剂 1:3 × 18 mL，试剂 2:3 × 6 mL。
产品标准:YZB/USA 1633-2014
性能组成:试剂 1:碳酸盐缓冲液，氯化钠，防腐剂叠氮钠；试剂 2:苄索氯铵。(具体内容详见说明书)。产品有效期：未开封且在 15 - 30℃储存时，有效期 24 个月。附件：注册产品标准，产品说明书。
适用范围:本试剂盒用于定量测定人尿液或脑脊液(CSF)中的蛋白质。
生产厂家:美国 Abbott Laboratories
注册代理:雅培贸易(上海)有限公司
发证日期:2014.04.15 截止日期:2018.04.14

国食药监械(进)字 2014 第 1401815 号

产品名称:组织保存液(HistoPot)
规格型号:见附件。
产品标准:YZB/IRE 1499-2014
性能组成:该产品是 10%的中性福尔马林，装在带盖（聚乙烯材质）的容器（聚丙烯材质）中。产品有效期：2-30℃储存，有效期为 2 年。附件：注册产品标准，产品说明书。
适用范围:该产品是一系列预装 10%的中性福尔马林的容器，用于外科、组织和病理实验室固定和保存活检
生产厂家:爱尔兰 Serosep Limited
注册代理:北京欧迪创新生物技术有限公司
发证日期:2014.04.15 截止日期:2018.04.14

国食药监械(进)字 2014 第 1401816 号

产品名称:肉汤培养基(ATB Medium)
规格型号:100 安瓿/盒
产品标准:YZB/FRA 1500-2014
性能组成:马-欣二氏琼脂（MH 动物源）、葡萄糖、钙离子（Ca2+）、镁离子（Mg2+）、琼脂。(具体内容详见说明书)。产品有效期：在 2-8°C 条件下避光储存，有效期为 18 个月。附件：注册产品标准，产品说明书。
适用范围:该产品用于配合 ATB 药敏试剂条使用，提供适合的革兰阴性杆菌、葡萄球菌和肠球菌等细菌的液体生长环境。
生产厂家:法国 bioMerieux SA

注册代理:梅里埃诊断产品(上海)有限公司
发证日期:2014. 04. 15 **截止日期**:2018. 04. 14

国食药监械(进)字 2014 第 1401817 号

产品名称:乙型肝炎病毒表面抗原确认试剂手工稀释液(ARCHITECT HBsAg Qualitative II Confirmatory Manual Diluent)
规格型号:1 瓶(100 mL/瓶)
产品标准:YZB/IRE 1616-2014
性能组成:手工稀释液,含有复钙人血浆。防腐剂: ProClin 950 和叠氮钠。产品有效期: 2-8℃竖直向上储存,有效期为 8 个月。附件:注册产品标准,产品说明书。
适用范围:本稀释液用于使用乙型肝炎病毒表面抗原确认试剂盒检测时,手工稀释样本。
生产厂家:爱尔兰 Abbott Ireland Diagnostic Division
注册代理:雅培贸易(上海)有限公司
发证日期:2014. 04. 15 **截止日期**:2018. 04. 14

国食药监械(进)字 2014 第 2401818 号

产品名称:载脂蛋白 A1/B 校准品(Apo A1/Apo B Calibrator)
规格型号:校准品:1 × 1mL,稀释液:2× 2mL 。
产品标准:YZB/USA 1618-2014
性能组成:由含人体载脂蛋白 A1/B 的人血浆组成。(具体内容详见说明书)。产品有效期: 2-8℃储存,有效期为 12 个月。附件:注册产品标准,产品说明书。
适用范围:本校准品用于体外定量测定人血清或血浆中的载脂蛋白 A-1 和载脂蛋白 B 时,对载脂蛋白 A1(Apo A1)和载脂蛋白 B(Apo B)项目进行校准。
生产厂家:美国 Abbott Laboratories
注册代理:雅培贸易(上海)有限公司
发证日期:2014. 04. 15 **截止日期**:2018. 04. 14

国食药监械(进)字 2014 第 3401819 号

产品名称:人类免疫缺陷病毒抗体检测试剂盒(胶体金法)(SD BIOLINE HIV-1/2 3.0)
规格型号:30 人份/盒
产品标准:YZB/ROK 1691-2014
性能组成:HIV-1/2 抗体检测板,样品稀释液。(具体内容详见产品说明书)。产品有效期:在 1-30℃下保存,有效期为 24 个月。附件:注册产品标准,产品说明书。
适用范围:该产品用于体外定性检测人类血清、血浆及全血中的 HIV-1 或 HIV-2 抗体。
生产厂家:韩国 Standard Diagnostics, Inc.
注册代理:美艾利尔(中国)医疗器械有限公司
发证日期:2014. 04. 15 **截止日期**:2018. 04. 14

国食药监械(进)字 2014 第 3401820 号

产品名称:流感病毒抗原检测试剂盒(胶体金法)(SD BIOLINE Influenza Antigen)
规格型号:25 人份/盒
产品标准:YZB/ROK 1692-2014
性能组成:检测试纸条,测定稀释液,对照拭子; 试剂盒中还包括一次性滴管。(具体内容详见产品说明书)。产品有效期:室温(1℃-30℃)下保存,有效期为 2 年。附件:注册产品标准,产品说明书。
适用范围:该产品用于体外定性检测人鼻咽拭子和口咽拭子样本中甲型和乙型流感病毒抗原。
生产厂家:韩国 Standard Diagnostics, Inc.
注册代理:美艾利尔(中国)医疗器械有限公司
发证日期:2014. 04. 15 **截止日期**:2018. 04. 14

国食药监械(进)字 2014 第 2401821 号

产品名称:B-型尿钠肽测定试剂盒(化学发光微粒子免疫检测法)(ARCHITECT BNP Reagent Kit)
规格型号:1×100 测试/盒、1×500 测试/盒。
产品标准:YZB/USA 1603-2014
性能组成:微粒子、结合物、样本稀释液。(具体内容详见说明书)。产品有效期:在 2-8 ℃竖直向上储存,有效期 12 个月。附件:注册产品标准,产品说明书。
适用范围:本试剂盒用于体外定量检测人乙二胺四乙酸(EDTA)血浆中 B-型尿钠肽(BNP)。
生产厂家:美国 Abbott Laboratories
注册代理:雅培贸易(上海)有限公司
发证日期:2014. 04. 15 **截止日期**:2018. 04. 14

国食药监械(进)字 2014 第 1401822 号

产品名称:激发液(ARCHITECT TRIGGER SOLUTION)
规格型号:975 mL/瓶×4 瓶
产品标准:YZB/IRE 1639-2014
性能组成:氢氧化钠溶液。(具体内容详见说明书)。产品有效期: 2-30℃条件下储存,有效期 18 个月。附件:注册产品标准,产品说明书。
适用范围:产品用于提供碱性环境,激发化学发光反应。
生产厂家:爱尔兰 Abbott Ireland Diagnostics Division
注册代理:雅培贸易(上海)有限公司
发证日期:2014. 04. 15 **截止日期**:2018. 04. 14

国食药监械(进)字 2014 第 1401823 号

产品名称:甲状腺结合球蛋白样本稀释液(IMMULITE2000 TBG Sample Diluent)
规格型号:25 mL/瓶
产品标准:YZB/UK 1394-2014
性能组成:缓冲液: 4-羟乙基哌嗪丙磺酸(HEPPS)缓冲液,氯化钠; 蛋白:小牛血清白蛋白; 防腐剂:叠氮化钠,硫酸庆大霉素。(具体内容详见说明书)。产品有效期:在 2-8℃的环境中保存,有效期 36 个月。附件:注册产品标准,产品说明书。
适用范围:本产品用于检测甲状腺结合球蛋白时对血清样本的在机稀释。
生产厂家:英国 Siemens Healthcare Diagnostics Products Limited
注册代理:西门子医学诊断产品(上海)有限公司
发证日期:2014. 04. 15 **截止日期**:2018. 04. 14

国食药监械(进)字 2014 第 1401824 号

产品名称:多项稀释液(Immulite 2000 Multi-Diluent 1)
规格型号:L2M1Z: 25 mL/瓶
产品标准:YZB/UK 1395-2014
性能组成:缓冲液: 去离子水; 蛋白: 冻干的重木炭吸附人血清; 防腐剂:叠氮化钠、硫酸庆大霉素。(具体内容详见说明书)。产品有效期:在 2-8℃的环境中保存,有效期 36 个月。附件:注册产品标准,产品说明书。
适用范围:本产品用于皮质醇、硫酸去氢表雄酮、前列腺酸性磷酸酶、孕酮、总睾酮、总三碘甲状腺原氨酸、总甲状腺素和肌钙蛋白 I 检测时对血清、肝素化或乙二胺四乙酸 (EDTA) 血浆样本的在机稀释。
生产厂家:英国 Siemens Healthcare Diagnostics Products Limited
注册代理:西门子医学诊断产品(上海)有限公司
发证日期:2014. 04. 15 **截止日期**:2018. 04. 14

国食药监械(进)字 2014 第 3401825 号

产品名称:癌胚抗原校准品(ARCHITECT CEA Calibrators)
规格型号:2 瓶(4.0mL/瓶)
产品标准:YZB/IRE 1605-2014
性能组成:校准品 1 为含有蛋白(牛)稳定剂的磷酸盐缓冲液。校准品 2 含有在磷酸盐缓冲液中配制的癌胚抗原(人),缓冲液含蛋白(牛)稳定剂。防腐剂:抗菌剂。(具体内容详见说明书)。产品有效期: 2~8℃保存,有效期 26 个月。附件:注册产品标准,产品说明书。
适用范围:本校准品用于体外定量检测人血清和血浆中的癌胚抗原(CEA)时,对癌胚抗原项目进行校准。
生产厂家:爱尔兰 Abbott Ireland Diagnostics Division
注册代理:雅培贸易(上海)有限公司
发证日期:2014. 04. 15 **截止日期**:2018. 04. 14

国食药监械(进)字 2014 第 3401826 号

产品名称:游离前列腺特异性抗原校准品(ARCHITECT Free PSA Calibrators)
规格型号:2 瓶(4.0mL/瓶)

产品标准:YZB/IRE 1608-2014
性能组成:校准品 1 为含有蛋白(牛)稳定剂的三羟甲基氨基甲烷(TRIS)缓冲液;校准品 2 为在含有蛋白质(牛)稳定剂的三羟甲基氨基甲烷(TRIS)缓冲液中制备的前列腺特异性抗原(PSA)(人)。防腐剂:叠氮钠和抗菌剂。(具体内容详见说明书)。产品有效期:2-8℃保存,有效期 12 个月。附件:注册产品标准,产品说明书。
适用范围:本校准品用于体外定量测定人血清中的游离前列腺特异性抗原(PSA)时,对游离前列腺特异性抗原项目进行校准。
生产厂家:爱尔兰 Abbott Ireland Diagnostics Division
注册代理:雅培贸易(上海)有限公司
发证日期:2014.04.15 **截止日期**:2018.04.14

国食药监械(进)字 2014 第 1401827 号

产品名称:人绒毛膜促性腺激素样本稀释液(Immulite 2000 HCG Sample Diluent)
规格型号:L2CGZ:50mL/瓶。
产品标准:YZB/UK 1396-2014
性能组成:缓冲液:男性血清;防腐剂:叠氮化钠,硫酸庆大霉素。(具体内容详见说明书)。产品有效期:在 2-8℃的环境中保存,有效期 36 个月。附件:注册产品标准,产品说明书。
适用范围:本产品用于检测人绒毛膜促性腺激素时对高浓度血清样本和尿液样本的在机稀释。
生产厂家:英国 Siemens Healthcare Diagnostics Products Limited
注册代理:西门子医学诊断产品(上海)有限公司
发证日期:2014.04.15 **截止日期**:2018.04.14

国食药监械(进)字 2014 第 2401828 号

产品名称:地高辛测定试剂盒(化学发光法)(IMMULITE2000 Digoxin)
规格型号:200 人份/盒,600 人份/盒。
产品标准:YZB/UK 1390-2014
性能组成:地高辛包被珠(L2DI12),地高辛试剂楔(L2DIA2),地高辛校正品(L2DIJ3,L2DIJ4)。(具体内容详见说明书)。产品有效期:在 2-8℃的环境中保存,有效期 12 个月。附件:注册产品标准,产品说明书。
适用范围:本产品用于定量检测血清或肝素血浆中的地高辛浓度。
生产厂家:英国 Siemens Healthcare Diagnostics Products Limited
注册代理:西门子医学诊断产品(上海)有限公司
发证日期:2014.04.15 **截止日期**:2018.04.14

国食药监械(进)字 2014 第 2401829 号

产品名称:孕酮测定试剂盒(化学发光法)(IMMULITE2000 Progesterone)
规格型号:200 人份/盒,600 人份/盒。
产品标准:YZB/UK 1392-2014
性能组成:孕酮包被珠(L2PW12),孕酮试剂楔(L2PWA2),孕酮校正品(LPWL,LPWH)。(具体内容详见说明书)。产品有效期:在 2-8℃条件下保存,有效期 12 个月。附件:注册产品标准,产品说明书。
适用范围:该产品用于定量检测血清孕酮水平。
生产厂家:英国 Siemens Healthcare Diagnostics Products Limited
注册代理:西门子医学诊断产品(上海)有限公司
发证日期:2014.04.15 **截止日期**:2018.04.14

国食药监械(进)字 2014 第 3401830 号

产品名称:癌抗原 15-3 测定试剂盒(微粒子酶联免疫检测法)(AxSYM CA 15-3 Reagent pack)
规格型号:1×100 测试/盒
产品标准:YZB/IRE 1482-2014
性能组成:115D8 抗体(小鼠,单克隆)包被的微粒子,储存于三羟甲基氨基甲烷(TRIS)缓冲液中。防腐剂:叠氮钠;DF3 抗体(小鼠,单克隆)-碱性磷酸酶结合物,储存于含有蛋白(牛)稳定剂的三羟甲基氨基甲烷(TRIS)缓冲液中。防腐剂:叠氮钠和抗菌剂;样本稀释液,储存于含有蛋白(牛和小鼠)稳定剂的三羟甲基氨基甲烷(TRIS)缓冲液中。防腐剂:叠氮钠和抗菌剂。试剂盒中还包含反应杯以及纤维杯。(具体内容详见说明书)。产品有效期:储存于 2-8℃,不能冷冻,有效期 7 个月。附件:注册产品标准,产品说明书。
适用范围:本试剂盒用于体外定量测定人血清和血浆(乙二胺四乙酸(EDTA))中的癌抗原 15-3(CA153)含量。
生产厂家:爱尔兰 Abbott Ireland Diagnostic Division
注册代理:雅培贸易(上海)有限公司
发证日期:2014.04.15 **截止日期**:2018.04.14

国食药监械(进)字 2014 第 3401831 号

产品名称:癌抗原 125 测定试剂盒(微粒子酶联免疫检测法)(AxSYM CA 125 Reagent pack)
规格型号:1×100 测试/盒
产品标准:YZB/IRE 1484-2014
性能组成:癌抗原 125 抗体(绵羊)包被的微粒子,储存于三羟甲基氨基甲烷(TRIS)缓冲液。防腐剂:叠氮钠;OC125 抗体(小鼠,单克隆)-碱性磷酸酶结合物,储存于含有蛋白(牛和小鼠)稳定剂的三羟甲基氨基甲烷(TRIS)缓冲液中。防腐剂:叠氮钠和抗菌剂;样本稀释液,储存于含有绵羊血清的三羟甲基氨基甲烷(TRIS)缓冲液中。防腐剂:叠氮钠和抗菌剂。(具体内容详见说明书)。产品有效期:储存于 2-8℃,有效期 8 个月。附件:注册产品标准,产品说明书。
适用范围:本试剂盒用于体外定量检测人血清中的癌抗原 125(CA125)含量。
生产厂家:爱尔兰 Abbott Ireland Diagnostic Division
注册代理:雅培贸易(上海)有限公司
发证日期:2014.04.15 **截止日期**:2018.04.14

国食药监械(进)字 2014 第 3401832 号

产品名称:癌抗原 125 标准校准品(AxSYM CA 125 Standard Calibrators)
规格型号:6 瓶(4mL/瓶)
产品标准:YZB/IRE 1588-2014
性能组成:标准校准品 A 是添加了蛋白(牛)稳定剂的三羟甲基氨基甲烷(TRIS)缓冲液。标准校准品 B-F 含有 OC125 反应决定簇(人),储存于添加有蛋白(牛)稳定剂的三羟甲基氨基甲烷(TRIS)缓冲液中。防腐剂:叠氮钠和抗菌剂。(具体内容详见说明书)。产品有效期:≤-10℃(首次使用前);2-8℃(解冻后)。有效期:9 个月。附件:注册产品标准,产品说明书。
适用范围:本试剂盒用于在定量测定人血清中的癌抗原 125(CA 125)浓度时校准,对癌抗原 125 项目进行校准。
生产厂家:爱尔兰 Abbott Ireland Diagnostics Division
注册代理:雅培贸易(上海)有限公司
发证日期:2014.04.15 **截止日期**:2018.04.14

国食药监械(进)字 2014 第 3401833 号

产品名称:癌抗原 15-3 标准校准品(AxSYM CA 15-3 Standard Calibrators)
规格型号:6 瓶(4mL/瓶)
产品标准:YZB/IRE 1600-2014
性能组成:含在三羟甲基氨基甲烷(TRIS)缓冲液中预稀释的 115D8:DF3 反应决定簇(人),缓冲液含蛋白(牛)稳定剂。防腐剂:叠氮钠和抗菌剂。(具体内容详见说明书)。产品有效期:2-8℃储存,有效期:15 个月。附件:注册产品标准,产品说明书。
适用范围:本试剂盒用于体外定量测定人血清或血浆(乙二胺四乙酸(EDTA))中的癌抗原 15-3 检测值时,对癌抗原 15-3 项目进行校准。
生产厂家:爱尔兰 Abbott Ireland Diagnostics Division
注册代理:雅培贸易(上海)有限公司
发证日期:2014.04.15 **截止日期**:2018.04.14

国食药监械(进)字 2014 第 2401834 号

产品名称:肌红蛋白校准品(ARCHITECT STAT Myoglobin Calibrators)
规格型号:6 瓶(4.0 mL/瓶)
产品标准:YZB/USA 1614-2014
性能组成:校准品 A 为含有蛋白(牛)稳定剂的三羟甲基氨基甲烷(TRIS)缓冲液。校准品 B-F 含有人肌红蛋白,储存于含有蛋白(牛)稳定剂的三羟甲基氨基甲烷(TRIS)缓冲液中。防腐剂:叠氮钠。(具体内容详见说明书)。产品有效期:2-8℃储存,有效期为 18 个月。附件:注册产品标准,产品说明书。
适用范围:本校准品用于体外定量测定人血清和血浆中的肌红蛋白时,对肌红蛋白项目进行校准。

生产厂家:美国 Abbott Laboratories
注册代理:雅培贸易(上海)有限公司
发证日期:2014. 04. 15 **截止日期**:2018. 04. 14

国食药监械(进)字 2014 第 2401835 号

产品名称:载脂蛋白 A-II 测定试剂盒(散射比浊法)(N Apolipoprotein A-II)
规格型号:载脂蛋白 A-II 试剂 :1× 2 mL, 辅助试剂 A: 1 × 2 mL。
产品标准:YZB/GER 1646-2014
性能组成:载脂蛋白 A-II 试剂:用高纯度人载脂蛋白 A-II 免疫兔子而制成的液体血清,含防腐剂(叠氮化钠)。辅助试剂 A: 包含清洁剂的缓冲液,含防腐剂 5-氯-2-甲基-4-异噻唑啉-3-酮和 2-甲基-4-异噻唑啉-3-酮。(具体内容详见说明书)。产品有效期:在 +2 到 +8 ℃下的环境中保存,有效期 24 个月。附件:注册产品标准,产品说明书。
适用范围:本产品用于体外定量检测人血清中的载脂蛋白 A-II。
生产厂家:德国 Siemens Healthcare Diagnostics Products GmbH
注册代理:西门子医学诊断产品(上海)有限公司
发证日期:2014. 04. 15 **截止日期**:2018. 04. 14

国食药监械(进)字 2014 第 2401836 号

产品名称:维生素 B12 测定试剂盒(化学发光微粒子免疫检测法)(ARCHITECT B12 Reagent Kit)
规格型号:1×100 测试/盒、1×500 测试/盒。
产品标准:YZB/IRE 1625-2014
性能组成:微粒子、结合物、项目稀释液、预处理液 1、预处理液 2、预处理液 3。(具体内容详见说明书)。产品有效期:2-8℃竖直向上储存,有效期 11 个月。附件:注册产品标准,产品说明书。
适用范围:本试剂盒用于体外定量测定人血清和血浆中的维生素 B12。
生产厂家:爱尔兰 Abbott Ireland Diagnostics Division
注册代理:雅培贸易(上海)有限公司
发证日期:2014. 04. 15 **截止日期**:2018. 04. 14

国食药监械(进)字 2014 第 2401837 号

产品名称:纤维连接蛋白测定试剂盒(散射比浊法)(N Antiserum to Human Fibronectin)
规格型号:1× 2 mL
产品标准:YZB/GER 1648-2014
性能组成:本产品是用高纯度人纤维连接蛋白通过在兔子身上进行免疫反应而制成的液体抗血清,含防腐剂叠氮化钠<1g/L。产品有效期:在 +2 到 +8℃的环境中保存,有效期 24 个月。附件:注册产品标准,产品说明书。
适用范围:本产品用于体外定量检测人血浆中的纤维连接蛋白。
生产厂家:德国 Siemens Healthcare Diagnostics Products GmbH
注册代理:西门子医学诊断产品(上海)有限公司
发证日期:2014. 04. 15 **截止日期**:2018. 04. 14

国食药监械(进)字 2014 第 2401838 号

产品名称:硫酸去氢表雄酮测定试剂盒(化学发光法)(IMMULITE2000 DHEA-SO4)
规格型号:200 人份/盒,600 人份/盒。
产品标准:YZB/UK 1360-2014
性能组成:硫酸去氢表雄酮包被珠(L2DS12), 硫酸去氢表雄酮试剂楔(L2DSA2), 硫酸去氢表雄酮校正品(LDSL, LDSH)。(具体内容详见说明书)。产品有效期:在 2-8℃的环境中保存,有效期 12 个月。附件:注册产品标准,产品说明书。
适用范围:该产品用于定量检测血清中的硫酸去氢表雄酮。
生产厂家:英国 Siemens Healthcare Diagnostics Products Limited
注册代理:西门子医学诊断产品(上海)有限公司
发证日期:2014. 04. 15 **截止日期**:2018. 04. 14

国食药监械(进)字 2014 第 2401839 号

产品名称:维生素 B12 测定试剂盒(化学发光法)(IMMULITE2000 Vitamin B12)
规格型号:200 人份/盒,600 人份/盒。
产品标准:YZB/UK 1361-2014
性能组成:维生素 B12 包被珠(L2VB12),维生素 B12"A"试剂楔(L2VBA2),维生素 B12 "D" 试剂楔 (L2VBD2),维生素 B12 校正品 (LVBL, LVBH)。(具体内容详见说明书)。产品有效期:在 2-8℃的环境中保存,有效期 12 个月。附件:注册产品标准,产品说明书。
适用范围:该产品用于定量检测血清或肝素化血浆中的维生素 B12。
生产厂家:英国 Siemens Healthcare Diagnostics Products Limited
注册代理:西门子医学诊断产品(上海)有限公司
发证日期:2014. 04. 15 **截止日期**:2018. 04. 14

国食药监械(进)字 2014 第 2401840 号

产品名称:胰岛素测定试剂盒(化学发光法)(IMMULITE/IMMULITE1000 Insulin)
规格型号:100 人份/盒,500 人份/盒。
产品标准:YZB/UK 1710-2014
性能组成:胰岛素检测单位 (LIN1),胰岛素试剂楔 (LIN2),胰岛素校正品 (LINL, LINH),胰岛素质控品 (LINC1, LINC2)。(具体内容详见说明书)。产品有效期:在 2-8℃条件下保存,有效期 12 个月。附件:注册产品标准,产品说明书。
适用范围:该产品用于定量检测血清或肝素血浆中胰岛素含量。
生产厂家:英国 Siemens Healthcare Diagnostics Products Limited
注册代理:西门子医学诊断产品(上海)有限公司
发证日期:2014. 04. 15 **截止日期**:2018. 04. 14

国食药监械(进)字 2014 第 3461841 号(更)

产品名称:金属接骨板及接骨螺钉(商品名:诺迈德)(Titanium Plating Systems for Osteosynthesis)
规格型号:见附页
产品标准:YZB/GER 1439-2014《金属接骨板及接骨螺钉》
备注:代理人和售后服务机构均由"大连航太医疗设备有限公司"变更为"捷迈(上海)医疗国际贸易有限公司";注册证由"国食药监械(进)字 2014 第 3461841 号"变更为"国食药监械(进)字 2014 第 3461841 号(更)",原证自发证之日起作废。
生产厂家:德国 Normed Medizin-Technik GmbH
注册代理:捷迈(上海)医疗国际贸易有限公司
服务机构:捷迈(上海)医疗国际贸易有限公司
变更日期:2014. 08. 08 **截止日期**:2018. 04. 24

国食药监械(进)字 2014 第 3221842 号

产品名称:眼用粘弹剂(商品名:欧弗白 OPHTEISBIO)(Viscoelastic Solution)
规格型号:1ml 1.6% 16mg/ml
产品标准:YZB/SWI 1660-2014《眼用粘弹剂》
性能组成:该产品为透明质酸钠溶于缓冲生理盐溶液中形成的粘弹性溶液,未经交联,贮存于一次性无菌玻璃注射器中。其中透明质酸钠采用微生物发酵法制备,浓度为 16mg/ml;特性黏数在 1500~2000cm3/g,动力粘度:12000~18000mPa·s。产品经高压蒸汽灭菌。
适用范围:该产品为眼科手术辅助剂作用于眼前节手术,带有或不带有人工晶体植入的白内障手术中。
生产厂家:瑞士 Anteis SA
注册代理:深圳市新产业眼科新技术有限公司
服务机构:深圳市新产业眼科新技术有限公司
发证日期:2014. 04. 25 **截止日期**:2018. 04. 24

国食药监械(进)字 2014 第 3451843 号

产品名称:膜式氧合器(DIDECO KIDS OXYGENATOR)
规格型号:D101, D100
产品标准:YZB/ITA 1146-2014《膜式氧合器》
性能组成:产品由硬壳贮血器、整合有热交换器的氧合组件、采样架组成。
适用范围:产品预定用于进行心肺旁路手术需要体外循环的患者。可对静脉血或吸引血进行氧合并清除二氧化碳。整合的热交换器可以控制血液温度,静脉贮血器可收集血液。
变更情况:变更日期:2015.02.13。" 北京新克力贸易有限公司北京市西城区五根檩胡同 11 号 5 栋 333 室"变更为" 索林医疗(上海)有限公司上海市外高桥保税区美盛路 56 号 2 层 218 室"。
生产厂家:意大利 Sorin Group Italia S.r.l.
注册代理:北京新克力贸易有限公司

服务机构:北京新克力贸易有限公司
发证日期:2014.04.25 **截止日期**:2018.04.24

国食药监械(进)字2014第3451844号

产品名称:膜式氧合器(Hollow Fiber Membrane Oxygenator)
规格型号:D905 EOS ECMO, LILLIPUT 2 ECMO
产品标准:YZB/ITA 1151-2014《膜式氧合器》
性能组成:产品由整合有热交换器的氧合模块组成。
适用范围:产品预订用于术后呼吸支持应用中(如ECMO),在体外循环中代替肺的功能(氧气转换和二氧化碳去除)以及控制动/静脉温度。
变更情况:变更日期:2015.02.12。"北京新克力贸易有限公司北京市西城区五根檩胡同11号5栋333室"变更为"索林医疗(上海)有限公司上海市外高桥保税区美盛路56号2层218室"。
生产厂家:意大利Sorin Group Italia S.r.l.
注册代理:北京新克力贸易有限公司
服务机构:北京新克力贸易有限公司
发证日期:2014.04.25 **截止日期**:2018.04.24

国食药监械(进)字2014第3151845号

产品名称:一次性使用注射射频手术穿刺针(RF Injection Needle)
规格型号:CN-6, CN-10
产品标准:YZB/USA 1312-2014《一次性使用注射射频手术穿刺针》
性能组成:该产品为无源器械。组成:由针管、针柄和注液管组成。性能:1.一次性使用;2.无菌。
适用范围:该产品用于射频手术中穿刺,可使用麻醉溶液进行局部经皮神经阻滞。
生产厂家:美国COSMAN MEDICAL, INC.
注册代理:北京智杰华隆技术发展有限公司
服务机构:北京智杰华隆技术发展有限公司
发证日期:2014.04.25 **截止日期**:2018.04.24

国食药监械(进)字2014第3461846号

产品名称:尿失禁无张力悬吊系统(商品名:赫美)(Uromesh)
规格型号:UM01、UM02
产品标准:YZB/ITA 1378-2014《尿失禁无张力悬吊系统》
性能组成:该产品采用经编织成网状的单丝聚丙烯制成,产品中央区域由使用了紫色染料的可吸收单丝聚对二氧环己酮构成,带有聚甲基乙烯基硅氧烷涂层的聚乙烯绿色缝线固定在网片两端,产品被聚乙烯热缩管及聚乙烯薄膜固定。聚乙烯缝线、薄膜及热缩管不植入体内,在网片固定好后去除。该产品经环氧乙烷灭菌,一次性使用。
适用范围:该产品被用来在外科治疗妇女尿失禁和合并的膀胱突出症。
生产厂家:意大利HERNIAMESH S.R.L.
注册代理:北京鑫紫竹兴业医疗器械有限公司
服务机构:北京鑫紫竹兴业医疗器械有限公司
发证日期:2014.04.25 **截止日期**:2018.04.24

国食药监械(进)字2014第3631847号

产品名称:口腔修复膜(商品名:DynaMatrix)(DynaMatrix™ Oral Graft)
规格型号:见附页
产品标准:YZB/USA 1310-2014《口腔修复膜》
性能组成:口腔修复膜为淡黄色长方形片状物,取材于猪的小肠粘膜下层组织(SIS)。该产品经环氧乙烷灭菌,仅供一次性使用。
适用范围:口腔修复膜预期用于覆盖牙龈提升术的缺损部位,或覆盖口腔骨植入材料的充填部位以防止骨植入材料的移出。
生产厂家:美国Cook Biotech Incorporated
注册代理:库克(中国)医疗贸易有限公司
服务机构:台昌国际贸易(上海)有限公司
发证日期:2014.04.25 **截止日期**:2018.04.24

国食药监械(进)字2014第3461848号

产品名称:椎间融合器(Novel Spinal Spacer System)
规格型号:见附页
产品标准:YZB/USA 1518-2014《椎间融合器》
性能组成:该产品由符合YY/T 0660标准规定的聚醚醚酮(PEEK-OPTIMA-LT1)材料制成,含有符合ISO 13782标准规定的纯钽材料制成的标记物。非灭菌包装。
适用范围:与脊柱内固定系统配合,适用于骨骼发育成熟的颈椎(C2到T1)退行性椎间盘疾病患者单节段椎间融合术,以及骨骼发育成熟的腰椎(L2到S1)退行性椎间盘疾病患者单节段或双节段椎间融合术。
生产厂家:美国Alphatec Spine, Inc.
注册代理:通用(上海)医疗器材有限公司
服务机构:通用(上海)医疗器材有限公司
发证日期:2014.04.25 **截止日期**:2018.04.24

国食药监械(进)字2014第3461849号

产品名称:椎体植入物(Novel Vertebral Body Fusion)
规格型号:见附页
产品标准:YZB/USA 1520-2014《椎体植入物》
性能组成:该产品由符合YY/T 0660标准规定的聚醚醚酮(PEEK-OPTIMA-LT1)材料制成,含有符合ISO 13782标准规定的纯钽材料制成的标记物。非灭菌包装。
适用范围:与脊柱内固定系统配合,适用于胸腰椎(T1到L5)肿瘤或者外商导致的塌陷、破坏或者不稳定的椎体的置换。
生产厂家:美国Alphatec Spine, Inc.
注册代理:通用(上海)医疗器材有限公司
服务机构:通用(上海)医疗器材有限公司
发证日期:2014.04.25 **截止日期**:2018.04.24

国食药监械(进)字2014第3221850号(更)

产品名称:软性亲水接触镜(Soft Hydrophilic Contact Lens)
规格型号:Clariti 1 day
产品标准:YZB/UK 1480-2014《软性亲水接触镜》
备注:售后服务机构由"海昌隐形眼镜有限公司"变更为"海昌隐形眼镜有限公司 上海柯蓝光学眼镜有限公司";注册证由"国食药监械(进)字2014第3221850号"变更为"国食药监械(进)字2014第3221850号(更)",原证自发证之日起作废。
生产厂家:英国Sauflon Pharmaceuticals Limited
注册代理:北京爱尔默医药技术开发有限公司
服务机构:海昌隐形眼镜有限公司 、上海柯蓝光学眼镜有限公司
变更日期:2014.08.18 **截止日期**:2018.04.24

国食药监械(进)字2014第3221851号(更)

产品名称:软性亲水接触镜(Soft Hydrophilic Contact Lens)
规格型号:Sauflon Select
产品标准:YZB/UK 1487-2014《软性亲水接触镜》
备注:售后服务机构由"海昌隐形眼镜有限公司"变更为"海昌隐形眼镜有限公司 上海柯蓝光学眼镜有限公司";注册证由"国食药监械(进)字2014第3221851号"变更为"国食药监械(进)字2014第3221851号(更)",原证自发证之日起作废。
生产厂家:英国Sauflon Pharmaceuticals Limited
注册代理:北京爱尔默医药技术开发有限公司
服务机构:海昌隐形眼镜有限公司、上海柯蓝光学眼镜有限公司
变更日期:2014.08.18 **截止日期**:2018.04.24

国食药监械(进)字2014第3221852号(更)

产品名称:软性亲水接触镜(Soft Hydrophilic Contact Lens)
规格型号:Clariti
产品标准:YZB/UK 1732-2014《软性亲水接触镜(型号:Clariti)》
备注:售后服务机构由"海昌隐形眼镜有限公司"变更为"海昌隐形眼镜有限公司、上海柯蓝光学眼镜有限公司";注册证由"国食药监械(进)字2014第3221852号"变更为"国食药监械(进)字2014第3221852号(更)",原证自发证之日起作废。
生产厂家:英国Sauflon Pharmaceuticals Limited
注册代理:北京爱尔默医药技术开发有限公司
服务机构:海昌隐形眼镜有限公司、上海柯蓝光学眼镜有限公司
变更日期:2014.08.18 **截止日期**:2018.04.24

国食药监械(进)字2014第3151853号

产品名称:注射笔用针头(Unifine Pen Needles)
规格型号:Unifine Pentips 29G×12mm; Unifine Pentips 31G×8mm; Unifine Pentips 31G×6mm; Unifine Pentips 31G×5mm; Unifine Pentips Plus 29G×12mm; Unifine Pentips Plus 31G×8mm; Unifine

Pentips Plus 31G×6mm; Unifine Pentips Plus 31G×5mm
产品标准:YZB/UK 1385-2014《注射笔用针头》
性能组成:由针座、针管、针帽、针体套和封口纸组成。
适用范围:该产品为一次性使用产品，与注射笔配合使用，用于皮下注射。可配合使用的注射笔见附件。
生产厂家:英国 Owen Mumford Limited
注册代理:欧曼福德医疗器械(上海)有限公司
服务机构:欧曼福德医疗器械(上海)有限公司
发证日期:2014.04.25 **截止日期**:2018.04.24

国食药监械(进)字 2014 第 3451854 号

产品名称:小儿氧合系统（商品名：AFFINITY PIXIE）(AFFINITY PIXIE Oxygenation System)
规格型号:见附页
产品标准:YZB/USA 1326-2014《小儿氧合系统》
性能组成:产品由带热交换器的氧合器、储血器、管路及耗材组成。产品采用环氧乙烷灭菌，带有 Balance 涂层。耗材所包含的组件详见附件。
适用范围:见附件
生产厂家:美国 Medtronic Inc.
注册代理:美敦力(上海)管理有限公司
服务机构:美敦力(上海)管理有限公司
发证日期:2014.04.25 **截止日期**:2018.04.24

国食药监械(进)字 2014 第 3451855 号

产品名称:离心泵头(Centrifugal Pump)
规格型号:Revolution 5
产品标准:YZB/ITA 1590-2014《离心泵头》
性能组成:本产品由外壳和叶轮构成。产品原材料组成:外壳:聚碳酸酯;叶轮:ABS;轴杆:不锈钢;支座:聚乙烯;磁性联动器:磁铁;封条:聚氨酯丙烯酸酯;涂层:磷酸胆碱。本产品无动力源，由磁性联动器与离心泵系统偶联后带动离心室内叶轮旋转。产品经环氧乙烷灭菌。
适用范围:该产品预定仅与索林集团德国股份有限公司的离心泵系统配合使用，用于暂停天然心脏或体外膜式氧合器(ECMO)达 5 天。
变更情况:变更日期：2015.02.13。“北京新克力贸易有限公司北京市西城区五根檩胡同 11 号 5 栋 333 室”变更为“索林医疗(上海)有限公司上海市外高桥保税区美盛路 56 号 2 层 218 室”。
生产厂家:意大利 Sorin Group Italia S.r.l.
注册代理:北京新克力贸易有限公司
服务机构:北京新克力贸易有限公司
发证日期:2014.04.25 **截止日期**:2018.04.24

国食药监械(进)字 2014 第 3461856 号

产品名称:注射用修饰透明质酸钠凝胶(YVOIRE volume s)
规格型号:YVOIRE volume s
产品标准:YZB/ROK 1595-2014《注射用修饰透明质酸钠凝胶》
性能组成:该产品由预灌封注射器、不锈钢注射针和封装在注射器中的凝胶颗粒悬液组成。凝胶颗粒悬液由经交联的透明质酸钠、未经交联的透明质酸钠、氯化钠、磷酸盐缓冲体系以及注射用水组成，其中透明质酸钠由微生物发酵法制备，标示浓度为 22mg/mL（包括经交联的透明质酸钠 18.3mg/mL 和未经交联的透明质酸钠 3.7mg/mL)。封装了凝胶颗粒悬液的注射器已经湿热灭菌，注射针已经伽玛射线辐照灭菌。该产品一次性使用。
适用范围:该产品适用于面部真皮组织深层至皮下组织层注射，以纠正重度鼻唇沟皱纹。
备注:注册后生产企业仍需完成以下工作：一、该产品仅限于在国家正式批准的医疗机构中由具有相关专业医师资格的人员，经生产厂家或其委托/指定机构的专业培训并获得培训合格证书后，严格按照产品使用说明书的要求进行使用。二、应保证上市后的每件产品具有可追溯性，并积极进行不良事件收集工作。如果出现重大的安全性问题，应按照有关不良事件监测规定及时上报相关部门。重新注册时应提交使用该产品所有不良事件的评价报告。三、重新注册时需提交在中国境内的、规范的、大样本的该产品注射后 3 年或至完全降解时间的临床安全性评估报告。若在注册证书到期前进行变更重新注册，则需提交阶段性的临床安全性评估报告。2014 年 8 月 13 日同意更产品性能结构及组成内容，2014 年 4 月 25 日核发的医疗器械注册登记表予以废止。
变更情况:变更日期：2014.12.08。售后服务机构由“北京乐金科技有限公司”变更为“华东医药宁波有限公司”。
生产厂家:韩国 LG Life Sciences, Ltd.
注册代理:北京乐金科技有限公司
服务机构:北京乐金科技有限公司
发证日期:2014.04.25 **截止日期**:2018.04.24

国食药监械(进)字 2014 第 3661857 号

产品名称:腰骶腹腔分流管组件(Strata NSC Lumboperitoneal Shunt System)
规格型号:见附页
产品标准:YZB/USA 1634-2014《腰骶腹腔分流管组件》
性能组成:腰骶腹腔分流管组件由导管、流量控制阀、固定夹、钝针、穿刺针、导丝、溢流口组成。使用环氧乙烷气体灭菌，属于一次性使用产品。
适用范围:腰骶腹腔分流管组件，提供从蛛网膜下隙到腹腔的持续脑脊液流量，设计用来治疗交通性脑积水。
生产厂家:美国 Medtronic Inc.
注册代理:美敦力(上海)管理有限公司
服务机构:美敦力(上海)管理有限公司
发证日期:2014.04.25 **截止日期**:2018.04.24

国食药监械(进)字 2014 第 3461858 号

产品名称:踝关节融合锁定钢板系统(商品名:PERI-LOC)(Ankle Fusion Plate System)
规格型号:见附页
产品标准:YZB/USA 1534-2014《踝关节融合锁定钢板系统》
性能组成:该产品由锁定接骨板、锁定接骨螺钉、接骨螺钉及垫片组成，由符合 ISO 5832-1 的不锈钢材料制造，产品分为无菌及非无菌状态交付，无菌产品经伽马射线灭菌。
适用范围:该产品适用于青少年（12-18 岁)、过渡期青少年（18-21 岁)、成人及骨量减少的患者。适用于踝关节融合及骨折的固定，包括胫骨远端、距骨和跟骨。
生产厂家:美国 Smith & Nephew, Inc.
注册代理:施乐辉医用产品国际贸易(上海)有限公司
服务机构:施乐辉医用产品国际贸易(上海)有限公司
发证日期:2014.04.25 **截止日期**:2018.04.24

国食药监械(进)字 2014 第 3631859 号

产品名称:种植体系统(IBS Implant System)
规格型号:见附页
产品标准:YZB/ROK 1601-2014《种植体系统》
性能组成:该产品由 Ti6Al4V ELI 制成。表面经喷砂处理，所有包装为无菌。
适用范围:该产品用于口腔种植，用以重建牙列缺损以恢复其形态和功能。
生产厂家:韩国 InnoBioSurg Co., Ltd.
注册代理:北京麦捷易事达医疗器械有限责任公司
服务机构:北京麦捷易事达医疗器械有限责任公司
发证日期:2014.04.25 **截止日期**:2018.04.24

国食药监械(进)字 2014 第 3461860 号

产品名称:金属股骨头(Metallic Modular Femoral Heads)
规格型号:见附页
产品标准:YZB/UK 1138-2014《金属股骨头》
性能组成:该产品由符合 ISO 5832-12 标准规定的锻造钴铬钼合金材料制成。灭菌包装。
适用范围:与该企业同一系统组件配合，适用于髋关节置换。
生产厂家:英国 DePuy International, Ltd.
注册代理:强生(上海）医疗器材有限公司
服务机构:强生(上海）医疗器材有限公司
发证日期:2014.04.25 **截止日期**:2018.04.24

国食药监械(进)字 2014 第 2541861 号

产品名称:一次性清洗系统（商品名：Pulsavac Plus AC）(Wound Debridement System)

规格型号:见附页

产品标准:YZB/USA 1027-2014《一次性清洗系统》

性能组成:该系统由创伤清洗组合、高流量清洗头/清洗刷、防溅罩及交流电电源组成。其中，创伤清洗组合由主机、软管（冲洗、抽吸）和配套的清洗头组成。

适用范围:用于医疗机构在创伤手术过程中提供脉冲式冲洗和吸引的功能，为手术提供一个清晰的手术视野。

备注:2014 年 7 月 14 日同意更正代理人内容，2014 年 4 月 19 日核发的医疗器械注册登记表予以废止。

变更情况:变更日期: 2014.10.08。生产企业名称由“Zimmer Orthopaedic Surgical Products 捷迈骨科手术产品公司”变更为“Zimmer Surgical, Inc.”

生产厂家:美国捷迈骨科手术产品公司(Zimmer Orthopaedic Surgical Products)

注册代理:捷迈（上海）医疗国际贸易有限公司

服务机构:捷迈（上海）医疗国际贸易有限公司

发证日期:2014.04.19 截止日期:2018.04.18

国食药监械(进)字 2014 第 1411862 号

产品名称:组织处理机(Excelsior AS)

规格型号:Excelsior AS

产品标准:YZB/UK 0868-2014《组织处理机》

性能组成:主要由主机、触摸屏、可拆卸托盘、过滤器室、USB 端口、冲洗试剂瓶、更换瓶、固定试剂瓶、蜡缸和废蜡托盘、反应缸、下吸式过滤器室、电气连接面板、隐蔽试剂瓶和操作软件组成。

适用范围:本产品用于实验室中病理样本的固定、脱水、透明和浸润。

生产厂家:英国 Thermo Shandon Limited trading as Thermo Fisher Scientific

注册代理:赛默飞世尔(上海)仪器有限公司

服务机构:赛默飞世尔科技(中国)有限公司

发证日期:2014.04.19 截止日期:2018.04.18

国食药监械(进)字 2014 第 3641863 号

产品名称:骶尾部有边型敷料（商品名: Mepilex）(Mepilex® Border Sacrum Dressing)

规格型号:282500 15 cm×15 cm; 282000 18 cm×18 cm; 282200 20 cm×20 cm; 282400 23 cm×23 cm。

产品标准:YZB/SWE 1517-2014 《骶尾部有边型敷料》

性能组成:骶尾部有边型敷料是一种具有吸收性和自粘性的软聚硅酮泡沫敷料，构成如下:一层软聚硅酮伤口接触层；一层具有三层结构的吸收垫:聚氨酯泡沫，无纺布层和高吸收性聚丙烯混合纤维层；一层透气并防水的外覆膜。

适用范围:用于骶尾部渗液较多的伤口，例如压疮，腿或足部溃疡和外伤伤口，如:皮肤撕脱伤和外科伤口。可以与水凝胶类联合用于干燥或坏死的伤口。

生产厂家:瑞典墨尼克医疗用品有限公司(Molnlycke Health Care AB)

注册代理:瑞典墨尼克医疗用品有限公司北京代表处

服务机构:瑞典墨尼克医疗用品有限公司北京代表处

发证日期:2014.04.24 截止日期:2018.04.23

国食药监械(进)字 2014 第 2631864 号

产品名称:正畸用带环和颊面管(Orthodontic Bands and Buccal Tubes)

规格型号:见附页

产品标准:YZB/USA 1316-2014《正畸用带环和颊面管》

性能组成:产品由带环、颊面管(包括未预置粘接剂正畸颊面管和预置粘接剂正畸颊面管)、预焊带环构成。带环由 305 不锈钢制成。颊面管主要由 AISI 630(17-4 PH)、AISI 316L、AISI 304L 不锈钢制成。APCTM II 粘接剂的主要成分为硅烷化石英、双酚-A-二缩水甘油醚二甲基丙烯酸酯、双酚-A-双（2-羟乙基醚）二甲基丙烯酸酯。APCTMPlus 粘接剂的主要成分为与羟基化硅烷反应的玻璃、硅烷化石英、聚乙二醇二甲基丙烯酸酯(具体成分百分含量及性能详见标准)。

适用范围:该产品适用于口腔正畸中第一或第二磨牙的固定矫治。

生产厂家:美国 3M Unitek Corporation

注册代理:明尼苏达矿业制造(上海)国际贸易有限公司

服务机构:明尼苏达矿业制造(上海)国际贸易有限公司

发证日期:2014.04.24 截止日期:2018.04.23

国食药监械(进)字 2014 第 3641865 号

产品名称:自粘性软聚硅酮超大型泡沫敷料（商品名: 美畅）(Mepilex Transfer)

规格型号:294600 8.5 cm × 7.5 cm; 294700 12 cm×10 cm; 294800 20 ×15 cm; 294502 50×20 cm。

产品标准:YZB/SWE 1519-2014《自粘性软聚硅酮超大型泡沫敷料》

性能组成:由聚氨酯泡沫涂有硅树脂接触层制成，接触层有聚乙烯薄膜保护(使用时去除)。环氧乙烷灭菌。

适用范围:自粘性软聚硅酮超大型泡沫敷料适用于皮肤损伤、溃疡的覆盖。自粘性软聚硅酮超大型泡沫敷料可在加压下使用。

生产厂家:瑞典墨尼克医疗用品有限公司(Molnlycke Health Care AB)

注册代理:瑞典墨尼克医疗用品有限公司北京代表处

服务机构:瑞典墨尼克医疗用品有限公司北京代表处

发证日期:2014.04.24 截止日期:2018.04.23

国食药监械(进)字 2014 第 3631866 号

产品名称:齿科水门汀（商品名: 泰姆）(Dental Temporary Cement)

规格型号:110137 TempoCemNE-Handmix 规格(单位:套):基质 1 管; 每管 85 克; 催化剂 1 管; 每管 25 克; 110272 TempoCemNE-Automix 规格(单位:套):1 管; 每管 60 克; 35 个 Automix 搅拌头; 212104 TempoCemNE-Smartmix 规格(单位:套):2 支; 每支 11g; 20 个 Smartmix 注射头。

产品标准:YZB/GER 1416-2014《齿科水门汀》

性能组成:本品主要组成成分为:氧化锌、天然树脂、脂肪酸、凡士林、棕榈蜡、马来酸、淀粉。

适用范围:本品为临时修复材料。主要适用于临时冠、桥、嵌体、高嵌体以及其他临时修复体的粘固。

生产厂家:德国 DMG 化学医药集团公司(DMG Chemisch-Pharmazeutische Fabrik GmbH)

注册代理:德国 DMG 化学医药集团公司北京代表处

服务机构:德国 DMG 化学医药集团公司北京代表处

发证日期:2014.04.24 截止日期:2018.04.23

国食药监械(进)字 2014 第 1061867 号

产品名称:橡皮障套装(ラバーダムキット　タイプ 2)

规格型号:见附页

产品标准:YZB/JAP 1491-2014《橡皮障套装》

性能组成:橡皮障套装由橡皮障打孔钳、橡皮障夹钳、橡皮障支架及橡皮障夹四部分组成。该套装中各种器械的组成材质信息详见规格型号列表。

适用范围:本品适用于口腔科手术时橡皮障打孔以及夹持、固定和撑开橡皮障。

生产厂家:日本株式会社 YDM

注册代理:日进齿科材料(昆山)有限公司

服务机构:日进齿科材料(昆山)有限公司

发证日期:2014.04.24 截止日期:2018.04.23

国食药监械(进)字 2014 第 3631868 号

产品名称:流体树脂（商品名: Esthet-X Flow）(liquid micro hybrid restorative)

规格型号:色号:A1, A2, A3, A3.5, A4, B1, LYG 每种色号的规格:2×1.3g/盒

产品标准:YY 1042-2011 《牙科学 聚合物基修复材料》

性能组成:本品组分:钡铝氟代硼酸硅玻璃(硅钡); 2-丙烯酸, 2-甲基-(1-甲基亚乙基) 二 (4, 1 -亚苯基氧-2, 1 -丙二醇) 酯; -丙烯酸, 2-甲基-(1 甲基)-亚己基二-[4, 1-苯基双(2-羟基-3, 1-丙二醇)] 酯; -丙烯酸, 2-甲基-1, 2-亚己基二(羟基-2, 1-丙二醇) 酯; 四亚甲基-2, 2-二-(4-甲基丙烯酰氧基-2-(1, 12-哌啶酮-2, 11 -二氧-3, 10 二氮-十二烷) 丙氧基苯基; 非晶质二氧化硅; 二环 (2, 2, 1)庚烷-2, 3-二酮 1, 7, 7-三甲基; 4-二甲氨基苯甲酸乙酯; 甲酮 (2-羟基-甲氧苯基)苯基; 1, 4-苯二羟酸 2, 5-二羟基二乙基酯; 2, 5-二羟基二乙基酯; 石碳酸, 2, 6-二 (1, 1-二甲基乙基-4-甲基); 氧化铁(红，黄，黑)和钛白粉。

适用范围:本产品适用于 I, III, V 类洞的充填或作为复合树脂充填材料的衬底材料。

生产厂家:美国 DENTSPLY Caulk
注册代理:登士柏(天津)国际贸易有限公司
服务机构:登士柏(天津)国际贸易有限公司
发证日期:2014.04.24　截止日期:2018.04.23

国食药监械(进)字 2014 第 1051869 号

产品名称:耳鼻喉科手术器械(Instruments)
规格型号:见附页
产品标准:YZB/USA 1374-2014《耳鼻喉科手术器械》
性能组成:手术器械主要由刀、剪、钳(打孔器)、拉钩、镊、刮匙、剥离子、撑开器(开口器)、吸引管、探子、测量工具、裁剪工具组成。
适用范围:该产品供耳鼻喉科手术用。
生产厂家:美国 Medtronic Xomed, Inc.
注册代理:美敦力(上海)管理有限公司
服务机构:美敦力(上海)管理有限公司
发证日期:2014.04.24　截止日期:2018.04.23

国食药监械(进)字 2014 第 3461870 号

产品名称:心脏瓣膜成形环(商品名:Edwards MC3)(Tricuspid Annuloplasty Ring)
规格型号:4900T26, 4900T28, 4900T30, 4900T32, 4900T34, 4900T36
产品标准:YZB/USA 1370-2014《心脏瓣膜成形环(商品名:Edwards MC3)》
性能组成:该产品包括成形环和模板固定件及手柄。成形环的金属环由Ti-6Al-4V钛合金材料制成,缝合边为聚酯布,采用聚四氟乙烯缝合线缝合到成形环上。固定件由聚酯酸制成。一次性使用,高压蒸汽灭菌。如有效期内包装破损,产品可再灭菌后使用。成形环灭菌次数不超过5次。
适用范围:用于纠正病理性瓣环扩张,增加瓣膜结合面积,加固已成形的三尖瓣瓣环缝合线和防止瓣环再次过度扩张。
生产厂家:美国 Edwards Lifesciences LLC
注册代理:爱德华(上海)医疗用品有限公司
服务机构:爱德华(上海)医疗用品有限公司
发证日期:2014.04.24　截止日期:2018.04.23

国食药监械(进)字 2014 第 3461871 号

产品名称:瓣膜成形环(商品名:Carpentier-Edwards Classic)(Annuloplasty Ring)
规格型号:4400: 4400M26, 4400M28, 4400M30, 4400M32, 4400M34, 4400M36, 4400M38, 4400M40; 4500: 4500T26, 4500T28, 4500T30, 4500T32, 4500T34, 4500T36
产品标准:YZB/USA 1377-2014《瓣膜成形环》
性能组成:产品由Ti-6Al-4V钛合金材料制成,缝合边为聚酯布包覆的硅橡胶模内芯的缝合环。缝合环上用于标明瓣叶位置的有色细丝为绿色聚四氟乙烯涂层聚酯线。一次性使用,高压蒸汽灭菌。
适用范围:在目测分析目前病变情况后才可以做出是否要采取瓣膜修复术的决定。在瓣环处使用瓣膜成型环的条件是自身生理瓣环结构完整,瓣叶柔软且有正常腱索。
生产厂家:美国 Edwards Lifesciences LLC
注册代理:爱德华(上海)医疗用品有限公司
服务机构:爱德华(上海)医疗用品有限公司
发证日期:2014.04.24　截止日期:2018.04.23

国食药监械(进)字 2014 第 2631872 号

产品名称:加聚硅橡胶印模材料(商品名:加聚硅橡胶印模材料)(Impression materials based on A-silicones)
规格型号:见附页
产品标准:YY 0493-2011《牙科学 弹性体印模材料》
性能组成:组成:加聚硅橡胶,二氧化硅,食用色素,添加剂,铂催化剂。
适用范围:硅橡胶适用范围:冠,桥,嵌体和高嵌体的印模咬合记录适用范围:用于面弓咬合叉的咬合记录材料。
生产厂家:德国 DMG Chemisch-Pharmazeutische Fabrik GmbH
注册代理:德国 DMG 化学医药集团公司北京代表处
服务机构:德国 DMG 化学医药集团公司北京代表处
发证日期:2014.04.24　截止日期:2018.04.23

国食药监械(进)字 2014 第 1051873 号

产品名称:耳鼻喉科手术器械(Instruments)
规格型号:见附页
产品标准:YZB/USA 1367-2014《耳鼻喉科手术器械》
性能组成:手术器械主要由刀、剪、钳(打孔器)、拉钩、镊、刮匙、剥离子、撑开器(开口器)、鼻(耳)镜、探子、测量工具、裁剪工具、凿、垫圈、纤维导管、牵拉器、组织钳、吸引管组成。手术器械主体材料由不锈钢制成。
适用范围:该产品用于耳鼻喉科手术
生产厂家:美国 Medtronic Xomed, Inc.
注册代理:美敦力(上海)管理有限公司
服务机构:美敦力(上海)管理有限公司
发证日期:2014.04.24　截止日期:2018.04.23

国食药监械(进)字 2014 第 1061874 号

产品名称:牙科种植用工具(Instruments for Dental Implant System)
规格型号:见附页
产品标准:YZB/ITA 1571-2014《牙科种植用工具》
性能组成:产品包括螺丝起;连接器;镊子;探针;棘轮扳手和扭力控制扳手;开口扳手;手动扳手;容器;平行销。产品由钛或不锈钢制成。
适用范围:产品为牙科种植体手术过程中的辅助工具。
生产厂家:意大利 Leader Italia S.r.l
注册代理:上海迪繁贸易有限公司
服务机构:上海迪繁贸易有限公司
发证日期:2014.04.24　截止日期:2018.04.23

国食药监械(进)字 2014 第 1661875 号

产品名称:药粉吸入器(Dry Powder Inhaler Device)
规格型号:T-326
产品标准:YZB/USA 0771-2014《药粉吸入器》
性能组成:药粉吸入器由聚丙烯和不锈钢材料制成,不锈钢牌号为:302class1。药粉吸入器由手柄、药室、按钮、可拆卸式吸嘴和瓶帽组成。药粉吸入器长120mm(当附有瓶帽时),直径30mm。除按钮和瓶帽为蓝色外,整个装置呈白色。
适用范围:药粉吸入器用于吸入干粉状药物,适用于2号药物胶囊。
生产厂家:美国 Novartis Pharmaceuticals Corporation
注册代理:拜耳医药保健有限公司
服务机构:拜耳医药保健有限公司
发证日期:2014.04.24　截止日期:2018.04.23

国食药监械(进)字 2014 第 3151876 号

产品名称:自毁型固定剂量疫苗注射器 固定针头(商品名:BD SoloMedTM)(Sterile auto-disable two pieces syringes with Needle)
规格型号:0.5mL 25G x 1″ (0.5 x 25mm) 0.5mL 25G x 5/8″ (0.5 x 16mm)
产品标准:YZB/SPA 1552-2014《自毁型固定剂量疫苗注射器 固定针头》
性能组成:该产品由针管、针座、护帽、芯杆、外套组成。
适用范围:临床上用于吸入疫苗后立即注射疫苗,并具有推注预定剂量的药液后,按压注射器芯杆可使芯杆断裂、注射器功能丧失、防止后续重复使用的特性。
生产厂家:西班牙 Becton Dickinson, S.A.
注册代理:碧迪医疗器械(上海)有限公司
服务机构:碧迪医疗器械(上海)有限公司
发证日期:2014.04.24　截止日期:2018.04.23

国食药监械(进)字 2014 第 2551877 号

产品名称:钨钢车针(Carbide Dental Burs)
规格型号:见附页
产品标准:YZB/USA 1434-2014《钨钢车针》
性能组成:该产品用于口腔科治疗室钻削牙齿,工作部位的材料为钨钢,柄部材料为不锈钢。
适用范围:本产品用于口腔科治疗室钻削牙齿。
生产厂家:美国 Kerr Corporation
注册代理:东莞立港医疗器材有限公司
服务机构:东莞立港医疗器材有限公司
发证日期:2014.04.24　截止日期:2018.04.23

国食药监械(进)字 2014 第 1061878 号

产品名称:牙科手术器械(Dental Surgical Instruments)
规格型号:见附页
产品标准:YZB/ISR 1388-2014《牙科手术器械》
性能组成:牙科手术器械，包括骨凿、旋入连接器、旋入扳手等，可重复使用，非无菌的使用前需消毒灭菌。
适用范围:牙科手术用。
生产厂家:以色列 Alpha-Bio Tec. LTD.
注册代理:优诺康(北京)医药技术服务有限公司
服务机构:优诺康(北京)医药技术服务有限公司
发证日期:2014.04.24 截止日期:2018.04.23

国食药监械(进)字 2014 第 2411879 号

产品名称:宫颈刷（商品名: Rovers Cervex-Brush Combi）(Cervical cell sampler)
规格型号:380101031
产品标准:YZB/NET 1530-2014《宫颈刷》
性能组成:本产品由手柄、刷子组成，材料为聚乙烯。产品为灭菌包装，一次性使用。
适用范围:用于对宫颈细胞进行取样。
生产厂家:荷兰 Rovers Medical Devices B.V.
注册代理:捷通埃默高(北京)医药科技有限公司
服务机构:捷通埃默高(北京)医药科技有限公司
发证日期:2014.04.24 截止日期:2018.04.23

国食药监械(进)字 2014 第 3221880 号(更)

产品名称:软性亲水接触镜(55% water content(Spherical)frequent replacement soft contact lens)
规格型号:Clear 55A, Clear 55AUV
产品标准:YZB/SIN 0286-2014《软性亲水接触镜》
备注:代理人和售后服务机构由“上海宾雁商务服务有限公司”变更为“可丽博（上海）眼镜有限公司”; 注册证由“国食药监械(进)字 2014 第 3221880 号”变更为“国食药监械(进)字 2014 第 3221880 号(更)”，原证自发证之日起作废。
生产厂家:新加坡 CLEARLAB SG PTE.LTD.
注册代理:可丽博（上海）眼镜有限公司
服务机构:可丽博（上海）眼镜有限公司
变更日期:2014.08.08 截止日期:2018.04.23

国食药监械(进)字 2014 第 2661881 号

产品名称:天然胶乳橡胶避孕套（商品名: 安全套）(Natural Latex Rubber Condom)
规格型号:型号:光面(Smooth)、颗粒(Dotted)、螺纹(Ribbed); 标称宽度:52mm
产品标准:GB 7544-2009《天然胶乳橡胶避孕套技术要求与试验方法》
性能组成:由天然胶乳制造，不含杀精剂。颜色:胶乳原色、粉红色。香型:柠檬香、蓝莓香、香草香、茉莉香、芒果香、香蕉香。润滑剂:硅油。
适用范围:在正确使用下，有助于降低受孕风险及减少某些性传播疾病感染的风险。
生产厂家:泰国 Innolatex (Thailand) Limited
注册代理:武汉杰士邦卫生用品有限公司
服务机构:武汉杰士邦卫生用品有限公司
发证日期:2014.04.24 截止日期:2018.04.23

国食药监械(进)字 2014 第 1101882 号

产品名称:关节手术工具(Orthopaedics Instruments)
规格型号:见附页
产品标准:YZB/USA 1013-2014《关节手术工具》
性能组成:该产品由骨凿、全齿扩孔钻、锉刀、冲压器、截骨板、滑锤、扳手、起子、延伸杆、导向杆、导向器、切割器、打入器、打拔器、起钉錾、固定钉、无头钉、驱动器、对线杆、对线钉、停止器、接口器、转接器、冲压器、取出器、刨床、套筒、衬套、导向尺、间隙块、测量器、开口器、分离器、指示器、测量臂、附件、夹具、垫圈、平衡器、防松螺母、手柄、试模等组成; 接触人体的产品采用的材料为 YY/T 0294 中代号为 B、D 和 R 的不锈钢; 非灭菌包装，可重复使用的手动工具。
适用范围:该产品用于髋、膝、肩、肘、腕关节成形术或外伤手术。
生产厂家:美国 Howmedica Osteonics Corp.
注册代理:史赛克(北京)医疗器械有限公司
服务机构:史赛克(北京)医疗器械有限公司
发证日期:2014.04.24 截止日期:2018.04.23

国食药监械(进)字 2014 第 3461883 号

产品名称:人工心脏瓣膜(商品名:AP360)(Medtronic Open Pivot Heart Valve)
规格型号:见附页
产品标准:YZB/USA 1478-2014《人工心脏瓣膜》
性能组成:心脏瓣膜由瓣叶、瓣架、瓣座、缝合环组成。由热解碳、钴镍铬钼合金和聚酯材料等构成。蒸汽灭菌，一次性使用。
适用范围:心脏瓣膜用于替换有病变的、受损的、功能失调的人体或人造主动脉瓣膜、二尖瓣膜。
备注:生产企业仍需完成以下工作: 1、按照国家强制性标准的规定保存每位植入其人工心脏瓣膜产品患者的相关信息资料。如有其他法律法规或指导性文件亦对此项内容进行了具体规定，生产企业应一并执行。2、对植入其人工心脏瓣膜产品的全部患者进行长期跟踪随访。随访内容应包括但不仅限于: 瓣膜失功情况，因瓣膜问题导致的再手术情况，与瓣膜相关的死亡、出血及栓塞事件发生情况。定期形成临床随访报告和随访数据统计分析报告，重新注册时一并提交。如出现重大的安全性问题，应按照有关不良事件监测规定及时上报相关部门。
生产厂家:美国 Medtronic, Inc.
注册代理:美敦力(上海)管理有限公司
服务机构:美敦力(上海)管理有限公司
发证日期:2014.04.24 截止日期:2018.04.23

国食药监械(进)字 2014 第 3771884 号

产品名称:PTCA 扩张导管（商品名: NC Quantum Apex Monorail）(PTCA Dilatation Catheter)
规格型号:见附页
产品标准:YZB/USA 1642-2014《PTCA 扩张导管(商品名:NC Quantum Apex Monorail)》
性能组成:该产品是一种快速交换导管。导管远端部分是双腔同轴结构。外腔用于对球囊进行扩张，内腔允许使用直径≤0.014in (0.36mm)的导丝将导管推进到并通过需要扩张的狭窄部位或支架部位。导管主要材料包括 Pebex7033/5533、HDPE、尼龙、PTFE、304 不锈钢，球囊材料为 Pebax 7233，不透射线标记为铂铱合金。产品经环氧乙烷灭菌，一次性使用。
适用范围:该产品主要用于为改善心肌灌注而针对天然冠状动脉或搭桥狭窄部位所进行的球囊导管扩张，也适用于球囊扩张支架(裸金属支架和药物洗脱支架)送达目标位置后的扩张。
生产厂家:美国波士顿科学公司(Boston Scientific Corporation)
注册代理:波科国际医疗贸易(上海)有限公司
服务机构:波科国际医疗贸易(上海)有限公司
发证日期:2014.04.24 截止日期:2018.04.23

国食药监械(进)字 2014 第 3461885 号

产品名称:髋关节假体-股骨部件(商品名:Restoration)(Restoration Modular Revision Hip System)
规格型号:见附页
产品标准:YZB/USA 1531-2014《髋关节假体-股骨部件》
性能组成:该产品为组配式股骨柄，由近端体部和远端柄两部分组成。股骨柄基体由符合 GB/T 13810 规定的 TC4ELI 钛合金制成，近端体部带有符合 GB/T 13810 规定的 TC4ELI 钛合金螺钉。部分型号产品带羟基磷灰石涂层，灭菌包装。
适用范围:该产品为非骨水泥型股骨柄，适用于初次或翻修全髋关节成形手术，也适用于股骨近段严重骨缺损的病例。
生产厂家:美国 Howmedica Osteonics Corp.
注册代理:史赛克(北京)医疗器械有限公司
服务机构:史赛克(北京)医疗器械有限公司
发证日期:2014.04.24 截止日期:2018.04.23

国食药监械(进)字 2014 第 3771886 号

产品名称:导引导管系统（商品名: Chaperon）(Chaperon Guiding Catheter system)

规格型号:见附页
产品标准:YZB/USA 1501-2014《导引导管系统（商品名：Chaperon)》
性能组成:该产品由导引导管和内导管组成，其中导引导管由管体、座和加强托构成，内导管由管体、带锁鲁尔接头和座构成。环氧乙烷灭菌，一次性使用。
适用范围:该产品适用于一般性血管内使用，包括神经血管和外周血管系统，有助于导入诊断性或治疗装置。不适用于冠状动脉。
生产厂家:美国 MicroVention, Inc.
注册代理:上海胜迈医疗器械有限公司
服务机构:上海胜迈医疗器械有限公司
发证日期:2014.04.24 截止日期:2018.04.23

国食药监械(进)字 2014 第 3221887 号

产品名称:玻切头(Vitreous Cutter)
规格型号:4425CE
产品标准:YZB/USA 1426-2014《玻切头》
性能组成:该产品作为玻璃体切割仪器的配件，与玻璃体切割器连接使用时通过气体驱动，无高频和超声输出，本产品不得连接可能输出高频电流和超声能量的仪器。玻切头头部探针采用符合 GB1220-2007 不锈钢棒的 304 不锈钢和聚亚砜材料制成，非灭菌状态提供，可重复使用。
适用范围:该产品与玻璃体切割器连接，用于眼科外科手术时切割玻璃体。
生产厂家:美国 Medical Instrument Development Laboratories, Inc
注册代理:仪诺康科技(天津)有限公司
服务机构:仪诺康科技(天津)有限公司
发证日期:2014.04.24 截止日期:2018.04.23

国食药监械(进)字 2014 第 3461888 号

产品名称:干预螺钉(商品名:MILAGRO)（商品名：MILAGRO）(MILAGRO Interference Screw)
规格型号:见附页
产品标准:YZB/USA 1318-2014《干预螺钉(商品名:MILAGRO)》
性能组成:该产品是一种可吸收锥形空心螺纹扣钉，由 70%的聚乳酸-乙醇酸共聚物(Poly (lactide-co-glycolide) polymer/PLGA)和 30%的磷酸三钙(TCP)复合而成的材料制成。环氧乙烷灭菌包装。
适用范围:用于骨科手术中软组织移植物或骨-肌腱-骨移植物的固定。适应症包括:肩关节:肱二头肌近端肌腱固定术，肩锁修复肘关节:肱二头肌远端肌腱固定术，尺骨副韧带修复膝关节:交叉韧带重建术，副韧带修复
生产厂家:美国 DePuy Mitek
注册代理:强生(上海)医疗器材有限公司
服务机构:强生(上海)医疗器材有限公司
发证日期:2014.04.24 截止日期:2018.04.23

国食药监械(进)字 2014 第 1641889 号

产品名称:石膏衬垫（商品名：3M Scotchcast 干湿两用石膏衬垫）(3M Scotchcast Wet or Dry Cast Padding)
规格型号:WDP2, WDP3, WDP4, WDP6.
产品标准:YZB/USA 1537-2014《石膏衬垫》
性能组成:本产品是一种由聚乙烯、聚丙烯纤维无纺布构成的石膏衬垫。使用本产品可以允许病人的石膏接触到潮湿的环境。
适用范围:该产品可以应用于构成干湿固定石膏。
生产厂家:美国 3M 医疗产品事业部(3M Health Care)
注册代理:明尼苏达矿业制造(上海)国际贸易有限公司
服务机构:明尼苏达矿业制造(上海)国际贸易有限公司
发证日期:2014.04.24 截止日期:2018.04.23

国食药监械(进)字 2014 第 1131890 号

产品名称:计划生育手术器械(Surgical Instruments)
规格型号:见附页
产品标准:YZB/GER 1573-2014《计划生育手术器械》
性能组成:计划生育手术器械包括子宫勺、子宫刮匙、胎盘和卵子勺、胎盘和卵子刮匙以及分离结扎钳。该产品采用不锈钢材料制成。
适用范围:计划生育用手术器械
生产厂家:德国 AESCULAP AG
注册代理:贝朗医疗(上海)国际贸易有限公司
服务机构:贝朗医疗(上海)国际贸易有限公司
发证日期:2014.04.24 截止日期:2018.04.23

国食药监械(进)字 2014 第 3451891 号

产品名称:血小板套件(S5L/C5L Platelet Set)
规格型号:S5L Platelet Set SN, C5L Platelet Set
产品标准:YZB/GER 1776-2014《血小板套件》
性能组成:产品由分离室、泵连接头、滤过器、管路及管路连接器等（详见标准）部件组成，主要材料为 ABS、PVC。
适用范围:COM.TEC 血细胞分离机配套一次性使用耗材，用于血小板收集及短期储存。
生产厂家:德国 Fresenius Kabi AG
服务机构:费森尤斯卡比(中国)投资有限公司
发证日期:2014.04.25 截止日期:2018.04.24

国食药监械(进)字 2014 第 3661892 号

产品名称:一次性使用输液用连接管(Extension and Connection Lines)
规格型号:2873132, Heidelberger Extension 75cm, DEHP-free 2873222, Heidelberger Extension 140cm, DEHP-free
产品标准:YZB/GER 2002-2014《一次性使用输液用连接管》
性能组成:产品由保护帽、外圆锥锁定接头、内圆锥锁定接头组成。原材料包括甲基丙烯酸甲酯-丙烯腈-丁二烯-苯乙烯共聚物（MABS)，聚丙烯（PP)，聚苯乙烯（PS)、聚氯乙烯（PVC)。
适用范围:本产品属于无菌供应的、一次性使用输液用连接管：适用于重力输液和/或压力输液。
生产厂家:德国 Fresenius Kabi AG
注册代理:费森尤斯卡比(中国)投资有限公司
服务机构:费森尤斯卡比(中国)投资有限公司
发证日期:2014.04.25 截止日期:2018.04.24

国食药监械(进)字 2014 第 3461893 号

产品名称:人工心脏瓣膜（商品名：On-X）(On-X Prosthetic Heart Valve)
规格型号:见附页
产品标准:YZB/USA 1894-2014《人工心脏瓣膜》
性能组成:该产品是一种纯的非合金的热解碳制造的一种双叶瓣，石墨酶解物覆盖表面。瓣叶的酶解物是由 10%的钨灌注，以使 X 线不能透过。外环为钛合金制成，缝合环材料为聚四氟乙烯。产品蒸汽灭菌，一次性使用。
适用范围:该产品用于人体本身的瓣膜或植入的瓣膜发生病变时置换用。
备注:生产企业在产品上市后应完成以下工作：1、按照国家强制性标准的规定保存每位植入其人工心脏瓣膜产品患者的相关信息资料。如有其他法律法规或指导性文件亦对此项内容进行了具体规定，生产企业应一并执行。2、对植入其人工心脏瓣膜产品的全部患者进行长期跟踪随访。随访内容应包括但不仅限于：瓣膜失功情况，因瓣膜问题导致的再手术情况，与瓣膜相关的死亡、出血及栓塞事件发生情况。定期形成临床随访报告和随访数据统计分析报告，重新注册时一并提交。如果出现重大的安全性问题，应按照有关不良事件监测规定及时上报相关部门。
生产厂家:美国 On-X Life Technologies, Inc.
注册代理:广东精优惠南医药有限公司
服务机构:广东精优惠南医药有限公司
发证日期:2014.04.25 截止日期:2018.04.24

国食药监械(进)字 2014 第 3631894 号

产品名称:正畸螺钉(tomas-pin)
规格型号:见附页
产品标准:YZB/GER 1602-2014《正畸螺钉》
性能组成:本产品为钛合金(牌号为 TC4)制成的正畸螺钉。具体化学成分（含量 Wt%）为：氮＜0.05，碳＜0.08，氢＜0.015，铁＜0.3，氧＜0.13，铝：5.5-6.75，钒：3.5-4.5，钛：余量。产品表面未经处理。
适用范围:供口腔科医生给患者做牙齿矫正。
生产厂家:德国 Dentaurum GmbH & Co. KG
注册代理:优诺康(北京)医药技术服务有限公司
服务机构:上海毅航医疗器械有限公司

发证日期:2014. 04. 25 **截止日期**:2018. 04. 24

国食药监械(进)字 2014 第 3661895 号

产品名称:植入式给药装置及其附件(商品名: Celsite)(Implantable vascular access systems and accessories)
规格型号:见附页
产品标准:YZB/FRA 1737-2014《植入式给药装置及其附件》
性能组成:本产品由植入式给药装置、导管、无损穿刺针、连接套环、螺旋式连接器、血管拔、注射器、隧道针、J 头导丝、静脉留置针、导引穿刺针、扳手、手术刀、过滤器、导鞘、扩张器附件组成。采用环氧乙烷灭菌,一次性使用。
适用范围:- 静脉通路植入式给药装置可用于反复静脉输注,例如:化疗、抗生素和抗病毒药剂、肠道外营养、采血或输血。某些 Celsite 植入式给药装置可采用高压注射法,用于 CECT 成像(参见"X - 高压注射")。 - 动脉型植入式给药装置可用于动脉内化疗。 - 腹腔植入式给药装置可用于腹腔化疗(04430069)。 - 腹腔/胸腔植入式给药装置可用于腹腔化疗、水合、恶性腹水引流,或者恶性胸腔积液引流(04430069)。
备注:2014 年 9 月 9 日同意更正企业注册地址、生产地址内容,2014 年 4 月 25 日核发的医疗器械注册登记表予以废止。
生产厂家:法国 B.BRAUN MEDICAL
注册代理:贝朗医疗(上海)国际贸易有限公司
服务机构:贝朗医疗(上海)国际贸易有限公司
发证日期:2014. 04. 25 **截止日期**:2018. 04. 24

国食药监械(进)字 2014 第 3151896 号

产品名称:一次性使用活检针(Biopsy Needle)
规格型号:见附页
产品标准:YZB/USA 1974-2014《一次性使用活检针》
性能组成:一次性使用活检针由针管、针芯和针座组成。原材料:针管和针芯:304 不锈钢;针座:聚碳酸酯。
适用范围:一次性使用活检针用于经皮穿刺进行实质性脏器或肿瘤的细胞学活检。
生产厂家:美国 Cook Incorporated
注册代理:库克(中国)医疗贸易有限公司
服务机构:库克(中国)医疗贸易有限公司
发证日期:2014. 04. 25 **截止日期**:2018. 04. 24

国食药监械(进)字 2014 第 3221897 号

产品名称:软性亲水接触镜(Soft Contact Lens)
规格型号:Magic
产品标准:YZB/ROK 1775-2014《软性亲水接触镜》
性能组成:该产品为日戴型软性亲水接触镜。主要由 2-羟甲基丙烯酸乙酯、甲基丙烯酸、2-(4-苯-3-羟基苯)丙烯酸乙酯及着色剂聚合而成,着淡蓝色。玻璃瓶包装。含水量: 38%,折射率: 1.440,透氧系数标称值: 10×10^{-11}(cm2/s)(mLO2/(mL×mmHg)) (允差±20%),-3D 镜片透氧量 10×10^{-9}(cm/s) (mLO2/(mL×mmHg)) (允差-20%),后顶焦度范围: -1.00D～ -10.00D,可见光透过率>92%。产品经蒸汽湿热灭菌。
适用范围:适用于 18 岁及以上无禁忌症的患者矫正近视。
生产厂家:韩国 M.I CONTACT Co., Ltd.
注册代理:北京市大唐鼎视眼睛护理产品有限公司
服务机构:北京市大唐鼎视眼睛护理产品有限公司
发证日期:2014. 04. 25 **截止日期**:2018. 04. 24

国食药监械(进)字 2014 第 3661898 号

产品名称:经皮肝穿刺胆道引流套件(商品名:经皮肝穿刺胆道引流套件)(PTCD キット)
规格型号:见附页
产品标准:YZB/JAP 2100-2014《经皮肝穿刺胆道引流套件》
性能组成:本套件结构组 成:由导管、穿刺针、固定针、导丝、带内针的扩张用导引套管、扩张管、固定板、连接管及引流袋构成。材质:直线型导管:聚氨酯、聚丙烯;猪尾型导管:聚氨酯、聚丙烯;带线型导管:聚氨酯、聚丙烯、聚酯;穿刺针:不锈钢、聚碳酸酯、聚丙烯;固定针:不锈钢、聚碳酸酯;导丝:不锈钢、特氟纶;带内针扩张用导管:扩张用导引套管为聚丙烯、聚乙烯;内针为不锈钢、铜;扩张管:聚乙烯;固定板:硅橡胶、聚酰胺;连接管:聚氯乙烯、聚碳酸酯;引流袋:聚氯乙烯、聚丙烯、聚碳酸酯、聚酰胺。连接管:聚氯乙烯、聚碳酸酯。本品为一次性使用无菌产品,环氧乙烷灭菌。
适用范围:经皮或经内视镜留置在胆管、胆囊、肝脏或胰脏内,进行排液、排脓或灌流。
生产厂家:日本クリエート メディック株式会社
注册代理:库利艾特国际贸易(大连)有限公司
服务机构:库利艾特国际贸易(大连)有限公司
发证日期:2014. 04. 25 **截止日期**:2018. 04. 24

国食药监械(进)字 2014 第 3771899 号

产品名称:微导丝(商品名: Approach®)(Pro LT Micro Wire Guides)
规格型号:CMW-14-135, CMW-14-190, CMW-14-300, CMWA-14-135, CMWA-14-190, CMWA-14-300, CMW-18-135, CMW-18-190, CMW-18-300, CMWA-18-135, CMWA-18-190, CMWA-18-300
产品标准:YZB/USA 1980-2014《微导丝》
性能组成:微导丝由芯丝、绕丝和涂层组成,配有导丝扭控器、金属套管和插入器。材料:微导丝的芯丝为镍钛合金,绕丝为 304 不锈钢和钯铼金属丝,涂层为聚四氟乙烯;扭控器为聚丁烯,金属套管为 304 不锈钢和聚碳酸酯,插入器为乙缩醛。环氧乙烷灭菌,产品一次性使用。
适用范围:该产品适用于辅助向外周血管系统内输送经皮导管。
生产厂家:美国 Cook Incorporated
注册代理:库克(中国)医疗贸易有限公司
服务机构:库克(中国)医疗贸易有限公司
发证日期:2014. 04. 25 **截止日期**:2018. 04. 24

国食药监械(进)字 2014 第 3461900 号

产品名称:接骨螺钉(Screws)
规格型号:见附页
产品标准:YZB/SWI 1803-2014《接骨螺钉》
性能组成:该产品包括皮质骨螺钉、松质骨螺钉、垫片及螺母。材料为 00Cr18Ni14Mo3 不锈钢、Ti6Al7Nb 钛合金或纯钛。钛及钛合金产品表面可经阳极氧化处理。灭菌包装和非灭菌包装。灭菌包装的产品采用 GAMMA 射线灭菌。
适用范围:适用于骨折内固定。
生产厂家:瑞士 Synthes GmbH
注册代理:强生(上海)医疗器材有限公司
服务机构:辛迪思(上海)医疗器械贸易有限公司(共 2 家详细信息见附件)
发证日期:2014. 04. 25 **截止日期**:2018. 04. 24

国食药监械(进)字 2014 第 2661901 号

产品名称:气管切开插管(Tracheostomy Tubes)
规格型号:见附页
产品标准:YZB/MAL 2112-2014《气管切开插管》
性能组成:本产品分为基本型(不带套囊型)插管和低压大容量套囊型插管。由插管、固定翼、圆锥接头、插管芯和放射不透过线组成。其中,套囊型插管另配有相匹配的套囊,充气阀,充气管和指示球囊。插管、固定翼、圆锥接头、插管芯、套囊、充气阀、充气管和指示球囊为 PVC(含 DEHP),放射不透过线为含硫酸钡的 PVC(含 DEHP)。本产品经环氧乙烷灭菌,需一次性使用。
适用范围:适用于气管切开病人的气道管理。
生产厂家:马来西亚 Unomedical Sdn. Bhd.
注册代理:康维德(中国)医疗用品有限公司
服务机构:康维德(中国)医疗用品有限公司
发证日期:2014. 04. 25 **截止日期**:2018. 04. 24

国食药监械(进)字 2014 第 3661902 号

产品名称:导引导管(商品名: Guider Softip)(Guider Softip XF Guide Catheter)
规格型号:见附页
产品标准:YZB/USA 1584-2014《导引导管》
性能组成:该产品为单腔导管,由手柄、张力缓冲器、鞘管和尖端构成。手柄的材料为聚碳酸酯,张力缓冲器的材料为聚醚酯纤维混合物;鞘管为三层结构,内层衬垫的材料为聚四氟乙烯,强化层的材料为 304V 不锈钢,外层的材料为聚醚酰胺纤维;尖端的材料为含硫酸钡的聚醚酰胺纤维。环氧乙烷灭菌,一次性使用。

适用范围:该产品用于为置入神经血管系统提供通道。
生产厂家:美国 Boston Scientific Corporation
注册代理:史赛克(北京)医疗器械有限公司
服务机构:史赛克(北京)医疗器械有限公司
发证日期:2014. 04. 25 截止日期:2018. 04. 24

国食药监械(进)字 2014 第 1661903 号

产品名称:一次性使用医用橡胶检查手套(Disposable latex medical examination gloves)
规格型号:型号:LATEX EXAM POWDERED GLOVESLATEX EXAM POWDER FREE GLOVES 规格:XS / S / M / L / XL
产品标准:GB10213 -2006 《一次性使用医用橡胶检查手套》
性能组成:本产品由天然橡胶制成,未经灭菌,包括以下两种表面:LATEX EXAM POWDERED GLOVES (有粉光面)、LATEX EXAM POWDER FREE GLOVES (无粉麻面)。
适用范围:本产品用于医用检查和诊断治疗过程中降低病人和使用者之间交叉感染的风险。
生产厂家:马来西亚 Top Glove Sdn. Bhd.
注册代理:上海高鼎医疗器械有限公司
服务机构:上海高鼎医疗器械有限公司/ 广州舟正医疗器械有限公司
发证日期:2014. 04. 25 截止日期:2018. 04. 24

国食药监械(进)字 2014 第 2661904 号

产品名称:宫颈刷 (商品名: Rovers Cervex-Brush) (Cervical cell sampler)
规格型号:380100331
产品标准:YZB/NET 1769-2014《宫颈刷》
性能组成:本产品由手柄、刷子组成,材料为聚乙烯。产品为灭菌包装,一次性使用。
适用范围:用于对宫颈细胞进行取样。
生产厂家:荷兰 Rovers Medical Devices B.V.
注册代理:捷通埃默高(北京)医药科技有限公司
服务机构:捷通埃默高(北京)医药科技有限公司
发证日期:2014. 04. 25 截止日期:2018. 04. 24

国食药监械(进)字 2014 第 2651905 号

产品名称:不可吸收缝合线 (商品名: 爱惜良(ETHILON)) (ETHILON* Nylon Suture)
规格型号:见附页
产品标准:YZB/USA 1970-2014《不可吸收缝合线》
性能组成:本产品是一种由长链脂肪多聚物尼龙 6 或尼龙 6.6 制成的不可吸收无菌单股缝线。缝线颜色有染色和未染色两种。缝线可分为带针和不带针两种。本产品经辐射灭菌,一次性使用。
适用范围:本产品可用于一般软组织缝合和/或结扎,包括心血管、眼科和神经手术
生产厂家:美国 Ethicon, LLC
注册代理:强生(上海)医疗器材有限公司
服务机构:强生(上海)医疗器材有限公司
发证日期:2014. 04. 25 截止日期:2018. 04. 24

国食药监械(进)字 2014 第 2651906 号

产品名称:不可吸收缝合线 (商品名: 爱惜良(ETHILON)) (ETHILON* Nylon Suture)
规格型号:见附页
产品标准:YZB/USA 1972-2014《不可吸收缝合线》
性能组成:本产品是一种由长链脂肪多聚物尼龙 6 或尼龙 6.6 制成的不可吸收无菌单股缝线。缝线颜色有染色和未染色两种。缝线可分为带针和不带针两种。本产品经辐射灭菌,一次性使用。
适用范围:本产品可用于一般软组织缝合和/或结扎,包括心血管、眼科和神经手术
生产厂家:美国 Ethicon, LLC
注册代理:强生(上海)医疗器材有限公司
服务机构:强生(上海)医疗器材有限公司
发证日期:2014. 04. 25 截止日期:2018. 04. 24

国食药监械(进)字 2014 第 1101907 号

产品名称:髋关节手术器械 (商品名: PROFEMUR) (Profemur Hip System Instruments)
规格型号:见附页
产品标准:YZB/USA 0958-2014《髋关节手术器械》
性能组成:器械由试模、拔出器、假体打入器、扣打器、导向器、定位器、骨锤、骨科用锉、骨凿、连接器、螺钉起子、牵开器、手柄、外套管和模板组成。骨锉手柄与人体接触部位采用符合 YY/T 0294.1 的代号为 B 的不锈钢材料制造。其他器械与人体接触部位采用符合 YY/T0294.1 的代号为 D 的不锈钢材料制造。器械的包装为非灭菌包装。器械在手术中不与有源器械联用。
适用范围:该产品为手动式骨科手术器械,预期用于髋关节置换和修复的外科手术。
生产厂家:美国 Wright Medical Technology, Inc.
注册代理:上海迈凯医疗器械有限公司
服务机构:上海迈凯医疗器械有限公司
发证日期:2014. 04. 28 截止日期:2018. 04. 27

国食药监械(进)字 2014 第 1101908 号

产品名称:桡骨远端骨板系统工具(PICCOLO COMPOSITE DISTAL VOLAR RADIUS PLATE SYSTEM INSTRUMENTATION SET)
规格型号:见附页
产品标准:YZB/ISR 1005-2014《桡骨远端骨板系统工具》
性能组成:工具由瞄准器,钻套,螺钉起子,试模,导引针,螺钉起子柄及消毒盒组成,与人体接触部分采用符合 YY/T 0294.1 和 ASTM F899 的不锈钢材料及符合 GB/T 13810 的钛合金材料制造,具体材质详见型号规格附页;产品为非灭菌包装;产品不与有源设备联用。
适用范围:该产品预期用于桡骨远端骨板植入手术时使用。
生产厂家:以色列 CarboFix Orthopedics Ltd.
注册代理:斯潘威医疗科技(北京)有限公司
服务机构:斯潘威医疗科技(北京)有限公司
发证日期:2014. 04. 28 截止日期:2018. 04. 27

国食药监械(进)字 2014 第 1661909 号

产品名称:一次性使用医用丁腈检查手套(Single-use medical nitrile examination gloves)
规格型号:见附页
产品标准:YZB/THA 1175-2014《一次性使用医用丁腈检查手套》
性能组成:本产品由丁腈橡胶胶乳制造,一次性使用产品,手指尖端 30mm 内为麻面,其余部位都是光面;有粉手套的粉末成分是玉米粉;手套包括无菌和非无菌两种形式,灭菌方式有伽玛射线灭菌和环氧乙烷灭菌两种。
适用范围:本产品用于医用检查和诊断治疗过程中防止病人和使用者之间交叉污染或感染的风险,也用于处理受污染医疗材料。
生产厂家:泰国 Siam Sempermed Corporation Limited
注册代理:广州卫康医疗器械有限公司
服务机构:广州卫康医疗器械有限公司
发证日期:2014. 04. 28 截止日期:2018. 04. 27

国食药监械(进)字 2014 第 1661910 号

产品名称:一次性使用医用橡胶检查手套(Single-use medical rubber examination gloves)
规格型号:见附页
产品标准:YZB/THA 1185-2014《一次性使用医用橡胶检查手套》
性能组成:本产品由天然橡胶胶乳制造,一次性使用产品,手指尖端 30mm 内为麻面,其余部位都是光面;有粉手套的粉末成分是玉米粉;手套包括无菌和非无菌两种形式,灭菌方式有伽玛射线灭菌和环氧乙烷灭菌两种。
适用范围:本产品用于医用检查和诊断治疗过程中防止病人和使用者之间交叉污染或感染的风险,也用于处理受污染医疗材料。
备注:2014 年 7 月 24 日同意更正产品性能结构及组成内容,2014 年 4 月 28 日核发的医疗器械注册登记表予以废止。
生产厂家:泰国 Siam Sempermed Corporation Limited
注册代理:广州卫康医疗器械有限公司
服务机构:广州卫康医疗器械有限公司
发证日期:2014. 04. 28 截止日期:2018. 04. 27

国食药监械(进)字 2014 第 2221911 号

产品名称:导丝导引球囊扩张导管(商品名: CRE)(CRE Wireguided Balloon Dilatation Catheter)

规格型号:见附页

产品标准:YZB/USA 1323-2014《导丝导引球囊扩张导管》

性能组成:申报产品由导丝导引球囊扩张导管、导丝、导丝锁和旋塞阀组成。导丝导引球囊导管的球囊涂覆硅酮润滑剂,带有不透射线钽标记。导丝导引球囊导管的球囊、球囊导管、远端末端以及内腔由 Pebax 制成;管杆由尼龙制成。导丝涂覆聚四氟乙烯涂层,由不锈钢制成。产品经环氧乙烷灭菌,一次性使用。

适用范围:CRE 导丝引导的球囊扩张导管适用于成人和青少年在内窥镜下扩张消化道的狭窄。它还适用于成人括约肌切开术后在内窥镜下扩张 Oddi 括约肌。包装标签上列出了建议的应用场合。

生产厂家:美国 Boston Scientific Corporation

注册代理:波科国际医疗贸易(上海)有限公司

服务机构:波科国际医疗贸易(上海)有限公司

发证日期:2014.04.28 **截止日期**:2018.04.27

国食药监械(进)字 2014 第 2221912 号

产品名称:球囊扩张导管(商品名: CRE Pulmonary)(CRE Pulmonary Balloon Dilatation Catheter)

规格型号:M00550300、M00550310、M00550320、M00550330、M00550340、M00550350

产品标准:YZB/USA 1479-2014《球囊扩张导管(商品名:CRE Pulmonary)》

性能组成:CRE Pulmonary 球囊扩张导管设计为可沿一根 0.035in(0.89mm)的导丝穿过其导丝腔。CRE 球囊扩张导管也可以穿过最小工作通道为 5.0mm 的支气管镜。导管的球囊节段下方有两个不透射线标记,可为球囊在狭窄部位中的定位提供可视基准点。产品经环氧乙烷灭菌,一次性使用。

适用范围:用于在内窥镜下扩张狭窄的气道树。

生产厂家:美国 Boston Scientific Corporation

注册代理:波科国际医疗贸易(上海)有限公司

服务机构:波科国际医疗贸易(上海)有限公司

发证日期:2014.04.28 **截止日期**:2018.04.27

国食药监械(进)字 2014 第 1101913 号

产品名称:骨科手术器械(商品名: 奥特)(Instruments)

规格型号:见附页

产品标准:YZB/GER 1132-2014《骨科手术器械》

性能组成:该产品由手动钻头、丝锥、钻套、导钻器、快换转动杆、螺丝固定套、测深器、扳手、折弯器、持骨钳、复位钳、咬骨钳、牵开器、骨锤、骨凿、刮勺、骨锉、骨锯、骨勾、打入器、取出器、插入器、空心钻、髓腔扩大器等组成,采用符合 YY/T 0294.1-2005 中的代号为 D 和 N 的不锈钢材料制成,具体详见规格型号列表。非灭菌包装。

适用范围:该产品为手术工具,适用于骨科创伤手术时对人体四肢骨折断端连接安装金属接骨板、接骨螺钉、髓内钉时配套使用。

生产厂家:德国 Ortho select GmbH

注册代理:珠海市盛澜进出口有限公司

服务机构:珠海市盛澜进出口有限公司

发证日期:2014.04.28 **截止日期**:2018.04.27

国食药监械(进)字 2014 第 3151914 号

产品名称:一次性使用穿刺针套件(商品名: EZ-IO)(Needle Sets)

规格型号:9018-VC-005、9096、9001-VC-005、9095、9079-VC-005、7050、9067

产品标准:YZB/USA 1339-2014《一次性使用穿刺针套件》

性能组成:由穿刺针、病人腕带、导管注射器连接装置、尖锐物品保护器等组成,具体见附件。

适用范围:该产品按型号可与 EZ-IO 骨髓腔内注射系统电钻配合或直接手动使用,用于经胫骨或肱骨建立输液通路,进行药物输注。

变更情况:变更日期: 2014.12.08。代理人、售后服务机构由“捷通埃默高(北京)医药科技有限公司”变更为“泰利福医疗器械商贸(上海)有限公司”。

生产厂家:美国 Vidacare Corporation

注册代理:北京威尼汇力医疗器械有限公司

服务机构:北京格乐瑞思经贸有限责任公司; 宁波海泰科迈医疗器械销售有限公司

发证日期:2014.04.29 **截止日期**:2018.04.28

国食药监械(进)字 2014 第 3461915 号

产品名称:棘突间固定系统(商品名: OMEGA)(Interspinous OMEGA Fixation System)

规格型号:见附页

产品标准:YZB/ROK 1263-2014《棘突间固定系统》

性能组成:该产品由一个 U 形夹及 4 个片状固定装置组成,采用符合 GB/T13810 标准规定的 TC4ELI 钛合金材料制成,表面无着色,非灭菌包装。

适用范围:该产品作为附件与其他产品组配适用于骨骼发育成熟的临床症状为发生在 L1-L5 的Ⅰ-Ⅱ级退行性椎间盘疾病需接受腰椎融合术的患者。包括 带或不带椎间盘突出的脊柱不稳、反复发作性椎间盘突出、退变性椎间盘疾病、 椎间盘突出造成的脊柱狭窄、上下关节融合术、脊柱小关节退变引起的疼痛。

生产厂家:韩国 Medyssey Co., Ltd

注册代理:北京飞渡医疗器械有限公司

服务机构:北京飞渡医疗器械有限公司

发证日期:2014.04.29 **截止日期**:2018.04.28

国食药监械(进)字 2014 第 3461916 号

产品名称:金属锁定接骨板系统(Locking Plate System)

规格型号:见附页

产品标准:YZB/HUN 1594-2014《金属锁定接骨板系统》

性能组成:金属锁定接骨板系统由金属锁定接骨板和锁定接骨螺钉组成,选用 ISO5832-3 中规定的 Ti6Al4V 钛合金制造,表面无着色,非灭菌包装。

适用范围:该产品适用于四肢干骺端骨折内固定

生产厂家:匈牙利 Medimetal Gyogyaszati Termekeket Gyarto es Forgalmazo Kft

注册代理:广州健隆医疗科技有限公司

服务机构:广州健隆医疗科技有限公司

发证日期:2014.04.29 **截止日期**:2018.04.28

国食药监械(进)字 2014 第 3771917 号

产品名称:桡动脉造影导丝(心臓.中心循環系用カテーテルガイドワイヤ)

规格型号:见附页

产品标准:YZB/JAP 1226-2014《桡动脉造影导丝》

性能组成:导丝内芯为镍钛合金,表面涂有含钨聚氨酯以及亲水涂层。环氧乙烷灭菌,一次性使用。

适用范围:在诊断或介入手术中,桡动脉导丝通过桡动脉将导管导入预定的解剖学部位。

生产厂家:日本テルモ株式会社(泰尔茂株式会社)

注册代理:泰尔茂(中国)投资有限公司

服务机构:泰尔茂医疗产品(上海)有限公司

发证日期:2014.04.29 **截止日期**:2018.04.28

国食药监械(进)字 2014 第 3461918 号

产品名称:Y 形补片(商品名: ARTISYN)(ARTISYN Y-shaped Mesh)

规格型号:ARTY

产品标准:YZB/BEL 1723-2014《Y 形补片(商品名: ARTISYN)》

性能组成:该产品为近等量的聚卡普隆-25(可吸收)和聚丙烯(包括蓝色、未染色两种,不可吸收)缝线编织而成的网状物,展开形状为 Y 形。经环氧乙烷灭菌,一次性使用。

适用范围:本产品适用于作为需要对阴道穹窿脱垂进行手术治疗的骶骨阴道悬吊术/骶骨阴道固定术(开腹或腹腔镜方法)的桥接材料。

生产厂家:比利时 Johnson & Johnson International, c/o European Logistics Centre

注册代理:强生(上海)医疗器材有限公司

服务机构:强生(上海)医疗器材有限公司

发证日期:2014.04.29 **截止日期**:2018.04.28

国食药监械(进)字 2014 第 3461919 号

产品名称:聚醚醚酮膝关节韧带带鞘固定螺钉(Tibial GraftBolt)

规格型号:见附页
产品标准:YZB/USA 0321-2014《聚醚醚酮膝关节韧带带鞘固定螺钉》
性能组成:产品由一系列用于运动医学手术的螺钉组成，每个螺钉配有护套，材料为符合 YY/T0660 的 OPTIMA-LT1 级 PEEK 材料，灭菌包装。
适用范围:用于在膝关节交叉韧带重建手术中连接骨骼与韧带或肌腱。
生产厂家:美国 Arthrex, Inc.
注册代理:锐适医疗器械(上海)有限公司
服务机构:锐适医疗器械(上海)有限公司
发证日期:2014.04.29 截止日期:2018.04.28

国食药监械(进)字 2014 第 3661920 号

产品名称:输尿管导管(Ureteral catheters)
规格型号:见附页
产品标准:YZB/GER 1455-2014《输尿管导管》
性能组成:输尿管导管由导管(带支撑金属丝，材料为 06Cr19Ni10，不与人体接触)和注水接头组成。导管和注水接头材料为聚氨酯。经环氧乙烷灭菌，限一次性使用。
适用范围:该产品用于在泌尿外科手术时逆行插入输尿管中，向输尿管和肾盂注射造影剂。
生产厂家:德国 uroVision Gesellschaft für medizinischen Technologie-Transfer mbH
注册代理:莱凯医疗器械(北京)有限公司
服务机构:莱凯医疗器械(北京)有限公司
发证日期:2014.04.29 截止日期:2018.04.28

国食药监械(进)字 2014 第 3771921 号

产品名称:导丝(商品名: RADIFOCUS GUIDE WIRE GT with Gold Coil)(GUIDE WIRE)
规格型号:见附页
产品标准:YZB/JAP 1140-2014《导丝》
性能组成:该产品由导丝和抗扭装置组成，其中导丝由内芯、尖端造影标记物和涂层组成。导丝内芯的材料为镍钛合金，涂有两层涂层，尖端造影标记物的材料为黄金。环氧乙烷灭菌，一次性使用。
适用范围:该产品用于包括血管在内的管腔器官的诊断和治疗及将导管等引导到某个特定部位。
生产厂家:日本テルモ株式会社(泰尔茂株式会社)
注册代理:泰尔茂(中国)投资有限公司
服务机构:泰尔茂医疗产品(上海)有限公司
发证日期:2014.04.29 截止日期:2018.04.28

国食药监械(进)字 2014 第 3211922 号

产品名称:血压监测装置(Blood Pressure Monitoring Set)
规格型号:见附页
产品标准:YZB/ROK 1510-2014《血压监测装置》
性能组成:产品构成、规型号及图示见附页。
适用范围:血压监测装置用于与患者监控设备连接来测量患者的有创性血压。
生产厂家:韩国 ACE MEDICAL CO., LTD.
服务机构:上海梵华实业有限公司
发证日期:2014.04.24 截止日期:2018.04.23

国食药监械(进)字 2014 第 3231923 号

产品名称:眼科 B 超超声诊断仪(Ophthalmic Ultrasound B-scan System)
规格型号:Master-Vu
产品标准:YZB/USA 1513-2014《眼科 B 超超声诊断仪》
性能组成:产品组成: a)一个手持式 B 超探头和一个 12MHz 的换能器，二者为一体，型号为 Master-Vu; b)一根 USB-2 电缆; c)Master-Vu 软件，软件版本号为 3.8.0.0。性能见产品标准。
适用范围:用于对眼睛内部结构进行成像。
生产厂家:美国所罗门公司(Sonomed, Inc.)
注册代理:深圳市科以康电子仪器设备有限公司
服务机构:深圳市科以康电子仪器设备有限公司
发证日期:2014.04.24 截止日期:2018.04.23

国食药监械(进)字 2014 第 3241924 号

产品名称:眼科激光光凝机(PascalStreamline Photocoagulator)
规格型号:PascalStreamline Photocoagulator
产品标准:YZB/USA 1211-2014《眼科激光光凝机》
性能组成:由裂隙灯、主机、裂隙灯台、LCD 控制面板、脚踏开关、门互锁头组成。
适用范围:用于治疗眼后节疾病。
生产厂家:美国 Topcon Medical Laser Systems, Inc.
注册代理:北京拓普康商贸有限公司
服务机构:北京拓普康商贸有限公司
发证日期:2014.04.24 截止日期:2018.04.23

国食药监械(进)字 2014 第 3241925 号

产品名称:眼科激光光凝机(Photocoagulator)
规格型号:PASCAL-STLY
产品标准:YZB/USA 1583-2014《眼科激光光凝机》
性能组成:由裂隙灯、主机、裂隙灯台、LCD 控制面板、脚踏开关、门互锁头组成。性能见产品标准。
适用范围:用于眼科激光光凝手术。
生产厂家:美国 Topcon Medical Laser Systems, Inc.
注册代理:奥腾思格玛科技发展有限公司
服务机构:奥腾思格玛科技发展有限公司
发证日期:2014.04.24 截止日期:2018.04.23

国食药监械(进)字 2014 第 3241926 号

产品名称:半导体激光治疗仪(商品名: Pilot)(Diode Laser)
规格型号:002-00102
产品标准:YZB/USA 0233-2014《半导体激光治疗仪》
性能组成:半导体激光治疗仪由半导体激光器、光纤系统及瞄准装置、操作控制装置组成。工作输出激光波长为 810±10 nm; 输出功率为 0.1～9 W, 以 0.1W 幅度进行调节控制; 瞄准光波长为 650±30 nm, 瞄准光终端输出功率小于 5mW。
适用范围:该产品临床适用于对口腔软组织进行汽化和凝固，达到治疗口腔软组织病变的目的。
生产厂家:美国 CAO Group, Inc.
注册代理:西尔欧(中国)医疗设备有限公司
服务机构:西尔欧(中国)医疗设备有限公司
发证日期:2014.04.24 截止日期:2018.04.23

国食药监械(进)字 2014 第 3261927 号

产品名称:强脉冲光光疗仪(Phototherapy Unit)
规格型号:SmoothCool HR
产品标准:YZB/ROK 1409-2014《强脉冲光光疗仪》
性能组成:治疗仪由主机(控制面板、冷却系统、系统电源控制器、紧急开关)，手柄(手柄头、氙气源、滤光器)和电源线组成。软件版本号: VER.3.040。
适用范围:本产品是利用氙灯照射，用于治疗良性色素性病变和良性血管病变。
生产厂家:韩国 Jeisys Medical Inc.
注册代理:北京美延尔电子技术开发有限公司
服务机构:北京美延尔电子技术开发有限公司
发证日期:2014.04.24 截止日期:2018.04.23

国食药监械(进)字 2014 第 3251928 号

产品名称:高频电刀(商品名: Mega PowerTM)(RF Generator)
规格型号:见附页
产品标准:YZB/USA 1233-2014《高频电刀》
性能组成:高频电刀由主机和配件组成，型号及性能参数详见附页。
适用范围:高频电刀用于高频外科手术中对人体组织进行切割或者凝血。
生产厂家:美国 Megadyne Medical Products Inc.
注册代理:北京美高迪医疗科技有限公司
服务机构:北京美高迪医疗科技有限公司
发证日期:2014.04.24 截止日期:2018.04.23

国食药监械(进)字 2014 第 3221929 号

产品名称:输尿管镜(Ureteroscopes)

规格型号:185 900 100、185 900 000、185 901 000、165 800 000、165 800 002、165 800 630
产品标准:YZB/GER 1402-2014《输尿管镜》
性能组成:该产品由输尿管镜光学镜组成,产品规格及性能见产品标准。
适用范围:用于泌尿外科的内窥镜诊断和手术。
生产厂家:德国 SOPRO-COMEG GmbH
注册代理:北京科曼技贸有限公司
服务机构:北京科曼技贸有限公司
发证日期:2014.04.24 **截止日期**:2018.04.23

国食药监械(进)字2014第3211930号

产品名称:胸阻抗断层成像仪(Electrical Impedance Tomograph)
规格型号:PulmoVista 500
产品标准:YZB/GER 1436-2014《胸阻抗断层成像仪》
性能组成:主机、患者电缆(型号:S、M、L、XL、XXL)、中继电缆和电极缚带(型号:S、M、L、XL、XXL)。
适用范围:该产品采用电阻抗断层成像技术,适用于进行胸腔阻抗测量,用于评估和研究各种生理或病理状态下导致的肺内气体异常分布情况和动态规律。该产品可显示电极平面内空气含量因换气而变化的区域信息。显示电极平面内呼末肺容量短期变化的区域信息。该区域信息以下列形式进行显示:实时横截面EIT动态图像,横截面EIT状态图像,实时阻抗波形,推导数值参数和趋势数据。本设备于床边固定使用,适用于临床环境中胸围在70cm(27.6in)到150cm(59in)之间的卧位重症患者。
生产厂家:德国 Draeger Medical GmbH
注册代理:德尔格医疗设备(上海)有限公司
服务机构:德尔格医疗设备(上海)有限公司
发证日期:2014.04.24 **截止日期**:2018.04.23

国食药监械(进)字2014第3541931号

产品名称:手术导航系统(Clinical Navigation System)
规格型号:Matrix Polar
产品标准:YZB/GER 1430-2014《手术导航系统》
性能组成:由导航定位器械-探针(注册笔、45°上弯探针、直探针)、定位反射球、反射球支架、指拧螺钉、患者头部固定板、MATRIX POLAR图形工作站(NOVA ENT,版本1.5)、MATRIX DS数据处理中心、3D定位跟踪仪、定位跟踪仪支架构成。
适用范围:用于耳鼻喉、颅底及口腔颌面外科手术的导航定位
生产厂家:德国 XION GmbH
注册代理:艾克松有限公司杭州办事处
服务机构:艾克松有限公司杭州办事处
发证日期:2014.04.24 **截止日期**:2018.04.23

国食药监械(进)字2014第3221932号

产品名称:腹腔镜(Laparoscopy)
规格型号:见附页
产品标准:YZB/GER 1486-2014《腹腔镜》
性能组成:产品由硬性光学内窥镜组成。
适用范围:产品适用于腹腔镜手术中观察成像。
生产厂家:德国 STEMA公司(STEMA Medizintechnik GmbH)
注册代理:上海安润医疗设备有限公司
服务机构:上海圣菲实业有限公司
发证日期:2014.04.24 **截止日期**:2018.04.23

国食药监械(进)字2014第3401933号

产品名称:超声刀系统(SonicisionTM Cordless Ultrasonic Dissection System)
规格型号:Sonicision
产品标准:YZB/USA 1505-2014《超声刀系统》
性能组成:产品由无线超声刀和电池充电器(型号:CBC)组成,其中无线超声刀由无线超声切割刀(型号:SCD396, SCD391)、可重复使用发生器(型号:SCG)、旋转扳手(型号:SCT12)和可重复使用电池组(型号:SCB)组成。
适用范围:超声刀系统用于期望控制出血及最小化热损伤的软组织切割。该设备可用于辅助和替代电外科设备、激光设备和钢质手术刀,应用于普通外科、整形科、儿科、妇科、泌尿外科、暴露骨科组织(如脊柱和关节腔)以及其它的开放和腔镜手术。它还可用于切割闭合直径达5mm的血管。产品不适用于肺实质,不适用于切骨,不适用于避孕卵管堵塞。
生产厂家:美国 Covidien llc
注册代理:柯惠医疗器材国际贸易(上海)有限公司
服务机构:柯惠医疗器材国际贸易(上海)有限公司
发证日期:2014.04.24 **截止日期**:2018.04.23

国食药监械(进)字2014第3231933号

产品名称:超声刀系统(Sonicision™ Cordless Ultrasonic Dissection System)
规格型号:Sonicision
产品标准:YZB/USA 1505-2014《超声刀系统》
性能组成:产品由无线超声刀和电池充电器(型号:CBC)组成,其中无线超声刀由无线超声切割刀(型号:SCD396, SCD391)、可重复使用发生器(型号:SCG)、旋转扳手(型号:SCT12)和可重复使用电池组(型号:SCB)组成。
适用范围:超声刀系统用于期望控制出血及最小化热损伤的软组织切割。该设备可用于辅助和替代电外科设备、激光设备和钢质手术刀,应用于普通外科、整形科、儿科、妇科、泌尿外科、暴露骨科组织(如脊柱和关节腔)以及其它的开放和腔镜手术。它还可用于切割闭合直径达5mm的血管。产品不适用于肺实质,不适用于切骨,不适用于避孕卵管堵塞。
备注:2014年7月7日同意更正注册号内容,2014年4月24日核发的医疗器械注册证、医疗器械注册登记表予以废止。
生产厂家:美国 Covidien llc
注册代理:柯惠医疗器材国际贸易(上海)有限公司
服务机构:柯惠医疗器材国际贸易(上海)有限公司
发证日期:2014.04.24 **截止日期**:2018.04.23

国食药监械(进)字2014第3231934号

产品名称:全自动血型配血分析仪(Techno TwinStation)
规格型号:Techno TwinStation
产品标准:YZB/SWI 1705-2014《全自动血型配血分析仪》
性能组成:该产品主要由集成PC和触摸屏显示器、孵育装置、两个离心机/阅读器、自动穿刺装置、自动移液装置、条码扫描装置、随机软件和辅助装置组成。
适用范围:该产品能够使用ID-Card血型卡对人体样本进行加样、离心、孵育和分析检测。
生产厂家:瑞士 DiaMed GmbH
注册代理:伯乐生命医学产品(上海)有限公司
服务机构:伯乐生命医学产品(上海)有限公司
发证日期:2014.04.24 **截止日期**:2018.04.23

国食药监械(进)字2014第3221935号

产品名称:腹腔镜(Laparoscope)
规格型号:见附页
产品标准:YZB/GER 1494-2014《腹腔镜》
性能组成:该产品由内窥镜组成。
适用范围:该产品用于通过外科手术切口对病人的腹腔组织进行观察。
生产厂家:德国 Richard Wolf GmbH
注册代理:北京德华信达技术有限公司
服务机构:见附页
发证日期:2014.04.24 **截止日期**:2018.04.23

国食药监械(进)字2014第3771936号

产品名称:射频消融导管(商品名:AlCath)(Cardiac Ablation Catheters)
规格型号:见附页
产品标准:YZB/GER 1144-2014《射频消融导管(商品名:AlCath)》
性能组成:产品为一次性使用,经环氧乙烷灭菌,在体内使用不超过24小时。产品由可弯曲导管头端、金电极、导管管身和手柄组成。产品规格型号及头端弯型图示见附页。
适用范围:该产品适用于适用于治疗室上性/心室性心动过速型心律失常或者房室结介导性心动过速。
备注:2014年7月14日同意更正生产地址、型号、规格内容,2014年

4月24日核发的医疗器械注册登记表、附页予以废止。
生产厂家:德国 VascoMed GmbH
注册代理:百多力(北京)医疗器械有限公司
服务机构:百多力(北京)医疗器械有限公司
发证日期:2014.04.24　**截止日期**:2018.04.23

国食药监械(进)字 2014 第 3771937 号

产品名称:射频消融导管（商品名：AlCath Flux）(Cardiac Ablation Catheters)
规格型号:见附页
产品标准:YZB/GER 1145-2014《射频消融导管（商品名：AlCath Flux)》
性能组成:产品为一次性使用，经环氧乙烷灭菌，在体内使用不超过24小时。产品由可弯曲导管头端、金电极、导管管身、手柄和灌注管组成。产品规格型号及头端弯型图示见附页。
适用范围:该产品适用于治疗室上性/心室性心动过速型心律失常或者房室结介导性心动过速。
备注:2014年7月14日同意更正生产注册地址、型号规格内容，2014年4月24日核发的医疗器械注册登记表、附页予以废止。
生产厂家:德国 VascoMed GmbH
注册代理:百多力(北京)医疗器械有限公司
服务机构:百多力(北京)医疗器械有限公司
发证日期:2014.04.24　**截止日期**:2018.04.23

国食药监械(进)字 2014 第 3231938 号

产品名称:经颅多普勒血流分析仪(Non-invasive Vascular and Transcranial Doppler Systems)
规格型号:Digi-Lite
产品标准:YZB/ISR 1322-2014《经颅多普勒血流分析仪》
性能组成:仪器由主控制台、键盘、鼠标、遥控器和超声探头组成。超声探头型号：PW-2MHz、CW-4MHz、CW-8MHz、PW-16MHz。性能见产品标准。
适用范围:该产品适用于成人与儿童的颅内和颅外的血流速度变化的无创评估，不用于胎儿和新生儿。
生产厂家:以色列 Rimed Ltd.
注册代理:南京浩千科技有限公司
服务机构:南京浩千科技有限公司
发证日期:2014.04.24　**截止日期**:2018.04.23

国食药监械(进)字 2014 第 3541939 号

产品名称:呼吸机(Lung Ventilator)
规格型号:HAMILTON-C3
产品标准:YZB/SWI 1365-2014《呼吸机》
性能组成:呼吸机由主机、台车、吊臂、流量传感器、呼气阀膜和盖、氧浓度传感器、二氧化碳传感器、内部电池组成。
适用范围:该产品专用于成人、儿童、婴儿和新生儿病人的重症监护通气。预期使用区域为：重症监护病房或术后恢复室。其应在技术规范限定的范围内，由经过培训的合格人员在医师指导下使用。
生产厂家:瑞士 Hamilton Medical AG
注册代理:瑞士哈美顿医疗公司上海代表处
服务机构:上海禄天同商贸发展有限公司
发证日期:2014.04.24　**截止日期**:2018.04.23

国食药监械(进)字 2014 第 3231940 号

产品名称:超声探头(Transducer)
规格型号:V7M
产品标准:YZB/USA 1296-2014《超声探头》
性能组成:由探头和连接器组成。
适用范围:与 ACUSON S2000 配合使用,用于经食道的心脏超声图像扫查。
生产厂家:美国西门子医疗系统公司(SIEMENS MEDICAL SOLUTIONS USA, INC.)
注册代理:西门子(中国)有限公司
服务机构:西门子(中国)有限公司
发证日期:2014.04.24　**截止日期**:2018.04.23

国食药监械(进)字 2014 第 3701941 号

产品名称:动态增强磁共振诊断图像处理软件(DCE-MRI Diagnostic Image Processsing Software)
规格型号:GenIQ，版本 11.3
产品标准:YZB/FRA 0948-2014《动态增强磁共振诊断图像处理软件》
性能组成:由一张软件安装光盘组成，组成模块包括：配置模块、输入-输出模块、用户界面控制模块、处理模块。
适用范围:GenIQ 是一个自动后处理软件选项，用于从随时间变化的动态磁共振成像图像生成参数图像。它通过动态变化的信号强度，计算与组织血流以及造影剂从血管内到细胞外间隙的渗漏特性有关的功能参数。GenIQ提供的信息可以帮助评估首次和后续检查时的肿瘤血管特性，由经过培训的医师进行解释。
生产厂家:法国 GE Medical Systems SCS
注册代理:通用电气医疗系统贸易发展(上海)有限公司
服务机构:通用电气医疗系统贸易发展(上海)有限公司
发证日期:2014.04.24　**截止日期**:2018.04.23

国食药监械(进)字 2014 第 3321942 号

产品名称:动态多叶准直器(Apex)
规格型号:Apex
产品标准:YZB/UK 1469-2014《动态多叶准直器》
性能组成:本产品由 ApexTM 准直器，MCS 工作站，ApexTM 控制柜，机架传感器，远程控制台组成。
适用范围:Apex 是一套外挂的 microMLC 系统。该设备是放射治疗用直线加速器的一种附件，用于在静态(固定)或动态模式下按照机架角度旋转机架来调整 X 射线射野。
生产厂家:英国 Elekta Limited
注册代理:医科达(上海)医疗器械有限公司
服务机构:医科达(上海)医疗器械有限公司
发证日期:2014.04.24　**截止日期**:2018.04.23

国食药监械(进)字 2014 第 3221943 号

产品名称:电子支气管内窥镜（商品名：EVIS LUCERA ELITE）(ビデオ軟性気管支鏡)
规格型号:BF-1TQ290
产品标准:YZB/JAP 1301-2014《电子支气管内窥镜》
性能组成:该产品由电子支气管内窥镜 BF-1TQ290 和附件 MAJ-207、MD-495 组成，性能参数见附件。
适用范围:该产品用于对气管、支气管以及肺进行观察、诊断、摄影、治疗。
生产厂家:日本奥林巴斯医疗株式会社，オリンパスメディイカルシステムズ株式会社
注册代理:奥林巴斯贸易(上海)有限公司
服务机构:奥林巴斯(北京)销售服务有限公司
发证日期:2014.04.24　**截止日期**:2018.04.23

国食药监械(进)字 2014 第 3231944 号

产品名称:超声诊断系统(Diagnostic Ultrasound System)
规格型号:ACUSON S3000
产品标准:YZB/USA 1619-2014《超声诊断系统》
性能组成:见产品性能结构及组成附页。
适用范围:用于超声检查及诊断。
生产厂家:美国西门子医疗系统公司(Siemens Medical Solutions USA, Inc.)
注册代理:西门子(中国)有限公司
服务机构:西门子(中国)有限公司
发证日期:2014.04.24　**截止日期**:2018.04.23

国食药监械(进)字 2014 第 3221945 号

产品名称:电子胃镜（商品名：EVIS LUCERA ELITE）(ビデオ軟性胃十二指腸鏡)
规格型号:GIF-H290、GIF-HQ290
产品标准:YZB/JAP 1270-2014《电子胃镜》
性能组成:该产品由电子胃镜 GIF-HQ290，GIF-H290，附件钳子管道开口阀 MB-358，吸引按钮 MH-443，送气送水按钮 MH-438，一次性钳子管道开口阀 MAJ-1555 组成。产品技术参数见附页。
适用范围:该产品用于上消化道(消化器领域的体内腔管)以及咽喉的观察、诊断、摄影、治疗和口腔的观察、诊断、摄影。

生产厂家:日本奥林巴斯医疗株式会社，オリンパスメディカルシステムズ株式会社
注册代理:奥林巴斯贸易(上海)有限公司
服务机构:奥林巴斯(北京)销售服务有限公司
发证日期:2014.04.24 截止日期:2018.04.23

国食药监械(进)字 2014 第 3401946 号

产品名称:全自动荧光免疫分析仪(VIDAS 3)
规格型号:VIDAS 3
产品标准:YZB/FRA 1755-2014《全自动荧光免疫分析仪》
性能组成:该产品由 VIDAS 3 仪器、触摸屏幕、中心处理器(数据处理器)、条形读码器、打印机(可选)、不间断电源(UPS，可选)，显示屏和随机软件组成。
适用范围:该产品用于免疫分析，可检测抗体、抗原及半抗原。
生产厂家:法国 bioMerieux S.A.
注册代理:梅里埃诊断产品(上海)有限公司
服务机构:梅里埃诊断产品(上海)有限公司
发证日期:2014.04.24 截止日期:2018.04.23

国食药监械(进)字 2014 第 3251947 号

产品名称:高频电刀(/)
规格型号:ZEUS VISION
产品标准:YZB/ROK 1635-2014《高频电刀》
性能组成:本产品包括主机、双脚踏开关(型号:FS02-01R)、单脚踏开关(型号:FS02-02R)。具有纯切、混切(1、2 和 3)、接触电凝、喷雾电凝、双极电切、双极混切、双极标准凝和双极强制凝模式。
适用范围:产品使用高频电流，用于外科手术时人体组织的切割和凝血。
生产厂家:韩国 ZERONE 有限公司(ZERONE CO.，Ltd)
注册代理:重庆市泰圣添医疗设备有限公司
服务机构:重庆市泰圣添医疗设备有限公司
发证日期:2014.04.24 截止日期:2018.04.23

国食药监械(进)字 2014 第 3261948 号

产品名称:高压电位治疗仪(家庭用電位治療器)
规格型号:Selaphia 14000EX
产品标准:YZB/JAP 1640-2014《高压电位治疗仪》
性能组成:本产品由主机、绝缘垫子、通电布 S(小号)、电子贴 S(小号)、带检电遥控器、高压线垫圈、7 号干电池(2 节)组成。选购部件为：电子笔、通电布 L(大号)、电子板、电子贴 L。
适用范围:产品适用于缓解头痛、肩部酸痛、失眠、慢性便秘。
生产厂家:日本株式会社利百世(株式会社 リブレックス)
注册代理:上海宾雁商务服务有限公司
服务机构:上海宾雁商务服务有限公司
发证日期:2014.04.24 截止日期:2018.04.23

国食药监械(进)字 2014 第 3661949 号

产品名称:一次性使用输血器(Transfusion Set)
规格型号:M46442800 Transfusion Set VL TR 00
产品标准:YZB/GER 2144-2014《一次性使用输血器》
性能组成:产品由保护套、血袋穿刺器、滴斗、血液过滤器、管路、流量调节器、连接头、硅橡胶泵管、安全夹、外圆锥锁定接头、止液帽组成。
适用范围:该产品为用于 VOLUMAT AGILIA/VOLUMAT MC AGILIA 型输液泵的一次性使用输血器。
生产厂家:德国 Fresenius Kabi AG
注册代理:费森尤斯卡比(中国)投资有限公司
服务机构:费森尤斯卡比(中国)投资有限公司
发证日期:2014.05.04 截止日期:2018.05.03

国食药监械(进)字 2014 第 3661950 号

产品名称:一次性使用泵用输液器(Infusion Set)
规格型号:M46445200 Infusion Set VL PA 92
产品标准:YZB/GER 2160-2014《一次性使用泵用输液器》
性能组成:产品由瓶塞穿刺器保护套、瓶塞穿刺器、带空气过滤器和塞的进气口、管路、夹具、无针注射件、滴定管、滴斗、药液过滤器(15μm)、流量调节器、接头、硅橡胶泵管、安全夹具、外圆锥接头、外圆锥接头保护帽组成。
适用范围:该产品为用于 VOLUMAT AGILIA/VOLUMAT MC AGILIA 型输液泵的一次性使用输液器，此产品可应用于儿科输液。
生产厂家:德国 Fresenius Kabi AG
注册代理:费森尤斯卡比(中国)投资有限公司
服务机构:费森尤斯卡比(中国)投资有限公司
发证日期:2014.05.04 截止日期:2018.05.03

国食药监械(进)字 2014 第 3661951 号

产品名称:一次性使用泵用输液器(Infusion Set)
规格型号:M46441000 Infusion Set VL ST 00 M46441600 Infusion Set VL ST 01 M46441900 Infusion Set VL ST 02 M46441300 Infusion Set VL ST 10
产品标准:YZB/GER 2170-2014《一次性使用泵用输液器》
性能组成:产品由保护套、瓶塞穿刺器、滴斗、过滤器、进气件、管路、流量调节器、连接头、硅橡胶泵管、安全夹、外圆锥锁定接头组成。主要原材料包括：聚丙烯、聚苯乙烯、聚四氟乙烯、聚酰胺、苯乙烯丁二烯共聚物、聚氯乙烯、甲基丙烯酸甲酯-丙烯腈-丁二烯-苯乙烯、硅橡胶、高密度聚乙烯。
适用范围:该产品为用于 VOLUMAT AGILIA/VOLUMAT MC AGILIA 型输液泵的一次性使用输液器，用于输注无特定过滤要求及无特定不相容性要求的药物。
生产厂家:德国 Fresenius Kabi AG
注册代理:费森尤斯卡比(中国)投资有限公司
服务机构:费森尤斯卡比(中国)投资有限公司
发证日期:2014.05.04 截止日期:2018.05.03

国食药监械(进)字 2014 第 3451952 号

产品名称:膜式氧合器(OXYGENATING DEVICE FOR EXTRACORPOREAL CIRCULATION IN CARDIO SURGERY)
规格型号:EU5007，EU5018
产品标准:YZB/ITA 1782-2014《膜式氧合器》
性能组成:膜式氧合器由气体交换器、热交换器以及硬壳静脉储血器构成。
适用范围:该产品用于体外循环，代替肺功能，控制动脉温度并作为静脉血贮器。
生产厂家:意大利 Eurosets s.r.l.
注册代理:捷通埃默高(北京)医药科技有限公司
服务机构:捷通埃默高(北京)医药科技有限公司
发证日期:2014.05.04 截止日期:2018.05.03

国食药监械(进)字 2014 第 3661953 号

产品名称:一次性使用输液器用药液过滤器(Filters)
规格型号:2909502
产品标准:YZB/GER 2182-2014《一次性使用输液器用药液过滤器》
性能组成:产品由 0.2μm 滤器、防回流阀、圆锥接头、保护帽、PVC 管路组成。
适用范围:与输液器具相适应，用于过滤药液。
生产厂家:德国 Fresenius Kabi AG
注册代理:费森尤斯卡比(中国)投资有限公司
服务机构:费森尤斯卡比(中国)投资有限公司
发证日期:2014.05.04 截止日期:2018.05.03

国食药监械(进)字 2014 第 3631954 号

产品名称:基台及附件(DIO Implant)
规格型号:见附页
产品标准:YZB/ROK 2085-2014《基台及附件》
性能组成:本产品的材料为钛合金材料，该材料的牌号为 TC4ELI，其中部分基台的上部表面具有氮化钛涂层，下部表面未处理；其余基台及所有基台螺钉和球型帽的表面未处理。本产品为非灭菌包装。
适用范围:本产品适用于部分或全口牙齿缺失患者，作为与种植体连接的上部结构，支持人造牙冠、齿桥或覆盖义齿。
生产厂家:韩国 DIO Corporation
注册代理:北京迪斯艾科贸有限公司
服务机构:北京迪斯艾科贸有限公司
发证日期:2014.05.04 截止日期:2018.05.03

国食药监械(进)字 2014 第 3451955 号(更)

产品名称:血液透析滤过器(Hemodiafilters)
规格型号:Phylther HF11SD, Phylther HF13SD, Phylther HF15SD, Phylther HF17SD, Phylther HF20SD
产品标准:YZB/ITA 1804-2014《血液透析滤过器》
备注:代理人和售后服务机构由“上海合翔医疗器械有限公司”变更为“贝而克合翔医疗设备(上海)有限公司”。注册证由“国食药监械(进)字 2014 第 3451955 号”变更为“国食药监械(进)字 2014 第 3451955 号(更)”,原证自发证之日起作废。
生产厂家:意大利 BELLCO S.R.L
注册代理:贝而克合翔医疗设备(上海)有限公司
服务机构:贝而克合翔医疗设备(上海)有限公司
变更日期:2014.08.18 **截止日期**:2018.05.03

国食药监械(进)字 2014 第 3451956 号

产品名称:血液透析滤过器(商品名:ABH-F)(血液透析濾過器)
规格型号:ABH-15F ABH-18F
产品标准:YZB/JAP 2151-2014《血液透析滤过器》
性能组成:产品为一次性使用,灭菌方式是γ射线灭菌。产品由空心纤维、外壳和盖子、粘合剂、保护帽及充填液组成。材料为聚砜/PVP、苯乙烯共聚物、聚氨酯、聚乙烯及焦亚硫酸钠和碳酸钠的水溶液。
适用范围:适用于慢性或急性肾功能不全等肾功能显著降低的病例,用于除去因尿毒症积存于血液中的水、尿毒物质。
生产厂家:日本旭化成メディカル株式会社
注册代理:旭化成医疗器械(杭州)有限公司
服务机构:旭化成医疗器械(杭州)有限公司
发证日期:2014.05.04 **截止日期**:2018.05.03

国食药监械(进)字 2014 第 3461957 号

产品名称:髋臼杯系统(商品名:Plasmacup DC)(PLASMACUP DC CUP System)
规格型号:见附页
产品标准:YZB/GER 0103-2014《髋臼杯系统》
性能组成:该产品包括外杯、组配式内衬和金属球头。外杯材料为符合 ISO 5832-3 的锻造钛合金 Ti6A14V,表面带有符合 ISO 5832-2 的纯钛涂层;组配式内衬材料为 Delta 陶瓷;金属球头材料为符合 ISO 5832-12 的锻造钴铬钼合金。灭菌包装。
适用范围:适用于无法采用其他疗法治疗的急性髋关节病变的髋关节置换:- 退行性骨关节炎- 风湿性关节炎- 髋关节骨折- 股骨头坏死
生产厂家:德国 Aesculap AG
注册代理:贝朗医疗(上海)国际贸易有限公司
服务机构:贝朗医疗(上海)国际贸易有限公司
发证日期:2014.05.04 **截止日期**:2018.05.03

国食药监械(进)字 2014 第 3461958 号

产品名称:运动损伤修复固定系统-可吸收固定钉(Inion Hexalon Biodegradable ACL/PCL Screw)
规格型号:见附页
产品标准:YZB/FIN 1743-2014《运动损伤修复固定系统-可吸收固定钉》
性能组成:该产品由(L-乳酸-D、L 乳酸)共聚物、(L-乳酸-三亚甲基碳酸酯)共聚物共混制成。灭菌包装。
适用范围:适用于膝、肩、肘、踝、足、掌和腕关节手术中骨-腱-骨或软组织移植物的固定和保持。
生产厂家:芬兰 Inion Oy
注册代理:北京威联德骨科技术有限公司
服务机构:北京威联德骨科技术有限公司
发证日期:2014.05.04 **截止日期**:2018.05.03

国食药监械(进)字 2014 第 3221959 号

产品名称:软性亲水接触镜(Soft Contact Lens)
规格型号:MI-2
产品标准:YZB/ROK 1783-2014《软性亲水接触镜》
性能组成:该产品为日戴型软性亲水接触镜。主要由甲基丙烯酸羟乙酯、乙二醇二甲基丙烯酸酯、偶氮二异丁腈及着色剂聚合而成,着单色(黑色),单色及双色及三色各有(灰色、棕色、蓝色、紫色、绿色)。聚丙烯盒或玻璃瓶包装。含水量:38%,折射率:1.438,透氧系数标称值:12.5×10^{-11}(cm2/s)(mLO2/(mL×mmHg)) (允差±20%),-3D 镜片透氧量 15×10^{-9}(cm/s) (mLO2/(mL×mmHg))(允差-20%),后顶焦度范围:0.00D~ -9.50D,可见光透过率>95%。产品经蒸汽湿热灭菌。
适用范围:适用于 18 岁及以上无禁忌症的患者矫正近视。
生产厂家:韩国 M.I CONTACT Co., Ltd.
注册代理:北京市大唐鼎视眼睛护理产品有限公司
服务机构:北京市大唐鼎视眼睛护理产品有限公司
发证日期:2014.05.04 **截止日期**:2018.05.03

国食药监械(进)字 2014 第 3631960 号

产品名称:种植体系统(Fixture for RBM Implant)
规格型号:见附页
产品标准:YZB/ROK 1763-2014《种植体系统》
性能组成:本产品由 SM 超宽种植体系统和 SM 种植体系统组成,其中 SM 超宽种植体系统由 SM 超宽种植体和覆盖螺丝组成,SM 种植体系统由 SM 种植体和覆盖螺丝组成。种植体的材料为纯钛,牌号为 TA4;覆盖螺丝的材料为纯钛,牌号为 TA3。种植体表面经 RBM 处理,覆盖螺丝表面未处理。本产品为灭菌包装,采用伽马射线灭菌,SM 超宽种植体系统灭菌有效期为 3 年,SM 种植体系统灭菌有效期为 5 年。
适用范围:本产品是为了恢复患者的咀嚼功能将人工牙根植入到人体内起到支撑上部修复结构的下部结构。
变更情况:变更日期:2014.12.29。企业注册地址和生产地址由“66, Centumseo-ro, Haeundae-gu, Busan, Korea”变更为“66, Centum seo-ro, Haeundae-gu, Busan 612-020, REPUBLIC OF KOREA”。
生产厂家:韩国 DIO Corporation
注册代理:北京迪斯艾科贸有限公司
服务机构:北京迪斯艾科贸有限公司
发证日期:2014.05.04 **截止日期**:2018.05.03

国食药监械(进)字 2014 第 3771961 号

产品名称:远端通路导引导管(商品名:ENVOY DA)(ENVOY Distal Access Guiding Catheter)
规格型号:671-260-95D、671-258-95D、671-260-05D、671-258-05D。
产品标准:YZB/SWI 4979-2013《远端通路导引导管》
性能组成:产品主要包括导管和可分离导入鞘,其中导管由管身和导管座组成,可分离导入鞘由鞘管和可分离座组成。导管管身材料为内层的聚四氟乙烯(PTFE)、加固层的 304 不锈钢和外层具有不同硬度的尼龙,外表面有亲水涂层,远端有不透射线标记带。可分离导入鞘鞘管材料为聚四氟乙烯。产品经环氧乙烷灭菌,一次性使用。
适用范围:该产品适用于在外周血管、冠状和神经血管系统中将介入器械或诊断器械引入血管内。
生产厂家:瑞士 Medos International SARL
注册代理:强生(上海)医疗器材有限公司
服务机构:强生(上海)医疗器材有限公司
发证日期:2014.05.04 **截止日期**:2018.05.03

国食药监械(进)字 2014 第 3221962 号

产品名称:软性亲水接触镜(Soft Contact Lens)
规格型号:SCL
产品标准:YZB/ROK 1785-2014《软性亲水接触镜》
性能组成:该产品为日戴型软性亲水接触镜。主要由 HEMA、GMA、MA、NVP、MHPS、EGDMA、AIBN 聚合而成,含有染色剂。按颜色分为灰色、黑色、棕色、蓝色、紫色、粉色、绿色、褐色镜片。聚丙烯盒包装及玻璃瓶包装。含水量:38.5%,折射率:1.438,透氧系数标称值:9.5×10^{-11}(cm2/s)(mLO2/(mL×mmHg)) (允差±20%),-3D 镜片透氧量 10×10^{-9}(cm/s) (mLO2/(mL×mmHg))(允差-20%),后顶焦度范围:0.00D~ -10.00D,可见光透过率>96%。产品经高温湿热灭菌。
适用范围:镜片用于 18 岁及以上无禁忌症患者矫正近视。
备注:2014 年 8 月 13 日同意更正产品性能结构及组成内容,2014 年 5 月 4 日核发的医疗器械注册登记表予以废止。
生产厂家:韩国 MAX LOOK
注册代理:北京金英明隐形眼镜有限公司
服务机构:北京金英明隐形眼镜有限公司
发证日期:2014.05.04 **截止日期**:2018.05.03

国食药监械(进)字 2014 第 3771963 号

产品名称:血管内异物圈套器(One Snare Endovascular Snare System)
规格型号:One 500, One 1000, One 1500, One 2000, One 2500, One 3000, One 3500, One 1001, One 2501, One 4000, One 6000
产品标准:YZB/USA 1947-2014《血管内异物圈套器》
性能组成:血管内异物圈套器，由圈套器、圈套器导管、导入器和转矩装置四个组件组成。圈套器由镍钛合金缆线和镀金钨环组成；导管由聚醚嵌段酰胺 Pebax 7233 SA01 管道构成，远端有铂/铱不透射线的标记带。环氧乙烷灭菌，一次性使用。
适用范围:血管内异物圈套器旨在用于冠状动脉和外周血管系统或空腔性脏器以取出和控制异物。操作过程包括静脉留置导管复位，静脉留置导管纤维蛋白鞘剥脱以及辅助中心静脉穿刺术。
生产厂家:美国 MERIT MEDICAL SYSTEMS, INC
注册代理:麦瑞通医疗器械(北京)有限公司
服务机构:麦瑞通医疗器械(北京)有限公司
发证日期:2014.05.04 **截止日期**:2018.05.03

国食药监械(进)字 2014 第 3461964 号

产品名称:脊柱后路内固定系统组件（商品名: Expedium）(Expedium Posterior Spine System)
规格型号:见附页
产品标准:YZB/SWI 1700-2014《脊柱后路内固定系统组件》
性能组成:该产品由一系列螺栓、连接器、螺钉、钩、板、垫片、螺帽部件组成。产品由符合 GB/T13810 标准要求的 TC4ELI 钛合金制成。部分产品表面经阳极氧化处理。非灭菌包装。
适用范围:产品做为系统组件，与同一系统配合，适用于非颈椎椎弓根固定与非椎弓根固定，其适应症如下:椎间盘退行性疾病(由患者病历与 X 光诊断证实的伴有椎间盘退变的椎间盘源性背痛)、脊柱滑脱、创伤(如骨折或脱位)、椎管狭窄、弯曲(如脊柱侧凸、脊柱后凸与/或脊柱前凸)、肿瘤、假关节及骨骼成熟型患者先前的融合失败。
生产厂家:瑞士 Medos International SARL
注册代理:强生(上海)医疗器材有限公司
服务机构:强生(上海)医疗器材有限公司
发证日期:2014.05.04 **截止日期**:2018.05.03

国食药监械(进)字 2014 第 3151965 号

产品名称:一次性使用自毁型注射笔用针头(Safety Pen Needle)
规格型号:30G x 3/16“(0.30mm x 5mm)
产品标准:YZB/USA 2318-2014《一次性使用自毁型注射笔用针头》
性能组成:一次性使用自毁型注射笔用针头由初包装、针座盖贴(密封盖)、针管、外针帽、内针帽及针头外套筒组成。各组件对应的产品原材料列表见附件。产品为射线灭菌。
适用范围:一次性使用自毁型注射笔用针头用于与注射笔配套使用进行药物注射。
生产厂家:美国 Becton Dickinson and Company
注册代理:碧迪医疗器械(上海)有限公司
服务机构:碧迪医疗器械(上海)有限公司
发证日期:2014.05.04 **截止日期**:2018.05.03

国食药监械(进)字 2014 第 3151966 号

产品名称:超声活检针及附件(EUS Needle Systems)
规格型号:GUS-33-18-022, GUS-33-18-025, GUS-33-21-019, GUS-33-27-022, GUS-33-27-025, GUS-34-18-022, GUS-34-27-022
产品标准:YZB/GER 1628-2014《超声活检针及附件》
性能组成:超声活检针为无源器械，由镍钛针芯+盖(鲁尔接头)、针柄、针调节扭锁、活塞式刻度保护套、针调节刻度、保护套调节刻度、保护套调节扭锁、滑动保护套手柄、鲁尔接头、塑料保护套和针（IIa 斜口针芯)、(IIb 圆口针芯）组成。附件由两通和注射器组成。环氧乙烷灭菌，一次性使用。
适用范围:该产品用于内镜超声引导下在胃肠道粘膜下和管腔外病变的细针穿刺。
生产厂家:德国 Medi-Globe GmbH
注册代理:优诺康(北京)医药技术服务有限公司
服务机构:优诺康(北京)医药技术服务有限公司
发证日期:2014.05.04 **截止日期**:2018.05.03

国食药监械(进)字 2014 第 3771967 号

产品名称:导引导管（商品名: ADROIT）(ADROIT Guiding Catheter)
规格型号:见附页
产品标准:YZB/USA 2097-2014《导引导管》
性能组成:该产品由座、管身、头端、编织层和应力释放组件组成，头端涂有涂层。环氧乙烷灭菌，一次性使用。
适用范围:该产品用于血管内引导介入/诊断设备进入冠状或外周血管系统.
生产厂家:美国 Cordis Corporation
注册代理:强生(上海）医疗器材有限公司
服务机构:强生(上海）医疗器材有限公司
发证日期:2014.05.04 **截止日期**:2018.05.03

国食药监械(进)字 2014 第 3231968 号

产品名称:超声诊断仪(汎用超音波画像診断装置)
规格型号:Prosound 2
产品标准:YZB/JAP 1300-2014《超声诊断仪》
性能组成:见《产品性能结构及组成附页》。
适用范围:本产品适用于对人体进行临床超声检查诊断。各探头临床应用详见《产品性能结构及组成附页》。
生产厂家:日本日立阿洛卡医疗株式会社（日立アロカメディカル株式会社）
注册代理:阿洛卡国际贸易(上海)有限公司
服务机构:上海(日本)阿洛卡技术服务部
发证日期:2014.04.29 **截止日期**:2018.04.28

国食药监械(进)字 2014 第 3451969 号

产品名称:可重复使用透析器(Polyflux R / Polyflux LR)
规格型号:Polyflux R: Polyflux 17R、Polyflux 21R、Polyflux 24R; Polyflux LR: Polyflux 6LR、Polyflux 8LR、Polyflux 10LR
产品标准:YZB/GER 1574-2014《可重复使用透析器》
性能组成:本产品由透析膜、纤维封装材料、外壳、顶盖和保护帽组成。透析膜材料为 PolyamixTM (PAES 聚芳醚砜 + PVP 聚乙烯吡咯烷酮 +PA 聚酰胺)，纤维封装材料为聚氨基甲酸乙酯(PUR)，外壳和顶盖材料为聚碳酸酯(PC)，保护帽材料为聚丙烯(PP)。有效膜面积:1.4 平方米(Polyflux 6LR)，1.7 平方米(Polyflux 8LR, Polyflux 17R)，2.1 平方米(Polyflux10LR, Polyflux 21R)，2.4 平方米 (Polyflux 24R)。该产品为蒸汽灭菌。
适用范围:本产品适用于急慢性肾功能衰竭的血液透析治疗。对同一患者可以循环再利用，复用最多次数为 15 次。
生产厂家:德国 Gambro Dialysatoren GmbH
注册代理:金宝肾护理产品(上海)有限公司
服务机构:金宝肾护理产品(上海)有限公司
发证日期:2014.04.29 **截止日期**:2018.04.28

国食药监械(进)字 2014 第 2221970 号

产品名称:视野计（商品名: Centerfield 2）(perimeter)
规格型号:56980
产品标准:YZB/GER 1432-2014《视野计》
性能组成:产品结构组成及型号见附页，软件版本号: V3.14R01。
适用范围:该产品用于测量人眼的视野。
生产厂家:德国 OCULUS Optikgerate GmbH
注册代理:广州达美康科技有限公司
服务机构:广州达美康科技有限公司
发证日期:2014.04.29 **截止日期**:2018.04.28

国食药监械(进)字 2014 第 2541971 号

产品名称:洗肠机(Colon cleaning machine)
规格型号:HC-2000
产品标准:YZB/SPA 1532-2014《洗肠机》
性能组成:该产品由主机(HC-2000)、遥控器(F-41)及电源线(F-72)组成。不包含一次性耗材。
适用范围:该产品适用于对患者进行肠道清洗。本产品应用于临床。
生产厂家:西班牙 Transcendencias Comerciales S.L.
注册代理:北京大道似水科技发展有限公司
服务机构:北京大道似水科技发展有限公司

发证日期:2014. 04. 29 **截止日期**:2018. 04. 28

国食药监械(进)字 2014 第 3221972 号

产品名称:关节内窥镜及附件(Arthroscopy)
规格型号:见附页
产品标准:YZB/USA 1481-2014《关节内窥镜及附件》
性能组成:该产品由关节内窥镜和镜鞘组成。
适用范围:该产品临床适用于关节镜微创手术中观察组织。
备注:2014 年 7 月 14 日同意更正企业注册地址内容,2014 年 4 月 29 日核发的医疗器械注册登记表予以废止。
变更情况:变更日期:2014. 10. 08。企业名称由"Linvatec Corporation"变更为"ConMed Corporation";注册地址由"11311 Concept Boulevard, Largo, FL 33773, USA"变更为"525 French Road Utica, New York 13502, USA"。
生产厂家:美国 Linvatec Corporation
注册代理:康美林弗泰克(北京)医疗器械有限公司
服务机构:康美林弗泰克(北京)医疗器械有限公司
发证日期:2014. 04. 29 **截止日期**:2018. 04. 28

国食药监械(进)字 2014 第 2221973 号

产品名称:喉镜(Laryngoscopes)
规格型号:见附页
产品标准:YZB/ISR 1495-2014《喉镜》
性能组成:该产品由喉镜和手柄组成,喉镜由喉镜片、手柄和灯泡组成。接触患者部分由医用不锈钢材料制成,喉镜片照度大于等于 1500Lux。
适用范围:该产品用于协助气管插管的插入。
生产厂家:以色列 Truphatek International Ltd.
注册代理:真泰(北京)商贸有限公司
服务机构:真泰(北京)商贸有限公司
发证日期:2014. 04. 29 **截止日期**:2018. 04. 28

国食药监械(进)字 2014 第 3231974 号

产品名称:显微眼科手术系统(商品名:Stellaris)(Microsurgical System)
规格型号:见附页
产品标准:YZB/USA 1287-2014《显微眼科手术系统》
性能组成:产品由主机、超乳附件、玻切附件、注吸附件、电凝附件组成,详细规格型号及产品描述见《产品性能结构及组成附页》。
适用范围:系统设计用于眼科超声乳化切除手术。
备注:2014 年 11 月 4 日同意更正生产地址、产品名称内容,2014 年 4 月 29 日核发的医疗器械注册证、医疗器械注册登记表予以废止。
生产厂家:美国 Bausch&Lomb, Incorporated
注册代理:博士伦(上海)贸易有限公司
发证日期:2014. 04. 29 **截止日期**:2018. 04. 28

国食药监械(进)字 2014 第 2221975 号

产品名称:内窥镜冷光源及摄像系统(商品名:Fiber Imaging System)(内視鏡用光源・プロセッサ装置)
规格型号:FT-201F
产品标准:YZB/JAP 1566-2014《内窥镜冷光源及摄像系统》
性能组成:产品由主机、电源线、视频线组成。性能请见产品标准。
适用范围:供医院做内窥镜手术时,将体腔内手术区域照明并电视放大成像用。
生产厂家:日本ファイバーテック株式会社
注册代理:上海安西电子医疗设备有限公司
服务机构:上海安西电子医疗设备有限公司
发证日期:2014. 04. 29 **截止日期**:2018. 04. 28

国食药监械(进)字 2014 第 2221976 号

产品名称:验光仪(AUTO REF-KERATOMKTER)
规格型号:PRK-5000
产品标准:YZB/ROK 1606-2014《验光仪》
性能组成:产品由测量机头、显示器、操作杆、操作面板、头部支撑台、打印机组成。性能见产品标准。
适用范围:该产品适用于对验光者屈光度测量和角膜曲率测量。
生产厂家:韩国波特公司(POTEC Co., Ltd.)
注册代理:深圳市新地球贸易有限公司
服务机构:深圳市新地球贸易有限公司
发证日期:2014. 04. 29 **截止日期**:2018. 04. 28

国食药监械(进)字 2014 第 2221977 号

产品名称:电脑验光仪(レフラクトメータ)
规格型号:RM-8900
产品标准:YZB/JAP 1016-2014《电脑验光仪》
性能组成:产品由主机、工作台和手动颚托组成。其中主机包括光学系统、CCD 成像系统、测量控制系统、监视器和位移控制器;光学系统包括角膜对焦系统、光学内视标系统、光学测量系统。主要性能参数:屈光度测量范围:屈光度:-25D~+22D;柱镜度:0~±10D;柱镜轴位:0-180°;瞳距测量范围:20mm-85mm;最小可测瞳孔直径:φ2.0mm。
适用范围:验光仪可测量患者球镜度、柱镜度和柱镜轴位。
生产厂家:日本株式会社拓普康
注册代理:北京拓普康商贸有限公司
服务机构:奥腾思格玛科技发展有限公司
发证日期:2014. 04. 29 **截止日期**:2018. 04. 28

国食药监械(进)字 2014 第 2541978 号

产品名称:气动力系统(商品名:蛇牌)(Hilan Power System)
规格型号:见附页
产品标准:YZB/GER 1596-2014《气动力系统》
性能组成:气动力系统由马达、脚踏开关、手柄、工具、保护鞘、气管及喷嘴组成。
适用范围:气动力系统适用于在人体骨骼上切割、钻孔、打磨和刨削。
生产厂家:德国 Aesculap AG
注册代理:贝朗医疗(上海)国际贸易有限公司
服务机构:贝朗医疗(上海)国际贸易有限公司
发证日期:2014. 04. 29 **截止日期**:2018. 04. 28

国食药监械(进)字 2014 第 2221979 号

产品名称:医用内窥镜冷光源(Endoscopic light sources)
规格型号:PD-LS-0220
产品标准:YZB/GER 1578-2014《医用内窥镜冷光源》
性能组成:冷光源由冷光源主机(PD-LS-0220),导光光缆(PD-LC-3001),电源线组成。照度>100000lx;色温应为 5300K±530K;显色指数应>90;照度大小应连续可调;噪声<55dB (A)。
适用范围:该产品临床上为内窥镜提供照明之用
生产厂家:德国 PolyDiagnost GmbH
注册代理:上海蓝线电子有限公司
服务机构:上海蓝线电子有限公司
发证日期:2014. 04. 29 **截止日期**:2018. 04. 28

国食药监械(进)字 2014 第 2301980 号

产品名称:数字化 X 射线摄影系统(X-ray systems)
规格型号:SYNTHESIS
产品标准:YZB/ITA 5214-2013《数字化 X 射线摄影系统》
性能组成:产品由高压发生器 VZW2556RB2-A7(CMP 200DR 50kW)/VZW2556RD2-22(CMP 200DR 80kW),X 射线管组件(1. 管套:DIA. 150kV,管芯:RAD-14;2. 管套:C100,管芯:RTC 600 HS),限束器,升降床,平板探测器,数字系统,伸缩悬吊式球管机架,伸缩悬吊式探测器机架组成。
适用范围:供医疗单位对患者进行数字化 X 射线摄影。
生产厂家:意大利 General Medical Merate S. p. A
注册代理:康达医疗器械(上海)有限公司
服务机构:康达医疗器械(上海)有限公司
发证日期:2014. 04. 29 **截止日期**:2018. 04. 28

国食药监械(进)字 2014 第 2551981 号

产品名称:牙科修复体设计系统(Dental Acquisition Unit)
规格型号:CEREC AC (D3492)
产品标准:YZB/GER 1429-2014《牙科修复体设计系统》
性能组成:本产品由口腔 3D 摄像机(CEREC Omnicam 或 CEREC Bluecam)、主机、显示器和 CEREC 计算机辅助设计制作软件组成。
适用范围:用于设计牙科修复体

备注:2014 年 7 月 11 日同意更正注册号内容，2014 年 4 月 29 日核发的医疗器械注册证、医疗器械注册登记表予以废止。
生产厂家:德国 Sirona Dental Systems GmbH
注册代理:西诺德牙科设备商贸(上海)有限公司
服务机构:西诺德牙科设备商贸(上海)有限公司
发证日期:2014. 04. 29 **截止日期**:2018. 04. 28

国食药监械(进)字 2014 第 3231982 号

产品名称:超声眼科晶状体摘除和玻璃体切除设备及附件(Constellation Vision System and Accessories)
规格型号:Constellation，各附件型号见附页
产品标准:YZB/USA 1586-2014《超声眼科晶状体摘除和玻璃体切除设备及附件》
性能组成:产品组成见《产品性能结构及组成附页》。产品功能、性能指标及附件的具体描述详见注册产品标准。
适用范围:产品是用于眼前节和眼后节手术的手术系统，可进行玻璃体和组织切割、晶状体乳化、眼后节照明以及电凝，激光模块能发射 532 nm 的可见绿色治疗光束供眼科使用，用于眼部前后节的光凝。
生产厂家:美国爱尔康公司(Alcon Laboratories, Incorporated)
注册代理:爱尔康(中国)眼科产品有限公司
服务机构:爱尔康(中国)眼科产品有限公司
发证日期:2014. 04. 29 **截止日期**:2018. 04. 28

国食药监械(进)字 2014 第 3221983 号

产品名称:电子上消化道内窥镜(ビデオ上消化管スコープ)
规格型号:EG-290Kp
产品标准:YZB/JAP 1543-2014《电子上消化道内窥镜》
性能组成:内窥镜为手持式直视型电子内窥镜，由操作部、插入部、顶端部、光导电缆、电气和光源连接器（PVE 连接器）组成。
适用范围:该产品提供从胃至十二指肠的观察、诊断、摄影或治疗用的影像。
生产厂家:日本 HOYA 株式会社
注册代理:宾得医疗器械(上海)有限公司
服务机构:宾得医疗器械(上海)有限公司
发证日期:2014. 04. 29 **截止日期**:2018. 04. 28

国食药监械(进)字 2014 第 3231984 号

产品名称:彩色超声诊断系统(Ultrasound Scanner)
规格型号:SONIXTOUCH
产品标准:YZB/CAN 1565-2014《彩色超声诊断系统》
性能组成:该产品由 SONIXTOUCH 系统(包含 LCD 显示器，配有触摸屏的操作者控制台，台车，电池)，超声探头，及 SonixGPS 引导定位系统组成。探头性能见《产品性能结构及组成附页》。
适用范围:该产品用于临床超声诊断。
生产厂家:加拿大 Ultrasonix Medical Corporation
注册代理:加拿大优胜医疗有限公司上海代表处
服务机构:上海泛维电子科技有限公司
发证日期:2014. 04. 29 **截止日期**:2018. 04. 28

国食药监械(进)字 2014 第 2101985 号

产品名称:牵引装置(Traction equipment)
规格型号:HT-102 BIOTRACK
产品标准:YZB/ROK 1659-2014《牵引装置》
性能组成:由主机、床体(椅)、牵引部附件组成。牵引部附件包括肩带、腰带、颈椎带。
适用范围:该产品临床应用于颈椎症、腰椎症的牵引治疗。
生产厂家:韩国 HANIL TM CO.LTD
注册代理:北京捷拓永翔科贸有限公司
服务机构:北京捷拓永翔科贸有限公司
发证日期:2014. 04. 29 **截止日期**:2018. 04. 28

国食药监械(进)字 2014 第 3251986 号

产品名称:高频电刀(ConMed System 5000 ESU)
规格型号:60-8005-002(主机)、60-8015-SYS(主机)、60-6700-001(脚踏开关)、60-5103-001(脚踏开关)
产品标准:YZB/USA 1511-2014《高频电刀》
性能组成:高频电刀由主机(型号 60-8005-002 和 60-8015-SYS)和脚踏开关(型号 60-6700-001 和 60-5103-001)组成。两个型号主机的区别是：60-8015-SYS 是安装在可移动台车上，主机与可移动台车成为一体；60-8005-002 仅为电刀主机。
适用范围:高频电刀与电外科手持配件连接，通过配件的电极头传导(射频)电外科电流，用于手术部位切割和凝血。
生产厂家:美国 ConMed Corporation
注册代理:北京合众康美医疗设备有限公司
服务机构:北京合众康美医疗设备有限公司
发证日期:2014. 04. 29 **截止日期**:2018. 04. 28

国食药监械(进)字 2014 第 2401987 号

产品名称:全自动血气分析仪(GEM Premier 3000)
规格型号:5700
产品标准:YZB/USA 1609-2014《全自动血气分析仪》
性能组成:主要由主机、触摸屏和打印机构成。
适用范围:用于在临床状况下分析全血样本。设备同时能提供关于血气、血球容积、电解质、葡萄糖和乳酸的分析结果和计算结果。
生产厂家:美国 Instrumentation Laboratory Co.
注册代理:沃芬医疗器械商贸(北京)有限公司
服务机构:沃芬医疗器械商贸(北京)有限公司
发证日期:2014. 04. 29 **截止日期**:2018. 04. 28

国食药监械(进)字 2014 第 2401988 号

产品名称:全自动凝血分析仪(Coagulation Instrument)
规格型号:ACL TOP 500 CTS
产品标准:YZB/USA 1612-2014《全自动凝血分析仪》
性能组成:由全自动凝血分析仪构成。其主要部件由样本区、稀释区、试剂区、废物处理单元、样本处理单元、试剂处理单元、反应与检测单元构成。
适用范围:与专用的测试试剂一起使用，用来进行凝血和纤溶测试。
生产厂家:美国 Instrumentation Laboratory Co.
注册代理:沃芬医疗器械商贸(北京)有限公司
服务机构:沃芬医疗器械商贸(北京)有限公司
发证日期:2014. 04. 29 **截止日期**:2018. 04. 28

国食药监械(进)字 2014 第 2401989 号

产品名称:全自动细菌分枝杆菌培养监测系统(BacT/ALERT® 3D with Mycobacteria Indication)
规格型号:Bact/ALERT® 3D、Bact/ALERT® 3D 60
产品标准:YZB/USA 1483-2014《全自动细菌分枝杆菌培养监测系统》
性能组成:Bact/ALERT®3D 由控制模块和培养模块组成，其中控制模块包括键盘、条码阅读器、液晶显示器(LCD)单元、不间断电源(UPS)、控制器、软件；培养模块可连接 1-6 个培养模块，每个培养模块包括 1-4 个抽屉（其中一个或几个为用于分枝杆菌检测的 MB 抽屉），每个抽屉可容纳 60 个培养瓶。Bact/ALERT® 3D 60 由键盘、条码阅读器、液晶显示器(LCD)单元、不间断电源(UPS)、控制器、1 个抽屉（可容纳 60 个培养瓶）、软件组成。
适用范围:该产品是一种全自动检测系统与 BacT/ALERT® 培养瓶配合使用，能够培养，搅动并持续监视接种疑有菌血症，真菌血症和/或分枝杆菌血症的患者样本的需氧和厌氧培养基。
生产厂家:美国 bioMerieux, Inc.
注册代理:梅里埃诊断产品(上海)有限公司
服务机构:梅里埃诊断产品(上海)有限公司
发证日期:2014. 04. 29 **截止日期**:2018. 04. 28

国食药监械(进)字 2014 第 2301990 号

产品名称:X 射线骨密度测量仪(X-ray Bone Densitometer)
规格型号:DEXXUM T
产品标准:YZB/ROK 0964-2014《X 射线骨密度测量仪》
性能组成:该产品由 X 射线发生器(包括 X 射线管、X 射线管附属结构和高压发生器)、X 射线控制器、探测器、患者床、激光器、电脑组成。
适用范围:该产品用于利用 X 射线来测定椎骨、股骨和臂骨的骨骼的密度。
生产厂家:韩国 OsteoSys Co., Ltd.
注册代理:澳思托医疗器械(上海)有限公司

服务机构:澳思托医疗器械(上海)有限公司
发证日期:2014.04.29 截止日期:2018.04.28

国食药监械(进)字 2014 第 2401991 号

产品名称:血糖仪 (商品名: 逸动型) (ACCU-CHEK Mobile)
规格型号:血糖仪主机型号:ACCU-CHEK Mobile Model U1
产品标准:YZB/GER 1555-2014《血糖仪》
性能组成:由血糖仪主机(ACCU-CHEK Mobile Model U1)、采血笔(Accu-Chek FastClix M1) 、AST 笔帽(Accu-ChekFastClix Mobile M1 AST)、操作软件组成。
适用范围:该产品用于定量检测新鲜毛细血管全血中的葡萄糖浓度。
生产厂家:德国罗氏诊断有限公司
注册代理:罗氏诊断产品(上海)有限公司
服务机构:罗氏诊断产品(上海)有限公司
发证日期:2014.04.29 截止日期:2018.04.28

国食药监械(进)字 2014 第 2401992 号

产品名称:酶标仪(Absorbance Reader)
规格型号:Infinite F50
产品标准:YZB/AUS 1757-2014《酶标仪》
性能组成:该产品由主机、电源适配器、软件和可选件(滤光片)组成。
适用范围:该产品用于测定液体媒介的吸光度(光密度)。
生产厂家:奥地利 Tecan Austria GmbH
注册代理:帝肯(上海)贸易有限公司
服务机构:帝肯(上海)贸易有限公司
发证日期:2014.04.29 截止日期:2018.04.28

国食药监械(进)字 2014 第 2401993 号

产品名称:尿液分析仪(Urisys 1100)
规格型号:Urisys 1100
产品标准:YZB/GER 1445-2014《尿液分析仪》
性能组成:该分析仪主要包括主机及软件。
适用范围:该分析仪及配套试剂盒联用,用于临床尿液化验检查,包括尿的 pH、白细胞、亚硝酸盐、蛋白、葡萄糖、酮体、尿胆原、胆红素、红细胞和比重。
生产厂家:德国 Roche Diagnostics GmbH
注册代理:罗氏诊断产品(上海)有限公司
服务机构:罗氏诊断产品(上海)有限公司
发证日期:2014.05.05 截止日期:2018.05.04

国食药监械(进)字 2014 第 3211994 号

产品名称:心输出量测量仪(PiCCO2)
规格型号:PC8500
产品标准:YZB/GER 1509-2014《心输出量测量仪》
性能组成:该产品由主机(PC8500)、注射液温度感受器电缆(PC80109)、血液温度感受器电缆(PC80150)、压力电缆(PMK-206)、AUX 适配器(PC85200,生产企业: W&GElektro-BauelementeGmbH)、光学模块(PC3015)、LiMON 模块(PC5100)、LiMON 可重复使用传感器(PC51100、PC51200、PC51300)、电位均衡连接线(401080,生产企业: NICOLAY ServicesGmbH)和主电源电缆组成。
适用范围:该产品预期由经过培训的医疗专业人员在医院和类似医院的机构中使用,预期用于心肺和循环参数的测定与测量,具体如下:该产品通过连接 CeVOX 模块与 CeVOX 探头对成人和小儿进行中心静脉氧饱和度测量,以评估氧供和氧耗。该产品通过连接 LiMON 模块与 LiMON 传感器以测量吲哚菁绿清除的密度以及测量动脉氧饱和度。该产品通过脉搏轮廓分析以测量连续心输出量,通过热稀释技术以测量间歇心输出量。该产品通过测量心率、收缩压、舒张压以获取平均动脉压及中心静脉压。该产品通过分析热稀释曲线的平均传输时间和下降时间以确定血管内外的液体容量。
生产厂家:德国 PULSION Medical Systems SE
注册代理:上海景年医疗器械有限公司
服务机构:上海景年医疗器械有限公司
发证日期:2014.05.05 截止日期:2018.05.04

国食药监械(进)字 2014 第 2261995 号

产品名称:脉冲止痛笔 (商品名: 派恩高) (Pain Relief Device)
规格型号:MD101
产品标准:YZB/UK 1055-2014《脉冲止痛笔》
性能组成:止痛笔由驱动按钮、铝阳极环、触针和躯干组成。
适用范围:通过在痛点上应用电极产生的脉冲波,经过皮肤刺激皮下神经,起到缓解疼痛的作用
生产厂家:英国 Medi-Direct International Limited
注册代理:深圳市联合优友医药有限公司
服务机构:深圳市联合优友医药有限公司
发证日期:2014.05.05 截止日期:2018.05.04

国食药监械(进)字 2014 第 3301996 号

产品名称:数字化 X 射线系统(General purpose radiography system)
规格型号:OPERA FP
产品标准:YZB/ITA 1321-2014《数字化 X 射线系统》
性能组成:产品由高压发生器 OPERA-G650RF(65kW)/ OPERA-G800RF (80kW),X 射线管组件(1.管套 B-135H, 管芯 G-292; 2.管套 C100,管芯 RTM 101HS; 3.管套 C100, 管芯 RTC 600HS; 4.管套 B-199, 管芯 SG-1096),限束器,诊视床控制台,高压发生器控制台,X 射线诊视床 OPERA-T90fpe,数字成像系统,平板探测器和滤线栅组成.性能:标称电功率:当设备配备 OPERA-G650RF 发生器时,标称电功率表为 63kW;当设备配备 OPERA-G800RF 发生器时,标称电功率为 80kW;X 射线管组件(1.管套 B-135H/管芯 G-292:旋转阳极,焦点 0.6/1.2mm;2.管套 C100/管芯 RTM 101 HS:旋转阳极,焦点 0.6/1.2mm;3.管套 C100/管芯 RTC 600HS:旋转阳极,焦点 0.6/1.2mm;4.管套 B-199/管芯 SG-1096:旋转阳极,焦点 0.6/1.0mm);摄影管电压调节范围:40-150kV,透视管电压调节范围:40-125kV;摄影管电流调节范围:10-1000mA/10-800mA,连续透视管电流范围:连续 0.5-10mA, ;加载时间调节范围:1.0-6300ms;电流时间积:0.1mAs-1000mAs;在厚度为 20mm 的铝(纯度大于 99.5%)衰减体膜情)况下空间分辨率应不小于 2.51p/mm;DSA 可视空间分辨率不小于 2.01p/mm。
适用范围:用于 x 射线常规透视和摄影检查。
生产厂家:意大利 General Medical Merate S.p.A
注册代理:康达医疗器械(上海)有限公司
服务机构:康达医疗器械(上海)有限公司
发证日期:2014.05.05 截止日期:2018.05.04

国食药监械(进)字 2014 第 1411997 号

产品名称:制片机(Thin layer Slide Processor)
规格型号:CellSlide
产品标准:YZB/IRE 1544-2014《制片机》
性能组成:产品由键盘,显示屏,职能卡插口(选配),机盖,固定液分注器,滤塔装置,以及样本瓶压力和支架装置,蠕动泵以及电路和管路组成。
适用范围:主要用于临床上对患者宫颈脱落细胞、脑脊液、尿液等样品进行细胞玻片制作。
生产厂家:爱尔兰 Audit Diagnostics
注册代理:上海济康医疗器械有限公司
服务机构:上海济康医疗器械有限公司
发证日期:2014.05.05 截止日期:2018.05.04

国食药监械(进)字 2014 第 2401998 号

产品名称:全自动微生物分析系统(BD Phoenix™ Automated Microbiology System)
规格型号:Phoenix 100
产品标准:YZB/USA 1558-2014《全自动微生物分析系统》
性能组成:a)光学系统:发光二极管光源板,紫外光源,可见光监控系统。b)培养系统:圆柱形旋转动架及其驱动装置,螺旋式加热器,鼓风机,管道系统及空气过滤器。c)条码扫描器:分为内置和外置条码扫描器。d)计算机系统。
适用范围:该产品用于临床细菌的鉴定和药物测试;也用于酵母菌和酵母菌样真菌微生物的鉴定。
生产厂家:美国 Becton, Dickinson and Company
注册代理:碧迪医疗器械(上海)有限公司
服务机构:碧迪医疗器械(上海)有限公司
发证日期:2014.05.05 截止日期:2018.05.04

国食药监械(进)字2014第2401999号

产品名称:比浊仪(QuikRead 101 Instrument)
规格型号:QuikRead 101型 货号:06040
产品标准:YZB/FIN 1224-2014《比浊仪》
性能组成:分析仪主要由读卡器、比浊管检测孔、液晶显示器、打印机/串行接口(RS232)、以太网 T-Base10/100 接口、条形码阅读器接口、电源接口和电源ON/OFF开关、电源线组成。
适用范围:该产品采用免疫速率法主要用于实验室检测C-反应蛋白、尿微量白蛋白等项目。
生产厂家:芬兰 Orion Diagnostica Oy
注册代理:上海基恩科技有限公司
服务机构:上海基恩科技有限公司
发证日期:2014.05.05 **截止日期**:2018.05.04

国食药监械(进)字2014第3322000号

产品名称:医用直线加速器(Linear Accelerator)
规格型号:Elekta Synergy
产品标准:YZB/UK 1461-2014《医用直线加速器》
性能组成:ElektaSynergy 医用直线加速器由下列部分组成:治疗室:由加速器主机、精确治疗床、多叶准直器(MLCi2)、XVI 容积影像系统、iViewGT 实时影像系统、高压脉冲调制器组成。控制室:控制台、直线加速器控制系统 Integrity R1.1、功能键盘。主要性能:X-线分3挡:低能档(4 MV、6 MV)、中能档 (6 MV、8 MV、10 MV)、高能档 (10 MV、15 MV、18MV、25 MV),每档任选一种能量;电子线标称值:4 MeV、6MeV、8 MeV、9MeV、10 MeV、12 MeV、15 MeV、18 MeV、20 MeV、22 MeV,共10档,可任选5种以上能量;iViewGT 实时影像探测系统:26cm×26cm;XVI容积影像系统:XVI容积影像系统重建后FOV分为大型,中型,小型三种影像尺寸。
适用范围:产品适用范围:Elekta Synergy 医用直线加速器是以放射治疗为目的的医用直线加速器,临床上用于患者的放射治疗。
生产厂家:英国 Elekta Limited
注册代理:医科达(上海)医疗器械有限公司
服务机构:医科达(上海)医疗器械有限公司
发证日期:2014.05.05 **截止日期**:2018.05.04

国食药监械(进)字2014第2402001号

产品名称:全自动血气分析仪(GEM Premier 4000 & 3500)
规格型号:GEM Premier 4000、GEM Premier 3500
产品标准:YZB/USA 1285-2014《全自动血气分析仪》
性能组成:本产品由主机、彩色触摸屏、光驱、取样区、分析包舱、内置打印机、手柄、网络及数据接口、条形码读取器构成。
适用范围:本产品与专用的测试试剂盒一起使用,用来进行血气、血氧测试。
生产厂家:美国 Instrumentation Laboratory Co.
注册代理:沃芬医疗器械商贸(北京)有限公司
服务机构:沃芬医疗器械商贸(北京)有限公司
发证日期:2014.05.05 **截止日期**:2018.05.04

国食药监械(进)字2014第3402002号

产品名称:全自动PCR分析系统(LightCycler 2.0)
规格型号:LightCycler 2.0
产品标准:YZB/GER 1446-2014《全自动PCR分析系统》
性能组成:由数据处理站、操作系统软件、主机组成。
适用范围:该产品基于实时荧光监测原理,对各种样本来源(包括:病原体/血样/组织/分泌物等)的病原微生物核酸进行定量检测。
生产厂家:德国 Roche Diagnostics GmbH
注册代理:罗氏诊断产品(上海)有限公司
服务机构:罗氏诊断产品(上海)有限公司
发证日期:2014.05.05 **截止日期**:2018.05.04

国食药监械(进)字2014第2402003号

产品名称:全自动凝血分析仪(Coagulation System)
规格型号:ACL 7000
产品标准:YZB/USA 1550-2014《全自动凝血分析仪》
性能组成:由全自动凝血分析仪构成。其主要部件由样本区、试剂区、温育比色区、废物处理区构成。
适用范围:与专用的测试试剂配合使用,用于临床凝血和纤溶测试分析。
生产厂家:美国 Instrumentation Laboratory Co.
注册代理:沃芬医疗器械商贸(北京)有限公司
服务机构:沃芬医疗器械商贸(北京)有限公司
发证日期:2014.05.05 **截止日期**:2018.05.04

国食药监械(进)字2014第2402004号

产品名称:全自动糖化血红蛋白分析仪(Tosoh Automated Glycohemoglobin Analyzer HLC-723G8)
规格型号:HLC-723G8
产品标准:YZB/JAP 1332-2014《全自动糖化血红蛋白分析仪》
性能组成:该分析仪由主机、进样器和层析柱(标准模式层析柱或变异模式层析柱)及随机软件组成。
适用范围:该分析仪是基于离子交换高效液相色谱法 (HPLC) 原理,对血液中的糖化血红蛋白成份(%或mmol/mol)进行测定的分析仪。该分析仪具有二种不同的测定模式,分别是标准模式、变异模式。
生产厂家:日本东曹株式会社
注册代理:东曹(上海)生物科技有限公司
服务机构:希森美康医用电子(上海)有限公司、上海蓝怡医药有限公司
发证日期:2014.05.05 **截止日期**:2018.05.04

国食药监械(进)字2014第3222005号

产品名称:胸腹腔镜(Laparo-Thoraco Telescopes)
规格型号:见附页
产品标准:YZB/GER 1018-2014《胸腹腔镜》
性能组成:该产品由物镜端、工作插入部、导光束接头和目镜罩组成。产品规格型号、基本参数及结构图示见附页。
适用范围:该产品用于胸腔和腹腔镜检查和手术。
生产厂家:德国奥林巴斯苇音特和意北公司(OLYMPUS WINTER&IBE GMBH)
注册代理:奥林巴斯贸易(上海)有限公司
服务机构:奥林巴斯(北京)销售服务有限公司
发证日期:2014.05.05 **截止日期**:2018.05.04

国食药监械(进)字2014第3252006号

产品名称:括约肌切开刀 (商品名: Dreamtome RX) (Dreamtome RX Sphincterotome)
规格型号:见附页
产品标准:YZB/USA 1453-2014《括约肌切开刀》
性能组成:DreamtomeRX 括约肌切开刀由一个预装有 Dreamwire 导丝的 Autotome 括约肌切开刀组成。产品有三个腔道 (导丝腔、注射腔、切割丝腔),其中导丝腔为开放通道,预装导丝,行括约肌切开术时导丝可留在原位。当连接到单极电流时,用于切割 Vater 壶腹和/或 Oddi 括约肌。Dreamtome RX 括约肌切开刀设计用于与工作通道直径至少为2.8mm 的内窥镜一同使用。产品为一次性使用,环氧乙烷灭菌。具体型号参数描述见附页。
适用范围:Dreamtome RX 括约肌切开刀适用于胆管的选择性插管术以及经内镜 Vater 壶腹和/或 Oddi 括约肌切开术,还可用于注射造影剂。
备注:2014年7月14日同意更正生产企业名称内容,2014年5月5日核发的医疗器械注册证、医疗器械注册登记表予以废止。
变更情况:变更日期: 2015.01.29。"美国马萨诸塞州内迪克市波士顿科学广场1号 邮编:01760-1537One Boston Scientific Place, Natick, MA 01760-1537, USA"变更为"300 Boston Scientific Way, Marlborough, MA 01752, USA"。
生产厂家:美国波士顿科学公司(Boston Scientific Corporation)
注册代理:波科国际医疗贸易(上海)有限公司
服务机构:波科国际医疗贸易(上海)有限公司
发证日期:2014.05.05 **截止日期**:2018.05.04

国食药监械(进)字2014第3542007号

产品名称:呼吸机(Ventilator)
规格型号:iVent201
产品标准:YZB/ISR 1485-2014《呼吸机》
性能组成:呼吸机由主机(可选灰白外观或黄色外观)、电池、电源线、气源管组成。可选附件包括外接加长电池、双支管管路适配套件、单支管或双支管呼吸管路、CBRN 生化过滤器连接套件(安装在空气入口处)、

低压氧源连接套件(含氧传感器、氧气过滤器和储气囊)、带滚轮的呼吸机支撑套件、呼吸机床边安装支架。安装在可重复使用的呼吸管路中的单向阀、流量传感器、呼气阀可单独配置。

适用范围:本呼吸机设计用于体重在 10kg 或以上的儿童和成人。该呼吸机预期用于为需要机械通气的患者提供持续或间歇的通气支持。用于医院内包括 ICU、静磁场不超过 3.0T 的 MR 房间在内的所有区域,适用于所有与医院类似的场所、备用医疗站、转运护送、急救环境中。仅限由经过培训的合格医护人员在医师的监管下使用。该设备不能使用麻醉气体。

生产厂家:以色列 GE Medical Systems Israel Limited

注册代理:通用电气医疗系统贸易发展(上海)有限公司

服务机构:通用电气医疗系统贸易发展(上海)有限公司

发证日期:2014.05.05 **截止日期**:2018.05.04

国食药监械(进)字 2014 第 3772008 号

产品名称:诊断/消融可调弯头端导管(商品名:Thermocool SF)(Thermocool SF Catheter)

规格型号:见附页

产品标准:YZB/USA 1364-2014《诊断/消融可调弯头端导管(商品名:Thermocool SF)》

性能组成:诊断/消融可调弯头端导管(商品名:Thermocool SF)由连接器、管身、手柄和电极组成。可通过调节控弯旋钮的方向来调节头端弯曲方向。本产品环氧乙烷灭菌,一次性使用。产品型号及弯型图示见附页。

适用范围:ThermocoolSF 诊断/消融可调弯头端导管及其相关附件适用于进行基于导管的心内电生理标测(刺激和记录),而且当与射频消融仪一起使用时可用于治疗 18 岁以上患者的 I 型房扑。Thermocool SFNAV 诊断/消融可调弯头端导管及其相关附件适用于进行基于导管的心内电生理标测(起搏和记录),而且当与射频消融仪一起使用时可用于治疗:18 岁及以上患者的 I 型房扑;与兼容的三维电解剖标测系统一起使用时,治疗药物难治性反复发作性的阵发性房颤。与 CARTO EP 导航系统配合使用时,Thermocool SF NAV 诊断/消融可调弯头端导管提供定位信息。

备注:2014 年 7 月 7 日同意更正生产地址内容,2014 年 5 月 5 日核发的医疗器械注册登记表予以废止。

生产厂家:美国 Biosense Webster, Inc.

注册代理:强生(上海)医疗器材有限公司

服务机构:强生(上海)医疗器材有限公司

发证日期:2014.05.05 **截止日期**:2018.05.04

国食药监械(进)字 2014 第 2452009 号

产品名称:血液透析用水处理系统(Water Treatment System)

规格型号:见附页

产品标准:YZB/GER 1826-2014《血液透析用水处理系统》

性能组成:由主机、显示器、0.2μm 无菌过滤器(3037754)、滤筒(6505100)、水位监控器(2000011)、电磁阀(2100100)和溢水阀(9126500)组成,各型号均为一级反渗透系统,但重量、尺寸、反渗水量和基本功能不同。

适用范围:用于医疗单位生产血液透析用纯净水。

备注:2014 年 8 月 18 日同意更正注册号内容,2014 年 5 月 7 日核发的医疗器械注册证、医疗器械注册登记表、附页予以废止。

生产厂家:德国 Lauer Membran Wassertechnik GmbH

注册代理:劳钼贸易(上海)有限公司

服务机构:劳钼贸易(上海)有限公司

发证日期:2014.05.07 **截止日期**:2018.05.06

国食药监械(进)字 2014 第 2242010 号

产品名称:激光多普勒及经皮氧分压测量仪(PeriFlux System 5000)

规格型号:见附页

产品标准:YZB/SWE 7306-2013《激光多普勒及经皮氧分压测量仪》

性能组成:该产品由主机、功能单元、探头、探头座、附件、系统软件 PSW 组成,详见附件。

适用范围:PF 5010 单元用于测量人类皮肤和肌肉微循环血流。PF5020 单元常用于保持皮肤温度,以避免环境温度对测量结果的影响,也被用于研究不同温度下的血管反应,通过热刺激可以得到皮肤微血管床的最大扩张,研究组织的储血潜力。PF5040 单元可以透过皮肤组织测量其氧和二氧化碳分压水平,能够连续、无创的测量氧和二氧化碳分压,可以在不麻醉的情况下测量成人或婴儿的经皮氧分压和二氧化碳分压。PF 5050 单元用于测量肢端和指端的脉冲量记录(PVR)。PF5050 单元联合 PF5010 单元可以测量肢体平均血压值。

生产厂家:瑞典 Perimed AB

注册代理:帕瑞医学科技(北京)有限公司

服务机构:帕瑞医学科技(北京)有限公司

发证日期:2014.05.07 **截止日期**:2018.05.06

国食药监械(进)字 2014 第 3232011 号

产品名称:数字化彩色超声波诊断装置(デジタル超音波診断装置)

规格型号:HI VISION Preirus

产品标准:YZB/JAP 1672-2014《数字化彩色超声波诊断装置》

性能组成:见《产品性能结构及组成附页》。

适用范围:用于临床超声诊断。各探头临床应用见《产品性能结构及组成附页》。

生产厂家:日本株式会社 日立医疗器械(株式会社日立メディコ)

注册代理:日立医疗(广州)有限公司

服务机构:日立医疗(广州)有限公司

发证日期:2014.05.07 **截止日期**:2018.05.06

国食药监械(进)字 2014 第 3252012 号

产品名称:等离子射频汽化系统(商品名:VAPR3)(VAPR3 Radio Frequency System)

规格型号:见附页

产品标准:YZB/USA 1759-2014《等离子射频汽化系统》

性能组成:射频系统由 VAPR 射频主机、VAPRIII 脚踏板、VAPR 手柄和电极组成。具体规格型号见附页。额定工作频率 340-450kHz。汽化模式(V1、V2、V3)额定负载 160Ω,额定输出功率 260W;混合汽化模式(BV1、BV2)额定负载 33Ω,额定输出功率 260W;干燥模式 DES 额定负载 68Ω,额定输出功率 120W。

适用范围:VAPR III 射频汽化系统与 VAPR 电极配套使用,预期用于需要关节镜手术的患者,包括膝、肩、踝、肘和腕关节,用于软组织切开、消融、切除,以及对血管止血、软组织凝固。

生产厂家:美国 DePuy Mitek

注册代理:强生(上海)医疗器材有限公司

服务机构:强生(上海)医疗器材有限公司

发证日期:2014.05.07 **截止日期**:2018.05.06

国食药监械(进)字 2014 第 2402013 号

产品名称:小型免疫分析仪(PATHFAST Compact Immuno-Assay Analyzer)

规格型号:PATHFAST

产品标准:YZB/JAP 1670-2014《小型免疫分析仪》

性能组成:仪器由样本识别传感器、分液和磁珠纯化分离装置、加热装置、光子计数器、数据处理系统(CPU)、内置热敏打印机和随机软件组成。

适用范围:该产品与 PATHFAST 配套试剂一起可以对全血、肝素血浆、血清或其他符合测试要求的样本中的特定被检物进行体外定量检测。

变更情况:变更日期:2014.12.26。"注册人名称:Mitsubishi Chemical Medience Corporation 注册人住所:2-8 Shibaura 4-chome, Minato-Ku, Tokyo, Japan"变更为"注册人名称:LSI Medience Corporation 注册人住所:13-4 Uchikanda 1-chome, chiyoda-ku, Tokyo, Japan"。

生产厂家:日本 Mitsubishi Chemical Medience Corporation

注册代理:广州新仪仪器有限公司

服务机构:广州新仪仪器有限公司

发证日期:2014.05.07 **截止日期**:2018.05.06

国食药监械(进)字 2014 第 1402014 号

产品名称:全自动核酸分离纯化仪(COBAS AmpliPrep)

规格型号:COBAS AmpliPrep

产品标准:YZB/USA 1768-2014《全自动核酸分离纯化仪》

性能组成:全自动核酸分离纯化仪由数据处理站、软件、主机组成。

适用范围:该系统基于磁性颗粒吸附和探针选择性分离的原理,从血源样本中提取核酸。

生产厂家:美国 Roche Molecular Systems, Inc.

注册代理:罗氏诊断产品(上海)有限公司
服务机构:罗氏诊断产品(上海)有限公司
发证日期:2014. 05. 07 截止日期:2018. 05. 06

国食药监械(进)字 2014 第 2242015 号

产品名称:激光定位系统(LAP Dorado Laser Positioning Systems)
规格型号:Dorado 1, Dorado 3, Dorado 4
产品标准:YZB/GER 1346-2014《激光定位系统》
性能组成:激光定位系统由固定激光灯,可移动激光轨,手动控制器组成。可移动范围:600mm±5mm;移动速度:>100mm/s;激光移动定位精度:±0.25mm。
适用范围:激光定位系统与 CT 扫描设备安装在一起,在病人皮肤上投射出用作标记的位置参考点,供对病人肿瘤放射治疗时定位之用。
生产厂家:德国 LAP GmbH Laser Applikationen
注册代理:德国镭谱激光应用有限公司上海代表处
服务机构:德国镭谱激光应用有限公司上海代表处
发证日期:2014. 05. 07 截止日期:2018. 05. 06

国食药监械(进)字 2014 第 3212016 号

产品名称:双极临时起搏电极导管(PacelTM Bipolar Pacing Catheters)
规格型号:见附页
产品标准:YZB/USA 2066-2014《双极临时起搏电极导管》
性能组成:见附页。
适用范围:适用于心内起搏和(或)心电图记录。临床持续使用最长时间为大于 24 小时小于 30 天。
生产厂家:美国 St. Jude Medical
注册代理:圣犹达医疗用品(上海)有限公司
服务机构:圣犹达医疗用品(上海)有限公司
发证日期:2014. 05. 07 截止日期:2018. 05. 06

国食药监械(进)字 2014 第 3232017 号

产品名称:超声眼科专用诊断仪(ECHOGRAPH)
规格型号:Compact Touch
产品标准:YZB/FRA 1676-2014《超声眼科专用诊断仪》
性能组成:产品组成:主机、外部键盘和鼠标(选配件)、探头支架、A 超探头(TP-01-b)、B 超探头(B1-10MHz)、角膜测厚探头(P1)、电源线和适配器(TR60M12)、脚踏开关。性能及功能见产品标准。
适用范围:本产品是眼科超声诊断 A/B 成像系统,用于眼后节的 B 模式成像,测量眼轴长度,测量眼角膜厚度并计算植入眼内的人工晶体的屈光度,临床用于对患者眼部疾病的诊断。
生产厂家:法国 QUANTEL MEDICAL
注册代理:北京高视远望科技有限责任公司
服务机构:北京高视远望科技有限责任公司
发证日期:2014. 05. 07 截止日期:2018. 05. 06

国食药监械(进)字 2014 第 1542018 号

产品名称:植皮机(商品名:MEEK)(MEEK Micrografting)
规格型号:MEEK Micrografting
产品标准:YZB/NET 1391-2014《植皮机》
性能组成:该产品由机体、圆盘刀架、汽动马达、软木盘组成。
适用范围:该产品用于烧伤患者进行植皮手术前对已取好的皮片进行排列切割。
生产厂家:荷兰 Humeca B.V.
注册代理:上海贵群经贸有限公司
服务机构:上海华高医疗器材有限公司
发证日期:2014. 05. 07 截止日期:2018. 05. 06

国食药监械(进)字 2014 第 2222019 号

产品名称:高频电缆线(HF-cable)
规格型号:A60000C, A60001C, A60002C, A60003C
产品标准:YZB/GER 1542-2014《高频电缆线》
性能组成:见附页。
适用范围:高频电缆线用于连接高频主机和高频手术器械。
生产厂家:德国奥林巴斯苇音特和意北公司
注册代理:奥林巴斯贸易(上海)有限公司
服务机构:奥林巴斯(北京)销售服务有限公司
发证日期:2014. 05. 07 截止日期:2018. 05. 06

国食药监械(进)字 2014 第 2402020 号

产品名称:全自动生化分析仪(Automatic Analyzer)
规格型号:JCA-BM6010/C
产品标准:YZB/JAP 1761-2014《全自动生化分析仪》
性能组成:分析仪由分析系统、操作系统、电解质分析单元(选配件)和软件组成。
适用范围:该产品用于对人血清、血浆、血细胞成分或尿液样本中的各种生化及电解质项目进行定量分析。
生产厂家:日本电子株式会社
注册代理:希森美康医用电子(上海)有限公司
服务机构:希森美康医用电子(上海)有限公司
发证日期:2014. 05. 07 截止日期:2018. 05. 06

国食药监械(进)字 2014 第 1412021 号

产品名称:高速离心机(Centrifuge)
规格型号:Multifuge X1、SL16、ST16、Multifuge X3、SL40、ST40。
产品标准:YZB/GER 1806-2014《高速离心机》
性能组成:产品由机架、电控系统、驱动系统、转子和安全保护装置组成。
适用范围:本产品主要用于临床实验室分离溶液中的不同组分。
生产厂家:德国 Thermo Electron LED GmbH
注册代理:赛默飞世尔(上海)仪器有限公司
服务机构:赛默飞世尔科技(中国)有限公司
发证日期:2014. 05. 08 截止日期:2018. 05. 07

国食药监械(进)字 2014 第 1412022 号

产品名称:高速冷冻离心机(Centrifuge)
规格型号:Multifuge X1R、SL16R、ST16R、Multifuge X3R、SL40R、ST40R
产品标准:YZB/GER 1841-2014《高速冷冻离心机》
性能组成:产品由机架、电控系统、驱动系统、制冷系统、转子和安全保护装置组成。
适用范围:产品主要用于临床实验室分离溶液中的不同组分。
生产厂家:德国 Thermo Electron LED GmbH
注册代理:赛默飞世尔(上海)仪器有限公司
服务机构:赛默飞世尔科技(中国)有限公司
发证日期:2014. 05. 08 截止日期:2018. 05. 07

国食药监械(进)字 2014 第 1412023 号

产品名称:高速离心机(Centrifuge)
规格型号:Micro CL 17, Micro CL 21
产品标准:YZB/GER 1843-2014《高速离心机》
性能组成:产品由机架、电控系统、驱动系统、转子和安全保护装置组成。
适用范围:产品主要用于临床实验室分离溶液中的不同组分。
生产厂家:德国 Thermo Electron LED GmbH
注册代理:赛默飞世尔(上海)仪器有限公司
服务机构:赛默飞世尔科技(中国)有限公司
发证日期:2014. 05. 08 截止日期:2018. 05. 07

国食药监械(进)字 2014 第 1412024 号

产品名称:高速冷冻离心机(Centrifuge)
规格型号:Micro CL 17R, Micro CL 21R
产品标准:YZB/GER 1849-2014《高速冷冻离心机》
性能组成:产品由机架、电控系统、驱动系统、制冷系统、转子和安全保护装置组成。
适用范围:产品主要用于临床实验室分离溶液中的不同组分。
生产厂家:德国 Thermo Electron LED GmbH
注册代理:赛默飞世尔(上海)仪器有限公司
服务机构:赛默飞世尔科技(中国)有限公司
发证日期:2014. 05. 08 截止日期:2018. 05. 07

国食药监械(进)字 2014 第 1412025 号

产品名称:高速冷冻离心机(Centrifuge)
规格型号:Multifuge X3 FR
产品标准:YZB/GER 1851-2014《高速冷冻离心机》
性能组成:产品由机架、电控系统、驱动系统、制冷系统、转子和安全保护装置组成。
适用范围:产品主要用于临床实验室分离溶液中的不同组分。
生产厂家:德国 Thermo Electron LED GmbH
注册代理:赛默飞世尔(上海)仪器有限公司
服务机构:赛默飞世尔科技(中国)有限公司
发证日期:2014.05.08 截止日期:2018.05.07

国食药监械(进)字2014第1412026号

产品名称:高速离心机(Centrifuge)
规格型号:Multifuge X3 F
产品标准:YZB/GER 1855-2014《高速离心机》
性能组成:产品由机架、电控系统、驱动系统、转子和安全保护装置组成。
适用范围:产品主要用于临床实验室分离溶液中的不同组分。
生产厂家:德国 Thermo Electron LED GmbH
注册代理:赛默飞世尔(上海)仪器有限公司
服务机构:赛默飞世尔科技(中国)有限公司
发证日期:2014.05.08 截止日期:2018.05.07

国食药监械(进)字2014第1402027号

产品名称:样本前处理仪(ACCELERATOR p540)
规格型号:ACCELERATOR p540
产品标准:YZB/JAP 1915-2014《样本前处理仪》
性能组成:样本前处理仪由分杯模块、分选仪模块和连接件组成。
适用范围:样本前处理仪是集成模块，用于完成试验必要的全自动前处理。
生产厂家:日本 A&T Corporation
注册代理:雅培贸易(上海)有限公司
服务机构:雅培贸易(上海)有限公司
发证日期:2014.05.08 截止日期:2018.05.07

国食药监械(进)字2014第1062028号

产品名称:口镜(Mouth Mirror)
规格型号:F80-11018
产品标准:YZB/SWI 1781-2014《口镜》
性能组成:该产品由普通玻璃平面镜与聚丙烯(PP)树脂柄注塑而成。
适用范围:该产品适用于牙科诊疗时观察病人的口腔情况。
生产厂家:瑞士 Degradable Solutions AG
注册代理:北京永轩科技有限公司
服务机构:北京永轩科技有限公司
发证日期:2014.05.08 截止日期:2018.05.07

国食药监械(进)字2014第2262029号

产品名称:上/下肢振动康复训练器(Vibration Device)
规格型号:excellence med
产品标准:YZB/GER 1819-2014《上/下肢振动康复训练器》
性能组成:产品由主机、触摸屏、带有底座的固定架、电源线和控制绳和软件(版本: 4.23)组成。
适用范围:该设备用于当处于坐姿或仰卧位时，上下肢主动的、机械辅助的和被动的运动，用于对人体肌无力、关节不稳定、骨质疏松的康复训练。
生产厂家:德国 WellenGang GmbH
注册代理:江苏天瑞医疗器械有限公司
服务机构:江苏天瑞医疗器械有限公司
发证日期:2014.05.08 截止日期:2018.05.07

国食药监械(进)字2014第2402030号

产品名称:凝血酶原时间测试仪(microINR PORTABLE COAGULOMETER)
规格型号:microINR
产品标准:YZB/SPA 1939-2014 《凝血酶原时间测试仪》
性能组成:主要部件包括 Mini USB 连接、设置按钮、显示、测试片插入区域和确认按钮以及电源适配器。
适用范围:该凝血仪与专用的测试试剂一起使用，用来进行凝血酶原时间测试。
生产厂家:西班牙 iLine Microsystems S.L.
注册代理:沃芬医疗器械商贸(北京)有限公司
服务机构:沃芬医疗器械商贸(北京)有限公司
发证日期:2014.05.08 截止日期:2018.05.07

国食药监械(进)字2014第2312031号

产品名称:X射线管组件(X-ray Tube Assembly)
规格型号:2219500-3
产品标准:YZB/USA 0153-2014《X射线管组件》
性能组成:产品由X射线管(阴极、旋转阳极)，X射线管套，固定架，绝缘油组成。
适用范围:X射线管组件产生的X射线用于CT或PET-CT系统。
生产厂家:美国 GE MEDICAL SYSTEMS, LLC
注册代理:通用电气医疗系统贸易发展(上海)有限公司
服务机构:通用电气医疗系统贸易发展(上海)有限公司
发证日期:2014.05.08 截止日期:2018.05.07

国食药监械(进)字2014第2662032号

产品名称:胸腔引流系统(Suction pumps)
规格型号:Thopaz
产品标准:YZB/SWI 2059-2014《胸腔引流系统》
性能组成:设备由负压吸引器、0.3L和0.8L两种规格的一次性引流瓶、单接头/双接头引流管套件、电源适配器以及CD光盘（软件 ThopEasy, 版本号 1.2.0）组成。引流瓶的材料为聚丙烯，单接头/双接头引流管套件的材料为医用聚氯乙烯。
适用范围:该产品预期用于抽吸和清除手术用液、组织、气体、体液或感染物质。适用于气胸、经过心脏或胸腔手术之后，以及胸部损伤、胸膜积液、胸膜积脓或其它相关条件下的胸膜腔和纵膈腔引流的情形。
生产厂家:瑞士 Medela AG
注册代理:北京迈迪克豪尔医药技术咨询服务有限公司
服务机构:美德乐(北京)医疗科技有限公司
发证日期:2014.05.07 截止日期:2018.05.06

国食药监械(进)字2014第2552033号

产品名称:牙科光固化机（商品名: Palmlight 10）(Dental Curing Light)
规格型号:001-00030
产品标准:YZB/USA 1376-2014《牙科光固化机》
性能组成:由主机、充电底座、电源适配器三部分组成，其中主机由操作者持握、具有操作控制功能的手柄和内置LED光源、可以插入手柄并360° 旋转的工作柄组成。
适用范围:用于各种牙科复合树脂、粘接剂、粘合剂、以及封闭剂的光照固化。
生产厂家:美国 CAO Group, Inc.
注册代理:西尔欧(中国)医疗设备有限公司
服务机构:西尔欧(中国)医疗设备有限公司
发证日期:2014.05.07 截止日期:2018.05.06

国食药监械(进)字2014第2212034号

产品名称:听觉脑干诱发电位仪(Navigator Pro)
规格型号:580-NAVPR2
产品标准:YZB/USA 1779-2014《听觉脑干诱发电位仪》
性能组成:该产品由主机(580-NAVPR2, 含有嵌入式软件组件 Master II, Version 1.2)、电源(520-PS6VDC)、患者电缆(541-NAVC10)、环形测试电缆(541-TSTCBL)、USB电缆(541-USB001)、耳声探头(580-INSKIT)和 AEP System Software 软件(version 7.0)组成。
适用范围:该产品对患者的耳朵提供声音刺激并记录患者产生的脑干听觉诱发反应。该产品可以用于儿科患者至成人患者。该产品的使用必须根据处方施行，而且需要医师或其他经过培训的医护工作者的监督之下完成。
生产厂家:美国 Natus Medical Incorporated
注册代理:南京伟韬商贸有限公司
服务机构:南京伟韬商贸有限公司
发证日期:2014.05.07 截止日期:2018.05.06

国食药监械(进)字2014第1572035号

产品名称:超声波清洗机(Ultrasonic Washer)
规格型号:见附页
产品标准:YZB/UK 1697-2014《超声波清洗机》
性能组成:Reliance Digital超声波清洗机由超声波发生器、可控制电路和水槽组成; Reliance Digital PC+超声波清洗机由超声波发生器、可控制电路和水槽组成; SIDigital PC+ 超声波清洗机由超声波发生器、可控制电路和水槽组成; SI SA超声波清洗机由超声波发生器、可控制电路和水槽组成; SI PCF 超声波清洗机由超声波发生器、可控制电路和水槽组成。
适用范围:Reliance Digital超声波清洗机的适用范围是清洗外科手术器械; Reliance Digital PC+超声波清洗机的适用范围是清洗外科手术器械; SI Digital PC+ 超声波清洗机的适用范围是清洗管腔器械、外科手术器械; SI SA超声波清洗机的适用范围是清洗管腔器械、外科手术器械; SI PCF 超声波清洗机的适用范围是清洗管腔器械、外科手术器械。
生产厂家:英国医安公司
注册代理:北京瑞德迈普技术开发有限公司
服务机构:北京瑞德迈普技术开发有限公司
发证日期:2014.05.07 **截止日期**:2018.05.06

国食药监械(进)字2014第1242036号

产品名称:透明带红外激光打孔系统(Zona Infrared Laser Optical System)
规格型号:LYKOS
产品标准:YZB/USA 4670-2013《透明带红外激光打孔系统》
性能组成:透明带红外激光打孔系统主要由红外激光物镜组合单元(1类激光器和40x物镜),控制器,视频摄像机,C接口接头,LYKOS软件,遥控眼显示成像组成。激光波长:1450nm±10%;激光最大功率不大于300mW;激光脉冲宽度:1-3000μs可调,偏差不大于±10%。临床模式分低,中,高三档。
适用范围:用于对人体胚胎的透明带上打孔或削薄,以解决对胚胎在体外培养使得透明带硬化而造成着床困难的问题。
生产厂家:美国Hamilton Thorne Inc.
注册代理:深圳市妙泉仪器有限公司
服务机构:深圳市妙泉仪器有限公司
发证日期:2014.05.07 **截止日期**:2018.05.06

国食药监械(进)字2014第2222037号

产品名称:宫腔镜(Hysteroscopy)
规格型号:见附页
产品标准:YZB/GER 1739-2014《宫腔镜》
性能组成:产品由硬性光学内窥镜组成。
适用范围:产品适用于宫腔的观察成像。
生产厂家:德国STEMA公司(STEMA Medizintechnik GmbH)
注册代理:上海安润医疗设备有限公司
服务机构:上海圣菲实业有限公司
发证日期:2014.05.07 **截止日期**:2018.05.06

国食药监械(进)字2014第2452038号

产品名称:人工心肺机-热交换水箱(Heater-Cooler Unit)
规格型号:HCU40
产品标准:YZB/GER 1621-2014《人工心肺机-热交换水箱》
性能组成:由操作面板、标准侧导轨、制冷系统、加热系统、水箱、温度传感器和附件组成。
适用范围:用于在心血管外科手术中对患者进行升温或降温调节,并使患者体温保持在需要的温度水平。
生产厂家:德国MAQUET Cardiopulmonary AG
注册代理:迈柯唯(上海)医疗设备有限公司
服务机构:迈柯唯(上海)医疗设备有限公司
发证日期:2014.05.07 **截止日期**:2018.05.06

国食药监械(进)字2014第1572039号

产品名称:超声波清洗装置(ジェットウオツシヤ一超音波洗浄装置)
规格型号:SWUS-3100HW
产品标准:YZB/JAP 1656-2014《超声波清洗装置》
性能组成:本产品由超声波清洗装置组成,包括主机、电源线。
适用范围:本产品用于对手术器械进行清洗和烘干。
生产厂家:日本技研工業株式会社
注册代理:樱花医疗科技(泰州)有限公司
服务机构:樱花医疗科技(泰州)有限公司
发证日期:2014.05.07 **截止日期**:2018.05.06

国食药监械(进)字2014第2702040号

产品名称:睡眠呼吸暂停分析系统(Morpheus System)
规格型号:Morpheus Ox,版本号1.1.8
产品标准:YZB/ISR 1789-2014《睡眠呼吸暂停分析系统》
性能组成:产品组成: a)软件安装光盘,b)使用说明书。
适用范围:睡眠呼吸暂停分析系统是一款辅助诊断呼吸暂停低通气指数(AHI)的计算机软件,该系统用于从生理活动监测仪上获取生理活动数据进行分析,显示,再现(检索),生成报告。
生产厂家:以色列WideMed Ltd.
注册代理:北京德海尔医疗技术有限公司
服务机构:北京德海尔医疗技术有限公司
发证日期:2014.05.07 **截止日期**:2018.05.06

国食药监械(进)字2014第2552041号

产品名称:LED光固化灯(LED Curing Light)
规格型号:Elipar™
产品标准:YZB/GER 1679-2014《LED光固化灯》
性能组成:此光固化灯由光导棒、遮光片、充电器及一个使用充电电池的无线手机组成。
适用范围:本产品用于对以聚合物为基底的牙科修复材料进行照射使之固化。
备注:2014年7月7日同意更正注册号内容,2014年5月7日核发的医疗器械注册证、医疗器械注册登记表予以废止。
生产厂家:德国3M Deutschland GmbH
注册代理:明尼苏达矿业制造(上海)国际贸易有限公司
服务机构:明尼苏达矿业制造(上海)国际贸易有限公司
发证日期:2014.05.07 **截止日期**:2018.05.06

国食药监械(进)字2014第1412042号

产品名称:高速冷冻离心机(High Speed Refrigerated Centrifuge)
规格型号:5427R
产品标准:YZB/GER 2001-2014《高速冷冻离心机》
性能组成:该产品由主机、保险丝、转子扳手、冷凝水盘、电源线组成。
适用范围:该产品适用于临床医学实验室,离心的对象为临床样本。
生产厂家:德国Eppendorf AG
注册代理:艾本德(上海)国际贸易有限公司
服务机构:艾本德(上海)国际贸易有限公司
发证日期:2014.05.07 **截止日期**:2018.05.06

国食药监械(进)字2014第1412043号

产品名称:医用离心机(Medical Centrifuge)
规格型号:5702RH、5702R
产品标准:YZB/GER 2005-2014《医用离心机》
性能组成:该产品由主机、保险丝、转子扳手、冷凝水盘、电源线组成。
适用范围:该产品适用于临床医学实验室,离心的对象为临床样本。
生产厂家:德国Eppendorf AG
注册代理:艾本德(上海)国际贸易有限公司
服务机构:艾本德(上海)国际贸易有限公司
发证日期:2014.05.07 **截止日期**:2018.05.06

国食药监械(进)字2014第2212044号

产品名称:可重复使用血氧饱和度传感器(再使用可能SpO2プローブ)
规格型号:TL-631T3
产品标准:YZB/JAP 1488-2014《可重复使用血氧饱和度传感器》
性能组成:该产品由探头、导线和连接插头组成。该产品可重复使用。
适用范围:该产品可以无创伤地测量患者的血氧饱和度,适用于体重20kg或以上的小儿或成人。
生产厂家:日本光電工業株式会社(日本光电工业株式会社)

注册代理：上海光电医用电子仪器有限公司
服务机构：上海光电医用电子仪器有限公司
发证日期:2014.05.07　截止日期:2018.05.06

国食药监械(进)字2014第2402045号

产品名称:血糖测试仪（商品名：GmateTM SMART）(Blood Glucose Test Meter)
规格型号:PG-101
产品标准:YZB/ROK 1810-2014《血糖测试仪》
性能组成:由主机和操作软件组成。
适用范围:该产品用于体外定量检测新鲜毛细血管中的血糖值。
生产厂家:韩国 Philosys Co., Ltd.
注册代理:海口元旭科技有限公司
服务机构:海口元旭科技有限公司
发证日期:2014.05.07　截止日期:2018.05.06

国食药监械(进)字2014第2402046号

产品名称:血糖测试仪（商品名：GmateTM STEP）(Blood Glucose Test Meter)
规格型号:PG-201
产品标准:YZB/ROK 1821-2014《血糖测试仪》
性能组成:由主机和操作软件组成。
适用范围:该产品用于体外定量检测新鲜毛细血管中的血糖值。
生产厂家:韩国 Philosys Co., Ltd.
注册代理:海口元旭科技有限公司
服务机构:海口元旭科技有限公司
发证日期:2014.05.07　截止日期:2018.05.06

国食药监械(进)字2014第2262047号

产品名称:机械和超声理疗设备(System for mechanical and ultrasonic physiotherapy)
规格型号:MED SCULPT
产品标准:YZB/ITA 1410-2014《机械和超声理疗设备》
性能组成:该产品由主机、手柄、连接器和膜构成。其中主机包括真空泵、真空调节器和真空管线、电子控制系统和控制面板；手柄包括标准体弹性按摩手柄、超声手柄和区域按摩手柄。手柄、连接器和膜图示及描述见附页。
适用范围:该产品用于缓解轻微的周身肌肉疼痛、肌肉痉挛，暂时改善局部血液循环。
变更情况:变更日期：2014.12.23。"代理人名称:北京捷通康诺医药科技有限公司代理人住所:北京市海淀区苏州街18号院长远天地大厦B座12A09室"变更为"代理人名称:雅光创远国际医疗投资顾问(北京)有限公司代理人住所:北京市朝阳区建国路15号院甲1号北岸1292三间房创意生活园区7-225"。
生产厂家:意大利 General Project S.r.l
注册代理:北京捷通康诺医药科技有限公司
服务机构:北京捷通康诺医药科技有限公司
发证日期:2014.05.05　截止日期:2018.05.04

国食药监械(进)字2014第2262048号

产品名称:负压振动理疗仪(Therapeutic Massage Machine)
规格型号:Cellu M6 Keymodule [2] I
产品标准:YZB/FRA 1417-2014《负压振动理疗仪》
性能组成:产品包括负压振动理疗仪设备、主机头(T70)、按摩头(Keymodule)、电源线、辅助机头、微型喷嘴、微型机头、提升机头构成。
适用范围:用于（1）减轻各种轻度的肌肉疼痛，（2）缓解肌肉痉挛，（3）减轻运动后的迟发型肌肉酸痛(DOMS)，（4）增加局部血液循环，（5）在烧伤恢复期间增加局部血液循环。
生产厂家:法国 LPG Systems
注册代理:广州市曜亚贸易有限公司
服务机构:广州市曜亚贸易有限公司
发证日期:2014.05.05　截止日期:2018.05.04

国食药监械(进)字2014第2222049号

产品名称:自动屏幕视力表(ミラクルチャート)
规格型号:MC-4、MC-4S
产品标准:YZB/JAP 1255-2014《自动屏幕视力表》
性能组成:视力表由液晶屏、防护罩、电源指示灯、电源适配器组成。
适用范围:视力检查，MC-4和MC-4S均不能独立使用，MC-4需要遥控器控制，MC-4S必须与CV-5000联合使用。
生产厂家:日本株式会社拓普康（株式会社トプコン）
注册代理:北京拓普康商贸有限公司
服务机构:奥腾思格玛科技发展有限公司
发证日期:2014.05.05　截止日期:2018.05.04

国食药监械(进)字2014第2222050号

产品名称:内窥镜摄像系统(Endovision Camera Systems)
规格型号:见附页
产品标准:YZB/GER 1210-2014《内窥镜摄像系统》
性能组成:该产品由控制主机、摄像头、适配器、C-Mount耦合器、电源线和连接线组成。
适用范围:该产品用于医院做内窥镜手术时，将体内手术区域视频放大成像用。
生产厂家:德国 Karl Storz GmbH & Co. KG
注册代理:卡尔史托斯内窥镜(上海)有限公司
服务机构:卡尔史托斯内窥镜(上海)有限公司
发证日期:2014.05.05　截止日期:2018.05.04

国食药监械(进)字2014第2402051号

产品名称:血糖血酮仪（商品名：辅理善百精益）(FreeStyle Precision Pro Blood Glucose and β-Ketone Monitoring System)
规格型号:FreeStyle Precision Pro
产品标准:YZB/UK 1229-2014《血糖血酮仪》
性能组成:该产品由血糖血酮仪，试纸端口模块，外接底座和数据上传电缆及操作软件组成。
适用范围:该血糖血酮仪可定量测量新鲜毛细血管全血(指尖)，静脉血、动脉血或新生儿全血中的葡萄糖(D-葡萄糖)含量，以及新鲜毛细血管全血和静脉血中的酮体(β-羟丁酸)含量。
生产厂家:英国 Abbott Diabetes Care Ltd.
注册代理:雅培贸易(上海)有限公司
服务机构:雅培贸易(上海)有限公司
发证日期:2014.05.05　截止日期:2018.05.04

国食药监械(进)字2014第2402052号

产品名称:糖化血红蛋白/多项脂类分析仪(cobas b 101 system)
规格型号:cobas b 101
产品标准:YZB/GER 1428-2014《糖化血红蛋白/多项脂类分析仪》
性能组成:主要由分析仪主机、电源适配器、打印机和红外扫描手柄及软件组成。
适用范围:定量化确定人类毛细血管及静脉全血中的糖化血红蛋白百分含量和人类毛细血管及静脉全血或血浆中总胆固醇(CHOL)、高密度脂蛋白胆固醇(HDL)及甘油三酯(TG)的含量。
生产厂家:德国 Roche Diagnostics GmbH
注册代理:罗氏诊断产品(上海)有限公司
服务机构:罗氏诊断产品(上海)有限公司
发证日期:2014.05.05　截止日期:2018.05.04

国食药监械(进)字2014第2402053号

产品名称:血液分析仪(Hematology Analyzer)
规格型号:IVD-C10A
产品标准:YZB/ROK 1559-2014《血液分析仪》
性能组成:分析仪由主机、操作软件组成。
适用范围:用于全血样本体外诊断分析的定量式自动化血液分析仪，包括总白细胞计数、淋巴细胞计数、单核细胞计数、中性粒细胞计数、白细胞中的淋巴细胞百分比、白细胞中的单核细胞百分比、白细胞中的中性粒细胞百分比、血红蛋白、红细胞计数、红细胞压积、平均红细胞体积、平均红细胞血红蛋白含量、平均红细胞血红蛋白浓度、红细胞分布宽度、血小板计数、血小板百分比、平均血小板体积、血小板分布宽度，专供临床实验室使用。
生产厂家:韩国 SAMSUNG ELECTRONICS CO., LTD.
注册代理:三星(中国)投资有限公司

服务机构:三星电子(北京)技术服务有限公司
发证日期:2014.05.05 截止日期:2018.05.04

国食药监械(进)字2014第1402054号

产品名称:糖化血红蛋白层析柱(标准模式)(TSKgel G8 HSi)
规格型号:1根/盒
产品标准:YZB/JAP 1496-2014《糖化血红蛋白层析柱(标准模式)》
性能组成:该产品由两端的固定塞、柱体和柱体内的离子交换树脂聚合物组成。
适用范围:该产品配套用于 Tosoh 全自动糖化血红蛋白分析仪 HLC-723G8 上的糖化血红蛋白的测定。
生产厂家:日本 Tosoh Corporation
注册代理:东曹(上海)生物科技有限公司
服务机构:希森美康医用电子(上海)有限公司 / 上海蓝怡医药有限公司
发证日期:2014.05.05 截止日期:2018.05.04

国食药监械(进)字2014第1402055号

产品名称:糖化血红蛋白层析柱(变异模式)(TSKgel G8 Variant HSi)
规格型号:1根/盒
产品标准:YZB/JAP 1497-2014《糖化血红蛋白层析柱(变异模式)》
性能组成:该产品由两端的固定塞、柱体和柱体内的离子交换树脂聚合物组成。
适用范围:该产品用于 Tosoh 全自动糖化血红蛋白分析仪 HLC-723G8 上的糖化血红蛋白的测定。
生产厂家:日本 Tosoh Corporation
注册代理:东曹(上海)生物科技有限公司
服务机构:希森美康医用电子(上海)有限公司 / 上海蓝怡医药有限公司
发证日期:2014.05.05 截止日期:2018.05.04

国食药监械(进)字2014第2402056号

产品名称:比浊仪(Nephelometer)
规格型号:Nephelometer
产品标准:YZB/UK 1560-2014《比浊仪》
性能组成:本产品主要由比浊仪主机、电源组成。
适用范围:该产品用于对细菌悬液的接种浓度进行标准化控制。
生产厂家:英国 Trek Diagnostic Systems Ltd
注册代理:赛默飞世尔(上海)仪器有限公司
服务机构:赛默飞世尔科技(中国)有限公司
发证日期:2014.05.05 截止日期:2018.05.04

国食药监械(进)字2014第1402057号

产品名称:通用洗液(VITROS Immunodiagnostic Products Universal Wash Reagent)
规格型号:每包装包含:2瓶通用洗液,每瓶含4.85L抗微生物的缓冲液。
产品标准:YZB/UK 0722-2014
性能组成:Bronidox-K 和 Triton-X 100(非离子表面活性剂)。产品有效期:室温(15-30℃)储存,不要冷冻,避免光照和加热,有效期52周。附件:注册产品标准,产品说明书。
适用范围:该产品在 VITROS 免疫分析仪的反应过程中,用于在反应杯中抗原抗体结合反应结束后对未结合的抗原或抗体进行清洗。
生产厂家:英国 Ortho Clinical Diagnostics
注册代理:强生(上海)医疗器材有限公司
发证日期:2014.04.28 截止日期:2018.04.27

国食药监械(进)字2014第1402058号

产品名称:清洗液(商品名:Sub-X)(Sub-X Clearing Agent)
规格型号:3.8L/瓶×4瓶
产品标准:YZB/USA 1689-2014
性能组成:脂肪烃。产品有效期:15℃-30℃保存,有效期24个月。附件:注册产品标准,产品说明书。
适用范围:该产品可代替二甲苯,用于组织处理,并可在染色程序中用于脱蜡和透明。
生产厂家:美国 Leica Biosystems Richmond, Inc.
注册代理:徕卡显微系统(上海)贸易有限公司
发证日期:2014.04.29 截止日期:2018.04.28

国食药监械(进)字2014第1402059号

产品名称:透明剂(Clearene)
规格型号:3.8L/瓶×4瓶
产品标准:YZB/USA 1702-2014
性能组成:右旋柠檬烯 BHT。产品有效期:15℃-30℃保存,有效期24个月。附件:注册产品标准,产品说明书。
适用范围:该试剂用于在组织学及细胞学试验程序中取代二甲苯和甲苯。
生产厂家:美国 Leica Biosystems Richmond, Inc.
注册代理:徕卡显微系统(上海)贸易有限公司
发证日期:2014.04.29 截止日期:2018.04.28

国食药监械(进)字2014第2402060号

产品名称:活化凝血时间和凝血速率检测试剂盒(粘弹性检测法)(kACT Kit)
规格型号:100人份/盒
产品标准:YZB/USA 1872-2014
性能组成:每个试剂盒都配备带盖的蓝色塑料活化试管和探针,活化试管包括一定量的高岭土和一个磁性搅拌棒。产品有效期:20-25℃保存,有效期12个月。附件:注册产品标准,产品说明书。
适用范围:本产品用于体外定量检测柠檬酸盐全血的活化凝血时间和凝血速率。
生产厂家:美国 Sienco Inc.
注册代理:北京益高美科贸有限公司
发证日期:2014.04.29 截止日期:2018.04.28

国食药监械(进)字2014第1402061号

产品名称:电解质稀释液(Ion charge)
规格型号:100mL/瓶×5瓶、90mL/瓶×5瓶。
产品标准:YZB/JAP 1877-2014
性能组成:醋酸。产品有效期:在1-30℃干燥避光储存,有效期为18个月。附件:注册产品标准,产品说明书。
适用范围:本产品用于在临床检验中稀释样本。
生产厂家:日本 Toshiba Medical Systems Corporation
注册代理:东芝医疗系统(中国)有限公司
发证日期:2014.04.29 截止日期:2018.04.28

国食药监械(进)字2014第2402062号

产品名称:电解质校准液(ISE Calibrator U)
规格型号:高浓度电解质校准液:10mL/瓶×5瓶,低浓度电解质校准液:10mL/瓶×5瓶。
产品标准:YZB/JAP 1886-2014
性能组成:低浓度电解质校准液:钠、钾、氯;高浓度电解质校准液:钠、钾、氯。(具体内容详见产品说明书)。产品有效期:1-30℃保存,有效期为12个月。附件:注册产品标准,产品说明书。
适用范围:本产品用于尿液中钠、钾、氯检测时的校准。
生产厂家:日本 Toshiba Medical Systems Corporation
注册代理:东芝医疗系统(中国)有限公司
发证日期:2014.04.29 截止日期:2018.04.28

国食药监械(进)字2014第2402063号

产品名称:电解质校准液(ISE Calibrator S)
规格型号:高浓度电解质校准液:10mL/瓶×5瓶,低浓度电解质校准液:10mL/瓶×5瓶。
产品标准:YZB/JAP 1907-2014
性能组成:低浓度电解质校准液:钠、钾、氯;高浓度电解质校准液:钠、钾、氯。(具体内容详见产品说明书)。产品有效期:1-30℃干燥避光保存,有效期12个月。附件:注册产品标准,产品说明书。
适用范围:本产品用于血清中钠、钾、氯检测时的校准。
生产厂家:日本 Toshiba Medical Systems Corporation
注册代理:东芝医疗系统(中国)有限公司
发证日期:2014.04.29 截止日期:2018.04.28

国食药监械(进)字2014第2402064号

产品名称:血糖质控液(FreeStyle Control Solutions)
规格型号:低值质控液: 4mL/瓶,高值质控液: 4mL/瓶。
产品标准:YZB/UK 1910-2014
性能组成:低值质控液、高值质控液。(具体内容详见说明书)。产品有效期: 在室温下(低于 30℃),切勿冷冻,有效期 18 个月。附件: 注册产品标准,产品说明书。
适用范围:与血糖检测配合使用,用于验证血糖仪和试纸是否工作正常。
生产厂家:英国 Abbott Diabetes Care Limited
注册代理:雅培贸易(上海)有限公司
发证日期:2014.04.29 **截止日期**:2018.04.28

国食药监械(进)字2014第2402065号

产品名称:免疫分析专用质控品(Immunoassay Speciality II Level 1)
规格型号:IAS3117 5×1mL
产品标准:YZB/UK 1812-2014
性能组成:人血清基质。产品有效期: 在2～8℃储存条件下,有效期为24个月。附件: 注册产品标准,产品说明书。
适用范围:该产品预期用于临床生化系统免疫分析项目准确性的质量控制。质控项目包括: 胃泌素、原降钙素、肾素。
生产厂家:英国 Randox Laboratories Ltd
注册代理:英国朗道实验诊断有限公司上海代表处
发证日期:2014.04.29 **截止日期**:2018.04.28

国食药监械(进)字2014第2402066号

产品名称:免疫分析专用质控品(Immunoassay Speciality II Level 3)
规格型号:IAS3119 5×1mL
产品标准:YZB/UK 1815-2014
性能组成:人血清基质。产品有效期: 在2～8℃储存条件下,有效期为24个月。附件: 注册产品标准,产品说明书。
适用范围:该产品预期用于临床生化系统免疫分析项目准确性的质量控制。质控项目包括: 胃泌素、原降钙素、肾素。
生产厂家:英国 Randox Laboratories Ltd
注册代理:英国朗道实验诊断有限公司上海代表处
发证日期:2014.04.29 **截止日期**:2018.04.28

国食药监械(进)字2014第2402067号

产品名称:免疫分析专用质控品(Immunoassay Speciality II Level 2)
规格型号:IAS3118 5×1mL
产品标准:YZB/UK 1818-2014
性能组成:人血清基质。产品有效期: 在2～8℃储存条件下,有效期为24个月。附件: 注册产品标准,产品说明书。
适用范围:该产品预期用于临床生化系统免疫分析项目准确性的质量控制。质控项目包括: 胃泌素、原降钙素、肾素。
生产厂家:英国 Randox Laboratories Ltd
注册代理:英国朗道实验诊断有限公司上海代表处
发证日期:2014.04.29 **截止日期**:2018.04.28

国食药监械(进)字2014第2402068号

产品名称:凝血酶原时间测试片(凝固法)(microINR CHIPS)
规格型号:25 测试片/盒
产品标准:YZB/SPA 1931-2014
性能组成:测试片有 2 个通道(一个用于样品测定,另一个用作质控)。(具体内容详见说明书)。产品有效期: 2-25℃下,远离直接热源或直接光源,有效期 15 个月。附件: 注册产品标准,产品说明书。
适用范围:本试剂盒用于体外定量检测人毛细血管血中的凝血酶原时间。
生产厂家:西班牙 iLine Microsystems S.L.
注册代理:沃芬医疗设备国际贸易(上海)有限公司
发证日期:2014.04.29 **截止日期**:2018.04.28

国食药监械(进)字2014第2402069号

产品名称:低密度脂蛋白胆固醇校准品(LDL Calibrator)
规格型号:3 × 1 mL
产品标准:YZB/CAN 1848-2014
性能组成:低密度脂蛋白胆固醇校准品(冻干)制备于人血清中。防腐剂: 叠氮钠。(具体内容详见说明书)。产品有效期: 2-8℃储存,有效期 24 个月。附件: 注册产品标准,产品说明书。
适用范围:该产品用于低密度脂蛋白胆固醇项目的校准控制。
生产厂家:加拿大 Sekisui Diagnostics P.E.I. Inc.
注册代理:雅培贸易(上海)有限公司
发证日期:2014.04.29 **截止日期**:2018.04.28

国食药监械(进)字2014第2402070号

产品名称:尿液检测试纸(干化学法)(Clinitek Atlas 10 Reagent Pak)
规格型号:490 个测试/卷
产品标准:YZB/USA 1683-2014
性能组成:由葡萄糖、胆红素、尿蛋白、PH 值、酮体、潜血、尿胆原、亚硝酸盐、白细胞反应块及一个非测试反应块(反应尿颜色)组成。(具体内容详见说明书)。产品有效期: 在 15-30℃的环境中保存,有效期 12 个月。附件: 注册产品标准,产品说明书。
适用范围:该产品用于对尿液中的葡萄糖、pH 值、尿颜色、酮体、亚硝酸盐、胆红素、蛋白质、潜血、尿胆原、白细胞等项目进行检测。
生产厂家:美国 Siemens Healthcare Diagnostics Inc.
注册代理:西门子医学诊断产品(上海)有限公司
发证日期:2014.04.29 **截止日期**:2018.04.28

国食药监械(进)字2014第2402071号

产品名称:铅测定试剂盒(阳极溶出伏安法)(Metexchange Reagent for 3010B Lead Anakyzer)
规格型号:分析试剂: 2.9mL/支×50 支,低值校准液: 3.0mL/支×8 支,高值校准液: 3.0mL/支×8 支,镀汞液: 3.0mL/支×1 支。
产品标准:YZB/USA 1933-2014
性能组成:分析试剂、低浓度校准液、高浓度校准液和镀汞液。(具体内容详见产品说明书)。产品有效期: 0-50℃阴凉避光保存,有效期 2 年。附件: 注册产品标准,产品说明书。
适用范围:本产品用于体外定量检测人全血样本中铅浓度。
生产厂家:美国 Magellan Diagnostics
注册代理:北京惠泽联合科技有限公司
发证日期:2014.04.29 **截止日期**:2018.04.28

国食药监械(进)字2014第2402072号

产品名称:铅测定试剂盒(阳极溶出伏安法)(Metexchange Reagent for 3010B Lead Anakyzer)
规格型号:分析试剂: 2.9mL/支×69 支,镀汞液: 3.0mL/支×1 支。
产品标准:YZB/USA 1936-2014
性能组成:分析试剂和镀汞液。(具体内容详见产品说明书)。产品有效期: 0-50℃阴凉避光保存,有效期 2 年。附件: 注册产品标准,产品说明书。
适用范围:本产品用于体外定量检测人全血样本中铅浓度。
生产厂家:美国 Magellan Diagnostics
注册代理:北京惠泽联合科技有限公司
发证日期:2014.04.29 **截止日期**:2018.04.28

国食药监械(进)字2014第2402073号

产品名称:铅校准液(低值)(Metexchange Reagent for 3010B Lead Anakyzer)
规格型号:低值校准液: 3.0mL/支× 68 支,镀汞液: 3.0mL/支× 2 支。
产品标准:YZB/USA 1940-2014
性能组成:低值校准液和镀汞液。(具体内容详见产品说明书)。产品有效期: 0-50℃阴凉避光保存,有效期 2 年。附件: 注册产品标准,产品说明书。
适用范围:本产品用于全血中铅测定时的校准。
生产厂家:美国 Magellan Diagnostics
注册代理:北京惠泽联合科技有限公司
发证日期:2014.04.29 **截止日期**:2018.04.28

国食药监械(进)字2014第2402074号

产品名称:铅校准液(高值)(Metexchange Reagent for 3010B Lead Anakyzer)
规格型号:高值校准液: 3.0mL/支×68 支,镀汞液: 3.0mL/支×2 支。
产品标准:YZB/USA 1943-2014

性能组成:高值校准液和镀汞液。(具体内容详见产品说明书)。产品有效期: 0-50℃阴凉避光保存,有效期2年。附件: 注册产品标准,产品说明书。
适用范围:本产品用于全血中铅测定时的校准。
生产厂家:美国 Magellan Diagnostics
注册代理:北京惠泽联合科技有限公司
发证日期:2014.04.29 **截止日期**:2018.04.28

国食药监械(进)字2014第2402075号

产品名称:庆大霉素测定试剂盒(比浊法)(Gentamicin Flex® Reagent Cartridge (GENT))
规格型号:产品编号: DF12; 包装规格: 80 测试/盒 (4×20测试/盒)。
产品标准:YZB/USA 2240-2014
性能组成:试剂船位 1, 2(液体):颗粒试剂; 试剂船位 3, 4(液体):缓冲液; 试剂船位 5, 6(液体):抗体(来源于小鼠单克隆); 试剂船位 8(液体):0.5N 氢氧化钠。(具体内容详见说明书)。产品有效期: 在 2-8℃条件下保存, 有效期 12 个月。附件: 注册产品标准, 产品说明书。
适用范围:该产品用于体外定量测定人血清或血浆中氨基糖苷类抗生素药物庆大霉素。
生产厂家:美国 Siemens Healthcare Diagnostics Inc.
注册代理:西门子医学诊断产品(上海)有限公司
发证日期:2014.05.08 **截止日期**:2018.05.07

国食药监械(进)字2014第2402076号

产品名称:胰岛素样生长因子-I 测定试剂盒(化学发光法)(IMMULITE2000 IGF-I)
规格型号:200人份/盒
产品标准:YZB/UK 1680-2014
性能组成:该产品含有胰岛素样生长因子-I 包被珠 (L2GF12)、胰岛素样生长因子-I 试剂楔 (L2GFA2)、胰岛素样生长因子-I 校正品 (LGFL, LGFH)、胰岛素样生长因子-I 样本稀释液 (L2GFZ)。(具体内容详见说明书)。产品有效期: 在 2-8℃的环境中保存, 有效期 6 个月。附件: 注册产品标准, 产品说明书。
适用范围:该产品用于体外定量检测血清或肝素化血浆中胰岛素样生长因子-I(IGF-I)含量。
生产厂家:英国 Siemens Healthcare Diagnostics Products Limited
注册代理:西门子医学诊断产品(上海)有限公司
发证日期:2014.04.29 **截止日期**:2018.04.28

国食药监械(进)字2014第2402077号

产品名称:免疫多项质控品(PreciControl Varia)
规格型号:4 x 3.0mL (冻干品, 复溶体积)
产品标准:YZB/GER 1864-2014
性能组成:免疫多项质控品 1 和 2: 人血清中添加不同浓度的维生素B12(细胞培养)、铁蛋白(人, 肝脏)、叶酸(合成)、β-胶原特殊序列(合成)、骨钙素(合成)、甲状旁腺素(合成)、甲状旁腺素(1-84; 合成)、总I型氨基端延长肽(人源)、25-羟维生素D(合成)和降钙素(合成)。试剂盒还包含: 2张条码卡、质控品条码单、2×2带标签的压盖式小空瓶和2×10个瓶标签。 (具体内容详见说明书)。产品有效期: 2-8℃保存, 有效期15个月。附件: 注册产品标准, 产品说明书。
适用范围:用于维生素B12、铁蛋白、叶酸、β-胶原特殊序列(血清)、骨钙素、甲状旁腺素、甲状旁腺素(1-84)、总I型胶原氨基端延长肽、25-羟基维生素D和降钙素测定项目的质量控制。
生产厂家:德国 Roche Diagnostics GmbH
注册代理:罗氏诊断产品(上海)有限公司
发证日期:2014.05.08 **截止日期**:2018.05.07

国食药监械(进)字2014第2402078号

产品名称:胱抑素C检测试剂盒(免疫比浊法)(Tina-quant Cystatin C)
规格型号:试剂1:2×21 mL, 试剂2:2×5 mL; 225 测试; 200 测试。
性能组成:试剂1: 含聚合物溶液的3-吗啉丙磺酸 (MOPS) 缓冲盐水液; 防腐剂, 稳定剂; 试剂 2: 含包被有抗胱抑素 C 抗体 (兔) 的乳胶颗粒的甘氨酸缓冲液; 防腐剂, 稳定剂。产品有效期: 2-8℃储存, 有效期15个月。附件: 注册产品标准, 产品说明书。
适用范围:体外定量测定人血清和血浆中的胱抑素C的浓度。
生产厂家:德国 Roche Diagnostics GmbH
注册代理:罗氏诊断产品(上海)有限公司
发证日期:2014.05.08 **截止日期**:2018.05.07

国食药监械(进)字2014第2402078号

产品名称:胱抑素C检测试剂盒(免疫比浊法)(Tina-quant Cystatin C)
规格型号:试剂1:2×21 mL, 试剂2:2×5 mL; 225 测试; 200 测试。
产品标准:YZB/GER 2074-2014
性能组成:试剂1: 含聚合物溶液的3-吗啉丙磺酸 (MOPS) 缓冲盐水液; 防腐剂, 稳定剂; 试剂 2: 含包被有抗胱抑素 C 抗体 (兔) 的乳胶颗粒的甘氨酸缓冲液; 防腐剂, 稳定剂。产品有效期: 2-8℃储存, 有效期15个月。附件: 注册产品标准, 产品说明书。
适用范围:体外定量测定人血清和血浆中的胱抑素C的浓度。
生产厂家:德国 Roche Diagnostics GmbH
注册代理:罗氏诊断产品(上海)有限公司
发证日期:2014.05.08 **截止日期**:2018.05.07

国食药监械(进)字2014第2402079号

产品名称:总胆红素检测试剂盒(比色法)(Bilirubin DPD (BIL-T))
规格型号:瓶1:4×66 mL, 瓶2:4×16 mL, 瓶2a:4×16 mL; 瓶1:6×250 mL, 瓶2:6×63 mL, 瓶2a:6×63 mL; 瓶1:4×653 mL, 瓶2:4×146 mL, 瓶2a:4×146 mL。
产品标准:YZB/GER 2077-2014
性能组成:试剂1: (瓶1) 去污剂; 盐酸: 100 mmol/L; 试剂2: (瓶2和2a) 去污剂; 盐酸: 100 mmol/L; 二氯苯四氟硼酸重氮盐: 3.0 mmol/L。产品有效期: 2-8℃保存, 有效期18个月。附件: 注册产品标准, 产品说明书。
适用范围:用于体外定量测定成人和新生儿血浆和血清中的总胆红素水平。
生产厂家:德国 Roche Diagnostics GmbH
注册代理:罗氏诊断产品(上海)有限公司
发证日期:2014.05.09 **截止日期**:2018.05.08

国食药监械(进)字2014第3402080号

产品名称:肺炎衣原体 IgM 抗体检测试剂盒(酶联免疫法)(Chlamydia Pneumoniae IgM EIA)
规格型号:96人份/盒
产品标准:YZB/FIN 1684-2014
性能组成:微孔板、样本稀释液、阴性对照品、临界值对照品、阳性对照品、肺炎衣原体 IgG 去除剂、酶结合物、3, 3’ 5, 5’-四甲基联苯胺-底物溶液、终止液、浓缩洗涤液、微孔板贴膜、试剂槽。(具体内容详见产品说明书)。产品有效期: 2-8℃保存, 有效期 18 个月。附件: 注册产品标准, 产品说明书。
适用范围:本产品用于体外定性检测人血清中的肺炎衣原体 IgM 抗体。
生产厂家:芬兰 Ani Labsystems Ltd. Oy
注册代理:北京美德嘉华科技发展有限公司
发证日期:2014.04.29 **截止日期**:2018.04.28

国食药监械(进)字2014第1402081号

产品名称:氯化钠稀释液(NaCl Solution (SALINE))
规格型号:12 x 66 mL
产品标准:YZB/GER 2078-2014
性能组成:氯化钠 0.9 % (154 mmol/L)。产品有效期: 2-8℃, 有效期30个月。附件: 注册产品标准, 产品说明书。
适用范围:用于校准液和病人样品的稀释。
生产厂家:德国 Roche Diagnostics GmbH
注册代理:罗氏诊断产品(上海)有限公司
发证日期:2014.05.09 **截止日期**:2018.05.08

国食药监械(进)字2014第3402082号

产品名称:肺炎支原体 IgM 抗体检测试剂盒(酶联免疫法)(Mycoplasma Pneumoniae IgM EIA)
规格型号:96人份/盒
产品标准:YZB/FIN 1686-2014
性能组成:微孔板、样本稀释液、肺炎支原体 IgG 去除剂、阴性对照品、临界值对照品、阳性对照品、酶结合物、3, 3’, 5, 5’-四甲基联苯胺-底物溶液、终止液、浓缩洗涤液(10×)、微孔板贴膜、试剂槽。(具体内容详见产品说明书)。产品有效期：2-8℃保存，有效期12个月。附件：注册产品标准，产品说明书。
适用范围:本产品用于体外定性检测人血清或血浆样本中肺炎支原体IgM抗体。
生产厂家:芬兰 Ani Labsystems Ltd. Oy
注册代理:北京美德嘉华科技发展有限公司
发证日期:2014.04.29 **截止日期**:2018.04.28

国食药监械(进)字2014第2402083号

产品名称:果糖胺检测试剂盒(比色法)(Fructosamine(FRA))
规格型号:150测试；250测试。
产品标准:YZB/GER 2079-2014
性能组成:试剂1：硝基四氮唑蓝，1.2 mmol/L；尿酸酶(微生物)，>12μkat/L，pH7.5；非反应缓冲液；稳定剂；表面活性剂；试剂2：碳酸盐缓冲液，1.5 mol/L，pH 10.4。产品有效期：在2-8℃环境中保存，有效期36个月。附件：注册产品标准，产品说明书。
适用范围:用于体外定量测定人血清和血浆中的果糖胺（糖化蛋白）的浓度。
生产厂家:德国 Roche Diagnostics GmbH
注册代理:罗氏诊断产品(上海)有限公司
发证日期:2014.05.09 **截止日期**:2018.05.08

国食药监械(进)字2014第3402084号

产品名称:总前列腺特异性抗原校准品(ARCHITECT Total PSA Calibrators)
规格型号:2瓶(4.0 mL/瓶)
产品标准:YZB/IRE 2343-2014
性能组成:校准品1 (CAL 1) 为含有蛋白(牛)稳定剂的三羟甲基氨基甲烷(TRIS)缓冲液；校准品2 (CAL 2) 为在含蛋白质(牛)稳定剂的三羟甲基氨基甲烷(TRIS)缓冲液中制备的前列腺特异性抗原(PSA)（人)。防腐剂：叠氮钠和抗菌剂。(具体内容详见说明书)。产品有效期：2～8℃保存，有效期12个月。附件：注册产品标准，产品说明书。
适用范围:本校准品用于体外定量测定人血清中的总前列腺特异性抗原(游离前列腺特异性抗原(PSA)和前列腺特异性抗原(PSA)与α-1-抗胰凝乳蛋白酶复合物)时，对总前列腺特异性抗原项目进行校准。
生产厂家:爱尔兰 Abbott Ireland Diagnostics Division
注册代理:雅培贸易(上海)有限公司
发证日期:2014.05.09 **截止日期**:2018.05.08

国食药监械(进)字2014第2402085号

产品名称:C肽校准品(ARCHITECT C-Peptide Calibrators)
规格型号:6瓶(4.0mL/瓶)
产品标准:YZB/USA 1991-2014
性能组成:校准品A-F（校准品A-校准品F）储存于磷酸盐(PBS)缓冲液中,含有稳定剂和经过热灭活的马血清。校准品B-F含有人C肽(合成)。防腐剂：ProClin 300、ProClin 950。(具体内容详见说明书)。产品有效期：2-8℃，11个月。附件：注册产品标准，产品说明书。
适用范围:本校准品用于体外定量测定人血清、血浆和尿液中C肽时，对C肽项目进行校准。
生产厂家:美国 Abbott Laboratories
注册代理:雅培贸易(上海)有限公司
发证日期:2014.05.08 **截止日期**:2018.05.07

国食药监械(进)字2014第2402086号

产品名称:C肽质控品(ARCHITECT C-Peptide Controls)
规格型号:3瓶(8.0mL/瓶)
产品标准:YZB/USA 1996-2014
性能组成:含有人C肽（合成)，储存于含有热灭活的马血清和稳定剂的磷酸盐(PBS)缓冲液中。防腐剂：ProClin 300、ProClin 950。(具体内容详见说明书)。产品有效期：2-8℃，11个月。附件：注册产品标准，产品说明书。
适用范围:本质控品用于体外定量测定人血清、血浆和尿液中的C肽时，对C肽项目的准确度和精密度进行验证。
生产厂家:美国 Abbott Laboratories
注册代理:雅培贸易(上海)有限公司
发证日期:2014.05.08 **截止日期**:2018.05.07

国食药监械(进)字2014第2402087号

产品名称:电解质定标液(ISE Standard High/ISE Standard Low)
规格型号:电解质低值定标液：10×3mL；电解质高值定标液：10×3mL。
产品标准:YZB/GER 2080-2014
性能组成:电解质低值定标液和电解质高值定标液中含有活性成分Na+、K+和Cl-。(具体内容详见说明书)。产品有效期：在15-25℃保存，有效期60个月。附件：注册产品标准，产品说明书。
适用范围:用于离子选择性电极的定标。
生产厂家:德国 Roche Diagnostics GmbH
注册代理:罗氏诊断产品(上海)有限公司
发证日期:2014.05.09 **截止日期**:2018.05.08

国食药监械(进)字2014第2402088号

产品名称:纤维蛋白原测定试剂盒(散射比浊法)(N Antiserum to Human Fibrinogen)
规格型号:1 × 2 mL
产品标准:YZB/GER 1649-2014
性能组成:本产品是用高纯度人纤维蛋白原通过在兔子身上进行免疫反应而制成的液体血清；含防腐剂叠氮化钠。(具体内容详见说明书)。产品有效期：在+2到+8°C的环境中保存，有效期24个月。附件：注册产品标准，产品说明书。
适用范围:本产品用于体外定量检测人血浆中的纤维蛋白原。
生产厂家:德国 Siemens Healthcare Diagnostics Products GmbH
注册代理:西门子医学诊断产品(上海)有限公司
发证日期:2014.04.29 **截止日期**:2018.04.28

国食药监械(进)字2014第2402089号

产品名称:免疫球蛋白κ型轻链测定试剂盒(散射比浊法)(N Antiserum to Human Ig/L-chain, κ type)
规格型号:1× 2 mL
产品标准:YZB/GER 1643-2014
性能组成:本产品是用高纯度人免疫球蛋白/轻链通过在兔子身上进行免疫反应而制成的液体抗血清，含防腐剂叠氮钠＜1g/L。产品有效期：在+2到+8°C下的环境中保存，有效期36个月。附件：注册产品标准，产品说明书。
适用范围:本产品用于体外定量检测人血清和尿液中结合的和游离的κ型人免疫球蛋白轻链。
生产厂家:德国 Siemens Healthcare Diagnostics Products GmbH
注册代理:西门子医学诊断产品(上海)有限公司
发证日期:2014.04.29 **截止日期**:2018.04.28

国食药监械(进)字2014第2402090号

产品名称:免疫球蛋白λ型轻链测定试剂盒(散射比浊法)(N Antiserum to Human Ig/L-chain, λ type)
规格型号:1 × 2 mL
产品标准:YZB/GER 1645-2014
性能组成:本产品是用高纯度人免疫球蛋白/轻链通过在兔子身上进行免疫反应而制成的液体抗血清，含防腐剂叠氮钠＜ 1g/L。产品有效期：在+2到+8°C下的环境中保存，有效期36个月。附件：注册产品标准，产品说明书。
适用范围:本产品用于体外定量检测人血清和尿液中结合的和游离的λ型人免疫球蛋白轻链。
生产厂家:德国 Siemens Healthcare Diagnostics Products GmbH
注册代理:西门子医学诊断产品(上海)有限公司
发证日期:2014.04.29 **截止日期**:2018.04.28

国食药监械(进)字2014第2402091号

产品名称:血气、血氧、电解质、代谢物质控/定标液(ABL90 FLEX Solution Pack)
规格型号:定标液1：200mL；定标液2：100mL；定标液3：100mL；质控液1：200mL；质控液2：100mL；质控液3：100mL；混合气体：150 mL。
产品标准:YZB/DEN 1889-2014
性能组成:该产品含有机缓冲液，无机盐，表面活性剂，代谢物，防腐剂，抗凝剂，酶和着色剂。产品有效期：2℃至25℃可储藏12个月。

附件：注册产品标准，产品说明书。
适用范围：该产品用于提供 pH、pCO2 、pO2 、ctHb 、sO2 、FO2Hb 、FCOHb 、FMetHb、FHHb 、FHbF 、cK+ 、cNa+ 、cCa2+ 、cCl -、cGlu 、cLac 、ctBil 参数的定标和质控。
生产厂家：丹麦 Radiometer Medical ApS
注册代理：雷度米特医疗设备（上海）有限公司
发证日期：2014.05.09 **截止日期**：2018.05.08

国食药监械（进）字 2014 第 3402092 号

产品名称：免疫球蛋白 E 测定试剂盒（颗粒增强免疫透射比浊法）(Immunoglobulin E FS)
规格型号：见附件 1。
产品标准：YZB/GER 1924-2014
性能组成：试剂 1（R1）：甘氨酸、氯化钠、稳定剂；试剂 2（R2）：甘氨酸、抗人免疫球蛋白 E 单克隆抗体包被的胶乳颗粒、氯化钠。产品有效期：试剂避光保存于 2～8℃，若无污染，自生产之日起本试剂盒的有效期为 24 个月。附件：注册产品标准，产品说明书。
适用范围：该试剂盒用于体外定量测定人血清或血浆中免疫球蛋白 E。
生产厂家：德国 DiaSys Diagnostic Systems GmbH
注册代理：德赛诊断系统（上海）有限公司
发证日期：2014.05.09 **截止日期**：2018.05.08

国食药监械（进）字 2014 第 3402093 号

产品名称：DNP 抗体试剂(Rabbit anti-DNP Antibody)
规格型号：100 测试/盒
产品标准：YZB/USA 1899-2014
性能组成：1-10 ml 的兔抗 DNP 试剂管，在含有载体蛋白和 0.05% ProClin 300 防腐剂的缓冲液中含有不到 150 μg/ml 的兔单克隆抗体，直接对抗经稀释的 DNP。产品有效期：储存于（2 - 8°C），有效期至 18 个月。附件：注册产品标准，产品说明书。
适用范围：该产品与 ISH 检测试剂盒（Ventana ultraViewSISH Detection Kit 和 ultraViewTM AlkalinePhosphatase Red ISH Detection Kit）一起用于检测二硝基苯（DNP）标记的 HER2 DNA 探针（Ventana INFORM HER2DNA Probe）和 17 号染色体探针（Ventana INFORMChromosome 17Probe），该探针与使用 Ventana 自动切片染色机进行福尔马林固定、石蜡包埋的乳腺癌及胃癌病人组织样本中的目的基因进行杂交，并使用光学显微镜进行观察。
生产厂家：美国 Ventana Medical Systems, Inc.
注册代理：罗氏诊断产品（上海）有限公司
发证日期：2014.05.09 **截止日期**：2018.05.08

国食药监械（进）字 2014 第 1402094 号

产品名称：苏木素染色液(SYMPHONY N1)
规格型号：1L
产品标准：YZB/USA 1655-2014
性能组成：一袋 1L 盒中袋苏木素染色液中包含＜1% 苏木素染色，＜5% 硫酸铝水合物，＜0.1% 碘酸钠以及＜5% 乙酸，溶于乙二醇稳定溶液中。产品有效期：在室温下储存(15 至 30℃)，有效期至 12 个月。附件：注册产品标准，产品说明书。
适用范围：该产品用于石蜡包埋组织中固定组织成分的细胞核以及细胞质染色。
生产厂家：美国 Ventana Medical Systems, Inc.
注册代理：罗氏诊断产品（上海）有限公司
发证日期：2014.05.08 **截止日期**：2018.05.07

国食药监械（进）字 2014 第 1402095 号

产品名称：苏木素染色液(SYMPHONY N2+)
规格型号：1L
产品标准：YZB/USA 1675-2014
性能组成：一份 1L 的苏木素染色液，含有＜1%苏木精染料、＜4%硫酸铝、＜0.1%碘酸钠、＜1%对苯二酚以及＜2%的 β-环糊精水合物，装于乙二醇稳定溶液中，于试剂盒中用试剂袋包装。产品有效期：室温(15-30℃)储存，有效期至 12 个月。附件：注册产品标准，产品说明书。
适用范围：该产品用于对石蜡包埋组织中固定组织成分的细胞核和细胞质进行组织学定性染色。
生产厂家：美国 Ventana Medical Systems, Inc.
注册代理：罗氏诊断产品（上海）有限公司
发证日期：2014.05.08 **截止日期**：2018.05.07

国食药监械（进）字 2014 第 1402096 号

产品名称：清洗缓冲液(HybReady Solution)
规格型号：25mL
产品标准：YZB/USA 1724-2014
性能组成：装有 25mL 清洗缓冲液的试剂管 1 个；装有甲酰胺含量＜55% 的预杂交缓冲液。产品有效期：2-8℃冷藏，禁止冷冻。有效期至 24 个月。附件：注册产品标准，产品说明书。
适用范围：该产品用于核酸分子原位杂交检测。
生产厂家：美国 Ventana Medical Systems, Inc.
注册代理：罗氏诊断产品（上海）有限公司
发证日期：2014.05.08 **截止日期**：2018.05.07

国食药监械（进）字 2014 第 1402097 号

产品名称：清洗缓冲液(SYMPHONY W)
规格型号：1L
产品标准：YZB/USA 1678-2014
性能组成：1L 盒中袋清洗缓冲液试剂包括：吐温 20(一种表面活性剂)以及 1% ProClin 300(一种表面活性剂)。产品有效期：在室温下储存(15 至 30℃)。有效期至 24 个月。附件：注册产品标准，产品说明书。
适用范围：该产品用于石蜡包埋组织中固定组织成分的细胞核以及细胞质染色。
生产厂家：美国 Ventana Medical Systems, Inc.
注册代理：罗氏诊断产品（上海）有限公司
发证日期：2014.05.08 **截止日期**：2018.05.07

国食药监械（进）字 2014 第 2402098 号

产品名称：胎儿纤维连接蛋白测定试剂盒（固相免疫吸附法）(QuikCheck fFN)
规格型号：25 人份/盒
产品标准：YZB/UK 2073-2014
性能组成：测试条：固定有鼠抗 fFN 单克隆抗体、人 fFN、金标羊抗 fFN 多克隆抗体的膜条。 含有缓冲液的试管：含有 1ml 缓冲液的聚丙烯试管。产品有效期：2～25℃温度条件下储存，有效期为 24 个月。附件：注册产品标准，产品说明书。
适用范围：该产品用于定性检测宫颈阴道分泌物中胎儿纤维连接蛋白(fFN)。
生产厂家：英国 Hologic UK Ltd
注册代理：北京英硕力新柏科技有限公司
发证日期：2014.05.09 **截止日期**：2018.05.08

国食药监械（进）字 2014 第 2402098 号（变更批件）

产品名称：胎儿纤维连接蛋白测定试剂盒（固相免疫吸附法）(QuikCheck fFN)
规格型号：25 人份/盒
产品标准：YZB/UK 2073-2014
备注：变更内容：代理人、注册代理机构由“北京英硕力新柏科技有限公司 地址：北京市海淀区西直门北大街 32 号院 1 号楼 9 层 1005 室”变更为“豪洛捷医疗科技（北京）有限公司地址：北京市海淀区海淀南路 19 号时代网络大厦 4007 室”。申请人根据批准变更内容自行修订注册产品标准、说明书及包装标签中相应内容。审批结论：根据《体外诊断试剂注册管理办法》（试行），经审查，予以变更。本批件与原注册证共同使用，本批件有效期与原注册证有效期相同。
生产厂家：英国 Hologic UK Ltd
变更日期：2014.09.01 **截止日期**：2018.05.08

国食药监械（进）字 2014 第 2402099 号

产品名称：血液分析仪用质控品(Retic-X Cell Control)
规格型号：水平 1：4×3.5mL，水平 2：4×3.5mL，水平 3：4×3.5mL。
产品标准：YZB/USA 2265-2014
性能组成：由悬浮于等渗培养基中的经过处理的、稳定的人类红细胞组成，还含有一种稳定的类似于网织红细胞的组份。产品有效期：2-8℃保存，有效期 120 天。附件：注册产品标准，产品说明书。
适用范围：本产品用于监控预期结果表中列出的 Coulter 血液分析仪的

性能。
生产厂家:美国 Beckman Coulter, Inc.
注册代理:贝克曼库尔特商贸(中国)有限公司
发证日期:2014.05.09 **截止日期**:2018.05.08

国食药监械(进)字 2014 第 1402100 号

产品名称:返蓝染色液(SYMPHONY B)
规格型号:1L
产品标准:YZB/USA 1682-2014
性能组成:一袋 1L 盒中袋返蓝染色液试剂中包含:Tris 碱,盐酸以及 1% ProClin 950(一种防腐剂)。产品有效期:在室温下储存(15 至 30℃)。有效期至 24 个月。附件:注册产品标准,产品说明书。
适用范围:该产品用于定性组织染色来显示石蜡包埋组织中固定组织成分的细胞核以及细胞质染色。
生产厂家:美国 Ventana Medical Systems, Inc.
注册代理:罗氏诊断产品(上海)有限公司
发证日期:2014.05.09 **截止日期**:2018.05.08

国食药监械(进)字 2014 第 1402101 号

产品名称:酸清洗缓冲液(SYMPHONY D)
规格型号:1L
产品标准:YZB/USA 1685-2014
性能组成:一袋 1L 盒中袋酸清洗缓冲液试剂包含 5% 醋酸溶液。产品有效期:酸清洗缓冲液必须保存在室温下(15-30℃),有效期至 24 个月。附件:注册产品标准,产品说明书。
适用范围:该产品用于定性组织染色来显示石蜡包埋组织中固定组织成分的细胞核以及细胞质染色。
生产厂家:美国 Ventana Medical Systems, Inc.
注册代理:罗氏诊断产品(上海)有限公司
发证日期:2014.05.09 **截止日期**:2018.05.08

国食药监械(进)字 2014 第 2402102 号

产品名称:尿有形成份检测质控品(UF CHECK -L)
规格型号:UF CHECK-L 47mL×3 瓶
产品标准:YZB/JAP 2129-2014
性能组成:质控颗粒:0.2%,包括红细胞、白细胞、上皮细胞、管型及细菌; 乙醇: 9.6%。产品有效期:在 2~35℃保存,有效期 12 个月。附件:注册产品标准,产品说明书。
适用范围:该产品用于人尿液样本中的红细胞、白细胞、上皮细胞、管型及细菌的定量检测的质量控制。
生产厂家:日本 SYSMEX CORPORATION
注册代理:希森美康医用电子(上海)有限公司
发证日期:2014.05.09 **截止日期**:2018.05.08

国食药监械(进)字 2014 第 2402103 号

产品名称:总胆汁酸检测试剂盒(酶比色法)(Total Bile Acids (TBA))
规格型号:货号 BI 3863 试剂 1:2 x 18 ml,试剂 2:2 x 8 ml。
产品标准:YZB/UK 1666-2014
性能组成:试剂 1:货物缓冲液、Thio-NAD、Triton-100、叠氮化钠;试剂 2:货物缓冲液、NADH、3-α-HSD、叠氮化钠、稳定剂。产品有效期:2~8℃保存,有效期 12 个月。附件:注册产品标准,产品说明书。
适用范围:用于体外定量检测人血清和血浆中的总胆汁酸。
生产厂家:英国 Randox Laboratories Ltd.
注册代理:英国朗道实验诊断有限公司上海代表处
发证日期:2014.04.29 **截止日期**:2018.04.28

国食药监械(进)字 2014 第 2402104 号

产品名称:尿酸检测试剂盒(比色法)(Uric Acid(UA))
规格型号:UA2855 8 x 60 t
产品标准:YZB/UK 1726-2014
性能组成:1-3, 7 位:氨基乙酸缓冲液; 8 位:尿酸酶。(具体详见说明书)。产品有效期:2~8℃保存,有效期 24 个月。附件:注册产品标准,产品说明书。
适用范围:该产品用于定量测定血清、血浆和尿中的尿酸。
生产厂家:英国 Randox Laboratories Ltd.
注册代理:英国朗道实验诊断有限公司上海代表处
发证日期:2014.04.29 **截止日期**:2018.04.28

国食药监械(进)字 2014 第 2402105 号

产品名称:胎儿纤维连接蛋白测定试剂盒(免疫层析法)(Rapid fFN Cassette Kit)
规格型号:26 人份/盒
产品标准:YZB/USA 2075-2014
性能组成:固定有鼠抗人 fFN 单克隆抗体、人 fFN、羊抗人 fFN 多克隆抗体的膜条。产品有效期:在 15-30℃温度下保存,有效期 18 个月。附件:注册产品标准,产品说明书。
适用范围:该产品用于定性检测宫颈阴道分泌物中的胎儿纤维连接蛋白。
生产厂家:美国 Hologic, Inc.
注册代理:北京英硕力新柏科技有限公司
发证日期:2014.05.09 **截止日期**:2018.05.08

国食药监械(进)字 2014 第 2402105 号(变更批件)

产品名称:胎儿纤维连接蛋白测定试剂盒(免疫层析法)(Rapid fFN Cassette Kit)
规格型号:26 人份/盒
产品标准:YZB/USA 2075-2014
备注:代理人变更、售后服务机构和注册代理机构变更:由"北京英硕力新柏科技有限公司"变更为"豪洛捷医疗科技(北京)有限公司";公司地址:由"北京市海淀区西直门北大街 32 号院 1 号楼 9 层 1005 室"变更为"北京市海淀区海淀南路 19 号时代网络大厦 4007 室"。申请人根据批准变更内容自行修订注册产品标准、说明书及包装标签中相应内容。审批结论:根据《体外诊断试剂注册管理办法》(试行),经审查,予以变更。本批件与原注册证共同使用,本批件有效期与原注册证有效期相同。
生产厂家:美国 Hologic, Inc.
变更日期:2014.09.22 **截止日期**:2018.05.08

国食药监械(进)字 2014 第 2402106 号

产品名称:谷丙转氨酶检测试剂盒(紫外法)(Alanine Aminotransferase (ALT))
规格型号:货号 AL2808 4×60 t
产品标准:YZB/UK 1733-2014
性能组成:LDH、NADH、P5P、alpha-KG、丙氨酸、Tris 缓冲液。(具体详见说明书)。产品有效期:2-8℃保存,有效期 12 个月。附件:注册产品标准,产品说明书。
适用范围:体外定量检测人血清和血浆中的丙氨酸转氨酶活性。
生产厂家:英国 Randox Laboratories Ltd.
注册代理:英国朗道实验诊断有限公司上海代表处
发证日期:2014.05.09 **截止日期**:2018.05.08

国食药监械(进)字 2014 第 2402107 号

产品名称:丙戊酸检测试剂盒(免疫比浊法)(VALPROIC ACID(VPA))
规格型号:TD 3414 试剂 1(抗体缓冲液): 2x12ml; 试剂 2(乳化剂): 2x5ml。
产品标准:YZB/UK 1735-2014
性能组成:试剂 1(抗体缓冲液):抗丙戊酸抗体,叠氮钠;试剂 2(乳化剂):乳化剂、叠氮钠。(具体详见说明书)。产品有效期:2-8℃保存,有效期 26 个月。附件:注册产品标准,产品说明书。
适用范围:体外定量测定人血清中的丙戊酸。
生产厂家:英国 Randox Laboratories Ltd.
注册代理:英国朗道实验诊断有限公司上海代表处
发证日期:2014.05.09 **截止日期**:2018.05.08

国食药监械(进)字 2014 第 3452108 号

产品名称:急性透析和体外血液治疗机(Machine for acute dialysis and extracoporeal blood treatment)
规格型号:multiFiltrate with integrated Ci-Ca module, multiFiltrate
产品标准:YZB/GER 1823-2014《急性透析和体外血液治疗机》
性能组成:该产品由主机、监视器、血液泵、透析泵、置换液泵、过滤泵、肝素泵、枸橼酸泵、钙泵、称重系统(天平)、加热器、漏血检测器、空气检测器、压力传感器、输液杆和管路导引组成。multiFiltrate 的枸橼酸泵、钙泵为可选件。不包含治疗机所用血液管路等一次性耗品。
适用范围:在门诊及重症监护室中进行体外血液净化治疗(含透析和血浆置换)
生产厂家:德国 Fresenius Medical Care AG &Co.KGaA
注册代理:费森尤斯医药用品(上海)有限公司
服务机构:费森尤斯医药用品(上海)有限公司
发证日期:2014.05.07 **截止日期**:2018.05.06

国食药监械(进)字 2014 第 3242109 号(更)

产品名称:飞秒激光角膜屈光治疗机(VisuMax with Treatment-Pack and accessories)
规格型号:VisuMax
产品标准:YZB/GER 1879-2014《飞秒激光角膜屈光治疗机》
备注:代理人和售后服务机构变更:由"蔡司光学仪器(上海)国际贸易有限公司"变更为"卡尔蔡司(上海)管理有限公司";注册证由"国食药监械(进)字 2014 第 3242109 号"变更为"国食药监械(进)字 2014 第 3242109 号(更)",原证自发证之日起作废。
生产厂家:德国 Carl Zeiss Meditec AG
注册代理:卡尔蔡司(上海)管理有限公司
服务机构:卡尔蔡司(上海)管理有限公司
变更日期:2014.07.04 **截止日期**:2018.05.06

国食药监械(进)字 2014 第 3542110 号

产品名称:呼吸机(Ventilator)
规格型号:SLE5000
产品标准:YZB/UK 1754-2014《呼吸机》
性能组成:产品由控制电路、控制气路、触摸屏、内部电池和车架组成。
适用范围:常频模式下用于对体重 30 公斤以下的患儿进行呼吸通气,高频模式下用于对体重 20 公斤以下的患儿进行呼吸通气。
生产厂家:英国 SLE Limited
注册代理:东机贸(上海)贸易有限公司
服务机构:东机贸(上海)贸易有限公司
发证日期:2014.05.07 **截止日期**:2018.05.06

国食药监械(进)字 2014 第 3242111 号

产品名称:二氧化碳激光皮肤治疗系统(Carbon Dioxide Laser Aesthetic Treatment System)
规格型号:AcuPulse 40AES-R, AcuPulse 40AES-F, AcuPulse 40AES-A
产品标准:YZB/ISR 1801-2014《二氧化碳激光皮肤治疗系统》
性能组成:该产品由 CO2 激光主机(包括 CO2 激光器,操作控制和显示面板,电源及控制系统,安全及防护系统,冷却系统)、CO2 激光关节臂传输系统、脚踏开关、可更换微粒过滤器、SurgiTouch 扫描器、AcuScan120 微机程控扫描系统及一次性治疗头端头、手具组件(包括 125mm 手具,200mm 手具和 260mm 手具)以及 125mm 切割手具组成。根据产品组成不同分为三个型号,其中 AcuPulse 40AES-R 型(主机+SurgiTouch 扫描器+125mm/200mm/260mm 手具),AcuPulse 40 AES-F(主机+AcuScan120 微机程控扫描系统),AcuPulse 40 AES-A(主机+AcuScan120 微机程控扫描系统+SurgiTouch 扫描器+125mm/200mm/260mm 手具)。性能参数见附页。
适用范围:该产品临床适用于对人体软组织的汽化、碳化、凝固和照射,以达到治疗的目的。
生产厂家:以色列科医人有限公司(Lumenis Limited)
注册代理:科医人医疗激光设备贸易(北京)有限公司
服务机构:科医人医疗激光设备贸易(北京)有限公司
发证日期:2014.05.07 **截止日期**:2018.05.06

国食药监械(进)字 2014 第 1402112 号

产品名称:样本处理器(Power Processor)
产品标准:YZB/USA 1945-2014《样本处理器》
性能组成:内置计算机、进样模块、离心模块、多种分析仪连接模块、分杯模块、存储模块、开盖模块、加盖模块、出样模块和血液学模块。
适用范围:该产品对样本管的处理包括从离心和归类前的步骤到向特定仪器的常规架或专用架提供经离心和去盖后的样品。
生产厂家:美国 Beckman Coulter, Inc.
注册代理:贝克曼库尔特商贸(中国)有限公司
服务机构:贝克曼库尔特商贸(中国)有限公司
发证日期:2014.05.07 **截止日期**:2018.05.06

国食药监械(进)字 2014 第 3212113 号

产品名称:除颤电极导线(商品名:Sprint Quattro Secure (6947M); Sprint Quattro Secure S (6935M))(DefibrillationLead)
规格型号:6947M、6935M
产品标准:YZB/USA 1838-2014《除颤电极导线》
性能组成:电 电极由电极体和附件组成,每个包装都含有下列组件:1 个电极导线配有 1 个不透射线的固定套管、1 个塑形钢丝和 1 个 AccuRead 工具 2 个紫色固定工具 1 个紫色的塑形钢丝导入器 1 个开口固定套管 1 个静脉拉钩额外塑形钢丝。
适用范围:该电极设计与植入式心律转复除颤器共同使用,植入心室内进行起搏、感知、心脏复律和除颤治疗。
备注:2014 年 10 月 16 日同意更正产品名称内容,2014 年 5 月 7 日核发的医疗器械注册证、医疗器械注册登记表予以废止。
生产厂家:美国 Medtronic Inc.
注册代理:美敦力(上海)管理有限公司
服务机构:美敦力(上海)管理有限公司
发证日期:2014.05.07 **截止日期**:2018.05.06

国食药监械(进)字 2014 第 2302114 号

产品名称:移动式摄影 X 射线机(Portable X-ray Units)
规格型号:SPSL-HF-4.0
产品标准:YZB/SPA 7312-2013《移动式摄影 X 射线机》
性能组成:移动式摄影 X 射线机由 X 射线源组件和移动车组成。其中 X 射线源组件包括:组合机头(A7926-01;X 射线管组件:A13044-01、管芯:A13044)、限束器、控制面板和 SID 保护件;移动车包括:带 3P 面板控制台、关节臂、手持开关和置物框。
适用范围:移动式 X 线摄影机主要用于医疗单位放射科、病房和手术室进行 X 射线摄影诊断,与医疗单位现有的胶片成像系统配合使用。
生产厂家:西班牙 SEDECAL (Sociedad Espanola de Electromedicina y Calidad, S. A.)
注册代理:北京赛德科医疗设备有限公司
服务机构:北京赛德科医疗设备有限公司
发证日期:2014.05.07 **截止日期**:2018.05.06

国食药监械(进)字 2014 第 3452115 号

产品名称:血液透析滤过装置(Machine for hemodialysis)
规格型号:5008, 5008S
产品标准:YZB/GER 1796-2014《血液透析滤过装置》
性能组成:本品由 LCD 面板、电源模块、体外血液循环监控部分(气泡监测仪、压力传感器、血泵、置换液泵、肝素泵)、液路监控部分(负压泵、流量泵、加热器、平衡腔、电导率传感器、温度传感器、漏血传感器、细菌过滤器)、输液架、ONLINE plus(在线置换液泵)、BPM(血压监测仪)、BTM (血液温度监控仪)、BVM(血容量监测仪)组成。本次申报不包括与之配套使用的一次性耗材及附件。型号 5008 与 5008S 结构上的区别见附件。
适用范围:该装置适用于临床,用于对急性或慢性肾功能不全患者进行血液透析滤过治疗。
备注:2014 年 7 月 15 日同意更正产品标准号、产品性能结构及组成内容,2014 年 5 月 7 日核发的医疗器械注册登记表予以废止。
生产厂家:德国 Fresenius Medical Care AG& Co.KGaA
注册代理:费森尤斯医药用品(上海)有限公司
服务机构:费森尤斯医药用品(上海)有限公司
发证日期:2014.05.07 **截止日期**:2018.05.06

国食药监械(进)字 2014 第 3252116 号

产品名称:微波治疗仪(Microwave diathermy)
规格型号:HM-801
产品标准:YZB/ROK 1817-2014《微波治疗仪》
性能组成:治疗仪由主机、辐射头和支撑臂组成。其中辐射头的外形有圆形(ф 170mmX120mm(D))和鞍形(120mm(H)X440mm(W)X90mm(D))两种。
适用范围:该产品用于缓解由骨关节伤痛、软组织损伤及肌肉疲劳引起的疼痛。

生产厂家:韩国 HANIL TM CO., LTD
注册代理:北京捷拓永翔科贸有限公司
服务机构:北京捷拓永翔科贸有限公司
发证日期:2014.05.07 **截止日期**:2018.05.06

国食药监械(进)字 2014 第 2402117 号

产品名称:全自动生化分析仪(ARCHITECT c16000 System/ARCHITECT c4000 System)
规格型号:ARCHITECT c4000 Processing Module; ARCHITECT c4000 Processing Module Integrated; ARCHITECT c16000
产品标准:YZB/USA 1950-2014《全自动生化分析仪》
性能组成:分析仪由 3 个主要部分构成:系统控制中心(SCC)、处理模块和样本处理装置。系统控制中心由计算机系统以一个集中的界面提供给用户对处理模块及相关部分的管理。处理模块是通过使用电势和光度测定法进行样本处理的模块。样本处理装置是将样本传送到处理模块进行分析及再测试的传送模块。
适用范围:该分析仪适用于医学实验室对血液/尿液/脑脊液中蛋白质物质、酯类和酶含量或活性的检测。
生产厂家:美国 ABBOTT LABORATORIES
注册代理:雅培贸易(上海)有限公司
服务机构:雅培贸易(上海)有限公司
发证日期:2014.05.07 **截止日期**:2018.05.06

国食药监械(进)字 2014 第 3402118 号

产品名称:全自动化学发光免疫分析仪(Bio-flash)
规格型号:3710-0344
产品标准:YZB/SPA 1969-2014《全自动化学发光免疫分析仪》
性能组成:本产品由全自动化学发光免疫分析仪构成。主要由试剂区、样本区、反应测试管加样区和反应废液区构成。
适用范围:用于在实验室对血液样品中的被分析物进行分析。
生产厂家:西班牙 Biokit, S.A.
注册代理:沃芬医疗器械商贸(北京)有限公司
服务机构:沃芬医疗器械商贸(北京)有限公司
发证日期:2014.05.07 **截止日期**:2018.05.06

国食药监械(进)字 2014 第 2402119 号

产品名称:游离三碘甲状腺原氨酸测定试剂包(化学发光法)(VITROS Immunodiagnostic Products Free T3 Reagent Pack)
规格型号:100 测试/包装
产品标准:YZB/UK 1909-2014
性能组成:该试剂包包括: 100 个包被好的反应杯(修改的配体可结合>3.33pmol 的抗-T3 IgG/反应杯);13.3mL 结合物试剂(辣根过氧化物酶(HRP)- 绵羊抗 T3,可结合>12.5fmolFT3/mL),溶于含牛γ球蛋白、牛凝胶和抗微生物剂的缓冲液中。产品有效期:冷藏:2-8℃储存,有效期 52 周。附件:注册产品标准,产品说明书。
适用范围:该产品用于体外定量检测人血清和血浆(肝素或 EDTA)中的游离三碘甲状腺原氨酸(FT3)的浓度。
生产厂家:英国 Ortho Clinical Diagnostics
注册代理:强生(上海)医疗器材有限公司
发证日期:2014.05.09 **截止日期**:2018.05.08

国食药监械(进)字 2014 第 2402120 号

产品名称:促甲状腺素测定试剂包(化学发光法)(VITROS Immunodiagnostic Products TSH Reagent Pack)
规格型号:100 测试/包装
产品标准:YZB/UK 1913-2014
性能组成:1 个试剂包包括:100 个包被好的反应杯(链霉亲和素,可结合>3ng 的生物素/反应杯);6.2mL 酶结合试剂(辣根过氧化物酶(HRP)-鼠单克隆抗-TSH β亚单位,可结合>608.4μIU TSH /mL),溶于含有牛丙种球蛋白、牛血清清蛋白和抗微生物剂的缓冲液中;9.1mL 生物素化的抗体试剂(生物素-鼠单克隆抗-TSH,可结合>202.8μIUTSH /mL),溶于含有牛丙种球蛋白、牛血清清蛋白和抗微生物剂的缓冲液中。产品有效期:冷藏:2-8℃,有效期 52 周。附件:注册产品标准,产品说明书。
适用范围:该产品用于体外定量测定人血清和血浆(EDTA 或肝制凝素)中促甲状腺激素(TSH)的浓度。
生产厂家:英国 Ortho Clinical Diagnostics
注册代理:强生(上海)医疗器材有限公司
发证日期:2014.05.09 **截止日期**:2018.05.08

国食药监械(进)字 2014 第 1402121 号

产品名称:样品稀释液(Sample Dilution Reagent II(SDR II))
规格型号:1 x 200 mL
产品标准:YZB/GER 2070-2014
性能组成:本产品是一种含有表面活性剂的缓冲溶液,含有防腐剂。产品有效期:15 - 25 ℃储存,有效期 12 个月。附件:注册产品标准,产品说明书。
适用范围:用于治疗药物浓度监测检测时样品的稀释。
生产厂家:德国 Roche Diagnostics GmbH
注册代理:罗氏诊断产品(上海)有限公司
发证日期:2014.05.09 **截止日期**:2018.05.08

国食药监械(进)字 2014 第 2402122 号

产品名称:乙醇检测试剂盒(比色法)(Ethyl Alcohol(ETH))
规格型号:试剂 1:1×19 mL,试剂 2:1×19mL;试剂 1:1×66 mL,试剂 2:1×66mL。
产品标准:YZB/GER 2069-2014
性能组成:试剂 1: 缓冲液,防腐剂。 试剂 2: 烟酰胺腺嘌呤二核苷酸(NAD)(酵母), > 3 mmol/L;乙醇脱氢酶(ADH)(EC 1.1.1.1;酵母菌;25 ° C):, > 37 U/mL (617 μkat/L);稳定剂和防腐剂。产品有效期:2-8℃保存,有效期 10 个月。附件:注册产品标准,产品说明书。
适用范围:体外定量测定人血浆、血清、尿液和全血中乙醇水平。
生产厂家:德国 Roche Diagnostics GmbH
注册代理:罗氏诊断产品(上海)有限公司
发证日期:2014.05.09 **截止日期**:2018.05.08

国食药监械(进)字 2014 第 1402123 号

产品名称:氯化钠稀释液(NACL Diluent 9%)
规格型号:6×22mL
产品标准:YZB/GER 2063-2014
性能组成:9% 氯化钠。产品有效期:2-8℃保存,有效期 21 个月。附件:注册产品标准,产品说明书。
适用范围:用于样品稀释。
生产厂家:德国 Roche Diagnostics GmbH
注册代理:罗氏诊断产品(上海)有限公司
发证日期:2014.05.09 **截止日期**:2018.05.08

国食药监械(进)字 2014 第 3402124 号

产品名称:乙型肝炎病毒表面抗体检测试剂盒(化学发光法)(VITROS Immunodiagnostic Products Anti-HBs)
规格型号:试剂包:100 人份/包装,校准品:1 套/包装,质控品:3 套/包装。
产品标准:YZB/UK 1917-2014
性能组成:试剂包含有:100 个包被好的反应杯;13.3mL 酶结合物试剂溶于含有牛血清,人血清和抗微生物试剂的缓冲液中; 6.2mL 含有抗微生物物质的分析试剂。校准品组成:一套校准品 1、2 和 3,校准值 0,30 和 250mIU/mL;批次校准卡;实验方案卡; 校准品的 24 个条形码标签。 质控品组成: 3 套质控品 1、2 和 3。(具体内容详见产品说明书)。产品有效期:冷藏:2-8℃;有效期:26 周。附件:注册产品标准,产品说明书。
适用范围:该产品用于定量检测人血清或血浆(肝素或柠檬酸盐抗凝)中存在的乙型肝炎病毒表面抗体(Anti-HBs)。
生产厂家:英国 Ortho Clinical Diagnostics
注册代理:强生(上海)医疗器材有限公司
发证日期:2014.05.09 **截止日期**:2018.05.08

国食药监械(进)字 2014 第 3402125 号

产品名称:抗单纯疱疹病毒 1+2 型抗体 IgM 检测试剂盒(酶联免疫吸附法)(Anti-HSV-1/2 Pool ELISA (IgM))
规格型号:EI 2531-9601-1 M: 96 人份/盒。
产品标准:YZB/GER 2122-2014

性能组成:微孔板、标准品、阳性对照、阴性对照、酶结合物、样本缓冲液、清洗缓冲液、色原/底物液、终止液、靶值参照表。产品有效期:2-8℃保存，不要冰冻，未开封前，除非特别说明，试剂盒中各成分可稳定 1 年。附件：注册产品标准，产品说明书。
适用范围:该产品用于体外半定量检测人血清或血浆中的抗单纯疱疹病毒 1+2 型抗体 IgM。
生产厂家:德国 EUROIMMUN Medizinische Labordiagnostika AG
注册代理:欧蒙医学诊断(中国)有限公司
发证日期:2014.05.09 截止日期:2018.05.08

国食药监械(进)字 2014 第 3402126 号

产品名称:癌抗原 15-3 校准品(ARCHITECT CA 15-3 Calibrators)
规格型号:6 瓶(4 mL/瓶)
产品标准:YZB/USA 2057-2014
性能组成:校准品 A 为含有蛋白(牛)稳定剂的三羟甲基氨基甲烷(TRIS)缓冲液。校准品 B-F 包含有 DF3 限定的储存于含蛋白(牛)稳定剂的三羟甲基氨基甲烷(TRIS)缓冲液中的抗原(人)。防腐剂：叠氮钠和 ProClin 300。(具体内容详见说明书)。产品有效期：2～8℃储存，有效期 12 个月。附件：注册产品标准，产品说明书。
适用范围:本校准品用于体外定量测定人血清和血浆中的 DF3 限定的抗原时，对癌抗原 15-3 项目进行校准。
变更情况:变更日期：2014.10.08。原注册证内容：1）主要组成成分：无溯源性内容。2）代理人、售后单位地址：上海市外高桥保税区希雅路 69 号 15 号楼 6 楼 A 区变更后的内容：1）主要组成成分：明确校准品的溯源性。2）代理人、售后单位地址：中国（上海）自由贸易试验区美盛路 56 号 4 号楼 109 部位 说明书和产品标准变更见附件。
生产厂家:美国 Abbott Laboratories
注册代理:雅培贸易(上海)有限公司
发证日期:2014.05.09 截止日期:2018.05.08

国食药监械(进)字 2014 第 2402127 号

产品名称:抗核抗体检测试剂盒（多重微珠免疫法）(AtheNA Multi-LyteTM ANA TEST SYSTEM)
规格型号:A20001 96 次/盒
产品标准:YZB/USA 2556-2014
性能组成:活性成分：复合悬浮磁珠，PE 标记的羊抗人 IgG γ 链，阳性对照(人血清)，阴性对照(人血清)，样品稀释液；非活性成分（具体内容详见说明书)。产品有效期：2-8℃保存，有效期 18 个月。附件：注册产品标准，产品说明书。
适用范围:该产品用于体外定性检测人血清中八种 IgG 抗体（SSA, SSB, Sm, RNP, Scl-70, Jo-1, Centromere B 和 Histone)，以及人血清中抗 dsDNA（双链 DNA）和抗 ANA（抗核抗体）的 IgG 抗体。
生产厂家:美国 Zeus Scientific, Inc.
注册代理:上海一滴准生物科技有限公司
发证日期:2014.05.09 截止日期:2018.05.08

国食药监械(进)字 2014 第 2402128 号

产品名称:抗中性粒细胞胞浆抗体检测试剂盒（多重微珠免疫法）(AtheNA Multi-LyteTM MPO/PR3 IgG TEST SYSTEM)
规格型号:A96001 96 次/盒
产品标准:YZB/USA 2557-2014
性能组成:活性成分：复合悬浮微珠、荧光素(藻红蛋白)标记的羊抗人 IgG γ 链。人阳性血清对照、人阴性血清对照、样本稀释液；非活性成分（具体内容详见说明书)。产品有效期：2-8℃保存，有效期 18 个月。附件：注册产品标准，产品说明书。
适用范围:该产品用于体外定性或半定量地检测人血清中 2 个 ANCA 抗原（髓过氧化物酶和蛋白酶 3）的 IgG 抗体。
生产厂家:美国 Zeus Scientific, Inc.
注册代理:上海一滴准生物科技有限公司
发证日期:2014.05.09 截止日期:2018.05.08

国食药监械(进)字 2014 第 2402129 号

产品名称:可提取核抗原 IgG 检测试剂盒（酶联免疫法）(ENA Screen ELISA TEST SYSTEM)
规格型号:2Z2851G 96 次/盒
产品标准:YZB/USA 2559-2014
性能组成:活性成分：包被有灭活抗原的微孔板，结合剂(HRP 结合的羊抗人 IgG γ 链)，阳性对照(人血清)，校正品(人血清)，阴性对照(人血清)，样品稀释液(溶液中含有 Tween20、BSA、磷酸盐缓冲液)，TMB，终止液，浓缩洗板液，非活性成分（具体内容详见说明书)。产品有效期：2-8℃保存，有效期 18 个月。附件：注册产品标准，产品说明书。
适用范围:该产品用于体外半定量检测人血清中的 Jo-1，Sm、Sm/RNP、SSA (Ro)、SSB (La)、Scl-70 的 IgG 抗体。
生产厂家:美国 Zeus Scientific, Inc.
注册代理:上海一滴准生物科技有限公司
发证日期:2014.05.09 截止日期:2018.05.08

国食药监械(进)字 2014 第 2402130 号

产品名称:抗核抗体检测试剂盒(酶联免疫法)(ANA SCREEN ELISA TEST SYSTEM)
规格型号:2Z29001G 96 测试/盒
产品标准:YZB/USA 2561-2014
性能组成:包被有灭活抗原的微孔板，结合剂(HRP 结合的羊抗人 IgG γ 链)，阳性对照(人血清)，校正品(人血清)，阴性对照(人血清)，样品稀释液(溶液中含有 Tween20、BSA、磷酸盐缓冲液)，TMB，终止液，浓缩洗板液（具体内容详见说明书)。产品有效期：2-8℃保存，有效期 18 个月。附件：注册产品标准，产品说明书。
适用范围:该产品用于体外定性检测人血清中的抗核抗体。
生产厂家:美国 Zeus Scientific, Inc.
注册代理:上海一滴准生物科技有限公司
发证日期:2014.05.09 截止日期:2018.05.08

国食药监械(进)字 2014 第 2402131 号

产品名称:心磷脂 IgG 检测试剂盒（酶联免疫法）(ANTI-CARDIOLIPIN IgG ELISA TEST SYSTEM)
规格型号:2Z51051G 96 次/盒
产品标准:YZB/USA 2562-2014
性能组成:包被有灭活抗原的微孔板，结合剂(HRP 结合的羊抗人 IgG γ 链)，阳性对照(人血清)，校正品(人血清)，阴性对照(人血清)，样品稀释液(溶液中含有 Tween20、BSA、磷酸盐缓冲液)，TMB，终止液，浓缩洗板液。(具体内容详见说明书)。产品有效期：2-8℃保存，有效期 18 个月。附件：注册产品标准，产品说明书。
适用范围:该产品用于体外半定量检测人血清中的抗心磷脂 (Cardiolipin) IgG 抗体。
生产厂家:美国 Zeus Scientific, Inc.
注册代理:上海一滴准生物科技有限公司
发证日期:2014.05.09 截止日期:2018.05.08

国食药监械(进)字 2014 第 2402132 号

产品名称:类风湿因子检测试剂盒（多重微珠免疫法）(AtheNA Multi-LyteTM Rheumatoid Factor IgM TEST SYSTEM)
规格型号:A91001M 96 人份/盒
产品标准:YZB/USA 2563-2014
性能组成:活性成分：复合悬浮磁珠，PE 标记的羊抗人 IgM μ 链，阳性对照(人血清)，阴性对照(人血清)，样品稀释液；非活性成分（具体内容详见说明书)。产品有效期：2-8℃保存，有效期 18 个月。附件：注册产品标准，产品说明书。
适用范围:用于体外定性或半定量地检测人血清中的类风湿因子 IgM 抗体。
生产厂家:美国 Zeus Scientific, Inc.
注册代理:上海一滴准生物科技有限公司
发证日期:2014.05.09 截止日期:2018.05.08

国食药监械(进)字 2014 第 2402133 号

产品名称:心磷脂 IgM 检测试剂盒（酶联免疫法）(ANTI-CARDIOLIPIN IgM ELISA TEST SYSTEM)
规格型号:2Z51051M 96 次/盒
产品标准:YZB/USA 2566-2014
性能组成:包被有灭活抗原的微孔板，结合剂(HRP 结合的羊抗人 IgM μ 链)，阳性对照(人血清)，校正品(人血清)，阴性对照(人血清)，样品稀释液(溶液中含有 Tween20、BSA、磷酸盐缓冲液)，TMB，终止液，浓缩洗板液。(具体内容详见说明书)。产品有效期：2-8℃保存，有效期

18个月。附件：注册产品标准，产品说明书。
适用范围：该产品用于体外定性检测人血清中的抗心磷脂(Cardiolipin) IgM抗体。
生产厂家：美国 Zeus Scientific, Inc.
注册代理：上海一滴准生物科技有限公司
发证日期：2014.05.09 **截止日期**：2018.05.08

国食药监械(进)字2014第2402134号

产品名称：双链DNA检测试剂盒（酶联免疫法）(dsDNA IgG Elisa Test System)
规格型号：2Z2881G 96次/盒
产品标准：YZB/USA 2603-2014
性能组成：包被有灭活抗原的微孔板，结合剂(HRP结合的羊抗人IgG γ链)，阳性对照(人血清)，校正品(人血清)，阴性对照(人血清)，样品稀释液(溶液中含有Tween-20、BSA、磷酸盐缓冲液)，TMB，终止液，浓缩洗板液。(具体内容详见说明书)。产品有效期：2-8℃保存，有效期18个月。附件：注册产品标准，产品说明书。
适用范围：该产品用于体外半定量检测人血清中的双链DNA（dsDNA）的IgG抗体。
生产厂家：美国 Zeus Scientific, Inc.
注册代理：上海一滴准生物科技有限公司
发证日期：2014.05.09 **截止日期**：2018.05.08

国食药监械(进)字2014第2402135号

产品名称：髓过氧化物酶 IgG 检测试剂盒（酶联免疫法）(Myeloperoxidase IgG ELISA TEST SYSTEM)
规格型号：2Z9671G 96次/盒
产品标准：YZB/USA 2605-2014
性能组成：包被有灭活抗原的微孔板，结合剂(HRP结合的羊抗人IgG γ链)，阳性对照(人血清)，校正品(人血清)，阴性对照(人血清)，样品稀释液(溶液中含有Tween20、BSA、磷酸盐缓冲液)，TMB，终止液，浓缩洗板液。(具体内容详见说明书)。产品有效期：2-8℃保存，有效期18个月。附件：注册产品标准，产品说明书。
适用范围：该产品用于体外定性检测人血清中的髓过氧化物酶(MPO) IgG抗体。
生产厂家：美国 Zeus Scientific, Inc.
注册代理：上海一滴准生物科技有限公司
发证日期：2014.05.09 **截止日期**：2018.05.08

国食药监械(进)字2014第2402136号

产品名称：蛋白酶3 IgG 检测试剂盒(酶联免疫法)(Proteinase-3 IgG ELISA TEST SYSTEM)
规格型号：2Z9691G 96次/盒
产品标准：YZB/USA 2606-2014
性能组成：包被有灭活抗原的微孔板，结合剂(HRP结合的羊抗人IgG γ链)，阳性对照(人血清)，校正品(人血清)，阴性对照(人血清)，样品稀释液(溶液中含有Tween20、BSA、磷酸盐缓冲液)，TMB，终止液，浓缩洗板液。(具体内容详见说明书)。产品有效期：2-8℃保存，有效期18个月。附件：注册产品标准，产品说明书。
适用范围：该产品用于体外定性检测人血清中的蛋白酶3 (PR-3) IgG抗体。
生产厂家：美国 Zeus Scientific, Inc.
注册代理：上海一滴准生物科技有限公司
发证日期：2014.05.09 **截止日期**：2018.05.08

国食药监械(进)字2014第2402137号

产品名称：性激素结合球蛋白测定试剂盒(化学发光微粒子免疫检测法)(ARCHITECT SHBG Reagent Kit)
规格型号：4× 100测试/盒、1× 100测试/盒。
产品标准：YZB/GER 2417-2014
性能组成：微粒子、结合物、项目稀释液。(具体内容详见说明书)。产品有效期：2-8℃竖直向上储存，有效期12个月。附件：注册产品标准，产品说明书。
适用范围：本试剂盒用于体外定量检测人血清和血浆中的性激素结合球蛋白(SHBG)。
生产厂家：德国 Abbott GmbH & Co. KG
注册代理：雅培贸易(上海)有限公司
发证日期：2014.05.09 **截止日期**：2018.05.08

国食药监械(进)字2014第2402138号

产品名称：电解质参比液(间接离子选择电极法)(Ion caliper)
规格型号：1L/瓶
产品标准：YZB/JAP 2203-2014
性能组成：由醋酸、氯化钠组成。(具体内容详见产品说明书)。产品有效期：1-30℃干燥避光保存，有效期18个月。附件：注册产品标准，产品说明书。
适用范围：本产品用于在测试钠、钾、氯离子时作为电位比较试剂。
生产厂家：日本 Toshiba Medical Systems Corporation
注册代理：东芝医疗系统(中国)有限公司
发证日期：2014.05.09 **截止日期**：2018.05.08

国食药监械(进)字2014第2402139号

产品名称：心型脂肪酸结合蛋白质控品水平1(H-FABP Control Level 1)
规格型号：货号 FB4026 3x1ml
产品标准：YZB/UK 2319-2014
性能组成：冻干粉 19mM 三羟甲基氨基甲烷（Tris）缓冲盐，pH7.2包含一个蛋白阵列，稳定器，防腐剂和心型脂肪酸结合蛋白（H-FABP)。产品有效期：在2～8℃储存条件下，有效期为17个月。附件：注册产品标准，产品说明书。
适用范围：本产品用于对心型脂肪酸结合蛋白（H-FABP）的质控检测。
生产厂家：英国 Randox Laboratories Ltd
注册代理：英国朗道实验诊断有限公司上海代表处
发证日期：2014.05.09 **截止日期**：2018.05.08

国食药监械(进)字2014第2402140号

产品名称：心型脂肪酸结合蛋白质控品水平2(H-FABP Control Level 2)
规格型号：货号 FB4027 3 × 1 ml
产品标准：YZB/UK 2440-2014
性能组成：冻干粉 19mM 三羟甲基氨基甲烷（Tris）缓冲盐，pH7.2包含一个蛋白阵列，稳定器，防腐剂和心型脂肪酸结合蛋白（H-FABP)。产品有效期：在2～8℃储存条件下，有效期为17个月。附件：注册产品标准，产品说明书。
适用范围：本产品用于对心型脂肪酸结合蛋白（H-FABP）的质控检测。
生产厂家：英国 Randox Laboratories Ltd.
注册代理：英国朗道实验诊断有限公司上海代表处
发证日期：2014.05.09 **截止日期**：2018.05.08

国食药监械(进)字2014第2402141号

产品名称：凝血酶原时间检测条（电阻抗法）(Alere INRatio® PT/INR Test Strips)
规格型号：48人份/盒；12人份/盒
产品标准：YZB/USA 1912-2014
性能组成：试剂通道：重组的促凝血酶原激酶和缓冲液。对照通道：可对低值对照和高值对照产生预知凝固时间的人源血浆凝血因子和缓冲液。(具体内容详见说明书)。产品有效期：2-8℃或室温(不超过32℃)储存，有效期为18个月。附件：注册产品标准，产品说明书。
适用范围：该产品用于体外定量检测手指新鲜毛细血管全血的凝血酶原时间（PT）。
生产厂家：美国 Alere San Diego, Inc.
注册代理：美艾利尔(中国)医疗器械有限公司
发证日期：2014.05.09 **截止日期**：2018.05.08

国食药监械(进)字2014第2402142号

产品名称：心型脂肪酸结合蛋白检测试剂盒(免疫比浊法)(H-FABP)
规格型号：货号 FB4025 试剂1 缓冲液：1 x 19 mL、试剂2 乳胶抗体试剂:1 x 7 mL。
产品标准：YZB/UK 2499-2014
性能组成：试剂1. 缓冲液：叠氮化钠；试剂2. 乳胶抗体试剂：小鼠单克隆抗心型脂肪酸结合蛋白抗体、叠氮化钠。产品有效期：在2～8℃储存条件下，有效期为12个月。附件：注册产品标准，产品说明书。
适用范围：用于定量测定血清或血浆中心型脂肪酸结合蛋白（H-FABP）的浓度。

生产厂家:英国 Randox Laboratories Ltd
注册代理:英国朗道实验诊断有限公司上海代表处
发证日期:2014.05.09 截止日期:2018.05.08

国食药监械(进)字 2014 第 2402143 号

产品名称:心型脂肪酸结合蛋白校准品(H-FABP CAL)
规格型号:货号 FB3134: 6x1ml
产品标准:YZB/UK 2504-2014
性能组成:人血清基质。产品有效期:在 2~8℃储存条件下,有效期为 17 个月。附件:注册产品标准,产品说明书。
适用范围:本品是用于绘制心型脂肪酸结合蛋白测定校准曲线的校准品。
生产厂家:英国 Randox Laboratories Ltd.
注册代理:英国朗道实验诊断有限公司上海代表处
发证日期:2014.05.09 截止日期:2018.05.08

国食药监械(进)字 2014 第 2402144 号

产品名称:酵母菌鉴定板(商品名:菲凡)(BD PhoenixTM YEAST ID)
规格型号:25 块/盒
产品标准:YZB/USA 2187-2014
性能组成:见附件:。产品有效期:15-25°C 条件下储存,有效期 12 个月。附件:注册产品标准,产品说明书。
适用范围:该产品用于酵母菌和酵母菌样真菌的体外鉴定。
生产厂家:美国 Becton, Dickinson and Company
注册代理:碧迪医疗器械(上海)有限公司
发证日期:2014.05.09 截止日期:2018.05.08

国食药监械(进)字 2014 第 2402145 号

产品名称:血糖试片(葡萄糖脱氢酶法)(Blood Glucose Test Strips)
规格型号:25 片/瓶,2 瓶/盒
产品标准:YZB/ROK 2056-2014
性能组成:葡萄糖脱氢酶、铁氰化钾、固定剂、稳定剂。(具体详见说明书)。产品有效期:1-32℃条件下保存,有效期 19 个月。附件:注册产品标准,产品说明书。
适用范围:用于定量检测人全血中的葡萄糖浓度。
生产厂家:韩国 All Medicus Co., Ltd
注册代理:北京雅典娜科技有限公司
发证日期:2014.05.09 截止日期:2018.05.08

国食药监械(进)字 2014 第 1402146 号

产品名称:质控稀释试剂盒(cobas 4800 System Control Diluent Kit)
规格型号:10×4.3mL
产品标准:YZB/USA 2054-2014
性能组成:Tris-HCl 缓冲液、37%盐酸胍。(具体内容详见说明书)。产品有效期:15-25℃储存,有效期至 24 个月。附件:注册产品标准,产品说明书。
适用范围:用于稀释沙眼衣原体(CT)/淋球菌(NG)质控试剂盒。
生产厂家:美国 Roche Molecular Systems, Inc.
注册代理:罗氏诊断产品(上海)有限公司
发证日期:2014.05.09 截止日期:2018.05.08

国食药监械(进)字 2014 第 2402147 号

产品名称:促甲状腺激素和甲状腺球蛋白低值质控品(PreciControl Thyro Sensitive)
规格型号:4 ×2.0 mL(冻干品,复溶体积)
产品标准:YZB/GER 1859-2014
性能组成:试剂-工作溶液:马血清基质中含有 TSH(人源,重组)和 Tg(人源)。试剂盒还包含:条码卡,质控条码赋值表,4 个带标签的压盖式小空瓶、12 个瓶标签。(具体内容详见说明书)。产品有效期:2-8℃保存,有效期 15 个月。附件:注册产品标准,产品说明书。
适用范围:用于促甲状腺激素和甲状腺球蛋白免疫测定的质量控制。
生产厂家:德国 Roche Diagnostics GmbH
注册代理:罗氏诊断产品(上海)有限公司
发证日期:2014.05.09 截止日期:2018.05.08

国食药监械(进)字 2014 第 1402148 号

产品名称:核酸提取用蛋白酶 K(Abbott Proteinase K)
规格型号:4 X 2.45 mL/盒
产品标准:YZB/USA 2332-2014
性能组成:本产品是从毕赤酵母中重组获得的 PCR 级的蛋白酶 K。活性成分:蛋白酶 K。(具体内容详见说明书)。产品有效期:2℃-8℃储存,有效期:18 个月。附件:注册产品标准,产品说明书。
适用范围:本产品用于在核酸提取过程中消化核酸结合蛋白,辅助核酸提取。
生产厂家:美国 Abbott Molecular Inc.
注册代理:雅培贸易(上海)有限公司
发证日期:2014.05.09 截止日期:2018.05.08

国食药监械(进)字 2014 第 2402149 号

产品名称:血气分析仪用质控品(商品名:pHox Plus L 内质控)(Stat Profile pHOx plus L Controls Auto-Catridge)
规格型号:货号 34090:75 个测试; 货号 34091:330 个测试; 货号 34093:110 个测试。
产品标准:YZB/USA 2104-2014
性能组成:碳酸盐缓冲液,每一种质控均含有已知的 pH 和钠、钾、氯、离子钙、糖和乳酸。溶液为已知的 O2,CO2 和 N2 平衡液。(具体详见说明书)。产品有效期:贮存在 2-8℃的环境中,不可冷冻,保存 24 个月。附件:注册产品标准,产品说明书。
适用范围:主要用于监测在 NOVA 公司生产的分析仪上分析 pH, pCO2, pO2, SO2%, Hct, Hb, Na+, K+, Cl-, Ca++, Glu, Lac 的准确性。
生产厂家:美国 Nova Biomedical Corporation
注册代理:美国诺瓦生物医学公司北京代表处
发证日期:2014.05.09 截止日期:2018.05.08

国食药监械(进)字 2014 第 2402149 号(变更批件)

产品名称:血气分析仪用质控品(商品名:pHox Plus L 内质控)(Stat Profile pHOx plus L Controls Auto-Catridge)
规格型号:货号 34090:75 个测试; 货号 34091:330 个测试; 货号 34093:110 个测试。
产品标准:YZB/USA 2104-2014
备注:变更内容:变更代理人、注册代理机构:由“美国诺瓦生物医学公司北京代表处”变更为“广州市浩通贸易有限公司”。申请人根据批准变更内容自行修订注册产品标准、说明书及包装标签中相应内容。审批结论:经审查,建议予以变更。注册代理机构存档备查。本批件与原注册证共同使用,本批件有效期与原注册证有效期相同。
生产厂家:美国 Nova Biomedical Corporation
变更日期:2014.08.01 截止日期:2018.05.08

国食药监械(进)字 2014 第 1402150 号

产品名称:分化剂浓缩液(SelecTech Define Mx-aq Concentrate)
规格型号:500mL
产品标准:YZB/USA 1313-2014
性能组成:苹果酸、柠檬酸钠、氢氧化钠、硫酸镁。产品有效期:储存在 15℃-30℃环境下,有效期 24 个月。附件:注册产品标准,产品说明书。
适用范围:该试剂用于冰冻组织切片或石蜡包埋组织切片的苏木精伊红染色(H&E 染色)。
生产厂家:美国 Leica Biosystems Richmond, Inc.
注册代理:徕卡显微系统(上海)贸易有限公司
发证日期:2014.05.09 截止日期:2018.05.08

国食药监械(进)字 2014 第 1402151 号

产品名称:分化剂(SelecTech Define)
规格型号:500mL
产品标准:YZB/USA 1314-2014
性能组成:柠檬酸、柠檬酸钠。产品有效期:储存在 15℃-30℃环境下,有效期 24 个月。附件:注册产品标准,产品说明书。
适用范围:该试剂用于冰冻组织切片或石蜡包埋组织切片的苏木精伊红染色(H&E 染色)。
生产厂家:美国 Leica Biosystems Richmond, Inc.
注册代理:徕卡显微系统(上海)贸易有限公司
发证日期:2014.05.09 截止日期:2018.05.08

国食药监械(进)字 2014 第 2402152 号

产品名称:白细胞检测试剂片(干式计数法)(HemoCue WBC Microcuvettes)
规格型号:4×40 片/瓶
产品标准:YZB/SWE 2247-2014
性能组成:微型试剂片由共聚苯乙烯塑料制成,并含以下试剂:亚甲蓝、皂素、表面活性剂、聚乙二醇辛基苯基醚。(具体内容详见说明书)。产品有效期: 15-35℃ (59-95℉) 的条件下保存,不凝结湿度<90%,有效期 10 个月。附件: 注册产品标准,产品说明书。
适用范围:本产品用于体外定量检测人毛细血管全血或静脉全血中的白细胞浓度。
变更情况:变更日期: 2015.01.06。"代理人名称:上海台珂实业有限公司代理人住所:崇明县庙镇宏海公路 263 号 1 幢 302 室(上海庙镇经济开发区)"变更为"代理人名称:雷度米特医疗设备(上海)有限公司代理人住所:中国(上海)自由贸易试验区巴圣路 360 号 22 号厂房 1 层 A 部位"。
生产厂家:瑞典 HemoCue AB
注册代理:上海台珂实业有限公司
发证日期:2014.05.09 截止日期:2018.05.08

国食药监械(进)字 2014 第 2402153 号

产品名称:低密度脂蛋白胆固醇测定试剂盒(均相直接法)(Direct LDL)
规格型号:试剂 1: 2×53 mL,试剂 2: 2×20 mL。
产品标准:YZB/CAN 2335-2014
性能组成:试剂 1:MES 缓冲液(pH6.3),去污剂 1,胆固醇酯酶(假单胞菌属),胆固醇氧化酶(纤维单胞菌属),过氧化物酶(辣根),4-氨基安替比林,抗坏血酸氧化酶(南瓜属),防腐剂. 试剂 2:MES 缓冲液(pH6.3),去污剂 2,N,N-双(4-硫丁基)-间-甲苯胺-二钠(DSBmT),防腐剂. (具体内容详见说明书)。产品有效期: 2-8℃储存,有效期 24 个月。附件: 注册产品标准,产品说明书。
适用范围:该产品用于体外定量地测定人血清或血浆中的低密度脂蛋白(LDL)胆固醇。
生产厂家:加拿大 Sekisui Diagnostics P.E.I. Inc.
注册代理:雅培贸易(上海)有限公司
发证日期:2014.05.09 截止日期:2018.05.08

国食药监械(进)字 2014 第 2402154 号

产品名称:激发液(BIO-FLASH Triggers)
规格型号:激发液 1:1×250 mL; 激发液 2:1×250 mL。
产品标准:YZB/SPA 2036-2014
性能组成:激发液 1: 氢氧化钠; 激发液 2: 过氧化脲。产品有效期: 15-25℃温度下保存 23 个月。附件: 注册产品标准,产品说明书。
适用范围:该产品用于在全自动化学发光免疫分析仪 (Bio-flash) 上作为激发液使用。
生产厂家:西班牙 BIOKIT, S.A.
注册代理:沃芬医疗设备国际贸易(上海)有限公司
发证日期:2014.05.09 截止日期:2018.05.08

国食药监械(进)字 2014 第 2212155 号

产品名称:动态心电记录仪(Holter Analysis Recorder)
规格型号:H12+
产品标准:YZB/USA 2042-2014《动态心电记录仪》
性能组成:该产品由主机 (含液晶显示屏、外壳、记录仪和电池盖)、主机套、CF 专用储存卡 (型号: H12+,容量:64/128MB,格式: FAT,卷标: Mortara_H12)、患者导联线组成。
适用范围:该产品用于获取、记录和储存患者 (新生儿患者除外) 24 小时流动测量的 ECG 数据。该产品不属于诊断设备,临床上仅供专业医务人员根据存储的 ECG 数据给予治疗措施,不属于维系生命的设备。
生产厂家:美国 MORTARA INSTRUMENT INC.
注册代理:北京美林科技有限责任公司
服务机构:北京美林科技有限责任公司
发证日期:2014.05.07 截止日期:2018.05.06

国食药监械(进)字 2014 第 2212156 号

产品名称:多导睡眠记录仪(Patient Recording System)
规格型号:Somté, Somnea
产品标准:YZB/AUL 2062-2014《多导睡眠记录仪》
性能组成:Somté型号产品由记录仪(P/N 8012-0007-02)、患者输入盒(P/N 8012-0007-01)及记录器腰带夹(P/N 4412-0007-01)组成。Somnea 型号产品由记录仪 (P/N 8012-0014-xx) 及患者输入盒 (P/N 8012-0015-xx)组成。
适用范围:Somté型号产品供医院、家庭及体检中心,由医生或在医生指导下对患有多种睡眠障碍或者与睡眠相关的呼吸障碍的患者的呼吸气流压力、鼾声、呼吸力、体位、肢体的移动、脉搏、脉率及 ECG 进行测量、记录。Somnea 型号产品供医院、家庭及体检中心,由医生或在医生指导下对患有多种睡眠障碍或者与睡眠相关的呼吸障碍的患者的呼吸气流压力、鼾声、呼吸力、体位、肢体的移动、脉搏及脉率进行测量、记录。
生产厂家:澳大利亚 Compumedics Limited
注册代理:北京倍德华君科技有限公司
服务机构:北京倍德华君科技有限公司
发证日期:2014.05.07 截止日期:2018.05.06

国食药监械(进)字 2014 第 3212157 号

产品名称:多导睡眠记录仪(Patient Recording System)
规格型号:Siesta 802
产品标准:YZB/AUL 2065-2014《多导睡眠记录仪》
性能组成:该产品由记录设备(P/N 8007-0024-00)、记录设备电源(P/N 8007-0023-00)、设备包组件【P/N4607-0021-01,内含 PSG 输入适配器导接器、电极输入适配器导接器 (参比电极)、传感器输入适配器导接器 (双极)】、外部 IR 端口(P/N 8400-0015-00)、外部设备输入模块(P/N 8007-0009-01)、外部设备输入模块和/或压力/流量模块的串行界面导接器(P/N 3107-0005-01)、胸腹式呼吸绑带(腹部: P/N 7000-0102-01、胸部: P/N7000-0103-01)、体位传感器(P/N 7000-0104-02)、延长导接器(P/N 7002-0021-00)。
适用范围:该产品供医院、家庭及体检中心,在内科医生或临床医生的直接监视下对患有多种睡眠障碍或者与睡眠相关的呼吸障碍的患者的心电、脑电、眼电、肌电、呼吸气流压力以及肢体的移动进行测量、记录。
生产厂家:澳大利亚 Compumedics Limited
注册代理:北京倍德华君科技有限公司
服务机构:北京倍德华君科技有限公司
发证日期:2014.05.07 截止日期:2018.05.06

国食药监械(进)字 2014 第 3462158 号

产品名称:人工耳蜗植入系统-音频处理器(Cochlear Implant Systems-Audio processor)
规格型号:OPUS 1
产品标准:YZB/AUS 0441-2013《人工耳蜗植入系统-音频处理器》
性能组成:产品由 OPUS1 语音处理器、电池盒、导线及连接线组成。电池盒包括儿童、弯角、直型三种。本次注册不包括与其配合使用的交互式诊断盒 DIB II 及 MAESTRO2.0.1 软件。
适用范围:用于帮助重度及深度耳聋患者重新获得听觉。此设备只能由受过足够训练和具有丰富经验的外科医生进行植入。
备注:2014 年 7 月 7 日同意更正产品英文名称内容,2014 年 5 月 7 日核发的医疗器械注册证、医疗器械注册登记表予以废止。
生产厂家:奥地利 MED-EL Elektromedizinische Gerate GmbH
注册代理:奥地利美迪医疗电子仪器公司北京代表处
服务机构:奥地利美迪医疗电子仪器公司北京代表处
发证日期:2014.05.07 截止日期:2018.05.06

国食药监械(进)字 2014 第 2542159 号

产品名称:综合手术动力系统(Integrated Power Console System)
规格型号:见附页
产品标准:YZB/USA 2213-2014《综合手术动力系统》
性能组成:综合手术动力系统由主机、脚踏开关、注水装置和手柄组成。
适用范围:综合手术动力系统适用于头部及颈部/耳鼻喉(耳科、神经科、神经解剖、鼻窦、鼻科、鼻咽/喉部),口腔/上颌面及整形/修复/美容手术过程中切割/切开、削磨、钻孔、锯开软硬组织以及骨骼。
生产厂家:美国 Medtronic Xomed, Inc
注册代理:美敦力(上海)管理有限公司

服务机构：美敦力（上海）管理有限公司
发证日期：2014.05.07　截止日期：2018.05.06

国食药监械（进）字 2014 第 2542160 号

产品名称：综合手术动力系统（Integrated Power Console System）
规格型号：见附页
产品标准：YZB/USA 2218-2014《综合手术动力系统》
性能组成：综合手术动力系统由主机、脚踏开关、注水装置和手柄组成。
适用范围：综合手术动力系统适用于神经外科（颅骨，颅面）、整形外科、关节镜、脊柱外科、胸骨切开术及一般外科手术等，需要切割/切开、削磨、钻孔、锯开软硬组织和骨质，及生物材料的外科手术。
生产厂家：美国 Medtronic Xomed，Inc
注册代理：美敦力（上海）管理有限公司
服务机构：美敦力（上海）管理有限公司
发证日期：2014.05.07　截止日期：2018.05.06

国食药监械（进）字 2014 第 2212161 号

产品名称：手术动力系统（XPS3000 System）
规格型号：XPS 3000
产品标准：YZB/USA 2225-2014《手术动力系统》
性能组成：手术动力系统由主机、脚踏开关、手柄、转换接头、和注水管组成。产品组成的型号列表见附页。
适用范围：用于耳鼻喉、头颈部以及耳神经手术中，可切除并取出软、硬组织和骨性组织。系统适用于要求切除软、硬组织或骨的整形外科手术，包括脊柱和关节成形手术。
生产厂家：美国 Medtronic Xomed，Inc.
注册代理：美敦力（上海）管理有限公司
服务机构：美敦力（上海）管理有限公司
发证日期：2014.05.07　截止日期：2018.05.06

国食药监械（进）字 2014 第 2702162 号

产品名称：动态心电分析软件（ECG Analyser）
规格型号：Impresario，版本号 V4.00.0258
产品标准：YZB/UK 2034-2014《动态心电分析软件》
性能组成：该产品由 Impresario 软件安装光盘、软件加密锁和授权协议书、Impresario 用户手册组成，其中安装光盘为存储介质。软件的体系结构包括三大模块：采集模块、分析模块和报告模块。
适用范围：该产品为可临床导入、分析动态心电图数据并出具 Holter 报告的软件。
生产厂家：英国 Spacelabs Healthcare Ltd.
注册代理：思培斯太空医疗仪器贸易（上海）有限公司
服务机构：思培斯太空医疗仪器贸易（上海）有限公司
发证日期：2014.05.07　截止日期：2018.05.06

国食药监械（进）字 2014 第 3212163 号

产品名称：电生理记录系统（Electrophysiology Recording System）
规格型号：CardioLab
产品标准：YZB/USA 2018-2014《电生理记录系统》
性能组成：该产品由电脑主机、键盘、集成电子盒 IEB、UPS 电源、TRAM 模块、TRAM RAC 模块箱、CardioLab II Plus 放大器、CO2 模块和相关附件组成，详见附表。
适用范围：该系统用于采集、筛选、数字化处理、放大、测量和计算、显示、记录和观察患者的临床数据。该系统是一个可配置系统。临床数据包括：ECG 波形、心腔内信号、刺激数据、消融数据、脉搏血氧饱和度（SpO2）、呼吸频率、呼末 CO2（EtCO2）、体温、有创血压和无创血压。生理参数（例如，舒张压、收缩压、平均血压、心率和心动周期时间）使用显示和记录的信号数据推导得出。数据可以手动输入，也可通过接口设备和/或信息系统采集，还可用于生成报告。CardioLab II Plus 放大器为该系统收集并放大电生理和有创血压数据，包括心内 ECG，体表 ECG，心率和有创血压。TRAM 模块与放大器一起为该系统收集患者数据，包括呼吸率、温度、无创血压（NIBP）和脉搏血氧（SpO2）。CO2 模块用于在该系统上显示患者的呼吸数据。该系统没有设置警告、不会向患者传递能量、不可用于给药，也不可执行任何生命支持或生命维持功能。该系统不可用于无人看管的患者，也不可用于需要使用诊断性心律失常检测的情况。该系统能够通过网络连接将患者数据传输至临床机构之内的其他地点，以便进行数据存储、分析和查看。该系统也可作为独立设备使用。该系统可用于包括介入室（例如，心脏导管室和放射科）、手术室以及治疗前和治疗后区域在内的各种医院和临床环境，但都要在负责判读数据的持证医务人员的直接监督下使用。
生产厂家：美国 GE Medical Systems Information Technologies, Inc
注册代理：通用电气医疗系统贸易发展（上海）有限公司
服务机构：通用电气医疗系统贸易发展（上海）有限公司
发证日期：2014.05.07　截止日期：2018.05.06

国食药监械（进）字 2014 第 3212164 号

产品名称：电生理及血液动力学记录系统（Electrophysiology and Hemodynamic Recording System）
规格型号：ComboLab
产品标准：YZB/USA 2022-2014《电生理及血液动力学记录系统》
性能组成：该产品由电脑主机、键盘、集成电子盒 IEB、UPS 电源、TRAM 模块、TRAM RAC 模块箱、CardioLab II Plus 放大器、CO2 模块和相关附件组成，详见附表。
适用范围：该系统专门用于采集、筛选、数字化处理、放大、测量和计算、显示、记录和观察患者的临床数据。该系统是一个可配置系统。临床数据包括：ECG 波形、心率、心腔内信号、刺激数据、消融数据、脉搏血氧饱和度（SpO2）、呼吸频率、呼末 CO2（EtCO2）、体温、血液动力学测量值（例如，跨瓣压差和瓣膜面积、心输出量、分流、血流储备分数（FFR）、有创血压和无创血压）。生理参数（例如，舒张压、收缩压、平均血压、心率和心动周期时间）使用显示和记录的信号数据推导得出。数据可以手动输入，也可通过接口设备和/或信息系统采集，还可用于生成报告。CardioLab II Plus 放大器为该系统收集并放大电生理和有创血压数据，包括心内 ECG，体表 ECG，心率和有创血压。TRAM 模块与放大器一起为该系统收集患者数据，包括 ECG 波形，心输出量，呼吸率，温度，有创血压（IBP），无创血压（NIBP）和脉搏血氧（SpO2）。CO2 模块用于在该系统上显示患者的呼吸数据。该系统没有设置警告、不会向患者传递能量、不可用于给药，也不可执行任何生命支持或生命维持功能。该系统不可用于无人看管的患者，也不可用于需要使用诊断性心律失常检测的情况。该系统能够通过网络连接将患者数据传输至临床机构之内的其他地点，以便进行数据存储、分析和查看。该系统也可作为独立设备使用。该系统可用于包括介入室（例如，心脏导管室和放射科）、手术室以及治疗前和治疗后区域在内的各种医院和临床环境，但都要在负责判读数据的持证医务人员的直接监督下使用。
生产厂家：美国 GE Medical Systems Information Technologies, Inc
注册代理：通用电气医疗系统贸易发展（上海）有限公司
服务机构：通用电气医疗系统贸易发展（上海）有限公司
发证日期：2014.05.07　截止日期：2018.05.06

国食药监械（进）字 2014 第 3212165 号

产品名称：植入式心脏复律除颤器（Tiered-therapy Cardioverter/Defibrillator）
规格型号：见附页
产品标准：YZB/USA 2186-2014《植入式心脏复律除颤器》
性能组成：由脉冲发生器和扭矩扳手组成。
适用范围：可提供抗室性心动过速起搏功能和对心室除颤功能，用于对危及生命的室性心律失常的自动治疗。
生产厂家：美国 St. Jude Medical Cardiac Rhythm Management Division
注册代理：圣犹达医疗用品（上海）有限公司
服务机构：圣犹达医疗用品（上海）有限公司
发证日期：2014.05.07　截止日期：2018.05.06

国食药监械（进）字 2014 第 2452166 号

产品名称：血液透析用水处理设备（Water treatment equipment）
规格型号：AquaWTU 125，AquaWTU 250
产品标准：YZB/GER 1824-2014《血液透析用水处理设备》
性能组成：该产品由操作面板、滤器、反渗膜、控制电路、泵、电磁阀、电源模块组成。两种型号的最小产水量、进水流量和支持的透析设备数量不同。
适用范围：用于为血液透析装置提供血液透析用反渗水，用于多床透析。
生产厂家：德国 Fresenius Medical Care AG & Co.KGaA
注册代理：费森尤斯医药用品（上海）有限公司
服务机构：费森尤斯医药用品（上海）有限公司
发证日期：2014.05.07　截止日期：2018.05.06

国食药监械(进)字 2014 第 2452167 号

产品名称:血液透析用水处理设备(Water treatment equipment)
规格型号:AquaUNO
产品标准:YZB/GER 1825-2014《血液透析用水处理设备》
性能组成:产品由操作面板、反渗膜、控制电路、泵、电磁阀、电源模块组成。
适用范围:为血液透析装置提供血液透析用反渗水，用于单床透析。
生产厂家:德国 Fresenius Medical Care AG & Co.KGaA
注册代理:费森尤斯医药用品(上海)有限公司
服务机构:费森尤斯医药用品(上海)有限公司
发证日期:2014.05.07　　**截止日期**:2018.05.06

国食药监械(进)字 2014 第 2262168 号

产品名称:短波治疗仪(超短波治療器)
规格型号:SW-180
产品标准:YZB/JAP 2103-2014《短波治疗仪》
性能组成:该产品由主机、电源线、万向臂、绑带(大和小)、Φ135mm 电容性治疗探头以及配件(Φ70mm 电容性治疗探头、电感性治疗探头(Φ70mm 和 Φ135mm)、L 型电容性平板电极、M 型电容性平板电极、S 型电感性双电极）组成。
适用范围:该产品利用短波能量对身体组织加热，以达到温热效果。
生产厂家:日本伊藤超短波株式会社(ITO CO., LTD.)
注册代理:上海成良实业有限公司
服务机构:上海成良实业有限公司
发证日期:2014.05.07　　**截止日期**:2018.05.06

国食药监械(进)字 2014 第 2212169 号

产品名称:乳房检测系统(商品名:SureTouch 可视成像系统)(SureTouch Visual Mapping System)
规格型号:1885
产品标准:YZB/USA 2232-2014《乳房检测系统》
性能组成:系统由主机、笔记本电脑、探头组成。
适用范围:本产品是用来记录在临床乳房检查中检测到的病变，通过对每一个病变区域生成累积图像并对其做记录。
生产厂家:美国 Medical Tactile, Inc
注册代理:北京先通康桥医药科技有限公司
服务机构:北京先通康桥医药科技有限公司
发证日期:2014.05.07　　**截止日期**:2018.05.06

国食药监械(进)字 2014 第 1412170 号

产品名称:冷冻切片机(Cryostats)
规格型号:CM3050S
产品标准:YZB/GER 2208-2014《冷冻切片机》
性能组成:该产品由主机、控制面板、刀架组成。
适用范围:该切片机适用于医疗临床实验室做组织标本的冷冻切片。
生产厂家:德国 Leica Biosystems Nussloch GmbH
注册代理:徕卡显微系统(上海)贸易有限公司
服务机构:徕卡显微系统(上海)贸易有限公司
发证日期:2014.05.07　　**截止日期**:2018.05.06

国食药监械(进)字 2014 第 3212171 号

产品名称:植入式心脏起搏器电极导线(Implantable Bipolar Endocardial Lead)
规格型号:Siello S 45 Siello S 53 Siello S 60
产品标准:YZB/GER 2150-2014《植入式心脏起搏器电极导线》
性能组成:产品电极导线和附件组成。电极导线由 IS-1 连接器、导线导体、电极导线体、电极导线固定套管、环形电极、类固醇药套、可伸缩固定螺旋组成。产品附件见附表。
适用范围:该电极导线适用于长期性、经静脉植入于右心房或右心室。与相匹配的植入式心脏起搏器或带起搏功能的除颤器一起使用， 构成了完整的心脏起搏系统，适应症与配合使用的 ICD 或起搏器相同。
生产厂家:德国百多力欧洲股份两合公司(BIOTRONIK SE & Co.KG)
注册代理:百多力(北京)医疗器械有限公司
服务机构:百多力(北京)医疗器械有限公司
发证日期:2014.05.07　　**截止日期**:2018.05.06

国食药监械(进)字 2014 第 3212171 号

产品名称:植入式心脏起搏器电极导线(Implantable Bipolar Endocardial Lead)
规格型号:Siello S 45 Siello S 53 Siello S 60
产品标准:YZB/GER 2150-2014《植入式心脏起搏器电极导线》
性能组成:产品电极导线和附件组成。电极导线由 IS-1 连接器、导线导体、电极导线体、电极导线固定套管、环形电极、类固醇药套、可伸缩固定螺旋组成。产品附件见附表。
适用范围:该电极导线适用于长期性、经静脉植入于右心房或右心室。与相匹配的植入式心脏起搏器或带起搏功能的除颤器一起使用， 构成了完整的心脏起搏系统，适应症与配合使用的 ICD 或起搏器相同。
生产厂家:德国百多力欧洲股份两合公司(BIOTRONIK SE & Co.KG)
注册代理:百多力(北京)医疗器械有限公司
服务机构:百多力(北京)医疗器械有限公司
发证日期:2014.05.07　　**截止日期**:2018.05.06

国食药监械(进)字 2014 第 2302172 号

产品名称:便携式 X 射线机(High Powered Portable X-Ray Unit)
规格型号:PXP-100CA
产品标准:YZB/ROK 1831-2014《便携式 X 射线机》
性能组成:该产品由组合式 X 射线发生装置、控制箱、限束器组成。
适用范围:该产品采用便携式结构，用于 X 线摄影，特别为野战使用设计。
生产厂家:韩国 Poskom Co., Ltd.
注册代理:北京紫金源商贸有限责任公司
服务机构:北京紫金源商贸有限责任公司
发证日期:2014.05.09　　**截止日期**:2018.05.08

国食药监械(进)字 2014 第 2262173 号

产品名称:动静脉脉冲压力系统(A-V Impulse 6000 Series Controller)
规格型号:AV6000-UK; AV6000-CHI; AV830-00; AV831-00
产品标准:YZB/USA 2230-2014《动静脉脉冲压力系统》
性能组成:产品由主机控制器、连接管组成。
适用范围:此产品通过连接管与压力足套配套使用，用于增强血液循环，预防下肢深静脉血栓和肺栓塞，减轻急性和慢性水肿、外伤或手术引起的疼痛、下肢溃疡、静脉淤血/静脉功能不全、淋巴水肿等。
生产厂家:美国 Covidien llc
注册代理:柯惠医疗器材国际贸易(上海)有限公司
服务机构:柯惠医疗器材国际贸易(上海)有限公司
发证日期:2014.05.09　　**截止日期**:2018.05.08

国食药监械(进)字 2014 第 2552174 号

产品名称:抛光手机(UltraPro Tx Hygiene Handpiece)
规格型号:8306、8305、8304、8303、8302
产品标准:YZB/USA 2264-2014《抛光手机》
性能组成:该产品由抛光手机柄和抛光手机头组成。
适用范围:该产品用于口腔牙齿的清洁、抛光。
生产厂家:美国 Ultradent Products, Inc.
注册代理:广州市皓齿登医疗器械有限公司
服务机构:广州市皓齿登医疗器械有限公司
发证日期:2014.05.09　　**截止日期**:2018.05.08

国食药监械(进)字 2014 第 2212175 号

产品名称:一次性肌电图针电极(E.M.G DISPOSABLE CONCENTRIC NEEDLE ELECTRODE)
规格型号:见附页
产品标准:YZB/ITA 2156-2014《一次性肌电图针电极》
性能组成:该产品有一次性肌电图同心圆针电极、一次性肌电图同心圆针电极（带有 100 厘米电缆）、一次性单纤维肌电图双极针电极，其中：一次性肌电图同心圆针电极由插管、传感器、针头手柄、针头封皮和连接件组成。一次性肌电图同心圆针电极（带有 100 厘米电缆）由插管、传感器、针头手柄、针头封皮和连接件组成。一次性单纤维肌电图双极针电极由插管、传感器、针头手柄、针头封皮和连接件组成。该产品为环氧乙烷灭菌包装，一次性使用产品。
适用范围:该产品为肌电图应用记录肌肉活动，仅单个病人使用。

生产厂家:意大利 SPES MEDICA S.r.l.
注册代理:北京爱博尔医疗器械有限公司
服务机构:北京爱博尔医疗器械有限公司
发证日期:2014.05.09 截止日期:2018.05.08

国食药监械(进)字 2014 第 2212176 号

产品名称:一次性吸附表面电极(DISPOSABLE ADHESIVE SURFACE ELECTRODE)
规格型号:DENIS01526、DENIS10026、DENIS15026、DENIL01526、DENIL10026、DENIL15026、DENIS00807、DENIL00807、DENIS00830、DENIL00830、DENIS01520、DENIS02025、TABSM00000
产品标准:YZB/ITA 2143-2014《一次性吸附表面电极》
性能组成:该产品由电极、导线、绝缘导线、衬垫和连接件组成。该产品为环氧乙烷灭菌包装,一次性使用。
适用范围:该产品用于记录肌肉活动和电刺激,仅单个病人使用。
生产厂家:意大利 SPES MEDICA S.r.l.
注册代理:北京爱博尔医疗器械有限公司
服务机构:北京爱博尔医疗器械有限公司
发证日期:2014.05.09 截止日期:2018.05.08

国食药监械(进)字 2014 第 2212177 号

产品名称:听力计(Diagnostic Audiometer)
规格型号:SD270
产品标准:YZB/GER 2196-2014《听力计》
性能组成:SD270 听力计由主机,标准配件和可选配件组成。标准配件包括听力计耳机,骨导耳机,病人反馈器,电源适配器。可选配件包括掩蔽耳机,麦克风和监听耳机。
适用范围:用于纯音听力测试、语言听力测试。
生产厂家:德国 Siemens Audiologische Technik GmbH
注册代理:西门子听力仪器(苏州)有限公司
服务机构:西门子听力仪器(苏州)有限公司
发证日期:2014.05.09 截止日期:2018.05.08

国食药监械(进)字 2014 第 2702178 号

产品名称:医学图像处理软件(商品名:FCR View)(汎用画像診断装置ワークステーション)
规格型号:CR-VW 674,版本 2.0(B)
产品标准:YZB/JAP 2199-2014《医学图像处理软件》
性能组成:由软件安装光盘、随机文件、密钥组成,组成模块包括:1)服务器端:主进程、输入进程、输出进程、媒介控制进程、获取进程、常规进程、用户实用工具进程、备份实用工具进程、服务实用工具进程。2)客户端:启动控制处理、用户认证部分、指示器部分、CR 检查部分、检查列表部分、图像查看部分(查看器)、客户端实用工具部、各种医用图像读取部分、PDI 向导、自由布局打印。
适用范围:用于数字 X 射线、超声、内窥镜、CT、MR 图像的传输、显示和处理,为病情的判断、评估或诊断提供所需的信息。
生产厂家:日本富士フイルム株式会社
注册代理:富士胶片(中国)投资有限公司
服务机构:富士胶片(中国)投资有限公司
发证日期:2014.05.09 截止日期:2018.05.08

国食药监械(进)字 2014 第 2302179 号

产品名称:便携式 X 射线机(Portable X-Ray Unit)
规格型号:PXP-60HF
产品标准:YZB/ROK 1830-2014《便携式 X 射线机》
性能组成:该产品由组合式 X 射线发生装置、控制箱、限束器组成。
适用范围:该产品采用便携式结构,用于 X 线摄影,特别为野战使用设计。
生产厂家:韩国 Poskom Co., Ltd.
注册代理:北京紫金源商贸有限责任公司
服务机构:北京紫金源商贸有限责任公司
发证日期:2014.05.09 截止日期:2018.05.08

国食药监械(进)字 2014 第 2542180 号

产品名称:动力装置(IQ Intelligent Driver)
规格型号:72-1000, 72-1010
产品标准:YZB/USA 2233-2014《动力装置》
性能组成:该设备由手柄(72-1000)及一次性无菌电池(72-1010)组成。
适用范围:该设备是一种手持式无线设备,用于帮助植入螺钉(钻孔和上钉)。
生产厂家:美国 BIOMET MICROFIXATION
注册代理:深圳市普天阳医疗器械有限公司
服务机构:深圳市普天阳医疗器械有限公司
发证日期:2014.05.09 截止日期:2018.05.08

国食药监械(进)字 2014 第 2222181 号

产品名称:生物显微镜(生物顕微鏡)
规格型号:IX73
产品标准:YZB/JAP 2228-2014《生物显微镜》
性能组成:性能参数:物镜放大率允差不超过±5%;目镜放大率允差为±5%;双目显微镜左右两系统放大率允差在目镜视场角不超过 50°时,不大于 2.0%,明暗差不大于 18%;微调机构的最小微调分度值为 0.001mm。产品结构组成见附件。
适用范围:该产品为研究用倒置生物显微镜,用于在各种日常工作和研究领域观察标本的放大图像。
生产厂家:日本奥林巴斯株式会社,オリンパス株式会社
注册代理:奥林巴斯(中国)有限公司
服务机构:奥林巴斯(中国)有限公司
发证日期:2014.05.09 截止日期:2018.05.08

国食药监械(进)字 2014 第 2222182 号

产品名称:生物显微镜(生物顕微鏡)
规格型号:IX53
产品标准:YZB/JAP 2244-2014《生物显微镜》
性能组成:性能参数:物镜放大率允差不超过±5%;目镜放大率允差为±5%;双目显微镜左右两系统放大率允差在目镜视场角不超过 50°时,不大于 2.0%,明暗差不大于 18%;微调机构的最小微调分度值为 0.001mm。产品结构组成见附件。
适用范围:该产品为实验室倒置生物显微镜,用于在各种日常工作和研究领域观察标本的放大图像。
生产厂家:日本奥林巴斯株式会社,オリンパス株式会社
注册代理:奥林巴斯(中国)有限公司
服务机构:奥林巴斯(中国)有限公司
发证日期:2014.05.09 截止日期:2018.05.08

国食药监械(进)字 2014 第 2222183 号

产品名称:生物显微镜(生物顕微鏡)
规格型号:IX83
产品标准:YZB/JAP 2251-2014《生物显微镜》
性能组成:性能参数:物镜放大率允差不超过±5%;目镜放大率允差为±5%;双目显微镜左右两系统放大率允差在目镜视场角不超过 50°时,不大于 2.0%,明暗差不大于 18%;微调机构的最小微调分度值为 0.001mm。具体型号见附页。
适用范围:该产品为研究用倒置生物显微镜,用于在各种日常工作和研究领域观察标本的放大图像。
生产厂家:日本奥林巴斯株式会社,オリンパス株式会社
注册代理:奥林巴斯(中国)有限公司
服务机构:奥林巴斯(中国)有限公司
发证日期:2014.05.09 截止日期:2018.05.08

国食药监械(进)字 2014 第 2202184 号

产品名称:电子血压计(自動電子血圧計)
规格型号:J12
产品标准:YZB/JAP 2211-2014《电子血压计》
性能组成:产品由本体、袖带、空气管组成。
适用范围:本产品适用于测量人体血压及脉搏数。不适用于 12 岁以下人群。
生产厂家:日本欧姆龙健康医疗株式会社/オムロンヘルスケア株式会社
注册代理:欧姆龙健康医疗(中国)有限公司
服务机构:欧姆龙健康医疗(中国)有限公司
发证日期:2014.05.09 截止日期:2018.05.08

国食药监械(进)字2014第2232185号

产品名称:超声骨密度仪(Ultrasound Bone densitometers)
规格型号:PEGASUS
产品标准:YZB/FRA 2209-2014《超声骨密度仪》
性能组成:该产品由主机和配件组成，主机包括超声探头、机械传动组件、患者足部固定器、操作控制和数据处理、显示部分及热敏打印机，配件包括校准模块，计算机(选配)。该产品基本参数:超声工作频率:0.85MHz±10%；超声速度SOS误差≤±2%；SOS的重复性≤±1%；BUA测量重复性≤±5%。
适用范围:适用于人体跟骨骨密度的测量。
生产厂家:法国 MEDILINK SARL
注册代理:北京谷山丰生物医学技术有限公司
服务机构:北京谷山丰生物医学技术有限公司
发证日期:2014.05.09 **截止日期**:2018.05.08

国食药监械(进)字2014第2702186号

产品名称:影像归档及传输系统(Picture Archiving and Communication System)
规格型号:Centricity Universal Viewer，版本号5.0
产品标准:YZB/USA 2204-2014《影像归档及传输系统》
性能组成:本产品由Web Client、Service Utilities、Tools、Zero footprint、License File共五张软件光盘组成，组成模块包括：a)服务器端：Worklist（工作列表)、Dakota Server（Dakota服务器)、CD Import（CD输入)、CD Solo（CD输出)、T-SQL Server（SQL服务器)、ZFP Middle-Tier（ZFP中间件)、WorkflowManager（工作流管理器)、MiwDeployments模块；b)客户端：Viewer（查看器)、ZFP Viewer（零空间占用查看器，可选，版本5.0)。
适用范围:本产品可以接收、存储、传输、处理和显示多种成像模式的医学图像（包括乳腺X射线摄影图像)。可选的ZFP Viewer供经过培训的专业人员浏览DICOM图像。
生产厂家:美国 GE Healthcare
注册代理:通用电气医疗系统贸易发展(上海)有限公司
服务机构:通用电气医疗系统贸易发展(上海)有限公司
发证日期:2014.05.09 **截止日期**:2018.05.08

国食药监械(进)字2014第2552187号

产品名称:气动喷砂机(Jet Air Polisher)
规格型号:easyjet pro
产品标准:YZB/ITA 2101-2014《气动喷砂机》
性能组成:本产品由手柄、清洁针、手柄头部、前端保护帽组成。
适用范围:本产品适用于去除牙体表面所粘着的牙垢和着菌斑。
生产厂家:意大利 MECTRON S.p.A.
注册代理:北京永轩科技有限公司
服务机构:上海天鹰医疗器械有限公司
发证日期:2014.05.09 **截止日期**:2018.05.08

国食药监械(进)字2014第2222188号

产品名称:内窥镜摄像系统（商品名：TELE PACK X LED)(Endovision Camera System)
规格型号:TP 100
产品标准:YZB/GER 1493-2014《内窥镜摄像系统》
性能组成:该产品由内窥镜摄像系统主机、电源线、ACC连接线、音频连接线、DVI连接电缆、纤维内镜用DVI-D电缆、双踏板脚踏开关、支气管镜用适配器、频闪用脚踏开关、麦克风套件组成。组成型号见附件。
适用范围:该产品用于临床做内窥镜手术时，为体内手术区域提供标准照明、频闪照明、视频成像用。
生产厂家:德国 Karl Storz GmbH & Co.KG
注册代理:卡尔史托斯内窥镜(上海)有限公司
服务机构:卡尔史托斯内窥镜(上海)有限公司
发证日期:2014.05.09 **截止日期**:2018.05.08

国食药监械(进)字2014第3702189号

产品名称:颅脑外科手术导航计划系统(Navigation Planning System)
规格型号:iPlan Cranial 3.0
产品标准:YZB/GER 7750-2013《颅脑外科手术导航计划系统》
性能组成:由软件安装光盘、系统随机文件组成，组成模块包括：加载和导入、查看和调整、注册点、图像融合、创建对象、高级对象计划、血氧水平依赖(BOLD)核磁成像、神经纤维束跟踪、轨迹计划、保存和导出。
适用范围:用于医学图像的手术计划处理，处理后的图像可用于颅脑外科手术导航。
生产厂家:德国 Brainlab AG
注册代理:博医来(北京)医疗设备贸易有限公司
服务机构:博医来(北京)医疗设备贸易有限公司
发证日期:2014.05.13 **截止日期**:2018.05.12

国食药监械(进)字2014第3252190号

产品名称:高频电刀(商品名:Bovie)(High Frequency Electrosurgical Generator)
规格型号:IDS-300
产品标准:YZB/USA 1695-2014《高频电刀》
性能组成:产品仅为高频电刀主机。高频输出参数见附页。
适用范围:本产品适用于临床外科手术时组织切割和凝血。
生产厂家:美国 Bovie Medical Corporation
注册代理:宝施医疗用品(深圳)有限公司
服务机构:宝施医疗用品(深圳)有限公司
发证日期:2014.05.13 **截止日期**:2018.05.12

国食药监械(进)字2014第3302191号

产品名称:数字化口腔全景/断层X射线系统(Digital dental panoramic / tomographic X-ray system)
规格型号:Point 3D Combi 500，Point 3D Combi 500C
产品标准:YZB/ROK 1828-2014《数字化口腔全景/断层X射线系统》
性能组成:产品由X射线管(D-054SB)、X射线管套、高压发生装置(INV-054)、限束器、CT及全景探测器(1313)、头部固定器、主架、控制面板、旋转装置、基座、图像采集台、曝光开关、CDX-View软件(版本1.93)组成，Point3D Combi 500C还包括头颅探测器(FLAATZ330)和头颅探测器控制盒。标称电功率900W，X射线管组件（固定阳极，焦点0.5mm)，管电压50～90kV，管电流:4～15mA，加载时间全景模式17s、颞下颌关节模式11s、CT模式19s、头颅模式（仅适用于Point 3D Combi 500C) 0.8s。
适用范围:旨在获取牙齿、下颌、口腔部位的全景和断层X射线扫描图像，用于牙齿诊断。头颅系统（仅适用于Point 3D Combi 500C)旨在获取头颅的X射线图像，用于牙齿正畸。
生产厂家:韩国 PointNix Co., Ltd
注册代理:宁波江北华盛医疗器械有限公司
服务机构:宁波江北华盛医疗器械有限公司
发证日期:2014.05.13 **截止日期**:2018.05.12

国食药监械(进)字2014第3302192号

产品名称:数字化口腔全景X射线机(Digital dental panoramic X-ray system)
规格型号:Point 500C HD，Point 500 HD
产品标准:YZB/ROK 1829-2014《数字化口腔全景X射线机》
性能组成:由X射线管(D-054SB)、X射线管套、高压发生装置(INV-054)、限束器、全景探测器(XID-B15DP)、头部固定器、主架、控制面板、旋转装置、基座、图像采集台、曝光开关、CDX-View软件(版本1.93)组成，Point500C HD还包括头颅探测器(FLAATZ330)和头颅探测器控制盒。标称电功率900W，X射线管组件（固定阳极，焦点0.5mm)，管电压50～90kV，管电流4～15mA，加载时间全景模式17s、颞下颌关节模式11s、头颅模式(仅适用于Point 500C HD)0.8s。
适用范围:旨在获取牙齿、下颌、口腔部位的全景X射线扫描图像，用于牙齿诊断。头颅系统(仅适用于Point 500C HD)旨在获取头颅的X射线图像，用于牙齿正畸。
生产厂家:韩国 PointNix Co., Ltd
注册代理:宁波江北华盛医疗器械有限公司
服务机构:宁波江北华盛医疗器械有限公司
发证日期:2014.05.13 **截止日期**:2018.05.12

国食药监械(进)字2014第3212193号

产品名称:体外冲击波碎石机（商品名：Duet Magna）(Extracorporeal

Shockwave lithotripter)
规格型号:Duet Magna
产品标准:YZB/ISR 0555-2014《体外冲击波碎石机》
性能组成:产品为电磁式冲击波碎石机，由主机和控制台组成。产品可采用 B 超或 X 射线定位，定位系统需配置已获准上市的产品。具有单独模式和同步模式。同步模式系使用两个成角度摆放的相同的波源同时发射，汇聚成一个蝴蝶形焦斑。性能见产品标准。
适用范围:用于粉碎肾脏(肾盂和肾盏)和输尿管上段的泌尿系结石。
生产厂家:以色列 Initia Ltd.
注册代理:北京市信维泰贸易有限公司
服务机构:北京市信维泰贸易有限公司
发证日期:2014.05.13 **截止日期**:2018.05.12

国食药监械(进)字 2014 第 3452194 号

产品名称:自体血液回收分离机(Autotransfusion Blood Separator)
规格型号:Xtra
产品标准:YZB/GER 0273-2014《自体血液回收分离机》
性能组成:本产品由把手、挂钩和托盘架、移动车、静脉输液架和储血罐杆、储血罐架、触屏显示器、离心泵总成、离心机槽废液收集瓶、夹钳、处理泵（蠕动泵)、空气探头、质量控制指示器、XVAC 真空模块组成。不包括一次性耗材。
适用范围:本产品用于术中血液回收，术后收集血液的清洗，术前血液分离(通过间接患者连接)。
生产厂家:德国 Sorin Group Deutschland GmbH
注册代理:北京新克力贸易有限公司
服务机构:北京新克力贸易有限公司
发证日期:2014.05.13 **截止日期**:2018.05.12

国食药监械(进)字 2014 第 3232195 号

产品名称:血管内超声波诊断仪(Intravascular Imaging and Pressure System)
规格型号:807400-001
产品标准:YZB/USA 1330-2014《血管内超声波诊断仪》
性能组成:产品由仪器计算机、隔离变压器、控制台、PIMr 模块、Pimette 模块组成。
适用范围:产品可配合血管内超声导管 89000 (REVOLUTION)、85900 (Eagle Eye Gold)、Eagle Eye Platinum 和 Visions PV 8.2F 用于对血管壁、血管腔进行成像，为诊断提供信息。
生产厂家:美国 Volcano Corporation
注册代理:北京伟龙科仪贸易有限公司
服务机构:北京伟龙科仪贸易有限公司
发证日期:2014.05.13 **截止日期**:2018.05.12

国食药监械(进)字 2014 第 3212196 号

产品名称:植入式心脏复律除颤器(商品名:Ellipse)(Tiered-therapy Cardioverter/Defibrillator)
规格型号:CD1277-36, CD1277-36Q, CD2277-36, CD2277-36Q
产品标准:YZB/BEL 2024-2014《植入式心脏复律除颤器》
性能组成:由脉冲发生器和扭矩扳手组成。
适用范围:可提供抗室性心动过速起搏功能和对心室除颤功能，用于对危及生命的室性心律失常的自动治疗。
生产厂家:比利时 St. Jude Medical Coordination Center BVBA
注册代理:圣犹达医疗用品(上海)有限公司
服务机构:圣犹达医疗用品(上海)有限公司
发证日期:2014.05.13 **截止日期**:2018.05.12

国食药监械(进)字 2014 第 3212197 号

产品名称:植入式心脏复律除颤器（商品名：Fortify Assura）(Tiered-therapy Cardioverter/Defibrillator)
规格型号:CD1259-40、CD1259-40Q、CD2259-40、CD2259-40Q
产品标准:YZB/BEL 2031-2014《植入式心脏复律除颤器》
性能组成:由脉冲发生器和扭矩扳手组成。
适用范围:可提供室性抗心动过速起搏功能和心室除颤功能，用于对危及生命的室性心律失常的自动治疗。
生产厂家:比利时 St. Jude Medical Coordination Center BVBA
注册代理:圣犹达医疗用品(上海)有限公司
服务机构:圣犹达医疗用品(上海)有限公司
发证日期:2014.05.13 **截止日期**:2018.05.12

国食药监械(进)字 2014 第 3212198 号

产品名称:植入式心脏再同步复律除颤器（商品名：Quadra Assura）(Cardiac Resynchronization Device, Tiered-therapy Cardioverter/Defibrillator)
规格型号:CD3267-40, CD3267-40Q
产品标准:YZB/BEL 2052-2014《植入式心脏再同步复律除颤器》
性能组成:由脉冲发生器和扭矩扳手组成。
适用范围:可提供室性抗心动过速起搏功能和对心室除颤功能，用于对危及生命的室性心律失常的自动治疗。植入式心脏再同步复律除颤器(CRT-D）还用于患有充血性心力衰竭的病人，使其右心室和左心室再同步。
生产厂家:比利时 St. Jude Medical Coordination Center BVBA
注册代理:圣犹达医疗用品(上海)有限公司
服务机构:圣犹达医疗用品(上海)有限公司
发证日期:2014.05.13 **截止日期**:2018.05.12

国食药监械(进)字 2014 第 3212199 号

产品名称:植入式心脏再同步复律除颤器（商品名：Unify Assura）(Cardiac Resynchronization Device, Tiered-therapy Cardioverter/Defibrillator)
规格型号:CD3261-40, CD3261-40Q
产品标准:YZB/BEL 2058-2014《植入式心脏再同步复律除颤器》
性能组成:由脉冲发生器和扭矩扳手组成。
适用范围:提供室性抗心动过速起搏功能和对心室除颤功能，用于对危及生命的室性心律失常的自动治疗。植入式心脏再同步复律除颤器(CRT-D）还用于患有充血性心力衰竭的病人，使其右心室和左心室再同步。
生产厂家:比利时 St. Jude Medical Coordination Center BVBA
注册代理:圣犹达医疗用品(上海)有限公司
服务机构:圣犹达医疗用品(上海)有限公司
发证日期:2014.05.13 **截止日期**:2018.05.12

国食药监械(进)字 2014 第 3702200 号

产品名称:注射泵血糖管理模块（商品名：适贝思）(Infusion pump management system)
规格型号:SGC
产品标准:YZB/GER 1799-2014《注射泵血糖管理模块》
性能组成:由 SpaceControl (8713090) 和 SGC Module (8713584) 组成。
适用范围:是一种决策支持系统，用于在严密监控条件下优化重症患者的胰岛素治疗。该系统可根据患者的血糖水平以及所选用的肠内和肠外给养泵中的碳水化合物供给量，建议胰岛素的剂量率。
生产厂家:德国 B.Braun Melsungen AG
注册代理:贝朗医疗(上海)国际贸易有限公司
服务机构:贝朗医疗(上海)国际贸易有限公司
发证日期:2014.05.13 **截止日期**:2018.05.12

国食药监械(进)字 2014 第 3252201 号

产品名称:双极电凝血器（商品名：蛇牌）(Bipolar Coagulator GN160)
规格型号:GN160
产品标准:YZB/GER 1762-2014《双极电凝血器》
性能组成:本仪器由主机 GN160 和脚踏开关 GK226、GN161 组成。额定输出频率 346kHz。具有标准和强制两种输出模式，标准模式额定负载 50-85Ω，强制模式额定负载 50-135Ω，最大输出功率 60W。
适用范围:产品配合双极附件使用，用于神经外科、耳鼻喉外科、泌尿外科和整形外科手术中的凝血操作。
生产厂家:德国 Aesculap AG
注册代理:贝朗医疗(上海)国际贸易有限公司
服务机构:贝朗医疗(上海)国际贸易有限公司
发证日期:2014.05.13 **截止日期**:2018.05.12

国食药监械(进)字 2014 第 3212202 号

产品名称：植入式心脏复律/除颤器 (Implantable Cardioverter/Defibrillator System with a conditional intended

use in a MRI environment)
规格型号:Lumax 740 VR-T Lumax 740 VR-T DX Lumax 740 DR-T
产品标准:YZB/GER 2007-2014《植入式心脏复律/除颤器》
性能组成:植入式心脏复律/除颤器由混合电路、电池、连接头端、外壳(钛)、馈通电路、放电电容、高频电路(包括馈通电路和天线)组成。包装盒内包含扭转扳手。
适用范围:Lumax 740 植入式心脏复律/除颤器可以借助抗心动过速的起搏和除颤功能,对危及生命的室性心律失常进行治疗。在特定的前提和条件下,在保证对患者和植入设备采取了特殊保护措施的情况下,可以进行核磁共振成像检查。
备注:2014 年 7 月 28 日同意更正型号、规格内容,2014 年 5 月 13 日核发的医疗器械注册登记表予以废止。
生产厂家:德国百多力欧洲股份两合公司(BIOTRONIK SE & Co.KG)
注册代理:百多力(北京)医疗器械有限公司
服务机构:百多力(北京)医疗器械有限公司
发证日期:2014.05.13　**截止日期**:2018.05.12

国食药监械(进)字 2014 第 3212203 号

产品名称:植入式心脏复律/除颤器(Implantable Cardioverter/Defibrillator System with a conditional intended use in a MRI environment)
规格型号:Lumax 740 HF-T
产品标准:YZB/GER 1992-2014《植入式心脏复律/除颤器》
性能组成:植入式心脏复律/除颤器由混合电路、电池、连接头端、外壳(钛)、馈通电路、放电电容、高频电路(包括馈通电路和天线)组成。包装盒内包含扭转扳手。
适用范围:Lumax 740 植入式心脏复律/除颤器可以借助抗心动过速的起搏和除颤功能,对危及生命的室性心律失常进行治疗。在特定的前提和条件下,在保证对患者和植入设备采取了特殊保护措施的情况下,可以进行核磁共振成像检查。
生产厂家:德国百多力欧洲股份两合公司(BIOTRONIK SE &Co.KG)
注册代理:百多力(北京)医疗器械有限公司
服务机构:百多力(北京)医疗器械有限公司
发证日期:2014.05.13　**截止日期**:2018.05.12

国食药监械(进)字 2014 第 3552204 号

产品名称:根管冲洗手机(Root Canal washing handpiece)
规格型号:RinsEndo
产品标准:YZB/GER 1441-2014《根管冲洗手机》
性能组成:由 RinsEndo 手机,转接头,冲洗套管,保护器组成;。
适用范围:该产品用于牙科治疗中配合口腔综合设备冲洗根管使用。
生产厂家:德国 DuRR DENTAL AG
注册代理:上海宣宇医疗器械有限公司
服务机构:上海宣宇医疗器械有限公司
发证日期:2014.05.13　**截止日期**:2018.05.12

国食药监械(进)字 2014 第 3222205 号

产品名称:电子上消化道内窥镜(ビデオ軟性胃十二指腸鏡)
规格型号:EG-530D
产品标准:YZB/JAP 1808-2014《电子上消化道内窥镜》
性能组成:该产品是由插入部(头端部、弯曲部和软性部)、操作部、LG 软性部、LG 连接器、图像连接器、中继线软性部组成。与富士生产的电子图像处理器 VP-4450HD/VP-4400 和内窥镜光源装置 XL-4450/XL-4400 或电子内窥镜处理器 EPX-2500 及附件组合使用。
适用范围:插入到体内、管腔、体腔或体内腔,提供用于对体内、管腔、体腔或体内腔进行观察、诊断、拍摄或治疗的图像。适用于食道、胃和十二指肠。
生产厂家:日本富士胶片株式会社,富士フイルム株式会社
注册代理:富士胶片(中国)投资有限公司
服务机构:富士胶片(中国)投资有限公司
发证日期:2014.05.13　**截止日期**:2018.05.12

国食药监械(进)字 2014 第 3222206 号

产品名称:电子上消化道内窥镜(ビデオ軟性胃十二指腸鏡)
规格型号:EG-530CT
产品标准:YZB/JAP 1813-2014《电子上消化道内窥镜》
性能组成:该产品由插入部(头端部、弯曲部和软性部)、操作部、LG 软性部、LG 连接器、图像连接器、中继线软性部组成。与富士生产的电子图像处理器 VP-4450HD/VP-4400 和内窥镜光源装置 XL-4450/XL-4400 或电子内窥镜处理器 EPX-2500 及附件组合使用。
适用范围:插入到体内、管腔、体腔或体内腔,提供用于对体内、管腔、体腔或体内腔进行观察、诊断、拍摄或治疗的图像。适用于食道、胃和十二指肠。
生产厂家:日本富士胶片株式会社,富士フイルム株式会社
注册代理:富士胶片(中国)投资有限公司
服务机构:富士胶片(中国)投资有限公司
发证日期:2014.05.13　**截止日期**:2018.05.12

国食药监械(进)字 2014 第 3212207 号

产品名称:半自动体外除颤仪(semi-automated external defibrillator)
规格型号:FRED easy
产品标准:YZB/FRA 2035-2014《半自动体外除颤仪》
性能组成:该产品由半自动除颤仪主机(FRED easy)、一次性成人电极片(REFO-21-0020)、一次性小儿电极片(REFO-21-0021)、一次性锂锰电池(Li/Mno2, 12V, 2.8Ah)组成。
适用范围:该仪器用于体外除颤,适用于没有反应、没有呼吸、没有脉搏的室颤及心率大于 180 次/分钟的室速患者,适用于体重≥25 公斤的成人及小儿(使用成人电极片)以及体重＜25 公斤(年龄小于 8 岁)的小儿(使用小儿电极片)。该产品需由专科医生或经过培训的医务人员在医疗机构中使用。
生产厂家:法国 SCHILLER MEDICAL
注册代理:席勒国际贸易(上海)有限公司
服务机构:席勒国际贸易(上海)有限公司
发证日期:2014.05.09　**截止日期**:2018.05.08

国食药监械(进)字 2014 第 3262208 号

产品名称:热球子宫内膜去除仪(CavatermTM plus System)
规格型号:CAV2020-20
产品标准:YZB/SWI 2269-2014《热球子宫内膜去除仪》
性能组成:产品由热球子宫内膜去除仪主机(CAV 2020-20)、一次性热球导管(CAV 2010-10)组成。其中一次性热球导管为环氧乙烷灭菌产品。
适用范围:产品用于治疗功能性子宫出血。
变更情况:变更日期:2014.12.30。"Pnn Medical S.A."变更为"Veldana Medical S.A."。
生产厂家:瑞士 Pnn Medical SA
注册代理:北京迈迪克豪尔医药技术咨询服务有限公司
服务机构:北京佰利天成科贸有限公司
发证日期:2014.05.09　**截止日期**:2018.05.08

国食药监械(进)字 2014 第 2212209 号

产品名称:光纤膀胱测压系统(商品名:Lumax TS Pro)(Lumax TS Pro Fiberoptic Cystometry System)
规格型号:TSBAS, TSADV
产品标准:YZB/USA 2268-2014《光纤膀胱测压系统》
性能组成:由主机(TSBAS, TSADV)、管路(20108-000)、S-系列传输电缆(10310-000)、带有触摸式界面显示装置的监视器(53305)、尿流率传感器(53309)、流量灌注传感器(53310)、脚踏开关(53326)、手持控制器(53298)、软件(LUMSW)、升级包(TSAUP)、IV 杆及托架组成。
适用范围:配合 Lumax TS Pro 无菌光纤导管一起使用,在尿动力学研究中测定人体膀胱、腹腔以及尿道压力,从而诊断尿失禁,排尿障碍以及其他膀胱功能障碍。
生产厂家:美国 CooperSurgical Inc.
注册代理:北京市信维泰贸易有限公司
服务机构:北京市信维泰贸易有限公司
发证日期:2014.05.09　**截止日期**:2018.05.08

国食药监械(进)字 2014 第 3212210 号

产品名称:植入式心脏监测仪(商品名:SJM Confirm)(Implantable Cardiac Monitor)
规格型号:DM2100, DM2102
产品标准:YZB/USA 2367-2014《植入式心脏监测仪》

性能组成:产品由监测仪植入体本身组成。采用锂亚硫酰氯电池，型号LTC-3PN-S33 或 LTC-3PN-S35，初始电压3.65V。植入体外壳材料为钛，表面涂覆聚对二甲苯涂层，接头材料为环氧树脂，DM2102型具有AF自动激活触发功能。产品具体性能指标及功能详见产品标准。
适用范围:植入人体用于监测和诊断评估出现不明病因症状(如昏眩，心悸，胸痛，晕厥和呼吸急促)的病人以及存在其它心律失常风险的病人。其中DM2102型也适用于已诊断为房颤或者疑似患有房颤的病人。
生产厂家:美国圣犹达医疗用品有限公司 CRMD(St.Jude Medical Cardiac Rhythm Management Division)
注册代理:圣犹达医疗用品(上海)有限公司
服务机构:圣犹达医疗用品(上海)有限公司
发证日期:2014.05.09 **截止日期**:2018.05.08

国食药监械(进)字2014第2212211号

产品名称:睡眠记录系统(Sleep recording and diagnostic device (PSG))
规格型号:Embletta
产品标准:YZB/CAN 2560-2014《睡眠记录系统》
性能组成:见附页。
适用范围:该产品用于在睡眠中记录成人和儿科患者的生理信号（鼻/面罩压力、患者体位、腹部呼吸运动信号、胸部呼吸运动信号、呼吸声音/打鼾、EOG/EMG/EEG/ECG信号、血氧数据)，扫描不正常信号并在总结表格中体现不正常事件数量。扫描结果可以手动改写或被医生纠正。该产品预期作为筛选设备，该产品预期不用于任何诊断和监护，临床医生可根据患者的不正常事件数量来决定是否需要进一步的临床诊断和评价。
生产厂家:加拿大Embla Systems
注册代理:北京市中美特新医疗用品有限责任公司
服务机构:北京市中美特新医疗用品有限责任公司
发证日期:2014.05.09 **截止日期**:2018.05.08

国食药监械(进)字2014第2212212号

产品名称:多导睡眠记录系统(Sleep recording, analysis and diagnostic device (PSG))
规格型号:Embla N7000
产品标准:YZB/CAN 2576-2014《多导睡眠记录系统》
性能组成:见附页。
适用范围:该产品用于在睡眠中记录成人和儿科患者的生理信号（鼻/面罩压力、患者体位、腹部呼吸运动信号、胸部呼吸运动信号、呼吸声音/打鼾、EOG/EMG/EEG/ECG信号、血氧数据)，扫描不正常信号并在总结表格中体现不正常事件数量。扫描结果可以手动改写或被医生纠正。该产品预期作为筛选设备，该产品预期不用于任何诊断和监护，临床医生可根据患者的不正常事件数量来决定是否需要进一步的临床诊断和评价。
生产厂家:加拿大Embla Systems
注册代理:北京市中美特新医疗用品有限责任公司
服务机构:北京市中美特新医疗用品有限责任公司
发证日期:2014.05.09 **截止日期**:2018.05.08

国食药监械(进)字2014第3302213号

产品名称:医用血管造影 X 射线系统(Medical X-ray Angiography system)
规格型号:Allura Xper FD20/10
产品标准:YZB/NET 4879-2013《医用血管造影X射线系统》
性能组成:产品组成:高压发生装置(型号:VelaraCVFD)、X射线管组件(型号:MRC 200 0407 ROT-GS 1004和MRC 200 0508 ROT-GS 1003)、限束器、患者支撑装置(型号:Xper table和Xper table standard)、平板探测器(型号:Pixium 4700 和Pixium 4800)、机架(正面落地臂架和侧面悬吊臂架)、显示器(检查室显示器和控制室显示器)、几何控制模块、影像控制模块、复审模块和电气控制系统(包括 R-CABINET, 2R-CABINET, M- CABINET和B-CABINET)组成。
适用范围:该产品用于临床血管和心血管介入过程的 X 射线成像和诊断。
生产厂家:荷兰Philips Medical Systems Nederland B.V.
注册代理:飞利浦(中国) 投资有限公司
服务机构:飞利浦(中国) 投资有限公司
发证日期:2014.05.09 **截止日期**:2018.05.08

国食药监械(进)字2014第3302214号

产品名称:医用血管造影 X 射线系统(Medical X-ray Angiography system)
规格型号:Allura Xper FD20
产品标准:YZB/NET 5059-2013《医用血管造影X射线系统》
性能组成:产品组成: 高压发生装置(型号:VelaraCVFD)、X射线管组件(型号:MRC 200 0407 ROT-GS1004)、限束器、患者支撑装置(型号:Xper table 或 Xpertable standard)、平板探测器(型号:Pixium4700)、机架(正面落地臂架或侧面悬吊臂架)、显示器(检查室显示器和控制室显示器)、几何控制模块、影像控制模块、复审模块和电气控制系统(包括R-CABINET, M-CABINET和B-CABINET)。
适用范围:该产品用于临床血管和心血管介入过程的 X 射线成像和诊断。
生产厂家:荷兰Philips Medical Systems Nederland B.V.
注册代理:飞利浦(中国) 投资有限公司
服务机构:飞利浦(中国) 投资有限公司
发证日期:2014.05.09 **截止日期**:2018.05.08

国食药监械(进)字2014第3302215号

产品名称:医用血管造影 X 射线系统(Medical X-ray Angiography system)
规格型号:Allura Xper FD10/10
产品标准:YZB/NET 5099-2013《医用血管造影X射线系统》
性能组成:产品组成: 高压发生装置(型号:VelaraCVFD)、X射线管组件(型号:MRC 200 0508 ROT-GS1003)、限束器、患者支撑装置(型号:Xper table或Xpertable standard)、平板探测器(型号:Pixium 4800)、机架(正面落地臂架和侧面悬吊臂架)、显示器(检查室显示器和控制室显示器)、几何控制模块、影像控制模块、复审模块和电气控制系统(包括R-CABINET, 2RCABINET, M- CABINET和B- CABINET)。
适用范围:该产品用于临床血管和心血管介入过程的 X 射线成像和诊断。
生产厂家:荷兰Philips Medical Systems Nederland B.V.
注册代理:飞利浦(中国) 投资有限公司
服务机构:飞利浦(中国) 投资有限公司
发证日期:2014.05.09 **截止日期**:2018.05.08

国食药监械(进)字2014第3302216号

产品名称:X射线骨密度测定仪(X Ray bone densitometers)
规格型号:OSTEOCORE3
产品标准:YZB/FRA 2534-2014《X射线骨密度测定仪》
性能组成:组成:a)组合X射线管组件(型号:X RAY GEN TANK ASSY X3401); b)X射线管; c)高压逆变器(型号:ASSY CONTROL X3401); d)探测器(型号:PaxScan2510V); e)患者支撑装置及软件。
适用范围:临床适用于人体骨密度的测定。
生产厂家:法国Diagnostic Medical System SA
注册代理:北京谷山丰生物医学技术有限公司
服务机构:北京谷山丰生物医学技术有限公司
发证日期:2014.05.09 **截止日期**:2018.05.08

国食药监械(进)字2014第2402217号

产品名称:全自动印迹仪(Blot Processor)
规格型号:PROFIBLOT T48
产品标准:YZB/AUS 2168-2014《全自动印迹仪》
性能组成:该产品主要由控制部分、计算机接口、样本槽、注液通道、配套用瓶、吸入及加样泵、随机软件组成。
适用范围:该产品用于多达48条带的生物样本的洗涤和孵育。
生产厂家:奥地利Tecan Austria GmbH
注册代理:帝肯(上海)贸易有限公司
服务机构:帝肯(上海)贸易有限公司
发证日期:2014.05.09 **截止日期**:2018.05.08

国食药监械(进)字2014第2102218号

产品名称:小型电池骨动力手机(Micro Battery Power Handpiece)
规格型号:4300-000-000, 4300-034-000

产品标准:YZB/USA 2044-2011《小型电池骨动力手机》

性能组成:由 SABO 矢状锯和 CD3 创伤手机及充电电池组成。电池组件型号为 6215-000-000, 6212-000-000, 6126-000-000, 6126-110-000, 6126-120-000, 6126-130-000, 6127-000-000, 6127-120-000, 4222-110-000, 4222-130-000。

适用范围:当与各种切割附件配合使用时, SABO 矢状锯适用于切割骨质和坚硬组织的外科操作。CD3 创伤手机与各种刀具、钻头、铰孔器、金属丝或销钉配合使用时, 用于涉及钻孔、铰孔、驱动金属丝或销钉, 以及进行骨与硬组织切割的外科手术。

生产厂家:美国 Stryker Instruments

注册代理:史赛克(北京)医疗器械有限公司

服务机构:史赛克(北京)医疗器械有限公司

发证日期:2014.05.09 **截止日期**:2018.05.08

国食药监械(进)字 2014 第 3212219 号

产品名称:自动体外除颤器 (商品名: HeartStart FRx) (Automated External Defibrillator)

规格型号:861304

产品标准:YZB/USA 2027-2014《自动体外除颤器》

性能组成:该产品由主机、电池(M5070A)、HEARTSTART SMART Pads II 电极垫(989803139261)、婴儿/小儿钥匙(989803139311)组成。

适用范围:该产品用于治疗疑似心脏骤停的患者。其具有以下症状: 没有反应、停止呼吸。如不确定, 则贴上电极检测。该产品设计用于受过培训的急救人员。建议使用本产品的急救人员参加 CPR/AED 培训课程。如果患者是年龄在 8 岁以下或体重小于 25 公斤的婴儿或小儿, 应使用婴儿/小儿用钥匙, 如果婴儿或小儿看起来年龄较大或体重较重, 不要使用婴儿/小儿用钥匙。切勿由于不确定小儿准确的年龄或体重, 而延误治疗。如不确定, 不要使用婴儿/小儿用钥匙。

生产厂家:美国 Philips Medical Systems

注册代理:飞利浦(中国)投资有限公司

服务机构:飞利浦(中国)投资有限公司

发证日期:2014.05.09 **截止日期**:2018.05.08

国食药监械(进)字 2014 第 3212220 号

产品名称:自动体外除颤器 (商品名: HeartStart Defibrillator HS1) (Automated External Defibrillator)

规格型号:M5066A

产品标准:YZB/USA 2028-2014《自动体外除颤器》

性能组成:该产品由主机、电池(M5070A)、HEARTSTART 成人 SMART 电极垫(M5071A)、婴儿/小儿 SMART 电极垫(M5072A)组成。

适用范围:该产品用于治疗疑似心脏骤停的患者。其具有以下症状: 没有反应、停止呼吸。如不确定, 则贴上电极检测。该产品设计用于受过培训的急救人员。建议使用该产品的急救人员参加 CPR/AED 培训课程。如果患者是年龄在 8 岁以下或体重小于 25 公斤的婴儿或小儿, 应使用婴儿/小儿电极片。如果婴儿或小儿看起来年龄较大或体重较重, 不要使用婴儿/小儿电极片。切勿由于不确定小儿准确的年龄或体重, 而延误治疗。如不确定, 不要使用婴儿/小儿电极片。

生产厂家:美国 Philips Medical Systems

注册代理:飞利浦(中国)投资有限公司

服务机构:飞利浦(中国)投资有限公司

发证日期:2014.05.09 **截止日期**:2018.05.08

国食药监械(进)字 2014 第 3702221 号

产品名称:近距离放射治疗计划系统 (Brachytherapy Treatment Planning System)

规格型号:VariSeed, 版本 8.0

产品标准:YZB/USA 2585-2014《近距离放射治疗计划系统》

性能组成:由一张软件安装光盘组成, 组成模块包括主应用程序、数据库管理、视图管理器、打印管理器、图像显示、图像、特性表、视频接口、分当器接口、图像导入库、DICOM、总库、外部部件、许可管理、源编辑器、诺谟图编辑器。

适用范围:用于制定前列腺肿瘤永久性粒子(I-125、Pd-103、Cs-131)植入的近距离放射治疗计划

生产厂家:美国 Varian Medical Systems, Inc.

注册代理:瓦里安医疗器械贸易(北京)有限公司

服务机构:瓦里安医疗器械贸易(北京)有限公司

发证日期:2014.05.09 **截止日期**:2018.05.08

国食药监械(进)字 2014 第 3702221 号

产品名称:近距离放射治疗计划系统 (Brachytherapy Treatment Planning System)

规格型号:VariSeed, 版本 8.0

产品标准:YZB/USA 2585-2014《近距离放射治疗计划系统》

性能组成:由一张软件安装光盘组成, 组成模块包括主应用程序、数据库管理、视图管理器、打印管理器、图像显示、图像、特性表、视频接口、分当器接口、图像导入库、DICOM、总库、外部部件、许可管理、源编辑器、诺谟图编辑器。

适用范围:用于制定前列腺肿瘤永久性粒子(I-125、Pd-103、Cs-131)植入的近距离放射治疗计划

生产厂家:美国 Varian Medical Systems, Inc.

注册代理:瓦里安医疗设备(中国)有限公司

服务机构:瓦里安医疗器械贸易(北京)有限公司

发证日期:2014.05.09 **截止日期**:2018.05.08

国食药监械(进)字 2014 第 1412222 号

产品名称:离心机

规格型号:4000、4200、3220

产品标准:YZB/JAP 2146-2014《离心机》

性能组成:离心机由主机及旋转组件(包括转子)部分组成。

适用范围:该产品用于血液分离, 血清分离, 尿分离, 其他临床试样和生物化学试样的离心分离。

生产厂家:日本株式会社久保田制作所

注册代理:北京东迅天地医疗仪器有限公司

服务机构:北京东迅天地医疗仪器有限公司

发证日期:2014.05.09 **截止日期**:2018.05.08

国食药监械(进)字 2014 第 1402223 号

产品名称:全自动样品处理系统(Aptio Automation)

规格型号:Aptio Automation

产品标准:YZB/USA 2528-2014《全自动样品处理系统》

性能组成:设备主要由进样/出样模块 (包括从属进样/出样模块), 架式进样模块, 离心模块, 去盖模块, 封膜模块, 样本冷藏存储模块, 轨道传送模块, 批量进样模块, 分杯模块, 去膜模块, 子管回盖模块, 架式出样模块, 试管检查模块, 条形码阅读器, 无线射频 RFID, 样本运输载体, 主控制系统和路径控制系统以及数据管理系统组成。

适用范围:用于实验室样本的自动处理和运输。

生产厂家:美国 Siemens Healthcare Diagnostics Inc.

注册代理:西门子医学诊断产品(上海)有限公司

服务机构:西门子医学诊断产品(上海)有限公司

发证日期:2014.05.09 **截止日期**:2018.05.08

国食药监械(进)字 2014 第 1412224 号

产品名称:切片机(Microtome Cryostat)

规格型号:CryoStar NX70

产品标准:YZB/GER 2139-2014《切片机》

性能组成:该产品主要由主机、低温室、触摸屏、手轮、控制按钮、刀架、样本夹、刀片组成。

适用范围:该产品用于医学实验室中制备人体冷冻样本的组织切片。

生产厂家:德国 Microm International GmbH

注册代理:赛默飞世尔科技(中国)有限公司

服务机构:赛默飞世尔科技(中国)有限公司

发证日期:2014.05.09 **截止日期**:2018.05.08

国食药监械(进)字 2014 第 1412224 号

产品名称:切片机(Microtome Cryostat)

规格型号:CryoStar NX70

产品标准:YZB/GER 2139-2014《切片机》

性能组成:该产品主要由主机、低温室、触摸屏、手轮、控制按钮、刀架、样本夹、刀片组成。

适用范围:该产品用于医学实验室中制备人体冷冻样本的组织切片。

生产厂家:德国 Microm International GmbH

注册代理:赛默飞世尔(上海)仪器有限公司

服务机构:赛默飞世尔科技(中国)有限公司
发证日期:2014.05.09 **截止日期**:2018.05.08

国食药监械(进)字 2014 第 2402225 号

产品名称:全自动干式生化分析仪(FUJI DRI-CHEM 7000 Series)
规格型号:7000、7000i、7000s
产品标准:YZB/JAP 2076-2014《全自动干式生化分析仪》
性能组成:分析仪由加样单元、孵育单元、测光单元、键盘部、液晶显示器部、打印机部、电位测定单元(7000、7000i)、PF 泵(7000)部、软件组成。
适用范围:该产品用于临床血液和尿液样本的生化项目检验。
生产厂家:日本富士胶片株式会社
注册代理:希森美康医用电子(上海)有限公司
服务机构:希森美康医用电子(上海)有限公司
发证日期:2014.05.09 **截止日期**:2018.05.08

国食药监械(进)字 2014 第 2402226 号

产品名称:全自动血沉仪(Automated Erythrocyte Sedimentation Rate Analyzer)
规格型号:Monitor-100 Monitor-20 Microsed-System
产品标准:YZB/ITA 2128-2014《全自动血沉仪》
性能组成:血沉仪由主机、电源装置、血沉管、软件组成。
适用范围:该产品在医学临床上用于测定红细胞沉降率。
生产厂家:意大利 Vital Diagnostics S.r.l.
注册代理:希森美康医用电子(上海)有限公司
服务机构:希森美康医用电子(上海)有限公司
发证日期:2014.05.09 **截止日期**:2018.05.08

国食药监械(进)字 2014 第 1412227 号

产品名称:推拉式切片机(Sledge Microtome)
规格型号:IVS-410
产品标准:YZB/JAP 2206-2014《推拉式切片机》
性能组成:该产品由主体、标本支架和标本传送机构和刀台组成。
适用范围:该产品是用于将石蜡包埋的组织样本及大型切片切割成薄片的切片机。
生产厂家:日本 Yamato Kohki Industrial Co., Ltd
注册代理:樱花医疗科技(泰州)有限公司
服务机构:樱花医疗科技(泰州)有限公司
发证日期:2014.05.09 **截止日期**:2018.05.08

国食药监械(进)字 2014 第 3542228 号

产品名称:功能神经外科生理导航系统(Physiological Navigation System for Neurosurgery)
规格型号:NeuroNav
产品标准:YZB/ISR 2257-2014《功能神经外科生理导航系统》
性能组成:产品由主机、头台、遥控器三部分组成。主机包括笔记本电脑、电源盒和患者盒;头台包含推进器(内含信号放大器)、微电极支架、BenGun 五孔针道、X/Y 框架配适器(带 X、Y 坐标轴的推进器底座)、非 X/Y 框架配适器、DBS 支架、DBS 标尺、电极连线、头台连线。
适用范围:预计用于在手术室内,协助神经外科医生在功能神经外科手术中记录并刺激脑神经和感觉神经元,以帮助进行深部电极的植入。
生产厂家:以色列 Alpha Omega Engineering Ltd.
注册代理:西赛尔(北京)科技发展有限公司
服务机构:西赛尔(北京)科技发展有限公司
发证日期:2014.05.13 **截止日期**:2018.05.12

国食药监械(进)字 2014 第 3212228 号

产品名称:功能神经外科生理导航系统(Physiological Navigation System for Neurosurgery)
规格型号:NeuroNav
产品标准:YZB/ISR 2257-2014《功能神经外科生理导航系统》
性能组成:产品由主机、头台、遥控器三部分组成。主机包括笔记本电脑、电源盒和患者盒;头台包含推进器(内含信号放大器)、微电极支架、BenGun 五孔针道、X/Y 框架配适器(带 X、Y 坐标轴的推进器底座)、非 X/Y 框架配适器、DBS 支架、DBS 标尺、电极连线、头台连线。
适用范围:预计用于在手术室内,协助神经外科医生在功能神经外科手术中记录并刺激脑神经和感觉神经元,以帮助进行深部电极的植入。
备注:2014 年 7 月 7 日同意更正注册号内容,2014 年 5 月 13 日核发的医疗器械注册证、医疗器械注册登记表予以废止。
生产厂家:以色列 Alpha Omega Engineering Ltd.
注册代理:西赛尔(北京)科技发展有限公司
服务机构:西赛尔(北京)科技发展有限公司
发证日期:2014.05.13 **截止日期**:2018.05.12

国食药监械(进)字 2014 第 3212229 号

产品名称:半自动体外除颤仪(Defibrillator)
规格型号:NF1200
产品标准:YZB/ROK 2165-2014《半自动体外除颤仪》
性能组成:该产品由主机(NF1200)、电极(成人用 CUA0512F、婴儿/小儿用 CUA0512P)、一次性蓄电池(CUSA0601F)组成。
适用范围:该产品可对年龄大于等于 1 岁的心脏骤停患者胸部进行除颤,用于治疗心室纤颤和心室性心搏过速。
生产厂家:韩国 CU Medical Systems, Inc.
注册代理:捷通埃默高(北京)医药科技有限公司
服务机构:捷通埃默高(北京)医药科技有限公司
发证日期:2014.05.13 **截止日期**:2018.05.12

国食药监械(进)字 2014 第 3212230 号

产品名称:病人监护仪(Xprezzon Bedside Monitor)
规格型号:见附页
产品标准:YZB/USA 2181-2014《病人监护仪》
性能组成:该产品由主机(91393)、显示屏(94267)、91496 多参数模块(包括 91496-A、91496-B、91496-C、91496-I 四个选项)、二氧化碳测量模块(91517)、打印模块(90449)以及附件组成。附件含有:12 导联心电缆线(700-0008-01)和导联线(700-0007-17)、5 导联心电缆线(700-0008-07)和导联线(700-0007-09)、3 导联心电缆线(700-0008-09)和导联线(700-0007-01)、脉搏血氧饱和度缆线(700-0030-00)和传感器(015-0660-00)、无创血压成人袖带延长管(714-0018-00)及袖带(714-0023-00)、无创血压小儿袖带延长管(714-0019-01)及袖带(714-1028-01)、体温缆线(700-0031-00)及传感器(690-0028-00)、心输出量缆线(700-0027-00)和心输出量导联线(306655-002、306655-001)、有创血压测量缆线(700-0028-00)、二氧化碳主流式传感器(704-0001-00)和适配器(704-0002-00、704-0003-00)、二氧化碳旁流式气体采样管(704-0023-00、704-0027-00)。
适用范围:该产品用于对成人患者的体征参数进行测量和监护。该产品应在持有行医执照的医务人员直接监督下使用或者由在医院接受过适当的设备使用方法培训的人员使用。多参数模块可用于心电、心率、阻抗呼吸、脉搏血氧饱和度、无创血压、体温、有创血压、心输出量、ST 段分析和心律失常监护;二氧化碳测量模块可用于呼末二氧化碳和二氧化碳气体监护。其中 ST 段测量仅适用于成人患者;呼吸、无创血压、呼末二氧化碳和二氧化碳气体监护也适用于小儿(含婴儿)及新生儿患者。
生产厂家:美国 Spacelabs Medical, Inc.
注册代理:思培斯太空医疗仪器贸易(上海)有限公司
服务机构:思培斯太空医疗仪器贸易(上海)有限公司
发证日期:2014.05.13 **截止日期**:2018.05.12

国食药监械(进)字 2014 第 3212230 号

产品名称:病人监护仪(Xprezzon Bedside Monitor)
规格型号:见产品组成
产品标准:YZB/USA 2181-2014《病人监护仪》
性能组成:该产品由主机(91393)、显示屏(94267)、91496 多参数模块(包括 91496-A、91496-B、91496-C、91496-I 四个选项)、二氧化碳测量模块(91517)、打印模块(90449)以及附件组成。附件含有:12 导联心电缆线(700-0008-01)和导联线(700-0007-17)、5 导联心电缆线(700-0008-07)和导联线(700-0007-09)、3 导联心电缆线(700-0008-09)和导联线(700-0007-01)、脉搏血氧饱和度缆线(700-0030-00)和传感器(015-0660-00)、无创血压成人袖带延长管(714-0018-00)及袖带(714-0023-00)、无创血压小儿袖带延长管(714-0019-01)及袖带(714-1028-01)、体温缆线(700-0031-00)及传感器(690-0028-00)、心输出量缆线(700-0027-00)和心输出量导联线(306655-002、306655-001)、有创血压测量缆线(700-0028-00)、二氧化碳主流式传感

器(704-0001-00)和适配器(704-0002-00、704-0003-00)、二氧化碳旁流式气体采样管(704-0023-00、704-0027-00)。

适用范围:该产品用于对成人患者的体征参数进行测量和监护。该产品应在持有行医执照的医务人员直接监督下使用或者由在医院接受过适当的设备使用方法培训的人员使用。多参数模块可用于心电、心率、阻抗呼吸、脉搏血氧饱和度、无创血压、体温、有创血压、心输出量、ST段分析和心律失常监护;二氧化碳测量模块可用于呼末二氧化碳和二氧化碳气体监护。其中ST段测量仅适用于成人患者;呼吸、无创血压、呼末二氧化碳和二氧化碳气体监护也适用于小儿(含婴儿)及新生儿患者。

生产厂家:美国 Spacelabs Medical, Inc.

注册代理:思培斯太空医疗仪器贸易(上海)有限公司

服务机构:思培斯太空医疗仪器贸易(上海)有限公司

发证日期:2014.05.13 **截止日期**:2018.05.12

国食药监械(进)字2014第3242231号

产品名称:牙科半导体激光治疗仪(Dental Laser System)

规格型号:FONALaser

产品标准:YZB/GER 1664-2014《牙科半导体激光治疗仪》

性能组成:牙科激光治疗仪由电源、主机、手机、光纤(光纤直径200μm、320μm可选)及附件(一次性光纤导向尖)组成。其中手机包括手机套筒、手机及接管和不锈钢手机后袖组成。光纤由纯石英玻璃为芯,掺氟石英包层和聚酰亚胺涂层组成。一次性光纤导向尖由铝合金的接头和不锈钢套管组成。 工作激光波长 970nm, 误差不超过±15nm。工作脉冲持续时间, 斩波模式:5ms～0.5s, 误差±10%; 峰值脉冲模式:固定23μs, 误差±10%。激光器输出功率: 0.5～4W, 误差不超过±20%。瞄准激光波长635～650nm, 瞄准光输出功率≤1mW。

适用范围:该产品临床适用于口腔软组织手术及凝固;减少根管内细菌;减少牙周细菌,包括种植体周围炎;牙颈部脱敏。

生产厂家:德国西诺德牙科设备有限公司(Sirona Dental Systems GmbH)

注册代理:西诺德牙科设备(佛山)有限公司

服务机构:西诺德牙科设备(佛山)有限公司

发证日期:2014.05.13 **截止日期**:2018.05.12

国食药监械(进)字2013第2402231号

产品名称:缓冲液(248 6.8/7.3 Buffer)

规格型号:473496 6.8: 90mL×4, 7.3: 370mL×4

产品标准:YZB/USA 2140-2013

性能组成:0.031M Na_2HPO_4、0.025M KH_2PO_4、防腐剂、染料。产品有效期: 在4-25℃的环境中保存,有效期18个月。附件: 注册产品标准,产品说明书。

适用范围:该产品适用于 Rapidlab 248 血气分析仪,用于测试前对PH值进行一点/两点校正及调节溶液的PH值。

生产厂家:美国 Siemens Healthcare Diagnostics Inc.

注册代理:西门子医学诊断产品(上海)有限公司

发证日期:2013.06.08 **截止日期**:2017.06.07

国食药监械(进)字2014第3242232号

产品名称:钬(Ho:YAG)激光手术系统 (商品名: Quanta System) (Holmium-YAG Laser System)

规格型号:LITHO

产品标准:YZB/ITA 1897-2014《钬(Ho:YAG)激光手术系统》

性能组成:该产品由主机、激光传输系统、脚踏开关组成;主机由Ho:YAG固体激光器、电源及控制系统和冷却系统组成。工作激光波长:2100nm,允差±20nm; 终端输出功率:2W-30W; 能量可调:0.3J-3.5J, 步进0.1, 光纤末端实测与设置值之间的误差不超过±15%。脉冲频率:3Hz-20Hz,误差不超过±10%; 脉冲持续时间:150μs-800μs; 瞄准光波长:532nm,允差±10nm。瞄准光功率<5mW。激光输出功率和能量的不稳定度≤±10%。

适用范围:该产品适用于泌尿科结石的治疗,也可用于对软组织的汽化和凝固。

生产厂家:意大利量子系统有限公司(Quanta System S.P.A)

注册代理:北京健康至上科贸有限公司

服务机构:北京健康至上科贸有限公司

发证日期:2014.05.13 **截止日期**:2018.05.12

国食药监械(进)字2014第3252233号

产品名称:静脉腔内射频闭合发生器(ClosureRFG RF Generator)

规格型号:RFG2

产品标准:YZB/USA 2099-2014《静脉腔内射频闭合发生器》

性能组成:该产品为射频发生器,用于为静脉腔内射频闭合导管提供受控的射频能量。额定工作频率460.8kHz。配合ClosureFAST导管(7cm)时额定负载100-300Ω,最大功率40W; 配合ClosureFAST导管(3cm)时额定负载45-300Ω,最大功率18W; 配合ClosureRFS导管时额定负载110-400Ω,最大功率20W。输出方式均为双极。 具有阻抗测量和温度监测功能。

适用范围:与ClosureFAST和ClosureRFS导管配合使用,用于下肢大隐静脉曲张的治疗(限于浅静脉及其交通支)。

生产厂家:美国 Covidien llc

注册代理:柯惠医疗器材国际贸易(上海)有限公司

服务机构:柯惠医疗器材国际贸易(上海)有限公司

发证日期:2014.05.13 **截止日期**:2018.05.12

国食药监械(进)字2014第3242234号

产品名称:钬(Ho:YAG)激光治疗仪(商品名:Auriga QI)(Holmium Laser System)

规格型号:见附页

产品标准:YZB/GER 1880-2014《钬(Ho:YAG)激光治疗仪》

性能组成:由主机、激光光纤和脚踏开关组成。治疗激光波长2.1μm,误差±5%; 最大输出功率 30W, 脉冲能量为 200mJ-4000mJ, 频率为4Hz-20Hz。

适用范围:本设备适用于泌尿系软组织的汽化、碳化、凝固及结石的治疗。

生产厂家:德国 StarMedTec GmbH

注册代理:北京广硕医疗设备有限公司

服务机构:北京广硕医疗设备有限公司

发证日期:2014.05.13 **截止日期**:2018.05.12

国食药监械(进)字2014第3222235号

产品名称:宫腔镜双极电外科系统(商品名: VERSAPOINT II)(GYNECARE VERSAPOINT II Hysteroscopic Bipolar Electrosurgery System)

规格型号:00465、00463、00464

产品标准:YZB/USA 2224-2014《宫腔镜双极电外科系统》

性能组成:产品由双极发生器(00465)、脚踏开关(00464)、连接电缆(00463)组成。额定输出频率340-450kHz。VC1/VC2模式额定负载330Ω,最大功率260W; VC3/BL1/BL2模式额定负载33Ω,最大功率260W; DES模式额定负载28Ω,最大功率120W; VP/VBL模式额定负载68Ω,最大功率360W。输出模式均为双极。

适用范围:本产品配合连续灌流式宫腔镜使用,用于在妇科宫腔镜电外科手术期间执行组织切割、切除和干燥。

生产厂家:美国 Ethicon, Inc.

注册代理:强生(上海)医疗器材有限公司

服务机构:强生(上海)医疗器材有限公司

发证日期:2014.05.13 **截止日期**:2018.05.12

国食药监械(进)字2014第3302236号

产品名称:口腔X射线机(Dental Extra-oral X-ray Equipment)

规格型号:CS 8000C

产品标准:YZB/USA 7633-2013《口腔X射线机》

性能组成:产品由旋转臂、带有控制面板的固定臂、全景数字传感器(CI964)、X射线源组件(包括高压发生器(型号:CU 227)、X射线管组件(包括X射线管套 型号:CU227和X射线管型号:OPX105)和限束器)、X线移动曝光手闸、固定扶手、头固定臂、头颅传感器(CEPHALOSTAT)、头夹和耳锥、鼻架、鬓角支架、附件(包括全景腮托、颌托、鼻托、全景咬块、缺齿咬块)和图像采集处理软件。

适用范围:CS 8000C是一款口外X射线成像系统,用于生成牙槽-上颌面-面部区域的全景和测颅数字影像,应在卫生保健专业人士的指导下使用。

生产厂家:美国 Carestream Health, Inc.

注册代理:锐珂亚太投资管理(上海)有限公司

服务机构:锐珂亚太投资管理(上海)有限公司

发证日期:2014.05.13 **截止日期**:2018.05.12

国食药监械(进)字 2014 第 3212237 号

产品名称:病人监护仪(Patient Monitor)

规格型号:MX40 (865351, 865352)

产品标准:YZB/USA 2217-2014《病人监护仪》

性能组成:由主机、ECG 导联线、SpO2 传感器、转接线、电池和充电器组成,其中 ECG 导联线、SpO2 传感器及转接线的型号详见附件。

适用范围:用于医护专业人员监护病人生理参数,在医院环境中和在医院内转移病人期间对成人和小儿(三岁以上)的 ECG 和 SpO2 参数进行监护、记录和报警。

生产厂家:美国 Philips Medical Systems

注册代理:飞利浦(中国)投资有限公司

服务机构:飞利浦(中国)投资有限公司

发证日期:2014.05.13 **截止日期**:2018.05.12

国食药监械(进)字 2014 第 3402238 号

产品名称:美沙酮检测试剂(酶放大免疫检测法)(Emit II Plus Methadone Assay)

规格型号:9E039UL:抗体/底物试剂 1:29mL,酶试剂 2:12mL;9E029UL:抗体/底物试剂 1:115mL,酶试剂 2:50mL;9E129UL:抗体/底物试剂 1:1000mL,酶试剂 2:435mL。

产品标准:YZB/USA 1740-2014

性能组成:抗体/底物试剂 1:山羊抗美沙酮多克隆抗体、葡萄糖-6-磷酸、烟酰胺腺嘌呤二核苷酸、牛血清白蛋白、防腐剂和稳定剂。酶试剂 2:标有细菌葡萄糖-6-磷酸脱氢酶的美沙酮、三羟甲基氨基甲烷(Tris)缓冲液、牛血清白蛋白、防腐剂和稳定剂。(具体内容详见说明书)。产品有效期:在 2-8℃条件下储存,有效期 24 个月。附件:注册产品标准,产品说明书。

适用范围:该产品用于定性和半定量检测人尿液中美沙酮水平。

生产厂家:美国 Siemens Healthcare Diagnostics Inc.

注册代理:西门子医学诊断产品(上海)有限公司

发证日期:2014.05.13 **截止日期**:2018.05.12

国食药监械(进)字 2014 第 3402239 号

产品名称:乙型肝炎病毒核心抗体校准品(HISCL Anti-HBc Calibrator)

规格型号:1mL×2 瓶

产品标准:YZB/JAP 2145-2014

性能组成:乙型肝炎病毒核心抗体阴性校准品(HISCL HBcAb NC);乙型肝炎病毒核心抗体阳性校准品(HISCL HBcAb PC):(具体内容详见产品说明书)。产品有效期:2-8°C 保存,有效期 12 个月。附件:注册产品标准,产品说明书。

适用范围:该产品用于对人体血清或血浆中乙型肝炎病毒核心抗体(HBcAb)的定性检测进行校准。

变更情况:变更日期:2014.10.08。开封后有效期由“24 小时(2-8°C 保存)”变更为“90 天(2-8°C 保存)。”。增加适用机型“HISCL-5000 全自动免疫分析仪”。

生产厂家:日本 Japan Lyophilization Laboratory

注册代理:希森美康医用电子(上海)有限公司

发证日期:2014.05.13 **截止日期**:2018.05.12

国食药监械(进)字 2014 第 3402240 号

产品名称:乙型肝炎病毒 e 抗原校准品(HISCL HBeAg Calibrator)

规格型号:1mL×2 瓶

产品标准:YZB/JAP 2147-2014

性能组成:乙型肝炎病毒 e 抗原阴性校准品(HISCL HBeAg NC);乙型肝炎病毒 e 抗原阳性校准品(HISCL HBeAg PC);(具体内容详见产品说明书)。产品有效期:2-8°C 保存,有效期 12 个月。附件:注册产品标准,产品说明书。

适用范围:该产品用于对人体血清或血浆中乙型肝炎病毒 e 抗原的定性检测进行校准。

变更情况:变更日期:2014.10.08。开封后有效期由“24 小时(2-8°C 保存)”变更为“90 天(2-8°C 保存)。”。增加适用机型“HISCL-5000 全自动免疫分析仪”。

生产厂家:日本 Japan Lyophilization Laboratory

注册代理:希森美康医用电子(上海)有限公司

发证日期:2014.05.13 **截止日期**:2018.05.12

国食药监械(进)字 2014 第 3402241 号

产品名称:乙型肝炎病毒 e 抗体校准品(HISCL Anti-HBe Calibrator)

规格型号:1mL×2 瓶

产品标准:YZB/JAP 2152-2014

性能组成:乙型肝炎病毒 e 抗体阴性校准品(HISCL HBeAb NC);乙型肝炎病毒 e 抗体阳性校准品(HISCL HBeAb PC);(具体内容详见产品说明书)。产品有效期:2-8°C 保存,有效期 12 个月。附件:注册产品标准,产品说明书。

适用范围:该产品用于对人体血清或血浆中乙型肝炎病毒 e 抗体的定性检测进行校准。

变更情况:变更日期:2014.10.08。开封后有效期由“24 小时(2-8°C 保存)”变更为“90 天(2-8°C 保存)。”。增加适用机型“HISCL-5000 全自动免疫分析仪”。

生产厂家:日本 Japan Lyophilization Laboratory

注册代理:希森美康医用电子(上海)有限公司

发证日期:2014.05.13 **截止日期**:2018.05.12

国食药监械(进)字 2014 第 3402242 号

产品名称:乙型肝炎病毒核心抗体检测试剂盒(化学发光法)(HISCL Anti-HBc Assay Kit)

规格型号:50 测试/盒

产品标准:YZB/JAP 2161-2014

性能组成:(1)乙型肝炎病毒核心抗体试剂 1;(2)乙型肝炎病毒核心抗体试剂 2;(3)乙型肝炎病毒核心抗体试剂 3;(具体内容详见产品说明书)。产品有效期:2~8℃保存,禁止冷冻,有效期 12 个月。附件:注册产品标准,产品说明书。

适用范围:该产品用于人血清或血浆中乙型肝炎病毒核心抗体(HBcAb)的定性检测。

变更情况:变更日期:2014.10.08。增加适用机型“HISCL-5000 全自动免疫分析仪”。

生产厂家:日本 Japan Lyophilization Laboratory

注册代理:希森美康医用电子(上海)有限公司

发证日期:2014.05.13 **截止日期**:2018.05.12

国食药监械(进)字 2014 第 3402243 号

产品名称:乙型肝炎病毒 e 抗体检测试剂盒(化学发光法)(HISCL Anti-HBe Assay Kit)

规格型号:50 测试/盒

产品标准:YZB/JAP 2162-2014

性能组成:(1)乙型肝炎病毒 e 抗体试剂 1;(2)乙型肝炎病毒 e 抗体试剂 2;(3)乙型肝炎病毒 e 抗体试剂 3;(具体内容详见产品说明书)。产品有效期:2~8℃保存,禁止冷冻;有效期 12 个月。附件:注册产品标准,产品说明书。

适用范围:该产品用于人血清或血浆中乙型肝炎病毒 e 抗体的定性检测。

变更情况:变更日期:2014.10.08。增加适用机型“HISCL-5000 全自动免疫分析仪”。

生产厂家:日本 Japan Lyophilization Laboratory

注册代理:希森美康医用电子(上海)有限公司

发证日期:2014.05.13 **截止日期**:2018.05.12

国食药监械(进)字 2014 第 3402244 号

产品名称:乙型肝炎病毒 e 抗原检测试剂盒(化学发光法)(HISCL HBeAg Assay Kit)

规格型号:50 测试/盒

产品标准:YZB/JAP 2163-2014

性能组成:(1)乙型肝炎病毒 e 抗原试剂 1;(2)乙型肝炎病毒 e 抗原试剂 2;(3)乙型肝炎病毒 e 抗原试剂 3;(具体内容详见产品说明书)。产品有效期:2~8℃保存,禁止冷冻,有效期 12 个月。附件:注册产品标准,产品说明书。

适用范围:该产品用于人血清或血浆中乙型肝炎病毒 e 抗原的定性检测。

变更情况:变更日期:2014.10.08。增加适用机型“HISCL-5000 全自动免疫分析仪”。

生产厂家:日本 Japan Lyophilization Laboratory
注册代理:希森美康医用电子(上海)有限公司
发证日期:2014.05.13 **截止日期**:2018.05.12

国食药监械(进)字2014第3402245号

产品名称:流式细胞仪质控微球(Flow-Set Pro Fluorospheres)
规格型号:3 x 10 mL
产品标准:YZB/IRE 2198-2014
性能组成:该产品包含3μm(通称直径)聚苯乙烯荧光微球,该微球悬浮在含有表面活性剂和防腐剂的水介质中,悬浮液浓度为1×106荧光微球/mL(通称浓度)。(具体内容详见说明书)。产品有效期:2-8℃保存,有效期10个月。不得冷冻保存,尽量避光。附件:注册产品标准,产品说明书。
适用范围:该产品是荧光微球的悬浮液,用于流式细胞仪 FC500(FL1-5)和 NAVIOS 流式细胞仪(FL1-10)的前向散射光、侧向散射光和荧光通道检测器的辅助校准。
生产厂家:爱尔兰 Beckman Coulter Ireland, Inc.
注册代理:贝克曼库尔特商贸(中国)有限公司
发证日期:2014.05.13 **截止日期**:2018.05.12

国食药监械(进)字2014第3402246号

产品名称:肿瘤相关抗原CA242定量测定试剂盒(化学发光法)(CanAg CA242 CLIA)
规格型号:96人份/盒
产品标准:YZB/SWE 1918-2014
性能组成:微孔板(12×8)、CA242标准品、CA242质控品、生物素(抗-CA242)、酶结合物(抗-CA242)、示踪稀释液、底物液、清洗液(25×)(具体内容详见说明书)。产品有效期:2-8℃保存,有效期18个月。附件:注册产品标准,产品说明书。
适用范围:该产品用于定量检测血清中CA242肿瘤抗原的含量。
生产厂家:瑞典 Fujirebio Diagnostics AB
注册代理:康乃格诊断产品(北京)有限公司
发证日期:2014.05.13 **截止日期**:2018.05.12

国食药监械(进)字2014第3402247号

产品名称:糖类抗原CA19-9检测试剂盒(化学发光法)(CanAg CA19-9 CLIA)
规格型号:96人份/盒
产品标准:YZB/SWE 1921-2014
性能组成:微孔板(12×8)、CA19-9标准品、CA19-9质控品、生物素(抗-CA19-9)、酶结合物(抗-CA19-9)、示踪稀释液、底物液、清洗液(25×)(具体内容详见说明书)。产品有效期:2-8℃保存,有效期18个月。附件:注册产品标准,产品说明书。
适用范围:该产品用于定量检测人血清中CA19-9抗原的含量。
生产厂家:瑞典 Fujirebio Diagnostics AB
注册代理:康乃格诊断产品(北京)有限公司
发证日期:2014.05.13 **截止日期**:2018.05.12

国食药监械(进)字2014第3402248号

产品名称:抗p16(E6H4)鼠单克隆抗体试剂(免疫组织化学法)(CINtec® p16 Histology)
规格型号:50测试/盒;250测试/盒。
产品标准:YZB/USA 2169-2014
性能组成:抗p16(E6H4)鼠单克隆抗体试剂(免疫组织化学法)含有足够50次测试的试剂。1只抗p16(E6H4)鼠单克隆抗体试剂的VENTANA 5mL分配器含有约5.0μg的鼠单克隆抗体。抗p16(E6H4)鼠单克隆抗体试剂含有足够250次测试的试剂。1只抗p16(E6H4)鼠单克隆抗体试剂的VENTANA 25mL分配器含有约25.0μg的鼠单克隆抗体。采用含有1%载体蛋白和0.10% ProClin 300(防腐剂)的0.05M Tris-HCl缓冲液来稀释抗p16(E6H4)鼠单克隆抗体试剂。(具体内容详见说明书)。产品有效期:保存在2-8°C温度下,有效期至12个月,切勿冷冻。附件:注册产品标准,产品说明书。
适用范围:该产品用于定性检测福尔马林固定、石蜡包埋的宫颈标本组织切片中的p16INK4a蛋白。
备注:2014年11月4日同意更正产品名称、包装规格内容,2014年5月13日核发的医疗器械注册证、医疗器械注册登记表(体外诊断试剂)予以废止。
生产厂家:美国 Ventana Medical Systems, Inc.
注册代理:罗氏诊断产品(上海)有限公司
发证日期:2014.05.13 **截止日期**:2018.05.12

国食药监械(进)字2014第3402249号

产品名称:游离轻链补充试剂(N FLC Supplementary Reagent)
规格型号:试剂A:3× 0.5 mL; 试剂B:3 × 2.0 mL。
产品标准:YZB/GER 1677-2014
性能组成:试剂 A:含小鼠免疫球蛋白的缓冲溶液。防腐剂:叠氮化钠<1g/L。 试剂B:缓冲盐溶液,含去污剂。防腐剂:叠氮化钠 <1g/L。产品有效期:在2-8°C条件下储存,有效期12个月。附件:注册产品标准,产品说明书。
适用范围:本产品用作κ和λ型游离轻链(FLC)测定过程中的清洁剂,并可抑制人抗鼠抗体对测定结果的干扰。
生产厂家:德国 Siemens Healthcare Diagnostics Products GmbH
注册代理:西门子医学诊断产品(上海)有限公司
发证日期:2014.05.13 **截止日期**:2018.05.12

国食药监械(进)字2014第3402250号

产品名称:游离轻链λ型测定试剂盒(散射比浊法)(N Latex FLC lambda)
规格型号:3 × 2.1 mL
产品标准:YZB/GER 1096-2014
性能组成:该产品为含包被有人类游离轻链λ单克隆抗体(小鼠)的聚苯乙烯颗粒混悬液。叠氮化钠< 1 g/L。产品有效期:2-8 °C, 12个月。附件:注册产品标准,产品说明书。
适用范围:该产品用于体外定量检测人血清、肝素化血浆和乙二胺四乙酸二钠(EDTA)血浆中λ型游离轻链(FLC)。
生产厂家:德国 Siemens Healthcare Diagnostics Products GmbH
注册代理:西门子医学诊断产品(上海)有限公司
发证日期:2014.05.13 **截止日期**:2018.05.12

国食药监械(进)字2014第3402251号

产品名称:游离轻链κ型测定试剂盒(散射比浊法)(N Latex FLC kappa)
规格型号:3× 1.7 mL
产品标准:YZB/GER 1101-2014
性能组成:该产品为含包被有人类游离轻链κ单克隆抗体(小鼠)的聚苯乙烯颗粒混悬液。叠氮化钠< 1 g/L。产品有效期:2-8 °C, 12个月。附件:注册产品标准,产品说明书。
适用范围:该产品用于体外定量检测人血清、肝素化血浆和乙二胺四乙酸二钠(EDTA)血浆中κ型游离轻链(FLC)。
生产厂家:德国 Siemens Healthcare Diagnostics Products GmbH
注册代理:西门子医学诊断产品(上海)有限公司
发证日期:2014.05.13 **截止日期**:2018.05.12

国食药监械(进)字2014第3402252号

产品名称:肿瘤标记物质控品(Tumour Marker Control Level 3)
规格型号:TU5003 3×2mL
产品标准:YZB/UK 1890-2014
性能组成:人血清基质。产品有效期:在2~8℃储存条件下,有效期为2年。附件:注册产品标准,产品说明书。
适用范围:该产品预期用于对临床生化系统免疫分析项目准确性和重复性的质量控制。质控项目包括:甲胎蛋白、β-2-微球蛋白、CA 15-3、CA 19-9、CA 72-4、CA125、降钙素、癌胚抗原、细胞角蛋白片断21、铁蛋白、神经元烯醇化酶、游离前列腺特异性抗原、总前列腺特异性抗原、甲状腺球蛋白、人绒毛促性腺激素。
生产厂家:英国 Randox Laboratories Ltd
注册代理:英国朗道实验诊断有限公司上海代表处
发证日期:2014.05.13 **截止日期**:2018.05.12

国食药监械(进)字2014第3402253号

产品名称:肿瘤标记物质控品(Tumour Marker Control Level 2)
规格型号:TU5002 3×2mL
产品标准:YZB/UK 1893-2014
性能组成:人血清基质。产品有效期:在2~8℃储存条件下,有效期为

2年。附件：注册产品标准，产品说明书。
适用范围：该产品预期用于对临床生化系统免疫分析项目准确性和重复性的质量控制。质控项目包括：甲胎蛋白、β-2-微球蛋白、CA 15-3、CA 19-9、CA 72-4、CA125、降钙素、癌胚抗原、细胞角蛋白片断21、铁蛋白、神经元烯醇化酶、游离前列腺特异性抗原、总前列腺特异性抗原、甲状腺球蛋白、人绒毛促性腺激素。
生产厂家：英国Randox Laboratories Ltd
注册代理：英国朗道实验诊断有限公司上海代表处
发证日期：2014.05.13　**截止日期**：2018.05.12

国食药监械（进）字2014第3402254号

产品名称：霉菌混合mx2过敏原特异性IgE检测试剂（荧光免疫法）(ImmunoCAP Allergen mx2, Moulds)
规格型号：16人份/支
产品标准：YZB/SWE 2207-2014
性能组成：1.抗原包被帽：霉菌混合mx2过敏原（包括产黄青霉、多主枝孢、烟曲霉、白色念珠菌、链格孢和长蠕孢霉）和<0.003%的防腐剂，防腐剂的成分为5-氯-2-甲基-4-异噻唑啉-3-酮和2-甲基-2-氢-异噻唑-3-酮的混合物(3:1) 2.笔状容器筒。产品有效期：2-8°C条件下储存，有效期为24个月。附件：注册产品标准，产品说明书。
适用范围：该产品用于体外定性检测人血清中的产黄青霉、多主枝孢、烟曲霉、白色念珠菌、链格孢和长蠕孢霉过敏原特异性IgE。
生产厂家：瑞典Phadia AB
注册代理：北京法迪亚诊断技术有限公司
发证日期：2014.05.13　**截止日期**：2018.05.12

国食药监械（进）字2014第3402255号

产品名称：人类免疫缺陷病毒1+2型抗体质控品(BIO-FLASH anti-HIV 1+2 Controls)
规格型号：人类免疫缺陷病毒1+2型抗体阴性质控品：2x2mL；人类免疫缺陷病毒1型抗体阳性质控品：2x2mL；人类免疫缺陷病毒2型抗体阳性质控品：2x2mL。
产品标准：YZB/SPA 2197-2014
性能组成：该产品含有不同浓度的人抗HIV抗体，稀释于含有阴性人血清和防腐剂（< 0.1%叠氮钠）的缓冲液中。（具体内容详见说明书）。产品有效期：2-8°C下保存有效期为12个月。附件：注册产品标准，产品说明书。
适用范围：该产品用于全自动化学发光免疫分析仪(BIO-FLASH)上的人类免疫缺陷病毒1+2型抗体分析过程中的质量控制。
生产厂家：西班牙BIOKIT, S.A.
注册代理：沃芬医疗设备国际贸易（上海）有限公司
发证日期：2014.05.13　**截止日期**：2018.05.12

国食药监械（进）字2014第3402256号

产品名称：霉菌混合mx1过敏原特异性IgE检测试剂（荧光免疫法）(ImmunoCAP Allergen mx1, Moulds)
规格型号：16人份/支
产品标准：YZB/SWE 2210-2014
性能组成：1.抗原包被帽：霉菌混合mx1过敏原（包括产黄青霉、多主枝孢、烟曲霉和链格孢）和<0.003%的防腐剂，防腐剂的成分为5-氯-2-甲基-4-异噻唑啉-3-酮和2-甲基-2-氢-异噻唑-3-酮的混合物(3:1) 2.笔状容器筒。产品有效期：2-8°C条件下储存，有效期为24个月。附件：注册产品标准，产品说明书。
适用范围：该产品用于体外定性检测人血清中的产黄青霉、多主枝孢、烟曲霉和链格孢过敏原特异性IgE。
生产厂家：瑞典Phadia AB
注册代理：北京法迪亚诊断技术有限公司
发证日期：2014.05.13　**截止日期**：2018.05.12

国食药监械（进）字2014第3402257号

产品名称：单纯疱疹病毒1型IgG抗体质控品(LIAISON® Control HSV-1 IgG)
规格型号：阴性质控品：2 x 0.7 mL、阳性质控品：2 x 0.7 mL。
产品标准：YZB/USA 1971-2014
性能组成：阴性质控品、阳性质控品。（具体内容详见说明书）。产品有效期：2-8℃竖直向上保存，不得冻存，有效期为9个月。附件：注册产品标准，产品说明书。
适用范围：本质控品用于监测单纯疱疹病毒1型特异性IgG抗体检测的性能。
生产厂家：美国DiaSorin Inc.
注册代理：索灵诊断医疗设备（上海）有限公司
发证日期：2014.05.13　**截止日期**：2018.05.12

国食药监械（进）字2014第3402258号

产品名称：梅毒螺旋体抗体测定试剂盒（化学发光法）(ADVIA Centaur Syphilis(SYPH))
规格型号：200测试/盒
产品标准：YZB/USA 2579-2014
性能组成：主要组成包括：1个主试剂包，内含梅毒螺旋体抗体（ADVIA Centaur SYPH）固相试剂；1个辅助试剂包，内含梅毒螺旋体抗体（ADVIA Centaur SYPH）辅助试剂；梅毒螺旋体抗体（ADVIA Centaur SYPH）校准品，为2×2.0mL低值校准品和2×2.0mL高值校准品；梅毒螺旋体抗体（ADVIA Centaur and ADVIA Centaur CPSYPH）主曲线卡；梅毒螺旋体抗体（ADVIA Centaur andADVIA Centaur CPSYPH）校准品定值卡。（具体内容详见产品说明书）。产品有效期：在2～8℃的环境中避光直立保存，有效期12个月。附件：注册产品标准，产品说明书。
适用范围：本产品用于体外定性检测人血清或血浆（乙二胺四乙酸、肝素锂或肝素钠、柠檬酸盐）中的梅毒螺旋体（TP）抗体。
生产厂家：美国Siemens Healthcare Diagnostics Inc.
注册代理：西门子医学诊断产品（上海）有限公司
发证日期：2014.05.13　**截止日期**：2018.05.12

国食药监械（进）字2014第3402259号

产品名称：梅毒螺旋体抗体质控品(ADVIA Centaur Syphilis QC Material(QC SYPH))
规格型号：阴性质控品：2×7.0 mL/瓶；阳性质控品：2×7.0 mL/瓶。
产品标准：YZB/USA 2449-2014
性能组成：由阴性质控品、阳性质控品、质控品赋值单和条形码标签组成。（具体内容详见说明书）。产品有效期：在2～8℃的环境中保存，有效期12个月。附件：注册产品标准，产品说明书。
适用范围：本产品用于监测梅毒螺旋体抗体检测试验的性能。
生产厂家：美国Siemens Healthcare Diagnostics Inc.
注册代理：西门子医学诊断产品（上海）有限公司
发证日期：2014.05.13　**截止日期**：2018.05.12

国食药监械（进）字2014第3402260号

产品名称：人ABO血型反定型用0.8%红细胞试剂盒（柱凝集法）(0.8% Affirmagen® Reagent Red Blood Cells)
规格型号：10mL/瓶 x 2
产品标准：YZB/UK 1591-2014
性能组成：每个试剂瓶中含有经低离子强度稀释液稀释的混合型Rh阴性（D-，C-，E-）人红细胞的0.8%悬液，并含有嘌呤、类固醇及核苷，以维持其反应活性，并防止检测期间发生溶血。其中含有甲氧氨苄嘧啶（160μg/mL）和新诺明（800μg/mL）以防止细菌污染。其中所含的乙二胺四乙酸（EDTA）磷酸氢二钠用于阻止补体介导的溶血反应，以避免将阳性反应错判为阴性。（具体内容详见说明书）。产品有效期：储存温度为2-8°C，切勿冷冻，有效期为自采血之日起77日。附件：注册产品标准，产品说明书。
适用范围：该产品用于使用Ortho® BioVue System来确定ABO正定型（红细胞）的血型定型结果。该产品用来检测病人和供体样品中预期存在的ABO血型抗体，血清或血浆均可。用于体外诊断，不用于血源筛查。
生产厂家：英国Ortho-Clinical Diagnostics
注册代理：强生（上海）医疗器材有限公司
发证日期：2014.05.13　**截止日期**：2018.05.12

国食药监械（进）字2014第3402261号

产品名称：梅毒螺旋体抗体检测试剂盒（化学发光法）(HISCL Anti-TP Assay Kit)
规格型号：100测试/盒
产品标准：YZB/JAP 1652-2014
性能组成：HISCL梅毒螺旋体试剂1、HISCL梅毒螺旋体试剂2、HISCL梅毒螺旋体试剂3。（具体内容详见产品说明书）。产品有效期：2～8℃保存，有效期 12 个月。附件：注册产品标准，产品说明书。
适用范围:该产品用于人血清或血浆中梅毒螺旋体抗体的定性检测。
变更情况:变更日期：2014.10.08。增加适用机型“HISCL-5000 全自动免疫分析仪”。
生产厂家:日本 Japan Lyophilization Laboratory
注册代理:希森美康医用电子(上海)有限公司
发证日期:2014.05.13 **截止日期**:2018.05.12

国食药监械(进)字 2014 第 3402262 号

产品名称:流式细胞仪精密度质控微球(商品名：Flow-Check Pro) (Flow-Check Pro Fluorospheres)
规格型号:3 x 10 mL
产品标准:YZB/IRE 1623-2014
性能组成:该产品是以下三种荧光微球的混合物：即 10μm 荧光微球，被 488nm 激发，其发射光范围为 515-800nm；6μm 荧光微球，被 635nm 激发，其荧光发射光范围为 640-800nm；3μm 荧光微球，被 405nm 激发，其发射光范围为 400-500nm。该混合物悬浮在含有表面活性剂和防腐剂的水介质中，悬浮液浓度为 2×106 个/mL（通称浓度）。产品有效期：2-8℃保存，有效期 9 个月。不得冷冻保存，尽量避光。附件：注册产品标准，产品说明书。
适用范围:该产品是一种经过分析的荧光球（荧光微球）悬浮液，用于流式细胞仪 Navios 或 Cytomics FC 500 的光学系统和液流系统的日常校准。
生产厂家:爱尔兰 Beckman Coulter Ireland, Inc.
注册代理:贝克曼库尔特商贸(中国)有限公司
发证日期:2014.05.13 **截止日期**:2018.05.12

国食药监械(进)字 2014 第 3402263 号

产品名称:人乳头状瘤病毒检测试剂盒（捕获杂交法）(APTIMA HPV Assay)
规格型号:250 人份/盒
产品标准:YZB/USA 1713-2014
性能组成:冷藏盒：扩增试剂、酶试剂、探针试剂、内部质控试剂；室温盒：扩增重构液、酶重构液、探针重构液、选择试剂、靶标捕获试剂、重构环、主批号条码单；校准品盒：阳性校准品、阴性校准品；测定液试剂盒：清洗液、油、灭活缓冲液；自动检测试剂盒：自动检测试剂 1、自动检测试剂 2；样本转移试剂盒：样本转移试剂。(具体内容详见产品说明书)。产品有效期：冷藏盒、校准品盒储存于 2º C - 8º C，室温盒、测定液试剂盒、自动检测试剂盒、样本转移试剂盒储存于 15° C - 30° C，有效期 24 个月。附件：注册产品标准，产品说明书。
适用范围:该产品用于定性检测源自宫颈样本中 14 种型别的人乳头状瘤病毒(HPV)的 E6/E7 病毒信使 RNA (mRNA)，但不区分具体型别。14 种型别包括 16、18、31、33、35、39、45、51、52、56、58、59、66 和 68 型。
变更情况:变更日期：2014.10.08。代理人、注册代理机构、说明书中售后服务单位由“北京英硕力金柏科技有限公司”变更为“豪洛捷医疗科技(北京)有限公司”，豪洛捷医疗科技(北京)有限公司 地址：北京市海淀区海淀南路 19 号时代网络大厦 4007 室。
生产厂家:美国 Gen-Probe Incorporated
注册代理:北京英硕力新柏科技有限公司
发证日期:2014.05.13 **截止日期**:2018.05.12

国食药监械(进)字 2014 第 3402263 号

产品名称:人乳头状瘤病毒检测试剂盒（捕获杂交法）(APTIMA HPV Assay)
规格型号:250 人份/盒
产品标准:YZB/USA 1713-2014
性能组成:冷藏盒：扩增试剂、酶试剂、探针试剂、内部质控试剂；室温盒：扩增重构液、酶重构液、探针重构液、选择试剂、靶标捕获试剂、重构环、主批号条码单；校准品盒：阳性校准品、阴性校准品；测定液试剂盒：清洗液、油、灭活缓冲液；自动检测试剂盒：自动检测试剂 1、自动检测试剂 2；样本转移试剂盒：样本转移试剂。(具体内容详见产品说明书)。产品有效期：冷藏盒、校准品盒储存于 2℃ - 8℃，室温盒、测定液试剂盒、自动检测试剂盒、样本转移试剂盒储存于 15° C - 30° C，有效期 24 个月。附件：注册产品标准，产品说明书。
适用范围:该产品用于定性检测源自宫颈样本中 14 种型别的人乳头状瘤病毒(HPV)的 E6/E7 病毒信使 RNA (mRNA)，但不区分具体型别。14 种型别包括 16、18、31、33、35、39、45、51、52、56、58、59、66 和 68 型。
生产厂家:美国 Gen-Probe Incorporated
注册代理:北京英硕力新柏科技有限公司
发证日期:2014.05.13 **截止日期**:2018.05.12

国食药监械(进)字 2014 第 2662264 号

产品名称:封闭式吸痰装置（商品名：Portex®）(Closed Ventilation Suction System)
规格型号:见附页
产品标准:YZB/UK 0132-2014《封闭式吸痰装置》
性能组成:由真空控制装置、单腔或双腔吸引导管、导管外套、接头、冲洗管、可折叠管、分离楔、接头防尘帽组成。接头根据功能不同，可分为 T 型接头、双向旋转接头、MDI 接头、单轴可旋转接头及 15mm/22mm 转换接头。产品经环氧乙烷灭菌，一次性使用。
适用范围:封闭式吸痰装置用于祛除呼吸机依赖的成年患者气管及支气管上的分泌物，仅限单一患者使用，最长使用时间为 72 小时。
生产厂家:英国 Smiths Medical International Limited
注册代理:史密斯医疗器械(北京)有限公司
服务机构:史密斯医疗器械(北京)有限公司
发证日期:2014.05.14 **截止日期**:2018.05.13

国食药监械(进)字 2014 第 2662264 号

产品名称:封闭式吸痰装置(商品名：Portex (R)) (Closed Ventilation Suction System)
规格型号:见附页
产品标准:YZB/UK 0132-2014《封闭式吸痰装置》
性能组成:由真空控制装置、单腔或双腔吸引导管、导管外套、接头、冲洗管、可折叠管、分离楔、接头防尘帽组成。接头根据功能不同，可分为 T 型接头、双向旋转接头、MDI 接头、单轴可旋转接头及 15mm/22mm 转换接头。产品经环氧乙烷灭菌，一次性使用。
适用范围:封闭式吸痰装置用于祛除呼吸机依赖的成年患者气管及支气管上的分泌物，仅限单一患者使用，最长使用时间为 72 小时。
生产厂家:英国 Smiths Medical International Limited
注册代理:史密斯医疗器械(北京)有限公司
服务机构:史密斯医疗器械(北京)有限公司
发证日期:2014.05.14 **截止日期**:2018.05.13

国食药监械(进)字 2014 第 2222265 号

产品名称:导丝(GUIDE WIRES)
规格型号:PM-3LQPK0550480X-S, PM-3LQPK0550480XJ-S, PM-3LQPK0850480X-S, PM-3LQPK0850480XJ-S, PM-3LQPK0850650X-S, PM-3LQPK0850650XJ-S
产品标准:YZB/GER 1227-2014《导丝》
性能组成:该产品内部芯丝采用镍钛合金材材料制成，外层为聚四氟乙烯涂层。环氧乙烷灭菌，一次性使用。
适用范围:用于在内窥镜下辅助放置医疗器械到消化腔道或胆管/胰管中。
生产厂家:德国 pk endoskopie GmbH
注册代理:北京红辉力上科技有限公司
服务机构:北京红辉力上科技有限公司
发证日期:2014.05.14 **截止日期**:2018.05.13

国食药监械(进)字 2014 第 2102266 号

产品名称:肩关节手术工具(Miscellaneous shoulder Instruments)
规格型号:见附页
产品标准:YZB/USA 1302-2014《肩关节手术工具》
性能组成:手术工具由骨钻、骨锉、刀片、丝锥组成。该手术工具由符合 ASTM F899-11 的 630 不锈钢、420B 不锈钢、420F 不锈钢、410 不锈钢，及 TiAlN 涂层制成。全部材料均与人体接触。灭菌或非灭菌包装，灭菌有效期十年。
适用范围:预期用于肩关节置换和翻修的外科手术。
生产厂家:美国 Biomet Orthopedics
注册代理:邦美(上海)商贸有限公司

服务机构:邦美(上海)商贸有限公司
发证日期:2014.05.14 截止日期:2018.05.13

国食药监械(进)字 2014 第 1042267 号

产品名称:眼科手术镊(Ophthalmic Instruments: Forceps)
规格型号:见附页
产品标准:YZB/RUS 1549-2014《眼科手术镊》
性能组成:产品由眼科手术镊头部和手柄组成。产品材料为 GB 18457 的 304 不锈钢及 ISO 5832-3 的钛合金。非灭菌包装。
适用范围:该产品用于眼科玻璃体切割手术。
生产厂家:俄罗斯 Cilita LLC
注册代理:北京欣明仁医疗器械技术有限公司
服务机构:北京欣明仁医疗器械技术有限公司
发证日期:2014.05.14 截止日期:2018.05.13

国食药监械(进)字 2014 第 1042268 号

产品名称:眼科手术剪(Ophthalmic Instruments: Scissors)
规格型号:见附页
产品标准:YZB/RUS 1553-2014《眼科手术剪》
性能组成:该产品由眼科手术剪头部和手柄组成。产品材料为 GB 18457 的 304 不锈钢及 ISO 5832-3 的钛合金。非灭菌包装。
适用范围:该产品用于眼科玻璃体切割手术。
生产厂家:俄罗斯 Cilita LLC
注册代理:北京欣明仁医疗器械技术有限公司
服务机构:北京欣明仁医疗器械技术有限公司
发证日期:2014.05.14 截止日期:2018.05.13

国食药监械(进)字 2014 第 1062269 号

产品名称:牙骨锉(Bone Files)
规格型号:M8-1 、M8-2 、M8-3 、M8-4、 M8-5、 M8-6 、M8-7 、M8-8、M8-9 、M8-10。
产品标准:YZB/PAK 1792-2014《牙骨锉》
性能组成:本品采用不锈钢材料制成。
适用范围:用于手术中锉掉粗糙的硬组织。
生产厂家:巴基斯坦 Medisporex Pvt.Ltd.
注册代理:桂林市啄木鸟医疗器械有限公司
服务机构:桂林市啄木鸟医疗器械有限公司
发证日期:2014.05.14 截止日期:2018.05.13

国食药监械(进)字 2014 第 1062270 号

产品名称:橡皮障打孔器(Rubber Dam Punch Forceps)
规格型号:M18-1、 M18-2、 M18-3、M18-4。
产品标准:YZB/PAK 1793-2014《橡皮障打孔器》
性能组成:本品采用不锈钢材料制成。
适用范围:用于口腔手术时橡皮障打孔。
生产厂家:巴基斯坦 Medisporex Pvt.Ltd.
注册代理:桂林市啄木鸟医疗器械有限公司
服务机构:桂林市啄木鸟医疗器械有限公司
发证日期:2014.05.14. 截止日期:2018.05.13

国食药监械(进)字 2014 第 2222271 号

产品名称:腹腔镜用器械(KeyPort system)
规格型号:见附页
产品标准:YZB/GER 1767-2014《腹腔镜用器械》
性能组成:该产品为无源内窥镜手术器械,由 KeyPort 穿刺套管和穿刺针、转接头、密封帽、KeyPort 硅胶密封头、支撑和固定臂及双向开关组成。穿刺套管及穿刺针材质为聚醚醚酮 (PEEK)。产品非无菌状态提供,可重复使用。
适用范围:用于内窥镜控制下的微创诊断和/或治疗。本系统用于创建一条通向腹腔的通路,供几种器械或摄像通过一个单一切口实现微创腹腔镜手术。
生产厂家:德国 Richard Wolf GmbH
注册代理:北京德华信达技术有限公司
服务机构:见附页
发证日期:2014.05.14 截止日期:2018.05.13

国食药监械(进)字 2014 第 2062272 号

产品名称:牙科种植体手术用钻及工具(Advanced surgical kit)
规格型号:见附页
产品标准:YZB/ISR 2067-2014《牙科种植体手术用钻及工具》
性能组成:该产品由深度测量杆、钻头延伸器、种植体方向指示器、螺丝刀、种植体就位器、手动扳手、适配器、平行杆、棘轮扳手、标记钻、先锋钻、抗沉降钻和扩孔钻组成。种植体方向指示器采用符合 ASTM F136 的 TI6AL4VELI 钛合金材料制造;标记钻、抗沉降钻、钻头延伸器、螺丝刀、种植体就位器、手动扳手、适配器采用符合 ASTM F899 的不锈钢 420F Mod 材料制造;先锋钻采用符合 ASTM F899 的不锈钢 S46500 材料制造;深度测量杆、平行杆、棘轮扳手采用符合 ASTM F899 的不锈钢 SS303 材料制造;扩孔钻采用符合 YY/T 0294.1 的不锈钢 R 材料制成。
适用范围:本产品用于牙科种植体植入手术中钻孔。
生产厂家:以色列 MIS Implants Technologies Ltd.
注册代理:成都贝尔丹生物科技有限责任公司
服务机构:成都贝尔丹生物科技有限责任公司
发证日期:2014.05.14 截止日期:2018.05.13

国食药监械(进)字 2014 第 2072273 号

产品名称:一次性血管夹(Microvascular Clamps)
规格型号:见附页
产品标准:YZB/SWI 2183-2014《一次性血管夹》
性能组成:血管夹由夹子、弹簧和轴组成。采用聚碳酸酯(PC)材料和不锈钢材料制作,夹体采用聚碳酸酯(PC)。产品经 γ 射线灭菌,一次性使用。
适用范围:用于血管外科手术的血管临时阻断。
生产厂家:瑞士 BIOVER AG
注册代理:驿麟科创医疗科技(北京)有限公司
服务机构:驿麟科创医疗科技(北京)有限公司
发证日期:2014.05.14 截止日期:2018.05.13

国食药监械(进)字 2014 第 1632274 号

产品名称:烧结膏(商品名:IPS Object Fix)(IPS Object Fix auxiliary firing paste)
规格型号:Flow, Putty
产品标准:YZB/LIE 1800-2014《烧结膏》
性能组成:本产品由氧化铝、石英、羟乙基纤维素、聚乙二醇、蒸馏水组成。
适用范围:用于在烧制过程中稳定直接置于 IPS e.max CAD 结晶盘上或 IPS e.max CAD 结晶钉上的 IPS e.max CAD 修复体。用于在烧制过程中固定置于金属钉上的 IPS Empress 修复体。
生产厂家:列支敦士登 Ivoclar Vivadent AG
注册代理:义获嘉伟瓦登特(上海)商贸有限公司
服务机构:义获嘉伟瓦登特(上海)商贸有限公司
发证日期:2014.05.14 截止日期:2018.05.13

国食药监械(进)字 2014 第 1062275 号

产品名称:正畸钳(Orthodontic Pliers)
规格型号:见附页
产品标准:YZB/PAK 1786-2014《正畸钳》
性能组成:本品采用不锈钢材料制成。
适用范围:用于口腔科正畸治疗中切断、弯制弓丝或结扎丝,去除粘接托槽、带环等。
生产厂家:巴基斯坦 Medisporex Pvt.Ltd.
注册代理:桂林市啄木鸟医疗器械有限公司
服务机构:桂林市啄木鸟医疗器械有限公司
发证日期:2014.05.14 截止日期:2018.05.13

国食药监械(进)字 2014 第 1062276 号

产品名称:金冠剪(Crown Scissors)
规格型号:见附页
产品标准:YZB/PAK 1787-2014《金冠剪》
性能组成:本品采用不锈钢材料制成。
适用范围:用于口腔科剪切金冠。
生产厂家:巴基斯坦 Medisporex Pvt.Ltd.
注册代理:桂林市啄木鸟医疗器械有限公司

服务机构:桂林市啄木鸟医疗器械有限公司
发证日期:2014.05.14 截止日期:2018.05.13

国食药监械(进)字2014第1062277号

产品名称:橡皮障夹钳(Rubber Dam Clamp Forceps)
规格型号:M17-1、M17-2、M17-3、M17-4、M17-5、M17-6。
产品标准:YZB/PAK 1788-2014《橡皮障夹钳》
性能组成:本品采用不锈钢材料制成。
适用范围:用于口腔手术时夹持橡皮障。
生产厂家:巴基斯坦 Medisporex Pvt.Ltd.
注册代理:桂林市啄木鸟医疗器械有限公司
服务机构:桂林市啄木鸟医疗器械有限公司
发证日期:2014.05.14 截止日期:2018.05.13

国食药监械(进)字2014第1012278号

产品名称:表皮镊子(Cuticle Nippers)
规格型号:M26-1、M26-2、M26-3、M26-4。
产品标准:YZB/PAK 1790-2014《表皮镊子》
性能组成:本品采用不锈钢材料制成。
适用范围:用于外科手术夹持粘膜及组织。
生产厂家:巴基斯坦 Medisporex Pvt.Ltd.
注册代理:桂林市啄木鸟医疗器械有限公司
服务机构:桂林市啄木鸟医疗器械有限公司
发证日期:2014.05.14 截止日期:2018.05.13

国食药监械(进)字2014第1062279号

产品名称:牙用剪(Dental Scissors)
规格型号:见附页
产品标准:YZB/PAK 1791-2014《牙用剪》
性能组成:本品采用不锈钢材料制成。
适用范围:用于牙周病治疗及口腔外科手术时修剪牙龈,或剪切缝线,石膏,绷带和纱布。
生产厂家:巴基斯坦 Medisporex Pvt.Ltd.
注册代理:桂林市啄木鸟医疗器械有限公司
服务机构:桂林市啄木鸟医疗器械有限公司
发证日期:2014.05.14 截止日期:2018.05.13

国食药监械(进)字2014第1062280号

产品名称:牙刮匙(Bone Curettes)
规格型号:见附页
产品标准:YZB/PAK 1794-2014《牙刮匙》
性能组成:本品采用不锈钢材料制成。
适用范围:用于口腔科撬除牙残根或碎根尖。
生产厂家:巴基斯坦 Medisporex Pvt.Ltd.
注册代理:桂林市啄木鸟医疗器械有限公司
服务机构:桂林市啄木鸟医疗器械有限公司
发证日期:2014.05.14 截止日期:2018.05.13

国食药监械(进)字2014第1012281号

产品名称:手术刀柄(Scalpel Handles)
规格型号:M43-1、M43-4、M43-7、M43-10、M43-13、M43-2、M43-5、M43-8、M43-11、M43-14、M43-3、M43-6、M43-9、M43-12。
产品标准:YZB/PAK 1795-2014《手术刀柄》
性能组成:本品采用不锈钢材料制成。
适用范围:用于安装手术刀片后切割或割离人体软组织。
生产厂家:巴基斯坦 Medisporex Pvt.Ltd.
注册代理:桂林市啄木鸟医疗器械有限公司
服务机构:桂林市啄木鸟医疗器械有限公司
发证日期:2014.05.14 截止日期:2018.05.13

国食药监械(进)字2014第1062282号

产品名称:粘固粉调刀(Cement Spatulas)
规格型号:见附页
产品标准:YZB/PAK 1798-2014《粘固粉调刀》
性能组成:本品采用不锈钢材料制成。
适用范围:用于口腔科补牙时调和粘固粉、牙托粉。
生产厂家:巴基斯坦 Medisporex Pvt.Ltd.
注册代理:桂林市啄木鸟医疗器械有限公司
服务机构:桂林市啄木鸟医疗器械有限公司
发证日期:2014.05.14 截止日期:2018.05.13

国食药监械(进)字2014第1062283号

产品名称:牙用凿(Dental Chisels)
规格型号:M21-n(n:0-42).
产品标准:YZB/PAK 1809-2014《牙用凿》
性能组成:采用不锈钢材料制成。
适用范围:用于颌面骨、牙周骨外科手术时凿除骨质或凿断骨连接。
生产厂家:巴基斯坦 Medisporex Pvt.Ltd.
注册代理:桂林市啄木鸟医疗器械有限公司
服务机构:桂林市啄木鸟医疗器械有限公司
发证日期:2014.05.14 截止日期:2018.05.13

国食药监械(进)字2014第1062284号

产品名称:牙骨锤(Mallets)
规格型号:M22-n(n:0-16).
产品标准:YZB/PAK 1814-2014《牙骨锤》
性能组成:采用不锈钢材料制成。
适用范围:用于口腔科作锤击牙骨凿。
生产厂家:巴基斯坦 Medisporex Pvt.Ltd.
注册代理:桂林市啄木鸟医疗器械有限公司
服务机构:桂林市啄木鸟医疗器械有限公司
发证日期:2014.05.14 截止日期:2018.05.13

国食药监械(进)字2014第1062285号

产品名称:咬骨钳(Bone Rongeur Forceps)
规格型号:M25-n(n:0-34).
产品标准:YZB/PAK 1816-2014《咬骨钳》
性能组成:采用不锈钢材料制成。
适用范围:用于口腔手术时咬剪腐死骨和修正骨骼。
生产厂家:巴基斯坦 Medisporex Pvt.Ltd.
注册代理:桂林市啄木鸟医疗器械有限公司
服务机构:桂林市啄木鸟医疗器械有限公司
发证日期:2014.05.14 截止日期:2018.05.13

国食药监械(进)字2014第1062286号

产品名称:牙挺(Root Elevator)
规格型号:M385-n(n:0-183).
产品标准:YZB/PAK 1834-2014《牙挺》
性能组成:采用不锈钢材料制成。
适用范围:用于拔牙前作撬松牙齿或剔除牙根等。
备注:2014年8月13日同意更正生产企业名称内容,2014年5月14日核发的医疗器械注册证、医疗器械注册登记表予以废止。
生产厂家:巴基斯坦 Medisporex Pvt.Ltd.
注册代理:桂林市啄木鸟医疗器械有限公司
服务机构:桂林市啄木鸟医疗器械有限公司
发证日期:2014.05.14 截止日期:2018.05.13

国食药监械(进)字2014第1062287号

产品名称:牙探针(Dental Explorers)
规格型号:见附页
产品标准:YZB/PAK 1876-2014《牙探针》
性能组成:采用不锈钢材料制成。
适用范围:用于探测窝洞及恢复器边缘,定位窝洞平角、尖角及牙齿表面不规则物。
生产厂家:巴基斯坦 Towne Brothers (Pvt.) Limited
注册代理:桂林市啄木鸟医疗器械有限公司
服务机构:桂林市啄木鸟医疗器械有限公司
发证日期:2014.05.14 截止日期:2018.05.13

国食药监械(进)字2014第1062288号

产品名称:正畸钳(Orthodontic Pliers)
规格型号:见附页

产品标准:YZB/PAK 1888-2014《正畸钳》
性能组成:采用不锈钢材料制成。
适用范围:用于口腔科正畸治疗中切断、弯制弓丝或结扎丝，去除粘接托槽、带环等。
生产厂家:巴基斯坦 Towne Brothers (Pvt.) Limited
注册代理:桂林市啄木鸟医疗器械有限公司
服务机构:桂林市啄木鸟医疗器械有限公司
发证日期:2014.05.14 截止日期:2018.05.13

国食药监械(进)字2014第1062289号

产品名称:牙骨锤(Mallets)
规格型号:见附页
产品标准:YZB/PAK 1911-2014《牙骨锤》
性能组成:采用不锈钢材料制成。
适用范围:用于口腔科作锤击牙骨凿。
生产厂家:巴基斯坦 Towne Brothers (Pvt.) Limited
注册代理:桂林市啄木鸟医疗器械有限公司
服务机构:桂林市啄木鸟医疗器械有限公司
发证日期:2014.05.14 截止日期:2018.05.13

国食药监械(进)字2014第1062290号

产品名称:牙用镊(Tweezers)
规格型号:见附页
产品标准:YZB/PAK 1914-2014《牙用镊》
性能组成:采用不锈钢材料制成。
适用范围:用于口腔科检查和治疗时夹持敷料或试摇牙冠。
生产厂家:巴基斯坦 Towne Brothers (Pvt.) Limited
注册代理:桂林市啄木鸟医疗器械有限公司
服务机构:桂林市啄木鸟医疗器械有限公司
发证日期:2014.05.14 截止日期:2018.05.13

国食药监械(进)字2014第1012291号

产品名称:手术刀柄(Scalpel Handles)
规格型号:见附页
产品标准:YZB/PAK 1930-2014《手术刀柄》
性能组成:采用不锈钢材料制成。
适用范围:用于安装手术刀片后切割或割离人体软组织。
生产厂家:巴基斯坦 Towne Brothers (Pvt.) Limited
注册代理:桂林市啄木鸟医疗器械有限公司
服务机构:桂林市啄木鸟医疗器械有限公司
发证日期:2014.05.14 截止日期:2018.05.13

国食药监械(进)字2014第1062292号

产品名称:牙科洁治器(Scalers)
规格型号:见附页
产品标准:YZB/PAK 1960-2014《牙科洁治器》
性能组成:采用不锈钢材料制成。
适用范围:口腔科剔除龈上牙垢及牙石。
生产厂家:巴基斯坦 Towne Brothers (Pvt.) Limited
注册代理:桂林市啄木鸟医疗器械有限公司
服务机构:桂林市啄木鸟医疗器械有限公司
发证日期:2014.05.14 截止日期:2018.05.13

国食药监械(进)字2014第1062293号

产品名称:研光器(Burnishers)
规格型号:见附页
产品标准:YZB/PAK 1946-2014《研光器》
性能组成:采用不锈钢材料制成。
适用范围:用于口腔科补牙时研光充填器用。
生产厂家:巴基斯坦 Towne Brothers (Pvt.) Limited
注册代理:桂林市啄木鸟医疗器械有限公司
服务机构:桂林市啄木鸟医疗器械有限公司
发证日期:2014.05.14 截止日期:2018.05.13

国食药监械(进)字2014第3222294号

产品名称:眼科手术用硅油（商品名：Arciolane 1300）(Fractionated silicon oil for ophthalmic use)
规格型号:Arciolane1300
产品标准:YZB/FRA 1741-2014《眼科手术用硅油（商品名：Arciolane 1300)》
性能组成:眼科手术用硅油为无色、透明、粘稠液体，成分为聚二甲基硅氧烷。运动粘度：1000～1500cST；挥发度≤0.11%；玻璃注射器包装，蒸汽灭菌。
适用范围:适用于传统视网膜复位手术，或玻璃体腔气体填塞术注定要失败或已经失败的病例。
生产厂家:法国 ARCADOPHTA SARL
注册代理:北京爱尔科商贸有限公司
服务机构:北京爱尔科商贸有限公司
发证日期:2014.05.14 截止日期:2018.05.13

国食药监械(进)字2014第3222295号

产品名称:眼科手术用硅油（商品名：Arciolane 5500）(Fractionated silicon oil for ophthalmic use)
规格型号:Arciolane 5500
产品标准:YZB/FRA 1742-2014《眼科手术用硅油（商品名：Arciolane 5500)》
性能组成:眼科手术用硅油为无色、透明、粘稠液体，成分为聚二甲基硅氧烷。运动粘度：5000～5900cST；挥发度≤0.50%；玻璃注射器包装，蒸汽灭菌。
适用范围:适用于传统视网膜复位手术，或玻璃体腔气体填塞术注定要失败或已经失败的病例。
生产厂家:法国 ARCADOPHTA SARL
注册代理:北京爱尔科商贸有限公司
服务机构:北京爱尔科商贸有限公司
发证日期:2014.05.14 截止日期:2018.05.13

国食药监械(进)字2014第3462296号

产品名称:硫酸钙（商品名：思迪骨粒和思迪骨粉）(Calcium Sulphate)
规格型号:见附页
产品标准:YZB/UK 1536-2014《硫酸钙》
性能组成:该产品由医用硫酸钙（$CaSO_4 \cdot 2H_2O$）制成，包括粉剂及颗粒，颗粒为粉剂与预定量蒸馏水混合而成。灭菌包装。
适用范围:适用于非承重性骨缺损的填充。
生产厂家:英国 Biocomposites Ltd
注册代理:百赛国际贸易（上海）有限公司
服务机构:百赛国际贸易（上海）有限公司
发证日期:2014.05.14 截止日期:2018.05.13

国食药监械(进)字2014第2102297号

产品名称:气动咬骨钳(Kairison Punch)
规格型号:FK882R, FK883R, FK884R, FK885R, FK886R, FK892R, FK893R, FK894R, FK895R, FK896R, FK898R, FK899R, FK887R, FK888SU, FK881R, FK891R
产品标准:YZB/GER 7634-2013《气动咬骨钳》
性能组成:产品由工作杆，减压阀，气动手柄，减压阀挂钩，一次性通气管，手柄和减压阀存储盒和工作杆存储盒组成。工作杆（接触人体部分）材质为不锈钢，化学成分应符合 YY/T 0294.1-2005 的钢号 B 的要求。其中 FK888SU 一次性通气管为一次性使用产品，经环氧乙烷灭菌。
适用范围:气动咬骨钳用于在各种外科手术中去除骨、软骨和组织。
生产厂家:德国 Aesculap AG
注册代理:贝朗医疗（上海）国际贸易有限公司
服务机构:贝朗医疗（上海）国际贸易有限公司
发证日期:2014.05.14 截止日期:2018.05.13

国食药监械(进)字2014第3242298号

产品名称:一次性无菌手术刀片(Zyoptix XP Disposable Blade)
规格型号:Zyoptix XP
产品标准:YZB/GER 1706-2014《一次性无菌手术刀片》
性能组成:该产品由刃部和夹持部分组成，刃部由符合 YY/T0294.1 中代号 F 的不锈钢材料制造，夹持部分的材质为聚碳酸酯。该产品经伽马射线辐照灭菌，一次性使用。
适用范围:该产品与角膜板层刀配合使用，适用于眼科激光视力矫正手术前切割角膜瓣。
生产厂家:德国 Technolas Perfect Vision GmbH
注册代理:山东福瑞达医药集团公司
服务机构:山东福瑞达医药集团公司
发证日期:2014.05.14 截止日期:2018.05.13

国食药监械(进)字 2014 第 3462299 号

产品名称:复合疝补片(商品名:赫美)(Relimesh)
规格型号:PEP1114-0, PEP1418-0, PEP2025-0, PEP2535-0, PEP3030, PEP12-R
产品标准:YZB/ITA 1475-2014《复合疝补片(商品名:赫美)》
性能组成:该产品是一种柔软的、非可吸收性的双层补片，它由一层膨化聚四氟乙烯制成的微孔面和聚丙烯制成的大孔面组成，两层之间通过热滚压的方法结合在一起。该产品无菌状态提供，一次性使用。
适用范围:该产品通过外科手段或者腹腔镜手术进行软组织薄弱的重建(如疝修补手术)，该补片的双面结构特别适合腹腔内使用。
生产厂家:意大利 HERNIAMESH S.R.L.
注册代理:北京鑫紫竹兴业医疗器械有限公司
服务机构:北京鑫紫竹兴业医疗器械有限公司
发证日期:2014.05.14 截止日期:2018.05.13

国食药监械(进)字 2014 第 2542300 号

产品名称:组织固定系统(商品名:Octopus)(Octopus Tissue Positioning/Stabilizing Device)
规格型号:29400、29700、29800、TS2000、HP3000、HP3500
产品标准:YZB/USA 1687-2014《组织固定系统(商品名:Octopus)》
性能组成:该系统包括 Octopus4 组织固定装置(29400)、Starfish2 心尖定位装置(29800)、Octopus Evolution 组织固定装置(TS2000)、Urchin 心尖定位装置(29700)、Starfish Evo 心尖固定器(HP3000)、UrchinEvo 心尖固定器(HP3500)组成。其中组织固定装置由组织固定头、柔性臂、装配夹、转动架、张力指示器、旋钮、夹紧把手、吸管、管夹、三通、接头、减压罐、吸引源接头组成。心尖定位装置由组织固定头、固定头连杆、柔性臂、转动架、装配夹、旋钮、夹紧把手、吸管、三通、接头、减压罐、吸引源接头组成。产品经环氧乙烷灭菌，一次性使用。
适用范围:适用于不停跳心脏冠状动脉搭桥手术，使心脏位置相对固定并减少心脏搏动对手术的影响。
生产厂家:美国 Medtronic Inc.
注册代理:美敦力(上海)管理有限公司
服务机构:美敦力(上海)管理有限公司
发证日期:2014.05.14 截止日期:2018.05.13

国食药监械(进)字 2014 第 3462301 号

产品名称:人工髋关节组件(Recovery Cage System)
规格型号:见附页
产品标准:YZB/USA 1698-2014《人工髋关节组件》
性能组成:该产品由翻修笼架和固定螺钉组成，翻修笼架采用符合 ISO5832-1 标准规定的 1 级纯钛材料制成，固定螺钉采用符合 GB/T 13810 标准规定的 TC4ELI 钛合金材料制成，表面无着色，灭菌包装。
适用范围:该产品采用骨水泥固定，也可用螺钉辅助固定。适用于骨骼成熟的患者进行首次或二次翻修手术。
生产厂家:美国 Biomet Orthopedics
注册代理:邦美(上海)商贸有限公司
服务机构:邦美(上海)商贸有限公司
发证日期:2014.05.14 截止日期:2018.05.13

国食药监械(进)字 2014 第 2252302 号

产品名称:电刀笔(Megadyne electrosurgical pencil)
规格型号:见附页
产品标准:YZB/USA 2255-2014《电刀笔》
性能组成:产品由电极、电刀笔笔杆和连接导线组成。具体型号及描述见附页。其中一次性产品为射线灭菌。
适用范围:用于需要采用电外科切割及凝血的开放性手术中。
生产厂家:美国 Megadyne Medical Products Inc.
注册代理:北京美高迪医疗科技有限公司
服务机构:北京美高迪医疗科技有限公司
发证日期:2014.05.14 截止日期:2018.05.13

国食药监械(进)字 2014 第 2252303 号

产品名称:腹腔镜电极(Laparoscopic Electrodes)
规格型号:见附页
产品标准:YZB/USA 2258-2014《腹腔镜电极》
性能组成:产品由电极和手部控件组成。具体型号及描述见附页。其中一次性产品为射线灭菌。
适用范围:用于需要采用电外科切割及凝血的腹腔镜手术中。
生产厂家:美国 Megadyne Medical Products Inc.
注册代理:北京美高迪医疗科技有限公司
服务机构:北京美高迪医疗科技有限公司
发证日期:2014.05.14 截止日期:2018.05.13

国食药监械(进)字 2014 第 3232304 号

产品名称:数字彩色超声波诊断仪(商品名:睿晶)(汎用超音波画像診断装置)
规格型号:Prosound α6
产品标准:YZB/JAP 2424-2014《数字彩色超声波诊断仪》
性能组成:见附页。
适用范围:该产品适用于对人体进行临床超声检查诊断。
生产厂家:日本日立阿洛卡医疗株式会社
注册代理:日立医疗(广州)有限公司
服务机构:日立医疗(广州)有限公司
发证日期:2014.05.14 截止日期:2018.05.13

国食药监械(进)字 2014 第 2402305 号

产品名称:全自动免疫印迹仪(BeeBlot)
规格型号:BeeBlot48、BeeBlot20
产品标准:YZB/UK 2289-2014《全自动免疫印迹仪》
性能组成:由显示屏、控制面板、蠕动泵、试剂瓶、机械臂和板槽组成。选配部件:温控模板。
适用范围:该产品用于为免疫印迹实验提供全自动化操作。
备注:2014 年 10 月 23 日同意更正产品性能结构及组成内容，2014 年 5 月 14 日核发的医疗器械注册登记表予以废止。
生产厂家:英国 Bee Robotics Ltd.
注册代理:上海健益科技发展有限公司
服务机构:上海健益科技发展有限公司
发证日期:2014.05.14 截止日期:2018.05.13

国食药监械(进)字 2014 第 3542306 号

产品名称:灌注泵管系统(商品名:Cool Point™)(Cool Point™ Tubing Set)
规格型号:85785
产品标准:YZB/USA 2317-2014《灌注泵管系统(商品名:Cool Point™)》
性能组成:灌注泵管系统是由一个进气式滴斗、一个泵头管道、一个连接到 Cool PointTM 灌注泵的压力感应器插头和一个可旋转式三通阀组成。
适用范围:该产品用于抽吸容器中的冲洗液并向导管灌注。本泵管系统专门用来与 Coo PointTM 盐水灌注泵配合使用。
生产厂家:美国爱尔湾生物医学公司(Irvine Biomedical, Inc.a St. Jude Medical Company)
注册代理:圣犹达医疗用品(上海)有限公司
服务机构:圣犹达医疗用品(上海)有限公司
发证日期:2014.05.14 截止日期:2018.05.13

国食药监械(进)字 2014 第 3542306 号

产品名称:灌注泵管系统(商品名:Cool Point™)(Cool Point™ Tubing Set)
规格型号:85785
产品标准:YZB/USA 2317-2014《灌注泵管系统(商品名:Cool PointTM)》
性能组成:灌注泵管系统是由一个进气式滴斗、一个泵头管道、一个连接到 Cool PointTM 灌注泵的压力感应器插头和一个可旋转式三通阀组成。
适用范围:该产品用于抽吸容器中的冲洗液并向导管灌注。本泵管系统专门用来与 Coo PointTM 盐水灌注泵配合使用。
生产厂家:美国爱尔湾生物医学公司(Irvine Biomedical, Inc.a St.

Jude Medical Company)
注册代理:圣犹达医疗用品(上海)有限公司
服务机构:圣犹达医疗用品(上海)有限公司
发证日期:2014.05.14 **截止日期**:2018.05.13

国食药监械(进)字2014第3232307号

产品名称:超声图像诊断仪(Ultrasound Diagnostic Imaging System)
规格型号:Aixplorer
产品标准:YZB/FRA 2384-2014《超声图像诊断仪》
性能组成:产品由主机、超声探头(传感器)、脚踏开关和电源线组成。详见《产品性能结构及组成附页》。
适用范围:该产品用于人体超声诊断检查
生产厂家:法国 SuperSonic Imagine, SA
注册代理:北京捷通康诺医药科技有限公司
服务机构:北京捷通康诺医药科技有限公司，北京东方五达国际贸易有限公司
发证日期:2014.05.14 **截止日期**:2018.05.13

国食药监械(进)字2014第3242308号

产品名称:二氧化碳激光治疗系统(Carbon Dioxide Laser)
规格型号:AcuPulse 30、AcuPulse 40、AcuPulse 30 ST、AcuPulse 40 ST
产品标准:YZB/ISR 2455-2014《二氧化碳激光治疗系统》
性能组成:该产品由CO2激光主机(包括CO2激光器，操作控制和显示面板，电源及控制系统，安全及防护系统，冷却系统)、CO2激光关节臂传输系统、脚踏开关、可更换微粒过滤器、SurgiTouch扫描器（选配）和传输附件组成。激光波长：10.6μm，误差±0.1μm。激光发射持续时间：CW模式：0.01-1.00s，Pulser和SuperPulse模式：0.05-1.00s；激光发射间隔：0.01-1.00s；瞄准光波长：635nm，功率≤5mW。详细规格参数见附页。
适用范围:该产品用于人体软组织的汽化、碳化、凝固和照射，以达到治疗的目的。
生产厂家:以色列科医人有限公司(Lumenis Limited)
注册代理:科医人医疗激光设备贸易(北京)有限公司
服务机构:科医人医疗激光设备贸易(北京)有限公司
发证日期:2014.05.14 **截止日期**:2018.05.13

国食药监械(进)字2014第3242309号

产品名称:Q开关Nd:YAG激光治疗仪(Q-Switched Frequency Doubled Nd:YAG Laser System)
规格型号:Medlite C6
产品标准:YZB/USA 2486-2014《Q开关Nd:YAG激光治疗仪》
性能组成:该产品由Nd:YAG激光器、治疗手柄、脚踏开关、远程联锁连接器、7节导光关节臂光束传输系统及冷却系统组成。激光波长:Nd:YAG激光1064±10nm；532±10nm；染料激光650±10nm；585±10nm。最大输出能量:1064nm时1000mJ；532nm时400mJ；650nm时115mJ；585nm时250mJ；允差±20%。能量密度:1064nm时0.4-12J/cm2；532nm时0.1-5 J/cm2；650nm时恒定MAX输出115mJ±20%；585nm时恒定MAX输出250mJ±20%。脉宽:Nd:YAG激光＜7ns(最大能量)-＜20ns(最小能量)；染料激光:＜7ns。重复频率:1064nm和532nm时1Hz，2Hz，5Hz，10Hz，单脉冲；650nm时1Hz；585nm时2Hz，允差±20%。光斑直径:1064nm时3mm，4mm，6mm，8mm；532nm时2mm，3mm，4mm，6mm；650nm和585nm时固定光斑2-3mm；允差±20%。瞄准激光波长:635-660nm；功率:＜1mW。
适用范围:该产品临床适用于祛除纹身，治疗血管性和色素性病变及祛除人体多余毛发。
生产厂家:美国赛诺秀公司(Cynosure, Inc. dba ConBio, A Cynosure Company)
注册代理:苏州赛诺秀医疗器械有限公司
服务机构:苏州赛诺秀医疗器械有限公司
发证日期:2014.05.14 **截止日期**:2018.05.13

国食药监械(进)字2014第3222310号

产品名称:有源胸腹腔镜手术器械（商品名：HiQ+）(Active Thoracoscopic and Laparoscopic Hand Instruments)
规格型号:见附页
产品标准:YZB/GER 2394-2014《有源胸腹腔镜手术器械》
性能组成:该产品由抓取钳和分离钳组成。抓取钳和分离钳分别由钳嘴、套杆和手柄组成。
适用范围:该产品用于腹腔镜和胸腔镜诊断和手术过程中对组织进行分离、抓取，可连接高频电用于术中凝血。
备注:2014年7月28日同意更正注册号内容，2014年5月14日核发的医疗器械注册证、医疗器械注册登记表予以废止。
生产厂家:德国奥林巴斯苇音特和意北公司，(Olympus Winter&Ibe GmbH)
注册代理:奥林巴斯贸易(上海)有限公司
服务机构:奥林巴斯(北京)销售服务有限公司
发证日期:2014.05.14 **截止日期**:2018.05.13

国食药监械(进)字2014第3252311号

产品名称:吸引/灌流管(Suction/Irrigation Tube)
规格型号:WA51138A
产品标准:YZB/GER 2322-2014《吸引/灌流管》
性能组成:该产品由先端部、固锁螺母、螺纹、密封圈及高频接头组成。
适用范围:该产品与吸引/灌流控制主机、高频电刀主机配合，用于胸腔镜和腹腔镜手术时进行抽吸、冲洗和电凝。
生产厂家:德国奥林巴斯苇音特和意北公司(Olympus Winter&Ibe GmbH)
注册代理:奥林巴斯贸易(上海)有限公司
服务机构:奥林巴斯(北京)销售服务有限公司
发证日期:2014.05.14 **截止日期**:2018.05.13

国食药监械(进)字2014第3222312号

产品名称:电子鼻咽喉内窥镜（商品名：VISERA）(耳鼻咽喉ビデオスコープ)
规格型号:ENF TYPE V2
产品标准:YZB/JAP 1598-2014《电子鼻咽喉内窥镜》
性能组成:该产品由电子鼻咽喉内窥镜ENF TYPE V2构成，产品性能见附件。
适用范围:该产品用于对耳鼻咽喉领域的管腔和气管进行观察、诊断和摄像。
生产厂家:日本奥林巴斯医疗株式会社，オリンパスメディカルシステムズ株式会社
注册代理:奥林巴斯贸易(上海)有限公司
服务机构:奥林巴斯(北京)销售服务有限公司
发证日期:2014.05.14 **截止日期**:2018.05.13

国食药监械(进)字2014第2402313号

产品名称:全自动生化分析仪(Dimension® Xpand® Plus Clinical Chemistry System)
规格型号:Dimension Xpand Plus, Dimension Xpand Plus HM
产品标准:YZB/USA 2448-2014《全自动生化分析仪》
性能组成:产品主要组成：由主机，显示器，键盘，打印机，条形码扫描仪，HM模块(可选配)和软件组成。
适用范围:该产品用于体外诊断，以体液为样本，可作多个生化项目的检验，包括酶活性检验等。利用其HM模块，也能进行免疫分析。
生产厂家:美国 Siemens Healthcare Diagnostics Inc.
注册代理:西门子医学诊断产品(上海)有限公司
服务机构:西门子医学诊断产品(上海)有限公司
发证日期:2014.05.14 **截止日期**:2018.05.13

国食药监械(进)字2014第2222314号

产品名称:内窥镜摄像系统（商品名：TRICAM）(Tricam Endovision Camera Systems)
规格型号:见附页
产品标准:YZB/GER 0119-2011《内窥镜摄像系统》
性能组成:该系统由主机、摄像头、镜头、键盘、连接线、电源线、延长线、脚踏开关、适配器组成，摄像头由CCD头、固联物镜适配器构成。
适用范围:该系统适用于医院做内窥镜手术时，将体内手术区域视频放大成像用。
生产厂家:德国 Karl Storz GmbH &Co. KG
注册代理:卡尔史托斯内窥镜(上海)有限公司
服务机构:卡尔史托斯内窥镜(上海)有限公司

发证日期:2014.05.14 **截止日期**:2018.05.13

国食药监械(进)字2014第2402315号

产品名称:微生物培养仪(商品名:VersaTREK)(VersaTREK Instrument)
规格型号:62, 406, 528
产品标准:YZB/USA 2202-2014《微生物培养仪》
性能组成:该培养系统由培养仪样本柜组成。
适用范围:该产品用于培养检测血液、体液和其它实验室处理过液体标本中的微生物,包括细菌、真菌和分枝杆菌,同时用于分枝杆菌的药敏检测。
生产厂家:美国 Remel, Inc
注册代理:赛默飞世尔科技(中国)有限公司
服务机构:赛默飞世尔科技(中国)有限公司
发证日期:2014.05.14 **截止日期**:2018.05.13

国食药监械(进)字2014第2402315号

产品名称:微生物培养仪(商品名:VersaTREK)(VersaTREK Instrument)
规格型号:62, 406, 528
产品标准:YZB/USA 2202-2014《微生物培养仪》
性能组成:该培养系统由培养仪样本柜组成。
适用范围:该产品用于培养检测血液、体液和其它实验室处理过液体标本中的微生物,包括细菌、真菌和分枝杆菌,同时用于分枝杆菌的药敏检测。
生产厂家:美国 Remel, Inc
注册代理:赛默飞世尔(上海)仪器有限公司
服务机构:赛默飞世尔科技(中国)有限公司
发证日期:2014.05.14 **截止日期**:2018.05.13

国食药监械(进)字2014第2662316号(更)

产品名称:一次性使用肠内营养袋泵管(Enteral Feeding Pump Sets)
规格型号:674655, 672055, 673656, 674669, 673662, 776150
产品标准:YZB/USA 2246-2014《一次性使用肠内营养袋泵管》
备注:生产企业名称由"Kendall, a division of TycoHealthcare Group LP"变更为"Covidien llc";企业注册地址由"15 Hampshire Street Mansfield, MA02048"变更为"15 Hampshire Street Mansfield, MA02048USA";代理人和售后服务机构由"泰科医疗器材国际贸易(上海)有限公司"变更为"柯惠医疗器材国际贸易(上海)有限公司";注册证由"国食药监械(进)字2014第2632316号"变更为"国食药监械(进)字2014第2632316号(更)",原证自发证之日起作废。2015年1月6日同意更正注册号内容,2014年8月18日核发的医疗器械注册证、医疗器械注册登记表予以废止。
生产厂家:美国 Covidien llc
注册代理:柯惠医疗器材国际贸易(上海)有限公司
服务机构:柯惠医疗器材国际贸易(上海)有限公司
变更日期:2014.08.18 **截止日期**:2018.05.13

国食药监械(进)字2014第3632317号

产品名称:口腔用生物玻璃人工骨(商品名:倍骼生)(PerioGlas Bioglass Synthetic Bone Graft Particulate)
规格型号:(0.3CC/杯 X2 杯)/盒;(0.5CC/杯 X2 杯)/盒;(0.3CC/杯 X6 杯)/盒;(0.5CC/杯 X6 杯)/盒;0.3CC/支;0.5CC/支;1.5CC/支。
产品标准:YZB/USA 1709-2014《口腔用生物玻璃人工骨(商品名:倍骼生)》
性能组成:该产品由SiO2(45.0%±2%),CaO(24.5%±2%),Na2O(24.5%±2%),P2O5(6%±1%)组成。
适用范围:该产品用于口腔各种骨缺损的修复,包括牙周骨缺损修复、损伤缺损修复、拔牙处缺损修复、牙槽脊增宽增高。
生产厂家:美国 NovaBone Products, LLC
注册代理:美国诺邦生物制品有限公司上海代表处
服务机构:美国诺邦生物制品有限公司上海代表处
发证日期:2014.05.14 **截止日期**:2018.05.13

国食药监械(进)字2014第2632318号

产品名称:正畸陶瓷托槽(Inspire Ice Brackets)
规格型号:见附页
产品标准:YZB/USA 2098-2014《正畸陶瓷托槽》
性能组成:从材料上,托槽由氧化铝陶瓷材料制成。正畸陶瓷托槽的外观应光滑、透明、无气泡,无任何肉眼可见的异物;角度误差为±5°,槽沟宽度的误差为±0.05mm;结扎翼的变形拉力应不小于4.5N;牵引钩的变形拉力应不小于4.5N;表面粗糙度不大于0.4μm;托槽网底部分与牙釉质剪切强度≥15Mpa;托槽主体与底板之间应连接牢固,所承受最大拉力应≥4.9N;细胞毒性不大于1级;应无致敏性;应无刺激性;诱变阴性;应无全身毒性。从结构上,托槽为非自锁托槽。本产品为非无菌、一次性使用产品。
适用范围:正畸陶瓷托槽在口腔正畸治疗时用于矫治牙齿畸形。
生产厂家:美国 Ormco Corporation
注册代理:卡瓦盛邦(上海)牙科医疗器械有限公司
服务机构:卡瓦盛邦(上海)牙科医疗器械有限公司
发证日期:2014.05.14 **截止日期**:2018.05.13

国食药监械(进)字2014第2552319号

产品名称:金刚砂牙科车针(商品名:LA Axxess)(Diamond Dental Burs)
规格型号:见附页
产品标准:YZB/USA 2175-2014《金刚砂牙科车针》
性能组成:本产品工作部分由金刚砂材料制成,针柄由X46CrS13不锈钢材料制成。
适用范围:本产品用于根管治疗中开髓时磨削牙本质及牙釉质,建立直线通道。
生产厂家:美国 Ormco Corporation also trading as Sybron Endo
注册代理:卡瓦盛邦(上海)牙科医疗器械有限公司
服务机构:卡瓦盛邦(上海)牙科医疗器械有限公司
发证日期:2014.05.14 **截止日期**:2018.05.13

国食药监械(进)字2014第3462320号

产品名称:颈椎前路钢板系统(商品名:Atlantis)(Atlantis Anterior Cervical Plate System)
规格型号:见附页
产品标准:YZB/USA 1906-2014《颈椎前路钢板系统》
性能组成:该产品由颈椎前路钢板、螺钉组成,由符合GB/T13810标准要求的TC4ELI钛合金材料制成。表面经阳极氧化着色处理。非灭菌包装。
适用范围:颈椎前路钢板系统提供颈椎前路C2-T1椎体间螺钉/钢板固定,适用于下列患者在颈椎融合过程中前路的临时固定:1)退行性椎间盘疾病(表现为椎间盘源性的颈部疼痛,并通过既往病史和影像学检查确认的椎间盘退变);2)创伤(包括骨折);3)肿瘤;4)畸形(即脊柱后凸、脊柱前凸或脊柱侧凸);5)假关节;和/或既往融合失败。
生产厂家:美国 Medtronic Sofamor Danek USA, Inc.
注册代理:美敦力(上海)管理有限公司
服务机构:美敦力(上海)管理有限公司
发证日期:2014.05.14 **截止日期**:2018.05.13

国食药监械(进)字2014第3152321号

产品名称:一次性使用静脉留置针(プラスチツクカニユーレ型滅菌済み穿刺針)
规格型号:SR*FS1451, SR*FS1464, SR*FS1651, SR*FS1664, SR-FS1664, SR*FS1832, SR*FS1851, SR*FS1864, SR*FS2032, SR*FS2051, SR*FS2225, SR*FS2232, SR-FS2232, SR*FS2419.
产品标准:YZB/JAP 2277-2014《一次性使用静脉留置针》
性能组成:本产品由护帽、外套管、不锈钢内针和排气接头组成。外套管由乙烯四氟乙烯共聚物组成。
适用范围:本产品适用于外周静脉输液和血液样本的采集,留置时间不大于72小时。
生产厂家:日本テルモ株式会社
注册代理:泰尔茂(中国)投资有限公司
服务机构:泰尔茂医疗产品(上海)有限公司
发证日期:2014.05.14 **截止日期**:2018.05.13

国食药监械(进)字2014第3632322号

产品名称:牙科粘接剂(商品名:Tetric N-Bond)(Total-Etch Dental Adhesive)
规格型号:6g/瓶, 1g/瓶, 0.5ml/支, 2ml/支
产品标准:YZB/LIE 2093-2014《牙科粘接剂》

性能组成:该产品由双酚 A 甲基丙烯酸缩水甘油酯(Bis-GMA),氨基甲酸酯双甲基丙烯酸酯(UDMA),磷酸丙烯酸,双甲基丙烯酸甘油酯,羟乙基甲基丙烯酸酯(HEMA),乙醇,超细二氧化硅,对二甲氨基苯甲酸乙酯,樟脑醌和丁基羟甲苯组成。
适用范围:该产品用于光固化或双重固化复合体和复合修复体的直接粘结;用于全瓷和复合修复体(嵌体,高嵌体,瓷贴面)的间接粘接。
生产厂家:列支敦士登 Ivoclar Vivadent AG
注册代理:义获嘉伟瓦登特(上海)商贸有限公司
服务机构:义获嘉伟瓦登特(上海)商贸有限公司
发证日期:2014.05.14 **截止日期**:2018.05.13

国食药监械(进)字 2014 第 3662323 号

产品名称:经皮肾穿刺套件(ウロステントシステム)
规格型号:见附页
产品标准:YZB/JAP 2273-2014《经皮肾穿刺套件》
性能组成:本套件结构组成:由猪尾型导管、开花型导管、肾盂球囊型导管、弹簧导丝、亲水性导丝、扩张管、T形把手撕开鞘、造影针、超音波穿刺针、固定针、接续导管、固定板、固定带、外矫直管、通管丝和引导针组成。材质:猪尾型导管:导管:聚氨酯,鲁尔接头:聚丙烯;开花型导管:导管:硅橡胶,鲁尔接头:聚丙烯;肾盂球囊型导管:导管:硅橡胶,单向阀:聚丙烯;弹簧导丝:不锈钢(SUS304),聚四氟乙烯;亲水性导丝:镍钛合金,聚氨酯,聚合物(甲基乙烯醚-无水顺丁烯二酸);扩张管:聚乙烯;T 形把手撕开鞘:四氟化乙烯·六氟化丙烯共聚物、聚丙烯;造影针:针管:不锈钢(SUS304),针基:聚碳酸酯,针座:聚丙烯;超音波穿刺针:不锈钢(SUS304),针基:聚碳酸酯,针座:聚丙烯;固定针:针管:不锈钢(SUS304),针基:聚碳酸酯;接续导管:聚氯乙烯;固定板:硅橡胶,固定带:聚酰胺;外矫直管:聚丙烯;通管丝:聚丙烯,聚氯乙烯;引导针:不锈钢(SUS304),聚碳酸酯,聚丙烯。本产品为一次性使用无菌产品,灭菌方式为环氧乙烷灭菌。
适用范围:用于经皮肾造瘘术,留置肾盂内用于导尿。
生产厂家:日本 CREATE MEDIC 株式会社
注册代理:库利艾特国际贸易(大连)有限公司
服务机构:库利艾特国际贸易(大连)有限公司
发证日期:2014.05.14 **截止日期**:2018.05.13

国食药监械(进)字 2014 第 3152324 号

产品名称:一次性使用活检穿刺针(The Disposable Biopsy system)
规格型号:415S210100、415S210150、415S210200、415S095100、415S095150、415S095200、415S095250、415S120100、415S120150、415S120200、415S120250、415S120280、415S140150、415S140200、415S160100、415S160150、415S160200、415S160250、415S160300L
产品标准:YZB/GER 2321-2014《一次性使用活检穿刺针》
性能组成:活检穿刺针包括内针、外针、活动座、内针座、盖板、弹簧和底座。内针、外针、弹簧采用符合 GB 18457 规定的不锈钢材料制造;活动座、内针座、盖板、底座采用聚碳酸酯、丙烯腈-丁二烯-苯乙烯(ABS)制造。穿刺针为灭菌包装,采用环氧乙烷灭菌,灭菌有效期 5 年。
适用范围:本产品用于软组织及软组织肿瘤的活组织检查。
生产厂家:德国 PAJUNK GmbH Medizintechnologie
注册代理:北京恒润泰医药科技有限公司
服务机构:北京恒润泰医药科技有限公司
发证日期:2014.05.14 **截止日期**:2018.05.13

国食药监械(进)字 2014 第 2412325 号

产品名称:真空采血管(商品名:BD Vacutainer®)(Evacuated Blood Collection Tube)
规格型号:见附页
产品标准:YZB/UK 2260-2014《真空采血管》
性能组成:该产品由管子,头盖和添加剂组成。添加剂为乙二胺四乙酸二钠(Na2EDTA)/氟化钠,草酸钾/氟化钠。射线灭菌,一次性使用。
适用范围:与一次性使用采血针和持针器配合,辅助用于从病人静脉采集血液标本进行临床检验。
生产厂家:英国 Becton Dickinson and Company
注册代理:碧迪医疗器械(上海)有限公司
服务机构:碧迪医疗器械(上海)有限公司
发证日期:2014.05.14 **截止日期**:2018.05.13

国食药监械(进)字 2014 第 3452326 号

产品名称:血液透析干粉(Powder for Haemodialysis Solution)
规格型号:BiCart Select combi-pak; BiCart 650g; BiCart 720g; BiCart 1150g; BiCart 1250g.
产品标准:YZB/SWE 2284-2014《血液透析干粉》
性能组成:SelectCart 干粉筒由聚丙烯(PP)制成,装有氯化钠干粉,可以在线配制氯化钠溶液,以用于基于碳酸氢盐的透析液中。BiCart 干粉筒由聚丙烯(PP)制成,装有碳酸氢钠干粉,可以在线配制碳酸氢钠溶液,以用于基于碳酸氢盐的透析液中。其中 BiCart Select combi-pak 包含 BiCart 720g 和 SelectCart 1200g。
适用范围:本产品用于血液透析治疗时在线配制碳酸氢盐透析液,同时,必须始终与匹配的 A 组分浓缩液一同使用。本产品只能与为容纳这种干粉筒而专门设计的血液透析装置配合使用。其中与 BiCart Select combi-pak 适配的血液透析用浓缩液为:SelectBag One AX225、SelectBagOne AX250、SelectBag One AX275、SelectBag OneAX325、SelectBag One AX350、SelectBag One AX375、SelectBag One AX225G、SelectBag One AX250G、SelectBag One AX275G。
生产厂家:瑞典 Gambro Lundia AB
注册代理:金宝肾护理产品(上海)有限公司
服务机构:金宝肾护理产品(上海)有限公司
发证日期:2014.05.14 **截止日期**:2018.05.13

国食药监械(进)字 2014 第 2662327 号

产品名称:麻醉呼吸回路(Anesthesia Breathing Circuit)
规格型号:352103, 352113, 351100, 351102, 351103, 351113, 356113, 7140, 351202, 351203, 351213, 356213, 351400, 351403, 351413, 351503, 353801, 353811, 353901, 353911, 360410, 360600, 5421, 5422, 5423
产品标准:YZB/USA 2049-2014《麻醉呼吸回路》
性能组成:产品由麻醉呼吸回路(包括吸气支管和呼气支管),Y 形件及接头组成。部分产品上有气体采样口及保护帽和温度监测口及保护帽。部分产品配有麻醉储气囊,过滤器或麻醉呼吸管路。麻醉呼吸回路及管路,Y 形件,接头,气体采样口及保护帽和温度监测口及保护帽材质为聚丙烯,麻醉储气囊材质为天然乳橡胶,囊颈材质为低密度聚乙烯,过滤器材质为聚丙烯。产品为非灭菌清洁包装,单一患者使用。
适用范围:该产品为病人与麻醉机之间将氧气及麻醉气体交换的通道,并通过面罩和气管插管连接病人。
生产厂家:美国 Teleflex Medical
注册代理:泰利福医疗器械(商贸)上海有限公司
服务机构:泰利福医疗器械(商贸)上海有限公司
发证日期:2014.05.14 **截止日期**:2018.05.13

国食药监械(进)字 2014 第 2662328 号

产品名称:腹内压监测包(AbViserTM AutoValveTM Intra-Abdominal Pressure Monitoring Kit)
规格型号:ABV300, ABV301
产品标准:YZB/USA 2132-2014《腹内压监测包》
性能组成:见附页。
适用范围:本产品适用于注入液体进入导尿管,测量膀胱内的静水压力,从而监测腹腔内压力。
生产厂家:美国 ConvaTec Inc.
注册代理:康维德(中国)医疗用品有限公司
服务机构:康维德(中国)医疗用品有限公司
发证日期:2014.05.14 **截止日期**:2018.05.13

国食药监械(进)字 2014 第 3462329 号

产品名称:股骨柄组件(商品名:Echo Bi-Metric)(Echo Bi-Metric Hip System)
规格型号:见附页
产品标准:YZB/USA 2061-2014《股骨柄组件》
性能组成:该产品分为全近端偏心距型和近端缩窄偏心距型,由符合 GB/T13810 标准要求的 TC4 ELI 钛合金材料制成,表面有由符合 ASTM F1580 中表 1 要求的 Ti6A14V 钛合金材料制成的微孔涂层,灭菌包装。
适用范围:1)非炎性退行性骨关节疾病,包括骨关节炎和骨关节无血管形成性坏死;2)风湿性关节炎;3)纠正功能性畸形;4)治疗骨不连、股骨颈骨折和涉及股骨头的股骨近端粗隆骨折,而无法采取其他方式治疗的；5）其他治疗手段或设备失效情况下的修复术。该股骨柄组件预期仅用于生物固定，与Biomet生产的Ⅰ型锥度股骨头配合使用。
生产厂家:美国Biomet Orthopedics
注册代理:邦美(上海)商贸有限公司
服务机构:邦美(上海)商贸有限公司
发证日期:2014.05.14 **截止日期**:2018.05.13

国食药监械(进)字2014第3772330号

产品名称:导引导丝（商品名：HI-TORQUE BALANCE）(Guide Wire with Hydrocoat Hydrophilic Coating)
规格型号:见附页
产品标准:YZB/USA 0937-2010《导引导丝》
性能组成:该产品远端头部可被塑形，或已预塑成"J"形供选择。导引导丝远端有不透X线的标记。该产品为亲水性导引导丝，远端表面有亲水涂层Pellathane。主要原料为：304V不锈钢、镍/铂合金、Elastinite镍钛合金、聚氨酯、聚四氟乙烯。产品经射线灭菌，一次性使用。
适用范围:该产品主要用于在进行经皮冠状动脉腔内成形术(PTCA)和经皮腔内血管成形术(PTA)的过程中帮助球囊扩张导管的置入。
生产厂家:美国Abbott Vascular
注册代理:雅培医疗器械贸易(上海)有限公司
服务机构:雅培医疗器械贸易(上海)有限公司
发证日期:2014.05.14 **截止日期**:2018.05.13

国食药监械(进)字2014第3772331号

产品名称:导引导丝（商品名：HI-TORQUE WHISPER ES）(Guide Wire with Hydrophilic Coating)
规格型号:1011834H，1011834HJ，1011835H，1011835HJ.
产品标准:YZB/USA 1908-2014《导引导丝（商品名：HI-TORQUE WHISPER ES）》
性能组成:该产品由芯丝和绕丝组成。芯丝由304V不锈钢制成；绕丝分为近端部分和远端部分，远端部分由90/10铂镍合金制成，近端部分由304V不锈钢制成；近段芯丝涂有聚四氟乙烯涂层；远段芯丝和绕丝涂有含钨聚亚胺酯护套；导丝远段尖端30cm范围内涂有聚乙烯吡咯烷酮亲水涂层。产品经电子束灭菌，一次性使用。
适用范围:该产品用于在进行经皮冠状动脉腔内成形术(PTCA)和经皮腔内血管成形术(PTA)的过程中帮助球囊扩张导管的置入。
生产厂家:美国Abbott Vascular
注册代理:雅培医疗器械贸易(上海)有限公司
服务机构:雅培医疗器械贸易(上海)有限公司
发证日期:2014.05.14 **截止日期**:2018.05.13

国食药监械(进)字2014第3152332号

产品名称:一次性使用无菌注射器 带针(Syringes (with/without Needle))
规格型号:见附页
产品标准:YZB/SPA 2190-2014《一次性使用无菌注射器 带针》
性能组成:该产品带针的型号由注射器(芯杆、外套、按手)和注射针(针管、护帽、针座)组成。不带针的型号由注射器(芯杆、外套、按手)组成。
适用范围:该产品用于皮下、肌肉、静脉注射药液或静脉抽血。
生产厂家:西班牙Becton Dickinson，S.A.
注册代理:碧迪医疗器械(上海)有限公司
服务机构:碧迪医疗器械(上海)有限公司
发证日期:2014.05.14 **截止日期**:2018.05.13

国食药监械(进)字2014第2402333号

产品名称:促甲状腺激素检测试剂盒(酶联免疫法)(Quantase Neonatal TSH Screening Kit)
规格型号:480人份
产品标准:YZB/UK 2267-2014
性能组成:反应孔板，酶标抗体，底物，反应终止液，清洗缓冲液，血质控品，血对照。(具体内容详见说明书)。产品有效期：2-8℃保存，有效期1年。附件：注册产品标准，产品说明书。
适用范围:该产品用于体外定量检测新生儿足跟血样本的促甲状腺激素(TSH)，标本类型为干燥血。
生产厂家:英国Bio-Rad Laboratories Europe Ltd.
注册代理:伯乐生命医学产品(上海)有限公司
发证日期:2014.05.14 **截止日期**:2018.05.13

国食药监械(进)字2014第2402334号

产品名称:绒毛膜促性腺激素测定试剂盒（时间分辨荧光法）(AutoDELFIA® hCG)
规格型号:96人份
产品标准:YZB/FIN 2336-2014
性能组成:绒毛膜促性腺激素标准品、抗-绒毛膜促性腺激素-铕示踪剂贮存液、缓冲液、抗-绒毛膜促性腺激素微孔板条，试剂盒中还包含与批号相匹配的质量控制证书、试剂盒条形码标签、备用的微孔板条形码标签。(具体内容详见说明书)。产品有效期：在2－8°C条件下保存。试剂盒的有效期为15个月。附件：注册产品标准，产品说明书。
适用范围:本试剂盒用于体外定量测定孕妇血清中绒毛膜促性腺激素(hCG)的含量。
生产厂家:芬兰Wallac Oy
注册代理:珀金埃尔默仪器(上海)有限公司
发证日期:2014.05.14 **截止日期**:2018.05.13

国食药监械(进)字2014第2402335号

产品名称:绒毛膜促性腺激素测定试剂盒(时间分辨荧光法)(DELFIA® hCG)
规格型号:96 人份
产品标准:YZB/FIN 2334-2014
性能组成:绒毛膜促性腺激素标准品、抗-绒毛膜促性腺激素-铕示踪剂贮存液、浓缩洗液、缓冲液、增强液、抗-绒毛膜促性腺激素微孔板条，试剂盒中还包含 与批号相匹配的质量控制证书。(具体内容详见说明书)。产品有效期：在2－8°C条件下保存。试剂盒的有效期为15个月。附件：注册产品标准，产品说明书。
适用范围:本试剂盒用于体外定量测定孕妇血清中绒毛膜促性腺激素(hCG)的含量。
生产厂家:芬兰Wallac Oy
注册代理:珀金埃尔默仪器(上海)有限公司
发证日期:2014.05.14 **截止日期**:2018.05.13

国食药监械(进)字2014第2402336号

产品名称:甲状腺素测定试剂盒(时间分辨荧光法)(AutoDELFIA® Neonatal Thyroxine (T4))
规格型号:1152 人份
产品标准:YZB/FIN 2338-2014
性能组成:甲状腺素标准品、质控品、甲状腺素-铕示踪剂、甲状腺素抗体贮存液、甲状腺素分析缓冲液、抗-小鼠免疫球蛋白G微孔板，试剂盒中还包含试剂架条形码标签、备用的微孔板条形码标签、与批号匹配的质量控制证书。(具体内容详见说明书)。产品有效期：在2－8°C条件下保存。试剂盒的有效期为最长18个月。附件：注册产品标准，产品说明书。
适用范围:本试剂盒用于体外定量测定滤纸上干血点标本中人体甲状腺素(T4)的含量。
生产厂家:芬兰Wallac Oy
注册代理:珀金埃尔默医学诊断产品(上海)有限公司
发证日期:2014.05.14 **截止日期**:2018.05.13

国食药监械(进)字2014第2402337号

产品名称:脂肪酶测定试剂盒(速率比色法)(Lipase (colorimetric))
规格型号:试剂1(R1):2×40ml，试剂2(R2):2×20ml；试剂1(R1):2×40ml，试剂2(R2):1×20ml；试剂1(R1):2×20ml，试剂2(R2):2×15ml。
产品标准:YZB/GER 1597-2014
性能组成:试剂1(R1):N-二(2-羟乙基)甘氨酸(BICIN)缓冲液PH8.0、去氧胆酸钠、氯化钙、共脂酶(Colipas)；试剂2 (R2)：三羟甲基氨基甲烷缓冲液 (Tris) PH4.0、1.2-邻-二月桂-外消旋-丙三基戊二酸酯、脱氧牛磺胆酸盐。产品有效期：2－8℃保存，有效期12个月。附件：注册产品标准，产品说明书。
适用范围:该试剂用于定量测定人血清中脂肪酶活性。
生产厂家:德国Prodia Diagnostics
注册代理:北京莱帮生物技术有限公司

发证日期:2014. 05. 14　　**截止日期**:2018. 05. 13

国食药监械(进)字 2014 第 2402338 号

产品名称:甲胎蛋白/游离绒毛膜促性腺素β亚基双标测定试剂盒(时间分辨荧光法)(DELFIA®AFP/Free hCGβ Dual)
规格型号:96 人份/盒
产品标准:YZB/FIN 2050-2014
性能组成:标准品、铕示踪剂标记的小鼠抗甲胎蛋白单克隆抗体贮存液、钐示踪剂标记的小鼠抗绒毛膜促性腺素&; beta; 亚基单克隆抗体贮存液、浓缩洗液、缓冲液、增强液、小鼠抗甲胎蛋白和抗绒毛膜促性腺素&; beta; 亚基单克隆抗体板条，试剂盒中还包含储存微孔板条用的带密封条塑料袋、和试剂批号匹配的质量控制证书。(具体内容详见说明书)。产品有效期：在 2 - 8° C 条件下保存。试剂盒的有效期为 17 个月。附件：注册产品标准，产品说明书。
适用范围:本试剂盒用于体外定量测定母体血清中甲胎蛋白（hAFP）和游离绒毛膜促性腺素β亚基（游离 hCGβ）的含量。
生产厂家:芬兰 Wallac Oy
注册代理:珀金埃尔默医学诊断产品(上海)有限公司
发证日期:2014. 05. 14　　**截止日期**:2018. 05. 13

国食药监械(进)字 2014 第 2402338 号

产品名称:甲胎蛋白/游离绒毛膜促性腺素β亚基双标测定试剂盒(时间分辨荧光法)(DELFIA (R) AFP/Free hCGβ Dual)
规格型号:96 人份/盒
产品标准:YZB/FIN 2050-2014
性能组成:标准品、铕示踪剂标记的小鼠抗甲胎蛋白单克隆抗体贮存液、钐示踪剂标记的小鼠抗绒毛膜促性腺素β亚基单克隆抗体贮存液、浓缩洗液、缓冲液、增强液、小鼠抗甲胎蛋白和抗绒毛膜促性腺素β亚基单克隆抗体板条，试剂盒中还包含储存微孔板条用的带密封条塑料袋、和试剂批号匹配的质量控制证书。(具体内容详见说明书)。产品有效期：在 2 - 8° C 条件下保存。试剂盒的有效期为 17 个月。附件：注册产品标准，产品说明书。
适用范围:本试剂盒用于体外定量测定母体血清中甲胎蛋白（hAFP）和游离绒毛膜促性腺素β亚基（游离 hCGβ）的含量。
生产厂家:芬兰 Wallac Oy
注册代理:珀金埃尔默医学诊断产品(上海)有限公司
发证日期:2014. 05. 14　　**截止日期**:2018. 05. 13

国食药监械(进)字 2014 第 2402339 号

产品名称:甲胎蛋白/游离绒毛膜促性腺素β亚基双标测定试剂盒(时间分辨荧光法)(AutoDELFIA® hAFP/Free hCGβDual)
规格型号:96 人份/盒
产品标准:YZB/FIN 2293-2014
性能组成:标准品、铕示踪剂标记的小鼠抗甲胎蛋白单克隆抗体贮存液、钐示踪剂标记的小鼠抗绒毛膜促性腺激素β亚基单克隆抗体贮存液、缓冲液、小鼠抗甲胎蛋白和抗绒毛膜促性腺激素β亚基单克隆抗体板条，试剂盒中还包含储存微孔板条用的带密封条塑料袋、试剂仓条形码标签、备用的微孔板条形码标签、和试剂批号匹配的质量控制证书。(具体内容详见说明书)。产品有效期：于 2 -8° C 条件下保存。试剂盒的有效期为 17 个月。附件：注册产品标准，产品说明书。
适用范围:本试剂盒用于体外定量测定孕妇血清中甲胎蛋白（hAFP）和游离绒毛膜促性腺激素β亚基（游离 hCGβ）的含量。
生产厂家:芬兰 Wallac Oy
注册代理:珀金埃尔默医学诊断产品(上海)有限公司
发证日期:2014. 05. 14　　**截止日期**:2018. 05. 13

国食药监械(进)字 2014 第 2402340 号

产品名称:游离雌三醇测定试剂盒(时间分辨荧光法)(AutoDELFIA® Unconjugated Estriol (uE3))
规格型号:96 人份/盒
产品标准:YZB/FIN 2298-2014
性能组成:雌三醇标准品、雌三醇-铕示踪剂贮存液、兔抗雌三醇多克隆抗体贮存液、测试缓冲液、山羊抗兔免疫球蛋白 G 多克隆抗体板条，试剂盒中还包含试剂仓条形码标签、微孔板条形码标签、与批号相匹配的质量控制证书。(具体内容详见说明书)。产品有效期：于 2 - 8° C 条件下保存。试剂盒的有效期为 12 个月。附件：注册产品标准，产品说明书。
适用范围:本试剂盒用于体外定量测定母体血清中游离雌三醇（uE3）的含量。
生产厂家:芬兰 Wallac Oy
注册代理:珀金埃尔默医学诊断产品(上海)有限公司
发证日期:2014. 05. 14　　**截止日期**:2018. 05. 13

国食药监械(进)字 2014 第 2402341 号

产品名称:游离雌三醇测定试剂盒(时间分辨荧光法)(DELFIA® Unconjugated Estriol (uE3))
规格型号:96 人份/盒
产品标准:YZB/FIN 2303-2014
性能组成:雌三醇标准品、雌三醇-铕示踪剂贮存液、兔抗雌三醇多克隆抗体贮存液、浓缩洗液、测试缓冲液、增强液、山羊抗兔免疫球蛋白 G 多克隆抗体板条，试剂盒中还包含与批号相匹配的质量控制证书。(具体内容详见说明书)。产品有效期：于 2 - 8° C 条件下保存。试剂盒的有效期为 12 个月。附件：注册产品标准，产品说明书。
适用范围:本试剂盒用于体外定量测定母体血清中游离雌三醇（uE3）的含量。
生产厂家:芬兰 Wallac Oy
注册代理:珀金埃尔默医学诊断产品(上海)有限公司
发证日期:2014. 05. 14　　**截止日期**:2018. 05. 13

国食药监械(进)字 2014 第 3402342 号

产品名称:Ki-67 抗体试剂(CONFIRM＜sup＞TM＜/sup＞ anti-Ki-67 (30-9) Rabbit Monoclonal Primary Antibody)
规格型号:50 测试/盒
产品标准:YZB/USA 2404-2014
性能组成:Ki-67 抗体试剂含有足够供 50 次测试的试剂。1-5 mL CONFIRM 抗 Ki-67 (30-9) 试剂瓶，含有约 10μg 的兔单克隆抗体，直接对抗组织中出现的 Ki-67。用含载体蛋白和防腐剂的缓冲液对本抗体进行稀释。产品有效期：储存于 2-8℃，有效期至 24 个月。附件：注册产品标准，产品说明书。
适用范围:该产品用于在 Ventana 自动切片染色机上，通过光学显微镜检查福尔马林固定、石蜡包埋的人体组织中的 Ki-67 抗原，辅助评估正常及肿瘤组织的增殖活性。
生产厂家:美国 Ventana Medical Systems, Inc.
注册代理:罗氏诊断产品(上海)有限公司
发证日期:2014. 05. 14　　**截止日期**:2018. 05. 13

国食药监械(进)字 2014 第 3402342 号

产品名称:Ki-67 抗体试剂(CONFIRMTM anti-Ki-67 (30-9) Rabbit Monoclonal Primary Antibody)
规格型号:50 测试/盒
产品标准:YZB/USA 2404-2014
性能组成:Ki-67 抗体试剂含有足够供 50 次测试的试剂。1-5 mL CONFIRM 抗 Ki-67 (30-9) 试剂瓶，含有约 10μg 的兔单克隆抗体，直接对抗组织中出现的 Ki-67。用含载体蛋白和防腐剂的缓冲液对本抗体进行稀释。产品有效期：储存于 2-8℃，有效期至 24 个月。附件：注册产品标准，产品说明书。
适用范围:该产品用于在 Ventana 自动切片染色机上，通过光学显微镜检查福尔马林固定、石蜡包埋的人体组织中的 Ki-67 抗原，辅助评估正常及肿瘤组织的增殖活性。
生产厂家:美国 Ventana Medical Systems, Inc.
注册代理:罗氏诊断产品(上海)有限公司
发证日期:2014. 05. 14　　**截止日期**:2018. 05. 13

国食药监械(进)字 2014 第 3402343 号

产品名称:HER2 DNA 探针(INFORM HER2 DNA Probe)
规格型号:50 测试/盒
产品标准:YZB/GER 2405-2014
性能组成:HER2 DNA 探针分配器含有足够 50 次试验的试剂。1 瓶-10ml 的 HER2DNA 探针分配器在以甲酰胺为基质的杂交缓冲液中含有约 10μg/ml 的二硝基酚(DNP)标记的 HER2 探针，且以人胎盘阻断 DNA 作为配方。产品有效期：储存于 2-8℃，不可冰冻。有效期至 24 个月。附件：注册产品标准，产品说明书。

适用范围:该产品用于定量检测福尔马林固定、石蜡包埋的人乳腺癌组织和人胃组织标本中扩增的 HER2 基因。该探针在 Ventana 自动切片染色机上对人乳腺癌组织和人胃组织标本进行染色,通过原位杂交(SISH)银显色处理,使用光学显微镜进行观察。HER2 DNA 探针检测用于辅助评估考虑采取赫赛汀(曲妥珠单抗)治疗的病人情况。
备注:2014 年 11 月 4 日同意更正国别、产品标准编号内容,2014 年 5 月 14 日核发的医疗器械注册证、医疗器械注册登记表(体外诊断试剂)予以废止。
生产厂家:德国 Roche Diagnostics GmbH
注册代理:罗氏诊断产品(上海)有限公司
发证日期:2014.05.14　　**截止日期**:2018.05.13

国食药监械(进)字 2014 第 3402344 号

产品名称:癌抗原 125 校准品(ARCHITECT CA 125 Calibrators)
规格型号:6 瓶(4 mL/瓶)
产品标准:YZB/USA 2060-2014
性能组成:校准品 A 为含有蛋白(牛)稳定剂的三羟甲基氨基甲烷(TRIS)缓冲液;校准品 B-F 含有在三羟甲基氨基甲烷(TRIS)缓冲液中配制的 OC 125 限定性抗原(人),缓冲液含蛋白(牛)稳定剂。防腐剂:叠氮钠和 ProClin 300。(具体内容详见说明书)。产品有效期:2-8℃储存,有效期 12 个月。附件:注册产品标准,产品说明书。
适用范围:本校准品用于体外定量测定人血清和血浆中的 OC 125 限定性抗原时,对癌抗原 125 项目进行校准。
生产厂家:美国 Abbott Laboratories
注册代理:雅培贸易(上海)有限公司
发证日期:2014.05.14　　**截止日期**:2018.05.13

国食药监械(进)字 2014 第 2402345 号

产品名称:总蛋白检测试剂盒(缩二脲法)(TOTAL PROTEIN (TP))
规格型号:货号 TP 245　试剂 1:2 x 100 mL,试剂 2:1 x 100 mL;货号 TP3822　试剂 1:4 x 51 mL,试剂 2:2 x 42 mL。
产品标准:YZB/UK 2227-2014
性能组成:空白试剂:氢氧化钠、酒石酸钾钠;缩二脲试剂:氢氧化钠、酒石酸钾钠、碘化钾、硫酸铜。产品有效期:15℃~25℃保存,有效期 1 年。附件:注册产品标准,产品说明书。
适用范围:体外定量测定人血清、血浆中总蛋白的浓度。
生产厂家:英国 Randox Laboratories Ltd.
注册代理:英国朗道实验诊断有限公司上海代表处
发证日期:2014.05.14　　**截止日期**:2018.05.13

国食药监械(进)字 2014 第 2402346 号

产品名称:淀粉酶检测试剂盒(比色法)(AMYLASE(AMY))
规格型号:AY 3805 试剂 1:4 x 16 ml、试剂 2:4 x 5 ml;AY 8335 试剂 1:4 x 20 ml、试剂 2:4 x 7 ml。
产品标准:YZB/UK 2241-2014
性能组成:试剂 1(酶试剂):Hepes 缓冲液、氯化钠、氯化镁、a-葡萄糖苷酶;试剂 2(底物):4, 6-乙缩醛-G7pNP。(具体详见说明书)。产品有效期:2~8℃保存,有效期 15 个月。附件:注册产品标准,产品说明书。
适用范围:用于体外定量测定人血清、血浆和尿中淀粉酶活性。
生产厂家:英国 Randox Laboratories Ltd.
注册代理:英国朗道实验诊断有限公司上海代表处
发证日期:2014.05.14　　**截止日期**:2018.05.13

国食药监械(进)字 2014 第 2402347 号

产品名称:胆固醇检测试剂盒(酶终点法)(Cholesterol(chol))
规格型号:货号 CH200:试剂 1 6 x 30ml;货号 CH201:试剂 1 6 x 100ml;货号　CH202:试剂 1 8 x 250ml。
产品标准:YZB/UK 2275-2014
性能组成:试剂 1:4-氨酰安替比林、苯酚、过氧化物酶、胆固醇酯酶、胆固醇氧化酶、Pipes 缓冲液。产品有效期:2~8℃保存,有效期 24 个月。附件:注册产品标准,产品说明书。
适用范围:该试剂盒用于体外定量检测人血清、血浆中的胆固醇。
生产厂家:英国 Randox Laboratories Ltd.
注册代理:英国朗道实验诊断有限公司上海代表处
发证日期:2014.05.14　　**截止日期**:2018.05.13

国食药监械(进)字 2014 第 2402348 号

产品名称:亮氨酸氨基肽酶检测试剂盒(比色法)(LEUCINE ARYLAMIDASE)
规格型号:货号　LA561 试剂 1a 缓冲液:1 x 100 ml;试剂 1b 底物:1 x 4ml。
产品标准:YZB/UK 2281-2014
性能组成:试剂 1a 缓冲液/色原体:Tris 缓冲液,氯化钠;;试剂 1b 底物:亮氨酸对硝基苯胺。产品有效期:2~8℃保存,有效期 2 年。附件:注册产品标准,产品说明书。
适用范围:用于体外定量测定血清、血浆中的亮氨酸氨基肽酶。
生产厂家:英国 Randox Laboratories Ltd.
注册代理:英国朗道实验诊断有限公司上海代表处
发证日期:2014.05.14　　**截止日期**:2018.05.13

国食药监械(进)字 2014 第 1402349 号

产品名称:醛固酮中和缓冲液(LIAISON® ALDO Neutralization Buffer)
规格型号:2 瓶×25 mL
产品标准:YZB/USA 2378-2014
性能组成:中和缓冲液:磷酸盐缓冲液,含叠氮化钠防腐剂。(具体内容详见说明书)。产品有效期:2-8℃保存,有效期 12 个月。附件:注册产品标准,产品说明书。
适用范围:本产品用于 LIAISON®醛固酮测定试剂盒(化学发光免疫分析法)检测前酸水解后的尿液样本的中和。
生产厂家:美国 DiaSorin Inc.
注册代理:索灵诊断医疗设备(上海)有限公司
发证日期:2014.05.14　　**截止日期**:2018.05.13

国食药监械(进)字 2014 第 2212350 号

产品名称:便携式神经刺激仪(商品名:Plexygon)(Nerve Stimulator)
规格型号:7501.31
产品标准:YZB/ITA 2266-2014《便携式神经刺激仪》
性能组成:该产品由电刺激仪、连接电刺激仪和治疗针的电极线和 9 伏-500mA 的碱性电池组成。
适用范围:该产品由麻醉师及从事与麻醉或疼痛疗法相关的医师使用,可用于定位神经位置。
生产厂家:意大利 VYGON ITALIA S.r.l.
注册代理:捷通埃默高(北京)医药科技有限公司
服务机构:捷通埃默高(北京)医药科技有限公司
发证日期:2014.05.13　　**截止日期**:2018.05.12

国食药监械(进)字 2014 第 2212351 号

产品名称:听性脑干电位诱发仪(ABR Diagnostic systems)
规格型号:evostar 2/1、evostar 2/2、evoselect
产品标准:YZB/GER 2564-2014《听性脑干电位诱发仪》
性能组成:该产品由主机、前置放大器、适配器、电源线、配套软件 Corona 组成。
适用范围:该产品用于刺激、诱发、分析、记录及显示听性脑干反应。
生产厂家:德国 Pilot Blankenfelde Medizinisch-elektronische Gerate GmbH
注册代理:唯听助听器(上海)有限公司
服务机构:唯听助听器(上海)有限公司
发证日期:2014.05.13　　**截止日期**:2018.05.12

国食药监械(进)字 2014 第 1572352 号

产品名称:超声波清洗器
规格型号:S10 S10H S15 S15H S30 S30H S40 S40H S60 S60H S80 S80H S90H S100 S100H S120 S120H S130H S150 S180 S180H S300 S300H
产品标准:YZB/GER 2361-2014《超声波清洗器》
性能组成:由超声波清洗器、电源线、带管夹的排水管(从 S30 起)组成。
适用范围:用于清洗医疗器械。
生产厂家:德国艾尔玛超声仪器有限公司(Elma Hans Schmidbauer GmbH & Co.KG)
注册代理:国药控股美太医疗设备(上海)有限公司
服务机构:国药控股美太医疗设备(上海)有限公司
发证日期:2014.05.13　　**截止日期**:2018.05.12

国食药监械(进)字 2014 第 2462353 号

产品名称:助听器(Horgerate)
规格型号:La belle201、La belle 210、La belle Cl 210、La belle 410、La belle Cl 410、La belle 420、La belle Cl 420、freestyle CL 201、freestyle CL 210、freestyle CL 410、freestyle TID CL 201、freestyle CL 210 Option TID
产品标准:YZB/GER 2282-2014《助听器》
性能组成:眼镜式助听器由主机、耳塞接管与耳塞组成。
适用范围:该产品为帮助耳聋患者改善听力用。
生产厂家:德国 Bruckhoff Hannover Gmbh
注册代理:北京神州鸿声听力科技有限公司
服务机构:北京神州鸿声听力科技有限公司
发证日期:2014.05.13　**截止日期**:2018.05.12

国食药监械(进)字 2014 第 2212354 号

产品名称:脑电图、肌电图和诱发电位仪(Electromyography and evoked response, electroencephalography and monitoring multipurpose equipment)
规格型号:NeMus 2 +
产品标准:YZB/ITA 2219-2014《脑电图、肌电图和诱发电位仪》
性能组成:该产品由采集和刺激单元模块(NeMus 2)、USB 端口 POWER-LAN 模块(POWER-LAN CONNECTION BOXUSB)、医用 AC/DC 适配器(MPU50-106,生产企业: SINPRO Electronic Co., LDT.)、隔离变压器(ISOLATION TRANSFORMER "GP")、闪光 LED 刺激器(FlashLED Stimulator)、推车(ITD W600)组成。
适用范围:该产品用于脑电图、肌电图和诱发电位的测量和刺激。
生产厂家:意大利 EB NEURO SPA
注册代理:北京蝶和得信医疗科技有限公司
服务机构:北京蝶和得信医疗科技有限公司
发证日期:2014.05.13　**截止日期**:2018.05.12

国食药监械(进)字 2014 第 2402355 号

产品名称:全自动生化分析仪(respons 910)
规格型号:respons 910
产品标准:YZB/GER 1973-2014《全自动生化分析仪》
性能组成:该产品主要由吸样模块、顶盖、光学模块、转子、水槽、急诊位抽屉、废液排出、电气连接、随机软件组成。
适用范围:该分析仪适用于医学实验室使用配套检测试剂对血清、血浆、全血、尿液和脑脊液样品进行临床生化项目定量分析。
生产厂家:德国 DiaSys Diagnostic Systems GmbH
注册代理:德赛诊断系统(上海)有限公司
服务机构:德赛诊断系统(上海)有限公司
发证日期:2014.05.13　**截止日期**:2018.05.12

国食药监械(进)字 2014 第 2462356 号

产品名称:骨导式助听器(Knochenleitungshorgerates)
规格型号:La belle BC 211、La belle BC 421、La belle Junior211、La belle Junior421、La belle Headset 211
产品标准:YZB/GER 2320-2014《骨导式助听器》
性能组成:骨导式助听器由主机和骨振器组成。
适用范围:该产品为帮助耳聋患者改善听力用。
生产厂家:德国 Bruckhoff Hannover Gmbh
注册代理:北京神州鸿声听力科技有限公司
服务机构:北京神州鸿声听力科技有限公司
发证日期:2014.05.13　**截止日期**:2018.05.12

国食药监械(进)字 2014 第 2572357 号

产品名称:灭菌器(ESTERILIZADOR POR VAPOR AMSCO EVOLUTION-STERIS)
规格型号:AMSCO EVOLUTION HC-600, AMSCO EVOLUTION HC-800, AMSCO EVOLUTION HC-900, AMSCO EVOLUTION HC-1000, AMSCO EVOLUTION HC-1200, AMSCO EVOLUTION HC-1500
产品标准:YZB/MEX 2374-2014《灭菌器》
性能组成:灭菌器由主机,控制面板,打印机,触摸屏,主电源断开开关组成。
适用范围:灭菌器用于对热稳定性和湿稳定性材料进行灭菌。
生产厂家:墨西哥 STERIS MEXICO, S.de R.L.de C.V.
注册代理:北京捷通康诺医药科技有限公司
服务机构:北京捷通康诺医药科技有限公司
发证日期:2014.05.13　**截止日期**:2018.05.12

国食药监械(进)字 2014 第 2542358 号

产品名称:电动液压手术台(電動油圧手術台)
规格型号:MST-7201B, MST-7201BX
产品标准:YZB/JAP 2588-2014《电动液压手术台》
性能组成:该产品由手术台面(头板、辅助背板、背板、腰板、腿板)、液压系统、底座、控制单元组成。
适用范围:该产品是用于常规,外科/医疗过程的患者支撑台。
变更情况:变更日期: 2015.01.14。"生产企业名称:中文:瑞穗医科工业株式会社/原文:瑞穂医科工業株式会社"变更为"注册人名称:ミズホ株式会社"。
生产厂家:日本瑞穗医科工业株式会社/瑞穂医科工業株式会社
注册代理:北京瑞奇美德科技发展有限公司
服务机构:上海飞蕾国际贸易有限公司
发证日期:2014.05.14　**截止日期**:2018.05.13

国食药监械(进)字 2014 第 2222359 号

产品名称:数字眼底照相机(デジタル眼底カメラ)
规格型号:CR-2 PLUS AF
产品标准:YZB/JAP 2516-2014《数字眼底照相机》
性能组成:该产品由主机和数码相机组成;主机由工作头、操作面板、支撑架和外部眼定影指示灯 EL-1(选配件)组成;工作头是由照明系统、摄影系统构成。
适用范围:该产品不接触受检眼,通过瞳孔观察、拍摄和记录眼底,提供眼底图像信息。
生产厂家:日本佳能公司(キヤノン株式会社)
注册代理:佳能(中国)有限公司
服务机构:佳能(中国)有限公司
发证日期:2014.05.14　**截止日期**:2018.05.13

国食药监械(进)字 2014 第 2232360 号

产品名称:超声波治疗仪(超音波治療器)
规格型号:US-101L、US-103S
产品标准:YZB/JAP 2325-2014《超声波治疗仪》
性能组成:产品由主机(US-101L、US-103S)、交流电源适配器(MPU30-103)、选配件有充电式电池、电池连接盒。
适用范围:该产品利用超声波热能与非热能生理反应舒缓疼痛,进行轻微按摩,减轻肌肉疼痛及关节疼痛。
生产厂家:日本伊藤超短波株式会社
注册代理:北京纽创科技有限公司
服务机构:北京纽创科技有限公司
发证日期:2014.05.14　**截止日期**:2018.05.13

国食药监械(进)字 2014 第 2232361 号

产品名称:X 射线骨密度测定仪(X-ray bone densitometers)
规格型号:STRATOS 、STRATOS DR
产品标准:YZB/FRA 2533-2014《X 射线骨密度测定仪》
性能组成:组成:硬件 a)组合 X 射线管组件(型号:HF1 F/12); b)X 射线管(型号:OX110-5); c) 高压逆变器(型号:HF1); d)探测器 型号:DxDMS(STRATOSDR), 30B5/1.5M-LAH-X2-NEG(STRATOS); e)患者支撑装置及软件。
适用范围:该产品临床适用于对人体骨密度的测定。
生产厂家:法国 Diagnostic Medical System SA
注册代理:北京谷山丰生物医学技术有限公司
服务机构:北京谷山丰生物医学技术有限公司
发证日期:2014.05.14　**截止日期**:2018.05.13

国食药监械(进)字 2014 第 1342362 号

产品名称:X 射线防护屏(X-Ray Protective Shielding)
规格型号:见附页
产品标准:YZB/UK 2582-2014《X 射线防护屏》
性能组成:由防 X 射线的含铅或氧化铅的有机材料制成。

适用范围:用于进行放射诊断时对人体的防护。
备注:2014 年 7 月 15 日同意更正产品英文名称、附页内容, 2014 年 5 月 14 日核发的医疗器械注册证、医疗器械注册登记表予以废止。
生产厂家:英国 Kenex(Electro-Medical) Ltd
注册代理:北京欧莱联合医疗器械有限公司
服务机构:北京欧莱联合医疗器械有限公司
发证日期:2014.05.14 截止日期:2018.05.13

国食药监械(进)字 2014 第 2402363 号

产品名称:全自动快速生物质谱检测系统(IVD MALDI Biotyper System)
规格型号:1 Microflex LT/SH
产品标准:YZB/GER 2581-2014《全自动快速生物质谱检测系统》
性能组成:全自动快速生物质谱检测系统含: microflex LT/SH 质谱仪配置一个布鲁克微侦查离子源、一个包含可选反射器的垂直离子飞行管、双微通道板检测器、控制设备的 flexControl (3.4.85) 软件; 用以比较样本质谱图的 IVD MBT (2.3) 软件和数据库。
适用范围:本产品采用 MALDI-TOF (基质辅助激光解吸电离飞行时间)质谱技术, 在种水平上鉴定未知微生物如细菌和酵母。
生产厂家:德国 Bruker Daltonik GmbH
注册代理:布鲁克(北京)科技有限公司
服务机构:布鲁克(北京)科技有限公司
发证日期:2014.05.14 截止日期:2018.05.13

国食药监械(进)字 2014 第 2302364 号

产品名称:数字化医用 X 射线摄影系统(Diagnostic X-ray System)
规格型号:XGEO GC80
产品标准:YZB/ROK 2389-2014《数字化医用 X 射线摄影系统》
性能组成:产品组成:悬吊系统, 限束器, 患者摄影床(型号:SDR-OGTA70B), 立式摄影架(型号:SDR-OGST70B), 系统机柜(含高压发生器)(型号:SDR-OGCA70B)(高压发生器型号:VZW2556RD2-16), X 射线管组件(型号:E7869X), 探测器(型号: SDX-4343CS, AeroDR P-11), 工作站, 脚踏开关(立式摄影架 型号 SDR-OGSF10A, 患者摄影床 型号:SDR-OGSF70A), 遥控器(系统 型号:SDR-OGRC70A, 立式摄影架 型号:SDR-OGRW10A), 图像拼接支架(型号:SDR-OGAS70A), 条形码扫描仪及附件。
适用范围:由有资质的或者经过培训的医生或者技术人员专门用于对人体解剖部位的 X 线摄影成像。
生产厂家:韩国 Samsung Electronics Co., Ltd.
注册代理:三星(中国)投资有限公司
服务机构:三星电子(北京)技术服务有限公司
发证日期:2014.05.14 截止日期:2018.05.13

国食药监械(进)字 2014 第 2402365 号

产品名称:血糖测试仪 (商品名: GlucoDr Plus) (Blood Glucose Test Meter)
规格型号:AGM-3000
产品标准:YZB/ROK 2141-2014《血糖测试仪》
性能组成:该产品由血糖测试仪主机和操作软件组成。
适用范围:该产品用于体外定量检测毛细血管全血和静脉全血中葡萄糖浓度。
生产厂家:韩国 All Medicus Co., Ltd.
注册代理:北京唐博士医学科技有限公司
服务机构:北京唐博士医学科技有限公司
发证日期:2014.05.14 截止日期:2018.05.13

国食药监械(进)字 2014 第 2402366 号

产品名称:血糖血酮仪(商品名: 辅理善越佳型至新医院用)(FreeStyle Optium Neo H Blood Glucose and Ketone Monitoring System)
规格型号:FreeStyle Optium Neo H
产品标准:YZB/UK 1637-2014《血糖血酮仪》
性能组成:该产品由血糖血酮仪主机, 操作软件组成。
适用范围:该产品用于测定新鲜全血中的葡萄糖浓度和 β-羟丁酸浓度。
生产厂家:英国 Abbott Diabetes Care Ltd.
注册代理:雅培贸易(上海)有限公司
服务机构:雅培贸易(上海)有限公司
发证日期:2014.05.14 截止日期:2018.05.13

国食药监械(进)字 2014 第 2262367 号

产品名称:光疗设备(Phototherapy System)
规格型号:Lullaby LED Phototherapy
产品标准:YZB/USA 2366-2014《光疗设备》
性能组成:该产品包括灯外围组件、轴架、基座和电源线。波长范围 400-550nm(主要波长范围为 450-465nm); 光输出特性: 高强度辐照度额定输出值为 45 μW/cm2/nm±25%, 低强度辐照度额定输出值为 22 μW/cm2/nm±25%。
适用范围:本产品用于在医院环境中治疗足月儿和早产儿间接高胆红素血症。
生产厂家:美国 Ohmeda Medical
注册代理:通用电气医疗系统贸易发展(上海)有限公司
服务机构:通用电气医疗系统贸易发展(上海)有限公司
发证日期:2014.05.14 截止日期:2018.05.13

国食药监械(进)字 2014 第 2212368 号

产品名称:经皮神经低频电刺激仪(CEFALY)
规格型号:NEURO
产品标准:YZB/BEL 2272-2014《经皮神经低频电刺激仪》
性能组成:本产品由主机、电极和电池组成。
适用范围:该产品以人体前额区域为治疗部位, 用于偏头痛的经皮神经电刺激治疗。
生产厂家:比利时 STX-Med Sprl
注册代理:捷通埃默高(北京)医药科技有限公司
服务机构:捷通埃默高(北京)医药科技有限公司
发证日期:2014.05.14 截止日期:2018.05.13

国食药监械(进)字 2014 第 3242369 号

产品名称:半导体激光治疗仪(Diode Laser System)
规格型号:MD01-2F
产品标准:YZB/SVN 2369-2014《半导体激光治疗仪》
性能组成:由主机、显示和控制面板、光束传输系统(光纤), 脚踏开关, 门连锁开关、手具(R21-B 接触型)和适配器组成。
适用范围:该产品临床用于根管消毒。
生产厂家:斯洛文尼亚 Fotona d.d.
服务机构:北京方泰伦医疗技术有限公司
发证日期:2014.05.19 截止日期:2018.05.18

国食药监械(进)字 2014 第 3242370 号

产品名称:牙科激光治疗机(Laser)
规格型号:SIROLaser ADVANCE 、SIROLaser XTEND
产品标准:YZB/GER 2463-2014《牙科激光治疗机》
性能组成:该产品由主机、手机、光纤(光纤直径 200 μm)、电源(MPU100-106)、脚踏开关(选配件)及一次性光纤导向尖组成。
适用范围:该产品适用于通过激光进行儿童牙髓切断术。
生产厂家:德国 Sirona Dental Systems GmbH
注册代理:西诺德牙科设备商贸(上海)有限公司
服务机构:西诺德牙科设备商贸(上海)有限公司
发证日期:2014.05.19 截止日期:2018.05.18

国食药监械(进)字 2014 第 3772371 号

产品名称:血管内超声诊断导管(Digital IVUS Catheter)
规格型号:Eagle Eye Platinum
产品标准:YZB/USA 2477-2014《血管内超声诊断导管》
性能组成:导管由圆柱型超声换能器、导管管体组成。仅限与 Volcano 公司生产的型号为 S5 或 807400-001 血管内超声波诊断仪配用。
适用范围:该产品用于在评价血管的形态时提供冠状动脉和周围血管的横断面图像, 作为常规血管造影的辅助手段, 提供血管管腔和管壁结构的图像。不可用于脑血管。
生产厂家:美国 Volcano Corporation
注册代理:北京伟龙科仪贸易有限公司
服务机构:北京伟龙科仪贸易有限公司
发证日期:2014.05.19 截止日期:2018.05.18

国食药监械(进)字 2014 第 2262372 号

产品名称：理疗仪(Combination Stimulator)
规格型号：TRYCAM
产品标准：YZB/ROK 2294-2014《理疗仪》
性能组成：理疗仪由产生低频电流和热量的主机(包括模式设定、强度调节、时间调节、电源开启或关闭等功能)和连接到治疗部位的电极片、电极垫、线圈电极组成。
适用范围：利用电极低频电流和温热作用于人体的方式缓解肌肉疼痛。
生产厂家：韩国 TRYCAM TECHNOLOGY CO., LTD
注册代理：迈迪思创(北京)科技发展有限公司
服务机构：迈迪思创(北京)科技发展有限公司
发证日期：2014.05.19 截止日期：2018.05.18

国食药监械(进)字 2014 第 3212373 号

产品名称：电生理诊断导管(商品名：MultiCath)(Cardiac Diagnostic Catheters)
规格型号：见附页
产品标准：YZB/GER 1010-2014《电生理诊断导管》
性能组成：产品为一次性使用，经环氧乙烷灭菌。由导管头端、铂铱电极、导管管身、把手和插头组成。产品规格型号及头端弯型图示见附页。
适用范围：该产品适用于临时静脉使用，结合外部起搏器以及电生理检查和记录仪器刺激和诱导心内信号。
备注：2014 年 7 月 29 日同意更正生产地址内容，2014 年 5 月 19 日核发的医疗器械注册登记表予以废止。
生产厂家：德国 VascoMed GmbH
注册代理：百多力(北京)医疗器械有限公司
服务机构：百多力(北京)医疗器械有限公司
发证日期：2014.05.19 截止日期：2018.05.18

国食药监械(进)字 2014 第 3452374 号

产品名称：血液净化装置(多用途血液处理用装置)
规格型号：PlasautoΣ，B 类型
产品标准：YZB/JAP 2583-2014《血液净化装置》
性能组成：由动力系统(血液泵、滤过泵、透析液泵、补液泵、注射泵)，控制系统(控制传感器、加温器、重量计)，监测系统(气泡检测器、血液检测器、空检测器、漏血检测器、压力检测器、报警器)，操作系统(CPU 自动控制器、触摸式彩色显示屏)组成。
适用范围：通过使用分离器、滤过器、净化器、吸附器，临床适用于持续徐缓式血液滤过疗法(CRRT)、单纯血浆置换疗法(PE)、血浆吸附疗法(PA)、双重滤过血浆置换疗法(DFPP)、血液吸附法(HA)以及白细胞除去疗法(LCAP)。
生产厂家：日本株式会社メテク
注册代理：旭化成医疗器械(杭州)有限公司
服务机构：旭化成医疗器械(杭州)有限公司
发证日期：2014.05.19 截止日期：2018.05.18

国食药监械(进)字 2014 第 3542375 号

产品名称：组织粉碎器(商品名：TRUCLEAR)(TRUCLEAR Hysteroscopic Morcellator)
规格型号：见附页
产品标准：YZB/USA 1674-2014《组织粉碎器》
性能组成：该产品由主机、脚踏开关、手柄、吸引刀和刻度器组成。产品规格型号及示意图见附页。
适用范围：产品适用于妇科手术，应由经过培训的专业妇科医生进行操作，切除并清除子宫粘膜下肌瘤和子宫内膜息肉适应症中的子宫内膜组织。
生产厂家：美国 Smith & Nephew Inc.
注册代理：施乐辉医用产品国际贸易(上海)有限公司
服务机构：施乐辉医用产品国际贸易(上海)有限公司
发证日期：2014.05.19 截止日期：2018.05.18

国食药监械(进)字 2014 第 3212376 号

产品名称：碎石枪(Intracorporal lithotriptor)
规格型号：SWISS LITHOBREAKER
产品标准：YZB/SWI 2345-2014《碎石枪》
性能组成：该产品由手持碎石器、电源组、探针、LithoVac lv3 吸附阀、吸引管组成。
适用范围：该产品用于在内窥镜的配合下，击碎泌尿系结石并将结石碎屑清理出体外。
生产厂家：瑞士 E.M.S. Electro Medical Systems S.A.
注册代理：莱凯医疗器械(北京)有限公司
服务机构：莱凯医疗器械(北京)有限公司
发证日期：2014.05.19 截止日期：2018.05.18

国食药监械(进)字 2014 第 3242377 号

产品名称：眼科半导体激光治疗仪(Ophthalmology Diode Laser System)
规格型号：E2
产品标准：YZB/USA 2488-2014《眼科半导体激光治疗仪》
性能组成：产品由主机(含二极管激光、175W 氙灯和摄像系统)、电源线、钥匙和脚踏开关组成。
适用范围：该产品用于进行内窥镜睫状体光凝术，并为手术提供照明和摄像。
生产厂家：美国 Endo Optiks, Inc.
注册代理：同科林医疗仪器(上海)有限公司
服务机构：同科林医疗仪器(上海)有限公司
发证日期：2014.05.19 截止日期：2018.05.18

国食药监械(进)字 2014 第 3702378 号

产品名称：放射治疗记录与验证系统(Radiotherapy Record and Verify System)
规格型号：Varian Treatment，版本 11.0
产品标准：YZB/USA 2471-2014《放射治疗记录与验证系统》
性能组成：产品由一张软件安装光盘组成，组成模块包括：治疗应用、加速器验证应用、室内监视器应用、IT 管理器、配置文件。本产品配合 Elekta 和 Siemens 医用直线加速器使用，协议类型详见标准。
适用范围：通过监测直线加速器的设置参数，与治疗计划进行比对，在执行过程中当两者发生偏差时，能够及时中断放射治疗设备的继续投照，从而为每位患者提供精确的治疗。
生产厂家：美国 Varian Medical Systems, Inc.
注册代理：瓦里安医疗器械贸易(北京)有限公司
服务机构：瓦里安医疗器械贸易(北京)有限公司
发证日期：2014.05.19 截止日期：2018.05.18

国食药监械(进)字 2014 第 3702378 号

产品名称：放射治疗记录与验证系统(Radiotherapy Record and Verify System)
规格型号：Varian Treatment，版本 11.0
产品标准：YZB/USA 2471-2014《放射治疗记录与验证系统》
性能组成：产品由一张软件安装光盘组成，组成模块包括：治疗应用、加速器验证应用、室内监视器应用、IT 管理器、配置文件。本产品配合 Elekta 和 Siemens 医用直线加速器使用，协议类型详见标准。
适用范围：通过监测直线加速器的设置参数，与治疗计划进行比对，在执行过程中当两者发生偏差时，能够及时中断放射治疗设备的继续投照，从而为每位患者提供精确的治疗。
生产厂家：美国 Varian Medical Systems, Inc.
注册代理：瓦里安医疗设备(中国)有限公司
服务机构：瓦里安医疗器械贸易(北京)有限公司
发证日期：2014.05.19 截止日期：2018.05.18

国食药监械(进)字 2014 第 2212379 号

产品名称：体电图仪(商品名：Amsat)(The automatically operated complex of graphical prenosological express definition on Biologically Active Zone of human functioning state)
规格型号：Amsat-Kovert
产品标准：YZB/RUS 0809-2014《体电图仪》
性能组成：该产品由信号处理器、头部电极、手部电极、足部电极、电极电缆、检测台(车)、AMAST 工作站和 AMAST 软件(版本号：V8.7)。
适用范围：该产品可测试人体各部位间的传导电阻，用于辅助医生评估人体健康状况。该产品适用于 6 岁以上的小儿和成人。
生产厂家：俄罗斯 KOVERT Co., Ltd.
注册代理：北京天海元科技有限公司
服务机构：北京天海元科技有限公司

发证日期:2014.05.19 **截止日期**:2018.05.18

国食药监械(进)字2014第2562380号

产品名称:医用床(Hospital Bed)
规格型号:S962-2, S962-2W, 3082K, 3082, 2082, S282, S382
产品标准:YZB/GER 2341-2014《医用床》
性能组成:产品由床面、床头、靠背、靠背护栏、大腿支撑件、小腿支撑件、小腿支撑件护栏、座椅、床尾、高度调节装置、双向脚踏制动装置、控制面板、遥控器、CPR调节装置(选配)组成。
适用范围:本产品适用于患者的躺卧,为年龄在12岁以上和身高在146cm以上的人群设计。
生产厂家:德国Volker GmbH
注册代理:北京金协信商贸有限责任公司
服务机构:北京金协信商贸有限责任公司
发证日期:2014.05.19 **截止日期**:2018.05.18

国食药监械(进)字2014第2562381号

产品名称:医用床(Hospital Bed)
规格型号:S962-2 Vis-a-Vis, 3082K Vis-a-Vis, 3082 Vis-a-Vis, S382 Vis-a-Vis
产品标准:YZB/GER 2344-2014《医用床》
性能组成:产品由床面、床头、靠背、靠背护栏、大腿支撑件、小腿支撑件、小腿支撑件护栏、座椅、床尾、高度调节装置、双向脚踏制动装置、控制面板、遥控器、CPR调节装置(选配)组成。
适用范围:本产品适用于患者的躺卧,为年龄在12岁以上和身高在146cm以上的人群设计。
生产厂家:德国Volker GmbH
注册代理:北京金协信商贸有限责任公司
服务机构:北京金协信商贸有限责任公司
发证日期:2014.05.19 **截止日期**:2018.05.18

国食药监械(进)字2014第2212382号

产品名称:便携式脑电多导睡眠记录仪(Electroencephalograph and Polysomnograph portable)
规格型号:Easy ambulatory 2 PSG
产品标准:YZB/USA 2271-2014《便携式脑电多导睡眠记录仪》
性能组成:该产品由动态脑电模组(记录盒、放大器、电池盒)、睡眠模组(体位模块、鼻腔模块、肢动模块、集线器),传感器(体位、鼾声、肢动)、连接电缆、束带(肢带、胸带、腰带)、电极、软件组成,详见附表。
适用范围:该产品适用于患者动态脑电图及睡眠脑电图记录。
生产厂家:美国凯威实验室公司(CADWELL LABORATORIES, INC.)
注册代理:深圳市瀚翔生物医疗电子有限公司
服务机构:深圳市瀚翔生物医疗电子有限公司
发证日期:2014.05.19 **截止日期**:2018.05.18

国食药监械(进)字2014第2212383号

产品名称:耳鼻诊断仪(Diagnostic instrument of Otology and Rhinology)
规格型号:Diagnostic Cube
产品标准:YZB/GER 2376-2014《耳鼻诊断仪》
性能组成:耳鼻诊断仪由主机(含鼻阻力测量模块Rhino31、超声测量模块Sono 31、中耳分析模块Tymp 31)、探头(含鼻阻力测量探头Rhino31、超声测量探头Sono 31、中耳分析探头Tymp 31)、连接电缆、控制臂、脚踏开关、鼻塞(一次性非灭菌)、压力橄榄头、测量橄榄头、耳塞(一次性非灭菌)、过滤棉(一次性非灭菌)、软件光盘组成。
适用范围:本产品适用于鼻阻力的测定、耳鼓膜顺应性的测定、鼻窦腔体的分泌物及组织状态的诊断。
生产厂家:德国ATMOS Medizintechnik GmbH & Co.KG
注册代理:德国艾特莫斯医疗科技有限责任公司上海代表处
服务机构:德国艾特莫斯医疗科技有限责任公司上海代表处
发证日期:2014.05.19 **截止日期**:2018.05.18

国食药监械(进)字2014第2542384号

产品名称:空气微尘粒子阻隔器(Air Barrier System)
规格型号:2002
产品标准:YZB/USA 1671-2014《空气微尘粒子阻隔器》
性能组成:产品由主机、一次性空气过滤喷嘴(含软管)组成。
适用范围:该产品是一个用于外科手术室的便携装置,可在手术部位产生直接、非湍流的气流。设备产生的气流是经过高效微粒空气过滤器过滤的,以降低手术过程中手术部位的微粒物质。ABS喷嘴仅可在以下位置使用:(1)用于解剖表面,且喷嘴底部和解剖表面不可有间隙。(2)切口平面与气流方向平行,并且(3)切口尺寸应在宽6英寸(15.2cm),长20英寸(50.8cm)以内。在距离喷嘴20英寸(50.8cm)的位置,设备的有效性可能会降低,并且当超过这一特定区域时,设备阻隔效果会减弱。
生产厂家:美国Nimbic Systems, Inc.
注册代理:北京迈瑞生医药科技有限公司
服务机构:石家庄杜马医药有限公司
发证日期:2014.05.19 **截止日期**:2018.05.18

国食药监械(进)字2014第2402385号

产品名称:微生物鉴定和药敏分析仪(Automated Fluorometric Plate Reading system)
规格型号:Sensititre Optiread
产品标准:YZB/UK 2401-2014《微生物鉴定和药敏分析仪》
性能组成:该产品主要由主机、盖子、荧光读数头、微孔板装载架和机载软件组成。
适用范围:该产品用于微生物鉴定和药敏分析。
生产厂家:英国Trek Diagnostic Systems Ltd
注册代理:赛默飞世尔科技(中国)有限公司
服务机构:赛默飞世尔科技(中国)有限公司
发证日期:2014.05.19 **截止日期**:2018.05.18

国食药监械(进)字2014第2402385号

产品名称:微生物鉴定和药敏分析仪(Automated Fluorometric Plate Reading system)
规格型号:Sensititre Optiread
产品标准:YZB/UK 2401-2014《微生物鉴定和药敏分析仪》
性能组成:该产品主要由主机、盖子、荧光读数头、微孔板装载架和机载软件组成。
适用范围:该产品用于微生物鉴定和药敏分析。
生产厂家:英国Trek Diagnostic Systems Ltd
注册代理:赛默飞世尔(上海)仪器有限公司
服务机构:赛默飞世尔科技(中国)有限公司
发证日期:2014.05.19 **截止日期**:2018.05.18

国食药监械(进)字2014第1542386号

产品名称:头灯系统(Headlight system)
规格型号:QED-7800、QED-7810、QED-7820、QED-7821、QED-7830、QED-7835、QED-7850、QED-7855
产品标准:YZB/USA 2357-2014《头灯系统》
性能组成:见附件。
适用范围:该产品利用高强度光源为手术提供照明,眼科手术或需要直接眼部照明的手术治疗除外。
生产厂家:美国QED Inc.
注册代理:上海尚隆医疗器械有限公司
服务机构:上海尚隆医疗器械有限公司
发证日期:2014.05.19 **截止日期**:2018.05.18

国食药监械(进)字2014第2452387号

产品名称:中心水处理系统(Water Treatment Equipment)
规格型号:CWP 60 WRO 61; CWP 60 WRO 62; CWP 60 WRO 63; CWP 60 WRO 64; CWP 60 WRO 66
产品标准:YZB/SWE 2382-2014《中心水处理系统》
性能组成:该产品由水处理装置、输送管路、消毒装置、电控系统和机箱组成。
适用范围:本系统是专门用作透析的辅助系统,利用反渗透原理对水进行处理,供医疗单位作为血液透析用水。该系统可供多床透析使用。
生产厂家:瑞典Gambro Lundia AB
注册代理:金宝肾护理产品(上海)有限公司
服务机构:金宝肾护理产品(上海)有限公司

发证日期:2014. 05. 19　　截止日期:2018. 05. 18

国食药监械(进)字 2014 第 2452388 号

产品名称:中心水处理系统(Water Treatment Equipment)
规格型号:CWP 100 WRO 111 Chem; CWP 100 WRO 112 Chem; CWP 100 WRO 113 Chem; CWP 100 WRO 114 Chem
产品标准:YZB/SWE 2398-2014《中心水处理系统》
性能组成:该产品由水处理装置、输送管路、消毒装置、电控系统和机箱组成。
适用范围:本系统是专门用作透析的辅助系统，利用反渗透原理对水进行处理，供医疗单位作为血液透析用水。该系统可供多床透析使用。
生产厂家:瑞典 Gambro Lundia AB
注册代理:金宝肾护理产品(上海)有限公司
服务机构:金宝肾护理产品(上海)有限公司
发证日期:2014. 05. 19　　截止日期:2018. 05. 18

国食药监械(进)字 2014 第 2452389 号

产品名称:中心水处理系统(Water Treatment Equipment)
规格型号:CWP 100 WRO 101 H; CWP 100 WRO 102 H; CWP 100 WRO 103 H; CWP 100 WRO 104 H; CWP 100 WRO 106 H; CWP 100 WRO 101 S; CWP 100 WRO 102 S; CWP 100 WRO 103 S; CWP 100 WRO 104 S; CWP 100 WRO 106 S
产品标准:YZB/SWE 2399-2014《中心水处理系统》
性能组成:该产品由水处理装置、输送管路、消毒装置、电控系统和机箱组成。
适用范围:本系统是专门用作透析的辅助系统，利用反渗透原理对水进行处理，供医疗单位作为血液透析用水。该系统可供多床透析使用。
生产厂家:瑞典 Gambro Lundia AB
注册代理:金宝肾护理产品(上海)有限公司
服务机构:金宝肾护理产品(上海)有限公司
发证日期:2014. 05. 19　　截止日期:2018. 05. 18

国食药监械(进)字 2014 第 2542390 号

产品名称:电动吸引器(Suction Unit)
规格型号:780000
产品标准:YZB/NOR 2403-2014《电动吸引器》
性能组成:产品由泵体 790400、过滤器 781200、储液罐 784000、病人吸引管 770410、水瓶 793500、连接管 791000、用户界面 KID2790、控制线路板 FPS1005、电池 780400 和支撑外壳 793100 组成。
适用范围:用于临床中吸引病人呼吸道中的分泌物、血液和呕吐物废液。
生产厂家:挪威 Laerdal Medical AS
注册代理:挪度医疗器械(杭州)有限公司
服务机构:挪度医疗器械(杭州)有限公司
发证日期:2014. 05. 19　　截止日期:2018. 05. 18

国食药监械(进)字 2014 第 2562391 号

产品名称:电动医用床 (商品名: EnterpriseTM) (Medical Beds)
规格型号:3000B、5000K、5000B、8000K、8000B、9000B
产品标准:YZB/SWE 2356-2014《电动医用床》
性能组成:3000B: 由床身、床头板、尾板、折叠式护栏、支承台、患者手持控制器、医护人员手持用控制器、脚轮和可拆卸式床垫支承台的塑料板组成; 5000K/5000B: 由床身、床头板、尾板、折叠式护栏、支承台、患者手持控制器、医护人员手持用控制器、角度指示器、电池、脚轮和可拆卸式床垫支承台的塑料板组成; 8000K/8000B: 由床身、床头板、尾板、护栏、支承台、患者控制面板、医护人员用控制面板、电池、脚轮和可拆卸式床垫支承台的塑料板组成; 9000B: 由床身、床头板、尾板、护栏、支承台、患者控制面板、医护人员用控制面板、电池、脚轮和可拆卸式床垫支承台的塑料板组成。
适用范围:该产品适用于患者护理。
生产厂家:瑞典 ArjoHuntleigh AB
注册代理:北京金协信商贸有限责任公司
服务机构:安究(上海)医疗设备贸易有限公司
发证日期:2014. 05. 19　　截止日期:2018. 05. 18

国食药监械(进)字 2014 第 2402392 号

产品名称:全自动酶联免疫测定仪(Personal LAB)
规格型号:Personal LAB
产品标准:YZB/ITA 2358-2014《全自动酶联免疫测定仪》
性能组成:测定仪由加样模块、孵育模块、洗版模块、控制模块、电源及操作软件组成。
适用范围:该产品基于 EIA/ELISA 方法，在 96 孔微孔板上进行体外诊断检测实验的全自动化仪器。
变更情况:变更日期: 2015. 01. 20。"代理人名称:迈迪思创(北京)科技发展有限公司地址:北京市朝阳区霞光里 66 号院 2 号楼 8 层 806"变更为"代理人:名称:亚特斯生物医学技术(无锡)有限公司地址:无锡惠山经济开发区惠山大道 1619 号 E2107(开发区)"。
生产厂家:意大利 ADALTIS S. R. L
注册代理:迈迪斯创(北京)科技发展有限公司
服务机构:上海中信亚特斯诊断试剂有限公司
发证日期:2014. 05. 19　　截止日期:2018. 05. 18

国食药监械(进)字 2014 第 2402392 号

产品名称:全自动酶联免疫测定仪(Personal LAB)
规格型号:Personal LAB
产品标准:YZB/ITA 2358-2014《全自动酶联免疫测定仪》
性能组成:测定仪由加样模块、孵育模块、洗版模块、控制模块、电源及操作软件组成。
适用范围:该产品基于 EIA/ELISA 方法，在 96 孔微孔板上进行体外诊断检测实验的全自动化仪器。
生产厂家:意大利 ADALTIS S. R. L
注册代理:迈迪思创(北京)科技发展有限公司
服务机构:上海中信亚特斯诊断试剂有限公司
发证日期:2014. 05. 19　　截止日期:2018. 05. 18

国食药监械(进)字 2014 第 2402393 号

产品名称:全自动电解质分析仪(電解質分析装置)
规格型号:EX-Z
产品标准:YZB/JAP 2360-2014《全自动电解质分析仪》
性能组成:由主机(测定部、打印部、进样盘等)、读条形码器、操作软件组成。
适用范围:该产品在医学临床上用于对全血、血清、血浆、稀释尿中 Na^+、K^+、Cl^- 的检测。
生产厂家:日本株式会社常光
注册代理:日本株式会社常光上海代表处
服务机构:日本株式会社常光上海代表处
发证日期:2014. 05. 19　　截止日期:2018. 05. 18

国食药监械(进)字 2014 第 3302394 号

产品名称:磁导航系统 (商品名: Niobe) (Magnetic Navigation System)
规格型号:001-006000-1, 001-006100-1
产品标准:YZB/USA 2796-2014《磁导航系统》
性能组成:该产品由导航工作站软件 (Navigant:ver3.0)、磁体 (030-005315-1)、工作站计算机(500-006740-1)、Niobe 床旁控制器 (030-003972-3)、显示器(501-005912-5L247HN)和磁导航系统机电柜 (030-003980-3)组成。001-006000-1 型号与 Siemens X 射线机配合使用, Siemens X 射线机需要两个以太网的连接:一个是为图像传送，另一个是为了控制信息交流。001-006100-1 型号与 Philips X 射线机配合使用, PhilipsX 射线机只需要一个连接便可完成以上两个功能。
适用范围:磁导航系统预期用于将兼容的磁性器械头端按所需方向经组织导航至左、右心、冠脉血管中的指定靶部位。
生产厂家:美国 STEREOTAXIS, INC.
注册代理:北京捷通康诺医药科技有限公司
服务机构:北京捷通康诺医药科技有限公司
发证日期:2014. 05. 19　　截止日期:2018. 05. 18

国食药监械(进)字 2014 第 2262395 号

产品名称:干扰波治疗仪 (商品名: Superkine SK-SERIES) (干涉電流型低周波治療器)
规格型号:SK-9WDX, SK-9SDX, SK-10WDX
产品标准:YZB/JAP 2482-2014《干扰波治疗仪》
性能组成:产品由主机、吸引电极(海绵、黄色、蓝色)、吸引电极线、电源线组成。

适用范围:该仪器在医学临床上通过对神经以及肌肉进行刺激，对患者进行肩部酸痛及神经末梢麻痹进行辅助治疗。
生产厂家:日本MINATO医疗科学株式会社(ミナト医科学株式会社)
注册代理:深圳市兴汇科技有限公司
服务机构:深圳市兴汇科技有限公司
发证日期:2014.05.19　截止日期:2018.05.18

国食药监械(进)字2014第3212396号

产品名称:体外冲击波碎石机（商品名：多尼尔）(Shock Wave Application Equipment)
规格型号:Dornier Compact Delta Ⅱ
产品标准:YZB/GER 2553-2014《体外冲击波碎石机》
性能组成:产品为电磁式冲击波碎石机，由控制系统、冲击波源、水系统、定位影像系统、治疗床组成。用于影像定位的X射线机型号为FS2000基本型，有X射线源组件、C型臂（附加于体外冲击波碎石机上）、影像增强器、监视器组成。超声定位系统不包括在本系统内，推荐使用Flex Focus 1202，注册证号：国食药监械（进）字2010第3230732号。参数详见产品标准。
适用范围:用于泌尿系结石粉碎。
生产厂家:德国多尼尔医疗技术公司(Dornier MedTech GmbH)
注册代理:北京道尼尔科技有限公司
服务机构:北京道尼尔科技有限公司、上海多尼尔医疗设备有限公司
发证日期:2014.05.19　截止日期:2018.05.18

国食药监械(进)字2014第2212397号

产品名称:耳声发射测试仪（商品名：MADSEN）(Audio Diagnostic Testing System)
规格型号:CAPELLA
产品标准:YZB/DEN 2675-2014《耳声发射测试仪》
性能组成:该产品由主机、探头集成、探针和探针连接电缆、耳塞、核准适配器(1cc)和核准适配器(2cc)、肩搭、软件（名称为CAPELLA OAE(PC)，软件版本号：2.12)组成。
适用范围:该产品用于临床耳声发射测试。
生产厂家:丹麦GN OTOMETRICS A/S
注册代理:尔听美医疗器械(上海)有限公司
服务机构:尔听美医疗器械(上海)有限公司
发证日期:2014.05.19　截止日期:2018.05.18

国食药监械(进)字2014第2542398号

产品名称:双极电刀系统-双极镊（商品名：Codman）(Bipolar Forceps System)
规格型号:见附页
产品标准:YZB/USA 2710-2014《双极电刀系统-双极镊》
性能组成:产品包括双极镊和手柄。产品须与双极电刀系统的主机、脚踏开关、缆线等一起使用。产品规格型号及描述详见附页。
适用范围:临床用于神经外科手术中切除或凝固组织。
生产厂家:美国Codman & Shurtleff, Inc.
注册代理:强生(上海)医疗器材有限公司
服务机构:强生(上海)医疗器材有限公司
发证日期:2014.05.19　截止日期:2018.05.18

国食药监械(进)字2014第2542399号(更)

产品名称:经鼻通气套件(EasyFlow nCPAP)
规格型号:型号:EasyFlow nCPAP 规格：鼻塞规格包括:S, M, L, XL；鼻罩规格包括:S, M, L；头帽规格包括:XS, S, M, L, XL, 2XL
产品标准:YZB/GER 2138-2014《经鼻通气套件》
备注:代理人和售后服务机构由"嘉和美康（北京）科技有限公司"变更为"嘉和美康(北京)科技股份有限公司"。注册证由"国食药监械(进)字2014第2542399号"变更为"国食药监械(进)字2014第2542399号（更)"，原证自发证之日起作废。
生产厂家:德国F. Stephan GmbH Medizintechnik
注册代理:嘉和美康（北京）科技股份有限公司
服务机构:嘉和美康（北京）科技股份有限公司
变更日期:2014.09.28　截止日期:2018.05.15

国食药监械(进)字2014第1102400号

产品名称:肱骨近端骨板系统工具(PICCOLO COMPOSTIE PROXIMAL HUMERUS PLATE STSTEM)
规格型号:见附页
产品标准:YZB/ISR 1011-2014《肱骨近端骨板系统工具》
性能组成:工具由瞄准器，T.G螺钉套、克氏针、克氏针套、钻套、六角螺钉起子、深度计、试模及灭菌盒组成，与人体接触部分采用符合YY/T 0294.1和符合ASTMF899规定的不锈钢材料制造及符合GB/T 13810规定的钛合金材料制造；具体材质详见规格型号附页，产品非灭菌包装，产品不与有源设备联用。
适用范围:该产品预期用于肱骨近端骨折、错位及骨折后不愈合手术时使用。
生产厂家:以色列CarboFix Orthopedics Ltd.
注册代理:斯潘威医疗科技(北京)有限公司
服务机构:斯潘威医疗科技(北京)有限公司
发证日期:2014.05.16　截止日期:2018.05.15

国食药监械(进)字2014第2222401号

产品名称:导丝(Guidewires)
规格型号:SFT-150-0.032, JFT-150-0.032, SFT-150-0.035, JFT-150-0.035, SFT-150-0.038, JFT-150-0.038
产品标准:YZB/SWI 2249-2014《导丝》
性能组成:该产品由芯丝、绕丝和安全丝组成，各组件均由304ss不锈钢制成；产品涂有特氟隆涂层，头端带有不透射线金标记。环氧乙烷灭菌，一次性使用。
适用范围:该产品用于腔内泌尿外科手术（肾脏、输尿管、膀胱、尿道）时，在内窥镜直视下，建立通道，导入输尿管导管。
生产厂家:瑞士Marflow AG
注册代理:北京市信维泰贸易有限公司
服务机构:北京市信维泰贸易有限公司
发证日期:2014.05.16　截止日期:2018.05.15

国食药监械(进)字2014第2222402号

产品名称:导丝(Guidewires)
规格型号:CKS-150/32, CKS-150/35, CKS-150/38, CKA-150/32, CKA-150/35, CKA-150/38
产品标准:YZB/SWI 2252-2014《导丝》
性能组成:该产品由芯丝、绕丝组成，各组件均由镍钛合金制成；产品涂有PTFE涂层，头端带有不透射线金标记。环氧乙烷灭菌，一次性使用。
适用范围:该产品用于腔内泌尿外科手术（肾脏、输尿管、膀胱、尿道）时，在内窥镜直视下，建立通道，导入输尿管导管。
生产厂家:瑞士Marflow AG
注册代理:北京市信维泰贸易有限公司
服务机构:北京市信维泰贸易有限公司
发证日期:2014.05.16　截止日期:2018.05.15

国食药监械(进)字2014第2222403号

产品名称:导丝(Guidewires)
规格型号:GTHS-150-32, GTHA-150-32, GTHS-150-35, GTHA-150-35
产品标准:YZB/SWI 2256-2014《导丝》
性能组成:该产品由芯丝由镍钛合金制成，涂有PVP K-90涂层，头端带有不透射线金标记。环氧乙烷灭菌，一次性使用。
适用范围:该产品用于腔内泌尿外科手术（肾脏、输尿管、膀胱、尿道）时，在内窥镜直视下，建立通道，导入输尿管导管。
生产厂家:瑞士Marflow AG
注册代理:北京市信维泰贸易有限公司
服务机构:北京市信维泰贸易有限公司
发证日期:2014.05.16　截止日期:2018.05.15

国食药监械(进)字2014第2542404号

产品名称:呼吸回路(Tubing)
规格型号:见附页
产品标准:YZB/GER 1764-2014《呼吸回路》
性能组成:呼吸回路的不同型号由不同部件组成，包括:呼吸软管(吸气和呼气)、Y型接头、T型接头、带Luer-Lock的Y型接头、带Luer-Lock的弯头连接器、连接器、软管支架、积水杯、呼吸袋、呼吸袋连接软管。

本产品为非灭菌、一次性使用。
适用范围:本产品是用于在麻醉输送系统或呼吸机与患者间传输呼吸气体的呼吸回路。仅限一次性使用。带有一体式感应器，可承载特定产品数据，以便 Draeger Infinity ID 设备进行处理。
生产厂家:德国 Draeger Medical GmbH
注册代理:德尔格医疗设备(上海)有限公司
服务机构:德尔格医疗设备(上海)有限公司
发证日期:2014.05.16 **截止日期**:2018.05.15

国食药监械(进)字 2014 第 2542405 号

产品名称:支气管镜弯管(Bronchoscopy Elbow)
产品标准:YZB/USA 2134-2014《支气管镜弯管》
性能组成:支气管镜弯管由弯管主体、支气管镜接口、仪器端接口组成。如需要，可选配连接装置，包括附加旋转套件或带呼出过滤接口。非灭菌，一次性使用。
适用范围:在支气管镜检查中，支气管镜弯管和面罩配合使用，可以对患者进行 CPAP 和双水平治疗。
生产厂家:美国 Respironics, Inc.
注册代理:飞利浦(中国)投资有限公司
服务机构:飞利浦(中国)投资有限公司
发证日期:2014.05.16 **截止日期**:2018.05.15

国食药监械(进)字 2014 第 1042406 号

产品名称:眼科用镊(Ophthalmological Forceps)
规格型号:见附页
产品标准:YZB/GER 1842-2014《眼科用镊》
性能组成:该产品由虹膜镊、角膜镊、撕囊镊、晶体植入镊、晶体把持镊、晶体镊、显微镊、结膜镊、固定镊、上升肌镊、斜视镊、肌肉镊、眼睑镊、劈开镊、睑内翻镊、睑板镊、睫毛镊、异物镊、次级膜镊、巩膜镊、缝合镊、手术镊、弹簧镊组成。产品材料为 YY/T 0294.1 中代号为 B 的不锈钢。非灭菌包装。
适用范围:该产品用于眼科手术。
生产厂家:德国 Precisemed GmbH
注册代理:北京嘉联诚业医疗器械销售有限公司
服务机构:北京嘉联诚业医疗器械销售有限公司
发证日期:2014.05.16 **截止日期**:2018.05.15

国食药监械(进)字 2014 第 1042407 号

产品名称:开睑器(Eye Specula)
规格型号:见附页
产品标准:YZB/GER 1845-2014《开睑器》
性能组成:该产品材料为 YY/T 0294.1 中代号为 M、P 的不锈钢。非灭菌包装。
适用范围:该产品用于眼科手术。
生产厂家:德国 Precisemed GmbH
注册代理:北京嘉联诚业医疗器械销售有限公司
服务机构:北京嘉联诚业医疗器械销售有限公司
发证日期:2014.05.16 **截止日期**:2018.05.15

国食药监械(进)字 2014 第 1042408 号

产品名称:持针钳(Needle Holder)
规格型号:见附页
产品标准:YZB/GER 1989-2014《持针钳》
性能组成:持针钳是由符合 YY/T 0294.1-2005 中钢号 B 的医用不锈钢制成，产品为非灭菌包装。
适用范围:本产品适用于眼科手术中。
生产厂家:德国 Precisemed GmbH
注册代理:北京嘉联诚业医疗器械销售有限公司
服务机构:北京嘉联诚业医疗器械销售有限公司
发证日期:2014.05.16 **截止日期**:2018.05.15

国食药监械(进)字 2014 第 2052409 号

产品名称:鼻窦导引导管把手（商品名：Relieva SidekickTM LP)(Relieva SidekickSinus Guide Catheter Handle (Low Profile))
规格型号:SDKKLP, SDKKLPZ
产品标准:YZB/USA 1466-2014《鼻窦导引导管把手》
性能组成:本产品由把手和鲁尔接头组成。环氧乙烷灭菌，一次性使用。
适用范围:该把手用于在鼻窦引导管上形成一个延长部。
生产厂家:美国 Acclarent, Inc.
注册代理:强生(上海) 医疗器材有限公司
服务机构:强生(上海) 医疗器材有限公司
发证日期:2014.05.16 **截止日期**:2018.05.15

国食药监械(进)字 2014 第 2632410 号

产品名称:正畸自锁颊面管(SnapLink)
规格型号:438-2160, 438-2161, 438-2190, 438-2191
产品标准:YZB/USA 2158-2014《正畸自锁颊面管》
性能组成:该产品由主体、揭盖、滑板、牵引钩、底板和内置弹簧组成。其中主体、揭盖和滑板由 17-4PH 不锈钢制成，牵引钩由 302SS 不锈钢制成，底板由 3-16SS 不锈钢制成，内置弹簧由镍钛合金材料制成。该产品为自锁颊面管。
适用范围:该产品在口腔正畸治疗时用于矫治牙齿畸形。本产品通常用于磨牙。
生产厂家:美国 Ormco Corporation
注册代理:卡瓦盛邦(上海)牙科医疗器械有限公司
服务机构:卡瓦盛邦(上海)牙科医疗器械有限公司
发证日期:2014.05.20 **截止日期**:2018.05.19

国食药监械(进)字 2014 第 1012411 号

产品名称:牵开器(Retractors)
规格型号:2200; 2201; 1103; 1104; 1107; 1110
产品标准:YZB/USA 1725-2014《牵开器》
性能组成:型号 2200 和 2201 由不锈钢组成，型号 1103; 1104; 1107; 1110 由铝合金组成牌号：铝合金 6061-T6 不锈钢 Y1Cr18Ni9。
适用范围:本品用于妇科手术、泌尿外科手术、普外科手术、耳鼻喉科手术、整形修复手术、手/脚踝手术和神经外科手术时，牵开切口的软组织以暴露术野用。
生产厂家:美国 CooperSurgical, Inc.
注册代理:北京威尼汇力医疗器械有限公司
服务机构:北京威尼汇力医疗器械有限公司
发证日期:2014.05.20 **截止日期**:2018.05.19

国食药监械(进)字 2014 第 1012412 号

产品名称:牵开器(Retractors)
规格型号:3301G; 3302G; 3304G; 3307G; 3308G; 3309G; 3310G; 3715
产品标准:YZB/USA 1736-2014《牵开器》
性能组成:型号 3715 由聚苯醚 721 组成型号 3301G;3302G;3304G;3307G;3308G; 3309G; 3310G 由聚苯醚 731 组成。
适用范围:用于妇科手术、泌尿外科手术、普外科手术、耳鼻喉科手术、整形修复手术、手/脚踝手术和神经外科手术时，牵开切口处的软组织以暴露术野用。
生产厂家:美国 CooperSurgical, Inc.
注册代理:北京威尼汇力医疗器械有限公司
服务机构:北京威尼汇力医疗器械有限公司
发证日期:2014.05.20 **截止日期**:2018.05.19

国食药监械(进)字 2014 第 2662413 号

产品名称:导引套管(Guiding Catheter)
规格型号:GBS-41-05-220、GBS-41-06-220、GBS-41-05-320、GBS-41-06-320、GBS-43-06-220、GBS-43-06-320。
产品标准:YZB/GER 1919-2014《导引套管》
性能组成:导引套管由 PTFE 组成，其中金属环由铂铱合金组成，接头由聚丙烯组成。产品经环氧乙烷灭菌，一次性使用。
适用范围:本产品与推送器联合使用，置入胆道/胰管支架。
生产厂家:德国 Medi-Globe GmbH
注册代理:优诺康(北京)医药技术服务有限公司
服务机构:优诺康(北京)医药技术服务有限公司
发证日期:2014.05.20 **截止日期**:2018.05.19

国食药监械(进)字 2014 第 2662414 号

产品名称:支架置入套装(Stent Introducer Set)
规格型号:见附件

产品标准:YZB/GER 4956-2013《支架置入套装》
性能组成:该产品由导引套管和推送器组成。推送管和套管材料为 PTFE,导引套管金属环为铂铱合金,推送器金属环为不锈钢。产品经环氧乙烷灭菌,一次性使用。
适用范围:本产品用于置入胆道/胰腺支架。
生产厂家:德国 Medi-Globe GmbH
注册代理:优诺康(北京)医药技术服务有限公司
服务机构:优诺康(北京)医药技术服务有限公司
发证日期:2014.05.20 **截止日期**:2018.05.19

国食药监械(进)字 2014 第 2642415 号

产品名称:羊水检测试条(AL-SENSE)
规格型号:产品最小包装规格为 每条独立包装
产品标准:YZB/ISR 2185-2014《羊水检测试条》
性能组成:产品主要由普通护垫和指示剂层(含 pH 硝嗪磺指示剂)组成。
适用范围:本产品用于怀孕期间检测羊水泄漏和识别漏液来源。
变更情况:变更日期: 2015.01.08。"1.原注册证代理人名称:北京加中达科技发展有限公司 2.原注册证代理人住所:北京市海淀区阜石路甲 69 号西山国际 2-A-608"变更为"1.变更后代理人名称:北京诺维博美医药科技有限公司 2.变更后代理人地址:北京市北京经济技术开发区同济中路甲 7 号 18 幢 A528 室"。
生产厂家:以色列 Common Sense Ltd.
注册代理:北京加中达科技发展有限公司
服务机构:北京加中达科技发展有限公司
发证日期:2014.05.20 **截止日期**:2018.05.19

国食药监械(进)字 2014 第 1062416 号

产品名称:咬颌块(Mirahold-Block)
规格型号:3 大, 3 小 编号:605238
产品标准:YZB/GER 2184-2014《咬颌块》
性能组成:咬颌块为单件式的口腔科手术器械,产品采用弹性塑料(PU)材料制造,并可在 135℃的温度中进行压煮消毒。
适用范围:适用于在牙病的临床诊断和治疗时,将咬颌块推至上颌与下颌的位置,帮助患者的口腔保持咬合的开启状态用。
生产厂家:德国 Hager & Werken GmbH & Co. KG
注册代理:南京健通医疗设备有限公司
服务机构:南京健通医疗设备有限公司
发证日期:2014.05.20 **截止日期**:2018.05.19

国食药监械(进)字 2014 第 1062417 号

产品名称:橡皮障夹(Rubber Dam Clamps)
规格型号:M31-1、M31-2、M31-3、M31-4、M31-5、M31-6、M31-7、M31-8、M31-9、M31-10。
产品标准:YZB/PAK 1891-2014《橡皮障夹》
性能组成:本品采用不锈钢材料制成。
适用范围:用于口腔手术时夹持橡皮障。
生产厂家:巴基斯坦 Medisporex Pvt.Ltd.
注册代理:桂林市啄木鸟医疗器械有限公司
服务机构:桂林市啄木鸟医疗器械有限公司
发证日期:2014.05.20 **截止日期**:2018.05.19

国食药监械(进)字 2014 第 1062418 号

产品名称:研光器(Burnishers)
规格型号:见附页
产品标准:YZB/PAK 1896-2014《研光器》
性能组成:本品采用不锈钢材料制成。
适用范围:用于口腔科补牙时研光充填器用。
生产厂家:巴基斯坦 Medisporex Pvt.Ltd.
注册代理:桂林市啄木鸟医疗器械有限公司
服务机构:桂林市啄木鸟医疗器械有限公司
发证日期:2014.05.20 **截止日期**:2018.05.19

国食药监械(进)字 2014 第 1062419 号

产品名称:开口器(Mouth Gaps)
规格型号:M24-1、M24-5、M24-9、M24-13、M24-17、M24-2、M24-6、M24-10、M24-14、M24-18、M24-3、M24-7、M24-11、M24-15、M24-19、M24-4、M24-8、M24-12、M24-16。
产品标准:YZB/PAK 1898-2014《开口器》
性能组成:采用优质不锈钢材料制成。
适用范围:用于口腔科撑开口腔。
生产厂家:巴基斯坦 Medisporex Pvt.Ltd.
注册代理:桂林市啄木鸟医疗器械有限公司
服务机构:桂林市啄木鸟医疗器械有限公司
发证日期:2014.05.20 **截止日期**:2018.05.19

国食药监械(进)字 2014 第 1062420 号

产品名称:牙用镊(Tweezers)
规格型号:见附页
产品标准:YZB/PAK 1900-2014《牙用镊》
性能组成:本品采用不锈钢材料制成。
适用范围:用于口腔科检查和治疗时夹持敷料或试摇牙冠。
生产厂家:巴基斯坦 Medisporex Pvt.Ltd.
注册代理:桂林市啄木鸟医疗器械有限公司
服务机构:桂林市啄木鸟医疗器械有限公司
发证日期:2014.05.20 **截止日期**:2018.05.19

国食药监械(进)字 2014 第 1012421 号

产品名称:止血钳(Haemostatic Forceps)
规格型号:见附页
产品标准:YZB/PAK 1901-2014《止血钳》
性能组成:本品采用不锈钢材料制成。
适用范围:用于夹持人体组织内的血管或出血点止血。
生产厂家:巴基斯坦 Medisporex Pvt.Ltd.
注册代理:桂林市啄木鸟医疗器械有限公司
服务机构:桂林市啄木鸟医疗器械有限公司
发证日期:2014.05.20 **截止日期**:2018.05.19

国食药监械(进)字 2014 第 1062422 号

产品名称:成形片夹(Matrix Retainers)
规格型号:M27-1、M27-5、M27-9、M27-13、M27-2、M27-6、M27-10、M27-14、M27-3、M27-7、M27-11、M27-15、M27-4、M27-8、M27-12、M27-16。
产品标准:YZB/PAK 1902-2014《成形片夹》
性能组成:本品采用不锈钢材料制成。
适用范围:用于口腔科补牙时夹紧成形片。
生产厂家:巴基斯坦 Medisporex Pvt.Ltd.
注册代理:桂林市啄木鸟医疗器械有限公司
服务机构:桂林市啄木鸟医疗器械有限公司
发证日期:2014.05.20 **截止日期**:2018.05.19

国食药监械(进)字 2014 第 1062423 号

产品名称:牵开器(Retractors)
规格型号:见附页
产品标准:YZB/PAK 1903-2014《牵开器》
性能组成:本品采用不锈钢材料制成。
适用范围:用于口腔辅助拍照、检查及其它操作。
生产厂家:巴基斯坦 Medisporex Pvt.Ltd.
注册代理:桂林市啄木鸟医疗器械有限公司
服务机构:桂林市啄木鸟医疗器械有限公司
发证日期:2014.05.20 **截止日期**:2018.05.19

国食药监械(进)字 2014 第 1062424 号

产品名称:牙科刮治器(Curettes)
规格型号:见附页
产品标准:YZB/PAK 2136-2014《牙科刮治器》
性能组成:采用不锈钢材料制成。
适用范围:用于口腔科剔除龈下牙垢及牙石。
生产厂家:巴基斯坦 Towne Brothers (Pvt.) Limited
注册代理:桂林市啄木鸟医疗器械有限公司
服务机构:桂林市啄木鸟医疗器械有限公司
发证日期:2014.05.20 **截止日期**:2018.05.19

国食药监械(进)字 2014 第 1062425 号

产品名称:咬骨钳(Bone Rongeur Forceps)
规格型号:见附页
产品标准:YZB/PAK 2140-2014《咬骨钳》
性能组成:采用不锈钢材料制成。
适用范围:用于口腔手术时咬剪腐死骨和修正骨骼。
生产厂家:巴基斯坦 Towne Brothers (Pvt.) Limited
注册代理:桂林市啄木鸟医疗器械有限公司
服务机构:桂林市啄木鸟医疗器械有限公司
发证日期:2014.05.20 截止日期:2018.05.19

国食药监械(进)字 2014 第 1062426 号

产品名称:牙用凿(Dental Chisels)
规格型号:见附页
产品标准:YZB/PAK 2148-2014《牙用凿》
性能组成:采用不锈钢材料制成。
适用范围:用于颌面骨、牙周骨外科手术时凿除骨质或凿断骨连接。
生产厂家:巴基斯坦 Towne Brothers (Pvt.) Limited
注册代理:桂林市啄木鸟医疗器械有限公司
服务机构:桂林市啄木鸟医疗器械有限公司
发证日期:2014.05.20 截止日期:2018.05.19

国食药监械(进)字 2014 第 1062427 号

产品名称:牵开器(Retractors)
规格型号:见附页
产品标准:YZB/PAK 2159-2014《牵开器》
性能组成:采用不锈钢材料制成。
适用范围:用于口腔辅助拍照、检查及其它操作。
生产厂家:巴基斯坦 Towne Brothers (Pvt.) Limited
注册代理:桂林市啄木鸟医疗器械有限公司
服务机构:桂林市啄木鸟医疗器械有限公司
发证日期:2014.05.20 截止日期:2018.05.19

国食药监械(进)字 2014 第 1062428 号

产品名称:拔牙钳(Extracting Forceps)
规格型号:见附页
产品标准:YZB/PAK 1904-2014《拔牙钳》
性能组成:本品采用不锈钢材料制成。
适用范围:用于口腔科拔除成人、儿童的牙齿和牙根或切断儿童牙冠。
生产厂家:巴基斯坦 Towne Brothers (Pvt.) Limited
注册代理:桂林市啄木鸟医疗器械有限公司
服务机构:桂林市啄木鸟医疗器械有限公司
发证日期:2014.05.20 截止日期:2018.05.19

国食药监械(进)字 2014 第 1062429 号

产品名称:剔挖器(Excavators)
规格型号:见附页
产品标准:YZB/PAK 1923-2014《剔挖器》
性能组成:本品采用不锈钢材料制成。
适用范围:用于治疗牙髓病时挖除冠髓以及牙龈乳头坏死部分。
生产厂家:巴基斯坦 Towne Brothers (Pvt.) Limited
注册代理:桂林市啄木鸟医疗器械有限公司
服务机构:桂林市啄木鸟医疗器械有限公司
发证日期:2014.05.20 截止日期:2018.05.19

国食药监械(进)字 2014 第 1062430 号

产品名称:粘固粉调刀(Cement Spatulas)
规格型号:见附页
产品标准:YZB/PAK 1927-2014《粘固粉调刀》
性能组成:本品采用不锈钢材料制成。
适用范围:用于口腔科补牙时调和粘固粉、牙托粉。
生产厂家:巴基斯坦 Towne Brothers (Pvt.) Limited
注册代理:桂林市啄木鸟医疗器械有限公司
服务机构:桂林市啄木鸟医疗器械有限公司
发证日期:2014.05.20 截止日期:2018.05.19

国食药监械(进)字 2014 第 1062431 号

产品名称:成形片夹(Matrix Retainers)
规格型号:见附页
产品标准:YZB/PAK 1928-2014《成形片夹》
性能组成:本品采用不锈钢材料制成。
适用范围:用于口腔科补牙时夹紧成形片。
生产厂家:巴基斯坦 Towne Brothers (Pvt.) Limited
注册代理:桂林市啄木鸟医疗器械有限公司
服务机构:桂林市啄木鸟医疗器械有限公司
发证日期:2014.05.20 截止日期:2018.05.19

国食药监械(进)字 2014 第 1062432 号

产品名称:橡皮障夹钳(Rubber Dam Clamp Forceps)
规格型号:17-1、17-2、17-3、17-4、17-5、17-6。
产品标准:YZB/PAK 1932-2014《橡皮障夹钳》
性能组成:本品采用不锈钢材料制成。
适用范围:用于口腔手术时夹持橡皮障。
生产厂家:巴基斯坦 Towne Brothers (Pvt.) Limited
注册代理:桂林市啄木鸟医疗器械有限公司
服务机构:桂林市啄木鸟医疗器械有限公司
发证日期:2014.05.20 截止日期:2018.05.19

国食药监械(进)字 2014 第 1012433 号

产品名称:表皮镊子(Cuticle Nippers)
规格型号:26-1、26-2、26-3、26-4。
产品标准:YZB/PAK 1934-2014《表皮镊子》
性能组成:本品采用不锈钢材料制成。
适用范围:用于外科手术夹持粘膜及组织。
生产厂家:巴基斯坦 Towne Brothers (Pvt.) Limited
注册代理:桂林市啄木鸟医疗器械有限公司
服务机构:桂林市啄木鸟医疗器械有限公司
发证日期:2014.05.20 截止日期:2018.05.19

国食药监械(进)字 2014 第 1062434 号

产品名称:牙刮匙(Bone Curettes)
规格型号:见附页
产品标准:YZB/PAK 1937-2014《牙刮匙》
性能组成:本品采用不锈钢材料制成。
适用范围:用于口腔科撬除牙残根或碎根尖。
生产厂家:巴基斯坦 Towne Brothers (Pvt.) Limited
注册代理:桂林市啄木鸟医疗器械有限公司
服务机构:桂林市啄木鸟医疗器械有限公司
发证日期:2014.05.20 截止日期:2018.05.19

国食药监械(进)字 2014 第 1062435 号

产品名称:牙骨锉(Bone Files)
规格型号:8-1, 8-2, 8-3, 8-4, 8-5, 8-6, 8-7, 8-8, 8-9, 8-10
产品标准:YZB/PAK 2179-2014《牙骨锉》
性能组成:采用不锈钢材料制成。
适用范围:用于手术中锉掉粗糙的硬组织。
生产厂家:巴基斯坦 Towne Brothers (Pvt.) Limited
注册代理:桂林市啄木鸟医疗器械有限公司
服务机构:桂林市啄木鸟医疗器械有限公司
发证日期:2014.05.20 截止日期:2018.05.19

国食药监械(进)字 2014 第 1062436 号

产品名称:牙科诊治器械(Dental Instruments)
规格型号:见附页
产品标准:YZB/PAK 1941-2014《牙科诊治器械》
性能组成:该产品由不锈钢制成,主要包括口镜头,口镜柄,探针,树脂充填器,根管充填器,剔挖器,树脂雕刻刀,研光器。详见附页。
适用范围:本产品主要用于口腔检查与治疗。
生产厂家:巴基斯坦 AR INSTRUMED
注册代理:北京鑫兴嘉业商贸有限公司
服务机构:北京鑫兴嘉业商贸有限公司
发证日期:2014.05.20 截止日期:2018.05.19

国食药监械(进)字2014第1062437号

产品名称:牙科手术器械(Dental Surgical Instruments)
规格型号:见附页
产品标准:YZB/PAK 1942-2014《牙科手术器械》
性能组成:该产品由不锈钢制成，主要包括手术刀柄，吸唾器(含通丝)，吸引管，麻药推助器，开口器，拉钩，牙龈剪，拆线剪，显微剪，解剖剪，持针钳，缝合镊，牙用镊，组织镊，牙周记号镊，止血钳，咬骨钳。详见附页。
适用范围:本产品主要用于牙科手术。
生产厂家:巴基斯坦 AR INSTRUMED
注册代理:北京鑫兴嘉业商贸有限公司
服务机构:北京鑫兴嘉业商贸有限公司
发证日期:2014.05.20 截止日期:2018.05.19

国食药监械(进)字2014第1062438号

产品名称:牙科修复器械(Dental Restorative Accessories)
规格型号:见附页
产品标准:YZB/PAK 1944-2014《牙科修复器械》
性能组成:该产品由不锈钢制成，主要包括橡皮障器械类，去冠器，手术钳，破冠钳，十字破冠挺，金冠剪，钢丝剪，成型片夹，牙冠放置钳，骨支架器，托槽黏着定位器，带环推置器，结扎圈安置器，结扎丝末端弯制器，末端丝结扎器，咬合纸镊，舌侧托槽镊，颊面管镊，后牙托槽镊，托槽定位镊。详见附页。
适用范围:本产品主要用于牙科修复治疗。
生产厂家:巴基斯坦 AR INSTRUMED
注册代理:北京鑫兴嘉业商贸有限公司
服务机构:北京鑫兴嘉业商贸有限公司
发证日期:2014.05.20 截止日期:2018.05.19

国食药监械(进)字2014第3452439号

产品名称:体外循环管道(Dideco Perfusion Tubing Systems)
规格型号:成人型
产品标准:YZB/ITA 1075-2014《体外循环管道》
性能组成:产品由管路(动静脉管路、静脉回流管路、吸引管路)、穿刺针、直通/三通接头、空气过滤器、保护帽组成。
适用范围:预定用于心肺手术或其它外科手术中。与血泵、氧合器、贮血器、过滤器、热交换器和插管配合使用。
生产厂家:意大利 Sorin Group Italia S.r.l.
注册代理:北京新克力贸易有限公司
服务机构:北京新克力贸易有限公司
发证日期:2014.05.20 截止日期:2018.05.19

国食药监械(进)字2014第3632440号

产品名称:覆盖螺丝(Headless)
规格型号:见附页
产品标准:YZB/ROK 1887-2014《覆盖螺丝》
性能组成:该产品由覆盖螺丝组成，材质为纯钛材料，牌号为 TA4，表面未处理。
适用范围:本产品用于种植体植入颌骨后，放于种植体上方的帽状结构，为防止组织长入，二次手术时，产品被取出，基台被装配到位。
生产厂家:韩国 DIO Corporation
注册代理:北京迪斯艾科贸有限公司
服务机构:北京迪斯艾科贸有限公司
发证日期:2014.05.20 截止日期:2018.05.19

国食药监械(进)字2014第3462441号

产品名称:甲状软骨成形术植入物(Montgomery Thyroplasty Implant system)
规格型号:MTF-06、MTF-07、MTF-08、MTF-09、MTF-10、MTF-11、MTM-08、MTM-09、MTM-10、MTM-11、MTM-12、MTM-13、MT-300、MT-400
产品标准:YZB/USA 1780-2014《甲状软骨成形术植入物》
性能组成:该产品由硅橡胶(三角形部分材料牌号 MED-4720、基部材料牌号 MED-4765)、硫酸钡和二氧化钛组成。该产品无菌状态提供，一次性使用。
适用范围:该产品用在患有单侧声带麻痹的患者进行内移型甲状软骨成形术上，用来改善声音质量。
生产厂家:美国 Boston Medical Products, Inc.
注册代理:广州东合伟信医疗科技发展有限公司
服务机构:广州东合伟信医疗科技发展有限公司
发证日期:2014.05.20 截止日期:2018.05.19

国食药监械(进)字2014第3462442号

产品名称:输尿管支架(商品名：Percuflex Plus)(Percuflex Plus Ureteral Stent)
规格型号:见附页
产品标准:YZB/USA 2413-2014《输尿管支架》
性能组成:输尿管支架是双猪尾结构。支架的主体，包括近端肾脏线圈和远端膀胱线圈是由Percuflex材料构成的，表面涂有HydroPlus亲水性涂层。支架的远端带有一根取回线便于支架的移除。4.8Fr、6Fr 和 7Fr 支架由支架和推送器组成。8Fr 支架由支架、定位器、柔韧硬性套管和猪尾管直管器组成。输尿管支架经环氧乙烷灭菌，仅供一次性使用。
适用范围:输尿管支架用于由经过培训的医生在内窥镜或 X 射线透视下从肾脏引流到膀胱。
生产厂家:美国 Boston Scientific Corporation
注册代理:波科国际医疗贸易(上海)有限公司
服务机构:波科国际医疗贸易(上海)有限公司
发证日期:2014.05.20 截止日期:2018.05.19

国食药监械(进)字2014第3462443号

产品名称:固定螺钉(Fixation Screws)
规格型号:见附页
产品标准:YZB/GER 2038-2014《固定螺钉》
性能组成:固定螺钉采用符合GB/T13810标准规定的TC4ELI钛合金材料制造，表面无着色，灭菌包装。
适用范围:与同一系统产品配合使用，适用于髋关节置换。
生产厂家:德国 Waldemar Link GmbH &Co. KG
注册代理:北京威联德骨科技术有限公司
服务机构:北京威联德骨科技术有限公司
发证日期:2014.05.20 截止日期:2018.05.19

国食药监械(进)字2014第3462444号

产品名称:颈椎前路钉板内固定系统(商品名：Quintex)(Quintex Anterior Cervical Plating System)
规格型号:见附页
产品标准:YZB/GER 1504-2014《颈椎前路钉板内固定系统(商品名：Quintex)》
性能组成:本产品由复合型颈椎板、动力型颈椎板、限制型螺钉、半限制型螺钉和动力型螺钉组成，颈椎板和螺钉由符合 ISO5832-3 要求的 Ti6Al4V 合金制成，螺钉的销由符合 ISO5832-7 的锻造冷成形钴铬镍钼铁合金制成。产品表面经阳极氧化处理。非灭菌包装。
适用范围:本产品用于第二颈椎至第一胸椎区域的单节段和多节段的颈椎前路固定。
生产厂家:德国 Aesculap AG
注册代理:贝朗医疗(上海)国际贸易有限公司
服务机构:贝朗医疗(上海)国际贸易有限公司
发证日期:2014.05.20 截止日期:2018.05.19

国食药监械(进)字2014第3772445号

产品名称:可撕开导管鞘(Classic SheathTM Splittable Hemostatic Introducer System)
规格型号:CLS-1005, CLS-1006, CLS-1007, CLS-2507, CLS-1008, CLS-2508, CLS-1008.5, CLS-1009, CLS-2509, CLS-1009.5, CLS-1010, CLS-2510, CLS-1010.5, CLS-2510.5, CLS-1011, CLS-2511, CLS-1012, CLS-1012.5, CLS-2506
产品标准:YZB/USA 2248-2014《可撕开导管鞘》
性能组成:产品由导管鞘、扩张器、J-头导丝、注射器、穿刺针组成。导管鞘主要由聚醚嵌段酰胺和聚亚胺酯组成，扩张器主要由高密度聚乙烯组成，导丝由 304 不锈钢组成。注射器主要由聚丙烯和硅树脂组成。穿刺针由聚丙烯和 304 不锈钢组成。环氧乙烷灭菌，一次性使用。
适用范围:可撕开导管鞘用于引导各类起搏导线和导管。
生产厂家:美国 MERIT MEDICAL SYSTEMS, INC

注册代理:麦瑞通医疗器械(北京)有限公司
服务机构:麦瑞通医疗器械(北京)有限公司
发证日期:2014. 05. 20　　**截止日期**:2018. 05. 19

国食药监械(进)字 2014 第 3462446 号

产品名称:肩关节不稳固定螺钉(Bristow-Latarjet Instability Shoulder System)
规格型号:见附页
产品标准:YZB/USA 2040-2014《肩关节不稳固定螺钉》
性能组成:该产品由螺钉和顶帽组成，采用符合 GB/T 13810 标准规定的 TC4 ELI 钛合金材料制成，表面无着色。非灭菌包装。
适用范围:该产品用于肩关节不稳修复手术中骨移植物或骨片的固定。
生产厂家:美国 DePuy Mitek
注册代理:强生(上海)医疗器材有限公司
服务机构:强生(上海)医疗器材有限公司
发证日期:2014. 05. 20　　**截止日期**:2018. 05. 19

国食药监械(进)字 2014 第 3462447 号

产品名称:半月板缝合系统(Meniscal Cinch)
规格型号:见附页
产品标准:YZB/USA 2030-2014《半月板缝合系统》
性能组成:该产品由半月板固定物、缝线及植入工具组成，半月板固定物采用符合 YY 0660-2008 的 PEEK 材料制成，等级为 OPTIMA LT1；缝线为 2-0 号的聚乙烯蓝色缝线，蓝色染料为 21CFR74.3106 D& C 蓝色六号，表面有 MED-2174 涂层；入路杆和推送杆采用符合 ASTM F899 标准规定的 304 号不锈钢材料制成。灭菌包装。
适用范围:该产品用于经皮和内窥镜下的半月板撕裂的缝合修复。
生产厂家:美国 Arthrex, Inc.
注册代理:锐适医疗器械(上海)有限公司
服务机构:锐适医疗器械(上海)有限公司
发证日期:2014. 05. 20　　**截止日期**:2018. 05. 19

国食药监械(进)字 2014 第 3462448 号

产品名称:钛合金缝线锚钉(Titanium Suture Anchor)
规格型号:见附页
产品标准:YZB/USA 1433-2014《钛合金缝线锚钉》
性能组成:产品为用于运动医学手术的带线骨锚钉，锚钉材料为符合 GB/T 13810-2007 TC4 ELI 的钛合金，所带缝线为超高分子量聚乙烯组成，分蓝色和黑白色两种，蓝色染料为 21CFR 74.3106 D&C 蓝色六号，黑色染料为 21 CFR73.1410 的 logwood extract，骨锚连接杆由符合 ASTMF899 的 630 号不锈钢制成。灭菌方法为环氧乙烷。
适用范围:用于肩，足/踝，膝，手/腕，肘，骨盆，髋的软组织固定。
生产厂家:美国 Arthrex, Inc.
注册代理:锐适医疗器械(上海)有限公司
服务机构:锐适医疗器械(上海)有限公司
发证日期:2014. 05. 20　　**截止日期**:2018. 05. 19

国食药监械(进)字 2014 第 3772449 号

产品名称:延长导管(商品名:Guidezilla)(Guide Extension Catheter)
规格型号:H7493924215050
产品标准:YZB/USA 2259-2014《延长导管》
性能组成:该产品由引导节段、海波管和翼片组成，引导节段远端涂有亲水性涂层，带有铂铱合金标记带。环氧乙烷灭菌，一次性使用。
适用范围:该产品与引导导管一起使用，用于进入冠状动脉和/或外周血管的离散区域，并促进介入器械放置。
生产厂家:美国 Boston Scientific Corporation
注册代理:波科国际医疗贸易(上海)有限公司
服务机构:波科国际医疗贸易(上海)有限公司
发证日期:2014. 05. 20　　**截止日期**:2018. 05. 19

国食药监械(进)字 2014 第 3632450 号

产品名称:种植体(MS Implant)
规格型号:见附页
产品标准:YZB/ROK 2068-2014《种植体》
性能组成:种植体材料为钛合金材料，牌号为 TC4ELI，下部分螺纹表面采用喷砂方式处理。
适用范围:本产品用于口腔种植手术，取代天然牙根，通过外科手术植入上颌或下颌牙槽骨（注：本产品是使用时间不超过 6 个月的临时用种植体）。
生产厂家:韩国 Osstem Implant Co., Ltd.
注册代理:奥齿泰(北京)商贸有限公司
服务机构:奥齿泰(北京)商贸有限公司
发证日期:2014. 05. 20　　**截止日期**:2018. 05. 19

国食药监械(进)字 2014 第 2632451 号

产品名称:义齿稳固粉（商品名：齿固佳）(Protefix Adhesive Powder For The Denture)
规格型号:20g/盒
产品标准:YZB/GER 2352-2014《义齿稳固粉》
性能组成:本品为海藻酸钠制成的粉剂（具体成分百分含量详见标准）。
适用范围:适用于义齿的稳固。
生产厂家:德国 Queisser Pharma GmbH &Co. KG
注册代理:优诺康(北京)医药技术服务有限公司
服务机构:优诺康(北京)医药技术服务有限公司
发证日期:2014. 05. 20　　**截止日期**:2018. 05. 19

国食药监械(进)字 2014 第 2662452 号

产品名称:牙垫通气道及固定套(Biteblock Airway and Fixation Sets)
规格型号:见附页
产品标准:YZB/GER 2108-2014《牙垫通气道及固定套》
性能组成:牙垫通气道可分为:口咽通气道、防咬牙垫及气管镜通气道。固定套可分为:带式、可拉伸扣点式、牵引式、尼龙搭扣式、口护套、耳部固定式。其他配件包括:固定带衬垫。牙垫通气道均为整体塑型产品。
适用范围:主要用于防止软组织阻塞人体气道，固定气管插管使其不移动位置，垫托牙齿避免咬损插管，同时便于吸痰及插入气管镜。
生产厂家:德国 VBM Medizintechnik GmbH
注册代理:北京伊杉麟贸易有限公司
服务机构:北京伊杉麟贸易有限公司
发证日期:2014. 05. 20　　**截止日期**:2018. 05. 19

国食药监械(进)字 2014 第 2552453 号

产品名称:种植手术用牙钻(Drills)
规格型号:见附页
产品标准:YZB/USA 2420-2014《种植手术用牙钻》
性能组成:该产品由符合 YY/T 0294.1-2005 中的 S 类不锈钢材料制成，该材料的详细成分为：C：0.60-0.75；Cr：16.0-18.0；Mn≤1.00；P≤0.040；S≤0.030；Si≤1.00；Mo≤0.75。本产品为非无菌包装，包括导引钻、骨钻和硬骨钻。
适用范围:该产品在牙科种植体手术中用于牙槽骨的预备。
生产厂家:美国 Basic Dental Implant Systems, Inc.
注册代理:欧妮泰医疗器材贸易(上海)有限公司
服务机构:欧妮泰医疗器材贸易(上海)有限公司
发证日期:2014. 05. 20　　**截止日期**:2018. 05. 19

国食药监械(进)字 2014 第 3462454 号

产品名称:金属接骨螺钉（商品名：Talar-Fit）(Talar-Fit Subtalar implant)
规格型号:见附页
产品标准:YZB/USA 2308-2014《金属接骨螺钉》
性能组成:该产品采用符合 ISO 5832-3 标准规定的 Ti6Al4V 钛合金材料制成，表面无着色，灭菌包装。
适用范围:适用于治疗足下翻及距下关节的固定。
生产厂家:美国 OsteoMed
注册代理:北京市麦迪戴克医疗技术有限公司
服务机构:艾派(广州)医疗器械有限公司
发证日期:2014. 05. 20　　**截止日期**:2018. 05. 19

国食药监械(进)字 2014 第 3632455 号

产品名称:回填牙胶(Gutta Percha)
规格型号:见附页
产品标准:YZB/USA 2474-2014《回填牙胶》

性能组成:本产品由古塔胶、氧化锌、硫酸钡及染色剂组成。
适用范围:本品是古塔胶(即马来胶)材料，它是齿科根管治疗中根管充填时用于牙根管下 1/3 段封闭后充填的固体填充物，主要放置于牙根管上 2/3 段，以达到完全封闭牙根管的目的。
生产厂家:美国 Ormco Corporation also trading as Sybron Endo
注册代理:卡瓦盛邦(上海)牙科医疗器械有限公司
服务机构:卡瓦盛邦(上海)牙科医疗器械有限公司
发证日期:2014.05.20　截止日期:2018.05.19

国食药监械(进)字 2014 第 2632456 号

产品名称:齿科抛光膏(Composite Polishing Paste)
规格型号:产品型号为:PRISMA Gloss、PRISMA Gloss Extra Fine; 规格装量: 4 克/支
产品标准:YZB/USA 2270-2014《齿科抛光膏》
性能组成:该产品是水溶性氧化铝膏，由氧化铝、甘油、疏水性无定型锻制氧化硅组成。
适用范围:该产品用于前后牙复合树脂修复材料的最终抛光。
生产厂家:美国 DENTSPLY Caulk
注册代理:登士柏(天津)国际贸易有限公司
服务机构:登士柏(天津)国际贸易有限公司
发证日期:2014.05.20　截止日期:2018.05.19

国食药监械(进)字 2014 第 3462457 号

产品名称:全膝关节植入物系统(骨水泥型)(商品名: Columbus cemented)(Columbus Knee System, cemented)
规格型号:见附页
产品标准:YZB/GER 2306-2014《全膝关节植入物系统(骨水泥型)》
性能组成:该产品包括股骨部件、胫骨平台、衬垫、髌骨部件及填充器组成，髌骨部件包括 X 线标记，衬垫包括固定螺钉、X 线标记。股骨部件、胫骨平台采用符合 ISO5832-4 标准规定的铸造钴铬钼合金制成，衬垫和髌骨部件采用符合 ISO5834-2 的 1 型超高分子聚乙烯材料制成，固定螺钉和填充器采用符合 ISO5832-12 标准规定的锻造钴铬钼合金材料制成，髌骨部件 X 线标记采用符合 ISO5832-1 标准规定的不锈钢材料制成，UCR 系列衬垫的 X 线标记采用符合 ISO5832-3 标准规定的 Ti6A14V 钛合金或符合 ISO13782 标准规定的钽金属制成。灭菌包装。
适用范围:作为骨水泥型膝关节假体使用，适用于膝关节置换。
生产厂家:德国 Aesculap AG
注册代理:贝朗医疗(上海)国际贸易有限公司
服务机构:贝朗医疗(上海)国际贸易有限公司
发证日期:2014.05.20　截止日期:2018.05.19

国食药监械(进)字 2014 第 3222458 号

产品名称:腔镜直线型切割吻合器(商品名: ECHELON 60)(Echelon 60 ENDOPATH Endoscopic Linear Cutters)
规格型号:EC60, SC60, LONG60
产品标准:YZB/USA 2411-2014《腔镜直线型切割吻合器》
性能组成:由关闭杆、击发杆、旋转钮、手动击发释放杆、3 击指示线、钉砧释放按钮、手柄、钉砧咬合面、钉仓咬合面、钉仓对准槽组成。已辐射灭菌，一次性使用。
适用范围:该产品适用于横切、切除和/或吻合操作。此类器械可用于多种开放式或微创性普通外科、妇科、泌尿科、胸外科和小儿外科操作。可与缝合线或组织吻合钉支持物配合使用。还可用于横切和切除肝实质组织(肝脏血管和胆道结构)、胰腺、肾脏和脾脏。
生产厂家:美国 Ethicon Endo - Surgery, LLC
注册代理:强生(上海)医疗器材有限公司
服务机构:强生(上海)医疗器材有限公司
发证日期:2014.05.20　截止日期:2018.05.19

国食药监械(进)字 2014 第 3662459 号

产品名称:腹膜透析管及附件(Argyle Peritoneal Dialysis Catheters and Accessories)
规格型号:见附页
产品标准:YZB/USA 2483-2014《腹膜透析管及附件》
性能组成:透析管及附件组成包括:腹透管，转接头，密封帽和 Beta-cap 夹。
适用范围:透析管及附件适用于急性、慢性腹膜透析和腹腔内化疗。
生产厂家:美国 Covidien llc
注册代理:柯惠医疗器材国际贸易(上海)有限公司
服务机构:柯惠医疗器材国际贸易(上海)有限公司
发证日期:2014.05.20　截止日期:2018.05.19

国食药监械(进)字 2014 第 2662460 号

产品名称:内镜用透明套(SB hood)
规格型号:MD-47910、MD-47920、MD-47930、MD-47940
产品标准:YZB/JAP 1116-2011《内镜用透明套》
性能组成:本产品包括内镜连接部和套子组成。其中内镜连接部由硅氧橡胶制造，套子由聚碳酸酯制造。采用环氧乙烷灭菌。
适用范围:本产品安装在内视镜的前端部分用于内视镜治疗，保证内镜的视野观察。
生产厂家:日本秋田住友ベーク株式会社
注册代理:东西贸易(上海浦东新区)有限公司
服务机构:东西贸易(上海浦东新区)有限公司
发证日期:2014.05.20　截止日期:2018.05.19

国食药监械(进)字 2014 第 2632461 号

产品名称:金属烤瓷(商品名: CARMEN CCS)(Bonding Ceramic)
规格型号:见附页
产品标准:YZB/GER 0683-2010《金属烤瓷》
性能组成:本品主要由二氧化硅、氢氧化铝、碳酸钙、氧化镁、碳酸钾、碳酸钠等组成。产品分为:遮色瓷、牙本质瓷、切端瓷、中度透明瓷、肩台瓷，详见附页。
适用范围:该烤瓷可与热膨胀系数为 14.1×10-6/K—15.3×10-6/K(25—600℃)的贵金属，以及热膨胀系数为 13.9×10-6/K—15.1×10-6/K(25—500℃)的贱金属配合使用；也可以与粘合剂配合使用，实现无金属的镶嵌、贴面，并可制作牙冠。
生产厂家:德国 DENTAURUM GmbH & Co.KG
注册代理:优诺康(北京)医药技术服务有限公司
服务机构:汕尾信利齿科材料有限公司
发证日期:2014.05.20　截止日期:2018.05.19

国食药监械(进)字 2014 第 3462462 号

产品名称:直型骨板和接骨螺钉系统(Plates and Screws)
规格型号:见附页
产品标准:YZB/SWI 2279-2014《直型骨板和接骨螺钉系统》
性能组成:该系统由直型骨板、接骨螺钉、垫圈和螺帽组成。产品材料为符合 ISO 5832-1 标准的不锈钢或符合 ISO 5832-3 标准的 Ti6Al4V 钛合金，其中钛合金产品表面经过阳极化处理。产品一次性使用，有灭菌包装及非灭菌包装，灭菌产品经 Gamma 射线灭菌。
适用范围:该产品适用于四肢和骨盆骨骨折加压或保护性内固定。
生产厂家:瑞士 Stryker Trauma AG
注册代理:史赛克(北京)医疗器械有限公司
服务机构:史赛克(北京)医疗器械有限公司
发证日期:2014.05.20　截止日期:2018.05.19

国食药监械(进)字 2014 第 2072463 号

产品名称:打孔器(Aortic Punch)
规格型号:353427、353435、353440、353445、353447、353450、353455
产品标准:YZB/USA 2567-2014《打孔器》
性能组成:打孔器由尖端 tip、骰子 die、打洞器 punch、T 型手柄 t-handle、栓 pin、弹簧 spring、活塞 plunger、外管 outer tube 和内管 inner tube 组成。打孔器采用符合 ASTM F899 的不锈钢材料制成，打孔器头部硬度应不低于 255HV1.0 。一次性使用产品，辐射灭菌。
适用范围:打孔器用于需要在血管吻合之前，在主动脉壁上打一个齐整的圆形开口的外科手术。
生产厂家:美国 Teleflex Medical
注册代理:泰利福医疗器械商贸(上海)有限公司
服务机构:泰利福医疗器械商贸(上海)有限公司
发证日期:2014.05.20　截止日期:2018.05.19

国食药监械(进)字 2014 第 2222464 号

产品名称:刮匙(锐匙)
规格型号:CC-4CR-1

产品标准:YZB/JAP 0542-2014《刮匙》
性能组成:本产品由先端部，插入部和手柄组成。由不锈钢，聚苯砜材料制成。
适用范围:本产品与公司规定的内窥镜配合使用，采取呼吸器内的细胞。
生产厂家:日本オリンパスメディカルシステムズ株式会社
注册代理:奥林巴斯贸易(上海)有限公司
服务机构:奥林巴斯(北京)销售服务有限公司
发证日期:2014.05.20 截止日期:2018.05.19

国食药监械(进)字2014第3462465号

产品名称:金属接骨螺钉(商品名:HerbertTM)(Metallic Bone Screw)
规格型号:见附页
产品标准:YZB/USA 2383-2014《金属接骨螺钉》
性能组成:该产品分为Herbert中空骨钉和Herbert/Whipple骨钉，由符合GB/T13810标准要求的TC4钛合金材料制成，表面无着色，灭菌包装。
适用范围:该产品适用于骨折的临时性内固定。
生产厂家:美国Zimmer Inc.
注册代理:捷迈(上海)医疗国际贸易有限公司
服务机构:捷迈(上海)医疗国际贸易有限公司
发证日期:2014.05.20 截止日期:2018.05.19

国食药监械(进)字2014第3222466号

产品名称:眼科手术用重水(Perfluorocarbon)
规格型号:型号:RT DECALIN 规格:5ml，7ml
产品标准:YZB/GER 2434-2014《眼科手术用重水》
性能组成:本产品主要成分是过氟萘烷(C10F18)，其中过氟萘烷含量95%～100%。采用过滤灭菌方式，一次性使用。
适用范围:适用于眼科手术的辅助治疗，针对严重的视网膜脱离病例手术中为视网膜复位而进行的眼内填充，如严重的增生性视网膜病变导致的视网膜严重脱离、外伤性视网膜脱离、巨大裂孔性视网膜脱离及其他视网膜脱离等无法采取其他治疗方案的病例，该产品还可以用于不全脱位晶状体的抬起处理。
生产厂家:德国Carl Zeiss Meditec AG
注册代理:卡尔蔡司(上海)管理有限公司
服务机构:卡尔蔡司(上海)管理有限公司
发证日期:2014.05.20 截止日期:2018.05.19

国食药监械(进)字2014第3632467号

产品名称:树脂充填材料(商品名:Filtek P90低聚合收缩后牙充填材料)(Filtek P90 Low Shrink Posterior Restorative)
规格型号:见附页
产品标准:YZB/USA 2017-2014《树脂充填材料》
性能组成:具有良好的生物性能，良好的环境光线敏感性，固化深度，挠曲强度，色调，色稳定性及良好的吸水值溶解值等。组成:硅烷化的石英等，。
适用范围:该树脂充填材料用于与3M公司生产的自酸蚀处理剂及粘接剂结合作为一个系统使用，对I类和II类窝洞的直接后牙修复。
生产厂家:美国3M ESPE Dental Products
注册代理:明尼苏达矿业制造(上海)国际贸易有限公司
服务机构:明尼苏达矿业制造(上海)国际贸易有限公司
发证日期:2014.05.20 截止日期:2018.05.19

国食药监械(进)字2014第2632468号

产品名称:硅橡胶印模材料(Vinyl Polysiloxane Impression Material)
规格型号:见附页
产品标准:YZB/USA 1952-2014《硅橡胶印模材料》
性能组成:主要性能:良好的稠度，细节再现，线形尺寸变化，与石膏的配伍性，弹性回复率和亚应变性，良好的生物性能。主要成分:乙烯基聚矽氧烷和石英硅石。
适用范围:制作嵌体、高嵌体、贴面、冠和桥的印膜。
生产厂家:美国3M ESPE Dental Products
注册代理:明尼苏达矿业制造(上海)国际贸易有限公司
服务机构:明尼苏达矿业制造(上海)国际贸易有限公司
发证日期:2014.05.20 截止日期:2018.05.19

国食药监械(进)字2014第3462469号

产品名称:股骨部件(商品名:Accolade HFx)(Accolade HFx Hip Stem)
规格型号:见附页
产品标准:YZB/USA 2333-2014《股骨部件(商品名:Accolade HFx)》
性能组成:该部件由符合ISO 5832-12的锻造钴铬钼合金制成，表面为真空等离子纯钛涂层。
适用范围:该产品作为生物型髋关节假体使用，与同一系统组件配合，适用于髋关节置换。主要用于全髋关节假体置换的适应症包括:1)非炎症性退行性关节疾病，包括骨关节炎和无血管性坏死；2)风湿性关节(不包括Osteolock HA罕髋臼杯)；3)功能性畸形矫正；4)在其他治疗或装置失效情况下的翻修手术；以及5)用于治疗其他技术难以处理的股骨近段(牵连到股骨头)不连、股骨颈骨折和转子骨折。
生产厂家:美国Howmedica Osteonics Corp.
注册代理:史赛克(北京)医疗器械有限公司
服务机构:史赛克(北京)医疗器械有限公司
发证日期:2014.05.20 截止日期:2018.05.19

国食药监械(进)字2014第3462470号

产品名称:缆索固定系统(Cerclage Band with Lock)
规格型号:63-4300/01，63-4300/02，63-4300/03，63-4300/04，64-4300/10，64-4300/11，64-4300/12，64-4300/13
产品标准:YZB/GEM 1885-2010《缆索固定系统》
性能组成:该产品包括缆索、锁定装置和锁定螺钉。材料为00Cr18Ni14Mo3不锈钢；或者缆索为纯钛，锁定装置和锁定螺钉为Ti6Al4V钛合金。纯钛及钛合金产品表面无着色。灭菌包装。
适用范围:适用于关节置换术中骨折的环扎固定。
生产厂家:德国Waldemar Link GmbH & Co. KG
注册代理:北京威联德骨科技术有限公司
服务机构:北京威联德骨科技术有限公司
发证日期:2014.05.20 截止日期:2018.05.19

国食药监械(进)字2014第3462471号

产品名称:跗骨螺钉(HyProCure Sinus Tarsi Implant System)
规格型号:HYP-05，HYP-06，HYP-07，HYP-08，HYP-09，HYP-10。
产品标准:YZB/USA 2302-2014《跗骨螺钉》
性能组成:该产品材料采用符合Ti6Al4V钛合金。中空结构。表面无着色。无菌包装。
适用范围:通过稳定距下关节治疗过度旋前足(外翻足)。
生产厂家:美国GraMedica
注册代理:捷通埃默高(北京)医药科技有限公司
服务机构:施百恩脊椎医疗技术(北京)有限公司
发证日期:2014.05.20 截止日期:2018.05.19

国食药监械(进)字2014第3462472号

产品名称:脊柱内固定系统(商品名:XLP)(XLP Lateral Plate System)
规格型号:见附页
产品标准:YZB/USA 3618-2010《脊柱内固定系统》
性能组成:该系统由骨钉、骨板和固定螺丝组成。材料采用Ti6Al4V钛合金。其中骨板、螺纹外径为6.5mm的骨钉以及固定螺丝表面经阳极氧化处理。非灭菌包装。
适用范围:适用于在大血管上方的分叉处，经过侧路或侧前路入口治疗胸椎和胸腰椎(T1-L5)不稳患者，或经过前路入口，在大血管分叉下方，手术治疗腰椎和腰骶椎(L1-S1)不稳患者。
生产厂家:美国NuVasive，Inc.
注册代理:北京英普朗特科贸有限公司
服务机构:北京英普朗特科贸有限公司
发证日期:2014.05.20 截止日期:2018.05.19

国食药监械(进)字2014第1402473号

产品名称:化学清洗液(Chemistry Wash)
规格型号:产品编号:RD701；包装规格:1×1.7L。
产品标准:YZB/USA 2788-2014
性能组成:羟乙基哌嗪乙硫磺酸缓冲液，在25℃条件下pH值为8.0，防腐剂。产品有效期:在2～30°C条件下保存，有效期13个月。附件：注册产品标准，产品说明书。
适用范围:该产品作为一个清洗液在带有非均相免疫模块的 Dimension 系统上清洗反应中未连接的结合物。
生产厂家:美国 Siemens Healthcare Diagnostics Inc.
注册代理:西门子医学诊断产品(上海)有限公司
发证日期:2014.05.16 **截止日期**:2018.05.15

国食药监械(进)字 2014 第 2402474 号

产品名称:磷霉素/氨丁三醇药敏实验纸片(扩散法)(Fosfomycin/trometamol Susceptibility Test Disc)
规格型号:50 片/筒×5 筒
产品标准:YZB/UK 2806-2014
性能组成:药敏纸片：浸有磷霉素/氨丁三醇，200μg；干燥剂。(具体内容详见说明书)。产品有效期：储存在-20℃～8℃，有效期 2 年。附件：注册产品标准，产品说明书。
适用范围:用于磷霉素/氨丁三醇体外细菌敏感性检测。
生产厂家:英国 Oxoid Limited
注册代理:赛默飞世尔(上海)仪器有限公司
发证日期:2014.05.16 **截止日期**:2018.05.15

国食药监械(进)字 2014 第 2402475 号

产品名称:血管炎抗体检测试剂盒(流式点阵免疫发光法)(BioPlex 2200 Vasculitis Reagent Pack)
规格型号:100 人份
产品标准:YZB/USA 2149-2014
性能组成:荧光微珠组，结合物，样本稀释液(具体成份详见说明书)。产品有效期：2-8℃保存，产品有效期:24 个月。附件：注册产品标准，产品说明书。
适用范围:该产品用于体外半定量检测人血清中的髓过氧化酶(MPO)，蛋白酶 3(PR3)和肾小球基底膜(GBM)的 IgG 自身抗体。
生产厂家:美国 Bio-Rad Laboratories, Inc.
注册代理:伯乐生命医学产品(上海)有限公司
发证日期:2014.05.16 **截止日期**:2018.05.15

国食药监械(进)字 2014 第 2402476 号

产品名称:B 族链球菌增菌肉汤(Todd Hewitt Broth + Antibiotics (TODD H-T))
规格型号:20 × 9 mL
产品标准:YZB/FRA 2770-2014
性能组成:酪蛋白胨(牛)、大豆蛋白胨、心脏蛋白胨(牛或猪)、磷酸氢二钠、碳酸钠、无水葡萄糖、氯化钠、萘啶酸、粘菌素、纯水、pH7.8。(具体内容详见说明书)。产品有效期：2～8℃储存，有效期 10 个月。附件：注册产品标准，产品说明书。
适用范围:B 族链球菌增菌肉汤为一种选择性增菌肉汤，用于孕妇阴道-肛肠样本中 B 族链球菌检测时的选择性增菌。
生产厂家:法国 bioMérieux, SA
注册代理:梅里埃诊断产品(上海)有限公司
发证日期:2014.05.16 **截止日期**:2018.05.15

国食药监械(进)字 2014 第 2402477 号

产品名称:细菌试验标准品(IVD Bacterial Test Standard)
规格型号:5 支/包装
产品标准:YZB/GER 2531-2014
性能组成:由大肠埃希菌 DH5α 提取物，核糖核酸酶 A (RNAse A) 和肌红蛋白组成。产品有效期:-18℃以下条件贮存，有效期 18 个月。附件:注册产品标准，产品说明书。
适用范围:本产品用于全自动快速生物质谱检测系统 (IVD MALDI Biotyper System) 的校正，并用于个体样本微生物鉴定效果的质量控制。
生产厂家:德国 Bruker Daltonik GmbH
注册代理:布鲁克(北京)科技有限公司
发证日期:2014.05.16 **截止日期**:2018.05.15

国食药监械(进)字 2014 第 1402478 号

产品名称:蓝化剂(SelecTech Ready-to-use Blue Buffer 8)
规格型号:3.8L
产品标准:YZB/USA 1929-2014
性能组成:三羟甲基氨基甲烷盐酸盐，三羟甲基氨基甲烷，固绿。产品有效期：储存在 15℃～30℃环境下，有效期 24 个月。附件：注册产品标准，产品说明书。
适用范围:该产品用于在标准苏木精伊红染色中对冷冻或石蜡包埋组织标本进行蓝化。
生产厂家:美国 Leica Biosystems Richmond, Inc.
注册代理:徕卡显微系统(上海)贸易有限公司
发证日期:2014.05.16 **截止日期**:2018.05.15

国食药监械(进)字 2014 第 1402479 号

产品名称:即用型分化剂(SelecTech Ready-to-use Define Mx-aq)
规格型号:3.8L
产品标准:YZB/USA 1935-2014
性能组成:苹果酸、柠檬酸钠、氢氧化钠、硫酸镁。产品有效期：储存在 15℃～30℃环境下，有效期 24 个月。附件：注册产品标准，产品说明书。
适用范围:该产品用于冰冻组织切片或石蜡包埋组织切片的苏木精伊红染色 (H&E 染色)。
生产厂家:美国 Leica Biosystems Richmond, Inc.
注册代理:徕卡显微系统(上海)贸易有限公司
发证日期:2014.05.16 **截止日期**:2018.05.15

国食药监械(进)字 2014 第 1402480 号

产品名称:封片剂(Sub-X Mounting Medium)
规格型号:473mL，59mL，118mL。
产品标准:YZB/USA 1938-2014
性能组成:甲苯，丙烯酸树脂，邻苯二甲酸丁基苄酯，抗氧化剂。产品有效期：储存在 15～30℃环境下，有效期为 24 个月。附件：注册产品标准，产品说明书。
适用范围:该产品用于对细胞学或组织学切片进行封存。
生产厂家:美国 Leica Biosystems Richmond, Inc.
注册代理:徕卡显微系统(上海)贸易有限公司
发证日期:2014.05.16 **截止日期**:2018.05.15

国食药监械(进)字 2014 第 2402481 号

产品名称:免疫球蛋白 A/免疫球蛋白 M 检测用校准品(C.f.a.s. IgA/IgM CSF)
规格型号:3×1mL (冻干品，复溶体积)
产品标准:YZB/GER 2812-2014
性能组成:反应性成分：人类血清以及指定生物来源的化学添加物，这些添加物为：免疫球蛋白 A (人血清) 和免疫球蛋白 M (人血清)；无反应性成分：防腐剂和稳定剂。产品有效期：2～8℃保存，有效期 12 个月。附件：注册产品标准，产品说明书。
适用范围:用于对免疫球蛋白 A/免疫球蛋白 M 的定标。
生产厂家:德国 Roche Diagnostics GmbH
注册代理:罗氏诊断产品(上海)有限公司
发证日期:2014.05.16 **截止日期**:2018.05.15

国食药监械(进)字 2014 第 1402482 号

产品名称:DAB 染色液(Super Sensitive Polymer-HRP ISH Detection System)
规格型号:DF300-YCX，用于 200 玻片的染色。
产品标准:YZB/USA 2791-2014
性能组成:蛋白酶 K (HK878-20X)、变性液 I (HK829-20X)、变性液 II (HK883-20X)、清洗液 A (HK839-20X)、清洗液 B (HK880-20X)、强力阻断剂 (HK083-20K)、过氧化物阻断剂 II (HK866-20X)、抗荧光素抗体 (HK818-20X)、超级增强剂 (HK518-20X)、聚合物-HRP 试剂 (HK519-20X)、稳定型 DAB 缓冲液 (HK520-05X)、液体 DAB 色原 (HK124-5K)、苏木精(HK884-20K)。产品有效期:在 2～8℃温度下，有效期为 1 年。附件：注册产品标准，产品说明书。
适用范围:该产品用于经福尔马林固定、石蜡包埋的组织切片中目标脱氧核糖核酸 (DNA) 或信使核糖核酸 (mRNA) 序列的特异性染色。该产品是为荧光素标记探针杂交到目标 DNA 或 mRNA 序列后的特异性免疫组化检测而设计的，适用于原位杂交 (ISH) 系统。
生产厂家:美国 Biogenex Laboratories, Inc.

注册代理:北京英硕力新柏科技有限公司
发证日期:2014.05.16　截止日期:2018.05.15

国食药监械(进)字 2014 第 2402483 号

产品名称:血气生化八项测试卡片(干式电化学法)(i-STAT CG8+ Cartridge)
规格型号:25 卡片/盒
产品标准:YZB/USA 2773-2014
性能组成:反应物质(生物源)为:钠(Na+)、钾(K+)、钙离子(Ca2+)、葡萄糖、葡萄糖氧化酶(黑曲霉素)、氢离子(H+)和二氧化碳(CO2)。产品有效期:可常温(18~30°C)保存2个月,避免阳光直射及高温;长期贮藏应2~8°C冷藏保存,有效期242天。附件:注册产品标准,产品说明书。
适用范围:本测试卡片主要用于体外定量检测全血中钠离子、钾离子、离子钙、葡萄糖、红细胞压积、酸碱度、二氧化碳分压、氧分压、总二氧化碳*、碳酸氢根*、碱剩余*、氧饱和度*、血红蛋白*(带*为计算值)的成分。
生产厂家:美国 Abbott Point of Care Inc.
注册代理:雅培贸易(上海)有限公司
发证日期:2014.05.19　截止日期:2018.05.18

国食药监械(进)字 2014 第 3402484 号

产品名称:抗单纯疱疹病毒 1 型抗体 IgM 检测试剂盒(酶联免疫吸附法)(Anti-HSV-1 (gC1)ELISA (IgM))
规格型号:EI 2531-9601-2 M: 96 人份/盒。
产品标准:YZB/GER 2739-2014
性能组成:微孔板、标准品、阳性对照、阴性对照、酶结合物、样本缓冲液、清洗缓冲液、色原/底物液、终止液、靶值参照表。
适用范围:该产品用于体外半定量检测人血清或血浆中的抗 HSV-1 特异性糖蛋白 C1 抗体 IgM。
备注:2014 年 11 月 25 日同意更正主要组成成分内容,2014 年 5 月 19 日核发的医疗器械注册登记表(体外诊断试剂)予以废止。
生产厂家:德国 EUROIMMUN Medizinische Labordiagnostika AG
注册代理:欧蒙医学诊断(中国)有限公司
发证日期:2014.05.19　截止日期:2018.05.18

国食药监械(进)字 2014 第 3402485 号

产品名称:抗肺炎衣原体抗体 IgM 检测试剂盒(酶联免疫吸附法)(Anti-Chlamydia pneumoniae ELISA (IgM))
规格型号:EI 2192-9601 M: 96 人份/盒。
产品标准:YZB/GER 2737-2014
性能组成:微孔板、标准品、阳性对照、阴性对照、酶结合物、样本缓冲液、清洗缓冲液、色原/底物液、终止液、保护封膜、靶值参照表。产品有效期:2-8℃保存,避免冰冻,未开封前,除非特别说明,试剂盒中各成分可稳定1年。附件:注册产品标准,产品说明书。
适用范围:该产品用于体外半定量检测人血清或血浆中的肺炎衣原体 IgM 抗体。
生产厂家:德国 EUROIMMUN Medizinische Labordiagnostika AG
注册代理:欧蒙医学诊断(中国)有限公司
发证日期:2014.05.19　截止日期:2018.05.18

国食药监械(进)字 2014 第 2402486 号

产品名称:N 端脑利钠肽校准品(VITROS Immunodiagnostic Products NT-proBNP Calibrators)
规格型号:3 套/测试
产品标准:YZB/UK 2048-2014
性能组成:校准品包含: 1 套 VITROS NT-proBNP 校准品 1、2 和 3(合成 NT-proBNP 溶于含有牛血清白蛋白和抗微生物剂的缓冲液中,2 mL);标称值分别为 0、150 和 12, 500 pg/mL(0、17.7 和 1475 pmol/L);批次校准卡;试验方案卡; 24 个校准品条形码标签(每个校准品 8 个条形码标签)。产品有效期:储存条件:冷藏 2~8℃;有效期:26 周。附件:注册产品标准,产品说明书。
适用范围:该校准品用于进行人血清和血浆(EDTA 或肝素抗凝)中 N 端脑利钠肽(NT-proBNP)定量测定的校准。
生产厂家:英国 Ortho Clinical Diagnostics
注册代理:强生(上海)医疗器材有限公司
发证日期:2014.05.19　截止日期:2018.05.18

国食药监械(进)字 2014 第 2402487 号

产品名称:Beta-2 微球蛋白质控品(IMMULITE Beta-2 Microglobulin Control Module)
规格型号:3×1.0mL(复溶后)
产品标准:YZB/UK 2171-2014
性能组成:质控水平 1(BMC1)、质控水平 2(BMC2)、质控水平 3(BMC3):含有不同浓度 Beta-2 微球蛋白的冻干产品,基质为人工合成。产品有效期:在 2~8℃条件下保存,有效期 24 个月。附件:注册产品标准,产品说明书。
适用范围:本产品用于 Beta-2 微球蛋白检测时的质量控制。
生产厂家:英国 Siemens Healthcare Diagnostics Products Limited
注册代理:西门子医学诊断产品(上海)有限公司
发证日期:2014.05.19　截止日期:2018.05.18

国食药监械(进)字 2014 第 2402488 号

产品名称:尿糖试纸(Diabur-Test 5000)
规格型号:50 条/盒
产品标准:YZB/GER 2847-2014
性能组成:试纸反应物成份(每平方厘米): 上测试区: 葡萄糖氧化酶(GOD) 2.6U,过氧化物酶(POD)20U,四甲基联苯胺(TMB) 56.04 μg,缓冲物(柠檬酸-1-水合物)203.5 μg。 下测试区:葡萄糖氧化酶(GOD) 5.0U,过氧化物酶(POD) 19U,四甲基联苯胺(TMB) 52.52 μg,缓冲物(柠檬酸-1-水合物)164.7 μg。产品有效期:2℃~30℃ 储存,有效期 24 个月。附件:注册产品标准,产品说明书。
适用范围:用于体外半定量测定尿中葡萄糖的含量。
生产厂家:德国 Roche Diagnostics GmbH
注册代理:罗氏诊断产品(上海)有限公司
发证日期:2014.05.19　截止日期:2018.05.18

国食药监械(进)字 2014 第 2402489 号

产品名称:尿酮试纸(Ketur-Test)
规格型号:50 条/盒
产品标准:YZB/GER 2850-2014
性能组成:试纸反应物成份(每平方厘米):硝普钠 157.2 μg,甘氨酸 4.2 μg。产品有效期:2℃~30℃ 储存,有效期 30 个月。附件:注册产品标准,产品说明书。
适用范围:用于体外半定量测定尿中酮体的含量。
生产厂家:德国 Roche Diagnostics GmbH
注册代理:罗氏诊断产品(上海)有限公司
发证日期:2014.05.19　截止日期:2018.05.18

国食药监械(进)字 2014 第 2402490 号

产品名称:尿糖酮试纸(Keto-Diabur-Test 5000)
规格型号:50 条/盒
产品标准:YZB/GER 2852-2014
性能组成:试纸反应物成份(每平方厘米): 尿糖测试块: 上测试区:葡萄糖氧化酶(GOD) 2.6U,过氧化物酶(POD) 20U,四甲基联苯胺(TMB) 56.04 μg,缓冲物(柠檬酸-1-水合物)203.5 μg。 下测试区:葡萄糖氧化酶(GOD) 5.0U,过氧化物酶(POD) 19U,四甲基联苯胺(TMB) 52.52 μg,缓冲物(柠檬酸-1-水合物)164.7 μg。 酮体测试块:硝普钠 157.2 μg,甘氨酸 4.2 μg。产品有效期:2℃~30℃ 储存,有效期 24 个月。附件:注册产品标准,产品说明书。
适用范围:用于体外半定量测定尿中尿葡萄糖及酮体的含量。
生产厂家:德国 Roche Diagnostics GmbH
注册代理:罗氏诊断产品(上海)有限公司
发证日期:2014.05.19　截止日期:2018.05.18

国食药监械(进)字 2014 第 2402491 号

产品名称:抗脱氧核糖核酸酶 B 测定试剂盒(散射比浊法)(N Latex ADNase B)
规格型号:抗脱氧核糖核酸酶 B 试剂: 3×2 mL;抗脱氧核糖核酸酶 B 定标血清(人源): 3 × 1 mL;抗脱氧核糖核酸酶 B 质控血清(人源): 3 × 2 mL;抗脱氧核糖核酸酶 B 辅助试剂: 3 × 2.8 mL。
产品标准:YZB/GER 1833-2014

性能组成:抗脱氧核糖核酸酶 B 试剂，抗脱氧核糖核酸酶 B 定标血清(人源)，抗脱氧核糖核酸酶 B 质控血清（人源），抗脱氧核糖核酸酶 B 辅助试剂。(具体内容详见说明书) 该试剂盒还含有定标血清和质控血清的赋值表格。产品有效期：在 +2 ～+8°C 的环境中保存，有效期 15 个月。附件：注册产品标准，产品说明书。
适用范围:本产品用于定量测定人血清中抗链球菌脱氧核糖核酸酶 B (ADNase B) 的含量。
生产厂家:德国 Siemens Healthcare Diagnostics Products GmbH
注册代理:西门子医学诊断产品(上海)有限公司
发证日期:2014.05.19 **截止日期**:2018.05.18

国食药监械(进)字 2014 第 2402492 号

产品名称:免疫球蛋白 G2 测定试剂盒(散射比浊法)(N AS IgG2)
规格型号:1× 1.5 mL
产品标准:YZB/GER 1837-2014
性能组成:免疫球蛋白 G2 测定试剂是用高纯度的人免疫球蛋白 G2 亚类通过对羊免疫得到的液体的动物血清。活性抗体浓度＜60g/L。防腐剂：叠氮化钠＜1g/L。产品有效期：在 +2 到 +8°C 的环境中保存，有效期 12 个月。附件：注册产品标准，产品说明书。
适用范围:本产品用于体外定量测定人血清中免疫球蛋白 G2 的含量。
生产厂家:德国 Siemens Healthcare Diagnostics Products GmbH
注册代理:西门子医学诊断产品(上海)有限公司
发证日期:2014.05.19 **截止日期**:2018.05.18

国食药监械(进)字 2014 第 3402493 号

产品名称:多项蛋白定标品(N Protein Standard SL)
规格型号:3×1 mL
产品标准:YZB/GER 1874-2014
性能组成:多项蛋白定标品为液态、稳定的人血清。源自半胱氨酸化学纯品及人源制剂 IgE、铁蛋白和 β2-微球蛋白、骨髓瘤血清 IgE、胎盘铁蛋白和尿液 β2-微球蛋白。防腐剂：叠氮化钠＜ 1g/L。产品有效期：在 +2 ～+8°C 环境中保存，有效期 24 个月。避免冷冻。附件：注册产品标准，产品说明书。
适用范围:见附页。
生产厂家:德国 Siemens Healthcare Diagnostics Products GmbH
注册代理:西门子医学诊断产品(上海)有限公司
发证日期:2014.05.19 **截止日期**:2018.05.18

国食药监械(进)字 2014 第 1402494 号

产品名称:糖类抗原 19-9 样本稀释液(Immulite GI-MA Sample Diluent)
规格型号:LGIZ (货号): 25mL/瓶。
产品标准:YZB/UK 1846-2014
性能组成:基质：pH 化鸡血清；防腐剂：叠氮化钠，氯霉素，两性霉素 B。(具体内容详见说明书)。产品有效期：保存于 2～8℃的环境中，有效期 3 年。附件：注册产品标准，产品说明书。
适用范围:本产品用于糖类抗原 19-9 检测时对血清样本的人工稀释。
生产厂家:英国 Siemens Healthcare Diagnostics Products Limited
注册代理:西门子医学诊断产品(上海)有限公司
发证日期:2014.05.19 **截止日期**:2018.05.18

国食药监械(进)字 2014 第 3402495 号

产品名称:多项蛋白质控品(高值)(N/T Protein Control SL/H)
规格型号:3 × 1 mL
产品标准:YZB/GER 1882-2014
性能组成:多项蛋白质控品为液态、稳定的人血清。防腐剂：叠氮化钠＜1g/L。产品有效期：在 +2 ～+8°C 环境中保存，有效期 24 个月。避免冷冻。附件：注册产品标准，产品说明书。
适用范围:见附页。
生产厂家:德国 Siemens Healthcare Diagnostics Products GmbH
注册代理:西门子医学诊断产品(上海)有限公司
发证日期:2014.05.19 **截止日期**:2018.05.18

国食药监械(进)字 2014 第 1402496 号

产品名称:生长激素样本稀释液(Immulite Growth Hormone Sample Diluent)
规格型号:LGHZ (货号): 25mL/瓶
产品标准:YZB/UK 1850-2014
性能组成:缓冲液：PH 处理马血清；防腐剂：叠氮化钠，硫酸庆大霉素。(具体内容详见说明书)。产品有效期：在 2～8℃条件下保存，有效期 3 年。附件：注册产品标准，产品说明书。
适用范围:该产品用于生长激素检测时对血清样本的人工稀释。
生产厂家:英国 Siemens Healthcare Diagnostics Products Limited
注册代理:西门子医学诊断产品(上海)有限公司
发证日期:2014.05.19 **截止日期**:2018.05.18

国食药监械(进)字 2014 第 3402497 号

产品名称:多项蛋白质控品(中值)(N/T Protein Control SL/M)
规格型号:3 × 1 mL
产品标准:YZB/GER 1883-2014
性能组成:多项蛋白质控品为液态、稳定的人血清。防腐剂：叠氮化钠 ＜ 1g/L。产品有效期：在 +2 ～+8°C 环境中保存，有效期 24 个月。避免冷冻。附件：注册产品标准，产品说明书。
适用范围:见附页。
生产厂家:德国 Siemens Healthcare Diagnostics Products GmbH
注册代理:西门子医学诊断产品(上海)有限公司
发证日期:2014.05.19 **截止日期**:2018.05.18

国食药监械(进)字 2014 第 1402498 号

产品名称:白介素-6 样本稀释液(Immulite IL-6 Sample Diluent)
规格型号:L6PZ (货号): 25mL/瓶
产品标准:YZB/UK 1852-2014
性能组成:缓冲液：4-羟乙基哌嗪丙磺酸 (HEPPS) 缓冲液，氯化钠；蛋白：牛血清白蛋白；防腐剂：叠氮化钠，庆大霉素。(具体内容详见说明书)。产品有效期：在 2～8℃条件下保存，有效期 3 年。附件：注册产品标准，产品说明书。
适用范围:该产品用于白介素-6 检测时对血清，乙二胺四乙酸 (EDTA) 或肝素化血浆样本的人工稀释。
生产厂家:英国 Siemens Healthcare Diagnostics Products Limited
注册代理:西门子医学诊断产品(上海)有限公司
发证日期:2014.05.19 **截止日期**:2018.05.18

国食药监械(进)字 2014 第 1402499 号

产品名称:α 肿瘤坏死因子样本稀释液(Immulite TNF α Sample Diluent)
规格型号:LNFZ (货号): 25mL/瓶。
产品标准:YZB/UK 1847-2014
性能组成:基质：正常马血清；防腐剂：叠氮化钠，硫酸庆大霉素。(具体内容详见说明书)。产品有效期：在 2～8℃的条件下保存，有效期 3 年。附件：注册产品标准，产品说明书。
适用范围:本产品用于 α 肿瘤坏死因子检测时对血清或肝素化血浆样本的人工稀释。
生产厂家:英国 Siemens Healthcare Diagnostics Products Limited
注册代理:西门子医学诊断产品(上海)有限公司
发证日期:2014.05.19 **截止日期**:2018.05.18

国食药监械(进)字 2014 第 3402500 号

产品名称:多项蛋白质控品(低值)(N/T Protein Control SL/L)
规格型号:3 × 1 mL
产品标准:YZB/GER 1884-2014
性能组成:多项蛋白质控品为液态、稳定的人血清。防腐剂：叠氮化钠 ＜ 1g/L。产品有效期：在 +2 ～+8°C 环境中保存，有效期 24 个月。避免冷冻。附件：注册产品标准，产品说明书。
适用范围:见附页。
生产厂家:德国 Siemens Healthcare Diagnostics Products GmbH
注册代理:西门子医学诊断产品(上海)有限公司
发证日期:2014.05.19 **截止日期**:2018.05.18

国食药监械(进)字 2014 第 2402501 号

产品名称:纤溶酶原测定试剂盒(散射比浊法)(N Antiserum to Human Plasminogen)
规格型号:1 × 2 mL

产品标准:YZB/GER 1875-2014

性能组成:此试剂为液体动物血清，是用高纯度人纤溶酶原通过在兔子身上进行免疫反应而制成的。纤溶酶原的活性抗体浓度＜16.5g/L。防腐剂：叠氮化钠 ＜ 1g/L。产品有效期：在 +2 ～+8 ℃ 的环境中保存，有效期24个月。附件：注册产品标准，产品说明书。

适用范围:本产品用于体外定量检测人血浆中纤溶酶原。

生产厂家:德国 Siemens Healthcare Diagnostics Products GmbH

注册代理:西门子医学诊断产品(上海)有限公司

发证日期:2014.05.19　**截止日期**:2018.05.18

国食药监械(进)字2014第1402502号

产品名称:促红细胞生成素样本稀释液(Immulite EPO Sample Diluent)

规格型号:LEPZ (货号): 25mL/瓶。

产品标准:YZB/UK 1844-2014

性能组成:缓冲液：小牛血清；防腐剂：叠氮化钠，硫酸庆大霉素。(具体内容详见说明书)。产品有效期：在2～8℃的条件下保存，有效期3年。附件：注册产品标准，产品说明书。

适用范围:本产品用于促红细胞生成素检测时对血清或肝素化血浆样本的人工稀释。

生产厂家:英国 Siemens Healthcare Diagnostics Products Limited

注册代理:西门子医学诊断产品(上海)有限公司

发证日期:2014.05.19　**截止日期**:2018.05.18

国食药监械(进)字2014第2402503号

产品名称:胃泌素17检测试剂盒(酶联免疫法)(Gastrin-17)

规格型号:96人份/盒

产品标准:YZB/FIN 2858-2014

性能组成:含微孔板、浓缩洗涤液（10倍)、稀释液、空白液、标准液、对照液、第二抗体溶液、生物素标记免疫球蛋白G结合溶液、抗生物素蛋白-过氧化物酶结合溶液、底物液、终止液和封孔膜。(具体内容详见说明书)。产品有效期：试剂盒于2～8℃储存，有效期14个月。附件：注册产品标准，产品说明书。

适用范围:该试剂盒用来在体外定量测量人类血清和含有乙二胺四乙酸(EDTA)或肝素的人血浆样品中的胃泌素17 。

生产厂家:芬兰 BIOHIT OYJ

注册代理:必欧瀚生物技术(合肥)有限公司

发证日期:2014.05.19　**截止日期**:2018.05.18

国食药监械(进)字2014第2402504号

产品名称:胃蛋白酶原Ⅱ检测试剂盒(酶联免疫法)(PepsinogenⅡ)

规格型号:96人份/盒

产品标准:YZB/FIN 2861-2014

性能组成:含微孔板、浓缩洗涤液（10倍)、稀释液、空白液、标准液、对照液、酶标液、底物液、终止液、封孔膜。(具体内容详见说明书)。产品有效期：试剂盒于2～8℃储存，有效期14个月。附件：注册产品标准，产品说明书。

适用范围:该试剂盒用来定量测量人类血清和含有乙二胺四乙酸(EDTA)或肝素的人血浆样品中的胃蛋白酶原II。

生产厂家:芬兰 BIOHIT OYJ

注册代理:必欧瀚生物技术(合肥)有限公司

发证日期:2014.05.19　**截止日期**:2018.05.18

国食药监械(进)字2014第2402505号

产品名称:胃蛋白酶原Ⅰ检测试剂盒(酶联免疫法)(PepsinogenⅠ)

规格型号:96人份/盒

产品标准:YZB/FIN 2862-2014

性能组成:含微孔板、浓缩洗涤液（10倍)、稀释液、空白液、标准液、对照液、酶标液、底物液、终止液、封孔膜。(具体内容详见说明书)。产品有效期：试剂盒于2～8℃储存，有效期14个月。附件：注册产品标准，产品说明书。

适用范围:该试剂盒用来定量测量人类血清和含有乙二胺四乙酸(EDTA)或肝素的人血浆样品中的胃蛋白酶原Ⅰ。

生产厂家:芬兰 BIOHIT OYJ

注册代理:必欧瀚生物技术(合肥)有限公司

发证日期:2014.05.19　**截止日期**:2018.05.18

国食药监械(进)字2014第2402506号

产品名称:抗环瓜氨酸肽 IgG 检测试剂盒(酶联免疫法)(QUANTA Lite CCP3 IgG ELISA)

规格型号:96人份/盒

产品标准:YZB/USA 2837-2014

性能组成:微孔板、阴性质控品、低值阳性质控品、高值阳性质控品/标准品A、标准品B、标准品C、标准品D、标准品E、样品稀释液、清洗液、酶结合物、显色液、终止液。(具体内容详见说明书)。产品有效期：保存在2～8℃，禁止冷冻，12个月。附件：注册产品标准，产品说明书。

适用范围:本试剂盒用于体外半定量检测人血清中的抗环瓜氨酸肽 IgG 抗体。

生产厂家:美国 INOVA Diagnostics, Inc.

注册代理:沃芬医疗器械商贸(北京)有限公司

发证日期:2014.05.19　**截止日期**:2018.05.18

国食药监械(进)字2014第1402507号

产品名称:B型氨基端利钠肽原样本稀释液(IMMULITE 2000 NT-proBNP Sample Diluent)

规格型号:L2NTZ (货号): 25mL/瓶

产品标准:YZB/UK 1820-2014

性能组成:缓冲液：冻干马血清；防腐剂：叠氮化钠，硫酸庆大霉素。(具体内容详见说明书)。产品有效期：在2～8℃条件下保存，有效期3年。附件：注册产品标准，产品说明书。

适用范围:该产品用于B型氨基端利钠肽原检测时对肝素化血浆样本的在机稀释。

生产厂家:英国 Siemens Healthcare Diagnostics Products Limited

注册代理:西门子医学诊断产品(上海)有限公司

发证日期:2014.05.19　**截止日期**:2018.05.18

国食药监械(进)字2014第1402508号

产品名称:前列腺特异性抗原样本稀释液(Immulite/Immulite 1000 PSA Sample Diluent)

规格型号:LPSZ (货号): 25mL/瓶

产品标准:YZB/UK 1822-2014

性能组成:基质：PH 处理的鸡血清；防腐剂：硫柳汞，叠氮化钠，硫酸庆大霉素。(具体内容详见说明书)。产品有效期：在2～8℃条件下保存，有效期3年。附件：注册产品标准，产品说明书。

适用范围:该产品用于前列腺特异性抗原检测时对血清样本的人工稀释。

生产厂家:英国 Siemens Healthcare Diagnostics Products Limited

注册代理:西门子医学诊断产品(上海)有限公司

发证日期:2014.05.19　**截止日期**:2018.05.18

国食药监械(进)字2014第2402509号

产品名称:维生素B12/叶酸预处理试剂包(化学发光法)(VITROS Immunodiagnostic Products Vitamin B12/Folate Reagent Pack 3)

规格型号:200测试/包装

产品标准:YZB/UK 2055-2014

性能组成:该产品包含：11.7mL 标本处理试剂（变性试剂)；15.6mL 标本处理试剂（中和试剂)；附属批号卡（与试剂包3一起使用、黄色)。产品有效期：储存条件：冷藏2～8 ℃，有效期：52周。附件：注册产品标准，产品说明书。

适用范围:该产品与 VITROS 维生素 B12 测定试剂包和叶酸测定试剂包1和2联合使用。

生产厂家:英国 Ortho Clinical Diagnostics

注册代理:强生(上海)医疗器材有限公司

发证日期:2014.05.19　**截止日期**:2018.05.18

国食药监械(进)字2014第2402510号

产品名称:抗中性粒细胞胞浆抗体检测试剂盒（酶联免疫法）(ANCA Screen ELISA TEST SYSTEM)

规格型号:2Z9681G 96次/盒

产品标准:YZB/USA 2838-2014

性能组成:包被有灭活抗原的微孔板，结合剂(HRP 结合的羊抗人 IgG γ 链)，阳性对照(人血清)，校正品(人血清)，阴性对照(人血清)，样品稀释液(溶液中含有 Tween20、BSA、磷酸盐缓冲液)，TMB，终止液，浓缩洗板液。(具体内容详见说明书)。产品有效期：2-8℃保存，有效期 18 个月。附件：注册产品标准，产品说明书。
适用范围:该产品用于体外定性检测人血清中的髓过氧化物酶 (MPO) 和/或蛋白酶 3 (PR-3) IgG 抗体。
生产厂家:美国 Zeus Scientific, Inc.
注册代理:上海一滴准生物科技有限公司
发证日期:2014.05.19 **截止日期**:2018.05.18

国食药监械(进)字 2014 第 2402511 号

产品名称:促甲状腺素测定试剂盒(时间分辨荧光法)(AutoDELFIA (R) hTSH Ultra)
规格型号:96 人份
产品标准:YZB/FIN 2393-2014
性能组成:促甲状腺素标准品、铕示踪剂标记的小鼠抗促甲状腺素单克隆抗体贮存液、促甲状腺素分析缓冲液、小鼠抗促甲状腺素单克隆抗体板条、试剂仓条形码标签、备用的微孔板条形码标签、与批号相匹配的质量控制证书。(具体内容详见说明书)。产品有效期：2～8° C 条件下保存。试剂盒的有效期为 11 个月。附件：注册产品标准，产品说明书。
适用范围:本试剂盒用于体外定量检测人血清中促甲状腺素 (hTSH) 的含量。
生产厂家:芬兰 Wallac Oy
注册代理:珀金埃尔默医学诊断产品(上海)有限公司
发证日期:2014.05.19 **截止日期**:2018.05.18

国食药监械(进)字 2014 第 1402512 号

产品名称:卵巢粘蛋白抗原样本稀释液(Immulite OM-MA Sample Diluent)
规格型号:LOMZ (货号)：25mL/瓶。
产品标准:YZB/UK 2172-2014
性能组成:缓冲液：无水磷酸氢二钠、无水磷酸氢钾、氯化钠、氯化钾；蛋白：20%小牛血清白蛋白。(具体内容详见说明书)。产品有效期：在 2～8℃的条件下保存，有效期 3 年。附件：注册产品标准，产品说明书。
适用范围:本产品用于卵巢粘蛋白抗原检测时对血清样本的人工稀释。
生产厂家:英国 Siemens Healthcare Diagnostics Products Limited
注册代理:西门子医学诊断产品(上海)有限公司
发证日期:2014.05.19 **截止日期**:2018.05.18

国食药监械(进)字 2014 第 1402513 号

产品名称:促甲状腺激素样本稀释液(Immulite 3rd GenerationTSH Sample Diluent)
规格型号:LTSZ (货号)：25mL/瓶。
产品标准:YZB/UK 2173-2014
性能组成:缓冲液：无水磷酸氢二钠、一水磷酸二氢钠、氯化钠；蛋白质：马血清；防腐剂：庆大霉素、2-甲基-4 异噻唑啉-3-酮。(具体内容详见说明书)。产品有效期：在 2～8℃的条件下保存，有效期 3 年。附件：注册产品标准，产品说明书。
适用范围:本产品用于促甲状腺激素检测时对血清样本的人工稀释。
生产厂家:英国 Siemens Healthcare Diagnostics Products Limited
注册代理:西门子医学诊断产品(上海)有限公司
发证日期:2014.05.19 **截止日期**:2018.05.18

国食药监械(进)字 2014 第 3402514 号

产品名称:总 IgE 检测试剂 (荧光免疫法) (ImmunoCAP Total IgE Anti-IgE)
规格型号:16 人份/支
产品标准:YZB/SWE 2131-2014
性能组成:1. 抗原包被帽：抗 IgE 的小鼠单克隆抗体和＜0.003%的防腐剂，防腐剂的成分为 5-氯-2-甲基-4-异噻唑啉-3-酮和 2-甲基-2-氢-异噻唑-3-酮(3:1)。2. 笔状容器筒。产品有效期：2-8 ℃条件下储存，有效期为 24 个月。附件：注册产品标准，产品说明书。
适用范围:该产品用于配合总 IgE 校准品建立校准曲线和体外定量检测人血清中的总 IgE。
生产厂家:瑞典 Phadia AB
注册代理:北京法迪亚诊断技术有限公司
发证日期:2014.05.19 **截止日期**:2018.05.18

国食药监械(进)字 2014 第 3652515 号

产品名称:共聚体骨水泥(商品名:Osteobond)(Copolymer Bone Cement)
规格型号:00-1101-002-00(1101-02)，00-1101-012-00(1101-12)
产品标准:YZB/USA 2494-2014《共聚体骨水泥》
性能组成:该产品是由单体液和共聚体粉末组成并成套供应。其中，单体液组分：甲基丙烯酸单体 99.25%v/v、N, N-双甲基-P-甲苯胺 0.75%v/v、氢醌 75±10ppm；共聚体粉末成分(不透 X 线)：聚甲基丙烯酸树酯 87.5%w/w、过氧化苯甲酰 1.2%-2.5%w/w、硫酸钡 USP(BaSO4)10.0% w/w。单体液外包装为环氧乙烷灭菌，单体液通过过滤灭菌，粉体为伽马射线灭菌。
适用范围:该产品在植入时进行混合，适用于人工关节置换术中对假体的内固定。
生产厂家:美国 Zimmer Inc.
注册代理:捷迈(上海)医疗国际贸易有限公司
服务机构:捷迈(上海)医疗国际贸易有限公司
发证日期:2014.05.26 **截止日期**:2018.05.25

国食药监械(进)字 2014 第 3642516 号

产品名称:吸收性藻酸钙敷料 (商品名：爱舒可) (Sorb)
规格型号:2100SCN, 2115SCN, 2109SCN, 2101SCN, 2116SCN, 2107SCN, 2102SCN, 2108SCN, 2105SCN, 2106SCN
产品标准:YZB/IRE 2697-2014《吸收性藻酸钙敷料》
性能组成:吸收性藻酸钙敷料主要由藻酸钙和水胶体(羧甲基纤维素，或称 CMC)制成的具有顺应性的无菌伤口接触敷料。藻酸盐/水胶体纤维与渗液发生反应形成柔软、湿润的凝胶，这种凝胶提供了湿性愈合环境。经伽马射线灭菌，一次性使用。
适用范围:用于中度至重度渗液性、部分皮层至全层皮肤伤口的处理。
生产厂家:爱尔兰 B. Braun Hospicare Ltd.
注册代理:贝朗医疗(上海)国际贸易有限公司
服务机构:贝朗医疗(上海)国际贸易有限公司
发证日期:2014.05.26 **截止日期**:2018.05.25

国食药监械(进)字 2014 第 2662517 号

产品名称:胸腔引流器 (商品名：Ocean) (Chest Drain)
规格型号:见附页
产品标准:YZB/USA 2677-2014《胸腔引流器》
性能组成:Ocean 胸腔引流器采用三腔水封式结构设计，具有湿吸力控制和带有刻度的水封保护装置。Ocean 胸腔引流器经环氧乙烷灭菌，仅限于单个患者一次性使用。胸腔引流器刻度面板由聚丙烯制成，腔体由 ABS(丙烯腈-丁二烯-苯乙烯共聚物)制成，引流管路由硅橡胶制成。
适用范围:用于将胸腔或纵膈内气体和/或液体抽出，帮助肺部重新扩张和恢复呼吸功能。
生产厂家:美国 Atrium Medical Corporation
注册代理:迈柯唯(上海)医疗设备有限公司
服务机构:迈柯唯(上海)医疗设备有限公司
发证日期:2014.05.26 **截止日期**:2018.05.25

国食药监械(进)字 2014 第 3652518 号

产品名称:骨水泥及注入工具(Mendec Spine Resin and Kit)
规格型号:13C2000、1230、ASB0050
产品标准:YZB/ITA 1707-2014《骨水泥及注入工具》
性能组成:本产品由骨水泥和注入工具组成，注入工具包括注射枪、延长管和降温套筒组成。其中骨水泥套装包括骨水泥(粉体组分、液体组分)、注射枪、延长管；骨水泥包括粉体组分、液体组分；粉体组分的主要成分为：聚甲基丙烯酸甲酯，硫酸钡，过氧化苯甲酰；液体组分的主要成分为：甲基丙烯酸甲酯单体，N, N 二甲基聚合甲苯胺，对苯二酚。产品为环氧乙烷灭菌，灭菌有效期 3 年。
适用范围:本品适用于脊椎主干缝隙的填充。
生产厂家:意大利 Tecres S.P.A.
注册代理:上海凯利泰医疗科技股份有限公司
服务机构:上海凯利泰医疗科技股份有限公司
发证日期:2014.05.26 **截止日期**:2018.05.25

国食药监械(进)字 2014 第 2152519 号

产品名称:笔式胰岛素注射器 (商品名：优伴经典 HumaPen Luxura)

(Pen-Injector)
规格型号:Luxura
产品标准:YZB/USA 2825-2014《笔式胰岛素注射器》
性能组成:由笔帽、笔芯架、螺旋杆、笔身、剂量调节栓、注射按钮组成。
适用范围:本品仅适合与优泌林或优泌乐 3mL 胰岛素笔芯(100IU/ML)配合使用,用于胰岛素的注射。
生产厂家:美国 Eli Lilly and Company Pharmaceutical Delivery Systems
注册代理:美国礼来亚洲公司上海代表处
服务机构:美国礼来亚洲公司上海代表处
发证日期:2014.05.26 **截止日期**:2018.05.25

国食药监械(进)字 2014 第 1102520 号

产品名称:夹板(商品名:3MTM ScotchcastTM 夹板)(3M Scotchcast Splints)
规格型号:见附页
产品标准:YZB/GER 2133-2014《夹板》
性能组成:夹板是由聚氨酯树脂注入多层次编织的玻璃纤维构成的。将夹板暴露在湿气或水中会引起化学反应,导致夹板硬化。加工好的夹板具有可透射线性。
适用范围:该产品用于构成最普通的整形外科外固定的构造装置上。
生产厂家:德国 3M Deutschland GmbH
注册代理:明尼苏达矿业制造(上海)国际贸易有限公司
服务机构:明尼苏达矿业制造(上海)国际贸易有限公司
发证日期:2014.05.26 **截止日期**:2018.05.25

国食药监械(进)字 2014 第 1642521 号

产品名称:聚酯衬垫(商品名:3MTM 聚酯衬垫)(3MTM Synthetic Cast Padding)
规格型号:MW02, MW03, MW04, MW06
产品标准:YZB/GER 2135-2014《聚酯衬垫(商品名:3MTM 聚酯衬垫)》
性能组成:本产品是由无纺聚酯构成,适合与所有石膏材料同时使用。
适用范围:本产品可配合石膏材料使用,用于垫在弹力织物材料和石膏绷带之间。
生产厂家:德国 3M Deutschland GmbH
注册代理:明尼苏达矿业制造(上海)国际贸易有限公司
服务机构:明尼苏达矿业制造(上海)国际贸易有限公司
发证日期:2014.05.26 **截止日期**:2018.05.25

国食药监械(进)字 2014 第 2642522 号

产品名称:薄膜伤口敷贴(商品名:美舒安)(Mepore Film & Pad)
规格型号:见附页
产品标准:YZB/SWE 2495-2014《薄膜伤口敷贴》
性能组成:本产品由外附有一层聚丙烯酸黏胶的透明聚氨酯薄膜和一层伤口护垫组成。伤口护垫是一种含有低粘附性的创面接触层,可以吸收伤口渗出液的黏胶纤维护垫。产品构成如下:1)敷贴纸:部分地覆盖,并形成一个框架,用于支撑所附聚氨酯薄膜;2)聚氨酯薄膜;3)聚丙烯酸粘合剂;4)伤口护垫:黏胶纤维;5)剥离纸:以保护粘合剂。
适用范围:本产品用于低到中等渗出液伤口,如外科手术后伤口,切割伤和擦伤,仅为体表使用。
生产厂家:瑞典 Molnlycke Health Care AB
注册代理:瑞典墨尼克医疗用品有限公司北京代表处
服务机构:瑞典墨尼克医疗用品有限公司北京代表处
发证日期:2014.05.26 **截止日期**:2018.05.25

国食药监械(进)字 2014 第 1012523 号

产品名称:动脉瘤夹钳(Aneurysm Clip Appliers)
规格型号:见附页
产品标准:YZB/GER 2889-2014《动脉瘤夹钳》
性能组成:动脉瘤夹钳由L系列动脉瘤夹钳和Yasargil系列动脉瘤夹钳组成。动脉瘤夹钳与人体接触部位采用 YY/T0294.1 规定的代号 B 的不锈钢材料或 ISO5832-3 规定的钛 6 铝 4 钒材料制造。动脉瘤夹钳以非灭菌状态供应。
适用范围:该产品适用于外科手术中夹持和应用颅内动脉瘤夹。
生产厂家:德国 Peter Lazic GmbH
注册代理:宁波朗越医疗器械有限公司
服务机构:宁波朗越医疗器械有限公司
发证日期:2014.05.26 **截止日期**:2018.05.25

国食药监械(进)字 2014 第 3462524 号

产品名称:脑动脉瘤夹(YASARGIL Aneurysm Clips)
规格型号:见附页
产品标准:YZB/GER 2324-2014《脑动脉瘤夹》
性能组成:本产品由标准型和迷你型脑动脉瘤夹组成。产品材料为钛 6 铝 4 钒合金,经阳极氧化处理。非灭菌包装。
适用范围:永久脑动脉瘤夹用于血管和脑动脉瘤的永久闭塞,临时脑动脉瘤夹用于血管和脑动脉瘤的暂时闭塞。
备注:2014 年 9 月 9 日同意更正注册号内容,2014 年 5 月 28 日核发的医疗器械注册证、医疗器械注册登记表、附页予以废止。
生产厂家:德国 Medicon eG
注册代理:北京嘉联诚业医疗器械销售有限公司
服务机构:北京嘉联诚业医疗器械销售有限公司
发证日期:2014.05.28 **截止日期**:2018.05.27

国食药监械(进)字 2014 第 3462525 号

产品名称:输尿管支架(商品名:Contour)(Contour Ureteral Stent)
规格型号:见附页
产品标准:YZB/USA 2457-2014《输尿管支架》
性能组成:输尿管支架是双猪尾结构。支架的主体,包括近端肾脏线圈和远端膀胱线圈是由 Percuflex 材料构成的,表面涂有 HydroPlus 亲水性涂层。6Fr 和 7Fr 支架由支架和推送器组成。8Fr 支架由支架、定位器、柔韧硬性套管和猪尾管直管器组成。输尿管支架经环氧乙烷灭菌,仅供一次性使用。
适用范围:输尿管支架用于由经过培训的医生在内窥镜或 X 射线透视下从肾脏引流到膀胱。
生产厂家:美国 Boston Scientific Corporation
注册代理:波科国际医疗贸易(上海)有限公司
服务机构:波科国际医疗贸易(上海)有限公司
发证日期:2014.05.28 **截止日期**:2018.05.27

国食药监械(进)字 2014 第 3632526 号

产品名称:基台及附件(DIO Implant)
规格型号:见附页
产品标准:YZB/ROK 1895-2014《基台及附件》
性能组成:该产品包括基台、基台螺钉、覆盖螺钉。基台材料为纯钛材料,牌号为 TA3,表面未处理;螺钉材料为钛合金材料,牌号为 TC4ELI,表面未处理。
适用范围:本产品适用于部分或全口牙齿缺失患者,作为与种植体连接的上部结构支持人造牙冠、齿桥或覆盖义齿。
生产厂家:韩国 DIO Corporation
注册代理:北京迪斯艾科贸有限公司
服务机构:北京迪斯艾科贸有限公司
发证日期:2014.05.28 **截止日期**:2018.05.27

国食药监械(进)字 2014 第 3462527 号

产品名称:角度型锁定接骨板系统组件(Angle Locking Plate System)
规格型号:见附页
产品标准:YZB/HUN 1593-2014《角度型锁定接骨板系统组件》
性能组成:本产品由角度型锁定接骨板、拉力螺钉和压力螺钉组成。选用 ISO5832-3 中规定的 Ti6Al4V 钛合金制造,表面无着色,非灭菌包装。
适用范围:该产品适用于股骨干骺端骨折内固定。
生产厂家:匈牙利 Medimetal Gyogyaszati Termekeket Gyarto es Forgalmazo Kft
注册代理:广州健隆医疗科技有限公司
服务机构:广州健隆医疗科技有限公司
发证日期:2014.05.28 **截止日期**:2018.05.27

国食药监械(进)字 2014 第 3462528 号

产品名称:半月板修复系统(Omnispan Meniscal Repair System)
规格型号:见附页

产品标准:YZB/USA 2400-2014《半月板修复系统》
性能组成:半月板修复系统由后挡植入物、针、ORTHOCORD 部分可吸收缝线、无菌一次性施放枪、导板等构成。后档植入物为聚醚醚酮(PEEK)制成,级别为 LT3;针为符合 ASTM F 899 的 630 不锈钢制成。ORTHOCORD 部分可吸收缝线是用染色的(D&C 2 号紫色)可吸收性聚对二氧环己酮(polydiaxanone, 简称 PDS)与未染色的非可吸收聚乙烯复合的人造无菌编织合成缝线。表面覆盖一层由 90% 己内酯和 10% 乙交酯构成的共聚物。产品为灭菌包装。
适用范围:该产品用于内窥镜手术下的半月板修复。
生产厂家:美国 DePuy Mitek
注册代理:强生(上海)医疗器材有限公司
服务机构:强生(上海)医疗器材有限公司
发证日期:2014.05.28 **截止日期**:2018.05.27

国食药监械(进)字 2014 第 3462529 号

产品名称:缝线锚钉(REVO HIFI Suture Anchor)
规格型号:见附页
产品标准:YZB/USA 7838-2013《缝线锚钉》
性能组成:该产品由锚钉、缝线和插入器组成。锚钉由符合 ASTM F136 标准规定的 Ti6Al4VELI 钛合金材料制成;缝线由超高分子量聚乙烯材料、或超高分子量聚乙烯加聚丙烯材料、或超高分子量聚乙烯加尼龙材料制成;插入器与人体接触部分由符合 YY/T0294 标准规定的 0 牌号不锈钢材料制成。灭菌包装。
适用范围:适用于关节镜或小开口手术中肩部回旋肌群的修补。
变更情况:变更日期:2014.12.08。生产企业名称由“Linvatec Corporation d/b/a ConMed Linvatec”变更为“ConMed Corporation”;企业注册地址由“11311 Concept Boulevard Largo, FL 33773, USA.”变更为“525 French Road Utica, New York 13502, USA”。
生产厂家:美国 Linvatec Corporation d/b/a ConMed Linvatec
注册代理:康美林弗泰克(北京)医疗器械有限公司
服务机构:康美林弗泰克(北京)医疗器械有限公司
发证日期:2014.05.28 **截止日期**:2018.05.27

国食药监械(进)字 2014 第 3222530 号(更)

产品名称:软性亲水接触镜(Soft Hydrophilic Contact Lens)
规格型号:Sauflon 38
产品标准:YZB/UK 2201-2014《软性亲水接触镜(型号:Sauflon 38)》
备注:售后服务机构由“海昌隐形眼镜有限公司”变更为“海昌隐形眼镜有限公司”和“北京傲视阿尔法光学技术有限公司”;注册证由“国食药监械(进)字 2014 第 3222530 号”变更为“国食药监械(进)字 2014 第 3222530 号(更)”,原证自发证之日起作废。
生产厂家:英国 Sauflon Pharmaceuticals Limited
注册代理:北京爱尔默医药技术开发有限公司
服务机构:海昌隐形眼镜有限公司、北京傲视阿尔法光学技术有限公司
变更日期:2014.08.18 **截止日期**:2018.05.27

国食药监械(进)字 2014 第 3462531 号

产品名称:髋臼杯(商品名:EXTER X3)(EXTER X3 RimFit Cup)
规格型号:见附页
产品标准:YZB/USA 2427-2014《髋臼杯》
性能组成:该产品由符合 GB/T19701.2 标准中 2 型要求的超高分子量聚乙烯材料制成,外围带有由符合 ISO 5832-9 标准要求的高氮不锈钢材料制成的显影丝,并带有 4 个由符合 ASTM D788 标准要求的聚甲基丙烯酸甲酯(PMMA)材料制成的骨水泥占位器。灭菌包装。
适用范围:该产品为骨水泥型髋臼杯,与企业 EXETER 股骨柄及 V40 锥度股骨头的骨水泥型股骨部件配合使用,或者与企业其他生物固定型股骨部件配合使用,适用于髋关节置换。
生产厂家:美国 Howmedica Osteonics Corp.
注册代理:史赛克(北京)医疗器械有限公司
服务机构:史赛克(北京)医疗器械有限公司
发证日期:2014.05.28 **截止日期**:2018.05.27

国食药监械(进)字 2014 第 3452532 号

产品名称:血液回收分离机专用耗材(Xtra Procedure Set)
规格型号:Xtra(见附页)
产品标准:YZB/ITA 1758-2014《血液回收分离机专用耗材》
性能组成:耗材由离心杯(55ml, 125ml, 175ml, 225ml)、注入管路、血液回输袋、废液管路、废液袋、底部出口管路、吸引管路、真空管路、血液收集瓶(Top/Bottom)组成。
适用范围:本产品与 Sorin XTRA 自体血液回收分离机配套使用,用于自体血液的回收和/或处理。适用的临床治疗类型包括:心血管外科、胸外科、骨科、移植手术、急救(创伤科)、泌尿外科。
生产厂家:意大利 Sorin Group Italia S.r.l.
注册代理:北京新克力贸易有限公司
服务机构:北京新克力贸易有限公司
发证日期:2014.05.28 **截止日期**:2018.05.27

国食药监械(进)字 2014 第 3222533 号

产品名称:单件式多焦复曲面人工晶状体(商品名:TECNIS)(TECNIS Multifocal Toric 1-Piece IOL)
规格型号:ZMT150, ZMT225, ZMT300, ZMT400
产品标准:YZB/USA 2368-2014《单件式多焦复曲面人工晶状体》
性能组成:该产品为单件式/后房人工晶状体,可折叠,襻形为改良 C。材料由丙烯酸乙酯、甲基丙烯酸乙酯、2,2,2-三氟乙基甲基丙烯酸酯、乙二醇二甲基丙烯酸酯等聚合而成,添加紫外吸收剂,并经甲硅烷基-mPEG 表面处理;屈光度范围:+5~+34D,附加光焦度:+4D,柱镜度 1.5D、2.25D、3D、4D。光学设计:多焦(衍射),非球面(在孔阑半径 1.5mm 范围内模拟眼状态下的轴截面光焦度分布符合反球差分布特征);无菌状态提供,一次性使用。
适用范围:单件式多焦复曲面人工晶体适用于无晶体眼和之前存在角膜散光的视力矫正的首次植入,使用对象为(1)已通过超声乳化摘除术摘除了患有白内障的晶状体,伴或不伴老视的散光成年患者以及(2)屈光性晶状体切割术后无晶状体眼的散光老视患者,患者需要改善视力,减少残留屈光性柱镜,提供近视力,提供全程视力以减少对眼镜的依赖程度。
生产厂家:美国 Abbott Medical Optics Inc.
注册代理:眼力健(上海)医疗器械贸易有限公司
服务机构:眼力健(上海)医疗器械贸易有限公司
发证日期:2014.05.28 **截止日期**:2018.05.27

国食药监械(进)字 2014 第 3222534 号

产品名称:软性亲水接触镜(1-Day Soft Contact Lens)
规格型号:GMA Daily
产品标准:YZB/MAL 2421-2014《软性亲水接触镜》
性能组成:该产品为日戴型软性亲水接触镜。由 HEMA、GMA、EGDMA、紫外线吸收剂及着色剂等聚合而成,着淡蓝色。塑泡铝箔包装。各参数标称值:含水量:58%,折射率:1.4017,透氧系数:19.7 × 10^{-11}(cm2/s)(mLO2/(mL × mmHg)),-3D 镜片透氧量:21.9 × 10^{-9}(cm/s)(mLO2/(mL×mmHg)),后顶焦度范围:-12.00D~0.00D,可见光透过率>92%。UV-A 段平均透过率<30%,UV-B 段平均透过率<5%。推荐更换周期 1 天。产品经高压高温灭菌。
适用范围:本产品适用于无眼部疾病的有晶体眼和无晶体眼 18 岁以上人群近视的矫正。
生产厂家:马来西亚 Visco Technology Sdn.Bhd.
注册代理:达信医疗科技(苏州)有限公司
服务机构:达信医疗科技(苏州)有限公司
发证日期:2014.05.28 **截止日期**:2018.05.27

国食药监械(进)字 2014 第 3152535 号

产品名称:膀胱镜注射针(商品名:Injekt Cysto Flexible)(Injekt Cysto Flexible Injection Needle)
规格型号:IC-607023
产品标准:YZB/IRE 2437-2014《膀胱镜注射针》
性能组成:本产品由手柄、鞘管和注射针组成。环氧乙烷灭菌,一次性使用。
适用范围:用于将合法上市的可注射治疗剂通过膀胱镜工作通道注射至下泌尿道。
生产厂家:爱尔兰 Cook Ireland Limited
注册代理:库克(中国)医疗贸易有限公司
服务机构:库克(中国)医疗贸易有限公司
发证日期:2014.05.28 **截止日期**:2018.05.27

国食药监械(进)字 2014 第 3632536 号

产品名称:基台用钛金属(Titanium metal for abutment)
规格型号:BEGO Titan Grade 5
产品标准:YZB/GER 2467-2014《基台用钛金属》
性能组成:结构及组成(%):Ti:余量、Al:5.5-6.75、V:3.5-4.5、Fe:<0.3、O:<0.2、C:0.08、N:<0.05、H<0.01、Ni:<0.02、Cd:<0.02、Be:<0.02。
适用范围:该产品适用于通过 CAD/CAM 加工制作种植体用的基台和杆。
生产厂家:德国 BEGO Bremer Goldschlagerei Wilh. Herbst GmbH & Co. KG
注册代理:德国贝格有限公司北京代表处
服务机构:德国贝格有限公司北京代表处
发证日期:2014.05.28 截止日期:2018.05.27

国食药监械(进)字 2014 第 2402537 号

产品名称:哌拉西林/他唑巴坦药敏实验纸片(扩散法)(Piperacillin/tazobactam 10:1 Susceptibility Test Disc)
规格型号:50 片/筒×5 筒
产品标准:YZB/UK 2926-2014
性能组成:药敏纸片:浸有哌拉西林/他唑巴坦(10:1)110μg;干燥剂。(具体内容详见说明书)。产品有效期:储存在-20℃~8℃,有效期 3 年。附件:注册产品标准,产品说明书。
适用范围:用于哌拉西林/他唑巴坦体外细菌敏感性检测。
生产厂家:英国 Oxoid Limited
注册代理:赛默飞世尔(上海)仪器有限公司
发证日期:2014.05.26 截止日期:2018.05.25

国食药监械(进)字 2014 第 2402538 号

产品名称:头孢哌酮/舒巴坦药敏实验纸片(扩散法)(Sulbactam/cefoperazone Susceptibility Test Disc)
规格型号:50 片/筒×5 筒
产品标准:YZB/UK 2917-2014
性能组成:药敏纸片:浸有头孢哌酮/舒巴坦(75::30),105μg;干燥剂。(具体内容详见说明书)。产品有效期:储存在-20℃~8℃,有效期 3 年。附件:注册产品标准,产品说明书。
适用范围:用于头孢哌酮/舒巴坦体外细菌敏感性检测。
生产厂家:英国 Oxoid Limited
注册代理:赛默飞世尔(上海)仪器有限公司
发证日期:2014.05.26 截止日期:2018.05.25

国食药监械(进)字 2014 第 2402539 号

产品名称:氨苄西林/舒巴坦药敏实验纸片(扩散法)(Ampicillin/sulbactam Susceptibility Test Disc)
规格型号:50 片/筒 × 5 筒
产品标准:YZB/UK 2928-2014
性能组成:药敏纸片:浸有氨苄西林/舒巴坦(1:1),20μg;干燥剂。(具体内容详见说明书)。产品有效期:储存在-20℃~8℃,有效期 3 年。附件:注册产品标准,产品说明书。
适用范围:用于氨苄西林/舒巴坦体外细菌敏感性检测。
生产厂家:英国 Oxoid Limited
注册代理:赛默飞世尔(上海)仪器有限公司
发证日期:2014.05.26 截止日期:2018.05.25

国食药监械(进)字 2014 第 2402540 号

产品名称:磺胺甲恶唑/甲氧苄啶药敏实验纸片(扩散法)(Sulphamethoxazole/trimethoprim Susceptibility Test Disc)
规格型号:50 片/筒× 5 筒
产品标准:YZB/UK 2931-2014
性能组成:药敏纸片:浸有磺胺甲恶唑/甲氧苄啶(19:1),25μg;干燥剂。(具体内容详见说明书)。产品有效期:储存在-20℃~8℃,有效期 3 年。附件:注册产品标准,产品说明书。
适用范围:用于磺胺甲恶唑/甲氧苄啶体外细菌敏感性检测。
生产厂家:英国 Oxoid Limited
注册代理:赛默飞世尔(上海)仪器有限公司
发证日期:2014.05.26 截止日期:2018.05.25

国食药监械(进)字 2014 第 2402541 号

产品名称:厄他培南药敏实验纸片(扩散法)(Ertapenem Susceptibility Test Disc)
规格型号:50 片/筒× 5 筒
产品标准:YZB/UK 2937-2014
性能组成:药敏纸片:浸有厄他培南,10μg;干燥剂。(具体内容详见说明书)。产品有效期:储存在-20℃~8℃,有效期 1 年。附件:注册产品标准,产品说明书。
适用范围:用于厄他培南体外细菌敏感性检测。
生产厂家:英国 Oxoid Limited
注册代理:赛默飞世尔(上海)仪器有限公司
发证日期:2014.05.26 截止日期:2018.05.25

国食药监械(进)字 2014 第 2402542 号

产品名称:替加环素药敏实验纸片(扩散法)(Tigecycline Susceptibility Test Disc)
规格型号:50 片/筒 × 5 筒
产品标准:YZB/UK 2940-2014
性能组成:药敏纸片:浸有替加环素,15μg;干燥剂。(具体内容详见说明书)。产品有效期:储存在-20℃~8℃,有效期 1 年。附件:注册产品标准,产品说明书。
适用范围:用于替加环素体外细菌敏感性检测。
生产厂家:英国 Oxoid Limited
注册代理:赛默飞世尔(上海)仪器有限公司
发证日期:2014.05.26 截止日期:2018.05.25

国食药监械(进)字 2014 第 2402543 号

产品名称:替考拉宁药敏实验纸片(扩散法)(Teicoplanin Susceptibility Test Disc)
规格型号:50 片/筒 × 5 筒
产品标准:YZB/UK 2943-2014
性能组成:药敏纸片:浸有替考拉宁, 30μg;干燥剂。产品有效期:储存在-20℃~8℃,有效期 3 年。附件:注册产品标准,产品说明书。
适用范围:用于替考拉宁体外细菌敏感性检测。
生产厂家:英国 Oxoid Limited
注册代理:赛默飞世尔(上海)仪器有限公司
发证日期:2014.05.26 截止日期:2018.05.25

国食药监械(进)字 2014 第 1402544 号

产品名称:免疫抑制药物检测样本预处理液(ISD Sample Pretreatment)
规格型号:100 测试/盒
产品标准:YZB/GER 2924-2014
性能组成:甲醇和乙二醇中的硫酸锌溶液。产品有效期:室温储存(15~25℃),效期为 15 个月。附件:注册产品标准,产品说明书。
适用范围:用于抽取样本中的特异性分析物。
生产厂家:德国 Roche Diagnostics GmbH
注册代理:罗氏诊断产品(上海)有限公司
发证日期:2014.05.26 截止日期:2018.05.25

国食药监械(进)字 2014 第 2402545 号

产品名称:游离脂肪酸校准液(NEFA Standard Solution)
规格型号:产品编号:997-20601 包装规格:4×10mL。单瓶 994-20611 10mL
产品标准:YZB/JAP 0760-2014
性能组成:成份:本品为油酸(NEFA 1 mEq/L)的标准液;防腐剂:叠氮化钠 0.05%。产品有效期:2-10℃保存,有效期限为 12 个月。附件:注册产品标准,产品说明书。
适用范围:该产品为游离脂肪酸(NEFA)测定时的校准液,请与本公司的测定试剂共同使用。
生产厂家:日本 Wako Pure Chemical Industries, Ltd.
注册代理:日立高新技术(上海)国际贸易有限公司
发证日期:2014.05.28 截止日期:2018.05.27

国食药监械(进)字 2014 第 3402546 号

产品名称:糖类抗原 125 校准品(Access OV Monitor Calibrators)
规格型号:校准品 0(S0):2.5mL×1,校准品 1(S1):2.5mL×1,校准

品 2 (S2): 2.5mL×1, 校准品 3 (S3): 2.5mL×1, 校准品 4 (S4): 2.5mL ×1, 校准品 5 (S5): 2.5mL×1。
产品标准:YZB/USA 2933-2014
性能组成:校准品 0 (S0): 牛血清蛋白(BSA) 缓冲液、<0.1% 叠氮钠和 0.5% ProClin 300; 校准品 1 (S1)、校准品 2 (S2)、校准品 3 (S3)、校准品 4 (S4)、校准品 5 (S5): 牛血清蛋白(BSA) 缓冲液、糖类抗原 125、<0.1% 叠氮钠和 0.5% ProClin 300 , 糖类抗原 125 的浓度约为 25、100、500、2000 和 5000 U/mL ; 校准卡: 1 张。(具体内容详见产品说明书)。产品有效期: 2～10℃竖直存放, 有效期 12 个月。附件: 注册产品标准, 产品说明书。
适用范围:本产品用于糖类抗原 125 测定时的校准。
生产厂家:美国 Beckman Coulter, Inc.
注册代理:贝克曼库尔特商贸(中国)有限公司
发证日期:2014. 05. 28 **截止日期**:2018. 05. 27

国食药监械(进)字 2014 第 3402547 号

产品名称:人 T 淋巴细胞病毒 I 型和 II 型抗体检测试剂盒(酶联免疫法)(Murex HTLV I+II)
规格型号:96 人份/盒, 480 人份/盒。
产品标准:YZB/UK 1561-2014
性能组成:包被微孔板、样品稀释液、酶结合物、酶结合物稀释液、人 T 淋巴细胞病毒抗体阳性对照、阴性对照、底物稀释液、底物浓缩液、洗液。(具体内容详见说明书)。产品有效期: 2-8℃保存, 有效期 12 个月。附件: 注册产品标准, 产品说明书。
适用范围:本试剂盒用于体外定性检测人血清和血浆中的人类 T-淋巴细胞病毒 I 型和 II 型(HTLV-I 和 HTLV-II)抗体。
备注:2014 年 10 月 15 日同意更正主要组成成分内容, 2014 年 5 月 28 日核发的医疗器械注册登记表 (体外诊断试剂) 予以废止。
生产厂家:英国 DiaSorin S.p.A. UK Branch
注册代理:索灵诊断医疗设备(上海)有限公司
发证日期:2014. 05. 28 **截止日期**:2018. 05. 27

国食药监械(进)字 2014 第 2402548 号

产品名称:抗凝血酶检测试剂盒(发色底物法)(HemosIL Liquid Antithrombin)
规格型号:显色底物: 2×2mL, 凝血因子 Xa 试剂: 4×4mL。
产品标准:YZB/USA 2890-2014
性能组成:显色底物、凝血因子 Xa 试剂。(具体内容详见产品说明书)。产品有效期: 2～8℃保存, 有效期 36 个月。附件: 注册产品标准, 产品说明书。
适用范围:本产品用于体外定量检测人血浆样本中的抗凝血酶。
生产厂家:美国 Instrumentation Laboratory Co.
注册代理:沃芬医疗器械商贸(北京)有限公司
发证日期:2014. 05. 28 **截止日期**:2018. 05. 27

国食药监械(进)字 2014 第 2402549 号

产品名称:活化部分凝血活酶时间检测试剂盒(凝固法)(HemosIL APTT-SP)
规格型号:活化部分凝血活酶时间试剂: 5×9mL , 氯化钙: 5×8mL。
产品标准:YZB/USA 2895-2014
性能组成:活化部分凝血活酶时间试剂、氯化钙。(具体内容详见产品说明书)。产品有效期: 2～8℃, 有效期 24 个月。附件: 注册产品标准, 产品说明书。
适用范围:本产品用于体外定量检测人血浆样本中的活化部分凝血活酶时间。
生产厂家:美国 Instrumentation Laboratory Co.
注册代理:沃芬医疗器械商贸(北京)有限公司
发证日期:2014. 05. 28 **截止日期**:2018. 05. 27

国食药监械(进)字 2014 第 2402550 号

产品名称:纤维蛋白原测定试剂盒(凝固法)(HemosIL Fibrinogen-C XL)
规格型号:10×5mL
产品标准:YZB/USA 2934-2014
性能组成:含有牛凝血酶、牛血清白蛋白、氯化钙、缓冲剂和稳定剂的冻干试剂。(具体内容详见说明书)。产品有效期: 2～8℃保存, 有效期 24 个月。附件: 注册产品标准, 产品说明书。
适用范围:本产品用于体外定量检测人血浆样本中的纤维蛋白原。
生产厂家:美国 Instrumentation Laboratory Co.
注册代理:沃芬医疗器械商贸(北京)有限公司
发证日期:2014. 05. 28 **截止日期**:2018. 05. 27

国食药监械(进)字 2014 第 3402551 号

产品名称:液基细胞制备试剂盒(cobas 4800 System Liquid Cytology Preparation Kit)
规格型号:960 测试; 240 测试。
产品标准:YZB/USA 2866-2014
性能组成:cobas 4800 系统蛋白酶 K、cobas 4800 系统十二烷基硫酸钠试剂、cobas 4800 系统裂解缓冲液。(具体内容详见说明书)。产品有效期: 2～8℃储存, 有效期至 24 个月。附件: 注册产品标准, 产品说明书。
适用范围:配合人乳头状瘤病毒 (HPV) 检测试剂盒 (PCR 荧光法) 和沙眼衣原体 (CT) /淋球菌 (NG) 扩增/检测试剂盒 (PCR 荧光法) 使用, 用于样本制备, 包括细胞溶解、消化蛋白并使核酸变性。
生产厂家:美国 Roche Molecular Systems, Inc
注册代理:罗氏诊断产品(上海)有限公司
发证日期:2014. 05. 28 **截止日期**:2018. 05. 27

国食药监械(进)字 2014 第 3402552 号

产品名称:样本制备试剂盒(cobas 4800 System Sample Preparation Kit)
规格型号:960 测试; 240 测试。
产品标准:YZB/USA 2873-2014
性能组成:cobas 4800 系统磁性玻璃颗粒、cobas 4800 系统洗脱缓冲液。(具体内容详见说明书)。产品有效期: 2～8℃储存, 有效期 24 个月。附件: 注册产品标准, 产品说明书。
适用范围:配合人乳头状瘤病毒 (HPV) 检测试剂盒(PCR 荧光法)和沙眼衣原体 (CT) /淋球菌 (NG) 扩增/检测试剂盒 (PCR 荧光法) 使用, 用于体外进行患者宫颈细胞样本中的人乳头瘤病毒测试和患者宫颈内膜拭子标本、临床医生采集的阴道拭子标本, 以及男性和女性尿液标本中的沙眼衣原体 (CT) /淋球菌 (NG) 测试的样本制备 (核酸提取)。
生产厂家:美国 Roche Molecular Systems, Inc
注册代理:罗氏诊断产品(上海)有限公司
发证日期:2014. 05. 28 **截止日期**:2018. 05. 27

国食药监械(进)字 2014 第 2402553 号

产品名称:卡马西平测定干片(免疫速率法)(VITROS Chemistry Products CRBM Slides)
规格型号:90 片/包装
产品标准:YZB/USA 1994-2014
性能组成:干片成分: 每 cm2 的反应成分: 固化鼠单克隆抗卡马西平抗体、卡马西平-辣根过氧化物酶结合物、2-(3, 5-二甲氧基-4-羟苯基)-4, 5-对(4-二甲基胺基苯基)咪唑(无色染剂); 其它成分: 粘合剂、缓冲液、表面活性剂、交联剂、聚合珠、蛋白质、稳定剂和清洗检测染剂。(具体内容详见产品说明书)。产品有效期: 储存条件: 冷冻, 储存温度≤-18℃; 有效期: 8 个月。附件: 注册产品标准, 产品说明书。
适用范围:该产品用于定量测定血清和血浆中的卡马西平 (CRBM) 浓度。
生产厂家:美国 Ortho-Clinical Diagnostics, Inc.
注册代理:强生(上海)医疗器材有限公司
发证日期:2014. 05. 28 **截止日期**:2018. 05. 27

国食药监械(进)字 2014 第 2402554 号

产品名称:抗链球菌溶血素 0 测定试剂盒(免疫比浊法)(VITROS Chemistry Products ASO Reagent)
规格型号:300 测试/包装
产品标准:YZB/USA 2003-2014
性能组成:反应成分: 试剂 1 (R1): 无, 试剂 2 (R2): 链球菌溶血素 0 抗原包被的乳胶微粒, 0.17%(w/v); 其它成分: 试剂 1 (R1): 防腐剂、缓冲剂、无机盐、蛋白质, 试剂 2 (R2): 防腐剂、缓冲剂、无机盐、蛋白质。产品有效期: 储存条件: 冷藏, 2～8℃; 有效期: 12 个月。附件: 注册产品标准, 产品说明书。
适用范围:该产品用于定量测定人血清和血浆中链球菌溶血素 0 抗体的浓度。

生产厂家:美国 Ortho-Clinical Diagnostics, Inc.
注册代理:强生(上海)医疗器材有限公司
发证日期:2014.05.28 **截止日期**:2018.05.27

国食药监械(进)字 2014 第 2402555 号

产品名称:总铁结合力测定试剂盒(免疫比浊一步法)(VITROS Chemistry Products dTIBC Reagent)
规格型号:300 测试/包装
产品标准:YZB/USA 2011-2014
性能组成:反应成分: 试剂 1(R1):铬天青 B 166 μmol/L(0.008% w/v),溴化十六烷基三甲铵 735 μmol/L (0.03% w/v),乙酸 250 mmol/L,三氯化铁六水化合物 16 μmol/L (0.0004% w/v); 试剂 2 (R2):碳酸氢钠 338mmol/L (2.8% w/v)。 其它成分: 试剂 1 (R1):防腐剂、螯合剂和稳定剂; 试剂 2 (R2):缓冲液和防腐剂。产品有效期:储存条件:冷藏,2~8℃;有效期:12 个月。附件:注册产品标准,产品说明书。
适用范围:该产品用于定量测定血清中的总铁结合力 (TIBC) 的浓度。
生产厂家:美国 Ortho-Clinical Diagnostics, Inc.
注册代理:强生(上海)医疗器材有限公司
发证日期:2014.05.28 **截止日期**:2018.05.27

国食药监械(进)字 2014 第 2402556 号

产品名称:C 反应蛋白测定试剂盒 (乳胶增强免疫比浊法) (VITROS Chemistry Products hsCRP Reagent)
规格型号:300 测试/包装
产品标准:YZB/USA 2110-2014
性能组成:反应成分: 试剂 1 (R1):无;试剂 2 (R2):抗-CRP 鼠单克隆抗体包被的乳胶微粒 0.1% [w/w]。其它成分:试剂 1 (R1):缓冲剂,牛血清白蛋白,聚合物和防腐剂;试剂 2 (R2):缓冲剂和防腐剂。产品有效期:储存条件:冷藏 2~8℃,有效期:12 个月。附件:注册产品标准,产品说明书。
适用范围:该产品用于定量测定人血清和血浆中的 C-反应蛋白 (CRP) 的浓度。
生产厂家:美国 Ortho-Clinical Diagnostics, Inc.
注册代理:强生(上海)医疗器材有限公司
发证日期:2014.05.28 **截止日期**:2018.05.27

国食药监械(进)字 2014 第 2402557 号

产品名称:N 端肽测定试剂包(化学发光法)(VITROS Immunodiagnostic Products NTx Reagent Pack)
规格型号:100 测试/包装
产品标准:YZB/UK 2661-2014
性能组成:试剂包包含: 100 个包被好的反应杯 (链霉亲和素;可结合>3ng 生物素/反应杯),17.6 mL 结合物试剂 (HRP-小鼠单克隆抗-NTx,可结合>740 pmol BCENTx/mL) 溶于含有牛血清白蛋白及抗微生物剂的缓冲液中。产品有效期:储存条件:冷藏 2~8℃,有效期:52 周。附件:注册产品标准,产品说明书。
适用范围:该产品用于定量测定人体尿液中的 1 型胶原交联 N 末端肽 (NTx)。
生产厂家:英国 Ortho Clinical Diagnostics
注册代理:强生(上海)医疗器材有限公司
发证日期:2014.05.28 **截止日期**:2018.05.27

国食药监械(进)字 2014 第 2402558 号

产品名称:三碘甲状腺原氨酸摄取试剂包(化学发光法)(VITROS Immunodiagnostic Products T3 Uptake Reagent Pack)
规格型号:100 测试/包装
产品标准:YZB/UK 2671-2014
性能组成:试剂包包括:100 个包被好的反应杯 (驴抗-绵羊抗体、可结合>400fmol 绵羊 IgG/反应杯);11.7mL 酶结合物试剂 (辣根过氧化物酶 (HRP) -T3,>750ng/mL),溶于含有牛血清白蛋白和抗微生物剂的缓冲液中;11.7mL 分析试剂 (绵羊抗-T3,可结合>14.8pmolT3/mL),溶于含有牛血清白蛋白和抗微生物剂的缓冲液中。产品有效期:储存条件:冷藏 2~8℃,有效期:36 周。附件:注册产品标准,产品说明书。
适用范围:该产品用于定量评价人体血清和血浆 (EDTA 或肝素抗凝) 中甲状腺激素结合力。
生产厂家:英国 Ortho Clinical Diagnostics
注册代理:强生(上海)医疗器材有限公司
发证日期:2014.05.28 **截止日期**:2018.05.27

国食药监械(进)字 2014 第 1402559 号

产品名称:白介素-8 样本稀释液(Immulite IL-8 Sample Diluent)
规格型号:L8PZ (货号):25mL/瓶
产品标准:YZB/UK 1854-2014
性能组成:基质:正常马血清; 防腐剂:叠氮化钠,硫酸庆大霉素。(具体内容详见说明书)。产品有效期:在 2~8℃条件下保存,有效期 3 年。附件:注册产品标准,产品说明书。
适用范围:该产品用于白介素-8 检测时对血清或乙二胺四乙酸 (EDTA) 血浆样本的人工稀释。
生产厂家:英国 Siemens Healthcare Diagnostics Products Limited
注册代理:西门子医学诊断产品(上海)有限公司
发证日期:2014.05.28 **截止日期**:2018.05.27

国食药监械(进)字 2014 第 2402560 号

产品名称:触珠蛋白测定试剂盒(免疫比浊法)(VITROS Chemistry Products HPT Reagent)
规格型号:300 测试/包装
产品标准:YZB/USA 2642-2014
性能组成:反应成分: 试剂 1 (R1):无,试剂 2 (R2): 抗人触珠蛋白山羊抗血清 1 mL/mL; 其它成分:试剂 1 (R1):防腐剂、聚合物、缓冲液、无机盐,试剂 2 (R2):防腐剂、缓冲液、无机盐。产品有效期:储存条件:冷藏 2~8℃,有效期:9 个月。附件:注册产品标准,产品说明书。
适用范围:该产品用于定量测定人血清和血浆中的触珠蛋白(HPT)浓度。
生产厂家:美国 Ortho-Clinical Diagnostics, Inc.
注册代理:强生(上海)医疗器材有限公司
发证日期:2014.05.28 **截止日期**:2018.05.27

国食药监械(进)字 2014 第 2402561 号

产品名称:妥布霉素测定试剂盒(免疫法)(VITROS Chemistry Products TOBRA Reagent)
规格型号:300 测试/包装
产品标准:YZB/USA 2643-2014
性能组成:活性成分 试剂 1 (R1):葡萄糖-6-磷酸脱氢酶 (G6P-DH, EC1.1.1.49,来自于肠膜明串珠菌) 标记的妥布毒素 3.1pg/mL, 试剂 2 (R2):绵羊抗妥布霉素抗体 11.405pg/ml,葡萄糖-6-磷酸钠 (Na-G6P) 44mM;烟酰胺腺嘌呤二核苷酸 (NAD) 36mM; 其它成分 试剂 1 (R1):缓冲液、无机盐、有机盐、蛋白质、蛋白酶抑制剂、生物材料 (小鼠单克隆抗体)、表面活性剂、防腐剂,试剂 2 (R2):无机盐、有机盐、蛋白质、蛋白酶抑制剂、表面活性剂和防腐剂。产品有效期:储存条件:冷藏 2~8℃,有效期:18 个月。附件:注册产品标准,产品说明书。
适用范围:该产品用于定量测定人血清和血浆中的妥布霉素 (TOBRA) 的浓度。
生产厂家:美国 Ortho-Clinical Diagnostics, Inc.
注册代理:强生(上海)医疗器材有限公司
发证日期:2014.05.28 **截止日期**:2018.05.27

国食药监械(进)字 2014 第 2402562 号

产品名称:α1-抗胰蛋白酶测定试剂盒(免疫比浊法)(VITROS Chemistry Products AAT Reagent)
规格型号:300 测试/包装
产品标准:YZB/USA 2644-2014
性能组成:反应成分: 试剂 1 (R1):无,试剂 2 (R2):山羊抗人α1-抗胰蛋白酶抗血清 1 mL/mL; 其它成分:试剂 1 (R1):防腐剂、聚合物、缓冲液、无机盐,试剂 2 (R2):防腐剂、缓冲液、无机盐。产品有效期:储存条件:冷藏 2~8℃,有效期:9 个月。附件:注册产品标准,产品说明书。
适用范围:该产品用于定量检测人血清α1-抗胰蛋白酶 (AAT) 的浓度。
生产厂家:美国 Ortho-Clinical Diagnostics, Inc.
注册代理:强生(上海)医疗器材有限公司
发证日期:2014.05.28 **截止日期**:2018.05.27

国食药监械(进)字 2014 第 2402563 号

产品名称:低密度脂蛋白测定试剂盒(免疫比浊一步法)(VITROS Chemistry Products dLDL Reagent)
规格型号:600 测试/包装
产品标准:YZB/USA 2645-2014
性能组成:反应成分: 试剂 1 (R1): 胆固醇酯酶、胆固醇氧化酶、过氧化氢酶、表面活性剂、染剂前体,试剂 2 (R2): 过氧化物酶、4-氨基安替吡啉、过氧化酶抑制剂、聚氧乙烯脂醚;其它成分:试剂 1(R1):缓冲液、无机盐、清除剂、蛋白质、防腐剂、处理水,试剂 2 (R2):缓冲剂、防腐剂、处理水。(具体内容详见产品说明书)。产品有效期:储存条件:冷藏 2~8℃,有效期:12 个月。附件:注册产品标准,产品说明书。
适用范围:该产品用于定量测定血清和血浆中低密度脂蛋白胆固醇(LDLC)的浓度。
生产厂家:美国 Ortho-Clinical Diagnostics, Inc.
注册代理:强生(上海)医疗器材有限公司
发证日期:2014.05.28 **截止日期**:2018.05.27

国食药监械(进)字 2014 第 2202564 号

产品名称:液晶视力表(SYSTEM CHART)
规格型号:SC-1600
产品标准:YZB/JAP 2527-2014《液晶视力表》
性能组成:该产品由主机、电源线、倾斜支架、偏光眼镜、遥控器(可选)、落地架(可选)、工作台支架(可选)、红-绿镜片(可选)组成。验光距离:5m(标准),2.5~6m 间可选(按 1cm 或 1inch 为间隔设定)。视力表类型:G+型(73 种)。视力表显示:满字视力字母表、单个字母、横行、竖行、R/G。可测范围:0.04~1.6,视角允差:±5%,屏幕亮度:显示屏的亮度应为 80~320cd/m2 之间。
适用范围:该产品适用于测试远距离视力,也可用于测试对比度视力。
生产厂家:日本尼德克株式会社(株式会社ニデック)(NIDEK CO., LTD.)
注册代理:日本尼德克株式会社北京代表处
服务机构:日本尼德克株式会社北京代表处
发证日期:2014.05.26 **截止日期**:2018.05.25

国食药监械(进)字 2014 第 2402565 号

产品名称:免疫分析加样系统(Freedom EVO Clinical)
规格型号:Freedom EVO-2 Clinical 100、Freedom EVO-2 Clinical 150、Freedom EVO-2 Clinical 200。
产品标准:YZB/SWI 2639-2014《免疫分析加样系统》
性能组成:该产品由工作台、移液机械臂、加样器、加样泵、安全门、系统状态指示灯、仪器软件、以及附件(微孔板、试剂载架)组成;仪器软件。(具体内容详见产品标准)。
适用范围:该产品是一款设计用于临床诊断方面执行自动化的常规实验室任务的仪器。
生产厂家:瑞士 Tecan Schweiz AG
注册代理:帝肯(上海)贸易有限公司
服务机构:帝肯(上海)贸易有限公司
发证日期:2014.05.26 **截止日期**:2018.05.25

国食药监械(进)字 2014 第 2202566 号

产品名称:电子血压计(自動電子血圧計)
规格型号:J21IT
产品标准:YZB/JAP 2736-2014《电子血压计》
性能组成:产品组成:产品由本体及腕带组成。本体部品号:J21IT,腕带部品号:9912954-3。
适用范围:该产品适用于测量成人血压及脉搏数。
生产厂家:日本欧姆龙健康医疗株式会社
注册代理:欧姆龙健康医疗(中国)有限公司
服务机构:欧姆龙健康医疗(中国)有限公司
发证日期:2014.05.26 **截止日期**:2018.05.25

国食药监械(进)字 2014 第 2202567 号

产品名称:电子血压计(自動電子血圧計)
规格型号:J20
产品标准:YZB/JAP 2766-2014《电子血压计》
性能组成:产品组成:产品由本体及腕带组成。本体部品号:J20,腕带部品号:9912955-1。
适用范围:该产品适用于测量成人血压及脉搏数。
生产厂家:日本欧姆龙健康医疗株式会社
注册代理:欧姆龙健康医疗(中国)有限公司
服务机构:欧姆龙健康医疗(中国)有限公司
发证日期:2014.05.26 **截止日期**:2018.05.25

国食药监械(进)字 2014 第 2402568 号

产品名称:血糖仪(商品名:CERA-CHEK 1070)(Blood Glucose Test Meter)
规格型号:G300
产品标准:YZB/ROK 2631-2014《血糖仪》
性能组成:由血糖仪和软件组成。
适用范围:该产品用于体外定量检测新鲜毛细血管全血和新鲜静脉血中的血糖浓度水平。
生产厂家:韩国 CERAGEM MEDISYS Inc.
注册代理:喜来健医疗器械(北京)有限公司
服务机构:喜来健医疗器械(北京)有限公司
发证日期:2014.05.26 **截止日期**:2018.05.25

国食药监械(进)字 2014 第 2542569 号

产品名称:内窥镜手术用动力系统(商品名:UNIDRIVE S III Neuro)(Motor System for Endoscope)
规格型号:见附页
产品标准:YZB/GER 2571-2014《内窥镜手术用动力系统》
性能组成:本产品由控制主机、电源线、SCB 连接线、脚踏开关、管路套件、手柄、电机、电机连接线、保护器和工具头组成。
适用范围:本产品适用于神经外科手术中提供动力,驱动配套的手柄及刀具进行切割、粉碎手术操作。
生产厂家:德国 Karl Storz GmbH & Co. KG
注册代理:卡尔史托斯内窥镜(上海)有限公司
服务机构:卡尔史托斯内窥镜(上海)有限公司
发证日期:2014.05.26 **截止日期**:2018.05.25

国食药监械(进)字 2014 第 2402570 号

产品名称:微生物药敏分析仪(Vizion)
规格型号:Vizion
产品标准:YZB/UK 2679-2014《微生物药敏分析仪》
性能组成:主要由自动判读器和操作软件组成。
适用范围:该产品可将 Sensititre 药敏板结果以数字图像形式显示放大,可用来判读 MIC 板条。
生产厂家:英国 Trek Diagnostic Systems Ltd
注册代理:赛默飞世尔(上海)仪器有限公司
服务机构:赛默飞世尔科技(中国)有限公司
发证日期:2014.05.26 **截止日期**:2018.05.25

国食药监械(进)字 2014 第 2222571 号

产品名称:内窥镜用二氧化碳送气装置(内視鏡用炭酸ガス送気装置)
规格型号:GW-100
产品标准:YZB/JAP 2569-2014《内窥镜用二氧化碳送气装置》
性能组成:本产品是一种由本体:GW-100(调节器,阀门,压力计,控制基板,开关电源)和标准配件(送水瓶:WT-04G、气体管:CT-11G、电源线)构成的内窥镜用送气送水装置。与富士公司生产的 200 系列、400 系列、500 系列、L500 系列内窥镜组合使用。
适用范围:本产品于医疗设施内在医生的管理下,经由内窥镜向体腔内部进行二氧化碳气体送气或送水处理,以便于利用内窥镜对体内、管腔、体腔或体内腔进行观察或处理。
备注:2014 年 8 月 18 日同意更正生产地址内容,2014 年 5 月 26 日核发的医疗器械注册登记表予以废止。
生产厂家:日本富士胶片株式会社(富士フイルム株式会社)
注册代理:富士胶片(中国)投资有限公司
服务机构:富士胶片(中国)投资有限公司
发证日期:2014.05.26 **截止日期**:2018.05.25

国食药监械(进)字 2014 第 2232572 号

产品名称:超声探头(Ultrasound Probe)

规格型号:SC1-4HS
产品标准:YZB/ROK 2775-2014《超声探头》
性能组成:见附页。
适用范围:与爱飞纽超声诊断系统((E-CUBE 9 或 E-CUBE 9 SMART 或 E-CUBE 15)连接后，用于临床超声诊断的检查
生产厂家:韩国爱飞纽医疗系统有限公司(ALPINION MEDICAL SYSTEMS CO., LTD.)
注册代理:爱飞纽(广州)医疗器械贸易有限公司
服务机构:爱飞纽(广州)医疗器械贸易有限公司
发证日期:2014.05.26 **截止日期**:2018.05.25

国食药监械(进)字 2014 第 2232573 号

产品名称:超声探头(Ultrasound Probe)
规格型号:EV3-10
产品标准:YZB/ROK 2777-2014《超声探头》
性能组成:见附页。
适用范围:与爱飞纽超声诊断系统((E-CUBE 7 或 E-CUBE 9 或 E-CUBE 9 SMART)连接后，用于临床超声诊断的检查
生产厂家:韩国爱飞纽医疗系统有限公司(ALPINION MEDICAL SYSTEMS CO., LTD.)
注册代理:爱 飞纽(广州)医疗器械贸易有限公司
服务机构:爱飞纽(广州)医疗器械贸易有限公司
发证日期:2014.05.26 **截止日期**:2018.05.25

国食药监械(进)字 2014 第 2232574 号

产品名称:超声探头(Ultrasound Probe)
规格型号:EC3-10
产品标准:YZB/ROK 2779-2014《超声探头》
性能组成:见附页。
适用范围:与爱飞纽超声诊断系统((E-CUBE 7 或 E-CUBE 9 或 E-CUBE 9 SMART)连接后，用于临床超声诊断的检查
生产厂家:韩国爱飞纽医疗系统有限公司(ALPINION MEDICAL SYSTEMS CO., LTD.)
注册代理:爱飞纽(广州)医疗器械贸易有限公司
服务机构:爱飞纽(广州)医疗器械贸易有限公司
发证日期:2014.05.26 **截止日期**:2018.05.25

国食药监械(进)字 2014 第 2222575 号

产品名称:内窥镜光源装置(送気送水機能付外部電源式内視鏡用光源装置)
规格型号:LL-4450
产品标准:YZB/JAP 2546-2014《内窥镜光源装置》
性能组成:本产品是带有送气送水功能的外部电源式内窥镜用光源装置。
适用范围:可为内窥镜提供照明的光源，并通过内窥镜向体腔内输送空气和水，目的是为了提供内窥镜手术中所拍摄的图像。本产品于医疗设施内，在医生的管理下用于对体腔进行观察。与电子图像处理器 VP-4450HD 和 L500 系列内窥镜组合使用。
备注:2014 年 8 月 18 日同意更正生产地址内容，2014 年 5 月 26 日核发的医疗器械注册登记表予以废止。
生产厂家:日本富士胶片株式会社（富士フイルム株式会社）
注册代理:富士胶片(中国)投资有限公司
服务机构:富士胶片(中国)投资有限公司
发证日期:2014.05.26 **截止日期**:2018.05.25

国食药监械(进)字 2014 第 2222576 号

产品名称:CMOS 内窥镜摄像系统(Full HD CMOS Camera System)
规格型号:PV470
产品标准:YZB/GER 2784-2014《CMOS 内窥镜摄像系统》
性能组成:摄像系统由 CMOS 摄像机控制单元(PV470)、含 90 度内窥镜镜头和摄像电缆的钟摆式摄像头(PV471)、含变焦内窥镜镜头和摄像电缆的变焦摄像头(PV472)和含定焦内窥镜镜头和摄像电缆的定焦摄像头(PV473)组成。
适用范围:CMOS 内窥镜摄像系统同硬性或软性内窥镜一起用于内窥镜检查的介入，也用于手术室显微镜和外部图像的记录。
生产厂家:德国 Aesculap AG
注册代理:贝朗医疗(上海)国际贸易有限公司
服务机构:贝朗医疗(上海)国际贸易有限公司
发证日期:2014.05.26 **截止日期**:2018.05.25

国食药监械(进)字 2014 第 2232577 号

产品名称:超声波骨密度测定仪(超音波骨密度測定装置)
规格型号:AOS-100SA
产品标准:YZB/JAP 2763-2014《超声波骨密度测定仪》
性能组成:AOS-100SA 主机，电源线 CP-119，脚架适配器 1、2，计算机用软件。
适用范围:用于对人体的跟骨进行骨密度测定
生产厂家:日本日立阿洛卡医疗株式会社（日立アロカメディカル株式会社）
注册代理:日立医疗(广州)有限公司
服务机构:上海优福通医疗设备有限公司
发证日期:2014.05.26 **截止日期**:2018.05.25

国食药监械(进)字 2014 第 2262578 号

产品名称:下肢康复训练器(下肢用リハビリ装置 LR2)
规格型号:YRS-LR2ACA
产品标准:YZB/JAP 2694-2014《下肢康复训练器》
性能组成:产品由主机、患者紧急停止开关、电源线组成。
适用范围:产品用于对患者下肢进行连续性被动运动的康复性训练，预防关节粘连/挛缩，改善关节可动范围。
变更情况:变更日期：2014.12.29。代理人和售后服务机构变更：由“上海恒奥贸易有限公司”变更为“安川电机(中国)有限公司”。
生产厂家:日本株式会社安川电机
注册代理:上海恒奥贸易有限公司
服务机构:上海恒奥贸易有限公司
发证日期:2014.05.26 **截止日期**:2018.05.25

国食药监械(进)字 2014 第 3772579 号

产品名称:诊断用电极导管(Diagnostic Electrode Catheters)
规格型号:见附页
产品标准:YZB/USA 2632-2014《诊断用电极导管》
性能组成:诊断用电极导管由导管、手柄和连接器组成。一次性使用灭菌产品，环氧乙烷灭菌。导管规格型号及弯型图示见附页。
适用范围:该产品用于临时性心内感应、记录和刺激，以及在心律失常的评价过程中进行临时起搏。
生产厂家:美国 Bard Electrophysiology A Division of C.R. Bard Inc.
注册代理:巴德医疗科技(上海)有限公司
服务机构:巴德医疗科技(上海)有限公司
发证日期:2014.05.26 **截止日期**:2018.05.25

国食药监械(进)字 2014 第 2212580 号

产品名称:程控仪（商品名：Merlin）(Patient Care System)
规格型号:3650
产品标准:YZB/USA 2623-2014《程控仪》
性能组成:产品由专用计算机、彩色显示器、一体式打印机及附件组成，具体附件描述及型号见附页。
适用范围:用于询问、程控、显示数据和测试 St.Jude Medical 植入式脉冲发生器。
生产厂家:美国 St. Jude Medical Cardiac Rhythm Management Division
注册代理:圣犹达医疗用品(上海)有限公司
服务机构:圣犹达医疗用品(上海)有限公司
发证日期:2014.05.26 **截止日期**:2018.05.25

国食药监械(进)字 2014 第 2222581 号

产品名称:五官科综合摄像系统(Stroboskopy camera)
规格型号:EndoSTROB D
产品标准:YZB/GER 2594-2014《五官科综合摄像系统》
性能组成:系统由主机（328 272 600)、摄像头（322100210)、声频传感器组成，主机由摄像单元、电子频闪控制单元构成。系统有效像素名义值为 300000；图像传递像素为 768×576；分辨率为水平 500 线、垂直 420 线；最小照度≤ 3lux；信噪比>46dB。频闪频响的输入频率范围 80Hz～1000Hz。

适用范围:本系统在普通模式下可连接耳镜、鼻窦镜、喉镜用于五官科的内窥镜应用，在频闪模式下连接喉镜可对人的声带进行检查。
生产厂家:德国 XION GmbH
注册代理:艾克松有限公司杭州办事处
服务机构:艾克松有限公司杭州办事处
发证日期:2014.05.26　　截止日期:2018.05.25

国食药监械(进)字 2014 第 2212582 号

产品名称:动态心电记录盒(ECG Recorders)
规格型号:Lifecard CF
产品标准:YZB/UK 2692-2014《动态心电记录盒》
性能组成:该产品由具有液晶屏的心电记录盒、患者心电电缆组成。
适用范围:该产品适用于在临床中连续记录动态心电信号。
生产厂家:英国 Spacelabs Healthcare Ltd.
注册代理:思培斯太空医疗仪器贸易(上海)有限公司
服务机构:思培斯太空医疗仪器贸易(上海)有限公司
发证日期:2014.05.26　　截止日期:2018.05.25

国食药监械(进)字 2014 第 3222583 号

产品名称:尿道膀胱镜及附件(Cysto-Urethroscope and Accessories)
规格型号:见附页
产品标准:YZB/GER 2616-2014《尿道膀胱镜及附件》
性能组成:该产品由内窥镜和电极组成。
适用范围:该产品用于对患者尿道和膀胱内疾病进行内窥镜检查和治疗。
生产厂家:德国 Richard Wolf GmbH
注册代理:北京德华信达技术有限公司
服务机构:见附页
发证日期:2014.05.26　　截止日期:2018.05.25

国食药监械(进)字 2014 第 3232584 号

产品名称:彩色超声诊断仪(Diagnostic Ultrasound System)
规格型号:LOGIQ S8
产品标准:YZB/ROK 2572-2014《彩色超声诊断仪》
性能组成:详见《产品性能结构及组成附页》。
适用范围:适用于临床超声诊断。
生产厂家:韩国 GE Ultrasound Korea, Ltd.
注册代理:通用电气医疗系统贸易发展(上海)有限公司
服务机构:通用电气医疗系统贸易发展(上海)有限公司
发证日期:2014.05.26　　截止日期:2018.05.25

国食药监械(进)字 2014 第 2572585 号

产品名称:全自动内窥镜清洗消毒机(Medivators Automated Endoscope Reprocessor)
规格型号:DSD-201, SSD-102
产品标准:YZB/USA 2620-2014《全自动内窥镜清洗消毒机》
性能组成:产品由内窥镜洗消槽，控制面板，机器上盖和漂浮内盖，化学消毒剂蓄液槽，酒精蓄液槽，清洗剂蓄液槽，灌注泵，消毒剂泵，过滤器，空气压缩机组成。DSD-201 为双盆型，一次可以处理两条内窥镜；SSD-102 为单盆型，一次可以处理一条内窥镜。
适用范围:临床用于对医用内窥镜的清洗消毒。
生产厂家:美国 Medivators Inc.
注册代理:美国美涤威公司北京代表处
服务机构:美国美涤威公司北京代表处
发证日期:2014.05.26　　截止日期:2018.05.25

国食药监械(进)字 2014 第 1412586 号

产品名称:全自动组织化学染色机（商品名：全自动单独滴染染色机）(Symphony Staining System)
规格型号:900-SYM1; 900-SYM3。
产品标准:YZB/USA 2774-2014 《全自动组织化学染色机》
性能组成:该产品由进出站，全自动智能升降台，切片烤片模块，切片探测/条形码读取器，染色模块，切片前处理模块，OPTISURE 封片机，切片清洁模块，液体收集模块，随机软件。
适用范围:该产品用于定性检测石蜡包埋组织中固定的组织细胞浆和细胞核的形态及染色类型。
生产厂家:美国 Ventana Medical Systems, Inc.
注册代理:罗氏诊断产品(上海)有限公司
服务机构:罗氏诊断产品(上海)有限公司
发证日期:2014.05.26　　截止日期:2018.05.25

国食药监械(进)字 2014 第 3402587 号

产品名称:模块化生化免疫分析系统(cobas 6000 analyzer series)
规格型号:cobas 6000
产品标准:YZB/GER 2798-2014《模块化生化免疫分析系统》
性能组成:该产品由核心模块、生化和电解质模块 c 501、免疫模块 e 601 和软件组成。生化和电解质模块 c 501、免疫模块 e 601 可进行多种自由组合。
适用范围:用于临床生化、免疫和电解质项目的检测。
生产厂家:德国 Roche Diagnostics GmbH
注册代理:罗氏诊断产品(上海)有限公司
服务机构:罗氏诊断产品(上海)有限公司
发证日期:2014.05.26　　截止日期:2018.05.25

国食药监械(进)字 2014 第 2232588 号

产品名称:超声图像诊断仪(汎用超音波画像診断装置)
规格型号:UF-870AG
产品标准:YZB/JAP 2508-2014《超声图像诊断仪》
性能组成:见《产品性能结构及组成附页》。
适用范围:该产品用于人体超声诊断检查。
生产厂家:日本フクダ電子株式会社
注册代理:上海湘荣电子设备有限公司
服务机构:上海湘荣电子设备有限公司
发证日期:2014.05.26　　截止日期:2018.05.25

国食药监械(进)字 2014 第 3152589 号

产品名称:射频热凝电极套管针(RF Cannula)
规格型号:见附页
产品标准:YZB/GER 2674-2014《射频热凝电极套管针》
性能组成:由针管(覆盖有绝缘保护层)、针管座、衬芯、衬芯座、保护套组成。本产品为一次性使用，环氧乙烷灭菌。具体规格型号参数见附页。
适用范围:与射频控温热凝器配套使用，用于神经和肌肉等组织的射频热凝治疗时的穿刺。
生产厂家:德国英诺曼德医疗科技有限公司
注册代理:北京北琪医疗科技有限公司
服务机构:北京北琪医疗科技有限公司
发证日期:2014.05.26　　截止日期:2018.05.25

国食药监械(进)字 2014 第 3232590 号

产品名称:便携式彩色超声诊断系统(Diagnostic Ultrasound System and Transducers)
规格型号:CX30
产品标准:YZB/USA 2670-2014《便携式彩色超声诊断系统》
性能组成:见《产品性能结构及组成附页》。
适用范围:用于人体超声诊断。
生产厂家:美国 Philips Ultrasound, Inc.
注册代理:飞利浦(中国)投资有限公司
服务机构:飞利浦(中国)投资有限公司
发证日期:2014.05.26　　截止日期:2018.05.25

国食药监械(进)字 2014 第 3232591 号

产品名称:便携式彩色超声诊断系统(Diagnostic Ultrasound System and Transducers)
规格型号:CX50
产品标准:YZB/USA 2668-2014《便携式彩色超声诊断系统》
性能组成:见《产品性能结构及组成附页》。
适用范围:用于人体超声诊断。
变更情况:变更日期：2014.12.08。产品名称由“便携式彩色超声诊断系统”变更为“彩色超声诊断系统”。
生产厂家:美国 Philips Ultrasound, Inc.
注册代理:飞利浦(中国)投资有限公司

服务机构:飞利浦(中国)投资有限公司
发证日期:2014.05.26 截止日期:2018.05.25

国食药监械(进)字 2014 第 2402592 号

产品名称:血气、电解质和生化分析系统(cobas b 221 system)
规格型号:cobas b 221 <2> system、cobas b 221 <4> system、cobas b 221 <6> system。
产品标准:YZB/GER 2695-2014《血气、电解质和生化分析系统》
性能组成:主要由主机、自动质控组件、条码扫描器和软件组成。
适用范围:用于测量全血、血清、血浆、含有醋酸盐和碳酸氢根的透析液和 QC 材料中的 pH、血液气体 BG (PO2, PCO2)、电解质 ISE (Na+, K+, Cl- , Ca2+)、血细胞压积(Hct)、代谢物 MSS (Glu、Lac、Urea)、总血红蛋白 (tHb)、血氧饱和度 (SO2)、血红蛋白衍生物 COOX (O2Hb、HHb、COHb、MetHb)、胆红素 (新生儿)。
生产厂家:德国 Roche Diagnostics GmbH
注册代理:罗氏诊断产品(上海)有限公司
服务机构:罗氏诊断产品(上海)有限公司
发证日期:2014.05.26 截止日期:2018.05.25

国食药监械(进)字 2014 第 1412593 号

产品名称:切片机(MICROTOME)
规格型号:REM-710、RX-860、TU-213
产品标准:YZB/JAP 2686-2014《切片机》
性能组成:REM-710: 由刀架、刀、刀架固定器、标本固定器、废料盘、拉杆、调节旋钮、控制面板组成。RX-860: 由刀架、刀、刀架固定器、标本固定器、废料盘、回旋杆、调节旋钮、控制面板组成。TU-213: 由刀架、刀、刀架固定器、标本固定器、拉杆、调节钮组成。
适用范围:该产品用于组织标本的微米切片。
生产厂家:日本大和光机工业公司
注册代理:天津市福桥商贸有限公司
服务机构:天津市福桥商贸有限公司
发证日期:2014.05.26 截止日期:2018.05.25

国食药监械(进)字 2014 第 3212594 号

产品名称:植入式心脏起搏器电极导线(Implantable Bipolar Endocardial Lead)
规格型号:Siello JT 45 Siello JT 53 Siello T 53 Siello T 60
产品标准:YZB/GER 2157-2014《植入式心脏起搏器电极导线》
性能组成:产品由电极导线和附件组成。电极导线由 IS-1 连接器、导线导体、电极导线体、电极导线固定套管、环形电极、类固醇药套、叉齿组成。产品附件见附表。
适用范围:该电极导线适用于长期性、经静脉植入于右心室 (直形) 或右心房 (J 型)。与相匹配的植入式心脏起搏器或 ICD 一起使用,构成了完整的心脏起搏系统。适应症与配合使用的起搏器或 ICD 的相同。
生产厂家:德国百多力欧洲股份两合公司(BIOTRONIK SE &Co.KG)
注册代理:百多力(北京)医疗器械有限公司
服务机构:百多力(北京)医疗器械有限公司
发证日期:2014.05.26 截止日期:2018.05.25

国食药监械(进)字 2014 第 2402595 号

产品名称:荧光免疫分析仪(Alere Triage MeterPro)
规格型号:Triage MeterPro
产品标准:YZB/USA 2843-2014《荧光免疫分析仪》
性能组成:该产品主要有荧光分析仪,键盘,热敏打印机,微处理器,液晶显示屏组成。
适用范围:该产品用于 Alere San Diego 公司生产的 Triage 配套试剂的检测。
生产厂家:美国 Alere San Diego, Inc.
注册代理:美艾利尔(中国)医疗器械有限公司
服务机构:美艾利尔(上海)医疗器械销售有限公司
发证日期:2014.05.26 截止日期:2018.05.25

国食药监械(进)字 2014 第 2302596 号

产品名称:医用 X 射线摄影系统 (商品名: Q-Rad System) (Stationary X-ray System)
规格型号:Q-RAD
产品标准:YZB/USA 2726-2014《医用 X 射线摄影系统》
性能组成:由操作控制台(包括一体化触摸操作电脑及电源/曝光控制盒)、高频 X 射线高压发生器(QG-65)、球管立柱、胸片架、放射诊断拍片床(QT-750)、限束器、滤线栅、X 射线球管组件(E7252X)和电离室(选配 AEC 时)组成。
适用范围:提供医疗诊断用 X 射线影像。系统可用于执行骨骼(包括头骨、脊柱和四肢)、胸部、腹部和身体其他部位的 X 射线曝光。本系统不适用于乳腺 X 射线检查。
生产厂家:美国 Carestream Health, Inc.
注册代理:锐珂亚太投资管理(上海)有限公司
服务机构:锐珂亚太投资管理(上海)有限公司
发证日期:2014.05.26 截止日期:2018.05.25

国食药监械(进)字 2014 第 2302597 号

产品名称:数字化医用 X 射线摄影系统(DRX-Ascend System)
规格型号:Q-RAD
产品标准:YZB/USA 2733-2014《数字化医用 X 射线摄影系统》
性能组成:产品由操作控制台、高频 X 射线高压发生器(QG-65)、球管立柱、胸片架、放射诊断摄影床(QT-750)、限束器、X 射线球管组件(E7252X)、X 射线球管(E7252)、电离室(选配 AEC 时)和数字化平板探测器(DRX-1 System Detector 和 DRX-1C System Detector)组成。
适用范围:本系统可以提供医疗诊断用 X 射线数字影像。系统可用于执行骨骼(包括头骨、脊柱和四肢)、胸部、腹部和身体其他部位的 X 射线曝光。不适用于乳腺 X 射线检查。
生产厂家:美国 Carestream Health, Inc.
注册代理:锐珂亚太投资管理(上海)有限公司
服务机构:锐珂亚太投资管理(上海)有限公司
发证日期:2014.05.26 截止日期:2018.05.25

国食药监械(进)字 2014 第 3252598 号

产品名称:耳鼻喉科高频手术器械(Electrosurgery instruments for ENT)
规格型号:见附页
产品标准:YZB/GER 2696-2014《耳鼻喉科高频手术器械》
性能组成:产品由电极、镊子、电凝抽吸管组成。产品规格型号及参数见附页 1。
适用范围:该产品用于内窥镜下对组织和血管进行凝固、止血和切除。
生产厂家:德国 Richard Wolf GmbH
注册代理:北京德华信达技术有限公司
服务机构:见附页 2
发证日期:2014.05.26 截止日期:2018.05.25

国食药监械(进)字 2014 第 1542599 号

产品名称:急诊患者手推车(EMERGENCY AND PATIENT TROLLEY)
规格型号:EMERGO
产品标准:YZB/FIN 2635-2014《急诊患者手推车》
性能组成:该产品由车架、调节装置、滑轮、背板、臂板和腿板等组件组成。
适用范围:该产品主要用于运送急诊患者以及运送在医院治疗的患者。
生产厂家:芬兰 Merivaara Corp.
注册代理:北京金协信商贸有限责任公司
服务机构:上海派可斯医疗器械有限公司
发证日期:2014.05.26 截止日期:2018.05.25

国食药监械(进)字 2014 第 2632600 号

产品名称:脱敏剂 (商品名: Systemp.desensitizer) (Systemp.desensitizer)
规格型号:规格装量:5g/瓶
产品标准:YZB/LIE 2223-2014《脱敏剂》
性能组成:该产品由聚乙二醇二甲基丙烯酸酯,顺丁稀二酸,戊二醛(50%)和蒸馏水组成。
适用范围:该产品用于降低和预防牙本质敏感。
生产厂家:列支敦士登 Ivoclar Vivadent AG
注册代理:义获嘉伟瓦登特(上海)商贸有限公司
服务机构:义获嘉伟瓦登特(上海)商贸有限公司
发证日期:2014.05.30 截止日期:2018.05.29

国食药监械(进)字 2014 第 2222601 号

产品名称:套石网篮(Stone Baskets)
规格型号:DO-902475; DO-903375; DO-903475; DO-903575; DO-9034120; DO-903485-GA; DO-904485-GA; DO-904375; DO-904475; DO-904575; DO-925475; DO-925485; DO-99194120; DO-9930485; DO-9925490; DO-953490; DO-954490; DO-903490-FS; DO-900
产品标准:YZB/GER 2390-2014《套石网篮》
性能组成:套石网篮由网篮、套管和手柄组装而成。经环氧乙烷灭菌,限一次性使用。
适用范围:该产品是用于在输尿管镜手术中通过硬镜或是软镜进行套取和清除结石。
生产厂家:德国 uroVision Gesellschaft für medizinischen Technologie-Transfer mbH
注册代理:莱凯医疗器械(北京)有限公司
服务机构:莱凯医疗器械(北京)有限公司
发证日期:2014.05.30 **截止日期**:2018.05.29

国食药监械(进)字 2014 第 1102602 号

产品名称:脊柱外科手术工具(商品名: Spartan S3)(Spartan S3 Instruments)
规格型号:见附页
产品标准:YZB/USA 2087-2014《脊柱外科手术工具》
性能组成:该产品由撑开器、椎骨打孔器、单点麻花钻、空心丝锥、麻花钻手柄、麻花钻套管及轴向棘轮手柄组成,与人体接触部分产品材质为符合 ASTM F899 标准的 17-4 不锈钢。非灭菌包装提供。
适用范围:该产品适用于任何或所有 C2-S1(含 S1)脊柱水平的后路手术治疗,用于为患者植入 Spartan S3 小关节螺钉系统。
生产厂家:美国 Amendia, Inc.
注册代理:天地人本(北京)医疗科技有限公司
服务机构:天地人本(北京)医疗科技有限公司
发证日期:2014.05.30 **截止日期**:2018.05.29

国食药监械(进)字 2014 第 1052603 号

产品名称:骨传导植入式听力解决方案手术器械(Baha Surgical Tools)
规格型号:93339、93570、93571、93572、94071
产品标准:YZB/SWE 1954-2014《骨传导植入式听力解决方案手术器械》
性能组成:93339 Baha 量尺,93570 软组织标尺,93571 Baha Attract 标记模型(声音处理器磁铁标记模型),93572 骨床指示器,94071 植入体磁铁模板。
适用范围:本产品是在安装听力系统的手术过程中使用的手术器械。
生产厂家:瑞典 Cochlear Bone Anchored Solutions AB
注册代理:澳科利耳医疗器械(北京)有限公司
服务机构:澳科利耳医疗器械(北京)有限公司
发证日期:2014.05.30 **截止日期**:2018.05.29

国食药监械(进)字 2014 第 1062604 号

产品名称:输送器(Syringes)
规格型号:Skini Syringe, Syringe plastic (1.2ml), Syringe plastic (5ml), ViscoStat Empty Syringe, Ultra-Etch Empty Syringe, Luer Vacuum Adapter, Triway Adaptor
产品标准:YZB/USA 2300-2014《输送器》
性能组成:产品由输送筒和转接管组成,主要材料为聚丙烯无规共聚物和聚乙烯。
适用范围:产品用于临床或技工室中,与输送头配套使用,将输送器中的胶体或液体慢慢地输送到牙齿或牙齿模型中,以达到清洁和治疗的效果。
生产厂家:美国 Ultradent Products Inc.
注册代理:广州市皓齿登医疗器械有限公司
服务机构:广州市皓齿登医疗器械有限公司
发证日期:2014.05.30 **截止日期**:2018.05.29

国食药监械(进)字 2014 第 1062605 号

产品名称:牙科器械(Dental Instrument)
规格型号:见附页
产品标准:YZB/PAK 2340-2014《牙科器械》
性能组成:产品由符合 ISO7153-1 标准的不锈钢材料组成,经消毒处理后可重复使用。
适用范围:主要用于牙科手术。
生产厂家:巴基斯坦 RSAMTI IMPEX
注册代理:萨乌特(北京)国际贸易有限公司
服务机构:萨乌特(北京)国际贸易有限公司
发证日期:2014.05.30 **截止日期**:2018.05.29

国食药监械(进)字 2014 第 1312606 号

产品名称:摄片夹装置(Film/Sensor Holding Instruments)
规格型号:559900 XCP-DS FIT Hygiene Kit, 559908XCP-DS FIT Endodontic Kit, 559909 XCP-DS FITEndodontic Kit plus Endodontic Holders, 542071XCP-ORA Kit for Film with Biteblocks, 542045 XCPEndodontic Kit, 542003 XCP Kit with Bitewing andEndodontic Instruments
产品标准:YZB/USA 2364-2014《摄片夹装置》
性能组成:各种摄片夹装置的工作部分均为聚丙烯,定位臂为不锈钢,定位圈为聚醚酰亚胺(PEI)塑料。
适用范围:适用于支持数字传感器和对口腔内 X 光照片拍摄所需胶片以及 X 光成像板进行定位。
生产厂家:美国 Dentsply - Rinn Division
注册代理:登士柏(天津)国际贸易有限公司
服务机构:登士柏(天津)国际贸易有限公司
发证日期:2014.05.30 **截止日期**:2018.05.29

国食药监械(进)字 2014 第 1632607 号

产品名称:研磨刷(商品名: STARbrush)(Abrasive Brush)
规格型号:1091(30 根),1092(50 根),1093(100 根)
产品标准:YZB/USA 2436-2014《研磨刷》
性能组成:产品由刷头和杆部组成,其中刷头的材质为 6/12 尼龙,杆部材质为含有铜,锡和锌沉积电镀层的 C260 黄铜。
适用范围:本器械在牙科治疗中,用于清洁研磨牙齿。
生产厂家:美国 Ultradent Products Inc.
注册代理:广州市皓齿登医疗器械有限公司
服务机构:广州市皓齿登医疗器械有限公司
发证日期:2014.05.30 **截止日期**:2018.05.29

国食药监械(进)字 2014 第 1102608 号

产品名称:膝关节翻修手术工具(商品名:Vanguard 360)(Vanguard 360 Revision Knee System Instruments)
规格型号:见附页
产品标准:YZB/USA 1853-2014《膝关节翻修手术工具》
性能组成:该产品由模块、试模、安装器、力线杆、打入器、取出器、滑动锤、螺丝刀、固定钉插入/取出器、管套钉、钻头、测隙片、持钉器、锁定杆装入器、间隙组件、间隔片、髌间骨切除量规、固定钉、冲击头、打器、手柄、适配器、骨锉、骨锉管套、胫骨橇型组件、适配片、股骨外侧模板、股骨锉壳、远端控制器、试模偏心距转接头、骨凿、试模柱、骨锉连接器等组成。与人体接触的部分采用符合 ASTM F899 标准的不锈钢材料、ASTMB308 的铝合金、ISO16061 的聚醚砜、ISO5832-3 的钛 6 铝 4 钒合金制成,具体详见产品规格型号附页。该套工具为手动工具,不得与电动、气动有源器械联用。非灭菌包装。
适用范围:该产品为手术工具,适用于膝关节翻修手术。
生产厂家:美国 Biomet Orthopedics
注册代理:邦美(上海)商贸有限公司
服务机构:邦美(上海)商贸有限公司
发证日期:2014.05.30 **截止日期**:2018.05.29

国食药监械(进)字 2014 第 1062609 号

产品名称:成型片(Matrices)
规格型号:见附页
产品标准:YZB/SWI 2466-2014《成型片》
性能组成:本品由不锈钢薄片及聚对苯二甲酸乙二醇酯制成。
适用范围:本产品在临床辅助(成形片围住牙齿,防止填充不足或者补牙的材料掉出损伤牙龈)牙医进行牙齿的切角缺损和全冠缺损的修复治疗。
生产厂家:瑞士 Polydentia SA

注册代理:北京嘉联诚业医疗器械销售有限公司
服务机构:北京嘉联诚业医疗器械销售有限公司
发证日期:2014.05.30 截止日期:2018.05.29

国食药监械(进)字 2014 第 1062610 号

产品名称:手动锉针(Manual Files)
规格型号:见附页
产品标准:YZB/FRA 2506-2014《手动锉针》
性能组成:本产品由针柄、橡胶限位块和针体组成。
适用范围:本产品用于牙科医生在牙科手术前对根管所做的前期准备工作。
生产厂家:法国 MICRO-MEGA SA
注册代理:北京嘉联诚业医疗器械销售有限公司
服务机构:北京嘉联诚业医疗器械销售有限公司
发证日期:2014.05.30 截止日期:2018.05.29

国食药监械(进)字 2014 第 1012611 号

产品名称:止血钳(Haemostatic Forceps)
规格型号:见附页
产品标准:YZB/PAK 2442-2014《止血钳》
性能组成:采用不锈钢材料制成。
适用范围:用于夹持人体组织内的血管或出血点止血。
生产厂家:巴基斯坦 Towne Brothers (Pvt.) Limited
注册代理:桂林市啄木鸟医疗器械有限公司
服务机构:桂林市啄木鸟医疗器械有限公司
发证日期:2014.05.30 截止日期:2018.05.29

国食药监械(进)字 2014 第 1062612 号

产品名称:牙挺(Root Elevator)
规格型号:见附页
产品标准:YZB/PAK 2453-2014《牙挺》
性能组成:采用不锈钢材料制成。
适用范围:用于拔牙前作撬松牙齿或剔除牙根。
生产厂家:巴基斯坦 Towne Brothers (Pvt.) Limited
注册代理:桂林市啄木鸟医疗器械有限公司
服务机构:桂林市啄木鸟医疗器械有限公司
发证日期:2014.05.30 截止日期:2018.05.29

国食药监械(进)字 2014 第 1062613 号

产品名称:橡皮障打孔器(Rubber Dam Punch Forceps)
规格型号:见附页
产品标准:YZB/PAK 2456-2014《橡皮障打孔器》
性能组成:采用不锈钢材料制成。
适用范围:用于口腔手术时橡皮障打孔。
生产厂家:巴基斯坦 Towne Brothers (Pvt.) Limited
注册代理:桂林市啄木鸟医疗器械有限公司
服务机构:桂林市啄木鸟医疗器械有限公司
发证日期:2014.05.30 截止日期:2018.05.29

国食药监械(进)字 2014 第 1062614 号

产品名称:带环推置器(Band Pusher)
规格型号:见附页
产品标准:YZB/PAK 2459-2014《带环推置器》
性能组成:采用不锈钢材料制成。
适用范围:用于矫正正畸齿时,协助带环戴入。
生产厂家:巴基斯坦 Towne Brothers (Pvt.) Limited
注册代理:桂林市啄木鸟医疗器械有限公司
服务机构:桂林市啄木鸟医疗器械有限公司
发证日期:2014.05.30 截止日期:2018.05.29

国食药监械(进)字 2014 第 1062615 号

产品名称:橡皮障夹(Rubber Dam Clamps)
规格型号:见附页
产品标准:YZB/PAK 2500-2014《橡皮障夹》
性能组成:采用不锈钢材料制成。
适用范围:用于口腔手术时夹持橡皮障。
生产厂家:巴基斯坦 Towne Brothers (Pvt.) Limited
注册代理:桂林市啄木鸟医疗器械有限公司
服务机构:桂林市啄木鸟医疗器械有限公司
发证日期:2014.05.30 截止日期:2018.05.29

国食药监械(进)字 2014 第 1062616 号

产品名称:金冠剪(Crown Scissors)
规格型号:见附页
产品标准:YZB/PAK 2503-2014《金冠剪》
性能组成:采用不锈钢材料制成。
适用范围:用于口腔科剪切金冠。
生产厂家:巴基斯坦 Towne Brothers (Pvt.) Limited
注册代理:桂林市啄木鸟医疗器械有限公司
服务机构:桂林市啄木鸟医疗器械有限公司
发证日期:2014.05.30 截止日期:2018.05.29

国食药监械(进)字 2014 第 1062617 号

产品名称:牙用剪(Dental Scissors)
规格型号:见附页
产品标准:YZB/PAK 2507-2014《牙用剪》
性能组成:采用不锈钢材料制成。
适用范围:用于牙周病治疗及口腔外科手术时修剪牙龈,或剪切缝线,石膏,绷带和纱布。
生产厂家:巴基斯坦 Towne Brothers (Pvt.) Limited
注册代理:桂林市啄木鸟医疗器械有限公司
服务机构:桂林市啄木鸟医疗器械有限公司
发证日期:2014.05.30 截止日期:2018.05.29

国食药监械(进)字 2014 第 1062618 号

产品名称:银汞雕刻刀(Amalgam Carvers)
规格型号:见附页
产品标准:YZB/PAK 2520-2014《银汞雕刻刀》
性能组成:采用不锈钢材料制成。
适用范围:用于口腔科作银汞雕刻。
生产厂家:巴基斯坦 Towne Brothers (Pvt.) Limited
注册代理:桂林市啄木鸟医疗器械有限公司
服务机构:桂林市啄木鸟医疗器械有限公司
发证日期:2014.05.30 截止日期:2018.05.29

国食药监械(进)字 2014 第 1062619 号

产品名称:开口器(Mouth Gaps)
规格型号:见附页
产品标准:YZB/PAK 2526-2014《开口器》
性能组成:采用不锈钢材料制成。
适用范围:用于口腔科撑开口腔。
生产厂家:巴基斯坦 Towne Brothers (Pvt.) Limited
注册代理:桂林市啄木鸟医疗器械有限公司
服务机构:桂林市啄木鸟医疗器械有限公司
发证日期:2014.05.30 截止日期:2018.05.29

国食药监械(进)字 2014 第 2542620 号

产品名称:面罩(Mask)
规格型号:Quattro Air; Quattro Air for Her
产品标准:YZB/AUL 2543-2014《面罩》
性能组成:该产品由软垫(硅橡胶)、上半部头带扣钩(尼龙)、框架(尼龙)、弯头(聚丙烯)、侧边按钮(热塑性弹性体)、下半部头带扣钩(尼龙)、上半部束带(人造弹性纤维)、下半部束带(人造弹性纤维)、头带(人造弹性纤维)组成。该产品为环氧乙烷灭菌,可供患者重复使用。产品规格:Quattro Air:Large(大号); Medium(中号); Small(小号)Quattro Air for Her:Extra Small(超小号); Small(小号); Medium(中号)。
适用范围:该产品是从持续气道正压通气(CPAP)或双压水平系统之类的气道正压(PAP)装置,向患者输送气流(可以供氧,也可以不供氧)时所使用的非侵袭性配件;该产品供体重超过 30 千克,按医嘱须接受气道正压治疗的患者使用。
生产厂家:澳大利亚 ResMed Limited
注册代理:瑞思迈(北京)医疗器械有限公司

服务机构:瑞思迈(北京)医疗器械有限公司
发证日期:2014.05.30 截止日期:2018.05.29

国食药监械(进)字 2014 第 2542621 号

产品名称:鼻面罩(Mask)
规格型号:Swift FX Nano; Swift FX Nano for Her
产品标准:YZB/AUL 2544-2014《鼻面罩》
性能组成:该产品由右头带(硅橡胶)、上端搭扣(硅橡胶)、后束带(聚氨酯泡沫)、后束带扣钩(尼龙)、左头带(硅橡胶)、面罩护垫(硅橡胶)、软包巾(人造弹性纤维)、短管(热塑性聚酯弹性体)、万向轴(尼龙)、通气孔(聚丙烯)、弯头(聚丙烯)、万向轴环圈(尼龙)组成。该产品为环氧乙烷灭菌,可供患者重复使用。产品规格:Swift FXNano:Standard(标准号); Wide(加宽号)Swift FX Nanofor Her:Small(小号)。
适用范围:该产品通过持续气道正压或双水平装置,以无创方式向患者提供气流;该产品供体重超过 30 千克,按医嘱须接受气道正压治疗的患者使用。
生产厂家:澳大利亚 ResMed Limited
注册代理:瑞思迈(北京)医疗器械有限公司
服务机构:瑞思迈(北京)医疗器械有限公司
发证日期:2014.05.30 截止日期:2018.05.29

国食药监械(进)字 2014 第 1062622 号

产品名称:牙科正畸器械(Orthodontics Instruments)
规格型号:见附页
产品标准:YZB/PAK 2509-2014《牙科正畸器械》
性能组成:该产品由不锈钢制成,规定型号详见附页。
适用范围:本系列产品主要用于牙科正畸手术。
生产厂家:巴基斯坦 AR INSTRUMED
注册代理:北京鑫兴嘉业商贸有限公司
服务机构:北京鑫兴嘉业商贸有限公司
发证日期:2014.05.30 截止日期:2018.05.29

国食药监械(进)字 2014 第 1062623 号

产品名称:牙科种植器械(Dental Implant Instruments)
规格型号:见附页
产品标准:YZB/PAK 2511-2014《牙科种植器械》
性能组成:该产品由不锈钢制成,规格型号详见附页。
适用范围:本产品主要用于口腔牙科种植手术。
生产厂家:巴基斯坦 AR INSTRUMED
注册代理:北京鑫兴嘉业商贸有限公司
服务机构:北京鑫兴嘉业商贸有限公司
发证日期:2014.05.30 截止日期:2018.05.29

国食药监械(进)字 2014 第 1062624 号

产品名称:牙科拔牙器械(Dental Extraction Instruments)
规格型号:见附页
产品标准:YZB/PAK 2513-2014《牙科拔牙器械》
性能组成:该产品由不锈钢制成,规格型号详见附页。
适用范围:本产品主要用于拔牙手术。
生产厂家:巴基斯坦 AR INSTRUMED
注册代理:北京鑫兴嘉业商贸有限公司
服务机构:北京鑫兴嘉业商贸有限公司
发证日期:2014.05.30 截止日期:2018.05.29

国食药监械(进)字 2014 第 1642625 号

产品名称:医用护具(Train Series)
规格型号:见附页
产品标准:YZB/GER 1570-2014《医用护具》
性能组成:该产品由针织压力带、足跟垫、垫被、躯干束缚带、背部固定器、固定器套袋、髌骨垫、髌骨垫、支撑条、拉力粘扣带、关节夹板、夹板套袋、粘扣束缚带、压力垫、拆卸压力垫 、踝骨垫、拉力箍带、腕骨垫、粘扣带、粘扣箍带、肩垫组成。产品材料及符合标准详见附件2。非灭菌包装。
适用范围:见附页
生产厂家:德国 Bauerfeind AG
注册代理:北京勤利嘉德国际科贸有限公司
服务机构:北京勤利嘉德国际科贸有限公司
发证日期:2014.05.30 截止日期:2018.05.29

国食药监械(进)字 2014 第 2632626 号

产品名称:氧化锆瓷块及染色剂(Lava (R) Plus)
规格型号:见附页
产品标准:YZB/GER 2435-2014《氧化锆瓷块及染色剂》
性能组成:本产品由瓷块和染色剂组成。瓷块为氧化锆陶瓷。染色剂的主要组成成分为:水、氯化铒、聚乙二醇;遮色剂的主要组成成分为:甘油、柠檬酸铁铵、水(具体成分及百分含量详见标准)。
适用范围:本产品可用于制作前牙和后牙全瓷基底冠和全氧化锆修复体(最多应用于四个单位的桥体)。
生产厂家:德国 3M Deutschland GmbH
注册代理:明尼苏达矿业制造(上海)国际贸易有限公司
服务机构:明尼苏达矿业制造(上海)国际贸易有限公司
发证日期:2014.05.30 截止日期:2018.05.29

国食药监械(进)字 2014 第 1102627 号

产品名称:骨科外科手术器械(Orthopaedic Surgical Instruments)
规格型号:见附页
产品标准:YZB/PAK 1916-2014《骨科外科手术器械》
性能组成:该产品包括咬骨剪、钢丝剪、医用拉钩、撑开器、可变神经剥离子器、骨膜剥离器、牵开器、持骨钳、复位钳、骨凿、刮匙、植骨打入器、枪型取样钳。以上产品材料为符合 YY/T 0294.1-2005 标准的 R 号不锈钢。产品为非灭菌状态交付,不与有源器械相连。
适用范围:该产品用于四肢以及手足、骨盆、髋关节部位的骨外科手术。
生产厂家:巴基斯坦 ARSA ENTERPRISES
注册代理:张家港迪尔特医疗器械有限公司
服务机构:张家港迪尔特医疗器械有限公司
发证日期:2014.05.30 截止日期:2018.05.29

国食药监械(进)字 2014 第 1642628 号

产品名称:固定夹板 (商品名: NEAL SPLINT) (SPLINT)
规格型号:NNRS-2450N, NNRS-3450N, NNRS-4450N, NNRS-5450N, NNRS-6450N, NNRS-2500N, NNRS-3500N, NNRS-4500N, NNRS-5500N, NNRS-6500N, NNPS-2012N, NNPS-3014N, NNPS-3040N, NNPS-4018N, NNPS-4034N, NNPS-5034N, NNPS-5050N, NNPS-6034N, NNPS-6050N, NHRS-2450F, NHRS-3450F, NHRS-4450F, NHRS-5450F, NHRS-6450F, NHRS-2450N, NHRS-3450N, NHRS-4450N, NHRS-5450N, NHRS-6450N, NHPS-2012F, NHPS-3014F, NHPS-3040F, NHPS-4018F, NHPS-4034F, NHPS-5034F, NHPS-5050F, NHPS-6034F, NHPS-6050F, NHPS-2012N, NHPS-3014N, NHPS-3040N, NHPS-4018N, NHPS-4034N, NHPS-5034N, NHPS-5050N, NHPS-6034N, NHPS-6050N
产品标准:YZB/ROK 2261-2014《固定夹板》
性能组成:本产品由聚酯无纺布,与含有聚氨酯的聚酯面料,疏水性聚丙烯无纺布组成。不同型号分为不同的尺寸。
适用范围:本产品适用于完全骨折或单纯骨折(扭伤、崴脚、韧带受伤)的情况下需要外固定或支撑时使用。
生产厂家:韩国 BL TECH CO., LTD
注册代理:北京润美康医药有限公司
服务机构:北京润美康医药有限公司
发证日期:2014.05.30 截止日期:2018.05.29

国食药监械(进)字 2014 第 1642629 号

产品名称:固定绷带 (商品名: NEAL CAST) (Imovable Bandage)
规格型号:见附页
产品标准:YZB/ROK 2262-2014《固定绷带》
性能组成:本产品由聚酯、玻璃纤维面料、聚亚安酯、半硬聚亚安酯、聚乙烯组成。形式为卷轴式,不同型号分为不同的尺寸以及不同的颜色。
适用范围:本产品适用于骨折或其他整形外科疾病中需要外固定或支撑时使用。
生产厂家:韩国 BL TECH CO., LTD
注册代理:北京润美康医药有限公司
服务机构:北京润美康医药有限公司
发证日期:2014.05.30 截止日期:2018.05.29

国食药监械(进)字 2014 第 1102630 号

产品名称:脊柱用手术工具(Medtronic Instruments)
规格型号:见附页
产品标准:YZB/USA 2807-2014《脊柱用手术工具》
性能组成:该产品由起子、丝攻、复位器、撑开钳、持取钳、持取器、置钩器、置棒器、扳手、定位器、持棒器、套筒、对抗扳手、加压钳、弯棒器、持棒钳、摇摆钳、撑开钳、测量尺、测量卡、折断扳手、模棒、延长杆、蛙式钳、预穿棒尖、延长套管、钩棒器、螺钉确认工具、内套管、探针、开路椎、通用手柄、测深器、探子、弯板器、连接桥、连接环、连接桥帽、冲击器、牵开器、棒置入器、旋棒器、导向器、套管夹、棒长度确定器、棒测量器、大力钳、折弯器、弯横连器、椎弓根标记钉、扩张器、植骨漏斗组成。接触人体的部分由符合 ASTM F899 标准要求的 630、S46500、XM-16、420A、420F 不锈钢材料、符合 ASTMF136 标准要求的 Ti6A14V 钛合金材料、符合 ISO5832-1 标准要求的 316LVM 不锈钢材料制成,非接触人体的部分由符合 ISO16061 标准要求的硅橡胶材料制成,非灭菌包装。
适用范围:该产品用于骨科脊柱手术,不与内窥镜配套使用。配套使用的脊柱内固定植入产品 Peekrod 系列,Legacy 系列和 Solera 系列。
生产厂家:美国 Medtronic Sofamor Danek USA, Inc.
注册代理:美敦力(上海)管理有限公司
服务机构:美敦力(上海)管理有限公司
发证日期:2014.05.30 **截止日期**:2018.05.29

国食药监械(进)字 2014 第 2662631 号

产品名称:气管切开插管 (商品名: Bivona (R)) (Tracheostomy Tube)
规格型号:见附页
产品标准:YZB/USA 1985-2014《气管切开插管》
性能组成:气管切开插管由插管、插管芯、充气管、纱布带、分离楔组成;材料包括硅胶、不锈钢、聚砜、聚丙烯、棉。产品经环氧乙烷灭菌。
适用范围:该产品用于为气管切开患者提供长达 29 天的直接气道通路,单一患者使用最多可以重复消毒 5 次。
生产厂家:美国 Smiths Medical ASD, Inc.
注册代理:史密斯医疗器械(北京)有限公司
服务机构:史密斯医疗器械(北京)有限公司
发证日期:2014.05.30 **截止日期**:2018.05.29

国食药监械(进)字 2014 第 1102632 号

产品名称:肩袖肌肉缝合器工具(Arthro Tunneler Reusable Instruments)
规格型号:SMB000201, SMB000301, SMB000401, SMB000501, SMB000601, SMB000701
产品标准:YZB/ISR 2651-2014《肩袖肌肉缝合器工具》
性能组成:该产品由 AT Drll&Punch Guide、AT Obturator、AT 2.9 Drill-M、AT 2.9 Punch-M、AT 2.5 Drill-L、AT Suture Inserter 组成。与人体接触部分选用符合 ASTM F 899 规定的 340, 630 不锈钢。非灭菌包装。
适用范围:该产品配合 T.A.G. Medical Products Corporation Ltd. 生产的肩袖肌肉缝合器使用,在肩衬肌肉修补过程中通过穿过肱骨和肩胛骨(或锁骨)来修复肌腱。
生产厂家:以色列 T.A.G. Medical Products Corporation Ltd.
注册代理:美敦力(上海)管理有限公司
服务机构:美敦力(上海)管理有限公司
发证日期:2014.05.30 **截止日期**:2018.05.29

国食药监械(进)字 2014 第 1102633 号

产品名称:脊柱用手术工具(General Instruments)
规格型号:见附页
产品标准:YZB/USA 2609-2014《脊柱用手术工具》
性能组成:该产品由通用手柄、持取器、中线定位器、水平气泡仪、试模、撑开针、撑开针套、持钉器、撑开试模、骨锉组成。与人体接触的材料为 630、316 不锈钢。630 不锈钢符合 ASTM F 899 中的规定,316 不锈钢符合 ISO 5832-1 中的规定。非灭菌包装。
适用范围:该产品用于骨科脊柱手术。
生产厂家:美国 Medtronic Sofamor Danek USA, Inc.
注册代理:美敦力(上海)管理有限公司
服务机构:美敦力(上海)管理有限公司
发证日期:2014.05.30 **截止日期**:2018.05.29

国食药监械(进)字 2014 第 1102634 号

产品名称:手足踝骨内固定螺钉系统手术工具(IO FiX instruments)
规格型号:见附页
产品标准:YZB/USA 2621-2014《手足踝骨内固定螺钉系统手术工具》
性能组成:该产品由工具托盘、螺钉盒(不含螺钉)、空心钻、清洁导针、固定改锥、拆卸工具、标尺、导向器、六角螺丝刀、扩孔器组成。由符合 YY/T0294.1 标准中代号为 H、D、P、M、A 的不锈钢材料制成。非灭菌包装。
适用范围:手足踝骨内固定螺钉系统手术工具是与手足踝骨内固定螺钉系统配套使用的骨科手术器械,用于人体四肢关节,适用于关节固定术,截骨术,关节内和关节外骨折及小骨和脚骨,踝骨,手和腕骨关节不连的复位和内部固定,这种分体式结构专门适用于距舟骨,跟骰,跖骨,踝骨,头月骨,和三角骨-钩骨关节融合固定术,以及跖骨截骨术。
生产厂家:美国 Extremity Medical, LLC
注册代理:上海天科贸易有限公司
服务机构:上海天科贸易有限公司
发证日期:2014.05.30 **截止日期**:2018.05.29

国食药监械(进)字 2014 第 1102635 号

产品名称:髋关节手术工具(Hip Instruments)
规格型号:见附页
产品标准:YZB/UK 2622-2014《髋关节手术工具》
性能组成:该产品由一系列在髋关节置换手术中使用的髓腔钻、髓腔锉、环状骨凿、拉钩、拉钩刀、试模、截颈导块、截颈卡钳、送入器、引导器、插入器、打入头、股骨距隔离板、连接器轴组成,其中接触人体的产品包括髓腔钻、髓腔锉、环装骨凿、拉钩、拉钩刀、试模、截颈导块、截颈卡钳、送入器、引导器、打入头、股骨距隔离板、,主要由符合 ASTM F899 的 630、420A 不锈钢和符合 ISO 5832-9 的高氮不锈钢以及符合 ASTM D6778 的乙缩醛共聚物组成,非接触人体的工具为吸杯插入器由符合 ASTM D6778 的乙缩醛共聚物、连接器轴由符合 ASTM F899 的 630 的不锈钢组成。 属于无源骨科手术工具 ,匹配的植入物为金属头和骨水泥柄,仅用于手动,为非灭菌包装。
适用范围:髋关节置换手术。
生产厂家:英国 DePuy International Ltd.
注册代理:强生(上海)医疗器材有限公司
服务机构:强生(上海)医疗器材有限公司
发证日期:2014.05.30 **截止日期**:2018.05.29

国食药监械(进)字 2014 第 1662636 号

产品名称:一次性检查手套(Latex examination gloves; Nitrile examination gloves)
规格型号:XS, S, M, L, XL
产品标准:YZB/MAL 2180-2014《一次性检查手套》
性能组成:由天然橡胶胶乳、丁腈为原料的非灭菌手套,表面是光面和麻面,有粉和无粉(粉的成分为医用淀粉)。
适用范围:该产品主要用于医疗检查和诊断过程中降低病人和使用者之间交叉感染的风险,也用于处理受污染医疗材料。
生产厂家:马来西亚 Perusanhaan Getah Asas SDN. BHD.
注册代理:赛立特(上海)安全设备有限公司
服务机构:赛立特(上海)安全设备有限公司
发证日期:2014.05.30 **截止日期**:2018.05.29

国食药监械(进)字 2014 第 1102637 号

产品名称:膝关节手术工具(商品名: Triathlon)(Triathlon Instruments)
规格型号:见附页
产品标准:YZB/USA 2380-2014《膝关节手术工具》
性能组成:产品由钉、锉、锤、钳、打拔器、打入器、导向器、牵开器、截骨板、截骨板固定盖、骨凿、改锥、髓内杆、间隙块、钻孔模板、尺寸测量器、截骨探子、定位模块、抱髁器、固定器、保护器、胫骨力线组件、股骨力线组件、后倾调节架、基板、试模转换器、快速水泥型帽、手柄、容器和各种试模组成。接触人体的具和试模使用符合 ISO 5832-1

的不锈钢、符合 ASTM D6394 的聚苯砜和符合 ASTM D4101 的聚丙烯制造。非接触人体的工具和手柄使用符合 ASTM D5538 的橡胶、符合 ASTM D4101 的聚丙烯和符合 ISO 5832-1 的不锈钢制造。材质详见产品型号规格列表。非灭菌包装。产品不与有源器械联用。
适用范围:该产品作为手术工具使用，适用于膝关节假体置换手术。
生产厂家:美国 Howmedica Osteonics Corp.
注册代理:史赛克(北京)医疗器械有限公司
服务机构:史赛克(北京)医疗器械有限公司
发证日期:2014.05.30 **截止日期**:2018.05.29

国食药监械(进)字 2014 第 1102638 号

产品名称:脊柱手术工具(Medtronic Reusable Instruments)
规格型号:见附页
产品标准:YZB/USA 2545-2014《脊柱手术工具》
性能组成:该产品由钻头限深器、模棒、丝锥、锁紧起子、丝攻、长尾螺钉起子、撑开钳、加压撑开钳、复位钳、延长杆套、荧光尺、螺钉导模、持取器和试模组成。采用符合 ASTM F899 中的 630、420F、S46500、XM-16 不锈钢和 ASTM A240 中的 316L 不锈钢材料，符合 ISO 16061 的聚苯砜和硅橡胶材料，符合 GB 24627 的镍钛记忆合金材料制成。具体详见规格型号列表。非灭菌包装。
适用范围:该产品为手术工具，适用于骨科脊柱手术。
生产厂家:美国 Medtronic Sofamor Danek USA, Inc.
注册代理:美敦力(上海)管理有限公司
服务机构:美敦力(上海)管理有限公司
发证日期:2014.05.30 **截止日期**:2018.05.29

国食药监械(进)字 2014 第 1052639 号

产品名称:鼻科手术器械(Rhinology Instruments)
规格型号:见附页
产品标准:YZB/GER 3139-2014《鼻科手术器械》
性能组成:本产品由鼻敷料钳、鼻钳、鼻中隔钳、鼻咬切钳、鼻咬骨钳、鼻剪组成。产品材质是由符合 YY/T0294.1-2005 中钢号 B 的医用不锈钢制成。
适用范围:本产品在鼻科手术中使用。
生产厂家:德国 MEDICON eG
注册代理:北京嘉联诚业医疗器械销售有限公司
服务机构:北京嘉联诚业医疗器械销售有限公司
发证日期:2014.05.30 **截止日期**:2018.05.29

国食药监械(进)字 2014 第 1102640 号

产品名称:髋关节手术工具 (商品名: G7) (G7 Provisional Ceramic Liners)
规格型号:见附页
产品标准:YZB/UK 2813-2014《髋关节手术工具》
性能组成:该产品由试模组成。该产品试模组件采用符合 ISO 16061 的聚醚砜和符合 ASTM F899 的 630 不锈钢材料制成。非灭菌提供，可重复使用。详见型号规格列表。
适用范围:该产品为手术工具，用于髋关节置换和修复手术。
生产厂家:英国 Biomet UK LTD.
注册代理:邦美(上海)商贸有限公司
服务机构:邦美(上海)商贸有限公司
发证日期:2014.05.30 **截止日期**:2018.05.29

国食药监械(进)字 2014 第 1062641 号

产品名称:牙周袋探针(Periodontal Probes)
规格型号:见附页
产品标准:YZB/PAK 2691-2014《牙周袋探针》
性能组成:采用不锈钢材料制成。
适用范围:用于诊断和准确测定牙周袋位置、深度和形状。
生产厂家:巴基斯坦 Medisporex Pvt.Ltd.
注册代理:桂林市啄木鸟医疗器械有限公司
服务机构:桂林市啄木鸟医疗器械有限公司
发证日期:2014.05.30 **截止日期**:2018.05.29

国食药监械(进)字 2014 第 1062642 号

产品名称:去冠器(Crown Removers)
规格型号:见附页
产品标准:YZB/PAK 2701-2014《去冠器》
性能组成:采用不锈钢材料制成。
适用范围:用于口腔科去除牙齿上的金属冠。
生产厂家:巴基斯坦 Medisporex Pvt.Ltd.
注册代理:桂林市啄木鸟医疗器械有限公司
服务机构:桂林市啄木鸟医疗器械有限公司
发证日期:2014.05.30 **截止日期**:2018.05.29

国食药监械(进)字 2014 第 1062643 号

产品名称:牙用分离器(Gingival Separators)
规格型号:见附页
产品标准:YZB/PAK 2703-2014《牙用分离器》
性能组成:采用优质不锈钢材料制成。
适用范围:用于口腔颌面外科手术或口内手术作分离牙骨膜与牙龈组织。
生产厂家:巴基斯坦 Medisporex Pvt.Ltd.
注册代理:桂林市啄木鸟医疗器械有限公司
服务机构:桂林市啄木鸟医疗器械有限公司
发证日期:2014.05.30 **截止日期**:2018.05.29

国食药监械(进)字 2014 第 1062644 号

产品名称:银汞雕刻刀(Amalgam Carvers)
规格型号:见附页
产品标准:YZB/PAK 2764-2014《银汞雕刻刀》
性能组成:采用不锈钢材料制成。
适用范围:用于口腔科作银汞雕刻。
生产厂家:巴基斯坦 Medisporex Pvt.Ltd.
注册代理:桂林市啄木鸟医疗器械有限公司
服务机构:桂林市啄木鸟医疗器械有限公司
发证日期:2014.05.30 **截止日期**:2018.05.29

国食药监械(进)字 2014 第 1062645 号

产品名称:牙科刮治器(Curettes)
规格型号:见附页
产品标准:YZB/PAK 2778-2014《牙科刮治器》
性能组成:采用不锈钢材料制成。
适用范围:口腔科剔除龈下牙垢及牙石。
生产厂家:巴基斯坦 Medisporex Pvt.Ltd.
注册代理:桂林市啄木鸟医疗器械有限公司
服务机构:桂林市啄木鸟医疗器械有限公司
发证日期:2014.05.30 **截止日期**:2018.05.29

国食药监械(进)字 2014 第 1062646 号

产品名称:牙探针(Dental Explorers)
规格型号:见附页
产品标准:YZB/PAK 2786-2014《牙探针》
性能组成:采用不锈钢材料制成。
适用范围:用于探测窝洞及恢复器边缘，定位窝洞平角、尖角及牙齿表面不规则物。
生产厂家:巴基斯坦 Medisporex Pvt.Ltd.
注册代理:桂林市啄木鸟医疗器械有限公司
服务机构:桂林市啄木鸟医疗器械有限公司
发证日期:2014.05.30 **截止日期**:2018.05.29

国食药监械(进)字 2014 第 1062647 号

产品名称:拔牙钳(Extracting Forceps)
规格型号:见附页
产品标准:YZB/PAK 2797-2014《拔牙钳》
性能组成:采用不锈钢材料制成。
适用范围:口腔科拔除成人、儿童的牙齿和牙根或切断儿童牙冠。
生产厂家:巴基斯坦 Medisporex Pvt.Ltd.
注册代理:桂林市啄木鸟医疗器械有限公司
服务机构:桂林市啄木鸟医疗器械有限公司
发证日期:2014.05.30 **截止日期**:2018.05.29

国食药监械(进)字 2014 第 1012648 号

产品名称:持针钳(Needle Holders)
规格型号:见附页
产品标准:YZB/PAK 2801-2014《持针钳》
性能组成:采用不锈钢材料制成。
适用范围:用于夹持缝合针以缝合皮肤、微(小)血管或组织。
生产厂家:巴基斯坦 Medisporex Pvt.Ltd.
注册代理:桂林市啄木鸟医疗器械有限公司
服务机构:桂林市啄木鸟医疗器械有限公司
发证日期:2014.05.30 截止日期:2018.05.29

国食药监械(进)字 2014 第 1062649 号

产品名称:牙科洁治器(Scalers)
规格型号:见附页
产品标准:YZB/PAK 2808-2014《牙科洁治器》
性能组成:采用不锈钢材料制成。
适用范围:口腔科剔除龈上牙垢及牙石。
生产厂家:巴基斯坦 Medisporex Pvt.Ltd.
注册代理:桂林市啄木鸟医疗器械有限公司
服务机构:桂林市啄木鸟医疗器械有限公司
发证日期:2014.05.30 截止日期:2018.05.29

国食药监械(进)字 2014 第 1062650 号

产品名称:剔挖器(Excavators)
规格型号:见附页
产品标准:YZB/PAK 2817-2014《剔挖器》
性能组成:采用不锈钢材料制成。
适用范围:用于治疗牙髓病时挖除冠髓以及牙龈乳头坏死部分。
生产厂家:巴基斯坦 Medisporex Pvt.Ltd.
注册代理:桂林市啄木鸟医疗器械有限公司
服务机构:桂林市啄木鸟医疗器械有限公司
发证日期:2014.05.30 截止日期:2018.05.29

国食药监械(进)字 2014 第 1062651 号

产品名称:银汞合金充填器(Amalgam Pluggers)
规格型号:见附页
产品标准:YZB/PAK 2816-2014《银汞合金充填器》
性能组成:采用不锈钢材料制成。
适用范围:用于补牙时充填和压紧银汞合金。
生产厂家:巴基斯坦 Medisporex Pvt.Ltd.
注册代理:桂林市啄木鸟医疗器械有限公司
服务机构:桂林市啄木鸟医疗器械有限公司
发证日期:2014.05.30 截止日期:2018.05.29

国食药监械(进)字 2014 第 1062652 号

产品名称:去冠器(Crown Removers)
规格型号:见附页
产品标准:YZB/PAK 2839-2014《去冠器》
性能组成:采用不锈钢材料制成。
适用范围:用于口腔科去除牙齿上的金属冠。
生产厂家:巴基斯坦 Towne Brothers (Pvt.) Limited
注册代理:桂林市啄木鸟医疗器械有限公司
服务机构:桂林市啄木鸟医疗器械有限公司
发证日期:2014.05.30 截止日期:2018.05.29

国食药监械(进)字 2014 第 1062653 号

产品名称:牙周袋探针(Periodontal Probes)
规格型号:见附件
产品标准:YZB/PAK 2851-2014《牙周袋探针》
性能组成:采用不锈钢材料制成。
适用范围:用于诊断和准确测定牙周袋位置、深度和形状。
生产厂家:巴基斯坦 Towne Brothers (Pvt.) Limited
注册代理:桂林市啄木鸟医疗器械有限公司
服务机构:桂林市啄木鸟医疗器械有限公司
发证日期:2014.05.30 截止日期:2018.05.29

国食药监械(进)字 2014 第 1012654 号

产品名称:持针钳(Needle Holders)
规格型号:见附页
产品标准:YZB/PAK 3015-2014《持针钳》
性能组成:采用不锈钢材料制成。
适用范围:用于夹持缝合针以缝合皮肤、微(小)血管或组织。
生产厂家:巴基斯坦 Towne Brothers (Pvt.) Limited
注册代理:桂林市啄木鸟医疗器械有限公司
服务机构:桂林市啄木鸟医疗器械有限公司
发证日期:2014.05.30 截止日期:2018.05.29

国食药监械(进)字 2014 第 1062655 号

产品名称:牙用分离器(Gingival Separators)
规格型号:见附页
产品标准:YZB/PAK 3018-2014《牙用分离器》
性能组成:采用不锈钢材料制成。
适用范围:用于口腔颌面外科手术或口内手术作分离牙骨膜与牙龈组织。
生产厂家:巴基斯坦 Towne Brothers (Pvt.) Limited
注册代理:桂林市啄木鸟医疗器械有限公司
服务机构:桂林市啄木鸟医疗器械有限公司
发证日期:2014.05.30 截止日期:2018.05.29

国食药监械(进)字 2014 第 2642656 号

产品名称:医用弹力袜(ANTI-EMBOLISM STOCKINGS)
规格型号:见附页
产品标准:YZB/USA 2468-2014《医用弹力袜》
性能组成:该产品包括 CAP(Carolon Anti-EmbolismProcedure)医用弹力袜和 ATS(Adjustable ThighStocking)医用弹力袜。CAP 医用弹力袜由袜子和袜口带两部分组成,其中袜子由弹性纤维和尼龙制成,袜口带由聚酯制成。ATS 医用弹力袜由袜子、袜口带、内侧三角垫、外侧三角垫和尼龙搭扣组成。袜子由弹性纤维和尼龙制成;袜口带由聚酯和氯丁二烯橡胶制成;内侧三角垫由弹性纤维和尼龙制成;外侧三角垫由聚酯制成;尼龙搭扣由尼龙制成。该产品为非无菌产品,可重复使用,产品不能直接接触皮肤破损。
适用范围:该产品向卧床患者提供渐缩式压力对下肢适度加压,可促进下肢静脉回流,防止因血流淤滞而形成血栓,从而预防腿部深静脉血栓和肺栓塞的发生
生产厂家:美国 Carolon Company
注册代理:博道(大连)医疗器械有限公司
服务机构:博道(大连)医疗器械有限公司
发证日期:2014.05.30 截止日期:2018.05.29

国食药监械(进)字 2014 第 3462657 号

产品名称:冠脉支架(商品名:Amazonia CroCo)(Intra-coronary stents)
规格型号:见附页
产品标准:YZB/FRA 0788-2014《冠脉支架(商品名:Amazonia CroCo)》
性能组成:Amazonia CroCo 冠脉支架是由 L-605 铬钴合金制成,并预装在快速交换的可扩张球囊导管上。经环氧乙烷灭菌,产品为一次性使用。
适用范围:适用于治疗与冠状动脉病变相关的心肌缺血综合症。
生产厂家:法国 MINVASYS S.A.S.
注册代理:上海胜迈医疗器械有限公司
服务机构:上海胜迈医疗器械有限公司
发证日期:2014.05.30 截止日期:2018.05.29

国食药监械(进)字 2014 第 3772658 号

产品名称:导丝(Bard Guidewires)
规格型号:150NFS35 150NFS38 150NFA35 150NFA38 150NBS35 150NBS38 150NSS35 150NSS38 150NSA35 150NSA38
产品标准:YZB/USA 2662-2014《导丝》
性能组成:该导丝由镍钛合金材料制成,表面具有聚四氟乙烯涂层。产品经环氧乙烷灭菌,一次性使用。
适用范围:适用于经尿道和/或经皮建立进入膀胱、输尿管或者肾盂的通道。

生产厂家:美国 C. R. Bard, Inc.
注册代理:巴德医疗科技(上海)有限公司
服务机构:巴德医疗科技(上海)有限公司
发证日期:2014. 05. 30　**截止日期**:2018. 05. 29

国食药监械(进)字 2014 第 3772659 号

产品名称:导丝(Bard Guidewires)
规格型号:145FS25 145FS35 145FS38
产品标准:YZB/USA 2663-2014《导丝》
性能组成:该导丝由 304 不锈钢材料制成，表面具有亲水涂层。产品经环氧乙烷灭菌，一次性使用。
适用范围:适用于经尿道和/或经皮建立进入膀胱、输尿管或者肾盂的通道。
生产厂家:美国 C. R. Bard, Inc.
注册代理:巴德医疗科技(上海)有限公司
服务机构:巴德医疗科技(上海)有限公司
发证日期:2014. 05. 30　**截止日期**:2018. 05. 29

国食药监械(进)字 2014 第 2222660 号

产品名称:软组织修复系统（商品名：SpectrumⅡ）(SpectrumⅡSoft Tissue Repair System)
规格型号:见附页
产品标准:YZB/USA 2465-2014《软组织修复系统》
性能组成:软组织修复系统由缝合钩手柄、缝合器械消毒盒、重复性使用缝合钩、一次性使用缝合钩组成。手柄由铝合金材料制成，滚轮由硅橡胶材料制成，缝合钩由符合 YY/T0294.1 的不锈钢材料制成。
适用范围:软组织修复系统用于在关节内窥镜手术中将缝线穿过软组织时使用。
变更情况:变更日期：2014.11.24。生产企业名称由“Linvatec Corporation d/b/a ConMed Linvatec”变更为“ConMed Corporation”；企业注册地址由“11311 Concept Boulevard, Largo, FL33773, USA”变更为“525 French Road Utica, New York 13502, USA”。
生产厂家:美国 Linvatec Corporation d/b/a ConMed Linvatec
注册代理:康美林弗泰克(北京)医疗器械有限公司
服务机构:康美林弗泰克(北京)医疗器械有限公司
发证日期:2014. 05. 30　**截止日期**:2018. 05. 29

国食药监械(进)字 2014 第 3462661 号

产品名称:生物硬脑膜修补片（商品名：Biodesign Surgisis）(Biodesign Surgisis Dural Graft)
规格型号:C-DUR-2×3; C-DUR-4×7; C-DUR-7×10; C-DUR-7×20.
产品标准:YZB/USA 2412-2014《生物硬脑膜修补片》
性能组成:该产品为长方形的淡黄色片状物，取材于猪的小肠粘膜下层组织(被命名为 SIS 材料)，为可吸收的细胞外基质，无孔型 4 层结构。产品经环氧乙烷灭菌，一次性使用。
适用范围:该产品被设计用于修补硬脑膜缺损。
生产厂家:美国 Cook Biotech Incorporated
注册代理:库克(中国)医疗贸易有限公司
服务机构:库克(中国)医疗贸易有限公司
发证日期:2014. 05. 30　**截止日期**:2018. 05. 29

国食药监械(进)字 2014 第 1102662 号

产品名称:创伤外科手术器械(Instruments for Trauma Surgery)
规格型号:见附页
产品标准:YZB/SWI 0601-2014《创伤外科手术器械》
性能组成:该产品为创伤外科手术器械，包括工具、工具盒和附件，工具包括滑锤，改锥，模板，连接螺钉，组合锤，钻头，套筒，导向器，螺丝刀，保护器，测深器，手柄，瞄准装置，扩髓器，复位器，取出螺钉，骨凿，骨膜剥离器，吸引器，硅胶管，导向模块，试模，定位装置，导引针，加压装置，丝攻，取出器械，牵开器，弯板器，骨凿，扳手，调节螺栓，持钉钳，锁定螺栓，固定钳，牵开器，拉钩，引导器，收紧器，锁扣钳，夹持钳，张力钳，剪钳，打入器，张力保持器；工具盒包括器械盒、托盘、螺钉架；附件包括 X 光片模板、清洁刷、喷嘴、硅管、水浴槽。与人体接触工具的材料选用符合 ASTM F899 和 ISO 5832-1 规定的不锈钢，符合 ISO 5832-3 的 Ti-6Al-4V，符合 ISO 5832-5 的 Co-20Cr-15W-10Ni，符合 ISO5832-6 的 35Co-35Ni-20Cr-10Mo，符合 ISO 5832-11 的 Ti-6Al-7Nb，符合 DIN EN 573 规定的铝合金，符合 ISO16061 的 PPSU，及 PEEK 材料制造。不与有源器械联用。非灭菌包装。
适用范围:该产品是针对 SYNTHES 创伤内植入物而设计的专用辅助手术器械，用于 SYNTHES 四肢骨、锁骨、肩胛骨、骨盆及手足内植入物的植入和取出手术。
生产厂家:瑞士 Synthes GmbH
注册代理:强生(上海)医疗器材有限公司
服务机构:见售后服务机构附页
发证日期:2014. 05. 30　**截止日期**:2018. 05. 29

国食药监械(进)字 2014 第 3632663 号

产品名称:单组分光固化自酸蚀粘接剂（商品名：One Coat 7.0）(One Coat 7.0 One Component Light Cured Self-Etching Adhesive)
产品标准:YZB/SWI 2439-2014《单组分光固化自酸蚀粘结剂》
性能组成:该产品主要由甲基丙烯酸酯，乙醇，聚丙烯酸，亚甲基二磷酸，蒸馏水，光引发剂(辛基二甲基对氨基苯甲酸，樟脑醌，二叔丁基对甲苯酚)以及硅氧化物组成。
适用范围:该产品用于复合树脂或复合体材料与牙釉质或牙本质的粘接，以及牙本质封闭。
备注:2014 年 8 月 13 日同意更正产品名称内容，2014 年 5 月 30 日核发的医疗器械注册证、医疗器械注册登记表予以废止。
生产厂家:瑞士 Coltène/Whaledent AG
注册代理:康特威尔登特齿科贸易(北京)有限公司
服务机构:康特威尔登特齿科贸易(北京)有限公司
发证日期:2014. 05. 30　**截止日期**:2018. 05. 29

国食药监械(进)字 2014 第 2222664 号

产品名称:双极宫腔电切镜附件（商品名：TCRis）(TCRis Bioplar Hysterorectoscope Accessories)
规格型号:A42011A、A42021A、A42071A
产品标准:YZB/GER 2604-2014《双极宫腔电切镜附件》
性能组成:该产品由管鞘、闭孔器组成。接触人体的材料为不锈钢、氮化硅。非灭菌包装。
适用范围:该产品与内窥镜配套使用，经宫颈在生理盐水中进行子宫内膜/息肉/纵膈/肌瘤的诊断和手术。
生产厂家:德国 Olympus Winter & Ibe GmbH
注册代理:奥林巴斯(上海)有限公司
服务机构:奥林巴斯(北京)销售服务有限公司
发证日期:2014. 05. 30　**截止日期**:2018. 05. 29

国食药监械(进)字 2014 第 2222664 号

产品名称:双极宫腔电切镜附件（商品名：TCRis）(TCRis Bioplar Hysterorectoscope Accessories)
规格型号:A42011A、A42021A、A42071A
产品标准:YZB/GER 2604-2014《双极宫腔电切镜附件》
性能组成:该产品由管鞘、闭孔器组成。接触人体的材料为不锈钢、氮化硅。非灭菌包装。
适用范围:该产品与内窥镜配套使用，经宫颈在生理盐水中进行子宫内膜/息肉/纵膈/肌瘤的诊断和手术。
生产厂家:德国 Olympus Winter & Ibe GmbH
注册代理:奥林巴斯贸易(上海)有限公司
服务机构:奥林巴斯(北京)销售服务有限公司
发证日期:2014. 05. 30　**截止日期**:2018. 05. 29

国食药监械(进)字 2014 第 2222665 号

产品名称:双极电切镜附件（商品名：TURis & TCRis）(Bipolar Resectoscope Accessories)
规格型号:见附页
产品标准:YZB/GER 2600-2014《双极电切镜附件》
性能组成:该产品由工作插入部、管鞘、闭孔器、刮匙和刀组成。接触人体的材料为：不锈钢、氮化硅、氧化锆。型号为 A22265C 的产品为一次性灭菌产品，其他产品非灭菌包装。
适用范围:该产品与内窥镜配套使用，经尿道在生理盐水中进行尿道/膀胱/前列腺的诊断和手术。其中 A42091A，A22071A，A22081A，A22261A 还可经宫颈在生理盐水中进行子宫内膜/息肉/纵膈/肌瘤的诊断和手术。

生产厂家:德国 Olympus Winter & Ibe GmbH
注册代理:奥林巴斯贸易(上海)有限公司
服务机构:奥林巴斯(北京)销售服务有限公司
发证日期:2014.05.30 截止日期:2018.05.29

国食药监械(进)字 2014 第 3462666 号

产品名称:膝关节假体组件(商品名:GMRS)(GMRS Modular Replacement System)
规格型号:见附页
产品标准:YZB/USA 2452-2014《膝关节假体组件 (商品名: GMRS)》
性能组成:该产品由股骨髁、胫骨组件、胫骨楔、股骨髁轴和股骨髁轴套管组成。股骨髁、胫骨组件、胫骨楔由符合 ISO5832-4 标准规定的铸造钴铬钼合金材料制成;胫骨组件表面为符合 ISO5832-4 标准规定的钴铬钼合金烧结涂层;股骨髁轴由符合 ISO5832-12 标准规定的锻造钴铬钼合金材料制成;股骨髁轴套管由符合 GB/T19701.2 标准规定的 2 型超高分子量聚乙烯材料制成。灭菌包装。
适用范围:与该企业同一系统组件配合,适用于大量骨缺损时的膝关节置换。胫骨组件做为非骨水泥型膝关节假体使用,
生产厂家:美国 Howmedica Osteonics Corp.
注册代理:史赛克(北京)医疗器械有限公司
服务机构:史赛克(北京)医疗器械有限公司
发证日期:2014.05.30 截止日期:2018.05.29

国食药监械(进)字 2014 第 3462667 号

产品名称:髋关节假体-股骨球头(Femoral Head)
规格型号:见附页
产品标准:YZB/USA 2649-2014《髋关节假体-股骨球头》
性能组成:该产品由符合 GB/T22750 标准规定的高纯氧化铝陶瓷制成。灭菌包装。
适用范围:与其它组件配合使用,适用于髋关节置换。主要用于由关节炎、股骨头坏死、晚期缺血性坏死引起的疼痛、功能丧失的髋关节疾病;以前不成功的股骨头置换术或其他操作的翻修、关节融合术或其他的重建手术较少可能取得满意结果的临床治疗问题;骨储备质量差或由于关节窝缺损需进行其他重建操作骨储备缺乏。
生产厂家:美国 Howmedica Osteonics Corp.
注册代理:史赛克(北京)医疗器械有限公司
服务机构:史赛克(北京)医疗器械有限公司
发证日期:2014.05.30 截止日期:2018.05.29

国食药监械(进)字 2014 第 3462668 号

产品名称:空心螺钉(Cannulated Screws)
规格型号:见附页
产品标准:YZB/SWI 2617-2014《空心螺钉》
性能组成:空心螺钉为无源外科金属植入物,材料采用符合 ISO 5832-11 的钛 6 铝 7 铌 (TI Al6 Nb7)或符合 ISO 5832-1 的不锈钢材料制造。其中钛 6 铝 7 铌产品表面经阳极化处理。灭菌包装和非灭菌包装,灭菌包装的产品采用 GAMMA 射线灭菌。灭菌有效期为 10 年。
适用范围:该产品主要用于四肢、骨盆及手足的骨折内固定。
生产厂家:瑞士 Synthes GmbH
注册代理:强生(上海)医疗器材有限公司
服务机构:见附件
发证日期:2014.05.30 截止日期:2018.05.29

国食药监械(进)字 2014 第 3462669 号

产品名称:空心锁定螺钉(Cannulated Screws)
规格型号:见附页
产品标准:YZB/SWI 2619-2014《空心锁定螺钉》
性能组成:空心锁定螺钉为无源外科金属植入物,材料采用符合 ISO 5832-11 的钛 6 铝 7 铌 (TI Al6 Nb7)或符合 ISO 5832-1 的不锈钢材料制造。其中钛 6 铝 7 铌产品表面经阳极化处理。灭菌包装和非灭菌包装,灭菌包装的产品采用 GAMMA 射线灭菌。灭菌有效期为 10 年。
适用范围:该产品主要用于四肢、手足及骨盆的骨折内固定。
生产厂家:瑞士 Synthes GmbH
注册代理:强生(上海)医疗器材有限公司
服务机构:见附页
发证日期:2014.05.30 截止日期:2018.05.29

国食药监械(进)字 2014 第 3772670 号

产品名称:导引导丝 (商品名: HI-TORQUE STEELCORE) (Guide Wire)
规格型号:1003280、1003281、1003282、1007708、1007708-J、1007709、1007709-J、1007710、1007710-J
产品标准:YZB/USA 2614-2014《导引导丝 (商品名: HI-TORQUE STEELCORE)》
性能组成:该产品为可控型导引导丝,由 304 不锈钢芯丝和铂/镍绕丝组成,其中 18LT 系列产品具有 304 不锈钢的过渡段绕丝。导丝远端尖端可塑形或预塑成 J 形;导丝近端表面涂有亲水性 PTFE 涂层,PTFE 涂层远端至导丝远端 3cm 处涂有 Microglide 疏水涂层。电子束射线灭菌,一次性使用。
适用范围:该产品为外周血管导丝,用于在血管造影术的过程中方便介入性诊断导管的放置和方便诸如兼容的导引导管和扩张导管等器械的放置。
生产厂家:美国 Abbott Vascular
注册代理:雅培医疗器械贸易(上海)有限公司
服务机构:雅培医疗器械贸易(上海)有限公司
发证日期:2014.05.30 截止日期:2018.05.29

国食药监械(进)字 2014 第 3462671 号

产品名称:疝修补补片 (商品名: Atrium) (Polypropylene Mesh)
规格型号:见附页
产品标准:YZB/USA 2137-2014《疝修补补片》
性能组成:该产品由聚丙烯单纤丝编织而成,一次性使用,环氧乙烷灭菌。
适用范围:该产品适用于腹股沟疝修补。
生产厂家:美国 Atrium Medical Corporation
注册代理:迈柯唯(上海)医疗设备有限公司
服务机构:迈柯唯(上海)医疗设备有限公司
发证日期:2014.05.30 截止日期:2018.05.29

国食药监械(进)字 2014 第 2222672 号

产品名称:关节镜附件(Arthroscopy Accessories)
规格型号:见附页
产品标准:YZB/USA 2323-2014《关节镜附件》
性能组成:产品由套管、穿刺锥、闭孔器、镜桥,镜鞘,转接头(包括转接头柄)、转换桥、套管接头、密封帽组成。接触人体的部分的材质选用的是符合 ASTM F 899 的 304 不锈钢。产品为非灭菌产品,可重复使用。产品不与有源器械联用。
适用范围:该产品与关节镜配合使用,用于在臀、膝、肩、腕部以及颞下颌关节、脚踝、手肘和脚部执行关节检查。
生产厂家:美国 Stryker Endoscopy
注册代理:史赛克(北京)医疗器械有限公司
服务机构:史赛克(北京)医疗器械有限公司
发证日期:2014.05.30 截止日期:2018.05.29

国食药监械(进)字 2014 第 2632673 号

产品名称:正畸丝(Archwires)
规格型号:Copper Ni-Ti 系列、Damon 系列、STb 系列(见附件)
产品标准:YZB/USA 2574-2014《正畸丝》
性能组成:正畸丝由 0.2% Cr 铜镍钛合金材料制成。正畸丝由 Copper Ni-Ti 系列、Damon 系列、STb 系列组成。正畸丝按照弓形可以分为预制弓形丝和直丝。直丝即 StraightLength 系列。预制弓形有 Damon 弓形、Orthos 弓形、Broad 弓形、Tru-Arch 弓形、Lingual 弓形。正畸丝按照型式可以分为圆型、方型。正畸丝按照奥氏体转变结束温度可以分为 35 C 、Damon。
适用范围:正畸丝在口腔正畸治疗时与托槽等矫正器配合使用,用于矫治牙齿畸形。
生产厂家:美国 Ormco Corporation
注册代理:卡瓦盛邦(上海)牙科医疗器械有限公司
服务机构:卡瓦盛邦(上海)牙科医疗器械有限公司
发证日期:2014.05.30 截止日期:2018.05.29

国食药监械(进)字 2014 第 3222674 号

产品名称:软性亲水接触镜(Soft Contact Lens)

规格型号:G&G SVI
产品标准:YZB/ROK 2539-2014《软性亲水接触镜》
性能组成:日戴软性亲水接触镜,镜片材料由 HEMA、NVP、EGDMA、着色剂聚合而成,着蓝色,采用玻璃瓶包装。各参数标称值:含水量:37%,折射率:1.4382,透氧系数:9.7×10-11(cm2/s)[ml02/(ml×mmHg)],-3.00D 透氧量:12×10^{-9} (cm/s)[ml02/(ml×mmHg)],后顶焦度范围:-1.00D~-10.00D,可见光透过率≥88%。产品经高压蒸汽灭菌。
适用范围:镜片用于18岁及以上无禁忌症患者矫正近视。
生产厂家:韩国 G&G CONTACT LENS
注册代理:北京金英明隐形眼镜有限公司
服务机构:北京金英明隐形眼镜有限公司
发证日期:2014.05.30 截止日期:2018.05.29

国食药监械(进)字 2014 第 3222675 号

产品名称:软性亲水接触镜(Soft Contact Lens)
规格型号:Eye Magic
产品标准:YZB/ROK 2540-2014《软性亲水接触镜》
性能组成:彩色日戴软性亲水接触镜,镜片材料由 HMEA、NVP、GMA、EGDMA、AIBN 及着色剂聚合而成,镜片着色为灰色、黑色、棕色、蓝色、紫色、绿色、褐色、粉色,采用聚丙烯杯或玻璃瓶包装。各参数标称值:含水量:38%,折射率:1.435,透氧系数:9.5×10-11(cm2/s)[ml02/(ml×mmHg)],-3D 透氧量:10.5×10^{-9} (cm/s)[ml02/(ml×mmHg)],后顶焦度范围:0.00D~-10.00D,可见光透过率≥95%。产品经高压蒸汽灭菌。
适用范围:用于18岁及以上无禁忌症患者矫正近视。
生产厂家:韩国 DUEBA CONTACT LENS
注册代理:北京金英明隐形眼镜有限公司
服务机构:北京金英明隐形眼镜有限公司
发证日期:2014.05.30 截止日期:2018.05.29

国食药监械(进)字 2014 第 2102676 号

产品名称:悬吊固定环用工具(Linvatec XO Button Instrument Set)
规格型号:见附页
产品标准:YZB/USA 2613-2014《悬吊固定环用工具》
性能组成:该产品包括 XO Button 固定手柄、钻头、植入物传递导针和延伸长度深度探针。接触人体的材料由医用不锈钢制成。产品采用伽马射线灭菌。钻头、植入物传递导针和延伸长度深度探针,材料均为符合 YY/T 0294.1 的 M 号钢. XO Button 固定手柄由带阳极氧化涂层的铝合金材料制成。
适用范围:该产品在前/后交叉韧带重建手术中进行韧带修复时使用。
变更情况:变更日期:2014.11.24。生产企业名称由"Linvatec Corporation d/b/a ConMed Linvatec"变更为"ConMed Corporation";企业注册地址由"11311 Concept Boulevard Largo, FL 33773 USA"变更为"525 French Road Utica, New York 13502, USA"。
生产厂家:美国 Linvatec Corporation d/b/a ConMed Linvatec
注册代理:康美林弗泰克(北京)医疗器械有限公司
服务机构:康美林弗泰克(北京)医疗器械有限公司
发证日期:2014.05.30 截止日期:2018.05.29

国食药监械(进)字 2014 第 2632677 号

产品名称:义齿稳固剂(商品名:Denture Mate C)(粘着型義歯床安定用糊材)
规格型号:1型2类(粘着型)
产品标准:YZB/JAP 2628-2014《义齿稳固剂》
性能组成:本品为糊状材料,主要由甲基乙烯基醚和马来酸酐交替共聚物的钙钠盐、羧甲基纤维素钠、医用凡士林、液体石蜡、微晶蜡组成。本品通过吸收口腔唾液中的水分,产生一定粘接力,改善全口义齿与口腔粘膜的固位。与修复体的粘接强度不小于5KPa。
适用范围:本品适用于全口义齿(塑料基托及金属基托)的稳固,一次涂抹量在口腔中的使用时限为12小时。
生产厂家:日本株式会社共和
注册代理:日进齿科材料(昆山)有限公司
服务机构:昆山共进口腔保健材料有限公司
发证日期:2014.05.30 截止日期:2018.05.29

国食药监械(进)字 2014 第 3462678 号

产品名称:椎间融合器(商品名:SynFix-LR Cages)(SynFix-LR)
规格型号:见附页
产品标准:YZB/SWI 2501-2014《椎间融合器(商品名:SynFix-LR Cages)》
性能组成:该产品由带有前路固定板的椎间融合器和锁定螺钉组成,椎间融合器内部嵌有显影钉。椎间融合器由符合 YY/T 0660 标准规定的聚醚醚酮(PEEK-OPTIMA-LT3)材料制成;固定板、锁定螺钉和显影钉由符合 ISO 5832-11 标准规定的 Ti6Al7Nb 材料制成。固定板、锁定螺钉表面经阳极化处理。灭菌和非无菌包装。
适用范围:适用于腰椎和腰骶椎的前路椎间融合。
生产厂家:瑞士 Synthes GmbH
注册代理:强生(上海)医疗器材有限公司
服务机构:见附页
发证日期:2014.05.30 截止日期:2018.05.29

国食药监械(进)字 2014 第 3462679 号

产品名称:羟基磷灰石义眼台(Bio-eye Hydroxyapatite Orbital Implant)
规格型号:φ16mm、φ17mm、φ18mm、φ19mm、φ20mm、φ21mm、φ22mm、φ23mm、φ24mm
产品标准:YZB/USA 2088-2014《羟基磷灰石义眼台》
性能组成:该产品由珊瑚制成,主要成份是羟基磷灰石,经辐照灭菌,一次性使用。
适用范围:该产品适用于眼科填充,替代被摘除的真眼。
生产厂家:美国 Integrated Orbital Implants, Inc.
注册代理:北京创意生物工程新材料有限公司
服务机构:北京创意生物工程新材料有限公司
发证日期:2014.05.30 截止日期:2018.05.29

国食药监械(进)字 2014 第 2552680 号

产品名称:种植系统用钻(Drills for implant system)
规格型号:见附页
产品标准:YZB/GER 1135-2011《种植系统用钻》
性能组成:钻组成材质是 1.4197 不锈钢。组成包括:麻花钻、球钻、扩孔钻、攻丝、环钻、平行钻、限位器。
适用范围:该产品主要应用于种植过程钻孔。
生产厂家:德国 DENTSPLY Implants Manufacturing GmbH
注册代理:启安华锐(北京)技术有限公司
服务机构:启安华锐(北京)技术有限公司
发证日期:2014.05.30 截止日期:2018.05.29

国食药监械(进)字 2014 第 3462681 号

产品名称:单髁膝关节系统(商品名:Oxford)(Oxford Partial Knee System)
规格型号:见附页
产品标准:YZB/UK 6849-2012《单髁膝关节系统》
性能组成:该系统由股骨部件、胫骨部件和衬垫部件组成。其中股骨部件和胫骨部件材料采用符合 ISO5832-4 标准的铸造钴铬钼合金材料制造;衬垫部件材料采用符合 ISO5834-2 标准的超高分子量聚乙烯材料制造,其内带有符合 ISO5832-3 标准的 Ti6Al4V 钛合金和符合 ISO13782 的纯钽材料显影。灭菌包装。
适用范围:与骨水泥配合使用,适用于膝关节单侧髁置换。
生产厂家:英国 Biomet UK LTD.
注册代理:邦美(上海)商贸有限公司
服务机构:邦美(上海)商贸有限公司
发证日期:2014.05.30 截止日期:2018.05.29

国食药监械(进)字 2014 第 3772682 号

产品名称:球囊扩张导管(商品名:Sleek OTW)(Sleek OTW PTA Balloon Catheter)
规格型号:见附页
产品标准:YZB/IRE 2530-2014《球囊扩张导管》
性能组成:该产品由底座、应力释放装置、导管和球囊组成。球囊材料为尼龙 12 及尼龙 Pebax 4033,导管材料为尼龙 Pebax 7233、Plexar 3080、尼龙 12 等。应力释放装置为尼龙 Pebax 4033,底座材料为聚碳酸酯。产品一次性使用,环氧乙烷灭菌。
适用范围:该产品建议用于股动脉、腘动脉和膝下动脉进行的球囊扩张。

生产厂家:爱尔兰 ClearStream Technologies Ltd.
注册代理:强生(上海)医疗器材有限公司
服务机构:强生(上海)医疗器材有限公司
发证日期:2014.05.30 截止日期:2018.05.29

国食药监械(进)字 2014 第 3462683 号

产品名称:Schanz 钉(Schanz Screw)
规格型号:见附页
产品标准:YZB/SWI 2521-2014《Schanz 钉》
性能组成:该产品采用符合 ISO5832-11 标准规定的 Ti6Al7Nb 钛合金材料制成,表面经阳极化处理。灭菌和非灭菌包装。
适用范围:该产品与外固定支架配合,适用于下颌骨骨折固定。
生产厂家:瑞士 Synthes GmbH
注册代理:强生(上海)医疗器材有限公司
服务机构:见附页(共两家售后服务机构,全部清单请见附页)
发证日期:2014.05.30 截止日期:2018.05.29

国食药监械(进)字 2014 第 3462684 号

产品名称:髋关节假体(骨水泥型)- 双极头(LINK Vario-Cup Prosthesis Heads - Self Centering)
规格型号:见附页
产品标准:YZB/GEM 0514-2010《髋关节假体(骨水泥型)》
性能组成:该产品包括外杯和内衬。外杯材料为铸造钴铬钼合金,内衬材料为超高分子量聚乙烯。灭菌包装。
适用范围:与该企业同一系统组件配合,适用于部分髋关节置换。
生产厂家:德国 Waldemar Link GmbH &Co. KG
注册代理:北京威联德骨科技术有限公司
服务机构:北京威联德骨科技术有限公司
发证日期:2014.05.30 截止日期:2018.05.29

国食药监械(进)字 2014 第 3462685 号

产品名称:髋关节假体(骨水泥型)- 髋臼杯(LINK Cement Hip Prosthesis Cups)
规格型号:见附页
产品标准:YZB/GEM 0514-2010《髋关节假体(骨水泥型)》
性能组成:该产品包括髋臼杯和显影丝。髋臼杯材料为超高分子量聚乙烯,显影丝材料为钴铬镍钼铁合金。灭菌包装。
适用范围:与该企业同一系统组件配合,作为骨水泥型髋关节假体使用,适用于髋关节置换。
生产厂家:德国 Waldemar Link GmbH & Co. KG
注册代理:北京威联德骨科技术有限公司
服务机构:北京威联德骨科技术有限公司
发证日期:2014.05.30 截止日期:2018.05.29

国食药监械(进)字 2014 第 3662686 号

产品名称:腔镜胃容量调节束带及附件(Gastric Bands and Injection Port Systems, Huber Needles, Gastric Calibration Tubes, Blunt Dissectors)
规格型号:见附页
产品标准:YZB/SWI 1963-2014《腔镜胃容量调节束带及附件》
性能组成:该产品由 Hube 针、胃校准导管、胃容量调节束带、注射进口、施加器、束带剥离器及其套件组成。由硅橡胶、PEEK、钴铬钼合金、聚碳酸酯、聚对苯二甲酸乙二醇酯、AISI302 不锈钢、丙烯酸酯、TC4ELI 钛合金、聚乙烯、聚醚酰亚胺、1.4301 不锈钢等材料制成。一次性使用。
适用范围:该产品用于腹腔镜手术治疗病态肥胖症。
生产厂家:瑞士 OBTECH Medical SARL
注册代理:强生(上海)医疗器材有限公司
服务机构:强生(上海)医疗器材有限公司
发证日期:2014.05.30 截止日期:2018.05.29

国食药监械(进)字 2014 第 2662687 号

产品名称:尿动力学导管(Urodynamic Catheters)
规格型号:CAT206、CAT208、CAT307、CAT411、CAT506、TUB101、TUB500
产品标准:YZB/CAN 2410-2014《尿动力学导管》
性能组成:本产品是由 CAT 导管和 TUB 导管连接后组成的尿动力学导管,其中 CAT 导管由 PEBAX(嵌段聚醚酰胺)材料制成,而 TUB 导管由 PVC 材料制成。灭菌方式:环氧乙烷灭菌。使用方式:一次性使用。
适用范围:本尿动力学导管是与尿动力学设备相连后对患者进行膀胱内压、尿道内压和直肠压力进行测量。
生产厂家:加拿大 Laborie Medical Technologies Canada ULC
注册代理:北京莱博瑞医疗技术有限公司
服务机构:北京莱博瑞医疗技术有限公司
发证日期:2014.05.30 截止日期:2018.05.29

国食药监械(进)字 2014 第 3462688 号

产品名称:上肢微型锁定钢板系统(DVR, DNP and F3 Plate Systems)
规格型号:见附页
产品标准:YZB/USA 2041-2014《上肢微型锁定钢板系统》
性能组成:该产品由微型钢板、螺钉组成。除多向锁定螺钉为符合 ISO5832-4 钴铬钼合金制造,表面无阳极氧化处理外,其他产品材料为符合 ISO5832-3 的 Ti-6Al-4V 合金,表面经阳极氧化处理,非灭菌包装。
适用范围:该产品适用于骨科四肢创伤手术。
生产厂家:美国 DePuy Orthopaedics, Inc.
注册代理:邦美(上海)商贸有限公司
服务机构:邦美(上海)商贸有限公司
发证日期:2014.05.30 截止日期:2018.05.29

国食药监械(进)字 2014 第 3462689 号

产品名称:外固定器用骨针系列(商品名:BK 外固定器用骨针)(PinScrew)
规格型号:见附页
产品标准:YZB/ROK 2370-2014《外固定器用骨针系列》
性能组成:该产品由化学成分及显微组织符合 ASTM F138 标准要求的 Grade2 级不锈钢材料制成。非灭菌包装。
适用范围:配合外固定器用于治疗开放性骨折、粉碎性骨折及延长肢体等。
生产厂家:韩国 BK MEDITECH CO., LTD
注册代理:郑州凯斯特医疗器械有限公司
服务机构:郑州凯斯特医疗器械有限公司
发证日期:2014.05.30 截止日期:2018.05.29

国食药监械(进)字 2014 第 2662690 号(更)

产品名称:尿道扩张球囊导管(Urethral Dilation Balloon Catheter)
规格型号:UDBS-090029、UDBS-090029-FF、UDBS-070029-OW
产品标准:YZB/USA 2550-2014《尿道扩张球囊导管》
备注:生产企业名称由"Cook UrologicalIncorporated"变更为"库克公司(CookIncorporated)";生产企业注册地址由"1100 WestMorgan Street Spencer Indiana 47460"变更为"750Daniels Way, Bloomington, IN47404, U.S.A."。注册证由"国食药监械(进)字 2014 第 2662690 号"变更为"国食药监械(进)字 2014 第 2662690 号(更)",原证自发证之日起作废。
生产厂家:美国库克公司(Cook Incorporated)
注册代理:库克(中国)医疗贸易有限公司
服务机构:库克(中国)医疗贸易有限公司
变更日期:2014.09.26 截止日期:2018.05.29

国食药监械(进)字 2014 第 3772691 号

产品名称:导引导丝(Guidewire)
规格型号:4078G
产品标准:YZB/USA 2044-2014《导引导丝》
性能组成:该产品由芯丝和绕丝组成,材料为 304 不锈钢,导丝由近端至距离远端 8.5cm 处涂有聚四氟乙烯(PTFE)涂层。环氧乙烷灭菌,一次性使用。
适用范围:该产品用于在手术中将圣犹达医疗用品有限公司的电极导线导入和定位在冠状血管内。
生产厂家:美国圣犹达医疗用品有限公司 CRMD(St. Jude Medical CARDIAC RHYTHM MANAGEMENT DIVISION)
注册代理:圣犹达医疗用品(上海)有限公司
服务机构:圣犹达医疗用品(上海)有限公司
发证日期:2014.05.30 截止日期:2018.05.29

国食药监械（进）字 2014 第 1102692 号

产品名称:脊柱外科用工具(Instruments for Spinal Surgery)
规格型号:见附页
产品标准:YZB/SWI 2235-2014《脊柱外科用工具》
性能组成:该产品包括扩张器，组织解剖器，牵引器，牵开拉钩，螺丝刀，双极钳，刮匙，骨膜剥离器，探针，滑锤，夹持器，锥板撑开钳，套筒，锥板探子，弯杆器，扳手，把持钳，扩孔器，测量器，椎弓根标记器，丝攻，加压钳，导管，微创瞄准器，改锥，钻头等。工具使用的材料有符合 YY/T0294.1 要求的 B，M 不锈钢，符合 ASTM F 899 规定的 431，630，420MOD，440A，465 不锈钢，符合 ISO 5832-1 规定的 316L 不锈钢，符合 DIN EN10088 的 1.4197 不锈钢，符合 ASTM B 209 规定的 A1 6061 T6 铝合金材料，符合 ISO 5832-11 规定的钛 6 铝 7 铌钛合金材料。非灭菌包装。
适用范围:脊柱外科用工具是针对 SYNTHES 内植入物而设计的专用辅助手术器材，用于帮助进行骨折内固定治疗，协助完成骨折的复位，以重建解剖关系，并提供即时的稳定性。
生产厂家:瑞士 Synthes GmbH
注册代理:强生(上海)医疗器材有限公司
服务机构:见附页
发证日期:2014.05.30　　**截止日期**:2018.05.29

国食药监械（进）字 2014 第 1632693 号

产品名称:高分子绷带和夹板（商品名：Prime 高分子绷带和夹板）(PrimeCast and PrimeSplint)
规格型号:见附页
产品标准:YZB/ROK 2130-2014《高分子绷带和夹板》
性能组成:高分子绷带由支撑体(玻璃纤维和聚酯纤维)，硬化剂(聚氨酯树脂)、着色剂(铜酞氰绿)和塑料卷轴构成，依据制成材料和颜色的不同有多种型号；高分子夹板由支撑体(玻璃纤维和聚酯纤维)、硬化剂(聚氨酯树脂)和衬垫(内侧无纺布和外侧无纺布)构成，依据宽度和长度有多种型号（详见附表)。
适用范围:该产品用于骨外科作矫形、骨折外固定用。
生产厂家:韩国 Prime Medical Inc
注册代理:郑州凯斯特医疗器械有限公司
服务机构:郑州凯斯特医疗器械有限公司
发证日期:2014.05.30　　**截止日期**:2018.05.29

国食药监械（进）字 2014 第 3462694 号

产品名称:股骨柄系统（商品名：PROFEMUR）(PROFEMUR RENAISSANCE, Tapered, XM-Implants)
规格型号:见附页
产品标准:YZB/USA 2109-2014《股骨柄系统（》
性能组成:股骨柄系统由锻造钛合金股骨柄和锻造钴-铬-钼合金股骨柄组成，其中锻造钛合金股骨柄带有纯钛涂层，表面无着色。产品一次性使用，经伽玛射线灭菌。
适用范围:该产品作为非骨水泥全髋关节系统中的股骨柄部件，适用于为减轻或缓解骨骼发育完全患者的病痛和/或改善其髋关节功能而进行的全髋关节成形术。
变更情况:变更日期：2015.01.30。“生产企业名称:Wright Medical Technology, Inc. 代理人:上海迈凯医疗器械有限公司代理人住所:上海市黄浦区瑞金南路 345 弄 1 号楼 2103、2104 室”变更为“生产企业名称:MicroportOrthopedics Inc. 代理人:上海微创骨科医疗科技有限公司代理人住所:浦东新区周浦镇天雄路 588 弄 1-28 号第 23 幢”。
生产厂家:美国 Wright Medical Technology, Inc.
注册代理:上海迈凯医疗器械有限公司
服务机构:上海迈凯医疗器械有限公司
发证日期:2014.05.30　　**截止日期**:2018.05.29

国食药监械（进）字 2014 第 3462694 号

产品名称:股骨柄系统（商品名：PROFEMUR）(PROFEMUR RENAISSANCE, Tapered, XM-Implants)
规格型号:见附页
产品标准:YZB/USA 2109-2014《股骨柄系统》
性能组成:股骨柄系统由锻造钛合金股骨柄和锻造钴-铬-钼合金股骨柄组成，其中锻造钛合金股骨柄带有纯钛涂层，表面无着色。产品一次性使用，经伽玛射线灭菌。
适用范围:该产品作为非骨水泥全髋关节系统中的股骨柄部件，适用于为减轻或缓解骨骼发育完全患者的病痛和/或改善其髋关节功能而进行的全髋关节成形术。
生产厂家:美国 Wright Medical Technology, Inc.
注册代理:上海迈凯医疗器械有限公司
服务机构:上海迈凯医疗器械有限公司
发证日期:2014.05.30　　**截止日期**:2018.05.29

国食药监械（进）字 2014 第 3462695 号

产品名称:股骨柄（商品名：Accolade TMZF）(Accolade TMZF Hip Stem)
规格型号:见附页
产品标准:YZB/USA 1873-2014《股骨柄》
性能组成:该产品采用符合 ASTM F1813 标准规定的锻压的钛-12 钼-6 锆-2 铁合金(简称 TMZF 合金)制成，表面带有羟基磷灰石涂层，灭菌包装。
适用范围:该产品与同一系统组件配合，作为生物型髋关节假体或混合型髋关节假体使用，适用于髋关节置换。
生产厂家:美国 Howmedica Osteonics Corp
注册代理:史赛克(北京)医疗器械有限公司
服务机构:史赛克(北京)医疗器械有限公司
发证日期:2014.05.30　　**截止日期**:2018.05.29

国食药监械（进）字 2014 第 3462696 号

产品名称:髋关节假体(骨水泥型)-股骨柄及附件(LINK Cement Hip Prosthesis Stems and Accessories)
规格型号:见附页
产品标准:YZB/GEM 0514-2010《髋关节假体(骨水泥型)》
性能组成:该产品包括股骨柄、髓腔塞及双极头防脱位环。股骨柄材料为铸造钴铬钼合金或铸造 Ti6A14V 钛合金；髓腔塞及双极头防脱位环材料为超高分子量聚乙烯。灭菌包装。
适用范围:与该企业同一系统组件配合，做为骨水泥型髋关节假体使用，适用于髋关节置换。
备注:2014 年 10 月 10 日同意更正产品标准内容，2014 年 5 月 30 日核发的医疗器械注册登记表予以废止。
生产厂家:德国 Waldemar Link GmbH & Co. KG
注册代理:北京威联德骨科技术有限公司
服务机构:北京威联德骨科技术有限公司
发证日期:2014.05.30　　**截止日期**:2018.05.29

国食药监械（进）字 2014 第 3462697 号

产品名称:可吸收内固定螺钉系统（商品名：Bioscrew）(BioScrew Absorbable Interference Screw System)
规格型号:见附页
产品标准:YZB/USA 2037-2009《可吸收内固定螺钉系统》
性能组成:该产品包括可吸收胫骨螺钉、股骨螺钉和内置圆珠，均由聚乳酸材料制成。植入时应使用与其相配合的专用手术工具。该产品一次性使用，经环氧乙烷灭菌。
适用范围:该内固定螺钉系统中的螺钉适用于为前、后十字韧带重建时的骨-肌腱-骨植入物和软组织进行股骨和/或胫骨固定；圆珠可与螺钉相配合，用于在前后交叉韧带重建时对股骨侧的软组织起固定。
变更情况:变更日期：2014.12.29。变更生产企业名称由“Linvatec Corporation D/B/A ConMed Linvatec”变更为“ConMed Corporation ”；变更注册地址由“11311Concept Boulevard, Largo, FL 33773, USA 美国佛罗里达州拉戈创新大道 11311 号，33733”变更为“525 FrenchRoad Utica, New York 13502, USA”。
生产厂家:美国 Linvatec Corporation D/B/A ConMed Linvatec
注册代理:康美林弗泰克(北京)医疗器械有限公司
服务机构:康美林弗泰克(北京)医疗器械有限公司
发证日期:2014.05.30　　**截止日期**:2018.05.29

国食药监械（进）字 2014 第 3772698 号

产品名称:保护伞专用导引导丝（商品名：BareWire）(BareWire Filter Delivery Wires)
规格型号:22439-19、22440-19、22440-31、22441-19
产品标准:YZB/USA 2238-2014《保护伞专用导引导丝》
性能组成:本产品为带有 PTFE 涂层的不锈钢导丝，直径为 0.014“(约

0.36mm)，远端头端为3cmPt/Ni合金不透射线部分。在导丝的近端带有斑马纹标记用以区别普通导引导丝。本产品有190cm和315cm两种长度。根据支撑强度不同分为Distal Access、Workhorse和Support三种。本产品环氧乙烷灭菌，一次性使用。
适用范围:本产品用于在颈动脉支架术中将颈动脉抗栓塞远端保护装置及输送和回收导管、颈动脉支架及输送系统导入病变位置。
生产厂家:美国Abbott Vascular
注册代理:雅培医疗器械贸易(上海)有限公司
服务机构:雅培医疗器械贸易(上海)有限公司
发证日期:2014.05.30 **截止日期**:2018.05.29

国食药监械(进)字2014第2642699号

产品名称:创面敷料（商品名：CHUSHAVAN）(原文名称：救急絆創膏)
规格型号:S，M，L
产品标准:YZB/JAP 2496-2014《创面敷料》
性能组成:垫，胶带环氧乙烷灭菌。
适用范围:适用于对静脉注射、采血、预防接种、关节穿刺造成的创面进行覆盖。
生产厂家:日本ニチバン株式会社
注册代理:北京捷通康诺医药科技有限公司
服务机构:捷通埃默高(北京)医药科技有限公司
发证日期:2014.05.30 **截止日期**:2018.05.29

国食药监械(进)字2014第2642700号

产品名称:创面敷料（商品名：STEPTY）(原文名称：救急絆創膏)
规格型号:No.80
产品标准:YZB/JAP 2502-2014《创面敷料》
性能组成:垫，胶布环氧乙烷灭菌。
适用范围:该产品适用于对静脉采血、输血、静脉输液造成的创面进行覆盖。
生产厂家:日本ニチバン株式会社
注册代理:北京捷通康诺医药科技有限公司
服务机构:捷通埃默高(北京)医药科技有限公司
发证日期:2014.05.30 **截止日期**:2018.05.29

国食药监械(进)字2014第2642701号

产品名称:止血贴（商品名：STEPTY P）(救急絆創膏)
规格型号:No.120P
产品标准:YZB/JAP 2517-2014《止血贴》
性能组成:垫，胶带，加压板环氧乙烷灭菌。
适用范围:适用于对足背动脉和桡动脉做动脉压测定及血气检测时造成的创面，进行止血和遮盖。
生产厂家:日本ニチバン株式会社
注册代理:北京捷通康诺医药科技有限公司
服务机构:捷通埃默高(北京)医药科技有限公司
发证日期:2014.05.30 **截止日期**:2018.05.29

国食药监械(进)字2014第2642702号

产品名称:创面敷料（商品名：INJECTION PAD）(救急絆創膏)
规格型号:No.30，No.36
产品标准:YZB/JAP 2525-2014《创面敷料》
性能组成:垫，胶带环氧乙烷灭菌。
适用范围:适用于对静脉注射、采血、预防接种、关节穿刺造成的创面进行覆盖。
生产厂家:日本ニチバン株式会社
注册代理:北京捷通康诺医药科技有限公司
服务机构:捷通埃默高(北京)医药科技有限公司
发证日期:2014.05.30 **截止日期**:2018.05.29

国食药监械(进)字2014第3662703号

产品名称:专用无菌注射用具包(sterile injection kits of pharmaceutical specialties)
规格型号:一支3ml注射器和2支黄色注射针(0.90×40mm)
产品标准:YZB/FRA 3339-2010《专用无菌注射用具包》
性能组成:专用无菌注射用具包由一支注射器和两支注射针组成。注射器由外套、芯杆、活塞、按手及锥头等组成；注射针由针座、针管、护套组成。
适用范围:专用无菌用具包内所装一次性使用无菌注射器和注射针配套用于取液、进行肌肉注射。
生产厂家:法国IPSEN PHARMA BIOTECH
注册代理:博福-益普生(天津)制药有限公司
服务机构:博福-益普生(天津)制药有限公司
发证日期:2014.05.30 **截止日期**:2018.05.29

国食药监械(进)字2014第2642704号

产品名称:止血贴（商品名：NIPRO PUSHBAN）(救急絆創膏)
规格型号:PUSHBAN L，PUSHBAN Ex.L，PUSHBAN M，PUSHBAN K
产品标准:YZB/JAP 2612-2014《止血贴》
性能组成:本产品由胶带、纤维素膨胀棉和剥离纸组成。胶带材料为聚氯乙烯薄膜、丙烯酸粘合剂，纤维素膨胀棉材料为纸浆、纤维，剥离纸材料为纸、聚乙烯、有机硅树脂。
适用范围:本产品适用于注射针等穿刺部位的覆盖保护。
生产厂家:日本東洋化学株式会社
注册代理:尼普洛贸易(上海)有限公司
服务机构:尼普洛贸易(上海)有限公司
发证日期:2014.05.30 **截止日期**:2018.05.29

国食药监械(进)字2014第2412705号

产品名称:采血针（商品名：MEDISAFE Lancet for FINETOUCH PRO）(単回使用自動ランセット)
规格型号:MS*NP30B
产品标准:YZB/JAP 2821-2014《采血针》
性能组成:采血针由不锈钢的针管、聚丙烯针座和聚乙烯或聚丙烯针帽组成。一次性使用。
适用范围:本产品作为体外测量人体葡萄糖浓度的辅助器具，用于血液样品的采集。
生产厂家:日本テルモ株式会社
注册代理:泰尔茂(中国)投资有限公司
服务机构:泰尔茂医疗产品(上海)有限公司
发证日期:2014.05.30 **截止日期**:2018.05.29

国食药监械(进)字2014第3152706号

产品名称:经皮酒精注射疗法针（商品名：经皮酒精注射疗法针）(原文名称：PEIT ニードル)
规格型号:见附页
产品标准:YZB/JAP 2746-2014《经皮酒精注射疗法针》
性能组成:本产品是由诱导针、注入针(带侧孔)及延长管组成.一次性使用。
适用范围:本产品适用于局部酒精注射疗法。
生产厂家:日本株式会社 八光
注册代理:八光商贸(上海)有限公司
服务机构:八光商贸(上海)有限公司
发证日期:2014.05.30 **截止日期**:2018.05.29

国食药监械(进)字2014第3152707号

产品名称:一次性使用动静脉留置针（商品名：八光 EV导管针）(原文名称：八光 エラスターⅠ型)
规格型号:见附页
产品标准:YZB/JAP 2748-2014《一次性使用动静脉留置针》
性能组成:本产品是由导管针、刺血针及塑料通管组成.一次性使用。
适用范围:本产品通过经皮穿刺达到动静脉留置的目的。
生产厂家:日本株式会社 八光
注册代理:八光商贸(上海)有限公司
服务机构:八光商贸(上海)有限公司
发证日期:2014.05.30 **截止日期**:2018.05.29

国食药监械(进)字2014第3152708号

产品名称:穿刺针（商品名：介入穿刺针）(原文名称：PTC針)
规格型号:见附页
产品标准:YZB/JAP 2749-2014《穿刺针》
性能组成:本产品是由内针、外针、保护管、标记、内针基座、外针基座构成。一次性使用。

适用范围:本产品适用作为穿刺针主要用于经皮对胆管及胆囊的穿刺和造影。
生产厂家:日本株式会社 八光
注册代理:八光商贸(上海)有限公司
服务机构:八光商贸(上海)有限公司
发证日期:2014.05.30　截止日期:2018.05.29

国食药监械(进)字 2014 第 3152709 号

产品名称:吸引活检针(商品名:吸引活检针)(原文名称:ソノブシ-)
规格型号:见附页
产品标准:YZB/JAP 2752-2014《吸引活检针》
性能组成:本产品是由活检针本体、诱导针及针管套组成.一次性使用。
适用范围:本产品适用肝癌、胰头部癌等腹部恶性肿瘤及乳腺、甲状腺、淋巴结等接近体表面肿瘤细胞的活检。
生产厂家:日本株式会社 八光
注册代理:八光商贸(上海)有限公司
服务机构:八光商贸(上海)有限公司
发证日期:2014.05.30　截止日期:2018.05.29

国食药监械(进)字 2014 第 1102710 号

产品名称:骨科外科手术器械(Orthopaedic surgical instruments)
规格型号:见附页
产品标准:YZB/GEM 1898-2010《骨科外科手术器械》
性能组成:该产品由镊、钳、剪刀、骨锉、刮匙、拉钩、牵开器、连通件、叶片、外科用套管、连接头、连接杆、手术锤、凿、扩张器、钻头等组成;材料选用牌号为 X5CrNI18-10、X20Cr13 的不锈钢;非灭菌包装,可重复使用。
适用范围:该产品适用于四肢、胸骨、骨盆、髋关节部位的骨外科手术。
生产厂家:德国 FEHLING INSTRUMENTS GmbH & Co. KG Germany
注册代理:青岛兰德马克医疗设备有限公司
服务机构:青岛兰德马克医疗设备有限公司
发证日期:2014.05.30　截止日期:2018.05.29

国食药监械(进)字 2014 第 1072711 号

产品名称:胸腔心血管外科手术器械(Surgical Instruments)
规格型号:见附件
产品标准:YZB/GER 2669-2014《胸腔心血管外科手术器械》
性能组成:该产品包括剪、钳、拉钩、牵开器、内膜剥离器、血管扩张器。该产品由不锈钢材料制成。
适用范围:用于胸腔心血管外科手术。
生产厂家:德国 AESCULAP AG
注册代理:贝朗医疗(上海)国际贸易有限公司
服务机构:贝朗医疗(上海)国际贸易有限公司
发证日期:2014.05.30　截止日期:2018.05.29

国食药监械(进)字 2014 第 1412712 号

产品名称:采血笔(商品名:MEDISAFE FINETOUCH PRO)(採血用穿刺器具)
规格型号:MS*FP01B
产品标准:YZB/JAP 2820-2014《采血笔》
性能组成:本产品由壳体、推入杆、柱塞和弹簧组成。
适用范围:本产品作为体外测量人体葡萄糖浓度的辅助器具,与采血针配套,用于血液样品的采集。
生产厂家:日本テルモ株式会社
注册代理:泰尔茂(中国)投资有限公司
服务机构:泰尔茂医疗产品(上海)有限公司
发证日期:2014.05.30　截止日期:2018.05.29

国食药监械(进)字 2014 第 1412713 号

产品名称:采血器(商品名:拜安轻 2)(Microlet 2 Lancing Device with AST)
规格型号:1 支/包;250 支/包;
产品标准:YZB/USA 2823-2014《采血器》
性能组成:采血器由采血器体身;压簧杆;释放按钮;持针架;可调式采血器封盖;备用的不可调的非指尖部位采血器封盖组成。
适用范围:与采血针配合使用,从指尖,足跟或其他部位获得毛细血管血样。
生产厂家:美国 Bayer HealthCare LLC
注册代理:拜耳医药保健有限公司
服务机构:拜耳医药保健有限公司
发证日期:2014.05.30　截止日期:2018.05.29

国食药监械(进)字 2014 第 1062714 号

产品名称:成型片及配套工具(商品名:Palodent)(Sectional Matrix System)
规格型号:Palodent 成型片:标准型,迷你型,增强型。Bitine 固定环:Bitine 椭圆环、Bitine 圆环。Forceps 钳子
产品标准:YZB/USA 2712-2014《成型片及配套工具》
性能组成:此产品包括 Palodent 成型片、BiTine 固位环和 Forceps 钳子(Palodent 成型片分为:标准型,迷你型,增强型。Bitine 固位环包括:Bitine 椭圆环和 Bitine 圆环。Forceps 钳子由钳子主体部分,铆钉,弹簧,锁条四部分组成。)。产品材料组成如下:Palodent 成型片为冷轧不锈钢,牌号是:17Cr18Ni9;Forceps 钳子主体部分为马氏体不锈钢,牌号是:3Cr13;铆钉、弹簧 、锁条为不锈钢,牌号是:07Cr19Ni10;BiTine 固位环为碳素钢,牌号是:Q215-B。
适用范围:此产品适用于后牙邻面的窝洞充填时对充填材料进行塑形。
生产厂家:美国 DENTSPLY Caulk
注册代理:登士柏(天津)国际贸易有限公司
服务机构:登士柏(天津)国际贸易有限公司
发证日期:2014.05.30　截止日期:2018.05.29

国食药监械(进)字 2014 第 1062715 号

产品名称:骨测量卡钳(ボーンキヤリパス)
产品标准:YZB/JAP 1489-2014《骨测量卡钳》
性能组成:骨测量卡钳由手柄、刻度表、栓和指针四部分构成。骨测量卡钳的栓应以 GB/T 1220 中规定的 Y10Cr17(由 Fe、C、Si、Mn、P、S 和 Cr 组成)材料制造;手柄、指针及刻度表应以 GB/T 1220 中规定的 20Cr13(由 Fe、C、Si、Mn、P、S 和 Cr 组成)材料制造。
适用范围:本产品适用于在牙科种植手术时,测量(0~20)mm 范围的骨宽度。
生产厂家:日本株式会社 YDM
注册代理:日进齿科材料(昆山)有限公司
服务机构:日进齿科材料(昆山)有限公司
发证日期:2014.05.30　截止日期:2018.05.29

国食药监械(进)字 2014 第 1062716 号

产品名称:骨穿孔钳(骨パンチ チテリー)
产品标准:YZB/JAP 2974-2014《骨穿孔钳》
性能组成:骨穿孔钳主要由把手、弹簧片固定钉、弹簧片、螺丝、作用部、先端部组成。骨穿孔钳的螺丝应以 GB/T 1220 中规定的 Y12Cr18Ni9(由 Fe、C、Si、Mn、P、S、Ni 及 Cr 组成)材料制造;把手、弹簧片固定钉、弹簧片、作用部及先端部应以 GB/T 1220 中规定的 20Cr13(由 Fe、C、Si、Mn、P、S 及 Cr 组成)材料制造。
适用范围:本品适用于在口腔科治疗时进行骨打孔或咬骨,主要适用于上颌骨。
生产厂家:日本株式会社 YDM
注册代理:日进齿科材料(昆山)有限公司
服务机构:日进齿科材料(昆山)有限公司
发证日期:2014.05.30　截止日期:2018.05.29

国食药监械(进)字 2014 第 1012717 号

产品名称:持针钳(Scanlan Needle Holders)
规格型号:见附页
产品标准:YZB/USA 3089-2014《持针钳》
性能组成:持针器采用符合 ASTM F889 的 420A 医用不锈钢材料制成。
适用范围:用于外科和显微外科手术中夹持缝合针。
生产厂家:美国 Scanlan International, Inc.
注册代理:北京德宝朗坤科贸有限责任公司
服务机构:北京德宝朗坤科贸有限责任公司
发证日期:2014.05.30　截止日期:2018.05.29

国食药监械(进)字 2014 第 1012718 号

产品名称:持针钳(Scanlan Needle Holders)
规格型号:见附页
产品标准:YZB/USA 3082-2014《持针钳》
性能组成:持针钳采用符合 ASTM F889 的 420A 医用不锈钢材料制成。
适用范围:用于外科和显微外科手术中夹持缝合针。
生产厂家:美国 Scanlan International, Inc.
注册代理:北京德宝朗坤科贸有限责任公司
服务机构:北京德宝朗坤科贸有限责任公司
发证日期:2014.05.30 截止日期:2018.05.29

国食药监械(进)字 2014 第 1012719 号

产品名称:医用钳(Scanlan Clamps)
规格型号:见附页
产品标准:YZB/USA 3086-2014《医用钳》
性能组成:医用钳采用符合 ASTM F889 的 420A 医用不锈钢材料制成。
适用范围:用于临时夹持组织及临时止血用，由头、枢轴、体、柄等结构组成，适用于各种组织的临时夹持及临时止血夹等情况。
生产厂家:美国 Scanlan International, Inc.
注册代理:北京德宝朗坤科贸有限责任公司
服务机构:北京德宝朗坤科贸有限责任公司
发证日期:2014.05.30 截止日期:2018.05.29

国食药监械(进)字 2014 第 1662720 号

产品名称:热塑性固定膜材料（商品名：美迪卡）(Thermoplastic Immobilization System)
规格型号:见附页
产品标准:YZB/USA 3145-2014《热塑性固定膜材料》
性能组成:本产品由膜片与框架/手柄组成。膜片采用热塑性塑料，框架/手柄采用碳素纤维或 PVC 制成。
适用范围:本产品适用于放射过程中，对头部、颈部、颈肩部、骨盆与臀部、乳房部位的固定。
生产厂家:美国 MEDTEC.Inc.
注册代理:广州安仁医疗器械有限公司
服务机构:广州安仁医疗器械有限公司
发证日期:2014.05.30 截止日期:2018.05.29

国食药监械(进)字 2014 第 1102721 号

产品名称:腰椎椎间融合器手术工具（商品名：ROI-T）(Lumbar Cage Instruments)
规格型号:见附页
产品标准:YZB/FRA 3141-2014《腰椎椎间融合器手术工具》
性能组成:该产品由对称型假体试模、后缘植骨打压器、前缘植骨打压器、连接杆、植骨器、植骨推棒、漏斗、T 型扳手、二次加压器、植入物把持器、弯头假体把持器、植骨基座、植骨压缩器、拔出器、LDR 撑开器、宽棘突撑开钳、窄型连接杆、Easyspine 撑开钳、铰接式假体把持器组成。采用符合 ISO5832-3 的 Ti6A14V,符合 ASTMF899 的 630、304、XM-16、420MOD、420 不锈钢，符合 ASTMA276 的 316L 不锈钢等材料制成。详见型号规格列表。非灭菌包装。
适用范围:该产品为手术工具，为 ROI-T 腰椎椎间融合器的植入而设计并配套使用。
生产厂家:法国 LDR MEDICAL
注册代理:法国 LDR 医疗公司北京代表处
服务机构:法国 LDR 医疗公司北京代表处
发证日期:2014.05.30 截止日期:2018.05.29

国食药监械(进)字 2014 第 1052722 号

产品名称:耳鼻喉科手术器械（商品名：蛇牌）(Surgical Instruments)
规格型号:见附页
产品标准:YZB/GER 3068-2014《耳鼻喉科手术器械》
性能组成:耳鼻喉科手术器械包括甲状腺肿支架、喉动脉叶片、鼻腔撑开器、牵开器、压板、泪腺探针、导向器、导管导入钳、扁桃腺刀、鼻剪、鼻刀、粘膜刀、活体取样钳、耳钳、骨凿、对孔凿、刮匙、喉镜。切割刀。组织钳、耳镜夹持器、扁桃体钳。该产品由不锈钢材料制成。
适用范围:用于耳鼻喉科手术。
生产厂家:德国 AESCULAP AG
注册代理:贝朗医疗(上海)国际贸易有限公司
服务机构:贝朗医疗(上海)国际贸易有限公司
发证日期:2014.05.30 截止日期:2018.05.29

国食药监械(进)字 2014 第 1162723 号

产品名称:整形外科手术器械(Surgical Instruments)
规格型号:见附页
产品标准:YZB/GER 3069-2014《整形外科手术器械》
性能组成:整形外科术器械包括刀类和抓钳。该产品采用不锈钢材料制成。
适用范围:整形外科用手术器械
生产厂家:德国 AESCULAP AG
注册代理:贝朗医疗(上海)国际贸易有限公司
服务机构:贝朗医疗(上海)国际贸易有限公司
发证日期:2014.05.30 截止日期:2018.05.29

国食药监械(进)字 2014 第 1552724 号

产品名称:口腔科手术器械(Surgical Instruments)
规格型号:见附页
产品标准:YZB/GER 3073-2014《口腔科手术器械》
性能组成:口腔科手术器械包括牙科用钳、刀、剪、镊、拉钩、刮匙、压板、锉、凿、牵开器、口镜、牙挺、牙根尖挺、探针、刮治器、洁治器、充填器、热气枪头、剥离器、剔挖器、涂药器、模具器、修整器、研光器、牙科吸头，产品由不锈钢材料制成。
适用范围:用于口腔科手术。
生产厂家:德国 AESCULAP AG
注册代理:贝朗医疗(上海)国际贸易有限公司
服务机构:贝朗医疗(上海)国际贸易有限公司
发证日期:2014.05.30 截止日期:2018.05.29

国食药监械(进)字 2014 第 1102725 号

产品名称:脊柱外科手术工具(商品名:XLP)(XLP Lateral Plate System Instruments)
规格型号:见附页
产品标准:YZB/USA 0284-2010《脊柱外科手术工具》
性能组成:该产品由骨科用钻、导板、骨压缩器、持板器、定位器、打入器、螺丝起子、骨板推进器和拔出器等组成。与人体接触的材料采用 YY/T 0294.1 中代号为 M、P 的不锈钢。非灭菌包装，可重复使用。
适用范围:该产品用于经过侧路或侧前路入口治疗胸椎和胸腰椎(T1-L5)不稳患者，以及经过前路入口治疗腰椎和腰骶椎(L1-S1)不稳患者。
生产厂家:美国 NuVasive, Inc.
注册代理:北京英普朗特科贸有限公司
服务机构:北京英普朗特科贸有限公司
发证日期:2014.05.30 截止日期:2018.05.29

国食药监械(进)字 2014 第 1102726 号

产品名称:脊柱外科手术工具(商品名:SpheRx)(SpheRx Spinal System Instruments)
规格型号:见附页
产品标准:YZB/USA 0586-2010《脊柱外科手术工具》
性能组成:该产品由定位用工具、测量用工具、骨科用锥、快换丝锥套、推进器、骨科用起子、压缩器、夹持钳、探针、弯压器、试模、组织剥离器、反向扭矩扳手、延长架、连接杆截断刀、拔出器、快速连接器和加压器等组成。材料采用 ASTM F899 中牌号为:S17400、S45500、S42000、S21800 的不锈钢。非灭菌包装，可重复使用。
适用范围:该产品用于对患有急性或慢性不稳定或后胸脊骨，腰椎和骶骨棘畸形的成年患者进行融合手术时提供固定和稳定；同时用于对 L5-S1 关节处患有严重的脊椎前移的成年患者通过椎体融合进行治疗。
生产厂家:美国 NuVasive, Inc.
注册代理:北京英普朗特科贸有限公司
服务机构:北京英普朗特科贸有限公司
发证日期:2014.05.30 截止日期:2018.05.29

国食药监械(进)字 2014 第 1642727 号

产品名称:固定环（商品名：固定环）(Fixation Kit)
规格型号:904-891
产品标准:YZB/DEN 3310-2014《固定环》

性能组成:产品组件包括固定环(Fixation Rings)和接触液(Contact Liquid)。固定环的材料为甲醛共聚物、透明的聚乙烯薄膜及丙烯酸酯粘合剂;接触液成分:水 56.2%,丙二醇 36.7%,聚乙烯吡咯烷酮 7%,防腐剂(Dowicil 200)0.1%。
适用范围:该固定环与 TCM 经皮监测仪配合使用,把固定环贴患者皮肤上,往固定环的中心滴入接触液,然后连接并固定经皮监测仪电极。
生产厂家:丹麦 Radiometer Medical ApS
注册代理:雷度米特医疗设备(上海)有限公司
服务机构:雷度米特医疗设备(上海)有限公司
发证日期:2014.05.30 **截止日期**:2018.05.29

国食药监械(进)字 2014 第 3772728 号

产品名称:血管内超声成像导管(Intravascular Ultrasound Imaging Catheter)
规格型号:Visions PV 8.2F
产品标准:YZB/USA 2327-2014《血管内超声成像导管》
性能组成:由圆柱型超声换能器、导管管体组成,仅限于配合美国 VOLCANO CORPORATION 公司生产的型号为 S5(807300-001)和 S5i(807400-001)血管内超声波诊断仪使用。
适用范围:通过提供外周血管的横断面图像在血管内评估血管的形态,作为传统血管造影的辅助手段提供血管腔和管壁的图像并进行尺寸测量。
生产厂家:美国 Volcano Corporation
注册代理:北京伟龙科仪贸易有限公司
服务机构:北京伟龙科仪贸易有限公司
发证日期:2014.05.20 **截止日期**:2018.05.19

国食药监械(进)字 2014 第 3662729 号

产品名称:神经监测气管插管(商品名:Trivantage)(EMG Endotracheal Tube)
规格型号:见附页
产品标准:YZB/USA 2290-2014《神经监测气管插管》
性能组成:该产品包含 1 根气管插管、1 根绿色皮下针头和 1 根白色皮下针头。气管插管由管身、接触电极、电极连线、可充气套囊、套囊充气管组成。该产品为灭菌包装,一次性使用产品。
适用范围:该产品设计用于与美敦力神经监护仪连接,提供畅通的病人通气气道和作为术中测量喉内肌神经的一种工具。该产品适合在手术过程中需要持续测量支配喉内肌神经时使用。
生产厂家:美国 Medtronic Xomed, Inc.
注册代理:美敦力(上海)管理有限公司
服务机构:美敦力(上海)管理有限公司
发证日期:2014.05.20 **截止日期**:2018.05.19

国食药监械(进)字 2014 第 3402730 号

产品名称:全自动发光免疫分析仪(Personal LAB CLIA)
规格型号:Personal LAB CLIA
产品标准:YZB/ITA 2355-2014《全自动发光免疫分析仪》
性能组成:主机及操作软件,主机由加样模块、孵育模块、洗板模块、控制模块、读数模块及电源组成。
适用范围:该产品基于 96 孔微孔板的化学发光免疫检测原理,可对来源于人体的血清样本进行临床免疫项目测定。
生产厂家:意大利 ADALTIS S.R.L
注册代理:麦迪思创(北京)科技发展有限公司
服务机构:上海中信亚特斯诊断试剂有限公司
发证日期:2014.05.20 **截止日期**:2018.05.19

国食药监械(进)字 2014 第 3402730 号

产品名称:全自动发光免疫分析仪(Personal LAB CLIA)
规格型号:Personal LAB CLIA
产品标准:YZB/ITA 2355-2014《全自动发光免疫分析仪》
性能组成:主机及操作软件,主机由加样模块、孵育模块、洗板模块、控制模块、读数模块及电源组成。
适用范围:该产品基于 96 孔微孔板的化学发光免疫检测原理,可对来源于人体的血清样本进行临床免疫项目测定。
生产厂家:意大利 ADALTIS S.R.L
注册代理:迈迪思创(北京)科技发展有限公司
服务机构:上海中信亚特斯诊断试剂有限公司
发证日期:2014.05.20 **截止日期**:2018.05.19

国食药监械(进)字 2014 第 3702731 号

产品名称:口腔正畸和正颌手术计划软件(Planning Software for Orthodontic and Orthognathic Surgery)
规格型号:Dolphin Imaging,版本 11.5
产品标准:YZB/USA 2388-2014《口腔正畸和正颌手术计划软件》
性能组成:由 Dolphin 程序 DVD、软件安全锁、扫描头部测量 X 射线的测量尺组成,组成模块包括:ImagingPlusTM、头影测量绘图、治疗模拟(VTO)、Arnett/Gunson FAB 分析、McLaughlin 牙科 VTO、Dolphin 信件系统、ImplannerTM 种植体和 Dolphin 3D。
适用范围:供专业牙科诊所使用,用于获取、储存和显示患者图像,并用于制定口腔正畸和正颌手术计划。
备注:2014 年 8 月 19 日同意更正产品性能结构及组成内容,2014 年 5 月 20 日核发的医疗器械注册登记表予以废止。
生产厂家:美国 Patterson Dental Supply Inc.
注册代理:上海埃蒙迪材料科技有限公司
服务机构:上海埃蒙迪材料科技有限公司
发证日期:2014.05.20 **截止日期**:2018.05.19

国食药监械(进)字 2014 第 1662732 号

产品名称:一次性使用医用丁腈检查手套(商品名:医用检查手套)(Powder Free Nitrile Examination Gloves)
规格型号:XS、S、M、L、XL
产品标准:YZB/MAL 7419-2013《一次性使用医用丁腈检查手套》
性能组成:本产品主要由 100%丁腈橡胶制成。麻面、无粉。
适用范围:可使用在检查、诊疗及处理被污染的医疗器械上。降低患者与使用者交叉污染或感染的风险,一次性使用未灭菌产品,非手术手套。
生产厂家:马来西亚 N.S.UNI-GLOVES SDN.BHD.
注册代理:上海富电国际贸易有限公司
服务机构:上海富电国际贸易有限公司
发证日期:2014.05.30 **截止日期**:2018.05.29

国食药监械(进)字 2014 第 1062733 号

产品名称:牙科种植体手术工具(Surgical Instrument Kits for Dental Implant system)
规格型号:见附页
产品标准:YZB/ISR 2721-2014《牙科种植体手术工具》
性能组成:该产品由自停套套装、基台夹持工具套装、基台替代体套装、上颌窦剥离子套装、修复工具套装组成。各工具接触人体部分除基台替代体、导引销、方向指示器、取出器采用符合 GB 13810 的钛合金 TC4 ELI 制成外,夹持器采用符合 GB/T 3190 的铝合金 6061 制成,其他工具接触人体的部分采用符合 YY/T 0294.1 的不锈钢 N 或 D 制成。
适用范围:该产品是用于牙科种植体种植的手术工具。
生产厂家:以色列 MIS Implants Technologies Ltd.
注册代理:成都贝尔丹生物科技有限责任公司
服务机构:成都贝尔丹生物科技有限责任公司
发证日期:2014.05.30 **截止日期**:2018.05.29

国食药监械(进)字 2014 第 1102734 号

产品名称:髋关节手术器械(商品名:DYNASTY)(DYNASTY System Instruments)
规格型号:见附页
产品标准:YZB/USA 3098-2014《髋关节手术器械》
性能组成:该产品由试模、拔出器、扣打器、螺丝、起子和手柄组成。试模由符合 ASTM D6394 标准要求的苯基砜材料或符合 ASTM D4101 标准要求的聚丙烯材料或符合 ISO5832-3 标准要求的钛-6 铝-4 钒钛合金材料制成。拔出器由符合 ASTM F899 标准要求的牌号为 XM-13 的不锈钢材料制成。扣打器、螺丝、起子和手柄由符合 ASTM F899 标准要求的牌号为 630 的不锈钢材料制成。非灭菌包装。
适用范围:产品为手动式矫形外科(骨科)手术器械,预期用于髋关节置换和修复的外科手术中。器械匹配植入物为 DYNASTY Acetabular System。
生产厂家:美国 Wright Medical Technology, Inc.
注册代理:上海迈凯医疗器械有限公司

服务机构:上海迈凯医疗器械有限公司
发证日期:2014.05.30 截止日期:2018.05.29

国食药监械(进)字 2014 第 1042735 号

产品名称:手术用剪(Surgical Scissors)
规格型号:见附页
产品标准:YZB/GER 2015-2014《手术用剪》
性能组成:本产品由虹膜剪、囊膜剪、小梁剪、角膜剪、显微剪、结膜剪、肌腱剪、拆线剪、斜视剪、眼用剪、眼球摘除剪、玻璃体剪组成。
适用范围:本产品适用于眼科手术中。
生产厂家:德国 Precisemed GmbH
注册代理:北京嘉联诚业医疗器械销售有限公司
服务机构:北京嘉联诚业医疗器械销售有限公司
发证日期:2014.05.30 截止日期:2018.05.29

国食药监械(进)字 2014 第 1642736 号

产品名称:医用夹板(商品名:BIO-SPLINT 医用夹板)(orthopedicsplint)
规格型号:BIO-ONE STEP 210, BIO-ONE STEP 312, BIO-ONE STEP 335, BIO-ONE STEP 415, BIO-ONE STEP 430, BIO-ONE STEP 530, BIO-ONE STEP 545, BIO-ONE STEP 630, BIO-ONE STEP 645.
产品标准:YZB/ROK 2887-2014《医用夹板》
性能组成:由支撑物、硬化剂、垫料组成支撑物由玻璃纤维组成硬化剂由聚氨酯树脂组成垫料由亲水性聚丙烯无纺布、疏水性聚丙烯无纺布组成。
适用范围:用于骨折外固定。
生产厂家:韩国 PACSUN CO., LTD.
注册代理:北京鸿仪瑞洋贸易有限公司
服务机构:北京鸿仪瑞洋贸易有限公司
发证日期:2014.05.30 截止日期:2018.05.29

国食药监械(进)字 2014 第 1642737 号

产品名称:弹性绷带(Bandage for compression)
规格型号:B101-S
产品标准:YZB/ROK 2037-2014《弹性绷带》
性能组成:本产品由尼龙、氨纶和棉布制成,其绷带固定处配有尼龙搭扣,便于固定。
适用范围:本产品用于包扎或固定腰部,不接触开放性创面。
生产厂家:韩国 BNC Korea Inc.
注册代理:武汉塔安思国际贸易有限公司
服务机构:武汉塔安思国际贸易有限公司
发证日期:2014.05.30 截止日期:2018.05.29

国食药监械(进)字 2014 第 1562738 号

产品名称:防褥疮床垫(mattress/overlay, Cushions, Pillows(Viscoelastic antidecubitus)and incontinence covers)
规格型号:见附页
产品标准:YZB/DEN 2787-2014《防褥疮床垫》
性能组成:见附件。
适用范围:适用于预防褥疮。
生产厂家:丹麦 Safe4care ApS
注册代理:广州中研生物科技有限公司
服务机构:杭州厚道科技有限公司
发证日期:2014.05.30 截止日期:2018.05.29

国食药监械(进)字 2014 第 1412739 号

产品名称:全封闭组织脱水机(Histology Vacuum Tissue Processor)
规格型号:EFTP、ETP、FTP-300、TP-300
产品标准:YZB/ITA 3006-2014《全封闭组织脱水机》
性能组成:该产品主要由控制面板、储藏罐、化蜡箱、试剂柜、活性碳罐、校平底座、RMS 试剂管理系统及随机软件构成,在此基础上 EFTP 及 FTP-300 还具有 EHE 加强型热交换器设备。
适用范围:该产品用于实验室的应用系统中进行组织标本定影,组织标本脱水和组织标本浸蜡。
生产厂家:意大利 INTELSINT s.r.l.
注册代理:广州市意威医疗器械有限公司
服务机构:广州市意威医疗器械有限公司
发证日期:2014.05.30 截止日期:2018.05.29

国食药监械(进)字 2014 第 1402740 号

产品名称:医用离心机(SmartPReP2 Centrifuge)
规格型号:SMP2-220-00, SMP2-220-01, SMP2-220-04
产品标准:YZB/USA 2849-2014《医用离心机》
性能组成:该产品由微电脑处理器、控制面板、驱动系统、离心转子、盖子组成。
适用范围:该产品用于临床样本的分离离心。
生产厂家:美国 Harvest Technologies Corp.
注册代理:泰尔茂(中国)投资有限公司
服务机构:泰尔茂(中国)投资有限公司
发证日期:2014.05.30 截止日期:2018.05.29

国食药监械(进)字 2014 第 1402741 号

产品名称:全自动免疫组化染色系统(Dako Omnis)
规格型号:GI100
产品标准:YZB/DEN 3415-2014《全自动免疫组化染色系统》
性能组成:由装载站、切片架、预处理(PT)组件、冷板、培养器组件、ISH 盖、染色模块、试剂存储模块、顶部冲洗站、混合站、批量瓶、液体处理机械手、架传送机械手、卸载站、触摸屏、警报信号灯、ISH 探针混合装置、Dako Link Omnis 工作站、工作站 PC、以及 Dako Omnis 工作站软件组成。
适用范围:该染色系统适用于福尔马林固定石蜡包埋组织切片的自动载片免疫组织化学(IHC)和原位杂交(ISH)染色。
生产厂家:丹麦 Dako Denmark A/S
注册代理:丹科医疗器械技术服务(上海)有限公司
服务机构:丹科医疗器械技术服务(上海)有限公司
发证日期:2014.05.30 截止日期:2018.05.29

国食药监械(进)字 2014 第 1402742 号

产品名称:全自动电泳仪(Automated system for electrophoresis System)
规格型号:Interlab G26
产品标准:YZB/ITA 2941-2014《全自动电泳仪》
性能组成:电源、主机(主机包括电泳槽、样本试管、条形阅读器、加样头、机械臂、干燥臂、扫描器、控制器和内置 UPS)、Elfolab 软件组成。
适用范围:该产品用于血清蛋白,血红蛋白,脂蛋白,CSF,同工酶(LDH, ALP 和 CPK),免疫固定和尿蛋白(IFX 和 SCS)的分离和分析。
生产厂家:意大利 INTERLAB S.R.L.
注册代理:威士达医疗设备(上海)有限公司
服务机构:威士达医疗设备(上海)有限公司
发证日期:2014.05.30 截止日期:2018.05.29

国食药监械(进)字 2014 第 1562743 号

产品名称:病人推车(Chair)
规格型号:见附页
产品标准:YZB/ITA 2636-2014《病人推车》
性能组成:由脚板、把手、座板、支架及车轮部分组成。
适用范围:该产品供转移病患使用。
生产厂家:意大利 Spencer Italia s.r.l.
注册代理:杭州萨宾斯医疗设备有限公司
服务机构:杭州萨宾斯医疗设备有限公司
发证日期:2014.05.30 截止日期:2018.05.29

国食药监械(进)字 2014 第 2132744 号

产品名称:玻化冻存管(McGill Cryolea (R))
规格型号:40771401F 规格:14 件
产品标准:YZB/DEN 2568-2014《玻化冻存管》
性能组成:采用聚丙烯材料制成,由芯(两端分别为把手和叶片状尖头)、保护性套和外套 3 个构件组成。
适用范围:用于玻璃化的人卵母细胞及/或胚胎的贮存。
生产厂家:丹麦 ORIGIO a/s
注册代理:澳励晶贸易(上海)有限公司

服务机构:澳励晶贸易(上海)有限公司
发证日期:2014.06.06　截止日期:2019.06.05

国食药监械(进)字 2014 第 2132744 号

产品名称:玻化冻存管(McGill Cryoleaf®)
规格型号:40771401F 规格: 14 件
产品标准:YZB/DEN 2568-2014《玻化冻存管》
性能组成:采用聚丙烯材料制成,由芯(两端分别为把手和叶片状尖头)、保护性套和外套 3 个构件组成。
适用范围:用于玻璃化的人卵母细胞及/或胚胎的贮存。
生产厂家:丹麦 ORIGIO a/s
注册代理:澳励晶贸易(上海)有限公司
服务机构:澳励晶贸易(上海)有限公司
发证日期:2014.06.06　截止日期:2019.06.05

国食药监械(进)字 2014 第 2132744 号

产品名称:玻化冻存管(McGill Cryolea (R))
规格型号:40771401F 规格: 14 件
产品标准:YZB/DEN 2568-2014《玻化冻存管》
性能组成:采用聚丙烯材料制成,由芯(两端分别为把手和叶片状尖头)、保护性套和外套 3 个构件组成。
适用范围:用于玻璃化的人卵母细胞及/或胚胎的贮存。
生产厂家:丹麦 ORIGIO a/s
注册代理:澳励晶贸易(上海)有限公司
服务机构:澳励晶贸易(上海)有限公司
发证日期:2014.06.06　截止日期:2019.06.05

国食药监械(进)字 2014 第 2552745 号

产品名称:机用根管锉 (商品名: Endo-Eze TiLOS) (Endo-Eze TiLOS Endodontic Files)
规格型号:见附页
产品标准:YZB/USA 2381-2014《机用根管锉》
性能组成:该产品由工作部分和柄部两部分组成, 其中工作部分由不锈钢或镍钛合金制成, 柄部由铜合金或不锈钢制成。
适用范围:该产品用于牙根管的预备。
生产厂家:美国 Ultradent Products Inc.
注册代理:上海复星医疗系统有限公司
服务机构:上海复星医疗系统有限公司
发证日期:2014.06.06　截止日期:2019.06.05

国食药监械(进)字 2014 第 2552745 号

产品名称:机用根管锉 (商品名: Endo-Eze TiLOS) (Endo-Eze TiLOS Endodontic Files)
规格型号:见附页
产品标准:YZB/USA 2381-2014《机用根管锉》
性能组成:该产品由工作部分和柄部两部分组成, 其中工作部分由不锈钢或镍钛合金制成, 柄部由铜合金或不锈钢制成。
适用范围:该产品用于牙根管的预备。
生产厂家:美国 Ultradent Products Inc.
注册代理:上海复星医疗系统有限公司
服务机构:上海复星医疗系统有限公司
发证日期:2014.06.06　截止日期:2019.06.05

国食药监械(进)字 2014 第 2222746 号

产品名称:输尿管镜附件(Ureteroscope Instruments)
规格型号:见附页
产品标准:YZB/GER 2102-2014《输尿管镜附件》
性能组成:该输尿管镜附件为无源器械, 由尿道探子、抓钳、剪刀, 取石篮、穿刺器、尿道切开刀、撑开扩张器、冲洗器/冲洗接口/快接头组成。其中接触人体部分的材质为符合 YY0294.1 标准要求的 M 级不锈钢。非无菌状态提供。
适用范围:用于泌尿科内窥镜诊断和手术。
生产厂家:德国 SOPRO-COMEG GmbH
注册代理:北京科曼技贸有限公司
服务机构:北京科曼技贸有限公司
发证日期:2014.06.06　截止日期:2019.06.05

国食药监械(进)字 2014 第 2222746 号

产品名称:输尿管镜附件(Ureteroscope Instruments)
规格型号:见附页
产品标准:YZB/GER 2102-2014《输尿管镜附件》
性能组成:该输尿管镜附件为无源器械, 由尿道探子、抓钳、剪刀, 取石篮、穿刺器、尿道切开刀、撑开扩张器、冲洗器/冲洗接口/快接头组成。其中接触人体部分的材质为符合 YY0294.1 标准要求的 M 级不锈钢。非无菌状态提供。
适用范围:用于泌尿科内窥镜诊断和手术。
生产厂家:德国 SOPRO-COMEG GmbH
注册代理:北京科曼技贸有限公司
服务机构:北京科曼技贸有限公司
发证日期:2014.06.06　截止日期:2019.06.05

国食药监械(进)字 2014 第 2102747 号

产品名称:半月板修补器械(Meniscal Repair Instrument)
规格型号:见附页
产品标准:YZB/USA 2253-2014《半月板修补器械》
性能组成:该产品包括套管, 顶针器, 折弯器, 锉, 探钩, 半月板修补件 II(直型针, 弯型针, 环形线圈), 穿线器, 缝线传递器及直型针。接触人体部分的产品材质及所符合的标准详见型号规格附表。半月板修补件 II、穿线器、缝线传递器及直型针经辐照灭菌, 其他产品为非灭菌状态提供。
适用范围:本产品适用于半月板损伤的诊断、治疗及修补。
生产厂家:美国 Smith & Nephew Inc.
注册代理:施乐辉医用产品国际贸易(上海)有限公司
服务机构:施乐辉医用产品国际贸易(上海)有限公司
发证日期:2014.06.06　截止日期:2019.06.05

国食药监械(进)字 2014 第 2102747 号

产品名称:半月板修补器械(Meniscal Repair Instrument)
规格型号:见附页
产品标准:YZB/USA 2253-2014《半月板修补器械》
性能组成:该产品包括套管, 顶针器, 折弯器, 锉, 探钩, 半月板修补件 II(直型针, 弯型针, 环形线圈), 穿线器, 缝线传递器及直型针。接触人体部分的产品材质及所符合的标准详见型号规格附表。半月板修补件 II、穿线器、缝线传递器及直型针经辐照灭菌, 其他产品为非灭菌状态提供。
适用范围:本产品适用于半月板损伤的诊断、治疗及修补。
生产厂家:美国 Smith & Nephew Inc.
注册代理:施乐辉医用产品国际贸易(上海)有限公司
服务机构:施乐辉医用产品国际贸易(上海)有限公司
发证日期:2014.06.06　截止日期:2019.06.05

国食药监械(进)字 2014 第 2582748 号

产品名称:冷冻除疣喷雾剂(Wart Freezer)
规格型号:38ml/瓶, 1 瓶/盒
产品标准:YZB/NET 2307-2014《冷冻除疣喷雾剂》
性能组成:该产品由铝制的气雾罐和聚丙烯制的喷嘴组成。气罐内容物成分为二甲醚。
适用范围:该产品用于低温去除由人类乳头瘤病毒感染所引起的人体皮肤上常见的寻常疣和传染性软疣。
生产厂家:荷兰 Koninklijke Utermohlen N.V.
注册代理:北京弘泰科健医药科技有限公司
服务机构:北京弘泰科健医药科技有限公司
发证日期:2014.06.06　截止日期:2019.06.05

国食药监械(进)字 2014 第 2582748 号

产品名称:冷冻除疣喷雾剂(Wart Freezer)
规格型号:38ml/瓶, 1 瓶/盒
产品标准:YZB/NET 2307-2014《冷冻除疣喷雾剂》
性能组成:该产品由铝制的气雾罐和聚丙烯制的喷嘴组成。气罐内容物成分为二甲醚。
适用范围:该产品用于低温去除由人类乳头瘤病毒感染所引起的人体皮肤上常见的寻常疣和传染性软疣。

生产厂家:荷兰 Koninklijke Utermohlen N.V.
注册代理:北京弘泰科健医药科技有限公司
服务机构:北京弘泰科健医药科技有限公司
发证日期:2014.06.06　　截止日期:2019.06.05

国食药监械(进)字 2014 第 2102749 号

产品名称:一次性使用钻头(Burs)
规格型号:见附页
产品标准:YZB/USA 2505-2014《一次性使用钻头》
性能组成:一次性使用钻头包括球形切割钻、金刚砂切割钻、球形细金刚砂钻头和鼻颅底钻头。材质为金刚砂以及符合 ASTM F899 的 630 和 304 不锈钢。灭菌包装，环氧乙烷或伽马射线灭菌。与有源器械联用。
适用范围:该产品用于耳鼻喉科、头部和颈部手术中切削软硬组织和骨质。
生产厂家:美国 Medtronic Xomed, Inc.
注册代理:美敦力(上海)管理有限公司
服务机构:美敦力(上海)管理有限公司
发证日期:2014.06.06　　截止日期:2019.06.05

国食药监械(进)字 2014 第 2102749 号

产品名称:一次性使用钻头(Burs)
规格型号:见附页
产品标准:YZB/USA 2505-2014《一次性使用钻头》
性能组成:一次性使用钻头包括球形切割钻、金刚砂切割钻、球形细金刚砂钻头和鼻颅底钻头。材质为金刚砂以及符合 ASTM F899 的 630 和 304 不锈钢。灭菌包装，环氧乙烷或伽马射线灭菌。与有源器械联用。
适用范围:该产品用于耳鼻喉科、头部和颈部手术中切削软硬组织和骨质。
生产厂家:美国 Medtronic Xomed, Inc.
注册代理:美敦力(上海)管理有限公司
服务机构:美敦力(上海)管理有限公司
发证日期:2014.06.06　　截止日期:2019.06.05

国食药监械(进)字 2014 第 2102750 号

产品名称:脊柱椎间融合产品配套工具(Spinal Instruments for Intervertebral Fusion)
规格型号:见附页
产品标准:YZB/USA 1354-2014《脊柱椎间融合产品配套工具》
性能组成:手术工具由神经根牵引器、硬脑膜牵引器、骨锉、椎板刮刀和椎间撑开器组成，由符合 ASTM F899 中规定的 630 等级不锈钢材料制造。非灭菌包装，不与有源器械联用。
适用范围:该产品为矫形外科手术工具，预期用于脊柱修复的外科手术。
生产厂家:美国 EBI, LLC
注册代理:邦美(上海)商贸有限公司
服务机构:邦美(上海)商贸有限公司
发证日期:2014.06.06　　截止日期:2019.06.05

国食药监械(进)字 2014 第 2102750 号

产品名称:脊柱椎间融合产品配套工具(Spinal Instruments for Intervertebral Fusion)
规格型号:见附页
产品标准:YZB/USA 1354-2014《脊柱椎间融合产品配套工具》
性能组成:手术工具由神经根牵引器、硬脑膜牵引器、骨锉、椎板刮刀和椎间撑开器组成，由符合 ASTM F899 中规定的 630 等级不锈钢材料制造。非灭菌包装，不与有源器械联用。
适用范围:该产品为矫形外科手术工具，预期用于脊柱修复的外科手术。
生产厂家:美国 EBI, LLC
注册代理:邦美(上海)商贸有限公司
服务机构:邦美(上海)商贸有限公司
发证日期:2014.06.06　　截止日期:2019.06.05

国食药监械(进)字 2014 第 2102751 号

产品名称:髋臼锉（商品名：Reamer）(MAKOplasty Reamer Basket Kit)
规格型号:见附页
产品标准:YZB/USA 2615-2014《髋臼锉》
性能组成:由符合 YY/T 0294.1-2005 中钢代号 B 的材料制成，外形为带有凹槽的半圆球形。非灭菌，可重复性使用。
适用范围:适用于骨科医生进行髋部矫形手术时进行髋臼打磨钻孔使用。
生产厂家:美国 Mako Surgical Corp.
注册代理:美中互利(北京)国际贸易有限公司
服务机构:美中互利(北京)国际贸易有限公司
发证日期:2014.06.06　　截止日期:2019.06.05

国食药监械(进)字 2014 第 2102751 号

产品名称:髋臼锉（商品名：Reamer）(MAKOplasty Reamer Basket Kit)
规格型号:见附页
产品标准:YZB/USA 2615-2014《髋臼锉》
性能组成:由符合 YY/T 0294.1-2005 中钢代号 B 的材料制成，外形为带有凹槽的半圆球形。非灭菌，可重复性使用。
适用范围:适用于骨科医生进行髋部矫形手术时进行髋臼打磨钻孔使用。
生产厂家:美国 Mako Surgical Corp.
注册代理:美中互利(北京)国际贸易有限公司
服务机构:美中互利(北京)国际贸易有限公司
发证日期:2014.06.06　　截止日期:2019.06.05

国食药监械(进)字 2014 第 1402752 号

产品名称:伊红染色液(SYMPHONY C)
规格型号:1L
产品标准:YZB/USA 2830-2014
性能组成:该产品以 1L 盒中袋提供。伊红染色液含有伊红 Y 染料，试剂纯乙醇和乙酸。产品有效期：在室温下（15-30℃）保存，有效期至 24 个月。附件：注册产品标准，产品说明书。
适用范围:该产品用于石蜡包埋组织中固定组织成分的细胞核以及细胞浆染色。
生产厂家:美国 Ventana Medical Systems, Inc.
注册代理:罗氏诊断产品(上海)有限公司
发证日期:2014.05.30　　截止日期:2018.05.29

国食药监械(进)字 2014 第 1402753 号

产品名称:原位杂交切片清洗用蛋白酶(ISH Protease 2)
规格型号:200 测试
产品标准:YZB/USA 2880-2014
性能组成:含有约 0.1mg/mL 预稀释试剂溶于以氨基丁三醇为基质的含有叠氮化钠的酶稳定溶液中。产品有效期：储存于 2-8℃，有效期至 24 个月，禁止冰冻。附件：注册产品标准，产品说明书。
适用范围:该产品主要用于去除原位杂交中围绕在目标 DNA 或 RNA 序列周围的蛋白。
生产厂家:美国 Ventana Medical Systems, Inc.
注册代理:罗氏诊断产品(上海)有限公司
发证日期:2014.05.30　　截止日期:2018.05.29

国食药监械(进)字 2014 第 1402754 号

产品名称:增强 DAB 染色液(OptiView DAB IHC Detection Kit)
规格型号:250 测试
产品标准:YZB/USA 2840-2014
性能组成:OptiView 过氧化物酶抑制剂、OptiView HQ 通用连接剂、OptiView HRP 标记的小分子多聚体（Multimer）、OptiView 双氧水、OptiView DAB、OptiView 硫酸铜。(具体内容详见产品说明书)。产品有效期：2-8℃储存，有效期至 18 个月。禁止冷冻。附件：注册产品标准，产品说明书。
适用范围:该产品主要用于检测鼠 IgG、鼠 IgM 和家兔一抗。
生产厂家:美国 Ventana Medical Systems, Inc.
注册代理:罗氏诊断产品(上海)有限公司
发证日期:2014.05.30　　截止日期:2018.05.29

国食药监械(进)字 2014 第 1402755 号

产品名称:脱蜡清洗液(SYMPHONY CLEAR)
规格型号:2L

产品标准:YZB/USA 2882-2014
性能组成:含 BHT(一种防腐剂)的柠檬烯溶液。产品有效期：必须保存在室温下(15-30℃)，有效期至 24 个月。附件：注册产品标准，产品说明书。
适用范围:该产品主要用于在 Ventana SYMPHONY 系统中脱蜡和清洗过程。
生产厂家:美国 Ventana Medical Systems, Inc.
注册代理:罗氏诊断产品(上海)有限公司
发证日期:2014.05.30　**截止日期**:2018.05.29

国食药监械(进)字 2014 第 1402756 号

产品名称:原位杂交切片清洗用蛋白酶(ISH Protease 3)
规格型号:200 测试
产品标准:YZB/USA 2883-2014
性能组成:含有约 0.02mg/mL 预稀释试剂溶于以氨基丁三醇为基质的含有叠氮化钠的酶稳定溶液中。产品有效期：储存于 2-8℃，有效期至 24 个月。禁止冰冻。附件：注册产品标准，产品说明书。
适用范围:该产品主要用于去除原位杂交中围绕在目标 DNA 或 RNA 序列周围的蛋白。
生产厂家:美国 Ventana Medical Systems, Inc.
注册代理:罗氏诊断产品(上海)有限公司
发证日期:2014.05.30　**截止日期**:2018.05.29

国食药监械(进)字 2014 第 1402757 号

产品名称:DAB 染色液(ultraView Universal DAB Detection Kit)
规格型号:250 测试
产品标准:YZB/USA 2885-2014
性能组成:抑制剂、通用 HRP 多聚体、DAB 显色剂、DAB H202、硫酸铜。(具体内容详见产品说明书)。产品有效期：储存于 2-8℃，有效期至 24 个月。禁止冰冻。附件：注册产品标准，产品说明书。
适用范围:该产品主要用于检测鼠抗 IgG、IgM 和兔源性一抗。
生产厂家:美国 Ventana Medical Systems, Inc.
注册代理:罗氏诊断产品(上海)有限公司
发证日期:2014.05.30　**截止日期**:2018.05.29

国食药监械(进)字 2014 第 1402758 号

产品名称:原位杂交地高辛红染染色液(ultra View Red ISH DIG Detection Kit)
规格型号:100 测试
产品标准:YZB/GER 3026-2014
性能组成:ultraView 红染原位杂交地高辛兔抗地高辛抗体、ultraView 红染原位杂交地高辛 AP、ultraView 红染原位杂交地高辛 PH 增强剂、ultraView 红染原位杂交地高辛萘酚、ultraView 红染原位杂交地高辛快速红染剂。(具体内容详见说明书)。产品有效期：储存于 2-8℃，禁止冰冻。有效期至 18 个月。附件：注册产品标准，产品说明书。
适用范围:该产品主要用于在 Ventana BenchMark LT, XT, GX, ULTRA 仪器上，通过红染原位杂交技术检测由福尔马林固定、石蜡包埋组织上的靶点。
生产厂家:德国 Roche Diagnostics GmbH
注册代理:罗氏诊断产品(上海)有限公司
发证日期:2014.05.30　**截止日期**:2018.05.29

国食药监械(进)字 2014 第 1402759 号

产品名称:原位杂交银染染色液(ultra View SISH Detection Kit)
规格型号:100 测试
产品标准:YZB/USA 3028-2014
性能组成:调合器 SISH HybReady、调合器 SISH HRP、调合器 Silver Chromogen A、调合器 Silver Chromogen B、调合器 Silver Chromogen C。(具体内容详见说明书)。产品有效期：储存于 2-8° C，有效期至 24 个月。禁止冷冻。附件：注册产品标准，产品说明书。
适用范围:该产品主要用于在原位杂交中检测抗兔源性一抗。
生产厂家:美国 Ventana Medical Systems, Inc.
注册代理:罗氏诊断产品(上海)有限公司
发证日期:2014.05.30　**截止日期**:2018.05.29

国食药监械(进)字 2014 第 1402760 号

产品名称:封固剂(Sta-On Tissue Section Adhesive)
规格型号:3.8L, 473ml。
产品标准:YZB/USA 2676-2014
性能组成:硫酸铬钾，明胶颗粒，咪唑烷基脲，双十烷基二甲基氯化铵。产品有效期：15℃～30 ℃存储，有效期 18 个月。附件：注册产品标准，产品说明书。
适用范围:该试剂用于加快非粘性载玻片的组织粘连。
生产厂家:美国 Leica Biosystems Richmond, Inc.
注册代理:徕卡显微系统(上海)贸易有限公司
发证日期:2014.05.30　**截止日期**:2018.05.29

国食药监械(进)字 2014 第 3402761 号

产品名称:乙型肝炎病毒表面抗原校准品(HISCL HBsAg Calibrator)
规格型号:1mL×6 瓶
产品标准:YZB/JAP 2996-2014
性能组成:乙型肝炎病毒表面抗原校准品 C0 (0 IU/mL)、乙型肝炎病毒表面抗原校准品 C1 (0.25 IU/mL)、乙型肝炎病毒表面抗原校准品 C2 (2.5 IU/mL)、乙型肝炎病毒表面抗原校准品 C3 (25 IU/mL)、乙型肝炎病毒表面抗原校准品 C4 (250 IU/mL)、乙型肝炎病毒表面抗原校准品 C5 (2500 IU/mL)。(具体内容详见产品说明书)。产品有效期：2～8℃保存，有效期 12 个月。附件：注册产品标准，产品说明书。
适用范围:该产品用于对人血清或血浆中乙型肝炎病毒表面抗原的定量检测进行校准。
变更情况:变更日期：2014.10.08。增加适用机型“HISCL-5000 全自动免疫分析仪”。开封后有效期由“24 小时(2～8° C 保存)。”变更为“90 天(2～8° C 保存)。”。
生产厂家:日本 SYSMEX CORPORATION
注册代理:希森美康医用电子(上海)有限公司
发证日期:2014.05.29　**截止日期**:2018.05.28

国食药监械(进)字 2014 第 3402762 号

产品名称:乙型肝炎病毒表面抗原检测试剂盒(化学发光法)(HISCL HBsAg Assay Kit)
规格型号:100 测试/盒
产品标准:YZB/JAP 2998-2014
性能组成:乙型肝炎病毒表面抗原试剂 1、乙型肝炎病毒表面抗原试剂 2、乙型肝炎病毒表面抗原试剂 3。(具体内容详见产品说明书)。产品有效期：2～8℃保存，禁止冷冻，有效期 12 个月。附件：注册产品标准，产品说明书。
适用范围:该产品用于人血清或血浆中乙型肝炎病毒表面抗原的定性及定量检测。
变更情况:变更日期：2014.10.08。增加适用机型“HISCL-5000 全自动免疫分析仪”。
生产厂家:日本 SYSMEX CORPORATION
注册代理:希森美康医用电子(上海)有限公司
发证日期:2014.05.29　**截止日期**:2018.05.28

国食药监械(进)字 2014 第 2212763 号

产品名称:听力计(Audiometer)
规格型号:SD28
产品标准:YZB/GER 2804-2014《听力计》
性能组成:由主机和标准配件组成，标准配件包括 TDH39 耳机，B-71 骨导耳机，应答器，电源线，听力图垫板。
适用范围:用于纯音听力测试。
生产厂家:德国 Siemens Audiologische Technik GmbH
注册代理:西门子听力仪器(苏州)有限公司
服务机构:西门子听力仪器(苏州)有限公司
发证日期:2014.06.09　**截止日期**:2019.06.08

国食药监械(进)字 2014 第 2202764 号

产品名称:体温监测系统(Wireless Temperature Monitoring Systems)
规格型号:S1
产品标准:YZB/SIN 2968-2014《体温监测系统》
性能组成:由 ThermoSENSOR 温度传感器、SmartSWITCH 传感器切换器、SmartNODE 遥测接收器及 SmartSense PC Application 计算机应用程序软件(型号：S1 版本号：2.3.2)、USB 连接线、网络线、电源组成。

适用范围:用于自动测量并记录人体体温。
生产厂家:新加坡凯悌科技股份有限公司(CADI SCIENTIFIC PTE LTD)
注册代理:北京纽创科技有限公司
服务机构:北京纽创科技有限公司
发证日期:2014.06.09 截止日期:2019.06.08

国食药监械(进)字2014第2402765号

产品名称:全自动生化分析仪(Pchem3)
规格型号:Pchem3
产品标准:YZB/ITA 2480-2014《全自动生化分析仪》
性能组成:该产品主要由主机(包括加样模块、孵育模块、清洗模块、控制模块)、电解质测量模块(选配)、电脑(选配)和底座(选配)、电源以及随机软件组成。
适用范围:该产品在医学临床上用于对人血清、血浆、尿液和脑脊液进行临床化学试验和浊度测定。
变更情况:变更日期:2015.01.20。"代理人:名称:迈迪思创(北京)科技发展有限公司地址:北京市朝阳区霞光里66号院2号楼8层806"变更为"代理人:名称:亚特斯生物医学技术(无锡)有限公司地址:无锡惠山经济开发区惠山大道1619号E2107(开发区)"。
生产厂家:意大利Adaltis S.r.l.
注册代理:迈迪思创(北京)科技发展有限公司
服务机构:上海中信亚特斯诊断试剂有限公司
发证日期:2014.06.09 截止日期:2019.06.08

国食药监械(进)字2014第2222766号

产品名称:眼底照相机(Fundus Camera)
规格型号:drs
产品标准:YZB/ITA 2339-2014《眼底照相机》
性能组成:产品由主机(包括光学头和带触摸屏的底座)、头托、颚托和电源线组成。
适用范围:产品用于在不使用散瞳剂的情况下采集视网膜的数字图像。
生产厂家:意大利CenterVue S.p.A.
注册代理:上海国通视光医疗科技发展有限公司
服务机构:上海国通视光医疗科技发展有限公司
发证日期:2014.06.09 截止日期:2019.06.08

国食药监械(进)字2014第2402767号

产品名称:多功能微孔板检测仪(商品名:SynergyH1)(Hybrid Multi-Mode Microplate Reader)
规格型号:H1M, H1MD, H1F, H1FD, H1MF, H1MFD
产品标准:YZB/USA 2091-2014《多功能微孔板检测仪》
性能组成:型号H1M组成:H1主机、软件、光栅检测光路;型号H1MD组成:H1主机、软件、光栅检测光路、加样器;型号H1F组成:H1主机、软件、滤光片检测光路;型号H1FD组成:H1主机、软件、滤光片检测光路、加样器;型号H1MF组成:H1主机、软件、光栅检测光路、滤光片检测光路;型号H1MFD组成:H1主机、软件、光栅检测光路、滤光片检测光路、加样器。
适用范围:多功能微孔板检测仪可用于基于微孔板的吸收光、荧光、发光检测。
生产厂家:美国BioTek Instruments, Inc.
注册代理:广州市达瑞抗体工程技术有限公司
服务机构:广州市达瑞抗体工程技术有限公司
发证日期:2014.06.09 截止日期:2019.06.08

国食药监械(进)字2014第2402768号

产品名称:尿液分析仪(Urine Analyzer)
规格型号:URYXXON®500
产品标准:YZB/GER 2929-2014《尿液分析仪》
性能组成:该产品主要由URYXXON® 500、传送支架、3卷热敏打印纸、串口电缆RS232、电源线、转换器、随机软件组成。
适用范围:该产品用于读取URYXXON® Stick 10尿液试条。
生产厂家:德国MACHEREY-NAGEL GmbH &Co.KG
注册代理:上海鹏博医疗器械发展有限公司
服务机构:上海鹏博医疗器械发展有限公司
发证日期:2014.06.09 截止日期:2019.06.08

国食药监械(进)字2014第2402769号

产品名称:全自动尿液分析及有形成份分析仪(Fully Automated Urine Comprehensive Analyzer)
规格型号:AU-4050
产品标准:YZB/JAP 2921-2014《全自动尿液分析及有形成份分析仪》
性能组成:由主机、进样器装置、信息处理单元(IPU,包括软件、计算机主机(选配)、显示器(选配))、压缩气源(SYSMEX CORPORATION制)组成。
适用范围:用于临床尿液中的葡萄糖、蛋白质、胆红素、尿胆原、pH、隐血、酮体、亚硝酸盐、白细胞、肌酐、微量白蛋白、浊度、色调、比重分析,以及红细胞、白细胞、上皮细胞、管型、细菌的有形成份分析。
备注:2014年11月21日同意更正企业注册地址、生产地址内容,2014年6月9日核发的医疗器械注册登记表予以废止。
生产厂家:日本ARKRAY Factory, Inc.
注册代理:爱科来国际贸易(上海)有限公司
发证日期:2014.06.09 截止日期:2019.06.08

国食药监械(进)字2014第2222770号

产品名称:视野计(商品名:Twinfield)(Perimeter)
规格型号:56920
产品标准:YZB/GER 2274-2014《视野计》
性能组成:主机,头部托架,控制器,电源线,连接线,应用软件。
适用范围:视野计用于眼部检查中测量视野范围
生产厂家:德国OCULUS Optikgerate GmbH
注册代理:广州达美康科技有限公司
服务机构:广州达美康科技有限公司
发证日期:2014.06.09 截止日期:2019.06.08

国食药监械(进)字2014第2262771号

产品名称:干扰电治疗仪(商品名:BIOMED)(Three dimensional dynamic interferential current therapy instrument)
规格型号:H-308
产品标准:YZB/ROK 2475-2014《干扰电治疗仪》
性能组成:治疗仪由主机、吸附电极碗和吸附导连线组成。
适用范围:产品利用中频电流交叉输入人体、交叉处产生的干扰电频率作用于患部,达到缓解疼痛的目的。
生产厂家:韩国HANIL- TM 株式会社
注册代理:天津市博达电子设备有限公司
服务机构:天津市博达电子设备有限公司
发证日期:2014.06.09 截止日期:2019.06.08

国食药监械(进)字2014第2402772号

产品名称:血红蛋白分析仪(Hemoglobin measurement system)
规格型号:CompoLab TS
产品标准:YZB/GER 2818-2014《血红蛋白分析仪》
性能组成:该产品由血红蛋白分析仪主机、比色片、随机软件组成。
适用范围:该产品用于定量测定人的动脉、毛细血管或静脉样品中的总血红蛋白量。
生产厂家:德国DiaSpect Medical GmbH
注册代理:费森尤斯卡比(中国)投资有限公司
服务机构:费森尤斯卡比(中国)投资有限公司
发证日期:2014.06.09 截止日期:2019.06.08

国食药监械(进)字2014第2402773号

产品名称:特种蛋白干式免疫散射色谱分析仪(Afinion AS100 Analyzer)
规格型号:AS100
产品标准:YZB/NOR 2846-2014《特种蛋白干式免疫散射色谱分析仪》
性能组成:该产品主要由分析仪、随机软件和电源组成,分析仪主要部件有配有传感器的加热器、成像子系统。
适用范围:该产品用于分析AfinionTM试剂盒。
生产厂家:挪威Axis-Shield PoC AS
注册代理:美艾利尔(中国)医疗器械有限公司
服务机构:美艾利尔(上海)医疗器械销售有限公司
发证日期:2014.06.09 截止日期:2019.06.08

国食药监械(进)字2014第2302774号

产品名称:数字化医用 X 射线摄影系统(Digital Medical X-ray Radiographic System)
规格型号:Multi RAD
产品标准:YZB/SPA 7313-2013《数字化医用X射线摄影系统》
性能组成:产品由高压发生器(SHF-535)、X射线管组件(管芯:E7884; X射线管:E7884X)、落地式X射线管组件支架、限束器、四向浮动摄影床(MULT-FWFTT)、立式胸片架(MULT-WBS)、数字探测器(详见标准)及图像处理系统、监视器组成。性能详见标准。
适用范围:数字化医用X射线摄影系统主要适用于在医院对骨骼、头部、胸部、腹部、四肢和其他部分进行数字X射线摄影诊断操作。可对患者进行坐位、站位或者卧位的图像采集操作。此系统不适用于进行乳腺摄影检查。
生产厂家:西班牙 SEDECAL (Sociedad Espanola de Electromedicina y Calidad, S. A.)
注册代理:北京赛德科医疗设备有限公司
服务机构:北京赛德科医疗设备有限公司
发证日期:2014.06.09 **截止日期**:2019.06.08

国食药监械(进)字2014第2262775号

产品名称:光疗设备(Phototherapy System)
规格型号:Giraffe Blue Spot PT Lite
产品标准:YZB/USA 2657-2014《光疗设备》
性能组成:该产品由灯箱和光管组成。
适用范围:该产品可为医院中患有高胆红素血症(通常被称为新生儿黄疸)提供光疗。
生产厂家:美国 Ohmeda Medical
注册代理:通用电气医疗系统贸易发展(上海)有限公司
服务机构:通用电气医疗系统贸易发展(上海)有限公司
发证日期:2014.06.09 **截止日期**:2019.06.08

国食药监械(进)字2014第2212776号

产品名称:数字式心电图分析仪(Electrocardiograph with Analysis)
规格型号:Kenz Cardico 602
产品标准:YZB/JAP 3094-2014《数字式心电图分析仪》
性能组成:本心电图分析仪由产品由主机(Kenz Cardico 602)、电源线(KP-722+KS-31A)、患者导联线(PC-109)、肢体电极(CR-2020)和胸部电极(CE-06)组成,附件具体组成见附表。
适用范围:本产品用于记录、分析患者的体表心电图,供临床诊断辅助使用。
生产厂家:日本株式会社铃谦
注册代理:北京明成森木医疗器械有限公司
服务机构:北京明成森木医疗器械有限公司
发证日期:2014.06.09 **截止日期**:2019.06.08

国食药监械(进)字2014第2212777号

产品名称:数字式心电图分析仪(Electrocardiograph with Analysis)
规格型号:Kenz Cardico 306
产品标准:YZB/JAP 3095-2014《数字式心电图分析仪》
性能组成:本心电图分析仪由主机(Kenz Cardico 306)、电源适配器(JMW128KA1800F08)、电源线(KP-722+KS-31A)、患者导联线(PC-109)、肢体电极(CR-2020)和胸部电极(CE-06)组成,附件具体组成见附表1。
适用范围:本产品用于记录、分析患者的体表心电图,供临床诊断辅助使用。
生产厂家:日本株式会社铃谦
注册代理:北京明成森木医疗器械有限公司
服务机构:北京明成森木医疗器械有限公司
发证日期:2014.06.09 **截止日期**:2019.06.08

国食药监械(进)字2014第2542778号

产品名称:VQmTM呼吸热量监测仪(VQmTM Enthalpy Monitor)
规格型号:F-0010-0010
产品标准:YZB/CAN 2950-2014《VQmTM呼吸热量监测仪》
性能组成:本产品由主机、电源线及操作手册 (L-0040-0010) 组成。
适用范围:预期用于实时计算并显示成年机械通气患者呼气热量(焓)。
生产厂家:加拿大 Rostrum Medical Innovations Inc.
注册代理:上海景年医疗器械有限公司
服务机构:上海景年医疗器械有限公司
发证日期:2014.06.09 **截止日期**:2019.06.08

国食药监械(进)字2014第2212779号

产品名称:诊断型听力计(Diagnostic Audiometer)
规格型号:Model 270/Model 260/Model 240
产品标准:YZB/UK 2805-2014《诊断型听力计》
性能组成:Model 270 / Model 260 产品由主机、电源适配器、患者应答器、麦克风及监听耳机(选配)、压耳式耳机(TDH39)、骨导耳机、掩蔽耳机(选配)、插入式耳机(选配)组成。Model 240 产品由 主机、电源适配器、患者应答器、压耳式耳机(TDH39)、骨导耳机、掩蔽耳机(选配)、插入式耳机(选配)组成。
适用范围:本产品用于人耳听力损失的检测。
生产厂家:英国 AMPLIVOX LIMITED
注册代理:奥迪康国际贸易(上海)有限公司
服务机构:奥迪康国际贸易(上海)有限公司
发证日期:2014.06.09 **截止日期**:2019.06.08

国食药监械(进)字2014第2222780号

产品名称:内窥镜用冲洗吸引系统 (商品名: HAMOU ENDOMAT) (Suction and Irrigation Systems for Endoscope)
规格型号:见附页
产品标准:YZB/GER 2596-2014《内窥镜用冲洗吸引系统》
性能组成:该产品由主机、电源线、SCB 连接线、妇科冲洗管路套件、腹腔冲洗管路套件、吸引管路套件、连接管路和泵管路组成。
适用范围:该产品适用于妇科和腹腔镜手术中,可将腹腔、子宫腔内的液体、小血块和小组织碎块冲洗吸引干净。
生产厂家:德国 Karl Storz GmbH & Co. KG
注册代理:卡尔史托斯内窥镜(上海)有限公司
服务机构:卡尔史托斯内窥镜(上海)有限公司
发证日期:2014.06.09 **截止日期**:2019.06.08

国食药监械(进)字2014第2222781号

产品名称:3D成像装置(3Dビデオプロセッサー)
规格型号:3DV-190
产品标准:YZB/JAP 2828-2014《3D成像装置》
性能组成:该产品由型号为3DV-190的3D成像装置组成。图像信号输出:2D/3D信号输出;噪声: 60dB以下。
适用范围:该产品用于将两台图像处理装置输出的左右图像信号进行合成,将其转换为监视器上显示的3D信号。
生产厂家:日本奥林巴斯医疗株式会社,オリンパスメデイカルシステムズ株式会社
注册代理:奥林巴斯贸易(上海)有限公司
服务机构:奥林巴斯(北京)销售服务有限公司
发证日期:2014.06.09 **截止日期**:2019.06.08

国食药监械(进)字2014第2402782号

产品名称:全自动整合式生化分析仪(Dimension EXL200 integrated chemistry system)
规格型号:Dimension ExL 200
产品标准:YZB/USA 2867-2014《全自动整合式生化分析仪》
性能组成:由主机(包含生化模块、离子模块、化学发光模块、非均相免疫模块)以及操控显示单元(含软件)组成。
适用范围:该产品使用光度计、浊度计、化学发光和整合式离子选择多传感器在临床上用于对样本进行化学和免疫化学分析。
生产厂家:美国 Siemens Healthcare Diagnostics Inc.
注册代理:西门子医学诊断产品(上海)有限公司
服务机构:西门子医学诊断产品(上海)有限公司
发证日期:2014.06.09 **截止日期**:2019.06.08

国食药监械(进)字2014第2222783号

产品名称:微型视野计系统(Fundus Camera-Perimeter)
规格型号:MP-1
产品标准:YZB/ITA 2689-2014《微型视野计系统》
性能组成:该产品由主机(内置红外眼底摄像单元、可调发光刺激视标

单元)、隔离变压器和电源线构成。视网膜摄像的视场角45°，工作距离：50mm，最小瞳孔直径：4mm，背景亮度：1.27 cd/m2，最大刺激亮度：127cd/m2，刺激持续时间：100-2000毫秒。
适用范围:该产品用于视野检查和眼底成像视网膜检查。
生产厂家:日本尼德克株式会社(NIDEK CO.，LTD.)
注册代理:北京尼德克株式会社北京代表处
服务机构:北京尼德科贸有限公司
发证日期:2014.06.09 **截止日期**:2019.06.08

国食药监械(进)字2014第2222784号

产品名称:手术显微镜(Surgical Microscope)
规格型号:Leica M720 OH5
产品标准:YZB/SWI 2535-2014《手术显微镜》
性能组成:手术显微镜由光学系统、控制系统、照明系统、支架系统及底座、摄录像系统、FL400荧光造影模块(选配，配合使用的荧光剂为5-ALA)、FL800荧光造影模块(选配，配合使用的荧光剂为吲哚青绿)、附件助手镜(选配)、DI C700镜筒组成。
适用范围:用于提供放大器和照明系统来增强视觉效果，便于医生观察和记录对人体的治疗过程，不能用于眼科。
生产厂家:瑞士Leica Microsystems (Schweiz) AG
注册代理:徕卡显微系统(上海)贸易有限公司
服务机构:徕卡显微系统(上海)贸易有限公司
发证日期:2014.06.09 **截止日期**:2019.06.08

国食药监械(进)字2014第2212785号

产品名称:心肺功能测试系统(Ergospirometry-Systems)
规格型号:MetaLyzer 3B
产品标准:YZB/GER 2967-2014《心肺功能测试系统》
性能组成:见附页。
适用范围:该产品由具备医学专业知识的人员在室内对14岁以上的患者进行心肺功能测试，根据测量值和计算值也可预测肺功能参数，适用于压力测试、康复医学和运动医学。
生产厂家:德国CORTEX Biophysik GmbH
注册代理:北京普康科健医疗设备有限公司
服务机构:北京普康科健医疗设备有限公司
发证日期:2014.06.09 **截止日期**:2019.06.08

国食药监械(进)字2014第3452786号

产品名称:离心泵血液控制监测系统（商品名：Bio-Console）(Extracorporeal Blood Pumping Console)
规格型号:见附页
产品标准:YZB/USA 2879-2014《离心泵血液控制监测系统》
性能组成:产品由主机、外置马达、流量传感器、紧急驱动手柄、连接电缆、气泡探测系统，液面监测系统、动脉夹闭系统组成，规格参数详见产品标准和说明书。本系统仅与美敦力生产的离心泵泵头配用:540T外置马达配合80ml，50ml成人或者儿童离心泵头(型号为BP-X80，CBBPX-80，BPX-80T，BP-50，CBBP-50)。560A外置马达配合40ml小儿离心泵泵头(型号为AP40系列)。
适用范围:用于在心肺旁路手术时通过体外循环管路泵送血液(不超过6小时))
生产厂家:美国Medtronic Inc.
注册代理:美敦力(上海)管理有限公司
服务机构:美敦力(上海)管理有限公司
发证日期:2014.06.09 **截止日期**:2019.06.08

国食药监械(进)字2014第3212787号

产品名称:体外神经刺激器(External Neurostimulator)
规格型号:37022
产品标准:YZB/USA 0823-2013《体外神经刺激器》
性能组成:该产品由体外神经刺激器、体外神经刺激器固定袋、2节5号碱性电池、产品说明文件组成。
适用范围:该产品是神经刺激系统的组成部件之一，用于在电极导线放置或试验刺激效果期间评估神经刺激系统的功效。
生产厂家:美国Medtronic Inc.
注册代理:美国美敦力中国有限公司北京办事处
服务机构:美敦力(上海)管理有限公司
发证日期:2014.06.09 **截止日期**:2019.06.08

国食药监械(进)字2014第2412788号

产品名称:二氧化碳培养箱(CO2 INCUBATORS)
规格型号:3517-2、2406-2
产品标准:YZB/USA 2923-2014《二氧化碳培养箱》
性能组成:该产品由二氧化碳培养箱主机、不锈钢搁板、不锈钢支撑架立柱、不锈钢支撑架滑轨、不锈钢湿度面板、入口塞、水平底座、二氧化碳软管、电源线和分析软件组成。
适用范围:该产品能维持一定浓度的二氧化碳，适用于细胞培养。
生产厂家:美国Sheldon Manufacturing, Inc.
注册代理:珠海市造鑫企业有限公司
服务机构:珠海市造鑫企业有限公司
发证日期:2014.06.09 **截止日期**:2019.06.08

国食药监械(进)字2014第3232789号

产品名称:超声手术系统（商品名：SonoSurg）(超音波手術システム)
规格型号:见附页
产品标准:YZB/JAP 2912-2014《超声手术系统》
性能组成:见附页。
适用范围:本产品为在全部外科手术中(包括在内镜、显微镜下进行的手术)，利用超声波进行切开及凝固，乳化、吸引活体组织的系统。与高频电烧装置组合使用时，可利用高频电流切开以及凝固活体组织。不能应用于眼科手术。
生产厂家:日本奥林巴斯医疗株式会社(オリンパスメディカルシステムズ株式会社)
注册代理:奥林巴斯贸易(上海)有限公司
服务机构:奥林巴斯(北京)销售服务有限公司
发证日期:2014.06.09 **截止日期**:2019.06.08

国食药监械(进)字2014第3222790号

产品名称:高频切除电极（商品名：TURis & TCRis）(HF-Resection Electrodes)
规格型号:见附页
产品标准:YZB/GER 2782-2014《高频切除电极》
性能组成:该产品由高频切除电极和高频电缆线组成。电极分为一次性使用和重复使用，一次性使用电极为环氧乙烷灭菌；电缆线为重复使用。具体型号及描述见附页。
适用范围:该产品与内窥镜和高频电刀配套使用，经尿道或宫颈在生理盐水中对前列腺或宫腔进行凝固、切割和等离子汽化操作。(WA22558C仅用于前列腺治疗)。
生产厂家:德国奥林巴斯苇音特和意北公司
注册代理:奥林巴斯贸易(上海)有限公司
服务机构:奥林巴斯(北京)销售服务有限公司
发证日期:2014.06.09 **截止日期**:2019.06.08

国食药监械(进)字2014第3772791号

产品名称:一次性息肉勒除器（商品名：Sensation）(Single-Use Polypectomy Snares)
规格型号:见附页
产品标准:YZB/USA 2783-2014《一次性息肉勒除器》
性能组成:该产品由一根可以弯曲的钢丝和一只活套组成，活套可使用三环形手柄从勒除器可弯曲外层鞘管中伸出和撤回。具体型号及参数见附页。
适用范围:用于小型息肉、无蒂息肉、有蒂息肉的切除和烧灼。
备注:2014年8月18日同意更正生产地址内容，2014年6月9日核发的医疗器械注册登记表予以废止。
生产厂家:美国波士顿科学公司(Boston Scientific Corporation)
注册代理:波科国际医疗贸易(上海)有限公司
服务机构:波科国际医疗贸易(上海)有限公司
发证日期:2014.06.09 **截止日期**:2019.06.08

国食药监械(进)字2014第2402792号

产品名称:玻片扫描分析影像系统(ThinPrep Imaging System)
规格型号:ThinPrep
产品标准:YZB/USA 2944-2014《玻片扫描分析影像系统》

性能组成:由影像工作站，阅片显微镜和玻片扫描分析影像系统载玻片和软件组成。
适用范围:该产品的设计用意是利用计算机筛选并标记玻片中的病变区域，帮助细胞学技师或病理医生进一步人工复查。临床适用于对宫颈癌的辅助检测。
变更情况:变更日期：2014.10.08。代理人和售后服务机构均由"北京英硕力新柏科技有限公司"变更为"豪洛捷医疗科技（北京）有限公司"。
生产厂家:美国 Hologic, Inc.
注册代理:北京英硕力新柏科技有限公司
服务机构:北京英硕力新柏科技有限公司
发证日期:2014.06.09 **截止日期**:2019.06.08

国食药监械(进)字 2014 第 3222793 号

产品名称:电子支气管内窥镜（商品名：EVIS LUCERA）（気管支ビデオスコープ）
规格型号:BF TYPE F260
产品标准:YZB/JAP 2853-2014《电子支气管内窥镜》
性能组成:该产品由电子支气管内窥镜 BF TYPE F260 和附件一次性吸引按钮 MAJ-209、一次性钳子管道开口阀 MAJ-210 组成，性能参数见附件。BF TYPE F260 的简称为 BF-F260，两者为同一型号。
适用范围:该产品用于气管、支气管及肺的观察、诊断和治疗。
生产厂家:日本奥林巴斯医疗株式会社，オリンパスメディカルシステムズ株式会社
注册代理:奥林巴斯贸易(上海)有限公司
服务机构:奥林巴斯(北京)销售服务有限公司
发证日期:2014.06.09 **截止日期**:2019.06.08

国食药监械(进)字 2014 第 3222794 号

产品名称:电子膀胱肾盂镜（商品名：VISERA）（膀胱腎盂ビデオスコープ）
规格型号:CYF TYPE V2, CYF TYPE VA2
产品标准:YZB/JAP 2871-2014《电子膀胱肾盂镜》
性能组成:该产品由电子膀胱肾盂镜（CYF TYPE V2、CYF TYPE VA2)、随机附件和可选件组成；随机附件包含钳子管道开口阀 MAJ-579、钳子/灌流插头（绝缘型）MAJ-891、吸引按钮 MAJ-207；可选件为一次性吸引按钮 MAJ-209。性能参数见附页。
适用范围:该产品与图像处理装置、光源装置、监视器、摄影装置、各种内窥镜诊疗附件组合使用，用于对泌尿系统的体内管腔和体腔，包括尿道、膀胱、肾盂(经皮插入)进行观察、摄影、治疗。
生产厂家:日本奥林巴斯医疗株式会社，オリンパスメディカルシステムズ株式会社
注册代理:奥林巴斯贸易(上海)有限公司
服务机构:奥林巴斯(北京)销售服务有限公司
发证日期:2014.06.09 **截止日期**:2019.06.08

国食药监械(进)字 2014 第 2702795 号

产品名称:21 三体综合征，18 三体综合征和神经管缺陷风险计算软件(PRISCA Software for the Risk Calculation of Trisomy 21, Trisomy 18 and Neural Tube Defects)
规格型号:版本:4.0.20
产品标准:YZB/USA 2925-2014《21 三体综合征，18 三体综合征和神经管缺陷风险计算软件》
性能组成:21 三体综合征，18 三体综合征和神经管缺陷风险计算软件，版本 4.0.20。
适用范围:该产品是一种用于对孕早期和孕中期妊娠妇女唐氏综合征（21 三体综合征）和爱德华兹综合征（18 三体综合征）和孕中期妊娠妇女神经管缺陷（NTD）进行风险评估统计的应用软件。
生产厂家:美国 Siemens Healthcare Diagnostics Inc.
注册代理:西门子医学诊断产品(上海)有限公司
服务机构:西门子医学诊断产品(上海)有限公司
发证日期:2014.06.09 **截止日期**:2019.06.08

国食药监械(进)字 2014 第 3212796 号

产品名称:植入式心脏再同步复律除颤器(商品名:Promote Accel)(Cardiac Resynchronization Device, Tiered-therapy Cardioverter/Defibrillator)
规格型号:见附页
产品标准:YZB/USA 3067-2014《植入式心脏再同步复律除颤器》
性能组成:脉冲发生器和扭矩扳手组成。
适用范围:可提供抗室性心动过速起搏功能和对心室除颤功能，用于对危及生命的室性心律失常的自动治疗。还用于患有充血性心力衰竭的病人，使其右心室和左心室再同步。
备注:2014 年 9 月 15 日同意更正商品名内容，2014 年 6 月 9 日核发的医疗器械注册证、医疗器械注册登记表予以废止。
生产厂家:美国 St. Jude Medical Cardiac Rhythm Management Division
注册代理:圣犹达医疗用品(上海)有限公司
服务机构:圣犹达医疗用品(上海)有限公司
发证日期:2014.06.09 **截止日期**:2019.06.08

国食药监械(进)字 2014 第 3212797 号

产品名称:植入式心脏复律除颤器（商品名：Current Accel）(Tiered-therapy Cardioverter/Defibrillator)
规格型号:见附页
产品标准:YZB/USA 3066-2014《植入式心脏复律除颤器》
性能组成:由脉冲发生器和扭矩扳手组成。
适用范围:可提供抗室性心动过速起搏功能和对心室除颤功能，用于对危及生命的室性心律失常的自动治疗。
备注:2014 年 9 月 15 日同意更正商品名内容，2014 年 6 月 9 日核发的医疗器械注册证、医疗器械注册登记表予以废止。
生产厂家:美国 St. Jude Medical Cardiac Rhythm Management Division
注册代理:圣犹达医疗用品(上海)有限公司
服务机构:圣犹达医疗用品(上海)有限公司
发证日期:2014.06.09 **截止日期**:2019.06.08

国食药监械(进)字 2014 第 3212798 号

产品名称:植入式心脏再同步复律除颤器（商品名：Promote）(Cardiac Resynchronization Device, Tiered-therapy Cardioverter/Defibrillator)
规格型号:见附页
产品标准:YZB/USA 3061-2014《植入式心脏再同步复律除颤器》
性能组成:由脉冲发生器和扭矩扳手组成。
适用范围:可提供抗室性心动过速起搏功能和对心室除颤功能，用于对危及生命的室性心律失常的自动治疗。还用于患有充血性心力衰竭的病人，使其右心室和左心室再同步。
备注:2014 年 9 月 16 日同意更正商品名内容，2014 年 6 月 9 日核发的医疗器械注册证、医疗器械注册登记表予以废止。
生产厂家:美国 St. Jude Medical Cardiac Rhythm Management Division
注册代理:圣犹达医疗用品(上海)有限公司
服务机构:圣犹达医疗用品(上海)有限公司
发证日期:2014.06.09 **截止日期**:2019.06.08

国食药监械(进)字 2014 第 3212799 号

产品名称:植入式心脏复律除颤器(商品名:Current)(Tiered-therapy Cardioverter/Defibrillator)
规格型号:见附页
产品标准:YZB/USA 3064-2014《植入式心脏复律除颤器》
性能组成:由脉冲发生器和扭矩扳手组成。
适用范围:可提供抗室性心动过速起搏功能和对心室除颤功能，用于对危及生命的室性心律失常的自动治疗。
备注:2014 年 9 月 16 日同意更正商品名内容，2014 年 6 月 9 日核发的医疗器械注册证、医疗器械注册登记表予以废止。
生产厂家:美国 St. Jude Medical Cardiac Rhythm Management Division
注册代理:圣犹达医疗用品(上海)有限公司
服务机构:圣犹达医疗用品(上海)有限公司
发证日期:2014.06.09 **截止日期**:2019.06.08

国食药监械(进)字 2014 第 2102800 号

产品名称:骨动力系统（商品名：System 6）(Consolidated Operation Room Equipment)
规格型号:见附页
产品标准:YZB/USA 2930-2014《骨动力系统》
性能组成:骨动力系统由以下部件组成 a)手机:单板机旋转手机、双板

机旋转手机、往复切割手机、胸骨切割手机、矢状切割手机、精密摆动手机；b)四槽模块式电池充电器、电池适配器、电池盒；c)切割工具：锯片；d)接头(仅适用于旋转手机)。
适用范围:该产品适用于对人体骨骼进行切割、钻孔、扩孔。
生产厂家:美国 Stryker Instruments
注册代理:史赛克(北京)医疗器械有限公司
服务机构:史赛克(北京)医疗器械有限公司
发证日期:2014.06.09 **截止日期**:2019.06.08

国食药监械(进)字 2014 第 2262801 号

产品名称:平衡测试及训练系统(PROKIN System)
规格型号:PK214、PK214P、PK254、PK254P、PK252
产品标准:YZB/ITA 2713-2014《平衡测试及训练系统》
性能组成:见附页。
适用范围:该产品适用于对患者平衡能力进行评估和训练。
生产厂家:意大利 Tecnobody S.r.l.
注册代理:江苏天瑞医疗器械有限公司
服务机构:江苏天瑞医疗器械有限公司
发证日期:2014.06.09 **截止日期**:2019.06.08

国食药监械(进)字 2014 第 3222802 号

产品名称:电子气管插管镜(喉頭ビデオスコープ)
规格型号:LF TYPE V
产品标准:YZB/JAP 2280-2014《电子气管插管镜》
性能组成:该产品电子气管插管镜(LF TYPE V)由本体及附件构成。附件包括随机附件(吸引按钮 MAJ-207、帽 MH-364)和可选件(注射适配器 MAJ-1235、供气适配器 MAJ-1227)。具体性能见附页。
适用范围:该电子内镜与图像处理装置、TV 监视器及各种内镜用光源装置、摄像装置配套使用，对气道进行观察、诊断和摄影，进行气道管理过程中的气管插管。
备注:2014 年 8 月 25 日同意更正生产地址内容，2014 年 6 月 9 日核发的医疗器械注册登记表予以废止。
生产厂家:日本奥林巴斯医疗株式会社，オリンパスメデイカルシステムズ株式会社
注册代理:奥林巴斯贸易(上海)有限公司
服务机构:奥林巴斯(北京)销售服务有限公司
发证日期:2014.06.09 **截止日期**:2019.06.08

国食药监械(进)字 2014 第 3222803 号

产品名称:电子结肠镜（商品名：奥智）(大腸ビデオスコープ)
规格型号:CF TYPE Q150L、CF TYPE Q150I
产品标准:YZB/JAP 2891-2014《电子结肠镜》
性能组成:该产品包括电子结肠镜(CF TYPE Q150L、CF TYPE Q150I)及附件吸引按钮(MH-443)、送气送水按钮(MH-438)、钳子管道开口阀(MB-358)。分为两种型号:CF TYPE Q150L 有效长度 1680mm±10%，CF TYPE Q150I 有效长度 1330mm±10%。
适用范围:该产品用于下消化道(消化器官领域的体内管腔)的观察、诊断、摄像和治疗。
生产厂家:日本奥林巴斯医疗株式会社，オリンパスメデイカルシステムズ株式会社
注册代理:奥林巴斯贸易(上海)有限公司
服务机构:奥林巴斯(北京)销售服务有限公司
发证日期:2014.06.09 **截止日期**:2019.06.08

国食药监械(进)字 2014 第 3222804 号

产品名称:电子十二指肠镜（商品名：EVIS LUCERA）(十二指腸ビデオスコープ)
规格型号:JF TYPE 260V
产品标准:YZB/JAP 3022-2014《电子十二指肠镜》
性能组成:该产品由电子十二指肠镜 JF TYPE 260V，附件吸引按钮 MH-443，送气/送水按钮 MH-438，钳子管道开口阀 MB-358，先端帽 MAJ-411 构成。“JF TYPE 260V”的简称为“JF-260V”，两者为同一型号。 性能参数见附页。
适用范围:该产品用于在十二指肠内进行内镜检查和治疗。
生产厂家:日本奥林巴斯医疗株式会社，オリンパスメデイカルシステムズ株式会社
注册代理:奥林巴斯贸易(上海)有限公司
服务机构:奥林巴斯(北京)销售服务有限公司
发证日期:2014.06.09 **截止日期**:2019.06.08

国食药监械(进)字 2014 第 2222805 号

产品名称:医用内窥镜冷光源(商品名:氙灯光源)(Xenon light source)
规格型号:S230, S218, S210, S200
产品标准:YZB/FRA 2760-2014《医用内窥镜冷光源》
性能组成:该产品由主机，电源电缆组成。主机的灯泡为氙灯灯泡，四种型号 S230, S218, S210, S200 的光源的额定功率、色温、光通量等不同。
适用范围:该产品用于为内窥镜提供照明光源。
生产厂家:法国 SOPRO
注册代理:北京安慧康科技有限公司
服务机构:北京安慧康科技有限公司
发证日期:2014.06.09 **截止日期**:2019.06.08

国食药监械(进)字 2014 第 3222806 号

产品名称:耳镜(Endoscopes for Otology)
规格型号:见附页
产品标准:YZB/GER 2792-2014《耳镜》
性能组成:该产品是由硬性光学内窥镜组成。
适用范围:该产品适用于耳部检查和诊断用。
生产厂家:德国 Karl Storz GmbH & Co. KG
注册代理:卡尔史托斯内窥镜(上海)有限公司
服务机构:卡尔史托斯内窥镜(上海)有限公司
发证日期:2014.06.09 **截止日期**:2019.06.08

国食药监械(进)字 2014 第 3222807 号

产品名称:支气管镜(Bronchoscope)
规格型号:见附页
产品标准:YZB/GER 2803-2014《支气管镜》
性能组成:该产品是由硬性光学内窥镜组成。
适用范围:该产品适用于支气管检查和诊断用（经口腔进入支气管)。
生产厂家:德国 Karl Storz GmbH &Co. KG
注册代理:卡尔史托斯内窥镜(上海)有限公司
服务机构:卡尔史托斯内窥镜(上海)有限公司
发证日期:2014.06.09 **截止日期**:2019.06.08

国食药监械(进)字 2014 第 2542808 号

产品名称:脚踏开关(フットスイッチ)
规格型号:MAJ-1805
产品标准:YZB/JAP 0685-2011《脚踏开关》
性能组成:产品性能 1.连接线长： 4.0m±0.4m。2.脚踏力量:不小于 10N(1.02kgf)，且不大于 50N(5.10kgf)。3.耐强度:对脚踏开关施加 1350N 的压力保持 60 秒，不出现损坏。4.稳定性:具有良好的稳定性。5.防水性能:根据 IPX1 类仪器的要求，具有防水机能。6.操作性能:可正常使用。7.坠落试验:从 1m 高度自由落下 3 次后，仪器应具有完好的功能。8.寿命试验:踩踏寿命 25000 次以上。
适用范围:本产品与气囊控制装置(OBCU)配套使用，用于操作 OBCU。
生产厂家:日本奥林巴斯医疗株式会社，オリンパスメデイカルシステムズ株式会社
注册代理:奥林巴斯贸易(上海)有限公司
服务机构:奥林巴斯(北京)销售服务有限公司
发证日期:2014.06.09 **截止日期**:2019.06.08

国食药监械(进)字 2014 第 3222809 号

产品名称:直肠镜(Endoscope for TEM)
规格型号:884080
产品标准:YZB/GER 3007-2014《直肠镜》
性能组成:本产品光学内窥镜组成，产品性能参数见附页。
适用范围:该产品用于直肠腔的检查及治疗。
生产厂家:德国 Richard Wolf GmbH
注册代理:北京德华信达技术有限公司
服务机构:见附页
发证日期:2014.06.09 **截止日期**:2019.06.08

国食药监械(进)字2014第3652810号

产品名称:医用可吸收缝合线（商品名: POLYSYN （普利迅缝线)）(PGA(Polyglycolic Acid) Synthetic Absorbable Surgical Suture, Coated, Braided-U.S.P)
规格型号:见附页
产品标准:YZB/USA 2577-2014《医用可吸收缝合线》
性能组成:该缝线由乙醇酸聚合物组成，不染色或染紫色。部分缝线带有涂层，涂层材料为E-Caprolactone。经环氧乙烷灭菌，一次性使用。
适用范围:该缝线为合成可吸收缝线，适用于一般软组织的结扎，包括用于眼科手术。但不适用于心血管和神经外科。
生产厂家:美国Surgical Specialties Corporation
注册代理:北京佰利天成科贸有限公司
服务机构:上海氰胺普医疗用品有限公司
发证日期:2014.06.16 **截止日期**:2019.06.15

国食药监械(进)字2014第3632811号

产品名称:人工牙种植体(ICX-templant Implant System)
规格型号:见附页
产品标准:YZB/GER 2592-2014《人工牙种植体》
性能组成:产品的材质为纯钛，表面经三氧化二铝喷砂加酸蚀(SLA)处理。产品经伽马射线灭菌，无菌独立包装。(具体详见标准)。
适用范围:该产品用于牙体缺失患者，植入颌骨内代替牙根以支撑其上部的各式修复体。
变更情况:变更日期: 2015.02.06。“ 原代理人名称:北京博雅泰医药技术开发有限公司原代理人住所:北京市西城区茶马北街1号院2号楼18层2单元2146”变更为“ 现代理人名称:广州市门登特斯医疗器械有限公司现代理人住所:广州市海珠区新港东路1022号1703房”。
生产厂家:德国Medentis medical GmbH
注册代理:北京博雅泰医药技术开发有限公司
服务机构:北京博雅泰医药技术开发有限公司
发证日期:2014.06.16 **截止日期**:2019.06.15

国食药监械(进)字2014第3772812号

产品名称:微导管（商品名: Cantata）(Microcatheter)
规格型号:MCS-2.5-NT-100-15-HP、MCS-2.5-NT-110-15-HP、MCS-2.5-NT-135-15-HP、MCS-2.5-NT-150-15-HP、MCS-2.8-NT-100-15-HP、MCS-2.8-NT-110-15-HP、MCS-2.8-NT-135-15-HP、MCS-2.8-NT-150-15-HP
产品标准:YZB/USA 2454-2014《微导管》
性能组成:库克公司生产的微导管由微导管、2个1毫升注射器、带三通的连接管和Y接头组成。微导管由尼龙、硅胶、Pebax、不锈钢、聚四氟乙烯制成，表面涂覆亲水涂层，带有铂铱合金不透射线标记；注射器由聚碳酸酯、ABS、硅胶及硅胶油制成；带三通的连接管和Y接头由高密度聚乙烯、聚碳酸酯、尼龙、聚氯乙烯、乙缩醛、缩醛树脂和硅胶油制成。环氧乙烷灭菌，产品一次性使用。
适用范围:微导管适用于对小血管或超选择性解剖结构进行诊断及介入操作，包括用于外周和冠脉血管系统。
生产厂家:美国Cook Incorporated
注册代理:库克(中国)医疗贸易有限公司
服务机构:库克(中国)医疗贸易有限公司
发证日期:2014.06.16 **截止日期**:2019.06.15

国食药监械(进)字2014第3772813号

产品名称:血管内导丝（商品名: Freeway）(Freeway Guidewires)
规格型号:4FR-003, 4FR-004, 4FR-007, 4FR-008
产品标准:YZB/USA 2462-2014《血管内导丝(商品名:Freeway)》
性能组成:血管内导丝由芯丝和绕丝组成，部分型号可连接延长导丝，导丝表面涂覆聚四氟乙烯、亲水涂层、以及硅树脂涂层。制造材料: 芯丝和连接延长导丝部分: 不锈钢；绕丝: 铂钨合金。产品经环氧乙烷灭菌，一次性使用。
适用范围:本产品用于造影手术中在冠状动脉引入并定位导管和其他介入医疗器械。
生产厂家:美国Lake Region Medical
注册代理:雷科(上海)医疗器械贸易有限公司
服务机构:雷科(上海)医疗器械贸易有限公司
发证日期:2014.06.16 **截止日期**:2019.06.15

国食药监械(进)字2014第3222814号

产品名称:软性亲水接触镜(Soft Hydrophilic Contact Lens)
规格型号:Edge III XT
产品标准:YZB/UK 2484-2014《软性亲水接触镜(型号:Edge III XT)》
性能组成:该产品为日戴型软性亲水接触镜。由HEMA、EGDMA、着色剂等聚合而成，着淡蓝色。塑泡铝箔包装。各参数标称值: 含水量: 38%，折射率: 1.438，透氧系数: 8.0×10^{-11}(cm2/s)(mLO2/(mL×mmHg))，-3D镜片透氧量: 21×10^{-9}(cm/s) (mLO2/(mL×mmHg))，后顶焦度范围: 0.00D～ -10.00D，可见光透过率＞90%。推荐更换周期6个月。产品经湿热灭菌。
适用范围:用于矫正18岁以上患者的近视。
生产厂家:英国CooperVision Manufacturing Limited
注册代理:库博光学产品贸易(上海)有限公司
服务机构:库博光学产品贸易(上海)有限公司
发证日期:2014.06.16 **截止日期**:2019.06.15

国食药监械(进)字2014第3462815号

产品名称:乳房植入体(SILTEX Round Gel Breast Implant Cohesive II)
规格型号:见附页
产品标准:YZB/NET 2708-2014《乳房植入体》
性能组成:该产品由硅橡胶壳体与硅凝胶充填物组成，其中壳体由毛面表层及缀片、内层及外层、阻断层、封口胶组成。产品经干热灭菌，一次性使用。
适用范围:该产品适用于乳房再造、乳房修复和隆乳。
备注:注册后生产企业仍需完成以下工作: 应对上市后销售的所有产品进行定期的临床随访，重新注册/延续注册时提供上市以来销售的所有产品的临床随访资料，随访内容参见《乳房植入体产品注册技术审查指导原则》。
生产厂家:荷兰Mentor Medical Systems B.V.
注册代理:强生(上海)医疗器材有限公司
服务机构:强生(上海)医疗器材有限公司
发证日期:2014.06.16 **截止日期**:2019.06.15

国食药监械(进)字2014第3222816号

产品名称:软性亲水接触镜(Soft Hydrophilic Contact Lens)
规格型号:Mediflex 1 day Extra
产品标准:YZB/USA 2514-2014《软性亲水接触镜(型号:Mediflex 1 day Extra)》
性能组成:该产品为日戴型软性亲水接触镜。由HEMA、MAA、EGDMA、着色剂等聚合而成，着淡蓝色。塑泡铝箔包装。各参数标称值: 含水量: 55%，折射率: 1.41，透氧系数: 19.6×10^{-11}(cm2/s)(mLO2/(mL×mmHg))，-3D镜片透氧量: 26.1×10^{-9}(cm/s) (mLO2/(mL×mmHg))，后顶焦度范围: 0.00D～ -10.00D，可见光透过率＞95%。推荐更换周期1天。产品经高压高温灭菌。
适用范围:用于18岁以上患者矫正近视、2.00D以下散光患者配戴不影响视敏度。
生产厂家:美国CooperVision Inc.
注册代理:库博光学产品贸易(上海)有限公司
服务机构:库博光学产品贸易(上海)有限公司
发证日期:2014.06.16 **截止日期**:2019.06.15

国食药监械(进)字2014第3462817号

产品名称:肝素涂层血管内覆膜支架系统(商品名:GORE VIABAHN)(GORE VIABAHN Endoprosthesis with Heparin Bioactive Surface)
规格型号:见附页
产品标准:YZB/USA 0784-2014《肝素涂层血管内覆膜支架系统（商品名:GORE VIABAHN)》
性能组成:产品主要由两部分构成:血管内覆膜支架和输送系统。血管内覆膜支架由膨体聚四氟乙烯(ePTFE)内衬和沿其整个长度延伸的外部镍钛合金支架组成。血管内覆膜支架表面带有通过共价键结合的生物活性肝素。该覆膜支架经过压缩后连接于双腔输送导管上。产品经环氧乙烷灭菌，一次性使用。
适用范围:肝素涂层血管内覆膜支架系统适用于症状性外周动脉疾病患者，以改善和恢复其相关血管血流，治疗血管直径范围为4.0-7.5 mm

的股浅动脉病变。肝素涂层血管内覆膜支架系统适用于症状性外周动脉疾病患者，以改善和恢复其相关血管血流，治疗血管直径范围为 4.0-12 mm 的髂动脉病变。
生产厂家:美国 W.L. Gore & Associates, Inc.
注册代理:戈尔工业品贸易(上海)有限公司
服务机构:戈尔工业品贸易(上海)有限公司
发证日期:2014.06.16 **截止日期**:2019.06.15

国食药监械(进)字 2014 第 3462818 号

产品名称:胫骨垫片(Tibial Insert)
规格型号:见附页
产品标准:YZB/USA 2510-2014《胫骨垫片》
性能组成:该产品为胫骨垫片，内部含有加强柱。胫骨垫片基体采用符合 ISO5834-2 标准规定的 I 型超高分子量聚乙烯材料制成，加强柱采用符合 GB/T13810 标准规定的 TC4 ELI 钛合金材料制成，钛合金组件表面无着色。灭菌包装。
适用范围:与 MBT Revison 膝关节翻修系统内的胫骨平台配合使用，用于膝关节置换手术。
生产厂家:美国 DePuy Orthopaedics Inc.
注册代理:强生(上海)医疗器材有限公司
服务机构:强生(上海)医疗器材有限公司
发证日期:2014.06.16 **截止日期**:2019.06.15

国食药监械(进)字 2014 第 3222819 号(更)

产品名称:软性亲水接触镜（商品名：美光）(38% water content(cosmetic spheric) soft contact lens)
规格型号:ARYAN
产品标准:YZB/ROK 2565-2014《软性亲水接触镜》
备注:代理人和售后服务机构由“上海宾雁商务服务有限公司”变更为“可丽博(上海)眼镜有限公司”。注册证由“国食药监械(进)字 2014 第 3222819 号”变更为“国食药监械(进)字 2014 第 3222819 号(更)”，原证自发证之日起作废。
生产厂家:韩国 Mi Gwang Contact Lens Co., Ltd.
注册代理:可丽博(上海)眼镜有限公司
服务机构:可丽博(上海)眼镜有限公司
变更日期:2014.09.30 **截止日期**:2019.06.15

国食药监械(进)字 2014 第 3772820 号

产品名称:血管造影导管（商品名：Goodtec HT）(グッドテックHT カテーテル)
规格型号:见附页
产品标准:YZB/JAP 2610-2014《血管造影导管（商品名：Goodtec HT）》
性能组成:该产品由导管管身部和末端部构成。导管尖端不透 X 射线。环氧乙烷灭菌，一次性使用。
适用范围:该产品适用于在心脏导管检查中，将本品插入血管内，推进至目标部位后注入造影剂进行血管造影。此外也能用于采集心内以及大血管各部位的血液，进行血液气体分析，用作辅助诊断的脏器内血液采集导管。
变更情况:变更日期：2014.11.24。1.生产企业名称由”株式会社グッドテック”变更为“株式会社グッドマン”，2.生产企业注册地址由“日本国岐阜县关市上白金 501 番地 2(日本国岐阜県関市上白金 501 番地の 2)”变更为“爱知县名古屋市名东区藤丘 108 番地(愛知県名古屋市名東区藤が丘 108 番地)”。
生产厂家:日本株式会社グッドテック
注册代理:戈德曼医疗器械国际贸易(上海)有限公司
服务机构:戈德曼医疗器械国际贸易(上海)有限公司
发证日期:2014.06.16 **截止日期**:2019.06.15

国食药监械(进)字 2014 第 3662821 号

产品名称:伤口负压引流系统及附件（商品名：Drainobag/迪诺保）(Vacuum Redon Type Wound Drainage System)
规格型号:见附页
产品标准:YZB/GER 2489-2014《伤口负压引流系统及附件》
性能组成:高负压/中负压伤口引流系统由真空瓶(鲁尔接口，含负压指示器)和连接管路(鲁尔接口，含可变引流管接头)组成，型号 5522358 不含连接管路。手动抽吸式伤口引流系统由手动抽吸式引流器、连接管路(含可变引流管接头)、引流管和穿刺针组成，型号 5524202 由手动抽吸式引流器(鲁尔接口)、连接管路(含可变引流管接头)和引流袋(鲁尔接口)组成。高负压伤口引流系统的初始负压范围是-600∽-900mbar；中负压伤口引流系统的初始负压范围是-400∽-550mbar；手动抽吸式伤口引流系统的初始负压（完全压缩时）范围是-50∽-150mbar。
适用范围:清除伤口和体腔中的血液或分泌物。
生产厂家:德国 B. Braun Melsungen AG
注册代理:贝朗医疗(上海)国际贸易有限公司
服务机构:贝朗医疗(上海)国际贸易有限公司
发证日期:2014.06.16 **截止日期**:2019.06.15

国食药监械(进)字 2014 第 3222822 号

产品名称:软性亲水接触镜(Monthly Soft Contact Lens)
规格型号:GMA Monthly
产品标准:YZB/MAL 2416-2014《软性亲水接触镜》
性能组成:该产品为日戴型软性亲水接触镜。由 HEMA、GMA、EGDMA、紫外线吸收剂及着色剂等聚合而成，着淡蓝色。塑泡铝箔包装。各参数标称值：含水量：55%，折射率：1.4，透氧系数：19.5 × 10^{-11}(cm2/s)(mLO2/(mL × mmHg))，-3D 镜片透氧量：21.7 × 10^{-9}(cm/s)(mLO2/(mL×mmHg))，后顶焦度范围：-12.00D～-0.00D，可见光透过率＞92%。UV-A 段平均透过率＜30%，UV-B 段平均透过率＜5%。推荐更换周期 1 个月。产品经高压高温灭菌。
适用范围:本产品适用于无眼部疾病的有晶体眼和无晶体眼 18 岁以上人群近视的矫正。
生产厂家:马来西亚 Visco Technology Sdn.Bhd.
注册代理:达信医疗科技(苏州)有限公司
服务机构:达信医疗科技(苏州)有限公司
发证日期:2014.06.16 **截止日期**:2019.06.15

国食药监械(进)字 2014 第 3772823 号

产品名称:肺部导丝（商品名：Pulmonary Jagwire）(Pulmonary Guidewire)
规格型号:产品编号：M00515171，见附页
产品标准:YZB/USA 2051-2014《肺部导丝》
性能组成:该产品芯丝由镍钛合金制成，包裹在带有条纹的聚四氟乙烯内，导丝带有一个 5cm 的涂有亲水性涂层的不透射线末端。环氧乙烷灭菌，一次性使用。
适用范围:该产品用于提供到气管支气管树的入路，用作诊断性导管和治疗性导管的基础器械。
备注:2014 年 11 月 20 日同意更正生产地址、型号、规格内容，2014 年 6 月 16 日核发的医疗器械注册登记表、附页予以废止。
生产厂家:美国 Boston Scientific Corporation
注册代理:波科国际医疗贸易(上海)有限公司
发证日期:2014.06.16 **截止日期**:2019.06.15

国食药监械(进)字 2014 第 3462824 号

产品名称:自膨式外周支架系统（商品名：EASY FLYPE & HIFLYPE CARBOSTENT）(Peripheral Self-Expanding Stent System)
规格型号:见附页
产品标准:YZB/ITA 2458-2014《自膨式外周支架系统》
性能组成:该产品由输送系统和支架组成。支架由镍钛合金制成，带有碳涂层和不透射线钽标记。环氧乙烷灭菌，一次性使用。
适用范围:该产品用于外周动脉(髂动脉、股动脉和股腘动脉)狭窄和闭塞的治疗；还适用于输出不佳或血管成形术过程导致的血管壁剥脱情况。
生产厂家:意大利 CID S.p.A.
注册代理:上海美创医疗器械有限公司
服务机构:上海美创医疗器械有限公司
发证日期:2014.06.16 **截止日期**:2019.06.15

国食药监械(进)字 2014 第 3772825 号

产品名称:左心部传送导管系统(商品名：Attain Command + SureValve)(Left-heart Delivery System)
规格型号:6250VIC、6250VIS、6250VI-45S、6250VI-50S、6250VI-57S、6250VI-AM、6250VI-EH、6250VI-EHXL、6250VI-MB2、6250VI-MB2X、6250VI-MP、6250VI-MPR、6250VI-MPX、6250VI-3D

产品标准:YZB/USA 2476-2014《左心部传送导管系统》
性能组成:该产品由以下部件组成:带 SureValve 止血阀一体式导引导管、扩张器、导引钢丝、导管切开刀和止血阀辅助工具。导引导管管身由内而外分三层,内壁由聚四氟乙烯组成,中层为 304 不锈钢编织层,外层由不同硬度的 pebax 一段段连接而成,其中,管身外层内侧含硫酸钡,外层远侧三分之一含有亲水涂层。止血阀及其辅助工具材料主要为聚丙烯和苯乙烯。扩张器杆为含硫酸钡的高密度聚乙烯,座为含二氧化钛的高密度聚乙烯。导引钢丝为 304 不锈钢。导管切开刀由 304 不锈钢刀片、聚酰胺凹槽和聚碳酸酯刀柄组成。产品经环氧乙烷灭菌,一次性使用。
适用范围:该传送导管系统适用于将电极和其它经静脉器械通过冠状窦导入左心室血管。
生产厂家:美国 Medtronic Inc.
注册代理:美国美敦力中国有限公司北京办事处
服务机构:美敦力(上海)管理有限公司
发证日期:2014. 06. 16　**截止日期**:2019. 06. 15

国食药监械(进)字 2014 第 3462826 号

产品名称:髋关节假体 (商品名: Exceed ABT) (Exceed ABT System)
规格型号:见附页
产品标准:YZB/UK 2625-2014《髋关节假体》
性能组成:髋关节假体由髋臼内衬、股骨头和锥度肩袖组成。锥度肩袖采用符合 GB/T13810 TC4 ELI 材料制成。髋臼内衬和股骨头采用符合 ISO6474. 2 氧化铝基复合陶瓷材料制成。灭菌包装。
适用范围:适用于髋关节置换。
生产厂家:英国 Biomet UK Limited
注册代理:邦美(上海)商贸有限公司
服务机构:邦美(上海)商贸有限公司
发证日期:2014. 06. 16　**截止日期**:2019. 06. 15

国食药监械(进)字 2014 第 3462827 号

产品名称:肱骨近端钢板系统 (商品名: S3) (S3 Plate System)
规格型号:见附页
产品标准:YZB/USA 2593-2014《肱骨近端钢板系统 (商品名: S3)》
性能组成:该系统由 S3 肱骨近端锁定钢板、4.0mm 平滑锁定钉、4.0mm 部分螺纹锁定钉、3.8mm 多向皮质骨螺钉、90 皮质骨螺钉和 90 锁定固定钉构成.S3 肱骨近端锁定钢板主体、4.0mm 平滑锁定钉、4.0mm 部分螺纹锁定钉、3.8mm 多向皮质骨螺钉、90 皮质骨螺钉和 90 锁定固定钉由符合 ISO 5832-1-2007 中不锈钢制成;接骨板上的导向锁扣组件由符合 ISO5832-3-1996 的钛 6 铝 4 钒合金制成.所有产品以非灭菌方式提供。
适用范围:该产品适用于肩部骨折的固定。
生产厂家:美国 Biomet Trauma
注册代理:邦美(上海)商贸有限公司
服务机构:邦美(上海)商贸有限公司
发证日期:2014. 06. 16　**截止日期**:2019. 06. 15

国食药监械(进)字 2014 第 3222828 号

产品名称:软性亲水接触镜(Soft Contact Lens)
规格型号:Alamode
产品标准:YZB/ROK 2542-2014《软性亲水接触镜(型号:Alamode)》
性能组成:彩色日戴软性亲水接触镜,镜片材料由 HEMA、GM、EGDMA、AIBN 及着色剂聚合而成,镜片着色为灰色、黑色、棕色、蓝色、紫色,采用聚丙烯杯或玻璃瓶包装。各参数标称值:含水量:37%,折射率:1.440,透氧系数:9.5×10-11 (cm2/s) [ml02/ (ml×mmHg)],-3D 透氧量:11×10^{-9} (cm/s) [ml02/(ml×mmHg)],后顶焦度范围:0.00D~-10.00D,可见光透过率>95%。产品经高压蒸汽灭菌。
适用范围:用于 18 岁及以上无禁忌症患者矫正近视。
生产厂家:韩国 DUEBA CONTACT LENS
注册代理:苏州双皓商贸有限公司
服务机构:苏州双皓商贸有限公司
发证日期:2014. 06. 16　**截止日期**:2019. 06. 15

国食药监械(进)字 2014 第 3772829 号

产品名称:导丝 (商品名: Mirage) (Mirage Hydrophilic Guidewire)
规格型号:103-0608
产品标准:YZB/USA 2548-2014《导丝》
性能组成:该产品由导丝和配件组成,配件包括导引器和扭转器。导丝由 304V 不锈钢芯丝和远端不透射线的铂钨合金绕丝组成,远端结构涂有亲水性涂层。产品环氧乙烷灭菌,一次性使用。
适用范围:该产品用于在一般血管结构中进行诊断性和/或治疗性手术时,辅助导管在到外周、内脏及脑血管结构中的超选到位。
生产厂家:美国 Micro Therapeutics Inc.dba ev3 Neurovascular
注册代理:柯惠医疗器材国际贸易(上海)有限公司
服务机构:柯惠医疗器材国际贸易(上海)有限公司
发证日期:2014. 06. 16　**截止日期**:2019. 06. 15

国食药监械(进)字 2014 第 3542830 号

产品名称:生物安全柜(Biological safety cabinets)
规格型号:BIO-Ⅱ-A
产品标准:YZB/SPA 2949-2014《生物安全柜》
性能组成:安全柜由柜体、前窗操作口、支撑脚及脚轮、电机、集液槽、报警和联锁系统组成。
适用范围:Ⅱ级 A2 型安全柜是具有前窗操作口的安全柜,操作者可以通过前窗操作口在安全柜内进行操作,对操作过程中的人员、产品及环境进行保护。
生产厂家:西班牙泰事达工业有限公司(Telstar Industrial, S.L.)
服务机构:泰事达机电设备(上海)有限公司
发证日期:2014. 06. 16　**截止日期**:2019. 06. 15

国食药监械(进)字 2014 第 3242831 号

产品名称:半导体激光治疗仪(Diode Laser equipment for soft tissue)
规格型号:MULTIDIODE SST200
产品标准:YZB/SPA 2958-2014《半导体激光治疗仪》
性能组成:激光治疗仪由主机(内置激光功率计)、脚踏开关以及光纤组成(光纤型号:43049, 43052)。
适用范围:该产品用于治疗良性前列腺增生。
生产厂家:西班牙 INTERMEDIC ARFRAN S.A.
注册代理:上海同科博越医疗设备有限公司
服务机构:上海同科博越医疗设备有限公司
发证日期:2014. 06. 16　**截止日期**:2019. 06. 15

国食药监械(进)字 2014 第 3222832 号

产品名称:超声电子上消化道内窥镜(ビデオ超音波内視鏡)
规格型号:EG-3270UK
产品标准:YZB/JAP 0317-2014《超声电子上消化道内窥镜》
性能组成:该内窥镜由操作部、插入部、导光电缆、头端部、电气和光源连接器及水囊(OE-A56)组成。
适用范围:本系统产品可配合 PENTAX 出品的电子影像处理机 (EPK-i, EPK-i5000 或 EPK-1000) 以及日立公司出品的超声扫描单元 HI VISION Avius 通过视频监视器提供上消化道的光学图像和超声检查图像,并进入该部位进行观察和诊断。
生产厂家:日本 HOYA 株式会社
注册代理:宾得医疗器械(上海)有限公司
服务机构:宾得医疗器械(上海)有限公司
发证日期:2014. 06. 16　**截止日期**:2019. 06. 15

国食药监械(进)字 2014 第 3212833 号

产品名称:植入式心律转复除颤器 (商品名: Vitality 2) (Implantable Cardioverter Defibrillator)
规格型号:T165, T167, T175, T177
产品标准:YZB/USA 2997-2014《植入式心律转复除颤器》
性能组成:脉冲发生器及扭矩扳手组成。
适用范围:用于为危及患者生命的室性心律失常提供自动化治疗。
生产厂家:美国 Cardiac Pacemakers Incorporated, a wholly owned subsidiary of Guidant Corporation, a wholly owned subsidiary of Boston Scientific Corporation.
注册代理:波科国际医疗贸易(上海)有限公司
服务机构:波科国际医疗贸易(上海)有限公司
发证日期:2014. 06. 16　**截止日期**:2019. 06. 15

国食药监械(进)字 2014 第 3212834 号

产品名称:病人监护仪(Spacelabs Patient Monitor)
规格型号:见产品性能结构及组成
产品标准:YZB/USA 2911-2014《病人监护仪》
性能组成:该产品由主机(91387)、显示器(94267)、多参数模块(91496)、二氧化碳模块(91517)、打印模块(90449)、插件箱(90491)和附件组成,详见附表。
适用范围:该产品用于对成人患者的体征参数进行测量和监护,而且呼吸、无创血压、呼末二氧化碳和二氧化碳气体监护适用于小儿(含婴儿)及新生儿。ST 段测量仅适用于成人患者。该产品也具有中央监护功能,能够提供全部远程参数监控,最多可同时监护 16 位患者,显示相关参数,并发出可视可听的报警。中央监护仪可显示所有波形、实时数字数据、ST 段、心律失常和趋势。该产品应在持有行医执照的医务人员直接监督下使用或者由在医院接受过适当的设备使用方法培训的人员使用。多参数模块(91496)可用于心电(含 ST 段测量和心律失常)、心率、阻抗呼吸、脉搏血氧饱和度、无创血压、体温、有创血压、心输出量监护。二氧化碳模块(91517)可用于呼末二氧化碳和二氧化碳气体监护。
备注:2014 年 7 月 29 日同意更正型号、规格内容,2014 年 6 月 16 日核发的医疗器械注册登记表予以废止。
生产厂家:美国 Spacelabs Medical, Inc.
注册代理:思培斯太空医疗仪器贸易(上海)有限公司
服务机构:思培斯太空医疗仪器贸易(上海)有限公司
发证日期:2014.06.16　　**截止日期**:2019.06.15

国食药监械(进)字 2014 第 3232835 号

产品名称:数字化彩色超声波诊断装置(*デジタル*超音波診断装置)
规格型号:Noblus
产品标准:YZB/JAP 3144-2014《数字化彩色超声波诊断装置》
性能组成:见附页。
适用范围:用于临床超声诊断。
生产厂家:日本株式会社 日立医疗器械
注册代理:日立医疗(广州)有限公司
服务机构:日立医疗(广州)有限公司
发证日期:2014.06.16　　**截止日期**:2019.06.15

国食药监械(进)字 2014 第 3212836 号

产品名称:植入式心脏除颤电极导线(商品名:Reliance 4-FRONT)(Implantable Cardioversion/Defibrillation, Pace/Sense Leads)
规格型号:0695, 0696, 0658
产品标准:YZB/USA 3001-2014《植入式心脏除颤电极导线》
性能组成:产品由电极导线、塑形钢丝、连接器工具、静脉钩组成。
适用范围:产品适用于起搏、频率感知,以及在与兼容脉冲发生器结合使用时发放复律和除颤电击。
备注:2014 年 9 月 16 日同意更正生产地址内容,2014 年 6 月 16 日核发的医疗器械注册登记表予以废止。
生产厂家:美国 Cardiac Pacemakers Incorporated, a wholly owned subsidiary of Guidant Corporation, a wholly owned subsidiary of Boston Scientific Corporation.
注册代理:波科国际医疗贸易(上海)有限公司
服务机构:波科国际医疗贸易(上海)有限公司
发证日期:2014.06.16　　**截止日期**:2019.06.15

国食药监械(进)字 2014 第 3542837 号

产品名称:麻醉系统(Anesthesia System)
规格型号:Avance CS2
产品标准:YZB/USA 2913-2014《麻醉系统》
性能组成:产品由主机、麻醉呼吸机(7900)、呼吸系统(呼气单向阀、吸气单向阀、辅助共用气体出口及开关、吸气流量传感器(压差式)、呼气流量传感器(压差式)、重复性使用 CO2 吸收罐(可选)、吸收罐释放杆、一次性使用 CO2 吸收罐(可选)、漏气测试塞、呼吸系统释放钮、手动皮囊端口、可调压力限制阀、皮囊/呼吸机开关、风箱组件、样气返回端口、麻醉气体净化系统(可选)、清污气体流量计(可选)、皮囊支撑臂(可选)、EZchange 吸收罐(可选)、冷凝器(可选))、蒸发器(包括 Tec 7 型蒸发器用于安氟醚、异氟醚和七氟醚,Tec 6Plus 型蒸发器用于地氟醚)(可选)、流量计、显示屏、氧气监测仪(可选)、辅助氧流量计(可选)、备用氧气流量控制、气道气体模块(E 系列:E-CAiO-00、E-CAiOV-00、E-CAIOVX-00;CARESCAPE 系列:E-sCAiO-00、E-sCAiOV-00)(可选)、理线臂(可选)、文丘里管吸痰调节器(可选)、折叠托架(可选)、右侧把手(可选)、辅助电源插座(可选)组成。
适用范围:用于为多种类型的患者(新生儿、儿童和成人)提供常规吸入式麻醉和呼吸支持。本设备用于容积或压力控制通气。
生产厂家:美国 Datex-Ohmeda, Inc.
注册代理:通用电气医疗系统贸易发展(上海)有限公司
服务机构:通用电气医疗系统贸易发展(上海)有限公司
发证日期:2014.06.16　　**截止日期**:2019.06.15

国食药监械(进)字 2014 第 3402838 号

产品名称:全自动核酸检测系统(PANTHER System)
规格型号:PANTHER System
产品标准:YZB/USA 2947-2014《全自动核酸检测系统》
性能组成:全自动核酸检测仪由机盖、上部舱体(内含试剂舱与试剂条形码阅读器、吸头盒、样本舱与样本条形码阅读器、目标捕获试剂(TCR)圆盘传送带、加样系统与液体泵)、中间舱体(内含孵育器、MTU 输入队列、分配器、AMP 装载台、HPA 装载台、磁性冲洗台、样本混合台、光度计与输出队列)与下部舱体(内含计算机、废物收集盒、通用液体收集盒、NaOCl 瓶与泵系统)、软件组成。
适用范围:该产品用于全自动完成由 Gen-Probe Incorporated (San Diego, CA)研发的核酸扩增检测(NAT)诊断试验的检测。
变更情况:变更日期:2015.01.30。“注册人名称:Gen-Probe Incorporated”变更为“注册人名称:Hologic, Inc.”。
生产厂家:美国 Gen-Probe Incorporated
注册代理:北京英硕力新柏科技有限公司
服务机构:北京英硕力新柏科技有限公司
发证日期:2014.06.16　　**截止日期**:2019.06.15

国食药监械(进)字 2014 第 3232839 号

产品名称:彩色超声诊断系统(Diagnostic Ultrasound System and Transducers)
规格型号:EPIQ 5
产品标准:YZB/USA 2667-2014《彩色超声诊断系统》
性能组成:见《产品性能结构及组成附页》。
适用范围:用于人体超声诊断成像。
生产厂家:美国 Philips Ultrasound, Inc.
注册代理:飞利浦(中国)投资有限公司
服务机构:飞利浦(中国)投资有限公司
发证日期:2014.06.16　　**截止日期**:2019.06.15

国食药监械(进)字 2014 第 3232840 号

产品名称:超声诊断系统(Diagnostic Ultrasound System)
规格型号:ACUSON P300
产品标准:YZB/USA 2189-2014《超声诊断系统》
性能组成:见《产品性能结构及组成附页》。
适用范围:用于临床超声检查及诊断。
生产厂家:美国西门子医疗系统公司(Siemens Medical Solutions USA, Inc.)
注册代理:西门子(中国)有限公司
服务机构:西门子(中国)有限公司
发证日期:2014.06.16　　**截止日期**:2019.06.15

国食药监械(进)字 2014 第 3252841 号

产品名称:一次性息肉勒除器(商品名:Profile)(Profile Single-Use Polypectomy Snares)
规格型号:见附页
产品标准:YZB/USA 2956-2014《一次性息肉勒除器》
性能组成:一次性息肉勒除器包含有一条柔软的钢丝绳及套圈,该套圈可利用三孔手柄从勒除器柔软外鞘中伸出和缩回。该鞘内径涂有一层 PolyGlide 润滑剂使套圈从鞘中伸出和缩回时摩擦力最小。当勒除器通过内窥镜并激活后,勒除器可以发放单极电流以切割并烧灼组织。配合不小于 2.0mm 直径工作通道的十二指肠内窥镜使用。
适用范围:适用于内窥镜下小息肉、无蒂息肉、有蒂息肉和胃肠道内部组织的切除和/或烧灼。
生产厂家:美国波士顿科学公司(Boston Scientific Corporation)

注册代理：波科国际医疗贸易(上海)有限公司
服务机构：波科国际医疗贸易(上海)有限公司
发证日期：2014.06.16 截止日期：2019.06.15

国食药监械(进)字 2014 第 3252842 号

产品名称：一次性息肉勒除器（商品名：Captiflex）(Captiflex Single-Use Polypectomy Snares)
规格型号：见附页
产品标准：YZB/USA 2963-2014《一次性息肉勒除器》
性能组成：一次性息肉勒除器包含有一条柔软的钢丝绳及套圈，该套圈可利用三孔手柄从勒除器柔软外鞘中伸出和缩回。该鞘内径涂有一层 PolyGlide 润滑剂使套圈从鞘中伸出和缩回时摩擦力最小。当勒除器通过内窥镜并激活后，勒除器可以发放单极电流以切割并烧灼组织。配合不小于 2.8mm 直径工作通道的十二指肠内窥镜使用。
适用范围：适用于内窥镜下小息肉、无蒂息肉、有蒂息肉和胃肠道内部组织的切除和/或烧灼。
生产厂家：美国波士顿科学公司(Boston Scientific Corporation)
注册代理：波科国际医疗贸易(上海)有限公司
服务机构：波科国际医疗贸易(上海)有限公司
发证日期：2014.06.16 截止日期：2019.06.15

国食药监械(进)字 2014 第 3222843 号

产品名称：3D 电子腹腔镜（商品名：EndoEYE FLEX 3D）(3D 先端湾曲ビデオスコープ)
规格型号：LTF-190-10-3D
产品标准：YZB/JAP 2754-2014《3D 电子腹腔镜》
性能组成：该产品由 3D 电子腹腔镜 LTF-190-10-3D 构成。该产品先端部可弯曲，具有上下左右四个弯曲角度，产品性能见附页。
适用范围：该产品用于对腹腔、胸腔、纵膈、后腹膜腔进行观察、诊断、摄影和治疗。
生产厂家：日本奥林巴斯医疗株式会社（オリンパスメディカルシステムズ株式会社）
注册代理：奥林巴斯贸易(上海)有限公司
服务机构：奥林巴斯(北京)销售服务有限公司
发证日期：2014.06.16 截止日期：2019.06.15

国食药监械(进)字 2014 第 3402844 号

产品名称：液态悬浮芯片检测仪(Luminex® MAGPIX®)
规格型号：MAGPIX
产品标准：YZB/USA 2932-2014《液态悬浮芯片检测仪》
性能组成：该产品主要由主机（流体系统、机械系统、电气系统、光学系统）和软件组成。
适用范围：该产品基于 xMAP 技术的检测平台，检测样本中 xMAP 微球表面的信号反应。
生产厂家：美国 Luminex Corporation
注册代理：路明克斯贸易(上海)有限公司
服务机构：益善生物技术股份有限公司
发证日期：2014.06.16 截止日期：2019.06.15

国食药监械(进)字 2014 第 3452845 号

产品名称：连续性血液净化管路(Blood lines tubing system for acute treatment)
规格型号：Multifiltrate Cassette
产品标准：YZB/GER 2673-2014《连续性血液净化管路》
性能组成：本品由 AV set multifiltrate 动静脉套装管路、Filtrate System Multifiltrate 滤过液管路系统、Filtrate Bag 滤过液袋组成。本品一次性使用，环氧乙烷灭菌。
适用范围：本产品与急性透析和体外血液治疗机配套使用，将患者血液引入体外循环回路中，经血液净化治疗后，再回输到患者体内。
生产厂家：德国 Fresenius Medical Care AG&Co.KGaA
注册代理：费森尤斯医药用品(上海)有限公司
服务机构：费森尤斯医药用品(上海)有限公司
发证日期：2014.06.17 截止日期：2019.06.16

国食药监械(进)字 2014 第 2662846 号

产品名称：鼻饲管(Nasogastric Feeding Tubes)
规格型号：8884711519、8884711501、8884721055、8884721088、8884721255、8884721252
产品标准：YZB/USA 2781-2014《鼻饲管》
性能组成：8884721088，8884721055，8884721252，8884721255 产品由喂养管，导丝和重头组成；喂养管由聚氨酯(管体)和 PVC(双接口适配器)制成，导丝由 304 不锈钢(导丝线)、302 不锈钢(导丝头端)和聚丙烯(锁定轮轴)制成，重头由 303 不锈钢制成。8884711501，8884711519 产品由喂养管组成；喂养管由聚氨酯(管体)和 PVC(Y 型接头)制成。
适用范围：产品适用于通过鼻-肠路径，为胃肠道完整但不能通过自然正常咀嚼和吞咽动作摄食营养物质的病人进食营养物质、液体和药物。
备注：2014 年 09 月 30 日同意更正型号、规格内容，2014 年 6 月 17 日核发的医疗器械注册登记表予以废止。
变更情况：变更日期：2015.02.02。“代理人名称：柯惠医疗器材商贸(上海)有限公司代理人住所：上海市徐汇区漕河泾开发区田州路 99 号 14 号楼二楼”变更为“代理人名称：柯惠医疗器材国际贸易(上海)有限公司代理人住所：中国(上海)自由贸易试验区法赛路 556 号 2 幢 102 部位”。
生产厂家：美国 Covidien llc
注册代理：柯惠医疗器材商贸(上海)有限公司
服务机构：柯惠医疗器材商贸(上海)有限公司
发证日期：2014.06.17 截止日期：2019.06.16

国食药监械(进)字 2014 第 2632847 号

产品名称：陶瓷托槽（商品名：Clarity ADVANCED 陶瓷托槽）(Clarity ADVANCED Ceramic Brackets)
规格型号：见附页
产品标准：YZB/USA 2601-2014《陶瓷托槽》
性能组成：含未预置粘结剂陶瓷托槽和预置粘结剂陶瓷托槽，详见附页。
适用范围：用于口腔科正畸治疗。
生产厂家：美国 3M Unitek Corporation
注册代理：明尼苏达矿业制造(上海)国际贸易有限公司
服务机构：明尼苏达矿业制造(上海)国际贸易有限公司
发证日期：2014.06.17 截止日期：2019.06.16

国食药监械(进)字 2014 第 2542848 号

产品名称：呼吸面罩(Mask)
规格型号：RT040S，RT040M，RT040L，RT041S，RT041M，RT041L，RT042，RT042L
产品标准：YZB/NZE 1193-2014 《呼吸面罩》
性能组成：产品由头带、前额软垫、面罩架、接口盖、弯头、旋转接头、松紧带、松紧带扣和硅胶密封罩组成。一次性使用，清洁包装。
适用范围：适用于为使用者提供持续正压通气和双水平正压通气应用的界面连接装置。设计为单一病人(体重大于 30 公斤)使用，最大使用期限可连续使用 7 天。
生产厂家：新西兰 Fisher & Paykel Healthcare Limited
注册代理：费雪派克医疗保健(广州)有限公司
服务机构：费雪派克医疗保健(广州)有限公司
发证日期：2014.06.17 截止日期：2019.06.16

国食药监械(进)字 2014 第 2662849 号

产品名称：粪便引流装置及附件(商品名：DIARFLEX)(Stool Management System)
规格型号：20123
产品标准：YZB/GER 2720-2014《粪便引流装置及附件》
性能组成：本产品由硅软导管、收集袋、抽吸冲洗器、挂钩组成。本产品为一次性使用产品，非无菌包装。
适用范围：本产品用于转移和收集流体状或半流体状的粪便，适用于卧床不起、行动不便或失禁的患者。
生产厂家：德国 Primed Halberstadt Medizintechnik GmbH
注册代理：杭州沃克医疗器械有限公司
服务机构：杭州沃克医疗器械有限公司
发证日期：2014.06.17 截止日期：2019.06.16

国食药监械(进)字 2014 第 2222850 号

产品名称：脊柱内窥镜手术器械(Spinal Endoscopes Surgical Instruments)
规格型号：见附页

产品标准:YZB/GER 2595-2014《脊柱内窥镜手术器械》
性能组成:产品组成:刮匙、剥离器、椎管铲刀、咬骨钳、咬骨钳手柄、手术器械限位器、骨锉、导丝。剥离器:材质采用符合 ASTM F2063 的 NiTi 合金;咬骨钳:基底材质采用为符合 ISO7153-1 中 B 牌号不锈钢,涂层材质为 TiAlN;咬骨钳手柄:材质采用符合 ISO7153-1 中B牌号不锈钢;刮匙:材质采用符合 ISO7153-1 中 B、D 牌号不锈钢,具体见标准;椎管铲刀、骨锉及导丝:材质采用符合 ISO7153-1 中 D 牌号不锈钢;手术器械限位器:材质采用符合 ASTMF2026 的 PEEK;非灭菌包装,可重复使用。不与有源器械联用。
适用范围:用于脊柱内窥镜检查和手术.
生产厂家:德国 SPINENDOS GmbH
注册代理:北京安德思考普商贸有限公司
服务机构:北京安德思考普商贸有限公司
发证日期:2014.06.17 **截止日期**:2019.06.16

国食药监械(进)字 2014 第 2412851 号

产品名称:女性拭子样本收集盒(cobas PCR Female Swab Sample Kit)
产品标准:YZB/USA 2656-2014《女性拭子样本收集盒》
性能组成:100 小包/盒;每个 cobas PCR 女性拭子样本收集盒包含 100 个 cobas PCR 女性拭子样品收集小包。每个 cobas PCR 女性拭子样品收集小包里包含 1 小瓶 PCR Media 和 1 个内含 2 支女性采集拭子的拭子包。
适用范围:用于收集和运输宫颈内与阴道内的拭子样本。
生产厂家:美国 Roche Molecular Systems, Inc.
注册代理:罗氏诊断产品(上海)有限公司
服务机构:罗氏诊断产品(上海)有限公司
发证日期:2014.06.17 **截止日期**:2019.06.16

国食药监械(进)字 2014 第 3462852 号

产品名称:尿道支架系统(Urological Stents)
规格型号:028SW、028TW、044TW、045TW、045TTW、051CW、051USDW
产品标准:YZB/DEN 1393-2014《尿道支架系统》
性能组成:该产品由自膨式镍钛记忆合金支架、导管输送系统组成。支架选用镍钛合金材料制成;导管输送系统是由输送器和配件组成,其中输送器由预装支架的导入系统和扩张系统(导丝、鞘管、扩张器)组成,配件包括探管、伸缩管、导引管、三通阀。环氧乙烷灭菌,产品一次性使用。
适用范围:该产品用于输尿管堵塞及狭窄、尿道狭窄、前列腺增生导致的堵塞的疾病的治疗。
变更情况:变更日期: 2014.12.29。代理人和售后服务机构由"上海康奥实业发展有限公司"变更为"揭阳市信安医疗器械有限公司"。
生产厂家:丹麦 Pnn Medical A/S
注册代理:上海康奥实业发展有限公司
服务机构:上海康奥实业发展有限公司
发证日期:2014.06.18 **截止日期**:2019.06.17

国食药监械(进)字 2014 第 3462853 号

产品名称:固定螺钉(Bone Screws)
规格型号:180-657/20、180-657/25、180-657/30、180-657/35、180-657/40、180-657/45、180-657/50、180-657/55、180-657/60
产品标准:YZB/GER 2537-2014《固定螺钉》
性能组成:产品由符合 ISO5832-3 标准要求的锻造 Ti6Al4V 钛合金制成,表面无着色,灭菌包装。
适用范围:配合 CombiCup 非骨水泥髋臼系统使用,用于髋关节置换和修复。
生产厂家:德国 Waldemar Link GmbH &Co.KG
注册代理:北京威联德骨科技术有限公司
服务机构:北京威联德骨科技术有限公司
发证日期:2014.06.18 **截止日期**:2019.06.17

国食药监械(进)字 2014 第 3462854 号

产品名称:输尿管支架(商品名: Polaris Ultra)(Polaris Ultra Ureteral Stent)
规格型号:见附页
产品标准:YZB/USA 2654-2014《输尿管支架》
性能组成:输尿管支架包装内包括输尿管支架、定位器和猪尾管直管器,输尿管支架带有 HydroPlus 亲水涂层。本产品经环氧乙烷灭菌,一次性使用。输尿管支架可以进行从肾脏到膀胱的内部引流。
适用范围:支架适用于由一名接受过培训的医生在内窥镜下或荧光透视下放置,或者在开放式手术期间放置,促进从肾脏到膀胱的引流。
生产厂家:美国 Boston Scientific Corporation
注册代理:波科国际医疗贸易(上海)有限公司
服务机构:波科国际医疗贸易(上海)有限公司
发证日期:2014.06.18 **截止日期**:2019.06.17

国食药监械(进)字 2014 第 3462855 号

产品名称:输尿管支架(商品名:Polaris Loop)(Polaris Loop Ureteral Stent)
规格型号:见附页
产品标准:YZB/USA 2655-2014《输尿管支架》
性能组成:输尿管支架是一个单独的猪尾管支架,采用固定膀胱的设计(两个圆环)。该支架有一个附着的取回线和一个环形定位器。包装内包括输尿管支架、环形定位器和猪尾管直管器,输尿管支架带有 HydroPlus 亲水涂层。本产品经环氧乙烷灭菌,仅供一次性使用。
适用范围:输尿管支架适用于由一名接受过培训的医生在内窥镜下或荧光透视下放置,或者在开放式手术期间放置,促进从肾脏到膀胱的引流。
生产厂家:美国 Boston Scientific Corporation
注册代理:波科国际医疗贸易(上海)有限公司
服务机构:波科国际医疗贸易(上海)有限公司
发证日期:2014.06.18 **截止日期**:2019.06.17

国食药监械(进)字 2014 第 3462856 号

产品名称:输尿管支架(商品名: Stretch VL)(Stretch VL Flexima Ureteral Stent)
规格型号:见附页
产品标准:YZB/USA 2705-2014《输尿管支架》
性能组成:输尿管支架远侧和近侧猪尾管上的线圈可使一个支架用于不同长度的成人输尿管。输尿管支架包装内包括输尿管支架、定位器和猪尾管直管器,输尿管支架带有 HydroPlus 亲水涂层。本产品经环氧乙烷灭菌,一次性使用。
适用范围:输尿管支架放置的适应症如下:(1)输尿管的外源性压迫(2)输尿管梗阻(3)输尿管损伤(4)输尿管操作(5) 输尿管操作的准备 (6)辅助结石碎片通过。
变更情况:变更日期: 2015.01.29。"1 Boston Scientific Place, Natick, MA 01760, USA"变更为" 300 Boston Scientific Way, Marlborough, MA 01752, USA"。
生产厂家:美国 Boston Scientific Corporation
注册代理:波科国际医疗贸易(上海)有限公司
服务机构:波科国际医疗贸易(上海)有限公司
发证日期:2014.06.18 **截止日期**:2019.06.17

国食药监械(进)字 2014 第 3462857 号

产品名称:输尿管支架(商品名: Percuflex)(Percuflex Ureteral Stent)
规格型号:见附页
产品标准:YZB/USA 2706-2014《输尿管支架》
性能组成:4.8Fr、6Fr 和 7Fr 的输尿管支架包装内包括输尿管支架和定位器。8Fr 的输尿管支架包装内包括输尿管支架、定位器、柔韧硬性套管和猪尾管直管器。本产品不带亲水涂层,经环氧乙烷灭菌,仅供一次性使用。
适用范围:输尿管支架用于由经过培训的医生在内窥镜或 X 射线透视下从肾脏引流到膀胱。
生产厂家:美国 Boston Scientific Corporation
注册代理:波科国际医疗贸易(上海)有限公司
服务机构:波科国际医疗贸易(上海)有限公司
发证日期:2014.06.18 **截止日期**:2019.06.17

国食药监械(进)字 2014 第 3152858 号

产品名称:经皮无水酒精注射针(ディスポーザブル穿刺針)
规格型号:见附页
产品标准:YZB/JAP 2725-2014《经皮无水酒精注射针》
性能组成:本产品由注射针、固定针及连接管组合构成。材质:经皮无水酒精注射针:外针:不锈钢(SUS 304); 针基:聚丙烯; 针套:聚乙烯; 内针:不锈钢(SUS 304); 针基:聚丙烯; 固定针:针管:不锈钢(SUS 304); 针基:聚丙烯; 针套:聚乙烯; 连接管:聚氯乙烯。本产品为一次性使用无菌产品，灭菌方式为环氧乙烷灭菌。

适用范围:以治疗和诊断为目的，穿刺至人体内，注入药液、排液及辅助插入导管。

生产厂家:日本クリエート メディック株式会社

注册代理:库利艾特国际贸易(大连)有限公司

服务机构:库利艾特国际贸易(大连)有限公司

发证日期:2014. 06. 18　**截止日期**:2019. 06. 17

国食药监械(进)字 2014 第 3462859 号

产品名称:股骨柄 (商品名: Summit Basic) (Summit Basic Hip Stem)

规格型号:见附页

产品标准:YZB/USA 2498-2014《股骨柄 (商品名: Summit Basic)》

性能组成:该产品由符合 GB/T 13810 标准规定的 TC4ELI 钛合金材料制成，表面经喷砂处理形成粗糙面，灭菌包装。

适用范围:与该企业同一系统组件配合，做为非骨水泥型髋关节假体使用，适用于髋关节置换。

生产厂家:美国 DePuy Orthopaedics, Inc.

注册代理:强生(上海)医疗器材有限公司

服务机构:强生(上海)医疗器材有限公司

发证日期:2014. 06. 18　**截止日期**:2019. 06. 17

国食药监械(进)字 2014 第 3462860 号

产品名称:疝修补网织片 (商品名: Bard Ventralex) (Bard Ventralex Hernia Patch)

规格型号:1, 030, 100, 103, 020, 010, 000

产品标准:YZB/USA 2214-2014《疝修补网织片》

性能组成:该产品采用多层结构，包括聚丙烯网织片层、以 PTFE 单丝线缝合于聚丙烯层上的 ePTFE 层、压制的单丝苯二甲酸乙二醇酯(PET)多聚体环，其中顶层的聚丙烯网设计成定位带和定位袋。该产品经 EO 灭菌，一次性使用。

适用范围:该产品在腹腔内使用，用于腹部疝的修复; 小号网织片型号 0010301 还可用于穿刺器导致的腹部缺损的修复。

生产厂家:美国 Davol Inc. Subsidiary of C.R.Bard, Inc

注册代理:巴德医疗科技(上海)有限公司

服务机构:巴德医疗科技(上海)有限公司

发证日期:2014. 06. 18　**截止日期**:2019. 06. 17

国食药监械(进)字 2014 第 3222861 号

产品名称:着色非亲水丙烯酸非球面后房人工晶状体(商品名:Nex-Acri AA 1P) (Blue Light-absorbing Hydrophobic Acrylic Aspherical Posterior Chamber Intraocular Lenses)

规格型号:NS-60YG

产品标准:YZB/JAP 2555-2014《着色非亲水丙烯酸非球面后房人工晶状体 (商品名: Nex-Acri AA 1P)》

性能组成:该产品为单件式后房人工晶状体，襻形为 C。主体/支撑部分材料由乙二醇苯基醚丙烯酸酯、丁基甲基丙烯酸酯、丁基丙烯酸酯、1, 4-丁二醇丙烯酸酯、偶氮二异丁腈同时添加引发剂、紫外吸收剂和黄色、红色着色剂聚合而成; 屈光度范围: +1.00D～+30.00D。光学设计: 单焦，非球面 (在孔径光栏半径 1.5mm 范围内模拟眼状态下的轴截面光焦度分布符合反球差分布特征); 无菌状态提供，一次性使用。

适用范围:适用于无晶状体眼的视力矫正。

生产厂家:日本 NIDEK CO., LTD.

注册代理:日本尼德克株式会社北京代表处

服务机构:日本尼德克株式会社北京代表处

发证日期:2014. 06. 18　**截止日期**:2019. 06. 17

国食药监械(进)字 2014 第 3772862 号

产品名称:球囊扩张导管 (商品名: TMP PTCA) (バルーンカテーテル)

规格型号:UH200L15、UH250L10、UH250L15、UH300L10、UH300L15、UH350L10、UH350L15。

产品标准:YZB/JAP 2724-2014《球囊扩张导管》

性能组成:本产品由快速交换型导管和球囊以及清洗针组成。快速交换型导管由同轴结构的远端轴和单腔的近端轴组成，在该导管的顶端部位有一球囊，该球囊在特定压力下能扩张成一定的直径及长度。球囊材料为聚酰胺。产品经环氧乙烷灭菌，一次性使用。

适用范围:经皮冠状动脉成形术(PTCA)实施时，为了进行狭窄性冠状动脉的扩张及支架留置时的后扩张而使用的导管。

生产厂家:日本株式会社東海メディカルプロダクツ

注册代理:武汉普奥科技有限公司

服务机构:武汉普奥科技有限公司

发证日期:2014. 06. 18　**截止日期**:2019. 06. 17

国食药监械(进)字 2014 第 3462863 号

产品名称:钛网(Titanium Mesh)

规格型号:109-300, 109-305, 109-310

产品标准:YZB/GER 2877-2014《钛网》

性能组成:该产品由符合 ISO 5832-2 标准要求的 1 级纯钛材料制成，表面无着色，灭菌包装。

适用范围:与该企业同一系统组件配合，匹配使用的固定产品为固定螺钉，产品为骨水泥固定，所匹配使用的髋关节假体组件为骨水泥杯，适用于髋臼部分骨缺损的重建。

生产厂家:德国 Waldemar Link GmbH &Co. KG

注册代理:北京威联德骨科技术有限公司

服务机构:北京威联德骨科技术有限公司

发证日期:2014. 06. 18　**截止日期**:2019. 06. 17

国食药监械(进)字 2014 第 3462864 号

产品名称:钛网(Titanium Mesh)

规格型号:见附页

产品标准:YZB/USA 2532-2014《钛网》

性能组成:该产品包括枕骨钛网、左右侧顶骨钛网，由符合 GB/T13810 标准要求的 TA2 纯钛材料制成，表面经过阳极氧化着色处理，非灭菌包装。

适用范围:产品匹配自攻螺钉使用，固定方式为板钉内固定。适用于神经外科手术，对颅骨的修复。

生产厂家:美国 Biomet Microfixation

注册代理:上海普天阳医疗器械有限公司

服务机构:上海普天阳医疗器械有限公司

发证日期:2014. 06. 18　**截止日期**:2019. 06. 17

国食药监械(进)字 2014 第 3772865 号

产品名称:腔静脉滤器 (商品名: Cook Celect) (Cook Celect Vena Cava Filter Set)

规格型号:IGTCFS-65-2-FEM-CELECT、IGTCFS-65-2-FEM-FT-CELECT、IGTCFS-65-2-JUG-CELECT、IGTCFS-65-2-UNI-CELECT、IGTCFS-65-2-UNI-FT-CELECT

产品标准:YZB/DEN 2751-2014《腔静脉滤器》

性能组成:本产品包括腔静脉滤器和放送系统，放送系统由经股静脉和/或经颈静脉放送器、同轴扩张器、同轴放送鞘管、扩张器和三通接头组成。滤器的材质为钴铬合金，放送系统的材质包括丙烯腈-丁二烯-苯乙烯、聚醚醚酮、304 不锈钢、尼龙和聚乙烯吡咯烷酮涂层等。产品经环氧乙烷灭菌，一次性使用。

适用范围:本产品通过经股静脉或经颈静脉入路经皮置入，用于过滤下腔静脉血液以预防肺栓塞。

生产厂家:丹麦 William Cook Europe ApS

注册代理:库克(中国)医疗贸易有限公司

服务机构:库克(中国)医疗贸易有限公司

发证日期:2014. 06. 18　**截止日期**:2019. 06. 17

国食药监械(进)字 2014 第 3462866 号

产品名称:足踝髓内钉系统(Valor Ankle Fusion Nail System)

规格型号:见附页

产品标准:YZB/USA 2742-2014《足踝髓内钉系统》

性能组成:足踝髓内钉系统由髓内钉、锁钉和钉帽组成，其中髓内钉和锁钉的表面经过阳极氧化处理。足踝髓内钉系统采用符合 ISO 5832-3 的 Ti6Al4V 钛合金制造。

适用范围:该产品用于辅助胫距跟关节固定术，以治疗严重的足/踝部畸形、关节炎、踝部不稳和肿瘤切除后的骨骼缺损。这些包括神经性骨关节病(Charcot 足)、距骨缺血性坏死、关节置换术失败、踝关节融合失败、胫骨远端骨折骨不连、骨关节炎、风湿性关节炎和假性关节。
生产厂家:美国 Wright Medical Technology, Inc
注册代理:上海迈凯医疗器械有限公司
服务机构:上海迈凯医疗器械有限公司
发证日期:2014.06.18 **截止日期**:2019.06.17

国食药监械(进)字 2014 第 3462867 号

产品名称:胸腰椎后路固定系统组件(商品名: S4 Element & Augmentation)(S4 Spinal System)
规格型号:见附页
产品标准:YZB/GER 3072-2014《胸腰椎后路固定系统组件》
性能组成:本产品由多轴螺钉、空心多轴螺钉、骨水泥增强型单轴螺钉、骨水泥增强型多轴螺钉、锁定螺钉、钩、平行棒连接器组成。其中螺钉的轴心采用符合 ISO5832-2 标准的纯钛材料(2 级),其它组件由符合 ISO5832-3 标准的 Ti6Al4V 合金材料制成。产品表面经阳极氧化处理。其中骨水泥增强型单轴螺钉、骨水泥增强型多轴螺钉和连接器为灭菌包装,其它组件为非灭菌包装。
适用范围:本产品用于胸腰椎单节段和多节段椎骨间的固定。
生产厂家:德国 Aesculap AG
注册代理:贝朗医疗(上海)国际贸易有限公司
服务机构:贝朗医疗(上海)国际贸易有限公司
发证日期:2014.06.18 **截止日期**:2019.06.17

国食药监械(进)字 2014 第 3222868 号

产品名称:软性亲水接触镜(Soft Contact Lens)
规格型号:Super-L
产品标准:YZB/ROK 2747-2014《软性亲水接触镜(型号:Super-L)》
性能组成:该产品为日戴型软性亲水接触镜。由 HEMA、MMA、MA、EGDMA 及着色剂等聚合而成,着单色(黑色、棕色)、双色(灰色、绿色、紫色、棕色、蓝色)、三色(灰色、绿色、紫色、棕色、蓝色)。聚丙烯盒或玻璃瓶包装。各参数标称值:含水量:42.5%,折射率:1.432,透氧系数:10×10^{-11}(cm2/s)(mLO2/(mL×mmHg)),-3D 镜片透氧量:12×10^{-9}(cm/s)(mLO2/(mL×mmHg)),后顶焦度范围:0.00D~ -9.50D。可见光透过率>95%。产品经蒸汽湿热灭菌。
适用范围:镜片用于 18 岁及以上无禁忌症患者矫正近视。
变更情况:变更日期:2015.02.15。"代理人:上海茵洛光学产品有限公司;代理人住所:无"变更为"代理人:上海咏婧行商贸有限公司;代理人住所:上海市浦东新区三林路 235 号 18 幢 379 室"。
生产厂家:韩国 Lensmam Co., Ltd.
注册代理:上海茵洛光学产品有限公司
服务机构:上海茵洛光学产品有限公司
发证日期:2014.06.18 **截止日期**:2019.06.17

国食药监械(进)字 2014 第 3462869 号

产品名称:解剖型接骨板系统(Trauma Precontoured Plate System)
规格型号:见附页
产品标准:YZB/USA 2709-2014《解剖型接骨板系统》
性能组成:该系统产品由 L 型板、T 型板、Y 型板、跟骨板、肱骨近端接骨板、Pilon 板、Meta 板、星型板和桡骨远端背侧接骨板组成。由符合 ISO5832-3 钛 6 铝 4 钒合金材料制成,表面经阳极氧化处理,非灭菌状态提供,供一次性使用。
适用范围:该产品适用于关节周围骨折的内固定,具体适用部位详见规格型号附表。
生产厂家:美国 Biomet Trauma
注册代理:邦美(上海)商贸有限公司
服务机构:邦美(上海)商贸有限公司
发证日期:2014.06.18 **截止日期**:2019.06.17

国食药监械(进)字 2014 第 3462870 号

产品名称:椎间融合器(Spine Cage)
规格型号:见附页
产品标准:YZB/HUN 2740-2014《椎间融合器》
性能组成:融合器应选用 YY/T0660 标准中规定的 PEEK 材料制造,材料等级为 PEEK-OPTIMA LT1 级,显影钉采用符合 ISO5832-3 的 Ti6Al4V 钛合金材料制造。灭菌包装。
适用范围:该产品用于颈椎、胸腰椎和腰骶段需要进行节段性融合的病变。
生产厂家:匈牙利 Mediox Orvosi M&; uuml; szergyarto Kft
注册代理:广州健隆医疗科技有限公司
服务机构:广州健隆医疗科技有限公司
发证日期:2014.06.18 **截止日期**:2019.06.17

国食药监械(进)字 2014 第 3462871 号

产品名称:钛笼(Spine Mesh)
规格型号:见附页
产品标准:YZB/HUN 2741-2014《钛笼》
性能组成:钛笼选用符合 ISO5832-2 的 TA3 纯钛材料制造,非灭菌包装。
适用范围:适用于颈椎、胸椎、腰椎椎体替代。
生产厂家:匈牙利 Mediox Orvosi Müszergyarto Kft
注册代理:广州健隆医疗科技有限公司
服务机构:广州健隆医疗科技有限公司
发证日期:2014.06.18 **截止日期**:2019.06.17

国食药监械(进)字 2014 第 3662872 号

产品名称:一次性使用泵用输液器(Infusion Set)
规格型号:M46445500 VL ON10 M46445700 VL ON20 M46445900 VL ON30
产品标准:YZB/GER 2971-2014《一次性使用泵用输液器》
性能组成:产品由瓶塞穿刺器保护套,瓶塞穿刺器,管路,夹具,Y 型连接件,滴斗,过滤器,流量调节器,接头,硅胶泵管,安全夹具,三通开关,外圆锥接头和外圆锥接头保护帽组成。
适用范围:本产品为用于 VOLUMAT AGILIA/VOLUMAT MC AGILIA 型输液泵的一次性使用输液器,用于输注无特定过滤要求及无特定不相容性要求的药物。
生产厂家:德国 Fresenius Kabi AG
注册代理:费森尤斯卡比(中国)投资有限公司
服务机构:费森尤斯卡比(中国)投资有限公司
发证日期:2014.06.18 **截止日期**:2019.06.17

国食药监械(进)字 2014 第 3662873 号

产品名称:一次性使用泵用输液器(Infusion Set)
规格型号:M46443400 VL SP62
产品标准:YZB/GER 2981-2014《一次性使用泵用输液器》
性能组成:产品由瓶塞穿刺器保护套,瓶塞穿刺器,带空气过滤器和塞的进气口,滴斗,15μm 过滤器,PUR 管路,流量调节器,接头,硅胶泵管,安全夹具,无针接头,外圆锥接头,外圆锥接头保护帽组成。
适用范围:该产品为用于 VOLUMAT AGILIA/VOLUMAT MC AGILIA 型输液泵的一次性使用输液器,用于输注无特定过滤要求及无特定不相容性要求的药物。
生产厂家:德国 Fresenius Kabi AG
注册代理:费森尤斯卡比(中国)投资有限公司
服务机构:费森尤斯卡比(中国)投资有限公司
发证日期:2014.06.18 **截止日期**:2019.06.17

国食药监械(进)字 2014 第 3462874 号

产品名称:配导丝用气管支气管支架和输送系统(商品名:AERO)(Tracheobronchial Stent System (Over-the-Wire))
规格型号:见附页
产品标准:YZB/USA 3074-2014《配导丝用气管支气管支架和输送系统》
性能组成:该产品由覆膜支架和输送系统组成。支架由镍钛诺合金激光切割制成,覆有聚氨酯膜;覆膜支架内腔涂有聚乙烯吡咯烷酮涂层,近端带有一根缝线。非灭菌提供,一次性使用。
适用范围:该产品用于治疗气管支气管恶性肿瘤引起的狭窄。
生产厂家:美国 Merit Medical Systems, Inc
注册代理:麦瑞通医疗器械(北京)有限公司
服务机构:麦瑞通医疗器械(北京)有限公司
发证日期:2014.06.18 **截止日期**:2019.06.17

国食药监械(进)字 2014 第 3462875 号

产品名称:配内窥镜用气管支气管支架和输送系统(商品名:AERO DV)(Tracheobronchial Stent System(Direct Visualization-DV system))
规格型号:见附页
产品标准:YZB/USA 3107-2014《配内窥镜用气管支气管支架和输送系

统》
性能组成:该产品由覆膜支架和输送系统组成。支架由镍钛诺合金激光切割制成，覆有聚氨酯膜；覆膜支架内腔涂有聚乙烯吡咯烷酮涂层，近端带有一根缝线。非灭菌提供，一次性使用。
适用范围:该产品用于治疗气管支气管恶性肿瘤引起的狭窄。
生产厂家:美国 Merit Medical Systems, Inc
注册代理:麦瑞通医疗器械(北京)有限公司
服务机构:麦瑞通医疗器械(北京)有限公司
发证日期:2014.06.18 **截止日期**:2019.06.17

国食药监械(进)字 2014 第 3222876 号

产品名称:软性亲水接触镜(Soft Hydrophilic Contact Lens)
规格型号:Biomedics 1 day Extra Toric
产品标准:YZB/USA 3085-2014《软性亲水接触镜(型号:Biomedics 1 day Extra Toric)》
性能组成:该产品为日戴型软性亲水接触镜。由 HEMA、EGDMA、MAA 及着色剂等聚合而成，着蓝色。塑泡包装。各参数标称值：含水量：55%，折射率：1.410，透氧系数：19.6×10^{-11}(cm2/s)(mLO2/(mL×mmHg))，-3D 镜片透氧量：18×10^{-9}(cm/s) (mLO2/(mL×mmHg))，后顶焦度范围：0.00D～ -20.00D，柱镜焦度：-0.75D、-1.25D，可见光透过率≥97%。推荐更换周期 1 天。产品经湿热灭菌。
适用范围:矫正 18 岁以上人群伴有散光的近视。
备注:2014 年 10 月 10 日同意更正产品性能结构及组成内容，2014 年 6 月 18 日核发的医疗器械注册登记表予以废止。
生产厂家:美国 CooperVision Inc.
注册代理:库博光学产品贸易(上海)有限公司
服务机构:库博光学产品贸易(上海)有限公司
发证日期:2014.06.18 **截止日期**:2019.06.17

国食药监械(进)字 2014 第 3222877 号

产品名称:软性亲水接触镜(Soft Hydrophilic Contact Lens)
规格型号:Biomedics Now
产品标准:YZB/USA 3116-2014《软性亲水接触镜(型号:Biomedics Now)》
性能组成:该产品为日戴型软性亲水接触镜。由 HEMA、MAA、EGDMA、紫外线吸收剂及着色剂等聚合而成，着淡蓝色。塑泡铝箔包装。各参数标称值：含水量：55%，折射率：1.41，透氧系数：19.6 × 10^{-11}(cm2/s)(mLO2/(mL × mmHg))，-3D 镜片透氧量：26.1 × 10^{-9}(cm/s)(mLO2/(mL×mmHg))，后顶焦度范围：+8.00D～-10.00D，可见光透过率＞97%。UV-A 段(316nm～379nm)平均透过率＜30%，UV-B 段(280nm～315nm)平均透过率＜4%。推荐更换周期 1 个月。产品经高温高压灭菌。
适用范围:该产品用于矫正 18 岁以上无眼部疾病、有晶体眼人群的近视和远视，散光度低于 2.00D 的患者配戴，不影响视敏度。
生产厂家:美国 CooperVision Inc.
注册代理:库博光学产品贸易（上海）有限公司
服务机构:库博光学产品贸易（上海）有限公司
发证日期:2014.06.18 **截止日期**:2019.06.17

国食药监械(进)字 2014 第 3462878 号

产品名称:脊柱后路内固定系统组件（商品名：Expedium）(Expedium Posterior Spine System)
规格型号:见附页
产品标准:YZB/USA 3023-2014《脊柱后路内固定系统组件（商品名：Expedium)》
性能组成:该产品由棒、连接器、稳定环、螺栓组成。由符合 GB/T 13810 标准规定的 TC4 ELI 钛合金材料制成。表面无着色。非灭菌包装。
适用范围:适用于患者体内已存在脊柱后路钉棒植入物时，进行其他节段的胸腰椎后路内固定。
生产厂家:美国 DePuy Spine , Inc.
注册代理:强生(上海)医疗器材有限公司
服务机构:强生(上海)医疗器材有限公司
发证日期:2014.06.18 **截止日期**:2019.06.17

国食药监械(进)字 2014 第 3152879 号

产品名称：皮下注射针 (SURGUARD2 HYPODERMIC SAFETY NEEDLE(STERILE))
规格型号:产品编码:SG2+2525 针头规格:0.50mm×25mm RB 25G×1
产品标准:YZB/PHI 2922-2014《皮下注射针》
性能组成:皮下注射针由针座、连接部、保护盖、护套和针管组成。
适用范围:本皮下注射针用于配制注射用醋酸地加瑞克溶液，及醋酸地加瑞克溶液的皮下注射。
生产厂家:菲律宾 Terumo (Philippines) Corporation
注册代理:辉凌医药咨询(上海)有限公司
服务机构:上海外高桥医药分销中心有限公司
发证日期:2014.06.18 **截止日期**:2019.06.17

国食药监械(进)字 2014 第 2542880 号

产品名称:硅胶复苏器(Laerdal Silicone Resuscitators)
规格型号:成人型:870050、870051、870052、870053、870055；儿童型:860050、860051、860052、860053、860055、860056；婴儿型:850050、850051、850053、850055
产品标准:YZB/NOR 3180-2014《硅胶复苏器》
性能组成:产品由面罩、病人阀、通气囊、进气/储气阀、储氧袋和包装组成。根据输氧浓度、通气囊体积、储氧袋体积及潮气量不同，分为成人型、儿童型及婴儿型。儿童型和婴儿型配有与病人阀相连的压力调节阀。
适用范围:用于患者急救时的呼吸复苏。
生产厂家:挪威 Laerdal Medical AS
注册代理:挪度医疗器械(杭州)有限公司
服务机构:挪度医疗器械(杭州)有限公司
发证日期:2014.06.17 **截止日期**:2019.06.16

国食药监械(进)字 2014 第 3632881 号

产品名称:复合树脂（商品名：可乐丽菲露 遮色剂）(齿科充填用コンポジットレジン)
规格型号:包装规格：4g/支
产品标准:YZB/JAP 2896-2014《复合树脂》
性能组成:本品有 US(普通色)和 L(浅色)两种颜色。主要成分为单体(Bis-GMA，TEGDEMA)、无机填料(石英粉、表面处理二氧化硅类微填料)、光聚合触媒、着色剂。具体成分及含量见产品标准。
适用范围:该产品在牙齿修复过程中用于色调遮盖。
变更情况:变更日期：2015.02.10。“原生产企业/注册人名称:可乐丽医疗器材株式会社(原文:クラレメディカル株式会社)”变更为“新生产企业/注册人名称:可乐丽则武齿科株式会社(原文:クラレノリタケデンタル株式会社)”。
生产厂家:日本可乐丽医疗器材株式会社（クラレ メディカル株式会社）
注册代理:可乐丽国际贸易(上海)有限公司
服务机构:可乐丽国际贸易(上海)有限公司
发证日期:2014.06.17 **截止日期**:2019.06.16

国食药监械（进）字 2014 第 3152882 号

产品名称:一次性使用无菌注射针(Needles)
规格型号:见附页
产品标准:YZB/USA 3206-2014《一次性使用无菌注射针》
性能组成:该产品由针管、针座、护套组成。
适用范围:该产品不同规格与一次性使用无菌注射器配套可分别用于皮内、皮下、肌肉、静脉注射药液、溶解药物或静脉抽血。
备注:2014 年 09 月 30 日同意更正产品名称内容，2014 年 6 月 17 日核发的医疗器械注册证、医疗器械注册登记表予以废止。
生产厂家:美国 Becton Dickinson and company
注册代理:碧迪医疗器械(上海)有限公司
服务机构:碧迪医疗器械(上海)有限公司
发证日期:2014.06.17 **截止日期**:2019.06.16

国食药监械(进)字 2014 第 3662883 号

产品名称:压力泵装置（商品名：Everest）(Everest Inflation Device)
规格型号:AC2200, AC3200, AC2205P, AC3205P
产品标准:YZB/USA 6699-2013《压力泵装置》
性能组成:本产品压力泵装置由注射器、导引螺杆/旋钮、压力表、压缩弹簧、扳机组成。采用聚碳酸酯、尼龙、天然橡胶、聚四氟乙烯、硅树脂制成。AC2200 及 AC3200 为 20/30 压力泵装置及三通接头；AC2205P 及 AC3205P 同时配备 Y 接头、导丝插入工具、导丝扭控手柄。产品环氧乙烷灭菌，一次性使用。
适用范围:在介入血管治疗中对球囊导管进行充盈/卸压，以及监测球囊内的压力。带止血阀的 Y 接头用于引导导管或扩张导管，以控制血流返流，并提供相应的通路，便于将液体引入介入系统。导丝插入工具的作用是便于将导丝尖端通过 Y 接头，进入介入导管的导丝腔。导丝扭控手柄的作用是夹持小直径的导丝，并提供手柄以操纵金属丝。
生产厂家:美国 Medtronic Inc.
注册代理:美敦力(上海)管理有限公司
服务机构:美敦力(上海)管理有限公司
发证日期:2014.06.17 **截止日期**:2019.06.16

国食药监械(进)字 2014 第 3462884 号

产品名称:颈动脉支架(单轨型)(商品名: Wallstent)(Carotid WALLSTENT Monorail)
规格型号:见附页
产品标准:YZB/USA 2698-2014《颈动脉支架(单轨型)》
性能组成:该产品由自膨式支架和推送器组成，推送器为 Monorail 同轴鞘管型。支架由钽质芯丝的 Elgiloy 合金牵引填充导管单纤维编织而成。射线灭菌，一次性使用。
适用范围:该产品用于颈总动脉(CCA)、颈内动脉(ICA)和颈动脉分支狭窄的治疗。
生产厂家:美国波士顿科学公司(Boston Scientific Corporation)
注册代理:波科国际医疗贸易(上海)有限公司
服务机构:波科国际医疗贸易(上海)有限公司
发证日期:2014.06.17 **截止日期**:2019.06.16

国食药监械(进)字 2014 第 3772885 号

产品名称:微导管(商品名: Rebar)(Rebar Micro Catheter)
规格型号:105-5078-153C, 105-5080-153C, 105-5081-130, 105-5081-153, 105-5083-153, 105-5082-130, 105-5082-145
产品标准:YZB/USA 2331-2014《微导管(商品名:Rebar)》
性能组成:该产品为过导丝型单腔微导管，包装内带有一个蒸汽塑形针。导管管体由带有 304V 不锈钢支撑线圈的聚醚酰胺聚合物材料制成，内衬聚四氟乙烯，管体外表面涂有透明质酸涂层；座的材料为聚丙烯；导管远端上有一个或两个铂/铱合金不透射线标记.环氧乙烷灭菌，一次性使用。
适用范围:该产品用于专业医生控制和选择特殊治疗产品的灌注，以及造影剂的灌注到外周及神经血管。
生产厂家:美国 Micro Therapeutics Inc. DBA ev3 Neurovascular
注册代理:柯惠医疗器材国际贸易(上海)有限公司
服务机构:柯惠医疗器材国际贸易(上海)有限公司
发证日期:2014.06.17 **截止日期**:2019.06.16

国食药监械(进)字 2014 第 3632886 号

产品名称:牙种植体附件(Dental Implants Attachments)
规格型号:见附页
产品标准:YZB/GER 2664-2014《牙种植体附件》
性能组成:本产品含愈合基台，基台和螺丝。基台由纯钛制成；螺丝由钛合金制成。具体型号和表面处理见附件。
适用范围:用于牙科种植修复。
生产厂家:德国 DENTSPLY Implants Manufacturing GmbH
注册代理:启安华锐(北京)技术有限公司
服务机构:启安华锐(北京)技术有限公司
发证日期:2014.06.17 **截止日期**:2019.06.16

国食药监械(进)字 2014 第 2662887 号

产品名称:贴皮胃造瘘管套装及附件(Kangaroo Skin Level Gastrostomy Kits and Accessories)
规格型号:见附页
产品标准:YZB/USA 2942-2014《贴皮胃造瘘管套装及附件》
性能组成:贴皮胃造瘘管包装中包括:贴皮胃造瘘管、快速喂食装置(带有 Y 型接头的短管)、带有 ClipStar*的连续喂食装置(带有 Y 型接头的长管)、GripStar*插入/移除装置、填充器、升高垫片、造瘘测量装置。附件包括:造瘘测量装置、快速喂食装置、带有 ClipStar*的连续喂食装置。造瘘测量装置、贴皮胃造瘘管和升高垫片的材质为聚氨酯；快速喂食装置、带有 ClipStar*的连续喂食装置的材质为 PVC 混合物；GripStar*插入/移除装置的材质为 304 不锈钢；填充器材质为 302 不锈钢。套装环氧乙烷灭菌。一次性使用。
适用范围:此产品是一种替代胃造瘘管，用于长期通过现有的成熟造瘘道将营养物质输至胃中。
生产厂家:美国 Covidien llc
注册代理:柯惠医疗器材国际贸易(上海)有限公司
服务机构:柯惠医疗器材国际贸易(上海)有限公司
发证日期:2014.06.17 **截止日期**:2019.06.16

国食药监械(进)字 2014 第 3452888 号

产品名称:选择性血浆成份吸附器(選択式血漿成分吸着器)
规格型号:IMMUSORBA PH-350
产品标准:YZB/JAP 2904-2014《选择性血浆成份吸附器》
性能组成:本产品由选择性血浆成份吸附器(简称吸附器)和与其配套使用的中空纤维微粒子去除滤过器(简称微粒子滤器)组成。吸附器由吸附材料、容器主体、容器管嘴、支撑网、盖子、容器盖子、PP 镶板、O 型环组成。吸附器内填充溶液为生理盐水(0.9%NaCl 溶液)。微粒子滤器由中空纤维支撑体、中空纤维、容器主体、连接套筒、盖子、连接管、停止器组成。本产品为一次性使用产品，吸附器的灭菌方法为高压蒸汽灭菌，微粒子滤器的灭菌方法为环氧乙烷灭菌。
适用范围:本产品以改善胶原病自身免疫疾病为目的，对血浆分离器分离出的血浆进行净化，去除血浆中的有害物质。
生产厂家:日本旭化成メディカル株式会社
注册代理:旭化成医疗器械(杭州)有限公司
服务机构:旭化成医疗器械(杭州)有限公司
发证日期:2014.06.17 **截止日期**:2019.06.16

国食药监械(进)字 2014 第 3652889 号

产品名称:可吸收外科缝线(商品名: 万福)(Monosyn Synthetic absorbable surgical suture)
规格型号:见附页
产品标准:YZB/SPA 2892-2014《可吸收外科缝线》
性能组成:本产品是由针和合成的可吸收单股外科缝线组成。线材料为含 72%乙交酯、14%ε-己内酯和 14%三甲烯碳酸盐的共聚物，为一次性使用无菌产品。颜色:紫色或不染色。
适用范围:适用于普通软组织缝合和结扎，但不能用于心血管或神经外科手术。
生产厂家:西班牙 B. Braun Surgical SA
注册代理:贝朗医疗(上海)国际贸易有限公司
服务机构:贝朗医疗(上海)国际贸易有限公司
发证日期:2014.06.17 **截止日期**:2019.06.16

国食药监械(进)字 2014 第 3662890 号

产品名称:肾穿刺造瘘套件(商品名: NEPHROPUR)(Nephrostomy Sets)
规格型号:见附页
产品标准:YZB/GER 3230-2014《肾穿刺造瘘套件》
性能组成:肾穿刺造瘘套件包括导引套管/引流导管(含管芯和连接管)、汽巴/Chiba 穿刺针(由穿刺针和针芯组成)、普通/初始穿刺针(由穿刺针、针芯和同轴套管组成)、扩张器、导丝、Harzmann 碟(固定盘)和分泌物/尿液收集袋。肾穿刺造瘘套件分为全套装、简装和单条装，全套装含导引套管、普通穿刺针、汽巴穿刺针、导丝、扩张器、Harzmann 碟(固定盘)和分泌物/尿液收集袋；简装套件中不含汽巴穿刺针、Harzmann 碟(固定盘)和分泌物/尿液收集袋；单条装只含导引套管。导引套管和扩张器的材料为聚亚安酯，导丝和穿刺针的材质为 304 不锈钢，Harzmann 碟的材料为橡胶，分泌物/尿液收集袋的材质为 PVC。本产品为环氧乙烷灭菌，一次性使用。
适用范围:本产品适用于经皮穿刺造瘘术，上尿路引流不畅，肾盂积水-液体分泌性引流物的收集，如脓肿或囊肿。
生产厂家:德国 Angiomed GmbH&Co. Medizintechnik KG
注册代理:巴德医疗科技(上海)有限公司
服务机构:巴德医疗科技(上海)有限公司
发证日期:2014.06.17 **截止日期**:2019.06.16

国食药监械(进)字 2014 第 3462891 号

产品名称:颅颌面用锁定接骨螺钉(Locking Screws for Cranio-Maxillofacial)

规格型号:见附页
产品标准:YZB/SWI 2869-2014《颅颌面用锁定接骨螺钉》
性能组成:该产品由加强十字头锁定螺钉、锁定头螺钉、通用自锁螺钉、通用自锁插入螺钉、锁定钉组成,由符合 ISO 5832-2 标准要求的 4 级纯钛材料或符合 ISO 5832-11 标准要求的钛 6 铝 7 铌钛合金材料制成。表面经阳极氧化着色处理。分为灭菌包装和非灭菌包装。
适用范围:该产品适用于供颅颌面骨科手术时与锁定接骨板配合作骨折内固定用,该产品主要用于骨折断端或骨碎片的临时稳定,直到骨愈合为止。
生产厂家:瑞士 Synthes GmbH
注册代理:强生(上海)医疗器材有限公司
服务机构:辛迪思(上海)医疗器械贸易有限公司、强生(上海)医疗器材有限公司
发证日期:2014.06.17 **截止日期**:2019.06.16

国食药监械(进)字 2014 第 2102892 号

产品名称:骨水泥工具(Bone Cement Instruments)
规格型号:见附页
产品标准:YZB/UK 2902-2014《骨水泥工具》
性能组成:该工具是由不同规格的套管固定器、骨水泥枪、髋翻修接头、胫骨水泥加压器、非真空套管、股骨水泥加压器、适配器剪断器和真空搅拌器组成。
适用范围:本产品为骨水泥配套工具,可用于混合和输注,与 DePuy 骨水泥系列产品配套使用。
备注:2015 年 1 月 21 日同意更正产品标准内容,2014 年 6 月 17 日核发的医疗器械注册登记表予以废止。
生产厂家:英国 DePuy International Limited Trading as DePuy CMW
注册代理:强生(上海)医疗器材有限公司
服务机构:强生(上海)医疗器材有限公司
发证日期:2014.06.17 **截止日期**:2019.06.16

国食药监械(进)字 2014 第 3222893 号

产品名称:吸引活检针(吸引生検針)
规格型号:NA-1C-1、NA-2C-1
产品标准:YZB/JAP 3224-2014《吸引活检针》
性能组成:本产品由外鞘管(MAJ-64)和针芯(MAJ-65、MAJ-66)组成,接触黏膜部材料为不锈钢(JIS G4303 SUS303)、不锈钢(JIS G4313 SUS304-WPB)以及不锈钢(JIS G4305 SUS304)。其中针芯(MAJ-65、MAJ-66)为一次性使用产品,环氧乙烷灭菌,灭菌有效期 5 年。
适用范围:本产品与奥林巴斯指定的内窥镜配合使用,可在呼吸器官吸引并采集组织和细胞。
生产厂家:日本オリンパスメデイカルシステムズ株式会社
注册代理:奥林巴斯贸易(上海)有限公司
服务机构:奥林巴斯(北京)销售服务有限公司
发证日期:2014.06.17 **截止日期**:2019.06.16

国食药监械(进)字 2014 第 3462894 号

产品名称:中空螺钉系统(商品名:DARCO)(DARCO Headless Screw System)
规格型号:见附页
产品标准:YZB/USA 2854-2014《中空螺钉系统》
性能组成:该产品由中空螺钉和垫圈组成,垫圈与 7.0 毫米中空螺钉配合使用。由符合 ASTM F136 标准的锻造钛合金制造。表面经过阳极氧化处理。非灭菌包装或灭菌包装。
适用范围:该产品使用于四肢骨折的固定或骨重建。
生产厂家:美国瑞特医疗技术公司(Wright Medical Technology, Inc.)
注册代理:上海迈凯医疗器械有限公司
服务机构:上海迈凯医疗器械有限公司
发证日期:2014.06.17 **截止日期**:2019.06.16

国食药监械(进)字 2014 第 3462895 号

产品名称:金属接骨板系统(商品名:Zimmer 围关节)(Metallic Bone Plate System)
规格型号:见附页
产品标准:YZB/USA 3042-2014《金属接骨板系统》
性能组成:该产品由钢板、皮质骨螺钉和松质骨螺钉组成。钢板材料为 ISO 5832-1 和 ASTM F1314 中的不锈钢,螺钉材料为 ISO 5832-1 的不锈钢。接骨板为灭菌包装,螺钉为非灭菌包装。
适用范围:该产品用于骨关节周围骨折内固定。
生产厂家:美国 Zimmer Inc.
注册代理:捷迈(上海)医疗国际贸易有限公司
服务机构:捷迈(上海)医疗国际贸易有限公司
发证日期:2014.06.17 **截止日期**:2019.06.16

国食药监械(进)字 2014 第 2262896 号

产品名称:压力腿套及连接管(Kendall SCD Sleeves and Tubing)
规格型号:见附页
产品标准:YZB/USA 2288-2014《压力腿套及连接管》
性能组成:产品由压力腿套(PVC、聚酯、尼龙)和连接管(PVC)组成。
适用范围:此产品与 SCD 压力系统中的主机一起使用,用于增加有静脉血栓风险病人的静脉血液流量,以降低深静脉血栓和肺栓塞的风险,其中连接管用于连接主机和腿套。
生产厂家:美国 Covidien llc
注册代理:柯惠医疗器材国际贸易(上海)有限公司
服务机构:柯惠医疗器材国际贸易(上海)有限公司
发证日期:2014.06.17 **截止日期**:2019.06.16

国食药监械(进)字 2014 第 2662897 号

产品名称:天然胶乳橡胶避孕套(商品名:骄爱避孕套)(Latex Condom)
规格型号:W52 ± 2mm;Plain(平面型),Fruity Flavour(果味型),Dotted(浮点型),Ultra Thin(超薄型),Ribbed(螺纹型)
产品标准:GB 7544-2009《天然胶乳橡胶避孕套技术要求与试验方法》
性能组成:该产品由天然胶乳制成,为天然乳胶原色。果味型添加天然果味。主要技术指标:爆破压力不小于 1.0Kpd;爆破体积:不小于 18.0dm3(宽度 52mm);应不漏水;针孔每批可接受水平 AQL 为 0.25。
适用范围:如在正确使用下,避孕套可有助于降低受孕风险及减少某些性传播疾病感染的风险。
生产厂家:马来西亚英诺雷特橡胶工业有限公司(Innolatex Sdn. Bhd.)
注册代理:天际国际贸易(上海)有限公司
服务机构:天际国际贸易(上海)有限公司
发证日期:2014.06.17 **截止日期**:2019.06.16

国食药监械(进)字 2014 第 3642898 号

产品名称:水胶体敷料(商品名:多爱肤 TM 标准)(DuoDERMTM CGF TMControl Gel Formula Dressing)
规格型号:见附页
产品标准:YZB/USA 2994-2014《水胶体敷料》
性能组成:见附件 2。
适用范围:本品在无须医护人员监督的情况下适用于轻微擦伤、裂伤、轻微切伤、轻微烫伤和烧伤伤口、皮肤裂口;在医护人员监督的情况下可用于下肢溃疡(静脉郁滞性溃疡、动脉溃疡及混合病因引致之下肢溃疡)、糖尿病溃疡及压疮(部分皮层及全皮层)、手术伤口(手术后伤口、供皮区、皮肤损伤)、烧伤(Ⅰ度与Ⅱ度)、外伤伤口。
生产厂家:美国 ConvaTec Inc.
注册代理:康维德(中国)医疗用品有限公司
服务机构:康维德(中国)医疗用品有限公司
发证日期:2014.06.17 **截止日期**:2019.06.16

国食药监械(进)字 2014 第 2102899 号

产品名称:一次性使用手术器械(Single-Use Surgical Instruments)
规格型号:见附页
产品标准:YZB/USA 2529-2014《一次性使用手术器械》
性能组成:该产品由经皮穿线器、穿线针、钩针、半月板施钉器、缝线抓持器、缝线穿梭器、ACL 重建一次性套件(穿透销、导丝、套管、牵引器、外科尺,记号笔)、一次性 COR 套件(切割器、递送导管、钻头导向器、柱塞、移植物装载器、通用捣棒、垂直杆、钻)和导引针组成;材料为镍钛合金、聚碳酸酯、聚乙烯、符合 YY/T0294.1 标准的代号 M 不锈钢和符合 ASTM F899 标准的 630 不锈钢,具体材质详见规格型号列表。无菌包装,一次性使用。
适用范围:该产品用于运动损伤修复手术。
生产厂家:美国 DePuy Mitek
注册代理:强生(上海)医疗器材有限公司

服务机构:强生(上海)医疗器材有限公司
发证日期:2014.06.17　**截止日期**:2019.06.16

国食药监械(进)字 2014 第 3462900 号

产品名称:脊柱弹性内固定系统(商品名:Bioflex)(Bioflex Spine Rod System)
规格型号:见附页
产品标准:YZB/ROK 2952-2014《脊柱弹性内固定系统》
性能组成:该产品由椎弓根钉(含锁紧螺母)和弹性棒组成。椎弓根钉由符合 ASTM F136 标准规定的 Ti6Al4V ELI 钛合金材料制成,弹性棒由符合 GB 24627 标准规定的镍钛形状记忆合金材料制成。表面无着色。非灭菌包装。
适用范围:适用于腰骶椎滑脱、椎管狭窄、退变性畸形后路内固定。
生产厂家:韩国 BioSpine Co., Ltd
注册代理:北京贝森医疗器械有限公司
服务机构:北京贝森医疗器械有限公司
发证日期:2014.06.17　**截止日期**:2019.06.16

国食药监械(进)字 2014 第 2632901 号

产品名称:非贵烤瓷合金(Base Metal Alloys)
规格型号:d.SIGN 30
产品标准:YZB/USA 2711-2014《非贵烤瓷合金》
性能组成:d.SIGN 30 由钴、铬、镓、铌、硅、钼、铁、硼、铝、锂组成。
适用范围:该产品用于冠、套筒冠、锥形冠、短桥、长桥、桩核、植体上部结构及局部义齿的制作。
生产厂家:美国 Ivoclar Vivadent, Inc.
注册代理:义获嘉伟瓦登特(上海)商贸有限公司
服务机构:义获嘉伟瓦登特(上海)商贸有限公司
发证日期:2014.06.17　**截止日期**:2019.06.16

国食药监械(进)字 2014 第 2652902 号

产品名称:聚酯带针缝合线(商品名:马尼聚酯带针缝合线)(マニーポリエステル)
规格型号:见附页
产品标准:YZB/JAP 3242-2014《聚酯带针缝合线》
性能组成:聚酯带针缝合线的原料为聚酯,针由 SUS302 不锈钢制成。缝线有白色和绿色两种,其中白色为未染色,绿色所用染色剂为 D&C Green No.6。10-0 为单股线;5-0、4-0 为编制线。环氧乙烷灭菌。
适用范围:聚酯带针缝合线用于手术用缝合。
生产厂家:日本マニー株式会社
注册代理:珠海港康达医疗器材有限公司
服务机构:珠海港康达医疗器材有限公司
发证日期:2014.06.17　**截止日期**:2019.06.16

国食药监械(进)字 2014 第 3462903 号

产品名称:髋关节假体(非骨水泥型)-股骨柄及附件(LINK Cementless Hip Prosthesis Stems and Accessories)
规格型号:见附页
产品标准:YZB/GEM 1218-2010《髋关节假体(非骨水泥型)-股骨柄及附件》
性能组成:该产品包括股骨柄部件、髋臼螺钉及垫圈,股骨柄部件包括股骨柄、封堵螺钉及垫圈。股骨柄部件材料为铸造 Ti6Al4V 钛合金;髋臼螺钉材料为锻造 Ti6Al4V 钛合金;垫圈材料为铸造钴铬钼合金、锻造 Ti6Al4V 钛合金及超高分子量聚乙烯。股骨柄表面或经喷砂处理或为羟基磷灰石涂层。灭菌包装。
适用范围:与该企业同一系统组件配合,做为非骨水泥型髋关节假体使用,适用于髋关节置换。
生产厂家:德国 Waldemar Link GmbH & Co. KG
注册代理:北京威联德骨科技术有限公司
服务机构:北京威联德骨科技术有限公司
发证日期:2014.06.17　**截止日期**:2019.06.16

国食药监械(进)字 2014 第 2412904 号

产品名称:足跟采血器(商品名:BD MICROTAINER® Quikheel™)(BD MICROTAINER® Quikheel™ Lancet)
规格型号:0.85mm 深×1.75mm 宽,粉色 1.0mm 深×2.5mm 宽,绿色
产品标准:YZB/USA 3365-2014《足跟采血器》
性能组成:该产品由按钮、外壳、刀片、弹簧四部分组成,采血后刀片自动回缩,不可逆。
适用范围:本产品为一次性使用无菌足跟采血器,在临床医学上用于足跟穿刺,采集早产儿和新生儿末梢血样。
备注:2014 年 09 月 30 日同意更正产品名称内容,2014 年 6 月 17 日核发的医疗器械注册证、医疗器械注册登记表予以废止。
生产厂家:美国 Becton Dickinson and Company
注册代理:碧迪医疗器械(上海)有限公司
服务机构:碧迪医疗器械(上海)有限公司
发证日期:2014.06.17　**截止日期**:2019.06.16

国食药监械(进)字 2014 第 3462905 号

产品名称:椎间融合器(商品名:Oracle)(Oracle System)
规格型号:见附页
产品标准:YZB/SWI 2916-2014《椎间融合器》
性能组成:该产品由符合 YY/T 0660 标准要求的 LT1 聚醚醚酮材料制成,内部嵌有由符合 ISO 5832-11 标准要求的钛 6 铝 7 铌钛合金材料制成的显影钉。产品呈凹形。灭菌包装。
适用范围:适用于腰椎退变性椎间盘疾病,脊柱不稳定,椎管狭窄,假关节形成,融合失败等疾病治疗的手术融合。
生产厂家:瑞士 Synthes GmbH
注册代理:强生(上海)医疗器材有限公司
服务机构:辛迪思(上海)医疗器械贸易有限公司、强生(上海)医疗器材有限公司
发证日期:2014.06.17　**截止日期**:2019.06.16

国食药监械(进)字 2014 第 3462906 号

产品名称:颅颌面外科内固定系统(Cranio-Maxillofacial System)
规格型号:见附页
产品标准:YZB/SWI 2523-2014《颅颌面外科内固定系统》
性能组成:该产品包括接骨板和接骨螺钉。接骨板采用符合 ISO5832-2 标准规定的 1 级、2 级和 4 级纯钛材料制成,接骨螺钉采用了符合 ISO5832-11 标准规定的 Ti6Al7Nb 钛合金材料制成,部分产品表面经阳极化处理。灭菌和非灭菌包装。
适用范围:该产品适用于颅颌面骨内固定。
生产厂家:瑞士 Synthes GmbH
注册代理:强生(上海)医疗器材有限公司
服务机构:见附页(共两家售后服务机构,全部清单请见附页)
发证日期:2014.06.17　**截止日期**:2019.06.16

国食药监械(进)字 2014 第 3462907 号

产品名称:肋骨内固定系统(MatrixRIB)
规格型号:见附页
产品标准:YZB/SWI 2524-2014《肋骨内固定系统》
性能组成:该产品由肋骨接骨板、髓内板、锁定螺钉及非锁定螺钉组成,采用符合 ISO 5832-11 标准规定的 Ti6Al7Nb 钛合金材料制成,表面经阳极化处理。灭菌和非灭菌包装。
适用范围:该产品适用于肋骨骨折、融合和截骨术后内固定。
生产厂家:瑞士 Synthes GmbH
注册代理:强生(上海)医疗器材有限公司
服务机构:见附页(共两家售后服务机构,全部清单请见附页)
发证日期:2014.06.17　**截止日期**:2019.06.16

国食药监械(进)字 2014 第 3462908 号

产品名称:疝气补片(商品名:DynaMesh®-PP)(Hernia Mesh)
规格型号:见附页
产品标准:YZB/GER 4404-2010《疝气补片(商品名:DynaMesh®-PP)》
性能组成:该产品是由单丝聚丙烯组成的网状植入物,分为普通型和轻型两种。产品经环氧乙烷灭菌,一次性使用。
适用范围:该产品适用于通常的外科手术方法修补腹股沟疝和切口疝时使用。
生产厂家:德国 FEG Textiltechnik Forschungs-und Entwicklungsgesellschaft mbH
注册代理:优诺康(北京)医药技术服务有限公司

服务机构:上海兆康医疗器械有限公司
发证日期:2014.06.17 截止日期:2019.06.16

国食药监械(进)字2014第3462909号

产品名称:疝气补片(商品名: DynaMesh)(Hernia Mesh)
规格型号:见附页
产品标准:YZB/GER 1198-2011《疝气补片(商品名:DynaMesh)》
性能组成:该产品是由聚偏二氟乙烯(PVDF)和聚丙烯(PP)单丝纤维编织而成的网状补片。产品经环氧乙烷灭菌,一次性使用。
适用范围:该产品适用于人造肛门成形手术后,腹壁中疝和筋膜缺损的修补,以加强相连组织结构并防止肠脱垂。腹腔镜检查和开放性的外科手术中均可应用。
生产厂家:德国 FEG Textiltechnik Forschungs- und Entwicklungsgesellschaft mbH
注册代理:优诺康(北京)医药技术服务有限公司
服务机构:上海兆康医疗器械有限公司
发证日期:2014.06.17 截止日期:2019.06.16

国食药监械(进)字2014第3462910号

产品名称:疝气补片(商品名: DynaMesh)(Hernia Mesh)
规格型号:见附页
产品标准:YZB/GER 1191-2011《疝气补片(商品名:DynaMesh)》
性能组成:该产品是由聚偏二氟乙烯(PVDF)和聚丙烯(PP)单丝纤维编织而成的网状补片。该产品经环氧乙烷灭菌,一次性使用。
适用范围:该产品适用于腹壁中疝和筋膜缺损的修补,腹腔镜检查和开放性的外科手术中均可使用。
生产厂家:德国 FEG Textiltechnik Forschungs- und Entwicklungsgesellschaft mbH
注册代理:优诺康(北京)医药技术服务有限公司
服务机构:上海兆康医疗器械有限公司
发证日期:2014.06.17 截止日期:2019.06.16

国食药监械(进)字2014第3652911号

产品名称:软组织带线铆钉(商品名:Revo)(Revo Soft Tissue Anchor)
规格型号:C6140H, C6160H
产品标准:YZB/USA 0315-2011《软组织带线铆钉》
性能组成:软组织带线铆钉由钉头(钛-6 铝-4 钒合金)和不可吸收高密度聚乙烯缝线组成。其中C6160H铆钉配有一次性螺丝刀。
适用范围:软组织带线铆钉用于肩关节镜手术中的肩袖修复术和微创小切口手术。
变更情况:变更日期: 2014.11.24。(1)变更企业名称:由“Linvatec Corporation d/b/a ConMed Linvatec”变更为“ConMed Corporation”;(2)变更注册地址:由“11311 Concept Boulevard Largo, FL 33773, USA”变更为“525 French Road Utica, New York 13502, USA”
生产厂家:美国 Linvatec Corporation d/b/a ConMed Linvatec
注册代理:康美林弗泰克(北京)医疗器械有限公司
服务机构:康美林弗泰克(北京)医疗器械有限公司
发证日期:2014.06.17 截止日期:2019.06.16

国食药监械(进)字2014第3462912号

产品名称:膝关节假体(商品名: Triathlon)(Triathlon Total Knee System)
规格型号:见附页
产品标准:YZB/USA 2841-2014《膝关节假体》
性能组成:该产品由股骨髁、髌骨、胫骨衬垫、胫骨平台、股骨远端固定销组成。股骨髁、胫骨平台采用符合ISO5832-4标准规定的铸造钴铬钼合金材料制成,股骨远端固定销采用符合ISO5832-12标准规定的锻造钴铬钼合金材料制成,髌骨和胫骨衬垫采用符合GB/T19701.2标准规定的2型超高分子聚乙烯材料制成,胫骨衬垫显影丝采用符合ISO5832-5标准规定的钴铬钨镍合金制成。灭菌包装。
适用范围:该产品为骨水泥性假体。适用于由退行性、类风湿性或创伤后关节炎引起的疼痛、功能丧失的膝关节疾病;创伤后膝关节的结构和功能丧失;中度内外翻或屈曲畸形,其中韧带结构可恢复到足够的功能和稳定性;以前不成功的膝关节置换术或其他操作的翻修。后稳定型部件的其他适应症:韧带性不稳定。要求植入物承重表面几何形状增加限制,后交叉韧带缺失或无功能等。远端金属块和胫骨楔适用于继发于退行性、类风湿性或创伤后关节炎,伴出现骨缺损的疼痛、功能丧失的膝关节疾病;以前不成功的全膝关节置换术或其他手术操作,伴骨缺损的翻修。
生产厂家:美国 Howmedica Osteonics Corp.
注册代理:史赛克(北京)医疗器械有限公司
服务机构:史赛克(北京)医疗器械有限公司
发证日期:2014.06.17 截止日期:2019.06.16

国食药监械(进)字2014第2652913号

产品名称:聚丙烯不可吸收缝合线(商品名:普理灵)(PROLENE Polypropylene Nonabsorbable Suture)
规格型号:见附页
产品标准:YZB/USA 3176-2014《聚丙烯不可吸收缝合线》
性能组成:本产品是由聚丙烯制成的非吸收性单股无菌手术缝线。缝线有蓝色和未染色两种。缝线可分为带不锈钢针缝线和不带针缝线。产品经环氧乙烷灭菌,一次性使用。
适用范围:本产品适用于一般软组织的缝合和/或结扎,包括用于心血管、眼科和神经手术。
生产厂家:美国 Ethicon, LLC
注册代理:强生(上海)医疗器材有限公司
服务机构:强生(上海)医疗器材有限公司
发证日期:2014.06.17 截止日期:2019.06.16

国食药监械(进)字2014第3772914号

产品名称:血液透析导管套装(Hemodialysis Catheters Set)
规格型号:见附件
产品标准:YZB/ISR 3277-2014《血液透析导管套装》
性能组成:由血液透析导管、扩张器、导丝、穿刺针、注射器、肝素帽组成,一次性使用产品,环氧乙烷灭菌。
适用范围:用于锁骨下静脉,颈静脉和股静脉进行短期透析和血液滤过使用。
生产厂家:以色列 BIOMETRIX LIMITED
注册代理:广州德朗医疗设备有限公司
服务机构:广州德朗医疗设备有限公司
发证日期:2014.06.17 截止日期:2019.06.16

国食药监械(进)字2014第3662915号

产品名称:输尿管支架及导管套件(商品名:输尿管支架及导管套件 Ureteral Stents/Catheters)(Ureteral Stents/Catheters)
规格型号:见附页
产品标准:YZB/GEM 0307-2010《输尿管支架及导管套件》
性能组成:本产品具有射线不透过性。结构及组成:输尿管支架及导管的头端形状有:单猪尾、双猪尾及直型;开口类型分:两端开口、两端闭口、末端闭口和Tiemann头端。产品套件的包装内包括一个或多个以下部件:输尿管支架、输尿管导管、输尿管切开支架、输尿管内支架、术中用输尿管支架、夹子、推送导管、导丝、连接头。
适用范围:本产品适用于肾结石、输尿管炎症的辅助治疗;创伤治疗;泌尿道手术后的外科介入性治疗;输尿管一般性狭窄和梗阻的治疗;获取用于诊断目的的尿样;某些短期引流的输助治疗;输尿管开放手术的介入性治疗;肾移植手术后的经皮引流;不能手术的恶性肿瘤的姑息治疗。
变更情况:变更日期:2014.12.29。变更企业注册地址由“Via Frattini, 15-41600 Mantova”变更为“Via Frattini, 15-46100 Mantova Italy”;变更生产地址由“Via S.Faustino, 88, 41037 Mirandola Modena Italia”变更为“Via S.Faustino, 88, 41037Mirandola Modena Italy”。
生产厂家:德国 GALLINI S.r.l
注册代理:北京德迈特贸易有限公司
服务机构:北京德迈特贸易有限公司
发证日期:2014.06.17 截止日期:2019.06.16

国食药监械(进)字2014第3462916号

产品名称:骶骨棒系统(Sacral bars)
规格型号:见附页
产品标准:YZB/SWI 2745-2014《骶骨棒系统》
性能组成:该产品包括骶骨棒,螺母及垫圈,采用符合ISO5832-1的不锈钢材料制造。包装分为灭菌包装和非灭菌包装,灭菌包装的产品经

GAMMA 射线灭菌，产品一次性使用。
适用范围:该产品适用于骨盆的骨折稳定，直到骨愈合为止。
生产厂家:瑞士 Synthes GmbH
注册代理:强生(上海)医疗器材有限公司
服务机构:辛迪思(上海)医疗器械贸易有限公司；强生(上海)医疗器材有限公司
发证日期:2014.06.17　**截止日期**:2019.06.16

国食药监械(进)字 2014 第 2542917 号

产品名称:负压创伤治疗仪(V.A.C. Therapy Unit)
规格型号:InfoV.A.C.
产品标准:YZB/USA 3205-2014《负压创伤治疗仪》
性能组成:InfoV.A.C.负压创伤治疗仪由主机和电源线组成。主机上具有触摸屏，闩锁释放装置，提拎装置，存储卡接口、USB 接口和红外线接口，并配有触摸笔。
适用范围:该治疗仪与 KCI 公司生产的负压辅助愈合治疗系统用耗材一起使用，通过产生一种可控制的负压来创造一种密闭的湿润环境，用来促进伤口的愈合。可用于慢性、急性、外伤性、亚急性及裂开伤口，烧伤，溃疡(例如糖尿病溃疡或压力性溃疡)，皮瓣或植皮前后的伤口。该产品仅限在医疗机构由专业医师操作使用，不可用于普外科。
生产厂家:美国 KCI USA, Inc
注册代理:上海铠晞尔医疗器械贸易有限公司
服务机构:上海铠晞尔医疗器械贸易有限公司
发证日期:2014.06.18　**截止日期**:2019.06.17

国食药监械(进)字 2014 第 3252918 号

产品名称:凝固电极(Habib 4X)
规格型号:4401，4401s，4401L，700-103659
产品标准:YZB/USA 3369-2014《凝固电极》
性能组成:产品由电极、开关、扳手、深度限制钮和连接电缆组成。一次性使用无菌产品，环氧乙烷灭菌。
适用范围:产品配合 RITA 射频消融系统 1500/1500X 或者 Radionics Cosman Coagulator CC-1 射频发生器一起使用，用于在外科手术进行时对组织进行凝血。
生产厂家:美国 AngioDynamics, Inc
注册代理:广州安仁医疗器械有限公司
服务机构:广州安仁医疗器械有限公司
发证日期:2014.06.18　**截止日期**:2019.06.17

国食药监械(进)字 2014 第 3242919 号

产品名称:倍频 Nd:YVO4 眼科激光光凝机及附件(PurePoint Laser System and Accessories)
规格型号:主机型号:PurePoint，，附件型号见附页
产品标准:YZB/USA 3172-2014《倍频 Nd:YVO4 眼科激光光凝机及附件》
性能组成:产品由激光主机(包含二极管泵浦 LBO 倍频 Nd:YVO4 固体激光器)、脚踏开关及附件组成；附件包含激光探头、激光间接检眼镜和、激光防护眼镜、激光识别附件、裂隙灯适配器和医生保护滤镜，具体规格见附页。治疗光波长:532nm±5nm；激光输出方式为:连续、单脉冲和连续脉冲；脉冲宽度:在 10ms～2s 范围内可调；误差为±10%；脉冲间隔:在 30ms～1s 范围内可调，误差±10%；激光功率:30mW～1500mW，预置误差:不大于±20%；瞄准激光波长:635nm±5nm；瞄准激光功率要求:＜1mW。
适用范围:该产品临床适用于眼前节、后节的光凝，包括:全视网膜光凝、视网膜和脉络膜的血管和结构异常的玻璃体光凝、黄斑水肿光凝、治疗原发性闭角型青光眼的虹膜切除术和治疗原发性开角型青光眼的小梁成形术。
备注:2014 年 09 月 17 日同意更正型号、规格内容，2014 年 6 月 18 日核发的医疗器械注册登记表予以废止。
生产厂家:美国爱尔康公司(Alcon Laboratories, Incorporated)
注册代理:爱尔康(中国)眼科产品有限公司
服务机构:爱尔康(中国)眼科产品有限公司
发证日期:2014.06.18　**截止日期**:2019.06.17

国食药监械(进)字 2014 第 3222920 号

产品名称:一次性高频钳(商品名:见附页)(ディスポーザブル高周波切開鉗子)
规格型号:FD-420LR、FD-430L
产品标准:YZB/JAP 3482-2014《一次性高频钳》
性能组成:该产品由一次性使用无菌产品一次性高频钳(FD-420LR、FD-430L))和选购品 A 电缆 (MH-969、MAJ-860)组成。产品性能见附页。
适用范围:该产品与奥林巴斯内镜配套使用，利用高频电流，在上消化道内进行组织切开。
备注:2014 年 7 月 29 日同意更正注册号内容，2014 年 6 月 18 日核发的医疗器械注册证、医疗器械注册登记表、附页予以废止。
生产厂家:日本奥林巴斯医疗株式会社，オリンパスメディカルシステムズ株式会社
注册代理:奥林巴斯贸易(上海)有限公司
服务机构:奥林巴斯(北京)销售服务有限公司
发证日期:2014.06.18　**截止日期**:2019.06.17

国食药监械(进)字 2014 第 3222921 号

产品名称:一次性高频钳(商品名:Coagrasper)(ディスポーザブル高周波止血鉗子)
规格型号:FD-410LR
产品标准:YZB/JAP 3484-2014《一次性高频钳》
性能组成:该产品由一次性使用无菌产品一次性高频钳(FD-410LR))和选购品 A 电缆 (MH-969、MAJ-860)组成。产品性能见附页。
适用范围:该产品与奥林巴斯内镜配套使用，利用高频电流对消化道内的组织进行电烧、凝固和止血。
备注:2014 年 7 月 29 日同意更正注册号内容，2014 年 6 月 18 日核发的医疗器械注册证、医疗器械注册登记表、附页予以废止。
生产厂家:日本奥林巴斯医疗株式会社，オリンパスメディカルシステムズ株式会社
注册代理:奥林巴斯贸易(上海)有限公司
服务机构:奥林巴斯(北京)销售服务有限公司
发证日期:2014.06.18　**截止日期**:2019.06.17

国食药监械(进)字 2014 第 3212922 号

产品名称:病人监护仪(CARESCAPE Monitor)
规格型号:B650
产品标准:YZB/FIN 3498-2014《病人监护仪》
性能组成:该产品由 B650 监护仪主机、显示器、参数模块、参数模块连接附件、条形码读取器、遥控器、UnityNetwork 接口设备(ID)、记录仪、电池组成。参数模块包括：患者数据模块：PDM(Masimo)、PDM(Nellcor)；患者床旁模块：E-PSM-01、E-PSMP-01；心输出量和 Sv02 模块：E-COPSV-01；心输出量模块：E-COP-01、E-PiCCO-00；血压模块：E-P-00；双血压模块：E-PP-00；血压体温模块：E-PT-00；CARESCAPE 呼吸模块:E-sCO-00、E-sCOV-00、E-sCAiO-00、E-sCAiOV-00；单宽度气道模块：E-MiniC-00；ENTROPY 模块：E-ENTROPY-01；NMT 模块：E-NMT-01；EEG 模块：E-EEG-00；EEG 头盒：N-EEG-01；BIS 模块：E-BIS-01；处理单元：BISx；Nellcor 饱和度模块：E-NSATX-00；Masimo 饱和度模块：E-MASIMO-00；参数模块连接附件包括：ECG 电缆和导联线附件、TruSignal Sp02 附件、Masimo Sp02 附件、NellcorSp02 附件，无创血压附件，有创血压附件，心输出量附件，Sv02/Scv02 附件，气体附件，肺功能测定附件，熵指数附件，NMT 附件，EEG 附件，BIS 附件，PiCCO 附件，详见附页(三)。
适用范围:详见附页(一)和附页(二)。
生产厂家:芬兰 GE Healthcare Finland Oy
注册代理:通用电气医疗系统贸易发展(上海)有限公司
服务机构:通用电气医疗系统贸易发展(上海)有限公司
发证日期:2014.06.18　**截止日期**:2019.06.17

国食药监械(进)字 2014 第 2542923 号

产品名称:负压创伤治疗仪(V.A.C. Therapy Unit)
规格型号:ActiV.A.C.
产品标准:YZB/USA 3110-2014《负压创伤治疗仪》
性能组成:ActiV.A.C.负压创伤治疗仪由主机和电源线组成。主机上具有触摸屏，闩锁释放装置和 USB 接口。
适用范围:该治疗仪与 KCI 公司生产的负压辅助愈合治疗系统用耗材一起使用，通过产生一种可控制的负压来创造一种密闭的湿润环境，用来促进伤口的愈合。可用于慢性、急性、外伤性、亚急性及裂开伤口，烧

伤，溃疡(例如糖尿病溃疡或压力性溃疡)，皮瓣或植皮前后的伤口。该产品仅限在医疗机构由专业医生操作使用，不可用于普外科。
生产厂家:美国 KCI USA, Inc
注册代理:上海铠晞尔医疗器械贸易有限公司
服务机构:上海铠晞尔医疗器械贸易有限公司
发证日期:2014.06.18 **截止日期**:2019.06.17

国食药监械(进)字 2014 第 3232924 号

产品名称:超声诊断系统(Diagnostic Ultrasound System)
规格型号:ACUSON SC2000
产品标准:YZB/USA 3436-2014《超声诊断系统》
性能组成:见《产品性能结构及组成附页》。
适用范围:该产品适用于临床超声检查及诊断
生产厂家:美国西门子医疗系统公司(Siemens Medical Solutions USA, Inc.)
注册代理:西门子(中国)有限公司
服务机构:西门子(中国)有限公司
发证日期:2014.06.18 **截止日期**:2019.06.17

国食药监械(进)字 2014 第 3232925 号

产品名称:超声诊断系统(Diagnostic Ultrasound System)
规格型号:ACUSON S1000
产品标准:YZB/USA 3438-2014《超声诊断系统》
性能组成:见《产品性能结构及组成附页》。
适用范围:该产品适用于临床超声检查及诊断
生产厂家:美国西门子医疗系统公司(Siemens Medical Solutions USA, Inc.)
注册代理:西门子(中国)有限公司
服务机构:西门子(中国)有限公司
发证日期:2014.06.18 **截止日期**:2019.06.17

国食药监械(进)字 2014 第 2402926 号

产品名称:全自动生化分析仪(HITACHI LABOSPECT 008 AUTOMATIC ANALYZER)
规格型号:日立 LABOSPECT 008
产品标准:YZB/JAP 3053-2014《全自动生化分析仪》
性能组成:分析仪主要包括三个部分：控制部、分析部（由结构及功能相同的A/B两个试剂加注系统共四根试剂针、2根样品针构成）和样本架传送部。控制部由计算机、鼠标、键盘、显示器及操作软件构成。分析部的比色分析单元和电解质分析单元（选装）可分别扩展至四个单元（模块）和两个单元。
适用范围:该产品在医学临床上用于对血液、尿液样本进行临床化学检验、电解质分析检验。
备注:2014年11月21日同意更正产品性能结构及组成内容，2014年6月18日核发的医疗器械注册登记表予以废止。
生产厂家:日本株式会社日立高新技术
注册代理:日立高新技术(上海)国际贸易有限公司
发证日期:2014.06.18 **截止日期**:2019.06.17

国食药监械(进)字 2014 第 3772927 号

产品名称:诊断用电极导管(Diagnostic Electrode Catheters)
规格型号:见附页
产品标准:YZB/USA 2624-2014《诊断用电极导管》
性能组成:诊断用电极导管由导管、手柄和连接器组成。一次性使用灭菌产品，环氧乙烷灭菌。导管规格型号及弯型图示见附页。
适用范围:诊断用电极导管用于临时性心内感应、记录和刺激，以及在心律失常的评价过程中进行临时起搏。
变更情况:变更日期：2015.02.10。“代理人名称:巴德医疗科技（上海）有限公司代理人地址:无；”变更为“代理人名称:波科国际医疗贸易（上海)有限公司代理人住所:中国(上海)自由贸易试验区日京路 68 号生产楼第二层A部位”。
生产厂家:美国 Bard Electrophysiology A Division of C.R. Bard Inc.
注册代理:巴德医疗科技(上海)有限公司
服务机构:巴德医疗科技(上海)有限公司
发证日期:2014.06.18 **截止日期**:2019.06.17

国食药监械(进)字 2014 第 3242928 号

产品名称:准分子激光角膜屈光治疗机(Star S4 IR Excimer Laser System with Variable Spot Scanning(VSS))
规格型号:STAR S4 IR
产品标准:YZB/USA 3043-2014《准分子激光角膜屈光治疗机》
性能组成:该产品由准分子激光器、光束传递和变换系统、虹膜定位和ActiveTrak 跟踪系统、以计算机为核心的操作控制系统、激光器供气监测系统、AMO治疗卡系统、手术显微镜、手术床、脚踏开关组成。激光峰值波长:193nm±5nm；脉冲持续时间:20ns±20%；脉冲重复频率:1.5Hz-10Hz(标准治疗)±20%，6Hz-20Hz(Custom WavePrint 治疗)±20%；终端输出能量不稳定度（St）：<±5%；终端输出能量复现性（Rp)）：<±10%。
适用范围:该产品临床适用于角膜屈光矫正术(PRK LASIK)和治疗性角膜切削术(PTK)。
生产厂家:美国 AMO Manufacturing USA, LLC
注册代理:眼力健（上海）医疗器械贸易有限公司
服务机构:眼力健（上海）医疗器械贸易有限公司
发证日期:2014.06.18 **截止日期**:2019.06.17

国食药监械(进)字 2014 第 2222929 号

产品名称:便携式视野计(OCULUS perimeter)
规格型号:Easyfield 56930/Easyfield C/Easyfield S
产品标准:YZB/GER 3403-2014《便携式视野计》
性能组成:该产品由视野计主机、控制台、电源、主干电缆、眼睛遮光板、患者反馈按钮、安装安全口径校正透镜的基座、接口电缆组成。
适用范围:该产品用于测量人眼的视野。
生产厂家:德国 OCULUS Optikgerate GmbH
注册代理:广州达美康科技有限公司
服务机构:广州达美康科技有限公司
发证日期:2014.06.18 **截止日期**:2019.06.17

国食药监械(进)字 2014 第 3662930 号

产品名称:自体细胞采集器（商品名：ReCell）(Autologous Cell Harvesting Device)
规格型号:C3RL01
产品标准:YZB/UK 3236-2014《自体细胞采集器》
性能组成:本产品由主机处理器、一次性使用无菌注射器(5mL/10mL)、无菌塑柄手术刀、喷嘴、一次性使用无菌注射针(18G/19G)、细胞滤网、冻干胰蛋白酶、复方乳酸钠溶液、无菌注射用水组成。本产品以无菌状态提供，一次性使用，其中冻干胰蛋白酶、复方乳酸钠溶液和无菌注射用水禁止作为药品单独使用。
适用范围:用于分解和收集取自患者刃厚皮片的细胞，并根据医师决定用于患者自体皮肤创面的治疗。对于全厚皮肤组织缺损的治疗需与补充技术联合使用，如真皮再生模板、自体网状皮肤移植术和网状真皮层移植术。
生产厂家:英国 Avita Medical Europe Ltd.
注册代理:北京世代保康科技发展有限公司
服务机构:北京世代保康科技发展有限公司
发证日期:2014.06.18 **截止日期**:2019.06.17

国食药监械(进)字 2014 第 3232931 号

产品名称:超声诊断设备(汎用超音波画像診断装置)
规格型号:APLIO 500 TUS-A500
产品标准:YZB/JAP 3117-2014《超声诊断设备》
性能组成:产品性能结构及组成见附页。
适用范围:本产品适用于临床超声诊断。
备注:2014年8月18日同意更正型号、规格内容，2014年6月18日核发的医疗器械注册登记表予以废止。
生产厂家:日本东芝医疗系统株式会社(東芝メディカルシステムズ株式会社)
注册代理:东芝医疗系统(中国)有限公司
服务机构:东芝医疗系统(中国)有限公司
发证日期:2014.06.18 **截止日期**:2019.06.17

国食药监械(进)字 2014 第 2402932 号

产品名称:全自动凝血分析仪(Coagulation Instrument)

规格型号:ACL TOP 700、ACL TOO 700 CTS、ACL TOP 700 LAS。
产品标准:YZB/USA 3150-2014《全自动凝血分析仪》
性能组成:本产品主要组成：样本区、稀释区、试剂区、废物处理单元、样本处理单元、试剂处理单元、反应与检测单元。
适用范围:本产品用于临床凝血和纤溶测试。
生产厂家:美国 Instrumentation Laboratory Co.
注册代理:沃芬医疗器械商贸(北京)有限公司
服务机构:沃芬医疗器械商贸(北京)有限公司
发证日期:2014.06.18 **截止日期**:2019.06.17

国食药监械(进)字 2014 第 3252933 号

产品名称:微波治疗仪(Microwave Therapy)
规格型号:Microwave 25P
产品标准:YZB/BEL 3411-2014《微波治疗仪》
性能组成:治疗仪由主机、显示屏、辐射器（大面积辐射器(460mmx180mmx200mm)、圆锥形辐射器(ϕ 170mm)）组成。工作频率2450MHz±50 MHz；最大输出功率不大于 250W，误差±30%；驻波比不大于 3；输出模式：连续和脉冲两种模式。
适用范围:产品适用于物理治疗和康复中心，用于缓解由软组织和浅表关节的创伤和风湿引起的疼痛。
生产厂家:比利时 Fysiomed N.V.
注册代理:北京普康科健医疗设备有限公司
服务机构:北京普康科健医疗设备有限公司
发证日期:2014.06.18 **截止日期**:2019.06.17

国食药监械(进)字 2014 第 2222934 号

产品名称:纤维鼻咽喉镜(軟性鼻咽喉鏡)
规格型号:ENF TYPE XP、ENF TYPE P4、ENF TYPE GP
产品标准:YZB/JAP 3214-2014《纤维鼻咽喉镜》
性能组成:该产品是由纤维鼻咽喉镜（ENF TYPE P4、ENF TYPE XP、ENF TYPE GP）以及附件导光束适配器 MAJ-900 组成。
适用范围:ENF TYPE GP 与微型光源或各种内镜用导光束、光源装置、摄像装置配合使用，用于对鼻咽喉范围内进行观察和摄影；ENF TYPE P4/ENF TYPE XP 与各种内镜用光源装置，摄像装置配合使用，用于对鼻咽喉范围内进行观察、摄影。
生产厂家:日本奥林巴斯医疗株式会社，オリンパスメデイカルシステムズ株式会社
注册代理:奥林巴斯贸易(上海)有限公司
服务机构:奥林巴斯(北京)销售服务有限公司
发证日期:2014.06.18 **截止日期**:2019.06.17

国食药监械(进)字 2014 第 3242935 号

产品名称:二氧化碳激光治疗机(Carbon Dioxide Laser)
规格型号:AcuPulse 40WG
产品标准:YZB/ISR 3350-2014《二氧化碳激光治疗机》
性能组成:该产品由 CO2 激光主机、细菌过滤器、CO2 激光光纤连接装置、脚踏开关组成。主机包括 CO2 激光器，操作控制和显示面板，电源及带光纤智能识别装置(SIS)的控制系统，安全及防护系统，冷却系统。不含光纤。激光波长:10.6μm，允差±0.1μm；脉冲持续时间(单脉冲):CW 模式:0.01-1.00s，Pulser 和 SuperPulse 模式:0.05-1.00s；脉冲间隔时间(重复脉冲):0.01-1.00s；瞄准光波长:635nm，允差±10nm；功率≤5mW。
适用范围:该产品用于人体软组织的汽化、碳化、凝固和照射，以达到治疗的目的。
生产厂家:以色列科医人有限公司(Lumenis Limited)
注册代理:科医人医疗激光设备贸易(北京)有限公司
服务机构:科医人医疗激光设备贸易(北京)有限公司
发证日期:2014.06.18 **截止日期**:2019.06.17

国食药监械(进)字 2014 第 3212936 号

产品名称:术中脑电/肌电/诱发电位测量系统(NIM-ECLIPSE System)
规格型号:NIM-ECLIPSE
产品标准:YZB/USA 2665-2014《术中脑电/肌电/诱发电位测量系统》
性能组成:该产品由主机、线缆、外围设备、一次性使用泡沫耳塞、Nim-Eclipse 系统软件组成，详见附件。
适用范围:该产品分为 SD 模式和 NS 模式，其中：SD 模式：该产品适用于记录、测量和刺激/记录包括肌电图(EMG)、诱发的反应和神经/肌肉电位在内的生物电位信号，以及适用于术中诊断皮质轴突传导急性功能障碍。该产品向外科医师和手术小组提供反馈，帮助定位和评估脊髓神经和验证脊髓仪器的位置，以免损伤处于危险中的神经根。NS 模式：该产品设用于测量感觉和运动传导通路，并为判断成人颅内和颅外血管动脉中的血流状态提供信息。该产品通过脑电图(EEG)、肌电图(EMG)、运动和感觉诱发电位和神经电位分析。经颅刺激运动诱发电位技术用于评估皮质脊髓束轴突传导急性功能障碍。该产品在手术室和重症监护环境中使用，向医护专业人员提供信息，以指导手术和评估病人的神经和血管状态。
生产厂家:美国 Medtronic Xomed, Inc.
注册代理:美敦力(上海)管理有限公司
服务机构:美敦力(上海)管理有限公司
发证日期:2014.06.16 **截止日期**:2019.06.15

国食药监械(进)字 2014 第 3212937 号

产品名称:一次性使用手术电极(Electrode)
规格型号:见附页
产品标准:YZB/USA 2681-2014《一次性使用手术电极》
性能组成:该产品含有表面电极、螺旋电极和针式电极，其中：表面电极包括无导线表面电极（由面板和按钮组成）和导线表面电极（由面板和导线组成）。螺旋电极由螺旋针头、护罩和导线组成。针式电极由针头、护罩和导线组成。该产品为一次性使用，环氧乙烷灭菌。
适用范围:该产品配合 NIM 或其他 EMG 测量仪使用，用于记录电信号、施加电刺激或返回电刺激，预期用于术中神经测量。表面电极可直接用于患者皮肤，针电极和螺旋电极用于患者皮下组织。
生产厂家:美国 Medtronic Xomed, Inc.
注册代理:美敦力(上海)管理有限公司
服务机构:美敦力(上海)管理有限公司
发证日期:2014.06.16 **截止日期**:2019.06.15

国食药监械(进)字 2014 第 3212938 号

产品名称:一次性使用神经刺激探头(Nim Probe)
规格型号:见附页
产品标准:YZB/USA 2687-2014《一次性使用神经刺激探头》
性能组成:该产品由探头、杆部、手柄和导线组成。该产品为一次性使用，环氧乙烷灭菌。
适用范围:该产品与术中脑电/肌电/诱发电位测量系统配合使用，预期用于术中定位，识别和测量颅运动神经、周围神经和脊神经根。
生产厂家:美国 Medtronic Xomed, Inc.
注册代理:美敦力(上海)管理有限公司
服务机构:美敦力(上海)管理有限公司
发证日期:2014.06.16 **截止日期**:2019.06.15

国食药监械(进)字 2014 第 3102939 号

产品名称:一次性使用椎弓根探针和探头(NIM Pedicle Probe)
规格型号:见附页
产品标准:YZB/USA 2688-2014《一次性使用椎弓根探针和探头》
性能组成:该产品由椎弓根探针和探头组成。椎弓根探针由针头和导线组成；椎弓根探头由探头、杆部和手柄组成。该产品为一次性使用，伽马射线灭菌。
适用范围:该产品预期用作术中脑电/肌电/诱发电位测量系统的刺激配件，可用于外科手术进行与患者相连的术中神经测量，即协助手术医师通过使用肌电(EMG)信号与电神经刺激来定位与映射运动神经。该产品可用于术中定位与识别颅运动神经、外周运动神经和脊神经根。
生产厂家:美国 Medtronic Sofamor Danek USA, Inc.
注册代理:美敦力(上海)管理有限公司
服务机构:美敦力(上海)管理有限公司
发证日期:2014.06.16 **截止日期**:2019.06.15

国食药监械(进)字 2014 第 3542940 号

产品名称:呼吸机(Ventilator Support System)
规格型号:BiPAP A40
产品标准:YZB/USA 2765-2014《呼吸机》
性能组成:产品由主机、湿化器(BiPAP A SRS)、15mm 管路(6FT System One Performance tubing-15)或 22mm 管路(Performance Tubing 6’,

White)、过滤片、存储卡、交流电源适配器、可拆卸电池和充电器、电源线、血氧模块(High performance/Low power Oximetry module)组成。
适用范围:BiPAP A40 呼吸机用于提供有创和无创通气支持，以治疗患有阻塞性睡眠呼吸暂停综合症(OSA)、呼吸功能不全或呼吸衰竭的成年患者以及体重超过 10kg 的儿童患者。本设备供家庭、医疗机构使用，并可以结合轮椅和轮床等移动设备使用。本设备不可用做转运呼吸机，也不适用于生命支持。
生产厂家:美国 Respironics, Inc.
注册代理:飞利浦(中国)投资有限公司
服务机构:飞利浦(中国)投资有限公司
发证日期:2014.06.16 **截止日期**:2019.06.15

国食药监械(进)字 2014 第 3232941 号

产品名称:彩色超声诊断仪(Diagnostic Ultrasound System)
规格型号:LOGIQ E8
产品标准:YZB/ROK 2575-2014《彩色超声诊断仪》
性能组成:见《产品性能结构及组成附页》。
适用范围:适用于临床超声诊断。
生产厂家:韩国 GE Ultrasound Korea, Ltd.
注册代理:通用电气医疗系统贸易发展(上海)有限公司
服务机构:通用电气医疗系统贸易发展(上海)有限公司
发证日期:2014.06.16 **截止日期**:2019.06.15

国食药监械(进)字 2014 第 3212942 号

产品名称:病人监护仪(Patient monitoring system)
规格型号:B20i
产品标准:YZB/FIN 2640-2014《病人监护仪》
性能组成:该产品由主机、模块插件箱、单宽气道模块(E-miniC-00)、记录仪、充电电池、附件和电源线组成，附件包括 ECG 电缆、ECG 导联线、ECG 电缆适配器、NIBP 空气软管及袖带、SpO2 互联电缆及传感器、温度探头及电缆、有创血压电缆、气道气体附件，详见附表。主机根据内部所整合的血液动力学模块的不同，具有 4 种不同配置，详见附表。
适用范围:该产品为多参数监护仪，用于在医院环境和医院内部运输过程中对成人、小儿和新生儿心电 (含心律失常和 ST 段分析)、脉率、血氧、无创血压、有创血压、体温、呼吸和呼气末二氧化碳监护，该产品仅限于在执业的医护人员的直接监控下使用。其中，呼气末二氧化碳监护仪适用于体重 5 公斤以上的病人；阻抗呼吸和 GE SpO2 不适用于新生儿患者，详见附表。
生产厂家:芬兰 GE Healthcare Finland Oy
注册代理:通用电气医疗系统贸易发展(上海)有限公司
服务机构:通用电气医疗系统贸易发展(上海)有限公司
发证日期:2014.06.16 **截止日期**:2019.06.15

国食药监械(进)字 2014 第 3282943 号

产品名称:磁共振成像系统(MRI System)
规格型号:MAGNETOM Prisma
产品标准:YZB/GER 2785-2014《磁共振成像系统》
性能组成:产品由 3T 超导磁体、梯度系统、射频系统、射频线圈、计算机系统、生理信号门控系统、检查床组成。部件型号请参见附件。
适用范围:用于临床 MRI 诊断
生产厂家:德国 Siemens AG
注册代理:西门子(中国)有限公司
服务机构:西门子(中国)有限公司
发证日期:2014.06.16 **截止日期**:2019.06.15

国食药监械(进)字 2014 第 3402944 号

产品名称:全自动核酸检测分析系统(Procleix® PANTHER® System)
规格型号:PANTHER
产品标准:YZB/USA 2638-2014《全自动核酸检测分析系统》
性能组成:该产品由位于同一装置中的测试仪器和计算机组成。具体组件如下:遮盖:包含顶部遮板，左右侧遮盖门，显示器；上部隔间组件:包含试剂隔间和试剂条码阅读器，吸头抽屉，样本隔间和样本条码阅读器，靶标捕获试剂 (TCR) 转盘 ，移液器系统，液体泵；中部隔间组件：包含保温箱，MTU 输入队列，分配器，AMP 加载台，HPA 加载台，磁清洗工作台，样本混合台，冷光仪，输出队列；下部隔间组件:包含计算机，废料抽屉(固体废料容器和液体废料容器)，通用液体抽屉，NaOCl 瓶以及真空系统；其他：Procleix® PANTHER®系统软件。
适用范围:该产品是一个集成的核酸检测系统，与经批准的 Procleix 检测试剂共同使用，可全自动完成人类样本中致病性病原体检测过程中的样本处理、扩增、检测和数据压缩步骤。
生产厂家:美国 Gen-Probe Incorporated
注册代理:上海诺华贸易有限公司
服务机构:上海诺华贸易有限公司
发证日期:2014.06.16 **截止日期**:2019.06.15

国食药监械(进)字 2014 第 3222945 号

产品名称:电子结肠镜(大腸ビデオスコープ)
规格型号:见附页
产品标准:YZB/JAP 2618-2014《电子结肠镜》
性能组成:本产品由电子结肠镜 (CF-H170L, CF-H170I) 以及附件 (吸引按钮(MH-443)、送气送水按钮(MH-438)、钳子管道开口阀(MB-358)) 组成。详见附页。
适用范围:本产品用于大肠的观察、诊断、摄影与治疗。
生产厂家:日本奥林巴斯医疗株式会社
注册代理:奥林巴斯贸易(上海)有限公司
服务机构:奥林巴斯(北京)销售服务有限公司
发证日期:2014.06.16 **截止日期**:2019.06.15

国食药监械(进)字 2014 第 3242946 号

产品名称:激光扫描检眼镜(scanning laser ophthalmoscope)
规格型号:Daytona(P200T)
产品标准:YZB/UK 2105-2014《激光扫描检眼镜》
性能组成:该产品由激光扫描检眼镜主机、显示器 (型号: A10612)、电源线组成。激光波长:633nm±10nm(红色)，532nm±10nm(绿色)；激光功率 0.7-0.8mW(红色)，1.9-2.2mW(绿色)；最大眼底视野范围:＞200°；可测量的最小瞳孔直径:2mm±0.4mm；激光扫描时间:＜0.4 秒；数字图像尺寸:3900 x3072 像素。
适用范围:用于眼底检查
生产厂家:英国 OPTOS PLC
注册代理:北京高视远望科技有限责任公司
服务机构:北京高视远望科技有限责任公司
发证日期:2014.06.16 **截止日期**:2019.06.15

国食药监械(进)字 2014 第 3572947 号

产品名称:医用臭氧治疗仪(Ozone Generators)
规格型号:OZONOBARIC P
产品标准:YZB/SPA 2648-2014《医用臭氧治疗仪》
性能组成:该产品由臭氧发生器、控制面板、LCD 显示屏和电源线组成。臭氧浓度范围 0～80μg/ml 连续可调。
适用范围:该产品用于缓解腰椎间盘突出症引起的腰腿痛。
备注:配件氧气瓶或集中供氧装置、压力调节器、软管、防尘过滤器、传导线、注射器、瓶、袋不在本次注册范围内。
生产厂家:西班牙 SEDECAL (Sociedad Espanola de Electromedicina y Calidad, S.A.)
注册代理:北京圣事利医疗器械有限公司
服务机构:北京圣事利医疗器械有限公司
发证日期:2014.06.16 **截止日期**:2019.06.15

国食药监械(进)字 2014 第 3232948 号

产品名称:超声眼科乳化治疗仪及附件(Vision System)
规格型号:Centurion
产品标准:YZB/USA 2599-2014《超声眼科乳化治疗仪及附件》
性能组成:超声眼科乳化治疗仪由主机 (型号 Centurion)、触摸式显示器、脚踏开关 8065751762、遥控器 8065751774、托盘架、电缆线和附件组成，附件的型号见附页。
适用范围:适用于白内障、残渣皮质和晶状体上皮细胞的乳化、分离、灌注和抽吸，与眼前部玻璃体切除相关的玻璃体抽吸和切割、双极电凝以及人工晶状体植入。AutoSert®人工晶状体推注器手柄适用于在白内障摘除之后向眼球内植入合格的 AcrySof®人工晶状体。
生产厂家:美国爱尔康公司(Alcon Laboratories, Incorporated)
注册代理:爱尔康(中国)眼科产品有限公司
服务机构:爱尔康(中国)眼科产品有限公司

发证日期:2014.06.16　　**截止日期**:2019.06.15

国食药监械(进)字2014第3212949号

产品名称:植入式心律转复除颤器(商品名:PUNCTUA)(Implantable Cardioverter Defibrillator)
规格型号:F050、F052
产品标准:YZB/USA 2626-2014《植入式心律转复除颤器》
性能组成:产品由脉冲发生器和扭转扳手组成。
适用范围:本产品可以为危及生命的室性心律失常患者提供自动的心室抗心动过速起搏(ATP)和心室除颤治疗。
生产厂家:美国 Cardiac Pacemakers Incorporated, a wholly owned subsidiary of Guidant Corporation, a wholly owned subsidiary of Boston Scientific Corporation
注册代理:波科国际医疗贸易(上海)有限公司
服务机构:波科国际医疗贸易(上海)有限公司
发证日期:2014.06.16　　**截止日期**:2019.06.15

国食药监械(进)字2014第3212950号

产品名称:植入式心律转复除颤器(商品名:ENERGEN)(Implantable Cardioverter Defibrillator)
规格型号:F140、F142
产品标准:YZB/USA 2627-2014《植入式心律转复除颤器》
性能组成:产品由脉冲发生器和扭转扳手组成。
适用范围:本产品可以为危及生命的室性心律失常患者提供自动的心室抗心动过速起搏(ATP)和心室除颤治疗。
生产厂家:美国 Cardiac Pacemakers Incorporated, a wholly owned subsidiary of Guidant Corporation, a wholly owned subsidiary of Boston Scientific Corporation
注册代理:波科国际医疗贸易(上海)有限公司
服务机构:波科国际医疗贸易(上海)有限公司
发证日期:2014.06.16　　**截止日期**:2019.06.15

国食药监械(进)字2014第3212951号

产品名称:植入式心律转复除颤器(商品名:INCEPTA)(Implantable Cardioverter Defibrillator)
规格型号:F160、F162
产品标准:YZB/USA 2629-2014《植入式心律转复除颤器》
性能组成:产品由脉冲发生器和扭转扳手组成。
适用范围:本产品可以为危及生命的室性心律失常患者提供自动的心室抗心动过速起搏(ATP)和心室除颤治疗。
生产厂家:美国 Cardiac Pacemakers Incorporated, a wholly owned subsidiary of Guidant Corporation, a wholly owned subsidiary of Boston Scientific Corporation
注册代理:波科国际医疗贸易(上海)有限公司
服务机构:波科国际医疗贸易(上海)有限公司
发证日期:2014.06.16　　**截止日期**:2019.06.15

国食药监械(进)字2014第3102952号

产品名称:经皮椎间盘切除器(Percutaneous discectomy device)
规格型号:DS 17/15
产品标准:YZB/ITA 3153-2014《经皮椎间盘切除器》
性能组成:经皮椎间盘切除器由定位针(包含定位针芯、针座、套管、套管座)、切除装置(包含手柄、收集仓、取样针芯)和清洁刮板组成。套管外径1.60mm,切除装置针体长度15.0cm,前端角度10°。产品为内部电源设备,经环氧乙烷灭菌,一次性使用,有效期五年。
适用范围:产品通过经皮穿刺方式旋切并取出腰椎间盘髓核物质,用于经保守治疗无效的腰椎间盘突出症引起的疼痛治疗。
生产厂家:意大利GALLINI有限公司
注册代理:北京德迈特贸易有限公司
服务机构:北京德迈特贸易有限公司
发证日期:2014.06.19　　**截止日期**:2019.06.18

国食药监械(进)字2014第3252953号

产品名称:高频电外科系统(Electrosurgical Unit and Accessories)
规格型号:见附页
产品标准:YZB/GER 3181-2014《高频电外科系统》
性能组成:该产品由ARC400主机、脚踏开关、单极连接电缆、双极连接电缆、单极手柄组成。高频输出额定频率330kHz。各模式输出参数见附页。
适用范围:该产品用于医疗外科手术中,对生物组织进行切割和凝血。
生产厂家:德国 BOWA-electronic GmbH &Co. KG
注册代理:北京圣和田科技有限责任公司
服务机构:北京圣和田科技有限责任公司
发证日期:2014.06.19　　**截止日期**:2019.06.18

国食药监械(进)字2014第3252954号

产品名称:射频组织凝闭系统(Lektrafuse HF Generator GN200)
规格型号:GN200
产品标准:YZB/GER 3084-2014《射频组织凝闭系统》
性能组成:本系统由射频发射主机GN200及脚踏开关GN201组成。高频输出方式为双极凝,额定频率460kHz,最大输出功率150W。
适用范围:本系统与射频切割止血器械配合使用(配合使用器械型号PL720SU、PL730SU、PL731SU),用于外科手术中的组织止血和血管凝闭,最大可凝闭直径7mm(含)以内的血管。
生产厂家:德国 Aesculap AG
注册代理:贝朗医疗(上海)国际贸易有限公司
服务机构:贝朗医疗(上海)国际贸易有限公司
发证日期:2014.06.19　　**截止日期**:2019.06.18

国食药监械(进)字2014第3242955号

产品名称:激光手术套件(VenaCureEVLT Procedure Kit With Spotlight OPS Sheath)
规格型号:EVLT/25-OPS; EVLT/55-OPS; EVLT/80-OPS
产品标准:YZB/UK 3562-2014《激光手术套件》
性能组成:见附件。
适用范围:与激光治疗仪配合使用,预期用于治疗静脉曲张。
生产厂家:英国 AngioDynamics UK Ltd
注册代理:广州安仁医疗器械有限公司
服务机构:广州安仁医疗器械有限公司
发证日期:2014.06.19　　**截止日期**:2019.06.18

国食药监械(进)字2014第3222956号

产品名称:眼科内窥镜(Ophthalmology Endoscopy)
规格型号:见附页
产品标准:YZB/USA 3648-2014《眼科内窥镜》
性能组成:见附页。
适用范围:与半导体激光治疗仪或内窥镜摄像系统配合使用,用于眼科内窥镜睫状体光凝术(ECP)中进行眼内观察和传输治疗激光。
生产厂家:美国 Endo Optiks, Inc.
注册代理:同科林医疗仪器(上海)有限公司
服务机构:同科林医疗仪器(上海)有限公司
发证日期:2014.06.19　　**截止日期**:2019.06.18

国食药监械(进)字2014第3212957号

产品名称:多点温度传感器(Multi-Point Thermal Sensor/PR)
规格型号:FPRPR 4010
产品标准:YZB/ISR 3489-2014《多点温度传感器》
性能组成:性能结构:具有4个热感应点,分别在距针头5mm、15mm、25mm、35mm处;感应温度误差在正负3摄氏度范围之内;配合Galil公司生产的Cryoablation System FPRCH6000仪器使用;为一次性使用产品。组成:由针头、针体、手柄、塑料管及连接头组成。
适用范围:配合Galil公司生产的Cryoablation System FPRCH6000设备使用,用于监测冷冻、解冻过程中组织的温度。
生产厂家:以色列 Galil Medical
注册代理:美中互利(北京)国际贸易有限公司
服务机构:美中互利(北京)国际贸易有限公司
发证日期:2014.06.19　　**截止日期**:2019.06.18

国食药监械(进)字2014第3212958号

产品名称:植入式心脏再同步治疗起搏器(商品名:Inliven)(Implantable Cardiac Resynchronization Therapy Pacemaker)
规格型号:W274, W275

产品标准:YZB/USA 3505-2014《植入式心脏再同步治疗起搏器》
性能组成:产品由脉冲发生器和扭转扳手组成。
适用范围:该产品用于进行多种治疗,包括:心脏再同步化治疗(CRT),通过双心室电刺激再同步心室收缩来治疗心衰;心动过缓起搏,包括频率适应性起搏,以治疗缓慢性心律失常。具体适应证见说明书。
生产厂家:美国 Cardiac Pacemakers Incorporated, a wholly owned subsidiary of Guidant Corporation, a wholly owned subsidiary of Boston Scientific Corporation
注册代理:波科国际医疗贸易(上海)有限公司
服务机构:波科国际医疗贸易(上海)有限公司
发证日期:2014.06.19　截止日期:2019.06.18

国食药监械(进)字 2014 第 3222959 号

产品名称:电子小肠内窥镜(ビデオ軟性小腸鏡)
规格型号:EN-530T, EN-580T
产品标准:YZB/JAP 3615-2014 《电子小肠内窥镜》
性能组成:该产品由插入部(头端部、弯曲部、软性部)、操作部、LG 软性部、LG 连接器、图像连接器、中继线软性部及管套件(TY-06S)组成。
适用范围:插入到体内、管腔、体腔或体内腔,提供用于对体内、管腔、体腔或体内腔进行观察、诊断、拍摄或治疗的图像。本产品为在医生的管理下于医疗设施内,用于对食道、胃、十二指肠、小肠进行观察、诊断及经内镜治疗为目的的医用内窥镜。
生产厂家:日本富士胶片株式会社,富士フイルム株式会社
注册代理:富士胶片(中国)投资有限公司
服务机构:富士胶片(中国)投资有限公司
发证日期:2014.06.19　截止日期:2019.06.18

国食药监械(进)字 2014 第 3212960 号

产品名称:植入式心脏起搏器(商品名:Vitalio)(Implantable Bradycardia Pacemaker)
规格型号:J272、J273、J274
产品标准:YZB/USA 3515-2014《植入式心脏起搏器》
性能组成:产品由脉冲发生器和扭矩扳手组成。
适用范围:用于提供心动过缓起搏和频率适应性起搏,以治疗缓慢性心律失常。具体适应证见说明书。
生产厂家:美国 Cardiac Pacemakers Incorporated, a wholly owned subsidiary of Guidant Corporation, a wholly owned subsidiary of Boston Scientific Corporation
注册代理:波科国际医疗贸易(上海)有限公司
服务机构:波科国际医疗贸易(上海)有限公司
发证日期:2014.06.19　截止日期:2019.06.18

国食药监械(进)字 2014 第 3212961 号

产品名称:植入式心脏起搏器(商品名:Formio)(Implantable Bradycardia Pacemaker)
规格型号:J278
产品标准:YZB/USA 3516-2014《植入式心脏起搏器》
性能组成:产品由脉冲发生器和扭矩扳手组成。
适用范围:用于提供心动过缓起搏和频率适应性起搏,以治疗缓慢性心律失常。具体适应证见说明书。
生产厂家:美国 Cardiac Pacemakers Incorporated, a wholly owned subsidiary of Guidant Corporation, a wholly owned subsidiary of Boston Scientific Corporation
注册代理:波科国际医疗贸易(上海)有限公司
服务机构:波科国际医疗贸易(上海)有限公司
发证日期:2014.06.19　截止日期:2019.06.18

国食药监械(进)字 2014 第 3542962 号

产品名称:呼吸机(Positive Airway Pressure Unit, Bi-level)
规格型号:AutoSet CS-A
产品标准:YZB/AUL 3535-2014《呼吸机》
性能组成:该产品由主机、90W 电源适配器、空气过滤器、SD 卡组成。
适用范围:该产品适用于为 30 公斤以上的患有呼吸功能不全、中枢性或混合性睡眠呼吸暂停、周期性呼吸或陈施式呼吸的患者提供无创通气治疗,以上患者可能合并充血性心脏衰竭和阻塞性睡眠呼吸暂停。该产品适合在医院和家中使用。
生产厂家:澳大利亚 ResMed Limited
注册代理:瑞思迈(北京)医疗器械有限公司
服务机构:瑞思迈(北京)医疗器械有限公司
发证日期:2014.06.19　截止日期:2019.06.18

国食药监械(进)字 2014 第 3542963 号

产品名称:呼吸机(Positive Airway Pressure Unit, Bi-level)
规格型号:VPAP Adapt
产品标准:YZB/AUL 3536-2014《呼吸机》
性能组成:呼吸机由主机、90W 电源适配器、空气过滤器、SD 卡组成。
适用范围:该产品适用于为患有中枢性睡眠呼吸暂停、混合性睡眠呼吸暂停、周期性呼吸或陈施式呼吸的成人患者提供无创通气治疗,以上患者可能合并充血性心脏衰竭和阻塞性睡眠呼吸暂停。该产品适合在医院和家中使用。
生产厂家:澳大利亚 ResMed Limited
注册代理:瑞思迈(北京)医疗器械有限公司
服务机构:瑞思迈(北京)医疗器械有限公司
发证日期:2014.06.19　截止日期:2019.06.18

国食药监械(进)字 2014 第 3542964 号

产品名称:呼吸机(Positive airway pressure unit, bi-level)
规格型号:VPAP ST-A、VPAP S-A、VPAP ST
产品标准:YZB/AUL 3537-2014《呼吸机》
性能组成:由主机、90W 电源适配器、SD 卡、空气过滤器组成。
适用范围:该产品适用于体重大于 13 公斤(iVPAP 模式适用于体重大于 30 公斤)呼吸功能不全或(及)阻塞性睡眠呼吸暂停(OSA)的儿童或成年患者进行无创通气治疗。该产品适合在医院和家中使用。
生产厂家:澳大利亚 ResMed Limited
注册代理:瑞思迈(北京)医疗器械有限公司
服务机构:瑞思迈(北京)医疗器械有限公司
发证日期:2014.06.19　截止日期:2019.06.18

国食药监械(进)字 2014 第 3222965 号

产品名称:电子下消化道内窥镜(ビデオ軟性大腸鏡)
规格型号:EC-600WI, EC-600WM
产品标准:YZB/JAP 3509-2014《电子下消化道内窥镜》
性能组成:该产品是由插入部(头端部、弯曲部和软性部)、操作部、LG 软性部、LG 连接器、图像连接器、中继线软性部组成。与富士生产的电子图像处理器 VP-4450HD、内窥镜光源装置 XL-4450 及附件组合使用。
适用范围:插入到体内、管腔、体腔或体内腔,提供用于对体内、管腔、体腔或体内腔进行观察、诊断、拍摄或治疗的图像。该产品于医疗设施内在医生的管理下,用于对直肠、S 字结肠、大肠、回盲部进行观察、诊断和治疗。
生产厂家:日本富士胶片株式会社,富士フイルム株式会社
注册代理:富士胶片(中国)投资有限公司
服务机构:富士胶片(中国)投资有限公司
发证日期:2014.06.19　截止日期:2019.06.18

国食药监械(进)字 2014 第 3302966 号

产品名称:口腔全景 X 射线机(Dental x-ray system, panoramic, digital)
规格型号:PAPAYA, PAPAYA Plus
产品标准:YZB/ROK 3303-2014《口腔全景 X 射线机》
性能组成:该产品由旋转臂(包括高压发生器 DP-1G、X 射线管 D-054SB 和限束器)、支撑立柱、探测器(型号:XID-C24DC)、图像处理装置(包括计算机、液晶显示器和软件)、手开关组件、定位指示装置(I 类激光)、头颅臂组成。PAPAYA 不带头颅臂,PAPAYA Plus 带头颅臂。
适用范围:该产品用于口腔、颌面及头颅的成像。
生产厂家:韩国 Genoray Co., Ltd.
注册代理:康达医疗器械(上海)有限公司
服务机构:康达医疗器械(上海)有限公司
发证日期:2014.06.19　截止日期:2019.06.18

国食药监械(进)字 2014 第 3232967 号

产品名称:肝功能剪切波量化超声诊断仪(商品名:FibroScan)(FibroScan)

规格型号:FIBROSCAN 402
产品标准:YZB/FRA 3200-2014《肝功能剪切波量化超声诊断仪》
性能组成:诊断仪由诊断仪主机、探头(型号:M)、电源线组成。
适用范围:肝功能剪切波量化超声诊断仪用于检测肝脏硬度,辅助肝硬化的诊断。
生产厂家:法国 ECHOSENS
注册代理:法国爱科森有限公司北京代表处
服务机构:见《售后服务机构地址附页》
发证日期:2014.06.19 截止日期:2019.06.18

国食药监械(进)字2014第3402968号

产品名称:恒温荧光核酸扩增仪(Loopamp LF-160)
规格型号:LF-160
产品标准:YZB/JAP 3041-2014《恒温荧光核酸扩增仪》
性能组成:该产品主要由主机、电源线、保险丝、荧光目视辅助单元、反应试管架、PURE组架和LF-160嵌入式软件组成。
适用范围:该产品用于对来源于人体的样本进行前处理和LAMP反应(恒温核酸扩增),并通过荧光目测判断待测目标核酸有无扩增。
生产厂家:日本EIKEN CHEMICAL CO., LTD.
注册代理:荣研生物科技(中国)有限公司
服务机构:荣研生物科技(中国)有限公司
发证日期:2014.06.19 截止日期:2019.06.18

国食药监械(进)字2014第3222969号

产品名称:宫腔镜及附件(Hysteroscopy)
规格型号:见附页
产品标准:YZB/GER 3059-2014《宫腔镜及附件》
性能组成:该产品由宫腔镜和宫腔镜外鞘组成,性能参数见附页。
适用范围:用于医学临床中妇科内窥镜的诊断和治疗。
变更情况:变更日期:2015.01.21。"代理人名称:北京联瑞通医疗器械有限责任公司代理人住所:北京市西城区登莱胡同4号11幢410室"变更为"代理人名称:北京安慧康科技有限公司代理人住所:北京市朝阳区博大路3号院9号楼9层922"。
生产厂家:德国SOPRO-COMEG GmbH
注册代理:北京联瑞通医疗器械有限责任公司
服务机构:北京联瑞通医疗器械有限责任公司
发证日期:2014.06.19 截止日期:2019.06.18

国食药监械(进)字2014第3232970号

产品名称:超声诊断设备(汎用超音波画像診断装置)
规格型号:XARIO 200 TUS-X200
产品标准:YZB/JAP 3298-2014《超声诊断设备》
性能组成:见附页。
适用范围:本产品适用于临床超声诊断。
生产厂家:日本东芝医疗系统株式会社
注册代理:东芝医疗系统(中国)有限公司
服务机构:东芝医疗系统(中国)有限公司
发证日期:2014.06.19 截止日期:2019.06.18

国食药监械(进)字2014第3232971号

产品名称:超声诊断设备(汎用超音波画像診断装置)
规格型号:XARIO 200 TUS-X200S
产品标准:YZB/JAP 3297-2014《超声诊断设备》
性能组成:见附页。
适用范围:本产品适用于临床超声诊断。
生产厂家:日本东芝医疗系统株式会社
注册代理:东芝医疗系统(中国)有限公司
服务机构:东芝医疗系统(中国)有限公司
发证日期:2014.06.19 截止日期:2019.06.18

国食药监械(进)字2014第3222972号

产品名称:电子胃镜(上部消化管汎用ビデオスコープ)
规格型号:GIF-H170
产品标准:YZB/JAP 2855-2014《电子胃镜》
性能组成:见附页。
适用范围:该产品对上消化道(消化器领域的体内管腔)以及咽喉进行观察、诊断、摄影和治疗。
生产厂家:日本奥林巴斯医疗株式会社
注册代理:奥林巴斯贸易(上海)有限公司
服务机构:奥林巴斯(北京)销售服务有限公司
发证日期:2014.06.19 截止日期:2019.06.18

国食药监械(进)字2014第3222973号

产品名称:电子胃镜(上部消化管汎用ビデオスコープ)
规格型号:GIF-XP170N
产品标准:YZB/JAP 3062-2014《电子胃镜》
性能组成:见附页。
适用范围:本产品经口或经鼻插入对上消化道(消化器领域的体内管腔)以及咽喉、经鼻插入对鼻腔进行观察、诊断、摄影和治疗。
生产厂家:日本奥林巴斯医疗株式会社
注册代理:奥林巴斯贸易(上海)有限公司
服务机构:奥林巴斯(北京)销售服务有限公司
发证日期:2014.06.19 截止日期:2019.06.18

国食药监械(进)字2014第3212974号

产品名称:病人监护仪(CARESCAPE Monitor)
规格型号:B450
产品标准:YZB/FIN 3474-2014《病人监护仪》
性能组成:该产品由B450监护仪主机、显示器、参数模块、参数模块连接附件、条形码读取器、遥控器、UnityNetwork接口设备(ID)、记录仪、电池组成。 参数模块包括: 患者数据模块: PDM(Masimo)、PDM(Nellcor);患者床旁模块:E-PSM-01、E-PSMP-01; 心输出量和SvO2模块:E-COPSV-01;心输出量模块:E-COP-01、E-PiCCO-00;血压模块:E-P-00;双血压模块:E-PP-00;血压体温模块:E-PT-00;CARESCAPE呼吸模块:E-sCO-00、E-sCOV-00、E-sCAiO-00、E-sCAiOV-00;单宽度气道模块:E-MiniC-00; ENTROPY模块:E-ENTROPY-01; NMT模块:E-NMT-01;EEG模块:E-EEG-00;EEG头盒:N-EEG-01;BIS模块:E-BIS-01;处理单元:BISx; Nellcor饱和度模块:E-NSATX-00;Masimo饱和度模块:E-MASIMO-00;参数模块连接附件包括:ECG电缆和导联线附件、TruSignal SpO2附件、Masimo SpO2附件、NellcorSpO2附件,无创血压附件,有创血压附件,心输出量附件,SvO2/ScvO2附件,气体附件,肺功能测定附件,熵指数附件,NMT附件,EEG附件,BIS附件,PiCCO附件,详见附页(三)。
适用范围:详见附页(一)和附页(二)。
生产厂家:芬兰GE Healthcare Finland Oy
注册代理:通用电气医疗系统贸易发展(上海)有限公司
服务机构:通用电气医疗系统贸易发展(上海)有限公司
发证日期:2014.06.19 截止日期:2019.06.18

国食药监械(进)字2014第3772975号

产品名称:冠脉超声成像导管(商品名:Opticross)(Coronary Imaging Catheter)
规格型号:H749518100 (51810)
产品标准:YZB/USA 2893-2014《冠脉超声成像导管》
性能组成:成像导管由成像核心和导管主体组成,导管主体包括远端成像窗口腔、近端轴腔和伸缩部分组成。成像导管的包装中包含成像导管、手术配件以及无菌袋三部分。配件包括冲洗注射器(容量分别为10ml和3ml)、延长管和三通阀,用于手术中冲洗液的注入。无菌袋仅用于手术中覆盖超声成像主机的电机驱动装置,避免其与外部环境直接接触。成像导管所有部件均为一次性使用,采用伽马射线灭菌。超声成像额定频率40MHz。
适用范围:该产品仅适用于冠状动脉血管内的病变的超声检查。血管内超声成像适用于将进行腔内冠状动脉介入手术的患者。此导管可以与iLabTM血管内超声系统H749ILAB220C270和H749ILAB220N270配合使用。
生产厂家:美国波士顿科学公司(Boston Scientific Corporation)
注册代理:波科国际医疗贸易(上海)有限公司
服务机构:波科国际医疗贸易(上海)有限公司
发证日期:2014.06.19 截止日期:2019.06.18

国食药监械(进)字2014第3772976号

产品名称:冠脉超声成像导管(商品名:Atlantis SR Pro2)(Coronary

Imaging Catheter)
规格型号:H749390140 (39014)
产品标准:YZB/USA 2898-2014《冠脉超声成像导管》
性能组成:成像导管由成像芯线和导管主体组成,导管主体包括远端腔、近端单管腔和伸缩部分组成。成像导管的包装中包含成像导管、手术配件以及无菌袋三部分。配件包括冲洗注射器(容量分别为10ml和3ml)、延长管和三通阀,用于手术中冲洗液的注入。无菌袋仅用于手术中覆盖超声成像主机的马达驱动器,避免其与外部环境直接接触。成像导管所有部件均为一次性使用,采用伽马射线灭菌。超声成像额定频率40MHz。
适用范围:该产品仅适用于冠状动脉血管内的病变的超声检查。血管内超声成像适用于将进行腔内冠状动脉介入手术的患者。此导管可以与iLabTM 血管内超声系统 H749ILAB220C270、H749ILAB220N270、H749iLab220CARTO和H749iLab220INSO配合使用。
变更情况:变更日期: 2014.11.18。"美国马萨诸塞州内迪克市波士顿科学广场1号 邮编:01760 One Boston Scientific Place, Natick, MA 01760, USA"变更为"300 Boston Scientific Way, Marlborough, MA 01752, USA"。
生产厂家:美国波士顿科学公司(Boston Scientific Corporation)
注册代理:波科国际医疗贸易(上海)有限公司
服务机构:波科国际医疗贸易(上海)有限公司
发证日期:2014.06.19　　**截止日期**:2019.06.18

国食药监械(进)字2014第3212977号

产品名称:病人监护仪(CARESCAPE Monitor)
规格型号:B850
产品标准:YZB/FIN 3495-2014《病人监护仪》
性能组成:该产品由处理单元、显示器、参数模块、参数模块连接附件、F7插件箱、F5插件箱、记录仪、UnityNetwork接口设备(ID)、遥控器和小键盘、条形码读取器组成。参数模块包括: 患者数据模块: PDM(Masimo)、PDM(Nellcor);患者床旁模块: E-PSM-01、E-PSMP-01;心输出量和 Sv02 模块: E-COPSV-01;心输出量模块: E-COP-01、E-PiCCO-00; 血压模块: E-P-00;双血压模块: E-PP-00;血压体温模块:E-PT-00;CARESCAPE呼吸模块:E-sCO-00、E-sCOV-00、E-sCAiO-00、E-sCAiOV-00;单宽度气道模块: E-MiniC-00; ENTROPY 模块: E-ENTROPY-01; NMT模块: E-NMT-01;EEG模块: E-EEG-00;EEG头盒: N-EEG-01; BIS模块: E-BIS-01;处理单元: BISx; Nellcor饱和度模块: E-NSATX-00;Masimo 饱和度模块: E-MASIMO-00; 参数模块连接附件包括:ECG电缆和导联线附件、TruSignalSp02附件、Masimo Sp02附件、NellcorSp02附件,无创血压附件,有创血压附件,心输出量附件,Sv02/Scv02附件,气体附件,肺功能测定附件,熵指数附件,NMT附件,EEG附件,BIS附件,PiCCO 附件,详见附页(三)。
适用范围:详见附页(一)和附页(二)。
生产厂家:芬兰 GE Healthcare Finland Oy
注册代理:通用电气医疗系统贸易发展(上海)有限公司
服务机构:通用电气医疗系统贸易发展(上海)有限公司
发证日期:2014.06.19　　**截止日期**:2019.06.18

国食药监械(进)字2014第3302978号

产品名称:医用血管造影X射线机(据置型デジタル式循環器用X線透視診断装置)
规格型号:INFX-9000V
产品标准:YZB/JAP 0919-2014《医用血管造影X射线机》
性能组成:产品由基本组成及选用件组成。基本组成包括高压发生器(XTP-8100XG)、X射线管组件(DSRX-T7345GFS)、限束器(BLA-900A)、主控制装置、电源开关盒、平板探测器(TFP-1200A、TFP-1216A)、床旁控制器、数字成像处理装置、系统显示器、显示器(透视显示器/参照显示器)、空气比释动能面积乘积指示器(剂量仪)、C型臂支撑装置、介入导管床。此外双平面系统组件还包括高压发生器(XTP-8100XG)、X射线管组件(DSRX-T7345GFS)、限束器(BLA-900A)、平板探测器(TFP-1200A)、Ω型臂支撑装置CAS-820B。选用件见注册产品标准。
适用范围:适用于心脏、胸部、头部、腹部、四肢的全身血管造影检查及介入治疗。
生产厂家:日本东芝医疗系统株式会社
注册代理:东芝医疗系统(中国)有限公司
服务机构:东芝医疗系统(中国)有限公司
发证日期:2014.06.19　　**截止日期**:2019.06.18

国食药监械(进)字2014第3302979号

产品名称:医用血管造影X射线机(据置型デジタル式循環器用X線透視診断装置)
规格型号:INFX-9000F
产品标准:YZB/JAP 0921-2014《医用血管造影X射线机》
性能组成:产品由基本组成及选用件组成。基本组成包括高压发生器(XTP-8100X)、X射线管组件(DRX-7434GFS)、限束器(BLA-900C)、主控制装置、电源开关盒、平板探测器(TFP-1200A)、床旁控制器、数字成像处理装置、系统显示器、显示器(透视显示器/参照显示器)、空气比释动能面积乘积指示器(剂量仪)、C型臂支撑装置、介入导管床CAT-850B。
适用范围:适用于心脏、胸部、头部、腹部、四肢的全身血管造影检查及介入治疗。
生产厂家:日本东芝医疗系统株式会社
注册代理:东芝医疗系统(中国)有限公司
服务机构:东芝医疗系统(中国)有限公司
发证日期:2014.06.19　　**截止日期**:2019.06.18

国食药监械(进)字2014第3302980号

产品名称:医用血管造影X射线机(据置型デジタル式循環器用X線透視診断装置)
规格型号:INFX-9000C
产品标准:YZB/JAP 0943-2014《医用血管造影X射线机》
性能组成:产品由基本组成及选用件组成。详见附件。
适用范围:适用于心脏、胸部、头部、腹部、四肢的全身血管造影检查及介入治疗.
生产厂家:日本东芝医疗系统株式会社
注册代理:东芝医疗系统(中国)有限公司
服务机构:东芝医疗系统(中国)有限公司
发证日期:2014.06.19　　**截止日期**:2019.06.18

国食药监械(进)字2014第3212981号

产品名称:病人监护仪(Patient Monitor)
规格型号:B40i
产品标准:YZB/FIN 3521-2014《病人监护仪》
性能组成:该产品由主机、模块插件箱、参数模块、记录仪、充电电池、附件和电源线组成。参数模块包括单宽气道模块(E-miniC-00)、CARESCAPE呼吸模块(E-sCAiOV-00、E-sCOV-00、E-sCAiO-00、E-sCO-00)、气道气体选件模块(N-CAiO-00)、熵指数模块(E-ENTROPY-01)。附件包括ECG电缆、ECG导联线、ECG电缆适配器、NIBP软管和袖带、血氧饱和度互连电缆和传感器、温度电缆和探头、IBP电缆、气道气体附件、熵指数附件,详见附件清单。主机根据内部所整合的血液动力学模块的不同,共有4种配置,详见附表。
适用范围:该产品为多参数监护仪,用于成人、小儿和新生儿的心电(含心律失常和ST段分析)、脉搏率、血氧饱和度、无创血压、有创血压、体温、气道气体(含呼吸和呼气末二氧化碳、氧气、笑气、麻醉气体)和熵指数监护,其中熵指数测量功能仅适用于2岁以上的病人,单宽气道模块仅适用于对体重5公斤以上的病人。该产品预期用于医院环境和医院内部运输过程中,仅限于在执业的医护人员的直接监控下使用。
生产厂家:芬兰 GE Healthcare Finland Oy
注册代理:通用电气医疗系统贸易发展(上海)有限公司
服务机构:通用电气医疗系统贸易发展(上海)有限公司
发证日期:2014.06.19　　**截止日期**:2019.06.18

国食药监械(进)字2014第3222982号

产品名称:电子上消化道内窥镜(ビデオ軟性胃十二指腸鏡)
规格型号:EG-600WR
产品标准:YZB/JAP 3500-2014《电子上消化道内窥镜》
性能组成:该产品是由插入部(头端部、弯曲部和软性部)、操作部、LG软性部、LG连接器、图像连接器、中继线软性部组成。与富士生产的电子图像处理器VP-4450HD、内窥镜光源装置XL-4450及附件组合使用。
适用范围:插入到体内、管腔、体腔或体内腔,提供用于对体内、管腔、体腔或体内腔进行观察、诊断、拍摄或治疗的图像。该产品于医疗设施内在医生的管理下,用于对食道、胃、十二指肠进行观察、诊断和治疗。
生产厂家:日本富士胶片株式会社,富士フイルム株式会社

注册代理:富士胶片(中国)投资有限公司
服务机构:富士胶片(中国)投资有限公司
发证日期:2014.06.19 **截止日期**:2019.06.18

国食药监械(进)字2014第2212983号

产品名称:电阻抗乳腺测试仪(Electrical Impedance Mammograph "MEIK")
规格型号:MEIK 5.6
产品标准:YZB/RUS 3161-2014《电阻抗乳腺诊断仪》
性能组成:测试仪由矩阵电极、患者电极、底座、USB电源/数据连接线组成。
适用范围:通过计算组织的电导率提供乳腺电阻的测试。
生产厂家:俄罗斯西姆技术有限公司(PKF "SIM-Technika", Ltd.)
注册代理:布达佩斯喜开路(北京)医疗器械有限公司
服务机构:布达佩斯喜开路(北京)医疗器械有限公司
发证日期:2014.06.18 **截止日期**:2019.06.17

国食药监械(进)字2014第2552984号

产品名称:超声波洁牙机(Ultrasonic Scaler)
规格型号:PB-323、PA-123
产品标准:YZB/AUS 3057-2014《超声波洁牙机》
性能组成:该产品由主机、手机(PA-1 LED和PB-3LED)、电源线、脚踏开关(C-NF)、工作头组、脚踏控制的手柄、配有插入式工作尖的工作尖更换工具、工作尖更换工具、手机承托架、托盘、冷却水罐、喷嘴清洁器、软管接头的O形环、冷却水罐的O形环、冷却水滤芯、冷却水管组成。
适用范围:该产品适用于去除龈上牙垢和龈下结石,以及牙髓治疗和牙釉质打磨处理。
变更情况:变更日期:2014.10.21。代理人和售后服务机构变更:由"宁波马特莱医疗器材有限公司"变更为"达质医疗器械(上海)有限公司"。
生产厂家:奥地利W&H Dentalwerk Bürmoos GmbH
注册代理:宁波马特莱医疗器材有限公司
服务机构:宁波马特莱医疗器材有限公司
发证日期:2014.06.18 **截止日期**:2019.06.17

国食药监械(进)字2014第2102985号

产品名称:电动式骨手术器械(商品名:Primado2)(/)
规格型号:见附页
产品标准:YZB/JAP 2735-2014《电动式骨手术器械》
性能组成:由控制主机、脚控开关、马达、线针驱动器、手柄、注水胶管、车针/车钻、锯片、锉刀/卡片、附件(注水嘴、转换接头)组成。
适用范围:应用于骨手术,如切削、切除、切断及穿孔。
备注:2014年8月25日同意更正企业注册地址、生产地址内容,2014年6月18日核发的医疗器械注册证、医疗器械注册登记表予以废止。
生产厂家:日本株式会社 中西
注册代理:上海警速克国际贸易有限公司
服务机构:上海警速克国际贸易有限公司
发证日期:2014.06.18 **截止日期**:2019.06.17

国食药监械(进)字2014第2212986号

产品名称:体外冲击波治疗仪(shockmaster)
规格型号:500
产品标准:YZB/GER 2897-2014《体外冲击波治疗仪》
性能组成:产品由主机、控制手柄、治疗探头、空气压缩机(含在主机内)、推车和凝胶瓶组成。组件型号详见《型号附页》。性能:见注册产品标准。
适用范围:本产品用于减轻或缓解肩袖肌腱炎、跟腱痛、尺桡和肱骨髁炎引起的疼痛,以及因慢性炎症引起的肘部疼痛,从而扩大肢体活动范围。
生产厂家:德国Uniphy Elektromedizin GmbH &Co.KG
注册代理:北京弘泰科健医药科技有限公司
服务机构:北京弘泰科健医药科技有限公司
发证日期:2014.06.18 **截止日期**:2019.06.17

国食药监械(进)字2014第2212987号

产品名称:心电记录仪(ECG recorder)
规格型号:HeartView-P12/8+BT
产品标准:YZB/ISR 3136-2014《心电记录仪》
性能组成:该设备由主机(含外壳嵌入式电极)和导联线构成,不包括内部电池和外置数据存储卡。
适用范围:该设备可用于门诊或家用,并适用于18岁及以上的成人患者。该产品用于获取患者的8导和12导心电信号,并通过电话方式将心电信号传输至远程工作站。
生产厂家:以色列Aerotel Medical Systems (1998) Ltd.
注册代理:北京天健卓汇科技有限公司
服务机构:北京天健卓汇科技有限公司
发证日期:2014.06.18 **截止日期**:2019.06.17

国食药监械(进)字2014第2462988号

产品名称:术中远程助手(Intraoperative Remote Assistant)
规格型号:CR120
产品标准:YZB/AUL 4684-2013《术中远程助手》
性能组成:产品组成:CR120术中远程助手,充电工具包,软件。
适用范围:该产品通过无线控制技术可在手术室内对人工耳蜗植入体执行电极测试和AutoNRT测量。
生产厂家:澳大利亚Cochlear Limited
注册代理:澳科利耳医疗器械(北京)有限公司
服务机构:澳科利耳医疗器械(北京)有限公司
发证日期:2014.06.18 **截止日期**:2019.06.17

国食药监械(进)字2014第2222989号

产品名称:液晶视力表(パネルチャート)
规格型号:PC-50S
产品标准:YZB/JAP 2672-2014《液晶视力表》
性能组成:视力表由液晶显示器和电源适配器组成。
适用范围:视力表主要适用于儿童青少年一般体检,招生、招工等体检及临床视力和视功能检查用。与CV-5000连接后,可以做视力表用,单独使用无法发挥功能。
生产厂家:日本株式会社拓普康(株式会社トプコン)
注册代理:北京拓普康商贸有限公司
服务机构:奥腾思格玛科技发展有限公司
发证日期:2014.06.18 **截止日期**:2019.06.17

国食药监械(进)字2014第2212990号

产品名称:动态心电记录盒(EVO ECG Recorders)
规格型号:EVO
产品标准:YZB/UK 2717-2014《动态心电记录盒》
性能组成:该产品由具有液晶屏的记录盒、患者心电缆线、充电器组成。
适用范围:该产品用于连续记录心电信号,可连续记录24小时或48小时的3导联心电图。
生产厂家:英国Spacelabs Healthcare Ltd.
注册代理:思培斯太空医疗仪器贸易(上海)有限公司
服务机构:思培斯太空医疗仪器贸易(上海)有限公司
发证日期:2014.06.18 **截止日期**:2019.06.17

国食药监械(进)字2014第2402991号

产品名称:血气分析仪(RAPIDLab 348EX Instrument)
规格型号:RAPIDLab 348EX
产品标准:YZB/USA 3266-2014《血气分析仪》
性能组成:分析仪主要由主机、气瓶、软件组成。
适用范围:该系统设计用于测量肝素抗凝的全血样中的氢离子浓度指数(pH)、二氧化碳分压(pCO2)、氧分压(pO2)、钠离子(Na+)、钾离子(K+)、钙离子(Ca++)或氯离子(Cl-)和红细胞压积(Hct)。该系统还可用于醋酸盐和碳酸氢盐透渗析液中的氢离子浓度指数(pH)、二氧化碳分压(pCO2)、钠离子(Na+)、钾离子(K+)和钙离子(Ca++)的例行测定。
生产厂家:美国Siemens Healthcare Diagnostics Inc.
注册代理:西门子医学诊断产品(上海)有限公司
服务机构:西门子医学诊断产品(上海)有限公司
发证日期:2014.06.18 **截止日期**:2019.06.17

国食药监械(进)字2014第2702992号

产品名称:医学影像存储及传输系统(Picture Archive and Communication System)
规格型号:syngo.plaza, 版本 VB10A
产品标准:YZB/GER 3158-2014《医学影像存储及传输系统》
性能组成:由软件应用程序光盘和用户文档组成, 组成模块包括: 报告客户端(Reporting Client); Web客户端(Web Client); syngo. plaza 服务器系统(syngo. plazacentral server), 包括 SQL Server + Database、Configuration Repository、Business Logic;、WebServices 和 Short Term Storage; 存储处理模块(LongTerm storage)。
适用范围:用于显示、处理、读片、报告、传达、分发、存储和存档数字医学图像(包括乳腺 X 射线摄影图像)。
生产厂家:德国 Siemens AG
注册代理:西门子(中国)有限公司
服务机构:西门子(中国)有限公司
发证日期:2014.06.18 截止日期:2019.06.17

国食药监械(进)字 2014 第 2212993 号

产品名称:脉搏计(Pulse Rate Meter)
规格型号:Smart Pulse
产品标准:YZB/ROK 2868-2014《脉搏计》
性能组成:该产品由主机、USB 连接线组成。
适用范围:该产品用于对脉搏进行非侵入性的实时连续测量。
生产厂家:韩国 Medicore Co., Ltd.
注册代理:北京迈迪克豪尔医药技术咨询服务有限公司
服务机构:北京佰利天成科贸有限公司
发证日期:2014.06.18 截止日期:2019.06.17

国食药监械(进)字 2014 第 3772994 号

产品名称:三维诊断超声导管(商品名: SOUNDSTAR)(SOUNDSTAR 3D Diagnostic Ultrasound catheter)
规格型号:SNDSTR10、SNDSTR10G
产品标准:YZB/USA 2426-2014《三维诊断超声导管》
性能组成:由三维诊断超声导管探头和连接器组成。
适用范围:适用于心脏的心内和腔内显像、大血管解剖学和生理学研究以及心脏内其它器件的显像。SNDSTR10 可配合西门子 ACUSON SC2000 超声系统, SNDSTR10G 可配合 GE 的 vivid i、vivid q 超声系统。与兼容的 CARTO 3 电生理标测系统配合使用时, 该导管提供定位信息。
备注:2014年10月16日同意更正生产地址内容, 2014年6月16日核发的医疗器械注册登记表予以废止。
生产厂家:美国 Biosense Webster, Inc.
注册代理:强生(上海)医疗器材有限公司
服务机构:强生(上海)医疗器材有限公司
发证日期:2014.06.16 截止日期:2019.06.15

国食药监械(进)字 2014 第 3542995 号

产品名称:呼吸机(Ventilator)
规格型号:Stellar 100、Stellar 150
产品标准:YZB/GER 2589-2014《呼吸机》
性能组成:产品由主机、交流电线、低压氧气连接器、空气过滤器、ResMed USB 储存器(2GB、4GB)、远程报警器组成。
适用范围:该产品为患有呼吸功能不全, 或呼吸衰竭, 同时可能并发阻塞性睡眠呼吸暂停的患者提供呼吸支持; 适用于非依赖型的, 具有自主呼吸的患者; 适用于成人或儿科(13kg 及以上)患者; 用于无创通气或者有创通气(有创通气要配合瑞思迈漏气阀使用)。该产品的操作包括固定式, 如医院或家庭, 或移动式, 如轮椅使用。
生产厂家:德国 ResMed Germany Inc.
注册代理:瑞思迈(北京)医疗器械有限公司
服务机构:瑞思迈(北京)医疗器械有限公司
发证日期:2014.06.16 截止日期:2019.06.15

国食药监械(进)字 2014 第 3402996 号

产品名称:梅毒螺旋体抗体校准品(HISCL Anti-TP Calibrator)
规格型号:1mL×2瓶
产品标准:YZB/JAP 2512-2014
性能组成:梅毒螺旋体阴性校准品(HISCL TP NC); 梅毒螺旋体阳性校准品(HISCL TP PC)。(具体内容详见产品说明书)。产品有效期: 2-8°C 保存, 有效期12个月。附件: 注册产品标准, 产品说明书。
适用范围:该产品用于对人血清或血浆中梅毒螺旋体抗体的定性检测进行校准。
变更情况:变更日期: 2014.10.08。增加适用机型"HISCL-5000 全自动免疫分析仪"。
生产厂家:日本 Japan Lyophilization Laboratory
注册代理:希森美康医用电子(上海)有限公司
发证日期:2014.06.17 截止日期:2019.06.16

国食药监械(进)字 2014 第 3402997 号

产品名称:铁蛋白/肌红蛋白/免疫球蛋白 E 质控品(Quantia Ferritin/Myoglobin/IgE Control)
规格型号:低值质控品 I(冻干): 1 × 3 mL; 高值质控品 II(冻干): 1 × 3 mL。
产品标准:YZB/SPA 2744-2014
性能组成:该产品为人源性产品。参见质控品数据单中的赋值。含有叠氮钠(<0.01%)。靶值单。产品有效期: 在 2 - 8℃储存, 有效期 36 个月。附件: 注册产品标准, 产品说明书。
适用范围:该产品用于监控 Quantia(铁蛋白, 肌红蛋白, 免疫球蛋白 E)项目通过比浊法所获得的质控结果。该质控品与(铁蛋白, 肌红蛋白, 免疫球蛋白 E)试剂一起使用。
生产厂家:西班牙 BIOKIT, S.A.
注册代理:雅培贸易(上海)有限公司
发证日期:2014.06.17 截止日期:2019.06.16

国食药监械(进)字 2014 第 3402998 号

产品名称:免疫球蛋白 E 校准品(Quantia IgE Standard)
规格型号:校准品 1-5:1 × 1 mL。
产品标准:YZB/SPA 2811-2014
性能组成:该产品为人源性产品, 可溯源至 WHO 国际标准品。瓶签显示浓度单位为 IU/mL。含有叠氮钠(< 0.1%)。产品有效期: 未开封且在 2-8℃ 储存时在 2 - 8 ℃储存时, 有效期 23 个月。附件: 注册产品标准, 产品说明书。
适用范围:该产品用于通过比浊法建立免疫球蛋白 E 项目的校准曲线。该校准品与免疫球蛋白 E 试剂一起使用。
生产厂家:西班牙 BIOKIT, S.A.
注册代理:雅培贸易(上海)有限公司
发证日期:2014.06.17 截止日期:2019.06.16

国食药监械(进)字 2014 第 3402999 号

产品名称:免疫球蛋白 E 测定试剂盒(胶乳免疫比浊法)(Quantia IgE)
规格型号:试剂1(缓冲液):2 × 16 mL; 试剂2(试剂):2 ×5 mL。
产品标准:YZB/SPA 2799-2014
性能组成:该产品有两瓶试剂, 为液体、即用型: 试剂1(缓冲液): 甘氨酸缓冲液 170 mM pH8.3, 含有牛血清蛋白。试剂2(试剂): 抗人免疫球蛋白 E(IgE)单克隆抗体包被的聚苯乙烯胶乳颗粒悬液, 储存于含有牛血清蛋白的甘氨酸缓冲液中。试剂 1 和试剂 2 含有叠氮钠(< 0.1%)。产品有效期: 在 2 - 8 ℃储存时, 有效期为 23 个月。附件: 注册产品标准, 产品说明书。
适用范围:该产品用于在雅培 ARCHITECT c 系统上定量测定人血清或血浆中的免疫球蛋白 E(IgE)。
生产厂家:西班牙 BIOKIT, S.A.
注册代理:雅培贸易(上海)有限公司
发证日期:2014.06.17 截止日期:2019.06.16

国食药监械(进)字 2014 第 2553000 号

产品名称:牙钻(商品名: camlog)(camlog Dental drills)
规格型号:见附页
产品标准:YZB/GER 3217-2014《牙钻》
性能组成:该产品由符合欧洲标准 DIN EN 10027 的不锈钢 1.4108(X30CrMoN15-1)制成。
适用范围:该产品用于在牙科和植手术过程中预备种植床。其中球形钻与 CAMLOG SCREW-LINE、CONELOG 和 CAMLOG ROOT-LINE 种植体系统配合使用, 其他钻与 CAMLOG SCREW-LINE 和 CONELOG 种植体系统配合使用。

生产厂家:德国 ALTATEC GmbH
注册代理:上海汉瑞祥贸易有限公司
服务机构:上海汉瑞祥贸易有限公司
发证日期:2014.06.24 截止日期:2019.06.23

国食药监械(进)字 2014 第 2663001 号

产品名称:负压引流装置及附件(Privac High Vacuum System)
规格型号:见附页
产品标准:YZB/GER 3130-2014《负压引流装置及附件》
性能组成:本产品的性能结构及组成详见附录。
适用范围:本产品用来从伤口处引流血液和分泌物。
生产厂家:德国 Primed Halberstadt Medizintechnik GmbH
注册代理:杭州沃克医疗器械有限公司
服务机构:杭州沃克医疗器械有限公司
发证日期:2014.06.24 截止日期:2019.06.23

国食药监械(进)字 2014 第 2223002 号

产品名称:宫腔电切镜附件(Accessories for Hystero-Resectoscope)
规格型号:A4740, A4743, A0418, A4742,
产品标准:YZB/GER 2886-2014《宫腔电切镜附件》
性能组成:产品为无源器械,由闭孔器、工作插入部和外管鞘组成。产品材料为 AISI304 不锈钢、AISI303 不锈钢、硅橡胶、聚醚醚酮、氟橡胶、聚四氟乙烯、环氧树脂。非灭菌包装。
适用范围:该产品用于妇科内窥镜诊断和治疗。
生产厂家:德国 OLYMPUS WINTER & IBE GMBH
注册代理:奥林巴斯贸易(上海)有限公司
服务机构:奥林巴斯(北京)销售服务有限公司
发证日期:2014.06.24 截止日期:2019.06.23

国食药监械(进)字 2014 第 2663003 号

产品名称:气管插管(Tracheal Tubes)
规格型号:见附页
产品标准:YZB/USA 3113-2014《气管导管》
性能组成:气管插管由气管插管、接头、螺旋式加强丝组成。气管插管的材质为硅橡胶,接头的材料为聚丙烯,螺旋式加强丝的材质为不锈钢。该产品为一次性使用产品,灭菌方式为环氧乙烷灭菌。
适用范围:该产品用于手术中建立患者的呼吸通道。
生产厂家:美国 Covidien llc
注册代理:柯惠医疗器材国际贸易(上海)有限公司
服务机构:柯惠医疗器材国际贸易(上海)有限公司
发证日期:2014.06.24 截止日期:2019.06.23

国食药监械(进)字 2014 第 2663003 号

产品名称:气管插管(Tracheal Tubes)
规格型号:见附页
产品标准:YZB/USA 3113-2014《气管插管》
性能组成:气管插管由气管插管、接头、螺旋式加强丝组成。气管插管的材质为硅橡胶,接头的材料为聚丙烯,螺旋式加强丝的材质为不锈钢。该产品为一次性使用产品,灭菌方式为环氧乙烷灭菌。
适用范围:该产品用于手术中建立患者的呼吸通道。
生产厂家:美国 Covidien llc
注册代理:柯惠医疗器材国际贸易(上海)有限公司
服务机构:柯惠医疗器材国际贸易(上海)有限公司
发证日期:2014.06.24 截止日期:2019.06.23

国食药监械(进)字 2014 第 2103004 号

产品名称:髋关节假体用手术器械(股関節インプラント用手術器具)
规格型号:见附页
产品标准:YZB/JAP 2646-2014《髋关节假体用手术器械》
性能组成:产品由股骨距磨平器,短铰刀,起始铰刀,锥度铰刀,钻头软轴,钻头,髋臼锉手柄,髋臼锉组成。与人体接触的材质为符合 ASTM F899-12 不锈钢 630 和不锈钢 420,不与人体接触的材质为 SUS302, SUS303, SUS304, SUS316, SUS316L, SUS304-WPB, SUS303CU,聚甲醛, XM-13, UNS S21800, 410, UNS S42010。本产品为非灭菌包装。
适用范围:产品用于人工髋关节置换手术。
备注:2014 年 09 月 30 日同意更正生产地址内容,2014 年 6 月 24 日核发的医疗器械注册登记表予以废止。
生产厂家:日本京セラメディカル株式会社
注册代理:北京优百伟业科贸有限公司
服务机构:北京优百伟业科贸有限公司
发证日期:2014.06.24 截止日期:2019.06.23

国食药监械(进)字 2014 第 2223005 号

产品名称:一次性使用结扎装置(ディスポーザブル結紮装置)
规格型号:HX-400U-30
产品标准:YZB/JAP 2857-2014《一次性使用结扎装置》
性能组成:该产品由手柄、插入部和结扎环组成。接触黏膜部的材料为聚乙烯、硅橡胶、聚四氟乙烯、聚酰胺和不锈钢。产品为已灭菌产品,一次性使用。
适用范围:本产品与奥林巴斯指定内镜配套使用,用于消化道息肉的结扎。
生产厂家:日本オリンパスメディカルシステムズ株式会社
注册代理:奥林巴斯贸易(上海)有限公司
服务机构:奥林巴斯(北京)销售服务有限公司
发证日期:2014.06.24 截止日期:2019.06.23

国食药监械(进)字 2014 第 2223006 号

产品名称:宫腔镜附件(Hysteroscopy accessories)
规格型号:见附页
产品标准:YZB/GER 2936-2014《宫腔镜附件》
性能组成:该产品为无源器械,由镜鞘、闭孔器、工作元件组成。产品材料为聚酰胺、聚碳酸酯以及 YY/T 0294.1-2005 代号 M 的不锈钢。非灭菌包装。
适用范围:产品用于宫腔内临床手术中检查、诊断和治疗。
生产厂家:德国 STEMA Medizintechnik GmbH
注册代理:上海安润医疗设备有限公司
服务机构:上海圣菲实业有限公司
发证日期:2014.06.24 截止日期:2019.06.23

国食药监械(进)字 2014 第 2103007 号

产品名称:骨刀套件(商品名:Renovation)(Renovation Chisel-Blades Portfolio)
规格型号:见附页
产品标准:YZB/SWI 1926-2014《骨刀套件》
性能组成:该产品包括窄凿刃,长型窄凿刃,偏心型窄凿刃,外翻型凿刃,环形凿刃。该产品材料为 301 不锈钢,符合 ASTM F899 的要求,灭菌交付,不与有源器械联用。
适用范围:与该企业配套工具一起使用,适用于分离膝关节假体与骨组织。
生产厂家:瑞士 Smith&Nephew Orthopaedics AG
注册代理:施乐辉医用产品国际贸易(上海)有限公司
服务机构:施乐辉医用产品国际贸易(上海)有限公司
发证日期:2014.06.24 截止日期:2019.06.23

国食药监械(进)字 2014 第 2223008 号

产品名称:LTF-190-10-3D 内镜用管鞘(硬性シース(LTF-190-10-3D 用))
规格型号:MAJ-2079
产品标准:YZB/JAP 2970-2014《LTF-190-10-3D 内镜用管鞘》
性能组成:本产品 LTF-190-10-3D 内镜用管鞘 MAJ-2079 由硬性鞘管部、主体部和密封帽 MAJ-2081 组成;组成材料为不锈钢和硅酮橡胶。产品性能结构:1)工作长度:353mm;2)最大插入部外径:≤φ11.5mm;3)主通道最小宽度:≥φ10.5mm;。
适用范围:本产品安装在 3D 电子腹腔镜 LTF-190-10-3D 上,罩住其弯曲部保持弯曲部的伸直状态,以减少因手术器械碰触内镜弯曲部导致的内镜图像画面晃动,同时保护内镜弯曲部。
生产厂家:日本オリンパスメディカルシステムズ株式会社
注册代理:奥林巴斯贸易(上海)有限公司
服务机构:奥林巴斯(北京)销售服务有限公司
发证日期:2014.06.24 截止日期:2019.06.23

国食药监械(进)字 2014 第 2063009 号

产品名称:种植体工具(Implant Instruments)
规格型号:见附页
产品标准:YZB/GER 2901-2014《种植体工具》
性能组成:本产品由螺丝刀、通用螺丝刀套装、螺丝刀套装组成,材料为符合 EN 10088-1 的 1.4035 不锈钢,1.4108 不锈钢(具体成分详见产品标准)。本产品使用中不与患者接触,可重复使用,非无菌提供。
适用范围:该产品用于牙科种植手术时,作为拧紧种植体上部组件用器具。
生产厂家:德国 bredent GmbH & Co.KG
注册代理:倍德恩(杭州)医疗产品有限公司
服务机构:倍德恩(杭州)医疗产品有限公司
发证日期:2014.06.24 **截止日期**:2019.06.23

国食药监械(进)字 2014 第 2633010 号

产品名称:非丁香酚临时水门汀(商品名:NETC)(Non Eugenol Temporary Cement)
产品标准:YZB/ROK 2780-2014《非丁香酚临时水门汀》
性能组成:该产品由基质和催化剂两部分组成。基质由氧化锌、橄榄油、液态石蜡和颜料(氧化铁黄)组成。催化剂由松香和壬酸组成。
适用范围:该产品用于临时冠、桥的粘结。
生产厂家:韩国 META BIOMED CO., LTD.
注册代理:北京美塔医疗器械有限公司
服务机构:北京美塔医疗器械有限公司
发证日期:2014.06.24 **截止日期**:2019.06.23

国食药监械(进)字 2014 第 2223011 号

产品名称:关节镜用手术器械(Genesys CrossFT Punches and Taps)
规格型号:见附页
产品标准:YZB/USA 2666-2014《关节镜用手术器械》
性能组成:该产品由钻孔器和丝攻组成。钻孔器和丝攻为符合 ASTM A564 规定的 630 不锈钢材料制成。为非灭菌包装。
适用范围:该产品适用于在肩关节边缘创建一个植入孔,以便于将锚钉拧入植入孔中。
变更情况:变更日期:2014.11.24。(1)变更企业名称:由"Linvatec Corporation D/B/A ConMed Linvatec"变更为"ConMed Corporation";(2)变更注册地址:由"11311 Concept Boulevard Largo, FL 33773"变更为"525 French Road Utica, New York 13502, USA"
生产厂家:美国 Linvatec Corporation D/B/A ConMed Linvatec
注册代理:康美林弗泰克(北京)医疗器械有限公司
服务机构:康美林弗泰克(北京)医疗器械有限公司
发证日期:2014.06.24 **截止日期**:2019.06.23

国食药监械(进)字 2014 第 3463012 号

产品名称:生物可吸收性涂层/永久性网片(商品名:Sepramesh IP)(SeprameshTM IP Bioresorbable Coating/Permanent Mesh)
规格型号:5959360, 5959480, 5959680, 5959812, 5959124
产品标准:YZB/USA 3005-2014《生物可吸收性涂层/永久性网片》
性能组成:该产品是植入物,采用不可吸收材料聚丙烯(PP)和可吸收材料聚乙醇酸(PGA)纤维交织而成。PGA 表面上有生物可吸收性涂层,该涂层由经羧甲基纤维素改性的透明质酸钠(HA-CMC)和聚乙二醇(PEG)基凝胶等组成。该产品无菌状态提供,一次性使用。
适用范围:该产品适用于软组织缺损的修复治疗,如疝气修复。
生产厂家:美国 Davol Inc. Subsidiary of C.R.Bard, Inc.
注册代理:巴德医疗科技(上海)有限公司
服务机构:巴德医疗科技(上海)有限公司
发证日期:2014.06.26 **截止日期**:2019.06.25

国食药监械(进)字 2014 第 3633013 号

产品名称:牙种植体系统(Implant System)
规格型号:见附页
产品标准:YZB/ITA 2719-2014《牙种植体系统》
性能组成:本系统由种植体、基台和螺丝组成。其中种植体材质为纯钛(TA3),表面经过喷砂酸蚀处理,经 β 辐照灭菌,无菌独立包装。基台和螺丝的材质为钛合金(TC4),表面未经处理,非无菌包装(具体详见标准)。
适用范围:牙种植体系统是将牙种植体植入口腔牙齿缺失部位的颌骨组织内,起义齿支持和固位作用,并用以恢复或重建牙列缺损或缺失部分的形态和功能。
生产厂家:意大利 ORNAGHI LUIGI & C.S.n.c.
注册代理:北京世纪信诚科技有限公司
服务机构:北京世纪信诚科技有限公司
发证日期:2014.06.26 **截止日期**:2019.06.25

国食药监械(进)字 2014 第 3463014 号

产品名称:足踝锁定内固定系统-金属接骨板(商品名:FPS)(Foot Plating System)
规格型号:见附页
产品标准:YZB/USA 2762-2014《足踝锁定内固定系统-金属接骨板》
性能组成:该产品材料由符合 ASTM F67 规定的纯钛材料或符合 ASTM F136 规定的钛合金材料制成。表面经阳极氧化处理。非灭菌包装。
适用范围:适用于创伤、普通外科和足部、足踝部或者其它适用于该植入物尺寸的骨骼。
生产厂家:美国 OSTEOMED L.P.
注册代理:北京市麦迪戴克医疗技术有限公司
服务机构:艾派(广州)医疗器械有限公司
发证日期:2014.06.26 **截止日期**:2019.06.25

国食药监械(进)字 2014 第 3633015 号

产品名称:后牙流动树脂(商品名:SDR)(SDR Smart Dentin Replacement)
规格型号:规格装量:子弹装 0.25g/枚
产品标准:YZB/USA 3112-2014《后牙流动树脂》
性能组成:本产品主要组成为:钡-铝-氟代-硼硅酸盐玻璃、锶铝-氟代-硅酸盐玻璃、改良聚氨脂二甲基丙烯酸酯树脂、乙氧化双酚 A 二甲基丙烯酸酯(EBPADMA)、三甘醇二甲基丙烯酸酯(TEGDMA)、樟脑醌(CQ)光敏引发剂、丁基化羟基甲苯(BHT)、紫外光稳定剂、二氧化钛、氧化铁颜料。
适用范围:本产品适用于后牙 I 类、II 类窝洞的充填修复以及 II 类窝洞的衬底(近髓处应使用 Dycal 垫底)。
生产厂家:美国 DENTSPLY Caulk
注册代理:登士柏(天津)国际贸易有限公司
服务机构:登士柏(天津)国际贸易有限公司
发证日期:2014.06.26 **截止日期**:2019.06.25

国食药监械(进)字 2014 第 3643016 号

产品名称:脂质水胶寡糖泡沫敷料(商品名:优拓达)(URGOSTART Micro-Adhesive/Soft-Adherent)
规格型号:无边型 6cm×6cm、10cm×12cm、15cm×20cm、足跟型 12cm×19cm
产品标准:YZB/FRA 3080-2014《脂质水胶寡糖泡沫敷料》
性能组成:该敷料由三部分组成:微粘性的脂质水胶层、具有吸收功能的聚氨酯泡沫垫和保护性无纺聚氨酯背衬。微粘性的脂质水胶层(TLC)主要由粘性聚合物、水胶体颗粒(羧甲基纤维素钠)和 NOSF(寡糖)组成。
适用范围:该敷料用于低到中度渗出的慢性伤口(腿部溃疡,压力性溃疡,糖尿病足溃疡,长时间不愈的急性创伤)。无边型推荐用于周围皮肤较脆弱的伤口。足跟型适用于足跟部位的低到中度渗出的慢性伤口(如足跟压力性溃疡)。
生产厂家:法国 LABORATOIRES URGO
注册代理:法国优格制药公司北京代表处
服务机构:法国优格制药公司北京代表处
发证日期:2014.06.26 **截止日期**:2019.06.25

国食药监械(进)字 2014 第 3453017 号

产品名称:离心泵头(Centrifugal Pump)
规格型号:Revolution
产品标准:YZB/ITA 2700-2014《离心泵头》
性能组成:本产品由外壳(聚碳酸酯)、支座(聚乙烯)、叶轮(ABS)、轴杆(不锈钢)、封条(聚氨酯丙烯酸酯)、磁性联动器(尼龙 11/钕铁混合)组成。本产品一次性使用,环氧乙烷灭菌。
适用范围:预定在心肺旁路手术中仅与索林集团德国股份有限公司的离心泵系统(CP5, SCP/SCPC)配合使用,使用时间不超过 6 小时。
生产厂家:意大利 Sorin Group Italia S.r.l.

注册代理:北京新克力贸易有限公司
服务机构:北京新克力贸易有限公司
发证日期:2014.06.26　**截止日期**:2019.06.25

国食药监械(进)字 2014 第 2403018 号

产品名称:血糖试纸(葡萄糖氧化酶法)(商品名:美迪赛福 斐特)(Blood glucose test tip (glucose oxidase method))
规格型号:MS*FC025B 25 个装 MS*FC030B 30 个装 MS*FC100 100 个装
产品标准:YZB/JAP 3039-2014
性能组成:葡萄糖氧化酶 过氧化氢酶 4-氨基-1, 2-二氢-1, 5-二甲基-2-(4-磺酰基)-3H-吡唑-3-酮 3-(3, 5-二甲基苯胺)乙胺-2-羟基-1-丙磺酸钠 • 1 水和物 (具体内容详见说明书)。产品有效期:1-30℃保存,有效期两年。附件:注册产品标准,产品说明书。
适用范围:该产品适用于定量检测指尖新鲜毛细血管全血中葡萄糖浓度。
生产厂家:日本 Terumo Corporation
注册代理:日本泰尔茂株式会社北京办事处
发证日期:2014.06.18　**截止日期**:2019.06.17

国食药监械(进)字 2014 第 2403019 号

产品名称:糖化血红蛋白检测用质控品(cobas HbA1c Control)
规格型号:4×1.0 mL
产品标准:YZB/GER 3257-2014
性能组成:2×1 mL 质控水平 1(正常范围)、2×1 mL 质控水平 2(病理范围):含有溶血人全血、防腐剂和稳定剂;质控信息盘 1 张;2×2 滴管。(具体内容详见说明书)。产品有效期:2~8℃下可保存至 6 个月。附件:注册产品标准,产品说明书。
适用范围:用于糖化血红蛋白(HbA1c)检测的质量控制。
变更情况:变更日期:2015.02.25。产品有效期由"6 个月"变更为"15 个月"。
生产厂家:德国 Roche Diagnostics GmbH
注册代理:罗氏诊断产品(上海)有限公司
发证日期:2014.06.18　**截止日期**:2019.06.17

国食药监械(进)字 2014 第 2403020 号

产品名称:尿电解质标准液(低值)(EA Urine Standard Low)
规格型号:150mLX1 瓶
产品标准:YZB/JAP 3210-2014
性能组成:甲醛;< 0.1 w/v%; Na:50mmol/L; K:10 mmol/L; Cl:50 mmol/L。(具体详见说明书)。产品有效期:5℃~35℃下保存,有效期 12 个月。附件:注册产品标准,产品说明书。
适用范围:测定人尿液钠、钾、氯离子的浓度,为钠、钾、氯离子浓度的标准品。
生产厂家:日本 A&T Corporation
注册代理:东软安德医疗科技有限公司
发证日期:2014.06.18　**截止日期**:2019.06.17

国食药监械(进)字 2014 第 2403021 号

产品名称:电解质标准液(低值)(EA Serum Standard Low)
规格型号:150mL×1 瓶
产品标准:YZB/JAP 3151-2014
性能组成:甲醛;< 0.1 w/v%; - Na:130mmol/L; K:3.5 mmol/L; Cl:85 mmol/L.(具体详见说明书)。产品有效期:5℃~35℃下保存,有效期 12 个月。附件:注册产品标准,产品说明书。
适用范围:测定人血钠、钾、氯离子的浓度,为钠、钾、氯离子浓度的标准品。
生产厂家:日本 A&T Corporation
注册代理:东软安德医疗科技有限公司
发证日期:2014.06.18　**截止日期**:2019.06.17

国食药监械(进)字 2014 第 2403022 号

产品名称:尿电解质标准液(高值)(EA Urine Standard High)
规格型号:150mL×1 瓶
产品标准:YZB/JAP 3211-2014
性能组成:甲醛;< 0.1 w/v%; Na:200mmol/L; K:100 mmol/L; Cl:180 mmol/L。(具体详见说明书)。产品有效期:5℃~35℃下保存,有效期 12 个月。附件:注册产品标准,产品说明书。
适用范围:测定人尿液钠、钾、氯离子的浓度,为钠、钾、氯离子浓度的标准品。
生产厂家:日本 A&T Corporation
注册代理:东软安德医疗科技有限公司
发证日期:2014.06.18　**截止日期**:2019.06.17

国食药监械(进)字 2014 第 2403023 号

产品名称:电解质标准液(高值)(EA Serum Standard High)
规格型号:150mL×1 瓶
产品标准:YZB/JAP 3175-2014
性能组成:甲醛; <0.1 w/v%; Na:160mmol/L; K: 6mmol/L; Cl: 120 mmol/L.(具体详见说明书)。产品有效期:5℃~35℃下保存,有效期 12 个月。附件:注册产品标准,产品说明书。
适用范围:- 测定人血钠、钾、氯离子的浓度,为钠、钾、氯离子浓度的标准品。
生产厂家:日本 A&T Corporation
注册代理:东软安德医疗科技有限公司
发证日期:2014.06.18　**截止日期**:2019.06.17

国食药监械(进)字 2014 第 2403024 号

产品名称:总胆红素检测试剂盒(重氮法)(Bilirubin Total Gen.3 (BILT3))
规格型号:250 测试;600 测试;4 × 100 测试; 试剂 1:4×67mL,试剂 2:4×16mL; 试剂 1:6×252mL,试剂 2:6×63 mL; 试剂 1:4×659mL,试剂 2:4×144mL; 试剂 1:12×45mL,试剂 2:6×20mL。
产品标准:YZB/GER 3260-2014
性能组成:试剂 1:去污剂;缓冲液,pH 1.0;稳定剂。试剂 2:3, 5-二氯苯重氮盐:> 1.35 mmol/L。(具体内容详见说明书)。产品有效期:2~8℃,有效期 15 个月。附件:注册产品标准,产品说明书。
适用范围:用于体外定量测定成人和新生儿血清和血浆中的总胆红素。
生产厂家:德国 Roche Diagnostics GmbH
注册代理:罗氏诊断产品(上海)有限公司
发证日期:2014.06.18　**截止日期**:2019.06.17

国食药监械(进)字 2014 第 2403025 号

产品名称:糖化白蛋白质控品(GA-L Control Serum L, H)
规格型号:GA-L 质控品 L 3mL×1 瓶 GA-L 质控品 H 3mL×1 瓶
产品标准:YZB/JAP 3253-2014
性能组成:在人血清基质中添加糖化白蛋白和白蛋白的冻干品。糖化白蛋白和白蛋白的具体浓度见管理值表。不同批号质控品定值不同。产品有效期:2℃-8℃保存,有效期 12 个月。附件:注册产品标准,产品说明书。
适用范围:该产品用于 ASAHI KASEI PHARMA CORPORATION 生产的糖化白蛋白测定试剂盒项目的质量控制。
生产厂家:日本 ASAHI KASEI PHARMA CORPORATION
注册代理:北京捷通康诺医药科技有限公司
发证日期:2014.06.18　**截止日期**:2019.06.17

国食药监械(进)字 2014 第 2403026 号

产品名称:血糖试纸(葡萄糖氧化酶)(商品名:欧捷)(Blood Glucose Test Strips)
规格型号:50 片/盒,25 片/盒,10 片/盒。
产品标准:YZB/GER 3299-2014
性能组成:葡萄糖氧化酶,其他成分。(具体内容详见说明书)。产品有效期:2~30℃保存,有效期:2 年。附件:注册产品标准,产品说明书。
适用范围:该产品用于体外定量检测人指尖新鲜毛细血管全血中葡萄糖浓度。
生产厂家:德国 B. Braun Melsungen AG, OPM
注册代理:贝朗医疗(上海)国际贸易有限公司
发证日期:2014.06.18　**截止日期**:2019.06.17

国食药监械(进)字 2014 第 2403027 号

产品名称:血糖试纸(葡萄糖脱氢酶法)(商品名:CERA-CHEK 1070)(Blood Glucose Test Strip)
规格型号:25 条/盒(25 条/瓶×1);50 条/盒(25 条/瓶×2)

产品标准:YZB/ROK 3044-2014
性能组成:试纸含有：葡萄糖脱氢酶（微生物），铁氰化钾；质控液组成成分：葡萄糖、染料、防腐剂（具体内容详见说明书）。产品有效期：1℃-32℃保存，有效期 24 个月。附件：注册产品标准，产品说明书。
适用范围:该产品用于体外定量检测新鲜毛细血管全血和新鲜静脉血中的血糖浓度水平。
生产厂家:韩国 CERAGEM MEDISYS Inc.
注册代理:喜来健医疗器械（北京）有限公司
发证日期:2014.06.18　**截止日期**:2019.06.17

国食药监械（进）字 2014 第 2403028 号

产品名称:免疫质控品(Immuno Control 2)
规格型号:1 × 5 mL
产品标准:YZB/ITA 3149-2014
性能组成:由溶于人血清基质中的分析物组成，并添加叠氮钠作为稳定剂。（具体内容详见说明书）。产品有效期：2～8℃储存，有效期为 36 个月。附件：注册产品标准，产品说明书。
适用范围:本产品用于 C-反应蛋白、免疫球蛋白轻链κ和免疫球蛋白轻链λ项目检测时的质量控制。
生产厂家:意大利 SENTINEL CH. SpA
注册代理:雅培贸易（上海）有限公司
发证日期:2014.06.18　**截止日期**:2019.06.17

国食药监械（进）字 2014 第 2403029 号

产品名称:果糖胺质控品(Fructosamine Control 1)
规格型号:4 × 1 mL
产品标准:YZB/ITA 3168-2014
性能组成:为冻干状态的质控品，含有人血清中的 1-脱氧-1-吗啉代-D-果糖胺，并通过添加叠氮钠作为稳定剂。（具体内容详见说明书）。产品有效期：2～8℃储存，有效期为 36 个月。附件：注册产品标准，产品说明书。
适用范围:本产品用于果糖胺项目检测时的质量控制。
生产厂家:意大利 SENTINEL CH. SpA
注册代理:雅培贸易（上海）有限公司
发证日期:2014.06.18　**截止日期**:2019.06.17

国食药监械（进）字 2014 第 2403030 号

产品名称:免疫质控品(Immuno Control 1)
规格型号:1 × 5 mL
产品标准:YZB/ITA 3171-2014
性能组成:由溶于人血清基质中的分析物组成，并添加叠氮钠作为稳定剂。（具体内容详见说明书）。产品有效期：2～8℃储存，有效期为 36 个月。附件：注册产品标准，产品说明书。
适用范围:本产品用于 C-反应蛋白、免疫球蛋白轻链κ和免疫球蛋白轻链λ项目检测时的质量控制。
生产厂家:意大利 SENTINEL CH. SpA
注册代理:雅培贸易（上海）有限公司
发证日期:2014.06.18　**截止日期**:2019.06.17

国食药监械（进）字 2014 第 2403031 号

产品名称:果糖胺质控品(Fructosamine Control 2)
规格型号:4 × 1 mL
产品标准:YZB/ITA 3173-2014
性能组成:为冻干状态的质控品，含有人血清中的 1-脱氧-1-吗啉代-D-果糖胺，并通过添加叠氮钠作为稳定剂。（具体内容详见说明书）。产品有效期：2～8℃储存，有效期为 36 个月。附件：注册产品标准，产品说明书。
适用范围:本产品用于果糖胺项目检测时的质量控制。
生产厂家:意大利 SENTINEL CH. SpA
注册代理:雅培贸易（上海）有限公司
发证日期:2014.06.18　**截止日期**:2019.06.17

国食药监械（进）字 2014 第 2403032 号

产品名称:醛固酮质控品(LIAISON® Aldosterone Control Set)
规格型号:质控品 1：2 瓶×4.5 mL，质控品 2：2 瓶×4.5 mL。
产品标准:YZB/USA 3460-2014
性能组成:质控品 1、质控品 2。（具体内容详见说明书）。产品有效期：2～8℃保存，有效期 12 个月。附件：注册产品标准，产品说明书。
适用范围:本产品用于体外测定醛固酮含量时的质量控制。
生产厂家:美国 DiaSorin Inc.
注册代理:索灵诊断医疗设备（上海）有限公司
发证日期:2014.06.18　**截止日期**:2019.06.17

国食药监械（进）字 2014 第 2403033 号

产品名称:抗中性粒细胞胞浆抗体（甲醛）检测试剂盒（间接免疫荧光法）（商品名：迈康准®）(AESKUSLIDES ANCA Formalin)
规格型号:产品编号：54.101；包装规格：120 人份/盒。
产品标准:YZB/GER 3238-2014
性能组成:含反应载片、荧光标记抗人免疫球蛋白抗体、封片液、清洗缓冲液（10×）、样本缓冲液（1×）、阴性对照、阳性对照（P-ANCA）、阳性对照（C-ANCA）。（具体内容详见说明书）。产品有效期：在 2℃～8℃/35～46°F 避光保存，有效期 18 个月。附件：注册产品标准，产品说明书。
适用范围:本试剂盒用于体外定性检测人血清中中性粒细胞胞浆自身抗体。
生产厂家:德国 AESKU. DIAGNOSTICS GmbH&Co. KG
注册代理:广州市康润生物制品开发有限公司
发证日期:2014.06.18　**截止日期**:2019.06.17

国食药监械（进）字 2014 第 2403034 号

产品名称:抗中性粒细胞胞浆抗体（乙醇）检测试剂盒（间接免疫荧光法）（商品名：迈康准®）(AESKUSLIDES ANCA Ethanol)
规格型号:产品编号：54.100；包装规格：120 人份/盒。
产品标准:YZB/GER 3243-2014
性能组成:含反应载片、荧光标记抗人免疫球蛋白抗体、封片液、清洗缓冲液（10×）、样本缓冲液（1×）、阴性对照、阳性对照（P-ANCA）、阳性对照（C-ANCA）。（具体内容详见说明书）。产品有效期：在 2℃～8℃/35～46°F 避光保存，有效期 18 个月。附件：注册产品标准，产品说明书。
适用范围:本试剂盒用于体外定性检测人血清中中性粒细胞胞浆自身抗体。
生产厂家:德国 AESKU. DIAGNOSTICS GmbH&Co. KG
注册代理:广州市康润生物制品开发有限公司
发证日期:2014.06.18　**截止日期**:2019.06.17

国食药监械（进）字 2014 第 2403035 号

产品名称:革兰氏阳性菌药敏板(Gram Positive MIC plate)
规格型号:10 块/盒
产品标准:YZB/UK 3396-2014
性能组成:试剂盒内有药敏板和封膜。每块板都包被有非荧光底物和适当稀释度的抗生素。（具体内容详见说明书）。产品有效期：在室温下保存（15～25℃），避免阳光直射和接触热源，有效期 24 个月。附件：注册产品标准，产品说明书。
适用范围:本产品用于体外革兰氏阳性非苛养菌分离菌株（包括：葡萄球菌属细菌，肠球菌属细菌，除肺炎链球菌之外的β溶血型链球菌）临床药敏试验。
生产厂家:英国 Trek Diagnostic Systems Ltd
注册代理:赛默飞世尔（上海）仪器有限公司
发证日期:2014.06.18　**截止日期**:2019.06.17

国食药监械（进）字 2014 第 2403036 号

产品名称:链球菌药敏板(Streptococcus species MIC plate)
规格型号:10 块/盒
产品标准:YZB/UK 3400-2014
性能组成:试剂盒内有药敏板和粘性密封膜。每块板都包被有非荧光底物和有适量稀释度的抗生素。（具体内容详见说明书）。产品有效期：在室温下保存（15～25℃），避免阳光直射和接触热源，有效期 18 个月。附件：注册产品标准，产品说明书。
适用范围:本产品用于体外链球菌临床药敏实验。
生产厂家:英国 Trek Diagnostic Systems Ltd
注册代理:赛默飞世尔（上海）仪器有限公司
发证日期:2014.06.18　**截止日期**:2019.06.17

国食药监械(进)字 2014 第 2403037 号

产品名称:革兰氏阴性菌药敏板(Gram Negative MIC plate)
规格型号:10 块/盒
产品标准:YZB/UK 3402-2014
性能组成:试剂盒内有药敏板和封膜。每块板都包被有非荧光底物和适量稀释度的抗生素。(具体内容详见说明书)。产品有效期:在室温下保存(15~25℃),避免阳光直射和接触热源,有效期 24 个月。附件:注册产品标准,产品说明书。
适用范围:本产品用于体外革兰氏阴性非苛养菌分离菌株(包括:肠杆菌科细菌,铜绿假单胞菌和其他非肠杆菌科细菌)的临床药敏试验。
生产厂家:英国 Trek Diagnostic Systems Ltd
注册代理:赛默飞世尔(上海)仪器有限公司
发证日期:2014. 06. 18 **截止日期**:2019. 06. 17

国食药监械(进)字 2014 第 3403038 号

产品名称:药物定标液(Drug Calibrator II (Drug Cal II))
规格型号:产品编号:DC49D;包装规格:水平 1:2 × 5.0 mL;水平 2:2 × 5.0 mL;水平 3:2 × 5.0 mL;水平 4:2 × 5.0 mL;水平 5:2 × 5.0 mL。
产品标准:YZB/USA 3271-2014
性能组成:药物定标液是牛血清为基质的液体产品,含有对乙酰氨基酚(ACTM)、卡马西平(CRBM)、洋地黄毒苷(DGTX)、庆大霉素(GENT)、利多卡因(LIDO)、N-乙酰普鲁卡因酰胺(NAPA)、普鲁卡因酰胺(PROC)、托普霉素(TOBR)、丙戊酸(VALP)、万古霉素(VANC)成分。产品有效期:在 2~8℃条件下储存,有效期 12 个月。附件:注册产品标准,产品说明书。
适用范围:该定标液用于检测对乙酰氨基酚(ACTM)、卡马西平(CRBM)、洋地黄毒苷(DGTX)、庆大霉素(GENT)、利多卡因(LIDO)、N-乙酰普鲁卡因酰胺(NAPA)、普鲁卡因酰胺(PROC)、托普霉素(TOBR)、丙戊酸(VALP)、万古霉素(VANC)方法的定标。
生产厂家:美国 Siemens Healthcare Diagnostics Inc.
注册代理:西门子医学诊断产品(上海)有限公司
发证日期:2014. 06. 18 **截止日期**:2019. 06. 17

国食药监械(进)字 2014 第 2403039 号

产品名称:卡马西平测定试剂盒(比浊法)(Carbamazepine Flex Reagent Cartridge (CRBM))
规格型号:产品编号:DF87;包装规格:80 测试/盒(4x20 测试/盒)。
产品标准:YZB/USA 3275-2014
性能组成:试剂船位 1,2(液体):颗粒试剂;试剂船位 3,4(液体):缓冲液;试剂孔 5,6(液体):抗体。(具体内容详见说明书)。产品有效期:在 2~8℃条件下储存,有效期 12 个月。附件:注册产品标准,产品说明书。
适用范围:该试剂盒用于定量测定人血清或血浆中卡马西平(一种抗惊厥药)的浓度。
生产厂家:美国 Siemens Healthcare Diagnostics Inc.
注册代理:西门子医学诊断产品(上海)有限公司
发证日期:2014. 06. 18 **截止日期**:2019. 06. 17

国食药监械(进)字 2014 第 2403040 号

产品名称:肌酸激酶测定试剂盒(JSCC 推荐法)(CicaLiquid CK)
规格型号:LR 试剂 1:300mLx3,试剂 2:150mLx3;MR 试剂 1:90mLx3,试剂 2:30mLx3;7170 试剂 1:70mLx4,试剂 2:20mLx4;SP 试剂 1:20mLx4,试剂 2:12mLx2;EPS 试剂 1:70mLx4,试剂 2:70mLx2;LS 试剂 1:500mLx1,试剂 2:300mLx1。
产品标准:YZB/JAP 2702-2014
性能组成:试剂 1:己糖激酶(HK),6-磷酸葡萄糖脱氢酶(G-6PDH),二磷酸腺苷(ADP),烟酸胺腺嘌呤二核苷酸磷酸(氧化型辅酶 II)NADP,D-葡萄糖,叠氮钠;试剂 2:磷酸肌酸,叠氮钠。产品有效期:2~8℃储存,有效期 8 个月。附件:注册产品标准,产品说明书。
适用范围:用于体外定量测定血清和血浆中的肌酸激酶活性。
生产厂家:日本关东化学株式会社(KANTO CHEMICAL CO., INC.)
注册代理:上海盈科医学生物科技有限责任公司
发证日期:2014. 06. 18 **截止日期**:2019. 06. 17

国食药监械(进)字 2014 第 2403041 号

产品名称:总胆红素测定试剂盒(酶法)(CicaLiquid T-BIL)
规格型号:7170 试剂 1:60mLx4,试剂 2:20mLx4;LR 试剂 1:200mLx3,试剂 2:50mLx3;MR 试剂 1:80mLx3,试剂 2:30mLx3.
产品标准:YZB/JAP 2827-2014
性能组成:试剂 1、试剂 2:胆红素氧化酶(BOD)。产品有效期:2~10℃储存,有效期 12 个月。附件:注册产品标准,产品说明书。
适用范围:用于体外定量测定血清或血浆中的总胆红素。
生产厂家:日本 UNITIKA LTD
注册代理:上海盈科医学生物科技有限责任公司
发证日期:2014. 06. 18 **截止日期**:2019. 06. 17

国食药监械(进)字 2014 第 2403042 号

产品名称:直接胆红素测定试剂盒(酶法)(CicaLiquid D-BIL)
规格型号:7170 试剂 1:60mL×4,试剂 2:20mL×4;LR 试剂 1:200mL×3,试剂 2:50mL×3;ER 试剂 1:80mL×3,试剂 2:30mL×3;ES 试剂 1:20mL×2,试剂 2:7mL×2.
产品标准:YZB/JAP 2894-2014
性能组成:试剂 1、试剂 2:胆红素氧化酶(BOD)。产品有效期:2~10℃储存,有效期 9 个月。附件:注册产品标准,产品说明书。
适用范围:用于体外定量测定血清或血浆中的直接胆红素。
生产厂家:日本 UNITIKA LTD
注册代理:上海盈科医学生物科技有限责任公司
发证日期:2014. 06. 18 **截止日期**:2019. 06. 17

国食药监械(进)字 2014 第 2403043 号

产品名称:乳酸脱氢酶测定试剂盒(JSCC 推荐法)(CicaLiquid LDH J)
规格型号:7170 试剂 1:70mLx4,试剂 2:20mLx4;MR 试剂 1:90mLx3,试剂 2:30mLx3;LR 试剂 1:300mLx3,试剂 2:150mLx3;EPS 试剂 1:70mLx4,试剂 2:70mLx2;EPS200 试剂 1:200mLx3,EPS150 试剂 2:150mLx2;LS2 试剂 1:500mLx3,试剂 2:300mLx3;LS2-a 试剂 1:500mLx2,试剂 2:300mLx1。
产品标准:YZB/JAP 3093-2014
性能组成:试剂 1:L-乳酸锂;试剂 2:烟酰胺腺嘌呤二核苷酸(氧化型辅酶 I)(NAD)。产品有效期:2~8℃储存,有效期 8 个月。附件:注册产品标准,产品说明书。
适用范围:用于体外定量测定血清和血浆中的乳酸脱氢酶活性。
生产厂家:日本关东化学株式会社(KANTO CHEMICAL CO., INC.)
注册代理:上海盈科医学生物科技有限责任公司
发证日期:2014. 06. 18 **截止日期**:2019. 06. 17

国食药监械(进)字 2014 第 2403044 号

产品名称:门冬氨酸氨基转移酶测定试剂盒(JSCC 推荐法)(CicaLiquid AST)
规格型号:LR 试剂 1:300mLx3,试剂 2:150mLx3;MR 试剂 1:90mLx3,试剂 2:40mLx3;7170 试剂 1:60mLx4,试剂 2:20mLx4;SP 试剂 1:20mLx4,试剂 2:15mLx2;EPS 试剂 1:70mLx4,试剂 2:70mLx2;LS2 试剂 1:500mLx3,试剂 2:300mLx3;LS2-a 试剂 1:500mLx2,试剂 2:300mLx1。
产品标准:YZB/JAP 2541-2014
性能组成:试剂 1:L-门冬氨酸,烟酰胺腺嘌呤二核苷酸(还原型)(NADH),苹果酸脱氢酶(MDH),乳酸脱氢酶(LD),叠氮钠;试剂 2:L-门冬氨酸,α-酮戊二酸,叠氮钠。产品有效期:2~8℃储存,有效期 8 个月。附件:注册产品标准,产品说明书。
适用范围:用于体外定量测定血清或血浆中的门冬氨酸氨基转移酶活性。
生产厂家:日本关东化学株式会社(KANTO CHEMICAL CO., INC.)
注册代理:上海盈科医学生物科技有限责任公司
发证日期:2014. 06. 18 **截止日期**:2019. 06. 17

国食药监械(进)字 2014 第 2403045 号

产品名称:肌酸激酶同工酶测定试剂盒(免疫抑制法)(CicaLiquid CK-MB)
规格型号:EPS 试剂 1:70mLx2,试剂 2:70mLx1; 7170 试剂 1:35mLx2,试剂 2:10mLx2; HMR 试剂 1:50mLx3,试剂 2:20mLx3; SP 试剂 1:20mLx2,试剂 2:7mLx2。
产品标准:YZB/JAP 3063-2014
性能组成:试剂 1:抗人 CK-MM 阻碍抗体,己糖激酶,6-磷酸葡萄糖脱氢酶，二磷酸腺苷，烟酸胺腺嘌呤二核苷酸磷酸(氧化型辅酶 II)，D-葡萄糖，叠氮钠；试剂 2：磷酸肌酸，二磷酸腺苷，叠氮钠。产品有效期：2～8℃储存，有效期 8 个月。附件：注册产品标准，产品说明书。
适用范围:用于体外定量测定血清或血浆中的肌酸激酶同工酶活性。
生产厂家:日本关东化学株式会社(KANTO CHEMICAL CO., INC.)
注册代理:上海盈科医学生物科技有限责任公司
发证日期:2014.06.18 **截止日期**:2019.06.17

国食药监械(进)字 2014 第 2403046 号

产品名称:镁测定试剂盒(二甲苯胺蓝法)(CicaAuto Mg)
规格型号:SA 试剂 1:100mLx3，试剂 2:50mLx3。
产品标准:YZB/JAP 2908-2014
性能组成:试剂 1：缓冲液；试剂 2：二甲苯胺蓝、叠氮钠。产品有效期：2～8℃储存，有效期 18 个月。附件：注册产品标准，产品说明书。
适用范围:用于体外定量测定血清或血浆中的镁。
生产厂家:日本关东化学株式会社(KANTO CHEMICAL CO., INC.)
注册代理:上海盈科医学生物科技有限责任公司
发证日期:2014.06.18 **截止日期**:2019.06.17

国食药监械(进)字 2014 第 2403047 号

产品名称:无机磷测定试剂盒(紫外分析法)(CicaAuto IP)
规格型号:SA 试剂 1:200mLx3，试剂 2:200mLx3。
产品标准:YZB/JAP 2927-2014
性能组成:试剂 1 反应辅助剂：叠氮钠；试剂 2：钼酸铵。产品有效期：2～8℃储存，有效期 18 个月。附件：注册产品标准，产品说明书。
适用范围:用于体外定量测定血清或血浆中的无机磷。
生产厂家:日本关东化学株式会社(KANTO CHEMICAL CO., INC.)
注册代理:上海盈科医学生物科技有限责任公司
发证日期:2014.06.18 **截止日期**:2019.06.17

国食药监械(进)字 2014 第 2403048 号

产品名称:铁测定试剂盒(Nitroso-PSAP 法)(CicaLiquid Fe)
规格型号:EPS200 试剂 1:200mLx3，EPS150 试剂 2:150mLx2；7170 试剂 1:50mLx4，试剂 2:20mLx4；EPS 试剂 1:70mLx4，试剂 2:70mLx2；LR 试剂 1:300mLx3，试剂 2:150mLx3.
产品标准:YZB/JAP 2973-2014
性能组成:试剂 1；试剂 2：N-亚硝基-5(N-丙基-N-磺基丙胺)-酚(Nitroso-PSAP)。产品有效期：2～8℃储存，有效期 12 个月。附件：注册产品标准，产品说明书。
适用范围:用于体外定量测定血清或血浆中的铁。
生产厂家:日本关东化学株式会社(KANTO CHEMICAL CO., INC.)
注册代理:上海盈科医学生物科技有限责任公司
发证日期:2014.06.18 **截止日期**:2019.06.17

国食药监械(进)字 2014 第 2403049 号

产品名称:钙测定试剂盒(邻甲酚酞络合酮法)(CicaAuto Ca)
规格型号:7070 试剂 1:90mLx3，试剂 2:35mLx3；SA 试剂 1:300mLx3，试剂 2:100mLx3；7170 试剂 1:70mLx4，试剂 2:20mLx4；EPS 试剂 1:70mLx4，试剂 2:70mLx2；EPS200 试剂 1:200mLx3，试剂 2:150mLx2。
产品标准:YZB/JAP 2919-2014
性能组成:试剂 1:缓冲液；试剂 2:邻甲酚肽络合酮(OCPC)。产品有效期：2～8℃储存，有效期 18 个月。附件：注册产品标准，产品说明书。
适用范围:用于体外定量测定血清或血浆中的钙。
生产厂家:日本关东化学株式会社(KANTO CHEMICAL CO., INC.)
注册代理:上海盈科医学生物科技有限责任公司
发证日期:2014.06.18 **截止日期**:2019.06.17

国食药监械(进)字 2014 第 2403050 号

产品名称:白蛋白测定试剂盒(溴甲酚绿法)(CicaLiquid ALB)
规格型号:LS2 500mLx3；BR 200mLx3；MR 90mLx3；7170 60mLx4；EPS 70mLx4。
产品标准:YZB/JAP 3032-2014
性能组成:溴甲酚绿(BCG)。(具体详见说明书)。产品有效期：2～25℃储存，有效期 12 个月。附件：注册产品标准，产品说明书。
适用范围:用于体外定量测定血清或血浆中的白蛋白。
生产厂家:日本关东化学株式会社(KANTO CHEMICAL CO., INC.)
注册代理:上海盈科医学生物科技有限责任公司
发证日期:2014.06.18 **截止日期**:2019.06.17

国食药监械(进)字 2014 第 2403051 号

产品名称:不饱和铁结合力测定试剂盒(Nitroso-PSAP 法)(CicaLiquid UIBC)
规格型号:7170 试剂 1:50mLx4，试剂 2:20mLx4；EPS 试剂 1:70mLx4，试剂 2:70mLx2。
产品标准:YZB/JAP 2972-2014
性能组成:试剂 1、试剂 2:N-亚硝基-5(N-丙基-N-磺基丙胺)-酚。产品有效期：2～8℃储存，有效期 18 个月。附件：注册产品标准，产品说明书。
适用范围:用于体外定量测定血清中的不饱和铁结合力。
生产厂家:日本关东化学株式会社(KANTO CHEMICAL CO., INC.)
注册代理:上海盈科医学生物科技有限责任公司
发证日期:2014.06.18 **截止日期**:2019.06.17

国食药监械(进)字 2014 第 2403052 号

产品名称:C 反应蛋白测定试剂盒(超敏胶乳增强免疫比浊法)(Cias Latex CRP)
规格型号:BR 试剂 1:150mLx3，试剂 2:150mLx3；MR 试剂 1:70mLx2，试剂 2:70mLx2；7170 试剂 1:70mLx2，试剂 2:70mLx2。
产品标准:YZB/JAP 3016-2014
性能组成:试剂 1:叠氮钠；试剂 2:抗人 CRP 抗体致敏的 Latex。产品有效期：2～8℃储存，有效期 12 个月。附件：注册产品标准，产品说明书。
适用范围:用于体外定量高感度测定血清或血浆中的 C 反应蛋白。
生产厂家:日本关东化学株式会社(KANTO CHEMICAL CO., INC.)
注册代理:上海盈科医学生物科技有限责任公司
发证日期:2014.06.18 **截止日期**:2019.06.17

国食药监械(进)字 2014 第 2403053 号

产品名称:总蛋白测定试剂盒(双缩脲法)(CicaLiquid TP)
规格型号:MR 试剂 1:90mLx3，试剂 2:60mLx3；7170 试剂 1:60mLx4，试剂 2:40mLx4；EPS 试剂 1:70mLx4，试剂 2:70mLx2；EPS200 试剂 1:200mLx3，EPS150 试剂 2:150mLx2；LS2 试剂 1:500mLx3，试剂 2:300mLx3。
产品标准:YZB/JAP 3036-2014
性能组成:试剂 1：叠氮钠；试剂 2：硫酸铜(II)。产品有效期：2～8℃储存，有效期 12 个月。附件：注册产品标准，产品说明书。
适用范围:用于体外定量测定血清或血浆中的总蛋白。
生产厂家:日本关东化学株式会社(KANTO CHEMICAL CO., INC.)
注册代理:上海盈科医学生物科技有限责任公司
发证日期:2014.06.18 **截止日期**:2019.06.17

国食药监械(进)字 2014 第 2403054 号

产品名称:胆碱酯酶测定试剂盒(苯甲酰硫代胆碱基质法)(CicaLiquid ChE)
规格型号:(LR) 试剂 1:300mLx3，试剂 2:100mLx3；(MR) 试剂 1:90mLx3，试剂 2:30mLx3；(7170) 试剂 1:70mLx4，试剂 2:20mLx4；(EPS) 试剂 1:70mLx4，试剂 2:70mLx2。
产品标准:YZB/JAP 2598-2014
性能组成:试剂 1:2，2-联吡啶二硫；试剂 2:碘化苯甲酰硫化胆碱。产品有效期：2～8℃储存，有效期 6 个月。附件：注册产品标准，产品说明书。
适用范围:用于体外定量测定血清或血浆中的胆碱酯酶活性。
生产厂家:日本关东化学株式会社(KANTO CHEMICAL CO., INC.)
注册代理:上海盈科医学生物科技有限责任公司
发证日期:2014.06.18 **截止日期**:2019.06.17

国食药监械(进)字 2014 第 2403055 号

产品名称:甘油三酯测定试剂盒(酶法·去游离甘油)(CicaLiquid-N TG)
规格型号:(LR) 试剂 1:250mLx3，试剂 2:150mLx3；(7170) 试剂 1:60mLx4，试剂 2:35mLx4；(EM) 试剂 1:35mLx2，试剂 2:15mLx2。
产品标准:YZB/JAP 2611-2014
性能组成:试剂 1:甘油激酶(GK)，磷酸甘油氧化酶(GPO)，4-氨酰安替比林(4-AA); 试剂 2:脂蛋白脂肪酶(LPL), 4N-乙基-N-(3-磺丙基)-m-甲氧基苯胺(ESPAS)。产品有效期: 2~8℃储存, 有效期 12 个月。附件: 注册产品标准, 产品说明书。

适用范围:用于体外定量测定血清中的甘油三酯浓度。

生产厂家:日本关东化学株式会社(KANTO CHEMICAL CO., INC.)

注册代理:上海盈科医学生物科技有限责任公司

发证日期:2014.06.18 **截止日期**:2019.06.17

国食药监械(进)字 2014 第 2403056 号

产品名称:微量白蛋白测定试剂盒(免疫比浊法)(Cias ALB-M)

规格型号:试剂 1 缓冲液:20mLx3; 试剂 2 抗体溶液:10mLx2。

产品标准:YZB/JAP 2590-2014

性能组成:试剂 1 缓冲液:叠氮钠; 试剂 2:抗人白蛋白抗体,叠氮钠。产品有效期: 2~8℃储存,有效期 18 个月。附件: 注册产品标准, 产品说明书。

适用范围:用于体外定量测定尿液中的微量白蛋白。

生产厂家:日本关东化学株式会社(KANTO CHEMICAL CO., INC.)

注册代理:上海盈科医学生物科技有限责任公司

发证日期:2014.06.18 **截止日期**:2019.06.17

国食药监械(进)字 2014 第 2403057 号

产品名称:分枝杆菌培养瓶(BacT/ALERT MP)

规格型号:REF259797 (货号): 100 瓶/盒。

产品标准:YZB/USA 2976-2014

性能组成:培养基和内部检测器。培养基成分包含: Middlebrook 7H9 的肉汤(0.47%, W/V), 胰酶消化的酪蛋白(0.1%M/V)、牛血清蛋白胨(1.0%W/V),净化水中的过氧化氢酶(48 单位 U/ML)。培养瓶内注入 CO2、氧气和氮气。(具体内容详见说明书)。产品有效期: 避光储藏在冰箱内(2~8℃), 有效期 12 个月。附件: 注册产品标准, 产品说明书。

适用范围:用于体外分离培养和检测非血液的无菌人体样本和消毒、去污染的人临床样品中的分枝杆菌。

生产厂家:美国 bioMerieux, Inc.

注册代理:梅里埃诊断产品(上海)有限公司

发证日期:2014.06.18 **截止日期**:2019.06.17

国食药监械(进)字 2014 第 2403058 号

产品名称:需氧和兼性厌氧微生物培养瓶(BacT/ALERT PF)

规格型号:REF 259794 (货号) 儿童型:100 个/箱。

产品标准:YZB/USA 3434-2014

性能组成:包含 16 mL 培养基和 4 mL 1.0125g/mL 活性碳悬浮液。培养基成份包括大豆-酪蛋白消化液 (2.0%w/v), 脑心浸液 (0.1%w/v), 多聚茴香脑磺酸钠 (0.025%w/v), 盐酸吡哆醇 (0.001% w/v), 甲萘醌 (0.0000625% w/v), 血晶素 (0.000625% w/v), L-半胱氨酸 (0.025%w/v) 和其他溶于纯净水中的复合氨基酸及碳水化合物。培养瓶包含混合有 CO2 的氧气和氮气的真空环境。(具体内容详见说明书)。产品有效期: 保存于 15~30℃, 有效期 12 个月。附件: 注册产品标准, 产品说明书。

适用范围:用于定性地培养和检测来自血液的需氧和兼性厌氧微生物(细菌和酵母菌)。

生产厂家:美国 bioMerieux, Inc.

注册代理:梅里埃诊断产品(上海)有限公司

发证日期:2014.06.18 **截止日期**:2019.06.17

国食药监械(进)字 2014 第 2403059 号

产品名称:需氧和兼性厌氧微生物培养瓶(BacT/ALERT FA)

规格型号:REF 259791 (货号): 100 瓶/盒。

产品标准:YZB/USA 3420-2014

性能组成:包含 22 mL 的培养基和 8 mL 1.0155g/mL 的活性碳悬浮液。培养基成份包括大豆-酪蛋白消化液 (2.0%w/v), 脑心浸液 (0.1%w/v), 多聚茴香脑磺酸钠 (0.05% w/v), 盐酸吡哆醇 (0.001% w/v), 甲萘醌 (0.0000725% w/v), 血晶素 (0.000725% w/v), L-半胱氨酸 (0.03%w/v) 和其他溶于纯净水中的复合氨基酸及碳水化合物。培养瓶包含混合有 CO2 和氧气的真空环境。(具体内容详见说明书)。产品有效期: 保存于 15~30℃, 有效期 12 个月。附件: 注册产品标准, 产品说明书。

适用范围:用于定性地培养和检测来自血液和其他正常无菌体液样本中的需氧和兼性厌氧微生物 (细菌和真菌)。

生产厂家:美国 bioMerieux, Inc.

注册代理:梅里埃诊断产品(上海)有限公司

发证日期:2014.06.18 **截止日期**:2019.06.17

国食药监械(进)字 2014 第 2403060 号

产品名称:厌氧微生物培养瓶(BacT/ALERT FN)

规格型号:REF 259793 (货号) :100 瓶/盒。

产品标准:YZB/USA 3425-2014

性能组成:包含 32 mL 的培养基和 8 mL 8.5%活性碳悬浮液。培养基成份包括大豆-酪蛋白消化液 (2.0%w/v), 脑心浸液 (0.1%w/v), 多聚茴香脑磺酸钠 (0.044% w/v), 盐酸吡哆醇 (0.001% w/v), 甲萘醌 (0.0000625%w/v), 血晶素 (0.000625% w/v), L-半胱氨酸 (0.025%w/v) 和其他溶于纯净水中的复合氨基酸及碳水化合物。培养瓶内为包含有氮气的真空环境。(具体内容详见说明书)。产品有效期:保存于 15~30℃, 有效期 12 个月。附件: 注册产品标准, 产品说明书。

适用范围:用于定性地培养和检测来自血液和其他正常无菌体液中的厌氧微生物。

生产厂家:美国 bioMerieux, Inc.

注册代理:梅里埃诊断产品(上海)有限公司

发证日期:2014.06.18 **截止日期**:2019.06.17

国食药监械(进)字 2014 第 2403061 号

产品名称:需氧微生物培养瓶(BacT/ALERT SA)

规格型号:REF 259789(货号) 成人型: 100 个/箱。

产品标准:YZB/USA 3097-2014

性能组成:包含培养基和检测 CO2 的内部传感器。培养基的构成是由酪蛋白胰腺消化物 (1.7%w/v), 豆类食物木瓜蛋白酶消化物 (0.3%w/v), 多聚茴香脑磺酸钠 (0.035%w/v), 盐酸吡哆醇 (0.001%w/v) 和其它混合氨基酸以及提纯水中的碳氢酶解物。培养瓶包含混合有 CO2 和氧气的真空环境。产品有效期: 保存于 15~30℃, 有效期 12 个月。附件: 注册产品标准, 产品说明书。

适用范围:用于定性的培养和检测来自血液和其他正常无菌体液中的需氧微生物 (细菌和真菌)。

生产厂家:美国 bioMerieux, Inc.

注册代理:梅里埃诊断产品(上海)有限公司

发证日期:2014.06.18 **截止日期**:2019.06.17

国食药监械(进)字 2014 第 2403062 号

产品名称:厌氧和兼性厌氧微生物培养瓶(BacT/ALERT SN)

规格型号:REF 259790 (货号) 成人型: 100 个/箱。

产品标准:YZB/USA 2980-2014

性能组成:培养基和内部传感器。培养基的成分有酪蛋白胰酶消化物 (1.36%w/v), 豆类食物木瓜蛋白酶消化物 (0.24%w/v), 多聚茴香脑磺酸钠 (SPS) (0.035%w/v), 甲萘醌 (0.00005%w/v), 血晶素 (0.0005% w/v), 酵母提取物 (0.376 %w/v), 维生素 B6-HC1 (0.0008%w/v), 丙酮酸 (钠盐, 0.08%w/v) 还原剂和其它混合氨基酸以及提纯水中的碳氢酶解物。培养瓶在真空下加入氮气和二氧化碳。(具体内容详见说明书)。产品有效期: 保存于 15~30℃, 有效期 12 个月。附件: 注册产品标准, 产品说明书。

适用范围:用于定性地培养和检测来自血液和其他正常无菌体液中的厌氧和兼性厌氧微生物 (细菌)。

生产厂家:美国 bioMerieux, Inc.

注册代理:梅里埃诊断产品(上海)有限公司

发证日期:2014.06.18 **截止日期**:2019.06.17

国食药监械(进)字 2014 第 2403063 号

产品名称:总胆固醇测定试剂盒(酶法)(CicaLiquid-N CHO)

规格型号:LR 试剂 1:250mLx3, 试剂 2:150mLx3; 7170 试剂 1:60mLx4, 试剂 2:35mLx4; EM 试剂 1:35mLx2, 试剂 2:15mLx2; EL 试剂 1:150mLx2, 试剂 2:100mLx2。

产品标准:YZB/JAP 2630-2014

性能组成:试剂 1:N-乙基-N-(3-磺丙基)-m-甲氧基苯胺(ESPAS), 叠氮钠; 试剂 2:4-氨酰安替比林(4-AA), 胆固醇氧化酶(COD), 叠氮钠。产品有效期: 2~8℃储存, 有效期 18 个月。附件: 注册产品标准, 产品说明书。

适用范围:用于体外定量测定血清中的总胆固醇含量。

生产厂家:日本关东化学株式会社(KANTO CHEMICAL CO., INC.)

注册代理:上海盈科医学生物科技有限责任公司
发证日期:2014.06.18 **截止日期**:2019.06.17

国食药监械(进)字 2014 第 2403064 号

产品名称:尿酸测定试剂盒(尿酸酶法)(CicaLiquid UA)
规格型号:LR 试剂1:300mLx3, 试剂2:150mLx3, MR 试剂1:90mLx3, 试剂2:40mLx3, 7170 试剂1:60mLx4, 试剂2:20mLx4, EPS 试剂1:70mLx4, 试剂2:70mLx2, EPS200 试剂1:200mLx3, EPS150 试剂2:150mLx2, LR-a 试剂1:300mLx3, 试剂2:150mLx2。
产品标准:YZB/JAP 2634-2014
性能组成:试剂 1 酶反应液:N-乙基-N-(2-羟基-3-丙磺基)3-甲基苯胺钠盐(TOOS); 试剂2:4-氨基安替比林(4-AA), 尿酸酶。产品有效期:2~8℃储存, 有效期 12 个月。附件: 注册产品标准, 产品说明书。
适用范围:用于体外定量测定血清、血浆或尿液中的尿酸。
生产厂家:日本关东化学株式会社(KANTO CHEMICAL CO., INC.)
注册代理:上海盈科医学生物科技有限责任公司
发证日期:2014.06.18 **截止日期**:2019.06.17

国食药监械(进)字 2014 第 2403065 号

产品名称:葡萄糖测定试剂盒(葡萄糖脱氢酶法)(CicaLiquid GLU)
规格型号:LR 试剂1:300mLx3, 试剂2:200mLx3, MR 试剂1:90mLx3, 试剂2:40mLx3, 7170 试剂1:70mLx4, 试剂2:35mLx4, EPS 试剂1:70mLx4, 试剂2:70mLx2, EPS200 试剂1:200mLx3, EPS150 试剂2:150mLx2, LR-a 试剂1:300mLx3, 试剂2:150mLx2。
产品标准:YZB/JAP 2633-2014
性能组成:试剂 1:烟酰胺腺嘌呤二核苷酸(氧化型辅酶I)(NAD)(3.7mmol/L); 试剂2:葡萄糖脱氢酶(Gluc-DH)和叠氮钠。产品有效期: 2~8℃储存, 有效期 12 个月。附件: 注册产品标准, 产品说明书。
适用范围:用于体外定量测定血清、血浆或尿中的葡萄糖含量。
生产厂家:日本关东化学株式会社(KANTO CHEMICAL CO., INC.)
注册代理:上海盈科医学生物科技有限责任公司
发证日期:2014.06.18 **截止日期**:2019.06.17

国食药监械(进)字 2014 第 2403066 号

产品名称:尿素测定试剂盒(尿素酶法&; bull; 去游离氨)(CicaLiquid-N UN)
规格型号:MR 试剂1:90mLx3, 试剂2:40mLx3, 7170 试剂1:60mLx4, 试剂2:20mLx4, LR 试剂1:300mLx3, 试剂2:150mLx3, EPS 试剂1:70mLx4, 试剂2:70mLx2, EPS200 试剂1:200mLx3, EPS150 试剂2:150mLx2, LS 试剂 1:500mLx3, 试剂 2:300mLx3, LS-a 试剂 1:500mLx2, 试剂 2:300mLx1。
产品标准:YZB/JAP 2641-2014
性能组成:试剂1:还原型辅酶Ⅰ二钠(NADH), 亮氨酸脱氢酶(LEDH), α-酮己酸钠盐(α-KIH), 叠氮钠; 试剂 2:尿素酶, α-酮己酸钠盐(α-KIH), 还原型辅酶Ⅰ二钠(NADH), 亮氨酸脱氢酶(LEDH), 叠氮钠。产品有效期: 2~8℃储存, 有效期 12 个月。附件: 注册产品标准, 产品说明书。
适用范围:用于体外定量测定血清、血浆和尿中的尿素。
生产厂家:日本关东化学株式会社(KANTO CHEMICAL CO., INC.)
注册代理:上海盈科医学生物科技有限责任公司
发证日期:2014.06.18 **截止日期**:2019.06.17

国食药监械(进)字 2014 第 2403067 号

产品名称:肌酐测定试剂盒(酶法)(CicaLiquid-N CRE)
规格型号:LR-R 试剂 1:200mLx3, 试剂 2:100mLx3; EPS-R 试剂 1:70mLx4, 试剂 2:70mLx2; EPS-R200 试剂 1:200mLx3, EPS-R150 试剂 2:150mLx2; LS-R 试剂 1:500mLx3, 试剂 2:300mLx3; EM-R 试剂 1:35mLx2, 试剂 2:15mLx2; EPS-R200a 试剂 1:200mLx2, EPS-R150a 试剂 2:150mLx1。
产品标准:YZB/JAP 3040-2014
性能组成:试剂1:N-乙基-N-(3-磺丙基)-3-甲基苯胺(ESPMT), 肌酸(脱水)酶, 肌氨酸氧化酶; 试剂2:4-氨酰安替比林(4-AA), 肌酐酸酶, 叠氮钠。产品有效期: 2~8℃储存, 有效期 12 个月。附件: 注册产品标准, 产品说明书。
适用范围:用于体外定量测定血清、血浆或尿液中的肌酐。
生产厂家:日本关东化学株式会社(KANTO CHEMICAL CO., INC.)
注册代理:上海盈科医学生物科技有限责任公司
发证日期:2014.06.18 **截止日期**:2019.06.17

国食药监械(进)字 2014 第 2403068 号

产品名称:碱性磷酸酶测定试剂盒(JSCC 推荐法)(CicaLiquid ALP)
规格型号:LS2 试剂 1:500mLx3, 试剂 2:300mLx3, EPS200 试剂 1:200mLx3, EPS150 试剂 2:150mLx2, BR 试剂 1:150mLx3, 试剂 2:100mLx2, MR 试剂1:90mLx3, 试剂2:40mLx2, 7170 试剂1:70mLx4, 试剂 2:20mLx4, EPS 试剂 1:70mLx4, 试剂 2:70mLx2, LS2-a 试剂 1:500mLx2, 试剂2:300mLx1.
产品标准:YZB/JAP 3090-2014
性能组成:试剂1; 试剂2: 对硝基苯磷酸。产品有效期: 2~8℃储存, 有效期 12 个月。附件: 注册产品标准, 产品说明书。
适用范围:用于体外定量测定血清或血浆中的碱性磷酸酶活性。
生产厂家:日本关东化学株式会社(KANTO CHEMICAL CO., INC.)
注册代理:上海盈科医学生物科技有限责任公司
发证日期:2014.06.18 **截止日期**:2019.06.17

国食药监械(进)字 2014 第 2403069 号

产品名称:丙氨酸氨基转移酶测定试剂盒(JSCC 推荐法)(CicaLiquid ALT)
规格型号:LR 试剂1:300mLx3, 试剂2:150mLx3; MR 试剂1:90mLx3, 试剂2:40mLx3; 7170 试剂1:60mLx4, 试剂2:20mLx4; EPS 试剂1:70mLx4, 试剂 2:70mLx2; LS2 试剂 1:500mLx3, 试剂 2:300mLx3; EL 试剂 1:150mLx2, 试剂2:100mLx2; LS2-a 试剂1:500mLx2, 试剂2:300mLx1。
产品标准:YZB/JAP 3088-2014
性能组成:试剂 1:L-丙氨酸, 烟酰胺腺嘌呤二核苷酸(还原型)(NADH), 乳酸脱氢酶(LD), 叠氮钠; 试剂 2:L-丙氨酸, α-酮戊二酸, 叠氮钠。产品有效期: 2~8℃储存, 有效期 8 个月。附件: 注册产品标准, 产品说明书。
适用范围:体外定量测定血清或血浆中的丙氨酸氨基转移酶活性。
生产厂家:日本关东化学株式会社(KANTO CHEMICAL CO., INC.)
注册代理:上海盈科医学生物科技有限责任公司
发证日期:2014.06.18 **截止日期**:2019.06.17

国食药监械(进)字 2014 第 2403070 号

产品名称:γ-谷氨酰转移酶测定试剂盒(JSCC 推荐法)(CicaLiquid γ-GT J)
规格型号:LR 试剂1:300mLx3, 试剂2:150mLx3, MR 试剂1:90mLx3, 试剂2:40mlx3, 7170 试剂1:60mLx4, 试剂2:20mLx4, EPS 试剂1:70mLx4, 试剂2:70mLx2, EPS200 试剂1:200mLx3, EPS150 试剂2:150mLx2, LS2 试剂 1:500mLx3, 试剂 2:300mLx3, LS2-a 试剂 1:500mLx2, 试剂 2:300mLx1。
产品标准:YZB/JAP 3091-2014
性能组成:试剂 1:双甘肽; 试剂 2:L-γ-谷氨酰-3-羧基-4 硝基苯胺。产品有效期: 2~8℃储存, 有效期 8 个月。附件: 注册产品标准, 产品说明书。
适用范围:用于体外定量测定血清或血浆中的γ-谷氨酰转换酶活性。
生产厂家:日本关东化学株式会社(KANTO CHEMICAL CO., INC.)
注册代理:上海盈科医学生物科技有限责任公司
发证日期:2014.06.18 **截止日期**:2019.06.17

国食药监械(进)字 2014 第 2403071 号

产品名称:亮氨酰氨基肽酶测定试剂盒(GSCC 推荐法)(CicaAuto LAP)
规格型号:SA 试剂 1:200mLx3, 试剂 2:100mLx3; EPS 试剂 1:70mLx4, 试剂 2:70mLx2.
产品标准:YZB/JAP 2907-2014
性能组成:试剂 1 缓冲液; 试剂 2 基质液:L-亮氨酰对硝基苯胺。产品有效期: 2~8℃储存, 有效期 18 个月。附件: 注册产品标准, 产品说明书。
适用范围:用于体外定量测定血清或血浆中的亮氨酰氨基肽酶活性。
生产厂家:日本关东化学株式会社(KANTO CHEMICAL CO., INC.)
注册代理:上海盈科医学生物科技有限责任公司
发证日期:2014.06.18 **截止日期**:2019.06.17

国食药监械(进)字 2014 第 2403072 号

产品名称:总蛋白测定试剂盒 (双缩脲法)(Total Protein II Reagents (TP))
规格型号:试剂 1: 4×68 mL，试剂 2: 4×68 mL (ADVIA 1200: 4×700 测试/盒; ADVIA 1650/1800/2400: 4×850 测试/盒)
产品标准:YZB/USA 2758-2014
性能组成:试剂 1: 氢氧化钠、酒石酸钠钾; 试剂 2: 氢氧化钠、酒石酸钠钾、碘化钾、硫酸铜。(具体内容详见说明书)。产品有效期: 在 15~25° C 条件下保存，有效期 18 个月。附件: 注册产品标准，产品说明书。
适用范围:本产品用于体外定量测定人类血清和血浆中总蛋白质的浓度。
生产厂家:美国 Siemens Healthcare Diagnostics Inc.
注册代理:西门子医学诊断产品(上海)有限公司
发证日期:2014. 06. 18 **截止日期**:2019. 06. 17

国食药监械(进)字 2014 第 2403073 号

产品名称:C 反应蛋白检测试剂盒(免疫比浊法)(Tina-quant Cardiac C-reactive Protein (Latex) High Sensitive (CRPHS))
规格型号:试剂 1: 2×15 mL，试剂 2: 2×15 mL。
产品标准:YZB/GER 2988-2014
性能组成:试剂 1: (羟甲基)- 氨基甲烷 (TRIS) 缓冲液，16 mmol/L, pH 7.4; 防腐剂。试剂 2: 包被抗 CRP 鼠单克隆抗体的乳胶颗粒，0.1%; 甘氨酸缓冲液，50 mmol/L, pH 8.0; 防腐剂。产品有效期: 2~8℃保存，有效期 15 个月。附件: 注册产品标准，产品说明书。
适用范围:用于体外定量测定人血清和血浆中 C 反应蛋白 (CRP)。
生产厂家:德国 Roche Diagnostics GmbH
注册代理:罗氏诊断产品(上海)有限公司
发证日期:2014. 06. 18 **截止日期**:2019. 06. 17

国食药监械(进)字 2014 第 2403074 号

产品名称:可溶性转铁蛋白受体检测试剂盒(免疫比浊法)(Tina-quant Soluble Transferrin Receptor(STFR))
规格型号:80 测试; 试剂 1: 2×13 mL，试剂 2: 2 ×13 mL; 150 测试。
产品标准:YZB/GER 3002-2014
性能组成:试剂 1: TES/HCl 缓冲液: 20 mmol/L, pH7.7; NaCl: 500 mmol/L; 防腐剂。 试剂 2: 抗人可溶性转铁蛋白受体 (sTfR) 单克隆抗体 (鼠) 包被的乳胶颗粒; TRIS/HCl 缓冲液: 20 mmol/L, pH 8.0; 防腐剂。产品有效期: 2~8℃储存，有效期 12 个月。附件: 注册产品标准，产品说明书。
适用范围:体外定量测定人血清、血浆中的可溶性转铁蛋白受体水平。
生产厂家:德国 Roche Diagnostics GmbH
注册代理:罗氏诊断产品(上海)有限公司
发证日期:2014. 06. 18 **截止日期**:2019. 06. 17

国食药监械(进)字 2014 第 2403075 号

产品名称:不饱和铁结合力检测试剂盒(比色法)(Unsaturated Iron-Binding Capacity(UIBC))
规格型号:100 测试; 300 测试。
产品标准:YZB/GER 3304-2014
性能组成:试剂 1 (R1): 氯化亚铁、碳酸氢钠、三羟甲基氨基甲烷 (TRIS) 缓冲液、防腐剂; 试剂 2 (R3): 铁三嗪、羟胺。(具体内容详见说明书)。产品有效期: 在 2~8℃环境中保存，有效期 36 个月。附件: 注册产品标准，产品说明书。
适用范围:体外定量测定人血清和血浆中的不饱和铁结合力。
生产厂家:德国 Roche Diagnostics GmbH
注册代理:罗氏诊断产品(上海)有限公司
发证日期:2014. 06. 18 **截止日期**:2019. 06. 17

国食药监械(进)字 2014 第 2403076 号

产品名称:游离绒毛膜促性腺激素 β 亚基测定试剂盒 (时间分辨荧光法)(AutoDELFIA® Free hCG β)
规格型号:96 人份
产品标准:YZB/FIN 2684-2014
性能组成:绒毛膜促性腺激素 β 亚基标准品、抗-绒毛膜促性腺激素 β 亚基-钐示踪剂贮存液、缓冲液、抗-绒毛膜促性腺激素 β 亚基微孔板条。试剂盒中还包含: 储存微孔板条用的可反复密封的塑料袋、试剂盒条形码标签、备用的微孔板条形码标签、与批号相匹配的质量控制证书。(具体内容详见产品说明书)。产品有效期: 请于 2~8℃保存。试剂盒的有效期为自生产日期开始最长 12 个月。附件: 注册产品标准，产品说明书。
适用范围:该产品用于体外定量测定孕妇血清中人绒毛膜促性腺激素游离 β 亚基 (游离 hCGß) 的含量。
生产厂家:芬兰 Wallac Oy
注册代理:珀金埃尔默医学诊断产品(上海)有限公司
发证日期:2014. 06. 18 **截止日期**:2019. 06. 17

国食药监械(进)字 2014 第 2403076 号

产品名称:游离绒毛膜促性腺激素 β 亚基测定试剂盒(时间分辨荧光法)(AutoDELFIA® Free hCG β)
规格型号:96 人份
产品标准:YZB/FIN 2684-2014
性能组成:绒毛膜促性腺激素 β 亚基标准品、抗-绒毛膜促性腺激素 β 亚基-钐示踪剂贮存液、缓冲液、抗-绒毛膜促性腺激素 β 亚基微孔板条。试剂盒中还包含: 储存微孔板条用的可反复密封的塑料袋、试剂盒条形码标签、备用的微孔板条形码标签、与批号相匹配的质量控制证书。(具体内容详见产品说明书)。产品有效期: 请于 2~8℃保存。试剂盒的有效期为自生产日期开始最长 12 个月。附件: 注册产品标准，产品说明书。
适用范围:该产品用于体外定量测定孕妇血清中人绒毛膜促性腺激素游离 β 亚基 (游离 hCG β) 的含量。
生产厂家:芬兰 Wallac Oy
注册代理:珀金埃尔默医学诊断产品(上海)有限公司
发证日期:2014. 06. 18 **截止日期**:2019. 06. 17

国食药监械(进)字 2014 第 2403077 号

产品名称:游离绒毛膜促性腺激素 β 亚基测定试剂盒(时间分辨荧光法)(DELFIA® Free hCG β)
规格型号:96 人份
产品标准:YZB/FIN 2690-2014
性能组成:绒毛膜促性腺激素 β 亚基标准品、抗-绒毛膜促性腺激素 β 亚基-钐示踪剂贮存液、浓缩洗液、缓冲液、增强液、抗-绒毛膜促性腺激 β; 亚基微孔板条。试剂盒中还包含: 储存微孔板条用的可反复密封的塑料袋、与批号相匹配的质量控制证书。(具体内容详见产品说明书)。产品有效期: 试剂盒请于 2~8℃保存，有效期: 12 个月; 增强液在室温 (20~25℃) 保存时，保质期为 6 个月，避免阳光直射。附件: 注册产品标准，产品说明书。
适用范围:该产品用于体外定量测定孕妇血清中绒毛膜促性腺激素游离 β 亚基 (游离 hCG β) 的含量。
生产厂家:芬兰 Wallac Oy
注册代理:珀金埃尔默医学诊断产品(上海)有限公司
发证日期:2014. 06. 18 **截止日期**:2019. 06. 17

国食药监械(进)字 2014 第 2403077 号

产品名称:游离绒毛膜促性腺激素 β 亚基测定试剂盒(时间分辨荧光法)(DELFIA® Free hCG β)
规格型号:96 人份
产品标准:YZB/FIN 2690-2014
性能组成:绒毛膜促性腺激素 β 亚基标准品、抗-绒毛膜促性腺激素 β 亚基-钐示踪剂贮存液、浓缩洗液、缓冲液、增强液、抗-绒毛膜促性腺激 β 亚基微孔板条。试剂盒中还包含: 储存微孔板条用的可反复密封的塑料袋、与批号相匹配的质量控制证书。(具体内容详见产品说明书)。产品有效期: 试剂盒请于 2~8℃保存，有效期: 12 个月; 增强液在室温 (20~25℃) 保存时，保质期为 6 个月，避免阳光直射。附件: 注册产品标准，产品说明书。
适用范围:该产品用于体外定量测定孕妇血清中绒毛膜促性腺激素游离 β 亚基 (游离 hCG β) 的含量。
生产厂家:芬兰 Wallac Oy
注册代理:珀金埃尔默医学诊断产品(上海)有限公司
发证日期:2014. 06. 18 **截止日期**:2019. 06. 17

国食药监械(进)字 2014 第 2403078 号

产品名称:糖化血红蛋白检测试剂盒(免疫比浊法)(Tina-quant Hemoglobin A1c Gen.3(A1C-3))
规格型号:150 测试,2×100 测试。
产品标准:YZB/GER 3056-2014
性能组成:试剂 1: 抗体试剂。2-吗啉乙烷磺酸(MES)缓冲液,0.025 mol/L;三(羟甲基)氨基甲烷(TRIS)缓冲液, 0.015 mol/L,pH 6.2;糖化血红蛋白 A1c(HbA1c)抗体(绵羊血清),> 0.5 mg/mL;稳定剂;防腐剂(液体)。 试剂 2: 多半抗原试剂。2-吗啉乙烷磺酸(MES) 缓冲液,0.025 mol/L;三(羟甲基)氨基甲烷(TRIS) 缓冲液, 0.015 mol/L,pH 6.2;糖化血红蛋白 A1c(HbA1c) 多半抗原,> 8 μg/mL;稳定剂;防腐剂(液体)。产品有效期: 2~8℃保存,有效期 18 个月。附件: 注册产品标准,产品说明书。
适用范围:体外定量测定人全血或溶血产物中的 mmol/mol 的糖化血红蛋白(IFCC)和糖化血红蛋白百分比[HbA1c(%)](DCCT/NGSP)。
生产厂家:德国 Roche Diagnostics GmbH
注册代理:罗氏诊断产品(上海)有限公司
发证日期:2014.06.18 **截止日期**:2019.06.17

国食药监械(进)字 2014 第 2403079 号

产品名称:胆固醇测定试剂盒(比色法)(Cholesterol (CHOL) Reagent)
规格型号:2×300 测试/盒
产品标准:YZB/USA 3183-2014
性能组成:4-氨基安替比林、苯酚、胆固醇酯酶、胆固醇氧化酶、过氧化物酶(辣根)、用于系统性能优化的非反应性物质。(具体内容详见产品说明书)。产品有效期: 2~8℃保存,有效期 12 个月。附件: 注册产品标准,产品说明书。
适用范围:本产品用于体外定量检测人血清或血浆样本中的胆固醇浓度。
生产厂家:美国 Beckman Coulter, Inc.
注册代理:贝克曼库尔特商贸(中国)有限公司
发证日期:2014.06.18 **截止日期**:2019.06.17

国食药监械(进)字 2014 第 2403080 号

产品名称:钙测定试剂盒(比色法)(Calcium (CA) Reagent)
规格型号:2×300 测试/盒
产品标准:YZB/USA 3186-2014
性能组成:偶氮砷 III、用于系统性能优化的非反应性物质。(具体内容详见产品说明书)。产品有效期: 8~30℃保存,有效期 15 个月。附件:注册产品标准,产品说明书。
适用范围:本产品用于体外定量检测人血清、血浆或尿液样本中的钙浓度。
生产厂家:美国 Beckman Coulter, Inc.
注册代理:贝克曼库尔特商贸(中国)有限公司
发证日期:2014.06.18 **截止日期**:2019.06.17

国食药监械(进)字 2014 第 2403081 号

产品名称:尿素氮测定试剂盒(比色法)(Urea Nitrogen (BUN) Reagent)
规格型号:2×300 测试/盒
产品标准:YZB/USA 3190-2014
性能组成:α-酮戊二酸盐、烟酰胺腺嘌呤二核苷酸、脲酶 、谷氨酸脱氢酶、用于系统性能优化的非反应性物质。(具体内容详见产品说明书)。产品有效期: 2~8℃保存,有效期 18 个月。附件: 注册产品标准,产品说明书。
适用范围:本产品用于体外定量检测人血清、血浆或尿液样本中的尿素氮浓度。
生产厂家:美国 Beckman Coulter, Inc.
注册代理:贝克曼库尔特商贸(中国)有限公司
发证日期:2014.06.18 **截止日期**:2019.06.17

国食药监械(进)字 2014 第 2403082 号

产品名称:尿蛋白质控品(Urine Protein Control)
规格型号:水平 1: 6×1 mL,水平 2: 6×1 mL。
产品标准:YZB/USA 3195-2014
性能组成:经过处理的含有 α1-微球蛋白、微量白蛋白、转铁蛋白和免疫球蛋白 G 的人尿液; 1 张数值指定单。(具体内容详见产品说明书)。产品有效期: 2~8℃保存,有效期 18 个月。附件: 注册产品标准,产品说明书。
适用范围:本产品用于 α1-微球蛋白(A1M)、微量白蛋白(MA)、转铁蛋白(TRU)和免疫球蛋白 G (IGU)项目测定时的质量控制。
生产厂家:美国 Beckman Coulter, Inc.
注册代理:贝克曼库尔特商贸(中国)有限公司
发证日期:2014.06.18 **截止日期**:2019.06.17

国食药监械(进)字 2014 第 2403083 号

产品名称:直接胆红素测定试剂盒(比色法)(Direct Bilirubin (DBIL) Reagent)
规格型号:2×200 测试/盒、2×300 测试/盒。
产品标准:YZB/USA 3150-2014
性能组成:磺胺酸、盐酸、亚硝酸钠、用于系统性能优化的非反应性物质。(具体内容详见产品说明书)。产品有效期: 8~30℃保存,有效期 24 个月。附件: 注册产品标准,产品说明书。
适用范围:本产品用于体外定量测定人血清或血浆样本中的直接胆红素。
生产厂家:美国 Beckman Coulter, Inc.
注册代理:贝克曼库尔特商贸(中国)有限公司
发证日期:2014.06.18 **截止日期**:2019.06.17

国食药监械(进)字 2014 第 2403084 号

产品名称:血糖试纸(葡萄糖氧化酶法)(商品名: 爱先思免条码)(NoCoding 1 Blood Glucose Test Strip)
规格型号:10 个/瓶, 25 个/瓶, 25 个 X2 瓶/盒, 50 个/瓶/盒。
产品标准:YZB/ROK 2992-2014
性能组成:葡萄糖氧化酶、三氯化六氨合钌、其它成份。(具体内容详见说明书)。产品有效期: 1-30℃保存,有效期 24 个月。附件: 注册产品标准,产品说明书。
适用范围:该产品用于体外定量检测新鲜指尖毛细血管全血中的葡萄糖浓度。
生产厂家:韩国 i-SENS, Inc.
注册代理:韩国株式会社爱森斯上海代表处
发证日期:2014.06.18 **截止日期**:2019.06.17

国食药监械(进)字 2014 第 2403085 号

产品名称:类风湿因子(IgM 类)检测试剂盒(酶联免疫吸附法)(IgM Rheumatoid Factor ELISA)
规格型号:96 人份/盒
产品标准:YZB/GER 3046-2014
性能组成:微孔板、标准品 1、标准品 2、标准品 3、阳性对照、阴性对照、酶结合物、样本缓冲液、清洗缓冲液、色原/底物液、终止液。试剂盒中还包含靶值参照表。(具体内容详见说明书)。产品有效期: 2-8℃保存,避免冰冻。未开封前,除非特别说明,试剂盒中各成分自生产日起可稳定 1 年。标准品和阳性对照必须分装后贮存在-20℃。附件: 注册产品标准,产品说明书。
适用范围:该产品用于体外半定量或定量检测人血清或血浆中类风湿因子免疫球蛋白 M(抗人 IgG 的 IgM 类抗体)。
生产厂家:德国 EUROIMMUN Medizinische Labordiagnostika AG
注册代理:欧蒙医学诊断(中国)有限公司
发证日期:2014.06.18 **截止日期**:2019.06.17

国食药监械(进)字 2014 第 2403086 号

产品名称:类风湿因子(IgA 类)检测试剂盒(酶联免疫吸附法)(IgA Rheumatoid Factor ELISA)
规格型号:96 人份/盒
产品标准:YZB/GER 3050-2014
性能组成:微孔板、标准品 1、标准品 2、标准品 3、阳性对照、阴性对照、酶结合物、样本缓冲液、清洗缓冲液、色原/底物液、终止液。试剂盒中还包含靶值参照表。(具体内容详见说明书)。产品有效期: 2-8℃保存,避免冰冻。未开封前,除非特别说明,试剂盒中各成分自生产日起可稳定 1 年。附件: 注册产品标准,产品说明书。
适用范围:该产品用于体外半定量或定量检测人血清或血浆中的抗类风湿因子免疫球蛋白 A(抗人 IgG 的 IgA 类抗体)。
生产厂家:德国 EUROIMMUN Medizinische Labordiagnostika AG
注册代理:欧蒙医学诊断(中国)有限公司

发证日期:2014.06.18 **截止日期**:2019.06.17

国食药监械(进)字 2014 第 3403087 号

产品名称:抗 EB 病毒早期抗原 IgG 抗体检测试剂盒(酶联免疫吸附法)(Anti-EBV-EA-D ELISA (IgG))
规格型号:96 人份/盒
产品标准:YZB/GER 3051-2014
性能组成:微孔板、标准品 1、标准品 2、标准品 3、阳性对照、阴性对照、酶结合物、样本缓冲液、清洗缓冲液、色原/底物液、终止液。试剂盒中还包含靶值参照表。(具体内容详见说明书)。产品有效期:2-8℃保存,避免冰冻。未开封前,除非特别说明,试剂盒中各成分自生产日起可稳定 1 年。附件:注册产品标准,产品说明书。
适用范围:该产品用于体外定量或半定量检测人血清或血浆中的抗 EB 病毒早期抗原-扩散型免疫球蛋白 G 抗体。
生产厂家:德国 EUROIMMUN Medizinische Labordiagnostika AG
注册代理:欧蒙医学诊断(中国)有限公司
发证日期:2014.06.18 **截止日期**:2019.06.17

国食药监械(进)字 2014 第 2403088 号

产品名称:血糖试纸(葡萄糖氧化酶法)(商品名:达乐 2610)(CareSens N Blood Glucose Test Strip)
规格型号:10 个/瓶,25 个/瓶,25×2/盒,50 个/瓶/盒。
产品标准:YZB/ROK 3424-2014
性能组成:葡萄糖氧化酶、三氯化六氨合钌、其它成份。(具体内容详见说明书)。产品有效期:1-30℃保存,有效期 24 个月。附件:注册产品标准,产品说明书。
适用范围:该产品用于体外定量检测新鲜指尖毛细血管全血中的葡萄糖浓度。
生产厂家:韩国 i-SENS, Inc.
注册代理:韩国株式会社爱森斯上海代表处
发证日期:2014.06.18 **截止日期**:2019.06.17

国食药监械(进)字 2014 第 2403089 号

产品名称:类风湿因子检测试剂盒(乳胶凝集法)(RF LATEX)
规格型号:100 次/盒
产品标准:YZB/SPA 3189-2014
性能组成:试剂 1:类风湿因子 (RF) 乳胶悬浮液,叠氮钠;试剂 2:阳性对照,含类风湿因子 (RF) 人血清,叠氮钠;试剂 3:阴性对照,含类风湿因子 (RF) 人血清,叠氮钠。(具体内容详见说明书)。产品有效期:2~8°C 储存,有效期 18 个月。附件:注册产品标准,产品说明书。
适用范围:本试剂盒用于体外定性或半定量检测人血清中的类风湿因子水平。
生产厂家:西班牙 SPINREACT, S.A.
注册代理:上海一滴准生物科技有限公司
发证日期:2014.06.18 **截止日期**:2019.06.17

国食药监械(进)字 2014 第 2403090 号

产品名称:抗链球菌溶血素 O 检测试剂盒(乳胶凝集法)(ASO LATEX)
规格型号:100 次/盒
产品标准:YZB/SPA 3196-2014
性能组成:乳胶、阳性对照、阴性对照。(具体内容详见说明书)。产品有效期:2~8°C 储存,有效期 18 个月。附件:注册产品标准,产品说明书。
适用范围:本试剂盒用于体外定性检测人血清中的抗链球菌溶血素 O 水平。
生产厂家:西班牙 SPINREACT, S.A.
注册代理:上海一滴准生物科技有限公司
发证日期:2014.06.18 **截止日期**:2019.06.17

国食药监械(进)字 2014 第 2403091 号

产品名称:镁测定试剂盒(比色法)(Magnesium (MG) Reagent)
规格型号:2×100 测试/盒
产品标准:YZB/USA 3197-2014
性能组成:钙镁指示剂(染色剂)、碱性溶液、用于系统性能优化的非反应性物质。(具体内容详见产品说明书)。产品有效期:8~30℃保存,禁止冷冻,有效期 24 个月。附件:注册产品标准,产品说明书。
适用范围:本产品用于体外定量检测人血清、血浆或尿液样本中的镁浓度。
生产厂家:美国 Beckman Coulter, Inc.
注册代理:贝克曼库尔特商贸(中国)有限公司
发证日期:2014.06.18 **截止日期**:2019.06.17

国食药监械(进)字 2014 第 2403092 号

产品名称:碱性磷酸酶测定试剂盒(比色法)(商品名:碱性磷酸酶试剂盒)(Alkaline Phosphatase (ALP) Reagent)
规格型号:2×200 测试/盒、 2×400 测试/盒。
产品标准:YZB/USA 3207-2014
性能组成:p-硝基苯磷酸盐、2-氨基-2-甲基-1-丙醇、用于系统性能优化的非反应性物质。(具体内容详见产品说明书)。产品有效期:2~8℃保存,禁止冷冻,有效期 18 个月。附件:注册产品标准,产品说明书。
适用范围:本产品用于体外定量检测人血清或血浆样本中的碱性磷酸酶活性。
生产厂家:美国 Beckman Coulter, Inc.
注册代理:贝克曼库尔特商贸(中国)有限公司
发证日期:2014.06.18 **截止日期**:2019.06.17

国食药监械(进)字 2014 第 2403093 号

产品名称:总蛋白测定试剂盒(比色法)(Total Protein (TP) Reagent)
规格型号:2×300 测试/盒
产品标准:YZB/USA 3208-2014
性能组成:硫酸铜、用于系统性能优化的非反应性物质。(具体内容详见产品说明书)。产品有效期:2~26℃保存,禁止冷冻,有效期 24 个月。附件:注册产品标准,产品说明书。
适用范围:本产品用于体外定量检测人血清或血浆样本中的总蛋白浓度。
生产厂家:美国 Beckman Coulter, Inc.
注册代理:贝克曼库尔特商贸(中国)有限公司
发证日期:2014.06.18 **截止日期**:2019.06.17

国食药监械(进)字 2014 第 2403094 号

产品名称:奥普托欣测试纸片(Optochin Test)
规格型号:30 片/瓶,2 瓶。
产品标准:YZB/FRA 3325-2014
性能组成:奥普托欣测试纸片,含奥普托欣(盐酸乙基氢化叩扑啉)。(具体内容详见说明书)。产品有效期:2~8℃避光保存,有效期 12 个月。附件:注册产品标准,产品说明书。
适用范围:该产品用于鉴别肺炎链球菌,并检测肺炎链球菌对奥普托欣的敏感性。
生产厂家:法国 bioMérieux. S.A
注册代理:梅里埃诊断产品(上海)有限公司
发证日期:2014.06.18 **截止日期**:2019.06.17

国食药监械(进)字 2014 第 2403094 号

产品名称:奥普托欣测试纸片(Optochin Test)
规格型号:30 片/瓶,2 瓶。
产品标准:YZB/FRA 3325-2014
性能组成:奥普托欣测试纸片,含奥普托欣(盐酸乙基氢化叩扑啉)。(具体内容详见说明书)。产品有效期:2~8℃避光保存,有效期 12 个月。附件:注册产品标准,产品说明书。
适用范围:该产品用于鉴别肺炎链球菌,并检测肺炎链球菌对奥普托欣的敏感性。
生产厂家:法国 bioMérieux. S.A
注册代理:梅里埃诊断产品(上海)有限公司
发证日期:2014.06.18 **截止日期**:2019.06.17

国食药监械(进)字 2014 第 2403095 号

产品名称:肌酸激酶测定试剂盒(比色法)(Creatine Kinase (CK) Reagent)
规格型号:2×200 测试/盒、2×400 测试/盒。
产品标准:YZB/USA 3213-2014
性能组成:磷酸肌酸、葡萄糖、二磷酸腺苷、氧化型烟酰胺腺嘌呤二核苷酸、己糖激酶 、葡糖-6-磷酸脱氢酶、用于系统性能优化的非反应性物质。(具体内容详见产品说明书)。产品有效期: 2~8℃保存，禁止冷冻，有效期 15 个月。附件: 注册产品标准，产品说明书。

适用范围:本产品用于体外定量检测人血清或血浆样本中的肌酸激酶的活性。

生产厂家:美国 Beckman Coulter, Inc.

注册代理:贝克曼库尔特商贸(中国)有限公司

发证日期:2014.06.18 **截止日期**:2019.06.17

国食药监械(进)字 2014 第 2403096 号

产品名称:桥粒芯蛋白 1(Dsg1)抗体检测试剂盒(ELISA)(MESACUP Desmoglein Test“Dsg1”)

规格型号:48 人份/盒

产品标准:YZB/JAP 2875-2014

性能组成:含桥粒芯蛋白 1 (Dsg1) 微孔条带 (48 孔)、0U/ml 标准血清 1、100U/ml 标准血清 2、酶标记抗体液、酶标记抗体稀释液、反应用缓冲液、清洗缓冲液、酶基质液、终止液。(具体内容详见说明书)。产品有效期: 产品储存至 2-8℃下，避光保存。产品有效期一年。附件: 注册产品标准，产品说明书。

适用范围:本产品用于体外定性检测人类血清中的抗桥粒芯蛋白 1 (Dsg1) 抗体。

生产厂家:日本 Medical & Biological Laboratories Co., Ltd.(MBL)

注册代理:北京博尔迈生物技术有限公司

发证日期:2014.06.18 **截止日期**:2019.06.17

国食药监械(进)字 2014 第 2403097 号

产品名称:白蛋白测定试剂盒(比色法)(Albumin (ALB) Reagent)

规格型号:2×300 测试/盒

产品标准:YZB/USA 3312-2014

性能组成:溴甲酚紫、用于系统性能优化的非反应性物质。(具体内容详见产品说明书)。产品有效期: 8~30℃保存，禁止冷冻，有效期 24 个月。附件: 注册产品标准，产品说明书。

适用范围:本产品用于体外定量检测人血清或血浆样本中的白蛋白浓度。

生产厂家:美国 Beckman Coulter, Inc.

注册代理:贝克曼库尔特商贸(中国)有限公司

发证日期:2014.06.18 **截止日期**:2019.06.17

国食药监械(进)字 2014 第 2403098 号

产品名称:总胆红素测定试剂盒(比色法)(Total Bilirubin (TBIL) Reagent)

规格型号:2×300 测试/盒、2×400 测试/盒。

产品标准:YZB/USA 3313-2014

性能组成:苯甲酸钠、咖啡因、 磺胺酸、盐酸、亚硝酸钠、醋酸钠、用于系统性能优化的非反应性物质。(具体内容详见产品说明书)。产品有效期: 8~30℃保存，禁止冷冻，有效期 24 个月。附件: 注册产品标准，产品说明书。

适用范围:本产品用于体外定量检测人血清或血浆样本中的总胆红素浓度。

生产厂家:美国 Beckman Coulter, Inc.

注册代理:贝克曼库尔特商贸(中国)有限公司

发证日期:2014.06.18 **截止日期**:2019.06.17

国食药监械(进)字 2014 第 2403099 号

产品名称:丙氨酸氨基转移酶测定试剂盒(比色法)(Alanine Aminotransferase (ALT) Reagent)

规格型号:2×200 测试/盒、2×400 测试/盒。

产品标准:YZB/USA 3314-2014

性能组成:α-酮戊二酸盐、乳酸脱氢酶、L-丙氨酸、三羟甲基氨基甲烷缓冲液、烟酰胺腺嘌呤二核苷酸、用于系统性能优化的非反应性物质。(具体内容详见产品说明书)。产品有效期: 2~8℃保存，禁止冷冻，有效期 18 个月。附件: 注册产品标准，产品说明书。

适用范围:本产品用于体外定量检测人血清或血浆样本中的丙氨酸氨基转移酶浓度。

生产厂家:美国 Beckman Coulter, Inc.

注册代理:贝克曼库尔特商贸(中国)有限公司

发证日期:2014.06.18 **截止日期**:2019.06.17

国食药监械(进)字 2014 第 2403100 号

产品名称:天冬氨酸氨基转移酶测定试剂盒(比色法)(Aspartate Aminotransferase (AST) Reagent)

规格型号:2×200 测试/盒、2×400 测试/盒。

产品标准:YZB/USA 3317-2014

性能组成:α-酮戊二酸盐、苹果酸脱氢酶、L-天冬氨酸 、还原型烟酰胺腺嘌呤二核苷酸、用于系统性能优化的非反应性物质。(具体内容详见产品说明书)。产品有效期: 2~8℃保存，禁止冷冻，有效期 18 个月。附件: 注册产品标准，产品说明书。

适用范围:本产品用于体外定量检测人血清或血浆样本中的天冬氨酸氨基转移酶浓度。

生产厂家:美国 Beckman Coulter, Inc.

注册代理:贝克曼库尔特商贸(中国)有限公司

发证日期:2014.06.18 **截止日期**:2019.06.17

国食药监械(进)字 2014 第 2403101 号

产品名称:桥粒芯蛋白 3(Dsg3)抗体检测试剂盒(ELISA)(MESACUP Desmoglein Test“Dsg3”)

规格型号:48 人份/盒

产品标准:YZB/JAP 3223-2014

性能组成:含桥粒芯蛋白 3 (Dsg3) 微孔条带 (48 孔)、0U/ml 标准血清 1、100U/ml 标准血清 2、酶标记抗体液、酶标记抗体稀释液、反应用缓冲液、清洗缓冲液、酶基质液、终止液。(具体内容详见说明书)。产品有效期: 产品储存至 2-8℃下，避光保存。产品有效期一年。附件: 注册产品标准，产品说明书。

适用范围:本产品用于体外定性检测人类血清中的抗桥粒芯蛋白 3 (Dsg3) 抗体。

生产厂家:日本 Medical & Biological Laboratories Co., Ltd.(MBL)

注册代理:北京博尔迈生物技术有限公司

发证日期:2014.06.18 **截止日期**:2019.06.17

国食药监械(进)字 2014 第 2403102 号

产品名称:血液分析仪用质控品(Body Fluid Control)

规格型号:水平 1: 4×3.5mL，水平 2: 4×3.5mL，水平 3: 4×3.5mL。

产品标准:YZB/USA 3167-2014

性能组成:由位于等渗培养基中的经过处理且稳定的人体红细胞组成，还包括稳定的、血小板大小的组分和稳定的红细胞，用以模拟白细胞。(具体内容详见产品说明书)。产品有效期: 2~8℃保存，有效期 120 天。附件: 注册产品标准，产品说明书。

适用范围:本产品用于监控预期结果表中所列的 Coulter 血液分析仪的性能并验证其体液循环测量范围。

生产厂家:美国 Beckman Coulter, Inc.

注册代理:贝克曼库尔特商贸(中国)有限公司

发证日期:2014.06.18 **截止日期**:2019.06.17

国食药监械(进)字 2014 第 2403103 号

产品名称:血液分析仪用质控品(6C Cell Control)

规格型号:水平 1: 4×3.5mL，水平 2: 4×3.5mL，水平 3: 4×3.5mL; 水平 1: 3×3.5mL，水平 2: 3×3.5mL，水平 3: 3×3.5mL。

产品标准:YZB/USA 3163-2014

性能组成:由位于等渗培养基中的经过处理且稳定的人体红细胞组成，还包括一种稳定的、血小板大小的组份以及固定的红细胞，用来模拟白细胞和有核红细胞。(具体内容详见产品说明书)。产品有效期: 2~8℃保存，有效期 95 天。附件: 注册产品标准，产品说明书。

适用范围:本产品用于监控预期结果表中列出的 Coulter 血液分析仪的性能。

生产厂家:美国 Beckman Coulter, Inc.

注册代理:贝克曼库尔特商贸(中国)有限公司

发证日期:2014.06.18 **截止日期**:2019.06.17

国食药监械(进)字 2014 第 2403104 号

产品名称:皮质醇校准品(ARCHITECT Cortisol Calibrators)

规格型号:6 瓶(4.0mL/瓶)

产品标准:YZB/USA 3199-2014

性能组成:校准品 A-F 含有人血清。校准品 B-F 含有纯化的皮质醇。防腐剂：叠氮钠和 ProClin 950。(具体内容详见说明书)。产品有效期：储存于≤-10℃，有效期:18 个月。附件：注册产品标准，产品说明书。
适用范围:本校准品用于定量测定人血清、血浆或尿液中的皮质醇时，对皮质醇项目进行校准。
生产厂家:美国 Abbott Laboratories
注册代理:雅培贸易(上海)有限公司
发证日期:2014.06.18 **截止日期**:2019.06.17

国食药监械(进)字 2014 第 2403105 号

产品名称:皮质醇测定试剂盒(化学发光微粒子免疫检测法)(ARCHITECT Cortisol Reagent Kit)
规格型号:1× 100 测试/盒，1× 500 测试/盒。
产品标准:YZB/USA 2064-2014
性能组成:微粒子、结合物。(具体内容详见说明书)。产品有效期：2～8℃竖直向上储存，有效期:18 个月。附件：注册产品标准，产品说明书。
适用范围:本试剂盒用于体外定量测定人血清、血浆或尿液中的皮质醇含量。
生产厂家:美国 Abbott Laboratories
注册代理:雅培贸易(上海)有限公司
发证日期:2014.06.18 **截止日期**:2019.06.17

国食药监械(进)字 2014 第 2403106 号

产品名称:总铁结合力测定试剂盒(比色法)(Total Iron Binding Capacity)
规格型号:2×100 测试/盒
产品标准:YZB/USA 3548-2014
性能组成:总铁结合力试剂：菲洛嗪，乙酸，羟胺盐酸盐，巯基乙酸；铁饱和溶液：氯化铁；用于系统性能优化的非反应性物质。(具体内容详见产品说明书)。产品有效期：2～8℃保存，禁止冷冻，有效期 24 个月。附件：注册产品标准，产品说明书。
适用范围:本产品用于体外定量检测人血清或血浆样本中的总铁结合力含量。
生产厂家:美国 Beckman Coulter, Inc.
注册代理:贝克曼库尔特商贸(中国)有限公司
发证日期:2014.06.18 **截止日期**:2019.06.17

国食药监械(进)字 2014 第 2403107 号

产品名称:胰淀粉酶测定试剂盒(免疫抑制法)(Pancreatic Amylase (PAM) Reagent)
规格型号:2×60 测试/盒
产品标准:YZB/USA 3320-2014
性能组成:试剂混合物：α-葡糖苷酶、单克隆抗体；启始试剂：4，6-亚乙基-G7 对硝基苯酚；用于系统性能优化的非反应性物质。(具体内容详见产品说明书)。产品有效期：2～8℃保存，禁止冷冻，有效期 12 个月。附件：注册产品标准，产品说明书。
适用范围:本产品用于体外定量检测人血清、血浆或尿液中的胰淀粉酶活性。
生产厂家:美国 Beckman Coulter, Inc.
注册代理:贝克曼库尔特商贸(中国)有限公司
发证日期:2014.06.18 **截止日期**:2019.06.17

国食药监械(进)字 2014 第 2403108 号

产品名称:内因子抗体质控品(Intrinsic Factor Ab QC)
规格型号:水平 1 (QC1)：4.0mL/瓶×3 瓶，水平 2 (QC 2)：4.0mL/瓶×3 瓶。
产品标准:YZB/USA 3212-2014
性能组成:水平 1(QC1):内因子抗体阴性的人血清,含叠氮钠和 ProClin 300；水平 2 (QC2)：内因子抗体阳性的人血清，含小鼠蛋白、叠氮钠和 ProClin300；质控卡(QC 值卡)。(具体内容详见产品说明书)。产品有效期：2～10℃保存，有效期 12 个月。附件：注册产品标准，产品说明书。
适用范围:本产品用于内因子抗体检测时的质量控制。
生产厂家:美国 Beckman Coulter, Inc.
注册代理:贝克曼库尔特商贸(中国)有限公司
发证日期:2014.06.18 **截止日期**:2019.06.17

国食药监械(进)字 2014 第 2403109 号

产品名称:D-二聚体测定试剂盒（免疫法）(D-DIMER REAGENT KIT)
规格型号:30 测试/盒；60 测试/盒；90 测试/盒；100 测试/盒；120 测试/盒；130 测试/盒；140 测试/盒；160 测试/盒；180 测试/盒；200 测试/盒；270 测试/盒；300 测试/盒；
产品标准:YZB/GER 3187-2014
性能组成:乳胶试剂，反应缓冲液，盐溶解液，定标液 0，定标液 3200，低值质控，高值质控。(具体内容详见说明书)。产品有效期：2-8℃保存，有效期 2 年。附件：注册产品标准，产品说明书。
适用范围:该产品用于定量测定血浆中纤维蛋白降解产物 D-二聚体含量。
生产厂家:德国 TECO MEDICAL INSTRUMENTS PRODUCTION + TRADING GMBH
注册代理:北京美创新跃医疗器械有限公司
发证日期:2014.06.18 **截止日期**:2019.06.17

国食药监械(进)字 2014 第 3403110 号

产品名称:抗雌激素受体(SP1)兔单克隆抗体试剂(免疫组织化学法)(CONFIRM anti-Estrogen Receptor (ER)(SP1) Rabbit Monoclonal Primary Antibody)
规格型号:50 测试/盒；250 测试/盒。
产品标准:YZB/USA 2878-2014
性能组成:抗雌激素受体 (SP1) 兔单克隆抗体试剂 (免疫组织化学法) 包含足够供 50 次测试的试剂。一支 5mL 的抗雌激素受体 (SP1) 兔单克隆抗体试剂 (免疫组织化学法) 分配器含有大约 5μg 的兔单克隆抗体，直接识别人 ER 抗原。抗雌激素受体 (SP1) 兔单克隆抗体试剂 (免疫组织化学法) 包含足够供 250 次测试的试剂。一支 25mL 的抗雌激素受体 (SP1) 兔单克隆抗体试剂 (免疫组织化学法) 分配器含有大约 25μg 的兔单克隆抗体，直接识别人 ER 抗原。抗体稀释于含有 2%载体蛋白和 0.10%ProClin300 防腐剂的 0.05MTris-HCL 中。储备溶液中有微量的 (0.2%) 源自美国的胎牛血清。(具体内容详见说明书)。产品有效期：保存在 2-8℃下。有效期至 24 个月。禁止冰冻。附件：注册产品标准，产品说明书。
适用范围:该产品用于对福尔马林固定、石蜡包埋乳腺组织切片中的雌激素受体(ER)抗原进行定性检测。
生产厂家:美国 Ventana Medical Systems, Inc.
注册代理:罗氏诊断产品(上海)有限公司
发证日期:2014.06.18 **截止日期**:2019.06.17

国食药监械(进)字 2014 第 3403111 号

产品名称:兔单克隆阴性质控抗体(Rabbit Monoclonal Negative Control Ig)
规格型号:250 测试/盒
产品标准:YZB/USA 2848-2014
性能组成:该产品含有足够 250 张载片染色的试剂。一个兔单克隆阴性质控抗体的 25mL 分配器含有约 250μg 的兔单克隆抗体。采用含有 3%载体蛋白和 0.05% ProClin 300(防腐剂)的 0.08M PBS 缓冲液来稀释抗体。(具体内容详见说明书)。产品有效期：储存于 2-8℃，有效期至 24 个月。禁止冰冻。附件：注册产品标准，产品说明书。
适用范围:该产品主要用于在 VENTANA 自动切片染色仪 (BenchMark GX, BenchMark XT 和 BenchMark ULTRA) 上作为福尔马林固定、石蜡包埋组织切片内兔免疫球蛋白非特异性结合的质控。
生产厂家:美国 Ventana Medical Systems, Inc.
注册代理:罗氏诊断产品(上海)有限公司
发证日期:2014.06.18 **截止日期**:2019.06.17

国食药监械(进)字 2014 第 3403112 号

产品名称:孕酮受体抗体试剂(免疫组化法)(CONFIRMTM anti-ProgesteroneReceptor(PR)(1E2) Rabbit Monoclonal Primary Antibody)
规格型号:50 测试；250 测试。
产品标准:YZB/USA 2884-2014
性能组成:孕酮受体抗体试剂，足量试剂以供 50 次检测用。一支 5mL 的孕酮受体抗体试剂分配器含有约 5μg 能够直接结合人 PR 抗原的兔单克隆抗体孕酮受体抗体试剂，足量试剂以供 250 次检测用。一支 25mL 的孕酮受体抗体试剂分配器含有约 25μg 能够直接结合人 PR 抗原的兔单克隆抗体抗体使用含有 2%载体蛋白以及 0.1% ProClin 300(一种防腐剂)的 0.05MTris-HCl 稀释。储备溶液中有源自美国的微量（～0.2%）胎牛血清。试剂的总蛋白浓度约为 10mg/mL。特异性抗体浓度约为 1µ g/mL。本产品目前尚未观察到非特异性抗体反应性。孕酮受体抗体试剂为一种由细胞培养上清液生产的兔克隆单抗。产品有效期：储存于 2-8℃，有效期至 24 个月。禁止冷冻。附件：注册产品标准，产品说明书。

适用范围：该产品结合 Ventana 检测试剂盒和配套试剂使用，用于 Ventana 自动切片染色机上定性检测经福尔马林固定、石蜡包埋的组织切片中的孕激素受体(PR)抗原。

生产厂家：美国 Ventana Medical Systems, Inc.

注册代理：罗氏诊断产品(上海)有限公司

发证日期：2014.06.18 **截止日期**：2019.06.17

国食药监械(进)字 2014 第 3403112 号

产品名称：孕酮受体抗体试剂（免疫组化法）(CONFIRMTM anti-ProgesteroneReceptor(PR)(1E2) Rabbit Monoclonal Primary Antibody)

规格型号：50 测试；250 测试。

产品标准：YZB/USA 2884-2014

性能组成：孕酮受体抗体试剂，足量试剂以供 50 次检测用。一支 5mL 的孕酮受体抗体试剂分配器含有约 5μg 能够直接结合人 PR 抗原的兔单克隆抗体孕酮受体抗体试剂，足量试剂以供 250 次检测用。一支 25mL 的孕酮受体抗体试剂分配器含有约 25μg 能够直接结合人 PR 抗原的兔单克隆抗体抗体使用含有 2%载体蛋白以及 0.1% ProClin 300(一种防腐剂)的 0.05MTris-HCl 稀释。储备溶液中有源自美国的微量（～0.2%）胎牛血清。试剂的总蛋白浓度约为 10mg/mL。特异性抗体浓度约为 1μg/mL。本产品目前尚未观察到非特异性抗体反应性。孕酮受体抗体试剂为一种由细胞培养上清液生产的兔克隆单抗。产品有效期：储存于 2-8℃，有效期至 24 个月。禁止冷冻。附件：注册产品标准，产品说明书。

适用范围：该产品结合 Ventana 检测试剂盒和配套试剂使用，用于 Ventana 自动切片染色机上定性检测经福尔马林固定、石蜡包埋的组织切片中的孕激素受体(PR)抗原。

生产厂家：美国 Ventana Medical Systems, Inc.

注册代理：罗氏诊断产品(上海)有限公司

发证日期：2014.06.18 **截止日期**：2019.06.17

国食药监械(进)字 2014 第 3403113 号

产品名称：HER2/17 号染色体 DNA 双探针(INFORM HER2 Dual ISH DNA Probe Cocktail)

规格型号：50 测试

产品标准：YZB/GER 3017-2014

性能组成：HER2/17 号染色体 DNA 双探针分液器包含足够测试 50 次的试剂。1 瓶 10ml 的 HER2/17 号染色体 DNA 双探针试剂瓶包括约 12 ug/ml 用 DNP 标记的 HER2 探针和 1ug/ml 用地高辛（DIG）标记的 17 号染色体探针，两种探针与人类胎盘封闭 DNA 在以甲酰胺为基础的杂交缓冲液中一起配制。（具体内容详见说明书）。产品有效期：储存于 2-8℃，禁止冰冻。有效期至 18 个月。附件：注册产品标准，产品说明书。

适用范围：该产品主要用于通过 Ventana 公司的自动化组织染色仪双色原位杂交（ISH）染色后，再用光学显微镜定量检测 HER2 基因的扩增。

生产厂家：德国 Roche Diagnostics GmbH

注册代理：罗氏诊断产品(上海)有限公司

发证日期：2014.06.18 **截止日期**：2019.06.17

国食药监械(进)字 2014 第 3403114 号

产品名称：ALK 二合一病理质控片(VENTANA ALK 2 in 1 Control Slides)

规格型号：10 张

产品标准：YZB/GER 3019-2014

性能组成：含有福尔马林固定、石蜡包埋的源于人肺癌细胞系的细胞团块。这种 2 合 1 质控切片是由两种肺癌细胞系制成。（具体内容详见产品说明书）。产品有效期：储存于 15-25℃，有效期至 6 个月。禁止冷冻。附件：注册产品标准，产品说明书。

适用范围：该产品主要用于监测在 VENTANA BenchMark XT 和 BenchMark GX 免疫组化自动切片染色仪上免疫组化抗-ALK 染色过程的性能。

生产厂家：德国 Roche Diagnostics GmbH

注册代理：罗氏诊断产品(上海)有限公司

发证日期：2014.06.18 **截止日期**：2019.06.17

国食药监械(进)字 2014 第 3403115 号

产品名称：抗 ALK(D5F3)兔单克隆抗体试剂(免疫组织化学法)(VENTANA anti-ALK (D5F3) Rabbit Monoclonal Primary Antibody)

规格型号：50 测试/盒

产品标准：YZB/GER 3027-2014

性能组成：抗 ALK（D5F3）兔单克隆抗体试剂（免疫组织化学法）是一种重组兔单克隆抗体，试剂含量足以染色 50 张玻片。抗 ALK（D5F3）兔单克隆抗体试剂（免疫组织化学法）5mL 分配器含有接近 70 μg 兔单克隆(D5F3)抗体。抗体已经过具有 3% 载体蛋白与 0.05% ProClin 300 防腐剂的 0.08 M PBS 稀释处理。(具体内容详见说明书)。产品有效期：储存于 2-8℃温度下，有效期至 24 个月。禁止冷冻。附件：注册产品标准，产品说明书。

适用范围：该产品主要用于在 VENTANA BenchMark XT 或 BenchMark GX 自动切片染色仪上，对福尔马林固定、石蜡包埋的非小细胞肺癌(NSCLC)组织上的间变型淋巴瘤激酶(ALK)蛋白进行染色。

生产厂家：德国 Roche Diagnostics GmbH

注册代理：罗氏诊断产品(上海)有限公司

发证日期：2014.06.18 **截止日期**：2019.06.17

国食药监械(进)字 2014 第 2403116 号

产品名称：抗凝血酶 III 测定试剂盒(散射比浊法)(N Antiserum to Human Antithrombin III)

规格型号：1 × 2 mL

产品标准：YZB/GER 2832-2014

性能组成：此试剂为液体动物血清，是用高纯度人抗凝血酶 III 通过在兔子身上进行免疫反应而制成的，抗凝血酶 III 的活性抗体浓度＜2.8 g/L，叠氮化钠＜ 1g/L。产品有效期：在 2 ℃～ 8 ℃ 的环境中保存，有效期 24 个月。附件：注册产品标准，产品说明书。

适用范围：本产品用于体外定量检测人血浆中的抗凝血酶 III。

生产厂家：德国 Siemens Healthcare Diagnostics Products GmbH

注册代理：西门子医学诊断产品(上海)有限公司

发证日期：2014.06.18 **截止日期**：2019.06.17

国食药监械(进)字 2014 第 2403117 号

产品名称：载脂蛋白 B 检测试剂盒(免疫比浊法)(Tina-quant Apolipoprotein B ver.2 (APOBT))

规格型号：100 测试，150 测试。

产品标准：YZB/GER 3340-2014

性能组成：试剂 1：三羟甲基氨基甲烷（TRIS）缓冲剂、聚乙二醇（PEG）、清洁剂和防腐剂。试剂 2：羊抗人载脂蛋白 B 抗体、三羟甲基氨基甲烷（TRIS）缓冲剂、防腐剂。(具体内容详见说明书)。产品有效期：2～8℃保存，有效期为 24 个月。附件：注册产品标准，产品说明书。

适用范围：用于对人体血清、血浆中载脂蛋白 B 浓度进行体外定量检测。

生产厂家：德国 Roche Diagnostics GmbH

注册代理：罗氏诊断产品(上海)有限公司

发证日期：2014.06.18 **截止日期**：2019.06.17

国食药监械(进)字 2014 第 2403118 号

产品名称：电解质定标液(ISE Calibrator indirect/Urine)

规格型号：1×250 mL

产品标准：YZB/GER 3342-2014

性能组成：活性成分：25 mmol/L 钠，0.8 mmol/L 钾，19 mmol/L 氯，0.05 mmol/L 锂。产品有效期：在 15～25℃储存，有效期 30 个月。附件：注册产品标准，产品说明书。

适用范围：用于体外定量检测钠、钾、氯和锂离子时的定标。

生产厂家：德国 Roche Diagnostics GmbH

注册代理：罗氏诊断产品(上海)有限公司

发证日期：2014.06.18 **截止日期**：2019.06.17

国食药监械(进)字 2014 第 2403119 号

产品名称：轻链 λ 检测试剂盒(免疫比浊法)(Tina-quant Lambda Gen.2(LAMB2/Lambda))

规格型号：试剂 1：2×15mL，试剂 2：2×6mL；100 测试（货号：6749992）；100 测试（货号：05992028）。

产品标准:YZB/GER 3347-2014
性能组成:试剂 1: 三羟甲基氨基甲烷/盐酸 (TRIS/HCI) 缓冲液、氯化钠 (NaCl)、聚乙二醇 (PEG)、防腐剂。试剂 2: 多克隆抗人 λ 抗体(山羊)、三羟甲基氨基甲烷/盐酸 (TRIS/HCI) 缓冲液、氯化钠 (NaCl)、防腐剂。(具体内容详见说明书)。产品有效期: 在 2~8℃保存, 有效期为 21 个月。附件: 注册产品标准, 产品说明书。
适用范围:用于体外定量测定人血清和血浆中的结合和游离免疫球蛋白的 λ 轻链。
生产厂家:德国 Roche Diagnostics GmbH
注册代理:罗氏诊断产品(上海)有限公司
发证日期:2014. 06. 18 **截止日期**:2019. 06. 17

国食药监械(进)字 2014 第 2403120 号

产品名称:钾、钠、氯、锂离子校准试剂盒 (离子选择性电极法) (ISE Calibration Kit (ISE Solution 1 and ISE Solution 2))
规格型号:电解质溶液 1 (ISE Solution 1): 6×17.5 mL; 电解质溶液 2 (ISE Solution 2): 6×9.5 mL。
产品标准:YZB/GER 3442-2014
性能组成:活性成分: 电解质溶液 1 (ISE Solution1): 150 mmol/L 钠, 5 mmol/L 钾, 115 mmol/L 氯, 0.3mmol/L 锂; 电解质溶液 2(ISE Solution 2): 110mmol/L 钠, 1.8 mmol/L 钾, 72 mmol/L 氯, 0.3 mmol/L 锂。产品有效期: 在 15~25℃储存, 有效期 25 个月。附件: 注册产品标准, 产品说明书。
适用范围:用于体外定量检测钾、钠、氯、锂离子的定标。
生产厂家:德国 Roche Diagnostics GmbH
注册代理:罗氏诊断产品(上海)有限公司
发证日期:2014. 06. 18 **截止日期**:2019. 06. 17

国食药监械(进)字 2014 第 2403121 号

产品名称:载脂蛋白 A1 检测试剂盒(免疫比浊法)(Tina-quant Apolipoprotein A-1 ver.2 (APOAT))
规格型号:100 测试
产品标准:YZB/GER 3444-2014
性能组成:试剂 1: 三羟甲基氨基甲烷 (TRIS) 缓冲剂: 50mmol/L, pH 8.0; 聚乙二醇 3.8%; 清洁剂; 防腐剂。 试剂 2: 羊抗人载脂蛋白 A-1 抗体: 滴定度依赖; 三羟甲基氨基甲烷 (TRIS) 缓冲剂: 100mmol/L, pH 8.0; 防腐剂。产品有效期: 2~8℃保存, 有效期为 24 个月。附件: 注册产品标准, 产品说明书。
适用范围:用于对人体血清、血浆中载脂蛋白 A 浓度进行体外定量检测。
生产厂家:德国 Roche Diagnostics GmbH
注册代理:罗氏诊断产品(上海)有限公司
发证日期:2014. 06. 18 **截止日期**:2019. 06. 17

国食药监械(进)字 2014 第 2403122 号

产品名称:新生儿促甲状腺素检测试剂盒(化学发光法)(NEONATAL hTSH FEIA Plus KIT)
规格型号:960 人份/盒
产品标准:YZB/FIN 3602-2014
性能组成:试剂盒内含 1 抗-促甲状腺素 (hTSH) 包被的酶标反应板、2 辣根过氧化物酶标记的抗-促甲状腺素 (hTSH) 酶结合物 (浓缩)、3 酶结合物稀释液、4a 羟基苯丙酸 (HPPA) 荧光底物、4b 过氧化氢 (H2O2) 溶液、5 终止液 (浓缩)、6 洗涤液 (浓缩)、7 促甲状腺素 (hTSH) 标准品 (A、B、C、D、E、F)、8 促甲状腺素 (hTSH) 质控 (C1、C2), 试剂盒内还含有酶标反应板的塑料粘胶贴、促甲状腺素 (hTSH) 质控和标准品数值的卡片。(具体内容详见说明书)。产品有效期: 2~8℃条件下储存, 有效期为 9 个月。附件: 注册产品标准, 产品说明书。
适用范围:本产品用于体外定量测定滤纸片上干燥血标本中的促甲状腺素 (hTSH) 含量。
生产厂家:芬兰 Ani labsystems Ltd. Oy
注册代理:上海康娃生物技术有限公司
发证日期:2014. 06. 18 **截止日期**:2019. 06. 17

国食药监械(进)字 2014 第 2403123 号

产品名称:麦氏比浊管(McFarland Standard)
规格型号:产品货号 70900, 6 支/盒。
产品标准:YZB/FRA 3202-2014
性能组成:6 支直径 17.5 mm 的麦氏标准管 (0.5, 1, 2, 3, 4, 5) (生物梅里埃标准安瓿)。(具体内容详见说明书)。产品有效期: 于 2~30℃避光保存, 有效期为 6 个月。附件: 注册产品标准, 产品说明书。
适用范围:麦氏比浊管的一系列不同的标准浊度, 用于评价菌液的浓度。
生产厂家:法国 bioMérieux. S. A
注册代理:梅里埃诊断产品(上海)有限公司
发证日期:2014. 06. 18 **截止日期**:2019. 06. 17

国食药监械(进)字 2014 第 2403124 号

产品名称:血气测定试剂盒(电极法) (Measurement Cartridge)
规格型号:130520(05768789):750 个测试; 130521(07846760):400 个测试; 10283221(06535606):250 个测试。
产品标准:YZB/USA 3330-2014
性能组成:含传感器和试剂, 试剂包括: 零水平定标液 (Zero Cal)、试剂 C (RCx)、200 水平定标液 (200 Cal)、参比液。(具体内容详见说明书)。产品有效期: 在 2~8° C 的环境中保存, 有效期: 5.5 个月。附件: 注册产品标准, 产品说明书。
适用范围:该产品用于测量样本中的氢离子浓度指数 (pH)、二氧化碳分压 (pCO2) 、氧分压 (pO2)、血红蛋白 (tHb)、氧合血红蛋白 (FO2Hb)、脱氧血红蛋白 (FHHb)、高铁血红蛋白 (FmetHb)、碳氧血红蛋白 (FCOHb) 项目。
生产厂家:美国 Siemens Healthcare Diagnostics Inc.
注册代理:西门子医学诊断产品(上海)有限公司
发证日期:2014. 06. 18 **截止日期**:2019. 06. 17

国食药监械(进)字 2014 第 3403125 号

产品名称:糖类抗原 19-9 校准品(ARCHITECT CA 19-9XR Calibrators)
规格型号:6 瓶(4 mL/瓶)
产品标准:YZB/USA 3133-2014
性能组成:校准品 A 为含有蛋白(牛)稳定剂的三羟甲基氨基甲烷(TRIS)缓冲液。校准品 B - F 含有 1116-NS-19-9 反应决定簇(人), 制备于含蛋白(牛)稳定剂的三羟甲基氨基甲烷(TRIS)缓冲液中。防腐剂:叠氮钠和 ProClin300。(具体内容详见说明书)。产品有效期: 储存于 2℃~8℃的环境中, 有效期 12 个月。附件: 注册产品标准, 产品说明书。
适用范围:本校准品用于体外定量测定人血清或血浆中的 1116-NS-19-9 反应决定簇时, 对糖类抗原 19-9 项目进行校准。
生产厂家:美国 Abbott Laboratories
注册代理:雅培贸易(上海)有限公司
发证日期:2014. 06. 18 **截止日期**:2019. 06. 17

国食药监械(进)字 2014 第 2403126 号

产品名称:抑制素 A 校准品(Access INHIBIN A Calibrators)
规格型号:校准品 0 (S0): 2.5mL/瓶, 校准品 1 (S1): 2.5mL/瓶, 校准品 2 (S2): 2.5mL/瓶, 校准品 3 (S3): 2.5mL/瓶, 校准品 4 (S4): 2.5mL/瓶, 校准品 5 (S5): 2.5mL/瓶, 校准品 6 (S6): 2.5mL/瓶。
产品标准:YZB/USA 3289-2014
性能组成:校准品 0 (S0): 牛血清白蛋白缓冲基质、叠氮钠和 ProClin300; 校准品 1 (S1)、校准品 2 (S2)、校准品 3 (S3)、校准品 4 (S4)、校准品 5 (S5)、校准品 6 (S6): 重组人抑制素 A, 溶于牛血清白蛋白缓冲基质、叠氮钠和 ProClin 300。校准卡: 1 张。(具体内容详见产品说明书)。产品有效期: 2~8℃保存, 有效期 12 个月。附件: 注册产品标准, 产品说明书。
适用范围:本产品用于抑制素 A 测定时的校准。
生产厂家:美国 Beckman Coulter, Inc.
注册代理:贝克曼库尔特商贸(中国)有限公司
发证日期:2014. 06. 18 **截止日期**:2019. 06. 17

国食药监械(进)字 2014 第 3403127 号

产品名称:生化分析仪用校准品 (VITROS Chemistry Products Calibrator Kit 9)
规格型号:2 套/包装 (校准品 1、2 和 3 水平各 2 瓶, 每瓶 2mL)
产品标准:YZB/USA 3111-2014
性能组成:从已处理的牛血清制备, 其中添加治疗药物、无机盐和防腐剂。(具体内容详见产品说明书)。产品有效期: 储存条件: 冷冻, 储藏温度≤-18℃ ; 有效期: 24 个月。附件: 注册产品标准, 产品说明书。
适用范围:该产品用于醋氨酚 (ACET)、卡马西平 (CRBM)、地高辛 (DGXN)、苯巴比妥（PHBR）和苯妥因（PHYT）定量检测的校准。
生产厂家:美国 Ortho-Clinical Diagnostics, Inc.
注册代理:强生(上海)医疗器材有限公司
发证日期:2014.06.18 **截止日期**:2019.06.17

国食药监械（进）字 2014 第 3403128 号

产品名称:药物质控品(VITROS Chemistry Products TDM Performance Verifier I, II, and III)
规格型号:药物质控品 I: 6×2mL; 药物质控品 II: 6×2mL; 药物质控品 III: 6×2mL。
产品标准:YZB/USA 3120-2014
性能组成:药物质控品是从处理过的牛血清制备而来的。此牛血清中已加入治疗性药物、无机盐和防腐剂。产品有效期：储存条件：冷冻，储存温度≤-18℃；有效期：20 个月。附件：注册产品标准，产品说明书。
适用范围:该产品用于监测系统在进行醋氨酚(ACET)，地高辛(DGXN)，苯巴比妥(PHBR)，苯妥因(PHYT)，卡马西平(CRBM)，妥布霉素(TOBRA)，庆大霉素(GENT)，万古霉素(VANC)，丙戊酸(VALP)，咖啡因(CAFFN)的生化分析时的运行情况。
生产厂家:美国 Ortho-Clinical Diagnostics, Inc.
注册代理:强生(上海)医疗器材有限公司
发证日期:2014.06.18 **截止日期**:2019.06.17

国食药监械（进）字 2014 第 3403129 号

产品名称:血红蛋白测定试剂盒(电泳法)(HYDRAGEL HEMOGLOBIN (E))
规格型号:70 人份/盒、150 人份/盒。
产品标准:YZB/FRA 2969-2014
性能组成:琼脂糖胶片(即用型)、缓冲液海绵条(即用型)、乙二醇溶液(即用型)、染色稀释液(储备液)、氨基黑染色液(储备液)、溶血素(即用型)、加样梳(即用型)、滤纸。(具体内容详见说明书)。产品有效期：在 2～30℃储存，有效期 2 年。附件：注册产品标准，产品说明书。
适用范围:用于分离和检测人血中的常见血红蛋白组份（HbA, HbA2 或 HbF）并可提示血红蛋白变异体。
生产厂家:法国 SEBIA
注册代理:法国赛比亚公司上海代表处
发证日期:2014.06.19 **截止日期**:2019.06.18

国食药监械（进）字 2014 第 3403130 号

产品名称:丙型肝炎病毒核酸检测试剂盒(PCR-荧光法)(Abbott RealTime HCV)
规格型号:96 测试/盒
产品标准:YZB/USA 2608-2014
性能组成:扩增试剂盒、质控品试剂盒、校准品试剂盒。(具体内容详见说明书)。产品有效期：储存于-10℃或以下温度，有效期为 18 个月。附件：注册产品标准，产品说明书。
适用范围:本试剂盒用于体外定量检测丙型肝炎病毒感染患者血清或血浆（乙二胺四乙酸（EDTA）抗凝）中丙型肝炎病毒（HCV）的核酸（RNA）水平。
生产厂家:美国 Abbott Molecular Inc.
注册代理:雅培贸易(上海)有限公司
发证日期:2014.06.19 **截止日期**:2019.06.18

国食药监械（进）字 2014 第 3403131 号

产品名称:单纯疱疹病毒 2 型 IgG 抗体质控品(LIAISON® Control HSV-2 IgG)
规格型号:阴性质控品:2 x 0.7 mL，阳性质控品:2 x 0.7 mL。
产品标准:YZB/ITA 3179-2014
性能组成:阴性质控品、阳性质控品。(具体内容详见说明书)。产品有效期：2～8℃竖直向上储存，禁止冷冻，有效期为 21 个月。附件：注册产品标准，产品说明书。
适用范围:本质控品用于体外检测单纯疱疹病毒 2 型 IgG 抗体时，评价检测的可靠性。
生产厂家:意大利 DiaSorin S.p.A.
注册代理:索灵诊断医疗设备(上海)有限公司
发证日期:2014.06.19 **截止日期**:2019.06.18

国食药监械（进）字 2014 第 3403132 号

产品名称:组织多肽抗原质控品(LIAISON® Control TPA®)
规格型号:质控品 1 :2 瓶×1.8 mL，质控品 2 :2 瓶×1.8 mL。
产品标准:YZB/ITA 3461-2014
性能组成:质控品 1：低值质控品、质控品 2：高值质控品。(具体内容详见说明书)。产品有效期：竖直向上保存在 2～8℃，产品有效期 24 个月。附件：注册产品标准，产品说明书。
适用范围:本产品用于体外测定组织多肽抗原含量时的质量控制。
生产厂家:意大利 DiaSorin S.p.A.
注册代理:索灵诊断医疗设备(上海)有限公司
发证日期:2014.06.19 **截止日期**:2019.06.18

国食药监械（进）字 2014 第 2543133 号

产品名称:脉冲冲洗手机及附件（商品名：Interpulse）(Interpulse Irrigation Handpiece and Accessories)
规格型号:见附页
产品标准:YZB/USA 3416-2014《脉冲冲洗手机及附件》
性能组成:该产品由可充电脉冲冲洗手机（211-100 系列含抽吸管）和喷头组成。
适用范围:该产品适用于临床伤口、软组织的清创以及外科病灶的清洗。
生产厂家:美国 Stryker Instruments
注册代理:史赛克（北京）医疗器械有限公司
服务机构:史赛克（北京）医疗器械有限公司
发证日期:2014.06.26 **截止日期**:2019.06.25

国食药监械（进）字 2014 第 2213134 号

产品名称:内窥镜三晶片摄像系统(Endoscope camera system)
规格型号:见附页
产品标准:YZB/GER 3418-2014《内窥镜三晶片摄像系统》
性能组成:内窥镜三晶片摄像系统摄像机、摄像头和变焦卡口组成。
适用范围:用于内窥镜手术区域提供视频图像。
生产厂家:德国 Schoelly Fiberoptic GmbH
注册代理:北京瑞奇美德科技发展有限公司
服务机构:雪力(广州)内窥镜技术有限公司
发证日期:2014.06.26 **截止日期**:2019.06.25

国食药监械（进）字 2014 第 2213135 号

产品名称:无创心输出量测量系统（商品名：Physio Flow）(Noninvasive cardiac output measurement system)
规格型号:Enduro
产品标准:YZB/FRA 3355-2014《无创心输出量测量系统》。
性能组成:该产品由主机、导联线和 PC 端软件(physioflow software)组成。
适用范围:该产品通过对 10 岁以上人群胸部的电生理阻抗进行分析来提供血液动力学参数（胸液指数、外周血管阻力指数、心脏指数、心收缩量、舒张末期容量、外周血管阻力、左心工作指数、早期舒张功能比、射血指数）。该产品只能由医生操作，或者按医生的要求进行操作，而且仅限于医院或医疗保健机构使用。
生产厂家:法国 MANATEC
注册代理:北京美林科技有限责任公司
服务机构:北京美林科技有限责任公司
发证日期:2014.06.26 **截止日期**:2019.06.25

国食药监械（进）字 2014 第 2313136 号

产品名称:X 射线管组件(X-Ray Tube Housing Assembly)
规格型号:SG-256S/OPTI150
产品标准:YZB/USA 2486-2012《X 射线管组件》
性能组成:管组件由管套、定子线圈、X 射线球管(包括阳极、阴极)、绝缘油组成。
适用范围:该产品主要用于普通放射成像、电影射线摄影、数字和胶片屏幕血管造影过程，作为医用 X 射线成像设备(R/F)的组件。该产品仅供整机制造商使用。
生产厂家:美国 Varian Medical Systems Interay
注册代理:瓦里安医疗器械贸易(北京)有限公司
服务机构:瓦里安医疗器械贸易(北京)有限公司
发证日期:2014.06.26 **截止日期**:2019.06.25

国食药监械(进)字 2014 第 2213137 号

产品名称:血流测量仪(PeriCam PSI System)
规格型号:PeriCam PSI NR
产品标准:YZB/SWE 3523-2014《血流测量仪》
性能组成:该产品由 PeriCam PSI NR 扫描头、可调节固定臂、桌面支架、FireWire 数据线、校正装置、电源、电源线、PIMSoft 数据采集与分析软件组成。
适用范围:该产品可测量皮肤微血管血流的动态变化。
生产厂家:瑞典 Perimed AB
注册代理:帕瑞医学科技(北京)有限公司
服务机构:帕瑞医学科技(北京)有限公司
发证日期:2014.06.26　**截止日期**:2019.06.25

国食药监械(进)字 2014 第 2213138 号

产品名称:听力计(Clinical audiometer)
规格型号:Piano Basic Piano Plus
产品标准:YZB/ITA 3307-2014《听力计》
性能组成:Piano Basic:由 Piano Basic 主机、病人反应交换器、头戴式耳机 TDH-39、森海塞尔耳机 HDA200、电源适配器组成。Piano Plus:由 Piano Plus 主机、病人反应交换器、头戴式耳机 TDH-39、骨导耳机 B71、森海塞尔耳机 HDA200、电源适配器组成。
适用范围:PianoBasic 用于执行纯音和语音听力测试，以及一些重要的阈值测试，包括不舒适阈，交替双耳响度平衡测听，单耳响度平衡测听，短增量敏感指数测听，强度差阈测听，掩蔽级差测听，音衰测听，助听器测听，自动测听。PianoPlus 用于执行纯音和语音听力测试，以及一些重要的阈值测试，包括不舒适阈，高频测听，多频测听，交替双耳响度平衡测听，单耳响度平衡测听，短增量敏感指数测听，强度差阈测听，掩蔽级差测听，音衰测听，伪聋测听，助听器测听，自动测听，Békésy 测听。
备注:2014 年 9 月 13 日同意更正产品性能结构及组成、产品适用范围内容，2014 年 6 月 26 日核发的医疗器械注册登记表予以废止。
生产厂家:意大利 Inventis s.r.l
注册代理:北京爱生科贸有限公司
服务机构:北京爱生科贸有限公司
发证日期:2014.06.26　**截止日期**:2019.06.25

国食药监械(进)字 2014 第 2213139 号

产品名称:听力计(Diagnostic audiometer)
规格型号:Bell Basic Bell Plus
产品标准:YZB/ITA 3341-2014《听力计》
性能组成:Bell Basic 由主机、病人响应交换器、头戴式耳机 TDH-39、电源适配器组成。Bell Plus 由主机、病人响应交换器、头戴式耳机 TDH-39、骨导耳机 B71、电源适配器组成。
适用范围:Bell Basic 用于纯音听力测试，包括气导测试。Bell Plus 用于纯音听力测试，包括气导测试、骨导测试、掩蔽噪音测试。
生产厂家:意大利 Inventis s.r.l
注册代理:北京爱生科贸有限公司
服务机构:北京爱生科贸有限公司
发证日期:2014.06.26　**截止日期**:2019.06.25

国食药监械(进)字 2014 第 2203140 号

产品名称:自动电子血压计(自動電子血圧計)
规格型号:UA-722L
产品标准:YZB/JAP 3254-2014《自动电子血压计》
性能组成:血压计由主机、臂带、充气管组成。
适用范围:用于成人人体收缩压、舒张压及脉搏的测量。
生产厂家:日本爱安德株式会社
注册代理:爱安德技研贸易(上海)有限公司
服务机构:爱安德技研贸易(上海)有限公司
发证日期:2014.06.26　**截止日期**:2019.06.25

国食药监械(进)字 2014 第 2213141 号

产品名称:心电记录仪(ECG recorder)
规格型号:HeartOne
产品标准:YZB/ISR 3159-2014《心电记录仪》
性能组成:该设备由主机（含外壳拇指电极）构成，不包括内部电池及外置数据存储卡。
适用范围:该设备可用于门诊或家用，并适用于 18 岁及以上的成人患者。该产品通过患者拇指获取患者的单导心电信号，并通过电话方式将心电信号传输至远程工作站。
生产厂家:以色列 Aerotel Medical Systems (1998) Ltd.
注册代理:北京天健卓汇科技有限公司
服务机构:北京天健卓汇科技有限公司
发证日期:2014.06.26　**截止日期**:2019.06.25

国食药监械(进)字 2014 第 2213142 号

产品名称:病人监护仪(Cardiac Trigger Monitor)
规格型号:7600、7800
产品标准:YZB/USA 3405-2014《病人监护仪》
性能组成:该产品由主机和附件组成，其中，附件包括：四导联患者电缆线，10 英寸长；一套四条导联线，24 英寸，颜色：白，绿，红，黑；一套四条 X 射线透明导联线，30 英寸，颜色：白，绿，红，黑。
适用范围:该产品可对成人、小儿和新生儿进行 ECG 和心率监护，用于 ICU、CCU 和手术室环境。该产品只限于受过培训和具有资质的专业医务人员使用。
变更情况:变更日期：2014.12.08。代理人和售后服务机构由“美国艾威生物医疗系统有限公司上海代表处”变更为“捷通埃默高（北京）医药科技有限公司”。
生产厂家:美国艾威生物医疗系统有限公司(Ivy Biomedical Systems Inc.)
注册代理:美国艾威生物医疗系统有限公司上海代表处
服务机构:美国艾威生物医疗系统有限公司上海代表处
发证日期:2014.06.26　**截止日期**:2019.06.25

国食药监械(进)字 2014 第 2233143 号

产品名称:超声流量计(Flowmeter, Transit Time)
规格型号:HT110
产品标准:YZB/USA 3119-2014《超声流量计》
性能组成:由主机、探头和探头延长电缆（安装在主机上）组成。探头清单和参数见附件。
适用范围:超声流量计用于如下情况测量液体容积流量：用在专门用于流量传感器的软管上(切勿用在动脉或静脉上)和用于那些超声波可以透过的未通气媒介。
生产厂家:美国 Transonic Systems, Inc.
注册代理:美中互利(北京)国际贸易有限公司
服务机构:美中互利(北京)国际贸易有限公司
发证日期:2014.06.26　**截止日期**:2019.06.25

国食药监械(进)字 2014 第 2303144 号

产品名称:数字化 X 射线透视摄影设备(APOLLO DRF System)
规格型号:9884000013
产品标准:YZB/ITA 2971-2013《数字化 X 射线透视摄影设备》
性能组成:产品由高压发生器（VZW2930FC2-G3(SERIESG100 RF-A65kW)、X 射线管组件（X 射线管型号：RTC 600 HS，X 射线管套型号：C52 Super）、限束器、诊断床(含控制柜)、数字化 X 线摄影/透视操作系统、平板探测器（型号：Pixium FE 4343 F）、显示器组成。
适用范围:该产品利用动态平板探测器，用于数字化 X 射线透视和摄影，不用于 DSA 检查、泌尿系统检查、断层造影检查。
备注:2014 年 09 月 17 日同意更正产品性能结构及组成内容，2014 年 6 月 26 日核发的医疗器械注册登记表予以废止。
生产厂家:意大利 Villa Sistemi Medicali S.p.A.
注册代理:北京友通上昊科技有限公司
服务机构:北京友通上昊科技有限公司
发证日期:2014.06.26　**截止日期**:2019.06.25

国食药监械(进)字 2014 第 2263145 号

产品名称:冲击波治疗系统(Intelect Radial Pressure Wave)
规格型号:2074
产品标准:YZB/FRA 3370-2014《冲击波治疗系统》
性能组成：该产品由主机、R-SW 机头、R15-15mm ESWT 发射器和 D20-SD-ACTOR 20mm 发射器组成。
适用范围:该产品用于缓解肌筋膜激痛点和炎症引起的疼痛，放松肌肉备注:2014年10月14日同意更正生产地址内容，2014年6月26日核发的医疗器械注册登记表予以废止。
生产厂家:法国DJO FRANCE SAS
注册代理:北京美亚纵科技发展有限公司
服务机构:北京美亚纵科技发展有限公司
发证日期:2014.06.26 截止日期:2019.06.25

国食药监械(进)字2014第2703146号

产品名称:医学图像存档软件（商品名：医疗数据中心软件）(Medical data center software)
规格型号:IMPAX Data Center（IDC），版本3.0
产品标准:YZB/BEL 3282-2014《医学图像存档软件》
性能组成:本产品由用户手册组成，由AGFA HEALTHCARE N.V.远程安装部署，组成模块包括：存储应用服务器、数据库服务器、数据库存储模块、图像存储模块。
适用范围:用于拥有多院区本地PACS的大型综合医院接收、存储和发送医学影像和报告
生产厂家:比利时Agfa HealthCare N.V.
注册代理:爱克发医疗系统设备(上海)有限公司
服务机构:爱克发医疗系统设备(上海)有限公司
发证日期:2014.06.26 截止日期:2019.06.25

国食药监械(进)字2014第2563147号

产品名称:泌尿系统检查治疗电动床(Urinary System Electric Table for Examination and Treatment)
规格型号:MODULARIS Uro
产品标准:YZB/GER 3379-2014《泌尿系统检查治疗电动床》
性能组成:产品组成:a）带有病人支架的床体，包含床面及用于结石治疗的开口塞和可透射线检查区。b)选配件及附件。详见注册产品标准。
适用范围:该产品作为诊断和治疗平台，适用于体外冲击波碎石(ESWL)，经尿道及经皮介入，以及泌尿道碎石疾病相关的诊断和治疗都可在该检查床平台上进行。
生产厂家:德国Siemens AG
注册代理:西门子(中国)有限公司
服务机构:西门子(中国)有限公司
发证日期:2014.06.26 截止日期:2019.06.25

国食药监械(进)字2014第2223148号

产品名称:关节镜用冲洗吸引系统（商品名：ARTHROPUMP POWER）(Suction and Irrigation Systems for Endoscope)
规格型号:见附页
产品标准:YZB/GER 3410-2014《关节镜用冲洗吸引系统》
性能组成:本系统由控制主机、电源线、脚踏开关、SCB连接线、连接线、连接线延长线和管路套件组成。各部分型号及描述见附页。
适用范围:本产品适用于关节镜手术中，可将手术中的液体、小血块和小组织碎块冲洗吸引干净。
生产厂家:德国Karl Storz GmbH &Co. KG
注册代理:卡尔史托斯内窥镜(上海)有限公司
服务机构:卡尔史托斯内窥镜(上海)有限公司
发证日期:2014.06.26 截止日期:2019.06.25

国食药监械(进)字2014第2213149号

产品名称:VQmTM呼吸热量监测仪附件(VQmTM System Accessories)
规格型号:P-0020-0010, P-0031-0010
产品标准:YZB/CAN 3544-2014《VQmTM呼吸热量监测仪附件》
性能组成:本产品由VQm CoreTM包和VQm PSR-vTM包组成。VQm CoreTM包包括VQm CoreTM模块、校准帽和回收管路；VQm PSR-vTM包包括VQm PSR-vTM模块和校准端口适配器。产品为非灭菌产品，一次性使用。
适用范围:本产品配合加拿大Rostrum Medical Innovations Inc.公司生产的VQmTM呼吸热量监测仪使用，连接到患者呼吸设备与呼吸机回路中，预期用于计算并显示成年机械通气患者的呼气热量(焓)。本产品不与人体直接接触。
生产厂家:加拿大Rostrum Medical Innovations Inc.
注册代理:上海景年医疗器械有限公司
服务机构:上海景年医疗器械有限公司
发证日期:2014.06.26 截止日期:2019.06.25

国食药监械(进)字2014第2233150号

产品名称:超声诊断仪(Ultrasound Diagnostic Equipment)
规格型号:SONOACE X7
产品标准:YZB/ROK 3381-2014《超声诊断仪》
性能组成:见《产品性能结构及组成附页》。
适用范围:临床超声诊断检查
生产厂家:韩国三星麦迪逊有限公司(SAMSUNG MEDISON CO., LTD.)
注册代理:三星(中国)投资有限公司
服务机构:三星电子(北京)技术服务有限公司
发证日期:2014.06.26 截止日期:2019.06.25

国食药监械(进)字2014第2413151号

产品名称:病理切片扫描仪(Digital Slide Scanner)
规格型号:Pannoramic DESK、Pannoramic MIDI、Pannoramic SCAN、P250 FLASH
产品标准:YZB/HUN 3421-2014《病理切片扫描仪》
性能组成:P250 FLASH由主机、电源线组成；Pannoramic DESK、Pannoramic MIDI、PannoramicSCAN由主机、适配器组成。主机组成为：P250 FLASH：物镜、明场扫描相机、C座相机适配器、明场照明装置及条码阅读器Pannoramic DESK：物镜、明场扫描相机、C座相机适配器及明场照明装置Pannoramic MIDI：物镜、明场扫描相机、C座相机适配器、明场照明装置及条码阅读器Pannoramic SCAN：物镜、明场扫描相机、C座相机适配器、明场照明装置及条码阅读器。
适用范围:本产品是利用透射光及反射光的荧光性的不同对病理组织切片进行数字化处理以便于分析。
生产厂家:匈牙利3DHISTECH Ltd.
注册代理:济南丹吉尔电子有限公司
服务机构:济南丹吉尔电子有限公司
发证日期:2014.06.26 截止日期:2019.06.25

国食药监械(进)字2014第2403152号

产品名称:血糖仪（商品名：BGStar®）(Blood Glucose Meter)
规格型号:BGStar
产品标准:YZB/USA 3293-2014《血糖仪》
性能组成:该产品主要由主机、操作软件组成。
适用范围:该产品用于体外定量检测人体指尖、手掌（拇指以下）或前臂中新鲜毛细血管全血中血糖含量。
生产厂家:美国AgaMatrix, Inc.
注册代理:赛诺菲(中国)投资有限公司
服务机构:赛诺菲(中国)投资有限公司
发证日期:2014.06.26 截止日期:2019.06.25

国食药监械(进)字2014第2553153号

产品名称:根管手机(Endodontic Handpiece)
规格型号:815-9155
产品标准:YZB/USA 3143-2014《根管手机》
性能组成:该手机结构形式为弯手机。性能:1)压盖式夹头; 2)拔出力:＞45N; 3)扭矩:＞4N.cm; 4)连接的马达的最大转速为40000±10%r/min; 5)传速比:8:1; 6)无光照。
适用范围:本产品适用于牙齿根管治疗(根管的清理、预备和填充)。
生产厂家:美国Ormco Corporation also trading as SybronEndo
注册代理:卡瓦盛邦(上海)牙科医疗器械有限公司
服务机构:卡瓦盛邦(上海)牙科医疗器械有限公司
发证日期:2014.06.26 截止日期:2019.06.25

国食药监械(进)字2014第2223154号

产品名称:医用内窥镜冷光源（商品名：LED nova 150）(Cold Light Source)
规格型号:20161220
产品标准:YZB/GER 2834-2014《医用内窥镜冷光源》
性能组成:产品由医用内窥镜冷光源主机(20161220)、电源线(400A)组成。
适用范围:适用于为临床上与医用内窥镜摄像系统配合使用的内窥镜检查、诊断和治疗提供照明光源。
生产厂家:德国Karl Storz GmbH & Co. KG

注册代理:卡尔史托斯内窥镜(上海)有限公司
服务机构:卡尔史托斯内窥镜(上海)有限公司
发证日期:2014.06.26 **截止日期**:2019.06.25

国食药监械(进)字2014第2223155号

产品名称:多光谱眼底分层成像系统(商品名:安递斯·层晰)(RHA MULTI-SPECTRAL DIGITAL OPHTHALMOSCOPE)
规格型号:RHA 2020
产品标准:YZB/CAN 3182-2014《多光谱眼底分层成像系统》
性能组成:产品由光学头装置(OHU)、主机(HC)、通用电源(UPS,型号200367-02)、触摸屏显示器(型号PT1510MX)、键盘、轨迹球鼠标(注:附件,不随设备一起提供)和RHA报告软件组成。RHA报告软件用于临床可视化和数据跟踪。多组单LED光源提供波谱范围为520nm-850nm的多光谱成像照明;屈光补偿:-18D-+15D;检测最小瞳孔直径:3.5mm;视网膜空间分辨率:12μm;图像格式:JEPG, PNG, JEPG-IS, DCM。
适用范围:该产品采集眼底图像,用于辅助诊断和观察眼底疾病。
变更情况:变更日期:2014.10.08。售后服务机构由"深圳市新产业眼科新技术有限公司"变更为"深圳市新产业眼科新技术有限公司、北京明达同泽科技有限公司"。
生产厂家:加拿大ANNIDIS HEALTH SYSTEMS CORPORATION
注册代理:深圳市新产业眼科新技术有限公司
服务机构:深圳市新产业眼科新技术有限公司
发证日期:2014.06.26 **截止日期**:2019.06.25

国食药监械(进)字2014第2543156号

产品名称:真空脚踏泵(商品名:Zimmer)(Vacuum Foot Pump II)
规格型号:见附页
产品标准:YZB/USA 3359-2014《真空脚踏泵》
性能组成:该产品由真空泵、脚踏开关和连接软管组成。软管的材料为复合PVC。
适用范围:该产品适用于骨水泥准备期间为Zimmer骨水泥混合系统提供真空源。
生产厂家:美国Zimmer Surgical, Inc.
注册代理:捷迈(上海)医疗国际贸易有限公司
服务机构:捷迈(上海)医疗国际贸易有限公司
发证日期:2014.06.26 **截止日期**:2019.06.25

国食药监械(进)字2014第2313157号

产品名称:X射线管组件(X-ray Tube Assembly)
规格型号:2232785
产品标准:YZB/IND 3132-2014《X射线管组件》
性能组成:产品组成:X射线管(阴极、旋转阳极),X射线管套,绝缘油,热交换器、风扇和循环油泵组成的冷却系统。
适用范围:X射线管组件产生的X射线用于CT系统。
生产厂家:印度GE BE PRIVATE LIMITED
注册代理:通用电气医疗系统贸易发展(上海)有限公司
服务机构:通用电气医疗系统贸易发展(上海)有限公司
发证日期:2014.06.26 **截止日期**:2019.06.25

国食药监械(进)字2014第2403158号

产品名称:钠电极(Sodium Electrode)
规格型号:Sodium Electrode
产品标准:YZB/GER 3240-2014《钠电极》
性能组成:由电极外壳、密封圈和内部敏感成分、内部溶液等组成。
适用范围:用于对血清、血浆及尿液中的Na+进行定量检测。
生产厂家:德国Roche Diagnostics GmbH
注册代理:罗氏诊断产品(上海)有限公司
服务机构:罗氏诊断产品(上海)有限公司
发证日期:2014.06.26 **截止日期**:2019.06.25

国食药监械(进)字2014第2403159号

产品名称:氯电极(Chloride Electrode)
规格型号:Chloride Electrode
产品标准:YZB/GER 3245-2014《氯电极》
性能组成:由电极外壳、密封圈和内部敏感成分、内部溶液等组成。
适用范围:用于对血清、血浆及尿液中的Cl-进行定量检测。
生产厂家:德国Roche Diagnostics GmbH
注册代理:罗氏诊断产品(上海)有限公司
服务机构:罗氏诊断产品(上海)有限公司
发证日期:2014.06.26 **截止日期**:2019.06.25

国食药监械(进)字2014第2403160号

产品名称:锂电极(Lithium Electrode)
规格型号:Lithium Electrode
产品标准:YZB/GER 3247-2014《锂电极》
性能组成:由电极外壳、密封圈和内部敏感成分、内部溶液等组成。
适用范围:用于对血清、血浆及尿液中的Li+进行定量检测。
生产厂家:德国Roche Diagnostics GmbH
注册代理:罗氏诊断产品(上海)有限公司
服务机构:罗氏诊断产品(上海)有限公司
发证日期:2014.06.26 **截止日期**:2019.06.25

国食药监械(进)字2014第2403161号

产品名称:参比电极(Reference Electrode)
规格型号:Reference Electrode
产品标准:YZB/GER 3249-2014《参比电极》
性能组成:由电极外壳、密封圈和内部敏感成分、内部溶液等组成。
适用范围:用于对血清、血浆及尿液中K+、Na+、Cl-、Li+离子进行辅助定量检测。
生产厂家:德国Roche Diagnostics GmbH
注册代理:罗氏诊断产品(上海)有限公司
服务机构:罗氏诊断产品(上海)有限公司
发证日期:2014.06.26 **截止日期**:2019.06.25

国食药监械(进)字2014第2403162号

产品名称:钾电极(Potassium Electrode)
规格型号:Potassium Electrode
产品标准:YZB/GER 3251-2014《钾电极》
性能组成:由电极外壳、密封圈和内部敏感成分、内部溶液等组成。
适用范围:用于对血清、血浆及尿液中的K+进行定量检测。
生产厂家:德国Roche Diagnostics GmbH
注册代理:罗氏诊断产品(上海)有限公司
服务机构:罗氏诊断产品(上海)有限公司
发证日期:2014.06.26 **截止日期**:2019.06.25

国食药监械(进)字2014第2403163号

产品名称:白细胞分析仪(HemoCue WBC Analyzer)
规格型号:HemoCue WBC Analyzer
产品标准:YZB/SWE 3423-2014《白细胞分析仪》
性能组成:由HemoCue白细胞分析仪主机、交流电源适配器或6节AA型电池和随机软件组成。
适用范围:用于测定毛细管或静脉全血中白细胞的数量。
变更情况:变更日期:2015.01.06。"代理人名称:上海台珂实业有限公司代理人住所:崇明县庙镇宏海公路263号1幢302室(上海庙镇经济开发区)"变更为"代理人名称:雷度米特医疗设备(上海)有限公司代理人住所:中国(上海)自由贸易试验区巴圣路360号22号厂房1层A部位"。
生产厂家:瑞典HemoCue AB
注册代理:上海台珂实业有限公司
服务机构:上海台珂实业有限公司
发证日期:2014.06.26 **截止日期**:2019.06.25

国食药监械(进)字2014第2213164号

产品名称:肺功能仪(スパイロアナライザ)
规格型号:ST-150, ST-75
产品标准:YZB/JAP 3409-2014《肺功能仪》
性能组成:ST-150型号产品由主机、流速传感器和传感器固定架、传感器盖、鼻夹和锥形管、电源线组成。ST-75型号产品由主机、流速传感器和传感器盖、鼻夹、适配器和电源线组成。
适用范围:该产品在临床中用于测量患者的肺功能,如慢肺活量、用力肺活量和最大通气量。
生产厂家:日本株式会社フクダ産業/日本福田产业株式会社

注册代理:北京汇达新时代医疗器械有限公司
服务机构:北京汇达新时代医疗器械有限公司
发证日期:2014.06.23 **截止日期**:2019.06.22

国食药监械(进)字2014第2453165号

产品名称:血液透析用水处理系统(Water Treatment System)
规格型号:见附页
产品标准:YZB/GER 1827-2014《血液透析用水处理系统》
性能组成:由主机、显示器、0.2μm无菌过滤器(3037754)、滤筒(6505100)、水位监控器(2000011)、电磁阀(2100100)和溢水阀(9126500)组成,各型号均为二级反渗透系统,但重量、尺寸、反渗水量和基本功能不同。
适用范围:用于医疗单位生产血液透析用纯净水。
备注:2014年8月19日同意更正注册号内容,2014年6月23日核发的医疗器械注册证、医疗器械注册登记表、附页予以废止。
生产厂家:德国Lauer Membran Wassertechnik GmbH
注册代理:劳钼贸易(上海)有限公司
服务机构:劳钼贸易(上海)有限公司
发证日期:2014.06.23 **截止日期**:2019.06.22

国食药监械(进)字2014第3213166号

产品名称:病人监护仪(Spacelabs Patient Monitor)
规格型号:见产品性能结构及组成
产品标准:YZB/USA 3506-2014《病人监护仪》
性能组成:该产品由主机(91370)、多参数模块(91496)、多种气体监测模块(92518)、插件箱(91493)、打印模块(90449)和附件组成,详见附表。
适用范围:该产品用于对成人患者的体征参数,其中:多参数模块可用于心电、心率、ST段和心律失常分析、阻抗呼吸、脉搏血氧饱和度、无创血压、体温、有创血压、心输出量监护;多种气体监测模块可用于气体(呼末二氧化碳、二氧化碳气体、氧气、笑气、七氟醚和异氟烷)监护。而且,阻抗呼吸、无创血压、气体监护也适用于小儿和新生儿。ST段测量仅适用于成人患者。该产品应在持有行医执照的医务人员直接监督下使用,或者由在医院接受过适当的设备使用方法培训的人员使用。
备注:2014年9月15日同意更正型号、规格内容,2014年6月26日核发的医疗器械注册登记表予以废止。
生产厂家:美国Spacelabs Medical, Inc.
注册代理:思培斯太空医疗仪器贸易(上海)有限公司
服务机构:思培斯太空医疗仪器贸易(上海)有限公司
发证日期:2014.06.26 **截止日期**:2019.06.25

国食药监械(进)字2014第3243167号

产品名称:半导体激光治疗仪(IRIS Medical IQ 810 Diode Laser)
规格型号:IQ 810
产品标准:YZB/USA 3440-2014《半导体激光治疗仪》
性能组成:该产品由IQ 810激光主机、脚踏开关、电源线和电源开关钥匙组成。激光波长810nm±10nm;多模;激光传输设备输出的最大激光终端功率:2000mW±20%;瞄准激光波长:650nm±10nm;瞄准光功率<1.0mW。
适用范围:该产品临床适用于眼科激光光凝手术,包括视网膜的激光光凝术、激光小梁成型术、透巩膜睫状体光凝术、透巩膜视网膜光凝术和虹膜切开术。
生产厂家:美国IRIDEX Corporation
注册代理:同科林医疗仪器(上海)有限公司
服务机构:同科林医疗仪器(上海)有限公司
发证日期:2014.06.26 **截止日期**:2019.06.25

国食药监械(进)字2014第3243168号

产品名称:倍频Nd:YAG激光光凝仪(Laser System)
规格型号:OcuLight GL, OcuLight GLx
产品标准:YZB/USA 3443-2014《倍频Nd:YAG激光光凝仪》
性能组成:该产品由主机、可拆卸电源线和脚踏开关组成。激光波长532nm±5nm;多模;脉冲宽度:GL:50-1000ms±20%, GLx:10-3000ms±20%;终端最大输出功率:GLx:1500mW、GL:1200mW;瞄准激光波长:635nm±10nm;瞄准激光终端功率<1.0mW。
适用范围:该产品临床适用于眼科激光光凝手术,包括视网膜的激光光凝术、激光小梁成型术、虹膜切开术和虹膜成形术。
生产厂家:美国IRIDEX Corporation
注册代理:同科林医疗仪器(上海)有限公司
服务机构:同科林医疗仪器(上海)有限公司
发证日期:2014.06.26 **截止日期**:2019.06.25

国食药监械(进)字2014第3243169号

产品名称:半导体激光治疗仪(Laser System)
规格型号:OcuLight SL, OcuLight SLX
产品标准:YZB/USA 3448-2014《半导体激光治疗仪》
性能组成:该产品由主机、可拆卸电源线、脚踏开关组成。激光波长810nm±10nm;多模;激光输出功率:50-2000mW(OcuLight SL)、50-3000mW(OcuLight SLx);瞄准激光波长:635nm±10nm;瞄准光功率<1.0mW。
适用范围:该产品临床适用于眼科激光光凝手术,包括视网膜激光光凝术、激光小梁成型术、透巩膜睫状体光凝术、透巩膜视网膜光凝术和虹膜切开术。
生产厂家:美国IRIDEX Corporation
注册代理:同科林医疗仪器(上海)有限公司
服务机构:同科林医疗仪器(上海)有限公司
发证日期:2014.06.26 **截止日期**:2019.06.25

国食药监械(进)字2014第3703170号

产品名称:诊断图像处理软件(Diagnostic Image Processing Software)
规格型号:AW Server, 版本2.0
产品标准:YZB/USA 3371-2014《诊断图像处理软件》
性能组成:由一张软件安装光盘组成,组成模块包括:1)AW Server Core platform模块(版本2.0),包括Serverplatform、Filmer、UMAI、Nuevo、Solo;2)VolumeViewer应用程序模块(版本11.3),包括Volume Viewer、Autobone Xpress、Dynamic Shuttle、CardIQ Xpress2.0、CardIQ Fusion、VesselIQ Xpress、CardIQFunction Xpress、Colon VCAR和Advantage 3D CTC、Lung VCAR/AdvantageALA、PET VCAR、MR VesselIQXpress、Thoracic VCAR、Integrated Registration、OncoQuant、CT Perfusion 4D、Ready View、BrainView/Brain View Plus、GenIQ;3)CT应用程序模块,包括SmartScore 4.0(版本4.0)、GSI Viewer(版本2.2)、Advantage 4D(版本2.3);4)其他应用程序模块,包括Preprocessing Enabler(版本11.3)。
适用范围:用于多模态DICOM图像的传输、选取、处理和胶片打印。
变更情况:变更日期:2015.01.26。企业名称由"GE Medical Systems, LLC"变更为"GE Hungary Kft";注册地址由"3000 North Grandview Blvd, Waukesha, WI 53188, USA"变更为"Akron utca 2, 2040 Budaors, Hungary"。
生产厂家:美国GE Medical Systems, LLC
注册代理:通用电气医疗系统贸易发展(上海)有限公司
服务机构:通用电气医疗系统贸易发展(上海)有限公司
发证日期:2014.06.26 **截止日期**:2019.06.25

国食药监械(进)字2014第3243171号

产品名称:掺钕钇铝石榴石固体激光治疗仪(Nd:YAG Laser System)
规格型号:3000NAIN
产品标准:YZB/ROK 3478-2014《掺钕钇铝石榴石固体激光治疗仪》
性能组成:产品由主机(包括:激光器、激光电源及控制装置、安全防护系统和冷却系统组成)、导光系统(导光臂和瞄准装置)、可变焦刀头和脚踏开关组成。工作激光波长1064nm ±5nm,激光最大输出能量1.2J±20%;工作激光波长532nm±5nm,激光最大输出能量400mJ±20%。激光输出光斑直径Φ1mm～Φ7mm±20%。瞄准光650nm±5nm,功率不大于5mW。
适用范围:该产品用于祛除纹身,淡化色斑。
生产厂家:韩国优泰科有限公司(UTI CO., LTD)
注册代理:优泰科医疗设备(北京)有限公司
服务机构:优泰科医疗设备(北京)有限公司
发证日期:2014.06.26 **截止日期**:2019.06.25

国食药监械(进)字2014第2543172号

产品名称:动力系统（商品名: Colibri）(Colibri Power Tools)
规格型号:见附页
产品标准:YZB/SWI 3318-2014《动力系统》
性能组成:该产品包括马达机身、电池、各种接头及其它附件，详见规格型号附页。
适用范围:该产品用于骨科、手足外科、颌面外科、脊柱外科和神经外科手术的钻、锯和磨。
生产厂家:瑞士 Synthes GmbH
注册代理:强生(上海)医疗器材有限公司
服务机构:见附页
发证日期:2014.06.26 截止日期:2019.06.25

国食药监械(进)字2014第3233173号

产品名称:超声诊断设备(汎用超音波画像診断装置)
规格型号:APLIO 400 TUS-A400
产品标准:YZB/JAP 3499-2014《超声诊断设备》
性能组成:产品性能结构及组成见附页。
适用范围:本产品适用于临床超声诊断。
备注:2014年8月25日同意更正型号、规格内容，2014年6月26日核发的医疗器械注册登记表予以废止。
生产厂家:日本东芝医疗系统株式会社(東芝メディカルシステムズ株式会社)
注册代理:东芝医疗系统(中国)有限公司
服务机构:东芝医疗系统(中国)有限公司
发证日期:2014.06.26 截止日期:2019.06.25

国食药监械(进)字2014第3253174号

产品名称:牙科高频电刀(Tissue Contouring System)
规格型号:PerFect TCS II
产品标准:YZB/USA 3191-2014《牙科高频电刀》
性能组成:该产品由主机（S8230CT，含8个电极）、脚踏开关（S5006）、回路板（S213）、手柄线（S6008CE）和手柄支架（S7001）组成。电极型号见附页。高频输出额定频率3.68MHz。输出模式均为单极，切割最大功率55W，凝血最大功率33W，额定负载600Ω。
适用范围:该产品用于牙科和牙周手术中切割或去除软组织，或出血控制。
生产厂家:美国 Coltène/Whaledent Inc.
注册代理:康特威尔登特齿科贸易(北京)有限公司
服务机构:康特威尔登特齿科贸易(北京)有限公司
发证日期:2014.06.26 截止日期:2019.06.25

国食药监械(进)字2014第2203175号

产品名称:电子体温计(SureTemp Plus)
规格型号:690
产品标准:YZB/USA 3198-2014《电子体温计》
性能组成:本产品由电子体温计(型号690)、体温探针(口温和肛温)(型号: 02892-000和02893-000)、一次性体温探针套(型号: 05031-101))和电池组成。
适用范围:本产品由专业医护人员使用，测量患者的口腔、腋窝或者直肠部位的体温。
生产厂家:美国 Welch Allyn, Inc
注册代理:伟伦医疗设备(苏州)有限公司
服务机构:伟伦医疗设备(苏州)有限公司
发证日期:2014.06.26 截止日期:2019.06.25

国食药监械(进)字2014第3243176号

产品名称:半导体激光脱毛机(MeDioStar)
规格型号:MeDioStar
产品标准:YZB/GER 3476-2014《半导体激光脱毛机》
性能组成:产品结构及组成:主机:半导体固态激光器、激光电源和控制系统、冷却系统; 激光传输系统:光纤和瞄准装置; 应用附件:皮肤冷却手柄; 脚踏开关。产品性能:治疗激光波长:810±10nm; 治疗激光工作方式:脉冲; 治疗激光最大脉冲宽度:单脉冲最大70ms，双脉冲140ms，误差≤±20%; 治疗激光光斑大小:12mm，误差≤±20%; 治疗激光输出最大能量:50J，误差≤±20%; 瞄准激光:半导体激光，635nm±10nm，功率<1mw; 最高能量密度:44J/cm2; 脉冲重复频率:0.5Hz、1Hz、1.5Hz、2Hz、3Hz、4Hz，误差≤±20%。
适用范围:去除皮肤毛发。
备注:2014年09月17日同意更正产品性能结构及组成内容，2014年6月26日核发的医疗器械注册登记表予以废止。
变更情况:变更日期: 2015.02.17。“武汉奇致激光技术有限公司”变更为“武汉奇致激光技术股份有限公司”。
生产厂家:德国 Asclepion Laser Technologies GmbH
注册代理:武汉奇致激光技术有限公司
服务机构:武汉奇致激光技术有限公司
发证日期:2014.06.26 截止日期:2019.06.25

国食药监械(进)字2014第3223177号

产品名称:胸腹腔镜(Laparo-Thoraco Telescopes)
规格型号:WA53000A, WA53005A, WA53010A
产品标准:YZB/GER 3407-2014《胸腹腔镜》
性能组成:产品仅包含内窥镜，由物镜端、工作插入部、导光束接头和目镜罩组成。基本性能参数见附页。
适用范围:该产品用于胸腔和腹腔镜检查和手术时提供视野。
生产厂家:德国奥林巴斯苇音特和意北公司
注册代理:奥林巴斯贸易（上海）有限公司
服务机构:奥林巴斯(北京)销售服务有限公司
发证日期:2014.06.26 截止日期:2019.06.25

国食药监械(进)字2014第2213178号

产品名称:心电分析仪(Resting ECG Analysis System)
规格型号:MAC 600
产品标准:YZB/USA 3295-2014《心电分析仪》
性能组成:该产品由主机、内部电池、带电源电缆的电源适配器及附件组成。附件包括患者电缆/导联线、电极，详见附表。
适用范围:该产品能够采集、分析、显示和记录成人和儿科患儿的心电图信息，基本系统可发送3导联或12导联心电图，且可升级，以提供心电图的解释性分析选项（RR分析功能不包括在升级后可提供的分析选项中)，将ECG数据传输至中央ECG心血管信息系统是可选功能。该产品提供医院或专业医疗机构受过培训的操作员，在具有执照的行医人员的直接监督下使用，该产品生成的所有描记图和分析结果均应该由富有经验的医生阅读。该产品不能用作生命体征生理监护仪、不能在运输患者期间使用、不能用于心脏内应用、不能与高频手术仪器组合使用。
生产厂家:美国 GE MEDICAL SYSTEMS INFORMATION TECHNOLOGIES, INC.
注册代理:通用电气医疗系统贸易发展(上海)有限公司
服务机构:通用电气医疗系统贸易发展(上海)有限公司
发证日期:2014.06.26 截止日期:2019.06.25

国食药监械(进)字2014第3233179号

产品名称:彩色超声诊断仪(Color Diagnostic Ultrasound Scanner)
规格型号:Vivid E9、Vivid E7
产品标准:YZB/NOR 3599-2014《彩色超声诊断仪》
性能组成:见《产品性能结构及组成附页》。
适用范围:用于人体超声临床诊断检查。
生产厂家:挪威 GE Vingmed Ultrasound AS
注册代理:通用电气医疗系统贸易发展(上海)有限公司
服务机构:通用电气医疗系统贸易发展(上海)有限公司
发证日期:2014.06.26 截止日期:2019.06.25

国食药监械(进)字2014第2233180号

产品名称:超声诊断仪(Diagnostic Ultrasound System)
规格型号:Voluson E6、Voluson E8、Voluson E8 Expert
产品标准:YZB/AUS 3571-2014《超声诊断仪》
性能组成:见附页。
适用范围:适用于临床超声诊断
生产厂家:奥地利 GE Healthcare Austria GmbH & Co OG
注册代理:通用电气医疗系统贸易发展(上海)有限公司
服务机构:通用电气医疗系统贸易发展(上海)有限公司
发证日期:2014.06.26 截止日期:2019.06.25

国食药监械(进)字2014第3223181号

产品名称:电子胸腹腔镜（商品名: VISERA）(腹腔·胸腔ビデオスコー

プ)
规格型号:LTF TYPE V3、LTF TYPE VP
产品标准:YZB/JAP 3256-2014《电子胸腹腔镜》
性能组成:该产品由电子胸腹腔镜 (LTF TYPE V3 和 LTF TYPE VP) 和随机附件(插入辅助器, 用于 5mm 胸腹腔镜, MAJ-1379)组成。产品性能见附页。
适用范围:LTF TYPE VP: 该产品插入腹腔、胸腔、纵隔、后腹膜腔的体腔内, 进行观察、诊断、摄像和治疗。LTF TYPEV3: 该产品通过穿刺器外套管插入腹腔、胸腔、后腹膜腔的体腔内, 与图像处理装置、监视器装置以及各种内窥镜用光源装置、摄像装置、内镜诊疗附件配套使用, 进行观察、摄像和治疗。
备注:2014 年 10 月 15 日同意更正产品性能结构及组成内容, 2014 年 6 月 26 日核发的医疗器械注册登记表予以废止。
生产厂家:日本奥林巴斯医疗株式会社(オリンパスメディカルシステムズ株式会社)
注册代理:奥林巴斯贸易 (上海) 有限公司
服务机构:奥林巴斯(北京)销售服务有限公司
发证日期:2014.06.26 **截止日期**:2019.06.25

国食药监械(进)字 2014 第 3233182 号

产品名称:超声诊断系统(Diagnostic Ultrasound System)
规格型号:ACUSON S2000
产品标准:YZB/USA 3429-2014《超声诊断系统》
性能组成:见《产品性能结构及组成附页》。
适用范围:该产品用于临床超声检查及诊断.
生产厂家:美国西门子医疗系统公司(Siemens Medical Solutions USA, Inc.)
注册代理:西门子(中国)有限公司
服务机构:西门子(中国)有限公司
发证日期:2014.06.26 **截止日期**:2019.06.25

国食药监械(进)字 2014 第 3233183 号

产品名称:超声诊断系统(Ultrasonic diagnostic systems)
规格型号:MyLabTwice
产品标准:YZB/ITA 3446-2014《超声诊断系统》
性能组成:见《产品性能及结构组成附页》。
适用范围:用于临床超声诊断检查
生产厂家:意大利 ESAOTE SPA
注册代理:百胜(深圳)医疗设备有限公司
服务机构:百胜(深圳)医疗设备有限公司
发证日期:2014.06.26 **截止日期**:2019.06.25

国食药监械(进)字 2014 第 2223184 号

产品名称:角膜内皮显微镜(Konan Specular Microscope XIII)
规格型号:NSP-9900II
产品标准:YZB/JAP 3287-2014《角膜内皮显微镜》
性能组成:该产品由主机组成。
适用范围:该产品可获得角膜内皮的电子照片, 测量角膜厚度和计算细胞密度, 从而检测由于白内障手术, 角膜移植引起的角膜内皮改变。
生产厂家:日本株式会社コーナン・メディカル
注册代理:同科林医疗仪器(上海)有限公司
服务机构:同科林医疗仪器(上海)有限公司
发证日期:2014.06.26 **截止日期**:2019.06.25

国食药监械(进)字 2014 第 3223185 号

产品名称:直肠镜手术用高频器械(HF Instruments for TEM)
规格型号:见附页
产品标准:YZB/GER 3362-2014《直肠镜手术用高频器械》
性能组成:产品为直肠镜手术用高频器械, 产品型号及参数见附页。
适用范围:该产品与直肠腔配合使用, 通过高频电流对组织进行凝固和切割。
生产厂家:德国 Richard Wolf GmbH
注册代理:北京德华信达技术有限公司
服务机构:见附页
发证日期:2014.06.26 **截止日期**:2019.06.25

国食药监械(进)字 2014 第 3233186 号

产品名称:血管内超声波诊断仪(Intravascular Imaging and Pressure System)
规格型号:S5(807300-001)
产品标准:YZB/USA 3666-2014《血管内超声波诊断仪》
性能组成:产品由控制器主机、显示器组成, 不包括血管内超声导管。
适用范围:该产品与 VOLCANO 生产的型号为 85900 和 89000 的超声导管配合使用, 用于对血管壁, 血管腔进行成像, 为诊断提供信息。与 VOLCANO 生产的血管内压力导丝 7903J 连用时, 具有血压测量功能。
生产厂家:美国 Volcano Corporation
注册代理:北京伟龙科仪贸易有限公司
服务机构:北京伟龙科仪贸易有限公司
发证日期:2014.06.30 **截止日期**:2019.06.29

国食药监械(进)字 2014 第 2543187 号

产品名称:耳鼻喉综合治疗台(Treatment table for Ear, Nose and Throat)
规格型号:CHAM CU-3000 TWIN
产品标准:YZB/ROK 3569-2014《耳鼻喉综合治疗台》
性能组成:该产品由主机、喷雾装置(不含喷枪)、手术器械的加热除雾装置组成。
适用范围:本产品供耳鼻喉科作诊断及手术用。
生产厂家:韩国 CHAMMED CO., LTD
注册代理:灿美德(天津)商贸有限公司
服务机构:灿美德(天津)商贸有限公司
发证日期:2014.06.30 **截止日期**:2019.06.29

国食药监械(进)字 2014 第 3233188 号

产品名称:超声诊断设备(DIAGNOSTIC ULTRASOUND SYSTEM)
规格型号:APLIO 300 TUS-A300
产品标准:YZB/JAP 3668-2014《超声诊断设备》
性能组成:该产品由主机、换能器 (包括换能器可配用的穿刺连接器)、选配件 (硬件和软件) 组成, 详见附页。
适用范围:该产品适用于临床超声诊断。
生产厂家:日本东芝医疗系统株式会社, 東芝メディカルシステムズ株式会社
注册代理:东芝医疗系统(中国)有限公司
服务机构:东芝医疗系统(中国)有限公司
发证日期:2014.06.30 **截止日期**:2019.06.29

国食药监械(进)字 2014 第 2403189 号

产品名称:血糖分析仪 (商品名: 爱先思) (NoCoding 1 Blood Glucose Monitoring System)
规格型号:GM505K
产品标准:YZB/ROK 3422-2014《血糖分析仪》
性能组成:血糖仪主机, 内置存贮器, 操作软件。
适用范围:该产品与 NoCoding 1 血糖试纸配套使用用于检测新鲜毛细血管全血中的葡萄糖含量。
生产厂家:韩国 i-SENS, Inc.
注册代理:韩国株式会社爱森斯上海代表处
服务机构:韩国株式会社爱森斯上海代表处
发证日期:2014.06.30 **截止日期**:2019.06.29

国食药监械(进)字 2014 第 2543190 号

产品名称:呼吸湿化器(Respiratory Humidifier)
规格型号:主机:MR850AEA, 附件:加热丝连接线:900MR805, 900MR806, 900MR858; 温度/流量探头:900MR860, 900MR861, 900MR863, 900MR868, 900MR869
产品标准:YZB/NZE 3633-2014 《呼吸湿化器》
性能组成:产品由 MR850AEA 呼吸湿化器主机、加热丝连接线、温度/流量探头 (温差式) 组成。
适用范围:该产品配合呼吸机、经过费雪派克医疗保健有限公司核准的呼吸管路(如费雪派克医疗保健有限公司的 RT 系列管路), 及医用空气源、氧气源或者空氧混合器一起使用, 设计用来给医院里需要接受机械通气、正压呼吸支持或其它医疗气体治疗的病人所呼吸的气体提供加温湿化作用, 湿化器主机不可用于婴儿培养箱内。

生产厂家:新西兰 FISHER & PAYKEL HEALTHCARE Ltd.
注册代理:费雪派克医疗保健(广州)有限公司 Fisher&Paykel Healthcare (Guangzhou) Ltd.
服务机构:费雪派克医疗保健(广州)有限公司 Fisher&Paykel Healthcare (Guangzhou) Ltd.
发证日期:2014.06.30　截止日期:2019.06.29

国食药监械(进)字 2014 第 2253191 号

产品名称:双极电凝手术镊(Bipolar Coagulator Forceps)
规格型号:见附页
产品标准:YZB/GER 3671-2014《双极电凝手术镊》
性能组成:该产品由双极电凝手术镊组成，具体性能参数详见标准。
适用范围:用于在外科手术中电凝止血。
生产厂家:德国 AESCULAP AG
注册代理:贝朗医疗(上海)国际贸易有限公司
服务机构:贝朗医疗(上海)国际贸易有限公司
发证日期:2014.06.30　截止日期:2019.06.29

国食药监械(进)字 2014 第 2543192 号

产品名称:组合式电钻系统(Trauma Recon System)
规格型号:见附页
产品标准:YZB/SWI 3552-2014《组合式电钻系统》
性能组成:该产品由手机、电池盖、动力模块、各种接头、扭力限制器、充电器、灭菌盖、T 型手柄组成。具体部件及描述见附页。
适用范围:该产品作为手术工具，适用于创伤骨科和关节骨外科的修复和重建。
生产厂家:瑞士 Synthes GmbH
注册代理:强生(上海)医疗器材有限公司
服务机构:见附页(共两家售后服务机构，清单请见附页)
发证日期:2014.06.30　截止日期:2019.06.29

国食药监械(进)字 2014 第 2213193 号

产品名称:体表电极(EnSite Velocity Surface Electrode Kit)
规格型号:EN0010 100003331, EN0010 100003333
产品标准:YZB/USA 8410-2013《体表电极》
性能组成:体表电极由 2 片大电极片、4 片小电极片、1 个系统参比电极片、10 个心电电极(REF40000047)组成。
适用范围:产品与电生理标测仪配合使用，可用于显示心脏中电极导管的位置。
生产厂家:美国圣犹达医疗用品有限公司(St. Jude Medical)
注册代理:圣犹达医疗用品(上海)有限公司
服务机构:圣犹达医疗用品(上海)有限公司
发证日期:2014.06.30　截止日期:2019.06.29

国食药监械(进)字 2014 第 2213194 号

产品名称:脑电意识深度监测系统(商品名:Narcotrend)(EEG Monitor)
规格型号:Narcotrend-Compact
产品标准:YZB/GER 3635-2014《脑电意识深度监测系统》
性能组成:该产品由监视器和导联线组成。
适用范围:该产品应用于采集、分析患者的脑电信号，并进行 NT 自动分级，供手术室、神经外科、重症监护室及临床研究评估病人的脑电及意识深度状态。
生产厂家:德国 MT MonitorTechnik GmbH & Co. KG
注册代理:广州市鑫驹科贸发展有限公司
服务机构:广州市鑫驹科贸发展有限公司
发证日期:2014.06.30　截止日期:2019.06.29

国食药监械(进)字 2014 第 2403195 号

产品名称:全自动临床生化分析仪(Automated Random Access Clinical Chemistry Analyser)
规格型号:XL-600(without ISE)
产品标准:YZB/IND 3008-2014《全自动临床生化分析仪》
性能组成:由自动化机械主机和软件组成。
适用范围:该产品用于临床生化项目的检测。
生产厂家:印度 Transasia Bio-medicals Ltd.
注册代理:中国医药对外贸易公司
服务机构:中国医药对外贸易公司
发证日期:2014.06.30　截止日期:2019.06.29

国食药监械(进)字 2014 第 2403196 号

产品名称:凝血酶原时间检测仪(商品名:康固全凝血检测仪专业版)(CoaguChek XS Pro)
规格型号:CoaguChek XS Pro
产品标准:YZB/GER 3625-2014《凝血酶原时间检测仪》
性能组成:由凝血酶原时间检测仪主机、电源适配器和软件组成。
适用范围:用于定量检测毛细血管血或静脉全血中凝血酶原时间(PT)。
生产厂家:德国 Roche Diagnostics GmbH
注册代理:罗氏诊断产品(上海)有限公司
服务机构:罗氏诊断产品(上海)有限公司
发证日期:2014.06.30　截止日期:2019.06.29

国食药监械(进)字 2014 第 2403197 号

产品名称:凝血检测仪(商品名:康固全凝血检测仪)(CoaguChek XS)
规格型号:CoaguChek XS
产品标准:YZB/GER 3558-2014《凝血检测仪》
性能组成:由凝血检测仪主机，相关附件【采血笔(CoaguChek XS Softclix)、系统便携盒、凝血检测仪数据连接器(CoaguChek XS Connect)】和软件组成。
适用范围:用于医院快速凝血酶原时间(PT)检测及口服抗凝治疗患者自我凝血功能(PT)监测。
生产厂家:德国 Roche Diagnostics GmbH
注册代理:罗氏诊断产品(上海)有限公司
服务机构:罗氏诊断产品(上海)有限公司
发证日期:2014.06.30　截止日期:2019.06.29

国食药监械(进)字 2014 第 2403198 号

产品名称:抗核抗体(ANA)测定试剂盒(酶联免疫法)(ANA Detect)
规格型号:24 人份/盒
产品标准:YZB/GER 3553-2014
性能组成:检测条、洗液和系统液。(具体内容详见产品说明书)。产品有效期:2～8℃避光保存，有效期 15 个月。附件:注册产品标准，产品说明书。
适用范围:本产品用于体外定性检测人血清样本中的总 IgG 类抗核抗体(ANA)，可检测的项目包括:肖格伦 A52 (SS-A-52，即 Ro-52)，肖格伦 A 60 (SS-A-60，即 Ro-60)，肖格伦 B (SS-B，即 La)，核糖核蛋白/史密斯抗原 (RNP/Sm)，核糖核蛋白 70 (RNP-70)，核糖核蛋白 A (RNP-A)，核糖核蛋白 C (RNP-C)，史密斯 BB 抗原 (Sm-BB)，史密斯 D 抗原 (Sm-D)，史密斯 E 抗原 (Sm-E)，史密斯 F 抗原 (Sm-F)，史密斯 G 抗原 (Sm-G)，拓扑异构酶 1-70 (Scl-70)，tRNA 合成酶 (Jo-1)，双链 DNA (dsDNA)，单链 DNA (ssDNA)，多聚核小体，单体核小体，组蛋白复合物，组蛋白 H1，组蛋白 H2A，组蛋白 H2B，组蛋白 3，组蛋白 H4，多发性肌炎硬皮病抗原 (Pm-Scl-100) 和着丝粒 B。
生产厂家:德国 ORGENTEC Diagnostika GmbH
注册代理:天津市秀鹏生物技术开发有限公司
发证日期:2014.06.30　截止日期:2019.06.29

国食药监械(进)字 2014 第 2403199 号

产品名称:糖化血红蛋白检测试剂盒(干化学法)(cobas HbA1c Test(Hemoglobin A1c))
规格型号:10 个/盒
产品标准:YZB/GER 3580-2014
性能组成:稀释缓冲液、红细胞溶血剂、氯化钠、变性缓冲液、HbA1c 抗体-乳胶结合物、凝集反应试剂。(具体内容详见说明书)。产品有效期:2～30℃，保存 16 个月。附件:注册产品标准，产品说明书。
适用范围:用于定量测定人毛细血管和静脉全血中的糖化血红蛋白百分比含量%(DCCT/NGSP 单位)和糖化血红蛋白 mmol/mol 含量(IFCC 单位)。
生产厂家:德国 Roche Diagnostics GmbH
注册代理:罗氏诊断产品(上海)有限公司
发证日期:2014.06.30　截止日期:2019.06.29

国食药监械(进)字 2014 第 2403200 号

产品名称:他克莫司检测试剂盒(电化学发光法)(Tacrolimus)

规格型号:100 测试/盒
产品标准:YZB/GER 3528-2014
性能组成:包被链霉亲和素的磁珠微粒、生物素标记的抗他克莫司-S 抗体、钌复合物标记的他克莫司。(具体内容详见说明书)。产品有效期:2~8℃保存，有效期 10 个月。附件:注册产品标准，产品说明书。
适用范围:用于定量测定人全血中他克莫司的含量。
生产厂家:德国 Roche Diagnostics GmbH
注册代理:罗氏诊断产品(上海)有限公司
发证日期:2014.06.30 **截止日期**:2019.06.29

国食药监械(进)字 2014 第 2403201 号

产品名称:环孢霉素检测试剂盒(电化学发光法)(Cyclosporine)
规格型号:100 测试/盒
产品标准:YZB/GER 3532-2014
性能组成:包被链霉亲和素的磁珠微粒、生物素标记的抗环孢霉素抗体、钌复合物标记的环孢霉素。(具体内容详见说明书)。产品有效期:2~8℃保存，有效期 10 个月。附件:注册产品标准，产品说明书。
适用范围:用于定量测定人全血中环孢霉素的含量。
生产厂家:德国 Roche Diagnostics GmbH
注册代理:罗氏诊断产品(上海)有限公司
发证日期:2014.06.30 **截止日期**:2019.06.29

国食药监械(进)字 2014 第 2403202 号

产品名称:糖化白蛋白校准品(GA-L Calibrator)
规格型号:1mL×2 瓶
产品标准:YZB/JAP 3665-2014
性能组成:在人血清基质中添加白蛋白和糖化白蛋白的冻干品。产品有效期:2℃-8℃保存，有效期:12 个月。附件:注册产品标准，产品说明书。
适用范围:该产品用于 ASAHI KASEI PHARMA CORPORATION 生产的糖化白蛋白测定试剂盒项目的质量控制。
生产厂家:日本 ASAHI KASEI PHARMA CORPORATION
注册代理:北京捷通康诺医药科技有限公司
发证日期:2014.06.30 **截止日期**:2019.06.29

国食药监械(进)字 2014 第 2403203 号

产品名称:免疫抑制药物质控品(PreciControl ISD)
规格型号:3×3.0 mL(冻干品，复溶体积)
产品标准:YZB/GER 3541-2014
性能组成:试剂-工作溶液:人血基质中含有三个浓度范围的环孢霉素和他克莫司;防腐剂。还包括:3 张条码卡、质控条码表、3×10 瓶标签。(具体内容详见说明书)。产品有效期:2~8℃保存，有效期 10 个月。附件:注册产品标准，产品说明书。
适用范围:用于对环孢霉素和他克莫司定量免疫测定进行质量控制。
生产厂家:德国 Roche Diagnostics GmbH
注册代理:罗氏诊断产品(上海)有限公司
发证日期:2014.06.30 **截止日期**:2019.06.29

国食药监械(进)字 2014 第 2403204 号

产品名称:抗核抗体谱(IgG)检测试剂盒(流式点阵免疫发光法)(BioPlex 2200 ANA Screen with MDSS Reagent Pack)
规格型号:100 人份、5000 人份
产品标准:YZB/USA 3695-2014
性能组成:微球试剂、结合物、样本稀释液(具体内容详见说明书)。产品有效期:2℃~8℃保存，有效期:24 个月。附件:注册产品标准，产品说明书。
适用范围:该产品用于体外定性检测特异性抗核抗体谱(ANA)和定量检测 dsDNA 抗体，以及体外半定量检测人血清和/或 EDTA 或肝素抗凝血浆中 10 种独立抗体(核染色质、抗核糖体蛋白、SS-A、SS-B、Sm、SmRNP、RNP、Scl-70、Jo-1 和 Centromere B)。
变更情况:变更日期:2014.12.22。1.注册地址由"6565185th Avenue, N.E. Redmond, WA 98052 USA2. "变更为"6565 185th Avenue NE-Redmond-WA 98052-UNITEDSTATES2." 2.产品说明书中生产企业联系方式由"电话:+41(0) 26 674 5111 传真:+41(0) 26 674 5145"变更为"电话:(510) 724-7000 传真:(510) 741-6373"。
生产厂家:美国 Bio-Rad Laboratories, Inc.
注册代理:伯乐生命医学产品(上海)有限公司
发证日期:2014.06.30 **截止日期**:2019.06.29

国食药监械(进)字 2014 第 3403205 号

产品名称:丙型肝炎病毒抗体检测试剂盒(化学发光法)(VITROS Immunodiagnostic products Anti-HCV)
规格型号:试剂包:100 人份/包装，校准品:1 套/包装，质控品:3 套/包装。
产品标准:YZB/UK 3902-2014
性能组成:试剂包组成:1 个试剂包，含有:100 个包被好的反应杯;18.2 mL 分析试剂-溶于含有牛血清白蛋白与抗微生物剂的缓冲液中;20.6 mL 酶结合物试剂，溶于含有牛血清白蛋白与抗微生物剂的缓冲液中。校准品组成:1 个校准品、批次校准卡、实验方案卡、8 个校准品条形码标签。质控品组成:3 套质控品 1 和 2，复溶体积 1.0 mL。(具体内容详见产品说明书)。产品有效期:未开封的产品冷藏于 2~8℃，试剂包效期为 52 周，校准品有效期为 35 周，质控品有效期为 52 周。附件:注册产品标准，产品说明书。
适用范围:该产品用于定性检测人类血清或血浆(EDTA、肝素或柠檬酸盐抗凝)中的丙型肝炎病毒抗体(Anti-HCV)。
生产厂家:英国 Ortho Clinical Diagnostics
注册代理:强生(上海)医疗器材有限公司
发证日期:2014.06.30 **截止日期**:2019.06.29

国食药监械(进)字 2014 第 2403206 号

产品名称:皮质醇测定试剂包(化学发光法)(VITROS Immunodiagnostic Products Cortisol Reagent Pack)
规格型号:100 测试/包装
产品标准:YZB/UK 3903-2014
性能组成:试剂包，1 个试剂包包括:100 个包被好的反应杯(细菌源性链霉亲和素可结合≥3ng 的生物素/反应杯);9.1mL 酶结合物试剂(HRP-皮质醇，≥100ng/mL)，溶于含人类血浆、牛血清白蛋白、牛γ球蛋白和抗微生物剂的缓冲液中;9.1mL 生物素化的抗体试剂(生物素-绵羊多克隆皮质醇抗体;结合容量≥0.719nmol 皮质醇/mL)，溶于含牛血清球蛋白和抗微生物剂的缓冲液中。产品有效期:储存条件:冷藏，2~8℃;有效期:52 周。附件:注册产品标准，产品说明书。
适用范围:该产品用于人血清和血浆(肝素或 EDTA)或尿液中皮质醇的定量测定。
生产厂家:英国 Ortho Clinical Diagnostics
注册代理:强生(上海)医疗器材有限公司
发证日期:2014.06.30 **截止日期**:2019.06.29

国食药监械(进)字 2014 第 2403207 号

产品名称:无机磷检测试剂盒(紫外法)(INORGANIC PHOSPHOROUS (PHOS))
规格型号:货号:PH1016，规格:空白试剂:210mL，钼酸盐;90mL;货号:PH3820、规格:空白试剂:6×20mL、钼酸盐:3×20mL;货号:PH3872，空白试剂:6×14mL、钼酸盐:6×6mL;货号:PH7965，空白试剂:6×50mL、钼酸盐:3×50mL;货号:PH8048，空白试剂:6×68mL、钼酸盐:6×35mL。
产品标准:YZB/UK 1306-2014
性能组成:空白试剂:硫酸、氯化钠、洗涤剂;钼酸盐试剂:钼酸氨、硫酸、氯化钠。(具体详见说明书)。产品有效期:在+15~+25℃保存，有效期为 24 个月。附件:注册产品标准，产品说明书。
适用范围:该产品用于定量测定血清和尿中的无机磷。
生产厂家:英国 Randox Laboratories Ltd.
注册代理:英国朗道实验诊断有限公司上海代表处
发证日期:2014.06.30 **截止日期**:2019.06.29

国食药监械(进)字 2014 第 2403208 号

产品名称:铁蛋白检测试剂盒(免疫比浊法)(FERRITIN FERR)
规格型号:货号:FN 3452，规格:试剂 1:1 x 40 ml，试剂 2:1 x 20 m;货号:FN 3453，规格:试剂 1:4 x 40 ml，试剂 2:4 x 20 ml;货号:FN 3888，规格:试剂 1:3 x 20 ml;试剂 2:3 x 11 ml;货号:FN 8346，规格:试剂 1:1 x 9.5 ml，试剂 2:1 x 6 ml。
产品标准:YZB/UK 1325-2014
性能组成:试剂 1 分析缓冲液:氨基乙酸缓冲液、氯化钠;试剂 2 乳化

剂:氨基乙酸缓冲液、氯化钠、抗铁蛋白抗体覆盖的乳胶颗粒。产品有效期: 2～8℃保存，有效期 19 个月。附件: 注册产品标准，产品说明书。
适用范围:体外定量测定人血清和血浆中的铁蛋白。
生产厂家:英国 Randox Laboratories Ltd.
注册代理:英国朗道实验诊断有限公司上海代表处
发证日期:2014.06.30 **截止日期**:2019.06.29

国食药监械(进)字 2014 第 2403209 号

产品名称:高灵敏度 C 反应蛋白测定试剂盒(化学发光法)(IMMULITE/IMMULITE1000 High Sensitivity CRP)
规格型号:100 人份/盒，500 人份/盒。
产品标准:YZB/UK 3455-2014
性能组成:C 反应蛋白检测单位(LCRP1)，C 反应蛋白试剂楔 (LCRP2)，C 反应蛋白校正品(LCRL，LCRH)，C 反应蛋白样本稀释液 (LCRZ4)。(具体内容详见说明书)。产品有效期: 在 2～8℃条件下保存，有效期 12 个月。附件: 注册产品标准，产品说明书。
适用范围:该产品用于定量检测血清或血浆中的 C 反应蛋白(CRP)。
生产厂家:英国 Siemens Healthcare Diagnostics Products Limited
注册代理:西门子医学诊断产品(上海)有限公司
发证日期:2014.06.30 **截止日期**:2019.06.29

国食药监械(进)字 2014 第 2403210 号

产品名称:高灵敏度 C 反应蛋白测定试剂盒(化学发光法)(IMMULITE2000 High Sensitivity CRP)
规格型号:200 人份/盒、600 人份/盒。
产品标准:YZB/UK 3453-2014
性能组成:C 反应蛋白包被珠 (L2CRP12)，C 反应蛋白试剂楔 (L2CRPA2)，C 反应蛋白校正品 (LCRL，LCRH)，C 反应蛋白样品稀释液 (L2CRZ)。(具体内容详见说明书)。产品有效期: 在 2～8℃的环境中保存，有效期 12 个月。附件: 注册产品标准，产品说明书。
适用范围:本产品用于体外定量检测血清或血浆中的 C 反应蛋白(CRP)。
生产厂家:英国 Siemens Healthcare Diagnostics Products Limited
注册代理:西门子医学诊断产品(上海)有限公司
发证日期:2014.06.30 **截止日期**:2019.06.29

国食药监械(进)字 2014 第 3403211 号

产品名称:前列腺酸性磷酸酶测定试剂盒(化学发光法)(IMMULITE2000 PAP)
规格型号:200 人份/盒、600 人份/盒。
产品标准:YZB/UK 3454-2014
性能组成:前列腺酸性磷酸酶包被珠 (L2PA12)，前列腺酸性磷酸酶试剂楔 (L2PAA2)，前列腺酸性磷酸酶校正品 (LPAL，LPAH)。(具体内容详见说明书)。产品有效期: 在 2～8℃的条件下保存，有效期 12 个月。附件: 注册产品标准，产品说明书。
适用范围:本产品用于体外定量检测血清中的前列腺酸性磷酸酶 (PAP) 的含量。
生产厂家:英国 Siemens Healthcare Diagnostics Products Limited
注册代理:西门子医学诊断产品(上海)有限公司
发证日期:2014.06.30 **截止日期**:2019.06.29

国食药监械(进)字 2014 第 2403212 号

产品名称:降钙素质控品(IMMULITE Calcitonin Control Module)
规格型号:2×3 mL (复溶后)
产品标准:YZB/UK 3468-2014
性能组成:质控 1 和 2 (LCLC1 和 LCLC2): 两瓶冻干的含降钙素的蛋白缓冲基质。产品有效期: 在 2～8℃条件下保存，有效期 35 个月。附件: 注册产品标准，产品说明书。
适用范围:本产品用于对降钙素检测项目的质控。
生产厂家:英国 Siemens Healthcare Diagnostics Products Limited
注册代理:西门子医学诊断产品(上海)有限公司
发证日期:2014.06.30 **截止日期**:2019.06.29

国食药监械(进)字 2014 第 2403213 号

产品名称:肌钙蛋白 I 检测试剂盒(胶体金法)(Troponin I Test Card; serum)
规格型号:25 人份/盒
产品标准:YZB/USA 3705-2014
性能组成:本试剂盒包含测试卡、塑料滴管和硅胶干燥剂。测试卡由两部分组成: 外部的塑料卡和内部的测试条。测试条由 PVC 底版上粘贴样品垫、吸水纸及用抗肌钙蛋白 I 特异性单克隆抗体包被的硝酸纤维素膜，并经切割成一定宽度的条子。产品有效期: 储存条件: 2～30℃，避免冷冻。有效期: 18 个月。附件: 注册产品标准，产品说明书。
适用范围:本产品用于体外定性检测人血清中的肌钙蛋白 I。
生产厂家:美国 Rapid Diagnostics Division of MP Biomedicals， LLC
注册代理:安倍医疗器械贸易(上海)有限公司
发证日期:2014.06.30 **截止日期**:2019.06.29

国食药监械(进)字 2014 第 2403214 号

产品名称:肌钙蛋白 I / 肌酸激酶同工酶 / 肌红蛋白检测试剂盒 (胶体金法) (TnI/CK-MB/Myoglobin Cardiac Panel Test; serum)
规格型号:25 人份/盒。
产品标准:YZB/USA 3709-2014
性能组成:本试剂盒包含测试卡、塑料滴管和硅胶干燥剂。测试卡由两部分组成: 外部的塑料卡和内部的测试条。测试条由 PVC 底版上粘贴样品垫、吸水纸及用抗肌钙蛋白 I、肌酸激酶同工酶和肌红蛋白特异性单克隆抗体包被的硝酸纤维素膜，并经切割成一定宽度的条子。产品有效期: 储存条件: 2～30℃，避免冷冻。有效期: 18 个月。附件: 注册产品标准，产品说明书。
适用范围:本产品用于体外定性检测人血清中的肌钙蛋白 I (cTnI)，肌酸激酶同工酶 (CK-MB) 和肌红蛋白 (Myo)。
生产厂家:美国 Rapid Diagnostics Division of MP Biomedicals LLC
注册代理:安倍医疗器械贸易(上海)有限公司
发证日期:2014.06.30 **截止日期**:2019.06.29

国食药监械(进)字 2014 第 2403215 号

产品名称:游离 β 人绒毛膜促性腺激素质控品(IMMULITE Free Beta HCG Control Module)
规格型号:3×1 mL (复溶后)
产品标准:YZB/UK 3457-2014
性能组成:质控品 1 、2 和 3 (LFBC1、LFBC2、LFBC3): 三瓶冻干的含人类游离 β 人绒毛膜促性腺激素的人血清基质，含防腐剂。产品有效期: 在 2～8℃条件下保存，有效期 35 个月。附件: 注册产品标准，产品说明书。
适用范围:本产品用于对游离 β 人绒毛膜促性腺激素检测项目的质控。
生产厂家:英国 Siemens Healthcare Diagnostics Products Limited
注册代理:西门子医学诊断产品(上海)有限公司
发证日期:2014.06.30 **截止日期**:2019.06.29

国食药监械(进)字 2014 第 2403216 号

产品名称:白蛋白质控品(IMMULITE Albumin Control Module)
规格型号:2×2 mL (复溶后)
产品标准:YZB/UK 3469-2014
性能组成:质控品 1 和 2 (LHAC1，LHAC2): 两瓶含不同浓度的溶于蛋白质基质的冻干白蛋白，含防腐剂。产品有效期: 在 2～8℃条件下保存，有效期 35 个月。附件: 注册产品标准，产品说明书。
适用范围:本产品用于对白蛋白检测项目的质控。
生产厂家:英国 Siemens Healthcare Diagnostics Products Limited
注册代理:西门子医学诊断产品(上海)有限公司
发证日期:2014.06.30 **截止日期**:2019.06.29

国食药监械(进)字 2014 第 3403217 号

产品名称:妊娠相关血浆蛋白 A 质控品(IMMULITE PAPP-A Control Module)
规格型号:2×2 mL (复溶后)
产品标准:YZB/UK 3471-2014
性能组成:质控品 1 和 2 (LPCC1、LPCC2): 两瓶冻干的含不同浓度妊娠相关血浆蛋白 A 的非人血清基质。产品有效期: 在 2～8℃条件下保存，有效期 23 个月。附件: 注册产品标准，产品说明书。
适用范围:本产品用于对妊娠相关血浆蛋白 A 检测项目的质控。
生产厂家:英国 Siemens Healthcare Diagnostics Products Limited
注册代理:西门子医学诊断产品(上海)有限公司

发证日期:2014. 06. 30 截止日期:2019. 06. 29

国食药监械(进)字 2014 第 3403218 号

产品名称:前列腺酸性磷酸酶质控品(IMMULITE PAP Control Module)
规格型号:3×2 mL (复溶后)
产品标准:YZB/UK 3470-2014
性能组成:质控品 1、2 和 3: 三瓶冻干的含不同浓度前列腺酸性磷酸酶(PAP)的非人血清/缓冲液基质，含防腐剂。产品有效期: 在 2~8℃条件下保存，有效期 35 个月。附件: 注册产品标准，产品说明书。
适用范围:本产品用于对前列腺酸性磷酸酶检测项目的质控。
生产厂家:英国 Siemens Healthcare Diagnostics Products Limited
注册代理:西门子医学诊断产品(上海)有限公司
发证日期:2014. 06. 30 截止日期:2019. 06. 29

国食药监械(进)字 2014 第 2403219 号

产品名称:C-反应蛋白质控品(IMMULITE CRP Control Module)
规格型号:3×2 mL
产品标准:YZB/UK 3479-2014
性能组成:质控品 1 、2 和 3 (LCRC1、LCRC2、LCRC3): 三瓶 (每瓶 2mL) 含不同浓度 C-反应蛋白 (CRP) 的缓冲蛋白溶液，含防腐剂。产品有效期: 在 2~8℃条件下保存，有效期 11 个月。附件: 注册产品标准，产品说明书。
适用范围:本产品用于对 C-反应蛋白检测项目的质控。
生产厂家:英国 Siemens Healthcare Diagnostics Products Limited
注册代理:西门子医学诊断产品(上海)有限公司
发证日期:2014. 06. 30 截止日期:2019. 06. 29

国食药监械(进)字 2014 第 2403220 号

产品名称:促红细胞生成素质控品(IMMULITE EPO Control Module)
规格型号:3×2 mL (复溶后)
产品标准:YZB/UK 3480-2014
性能组成:质控品 1、2 和 3 (LEPC1、LEPC2、LEPC3): 三瓶冻干的含有人重组促红细胞生成素的非人类血清基质，含防腐剂叠氮钠 (浓度小于 0.1 g/dL)。产品有效期: 在 2~8℃条件下保存，有效期 35 个月。附件: 注册产品标准，产品说明书。
适用范围:本产品用于对促红细胞生成素检测项目的质控。
生产厂家:英国 Siemens Healthcare Diagnostics Products Limited
注册代理:西门子医学诊断产品(上海)有限公司
发证日期:2014. 06. 30 截止日期:2019. 06. 29

国食药监械(进)字 2014 第 2403221 号

产品名称:白介素-10 质控品(IMMULITE IL-10 Control Module)
规格型号:2×4 mL (复溶后)
产品标准:YZB/UK 3481-2014
性能组成:质控品 1 和 2 (LXPC1、LXPC2): 两瓶冻干的含不同浓度的白介素-10 的人工合成基质。产品有效期: 在 2~8℃条件下保存，有效期 29 个月。附件: 注册产品标准，产品说明书。
适用范围:本产品用于对白介素-10 检测项目的质控。
生产厂家:英国 Siemens Healthcare Diagnostics Products Ltd.
注册代理:西门子医学诊断产品(上海)有限公司
发证日期:2014. 06. 30 截止日期:2019. 06. 29

国食药监械(进)字 2014 第 2403222 号

产品名称:定标液(Calibration Solution 1, Calibration Solution 2)
规格型号:定标液 1: 200ml/包装、定标液 2: 200ml/包装。
产品标准:YZB/DEN 3688-2014
性能组成:定标液 1 (S1820): 含 K+ (4mmol/L)、Na+ (145mmol/L)、Ca2+ (1.25mmol/L)、Cl- (102mmol/L)、Glu (10mmol/L)、Lac (4mmol/L)，维持 pH 值为 7.4 的缓冲液，防腐剂，表面活化剂。定标液 2 (S1830): 含 K+ (40mmol/L)、Na+ (20mmol/L)、Ca2+ (5mmol/L)、Cl- (50mmol/L)，维持 pH 值为 6.9 的缓冲液，防腐剂，表面活化剂。
适用范围:该产品用于对 ABL800 FLEX 系列血气分析仪的校准。
备注:2014 年 12 月 18 日同意更正主要组成成分内容，2014 年 6 月 30 日核发的医疗器械注册登记表 (体外诊断试剂) 予以废止。
生产厂家:丹麦 Radiometer Medical ApS
注册代理:雷度米特医疗设备(上海)有限公司
发证日期:2014. 06. 30 截止日期:2019. 06. 29

国食药监械(进)字 2014 第 2403223 号

产品名称:定标液(Calibration Solution 1, Calibration Solution 2)
规格型号:定标液 1: 200ml/包装； 定标液 2: 200ml/包装。
产品标准:YZB/DEN 3690-2014
性能组成:定标液 1 (S1720): K+ (4mmol/L)、Na+ (145mmol/L)、Ca2+ (1.24mmol/L)、Cl- (102mmol/L)、Glu (10mmol/L)、Lac (4mmol/L)，维持 pH 值为 7.4 的缓冲液。 定标液 2 (S1730): K+ (40mmol/L)、Na+ (20mmol/L)、Ca2+ (5mmol/L)、Cl- (50mmol/L)，维持 pH 值为 6.8 的缓冲液。产品有效期: 2℃~25℃储存，有效期 24 个月。附件: 注册产品标准，产品说明书。
适用范围:该产品用于对 ABL700 FLEX 系列血气分析仪的校准。
生产厂家:丹麦 Radiometer Medical ApS
注册代理:雷度米特医疗设备(上海)有限公司
发证日期:2014. 06. 30 截止日期:2019. 06. 29

国食药监械(进)字 2014 第 2403224 号

产品名称:血糖试纸 (葡萄糖氧化酶法) (商品名: 倍佳) (Blood glucose test strips)
规格型号:型号: plus，规格: 50 片/盒，25 片/盒，10 片/盒。
产品标准:YZB/GER 3730-2014
性能组成:葡萄糖氧化酶、其他成分 (具体内容详见说明书)。产品有效期: 2-30℃保存，有效期 24 个月。附件: 注册产品标准，产品说明书。
适用范围:该产品用于定量测量新鲜毛细血管中全血中的葡萄糖。
生产厂家:德国 B. Braun Melsungen AG, OPM
注册代理:贝朗医疗(上海)国际贸易有限公司
发证日期:2014. 06. 30 截止日期:2019. 06. 29

国食药监械(进)字 2014 第 2403225 号

产品名称:血气分析仪用校准液(7.3/CO-ox Zero)
规格型号:货号: 473385，规格: 370mL/瓶。
产品标准:YZB/USA 3435-2014
性能组成:钠离子 140mmol/L、钾离子 4.0mmol/L、氯离子 100mmol/L 和钙离子 1.25mmol/L。产品有效期: 在 2~25℃的环境中保存，有效期 12 个月。附件: 注册产品标准，产品说明书。
适用范围:该产品用于运行样本测试前对 PH 值和电解质的一点、两点校准以及血氧计测试项目的零点校准。
生产厂家:美国 Siemens Healthcare Diagnostics Inc.
注册代理:西门子医学诊断产品(上海)有限公司
发证日期:2014. 06. 30 截止日期:2019. 06. 29

国食药监械(进)字 2014 第 3643226 号

产品名称:可吸收止血流体明胶 (商品名: Surgiflo) (SURGIFLO Haemostatic Matrix)
规格型号:MS0009, MS0010
产品标准:YZB/DEN 3252-2014《可吸收止血流体明胶》
性能组成:本产品是由装于注射器内的可吸收止血明胶基质，空注射器，白色注射导管，蓝色可弯曲注射导管，和移液杯组成。可吸收止血明胶基质是从猪皮中提取的明胶。本产品辐射灭菌，一次性使用。
适用范围:本产品适用于在毛细血管、静脉和细小动脉等出血而依靠压迫、结扎或其他传统方法控制无效或不可行时的手术辅助止血(眼科手术除外)。
生产厂家:丹麦 Ferrosan Medical Devices A/S
注册代理:强生(上海) 医疗器材有限公司
服务机构:强生(上海) 医疗器材有限公司
发证日期:2014. 07. 01 截止日期:2019. 06. 30

国食药监械(进)字 2014 第 3643227 号

产品名称:无菌透明质酸钠液 (商品名: 西施泰) (Cystistat Sterile Hyaluronate Solution)
规格型号:40mg/50ml
产品标准:YZB/IRE 3140-2014《无菌透明质酸钠液》
性能组成:该产品由透明质酸钠、氯化钠、磷酸二氢钠二水合物、磷酸氢二钠十二水合物、注射用水组成。每瓶 50ml，其中透明质酸钠的含量为 40mg。以无菌状态供货，一次性使用。

适用范围:该产品用于膀胱上皮氨基葡萄糖保护层缺乏的临时替代。
生产厂家:爱尔兰 BIONICHE TEORANTA
注册代理:深圳市康哲药业有限公司
服务机构:深圳市康哲药业有限公司
发证日期:2014.07.01 截止日期:2019.06.30

国食药监械(进)字2014第3463228号

产品名称:二尖瓣心脏瓣膜成形环(商品名:Carpentier-McCarthy-Adams IMR ETlogix)(Mitral Annuloplasty Ring)
规格型号:型号:4100,规格:4100M24、4100M26、4100M28、4100M30、4100M32、4100M34
产品标准:YZB/USA 3162-2014《二尖瓣心脏瓣膜成形环》
性能组成:该产品由金属环、可缝合环缘、衬布和支架构成。金属环的材料为Ti-6Al-4V,环缘由一层硅橡胶构成,上面覆盖聚酯衬布。支架为非植入组件。该产品经高压蒸汽灭菌,一次性使用。
适用范围:该产品用于矫正病情不太严重,尚不需要完全瓣膜置换的二尖瓣关闭不全。
生产厂家:美国 Edwards Lifesciences LLC
注册代理:爱德华(上海)医疗用品有限公司
服务机构:爱德华(上海)医疗用品有限公司
发证日期:2014.07.01 截止日期:2019.06.30

国食药监械(进)字2014第2013229号

产品名称:一次性使用无菌切割手术刀(商品名:KOBY GARD)(KOBY GARD Disposable Blade)
规格型号:380-0010, 380-0006
产品标准:YZB/USA 3487-2014《一次性使用无菌切割手术刀》
性能组成:手术刀由刀片和塑料手柄组成。刀片材料为68Cr17不锈钢,手柄材料为医用丙烯腈-丁二烯-苯乙烯,采用伽马射线灭菌包装。
适用范围:预期与足部筋膜韧带手术工具配合使用,专用于足底筋膜切开法,特别适合于保守疗法产生的足部慢性底筋膜炎以及跖骨间神经减压疗法、保守治疗产生的足部慢性神经瘤疼痛以及要求减缓跖骨间神经压力而不切除跖骨间神经的病症。
生产厂家:美国 OsteoMed
注册代理:北京市麦迪戴克医疗技术有限公司
服务机构:艾派(广州)医疗器械有限公司
发证日期:2014.07.01 截止日期:2019.06.30

国食药监械(进)字2014第3463230号

产品名称:腰椎动态稳定系统(商品名:DSS)(Dynamic Stabilization System)
规格型号:见附页
产品标准:YZB/GER 4044-2014《腰椎动态稳定系统》
性能组成:该产品包括椎弓根螺钉、动态连接棒、融合连接棒、衬垫、螺帽及垫圈。产品采用ISO 5832-3的Ti6Al4V合金材料。连接棒表面经阳极氧化处理。灭菌包装。
适用范围:该产品用于成人腰椎(L1~S1)一到三个节段退行性椎间盘病变以及I度滑脱的内固定。
生产厂家:德国 Paradigm Spine GmbH
注册代理:通用(上海)医疗器材有限公司
服务机构:通用(上海)医疗器材有限公司
发证日期:2014.07.01 截止日期:2019.06.30

国食药监械(进)字2014第3463231号

产品名称:髋关节置换系统(商品名:Birmingham)(Birmingham Hip Resurfacing System)
规格型号:见附頁
产品标准:YZB/UK 2826-2014《髋关节置换系统》
性能组成:该系统由髋臼杯、股骨组件、套筒和螺钉组成。髋臼杯和股骨组件采用符合ISO5832-4标准规定的铸造钴铬钼合金材料制成,髋臼杯外表面涂层由符合GB23101.2标准规定的羟基磷灰石制成,螺钉和套筒采用符合ISO5832-12标准规定的锻造钴铬钼合金材料制成。灭菌包装。
适用范围:作为生物型假体,与同一系统关节组件配合使用,适用于髋关节置换。
生产厂家:英国 Smith & Nephew Orthopaedics Ltd.
注册代理:施乐辉医用产品国际贸易(上海)有限公司
服务机构:施乐辉医用产品国际贸易(上海)有限公司
发证日期:2014.07.01 截止日期:2019.06.30

国食药监械(进)字2014第3463232号

产品名称:支持型金属接骨板(商品名:奥特)(Bone plates)
规格型号:见附页
产品标准:YZB/GER 3832-2014《支持型金属接骨板》
性能组成:该产品材料为GB 4234的00Cr18Ni14Mo3不锈钢。非灭菌包装。
适用范围:该产品用于供骨科手术时作四肢骨折断端连接内固定。
生产厂家:德国 Ortho select GmbH
注册代理:珠海市盛澜进出口有限公司
服务机构:珠海市盛澜进出口有限公司
发证日期:2014.07.01 截止日期:2019.06.30

国食药监械(进)字2014第3463233号

产品名称:冠脉支架系统(商品名:Liberté Monorail)(Liberté Monorail Coronary Stent System)
规格型号:见附页
产品标准:YZB/USA 3757-2014《冠脉支架系统》
性能组成:该产品由预置在高压推送导管上的一枚球囊扩张支架组成,支架由316L不锈钢制成,并将其预装在一根球囊扩张导管上。经环氧乙烷灭菌,一次性使用。
适用范围:该产品适用于治疗人体冠状动脉血管和隐静脉血管移植物内的狭窄病变。
生产厂家:美国波士顿科学公司(Boston Scientific Corporation)
注册代理:波科国际医疗贸易(上海)有限公司
服务机构:波科国际医疗贸易(上海)有限公司
发证日期:2014.07.01 截止日期:2019.06.30

国食药监械(进)字2014第2663234号

产品名称:气管内导管(KimVent*Microcuff*Endotracheal Tube)
规格型号:见附页
产品标准:YZB/USA 3391-2014《气管内导管》
性能组成:该气管内导管设计有一个高容低压的聚氨酯气囊,且配有一个单向插口式-可滑动接头的导向球囊。MICROCUFF*气管内导管还附有插管钳和口部曲线形状,有(成人)或无(儿童)穆菲孔。产品为一次性使用,环氧乙烷灭菌。
适用范围:该气管内导管是经由口或鼻插入患者气管,用于导气道管理,主要用于小儿和成人患者。
生产厂家:美国 Kimberly-Clark
注册代理:上海医疗器械批发部有限公司
服务机构:上海医疗器械批发部有限公司
发证日期:2014.07.01 截止日期:2019.06.30

国食药监械(进)字2014第3773235号

产品名称:血管鞘组(商品名:Radifocus)(心臓用カテーテルイントロデューサキット)
规格型号:见附页
产品标准:YZB/JAP 3358-2014《血管鞘组》
性能组成:该产品由穿刺针、导引套管、导管鞘、扩张器、导丝、皮肤切开器、注射器组成。导管鞘的材质为含氧化铋的ETFE。导引套管的材质为加硫酸钡(20%)的乙烯-四氟乙烯共聚物。塑料型导丝表面涂覆有硅涂层。导管鞘从鞘尖端起500mm的范围内,可设1-10个钨造影标记物。塑料型导丝从尖端起300mm的范围内,可设1-10个钨造影标记物。环氧乙烷灭菌,一次性使用。
适用范围:该产品用于在介入手术中,辅助导管、电极、球囊导管等器械的插入。
生产厂家:日本泰尔茂株式会社(テルモ株式会社)
注册代理:日本泰尔茂株式会社北京办事处
服务机构:泰尔茂医疗产品(上海)有限公司
发证日期:2014.07.01 截止日期:2019.06.30

国食药监械(进)字2014第3463236号

产品名称:脊柱后路内固定系统 (商品名: Expedium) (Expedium Spinal System)
规格型号:见附页
产品标准:YZB/SWI 3079-2014《脊柱后路内固定系统》
性能组成:该产品由螺钉,钩,棒,垫圈,连接器,垫片部件组成,采用符合 GB/13810 标准规定的 TC4ELI 钛合金材料制成,表面经阳极氧化处理,非灭菌包装。
适用范围:该产品适用于非颈椎部位的脊柱椎弓根固定与非椎弓根固定。
生产厂家:瑞士 Medos International SARL
注册代理:强生(上海)医疗器材有限公司
服务机构:强生(上海)医疗器材有限公司
发证日期:2014.07.01 **截止日期**:2019.06.30

国食药监械(进)字 2014 第 3463237 号

产品名称:预安装血管支架系统 (商品名: Express LD) (Express LD Vascular Premounted Stent System)
规格型号:见附页
产品标准:YZB/USA 3075-2014《预安装血管支架系统 (商品名: Express LD)》
性能组成:该产品由一个 316L 手术级不锈钢球囊扩张支架和递送系统组成。支架推送系统球囊导管上嵌有两处不透射线标记,用以帮助进行支架放置。支架推送系统可与 0.035in(0.89mm)的导丝配合使用。支架推送系统球囊的最大充盈压力为 12atm(1, 216kPa),可用于首次支架放置和支架置入后扩张。环氧乙烷灭菌。一次性使用。
适用范围:该产品适用于治疗外周血管病变。
生产厂家:美国 Boston Scientific Corporation
注册代理:波科国际医疗贸易(上海)有限公司
服务机构:波科国际医疗贸易(上海)有限公司
发证日期:2014.07.01 **截止日期**:2019.06.30

国食药监械(进)字 2014 第 2223238 号

产品名称:内窥镜手术器械(HySafe Forceps and Scissors)
规格型号:见附页
产品标准:YZB/GER 3115-2014《内窥镜手术器械》
性能组成:该产品由手柄、钳头、剪刀头、穿孔器头组成。产品材料为 Custom455 不锈钢、PEEK、YY/T 0294.1 中代号为 M、O 的不锈钢。非灭菌包装。
适用范围:该产品配合宫腔镜,胸腹腔内窥镜,肾镜及膀胱镜,通过自然或手术通道进行抓取,咬切,分离组织或异物,适用于微创泌尿科,妇科及外科手术中。
生产厂家:德国 Richard Wolf GmbH
注册代理:北京德华信达技术有限公司
服务机构:见附页
发证日期:2014.07.01 **截止日期**:2019.06.30

国食药监械(进)字 2014 第 3773239 号

产品名称:PTCA 导丝 (商品名: ASAHI) (ガイドワイヤーIV)
规格型号:AGP140001 AGP140001J AGP140301 AGP140301J AGP140002 AGP140302
产品标准:YZB/JAP 3366-2014《PTCA 导丝》
性能组成:产品由锥形芯丝(SUS304 不锈钢)和绕丝组成。不锈钢绕丝由奥氏体不锈钢(SUS316)材料制成,不透射线绕丝由铂镍合金制成。锥形芯丝的近端表面覆有聚四氟乙烯涂层,远端覆有亲水性聚合物涂层。环氧乙烷灭菌,一次性使用。
适用范围:导丝适用于经皮腔内冠状动脉成形术(PTCA)过程中辅助球囊扩张导管的位置。
生产厂家:日本朝日インテック株式会社(ASAHI INTECC CO., LTD.)
注册代理:朝日英达科贸(北京)有限公司
服务机构:朝日英达科贸(北京)有限公司
发证日期:2014.07.01 **截止日期**:2019.06.30

国食药监械(进)字 2014 第 2663240 号

产品名称:子宫内膜细胞采样器(商品名:Endocell)(Endometrial Cell Sampler)
规格型号:908014A
产品标准:YZB/USA 2607-2014《子宫内膜细胞采样器》
性能组成:产品组成:套管、抽拉杆、采样孔、黑色橡胶环。
适用范围:该产品用于抽取子宫粘膜内层的组织样本,或抽取月经物样本用于病理检验分析。
生产厂家:美国 CooperSurgical Inc. also trading as Wallach Surgical Devices
注册代理:北京威尼汇力医疗器械有限公司
服务机构:广州三瑞医疗器械有限公司
发证日期:2014.07.01 **截止日期**:2019.06.30

国食药监械(进)字 2014 第 3463241 号

产品名称:骨接合植入物-空心接骨螺钉/骑缝钉/钢针固定系统 (Implants for osteosynthesis)
规格型号:见附页
产品标准:YZB/FRA 0965-2010《骨接合植入物-空心接骨螺钉/骑缝钉/钢针固定系统》
性能组成:该产品由空心接骨螺钉、骑缝钉和接骨钢针组成。其中 UNI-CLIP 骑缝钉、Large UNI-CLIP 骑缝钉、SOLUSTAPLE 骑缝钉和 K-WIRE 克氏针由符合 ISO5832-1 的不锈钢材料制成,BOLD 空心加压螺钉、I.CO.S.空心加压螺钉、QWIX 空心加压螺钉和 TAC’ PIN 加压骨片针由符合 ISO5823-3 的钛合金(Ti6A14V)材料制成。灭菌包装和非灭菌包装。
适用范围:适用于骨折、融合及截骨术的固定,特别是足、踝及手部手术。各型号产品具体适用范围见附件。
生产厂家:法国 Newdeal SAS
注册代理:通用(上海)医疗器材有限公司
服务机构:通用(上海)医疗器材有限公司
发证日期:2014.07.01 **截止日期**:2019.06.30

国食药监械(进)字 2014 第 3223242 号

产品名称:内窥镜导丝(TAXI Endoscopic Guidewire)
规格型号:DC (Direct Coat Hydrophilic) 450-035; DC (Direct Coat Hydrophilic) 260-035
产品标准:YZB/USA 3184-2014《内窥镜导丝》
性能组成:内窥镜导丝是由镍钛合金丝和 PTFE 外套构成,具有 X 光下可视的铂金前端和 AQUARIUS 亲水涂层。PTFE 的外套具有不同颜色的条纹。产品经环氧乙烷灭菌,仅供一次性使用,不得重复消毒和重复使用。
适用范围:内窥镜导丝设计用于在内窥镜胆道手术期间进行导管的插入和更换。该产品主要用于胆管选择性插管,胆管包括但不限于胆总管,胆囊,左右肝管等。内窥镜导丝禁用于血管内。
生产厂家:美国 Lake Region Medical
注册代理:雷科(上海)医疗器械贸易有限公司
服务机构:上海中权医疗器械有限公司
发证日期:2014.07.01 **截止日期**:2019.06.30

国食药监械(进)字 2014 第 2653243 号

产品名称:聚丙烯不可吸收缝合线 (商品名: 普理灵) (PROLENE* Polypropylene Nonabsorbable Suture)
规格型号:见附页
产品标准:YZB/USA 3101-2014《聚丙烯不可吸收缝合线》
性能组成:本产品是由聚丙烯的等规结晶立体异构体(一种合成线型聚烯烃)制成的非吸收性单股无菌外科缝线。缝线颜色有蓝色和未染色两种。缝线可分为带不锈钢针缝线和不带针缝线。产品经环氧乙烷灭菌,一次性使用。
适用范围:本产品适用于一般软组织缝合和/或结扎,包括心血管、眼科和神经外科手术。
生产厂家:美国 Ethicon LLC
注册代理:强生(上海)医疗器材有限公司
服务机构:强生(上海)医疗器材有限公司
发证日期:2014.07.01 **截止日期**:2019.06.30

国食药监械(进)字 2014 第 3463244 号

产品名称:耻骨后经阴道前壁尿道悬吊器 (商品名: TVT EXACT) (Gynecare TVT EXACT Continence System)
规格型号:TVTRL
产品标准:YZB/SWI 3127-2014《耻骨后经阴道前壁尿道悬吊器 (商品名:

TVT EXACT))

性能组成:该产品由植入物组件和导引杆组成。植入物组件包括网片、网片外鞘及穿刺套管;导引杆由导针和手柄构成。网片尺寸为 1.1cm X 45cm,由拉伸的聚丙烯纤维编织而成,制造材料为不可吸收的普理灵(PROLENE)聚丙烯(经酞菁蓝染色)。产品经环氧乙烷灭菌,一次性使用。

适用范围:该产品可作为一种尿道下悬吊带治疗尿道运动过度和/或括约肌功能障碍引起的女性压力性尿失禁。

生产厂家:瑞士 Ethicon SARL

注册代理:强生(上海)医疗器材有限公司

服务机构:强生(上海)医疗器材有限公司

发证日期:2014.07.01 **截止日期**:2019.06.30

国食药监械(进)字 2014 第 3463245 号

产品名称:股骨头坏死重建棒(商品名:Trabecular Metal)(Osteonecrosis Intervention Implant)

规格型号:见附页

产品标准:YZB/USA 3231-2014《股骨头坏死重建棒》

性能组成:由多孔钽材料制成的骨小梁结构的骨金属材料制成,灭菌包装。

适用范围:适用于治疗 Steinberg/Upenn 分期 I 到 II 期的还未发生股骨头塌陷的股骨头坏死,并适合做股骨头钻孔减压的患者。

生产厂家:美国 Zimmer Trabecular Metal Technology, Inc.

注册代理:捷迈(上海)医疗国际贸易有限公司

服务机构:捷迈(上海)医疗国际贸易有限公司

发证日期:2014.07.01 **截止日期**:2019.06.30

国食药监械(进)字 2014 第 2653246 号

产品名称:非吸收性缝合线 带针(商品名:帝恩帝(D&D))(Nonabsorbable Surgical Suture)

规格型号:型号:US-5002LZN 规格:10-0

产品标准:YZB/USA 3306-2014《非吸收性缝合线 带针》

性能组成:该产品是一种带有单丝尼龙线的"针-线组合体"。缝合线是由聚酰胺 6·6(长链脂肪族聚合物尼龙 6·6)制成的非吸收黑色缝合材料,I 类缝合线。它的附件"针"由不锈钢制成。

适用范围:该产品用于眼科手术中普通软组织的缝合结扎。

生产厂家:美国优视公司(U.S.IOL, INC)

注册代理:哈尔滨市华辰医疗器械有限公司

服务机构:哈尔滨市华辰医疗器械有限公司

发证日期:2014.07.01 **截止日期**:2019.06.30

国食药监械(进)字 2014 第 3463247 号

产品名称:压合髋臼杯(RM Pressfit Cup)

规格型号:见附页

产品标准:YZB/SWI 2870-2014《压合髋臼杯》

性能组成:该产品杯体部分由符合 ISO 5834-2 标准规定的 2 型超高分子量聚乙烯材料制成,表面为符合 ISO 5832-2 标准规定的纯钛材料制成的涂层,显示环由符合 ISO 5832-3 标准规定的 Ti6Al4V 钛合金材料制成。显示环表面经阳极氧化处理。灭菌包装。

适用范围:与该企业同一系统组件配合,做为非骨水泥型髋关节假体使用,适用于髋关节置换。

备注:注册后生产企业仍需完成以下工作:应对植入人体的所有产品进行长期的注册随访研究,随访指标至少应包括患者的 Harris 评分、X 线表现、翻修情况及并发症等,并将上述注册随访资料进行统计学分析。在重新注册时,应按照相关法规及文件的要求提供详细的质量跟踪报告,此外,还应提交上述统计分析报告。

生产厂家:瑞士 Mathys Ltd Bettlach

注册代理:北京奇敏儿信息咨询有限责任公司

服务机构:瑞士马特仕有限公司上海代表处

发证日期:2014.07.01 **截止日期**:2019.06.30

国食药监械(进)字 2014 第 3463248 号

产品名称:人工髋臼杯(Cementless Acetabular Cups)

规格型号:见附页

产品标准:YZB/ITA 3178-2014《人工髋臼杯》

性能组成:该产品材料为 ISO5832-3 的钛合金,表面有 ISO5832-2 的纯钛以及 ISO13779-2 的羟基磷灰石双涂层。灭菌包装。

适用范围:该产品与同一 Delta 系统其它组件配合使用,适用于全髋关节置换。

生产厂家:意大利 LIMA LTO S.p.A.

注册代理:北京飞渡医疗器械有限公司

服务机构:北京飞渡医疗器械有限公司

发证日期:2014.07.01 **截止日期**:2019.06.30

国食药监械(进)字 2014 第 3223249 号

产品名称:非球面散光人工晶状体(T-flex Aspheric System Pack)

规格型号:623T

产品标准:YZB/UK 3135-2014《非球面散光人工晶状体》

性能组成:该产品为单件式/后房人工晶状体,可折叠,襻形为 C 形。带有植入推进器。晶体主体/支撑部分由甲基丙烯酸羟乙酯、甲基丙烯酸甲酯等聚合而成的共聚物材料制成,添加紫外线吸收剂。植入推进器与人体接触部分的材料为聚丙烯。屈光度范围:-10.0~24.0D,间隔 0.5D;柱镜度 1.0~11.0D,间隔 0.25D;光学设计:单焦,在孔径光栏半径 1.5mm 范围内模拟眼状态下的轴截面光焦度分布符合零球差分布特征。人工晶状体经湿热灭菌,推进器经环氧乙烷灭菌,一次性使用。

适用范围:该产品适用于白内障术后无晶状体者:老年白内障,先天或青少年白内障,创伤性白内障,角膜散光大于 1.5D。

生产厂家:英国 Rayner Intraocular Lenses Limited

注册代理:北京鑫诺康桥经贸有限公司

服务机构:北京鑫诺康桥经贸有限公司

发证日期:2014.07.01 **截止日期**:2019.06.30

国食药监械(进)字 2014 第 3153250 号

产品名称:一次性使用密闭式加药注射器(商品名:Chemoshield Syringe)(ケモセーフシリンジ)

规格型号:KS-SS05, KS-SS10, KS-SS20, KS-SS30, KS-SS50, KS*SS05, KS*SS10, KS*SS20, KS*SS30, KS*SS50, KS*SZ05, KS*SZ10, KS*SZ20, KS*SZ30, KS*SZ50.

产品标准:YZB/JAP 3166-2014《一次性使用密闭式加药注射器》

性能组成:产品由封闭阳接头、封闭阳接头保护盖、注射筒本体组成。一次性使用,电子束灭菌。

适用范围:本产品用于化疗剂的调制或注射。

生产厂家:日本テルモ株式会社(泰尔茂株式会社)

注册代理:日本泰尔茂株式会社北京办事处

服务机构:泰尔茂医疗产品(上海)有限公司

发证日期:2014.07.01 **截止日期**:2019.06.30

国食药监械(进)字 2014 第 3463251 号

产品名称:套袖(Sleeve)

规格型号:71344245 组配式 12/14 锥度袖套 -4 71344247 组配式 12/14 锥度袖套 +0 71344248 组配式 12/14 锥度袖套 +4 71344249 组配式 12/14 锥度袖套 +8

产品标准:YZB/USA 3108-2014《套袖》

性能组成:该套袖为髋关节置换假体组件,产品采用 ISO 5832-3 规定的 Ti6Al4V 钛合金材料。灭菌包装。

适用范围:该产品用于经初步和翻修手术,其他治疗方法和器械对于髋关节损伤无法恢复的患者,关节感染类疾病,例如:风湿性关节炎,或非炎症关节病变(NIDJD),或其他混合性症状的骨关节炎;缺血性坏死;创伤性关节炎,骨骺滑脱;髋强直;骨盆骨折,先天性发育不良;没有渗出的(静止期的)陈旧性骨髓炎;骨不连,用其他方法无法治疗的股骨颈骨折和股骨近端包括股骨头的粗隆骨折;股骨截骨术或 Girdlestone 切除术;髋部骨折错位;和缺损弥补。该产品非骨水泥使用,该产品与该公司同一系统组件配合使用。

生产厂家:美国 Smith & Nephew, Inc.

注册代理:施乐辉医用产品国际贸易(上海)有限公司

服务机构:施乐辉医用产品国际贸易(上海)有限公司

发证日期:2014.07.01 **截止日期**:2019.06.30

国食药监械(进)字 2014 第 3643252 号

产品名称:自粘性软聚硅酮薄膜敷料(商品名:美菲)(Mepitel Film Self-adhesive Soft Silicone Film Dressing)

规格型号:296100 6×7cm;296200 10×12cm;296400 10×25cm;296600 15×20cm 。

产品标准:YZB/SWE 3361-2014《自粘性软聚硅酮薄膜敷料》
性能组成:自粘性软聚硅酮薄膜敷料是一种柔软、无菌、透明、可透气的薄膜敷料，由覆盖司肤泰克软聚硅酮接触层的聚氨酯薄膜组成。薄膜敷料由纸框固定，以方便使用。软聚硅酮接触层覆有压纹背页作为防粘层，用时除去。
适用范围:适用于处理浅表型创伤，I 期或 II 期压力性溃疡伤口、表皮烧伤，防止伤口受损；能够保护脆弱、敏感的皮肤不受外界刺激。软聚硅酮薄膜敷料也能够用作开放型手术创伤的保护膜，并作为固定初级敷料的二级敷料。
生产厂家:瑞典 Molnlycke Health Care AB
注册代理:瑞典墨尼克医疗用品有限公司北京代表处
服务机构:瑞典墨尼克医疗用品有限公司北京代表处
发证日期:2014.07.01 截止日期:2019.06.30

国食药监械(进)字 2014 第 3463253 号

产品名称:肾动脉支架系统(商品名:CARBOSTENT RADIX2)(Renal Artery Stent System)
规格型号:见附页
产品标准:YZB/ITA 3109-2014《肾动脉支架系统》
性能组成:该产品由 RX 型球囊扩张导管和预装支架组成。支架材料为 AISI 316LVM 不锈钢，涂有碳涂层（iCarbofilm）并带有铂金丝的不透射线标记点。环氧乙烷灭菌，一次性使用。
适用范围:该产品用于先天性肾脏动脉闭合病变的治疗，还可用于血管未完全闭合病例（残留狭窄大于 30%）或因带支架或不带支架的经皮腔内肾血管形成术（PTRA）所致的血管壁剥脱的治疗。
生产厂家:意大利 CID S.p.A.
注册代理:上海美创医疗器械有限公司
服务机构:上海美创医疗器械有限公司
发证日期:2014.07.01 截止日期:2019.06.30

国食药监械(进)字 2014 第 3463254 号

产品名称:髋关节固定螺钉(Hip Fixation Screws)
规格型号:见附页
产品标准:YZB/GER 2833-2014《髋关节固定螺钉》
性能组成: 该产品采用符合 GB/T13810 标准规定的锻造 TC4 ELI 钛合金材料制成，表面无着色，灭菌包装。
适用范围: 与同一系统组件配合使用，适用于髋关节置换。
生产厂家:德国 Waldemar Link GmbH & Co. KG
注册代理:北京威联德骨科技术有限公司
服务机构:北京威联德骨科技术有限公司
发证日期:2014.07.01 截止日期:2019.06.30

国食药监械(进)字 2014 第 3773255 号

产品名称:封堵球囊导管系统（商品名：HyperForm）(HyperForm Occlusion Balloon System)
规格型号:见附页
产品标准:YZB/USA 3030-2014《封堵球囊导管系统（商品名:HyperForm)》
性能组成:该封堵球囊导管系统是由一根封堵球囊导管和一根 0.010 英寸的亲水性导丝组成的套装产品。封堵球囊导管为单腔锥形多功能导管，外层涂覆有亲水性涂层；远端带有不可解脱、通过低压充盈的高度顺应性球囊，带有两个不透射线标记带。导管座由聚丙烯材料制成；溢流口由热缩性聚酯弹性体材料制成；导管近端和远端分别由改性尼龙和聚烯弹性体材料制成；导管内衬由聚四氟乙烯材料制成；球囊由热缩性弹性体材料制成；近端和远端不透射线的显影标记带均由铂铱合金材料制成。0.010 英寸的导丝表面涂覆有亲水性涂层，由 304 不锈钢材料组成，X 射线显影绕丝由铂钨合金材料制成。该产品经环氧乙烷灭菌，一次性使用。
适用范围:该产品应用于需要进行临时封堵的外周血管或神经血管中，可提供临时性的封堵血管技术，对选择性地阻断或控制血流有效；该产品亦可用于颅内动脉瘤的球囊辅助栓塞治疗。
生产厂家:美国 Micro Therapeutics Inc. dba ev3 Neurovascular
注册代理:柯惠医疗器材国际贸易(上海)有限公司
服务机构:柯惠医疗器材国际贸易(上海)有限公司
发证日期:2014.07.01 截止日期:2019.06.30

国食药监械(进)字 2014 第 2703256 号

产品名称:医学图像存档与传输软件(Picture archving and communication system)
规格型号:ImageGrid Radiology Viewer System, 版本 1.9
产品标准:YZB/USA 3901-2014《医学图像存档与传输软件》
性能组成:由系统软件安装光盘和系统随机文件组成，组成模块包含：基准分析模块、光盘刻录模块、连接模块、中心显示模块、DICOM 模块、DICOM 打印模块、挂片模块、乳腺 X 射线模块、医师模块和工作表模块。
适用范围:用于医学图像的接收、存储、传输和显示。
生产厂家:美国 Candelis Inc.
注册代理:捷通埃默高(北京)医药科技有限公司
服务机构:捷通埃默高(北京)医药科技有限公司
发证日期:2014.06.30 截止日期:2019.06.29

国食药监械(进)字 2014 第 2213257 号

产品名称:鼻腔测压仪(4-Phase Rhinomanometer)
规格型号:4RHINO
产品标准:YZB/GER 3624-2014《鼻腔测压仪》
性能组成:该产品由主机（外壳、质量流量传感器、压差传感器、扩散器、主板）、管路、面罩（可灭菌）、压差管固定元件、USB 接口以及数字病理图像分析软件(型号:4Rhino, 版本:4.30)组成。
适用范围:鼻腔测压仪适用于临床耳鼻喉科医生，特别是过敏性鼻炎专科医生对成人和 4 岁以上儿童的呼吸流量和压力进行测量，得到鼻阻力数据。
生产厂家:德国 Rhino Lab GmbH
注册代理:优诺康(北京)医药技术服务有限公司
服务机构:优诺康(北京)医药技术服务有限公司
发证日期:2014.06.30 截止日期:2019.06.29

国食药监械(进)字 2014 第 2213258 号

产品名称:动态血压测量记录系统(Ambulatory Blood Pressure Monitor System)
规格型号:见产品性能结构及组成
产品标准:YZB/UK 3912-2014《动态血压测量记录系统》
性能组成:该产品由动态血压测量仪(90217A)、报告管理软件(92506, 版本号: V3.0.0.24)以及血压袖带、连接导管组成。其中血压袖带包括：12-20cm 特小号袖带：015-0118-01Q；17-26cm 小号成人袖带：015-0067-01Q；24-32cm 成人袖带：015-0068-02Q；32-42cm 大号成人袖带：016-0077-01Q；38-50cm 特大号成人袖带：016-0109-01Q。
适用范围:该产品适用于对成人患者的收缩压、舒张压、平均压进行测量、记录和报告管理。
备注:2014 年 9 月 15 日同意更正型号、规格内容，2014 年 6 月 30 日核发的医疗器械注册登记表予以废止。
生产厂家:英国 Spacelabs Healthcare Ltd.
注册代理:思培斯太空医疗仪器贸易(上海)有限公司
服务机构:思培斯太空医疗仪器贸易(上海)有限公司
发证日期:2014.06.30 截止日期:2019.06.29

国食药监械(进)字 2014 第 2313259 号

产品名称:造影注射器(Injector)
规格型号:Accutron HP(Variant 836), Accutron HP(Variant 837)
产品标准:YZB/GER 4014-2014《造影注射器》
性能组成:见附页。
适用范围:该设备适用于向病人注射造影剂，以便进行关于血管造影术和计算机断层扫描方面的检查。
生产厂家:德国 MEDTRON AG
注册代理:上海高朗医疗设备有限公司
服务机构:上海高朗医疗设备有限公司
发证日期:2014.06.30 截止日期:2019.06.29

国食药监械(进)字 2014 第 2163260 号

产品名称:气动植皮刀（商品名：Zimmer）(Air Dermatome II)
规格型号:见附页
产品标准:YZB/USA 3404-2014《气动植皮刀》
性能组成:该产品由手持件、软管、各种宽度刀架、刀片、螺丝刀、消毒盒组成。刀片为一次性无菌产品，仅能与本公司生产的刀架配合使用，其材质为不锈钢。
适用范围:该产品是一种气动皮肤移植器械，用于提供多种厚度和宽度的皮肤移植。
生产厂家:美国 Zimmer Surgical, Inc.
注册代理:捷迈(上海)医疗国际贸易有限公司
服务机构:捷迈(上海)医疗国际贸易有限公司
发证日期:2014.06.30　　截止日期:2019.06.29

国食药监械(进)字 2014 第 2213261 号

产品名称:听觉诱发电位系统(Auditory Evoked Potential System)
规格型号:ICS Chartr EP 200
产品标准:YZB/DEN 3622-2014《听觉诱发电位系统》
性能组成:见附页。
适用范围:该产品用于测试听觉或前庭诱发电位，可辅助用于检测听力损失、听力和前庭相关功能以及听觉传导通路损害。
生产厂家:丹麦 GN OTOMETRICS A/S
注册代理:尔听美医疗器械(上海)有限公司
服务机构:尔听美医疗器械(上海)有限公司
发证日期:2014.06.30　　截止日期:2019.06.29

国食药监械(进)字 2014 第 2553262 号

产品名称:高速气涡轮手机(歯科用ガス圧式ハンドピース)
规格型号:PAR-4HEX-B
产品标准:YZB/JAP 3519-2014《高速气涡轮手机》
性能组成:本产品由高速气涡轮手机组成。产品主要性能：手机夹头形式为压盖式夹头；空载转速为 370，000r/min±30，000r/min；同时提供水、气冷却。
适用范围:该产品利用压缩空气驱动风轮带动轴承旋转，供夹持的牙科车针进行钻、磨和切削牙齿用。
生产厂家:日本株式会社森田制作所/株式会社モリタ製作所
注册代理:森田医疗器械(上海)有限公司
服务机构:森田医疗器械(上海)有限公司
发证日期:2014.06.30　　截止日期:2019.06.29

国食药监械(进)字 2014 第 2553263 号

产品名称:牙科综合治疗台(歯科用ユニット)
规格型号:TU101
产品标准:YZB/JAP 3501-2014《牙科综合治疗台》
性能组成:本型号产品由牙科病人椅(躺椅型)，口腔灯(Lunavue-ES)，痰盂(连椅型)，供水装置(自动供水)，脚踏开关(单踏板)，医生操作台(连椅型)，助手操作台(连椅型)，三用喷枪(WS201)，强力吸引器(带吸引量调整阀)和吸唾器(带吸引量调整阀)组成。
适用范围:本产品供医疗部门口腔科作诊断和治疗用。
生产厂家:日本株式会社モリタ東京製作所
注册代理:上海芸施实业有限公司
服务机构:上海芸施实业有限公司
发证日期:2014.06.30　　截止日期:2019.06.29

国食药监械(进)字 2014 第 2703264 号

产品名称:乳腺诊断图像处理软件(Mammography Diagnostic Image Processsing Software)
规格型号:MammoWorkstation，版本 4.7.0
产品标准:YZB/GER 3598-2014《乳腺诊断图像处理软件》
性能组成:由一张软件安装光盘组成，组成模块包括:MammoWorkstation 工作站、Mammo Documentation Station 工作站(可选)和 Dicom Shuttle 服务器(可选)。
适用范围:用于数字化乳腺 X 射线图像的浏览和处理，帮助放射科医生诊断乳腺疾病。
生产厂家:德国 Image Diagnost International
注册代理:通用电气医疗系统贸易发展(上海)有限公司
服务机构:通用电气医疗系统贸易发展(上海)有限公司
发证日期:2014.06.30　　截止日期:2019.06.29

国食药监械(进)字 2014 第 2403265 号

产品名称:全自动微生物鉴定和药敏分析系统(Fluorescent Microorganisms Identification and Susceptibility System)
规格型号:ARIS 2X
产品标准:YZB/UK 3926-2014《全自动微生物鉴定和药敏分析系统》
性能组成:该产品主要由全自动孵育器、自动读数系统和随机软件组成。
适用范围:该产品用于微生物快速鉴定和药敏分析。
生产厂家:英国 Trek Diagnostic Systems Ltd
注册代理:赛默飞世尔(上海)仪器有限公司
服务机构:赛默飞世尔科技(中国)有限公司
发证日期:2014.07.09　　截止日期:2019.07.08

国食药监械(进)字 2014 第 2233266 号

产品名称:超声诊断仪(Ultrasound Diagnostic Equipment)
规格型号:SONOACE X6
产品标准:YZB/ROK 3634-2014《超声诊断仪》
性能组成:见附页。
适用范围:产品主要应用于医学临床超声诊断。
生产厂家:韩国三星麦迪逊有限公司(SAMSUNG MEDISON CO., LTD.)
注册代理:三星(中国)投资有限公司
服务机构:三星电子(北京)技术服务有限公司
发证日期:2014.07.09　　截止日期:2019.07.08

国食药监械(进)字 2014 第 3303267 号

产品名称:乳腺 X 射线机(Mammographic X-ray Equipment)
规格型号:MAMMOMAT Inspiration
产品标准:YZB/GER 3593-2014《乳腺 X 射线机》
性能组成:产品组成：a) X 射线发生装置：电源组件、X 射线管组件(SINGLE TANK UNIT P40 MoW-100G)、限束器；b) X 射线成像装置：平板探测器 (ZIGMA LMAMDETECTOR(光纤传输)、LMAM2 DETECTOR(以太网传输))、图像处理系统、显示器、高分辨率显示器 (可选，3MP)、数字乳腺诊断工作站 (可选，含操作台、操作台显示器及高分辨率显示器 (MDNG-6121 (5MP)、Eizo GX1030-BL (10MP))；c) 附属设备：立柱 (含高压发生器)、乳腺摄影平台、操作台、立体活检装置 (可选)；d) 其他附件详见注册产品标准。
适用范围:用于在专业医务人员的监控下进行乳腺摄影检查、三维数字乳腺断层融合检查及立体定位活检。
生产厂家:德国 Siemens AG
注册代理:西门子(中国)有限公司
服务机构:西门子(中国)有限公司
发证日期:2014.07.09　　截止日期:2019.07.08

国食药监械(进)字 2014 第 2403268 号

产品名称:高压液相全自动变异血红蛋白分析仪(Ultra2 Resolution Variants Analyzer)
规格型号:Ultra2 Resolution Variants Analyzer
产品标准:YZB/USA 3699-2014《高压液相全自动变异血红蛋白分析仪》
性能组成:该产品由 322 高压泵、152 检测器、215 自动加样器、819 进样器模块和软件组成。
适用范围:该产品用于变异血红蛋白的分离和定量分析。
生产厂家:美国 Trinity Biotech (Primus Corporation dba Trinity Biotech)
注册代理:普莱默斯医疗器械(上海)有限公司
服务机构:普莱默斯医疗器械(上海)有限公司
发证日期:2014.07.09　　截止日期:2019.07.08

国食药监械(进)字 2014 第 2403269 号

产品名称:全自动微生物鉴定及药敏分析系统(WalkAway®-96/40 Plus Instrument)
规格型号:WalkAway®-40 plus、WalkAway®-96 plus
产品标准:YZB/USA 3433-2014《全自动微生物鉴定及药敏分析系统》
性能组成:该产品主要由主机，随机软件(LabPro，AlertEX)，条码阅读器组成。
适用范围:该产品用于鉴定微生物的种类并确定临床样本中分离出的微生物的体外抗生素敏感性测试的结果。
生产厂家:美国 Siemens Healthcare Diagnostics Inc.
注册代理:西门子医学诊断产品(上海)有限公司
服务机构:西门子医学诊断产品(上海)有限公司
发证日期:2014.07.09　　截止日期:2019.07.08

国食药监械(进)字 2014 第 2403270 号

产品名称:测试卡(Sensor Cassette Pack)
规格型号:SC90
产品标准:YZB/DEN 3691-2014《测试卡》
性能组成:测试卡主要由内置测量传感器，进样探针，传输泵管组成。
适用范围:该产品用于测量全血中的 pH 值、血气、电解质、葡萄糖、乳酸、胆红素和血氧参数。
生产厂家:丹麦 Radiometer Medical ApS
注册代理:雷度米特医疗设备(上海)有限公司
服务机构:雷度米特医疗设备(上海)有限公司
发证日期:2014.07.09 **截止日期**:2019.07.08

国食药监械(进)字 2014 第 2403271 号

产品名称:血气、电解质和生化分析仪用电极盒(cobas b 123 Sensor Cartridge)
规格型号:cobas b 123 Sensor Cartridge BG; cobas b 123 Sensor Cartridge BG/ISE; cobas b 123 Sensor Cartridge BG/ISE/Glu; cobas b 123 Sensor Cartridge BG/ISE/Glu/Lac。
产品标准:YZB/GER 3720-2014《血气、电解质和生化分析仪用电极盒》
性能组成:主要由血气、电解质和生化分析仪用电极盒组成。
适用范围:该产品配套用于罗氏 cobas b 123 system 系列分析仪的检测。
生产厂家:德国 Roche Diagnostics GmbH
注册代理:罗氏诊断产品(上海)有限公司
服务机构:罗氏诊断产品(上海)有限公司
发证日期:2014.07.09 **截止日期**:2019.07.08

国食药监械(进)字 2014 第 3403272 号

产品名称:癌胚抗原 (CEA) 校准品(Access CEA Calibrators)
规格型号:校准品 0 (S0): 2.5mL×1，校准品 1 (S1): 2.5mL×1，校准品 2 (S2): 2.5mL×1，校准品 3 (S3): 2.5mL×1，校准品 4 (S4): 2.5mL×1，校准品 5 (S5): 2.5mL×1。
产品标准:YZB/USA 3966-2014
性能组成:校准品 0 (S0)：磷酸缓冲液、蛋白质(牛)、叠氮钠和 ProClin 300；校准品 1 (S1)、校准品 2 (S2)、校准品 3 (S3)、校准品 4 (S4)、校准品 5 (S5)：磷酸缓冲液、人癌胚抗原、蛋白质(牛)、叠氮钠和 ProClin 300；校准卡。产品有效期：2～10℃竖直存放，有效期 12 个月。附件：注册产品标准，产品说明书。
适用范围:本产品用于癌胚抗原(CEA)测定时的校准。
生产厂家:美国 Beckman Coulter, Inc.
注册代理:贝克曼库尔特商贸(中国)有限公司
发证日期:2014.07.04 **截止日期**:2019.07.03

国食药监械(进)字 2014 第 3403273 号

产品名称:甲型肝炎病毒 IgM 抗体检测试剂盒(化学发光法)(VITROS Immunodiagnostic Products Anti-HAV IgM)
规格型号:甲型肝炎病毒 IgM 抗体检测试剂包：100 人份/包装；甲型肝炎病毒 IgM 抗体校准品：1 套/包装；甲型肝炎病毒 IgM 抗体质控品：3 套/包装。
产品标准:YZB/UK 3401-2014
性能组成:试剂包组成，一个试剂包包括：100 个包被好的反应杯（细菌性链霉亲和素，可结合 ＞3ng 生物素/反应杯)；19.4 mL 生物素化的抗体试剂（生物素-鼠单克隆 IgG 型抗人 IgM 抗体，0.5 μg/mL)，溶于含有牛血清、牛γ球蛋白和抗微生物剂的缓冲液中；20.6 mL 酶结合物试剂（辣根过氧化物酶 (HRP) -鼠单克隆 IgG 型抗-HAV 36 ng/mL，灭活的甲型肝炎病毒抗原，滴度 ＞1/95)，溶于含有牛血清白蛋白和抗微生物剂的缓冲液中。校准品组成：1 份校准品（人抗-HAV IgM 抗体血浆，0.8 mL)，溶于含有牛血清白蛋白和抗微生物剂的缓冲液中；批次校准卡；实验方案卡；8 个校准品条码标签。质控品组成：3 套质控品 1 和 2（含抗微生物剂的冻干人血浆，复溶体积 1.0 mL)。产品有效期：试剂包：冷藏 2～8℃，有效期：26 周；校准品：冷藏 2～8℃，有效期：26 周；质控品：冷藏 2～8℃，有效期：52 周。附件：注册产品标准，产品说明书。
适用范围:该产品用于定性检测人血清和血浆（EDTA、肝素或柠檬酸盐抗凝）样本中的甲型肝炎病毒 M 型免疫球蛋白抗体（Anti-HAV IgM)。
生产厂家:英国 Ortho Clinical Diagnostics
注册代理:强生(上海)医疗器材有限公司
发证日期:2014.07.04 **截止日期**:2019.07.03

国食药监械(进)字 2014 第 2403274 号

产品名称:γ-谷氨酰转移酶测定试剂盒(比色法)(γ-Glutamyl Transferase (GGT) Reagent)
规格型号:2×200 测试/盒、2×400 测试/盒。
产品标准:YZB/USA 3990-2014
性能组成:γ-谷氨一酰对硝基苯胺、甘氨酰甘氨酸、用于系统性能优化的非反应性物质。(具体内容详见产品说明书)。产品有效期：2～8℃保存，有效期 14 个月。附件：注册产品标准，产品说明书。
适用范围:本产品用于体外定量检测人血清或血浆中的γ-谷氨酰转移酶(GGT)活性。
生产厂家:美国 Beckman Coulter, Inc.
注册代理:贝克曼库尔特商贸(中国)有限公司
发证日期:2014.07.04 **截止日期**:2019.07.03

国食药监械(进)字 2014 第 2403275 号

产品名称:尿酸测定试剂盒(比色法)(Uric Acid (URIC) Reagent)
规格型号:2×300 测试/盒
产品标准:YZB/USA 4010-2014
性能组成:4-氨基安替比林、3，5-二氯-2-羟基苯磺酸、尿酸酶、辣根过氧化物酶、用于系统性能优化的非反应性物质。(具体内容详见产品说明书)。产品有效期：2～8℃保存，有效期 18 个月。附件：注册产品标准，产品说明书。
适用范围:本产品用于体外定量检测人血清、血浆或尿液中的尿酸(URIC)浓度。
生产厂家:美国 Beckman Coulter, Inc.
注册代理:贝克曼库尔特商贸(中国)有限公司
发证日期:2014.07.04 **截止日期**:2019.07.03

国食药监械(进)字 2014 第 2403276 号

产品名称:铁蛋白检测试剂盒(免疫比浊法)(Tina-quant Ferritin Gen.4(FERR4))
规格型号:250 测试；650 测试；试剂 1：4×18mL，试剂 3：4×18mL；试剂 1：2×55mL，试剂 3：2×55mL。
产品标准:YZB/GER 3953-2014
性能组成:试剂 1：三羟甲基氨基甲烷（TRIS）缓冲液，pH 7.5；免疫球蛋白（家兔)；防腐剂；稳定剂。试剂 3：液体基质[内含抗人铁蛋白抗体（家兔）包被的乳胶颗粒]；防腐剂；稳定剂。产品有效期：在 2～8℃环境保存，有效期 24 个月。附件：注册产品标准，产品说明书。
适用范围:体外定量测定人类血清和血浆中铁蛋白。
生产厂家:德国 Roche Diagnostics GmbH
注册代理:罗氏诊断产品(上海)有限公司
发证日期:2014.07.04 **截止日期**:2019.07.03

国食药监械(进)字 2014 第 2403277 号

产品名称:校准品(HemosIL Calibration Plasma)
规格型号:10×1mL
产品标准:YZB/USA 3944-2014
性能组成:冻干人血浆、缓冲液、稳定剂和防腐剂。产品有效期：2～8℃保存，有效期为 36 个月。附件：注册产品标准，产品说明书。
适用范围:本产品用于凝血和纤维蛋白溶解试验的校准。校准的具体项目包括：凝血酶原时间 (PT)、活化的部分凝血活酶时间 (APTT)、凝血酶时间 (TT)、纤维蛋白原 (Fibrinogen)、Ⅱ因子 (Factor Ⅱ)、Ⅴ因子(FactorⅤ)、Ⅹ因子(Factor Ⅹ)、Ⅶ因子(FactorⅦ)、Ⅺ因子(Factor Ⅺ)、Ⅻ因子 (Factor Ⅻ)、抗凝血酶 (AT) 和纤溶酶原 (PLG)。
生产厂家:美国 Instrumentation Laboratory Co.
注册代理:沃芬医疗器械商贸(北京)有限公司
发证日期:2014.07.04 **截止日期**:2019.07.03

国食药监械(进)字 2014 第 2403278 号

产品名称:纤维蛋白原质控品（低值）(HemosIL Low Fibrinogen Control)
规格型号:10×1mL

产品标准:YZB/USA 3958-2014
性能组成:冻干新鲜人柠檬酸血浆，包括低水平纤维蛋白原、缓冲液和稳定剂。产品有效期：2～8℃保存，有效期为 24 个月。附件：注册产品标准，产品说明书。
适用范围:本产品用于对异常范围内的纤维蛋白原检验进行质量控制。
生产厂家:美国 Instrumentation Laboratory Co.
注册代理:沃芬医疗器械商贸(北京)有限公司
发证日期:2014.07.04 截止日期:2019.07.03

国食药监械(进)字 2014 第 2403279 号

产品名称:总胆汁酸测定试剂盒(第五代循环酶法)(Bile Acid(TBA))
规格型号:试剂 1 (R1) ：4×90ml ，试剂 2 (R2) ：6×20ml；试剂 1 (R1) ：5×60ml ，试剂 2 (R2) ：5×20ml；试剂 1 (R1) ：2×75ml ，试剂 2 (R2) ：2×25ml；试剂 1 (R1) ：5×100ml，试剂 2 (R2) ：8×21ml；试剂 1 (R1) ：1×4500ml，试剂 2 (R2) ：1×1500ml。
产品标准:YZB/GER 3203-2014
性能组成:试剂 1 (R1) ：硫代氧化型辅酶(NAD+)；试剂 2 (R2) ：还原性辅酶、3α-羟基类固醇脱氢酶、叠氮钠。(具体内容详见产品说明书)。产品有效期：存储条件：2～8℃储存，有效期一年。附件：注册产品标准，产品说明书。
适用范围:该产品用于定量测定人血清，血浆中总胆汁酸(TBA)的浓度。
生产厂家:德国 Autec Diagnostica
注册代理:北京普瑞亚科技有限公司
发证日期:2014.07.04 截止日期:2019.07.03

国食药监械(进)字 2014 第 2403280 号

产品名称:尿素测定试剂盒(脲酶偶联法)(Urea (Bun))
规格型号:试剂 1 (R1) ：5×100ml ，试剂 2 (R2) ：5×20ml；试剂 1 (R1) ：5×70ml ，试剂 2 (R2) ：5×14ml；试剂 1 (R1) ：2×75ml ，试剂 2 (R2) ：2×15ml；试剂 1 (R1) ：2×100ml ，试剂 2 (R2) ：2×20ml；试剂 1 (R1) ：1×5000ml，试剂 2 (R2) ：1×1000ml。
产品标准:YZB/GER 3219-2014
性能组成:试剂 1 (R1)：三羟甲基氨基甲烷/琥珀酸盐 (TRIS/Succinate) 缓冲液；试剂 2 (R2)：谷氨酸脱氢酶(GLDH)、磷酸腺苷、还原性辅酶、α-酮戊二酸、脲酶。 (具体内容详见产品说明书)。产品有效期：存储条件：2～8℃储存，有效期一年。附件：注册产品标准，产品说明书。
适用范围:该产品用于定量测定人血清，血浆中尿素 (Urea) 的浓度。
生产厂家:德国 Autec Diagnostica
注册代理:北京普瑞亚科技有限公司
发证日期:2014.07.04 截止日期:2019.07.03

国食药监械(进)字 2014 第 2403281 号

产品名称:脂蛋白(a)测定试剂盒(免疫比浊法)(Lipoprotein(a) [Lp(a)])
规格型号:试剂 1 (R1)：1×75ml，试剂 2 (R2)：1×25ml；试剂 1 (R1)：1×1500ml，试剂 2 (R2)：1×500ml。
产品标准:YZB/GER 3226-2014
性能组成:试剂 1 (R1)：表面活性剂；试剂 2 (R2)：抗体，稳定剂。产品有效期：存储条件：2～8℃储存，有效期一年。附件：注册产品标准，产品说明书。
适用范围:该产品用于定量测定人血清，血浆中脂蛋白(a)[Lp(a)]的浓度。
生产厂家:德国 Autec Diagnostica
注册代理:北京普瑞亚科技有限公司
发证日期:2014.07.04 截止日期:2019.07.03

国食药监械(进)字 2014 第 2403282 号

产品名称:淀粉酶测定试剂盒(CNP-G3 法)(α-Amylase-DR(α-Amy-DR))
规格型号:10×20ml；2×60ml；2×20ml；1×5000ml。
产品标准:YZB/GER 3258-2014
性能组成:2-(n-吗啡啉)乙磺酸 (MES) 缓冲液、2-对硝基苯麦芽庚糖苷、氯化钠、硫氰酸钾、氯化钙。(具体内容详见产品说明书)。产品有效期：存储条件：2～8℃储存，有效期一年。附件：注册产品标准，产品说明书。
适用范围:用于定量测定人血清，血浆中的淀粉酶 (AMY，AMS) 的活力。
生产厂家:德国 Autec Diagnostica
注册代理:北京普瑞亚科技有限公司
发证日期:2014.07.04 截止日期:2019.07.03

国食药监械(进)字 2014 第 2403283 号

产品名称:肌酸激酶测定试剂盒 (IFCC 推荐法)(Creatine Kinase(CK-NAC))
规格型号:试剂 1 (R1) ：5×100ml，试剂 2 (R2) ：5×20ml；试剂 1 (R1) ：5×70ml ，试剂 2 (R2) ：5×14ml；试剂 1 (R1) ：2×75ml ，试剂 2 (R2) ：2×15ml；试剂 1 (R1) ：2×100ml，试剂 2 (R2) ：2×20ml；试剂 1 (R1) ：1×5000ml，试剂 2 (R2) ：1×1000ml。
产品标准:YZB/GER 3261-2014
性能组成:试剂 1 (R1)：咪唑缓冲液(pH 6.7) ；试剂 2 (R2)：二乙胺四乙酸、葡萄糖、醋酸镁、磷酸腺苷、腺苷酸、N-乙酰半胱氨酸(NAC) 、磷酸盐酚、肌酸磷酸、葡萄糖 6 磷酸脱氢酶、己糖激酶、烟酰胺腺嘌呤二核苷酸磷酸。(具体内容详见产品说明书)。产品有效期：存储条件：2～8℃储存，有效期一年。附件：注册产品标准，产品说明书。
适用范围:该产品用于定量测定人血清，血浆中的肌酸激酶 (CK) 的活力。
生产厂家:德国 Autec Diagnostica
注册代理:北京普瑞亚科技有限公司
发证日期:2014.07.04 截止日期:2019.07.03

国食药监械(进)字 2014 第 2403284 号

产品名称:葡萄糖测定试剂盒(氧化酶法)(GLUCOSE-PAP)
规格型号:5×100ml；6×70ml；2×100ml；1×1000ml；1×5000ml。
产品标准:YZB/GER 3263-2014
性能组成:4-氨基安替比林、磷酸缓冲液、苯酚、葡萄糖氧化酶、过氧化酶、变构酶。产品有效期：存储条件：2～8℃储存，有效期一年。附件：注册产品标准，产品说明书。
适用范围:该产品用于定量测定人血清，血浆中的葡萄糖浓度。
生产厂家:德国 Autec Diagnostica
注册代理:北京普瑞亚科技有限公司
发证日期:2014.07.04 截止日期:2019.07.03

国食药监械(进)字 2014 第 2403285 号

产品名称:腺苷脱氨酶测定试剂盒 (比色法)(Adenosine Deaminase(ADA))
规格型号:试剂 1 (R1) ：5×75ml ，试剂 2 (R2) ：5×25ml；试剂 1 (R1) ：5×60ml，试剂 2 (R2) ：5×20ml；试剂 1 (R1) ：2×75ml，试剂 2 (R2) ：2×25ml；试剂 1 (R1) ：6×75ml ，试剂 2 (R2) ：6×25ml；试剂 1 (R1) ：1×4500ml ，试剂 2 (R2) ：1×1500ml。
产品标准:YZB/GER 3267-2014
性能组成:试剂 1 (R1)：固得 (Good’s) 缓冲液、黄嘌呤氧化酶 (XOD)、抗坏血酸氧化酶、过氧化物酶、3—溴—3—羟基苯甲酸、稳定剂、嘌呤核苷磷酸化酶(PNP)；试剂 2 (R2)：固得 (Good’s) 缓冲液、腺苷、稳定剂、4-氨基安替比林(4-AA)。 (具体内容详见产品说明书)。产品有效期：存储条件：2～8℃储存，有效期一年。附件：注册产品标准，产品说明书。
适用范围:该产品用于定量测定人血清，血浆中的腺苷脱氨酶 (ADA) 的活力。
生产厂家:德国 Autec Diagnostica
注册代理:北京普瑞亚科技有限公司
发证日期:2014.07.04 截止日期:2019.07.03

国食药监械(进)字 2014 第 2403286 号

产品名称:C 反应蛋白测定试剂盒(免疫比浊法)(C-reactive Protein(CRP))
规格型号:试剂 1 (R1) ：稀释液 1×45ml，试剂 2 (R2) ：乳胶液 1×5ml；试剂 1 (R1) ：稀释液 2×45ml，试剂 2 (R2) ：乳胶液 2×5ml；试剂 1 (R1)：稀释液 1×900ml，试剂 2 (R2)：乳胶液 1×100ml。
产品标准:YZB/GER 3268-2014
性能组成:试剂 1 (R1)：稀释液：氯化铵缓冲液 0.2mmol/L，叠氮钠 0.95g/L， pH 8.2；试剂 2 (R2)：胶乳液：抗 C-反应蛋白(CRP)抗体胶乳微粒悬液，叠氮钠 0.95g/L。产品有效期：存储条件：2～8℃储存，有效期一年。附件：注册产品标准，产品说明书。
适用范围:该产品用于定量测定人血清中的 C-反应蛋白(CRP)浓度。

生产厂家:德国 Autec Diagnostica
注册代理:北京普瑞亚科技有限公司
发证日期:2014.07.04 **截止日期**:2019.07.03

国食药监械(进)字 2014 第 2403287 号

产品名称:类风湿因子测定试剂盒(免疫比浊法)(Rheumatoid Factors(RF))
规格型号:试剂 1 (R1) : 稀释液 1×45ml, 试剂 2 (R2) : 乳胶液 1×5ml; 试剂 1 (R1) : 稀释液 2×45ml, 试剂 2 (R2) : 乳胶液 2×5ml; 试剂 1(R1): 稀释液 1×900ml, 试剂 2(R2): 乳胶液 1×100ml。
产品标准:YZB/GER 3274-2014
性能组成:试剂 1 (R1): 稀释液: 三羟甲基氨基甲烷(TRIS)缓冲液, 20mmol/L, 叠氮钠: 0.95g/L, pH 8. 2 ; 试剂 2 (R2): 胶乳液: 人γ-球蛋白胶乳微粒悬液, 叠氮钠 0.95g/L。产品有效期: 存储条件: 2~8℃储存, 有效期一年。附件: 注册产品标准, 产品说明书。
适用范围:用于定量测定人血清中的类风湿因子(RF)浓度。
生产厂家:德国 Autec Diagnostica
注册代理:北京普瑞亚科技有限公司
发证日期:2014.07.04 **截止日期**:2019.07.03

国食药监械(进)字 2014 第 2403288 号

产品名称:胆碱酯酶测定试剂盒(速率法)(CHE)
规格型号:试剂 1 (R1) : 5×80ml, 试剂 2 (R2) : 5×20ml; 试剂 1 (R1) : 5×60ml, 试剂 2 (R2) : 5×15ml; 试剂 1 (R1) : 2×80ml, 试剂 2 (R2) : 2×20ml; 试剂 1 (R1) : 2×60ml, 试剂 2 (R2) : 2×15ml; 试剂 1 (R1) : 1×4000ml, 试剂 2 (R2) : 1×1000ml。
产品标准:YZB/GER 3276-2014
性能组成:试剂 1(R1):焦磷酸、六氰基高铁酸盐(DTNB); 试剂 2(R2): 丁酰硫代胆碱。产品有效期: 存储条件: 2~8℃储存, 有效期一年。附件: 注册产品标准, 产品说明书。
适用范围:用于定量测定人血清, 血浆中的胆碱酯酶 (CHE) 的活力。
生产厂家:德国 Autec Diagnostica
注册代理:北京普瑞亚科技有限公司
发证日期:2014.07.04 **截止日期**:2019.07.03

国食药监械(进)字 2014 第 2403289 号

产品名称:总胆红素测定试剂盒(钒酸盐法)(BILIRUBIN-T)
规格型号:试剂 1 (R1) : 5×80ml, 试剂 2 (R2) : 5×20ml; 试剂 1 (R1) : 5×60ml, 试剂 2 (R2) : 5×15ml; 试剂 1 (R1) : 2×80ml, 试剂 2 (R2) : 2×20ml; 试剂 1 (R1) : 1×4000ml, 试剂 2 (R2) : 1×1000ml。
产品标准:YZB/GER 3285-2014
性能组成:试剂 1: 柠檬酸缓冲液、表面活性剂 I; 试剂 2: 磷酸缓冲液、偏钒酸钠。产品有效期: 存储条件: 2~8℃储存, 有效期一年。附件: 注册产品标准, 产品说明书。
适用范围:该产品用于定量测定人血清, 血浆中的总胆红素 (TBIL) 的浓度。
生产厂家:德国 Autec Diagnostica
注册代理:北京普瑞亚科技有限公司
发证日期:2014.07.04 **截止日期**:2019.07.03

国食药监械(进)字 2014 第 2403290 号

产品名称:前白蛋白测定试剂盒(比浊法)(PA)
规格型号:试剂 1 (R1) : 5×75ml, 试剂 2 (R2) : 5×25ml; 试剂 1 (R1) : 5×60ml, 试剂 2 (R2) : 5×20ml; 试剂 1 (R1) : 2×60ml, 试剂 2 (R2) : 2×20ml; 试剂 1 (R1) : 2×75ml, 试剂 2 (R2) : 2×25ml; 试剂 1 (R1) : 1×3000ml, 试剂 2 (R2) : 1×1000ml。
产品标准:YZB/GER 3286-2014
性能组成:试剂 1 (R1) (分析缓冲液): 聚乙烯、三羟甲基氨基甲烷/盐酸 (Tris/HCI) 缓冲液、氯化钠; 试剂 2 (R2) (抗体试剂): 抗人前白蛋白、三羟甲基氨基甲烷/盐酸 (Tris/HCI) 缓冲液、氯化钠。产品有效期: 存储条件: 2~8℃储存, 有效期一年。附件: 注册产品标准, 产品说明书。
适用范围:该产品用于定量测定人血清, 血浆中前白蛋白 (PA) 的浓度。
生产厂家:德国 Autec Diagnostica
注册代理:北京普瑞亚科技有限公司
发证日期:2014.07.04 **截止日期**:2019.07.03

国食药监械(进)字 2014 第 2403291 号

产品名称:镁测定试剂盒(直接比色法)(MAGNESIUM)
规格型号:5×100ml; 6×70ml; 2×80ml; 2×100ml; 7×100ml; 1×5000ml。
产品标准:YZB/GER 3288-2014
性能组成:三羟甲基氨基甲烷(TRIS)缓冲液(Ph11.0) 、二甲苯胺蓝、碳酸钾、乙二醇双(2-氨基乙基醚)四乙酸 (EGTA)。(具体内容详见产品说明书)。产品有效期: 存储条件: 2~8℃储存, 有效期一年。附件: 注册产品标准, 产品说明书。
适用范围:该产品用于定量测定人血清, 血浆或脑脊液中镁(Mg)的浓度。
生产厂家:德国 Autec Diagnostica
注册代理:北京普瑞亚科技有限公司
发证日期:2014.07.04 **截止日期**:2019.07.03

国食药监械(进)字 2014 第 2403292 号

产品名称:铁测定试剂盒(终点比色法)(IRON-F)
规格型号:312ml
产品标准:YZB/GER 3292-2014
性能组成:醋酸盐缓冲液 (pH 4.7) 1.55mol/l, 亚铁嗪 40mmol/l, 盐酸胍 (AMAH) 4.50mmol/l。产品有效期: 存储条件: 2~8℃储存, 有效期一年。附件: 注册产品标准, 产品说明书。
适用范围:该产品用于定量测定人血清, 血浆铁 (Fe) 的浓度。
生产厂家:德国 Autec Diagnostica
注册代理:北京普瑞亚科技有限公司
发证日期:2014.07.04 **截止日期**:2019.07.03

国食药监械(进)字 2014 第 2403293 号

产品名称:天冬氨酸氨基转移酶测定试剂盒(IFCC 推荐法)(ASAT(GOT))
规格型号:试剂 1 (R1) : 5×100ml, 试剂 2 (R2) : 5×20ml; 试剂 1 (R1) : 5×70ml , 试剂 2 (R2) : 5×14ml; 试剂 1 (R1) : 2×75ml , 试剂 2 (R2) : 2×15ml; 试剂 1 (R1) : 2×100ml, 试剂 2 (R2) : 2×20ml; 试剂 1 (R1) : 1×5000ml, 试剂 2 (R2) : 1×1000ml。
产品标准:YZB/GER 3300-2014
性能组成:试剂 1 (R1): 三羟甲基氨甲烷(TRIS)缓冲液(pH 7.4); 试剂 2 (R2): L-天冬氨酸、乳酸脱氢酶 (LDH)、还原性辅酶、α-酮戊二酸、苹果酸脱氢酶 (MDH)。(具体内容详见产品说明书)。产品有效期: 存储条件: 2~8℃储存, 有效期一年。附件: 注册产品标准, 产品说明书。
适用范围:该产品用于定量测定人血清, 血浆中的天冬氨酸氨基转移酶 (AST, 谷草转氨酶) 的活力。
生产厂家:德国 Autec Diagnostica
注册代理:北京普瑞亚科技有限公司
发证日期:2014.07.04 **截止日期**:2019.07.03

国食药监械(进)字 2014 第 2403294 号

产品名称:肌酸激酶同工酶测定试剂盒(免疫抑制法)(Creatine Kinase-MB-isoenzyme(CK-MB))
规格型号:试剂 1 (R1) : 5×20ml, 试剂 2 (R2) : 2×10ml; 试剂 1 (R1) : 2×20ml, 试剂 2 (R2) : 2×4ml; 试剂 1 (R1) : 1×5000ml, 试剂 2 (R2) : 1×1000ml。
产品标准:YZB/GER 3305-2014
性能组成:试剂 1 (R1): 咪唑缓冲液(pH 6.7); 试剂 2 (R2): 二乙胺四乙酸、葡萄糖、醋酸镁、磷酸腺苷、腺苷酸、N-乙酰半胱氨酸(NAC)、磷酸盐酚、肌酸磷酸、葡萄糖 6 磷酸脱氢酶、己糖激酶、烟酰胺腺嘌呤二核苷酸磷酸、肌酸激酶同功酶- (肌肉型) (CK-M) 抑制抗体。(具体内容详见产品说明书)。产品有效期: 存储条件: 2~8℃储存, 有效期一年。附件: 注册产品标准, 产品说明书。
适用范围:该产品用于免疫抑制法定量测定人血清, 血浆中的肌酸激酶同功酶-MB (CK-MB) 的活力。
生产厂家:德国 Autec Diagnostica
注册代理:北京普瑞亚科技有限公司
发证日期:2014.07.04 **截止日期**:2019.07.03

国食药监械(进)字 2014 第 2403295 号

产品名称:胆固醇测定试剂盒(氧化酶法)(Cholesterol(CHOL))
规格型号:5×100ml; 6×70ml; 2×80ml; 2×100ml; 1×1000ml; 1×5000ml。
产品标准:YZB/GER 3316-2014
性能组成:三羟甲基氨基甲烷(TRIS)缓冲液(pH 7.3)、酚、4-氨基氨替比林、过氧化物酶、胆固醇酯酶、胆固醇氧化酶。(具体内容详见产品说明书)。产品有效期:存储条件:2~8℃储存,有效期一年。附件:注册产品标准,产品说明书。
适用范围:该产品用于定量测定人血清,血浆中胆固醇 (CHOL) 的浓度。
生产厂家:德国 Autec Diagnostica
注册代理:北京普瑞亚科技有限公司
发证日期:2014.07.04　**截止日期**:2019.07.03

国食药监械(进)字 2014 第 2403296 号

产品名称:锌测定试剂盒(比色法)(ZINC)
规格型号:5×10ml; 10×10ml; 4×50ml; 4×100ml; 1×1000ml。
产品标准:YZB/GER 3322-2014
性能组成:碳酸盐缓冲液 (pH 9.4)、丁二酮肟、苯酚 (5-BR-PAPS)。(具体内容详见产品说明书)。产品有效期:存储条件:2~8℃储存,有效期一年。附件:注册产品标准,产品说明书。
适用范围:该产品用于定量测定人血清,血浆中锌离子 (Zn) 的浓度。
生产厂家:德国 Autec Diagnostica
注册代理:北京普瑞亚科技有限公司
发证日期:2014.07.04　**截止日期**:2019.07.03

国食药监械(进)字 2014 第 2403297 号

产品名称:直胆红素测定试剂盒(钒酸盐法)(BILIRUBIN-D)
规格型号:试剂 1 (R1):5×80ml,试剂 2 (R2):5×20ml; 试剂 1 (R1):5×60ml,试剂 2 (R2):5×15ml; 试剂 1 (R1):2×80ml,试剂 2 (R2):2×20ml; 试剂 1 (R1):1×4000ml,试剂 2 (R2):1×1000ml。
产品标准:YZB/GER 3328-2014
性能组成:试剂 1 (R1):酒石酸缓冲液、表面活性剂Ⅰ; 试剂 2 (R2):磷酸缓冲液、偏钒酸钠。产品有效期:存储条件:2~8℃储存,有效期一年。附件:注册产品标准,产品说明书。
适用范围:该产品用于定量测定人血清,血浆中的直接胆红素 (DBIL) 的浓度。
生产厂家:德国 Autec Diagnostica
注册代理:北京普瑞亚科技有限公司
发证日期:2014.07.04　**截止日期**:2019.07.03

国食药监械(进)字 2014 第 2403298 号

产品名称:尿酸测定试剂盒(尿酸酶-过氧化酶法)(Uric acid(UA))
规格型号:试剂 1 (R1):5×100ml,试剂 2 (R2):5×20ml; 试剂 1 (R1):5×70ml,试剂 2 (R2):5×14ml; 试剂 1 (R1):2×75ml,试剂 2 (R2):2×15ml; 试剂 1 (R1):2×100ml,试剂 2 (R2):2×20ml; 试剂 1 (R1):1×5000ml,试剂 2 (R2):1×1000ml。
产品标准:YZB/GER 3333-2014
性能组成:试剂 1 (R1):三羟甲基氨基甲烷(TRIS)缓冲液(pH 7.7); 试剂 2 (R2):4,6-三溴-3-羟基安息香酸、4-氨基安替比林 (4-AA)、尿酸酶、过氧化物酶、超氧化歧化酶、清洗剂。(具体内容详见产品说明书)。产品有效期:存储条件:2~8℃储存,有效期一年。附件:注册产品标准,产品说明书。
适用范围:该产品用于定量测定人血清,血浆中的尿酸 (UA) 浓度。
生产厂家:德国 Autec Diagnostica
注册代理:北京普瑞亚科技有限公司
发证日期:2014.07.04　**截止日期**:2019.07.03

国食药监械(进)字 2014 第 2403299 号

产品名称:乳酸脱氢酶同工酶测定试剂盒(速率法)(LD-1)
规格型号:试剂 1 (R1):5×75ml,试剂 2 (R2):5×25ml; 试剂 1 (R1):5×60ml,试剂 2 (R2):5×20ml; 试剂 1 (R1):2×60ml,试剂 2 (R2):2×20ml; 试剂 1 (R1):2×75ml,试剂 2 (R2):2×25ml; 试剂 1 (R1):1×3000ml,试剂 2 (R2):1×1000ml。
产品标准:YZB/GER 3336-2014
性能组成:试剂 1 (R1):三羟甲基氨基甲烷(TRIS)缓冲液 pH9.0、L-乳酸、硫氰酸胍; 试剂 2 (R2):氧化型辅酶(NAD+)、稳定剂。产品有效期:存储条件:2~8℃储存,有效期一年。附件:注册产品标准,产品说明书。
适用范围:该产品用于定量测定人血清,血浆中的乳酸脱氢酶同功酶 1 (LD1) 的活力。
生产厂家:德国 Autec Diagnostica
注册代理:北京普瑞亚科技有限公司
发证日期:2014.07.04　**截止日期**:2019.07.03

国食药监械(进)字 2014 第 2403300 号

产品名称:载脂蛋白-A1 测定试剂盒(免疫比浊法)(Apolipoprotein A1(Apo-A1))
规格型号:试剂 1 (R1):4×80ml,试剂 2 (R2):4×20ml; 试剂 1 (R1):5×60ml,试剂 2 (R2):5×15ml; 试剂 1 (R1):2×80ml,试剂 2 (R2):2×20ml; 试剂 1 (R1):5×100ml,试剂 2 (R2):5×25ml; 试剂 1 (R1):1×4800ml,试剂 2 (R2):1×1200ml。
产品标准:YZB/GER 3339-2014
性能组成:试剂 1 (R1):缓冲液:磷酸盐缓冲液 pH7.0100mmol/L,表面活性剂 (PEG),稳定剂; 试剂 2 (R2):缓冲液:磷酸盐缓冲液 pH7.0 100mmol/L,羊抗载脂蛋白 A1 (Apo-A1) 抗体,稳定剂。产品有效期:存储条件:2~8℃储存,有效期一年。附件:注册产品标准,产品说明书。
适用范围:该产品用于定量测定人血清,血浆中载脂蛋白 A1 (ApoA1) 的浓度。
生产厂家:德国 Autec Diagnostica
注册代理:北京普瑞亚科技有限公司
发证日期:2014.07.04　**截止日期**:2019.07.03

国食药监械(进)字 2014 第 2403301 号

产品名称:抗链球菌溶血素 O 测定试剂盒(免疫比浊法)(Anti-strptolysin O(ASO))
规格型号:试剂 1(R1):稀释液 1×45ml,试剂 2(R2):乳胶液 1×5ml; 试剂 1 (R1):稀释液 2×45ml,试剂 2 (R2):乳胶液 2×5ml; 试剂 1 (R1):稀释液 1×900ml,试剂 2 (R2):乳胶液 1×100ml。
产品标准:YZB/GER 3343-2014
性能组成:试剂 1 (R1):稀释液:氯化铵缓冲液 0.2mmol/L,叠氮钠 0.95g/L,pH 8.2; 试剂 2 (R2):胶乳液:胶乳微粒悬液 (SO),叠氮钠 0.95g/L。产品有效期:存储条件:2~8℃储存,有效期一年。附件:注册产品标准,产品说明书。
适用范围:用于定量测定人血清中的抗链球菌溶血素 O(ASO)浓度。
生产厂家:德国 Autec Diagnostica
注册代理:北京普瑞亚科技有限公司
发证日期:2014.07.04　**截止日期**:2019.07.03

国食药监械(进)字 2014 第 2403302 号

产品名称:铜测定试剂盒(比色法)(Cu)
规格型号:1×50ml; 2×50ml; 2×100ml; 4×100ml; 1×1000ml。
产品标准:YZB/GER 3346-2014
性能组成:醋酸盐缓冲液 0.2mol/L,4-(3,5-二溴磷-2-吡啶)-N-乙基-N (3-硫代丙基)-苯胺盐酸 0.02mmol/L。产品有效期:存储条件:2~8℃储存,有效期一年。附件:注册产品标准,产品说明书。
适用范围:该产品用于定量测定人血清,血浆中铜离子 (Cu) 的浓度。
生产厂家:德国 Autec Diagnostica
注册代理:北京普瑞亚科技有限公司
发证日期:2014.07.04　**截止日期**:2019.07.03

国食药监械(进)字 2014 第 2403303 号

产品名称:乳酸脱氢酶测定试剂盒(LD-L 法)(Lactate Dehydrogenase (LDH-L))
规格型号:试剂 1 (R1):5×100ml,试剂 2 (R2):5×20ml; 试剂 1 (R1):5×70ml,试剂 2 (R2):5×14ml; 试剂 1 (R1):2×75ml,试剂 2 (R2):2×15ml; 试剂 1 (R1):2×100ml,试剂 2 (R2):2×20ml; 试剂 1 (R1):1×5000ml,试剂 2 (R2):1×1000ml;
产品标准:YZB/GER 3348-2014
性能组成:试剂 1 (R1):N-甲基-D-葡糖胺 (N-Methyl-D-Glucamine) 缓冲液; 试剂 2 (R2):乳酸、烟酰胺腺嘌呤二核苷酸。(具体内容详见产品说明书)。产品有效期:存储条件:2～8℃储存,有效期一年。附件:注册产品标准,产品说明书。
适用范围:该产品用于定量测定人血清,血浆中的乳酸脱氢酶(LDH)的活力。
生产厂家:德国 Autec Diagnostica
注册代理:北京普瑞亚科技有限公司
发证日期:2014.07.04 **截止日期**:2019.07.03

国食药监械(进)字 2014 第 2403304 号

产品名称:丙氨酸氨基转移酶测定试剂盒(IFCC 推荐法)(ALAT(GPT))
规格型号:试剂 1 (R1) : 5×100ml,试剂 2 (R2) : 5×20ml ; 试剂 1 (R1) : 5×70ml,试剂 2 (R2) : 5×14ml ; 试剂 1 (R1) : 2×75ml,试剂 2 (R2) : 2×15ml ; 试剂 1 (R1) : 2×100ml,试剂 2 (R2) : 2×20ml ; 试剂 1 (R1) : 1×5000ml,试剂 2 (R2) : 1×1000ml ;
产品标准:YZB/GER 3352-2014
性能组成:试剂 1 (R1):三羟甲基氨基甲烷(TRIS)缓冲液(pH 7.4);试剂 2 (R2):L-丙氨酸、乳酸脱氢酶(LDH)、还原性辅酶、&; alpha; -酮戊二酸。(具体内容详见产品说明书)。产品有效期:存储条件:2～8℃储存,有效期一年。附件:注册产品标准,产品说明书。
适用范围:该产品用于定量测定人血清,血浆中的丙氨酸氨基转移酶(ALT,谷丙转氨酶)的活力。
生产厂家:德国 Autec Diagnostica
注册代理:北京普瑞亚科技有限公司
发证日期:2014.07.04 **截止日期**:2019.07.03

国食药监械(进)字 2014 第 2403305 号

产品名称:5'-核苷酸酶测定试剂盒(比色法)(5'-Nucleotidase(5'-NT))
规格型号:试剂 1 (R1) : 5×75ml,试剂 2 (R2) : 5×25ml ; 试剂 1 (R1) : 5×60ml,试剂 2 (R2) : 5×20ml ; 试剂 1 (R1) : 2×75ml,试剂 2 (R2) : 2×25ml ; 试剂 1 (R1) : 6×75ml,试剂 2 (R2) : 6×25ml ; 试剂 1 (R1) : 1×4500ml,试剂 2 (R2) : 1×1500ml。
产品标准:YZB/GER 3363-2014
性能组成:试剂 1 (R1):固得(GOOD)缓冲液(pH7.0)、黄嘌呤氧化酶、抗坏血酸氧化酶、过氧化物酶(POD)、3-溴-3-羟基苯甲酸、嘌呤核苷磷酸化酶、β-甘油磷酸钠、稳定剂;试剂 2 (R2):固得(GOOD)缓冲液(pH7.0)、5'-肌苷酸、稳定剂、4-氨基安替比林。(具体内容详见产品说明书)。产品有效期:存储条件:2～8℃储存,有效期一年。附件:注册产品标准,产品说明书。
适用范围:该产品用于定量测定人血清,血浆中的 5'-核苷酸酶(5'-NT)的活力。
生产厂家:德国 Autec Diagnostica
注册代理:北京普瑞亚科技有限公司
发证日期:2014.07.04 **截止日期**:2019.07.03

国食药监械(进)字 2014 第 2403306 号

产品名称:低密度脂蛋白胆固醇测定试剂盒(直接法)(Low Density Lipoprotein-cholesterol(LDL-C))
规格型号:试剂 1 (R1) : 4×90ml,试剂 2 (R2) : 6×20ml; 试剂 1 (R1) : 5×60ml,试剂 2 (R2) : 5×20ml; 试剂 1 (R1) : 2×75ml,试剂 2 (R2) : 2×25ml; 试剂 1 (R1) : 2×60ml,试剂 2 (R2) : 2×20ml; 试剂 1 (R1) : 5×100ml,试剂 2 (R2) : 8×21ml; 试剂 1 (R1) : 1×4500ml,试剂 2 (R2) : 1×1500ml。
产品标准:YZB/GER 3364-2014
性能组成:试剂 1 (R1):聚阴离子、固得(GOOD)缓冲液 pH 7.0、4-氨基安替比林、a-浣烀精硫酸盐、胆固醇氧化酶、胆固醇酯酶;试剂 2 (R2):固得(GOOD)缓冲液 pH 7.0、过氧化物酶、N-乙基-N-(3-磺基酯酸)-3-甲氧基苯胺。(具体内容详见产品说明书)。产品有效期:存储条件:2～8℃储存,有效期一年。附件:注册产品标准,产品说明书。
适用范围:该产品用于定量测定人血清,血浆中低密度脂蛋白-胆固醇(LDL-C)浓度。
生产厂家:德国 Autec Diagnostica
注册代理:北京普瑞亚科技有限公司
发证日期:2014.07.04 **截止日期**:2019.07.03

国食药监械(进)字 2014 第 2403307 号

产品名称:果糖胺(糖化血清蛋白)测定试剂盒(NBT)(Fructosamine(Glycated protein))
规格型号:2×50ml。
产品标准:YZB/GER 3367-2014
性能组成:硝基四氮唑蓝(NBT)0.25mmol/L;碳酸盐缓冲液 0.2mol/L, pH 10.35。产品有效期:存储条件:2～8℃储存,有效期一年。附件:注册产品标准,产品说明书。
适用范围:该产品用于定量测定人血清中果糖胺(糖化清蛋白)的浓度。
生产厂家:德国 Autec Diagnostica
注册代理:北京普瑞亚科技有限公司
发证日期:2014.07.04 **截止日期**:2019.07.03

国食药监械(进)字 2014 第 2403308 号

产品名称:钙测定试剂盒(比色法)(CALCIUM)
规格型号:试剂 1 (R1) : 4×100ml,试剂 2 (R2) : 2×100ml; 试剂 1 (R1) : 4×70ml,试剂 2 (R2) : 2×70ml; 试剂 1 (R1) : 2×50ml,试剂 2 (R2) : 2×25ml; 试剂 1 (R1) : 2×100ml,试剂 2 (R2) : 1×100ml; 试剂 1 (R1) : 1×4000ml,试剂 2 (R2) : 1×2000ml。
产品标准:YZB/GER 3368-2014
性能组成:试剂 1 (R1):乙醇胺 0.73mol/l; 试剂 2 (R2):8-羟基喹啉 13.8mmol/l,盐酸 30mmol/l,邻-甲酚酞络合酮(OCPC)0.08mmol/l。产品有效期:存储条件:2～8℃储存,有效期一年。附件:注册产品标准,产品说明书。
适用范围:该产品用于定量测定人血清,血浆中钙(Ca)的浓度。
生产厂家:德国 Autec Diagnostica
注册代理:北京普瑞亚科技有限公司
发证日期:2014.07.04 **截止日期**:2019.07.03

国食药监械(进)字 2014 第 2403309 号

产品名称:血气、电解质和生化分析用多项质控品(cobas b 123 AutoQC Pack Tri-Level)
规格型号:3×8×1.0mL(水平 1: 8×1.0mL,水平 2: 8×1.0mL,水平 3: 8×1.0mL)
产品标准:YZB/GER 3968-2014
性能组成:加入盐、有机物、碳酸盐缓冲液和代谢物的水溶液,并冲入预定含量的氧气、二氧化碳、氮气和染料。(具体内容详见说明书)。产品有效期:2～8℃保存,有效期 24 个月。附件:注册产品标准,产品说明书。
适用范围:用于分析仪对 pH、二氧化碳分压、氧分压、血氧饱和度、钠离子、钾离子、氯离子、钙离子、红细胞压积、总血红蛋白、血红蛋白衍生物以及葡萄糖、乳酸和胆红素检测的质量控制。
生产厂家:德国 Roche Diagnostics GmbH
注册代理:罗氏诊断产品(上海)有限公司
发证日期:2014.07.04 **截止日期**:2019.07.03

国食药监械(进)字 2014 第 2403310 号

产品名称:胰岛素样生长因子质控品(Immulite IGF-1 Control Module)
规格型号:2×4mL(复溶后)
产品标准:YZB/UK 3889-2014
性能组成:质控品 1 和 2(LGCOC1, LGCOC2):两瓶,冻干的含胰岛素样生长因子-I 和胰岛素样生长因子结合蛋白-3 的蛋白/缓冲液基质。产品有效期:在 2～8℃条件下保存,有效期 23 个月。附件:注册产品标准,产品说明书。
适用范围:本产品用于对胰岛素样生长因子-I 和胰岛素样生长因子结合蛋白-3 检测项目的质控。
生产厂家:英国 Siemens Healthcare Diagnostics Products Limited
注册代理:西门子医学诊断产品(上海)有限公司
发证日期:2014.07.04 **截止日期**:2019.07.03

国食药监械(进)字 2014 第 2403311 号

产品名称:血气、电解质、生化多项校准品(cobas b 123 Fluid Pack)
规格型号:cobas b 123 Fluid Pack COOX 700: 700 测试/包; cobas b 123 Fluid Pack COOX 400: 400 测试/包; cobas b 123 Fluid Pack COOX 200:200 测试/包; cobas b 123 Fluid Pack 700: 700 测试/包; cobas b123 Fluid Pack 400: 400 测试/包; cobas b 123 FluidPack 200: 200

测试/包。

产品标准:YZB/GER 3967-2014

性能组成:由校准品1、校准品2、清洗液、待机液、参比液和2个空废液袋组成。(具体内容详见说明书)。产品有效期：15～25℃保存，有效期9个月。附件：注册产品标准，产品说明书。

适用范围:用于对pH、二氧化碳分压、氧分压、钠离子、钾离子、氯离子、钙离子、红细胞压积、总血红蛋白、血氧饱和度、氧合血红蛋白、碳氧血红蛋白、高铁血红蛋白、还原血红蛋白、葡萄糖、乳酸、胆红素项目的校准。

生产厂家:德国 Roche Diagnostics GmbH

注册代理:罗氏诊断产品(上海)有限公司

发证日期:2014.07.04　**截止日期**:2019.07.03

国食药监械(进)字2014第2403312号

产品名称:甘油三酯测定试剂盒(氧化酶法)(Triglyceride(TG))

规格型号:5×100ml; 6×70ml; 2×80ml; 2×100ml; 1×1000ml; 1×5000ml。

产品标准:YZB/GER 3373-2014

性能组成:三羟甲基氨基甲烷(TRIS)缓冲液(pH 7.3)、4-氯苯酚、脂酸盐镁、4-氨基氨替比林、腺苷三磷酸络合物、脂肪酶、甘油醇激酶、甘油磷酸氧化酶(GPO)、过氧化物酶。(具体内容详见产品说明书)。产品有效期：存储条件：2～8℃储存，有效期一年。附件：注册产品标准，产品说明书。

适用范围:该产品用于定量测定人血清，血浆中甘油三酯(TG)的浓度。

生产厂家:德国 Autec Diagnostica

注册代理:北京普瑞亚科技有限公司

发证日期:2014.07.04　**截止日期**:2019.07.03

国食药监械(进)字2014第2403313号

产品名称:β2-微球蛋白测定试剂盒(免疫比浊法)(β2-MG)

规格型号:试剂1(R1):1×40ml, 试剂2(R2):1×10ml; 试剂1(R1):2×40ml, 试剂2(R2):2×10ml; 试剂1(R1):2×60ml, 试剂2(R2):2×15ml; 试剂1(R1):2×100ml, 试剂2(R2):2×25ml; 试剂1(R1):1×800ml, 试剂2(R2):1×200ml。

产品标准:YZB/GER 3374-2014

性能组成:试剂1(R1):(稀释液) 氯化铵缓冲液0.2mol/L, 叠氮钠0.95g/L, pH 8.2; 试剂2(R2):(胶乳) 包被抗人β2-微球蛋白抗体胶乳悬液，叠氮钠0.95g/L。产品有效期：存储条件：2～8℃储存，有效期一年。附件：注册产品标准，产品说明书。

适用范围:该产品用于定量测定人血清中β2-微球蛋白(β2-MG)的浓度。

生产厂家:德国 Autec Diagnostica

注册代理:北京普瑞亚科技有限公司

发证日期:2014.07.04　**截止日期**:2019.07.03

国食药监械(进)字2014第2403314号

产品名称:α-羟丁酸脱氢酶测定试剂盒(DGKC推荐法)(α-Hydroxybutyrate Dehydrogenase(α-HBDH))

规格型号:试剂1(R1):5×100ml, 试剂2(R2):5×20ml; 试剂1(R1):5×70ml, 试剂2(R2):5×14ml; 试剂1(R1):2×75ml, 试剂2(R2):2×15ml; 试剂1(R1):2×100ml, 试剂2(R2):2×20ml; 试剂1(R1):1×5000ml, 试剂2(R2):1×1000ml。

产品标准:YZB/GER 3376-2014

性能组成:试剂1(R1):3-环已胺-2羟基-1-丙磺酸(CAPSO)缓冲液(pH 7.5); 试剂2(R2):磷酸盐、还原性辅酶、α-酮丁酸。(具体内容详见产品说明书)。产品有效期：存储条件：2～8℃储存，有效期一年。附件：注册产品标准，产品说明书。

适用范围:该产品用于定量测定人血清，血浆中的α-羟丁酸脱氢酶(HBDH)的活力。

生产厂家:德国 Autec Diagnostica

注册代理:北京普瑞亚科技有限公司

发证日期:2014.07.04　**截止日期**:2019.07.03

国食药监械(进)字2014第2403315号

产品名称:碱性磷酸酶测定试剂盒(IFCC推荐法)(Alkaline Phosphatase(ALP))

规格型号:试剂1(R1):5×100ml, 试剂2(R2):5×20ml; 试剂1(R1):5×70ml, 试剂2(R2):5×14ml; 试剂1(R1):2×75ml, 试剂2(R2):2×15ml; 试剂1(R1):2×100ml, 试剂2(R2):2×20ml; 试剂1(R1):1×5000ml, 试剂2(R2):1×1000ml。

产品标准:YZB/GER 3382-2014

性能组成:试剂1(R1):2-氨基-2-甲基-1-丙醇(pH 10.4)、氯化镁、锌、二乙胺四乙酸; 试剂2(R2):4-硝基苯磷酸。(具体内容详见产品说明书)。产品有效期：存储条件：2～8℃储存，有效期一年。附件：注册产品标准，产品说明书。

适用范围:该产品用于定量测定人血清，血浆中的碱性磷酸酶(ALP)的活力。

生产厂家:德国 Autec Diagnostica

注册代理:北京普瑞亚科技有限公司

发证日期:2014.07.04　**截止日期**:2019.07.03

国食药监械(进)字2014第2403316号

产品名称:γ-谷氨酰转肽酶测定试剂盒(IFCC推荐法)(CARBOXY(γ-GT)(GGT))

规格型号:试剂1(R1):5×100ml, 试剂2(R2):5×20ml; 试剂1(R1):5×70ml, 试剂2(R2):5×14ml; 试剂1(R1):2×75ml, 试剂2(R2):2×15ml; 试剂1(R1):2×100ml, 试剂2(R2):2×20ml; 试剂1(R1):1×5000ml, 试剂2(R2):1×1000ml。

产品标准:YZB/GER 3384-2014

性能组成:试剂1(R1):三羟甲基氨基甲烷(TRIS)缓冲液(PH8.25); 试剂2(R2):L-γ-谷氨酰-3-羧基-4-硝基苯胺、氨基乙酸。(具体内容详见产品说明书)。产品有效期：存储条件：2～8℃储存，有效期一年。附件：注册产品标准，产品说明书。

适用范围:该产品用于定量测定人血清，血浆中的γ-谷氨酰转肽酶(GGT)的活力。

生产厂家:德国 Autec Diagnostica

注册代理:北京普瑞亚科技有限公司

发证日期:2014.07.04　**截止日期**:2019.07.03

国食药监械(进)字2014第2403317号

产品名称:载脂蛋白B测定试剂盒(免疫比浊法)(Apolipoprotein B(Apo-B))

规格型号:试剂1(R1):4×80ml, 试剂2(R2):4×20ml; 试剂1(R1):5×60ml, 试剂2(R2):5×15ml; 试剂1(R1):2×80ml, 试剂2(R2):2×20ml; 试剂1(R1):5×100ml, 试剂2(R2):5×25ml; 试剂1(R1):1×4800ml, 试剂2(R2):1×1200ml。

产品标准:YZB/GER 3386-2014

性能组成:试剂1(R1): 缓冲液：磷酸盐缓冲液pH7.0 100mmol/L, 表面活性剂，稳定剂; 试剂2(R2): 缓冲液：磷酸盐缓冲液pH7.0 100mmol/L, 抗人载脂蛋白B抗体(羊抗)，稳定剂。产品有效期：存储条件：2～8℃储存，有效期一年。附件：注册产品标准，产品说明书。

适用范围:该产品用于定量测定人血清，血浆中载脂蛋白B(ApoB)的浓度。

生产厂家:德国 Autec Diagnostica

注册代理:北京普瑞亚科技有限公司

发证日期:2014.07.04　**截止日期**:2019.07.03

国食药监械(进)字2014第2403318号

产品名称:肌酐测定试剂盒(酶法)(Creatinine(Cre))

规格型号:试剂1(R1):5×75ml, 试剂2(R2):5×25ml; 试剂1(R1):5×60ml, 试剂2(R2):5×20ml; 试剂1(R1):2×60ml, 试剂2(R2):2×20ml; 试剂1(R1):4×45ml, 试剂2(R2):4×15ml; 试剂1(R1):1×4500ml, 试剂2(R2):1×1500 ml。

产品标准:YZB/GER 3387-2014

性能组成:试剂1(R1):缓冲液(Good) pH 7.6、肌酐酶、氧化肌胺酸、抗坏血酸氧化酶、N—乙酸乙酯—n—硫丙基; 试剂2(R2):缓冲液(Good) pH 7.6、过氧化物酶、氰亚铁酸盐钾、肌酐酸、4-氨基安替比林、表面活性剂和稳定剂。(具体内容详见产品说明书)。产品有效期：存储条件：2～8℃储存，有效期一年。附件：注册产品标准，产品说明书。

适用范围:该产品用于定量测定人血清，血浆或尿液中肌酐(Cre)的浓度。

生产厂家:德国 Autec Diagnostica

注册代理:北京普瑞亚科技有限公司
发证日期:2014.07.04　　截止日期:2019.07.03

国食药监械(进)字 2014 第 2403319 号

产品名称:高密度脂蛋白胆固醇测定试剂盒(直接法)(High Density Lipoprotein-cholesterol(HDL-C))
规格型号:试剂 1(R1):4×90ml,试剂 2(R2):6×20ml;试剂 1(R1):5×60ml,试剂 2(R2):5×20ml;试剂 1(R1):2×75ml,试剂 2(R2):2×25ml;试剂 1(R1):2×60ml,试剂 2(R2):2×20ml;试剂 1(R1):5×100ml,试剂 2(R2):8×20ml;试剂 1(R1):1×4500ml,试剂 2(R2):1×1500ml。
产品标准:YZB/GER 3394-2014
性能组成:试剂 1(R1):固得(GOOD)缓冲液,PH7.0、4-氨基安替比林、聚阴离子、a-浣烀精硫酸盐;试剂 2(R2):硫酸酯、过氧化物酶、胆固醇酯酶、胆固醇氧化酶。(具体内容详见产品说明书)。产品有效期:存储条件:2~8℃储存,有效期一年。附件:注册产品标准,产品说明书。
适用范围:该产品用于定量测定人血清,血浆中高密度脂蛋白-胆固醇(HDL-C)浓度。
生产厂家:德国 Autec Diagnostica
注册代理:北京普瑞亚科技有限公司
发证日期:2014.07.04　　截止日期:2019.07.03

国食药监械(进)字 2014 第 3403320 号

产品名称:α-L 岩藻糖苷酶测定试剂盒(CNPF 法)(α-L-Fucosidase(AFU))
规格型号:2×100ml;2×60ml;2×80ml;1×80ml;1×5000ml。
产品标准:YZB/GER 3395-2014
性能组成:缓冲液 pH 5.0、2-氯-4-硝基苯-&; alpha; -L-岩藻糖苷、稳定剂、界面活性剂。产品有效期:存储条件:2~8℃储存,有效期一年。附件:注册产品标准,产品说明书。
适用范围:该产品用于定量测定人血清,血浆中的α-L-岩藻糖苷酶(AFU)的活力。
生产厂家:德国 Autec Diagnostica
注册代理:北京普瑞亚科技有限公司
发证日期:2014.07.04　　截止日期:2019.07.03

国食药监械(进)字 2014 第 2403321 号

产品名称:细胞因子质控品(IMMULITE Cytokine Control Module)
规格型号:2×5mL(复溶后)
产品标准:YZB/UK 3890-2014
性能组成:质控品 1 和 2(ILC01、ILC02):两瓶冻干的含不同浓度水平细胞因子的人血清基质。产品有效期:在 2~8℃条件下保存,有效期 23 个月。附件:注册产品标准,产品说明书。
适用范围:本产品用于对白介素-6、白介素-1β、白介素-8、白介素 2 受体和α肿瘤坏死因子检测项目的质控。
生产厂家:英国 Siemens Healthcare Diagnostics Products Limited
注册代理:西门子医学诊断产品(上海)有限公司
发证日期:2014.07.04　　截止日期:2019.07.03

国食药监械(进)字 2014 第 2403322 号

产品名称:抗核抗体检测试剂盒(间接免疫荧光法)(ANA HEp2 IgG IFA Kit)
规格型号:H300L(货号):300 人份/盒
产品标准:YZB/USA 3750-2014
性能组成:含人喉癌细胞底物片、异硫氰酸荧光素抗人免疫球蛋白 G 酶标/伊文斯蓝、抗核抗体阳性质控、抗核抗体阴性质控、2X 样品稀释液、封片介质、磷酸盐缓冲液(粉状)、14 孔吸水纸、盖玻片(22×70mm)。(具体内容详见说明书)。产品有效期:在 2~8℃保存,有效期 12 个月。附件:注册产品标准,产品说明书。
适用范围:本产品用于体外定性检测人血清中的抗核抗体。
生产厂家:美国 Scimedx Corporation
注册代理:深圳市炬英生物科技有限公司
发证日期:2014.07.04　　截止日期:2019.07.03

国食药监械(进)字 2014 第 2403323 号

产品名称:血糖/乳酸校准液(Cal G/L)
规格型号:570096: 150mL/瓶。
产品标准:YZB/USA 3393-2014
性能组成:葡萄糖 10mmol/L、乳酸 2.0mmol/L、盐、缓冲液、防腐剂、去离子水。产品有效期:在 2~25℃的环境中保存,有效期 14 个月。附件:注册产品标准,产品说明书。
适用范围:该产品用于血糖、乳酸测试的一点及两点斜率校准。
生产厂家:美国 Siemens Healthcare Diagnostics Inc.
注册代理:西门子医学诊断产品(上海)有限公司
发证日期:2014.07.04　　截止日期:2019.07.03

国食药监械(进)字 2014 第 2403324 号

产品名称:缓冲液(6.838 Buffer)
规格型号:473386: 150mL/瓶。
产品标准:YZB/USA 3430-2014
性能组成:钠离子 100mmol/L、钾离子 8.0mmol/L、氯离子 70mmol/L 和钙离子 2.5mmol/L。产品有效期:在 2~25℃的环境中保存,有效期 12 个月。附件:注册产品标准,产品说明书。
适用范围:该产品用于运行样本测试前对 PH 值和电解质的一点、两点校准以及血氧计测试项目的零点校准。
生产厂家:美国 Siemens Healthcare Diagnostics Inc.
注册代理:西门子医学诊断产品(上海)有限公司
发证日期:2014.07.04　　截止日期:2019.07.03

国食药监械(进)字 2014 第 2403325 号

产品名称:血糖/乳酸零点校准液(Wash G/L Zero)
规格型号:473387: 370mL/瓶。
产品标准:YZB/USA 3431-2014
性能组成:盐(5.705g 氯化钠、0.304g 氯化钾、0.2669g 醋酸钙、3.670g 醋酸钠和 1.25g 醋酸锂),防腐剂。产品有效期:在 2~25℃的环境中保存,有效期 19 个月。附件:注册产品标准,产品说明书。
适用范围:该产品用于血糖、乳酸测试的零点校正。
生产厂家:美国 Siemens Healthcare Diagnostics Inc.
注册代理:西门子医学诊断产品(上海)有限公司
发证日期:2014.07.04　　截止日期:2019.07.03

国食药监械(进)字 2014 第 2403326 号

产品名称:维生素 B12 定标液(Vitamin B12 CalSet Ⅱ)
规格型号:4×1.0 mL(冻干品复溶体积)
产品标准:YZB/GER 3866-2014
性能组成:试剂-工作溶液(冻干品):由冻干人血清基质制成,添加了维生素 B12。维生素 B12 定标液 1(B12Cal1):2 瓶,每瓶复溶后含 1.0 mL 定标液 1;维生素 B12 定标液 2(B12 Cal2):2 瓶,每瓶复溶后含 1.0 mL 定标液 2。人血清基质中维生素 B12 的两个浓度范围分别约为 185 pmol/L 或 250 pg/mL 和约 1107 pmol/L 或 1500 pg/mL;防腐剂。提供的其他物品:条形码卡、定标液条形码表、4 个贴有标签的压盖式小空瓶、2×6 个试剂瓶标签。(具体内容详见产品说明书)。产品有效期:储存在 2~8℃,有效期 30 个月。附件:注册产品标准,产品说明书。
适用范围:该产品用于维生素 B12 定量测定的定标。
生产厂家:德国 Roche Diagnostics GmbH
注册代理:罗氏诊断产品(上海)有限公司
发证日期:2014.07.04　　截止日期:2019.07.03

国食药监械(进)字 2014 第 3403327 号

产品名称:甲胎蛋白定标液(AFP CalSet II)
规格型号:4×1.0 mL(冻干品复溶体积)
产品标准:YZB/GER 3882-2014
性能组成:试剂-工作溶液(冻干品):由冻干人血清制成,添加了甲胎蛋白(AFP)(人源,细胞培养获取)。甲胎蛋白定标液 1(AFP Cal1):2 瓶,每瓶复溶后含 1.0mL 定标液 1;甲胎蛋白定标液 2(AFP Cal2):2 瓶,每瓶复溶后含 1.0 mL 定标液 2。人血清基质中甲胎蛋白(AFP)(人源,细胞培养获取)的两个浓度范围分别约为 5IU/mL 或 6 ng/mL 和约 50 IU/mL 或 60 ng/mL。提供的其他物品:条形码卡、定标液条形码表、4 个贴有标签的压盖式小空瓶、2×6 个试剂瓶标签。(具体内容详见产品说明书)。产品有效期:2~8℃储存,可保存 29 个月。附件:

注册产品标准，产品说明书。
适用范围:用于甲胎蛋白定量检测项目的定标。
生产厂家:德国 Roche Diagnostics GmbH
注册代理:罗氏诊断产品(上海)有限公司
发证日期:2014.07.04 **截止日期**:2019.07.03

国食药监械(进)字 2014 第 2403328 号

产品名称:维生素 B12 检测试剂盒(电化学发光法)(Vitamin B12)
规格型号:100 测试/盒
产品标准:YZB/GER 3937-2014
性能组成:试剂盒 (M、R1、R2) 和预处理试剂 (PT1、PT2) 标签名称为 B12。 预处理试剂 1 (白色瓶盖)，1 瓶，4 mL：二硫苏糖醇 1.028 g/L；稳定剂，pH 5.5。预处理试剂 2 (灰色瓶盖)，1 瓶，4 mL： 氢氧化钠 40 g/L；氰化钠 2.205 g/L。链霉亲合素包被的微粒 (透明瓶盖)，1 瓶，6.5 mL：链霉亲合素包被的微粒 0.72 mg/mL；防腐剂。钌标记的内因子 (灰色瓶盖)，1 瓶，10 mL：钌标记猪内因子 4 μg/L； 钴啉醇酰胺二氰化物 15 μg/L；稳定剂；人血清白蛋白；磷酸盐缓冲液，pH 值 5.5；防腐剂。生物素化的维生素 B12 (黑色瓶盖)，1 瓶，8.5 mL：生物素标记维生素 B12，25 μg/L；生物素 3 μg/L； 磷酸盐缓冲液， pH 7.0；防腐剂。产品有效期：储存在 2～8℃，效期为 24 个月。附件：注册产品标准，产品说明书。
适用范围:该产品用于体外定量测定人血清和血浆中的维生素 B12。
生产厂家:德国 Roche Diagnostics GmbH
注册代理:罗氏诊断产品(上海)有限公司
发证日期:2014.07.04 **截止日期**:2019.07.03

国食药监械(进)字 2014 第 2403329 号

产品名称:促卵泡成熟激素检测试剂盒(电化学发光法)(FSH)
规格型号:100 测试/盒
产品标准:YZB/GER 3972-2014
性能组成:试剂-工作溶液：试剂盒 (M、R1、R2) 标签名称为 FSH。 链霉亲合素包被的微粒 (透明瓶盖)，1 瓶，6.5 mL：链霉亲合素包被的微粒 0.72 mg/mL，含防腐剂。生物素化抗促卵泡成熟激素抗体 (灰盖)，1 瓶，10mL：生物素化抗促卵泡成熟激素单克隆抗体 (小鼠) 0.5mg/L，MES 缓冲液 50 mmol/L，pH 值 6.0 ；含防腐剂。 钌标记的抗促卵泡成熟激素抗体 (黑盖)，1 瓶，10 mL：钌复合物标记的抗促卵泡成熟激素单克隆抗体 (小鼠) 0.8mg/L，MES 缓冲液 50 mmol/L，pH 值 6.0；含防腐剂。产品有效期：储存在 2～8℃，效期为 19 个月。附件：注册产品标准，产品说明书。
适用范围:该产品用于体外定量测定人血清和血浆中的促卵泡成熟激素 (FSH) 含量。
生产厂家:德国 Roche Diagnostics GmbH
注册代理:罗氏诊断产品(上海)有限公司
发证日期:2014.07.04 **截止日期**:2019.07.03

国食药监械(进)字 2014 第 2403330 号

产品名称:糖缺失转铁蛋白测定试剂盒(乳胶增强散射比浊法)(N Latex CDT Kit)
规格型号:糖缺失转铁蛋白试剂 1：3 × 0.9 mL； 糖缺失转铁蛋白试剂 2：3 × 0.9 mL；糖缺失转铁蛋白补充试剂：3 × 2 mL； 糖缺失转铁蛋白标准品：3 × 1 mL； 糖缺失转铁蛋白质控品 1： 3 × 1 mL；糖缺失转铁蛋白质控品 2：3 × 1 mL。
产品标准:YZB/GER 3733-2014
性能组成:糖缺失转铁蛋白试剂 1，糖缺失转铁蛋白试剂 2，糖缺失转铁蛋白补充试剂，糖缺失转铁蛋白标准品，糖缺失转铁蛋白质控品 1 和 糖缺失转铁蛋白质控品 2，防腐剂。(具体内容详见说明书)。产品有效期：在 +2 ～+8 °C 条件下储存，有效期 18 个月。附件：注册产品标准，产品说明书。
适用范围:该产品用于体外定量测定人血清中的糖缺失转铁蛋白 (CDT) 的含量。
生产厂家:德国 Siemens Healthcare Diagnostics Products GmbH
注册代理:西门子医学诊断产品(上海)有限公司
发证日期:2014.07.04 **截止日期**:2019.07.03

国食药监械(进)字 2014 第 2403331 号

产品名称:免疫球蛋白 G1 测定试剂盒(散射比浊法)(N AS IgG1)
规格型号:1×1.5 mL
产品标准:YZB/GER 3692-2014
性能组成:本产品是用高纯度的人免疫球蛋白 G1 亚类免疫绵羊而得到的液体的动物血清。活性抗体浓度 < 60 g/L。防腐剂：叠氮化钠 < 1 g/L。产品有效期：在 +2 到 +8 °C 的条件下储存，有效期 12 个月。附件：注册产品标准，产品说明书。
适用范围:本品用于体外定量测定人血清中免疫球蛋白 G 亚型 1 的含量。
生产厂家:德国 Siemens Healthcare Diagnostics Products GmbH
注册代理:西门子医学诊断产品(上海)有限公司
发证日期:2014.07.04 **截止日期**:2019.07.03

国食药监械(进)字 2014 第 2403332 号

产品名称:尿液分析校准品(Clinitek Atlas Calibration Kit)
规格型号:校准品 1:230mL/瓶；校准品 2:230mL/瓶；校准品 3:230mL/瓶； 校准品 4：230mL/瓶。
产品标准:YZB/USA 3831-2014
性能组成:校准品 1：2g/L 磷酸二氢钾，1.8g/L 氯化钠，1g/L 醋酸钠，8g/L 尿素，防腐剂。 校准品 2：20g/L 磷酸二氢钾，18g/L 氯化钠，10g/L 醋酸钠，80g/L 尿素，防腐剂。校准品 3：5g/L 磷酸二氢钾，4.5g/L 氯化钠，2.5g/L 醋酸钠，20g/L 尿素，20g/L 葡萄糖，5g/L 牛白蛋白，防腐剂。 校准品 4：0.1g/L 聚合物颗粒，表面活性剂和 0.5g/L 叠氮钠作为防腐剂。产品有效期：储存于 2～8℃，有效期 18 个月。附件：注册产品标准，产品说明书。
适用范围:本产品用于对人体尿液标本中颜色、浊度、葡萄糖、胆红素、酮体 (乙酰乙酸)、比重、潜血、pH 值、蛋白、尿胆原、亚硝酸盐、白细胞和肌酐测定项目的校准。
生产厂家:美国 Siemens Healthcare Diagnostics Inc.
注册代理:西门子医学诊断产品(上海)有限公司
发证日期:2014.07.04 **截止日期**:2019.07.03

国食药监械(进)字 2014 第 2403333 号

产品名称:血糖试纸 (葡萄糖脱氢酶法)(商品名：活力型)(ACCU-Chek Active test strips)
规格型号:25 片试纸/盒，50 片试纸/盒。
产品标准:YZB/GER 3994-2014
性能组成:一个试纸筒 (内含试纸和 1 个列出比色色阶、浓度列表及密码号的标签)，1 个密码牌。试纸成分：葡萄糖脱氢酶醌蛋白突变体 (Mut. Q-GDH 2，EC 1.1.5.2 经改良的变体)，(不动杆菌属)；吡咯喹啉醌；双-(2-羟乙基)-(4-羟亚胺环己基-2，5-二烯炔)-氯化铵 ；2，18-磷钼酸，钠盐；稳定剂；非反应成分。产品有效期：2～30℃，有效期 12 个月。附件：注册产品标准，产品说明书。
适用范围:用于定量检测新鲜毛细血管全血中的葡萄糖浓度。检测部位可以是：手指、手掌，手臂。若使用机外添加血样的方式，也可使用含有肝素锂、肝素铵或 EDTA 抗凝剂的静脉血以及动脉血和新生儿血进行检测。
变更情况:变更日期：2014.12.22。产品有效期由“12 个月”变更为“18 个月”。
生产厂家:德国 Roche Diagnostics GmbH
注册代理:罗氏诊断产品(上海)有限公司
发证日期:2014.07.04 **截止日期**:2019.07.03

国食药监械(进)字 2014 第 2403334 号

产品名称:肌钙蛋白 I/B 型钠尿肽检测试剂盒 (胶体金法) (SD BIOLINE TnI/BNP Duo Rapid test kit)
规格型号:25 人份/盒
产品标准:YZB/ROK 4021-2014
性能组成:检测卡包含的活性成份有：金标记物：鼠抗肌钙蛋白 I 单克隆抗体胶体金 (0.053±0.011 μL)、鼠抗 BNP 单克隆抗体胶体金 (0.06±0.012 μL)、兔抗 LDH 抗体胶体金 (0.02±0.004 μL)；检测线：羊抗肌钙蛋白 I 多克隆抗体 (0.32±0.064 μL)、鼠抗 BNP 单克隆抗体 (0.32±0.064 μL)；质控线：重组 LDH 抗原 (0.48±0.096 μL)。 试剂盒中还包括干燥剂、一次性滴管。(具体内容详见产品说明书)。产品有效期：在 1～30℃，有效期为 18 个月。附件：注册产品标准，产品说明书。
适用范围:该产品用于体外定性检测人血清、血浆和静脉全血中心肌肌钙蛋白 I (cTnI) 和 B 型钠尿肽 (BNP)。
生产厂家:韩国 Standard Diagnostics, Inc.

注册代理:美艾利尔(中国)医疗器械有限公司
发证日期:2014.07.04 **截止日期**:2019.07.03

国食药监械(进)字 2014 第 2403335 号

产品名称:抗 F-肌动蛋白抗体 IgG 检测试剂盒(间接免疫荧光法)(Anti-F-Actin IIFT)
规格型号:见附页
产品标准:YZB/GER 3745-2014
性能组成:1. 生物载片，每张载片包含有 5 个反应区，每个反应区与包被有 VSM47 细胞的生物薄片 (BIOCHIP) 相对应； 2. 异硫氰酸荧光素 (FITC)标记的羊抗人 IgG，直接使用； 3. 阳性对照：抗 F-肌动蛋白抗体阳性，人源，直接使用； 4. 阴性对照：自身抗体阴性，人源，直接使用； 5. 磷酸盐 (PBS)，pH7.2； 6. 吐温 20； 7. 封片介质，直接使用； 8.盖玻片 (62mm×23mm)。产品有效期：生物载片及反应试剂应置于 2～8℃保存。如果保存恰当，自生产之日起保质期为 18 个月。附件：注册产品标准，产品说明书。
适用范围:该产品用于体外定性检测人血清或血浆中的抗 F-肌动蛋白抗体 IgG。
生产厂家:德国 EUROIMMUN Medizinische Labordiagnostika AG
注册代理:北京欧蒙生物技术有限公司
发证日期:2014.07.04 **截止日期**:2019.07.03

国食药监械(进)字 2014 第 3403337 号

产品名称:人类免疫缺陷病毒 1+2 型抗体检测试剂盒(化学发光免疫分析法)(BIO-FLASH anti-HIV 1+2)
规格型号:100 个测试/盒
产品标准:YZB/SPA 3701-2014
性能组成:试剂盒中有 3 个不同的小管，分别如下：A.1 个带有微粒悬浮液的圆柱形小管，包被有纯化的重组人类免疫缺陷病毒抗原(人类免疫缺陷病毒 1 型核心抗原 p24，人类免疫缺陷病毒 1 型包膜抗原 gp 41 和人类免疫缺陷病毒 2 型包膜抗原 gp 36)。另含有浓度低于 0.1%的叠氮钠。B. 空缺。C. 1 个不透明的示踪剂小管，由纯化的标记有异鲁米诺的重组人类免疫缺陷病毒抗原组成 (人类免疫缺陷病毒 1 型核心抗原 p 24，人类免疫缺陷病毒 1 型包膜抗原 gp 41 和人类免疫缺陷病毒 2 型包膜抗原 gp 36)。另含有浓度低于 0.1%的叠氮钠。D. 一支空管。产品有效期：本试剂盒 2～8° C 下保存有效期为 12 个月。附件：注册产品标准，产品说明书。
适用范围:该产品用于定性检测人血清或血浆中的人类免疫缺陷病毒 1 和 2 型抗体。
生产厂家:西班牙 BIOKIT, S.A.
注册代理:沃芬医疗设备国际贸易(上海)有限公司
发证日期:2014.07.07 **截止日期**:2019.07.06

国食药监械(进)字 2014 第 3403338 号

产品名称:轮状病毒和腺病毒抗原检测试剂盒(免疫层析法)(GastroVir K-SeT)
规格型号:20 人份/盒
产品标准:YZB/BEL 3971-2014
性能组成:检测卡和 HC 缓冲稀释液。(具体内容详见产品说明书)。产品有效期：4～30℃保存，有效期 24 个月。附件：注册产品标准，产品说明书。
适用范围:本产品用于体外定性检测人粪便样本中的 A 群轮状病毒抗原和肠道腺病毒抗原 (血清 40 和 41 型)。
生产厂家:比利时 Coris BioConcept
注册代理:北京威尼汇力医疗器械有限公司
发证日期:2014.07.07 **截止日期**:2019.07.06

国食药监械(进)字 2014 第 3403339 号

产品名称:KRAS 基因突变检测试剂盒(TaqMan 熔解曲线荧光 PCR 法)(cobas KRAS Mutation Test)
规格型号:24 测试
产品标准:YZB/GER 3999-2014
性能组成:KRAS 主反应液、醋酸镁、KRAS 密码子 12/13 寡核苷酸混合物、KRAS 密码子 61 寡核苷酸混合物、KRAS 突变质控、KRAS 校准品、DNA 样本稀释液。(具体内容详见说明书)。产品有效期：-25～-15℃保存，有效期至 19 个月。附件：注册产品标准，产品说明书。
适用范围:见附页。
生产厂家:德国 Roche Diagnostics GmbH
注册代理:罗氏诊断产品(上海)有限公司
发证日期:2014.07.07 **截止日期**:2019.07.06

国食药监械(进)字 2014 第 3403340 号

产品名称:EGFR 基因突变检测试剂盒(等位基因特异扩增荧光 PCR 法)(cobas EGFR Mutation Test)
规格型号:24 测试
产品标准:YZB/GER 4011-2014
性能组成:主反应液-1、主反应液-2、主反应液-3、醋酸镁、EGFR 突变质控、DNA 样本稀释液。(具体内容详见说明书)。产品有效期：2～8℃保存，有效期 25 个月。附件：注册产品标准，产品说明书。
适用范围:见附页。
生产厂家:德国 Roche Diagnostics GmbH
注册代理:罗氏诊断产品(上海)有限公司
发证日期:2014.07.07 **截止日期**:2019.07.06

国食药监械(进)字 2014 第 3403341 号

产品名称:弓形虫 IgG 抗体亲合力检测试剂盒(化学发光免疫分析法)(LIAISON® XL Toxo IgG Avidity)
规格型号:25 人份/盒
产品标准:YZB/ITA 3751-2014
性能组成:磁微粒、校准品 1 、校准品 2 、样本稀释液、缓冲液 B、结合物。(具体内容详见说明书)。产品有效期：2～8℃竖直向上保存，有效期 18 个月。附件：注册产品标准，产品说明书。
适用范围:本产品用于体外定性检测人血清或血浆样本中的弓形虫特异性 IgG 抗体与抗原结合的亲合力。
生产厂家:意大利 DiaSorin S.p.A.
注册代理:索灵诊断医疗设备(上海)有限公司
发证日期:2014.07.07 **截止日期**:2019.07.06

国食药监械(进)字 2014 第 3463342 号(更)

产品名称:胆道支架 (商品名：EGIS Biliary Stent) (EGIS Biliary Stent)
规格型号:见附页
产品标准:YZB/ROK 3273-2014《胆道支架》
备注:代理人由“北京迈迪克康尔商贸有限责任公司”变更为“北京润美康医药有限公司”。注册证由“国食药监械(进)字 2014 第 3463342 号”变更为“国食药监械(进)字 2014 第 3463342 号 (更)”，原证自发证之日起作废。
生产厂家:韩国 S&G Biotech Inc.
注册代理:北京润美康医药有限公司
服务机构:北京润美康医药有限公司
变更日期:2014.09.28 **截止日期**:2019.07.09

国食药监械(进)字 2014 第 3663343 号

产品名称:一次性使用泵用输液器(Infusion Set)
规格型号:M46442500 VL ST22M46442600 VL ST42
产品标准:YZB/GER 2990-2014《一次性使用泵用输液器》
性能组成:产品由瓶塞穿刺器保护套，瓶塞穿刺器，带空气过滤器和塞的进气口，滴斗，药液过滤器，管路，夹具，防回流阀，无针接头，流量调节器，硅胶泵管，安全夹具，外圆锥接头和外圆锥接头保护帽组成。
适用范围:该产品为用于 VOLUMAT AGILIA/VOLUMAT MC AGILIA 型输液泵的一次性使用输液器，用于输注无特定过滤要求及无特定不相容性的药物/液体。
生产厂家:德国 Fresenius Kabi AG
注册代理:费森尤斯卡比(中国)投资有限公司
服务机构:费森尤斯卡比(中国)投资有限公司
发证日期:2014.07.10 **截止日期**:2019.07.09

国食药监械(进)字 2014 第 3663344 号

产品名称:一次性使用肠外营养输液器(Infusion Set)
规格型号:M46444400 VL PN02
产品标准:YZB/GER 2977-2014《一次性使用肠外营养输液器》

性能组成:产品由瓶塞穿刺器保护套，瓶塞穿刺器，带空气过滤器和塞的进气口，滴斗，15μm 药液过滤器，管路，流量调节器，接头，硅胶泵管，安全夹具，1.2μm 过滤器，无针接头，外圆锥接头，外圆锥接头保护帽组成。
适用范围:该产品为用于 VOLUMAT AGILIA/VOLUMAT MC AGILIA 型输液泵的一次性使用输液器，用于输注无特定过滤要求及无特定不相容性要求的药物。
生产厂家:德国 Fresenius Kabi AG
注册代理:费森尤斯卡比(中国)投资有限公司
服务机构:费森尤斯卡比(中国)投资有限公司
发证日期:2014.07.10 **截止日期**:2019.07.09

国食药监械(进)字 2014 第 3633345 号

产品名称:正畸支抗系统(Orthodontic Bone Anchor System)
规格型号:见附页
产品标准:YZB/SWI 3660-2014《正畸支抗系统》
性能组成:该产品由正畸支抗板和正畸支抗钉组成，正畸支抗板采用符合 ISO 5832-2 的纯钛(TiCP)材料制造，正畸支抗钉采用符合 ISO 5832-11 的钛 6 铝 7 铌 (TI A16 Nb7)材料制造。包装包括灭菌包装和非灭菌包装，灭菌包装的产品的型号后缀有“S”字母。
适用范围:该产品适用于正畸治疗中提供口内支抗。
生产厂家:瑞士 Synthes GmbH
注册代理:强生(上海)医疗器材有限公司
服务机构:见附页
发证日期:2014.07.10 **截止日期**:2019.07.09

国食药监械(进)字 2014 第 3463346 号

产品名称:中空螺钉 (商品名: ZCS) (Zimmer Cannulated Screw)
规格型号:见附页
产品标准:YZB/USA 3473-2014《中空螺钉》
性能组成:该产品采用符合 ASTM F2229 标准规定的 23 锰-21 铬-1 钼不锈钢材料制成，非灭菌包装。
适用范围:适用于固定长骨骨折和小型骨骨折，其中包括:跗骨和跖骨骨折；跖骨和趾骨截骨；腕骨和掌骨骨折；腕骨和掌骨关节固定；手部和腕部小骨折块；韧带固定；骶髂关节脱位；远端股骨和近端胫骨骨折；髋部关节囊内骨折；踝关节固定；骨盆和髋臼骨折。
生产厂家:美国 Pioneer Surgical Technology, Inc.
注册代理:捷迈(上海)医疗国际贸易有限公司
服务机构:捷迈(上海)医疗国际贸易有限公司
发证日期:2014.07.10 **截止日期**:2019.07.09

国食药监械(进)字 2014 第 3213347 号

产品名称:连续神经丛阻滞套件(商品名:Contiplex D)(Catheter Sets and Cannula for Continuous Plexus Anaesthesia)
规格型号:4892402N, 4892410N, 4894235N, 4894243N, 4895819N, 4894391N
产品标准:YZB/GER 3392-2014《连续神经丛阻滞套件》
性能组成:连续神经丛阻滞套件由套管针、导管、导管连接器、Omnifix 注射器、过滤器、过滤器固定敷贴组成。环氧乙烷灭菌，一次性使用。
适用范围:用于连续外周神经阻滞麻醉。
生产厂家:德国 B. Braun Melsungen AG
注册代理:贝朗医疗(上海)国际贸易有限公司
服务机构:贝朗医疗(上海)国际贸易有限公司
发证日期:2014.07.10 **截止日期**:2019.07.09

国食药监械(进)字 2014 第 3223348 号

产品名称:软性亲水接触镜(商品名: SEED 2weekPure)(Soft Hydrophilic Contact Lenses)
规格型号:散光片
产品标准:YZB/JAP 1738-2014《软性亲水接触镜》
性能组成:日戴软性亲水接触镜，镜片材料由甲基丙烯酸羟乙酯、N, N, N-三甲基-3-(2-甲基烯丙酰胺基)-1-氯化丙铵、琥珀酸单{2-{(2-甲基-丙烯酰基)氧}乙基}酯、甲基丙烯酸甲酯、甲基丙烯酸乙二醇酯以及添加剂、染料聚合而成，着淡蓝色，采用聚丙烯杯或玻璃瓶包装。各参数标称值: 含水量: 58%，折射率: 1.406，透氧系数: 30×10-11 (cm2/s) [ml02/ (ml×mmHg)]，-3D 透氧量: 30×10^{-9} (cm/s) [ml02/ (ml×mmHg)]，后顶焦度范围: 0.00D～-10.00D，可见光透过率＞93%，柱镜焦度范围: -0.25D～-5.00D。推荐更换周期二周。产品经高压蒸汽灭菌。
适用范围:适用于 18 岁以上患者散光的矫正。
生产厂家:日本 SEED Co., Ltd
注册代理:实瞳(上海)商贸有限公司
服务机构:实瞳(上海)商贸有限公司
发证日期:2014.07.10 **截止日期**:2019.07.09

国食药监械(进)字 2014 第 3223349 号

产品名称:多功能隐形眼镜护理液(商品名:Opto-Pharm Multi-purpose Solution) (Lenbert Comfort Plus All- in-One Multi-Purpose Solution)
规格型号:500ml、360ml、350ml、260ml、240ml、120ml、60ml、15ml、10ml
产品标准:YZB/SIN 3652-2014《多功能隐形眼镜护理液》
性能组成:无菌溶液。成分组成: 泊洛沙姆 407、乙二胺四乙酸二钠(EDTA)、聚亚己基缩二胍(PHMB)、羟丙基甲基纤维素 (HPMC)、氯化钠、硼酸钠、硼酸、盐酸及纯水。
适用范围:适用于软性亲水接触镜的清洁、除蛋白、消毒、保湿、润滑、冲洗和贮存。
变更情况:变更日期: 2014.11.19。售后服务机构由“北京爱尔默医药技术开发有限公司”变更为“上海菲士康隐形眼镜有限公司、上海子迈光学科技有限公司、武汉欧芳科技有限公司、北京傲视阿尔法光学技术有限公司、上海鼎亚生物科技有限公司”。
生产厂家:新加坡 Opto-Pharm Pte Ltd
注册代理:北京爱尔默医药技术开发有限公司
服务机构:北京爱尔默医药技术开发有限公司
发证日期:2014.07.10 **截止日期**:2019.07.09

国食药监械(进)字 2014 第 3223350 号

产品名称:多功能隐形眼镜护理液(Opto-Pharm Multi-Purpose Contact Lens Solution)
规格型号:500ml、360ml、350ml、260ml、240ml、120ml
产品标准:YZB/SIN 3663-2014《多功能隐形眼镜护理液》
性能组成:无菌溶液。成分组成: 泊洛沙姆 407、乙二胺四乙酸二钠(EDTA)、聚亚己基缩二胍、丙二醇、氯化钠、二水合磷酸二氢钠、无水磷酸氢二钠及纯水。
适用范围:适用于软性和硬性接触镜在非加热环境下的日常清洁、消毒和保存。
变更情况:变更日期: 2014.11.19。售后服务机构由“北京爱尔默医药技术开发有限公司”变更为“上海科莱博隐形眼镜有限公司、武汉欧芳科技有限公司、昆明高姿眼镜有限公司、上海鼎亚生物科技有限公司”。
生产厂家:新加坡 Opto-Pharm Pte Ltd
注册代理:北京爱尔默医药技术开发有限公司
服务机构:北京爱尔默医药技术开发有限公司
发证日期:2014.07.10 **截止日期**:2019.07.09

国食药监械(进)字 2014 第 3223351 号

产品名称:多功能隐形眼镜护理液(Opto-Pharm P2 Revitalise+Multi-Purpose Solution)
规格型号:120ml, 240ml, 260ml, 350ml, 360ml, 500ml
产品标准:YZB/SIN 3667-2014《多功能隐形眼镜护理液》
性能组成:无菌溶液。成分组成: 聚亚己基缩二胍 (PHMB)、乙二胺四乙酸二钠(EDTA)、羟丙基甲基纤维素 (HPMC)、泊洛沙姆 407、透明质酸钠、丙二醇、TRIS、氯化钠、氯化钾、硼酸钠、硼酸、盐酸及纯水。
适用范围:适用于软性隐形眼镜，可以提供清洁、消毒、冲洗、储存、湿润、去蛋白多种功能。
变更情况:变更日期: 2014.11.19。售后服务机构由“北京爱尔默医药技术开发有限公司”变更为“视奇光学(上海)有限公司”、上海欧吐芳光学产品有限公司、武汉欧芳科技有限公司、上海鼎亚生物科技有限公司。
生产厂家:新加坡 Opto-Pharm Pte Ltd
注册代理:北京爱尔默医药技术开发有限公司
服务机构:北京爱尔默医药技术开发有限公司
发证日期:2014.07.10 **截止日期**:2019.07.09

国食药监械(进)字2014第3463352号

产品名称:直型接骨板(Trauma Straight Plate)
规格型号:见附页
产品标准:YZB/USA 3869-2014《直型接骨板》
性能组成:该产品为非锁定接骨板,由符合ASTM F67标准要求的4级纯钛材料制成,产品表面无着色。非灭菌包装。
适用范围:该产品与同一企业同系列接骨螺钉组配使用,分别适用发生在以下部位的骨折:1.通用重建带适用于发生在锁骨、肩胛骨、肱骨远端、髋臼以及骨盆的骨折2.100度管形板适用于发生在腓骨、外侧踝、跖骨和掌骨、肘突、肱骨远端、肱骨头、桡骨远端背侧、桡骨、尺骨以及胫骨远端的骨折
生产厂家:美国DePuy Orthopaedics, Inc.
注册代理:邦美(上海)商贸有限公司
服务机构:邦美(上海)商贸有限公司
发证日期:2014.07.10 **截止日期**:2019.07.09

国食药监械(进)字2014第3633353号

产品名称:根管桩(Prosthetic Over Post)
规格型号:#0, #1, #2, #3, #4
产品标准:YZB/ITA 3641-2014《根管桩》
性能组成:该产品 由纤维和树脂组成。纤维:70%(65%二氧化硅、25%三氧化二铝、10%氧化镁)。树脂:30%(环氧树脂聚合物、甲酸酐、环胺、硫酸钡、皂化酯蜡)。
适用范围:该产品设计用于各种临床病例,特别是大部分受损和承受应力非常大的牙齿。可提供的多种尺寸能够用于所有类型的牙齿。
生产厂家:意大利OVERFIBERS S.r.l.
注册代理:北京美博佳业医疗器械有限公司
服务机构:北京美博佳业医疗器械有限公司
发证日期:2014.07.10 **截止日期**:2019.07.09

国食药监械(进)字2014第3773354号

产品名称:自膨式颅内取栓器(商品名:ReVive SE)(ReVive SE (Self-Expanding) Thrombectomy Device)
规格型号:FRS214522-99
产品标准:YZB/SWI 3169-2014《自膨式颅内取栓器》
性能组成:该产品由筐体和输送系统组成,其中输送系统包括一条输送导丝和一个导入器。筐体预先安装在导入器内部的输送导丝上。框体材料为镍钛合金。辐照灭菌,一次性使用。
适用范围:通过在堵塞部位建立临时性旁路以及/或通过非手术方式清除栓塞和血栓,帮助急性缺血性中风继发颅内血管堵塞患者恢复血流。使用同时,可以抽吸以及注射或灌注造影剂及其他液体。
生产厂家:瑞士Medos International SARL
注册代理:强生(上海)医疗器材有限公司
服务机构:强生(上海)医疗器材有限公司
发证日期:2014.07.10 **截止日期**:2019.07.09

国食药监械(进)字2014第3463355号

产品名称:舌悬吊系统(Airvance Bone Screw System)
规格型号:76353200M, 76310200M
产品标准:YZB/USA 3486-2014《舌悬吊系统》
性能组成:该产品由骨螺钉植入器、缝线穿引器、压舌板、咬垫、自由弯针、舌骨针、带线骨螺钉组成。带线骨螺钉中螺钉由符合GB/T13810的Ti-6AL-4V EL1制成,线的材料为聚丙烯。环氧乙烷灭菌,一次性使用。
适用范围:该产品的用途是通过一个带线骨螺钉将舌根部软组织固定于下颌骨以实现舌根的前悬挂,和/或通过两个带线骨螺钉将舌骨悬吊于下颚骨,以达到治疗阻塞性睡眠呼吸暂停(OSA)和/或打鼾的目的。
生产厂家:美国Medtronic Xomed Inc.
注册代理:美敦力(上海)管理有限公司
服务机构:美敦力(上海)管理有限公司
发证日期:2014.07.10 **截止日期**:2019.07.09

国食药监械(进)字2014第3663356号

产品名称:灌注管路(商品名:SMARTABLATE)(SMARTABLATE Irrigation Tubing Set)
规格型号:SAT001
产品标准:YZB/USA 2738-2014《灌注管路》
性能组成:由保护套、穿刺器、滴斗、管路、鲁尔接头、三通接头组成,组成材料为高密度聚乙烯、聚氯乙烯、丙烯酸聚合物、聚丙烯、聚碳酸酯、硅润滑剂和环己酮。本产品为一次性使用,伽玛射线灭菌。
适用范围:与灌注泵配合使用,以规定的流速向本公司的射频消融导管(CELSIUS THERMOCOOL、NAVISTAR THERMOCOOL导管)提供冲洗溶液,用于导管头端的冷却。
生产厂家:美国Biosense Webster, Inc.
注册代理:强生(上海)医疗器材有限公司
服务机构:强生(上海)医疗器材有限公司
发证日期:2014.07.10 **截止日期**:2019.07.09

国食药监械(进)字2014第3543357号

产品名称:储液盒(商品名:CADD®)(Reservoirs)
规格型号:21-7308-24, 21-7309-24, 21-7310-24
产品标准:YZB/USA 3662-2014《储液盒》
性能组成:产品由外壳、药液储存袋、管路、鲁尔接头、鲁尔接头帽、压力片、储液盒夹子和无孔帽组成。产品材质为聚氯乙烯、聚碳酸酯、聚丙烯、乙缩醛。
适用范围:储液盒作为储液装置可配合Smiths Medical ASD, Inc.公司生产的患者输液泵和输液管理套装对患者进行输液,除说明书中具体说明的情况外,储液盒与任何史密斯生产的输液泵和输液管理套装均能自由搭配。
生产厂家:美国Smiths Medical ASD, Inc.
注册代理:史密斯医疗器械(北京)有限公司
服务机构:史密斯医疗器械(北京)有限公司
发证日期:2014.07.10 **截止日期**:2019.07.09

国食药监械(进)字2014第3463358号

产品名称:膝下动脉支架系统(商品名:INPERIA ADVANCE CARBOSTENT)(Infrapopliteal Artery Stent System)
规格型号:见附页
产品标准:YZB/ITA 3114-2014《膝下动脉支架系统》
性能组成:该产品由RX型球囊扩张导管和预装支架组成。支架材料为L605钴铬合金,涂有碳涂层(iCarbofilm)并带有铂金丝的不透射线标记点。环氧乙烷灭菌,一次性使用。
适用范围:该产品用于下列情况:1.腘下水平的症状性慢性缺血患者的治疗,以缺血性疼痛、跛行、溃疡和/或营养性损害为特征,伴有下肢截肢风险,为改善或治愈上述问题者;2.腘下血管狭窄需PTA治疗的患者;3.外周血管选择性支架初次血管成形术,所需管径与目录中一致者;4.PTA后短期和长期效果不佳者。
生产厂家:意大利CID S.p.A.
注册代理:上海美创医疗器械有限公司
服务机构:上海美创医疗器械有限公司
发证日期:2014.07.10 **截止日期**:2019.07.09

国食药监械(进)字2014第3153359号

产品名称:胰岛素注射笔针头(商品名:来得时)(Fine-Ject Insulin Pen Needle)
规格型号:Fine Ject E30(规格30G, 外径0.30mm, 长度分为5mm、8mm、10mm三种), Fine Ject E31(规格31G, 外径0.25mm, 长度分为4mm、5mm、6mm、8mm四种), Fine Ject E32(规格32G, 外径0.23mm, 长度分为4mm、5mm、6mm三种)。
产品标准:YZB/ROK 3587-2014《胰岛素注射笔针头》
性能组成:产品经环氧乙烷灭菌,由聚乙烯灭菌帽、聚乙烯护套、304不锈钢(钢牌号:06Cr19Ni10)针管、聚丙烯针座及灭菌封组成,为一次性使用产品。
适用范围:本产品与胰岛素笔注射器配套使用,用于胰岛素皮下注射。
生产厂家:韩国Twobiens Co., Ltd
注册代理:世英(大连)国际贸易有限公司
服务机构:世英(大连)国际贸易有限公司
发证日期:2014.07.10 **截止日期**:2019.07.09

国食药监械(进)字2014第3773360号

产品名称:超滑微导丝(商品名:Approach)(Hydro ST Micro Wire

Guides)
规格型号:HMW-14-135-ST, HMW-14-190-ST, HMW-14-300-ST
产品标准:YZB/USA 3408-2014《超滑微导丝》
性能组成:本产品由芯杆和绕丝组成。芯杆为 304 不锈钢，外有聚四氟乙烯涂层。近端绕丝为 316 不锈钢，远端绕丝为铂金（7%镍)。微导丝远端带有聚氨酯包被和亲水涂层。产品经环氧乙烷灭菌，一次性使用。
适用范围:超滑微导丝适用于辅助向外周血管内输送经皮导管。
生产厂家:美国 Cook Incorporated
注册代理:库克(中国)医疗贸易有限公司
服务机构:库克(中国)医疗贸易有限公司
发证日期:2014.07.10 截止日期:2019.07.09

国食药监械(进)字 2014 第 3463361 号

产品名称:手外科内固定系统（商品名: LINOS)（Ti-Screws and Ti-Plates for hand surgery)
规格型号:见附页
产品标准:YZB/GER 3867-2014《手外科内固定系统》
性能组成:产品由接骨板、接骨螺钉和垫圈组成。材料为符合 GB/T13810-2007 标准的 TC4ELI 钛合金。部分型号经表面阳极氧化处理。产品为一次性使用。非灭菌包装。
适用范围:用于手外科骨折内固定。
生产厂家:德国 Gebrüder Martin GmbH & Co. KG
注册代理:德国马丁兄弟有限两合公司上海代表处
服务机构:德国马丁兄弟有限两合公司上海代表处
发证日期:2014.07.10 截止日期:2019.07.09

国食药监械(进)字 2014 第 3463362 号

产品名称:金属接骨螺钉(商品名: NCB PP Warsaw)(Metal Bone Screws)
规格型号:见附页
产品标准:YZB/USA 3502-2014《金属接骨螺钉》
性能组成:产品由单皮质螺钉和皮质骨螺钉组成，由符合 ISO 5832-3 的 Ti6Al4V 合金材料制成，表面未经阳极氧化处理。产品为灭菌包装。
适用范围:该产品与 NCB 接骨板配合使用，适用于骨折的临时性内固定以及长管状骨截骨术后的固定，如假体周围骨折、粉碎性骨折、髁上骨折、骨质稀少的骨折、骨折不愈合和畸形愈合。
生产厂家:美国 Zimmer Inc.
注册代理:捷迈(上海)医疗国际贸易有限公司
服务机构:捷迈(上海)医疗国际贸易有限公司
发证日期:2014.07.10 截止日期:2019.07.09

国食药监械(进)字 2014 第 3773363 号

产品名称:导丝（商品名: Enteer）（Enteer Guidewire)
规格型号:ENW-FX-014-300 ENW-SD-014-300 ENW-SF-014-300
产品标准:YZB/USA 3466-2014《导丝（商品名: Enteer)》
性能组成:Enteer 导丝为直径 0.014″的导丝，其远端末端带有不透射线的线圈，线圈可以协助在荧光镜导引下推入并回撤出血管，近端管身覆有聚四氟乙烯(PTFE)而远端管身的线圈部位覆有亲水性涂层。较窄的远端尖端可以协助对导丝进行控制。经环氧乙烷灭菌，一次性使用。
适用范围:Enteer 导丝用于在经皮腔内血管成形术(PTA)过程中协助置入球囊扩张导管或其他血管内器械。本产品不适用于脑血管。如果将 Enteer 导丝作为 Covidien 外周系统的一部分使用，则该器械适用于在置入其他介入器械之前，在超出狭窄外周病变的部位对常规导丝进行管腔内置入(包括慢性完全闭塞性病变)。
生产厂家:美国 ev3 Inc.
注册代理:柯惠医疗器材国际贸易(上海)有限公司
服务机构:柯惠医疗器材国际贸易(上海)有限公司
发证日期:2014.07.10 截止日期:2019.07.09

国食药监械(进)字 2014 第 3463364 号

产品名称:固定针（商品名: TSF）(Wires for TAYLOR SPATIAL FRAME External Fixator)
规格型号:102101、102102、102106、102107，见附页
产品标准:YZB/USA 3628-2014《固定针》
性能组成:该产品为固定针。材料为符合 ISO 5832-1:2007 要求的不锈钢。固定针为非灭菌状态交付。
适用范围:(1) 创伤后关节挛缩，造成活动范围缩小(2)会引起关节挛缩或活动范围减小的骨折与疾病，与需牵引的骨折.(3) 开放骨折与闭合骨折的固定(4) 长干骨形成假关节(5) 由牵引骨骺或干骺端来达到肢体延长(6) 骨或软组织畸形的纠正(7) 部分多骨或软组织缺陷的纠正.(8)关节融合术(9) 骨折感染或骨不愈合(10) 用于桡骨远端粉碎性关节内骨折的处理.
生产厂家:美国 Smith & Nephew, Inc.
注册代理:施乐辉医用产品国际贸易(上海)有限公司
服务机构:施乐辉医用产品国际贸易(上海)有限公司
发证日期:2014.07.10 截止日期:2019.07.09

国食药监械(进)字 2014 第 3223365 号

产品名称:软性亲水接触镜(Soft Contact Lens)
规格型号:ClaritiTM 1day elite
产品标准:YZB/UK 3291-2014《软性亲水接触镜(型号:ClaritiTM 1day elite)》
性能组成:该产品为日戴型软性亲水接触镜。由 N, N-二甲基丙烯酰胺、甲基丙烯酰氧丙基五甲基二硅氧烷、三羟甲基氨基甲烷、甲基丙烯酸羟乙酯、N-乙烯基吡咯烷酮、四乙二醇二甲基丙烯酸酯、紫外线吸收剂及着色剂等聚合而成，着淡蓝色。聚丙烯杯包装。各参数标称值: 含水量: 56%，折射率: 1.401，透氧系数: 60×10^{-11}(cm2/s)(mLO2/(mL×mmHg))，-3D 镜片透氧量:86×10^{-9}(cm/s) (mLO2/(mL×mmHg))，后顶焦度范围: -10.00D～ +8.00D，可见光透过率≥95%。UV-A 段 (316nm～380nm) 平均透射率＜50%，UV-B 段 (280nm～315nm) 平均透射率＜5%。每日抛弃型。产品经高压蒸汽灭菌。
适用范围:镜片适用于 18 岁及以上且无禁忌症患者矫正远视、近视。
生产厂家:英国 SAUFLON PHARMACEUTICALS LIMITED
注册代理:英国沙福隆医药有限公司上海代表处
服务机构:英国沙福隆医药有限公司上海代表处、上海柯蓝光学眼镜有限公司，详见附页
发证日期:2014.07.10 截止日期:2019.07.09

国食药监械(进)字 2014 第 3223366 号

产品名称:软性亲水接触镜(Soft Contact Lens)
规格型号:ClaritiTM elite
产品标准:YZB/UK 3315-2014《软性亲水接触镜(型号:ClaritiTM elite)》
性能组成:该产品为日戴型软性亲水接触镜。由 N, N-二甲基丙烯酰胺、甲基丙烯酰氧丙基五甲基二硅氧烷、三羟甲基氨基甲烷、甲基丙烯酸羟乙酯、N-乙烯基吡咯烷酮、四乙二醇二甲基丙烯酸酯、紫外线吸收剂及着色剂等聚合而成，着淡蓝色。聚丙烯杯包装。各参数标称值: 含水量: 56%，折射率: 1.401，透氧系数: 60×10^{-11}(cm2/s)(mLO2/(mL×mmHg))，-3D 镜片透氧量:86×10^{-9}(cm/s) (mLO2/(mL×mmHg))，后顶焦度范围: -10.00D～+8.00D，可见光透过率≥95%。UV-A 段 (316nm～380nm) 平均透射率＜50%，UV-B 段 (280nm～315nm) 平均透射率＜5%。推荐更换周期一个月。产品经高压蒸汽灭菌。
适用范围:镜片适用于 18 岁及以上且无禁忌症患者矫正远视、近视。
生产厂家:英国 SAUFLON PHARMACEUTICALS LIMITED
注册代理:英国沙福隆医药有限公司上海代表处
服务机构:英国沙福隆医药有限公司上海代表处、上海柯蓝光学眼镜有限公司，详见附页
发证日期:2014.07.10 截止日期:2019.07.09

国食药监械(进)字 2014 第 3463367 号

产品名称:颈椎前路椎间融合器（商品名: ACIS）(ACIS)
规格型号:见附页
产品标准:YZB/SWI 3583-2014《颈椎前路椎间融合器》
性能组成:融合器采用符合 YY/T 0660 的超高分子聚合物-聚醚醚酮 LT1 材料制造，内部嵌有 3 颗符合 ISO 5832-3 的钛 6 铝 4 钒材料制造的显影钉. 灭菌包装。
适用范围:用于颈椎前路椎间盘切除术后替换椎间盘，以使相邻椎体融合来复位和稳定颈椎，适用节段为 C2-C7。
生产厂家:瑞士 Synthes GmbH
注册代理:强生(上海)医疗器材有限公司
服务机构:辛迪思(上海)医疗器械贸易有限公司; 强生(上海)医疗器材有限公司
发证日期:2014.07.10 截止日期:2019.07.09

国食药监械(进)字2014第2663368号

产品名称:一件式造口袋（商品名：胜舒）(SenSura 1-pc Bag)
规格型号:15020, 15061, 15071, 15202, 15251, 15441, 15450, 15541, 15550, 11801, 11803, 11804（详见附页）
产品标准:YZB/DEN 3774-2014《一件式造口袋》
性能组成:胜舒一件式造口袋包括肠造口袋和尿路造口袋。肠造口袋分为开口袋和闭口袋，由外袋(带隐藏易排放口和信封式封口--开口袋适用)，底盘(带移除凸耳和剪孔标尺)，过滤片(带排气孔)和腰带扣环(微凸底盘适用)组成；尿路造口袋由多腔式外袋(带抗返流结构)，底盘(带移除凸耳和剪孔标尺)，引流阀组成。产品外袋有透明和不透明(带观察窗)两种，成分为PP无纺布和PE薄膜(袋身及排放口)，乙烯-1辛烯共聚物和乙烯-醋酸乙烯共聚物(EVA)(封口器)；底盘有标准底盘和微凸底盘两种，成分为聚异丁烯、苯乙烯-异戊二烯-丁二烯橡胶、果胶LM 12CG、胶体PB220、羧甲基纤维素钠、瓜尔豆胶FG-200和氧化再生铁；过滤片的成分为活性炭和PET热黏合非织物材料；腰带扣环的成分为PE/EVA；引流阀的成分为热塑弹性体SEBS(苯乙烯-乙烯丁二烯-苯乙烯)。
适用范围:产品适用于造口者收集造口排泄物。
备注:2014年09月28日同意更正型号、规格内容，2014年7月10日核发的医疗器械注册登记表、附页予以废止。
生产厂家:丹麦 Coloplast A/S
注册代理:康乐保(中国)医疗用品有限公司
服务机构:康乐保(中国)医疗用品有限公司
发证日期:2014.07.10 **截止日期**:2019.07.09

国食药监械(进)字2014第2663369号

产品名称:二件式造口袋（商品名：胜舒）(SenSura 2-pcs Bag)
规格型号:10011、10015、10021、10025、10031、10035、10041、10045、11011、11015、11021、11025、11031、11035、11041、11045；10154、10155、10156、10174、10175、10186、10351、10354、10355、10356、10385、10386、10387；11851、11852、11855、11856.
产品标准:YZB/DEN 3779-2014《二件式造口袋》
性能组成:胜舒二件式造口袋包括肠造口袋、尿路造口袋和底盘。肠造口袋分为开口袋和闭口袋，主要由外袋(带隐藏易排放口和信封式封口--开口袋适用)，过滤片(带排气孔)和带锁扣的底盘连接环组成；尿路造口袋主要由多腔式外袋(带抗返流结构)，带锁扣的底盘连接环和引流阀组成；底盘主要由粘贴面(带移除凸耳和剪孔标尺)，造口袋连接环和腰带扣环组成。产品外袋有透明和不透明(带观察窗)两种，主要成分为PP无纺布和PE薄膜(袋身及排放口)，乙烯-1辛烯共聚物和乙烯-醋酸乙烯共聚物(EVA)(封口器)；底盘有标准底盘和微凸底盘两种，其主要成分为聚异丁烯、苯乙烯-异戊二烯-丁二烯橡胶、果胶LM 12CG、胶体PB220、羧甲基纤维素钠、瓜尔豆胶FG-200和氧化再生铁；底盘连接环的主要成分丁二烯-苯乙烯丙烯腈-n-丙烯酸丁酯聚合体；过滤片的主要成分为活性炭和PET热黏合非织物材料；腰带扣环和造口袋连接环的主要成分为PE/EVA；引流阀的主要成分为热塑弹性体SEBS(苯乙烯-乙烯丁二烯-苯乙烯)。
适用范围:产品适用于造口者收集造口排泄物。
生产厂家:丹麦 Coloplast A/S
注册代理:康乐保(中国)医疗用品有限公司
服务机构:康乐保(中国)医疗用品有限公司
发证日期:2014.07.10 **截止日期**:2019.07.09

国食药监械(进)字2014第2633370号

产品名称:硅烷预处理剂（商品名：Monobond N）(Monobond N)
产品标准:YZB/LIE 3522-2014《硅烷预处理剂》
性能组成:由硅烷丙烯酸甲酯(2.0%)、磷酸丙烯酸甲酯(1.0%)、硫化丙烯酸甲酯(1.0%)和乙醇(96.0%)组成。
适用范围:该产品在粘结剂和玻璃陶瓷、氧化陶瓷、金属、树脂、加强型纤维桩等修复体之间形成持久牢固的化学粘结。
生产厂家:列支敦士登 Ivoclar Vivadent AG
注册代理:义获嘉伟瓦登特（上海）商贸有限公司
服务机构:义获嘉伟瓦登特（上海）商贸有限公司
发证日期:2014.07.10 **截止日期**:2019.07.09

国食药监械(进)字2014第2633371号

产品名称:牙科钛金属(Tritan)
规格型号:见附页
产品标准:YZB/GER 3264-2014《牙科钛金属》
性能组成:牙科钛金属为纯钛，牌号为TA1，具体化学成分为，含量(%)：钛：余量，氮：<0.03，碳：<0.08，氢：<0.010，铁：<0.20，氧：<0.18，其它：单一：<0.1，总量：<0.4。
适用范围:适用于制作冠和桥、种植体支持的上部结构和铸造局部义齿。
生产厂家:德国 Dentaurum GmbH & Co. KG
注册代理:优诺康(北京)医药技术服务有限公司
服务机构:优诺康(北京)医药技术服务有限公司
发证日期:2014.07.10 **截止日期**:2019.07.09

国食药监械(进)字2014第2103372号

产品名称:椎体成形导引系统(Osteo Introducer system)
规格型号:见附页
产品标准:YZB/USA 3623-2014《椎体成形导引系统》
性能组成:该产品由探针、套管、高精度钻、导引针组成。探针（T15D、T15E）、套管、高精度钻、导引针(与人体接触部分)由符合ASTM F899标准要求的304不锈钢材料制成，探针（T15J、T15K）由符合ASTM F899标准要求的410不锈钢材料制成。探针手柄、高精度钻手柄由ABS塑料制成。套管座由符合ISO 16061标准要求的聚碳酸酯材料制成。灭菌包装。
适用范围:椎体成形导引系统用于建立经皮骨通道，包括在球囊扩张椎体后凸成形术中使用。
生产厂家:美国 Medtronic Sofamor Danek USA, Inc.
注册代理:美敦力(上海)管理有限公司
服务机构:美敦力(上海)管理有限公司
发证日期:2014.07.10 **截止日期**:2019.07.09

国食药监械(进)字2014第2643373号

产品名称:非粘性手指脚趾用敷料（商品名：护创舒-指）(ADAPTIC® Digit Non-Adhering Digit Dressing)
规格型号:MAD003, MAD013, MAD023, MAD042, MAD062
产品标准:YZB/UK 3327-2014《非粘性手指脚趾用敷料》
性能组成:产品由手指/脚趾绷带，医用级硅树脂粘合剂和内层敷料（包括纤维素二醋酸纤维和硅树脂凝胶）组成。产品采用γ射线灭菌，有效期为3年。
适用范围:该产品用于处理轻度至重度的手指和脚趾伤口（烧伤和糖尿病伤口除外）。
生产厂家:英国 Systagenix Wound Management Limited
注册代理:捷通埃默高(北京)医药科技有限公司
服务机构:捷通埃默高(北京)医药科技有限公司
发证日期:2014.07.10 **截止日期**:2019.07.09

国食药监械(进)字2014第2643374号

产品名称:疤痕贴(Epi-Derm Silicone Gel Sheeting)
规格型号:见附页
产品标准:YZB/USA 3345-2014《疤痕贴》
性能组成:该产品由EDG系列，EMP系列，EAC系列，ELP系列，EPT系列和CDG系列组成。其中EDG，EMP，EAC，ELP，EPT系列由硅凝胶垫(硅氧烷)，垫子保护层(二氧化硅和聚甲基氢硅氧烷)，剥离纸(聚碳酸酯和聚乙烯)，管(聚乙烯)组成；CDG系列由硅凝胶垫(硅氧烷)，垫子保护层(纤维层，氨纶和尼龙)，剥离纸(聚碳酸酯)组成。
适用范围:该疤痕贴与其他标准疤痕治疗方法配合使用，辅助改善皮肤的新旧增生性疤痕组织和疙瘩性疤痕组织，辅助预防新旧增生性疤痕组织和疙瘩性疤痕组织的形成。本产品不适用于粘膜和未愈合的损伤表面。
生产厂家:美国 BIODERMIS CORP.
注册代理:福州呈美投资管理有限公司
服务机构:福州呈美投资管理有限公司
发证日期:2014.07.10 **截止日期**:2019.07.09

国食药监械(进)字2014第2093375号

产品名称:支撑棒（商品名：康复乐支撑棒）(Loop Ostomy Rod)
规格型号:022355；022356
产品标准:YZB/USA 3488-2014《支撑棒》

性能组成：该产品由尼龙棒和旋转头组成，用来支撑肠管在固定位置，阻止肠袢返回腹腔。
适用范围：该产品适用于袢式造口手术，穿过肠系膜支撑肠管在固定位置，阻止肠袢返回腹腔。
生产厂家：美国 ConvaTec Inc.
注册代理：康维德（中国）医疗用品有限公司
服务机构：康维德（中国）医疗用品有限公司
发证日期：2014.07.10 截止日期：2019.07.09

国食药监械（进）字 2014 第 2543376 号

产品名称：全脸面罩（Full Face Mask）
规格型号：型号：Amara SE 规格：P，S，M，L
产品标准：YZB/USA 3679-2014《全脸面罩》
性能组成：本全脸面罩由束带（尼龙、合成弹力纤维、聚氨酯泡沫）、集成软垫/面板（硅胶/聚碳酸酯）、按钮调整器（聚碳酸酯）、带密封垫的前额支持（聚碳酸酯）、带弯管的框架（聚碳酸酯）、头具扣钩（聚碳酸酯）组成。非灭菌供应，可重复使用。
适用范围：该全脸面罩适用于为患者提供无创通气治疗时使用。该面罩用于配合带有专门的通气故障报警和安全性系统的呼吸机使用，用于在治疗呼吸衰竭、呼吸功能不全或阻塞性呼吸暂停综合症中提供持续气道正压通气或双水平气道正压通气。此面罩适用于适合接受无创通气治疗的患者（体重超过 30 公斤）。
生产厂家：美国 Respironics，Inc.
注册代理：飞利浦（中国）投资有限公司
服务机构：飞利浦（中国）投资有限公司
发证日期：2014.07.10 截止日期：2019.07.09

国食药监械（进）字 2014 第 3773377 号

产品名称：亲水涂层导丝（商品名：HiWire）（HiWire Hydrophilic Wire Guide）
规格型号：见附页
产品标准：YZB/USA 3255-2013《亲水涂层导丝》
性能组成：亲水涂层导丝由芯丝、包被和亲水涂层部分组成。材料：芯丝：镍钛合金丝，包被：含有钨的聚亚氨酯，亲水涂层：三元共聚物和透明质酸钠.环氧乙烷灭菌，产品一次性使用。
适用范围：亲水涂层导丝被设计用于在诊断和介入手术中，便于器械置入。
生产厂家：美国库克公司（Cook Incorporated）
注册代理：库克（中国）医疗贸易有限公司
服务机构：库克（中国）医疗贸易有限公司
发证日期：2014.07.10 截止日期：2019.07.09

国食药监械（进）字 2014 第 2263378 号

产品名称：充气式行走支具（Walking Brace）
规格型号：见附页
产品标准：YZB/USA 1956-2014《充气式行走支具》
性能组成：该产品由护板、气囊、搭扣、绑带、脚底衬片、衬里、充气式手球、踵部支撑物组成，非无菌包装，具体详见规格型号列表。
适用范围：充气式行步鞋用于为脚步损伤、脚趾骨折、软组织肌腱损伤后或手术后、韧带损伤后或手术后、脚部刺痛、术后护理（例如拇囊炎切除术、切骨术等）、脚踝肿胀提供充气性支撑，也用于骨折康复和水肿（肿胀）的康复；充气式行步靴用于为稳定性足部骨折及/或足踝骨折、足踝严重扭伤及手术后调理提供充气性支撑，也用于骨折康复和水肿的康复。
生产厂家：美国 DJO，LLC
注册代理：香港迪杰欧亚太有限公司上海办事处
服务机构：上海泰美医疗器械有限公司
发证日期：2014.07.10 截止日期：2019.07.09

国食药监械（进）字 2014 第 3653379 号

产品名称：可吸收外科带针缝线（商品名：Safil）（Absorbable Surgical Suture）
规格型号：见附页
产品标准：YZB/SPA 2899-2014《可吸收外科带针缝线》
性能组成：本产品由缝合线与缝合针组成。缝线由聚乙二醇酸材料制成，结构为多股，表面覆有一层可水解的葡萄糖酸合成涂层，分为染色和未染色两种，染色缝线由 D&C VIOLET NO.2 染成紫色。缝合针用 AISI302 不锈钢材料制成。
适用范围：适用于胃肠道、妇科、泌尿科以及皮下缝合和结扎。同样适用于需要可吸收缝线的眼科手术（如斜视矫正术）和显微外科手术（如外周神经吻合术和对正在生长的组织的固定术）
生产厂家：西班牙 B. Braun Surgical SA
注册代理：贝朗医疗（上海）国际贸易有限公司
服务机构：贝朗医疗（上海）国际贸易有限公司
发证日期：2014.07.10 截止日期：2019.07.09

国食药监械（进）字 2014 第 2663380 号

产品名称：内镜软性外套管（Flexible Overtube）
规格型号：MD-48518、MD-48618、MD-48718
产品标准：YZB/JAP 1178-2011《内镜软性外套管》
性能组成：本产品主要由套管、护齿、防漏气阀组成。其中套管由聚氯乙烯材料制造，护齿由 ABS 树脂制造，防漏气阀由天然橡胶制造。灭菌方式：采用环氧乙烷灭菌。
适用范围：本产品是在消化道内窥镜检查和治疗时，便于内窥镜通过的器具、特别是与内窥镜的食道静脉瘤套扎器组合一起使用。
生产厂家：日本秋田住友ベーク株式会社
注册代理：东西贸易（上海浦东新区）有限公司
服务机构：东西贸易（上海浦东新区）有限公司
发证日期：2014.07.10 截止日期：2019.07.09

国食药监械（进）字 2014 第 3653381 号

产品名称：骨水泥（商品名：CMW）（SmartSet MV Endurance Bone Cement）
规格型号：3102-020；3102-040；3102-080
产品标准：YZB/UK 2982-2014《骨水泥》
性能组成：该产品包括液体部分和粉末部分。粉末部分成分为聚甲基丙烯酸甲酯、甲基丙烯酸甲酯/苯乙烯共聚物、甲基丙烯酸甲酯/丙烯酸甲酯共聚物、过氧化苯甲酰、硫酸钡及二氧化锆；液体部分成分为甲基丙烯酸甲酯、N，N-二甲基对甲苯胺及对苯二酚。灭菌包装。
适用范围：适用于关节成形术中，假体与活体骨组织间的固定。
生产厂家：英国 DePuy International Limited Trading as DePuy CMW
注册代理：强生（上海）医疗器材有限公司
服务机构：强生（上海）医疗器材有限公司
发证日期：2014.07.10 截止日期：2019.07.09

国食药监械（进）字 2014 第 3773382 号

产品名称：造影导管（商品名：Infiniti）（Infiniti Angiographic Catheter）
规格型号：见附页
产品标准：YZB/USA 2814-2014《造影导管（商品名：Infiniti）》
性能组成：该产品由头端顶端，远端头端，中间头端，管体，应力释放和座等结构组成，涂覆 Vestamid65D 涂层。制造材料为头端顶端：Pebax2533，热塑性聚氨酯，氧化铋；远端头端：Pebax5533，尼龙 11，次碳酸铋；中间头端：Vestamid75D，次碳酸铋；管体外层：Vestamid75D，硫酸钡，色素；管体中间层：304 不锈钢；管体内层：PTFE；应力释放：Pebax5533，氧化钛；座：聚亚安酯。产品经环氧乙烷灭菌，一次性使用。
适用范围：该产品用于对血管系统的选定部位输送不透 X 射线的造影剂。
生产厂家：美国 Cordis Corporation
注册代理：强生（上海）医疗器材有限公司
服务机构：强生（上海）医疗器材有限公司
发证日期：2014.07.10 截止日期：2019.07.09

国食药监械（进）字 2014 第 2633383 号

产品名称：正畸丝（Archwires）
规格型号：Copper Ni-Ti 系列（见附页）
产品标准：YZB/USA 3229-2014《正畸丝》
性能组成：正畸丝由 0.3% Cr 铜镍钛合金材料制成。正畸丝由 Copper Ni-Ti 系列组成。正畸丝按照弓形可以分为 Orthos 弓形、Broad 弓形、Tru-Arch 弓形。正畸丝按照型式可以分为圆型、方型。正畸丝按照奥氏体转变结束温度可以分为 27 ℃、40 ℃。
适用范围：正畸丝在口腔正畸治疗时与托槽等矫正器配合使用，用于矫治牙齿畸形。
生产厂家:美国 Ormco Corporation
注册代理:卡瓦盛邦(上海)牙科医疗器械有限公司
服务机构:卡瓦盛邦(上海)牙科医疗器械有限公司
发证日期:2014.07.10　截止日期:2019.07.09

国食药监械(进)字 2014 第 3773384 号

产品名称:球囊扩张导管(商品名:Empira)(Empira Rx PTCA Dilatation Catheter)
规格型号:见附页
产品标准:YZB/USA 3070-2014《球囊扩张导管(商品名:Empira)》
性能组成:该产品由座、应力释放、远端输送杆、近端输送杆、球囊标记带、球囊和头端组成。球囊由尼龙 12 制成;导管远端至导丝出口处涂有亲水涂层。环氧乙烷灭菌,一次性使用。
适用范围:用于以改善心肌灌注为目的的冠状动脉狭窄或旁路移植物狭窄部位的球囊扩张。
备注:2015 年 1 月 6 日同意更正生产地址内容,2014 年 7 月 10 日核发的医疗器械注册登记表予以废止。
生产厂家:美国 Creganna Tactx Medical
注册代理:强生(上海)医疗器材有限公司
服务机构:强生(上海)医疗器材有限公司
发证日期:2014.07.10　截止日期:2019.07.09

国食药监械(进)字 2014 第 3773385 号

产品名称:球囊扩张导管(商品名:Empira NC)(Empira NC Rx PTCA Dilatation Catheter)
规格型号:见附页
产品标准:YZB/USA 3071-2014《球囊扩张导管(商品名:Empira NC)》
性能组成:该产品由座、应力释放、远端输送杆、近端输送杆、球囊标记带、球囊和头端组成。球囊由尼龙 12 制成;导管远端至导丝出口处涂有亲水涂层。环氧乙烷灭菌,一次性使用。
适用范围:用于以改善心肌灌注为目的的冠状动脉狭窄或旁路移植物狭窄部位的球囊扩张,也适用于球囊扩张性支架的输送后扩张。
备注:2015 年 1 月 6 日同意更正生产地址内容,2014 年 7 月 10 日核发的医疗器械注册登记表予以废止。
生产厂家:美国 Creganna Tactx Medical
注册代理:强生(上海)医疗器材有限公司
服务机构:强生(上海)医疗器材有限公司
发证日期:2014.07.10　截止日期:2019.07.09

国食药监械(进)字 2014 第 3153386 号

产品名称:一次性内镜用注射针(商品名:InjectorForce Max)(单回使用内視鏡用注射針)
规格型号:NM-400L-0421、NM-400L-0423、NM-400L-0425、NM-400L-0523、NM-400L-0525、NM-400L-0621、NM-400L-0623、NM-400L-0625、NM-400U-0323、NM-400U-0423、NM-400U-0425、NM-400U-0523、NM-400U-0525、NM-400U-0623、NM-400U-0625、NM-400Y-0423、NM-401L-0423、NM-401L-0425、NM-401L-0523、NM-401L-0525、NM-401L-0623、NM-401L-0625
产品标准:YZB/JAP 3152-2014《一次性内镜用注射针》
性能组成:见附页。
适用范围:本产品与奥林巴斯内窥镜配合使用,可在消化道黏膜下进行局部注射,用于食管、胃静脉曲张的治疗。
生产厂家:日本奥林巴斯医疗株式会社
注册代理:奥林巴斯贸易(上海)有限公司
服务机构:奥林巴斯(北京)销售服务有限公司
发证日期:2014.07.10　截止日期:2019.07.09

国食药监械(进)字 2014 第 3463387 号

产品名称:脊柱前路钉棒系统(Expedium Spinal System)
规格型号:见附页
产品标准:YZB/USA 3147-2014《脊柱前路钉棒系统》
性能组成:该产品由单向螺钉、内锁紧螺钉、棒、垫片组成。由符合 GB/T 13810 标准规定的 Ti6Al4V ELI 钛合金材料制成。部分产品表面经阳极氧化处理。非灭菌包装。
适用范围:适用于胸腰椎前路内固定。
生产厂家:美国 DePuy Spine
注册代理:强生(上海)医疗器材有限公司
服务机构:强生(上海)医疗器材有限公司
发证日期:2014.07.10　截止日期:2019.07.09

国食药监械(进)字 2014 第 2633388 号

产品名称:齿科烤瓷合金(Dental Casting Alloys)
规格型号:Spartan Plus, Leo, W-1, W, d.SIGN 53, d.SIGN 98, d.SIGN 96, Callisto Implant 78
产品标准:YZB/USA 3055-2014《齿科烤瓷合金》
性能组成:Spartan Plus 由钯、铜、镓、金、铱、锗、锂组成;Leo 由金、钯、银、铟、锡、镓、铼、钌、锂组成;W 由金、钯、银、锡、铟、铼、钌、锂组成;W-1 由钯、银、锡、铟、钌、锂、硅、硼组成。d.SIGN 53 由钯、银、锡、锌、铟、铼、钌、铂、锂组成;d.SIGN 98 由金、铂、锌、钽、铟、锰、铁、铱组成;d.SIGN 96 由金、银、铂、钯、铟、铌、锰、铁、钽、铼、钌、锂组成;Callisto Implant 78 由金、铂、钯、铟、铼、钌、铁、铑组成。
适用范围:该产品用于制作冠、3/4 冠、套筒冠、锥形冠、PFM 冠、长桥、短桥、嵌体、高嵌体、根管桩、植体上部结构及铸造单冠。
生产厂家:美国 Ivoclar Vivadent, Inc.
注册代理:义获嘉伟瓦登特(上海)商贸有限公司
服务机构:义获嘉伟瓦登特(上海)商贸有限公司
发证日期:2014.07.10　截止日期:2019.07.09

国食药监械(进)字 2014 第 3453389 号

产品名称:血液浓缩器(Hemoconcentrator)
规格型号:DHF0.2, DHF0.6
产品标准:YZB/ITA 3024-2014《血液浓缩器》
性能组成:产品由聚醚砜纤维薄膜、聚碳酸酯外壳、端盖组成。环氧乙烷灭菌。一次性使用。
适用范围:用于心肺转流手术中的血液浓缩,从而恢复患者的正常血球压积。
生产厂家:意大利 Sorin Group Italia S.r.l.
注册代理:索林医疗(上海)有限公司
服务机构:索林医疗(上海)有限公司
发证日期:2014.07.10　截止日期:2019.07.09

国食药监械(进)字 2014 第 3653390 号

产品名称:合成可吸收性外科缝线(商品名:Monocryl)(MONOCRYL(Poliglecaprone 25) Monofilament Synthetic Absorbable Suture)
规格型号:见附页
产品标准:YZB/USA 3033-2014《合成可吸收性外科缝线》
性能组成:本产品是由 Poliglecaprone 25 材料制成的无菌可吸收性单股缝线。Poliglecarprone 25 是乙交酯和己内酯合成的共聚物。缝线颜色有紫色和未染色两种。缝线可分为带不锈钢针缝线和不带针缝线。本产品经环氧乙烷灭菌,一次性使用。
适用范围:本产品可用于一般软组织缝合和/或结扎,但不能用于心血管和/或神经组织、显微外科或眼科操作。
备注:2014 年 11 月 28 日同意更正产品性能结构及组成内容,2014 年 7 月 10 日核发的医疗器械注册登记表予以废止。
生产厂家:美国 Ethicon LLC
注册代理:强生(上海)医疗器材有限公司
发证日期:2014.07.10　截止日期:2019.07.09

国食药监械(进)字 2014 第 3463391 号

产品名称:弹性髓内钉系统(Titanium Elastic Nail System)
规格型号:见附页
产品标准:YZB/SWI 3129-2014《弹性髓内钉系统》
性能组成:该产品由弹性髓内钉和尾帽组成,由符合 ISO5832-11 标准要求的钛 6 铝 7 铌钛合金材料制成,产品表面经阳极化着色处理。分为灭菌包装和非灭菌包装。
适用范围:该产品用于四肢长管骨骨折内固定。
生产厂家:瑞士 Synthes GmbH
注册代理:强生(上海)医疗器材有限公司
服务机构:辛迪思(上海)医疗器械贸易有限公司、强生(上海)医疗器材

有限公司
发证日期:2014.07.10 截止日期:2019.07.09

国食药监械(进)字2014第2653392号

产品名称:聚酯不可吸收缝合线(商品名:爱惜邦)(ETHIBOND* Excel Polyester Suture)
规格型号:见附页
产品标准:YZB/USA 3034-2014《聚酯不可吸收缝合线》
性能组成:本产品是一种由聚对苯二甲酸乙二酯制成的非吸收性多股无菌外科缝线。缝线表面涂层为聚丁酯.缝线有绿色和未染色两种。缝线可分为带针和不带针两种。本产品经环氧乙烷或辐射灭菌,一次性使用。
适用范围:本产品适用于一般软组织缝合和/或结扎,包括心血管、眼科和神经手术。
生产厂家:美国 Ethicon LLC
注册代理:强生(上海)医疗器材有限公司
服务机构:强生(上海)医疗器材有限公司
发证日期:2014.07.10 截止日期:2019.07.09

国食药监械(进)字2014第2223393号

产品名称:细胞活检刷(Howell Biliary Introducer Brush)
规格型号:HBIB-1
产品标准:YZB/USA 3465-2010《细胞活检刷》
性能组成:细胞活检刷由细胞刷、鞘管、丝状头和控制手柄组成。材料:细胞刷:304 不锈钢丝和尼龙;鞘管:聚四氟乙烯;手柄:聚碳酸酯;丝状头:304 不锈钢。
适用范围:细胞活检刷被设计用于在内窥镜下胆道取样,进行细胞学或组织检查。
生产厂家:美国威尔逊-库克医学公司(Wilson-Cook Medical Incorporated)
注册代理:库克(中国)医疗贸易有限公司 Cook (China) Medical Trading Co., Ltd
服务机构:库克(中国)医疗贸易有限公司 Cook (China) Medical Trading Co., Ltd
发证日期:2014.07.10 截止日期:2019.07.09

国食药监械(进)字2014第2223394号

产品名称:细胞活检刷(商品名:EchoBrush)(EchoBrush Endoscopic Ultrasound Cytology Brush)
规格型号:ECHO-19-CB
产品标准:YZB/IRE 4128-2010《细胞活检刷》
性能组成:该产品由无损伤头、细胞刷、双绞丝杆、主轴、手柄等部分组成。细胞刷的材料为尼龙 612,无损伤头的材料为 303/304 不锈钢,双绞丝杆的材料为 302/304 不锈钢,主轴的材料为镍钛合金丝。环氧乙烷灭菌,一次性使用。
适用范围:本产品用于在内镜超声引导下采集胆囊或其他病变内的细胞标本。
生产厂家:爱尔兰库克爱尔兰公司(Cook Ireland Limited)
注册代理:库克(中国)医疗贸易有限公司 Cook (China) Medical Trading Co., Ltd
服务机构:库克(中国)医疗贸易有限公司 Cook (China) Medical Trading Co., Ltd
发证日期:2014.07.10 截止日期:2019.07.09

国食药监械(进)字2014第3653395号

产品名称:骨蜡(Bone Wax)
规格型号:1029754
产品标准:YZB/SPA 3138-2014《骨蜡》
性能组成:该产品由70%蜂蜡和30%凡士林合制而成,不可吸收。灭菌包装。
适用范围:本产品用于机械性控制的骨损伤止血,适用于以下科室的松质骨手术止血:整形外科、骨科与创伤、胸外科(胸骨和肋骨)、齿科、颌面外科、神经外科(环钻术)。
生产厂家:西班牙 B.Braun Surgical SA
注册代理:贝朗医疗(上海)国际贸易有限公司
服务机构:贝朗医疗(上海)国际贸易有限公司
发证日期:2014.07.10 截止日期:2019.07.09

国食药监械(进)字2014第3653396号

产品名称:外科用封合剂(商品名:Coseal)(Coseal Surgical Sealant)
规格型号:2ml、4ml、8ml
产品标准:YZB/SWI 3605-2014《外科用封合剂》
性能组成:本产品是一种双组分(粉、液),即时反应固化封闭型器械,由季戊四醇聚乙二醇醚四琥珀酰亚胺戊二酸、季戊四醇聚乙二醇醚四硫醇、盐酸稀释液、磷酸二氢钠、碳酸钠组成。本品以试剂盒的形式提供,试剂盒包括:液体成分袋,粉剂成分袋以及喷嘴袋。
适用范围:本品用于血管重建时通过机械封闭方式辅助止血。
生产厂家:瑞士 Baxter Healthcare SA
注册代理:百特医疗用品贸易(上海)有限公司
服务机构:百特医疗用品贸易(上海)有限公司
发证日期:2014.07.10 截止日期:2019.07.09

国食药监械(进)字2014第3463397号

产品名称:冠脉支架及其输送系统(商品名:Coroflex Blue)(Coronary Stent System)
产品标准:YZB/GER 3165-2014《冠脉支架及其输送系统》
性能组成:该产品由支架和RX型球囊扩张导管组成。支架被预装在球囊扩张导管上,导管带有两个X射线标记,指示支架的两端。支架材料为钴铬合金 L-605。环氧乙烷灭菌,一次性使用。
适用范围:原发病变(主要用于各种狭窄或闭塞);PTCA(经皮冠状动脉腔内成形术)后的残余狭窄;静脉搭桥血管狭窄或闭塞;PTCA 后的高危再狭窄;PTCA 后的内膜撕裂;PTCA 后的血管弹性回缩;急性血管闭塞;PTCA 后未达到最佳效果。
生产厂家:德国 B.Braun Melsungen AG
注册代理:贝朗医疗(上海)国际贸易有限公司
服务机构:贝朗医疗(上海)国际贸易有限公司
发证日期:2014.07.10 截止日期:2019.07.09

国食药监械(进)字2014第3153398号

产品名称:一次性使用采血针(ニプロ採血針)
规格型号:NM-20G, NM-21G, NM-22G, LM-20G
产品标准:YZB/JAP 3529-2014《一次性使用采血针》
性能组成:本产品由针管、针座、橡胶套管、保护盖和保护套组成。保护盖、保护套、针座由聚丙烯材料制成,橡胶套管由异戊二烯橡胶材料制成,针管由不锈钢材料制成。
适用范围:本产品与真空采血管配套使用,用于血液检查时采血。
生产厂家:日本ニプロ株式会社
注册代理:尼普洛贸易(上海)有限公司
服务机构:尼普洛贸易(上海)有限公司
发证日期:2014.07.10 截止日期:2019.07.09

国食药监械(进)字2014第2633399号

产品名称:脱敏剂(商品名:双氟12)(Bifluorid 12)
规格型号:单支装:10g/瓶;套装:4g,10ml 溶剂;大包装:3×10g,10ml 溶剂及 Pele Tim;一次性包装:50 支装,Micro Tim,刷架;200 支装,Micro Tim,刷架。
产品标准:YZB/GER 3270-2014《脱敏剂》
性能组成:本品为人造树脂制含氟洞漆,只限于牙齿表面使用。主要成份:6.00%氟化钠、6.0%氟化钙、乙酸乙酯、低氮消化纤维素、二氧化硅、丁香油。
适用范围:治疗牙颈部和人造冠边缘的牙本质过敏;氟化牙釉质;牙体预备后的抗过敏处理。
生产厂家:德国 VOCO GmbH
注册代理:德国沃柯有限公司上海代表处
服务机构:德国沃柯有限公司上海代表处
发证日期:2014.07.10 截止日期:2019.07.09

国食药监械(进)字2014第2663400号

产品名称:天然胶乳橡胶避孕套(condom)
规格型号:长度:180±10mm,标称宽度:52±2mm。平滑型、浮点型、螺纹型、异型
产品标准:GB 7544-2009《天然胶乳橡胶避孕套技术要求与试验方法》

性能组成:由天然橡胶加工制成。
适用范围:避孕套在正确使用下,有助于降低受孕风险及减少某些性传播疾病感染的风险。
生产厂家:韩国橡胶工业株式会社(Hankook Latex gongup co., ltd)
注册代理:北京艾伦斯保健品有限公司
服务机构:北京艾伦斯保健品有限公司
发证日期:2014.07.10 截止日期:2019.07.09

国食药监械(进)字2014第3773401号

产品名称:PTA扩张导管(商品名:NanoCross)(NanoCross.014`` OTW PTA Dilatation Catheter)
规格型号:见附页
产品标准:YZB/USA 1953-2011《PTA扩张导管(商品名:NanoCross)》
性能组成:该产品为OTW型,由PTA扩张导管和球囊折叠工具组成,扩张导管由球囊、导管、歧管、应变口、不透射线标记组成,球囊的材料为尼龙12,导管远端和球囊涂有亲水涂层。环氧乙烷灭菌,一次性使用。
适用范围:该产品用于扩张髂、股、髂股、腘、下腘动脉和肾动脉,以及治疗自体或人工动脉透析瘘的堵塞性病变。
生产厂家:美国ev3, Inc
注册代理:柯惠医疗器材国际贸易(上海)有限公司
服务机构:柯惠医疗器材国际贸易(上海)有限公司
发证日期:2014.07.10 截止日期:2019.07.09

国食药监械(进)字2014第2103402号

产品名称:脊柱外科用工具(Instruments for Spinal Surgery)
规格型号:见附页
产品标准:YZB/SWI 3406-2014《脊柱外科用工具》
性能组成:脊柱外科用工具包括骨凿、咬骨钳、刮刀、切除器、骨锉、刨削器、绞刀。工具使用的不锈钢为符合YY/T 0294.1中的B,D和ASTM F 899中的630。具体详见型号规格列表。非灭菌包装。
适用范围:脊柱外科用工具是针对SYNTHES内植入物而设计的专用辅助手术器材,用于帮助进行骨折内固定治疗,协助完成骨折的复位,以重建解剖关系,并提供即时的稳定性。
生产厂家:瑞士Synthes GmbH
注册代理:强生(上海)医疗器材有限公司
服务机构:见附页
发证日期:2014.07.10 截止日期:2019.07.09

国食药监械(进)字2014第3153403号

产品名称:一次性使用注射笔用针头(Pen Needle)
规格型号:0.23mm(32G) x 4mm; 0.25mm(31G) x 5mm; 0.25mm(31G) x 8mm; 0.30mm(30G) x 8mm; 0.33mm(29G) x 12.7mm
产品标准:YZB/USA 3555-2014《一次性使用注射笔用针头》
性能组成:产品由针座盖贴(密封盖)、针座、外针帽(初包装)、内针帽和针管组成。
适用范围:该一次性使用注射笔用针头与注射笔配套用于药物(包括胰岛素和艾塞那肽)皮下注射。
生产厂家:美国Becton Dickinson and Company
注册代理:碧迪医疗器械(上海)有限公司
服务机构:碧迪医疗器械(上海)有限公司
发证日期:2014.07.10 截止日期:2019.07.09

国食药监械(进)字2014第3773404号

产品名称:PTCA导丝(商品名:ASAHI)(ガイドワイヤーIV)
规格型号:见附页
产品标准:YZB/JAP 4135-2010《PTCA导丝》
性能组成:该产品包括AGH和AGP两个系列,由芯丝和绕丝组成。绕丝分为不透射线绕丝和不锈钢绕丝两种,不透射线绕丝材料为铂镍合金,不锈钢绕丝材料为SUS316奥氏体不锈钢;芯丝材料为SUS304奥氏体不锈钢,芯丝近端覆有聚四氟乙烯(PTFE)涂层;绕丝头端覆有硅涂层(二甲聚硅氧烷(硅油)),绕丝表面覆有亲水涂层(聚乙烯吡咯烷酮(PVP)、硝酸纤维素、聚氨酯)。AGP系列导丝还覆有聚氨酯涂层。环氧乙烷灭菌,一次性使用。
适用范围:该产品用于导引冠状动脉血管内诊断或介入器械。
生产厂家:日本朝日インテック株式会社(ASAHI INTECC CO., LTD.)

注册代理:朝日英达科贸(北京)有限公司
服务机构:朝日英达科贸(北京)有限公司
发证日期:2014.07.10 截止日期:2019.07.09

国食药监械(进)字2014第3773405号

产品名称:III型血管塞(商品名:AMPLATZER)(AMPLATZER VASCULAR PLUG III)
规格型号:9-AVP3-042, 9-AVP3-063, 9-AVP3-084, 9-AVP3-103, 9-AVP3-105, 9-AVP3-123, 9-AVP3-125, 9-AVP3-143, 9-AVP3-145
产品标准:YZB/USA 3265-2014《III型血管塞》
性能组成:该产品由植入装置和传送装置组成。植入装置由镍钛合金丝网、标记带和末端螺丝组成;传送装置由装载器、推送缆、推送缆末端螺丝连接件和塑料钳组成。环氧乙烷灭菌,产品一次性使用。
适用范围:该血管塞适用于外周血管系统的动脉和静脉栓塞。
生产厂家:美国AGA Medical Corporation
注册代理:圣犹达医疗用品(上海)有限公司
服务机构:圣犹达医疗用品(上海)有限公司
发证日期:2014.07.10 截止日期:2019.07.09

国食药监械(进)字2014第3773406号

产品名称:II代动脉导管未闭封堵器(商品名:AMPLATZER)(AMPLATZER Duct Occluder II)
规格型号:9-PDA2-03-04, 9-PDA2-04-04, 9-PDA2-05-04, 9-PDA2-06-04, 9-PDA2-03-06, 9-PDA2-04-06, 9-PDA2-05-06, 9-PDA2-06-06
产品标准:YZB/USA 2900-2014《II代动脉导管未闭封堵器》
性能组成:本产品为植入器材,由固定盘、标记带、中间腰部和螺丝紧固件组成。固定盘和中间腰部由镍钛记忆合金材料制造;标记带由铂铱合金材料制造;螺丝紧固件由不锈钢材料制造。产品经环氧乙烷灭菌,一次性使用。
适用范围:本产品适用于对动脉导管未闭进行非外科手术闭合。
生产厂家:美国AGA Medical Corporation
注册代理:圣犹达医疗用品(上海)有限公司
服务机构:圣犹达医疗用品(上海)有限公司
发证日期:2014.07.10 截止日期:2019.07.09

国食药监械(进)字2014第3633407号

产品名称:牙齿美白胶(Tooth whitening gel)
规格型号:Opalescence PF 10%、Opalescence PF 15%、Opalescence PF 20% 包装规格:1.2ml/支
产品标准:YZB/USA 3451-2014《牙齿美白胶》
性能组成:本品主要组成成分:过氧化脲、丙三醇、卡波姆、氢氧化钠、氟化钠、水。产品为无色透明粘性胶体,带有气泡。有效成分过氧化脲的含量分别为10%、15%、20%。有无味、薄荷味和甜瓜味三种类型。
适用范围:本品用于16岁以上身体健康人群,因烟草、可乐、茶、咖啡、酱油等有色物质造成的外源性染色牙的牙齿美白。本品家庭自用时,必须经过专业医生的专业指导,且应在医生的监督下定期诊疗。
生产厂家:美国Ultradent Products Inc.
注册代理:上海复星医疗系统有限公司
服务机构:上海复星医疗系统有限公司
发证日期:2014.07.10 截止日期:2019.07.09

国食药监械(进)字2014第2223408号

产品名称:电切镜用器械(Instruments for Resectoscope)
规格型号:见附页
产品标准:YZB/GER 3428-2014《电切镜用器械》
性能组成:该产品为电切镜用无源器械,由闭孔器、转接器、导引管、密封盘、手柄、解剖刀及镜鞘组成。产品材料为聚苯砜、聚醚醚酮以及YY/T 0294.1的M、N、O的不锈钢。非灭菌包装。
适用范围:该产品用于泌尿科或妇科的临床医疗检查和治疗。
生产厂家:德国Richard Wolf GmbH
注册代理:北京德华信达技术有限公司
服务机构:见附页
发证日期:2014.07.10 截止日期:2019.07.09

国食药监械(进)字2014第3463409号

产品名称:聚四氟乙烯人工血管（商品名：VascuGraft SOFT）(VascuGraft SOFT)
规格型号:见附页
产品标准:YZB/GER 3099-2014《聚四氟乙烯人工血管》
性能组成:该产品由两部分聚四氟乙烯组成（两片设计），产品上标有蓝色指示线，部分型号带有聚四氟乙烯支撑环。环氧乙烷灭菌，产品一次性使用。
适用范围:该产品用于动脉血管重建、节段性旁路手术以及建立动静脉血管通路。
生产厂家:德国 Aesculap AG
注册代理:贝朗医疗(上海)国际贸易有限公司
服务机构:贝朗医疗(上海)国际贸易有限公司
发证日期:2014.07.10 截止日期:2019.07.09

国食药监械(进)字 2014 第 3543410 号

产品名称:储药器（商品名：塑料储药器）(Cartridge)
规格型号:ACCU-CHEK 3.15ml Plastic Cartridge
产品标准:YZB/GER 3527-2014《储药器》
性能组成:该产品型号分蓝色和白色两种产品包装。由储药器外套(聚丙烯和硅油)，储药器保护帽(聚丙烯)，活塞(聚丙烯)，活塞杆(白色/蓝色)(聚丙烯)，针头(1.4301 不锈钢)，针头套帽(聚丙烯)组成。产品经环氧乙烷灭菌，一次性使用。
适用范围:该储药器与胰岛素泵和输注系统联用，用于对人体持续输注胰岛素。
生产厂家:德国 Roche Diagnostics GmbH
注册代理:罗氏诊断产品(上海)有限公司
服务机构:罗氏诊断产品(上海)有限公司
发证日期:2014.07.10 截止日期:2019.07.09

国食药监械(进)字 2014 第 3663411 号

产品名称:冠状动脉内分流管（商品名：CLEARVIEW）(Clearview Intracoronary Shunt)
规格型号:见附页
产品标准:YZB/USA 3526-2014《冠状动脉内分流管》
性能组成:本产品由分流管、系绳和标签组成。分流管由硅树脂制成，端头材料为添加硫酸钡的硅树脂，系绳材料为 4-0 丝线。环氧乙烷灭菌，一次性使用。
适用范围:本产品用于在吻合术时在动脉切开部位进行血液分流。
生产厂家:美国 Medtronic, Inc.
注册代理:美敦力(上海)管理有限公司
服务机构:美敦力(上海)管理有限公司
发证日期:2014.07.10 截止日期:2019.07.09

国食药监械(进)字 2014 第 3633412 号

产品名称:基台(Abutment)
规格型号:见附页
产品标准:YZB/SWI 3508-2014《基台》
性能组成:该产品由基台和固位螺丝组成。主要成分:Ti:余量、Al:5.5-6.75%、V:3.5-4.5%、Fe:0.3%、C:0.08%、N:0.05%、H:0.015%、O:0.2%、其他元素总和 0.4%单一 0.1%。
适用范围:该产品是用于连接种植体和修复体的组件，可以与 SICmax 和 SICace 种植体配合使用。
生产厂家:瑞士 SIC invent AG
注册代理:北京诺捷百时科技有限公司
服务机构:北京诺捷百时科技有限公司
发证日期:2014.07.10 截止日期:2019.07.09

国食药监械(进)字 2014 第 3463413 号

产品名称:双束重建股骨端固定系统(Femoral Intrafix System)
规格型号:见附页
产品标准:YZB/USA 0210-2014《双束重建股骨端固定系统》
性能组成:该系统由骨锚和护套组成。其中骨锚材料采用符合 YY/T0660 标准要求的 OPTIMA-LT3 聚醚醚酮（PEEK），护套材料为聚丙烯。灭菌包装。
适用范围:适用于在十字韧带重建过程中进行软组织移植物的固定。
生产厂家:美国 DePuy Mitek
注册代理:强生(上海)医疗器材有限公司
服务机构:强生(上海)医疗器材有限公司
发证日期:2014.07.10 截止日期:2019.07.09

国食药监械(进)字 2014 第 3463414 号

产品名称:生物疝修补片（商品名：Biodesign Surgisis）(Biodesign Surgisis Hernia Graft)
规格型号:见附页
产品标准:YZB/USA 3137-2014《生物疝修补片》
性能组成:该产品为淡黄色片状结构，取材于猪的小肠粘膜下层组织(被命名为 SIS 材料)，为可吸收的细胞外基质，其上有均匀分布的小孔。产品经环氧乙烷灭菌，仅供一次性使用。
适用范围:预期用于植入人体以修补软组织缺陷。其中 C-SLH 系列产品适用于修补疝气或体壁缺陷；C-IHM 系列产品适用于修补腹股沟疝；C-BIG 系列产品适用于加强体壁缺陷的修复。
生产厂家:美国 Cook Biotech Incorporated
注册代理:库克(中国)医疗贸易有限公司
服务机构:库克(中国)医疗贸易有限公司
发证日期:2014.07.10 截止日期:2019.07.09

国食药监械(进)字 2014 第 3463415 号

产品名称:金属接骨板系统-异型钢板系列(商品名:Zimmer)(Metallic Bone Plate and Screw System—Anatomic Plate Series)
规格型号:见附页
产品标准:YZB/USA 3584-2014《金属接骨板系统-异型钢板系列》
性能组成:金属接骨板系统-异型钢板系列由非锁定型式的髁部钢板、匙型钢板、蛇头型钢板、L 型钢板、T 型钢板、H 型钢板、三叶型钢板、跟骨钢板、多发性骨折钢板、桥接钢板、曲型重建钢板组成。材料采用符合 ISO5832-1 的不锈钢。非灭菌包装。
适用范围:该产品适用于四肢干骺端、骨盆骨折手术中，在骨折正常愈合期给损伤的骨作内固定的作用，为临时性内固定装置。
生产厂家:美国 Zimmer, Inc.
注册代理:捷迈(上海)医疗国际贸易有限公司
服务机构:捷迈(上海)医疗国际贸易有限公司
发证日期:2014.07.10 截止日期:2019.07.09

国食药监械(进)字 2014 第 3463416 号

产品名称:金属接骨板系统-直型钢板系列(商品名:Zimmer)(Metallic Bone Plate and Screw System—Straight Plate Series)
规格型号:见附页
产品标准:YZB/USA 3585-2014《金属接骨板系统-直型钢板系列》
性能组成:金属接骨板系统-直型钢板系列由非锁定型式的管状钢板组成。材料采用符合 ISO5832-1 的不锈钢。非灭菌包装。
适用范围:该产品适用于四肢干骺端、骨盆骨折手术中，在骨折正常愈合期给损伤的骨作内固定的作用，为临时性内固定装置。
生产厂家:美国 Zimmer, Inc.
注册代理:捷迈(上海)医疗国际贸易有限公司
服务机构:捷迈(上海)医疗国际贸易有限公司
发证日期:2014.07.10 截止日期:2019.07.09

国食药监械(进)字 2014 第 2663417 号

产品名称:鼻腔喷雾器（商品名：赞邦露美鼻腔喷雾器 FLUIMARE）(FLUIMARE)
规格型号:15ml
产品标准:YZB/ITA 3439-2014《鼻腔喷雾器》
性能组成:本产品由天然海水和喷雾器组成，喷雾器内含有无菌的等渗(压)的天然海水（天然海水采自北大西洋海平面下 5 米处，经过滤、稀释、封装而成），本产品运用容器系统在恒定适度的压力下，将喷雾器瓶内液体雾化状喷入鼻腔，产品仅供单人使用，其他详见注册产品标准。
适用范围:每天的鼻腔卫生(轻轻地清洗鼻腔)；鼻孔堵塞：使鼻腔的分泌物流体化，并使其流出；在污染和有灰尘时使用；在感冒时，用于改善清洁功能。
生产厂家:意大利 Zambon S.p.A.
注册代理:海南赞邦制药有限公司
服务机构:海南赞邦制药有限公司
发证日期:2014.07.10 截止日期:2019.07.09

国食药监械(进)字 2014 第 2663418 号

产品名称:内窥镜护套(Sheath)
规格型号:见附页
产品标准:YZB/USA 3531-2014《内窥镜护套》
性能组成:内窥镜护套由聚氯乙烯(PVC),聚亚胺酯,环己二甲醇改性涤纶(涤纶 PET:即对苯二甲酸乙二醇酯)(PETG)制成。与人体接触的材料为聚亚胺酯和 PETG。
适用范围:在上呼吸道、声带及/或鼻咽部位进行柔性内窥镜检查的过程中,该产品为使用的内窥镜提供了一个无菌的一次性防护层。
生产厂家:美国 Medtronic Xomed, Inc
注册代理:美敦力(上海)管理有限公司
服务机构:美敦力(上海)管理有限公司
发证日期:2014.07.10 截止日期:2019.07.09

国食药监械(进)字 2014 第 3213419 号

产品名称:动态心电分析系统(Rehabilitation Management System)
规格型号:Q-Tel RMS
产品标准:YZB/USA 3594-2014《动态心电分析系统》
性能组成:由发射器(X12)、接收器(DC-2500)和 Q-Tel 软件(版本 1.31)组成。
适用范围:用于在医院或临床环境下对进行运动康复的成人患者予以监护,采集患者心电图数据通过射频发射传输至中央监护工作站,由工作站软件对数据进行接收、显示、存储和分析,并对心率、心律失常和 ST 段改变进行报警。
生产厂家:美国 Cardiac Science Corporation
注册代理:北京子时天成科技有限公司
服务机构:北京子时天成科技有限公司
发证日期:2014.07.01 截止日期:2019.06.30

国食药监械(进)字 2014 第 3243420 号

产品名称:双波长激光系统(Fraxel DUAL 1550/1927 Laser System)
规格型号:MC-SYS-SR1500-D-INTL
产品标准:YZB/USA 3556-2014《双波长激光系统》
性能组成:由激光电源、单一操控台(钥匙开关、触摸屏显示器、紧急停止按钮、校准接口、传输带和支撑臂、治疗手柄、一次性手柄头、电源线、推车)、脚控开关组成。1550nm 模式:最大工作输出功率:23W±20%;波长范围:1520nm 至 1560nm;脉冲能量:4-70mJ 可调,允差±20%;脉冲宽度:0.16ms-2.80ms 可调,允差±20%。1927nm 模式:最大工作输出功率:8W±20%;波长范围:1905nm 至 1945nm;脉冲能量:5-20mJ 可调,允差±20%;脉冲宽度:0.50ms-2.00ms 可调,允差±20%。
适用范围:1550 nm:用于治疗雀斑(老年斑)、日光性雀斑样痣、光化性角化病和黄褐斑,以及治疗眼周围皱纹、痤疮疤痕和手术疤痕。1927 nm:用于日光性角化病的治疗。
变更情况:变更日期:2015.01.30。变更代理人、售后服务机构:由"启通医药技术咨询(上海)有限公司"变更为"博士伦(上海)贸易有限公司"。
生产厂家:美国 Solta Medical Inc.
注册代理:启通医药技术咨询(上海)有限公司
服务机构:启通医药技术咨询(上海)有限公司
发证日期:2014.07.01 截止日期:2019.06.30

国食药监械(进)字 2014 第 3213421 号

产品名称:容量、动/静脉压力测量系统(商品名:VolumeView)(VolumeView System)
规格型号:见附页
产品标准:YZB/USA 3922-2014《容量、动/静脉压力测量系统》
性能组成:该产品由 VolumeView 电子感应器、VolumeView 动脉导管、一次性压力传感器和 CVC 热敏电阻导管组成,其中:VolumeView 电子感应器含有三通接头、排气阀、感应器芯片和信号输入输出连线、外壳、输液管路、保护套、封口帽;VolumeView 动脉导管含有动脉导管、热敏电阻、输液管路、单通接头、封口帽、热敏电阻电缆线;一次性压力传感器含有三通接头、TruWave 一次性压力传感器、压力管路、输液管路、封口帽;CVC 热敏电阻导管含有 T 型连接头、鲁尔接头、无针接头。该产品经环氧乙烷灭菌,均为一次性使用无菌产品。
适用范围:该产品适用于需持续/间歇性性测量呼吸循环机能、血液动力学状态及血管阻力的重症病人,其中:VolumeView 电子感应器用于测量间歇性肺间压热稀释(TPTD)参数,如间歇性心排量(iCO)和全心舒张末期容积(GEDV);VolumeView 动脉导管可用于动脉穿刺;一次性压力传感用于测量血管内压力;CVC 热敏电阻导管用于连接热敏电阻探头和向管路内注射热稀释液。
生产厂家:美国 Edwards Lifesciences LLC
注册代理:美国爱德华生命科学世界贸易公司上海代表处
服务机构:美国爱德华生命科学世界贸易公司上海代表处
发证日期:2014.07.01 截止日期:2019.06.30

国食药监械(进)字 2014 第 3213422 号

产品名称:单探针碎石仪(UreTron Multi Probe Lithotripter)
规格型号:URT-F
产品标准:YZB/USA 3441-2014《单探针碎石仪》
性能组成:产品设备由以下部分组成:主机(URT-G)、电源线、手柄(URT-TR,用于 URT-PR 探针)、手柄(URT-TF,用于 URT-PS 探针)、URT-PR 探针、URT-PS 探针、通条、扳手、脚踏开关。其中探针为一次性使用,手柄、扳手、通条为重复使用,均需使用前灭菌。超声输出额定频率 21kHz,探针尖端位移 20-100μm。
适用范围:用于患者肾结石、膀胱结石和输尿管结石的粉碎和清除。
生产厂家:美国 Med-Sonics Corporation
注册代理:北京汇思特科技有限责任公司
服务机构:北京汇思特科技有限责任公司
发证日期:2014.07.01 截止日期:2019.06.30

国食药监械(进)字 2014 第 3243423 号

产品名称:钬(Ho:YAG)激光治疗仪(Sphinx)
规格型号:Sphinx 45 litho, Sphinx 60, Sphinx 80, Sphinx 100
产品标准:YZB/GER 3626-2014《钬(Ho:YAG)激光治疗仪》
性能组成:该产品由主机、激光传输系统、脚踏开关组成;主机由激光器、电源、控制系统和冷却系统组成。工作激光波长:2.1μm,允差±0.1μm;脉冲持续时间:150μs-800μs,允差±10%;脉冲频率:4Hz-30Hz,实测与设置值之间的误差不超过±10%;瞄准光波长:635nm,允差±10nm,瞄准光功率<5mW。光纤规格及各型号性能参数见附页。
适用范围:该产品适用于泌尿科结石的治疗,也可用于对软组织的汽化和凝固。
生产厂家:德国 Lisa Laser Products OHG
注册代理:北京创新联合经贸有限公司
服务机构:北京创新联合经贸有限公司
发证日期:2014.07.01 截止日期:2019.06.30

国食药监械(进)字 2014 第 3453424 号

产品名称:单人血液透析机(個人用透析装置)
规格型号:TR-8000
产品标准:YZB/JAP 3753-2014《单人血液透析机》
性能组成:由血泵、肝素泵、脱水泵、浓缩液泵、漏血检测器、空气检测器、置换液泵、控温模块、压力监控模块和流量监控模块组成。不含血液回路及透析器一次性使用耗材。
适用范围:通过使用透析器,清除患者血液中的有害物质。
变更情况:变更日期:2014.12.08。企业注册地址由"東京都千代田区東神田 2-5-12 龍角散ビル"变更为"東京都中央区日本橋本町二丁目 4 番 1 号"。
生产厂家:日本東レ・メディカル株式会社
注册代理:东丽医疗科技(青岛)股份有限公司
服务机构:东丽医疗科技(青岛)股份有限公司
发证日期:2014.07.01 截止日期:2019.06.30

国食药监械(进)字 2014 第 3283425 号

产品名称:超导型磁共振成像系统(/)
规格型号:Vantage Titan MRT-2004
产品标准:YZB/JAP 3960-2014《超导型磁共振成像系统》
性能组成:本设备由机架,检查床,控制台,控制柜,变压器柜,冷冻机,紧急停止开关,滤波板,风箱柜和标准书中规定的可选附件,射频线圈及系统软件组成。其中设备可配线圈见后附《产品性能结构及组成附页》。磁场强度:1.5T。

适用范围:本产品适用于MRI临床诊断。
生产厂家:日本东芝医疗系统株式会社
注册代理:东芝医疗系统(中国)有限公司
服务机构:东芝医疗系统(中国)有限公司
发证日期:2014.07.01 截止日期:2019.06.30

国食药监械(进)字2014第3303426号

产品名称:X射线计算机体层摄影设备(全身用X線CT診断装置)
规格型号:Aquilion TSX-201A
产品标准:YZB/JAP 7181-2013《X射线计算机体层摄影设备》
性能组成:产品基本配置:扫描架(包括X射线管组件(X射线管组件型号:MegaCoolCXB-750D,X射线管型号:MCS-7078D)、探测器、限束器)、X射线(高压)发生器(高压发生器型号CXXG-012A)、患者支架、控制台(带液晶显示器包括计算机图像处理系统)、系统变压器、附件。可选配置见注册产品标准.40排探测器,单次扫描最大层数为32层。扫描架开口直径900mm.预期不为放疗模拟提供数据。
适用范围:用于获取身体任意目标区域的横断层图像,可提供广泛的诊断功能.
生产厂家:日本东芝医疗系统株式会社
注册代理:东芝医疗系统(中国)有限公司
服务机构:东芝医疗系统(中国)有限公司
发证日期:2014.07.01 截止日期:2019.06.30

国食药监械(进)字2014第3213427号

产品名称:植入式再同步治疗心律转复除颤器(商品名:BRAVA)(Implantable Cardiac Resynchronization Therapy Defibrillator)
规格型号:DTBC2D4, DTBC2D1, DTBC2QQ
产品标准:YZB/USA 3591-2014《植入式再同步治疗心律转复除颤器》
性能组成:DTBC2D4, DTBC2QQ由脉冲发生器、转矩扳手组成。DTBC2D1由脉冲发生器、转矩扳手、DF-1连接器塞组成。
适用范围:用于容易因室速突然死亡的患者和因心室不同步心力衰竭的患者。用于心室抗心动过速起搏、复律和除颤,以便自动治疗危及生命的室性心动过速。
生产厂家:美国Medtronic Inc.
注册代理:美敦力(上海)管理有限公司
服务机构:美敦力(上海)管理有限公司
发证日期:2014.07.01 截止日期:2019.06.30

国食药监械(进)字2014第3213428号

产品名称:植入式心律转复除颤器(商品名:EVERA)(Implantable Cardioverter Defibrillator)
规格型号:DDBB2D4, DDBB2D1, DDBC3D4, DDBC3D1, DVBB2D4, DVBB2D1, DVBC3D4, DVBC3D1
产品标准:YZB/USA 3595-2014《植入式心律转复除颤器》
性能组成:DDBB2D4, DDBC3D4, DVBB2D4, DVBC3D4由脉冲发生器、转矩扳手组成;DDBB2D1, DDBC3D1, DVBB2D1, DVBC3D1由脉冲发生器、转矩扳手、DF-1连接器塞组成。
适用范围:通过单腔或双腔频率响应式心动过缓起搏、室性心动过速治疗和房性心动过速治疗,来监测和调节患者的心率。
生产厂家:美国Medtronic Inc.
注册代理:美敦力(上海)管理有限公司
服务机构:美敦力(上海)管理有限公司
发证日期:2014.07.01 截止日期:2019.06.30

国食药监械(进)字2014第3213429号

产品名称:植入式再同步治疗心律转复除颤器(商品名:VIVA)(Implantable Cardiac Resynchronization Therapy Defibrillator)
规格型号:DTBA2D4, DTBA2D1, DTBB2D4, DTBB2D1, DTBA2QQ, DTBB2QQ
产品标准:YZB/USA 3600-2014《植入式再同步治疗心律转复除颤器》
性能组成:DTBA2D4, DTBB2D4, DTBA2QQ, DTBB2QQ由脉冲发生器、转矩扳手组成。DTBA2D1, DTBB2D1由脉冲发生器、转矩扳手、DF-1连接器塞组成。
适用范围:用于容易因室性心动过速突然死亡的患者和因心室不同步心力衰竭的患者。用于心房和/或心室抗心动过速起搏、复律和除颤,自动治疗房性和/或危及生命的室性心动过速。
生产厂家:美国Medtronic Inc.
注册代理:美敦力(上海)管理有限公司
服务机构:美敦力(上海)管理有限公司
发证日期:2014.07.01 截止日期:2019.06.30

国食药监械(进)字2014第3303430号

产品名称:全景、头颅和X射线数字化体层摄影设备(Panoramic, cephalometric and tomographic X-ray system)
规格型号:NewTom Giano
产品标准:YZB/ITA 3551-2014《全景、头颅和X射线数字化体层摄影设备》
性能组成:产品组成:X射线管组件(CEIOPX/105)、探测器(96600904、96600902、PaxScan1313DXT)、头颅定位装置、控制面板、手持开关、机架(70830036)、软件(NNT,版本4.6)。产品性能:标称电功率0.9kW,管电压范围为60-85kV(全景、头颅)、90kV(3D),管电流范围为1-10mA,加载时间范围为2.36-12.98s(全景、头颅)、3.6和9.0s(3D)。
适用范围:用于获取牙科X射线全景、头颅和体层摄影诊断图像。
生产厂家:意大利CEFLA S.C.
注册代理:美中意国际贸易(北京)有限公司
服务机构:美中意国际贸易(北京)有限公司
发证日期:2014.07.01 截止日期:2019.06.30

国食药监械(进)字2014第3303431号

产品名称:移动式C形臂X射线机(Mobile C-arm X-ray Equipment)
规格型号:Cios Alpha
产品标准:YZB/GER 3590-2014《移动式C形臂X射线机》
性能组成:产品组成:a)X射线发生装置:高压发生器(Polydoros M25)、增强电源模块ESU(选配)、组合式X射线机头(Monoblock SMB 30)、X射线管(Opti150/10/30R)、限束器;b)X射线成像装置:平板探测器(PaxScan2020X、PaxScan3030X)、滤线栅、图像处理系统;c)附属设备:显示器推车、C型臂、C臂控制面板、脚踏开关;d)选配及附件详见注册产品标准。
适用范围:用于介入及外科手术中的X射线透视、摄影及数字减影
生产厂家:德国Siemens AG
注册代理:西门子(中国)有限公司
服务机构:西门子(中国)有限公司
发证日期:2014.07.01 截止日期:2019.06.30

国食药监械(进)字2014第2633432号

产品名称:金属托槽(Metal Brackets)
规格型号:见附页
产品标准:YZB/USA 3549-2014《金属托槽》
性能组成:该产品由底板、槽沟及结扎翼三部分组成。其中沟槽材料由碳、硅、锰、磷、硫、镍、铬、铜、铌和铁组成;底板材料由碳、硅、锰、磷、硫、镍、铬、钼和铁组成;结扎翼材料由碳、硅、锰、磷、硫、镍、铬、钼、铌、钛、铁和钴组成。
适用范围:该产品用于口腔科牙齿矫正。
生产厂家:美国Dentsply GAC International
注册代理:上海埃蒙迪材料科技有限公司
服务机构:上海埃蒙迪材料科技有限公司
发证日期:2014.07.14 截止日期:2019.07.13

国食药监械(进)字2014第2663433号

产品名称:气管切开插管(商品名:Bivona®)(Tracheostomy Tube)
规格型号:67HA60, 67HA70, 67HA80, 67HA90, 75HA60, 75HA70, 75HA80, 75HA90
产品标准:YZB/USA 3661-2014《气管切开插管》
性能组成:气管切开插管(固定翼可调节式)由不锈钢增强硅胶插管、可调节式的固定翼、病人端15mm外圆锥接头、硅胶套囊及套囊充气管、尖端带孔插管芯、纱布带、红色接头闭塞装置(仅67HA系列含此部件)组成。本产品经环氧乙烷灭菌,为一次性使用产品。
适用范围:气管切开插管为患者提供了临时的气道通路,通过调节固定翼确定最佳的插管长度。最佳长度确定后,必须使用固定式固定翼的气管切开插管替代此插管。预期用于单一患者使用,不得进行再加工,不可长期使用。本产品已确定用于核磁共振(MR)环境下。此插管可以用于磁场强度为3特斯拉的静磁场中,小于720-Gauss/cm或更小的空间梯

度磁场，最大核磁共振系统报告的全身平均吸收率(SAR)为 3W/Kg 扫描 15 分钟。
生产厂家:美国 Smiths Medical ASD, Inc.
注册代理:史密斯医疗器械(北京)有限公司
服务机构:史密斯医疗器械(北京)有限公司
发证日期:2014.07.14 **截止日期**:2019.07.13

国食药监械(进)字 2014 第 2643434 号

产品名称:医用弹力袜(商品名:莉健)(原文名称:弹性ストッキング)
规格型号:LEG SCIENCE、LEG SCIENCE MEDICAL
产品标准:YZB/JAP 3337-2014《医用弹力袜》
性能组成:该产品的原材料为尼龙和聚氨酯，有两种类型，分别为 LEG SCIENCE 和 LEG SCIENCE MEDICAL。LEG SCIENCE 是米色的，有探测口；LEG SCIENCE MEDICAL 是黑色的，有开口和封口两种款式。
适用范围:该产品用于辅助预防下肢静脉疾病的发生和辅助改善下肢静脉血液循环。
生产厂家:日本グンゼ株式会社
注册代理:郡是医疗器材(深圳)有限公司
服务机构:郡是医疗器材(深圳)有限公司
发证日期:2014.07.14 **截止日期**:2019.07.13

国食药监械(进)字 2014 第 2553435 号

产品名称:种植体手术用牙钻(Dental Drill)
规格型号:见附页
产品标准:YZB/SWI 3927-2014《种植体手术用牙钻》
性能组成:该产品是由组织剔除器、引导钻、定心钻、钻头、侧面钻、成形钻和螺纹钻组成。材质为符合 AMS 5898 标准的不锈钢 X30CrMoN15-1。
适用范围:该产品适用于牙科种植体植入手术时钻孔。可用于 Biodenta Swiss AG 公司的 TL 系列、BL 系列及 OPI 系列的种植体。
生产厂家:瑞士 Biodenta Swiss AG
注册代理:佰石德(上海)医疗器械有限公司
服务机构:佰石德(上海)医疗器械有限公司
发证日期:2014.07.14 **截止日期**:2019.07.13

国食药监械(进)字 2014 第 2553436 号

产品名称:牙科钻头(Dental drills)
规格型号:见附页
产品标准:YZB/SWE 6915-2013《牙科钻头》
性能组成:牙科钻头由不锈钢制成，牌号为 022Cr12Ni9Cu2NbTi(UNS S45500 ASTM A564 SM01 - 1063-187)和 05Cr17Ni4Cu4NbTi(UNS S17400 TYPE 630 ASTMA564/A564M, 17-4PH)。
适用范围:牙科钻头用于种植体手术中牙槽骨的预备。
生产厂家:瑞典 Nobel Biocare AB
注册代理:诺保科商贸(上海)有限公司
服务机构:诺保科商贸(上海)有限公司
发证日期:2014.07.14 **截止日期**:2019.07.13

国食药监械(进)字 2014 第 2103437 号

产品名称:婴儿颅骨矫形固定器(Orthopedics appliance)
规格型号:见附页
产品标准:YZB/ROK 3763-2014《婴儿颅骨矫形固定器》
性能组成:该产品由保护婴儿头部的外壳、承受婴儿头部压力的缓冲垫、给婴儿头部供给氧气的通风路及为婴儿头部通风换气的通风口组成。外壳由符合 CASNo. 9003-56-9 要求的丙烯腈-丁二烯-苯乙烯材料制成，缓冲垫由符合 CAS No. 51852-81-4 要求的聚氨酯材料制成，缓冲垫盖子由符合 CAS No. 24937-16-4 要求的尼龙材料和符合 CAS No. 25038-59-9 要求的聚对苯二甲酸乙二酯材料制成，非灭菌包装。
适用范围:本产品戴在 3-18 个月之间的婴幼儿头部，通过给接触部位一定的压力和重力，能够预防先天性或后天发生的非对称或斜头症及短头症的矫形器械。
生产厂家:韩国 AIMMED CO., Ltd.
注册代理:北京在信新商贸有限公司
服务机构:凯纳西科技(北京)有限公司
发证日期:2014.07.14 **截止日期**:2019.07.13

国食药监械(进)字 2014 第 2453438 号

产品名称:腹膜透析管(Catheter for Peritoneal Dialysis)
规格型号:见附页
产品标准:YZB/GER 4167-2014《腹膜透析管》
性能组成:本品由导管、接头、螺帽、保护帽、助拧器组成。本品采用环氧乙烷灭菌，一次性使用。
适用范围:本品用于腹膜透析，为腹膜透析植入的腹膜导管。
生产厂家:德国富士瑞必欧株式会社(Fresenius Medical Care AG&Co. KGaA)
注册代理:费森尤斯医药用品(上海)有限公司
服务机构:费森尤斯医药用品(上海)有限公司
发证日期:2014.07.14 **截止日期**:2019.07.13

国食药监械(进)字 2014 第 2103439 号

产品名称:骨水泥真空混合系统(商品名: Zimmer)(Vacuum Cement Mixing System)
规格型号:00-5049-035-01
产品标准:YZB/USA 3637-2014《骨水泥真空混合系统》
性能组成:该系统由混合筒、混合筒盖组件、漏斗、底座、喷嘴、填塞器、真空软管、真空泵接头和安瓿处理袋组成，本产品可用于混合 1 至 2 包骨水泥(每包包括 40 克粉剂，20ml 单体液)。
适用范围:该产品用于对丙烯酸骨水泥进行真空混合和注入，仅能与 Zimmer 公司生产的骨水泥枪一起使用，为一次性使用无菌产品。
生产厂家:美国 Zimmer Surgical, Inc.
注册代理:捷迈(上海)医疗国际贸易有限公司
服务机构:捷迈(上海)医疗国际贸易有限公司
发证日期:2014.07.14 **截止日期**:2019.07.13

国食药监械(进)字 2014 第 2663440 号

产品名称:天然胶乳橡胶避孕套(Natural latex rubber condoms)
规格型号:平滑型(草莓香型)、颗粒型(草莓香型)
产品标准:YZB/MAL 3828-2014《天然胶乳橡胶避孕套》
性能组成:该产品由天然胶乳制造。
适用范围:在正确使用下，避孕套可有助于降低受孕风险及减少某些性传播疾病感染的风险。
生产厂家:马来西亚 Hevea Medical Sdn. Bhd
注册代理:广州真汉子医疗科技有限公司
服务机构:广州真汉子医疗科技有限公司
发证日期:2014.07.14 **截止日期**:2019.07.13

国食药监械(进)字 2014 第 2043441 号

产品名称:人工晶状体推进器(Single-use injector set)
规格型号:BLUEMIXS 180
产品标准:YZB/FRA 3718-2014《人工晶状体推进器》
性能组成:该产品由推进器主体、推进器尖端、硅胶套、弹簧和推进杆组成。产品材料为 PA 塑料、ABS 塑料、硅胶及 GB 1220 中的 12Cr18Ni9 不锈钢。灭菌产品。
适用范围:该产品用于推进 Carl Zeiss Meditec 生产的预装式软性人工晶体。
生产厂家:法国 CARL ZEISS MEDITEC SAS
注册代理:卡尔蔡司(上海)管理有限公司
服务机构:卡尔蔡司(上海)管理有限公司
发证日期:2014.07.14 **截止日期**:2019.07.13

国食药监械(进)字 2014 第 2663442 号

产品名称:一次性使用无粉天然橡胶外科手套(商品名: TRIUMPHTM)(Powder-Free Latex Surgical Gloves)
规格型号:见附页
产品标准:YZB/USA 3588-2014《一次性使用无粉天然橡胶外科手套》
性能组成:本产品由天然橡胶胶乳制成。手套的其他组成成分以及性能详见附件 1。灭菌方式:伽马射线灭菌。
适用范围:本产品用于外科操作中以保护病人和使用者、避免交叉感染。
生产厂家:美国 Medline Industries, Inc.
注册代理:麦朗(上海)医疗器材贸易有限公司
服务机构:麦朗(上海)医疗器材贸易有限公司
发证日期:2014.07.14 **截止日期**:2019.07.13

国食药监械(进)字 2014 第 2133443 号

产品名称:胚胎移植导管(キタザト ET カテーテル)
规格型号:见附页
产品标准:YZB/JAP 3397-2014《胚胎移植导管》
性能组成:由移植管、导引管组成,详见附页。
适用范围:本产品临床用于将精子、卵子或受精卵经子宫颈导入子宫腔。
生产厂家:日本株式会社北里メディカル
注册代理:上海永远幸医疗科技有限公司
服务机构:上海永远幸医疗科技有限公司
发证日期:2014. 07. 14 **截止日期**:2019. 07. 13

国食药监械(进)字 2014 第 2663444 号

产品名称:造口袋(商品名:舒信)(Advanced Pouches System)
规格型号:见附页
产品标准:YZB/USA 3228-2014《造口袋》
性能组成:本产品包含一件式造口袋(由造口底盘和造口袋体组成)和两件式造口袋(由造口袋体和粘贴环组成)。造口底盘分为预裁剪和可裁剪两种;造口袋袋体分为闭口袋、Invisiclose 免尾夹造口袋和带折叠阀尿袋,有些造口袋体上还带有滤片。造口袋体材料为乙烯醋酸乙烯酯(EVA)+聚偏二氯乙烯(PVDC)复合膜,折叠阀材料为乙烯醋酸乙烯酯,滤片材料为活性炭;造口底盘的粘胶为水胶体粘合剂或 Stomahesive 粘合剂;两件式造口袋粘贴环由带丙烯酸粘合剂涂层的 PE 泡沫和硅释放纸组成。
适用范围:该产品用于处理造口排泄物。
生产厂家:美国 ConvaTec Inc.
注册代理:康维德(中国)医疗用品有限公司
服务机构:康维德(中国)医疗用品有限公司
发证日期:2014. 07. 14 **截止日期**:2019. 07. 13

国食药监械(进)字 2014 第 2663445 号

产品名称:插管导入器(商品名:Frova)(Frova Intubating Introducer)
规格型号:C-CAE-14. 0-70-FII C-CAE-14. 0-70-FI C-CAE-14. 0-70-FIC C-CAE-14. 0-70-FIC-SPOPS
产品标准:YZB/DEN 3513-2014《插管导入器》
性能组成:插管导入器由导管、加硬套管、接头组成。材料:导管:导管--聚乙烯,导管上标记--Reservoir-IR-222BK 型墨;加硬套管:套管--304 不锈钢,顶帽--黄铜,手柄--乙缩醛;接头:接头--聚乙烯,锁定环--聚甲醛。产品环氧乙烷灭菌,一次性使用。
适用范围:插管导入器应用于当患者的声门显露不完全时,辅助将气管插管插入患者气管内。14.0Fr 插管导入器设计用于放置内径大于或等于 6mm 的单腔气管插管。
生产厂家:丹麦 William Cook Europe ApS
注册代理:库克(中国)医疗贸易有限公司
服务机构:库克(中国)医疗贸易有限公司
发证日期:2014. 07. 14 **截止日期**:2019. 07. 13

国食药监械(进)字 2014 第 2153446 号

产品名称:导管皮下隧道工具(Catheter Passer)
规格型号:8586, 8583, 8591-60, 8591-38
产品标准:YZB/USA 3188-2014《导管皮下隧道工具》
性能组成:该产品由通条,手柄,闭孔器和外套管组成。产品材料为聚丙烯、聚乙烯以及 ASTM F899 的 304 不锈钢。灭菌包装。
适用范围:用于创建皮下隧道,帮助皮下放置为药物灌注泵的连接建立通道的导管,其中 8583 型和 8586 型导管皮下隧道工具用于帮助皮下放置最大外径为 4.0mm 的导管;8591-38 型和 8591-60 型导管皮下隧道工具用于帮助皮下放置最大外径 3.0mm 的导管
生产厂家:美国 Medtronic Inc.
注册代理:美国美敦力中国有限公司北京办事处
服务机构:美敦力(上海)管理有限公司
发证日期:2014. 07. 14 **截止日期**:2019. 07. 13

国食药监械(进)字 2014 第 2013447 号

产品名称:医用缝合针(商品名:科琅淳 Needle)(単回使用縫合針)
规格型号:见附页
产品标准:YZB/JAP 3650-2014《医用缝合针》
性能组成:该产品由不锈钢 06Cr19Ni10 制成,采用环氧乙烷灭菌。
适用范围:该产品适用于创伤伤口的缝合。
生产厂家:日本株式会社河野製作所
注册代理:科琅淳(上海)医疗器械贸易有限公司
服务机构:科琅淳(上海)医疗器械贸易有限公司
发证日期:2014. 07. 14 **截止日期**:2019. 07. 13

国食药监械(进)字 2014 第 2633448 号

产品名称:齿科藻酸盐印模材料(Alginate impressional material)
规格型号:CA37、Colorchange、Orthotrace
产品标准:YY1027-2001《齿科藻酸盐印模材料》
性能组成:主要由藻酸盐及添加剂组成。
适用范围:用于齿科印模。
生产厂家:荷兰 Cavex Holland B. V.
注册代理:咸阳荷立医疗器材有限公司
服务机构:咸阳荷立医疗器材有限公司
发证日期:2014. 07. 14 **截止日期**:2019. 07. 13

国食药监械(进)字 2014 第 2103449 号

产品名称:脊柱外科用工具(Instruments for Spinal Surgery)
规格型号:见附页
产品标准:YZB/SWI 4217-2014《脊柱外科用工具》
性能组成:该产品由撑开器和撑开钳组成,接触人体的部分采用符合 ASTM F 899 的 420A 不锈钢材料制成,非灭菌包装。
适用范围:该产品为脊柱外科用工具,用于撑开椎间隙。
生产厂家:瑞士 Synthes GmbH
注册代理:强生(上海)医疗器材有限公司
服务机构:辛迪思(上海)医疗器械贸易有限公司、强生(上海)医疗器材有限公司,详见附页
发证日期:2014. 07. 14 **截止日期**:2019. 07. 13

国食药监械(进)字 2014 第 3303450 号

产品名称:牙科全景 X 射线装置(商品名:Veraview IC5)(パノラマ X 線撮影装置)
规格型号:XDP1
产品标准:YZB/JAP 4062-2014《牙科全景 X 射线装置》
性能组成:本产品由 X 射线管(D-055SB)、X 射线管机头(XDP1)、数字暗盒(XDPC,含 Full frame transfer 型 2 维 CCDimage 传感器)、底座、支架(支撑柱)、升降台、机架、移动单元、移动之臂(悬臂)、头枕、控制盒组成,选购件包括颌托(咬杆)、鼻托(唇鼻托)、咬合片(塑料薄膜)。
适用范围:用于获取口腔全景图像,以供诊断。
备注:2014 年 09 月 29 日同意更正企业注册地址、生产地址内容,2014 年 7 月 11 日核发的医疗器械注册证、医疗器械注册登记表予以废止。
生产厂家:日本株式会社モリタ製作所
注册代理:森田医疗器械(上海)有限公司
服务机构:森田医疗器械(上海)有限公司
发证日期:2014. 07. 11 **截止日期**:2019. 07. 10

国食药监械(进)字 2014 第 2543451 号

产品名称:手术无影灯(Surgical Lighting System)
规格型号:Harmony LED 585
产品标准:YZB/USA 4103-2014《手术无影灯》
性能组成:产品由手术灯(包括固定底座、水平悬架臂、灯头臂、灯头)、控制器组成。
适用范围:该产品供医疗单位作医用手术照明用。
生产厂家:美国 STERIS CORPORATION
注册代理:史帝瑞(上海)贸易有限公司
服务机构:史帝瑞(上海)贸易有限公司
发证日期:2014. 07. 11 **截止日期**:2019. 07. 10

国食药监械(进)字 2014 第 2543452 号

产品名称:电动手术台(Surgical Table)
规格型号:3085 SP
产品标准:YZB/USA 4104-2014《电动手术台》
性能组成:产品由手术台、遥控器组成。
适用范围:产品是用于外科手术的患者支撑台。

生产厂家:美国 STERIS CORPORATION
注册代理:史帝瑞(上海)贸易有限公司
服务机构:史帝瑞(上海)贸易有限公司
发证日期:2014.07.11　截止日期:2019.07.10

国食药监械(进)字 2014 第 2543453 号

产品名称:病人转移设备(Patient transfer Unit)
规格型号:1975.00A0 、1975.00B0、 1975.00C0 、1975.00D0
产品标准:YZB/GER 3871-2014《病人转移设备》
性能组成:产品 (型号: 1975.00A0、1975.00C0) 由台面、台柱、运输装置、操作台(包括控制面板、显示屏、红外线遥控器)、感应器(包括红外线控制感应器、机械碰撞控制感应器)组成。产品(型号:1975.00B0、1975.00D0)由台面、台柱、运输装置、操作台(包括控制面板、显示屏、红外线遥控器)、感应器(包括红外线控制感应器)组成。具体规格参数见附页。
适用范围:该产品适用于在手术床和病床之间转运病人。
生产厂家:德国 MAQUET GmbH
注册代理:迈柯唯(上海)医疗设备有限公司
服务机构:迈柯唯(上海)医疗设备有限公司
发证日期:2014.07.11　截止日期:2019.07.10

国食药监械(进)字 2014 第 3303454 号

产品名称:移动式 C 形臂 X 射线机 (商品名: PHILIPS) (Mobile C-arm X-Ray Equipment)
规格型号:Veradius
产品标准:YZB/NET 7129-2013《移动式 C 形臂 X 射线机》
性能组成:产品由高压发生器(型号:10359400)、X 射线管组件(管型号: RO 0306 , 管套型号:10263300)、限束器、C 形臂、平板探测器(型号:pixium 2630 Sv) 、图像处理系统、电源柜、选件和附件组成。
适用范围:该产品用于为患者的诊断、介入和手术提供放射指导和显示,不适用于心血管疾病介入诊疗技术管理规范 2011 版的要求。
备注:2014 年 09 月 13 日同意更正产品名称内容,2014 年 7 月 11 日核发的医疗器械注册证、医疗器械注册登记表予以废止。
生产厂家:荷兰 Philips Medical Systems Nederland B.V.
注册代理:飞利浦(中国)投资有限公司
服务机构:飞利浦(中国)投资有限公司
发证日期:2014.07.11　截止日期:2019.07.10

国食药监械(进)字 2014 第 2313455 号

产品名称:双能 X 射线骨密度仪(X-ray Bone Densitometer)
规格型号:EXA-3000
产品标准:YZB/ROK 7335-2013《双能 X 射线骨密度仪》
性能组成:该产品由主机、显示器 (选配)、电脑主机 (选配)、打印机 (选配)组成。产品主机由高压发生器、X 射线管和数字图像系统组成。其中高压发生装置型号 HTB-032; X 射线管型号 SXR-80-14-1.0; 探测器型号 RXD-500; 软件版本 3.02.06。
适用范围:该产品用于通过 X 射线来测量人体前臂和足跟的骨密度。
生产厂家:韩国 OsteoSysCo., Ltd.
注册代理:澳思托医疗器械(上海)有限公司
服务机构:澳思托医疗器械(上海)有限公司
发证日期:2014.07.11　截止日期:2019.07.10

国食药监械(进)字 2014 第 3303456 号

产品名称:医用泌尿 X 射线系统(Hydra Vision Plus DR System)
规格型号:700539、700540
产品标准:YZB/USA 0145-2014《医用泌尿 X 射线系统》
性能组成:产品由 X 射线高压发生器(SHF-635、SHF-835)、X 射线管组件(管型号: RAD-60, 管套型号: SAPPHIRE; 管型号 E7254, 管组件型号 E7254FX)、限束器、数字成像系统、X 射线影像增强器、CCD 摄像机、泌尿床(HPDRHRFP、 HPDRHSFP)、监视器、手控盒、双模式泌尿床脚踏控制装置、曝光脚踏控制装置和附件组成。
适用范围:本产品用于泌尿手术和需要平台式工作台与成像系统的其它相关手术。本产品不适合 GB9706.23 提及的长时间透视引导介入操作。
生产厂家:美国 Liebel-Flarsheim Company LLC
注册代理:万灵科医疗咨询(上海)有限公司
服务机构:万灵科医疗咨询(上海)有限公司
发证日期:2014.07.11　截止日期:2019.07.10

国食药监械(进)字 2014 第 3403457 号

产品名称:全自动血型分析仪(Automatic Blood Grouping Diagnostic Instrument)
规格型号:Microlab STAR BG、Microlab STARlet BG。
产品标准:YZB/SWI 4213-2014《全自动血型分析仪》
性能组成:液体处理系统、孵育振荡系统、试剂混匀系统、图像捕获系统、主要传输系统、自动加载单元和工作台。
适用范围:本产品用于多种试验检测(ABO/Rh 血型鉴定、正定血型、反定血型、Rh(D)血型、病人/献血者交叉配血、抗体筛查)。
生产厂家:瑞士 Hamilton Bonaduz AG
注册代理:烟台澳斯邦生物工程有限公司
服务机构:烟台澳斯邦生物工程有限公司
发证日期:2014.07.11　截止日期:2019.07.10

国食药监械(进)字 2014 第 2223458 号

产品名称:检耳镜(Otoscope)
规格型号:ri-scope L
产品标准:YZB/GER 4195-2014《检耳镜》
性能组成:该产品由耳道检查镜头(含辅镜)和手柄(不含电池和充电器)组成,各部件编号见附页。
适用范围:该产品通过与 RIESTER 耳道窥视镜结合使用进行外耳道的照明及检查。
生产厂家:德国 Rudolf Riester GmbH
注册代理:英国豪迈国际有限公司北京代表处
服务机构:英国豪迈国际有限公司北京代表处
发证日期:2014.07.11　截止日期:2019.07.10

国食药监械(进)字 2014 第 2203459 号

产品名称:临床用变色体温计(商品名: 艾美体温计)(AMITemp Brand Clinical Color Change Thermometer)
规格型号:9701
产品标准:YZB/USA 4186-2014《临床用变色体温计》
性能组成:测温范围:35.5-40.4℃, 测温精度: ±0.1℃, 显示分度值: 0.1℃。
适用范围:用于临床放置在口腔或腋下测量体温, 一次性使用。
生产厂家:美国艾美国际医疗技术有限公司
注册代理:北京泰和堂科技发展有限责任公司
服务机构:北京泰和堂科技发展有限责任公司
发证日期:2014.07.11　截止日期:2019.07.10

国食药监械(进)字 2014 第 2303460 号

产品名称:乳腺 X 射线机(Mammographic X-ray Equipment)
规格型号:Alpha RT
产品标准:YZB/HUN 4199-2014《乳腺 X 射线机》
性能组成:由操作控制台、高压发生器(MGHV-200)、X 射线管(M-113SP)、X 射线管套 (B-112)、限束装置、放大装置 (5310673、5310670 可选)、暗盒托盘 (MGBS-200D、MGBS-207D 可选)、机架系统、压迫板、防辐射屏蔽 (可选)、病人液压椅 (可选) 组成。
适用范围:用于乳腺 X 射线摄影检查。
生产厂家:匈牙利 GE Hungary Kft.
注册代理:通用电气医疗系统贸易发展(上海)有限公司
服务机构:通用电气医疗系统贸易发展(上海)有限公司
发证日期:2014.07.11　截止日期:2019.07.10

国食药监械(进)字 2014 第 2303461 号

产品名称:乳腺 X 射线机(Mammographic X-ray Equipment)
规格型号:Alpha ST
产品标准:YZB/HUN 4200-2014《乳腺 X 射线机》
性能组成:由操作控制台、高压发生器(MGHV-200)、X 射线管(M-113SPX)、射线管套 (B-112)、限束装置、放大装置 (5310673、5310670 可选)、暗盒托盘 (MGBS-200D、MGBS-207D 可选)、机架系统、压迫板、防辐射屏蔽 (可选)、病人液压椅 (可选) 组成。
适用范围:用于乳腺 X 射线摄影检查。
生产厂家:匈牙利 GE Hungary Kft.

注册代理:通用电气医疗系统贸易发展(上海)有限公司
服务机构:通用电气医疗系统贸易发展(上海)有限公司
发证日期:2014.07.11 截止日期:2019.07.10

国食药监械(进)字 2014 第 3223462 号

产品名称:胸腔镜(Thoracoscopes)
规格型号:见附页
产品标准:YZB/GER 3414-2014《胸腔镜》
性能组成:该产品由硬性光学内窥镜组成。
适用范围:该产品适用于胸腔内临床手术中检查和诊断用。
生产厂家:德国 Karl Storz GmbH & Co. KG
注册代理:卡尔史托斯内窥镜(上海)有限公司
服务机构:卡尔史托斯内窥镜(上海)有限公司
发证日期:2014.07.11 截止日期:2019.07.10

国食药监械(进)字 2014 第 2403463 号

产品名称:流式细胞仪(商品名:Cytomics FC 500 流式细胞仪、Cytomics FC 500 MPL 流式细胞仪。)(Flow Cytometer)
规格型号:FC 500、FC 500 MPL。
产品标准:YZB/USA 1539-2012《流式细胞仪》
性能组成:该产品由流式细胞仪主机、MCL(多样本进样盘)、电源箱、氩离子激光源、USB 箱、打印机、条形码扫描器、驱动器、工作站、滤光器配件、可选配 MPL(多种进样板)及 633nm 氦氖离子激光组成。
适用范围:该系统用于细胞和其他微粒的生物及物理属性的定性及定量测量。当细胞单列通过一个或二个激光束时,即开始测量这些属性。
备注:2014 年 10 月 16 日同意更正产品标准内容,2014 年 7 月 11 日核发的医疗器械注册登记表予以废止。
生产厂家:美国 Beckman Coulter, Inc.
注册代理:贝克曼库尔特商贸(中国)有限公司
服务机构:贝克曼库尔特商贸(中国)有限公司
发证日期:2014.07.11 截止日期:2019.07.10

国食药监械(进)字 2014 第 2403464 号

产品名称:血细胞分析仪(Hematology Analyzer)
规格型号:LH 780
产品标准:YZB/USA 3874-2011《血细胞分析仪》
性能组成:分析仪由分析仪主机(电源压力箱、分析器、稀释器),手持扫描器,电脑工作站,外接打印机及其他相关附件组成。
适用范围:该分析仪在临床实验室中用于体外诊断,可以提供自动化的全血计数,白细胞分类,网织细胞分析和有核红细胞(NRBC)计数。
备注:2014 年 10 月 16 日同意更正产品标准内容,2014 年 7 月 11 日核发的医疗器械注册登记表予以废止。
生产厂家:美国 Beckman Coulter, Inc.
注册代理:贝克曼库尔特商贸(中国)有限公司
服务机构:贝克曼库尔特商贸(中国)有限公司
发证日期:2014.07.11 截止日期:2019.07.10

国食药监械(进)字 2014 第 2403465 号

产品名称:微生物分析仪(autoSCAN®-4 System)
规格型号:autoSCAN-4
产品标准:YZB/USA 4162-2014《微生物分析仪》
性能组成:该产品主要由主机(包括前面板和抽屉及测试板处理系统)、随机软件 (LabPro) 组成。
适用范围:该产品用于鉴定微生物的种类及并确定临床样本中分离出的微生物的体外抗生素敏感性测试的结果。
生产厂家:美国 Siemens Healthcare Diagnostics Inc.
注册代理:西门子医学诊断产品(上海)有限公司
服务机构:西门子医学诊断产品(上海)有限公司
发证日期:2014.07.11 截止日期:2019.07.10

国食药监械(进)字 2014 第 2303466 号

产品名称:数字化医用 X 射线摄影系统(X-Ray Tube Ceiling Suspension Radiographic System)
规格型号:NOVA FA-C
产品标准:YZB/SPA 4063-2014《数字化医用 X 射线摄影系统》
性能组成:数字化医用 X 射线摄影系统由高压发生器(SHF-835)、X 射线管组件(管套:E7254FX; 管芯:E7254)、限束器(R 225 DHHS)、升降摄影床(NET)/简易摄影床(A6849-02)、立式胸片架(NBS2100)、悬吊架(FA)、平板探测器(CXDI-401G COMPACT(硫氧化钆非晶硅)、CXDI-401C COMPACT(碘化铯非晶硅)、CXDI-501G(硫氧化钆非晶硅)、CXDI-501C(碘化铯非晶硅)、CXDI-70CWireless(碘化铯非晶硅)、CXDI-701C Wireless(碘化铯非晶硅)、CXDI-701G Wireless(硫氧化钆非晶硅)、CXDI-80C Wireless(碘化铯非晶硅)、CXDI-801CWireless(碘化铯非晶硅)、CXDI-801GWireless(硫氧化钆非晶硅)、CXDI-55G(硫氧化钆非晶硅)、FDX4343R(碘化铯非晶硅)、FDX3543RP(碘化铯非晶硅))及图像处理系统(显示器型号:2007FPb; 图像处理软件:CXDI Control Software NE、Digital RadiographyOperating ConsoleDROC)组成。性能:标称电功率:80KW; 摄影管电压调节范围:40-150kV; 摄影管电流调节范围:10-800mA; 加载时间:1ms-10s; 电流时间积:0.1-500mAs; X 射线管组件:旋转阳极,标称管电压:150kV; 焦点:0.6mm/1.2mm。
适用范围:数字化医用 X 射线摄影系统适用于医疗单位放射科进行 X 射线摄影诊断。
生产厂家:西班牙 SEDECAL (Sociedad Espanola de Electromedicina y Calidad, S. A.)
注册代理:北京赛德科医疗设备有限公司
服务机构:北京赛德科医疗设备有限公司
发证日期:2014.07.11 截止日期:2019.07.10

国食药监械(进)字 2014 第 2543467 号

产品名称:发光二极管手术无影灯(POWERLED Range Surgical Lights)
规格型号:PowerLED700、PowerLED500、PowerLED300
产品标准:YZB/FRA 4066-2014《发光二极管手术无影灯》
性能组成:手术灯由灯头、电源箱、支架、手术灯头吊臂、及摄像头吊臂(选配)和摄像头(选配)组成。灯头由发光二极管灯泡、聚光器及灯罩构成。
适用范围:手术灯为吊顶式安装,供医疗单位作医用手术照明用。
生产厂家:法国 Maquet SAS
注册代理:迈柯唯(上海)医疗设备有限公司
服务机构:迈柯唯(上海)医疗设备有限公司
发证日期:2014.07.11 截止日期:2019.07.10

国食药监械(进)字 2014 第 2463468 号

产品名称:人工耳蜗检测盒(Diagnostic Interface Box)
规格型号:DIB II
产品标准:YZB/AUS 2170-2009《人工耳蜗检测盒》
性能组成:产品由人工耳蜗检测盒主机,DIB II 线圈,DIB II 线圈 i100,DIB II BTE 编程电缆,CIS PRO+编程电缆,DIB 电源适配器组成。
适用范围:为临床医生提供 MED-EL 耳蜗植入系统的不同的临床应用硬件平台。
生产厂家:奥地利 MED-EL Elektromedizinische Geraete GmbH
注册代理:奥地利美迪医疗电子仪器公司北京代表处
服务机构:奥地利美迪医疗电子仪器公司北京代表处
发证日期:2014.07.11 截止日期:2019.07.10

国食药监械(进)字 2014 第 2703469 号

产品名称:超声工作站软件(Ultrasound Workstation Software)
规格型号:ViewPoint 6 (版本号 6.4)
产品标准:YZB/GER 3883-2014《超声工作站软件》
性能组成:产品由 ViewPoint 6 安装光盘(包括 ViewPoint 6(版本号 6.4),4D View(版本号 14)(选件))和 USB 加密狗组成。组成模块:客户端程序(Client Program)、服务(Services)、开发工具(Development Tools)、存储(Storage)和 SOUP 模块。
适用范围:ViewPoint 6 拟在医疗实践和临床科室中使用,用于影像诊断,文本和图像形式检查的电子存档以及生成用作超声诊断的医疗报告。ViewPoint 6 可供用户将影像、绘制图和图表生成医疗报告。ViewPoint 6 用于接收、传送、显示、计算、存储及处理医疗图像和医疗数据,并让用户可对图像进行测量和评注。ViewPoint 6 显示给用户的医疗图像可用于诊断目的。4D View 用于 GEUltrasound 3D/4D 数据集的图像显示,用于诊断目的,包括在显示的图像上进行测量。
生产厂家:德国 GE Healthcare GmbH
注册代理:通用电气医疗系统贸易发展(上海)有限公司

服务机构:通用电气医疗系统贸易发展(上海)有限公司
发证日期:2014.07.11 **截止日期**:2019.07.10

国食药监械(进)字2014第3773470号

产品名称:中心静脉导管包(Central Venous Catheter Kits and Sets)
规格型号:见附页
产品标准:YZB/USA 0241-2014《中心静脉导管包》
性能组成:中心静脉导管包,包括中心静脉导管、导丝、导引套管、压力探针、注射针头、注射器、穿刺针、扩张器、手术器械包布、铺巾、刀片、无纺布片、消毒刷、T型连接头和托盘组成。中心静脉导管由聚氨酯制成,导丝由304不锈钢制成,扩张器由高密度聚乙烯材料制成,注射器由聚丙烯制成,手术刀片由不锈钢材料制成。产品表面没有涂层。
适用范围:该产品主要提供到达中心循环的静脉通路。中心静脉导管包在建立中心静脉通路之后,会用于输血、输液、采血等。导管可插入颈静脉、锁骨下静脉或股静脉。
生产厂家:美国 Arrow International Inc.
注册代理:泰利福医疗器械商贸(上海)有限公司
服务机构:泰利福医疗器械商贸(上海)有限公司
发证日期:2014.07.14 **截止日期**:2019.07.13

国食药监械(进)字2014第2633471号

产品名称:化学固化正畸粘接剂(商品名:UniteTM)(UniteTM Bonding Adhesive)
规格型号:712-015, 712-011, 712-012, 704-038, 704-048, 704-055(规格装量见附页)
产品标准:YZB/USA 3557-2014《化学固化正畸粘接剂》
性能组成:粘接剂的主要成分:硅烷化石英,二缩三乙二醇二甲基丙烯酸酯,双酚-A-二缩水甘油醚二甲基丙烯酸酯。预处理剂的主要成分:二缩三乙二醇二甲基丙烯酸酯,N, N-二羟乙基-对甲基苯胺,双酚-A-二缩水甘油醚二甲基丙烯酸酯。
适用范围:本产品用于正畸治疗中,陶瓷托槽、金属托槽与牙釉质的粘接。
生产厂家:美国 3M Unitek Corporation
注册代理:明尼苏达矿业制造(上海)国际贸易有限公司
服务机构:明尼苏达矿业制造(上海)国际贸易有限公司
发证日期:2014.07.14 **截止日期**:2019.07.13

国食药监械(进)字2014第3463472号

产品名称:髋关节假体-股骨柄(商品名:ABG-II)(ABG II Femoral Stems)
规格型号:见附页
产品标准:YZB/USA 3645-2014《髋关节假体-股骨柄》
性能组成:该产品采用符合ASTM F1813的锻压钛-12钼-6锆-2铁合金(TMZF合金)制成,表面带有符合ISO 13779-2的羟基磷灰石涂层。灭菌包装。
适用范围:与该企业生产的同一系统产品配合使用,适用于髋关节置换手术。
生产厂家:美国 Howmedica Osteonics Corp.
注册代理:史赛克(北京)医疗器械有限公司
服务机构:史赛克(北京)医疗器械有限公司
发证日期:2014.07.14 **截止日期**:2019.07.13

国食药监械(进)字2014第3663473号

产品名称:经外周穿刺的中心静脉导管(商品名:Per-Q-Cath安全型预连式PICC)(Per-Q-Cath PICC(Peripherally Inserted Central Venous Catheter))
规格型号:4133105、4133115、4134105、4134115、4135105、4135115、4234105、4235105、4235115
产品标准:YZB/USA 3589-2014《经外周穿刺的中心静脉导管》
性能组成:本产品包括导管(单腔/双腔)和带穿刺针的导引套管。导管材质为硅胶,穿刺针材质为不锈钢,导引套管的材质为聚乙烯。该产品采用环氧乙烷灭菌,一次性使用。
适用范围:本产品适用于短期或长期经外周置入中心静脉系统,进行静脉注射治疗和采血。
生产厂家:美国 Bard Access Systems, Inc.
注册代理:巴德医疗科技(上海)有限公司
服务机构:巴德医疗科技(上海)有限公司
发证日期:2014.07.14 **截止日期**:2019.07.13

国食药监械(进)字2014第3543474号

产品名称:储液盒(商品名:CADD®)(Reservoirs)
规格型号:21-7001-24、21-7002-24、21-7100-24
产品标准:YZB/USA 3524-2014《储液盒》
性能组成:产品由外壳、药液储存袋、管路、鲁尔接头、鲁尔接头帽、压力片、储液盒夹子和无孔帽组成。产品材质为聚氯乙烯、聚碳酸酯、聚丙烯、乙缩醛。
适用范围:储液盒作为储液装置可配合 Smiths Medical ASD, Inc.公司生产的患者自控输液泵和输液管理套装对患者进行输液,除说明书中具体说明的情况外,储液盒与任何史密斯生产的自控输液泵和输液管理套装均能自由搭配。
生产厂家:美国 Smiths Medical ASD, Inc.
注册代理:史密斯医疗器械(北京)有限公司
服务机构:史密斯医疗器械(北京)有限公司
发证日期:2014.07.14 **截止日期**:2019.07.13

国食药监械(进)字2014第3633475号

产品名称:复合树脂(商品名:SureFil)(High Density Posterior Restorative)
规格型号:色号:Shade A 规格:3g; 0.28g; 色号:Shade B 规格:3g; 0.28g; 色号:Shade C 规格:3g; 0.28g;
产品标准:YZB/USA 3614-2014《复合树脂》
性能组成:成分:聚氨酯二甲基丙烯酸酯、樟脑醌(CQ)光敏引发剂、稳定剂、颜料。
适用范围:用于后牙的I, II类窝洞修复。
生产厂家:美国 DENTSPLY Caulk
注册代理:登士柏(天津)国际贸易有限公司
服务机构:登士柏(天津)国际贸易有限公司
发证日期:2014.07.14 **截止日期**:2019.07.13

国食药监械(进)字2014第2643476号

产品名称:疤痕修复贴(Scar Clinic)
规格型号:见附页
产品标准:YZB/ROK 3640-2014《疤痕修复贴》
性能组成:产品由硅凝胶垫,垫子保护层和剥离纸三部分组成。
适用范围:疤痕修复贴与其他标准的疤痕治疗方法配合使用,贴覆在因手术、车祸、割伤或烧伤而造成的已愈合疤痕(增生性疤痕和瘢痕疙瘩),可在疤痕和外界环境之间提供一层物理屏障,从而辅助改善疤痕整体情况(本产品不适用于粘膜和未愈合的损伤表面)。
生产厂家:韩国 Hans Biomed Corp.
注册代理:凯纳西科技(北京)有限公司
服务机构:凯纳西科技(北京)有限公司
发证日期:2014.07.14 **截止日期**:2019.07.13

国食药监械(进)字2014第3773477号

产品名称:经外周插管的中心静脉导管套件及附件(Groshong PICC(Peripherally Inserted Central Venous Catheter))
规格型号:7715305, 7715405, 7717305, 7717405, 7755305, 7712300, 7712400, 6660027, 6660012, 6660017, 0668935, 0668945, 0668950
产品标准:YZB/USA 3873-2014《经外周插管的中心静脉导管套件及附件》
性能组成:本产品包括单腔导管、带穿刺针的导引套管、连接件、固定翼和护帽,部分型号包括微插管器(含导丝、穿刺针、微插管鞘和刀片)。导管材质为硅胶,穿刺针和导丝的主要材质为不锈钢,微插管鞘的主要材质为聚四氟乙烯(PTFE),导引套管的材质为聚氨酯或氟化乙丙烯。
适用范围:本产品适用于建立血管通路,可用于采集血液样本以及注入药物或溶液。
备注:2014年09月30日同意更正注册号内容,2014年7月14日核发的医疗器械注册证、医疗器械注册登记表予以废止。
生产厂家:美国 Bard Access Systems, Inc.
注册代理:巴德医疗科技(上海)有限公司
服务机构:巴德医疗科技(上海)有限公司

发证日期:2014. 07. 14 **截止日期**:2019. 07. 13

国食药监械(进)字 2014 第 3463478 号

产品名称:带线锚钉(Healix Anchor System)
规格型号:见附页
产品标准:YZB/USA 1273-2014《带线锚钉》
性能组成:该产品由骨锚、缝线、缝针和插入器组成。骨锚由符合 YY0660 标准规定的聚醚醚酮 (PEEK-OPTIMA-LT3) 材料制成;缝线由染色的可吸收性聚对二氧环己酮 (PDS) 和未染色的不可吸收性聚乙烯材料编织而成;缝针由符合 ASTMF899 标准规定的 420 不锈钢材料制成;插入器与人体接触部分由符合 ASTM F899 标准规定的 630 不锈钢材料制成。灭菌包装。
适用范围:适用于肩、膝、指、腕、踝、趾关节肌腱、韧带的重连接。
生产厂家:美国 DePuy Mitek
注册代理:强生(上海)医疗器材有限公司
服务机构:强生(上海)医疗器材有限公司
发证日期:2014. 07. 14 **截止日期**:2019. 07. 13

国食药监械(进)字 2014 第 2653479 号

产品名称:丝制带针缝合线(商品名:马尼丝制带针缝合线)(原文:マニーシルク)
规格型号:见附页
产品标准:YZB/JAP 3822-2014《丝制带针缝合线》
性能组成:丝制带针缝合线的原料为天然蚕丝,缝线类别属于 I 类,缝针由不锈钢制成。有硅涂层,涂层成分:100%硅。
适用范围:用于手术用缝合(只限于眼科领域、齿科领域使用)。
生产厂家:日本马尼株式会社(マニー株式会社)
注册代理:珠海港康达医疗器材有限公司
服务机构:珠海港康达医疗器材有限公司
发证日期:2014. 07. 14 **截止日期**:2019. 07. 13

国食药监械(进)字 2014 第 3653480 号

产品名称:外科用封合剂喷射发生器(Coseal Spray Set)
规格型号:600021
产品标准:YZB/AUS 3725-2014《外科用封合剂喷射发生器》
性能组成:外科用封合剂喷射发生器包括:2 个喷头;1 根双腔接管:包括 1 根带有透明无菌滤器的压力管,1 跟较细的带有蓝色无菌滤器的传感器和 1 个要夹到 Coseal 外科用封合剂柱塞夹上的夹子。一次性使用。
适用范围:外科用封合剂喷射发生器与 Coseal 外科用封合剂和 EASYSPRAY 压力调压器结合使用,将 CoSeal 外科用封合剂喷洒在宽阔的表面上。
生产厂家:奥地利 Baxter AG
注册代理:百特医疗用品贸易(上海)有限公司
服务机构:百特医疗用品贸易(上海)有限公司
发证日期:2014. 07. 14 **截止日期**:2019. 07. 13

国食药监械(进)字 2014 第 3463481 号

产品名称:髋关节假体(商品名:VerSys Advocate)(Hip Joint Prostheses)
规格型号:见附页
产品标准:YZB/USA 3897-2014《髋关节假体》
性能组成:该产品包括股骨柄及中置器。股骨柄由符合 ISO5832-12 标准要求的锻造钴铬钼合金材料制成,中置器由聚甲基丙烯酸甲酯材料制成。灭菌包装。
适用范围:与该企业同一系统组件配合,做为骨水泥型髋关节假体使用,适用于髋关节置换。
生产厂家:美国 Zimmer Inc.
注册代理:捷迈(上海)医疗国际贸易有限公司
服务机构:捷迈(上海)医疗国际贸易有限公司
发证日期:2014. 07. 14 **截止日期**:2019. 07. 13

国食药监械(进)字 2014 第 3463482 号

产品名称:脊柱后路钉棒系统(Expedium Spinal System)
规格型号:见附页
产品标准:YZB/USA 3156-2014《脊柱后路钉棒系统》
性能组成:该产品由螺钉、垫片、棒、螺栓、钩、螺母、生长阀、连接器组成。棒由符合 GB/T 13810 标准规定的 Ti6A14V ELI 钛合金材料或由符合 ISO 5832-12 标准规定的锻造钴铬钼合金材料制成,其余组件由符合 GB/T 13810 标准规定的 Ti6A14V ELI 钛合金材料制成。部分钛合金材料产品表面经阳极氧化处理。非灭菌包装。
适用范围:适用于胸腰椎后路内固定。
生产厂家:美国 DePuy Spine
注册代理:强生(上海)医疗器材有限公司
服务机构:强生(上海)医疗器材有限公司
发证日期:2014. 07. 14 **截止日期**:2019. 07. 13

国食药监械(进)字 2014 第 3463483 号

产品名称:脊柱后路内固定系统(商品名:PASS LP)(PASS LP Spinal System)
规格型号:见附页
产品标准:YZB/FRA 3850-2014《脊柱后路内固定系统》
性能组成:该产品由多轴椎弓根钉、系统连接器、自断加固锁母、钛棒、双重锁定横连固定器、钛板和椎弓根钩组成,由符合 GB/T 13810 标准要求的 TC4 ELI 钛合金材料制成。部分产品表面经阳极氧化着色处理。非灭菌包装。
适用范围:适用于胸椎、腰椎和骶椎脊柱后路内固定。
生产厂家:法国 MEDICREA INTERNATIONAL SA
注册代理:北京迈迪诺生物技术有限公司
服务机构:北京迈迪诺生物技术有限公司
发证日期:2014. 07. 14 **截止日期**:2019. 07. 13

国食药监械(进)字 2014 第 3463484 号

产品名称:翻修型髋臼外杯(Acetabular Reconstruction Shell)
规格型号:见附页
产品标准:YZB/GER 3649-2014《翻修型髋臼外杯》
性能组成:该产品包括翻修杯及固定螺钉。翻修杯采用符合 ISO5832-2 标准规定的 1 级纯钛材料制成,固定螺钉采用符合 ISO5832-3 标准规定的 Ti6A14V 钛合金。固定螺钉表面经阳极氧化处理。灭菌包装。
适用范围:与该企业同一系统组件配合,适用于髋关节翻修术或髋臼严重损伤时的髋关节置换。
生产厂家:德国 Aesculap AG
注册代理:贝朗医疗(上海)国际贸易有限公司
服务机构:贝朗医疗(上海)国际贸易有限公司
发证日期:2014. 07. 14 **截止日期**:2019. 07. 13

国食药监械(进)字 2014 第 3153485 号

产品名称:一次性使用静脉血样采集针(商品名:BD Vacutainer® PrecisionGlideTM)(见附件)
规格型号:见附页
产品标准:YZB/UK 3673-2014《一次性使用静脉血样采集针》
性能组成:由采集针护帽、采集针、针座、穿刺针、穿刺针封套和穿刺针护帽组成。
适用范围:本产品在医学临床上辅助用于从患者静脉抽取血液样本。
生产厂家:英国 Becton Dickinson and Company
注册代理:碧迪医疗器械(上海)有限公司
服务机构:碧迪医疗器械(上海)有限公司
发证日期:2014. 07. 14 **截止日期**:2019. 07. 13

国食药监械(进)字 2014 第 2663486 号

产品名称:天然胶乳橡胶避孕套(商品名:健马避孕套)(CLIMAX CONDOM)
规格型号:Lubricated(超滑型)、Dotted(浮点型)、Ribbed(环纹型)、Contour(超凡型)、More Time(模特型)、Aroma(果味型)、Extra Safe(超薄型)、Spectra & Kiss of Love(彩虹型及口交型)
产品标准:GB7544-2009《天然乳胶橡胶避孕套技术要求与试验方法》
性能组成:产品由天然乳胶制成。
适用范围:避孕套在正确使用下,有助于降低受孕风险及减少某些性传播疾病感染的风险。
生产厂家:马来西亚 HEVEA MEDICAL SDN. BHD.
注册代理:深圳市才俊商贸有限公司
服务机构:深圳市才俊商贸有限公司
发证日期:2014. 07. 14 **截止日期**:2019. 07. 13

国食药监械(进)字2014第3463487号

产品名称:脊柱后路内固定螺钉(商品名:Moss Miami)(Moss Miami Screw)
规格型号:见附页
产品标准:YZB/SWI 3573-2014《脊柱后路内固定螺钉》
性能组成:该产品由一系列单向螺钉、万向螺钉、复位螺钉、内锁紧螺钉组成,采用符合GB/T13810要求的TC4ELI钛合金材料制成,产品表面无着色,一次性使用,非灭菌状态提供。
适用范围:与该企业同一系统产品配合,适用于胸腰骶椎的后路内固定。
生产厂家:瑞士 Medos International SARL
注册代理:强生(上海)医疗器材有限公司
服务机构:强生(上海)医疗器材有限公司
发证日期:2014.07.14 **截止日期**:2019.07.13

国食药监械(进)字2014第3463488号

产品名称:半髋关节假体组件(商品名:Tandem)(Tandem Semi-Hip System)
规格型号:见附页
产品标准:YZB/USA 2372-2011《半髋关节假体组件》
性能组成:本产品为双极头,包括金属杯、衬垫、金属锁环和锁环衬垫。金属杯采用铸造钴铬钼合金制造;金属杯衬垫和锁环衬垫采用超高分子量聚乙烯制造;金属锁环采用Ti6Al4V制造。灭菌包装。
适用范围:1.非炎症性退行性关节疾病,包括骨关节炎、骨坏死、缺血性坏死和外伤后关节炎;2.类风湿性关节炎;3.继发于多种疾病和畸形的关节炎,功能性畸形如先天性髋关节发育不良或强直性脊柱炎的纠正;4.其他治疗无效时的返修处理;5.治疗股骨近端骨不连,股骨颈骨折,累及股骨头的粗隆间骨折的半髋关节置换。
生产厂家:美国 Smith & Nephew, Inc.
注册代理:施乐辉医用产品国际贸易(上海)有限公司
服务机构:施乐辉医用产品国际贸易(上海)有限公司
发证日期:2014.07.14 **截止日期**:2019.07.13

国食药监械(进)字2014第2543489号

产品名称:注射笔(商品名:普丽康)(BD Pen II Self Injector)
规格型号:Puregon Pen®
产品标准:YZB/USA 3613-2014《注射笔》
性能组成:该产品由保护帽、笔芯式药瓶固定器和笔身组成。不包括注射针头及笔芯式药瓶。
适用范围:该注射笔在临床上与Puregon®笔芯式药瓶和BD Micro-FineTM一次性使用医用笔式注射器针头配套用于皮下注射药液。
生产厂家:美国 BD Medical-Pharmaceutical Systems
注册代理:碧迪医疗器械(上海)有限公司
服务机构:碧迪医疗器械(上海)有限公司
发证日期:2014.07.14 **截止日期**:2019.07.13

国食药监械(进)字2014第3663490号

产品名称:一次性使用血管内抽吸导管(商品名:Export AP)(Export AP Catheter)
规格型号:EXPORTAP
产品标准:YZB/USA 5363-2011《一次性使用血管内抽吸导管》
性能组成:产品为一次性使用血管内抽吸导管,由四个基本部件组成:抽吸导管、压力延长管、抽吸注射器、抽吸物滤网。其中抽吸导管为双腔导管,与0.014"的导丝和Guardwire临时封堵与抽吸系统兼容,其远端具有不透射线的头端标记,近端具有Luer锁定接头用于连接压力延长管和抽吸注射器,也可将适当的充有输注液体的注射器连接到抽吸管路上进行液体输注。抽吸导管主要由聚酰胺-聚醚嵌段共聚物,聚酰胺和聚四氟乙烯构成。产品为环氧乙烷灭菌,一次性使用。
适用范围:美敦力公司Export AP一次性使用血管内抽吸导管预期用于:(1)在动脉血管系统的介入治疗中去除和抽吸栓塞物质(血栓/碎屑)(2)无论是否有血管闭合发生,可选择性地灌注/输送诊断和/或治疗的药剂。
生产厂家:美国 Medtronic Inc.
注册代理:美敦力(上海)管理有限公司
服务机构:美敦力(上海)管理有限公司
发证日期:2014.07.14 **截止日期**:2019.07.13

国食药监械(进)字2014第3463491号

产品名称:髋关节金属球头(LINK Hip Prosthesis Heads)
规格型号:见附页
产品标准:YZB/GER 1577-2010《髋关节金属球头》
性能组成:该产品材料为铸造钴铬钼合金。灭菌包装。
适用范围:与该企业同一系统组件配合,适用于髋关节置换。
生产厂家:德国 Waldemar Link GmbH & Co. KG
注册代理:北京威联德骨科技术有限公司
服务机构:北京威联德骨科技术有限公司
发证日期:2014.07.14 **截止日期**:2019.07.13

国食药监械(进)字2014第3663492号

产品名称:选择性导管(商品名:MAGIC)(Hyperselective catheters)
规格型号:MAGIC1.2F, MA1.5FMP, MAGIC1.5F, MAGICSTD, MAGICMP, MAGICOLIVE, MABDTE, MABDPE, MAG018
产品标准:YZB/FRC 2166-2010《选择性导管》
性能组成:由硬性根部(2.7F)、柔性中间部(2.4F)、超软性末端部(1.5F/1.8F/2F)组成,导管体和其末端(小环)具有X射线阻射性;除"MABDTE"型号导管体的超软性末端部分由聚四氟乙烯PTFE材料制成以外,其余导管体由聚酰胺PA12TR90材料制成。
适用范围:用于选择性插管术,适用于对距离长,弯曲多,和小口径的血管实施插管术。
生产厂家:法国 BALT EXTRUSION
注册代理:北京永亨堂科贸有限公司
服务机构:北京永亨堂科贸有限公司
发证日期:2014.07.14 **截止日期**:2019.07.13

国食药监械(进)字2014第3463493号

产品名称:膝关节假体(骨水泥型)(Knee Joint Prosthesis)
规格型号:见附页
产品标准:YZB/GER 0581-2011《膝关节假体(骨水泥型)》
性能组成:该产品包括表面式、铰链式及组配式膝关节假体。产品组件包括股骨组件、胫骨托、胫骨衬垫、髌骨假体、螺钉、中置器及延长杆。胫骨托、螺钉及表面式膝关节假体股骨组件材料为铸造钴铬钼合金;胫骨衬垫、髌骨假体、中置器材料为超高分子量聚乙烯;延长杆材料为Ti6Al4V钛合金;铰链式及组配式膝关节假体股骨组件金属部分材料为铸造钴铬钼合金,塑料部分材料为超高分子量聚乙烯。灭菌包装。
适用范围:做为骨水泥型膝关节假体使用,适用于膝关节置换。
生产厂家:德国 Waldemar Link GmbH & Co. KG
注册代理:北京威联德骨科技术有限公司
服务机构:北京威联德骨科技术有限公司
发证日期:2014.07.14 **截止日期**:2019.07.13

国食药监械(进)字2014第2213494号

产品名称:十二导联运动测试心电图机(商品名:COSMED)(12-Channel ECG Stress Test Unit)
规格型号:Quark T12x
产品标准:YZB/ITA 2772-2014《十二导联运动测试心电图机》
性能组成:该产品由无线ECG采集盒、病人导联线、接收器、天线、USB连线、软件密钥、功率单车和Quark T12x SUIT软件组成。
适用范围:该产品用于6岁以上小儿及成人,诊断心律失常、心肌缺血、心率异常。该产品也可用于疑似心脏异常的情况,或要得到一定年龄人口或一定时期ECG常规基线特征的情况。QT间期分析对评估长QT综合症(LQTS)有意义。QT间期分析也被用于测量QT离散度、最大或者最小QT值的不同。QT离散度也用于测量不均性心室复极化。
生产厂家:意大利科时迈公司(COSMED S.R.L.)
注册代理:广州中维行电子器材技术服务有限公司
服务机构:广州中维行电子器材技术服务有限公司
发证日期:2014.07.11 **截止日期**:2019.07.10

国食药监械(进)字2014第2263495号

产品名称:脊柱振动治疗仪(Khan Kinetic Treatment Device)
规格型号:KKT-M2
产品标准:YZB/CAN 3887-2014《脊柱振动治疗仪》

性能组成:传感器头部组件;触针;水平臂组件;垂直塔架组件;底板及支撑臂;触摸屏组件等。通过调整脊柱的生物力学平衡,矫正第一颈椎和全脊柱的偏移,缓解颈部和背部病变引起的疼痛。
适用范围:用于缓解颈腰椎退行性病变及软组织病变引起的疼痛。
生产厂家:加拿大 Optima Health Solutions International Corporation
注册代理:北京思派高医疗科技有限公司
服务机构:北京思派高医疗科技有限公司
发证日期:2014.07.11 截止日期:2019.07.10

国食药监械(进)字2014第2663496号

产品名称:鼻腔清洗器(Irrigation Unit)
规格型号:XCR7
产品标准:YZB/ROK 3891-2014《鼻腔清洗器》
性能组成:本产品由主机和电源线组成。性能:喷射管路的喷射压:在215.7kPa±49kPa(2.2kgf/cm2 ±0.5kgf/cm2)以内;生理盐水喷射量:在正常的使用状态下,3分钟内可喷射量为1ml以上;生理盐水加热装置的温度范围为45℃±3℃。
适用范围:本产品用于向患者鼻腔内喷射雾状生理盐水,以冲洗鼻腔。
生产厂家:韩国 CHAMMED CO.LTD
注册代理:灿美德(天津)商贸有限公司
服务机构:灿美德(天津)商贸有限公司
发证日期:2014.07.11 截止日期:2019.07.10

国食药监械(进)字2014第2213497号

产品名称:鼓膜刺激仪(Auditory Stimulator)
规格型号:XCM5
产品标准:YZB/ROK 3959-2014《鼓膜刺激仪》
性能组成:本产品由主机和电源线组成。输入气体压强:最大限值:7.0kPa,最小限值:1.0kPa,误差为±20%;输出气体频率:最大限值:650次/分钟,最小限值:100次/分钟,误差为±10%。
适用范围:本产品通过微弱的气压刺激鼓膜,缓解内耳淋巴水肿引发的眩晕症症状。
生产厂家:韩国 CHAMMED Co., LTD
注册代理:灿美德(天津)商贸有限公司
服务机构:灿美德(天津)商贸有限公司
发证日期:2014.07.11 截止日期:2019.07.10

国食药监械(进)字2014第2213498号

产品名称:听力计(Audiometer)
规格型号:1081
产品标准:YZB/DEN 3981-2014《听力计》
性能组成:该产品由主机(内置HIPRO模块)、耳遂听(OTOsuite)测听软件以及以下标准配件构成。标准配件包括:ME-70耳机、B-71骨导振荡器、Freefit集成的Aurical扬声器设备、台式麦克风、患者应答器、电源适配器、干线电缆、壁挂板、连接线。
适用范围:产品适合听力专家和其他经过培训的医疗保健专业人员在诊断和临床应用中测试患者的听力。
生产厂家:丹麦 GN Otometrics A/S
注册代理:尔听美医疗器械(上海)有限公司
服务机构:尔听美医疗器械(上海)有限公司
发证日期:2014.07.11 截止日期:2019.07.10

国食药监械(进)字2014第2213499号

产品名称:耳声发射仪(OAE スクリーナー)
规格型号:ER-60
产品标准:YZB/JAP 3925-2014《耳声发射仪》
性能组成:本机由主机、附件(包括探头、探头保护座、AA电池、探头检测腔、标准耳塞套件和打印机(选配))组成。
适用范围:用于进行听力损失的筛选测试。
生产厂家:日本理音株式会社/リオン株式会社
注册代理:京西科技(无锡)有限公司
服务机构:京西科技(无锡)有限公司
发证日期:2014.07.11 截止日期:2019.07.10

国食药监械(进)字2014第2203500号

产品名称:医用红外体温计(Infrared forehead Thermometer)
规格型号:DT-060
产品标准:YZB/ROK 3773-2014《医用红外体温计》
性能组成:医用红外体温计由测定按钮、液晶显示屏、记忆按钮、传感器(探针)(包括吸热设备和温差电堆)、镜片、PCB ASS`Y和电池组成。
适用范围:该产品通过测量额头处皮肤释放的红外线来测量体温。
生产厂家:韩国 EASYTEM Co., Ltd
注册代理:北京君仪凯医疗科技有限公司
服务机构:北京君仪凯医疗科技有限公司
发证日期:2014.07.11 截止日期:2019.07.10

国食药监械(进)字2014第2213501号

产品名称:听力计(オージオメータ)
规格型号:AA-58
产品标准:YZB/JAP 3857-2014《听力计》
性能组成:该产品由主机及气导耳机组成。
适用范围:该产品适用于听力筛查。
生产厂家:日本中文:理音株式会社/リオン株式会社
注册代理:京西科技(无锡)有限公司
服务机构:京西科技(无锡)有限公司
发证日期:2014.07.11 截止日期:2019.07.10

国食药监械(进)字2014第2553502号

产品名称:牙科手机(Dental handpiece)
规格型号:见附页
产品标准:YZB/AUS 3570-2014《牙科手机》
性能组成:该产品包括直手机和弯手机。产品性能及区别见附件。
适用范围:该产品提供口腔科夹持切削工具进行钻、磨牙手术用。
生产厂家:奥地利 W&H Dentalwerk Bürmoos GmbH
注册代理:达质医疗器械(上海)有限公司
服务机构:达质医疗器械(上海)有限公司
发证日期:2014.07.11 截止日期:2019.07.10

国食药监械(进)字2014第2663503号

产品名称:吸痰器(suction unit)
规格型号:7314P-U
产品标准:YZB/USA 3982-2014《吸痰器》
性能组成:该产品由主机、6'患者管路(型号:6305D-611)、800ml采集器(型号:7305D-632)、1200ml采集器(型号:7314D-604)(采集器不包括细菌滤膜)组成。
适用范围:该产品用于呼吸系统疾患及会厌功能不全导致呼吸道阻塞时吸痰用。
生产厂家:美国 DeVilbiss Healthcare LLC
注册代理:北京市中美特新医疗用品有限责任公司
服务机构:北京市中美特新医疗用品有限责任公司
发证日期:2014.07.11 截止日期:2019.07.10

国食药监械(进)字2014第2553504号

产品名称:骨锯手机(Saws)
规格型号:见附页
产品标准:YZB/GER 3687-2014《骨锯手柄》
性能组成:骨锯手机是由摆动锯手机、矢动锯手机、往复锯手机和三位往复锯手机组成。
适用范围:该产品作为骨组织手术工具,适用于口腔颌面外科、耳鼻喉外科、整形外科、手外科和神经外科手术中,用于骨骼的修整和切割。
生产厂家:德国 MEDICON eG
注册代理:北京嘉联诚业医疗器械销售有限公司
服务机构:北京嘉联诚业医疗器械销售有限公司
发证日期:2014.07.11 截止日期:2019.07.10

国食药监械(进)字2014第2233505号

产品名称:超声诊断仪(Ultrasound Diagnostic Equipment)
规格型号:UGEO WS80A
产品标准:YZB/ROK 3945-2014《超声诊断仪》
性能组成:见附页。
适用范围:临床超声诊断检查

生产厂家:韩国三星麦迪逊有限公司(SAMSUNG MEDISON CO., LTD.)
注册代理:三星(中国)投资有限公司
服务机构:三星电子(北京)技术服务有限公司
发证日期:2014.07.11　　**截止日期**:2019.07.10

国食药监械(进)字 2014 第 2303506 号

产品名称:移动式摄影 X 射线机(Mobile X-ray system)
规格型号:Optima XR200amx
产品标准:YZB/USA 3875-2014《移动式摄影 X 射线机》
性能组成:产品组成: a)高压发生器 (5140761-2)、b)X 射线管组件 (球管组件: E7894X, 球管: E7894)、c)限束器、d)控制台, 条码扫描仪 (选配)。本品配合胶片使用, 胶片不包含在本次注册中。
适用范围:用于成人与儿童患者的常规诊断性放射检查和程序。其临床应用包括在急诊室、重症监护室、早产房、心脏科和手术室进行常规放射摄影程序。本产品不用于乳腺 X 射线摄影成像。
生产厂家:美国 GE Medical Systems, LLC.
注册代理:通用电气医疗系统贸易发展(上海)有限公司
服务机构:通用电气医疗系统贸易发展(上海)有限公司
发证日期:2014.07.11　　**截止日期**:2019.07.10

国食药监械(进)字 2014 第 2303507 号

产品名称:数字化移动式摄影 X 射线机(Mobile X-ray system)
规格型号:Optima XR220amx
产品标准:YZB/USA 3879-2014《数字化移动式摄影 X 射线机》
性能组成:基本组成: 高压发生器 (5140761-2)、X 射线管组件 (球管组件: E7894X, 球管: E7894)、限束器、控制台、成像系统 (无线探测器 (5340000-7)、图像处理系统)、剂量面积乘积 (VacuDAP-OEM)。选配件及附件见注册产品标准。
适用范围:用于成人与儿童患者的常规诊断性放射检查和程序。其临床应用包括在急诊室、重症监护室、早产房、心脏科和手术室进行常规放射摄影程序。本产品不用于乳腺 X 射线摄影成像。
生产厂家:美国 GE Medical Systems, LLC.
注册代理:通用电气医疗系统贸易发展(上海)有限公司
服务机构:通用电气医疗系统贸易发展(上海)有限公司
发证日期:2014.07.11　　**截止日期**:2019.07.10

国食药监械(进)字 2014 第 2403508 号

产品名称:肌酐电极(Crea A Electrode, Crea B Electrode)
规格型号:E8088、E8089。
产品标准:YZB/DEN 4009-2014《肌酐电极》
性能组成:肌酐电极包括肌酐电极 A、肌酐电极 B、肌酐电极膜。电极由电极接片、电极套和电极膜组成。
适用范围:该产品用于测定全血中肌酐的浓度。
生产厂家:丹麦 Radiometer Medical ApS
注册代理:雷度米特医疗设备(上海)有限公司
服务机构:雷度米特医疗设备(上海)有限公司
发证日期:2014.07.11　　**截止日期**:2019.07.10

国食药监械(进)字 2014 第 2403509 号

产品名称:血气分析仪(ABL800 FLEX Blood gas, oximetry, electrolyte and metabolite analyzer)
规格型号:ABL800 FLEX (包括 817、827、837 三个型号)
产品标准:YZB/DEN 4012-2014《血气分析仪》
性能组成:分析仪主要由主机、电极、电极膜、定标气组成。其中主机由计算机模块、进样针模块、基本血气模块、电解质及代谢物模块 (可选)、血氧模块 (可选)、自动质控模块 (可选)、自动进样模块 (可选) 及软件构成。
适用范围:该产品用于人体全血、其它体液和呼出气体的检测。
生产厂家:丹麦 Radiometer Medical ApS
注册代理:雷度米特医疗设备(上海)有限公司
服务机构:雷度米特医疗设备(上海)有限公司
发证日期:2014.07.11　　**截止日期**:2019.07.10

国食药监械(进)字 2014 第 3773510 号

产品名称:诊断用电极导管(Diagnostic Electrode Catheters)
规格型号:见附页
产品标准:YZB/USA 3809-2014《诊断电极导管》
性能组成:诊断用电极导管是由导管和连接器组成。一次性使用灭菌产品, 环氧乙烷灭菌。导管规格型号及弯型图示见附页。
适用范围:诊断电极导管用于临时性心电感应、记录和刺激, 以及在心律失常评价过程中进行临时起搏。
备注:2015 年 2 月 6 日同意更正产品名称内容, 2014 年 7 月 11 日核发的医疗器械注册证、医疗器械注册登记表予以废止。
生产厂家:美国 Bard Electrophysiology a division of C.R Bard Inc.
注册代理:巴德医疗科技(上海)有限公司
服务机构:巴德医疗科技(上海)有限公司
发证日期:2014.07.11　　**截止日期**:2019.07.10

国食药监械(进)字 2014 第 2543511 号

产品名称:气动系统 (商品名: Maestro) (Pneumatic System)
规格型号:见附页
产品标准:YZB/USA 3820-2014《气动系统》
性能组成:产品由手机、脚踏板、油嘴、过滤器、接头、工具头、减压表组成。
适用范围:适用于神经外科手术, 如开颅术和脊柱手术, 还可以用于耳鼻喉(ENT)科手术、矫形外科手术以及包括颌面外科、颅面外科和胸骨切开术在内的普通外科用途
生产厂家:美国 Stryker Instruments
注册代理:史赛克(北京)医疗器械有限公司
服务机构:史赛克(北京)医疗器械有限公司
发证日期:2014.07.11　　**截止日期**:2019.07.10

国食药监械(进)字 2014 第 3283512 号

产品名称:医用磁共振成像设备(Intra-operative Magnetic Resonance Imaging System)
规格型号:Neuro III-SV
产品标准:YZB/CAN 3939-2014《医用磁共振成像设备》
性能组成:磁共振成像系统(型号:105049-000)、直行磁体运动系统(型号:105126-000)、旋转磁体运动系统(型号:111853-000)、手术台(型号:105094-001)、HC300 柔性术中线圈(型号:110832-000)、头部矩阵线圈(型号:3THeadMATRIX)、3T 颈部矩阵线圈(型号:3T NeckMATRIX)、3T 脊柱矩阵(型号:3TSpine MATRIX)、3T 体部矩阵线圈(型号:3T Body MATRIX)、3T 小号柔性线圈(型号:3T FLEX SMALL)、3T 大号柔性线圈(型号:3T FLEXLARGE)、头部固定装置(型号:111215-000)、数据管理、显示及控制系统(型号:112791-000)。
适用范围:本产品用于供临床 MRI 诊断
生产厂家:加拿大 IMRIS Inc.
注册代理:加拿大医美瑞有限公司北京代表处
服务机构:加拿大医美瑞有限公司北京代表处
发证日期:2014.07.11　　**截止日期**:2019.07.10

国食药监械(进)字 2014 第 3233513 号

产品名称:便携式彩色超声诊断仪(Ultrasound System)
规格型号:M-Turbo
产品标准:YZB/USA 3592-2014《便携式彩色超声诊断仪》
性能组成:该产品由超声主机、超声换能器、MiniDock 微型安装底座、系统软件、电源适配器 (P09823-05) 组成。该产品具有 B 模式、M 模式、彩色多普勒、彩色能量多普勒、脉冲波(PW)多普勒、组织谐波多种工作模式。可使用探头型号:C11x、C60x、HFL38x、HFL50x、ICTx、L25x、L38xi、P10x、P21x、SLAx。
适用范围:该产品适用于患者的超声临床诊断检查。
变更情况:变更日期: 2014.10.08。企业名称变更: 由"SonoSite, Inc."变更为"FUJIFILM SonoSite, Inc."代理人和售后服务机构变更: 由"所诺升医疗器械贸易(上海)有限公司"变更为"富士胶片(中国)投资有限公司"。
生产厂家:美国索诺声公司(SonoSite, Inc.)
注册代理:所诺升医疗器械贸易(上海)有限公司
服务机构:所诺升医疗器械贸易(上海)有限公司
发证日期:2014.07.11　　**截止日期**:2019.07.10

国食药监械(进)字 2014 第 2213514 号

产品名称:睡眠治疗呼吸机(auto-CPAP-Therapy device)

规格型号:SOMNObalance e, SOMNObalance e with SOMNOaqua
产品标准:YZB/GER 3607-2014《睡眠治疗呼吸机》
性能组成:SOMNObalance e型号的产品由主机、过滤器、电源线、电源适配器组成。SOMNObalance e with SOMNOaqua型号的产品由主机、过滤器、电源线、电源适配器、加热湿化器组成。
适用范围:本睡眠治疗呼吸机是一种自动 CPAP 仪器,用于治疗成人患者的阻塞性睡眠呼吸暂停综合症。
生产厂家:德国 Weinmann Geraete für Medizin GmbH + Co.KG
注册代理:德国万曼医疗器械有限公司上海代表处
服务机构:德国万曼医疗器械有限公司上海代表处
发证日期:2014.07.11　　截止日期:2019.07.10

国食药监械(进)字 2014 第 2453515 号

产品名称:离心泵(Centrifugal Pump)
规格型号:Rotaflow, Rotaflow with ICU Kit
产品标准:YZB/GER 3748-2014《离心泵》
性能组成:该产品由控制底座、驱动装置和手摇装置组成。
适用范围:与 MAQUET 公司的泵头和心肺机联合使用,在体外循环过程中用于泵血
备注:2014年11月14日同意更正型号、规格内容,2014年7月11日核发的医疗器械注册登记表予以废止。
生产厂家:德国 MAQUET Cardiopulmonary AG
注册代理:迈柯唯(上海)医疗设备有限公司
发证日期:2014.07.11　　截止日期:2019.07.10

国食药监械(进)字 2014 第 3453516 号

产品名称:体外循环连续血气监测系统(Blood Monitoring Unit)
规格型号:BMU40
产品标准:YZB/GER 3778-2014《体外循环连续血气监测系统》
性能组成:由血气监测系统主机(BMU40)、静脉探头、动脉探头、USB储存卡、BMU传感器 (BMU Sensor 3/8″, BMU Sensor 3/16″, BMU Sensor 1/4″)、BMU样本池(BMU Cell 1/2″, BMU Cell 3/8″, BMU Cell 1/4″)组成。不包括一次性使用体外循环管路。
适用范围:用于在心肺旁路手术(CPB)或使用体外循环技术的类似手术中持续监测氧分压 (Pa02)、温度 (Ta和Tv)、氧饱和度 (Sv02)、血红蛋白 (Hb) 和红细胞压积 (Hct) 动脉和/或静脉血液参数。
备注:2014年9月13日同意更正生产地址内容,2014年7月11日核发的医疗器械注册登记表予以废止。
生产厂家:德国 MAQUET Cardiopulmonary AG
注册代理:迈柯唯(上海)医疗设备有限公司
服务机构:迈柯唯(上海)医疗设备有限公司
发证日期:2014.07.11　　截止日期:2019.07.10

国食药监械(进)字 2014 第 2313517 号

产品名称:数字口内放射影像系统(Radiology System Visiodent High Definition)
规格型号:RSV-HD VIEWIRELESS / RSV-HD WIRELESS / RSV-HD USB / RSV 3+
产品标准:YZB/FRA 3703-2014《数字口内放射影像系统》
性能组成:产品由控制器、塑料固定带、固定支架、CCD传感器、传感器定位架、Visiodent Imaging软件、蓝牙接收器组成。不同型号间:可视视窗,蓝牙传输,USB传输方面有所不同。
适用范围:用于配合牙科X射线机在 Visiodent Imaging 软件支持下,取代胶片进行口内X射线一次性摄影成像。
生产厂家:法国 VISIODENT S.A.
注册代理:北京国康东胜医疗科技有限公司
服务机构:北京国康东胜医疗科技有限公司
发证日期:2014.07.11　　截止日期:2019.07.10

国食药监械(进)字 2014 第 3543518 号

产品名称:热交换控制器(External Thermal Regulation System)
规格型号:CoolGard 3000、Thermogard XP
产品标准:YZB/USA 3804-2014《热交换控制器》
性能组成:产品由控制台、显示器、再循环冷却器、无菌液体滚压泵、温度控制系统组成。不包括配套使用的启动套件和温控导管。两个型号的区别为:CoolGard3000系统采用压缩机为 Danfoss BD50F,制冷功率为115W。产品额定输入电流为:2.25A。Thermogard XP系统采用压缩机为 Danfoss BD80F,制冷功率为190W。产品额定输入电流为:3A。
适用范围:本产品可作为严重脑损伤患者控制发热的辅助措施。
生产厂家:美国 ZOLL CIRCULATION, Inc.
注册代理:北京医泽健源科技有限公司
服务机构:北京医泽健源科技有限公司
发证日期:2014.07.11　　截止日期:2019.07.10

国食药监械(进)字 2014 第 2553519 号

产品名称:高速气涡轮手机(Turbine handpieces without light)
规格型号:见附页
产品标准:YZB/AUS 3747-2014《高速气涡轮手机》
性能组成:该产品由手机(不带光纤)和连接器组成。
适用范围:该产品用于去除腐烂的物质、蛀洞和齿冠牙骨质;去除补牙、牙齿磨光和表面修复。
生产厂家:奥地利 W&H Dentalwerk Bürmoos GmbH
注册代理:达颀医疗器械(上海)有限公司
服务机构:达颀医疗器械(上海)有限公司
发证日期:2014.07.11　　截止日期:2019.07.10

国食药监械(进)字 2014 第 3453520 号

产品名称:肝素体外诱导血脂分离机(Heparin Induced Extracorporeal LDL Precipitation)
规格型号:Plasmat Futura
产品标准:YZB/GER 3978-2014《肝素体外诱导血脂分离机》
性能组成:本产品由压力监控系统、流量监控系统、漏血防护系统、防止空气进入系统、控温系统、称重系统及患者平衡秤构成。
适用范围:与 H.E.L.P.血脂分离套件配合使用,用于清除血浆中低密度脂蛋白及极低密度脂蛋白胆固醇、脂蛋白(a)及纤维蛋白原。
生产厂家:德国 B.Braun Avitum AG
注册代理:贝朗医疗(上海)国际贸易有限公司
服务机构:贝朗医疗(上海)国际贸易有限公司
发证日期:2014.07.11　　截止日期:2019.07.10

国食药监械(进)字 2014 第 2303521 号

产品名称:双能X射线骨密度仪(X-Ray Bone Densitometer)
规格型号:MEDIX90
产品标准:YZB/FRA 3782-2014《双能X射线骨密度仪》
性能组成:产品组成: X射线源组件(HF1 F/12)、X射线管(OX110-5)、高压发生模块(HF1)、探测器(30B5/1.5M-LAH-X2-NEG)、患者支撑装置、附件。产品性能:标称电功率200W,管电压90、100kV,管电流0.1、2mA。
适用范围:适用于医疗单位对人体骨密度的测定
生产厂家:法国 MEDILINK SARL
注册代理:北京谷山丰生物医学技术有限公司
服务机构:北京谷山丰生物医学技术有限公司
发证日期:2014.07.11　　截止日期:2019.07.10

国食药监械(进)字 2014 第 3303522 号

产品名称:模拟定位机(Simulator)
规格型号:Simulix Evolution
产品标准:YZB/NET 3729-2014《模拟定位机》
性能组成:该产品由以下部件组成:C形臂机架、患者床、电气控制柜、X射线发生器、平板探测器、远程控制台、计算机工作站及显示器。
适用范围:用于定位放射治疗位置,模拟照射野以确定治疗过程中的照射野位置。
生产厂家:荷兰 Nucletron B.V.
注册代理:医科达(上海)医疗器械有限公司
服务机构:医科达(上海)医疗器械有限公司
发证日期:2014.07.11　　截止日期:2019.07.10

国食药监械(进)字 2014 第 3223523 号

产品名称:肛肠镜(Endoscopes of Proctoscopy)
规格型号:见附页
产品标准:YZB/GER 3734-2014《肛肠镜》
性能组成:肛肠镜由硬性光学内窥镜组成。

适用范围:适用于为肛肠内检查、诊断和治疗中提供成像。
生产厂家:德国 Karl Storz GmbH & Co. KG
注册代理:卡尔史托斯内窥镜(上海)有限公司
服务机构:卡尔史托斯内窥镜(上海)有限公司
发证日期:2014.07.11 截止日期:2019.07.10

国食药监械(进)字 2014 第 3223524 号

产品名称:肛肠镜用有源手术器械(Active Instruments for Proctoscopy)
规格型号:见附页
产品标准:YZB/GER 3736-2014《肛肠镜用有源手术器械》
性能组成:产品由活检钳、抓钳、剪刀、电凝吸引管、电凝电极组成。
适用范围:适用于肛肠镜临床手术中的高频电凝和电切。
生产厂家:德国 Karl Storz GmbH & Co. KG
注册代理:卡尔史托斯内窥镜(上海)有限公司
服务机构:卡尔史托斯内窥镜(上海)有限公司
发证日期:2014.07.11 截止日期:2019.07.10

国食药监械(进)字 2014 第 2403525 号

产品名称:血气、血氧、电解质和代谢物分析仪(ABL90 FLEX Analyzer)
规格型号:ABL90 FLEX
产品标准:YZB/DEN 4008-2014《血气、血氧、电解质和代谢物分析仪》
性能组成:分析仪主要由主机、测试卡、电池包(可选)组成。主机分为进样部分、自动混匀装置部分、液路系统、控制电子设备、条码扫描器、显示打印部分和软件。
适用范围:该产品用于测量全血 pH 值、血气、电解质、葡萄糖、乳酸、胆红素和血氧。
生产厂家:丹麦 Radiometer Medical ApS
注册代理:雷度米特医疗设备(上海)有限公司
服务机构:雷度米特医疗设备(上海)有限公司
发证日期:2014.07.11 截止日期:2019.07.10

国食药监械(进)字 2014 第 2403526 号

产品名称:免疫分析仪(AQT90 FLEX analyzer)
规格型号:AQT90 FLEX
产品标准:YZB/DEN 4015-2014《免疫分析仪》
性能组成:分析仪主要由进样部分、液路部分、光学部分、数据处理部分、显示器、打印部分和软件组成。
适用范围:该产品用于对抗凝全血或血浆样本测定其临床相关标志物等。
生产厂家:丹麦 Radiometer Medical ApS
注册代理:雷度米特医疗设备(上海)有限公司
服务机构:雷度米特医疗设备(上海)有限公司
发证日期:2014.07.11 截止日期:2019.07.10

国食药监械(进)字 2014 第 2403527 号

产品名称:亲和层析高压液相糖化血红蛋白检测仪(Ultra2 Affinity HbA1c Analyzer)
规格型号:Ultra2 Affinity HbA1c Analyzer
产品标准:YZB/USA 3689-2014《亲和层析高压液相糖化血红蛋白检测仪》
性能组成:该产品由 322 高压泵、152 检测器、215 自动加样器、819 进样器和软件组成。
适用范围:该产品用于糖化血红蛋白的分离和定量分析。
生产厂家:美国 Trinity Biotech (Primus Corporation dba Trinity Biotech)
注册代理:普莱默斯医疗器械(上海)有限公司
服务机构:普莱默斯医疗器械(上海)有限公司
发证日期:2014.07.11 截止日期:2019.07.10

国食药监械(进)字 2014 第 2223528 号

产品名称:内窥镜摄像机系统(Medical Video Systems)
规格型号:见附页
产品标准:YZB/USA 3957-2014《内窥镜摄像机系统》
性能组成:产品由摄像机控制台、摄像机头、转接器和连接电缆组成。
适用范围:本系统适用于内窥镜手术中，将体内手术区域视频放大成像并显示在监视器上。
生产厂家:美国 Stryker Endoscopy
注册代理:史赛克(北京)医疗器械有限公司
服务机构:史赛克(北京)医疗器械有限公司
发证日期:2014.07.11 截止日期:2019.07.10

国食药监械(进)字 2014 第 2403529 号

产品名称:血液分析仪(Hematology Analyzer)
规格型号:PENTRA MS 60
产品标准:YZB/FRA 1871-2011《血液分析仪》
性能组成:该产品由主机组成，包括进样器、试剂隔室。
适用范围:该产品用于对全血样本进行体外诊断检测，包括血细胞计数和 5 种种群分类计数。
变更情况:变更日期: 2015.02.27。“代理人住所:上海市外高桥保税区富特东一路 438 号天马大楼 5 楼 D 部位”变更为“代理人住所:中国(上海)自由贸易试验区富特东一路 438 号天马大楼 5 楼 D 部位”。
生产厂家:法国 HORIBA ABX SAS
注册代理:堀场(中国)贸易有限公司
服务机构:堀场(中国)贸易有限公司
发证日期:2014.07.11 截止日期:2019.07.10

国食药监械(进)字 2014 第 3223530 号

产品名称:膀胱镜(Cysto-Urethroscopy System)
规格型号:见附页
产品标准:YZB/GER 3801-2014《膀胱镜》
性能组成:产品由内窥镜镜、镜鞘和镜桥组成。产品型号、参数及结构图示见附页。
适用范围:该产品供检查尿道或膀胱内疾病和手术时用。
生产厂家:德国 MGB Endoskopische Gerate GmbH Berlin
注册代理:宝施医疗用品(深圳)有限公司
服务机构:宝施医疗用品(深圳)有限公司
发证日期:2014.07.11 截止日期:2019.07.10

国食药监械(进)字 2014 第 3223531 号

产品名称:关节镜(Arthroscopy System)
规格型号:见附页
产品标准:YZB/GER 3808-2014《关节镜》
性能组成:产品由关节镜组成，为硬管内窥镜。产品型号、参数及图示见附页。
适用范围:该产品适用于关节手术中检查、诊断和治疗用。
生产厂家:德国 MGB Endoskopische Gerate GmbH Berlin
注册代理:宝施医疗用品(深圳)有限公司
服务机构:宝施医疗用品(深圳)有限公司
发证日期:2014.07.11 截止日期:2019.07.10

国食药监械(进)字 2014 第 2633532 号

产品名称:根管润滑剂(EDTA 18% Solution)
规格型号:型号: 162 规格: 30ml
产品标准:YZB/USA 3823-2014《根管润滑剂》
性能组成:该产品由水 82.0%、乙二胺四乙酸(EDTA) 18.0%组成。
适用范围:该产品用于根管预备。
生产厂家:美国 Ultradent Products, Inc.
注册代理:广州市皓齿登医疗器械有限公司
服务机构:广州市皓齿登医疗器械有限公司
发证日期:2014.07.23 截止日期:2019.07.22

国食药监械(进)字 2014 第 2223533 号

产品名称:腹腔镜下肝脏拉钩系统(Nathanson Liver Retraction System and Murdoch Mechanical Arm)
规格型号:NLRS-1001 NLRS-1002 NLRS-1010 NLRS-1100 MMA-1000
产品标准:YZB/AUL 4224-2014《腹腔镜下肝脏拉钩系统》
性能组成:腹腔镜下肝脏拉钩系统由肝脏拉钩和机械臂两部分组成，其中与人体接触部分采用 304 不锈钢材料制成。产品为非灭菌包装，使用前需进行灭菌处理。
适用范围:用于在上腹部腹腔镜手术中帮助抬高肝脏。
生产厂家:澳大利亚 William A. Cook Australia Pty Ltd

注册代理:库克(中国)医疗贸易有限公司
服务机构:库克(中国)医疗贸易有限公司
发证日期:2014.07.23 截止日期:2019.07.22

国食药监械(进)字 2014 第 2643534 号

产品名称:袜型医疗压力带(Medical Compression Stocking)
规格型号:Art. 641Art. 640
产品标准:YZB/ITA 4142-2014《袜型医疗压力带》
性能组成:主要结构及组成:聚酰胺 74%,聚氨酯 26%。压力级别二级,压力范围 28-38mmHg。无需灭菌,可重复使用。
适用范围:用于辅助预防和治疗静脉曲张等下肢静脉疾病的症状。
生产厂家:意大利 Laboratori Piazza S.r.l
注册代理:北京欧莱联合医疗器械有限公司
服务机构:北京欧莱联合医疗器械有限公司
发证日期:2014.07.23 截止日期:2019.07.22

国食药监械(进)字 2014 第 2633535 号

产品名称:烤瓷表面处理剂(Porcelain Repair Kit/Primer Plus)
规格型号:B-2221P, B-2223P, B-3210P, B-6001P, B-6002P
产品标准:YZB/USA 4321-2014《烤瓷表面处理剂》
性能组成:PORCELAIN PRIMER 单组份烤瓷涂底剂由乙醇、丙酮和硅烷组成。BIS-SILANE 双组份烤瓷涂底剂由乙醇、去离子水、乙酸和硅烷组成。Z-PRIME PLUS 氧化锆-氧化铝-金属处理剂主要由乙醇、羟乙基甲基丙烯酸酯和联苯二甲基丙烯酸酯组成。
适用范围:产品用于增强修复材料和复合树脂间的粘接。
生产厂家:美国 BISCO, INC.
注册代理:杰朗(北京)医疗器械有限公司
服务机构:杰朗(北京)医疗器械有限公司
发证日期:2014.07.23 截止日期:2019.07.22

国食药监械(进)字 2014 第 2643536 号

产品名称:伤口敷料(手術用/熱傷被覆・保護材)
规格型号:Plus moist W1; Plus moist W2; Plus moist W3
产品标准:YZB/JAP 4211-2014《伤口敷料》
性能组成:产品由透过层(包括网状垫和透过性垫)、吸收层、防漏层构成。产品组成成分见附页。 本产品为灭菌产品,不可重复使用。
适用范围:本产品是用于术后创伤和浅度及浅 II 度烧伤所使用的被覆,保护材料。
生产厂家:日本株式会社瑞光メデイカル
注册代理:北京汇通佳华科技有限公司
服务机构:北京汇通佳华科技有限公司
发证日期:2014.07.23 截止日期:2019.07.22

国食药监械(进)字 2014 第 2663537 号

产品名称:环甲膜穿刺用气管导管(Emergency Transtracheal Airway Catheter)
规格型号:C-DTJV-6.0-5.0-BTT C-DTJV-6.0-7.5-BTT
产品标准:YZB/USA 4270-2014《环甲膜穿刺用气管导管》
性能组成:该产品由气管导管和穿刺针组成。材料:气管导管:导管-聚全氟乙丙烯(FEP),导管座-聚酰胺-6(尼龙 6);穿刺针:穿刺针-304 不锈钢,穿刺针针座-黄铜。环氧乙烷灭菌,一次性使用。
适用范围:用于常规气管内插管无法完成时,使用该产品建立紧急通气通道。
生产厂家:美国 Cook Incorporated
注册代理:库克(中国)医疗贸易有限公司
服务机构:库克(中国)医疗贸易有限公司
发证日期:2014.07.23 截止日期:2019.07.22

国食药监械(进)字 2014 第 2633538 号

产品名称:全瓷义齿用氧化锆瓷块及配套用染色液(商品名:丹特仕)(DentaSwiss Zirconia Disc and Coloring Liquid)
规格型号:见附页
产品标准:YZB/SWI 4254-2014《全瓷义齿用氧化锆瓷块及配套用染色液》
性能组成:该产品主要由全瓷义齿用氧化锆瓷块和配套用染色液组成。
适用范围:该产品主要用于牙科修复,制作成牙科固定义齿单颗冠、全牙冠或多颗连接的桥。
备注:2014 年 11 月 20 日同意更正企业注册地址内容,2014 年 7 月 23 日核发的医疗器械注册登记表予以废止。
生产厂家:瑞士 Biodenta Swiss AG
注册代理:佰石德(上海)医疗器械有限公司
发证日期:2014.07.23 截止日期:2019.07.22

国食药监械(进)字 2014 第 2403539 号

产品名称:单克隆免疫球蛋白测定试剂盒(电泳-免疫固定法)(SPIFE Immunofixation (IFE) Kits)
规格型号:3 人份/盒、6 人份/盒、9 人份/盒、15 人份/盒。
产品标准:YZB/USA 4226-2014
性能组成:SPIFE 免疫固定凝胶片、酸紫染色剂、TBS 清洗缓冲液、柠檬酸脱色液、蛋白固定剂、IgG、、IgA、IgM、Kappa、Lambda、刀锋点样器、吸水纸 C、吸水纸 D、滤纸梳、涂抹棉签。(具体内容详见说明书)。产品有效期:贮存在温度+15℃~+30℃(蛋白固定液、抗血清为 2~8℃)、相对湿度不超过 93%、无腐蚀性气体和通风良好的室内,有效期 12 个月。附件:注册产品标准,产品说明书。
适用范围:采用蛋白电泳和免疫固定的方法定性鉴定血清中的单克隆免疫球蛋白(包括 IgG、IgM、IgA、Kappa、Lambda)。
变更情况:变更日期:2015.02.25。见附页。
生产厂家:美国 Helena Laboratories
注册代理:北京柏彬医疗器械有限公司
发证日期:2014.07.10 截止日期:2019.07.09

国食药监械(进)字 2014 第 2403540 号

产品名称:游离 Kappa 轻链检测试剂盒(免疫比浊法)(Freelite® Human Kappa Free Kit)
规格型号:100 人份/盒
产品标准:YZB/UK 4089-2014
性能组成:乳胶试剂、防腐剂、校准品和质控品、补充试剂。(具体内容详见产品说明书)。产品有效期:2~8℃保存,禁止冷冻,有效期为 18 个月。附件:注册产品标准,产品说明书。
适用范围:本产品用于体外定量检测人血清中的游离 kappa 轻链。
生产厂家:英国 The Binding Site Group Ltd
注册代理:上海康祥卫生器材有限公司
发证日期:2014.07.10 截止日期:2019.07.09

国食药监械(进)字 2014 第 2403541 号

产品名称:游离 Lambda 轻链检测试剂盒(免疫比浊法)(Freelite® Human Lambda Free Kit)
规格型号:100 人份/盒
产品标准:YZB/UK 4134-2014
性能组成:乳胶试剂、防腐剂、校准品和质控品、补充试剂。(具体内容详见产品说明书)。产品有效期:2~8℃保存,禁止冷冻,有效期为 18 个月。附件:注册产品标准,产品说明书。
适用范围:本产品用于体外定量检测人血清中的游离 Lambda 轻链。
生产厂家:英国 The Binding Site Group Ltd
注册代理:上海康祥卫生器材有限公司
发证日期:2014.07.10 截止日期:2019.07.09

国食药监械(进)字 2014 第 2403542 号

产品名称:游离甲状腺素测定试剂盒(酶联荧光法)(VIDAS FT4(FT4N))
规格型号:60 测试/盒
产品标准:YZB/FRA 4105-2014
性能组成:游离甲状腺素试剂条(STR)、游离甲状腺素固相管(SPR)、游离甲状腺素对照品(C1)、游离甲状腺素校准品(S1)、总批次数据输入卡。(具体内容详见说明书)。产品有效期:2~8℃储存,有效期 12 个月。附件:注册产品标准,产品说明书。
适用范围:用于体外定量检测人血清或血浆(肝素锂)中的游离甲状腺素浓度。
生产厂家:法国 bioMerieux, SA
注册代理:梅里埃诊断产品(上海)有限公司
发证日期:2014.07.10 截止日期:2019.07.09

国食药监械(进)字 2014 第 2403543 号

产品名称:生化质控品 (水平 1) (Clin Chem Control 1)
规格型号:6× 5 mL
产品标准:YZB/ITA 4068-2014
性能组成:由人血清基质制备，为冻干状态。(具体内容详见产品说明书)。产品有效期: 2~8℃保存，有效期为 30 个月。附件: 注册产品标准，产品说明书。
适用范围:本产品用于胆碱酯酶、肌酐、α-羟丁酸脱氢酶和铁项目检测时的质量控制。
生产厂家:意大利 SENTINEL CH. SpA
注册代理:雅培贸易(上海)有限公司
发证日期:2014.07.10 截止日期:2019.07.09

国食药监械(进)字 2014 第 2403544 号

产品名称:生化质控品 (水平 2) (Clin Chem Control 2)
规格型号:6 × 5 mL
产品标准:YZB/ITA 4075-2014
性能组成:由人血清基质制备，为冻干状态。(具体内容详见产品说明书)。产品有效期: 2~8℃保存，有效期为 30 个月。附件: 注册产品标准，产品说明书。
适用范围:本产品用于胆碱酯酶、肌酐、α-羟丁酸脱氢酶和铁项目检测时的质量控制。
生产厂家:意大利 SENTINEL CH. SpA
注册代理:雅培贸易(上海)有限公司
发证日期:2014.07.10 截止日期:2019.07.09

国食药监械(进)字 2014 第 2403545 号

产品名称:他克莫司定标液(Tacrolimus CalSet)
规格型号:6×1.0mL (冻干品，复溶体积)
产品标准:YZB/GER 4159-2014
性能组成:试剂-工作溶液: 他克莫司定标液 1 和他克莫司定标液 2。人血基质中含有两种浓度的他克莫司和防腐剂。 提供的其他物品: 条码卡，定标液定值表、2×10 个小空瓶。 (具体内容详见说明书)。产品有效期: 2~8℃保存，有效期 12 个月。附件: 注册产品标准，产品说明书。
适用范围:用于他克莫司定量检测的定标。
生产厂家:德国 Roche Diagnostics GmbH
注册代理:罗氏诊断产品(上海)有限公司
发证日期:2014.07.10 截止日期:2019.07.09

国食药监械(进)字 2014 第 2403546 号

产品名称:环孢霉素定标液(Cyclosporine CalSet)
规格型号:6×1.0mL (冻干品，复溶体积)
产品标准:YZB/GER 4160-2014
性能组成:试剂-工作溶液: 环孢霉素定标液 1 和环孢霉素定标液 2，人血基质中含有两种浓度范围的环孢霉素和防腐剂。 提供的其他物品: 条码卡，定标液条码卡表、2×10 试剂瓶标签。 (具体内容详见说明书)。产品有效期: 2~8℃保存，有效期 12 个月。附件: 注册产品标准，产品说明书。
适用范围:用于对环孢霉素定量检测进行定标。
生产厂家:德国 Roche Diagnostics GmbH
注册代理:罗氏诊断产品(上海)有限公司
发证日期:2014.07.10 截止日期:2019.07.09

国食药监械(进)字 2014 第 2403547 号

产品名称:N 端脑钠肽前体测定试剂盒(酶联免疫荧光法)(VIDAS NT-proBNP2 (PBN2))
规格型号:60 测试/盒
产品标准:YZB/FRA 4268-2014
性能组成:PBN2 试剂条、PBN2 固相管、PBN2 质控品(C1 质控品、C2 质控品)、PBN2 标准品 (S1 标准品、S2 标准品)、样品稀释液、1 MLE 卡(主批条目)。(具体内容详见说明书)。产品有效期: 2~8℃储存，有效期 12 个月。附件: 注册产品标准，产品说明书。
适用范围:用于测定人血清或血浆 (肝素锂和肝素钠) 中脑钠肽的 N 末端片段水平。
生产厂家:法国 bioMerieux SA
注册代理:梅里埃诊断产品(上海)有限公司
发证日期:2014.07.15 截止日期:2019.07.14

国食药监械(进)字 2014 第 2403548 号

产品名称:D-二聚体测定试剂盒(胶乳免疫比浊法)(Quantia D-Dimer)
规格型号:试剂 1(缓冲液):2×13 mL，试剂 2(复溶的试剂):2×3 mL。
产品标准:YZB/SPA 4433-2014
性能组成:D-二聚体测定试剂盒为双试剂，包含: 试剂 1(缓冲液): 磷酸盐缓冲液 140 mM pH 7.5，含有牛血清白蛋白。试剂 2 (复溶的试剂): 聚苯乙烯胶乳颗粒悬液，包被了 D-二聚体单克隆抗体。试剂 1 含有叠氮钠 (<0.1%)。试剂 2 含有牛血清白蛋白和 0.2%的防腐剂 5-溴-5-硝基-1, 3-二恶烷 (Bronidox)。产品有效期: 2~8℃储存，有效期为 24 个月。附件: 注册产品标准，产品说明书。
适用范围:该产品用于体外定量测定人枸橼酸盐抗凝血浆中的 D-二聚体。
生产厂家:西班牙 BIOKIT, S.A.
注册代理:雅培贸易(上海)有限公司
发证日期:2014.07.15 截止日期:2019.07.14

国食药监械(进)字 2014 第 2403549 号

产品名称:醛固酮测定试剂盒(化学发光免疫分析法)(LIAISON® Aldosterone)
规格型号:100 测试/盒
产品标准:YZB/USA 4318-2014
性能组成:磁性微粒，结合物，分析缓冲液，校准品 1 和校准品 2。(具体内容详见说明书)。产品有效期: 2~8°C 竖直向上储存，禁止冷冻，有效期 12 个月。附件: 注册产品标准，产品说明书。
适用范围:本产品用于体外定量检测人血清、EDTA 血浆以及尿液样本中的醛固酮。
变更情况:变更日期: 2015.02.12。1.产品有效期延长，原注册证内容“1) 产品有效期: 2~8°C 竖直向上储存，禁止冷冻，有效期 12 个月”变更为“1) 产品有效期: 2~8°C 竖直向上储存，禁止冷冻，有效期 18 个月”。 2. 上海市外高桥保税区并入中国(上海)自由贸易试验区，代理人和注册代理机构的注册地址发生文字性变更。3. 其他变更见附件变更对比表。请申请人根据批准变更文件自行修订产品说明书、注册产品标准及包装标签。
生产厂家:美国 DiaSorin Inc.
注册代理:索灵诊断医疗设备(上海)有限公司
发证日期:2014.07.15 截止日期:2019.07.14

国食药监械(进)字 2014 第 2403550 号

产品名称:比浊仪定标管 (散射光浊度法) (BD PhoenixSpecTM AP Calibrator Kit)
规格型号:每盒包括: 0.25 麦氏浊度 1 支; 0.5 麦氏浊度 1 支; 1.0 麦氏浊度 1 支; 2.0 麦氏浊度 1 支; 4.0 麦氏浊度 1 支。
产品标准:YZB/USA 4073-2014
性能组成:乳胶微粒混悬液。产品有效期: 在 20~30℃条件下储存，产品有效期为 12 个月。附件: 注册产品标准，产品说明书。
适用范围:该产品在临床上用于比浊仪的校准。
生产厂家:美国 Becton, Dickinson and Company
注册代理:碧迪医疗器械(上海)有限公司
发证日期:2014.07.10 截止日期:2019.07.09

国食药监械(进)字 2014 第 2403551 号

产品名称:总胆汁酸质控品(Bile Acids Controls)
规格型号:质控品 1:2 × 3 mL，质控品 2:2 × 3 mL。
产品标准:YZB/ITA 4301-2014
性能组成:含有人血清中的牛磺脱氧胆酸钠。产品有效期:2~8 ℃储存，有效期为 48 个月。附件: 注册产品标准，产品说明书。
适用范围:本产品用于总胆汁酸项目检测时的质量控制。
生产厂家:意大利 SENTINEL CH. SpA
注册代理:雅培贸易(上海)有限公司
发证日期:2014.07.15 截止日期:2019.07.14

国食药监械(进)字 2014 第 2403552 号

产品名称:肌酸激酶 B 型同工酶质控品(CK-MB Control)
规格型号:2×1 mL

产品标准:YZB/ITA 4302-2014
性能组成:为冻干的质控品血清，含有人肌酸激酶肌肉型同工酶(CK-MM)和猪脑肌酸激酶脑型同工酶(CK-BB)，并添加牛白蛋白基质作为稳定剂。产品有效期：2～8℃储存，有效期为24个月。附件：注册产品标准，产品说明书。
适用范围:本产品用于肌酸激酶B型同工酶项目检测时的质量控制。
生产厂家:意大利 SENTINEL CH. SpA
注册代理:雅培贸易(上海)有限公司
发证日期:2014.07.15　**截止日期**:2019.07.14

国食药监械(进)字2014第2403553号

产品名称:肝素诱导血小板减少症抗体检测试剂盒(免疫比浊法)(HemosIL HIT-Ab (PF4-H))
规格型号:乳胶试剂:2×1.8 mL；稳定剂:2×3.2 mL；络合剂:2×0.8 mL；校准品:2×1 mL。
产品标准:YZB/SPA 4188-2014
性能组成:乳胶试剂、稳定剂、络合剂、校准品。(具体内容详见说明书)。产品有效期：在2-8°的条件下可稳定保存18个月。附件：注册产品标准，产品说明书。
适用范围:该产品用于在ACL TOP上用全自动胶乳增强免疫检测法半定量检测人枸橼酸血浆中总免疫球蛋白。
生产厂家:西班牙 BIOKIT, S.A.
注册代理:沃芬医疗设备国际贸易(上海)有限公司
发证日期:2014.07.10　**截止日期**:2019.07.09

国食药监械(进)字2014第2403554号

产品名称:肝素诱导血小板减少症抗体质控品(HemosIL HIT-Ab (PF4-H) Controls)
规格型号:低值 HIT-Ab(PF4-H)质控品:3×1 mL；高值 HIT-Ab(PF4-H)质控品:3×1 mL。
产品标准:YZB/SPA 4189-2014
性能组成:低值HIT-Ab (PF4-H)质控品、高值HIT-Ab (PF4-H)质控品。产品有效期：在2-8°的条件下可稳定保存12个月。附件：注册产品标准，产品说明书。
适用范围:该产品用于在ACL TOP上，对肝素诱导的血小板减少症抗体(PF4-H)检测进行质量控制。
生产厂家:西班牙 BIOKIT, S.A.
注册代理:沃芬医疗设备国际贸易(上海)有限公司
发证日期:2014.07.10　**截止日期**:2019.07.09

国食药监械(进)字2014第2403555号

产品名称:脂类校准品(TruCal Lipid)
规格型号:3×2 ml；1×2 ml。
产品标准:YZB/GER 4220-2014
性能组成:本校准品是以人血组分(人血浆)为基质的冻干校准品，并添加人源性的纯化物质。分析物名称：高密度脂蛋白胆固醇、低密度脂蛋白胆固醇、游离脂肪酸、磷脂、脂蛋白相关磷脂酶A2。(具体内容详见产品说明书)。产品有效期：未开瓶的校准品储存在2～8℃、自生产之日起有效期为36个月。附件：注册产品标准，产品说明书。
适用范围:该校准品用于对脂类和Lp-PLA2进行体外定量测定时的校准。分析物明细如下：高密度脂蛋白胆固醇、低密度脂蛋白胆固醇、游离脂肪酸、磷脂、脂蛋白相关磷脂酶A2。
生产厂家:德国 DiaSys Diagnostic Systems GmbH
注册代理:德赛诊断系统(上海)有限公司
发证日期:2014.07.10　**截止日期**:2019.07.09

国食药监械(进)字2014第2403556号

产品名称:雌二醇质控品(LIAISON® Estradiol II Gen Control Set)
规格型号:质控品1：2×4.5 mL，质控品2：2×4.5 mL。
产品标准:YZB/USA 4202-2014
性能组成:质控品1、质控品2。(具体内容详见说明书)。产品有效期：2～8℃保存，有效期为12个月。附件：注册产品标准，产品说明书。
适用范围:本产品用于体外检测雌二醇时的质量控制。
生产厂家:美国 DiaSorin Inc.
注册代理:索灵诊断医疗设备(上海)有限公司
发证日期:2014.07.15　**截止日期**:2019.07.14

国食药监械(进)字2014第2403557号

产品名称:血糖试纸(葡萄糖脱氢酶法)(商品名:辅理善越佳型至新)(FreeStyle Optium Neo Blood Glucose Test Strips)
规格型号:50片/盒、25片/盒、10片/盒
产品标准:YZB/UK 4455-2014
性能组成:葡萄糖脱氢酶 (GDH-NAD Pseudomonas sp)、NAD+(钠盐)、菲咯啉醌、非反应成分。(具体内容详见说明书)
适用范围:该产品适用于定量测量新鲜毛细血管全血中的葡萄糖浓度，采血部位包括a)指尖、b)前臂、c)上臂或d)拇指根部。
备注:2015年2月12日同意更正主要组成成分内容，2014年7月15日核发的医疗器械注册登记表(体外诊断试剂)予以废止。
生产厂家:英国 Abbott Diabetes Care Ltd.
注册代理:雅培贸易(上海)有限公司
发证日期:2014.07.15　**截止日期**:2019.07.14

国食药监械(进)字2014第2403558号

产品名称:淀粉酶测定试剂盒(速率法)(Amylase Reagents)
规格型号:03031177 (货号)：7×355 测试/盒 (试剂1：7×38mL，试剂2：7×11.7mL)；07498401 (货号)：7×175 测试/盒 (试剂1：7×18mL，试剂2：7×6.2mL)。
产品标准:YZB/USA 4117-2014
性能组成:试剂1：α-葡萄糖苷酶，叠氮钠；试剂2：亚乙基-对硝基苯-α-D-麦芽七糖苷，叠氮钠。(具体内容详见说明书)。产品有效期：在2～8℃条件下保存，有效期15个月。附件：注册产品标准，产品说明书。
适用范围:本产品用于体外定量测定人类血清、血浆中的淀粉酶。
生产厂家:美国 Siemens Healthcare Diagnostics Inc.
注册代理:西门子医学诊断产品(上海)有限公司
发证日期:2014.07.10　**截止日期**:2019.07.09

国食药监械(进)字2014第2403559号

产品名称:血液分析仪用校准品(S-CAL Calibrator)
规格型号:1×3.3 mL
产品标准:YZB/USA 4067-2014
性能组成:由经过处理的、稳定的悬浮于等渗培养基中的人类红细胞和血小板大小的组份组成，并添加固定的红细胞用以模拟白细胞。(具体内容详见产品说明书)。产品有效期：2～8℃保存，有效期73天。附件：注册产品标准，产品说明书。
适用范围:本产品用于校准血液分析仪的白细胞计数(WBC)、红细胞计数(RBC)、血红蛋白浓度(HGB)、平均红细胞体积(MCV)、血小板计数(PLT)、平均血小板体积(MPV)参数。
生产厂家:美国 Beckman Coulter, Inc.
注册代理:贝克曼库尔特商贸(中国)有限公司
发证日期:2014.07.10　**截止日期**:2019.07.09

国食药监械(进)字2014第2403560号

产品名称:促甲状腺素检测试剂盒(酶联免疫法)(NEONATAL hTSH EIA KIT)
规格型号:960人份/盒
产品标准:YZB/FIN 4020-2014
性能组成:抗-促甲状腺素(hTSH)包被的酶标反应板、辣根过氧化物酶标记的抗-促甲状腺素(hTSH)酶结合物(浓缩)、酶结合物稀释液、四甲基联苯胺(TMB)显色剂、底物缓冲液、洗涤液(浓缩)、促甲状腺素(hTSH)标准品(A、B、C、D、E、F)、促甲状腺素(hTSH)质控(C1、C2)、酶标反应板的塑料粘胶贴、促甲状腺素(hTSH)质控和标准品数值的卡片。(具体内容详见产品说明书)。产品有效期：2～8℃保存，有效期为18个月。附件：注册产品标准，产品说明书。
适用范围:本产品用于体外定量检测新生儿足跟血采血滤纸片中促甲状腺素(hTSH)的含量。
生产厂家:芬兰 Ani Labsystems Ltd.Oy
注册代理:上海康娃生物技术有限公司
发证日期:2014.07.10　**截止日期**:2019.07.09

国食药监械(进)字2014第3403561号

产品名称:苯丙氨酸检测试剂盒(茚三酮-荧光法)(Neonatal

Phenylalanine Kit)
规格型号:960 人份/盒
产品标准:YZB/FIN 4029-2014
性能组成:琥珀酸盐缓冲液、L-亮氨酸-L-丙氨酸二肽、茚三酮、铜试剂、标准品、质控、白色专用板、荧光反应板的塑料粘胶盖、质控和标准品的苯丙氨酸浓度数值表。(具体内容详见产品说明书)。产品有效期:2～8℃保存,有效期 20 个月。附件:注册产品标准,产品说明书。
适用范围:本产品用于体外定量检测新生儿足跟血采血滤纸片中苯丙氨酸的含量。
生产厂家:芬兰 Ani Labsystems Ltd. Oy
注册代理:上海康娃生物技术有限公司
发证日期:2014.07.10 **截止日期**:2019.07.09

国食药监械(进)字 2014 第 2403562 号

产品名称:17α-羟孕酮测定试剂盒(荧光法)(Neanatal 17-OH-Progesterone FEIA)
规格型号:480 人份/盒
产品标准:YZB/FIN 4033-2014
性能组成:包被的酶标反应板、辣根过氧化物酶标记的抗 17α-羟孕酮(17-OHP)酶结合物、酶结合物稀释液、标准品和质控品、洗涤液、羟基苯丙酸(HPPA)荧光底物、过氧化氢(H2O2)溶液、终止液、覆膜和试剂槽。(具体内容详见产品说明书)。产品有效期:2～8℃保存,有效期 12 个月。附件:注册产品标准,产品说明书。
适用范围:本产品用于体外定量检测新生儿足跟血采血滤纸片中 17α-羟孕酮(17-OHP)的含量。
生产厂家:芬兰 Ani Labsystems Ltd. Oy
注册代理:上海康娃生物技术有限公司
发证日期:2014.07.10 **截止日期**:2019.07.09

国食药监械(进)字 2014 第 3403563 号

产品名称:葡萄糖-6 磷酸脱氢酶测定试剂盒(荧光法)(Neonatal G6PD)
规格型号:960 人份/盒
产品标准:YZB/FIN 4037-2014
性能组成:底物(冻干)、稀释液、终止液、标准品、质控品、白板、覆膜、试剂槽。(具体内容详见产品说明书)。产品有效期:2～8℃保存,有效期 12 个月。附件:注册产品标准,产品说明书。
适用范围:本产品用于体外定量检测新生儿足跟血采血滤纸片中葡萄糖-6 磷酸脱氢酶的活性。
生产厂家:芬兰 Ani Labsystems Ltd. Oy
注册代理:上海康娃生物技术有限公司
发证日期:2014.07.10 **截止日期**:2019.07.09

国食药监械(进)字 2014 第 2403564 号

产品名称:血液分析仪用质控品(LIN-C Linearity Control)
规格型号:水平 0:1×3.3mL,水平 1:1×3.3mL,水平 2:1×3.3mL,水平 3:1×3.3mL,水平 4:1×3.3mL,水平 5:1×3.3mL,水平 6:1×3.3mL,水平 7:1×3.3mL,水平 8:1×3.3mL,水平 9:1×3.3mL,水平 10:1×3.3mL。
产品标准:YZB/USA 4282-2014
性能组成:由悬浮于等渗培养基中的经过处理、稳定的人类红细胞组成,还含有一种经过稳定剂处理的、血小板大小的组份,以及固定的红细胞,用以模拟白细胞。产品有效期:2～8℃ 保存,有效期 120 天。附件:注册产品标准,产品说明书。
适用范围:本产品用于白细胞计数(WBC)、红细胞计数(RBC)、血红蛋白浓度(HGB)、血小板计数(PLT)项目检测时的质量控制。
生产厂家:美国 Beckman Coulter, Inc.
注册代理:贝克曼库尔特商贸(中国)有限公司
发证日期:2014.07.15 **截止日期**:2019.07.14

国食药监械(进)字 2014 第 2403565 号

产品名称:血液分析仪用质控品(LIN-X Linearity Control)
规格型号:水平 0:1×3.3mL,水平 1:1×3.3mL,水平 2:1×3.3mL,水平 3:1×3.3mL,水平 4:1×3.3mL,水平 5:1×3.3mL,水平 6:1×3.3mL,水平 7:1×3.3mL,水平 8:1×3.3mL,水平 9:1×3.3mL,水平 10:1×3.3mL,水平 11:1×3.3mL。
产品标准:YZB/USA 4285-2014
性能组成:由经过处理且稳定的人体红细胞组成,还包括一种稳定的、血小板大小的组份,以及固定的红细胞,用来模拟白细胞。产品有效期:2～8℃ 保存,有效期 120 天。附件:注册产品标准,产品说明书。
适用范围:本产品用于白细胞计数(WBC)、红细胞计数(RBC)、血红蛋白浓度(HGB)、血小板计数(PLT)项目检测时的质量控制。
生产厂家:美国 Beckman Coulter, Inc.
注册代理:贝克曼库尔特商贸(中国)有限公司
发证日期:2014.07.15 **截止日期**:2019.07.14

国食药监械(进)字 2014 第 2403566 号

产品名称:乳酸检测试剂盒(比色法)(L-LACTATE (LAC))
规格型号:LC 3980(货号):缓冲液 4 x 20.5 mL,酶试剂 4 x 20.5 mL。
产品标准:YZB/UK 3855-2014
性能组成:缓冲液:哌嗪-1,4-二乙磺酸缓冲液,N-乙基-N-(2-羟基-3-磺丙基)-3-甲基苯胺钠盐,叠氮化钠;酶试剂:4-氨基非那宗,过氧化物酶,乳酸氧化酶,抗坏血酸氧化酶。(具体内容详见说明书)。产品有效期:储存于+2～+8℃,有效期为 36 个月。附件:注册产品标准,产品说明书。
适用范围:本产品用于体外定量测定血浆和脑脊液中的乳酸。
生产厂家:英国 Randox Laboratories Ltd.
注册代理:英国朗道实验诊断有限公司上海代表处
发证日期:2014.07.10 **截止日期**:2019.07.09

国食药监械(进)字 2014 第 2403567 号

产品名称:庆大霉素检测试剂盒(免疫比浊法)(GENTAMICIN (GENT))
规格型号:TD 3413(货号):试剂 1-抗体缓冲液 2 x 15 mL,试剂 2-乳化剂 2 x 6 mL。
产品标准:YZB/UK 3856-2014
性能组成:试剂 1. 抗体缓冲液:抗庆大霉素抗体,叠氮钠;试剂 2. 乳化剂:乳化剂,叠氮钠。(具体内容详见说明书)。产品有效期:储存于+2～+8℃,有效期为 18 个月。禁止冷冻。附件:注册产品标准,产品说明书。
适用范围:本产品用于体外定量测定人血清中的庆大霉素。
生产厂家:英国 Randox Laboratories Ltd.
注册代理:英国朗道实验诊断有限公司上海代表处
发证日期:2014.07.10 **截止日期**:2019.07.09

国食药监械(进)字 2014 第 2403568 号

产品名称:氯检测试剂盒(比色法)(Chloride (Cl))
规格型号:CL 1645(货号):6 x 500 mL
产品标准:YZB/UK 3858-2014
性能组成:硫氰酸试剂:硝酸铁,硝酸汞,氯化铵,硫氰酸铵,硝酸。(具体内容详见说明书)。产品有效期:储存于+15～+25℃,有效期为 2 年。附件:注册产品标准,产品说明书。
适用范围:本产品用于体外定量测定血清,血浆和尿中的氯。
生产厂家:英国 Randox Laboratories Ltd.
注册代理:英国朗道实验诊断有限公司上海代表处
发证日期:2014.07.10 **截止日期**:2019.07.09

国食药监械(进)字 2014 第 2403569 号

产品名称:载脂蛋白 C-Ⅱ检测试剂盒(免疫比浊法)(APOLIPOPROTEIN C-Ⅱ (APO C-II))
规格型号:LP 3866(货号):试剂 1-分析缓冲液 2 x 11 mL,试剂 2-抗体试剂 2 x 5 mL。
产品标准:YZB/UK 4055-2014
性能组成:试剂 1. 分析缓冲液:三羟甲基氨基甲烷/氯化氢缓冲液;试剂 2. 抗体试剂:抗人载脂蛋白 C-II。(具体内容详见说明书)。产品有效期:储存于+2～+8℃,有效期为 16 个月。附件:注册产品标准,产品说明书。
适用范围:本产品用于体外定量测定血清和血浆中的载脂蛋白 C-II(ApoC-II)。
生产厂家:英国 Randox Laboratories Ltd.
注册代理:英国朗道实验诊断有限公司上海代表处
发证日期:2014.07.10 **截止日期**:2019.07.09

国食药监械(进)字 2014 第 2403570 号

产品名称:载脂蛋白 E 检测试剂盒(免疫比浊法)(APOLIPOPROTEIN E(APOE))
规格型号:LP 3864(货号): 试剂 1-分析缓冲液 2 x 11 mL, 试剂 2-抗体试剂 2 x 5 mL。
产品标准:YZB/UK 3865-2014
性能组成:试剂 1. 分析缓冲液:三羟甲基氨基甲烷/氯化氢缓冲液; 试剂 2. 抗体试剂: 抗人载脂蛋白 E。(具体内容详见说明书)。产品有效期: 储存于+2~+8℃, 有效期为 16 个月。附件: 注册产品标准, 产品说明书。
适用范围:本产品用于体外定量测定血清和血浆中的载脂蛋白 E (ApoE)。
生产厂家:英国 Randox Laboratories Ltd.
注册代理:英国朗道实验诊断有限公司上海代表处
发证日期:2014.07.10 **截止日期**:2019.07.09

国食药监械(进)字 2014 第 2403571 号

产品名称:全型甲状旁腺激素测定试剂盒(化学发光微粒子免疫检测法)(ARCHITECT Intact PTH Reagent Kit)
规格型号:1 × 100 测试/盒, 4 × 100 测试/盒。
产品标准:YZB/GER 4076-2014
性能组成:微粒子, 结合物, 项目稀释液。(具体内容详见说明书)。产品有效期: 储存于 2~8℃, 有效期: 18 个月。附件: 注册产品标准, 产品说明书。
适用范围:本试剂盒用于体外定量测定人血清和血浆中的全型甲状旁腺激素(PTH)。
生产厂家:德国 Abbott GmbH & Co. KG
注册代理:雅培贸易(上海)有限公司
发证日期:2014.07.10 **截止日期**:2019.07.09

国食药监械(进)字 2014 第 2403572 号

产品名称:尿微量白蛋白试条(Micral-Test)
规格型号:12 条/盒、30 条/盒。
产品标准:YZB/GER 4135-2014
性能组成:试条反应物成份 (每平方厘米): 胶体金标记的抗人体白蛋白单克隆抗体(免疫球蛋白 G)、固定白蛋白。(具体内容详见产品说明书)。产品有效期: 有效期: +2℃~+8℃条件下, 有效期 21 个月。附件: 注册产品标准, 产品说明书。
适用范围:该产品用于半定量判别尿液微量白蛋白含量。
生产厂家:德国 Roche Diagnostics GmbH
注册代理:罗氏诊断产品(上海)有限公司
发证日期:2014.07.15 **截止日期**:2019.07.14

国食药监械(进)字 2014 第 3403573 号

产品名称:甲型肝炎病毒抗体质控液(PreciControl Anti-HAV)
规格型号:4 × 4.0 mL (冻干品复溶体积)
产品标准:YZB/GER 4115-2014
性能组成:试剂-工作溶液 (冻干品): 由冻干人血清制成, 添加了抗甲型肝炎病毒抗体 (人源) 和防腐剂; 提供的其他物品: 2 张条码卡、质控条码单、2×8 带标签的压盖式小空瓶。(具体内容详见说明书)。产品有效期: 2~8℃保存, 有效期 12 个月。附件: 注册产品标准, 产品说明书。
适用范围:用于甲型肝炎病毒抗体免疫测定项目的质量控制。
生产厂家:德国 Roche Diagnostics GmbH
注册代理:罗氏诊断产品(上海)有限公司
发证日期:2014.07.10 **截止日期**:2019.07.09

国食药监械(进)字 2014 第 3403574 号

产品名称:甲型肝炎病毒抗体(IgM)质控液(PreciControl Anti-HAV IgM)
规格型号:16×0.67 mL
产品标准:YZB/GER 4118-2014
性能组成:试剂-工作溶液: 甲型肝炎病毒抗体 (IgM) 质控液 1 (PC A-HAVIGM 1) 含有甲型肝炎病毒 IgM 抗体为阴性的人血清、防腐剂; 甲型肝炎病毒抗体 (IgM) 质控液 2 (PC A-HAVIGM 2) 内含约 3 U/mL 甲型肝炎病毒 IgM 抗体 (人源) 的人血清、防腐剂。 提供的其他材料: 2 张条码卡、质控条形码表单。 (具体内容详见说明书)。产品有效期: 2~8℃保存, 有效期 12 个月。附件: 注册产品标准, 产品说明书。
适用范围:用于甲型肝炎病毒抗体 (IgM) 免疫测定项目的质量控制。
生产厂家:德国 Roche Diagnostics GmbH
注册代理:罗氏诊断产品(上海)有限公司
发证日期:2014.07.10 **截止日期**:2019.07.09

国食药监械(进)字 2014 第 3403575 号

产品名称:乙型肝炎病毒核心抗体 IgM 质控液(PreciControl Anti-HBc IgM)
规格型号:16× 1.0 mL
产品标准:YZB/GER 4120-2014
性能组成:试剂-工作溶液: 乙型肝炎病毒核心抗体 IgM 质控液 1 (PC A-HBCIGM 1) 含乙型肝炎病毒核心抗体 IgM 为阴性的人血清、防腐剂; 乙型肝炎病毒核心抗体 IgM 质控液 2 (PC A-HBCIGM 2): 含乙型肝炎病毒核心抗体 IgM (人源) & gt; 130 U/mL (Paul Ehrlich 研究所单位) 的人血清、防腐剂。 提供的其他材料: 2 张条形码卡、质控条形码表单。 (具体内容详见说明书)。产品有效期: 2~8℃保存, 有效期 24 个月。附件: 注册产品标准, 产品说明书。
适用范围:用于乙型肝炎病毒核心抗体 IgM 免疫测定项目的质量控制。
生产厂家:德国 Roche Diagnostics GmbH
注册代理:罗氏诊断产品(上海)有限公司
发证日期:2014.07.10 **截止日期**:2019.07.09

国食药监械(进)字 2014 第 3403575 号

产品名称:乙型肝炎病毒核心抗体 IgM 质控液(PreciControl Anti-HBc IgM)
规格型号:16× 1.0 mL
产品标准:YZB/GER 4120-2014
性能组成:试剂-工作溶液: 乙型肝炎病毒核心抗体 IgM 质控液 1 (PC A-HBCIGM 1) 含乙型肝炎病毒核心抗体 IgM 为阴性的人血清、防腐剂; 乙型肝炎病毒核心抗体 IgM 质控液 2 (PC A-HBCIGM 2): 含乙型肝炎病毒核心抗体 IgM (人源) > 130 U/mL (Paul Ehrlich 研究所单位) 的人血清、防腐剂。 提供的其他材料: 2 张条形码卡、质控条形码表单。(具体内容详见说明书)。产品有效期: 2~8℃保存, 有效期 24 个月。附件: 注册产品标准, 产品说明书。
适用范围:用于乙型肝炎病毒核心抗体 IgM 免疫测定项目的质量控制。
生产厂家:德国 Roche Diagnostics GmbH
注册代理:罗氏诊断产品(上海)有限公司
发证日期:2014.07.10 **截止日期**:2019.07.09

国食药监械(进)字 2014 第 3403576 号

产品名称:戊型肝炎病毒 IgG 抗体检测试剂盒(酶联免疫法)(MP Diagnostics HEV ELISA)
规格型号:96 人份/盒
产品标准:YZB/SIN 3998-2014
性能组成:戊型肝炎病毒酶标板、阳性对照、阴性对照、稀释液、浓缩洗板液 (20×)、酶结合物、底物液、终止液、盖板膜。(具体内容详见产品说明书)。产品有效期: 2~8℃贮存, 自生产之日起有效期 18 个月。附件: 注册产品标准, 产品说明书。
适用范围:该产品用于人血清或血浆中戊型肝炎病毒 IgG 抗体的定性检测。
生产厂家:新加坡 MP Biomedicals Asia Pacific Pte Ltd
注册代理:安倍医疗器械贸易(上海)有限公司
发证日期:2014.07.10 **截止日期**:2019.07.09

国食药监械(进)字 2014 第 3403577 号

产品名称:葡萄糖-6-磷酸脱氢酶测定试剂盒(荧光分析法)(Neonatal G6PD)
规格型号:960 人份
产品标准:YZB/FIN 4275-2014
性能组成:葡萄糖-6-磷酸脱氢酶校准品、葡萄糖-6-磷酸脱氢酶质控品、葡萄糖-6-磷酸脱氢酶底物试剂、葡萄糖-6-磷酸脱氢酶复溶缓冲液、铜试剂、白色微孔板、微孔板条形码标签、和试剂盒批号匹配的质量控制证书。(具体内容详见说明书)。产品有效期:在 2~8° C 条件下保存, 有效期 12 个月。附件: 注册产品标准, 产品说明书。
适用范围:本试剂盒用于体外定量测定采血滤纸上新生儿干血斑样本中

葡萄糖-6-磷酸脱氢酶（G6PD）的含量。
生产厂家:芬兰 Wallac Oy
注册代理:珀金埃尔默医学诊断产品(上海)有限公司
发证日期:2014.07.15 **截止日期**:2019.07.14

国食药监械(进)字 2014 第 2403578 号

产品名称:革兰氏阳性菌鉴定及折点药敏板(Pos BP Combo Panel Type 20 (PBPC20))
规格型号:20 板/盒
产品标准:YZB/USA 4096-2014
性能组成:见附页。产品有效期：在 2～25° C 的环境中保存，最高不得超过 30° C，有效期 12 个月。附件：注册产品标准，产品说明书。
适用范围:本产品用于检测抗菌素的敏感度和（或）鉴定快速生长的需氧型和兼性需氧型革兰氏阳性球菌，一些需特殊营养的需氧型革兰氏阳性球菌以及单核细胞增多性李司特氏菌属的种类水平。
生产厂家:美国 Siemens Healthcare Diagnostics Inc.
注册代理:西门子医学诊断产品(上海)有限公司
发证日期:2014.07.10 **截止日期**:2019.07.09

国食药监械(进)字 2014 第 2403579 号

产品名称:肌酸激酶同工酶检测试剂盒(电化学发光法)(CK-MB)
规格型号:100 测试/盒
产品标准:YZB/GER 4257-2014
性能组成:试剂盒（M、R1、R2）标签名称为 CK-MB。链霉亲合素包被的微粒（透明盖），1 瓶，6.5mL：链霉亲合素包被的微粒 0.72 mg/mL，防腐剂；抗肌酸激酶同工酶抗体～生物素（灰色盖），1 瓶，9 mL：生物素化抗肌酸激酶同工酶单克隆抗体（小鼠）1.2mg/L，磷酸盐缓冲液 100 mmol/L，pH 7.0，防腐剂；抗肌酸激酶同工酶抗体～钌复合物（黑色盖），1 瓶，9 mL：钌复合物标记的抗肌酸激酶同工酶单克隆抗体（小鼠）1.2 mg/L，磷酸盐缓冲液 100 mmol/L，pH 7.0，防腐剂。产品有效期：储存在 2～8℃，效期为 18 个月。附件：注册产品标准，产品说明书。
适用范围:该产品用于体外定量测定人血清和血浆中肌酸激酶同工酶（MB）的含量。
生产厂家:德国 Roche Diagnostics GmbH
注册代理:罗氏诊断产品(上海)有限公司
发证日期:2014.07.15 **截止日期**:2019.07.14

国食药监械(进)字 2014 第 3403580 号

产品名称:甲型肝炎病毒抗体(IgM)检测试剂盒(电化学发光法)(Anti-HAV IgM)
规格型号:100 测试/盒
产品标准:YZB/GER 4122-2014
性能组成:链霉亲合素包被的微粒、钌标记的抗甲型肝炎病毒抗体、生物素化的抗人 IgM 抗体、阴性定标液 1、阳性定标液 2。(具体内容详见说明书)。产品有效期：2～8℃保存，有效期 12 个月。附件：注册产品标准，产品说明书。
适用范围:用于定性测定人血清和血浆中甲型肝炎病毒的 IgM 抗体。
生产厂家:德国 Roche Diagnostics GmbH
注册代理:罗氏诊断产品(上海)有限公司
发证日期:2014.07.10 **截止日期**:2019.07.09

国食药监械(进)字 2014 第 3403581 号

产品名称:巨细胞病毒 IgM 抗体检测试剂盒(电化学发光法)(CMV IgM)
规格型号:100 测试/盒
产品标准:YZB/GER 4123-2014
性能组成:链霉亲合素包被的磁珠微粒、生物素化抗人 IgM 抗体、钌标记的巨细胞病毒抗原、阴性定标液 1、阳性定标液 2。(具体内容详见说明书)。产品有效期：2～8℃保存，有效期 15 个月。附件：注册产品标准，产品说明书。
适用范围:用于体外定性检测人体血清和血浆中巨细胞病毒（CMV）IgM 抗体。
生产厂家:德国 Roche Diagnostics GmbH
注册代理:罗氏诊断产品(上海)有限公司
发证日期:2014.07.10 **截止日期**:2019.07.09

国食药监械(进)字 2014 第 3403582 号

产品名称:巨细胞病毒 IgG 抗体检测试剂盒(电化学发光法)(CMV IgG)
规格型号:100 测试/盒
产品标准:YZB/GER 4138-2014
性能组成:链霉亲合素包被的微粒、生物素化巨细胞病毒抗原、钌标记的巨细胞病毒抗原、阴性定标液 1、阳性定标液 2。(具体内容详见说明书)。产品有效期：存放于 2～8℃，保存 15 个月。附件：注册产品标准，产品说明书。
适用范围:体外定量检测人血清和血浆中巨细胞病毒（CMV）IgG 抗体。
生产厂家:德国 Roche Diagnostics GmbH
注册代理:罗氏诊断产品(上海)有限公司
发证日期:2014.07.10 **截止日期**:2019.07.09

国食药监械(进)字 2014 第 3403583 号

产品名称:乙型肝炎病毒核心抗体 IgM 检测试剂盒(电化学发光法)(Anti-HBc IgM)
规格型号:100 测试/盒
产品标准:YZB/GER 4139-2014
性能组成:链霉亲合素包被的微粒、抗乙型肝炎病毒核心 IgM 预处理液、生物素化的抗人 IgM 抗体及钌标记的乙型肝炎病毒核心抗原、阴性定标液 1、阳性定标液 2。(具体内容详见说明书)。产品有效期：2～8℃保存，有效期 15 个月。附件：注册产品标准，产品说明书。
适用范围:用于定性测定人血清和血浆中乙肝核心抗原的 IgM 抗体。
生产厂家:德国 Roche Diagnostics GmbH
注册代理:罗氏诊断产品(上海)有限公司
发证日期:2014.07.10 **截止日期**:2019.07.09

国食药监械(进)字 2014 第 2403584 号

产品名称:胆碱酯酶检测试剂盒(比色法)(BUTYRYL CHOLINESTERASE)
规格型号:CE7944(货号)：试剂 1-缓冲液/色原体 6×40mL，试剂 2-基质 6×9mL。
产品标准:YZB/UK 4106-2014
性能组成:试剂 1：缓冲液/色原体，磷酸缓冲液，二硫代双（硝基苯甲酸盐）试剂 2：基质，碘化丁酰硫代胆碱。（具体内容详见说明书）
适用范围:本品用于体外定量检测血清和血浆中的胆碱酯酶。
备注:2014 年 11 月 25 日同意更正包装规格内容，2014 年 7 月 10 日核发的医疗器械注册登记表（体外诊断试剂）予以废止。
生产厂家:英国 Randox Laboratories Ltd.
注册代理:英国朗道实验诊断有限公司上海代表处
发证日期:2014.07.10 **截止日期**:2019.07.09

国食药监械(进)字 2014 第 2403585 号

产品名称:前白蛋白检测试剂盒(比浊法)(PREALBUMIN)
规格型号:PA3843(货号)：试剂 1-分析缓冲液 6×20mL，试剂 2-抗体试剂 3×11mL。
产品标准:YZB/UK 4109-2014
性能组成:试剂 1、分析缓冲液：聚乙烯乙二醇，三羟甲基氨基甲烷/氯化氢缓冲液，氯化钠；试剂 2、抗体试剂：抗-（人体）前白蛋白，三羟甲基氨基甲烷/氯化氢缓冲液，氯化钠。（具体内容详见说明书）。产品有效期：在+2℃至+8℃下储存，有效期为 2 年。附件：注册产品标准，产品说明书。
适用范围:本品用于体外定量检测人体血清中的前白蛋白。
生产厂家:英国 Randox Laboratories Ltd.
注册代理:英国朗道实验诊断有限公司上海代表处
发证日期:2014.07.10 **截止日期**:2019.07.09

国食药监械(进)字 2014 第 3403586 号

产品名称:癌胚抗原定标液(CEA CalSet)
规格型号:4×1.0 mL
产品标准:YZB/GER 4187-2014
性能组成:试剂－工作溶液：癌胚抗原定标液 1:2 瓶，每瓶 1.0 mL；癌胚抗原定标液 2:2 瓶，每瓶 1.0 mL 。癌胚抗原（人源，细胞培养获取）的缓冲液/蛋白混合物，浓度分别为（5ng/mL 和 50ng/mL）。1ng/mL 癌胚抗原相当于 16.9mIU/mL。提供的物品：癌胚抗原定标液，条码卡，定标液定值表，4 个带标签的有盖小空瓶，2×6 个小瓶标签。（具体内容详见产品说明书）。产品有效期：2～8℃储存，可保存 18 个月。

附件：注册产品标准，产品说明书。
适用范围：该产品用于癌胚抗原检测项目的定标。
生产厂家：德国 Roche Diagnostics GmbH
注册代理：罗氏诊断产品(上海)有限公司
发证日期：2014.07.15 **截止日期**：2019.07.14

国食药监械(进)字 2014 第 3403587 号

产品名称：糖类抗原 72-4 定标液(CA 72-4 CalSet)
规格型号：4×1.0 mL
产品标准：YZB/GER 4190-2014
性能组成：试剂－工作溶液：糖类抗原 72-4 定标液 1：2 瓶，每瓶含 1.0 mL 定标液 1；糖类抗原 72-4 定标液 2：2 瓶，每瓶含 1.0 mL 定标液 2 。人血清基质中 CA 72-4（人源）的两个浓度范围分别为约 1 U/mL 和约 70 U/mL；防腐剂。提供的物品：糖类抗原 72-4 定标液，条码卡，定标液定值表，4 个带标签的有盖小空瓶，2×6 个小瓶标签。(具体内容详见产品说明书)。产品有效期：2～8℃储存，可保存 29 个月。附件：注册产品标准，产品说明书。
适用范围：该产品用于糖类抗原 72-4 定量检测项目的定标。
生产厂家：德国 Roche Diagnostics GmbH
注册代理：罗氏诊断产品(上海)有限公司
发证日期：2014.07.15 **截止日期**：2019.07.14

国食药监械(进)字 2014 第 2403588 号

产品名称：肌酸激酶测定试剂盒(磷酸肌酸底物法)(Creatine Kinase)
规格型号：试剂 1：5×48 mL，试剂 2：5×15 mL；试剂 1：5×87 mL，试剂 2：5×27 mL。
产品标准：YZB/USA 4198-2014
性能组成：反应成分：试剂 1：二磷酸腺苷(ADP)钾盐、一磷酸腺苷(AMP)、二腺苷五磷酸(AP5A)、β-烟酰胺腺嘌呤二核苷酸磷酸(β-NADP)、乙二胺四乙酸(EDTA)、葡萄糖-6-磷酸脱氢酶(G-6-PDH)(肠膜明串珠菌)、葡萄糖，己糖激酶(酵母)、咪唑、醋酸镁、N-乙酰-L 半胱氨酸(NAC)，试剂 2：磷酸肌酸、葡萄糖、咪唑、醋酸镁；非反应成分：试剂 1 和试剂 2 含有防腐剂叠氮钠。(具体内容详见说明书)。产品有效期：在 2～8℃储存时，有效期 13 个月。附件：注册产品标准，产品说明书。
适用范围：本试剂盒用于定量测定人血清或血浆中的肌酸激酶。
生产厂家：美国 Abbott Laboratories
注册代理：雅培贸易(上海)有限公司
发证日期：2014.07.15 **截止日期**：2019.07.14

国食药监械(进)字 2014 第 2403589 号

产品名称：钾、钠、氯测定试剂盒(电极法)(Reagent Module Na+K+Cl-)
规格型号：校准液 A：960mL，校准液 B：500mL。
产品标准：YZB/USA 4102-2014
性能组成：校准液 A：140.0mmol/L 钠离子、4.00mmol/L 钾离子、125.0mmol/ L 氯离子；校准液 B：70.0mmol/L 钠离子、8.0mmol/L 钾离子、41.0mmol/ L 氯离子、缓冲液、防腐剂，湿润剂。产品有效期：在 18～25℃的环境中保存，有效期 12 个月。附件：注册产品标准，产品说明书。
适用范围：该产品用于血液及稀释尿液中钠离子、钾离子、氯离子的定量检测。
生产厂家：美国 Siemens Healthcare Diagnostics Inc.
注册代理：西门子医学诊断产品(上海)有限公司
发证日期：2014.07.10 **截止日期**：2019.07.09

国食药监械(进)字 2014 第 2403590 号

产品名称：肌酸激酶检测试剂盒(紫外酶法)(Creatine Kinase(CK))
规格型号：CK 2813 (货号)：4 x 120 测试
产品标准：YZB/UK 4110-2014
性能组成：己糖激酶，葡萄糖-6-磷酸脱氢酶，二磷酸腺苷，磷酸肌酸，葡萄糖，烟酰胺腺嘌呤磷酸二核檢酸，乙酰半胱氨酸，哌嗪-1，4-二乙磺酸缓冲液。产品有效期：储存于 2～8℃，有效期为 40 周。附件：注册产品标准，产品说明书。
适用范围：本产品用于体外定量测定血清和血浆中的肌酸激酶活性。
生产厂家：英国 Randox Laboratories Ltd.
注册代理：英国朗道实验诊断有限公司上海代表处
发证日期：2014.07.10 **截止日期**：2019.07.09

国食药监械(进)字 2014 第 2403591 号

产品名称：载脂蛋白 B 检测试剂盒(免疫比浊法)(APOLIPOPROTEIN B(APO B))
规格型号：LP 2867 (货号)： 4 x 40 测试
产品标准：YZB/UK 4112-2014
性能组成：抗体试剂：抗人载脂蛋白 B；缓冲液：聚乙二醇，三羟甲基氨基甲烷/氯化氢缓冲液，氯化钠。(具体内容详见说明书)。产品有效期：储存于 2～8℃，有效期为 2 年。附件：注册产品标准，产品说明书。
适用范围：本产品用于体外定量检测人血清中的载脂蛋白 B。
生产厂家：英国 Randox Laboratories Ltd.
注册代理：英国朗道实验诊断有限公司上海代表处
发证日期：2014.07.10 **截止日期**：2019.07.09

国食药监械(进)字 2014 第 3403592 号

产品名称：糖类抗原 125 定标液(CA 125 II CalSet)
规格型号：4×1.0 mL
产品标准：YZB/GER 4192-2014
性能组成：试剂－工作溶液：糖类抗原 125 定标液 1:2 瓶，每瓶 1.0 mL；糖类抗原 125 定标液 2:2 瓶，每瓶 1.0 mL 。定标液含有的 CA 125 浓度分别为（35U/mL 和 500U/mL），防腐处理。提供的物品：糖类抗原 125 定标液，条码卡，定标液定值表，4 个带标签的有盖小空瓶，2×6 个小瓶标签。(具体内容详见产品说明书)。产品有效期：2～8℃储存，可保存 12 个月。附件：注册产品标准，产品说明书。
适用范围：该产品用于糖类抗原 125 检测项目的定标。
生产厂家：德国 Roche Diagnostics GmbH
注册代理：罗氏诊断产品(上海)有限公司
发证日期：2014.07.15 **截止日期**：2019.07.14

国食药监械(进)字 2014 第 2403593 号

产品名称：尿液分析试纸条(干化学法)(URISYS 2400 Cassette/cobas u pack)
规格型号：400 条/盒
产品标准：YZB/GER 4267-2014
性能组成：对于每一项检测，每 1cm2 的试验区域含有如下试剂：pH：溴百里酚蓝 13.9μg；甲基红 1.2 μg；酚酞 8.6 μg。白细胞：吲哚酚碳酸酯 15.5 μg；甲氧基吗啉代重氮苯基盐 5.5μg。亚硝酸盐：3-羟-1，2，3，4-四氢-7，8-苯并喹啉 33.5μg；磺胺 29.1 μg。蛋白质：3'，3'，5'，5'-四氯苯酚-3，4，5，6- 四溴磺酚钠 13.9μg。血糖：3，3'，5，5'-四甲基联苯胺 103.5 μg；葡萄糖氧化酶(GOD) 6 U，过氧化物酶(POD) 35 U。酮体：硝普钠 157.2 μg。尿胆原：4-甲氧基苯-四氟硼酸重氮盐 67.7μg。胆红素：2.6-二氯苯-四氟硼酸重氮盐 16.7μg。潜血：3，3'，5，5'-四甲基联苯胺 52.8 μg；2，5-二甲基-2，5-二氢过氧化己烷 297.2 μg。产品有效期：将该试剂盒保存在 2～30 ℃温度下，可保存 15 个月。附件：注册产品标准，产品说明书。
适用范围：该产品用于体外半定量测定尿液中的 pH，白细胞，亚硝酸盐，蛋白，葡萄糖，酮体，尿胆原，胆红素和潜血。
生产厂家：德国 Roche Diagnostics GmbH
注册代理：罗氏诊断产品(上海)有限公司
发证日期：2014.07.15 **截止日期**：2019.07.14

国食药监械(进)字 2014 第 2403594 号

产品名称：免疫球蛋白 A 测定试剂盒(散射比浊法)(N Latex IgA)
规格型号：免疫球蛋白 A 试剂：3 x 2 ml；免疫球蛋白 A 定标品（人源）：3 x 1 ml；免疫球蛋白 A 质控品（人源）：3 x 1 ml；免疫球蛋白 A 辅助试剂 A：3 x 1 ml；免疫球蛋白 A 辅助试剂 B：1 x 0.4ml。
产品标准：YZB/GER 4016-2014
性能组成：免疫球蛋白 A 试剂，免疫球蛋白 A 定标品（人源），免疫球蛋白 A 质控品（人源），免疫球蛋白 A 辅助试剂 A，免疫球蛋白 A 辅助试剂 B，防腐剂。(具体内容详见说明书)。产品有效期：在 +2 到 +8 °C 条件下储存，有效期 12 个月。附件：注册产品标准，产品说明书。
适用范围：本品用于体外定量测定人脑脊液与成对脑脊液/血清标本中免疫球蛋白 A 的含量。

变更情况:变更日期: 2014.12.26。同意将产品包装规格中"免疫球蛋白 A 辅助试剂 B: 1 x 0.5 ml。"变更为"免疫球蛋白 A 辅助试剂 B: 1 x 0.4 ml。"。
生产厂家:德国 Siemens Healthcare Diagnostics Products GmbH
注册代理:西门子医学诊断产品(上海)有限公司
发证日期:2014.07.10 截止日期:2019.07.09

国食药监械(进)字 2014 第 3403595 号

产品名称:游离前列腺特异性抗原定标液(free PSA CalSet)
规格型号:4×1.0 mL
产品标准:YZB/GER 4281-2014
性能组成:试剂-工作溶液:由缓冲液/蛋白基质制成,添加了两个浓度范围的人前列腺特异性抗原 (PSA)。 游离前列腺特异性抗原定标液 1 (FPSA Cal1):2 瓶,每瓶含 1.0 mL 定标液 1; 游离前列腺特异性抗原定标液 2 (FPSA Cal2):2 瓶,每瓶含 1.0 mL 定标液 2。 缓冲液/蛋白基质(牛血清白蛋白)中游离前列腺特异性抗原 (freePSA)(人源)的两个浓度范围约为 0.10 ng/mL 和约 20ng/mL。提供的其他物品:条形码卡、定标液条形码表、2×6 个试剂瓶标签。(具体内容详见产品说明书)。产品有效期:2~8℃储存,可保存 18 个月。附件:注册产品标准,产品说明书。
适用范围:该产品用于游离前列腺特异性抗原 (free PSA) 定量检测项目的定标。
生产厂家:德国 Roche Diagnostics GmbH
注册代理:罗氏诊断产品(上海)有限公司
发证日期:2014.07.15 截止日期:2019.07.14

国食药监械(进)字 2014 第 2403596 号

产品名称:免疫球蛋白 M 测定试剂盒(散射比浊法)(N Latex IgM)
规格型号:免疫球蛋白 M 试剂:3×2 mL; 免疫球蛋白 M 试剂定标品(人源):3×1 mL; 免疫球蛋白 M 试剂质控品(人源):3×1 mL; 免疫球蛋白 M 辅助试剂 A:3×1 mL; 免疫球蛋白 M 辅助试剂 B:1×0.4 mL。
产品标准:YZB/GER 4018-2014
性能组成:免疫球蛋白 M 试剂,免疫球蛋白 M 试剂定标品(人源),免疫球蛋白 M 试剂质控品(人源),免疫球蛋白 M 辅助试剂 A,免疫球蛋白 M 辅助试剂 B,防腐剂。(具体内容详见说明书)。产品有效期:在 +2 到 +8 ℃ 条件下储存,有效期 12 个月。附件:注册产品标准,产品说明书。
适用范围:本品用于体外定量测定人脑脊液 (CSF) 与对比脑脊液/血清标本中免疫球蛋白 M 的含量。
生产厂家:德国 Siemens Healthcare Diagnostics Products GmbH
注册代理:西门子医学诊断产品(上海)有限公司
发证日期:2014.07.10 截止日期:2019.07.09

国食药监械(进)字 2014 第 2403597 号

产品名称:维生素 B12 校准品(ARCHITECT B12 Calibrators)
规格型号:6 瓶(4 mL/瓶)
产品标准:YZB/IRE 4081-2014
性能组成:校准品 A 为添加了蛋白(人白蛋白)稳定剂的硼酸缓冲液。校准品 B-F 为经重量分析法制备的维生素 B12,储存于含有蛋白(人白蛋白)稳定剂的硼酸缓冲液中。防腐剂:叠氮钠。产品有效期:储存于 2~8℃,有效期:11 个月。附件:注册产品标准,产品说明书。
适用范围:本校准品用于体外定量测定人血清和血浆中的维生素 B12 时,对维生素 B12 项目进行校准。
生产厂家:爱尔兰 Abbott Ireland Diagnostics Division
注册代理:雅培贸易(上海)有限公司
发证日期:2014.07.10 截止日期:2019.07.09

国食药监械(进)字 2014 第 2403598 号

产品名称:硫酸脱氢表雄酮校准品(ARCHITECT DHEA-S Calibrators)
规格型号:6 瓶(2.0 mL/瓶)
产品标准:YZB/GER 4088-2014
性能组成:校准品 A 含有人血清。校准品 B-F 含有硫酸脱氢表雄酮(合成),储存于人血清中。防腐剂:叠氮钠。产品有效期:2~8℃保存,有效期 15 个月。附件:注册产品标准,产品说明书。
适用范围:用于定量测定人血清和血浆中的硫酸脱氢表雄酮时,对硫酸脱氢表雄酮项目进行校准。
生产厂家:德国 Abbott GmbH& Co. KG
注册代理:雅培贸易(上海)有限公司
发证日期:2014.07.10 截止日期:2019.07.09

国食药监械(进)字 2014 第 2403599 号

产品名称:性激素结合球蛋白校准品(ARCHITECT SHBG Calibrators)
规格型号:6 瓶(2.0 mL/瓶)
产品标准:YZB/GER 4087-2014
性能组成:校准品 A 为含有蛋白(山羊)稳定剂的磷酸盐缓冲液。校准品 B-F 含纯化性激素结合球蛋白(人),储存于含有蛋白(山羊)稳定剂的磷酸盐缓冲液中。防腐剂:叠氮钠和 ProClin 300。产品有效期:储存温度≤-10℃,有效期 15 个月。附件:注册产品标准,产品说明书。
适用范围:本校准品用于定量测定人血清和血浆中的性激素结合球蛋白时,对性激素结合球蛋白项目进行校准。
生产厂家:德国 Abbott GmbH& Co. KG
注册代理:雅培贸易(上海)有限公司
发证日期:2014.07.10 截止日期:2019.07.09

国食药监械(进)字 2014 第 2403600 号

产品名称:脂肪酶校准品(Lipase Calibrator)
规格型号:校准品:2×3 mL。
产品标准:YZB/USA 4084-2014
性能组成:脂肪酶校准品(冻干)由纯化人胰脂肪酶制备而成,含防腐剂。产品有效期:储存于 2~8 ℃,有效期:24 个月。附件:注册产品标准,产品说明书。
适用范围:用于脂肪酶检测中的校准。
生产厂家:美国 Abbott Laboratories
注册代理:雅培贸易(上海)有限公司
发证日期:2014.07.10 截止日期:2019.07.09

国食药监械(进)字 2014 第 2403601 号

产品名称:二氧化碳校准品(Carbon Dioxide Calibrator)
规格型号:校准品 1:3 × 5 mL;校准品 2:3 × 5 mL。
产品标准:YZB/USA 4085-2014
性能组成:二氧化碳校准品,储存于水溶液中,由含二氧化碳的水溶液组成。叠氮钠为防腐剂。产品有效期:储存于 2~8℃,有效期 12 个月。附件:注册产品标准,产品说明书。
适用范围:用于校准二氧化碳检测。
生产厂家:美国 Abbott Laboratories
注册代理:雅培贸易(上海)有限公司
发证日期:2014.07.10 截止日期:2019.07.09

国食药监械(进)字 2014 第 2403602 号

产品名称:胰岛素校准品(ARCHITECT Insulin Calibrators)
规格型号:6 瓶(4 mL/瓶)
产品标准:YZB/USA 4237-2014
性能组成:校准品 A 含有醋酸盐缓冲液。校准品 B-F 含有胰岛素,制备于醋酸盐缓冲液中。防腐剂:叠氮钠和其他抗菌剂。产品有效期:储存于 2~8℃,有效期 12 个月。附件:注册产品标准,产品说明书。
适用范围:用于定量测定人血清和血浆中的胰岛素时,对胰岛素项目进行校准。
生产厂家:美国 Abbott Laboratories
注册代理:雅培贸易(上海)有限公司
发证日期:2014.07.15 截止日期:2019.07.14

国食药监械(进)字 2014 第 2403603 号

产品名称:胰岛素测定试剂盒(化学发光微粒子免疫检测法)(ARCHITECT Insulin Reagent Kit)
规格型号:1×100 测试/盒
产品标准:YZB/USA 4238-2014
性能组成:微粒子,结合物。(具体内容详见说明书)。产品有效期:储存于 2~8℃,有效期 12 个月。附件:注册产品标准,产品说明书。
适用范围:用于体外定量测定人血清或血浆中的胰岛素。
生产厂家:美国 Abbott Laboratories
注册代理:雅培贸易(上海)有限公司

发证日期:2014.07.15　　**截止日期**:2019.07.14

国食药监械(进)字 2014 第 2403604 号

产品名称:二氧化碳测定试剂盒(磷酸烯醇式丙酮酸羧化酶法)(Carbon Dioxide)
规格型号:5×15 mL，10×34 mL，10×87 mL。
产品标准:YZB/USA 4235-2014
性能组成:反应成分:磷酸烯醇式丙酮酸，烟酰胺腺嘌呤二核苷酸(NADH)类似物，磷酸烯醇式丙酮酸羧化酶（微生物），苹果酸脱氢酶（哺乳动物）。非反应成份：试剂 1 含有防腐剂叠氮钠。(具体内容详见说明书)。产品有效期：储存于 2～8℃，有效期 14 个月。附件：注册产品标准，产品说明书。
适用范围:本试剂盒用于体外定量测定人血清或血浆中的二氧化碳。
生产厂家:美国 Abbott Laboratories
注册代理:雅培贸易(上海)有限公司
发证日期:2014.07.15　　**截止日期**:2019.07.14

国食药监械(进)字 2014 第 2403605 号

产品名称:叶酸校准品(ARCHITECT Folate Calibrators)
规格型号:6 瓶(2 mL/瓶)
产品标准:YZB/IRE 4239-2014
性能组成:叶酸校准品储存于含蛋白稳定剂(人血清白蛋白)的三羟甲基氨基甲烷(TRIS)缓冲液中。校准品 B 至 F 含蝶酰谷氨酸(PGA)。防腐剂：叠氮钠。产品有效期：储存于≤-10℃，有效期 13 个月。附件：注册产品标准，产品说明书。
适用范围:本校准品用于体外定量测定人血清、血浆和红细胞中的叶酸时，对叶酸项目进行校准。
生产厂家:爱尔兰 Abbott Ireland Diagnostics Division
注册代理:雅培贸易(上海)有限公司
发证日期:2014.07.15　　**截止日期**:2019.07.14

国食药监械(进)字 2014 第 2403606 号

产品名称:叶酸测定试剂盒(化学发光微粒子免疫检测法)(ARCHITECT Folate Reagent Kit)
规格型号:1×100 测试/盒，1×500 测试/盒。
产品标准:YZB/IRE 4234-2014
性能组成:微粒子，结合物，项目专用稀释液，预处理试剂 1，预处理试剂 2，样本稀释液。(具体内容详见说明书)。产品有效期：储存于 2～8℃，有效期 18 个月。附件：注册产品标准，产品说明书。
适用范围:本试剂盒用于体外定量测定人血清、血浆和红细胞中的叶酸含量。
生产厂家:爱尔兰 Abbott Ireland Diagnostics Division
注册代理:雅培贸易(上海)有限公司
发证日期:2014.07.15　　**截止日期**:2019.07.14

国食药监械(进)字 2014 第 3403607 号

产品名称:游离前列腺特异性抗原测定试剂盒(化学发光法)(IMMULITE 2000 Free PSA)
规格型号:200 人份/盒
产品标准:YZB/UK 4145-2014
性能组成:试剂盒内含游离前列腺特异性抗原包被珠（L2PF12)、游离前列腺特异性抗原试剂楔(L2PFA2)、游离前列腺特异性抗原校准品(LPFL, LPFH)。(具体内容详见说明书)。产品有效期：2～8℃的条件下保存，有效期 12 个月。附件：注册产品标准，产品说明书。
适用范围:本产品用于体外定量测定人血清中游离的、未结合的前列腺特异性抗原（PSA)，即未与 α1-抗糜蛋白或其他蛋白结合的前列腺特异性抗原。
生产厂家:英国 Siemens Healthcare Diagnostics Products Limited
注册代理:西门子医学诊断产品(上海)有限公司
发证日期:2014.07.21　　**截止日期**:2019.07.20

国食药监械(进)字 2014 第 3403608 号

产品名称:异常凝血酶原(PIVKA-II)和涎液化糖链抗原 KL-6 质控品(商品名：Lumipulse®PIVKA-II 和 KL-6 质控品)(Lumipulse® PIVKA-II and KL-6 Controls)
规格型号:3 瓶×2 浓度(1mL/瓶，复溶后)
产品标准:YZB/JAP 4154-2014
性能组成:含水平 1（冻干品，3×1 mL（复溶后))、水平 2（冻干品，3×1 mL（复溶后))。含有人源物质、保护剂（4-羟基苯甲酸甲酯）及蛋白稳定剂（牛)。产品有效期：2～10℃下避光保存，有效期：生产后 2 年。附件：注册产品标准，产品说明书。
适用范围:本质控品用于异常凝血酶原（PIVKA-II）和涎液化糖链抗原 KL-6 检测分析时的质量控制。
生产厂家:日本富士瑞必欧株式会社(FUJIREBIO INC.)
注册代理:日本富士瑞必欧株式会社上海代表处
发证日期:2014.07.21　　**截止日期**:2019.07.20

国食药监械(进)字 2014 第 3773609 号

产品名称:静脉腔内射频闭合导管（ClosureRFS Endovenous Radiofrequency Stylet)
规格型号:RFS2-6-12
产品标准:YZB/USA 3923-2014《静脉腔内射频闭合导管》
性能组成:产品为高频附件，与 ClosureRFG 射频发生器（型号：RFG2）联合使用，向需要治疗的部位输送双极射频能量，并向射频发生器传递温度与其他反馈信息。由探针、双极电极、针头、鲁尔适配器、连接电缆、电缆连接器组成，最大外径 2.0mm，可插入长度 12cm。产品为一次性使用，射线灭菌。
适用范围:与 ClosureRFG 射频发生器（型号：RFG2）联合使用，用于下肢大隐静脉曲张的治疗（限于交通支)。
生产厂家:美国 Covidien llc
注册代理:柯惠医疗器材国际贸易(上海)有限公司
服务机构:柯惠医疗器材国际贸易(上海)有限公司
发证日期:2014.07.21　　**截止日期**:2019.07.20

国食药监械(进)字 2014 第 3773610 号

产品名称:静脉腔内射频闭合导管(ClosureFast Endovenons Radiofrequency Ablation(RFA) Catheter)
规格型号:见附页
产品标准:YZB/USA 3930-2014《静脉腔内射频闭合导管》
性能组成:产品与 ClosureRFG 射频发生器（型号：RFG2）联合使用，用于将射频能量传递至位于导管远端的发热元件，该发热元件被安置在期望的治疗区域；导管同时将温度反馈给射频发生器。由导管、开关按钮、鲁尔适配器、连接电缆、电缆连接器组成，详细规格参数见附页。产品为一次性使用，环氧乙烷灭菌。
适用范围:与 ClosureRFG 射频发生器（型号：RFG2）联合使用，用于下肢大隐静脉曲张的治疗（限于浅静脉)。
生产厂家:美国 Covidien llc
注册代理:柯惠医疗器材国际贸易(上海)有限公司
服务机构:柯惠医疗器材国际贸易(上海)有限公司
发证日期:2014.07.21　　**截止日期**:2019.07.20

国食药监械(进)字 2014 第 3213611 号

产品名称:植入式心脏再同步治疗起搏器(商品名:Intua)(Implantable Cardiac Resynchronization Therapy Pacemaker)
规格型号:W272、W273
产品标准:YZB/USA 3511-2014《植入式心脏再同步治疗起搏器》
性能组成:产品由脉冲发生器和扭转扳手组成。
适用范围:该产品用于进行多种治疗，包括：心脏再同步化治疗(CRT)，通过双心室电刺激再同步心室收缩来治疗心衰；心动过缓起搏，包括频率适应性起搏，以治疗缓慢性心律失常。具体适应证见说明书。
生产厂家:美国 Cardiac Pacemakers Incorporated, a wholly owned subsidiary of Guidant Corporation, a wholly owned subsidiary of Boston Scientific Corporation
注册代理:波科国际医疗贸易(上海)有限公司
服务机构:波科国际医疗贸易(上海)有限公司
发证日期:2014.07.21　　**截止日期**:2019.07.20

国食药监械(进)字 2014 第 3223612 号

产品名称:电子支气管内窥镜(ビデオ軟性気管支鏡)(商品名：EVIS LUCERA ELITE)
规格型号:BF-H290, BF-Q290
产品标准:YZB/JAP 4114-2014《电子支气管内窥镜》

性能组成:该产品由电子支气管内窥镜 BF-H290、BF-Q290 和附件 MAJ-207、MD-495 组成。性能参数见附件。
适用范围:该产品用于对气管、支气管以及肺进行观察、诊断、摄影、治疗。
备注:2014 年 10 月 14 日同意更正产品名称内容,2014 年 7 月 21 日核发的医疗器械注册证、医疗器械注册登记表予以废止。
生产厂家:日本奥林巴斯医疗株式会社,オリンパスメデイカルシステムズ株式会社
注册代理:奥林巴斯贸易(上海)有限公司
服务机构:奥林巴斯(北京)销售服务有限公司
发证日期:2014.07.21　**截止日期**:2019.07.20

国食药监械(进)字 2014 第 3303613 号

产品名称:医用血管造影 X 射线机(X-ray Angiography system)
规格型号:Artis Q biplane
产品标准:YZB/GER 0359-2014《医用血管造影 X 射线机》
性能组成:产品为带有落地机架和悬吊机架,两个采集向面的系统。产品由 a) 高压发生器: PolydorosA100G; b) X 射线管组件 (GIGALIX 125/40/90 - G、GIGALIX 125/30/40/90 - G); c) 平板探测器 (pixium4800、pixium 3040CV); d) 准直器 (心脏准直器、血管准直器); e) 落地式 C 臂机架; f) 悬吊式 C 臂机架; g) 显示器及悬吊装置; h) 系统控制柜; i) 冷却装置; j) 检查床 (标准床: PS Standard VD、步进床: PSStepping VD、倾斜床: PS Tilting VD、OR 床: PS ORVD); k) 图像采集及处理系统; l) 附件组成。
适用范围:该产品适用于血管造影检查和介入治疗。
生产厂家:德国 Siemens AG
注册代理:西门子(中国)有限公司
服务机构:西门子(中国)有限公司
发证日期:2014.07.21　**截止日期**:2019.07.20

国食药监械(进)字 2014 第 3303614 号

产品名称:医用血管造影 X 射线机(X-ray Angiography system)
规格型号:Artis Q ceiling
产品标准:YZB/GER 0360-2014《医用血管造影 X 射线机》
性能组成:产品为悬吊式采集系统。产品由 a) 高压发生器: Polydoros A100G; b) X 射线管组件 (GIGALIX125/40/90 - G、GIGALIX 125/30/40/90 - G); c) 平板探测器 (pixium 4800、pixium3040CV); d) 准直器 (心脏准直器、血管准直器); e) 悬吊式 C 臂机架; f) 显示器及悬吊装置; g) 系统控制柜; h) 冷却装置; i) 检查床 (标准床: PS Standard VD、步进床: PS Stepping VD、倾斜床: PS Tilting VD、OR 床: PS OR VD、外科手术床: PS Surgery); j) 图像采集及处理系统; k) 附件组成。
适用范围:该产品适用于血管造影检查和介入治疗。
生产厂家:德国 Siemens AG
注册代理:西门子(中国)有限公司
服务机构:西门子(中国)有限公司
发证日期:2014.07.21　**截止日期**:2019.07.20

国食药监械(进)字 2014 第 3303615 号

产品名称:医用血管造影 X 射线机(X-ray Angiography system)
规格型号:Artis Q floor
产品标准:YZB/GER 0362-2014《医用血管造影 X 射线机》
性能组成:产品为落地式采集系统。产品由 a) 高压发生器: Polydoros A100G; b) X 射线管组件 (GIGALIX125/40/90 - G、GIGALIX 125/30/40/90 - G); c) 平板探测器 (pixium 4800、pixium3040CV); d) 准直器 (心脏准直器、血管准直器); e) 落地式 C 臂机架; f) 显示器及悬吊装置; g) 系统控制柜; h) 冷却装置; i) 检查床 (标准床: PS Standard VD、步进床: PS Stepping VD、倾斜床: PS Tilting VD、OR 床: PS OR VD); j) 图像采集及处理系统; k) 附件组成。
适用范围:该产品适用于血管造影检查和介入治疗。
生产厂家:德国 Siemens AG
注册代理:西门子(中国)有限公司
服务机构:西门子(中国)有限公司
发证日期:2014.07.21　**截止日期**:2019.07.20

国食药监械(进)字 2014 第 3303616 号

产品名称:医用血管造影 X 射线机(X-ray Angiography system)
规格型号:Artis Q.zen biplane
产品标准:YZB/GER 0364-2014《医用血管造影 X 射线机》
性能组成:产品为带有落地机架和悬吊机架,两个采集向面的系统。产品由 a) 高压发生器: Polydoros A100G; b) X 射线管组件 (GIGALIX 125/40/90 - G); c) 平板探测器: CSX-20; d) 血管准直器; e) 落地式 C 臂机架; f) 悬吊式 C 臂机架; g) 显示器及悬吊装置; h) 系统控制柜; i) 冷却装置; j) 检查床 (标准床: PS StandardVD、步进床: PS Stepping VD、倾斜床: PS TiltingVD、OR 床: PS OR VD); k) 图像采集及处理系统; l) 附件组成。
适用范围:该产品适用于血管造影检查和介入治疗。
生产厂家:德国 Siemens AG
注册代理:西门子(中国)有限公司
服务机构:西门子(中国)有限公司
发证日期:2014.07.21　**截止日期**:2019.07.20

国食药监械(进)字 2014 第 3303617 号

产品名称:医用血管造影 X 射线机(X-ray Angiography system)
规格型号:Artis Q zeego
产品标准:YZB/GER 0365-2014《医用血管造影 X 射线机》
性能组成:产品为多轴 C 臂机架采集系统。产品由 a) 高压发生器: Polydoros A100G; b) X 射线管组件 (GIGALIX125/30/40/90 - G); c) 平板探测器: pixium3040CV; d) 血管准直器; e) 多轴 C 臂机架; f) 显示器及悬吊装置; g) 系统控制柜; h) 冷却装置; i) 检查床 (任选其一: 标准床: PS Standard VD、步进床: PSStepping VD、倾斜床: PS Tilting VD、OR 床: PS ORVD、外科手术床: PS Surgery); j) 图像采集及处理系统; k) 附件组成。
适用范围:该产品适用于血管造影检查和介入治疗。
生产厂家:德国 Siemens AG
注册代理:西门子(中国)有限公司
服务机构:西门子(中国)有限公司
发证日期:2014.07.21　**截止日期**:2019.07.20

国食药监械(进)字 2014 第 3303618 号

产品名称:医用血管造影 X 射线机(X-ray Angiography system)
规格型号:Artis Q.zen ceiling
产品标准:YZB/GER 3898-2014《医用血管造影 X 射线机》
性能组成:本产品为悬吊式采集系统,由高压发生器 (Polydoros A100G)、X 射线管组件 (GIGALIX 125/40/90-G)、平板探测器 (CSX-20)、血管准直器、悬吊式 C 臂机架、显示器及悬吊装置、系统控制柜、冷却装置、检查床 (标准床 PS Standard VD、步进床 PS Stepping VD、倾斜床 PS Tilting VD、OR 床 PS OR VD)、图像采集及处理系统、附件组成。
适用范围:适用于血管造影检查和介入治疗
备注:2014 年 09 月 17 日同意更正产品性能结构及组成内容,2014 年 7 月 21 日核发的医疗器械注册登记表予以废止。
生产厂家:德国 Siemens AG
注册代理:西门子(中国)有限公司
服务机构:西门子(中国)有限公司
发证日期:2014.07.21　**截止日期**:2019.07.20

国食药监械(进)字 2014 第 3303619 号

产品名称:医用血管造影 X 射线机(X-ray Angiography system)
规格型号:Artis Q.zen floor
产品标准:YZB/GER 3899-2014《医用血管造影 X 射线机》
性能组成:本产品为落地式采集系统,由高压发生器 (Polydoros A100G)、X 射线管组件 (GIGALIX 125/40/90-G)、平板探测器 (CSX-20)、血管准直器、落地式 C 臂机架、显示器及悬吊装置、系统控制柜、冷却装置、检查床 (标准床 PS Standard VD、步进床 PS Stepping VD、倾斜床 PS Tilting VD、OR 床 PS OR VD)、图像采集及处理系统、附件组成。
适用范围:适用于血管造影检查和介入治疗
备注:2014 年 09 月 17 日同意更正产品性能结构及组成内容,2014 年 7 月 21 日核发的医疗器械注册登记表予以废止。
生产厂家:德国 Siemens AG
注册代理:西门子(中国)有限公司
服务机构:西门子(中国)有限公司

发证日期:2014.07.21 **截止日期**:2019.07.20

国食药监械(进)字 2014 第 3303620 号

产品名称:医用血管造影 X 射线机(X-ray Angiography system)
规格型号:Artis Q.zen zeego
产品标准:YZB/GER 3900-2014《医用血管造影 X 射线机》
性能组成:本产品为多轴 C 臂机架采集系统，由高压发生器(Polydoros A100G)、X 射线管组件(GIGALIX125/40/90-G)、平板探测器(CSX-20)、血管准直器、多轴 C 臂机架、显示器及悬吊装置、系统控制柜、冷却装置、检查床(标准床 PS Standard VD、步进床 PSStepping VD、倾斜床 PS Tilting VD、OR 床 PS OR VD)、图像采集及处理系统、附件组成。
适用范围:适用于血管造影检查和介入治疗
备注:2014 年 09 月 17 日同意更正产品性能结构及组成内容，2014 年 7 月 21 日核发的医疗器械注册登记表予以废止。
生产厂家:德国 Siemens AG
注册代理:西门子(中国)有限公司
服务机构:西门子(中国)有限公司
发证日期:2014.07.21 **截止日期**:2019.07.20

国食药监械(进)字 2014 第 3303621 号

产品名称:数字化医用泌尿 X 射线系统(Liebel-Flarsheim Direct Digital Imaging System)
规格型号:700559、700560
产品标准:YZB/USA 0683-2014《数字化医用泌尿 X 射线系统》
性能组成:产品由高压发生器(SHF-645、SHF-845)、X 射线管组件(管型号 RAD-60，管套型号 SAPPHIRE；管型号 E7254，管组件型号 E7254FX)、限束器、控制台、数字成像系统、平板探测器(pixium FE4343F)、电离室、监视器、泌尿床(HUTRDDIS、HUTSDDIS)、手控盒、曝光脚踏控制装置、双模式泌尿床脚踏控制装置和附件组成。
适用范围:本产品是通过数字动态平板获得医学检查时 X 线摄片和动态影像的系统，该系统主要应用范围有泌尿功能检查、腔内泌尿外科和微创泌尿外科/手术。该系统也可用于泌尿系统、胃肠道和妇科方面疾病的治疗和诊断，不适合用于乳腺 X 线摄影的应用。
生产厂家:美国 Liebel-Flarsheim Company LLC
注册代理:万灵科医疗咨询(上海)有限公司
服务机构:万灵科医疗咨询(上海)有限公司
发证日期:2014.07.21 **截止日期**:2019.07.20

国食药监械(进)字 2014 第 3773622 号

产品名称:可调直径导航星环形标测导管(商品名:LASSO 2515 NAV eco)(LASSO 2515 NAV eco variable Catheter)
规格型号:D134301，D134302，D134401(配套的连接线缆)
产品标准:YZB/USA 3989-2014《可调直径导航星环形标测导管(商品名:LASSO 2515 NAV eco)》
性能组成:该导管为一次性使用环氧乙烷灭菌产品，由 34 孔连接器、手柄、压缩把手、管身、四腔头端及环电极组成。两种型号导管的电极数量及电极间隙不同。
适用范围:该导管适用于对心脏的心内结构进行多电极电生理标测，即记录或刺激。该导管设计用于获取心脏的心房区域内的心电图。当与兼容的 CARTO®3EP 电生理导航系统配套使用时，该导管可提供定位信息。
生产厂家:美国 Biosense Webster, Inc.
注册代理:强生(上海)医疗器材有限公司
服务机构:强生(上海)医疗器材有限公司
发证日期:2014.07.21 **截止日期**:2019.07.20

国食药监械(进)字 2014 第 3283623 号

产品名称:超导型磁共振成像系统(/)
规格型号:Vantage Elan MRT-2020
产品标准:YZB/JAP 4128-2014《超导型磁共振成像系统》
性能组成:本设备由扫描架，患者诊断床，控制台，主机柜，冷却机柜，过滤器面板和标准书中规定的可选附件，射频线圈及系统软件(V3.0)组成。其中设备可配线圈见后附《产品性能结构及组成附页》。磁场强度:1.5T。
适用范围:本产品适用于 MRI 临床诊断。
生产厂家:日本东芝医疗系统株式会社
注册代理:东芝医疗系统(中国)有限公司
服务机构:东芝医疗系统(中国)有限公司
发证日期:2014.07.21 **截止日期**:2019.07.20

国食药监械(进)字 2014 第 3543624 号

产品名称:呼吸机(Critical Care Ventilator)
规格型号:SERVO-n
产品标准:YZB/SWE 4070-2014《呼吸机》
性能组成:产品组成包括:用户界面、病人装置(主机)、空气压缩机(Compressor Mini)、NAVA 组件(包括 Edi 模块、线缆、测试插头)、二氧化碳组件、Y 型传感器组件。
适用范围:本产品用于为新生儿和儿童患者提供呼吸支持、监测和治疗。
生产厂家:瑞典 Maquet Critical Care AB
注册代理:迈柯唯(上海)医疗设备有限公司
服务机构:迈柯唯(上海)医疗设备有限公司
发证日期:2014.07.21 **截止日期**:2019.07.20

国食药监械(进)字 2014 第 3543625 号

产品名称:呼吸机(Critical Care Ventilator)
规格型号:SERVO-U
产品标准:YZB/SWE 4071-2014《呼吸机》
性能组成:产品组成包括:用户界面、病人装置(主机)、空气压缩机(Compressor Mini)、NAVA 组件(包括 Edi 模块、线缆、测试插头)、二氧化碳组件、Y 型传感器组件。
适用范围:本产品用于为新生儿、儿童和成人患者提供呼吸支持、监测和治疗。
生产厂家:瑞典 Maquet Critical Care AB
注册代理:迈柯唯(上海)医疗设备有限公司
服务机构:迈柯唯(上海)医疗设备有限公司
发证日期:2014.07.21 **截止日期**:2019.07.20

国食药监械(进)字 2014 第 3223626 号

产品名称:关节镜用高频电极(HF Electrodes for Arthroscope)
规格型号:见附页
产品标准:YZB/GER 3874-2014《关节镜用高频电极》
性能组成:产品为关节镜用高频电极，产品规格型号、参数及图示见附页。
适用范围:该产品用于膝关节、肩关节、髋关节的手术中，在生理盐水或者林格氏液中对生物学软组织进行电切割和电凝。
备注:2014 年 10 月 16 日同意更正型号、规格内容，2014 年 7 月 21 日核发的医疗器械注册登记表、附页予以废止。
生产厂家:德国 Rudolf Medical GmbH+Co.KG
注册代理:深圳市洛克氏医疗器械有限公司
服务机构:深圳市洛克氏医疗器械有限公司
发证日期:2014.07.21 **截止日期**:2019.07.20

国食药监械(进)字 2014 第 3463627 号

产品名称:可吸收人工骨粉(商品名:Genex)(Synthetic Resorbable Bone Graft)
规格型号:5 毫升粉剂/900-005；10 毫升粉剂/900-010；20 毫升粉剂/900-020
产品标准:YZB/UK 4164-2014《可吸收人工骨粉》
性能组成:该产品由 50%磷酸钙和 50%硫酸钙混合制成。
适用范围:适用于骨科手术时非承重性骨缺损的填充。
生产厂家:英国 Biocomposites Ltd
注册代理:百赛国际贸易(上海)有限公司
服务机构:百赛国际贸易(上海)有限公司
发证日期:2014.07.23 **截止日期**:2019.07.22

国食药监械(进)字 2014 第 3463628 号

产品名称:非骨水泥型人工髋关节(Uncemented hip joint implants)
规格型号:见附页
产品标准:YZB/SWI 3894-2014《非骨水泥型人工髋关节》
性能组成:该产品由股骨柄、球头、内衬、髋臼杯、螺钉组成。股骨柄由符合 ISO 5832-11 标准规定的 Ti6Al7Nb 钛合金材料制成，表面经喷砂处理形成粗糙面；球头由符合 ISO 5832-12 标准规定的锻造钴铬钼合金材料或由符合 ISO 6474-1 标准规定的高纯氧化铝陶瓷材料制成；内衬由符合 ISO 5834-2 标准规定的 1 级超高分子量聚乙烯材料或由符合 ISO 6474-1 标准规定的高纯氧化铝陶瓷材料制成；螺钉由符合 ISO 5832-2 标准规定的 4B 级纯钛材料或由符合 ISO 5832-3 标准规定的 Ti6A14V 钛合金材料制成；expanSys 髋臼杯由符合 ISO 5832-11 标准规定的 Ti6A17Nb 钛合金材料制成，表面经喷砂处理形成粗糙面；SeleXys TH 髋臼杯由符合 ISO 5832-2 标准规定的 4B 级纯钛材料制成，表面经喷砂处理形成粗糙面；SeleXys TPS 髋臼杯（含螺帽）由符合 ISO 5832-2 标准规定的 4B 级纯钛材料制成，表面为符合 ASTM F1580 标准规定的纯钛粉末制成的烧结涂层，螺帽由符合 ISO 5832-11 标准规定的 Ti6A17Nb 钛合金材料制成；SeleXys PC 髋臼杯（含螺帽）由符合 ISO 5832-11 标准规定的 Ti6A17Nb 钛合金材料制成，表面为符合 ASTM F1580 标准规定的纯钛粉末制成的烧结涂层，螺帽由符合 ISO 5832-11 标准规定的 Ti6A17Nb 钛合金材料制成。螺钉表面经阳极氧化处理。灭菌包装。

适用范围:做为非骨水泥型髋关节假体使用，适用于髋关节置换。

生产厂家:瑞士 Mathys Ltd Bettlach

注册代理:瑞士马特仕有限公司上海代表处

服务机构:瑞士马特仕有限公司上海代表处

发证日期:2014.07.23 **截止日期**:2019.07.22

国食药监械（进）字 2014 第 3633629 号

产品名称:纯钛人工牙种植体(Allfit SSO RT Implant)

规格型号:见附页

产品标准:YZB/SWI 3909-2014《纯钛人工牙种植体》

性能组成:该产品由纯钛(TA4)材料制成，表面经过氧化铝喷砂处理，并经过γ射线灭菌，为无菌产品。

适用范围:该产品是应用于牙缺失后颌骨内植入的固位材料。

生产厂家:瑞士 Dr. Ihde Dental AG

注册代理:北京博恩登特科技有限公司

服务机构:北京博恩登特科技有限公司

发证日期:2014.07.23 **截止日期**:2019.07.22

国食药监械（进）字 2014 第 3153630 号

产品名称:一次性使用吸引活检针（商品名：EZShot2）（单回使用吸引用針）

规格型号:NA-220H-8019NA-220H-8022NA-220H-8025NA-230H-8022 和专用注射器

产品标准:YZB/JAP 4157-2014《一次性使用吸引活检针》

性能组成：本产品由一次性使用吸引活检针(NA-220H-8019/NA-220H-8022/NA-220H-8025/NA-230H-8022)和专用注射器组成。一次性使用吸引活检针有先端部、插入部和操作部组成。组成该产品的材料有聚醚醚酮、黄铜、碳酸酯、丙烯腈-丁二烯-苯乙烯共聚物、镍钛合金以及不锈钢(JIS G4303:SUS303 和 JIS G4305:SUS304)。

适用范围:本产品与奥林巴斯超声内镜配套使用，用于对消化道的黏膜下层和管腔外的病变(如胰腺囊肿、胸腔纵隔肿块、直肠周围囊肿和淋巴结)进行超声引导下细针穿刺(FNA)活检。

生产厂家:日本オリンパスメディカルシステムズ株式会社

注册代理:奥林巴斯贸易(上海)有限公司

服务机构:奥林巴斯(北京)销售服务有限公司

发证日期:2014.07.23 **截止日期**:2019.07.22

国食药监械（进）字 2014 第 3633631 号

产品名称:齿科水门汀(Dental cements)

规格型号:聚羧酸锌水门汀；磷酸锌水门汀(快速型)；磷酸锌水门汀(含铜型)

产品标准:YZB/GER 3844-2014《齿科水门汀》

性能组成:粉末主要成分:氧化锌、氧化镁、液主要成分:聚丙烯酸、磷酸。

适用范围:用于牙科修复体和正畸托槽与基牙的粘接。

生产厂家:德国 Hoffmann Dental Manufaktur GmbH

注册代理:北京宏文特新技术发展有限公司

服务机构:北京宏文特新技术发展有限公司

发证日期:2014.07.23 **截止日期**:2019.07.22

国食药监械（进）字 2014 第 3453632 号

产品名称:空心纤维血液透析/滤过器(/)

规格型号:FX 600HDF, FX 800HDF, FX 1000HDF

产品标准:YZB/GER 4171-2014《空心纤维血液透析/滤过器》

性能组成:本产品由纤维膜，外壳，封装材料，顶盖，密封环，血液保护帽和透析液保护帽组成。其中空心纤维膜材料为聚砜纤维-聚乙烯吡咯烷酮混合物，外壳材料为聚丙烯，封装材料为聚氨酯，顶盖材料为聚丙烯，密封环材料为硅树脂，血液保护帽和透析液保护帽材料为聚丙烯。本品流动蒸汽灭菌，一次性使用。

适用范围:本产品一次性使用于常规血液透析或血液透析滤过治疗。

生产厂家:德国 Fresenius Medical Care AG & Co.KGaA

注册代理:费森尤斯医药用品(上海)有限公司

服务机构:费森尤斯医药用品(上海)有限公司

发证日期:2014.07.23 **截止日期**:2019.07.22

国食药监械（进）字 2014 第 3643633 号

产品名称:银离子藻酸盐敷料（商品名：拜尔坦银离子藻酸盐敷料）(Biatain Alginate Ag)

规格型号:见附页

产品标准:YZB/UK 4019-2014《银离子藻酸盐敷料》

性能组成:本产品由高 G（古罗糖醛酸）藻酸钙、羧甲基纤维素钠(CMC)、聚乙二醇和银离子化合物（含银磷酸锆钠盐）组成，可在伤口渗出液存在的情况下释放银离子。该敷料有常规片状和填充条两种形状。经辐射灭菌，一次性使用。

适用范围:该产品适用于中度到重度渗出体表伤口的覆盖：可用于压疮、下肢溃疡、糖尿病足溃疡、Ⅱ度烧伤、植皮和供皮区或外伤伤口，其中填充条敷料用于腔洞型伤口。

备注:上市后应对该产品应用于大面积创面或长期累积使用时对人体安全性的有关数据进行收集和积累，加强不良事件监测，对该产品上市后的安全性信息进行收集整理，待下次重新注册时提交。

生产厂家:英国 Advanced Medical Solutions Ltd.

注册代理:康乐保(中国)医疗用品有限公司

服务机构:康乐保(中国)医疗用品有限公司

发证日期:2014.07.23 **截止日期**:2019.07.22

国食药监械（进）字 2014 第 3633634 号

产品名称:锥形玻璃纤维复合树脂桩（商品名：珞赛-纤维桩）(Glass fiber enforced, conical composite post)

规格型号:1.5mm, 1.375mm, 1.25mm

产品标准:YZB/GER 4054-2014《锥形玻璃纤维复合树脂桩》

性能组成:钡玻璃双甲基丙烯酸缩水甘油酯二甲基丙烯酸-1, 6-己二酯乙双酚 a 二甲基丙烯酸酯 2, 4, 6-三甲基苯甲酰二苯氧磷甲基丙烯酸乙氨基乙酯 2, 6-二叔丁基-4-甲基苯酚 2(2-羟基-5-辛基苯基)苯并三唑。

适用范围:用于根管治疗后当牙冠硬组织剩余不足时，对重建的冠核进行可靠固位

生产厂家:德国 DMG 化学医药集团公司

注册代理:德国 DMG 化学医药集团公司北京代表处

服务机构:德国 DMG 化学医药集团公司北京代表处

发证日期:2014.07.23 **截止日期**:2019.07.22

国食药监械（进）字 2014 第 2643635 号

产品名称:手术薄膜（商品名：爱孚贴）(OpSite)

规格型号:4963、4967、4975、4986、4987、4988、4995、4989、4994

产品标准:YZB/UK 4155-2014《手术薄膜》

性能组成:该产品为透明、粘性聚氨酯薄膜，有透气性，可防止在其覆盖区域内的潮湿。经环氧乙烷灭菌，一次性使用。

适用范围:可用于以下科室的手术伤口:骨科、整形外科、儿科、神经外科、眼部手术、普外科、心胸外科。

生产厂家:英国 Smith & Nephew Medical Ltd

注册代理:施乐辉医用产品国际贸易(上海)有限公司

服务机构:施乐辉医用产品国际贸易(上海)有限公司

发证日期:2014.07.23 **截止日期**:2019.07.22

国食药监械（进）字 2014 第 3463636 号

产品名称:颈椎前路固定系统（商品名：ABC）(ABC Anterior Cervical Plating System)

规格型号:见附页

产品标准:YZB/GER 4215-2014《颈椎前路固定系统》
性能组成:本产品由固定螺钉(单层质螺钉、多皮质螺钉、单层质自锁螺钉、翻修螺钉)和固定板(颈椎板、E 板)组成。其中,单层质螺钉和多皮质螺钉由螺钉和锁钉销组成,由符合 ISO 5832-3 要求的 Ti6Al4V 材料制成;单层质自锁螺钉和翻修螺钉由螺钉、锁钉销及锁定弹簧组成,其中螺钉由符合 ISO 5832-3 要求的 Ti6Al4V 材料制成,锁钉销和锁定弹簧由符合 ISO 5832-7 的钴铬镍钼铁合金制成;颈椎板和 E 板由符合 ISO 5832-3 要求的 Ti6Al4V 制成。产品表面经阳极氧化处理。非灭菌包装。
适用范围:本产品用于第二颈椎至第一胸椎区域的单节段和多节段的颈椎前路固定。
生产厂家:德国 Aesculap AG
注册代理:贝朗医疗(上海)国际贸易有限公司
服务机构:贝朗医疗(上海)国际贸易有限公司
发证日期:2014.07.23 截止日期:2019.07.22

国食药监械(进)字 2014 第 3463637 号

产品名称:椎间融合器(商品名:Cornerstone-SR)(Cornerstone-SR Cage System)
规格型号:见附页
产品标准:YZB/USA 3815-2014《椎间融合器》
性能组成:该产品采用符合 YY/T0660 标准规定的聚醚醚酮(PEEK)材料制成,等级为 OPTIMA LT1,其中显影丝采用符合 GB/T13810 标准规定的 TC4 ELI 钛合金材料制成,结构为中空型几何结构,灭菌包装。
适用范围:该产品用于颈椎融合内固定。
生产厂家:美国 Medtronic Sofamor Danek USA, Inc.
注册代理:美敦力(上海)管理有限公司
服务机构:美敦力(上海)管理有限公司
发证日期:2014.07.23 截止日期:2019.07.22

国食药监械(进)字 2014 第 3223638 号

产品名称:后房型丙烯酸酯非球面人工晶状体(商品名:Aspira-aA)(Posterior Acrylic IOL)
规格型号:Aspira-aA
产品标准:YZB/GER 3988-2014《后房型丙烯酸酯非球面人工晶状体》
性能组成:该产品为一件式/后房人工晶状体,可折叠,襻形为改良 C。主体部分和支撑部分材料由甲基丙烯酸-2-羟基乙酯、甲基丙烯酸甲酯和二甲基丙烯酸乙二醇酯聚合而成,添加催化剂和紫外吸收剂;屈光度范围:0~30D。光学设计:单焦,非球面(与等同光焦度的球面人工晶状体的理论光焦度轴截面分布比较,具有显著的反向球差设计特征);无菌状态提供,一次性使用。
适用范围:该产品用于囊袋内植入,适用于手术后取出晶状体的无晶体眼的矫正。
生产厂家:德国 HumanOptics Aktiengesellschaft
注册代理:北京世代保康科技发展有限公司
服务机构:北京世代保康科技发展有限公司
发证日期:2014.07.23 截止日期:2019.07.22

国食药监械(进)字 2014 第 3223639 号

产品名称:后房型丙烯酸酯人工晶状体(商品名:AS)(Posterior Acrylic IOL)
规格型号:AS
产品标准:YZB/GER 3991-2014《后房型丙烯酸酯人工晶状体》
性能组成:该产品为一件式/后房人工晶状体,可折叠,襻形为改良 C。主体部分和支撑部分材料由甲基丙烯酸-2-羟基乙酯、甲基丙烯酸甲酯和二甲基丙烯酸乙二醇酯聚合而成,添加催化剂和紫外吸收剂;屈光度范围:0~30D。光学设计:单焦,球面;无菌状态提供,一次性使用。
适用范围:该产品用于囊袋内植入,适用于手术后取出晶状体的无晶体眼的矫正。
生产厂家:德国 HumanOptics Aktiengesellschaft
注册代理:北京世代保康科技发展有限公司
服务机构:北京世代保康科技发展有限公司
发证日期:2014.07.23 截止日期:2019.07.22

国食药监械(进)字 2014 第 2663640 号

产品名称:气管切开插管(商品名:Shiley)(Tracheostomy Tubes)
规格型号:见附页
产品标准:YZB/USA 3965-2014《气管切开插管》
性能组成:气管切开插管是由外插管、固定翼、内插管、插管芯、颈带、固定带组成;有套囊的气管切开插管,具备指示球囊和充气管。本产品为一次性使用产品,灭菌方法为环氧乙烷灭菌。
适用范围:该产品用于提供气道管理过程中的气管通路。
生产厂家:美国 Covidien llc
注册代理:柯惠医疗器材国际贸易(上海)有限公司
服务机构:柯惠医疗器材国际贸易(上海)有限公司
发证日期:2014.07.23 截止日期:2019.07.22

国食药监械(进)字 2014 第 3463641 号

产品名称:脊柱后路钉棒系统(商品名:Diapason)(Diapason Implants)
规格型号:见附页
产品标准:YZB/FRA 4091-2014《脊柱后路钉棒系统》
性能组成:产品包括矫形棒和横连接(包括横连接杆和横连接头)。该产品由符合 ISO5832-3 中规定的钛合金材料(Ti6Al4V)制造。表面经阳极氧化处理。非灭菌包装。
适用范围:适用于胸腰骶椎脊柱后路内固定。
生产厂家:法国 Stryker Spine S.A.S.
注册代理:史赛克(北京)医疗器械有限公司
服务机构:史赛克(北京)医疗器械有限公司
发证日期:2014.07.23 截止日期:2019.07.22

国食药监械(进)字 2014 第 3633642 号

产品名称:流动性复合树脂修复材料(Dyad Flow)
规格型号:见附页
产品标准:YY 0271.2-2009《牙科水基水门汀 第 2 部分:光固化水门汀》
性能组成:组成:甲基丙烯酰胺-2-丙醇、羟乙基甲基丙烯酸甲酯、UDMA、BisGMA、气相二氧化硅、玻璃离子填料等性能:通过外部光源固化。
适用范围:适用于 I 类洞充填修复及 I、II 类窝洞修复中垫底。窝沟封闭,牙釉质缺陷的修复、垫底非承压区域的微小牙咬合缺损修复。
生产厂家:美国 Kerr Corporation
注册代理:卡瓦盛邦(上海)牙科医疗器械有限公司
服务机构:卡瓦盛邦(上海)牙科医疗器械有限公司
发证日期:2014.07.23 截止日期:2019.07.22

国食药监械(进)字 2014 第 3633643 号

产品名称:纤维带(Ribbon)
规格型号:型号:Ribbond; Ribbond THM。规格:见附页
产品标准:YZB/USA 3698-2014《纤维带》
性能组成:产品组成:SiO_2:54%、Al_2O_3:14%、CaO:20%、MgO:5%、B_2O_3:7%。纤维带是由纤维交错编织而成的纤维制品。
适用范围:该产品在牙齿修复过程中,可与复合体,树脂等修复产品结合使用制作牙周夹板、正畸保持器以及根管桩核。也可用于辅助制作单个前牙桥的桥体。
生产厂家:美国 Ribbond, Inc.
注册代理:北京永轩科技有限公司
服务机构:上海首竹医疗器械有限公司
发证日期:2014.07.23 截止日期:2019.07.22

国食药监械(进)字 2014 第 3773644 号

产品名称:弹簧圈(商品名:GDC 360)(GDC 360 Coil)
规格型号:见附页
产品标准:YZB/USA 0884-2011《弹簧圈》
性能组成:GDC 360 弹簧圈包括一个铂钨合金弹簧圈和与之相连的不锈钢输送钢丝,与波士顿科学公司的头端带双标记的输注导管和专为 GDC 弹簧圈设计的电源搭配使用。部分型号为 GDC 360 抗解螺旋弹簧圈,其弹簧圈中心有丝状物质(聚丙烯)帮助抗解螺旋。环氧乙烷灭菌,产品一次性使用。
适用范围:GDC 360 弹簧圈用于栓塞下列颅内动脉瘤,由于动脉瘤的形态、部位或患者一般的身体情况,神经外科医疗小组认为:a)采用传统手术治疗风险极高,或者 b)无法进行手术。GDC 360 弹簧圈还用于治疗其他神经系统血管畸形栓塞,例如动静脉畸形和动静脉瘘。GDC 360 弹簧圈也可用于外周血管的动脉和静脉栓塞。
生产厂家:美国 Stryker Neurovascular

注册代理:史赛克(北京)医疗器械有限公司
服务机构:史赛克(北京)医疗器械有限公司
发证日期:2014.07.23 截止日期:2019.07.22

国食药监械(进)字2014第3773645号

产品名称:弹簧圈(商品名: GDC-10 UltraSoft)(Coil)
规格型号:见附页
产品标准:YZB/USA 0879-2011《弹簧圈》
性能组成:该产品为电解脱弹簧圈(GDC),包括一个铂钨合金弹簧圈(92%铂、8%钨)和与之相连的输送钢丝。与波士顿科学公司的头端带双标记的输注导管和专用电源配套使用。GDC-10 UltraSoft 型号均为抗解螺旋弹簧圈,其弹簧圈中心有多根丝状物质(聚丙烯)来帮助抗解螺旋。环氧乙烷灭菌,产品一次性使用。
适用范围:用于栓塞那些被神经外科认为采用传统手术治疗风险极高或无法进行手术的颅内动脉瘤,还可用于治疗其它神经系统血管畸形栓塞,如动静脉畸形和动静脉瘘。
生产厂家:美国 Stryker Neurovascular
注册代理:史赛克(北京)医疗器械有限公司
服务机构:史赛克(北京)医疗器械有限公司
发证日期:2014.07.23 截止日期:2019.07.22

国食药监械(进)字2014第3663646号

产品名称:一次性使用输液器用防回流阀(Reflux Valve)
规格型号:8502802AP, 8502852AP
产品标准:YZB/GER 3727-2014《一次性使用输液器用防回流阀》
性能组成:产品由单向输液阀门、鲁尔式接头和保护帽组成。
适用范围:本产品用于在多通路平行输液时防止液体回流。
生产厂家:德国 Fresenius Kabi AG
注册代理:费森尤斯卡比(中国)投资有限公司
服务机构:费森尤斯卡比(中国)投资有限公司
发证日期:2014.07.23 截止日期:2019.07.22

国食药监械(进)字2014第3663647号

产品名称:一次性使用泵用输液管路(Intravenous administration set for pumps)
规格型号:VS 10, VS 30, VS 33
产品标准:YZB/GER 3743-2014《一次性使用泵用输液管路》
性能组成:该产品由瓶塞穿刺器及保护套、进气器件、滴斗与滴管、药液过滤器、管路及流量调节器、三路开关(三通开关)、注射件和外圆锥接头(鲁尔接头)组成。其中,VS 10 长度约 240cm,预充体积约 24ml,不含三路开关和注射件。VS 30 长度约 250cm,预充体积约 24ml,不含三路开关。VS 33 长度约 250cm,预充体积约 26ml,不含注射件。该产品为环氧乙烷灭菌,无菌。
适用范围:一次性使用输液管路,配合 Optima, Optima2, Optima3, Optima VS, Optima PT, Module MVP PT, MCM 404 输液泵使用。
生产厂家:德国 Fresenius Kabi AG
注册代理:费森尤斯卡比(中国)投资有限公司
服务机构:费森尤斯卡比(中国)投资有限公司
发证日期:2014.07.23 截止日期:2019.07.22

国食药监械(进)字2014第2413648号

产品名称:宫颈采样器(商品名: hc2 DNA Collection Device)(Digene Cervical Brush)
规格型号:A0040
产品标准:YZB/USA 3725-2010《宫颈采样器》
性能组成:该产品由宫颈刷和样本保存管(内装 1ml 添加剂)组成,用于采集妇女子宫颈细胞样本,并保存和运送到检验室检验。一次性使用。
适用范围:该产品用于收集宫颈细胞,所采集样本用于性传播疾病的诊断。
生产厂家:美国 QIAGEN Gaithersburg, Inc
注册代理:凯杰企业管理(上海)有限公司
服务机构:凯杰企业管理(上海)有限公司
发证日期:2014.07.23 截止日期:2019.07.22

国食药监械(进)字2014第2663649号

产品名称:胆道扩张导管(商品名: Fusion)(Fusion Biliary Dilation Catheter)
规格型号:FS-BDC-7, FS-BDC-8.5, FS-BDC-10
产品标准:YZB/USA 3609-2014《胆道扩张导管》
性能组成:该产品由导管、导管座和通芯丝组成。导管的材料为聚全氟乙丙烯共聚物(FEP),导管座的材料为聚碳酸酯。导管上有钽环标记。环氧乙烷灭菌,一次性使用。
适用范围:该产品用于扩张胆道狭窄。
生产厂家:美国威尔逊-库克医学公司(Wilson-Cook Medical Incorporated)
注册代理:库克(中国)医疗贸易有限公司 Cook (China) Medical Trading Co., Ltd
服务机构:库克(中国)医疗贸易有限公司 Cook (China) Medical Trading Co., Ltd
发证日期:2014.07.23 截止日期:2019.07.22

国食药监械(进)字2014第3633650号

产品名称:种植体支抗(Osstem Implant System-Orthodontic Screw)
规格型号:见附页
产品标准:YZB/ROK 3839-2014《种植体支抗》
性能组成:种植体材料为钛合金材料,牌号为 TC4ELI; WHOS206、WHOS208、WHOS210、WHOSW206、WHOSW208 和 WHOSW210 头部和颈部表面有氮化钛涂层,其余各型号表面均未处理。
适用范围:种植体支抗作为固定柱将相连牙齿移动至理想位置,从而达到矫正牙齿的目的。
生产厂家:韩国 OSSTEM IMPLANT Co., Ltd.
注册代理:奥齿泰(北京)商贸有限公司
服务机构:奥齿泰(北京)商贸有限公司
发证日期:2014.07.23 截止日期:2019.07.22

国食药监械(进)字2014第3463651号

产品名称:瓣膜(商品名: Biocor)(Biocor Valve)
规格型号:B100-21A、B100-23A、B100-25A、B100-27A、B100-29AB100-25M、B100-27M、B100-29M、B100-31M、B100-33M
产品标准:YZB/USA 2750-2014《瓣膜》
性能组成:该产品由猪主动脉瓣膜瓣叶制成,瓣膜的流出边附有一条牛心包组织带。瓣膜安装在聚酯纤维(PET)覆盖的乙缩醛共聚物支架上。缝合圈内有 316L 不锈钢丝,用于获得射线显像。产品保存在 0.5%甲醛溶液中。液体化学剂灭菌。
适用范围:该产品用于需要更换病变、损坏或功能障碍的主动脉和/或二尖瓣心脏瓣膜的患者,瓣膜也可用于更换早先植入的主动脉和/或二尖瓣人工心脏瓣膜。
备注:作为质量跟踪的要求,注册后生产企业仍需完成以下工作:1、按照国家强制性标准的规定保存每位植入其人工心脏瓣膜产品患者的相关信息资料。同时,随着医疗器械监管体系的不断完善,如有其他法律法规或指导性文件亦对此项内容进行了具体规定,应一并执行。2、对植入其人工心脏瓣膜产品的全部患者进行长期跟踪随访。随访内容应包括但不仅限于:瓣膜失功情况,因瓣膜问题导致的再手术情况,与瓣膜相关的死亡、出血及栓塞事件发生情况。定期形成临床随访报告和随访数据统计分析报告,加强不良反应事件监测,对该产品上市后的安全性信息进行收集整理,待下次重新/延续注册时提交。
生产厂家:美国 St. Jude Medical, Inc.
注册代理:圣犹达医疗用品(上海)有限公司
服务机构:圣犹达医疗用品(上海)有限公司
发证日期:2014.07.23 截止日期:2019.07.22

国食药监械(进)字2014第3463652号

产品名称:瓣膜(商品名: Epic)(Epic Valve)
规格型号:E100-21A、E100-23A、E100-25A、E100-27A、E100-29AE100-25M、E100-27M、E100-29M、E100-31M、E100-33M
产品标准:YZB/USA 2756-2014《瓣膜》
性能组成:该产品由猪主动脉瓣膜瓣叶制成,瓣膜的流出边附有一条牛心包组织带。瓣膜安装在聚酯纤维材料覆盖的弹性乙缩醛共聚物支架上。缝合圈内有 316L 不锈钢丝,用于获得射线显像。产品保存在 0.5%甲醛溶液中。液体化学剂灭菌。
适用范围:该产品用于需要更换病变、损坏或功能障碍的主动脉和/或二尖瓣心脏瓣膜的患者,瓣膜也可用于更换早先植入的主动脉和/或二尖瓣人工心脏瓣膜。
备注：作为质量跟踪的要求，注册后生产企业仍需完成以下工作：1、按照国家强制性标准的规定保存每位植入其人工心脏瓣膜产品患者的相关信息资料。同时，随着医疗器械监管体系的不断完善，如有其他法律法规或指导性文件亦对此项内容进行了具体规定，应一并执行。2、对植入其人工心脏瓣膜产品的全部患者进行长期跟踪随访。随访内容应包括但不仅限于：瓣膜失功情况，因瓣膜问题导致的再手术情况，与瓣膜相关的死亡、出血及栓塞事件发生情况。定期形成临床随访报告和随访数据统计分析报告，加强不良反应事件监测，对该产品上市后的安全性信息进行收集整理，待下次重新/延续注册时提交。
生产厂家：美国 St. Jude Medical, Inc
注册代理：圣犹达医疗用品(上海)有限公司
服务机构：圣犹达医疗用品(上海)有限公司
发证日期：2014.07.23　　**截止日期**：2019.07.22

国食药监械(进)字 2014 第 3643653 号

产品名称：防粘连膜（商品名：INTERCEED）(INTERCEED Absorbable Adhesion Barrier)
规格型号：4350；4350XL
产品标准：YZB/USA 4280-2014《防粘连膜》
性能组成：本品是由再生氧化纤维素制备而成的无菌可吸收性编制物，有两种规格：4350(尺寸 7.6cm *10.2cm)、4350XL(尺寸 12.7cm * 15.2cm)。
适用范围：本品用于开放性(或剖腹)妇产科盆腔手术中，用于辅助减少术后粘连的发生。
生产厂家：美国 Ethicon LLC
注册代理：强生(上海)医疗器材有限公司
服务机构：强生(上海)医疗器材有限公司
发证日期：2014.07.23　　**截止日期**：2019.07.22

国食药监械(进)字 2014 第 3663654 号

产品名称：无针输液接头（商品名：Safeflow/赛福乐）(Safety connectors for infusion systems, Extension Tubing, Tube Connector)
规格型号：409100CN, 4097154, 4097145, 4097148
产品标准：YZB/GER 3933-2014《无针输液接头》
性能组成：由外壳、安全阀、内圆锥接头和外圆锥接头组成，带/不带延长管、保护套和止逆阀。由聚碳酸酯、硅胶、聚氨酯、聚乙烯、非塑化聚氯乙烯，丙烯腈-丁二烯-苯乙烯塑料和苯乙烯-丙烯腈塑料材料制成。不含 DEHP。
适用范围：409100CN 通过与鲁尔接头连接用于抽吸、注射或重力输液，其它型号用于无针输液、输血、血样抽吸和间歇性注射。
生产厂家：德国 B. Braun Melsungen AG
注册代理：贝朗医疗(上海)国际贸易有限公司
服务机构：贝朗医疗(上海)国际贸易有限公司
发证日期：2014.07.23　　**截止日期**：2019.07.22

国食药监械(进)字 2014 第 2223655 号

产品名称：腹腔镜附件(Accessories of Laparoscopy)
规格型号：见附页
产品标准：YZB/USA 3564-2014《腹腔镜附件》
性能组成：腹腔镜附件由套管针、套管、封帽、闭孔器、涂药器、固定器、连接头、翻盖转换器、吸引针、可拆卸旋塞阀组成。
适用范围：该产品可与腹腔镜配合使用，用于腹腔的诊断和治疗。
生产厂家：美国 Stryker Endoscopy
注册代理：史赛克(北京)医疗器械有限公司
服务机构：史赛克(北京)医疗器械有限公司
发证日期：2014.07.23　　**截止日期**：2019.07.22

国食药监械(进)字 2014 第 3643656 号

产品名称：液体敷料（商品名：赛肤润）(Sanyrene)
规格型号：10ml/瓶，20ml/瓶，50ml/瓶
产品标准：YZB/FRA 3908-2014《液体敷料》
性能组成：本产品是一种液体敷料，由过氧化玉米油和少量大茴香组成。其中，过氧化玉米油即必需脂肪酸过氧化甘油酯，包括亚油酸(60%)、亚麻酸、生育酚（维生素 E)。大茴香作为增味剂。产品为非灭菌。
适用范围：本品用于皮肤的压力性溃疡(如：I 期红斑，II 期未破损的水疱期皮肤)、皮肤干燥症及风险区域皮肤表面(如：小儿红臀)。
生产厂家：法国 LABORATOIRES URGO
注册代理：法国优格制药公司北京代表处
服务机构：法国优格制药公司北京代表处
发证日期：2014.07.23　　**截止日期**：2019.07.22

国食药监械(进)字 2014 第 3463657 号

产品名称：髂动脉支架系统（商品名：Assurant）(Assurant Cobalt Over-the-Wire Iliac Stent System)
规格型号：见附页
产品标准：YZB/USA 3715-2014《髂动脉支架系统（商品名：Assurant)》
性能组成：该产品由预装在 OTW 球囊导管输送系统上的钴镍铬钼合金支架构成。支架采用钴镍铬钼合金材料(MP35N)制成，输送系统主要包括 Pebax 双腔管和尼龙球囊等，导丝腔可以兼容 0.035 英寸(0.89mm)的导丝。产品为电子束灭菌，一次性使用。
适用范围：该产品用于改善或维持从内侧腹股沟韧带水平的主动脉分叉处发出的髂内、髂外或髂总动脉内的自然或再狭窄病变的开放性，也适用于经皮血管成形术(PTA)后突然发生或危险性血管闭塞的高风险动脉粥样硬化患者，或者在髂内、髂外或髂总动脉内行 PTA 后很可能发生再狭窄的患者。
生产厂家：美国 Medtronic Inc.
注册代理：美敦力(上海)管理有限公司
服务机构：美敦力(上海)管理有限公司
发证日期：2014.07.23　　**截止日期**：2019.07.22

国食药监械(进)字 2014 第 2223658 号

产品名称：镍钛诺取石网篮（商品名：NCompass）(NCompassTM Nitinol Stone Extractor)
规格型号：C-NTSE-2.4-115-NC3；C-NTSE-2.4-115-NCT4.
产品标准：YZB/USA 3964-2014《镍钛诺取石网篮》
性能组成：镍钛诺取石网篮由网篮、鞘管、控制手柄和接头组成，其中网篮金属丝采用镍钛诺材料制成。产品采用环氧乙烷灭菌，仅供一次性使用。
适用范围：镍钛诺取石网篮用于在内窥镜下捕获和取出直径不超过 0.8cm 的胆道结石。
生产厂家：美国 Cook Incorporated
注册代理：库克(中国)医疗贸易有限公司
服务机构：库克(中国)医疗贸易有限公司
发证日期：2014.07.23　　**截止日期**：2019.07.22

国食药监械(进)字 2014 第 3463659 号

产品名称：带有推送系统的支架(TIPS 支架和静脉支架)（商品名：Wallstent）(Wallstent Endoprosthesis with Unistep Plus Delivery System)
规格型号：见附页
产品标准：YZB/USA 2707-2014《带有推送系统的支架(TIPS 支架和静脉支架)》
性能组成：该产品由金属支架和 Unistep Plus 推送系统组成。支架由 Cond M Elgiloy 合金丝编织而成。环氧乙烷灭菌，一次性使用。
适用范围：Wallstent TIPS 支架用于在肝内门静脉系统和肝静脉系统之间建立肝内分流连接，用于采用传统治疗方法失败后预防门静脉高压静脉曲张破裂出血及其并发症；Wallstent 静脉支架用于长期血液透析患者静脉流出道狭窄行血管成形术失败后改善中心静脉腔直径。
生产厂家：美国波士顿科学公司(Boston Scientific Corporation)
注册代理：波科国际医疗贸易(上海)有限公司
服务机构：波科国际医疗贸易(上海)有限公司
发证日期：2014.07.23　　**截止日期**：2019.07.22

国食药监械(进)字 2014 第 3663660 号

产品名称：血栓抽吸导管(ジーク血栓除去用カテーテル)
规格型号：PCAB3060、PCAB3070
产品标准：YZB/JAP 3907-2014《血栓抽吸导管》
性能组成：该产品由血栓抽吸导管和附件组成。附件包括：抽吸用注射器、二通阀、延长管、导管冲洗针头、导管中心钢丝、过滤器。导管由聚酰胺、铂合金、不锈钢、聚四氟乙烯、尼龙等材料制成，一次性使用。

适用范围:用于血管内血栓等病例的血栓抽吸治疗。
生产厂家:日本ゼオンメデイカル株式会社
注册代理:日本瑞翁医疗株式会社广州代表处
服务机构:日本瑞翁医疗株式会社广州代表处
发证日期:2014.07.23　截止日期:2019.07.22

国食药监械(进)字 2014 第 3153661 号

产品名称:一次性内镜用注射针(デイスポーザブル注射針)
规格型号:见附页
产品标准:YZB/JAP 3985-2014《一次性内镜用注射针》
性能组成:本产品由操作部和插入部组成，直接接触黏膜的材料有不锈钢 SUS304（中国钢代号 M)和聚四氟乙烯。本产品为一次性使用无菌产品，环氧乙烷灭菌，灭菌有效期为 5 年。
适用范围:本器械与奥林巴斯内镜配套使用，用于在食道和胃的静脉曲张的治疗过程中进行内镜下注射，以及在消化道内的黏膜下层注射。
生产厂家:日本オリンパスメデイカルシステムズ株式会社
注册代理:奥林巴斯贸易(上海)有限公司
服务机构:奥林巴斯(北京)销售服务有限公司
发证日期:2014.07.23　截止日期:2019.07.22

国食药监械(进)字 2014 第 3773662 号

产品名称:微导丝(商品名:Approach)(Approach CTO Micro Wire Guide)
规格型号:CMW-14-135-6G, CMW-14-135-12G, CMW-14-135-18G, CMW-14-135-25G, CMW-14-190-6G, CMW-14-190-12G, CMW-14-190-18G, CMW-14-190-25G, CMW-14-300-6G, CMW-14-300-12G, CMW-14-300-18G, CMW-14-300-25G
产品标准:YZB/USA 3749-2014《微导丝》
性能组成:本产品由微导丝，导引管(SDN-19-11.0-TPN-MF)和插入器组成。导丝材料:芯丝:304 不锈钢，头端绕丝:铂镍合金，近端绕丝:316 不锈钢，芯丝涂层:聚四氟乙烯，焊料:银锡合金。导引管材料:管:304 不锈钢，座:聚碳酸酯，保护套:聚丙烯。插入器:乙缩醛。产品经环氧乙烷灭菌，一次性使用。
适用范围:微导丝适用于辅助向外周血管内输送经皮导管。
生产厂家:美国库克公司(Cook Incorporated)
注册代理:库克(中国)医疗贸易有限公司
服务机构:库克(中国)医疗贸易有限公司
发证日期:2014.07.23　截止日期:2019.07.22

国食药监械(进)字 2014 第 2663663 号

产品名称:导管固定系统(Catheter Securement Device)
规格型号:CFG624
产品标准:YZB/USA 3975-2014《导管固定系统》
性能组成:导管固定系统由接触人体的胶粘剂贴和不接触人体的旋转环、旋转环保护盖、固定线和固定把手组成，射线灭菌，产品一次性使用。
适用范围:用于确保非血管性导管放入患者体内，协助减少导管移动及偶发性的脱移。
生产厂家:美国 Merit Medical Systems, Inc.
注册代理:麦瑞通医疗器械(北京)有限公司
服务机构:麦瑞通医疗器械(北京)有限公司
发证日期:2014.07.23　截止日期:2019.07.22

国食药监械(进)字 2014 第 2663664 号

产品名称:天然胶乳橡胶避孕套（商品名：安全套）(Natural Latex Rubber Condom)
规格型号:光面型(smooth)、非光面型(unusually smooth)、异型(textured)
产品标准:GB7544-2009《天然胶乳橡胶避孕套技术要求和试验方法》
性能组成:由天然胶乳橡胶组成，不含杀精剂，颜色为胶乳原色或粉红色。
适用范围:在正确使用下，安全套可有助于降低受孕风险及减少某些性传播疾病感染的风险。
生产厂家:印度 J.K. Ansell Ltd.
注册代理:武汉杰士邦卫生用品有限公司
服务机构:武汉杰士邦卫生用品有限公司
发证日期:2014.07.23　截止日期:2019.07.22

国食药监械(进)字 2014 第 3463665 号

产品名称:软组织固定物(Tibial Anchor Screw and Spiked Washer)
规格型号:见附页
产品标准:进口产品注册标准 YZB/USA 4501-2011《软组织固定物》
性能组成:该产品包括垫圈锚钉组件、缝线垫圈、带齿垫圈和缝线固定纽扣组成。垫圈锚钉组件、缝线垫圈材料为 Ti6Al4V 钛合金；缝线固定纽扣材料为缩醛树脂；带齿垫圈材料为缩醛树脂和 Ti6Al4V 钛合金。灭菌和非灭菌包装。
适用范围:适用于骨科手术中将肌腱及韧带固定在骨上。
生产厂家:美国 Smith & Nephew, Inc. Endoscopy Division
注册代理:施乐辉医用产品国际贸易(上海)有限公司
服务机构:施乐辉医用产品国际贸易(上海)有限公司
发证日期:2014.07.23　截止日期:2019.07.22

国食药监械(进)字 2014 第 3463666 号

产品名称:脊柱内非融合固定植入物（商品名：SPINOUS TWINS）(Spinal interlaminal fixation orthosis)
规格型号:SPINOUS TWINS-IT0406, SPINOUS TWINS-IT0407, SPINOUS TWINS-IT0408, SPINOUS TWINS-IT0409, SPINOUS TWINS-IT0410, SPINOUS TWINS-IT0411, SPINOUS TWINS-IT0412, SPINOUS TWINS-IT0413, SPINOUS TWINS-IT0414, SPINOUS TWINS-IT0415, SPINOUS TWINS-IT0416
产品标准:YZB/ROK 3888-2014《脊柱内非融合固定植入物》
性能组成:该产品采用符合 ISO 5832-3 标准的钛合金 TC4（Ti-6Al-4V）制造。产品非无菌状态提供，一次性使用。
适用范围:该产品适用于在影像学确认的中度的，1 度到 2 度之间，L1 到 L5 之间的椎管狭窄并伴随有下腰痛的患者。在经过对椎管的微创减压后实现棘突间的稳定。
生产厂家:韩国 HANS BIOMED Co., Ltd.
注册代理:北京奥众达医疗器械有限公司
服务机构:北京奥众达医疗器械有限公司
发证日期:2014.07.28　截止日期:2019.07.27

国食药监械(进)字 2014 第 3633667 号

产品名称:种植体系统(Osstem Implant System)
规格型号:见附页
产品标准:YZB/ROK 3604-2014《种植体系统》
性能组成:本产品包括种植体、覆盖螺丝和种植体连接器。种植体材料为钛合金，表面经喷砂后羟基磷灰石(HA)等离子喷涂处理；覆盖螺丝材料为纯钛，表面经阳极氧化处理，种植体连接器材料为钛合金，表面经阳极氧化处理。产品经伽马射线灭菌无菌提供。
适用范围:本产品用于通过种植牙手术植入口腔牙齿缺失部位的颌骨组织内，取代天然牙根，起支持和固位作用。
生产厂家:韩国 Osstem Implant Co., Ltd.
注册代理:奥齿泰(北京)商贸有限公司
服务机构:奥齿泰(北京)商贸有限公司
发证日期:2014.07.28　截止日期:2019.07.27

国食药监械(进)字 2014 第 3543668 号

产品名称:精子分离上层梯度介质（商品名：Isolate）(Sperm Separation Medium Upper Layer)
规格型号:Isolate（6ml/瓶，50ml/瓶，100ml/瓶）
产品标准:YZB/USA 1774-2014《精子分离上层梯度介质（商品名：Isolate)》
性能组成:该产品为含有硅烷包裹的胶体二氧化硅颗粒的悬浮性缓冲溶液，组成成分为:氯化钠、氯化钾、葡萄糖、硫酸镁、磷酸二氢钾、丙酮酸钠、碳酸氢钠、HEPES、氯化钙、乳酸钠、硅烷包裹的胶体二氧化硅、注射用水。pH 值：7.3～7.5，渗透压：290～370mOsm/Kg.H2O。
适用范围:本产品与 Isolate 精子分离下层梯度介质组合使用，用于子宫内授精(IUI)中人类精子的制备。
生产厂家:美国 IRVINE SCIENTIFIC SALES CO., INC.
注册代理:佛山市欧亚医疗科技有限公司
服务机构:佛山市欧亚医疗科技有限公司
发证日期:2014.07.28　截止日期:2019.07.27

国食药监械(进)字 2014 第 3543669 号

产品名称:精子分离下层梯度介质(商品名:Isolate)(Sperm Separation Medium Lower Layer)
规格型号:Isolate(6ml/瓶,50ml/瓶,100ml/瓶)
产品标准:YZB/USA 3800-2014《精子分离下层梯度介质》
性能组成:该产品为含有硅烷包裹的胶体二氧化硅颗粒的悬浮性缓冲溶液,组成成分为:氯化钠、氯化钾、葡萄糖、硫酸镁、磷酸二氢钾、丙酮酸钠、碳酸氢钠、HEPES、氯化钙、乳酸钠、硅烷包裹的胶体二氧化硅、注射用水。pH 值:7.3~7.6,渗透压:333~353mOsm/Kg.H2O。
适用范围:本产品与 Isolate 精子分离上层梯度介质组合使用,用于子宫内授精(IUI)中人类精子的制备。
生产厂家:美国 IRVINE SCIENTIFIC SALES CO., INC.
注册代理:佛山市欧亚医疗科技有限公司
服务机构:佛山市欧亚医疗科技有限公司
发证日期:2014.07.28 **截止日期**:2019.07.27

国食药监械(进)字 2014 第 3643670 号

产品名称:止血粉(商品名:赫血停)(HaemoCerTM)
规格型号:1 gram HFP101, 2 gram HFP102, 3 gram HFP103, 5 gram HFP105
产品标准:YZB/GER 3862-2014《止血粉》
性能组成:该产品是从植物(马铃薯)淀粉中提取制备而成,成分为 100% 羧甲基淀粉钠。该产品无菌状态提供。
适用范围:止血粉作为一种外科手术中的辅助止血材料,适用于手术中毛细血管、静脉、和动脉出血通过加压、结扎或其他常规止血措施无效或难以实施的情况时的术中辅助止血(眼科手术除外)。
生产厂家:德国 BioCer Entwicklungs-GmbH
注册代理:上海传慎医疗器材有限公司
服务机构:上海传慎医疗器材有限公司
发证日期:2014.07.28 **截止日期**:2019.07.27

国食药监械(进)字 2014 第 3773671 号

产品名称:具有 Glidex 亲水涂层的导丝(商品名:Platinum Plus)(Platinum Plus Guidewire with Glidex Hydrophilic Coating)
规格型号:见附页
产品标准:YZB/USA 3906-2014《具有 Glidex 亲水涂层的导丝(商品名:Platinum Plus)》
性能组成:该产品有一个形状可塑的、高度不透射线的铂制末端,末端涂覆 Glidex 亲水涂层。其余部分涂覆 PTFE 涂层。产品经环氧乙烷灭菌,一次性使用。
适用范围:该产品用于在诊断或介入血管内手术中,辅助放置导管。导丝可以扭转,便于通过扭曲的血管引导和(或)避免进入不希望进入的侧支。
生产厂家:美国 Boston Scientific Corporation
注册代理:波科国际医疗贸易(上海)有限公司
服务机构:波科国际医疗贸易(上海)有限公司
发证日期:2014.07.28 **截止日期**:2019.07.27

国食药监械(进)字 2014 第 3633672 号

产品名称:种植体系统(商品名:CSM Implant)(Submerged System Implant)
规格型号:C3FM08/ C3FM10/ C3FM12/ C3FM14
产品标准:YZB/ROK 3892-2014《种植体系统》
性能组成:该产品为种植体,材质为钛合金(Ti-6Al-4V)。产品表面经过喷砂处理,经过伽马射线灭菌。
适用范围:通过将种植体植入上颌和下颌中,起到人工牙根的作用。
生产厂家:韩国 CSM Implant
注册代理:成都登美帝亚商贸有限公司
服务机构:成都登美帝亚商贸有限公司
发证日期:2014.07.28 **截止日期**:2019.07.27

国食药监械(进)字 2014 第 3633673 号

产品名称:基台(商品名:CSM Implant)(Internal System Abutment)
规格型号:见附页
产品标准:YZB/ROK 3931-2014《基台》
性能组成:该产品由实心基台(纯钛)、八角基台(纯钛)、六角基台(纯钛)、连接螺丝(纯钛)、覆盖螺丝(纯钛)、八角基台螺丝(钛合金)、修复螺丝(钛合金)、愈合基台(纯钛)、愈合帽(纯钛)、角度基台(纯钛)组成。无表面处理,非灭菌产品。
适用范围:本产品用于连接植入骨中的下部结构和上部人工义齿,以及制造义齿冠所需的产品。
生产厂家:韩国 CSM Implant
注册代理:成都登美帝亚商贸有限公司
服务机构:成都登美帝亚商贸有限公司
发证日期:2014.07.28 **截止日期**:2019.07.27

国食药监械(进)字 2014 第 3773674 号

产品名称:支撑导管(Support Catheters)
规格型号:518-032, 518-033, 518-034, 518-035, 518-036, 518-037, 518-038, 518-065, 518-066
产品标准:YZB/USA 4000-2014《支撑导管》
性能组成:该产品由近端收缩管、近端管路、中间管路、末端管路、末梢尖端、鲁尔接头等组成,远端有不透射线的铂铱标记带,涂有亲水涂层。该产品经电子束辐照灭菌,一次性使用。
适用范围:本产品用于支撑导丝进入血管系统,允许导丝交换,并提供用于输入盐溶液或诊断造影剂的管道。
生产厂家:美国 Spectranetics Corporation
注册代理:捷通埃默高(北京)医药科技有限公司
服务机构:捷通埃默高(北京)医药科技有限公司
发证日期:2014.07.28 **截止日期**:2019.07.27

国食药监械(进)字 2014 第 3453675 号

产品名称:腹膜透析管套装(Surgically Invasive Peritoneal Dialysis Sets)
规格型号:见附页
产品标准:YZB/USA 4152-2014《腹膜透析管套装》
性能组成:腹膜透析管套装包括:短期腹膜透析管及套装、长期腹膜透析管及套装。腹膜透析管材质为硅橡胶,带有一个或两个丙烯酸套环。套装中包括:腹膜透析管,Peel-Away 外鞘和扩张器组装体,导丝,穿刺针,导管导入针,注射器,隧道装置,鲁尔接头及附件(包括拇指手术刀、纱布、止血钳、组织镊)。本产品经环氧乙烷灭菌,一次性使用。
适用范围:本产品设计用作腹膜腔的短期或长期通路,以便进行腹膜透析治疗。
生产厂家:美国 Cook Incorporated
注册代理:库克(中国)医疗贸易有限公司
服务机构:库克(中国)医疗贸易有限公司
发证日期:2014.07.28 **截止日期**:2019.07.27

国食药监械(进)字 2014 第 3663676 号

产品名称:血管造影套装及管路(Standard Angiographic Kits and Contrast Sets)
规格型号:Angiographic Kit w/MX123-3MR Manifold、Angiographic Kit w/MX122-3MR Manifold、Angiographic Kit w/MX133-3MR Manifold、Angiographic Kit w/MX132-3MR Manifold
产品标准:YZB/USA 2032-2014《血管造影套装及管路》
性能组成:本品由瓶塞穿刺器、进气器件、滴斗、管路、流量调节器、圆锥接头、三通旋塞、保护帽组成。原材料为 ABS,聚丙烯,聚氯乙烯,聚酰胺,聚碳酸酯,聚乙烯。本产品经环氧乙烷灭菌,为一次性使用。
适用范围:产品用于血管造影。
生产厂家:美国 Smiths Medical ASD, Inc.
注册代理:史密斯医疗器械(北京)有限公司
服务机构:史密斯医疗器械(北京)有限公司
发证日期:2014.07.28 **截止日期**:2019.07.27

国食药监械(进)字 2014 第 3463677 号

产品名称:颌面内固定系统(Ti-Screws and Ti-plates)
规格型号:见附页
产品标准:YZB/GER 1369-2014《颌面内固定系统》
性能组成:该产品由颌面固定板、钛网和固定螺钉组成,颌面固定板和钛网采用符合 GB/T13810-2007 标准的纯钛 TA2 制成;固定螺钉采用符合 GB/T13810-2007 标准的钛合金 TC4 制成,部分产品表面经阳极氧化处理。非灭菌包装。
适用范围:用于颌面骨的骨折内固定。

生产厂家:德国 Gebrüder Martin GmbH &Co. KG
注册代理:德国马丁兄弟有限两合公司上海代表处
服务机构:德国马丁兄弟有限两合公司上海代表处
发证日期:2014.07.28 截止日期:2019.07.27

国食药监械(进)字 2014 第 3223678 号

产品名称:软性亲水接触镜(Soft Hydrophilic Contact Lens)
规格型号:Edge III 55 FW
产品标准:YZB/USA 2920-2014《软性亲水接触镜(型号:Edge III 55 FW)》
性能组成:该产品为日戴型软性亲水接触镜。由 HEMA、EGDMA、MAA、紫外线吸收剂及着色剂等聚合而成,着淡蓝色。塑泡铝箔包装。各参数标称值:含水量:55%,折射率:1.41,透氧系数:19.6 × 10^{-11}(cm2/s)(mLO2/(mL × mmHg)),-3D 镜片透氧量:26.1 × 10^{-9}(cm/s)(mLO2/(mL×mmHg)),后顶焦度范围:0.00D～-10.00D,可见光透过率>97%。280-315nm 段平均透过率<4.5%,380-780nm 段平均透过率<31%。推荐更换周期 6 个月。产品经高压高温灭菌。
适用范围:适用于矫正 18 岁以上无眼部疾病、有晶体眼人群的近视,散光度小于-2.00D 的患者配戴,不会干扰视力。
生产厂家:美国 CooperVision Inc.
注册代理:库博光学产品贸易(上海)有限公司
服务机构:库博光学产品贸易(上海)有限公司
发证日期:2014.07.28 截止日期:2019.07.27

国食药监械(进)字 2014 第 3633679 号

产品名称:口腔可吸收生物膜(Collagen membrane)
规格型号:GCM1020、GCM1515、GCM1520、GCM2030、GCM2530、GCM3040
产品标准:YZB/ROK 4289-2014《口腔可吸收生物膜》
性能组成:本产品由牛胶原制成的口腔可吸收生物膜,无菌状态提供。
适用范围:本产品可用于下列牙周和牙槽骨软硬组织修复治疗,起物理阻隔作用,防止充填材料移动:- 牙周骨及骨内缺损- 牙槽嵴增高- 预备种植或即刻种植时的拔牙窝填充- 上颌窦提升
生产厂家:韩国 Genoss Co., Ltd.
注册代理:登腾(北京)医疗器械商贸有限公司
服务机构:登腾(北京)医疗器械商贸有限公司
发证日期:2014.07.28 截止日期:2019.07.27

国食药监械(进)字 2014 第 3463680 号

产品名称:脊柱内固定系统(Rexious Spinal Fixation System)
规格型号:见附页
产品标准:YZB/ROK 4034-2014《脊柱内固定系统》
性能组成:该产品由椎弓根螺钉-单轴型、椎弓根螺钉-多轴型、连接棒、固定螺母、横向连接装置、椎板钩组成,采用符合 GB/T 13810 规定的 TC4 ELI 钛合金材料制成。表面无着色。非灭菌包装。
适用范围:产品用于治疗骨骼成熟的病人存在的严重的 L5-S1 脊柱前移(3 级和 4 级),为有神经损伤的脊柱前移退化、骨折、错位、脊柱侧凸、脊柱后凸、脊柱肿瘤和融合失败的病人提供辅助固定。
生产厂家:韩国 DIO MEDICAL CO., LTD.
注册代理:青岛索诺商贸有限公司
服务机构:青岛索诺商贸有限公司
发证日期:2014.07.28 截止日期:2019.07.27

国食药监械(进)字 2014 第 3463681 号

产品名称:生物型髋关节假体组件(Cementless Hip Joint Prostheses)
规格型号:见附页
产品标准:YZB/FRA 3377-2014《生物型髋关节假体组件》
性能组成:该产品包含股骨柄、髋臼内衬、髋臼杯、锁塞和固定螺钉组成。股骨柄和髋臼杯采用符合 ISO5832-3 标准规定的 Ti6A14V 钛合金制成,表面带有纯钛和羟基磷灰石涂层,分别采用符合 ASTMF1580 标准规定的纯钛和符合 ISO13779-2 羟基磷灰石粉末制成。髋臼杯内衬采用符合 ISO5834-2 标准规定的 2 型超高分子量聚乙烯制成。锁塞和固定螺钉采用符合 ISO5832-3 标准规定的 Ti6A14V 钛合金制成,表面无着色。灭菌包装。
适用范围:与该企业生产的同一系统产品配合使用,适用于骨科手术中,对部分和全髋施行置换,非骨水泥固定。
生产厂家:法国 GROUPE LEPINE
注册代理:捷通埃默高(北京)医药科技有限公司
服务机构:北京捷通康诺医药科技有限公司
发证日期:2014.07.28 截止日期:2019.07.27

国食药监械(进)字 2014 第 3773682 号

产品名称:PTA 球囊扩张导管(商品名:CONQUEST)(PTA Balloon Dilatation Catheter)
规格型号:见附页
产品标准:YZB/USA 4108-2014《PTA 球囊扩张导管》
性能组成:该产品是高性能球囊导管,由 OTW 型导管和固定在导管远端的球囊构成。环氧乙烷灭菌。一次性使用。
适用范围:推荐用于股动脉、髂动脉、和肾动脉的经皮腔内血管成形术治疗先天或后天动静脉透析瘘阻塞病变。还推荐本器械用于外周血管覆膜支架的后扩张。该导管不适用于冠状动脉。
生产厂家:美国 Bard Peripheral Vascular, Inc.
注册代理:巴德医疗科技(上海)有限公司
服务机构:巴德医疗科技(上海)有限公司
发证日期:2014.07.28 截止日期:2019.07.27

国食药监械(进)字 2014 第 3463683 号

产品名称:髋关节假体柄组件(Hip Prosthesis Stem Component)
规格型号:见附页
产品标准:YZB/GER 3675-2014《髋关节假体柄组件》
性能组成:该产品由大转子螺钉和锁定螺母组成,大转子螺钉由符合 ISO 5832-3 标准要求的 Ti6A14V 钛合金材料制成,锁定螺母由符合 ISO 5834-2 标准中 1 型要求的 UHMWPE 超高分子量聚乙烯材料制成,锁定螺母中的显影丝由符合 ISO 5832-7 标准要求的 CoCrNiMoFe 材料制成,灭菌包装。
适用范围:与该企业同一系统组件-股骨柄配合使用,适用于生物型髋关节置换。
生产厂家:德国 Waldemar Link GmbH & Co. KG
注册代理:北京威联德骨科技术有限公司
服务机构:北京威联德骨科技术有限公司
发证日期:2014.07.28 截止日期:2019.07.27

国食药监械(进)字 2014 第 3773684 号

产品名称:支持导管(商品名:SEEKER)(Crossing Support Catheter)
规格型号:SK13514, SK15014, SK9018, SK13518, SK15018, SK6535M, SK9035M, SK13535M, SK15035M
产品标准:YZB/USA 4210-2014《支持导管》
性能组成:该产品由导管座、应力释放管、导管和标记带组成,导管由高密度聚乙烯制成,远端涂有亲水涂层。环氧乙烷灭菌,一次性使用。
适用范围:该产品用于外周血管系统中的导丝交换和灌注。适用于支持导丝通过血管,允许导丝交换,为生理盐水和/或诊断性造影剂提供通道。
生产厂家:美国 Bard Peripheral Vascular, Inc.
注册代理:巴德医疗科技(上海)有限公司
服务机构:巴德医疗科技(上海)有限公司
发证日期:2014.07.28 截止日期:2019.07.27

国食药监械(进)字 2014 第 3463685 号

产品名称:通用脊柱骨折微创系统(USS Fracture MIS)
规格型号:见附页
产品标准:YZB/SWI 4161-2014《通用脊柱骨折微创系统》
性能组成:该系统由螺钉、骨折夹、锁定螺帽及棒组成,螺钉、骨折夹和锁定螺帽由符合 ISO 5832-11 标准要求的钛 6 铝 7 铌(Ti6A17Nb)钛合金材料制成,棒由符合 ISO 5832-2:标准中 4 级要求的纯钛材料制成。非灭菌包装,产品表面经阳极氧化着色处理。
适用范围:该产品适用于骨骼发育成熟的患者,提供精确节段稳定的胸腰椎后路椎弓根螺钉固定(T1-S2),同时适用于微创手术或者开放手术。
生产厂家:瑞士 Synthes GmbH
注册代理:强生(上海)医疗器材有限公司
服务机构:辛迪思(上海)医疗器械贸易有限公司、强生(上海)医疗器材有限公司
发证日期:2014.07.28 截止日期:2019.07.27

国食药监械（进）字 2014 第 3463686 号

产品名称：锁定金属接骨板系统（DVR and F3 Plate Systems）
规格型号：见附页
产品标准：YZB/USA 3942-2014《锁定金属接骨板系统》
性能组成：DVR 解剖型桡骨远端掌侧锁定钛板、小骨锁定钛板、2.5mm 螺钉、2.5mm 全螺纹锁定钉、3.5mm 皮质骨螺钉、2.0mm 锁定钉、2.5mm 锁定钉，部分螺纹以及 2.5mm 多向锁定钉组成。多向锁定螺钉材料为符合 ISO5832-12 的钴铬钼合金制造，表面无着色；其他产品材料为符合 ISO5832-3 的 Ti6Al4V 合金，表面经阳极氧化处理。非灭菌包装。
适用范围：产品用于手部骨折的治疗和重建手术。
生产厂家：美国 Biomet Trauma
注册代理：邦美（上海）商贸有限公司
服务机构：邦美（上海）商贸有限公司
发证日期：2014.07.28　　**截止日期**：2019.07.27

国食药监械（进）字 2014 第 3153687 号

产品名称：内镜用注射针（Sclerotherapy Needles）
规格型号：见附页
产品标准：YZB/GER 4077-2014《内镜用注射针》
性能组成：由手柄、接头、管鞘、内管和针头组成。产品经环氧乙烷灭菌，一次性使用。
适用范围：该产品与内窥镜配套使用，用于静脉曲张硬化治疗中进行内镜下注射以及消化道黏膜的内镜下注射。
生产厂家：德国 ENDO-FLEX GmbH
注册代理：苏州达美医疗科技有限公司
服务机构：苏州达美医疗科技有限公司
发证日期：2014.07.28　　**截止日期**：2019.07.27

国食药监械（进）字 2014 第 2403688 号

产品名称：残余白细胞计数仪用质控品（ADST-001）
规格型号：7mL/瓶
产品标准：YZB/ROK 4569-2014
性能组成：水，叠氮化钠，标准珠悬浮液。产品有效期：2-8℃保存，有效期：12 个月。附件：注册产品标准，产品说明书。
适用范围：该产品用于对残余白细胞计数仪（ADAM-rWBC）计算血液中剩余白细胞数量的准确性进行确认。
生产厂家：韩国 NanoEnTek Inc.
注册代理：益思开医疗器械（北京）有限公司
发证日期：2014.07.30　　**截止日期**：2019.07.29

国食药监械（进）字 2014 第 2403689 号

产品名称：血糖试纸（葡萄糖氧化酶法）（Blood Glucose Test Strips）
规格型号：25 片/瓶，2 瓶/盒
产品标准：YZB/ROK 4472-2014
性能组成：葡萄糖氧化酶、介质、结合剂、稳定剂（具体内容详见说明书）。产品有效期：2-32℃保存，有效期 24 个月。附件：注册产品标准，产品说明书。
适用范围：该产品适用于体外定量检测人体指尖新鲜毛细血管全血中葡萄糖浓度。
生产厂家：韩国 Philosys Co., Ltd.
注册代理：海口元旭科技有限公司
发证日期：2014.07.30　　**截止日期**：2019.07.29

国食药监械（进）字 2014 第 2403690 号

产品名称：游离三碘甲状腺原氨酸测定试剂盒（化学发光免疫分析法）（LIAISON® FT3）
规格型号：100 测试/盒
产品标准：YZB/ITA 4393-2014
性能组成：固相、校准品 1、校准品 2、结合物。（具体内容详见说明书）。产品有效期：2～8°C 保存，有效期为 12 个月。附件：注册产品标准，产品说明书。
适用范围：本产品用于体外定量检测人血清或血浆中的游离三碘甲状腺原氨酸（FT3）。
生产厂家：意大利 DiaSorin S.p.A.
注册代理：索灵诊断医疗设备（上海）有限公司
发证日期：2014.07.30　　**截止日期**：2019.07.29

国食药监械（进）字 2014 第 2403691 号

产品名称：血糖试纸（葡萄糖脱氢酶法）（商品名：辅理善越佳型至新医院用）（FreeStyle Optium Neo H Blood Glucose Test Strips）
规格型号：50 片/盒
产品标准：YZB/UK 4575-2014
性能组成：每张试纸的试剂区含有的化学成分：葡萄糖脱氢酶（GDH-NAD Pseudomonas sp）、NAD+（钠盐）、菲咯啉醌、非反应成分（具体内容详见说明书）
适用范围：该血糖试纸适用于定量测量新鲜毛细血管（即来自手指）、静脉、动脉和新生儿全血样本中的葡萄糖（D-葡萄糖）浓度。
备注：2015 年 2 月 12 日同意更正主要组成成分内容，2014 年 7 月 30 日核发的医疗器械注册登记表（体外诊断试剂）予以废止。
生产厂家：英国 Abbott Diabetes Care Ltd.
注册代理：雅培贸易（上海）有限公司
发证日期：2014.07.30　　**截止日期**：2019.07.29

国食药监械（进）字 2014 第 3403692 号

产品名称：17 号染色体探针（INFORM Chromosome 17 Probe）
规格型号：50 测试/盒
产品标准：YZB/USA 2406-2014
性能组成：INFORM 17 号染色体探针试剂瓶含有足够供 50 次试验的试剂。1 瓶 - 10 ml 的 INFORM 17 号染色体探针试剂瓶含有约 2μg/mL 的二硝基酚（DNP）标记 17 号染色体探针，并在以甲酰胺为基质的杂交缓冲液中配制。产品有效期：储存于 2-8℃，有效期至 24 个月。附件：注册产品标准，产品说明书。
适用范围：该产品用于检测福尔马林固定、石蜡包埋的人乳腺癌组织标本中 17 号染色体的倍体状态。
生产厂家：德国 Roche Diagnostics GmbH
注册代理：罗氏诊断产品（上海）有限公司
发证日期：2014.07.30　　**截止日期**：2019.07.29

国食药监械（进）字 2014 第 2403693 号

产品名称：抗核抗体谱（IgG）检测试剂盒（欧蒙印迹法）（EUROLINE ANA Profile（IgG））
规格型号：DL 1590-1601-1 G：16 人份/盒、DL1590-6401-1 G：64 人份/盒、DL 1590-1601-2 G：16 人份/盒、DL 1590-6401-2 G：64 人份/盒、DL 1590-1601-3G：16 人份/盒、DL 1590-6401-3 G：64 人份/盒、DL1590-1601-8 G：16 人份/盒、DL 1590-6401-8 G：64 人份/盒、DL 1590-1601-15 G：16 人份/盒、DL 1590-6401-15G：64 人份/盒、DL 1590-1601-16 G：16 人份/盒、DL1590-6401-16 G：64 人份/盒、DL 1590-1601-17 G：16 人份/盒、DL 1590-6401-17 G：64 人份/盒、DL1590-1601-18 G：16 人份/盒、DL 1590-6401-18 G：64 人份/盒。
产品标准：YZB/GER 4338-2014
性能组成：包被抗原的检测膜条、阳性对照、酶结合物、样本缓冲液、清洗缓冲液、底物液，试剂盒中还包含温育盘。（具体内容详见产品说明书）。产品有效期：2-8℃保存，不要冰冻。未开封前，除非特别说明，试剂盒自生产日起可稳定 18 个月。附件：注册产品标准，产品说明书。
适用范围：该产品用于体外定性检测人血清或血浆中的抗 nRNP、Sm、SS-A（天然 SS-A 和 Ro-52）、SS-B、Scl-70、PM-Scl、Jo-1、CENP B、PCNA、dsDNA、核小体、组蛋白、核糖体 P 蛋白和 AMA M2 共 14 种不同抗原的免疫球蛋白 G 抗体。
生产厂家：德国 EUROIMMUN Medizinische Labordiagnostika AG
注册代理：欧蒙医学诊断（中国）有限公司
发证日期：2014.07.30　　**截止日期**：2019.07.29

国食药监械（进）字 2014 第 2403693 号

产品名称：抗核抗体谱（IgG）检测试剂盒（欧蒙印迹法）（EUROLINE ANA Profile（IgG））
规格型号：DL 1590-1601-1 G：16 人份/盒、DL1590-6401-1 G：64 人份/盒、DL 1590-1601-2 G：16 人份/盒、DL 1590-6401-2 G：64 人份/盒、DL 1590-1601-3G：16 人份/盒、DL 1590-6401-3 G：64 人份/盒、DL1590-1601-8 G：16 人份/盒、DL 1590-6401-8 G：64 人份/盒、DL 1590-1601-15 G：16 人份/盒、DL 1590-6401-15G：64 人份/盒、DL 1590-1601-16 G：16 人份/盒、DL1590-6401-16 G：64 人份/盒、DL 1590-1601-17 G：16 人份/盒、DL 1590-6401-17 G：64 人份/盒、

DL1590-1601-18 G：16 人份/盒、DL 1590-6401-18 G：64 人份/盒。
产品标准：YZB/GER 4338-2014
性能组成：包被抗原的检测膜条、阳性对照、酶结合物、样本缓冲液、清洗缓冲液、底物液，试剂盒中还包含温育盘。（具体内容详见产品说明书）。产品有效期：2-8℃保存，不要冰冻。未开封前，除非特别说明，试剂盒自生产日起可稳定 18 个月。附件：注册产品标准，产品说明书。
适用范围：该产品用于体外定性检测人血清或血浆中的抗 nRNP、Sm、SS-A（天然 SS-A 和 Ro-52）、SS-B、Scl-70、PM-Scl、Jo-1、CENP B、PCNA、dsDNA、核小体、组蛋白、核糖体 P 蛋白和 AMA M2 共 14 种不同抗原的免疫球蛋白 G 抗体。
生产厂家：德国 EUROIMMUN Medizinische Labordiagnostika AG
注册代理：欧蒙医学诊断（中国）有限公司
发证日期：2014.07.30 **截止日期**：2019.07.29

国食药监械（进）字 2014 第 2403694 号

产品名称：抗双链 DNA 抗体检测试剂盒（间接免疫荧光法）(NOVA Lite dsDNA Crithidia luciliae)
规格型号：60 人份/盒，240 人份/盒。
产品标准：YZB/USA 4477-2014
性能组成：玻片、结合物、阳性对照品、阴性对照品、缓冲液、封片剂，试剂盒中还包含盖玻片。（具体内容详见说明书）。产品有效期：2～8℃下保存，有效期为 12 个月。附件：注册产品标准，产品说明书。
适用范围：本试剂盒用于体外定性和半定量检测人类血清中的抗双链 DNA 抗体。
生产厂家：美国 INOVA Diagnostics, Inc.
注册代理：沃芬医疗器械商贸（北京）有限公司
发证日期：2014.07.30 **截止日期**：2019.07.29

国食药监械（进）字 2014 第 2403695 号

产品名称：抗心磷脂 IgG 抗体检测试剂盒（酶联免疫法）(QUANTA Lite ACA IgG Ⅲ)
规格型号：96 人份/盒
产品标准：YZB/USA 4493-2014
性能组成：微孔板、阴性对照、阳性对照、校准品 A 、校准品 B、校准品 C 、校准品 D 、校准品 E、样品稀释液、缓冲液、结合物、显色液、终止液。（具体内容详见说明书）。产品有效期：2～8℃下保存，有效期为 18 个月。附件：注册产品标准，产品说明书。
适用范围：本试剂盒用于半定量检测人血清中的抗心磷脂 IgG 抗体。
生产厂家：美国 INOVA Diagnostics, Inc.
注册代理：沃芬医疗器械商贸（北京）有限公司
发证日期：2014.07.30 **截止日期**：2019.07.29

国食药监械（进）字 2014 第 2403696 号

产品名称：抗蛋白酶 3 IgG 抗体检测试剂盒（酶联免疫法）(QUANTA Lite PR-3 IgG ELISA)
规格型号：96 人份/盒
产品标准：YZB/USA 4497-2014
性能组成：微孔板、阴性对照、低阳性对照、高阳性对照、样本稀释液、清洗液、结合物、显色液、终止液。（具体内容详见说明书）。产品有效期：2～8℃下保存，有效期为 18 个月。附件：注册产品标准，产品说明书。
适用范围：本试剂盒用于体外半定量检测人血清中的抗蛋白酶 3 IgG 抗体。
生产厂家：美国 INOVA Diagnostics, Inc.
注册代理：沃芬医疗器械商贸（北京）有限公司
发证日期：2014.07.30 **截止日期**：2019.07.29

国食药监械（进）字 2014 第 3403697 号

产品名称：苯丙氨酸测定试剂盒（茚三酮荧光法）(Neonatal Phenylalanine)
规格型号：960 人份、4800 人份。
产品标准：YZB/FIN 4339-2014
性能组成：苯丙氨酸校准品、苯丙氨酸质控品、硫酸锌试剂、茚三酮试剂、铜试剂、复溶缓冲液，试剂盒中还包含白色微孔板、微孔板条形码标签、和试剂批号匹配的质量控制证书。（具体内容详见说明书）。产品有效期：在 2～8°C 条件下保存，试剂盒的有效期为 11 个月。附件：注册产品标准，产品说明书。
适用范围：本试剂盒用于体外定量测定滤纸片上新生儿干血斑样本中苯丙氨酸的含量。
备注：2014 年 11 月 5 日同意更正产品名称内容，2014 年 7 月 30 日核发的医疗器械注册证、医疗器械注册登记表（体外诊断试剂）予以废止。
生产厂家：芬兰 Wallac Oy
注册代理：珀金埃尔默医学诊断产品（上海）有限公司
发证日期：2014.07.30 **截止日期**：2019.07.29

国食药监械（进）字 2014 第 2403698 号

产品名称：尿微量白蛋白检测试剂盒（免疫荧光干式定量法）（商品名：艾可美 MAU ）(BTF Microalbumin)
规格型号：25 人份/盒，50 人份 / 盒。
产品标准：YZB/ROK 4548-2014
性能组成：该产品由反应板（25/50 人份/盒）、检测缓冲液（25/50 管/袋/盒，1mL/管）和 ID 芯片（1 份/盒）组成。反应板上的测试线和控制线上分别包被鼠抗白蛋白单克隆抗体和兔 IgG。检测缓冲液含有荧光标记的抗人白蛋白（鼠单克隆，3μg/mL），荧光标记的抗兔 IgG（500ng/mL），1%的凝胶做为稳定剂，0.1%的叠氮化钠。产品有效期：检测缓冲液 2～8℃保存、反应板 4～30℃密封保存，有效期 15 个月。附件：注册产品标准，产品说明书。
适用范围：该试剂盒用于体外定量检测尿液中的微量白蛋白（MAU）。
生产厂家：韩国 Boditech Med Inc
注册代理：杭州中翰盛泰医疗器械有限公司
发证日期：2014.07.30 **截止日期**：2019.07.29

国食药监械（进）字 2014 第 2403699 号

产品名称：C-反应蛋白检测试剂盒（免疫荧光干式定量法）（商品名：艾可美 ）(i-CHROMA hsCRP-All in one)
规格型号：25 人份/盒，50 人份/盒，100 人份/盒，200 人份/盒。
产品标准：YZB/ROK 4555-2014
性能组成：该产品由反应板（25/50/100/200 人份/盒）、检测缓冲液（25/50/100/200 管/盒，500µ L/管）、取样器（25/50/100/200 个/盒）和 ID 芯片（1 份/盒）组成。反应板含有固化了鼠抗人 CRP 单克隆抗体的检测线和固化了兔 IgG 的质控线。检测缓冲液含有荧光标记的抗人 CRP（鼠单克隆），荧光标记的抗兔 IgG，的凝胶做为稳定剂，叠氮化钠。产品有效期：检测缓冲液 2～8℃保存、反应板 4～30℃密封保存，有效期 18 个月。附件：注册产品标准，产品说明书。
适用范围：该试剂盒用于体外定量检测人血清、血浆或全血中的 C 反应蛋白（含超敏 C 反应蛋白（hsCRP）和常规 C 反应蛋白）。
生产厂家：韩国 Boditech Med Inc
注册代理：杭州中翰盛泰医疗器械有限公司
发证日期：2014.07.30 **截止日期**：2019.07.29

国食药监械（进）字 2014 第 2403699 号

产品名称：C-反应蛋白检测试剂盒（免疫荧光干式定量法）（商品名：艾可美 ）(i-CHROMA hsCRP-All in one)
规格型号：25 人份/盒，50 人份/盒，100 人份/盒，200 人份/盒。
产品标准：YZB/ROK 4555-2014
性能组成：该产品由反应板（25/50/100/200 人份/盒）、检测缓冲液（25/50/100/200 管/盒，500μL/管）、取样器（25/50/100/200 个/盒）和 ID 芯片（1 份/盒）组成。反应板含有固化了鼠抗人 CRP 单克隆抗体的检测线和固化了兔 IgG 的质控线。检测缓冲液含有荧光标记的抗人 CRP（鼠单克隆），荧光标记的抗兔 IgG，的凝胶做为稳定剂，叠氮化钠。产品有效期：检测缓冲液 2～8℃保存、反应板 4～30℃密封保存，有效期 18 个月。附件：注册产品标准，产品说明书。
适用范围：该试剂盒用于体外定量检测人血清、血浆或全血中的 C 反应蛋白（含超敏 C 反应蛋白（hsCRP）和常规 C 反应蛋白）。
生产厂家：韩国 Boditech Med Inc
注册代理：杭州中翰盛泰医疗器械有限公司
发证日期：2014.07.30 **截止日期**：2019.07.29

国食药监械（进）字 2014 第 2403700 号

产品名称：多项质控品(Control Serum 1 Wako(BR))
规格型号：产品编号：995-41401，包装规格：10×5mL（冻结干燥制剂、复溶体积）。初始包装 瓶 992-41411(5mL)。

产品标准:YZB/JAP 4474-2014
性能组成:成分：人血清（添加酶）。成份：ALP，来源：牛肠；成份：AMY，来源：猪胰脏；成份：CK，来源：猪心脏；成份：GOT，来源：猪心脏；成份：GPT，来源：猪心脏；成份：γ-GTP，来源：牛肾脏；成份：LDH，来源：鸡心脏。(具体内容详见产品说明书)。产品有效期：2～8℃保存，有效期：制造后 24 个月。附件：注册产品标准，产品说明书。
适用范围:该产品是碱性磷酸酶(ALP)，淀粉酶(AMY)，胆碱酯酶(ChE)，肌酸激酶(CK)，谷草转氨酶(AST(GOT))，谷丙转氨酶(ALT(GPT))，谷氨酰转肽酶(GGT(γ-GTP))，亮氨酸氨肽酶(LAP)，乳酸脱氢酶(LDH)，总胆固醇(T-Cho)，游离胆固醇(F-Cho)，游离脂肪酸(NEFA)，甘油三酯(TG)，白蛋白(ALB)，总胆红素(T-Bil)，肌酐(CRE)，总蛋白(TP)，尿素氮(UN)，尿酸(UA)，钙(Ca)，铁(Fe)，不饱和铁结合力(UIBC)，无机磷(P)，葡萄糖(Glu)，高密度脂蛋白胆固醇(HDL-C)的质控品，请与该公司的测定试剂共同使用。
生产厂家:日本 Wako Pure Chemical Industries, Ltd.
注册代理:日立高新技术(上海)国际贸易有限公司
发证日期:2014.07.30　　**截止日期**:2019.07.29

国食药监械(进)字 2014 第 2403701 号

产品名称:多项质控品(Control Serum 2 Wako(BR))
规格型号:产品编号：991-41501，包装规格：10×5mL（冻结干燥制剂、复溶体积）。初始包装 瓶 998-41511(5mL)。
产品标准:YZB/JAP 4492-2014
性能组成:成分：人血清（添加酶）。成份：ALP，来源：牛肠；成份：AMY，来源：猪胰脏；成份：CK，来源：猪心脏；成份：GOT，来源：猪心脏；成份：GPT，来源：猪心脏；成份：γ-GTP，来源：牛肾脏；成份：LDH，来源：鸡心脏。(具体内容详见产品说明书)。产品有效期：2～8℃保存，有效期：制造后 24 个月。附件：注册产品标准，产品说明书。
适用范围:该产品是碱性磷酸酶(ALP)，淀粉酶(AMY)，胆碱酯酶(ChE)，肌酸激酶(CK)，谷草转氨酶(AST(GOT))，谷丙转氨酶(ALT(GPT))，谷氨酰转肽酶(GGT(γ-GTP))，亮氨酸氨肽酶(LAP)，乳酸脱氢酶(LDH)，总胆固醇(T-Cho)，游离胆固醇(F-Cho)，游离脂肪酸(NEFA)，甘油三酯(TG)，白蛋白(ALB)，总胆红素(T-Bil)，肌酐(CRE)，总蛋白(TP)，尿素氮(UN)，尿酸(UA)，钙(Ca)，铁(Fe)，不饱和铁结合力(UIBC)，无机磷(P)，葡萄糖(Glu)，高密度脂蛋白胆固醇(HDL-C)的质控品，请与该公司的测定试剂共同使用。
生产厂家:日本 Wako Pure Chemical Industries, Ltd.
注册代理:日立高新技术(上海)国际贸易有限公司
发证日期:2014.07.30　　**截止日期**:2019.07.29

国食药监械(进)字 2014 第 2403702 号

产品名称:抗β2 糖蛋白 1IgG 抗体检测试剂盒（酶联免疫法）(QUANTA Lite β2 GPI IgG ELISA)
规格型号:96 人份/盒
产品标准:YZB/USA 4579-2014
性能组成:聚苯乙烯微孔板、阴性对照、阳性对照、校准品 A、校准品 B、校准品 C、校准品 D、校准品 E、样本稀释液、清洗液、酶结合物、显色液、终止液。(具体内容详见说明书)。产品有效期：试剂盒在 2～8℃条件下保存，禁止冷冻，有效期 12 个月。附件：注册产品标准，产品说明书。
适用范围:本试剂盒用于体外半定量检测人血清中的抗β2 糖蛋白 1IgG 抗体。
生产厂家:美国 INOVA Diagnostics, Inc.
注册代理:沃芬医疗器械商贸(北京)有限公司
发证日期:2014.07.30　　**截止日期**:2019.07.29

国食药监械(进)字 2014 第 3403703 号

产品名称:非小细胞肺癌相关抗原 21-1 定标液(CYFRA 21-1 CalSet)
规格型号:4×1.0mL（冻干品，复溶体积）
产品标准:YZB/GER 4372-2014
性能组成:试剂－工作溶液：非小细胞肺癌相关抗原定标液 1，2 瓶，每瓶 1.0 mL；非小细胞肺癌相关抗原定标液 2，2 瓶，每瓶 1.0 mL。定标液含有细胞角蛋白浓度约为（0 ng/mL 和 50 ng/mL）的人基质血清。提供的物品：非小细胞肺癌相关抗原定标液，条码卡，定标液定值表，4 个带标签的有盖小空瓶，2×6 个小瓶标签。（具体内容详见说明书）。产品有效期：2～8℃保存，有效期 29 个月。附件：注册产品标准，产品说明书。
适用范围:用于非小细胞肺癌相关抗原 21-1 检测项目的定标。
生产厂家:德国 Roche Diagnostics GmbH
注册代理:罗氏诊断产品(上海)有限公司
发证日期:2014.07.30　　**截止日期**:2019.07.29

国食药监械(进)字 2014 第 3403704 号

产品名称:乙型肝炎病毒 e 抗体质控液(PreciControl Anti-HBe)
规格型号:16×1.3mL
产品标准:YZB/GER 4370-2014
性能组成:试剂-工作溶液：乙型肝炎病毒 e 抗体质控液 1，8 瓶，每瓶含 1.3 ml 的质控血清，含有乙型肝炎病毒 e 抗体为阴性的人类血清和防腐剂，临界指数的靶值范围 1.2-2.1；乙型肝炎病毒 e 抗体质控液 2，8 瓶，每瓶含 1.3ml 的质控血清，内含乙型肝炎病毒 e 抗体（人类）约 0.25U/ml(Paul Ehrlich Institute units)的人类血清和防腐剂，临界指数的靶值范围 0.30-0.90。 提供的材料包括：乙型肝炎病毒 e 抗体质控液、2 张条形码卡、质控条形码表单。 （具体内容详见说明书）。产品有效期：2～8℃保存，有效期 21 个月。附件：注册产品标准，产品说明书。
适用范围:用于乙型肝炎病毒 e 抗体免疫测定的质量控制。
生产厂家:德国 Roche Diagnostics GmbH
注册代理:罗氏诊断产品(上海)有限公司
发证日期:2014.07.30　　**截止日期**:2019.07.29

国食药监械(进)字 2014 第 3403705 号

产品名称:HLA-DNA 分型试剂盒（SSP 方法）(Micro SSPTM DNA Typing Trays)
规格型号:一类检测试剂(ABC 位点):10 测试/盒，二类检测试剂(DRDQ 位点)：30 测试/盒。
产品标准:YZB/USA 4476-2014
性能组成:96 孔板（预包被了序列特异性引物)，封膜，D-mix(水、dNTP、染料、缓冲液)。产品有效期：在-80℃～-20℃保存，有效期 12 个月。附件：注册产品标准，产品说明书。
适用范围:该产品用于对人类 DNA 进行人类白细胞抗原（HLA）I 类和 II 类等位基因的分型。
生产厂家:美国 One Lambda, Inc.
注册代理:北京曼泰里生物技术有限公司
发证日期:2014.07.30　　**截止日期**:2019.07.29

国食药监械(进)字 2014 第 3403706 号

产品名称:HLA 抗原分型试剂盒（血清学法）(Tissue Typing Tray)
规格型号:10 人份/盒
产品标准:YZB/USA 4478-2014
性能组成:单克隆抗体 I 类和 II 类组织配型板(板孔内含有单克隆抗体、兔补体、矿物油)。产品有效期：在-65℃以下保存，有效期 12 个月。附件：注册产品标准，产品说明书。
适用范围:该产品用于对人类白细胞进行人类白细胞抗原（HLA）I 类和 II 类的分型。
生产厂家:美国 One Lambda, Inc.
注册代理:北京曼泰里生物技术有限公司
发证日期:2014.07.30　　**截止日期**:2019.07.29

国食药监械(进)字 2014 第 2403707 号

产品名称:肌钙蛋白 I 检测试剂盒（胶体金法）(Troponin I Rapid Test)
规格型号:25 条/盒，50 条/盒。
产品标准:YZB/USA 4480-2014
性能组成:试纸条和塑料外壳； 试剂盒中还包括干燥剂，吸管。(具体内容详见产品说明书)。产品有效期：2～30℃下贮存，有效期为 24 个月。附件：注册产品标准，产品说明书。
适用范围:该产品用于定性测定人血清中的肌钙蛋白 I。
生产厂家:美国 Diagnostic Automation/Cortez Diagnostics, Inc.
注册代理:上海灵翼医疗科技有限公司
发证日期:2014.07.30　　**截止日期**:2019.07.29

国食药监械(进)字 2014 第 2403708 号

产品名称:便潜血校准品(OC-STANDARD)

规格型号:OC-校准品：1.0mL/瓶×10 瓶，校准品稀释液：45mL/瓶×2 瓶。
产品标准:YZB/JAP 4390-2014
性能组成:OC-校准品和校准品稀释液。(具体内容详见产品说明书)。产品有效期：2~10℃密封避光保存，有效期 12 个月。附件：注册产品标准，产品说明书。
适用范围:本产品用于便潜血检测试剂检测粪便中血红蛋白含量时的校准。
生产厂家:日本荣研化学株式会社
注册代理:荣研生物科技(中国)有限公司
发证日期:2014.07.30　**截止日期**:2019.07.29

国食药监械(进)字 2014 第 2403709 号

产品名称:便潜血质控品(OC-CONTROL HIGH/LOW)
规格型号:OC-便潜血质控品（高值）：1.0mL/瓶×5 瓶，OC-便潜血质控品（低值）：1.0mL/瓶×5 瓶。
产品标准:YZB/JAP 4396-2014
性能组成:血红蛋白 A0 和 缓冲剂(HEPES)。(具体内容详见产品说明书)。产品有效期：2~10℃密封避光保存，有效期 12 个月。附件：注册产品标准，产品说明书。
适用范围:本产品用于便潜血检测试剂检测粪便中血红蛋白含量时的质控。
生产厂家:日本荣研化学株式会社
注册代理:荣研生物科技(中国)有限公司
发证日期:2014.07.30　**截止日期**:2019.07.29

国食药监械(进)字 2014 第 2403710 号

产品名称:乳酸脱氢酶测定试剂盒(比色法)(Lactate Dehydrogenase (LD) Reagent)
规格型号:2×200 测试/盒、2×300 测试/盒。
产品标准:YZB/USA 4354-2014
性能组成:L-乳酸、烟酰胺腺嘌呤二核苷酸（NAD)、用于系统性能优化的非反应性物质。(具体内容详见产品说明书)。产品有效期：2~8℃保存，禁止冷冻，有效期为 18 个月。附件：注册产品标准，产品说明书。
适用范围:本产品用于体外定量测定人血清或血浆中的乳酸脱氢酶(LD)活性。
生产厂家:美国 Beckman Coulter, Inc.
注册代理:贝克曼库尔特商贸(中国)有限公司
发证日期:2014.07.30　**截止日期**:2019.07.29

国食药监械(进)字 2014 第 2403711 号

产品名称:抑制素 A 质控品(Access INHIBIN A QC)
规格型号:水平 1（QC1)：2.5mL/瓶×2 瓶，水平 2（QC2)：2.5mL/瓶×2 瓶，水平 3（QC3)：2.5mL/瓶×2 瓶。
产品标准:YZB/USA 4358-2014
性能组成:水平 1（QC1)：重组人抑制素 A、牛血清白蛋白（BSA）缓冲基质、叠氮钠以及 ProClin300；水平 2（QC2)：重组人抑制素 A、牛血清白蛋白（BSA）缓冲基质、叠氮钠以及 ProClin300；水平 3（QC3)：重组人抑制素 A、牛血清白蛋白（BSA）缓冲基质、叠氮钠以及 ProClin300；质控卡（QC 值卡)。(具体内容详见产品说明书)。产品有效期：2~8℃保存竖直存放，有效期为 12 个月。附件：注册产品标准，产品说明书。
适用范围:本产品用于抑制素 A 测定时的质量控制。
备注:2014 年 11 月 4 日同意更正产品有效期内容，2014 年 7 月 30 日核发的医疗器械注册登记表（体外诊断试剂）予以废止。
生产厂家:美国 Beckman Coulter, Inc.
注册代理:贝克曼库尔特商贸(中国)有限公司
发证日期:2014.07.30　**截止日期**:2019.07.29

国食药监械(进)字 2014 第 2403712 号

产品名称:血细胞分析仪用质控品(CELL-DYN 29 Plus Control(with Retic))
规格型号:6 × 3.0 mL/瓶、12 × 3.0 mL/瓶
产品标准:YZB/USA 4078-2014
性能组成:储存于含防腐剂的基质中的稳定的人源性或哺乳动物的红细胞，人源性、哺乳动物或模拟白细胞、以及血小板组分。产品有效期：储存于 2~10℃，有效期：45 天。附件：注册产品标准，产品说明书。
适用范围:质控品为全血质控品，用于对血液分析仪的检测数据进行质量监控。
生产厂家:美国 Abbott Laboratories
注册代理:雅培贸易(上海)有限公司
发证日期:2014.07.30　**截止日期**:2019.07.29

国食药监械(进)字 2014 第 2403713 号

产品名称:轻链 κ 检测试剂盒（免疫比浊法）(Tina-quant Kappa Gen.2(KAPP2/Kappa))
规格型号:试剂 1：2x15mL，试剂 2：2x 7 mL；06749976 190（货号)：100 测试；05992010 190（货号)：100 测试。
产品标准:YZB/GER 4400-2014
性能组成:试剂 1 缓冲液:三羟甲基氨基甲烷（TRIS)缓冲液：50mmol/L, pH 8.0；氯化钠（NaCl)；聚乙二醇（PEG)；防腐剂。试剂 2 抗 kappa 抗体/缓冲液：多克隆抗人 kappa 抗体（山羊)：依据滴度；三羟甲基氨基甲烷（Tris/HCL)：20mmol/L, pH 7.5；氯化钠（NaCl)；防腐剂。试剂 2 在 Hitachi/Modular P, cobas c 501/502, cobas c 311 上表示为：R2；在 cobas c 701/702 上表示为：R3。产品有效期：未开瓶试剂盒：2~8℃可储存 21 个月。附件：注册产品标准，产品说明书。
适用范围:该试剂盒用于免疫比浊定量测定人血清和血浆的结合和游离免疫球蛋白的 kappa（κ）轻链。
生产厂家:德国 Roche Diagnostics GmbH
注册代理:罗氏诊断产品(上海)有限公司
发证日期:2014.07.30　**截止日期**:2019.07.29

国食药监械(进)字 2014 第 2403714 号

产品名称:苯妥英检测试剂盒（均相酶免疫测定法）(Phenytoin)
规格型号:100 测试；200 测试；试剂 1：2 x 17 mL，试剂 2：2 x 18 mL；试剂 1：1 x 37 mL，试剂 2：1 x 38 mL。
产品标准:YZB/GER 4405-2014
性能组成:试剂-工作溶液：试剂 1 药物结合物试剂：苯妥英结合物；哌嗪-N, N-双(乙磺酸)（PIPES）缓冲液，pH7.3；稳定剂；防腐剂。试剂 2 乳胶抗体试剂:抗苯妥英抗体(鼠单克隆抗体)；乳胶微颗粒；3-(N-吗啉代）丙烷磺酸（MOPS）缓冲剂 pH 7.4；稳定剂；防腐剂。产品有效期：2~8℃保存，18 个月。附件：注册产品标准，产品说明书。
适用范围:该产品用于体外定量测定人血浆、血清中的苯妥英水平。
生产厂家:德国 Roche Diagnostics GmbH
注册代理:罗氏诊断产品(上海)有限公司
发证日期:2014.07.30　**截止日期**:2019.07.29

国食药监械(进)字 2014 第 2403715 号

产品名称:胆碱酯酶检测试剂盒(比色法)(Cholinesterase(CHE))
规格型号:试剂 1：4 x 20 mL（冻干粉，复溶后体积)，试剂 2：4 x 4.5 mL（冻干粉，复溶后体积)；4 x 65 测试。
产品标准:YZB/GER 4310-2014
性能组成:试剂 1：磷酸缓冲液，50 mmol/L, pH 7.2；双硫代硝基苯甲酸，0.25 mmol/L。试剂 2：碘化乙酰硫代胆碱，43 mmol/L。产品有效期：2~8℃储存 27 个月。附件：注册产品标准，产品说明书。
适用范围:该产品用于体外定量测定人血浆、血清中的胆碱酯酶水平。
生产厂家:德国 Roche Diagnostics GmbH
注册代理:罗氏诊断产品(上海)有限公司
发证日期:2014.07.30　**截止日期**:2019.07.29

国食药监械(进)字 2014 第 2403716 号

产品名称:锂检测试剂盒（比色法）(Lithium)
规格型号:100 测试
产品标准:YZB/GER 4417-2014
性能组成:试剂-工作溶液：试剂 1：氢氧化钠：0.5mol/L；乙二胺四乙酸（EDTA)：50 μmol/L；类卟啉化合物：15 μmol/L；防腐剂；去垢剂。产品有效期：2~8℃储存 24 个月。附件：注册产品标准，产品说明书。
适用范围:该产品用于体外定量测定人血浆、血清中的锂水平。
生产厂家:德国 Roche Diagnostics GmbH
注册代理:罗氏诊断产品(上海)有限公司
发证日期:2014.07.30　**截止日期**:2019.07.29

国食药监械(进)字 2014 第 2403717 号

产品名称:促甲状腺激素校准品(ARCHITECT TSH Calibrators)
规格型号:2瓶(4 mL/瓶)
产品标准:YZB/IRE 4253-2014
性能组成:校准品1为含有蛋白(牛)稳定剂的三羟甲基氨基甲烷(TRIS)缓冲液;校准品2含有促甲状腺激素(重组),储存于含有蛋白(牛)稳定剂的三羟甲基氨基甲烷(TRIS)缓冲液中。防腐剂:叠氮钠。产品有效期:2~8℃保存,有效期13个月。附件:注册产品标准,产品说明书。
适用范围:用于定量测定人血清和血浆中的促甲状腺激素(TSH)时,对促甲状腺激素项目进行校准。
生产厂家:爱尔兰 Abbott Ireland Diagnostics Division
注册代理:雅培贸易(上海)有限公司
发证日期:2014.07.30 **截止日期**:2019.07.29

国食药监械(进)字 2014 第 2403718 号

产品名称:总三碘甲状腺原氨酸校准品(ARCHITECT Total T3 Calibrators)
规格型号:2瓶(4 mL/瓶)
产品标准:YZB/IRE 4248-2014
性能组成:校准品(校准品1,校准品2),含三碘甲状腺原氨酸、人血清中。防腐剂:叠氮钠。产品有效期:2~8℃保存,有效期12个月。附件:注册产品标准,产品说明书。
适用范围:用于定量测定人血清和血浆中的总三碘甲状腺原氨酸(总T3)时,对总三碘甲状腺原氨酸项目进行校准。
生产厂家:爱尔兰 Abbott Ireland Diagnostics Division
注册代理:雅培贸易(上海)有限公司
发证日期:2014.07.30 **截止日期**:2019.07.29

国食药监械(进)字 2014 第 2403719 号

产品名称:游离三碘甲状腺原氨酸校准品(ARCHITECT Free T3 Calibrators)
规格型号:2瓶(4 mL/瓶)
产品标准:YZB/IRE 4250-2014
性能组成:ARCHITECT 游离三碘甲状腺原氨酸校准品(校准品1,校准品2)含游离三碘甲状腺原氨酸、人血清。防腐剂:叠氮钠。产品有效期:2~8℃储存,有效期10个月。附件:注册产品标准,产品说明书。
适用范围:用于定量测定人血清和血浆中的游离三碘甲状腺原氨酸(游离T3)时,对游离三碘甲状腺原氨酸项目进行校准。
生产厂家:爱尔兰 Abbott Ireland Diagnostics Division
注册代理:雅培贸易(上海)有限公司
发证日期:2014.07.30 **截止日期**:2019.07.29

国食药监械(进)字 2014 第 2403720 号

产品名称:雷帕霉素校准品(ARCHITECT Sirolimus Calibrators)
规格型号:6瓶(校准品A: 9.0 mL, 校准品B-F: 4.5 mL/瓶)
产品标准:YZB/USA 4344-2014
性能组成:校准品A至F在经处理的人全血中制备。校准品B至F含有雷帕霉素。防腐剂:叠氮钠和抗菌剂。产品有效期:储存于2~8℃,有效期18个月。附件:注册产品标准,产品说明书。
适用范围:用于定量测定人全血中的雷帕霉素时,对雷帕霉素项目进行校准。
生产厂家:美国 Abbott Laboratories
注册代理:雅培贸易(上海)有限公司
发证日期:2014.07.30 **截止日期**:2019.07.29

国食药监械(进)字 2014 第 2403721 号

产品名称:普乐可复校准品(ARCHITECT Tacrolimus Calibrators)
规格型号:6瓶(校准品A: 9.0 mL/瓶, 校准品B-F: 4.5 mL/瓶)
产品标准:YZB/USA 4345-2014
性能组成:校准品A至F在经处理的人全血制备。校准品B至F含有普乐可复。防腐剂:叠氮钠和抗菌剂。产品有效期:储存于2~8℃,有效期18个月。附件:注册产品标准,产品说明书。
适用范围:用于定量测定人全血中的普乐可复时,对普乐可复项目进行校准。
生产厂家:美国 Abbott Laboratories
注册代理:雅培贸易(上海)有限公司
发证日期:2014.07.30 **截止日期**:2019.07.29

国食药监械(进)字 2014 第 2403722 号

产品名称:高密度脂蛋白胆固醇校准品(HDL Calibrator)
规格型号:校准品:6×1 mL
产品标准:YZB/USA 4355-2014
性能组成:高密度脂蛋白胆固醇校准品(冻干)制备于人血清中。含防腐剂。产品有效期:储存于2~8℃,有效期24个月。附件:注册产品标准,产品说明书。
适用范围:用于高密度脂蛋白胆固醇项目的校准。
生产厂家:美国 Abbott Laboratories
注册代理:雅培贸易(上海)有限公司
发证日期:2014.07.30 **截止日期**:2019.07.29

国食药监械(进)字 2014 第 2403723 号

产品名称:胆红素校准品(Bilirubin Calibrator)
规格型号:校准品1: 3×5 mL,校准品2: 3×5 mL。
产品标准:YZB/USA 4295-2014
性能组成:胆红素校准品储存于牛血清基质溶液中。用胆红素提取物及合成衍生物调整分析物的水平。含有防腐剂。产品有效期:储存于2~8℃,有效期18个月。附件:注册产品标准,产品说明书。
适用范围:用于胆红素检测的校准。
生产厂家:美国 Abbott Laboratories
注册代理:雅培贸易(上海)有限公司
发证日期:2014.07.30 **截止日期**:2019.07.29

国食药监械(进)字 2014 第 2403724 号

产品名称:前白蛋白校准品(Prealbumin Calibrator)
规格型号:校准品1-5: 1 × 1 mL
产品标准:YZB/USA 4368-2014
性能组成:本产品由人血清中的前白蛋白制备而成。产品有效期:储存于2~8 ℃,有效期12个月。附件:注册产品标准,产品说明书。
适用范围:用于前白蛋白项目的校准。
生产厂家:美国 Abbott Laboratories
注册代理:雅培贸易(上海)有限公司
发证日期:2014.07.30 **截止日期**:2019.07.29

国食药监械(进)字 2014 第 2403725 号

产品名称:网织红细胞质控品(CELL-DYN Retic Plus Control)
规格型号:10瓶(3.0 mL/瓶)
产品标准:YZB/USA 4378-2014
性能组成:质控品含有稳定化的人红细胞,储存于含防腐剂的介质中。产品有效期:储存于2~10℃,有效期75天。禁止冷冻。附件:注册产品标准,产品说明书。
适用范围:用于对网织红细胞项目进行质量监控。
生产厂家:美国 Abbott Laboratories
注册代理:雅培贸易(上海)有限公司
发证日期:2014.07.30 **截止日期**:2019.07.29

国食药监械(进)字 2014 第 2403726 号

产品名称:全型甲状旁腺激素校准品(ARCHITECT Intact PTH Calibrators)
规格型号:6瓶(4.0mL/瓶)
产品标准:YZB/GER 4350-2014
性能组成:校准品A为含有蛋白(牛)稳定剂的双(2-羟甲基)氨基-三(羟甲基)甲烷-丙烷缓冲液。校准品B-F含有甲状旁腺激素(PTH)(合成肽),储存于含有蛋白(牛)稳定剂的双(2-羟甲基)氨基-三(羟甲基)甲烷-丙烷缓冲液中。防腐剂:叠氮钠和 ProClin 300。产品有效期:储存于2~8℃,有效期12个月。附件:注册产品标准,产品说明书。
适用范围:本校准品用于体外定量测定人血清和血浆中的全型甲状旁腺激素时,对全型甲状旁腺激素项目进行校准。
生产厂家:德国 Abbott GmbH & Co. KG
注册代理:雅培贸易(上海)有限公司
发证日期:2014.07.30 **截止日期**:2019.07.29

国食药监械(进)字2014第2403727号

产品名称:地高辛校准品(ARCHITECT iDigoxin Calibrators)
规格型号:6瓶(4.0 mL/瓶)
产品标准:YZB/USA 4347-2014
性能组成:校准品A含有正常人血清。校准品B-F含正常人血清、地高辛。防腐剂:叠氮钠。产品有效期:2~8℃储存,有效期18个月。附件:注册产品标准,产品说明书。
适用范围:本产品用于定量测定人血清或血浆中的地高辛时,对地高辛项目进行校准。
生产厂家:美国Abbott Laboratories
注册代理:雅培贸易(上海)有限公司
发证日期:2014.07.30 **截止日期**:2019.07.29

国食药监械(进)字2014第2403728号

产品名称:肌红蛋白测定试剂盒(化学发光微粒子免疫检测法)(ARCHITECT STAT Myoglobin Reagent Kit)
规格型号:1×100测试/盒,4×100测试/盒。
产品标准:YZB/USA 4349-2014
性能组成:微粒子,结合物,样本稀释液。(具体内容详见说明书)。产品有效期:在2~8℃储存,有效期18个月。附件:注册产品标准,产品说明书。
适用范围:本试剂盒用于体外定量检测人血清和血浆中的肌红蛋白。
生产厂家:美国Abbott Laboratories
注册代理:雅培贸易(上海)有限公司
发证日期:2014.07.30 **截止日期**:2019.07.29

国食药监械(进)字2014第2403729号

产品名称:铁/镁校准品(Iron/Magnesium Calibrator)
规格型号:校准品1:3 × 5 mL,校准品2:3 × 5 mL。
产品标准:YZB/USA 4296-2014
性能组成:含铁/镁的水溶液。含防腐剂。产品有效期:储存于2~8℃,有效期18个月。附件:注册产品标准,产品说明书。
适用范围:用于铁和镁项目的校准。
生产厂家:美国Abbott Laboratories
注册代理:雅培贸易(上海)有限公司
发证日期:2014.07.30 **截止日期**:2019.07.29

国食药监械(进)字2014第2403730号

产品名称:肌钙蛋白-I测定试剂盒(化学发光微粒子免疫检测法)(ARCHITECT STAT Troponin-I Reagent Kit)
规格型号:1×100测试/盒,1×500测试/盒。
产品标准:YZB/USA 4407-2014
性能组成:微粒子,结合物,项目稀释液。(具体内容详见说明书)。产品有效期:储存于2~8℃,有效期12个月。附件:注册产品标准,产品说明书。
适用范围:本试剂盒用于体外定量测定人血清或血浆中的心肌肌钙蛋白-I浓度。
生产厂家:美国Abbott Laboratories
注册代理:雅培贸易(上海)有限公司
发证日期:2014.07.30 **截止日期**:2019.07.29

国食药监械(进)字2014第3213731号

产品名称:临时起搏电极(MYWIRE)
规格型号:Mywire 51, Mywire53, Mywire 54, Mywire55, Mywire 61
产品标准:YZB/GER 4125-2014《临时起搏电极》
性能组成:重双极临时起搏电极Mywire61由外部接头、挂线盘、心肌起搏导线、胸壁针、心肌固定件、心肌针和电极套管组成;四极临时起搏电极(Mywire51, Mywire53, Mywire54)由外部接头、挂线盘、心肌起搏导线、胸壁针、心肌固定件和心肌针组成;四极临时起搏电极Mywire55由外部接头、挂线盘、心肌起搏导线、胸壁针和心肌固定件组成。
适用范围:该产品用于通过临时外置起搏器向心肌发放电冲动,以治疗心外科手术后的缓慢心律失常或用于终止快速心律失常,也可以用于和心电图有关的电生理反应的检测。
生产厂家:德国MAQUET Cardiopulmonary AG
注册代理:迈柯唯(上海)医疗设备有限公司
服务机构:迈柯唯(上海)医疗设备有限公司
发证日期:2014.07.30 **截止日期**:2019.07.29

国食药监械(进)字2014第2403732号

产品名称:全自动特定蛋白分析仪(automatic systems for analysis)
规格型号:DELTA
产品标准:YZB/ITA 3924-2014《全自动特定蛋白分析仪》
性能组成:该产品主要由主机、控制系统、标本盘、预稀释位、试剂盘、反应盘、加样器、蠕动泵、急诊仓、仓盖及随机软件构成。
适用范围:该产品应用免疫散射比浊法对生物液体的特定蛋白进行全自行分析测定,可测试样本包括血清、血浆、尿及脑脊髓液。
生产厂家:意大利SEAC S.r.l.
注册代理:珠海金瑞希亚克医用信息科技有限公司
服务机构:珠海金瑞希亚克医用信息科技有限公司
发证日期:2014.07.30 **截止日期**:2019.07.29

国食药监械(进)字2014第2543733号

产品名称:耳鼻喉综合治疗台(Treatment table for Ear, Nose and Throat)
规格型号:CHAM NEW CU-5000 CHAM NEW CU-3000 CHAM NCU-1000 XU1 XU2 XU3 XU4
产品标准:YZB/ROK 3672-2014《耳鼻喉综合治疗台》
性能组成:该产品由主机、喷雾装置(不含喷枪)、吸引装置、手术器械的加热除雾装置组成。
适用范围:本产品供耳鼻喉科作诊断及手术用。
生产厂家:韩国CHAMMED CO., LTD
注册代理:灿美德(天津)商贸有限公司
服务机构:灿美德(天津)商贸有限公司
发证日期:2014.07.30 **截止日期**:2019.07.29

国食药监械(进)字2014第2703734号

产品名称:心电分析软件(Premier 11 Holter)
规格型号:DMS,版本号V12
产品标准:YZB/USA 4266-2014《心电分析软件》
性能组成:该产品含有软件安装光盘、使用说明书和软件加密锁,其中心电分析软件由主界面模块、患者管理模块、回放模块、分析模块、打印模块组成。
适用范围:该产品适用于医疗单位对患者的心电图进行回放、显示、分析,具体包括以下项目:1. 评估小儿和成人患者的心律失常相关症状,如心悸;2.评估患者有无症状或心律失常的风险,例如,有症状或无症状的特发性肥厚性心肌病患者和左心室功能不全的心肌梗塞患者;3.评估心律失常治疗效果;4. 评价起搏器功能;5. 检测短暂性ST段压低和变异性ST段评估。
生产厂家:美国诊断监护软件公司
注册代理:迪姆软件(北京)有限公司
服务机构:迪姆软件(北京)有限公司
发证日期:2014.07.30 **截止日期**:2019.07.29

国食药监械(进)字2014第2303735号

产品名称:数字化X射线透视摄影系统(X线透视诊断装置)
规格型号:POPULUS Ti
产品标准:YZB/JAP 4180-2014《数字化X射线透视摄影系统》
性能组成:基本组成:透视摄影台(TU-130DR(TI))、X射线管组件(UH-6QC-307E,其中管芯为RH-6QC307)、X射线可变束光器、X射线影像增强器、X射线电视装置、遥控操作台、图像处理单元、X射线高压发生装置(DHF-158HIII(V))、降压变压器。
适用范围:用于消化器官和身体各部位检查.
生产厂家:日本株式会社 日立医疗器械
注册代理:日立医疗器械(北京)有限公司
服务机构:日立医疗器械(北京)有限公司
发证日期:2014.07.30 **截止日期**:2019.07.29

国食药监械(进)字2014第2303736号

产品名称:移动式摄影X射线机(Mobile Digital Batteries X-ray units)
规格型号:SM-32HF-B-D-C、SM-50HF-B-D-C
产品标准:YZB/SPA 4133-2014《移动式摄影X射线机》

性能组成:产品组成:移动台车(含高压发生器SM-32HF-B,SM-50HF-B)、X射线管组件(X射线管:E7884X;管芯:E7884)、限束器、数字探测器(详见标准)、图像处理系统、监视器组成。
适用范围:移动式摄影X射线机主要用于医疗单位放射科、病房和手术室进行X射线摄影诊断。
生产厂家:西班牙SEDECAL (Sociedad Espanola de Electromedicina y Calidad, S. A.)
注册代理:北京赛德科医疗设备有限公司
服务机构:北京赛德科医疗设备有限公司
发证日期:2014.07.30 截止日期:2019.07.29

国食药监械(进)字2014第2403737号

产品名称:干式免疫分析仪(商品名:艾瑞德)(POCT ANALYZER MODEL)
规格型号:i-Reader
产品标准:YZB/JAP 3664-2014《干式免疫分析仪》
性能组成:该分析仪由操作部、内置打印机、磁卡扫描构成。
适用范围:该产品用于医学临床实验室做生化免疫项目检测。
生产厂家:日本株式会社常光
注册代理:日本株式会社常光上海代表处
服务机构:日本株式会社常光上海代表处
发证日期:2014.07.30 截止日期:2019.07.29

国食药监械(进)字2014第3223738号

产品名称:椎间盘镜及附件(METRxTM System)
规格型号:见附页
产品标准:YZB/USA 4113-2014《椎间盘镜及附件》
性能组成:该产品由内窥镜(椎间盘镜)、导光束、接头、夹子和通道管组成。
适用范围:该产品用于椎间盘手术。
生产厂家:美国Medtronic Sofamor Danek USA, Inc.
注册代理:美敦力(上海)管理有限公司
服务机构:美敦力(上海)管理有限公司
发证日期:2014.07.30 截止日期:2019.07.29

国食药监械(进)字2014第2223739号

产品名称:喉镜(Laryngoscopes)
规格型号:见附页
产品标准:YZB/ISR 4319-2014《喉镜》
性能组成:喉镜由喉镜叶片(即窥视片)、手柄、可拆卸光纤、电池、手柄充电器和灯泡组成,接触患者部分由医用不锈钢材料制成。
适用范围:该产品用于协助气管插管的插入。
生产厂家:以色列Truphatek International Ltd.
注册代理:真泰(北京)商贸有限公司
服务机构:真泰(北京)商贸有限公司
发证日期:2014.07.30 截止日期:2019.07.29

国食药监械(进)字2014第3243740号

产品名称:二氧化碳激光治疗仪(CO2 Laser System)
规格型号:1000NAIN
产品标准:YZB/ROK 4448-2014《二氧化碳激光治疗仪》
性能组成:治疗机由主机、导光系统、手持件、脚踏开关组成;主机由激光器、激光电源及控制装置、安全防护系统、冷却系统组成;导光系统由导光臂和瞄准装置组成;手持件为治疗刀头(f=50mm, f=100mm)。激光波长10.6μm±0.1μm,瞄准光波长650nm±5nm,多模,7关节导光臂,光斑直径不大于0.5mm,工作方式:连续波、单脉冲、重复脉冲和短脉冲。
适用范围:用于人体组织的汽化、碳化和凝固,以达到治疗的目的。
生产厂家:韩国优泰科有限公司(UTI CO., LTD)
注册代理:优泰科医疗设备(北京)有限公司
服务机构:优泰科医疗设备(北京)有限公司
发证日期:2014.07.30 截止日期:2019.07.29

国食药监械(进)字2014第3403741号

产品名称:全自动血库系统(Galileo Echo Automated Blood Bank System)
规格型号:Galileo Echo
产品标准:YZB/USA 4498-2014《全自动血库系统》
性能组成:该产品主要由Galileo Echo主机(样品与试剂加载台、检测条加载台、移液系统、转运系统、培养箱、洗涤器、离心器、读取器组成)、液路组件、随机软件组成。
适用范围:该产品是一种由微处理器控制的仪器,用于人血免疫血液学全自动体外诊断检测。这些检测包括红细胞显型测试(例如ABO和Rh(D)血液显型测试)、红细胞抗体检测以及相容性测试。
备注:2014年09月30日同意更正注册号内容,2014年7月30日核发的医疗器械注册证、医疗器械注册登记表予以废止。
生产厂家:美国Immucor, Inc.
注册代理:海尔施生物医药股份有限公司
服务机构:海尔施生物医药股份有限公司
发证日期:2014.07.30 截止日期:2019.07.29

国食药监械(进)字2014第3223742号

产品名称:电子胸腔镜(細径胸腔ビデオスコープ)
规格型号:LTF TYPE 240
产品标准:YZB/JAP 4337-2014《电子胸腔镜》
性能组成:本产品由电子胸腔镜(LTF TYPE 240)及附属品吸引按钮(MAJ-207)和钳子管道开口阀(MD-495)组成。性能参数见附页。
适用范围:本产品用于胸腔的观察、诊断、摄影和治疗。
生产厂家:日本奥林巴斯医疗株式会社,オリンパスメディカルシステムズ株式会社
注册代理:奥林巴斯贸易(上海)有限公司
服务机构:奥林巴斯(北京)销售服务有限公司
发证日期:2014.07.30 截止日期:2019.07.29

国食药监械(进)字2014第3223743号

产品名称:电子鼻咽喉镜(Video Nasopharyngoscope)
规格型号:EV-N、EV-NE
产品标准:YZB/GER 4242-2014《电子鼻咽喉镜》
性能组成:电子鼻咽喉镜由:CCD接收器(包括插入管(前端为CCD传感器)),信号传输系统(包括摄像主机接口保护盖,摄像主机接口,Storz/Xion适配器,光源接口,操控手柄,侧漏器接口,操控杆,可编程的功能键),软管构件(包括导光索,信号线)构成。
适用范围:电子鼻咽喉镜适用于对鼻咽喉进行内窥镜检查、诊断和治疗用。
生产厂家:德国XION GmbH
注册代理:艾克松有限公司杭州办事处
服务机构:艾克松有限公司杭州办事处
发证日期:2014.07.30 截止日期:2019.07.29

国食药监械(进)字2014第2223744号

产品名称:光学内窥镜摄像系统(High Definition Camera System)
规格型号:IM4000
产品标准:YZB/USA 3805-2014《光学内窥镜摄像系统》
性能组成:该产品由控制主机(IM4000型)和摄像头(CCD头和物镜适配器)组成。可与控制主机(IM4000型)配用的摄像头有眼杯式(IM4120型)、暗盒式(IM4121型)和泌尿镜(IM4123型)三种。
适用范围:该产品适用于医院做内窥镜手术时,将体内手术区域视频放大成像用。
变更情况:变更日期:2014.12.08。(1)变更企业名称:由"Linvatec Corporation d/b/a ConMed Linvatec"变更为"ConMed Corporation";(2)变更注册地址:由"11311 Concept Boulevard Largo, FL 33773 USA."变更为"525 French Road Utica, New York 13502, USA"。
生产厂家:美国Linvatec Corporation d/b/a ConMed Linvatec
注册代理:康美林弗泰克(北京)医疗器械有限公司
服务机构:康美林弗泰克(北京)医疗器械有限公司
发证日期:2014.07.30 截止日期:2019.07.29

国食药监械(进)字2014第2403745号

产品名称:葡萄糖/乳酸/尿素电极盒(GLU/LAC/UREA(BUN) Cassette)
规格型号:1个/盒
产品标准:YZB/GER 4229-2014《葡萄糖/乳酸/尿素电极盒》
性能组成:由葡萄糖/乳酸/尿素电极盒组成。
适用范围:该产品用于罗氏cobas b 221, Roche OMNI S血气、电解质

和生化分析仪上进行葡萄糖、乳酸、尿素检测。
生产厂家:德国 Roche Diagnostics GmbH
注册代理:罗氏诊断产品(上海)有限公司
服务机构:罗氏诊断产品(上海)有限公司
发证日期:2014.07.30 **截止日期**:2019.07.29

国食药监械(进)字2014第3403746号

产品名称:琥珀酰丙酮样本前处理液(串联质谱法)(NeoBaseTM Succinylacetone Assay Solution)
规格型号:1小瓶,2.8 mL。
产品标准:YZB/FIN 4377-2014
性能组成:琥珀酰丙酮样本前处理液: 为稀释的含水联氨溶液。(具体内容详见说明书)。产品有效期:2~8°C 条件下保存,有效期12个月。附件:注册产品标准,产品说明书。
适用范围:本试剂用于体外测量与评估滤纸干血斑样本(DBS)中琥珀酰丙酮浓度试验中的样本处理。
生产厂家:芬兰 Wallac Oy
注册代理:珀金埃尔默仪器(上海)有限公司
发证日期:2014.08.01 **截止日期**:2019.07.31

国食药监械(进)字2014第3403747号

产品名称:EB病毒早期抗原IgA检测试剂盒(酶联免疫法)(Epstein-Barr Virus EA IgA ELISA)
规格型号:96 人份/盒
产品标准:YZB/GER 4456-2014
性能组成:包被板、IgA酶联物、标准品A-D、稀释液、洗涤液、四甲基联苯胺(TMB)底物液、终止液,试剂盒中还包含贴膜、自封袋。(具体内容详见说明书)。产品有效期:储存于 2~8℃的环境下,有效期13个月。附件:注册产品标准,产品说明书。
适用范围:本试剂盒用于体外定性检测人血清中的EB病毒早期抗原(EA)IgA抗体。
生产厂家:德国 IBL International GmbH
注册代理:深圳市科润达生物工程有限公司
发证日期:2014.08.01 **截止日期**:2019.07.31

国食药监械(进)字2014第3403748号

产品名称:EB病毒病毒壳抗原IgA检测试剂盒(酶联免疫法)(Epstein Barr Virus (VCA) IgA ELISA)
规格型号:96 人份/盒
产品标准:YZB/GER 4461-2014
性能组成:包被板、IgA酶联物、标准品A-D、四甲基联苯胺(TMB)底物液、四甲基联苯胺(TMB)终止液、稀释缓冲液、洗涤液,试剂盒中还包含贴膜、自封袋。(具体内容详见说明书)。产品有效期:储存于2~8℃的环境下,13个月。附件:注册产品标准,产品说明书。
适用范围:本试剂盒用于体外定性检测人血清中的EB病毒壳抗原(VCA)IgA抗体。
生产厂家:德国 IBL International GmbH
注册代理:深圳市科润达生物工程有限公司
发证日期:2014.08.01 **截止日期**:2019.07.31

国食药监械(进)字2014第3403749号

产品名称:染色体非整倍体和基因微缺失检测试剂盒(细菌人工染色体标记-微球鉴别/分离法)(商品名:Prenatal BoBsTM)(Prenatal BoBsTM BACs-on-BeadsTM assay)
规格型号:96 人份
产品标准:YZB/FIN 4505-2014
性能组成:试剂盒含有3个试剂包:试剂包1(P1)、试剂包2(P2)和试剂包3(P3)。试剂包1(P1):随机引物溶液、生物素-脱氧核糖核苷三磷酸混合物、聚合酶、杂交缓冲液,试剂包中还包含特定批次的质量控制证书;试剂包 2 (P2):样品稀释液、细菌人工染色体标记微球(BACs-on-Beads)混合物 、报告分子浓缩液、报告分子稀释液、洗涤缓冲液 1、洗涤缓冲液 2,试剂包中还包含特定批次的质量控制证书;试剂包3(P3):生物素化脱氧核糖核酸提纯孔板。(具体内容详见说明书)。产品有效期:试剂盒中的组分具有不同的长期贮存温度,即试剂包1(P1)贮存温度为-30 ~-16 °C,试剂包2(P2)贮存温度为 2~8 °C,试剂包3(P3)贮存温度为19~25 °C。有效期24个月。附件:注册产品标准,产品说明书。
适用范围:本试剂盒用于体外定性检测人羊水样本中13、18、21、X和Y染色体非整倍体,以及普拉德威利综合征/天使综合征(Prader-Willi/Angelman综合征)区域的DNA拷贝数异常情况。
备注:该产品上市后申请人需要完善以下内容:该产品已完成的临床试验研究可以验证其对人13、18、21、X和Y染色体非整倍体以及普拉德威利综合征/天使综合征(Prader-Willi/Angelman 综合征)区域的DNA拷贝数异常情况检测的准确性及其它各项性能指标,证明其临床应用的安全有效性。考虑到其临床预期用途相关疾病发病率低属罕见病种,样本获得困难,临床试验研究中部分项目阳性样本量较少,故要求申请人在该产品得到上市批准后继续完成以下临床研究,在不少于10家省级医疗卫生机构或市级专科医院,根据《体外诊断试剂临床研究指导原则》的要求继续整理临床资料,其中需包含13、Y染色体非整倍体及微缺失阳性样本不少于20例,待延续注册时提交在10临床应用单位使用情况的总结资料,应使用该试剂检测的全部结果(包括阴性、阳性)与临床随访或羊水穿刺核型分析、荧光原位杂交和测序进行对照,该项临床资料应当由出具数据各临床机构主管部门签章,注明原始资料保存地点,并提交临床资料真实性自我保证声明。
生产厂家:芬兰 Wallac Oy
注册代理:珀金埃尔默仪器(上海)有限公司
发证日期:2014.08.01 **截止日期**:2019.07.31

国食药监械(进)字2014第3403750号

产品名称:流式细胞仪APC设置微球(BD Calibrite APC Beads)
规格型号:25 检测人份
产品标准:YZB/USA 4411-2014
性能组成:设置微球为大小约6μm的聚甲醛丙烯酸甲酯微球,单独瓶装2.5mL的APC标记微球,稳定保存于含0.1%叠氮化钠的缓冲盐溶液中。产品有效期:保存于2到8°C环境中,并且避免光线直射。有效期为7个月。附件:注册产品标准,产品说明书。
适用范围:该产品用于调整仪器的设置,设置荧光补偿,检查仪器灵敏度。建议每日使用以监测仪器性能变化。
生产厂家:美国 Becton, Dickinson and Company, BD Biosciences
注册代理:碧迪医疗器械(上海)有限公司
发证日期:2014.08.01 **截止日期**:2019.07.31

国食药监械(进)字2014第3403751号

产品名称:流式细胞仪三色设置微球(BD Calibrite 3 Beads)
规格型号:25 检测人份
产品标准:YZB/USA 4415-2014
性能组成:包括2.5mL的未标记微球一瓶,1.25mLFITC标记的微球一瓶,1.25mL PE标记的微球一瓶,1.25mLPerCP标记的微球一瓶。每瓶为大小约6μm的聚甲醛丙烯酸甲酯微球,试剂稳定保存于含0.1%叠氮化钠的缓冲盐溶液中。产品有效期:保存于2到8°C环境中,并且避免光线直射。有效期为7个月。附件:注册产品标准,产品说明书。
适用范围:该产品用于调整仪器的设置,设置荧光补偿,检查仪器灵敏度。
生产厂家:美国 Becton, Dickinson and Company, BD Biosciences
注册代理:碧迪医疗器械(上海)有限公司
发证日期:2014.08.01 **截止日期**:2019.07.31

国食药监械(进)字2014第3403752号

产品名称:梅毒螺旋体抗体质控品(PreciControl Syphilis)
规格型号:4 × 2.0 mL(冻干品,复溶体积)
产品标准:YZB/GER 4441-2014
性能组成:工作溶液:梅毒螺旋体抗体质控品1,2瓶,每瓶2.0mL质控血清,含人血清(梅毒抗体阴性)和防腐剂;梅毒螺旋体抗体质控品2,2瓶,每瓶2.0mL质控血清,含人血清(梅毒IgG抗体阳性)和防腐剂。(具体内容详见说明书)。产品有效期:2~8℃保存,有效期8个月。附件:注册产品标准,产品说明书。
适用范围:用于梅毒螺旋体抗体测定的质量控制。
生产厂家:德国 Roche Diagnostics GmbH
注册代理:罗氏诊断产品(上海)有限公司
发证日期:2014.08.01 **截止日期**:2019.07.31

国食药监械(进)字2014第3403753号

产品名称:梅毒螺旋体抗体检测试剂盒(电化学发光法)(Syphilis)
规格型号:100 测试/盒
产品标准:YZB/GER 4449-2014
性能组成:包被链霉亲合素的磁性微粒、生物素化的梅毒螺旋体特异性重组抗原(大肠杆菌)、钌复合物标记的梅毒螺旋体特异性重组抗原(大肠杆菌)、梅毒螺旋体抗体定标液 1、梅毒螺旋体抗体定标液 2。(具体内容详见说明书)。产品有效期:2~8℃保存,有效期 9 个月。附件:注册产品标准,产品说明书。
适用范围:用于体外定性测定人血清和血浆中的梅毒螺旋体总抗体。
生产厂家:德国 Roche Diagnostics GmbH
注册代理:罗氏诊断产品(上海)有限公司
发证日期:2014.08.01　**截止日期**:2019.07.31

国食药监械(进)字 2014 第 3663754 号

产品名称:连续硬膜外麻醉套件(Set for continuous epidural anaesthesia)
规格型号:见附页
产品标准:YZB/GER 4276-2014《连续硬膜外麻醉套件》
性能组成:由硬膜外穿刺针、硬膜外麻醉导管、导管连接器、过滤器、过滤器固定敷贴、L.O.R.注射器、皮下注射器、皮下注射针组成。环氧乙烷灭菌,一次性使用。
适用范围:用于连续硬膜外麻醉。
生产厂家:德国 B. Braun Melsungen AG
注册代理:贝朗医疗(上海)国际贸易有限公司
服务机构:贝朗医疗(上海)国际贸易有限公司
发证日期:2014.08.04　**截止日期**:2019.08.03

国食药监械(进)字 2014 第 3663755 号

产品名称:硬膜外麻醉套件(Epidural Catheters Sets and Kits)
规格型号:EC-05400-E
产品标准:YZB/USA 4191-2014《硬膜外麻醉套件》
性能组成:本产品由硬膜外导管、穿刺针、过滤器组成。属于一次性使用产品。产品已经过环氧乙烷灭菌,无需再次灭菌。
适用范围:本产品用于向硬膜外腔提供一个通路。
生产厂家:美国 Arrow International, Inc.
注册代理:泰利福医疗器械商贸(上海)有限公司
服务机构:泰利福医疗器械商贸(上海)有限公司
发证日期:2014.08.04　**截止日期**:2019.08.03

国食药监械(进)字 2014 第 3463756 号

产品名称:锁定接骨螺钉(Locking Screws)
规格型号:见附页
产品标准:YZB/SWI 3121-2014《锁定接骨螺钉》
性能组成:该产品包括锁定螺钉及连接螺钉,连接螺钉包括螺钉及螺母。锁定螺钉材料为符合 ISO5832-1:2007 的 00Cr18Ni14Mo3 不锈钢、ISO5832-11:1994 的 Ti6Al7Nb 钛合金或 ISO5832-2:1999 的纯钛;连接螺钉材料为符合 ISO5832-1:2007 的 00Cr18Ni14Mo3 不锈钢、ISO5832-11:1994 的 Ti6Al7Nb 钛合金。钛及钛合金产品表面经阳极氧化处理。灭菌包装和非灭菌包装,灭菌产品经γ射线辐照灭菌;产品一次性使用。
适用范围:该产品适用于骨折内固定。
生产厂家:瑞士 Synthes GmbH
注册代理:强生(上海)医疗器材有限公司
服务机构:见附页
发证日期:2014.08.04　**截止日期**:2019.08.03

国食药监械(进)字 2014 第 3223757 号

产品名称:软性亲水接触镜(商品名:清朗多焦点)(SofLens MultiFocal (polymacon) Visibility Tinted Contact Lenses)
规格型号:Soflens MultiFocal
产品标准:YZB/USA 4336-2014《软性亲水接触镜(商品名:清朗多焦点)》
性能组成:该产品为日戴型软性亲水接触镜。镜片材料为 Polymacon,着淡蓝色,聚丙烯盒包装。各参数标称值:含水量 38%,折射率 1.439,透氧系数 8.4×10-11cm2/s×[ml02/(ml×mmHg)],-3D 镜片透氧量:7.6×10^{-9}(cm/s)(mL02/(mL×mmHg)),后顶焦度范围 0.00D~-7.00D,标记为"低加"或"高加"镜片,附加焦度在+0.75D 到+1.5D 之内选择标签标示为"低加"镜片,附加焦度在+1.5D 到+2.5D 选择加"高加"镜片,可见光平均透过率>92%。推荐更换周期一个月。产品经高压蒸汽灭菌。
适用范围:采用光学成像原理,用于矫正老花及合并近视。
生产厂家:美国 Bausch & Lomb Incorporated
注册代理:北京博士伦眼睛护理产品有限公司
服务机构:北京博士伦眼睛护理产品有限公司
发证日期:2014.08.04　**截止日期**:2019.08.03

国食药监械(进)字 2014 第 3663758 号

产品名称:高压造影注射器管路系统(Contrast Injector Hose System)
规格型号:XD 2020, XD 2030, XD 2035, XD 2040, XD 2045
产品标准:YZB/GER 4488-2014《高压造影注射器管路系统》
性能组成:该产品分患者管路(XD2030, XD2035, XD2040, XD2045)和 CT/MRI 注射器系统管路(XD2020)。患者管路包括保护盖、鲁尔接头(PVC)、管(PVC)、单向阀(外壳:ABS、膜:低密度聚乙烯)。系统管路包括:保护盖、穿刺针头(ABS)、管(硅胶)、十字连接器(ABS)、连接器(聚氯乙烯)、管(PUR)、O 型垫片(硅橡胶)、压力传感器、管(PVC)、连接器(聚碳酸酯)、药液过滤器(膜:涤纶)、鲁尔接头(ABS)。环氧乙烷灭菌,一次性使用。
适用范围:本产品与 CT/MRI 造影剂注射器配套使用,用于注射造影剂。
生产厂家:德国 ulrich GmbH & Co.KG
注册代理:优诺康(北京)医药技术服务有限公司
服务机构:上海嘉蓝仪器设备有限公司
发证日期:2014.08.04　**截止日期**:2019.08.03

国食药监械(进)字 2014 第 3773759 号

产品名称:造影导管(ERCP Cannula)
规格型号:见附页
产品标准:YZB/USA 2084-2014《造影导管》
性能组成:该产品为双腔或三腔导管,有独立的注射腔道和导丝腔道。导管远端带有不透射线标记和彩色条纹,有助于手术期间观察导管的操作情况和进行深度确认。导管体的材料为聚四氟乙烯。产品经环氧乙烷灭菌,一次性使用。
适用范围:该产品适用于胆胰管造影术中注射造影剂。
生产厂家:美国 Boston Scientific Corporation
注册代理:波科国际医疗贸易(上海)有限公司
服务机构:波科国际医疗贸易(上海)有限公司
发证日期:2014.08.04　**截止日期**:2019.08.03

国食药监械(进)字 2014 第 3453760 号

产品名称:空心纤维血液透析滤过器(Fresenius Helixone High Flux Dialysers)
规格型号:FX40, FX50, FX60, FX80, FX100
产品标准:YZB/GER 4346-2014《空心纤维血液透析滤过器》
性能组成:产品由以下部分组成:纤维膜,外壳,封装材料,顶盖,密封环,血液保护帽和透析液保护帽。其中纤维膜材料为聚砜纤维-聚乙烯吡咯烷酮混合物,外壳材料为聚丙烯,封装材料为聚氨酯,顶盖材料为聚丙烯,密封环材料为硅树脂,血液保护帽和透析液保护帽材料为聚丙烯。本品经流动蒸汽灭菌,一次性使用。
适用范围:本品一次性使用于常规血液透析或血液透析滤过。
备注:2015 年 1 月 6 日同意更正生产地址、产品名称内容,2014 年 8 月 4 日核发的医疗器械注册证、医疗器械注册登记表予以废止。
生产厂家:德国 Fresenius Medical Care AG &Co.KGaA
注册代理:费森尤斯医药用品(上海)有限公司
服务机构:费森尤斯医药用品(上海)有限公司
发证日期:2014.08.04　**截止日期**:2019.08.03

国食药监械(进)字 2014 第 2663761 号

产品名称:充盈压力泵系统(Merit Analog Inflation Device)
规格型号:IN4130、IN4230、IN4530、IN4430、IN4330、IN4352、M3SNC
产品标准:YZB/USA 4316-2014《充盈压力泵系统》
性能组成:该产品为无源器械,包括以下组成部分:30ATM 压力泵、33cm 延长管、三通阀、Access-9 止血阀、Access Plus 止血阀、MBA 止血阀、Honor 长止血阀、20cm 延长管、导丝导入工具、转矩器械。产品经环氧乙烷灭菌,一次性使用。
适用范围:产品用于扩张和缩小血管成形术球囊或者其他介入设备,并测试球囊的压力和控制其压力。
生产厂家:美国 Merit Medical System, Inc
注册代理:麦瑞通医疗器械(北京)有限公司
服务机构:麦瑞通医疗器械(北京)有限公司
发证日期:2014.08.04 **截止日期**:2019.08.03

国食药监械(进)字 2014 第 3773762 号

产品名称:外周导丝 (商品名: ASAHI) (Peripheral Guide Wire)
规格型号:见附页
产品标准:YZB/JAP 1351-2010《外周导丝》
性能组成:该产品由锥形芯丝(SUS304)和绕丝组成。不锈钢绕丝由奥氏体不锈钢(SUS316)材料制成,不透射线绕丝由铂镍合金制成。近端芯丝表面覆有聚四氟乙烯涂层,远端被覆有亲水聚合物涂层。产品环氧乙烷灭菌,一次性使用。
适用范围:该产品适用于外周血管内手术过程中导引诊断和介入器械。
生产厂家:日本朝日インテック株式会社(ASAHI INTECC CO., LTD.)
注册代理:朝日英达科贸(北京)有限公司
服务机构:朝日英达科贸(北京)有限公司
发证日期:2014.08.04 **截止日期**:2019.08.03

国食药监械(进)字 2014 第 3773763 号

产品名称:PTCA 导丝 (商品名: ASAHI SION) (PTCA Guide Wires)
规格型号:AHW14R001S、AHW14R301S
产品标准:YZB/JAP 1830-2010《PTCA 导丝》
性能组成:产品由绕丝、锥形芯丝和安全丝构成。绕丝由外部绕丝和内部绕丝组成,其中外部绕丝分为远端铂镍合金不透射线绕丝和近端 SUS316 不锈钢绕丝;内部绕丝的材料为 SUS316 不锈钢。安全丝的材料为 SUS316 不锈钢。近端芯丝表面涂覆有聚四氟乙烯涂层,整个绕丝表面覆有亲水涂层(聚乙烯吡咯烷酮、硝酸纤维素和聚亚安酯)。环氧乙烷灭菌,一次性使用。
适用范围:适用于经皮腔内冠状动脉成形术(PTCA)和经皮腔内血管成形术(PTA)中导引血管内诊断或介入器械。
生产厂家:日本朝日インテック株式会社(ASAHI INTECC CO., LTD.)
注册代理:朝日英达科贸(北京)有限公司
服务机构:朝日英达科贸(北京)有限公司
发证日期:2014.08.04 **截止日期**:2019.08.03

国食药监械(进)字 2014 第 2223764 号

产品名称:关节镜用器械(Instruments for Arthroscope)
规格型号:见附页
产品标准:YZB/GER 4487-2014《关节镜用器械》
性能组成:该产品由穿刺针、穿刺针套管、冲洗管、塞子、准直线、空心钻、肌腱叉、凿、微粉碎器、通道挫、刮匙、通道探头、双匙钳、夹钳、制备台、制备板、移植板、固定器、瞄准匙、瞄准弓、牵引线、撞击器、压紧器、肌腱剥离器、导杆、手柄组成。采用 custom 455 不锈钢和符合 YY/T 0294.1 中代号为 O、M、D、B、N 的不锈钢制成,空心钻的头部表面涂层为 Ti、Nb 合金,制备板由聚四氟乙烯 (PTFE) 制成。详见型号规格列表。非灭菌包装。
适用范围:该产品为关节镜用手术器械,用于关节腔的检查及为手术提供手术通道。
生产厂家:德国 Richard Wolf GmbH
注册代理:北京德华信达技术有限公司
服务机构:见附页
发证日期:2014.08.04 **截止日期**:2019.08.03

国食药监械(进)字 2014 第 2663765 号

产品名称:天然胶乳橡胶避孕套(Natural Rubber Latex Male Condoms)
规格型号:平滑型、颗粒型、平滑超薄型、三合一型、平滑缩腰型、螺纹型; 颜色: 自然色、粉红色;香型: 无味、苹果香型、茉莉花香型
产品标准:YZB/MAL 4526-2014《天然胶乳橡胶避孕套》
性能组成:由天然胶乳加工而成。
适用范围:在正常使用情况下,有助于避免怀孕并可以降低感染某些性病的风险。
生产厂家:马来西亚 NULATEX SDN. BHD
注册代理:北京金协信商贸有限责任公司
服务机构:见附件
发证日期:2014.08.04 **截止日期**:2019.08.03

国食药监械(进)字 2014 第 2543766 号

产品名称:笔式胰岛素注射器 (商品名: 优伴 II (HumaPen Ergo II)) (Pen-Injector)
规格型号:Ergo II
产品标准:YZB/USA 4590-2014《笔式胰岛素注射器》
性能组成:笔帽、笔芯架、笔芯架固定环、螺旋杆、笔身、剂量窗口、剂量调节栓和注射按钮组成。
适用范围:本品仅适合与优泌林或优泌乐 3mL 胰岛素笔芯(100IU/ml)配合使用,用于胰岛素的注射。
生产厂家:美国 Eli Lilly and Company Pharmaceutical Delivery Systems
注册代理:美国礼来亚洲公司上海代表处
服务机构:美国礼来亚洲公司上海代表处
发证日期:2014.08.04 **截止日期**:2019.08.03

国食药监械(进)字 2014 第 2663767 号

产品名称:测温导尿管(Temperature Sensor Foley Catheters)
规格型号:ABX-FC-08FR, ABX-FC-10FR, ABX-FC-12FR, ABX-FC-14FR, ABX-FC-16FR, ABX-FC-18FR
产品标准:YZB/USA 4605-2014《测温导尿管》
性能组成:测温导尿管由球囊、管身、充起锥形接口、单向阀、排泄锥形接口及温度探头组成。
适用范围:用来对膀胱进行连续排水并对内部温度连续监测。
生产厂家:美国 Ablexan Corporation
注册代理:北京恒润泰医药科技有限公司
服务机构:北京恒润泰医药科技有限公司
发证日期:2014.08.04 **截止日期**:2019.08.03

国食药监械(进)字 2014 第 3463768 号

产品名称:环扎系统-植入部分 (商品名: SuperCable Iso-Elastic) (SuperCable Iso-Elastic cerclage System-Implants)
规格型号:35-100-1010
产品标准:YZB/USA 4455-2010《环扎系统-植入部分》
性能组成:该产品由金属锁扣和线缆组成,线缆由线芯和编织线皮组成。金属锁扣为锻造 Ti6A14V 合金;线缆的编织线皮为超高分子量聚乙烯;线芯为尼龙 6 和尼龙 6/6。灭菌包装。
适用范围:该产品与专用的 SuperCable Iso-Elastic 环扎系统手术工具配合使用。适用于外伤引起的长骨骨折修复或者重建;全髋关节成形术中的大转子复置、关节表面成形术、或者其他涉及转子骨切开的手术;胸骨切开术的闭合和脊柱的椎板下和椎间小关节的捆绑术。
生产厂家:美国 Kinamed, Inc.
注册代理:艾文泰(上海)商业有限公司
服务机构:艾文泰(上海)商业有限公司
发证日期:2014.08.04 **截止日期**:2019.08.03

国食药监械(进)字 2014 第 3773769 号

产品名称:纵裂式外导引导管 (商品名: CPS Direct SL II) (Slittable Outer Guide Catheter)
规格型号:DS2C001, DS2C002, DS2C003, DS2C004, DS2C005, DS2C006, DS2C011, DS2C012, DS2C013, DS2C014, DS2C015
产品标准:YZB/USA 1444-2011《纵裂式外导引导管》
性能组成:CPS Direct SL II 纵裂式外导引导管包括:带止血阀的 CPS Direct SL II 纵裂式外导引导管,用于将导管插入冠状窦静脉;扩张器,用于扩展静脉,便于进入脉管系统;CPS 通用纵向切裂器(DS2A003),用于在取出工具时切裂 CPS Direct SL II;CPS Direct 阀门旁路工具(DS2A004),用于使器件易于进入止血阀。环氧乙烷灭菌,一次性使用。
适用范围:CPS Direct SL II 纵裂式外导引导管用于插入心内的心脏静脉系统,并充当植入期间注入造影剂和 St. Jude Medical 器件(包括植入式左心电极导线和递送工具)的管道,并且支持液体进入,而这些情况下必须尽量减少失血。此外,CPS Direct SL II 纵裂式外导引导管还可和内导管配套使用。
生产厂家:美国圣犹达医疗用品有限公司 CRMD(St.Jude Medical Cardiac Rhythm Management Division)
注册代理:圣犹达医疗用品(上海)有限公司

服务机构:圣犹达医疗用品(上海)有限公司
发证日期:2014.08.04 截止日期:2019.08.03

国食药监械(进)字 2014 第 3463770 号

产品名称:股骨柄 (商品名: Tri-lock) (Tri-lock Hip System)
规格型号:见附页
产品标准:YZB/USA 1930-2010《股骨柄》
性能组成:该产品材料采用 Ti6Al4V 钛合金，表面带有纯钛涂层。灭菌包装。
适用范围:作为生物型假体，与同一系统关节组件配合使用，适用于髋关节置换。
生产厂家:美国 DePuy Orthopaedics, Inc.
注册代理:强生(上海)医疗器材有限公司
服务机构:强生(上海)医疗器材有限公司
发证日期:2014.08.04 截止日期:2019.08.03

国食药监械(进)字 2014 第 2633771 号

产品名称:义齿稳固剂(商品名:齿固佳)(Protefix Adhesive Cream for the denture)
规格型号:40ml、20ml/支
产品标准:YZB/GER 3918-2014《义齿稳固剂》
性能组成:本品由甲基乙烯基醚/马来酸共聚物的钠盐及钙盐混合物 (Gantrez MS 955)、羧甲基纤维素钠、粘性石蜡、白凡士林、无水二氧化硅胶体、薄荷醇和对羟基苯甲酸甲酯组成。
适用范围:本产品是一种暂时性辅助义齿稳固的材料。
生产厂家:德国 Queisser Pharma GmbH & Co. KG
注册代理:优诺康(北京)医药技术服务有限公司
服务机构:优诺康(北京)医药技术服务有限公司
发证日期:2014.08.04 截止日期:2019.08.03

国食药监械(进)字 2014 第 2663772 号

产品名称:造口护理用品 (商品名: 艺舒) (Easiflex Ostomy Care Products)
规格型号:14301, 14302, 14303, 14304, 14305, 14306, 14401, 14403, 14331, 14332, 14319, 14361, 14362, 14349, 14357, 14344, 14552, 14554, 14553, 14555, 14681, 14682, 14691, 14692, 14307, 14308
产品标准:YZB/DEN 4315-2014 《造口护理用品》
性能组成:该产品是二件式粘接扣合系统，底盘和造口袋通过粘结的方式扣合。非灭菌、一次性使用产品。底盘分为平面底盘和微凸底盘，粘接剂分为 Easyremoval、Balance63 和 TERA。造口袋分为肠造口袋和尿路造口袋。底盘主要由低密度聚乙烯的浮动环和粘接剂环组成。肠造口袋主要由四层复合膜(EVA/EVA/PVDC/EVA)，丙烯酸，聚乙烯，乙烯、活性炭和无纺布组成。尿路造口袋主要由四层复合膜(EVA/EVA/PVDC/EVA)，聚乙烯，丙烯酸，乙烯，热塑性弹性体 Dryflex, EVA, PE/PP 膜和无纺布组成。
适用范围:适用于收集造口排泄物。
生产厂家:丹麦 Coloplast A/S
注册代理:康乐保(中国)医疗用品有限公司
服务机构:康乐保(中国)医疗用品有限公司
发证日期:2014.08.04 截止日期:2019.08.03

国食药监械(进)字 2014 第 3453773 号

产品名称:透析导管(Dialysis Catheter)
规格型号:见附页
产品标准:YZB/USA 4610-2014《透析导管》
性能组成:透析导管套件包括导管、扩张器、导丝、穿刺针、肝素帽和医用透明贴膜，部分型号还带有阀导入器、微导入器、隧道针等配件。导管的材料为聚氨酯，导丝、穿刺针和隧道针的材料是不锈钢。本产品为环氧乙烷灭菌的一次性使用产品。
适用范围:本产品适用于血液透析、血液灌流或血浆分离透析治疗时，通过颈静脉、锁骨下动脉(或静脉)或股静脉建立临时或短期或长期的血管通路。
生产厂家:美国 Bard Access Systems, Inc.
注册代理:巴德医疗科技(上海)有限公司
服务机构:巴德医疗科技(上海)有限公司
发证日期:2014.08.04 截止日期:2019.08.03

国食药监械(进)字 2014 第 3773774 号

产品名称:栓塞弹簧圈(Embolization Coils)
规格型号:见附页
产品标准:YZB/USA 3841-2014《栓塞弹簧圈》
性能组成:该产品由装载筒和弹簧圈组成，弹簧圈由铂金丝和人造纤维制成。产品经环氧乙烷灭菌，一次性使用。
适用范围:Tornado 栓塞弹簧圈用于对动静脉畸形或其他血管病变的供血血管进行选择性栓塞。Tornado 栓塞弹簧圈适合于远端渐细的血管。Nester 栓塞弹簧圈适用于动静脉血管栓塞手术。Nester 栓塞弹簧圈和 Tornado 栓塞弹簧圈不适用于颅内血管。Hilal 微型栓塞弹簧圈适用于对动静脉畸形以及大脑、脊髓和脊柱血管病变的供应血管的选择性栓塞。
生产厂家:美国库克公司(Cook Incorporated)
注册代理:库克(中国)医疗贸易有限公司
服务机构:库克(中国)医疗贸易有限公司
发证日期:2014.08.04 截止日期:2019.08.03

国食药监械(进)字 2014 第 2543775 号

产品名称:人工复苏器(Complete Personal Resuscitator Bag)
规格型号:10-55004CN(Adult), 10-55204CN(Infant)
产品标准:YZB/USA 4510-2014《人工复苏器》
性能组成:产品由球囊、病人阀、进出气阀、面罩、储气袋、氧气管组成。用于对失去自主呼吸或窒息病人的抢救和复苏。本产品为非无菌产品，可重复使用，但仅限于单个病人重复使用。
适用范围:用于对失去自主呼吸或窒息病人的抢救和复苏。
生产厂家:美国 Mercury Medical
注册代理:北京金新亚科技有限公司
服务机构:北京金新亚科技有限公司
发证日期:2014.08.04 截止日期:2019.08.03

国食药监械(进)字 2014 第 3253776 号

产品名称:射频套管(RF Cannula)
规格型号:见附页
产品标准:YZB/USA 4395-2014《射频套管》
性能组成:射频套管由针管座、针管、衬芯座和衬芯组成，针管表面绝缘涂层材料为聚四氟乙烯，部分产品针管外表面涂有医用硅油。产品经环氧乙烷灭菌，一次性使用。
适用范围:用于缓解疼痛治疗的射频毁损手术。
生产厂家:美国 Cosman Medical, Inc.
注册代理:北京智杰华隆技术发展有限公司
服务机构:北京智杰华隆技术发展有限公司
发证日期:2014.08.04 截止日期:2019.08.03

国食药监械(进)字 2014 第 3453777 号

产品名称:空心纤维血液透析器(FX-Dialyser sterilised steam)
规格型号:FX5、FX8、FX10
产品标准:YZB/GER 4596-2014《空心纤维血液透析器》
性能组成:本品为一次性使用空心纤维血液透析器，由纤维、外壳、树脂、焊接法兰、密封环、无菌盖和保护盖组成。纤维材料为聚砜纤维-聚乙烯吡咯烷酮混合物，外壳材料为聚丙烯，树脂材料为聚氨酯，焊接法兰材料为聚丙烯，密封环材料为硅树脂，无菌盖材料为聚丙烯、硅树脂，保护盖材料为(聚乙炔丙烯)苯乙烯。本产品采用流动蒸汽灭菌。
适用范围:本品是配合血液透析装置使用，供慢性肾功能衰竭患者进行血液透析治疗，一次性使用。
生产厂家:德国 Fresenius Medical Care AG&Co.KGaA
注册代理:费森尤斯医药用品(上海)有限公司
服务机构:费森尤斯医药用品(上海)有限公司
发证日期:2014.08.04 截止日期:2019.08.03

国食药监械(进)字 2014 第 3223778 号

产品名称:软性角膜接触镜 (商品名: 舒晰) (Acuvue Brand Contact Lenses)
产品标准:YZB/USA 4308-2014《软性角膜接触镜 (商品名: 舒晰)》
性能组成:该产品为日戴型软性亲水接触镜。镜片材料为 etafilconA，着淡蓝色。聚丙烯塑泡包装。各参数标称值: 含水量: 59%，折射率:

1.400，透氧系数：21.4×10^{-11}(cm2/s)(mLO2/(mL×mmHg))，-3D镜片透氧量：30.6×10^{-9}(cm/s)(mLO2/(mL×mmHg))，后顶焦度范围：-0.50D～-10.00D，可见光透过率>89%。UV-A段平均透过率<30%，UV-B段平均透过率<5%。推荐更换周期1个月。产品经湿热蒸汽灭菌。
适用范围:用于矫正有晶体和无晶体的无疾病眼的屈光不正（近视），1.00D以下散光患者配戴不影响视敏感。
生产厂家:美国 Johnson&Johnson Vision Care Inc.
注册代理:强生视力健商贸（上海）有限公司
服务机构:强生视力健商贸（上海）有限公司
发证日期:2014.08.04　　**截止日期**:2019.08.03

国食药监械(进)字2014第2633779号

产品名称:齿科纯钛材料(Everest T-Blank)
规格型号:(10)、(12)、(16)、(16/16)、(B33/12)、(B45/12)、(B45/16)、(B45/18)、(B60/18)、B(70/12)、B(70/16)、(Ronde100×12)、(Ronde100×16)、(Ronde100×18)
产品标准:YZB/GER 4141-2014《齿科纯钛材料》
性能组成:本品的成份为纯钛，成份符合GB/T13810中TA2级纯钛材料要求，主要成分为Ti、Fe、C、N、H、O。
适用范围:本产品应用于牙冠、牙桥的制作。
生产厂家:德国 Kaltenbach&Voigt GmbH
注册代理:卡瓦盛邦（上海）牙科医疗器械有限公司
服务机构:卡瓦盛邦（上海）牙科医疗器械有限公司
发证日期:2014.08.04　　**截止日期**:2019.08.03

国食药监械(进)字2014第3463780号

产品名称:脊柱内固定系统（商品名：InCompass）(InCompass Spinal Fixation System)
规格型号:见附页
产品标准:YZB/USA 4343-2014《脊柱内固定系统》
性能组成:该产品由椎弓根螺钉（多轴螺钉和单轴螺钉）、螺塞、钩、横连接以及偏体连接器组成。产品由符合GB/T13810标准要求的TC4 ELI钛合金材料制成，表面经阳极氧化处理，非灭菌包装。
适用范围:该系统经后路适用于T1-S1节段的脊柱内固定
变更情况:变更日期：2014.11.19。生产企业注册地址由“5301 Riata Park Court, Buiding F.Austin Texas 78727, USA”变更为“7375 Bush Lake Road, Minneapolis, Minnesota 55439, USA”。
生产厂家:美国 Zimmer Spine, Inc.
注册代理:捷迈（上海）医疗国际贸易有限公司
服务机构:捷迈（上海）医疗国际贸易有限公司
发证日期:2014.08.04　　**截止日期**:2019.08.03

国食药监械(进)字2014第3633781号

产品名称:牙科树脂水门汀(Maxcem Elite)
规格型号:见附页
产品标准:YZB/USA 4144-2014《牙科树脂水门汀》
性能组成:本产品由基质和催化剂组成，基质主要成分：催化氨基甲酸酯树脂、氟硅酸盐、Schott玻璃离子，二氧化硅，樟脑醌，二甲基氨基甲基丙烯酸乙酯；催化剂主要成分：二氨甲酸乙酯二甲基丙烯酸酯、三乙胺甘油二甲基丙烯酸酯、羟基丙烷二甲基丙烯酸酯、聚氨酯二甲基丙烯酸酯、钡铝硅酸盐玻璃。
适用范围:用于金属、陶瓷、树脂制作的修复体（冠、桥、嵌体、桩核）与牙齿之间的粘固。不适用于贴面修复。本产品仅供专业人士使用。
生产厂家:美国 Kerr Corporation
注册代理:卡瓦盛邦（上海）牙科医疗器械有限公司
服务机构:卡瓦盛邦（上海）牙科医疗器械有限公司
发证日期:2014.08.04　　**截止日期**:2019.08.03

国食药监械(进)字2014第3153782号

产品名称:微细注射针（商品名：INJEKTTM）(INJEKTTM Filiform Injection Needle)
规格型号:IFI-383523
产品标准:YZB/USA 4287-2014《微细注射针》
性能组成:微细注射针由丝状头、穿刺针、金属外鞘管、手柄、针座组成。产品材料：丝状头：304不锈钢；穿刺针：304不锈钢；金属外鞘管：304不锈钢；手柄和针座：ABS；鞘管刻度标记：B型墨。该产品由环氧乙烷灭菌，产品一次性使用。
适用范围:微细注射针被设计用于向泌尿生殖系统内注射治疗性药剂，尤其用于膀胱输尿管反流(VUR)儿童患者和一般人群中的膀胱颈注射。
生产厂家:美国 Cook Incorporated
注册代理:库克（中国）医疗贸易有限公司
服务机构:库克（中国）医疗贸易有限公司
发证日期:2014.08.04　　**截止日期**:2019.08.03

国食药监械(进)字2014第3463783号

产品名称:带针/不带针钢丝线（商品名：Steel Wire）(Non-absorbable surgical suture)
规格型号:见附页
产品标准:YZB/GER 4255-2014《带针/不带针钢丝线》
性能组成:钢丝线是一种单股或多股不可吸收性无菌外科缝线，缝线和缝针采用符合GB/T 20878-2007中规定的牌号为022Cr17Ni12Mo2的不锈钢材料制成。环氧乙烷灭菌。
适用范围:钢丝线适用于骨科、胸外科、心外科骨质缝合、切开环扎术以及矫形手术（例如环扎术）。
备注:2014年12月26日同意更正企业注册地址、生产地址内容，2014年8月4日核发的医疗器械注册登记表予以废止。
生产厂家:德国 RESORBA Medical GmbH
注册代理:通用（上海）医疗器材有限公司
服务机构:通用（上海）医疗器材有限公司
发证日期:2014.08.04　　**截止日期**:2019.08.03

国食药监械(进)字2014第3463784号

产品名称:脊柱内固定系统（商品名：CD HORIZON）(CD HORIZON Spinal System)
规格型号:见附页
产品标准:YZB/USA 4366-2014《脊柱内固定系统》
性能组成:该产品由万向螺钉、螺塞以和预弯棒组成。万向螺钉和螺塞采用符合GB/T13810标准规定的TC4ELI钛合金制成，万向螺钉的顶丝采用符合GB/T13810标准规定的TA2纯钛材料制成。预弯棒采用符合ASTM F2026标准规定的聚醚醚酮(PEEK)材料制成，等级为OptimaLT1。一种预弯棒带有符合GB/T13810标准规定的TC4ELI钛合金制成的显影块，另外一种预弯棒带有符合IS013782标准规定的纯钽材料制成的显影块。金属组件表面经阳极氧化处理。金属组件为非灭菌包装，预弯棒为灭菌包装。
适用范围:适用于胸、腰及/或骶部脊柱后路内固定手术。
生产厂家:美国 Medtronic Sofamor Danek USA, Inc.
注册代理:美敦力（上海）管理有限公司
服务机构:美敦力（上海）管理有限公司
发证日期:2014.08.04　　**截止日期**:2019.08.03

国食药监械(进)字2014第2653785号

产品名称:聚丙烯带针缝合线（商品名：马尼聚丙烯带针缝合线）(マニーポリプロピレン)
规格型号:见附页
产品标准:YZB/JAP 4409-2014《聚丙烯带针缝合线》
性能组成:聚丙烯带针缝合线的原料为聚丙烯，针由SUS302不锈钢制成。缝线有白色和蓝色两种，其中白色为未染色。缝线为单股线。产品为环氧乙烷灭菌。
适用范围:聚丙烯带针缝合线用于手术用缝合。
生产厂家:日本マニー株式会社
注册代理:珠海港康达医疗器材有限公司
服务机构:珠海港康达医疗器材有限公司
发证日期:2014.08.04　　**截止日期**:2019.08.03

国食药监械(进)字2014第2223786号

产品名称:一次性使用活组织检查钳（商品名:Radial Jaw 4）(Radial Jaw 4 Biopsy Forceps)
规格型号:见附页
产品标准:YZB/USA 4286-2014《一次性使用活组织检查钳》
性能组成:本产品是一次性使用通用冷活检钳，用于在内窥镜下收集组织以进行组织学检查，有160cm和240cm两种长度，有带针和不带针两种选择.产品有两种钳口结构，一种用于2.8mm或更大通道的内窥镜，另一种用于3.2mm或更大通道的内窥镜.手柄部由一个拇指环和一个钳柄组成.钳口由302号不锈钢材料制成，活检针由S17700不锈钢材料制成。产品无菌提供，灭菌方式为射线灭菌。
适用范围:用于在内窥镜下收集组织以进行组织学检查。
生产厂家:美国Boston Scientific Corporation
注册代理:波科国际医疗贸易(上海)有限公司
服务机构:波科国际医疗贸易(上海)有限公司
发证日期:2014.08.04　　**截止日期**:2019.08.03

国食药监械(进)字2014第3773787号

产品名称:可分离栓塞金球囊（商品名：金球囊）(DETACHABLE GOLDBALLOONS)
规格型号:GOLDBAL1GOLDBAL2GOLDBAL3GOLDBAL4
产品标准:YZB/FRC 0142-2010《可分离栓塞金球囊》
性能组成:该产品由乳胶和金标记(99.95%Gold)制成。充盈后尺寸(直径X长度)(mm):7.5X10；7.5X20；8.5X11；9.5X16。环氧乙烷灭菌，一次性使用。
适用范围:该产品与MABDPE标准MAGIC系列单槽导管装配到一起使用，用于神经系统和外周血管动静脉瘘和动脉瘤的栓塞。
生产厂家:法国BALT EXTRUSION
注册代理:北京永亨堂科贸有限公司
服务机构:北京永亨堂科贸有限公司
发证日期:2014.08.04　　**截止日期**:2019.08.03

国食药监械(进)字2014第3463788号

产品名称:股骨柄组件（商品名：Bi-Metric）(Bi-Metric Hip System)
规格型号:见附页
产品标准:YZB/USA 4292-2014《股骨柄组件》
性能组成:该产品基底部分由符合GB/T 13810标准规定的TC4 ELI钛合金材料制成；表面为符合ASTM F1580标准规定的Ti6Al4V钛合金涂层，或者表面为符合ASTM F1580标准规定的Ti6Al4V钛合金涂层加符合ISO 13779-2标准规定的羟基磷灰石涂层组成的双涂层。灭菌包装。
适用范围:与该企业同一系统组件配合，做为非骨水泥型髋关节假体使用，适用于髋关节置换。
生产厂家:美国Biomet Orthopedics
注册代理:邦美(上海)商贸有限公司
服务机构:邦美(上海)商贸有限公司
发证日期:2014.08.04　　**截止日期**:2019.08.03

国食药监械(进)字2014第3453789号

产品名称:超滤器(Ultrafilter)
规格型号:U 8000 S
产品标准:YZB/GER 5046-2011《超滤器》
性能组成:本产品由透析膜、封装材料、外壳和顶盖及无菌插头组成。透析膜材料为PolyamixTM(PAES/PVP/PA)，封装材料为聚氨基甲酸乙酯(PUR)，外壳和顶盖材料为聚碳酸酯(PC)，无菌插头材料为聚丙烯(PP)，蒸汽灭菌。
适用范围:产品适用于对透析用水以及透析液的净化，以获取高微生物质量的透析液，继而降低暴露于细菌和内毒素的风险。
生产厂家:德国Gambro Dialysatoren GmbH
注册代理:金宝肾护理产品(上海)有限公司
服务机构:金宝肾护理产品(上海)有限公司
发证日期:2014.08.04　　**截止日期**:2019.08.03

国食药监械(进)字2014第3453790号

产品名称:超滤器(Ultrafilter)
规格型号:U 9000
产品标准:YZB/GER 4399-2014《超滤器》
性能组成:该产品为中空纤维型超滤器，由过滤膜、封装材料、外壳和密封垫组成。过滤膜材料为PAES/PVP，封装材料为聚亚安酯，外壳材料为聚碳酸酯，密封垫材料为硅胶。
适用范围:超滤器U 9000适用于净化用于透析液的进水以及透析液本身，以获取高微生物质量的透析液。降低暴露于细菌和内毒素的风险。超滤器U 9000适合与水处理系统一起使用。超滤器U 9000只能与配备U 9000超滤器支架的Gambro血液透析装置配合使用。
生产厂家:德国Gambro Dialysatoren GmbH
注册代理:金宝肾护理产品(上海)有限公司
服务机构:金宝肾护理产品(上海)有限公司
发证日期:2014.08.04　　**截止日期**:2019.08.03

国食药监械(进)字2014第2663791号

产品名称:宫颈细胞刷（商品名：Wallach）(Wallach Papette)
规格型号:papette
产品标准:YZB/USA 0994-2010《宫颈细胞刷及更改单》
性能组成:宫颈细胞刷是一次性耗材用于提取宫颈部的细胞样品。宫颈细胞刷由以下部分组成:手柄和刷子一体，由医疗级别低密度聚乙烯材料制成。
适用范围:宫颈细胞刷是用于提取子宫细胞样品。
生产厂家:美国CooperSurgical Inc.
注册代理:北京威尼汇力医疗器械有限公司
服务机构:广州三瑞医疗器械有限公司
发证日期:2014.08.04　　**截止日期**:2019.08.03

国食药监械(进)字2014第3463792号

产品名称:非骨水泥股骨柄（商品名：Synergy）(Synergy Cementless Stem)
规格型号:见附页
产品标准:YZB/USA 4030-2014《非骨水泥股骨柄》
性能组成:该产品材料为符合ISO 5832-3的Ti6Al4V钛合金。表面经喷砂处理。灭菌包装。
适用范围:与该企业同一系统组件配合，做为非骨水泥型髋关节假体使用，适用于髋关节置换。
生产厂家:美国Smith & Nephew, Inc.
注册代理:施乐辉医用产品国际贸易(上海)有限公司
服务机构:施乐辉医用产品国际贸易(上海)有限公司
发证日期:2014.08.04　　**截止日期**:2019.08.03

国食药监械(进)字2014第3463793号

产品名称:听小骨假体(Ossicular Prostheses)
规格型号:见附页
产品标准:YZB/USA 2465-2011《听小骨假体》
性能组成:该产品由纯钛(TA1)，钛合金(Ti6Al4V)或不锈钢(00Cr18Ni14Mo3)组成，不同的型号所用的材料见型号规格附表。环氧乙烷灭菌，一次性使用。
适用范围:该产品可通过手术植入中耳，分别替代砧骨、锤骨或镫骨或替代整个听骨链。
生产厂家:美国Medtronic Xomed Inc.
注册代理:美敦力(上海)管理有限公司
服务机构:美敦力(上海)管理有限公司
发证日期:2014.08.04　　**截止日期**:2019.08.03

国食药监械(进)字2014第2633794号

产品名称:缝隙封闭糊剂（商品名：OraSeal）(OraSeal Caulking & Blocking-out putty)
规格型号:OraSeal Caulking、OraSeal Putty
产品标准:YZB/USA 0626-2010《缝隙封闭糊剂》
性能组成:本品主要由硅油、聚醚改性聚二甲基硅氧烷、丙二醇、羧甲基纤维素、硼硅酸盐玻璃组成。
适用范围:用于进行口腔隔离治疗时临时粘附湿橡皮障，牙龈，粘膜组织和牙齿。
生产厂家:美国Ultradent Products, Inc.
注册代理:广州市皓齿登医疗器械有限公司
服务机构:广州市皓齿登医疗器械有限公司
发证日期:2014.08.04　　**截止日期**:2019.08.03

国食药监械(进)字2014第3463795号

产品名称:全膝修复系统（商品名：Advance）(ADVANCE Knee System Cementless)
规格型号:见附页
产品标准:YZB/USA 3817-2010《全膝修复系统》
性能组成:该产品由股骨踝、股骨块、胫骨托、胫骨楔和延长柄组成，其中股骨块和胫骨楔带有固定组件。股骨髁由铸造钴铬钼合金材料制造，表面带有铸造钴铬钼合金涂层或经过喷砂处理；胫骨托由铸造钴铬钼合金材料或锻造钛合金制造，表面经过喷砂处理；股骨块、胫骨楔、延长柄由锻造钛合金材料制造，表面经喷砂处理；固定组件由锻造钛合金材料和超高分子聚乙烯材料制造。灭菌包装。
适用范围：作为非骨水泥假体使用，适用于骨骼发育成熟患者的膝关节置换术，以减轻和解除疼痛和/或改善膝关节功能。
变更情况：变更日期：2015.01.12。“生产企业名称：Wright Medical Technology, Inc. 代理人：上海迈凯医疗器械有限公司代理人住所：上海市黄浦区瑞金南路 345 弄 1 号楼 2103、2104 室”变更为“生产企业名称：MicroportOrthopedics Inc. 代理人：上海微创骨科医疗科技有限公司代理人住所：浦东新区周浦镇天雄路 588 弄 1-28 号第 23 幢”。
生产厂家：美国 Wright Medical Technology, Inc.
注册代理：上海迈凯医疗器械有限公司
服务机构：上海迈凯医疗器械有限公司
发证日期：2014.08.04 **截止日期**：2019.08.03

国食药监械（进）字 2014 第 2233796 号

产品名称：超声物理治疗装置(Ultrasound Units, Physical Therapy)
规格型号：PHYSIOSON-Expert
产品标准：YZB/GER 4531-2014《超声物理治疗装置》
性能组成：产品由主机、2.5cm2 超声换能器（S0907-M4424）、5cm2 超声换能器（S1009-N7S29）组成。性能参数见注册产品标准。
适用范围：本产品适用于：关节、神经、肌腱、肌肉组织的热疗；关节病及非关节风湿的疼痛缓解；外伤后及小腿（足）溃疡的营养作用；辅助主动和被动锻炼。
生产厂家：德国 PHYSIOMED ELEKTROMEDIZIN AG
注册代理：德国菲兹曼医用电子公司北京代表处
服务机构：北京康和时代科技有限公司
发证日期：2014.08.01 **截止日期**：2019.07.31

国食药监械（进）字 2014 第 3263797 号

产品名称：深部肿瘤相控阵热疗系统(Hyperthermia System)
规格型号：BSD2000
产品标准：YZB/USA 4572-2014《深部肿瘤相控阵热疗系统》
性能组成：该产品由计算机控制平台，Tetra 放大器、Sigma 治疗平台（包括患者和辐射器支持系统）、温度探针、水循环系统组成。
适用范围：用于配合放疗、化疗对胸腔、腹腔、盆腔及四肢的各种肿瘤的辅助治疗
生产厂家：美国 BSD Medical Corporation
服务机构：大连奥瑞科技有限公司
发证日期：2014.08.01 **截止日期**：2019.07.31

国食药监械（进）字 2014 第 3233798 号

产品名称：超声多普勒血流分析仪(Medical System for Ultrasound Diagnosis)
规格型号：Doppler-Box
产品标准：YZB/GER 4768-2014《超声多普勒血流分析仪》
性能组成：产品组成：包括主机、超声探头。超声探头规格：标准探头：1 MHz PW, 2 MHz PW, 4 MHz PW/CW, 8 MHz PW/CW；监测探头：2 MHz PW, 4 MHz PW/CW；16 MHz 的探头：16 MHz PW；CW 与 PW 的区别在于适用于不同工作模式。
适用范围：测量颅脑动脉以及颅外动脉和静脉的血流速度。
生产厂家：德国 Compumedics Germany GmbH
注册代理：北京市北科数字医疗技术有限公司
服务机构：北京市北科数字医疗技术有限公司
发证日期：2014.08.01 **截止日期**：2019.07.31

国食药监械（进）字 2014 第 2403799 号

产品名称：自动凝血计时器（商品名：ACT Plus）(ACT Plus Automated Coagulation Timer)
规格型号：ACT 200
产品标准：YZB/USA 4834-2014《自动凝血计时器》
性能组成：由控制器件、显示屏、输入键、测试通道、手柄、电缆组成。
适用范围：临床上用于监测体外循环肝素用量。
生产厂家：美国 Medtronic Inc.
注册代理：美敦力(上海)管理有限公司
服务机构：美敦力(上海)管理有限公司
发证日期：2014.08.01 **截止日期**：2019.07.31

国食药监械（进）字 2014 第 3233800 号

产品名称：内镜用超声探头(内視鏡用超音波プローブ)
规格型号：UM-BS20-26R
产品标准：YZB/JAP 4666-2014《内镜用超声探头》
性能组成：该产品由内镜用超声探头 UM-BS20-26R，附件水囊鞘管 MAJ-643R（一次性已灭菌产品），水囊鞘管接头 MAJ-667 构成。产品性能参数见附件。
适用范围：该产品用于体腔内，使用超声波为诊断提供体内形状，性状和动态情况的可视化图像。
备注：2014 年 10 月 14 日同意更正注册号、产品性能结构及组成内容，2014 年 8 月 1 日核发的医疗器械注册证、医疗器械注册登记表、附页予以废止。
生产厂家：日本奥林巴斯医疗株式会社，オリンパスメディカルシステムズ株式会社
注册代理：奥林巴斯贸易(上海)有限公司
服务机构：奥林巴斯(北京)销售服务有限公司
发证日期：2014.08.01 **截止日期**：2019.07.31

国食药监械（进）字 2014 第 2403801 号

产品名称：洗板机(Microplate Strip Washer)
规格型号：ELx50/8, ELx50/8V, ELx50/12, ELx50/12V, ELx50/8MF
产品标准：YZB/USA 4745-2014《洗板机》
性能组成：主机、电源适配器、洗液瓶、废液瓶、进出液管路、随机软件、根据不同的试验需求提供 8 通道洗头（8）、12 通道洗头（12）、底部抽气（8FM）模块功能模块供选择。
适用范围：该产品主要用于临床实验中对酶标板的清洗。
生产厂家：美国 BioTek Instruments, Inc.
注册代理：广州市番禺区华鑫科技有限公司
服务机构：广州市番禺区华鑫科技有限公司
发证日期：2014.08.01 **截止日期**：2019.07.31

国食药监械（进）字 2014 第 2223802 号

产品名称：氙灯冷光源(XION Xenon Light Source)
规格型号：R180
产品标准：YZB/GER 4460-2014《氙灯冷光源》
性能组成：由主机、导光束适配器组成。适用硬性镜。
适用范围：该产品为内窥镜提供照明光源。
生产厂家：德国 XION GmbH
注册代理：艾克松有限公司杭州办事处
服务机构：艾克松有限公司杭州办事处
发证日期：2014.08.01 **截止日期**：2019.07.31

国食药监械（进）字 2014 第 3253803 号

产品名称：高频电刀（商品名：ESG-100）(Electrosurgical Unit)
规格型号：WB991036, WB950243
产品标准：YZB/GER 4465-2014《高频电刀》
性能组成：该产品由主机（WB991036）和脚踏开关（WB950243）组成。额定输出频率 355kHz。各输出模式及参数见附页。
适用范围：该产品与指定的电烧附件、适用于电烧手术的内镜、光源和周边设备配套使用，用于普外科和内镜手术中的组织凝固和电切。
备注：2014 年 11 月 14 日同意更正生产企业名称、企业注册地址、生产地址内容，2014 年 8 月 1 日核发的医疗器械注册证、医疗器械注册登记表予以废止。
生产厂家：德国奥林巴斯苇音特和意北公司(Olympus Winter & Ibe GmbH)
注册代理：奥林巴斯贸易(上海)有限公司
发证日期：2014.08.01 **截止日期**：2019.07.31

国食药监械（进）字 2014 第 3233804 号

产品名称：便携式彩色多普勒超声诊断仪(Ultra-portable Doppler Diagnostic Ultrasound System)
规格型号：Vivid i, Vivid q
产品标准：YZB/ISR 4680-2014《便携式彩色多普勒超声诊断仪》

性能组成:请见《产品性能结构及组成附页》。
适用范围:适用于临床超声诊断
生产厂家:以色列 GE Medical Systems Israel Ltd.
注册代理:通用电气医疗系统贸易发展(上海)有限公司
服务机构:通用电气医疗系统贸易发展(上海)有限公司
发证日期:2014.08.01 **截止日期**:2019.07.31

国食药监械(进)字2014第3233805号

产品名称:超声诊断仪(Diagnostic Ultrasound Scanner)
规格型号:Vivid S5、Vivid S6
产品标准:YZB/ISR 4683-2014《超声诊断仪》
性能组成:请见《产品性能结构及组成附页》。
适用范围:适用于临床超声诊断
生产厂家:以色列 GE Medical Systems Israel Ltd.
注册代理:通用电气医疗系统贸易发展(上海)有限公司
服务机构:通用电气医疗系统贸易发展(上海)有限公司
发证日期:2014.08.01 **截止日期**:2019.07.31

国食药监械(进)字2014第2553806号

产品名称:种植手机(Implant Handpiece)
规格型号:INTRA head 67 RIC、INTRA shank C09
产品标准:YZB/GER 4684-2014《种植手机》
性能组成:产品组成:INTRA shank C09(机身)、INTRA head 67 RIC(机头)。性能:见附页。
适用范围:本产品适用于牙科种植手术。
生产厂家:德国 Kaltenbach & Voigt GmbH
注册代理:卡瓦盛邦(上海)牙科医疗器械有限公司
服务机构:卡瓦盛邦(上海)牙科医疗器械有限公司
发证日期:2014.08.01 **截止日期**:2019.07.31

国食药监械(进)字2014第3213807号

产品名称:颅内压监测仪(ICP Monitor)
规格型号:HDM26.1/FV500 HDM29.1
产品标准:YZB/GER 3986-2014《颅内压监测仪》
性能组成:该产品由主机和电缆组成,详见附表。
适用范围:该产品用于监测患者的颅内压。
生产厂家:德国 Spiegelberg (GmbH & Co.) KG
注册代理:上海冠昊医疗器械有限公司
服务机构:上海冠昊医疗器械有限公司
发证日期:2014.08.01 **截止日期**:2019.07.31

国食药监械(进)字2014第3213808号

产品名称:颅内压测量及引流针(Probe)
规格型号:SND13.1.11/FV530P SND13.1.12/FV531P SND13.1.13/FV532P SND13.1.13XL/FV533P SND13.1.53/FV534P SND13.1.63/FV535P SND13.1.54
产品标准:YZB/GER 3986-2014《颅内压测量及引流针》
性能组成:该产品由探针和附件组成。
适用范围:该产品与 Spiegelberg 颅内压监测仪连接,用于测定颅内压,详见附表。
备注:2014年09月29日同意更正注册号内容,2014年8月1日核发的医疗器械注册证、医疗器械注册登记表、附页予以废止。
生产厂家:德国 Spiegelberg (GmbH & Co.) KG
注册代理:上海冠昊医疗器械有限公司
服务机构:上海冠昊医疗器械有限公司
发证日期:2014.08.01 **截止日期**:2019.07.31

国食药监械(进)字2014第3243809号

产品名称:半导体激光治疗仪(Laser Medical Device)
规格型号:veincare
产品标准:YZB/ROK 4420-2014《半导体激光治疗仪》
性能组成:产品由主机、脚踏开关组成。主机由半导体激光器、电源装置、冷却系统、控制系统和液晶显示器组成。不含光纤。激光波长:1470nm±10nm;瞄准光波长:650nm±7nm;瞄准光输出功率应小于1mW。激光模式:连续模式、On-off模式。工作方式:连续模式:终端输出功率范围0.5～12W,步进0.1W;On-off模式:占空比调节范围10%～80%,步进5%;占空比重复频率0.5Hz～10Hz,步进0.5Hz;不同占空比条件下,终端输出最大功率范围1.2～9.6W。
适用范围:用于大隐静脉病变及静脉曲张的治疗。
生产厂家:韩国 WON TECH Co., Ltd.
注册代理:北京润美康医药有限公司
服务机构:北京润美康医药有限公司
发证日期:2014.08.01 **截止日期**:2019.07.31

国食药监械(进)字2014第3243810号

产品名称:半导体激光治疗仪(Laser Medical Device)
规格型号:Thy S
产品标准:YZB/ROK 4421-2014《半导体激光治疗仪》
性能组成:产品由主机、脚踏开关组成。主机由半导体激光器、电源装置、冷却系统、控制系统和液晶显示器组成。不含光纤。激光波长:980nm±10nm;瞄准光波长:650nm±7nm;瞄准光输出功率应小于1mW。激光模式:连续模式、On-off模式。工作方式:连续模式:终端输出功率范围0.5～30W,步进0.1W;On-off模式:占空比调节范围10%～80%,步进5%;占空比重复频率0.5Hz～10Hz,步进0.5Hz;不同占空比条件下,终端输出最大功率范围3～24W。
适用范围:用于大隐静脉病变及静脉曲张的治疗。
生产厂家:韩国 WON TECH Co., Ltd.
注册代理:北京润美康医药有限公司
服务机构:北京润美康医药有限公司
发证日期:2014.08.01 **截止日期**:2019.07.31

国食药监械(进)字2014第3233811号

产品名称:血管内超声系统(商品名:iLab)(Ultrasound Imaging System)
规格型号:见附页
产品标准:YZB/USA 4327-2014《血管内超声系统》
性能组成:产品由成像主机、带触摸屏的控制面板、LCD显示器、打印机、CD/DVD驱动器、可移动式硬盘驱动器及附件组成。附件包括一次性滑板(型号:H749A70200)和马达驱动单元(型号:H749MDU5PLUS0)。一次性滑板为射线灭菌。性能见产品标准。
适用范围:配合 Altantis SR Pro2 冠脉超声成像导管(型号:H749390140)和 Opticross 冠脉超声成像导管(型号:H749518100),用于血管内病变的超声成像检查。血管内超声成像适用于将进行血管成形术和动脉斑块旋切术等腔内介入手术的患者。
生产厂家:美国波士顿科学公司(Boston Scientific Corporation)
注册代理:波科国际医疗贸易(上海)有限公司
服务机构:波科国际医疗贸易(上海)有限公司
发证日期:2014.08.01 **截止日期**:2019.07.31

国食药监械(进)字2014第3233812号

产品名称:血管内超声系统(商品名:iLab)(Ultrasound Imaging System)
规格型号:见附页
产品标准:YZB/USA 4332-2014《血管内超声系统》
性能组成:产品由成像主机、带触摸屏的控制面板、LCD显示器、打印机、CD/DVD驱动器、可移动式硬盘驱动器及附件组成。附件包括一次性滑板(型号:H749A70200)和马达驱动单元(型号:H749MDU5PLUS0)。一次性滑板为射线灭菌。性能见产品标准。
适用范围:配合 Altantis SR Pro2 冠脉超声成像导管(型号:H749390140)和 Opticross 冠脉超声成像导管(型号:H749518100),用于血管内病变的超声成像检查。血管内超声成像适用于将进行血管成形术和动脉斑块旋切术等腔内介入手术的患者。
生产厂家:美国波士顿科学公司(Boston Scientific Corporation)
注册代理:波科国际医疗贸易(上海)有限公司
服务机构:波科国际医疗贸易(上海)有限公司
发证日期:2014.08.01 **截止日期**:2019.07.31

国食药监械(进)字2014第3403813号

产品名称:全自动生化免疫分析仪(In Vitro Diagnostic Analyser)
规格型号:IDS-iSYS
产品标准:YZB/FRA 4357-2014《全自动生化免疫分析仪》
性能组成:该产品主要由样本处理模块、试剂处理模块、取液臂、反应杯加载器、温育反应盘、清洗盘、检测模块、电源模块、电气控制模块和软件组成。
适用范围:该产品与配套试剂一起使用，对人类血清、血浆和尿液样本进行临床生化和免疫项目的定量检测。
生产厂家:法国 IDS France
注册代理:北京利德曼生化股份有限公司
服务机构:北京利德曼生化股份有限公司
发证日期:2014.08.01 **截止日期**:2019.07.31

国食药监械(进)字2014第3403814号

产品名称:全自动免疫分析仪(Automated Immunoassay System HISCL-5000)
规格型号:HISCL-5000
产品标准:YZB/JAP 3651-2014《全自动免疫分析仪》
性能组成:主要由主机、气动装置和软件组成。
适用范围:该产品用于人血浆、血清或其它体液中的免疫项目的定量或定性检测。
生产厂家:日本希森美康株式会社
注册代理:希森美康医用电子(上海)有限公司
服务机构:希森美康医用电子(上海)有限公司
发证日期:2014.08.01 **截止日期**:2019.07.31

国食药监械(进)字2014第3703815号

产品名称:乳腺 X 射线摄影图像分析软件(Mammography Images Analysis Software)
规格型号:型号: syngo.Breast Care，版本: VA 30A
产品标准:YZB/GER 4185-2014《乳腺X射线摄影图像分析软件》
性能组成:软件组成包括包含软件应用程序光盘以及用户文档。syngo.Breast Care 由如下组件组成: 查看和处理模块 (Viewer)、读片模块 (Reading)、查看断层数据模块 (Viewing tomo data)(可选)、链接显示 (Linking views) (可选)、查看 CAD 模块(CAD Display)(可选)。
适用范围:本软件基于乳腺X射线摄影图像，用于乳腺疾病的检查。
生产厂家:德国 Siemens AG
注册代理:西门子(中国)有限公司
服务机构:西门子(中国)有限公司
发证日期:2014.08.01 **截止日期**:2019.07.31

国食药监械(进)字2014第3703816号

产品名称:X 射线血管造影图像分析软件(X-ray Angiography Image Analysis Software)
规格型号:syngo.Interventional，版本 VA30A
产品标准:YZB/GER 4173-2014《X射线血管造影图像分析软件》
性能组成:软件组成包括软件应用程序光盘和用户文档,组成模块包括:查看和处理模块 (viewer)、量化血管分析模块(QVA)、量化冠脉分析模块(QCA)、三维血管分析模块(IZ3D)、心室分析模块(LVA)。
适用范围:用于浏览、处理、传输和存储X射线血管造影图像。
生产厂家:德国 Siemens AG
注册代理:西门子(中国)有限公司
服务机构:西门子(中国)有限公司
发证日期:2014.08.01 **截止日期**:2019.07.31

国食药监械(进)字2014第3703817号

产品名称:医学图像处理软件(Medical Images Processing Software)
规格型号:syngo.via (basic)，版本 VA30A
产品标准:YZB/GER 4176-2014《医学图像处理软件》
性能组成:软件组成包括软件应用程序光盘和用户文档,组成模块包括:syngo.via (basic)、syngo.via WebViewer (版本 VA11B，选装)。
适用范围:syngo.via 用于显示、处理、传输和存储医学图像，而 syngo.via WebViewer 仅用于查看 syngo.via 存储的医学图像以进行诊断。
生产厂家:德国 Siemens AG
注册代理:西门子(中国)有限公司
服务机构:西门子(中国)有限公司
发证日期:2014.08.01 **截止日期**:2019.07.31

国食药监械(进)字2014第2663818号

产品名称:天然胶乳橡胶避孕套(Natural Latex Rubber Condoms)
规格型号:型号: Normal Smooth(普通平面型)、Ribbed(螺纹型)、Dotted(颗粒型) ；规格: 52±2mm
产品标准:GB 7544-2009《天然胶乳橡胶避孕套技术要求与试验方法》
性能组成:产品由天然橡胶和润滑剂加工而成。
适用范围:在正确使用下，避孕套可有助于降低受孕风险及减少某些性传播疾病感染的风险。
生产厂家:马来西亚 SSN Medical Products Sdn.Bhd.
注册代理:中山市益富贸易有限公司
服务机构:见附页
发证日期:2014.08.04 **截止日期**:2019.08.03

国食药监械(进)字2014第2233819号

产品名称:超声乳化设备用一次性眼科灌注抽吸器械(I/A HANDPIECES, sterile single use)
规格型号:见附页
产品标准:YZB/GER 4342-2014《超声乳化设备用一次性眼科灌注抽吸器械》
性能组成:该产品为无源器械，由头端、管路、保护套和手柄组成，头端直接接触人体，材质为 06Cr19Ni10 不锈钢。该产品经辐射灭菌，一次性使用。
适用范围:该产品适用于眼科超声乳化手术过程中的灌注和抽吸。
生产厂家:德国 Bausch & Lomb GmbH
注册代理:博士伦(上海)贸易有限公司
服务机构:博士伦(上海)贸易有限公司
发证日期:2014.08.04 **截止日期**:2019.08.03

国食药监械(进)字2014第2633820号

产品名称:氟保护剂 (商品名: Fluor Protector N)(Fluor Protector N Protective varnish containing fluoride)
产品标准:YZB/LIE 4263-2014《氟保护剂》
性能组成:本产品由乙醇、蒸馏水、丙烯酸聚合物、蔗糖酯异丁酸盐、氟化铵、薄荷香气、邻磺酰苯甲酰亚胺组成。
适用范围:该产品适用于牙颈超敏的治疗、提高牙釉质的耐酸性、长期龋齿预防、牙齿美白后使用。
生产厂家:列支敦士登 Ivoclar Vivadent AG
注册代理:义获嘉伟瓦登特(上海)商贸有限公司
服务机构:义获嘉伟瓦登特(上海)商贸有限公司
发证日期:2014.08.04 **截止日期**:2019.08.03

国食药监械(进)字2014第2223821号

产品名称:冲洗管路(Tubing Sets)
规格型号:A4054，A4055
产品标准:YZB/GER 4613-2014《冲洗管路》
性能组成:该产品由插管、管夹、Y 形件、泵插头、压力室和鲁尔接头组成。其中，A4054 为一次性使用无菌产品。
适用范围:该产品用于在内窥镜诊断和手术中进行冲洗或灌流。
生产厂家:德国 W.O.M. World of Medicine GmbH
注册代理:奥林巴斯贸易(上海)有限公司
服务机构:奥林巴斯(北京)销售服务有限公司
发证日期:2014.08.04 **截止日期**:2019.08.03

国食药监械(进)字2014第2223822号

产品名称:套管及闭孔器(Cannulae with Obturator)
规格型号:见附页
产品标准:YZB/USA 4119-2014《套管及闭孔器》
性能组成:该产品由套管和闭孔器组成。其中一次性套管由聚氨酯制成，染料：聚氨酯；一次性闭孔器由聚碳酸酯制成，染料：聚碳酸酯，；活塞由共聚甲醛制成，染料：共聚甲醛。可重复使用的闭孔器为符合 ASTMA967 的 304 不锈钢制成，闭孔器手柄由铝合金材料制成。一次性使用产品经环氧乙烷灭菌，无菌包装。可重复使用的闭孔器非灭菌包装。
适用范围:该产品适用于关节镜手术，用于插入、拔出器械时支持入路。
变更情况:变更日期：2014.12.08。生产者名称由“Linvatec Corporation D/B/A ConMed Linvatec”变更为“ConMed Corporation”；生产者地址由“11311 Concept Boulevard Largo, FL 33773, USA”变

更为“525 French Road Utica, New York 13502, USA”。
生产厂家:美国 Linvatec Corporation D/B/A ConMed Linvatec
注册代理:康美林弗泰克(北京)医疗器械有限公司
服务机构:康美林弗泰克(北京)医疗器械有限公司
发证日期:2014.08.04 截止日期:2019.08.03

国食药监械(进)字2014第2663823号

产品名称:术后胆管引流导管套件(商品名:顺行鼻胆引流管)(経鼻胆管ドレナージカテーテル)
规格型号:见附页
产品标准:YZB/JAP 4584-2014《术后胆管引流导管套件》
性能组成:本套件是由术后胆管引流管及导引管、经鼻导管和连接管所组成的套件。材质:术后胆管引流管:医用级硅橡胶、医用级硅橡胶、特氟龙、聚酰胺66;引导管:特氟龙、不锈钢、丙烯酸盐树脂、聚酰胺66;经鼻导管:医用级硅橡胶;连接管:聚氯乙烯、聚丙烯。本品为一次性使用无菌产品,采用环氧乙烷灭菌。
适用范围:本产品与内窥镜配合下使用,胆管引流管留着在胆管内,用于经鼻胆汁引流。
生产厂家:日本クリエート メディック株式会社
注册代理:库利艾特国际贸易(大连)有限公司
服务机构:库利艾特国际贸易(大连)有限公司
发证日期:2014.08.04 截止日期:2019.08.03

国食药监械(进)字2014第2223824号

产品名称:结石回收篮(商品名:Segura Hemisphere)(Segura Hemisphere Stone Retrieval Basket)
规格型号:见附页
产品标准:YZB/USA 4284-2014《结石回收篮》
性能组成:该产品由网篮、鞘管和手柄组成。制造材料为:网篮:不锈钢;鞘管管身:聚酰亚胺(A型),聚四氟乙烯(B)型;手柄:尼龙6/6和丙烯腈-丁二烯-苯乙烯塑料。产品经环氧乙烷灭菌,一次性使用。
适用范围:结石回收篮适用于泌尿外科手术,用于在内窥镜下抓住、操控和取出结石以及其它异物。
变更情况:变更日期:2015.01.29。“One Boston Scientific Place, Natick, MA 01760-1537, USA(美国马萨诸塞州内迪克市波士顿科学广场1号 邮编:01760-1537)”变更为“300 Boston Scientific Way, Marlborough, MA 01752, USA”。
生产厂家:美国 Boston Scientific Corporation
注册代理:波科国际医疗贸易(上海)有限公司
服务机构:波科国际医疗贸易(上海)有限公司
发证日期:2014.08.04 截止日期:2019.08.03

国食药监械(进)字2014第2103825号

产品名称:创伤手术工具(Biomet Trauma Instruments)
规格型号:见附页
产品标准:YZB/USA 4485-2014《创伤手术工具》
性能组成:产品由实心钻头和空心钻头组成。材料为符合 ASTM F899 的 XM-16 不锈钢。产品可与电动、气动有源器械联用。非灭菌包装。
适用范围:产品作为手术工具,预期用于骨科四肢创伤内固定手术。
生产厂家:美国 Biomet Trauma
注册代理:邦美(上海)商贸有限公司
服务机构:邦美(上海)商贸有限公司
发证日期:2014.08.04 截止日期:2019.08.03

国食药监械(进)字2014第2553826号

产品名称:牙科钻头(Drills)
规格型号:MT-00400、MT-00500、MT-00600 (具体详见附页)
产品标准:YZB/ISR 4688-2014《牙科钻头》
性能组成:牙科钻头由环锯钻组成,采用符合 ASTM F899 的不锈钢牌号420C的材料制成。钻头为非灭菌包装,使用前采用高压蒸汽灭菌。
适用范围:该产品是用于种植体手术中种植窝洞制备的手术工具。
生产厂家:以色列 MIS Implants Technologies Ltd.
注册代理:成都贝尔丹生物科技有限责任公司
服务机构:成都贝尔丹生物科技有限责任公司
发证日期:2014.08.08 截止日期:2019.08.07

国食药监械(进)字2014第2223827号

产品名称:宫腔镜手术器械(TRUCLEAR Operative Hysteroscopy Instruments)
规格型号:7209384, 72203606, 72203506
产品标准:YZB/USA 4685-2014《宫腔镜手术器械》
性能组成:该产品包括镜鞘闭孔器和校准插入器。产品材料为 YY/T 0294.1 的N号不锈钢与 ASTM F899 的630不锈钢。非灭菌包装。
适用范围:本产品用于宫腔镜检查和手术。
生产厂家:美国 Smith &Nephew Inc.
注册代理:施乐辉医用产品国际贸易(上海)有限公司
服务机构:施乐辉医用产品国际贸易(上海)有限公司
发证日期:2014.08.08 截止日期:2019.08.07

国食药监械(进)字2014第2663828号

产品名称:激光输尿管导管(Laser Ureteral Catheter)
规格型号:22, 443, 022, 453
产品标准:YZB/USA 4800-2014《激光输尿管导管》
性能组成:该产品由激光输尿管导管和内窥镜光纤适配器组成。激光输尿管导管由导管和导管座组成,其中导管由含氯氧化铋的尼龙12制成。环氧乙烷灭菌,一次性使用。
适用范围:该产品用于保护和输送激光光纤到输尿管中。
变更情况:变更日期:2014.11.19。企业名称由“Cook Urological Inc.”变更为“库克公司 Cook Incorporated”;生产者地址由“1100 West Morgan Street Spencer, Indiana”变更为“750 Daniels Way, Bloomington, IN 47404, U.S.A.”。
生产厂家:美国 Cook Urological Inc.
注册代理:库克(中国)医疗贸易有限公司
服务机构:库克(中国)医疗贸易有限公司
发证日期:2014.08.08 截止日期:2019.08.07

国食药监械(进)字2014第2013829号

产品名称:试模(Sterile Resterilizable Gel Breast Implant Sizer)
规格型号:见附页
产品标准:YZB/NET 4611-2014《试模》
性能组成:该产品外壳为硅橡胶,内填充硅凝胶。产品表面光滑,形状分为圆形、自然形。经干热灭菌。
适用范围:术中临时插入的工具,帮助医生在选择 Mentor MemoryGelTM 乳房植入体时确定形状和大小。
生产厂家:荷兰 Mentor Medical Systems B.V.
注册代理:强生(上海)医疗器材有限公司
服务机构:强生(上海)医疗器材有限公司
发证日期:2014.08.08 截止日期:2019.08.07

国食药监械(进)字2014第2133830号

产品名称:带保护鞘的胚胎移植导管(商品名:Guardia)(GuardiaTM Pro Protective Embryo Transfer Catheter)
规格型号:K-MVOL-701710-PS 和 K-MVOL-701210-PS
产品标准:YZB/USA 4801-2014《带保护鞘的胚胎移植导管》
性能组成:带保护鞘的胚胎移植导管由保护鞘管、导引导管和移植导管组成。该产品一次性使用。
适用范围:带保护鞘的胚胎移植导管用于将体外授精(IVF)的胚胎移植到子宫内。
生产厂家:美国 Cook Incorporated
注册代理:库克(中国)医疗贸易有限公司
服务机构:库克(中国)医疗贸易有限公司
发证日期:2014.08.08 截止日期:2019.08.07

国食药监械(进)字2014第2123831号

产品名称:宫颈采样器(Cervical Brush)
规格型号:careBrush
产品标准:YZB/GER 4806-2014《宫颈采样器》
性能组成:产品由胶端、刷毛、刷杆、手柄组成。
适用范围:用于采集宫颈细胞样本,进行 careHPV 检测。
生产厂家:德国 QIAGEN GmbH
注册代理:凯杰企业管理(上海)有限公司
服务机构:凯杰企业管理(上海)有限公司

发证日期:2014.08.08　　截止日期:2019.08.07

国食药监械(进)字 2014 第 3463832 号

产品名称:腭部牵引器(Transpalatal Distractor)
规格型号:见附页
产品标准:YZB/SWI 4297-2014《腭部牵引器》
性能组成:该产品由固定板、体部、锁定钉和钛丝组成。固定板采用符合 ISO5832-2 标准规定的 4 级纯钛材料制成，钛丝采用符合 ISO5832-2 标准规定的 1 级纯钛材料制成，其余组件采用符合 ISO5832-11 标准规定的 Ti6Al7Nb 钛合金材料制成。部分组件表面经过阳极氧化处理。非灭菌包装。
适用范围:该产品适用于上颌骨骨性增宽及腭部扩张术术后的维持。
生产厂家:瑞士 Synthes GmbH
注册代理:强生(上海)医疗器材有限公司
服务机构:辛迪思(上海)医疗器械贸易有限公司/强生(上海)医疗器材有限公司，详见附页
发证日期:2014.08.11　　截止日期:2019.08.10

国食药监械(进)字 2014 第 3663833 号

产品名称:一次性使用压力导管（商品名: Argon 一次性使用压力导管）(Argon ConnectaTM PE Pressure Monitoring Line)
规格型号:见附页
产品标准:YZB/SIN 4317-2014《一次性使用压力导管》
性能组成:本产品由导管和圆锥接头组成，一次性使用，环氧乙烷灭菌。
适用范围:本产品用于血压监控系统中，传导压力波。
生产厂家:新加坡 Argon Critical Care Systems Singapore Pte Ltd
注册代理:爱琅医疗器械技术咨询(上海)有限公司
服务机构:爱琅医疗器械技术咨询(上海)有限公司
发证日期:2014.08.11　　截止日期:2019.08.10

国食药监械(进)字 2014 第 3463834 号

产品名称:椎间融合器(ESL Spinal System)
规格型号:见附页
产品标准:YZB/USA 4278-2014《椎间融合器》
性能组成:该产品具有显影标记以及固定螺母，固定螺母预期用于配合手术工具固定椎间融合器，将融合器置于需植入部位。该产品由符合 YY/T 0660 标准要求的 PEEK-Optima LT1 聚醚醚酮材料制成，显影标记由符合 ISO13782 标准要求的 R05400 牌号的纯钽材料制成，固定螺母由符合 GB/T 13810 标准要求的 TC4 ELI 钛合金材料制成。灭菌包装。
适用范围:该产品与脊柱内固定产品配合使用，适用于发生在 L2-S1 由于治疗退行性椎间盘疾病和 I 级脊柱滑脱所进行的单个节段的椎间融合手术，手术入路及术式为脊柱后路开放式手术。
生产厂家:美国 EBI, LLC
注册代理:邦美(上海)商贸有限公司
服务机构:邦美(上海)商贸有限公司
发证日期:2014.08.11　　截止日期:2019.08.10

国食药监械(进)字 2014 第 3633835 号

产品名称:基台及配件(ICX-templant Abutments, Healing Caps and Cover Screws)
规格型号:见附页
产品标准:YZB/GER 3154-2014《基台及配件》
性能组成:产品由符合 GB/T 13810-2007 要求的钛合金(TiAl6V4)制成。无菌或非灭菌交付。产品表面无处理。
适用范围:本产品用于牙科种植手术，连接种植体用于部分或完全缺牙患者的口腔修复治疗。
变更情况:变更日期: 2015.02.06。“原代理人名称:北京博雅泰医药技术开发有限公司原代理人住所:北京市西城区茶马北街 1 号院 2 号楼 18 层 2 单元 2146”变更为“现代理人名称:广州市门登特斯医疗器械有限公司现代理人住所:广州市海珠区新港东路 1022 号 1703 房”。
生产厂家:德国 Medentis medical GmbH
注册代理:北京博雅泰医药技术开发有限公司
服务机构:北京博雅泰医药技术开发有限公司
发证日期:2014.08.11　　截止日期:2019.08.10

国食药监械(进)字 2014 第 3773836 号

产品名称:套针外周导管(MF Cath Pro I.V Catheter)
规格型号:S101, S102, S103, S104, S105, C201, C202, C203, C204, C205, C206
产品标准:YZB/ROK 4365-2014《套针外周导管》
性能组成:产品由穿刺针套，穿刺针，导管，导管座，衬垫，G-固定器，穿刺针座，塞子和排气接头组成。产品经环氧乙烷灭菌，一次性使用。
适用范围:该产品可插入血管系统，用于血样采集、血压监测及静脉液体输注。
生产厂家:韩国 Medifirst Co., Ltd
注册代理:苏州东邦医疗器械有限公司
服务机构:苏州东邦医疗器械有限公司
发证日期:2014.08.11　　截止日期:2019.08.10

国食药监械(进)字 2014 第 3633837 号

产品名称:牙齿美白胶（商品名: Opalescence Boost）(Opalescence Boost in office tooth whitening)
规格型号:PF 40 %
产品标准:YZB/USA 4303-2014《牙齿美白胶》
性能组成:该产品由美白胶和催化剂组成，其中美白胶为 1.043ml/支，催化剂为 0.157ml/支，美白胶的主要成分为过氧化氢、水和二氧化硅，催化剂的主要化学成分为丙三醇、硝酸钾、氢氧化钾和氟化钠。产品具体组成成分及含量请参见产品标准。
适用范围:该产品仅用于牙科诊所美白牙齿，适用于 16 岁以上身体健康人群，因烟草、可乐、茶、咖啡、酱油等有色物质造成的外源性染色牙的牙齿美白。
生产厂家:美国 Ultradent Products Inc.
注册代理:广州市皓齿登医疗器械有限公司
服务机构:广州市皓齿登医疗器械有限公司
发证日期:2014.08.11　　截止日期:2019.08.10

国食药监械(进)字 2014 第 3663838 号

产品名称:药液输送器(Extended Tip Applicator)
规格型号:205108/205115
产品标准:YZB/USA 4299-2014《药液输送器》
性能组成:产品由 Y 型接头、单向阀、延伸轴、喷嘴、喷嘴外鞘组成。环氧乙烷灭菌。一次性使用。
适用范围:专门用于向手术部位同时输送两种非同质溶液。
生产厂家:美国 Covidien llc
注册代理:柯惠医疗器材国际贸易(上海)有限公司
服务机构:柯惠医疗器材国际贸易(上海)有限公司
发证日期:2014.08.11　　截止日期:2019.08.10

国食药监械(进)字 2014 第 3153839 号

产品名称:混合液体注射器(Smartjet Bone Liquid Applicator Kits)
规格型号:LK/2
产品标准:YZB/USA 3910-2014《混合液体注射器》
性能组成:该产品由 10ml 注射器，1ml 注射器，混合用推送手柄，夹子，带针管的混合连接器和保护套管组成。环氧乙烷灭菌，一次性使用。
适用范围:该注射器适用于移植手术部位中所需要移植、自体移植或人工合成骨移植材料的预混合和运送用。同时也适用于移植手术中所用液体的输送。
生产厂家:美国 Harvest Technologies Corp.
注册代理:泰尔茂(中国)投资有限公司
服务机构:泰尔茂(中国)投资有限公司
发证日期:2014.08.11　　截止日期:2019.08.10

国食药监械(进)字 2014 第 3153840 号

产品名称:无针头移液注射器(Smartjet Grafting Liquid Applicator Kits)
规格型号:SK/S
产品标准:YZB/USA 3911-2014《无针头移液注射器》
性能组成:该产品由 10ml 注射器，1ml 注射器，混合用推送手柄，夹子和混合连接器组成。
适用范围:该注射器适用于移植手术部位中所需要移植、自体移植或人工合成骨移植材料的预混合和运送用。同时也适用于移植手术中所用液体的输送。

生产厂家:美国 Harvest Technologies Corp.
注册代理:泰尔茂(中国)投资有限公司
服务机构:泰尔茂(中国)投资有限公司
发证日期:2014. 08. 11 **截止日期**:2019. 08. 10

国食药监械(进)字 2014 第 3153841 号

产品名称:超声活检针及附件(BNX Fine Needle Aspiration System)
规格型号:BNX EUS NEEDLE 19-05, BNX EUS NEEDLE 22-05, BNX EUS NEEDLE 25-05BNX EUS 19-01, BNX EUS 22-01, BNX EUS 22-02, BNX EUS 25-01, BNX EUS 25-02
产品标准:YZB/USA 4082-2014 《超声活检针及附件》
性能组成:本产品为无源器械，由针部、抽吸输送部和注射器构成。本产品的包装分为单包装和套装两种。单包装仅含针部，型号为:BNX EUS NEEDLE 19-05, BNX EUSNEEDLE 22-05, BNX EUS NEEDLE 25-05(19、22、25 代表针芯直径，05 代表单包装内的个数)。套装包含抽吸输送部和针部，型号为:BNX EUS 19-01, BNX EUS 22-01, BNXEUS 22-02, BNX EUS 25-01, BNX EUS25-02(19、22、25 为针芯直径，01 代表含一套抽吸输送部和针部组装后的活检针及一个注射器，02 代表含一套抽吸输送部和针部组装后的活检针、一根和组装产品同一直径的针部及一个注射器)。灭菌方式为环氧乙烷灭菌。
适用范围:本产品通过超声内窥镜附件通道，获取胃肠道的目标粘膜下层和胃肠道壁外目标病变样本。
生产厂家:美国 Beacon Endoscopic Corporation
注册代理:富士胶片(中国)投资有限公司
服务机构:富士胶片(中国)投资有限公司
发证日期:2014. 08. 11 **截止日期**:2019. 08. 10

国食药监械(进)字 2014 第 3773842 号

产品名称:经外周穿刺中心静脉导管套装(商品名:优力捷)(UNI-PICC)
规格型号:见附页
产品标准:YZB/USA 4279-2014《经外周穿刺中心静脉导管套装》
性能组成:包括经外周穿刺中心静脉导管(单腔、双腔或三腔)、导管鞘/扩张管、双绞丝探针、导丝、手术刀、穿刺针、输液接头、注射器、铺巾、镊子、纸尺和固定装置。经外周穿刺中心静脉导管是由聚氨酯材料制成。导管套装通过环氧乙烷灭菌，为一次性使用产品。
适用范围:经外周穿刺中心静脉导管临床上用于短期、长期(小于 30 天或者大于 30 天)，经外周静脉进入中心静脉系统，以便进行输液、输药和输营养液，也可以用于采集血液样本。UNI-PICC 3F 导管是用于短期或长期(小于 30 天或者大于 30 天)经外周静脉穿刺进入中心静脉，适用于新生儿、幼儿和儿童患者静脉内输液、输药和输营养液。
生产厂家:美国 Health Line International Corporation
注册代理:美国昊朗国际公司佛山代表处
服务机构:美国昊朗国际公司佛山代表处
发证日期:2014. 08. 11 **截止日期**:2019. 08. 10

国食药监械(进)字 2014 第 3463843 号

产品名称:自扩张型支架系统(商品名:Innova)(Innova Self-Expanding Stent System)
规格型号:见附页
产品标准:YZB/IRE 4206-2014《自扩张型支架系统(商品名:Innova)》
性能组成:Innova 自扩张型支架系统由支架和输送系统组成。支架材料为镍钛合金，近端和远端均有钽不透射线标记。输送系统由手柄和管杆组成。产品经环氧乙烷灭菌，一次性使用。
适用范围:该产品适用于治疗外周血管病变。
生产厂家:爱尔兰 Boston Scientific Ireland Ltd
注册代理:波科国际医疗贸易(上海)有限公司
服务机构:波科国际医疗贸易(上海)有限公司
发证日期:2014. 08. 11 **截止日期**:2019. 08. 10

国食药监械(进)字 2014 第 3463844 号

产品名称:空心螺钉(Cannulated Screw)
规格型号:见附页
产品标准:YZB/USA 4207-2014《空心螺钉》
性能组成:该产品采用符合 ISO5832-3 规定的 Ti6A14V 钛合金材料制造，产品表面经阳极氧化处理。非灭菌包装。
适用范围:适用于股骨和胫骨骨折的治疗和重建手术。
生产厂家:美国 Biomet Trauma
注册代理:邦美(上海)商贸有限公司
服务机构:邦美(上海)商贸有限公司
发证日期:2014. 08. 11 **截止日期**:2019. 08. 10

国食药监械(进)字 2014 第 3463845 号

产品名称:脊柱后路内固定系统组件(商品名:Expedium)(Expedium Spine System)
规格型号:186162455, 186162551, 179970450, 179970600, 179722050, 179702000
产品标准:YZB/SWI 4272-2014《脊柱后路内固定系统组件》
性能组成:该产品由一系列棒、内锁紧螺钉组成。其材料为符合 GB/T 13810 要求的 TC4ELI 钛合金。非灭菌包装。
适用范围:该产品适用于非颈椎部位的脊柱椎弓根固定与非椎弓根固定。
生产厂家:瑞士 Medos International SARL
注册代理:强生(上海)医疗器材有限公司
服务机构:强生(上海)医疗器材有限公司
发证日期:2014. 08. 11 **截止日期**:2019. 08. 10

国食药监械(进)字 2014 第 3773846 号

产品名称:4 代血管塞(商品名:AMPLATZER)(AMPLATZER Vascular Plug 4)
规格型号:9-AVP038-004;9-AVP038-005;9-AVP038-006;9-AVP038-007;9-AVP038-008
产品标准:YZB/USA 4490-2014《4 代血管塞》
性能组成:本产品由植入装置和传送装置两部分组成。植入装置由镍钛合金丝编织网、316L 不锈钢微型螺丝紧固件和铂铱合金标记带组成。传送装置由传送导丝、旋塞阀、止血阀、装载器和塑料钳组成。产品经环氧乙烷灭菌，一次性使用。
适用范围:本产品适用于外周血管系统的动脉和静脉栓塞。
生产厂家:美国 AGA MEDICAL CORPORATION
注册代理:圣犹达医疗用品(上海)有限公司
服务机构:圣犹达医疗用品(上海)有限公司
发证日期:2014. 08. 11 **截止日期**:2019. 08. 10

国食药监械(进)字 2014 第 3463847 号

产品名称:人工髋关节假体(Modular Stem Cementless)
规格型号:见附页
产品标准:YZB/ITA 4340-2014《人工髋关节假体》
性能组成:该产品由股骨柄及股骨颈组成。股骨柄、股骨颈由符合 ISO5832-3 标准规定的 Ti6A14V 钛合金制成，其中股骨柄表面带有符合 ISO13779-2 标准规定的羟基磷灰石涂层。灭菌包装。
适用范围:作为生物型假体使用，与同一系统组件配合使用，适用于髋关节置换。
生产厂家:意大利 Limacorporate S. p. A.
注册代理:北京飞渡医疗器械有限公司
服务机构:北京飞渡医疗器械有限公司
发证日期:2014. 08. 11 **截止日期**:2019. 08. 10

国食药监械(进)字 2014 第 3773848 号

产品名称:PTCA 扩张导管(商品名:ASAHI Douvan)(血管処置用バルーンカテーテル V)
规格型号:见附页
产品标准:YZB/JAP 3357-2014《PTCA 扩张导管》
性能组成:产品由外管、内管、加强管、管座、球囊、保护套管构成。其中外管材料为 Pebax 和尼龙。内管是由扩张腔侧和导丝腔侧构成，扩张腔侧材料为 Pebax 和尼龙，导丝腔侧材料为聚乙烯。加强管材料为不锈钢。管座材料为聚碳酸酯。球囊材料为 Pebax。保护套管材料为:Pebax。球囊直径小于 2.0mm 的型号带有一个不铂铱合金不透射线标记，球囊直径大于等于 2.0mm 的型号带有 2 个铂铱合金标记。球囊直径小于 2.75mm 的型号亲水涂层涂覆范围除导管外还包括球囊，球囊直径大于等于 2.75mm 的型号涂覆范围仅限导管。PTFE 涂层涂覆于加强管，头端 95cm 处和 105cm 处作为深度标记点为非涂层部分。产品经环氧乙烷灭菌，一次性使用。
适用范围:PTCA 扩张导管适用于经皮冠状动脉成形术(PTCA)中狭窄冠状

动脉血管的扩张以及植入支架时的后扩张。
生产厂家:日本朝日インテック株式会社
注册代理:日本朝日英达科株式会社北京代表处
服务机构:日本朝日英达科株式会社北京代表处
发证日期:2014.08.11 **截止日期**:2019.08.10

国食药监械(进)字2014第3633849号

产品名称:基台及附件(DIO Implant)
规格型号:见附页
产品标准:YZB/ROK 4080-2014《基台及附件》
性能组成:本产品包括基台、基台螺钉及保护帽。基台的材料为纯钛材料,该材料的牌号为TA4,基台上部表面具有氮化钛涂层,下部表面未处理;基台螺钉的材料为钛合金材料,该材料的牌号为TC4ELI,基台螺钉表面未处理;保护帽的材料为聚甲醛或者聚醚醚酮材料。本产品为非灭菌包装。
适用范围:本产品适用于部分或全口牙齿缺失患者,作为与种植体连接的上部结构,支持人造牙冠、齿桥或覆盖义齿。
变更情况:变更日期:2014.12.29。企业注册地址和生产地址由"1464, U-dong Haeundae-gu Busan, 612-020, Korea"变更为"66, Centum seo-ro, Haeundae-gu, Busan 612-020, REPUBLIC OF KOREA"。
生产厂家:韩国DIO Corporation
注册代理:北京迪斯艾科贸有限公司
服务机构:北京迪斯艾科贸有限公司
发证日期:2014.08.11 **截止日期**:2019.08.10

国食药监械(进)字2014第3633850号

产品名称:牙胶尖(Gutta Percha points and Gutta Percha Obturator)
规格型号:见附页
产品标准:YZB/ROK 4329-2014《牙胶尖》
性能组成:古塔胶(反-1,4-聚异戊二烯):25%;氧化锆:35%;氧化锌:29.5%;硫酸钡:10%;着色剂:0.5%(FD&C红#40:0.18%和FD&C黄#4:0.32%)。
适用范围:本产品适用于根管治疗中的根管充填。
生产厂家:韩国SURE DENT CORPORATION
注册代理:明光圣睿(北京)医学技术有限公司
服务机构:明光圣睿(北京)医学技术有限公司
发证日期:2014.08.11 **截止日期**:2019.08.10

国食药监械(进)字2014第3223851号

产品名称:眼用透明质酸钠(Z-Hyalin Plus Viscoelastic solution for use in intraocular surgery)
规格型号:Z-Hyalin Plus
产品标准:YZB/UK 4491-2014《眼用透明质酸钠》
性能组成:该产品是以透明质酸钠溶于磷酸盐生理缓冲溶液中形成的粘弹性溶液,经过滤除菌后无菌灌装于带保护帽的无菌预灌封注射器内,并配有一个已经射线灭菌的不锈钢平口弯针,密封于无菌医用纸塑袋中。其中透明质酸钠为微生物发酵法制备,浓度为1.5%。
适用范围:该产品用于人工晶状体置换手术时形成和维持前房深度和空间,减少手术对眼部结构造成的机械损伤。
备注:2014年11月20日同意更正企业注册地址、生产地址内容,2014年8月11日核发的医疗器械注册登记表予以废止。
变更情况:变更日期:2015.02.06。"蔡司光学仪器(上海)国际贸易有限公司"变更为"卡尔蔡司(上海)管理有限公司仅改变公司名称,地址等其他信息不变。后附改名的批准文件。"。
生产厂家:英国Hyaltech Ltd.
注册代理:蔡司光学仪器(上海)国际贸易有限公司
发证日期:2014.08.11 **截止日期**:2019.08.10

国食药监械(进)字2014第3463852号

产品名称:肘关节假体组件-垫圈(Elbow Joint Prosthesis)
规格型号:型号:15-4031/05,15-4031/06,15-4031/07,具体见附页
产品标准:YZB/GER 6208-2013《肘关节假体组件-垫圈》
性能组成:肘关节假体组件-垫圈采用符合ISO5832-12的锻造钴铬钼合金材质制造。灭菌包装。
适用范围:本产品与骨水泥配合使用,适用于肘关节置换手术。本产品只与同系统组件配套使用。
生产厂家:德国Waldemar Link GmbH&Co.KG
注册代理:北京威联德骨科技术有限公司
服务机构:北京威联德骨科技术有限公司
发证日期:2014.08.11 **截止日期**:2019.08.10

国食药监械(进)字2014第3633853号

产品名称:人工牙种植体(商品名:Straumann ROXOLID种植体)(Roxolid Implant)
规格型号:见附页
产品标准:YZB/SWI 4334-2014《人工牙种植体》
性能组成:人工牙种植体按照手术类型,分为引导型和非引导型。引导型和非引导型种植体完全一致,仅连接器有所区别。按照植入位置,可以分为软组织水平种植体和骨水平种植体。其中软组织水平种植体包括标准种植体。产品包装中包含种植体和连接器。人工牙种植体由Roxolid钛锆合金制成。人工牙种植体表面经喷砂、酸蚀处理。人工牙种植体为无菌产品,经伽马射线灭菌。人工牙种植体为一次性使用产品。
适用范围:人工牙种植体是Institut Straumann AG生产的一种牙科种植体。该产品适用于口内上、下颌骨的骨内种植治疗,以及对牙列缺失和牙列缺损患者的功能性和美学性修复。
生产厂家:瑞士Institut Straumann AG
注册代理:士卓曼(北京)医疗器械贸易有限公司
服务机构:士卓曼(北京)医疗器械贸易有限公司
发证日期:2014.08.11 **截止日期**:2019.08.10

国食药监械(进)字2014第3643854号

产品名称:医用透明质酸钠溶液(商品名:舒立芬)(Adhesion Barrier)
规格型号:Guardix-SOL-P-01-T、Guardix-SOL-P-02-T 包装单位:5g/支、1.5g/支
产品标准:YZB/ROK 4691-2014《医用透明质酸钠溶液》
性能组成:本品由透明质酸钠溶液、注射器、导管及助力器组成。其中透明质酸钠溶液为无色、透明液体,成份为透明质酸钠、羧甲基纤维素钠、注射用水、NaCl、KCl、KH2PO4及Na2HPO4。
适用范围:用于鼻/窦手术的患者,以辅助减少手术后周边组织粘连的形成。
生产厂家:韩国Genewel Co., Ltd.
注册代理:北京润美康医药有限公司
服务机构:北京润美康医药有限公司
发证日期:2014.08.11 **截止日期**:2019.08.10

国食药监械(进)字2014第3103855号

产品名称:骨成型球囊(商品名:Xpander II)(Xpander II Inflatable Bone Tamps)
规格型号:KX103,KX153,KX203
产品标准:YZB/USA 1129-2014《骨成型球囊》
性能组成:该产品由球囊、导管、应力消除部件、Y接头、导针、不透射线标记、保护套、充盈口和标记组成。球囊和导管采用聚氨酯制成,应力消除部件采用热塑橡胶制成,Y接头采用聚碳酸酯制成,导针采用符合ASTMF899标准规定的304不锈钢制成,不透射线标记采用铂铱合金制成,保护套采用Pebax材料制成,充盈口采用聚碳酸酯和硅胶材料制成,标记为银墨,Y接头标记为油墨,具体详见规格型号列表。灭菌包装。
适用范围:适用于椎体骨折复位和/或在脊柱(包括在使用骨水泥的球囊扩张椎体后凸成形术中使用)松质骨建立空隙。
备注:2014年10月10日同意更正注册号内容,2014年8月11日核发的医疗器械注册证、医疗器械注册登记表予以废止。
生产厂家:美国Medtronic Sofamor Danek USA, Inc.
注册代理:美敦力(上海)管理有限公司
服务机构:美敦力(上海)管理有限公司
发证日期:2014.08.11 **截止日期**:2019.08.10

国食药监械(进)字2014第3153856号

产品名称:移植用运送套包(Harvest Graft Delivery System)
规格型号:GDP-10
产品标准:YZB/USA 4534-2014《移植用运送套包》
性能组成:该套包构成为:1ml注射器、10ml注射器(2个)、混合连接器、夹子(10:1)、带保护套的推柄组件、培养皿、阴-阴鲁尔接头(备

用)、10ml 注射器主体（2个，带活塞和阴-阴鲁尔接头）和 10ml 注射器柱塞（2个）。
适用范围:该套包适用于将移植、自体移植或人工合成骨移植材料运送至移植骨科手术部位。同时也适用于按照临床使用要求的规定，对骨移植材料与注射用水、血液、血浆、富血小板血浆、骨髓或其他特定血液成分进行预混合。
生产厂家:美国 Harvest Technologies Corp.
注册代理:泰尔茂(中国)投资有限公司
服务机构:泰尔茂(中国)投资有限公司
发证日期:2014.08.11　　**截止日期**:2019.08.10

国食药监械(进)字 2014 第 3773857 号

产品名称:传送导管系统（商品名：Attain Select II + SureValve）(Delivery Catheter System)
规格型号:6248VI-90、6248VI-90S、6248VI-90L、6248VI-130、6248VI-130L、6248VI-90P、6248VI-90SP、6248VI-130P
产品标准:YZB/USA 4219-2014《传送导管系统》
性能组成:该产品由1根内导管、1根带 SureValve 止血阀一体式传送导管和2个止血阀辅助工具组成。产品经环氧乙烷灭菌，一次性使用。
适用范围:该导管系统用于将造影剂和经静脉植入器械导入冠状窦或左心部静脉血管。导管系统需要配合外导引导管使用。
生产厂家:美国 Medtronic Inc.
注册代理:美国美敦力中国有限公司北京办事处
服务机构:美敦力(上海)管理有限公司
发证日期:2014.08.11　　**截止日期**:2019.08.10

国食药监械(进)字 2014 第 3223858 号

产品名称:软性亲水接触镜(Soft Contact Lens)
规格型号:Oxygen View Color
产品标准:YZB/ROK 4331-2014《软性亲水接触镜（型号:Oxygen View Color)》
性能组成:该产品为日戴型软性亲水接触镜。镜片由 HEMA、TRISS、NMV、NVP、EGDMA、紫外线吸收剂及着色剂等聚合而成，着单色(黑色、棕色)、双色(蓝色、棕色、紫色、绿色、灰色)、三色(蓝色、棕色、紫色、绿色、灰色)。聚丙烯盒包装。各参数标称值:含水量:55%，折射率:1.420，透氧系数：25×10^{-11}(cm2/s)(mLO2/(mL×mmHg))，-3D 镜片透氧量：25×10^{-9}(cm/s)　(mLO2/(mL×mmHg))，后顶焦度范围：0.00D～ -10.00D，可见光透过率≥95%。推荐更换周期1个月。产品经蒸汽湿热灭菌。另该产品具有抗紫外功能，详见附件。
适用范围:镜片适用于18岁及以上无禁忌症患者矫正近视。
生产厂家:韩国 Joowon Innovation Co., Ltd.
注册代理:镇江美多隐形眼镜有限公司
服务机构:镇江美多隐形眼镜有限公司
发证日期:2014.08.11　　**截止日期**:2019.08.10

国食药监械(进)字 2014 第 3463859 号

产品名称:髋臼加强系统(Acetabular Support System)
规格型号:见附页
产品标准:YZB/GER 4512-2014《髋臼加强系统》
性能组成:该产品包括带翼加强杯、闭孔钩和固定螺钉，固定螺钉分为螺钉主体和螺钉锁帽；由符合 ISO 5832-1 标准要求的锻造不锈钢材料制成；灭菌包装。
适用范围:与该企业同一系统组件骨水泥杯配合使用，通过骨水泥进行固定，适用于翻修手术中的髋关节置换。
生产厂家:德国 Waldemar Link GmbH & Co. KG
注册代理:北京威联德骨科技术有限公司
服务机构:北京威联德骨科技术有限公司
发证日期:2014.08.11　　**截止日期**:2019.08.10

国食药监械(进)字 2014 第 3633860 号

产品名称:牙科种植体(DIO Implant)
规格型号:见附页
产品标准:YZB/ROK 4401-2014《牙科种植体》
性能组成:种植体材料为钛合金，牌号为 TC4ELI，表面经羟基磷灰石粉末喷砂处理。产品经伽马射线灭菌，无菌提供。
适用范围:该产品用于植入上下颌骨内，在永久性种植体骨整合期间作为过渡义齿的临时支持，最长使用时限6个月。
变更情况:变更日期：2014.12.29。企业注册地址和生产地址由“1464, U-dong Haeundae-gu Busan, 612-020, Korea”变更为“66, Centum seo-ro, Haeundae-gu, Busan 612-020, REPUBLIC OF KOREA”。
生产厂家:韩国 DIO Corporation
注册代理:北京迪斯艾科贸有限公司
服务机构:北京迪斯艾科贸有限公司
发证日期:2014.08.11　　**截止日期**:2019.08.10

国食药监械(进)字 2014 第 3223861 号

产品名称:多功能隐形眼镜护理液(商品名:Opto-Pharm P2 Penta-Plex)(Opto-Pharm P2 Penta-Plex MULTI-PURPOSE SOLUTION(No Rub))
规格型号:500ml、360ml、350ml、260ml、240ml、120ml、60ml、15ml、10ml
产品标准:YZB/SIN 2470-2014《多功能隐形眼镜护理液（商品名：Opto-Pharm P2 Penta-Plex)》
性能组成:本产品为一种无菌缓冲溶液，由聚亚己基缩二胍、泊洛沙姆、乙二胺四乙酸二钠、羟丙基甲基纤维、氯化钠、硼酸钠、硼酸、盐酸和纯水组成。pH 值：6.80～7.40。渗透压:280-319 mOsm/Kg .H2O。
适用范围:本产品适用于软性隐形眼镜，可以提供清洁、除蛋白、消毒、贮存、冲洗、保湿、润滑功能。
变更情况:变更日期：2014.11.19。售后服务机构由“北京爱尔默医药技术开发有限公司”变更为“上海欧吐芳光学产品有限公司”。
生产厂家:新加坡 Opto-Pharm Pte Ltd
注册代理:北京爱尔默医药技术开发有限公司
服务机构:北京爱尔默医药技术开发有限公司
发证日期:2014.08.11　　**截止日期**:2019.08.10

国食药监械(进)字 2014 第 3773862 号

产品名称:栓塞微球（商品名：DC Bead）(Drug Delivery Embolisation System)
规格型号:型号 DC2V305 规格 300-500 微米
产品标准:YZB/UK 4540-2014《栓塞微球》
性能组成:该产品是以聚乙烯醇(PVA)为主链的大分子交联聚合体，以聚乙烯醇(PVC)主链为骨架，以共价键型式和交联剂、活性蓝连接而成。保存溶液为生理缓冲溶液。蒸汽灭菌，一次性使用。
适用范围:该产品用于富血管恶性肿瘤供血血管的栓塞。
生产厂家:英国 Biocompatibles UK Limited
注册代理:赛生贸易(上海)有限公司
服务机构:国药控股凌云生物医药(上海)有限公司
发证日期:2014.08.11　　**截止日期**:2019.08.10

国食药监械(进)字 2014 第 3643863 号

产品名称:伤口清洁液体敷料（商品名：NeutroPhase(纽储非)）(Wound Cleanser)
规格型号:10ml、20ml、40ml、60ml、80ml、100ml、125ml、250ml、500ml
产品标准:YZB/USA 4615-2014《伤口清洁液体敷料》
性能组成:该产品由玻璃瓶装伤口清洁液体敷料和喷头组成。
适用范围:该产品用于湿润吸水性伤口敷料，冲洗及清洗皮肤表面小切口、轻微烧伤、表面擦伤和皮肤轻微刺激；也用于体表急性和慢性皮肤损伤的湿润和清洗，包括 I～IV 压疮、淤滞溃疡、腿溃疡、糖尿病足溃疡、手术后伤口，一、二度烧伤，皮肤擦伤和皮肤轻微刺激（累积使用时间不大于30天)。
生产厂家:美国 NovaBay Pharmaceuticals, Inc.
注册代理:北京今事达商务服务有限公司
服务机构:北京今事达商务服务有限公司
发证日期:2014.08.11　　**截止日期**:2019.08.10

国食药监械(进)字 2014 第 3773864 号

产品名称:PTA 球囊导管（商品名：Joker 035）(PTA balloon catheter)
规格型号:见附页
产品标准:YZB/GER 2734-2014《PTA 球囊导管》
性能组成:产品由球囊、导管、Y 型连接器、不透射线标记、压力释放管、近端导丝管组成。球囊材料为聚酰胺，导管管身为尼龙，不透射线标记为铂铱合金。产品经环氧乙烷灭菌，一次性使用。
适用范围:该产品用于扩张髂动脉、股动脉、腘动脉、膝下动脉、肾动脉及颈动脉的狭窄，治疗先天或后天动静脉透析瘘管的梗阻损伤。还可用于外周血管系统支架的再扩张。
生产厂家：德国 Eurocor GmbH
注册代理：上海美创医疗器械有限公司
服务机构：上海美创医疗器械有限公司
发证日期：2014.08.11 截止日期：2019.08.10

国食药监械（进）字 2014 第 3463865 号

产品名称：腓骨钛板固定系统（商品名：VariAx）(VariAx Fibula Locking Plate System)
规格型号：见附页
产品标准：YZB/GER 4663-2014《腓骨钛板固定系统》
性能组成：该系统由钛板和克氏针组成。其中钛板由符合 ISO 5832-2 标准要求的 4 级纯钛材料制成，为锁定板；克氏针由符合 ISO 5832-1 标准要求的锻造不锈钢材料制成。钛板表面经过阳极氧化处理。灭菌和非灭菌包装。
适用范围：钛板与同一企业标准螺钉或锁定螺钉配合使用，克氏针作为非植入物使用，与我公司钛板配合使用。适用于腓骨末端的内固定。
生产厂家：德国 Stryker Leibinger GmbH & Co.KG Division Osteosynthesis
注册代理：史赛克（北京）医疗器械有限公司
服务机构：史赛克（北京）医疗器械有限公司
发证日期：2014.08.11 截止日期：2019.08.10

国食药监械（进）字 2014 第 3663866 号

产品名称：钛合金人工牙种植体及其附件（チタン合金製歯科インプラント）
规格型号：见附页
产品标准：YZB/JAP 4644-2014《钛合金人工牙种植体及其附件》
性能组成：本产品由种植体及其附件组成，种植体包括 FINAFIX TP 型种植体和 FINAFIX ST 型种植体，附件包括分体式直基台、球形基台、定制愈合基台、临时基台、TB 直接可铸造基台、TB 修复螺丝、修复螺丝、覆盖螺丝、愈合螺丝和基台螺丝。材料为符合 GB/T13810-2007 的 TC4 ELI 材料组成，包括灭菌和非灭菌包装。
适用范围：牙缺失后颌骨内植入。
生产厂家：日本京セラメディカル株式会社
注册代理：北京优百伟业科贸有限公司
服务机构：北京优百伟业科贸有限公司
发证日期：2014.08.11 截止日期：2019.08.10

国食药监械（进）字 2014 第 3463867 号

产品名称：中空螺钉（商品名：Magna-Fx）(Cannulated Screws)
规格型号：见附页
产品标准：YZB/USA 4715-2014《中空螺钉》
性能组成：该产品分为内固定中空螺钉及迷你内固定中空螺钉两类，采用符合 ASTM F1314 的不锈钢材料制造，产品一次性使用，经辐射灭菌。
适用范围：该产品适用于四肢干骺端、骨盆骨折内固定。
生产厂家：美国 Zimmer，Inc.
注册代理：捷迈（上海）医疗国际贸易有限公司
服务机构：捷迈（上海）医疗国际贸易有限公司
发证日期：2014.08.11 截止日期：2019.08.10

国食药监械（进）字 2014 第 3463868 号

产品名称：经椎间孔腰椎后路椎间融合器（商品名：TSPACE PEEK Facelift）(TSPACE PEEK Facelift Transforaminal Lumbar Interbody Fusion System)
规格型号：见附页
产品标准：YZB/GER 4511-2014《经椎间孔腰椎后路椎间融合器》
性能组成：该产品由符合 YY/T0660 标准要求的 PEEK OPTIMA LT1 聚醚醚酮材料制成。内含由符合 ISO13782 标准要求的纯钽材料制成的显影钉。灭菌包装。
适用范围：该产品用于胸腰椎单节段或多节段的经椎间孔入路手术，与内固定产品联合使用。用于下列适应症：-退行性不稳；-脊椎前移；-椎间盘切除术后综合征；-外伤后不稳
生产厂家：德国 Aesculap AG
注册代理：贝朗医疗（上海）国际贸易有限公司
服务机构：贝朗医疗（上海）国际贸易有限公司
发证日期：2014.08.11 截止日期：2019.08.10

国食药监械（进）字 2014 第 3463869 号

产品名称：脊柱后路内固定系统组件（商品名：Expedium）(Expedium Spine System)
规格型号：175461000、75461005、75461010
产品标准：YZB/SWI 4657-2014《脊柱后路内固定系统组件》
性能组成：该产品由一系列金属丝组成。其材料为符合 ISO 5832-6 要求的钴镍铬钼合金。非灭菌包装。
适用范围：该产品适用于非颈椎部位的脊柱椎弓根固定与非椎弓根固定。
生产厂家：瑞士 Medos International SARL
注册代理：强生（上海）医疗器材有限公司
服务机构：强生（上海）医疗器材有限公司
发证日期：2014.08.11 截止日期：2019.08.10

国食药监械（进）字 2014 第 2663870 号

产品名称：气管插管（Tracheal Tubes）
规格型号：见附页
产品标准：YZB/USA 4750-2014《气管插管》
性能组成：无套囊气管插管由气管插管、接头组成；如有套囊则还应有套囊、充气管、指示球囊、充气阀门。该产品为一次性使用产品，灭菌方式为环氧乙烷灭菌。
适用范围：该产品临床用于手术中建立患者的呼吸通道。
生产厂家：美国 Covidien llc
注册代理：柯惠医疗器材国际贸易（上海）有限公司
服务机构：柯惠医疗器材国际贸易（上海）有限公司
发证日期：2014.08.08 截止日期：2019.08.07

国食药监械（进）字 2014 第 2663871 号

产品名称：造口栓（Conseal Ostomy Plugs）
规格型号：1445
产品标准：YZB/DEN 4748-2014《造口栓》
性能组成：本产品是一件式造口栓，由吸收栓、过滤器、无纺布、吸水材料和医用粘贴胶组成。产品的主要成分包括聚乙烯醇、羧甲基纤维素、以聚氨酯为基底的甲苯二异氰酸酯、环氧乙烷和环氧丙烷共聚物、聚苯乙烯、碳泡沫、聚氨酯泡沫、聚丙烯酸钠、聚乙烯、硫酸盐、聚异丁烯、聚丙烯、果胶、树脂、甲基丁乙烯共聚物、聚乙烯-异戊二烯嵌段共聚物、明胶、氧化锌等。
适用范围：该产品适用于肠造口人士控制造口排泄物的排出，尤其适用于排泄规律且粪便成型的肠造口者在两次排便之间收集造口排泄液，可与灌洗系统配套使用。
生产厂家：丹麦 Coloplast A/S
注册代理：康乐保（中国）医疗用品有限公司
服务机构：康乐保（中国）医疗用品有限公司
发证日期：2014.08.08 截止日期：2019.08.07

国食药监械（进）字 2014 第 3633872 号

产品名称：自酸蚀处理剂及粘接剂（商品名：P90 粘接系统）(Self-Etch Primer and Bond)
规格型号：见附页
产品标准：YZB/GER 4481-2014《自酸蚀处理剂及粘接剂》
性能组成：本产品由自酸蚀处理剂和粘接剂两部分组成。其中自酸蚀处理剂主要由 2-羟基乙醇-甲基丙烯酸酯、(1-甲基乙缩醛)-二[4，1-亚苯氧基(2-羟基-3，1-丙二基)]双甲基丙烯酸酯和甲基丙烯酸磷酸酯(MHP)组成；粘接剂主要由(1-甲基乙缩醛)-二[4，1-亚苯氧基(2-羟基-3，1-丙二基)]双甲基丙烯酸酯、三烷基乙二醇–二甲基异丁烯酸酯组成。
适用范围：用于 I 类和 II 类窝洞的直接后牙充填修复时，树脂基类材料与牙齿的粘接。
生产厂家：德国 3M Deutschland GmbH
注册代理：明尼苏达矿业制造（上海）国际贸易有限公司
服务机构：明尼苏达矿业制造（上海）国际贸易有限公司
发证日期：2014.08.08 截止日期：2019.08.07

国食药监械(进)字2014第3633873号

产品名称:齿科根管调节剂(商品名:Glyde)(Dental Root Canal Conditioner)
规格型号:A0902 注射装和点胶喷嘴;A0903 点胶喷嘴
产品标准:YZB/SWI 4705-2014《齿科根管调节剂》
性能组成:组成:聚乙二醇、丙二醇、聚氧乙烯-聚丙烯嵌段共聚物、Cety l乙醇、乙二胺四乙酸(EDTA)和过氧化脲。
适用范围:用于在牙髓治疗时对牙根管预备体进行化学和物理清洁及润滑。
生产厂家:瑞士 MAILLEFER INSTRUMENTS HOLDING Sarl
注册代理:登士柏(天津)国际贸易有限公司
服务机构:登士柏(天津)国际贸易有限公司
发证日期:2014.08.08 **截止日期**:2019.08.07

国食药监械(进)字2014第2663874号

产品名称:导丝系列(Guide Wires)
规格型号:见附页
产品标准:YZB/GER 3259-2014《导丝系列》
性能组成:导丝材料为镍钛合金,近端涂有聚四氟乙烯涂层,远端涂有聚乙烯吡咯烷酮。该产品可重复性使用,首次使用经环氧乙烷灭菌以无菌方式提供,其后每次使用前,需按照说明书相关内容进行清洗、消毒、灭菌。
适用范围:该产品用来引导柔性内镜器械(须与导丝兼容)进入人体内待治疗的部位。
生产厂家:德国 Medi-Globe GmbH
注册代理:优诺康(北京)医药技术服务有限公司
服务机构:南京微创医学科技有限公司
发证日期:2014.08.08 **截止日期**:2019.08.07

国食药监械(进)字2014第3643875号

产品名称:水凝胶清创胶(商品名:优格清创胶)(URGO HYDROGEL)
规格型号:15克/支
产品标准:YZB/FRA 4756-2014《水凝胶清创胶》
性能组成:优格清创胶是一种透明的无定形水凝胶,由瓜尔豆胶、丙二醇、四硼酸钠和水组成。
适用范围:本产品适用于慢性伤口(小腿溃疡,压疮等)的清创治疗和肉芽生长期的治疗。
生产厂家:法国 LABORATOIRES URGO
注册代理:法国优格制药公司北京代表处
服务机构:法国优格制药公司北京代表处
发证日期:2014.08.08 **截止日期**:2019.08.07

国食药监械(进)字2014第3463876号

产品名称:髋关节假体(商品名:CPT)(Hip Joint Prostheses)
规格型号:见附页
产品标准:YZB/USA 4647-2014《髋关节假体》
性能组成:该产品包括:抛光锥形髋关节柄(标准型/加长型/标准偏心距/延长偏心距)和中置器(标准型/翻修型)。髋关节柄由符合ISO5832-12标准要求的锻造钴铬钼合金材料制成;中置器由聚甲基丙烯酸甲酯材料制成。
适用范围:该产品是II型髋关节柄,与VerSys股骨头(12/14锥形颈)配合使用,适用于骨水泥型全髋关节股骨柄的置换。
生产厂家:美国 Zimmer Inc.
注册代理:捷迈(上海)医疗国际贸易有限公司
服务机构:捷迈(上海)医疗国际贸易有限公司
发证日期:2014.08.08 **截止日期**:2019.08.07

国食药监械(进)字2014第3223877号

产品名称:软性角膜接触镜(商品名:舒日散光)(1 DAY ACUVUE MOIST Brand Contact Lenses for ASTIGMATISM)
产品标准:YZB/USA 4851-2014《软性角膜接触镜(商品名:舒日散光)》
性能组成:该产品为日戴型软性亲水接触镜。镜片材料为etafilconA制成,着淡蓝色。聚丙烯塑泡和铝箔包装。各参数标称值:含水量:59%,折射率:1.400,透氧系数:21.4×10^{-11}(cm2/s)(mLO2/(mL×mmHg)),-3D镜片透氧量:23.8×10^{-9}(cm/s)(mLO2/(mL×mmHg)),后顶焦度范围:-10.00D~+10.00D,柱镜焦度范围:-0.25D~-4.00D,可见光透过率≥90%。对UV-A段(316nm-380 nm)应<30%,对UV-B段(280nm-315 nm)应<5%。推荐更换周期1天。产品经湿热灭菌。
适用范围:用于矫正有晶体和无晶体的无疾病眼的屈光不正(远视、近视和散光)。
生产厂家:美国 Johnson & Johnson Vision Care Inc.
注册代理:强生视力健商贸(上海)有限公司
服务机构:强生视力健商贸(上海)有限公司
发证日期:2014.08.08 **截止日期**:2019.08.07

国食药监械(进)字2014第3223878号

产品名称:后房型丙烯酸酯人工晶状体(商品名:MC611MI)(Posterior Acrylic IOL)
规格型号:MC611MI
产品标准:YZB/GER 4671-2014《后房型丙烯酸酯人工晶状体(商品名:MC611MI)》
性能组成:该产品为单件式后房人工晶状体,可折叠,襻形为H型。主体部分和支撑部分材料由甲基丙烯酸-2-羟基乙酯、甲基丙烯酸甲酯、二甲基丙烯酸乙二醇酯等聚合而成,添加紫外吸收剂。屈光度范围:0.0~30.0D;光学设计:单焦,球面。无菌状态提供,一次性使用。
适用范围:用于囊袋内植入,适用于手术后取出晶状体的无晶体眼的矫正。
生产厂家:德国 HumanOptics Aktiengesellschaft
注册代理:北京世代保康科技发展有限公司
服务机构:北京世代保康科技发展有限公司
发证日期:2014.08.08 **截止日期**:2019.08.07

国食药监械(进)字2014第3773879号

产品名称:肾造瘘球囊导管(商品名:Ultraxx)(Ultraxx Nephrostomy Balloon and Set)
规格型号:UNB-6-15, UNB-6-15-CS, UNB-8-15, UNB-8-15-CS, UNB-10-15, UNB-10-15-CS, UNBS-6-15, UNBS-6-15-CS, UNBS-8-15, UNBS-8-15-CS, UNBS-10-15, UNBS-10-15-CS
产品标准:YZB/USA 4527-2014《肾造瘘球囊导管(商品名:Ultraxx)》
性能组成:该产品由球囊导管和鞘管组成。UNBS产品为套装,内含一个可控式球囊压力充盈器(型号:CID-20-30)。球囊导管的材料为尼龙,球囊材料为聚乙烯,"-CS"产品鞘管的材料为聚乙烯,无"-CS"产品鞘管的材料为特氟隆。产品经环氧乙烷灭菌,一次性使用。
适用范围:该产品用于进行经皮肾镜检查手术时,扩张肌筋膜、肾小囊及肾实质,以建立并维护经皮通路。
生产厂家:美国 Cook Incorporated
注册代理:库克(中国)医疗贸易有限公司
服务机构:库克(中国)医疗贸易有限公司
发证日期:2014.08.08 **截止日期**:2019.08.07

国食药监械(进)字2014第2633880号

产品名称:烤瓷粉(商品名:Ceramco 3)(Porcelain Powders)
规格型号:见附页
产品标准:YZB/USA 4905-2014《烤瓷粉》
性能组成:主要结构及组成:SiO2、Al2O3、K2O、Na2O、Li2O、BaO、B2O3、CaO、F、Sb2O3。
适用范围:以齿科合金为基底冠的烤瓷修复体用烤瓷粉。
生产厂家:美国 Dentsply International Inc. Prosthetics Division
注册代理:登士柏(天津)国际贸易有限公司
服务机构:登士柏(天津)国际贸易有限公司
发证日期:2014.08.08 **截止日期**:2019.08.07

国食药监械(进)字2014第3633881号

产品名称:玻璃离子修复材料(ChemFil Superior-Fast Setting Glass-Ionomer Restorative Material)
规格型号:ChemFil
产品标准:YZB/GER 4907-2014《玻璃离子修复材料》
性能组成:本品由铝-钠-钙-氟-磷-硅玻璃、聚丙烯酸、酒石酸、氧化铁色素组成。
适用范围:用于1.V类龋齿和窝洞的修复。2.III类窝洞的修复。3.乳牙的I类和II类窝洞的修复。4.暂时和半永久性修复。5.裂缝充填(小型I类洞)。

生产厂家:德国 DENTSPLY DeTrey GmbH
注册代理:登士柏(天津)国际贸易有限公司
服务机构:登士柏(天津)国际贸易有限公司
发证日期:2014.08.08 截止日期:2019.08.07

国食药监械(进)字 2014 第 3223882 号

产品名称:软性角膜接触镜(商品名:美瞳水凝)(1 DAY ACUVUE DEFINE Brand Contact Lenses with Lacreon)
产品标准:YZB/USA 4796-2014《软性角膜接触镜(商品名:美瞳水凝)》
性能组成:该产品为日戴型软性亲水接触镜。镜片材料为 etafilconA,着黑色、灰金色、棕色、黑棕色、灰绿色、棕灰金色、黑棕灰金色、黑灰金色、黑棕金色(星芒状)、黑棕金色(辐射状)。聚丙烯塑泡及铝箔纸包装。各参数标称值:含水量:59%,折射率:1.400,透氧系数:21.4 $\times 10^{-11}$(cm2/s)(mLO2/(mL×mmHg)),-3D 镜片透氧量:25.5 $\times 10^{-9}$(cm/s)(mLO2/(mL×mmHg)),后顶焦度范围:+10.00D~ -10.00D,可见光透过率≥90%。对 UV-A 段(316nm-380 nm)应<30%,对 UV-B 段(280nm-315 nm)应<5%。推荐更换周期 1 天。产品经湿热蒸汽灭菌。
适用范围:用于矫正有晶体和无晶体的无疾病眼的屈光不正(远视和近视),1.00D 以下散光患者配戴不影响视敏度,可增强或改变配戴者眼睛的色彩。
生产厂家:美国 Johnson &Johnson Vision Care Inc.
注册代理:强生视力健商贸(上海)有限公司
服务机构:强生视力健商贸(上海)有限公司
发证日期:2014.08.08 截止日期:2019.08.07

国食药监械(进)字 2014 第 3223883 号

产品名称:隐形眼镜润滑液(商品名:OPTI-FREE)(OPTI-FREE REWETTING DROPS)
规格型号:15ml
产品标准:YZB/USA 4573-2014《隐形眼镜润滑液(商品名:OPTI-FREE)》
性能组成:该产品为无菌、缓冲性水溶液。含有右旋糖酐 70、氯化钠、氯化钾、硼酸钠、羟丙甲纤维素(HPMC)以及作为防腐剂的聚季铵盐-1(商标 POLYQUAD)。
适用范围:适用于缓解因配戴软性亲水接触镜而出现的眼睛干涩及相关的眼部轻微刺激、不适和视物模糊,也对日戴型、长戴型、抛弃型软性亲水性隐形眼镜起到湿润作用。
生产厂家:美国 Alcon Laboratories, Incorporated
注册代理:爱尔康(中国)眼科产品有限公司
服务机构:爱尔康(中国)眼科产品有限公司
发证日期:2014.08.08 截止日期:2019.08.07

国食药监械(进)字 2014 第 3463884 号

产品名称:解剖型接骨板(Anatomical plates)
规格型号:见附页
产品标准:YZB/SWI 4635-2014《解剖型接骨板》
性能组成:该产品由符合 ISO5832-2 标准要求的 4 级纯钛材料(TiCP)或符合 ISO5832-1 标准要求的 00Cr18Ni14Mo3 不锈钢材料制成,纯钛材料的产品表面经阳极化着色处理。产品分灭菌和非灭菌包装。
适用范围:该产品与 SYNTHES 接骨螺钉配合用于四肢长干骨及不规则骨的骨折内固定。
生产厂家:瑞士 Synthes GmbH
注册代理:强生(上海)医疗器材有限公司
服务机构:辛迪思(上海)医疗器械贸易有限公司、强生(上海)医疗器材有限公司
发证日期:2014.08.08 截止日期:2019.08.07

国食药监械(进)字 2014 第 3463885 号

产品名称:小骨骨折固定系统(商品名:DARCO)(DARCO Plating System)
规格型号:见附页
产品标准:YZB/USA 4656-2014《小骨骨折固定系统》
性能组成:该产品由接骨板和接骨螺钉组成。其中接骨板采用符合 ISO 5832-2 的牌号为 TA2 的纯钛或符合 ISO5832-3 的牌号为 Ti6Al4V 的锻造钛合金制造,接骨螺钉采用符合 ISO 5832-3 的牌号为 Ti6Al4V 的锻造钛合金制造。表面经阳极氧化处理。采用非灭菌包装和 Gamma 射线灭菌包装两种规格。
适用范围:该产品适用于小块骨骨折的固定或骨重建。

生产厂家:美国 Wright Medical Technology, Inc.
注册代理:上海中智恒康医疗器械有限公司
服务机构:上海中智恒康医疗器械有限公司
发证日期:2014.08.08 截止日期:2019.08.07

国食药监械(进)字 2014 第 2633886 号

产品名称:软质氧化锆坯料(Soft Zirconia Blank)
规格型号:(16);(20);(B42/16);(B42/20);(B60/20);(Ronde100×16);(Ronde100×20);(Ronde100×25)。
产品标准:YZB/GER 3050-2012《软质氧化锆坯料》
性能组成:本产品主要成分为氧化锆。
适用范围:本产品适用于牙冠、牙桥的制作。
生产厂家:德国 Kaltenbach & Voigt GmbH
注册代理:卡瓦盛邦(上海)牙科医疗器械有限公司
服务机构:卡瓦盛邦(上海)牙科医疗器械有限公司
发证日期:2014.08.08 截止日期:2019.08.07

国食药监械(进)字 2014 第 2043887 号

产品名称:人工晶状体折叠夹(商品名:One Series)(ONE SERIES Ultra Cartridge)
规格型号:1VIPR30
产品标准:YZB/USA 4870-2014《人工晶状体折叠夹(商品名:One Series)》
性能组成:该人工晶状体折叠夹由聚丙烯材料采用注塑成型,内壁涂有润滑的双层涂层。主要在折叠式人工晶状体小切口植入手术中配合人工晶状体推注器以辅助人工晶状体植入眼内。产品经环氧乙烷灭菌,一次性使用。
适用范围:该人工晶状体折叠夹与人工晶状体推注器(型号:DK7786)联用,以折叠和辅助植入 AMO 丙烯酸酯单件式人工晶状体(商品名:TECNIS),仅适用于插入到囊袋中。
生产厂家:美国 Abbott Medical Optics Inc.
注册代理:眼力健(上海)医疗器械贸易有限公司
服务机构:眼力健(上海)医疗器械贸易有限公司
发证日期:2014.08.08 截止日期:2019.08.07

国食药监械(进)字 2014 第 3633888 号

产品名称:止血排龈膏(商品名:Traxodent-Hemodent Paste Retraction System)(Hemodent Paste Retraction System)
规格型号:9007091 25 管止血排龈膏和 50 个应用头 9007093 7 管止血排龈膏和 15 个应用头 9007092 50 个应用头 9007097 2 管止血排龈膏和 6 个应用头
产品标准:YZB/USA 5084-2014《止血排龈膏》
性能组成:本产品由注射管装止血排龈膏和应用头组成,成份为六水合物氯化铝、蒙脱土、聚乙二醇、山梨酸钾、锻制氧化硅、水、硝酸钾、黄色素 FD&C。
适用范围:本产品用于龈沟扩开和止血。
生产厂家:美国 Premier Dental Products Company
注册代理:北京凡尼斯医疗新技术有限公司
服务机构:北京凡尼斯医疗新技术有限公司
发证日期:2014.08.08 截止日期:2019.08.07

国食药监械(进)字 2014 第 2223889 号

产品名称:腹腔镜手术工具(Instruments of Laparoscopy)
规格型号:见附页
产品标准:YZB/USA 4833-2014《腹腔镜手术工具》
性能组成:内窥镜手术工具由手术钳、手术剪、持针器、肌瘤钻、举宫器、推结器组成。与人体接触的零部件选用符合 ASTM F899 要求的 304 不锈钢材料制成。
适用范围:该产品适用于腹腔镜检查和手术。
生产厂家:美国 Stryker Endoscopy
注册代理:史赛克(北京)医疗器械有限公司
服务机构:史赛克(北京)医疗器械有限公司
发证日期:2014.08.08 截止日期:2019.08.07

国食药监械(进)字 2014 第 3663890 号

产品名称:一次性使用输液过滤器(商品名:英确普)(Infusion Filter)

规格型号:见附页
产品标准:YZB/GER 5059-2014《一次性使用输液过滤器》
性能组成:由管路、过滤器、鲁尔锁定接头和保护套组成，4099850 和 4099753 还带有止流夹。4099702 和 4099850 的过滤器孔径为 1.2μm，4099800 和 4099753 的过滤器孔径为 0.2μm。环氧乙烷灭菌。
适用范围:本输液过滤器可与任何输液器一同使用。4099702 和 4099850 用于输注脂质溶液，可去除输液中的微粒杂质、气泡和大于 1.2μm 的微生物。4099800 和 4099753 用于输注非脂质溶液，可去除输液中的微粒杂质、气泡和大于 0.2μm 的微生物。
备注:2014 年 11 月 20 日同意更正生产地址、产品适用范围内容，2014 年 8 月 8 日核发的医疗器械注册登记表予以废止。
生产厂家:德国 B. Braun Melsungen AG
注册代理:贝朗医疗(上海)国际贸易有限公司
发证日期:2014.08.08　**截止日期**:2019.08.07

国食药监械(进)字 2014 第 3453891 号

产品名称:血浆分离器（商品名: Haemoselect）(Plasmafilter)
规格型号:L 0.5
产品标准:YZB/GER 5016-2014《血浆分离器》
性能组成:本产品由外壳、空心纤维膜、封塞、血室端口、保护帽、O 型环构成，组成材料为聚碳酸酯、聚醚砜、聚氨酯、聚乙烯及硅胶。环氧乙烷灭菌，一次性使用。
适用范围:是 H.E.L.P. 肝素体外诱导低密度脂蛋白-脂蛋白(a)-纤维蛋白原沉淀分离系统的耗材组件之一，用于 Plasmat Futura 上 H.E.L.P. 治疗中的血浆分离；在血浆治疗程序中，分离出血液成份中的血浆。
生产厂家:德国 B.Braun Avitum AG
注册代理:贝朗医疗(上海)国际贸易有限公司
服务机构:贝朗医疗(上海)国际贸易有限公司
发证日期:2014.08.08　**截止日期**:2019.08.07

国食药监械(进)字 2014 第 3223892 号

产品名称:硬性透氧性角膜接触镜(Rigid Gas Permeable Contact Lens)
规格型号:HK-ONE
产品标准:YZB/NET 4962-2014《硬性透氧性角膜接触镜》
性能组成:日戴型硬性角膜接触镜，镜片材料为 BOSTONXO，着冰蓝色。镜片包装容器材料为聚丙烯聚合物。各参数标称值：透氧系数：100×10-11(cm2/s)[ml02/(ml×mmHg)]，后顶焦度范围:+20.00D~-20.00D，折射率：1.415，润湿角：49°，肖氏硬度：81，可见光透过率>85%，UVA<50%，UVB<5%。推荐更换周期一年。镜片出厂时未经消毒，首次使用前需用硬性角膜接触镜专用护理产品进行消毒。
适用范围:采用光学成像原理，矫正近视、远视。
生产厂家:荷兰 Procornea Nederland B.V.
注册代理:北京海润创业科技有限责任公司
服务机构:北京海润创业科技有限责任公司
发证日期:2014.08.08　**截止日期**:2019.08.07

国食药监械(进)字 2014 第 2663893 号

产品名称:胃肠营养管(Enteral Feeding Tubes)
规格型号:见附页
产品标准:YZB/USA 5061-2014《胃肠营养管》
性能组成:营养管由管路(包括 Y 型进液口、帽和灌输适配器、配重)、导丝及润滑剂组成。
适用范围:本产品用于需进行间断或连续鼻管饲或鼻肠管饲的患者。
生产厂家:美国 CORPAK MedSystems, Inc
注册代理:广州市永强医药科技有限公司
服务机构:广州市永强医药科技有限公司
发证日期:2014.08.08　**截止日期**:2019.08.07

国食药监械(进)字 2014 第 3453894 号

产品名称:空心纤维血液透析器(FX Paed)
规格型号:FX Paed
产品标准:YZB/GER 4972-2014《空心纤维血液透析器》
性能组成:本产品为一次性使用空心纤维血液透析器，由薄膜、外壳、支撑部分、封口圈和端盖组成。膜材料为 Hexlixone(聚砜-PVP 混合物)，外壳材料为聚丙烯，支撑材料为聚氨酯，封口圈材料为硅胶，端盖材料为聚丙烯。
适用范围:FX Paed 透析器供慢性肾功能衰竭患者血液透析治疗使用，只用于体重在 10 公斤以下的儿童。
生产厂家:德国 Fresenius Medical Care AG&Co.KGaA
注册代理:费森尤斯医药用品(上海)有限公司
服务机构:费森尤斯医药用品(上海)有限公司
发证日期:2014.08.08　**截止日期**:2019.08.07

国食药监械(进)字 2014 第 2633895 号

产品名称:牙科窝沟封闭剂（商品名：Pulpdent Seal Rite Low Viscosity）(Dental Pit & Fissure Sealant)
规格型号:规格装量：3ml/支和 1.2ml/支
产品标准:YZB/USA 5004-2014《牙科窝沟封闭剂》
性能组成:本品为可见光固化窝沟封闭剂，不透射线。主要材料组成：甲基丙烯酸酯树脂、樟脑醌、氟化钠、钡玻璃填料、二氧化钛。
适用范围:该产品用于儿童牙齿窝沟点隙的封闭及防止龋齿。
生产厂家:美国 Pulpdent Corporation
注册代理:北京天实润业医疗器械有限公司
服务机构:北京天实润业医疗器械有限公司
发证日期:2014.08.08　**截止日期**:2019.08.07

国食药监械(进)字 2014 第 3463896 号

产品名称:直型接骨板(Straight Plates)
规格型号:见附页
产品标准:YZB/SWI 4979-2014《直型接骨板》
性能组成:该产品采用符合 ISO 5832-2 的 4 级纯钛(TiCP)或符合 ISO 5832-1 的不锈钢(00Cr18Ni14Mo3)材料制造，纯钛材质的产品表面经阳极化处理。包装分为灭菌包装和非灭菌包装。
适用范围:该产品与 SYNTHES 接骨螺钉配合用于四肢骨、锁骨、肩胛骨及骨盆的骨折内固定。
生产厂家:瑞士 Synthes GmbH
注册代理:强生(上海)医疗器材有限公司
服务机构:见附页
发证日期:2014.08.08　**截止日期**:2019.08.07

国食药监械(进)字 2014 第 3663897 号

产品名称:经皮肾造瘘导管套装(Percutaneous Nephrostomy Sets)
规格型号:见附页
产品标准:YZB/USA 1914-2011《经皮肾造瘘导管套装》
性能组成:经皮肾造瘘导管套装由以下部分组成：导管、扩张器、穿刺针、导丝、连接管、接头、皮肤固定器(型号不同，套装内组成不同)。产品材料：穿刺针及针芯:304 不锈钢；扩张器:聚乙烯；导丝:304 不锈钢，特氟隆涂层；导管:聚乙烯、聚亚氨酯；连接管:聚氯乙烯；接头:塑料；皮肤固定器:硅橡胶。该产品经环氧乙烷灭菌，一次性使用。
适用范围:经皮肾造瘘导管套装被设计用于肾造瘘引流时经皮置放猪尾/环形导管进入肾盂。
生产厂家:美国 Cook Incorporated
注册代理:库克(中国)医疗贸易有限公司
服务机构:库克(中国)医疗贸易有限公司
发证日期:2014.08.08　**截止日期**:2019.08.07

国食药监械(进)字 2014 第 3153898 号

产品名称:一次性使用活检针(Biopsy Puncture system)
规格型号:见附页
产品标准:YZB/GER 3004-2011《一次性使用活检针》
性能组成:产品包括穿刺针和导引针(一次性使用)。穿刺针包括针管和针芯，导引针包括针管和衬芯。导引针针座、衬芯座、穿刺针座、固定座的材料为聚碳酸酯，与人体接触的不锈钢针管采用牌号为 303 的不锈钢材料。本产品采用环氧乙烷灭菌。
适用范围:本产品适用于软组织如前列腺、肾、肝、脾淋巴腺节和其他软组织肿瘤的活组织检查。
生产厂家:德国 Pajunk GmbH Medizintechnologie
注册代理:北京恒润泰医药科技有限公司
服务机构:北京恒润泰医药科技有限公司
发证日期:2014.08.08　**截止日期**:2019.08.07

国食药监械(进)字 2014 第 3463899 号

产品名称:弹性可调节瓣成形环（商品名: Attune）(Attune Flexible Adjustable Annuloplasty Ring)
规格型号:AFR-25, AFR-27, AFR-29, AFR-31, AFR-33, AFR-35, AFR-37, AFR-39, AFR-41, AFR-43
产品标准:YZB/USA 0400-2012《弹性可调节瓣成形环》
性能组成:该产品由双层丝绒聚酯织物，硫酸钡浸渍硅芯以及聚酯调节缝线组成，环上有三个等间隔的黑色缝线标记。蒸汽灭菌，一次性使用。
适用范围:该产品用于修复先天或后天性瓣膜病变或损伤的二尖瓣或三尖瓣。由外科医生决定瓣膜是否可以修复和不需要更换。只有在对瓣膜的病理改变进行目视分析后，才能确定是否可实施瓣环成形术。只有经过相关培训的外科医生才能使用 Attune 环进行瓣膜修复手术。
生产厂家:美国 St. Jude Medical
注册代理:圣犹达医疗用品(上海)有限公司
服务机构:圣犹达医疗用品(上海)有限公司
发证日期:2014. 08. 08　截止日期:2019. 08. 07

国食药监械(进)字 2014 第 3453900 号

产品名称:血液透析干粉（商品名: NIPROCART）(Powder Bicarbonate Cartridge)
规格型号:NiproCart A2F 650, NiproCart A2F 760, NiproCart A2F 1100
产品标准:YZB/SPA 1494-2012《血液透析干粉》
性能组成:本产品由干粉筒和碳酸氢钠($NaHCO_3$)干粉组成。
适用范围:本产品适用于急性或慢性肾衰竭患者的血液净化治疗。
生产厂家:西班牙 NIPRO RENAL SOLUTIONS SPAIN, S.R.L.
注册代理:尼普洛贸易(上海)有限公司
服务机构:尼普洛贸易(上海)有限公司
发证日期:2014. 08. 08　截止日期:2019. 08. 07

国食药监械(进)字 2014 第 3153901 号

产品名称:内窥镜超声活检针及配件（商品名: Expect）(Expect Flexible Endoscopic Ultrasound Aspiration Needle)
规格型号:M00550040, Expect Flexible EUS-FNA, 19ga, 1.14mm M00550041, Expect Flexible EUS-FNA, 19ga, 1.14mm, Box 5
产品标准:YZB/USA 4953-2014《内窥镜超声活检针及配件》
性能组成:Expect 内窥镜超声活检针可通过标准 Luer 偶联至曲线阵列(CLA)超声内镜活检通道，并被递送至消化道。用户可以调整器械的鞘长度，以适应不同型号的超声内镜。针用来从通过使用超声内镜确定和指向的消化系统主要内腔内的损伤部位及其附近采集吸引样本。可以根据与靶损伤的距离来调节针鞘和针的长度。医生使用器械柄上的锁止旋钮装置，来设置和锁止针鞘和针的长度。
适用范围:Expect 针用于通过曲线阵列超声内镜的附属通道，对胃肠道 黏膜下损伤和壁外损伤进行取样。
变更情况:变更日期: 2015. 02. 04。“原住所: One Boston Scientific Place, Natick, MA 01760-1537, USA”变更为“现住所: 300 Boston Scientific Way, Marlborough, MA 01752, USA”。
生产厂家:美国波士顿科学公司
注册代理:波科国际医疗贸易(上海)有限公司
服务机构:波科国际医疗贸易(上海)有限公司
发证日期:2014. 08. 08　截止日期:2019. 08. 07

国食药监械(进)字 2014 第 2403902 号

产品名称:精液抗精子抗体 IgA/IgG/IgM 检测试剂盒(酶联免疫吸附法)(Anti-Spermatozoa ELISA(Seminal fluid))
规格型号:EA 1086-9601 RP: 96 人份/盒。
产品标准:YZB/GER 4654-2014
性能组成:微孔板、稀释缓冲液、标准品 1-4、阳性对照、酶结合物、清洗缓冲液、色原/底物液、终止液、靶值参考表。(具体内容详见产品说明书)。产品有效期: 2-8° C保存，切勿冰冻。未开封前，除非特别说明，试剂盒自生产日起可稳定 6 个月。附件: 注册产品标准，产品说明书。
适用范围:该产品用于体外定量检测人精液中抗精子免疫球蛋白 A/免疫球蛋白 G/免疫球蛋白 M (IgA/IgG/IgM) 抗体。
生产厂家:德国 EUROIMMUN Medizinische Labordiagnostika AG
注册代理:北京欧蒙生物技术有限公司
发证日期:2014. 08. 01　截止日期:2019. 07. 31

国食药监械(进)字 2014 第 2403903 号

产品名称:抗核抗体(ANA)检测试剂盒(酶联免疫法)(ANAscreen)
规格型号:24 人份/盒
产品标准:YZB/GER 4724-2014
性能组成:检测条、洗液和系统液。(具体内容详见产品说明书)。产品有效期: 2～8℃干燥避光保存，有效期为 15 个月。附件: 注册产品标准，产品说明书。
适用范围:本产品用于体外定性检测人血清样本中的总 IgG 类抗核抗体（ANA)，可检测的项目包括: 肖格伦 A52 (SS-A 52)、肖格伦 A 60 (SS-A 60)、肖格伦 B (SS-B)、核糖核蛋白 70 (RNP-70)、史密斯抗原 (Sm)、核糖核蛋白/史密斯抗原 (RNP/Sm)、拓扑异构酶 1-70 (Scl-70)、着丝粒 B 和 tRNA 合成酶 (Jo-1)。
生产厂家:德国 ORGENTEC Diagnostika GmbH
注册代理:天津市秀鹏生物技术开发有限公司
发证日期:2014. 08. 01　截止日期:2019. 07. 31

国食药监械(进)字 2014 第 2403904 号

产品名称:抗肾小球基底膜(Anti-GBM)IgG 抗体测定试剂盒(酶联免疫法)(Anti-GBM)
规格型号:24 人份/盒
产品标准:YZB/GER 4739-2014
性能组成:检测条、洗液和系统液。(具体内容详见产品说明书)。产品有效期: 2～8℃避光保存，有效期为 15 个月。附件: 注册产品标准，产品说明书。
适用范围:本产品用于体外定量检测人血清样本中的抗肾小球基底膜(Anti-GBM)IgG 抗体。
生产厂家:德国 ORGENTEC Diagnostika GmbH
注册代理:天津市秀鹏生物技术开发有限公司
发证日期:2014. 08. 01　截止日期:2019. 07. 31

国食药监械(进)字 2014 第 2403905 号

产品名称:抗心磷脂(Anti-Cardiolipin)IgG/IgA/IgM 抗体测定试剂盒(酶联免疫法)(Anti-Cardiolipin Screen)
规格型号:24 人份/盒
产品标准:YZB/GER 4741-2014
性能组成:检测条、洗液和系统液。(具体内容详见产品说明书)。产品有效期: 2～8℃避光保存，有效期为 15 个月。附件: 注册产品标准，产品说明书。
适用范围:本产品用于体外定量检测人血清样本中的抗心磷脂(Anti-Cardiolipin)IgG/IgA/IgM 抗体。
生产厂家:德国 ORGENTEC Diagnostika GmbH
注册代理:天津市秀鹏生物技术开发有限公司
发证日期:2014. 08. 01　截止日期:2019. 07. 31

国食药监械(进)字 2014 第 2403906 号

产品名称:多项脂类检测用质控品(cobas Lipid Control)
规格型号:4×2.0 mL
产品标准:YZB/GER 4674-2014
性能组成:试剂-工作溶液: 多项脂类检测用质控品中的反应性成分为基于人血清的溶液，含有人源成分高密度脂蛋白胆固醇和低密度脂蛋白胆固醇；此外含有防腐剂和稳定剂。提供的物品: 2×2 mL 质控水平 1（低于阈值)、2x2 mL 质控水平 2 (高于阈值)；质控信息盘 1 张。(具体内容详见说明书)。产品有效期: 2～8℃，保存 16 个月。附件: 注册产品标准，产品说明书。
适用范围:用于总胆固醇、高密度脂蛋白胆固醇和甘油三酯检测的质量控制。
生产厂家:德国 Roche Diagnostics GmbH
注册代理:罗氏诊断产品(上海)有限公司
发证日期:2014. 08. 01　截止日期:2019. 07. 31

国食药监械(进)字 2014 第 2403907 号

产品名称:多项脂类检测试剂盒(干化学法)(cobas Lipid Panel (CHOL-TRIGL-HDL-LDL))
规格型号:10 个/盒
产品标准:YZB/GER 4679-2014
性能组成:稀释缓冲液: 磷酸二氢钾、磷酸氢二钾、氯化钾、叠氮钠；沉淀剂：七水硫酸镁、n-水磷钨酸钠、脂蛋白脂肪酶、胆固醇酯酶 0.5 U、心肌黄酶 0.77 U、烟酰胺腺嘌呤二核苷酸、四唑盐、甘油脱氢酶、胆固醇脱氢酶。（具体内容详见说明书）。产品有效期：2～30℃，保存 16 个月。附件：注册产品标准，产品说明书。
适用范围:用于体外定量测定人毛细血管和静脉全血或血浆中的总胆固醇（TC）、高密度脂蛋白胆固醇（HDL）、甘油三酯（TG），可提供低密度脂蛋白胆固醇（LDL）、非高密度脂蛋白胆固醇（non-HDL）和 TC/HDL 比值的计算值。
生产厂家:德国 Roche Diagnostics GmbH
注册代理:罗氏诊断产品（上海）有限公司
发证日期:2014.08.01 **截止日期**:2019.07.31

国食药监械（进）字 2014 第 2403908 号

产品名称:D-二聚体检测试剂盒（荧光免疫层析法）（商品名：锐普静栓 ）(RAMP D-DIMER)
规格型号:25 测试/盒
产品标准:YZB/CAN 4623-2014
性能组成:该产品由检测板、加样吸头、样本缓冲液、移液器和批次卡组成。产品有效期：2℃～8℃保存，保质期 12 个月。附件：注册产品标准，产品说明书。
适用范围:该产品用于 EDTA 抗凝血全血中纤维蛋白降解产物(FDP)D-二聚体含量的测定。
生产厂家:加拿大 Response Biomedical Corporation
注册代理:加拿大瑞邦生物医疗股份有限公司上海代表处
发证日期:2014.08.01 **截止日期**:2019.07.31

国食药监械（进）字 2014 第 2403909 号

产品名称:血糖质控液（商品名：MEDISAFE ）(Control Solution for MEDISAFE MINI GR102)
规格型号:中值（M）:1x2.8mL，高值（H）:1x2.8mL
产品标准:YZB/JAP 4585-2014
性能组成:羧甲基纤维素钠、D-葡萄糖、食用色素亮蓝、哌嗪-1，4-二乙磺酸(PIPES)、叠氮化钠（具体内容详见说明书）。产品有效期：1-30℃保存，有效期 6 个月。附件：注册产品标准，产品说明书。
适用范围:该产品用于葡萄糖检测时的质量控制。
生产厂家:日本 Terumo Corporation
注册代理:泰尔茂（中国）投资有限公司
发证日期:2014.08.01 **截止日期**:2019.07.31

国食药监械（进）字 2014 第 2403910 号

产品名称:血液分析仪用质控品(Latron CP-X Control)
规格型号:8×4 mL
产品标准:YZB/USA 4452-2014
性能组成:包含表面活性剂的缓冲培养基中的聚苯乙烯颗粒悬浮液。产品有效期：2～30℃保存，有效期为 360 天。附件：注册产品标准，产品说明书。
适用范围:本产品用于白细胞分类、网织红细胞、有核红细胞项目检测时的质量控制。
生产厂家:美国 Beckman Coulter, Inc.
注册代理:贝克曼库尔特商贸（中国）有限公司
发证日期:2014.08.09 **截止日期**:2019.08.08

国食药监械（进）字 2014 第 2403911 号

产品名称:抗精子抗体检测试剂盒（间接免疫荧光法）(Spermatozoa (human))
规格型号:FA 1086-1003：30 人份/盒、FA 1086-1005：50 人份/盒、FA 1086-1010：100 人份/盒、FA 1086-2005：100 人份/盒、FA 1086-2010：200 人份/盒。
产品标准:YZB/GER 4518-2014
性能组成:生物载片、异硫氰酸荧光素（FITC）标记的羊抗人 IgAGM、阳性对照、阴性对照、磷酸盐缓冲液（PBS 盐）、吐温 20，试剂盒中还包括封片介质和盖玻片。（具体内容详见产品说明书）。产品有效期：生物载片及反应试剂应置于 2-8℃保存。如保存妥当，自生产之日起保质期为 18 个月。附件：注册产品标准，产品说明书。
适用范围:该产品用于定性或定量检测人血清或血浆中的抗精子抗体。
生产厂家:德国 EUROIMMUN Medizinische Labordiagnostika AG
注册代理:欧蒙医学诊断（中国）有限公司
发证日期:2014.08.09 **截止日期**:2019.08.08

国食药监械（进）字 2014 第 2403912 号

产品名称:抗表皮棘细胞桥粒抗体/抗表皮基底膜抗体检测试剂盒（间接免疫荧光法）(Mosaic: Oesophagus (Monkey) / Tongue (Monkey))
规格型号:FA 1501-1003：30 人份/盒、FA 1501-1005：50 人份/盒、FA 1501-1010：100 人份/盒、FA1501-2005：100 人份/盒、FA 1501-2010：200 人份/盒、FA 1502-1003：30 人份/盒、FA 1502-1005：50 人份/盒、FA 1502-1010：100 人份/盒、FA 1502-2005：100 人份/盒、FA 1502-2010：200 人份/盒、FA 1501-1003-1：30 人份/盒、FA 1501-1005-1：50 人份/盒、FA 1501-1010-1：100 人份/盒、FA 1501-2005-1：100 人份/盒、FA1501-2010-1：200 人份/盒。
产品标准:YZB/GER 4519-2014
性能组成:生物载片、异硫氰酸荧光素（FITC）标记的羊抗人 IgG、阳性对照、阳性对照、阴性对照、磷酸盐（PBS）、吐温 20，试剂盒中还包括封片介质和盖玻片。（具体内容详见产品说明书）。产品有效期：生物载片及反应试剂应置于 2-8℃保存。如果保存恰当，自生产之日起保质期为 18 个月。附件：注册产品标准，产品说明书。
适用范围:该产品用于体外定性或定量检测人血清或血浆中的抗表皮棘细胞桥粒抗体/抗表皮基底膜抗体。
生产厂家:德国 EUROIMMUN Medizinische Labordiagnostika AG
注册代理:欧蒙医学诊断（中国）有限公司
发证日期:2014.08.09 **截止日期**:2019.08.08

国食药监械（进）字 2014 第 2403913 号

产品名称:抗 β2-糖蛋白 1 抗体 IgM 检测试剂盒（酶联免疫吸附法）(Anti-β2-Glycoprotein1 ELISA (IgM))
规格型号:EA 1632-9601M：96 人份/盒
产品标准:YZB/GER 4536-2014
性能组成:微孔板、标准品 1、标准品 2、标准品 3、阳性对照、阴性对照、酶结合物、样本缓冲液、清洗缓冲液、色原/底物液、终止液，试剂盒中还包括靶值参考表。（具体内容详见产品说明书）。产品有效期：2-8℃保存，避免冷冻。未开封前，除非特别说明，试剂盒中各成分自生产日起可稳定 1 年。附件：注册产品标准，产品说明书。
适用范围:该产品用于体外定量或半定量检测人血清或血浆中抗 β2-糖蛋白 1(β2-GP1)免疫球蛋白抗体 M。
生产厂家:德国 EUROIMMUN Medizinische Labordiagnostika AG
注册代理:欧蒙医学诊断（中国）有限公司
发证日期:2014.08.09 **截止日期**:2019.08.08

国食药监械（进）字 2014 第 2403914 号

产品名称:肺炎链球菌药敏卡片(VITEK 2 AST-GP68 Test Kit)
规格型号:20 测试/盒
产品标准:YZB/USA 4550-2014
性能组成:阿莫西林、苄青霉素、头孢噻肟、头孢曲松、氯霉素、厄他培南、红霉素、左氧氟沙星、利奈唑胺、美罗培南、莫西沙星、氧氟沙星、泰利霉素、四环素、甲氧苄氨嘧啶/磺胺甲恶唑、万古霉素。产品有效期：2～8℃，有效期 18 个月。附件：注册产品标准，产品说明书。
适用范围:该产品用于进行肺炎链球菌的药敏测试。
生产厂家:美国 bioMerieux, Inc.
注册代理:梅里埃诊断产品（上海）有限公司
发证日期:2014.08.09 **截止日期**:2019.08.08

国食药监械（进）字 2014 第 2403915 号

产品名称:抗 β2-糖蛋白 1 抗体 IgG 检测试剂盒（酶联免疫吸附法）(Anti-β2-Glycoprotein1 ELISA (IgG))
规格型号:EA 1632-9601 G：96 人份/盒。
产品标准:YZB/GER 4537-2014
性能组成:微孔板、标准品 1、标准品 2、标准品 3、阳性对照、阴性对照、酶结合物、样本缓冲液、清洗缓冲液、色原/底物液、终止液，试剂盒中还包括靶值参照表。（具体内容详见产品说明书）。产品有效期：2-8℃保存，避免冷冻。未开封前，除非特别说明，试剂盒中各成分自生产日起可稳定 1 年。附件：注册产品标准，产品说明书。
适用范围:该产品用于体外定量或半定量检测人血清或血浆中抗 β2-糖蛋白 1(β2-GP1)免疫球蛋白抗体 G。

生产厂家:德国 EUROIMMUN Medizinische Labordiagnostika AG
注册代理:欧蒙医学诊断(中国)有限公司
发证日期:2014.08.09 **截止日期**:2019.08.08

国食药监械(进)字 2014 第 2403916 号

产品名称:自身免疫性肝病 IgG 类抗体检测试剂盒(欧蒙印迹法)(EUROLINE Autoimmune Liver Diseases (IgG))
规格型号:DL 1300-1601-2 G: 16 人份/盒、DL 1300-1601-4 G: 16 人份/盒。
产品标准:YZB/GER 4538-2014
性能组成:包被抗原的检测膜条、阳性对照、酶结合物、样本缓冲液、清洗缓冲液、底物液、温育盘。(具体内容详见产品说明书)。产品有效期: 2-8℃保存,避免冷冻。未开封前,除非特别说明,试剂盒中各成分自生产日起可稳定 18 个月。附件: 注册产品标准,产品说明书。
适用范围:该产品用于体外定性检测人血清或血浆中抗 AMA M2 (丙酮酸脱氢酶复合物)、M2-3E(BPO,线粒体内膜 a-2- 酮酸脱氢酶 E2 亚基的融合蛋白)、Sp100(核颗粒蛋白,核点)、gp210(核膜整合蛋白,核孔复合物)、LKM-1 (肝肾微粒体;细胞色素 P450 ⅡD6)、LC-1 (细胞浆肝抗原 1;亚胺[代]甲基转移酶-环化脱氨酶)、SLA/LP (可溶性肝抗原-肝胰抗原) 和 Ro52 共 8 种抗原的免疫球蛋白 G 类抗体。
生产厂家:德国 EUROIMMUN Medizinische Labordiagnostika AG
注册代理:欧蒙医学诊断(中国)有限公司
发证日期:2014.08.09 **截止日期**:2019.08.08

国食药监械(进)字 2014 第 2403917 号

产品名称:β2-微球蛋白校准品(AIA-PACK BMG CALIBRATOR SET)
规格型号:校准品 (1): 1.0mL×2; 校准品 (2) - (6): 各 1.0mL×2。
产品标准:YZB/JAP 4351-2014
性能组成:校准品 (1): 10mM 磷酸缓冲液、血清白蛋白; 校准品 (2) - (6): β2-微球蛋白、10mM 磷酸缓冲液、血清白蛋白。 (具体内容详见产品说明书)。产品有效期: 贮存在 2~8℃和避光室内,可以稳定保存一年。附件: 注册产品标准,产品说明书。
适用范围:该产品对 β2-微球蛋白检测项目进行定标并确定参考曲线,以便定量测定人血清或血浆中 β2-微球蛋白的浓度。
生产厂家:日本 Tosoh Corporation
注册代理:东曹(上海)生物科技有限公司
发证日期:2014.08.09 **截止日期**:2019.08.08

国食药监械(进)字 2014 第 3403918 号

产品名称:乙型肝炎病毒表面抗体质控液(PreciControl Anti-HBs)
规格型号:16×1.3mL
产品标准:YZB/GER 4549-2014
性能组成:试剂-工作溶液: 乙型肝炎病毒表面抗体质控液 1 : 8 瓶,每瓶含 1.3 ml 的质控血清,乙型肝炎病毒表面抗体 (Anti-HBs) 为阴性的人类血清,防腐剂。 乙型肝炎病毒表面抗体质控液 2 : 8 瓶,每瓶含 1.3 ml 的质控血清,内含乙型肝炎病毒表面抗体 (Anti-HBs) (人类) 约 100 IU/ml (Paul Ehrlich Institute units) 的人类血清,防腐剂。 提供的材料: 乙型肝炎病毒表面抗体质控液,2 张条形码卡,质控条形码表单。 (具体内容详见产品说明书)。产品有效期: 2~8℃储存,保存 23 个月。附件: 注册产品标准,产品说明书。
适用范围:该产品用于乙型肝炎病毒表面抗体 (Elecsys Anti-HBs) 免疫测定的质量控制。
生产厂家:德国 Roche Diagnostics GmbH
注册代理:罗氏诊断产品(上海)有限公司
发证日期:2014.08.09 **截止日期**:2019.08.08

国食药监械(进)字 2014 第 3403919 号

产品名称:糖类抗原 15-3 定标液(CA 15-3 II CalSet)
规格型号:4×1.0 mL
产品标准:YZB/GER 4551-2014
性能组成:试剂-工作溶液: 糖类抗原 15-3 定标液 1: 2 瓶,每瓶含 1.0 mL 定标液 1; 糖类抗原 15-3 定标液 2: 2 瓶,每瓶含 1.0 mL 定标液 2 。人血清基质中糖类抗原 15-3 (CA 15-3) (人源) 的两个浓度范围分别约为 15U/mL 和约 100 U /mL。提供的物品: 糖类抗原 15-3 定标液,条码卡,定标液定值表,2×6 小瓶标签。(具体内容详见产品说明书)。产品有效期: 2~8℃储存,可保存 18 个月。附件: 注册产品标准,产品说明书。
适用范围:该产品用于糖类抗原 15-3 (CA 15-3 II) 定量检测项目的定标。
生产厂家:德国 Roche Diagnostics GmbH
注册代理:罗氏诊断产品(上海)有限公司
发证日期:2014.08.09 **截止日期**:2019.08.08

国食药监械(进)字 2014 第 3403920 号

产品名称:乙型肝炎病毒 e 抗原质控液(PreciControl HBeAg)
规格型号:16 ×1.3mL
产品标准:YZB/GER 4554-2014
性能组成:试剂-工作溶液: 乙型肝炎病毒 e 抗原质控液 1: 8 瓶,每瓶含 1.3 ml 的质控血清,乙型肝炎病毒 e 抗原为阴性的人类血清,防腐剂。乙型肝炎病毒 e 抗原质控液 2: 8 瓶,每瓶含 1.3 ml 的质控血清,4-羟乙基哌嗪乙磺酸 (HEPES) 缓冲液中含有约 2.5 U/ml(PEI units) 的乙型肝炎病毒 e 抗原 (E. coli, rDNA),pH7.4;防腐剂。 提供的材料:乙型肝炎病毒 e 抗原质控液,2 张条形码卡,质控条形码表单。(具体内容详见产品说明书)。产品有效期: 2~8℃储存,保存 21 个月。附件: 注册产品标准,产品说明书。
适用范围:该产品用于乙型肝炎病毒 e 抗原 (Elecsys HBeAg) 免疫测定的质量控制。
生产厂家:德国 Roche Diagnostics GmbH
注册代理:罗氏诊断产品(上海)有限公司
发证日期:2014.08.09 **截止日期**:2019.08.08

国食药监械(进)字 2014 第 2403921 号

产品名称:杆菌肽测试纸片(Bacitracin Test (BAC-F))
规格型号:30 测试/盒
产品标准:YZB/FRA 4552-2014
性能组成:杆菌肽,理论值 0.8 毫克/测试。产品有效期: 2~8℃保存,避光,有效期 12 个月。附件: 注册产品标准,产品说明书。
适用范围:该产品用于 A 组链球菌的鉴别,并检测 A 组链球菌对杆菌肽的敏感性。
生产厂家:法国 bioMerieux. sa
注册代理:梅里埃诊断产品(上海)有限公司
发证日期:2014.08.09 **截止日期**:2019.08.08

国食药监械(进)字 2014 第 2403922 号

产品名称:酵母样真菌药敏试剂盒(微量稀释法)(ATB FUNGUS 3)
规格型号:25 测试/盒
产品标准:YZB/FRA 4553-2014
性能组成:25 个独立包装的 ATB FUNGUS 3 试条,包括干燥剂; 25 个孵育盖; 25 安瓿 ATB F2 培养基,试剂盒中还包括 25 张结果记录单。(具体内容详见产品说明书)。产品有效期: 2~8℃保存,有效期 12 个月。附件: 注册产品标准,产品说明书。
适用范围:该产品用于测定念珠菌属 (Candida) 和新型隐球菌 (Cryptococcus neoformans) 对于抗真菌剂的敏感性。
生产厂家:法国 bioMerieux, sa
注册代理:梅里埃诊断产品(上海)有限公司
发证日期:2014.08.09 **截止日期**:2019.08.08

国食药监械(进)字 2014 第 2403923 号

产品名称:载脂蛋白 A1 测定试剂盒 (免疫比浊法) (VITROS Chemistry Products ApoA1 Reagent)
规格型号:300 测试/包装
产品标准:YZB/USA 4574-2014
性能组成:反应成分: 试剂 1 (R1): 无; 试剂 2 (R2): 人载脂蛋白 A1 山羊抗血清 1mL/mL。 其他成分: 试剂 1 (R1): 防腐剂、聚合物、缓冲液、无机盐、表面活性剂; 试剂 2 (R2): 防腐剂、缓冲液、无机盐。产品有效期: 储存条件: 冷藏 2~8℃; 有效期: 16 个月。附件: 注册产品标准,产品说明书。
适用范围:该产品用于定量测定人血清和血浆中载脂蛋白 A1 (ApoA1) 的浓度。
生产厂家:美国 Ortho-Clinical Diagnostics, Inc.
注册代理:强生(上海)医疗器材有限公司
发证日期:2014.08.09 **截止日期**:2019.08.08

国食药监械(进)字 2014 第 2403924 号

产品名称:人绒毛膜促性腺激素-β亚基校准品(AIA-PACK β HCG CALIBRATOR SET)
规格型号:校准品 (1) - (2):各 1.0mL×2。
产品标准:YZB/JAP 4559-2014
性能组成:校准品 (1):人绒毛膜促性腺激素阴性人血清; 校准品 (2):人绒毛膜促性腺激素、人绒毛膜促性腺激素阴性人血清。 (具体内容详见产品说明书)。产品有效期:该产品贮存在 2~8℃和避光室内,可以稳定保存一年。附件:注册产品标准,产品说明书。
适用范围:该产品适用于对人绒毛膜促性腺激素-β亚基检测项目进行定标并确定参考曲线,以便定量测定人血清或肝素血浆中人绒毛膜促性腺激素-β亚基的浓度。
生产厂家:日本 Tosoh Corporation
注册代理:东曹(上海)生物科技有限公司
发证日期:2014.08.09 **截止日期**:2019.08.08

国食药监械(进)字 2014 第 2403925 号

产品名称:补体 C3 测定试剂盒(免疫比浊法)(VITROS Chemistry Products C3 Reagent)
规格型号:300 测试/包装
产品标准:YZB/USA 4578-2014
性能组成:反应成分: 试剂 1 (R1):无; 试剂 2 (R2):山羊抗人 C3 抗血清 1 mL/mL。 其他成分: 试剂 1 (R1):防腐剂、聚合物、缓冲液和无机盐; 试剂 2 (R2):防腐剂、缓冲液、无机盐。产品有效期:储存条件:冷藏 2~8℃;有效期: 18 个月。附件:注册产品标准,产品说明书。
适用范围:该产品用于定量测定人血清和血浆中补体 C3 的浓度值。
生产厂家:美国 Ortho-Clinical Diagnostics, Inc.
注册代理:强生(上海)医疗器材有限公司
发证日期:2014.08.09 **截止日期**:2019.08.08

国食药监械(进)字 2014 第 2403926 号

产品名称:肌酸激酶同功酶 (CK-MB) 检测试剂盒(荧光磁微粒酶免法)(ST AIA-PACK CK-MB)
规格型号:100 次检测用量 (20 试剂 Cup/板×5)。
产品标准:YZB/JAP 4565-2014
性能组成:STAIA-PACK 肌酸激酶同功酶 (CK-MB) 检测试剂盒每 20 个试剂杯并排放于一个试剂板上,并保存在铝制的防湿袋中。每次检测所用试剂主要包括以下几种:抗肌酸激酶同功酶 (CK-MB) 鼠单克隆抗体固定化微球、抗肌酸激酶同功酶 (CK-MB) 鼠单克隆抗体碱性磷酸酶联标记结合物。(具体内容详见产品说明书)。产品有效期:检测试剂盒贮存在 2~8℃和避光室内。有效期:试剂不开封,生产日期后 1 年有效。附件:注册产品标准,产品说明书。
适用范围:该产品用于体外定量测定血清或血浆中肌酸激酶同功酶 (CK-MB) 的浓度。
生产厂家:日本 Tosoh Corporation
注册代理:东曹(上海)生物科技有限公司
发证日期:2014.08.09 **截止日期**:2019.08.08

国食药监械(进)字 2014 第 2403927 号

产品名称:肌酸激酶同功酶(CK-MB)校准品(AIA-PACK CK-MB CALIBRATOR SET)
规格型号:校准品 (1): 1.0 mL×2 ; 校准品 (2) - (6): 各 1.0 mL ×2 。
产品标准:YZB/JAP 4571-2014
性能组成:校准品 (1):正常血清; 校准品 (2) - (6):肌酸激酶同功酶 (CK-MB)、正常血清。 (具体内容详见产品说明书)。产品有效期:该产品贮存在 2~8℃的避光室内,可以稳定保存一年。附件:注册产品标准,产品说明书。
适用范围:该产品适用于对肌酸激酶同功酶检测项目进行定标并确定参考曲线,以便定量测定人血清、血浆中肌酸激酶同功酶的浓度。
生产厂家:日本 Tosoh Corporation
注册代理:东曹(上海)生物科技有限公司
发证日期:2014.08.09 **截止日期**:2019.08.08

国食药监械(进)字 2014 第 2403928 号

产品名称:尿液分析阳性质控品(Clinitek Atlas Positive Control Strips)
规格型号:25 条/瓶
产品标准:YZB/USA 4641-2014
性能组成:每条尿液分析阳性质控品是一个硬的塑料试纸条,上面有 7 个独立分开的待测物。主要成份为:葡萄糖,结晶胆红素,甲基乙酰乙酸钠,牛血红蛋白,牛血清白蛋白,5-(4-丁硫基)-2-甲基吲哚钠盐,亚硝酸钠,蛋白酶(真菌)。产品有效期:在 15~30℃的环境中保存,有效期 18 个月。附件:注册产品标准,产品说明书。
适用范围:该质控品可对颜色,浊度,葡萄糖,胆红素,酮体(乙酰乙酸),比重,潜血,pH 值,蛋白,尿胆原,亚硝酸盐和白细胞项目提供界定结果。
生产厂家:美国 Siemens Healthcare Diagnostics Inc.
注册代理:西门子医学诊断产品(上海)有限公司
发证日期:2014.08.09 **截止日期**:2019.08.08

国食药监械(进)字 2014 第 3403929 号

产品名称:艰难梭菌谷氨酸脱氢酶抗原及毒素检测试剂盒(酶联免疫层析法)(C.DIFF QUIK CHEK COMPLETE)
规格型号:25 人份/盒
产品标准:YZB/USA 4787-2014
性能组成:反应板、稀释液、清洗缓冲液、底物、结合物、阳性对照、一次性移液管。(具体内容详见说明书)。产品有效期:储存在 2~8℃条件下,有效期为 15 个月。附件:注册产品标准,产品说明书。
适用范围:用于体外定性检测人粪便样本中的艰难梭菌谷氨酸脱氢酶抗原和毒素 A、毒素 B。
生产厂家:美国 Techlab, Inc.
注册代理:美艾利尔(中国)医疗器械有限公司
发证日期:2014.08.13 **截止日期**:2019.08.12

国食药监械(进)字 2014 第 3403930 号

产品名称:抗细胞周期蛋白 D1 (SP4-R) 兔单克隆抗体试剂(免疫组织化学法)(VENTANA anti-Cyclin D1 (SP4-R) Rabbit Monoclonal Primary Antibody)
规格型号:50 测试
产品标准:YZB/USA 4665-2014
性能组成:1 支 VENTANA 抗细胞周期蛋白 D1 (SP4-R) 的 5mL 分配器含有约 0.33μg 的兔单克隆抗体。 采用含有 1%载体蛋白和 ProClin 300 (防腐剂) 的 0.05MTris-HCL 缓冲液来稀释抗体。(具体内容详见产品说明书)。产品有效期:存放于 2~8℃,有效期至 12 个月。附件:注册产品标准,产品说明书。
适用范围:该产品用于福尔马林固定的、石蜡包埋的组织切片中细胞周期蛋白 D1 分子的定性染色。
生产厂家:美国 Ventana Medical Systems, Inc.
注册代理:罗氏诊断产品(上海)有限公司
发证日期:2014.08.13 **截止日期**:2019.08.12

国食药监械(进)字 2014 第 3403931 号

产品名称:CD20 小鼠单克隆抗体浓缩液(免疫组织化学法)(Novocastra Liquid Mouse Monoclonal Antibody CD20)
规格型号:1mL/支
产品标准:YZB/UK 4795-2014
性能组成:主要成份为液态组织培养上清液。含有叠氮化钠作为防腐剂。克隆号: L26 免疫原: 人扁桃体 B 细胞 特异性: 人 CD20 分子的细胞质内抗原表位。主要与 33kD 多肽发生反应,但也和少数 30kD 组份发生反应。 免疫球蛋白种类: IgG2a, kappa 抗体浓度:经酶联免疫吸附测定 (ELISA) 大于或等于 95mg/L。各批次特定的免疫球蛋白浓度,请参阅试剂瓶标签。产品有效期:2℃~8℃下贮存,有效期为 24 个月。附件:注册产品标准,产品说明书。
适用范围:该产品用于通过光学显微镜对石蜡切片内的 CD20 抗原进行定性鉴别。
生产厂家:英国 Leica Biosystems Newcastle Ltd
注册代理:徕卡显微系统(上海)贸易有限公司
发证日期:2014.08.13 **截止日期**:2019.08.12

国食药监械(进)字 2014 第 3403932 号

产品名称:丙型肝炎病毒抗体校准品(HISCL Anti-HCV Calibrator)
规格型号:1mL×2 瓶
产品标准:YZB/JAP 4941-2014
性能组成:丙型肝炎病毒抗体阴性校准品(HISCL HCVAb NC):磷酸二氢钠二水合物,牛血清白蛋白,氯化钠;丙型肝炎病毒抗体阳性校准品(HISCL HCV AbPC):丙型肝炎病毒抗体,磷酸二氢钠二水合物,牛血清白蛋白,氯化钠。产品有效期:2~8°C 保存,有效期 12 个月。附件:注册产品标准,产品说明书。
适用范围:该产品用于对人血清或血浆中的丙型肝炎病毒抗体的定性检测进行校准。
生产厂家:日本 SYSMEX CORPORATION
注册代理:希森美康医用电子(上海)有限公司
发证日期:2014.08.13 截止日期:2019.08.12

国食药监械(进)字 2014 第 3403933 号

产品名称:丙型肝炎病毒抗体检测试剂盒(化学发光法)(HISCL Anti-HCV Assay Kit)
规格型号:100 测试/盒
产品标准:YZB/JAP 4943-2014
性能组成:(1)丙型肝炎病毒抗体试剂 1(简称 R1 试剂):生物素化丙型肝炎病毒抗原,三乙醇胺盐酸盐,牛血清白蛋白,氯化钾,叠氮钠;(2)丙型肝炎病毒抗体试剂 2(简称 R2 试剂):丙型肝炎病毒抗原固化磁微粒,4-羟乙基哌嗪乙磺酸(HEPES 缓冲液),牛血清白蛋白,氯化钠;(3)丙型肝炎病毒抗体试剂 3(简称 R3 试剂):碱性磷酸酶(ALP)标记的抗人 IgG 小鼠单克隆抗体,2-(N-吗啉基)乙磺酸(MES 缓冲液),牛血清白蛋白,氯化钠,叠氮钠。产品有效期:2~8℃保存,有效期 12 个月。附件:注册产品标准,产品说明书。
适用范围:该产品用于定性检测人血清或血浆中丙型肝炎病毒抗体。
生产厂家:日本 SYSMEX CORPORATION
注册代理:希森美康医用电子(上海)有限公司
发证日期:2014.08.13 截止日期:2019.08.12

国食药监械(进)字 2014 第 3403934 号

产品名称:人类免疫缺陷病毒抗原抗体校准品(HISCL HIV Ag+Ab Calibrator)
规格型号:1mL×2 瓶
产品标准:YZB/JAP 4945-2014
性能组成:人类免疫缺陷病毒抗原抗体阴性校准品(HISCL HIV Ag+Ab NC):三乙醇胺盐酸盐,牛血清白蛋白,叠氮钠;人类免疫缺陷病毒抗原抗体阳性校准品(HISCL HIV Ag+Ab PC):重组 HIV-1 p24 抗原,三乙醇胺盐酸盐,牛血清白蛋白,叠氮钠。产品有效期:2~8°C 保存,有效期 12 个月。附件:注册产品标准,产品说明书。
适用范围:该产品用于对人血清或血浆中 HIV-1 和 HIV-2 抗体以及 HIV-1 p24 抗原的定性检测进行校准。
生产厂家:日本 SYSMEX CORPORATION
注册代理:希森美康医用电子(上海)有限公司
发证日期:2014.08.13 截止日期:2019.08.12

国食药监械(进)字 2014 第 2213935 号

产品名称:表面电极(Surface Electrodes)
规格型号:见附页
产品标准:YZB/DEN 4932-2014 《表面电极》
性能组成:该产品由电极片、连接导线组成。
适用范围:该产品用于神经传导研究(NCS)、诱发电位(EP)和脑电图(EEG)测量。
生产厂家:丹麦 Alpine bioMed ApS
注册代理:上海本迪医疗器械有限公司
服务机构:上海本迪医疗器械有限公司
发证日期:2014.08.18 截止日期:2019.08.17

国食药监械(进)字 2014 第 2243936 号

产品名称:医用激光光纤(Medical Laser Probes)
规格型号:FT IR600/720HCN-3/SL-SF-2050 012011L
产品标准:YZB/GER 4426-2014 《医用激光光纤》
性能组成:产品由激光装置连接头、光纤传输体、治疗头、适配器、套管、弯曲保护套及保护帽组成。
适用范围:该产品配合采用 SMA905 接口的激光治疗仪使用,起到传导激光能量的作用。
生产厂家:德国莱尼光纤有限公司(LEONI Fiber Optics GmbH)
注册代理:莱尼特种电缆(常州)有限公司
服务机构:莱尼特种电缆(常州)有限公司
发证日期:2014.08.18 截止日期:2019.08.17

国食药监械(进)字 2014 第 2303937 号

产品名称:数字化乳腺 X 射线机(Mammographic x-ray system, stationary, digital)
规格型号:DMX-600
产品标准:YZB/ROK 4558-2014 《数字化乳腺 X 射线机》
性能组成:产品由高压发生器(型号:RG-600)、X 射线管套(型号:C339E);X 射线管(型号:XM15)、限束器、探测器(配置 1 型号:2315-C,配置 2 型号:2923-C)、图像处理系统、操作台、支柱、压迫板、Bucky 装置组成。
适用范围:该产品专供医疗单位作乳腺 X 射线摄影之用。
生产厂家:韩国 GENORAY Co., Ltd.
注册代理:康达医疗器械(上海)有限公司
服务机构:康达医疗器械(上海)有限公司
发证日期:2014.08.18 截止日期:2019.08.17

国食药监械(进)字 2014 第 2403938 号

产品名称:干式血细胞分析仪(QBC STARTM Centrifugal Hematology System)
规格型号:QBC STAR
产品标准:YZB/USA 5217-2014 《干式血细胞分析仪》
性能组成:主要由主机(外壳部件、光学部件、电控部件、液晶显示屏)、电源适配器、内置打印机组成。
适用范围:主要用于对采集的静脉血和毛细血样进行分析,提供包括血细胞比容、血红蛋白、白细胞计数 WBC、粒细胞计数、淋巴/单核细胞值、粒细胞百分比、淋巴/单核细胞百分比、血小板计数、红细胞平均血红蛋白浓度在内的常规初步检验。
生产厂家:美国 QBC Diagnostics, Inc.
注册代理:北京倍肯恒业科技发展有限责任公司
服务机构:北京倍肯恒业科技发展有限责任公司
发证日期:2014.08.18 截止日期:2019.08.17

国食药监械(进)字 2014 第 2213939 号

产品名称:经皮电神经刺激器(combinational stimulator for medical use by personal)
规格型号:IRUNE(I-200L)
产品标准:便携式疼痛缓解器注册产品标准
性能组成:产品由主机、硅胶贴片、凝胶、垫片、电池、连接线及 USB 充电电缆组成。最大输出电流:在 1kΩ的负载电阻下,最大输出电流应为 5.2mA±1.0mA;刺激频率:最小为 5Hz,最大为 110Hz,允差±10%;温度:强 40℃±1℃,弱 37℃±1℃;脉冲宽度:最小为 10μs,最大为 200μs,允差±10%。
适用范围:该设备利用经皮电低频刺激及加热,缓解痛经患者的经期疼痛症状。
生产厂家:韩国 Medirune Co., Ltd
注册代理:北京奥泰康医药技术开发有限公司
服务机构:北京奥泰康医药技术开发有限公司
发证日期:2014.08.18 截止日期:2019.08.17

国食药监械(进)字 2014 第 2403940 号

产品名称:全自动特定蛋白分析仪(Automatic Specific Proteins Analyzer BA400)
规格型号:BA400
产品标准:YZB/SPA 4454-2014 《全自动特定蛋白分析仪》
性能组成:大机盖、R2 搅拌器、反应盘、样品盘、试剂盘、试剂 1 操作臂、R1 搅拌器、ISE 模块放置盖、试剂 2 操作臂、样品操作臂、冲洗站、液路系统(瓶子放置门)、光学系统。
适用范围:本产品用于体外检测人血清、尿液、血浆样本中的蛋白浓度。
生产厂家:西班牙 Biosystems S.A.

注册代理:重庆圣利安医疗设备有限公司
服务机构:重庆圣利安医疗设备有限公司
发证日期:2014.08.18 **截止日期**:2019.08.17

国食药监械(进)字2014第2303941号

产品名称:数字化医用X射线摄影系统(据置型デジタル式汎用X線診断装置)
规格型号:RADspeed Plus
产品标准:YZB/JAP 1773-2014 《数字化医用X射线摄影系统》
性能组成:产品组成:高压发生装置(高压邮箱 D150BC-40、控制装置GSC-2002L组成)、X射线管组件(X射线管组件型号0.6/1.2P324DK-85;X射线管型号0.6/1.2P324DK;管套型号85)、限束器、X线管支撑装置(CH-200)、诊断床(BK-200)、立式胸片架(BR-120)、影像处理装置(含平板探测器(CXDI-70C Wireless、CXDI-401C COMPACT、CXDI-401G COMPACT、CXDI-501G、CXDI-501C)、显示器、PC)、软件和选件(详见标准)。
适用范围:该产品用于医疗机构进行X射线摄影诊断。本产品不适合在易燃麻醉混合气体可能存在点燃危险的环境下使用。
生产厂家:日本株式会社 岛津制作所
注册代理:岛津企业管理(中国)有限公司
服务机构:岛津企业管理(中国)有限公司
发证日期:2014.08.18 **截止日期**:2019.08.17

国食药监械(进)字2014第2403942号

产品名称:抗核小体(Anti-Nucleosome)IgG抗体测定试剂盒(酶联免疫法)(Anti-Nucleosome)
规格型号:96人份/盒
产品标准:YZB/GER 4747-2014
性能组成:微孔板条、校准品A、校准品B、校准品C、校准品D、校准品E、校准品F、阳性质控、阴性质控、样本缓冲液、酶结合物、底物溶液、反应终止液和洗液。(具体内容详见产品说明书)。产品有效期:2~8℃避光保存,有效期为18个月。附件:注册产品标准,产品说明书。
适用范围:本产品用于体外定量检测人血清样本中的抗核小体(Anti-Nucleosome)IgG抗体。
生产厂家:德国ORGENTEC Diagnostika GmbH
注册代理:天津市秀鹏生物技术开发有限公司
发证日期:2014.08.18 **截止日期**:2019.08.17

国食药监械(进)字2014第2403943号

产品名称:抗心磷脂(Anti-Cardiolipin)IgA抗体测定试剂盒(酶联免疫法)(Anti-Cardiolipin IgA)
规格型号:24人份/盒
产品标准:YZB/GER 4762-2014
性能组成:检测条、洗液和系统液。(具体内容详见产品说明书)。产品有效期:2~8℃避光保存,有效期为15个月。附件:注册产品标准,产品说明书。
适用范围:本产品用于体外定量检测人血清中的抗心磷脂(Anti-Cardiolipin)IgA抗体。
生产厂家:德国ORGENTEC Diagnostika GmbH
注册代理:天津市秀鹏生物技术开发有限公司
发证日期:2014.08.18 **截止日期**:2019.08.17

国食药监械(进)字2014第2403944号

产品名称:抗双链DNA(Anti-dsDNA) IgM抗体测定试剂盒(酶联免疫法)(Anti-dsDNA IgM)
规格型号:24人份/盒
产品标准:YZB/GER 4784-2014
性能组成:检测条、洗液和系统液。(具体内容详见产品说明书)。产品有效期:2~8℃避光保存,有效期为15个月。附件:注册产品标准,产品说明书。
适用范围:本产品用于体外定量检测人血清中的抗双链DNA(Anti-dsDNA) IgM抗体。
生产厂家:德国ORGENTEC Diagnostika GmbH
注册代理:天津市秀鹏生物技术开发有限公司
发证日期:2014.08.18 **截止日期**:2019.08.17

国食药监械(进)字2014第2403945号

产品名称:抗肖格伦A 52(Anti-SS-A 52)IgG抗体测定试剂盒(酶联免疫法)(Anti-SS-A 52)
规格型号:24人份/盒
产品标准:YZB/GER 4802-2014
性能组成:检测条、洗液和系统液。(具体内容详见产品说明书)。产品有效期:2~8℃避光保存,有效期为15个月。附件:注册产品标准,产品说明书。
适用范围:本产品用于体外定量检测人血清中的抗肖格伦A 52(Anti-SS-A 52)IgG抗体。
生产厂家:德国ORGENTEC Diagnostika GmbH
注册代理:天津市秀鹏生物技术开发有限公司
发证日期:2014.08.18 **截止日期**:2019.08.17

国食药监械(进)字2014第2403946号

产品名称:抗组织转谷氨酰胺酶(Anti-Tissue Transglutaminase)IgG和IgA抗体测定试剂盒(酶联免疫法)(Anti-Tissue Transglutaminase Screen)
规格型号:24人份/盒
产品标准:YZB/GER 4809-2014
性能组成:检测条、洗液和系统液。(具体内容详见产品说明书)。产品有效期:2~8℃避光保存,有效期为15个月。附件:注册产品标准,产品说明书。
适用范围:本产品用于体外定量检测人血清中的抗组织转谷氨酰胺酶(Anti-Tissue Transglutaminase)IgG和IgA抗体。
生产厂家:德国ORGENTEC Diagnostika GmbH
注册代理:天津市秀鹏生物技术开发有限公司
发证日期:2014.08.18 **截止日期**:2019.08.17

国食药监械(进)字2014第2403947号

产品名称:抗核小体(Anti-Nucleosome)IgG抗体测定试剂盒(酶联免疫法)(Anti-Nucleosome)
规格型号:24人份/盒
产品标准:YZB/GER 4812-2014
性能组成:检测条、洗液和系统液。(具体内容详见产品说明书)。产品有效期:2~8℃避光保存,有效期为15个月。附件:注册产品标准,产品说明书。
适用范围:本产品用于体外定量检测人血清中的抗核小体(Anti-Nucleosome)IgG抗体。
生产厂家:德国ORGENTEC Diagnostika GmbH
注册代理:天津市秀鹏生物技术开发有限公司
发证日期:2014.08.18 **截止日期**:2019.08.17

国食药监械(进)字2014第2403948号

产品名称:抗双链DNA(Anti-dsDNA) IgA抗体测定试剂盒(酶联免疫法)(Anti-dsDNA IgA)
规格型号:24人份/盒
产品标准:YZB/GER 4815-2014
性能组成:检测条、洗液和系统液。(具体内容详见产品说明书)。产品有效期:2~8℃避光保存,有效期为15个月。附件:注册产品标准,产品说明书。
适用范围:本产品用于体外定量检测人血清中的抗双链DNA(Anti-dsDNA) IgA抗体。
生产厂家:德国ORGENTEC Diagnostika GmbH
注册代理:天津市秀鹏生物技术开发有限公司
发证日期:2014.08.18 **截止日期**:2019.08.17

国食药监械(进)字2014第2403949号

产品名称:抗双链DNA(Anti-dsDNA)IgA/IgG/IgM抗体测定试剂盒(酶联免疫法)(Anti-dsDNA Screen)
规格型号:24人份/盒
产品标准:YZB/GER 4819-2014
性能组成:检测条、洗液和系统液。(具体内容详见产品说明书)。产品有效期:2~8℃避光保存,有效期为15个月。附件:注册产品标准,产品说明书。

适用范围：本产品用于体外定量检测人血清中的抗双链 DNA(Anti-dsDNA) IgA/IgG/IgM 抗体。
生产厂家：德国 ORGENTEC Diagnostika GmbH
注册代理：天津市秀鹏生物技术开发有限公司
发证日期：2014.08.18　截止日期：2019.08.17

国食药监械(进)字 2014 第 2403950 号

产品名称：抗 β2 糖蛋白Ⅰ (Anti-beta-2-Glycoprotein Ⅰ) IgA/IgG/IgM 抗体测定试剂盒(酶联免疫法)(Anti-beta-2-Glycoprotein I Screen)
规格型号：24 人份/盒
产品标准：YZB/GER 4821-2014
性能组成：检测条、洗液和系统液。(具体内容详见产品说明书)。产品有效期：2～8℃避光保存，有效期为 15 个月。附件：注册产品标准，产品说明书。
适用范围：本产品用于体外定量检测人血清中的抗 β2 糖蛋白Ⅰ (Anti-beta-2-Glycoprotein Ⅰ) IgA/IgG/IgM 抗体。
生产厂家：德国 ORGENTEC Diagnostika GmbH
注册代理：天津市秀鹏生物技术开发有限公司
发证日期：2014.08.18　截止日期：2019.08.17

国食药监械(进)字 2014 第 2403951 号

产品名称：抗消格伦 A 60(Anti-SS-A 60) IgG 抗体测定试剂盒(酶联免疫法)(Anti-SS-A 60)
规格型号：24 人份/盒
产品标准：YZB/GER 4824-2014
性能组成：检测条、洗液和系统液。(具体内容详见产品说明书)。产品有效期：2～8℃避光保存，有效期为 15 个月。附件：注册产品标准，产品说明书。
适用范围：本产品用于体外定量检测人血清中的抗消格伦 A 60(Anti-SS-A 60) IgG 抗体。
生产厂家：德国 ORGENTEC Diagnostika GmbH
注册代理：天津市秀鹏生物技术开发有限公司
发证日期：2014.08.18　截止日期：2019.08.17

国食药监械(进)字 2014 第 2403952 号

产品名称：抗麦胶蛋白(Anti-Gliadin) IgA/IgG 抗体测定试剂盒(酶联免疫法)(Anti-Gliadin Screen)
规格型号：24 人份/盒
产品标准：YZB/GER 4830-2014
性能组成：检测条、洗液和系统液。(具体内容详见产品说明书)。产品有效期：2～8℃避光保存，有效期为 15 个月。附件：注册产品标准，产品说明书。
适用范围：本产品用于体外定量检测人血清中的抗麦胶蛋白 (Anti-Gliadin) IgA/IgG 抗体。
生产厂家：德国 ORGENTEC Diagnostika GmbH
注册代理：天津市秀鹏生物技术开发有限公司
发证日期：2014.08.18　截止日期：2019.08.17

国食药监械(进)字 2014 第 2403953 号

产品名称：抗 β2 糖蛋白Ⅰ (Anti-beta-2-Glycoprotein Ⅰ) IgG/IgA/IgM 抗体测定试剂盒(酶联免疫法)(Anti-beta-2-Glycoprotein I Screen)
规格型号：96 人份/盒
产品标准：YZB/GER 4837-2014
性能组成：微孔板条、质控品 A、质控品 B、质控品 C、质控品 D、样本缓冲液、酶结合物、反应终止液、底物液、反应终止液和洗液。(具体内容详见产品说明书)。产品有效期：2～8℃避光保存，有效期为 18 个月。附件：注册产品标准，产品说明书。
适用范围：本产品用于体外定量检测人血清中的抗 β2 糖蛋白Ⅰ (Anti-beta-2-Glycoprotein Ⅰ) IgG/IgA/IgM 抗体。
生产厂家：德国 ORGENTEC Diagnostika GmbH
注册代理：天津市秀鹏生物技术开发有限公司
发证日期：2014.08.18　截止日期：2019.08.17

国食药监械(进)字 2014 第 2403954 号

产品名称：抗胰岛素(Anti-Insulin) IgG 抗体测定试剂盒(酶联免疫法)(Anti-Insulin)
规格型号：96 人份/盒
产品标准：YZB/GER 4849-2014
性能组成：微孔板条、校准品 A、校准品 B、校准品 C、校准品 D、校准品 E、校准品 F、阴性质控、阳性质控、样本缓冲液、酶结合物、底物液、反应终止液和洗液。(具体内容详见产品说明书)。产品有效期：2～8℃避光保存，有效期为 18 个月。附件：注册产品标准，产品说明书。
适用范围：本产品用于体外定量检测人血清中的抗胰岛素 (Anti-Insulin) IgG 抗体。
生产厂家：德国 ORGENTEC Diagnostika GmbH
注册代理：天津市秀鹏生物技术开发有限公司
发证日期：2014.08.18　截止日期：2019.08.17

国食药监械(进)字 2014 第 2403955 号

产品名称：免疫球蛋白 A 检测试剂盒(免疫比浊法)(Tina-quant IgA CSF(IGA-C))
规格型号：150 测试
产品标准：YZB/GER 4775-2014
性能组成：试剂 1：三羟甲基氨基甲烷 (TRIS) 缓冲液，500 mmol/L，pH 8.5；氯化钠 (NaCl)，1000mmol/L；去污剂；稳定剂；防腐剂。试剂 2：三羟甲基氨基甲烷 (TRIS) 缓冲液中抗人免疫球蛋白 A 多克隆抗体 (家兔) 包被的乳胶颗粒，10 mmol/L，pH 8.5；稳定剂；防腐剂。试剂 3：抗原过剩检查试剂。稀释血清中的免疫球蛋白 A (人源)；氯化钠 (NaCl)，150 mmol/ L；磷酸缓冲液，50 mmol/L，pH7.0；防腐剂。产品有效期：2～8℃，保存 15 个月。附件：注册产品标准，产品说明书。
适用范围：用于体外定量测定人脑脊液和相应人血清/血浆中的免疫球蛋白 A 的浓度。
生产厂家：德国 Roche Diagnostics GmbH
注册代理：罗氏诊断产品(上海)有限公司
发证日期：2014.08.18　截止日期：2019.08.17

国食药监械(进)字 2014 第 2403956 号

产品名称：D-二聚体校准品(Quantia D-Dimer Standard)
规格型号：3×2 mL (冻干)
产品标准：YZB/SPA 4710-2014
性能组成：D-二聚体溶液通过使用含牛血清白蛋白的人纤溶酶降解人纤维蛋白后部分纯化制备。瓶签显示浓度单位为 ng/mL。含有 0.2%的防腐剂 5-溴-5-硝基-1，3-二恶烷(Bronidox)。靶值单。产品有效期：2～8℃储存，有效期为 36 个月。附件：注册产品标准，产品说明书。
适用范围：该产品用于通过比浊法对 D-二聚体项目进行校准。该产品用于与该公司的 D-二聚体测定试剂盒配套使用。
生产厂家：西班牙 BIOKIT, S.A.
注册代理：雅培贸易(上海)有限公司
发证日期：2014.08.18　截止日期：2019.08.17

国食药监械(进)字 2014 第 2403957 号

产品名称：α1-抗胰蛋白酶测定试剂盒(免疫比浊法)(Quantia A1-Antitrypsin)
规格型号：试剂 1(缓冲液)：2×17 mL，试剂 2(试剂)：2×4 mL。
产品标准：YZB/SPA 4713-2014
性能组成：α1-抗胰蛋白酶测定试剂盒为液体、即用型双试剂盒，包含：试剂 1(缓冲液)：三羟甲基氨基甲烷/盐酸(TRIS/HCl)缓冲液 100 mM pH 7.5。试剂 2(试剂)：抗人α1-抗胰蛋白酶血清(山羊)，储存于缓冲液中。试剂 1 和试剂 2 含有叠氮钠(<0.1%)。产品有效期：2～8℃ 储存，有效期为 36 个月。附件：注册产品标准，产品说明书。
适用范围：该产品用于在雅培 ARCHITECT c 系统上定量测定人血清或血浆中的α1-抗胰蛋白酶。
生产厂家：西班牙 BIOKIT, S.A.
注册代理：雅培贸易(上海)有限公司
发证日期：2014.08.18　截止日期：2019.08.17

国食药监械(进)字 2014 第 2403958 号

产品名称：α1-酸性糖蛋白测定试剂盒(免疫比浊法)(Quantia A-1-AGP)
规格型号：试剂 1(缓冲液)：1×50 mL，试剂 2(试剂)：1×9 mL。

产品标准:YZB/SPA 4732-2014
性能组成:α1-酸性糖蛋白测定试剂盒为液体、即用型双试剂盒，包含：试剂1(缓冲液)：三羟甲基氨基甲烷（TRIS）缓冲液 100 mM pH7.6。试剂2(试剂)：抗人α1-酸性糖蛋白血清（山羊），储存于缓冲液中。试剂1和试剂2含有叠氮钠(＜0.1%)。产品有效期：2～8℃储存，有效期为15个月。附件：注册产品标准，产品说明书。
适用范围:该产品用于在雅培 ARCHITECT c 系统上定量测定人血清或血浆中的α1-酸性糖蛋白。
生产厂家:西班牙 BIOKIT, S.A.
注册代理:雅培贸易(上海)有限公司
发证日期:2014.08.18 **截止日期**:2019.08.17

国食药监械(进)字 2014 第 2403959 号

产品名称:D-二聚体质控品(Quantia D-Dimer Control)
规格型号:低值质控品 I(冻干):3×1 mL，高值质控品 II(冻干):3×1 mL。
产品标准:YZB/SPA 4736-2014
性能组成:D-二聚体溶液通过使用含牛血清白蛋白的人纤溶酶降解人纤维蛋白后部分纯化制备。参见质控品靶值单中的赋值。含有叠氮钠(＜0.1%)。靶值单。产品有效期：2～8℃储存，有效期为30个月。附件：注册产品标准，产品说明书。
适用范围:该产品用于通过比浊法监控 D-二聚体项目所获得的质控结果。该产品与本公司的D-二聚体测定试剂盒配套使用。
生产厂家:西班牙 BIOKIT, S.A.
注册代理:雅培贸易(上海)有限公司
发证日期:2014.08.18 **截止日期**:2019.08.17

国食药监械(进)字 2014 第 2403960 号

产品名称:α1-酸性糖蛋白、α1-抗胰蛋白酶校准品(Quantia PROTEINS Standard)
规格型号:5 × 1 mL
产品标准:YZB/SPA 4737-2014
性能组成:该产品为人源性产品。校准品靶值单显示浓度单位为 mg/dL 和 g/L。含有叠氮钠(＜0.1%)。靶值单。产品有效期：2～8℃储存，有效期为24个月。附件：注册产品标准，产品说明书。
适用范围:该用于通过比浊法对α1-酸性糖蛋白(A1AGP)项目、α1-抗胰蛋白酶(A1AT)项目进行校准。该产品与本公司的α1-酸性糖蛋白、α1-抗胰蛋白酶测定试剂盒一起使用。
生产厂家:西班牙 BIOKIT, S.A.
注册代理:雅培贸易(上海)有限公司
发证日期:2014.08.18 **截止日期**:2019.08.17

国食药监械(进)字 2014 第 2403961 号

产品名称:干化学尿液分析试纸条(MEDITAPE II 10U)
规格型号:100条/筒
产品标准:YZB/JAP 4689-2014
性能组成:试纸条包含葡萄糖测试块、蛋白质测试块、胆红素测试块、尿胆原测试块、肌酐测试块、pH 测试块、潜血测试块、酮体测试块、亚硝酸盐测试块、白细胞测试块。(具体内容详见说明书)。产品有效期：室温下储存(1～30℃)，有效期:2年。附件：注册产品标准，产品说明书。
适用范围:用于临床上尿液样本中的葡萄糖、蛋白质、胆红素、尿胆原、肌酐、pH、潜血、酮体、亚硝酸盐和白细胞的半定量测定。
生产厂家:日本 ARKRAY Factory, Inc.
注册代理:希森美康医用电子(上海)有限公司
发证日期:2014.08.18 **截止日期**:2019.08.17

国食药监械(进)字 2014 第 2403962 号

产品名称:25-羟基总维生素 D 测定试剂盒(化学发光免疫分析法)(LIAISON (R) 25 OH Vitamin D TOTAL Assay)
规格型号:100 测试/盒
产品标准:YZB/USA 4810-2014
性能组成:磁微粒、缓冲液、结合物、校准品1、校准品2。(具体内容详见说明书)。产品有效期：直立向上放置2～8℃，禁止冷冻，有效期10个月。附件：注册产品标准，产品说明书。
适用范围:本产品用于体外定量测定人血清中的25-羟基维生素D以及其它羟基维生素D代谢产物的含量。
生产厂家:美国 DiaSorin Inc.
注册代理:索灵诊断医疗设备(上海)有限公司
发证日期:2014.08.18 **截止日期**:2019.08.17

国食药监械(进)字 2014 第 2403963 号

产品名称:雌二醇测定试剂盒(化学发光免疫分析法)(LIAISON (R) Estradiol II Gen)
规格型号:100 测试/盒
产品标准:YZB/USA 4792-2014
性能组成:磁性微粒、结合物、分析缓冲液、样本稀释液、校准品1、校准品2。(具体内容详见说明书)。产品有效期：直立向上放置在2～8℃下，禁止冷冻，有效期12个月。附件：注册产品标准，产品说明书。
适用范围:本产品用于体外定量测定人体血清中的雌二醇。
生产厂家:美国 DiaSorin Inc.
注册代理:索灵诊断医疗设备(上海)有限公司
发证日期:2014.08.18 **截止日期**:2019.08.17

国食药监械(进)字 2014 第 2403964 号

产品名称:孕酮测定试剂盒(化学发光免疫分析法)(LIAISON (R) Progesterone II Gen)
规格型号:100 测试/盒
产品标准:YZB/USA 4794-2014
性能组成:磁性微粒、结合物、分析缓冲液、校准品1、校准品2、样本稀释液。(具体内容详见说明书)。产品有效期：直立向上放置2～8℃下，禁止冷冻，有效期6个月。附件：注册产品标准，产品说明书。
适用范围:本产品用于体外定量测定人血清内的孕酮。
生产厂家:美国 DiaSorin Inc.
注册代理:索灵诊断医疗设备(上海)有限公司
发证日期:2014.08.18 **截止日期**:2019.08.17

国食药监械(进)字 2014 第 2403965 号

产品名称:睾酮测定试剂盒(化学发光免疫分析法)(LIAISON (R) Testosterone)
规格型号:100 测试/盒
产品标准:YZB/USA 4807-2014
性能组成:磁性微粒、结合物、分析缓冲液、校准品1、校准品2。(具体内容详见说明书)。产品有效期：直立向上放置于2～8℃条件下，禁止冷冻，有效期12个月。附件：注册产品标准，产品说明书。
适用范围:本产品用于体外定量检测人血清以及 EDTA 血浆内睾酮的量。
生产厂家:美国 DiaSorin Inc.
注册代理:索灵诊断医疗设备(上海)有限公司
发证日期:2014.08.18 **截止日期**:2019.08.17

国食药监械(进)字 2014 第 3213982 号

产品名称:硬膜下电极(Subdural Electrode)
规格型号:见附页
产品标准:YZB/USA 4376-2014《硬膜下电极》
性能组成:该产品由不锈钢、硅胶和连线组成。
适用范围:该产品作为脑电设备的附件电极与设备配套使用，在颅脑手术中用于提取大脑皮层组织的电信号。
生产厂家:美国 Ad-Tech Medical Instrument Corportion
服务机构:北京智杰华隆技术发展有限公司
发证日期:2014.08.09 **截止日期**:2019.08.08

国食药监械(进)字 2014 第 3103983 号

产品名称:经皮椎间盘切除器（商品名：Dekompressor）(Percutaneous Lumbar Discectomy Probe)
规格型号:见附页
产品标准:YZB/USA 4309-2014 《经皮椎间盘切除器》
性能组成:产品由切除装置，导引套管和清洁刮板组成。具体见附件。
适用范围:产品适用于临床在进行经皮椎间盘切除的同时，吸出产生的椎间盘成份。
生产厂家:美国 Stryker Instruments
注册代理:史赛克(北京)医疗器械有限公司

服务机构:史赛克(北京)医疗器械有限公司
发证日期:2014.08.09　**截止日期**:2019.08.08

国食药监械(进)字2014第3453984号

产品名称:人工心肺机-滚压式血泵(Heart-Lung Machine)
规格型号:HL20
产品标准:YZB/GER 4201-2014《人工心肺机-滚压式血泵》
性能组成:由底座、泵系统(单头泵、双头泵)、泵控制系统、监测系统(气泡监测、液面监测、温度监测、压力监测、时间监测、心脏停搏监视仪)、静脉夹组成。
适用范围:供医疗单位施行手术或抢救时，暂时代替心脏功能进行体外循环用或局部灌注使用。
生产厂家:德国MAQUET Cardiopulmonary AG
注册代理:迈柯唯(上海)医疗设备有限公司
服务机构:迈柯唯(上海)医疗设备有限公司
发证日期:2014.08.09　**截止日期**:2019.08.08

国食药监械(进)字2014第2553985号

产品名称:热牙胶充填机(B&L-beta Gutta Percha Heating System)
规格型号:WL-B1
产品标准:YZB/ROK 4382-2014《热牙胶充填机》
性能组成:该产品由充填机主机、保护帽、(可重复使用)针头(型号包括:20ga、23ga、25ga)、针保护套、充电器基座、电源适配器、活塞、电池、针头扳钳、除尘毛刷组成。
适用范围:本产品用于加热牙胶，并将热牙胶充填入已预备好的牙齿根管内，以快速完全地封闭根管。
生产厂家:韩国B&L Biotech, Inc
注册代理:明光圣睿(北京)医学技术有限公司
服务机构:明光圣睿(北京)医学技术有限公司
发证日期:2014.08.09　**截止日期**:2019.08.08

国食药监械(进)字2014第2553985号

产品名称:热牙胶充填机(B&L-beta Gutta Percha Heating System)
规格型号:WL-B1
产品标准:YZB/ROK 4381-2014《热牙胶充填机》
性能组成:该产品由充填机主机、保护帽、(可重复使用)针头(型号包括:20ga、23ga、25ga)、针保护套、充电器基座、电源适配器、活塞、电池、针头扳钳、除尘毛刷组成。
适用范围:本产品用于加热牙胶，并将热牙胶充填入已预备好的牙齿根管内，以快速完全地封闭根管。
生产厂家:韩国B&L Biotech, Inc
注册代理:明光圣睿(北京)医学技术有限公司
服务机构:明光圣睿(北京)医学技术有限公司
发证日期:2014.08.09　**截止日期**:2019.08.08

国食药监械(进)字2014第2553986号

产品名称:热牙胶充填机(B&L-alpha II Cordless Heat Carrier)
规格型号:CL-A1
产品标准:YZB/ROK 4381-2014《热牙胶充填机》
性能组成:该产品由充填机主机、(可重复使用)工作尖(型号包括:BP3004、BP3504、BP4004、BP4504、BP5004、BP5508、BP5506、BP5508L、BP5510、BP6012、SPRDN、SPRDS)、工作尖保护套、充电器基座、电源适配器、电池组成。
适用范围:该产品用于加热工作尖，以软化牙胶并在距离根尖三分之一处切断牙胶尖，同时对软化的牙胶按照根管形状进行压实充填。
生产厂家:韩国B&L Biotech, Inc
注册代理:明光圣睿(北京)医学技术有限公司
服务机构:明光圣睿(北京)医学技术有限公司
发证日期:2014.08.09　**截止日期**:2019.08.08

国食药监械(进)字2014第2553986号

产品名称:热牙胶充填机(B&L-alpha II Cordless Heat Carrier)
规格型号:CL-A1
产品标准:YZB/ROK 4382-2014《热牙胶充填机》
性能组成:该产品由充填机主机、(可重复使用)工作尖(型号包括:BP3004、BP3504、BP4004、BP4504、BP5004、BP5508、BP5506、BP5508L、BP5510、BP6012、SPRDN、SPRDS)、工作尖保护套、充电器基座、电源适配器、电池组成。
适用范围:该产品用于加热工作尖，以软化牙胶并在距离根尖三分之一处切断牙胶尖，同时对软化的牙胶按照根管形状进行压实充填。
生产厂家:韩国B&L Biotech, Inc
注册代理:明光圣睿(北京)医学技术有限公司
服务机构:明光圣睿(北京)医学技术有限公司
发证日期:2014.08.09　**截止日期**:2019.08.08

国食药监械(进)字2014第2103987号

产品名称:大骨动力器械(Electic System 6 Handpieces)
规格型号:6293, 6295, 6298, 6299, 6292-4
产品标准:YZB/USA 4322-2014《大骨动力器械》
性能组成:大骨动力器械由通用电缆线和以下手机组成:单板机骨钻，双板机骨钻，摆锯，磨锯。
适用范围:单扳机骨钻、双扳机骨钻拟定用于矫形外科手术，进行包括钻孔、扩孔、驱动金属线或导针和切割骨骼和硬组织在内的手术操作;摆锯、磨锯用来切割骨或与骨相关的组织。
生产厂家:美国Stryker Instruments
注册代理:史赛克(北京)医疗器械有限公司
服务机构:史赛克(北京)医疗器械有限公司
发证日期:2014.08.09　**截止日期**:2019.08.08

国食药监械(进)字2014第3543988号

产品名称:心肺复苏机(Heart-Lung Resuscitator)
规格型号:HLR Model-601、Heartsaver100
产品标准:YZB/USA 4702-2014《心肺复苏机》
性能组成:产品由复苏背板、按压头，控制旋钮、固定带(HLR Model-601)、无重复呼吸阀组成。
适用范围:产品为手动CPR辅助设备，用于在患者停止呼吸、昏迷，无脉搏和急需心肺复苏时协助手动CPR实施紧急抢救。
生产厂家:美国BRUNSWICK BIOMEDICAL TECHNOLOGIES, INC
注册代理:广州蓝仕威克医疗科技有限公司
服务机构:广州蓝仕威克医疗科技有限公司
发证日期:2014.08.09　**截止日期**:2019.08.08

国食药监械(进)字2014第2403989号

产品名称:血凝分析仪(Whole Blood Microcoagulation System)
规格型号:Hemochron Signature Elite
产品标准:YZB/USA 4582-2014《血凝分析仪》
性能组成:该产品由主机和操作软件组成。
适用范围:该产品使用合适ITC的测试片，对新鲜全血或含柠檬酸盐的全血进行活性凝血时间(ACT+和ACT-LR)，激活的部分凝血活酶时间(APTT和APTT Citrate)和凝血酶原(PT和PT Citrate)的测定。
生产厂家:美国International Technidyne Corporation
注册代理:北京博泰兴业科技有限责任公司
服务机构:北京博泰兴业科技有限责任公司
发证日期:2014.08.09　**截止日期**:2019.08.08

国食药监械(进)字2014第3333990号

产品名称:单光子发射断层扫描装置(SPECT)
规格型号:Discovery NM 530c
产品标准:YZB/ISR 4541-2014《单光子发射断层扫描装置》
性能组成:产品由机架(包括探测器和针孔准直器)、患者检查床;电源单元(IPS)、采集工作站(包括计算机、显示器(19″和17″)、键盘和系统软件)、选件(R-波触发器，检查床附件(俯卧臂托、仰卧臂托、腿托)，2端口式KVM开关、泛源)组成。
适用范围:产品预期用途是执行核医学成像检查，以探测放射性同位素示踪剂在患者体内的摄取情况并将其成像，用以临床诊断。Discovery NM 530c应用于心脏成像检查。
生产厂家:以色列GE Medical systems Israel, Functional Imaging
注册代理:通用电气医疗系统贸易发展(上海)有限公司
服务机构:通用电气医疗系统贸易发展(上海)有限公司
发证日期:2014.08.09　**截止日期**:2019.08.08

国食药监械(进)字2014第2553991号

产品名称:充电式根管治疗机(商品名:Entran)(Drive handpiece with charging station)
规格型号:充电器(型号:EB-300)、弯机头(型号:EB-16)、带电池的驱动手柄(型号:EB-3H)
产品标准:YZB/AUS 4306-2014《充电式根管治疗机》
性能组成:该产品由充电器(型号:EB-300)、弯机头(型号:EB-16)、带电池的驱动手柄(型号:EB-3H)组成。
适用范围:该产品适用于口腔科进行牙齿根管治疗。
生产厂家:奥地利 W&H Dentalwerk Bürmoos GmbH
注册代理:达颀医疗器械(上海)有限公司
服务机构:达颀医疗器械(上海)有限公司
发证日期:2014.08.09 截止日期:2019.08.08

国食药监械(进)字 2014 第 2213992 号

产品名称:全血凝血时间测定仪(Hemochron Response Whole Blood Coagulation System)
规格型号:Hemochron Response
产品标准:YZB/USA 4562-2014《全血凝血时间测定仪》
性能组成:该产品主要由便携式主机和操作软件构成。
适用范围:该产品用于临床实验室中全血凝血酶原时间、激活部分凝血活酶时间和活化凝血时间的测定。
生产厂家:美国 International Technidyne Corporation
注册代理:北京博泰兴业科技有限责任公司
服务机构:北京博泰兴业科技有限责任公司
发证日期:2014.08.09 截止日期:2019.08.08

国食药监械(进)字 2014 第 2223993 号

产品名称:内窥镜摄像系统(Endoscopic video camera)
规格型号:S368HD, SOPRO184, SOPRO168, SOPRO181
产品标准:YZB/FRA 4618-2014《内窥镜摄像系统》
性能组成:该产品由主机、摄像头、镜头和信号连接线组成。
适用范围:该产品与内窥镜配套使用,用于在内窥镜微创手术中将来自内窥镜的图像传输到显示器上。
生产厂家:法国 SOPRO
注册代理:北京安慧康科技有限公司
服务机构:北京安慧康科技有限公司
发证日期:2014.08.09 截止日期:2019.08.08

国食药监械(进)字 2014 第 3223994 号

产品名称:胸腔镜有源器械(Active Instruments for Thoracoscopes)
规格型号:见附页
产品标准:YZB/GER 4398-2014《胸腔镜有源器械》
性能组成:该产品由活检钳、抓钳、剪刀、电凝吸引管、电凝电极组成。
适用范围:该产品适用于胸腔镜手术中的高频电凝和电切。
生产厂家:德国 Karl Storz GmbH & Co. KG
注册代理:卡尔史托斯内窥镜(上海)有限公司
服务机构:卡尔史托斯内窥镜(上海)有限公司
发证日期:2014.08.09 截止日期:2019.08.08

国食药监械(进)字 2014 第 3223995 号

产品名称:经皮肾镜(Percutaneous Nephroscopes)
规格型号:见附页
产品标准:YZB/GER 4353-2014《经皮肾镜》
性能组成:该产品是由硬性光学内窥镜组成。
适用范围:该产品适用于泌尿科经皮肾部临床手术中检查、诊断和治疗用。
生产厂家:德国 Karl Storz GmbH & Co. KG
注册代理:卡尔史托斯内窥镜(上海)有限公司
服务机构:卡尔史托斯内窥镜(上海)有限公司
发证日期:2014.08.09 截止日期:2019.08.08

国食药监械(进)字 2014 第 2403996 号

产品名称:尿糖计(URINE GLUCOSE METER)
规格型号:UG-201-H, UG-201-NH
产品标准:YZB/JAP 4566-2014《尿糖计》
性能组成:本产品由主机、葡萄糖传感器、操作软件组成。
适用范围:该产品用于检测尿液中的葡萄糖含量。
生产厂家:日本株式会社百利达秋田
注册代理:百利达(上海)商贸有限公司
服务机构:百利达(上海)商贸有限公司
发证日期:2014.08.09 截止日期:2019.08.08

国食药监械(进)字 2014 第 2633997 号

产品名称:喷粉除斑器(PROPHYflex 3)
规格型号:PROPHYflex 3-2018
产品标准:YZB/GER 1956-2012《喷粉除斑器》
性能组成:本产品由喷粉手机、套管、清洁钻孔器、粉末容器、硅树脂橡胶盖组成。
适用范围:与牙科综合治疗台配合使用,用于牙齿清洁。
生产厂家:德国 Kaltenbach & Voigt GmbH
注册代理:卡瓦盛邦(上海)牙科医疗器械有限公司
服务机构:卡瓦盛邦(上海)牙科医疗器械有限公司
发证日期:2014.08.09 截止日期:2019.08.08

国食药监械(进)字 2014 第 2553998 号

产品名称:喷粉洁牙手机(商品名:Prophy-Mate neo)(能動型機器接続歯面清掃用器具)
规格型号:PMNG-PTL-P、PMNG-M4-P、PMNG-B2-P、PMNG-KV-P、PMNG-WH-P、PMNG-BA-P、PMNG-SR-P、PMNG-MR-P、PMNG-MRH-P、PMNG-QD-P、PMNG-YS-P、PMNG-FJ-P
产品标准:YZB/JAP 4362-2014《喷粉洁牙手机》
性能组成:手机的空气消耗量为 7L/min～15L/min;手机的注水量应>30 mL/min;本产品由喷嘴,机身,喷砂盒组成。
适用范围:该产品用于口腔科作喷砂洁牙用。
生产厂家:日本株式会社 中西/日本株式会社ナカニシ
注册代理:上海謦速克国际贸易有限公司
服务机构:上海謦速克国际贸易有限公司
发证日期:2014.08.09 截止日期:2019.08.08

国食药监械(进)字 2014 第 3403999 号

产品名称:全自动医用 PCR 分析系统(COBAS TaqMan)
规格型号:COBAS TaqMan
产品标准:YZB/USA 4413-2014《全自动医用 PCR 分析系统》
性能组成:由数据处理站、操作系统软件、仪器和一个连接系统(可选购)组成。
适用范围:该系统基于实时荧光 PCR 原理,对样本核酸进行扩增检测。
生产厂家:美国 Roche Molecular Systems, Inc.
注册代理:罗氏诊断产品(上海)有限公司
服务机构:罗氏诊断产品(上海)有限公司
发证日期:2014.08.09 截止日期:2019.08.08

国食药监械(进)字 2014 第 2214000 号

产品名称:眼电生理诊断系统(Electrophysiological Diagnostic Systems)
规格型号:RETI-Port 21 Compact, RETI-Scan 21 Compact, RETI-Port/Scan 21 Compact, RETI-Port 21, RETI-Scan 21, RETI-Port/Scan 21
产品标准:YZB/GER 6700-2012《眼电生理诊断系统》
性能组成:产品由刺激器(包括图形刺激器和闪光刺激器)、信号放大器、计算机、显示器、键盘、鼠标、电源箱、电极组成。根据刺激器的配置及产品功能不同分为六个型号。
适用范围:通过对特定电生理信号的提取来实现对眼科疾病的诊断,临床用于视网膜、视神经及视路等眼科疾病的诊断中。
生产厂家:德国 ROLAND CONSULT Stasche & Finger GmbH
注册代理:北京高视远望科技有限责任公司
服务机构:北京高视远望科技有限责任公司
发证日期:2014.08.09 截止日期:2019.08.08

国食药监械(进)字 2014 第 3404001 号

产品名称:基因扩增分析仪(Gene Amplification Detector)
规格型号:RD-100i
产品标准:YZB/JAP 4577-2014《基因扩增分析仪》

性能组成:该产品主要由 RD-100i 主机和随机软件组成。
适用范围:该产品使用 OSNA 法（一步核酸扩增法）对核酸样本进行体外扩增，用于检测淋巴结中 CK19 mRNA。
生产厂家:日本 SYSMEX CORPORATION
注册代理:希森美康医用电子(上海)有限公司
服务机构:希森美康医用电子(上海)有限公司
发证日期:2014.08.09 截止日期:2019.08.08

国食药监械(进)字 2014 第 2344002 号

产品名称:医用个人防护系统(Personal Protection System)
规格型号:见附页
产品标准:YZB/USA 4225-2014 《医用个人防护系统》
性能组成:由头盔、头罩、长袍、电池组成。具体型号见附件。
适用范围:头盔适用于在操作环境与外科手术团队成员之间建立一道屏障，帮助防止污染和/或接触感染性体液和有害微生物。头罩和长袍适用于保护患者、医务人员和手术室人员免于污染、暴露于感染性体液以及防止传播微生物和颗粒性物质。电池用于为头盔提供电力。
生产厂家:美国 Stryker Instruments
服务机构:史赛克（北京）医疗器械有限公司
发证日期:2014.08.01 截止日期:2019.07.31

国食药监械(进)字 2014 第 2704003 号

产品名称:分娩管理软件(Birthing Management Software)
规格型号:Dopplex Centrale，版本 6.7
产品标准:YZB/UK 4090-2014《分娩管理软件》
性能组成:本产品由软件光盘、加密 U 盘、用户手册组成，组成模块为:客户端包括使用者身份验证、围产期档案资料、患者报告、报警功能、注释、黑板功能、产程图、HL7 接口、CTG 分析和打印、显示更新、要求/活动处理，服务器端包括审计追踪、CTG 分析引擎、要求/活动处理、报警处理、无线接收、胎儿监护数据处理。
适用范围:用于孕妇自妊娠 26 周至分娩前的胎心率-宫缩图分析。
生产厂家:英国 Huntleigh Healthcare Ltd Diagnostic Products Division
注册代理:北京金协信商贸有限责任公司
服务机构:安究(上海)医疗设备贸易有限公司
发证日期:2014.08.01 截止日期:2019.07.31

国食药监械(进)字 2014 第 2214004 号

产品名称:冲击波治疗仪(SHOCK WAVE THERAPY)
规格型号:EXPERT
产品标准:YZB/ITA 4170-2014《冲击波治疗仪》
性能组成:治疗仪由主机、EXPERT 治疗发生器、治疗探头（Φ18mm、Φ36mm)、脚踏开关、电缆组成。 输出压力 100～500kPa 连续可调，频率 1～12Hz 连续可调，冲击次数 100～5000 次连续可调，最大能量密度 0.54-0.66mJ/mm2，作用深度 5-8cm。
适用范围:本产品用于对肌肉组织及骨骼系统炎症引起的疼痛的缓解，用于肩周炎、网球肘、髌骨肌腱炎、足底筋膜炎、钙化性肌腱炎、跟腱痛、腱鞘炎，以及慢性筋腱、韧带或肌肉劳损或疼痛。
生产厂家:意大利 ELETTRONICA PAGANI SRL
注册代理:北京威力恒科技股份有限公司
服务机构:北京威力恒科技股份有限公司
发证日期:2014.08.01 截止日期:2019.07.31

国食药监械(进)字 2014 第 2224005 号

产品名称:冷光源(BFW Turbo Light Source)
规格型号:BFW9870i BFW5500
产品标准:YZB/USA 3938-2014《冷光源》
性能组成:该产品由主机、电源线和附件组成，详见附表。
适用范围:该产品与头灯配套，在外科检查和手术时做观察照明用。
生产厂家:美国 BFW, Inc.
注册代理:北京德宝朗坤科贸有限责任公司
服务机构:北京德宝朗坤科贸有限责任公司
发证日期:2014.08.01 截止日期:2019.07.31

国食药监械(进)字 2014 第 2224006 号

产品名称:喉镜频闪光源(Stroboscopic and continuous light source for endoscopy)
规格型号:HIGHLIGHT
产品标准:YZB/ITA 1126-2014《喉镜频闪光源》
性能组成:本产品由主机、脚踏开关、传输电缆、喉镜振动传感器、电源线组成。
适用范围:该产品作为连续频闪光源，既可用于喉镜检查也可以对内窥镜器官观察提供照明。
备注:2015 年 1 月 12 日同意更正型号、规格内容，2014 年 8 月 1 日核发的医疗器械注册登记表予以废止。
生产厂家:意大利 INVENTIS S.r.l.
注册代理:北京爱生科贸有限公司
服务机构:北京爱生科贸有限公司
发证日期:2014.08.01 截止日期:2019.07.31

国食药监械(进)字 2014 第 2214007 号

产品名称:眼电生理设备(Eye Diagnostic Equipment)
规格型号:EP-1000
产品标准:YZB/GER 4163-2014《眼电生理设备》
性能组成:产品由激励器（EP-1000），计算机（Shuttle XPC-SG41J1)，显示器(三星-510NS)，生物信号放大器（P2CH)和隔离变压器(REO-MED 1000）组成。
适用范围:产品可以对视网膜功能、视觉通路以及视神经进行检查，可以进行各种不同的诊断程序，包括：ERG 视网膜电图、VEP 视觉诱发皮质电位、MERG 多焦视网膜电图、MVEP 多焦视觉诱发皮质电位、EOG 眼电图。
生产厂家:德国 Medizin &Service GmbH
注册代理:上海天视科技发展有限公司
服务机构:上海天视科技发展有限公司
发证日期:2014.08.01 截止日期:2019.07.31

国食药监械(进)字 2014 第 2544008 号

产品名称:电动手术台(Operating table)
规格型号:OPX DIAMOND
产品标准:YZB/GER 3870-2014《电动手术台》
性能组成:见附页。
适用范围:该产品是用于常规，外科/医疗过程的患者支撑台。
生产厂家:德国 Schmitz und Sohne GmbH & Co.KG
注册代理:上海华瀚医疗设备有限公司
服务机构:上海华瀚医疗设备有限公司
发证日期:2014.08.01 截止日期:2019.07.31

国食药监械(进)字 2014 第 2224009 号

产品名称:手术显微镜(Surgical Microscope)
规格型号:Leica M822 H F40
产品标准:YZB/SWI 4151-2014《手术显微镜》
性能组成:该产品由显微镜体(含照明系统)、支架和底座(含平衡系统)、控制系统、高清/标清摄录像系统、DI C800 镜内图像投射装置、脚踏开关、Leica RUV800 视网膜正像观察镜（Leica RUV800 WD175、Leica RUV800 WD200)（选配）组成。
适用范围:该产品用于通过放大倍率和照明改善物体的可视性，它可以用于观察和记录以及用于病人的医学治疗。
生产厂家:瑞士 Leica Microsystems (Schweiz) AG
注册代理:徕卡显微系统(上海)贸易有限公司
服务机构:徕卡显微系统(上海)贸易有限公司
发证日期:2014.08.01 截止日期:2019.07.31

国食药监械(进)字 2014 第 2224010 号

产品名称:冲洗吸引泵(Medical Suction/Irrigation Pump)
规格型号:见附页
产品标准:YZB/USA 3693-2014《冲洗吸引泵》
性能组成:本产品由控制台和管路套件(管路和工作头)组成，产品规格型号详见附页。
适用范围:本产品是一款电动冲洗设备，也可以与壁式引流器连接，实现吸引功能，用于在外科腹腔镜手术中执行冲洗吸引。
生产厂家:美国 Stryker Endoscopy
注册代理:史赛克(北京)医疗器械有限公司

服务机构:史赛克(北京)医疗器械有限公司
发证日期:2014.08.01 截止日期:2019.07.31

国食药监械(进)字2014第2224011号

产品名称:便携式内窥镜成像系统(portable Endoscopic Imaging System)
规格型号:HD
产品标准:YZB/USA 4311-2014《便携式内窥镜成像系统》
性能组成:产品性能参数:动态视频分辨率不低于常规(VGA)620X480,高清(HD)1280X720;静态照片分辨率不低于 2560X1920。产品组成:产品由 HD(主机)、eGo TM(带数码处理装置的 LCD 监视器)、eGoTM 托架和锂电子电池组成。
适用范围:该产品用于与内窥镜连接,供临床腔内检查时进行影像显示、存储和管理。
生产厂家:美国 Envisonier Medical Technologies, Inc.
注册代理:湖北济生医药有限公司
服务机构:湖北济生医药有限公司
发证日期:2014.08.01 截止日期:2019.07.31

国食药监械(进)字2014第2544012号

产品名称:LED 手术灯(LED OR-Lights)
规格型号:Aurinio L120PM Aurinio L160PM Aurinio L110SD Aurinio L150SD
产品标准:YZB/GER 4283-2014《LED 手术灯》
性能组成:该产品由手术灯(含控制面板、电源盒(型号:10048023))、多方向悬架(含中心轴、弹簧臂)、无线遥控器(型号:10069576,选配)和可消毒手柄组成。
适用范围:该产品预期用于手术室中,用于对患者身体的局部照明。
生产厂家:德国 Trilux Medical GmbH & Co.KG
注册代理:百特其电子(广州)有限公司
服务机构:北京捷通康诺医药科技有限公司
发证日期:2014.08.01 截止日期:2019.07.31

国食药监械(进)字2014第2554013号

产品名称:牙科弯手机(Dental Handpiece-Contra Angle)
规格型号:机头型号:L68, L68B, L67, L52, L80, L66B 机身型号:7LP, 20LP, 29LP
产品标准:YZB/GER 3940-2014《牙科弯手机》
性能组成:本产品由手机机头和机身组成。产品性能见附表。
适用范围:本产品适用于牙髓病治疗、牙窝洞预备和牙齿表面和修复表面的处理。
生产厂家:德国 Kaltenbach & Voigt GmbH
注册代理:卡瓦盛邦(上海)牙科医疗器械有限公司
服务机构:卡瓦盛邦(上海)牙科医疗器械有限公司
发证日期:2014.08.01 截止日期:2019.07.31

国食药监械(进)字2014第2554014号

产品名称:根管手机(Dental Handpiece-Endodontics)
规格型号:机头型号:L62, L53, L3, L3Y 机身型号:7LP, 29LP
产品标准:YZB/GER 4323-2014《根管手机》
性能组成:本产品由手机机头和机身组成。产品性能见附表。
适用范围:本产品适用于根管预备。
生产厂家:德国 Kaltenbach &Voigt GmbH
注册代理:卡瓦盛邦(上海)牙科医疗器械有限公司
服务机构:卡瓦盛邦(上海)牙科医疗器械有限公司
发证日期:2014.08.01 截止日期:2019.07.31

国食药监械(进)字2014第2554015号

产品名称:抛光手机(Dental Handpiece-Contra Angle)
规格型号:机头型号:L31 机身型号:7LP, 29LP
产品标准:YZB/GER 4259-2014《抛光手机》
性能组成:产品由手机机头和手机机身组成。产品性能见附表。
适用范围:产品适用于牙齿的抛光。
生产厂家:德国 Kaltenbach &Voigt GmbH
注册代理:卡瓦盛邦(上海)牙科医疗器械有限公司
服务机构:卡瓦盛邦(上海)牙科医疗器械有限公司
发证日期:2014.08.01 截止日期:2019.07.31

国食药监械(进)字2014第2264016号

产品名称:下肢连续被动训练系统(Lower Limb CPM)
规格型号:L4D、L4KD
产品标准:YZB/USA 3711-2014《下肢连续被动训练系统》
性能组成:本产品由活动架体、数码控制器、电源适配器组成。
适用范围:用于下肢关节手术后进行连续被动性康复训练。
生产厂家:美国 QAL 医药有限责任公司(QAL Medical, LLC.)
注册代理:北京永康泰科技有限公司
服务机构:北京永康泰科技有限公司
发证日期:2014.08.01 截止日期:2019.07.31

国食药监械(进)字2014第2314017号

产品名称:高压注射器(Injector)
规格型号:Accutron HP 832
产品标准:YZB/GER 4079-2014 《高压注射器》
性能组成:见附件。
适用范围:该设备用于将造影剂注射进患者体内来进行检查,这些检查包括血管造影术、神经放射学以及计算机断层扫描。
生产厂家:德国 MEDTRON AG
注册代理:上海高朗医疗设备有限公司
服务机构:上海高朗医疗设备有限公司
发证日期:2014.08.01 截止日期:2019.07.31

国食药监械(进)字2014第2304018号

产品名称:数字化医用 X 射线摄影系统(Digital Medical X-ray Radiography System)
规格型号:ddRElement
产品标准:YZB/SWI 4222-2014 《数字化医用 X 射线摄影系统》
性能组成:该产品由以下部件组成:操作台:eXpert;图像处理系统:Workstation(含影像拼接工作站);ddR 系统架:ddRElement;探测器:FP6000;滤线栅:ACS;X-射线高压发生器:VZW2556RC3-07;X 射线管组件:DR1436CRSR;X 射线管:DU404;准直仪:ML02;患者支撑装置:IGS1200, IGS1500;立架:eXpertStitching Stand 性能参数:标称电功率:63 kW;X 射线管组件:高速旋转阳极管,双焦点,焦点 0.6 / 1.2毫米;探测器:碘化铯非晶硅;管电压调节范围:40 ~150kV;管电流调节范围:10~800mA;加载时间调节范围:1~1000ms;电流时间积:0.5~800mAs。
适用范围:该产品应用于对站立、坐着或仰卧的病人进行常规的 X 射线摄影检查。
生产厂家:瑞士 Swissray Medical AG
注册代理:广州市久和医疗器械有限公司
服务机构:广州市久和医疗器械有限公司
发证日期:2014.08.01 截止日期:2019.07.31

国食药监械(进)字2014第2224019号

产品名称:内窥镜冲洗泵(endoscopic irrigation pumps)
规格型号:14-E400、14-E500
产品标准:YZB/GER 4231-2014 《内窥镜冲洗泵》
性能组成:内窥镜冲洗泵由内窥镜冲洗泵主机及其附件组成,附件包括气动脚踏开关(型号:14-0310)、溶液瓶(型号:14-W000)、溶液瓶固定支架(型号:14-0030)、送水管(一次性使用无菌产品,型号:14-AD-Y32)和 Y 型连接头(型号:7001-510)以及电源线(型号:XD-002-D+XD-001)。14-E400、14-E500 内窥镜冲洗泵流量(流量可调节):最小设置=490 ml/min,偏差±10%。最大设置=780ml/min,偏差±10%。14-E400 无液位监控,14-E500 有液位监控。
适用范围:该产品与内窥镜中带有送水口的内镜配合使用,用于冲洗和清洁胃肠道。
生产厂家:德国 ENDO-TECHNIK Wolfgang Griesat GmbH
注册代理:重庆泊远科技有限公司
服务机构:重庆泊远科技有限公司
发证日期:2014.08.01 截止日期:2019.07.31

国食药监械(进)字2014第2704020号

产品名称:免疫印迹结果自动分析软件(MP Diagnostics AutoScan PRO)

规格型号:MP Diagnostics AutoScan PRO
产品标准:YZB/SIN 4236-2014 《免疫印迹结果自动分析软件》
性能组成:软件组成包括 AutoScan PRO 安装光盘、操作手册、USB 加密狗、校准卡、分析模板。软件版本号:3.4。
适用范围:该软件用于分析蛋白印迹和线型免疫印迹测试结果。
生产厂家:新加坡 MP 生物医学亚太私人有限公司
注册代理:安倍医疗器械贸易(上海)有限公司
服务机构:珠海丽珠试剂股份有限公司
发证日期:2014.08.01 **截止日期**:2019.07.31

国食药监械(进)字 2014 第 2554021 号

产品名称:牙科综合治疗台(Dental unit)
规格型号:A3 PLUS CONTINENTAL A3 PLUS INTERNATIONAL
产品标准:YZB/ITA 4028-2014 《牙科综合治疗台》
性能组成:A3 PLUS CONTINENTAL 牙科综合治疗台由治疗机、医生操作台(上挂式)、Pro01 助手操作台、口腔灯(VENUS PLUS)、脚踏开关(多功能型)、牙科椅(ANTHOSA1.3)组成。A3 PLUS INTERNATIONAL 牙科综合治疗台由治疗机、医生操作台(下挂式)、Pro01 助手操作台、口腔灯(VENUS PLUS)、脚踏开关(多功能型)、牙科椅(ANTHOSA1.3)组成。
适用范围:本产品供牙科作诊断、治疗、手术用。
生产厂家:意大利赛福徕集团(CEFLA S.C.)
注册代理:苏州市公理福医疗器械有限公司
服务机构:苏州市公理福医疗器械有限公司
发证日期:2014.08.01 **截止日期**:2019.07.31

国食药监械(进)字 2014 第 2224022 号

产品名称:冷光源(HALOGEN LIGHT SOURCE)
规格型号:Fibrolux 150
产品标准:YZB/SPA 3655-2014 《冷光源》
性能组成:该产品由:主机、电源线组成。不含有导光束。
适用范围:该产品是专门为配合光缆使用而设计的一种设备。冷光源会发出强度很大的光亮,并有以下用途:1.医学内窥镜检查;2.显微镜和立体显微镜检查;3.阴道镜检查;4.工作区域的照明。
生产厂家:西班牙 OPTOMIC ESPANA, S.A.
注册代理:北京柏安联众科技有限公司
服务机构:北京柏安联众科技有限公司
发证日期:2014.08.01 **截止日期**:2019.07.31

国食药监械(进)字 2014 第 2554023 号

产品名称:牙科低压电动马达(TKD Electric Micromotors)
规格型号:DEFINITIVE DEFINITIVE LED
产品标准:YZB-ITA 4243-2014 《牙科低压电动马达》
性能组成:该产品由电动马达和软管组成。马达转速范围为:2000r/min-40000r/min,气压在 2.0bar 时,冷却气流量>1.5L/min,水压在2.0bar时,冷却水流量>50ml/min。
适用范围:该产品用于驱动牙科手机,进行牙科治疗。
生产厂家:意大利 TEKNE DENTAL SRL
注册代理:广州艾捷斯医疗器械有限公司
服务机构:广州艾捷斯医疗器械有限公司
发证日期:2014.08.01 **截止日期**:2019.07.31

国食药监械(进)字 2014 第 2204024 号

产品名称:红外电子温度计(NON CONTACT INFRARED MEDICAL THERMOMETER)
规格型号:Thermofocus 0700A2、Thermofocus 0800H5、Thermofocus 01500A3、Thermofocus01500A/H1N1、Visiofocus06400
产品标准:YZB/ITA 4178-2014 《红外电子温度计》
性能组成:该产品由主体、传感器、目标灯、显示屏、操作按钮、保护盖、电池盒组成。产品型号对比表见附件。
适用范围:该产品所有型号都可用于间歇性测量各个年龄段人体的温度。
生产厂家:意大利 TECNIMED SRL
注册代理:湖南凯美医疗科技有限公司
服务机构:湖南凯美医疗科技有限公司
发证日期:2014.08.01 **截止日期**:2019.07.31

国食药监械(进)字 2014 第 2544025 号

产品名称:气腹机(AIRSEAL(R) I.F.S. Intelligent Flow System-(230V))
规格型号:AS-iFS2
产品标准:YZB/USA 2959-2014 《气腹机》
性能组成:该产品由主机 AS-iFS2 和电源线组成。
适用范围:该产品用于微创内窥镜手术中的气腹建立和维持。
生产厂家:美国 SURGIQUEST, INC.
注册代理:北京捷通康诺医药科技有限公司
服务机构:威高世纪医疗器械(威海)有限公司
发证日期:2014.08.01 **截止日期**:2019.07.31

国食药监械(进)字 2014 第 2214026 号

产品名称:皮肤阻抗表(NuVasive NeuroVision System)
规格型号:详见产品性能结构及组成
产品标准:YZB/USA 4651-2014 《皮肤阻抗表》
性能组成:该产品包含皮肤阻抗表(1009909)和皮肤阻抗表用线缆(2011057)。
适用范围:该产品用于评估皮肤阻抗。
生产厂家:美国 NuVasive, Inc
注册代理:北京英普朗特科贸有限公司
服务机构:北京英普朗特科贸有限公司
发证日期:2014.08.09 **截止日期**:2019.08.08

国食药监械(进)字 2014 第 2224027 号

产品名称:视频耳镜(Wireless video otoscope)
规格型号:Delfino
产品标准:YZB/ITA 4606-2014 《视频耳镜》
性能组成:本产品由手持无线手柄、接收底座、连接电脑和底座的 USB 线、连接显示器和底座的 RCA 线、天线、电源适配器和安装程序的光盘组成。
适用范围:用于鼓膜和耳道照明及检查。
生产厂家:意大利 INVENTIS S.r.l.
注册代理:北京爱生科贸有限公司
服务机构:北京爱生科贸有限公司
发证日期:2014.08.09 **截止日期**:2019.08.08

国食药监械(进)字 2014 第 2264028 号

产品名称:冲击波治疗仪(Shockwave therapy)
规格型号:BTL-6000 SWT Topline
产品标准:YZB/UK 4447-2014 《冲击波治疗仪》
性能组成:治疗仪由主机、电源线、适配器和治疗探头组成。治疗探头包括探头扶手,可更换多聚焦冲击波发射器(直径为 15mm),可更换多聚焦冲击波发射器(直径为 9mm),可更换聚焦冲击波发射器(直径为 15mm),探头支架。
适用范围:该产品用于缓解肌肉骨骼疼痛
备注:2014 年 10 月 14 日同意更正注册号内容,2014 年 8 月 9 日核发的医疗器械注册证、医疗器械注册登记表予以废止。
生产厂家:英国 BTL Industries Limited
注册代理:比特乐科技(深圳)有限公司
服务机构:比特乐科技(深圳)有限公司
发证日期:2014.08.09 **截止日期**:2019.08.08

国食药监械(进)字 2014 第 2214029 号

产品名称:脑电测量仪(Electroencephalograph)
规格型号:OLYMPIC BRAINZ MONITOR (OBM)
产品标准:YZB/CAN 4371-2014 《脑电测量仪》
性能组成:该产品由触摸屏幕式显示器 OBM00001、数据采集盒(DAB)OBM00002、滚动平台 OBM 00003、传感器应用盒 OBM 00041、连接电线组成。
适用范围:该产品预期用于医院里振幅整合脑电(aEEG)信号的记录、采集、显示和便利手动标记。由通道 P3-P4、C3-P3 和 C4-P4 获得的信号,预期仅用于新生儿患者,显示振幅整合脑电(aEEG)用于检查大脑状态。由通道 P3-P4 获得的信号,预期用于辅助预测缺氧缺血性脑病的足月新生儿的缺氧缺血性脑病的严重程度和长期结果。Recognize 捕捉探测算法预期用于标记 EEG/aEEG 的截面,相当于在足月新生儿的仅头顶中心位置的电图捕捉。EEG 记录应从头顶中心电极（根据 10/20 系统位于 P3，P4，C3 和 C4 处）获取。Recognize 算法的输出预期用于辅助 EGG/aEEG 评估，由合格的临床医师操作，使用该信息做出专业判断。该产品不提供任何有关患者健康状况的任何诊断结论。
生产厂家：加拿大 Natus Medical Incorporated DBA Excel-Tech Ltd.(XLTEK)
注册代理：启通医药技术咨询（上海）有限公司
服务机构：启通医药技术咨询（上海）有限公司
发证日期：2014.08.09 **截止日期**：2019.08.08

国食药监械（进）字 2014 第 2554030 号

产品名称：牙科弯手机（Dental Handpiece-Contra Angle）
规格型号：机头型号：L61G，L61R 机身型号：7LP，29LP
产品标准：YZB/GER 4261-2014 《牙科弯手机》
性能组成：产品由机头和机身组成。产品性能见附表。
适用范围：产品适用于牙髓腔和牙冠表面修复。
生产厂家：德国 Kaltenbach & Voigt GmbH
注册代理：卡瓦盛邦（上海）牙科医疗器械有限公司
服务机构：卡瓦盛邦（上海）牙科医疗器械有限公司
发证日期：2014.08.09 **截止日期**：2019.08.08

国食药监械（进）字 2014 第 2554031 号

产品名称：根管手机（Dental Handpiece-Endodontics）
规格型号：NT 120 L
产品标准：YZB/GER 4264-2014 《根管手机》
性能组成：产品由根管手机组成。结构形式为弯手机。产品性能：1）压盖式夹头；2）传动比为 120:1，马达最大转速为 40000rpm，手机空载转速为 333±10%；3）有 4 级次转矩可调，级次 1 为 0.25 N·cm，级次 2 为 0.5 N·cm，级次 3 为 1.0 N·cm，级次 4 为 3.0 N·cm；4）带光纤。
适用范围：本产品适用于根管预备。
生产厂家：德国 Kaltenbach & Voigt GmbH
注册代理：卡瓦盛邦（上海）牙科医疗器械有限公司
服务机构：卡瓦盛邦（上海）牙科医疗器械有限公司
发证日期：2014.08.09 **截止日期**：2019.08.08

国食药监械（进）字 2014 第 2554032 号

产品名称：牙科弯手机（Dental Handpiece-Contra Angle）
规格型号：手机机头型号：L22 手机机身型号：7LP，20LP
产品标准：YZB/GER 2447-2014 《牙科弯手机》
性能组成：产品由手机机头和手机机身组成。产品性能见附页。
适用范围：本产品适用于牙髓病治疗、牙窝洞预备和牙齿表面和修复表面的处理。
生产厂家：德国 Kaltenbach & Voigt GmbH
注册代理：卡瓦盛邦（上海）牙科医疗器械有限公司
服务机构：卡瓦盛邦（上海）牙科医疗器械有限公司
发证日期：2014.08.09 **截止日期**：2019.08.08

国食药监械（进）字 2014 第 2704033 号

产品名称：医学影像存档与传输系统（Picture Archiving and Communication System）
规格型号：IMPAX Agility，版本 1.A
产品标准：YZB/BEL 4203-2014 《医学影像存档与传输系统》
性能组成：由软件安装光盘和随机文件组成，组成模块为：服务器包括影像服务器模块、数据库模块、影像归档模块，客户端包括诊断级客户端、临床级客户端。
适用范围：用于获取、显示、处理、注释、审核、打印、存储和传输医学影像和报告。
生产厂家：比利时 AGFA HealthCare N.V.
注册代理：爱克发医疗系统设备（上海）有限公司
服务机构：爱克发医疗系统设备（上海）有限公司
发证日期：2014.08.09 **截止日期**：2019.08.08

国食药监械（进）字 2014 第 2214034 号

产品名称：心电分析仪（Resting ECG Analysis System）
规格型号：MAC 5500 HD
产品标准：YZB/USA 4379-2014 《心电分析仪》
性能组成：该产品由 MAC 5500 HD 心电分析仪主机、采集模块电缆、采集模块（CAM HD）、导联线、ECG 适配器和接头、电极、导联线附件组成，详见附表。
适用范围：该产品专用于采集、分析、显示和记录成人和儿科患者的心电图信息。基础系统提供 3、6、12 或 15 导联 ECG、解释分析、向量环，并可通过升级提供软件分析选项，例如心电图 QRS 和 P 波形部分的高解析度信号平均。将 ECG 数据传输至中央 ECG 心血管信息系统以及从中央 ECG 心血管信息系统接受 ECG 数据为可选功能。该产品供医院或专业医疗机构中受过培训的操作员在执照行医人员的直接监督下使用。
生产厂家：美国 GE MEDICAL SYSTEMS INFORMATION TECHNOLOGIES，INC
注册代理：通用电气医疗系统贸易发展（上海）有限公司
服务机构：通用电气医疗系统贸易发展（上海）有限公司
发证日期：2014.08.09 **截止日期**：2019.08.08

国食药监械（进）字 2014 第 2544035 号

产品名称：电动液压手术台（Electromotive Hydraulic Surgical Table and Accessories）
规格型号：T61
产品标准：YZB/USA 4533-2014 《电动液压手术台》
性能组成：手术台由基座、升降柱、头板、背板、脚板、蓄电池组（B 型规格）组成。
适用范围：用于常规，外科或医疗过程的患者支撑。
生产厂家：美国 Umbel Corporation
注册代理：北京合众康美医疗设备有限公司
服务机构：北京合众康美医疗设备有限公司
发证日期：2014.08.09 **截止日期**：2019.08.08

国食药监械（进）字 2014 第 2314036 号

产品名称：医用诊断 X 射线管组件（Medical X-Ray Tube Assemblies）
规格型号：CTR1740，CTR1740CQPN，CTR1742CEAN
产品标准：YZB/USA 7615-2013 《医用诊断 X 射线管组件》
性能组成：X 射线管组件由两部分组成：a）由阴极组件、连同转子的旋转阳极靶盘及玻壳组成的 X 射线球管。b）球管支撑固定装置、定子线圈绕组、X 射线输出窗口、高压接插件、热交换器或管路等组成的具有 X 射线防护功能的壳体。
适用范围：该产品作为 CT 机配件，仅供整机制造商使用。
生产厂家：美国 Dunlee Division of Philips Medical Systems (Cleveland) Inc.
注册代理：北京威尼汇力医疗器械有限公司
服务机构：飞利浦医疗（苏州）有限公司
发证日期：2014.08.09 **截止日期**：2019.08.08

国食药监械（进）字 2014 第 2314037 号

产品名称：医用诊断 X 射线管组件（Medical X-Ray Tube Assemblies）
规格型号：CTR2280
产品标准：YZB/USA 7616-2013《医用诊断 X 射线管组件》
性能组成：X 射线管组件由两部分组成：a）由阴极组件、连同转子的旋转阳极靶盘及玻壳组成的 X 射线球管。b）球管支撑固定装置、定子线圈绕组、X 射线输出窗口、高压接插件、热交换器或管路等组成的具有 X 射线防护功能的壳体。
适用范围：该产品作为 CT 机配件，仅供整机制造商使用。
生产厂家：美国 Dunlee Division of Philips Medical Systems (Cleveland) Inc.
注册代理：北京威尼汇力医疗器械有限公司
服务机构：飞利浦医疗（苏州）有限公司
发证日期：2014.08.09 **截止日期**：2019.08.08

国食药监械（进）字 2014 第 2304038 号

产品名称：医用诊断 X 射线管组件（Medical X-Ray Tube Assemblies）
规格型号：CTR 2150 CEPN
产品标准：YZB/USA 7620-2013 《医用诊断 X 射线管组件》
性能组成：X 射线管组件由两部分组成：a） 由阴极组件、连同转子的旋转阳极靶盘及玻壳组成的 X 射线球管。b） 球管支撑固定装置、定子线圈绕组、X 射线输出窗口、高压接插件、热交换器或管路等组成的具有 X 射线防护功能的壳体。
适用范围：该产品作为 CT 机配件，仅供整机制造商使用。

生产厂家：美国 Dunlee Division of Philips Medical Systems (Cleveland) Inc.
注册代理：北京威尼汇力医疗器械有限公司
服务机构：飞利浦医疗(苏州)有限公司
发证日期：2014.08.09　截止日期：2019.08.08

国食药监械(进)字 2014 第 2314039 号

产品名称：医用诊断 X 射线管组件(X-Ray Tube Assembly)
规格型号：CTR1790，CTR1790RGQ，CTR1791，CTR1791RGQ，CTR1792，CTR1792RGQ，CTR1793RGQ
产品标准：YZB/USA 7621-2013 《医用诊断 X 射线管组件》
性能组成：X 射线管组件由两部分组成：a) 由阴极组件、连同转子的旋转阳极靶盘及玻壳组成的 X 射线球管。b) 球管支撑固定装置、定子线圈绕组、X 射线输出窗口、高压接插件、热交换器或管路等组成的具有 X 射线防护功能的壳体。
适用范围：该产品作为 CT 机配件，仅供整机制造商使用。
生产厂家：美国 Dunlee Division of Philips Medical Systems (Cleveland) Inc.
注册代理：北京威尼汇力医疗器械有限公司
服务机构：飞利浦医疗(苏州)有限公司
发证日期：2014.08.09　截止日期：2019.08.08

国食药监械(进)字 2014 第 2454040 号

产品名称：血液透析用水处理设备(人工透析用水製造用純水システム)
规格型号：mUPD41，mUPD42，mUPD43，mUPD44，mUPD81，mUPD82，mUPD83，mUPD84
产品标准：YZB/JAP 4482-2014 《血液透析用水处理设备》
性能组成：本产品是直接供水模式的单级反渗水处理设备，由泵系统、反渗膜块组、超滤器(UPF)、电去离子装置(UPD)、连接管道、微处理监控报警系统、显示系统组成，型号差异在于反渗透膜组模块不同。
适用范围：用于制备血液透析用水，供多床血液透析使用。
生产厂家：日本ダイセン・メンブレン・システムズ株式会社
注册代理：上海和祥医疗器械有限公司
服务机构：上海和祥医疗器械有限公司
发证日期：2014.08.09　截止日期：2019.08.08

国食药监械(进)字 2014 第 2404041 号

产品名称：全自动尿液分析仪(Automated Urine Chemistry Analyzer)
规格型号：LabUMat 2
产品标准：YZB/HUN 4607-2014 《全自动尿液分析仪》
性能组成：由测试系统(包括自动进样、加样、移弃已测试样本)、触摸屏操作控制系统和数据分析处理软件组成。
适用范围：用于常规尿液的检测。
生产厂家：匈牙利 77 ELEKTRONIKA M&; uuml; szeripari Kft.
注册代理：北京倍肯恒业科技发展有限责任公司
服务机构：北京倍肯恒业科技发展有限责任公司
发证日期：2014.08.09　截止日期：2019.08.08

国食药监械(进)字 2014 第 2404042 号

产品名称：全自动尿有形成分(沉渣)分析仪(Automated Urine Sediment Analyzer)
规格型号：UriSed 2
产品标准：YZB/HUN 4608-2014 《全自动尿有形成分(沉渣)分析仪》
性能组成：本产品分析系统由进样系统、采样系统、内置离心机(内装有样本承载板)、图像放大系统、图像采集处理系统组成。
适用范围：该分析仪适用于各级医院用于对临床尿液样本中的红细胞(RBC)、白细胞(WBC)、鳞状上皮细胞(EPI)、非鳞状上皮细胞(NEC)、结晶(CRY)[一水合草酸钙(CaOxm)、二水合草酸钙(CaOxd)、三磷酸盐结晶(TRI)、尿酸盐结晶(URI)]、透明管型(HYA)、病理管型(PAT)、精子(SPRM)进行自动判读，参考提示以下微粒：酵母菌(YEA)、细菌(BAC)、粘液丝(MUC)。
生产厂家：匈牙利 77 ELEKTRONIKA Müszeripari Kft.
注册代理：北京倍肯恒业科技发展有限责任公司
服务机构：北京倍肯恒业科技发展有限责任公司
发证日期：2014.08.09　截止日期：2019.08.08

国食药监械(进)字 2014 第 2224043 号

产品名称：眼科手术显微镜(Ophthalmic Surgical Microscopes)
规格型号：LuxOR，LuxOR Q-Vue
产品标准：眼科手术显微镜
性能组成：详见附页。
适用范围：产品用于在眼科手术中（包括白内障手术、视网膜手术和角膜手术）提供最佳的低倍放大可视化观察。
生产厂家：美国爱尔康公司
注册代理：爱尔康(中国)眼科产品有限公司
服务机构：爱尔康(中国)眼科产品有限公司
发证日期：2014.08.09　截止日期：2019.08.08

国食药监械(进)字 2014 第 2404044 号

产品名称：全自动生化分析仪（商品名：Indiko Plus）(Clinical Chemistry Analyzer)
规格型号：864
产品标准：YZB/FIN 4568-2014 《全自动生化分析仪》
性能组成：主要由主机、加样针、混匀器、孵育盘、比色皿装载器、样品和试剂架、操作按钮、主开关、操作软件组成。
适用范围：该产品适用于常规和专业化学领域，包括特定蛋白、治疗药物和药物滥用类项目。
生产厂家：芬兰 Thermo Fisher Scientific Oy
注册代理：赛默飞世尔(上海)仪器有限公司
服务机构：赛默飞世尔科技(中国)有限公司
发证日期：2014.08.09　截止日期：2019.08.08

国食药监械(进)字 2014 第 2214045 号

产品名称：肺测试仪(Desktop Spirometer)
规格型号：Spirostik Complete
产品标准：YZB/GER 4227-2014 《肺测试仪》
性能组成：肺测试仪由 Spirostik Complete 主机、把手和压力管组件、流量传感器（型号：Spiraflow，测量原理：压差式)，Blue Cherry 软件（版本号：1.2.1)、电源适配器和电缆（型号：ETC60-12/MED)、112 mm 热敏打印机及其卷纸组成。
适用范围：该产品用来测量和评估流量-体积曲线、流量-时间曲线和其他肺测试相关参数。
生产厂家：德国 Geratherm Respiratory GmbH
注册代理：北京世博达科技发展有限公司
服务机构：北京世博达科技发展有限公司
发证日期：2014.08.09　截止日期：2019.08.08

国食药监械(进)字 2014 第 2554046 号

产品名称：根管预备设备(Dental Motor)
规格型号：Elements Motor
产品标准：YZB/USA 4373-2014 《根管预备设备》
性能组成：本产品由主机(部件编号：815-1500)、高温高压灭菌微电机(部件编号：815-1510)和脚踏开关(部件编号：815-1512)组成。
适用范围：该产品用于口腔科根管预备手术。
生产厂家：美国 Ormco Corporation also trading as SybronEndo
注册代理：卡瓦盛邦(上海)牙科医疗器械有限公司
服务机构：卡瓦盛邦(上海)牙科医疗器械有限公司
发证日期：2014.08.09　截止日期：2019.08.08

国食药监械(进)字 2014 第 2404047 号

产品名称：血糖仪（商品名：辅理善越捷型）(FreeStyle Freedom Lite Blood Glucose Monitoring System)
规格型号：FreeStyle Freedom Lite
产品标准：YZB/UK 4714-2014 《血糖仪》
性能组成：该产品由血糖仪主机，操作软件组成。
适用范围：该血糖仪用于对采自指尖、上臂、手掌的毛细血管全血和静脉全血中的血糖浓度进行定量测量。
备注：2015 年 1 月 12 日同意更正生产地址内容，2014 年 8 月 9 日核发的医疗器械注册登记表予以废止。
生产厂家：英国 Abbott Diabetes Care Ltd.
注册代理：雅培贸易(上海)有限公司
服务机构：雅培贸易(上海)有限公司

发证日期:2014.08.09 截止日期:2019.08.08

国食药监械(进)字 2014 第 2554048 号

产品名称:牙科气动马达 (商品名: DynaLED M205LG) (歯科用空気回転駆動装置)
规格型号:M205LG M4, M205LG B2
产品标准:YZB/JAP 4364-2014 《牙科气动马达》
性能组成:产品由排气管,进气管,喷雾管,注水管组成。
适用范围:将口腔用综合治疗台供应的压缩空气转换成旋转力,匀速旋转,再将旋转力传送至磨削牙齿或假牙的直手机及弯手机。
生产厂家:日本株式会社 中西/株式会社ナカニシ
注册代理:上海磐速克国际贸易有限公司
服务机构:上海磐速克国际贸易有限公司
发证日期:2014.08.09 截止日期:2019.08.08

国食药监械(进)字 2014 第 2404049 号

产品名称:全自动细胞形态学分析仪(Automated Digital Cell Morphology Analyzer)
规格型号:DI-60
产品标准:YZB/SWE 4586-2014 《全自动细胞形态学分析仪》
性能组成:分析仪由载玻片扫描装置 (SSU)、连接单元 (CF-60) 和软件组成。其中,载玻片扫描装置 (SSU) 主要包括: 电动显微镜、数码彩色摄像头、浸油装置、机器人夹具装置、条形码阅读器、控制单元 (后端)、外壳组成。
适用范围:该产品用于对涂片上的血细胞、体液细胞的形态图像摄取、可视化观察及描述,白细胞单细胞图像摄取、分类、计数,红细胞形态描述及血小板计数。
生产厂家:瑞典 CellaVision AB
注册代理:希森美康医用电子(上海)有限公司
服务机构:希森美康医用电子(上海)有限公司
发证日期:2014.08.09 截止日期:2019.08.08

国食药监械(进)字 2014 第 2554050 号

产品名称:高速气涡轮手机(Turbine)
规格型号:EXTRA TORQUE 503 C
产品标准:YZB/BRA 4233-2014 《高速气涡轮手机》
性能组成:该产品由高速气涡轮手机组成。主要性能:1)夹头形式为压盖式夹头; 2)传动比为 1:1; 转速:350000±10%rpm; 3)提供水气冷却。
适用范围:该产品利用空气驱动风轮带动轴承旋转,供夹持的牙科车针进行钻、磨牙手术。
生产厂家:巴西 KaVo do Brasil Indústria e Comércio Ltda
注册代理:卡瓦盛邦(上海)牙科医疗器械有限公司
服务机构:卡瓦盛邦(上海)牙科医疗器械有限公司
发证日期:2014.08.09 截止日期:2019.08.08

国食药监械(进)字 2014 第 2314051 号

产品名称:高压注射器(DH Contrast Delivery system)
规格型号:OptiVantage
产品标准:YZB/USA 4153-2014 《高压注射器》
性能组成:由控制台、控制台底座、注射头、电源组、注射筒加热器、连接电缆、电源线、OEM 界面板组成。可选用 OptiBolus 功能键。
适用范围:高压注射器是一种对比剂传送系统,当使用计算机断层扫描成像(即 CT)设备时,它将射线无法透过的对比剂注射到患者的血管系统内,来获取诊断影像。
生产厂家:美国 Liebel-Flarsheim Company LLC
注册代理:万灵科医疗咨询(上海)有限公司
服务机构:万灵科医疗咨询(上海)有限公司
发证日期:2014.08.09 截止日期:2019.08.08

国食药监械(进)字 2014 第 2214052 号

产品名称:静脉定位仪(Vein Viewer)
规格型号:AV400
产品标准:YZB/USA 3076-2014 《液晶静脉定位仪》
性能组成:该产品由主机、可充电电池、PS310 充电器和 CC300 充电机座组成。软件版本号:1.1。
适用范围:该产品用于帮助医疗专业人员找到某些表浅静脉。该产品旨在用作适当的医学训练与经验的补充,不应用作寻找静脉的唯一方法,并且应只由合格医疗专业人员使用;这些人员应在触诊前用该产品来帮助辨识静脉的位置,或者触诊后用该产品来确认或否决找到的静脉位置。
生产厂家:美国 AccuVein Inc.
注册代理:捷通埃默高(北京)医药科技有限公司
服务机构:捷通埃默高(北京)医药科技有限公司
发证日期:2014.08.09 截止日期:2019.08.08

国食药监械(进)字 2014 第 3214053 号

产品名称:脊柱神经术中测量仪(NuVasive NeuroVision System)
规格型号:见附页
产品标准:YZB/USA 4642-2014《脊柱神经术中测量仪》
性能组成:见附页。
适用范围:见附页
生产厂家:美国 NuVasive, Inc
注册代理:北京英普朗特科贸有限公司
服务机构:北京英普朗特科贸有限公司
发证日期:2014.08.11 截止日期:2019.08.10

国食药监械(进)字 2014 第 3214054 号

产品名称:脊柱神经术中测量仪用附件(NuVasive NeuroVision System)
规格型号:见附页
产品标准:YZB/USA 4650-2014《脊柱神经术中测量仪用附件》
性能组成:见附页。
适用范围:详见附页。
生产厂家:美国 NuVasive, Inc
注册代理:北京英普朗特科贸有限公司
服务机构:北京英普朗特科贸有限公司
发证日期:2014.08.11 截止日期:2019.08.10

国食药监械(进)字 2014 第 3224055 号

产品名称:咽喉镜(Nose-Pharyngoscope)
规格型号:见附页
产品标准:YZB/GER 4638-2014《咽喉镜》
性能组成:咽喉镜由硬性光学内窥镜组成。内窥镜由目镜、镜体和光纤接口部分组成。
适用范围:用于咽科手术中检查、诊断。
生产厂家:德国 Schoelly Fiberoptic GmbH
注册代理:雪力(广州)内窥镜技术有限公司
服务机构:雪力(广州)内窥镜技术有限公司
发证日期:2014.08.11 截止日期:2019.08.10

国食药监械(进)字 2014 第 3234056 号

产品名称:彩色超声诊断仪(汎用超音波画像診断装置)
规格型号:UF-760AG
产品标准:YZB/JAP 4240-2014《彩色超声诊断仪》
性能组成:见附页。
适用范围:该产品用于为临床诊断提供图像信息。
生产厂家:日本フクダ電子株式会社
注册代理:上海湘荣电子设备有限公司
服务机构:上海湘荣电子设备有限公司
发证日期:2014.08.11 截止日期:2019.08.10

国食药监械(进)字 2014 第 3454057 号

产品名称:血气监测组件(Blood Gas Monitoring Unit)
规格型号:B-care 5
产品标准:YZB/GER 4314-2014《血气监测组件》
性能组成:本产品由探头支架(参考元件)(25-60-30)、带有探头的静脉传感器(光学传感器和一体式电热调节器)(97-231-059)、传感器模块(25-60-20)组成。
适用范围:B-Care5 作为人工心肺机系统(S5/C5) 组件之一, 与 S5/C5 配合使用,用于在体外循环手术中监测静脉血液的血氧饱和度、血球压积和血液温度。
变更情况:变更日期: 2014.12.03。"北京新克力贸易有限公司北京市西城区五根檩胡同 11 号 5 栋 333 室"变更为"索林医疗(上海)有限公司上海市外高桥保税区美盛路 56 号 2 层 218 室”。
生产厂家:德国 Sorin Group Deutschland GmbH
注册代理:北京新克力贸易有限公司
服务机构:北京新克力贸易有限公司
发证日期:2014.08.11　　截止日期:2019.08.10

国食药监械(进)字 2014 第 3454058 号

产品名称:自体血回收/分离机(商品名:Cell Saver Elite)(Autologous Blood Recovery System)
规格型号:CSE-E-XX
产品标准:YZB/USA 4352-2014《自体血回收/分离机》
性能组成:自体血回收/分离机由离心机系统、泵、空气探测器、废液管路传感器、阀门模块、储血罐称重装置、仪器护盖、触摸屏、推车组件组成。本产品与一次性使用分离器(型号 CSE-P-70, CSE-P-225, CSE-SQ-1000, CSE-B-1000)及储血罐(型号 205)配合使用;且此次注册不包含一次性部件。
适用范围:Haemonetics Cell Saver Elite 自体血回收/分离机及其相关配件适用于回收在手术中或术后由伤口流出的血液,通过离心装置和洗涤程序处理血液,将处理过的红细胞产品泵入回输袋中,交由专业医务人员按照医院标准流程回输给患者。“术前分离方案”用于分离术前自体富血小板血浆产品。
生产厂家:美国 Haemonetics Corporation
注册代理:唯美血液技术医疗器材(上海)国际贸易有限公司
服务机构:唯美血液技术医疗器材(上海)国际贸易有限公司
发证日期:2014.08.11　　截止日期:2019.08.10

国食药监械(进)字 2014 第 3244059 号

产品名称:飞秒激光工作站(VICTUS Femtosecond Laser Platform)
规格型号:VICTUS
产品标准:YZB/GER 4149-2014《飞秒激光工作站》
性能组成:由主装置、助手工作站、启动面板、负压吸引状态控制器和剪切力显示器、旋转面板(包括激光环形灯开关旋钮以及切换不同手术摄像头焦距的旋钮)、定距锥体、医生控制屏幕、手术显微镜(选配)、手术显微镜照明(选配)、光学相干断层扫描仪(选配,为时域 OCT)、脚踏、患者床(选配)、患者接口 125 套件组成。治疗激光波长:1040nm±25nm;治疗激光脉冲宽度:290～550fs;治疗激光最大脉冲频率:160kHz±20%;最大输出功率:720mW,允差±20%。
适用范围:用于白内障手术(晶状体囊切开术、晶状体碎裂术、弧形切口术(AK)、角膜切口术)、角膜手术(角膜瓣(Flap)。
生产厂家:德国 Technolas Perfect Vision GmbH
注册代理:山东福瑞达医药集团公司
服务机构:山东福瑞达医药集团公司
发证日期:2014.08.11　　截止日期:2019.08.10

国食药监械(进)字 2014 第 3544060 号

产品名称:生物安全柜(Biological safety cabinet)
规格型号:SafeFAST Classic A
产品标准:YZB/ITA 4567-2014《生物安全柜》
性能组成:产品为Ⅱ级 A2 型生物安全柜,由柜体、前窗操作口、支撑脚及脚轮、电机、主过滤器、排风过滤器、荧光灯、紫外灯、集液槽、报警和联锁系统组成。
适用范围:Ⅱ级 A2 型生物安全柜是具有前窗操作口的安全柜,操作者可以通过前窗操作口在安全柜内进行操作,对操作过程中的人员、产品及环境进行的保护。
生产厂家:意大利 FASTER S.r.l.
注册代理:北京迈迪克豪尔医药技术咨询服务有限公司
服务机构:北京世安多特科学仪器有限公司
发证日期:2014.08.11　　截止日期:2019.08.10

国食药监械(进)字 2014 第 3224061 号

产品名称:椎间盘镜(商品名:ASAP)(Spinal Endoscope)
规格型号:见附页
产品标准:YZB/GER 4100-2014《椎间盘镜》
性能组成:该产品由椎间盘镜及光纤适配器组成。
适用范围:用于提供脊柱检查和治疗时的图像。
生产厂家:德国 asap endoscopic products GmbH
注册代理:北京爱博咨科技有限公司
服务机构:北京爱博咨科技有限公司
发证日期:2014.08.11　　截止日期:2019.08.10

国食药监械(进)字 2014 第 3234062 号

产品名称:彩色超声诊断系统(Diagnostic Ultrasound System and Transducers)
规格型号:EPIQ 7
产品标准:YZB/USA 4245-2014《彩色超声诊断系统》
性能组成:见附页。
适用范围:用于人体超声诊断成像。
生产厂家:美国 Philips Ultrasound, Inc.
注册代理:飞利浦(中国)投资有限公司
服务机构:飞利浦(中国)投资有限公司
发证日期:2014.08.11　　截止日期:2019.08.10

国食药监械(进)字 2014 第 3234063 号

产品名称:超声探头(Ultrasound Transducer)
规格型号:8836
产品标准:YZB/DEN 4197-2014《超声探头》
性能组成:见《产品性能结构及组成附页》。
适用范围:该产品用于人体腹腔镜术中诊断检查。
生产厂家:丹麦 B-K Medical ApS
注册代理:安络杰医疗器械(上海)有限公司
服务机构:安络杰医疗器械(上海)有限公司
发证日期:2014.08.11　　截止日期:2019.08.10

国食药监械(进)字 2014 第 3224064 号

产品名称:经皮肾镜及附件(Percutaneous nephroscopes with accessories)
规格型号:见附页
产品标准:YZB/GER 4690-2014《经皮肾镜及附件》
性能组成:经皮肾镜及附件由光学镜、镜鞘、镜鞘适配连接器、窥镜扩张器、手术钳和手术剪组成。
适用范围:经皮肾镜及附件与有关内窥镜设备配合,用于肾脏部位的诊断和治疗。
生产厂家:德国 Tekno-Medical Optik-Chirurgie GmbH
注册代理:湖北同济堂瑞新医疗器材有限公司
服务机构:湖北同济堂瑞新医疗器材有限公司
发证日期:2014.08.11　　截止日期:2019.08.10

国食药监械(进)字 2014 第 3224065 号

产品名称:电子鼻咽喉镜(ビデオ軟性鼻咽喉鏡)
规格型号:ER-530S2, ER-530T
产品标准:YZB/JAP 4294-2014《电子鼻咽喉镜》
性能组成:本产品是由插入部(头端部、弯曲部和软性部)、操作部、LG 软性部、LG 连接器、图像连接器、中继线软性部组成。与富士生产的电子图像处理器 VP-4450HD/内窥镜光源装置 XL-4450,或电子图像处理器 VP-4400/内窥镜光源装置 XL-4400,或电子内窥镜处理器 EPX-2500 及附件组合使用。
适用范围:本产品于医疗设施内在医生的管理下,用于对鼻腔、咽头和咽喉进行观察和诊断。
生产厂家:日本富士胶片株式会社,富士フイルム株式会社
注册代理:富士胶片(中国)投资有限公司
服务机构:富士胶片(中国)投资有限公司
发证日期:2014.08.11　　截止日期:2019.08.10

国食药监械(进)字 2014 第 3704066 号

产品名称:CT 图像分析软件(CT Images Analyses Software)
规格型号:syngo.via CT,版本 VA30A
产品标准:YZB/GER 4169-2014《CT 图像分析软件》
性能组成:软件组成包括软件应用程序光盘和用户文档,组成模块包括:syngo.CT Bone Reading、syngo.CTCardiac Function、syngo.CT CaScoring、syngo.CTColonography、syngo.CT Coronary Analysis、syngo.CTDual Energy、syngo.CT Dynamic Angio、syngo. CTLiver Analysis、syngo.CT Neuro DSA、syngo.CT NeuroPerfusion、syngo.CT

Pulmo 3D、syngo. CT VascularAnalysis、syngo. CT PE CAD、syngo. CT BodyPerfusion。

适用范围:syngo. CT Bone Reading 用于对骨结构进行评估，检测骨病变以及执行标准骨读片；syngo. CTCardiac Function 用于评估心脏 CT 图像；syngo. CTCaScoring 用于评估冠状动脉中可以引发冠状动脉疾病的钙化斑块；syngo. CT Colonography 用于实现对虚拟结肠镜检查的显示和评估；syngo. CT Coronary Analysis 用于显示和评估冠状动脉病变；syngo. CT Dual Energy 用于评估人体组织的化学成分信息，并结合低 kV 和高 kV 图像来处理和显示收集的身体解剖和病理结构信息；syngo. CTDynamic Angio 用于动态血管评估和扩展的时相处理；syngo. CT Liver Analysis 用于评估肝脏容积，检查肝脏血管；syngo. CT Neuro DSA 用于神经-血管结构的三维显示和评估；syngo. CT Neuro Perfusion 用于评估脑部灌注成像；syngo. CT Pulmo 3D 用于评估肺实质和气道；syngo. CT Vascular Analysis 用于分析血管病变；syngo. CT PE CAD 用于在审核 CT 肺动脉血管造影（CTPA）的过程中检测充盈缺损；syngo. CT Body Perfusion 用于评估器官和肿瘤灌注。

生产厂家:德国 Siemens AG

注册代理:西门子(中国)有限公司

服务机构:西门子(中国)有限公司

发证日期:2014. 08. 11　　**截止日期**:2019. 08. 10

国食药监械(进)字 2014 第 3704067 号

产品名称:磁共振图像分析软件(MR Images Analyses Software)

规格型号:syngo. via MR (VA30A)

产品标准:YZB/GER 4312-2014《磁共振图像分析软件》

性能组成:软件组成包括包含软件应用程序光盘以及用户文档。syngo. via MR 由如下组件组成:1) syngo. MRGeneral；2) syngo. MR Oncology；3) syngo. MRCardiology；4) syngo. MR Neurology；5) syngo. MRSpectroscopy；6) syngo. MR Brevis；7) syngo. MRVascular；8) syngo. mMR General。

适用范围:syngo. via MR 是磁共振图像分析软件，其中：syngo. MR General 用于查看、操作和评估 MR 图像。syngo. MR Oncology 用于查看、操作和评估 MR 肿瘤图像。syngo. MR Cardiology 用于查看、操作和评估 MR 心脏图像。syngo. MR Neurology 用于查看、操作和评估 MR 神经系统图像。syngo. MR Spectroscopy 是分析和评估 MR 波谱数据的后处理应用程序。它为 MR 单体素波谱(SVS) 数据和 MR 化学位移成像（CSI）数据的评估提供工作流程指导，以支持诊断过程。syngo. MR BreVis 是用于显示和分析磁共振成像(MRI)的软件包，其支持动态 MR 数据的评估。syngo. MR Vascular 用于查看、操作和评估 MR 血管图像。syngo. mMR General 用于查看、操作和评估 MR、PET 及 MR-PET 图像。

生产厂家:德国 Siemens AG

注册代理:西门子(中国)有限公司

服务机构:西门子(中国)有限公司

发证日期:2014. 08. 11　　**截止日期**:2019. 08. 10

国食药监械(进)字 2014 第 3304068 号

产品名称:X 射线计算机体层摄影设备(X-ray equipment for computed tomography)

规格型号:SOMATOM Force

产品标准:YZB/GER 4262-2014《X 射线计算机体层摄影设备》

性能组成:基本组成:机架(包括高压发生器、X 射线管组件、限束器、探测器)、图像重建系统、控制台(包括图像控制系统、显示器)、检查床、配电柜及选配附件。探测器物理排数 96 排，在螺旋扫描模式下，在使用采集模式 192*0.6mm 时，可以通过设定参数重建得到一个图像所能获取的最大层数应为 192 层。扫描架开口直径 780mm。

适用范围:本计算机断层扫描系统通过 X 射线透射数据的计算机重建，生成和处理病人的断层图像。系统生成的图像可由经过培训的医生作为诊断辅助使用。

生产厂家:德国 Siemens AG

注册代理:西门子(中国)有限公司

服务机构:西门子(中国)有限公司

发证日期:2014. 08. 11　　**截止日期**:2019. 08. 10

国食药监械(进)字 2014 第 3664069 号

产品名称:中心静脉导管定位用辅助装置（商品名：Alphacard）(Lead System with Luer Coupling for Intracardiac ECG lead)

规格型号:U1800401

产品标准:YZB/GER 4871-2014《中心静脉导管定位用辅助装置》

性能组成:中心静脉导管定位用辅助装置由注射器和连接电缆组成，注射器头端有外圆锥鲁尔锁定接头。注射器主体和鲁尔接头为聚丙烯材质，活塞为异戊二烯橡胶材质；连接电缆由铜制内部电线、聚丙烯绝缘外管和丙烯腈-丁二烯-苯乙烯插头构成。一次性使用。

适用范围:用于心房内心电图导联，以确定中心静脉导管的位置。本产品与中心静脉导管相连接，通过注射器充入的生理盐水，收集心房内心电信号，将其经连接电缆传递至心电图监护仪，用于监测心房内心电图波形，以辅助定位中心静脉导管。

备注:2015 年 1 月 19 日同意更正代理人内容，2014 年 8 月 18 日核发的医疗器械注册登记表予以废止。

生产厂家:德国 B. Braun Melsungen AG

注册代理:贝朗医疗（上海）国际贸易有限公司

服务机构:贝朗医疗（上海）国际贸易有限公司

发证日期:2014. 08. 18　　**截止日期**:2019. 08. 17

国食药监械(进)字 2014 第 3544070 号

产品名称:脊柱探针（商品名：PediGuard）(Spinal Instrumentation)

规格型号:P1-AU411、P1-AU412、P1-AU413

产品标准:YZB/FRA 4933-2014《脊柱探针》

性能组成:产品由不锈钢轴、空心塑料手柄 和电路板组成。环氧乙烷灭菌、一次性使用。

适用范围:用于在脊柱椎体上钻探导向孔时，警示外科医生在钻探椎弓根螺钉导孔时可能引发的椎体皮质骨折。

生产厂家:法国 SpineGuard, S. A.

注册代理:通用(上海)医疗器材有限公司

服务机构:通用(上海)医疗器材有限公司

发证日期:2014. 08. 18　　**截止日期**:2019. 08. 17

国食药监械(进)字 2014 第 3224071 号

产品名称:结肠胶囊式内窥镜诊断系统（商品名：PillCam）(PillCam Platform with PillCam Colon 2 capsule)

规格型号:PillCam COLON 2

产品标准:YZB/ISR 3617-2012《结肠胶囊式内窥镜诊断系统》

性能组成:产品组成:PillCam COLON 2 胶囊内窥镜、Given 工作站(RAPID V7.0)、DataRecorder 3 数据记录仪套件(包括陈列传感器)、充电座(本产品为非医用电气产品)。

适用范围:用于结肠疾病的普查及不适于结肠镜检查的人群，此方法不能代替纤维结肠镜的检查. 此方法只是作为一般性检查，不能作为常规性检查。

变更情况:变更日期：2014. 12. 08。企业名称由“GivenImaging Ltd.”变更为“Given Imaging Inc.”；注册地址由“Hermon Building, Shaar Yokneam, New IndustrialZone, Yokneam 20692, Israel”变更为“3950Shackleford Road, Suite500, Duluth, GA30096-1852, USA”；代理人和售后服务机构均由“北京瑞和益生科技有限公司”变更为“柯惠医疗器材国际贸易（上海）有限公司”。

生产厂家:以色列 Given Imaging Ltd.

注册代理:南京瑞丰医疗器械有限公司

服务机构:南京瑞丰医疗器械有限公司

发证日期:2014. 08. 18　　**截止日期**:2019. 08. 17

国食药监械(进)字 2014 第 3664072 号

产品名称:热稀释漂浮导管包(Biotray Procedure Pack)

规格型号:Biotray TD2504ND、Biotray TD2504NDF Biotray TD2604ND、Biotray TD2604NDF Biotray TD2704ND、Biotray TD2704NDF Biotray TD2755ND、Biotray TD2755NDF

产品标准:YZB/SIN 4789-2014《热稀释漂浮导管包》

性能组成:该产品分为四腔或五腔。由不透射线导管、球囊、污染防护套、热敏电阻连接配件、安全气囊阀、充气注射器、鞘、扩张器、套管针、穿刺针、注射针、注射器、导丝组件、缝合针、线、纸巾、洞巾、手术刀组成。该产品为环氧乙烷灭菌，一次性使用。

适用范围:该产品专为重症监护病人而设计，用来测量患者的心排血量、连续测量肺动脉温度、血液采样、静脉给药和输液，同时为压力测量提供液体通路。

生产厂家:新加坡 Biosensors International Pte Ltd
注册代理:威海吉威重症医疗制品有限公司
服务机构:威海吉威重症医疗制品有限公司
发证日期:2014.08.18　截止日期:2019.08.17

国食药监械(进)字 2014 第 3214073 号

产品名称:起搏电极导线(商品名:Tendril MRI)(Pacing Lead)
规格型号:LPA1200M
产品标准:YZB/BEL 4179-2014《起搏电极导线》
性能组成:由一根电极导线、一个与电极导线相连的不透射线的缝合套筒、一个备用的缝合套筒、一个静脉拉钩、两个夹持工具、一个电极头保护套和5根不锈钢塑形钢丝组成。
适用范围:该电极导线的设计用途是与相兼容的脉冲发生器配合使用,在右心房或右心室中提供持续感知和起搏。本电极导线属于 MR Conditional 电极导线。
生产厂家:比利时圣犹达医疗用品管理有限公司(St. Jude Medical Coordination Center BVBA)
注册代理:圣犹达医疗用品(上海)有限公司
服务机构:圣犹达医疗用品(上海)有限公司
发证日期:2014.08.18　截止日期:2019.08.17

国食药监械(进)字 2014 第 3214074 号

产品名称:植入式心脏起搏器(商品名:Accent MRI)(Pulse Generator)
规格型号:PM1124, PM1224, PM2124, PM2224
产品标准:YZB/BEL 4726-2014《植入式心脏起搏器》
性能组成:由植入式心脏起搏器的脉冲发生器、IS-1 电极导线堵塞插头和# 2 扭矩扳手组成。
适用范围:用于治疗心律失常,具体适应症详见说明书。该起搏器是在一定条件下可以安全地用于 MRI 环境,前提条件是:在完整的 MR Conditional 起搏系统中使用,并遵守 St. Jude Medical MR Conditional 起搏系统的 MRI 程序信息文档中的说明。
生产厂家:比利时圣犹达医疗用品管理有限公司
注册代理:圣犹达医疗用品(上海)有限公司
服务机构:圣犹达医疗用品(上海)有限公司
发证日期:2014.08.18　截止日期:2019.08.17

国食药监械(进)字 2014 第 3544075 号

产品名称:婴幼儿呼吸机(Baby Ventilator)
规格型号:Leoni Plus
产品标准:YZB/GER 4766-2014《婴幼儿呼吸机》
性能组成:呼吸机由呼吸机主机、流量传感器、流量传感器电缆、呼气阀和测压管组成。
适用范围:该产品为早产儿、新生儿及体重低于 30kg 的婴幼儿提供通气支持。
生产厂家:德国 Heinen+Lowenstein GmbH & Co.KG
注册代理:北京爱尔斯特贸易有限公司
服务机构:北京爱尔斯特贸易有限公司
发证日期:2014.08.18　截止日期:2019.08.17

国食药监械(进)字 2014 第 3544076 号

产品名称:脊柱外科手术定位系统(Surgical Positioning System)
规格型号:Renaissance
产品标准:YZB/ISR 4839-2014《脊柱外科手术定位系统》
性能组成:由主机(含软件 Renaissance,版本 4.2.0.17)、附件(详见附页)和手术器械(详见附页)组成。
适用范围:在普通脊柱外科手术中用于外科手术器械或植入物的精确定位,既可用于开放式手术,也可用于经皮手术。
生产厂家:以色列 Mazor Robotics Ltd.
注册代理:西赛尔(北京)科技发展有限公司
服务机构:西赛尔(北京)科技发展有限公司
发证日期:2014.08.18　截止日期:2019.08.17

国食药监械(进)字 2014 第 3244077 号

产品名称:眼内激光光纤探针(Medical Laser Probes)
规格型号:FT IR210/220A-2.5/SM-ES20 000311L, FT IR210/220A-2.5/SM-ES23 000311L, FT IR210/220A-2.5/SM-ES25 000311L, FT IR210/220A-2.5/SM-ER23 0004K1S
产品标准:YZB/GER 4434-2014《眼内激光光纤探针》
性能组成:产品由激光装置连接头、光纤传输体、治疗头、导管、弯曲保护套、手持部件及保护帽组成。
适用范围:该产品配合采用 SMA905 接口的激光治疗仪使用,起到传导激光能量的作用。
备注:2015年2月6日同意更正产品性能结构及组成内容,2014年8月18日核发的医疗器械注册登记表予以废止。
生产厂家:德国莱尼光纤有限公司(LEONI Fiber Optics GmbH)
注册代理:莱尼特种电缆(常州)有限公司
服务机构:莱尼特种电缆(常州)有限公司
发证日期:2014.08.18　截止日期:2019.08.17

国食药监械(进)字 2014 第 3224078 号

产品名称:宫腔镜及附件(TRUCLEAR Hysteroscopy)
规格型号:见附页
产品标准:YZB/USA 4808-2014《宫腔镜及附件》
性能组成:该产品由宫腔镜,宫腔镜镜鞘、光源适配器和密封帽组成。
适用范围:该产品适用于观察子宫颈管及子宫腔,以进行诊断和手术。
生产厂家:美国 Smith & Nephew Inc.
注册代理:施乐辉医用产品国际贸易(上海)有限公司
服务机构:施乐辉医用产品国际贸易(上海)有限公司
发证日期:2014.08.18　截止日期:2019.08.17

国食药监械(进)字 2014 第 3214079 号

产品名称:血液动力学和电生理记录系统(Hemodynamic and Electrophysiological Recording System)
规格型号:Sensis、Sensis Lite
产品标准:YZB/GER 4687-2014《血液动力学和电生理记录系统》
性能组成:该产品由 DMC 工作站(DMC)、视频分配盒(VDX-Box)、显示器(对话显示器(Sensis DialogMonitor)和实时显示器(Sensis Real-Time Monitor))、信号输入盒(iSIB)、HEMOMED 插槽(Infinity HemoMed)、心内心电图导管输入插槽(CIP)、Sensis 信息系统服务器(Dedicated SIS Server、High End SISServer)、护士工作站(NWS)、附件(包括 ECG 附件、有创血压附件、无创血压附件、心输出量附件、血氧饱和度附件、心内心电图附件,详见附表),其中软件名称:Sensis。
适用范围:该产品用于在导管室中对成人患者和儿科患者进行电生理和血液动力学检查,可用作诊断和记录工具。该产品可通过配备的模块,实现多种配置,分析、记录患者诊断信息。该产品可用于采集并显示血液动力学参数(ECG 测量、有创血压、无创血压、血氧饱和度、心输出量、血流储备分数);可用于采集并显示电生理学参数(ICEG 测量),与其他设备连接进行电生理学检查;具有报警功能。该产品由在心脏诊断和治疗方面接受过专业训练并有足够经验的医护人员进行使用,且在该产品上一次只能检查一个病人。
备注:2014年10月14日同意更正型号、规格内容,2014年8月18日核发的医疗器械注册登记表予以废止。
生产厂家:德国 Siemens AG
注册代理:西门子(中国)有限公司
服务机构:西门子(中国)有限公司
发证日期:2014.08.18　截止日期:2019.08.17

国食药监械(进)字 2014 第 3244080 号

产品名称:双波长激光治疗仪(Candela Family of Multiple-Wavelength Laser Systems: GentleMAX Pro)
规格型号:GentleMAX PRO
产品标准:YZB/USA 4773-2014《双波长激光治疗仪》
性能组成:见附页。
适用范围:755 nm 适用于祛除毛发,改善性治疗浅表性良性色素病变及皱纹。1064 nm 适用于祛除毛发,色素性病变的治疗,及祛除深色纹身。
生产厂家:美国 Candela Corporation
注册代理:美中互利(北京)国际贸易有限公司
服务机构:美中互利(北京)国际贸易有限公司
发证日期:2014.08.18　截止日期:2019.08.17

国食药监械(进)字 2014 第 3244081 号

产品名称:翠绿宝石激光治疗仪(Candela Family of

Multiple-Wavelength Laser Systems: GentleLASE Pro-U)
规格型号:GentleLASE Pro-U
产品标准:YZB/USA 4776-2014《翠绿宝石激光治疗仪》
性能组成:见附页。
适用范围:755 nm 适用于祛除毛发，改善性治疗浅表性良性色素病变及皱纹。
生产厂家:美国 Candela Corporation
注册代理:美中互利(北京)国际贸易有限公司
服务机构:美中互利(北京)国际贸易有限公司
发证日期:2014.08.18 截止日期:2019.08.17

国食药监械(进)字 2014 第 3244082 号

产品名称:Nd:YAG 激光治疗仪(Candela Family of Multiple-Wavelength Laser Systems: GentleYAG Pro-U)
规格型号:GentleYAG Pro-U
产品标准:YZB/USA 4777-2014《Nd:YAG 激光治疗仪》
性能组成:见附页。
适用范围:用于祛除毛发，色素性病变的治疗，及祛除深色纹身。
生产厂家:美国 Candela Corporation
注册代理:美中互利(北京)国际贸易有限公司
服务机构:美中互利(北京)国际贸易有限公司
发证日期:2014.08.18 截止日期:2019.08.17

国食药监械(进)字 2014 第 3304083 号

产品名称:移动式 C 形臂 X 射线机(C-arms, radiographic/fluoroscopic units)
规格型号:Alien E
产品标准:YZB/ITA 4859-2014《移动式 C 形臂 X 射线机》
性能组成:产品由 C 臂、高压发生器(型号:HF1 G/28)、球管(型号:RAD-99B)、限束器、动态平板探测器(3030+)、影像系统组成。
适用范围:设计用于心脏、血管及一般介入。其临床应用包括骨科、神经科、血管外科、病危护理和急诊室操作。
生产厂家:意大利 EUROCOLUMBUS SRL
注册代理:北京国药恒瑞美联信息技术有限公司
服务机构:北京国药恒瑞美联信息技术有限公司
发证日期:2014.08.18 截止日期:2019.08.17

国食药监械(进)字 2014 第 3264084 号

产品名称:电位治疗器(家庭用電位治療器)
规格型号:KAVASS
产品标准:YZB/JAP 4731-2014《电位治疗器》
性能组成:产品由主机、通电布、绝缘垫、电子笔、遥控器组成。
适用范围:该产品用于缓解头痛、肩膀酸疼、失眠症及便秘。
备注:2014 年 10 月 16 日同意更正注册号内容，2014 年 8 月 18 日核发的医疗器械注册证、医疗器械注册登记表予以废止。
生产厂家:日本株式会社**マルタカテクノ**
注册代理:北京佳农医疗器械有限公司
服务机构:北京佳农医疗器械有限公司
发证日期:2014.08.18 截止日期:2019.08.17

国食药监械(进)字 2014 第 3454085 号

产品名称:血液透析滤过装置(无)
规格型号:NCU-18
产品标准:YZB/JAP 4835-2014《血液透析滤过装置》
性能组成:见附页。
适用范围:本产品临床适用于慢性肾功能衰竭患者进行血液透析、在线血液透析滤过的治疗。
生产厂家:日本涩谷工业株式会社
注册代理:尼普洛贸易(上海)有限公司
服务机构:尼普洛贸易(上海)有限公司
发证日期:2014.08.18 截止日期:2019.08.17

国食药监械(进)字 2014 第 3774086 号

产品名称:可调控型导管系统(商品名:SelectSite)(Deflectable Catheter System)
规格型号:C304-S59, C304-L69, C304-XL74
产品标准:YZB/USA 4429-2014《可调控型导管系统》
性能组成:可调控型导管系统由以下部件组成:导管和调控手柄，扩张器，导管切开器，止血阀，注射器，针头，导引钢丝。环氧乙烷灭菌，产品一次性使用。
适用范围:可调控型导管系统适用于为诊断和治疗用经静脉器械导入到心脏腔和冠脉系统内提供通道，以及把球囊导管导入到冠状窦内或者把电极导线经冠状窦导入到左心脏血管内。
生产厂家:美国 Medtronic Inc.
注册代理:美国美敦力中国有限公司北京办事处
服务机构:美敦力(上海)管理有限公司
发证日期:2014.08.18 截止日期:2019.08.17

国食药监械(进)字 2014 第 3464087 号

产品名称:聚四氟乙烯人工血管(商品名:VascuGraft PTFE)(VascuGraft)
规格型号:见附页
产品标准:YZB/GER 4483-2014《聚四氟乙烯人工血管》
性能组成:该产品由一片合成无纺材料聚四氟乙烯制成，产品上标有蓝色指示线，以及聚四氟乙烯支撑环。环氧乙烷灭菌，产品一次性使用。
适用范围:该产品适用于动脉血管重建、节段性旁路手术以及建立动静脉血管通路。
生产厂家:德国 Aesculap AG
注册代理:贝朗医疗(上海)国际贸易有限公司
服务机构:贝朗医疗(上海)国际贸易有限公司
发证日期:2014.08.18 截止日期:2019.08.17

国食药监械(进)字 2014 第 3464088 号

产品名称:带锁髓内钉系统(商品名:Targon)(Intramedullary Nail System)
规格型号:见附页
产品标准:YZB/GER 5051-2014《带锁髓内钉系统》
性能组成:该产品由髓内钉、锁定螺钉、封闭螺钉、固定螺钉、螺纹套筒、防旋钉、支撑螺钉、支撑套筒、加压螺钉、固定垫圈组成。髓内钉、锁定螺钉、封闭螺钉由符合 ISO 5832-1 标准规定的不锈钢材料或符合 ISO 5832-3 标准规定的 Ti6Al4V 钛合金材料制成;其余组件由符合 ISO5832-3 标准规定的 Ti6Al4V 钛合金材料制成。部分钛合金产品表面经阳极氧化处理。灭菌和非灭菌包装。
适用范围:适用于股骨干骨折、胫骨干骨折、股骨颈骨折或合并股骨干、股骨粗隆间骨折或合并股骨干骨折内固定。
生产厂家:德国 Aesculap AG
注册代理:贝朗医疗(上海)国际贸易有限公司
服务机构:贝朗医疗(上海)国际贸易有限公司
发证日期:2014.08.18 截止日期:2019.08.17

国食药监械(进)字 2014 第 3644089 号

产品名称:防粘连薄膜(商品名:SEPRAFILM)(SEPRAFILM ADHESION BARRIER)
规格型号:6641-08; 6643-08; 4301-02; 5086-08; 6642-08
产品标准:YZB/USA 4560-2014《防粘连薄膜》
性能组成:Seprafilm®可吸收防粘连薄膜(隔膜)是一种无菌、可生物吸收、半透明的粘连屏障，由两种阴离子多聚糖，即玻璃酸钠(HA)及羧甲基纤维素(CMC)组成。用活化剂 1-(3-二甲基氨丙基)-3-乙基碳二亚胺盐酸盐(EDC)对这些生物聚合物一起化学修饰。
适用范围:产品用于进行腹部或骨盆剖开手术的病人，以辅助减少手术后腹壁与腹部下脏器，包括大网膜、小肠、膀胱和胃，以及子宫与其周围其他器官之间，如管道、卵巢、大肠、膀胱的粘连发生率、发生范围和严重程度。
生产厂家:美国 Genzyme Biosurgery
注册代理:赛诺菲(中国)投资有限公司
服务机构:上海荣恒医药有限公司
发证日期:2014.08.18 截止日期:2019.08.17

国食药监械(进)字 2014 第 3464090 号

产品名称:枕颈胸后路内固定系统(商品名:Mountaineer OCT)(Mountaineer OCT SPINAL FIXATION SYSTEM)
规格型号:见附页

产品标准:YZB/SWI 3491-2014《枕颈胸后路内固定系统》
性能组成:该系统包括钛棒、万向螺钉、枕骨固定螺钉、内锁紧螺钉、螺帽、枕骨板、棒-棒连接器、横向连接器、轴向连接器、连接配件、钩。部件采用符合 ISO5832-3 的钛合金(Ti6AI4V)材料制成，部分型号表面经阳极氧化处理。非灭菌包装。
适用范围:用于颈椎和枕颈胸(枕骨-T3)的后路内固定。
生产厂家:瑞士 Medos International SARL
注册代理:强生(上海)医疗器材有限公司
服务机构:强生(上海)医疗器材有限公司
发证日期:2014.08.18 **截止日期**:2019.08.17

国食药监械(进)字 2014 第 2644091 号

产品名称:外科用聚乙烯醇海绵(Ivalon Surgical Products PVA Sponge)
规格型号:见附页
产品标准:YZB/USA 4814-2014《外科用聚乙烯醇海绵》
性能组成:外科用聚乙烯醇海绵采用聚乙烯醇材料制成。一次性使用。
适用范围:可用于鼻部填塞；鼻止血填塞；术后耳道填塞。
生产厂家:美国 Medsorb Dominicana, S.A.
注册代理:北京和盈信诚国际贸易有限公司
服务机构:北京和盈信诚国际贸易有限公司
发证日期:2014.08.18 **截止日期**:2019.08.17

国食药监械(进)字 2014 第 3224092 号

产品名称:软性角膜接触镜（商品名：舒澈）(ACUVUE CLEAR Brand Contact Lenses)
产品标准:YZB/USA 4843-2014《软性角膜接触镜》
性能组成:该产品为日戴型软性亲水接触镜，镜片材料为 etafilconA，着淡蓝色，采用铝箔盖盒装。各参数标称值：含水量：59%，折射率：1.400，透氧系数：21.4×10^{-11}(cm2/s)(mLO2/(mL×mmHg))，-3D 镜片透氧量:20.4×10^{-9}(cm/s) (mLO2/(mL×mmHg))，后顶焦度范围:0.00D～-10.00D，可见光透过率>89%。UVA 段(316nm-380nm)透射率<30%，UVB 段(280nm-315nm)透射率<5%。建议镜片更换周期为一个月。产品经高压蒸汽灭菌。
适用范围:采用光学成像原理，用于矫正有晶体和无晶体的无疾病眼的屈光不正（近视），1.00D 以下散光患者配戴不影响视敏度。
生产厂家:美国 Johnson & Johnson Vision Care Inc.
注册代理:强生视力健商贸(上海)有限公司
服务机构:强生视力健商贸(上海)有限公司
发证日期:2014.08.18 **截止日期**:2019.08.17

国食药监械(进)字 2014 第 3464093 号

产品名称:髓内钉系统(Intramedullary Nailing System)
规格型号:见附页
产品标准:YZB/SWI 4990-2014《髓内钉系统》
性能组成:该产品采用符合 ISO 5832-11 的 Ti6A17Nb，符合 ISO 5832-3 的 Ti6A14V 或符合 ISO5832-1 的不锈钢材料制造，钛合金产品表面经阳极化处理。按照使用部位该产品分为胫骨髓内钉系统，股骨髓内钉系统和肱骨髓内钉系统。部件包括髓内钉、锁定螺栓、螺钉、髋螺钉、股骨颈螺钉、螺旋刀片、锁定套、尾帽。产品含灭菌包装和非灭菌包装。
适用范围:该产品适用于四肢长管骨骨折内固定。
生产厂家:瑞士 Synthes GmbH
注册代理:强生(上海)医疗器材有限公司
服务机构:见附页
发证日期:2014.08.18 **截止日期**:2019.08.17

国食药监械(进)字 2014 第 2224094 号

产品名称:镍钛合金取石网篮（商品名：NCompass）(NCompass Nitinol Stone Extractor)
规格型号:NCT4-017115、NCT4-024115、NCT4-024115-MB、NC4-024115、NC3-024115
产品标准:YZB/USA 4508-2014《镍钛合金取石网篮》
性能组成:该产品由网篮、鞘管和控制手柄组成。网篮金属丝有三条或四条，材料为镍钛合金；鞘管的材料为 304 不锈钢和聚酰亚胺。环氧乙烷灭菌，一次性使用。
适用范围:该产品用于在膀胱镜或输尿管镜直视下，取出泌尿道结石或异物。
生产厂家:美国 Cook Incorporated
注册代理:库克(中国)医疗贸易有限公司
服务机构:库克(中国)医疗贸易有限公司
发证日期:2014.08.18 **截止日期**:2019.08.17

国食药监械(进)字 2014 第 2224095 号

产品名称:镍钛合金取石网篮（商品名：N-Circle）(Perc N-Circle Nitinol Tipless Stone Extractor)
规格型号:NTRSE-100038, NTRSE-120038
产品标准:YZB/USA 4509-2014《镍钛合金取石网篮》
性能组成:镍钛合金取石网篮由网篮、网篮连接杆、鞘管和手柄组成。
产品材料:网篮：镍钛合金；网篮连接杆：304 不锈钢；鞘管：聚全氟乙烯-丙烯树脂；手柄：尼龙。环氧乙烷灭菌，产品一次性使用。
适用范围:该产品用于经皮肾取石术(PCNL)时进行快速无创取石操作。
生产厂家:美国 Cook Incorporated
注册代理:库克(中国)医疗贸易有限公司
服务机构:库克(中国)医疗贸易有限公司
发证日期:2014.08.18 **截止日期**:2019.08.17

国食药监械(进)字 2014 第 2634096 号

产品名称:光固化窝沟封闭剂(Light Curing Pit and Fissure Sealant)
规格型号:Eco-S
产品标准:YZB/ROK 4983-2014《光固化窝沟封闭剂》
性能组成:本品由缩水甘油基甲基丙烯酸双酚 A、三乙烯基乙二醇二甲基丙烯酸酯、硅光引发剂、着色剂组成，具体含量见注册产品标准。塑料针筒装，1.2g×2(共 2.4g)。
适用范围:用于牙釉质的窝沟封闭以及防止龋齿。
生产厂家:韩国 Vericom Co., Ltd.
注册代理:北京永轩科技有限公司
服务机构:明光圣睿（北京）医学技术有限公司；德联科贸（北京）有限公司
发证日期:2014.08.18 **截止日期**:2019.08.17

国食药监械(进)字 2014 第 2664097 号

产品名称:球囊子宫支架(Balloon Uterine Stent)
规格型号:J-BUS-253000, J-BUS-404000
产品标准:YZB/USA 1489-2010《球囊子宫支架》
性能组成:球囊子宫支架由带球囊的硅橡胶支架和注射器(仅用于充盈球囊)组成。其中带球囊的硅橡胶支架由球囊、导管和导管座组成。球囊：硅橡胶；导管：硅橡胶；导管座：硅橡胶、聚碳酸酯。注射器材料：聚丙烯、天然橡胶。环氧乙烷灭菌，产品一次性使用。
适用范围:该产品被设计用于子宫内外科手术之后的宫内放置，以减少子宫出血。
生产厂家:美国 Cook Incorporated
注册代理:库克(中国)医疗贸易有限公司
服务机构:库克(中国)医疗贸易有限公司
发证日期:2014.08.18 **截止日期**:2019.08.17

国食药监械(进)字 2014 第 3464098 号

产品名称:颈椎前路固定系统（商品名：Skyline）(Skyline Anterior Cervical Plate System)
规格型号:见附页
产品标准:YZB/SWI 4969-2014《颈椎前路固定系统》
性能组成:该产品由骨板和骨螺钉组成，由符合 ISO 5832-3 标准要求的 Ti6A14V 钛合金材料制成。表面经阳极氧化着色。非灭菌包装。
适用范围:该系统适用于使用单皮质螺钉在脊椎体前面进行固定，从而稳定 C2 至 C7 节段颈椎。具体临床适应症包括：由创伤引起的不稳定；与颈椎前凸及颈椎后凸畸形修复相关的不稳定；与先前颈椎手术失败所形成的假关节相关的不稳定；与为治疗原发肿瘤及转移性恶性肿瘤所进行的大型修复重建手术相关的不稳定；与为治疗晚期椎间盘退行性疾病，椎管狭窄及脊髓型颈椎病所进行的单节段或多节段椎体切除术相关的不稳定。
生产厂家:瑞士 Medos International SARL
注册代理:强生(上海)医疗器材有限公司
服务机构:强生(上海)医疗器材有限公司

发证日期:2014.08.18　　截止日期:2019.08.17

国食药监械(进)字 2014 第 3774099 号

产品名称:造影导丝 (商品名: InQwire) (Guide Wires)
规格型号:见附页
产品标准:YZB/USA 1632-2011《造影导丝》
性能组成:该产品采用 304 不锈钢材料制成，表面带聚四氟乙烯涂层。一次性使用，环氧乙烷灭菌。
适用范围:该产品用于方便在诊断与介入手术中放置器械。
生产厂家:美国 Merit Medical Systems, Inc.
注册代理:麦瑞通医疗器械(北京)有限公司
服务机构:麦瑞通医疗器械(北京)有限公司
发证日期:2014.08.18　　截止日期:2019.08.17

国食药监械(进)字 2014 第 3664100 号

产品名称:球囊扩张导管 (商品名: Cristal Balloon) (Angioplasty Catheters)
规格型号:见附页
产品标准:YZB/FRA 3609-2010《球囊扩张导管》
性能组成:本品分为外周血管成形术球囊导管及瓣膜成形术球囊导管。由球囊及导管组成。球囊材料为聚酰胺 PA12，两端有不透射线的金环标记。环氧乙烷灭菌，产品一次性使用。
适用范围:用于外周血管成形术和瓣膜成形术。
生产厂家:法国 BALT EXTRUSION
注册代理:北京永亨堂科贸有限公司
服务机构:北京永亨堂科贸有限公司
发证日期:2014.08.18　　截止日期:2019.08.17

国食药监械(进)字 2014 第 3654101 号

产品名称:可吸收性缝线 (商品名: VICRYL Plus) (Coated VICRYL Plus (Polyglactin 910) Synthetic Absorbable Suture)
规格型号:见附页
产品标准:YZB/USA 4818-2014《可吸收性缝线》
性能组成:本产品是由 Polyglactin910 材料制成的无菌可吸收性多股缝线。Polyglactin910 是由 90%乙交酯和 10%L-丙交酯合成的可吸收聚合物，缝线上含抗菌物质三氯生(Triclosan)。缝线颜色有紫色和未染色两种。本产品经环氧乙烷灭菌，一次性使用。
适用范围:适用于一般软组织的缝合和/或结扎，但不适用于眼组织、心血管组织及神经组织。
生产厂家:美国 Ethicon, Inc.
注册代理:强生(上海)医疗器材有限公司
服务机构:强生(上海)医疗器材有限公司
发证日期:2014.08.18　　截止日期:2019.08.17

国食药监械(进)字 2014 第 2664102 号

产品名称:一次性使用无菌气管插管(Tracheal Tube)
规格型号:见附页
产品标准:YZB/MAL 4828-2014《一次性使用无菌气管插管》
性能组成:一次性使用无菌气管插管分为带套囊气管插管和无套囊气管插管，由管身、接头组成。带套囊气管插管还包括套囊、充气管、指示球囊、单向阀。其中，给药型气管插管管身上带有给药导管。配件有:插管导丝。
适用范围:一次性使用无菌气管插管是通过口腔或鼻腔插入，临床上适用于术中或者急救时为患者建立呼吸通道。
生产厂家:马来西亚 Teleflex Medical Sdn.Bhd
注册代理:泰利福医疗器械商贸(上海)有限公司
服务机构:泰利福医疗器械商贸(上海)有限公司
发证日期:2014.08.18　　截止日期:2019.08.17

国食药监械(进)字 2014 第 2014103 号

产品名称:一次性无菌手术刀片 (商品名: Accu Glide) (AccuGlide Microkeratome Disposable Blades)
规格型号:Accuglide
产品标准:YZB/GER 2577-2012《一次性无菌手术刀片》
性能组成:该产品刀刃材料为 YY/T 0294.1-2005 中代号为 G 的不锈钢。辐射灭菌，一次性使用。
适用范围:该产品与角膜板层刀配合使用，用于眼科激光视力矫正手术前切割角膜瓣。
生产厂家:德国 Technolas Perfect Vision GmbH
注册代理:山东福瑞达医药集团公司
服务机构:山东福瑞达医药集团公司
发证日期:2014.08.18　　截止日期:2019.08.17

国食药监械(进)字 2014 第 3154104 号

产品名称:内窥镜超声活检针及配件 (商品名: Expect) (Expect Endoscopic Ultrasound Aspiration Needle)
规格型号:见附页
产品标准:YZB/USA 4940-2014《内窥镜超声活检针及配件》
性能组成:该产品为无源器械、由针、探针丝、针鞘、探针帽、手柄、针及针鞘调节锁，针鞘调节及针深度调节计，栓塞阀和注射器组成。产品为一次性使用，环氧乙烷灭菌。
适用范围:Expect 针用于通过曲线阵列超声内镜的附属通道，对胃肠道黏膜下损伤和壁外损伤进行取样。
变更情况:变更日期: 2015.02.04。“One Boston Scientific Place, Natick, MA 01760-1537, USA”变更为“300 Boston Scientific Way, Marlborough, MA 01752, USA”。
生产厂家:美国 Boston Scientific Corporation
注册代理:波科国际医疗贸易(上海)有限公司
服务机构:波科国际医疗贸易(上海)有限公司
发证日期:2014.08.18　　截止日期:2019.08.17

国食药监械(进)字 2014 第 3464105 号

产品名称:颈前路钢板系统(SC-Acufix Cervical Plate)
规格型号:见附页
产品标准:YZB/USA 4524-2014《颈前路钢板系统》
性能组成:该系统由钢板和螺钉组成。材料采用符合 GB/T 13810 的 TC4 ELI 钛合金。表面经阳极氧化处理。非灭菌包装。
适用范围:适用于颈椎前路内固定。
生产厂家:美国 Zimmer Spine, Inc.
注册代理:捷迈(上海)医疗国际贸易有限公司
服务机构:捷迈(上海)医疗国际贸易有限公司
发证日期:2014.08.18　　截止日期:2019.08.17

国食药监械(进)字 2014 第 3464106 号

产品名称:椎间融合器 (商品名: T-PAL Implants) (T-PAL)
规格型号:见附页
产品标准:YZB/SWI 4804-2014《椎间融合器》
性能组成:该产品采用 YY/T 0660-2008 中的聚醚醚酮材料制成，内部嵌有 3 颗符合 ISO 5832-11 钛 6 铝 7 铌材料的显影钉。灭菌包装。
适用范围:该产品用于腰椎的融合。
生产厂家:瑞士 Synthes GmbH
注册代理:强生(上海)医疗器材有限公司
服务机构:强生(上海)医疗器材有限公司
发证日期:2014.08.18　　截止日期:2019.08.17

国食药监械(进)字 2014 第 3664107 号

产品名称:血压传感器帽(Argon RT2000 Dome Set)
规格型号:见附页
产品标准:YZB/SIN 4832-2014《血压传感器帽》
性能组成:由液体管路、压力管路、灌注阀、传感帽、三通、堵帽组成。产品经环氧乙烷灭菌，一次性使用。
适用范围:本产品与 RT2000 血压传感器连接，配合使用，在用于动脉、静脉血压监测。产品放置于可重复使用的压力传感器和有压力的静脉液体来源之间，在连续的压力监测期间，提供一个滴斗，液体可以和传感器的传感膜接触。
生产厂家:新加坡 Argon Critical Care Systems Singapore Pte Ltd
注册代理:爱琅医疗器械技术咨询(上海)有限公司
服务机构:爱琅医疗器械技术咨询(上海)有限公司
发证日期:2014.08.21　　截止日期:2019.08.20

国食药监械(进)字 2014 第 3464108 号

产品名称:外周血管支架系统 (商品名: ISTHMUS LOGIC CARBOSTENT)

(Peripheral Vascular Stent System)
规格型号:见附页
产品标准:YZB/ITA 3545-2014《外周血管支架系统》
性能组成:支架系统由输送系统和支架两部分组成,支架预装在可扩张半顺应性球囊导管上。支架材料为钴铬合金(L605)、支架涂层为碳涂层、支架不透射线标记材料为铂金。产品经环氧乙烷灭菌、一次性使用。
适用范围:适用于外周血管动脉粥样硬化病理改变的治疗,以维持血管开放性。
生产厂家:意大利 CID S.p.A.
注册代理:上海美创医疗器械有限公司
服务机构:上海美创医疗器械有限公司
发证日期:2014.08.21 **截止日期**:2019.08.20

国食药监械(进)字 2014 第 3464109 号

产品名称:自膨式外周支架系统(商品名:Absolute Pro LL)(Absolute Pro LL Peripheral Self-Expanding Stent System)
规格型号:1013011-120、1013011-150、1013012-120、1013012-150、1013013-120、1013013-150、1013014-120、1013014-150、1013015-120、1013015-150、1013016-120、1013016-150、1013017-120、1013017-150、1013018-120、1013018-150
产品标准:YZB/IRE 4798-2014《自膨式外周支架系统》
性能组成:该产品由预装的自膨式镍钛合金支架和 OTW 型输送系统组成,支架两端共有 12 个(每端 6 个)镍钛铂合金制成的不透射线标记。导管包括一个在输送过程中覆盖支架可伸缩鞘、一个头端、一个带导丝腔的在展开的过程中支撑支架的工字梁、一个可拆卸的外层护套以及一个具有安全锁和回收特征的手柄组件。环氧乙烷灭菌,一次性使用。
适用范围:该产品为腔内血管成形术(PTA)的辅助外周动脉支架,并能减轻胆道系统中的恶性狭窄.
生产厂家:爱尔兰 Abbott Vascular
注册代理:雅培医疗器械贸易(上海)有限公司
服务机构:雅培医疗器械贸易(上海)有限公司
发证日期:2014.08.21 **截止日期**:2019.08.20

国食药监械(进)字 2014 第 3464110 号

产品名称:自膨式外周支架系统(商品名:Absolute Pro)(Absolute Pro Peripheral Self-Expanding Stent System)
规格型号:见附页
产品标准:YZB/IRE 4799-2014《自膨式外周支架系统》
性能组成:该产品由预装的自膨式镍钛合金支架和 OTW 型输送系统组成,支架两端共有 12 个(每端 6 个)镍钛铂合金制成的不透射线标记。导管包括一个在输送过程中覆盖支架可伸缩鞘、一个头端、一个带导丝腔的在展开的过程中支撑支架的工字梁、一个可拆卸的外层护套以及一个具有安全锁和回收特征的手柄组件。环氧乙烷灭菌,一次性使用。
适用范围:该产品为腔内血管成形术(PTA)的辅助外周动脉支架,并能减轻胆道系统中的恶性狭窄.
生产厂家:爱尔兰 Abbott Vascular
注册代理:雅培医疗器械贸易(上海)有限公司
服务机构:雅培医疗器械贸易(上海)有限公司
发证日期:2014.08.21 **截止日期**:2019.08.20

国食药监械(进)字 2014 第 3154111 号

产品名称:一次性使用动静脉留置针(商品名:JMS 安全式留置针)(プラスチツクカニユーレ型滅菌済み穿刺針)
规格型号:20G、22G、24G
产品标准:YZB/JAP 4919-2014《一次性使用动静脉留置针》
性能组成:由针保护套、针管、针座、导管、导管座、密封件、针柄、回收管、回收保护套、延长管、阻断装置(夹子)、圆锥接头、保护套组成。
适用范围:作为静脉留置输液用,或动脉血压监测及采血用。
生产厂家:日本株式会社 JMS
注册代理:大连 JMS 医疗器具有限公司
服务机构:大连 JMS 医疗器具有限公司
发证日期:2014.08.21 **截止日期**:2019.08.20

国食药监械(进)字 2014 第 3464112 号

产品名称:直型接骨板(Trauma Straight Plate System)
规格型号:见附页
产品标准:YZB/USA 4838-2014《直型接骨板》
性能组成:该产品包括直型板、动力加压板、腓骨复合板。由符合 ISO5832-3 规定的 Ti6Al4V 合金制造,产品表面经阳极氧化处理,非灭菌包装。
适用范围:该产品适用于四肢骨折的治疗和重建手术。
生产厂家:美国 Biomet Trauma
注册代理:邦美(上海)商贸有限公司
服务机构:邦美(上海)商贸有限公司
发证日期:2014.08.21 **截止日期**:2019.08.20

国食药监械(进)字 2014 第 3774113 号

产品名称:CTO 专用穿透微导管(商品名:CrossBoss)(CrossBoss Catheter)
规格型号:H749M2000C0
产品标准:YZB/USA 4649-2014《CTO 专用穿透微导管》
性能组成:CrossBoss 导管具有圆头远侧尖端(直径 1mm),安装到柔性可扭转近端杆上。CrossBoss 导管包装随附有专用的扭矩装置,该扭矩装置固定在其近端。导管的远端覆有亲水涂层。
适用范围:CrossBoss CTO 专用穿透微导管适合与导丝配合使用以进入冠状动脉和外周血管系统的离散部位。作为包含 CrossBoss CTO 专用穿透微导管、Stingray CTO 专用重入真腔球囊扩张导管和 StingrayCTO 专用穿透导丝的系统的组成部分使用时,CrossBoss 导管适用于在 PTCA 或支架介入手术之前,通过腔内方式将常规导丝放置到狭窄冠状动脉病变(包括慢性完全闭塞[CTO])远侧。
生产厂家:美国 Boston Scientific Corporation
注册代理:波科国际医疗贸易(上海)有限公司
服务机构:波科国际医疗贸易(上海)有限公司
发证日期:2014.08.21 **截止日期**:2019.08.20

国食药监械(进)字 2014 第 3464114 号

产品名称:锁定金属接骨板系统(商品名:NCB)(Locking Metallic Plate System)
规格型号:见附页
产品标准:YZB/SWI 4892-2014《锁定金属接骨板系统》
性能组成:该产品由锁定接骨板包括 NCB 假体周围大粗隆板、NCB 股骨干弯钛板、NCB 假体周围股骨近端短板和 NCB 直型窄干部钛板、NCB 锁定扣、NCB 螺钉,其中 NCB 假体周围大粗隆板含两个 NCB 假体周围大粗隆板连接螺钉。材料采用 ISO5832-3 的 Ti6Al4V 材料,锁定扣表面经着色阳极氧化处理。灭菌包装。
适用范围:NCB 假体周围大粗隆板、连接螺钉和 NCB 假体周围股骨近端短板可以配合使用,用于临时内固定并稳定骨折及大转子截骨;NCB 假体周围大粗隆板、连接螺钉和 NCB 股骨近端假体周围骨折接骨板可以配合使用,用于临时内固定并稳定骨折及股骨近端截骨;NCB 股骨干弯锁定钛板和 NCB 直型窄干部锁定钛板分别可与 NCB 接骨板系统中的螺钉配合使用,用于临时内固定并稳定骨折和截骨;锁定扣与 Zimmer 锁定接骨板系统和索绑系统中的环扎缆索配合使用,适用于骨折的临时性内固定以及长管状骨截骨术后的固定;NCB 螺钉可与 NCB 系统中接骨板配合使用。
生产厂家:瑞士 Zimmer GmbH
注册代理:捷迈(上海)医疗国际贸易有限公司
服务机构:捷迈(上海)医疗国际贸易有限公司
发证日期:2014.08.21 **截止日期**:2019.08.20

国食药监械(进)字 2014 第 3154115 号

产品名称:一次性使用注射笔用针头(Pen Needles)
规格型号:0.23mm (32G) x 4mm
产品标准:YZB/USA 4805-2014《一次性使用注射笔用针头》
性能组成:产品由针座盖贴(密封盖)、外针帽(初包装)、针座、针管(针尖五切面)和内针帽组成。
适用范围:该一次性使用注射笔用针头与注射笔配套用于药物(包括胰岛素和艾塞那钛)皮下注射。
生产厂家:美国 Becton Dickinson and Company
注册代理:碧迪医疗器械(上海)有限公司
服务机构:碧迪医疗器械(上海)有限公司
发证日期:2014.08.21 **截止日期**:2019.08.20

国食药监械(进)字 2014 第 2664116 号

产品名称:呼吸过滤器及热湿交换器(Breathing filters)
规格型号:见附页
产品标准:YZB/UK 5060-2014 《呼吸过滤器及热湿交换器》
性能组成:产品由外壳，滤膜及(或)HME 介质组成。产品均为一次性使用产品，产品为无菌或清洁形式提供。其中无菌产品采用环氧乙烷灭菌。过滤器采用静电式原理。呼吸过滤器及 HMEF 产品过滤计数中值粒径为 0.075μm±0.020μm 的微粒的过滤效率应>90%；呼吸过滤器及 HMEF 产品过滤平均颗粒直径 3.0±0.3μm 细菌、病毒的过滤效率应>99.999%。
适用范围:呼吸过滤器及热湿交换器可用于与之相连的呼吸回路中去除有害微生物及/或增加气流湿热程度。产品可以分别用于常规患者和气管造口患者，根据不同的目标用户分为成人型号及儿童型号，细菌过滤器可以去除空气中颗粒、细菌及病毒，带热湿交换功能的产品可保持患者呼吸空气的温暖及湿度。产品可用于连接气管导管、气切套管、麻醉面罩及呼吸回路。
生产厂家:英国 AIR SAFETY LIMITED
注册代理:北京依露得力科技有限公司
服务机构:北京依露得力科技有限公司
发证日期:2014.08.27 **截止日期**:2019.08.26

国食药监械(进)字 2014 第 2664117 号

产品名称:造口袋 (商品名: Premier) (One-Piece Pouching System)
规格型号:8528、8524、85211、8515、8514、8513、8512、8511、85119、85118、85116、8510、8489、8488、8487、8486、8485、8483、8482、8481、8480、8460、82300、82400、7331
产品标准:YZB/USA 4725-2014《造口袋》
性能组成:造口袋主要由袋体和胶板两部分组成。另外根据型号不同配有过滤器、引流管、排放口三种构件。
适用范围:该产品用于结肠造口术、回肠造口术或尿路造口术的术后护理。
生产厂家:美国 Hollister Incorporated
注册代理:北京威尼汇力医疗器械有限公司
服务机构:北京威尼汇力医疗器械有限公司
发证日期:2014.08.27 **截止日期**:2019.08.26

国食药监械(进)字 2014 第 2634118 号

产品名称:硅橡胶印模材(Take 1 Advanced)
规格型号:见附页
产品标准:YZB/USA 4782-2014《硅橡胶印模材》
性能组成:该产品由基质和催化剂组成。轻体洗涂系列硅橡胶印模材的催化剂主要由预先混合的乙烯基液、铂络合物稀释液组成；基质主要有由预先混合的乙烯基液、端羟基聚二甲基硅氧烷组成。托盘系列硅橡胶印模材的催化剂主要由预先混合的乙烯基液、铂络合物稀释液、阻滞剂稀释液组成；基质主要由预先混合的乙烯基液、端羟基聚二甲基硅氧烷、硅灰石组成。中等系列硅橡胶印模材的催化剂主要由预先混合的乙烯基液、甲基乙烯基硅橡胶、铂络合物稀释液组成；基质主要由预先混合的乙烯基液、甲基乙烯基硅橡胶、端羟基聚二甲基硅氧烷、硅灰石组成。
适用范围:轻体洗涂系列硅橡胶印模材适用于取得口腔软硬组织的精细印模；托盘系列硅橡胶印模材适用于取得口腔软硬组织的第一次印模；中等系列硅橡胶印模材适用于取得口腔软硬组织的最终印模。
生产厂家:美国 Kerr Corporation
注册代理:卡瓦盛邦(上海)牙科医疗器械有限公司
服务机构:卡瓦盛邦(上海)牙科医疗器械有限公司
发证日期:2014.08.27 **截止日期**:2019.08.26

国食药监械(进)字 2014 第 2224119 号

产品名称:亲水性导丝 (商品名: ZIPwire) (ZIPwire Hydrophilic Guidewire)
规格型号:见附页
产品标准:YZB/USA 4589-2014《亲水性导丝》
性能组成:该产品由芯丝和不透射线层组成，芯丝由镍钛合金制成，不透射线层由含钨聚亚胺酯制成，外覆亲水性涂层。环氧乙烷灭菌，一次性使用。
适用范围:该产品用于在诊断或介入手术中，辅助放置泌尿学器械。
生产厂家:美国 Lake Region Medical
注册代理:波科国际医疗贸易(上海)有限公司
服务机构:波科国际医疗贸易(上海)有限公司
发证日期:2014.08.27 **截止日期**:2019.08.26

国食药监械(进)字 2014 第 2014120 号

产品名称:切口保护套(Wound Protector)
规格型号:WPSM256, WPMD509, WPLG914
产品标准:YZB/USA 5201-2014《切口保护套》
性能组成:产品由蓝色的近端圈环、套膜、灰色的远端圈环组成。有小号、中号和大号三种规格。套膜和圈环主要材质为聚氨酯(Polyurethane 和 Pellethane)。产品在手术中保护切口避免创伤及感染等，同时也帮助器械更好的进出，帮助手术中标本的取出。环氧乙烷灭菌。一次性使用。
适用范围:切口保护套应用于胸腔和腹部手术中的切口保护。
生产厂家:美国 Covidien llc
注册代理:柯惠医疗器材国际贸易(上海)有限公司
服务机构:柯惠医疗器材国际贸易(上海)有限公司
发证日期:2014.08.27 **截止日期**:2019.08.26

国食药监械(进)字 2014 第 2104121 号

产品名称:聚左旋乳酸骨固定系统配套工具-钻头与手锥(聚左旋乳酸骨固定系统配套工具-钻头与手锥)
规格型号:见附页
产品标准:YZB/JAP 4886-2014《聚左旋乳酸骨固定系统配套工具-钻头与手锥》
性能组成:该产品由钻头和手锥两部分组成，与人体接触部分采用符合 YY0294.1 标准规定的 C 号不锈钢制成，非无菌包装。
适用范围:该产品为聚左旋乳酸骨固定系统植入时使用的配套手术工具，钻头用于在骨中开孔，手锥用于将钻头开孔的骨制作成与骨钉螺纹相符的螺纹槽。
生产厂家:日本郡是株式会社
注册代理:郡是医疗器材(深圳)有限公司
服务机构:郡是医疗器材(深圳)有限公司
发证日期:2014.08.27 **截止日期**:2019.08.26

国食药监械(进)字 2014 第 2664122 号

产品名称:一次性使用灭菌橡胶外科手套(有粉)(Latex Surgical Gloves Powdered, Sterile)
规格型号:5.5、6、6.5、7、7.5、8、8.5、9
产品标准:YZB/MAL 4958-2014《一次性使用灭菌橡胶外科手套(有粉)》
性能组成:本产品主要由天然橡胶胶乳制造，光面有粉，粉末成分为改良玉米淀粉。一次性使用，辐照灭菌。
适用范围:本产品适用于适用于外科医生、医疗护理人员或类似人员在无菌条件下的手术和检查过程中戴在手上，作为防护性隔离。
生产厂家:马来西亚 TERANG NUSA SDN. BHD.
注册代理:北京稳大医疗用品有限公司
服务机构:北京稳大医疗用品有限公司
发证日期:2014.08.27 **截止日期**:2019.08.26

国食药监械(进)字 2014 第 2104123 号

产品名称:一次性标记钉(Checkpoint)
规格型号:111651 Knee Tibial Checkpoint 111652 Knee Femoral Checkpoint 111650 Checkpoint Kit (含 111651 及 111652)
产品标准:YZB/USA 4961-2014《一次性标记钉》
性能组成:该产品由股骨标记钉和胫骨标记钉组成，由符合 YY/T0294.1 标准要求的代号为 P 的医用不锈钢材料制成。灭菌包装。
适用范围:适用于与立体定位设备及机械臂交互式矫形系统(RIO)匹配，使用于单髁膝关节置换和/或髌股骨膝关节置换术中作为辅助工具临时参照标记点来使用。一次性使用。
生产厂家:美国 MAKO Surgical Corp.
注册代理:美中互利(北京)国际贸易有限公司
服务机构:美中互利(北京)国际贸易有限公司
发证日期:2014.08.27 **截止日期**:2019.08.26

国食药监械(进)字2014第2044124号

产品名称:人工晶体植入系统(Intraocular Lens Injection System)
规格型号:见附页
产品标准:YZB/SWI 5025-2014《人工晶体植入系统》
性能组成:该产品由折叠夹和推注器组成。材料包括聚醚共聚乙酰胺、ABS塑胶、硅橡胶。灭菌包装。
适用范围:该产品用于在白内障囊外摘除术后将单件式或三件式可折叠人工晶体折叠并注入囊袋或睫状沟内。
生产厂家:瑞士 Medicel AG
注册代理:北京爱尔默医药技术开发有限公司
服务机构:见附页
发证日期:2014.08.27 **截止日期**:2019.08.26

国食药监械(进)字2014第2104125号

产品名称:椎间融合器辅助工具(商品名:Fidji Lumbar)(Interbody System Instrumentation Set)
规格型号:见附页
产品标准:YZB/FRA 4712-2014《椎间融合器辅助工具》
性能组成:产品由8号-14号铰刀组成。与人体接触部分由符合ASTM F899的630不锈钢制成。非灭菌包装。
适用范围:产品仅作为手术工具使用,用于辅助Fidji腰椎椎间融合器的植入。
生产厂家:法国 Zimmer Spine
注册代理:捷迈(上海)医疗国际贸易有限公司
服务机构:捷迈(上海)医疗国际贸易有限公司
发证日期:2014.08.27 **截止日期**:2019.08.26

国食药监械(进)字2014第2634126号

产品名称:抛光刷(Jiffy Composite Polishing Brushes)
产品标准:YZB/USA 4985-2014《抛光刷》
性能组成:产品由刷毛和杆部组成,其中刷毛由含有碳化硅磨料的聚酰胺组成,杆部由黄铜组成。根据形状不同分为常规形和锥形。
适用范围:本器械用于临床中抛光修复体,以及在预防治疗过程中去除牙龈附近的变色。
生产厂家:美国 Ultradent Products, Inc.
注册代理:广州市皓齿登医疗器械有限公司
服务机构:广州市皓齿登医疗器械有限公司
发证日期:2014.08.27 **截止日期**:2019.08.26

国食药监械(进)字2014第3634127号

产品名称:暂封性根管充填材料(Temporary root canal filling)
规格型号:型号:Well-PasteTM 规格:2g/支
产品标准:YZB/ROK 4811-2014《暂封性根管充填材料》
性能组成:本产品由:氢氧化钙、硫酸钡、氧化锌、氧化铝、丙二醇、聚乙二醇、水、二甲酸木糖组成。
适用范围:本产品适用于根管制备后正式充填前的暂时封闭。
生产厂家:韩国 Vericom Co., Ltd.
注册代理:北京永轩科技有限公司
服务机构:天津市峻成科技发展有限公司
发证日期:2014.08.29 **截止日期**:2019.08.28

国食药监械(进)字2014第3774128号

产品名称:中心静脉导管套装(商品名:VenX)(Central Venous Catheters)
规格型号:见附页
产品标准:YZB/IND 5012-2014《中心静脉导管套装》
性能组成:本产品由中心静脉导管(含延长管)、扩张器、导丝、穿刺针、注射器、一次性使用塑柄手术刀、肝素帽和固定翼组成,各组件材质见附页。中心静脉导管分为单腔、双腔、三腔、四腔不同规格。采用环氧乙烷灭菌,灭菌有效期3年。
适用范围:用于进入成人和儿童静脉循环血管,从而进行液体输注。
生产厂家:印度 B.L. Lifesciences Pvt. Ltd.
注册代理:北京宇方天洋医疗用品有限公司
服务机构:北京宇方天洋医疗用品有限公司
发证日期:2014.08.29 **截止日期**:2019.08.28

国食药监械(进)字2014第3664129号

产品名称:泵用输液器(商品名:英贝宁)(Infusomat Space Line, Infusomat Space Line SafeSet)
规格型号:见附页
产品标准:YZB/GER 5034-2014《泵用输液器》
性能组成:泵用输液器主要由瓶塞穿刺器,滴壶,管路,流量调节器,泵段管路,止流夹,鲁尔接头及保护帽组成;根据产品不同,有些型号还包括卡夹,加药口/无针加药口,测量容器,药液过滤器,止逆阀,防水膜以及空气隔膜。
适用范围:泵用输液器产品用于与匹配的输液泵配合使用;其中8250710SP适用于分段输液治疗, 8250731SP, 8701148SP, 8701149SP, 8270350SP, 8700036SP, 8700087SP适用于标准输液和肠外营养的静脉输入(例如:肠外营养液和静脉输注液)。
生产厂家:德国 B. Braun Melsungen AG
注册代理:贝朗医疗(上海)国际贸易有限公司
服务机构:贝朗医疗(上海)国际贸易有限公司
发证日期:2014.08.29 **截止日期**:2019.08.28

国食药监械(进)字2014第3664130号

产品名称:无针输液接头(商品名:Discofix® C Safeflow/斯克福乐)(Drug resistant needle free connector)
规格型号:16494CCN, 16495CCN, 16500CCN, 16501CCN, 16520CCN, 16540CCN, 16551CCN, 16560CCN
产品标准:YZB/GER 4924-2014《无针输液接头》
性能组成:无针输液接头主要由无针输液接头、圆锥接头、封闭帽、旋塞、保护帽、带/不带延长管组成;其中无针输液接头由聚酰胺及硅胶材料组成、圆锥接头由甲基丙烯酸甲酯-丁二烯-苯乙烯-丙烯腈(MABS)材料组成、封闭帽由聚丙烯材料组成、旋塞由聚碳酸酯材料组成、保护帽由聚乙烯材料组成、延长管由聚氯乙烯材料组成,不含DEHP。产品对以下药物在96小时内具有抗应力开裂作用:Lipofundin MCT 20%, Lipofundin 20% N, Propofol-Lipuro 2%, Nimotop S, Endoxan, Vepesid J, Phenhydan Infusionslö sung, Kodan-Spray, Sandimmun lÖsungskonzentrat, Buffer solution pH 11.0。
适用范围:无针输液接头适用于与输液管路或压力监测管路连接以达成液体传输及液路控制。
备注:2014年11月28日同意更正产品性能结构及组成内容,2014年8月29日核发的医疗器械注册登记表予以废止。
生产厂家:德国 B. Braun Melsungen AG
注册代理:贝朗医疗(上海)国际贸易有限公司
发证日期:2014.08.29 **截止日期**:2019.08.28

国食药监械(进)字2014第3774131号

产品名称:微导管(商品名:Prowler 27)(Prowler 27 Microcatheter)
规格型号:MST270000-00
产品标准:YZB/SWI 4895-2014《微导管》
性能组成:该产品由导管座、导管体组成。导管体外表面涂覆亲水涂层,内腔涂覆PTFE内衬。导管远端带有不透射线标记带。导管座由尼龙制成,导管体由尼龙、Pebax以及不锈钢制成。产品经环氧乙烷灭菌,一次性使用。
适用范围:该产品用于血管系统(神经、外周、冠脉)注入各种诊断、造影和治疗药物,栓塞栓子。
生产厂家:瑞士 Medos International SARL
注册代理:强生(上海)医疗器材有限公司
服务机构:强生(上海)医疗器材有限公司
发证日期:2014.08.29 **截止日期**:2019.08.28

国食药监械(进)字2014第3654132号

产品名称:骨水泥(商品名:Hi-Fatigue)(Hi-Fatigue Bone Cement)
规格型号:00112014001, 00112024001, 见附页
产品标准:YZB/GER 4696-2014《骨水泥》
性能组成:该产品为不透射线的单体和多体聚甲基丙烯酸树酯的复合体,有单体液和共聚体粉末组成。单体液组分包括甲基丙烯酸单体、N,N-双甲基-P-甲苯胺、对苯二酚;共聚体粉末组分包括聚(丙烯酸甲酯-甲基丙烯酸甲酯)、聚(甲基丙烯酸甲酯-苯乙烯)、二氧化锆、过氧苯甲酰。
适用范围:部分或全髋关节或膝关节及其它关节置换时,在未感染活骨

内如需关节重建，则可将骨水泥用于固定合成树脂和金属假体元件.
生产厂家:德国 aap Biomaterials GmbH
注册代理:捷迈(上海)医疗国际贸易有限公司
服务机构:捷迈(上海)医疗国际贸易有限公司
发证日期:2014.08.29 **截止日期**:2019.08.28

国食药监械(进)字2014第3774133号

产品名称:CTO专用穿透导丝和延长导丝(商品名:Stingray)(Stingray Guidewire and Extension Wire)
规格型号:H749M3004C0, H749M3012C0, H749M3010C0, 详见附页
产品标准:YZB/USA 4694-2014《CTO专用穿透导丝和延长导丝》
性能组成:Stingray 导丝的远端带有绕丝，绕丝不透射线，近端杆涂有聚四氟乙烯 (PTFE)，远端杆的绕丝区域涂有亲水涂层。Stingray 延长导丝是一种远端带有接头的不锈钢丝，杆表面涂有 PTFE(聚四氟乙烯)。它只能与可延伸 Stingray 导丝兼容。该产品经环氧乙烷灭菌，一次性使用。
适用范围:Stingray CTO 专用穿透导丝适用于在经皮腔内冠状动脉成形术 (PTCA) 和经皮腔内血管成形术 (PTA)期间辅助放置球囊扩张导管或其他血管内器械。此产品不适用于脑血管。产品作为包含Crossboss CTO 专用穿透微导管，StingrayCTO 专用重入真腔球囊扩张导管和StingrayCTO 专用穿透导丝的系统的组成部分使用时，该产品适用于在 PTCA 或支架介入手术之前，通过腔内方式将常规导丝放置到狭窄冠状动脉病变(包括慢性完全闭塞 [CTO])远侧。
生产厂家:美国 Boston Scientific Corporation
注册代理:波科国际医疗贸易(上海)有限公司
服务机构:波科国际医疗贸易(上海)有限公司
发证日期:2014.08.29 **截止日期**:2019.08.28

国食药监械(进)字2014第3224134号

产品名称:软性亲水接触镜(商品名:Oculus FreshKon 1-Day(Etafilcon A) contact lens) (Oculus FreshKon 1-Day(Etafilcon A) contact lens)
规格型号:型号:FreshKon 1-Day (Etafilcon A) 规格:FreshKon 1-Day Mosaic(Etafilcon A), FreshKon 1-Day Alluring Eyes(Etafilcon A), FreshKon 1-Day Colors Fusion(Etafilcon A), FreshKon 1-Day Dezigner(Etafilcon A)
产品标准:YZB/SIN 4944-2014《软性亲水接触镜》
性能组成:该产品为日戴日抛型软性亲水接触镜。镜片材料为EtafilconA，含有染色剂。按颜色分为单色 (黑)、双色及三色 (主要颜色为黑、棕、黄、紫、灰、蓝、绿、粉) 镜片。聚丙乙烯杯包装。各参数标称值: 含水量: 58%，折射率: 1.407，透氧系数: 23.607×10^{-11}(cm2/s)(mLO2/(mL × mmHg))，-3D 镜片透氧量:29.5 ×10^{-9}(cm/s)(mLO2/(mL×mmHg))，后顶焦度范围: 0.00D～-12.00D，可见光透过率＞90%。UV-A 段 (316nm～380nm) 平均透射率＜50%，UV-B 段 (280nm～315nm) 平均透射率＜5%。产品经高压蒸汽灭菌。
适用范围:用于矫正患者近视。
生产厂家:新加坡 Oculus Private Limited
注册代理:上海菲士康隐形眼镜有限公司
服务机构:上海菲士康隐形眼镜有限公司
发证日期:2014.08.29 **截止日期**:2019.08.28

国食药监械(进)字2014第3774135号

产品名称:CTO 专用重入真腔球囊扩张导管 (商品名: Stingray) (Stingray Catheter)
规格型号:H749M1000C0, 见附页
产品标准:YZB/USA 4717-2014《CTO专用重入真腔球囊扩张导管》
性能组成:此产品中包含一个小球囊，用于在杆的远侧尖端进行荧光透视定位。导管的远端覆有亲水涂层，与最小内径为0.070in (1.7mm)的6F 引导导管兼容，可与内径≤0.014in (0.36mm)的导丝配合使用。该产品经环氧乙烷灭菌，一次性使用。
适用范围:Stingray CTO专用重入真腔球囊扩张导管适用于引导、操纵、控制和支撑导丝以便进入冠状动脉和外周血管系统的离散部位。作为包含 Crossboss CTO 专用穿透微导管，Stingray CTO 专用重入真腔球囊扩张导管和 Stingray CTO 专用穿透导丝的系统的组成部分使用时，Stingray CTO专用重入真腔球囊扩张导管适用于在 PTCA 或支架介入手术之前，通过腔内方式将常规导丝放置到狭窄冠状动脉病变(包括慢性完全闭塞[CTO])远侧。
备注:2014年11月4日同意更正产品适用范围内容，2014年8月29日核发的医疗器械注册登记表予以废止。
生产厂家:美国 Boston Scientific Corporation
注册代理:波科国际医疗贸易(上海)有限公司
服务机构:波科国际医疗贸易(上海)有限公司
发证日期:2014.08.29 **截止日期**:2019.08.28

国食药监械(进)字2014第3154136号

产品名称:注射笔用针 (商品名: Clickfine) (Clickfine Pen Needles)
规格型号:见附页
产品标准:YZB/SWI 4591-2014《注射笔用针》
性能组成:由针管(材质:不锈钢)、针座(材质:聚丙烯)、粘合剂(材质:聚氨酯丙烯酸酯)、内针套(材质:聚乙烯)、外针套(材质:聚丙烯)和保护片(材质:聚对苯二甲酸乙二醇酯)组成。产品经辐照灭菌，一次性使用。
适用范围:与注射笔配合使用，用于药物皮下注射。可配合使用的注射笔见附件2。
生产厂家:瑞士 Ypsomed AG
注册代理:优诺康(北京)医药技术服务有限公司
服务机构:优诺康(北京)医药技术服务有限公司
发证日期:2014.08.29 **截止日期**:2019.08.28

国食药监械(进)字2014第3464137号

产品名称:脊柱后路内固定系统组件 (商品名: Expedium) (Expedium Spine System)
规格型号:186178120, 186178300, 186178450, 186178600
产品标准:YZB/SWI 4335-2014《脊柱后路内固定系统组件》
性能组成:该产品由一系列棒组成。其材料为符合 ISO 5832-12 要求的钴铬钼合金。非灭菌包装。
适用范围:该产品适用于非颈椎部位的脊柱椎弓根固定与非椎弓根固定。
生产厂家:瑞士 Medos International SARL
注册代理:强生(上海)医疗器材有限公司
服务机构:强生(上海)医疗器材有限公司
发证日期:2014.08.29 **截止日期**:2019.08.28

国食药监械(进)字2014第3224138号

产品名称:多功能隐形眼镜护理液 (商品名: Schon) (Schon MULTI-PURPOSE SOLUTION(No Rub))
规格型号:500ml、360ml、350ml、260ml、240ml、120ml、60ml、15ml、10ml
产品标准:YZB/SIN 4984-2014《多功能隐形眼镜护理液 (商品名: Schon)》
性能组成:本产品为一种无菌缓冲溶液，由聚亚己基缩二胍、泊洛沙姆、乙二胺四乙酸二钠、羟丙基甲基纤维、氯化钠、硼酸钠、硼酸、盐酸和纯水组成。pH值: 6.80～7.40。渗透压:280-319 mOsm/Kg.H20。
适用范围:本产品适用于软性隐形眼镜，可以提供清洁、除蛋白、消毒、贮存、冲洗、保湿、润滑功能。
生产厂家:新加坡 Opto-Pharm Pte Ltd
注册代理:北京爱尔默医药技术开发有限公司
服务机构:北京爱尔默医药技术开发有限公司
发证日期:2014.08.29 **截止日期**:2019.08.28

国食药监械(进)字2014第3464139号

产品名称:高交联垫片 (商品名: PFC Sigma) (XLK Inserts)
规格型号:见附页.
产品标准:YZB/USA 5090-2014《高交联垫片》
性能组成:该产品为胫骨垫片，由符合 YY/T0811 标准要求的高交联超高分子量聚乙烯材料制成，灭菌包装。
适用范围:该胫骨垫片可与 Sigma CoCr 胫骨托和PFCSigma 股骨部件配合用于全膝关节置换手术，匹配组件为骨水泥固定，组配方式为压配式。主要适用于由风湿性关节炎、骨关节炎、创伤性关节炎、胶原 (代谢) 障碍、假性痛风、创伤或之前外科手术失败引起永久性结构损伤而遭受重度疼痛和能力丧失的患者。
生产厂家:美国 DePuy Orthopaedics, Inc.

注册代理:强生(上海)医疗器材有限公司
服务机构:强生(上海)医疗器材有限公司
发证日期:2014.08.29　截止日期:2019.08.28

国食药监械(进)字2014第3464140号

产品名称:高位截骨固定系统(Titanium Opening Wedge Osteotomy System)
规格型号:见附页
产品标准:YZB/USA 4973-2014《高位截骨固定系统》
性能组成:固定系统由接骨螺钉和接骨板组成。采用符合ISO5832-3的Ti6Al4V钛合金材料制造。产品表面无着色。灭菌包装。
适用范围:该产品适用于胫骨近段或股骨远端的开放式楔形截骨术的术后固定。
生产厂家:美国Arthrex, Inc.
注册代理:锐适医疗器械(上海)有限公司
服务机构:锐适医疗器械(上海)有限公司
发证日期:2014.08.29　截止日期:2019.08.28

国食药监械(进)字2014第3774141号

产品名称:PTCA导丝(商品名:ASAHI Gaia)(ガイドワイヤーIV)
规格型号:AHW14R007S;AHW14R007P;AHW14R307S;AHW14R307P;AHW14R008S;AHW14R008P;AHW14R308S;AHW14R308P;AHW14R011S;AHW14R011P;AHW14R311S;AHW14R311P
产品标准:YZB/JAP 5013-2014《PTCA导丝》
性能组成:产品由芯丝和绕丝组成,外表面覆有PTFE涂层和亲水涂层。芯丝由不锈钢制成,绕丝由铂镍合金制成。产品经环氧乙烷灭菌,一次性使用。
适用范围:导丝适用于经皮腔内冠状动脉成形术(PTCA)。
生产厂家:日本朝日インテック株式会社(ASAHI INTECC CO., LTD.)
注册代理:朝日英达科贸(北京)有限公司
服务机构:朝日英达科贸(北京)有限公司
发证日期:2014.08.29　截止日期:2019.08.28

国食药监械(进)字2014第3774142号

产品名称:PTCA导丝(商品名:ASAHI)(ガイドワイヤーIV)
规格型号:APW14R009S;APW14R309S;APW14R005S;APW14R305S
产品标准:YZB/JAP 5015-2014《PTCA导丝》
性能组成:产品由芯丝和绕丝组成,外表面覆有PTFE涂层、亲水涂层和聚亚氨酯涂层。芯丝由不锈钢制成,绕丝由铂镍合金制成。产品经环氧乙烷灭菌,一次性使用。
适用范围:导丝适用于经皮腔内冠状动脉成形术(PTCA)。
生产厂家:日本朝日インテック株式会社(ASAHI INTECC CO., LTD.)
注册代理:朝日英达科贸(北京)有限公司
服务机构:朝日英达科贸(北京)有限公司
发证日期:2014.08.29　截止日期:2019.08.28

国食药监械(进)字2014第3634143号

产品名称:光固化复合树脂(Composite resin)
规格型号:型号:SEALACORE DC 规格:5ml/支
产品标准:YZB/SWI 5180-2014《光固化复合树脂》
性能组成:产品组成:基质:石英玻璃填充剂、N,N-二甲基苯胺、多官能团丙烯酸酯、多官能团、甲基丙烯酸酯、二氧化硅、马来酸。催化剂:石英玻璃填充剂、N,N-二甲基苯胺、过氧苯甲酰、多官能团丙烯酸酯、多官能团、甲基丙烯酸酯、马来酸。
适用范围:该产品用于粘结玻璃纤维根管桩、金属根管桩和制作树脂核。
生产厂家:瑞士Produits Dentaires SA
注册代理:北京成汇嘉业经贸有限公司
服务机构:北京成汇嘉业经贸有限公司
发证日期:2014.08.29　截止日期:2019.08.28

国食药监械(进)字2014第3464144号

产品名称:脊柱后路钉棒系统(Zodiac Polyaxial Spinal Fixation System)
规格型号:见附页
产品标准:YZB/USA 5094-2014《脊柱后路钉棒系统》
性能组成:该产品由矫形用钉、矫形用钩、连接器、横连、矫形用棒组成。由符合GB/T 13810标准规定的Ti6Al4V ELI钛合金材料制成。表面经阳极氧化处理。非灭菌包装。
适用范围:适用于胸腰骶椎后路内固定。
生产厂家:美国Alphatec Spine, Inc.
注册代理:通用(上海)医疗器材有限公司
服务机构:通用(上海)医疗器材有限公司
发证日期:2014.08.29　截止日期:2019.08.28

国食药监械(进)字2014第3464145号

产品名称:枕颈胸后路板棒系统(SOLANAS Posterior Stabilization System)
规格型号:见附页
产品标准:YZB/USA 5100-2014《枕颈胸后路板棒系统》
性能组成:该产品由矫形用钉、枕骨螺钉、横连、连接器、矫形用钩、枕骨板、矫形用棒组成,枕骨板由主体部分、固定片和锁紧螺母组成。除枕骨板的主体部分由符合GB/T 13810标准规定的TA2纯钛材料制成,其余组件由符合GB/T 13810标准规定的Ti6Al4V ELI钛合金材料制成。表面经阳极氧化处理。非灭菌包装。
适用范围:适用于枕骨、颈胸椎(C1～T3)后路内固定。
生产厂家:美国Alphatec Spine, Inc.
注册代理:通用(上海)医疗器材有限公司
服务机构:通用(上海)医疗器材有限公司
发证日期:2014.08.29　截止日期:2019.08.28

国食药监械(进)字2014第3224146号

产品名称:软性亲水接触镜(商品名:纯视散光2)(Pure Vision 2 for Astigmatism(balafilcon A)Visibility Tinted Contact Lenses)
规格型号:月抛型
产品标准:YZB/USA 4581-2014《软性亲水接触镜(商品名:纯视散光2)》
性能组成:该产品为日戴型软性亲水接触镜。镜片材料为balafilconA,着淡水蓝色。聚丙烯杯包装。各参数标称值:含水量:36%,折射率:1.426,透氧系数:91×10^{-11}(cm2/s)(mLO2/(mL×mmHg)),-3D镜片透氧量:105×10^{-9}(cm/s)(mLO2/(mL×mmHg)),后顶焦度范围:-9.00D～+6.00D,柱镜焦度:-0.75D、-1.25D、-1.75D、-2.25D,可见光透过率>92%。推荐更换周期一个月。产品经高压蒸汽灭菌。
适用范围:用于矫正屈光不正(散光,散光合并近视、远视者),适用于散光度数在-0.75D及以上(最高可矫正-3.00D的散光度数),有晶状体眼或无其他眼病的无晶状体眼者。
生产厂家:美国Bausch & Lomb Incorporated
注册代理:北京博士伦眼睛护理产品有限公司
服务机构:北京博士伦眼睛护理产品有限公司/博士伦(上海)贸易有限公司,详见附页
发证日期:2014.08.29　截止日期:2019.08.28

国食药监械(进)字2014第3464147号

产品名称:颅颌面接骨螺钉(Micro-Bone Screws)
规格型号:见附页
产品标准:YZB/GER 4995-2014《颅颌面接骨螺钉》
性能组成:该产品采用符合GB/T13810标准规定的TC4钛合金材料制成,表面无着色,非灭菌包装。
适用范围:与同一企业生产的接骨板、钛网配合使用,适用于颅颌面骨折内固定、颅骨缺损的修补。
生产厂家:德国STEMA Medizintechnik GmbH
注册代理:上海铁马医疗器械有限公司
服务机构:上海铁马医疗器械有限公司
发证日期:2014.08.29　截止日期:2019.08.28

国食药监械(进)字2014第3464148号

产品名称:颅骨修复用钛网(Micro-Meshes)
规格型号:见附页
产品标准:YZB/GER 4997-2014《颅骨修复用钛网》
性能组成:该产品采用符合GB/T13810标准规定的TA3纯钛材料制成,表面无着色,非灭菌包装。
适用范围:与同一企业生产的接骨螺钉配合适用,适用于颅骨缺损的修补。
生产厂家:德国STEMA Medizintechnik GmbH

注册代理:上海铁马医疗器械有限公司
服务机构:上海铁马医疗器械有限公司
发证日期:2014.08.29 截止日期:2019.08.28

国食药监械(进)字2014第3774149号

产品名称:球囊导管(商品名:Ascent)(Ascent Occlusion Balloon Catheter)
规格型号:BRS000407-00, BRC000410-00, BRS000609-00, BRC000415-00
产品标准:YZB/SWI 4475-2014《球囊导管(商品名:Ascent)》
性能组成:该产品由一个导丝内腔和一个单独的外腔组成的同轴双腔球囊导管组成。导管由Pebax、聚四氟乙烯、聚乙烯、304不锈钢等组成,远端带有铂铱合金标记带,并涂覆有亲水涂层。球囊由聚氨酯弹性体混合物和聚乙烯组成。该产品经环氧乙烷灭菌,一次性使用。
适用范围:该产品用于需要暂时闭塞的外周血管和神经血管系统中适用,可提供暂时脉管闭塞的血管选择技术.该技术对于有选择地停止或控制血流非常有用。该产品还适用于帮助向外周血管和神经系统血管内输送诊断性药剂(如造影剂)以及治疗性药物或器材(如闭塞线圈)。
生产厂家:瑞士Medos International SARL
注册代理:强生(上海)医疗器材有限公司
服务机构:强生(上海)医疗器材有限公司
发证日期:2014.08.29 截止日期:2019.08.28

国食药监械(进)字2014第3154150号

产品名称:房间隔穿刺针(Transseptal Needles)
规格型号:FND-019-00, FND-019-01, FND-019-02, FND-019-03, FND-019-04, FND-019-05, FND-019-06
产品标准:YZB/USA 5154-2014《房间隔穿刺针》
性能组成:房间隔穿刺针由针套管,座/手柄,旋塞阀,管芯针和管芯针帽组成。材料:304不锈钢,聚碳酸酯和高密度聚乙烯。
适用范围:房间隔穿刺针用于在心房间隔上造成原发性穿孔,以使导管鞘和/或导管从心脏右侧穿过间隔到达心脏左侧。
生产厂家:美国MERIT MEDICAL SYSTEMS, INC.
注册代理:麦瑞通医疗器械(北京)有限公司
服务机构:麦瑞通医疗器械(北京)有限公司
发证日期:2014.08.29 截止日期:2019.08.28

国食药监械(进)字2014第3774151号

产品名称:涂层亲水导丝(商品名:Magic TorqueTM)(GlidexTM Coated Hydrophilic Guidewire)
规格型号:M001465911、M001465921
产品标准:YZB/USA 4496-2014《涂层亲水导丝(商品名:Magic TorqueTM)》
性能组成:导丝由芯丝、绕丝和涂层组成,导丝远端带有不透射线铂金标记带。其中芯丝和绕丝由304不锈钢组成。涂层由聚四氟乙烯组成。该产品经环氧乙烷灭菌,一次性使用。
适用范围:该产品适用于在诊断或介入血管内手术中,辅助放置导管。导丝可以扭转,便于通过扭曲的血管引导和(或)避免进入不希望进入的侧支。该产品不适用于冠状动脉。
变更情况:变更日期:2015.02.16。"One Boston Scientific Place, Natick, MA 01760, USA"变更为"300 Boston Scientific Way, Marlborough, MA 01752, USA"。
生产厂家:美国Boston Scientific Corporation
注册代理:波科国际医疗贸易(上海)有限公司
服务机构:波科国际医疗贸易(上海)有限公司
发证日期:2014.08.29 截止日期:2019.08.28

国食药监械(进)字2014第3464152号

产品名称:髓腔塞(Intramedullary Plug)
规格型号:见附页
产品标准:YZB/GER 5115-2014《髓腔塞》
性能组成:产品由符合ISO5834-2的Ⅰ型超高分子量聚乙烯材料制成。产品为灭菌包装。
适用范围:用于骨水泥型假体植入手术,作用为防止骨水泥溢入髓腔限制区域,适用部位为股骨、胫骨和肱骨的髓腔。
生产厂家:德国Waldemar Link GmbH & Co. KG

注册代理:北京威联德骨科技术有限公司
服务机构:北京威联德骨科技术有限公司
发证日期:2014.08.29 截止日期:2019.08.28

国食药监械(进)字2014第3224153号

产品名称:软性亲水接触镜(Soft Contact lens)
规格型号:G& G POP·MY
产品标准:YZB/ROK 4099-2014《软性亲水接触镜(型号:G& G POP·MY)》
性能组成:该产品为日戴型软性亲水接触镜。由HEMA、NVP、GMMA、EGDMA、MA、MHPS、AIBN聚合而成,含有染色剂。按颜色分为灰、黑、棕、蓝、紫、绿、褐(巧克力)、粉色镜片。聚丙烯杯或玻璃瓶包装。各参数标称值:含水量:43%,折射率:1.435,透氧系数:12.0×10^{-11}(cm2/s)(mLO2/(mL×mmHg)),-3D镜片透氧量:13.0×10^{-9}(cm/s)(mLO2/(mL×mmHg)),后顶焦度范围:0.00D~-10.00D,可见光透过率>95%。推荐更换周期一个月。产品经高压蒸汽灭菌。
适用范围:适用于无禁忌症患者矫正近视。
生产厂家:韩国G&G Contact Lens
注册代理:苏州双皓商贸有限公司
服务机构:苏州双皓商贸有限公司
发证日期:2014.08.29 截止日期:2019.08.28

国食药监械(进)字2014第3464154号

产品名称:金属骨针(Wires)
规格型号:见附页
产品标准:YZB/USA 5085-2014《金属骨针》
性能组成:该产品由克氏针和斯氏针组成,采用符合ISO5832-1规定的不锈钢材料制成,非灭菌包装。
适用范围:该产品适用于四肢骨折的固定和治疗手术。
生产厂家:美国Biomet Trauma
注册代理:邦美(上海)商贸有限公司
服务机构:邦美(上海)商贸有限公司
发证日期:2014.08.29 截止日期:2019.08.28

国食药监械(进)字2014第2224155号

产品名称:非接触光电眼压计(眼压計)
规格型号:コーワ KT-800
产品标准:YZB/JAP 4422-2014《非接触光电眼压计》
性能组成:该产品由主机和移动台组成。
适用范围:该产品用于检查患者眼内压力。
生产厂家:日本興和株式会社
注册代理:日本兴和(株)北京办事处
服务机构:日本兴和(株)北京办事处
发证日期:2014.09.01 截止日期:2019.08.31

国食药监械(进)字2014第2544156号

产品名称:产床(Birthing Bed)
规格型号:4701
产品标准:YZB/USA 4749-2014《产床》
性能组成:产床由主机(床体、床垫、床架、头端挡板、脚端挡板、背板、脚轮、护栏、调节控制器、分娩把手、腿架、污物盆)、输液杆、手持控制器、挡板控制器组成。
适用范围:产床用于孕妇分娩前、过程中、过程后使用。
生产厂家:美国Stryker Medical
注册代理:史赛克(北京)医疗器械有限公司
服务机构:史赛克(北京)医疗器械有限公司
发证日期:2014.09.01 截止日期:2019.08.31

国食药监械(进)字2014第2254157号

产品名称:高频电极(Linvatec Electrodes Set)
规格型号:见附页
产品标准:YZB/USA 4867-2014《高频电极》
性能组成:高频电极由电刀刀头、电刀手柄和手柄连接线组成。产品为一次性使用。详细规格型号及参数见附页。
适用范围:与高频电刀配合使用,应用于医疗机构在关节镜手术中对软组织的电切割和电凝。
生产厂家:美国Linvatec Corporation d/b/a ConMed Linvatec

注册代理:康美林弗泰克(北京)医疗器械有限公司
服务机构:康美林弗泰克(北京)医疗器械有限公司
发证日期:2014.09.01 **截止日期**:2019.08.31

国食药监械(进)字 2014 第 2404158 号

产品名称:血液分析仪(Hematology Analyzer)
规格型号:Ac・T 5 diff、Ac・T 5 diff CP。
产品标准:YZB/USA 4453-2014《血液分析仪》
性能组成:由吸样开关、试剂室、进样针、稀释器、反应池稀释剂存储器组成。
适用范围:本产品是一个具有 26 项参数的全自动血液分析仪,内含白细胞五项分类计数器,可对封闭或者打开的小瓶中的样本进行分析。上述 26 个参数中,20 个参数用于体外诊断:白细胞计数(WBC)、红细胞计数(RBC)、血红蛋白浓度(HGB)、红细胞压积(HCT)、平均红细胞体积(MCV)、平均血红蛋白含量(MCH)、平均血红蛋白浓度(MCHC)、红细胞分布宽度(RDW)、血小板计数(PLT)、平均血小板体积(MPV)、中性粒细胞百分比(NE%)、中性粒细胞(NE#)、淋巴细胞百分比(LY%)、淋巴细胞(LY#)、单核细胞百分比(MO%)、单核细胞(MO#)、嗜酸性粒细胞百分比(EO%)、嗜酸性粒细胞(EO#)、嗜碱性粒细胞百分比(BA%)、嗜碱性粒细胞(BA#)。
生产厂家:美国 Beckman Coulter, Inc.
注册代理:贝克曼库尔特商贸(中国)有限公司
服务机构:贝克曼库尔特商贸(中国)有限公司
发证日期:2014.09.01 **截止日期**:2019.08.31

国食药监械(进)字 2014 第 2224159 号

产品名称:无散瞳眼底照相机(眼底カメラ)
规格型号:KOWA nonmyd α-D Ⅲ
产品标准:YZB/JAP 4147-2014《无散瞳眼底照相机》
性能组成:该产品由主机和电源线构成。
适用范围:该产品用于对被检测者的眼底进行观察、摄像、记录,以及眼底图像信息的诊断。
生产厂家:日本興和株式会社
注册代理:兴和(上海)光学商贸有限公司
服务机构:兴和(上海)光学商贸有限公司
发证日期:2014.09.01 **截止日期**:2019.08.31

国食药监械(进)字 2014 第 2224160 号

产品名称:耳鼻通用内窥镜(Rigid Endoscopes)
规格型号:见附页
产品标准:YZB/GER 4241-2014《耳鼻通用内窥镜》
性能组成:耳鼻通用内窥镜由硬性光学内窥镜组成,内窥镜由目镜、镜体和光纤接口等部分构成。基本参数见附页。
适用范围:适用于鼻腔、鼻窦以及耳部的检查配合手术器械进行手术治疗
生产厂家:德国 XION GmbH
注册代理:艾克松有限公司杭州办事处
服务机构:艾克松有限公司杭州办事处
发证日期:2014.09.26 **截止日期**:2019.09.25

国食药监械(进)字 2014 第 3304161 号

产品名称:移动式 C 形臂 X 射线机(Mobile C-arm X-ray Equipment)
规格型号:ARCADIS Orbic
产品标准:YZB/GER 4428-2014《移动式 C 形臂 X 射线机》
性能组成:产品组成:1) X 射线发生装置:高压发生器(集成于 X 射线源组件中);X 射线管组件(型号 SIREPHOS CO2-V1, 含 X 射线管 SR 110);限束器。2) 移动式 C 形臂机架。3) 成像系统:影像增强器;图像处理系统;显示器。4) 附属设备:显示器推车;透视及曝光脚闸。5) 附件:见注册产品标准。
适用范围:用于病人透视和数字点片成像。其三维选项 ARCADIS Orbic 3D 的三维扩展技术最主要用于在外科手术进行过程中的上下肢骨和关节,整个脊柱和髋部及骨盆和骨关节面。
备注:2014 年 10 月 14 日同意更正注册号内容,2014 年 9 月 1 日核发的医疗器械注册证、医疗器械注册登记表予以废止。
生产厂家:德国 Siemens AG
注册代理:西门子(中国)有限公司
服务机构:西门子(中国)有限公司
发证日期:2014.09.01 **截止日期**:2019.08.31

国食药监械(进)字 2014 第 3304162 号

产品名称:移动式 C 形臂 X 射线机(Mobile C-arm X-ray Equipment)
规格型号:ARCADIS Varic
产品标准:YZB/GER 4430-2014《移动式 C 形臂 X 射线机》
性能组成:产品组成:1) X 射线发生装置:高压发生器(集成于 X 射线源组件中);X 射线管组件(型号 SIREPHOS2000-1, 3, 含 X 射线管 SR 110);限束器。2) 移动式 C 形臂机架。3) 成像系统:影像增强器;图像处理系统;显示器。4) 附属设备:显示器推车;透视及曝光脚闸。5) 附件:见注册产品标准。
适用范围:ARCADIS Varic 是一种用于术中数字成像的移动式 X 线系统。它的用途包括外伤、整形外科、血管、心脏和普通外科手术。
备注:2014 年 10 月 16 日同意更正注册号内容,2014 年 9 月 1 日核发的医疗器械注册证、医疗器械注册登记表予以废止。
生产厂家:德国 Siemens AG
注册代理:西门子(中国)有限公司
服务机构:西门子(中国)有限公司
发证日期:2014.09.01 **截止日期**:2019.08.31

国食药监械(进)字 2014 第 2554163 号

产品名称:电动式耳鼻喉科用诊疗椅(Chair of Ear, Nose and Throat)
规格型号:CHAM CH-200
产品标准:YZB/ROK 4614-2014《电动式耳鼻喉科用诊疗椅》
性能组成:本产品由诊疗椅主体、头枕、扶手、靠背、坐垫、脚垫及脚踏开关组成。具有复位功能及坐椅位置可调功能。病人座椅的最大承载 160Kg;坐椅的高度可调范围:最高为 1350mm±10%;最低为 1140mm±10%;靠背角度以 90 度为基准,向前 5 度和向后 95 度之间可调,误差为±5%。
适用范围:该产品为耳鼻喉科的诊疗用椅子,是治疗时支撑患者的装置。
生产厂家:韩国 CHAMMED Co., LTD
注册代理:灿美德(天津)商贸有限公司
服务机构:灿美德(天津)商贸有限公司
发证日期:2014.09.01 **截止日期**:2019.08.31

国食药监械(进)字 2014 第 2224164 号

产品名称:角膜内皮显微镜(Konan Specular Microscope XII)
规格型号:FA-3809IIP
产品标准:YZB/JAP 4126-2014《角膜内皮显微镜》
性能组成:该产品由主机组成。
适用范围:该产品可获得角膜内皮的电子照片,测量角膜厚度和计算细胞密度,从而检测由于白内障手术,角膜移植引起的角膜内皮改变。
生产厂家:日本株式会社コーナン・メディカル
注册代理:同科林医疗仪器(上海)有限公司
服务机构:同科林医疗仪器(上海)有限公司
发证日期:2014.09.01 **截止日期**:2019.08.31

国食药监械(进)字 2014 第 2214165 号

产品名称:鼻呼吸量仪(Rhinospirometer NV1)
规格型号:NV1 型
产品标准:YZB/UK 4869-2014《鼻呼吸量仪》
性能组成:鼻呼吸量仪由主机、呼吸流量测量头、电源适配器和电源线组成。(不包括鼻管)。
适用范围:用于测量两个鼻腔通道呼吸流量的差异
生产厂家:英国 GM Instruments Ltd.
注册代理:北京康仁医疗器械有限公司
服务机构:北京康仁医疗器械有限公司
发证日期:2014.09.01 **截止日期**:2019.08.31

国食药监械(进)字 2014 第 2304166 号

产品名称:数字化 X 射线摄影系统(Digital Radiography System)
规格型号:MXHF-1500DR
产品标准:YZB/ROK 3284-2014《数字化 X 射线摄影系统》
性能组成:产品由高压发生器(VZW2556RB2-A5),X 射线管组件(管组件

型号C352-RTM 782 HS；管套型号C352；X射线管型号：RTM 782 HS)，限束器，移动摄影床，悬吊式X射线管支撑装置，U臂式X射线管支撑装置，探测器支撑装置，平板探测器(4343R)，数字图像处理系统以及电离室组成。
适用范围:用于医疗单位对患者进行数字化X射线摄影。
生产厂家:韩国 Medical Instrument System Co., Ltd
注册代理:康达医疗器械(上海)有限公司
服务机构:康达医疗器械(上海)有限公司
发证日期:2014.09.01 **截止日期**:2019.08.31

国食药监械(进)字2014第2404167号

产品名称:全自动血气、电解质和生化分析仪(cobas b 123 POC system)
规格型号:cobas b 123＜1＞ POC system；cobas b 123＜2＞ POC system；cobas b 123＜3＞ POC system；cobas b 123＜4＞ POC system。
产品标准:YZB/GER 4780-2014《全自动血气、电解质和生化分析仪》
性能组成:主机、电源适配器及软件。
适用范围:用于体外定量测定人全血的氧分压 (PO2)、二氧化碳分压 (PCO2)、pH、钠离子 (Na+)、钾离子 (K+)、氯离子 (Cl-)、钙离子 (Ca 2+)、红细胞压积 (Hct)、总血红蛋白 (tHb)、血氧饱和度 (SO2)、还原血红蛋白 (HHb)，碳氧血红蛋白 (COHb)，氧合血红蛋白 (O2Hb)、高铁血红蛋白 (MetHb)、胆红素 (Bili)、葡萄糖 (Glu)、乳酸 (Lac)。
生产厂家:德国 Roche Diagnostics GmbH
注册代理:罗氏诊断产品(上海)有限公司
服务机构:罗氏诊断产品(上海)有限公司
发证日期:2014.09.01 **截止日期**:2019.08.31

国食药监械(进)字2014第2314168号

产品名称:影像接收装置(Imaging System)
规格型号:DIRECTVIEW CR Long-Length, DIRECTVIEW CR Long-Length Portable
产品标准:YZB/USA 4432-2014《影像接收装置》
性能组成:该产品由暗盒固定器，暗盒，IP板和滤线栅组成。
适用范围:该产品可以在2-4个荧光板上进行独立的X射线曝光，使用CR系统自动进行将图像片段处理成合成图像，便于对脊柱或腿进行完整的全长度研究。
备注:2015年1月12日同意更正生产地址内容，2014年9月1日核发的医疗器械注册登记表予以废止。
生产厂家:美国 Carestream Health, Inc.
注册代理:锐珂亚太投资管理(上海)有限公司
服务机构:锐珂亚太投资管理(上海)有限公司
发证日期:2014.09.01 **截止日期**:2019.08.31

国食药监械(进)字2014第2264169号

产品名称:紫外线治疗机(UV Series Ultraviolet Therapy Systems)
规格型号:UV236B, UV802L, TP-4
产品标准:YZB/GEM 2065-2010《紫外线治疗机》
性能组成:该产品为局部治疗机，由治疗机主机及特定波长的紫外线灯管组成。辐射灯管频谱:NB-UVB(TL01)，输出波长在310-315nm范围内，峰值波长:311nm±5nm，平均光辐照强度5-8mW/cm2。其中:UV802L型有6×NB-UVB(TL01)灯管；TP-4型有4×NB-UVB(TL01)灯管；UV236B型有2×NB-UVB(TL01)灯管。
适用范围:该产品临床适用于对皮肤病患者的紫外光照射辅助治疗。
生产厂家:德国 Herbert Waldmann GmbH &Co.KG
注册代理:北京康联医用设备有限公司
服务机构:北京康联医用设备有限公司
发证日期:2014.09.01 **截止日期**:2019.08.31

国食药监械(进)字2014第3404170号

产品名称:全自动化学发光免疫分析仪(ADVIA Centaur XP Immunoassay System)
规格型号:ADVIA Centaur XP
产品标准:YZB/USA 4791-2014《全自动化学发光免疫分析仪》
性能组成:该产品由主分析系统、控制系统、显示器、条码扫描仪构成。
适用范围:该产品用于医学临床实验室作体外免疫项目检测。
生产厂家:美国 Siemens Healthcare Diagnostics Inc.
注册代理:西门子医学诊断产品(上海)有限公司
服务机构:西门子医学诊断产品(上海)有限公司
发证日期:2014.09.01 **截止日期**:2019.08.31

国食药监械(进)字2014第2544171号

产品名称:气腹机(Insufflator)
规格型号:ML-GX
产品标准:YZB/GER 4817-2014《气腹机》
性能组成:该产品由主机、加热充气管（型号670-95910)、连接病人的硅管（型号670-95300)及电源线组成。性能:工作压力0～30mmHg；气体流量:0 - 45升/分钟；加热控制:37±2℃。
适用范围:该产品用于腹腔内窥镜手术中，充入医疗级二氧化碳气体来扩张病人的体腔，提供视像和手术空间。
生产厂家:德国 MGB Endoskopische Gerate GmbH Berlin
注册代理:宝施医疗用品(深圳)有限公司
服务机构:宝施医疗用品(深圳)有限公司
发证日期:2014.09.01 **截止日期**:2019.08.31

国食药监械(进)字2014第2214173号

产品名称:冰点渗透压仪(Automatic Cryoscopic Osmometer)
规格型号:OSMOMAT 030
产品标准:YZB/GER 4374-2014《冰点渗透压仪》
性能组成:该产品主要由主机、热敏电阻传感器、测试管、信息显示面板、软件组成。
适用范围:该产品用于测量人体血液、尿液、精液的晶体渗透压。
生产厂家:德国 GONOTEC Gesellschaft fur Mess - und Regeltechnik mbH
注册代理:北京莱比信科技发展有限公司
服务机构:北京莱比信科技发展有限公司
发证日期:2014.09.01 **截止日期**:2019.08.31

国食药监械(进)字2014第2404174号

产品名称:全自动免疫印迹仪(EUROBlotOne)
规格型号:EUROBlotOne
产品标准:YZB/GER 4887-2014《全自动免疫印迹仪》
性能组成:该产品主要由主机和软件（随机软件和EUROLineScan印迹法判读软件）组成。其中主机包含加样模块、条形码识别模块、CCD成像模块、样本架、洗液和分液头、吸液泵和分液泵、清洗盘、带温育槽的摇摆摇床、试剂瓶和废液瓶。
适用范围:该产品是用于免疫印迹试验的紧凑型全自动体外诊断桌面设备，可自动完成从样本吸量分配到膜条数字化图像采集的所有分析流程。
生产厂家:德国 EUROIMMUN Medizinische Labordiagnostika AG
注册代理:欧蒙医学诊断(中国)有限公司
服务机构:欧蒙医学诊断(中国)有限公司
发证日期:2014.09.01 **截止日期**:2019.08.31

国食药监械(进)字2014第2404175号

产品名称:三重四极杆质谱仪(LC/MS/MS System)
规格型号:API 3200MDTM
产品标准:YZB/SIN 4328-2014《三重四极杆质谱仪》
性能组成:该产品主要由三重四极杆质谱仪、离子源、一体式切换阀、一体式注射泵、随机软件Analyst MD和Cliquid MD组成。
适用范围:该产品主要用于确定人体样本中的无机或有机化合物（如铅、汞和药物成分等)，临床应用中主要用于对内源性物质如氨基酸类、肉毒碱和糖类物质，外源性如药物进行定性定量分析。
生产厂家:新加坡 AB Sciex Pte.Ltd.
注册代理:上海爱博才思分析仪器贸易有限公司
服务机构:上海爱博才思分析仪器贸易有限公司
发证日期:2014.09.01 **截止日期**:2019.08.31

国食药监械(进)字2014第2404176号

产品名称:流式细胞仪(BD FACSCanto Flow Cytometer)
规格型号:BD FACSCanto
产品标准:YZB/USA 4763-2014《流式细胞仪》
性能组成:该产品由主机、液流车、工作站和自动上样设备和随机软件组成。

适用范围:该产品为体外诊断仪器，预期用于人淋巴细胞亚群的鉴定和计数。
生产厂家:美国 Becton, Dickinson and Company, BD Biosciences
注册代理:碧迪医疗器械(上海)有限公司
服务机构:碧迪医疗器械(上海)有限公司
发证日期:2014.09.01 **截止日期**:2019.08.31

国食药监械(进)字 2014 第 2404177 号

产品名称:全自动凝血分析仪(STA Compact Max)
规格型号:STA Compact Max
产品标准:YZB/FRA 4823-2014《全自动凝血分析仪》
性能组成:样本管理系统；试剂管理系统；反应杯装载系统；加样系统；冲洗系统；测量系统；光学系统；温控系统；数据通讯系统；输入输出接口。
适用范围:用于进行凝血和纤溶相关测试。
变更情况:变更日期:2015.01.05。“Manufacture`s Address: 9 rue des Freres Chausson - 92600 Asnieres sur Seine - France”变更为“Manufacture`s Address: 3 allee Theresa - 92600 Asnieres sur Seine - France”。
生产厂家:法国 DIAGNOSTICA STAGO
注册代理:北京思塔高诊断产品贸易有限责任公司
服务机构:北京思塔高诊断产品贸易有限责任公司
发证日期:2014.09.01 **截止日期**:2019.08.31

国食药监械(进)字 2014 第 2314178 号

产品名称:X 射线管组件(X-ray Tube Assembly)
规格型号:5195800-5
产品标准:YZB/USA 4427-2014《X 射线管组件》
性能组成:X 射线管(阴极、旋转阳极)、X 射线管套、固定架、绝缘油。
适用范围:X 射线管组件产生的 X 射线用于 CT。
生产厂家:美国 GE MEDICAL SYSTEMS. LLC
注册代理:通用电气医疗系统贸易发展(上海)有限公司
服务机构:通用电气医疗系统贸易发展(上海)有限公司
发证日期:2014.09.01 **截止日期**:2019.08.31

国食药监械(进)字 2014 第 2404179 号

产品名称:氧电极（商品名：pHOx Ultra/CCX 氧传感器）(Stat Profile pHOx Ultra/CCX PO2 Sensor)
规格型号:型号:Stat Profile CCX/pHOx Ultra 规格:1 个/盒
产品标准:YZB/USA 4841-2014《氧电极》
性能组成:氧电极由玻璃+塑料电极体组成。
适用范围:用于医学专业人士，氧电极与电极膜配套使用，与 Stat Profile CCX/ pHOx Ultra 血气分析仪一起定量测定肝素化全血中的氧分压的含量。
生产厂家:美国 Nova 生物医学公司
注册代理:广州市浩通贸易有限公司
服务机构:广州市浩通贸易有限公司
发证日期:2014.09.01 **截止日期**:2019.08.31

国食药监械(进)字 2014 第 2404180 号

产品名称:氯电极（商品名：pHOx Ultra/CCX 氯传感器）(Stat Profile pHOx Ultra/CCX Chloride Sensor)
规格型号:型号:Stat Profile pHOx Ultra/CCX 规格:4 个/盒
产品标准:YZB/USA 4842-2014《氯电极》
性能组成:氯电极由氯离子通透膜组成。
适用范围:用于医学专业人士与 Stat Profile CCX/pHOx Ultra 血气分析仪一起定量测定肝素化全血中的氯离子的含量。
生产厂家:美国 Nova 生物医学公司
注册代理:广州市浩通贸易有限公司
服务机构:广州市浩通贸易有限公司
发证日期:2014.09.01 **截止日期**:2019.08.31

国食药监械(进)字 2014 第 2404181 号

产品名称:乳酸电极膜（商品名：pHOx Ultra/CCX 乳酸传感器膜）(Stat Profile pHOx Ultra/CCX Lactate Membrane Kit)
规格型号:型号:Stat Profile pHOx Ultra/CCX 规格:3 个/盒
产品标准:YZB/USA 4844-2014《乳酸电极膜》
性能组成:乳酸电极膜由乳酸氧化酶+透气膜组成。
适用范围:用于医学专业人士，乳酸电极与电极膜配套使用，与 Stat Profile CCX/ pHOx Ultra 血气分析仪一起定量测定肝素化全血中的乳酸的含量。
生产厂家:美国 Nova 生物医学公司
注册代理:广州市浩通贸易有限公司
服务机构:广州市浩通贸易有限公司
发证日期:2014.09.01 **截止日期**:2019.08.31

国食药监械(进)字 2014 第 2404182 号

产品名称:离子钙电极（商品名：pHOx Plus/L/C 离子钙传感器）(Stat Profile pHOx Plus/L/C Calcium Sensor)
规格型号:型号:Stat Profile pHOx/Plus/C/L 规格:1 个/盒
产品标准:YZB/USA 4845-2014《离子钙电极》
性能组成:离子钙电极由钙离子通透膜组成。
适用范围:用于医学专业人士与 Stat Profile pHOx/Plus/C/L 血气分析仪一起定量测定肝素化全血中的钙离子的含量。
生产厂家:美国 Nova 生物医学公司
注册代理:广州市浩通贸易有限公司
服务机构:广州市浩通贸易有限公司
发证日期:2014.09.01 **截止日期**:2019.08.31

国食药监械(进)字 2014 第 2404183 号

产品名称:钠电极（商品名：pHOx Plus/L/C 钠传感器）(Stat Profile pHOx Plus/L/C Sodium Sensor)
规格型号:型号:Stat Profile pHOx/Plus/C/L 规格:1 个/盒
产品标准:YZB/USA 4846-2014《钠电极》
性能组成:钠电极由钠离子通透膜组成。
适用范围:用于医学专业人士与 Stat Profile pHOx/Plus/C/L 血气分析仪一起定量测定肝素化全血中钠的含量。
生产厂家:美国 Nova 生物医学公司
注册代理:广州市浩通贸易有限公司
服务机构:广州市浩通贸易有限公司
发证日期:2014.09.01 **截止日期**:2019.08.31

国食药监械(进)字 2014 第 2404184 号

产品名称:氯电极（商品名：pHOx Plus/L/C 氯传感器）(Stat Profile pHOx Plus/L/C Chloride Sensor)
规格型号:型号:Stat Profile pHOx/Plus/C/L 规格:2 个/盒
产品标准:YZB/USA 4847-2014《氯电极》
性能组成:氯电极由氯离子通透膜组成。
适用范围:用于医学专业人士与 Stat Profile pHOx/Plus/C/L 血气分析仪一起定量测定肝素化全血中的氯的含量。
生产厂家:美国 Nova 生物医学公司
注册代理:广州市浩通贸易有限公司
服务机构:广州市浩通贸易有限公司
发证日期:2014.09.01 **截止日期**:2019.08.31

国食药监械(进)字 2014 第 2404185 号

产品名称:二氧化碳电极膜(商品名:PHOX 系列二氧化碳传感器膜)(Stat Profile pHOx/Basic/Plus/L/C PCO2 Membrane Cap Kit)
规格型号:型号:Stat Profile pHOx/Plus/C/L 规格:3 个/盒
产品标准:YZB/USA 4848-2014《二氧化碳电极膜》
性能组成:二氧化碳电极膜由塑料、橡胶圈、缓冲液，CO2 渗透液组成。
适用范围:用于医学专业人士，二氧化碳电极与电极膜配套使用，与 pHOx/Plus/C/L 血气分析仪一起定量测定肝素化全血中的二氧化碳分压的含量。
生产厂家:美国 Nova 生物医学公司
注册代理:广州市浩通贸易有限公司
服务机构:广州市浩通贸易有限公司
发证日期:2014.09.01 **截止日期**:2019.08.31

国食药监械(进)字 2014 第 2404186 号

产品名称:二氧化碳电极（商品名：pHOx Ultra/CCX 二氧化碳传感器）(Stat Profile pHOx Ultra/CCX PCO2 Sensor)

规格型号:型号:Stat Profile CCX/pHOx Ultra ，规格:1 个/盒
产品标准:YZB/USA 4850-2014《二氧化碳电极》
性能组成:二氧化碳电极由玻璃、塑料电极体组成。
适用范围:用于医学专业人士，二氧化碳电极与电极膜配套使用，与 Stat Profile CCX/ pHOx Ultra 血气分析仪一起定量测定肝素化全血中的二氧化碳分压的含量。
生产厂家:美国 Nova 生物医学公司
注册代理:广州市浩通贸易有限公司
服务机构:广州市浩通贸易有限公司
发证日期:2014.09.01 截止日期:2019.08.31

国食药监械(进)字 2014 第 2404187 号

产品名称:二氧化碳电极（商品名：PHOX 系列二氧化碳传感器）(Stat Profile pHOx/Basic/Plus/L/C PCO2 Sensor)
规格型号:型号:Stat Profile pHOx/Plus/C/L ，规格:每盒 1 个
产品标准:YZB/USA 4852-2014《二氧化碳电极》
性能组成:二氧化碳电极由玻璃、塑料电极体组成。
适用范围:用于医学专业人士，二氧化碳电极与电极膜配套使用，与 Stat Profile pHOx/Plus/C/L 血气分析仪一起定量测定肝素化全血中的二氧化碳分压的含量。
生产厂家:美国 Nova 生物医学公司
注册代理:广州市浩通贸易有限公司
服务机构:广州市浩通贸易有限公司
发证日期:2014.09.01 截止日期:2019.08.31

国食药监械(进)字 2014 第 2404188 号

产品名称:肌酐电极（商品名：pHOx Ultra/CCX 肌酐传感器）(Stat Profile pHOx Ultra/CCX Creatinine Sensor)
规格型号:型号:Stat Profile CCX/pHOx Ultra，规格:1 个/盒
产品标准:YZB/USA 4853-2014《肌酐电极》
性能组成:肌酐电极由塑料组成。
适用范围:用于医学专业人士、肌酐电极与电极膜配套使用，与 Stat Profile CCX/ pHOx Ultra 血气分析仪一起定量测定肝素化全血中的肌酐的含量。
生产厂家:美国 Nova 生物医学公司
注册代理:广州市浩通贸易有限公司
服务机构:广州市浩通贸易有限公司
发证日期:2014.09.01 截止日期:2019.08.31

国食药监械(进)字 2014 第 2404189 号

产品名称:肌酐电极膜（商品名：pHOx Ultra/CCX 肌酐传感器膜）(Stat Profile pHOx Ultra/CCX Creatinine Membrane Kit)
规格型号:型号:Stat Profile CCX/pHOx Ultra 规格:3 个/盒
产品标准:YZB/USA 4854-2014《肌酐电极膜》
性能组成:肌酐电极膜由肌氨酸酐+透气膜组成。
适用范围:用于医学专业人士，肌酐电极与电极膜配套使用，与 Stat Profile CCX/ pHOx Ultra 血气分析仪一起定量测定肝素化全血中的肌酐的含量。
生产厂家:美国 Nova 生物医学公司
注册代理:广州市浩通贸易有限公司
服务机构:广州市浩通贸易有限公司
发证日期:2014.09.01 截止日期:2019.08.31

国食药监械(进)字 2014 第 2404190 号

产品名称:pH 电极（商品名：pHOx Ultra/CCX pH 传感器）(Stat Profile pHOx Ultra/CCX pH Sensor)
规格型号:型号:Stat Profile pHOx Ultra/CCX ，规格:1 个/盒
产品标准:YZB/USA 4855-2014《pH 电极》
性能组成:pH 电极由氢离子通透膜组成。
适用范围:用于医学专业人士与 Stat Profile CCX/pHOx Ultra 血气分析仪一起定量测定肝素化全血中的 pH 的含量。
生产厂家:美国 Nova 生物医学公司
注册代理:广州市浩通贸易有限公司
服务机构:广州市浩通贸易有限公司
发证日期:2014.09.01 截止日期:2019.08.31

国食药监械(进)字 2014 第 2404191 号

产品名称:BUN 电极(商品名:pHOx Ultra/CCX BUN 传感器)(Stat Profile pHOx Ultra/CCX BUN Base Sensor)
规格型号:型号:Stat Profile CCX/pHOx Ultra 规格:1 个/盒
产品标准:YZB/USA 4856-2014《BUN 电极》
性能组成:BUN 电极由铵离子、塑料电极体组成。
适用范围:用于医学专业人士，尿素氮电极与电极膜配套使用与 Stat Profile CCX/ pHOx Ultra 血气分析仪一起定量测定肝素化全血中的尿素氮的含量。
生产厂家:美国 Nova 生物医学公司
注册代理:广州市浩通贸易有限公司
服务机构:广州市浩通贸易有限公司
发证日期:2014.09.01 截止日期:2019.08.31

国食药监械(进)字 2014 第 2404192 号

产品名称:离子镁电极（商品名：pHOx Ultra/CCX 离子镁传感器）(Stat Profile pHOx Ultra/CCX Ionized Magnesium Sensor)
规格型号:型号:Stat Profile pHOx Ultra/CCX ，规格:4 个/盒
产品标准:YZB/USA 4857-2014《离子镁电极》
性能组成:离子镁电极由离子镁通透膜组成。
适用范围:用于医学专业人士与 Stat Profile CCX/ pHOx Ultra 血气分析仪一起定量测定肝素化全血中的离子镁的含量。
生产厂家:美国 Nova 生物医学公司
注册代理:广州市浩通贸易有限公司
服务机构:广州市浩通贸易有限公司
发证日期:2014.09.01 截止日期:2019.08.31

国食药监械(进)字 2014 第 2404193 号

产品名称:BUN 电极膜（商品名：pHOx Ultra/CCX BUN 传感器膜）(stat Profile pHOx Ultra/CCX BUN Membrane Kit)
规格型号:型号:Stat Profile CCX/pHOx Ultra ，规格:3 个/盒
产品标准:YZB/USA 4858-2014《BUN 电极膜》
性能组成:BUN 电极膜由尿酶+透气膜组成。
适用范围:用于医学专业人士，尿素氮电极与电极膜配套使用与 Stat Profile CCX/ pHOx Ultra 血气分析仪一起定量测定肝素化全血中的尿素氮的含量。
生产厂家:美国 Nova 生物医学公司
注册代理:广州市浩通贸易有限公司
服务机构:广州市浩通贸易有限公司
发证日期:2014.09.01 截止日期:2019.08.31

国食药监械(进)字 2014 第 2404194 号

产品名称:氧电极膜（商品名：pHOx Ultra/CCX 氧传感器膜）(Stat Profile pHOx Ultra/CCX PO2 Membrane Cap Kit)
规格型号:型号:Stat Profile CCX/pHOx Ultra 规格:6 个/盒
产品标准:YZB/USA 4860-2014《氧电极膜》
性能组成:该产品由氧电极膜由塑料、橡胶圈、缓冲液，02 渗透液组成。
适用范围:用于医学专业人士，氧电极与电极膜配套使用，与 Stat Profile CCX/ pHOx Ultra 血气分析仪一起定量测定肝素化全血中的氧分压的含量。
生产厂家:美国 Nova 生物医学公司
注册代理:广州市浩通贸易有限公司
服务机构:广州市浩通贸易有限公司
发证日期:2014.09.01 截止日期:2019.08.31

国食药监械(进)字 2014 第 2404195 号

产品名称:乳酸电极（商品名：pHOx Ultra/CCX 乳酸传感器）(Stat Profile pHOx Ultra/CCX Lactate Sensor)
规格型号:型号:Stat Profile pHOx Ultra/CCX ，规格:1 个/盒
产品标准:YZB/USA 4861-2014《乳酸电极》
性能组成:乳酸电极由塑料组成。
适用范围:用于医学专业人士，乳酸电极与电极膜配套使用，与 Stat Profile CCX/ pHOx Ultra 血气分析仪一起定量测定肝素化全血中的乳酸的含量。
生产厂家:美国 Nova 生物医学公司
注册代理:广州市浩通贸易有限公司

服务机构:广州市浩通贸易有限公司
发证日期:2014.09.01 **截止日期**:2019.08.31

国食药监械(进)字 2014 第 2404196 号

产品名称:葡萄糖电极膜 (商品名: pHOx Ultra/CCX 葡萄糖传感器膜)(Stat Profile pHOx Ultra/CCX Glucose Membrane Kit)
规格型号:型号:Stat Profile pHOx Ultra/CCX 规格:3 个/盒
产品标准:YZB/USA 4862-2014《葡萄糖电极膜》
性能组成:葡萄糖电极膜由葡萄糖氧化酶+透气膜组成。
适用范围:用于医学专业人士, 葡萄糖电极与电极膜配套使用, 与 Stat Profile CCX/ pHOx Ultra 血气分析仪一起定量测定肝素化全血中的葡萄糖的含量。
生产厂家:美国 Nova 生物医学公司
注册代理:广州市浩通贸易有限公司
服务机构:广州市浩通贸易有限公司
发证日期:2014.09.01 **截止日期**:2019.08.31

国食药监械(进)字 2014 第 2404197 号

产品名称:离子钙电极 (商品名: pHOx Ultra/CCX 离子钙传感器)(Stat Profile pHOx Ultra/CCX Ionized Calcium Sensor)
规格型号:型号:Stat Profile pHOx Ultra/CCX 规格:1 个/盒
产品标准:YZB/USA 4874-2014《离子钙电极》
性能组成:离子钙电极由钙离子通透膜组成。
适用范围:用于医学专业人士与 Stat Profile CCX/ pHOx Ultra 血气分析仪一起定量测定肝素化全血中的离子钙的含量。
生产厂家:美国 Nova 生物医学公司
注册代理:广州市浩通贸易有限公司
服务机构:广州市浩通贸易有限公司
发证日期:2014.09.01 **截止日期**:2019.08.31

国食药监械(进)字 2014 第 2404198 号

产品名称:血氧饱和度电极 (商品名: pHOx Ultra/CCX 血氧饱和度传感器)(Stat Profile pHOx Ultra/CCX SO2 Sensor)
规格型号:型号:Stat Profile CCX/pHOx Ultra , 规格:1 个/盒
产品标准:YZB/USA 4875-2014《血氧饱和度电极》
性能组成:血氧饱和度电极由塑料组成。
适用范围:用于医学专业人士与 Stat Profile CCX/pHOx Ultra 血气分析仪一起定量测定肝素化全血中的血氧饱和度的含量。
生产厂家:美国 Nova 生物医学公司
注册代理:广州市浩通贸易有限公司
服务机构:广州市浩通贸易有限公司
发证日期:2014.09.01 **截止日期**:2019.08.31

国食药监械(进)字 2014 第 2404199 号

产品名称:参比电极 (商品名: pHOx 参比传感器)(Stat Profile pHOx Reference Sensor)
规格型号:型号:Stat Profile pHOx 规格:1 个/盒
产品标准:YZB/USA 4878-2014《参比电极》
性能组成:参比电极三通管路和电流计组成。
适用范围:用于医学专业人士, 与 Stat Profile pHOx 血气分析仪一起定量测定肝素化全血中的 pH 的含量。
生产厂家:美国 Nova 生物医学公司
注册代理:广州市浩通贸易有限公司
服务机构:广州市浩通贸易有限公司
发证日期:2014.09.01 **截止日期**:2019.08.31

国食药监械(进)字 2014 第 2404200 号

产品名称:钠电极 (商品名: pHOx 钠传感器)(Stat Profile pHOx Sodium Sensor)
规格型号:型号:Stat Profile pHOx 规格:1 个/盒
产品标准:YZB/USA 4879-2014《钠电极》
性能组成:钠电极由钠离子通透膜组成。
适用范围:用于医学专业人士, 与 Stat Profile pHOx 血气分析仪一起定量测定肝素化全血中的 Hct 的含量。
生产厂家:美国 Nova 生物医学公司
注册代理:广州市浩通贸易有限公司
服务机构:广州市浩通贸易有限公司
发证日期:2014.09.01 **截止日期**:2019.08.31

国食药监械(进)字 2014 第 2404201 号

产品名称:参比电极 (商品名: pHOx Ultra/CCX 参比传感器) (Stat Profile pHOx Ultra/CCX Reference Sensor)
规格型号:型号:Stat Profile pHOx Ultra/CCX 规格:1 个/盒
产品标准:YZB/USA 4880-2014《参比电极》
性能组成:参比电极由塑料组成。
适用范围:用于医学专业人士, 与 Stat Profile CCX/pHOx Ultra 血气分析仪一起定量测定肝素化全血中的钠、钾、氯的含量。
生产厂家:美国 Nova 生物医学公司
注册代理:广州市浩通贸易有限公司
服务机构:广州市浩通贸易有限公司
发证日期:2014.09.01 **截止日期**:2019.08.31

国食药监械(进)字 2014 第 2404202 号

产品名称:pH 电极 (商品名: PHOX 系列 pH 传感器) (Stat Profile pHOx/Basic/Plus/L/C pH Sensor)
规格型号:型号:Stat Profile pHOx/Plus/C/L , 规格:每盒一个
产品标准:YZB/USA 4881-2014《pH 电极》
性能组成:pH 电极由氢离子通透膜组成。
适用范围:用于医学专业人士与 pHOx/Plus/C/L 血气分析仪一起定量测定肝素化全血中的 pH 的含量。
生产厂家:美国 Nova 生物医学公司
注册代理:广州市浩通贸易有限公司
服务机构:广州市浩通贸易有限公司
发证日期:2014.09.01 **截止日期**:2019.08.31

国食药监械(进)字 2014 第 2404203 号

产品名称:葡萄糖电极 (商品名: pHOx Ultra/CCX 葡萄糖传感器)(Stat Profile pHOx Ultra/CCX Glucose Sensor)
规格型号:型号:Stat Profile pHOx Ultra/CCX 规格:1 个/盒
产品标准:YZB/USA 4882-2014《葡萄糖电极》
性能组成:葡萄糖电极由塑料组成。
适用范围:用于医学专业人士, 葡萄糖电极与电极膜配套使用, 与 Stat Profile CCX/ pHOx Ultra 血气分析仪一起定量测定肝素化全血中的葡萄糖的含量。
生产厂家:美国 Nova 生物医学公司
注册代理:广州市浩通贸易有限公司
服务机构:广州市浩通贸易有限公司
发证日期:2014.09.01 **截止日期**:2019.08.31

国食药监械(进)字 2014 第 2404204 号

产品名称:乳酸电极 (商品名: pHOx Plus L 乳酸传感器)(Stat Profile pHOx Plus L Lactate Sensor)
规格型号:型号:Stat Profile pHOx/Plus/C/L, 规格:1 个/盒
产品标准:YZB/USA 4883-2014《乳酸电极》
性能组成:乳酸电极由塑料组成。
适用范围:用于医学专业人士, 乳酸电极与电极膜配套使用, 与 Stat Profile pHOx/Plus/C/L 血气分析仪一起定量测定肝素化全血中的乳酸的含量。
生产厂家:美国 Nova 生物医学公司
注册代理:广州市浩通贸易有限公司
服务机构:广州市浩通贸易有限公司
发证日期:2014.09.01 **截止日期**:2019.08.31

国食药监械(进)字 2014 第 2404205 号

产品名称:钾电极 (商品名: pHOx Ultra/CCX 钾传感器)(Stat Profile pHOx Ultra/CCX Potassium Sensor)
规格型号:型号:Stat Profile pHOx Ultra/CCX , 规格:1 个/盒
产品标准:YZB/USA 4884-2014《钾电极》
性能组成:钾电极由钾离子通透膜组成。
适用范围:用于医学专业人士与 Stat Profile CCX/ pHOx Ultra 血气分析仪一起定量测定肝素化全血中的钾离子的含量。
生产厂家:美国 Nova 生物医学公司

注册代理:广州市浩通贸易有限公司
服务机构:广州市浩通贸易有限公司
发证日期:2014.09.01 截止日期:2019.08.31

国食药监械(进)字 2014 第 2404206 号

产品名称:血氧饱和度电极(商品名:PHOX 系列血氧饱和度传感器)(Stat Profile pHOx/Basic/Plus/L/C, CCX SO2 Sensor)
规格型号:型号:Stat Profile pHOx/Plus/C/L ，规格:1 个/盒
产品标准:YZB/USA 4885-2014《血氧饱和度电极》
性能组成:血氧饱和度电极由塑料组成。
适用范围:用于医学专业人士与 Stat Profile pHOx/Plus/C/L 血气分析仪一起定量测定肝素化全血中的血氧饱和度的含量。
生产厂家:美国 Nova 生物医学公司
注册代理:广州市浩通贸易有限公司
服务机构:广州市浩通贸易有限公司
发证日期:2014.09.01 截止日期:2019.08.31

国食药监械(进)字 2014 第 2404207 号

产品名称:参比电极(商品名:pHOx Plus/L/C 参比传感器)(Stat Profile pHOx Plus/L/C Reference Sensor)
规格型号:型号:Stat Profile pHOx/Plus/C/L 规格:1 个/盒
产品标准:YZB/USA 4889-2014《参比电极》
性能组成:参比电极由氯化银、PVC 组成。
适用范围:用于医学专业人士，与 Stat Profile pHOx/Plus/C/L 血气分析仪一起定量测定肝素化全血中的钠、钾、氯的含量。
生产厂家:美国 Nova 生物医学公司
注册代理:广州市浩通贸易有限公司
服务机构:广州市浩通贸易有限公司
发证日期:2014.09.01 截止日期:2019.08.31

国食药监械(进)字 2014 第 2404208 号

产品名称:二氧化碳电极膜（商品名: pHOx Ultra/CCX 二氧化碳传感器膜）(Stat Profile pHOx Ultra/CCX PCO2 Membrane Cap Kit)
规格型号:型号:Stat Profile CCX/pHOx Ultra ，规格:3 个/盒
产品标准:YZB/USA 4890-2014《二氧化碳电极膜》
性能组成:二氧化碳电极膜由塑料、橡胶圈、缓冲液，CO2＜渗透液组成。
适用范围:用于医学专业人士，二氧化碳电极与电极膜配套使用，与 Stat Profile CCX/ pHOx Ultra 血气分析仪一起定量测定肝素化全血中的二氧化碳分压的含量。
生产厂家:美国 Nova 生物医学公司
注册代理:广州市浩通贸易有限公司
服务机构:广州市浩通贸易有限公司
发证日期:2014.09.01 截止日期:2019.08.31

国食药监械(进)字 2014 第 2404209 号

产品名称:氧电极（商品名: pHOx/Basic/Plus/L/C 氧传感器）(Stat Profile pHOx/Basic/Plus/L/C PO2 Sensor)
规格型号:型号:Stat Profile pHOx/Plus/C/L 规格:1 个/盒
产品标准:YZB/USA 4891-2014《氧电极》
性能组成:氧电极由玻璃+塑料电极体组成。
适用范围:用于医学专业人士，氧电极与电极膜配套使用，与 Stat Profile pHOx/Plus/C/L 血气分析仪一起定量测定肝素化全血中的氧分压的含量。
生产厂家:美国 Nova 生物医学公司
注册代理:广州市浩通贸易有限公司
服务机构:广州市浩通贸易有限公司
发证日期:2014.09.01 截止日期:2019.08.31

国食药监械(进)字 2014 第 2404210 号

产品名称:氧电极膜(商品名:pHOx/Basic/Plus/L/C 氧传感器膜)(Stat Profile pHOx/Basic/Plus/L/C PO2 Membrane Cap Kit)
规格型号:型号:Stat Profile pHOx/Plus/C/L 规格:6 个/盒
产品标准:YZB/USA 4894-2014《氧电极膜》
性能组成:该产品由氧电极膜由塑料、橡胶圈、缓冲液，O2 渗透液组成。
适用范围:用于医学专业人士，氧电极与电极膜配套使用，与 Stat Profile pHOx/Plus/C/L 血气分析仪一起定量测定肝素化全血中的氧分压的含量。
生产厂家:美国 Nova 生物医学公司
注册代理:广州市浩通贸易有限公司
服务机构:广州市浩通贸易有限公司
发证日期:2014.09.01 截止日期:2019.08.31

国食药监械(进)字 2014 第 2404211 号

产品名称:葡萄糖电极（商品名: pHOx Plus/L/C 葡萄糖传感器）(Stat Profile pHOx Plus/L/C Glucose Sensor)
规格型号:型号:Stat Profile pHOx/Plus/C/L ，规格:1 个/盒
产品标准:YZB/USA 4898-2014《葡萄糖电极》
性能组成:葡萄糖电极由葡萄糖氧化酶+透气电极膜组成。
适用范围:用于医学专业人士，葡萄糖电极与电极膜配套使用，与 Stat Profile pHOx/Plus/C/L 血气分析仪一起定量测定肝素化全血中的葡萄糖的含量。
生产厂家:美国 Nova 生物医学公司
注册代理:广州市浩通贸易有限公司
服务机构:广州市浩通贸易有限公司
发证日期:2014.09.01 截止日期:2019.08.31

国食药监械(进)字 2014 第 2214212 号

产品名称:脚压检测仪(Gaitview AFA-50)
规格型号:AFA-50
产品标准:YZB/ROK 5065-2014《脚压检测仪》
性能组成:本产品以主机(图板)，软件(版本号:Ver1.0)，USB 电线，电源线组成。
适用范围:用于临床测量脚压分布
生产厂家:韩国 alFOOTs Co., Ltd
注册代理:上海香雪梵溪实业有限公司
服务机构:上海香雪梵溪实业有限公司
发证日期:2014.09.01 截止日期:2019.08.31

国食药监械(进)字 2014 第 2214213 号

产品名称:一次性单极/感觉/头皮针电极(Disposable Monopolar/Sensory/Scalp Electrodes)
规格型号:见附页
产品标准:YZB/DEN 4994-2014《一次性单极/感觉/头皮针电极》
性能组成:该产品由电极和配套线缆组成。
适用范围:该产品用于神经传导研究(NCS)、诱发电位(EP)测量。
生产厂家:丹麦 Alpine bioMed ApS
注册代理:上海本迪医疗器械有限公司
服务机构:上海本迪医疗器械有限公司
发证日期:2014.09.01 截止日期:2019.08.31

国食药监械(进)字 2014 第 2214214 号

产品名称:可高压灭菌针电极(Autoclaveable Needle Electrodes)
规格型号:见附页
产品标准:YZB/DEN 4996-2014《可高压灭菌针电极》
性能组成:该产品由针电极和连接导线组成。
适用范围:该产品用于肌电图(EMG)和诱发电位(EP)测量。
生产厂家:丹麦 Alpine bioMed ApS
注册代理:上海本迪医疗器械有限公司
服务机构:上海本迪医疗器械有限公司
发证日期:2014.09.01 截止日期:2019.08.31

国食药监械(进)字 2014 第 2254215 号

产品名称:短波治疗仪(short-wave therapy equipment)
规格型号:型号: BTL-6000 Shortwave, 规格: 400。
产品标准:YZB/UK 4535-2014《短波治疗仪》
性能组成:该设备由主机(含短波发生器)、电容探头(直径为 130mm)、连接电容探头的连接线、氖气检测灯、治疗臂及支架、电源线、备用熔断器和触笔组成。
适用范围:该产品对脂肪和肌肉进行加热，起到温热效应，促进血液循环。
备注:2014 年 12 月 19 日同意更正产品名称内容，2014 年 9 月 1 日核发的医疗器械注册证、医疗器械注册登记表予以废止。

生产厂家:英国 BTL Industries Limited
注册代理:比特乐科技(深圳)有限公司
发证日期:2014.09.01 截止日期:2019.08.31

国食药监械(进)字 2014 第 2224216 号

产品名称:喉镜(Laryngoscope and Accessories)
规格型号:见附页
产品标准:YZB/ISR 4668-2014《喉镜》
性能组成:喉镜由喉镜片(即窥视片)、手柄和灯泡组成。
适用范围:适用于临床常规及紧急情况下的气管插管操作。
生产厂家:以色列 Truphatek International Ltd.
注册代理:真泰(北京)商贸有限公司
服务机构:真泰(北京)商贸有限公司
发证日期:2014.09.01 截止日期:2019.08.31

国食药监械(进)字 2014 第 2554217 号

产品名称:光固化机(powered polymerization activators)
规格型号:starlight s SLER
产品标准:YZB/ITA 4909-2014《光固化机》
性能组成:本产品由机身、纤维光导棒、光纤保护罩、电源连接线组成。
适用范围:该产品适用于对以聚合物为基底的修复材料进行照射使之固化。
生产厂家:意大利 MECTRON S.p.A.
注册代理:北京永轩科技有限公司
服务机构:上海天鹰医疗器械有限公司
发证日期:2014.09.01 截止日期:2019.08.31

国食药监械(进)字 2014 第 2224218 号

产品名称:生物显微镜(Microscope)
规格型号:DM4000 B LED
产品标准:YZB/GER 4673-2014《生物显微镜》
性能组成:该产品由显微镜主机和荧光光源组成。其中,显微镜主机包括载物台、聚光镜、观察筒、目镜、物镜、荧光滤块/反射器、LED 灯、物镜转换器和软件。
适用范围:该产品适用于对生物组织切片样本的观察,为研究用显微镜。
生产厂家:德国 Leica Microsystems CMS GmbH
注册代理:徕卡显微系统(上海)贸易有限公司
服务机构:徕卡显微系统(上海)贸易有限公司
发证日期:2014.09.01 截止日期:2019.08.31

国食药监械(进)字 2014 第 2574219 号

产品名称:内窥镜清洗消毒机(Medivators Automated Endoscope Reprocessing System)
规格型号:DSD EDGE
产品标准:YZB/USA 4978-2014《内窥镜清洗消毒机》
性能组成:产品由内窥镜洗消槽,泵,阀门,控制面板和过滤器组成。
适用范围:该产品用于对软式内镜进行清洗及消毒。
生产厂家:美国 Medivators Inc.
注册代理:美国美涤威公司北京代表处
服务机构:美国美涤威公司北京代表处
发证日期:2014.09.01 截止日期:2019.08.31

国食药监械(进)字 2014 第 2214220 号

产品名称:一次性使用心电电极(ECG electrode)
规格型号:见附页
产品标准:YZB/DEN 4954-2014《一次性使用心电电极》
性能组成:该产品由海绵、导电胶、医用粘合剂、背衬、传导片、导线连接头组成。
适用范围:该产品用于检测心脏电信号。
生产厂家:丹麦 Ambu A/S
注册代理:安保(厦门)贸易有限公司
服务机构:安保(厦门)贸易有限公司
发证日期:2014.09.01 截止日期:2019.08.31

国食药监械(进)字 2014 第 2304221 号

产品名称:数字化移动式摄影 X 射线机(Electronic control unit for radiologic use)
规格型号:Modulo Easy 30
产品标准:YZB/ITA 3492-2014《数字化移动式摄影 X 射线机》
性能组成:该产品由组合机头(型号:125/300 HF/AR),X 射线管(型号 IAE-X22),限束器,平板探测器(型号:PaxScan4336W,pixium 3543 EZ,XRpad 4336),数字图像采集与处理系统组成。
适用范围:用于床旁病人和急诊室的 X 射线数字化摄影检查。
生产厂家:意大利 SMAM SRL
注册代理:康达医疗器械(上海)有限公司
服务机构:康达医疗器械(上海)有限公司
发证日期:2014.09.01 截止日期:2019.08.31

国食药监械(进)字 2014 第 2214222 号

产品名称:心电分析仪(ECG Analysis System)
规格型号:MAC 2000
产品标准:YZB/USA 4988-2014《心电分析仪》
性能组成:该产品由 MAC 2000 心电分析仪主机、14.4V 可充电锂离子电池及附件组成。附件包括:可重复使用电极、心电导联线、患者电缆线、ECG 适配器和接头、电源线,详见附页。
适用范围:该产品可供注册保健医生使用或在注册保健医生的直接监督下使用。该设备使用表面电极来采集、分析、显示和记录医院、医疗专家设施、诊所、医师办公室或外展中心的成人和 0 到 15 岁的儿科患者的心电图信息。基本系统可打印 6 导联或 12 导联 ECG,并可在升级后提供 12 导联 ECG 测量结果和解释性分析等软件选项。将 ECG 数据传输至中央 ECG 心血管信息系统以及从中央 ECG 心血管信息系统接受 ECG 数据为可选功能。
生产厂家:美国 GE MEDICAL SYSTEMS INFORMATION TECHNOLOGIES, INC
注册代理:通用电气医疗系统贸易发展(上海)有限公司
服务机构:Datex-Ohmeda, Inc.
发证日期:2014.09.01 截止日期:2019.08.31

国食药监械(进)字 2014 第 2104223 号

产品名称:气动动力系统(商品名:Zimmer)(Universal Power System (Pneumatic Version))
规格型号:见附页
产品标准:YZB/SWI 4917-2014《气动动力系统》
性能组成:系统由系统由气动手柄、气管、气管接头、O 型环、冲洗保护套及消毒盒组成。
适用范围:该产品适用于人体大骨和小骨外科手术。
生产厂家:瑞士 Zimmer Surgical SA
注册代理:捷迈(上海)医疗国际贸易有限公司
服务机构:捷迈(上海)医疗国际贸易有限公司
发证日期:2014.09.01 截止日期:2019.08.31

国食药监械(进)字 2014 第 2314224 号

产品名称:X 射线管组件(X-ray Tube Assembly)
规格型号:2137130-11
产品标准:YZB/USA 4998-2014《X 射线管组件》
性能组成:X 射线管组件由 X 射线管(阴极、旋转阳极),X 射线管套,固定架,绝缘油,热交换器、风扇和循环油泵组成的冷却系统。
适用范围:X 射线管组件产生的 X 射线用于 CT。
生产厂家:美国 GE MEDICAL SYSTEMS, LLC
注册代理:通用电气医疗系统贸易发展(上海)有限公司
服务机构:通用电气医疗系统贸易发展(上海)有限公司
发证日期:2014.09.01 截止日期:2019.08.31

国食药监械(进)字 2014 第 3214225 号

产品名称:患者程控仪(Patient Programmer)
规格型号:3851
产品标准:YZB/USA 2220-2013《患者程控仪》
性能组成:产品由患者程控仪(含电池组)、磁铁、程控棒组成。
适用范围:预期与 EonMini IPG 进行通信,采用 RF 传输来下载/上传刺激参数及命令。
生产厂家:美国 Advanced Neuromodulation Systems, Inc.
注册代理:圣犹达医疗用品(上海)有限公司
服务机构:圣犹达医疗用品(上海)有限公司

发证日期:2014.09.01　**截止日期**:2019.08.31

国食药监械(进)字 2014 第 3454226 号

产品名称:血液透析用血流监测系统(Hemodialysis Monitor)
规格型号:HD02
产品标准:YZB/USA 5083-2014《血液透析用血流监测系统》
性能组成:血液透析用血流监测系统由主机(电子流量计)(型号:HD02)、中心频率为 3.6MHZ 的流量/稀释度感应器(型号:H4E)、应用软件(版本号:2.3.1)及 Flow-QC 导管(ADT1010)组成。
适用范围:用于临床上,受过专业训练的医学工作者在病人血液透析过程中测定输送血液流量、再循环量、血管通路流量和心输出量。
生产厂家:美国 Transonic Systems Inc.
注册代理:广州新仪仪器有限公司
服务机构:广州新仪仪器有限公司
发证日期:2014.09.01　**截止日期**:2019.08.31

国食药监械(进)字 2014 第 2224227 号

产品名称:眼底照相机(眼底カメラ)
规格型号:KOWA nonmyd 7
产品标准:YZB/JAP 4904-2014《眼底照相机》
性能组成:产品由主机和电源线构成。
适用范围:临床供医院眼科对眼底进行照相。
生产厂家:日本興和株式会社
注册代理:兴和(上海)光学商贸有限公司
服务机构:兴和(上海)光学商贸有限公司
发证日期:2014.09.01　**截止日期**:2019.08.31

国食药监械(进)字 2014 第 2544228 号

产品名称:医用制氧机(Portable Oxygen concentrator)
规格型号:AS095 FreeStyleTM , AS078 FocusTM , AS077 Freestyle 5TM
产品标准:YZB/USA 3234-2014《医用制氧机》
性能组成:该产品由制氧机主机、交流电源适配器 (MWA150015A)、车载适配器、电池包 (AireBelt) 和便携包组成。
适用范围:该产品用于给被诊断为需要补充氧气的患者提供高纯度氧气,可在家中、办公场所或在旅行时使用,使用时需遵医嘱,不可作为维系生命保障设备。
生产厂家:美国 AIRSEP CORPORATION
注册代理:北京市中美特新医疗用品有限责任公司
服务机构:北京市中美特新医疗用品有限责任公司
发证日期:2014.09.01　**截止日期**:2019.08.31

国食药监械(进)字 2014 第 2224229 号

产品名称:内窥镜摄像仪(Endoscope Cameras)
规格型号:PD-VC-0210
产品标准:YZB/GER 4803-2014《内窥镜摄像仪》
性能组成:内窥镜摄像仪由摄像仪控制器、CCD 摄像头 (光学转换器)、TV 适配器、电源线组成。各部件型号及参数见附页。
适用范围:该产品临床供内窥镜手术过程中,将手术区域视频放大成像用。
生产厂家:德国 PolyDiagnost GmbH
注册代理:上海蓝线电子有限公司
服务机构:上海蓝线电子有限公司
发证日期:2014.09.01　**截止日期**:2019.08.31

国食药监械(进)字 2014 第 3214230 号

产品名称:临时起搏器(External temporary Pacemaker)
规格型号:Pace T10, Pace T20
产品标准:YZB/GER 5069-2014《临时起搏器》
性能组成:该产品是临时起搏器 (不包含起搏电极及导管),由 1 台主机和 2 节电池组成。Pace T20 是一种体外双腔式临时起搏器,PaceT10 是一种体外单腔式临时起搏器。
适用范围:用于患者的临时心脏起搏治疗,使用时间应小于 30 天。
备注:2014 年 12 月 19 日同意更正注册号内容,2014 年 9 月 1 日核发的医疗器械注册证、医疗器械注册登记表予以废止。
变更情况:变更日期: 2015.01.23。“代理人及售后服务单位名称:迈柯唯(上海)医疗设备有限公司 地址:中国(上海)自由贸易试验区美盛路 56 号 2 层 227 室”变更为“代理人名称:美敦力(上海)管理有限公司 地址:中国(上海)自由贸易试验区日京路 180 号第三层”。
生产厂家:德国 livetec Ingenieurbüro GmbH
注册代理:迈柯唯(上海)医疗设备有限公司
发证日期:2014.09.01　**截止日期**:2019.08.31

国食药监械(进)字 2014 第 3244231 号

产品名称:眼前段 Nd:YAG 激光系统(眼科用ヤグレーザ手術装置)
规格型号:YC-1800
产品标准:YZB/JAP 4440-2014《眼前段 Nd:YAG 激光系统》
性能组成:性能结构:治疗波长:1064nm±5nm; 激光模式:基横模; 双脉冲和三脉冲的脉冲间隔时间:33μs 或以上; 激光脉冲的输出方式:单脉冲方式、双脉冲方式、三脉冲方式; 单脉冲的最大可发射重复率:3Hz; 双脉冲和三脉冲的最大可发射重复率:不大于 1.5Hz; 单脉冲、双脉冲和三脉冲终端最大输出能量:10.0mJ; 单脉冲、双脉冲和三脉冲终端输出能量调节:0.3mJ-10.0mJ; 激光输出能量复现性:不大于±20%; 光斑尺寸: 8μm; 瞄准光波长:635nm±5nm。 组成: 眼前段 Nd:YAG 激光系统由主机(包括内置 Nd:YAG 激光器)、裂隙灯显微镜、电源部和脚踏开关(可选配)组成。
适用范围:临床用于继发性白内障后囊切开、急性闭角型青光眼虹膜切开。
备注:2015 年 1 月 19 日同意更正注册号内容,2014 年 9 月 1 日核发的医疗器械注册证、医疗器械注册登记表予以废止。
生产厂家:日本尼德克株式会社,株式会社ニデック(NIDEK CO., LTD.)
注册代理:日本尼德克株式会社北京代表处
服务机构:北京尼德科贸有限公司
发证日期:2014.09.01　**截止日期**:2019.08.31

国食药监械(进)字 2014 第 3224232 号

产品名称:电子胸腹腔镜 (商品名: EndoEYE) (腹腔.胸腔ビデオスコープ)
规格型号:LTF TYPE VP-S
产品标准:YZB/JAP 4793-2014《电子胸腹腔镜》
性能组成:该产品由电子胸腹腔镜(LTF TYPE VP-S)和用于 5mm 胸腹腔镜的插入辅助器(MAJ-1379)组成,产品性能参数见附页。
适用范围:该产品插入腹腔、胸腔、纵隔、后腹膜腔的体腔内,进行观察、诊断、摄影和治疗。
生产厂家:日本奥林巴斯医疗株式会社, オリンパスメディカルシステムズ株式会社
注册代理:奥林巴斯贸易 (上海) 有限公司
服务机构:奥林巴斯(北京)销售服务有限公司
发证日期:2014.09.01　**截止日期**:2019.08.31

国食药监械(进)字 2014 第 2404233 号

产品名称:基因杂交信号扩大仪(DML 2000 Microplate Luminometer)
规格型号:DML 2000
产品标准:YZB/USA 0611-2009《基因杂交信号扩大仪》
性能组成:该产品主要组成:由 96 孔微板和装载架入口、金属遮板、微板装载架、指示灯、光圈、光电倍增管、RS232 接口组成。
适用范围:该产品采用化学发光和 96 孔板技术,通过测量光的亮度从而得出相应物质的含量。
生产厂家:美国 QIAGEN Gaithersburg Inc
注册代理:凯杰企业管理(上海)有限公司
服务机构:凯杰企业管理(上海)有限公司
发证日期:2014.09.01　**截止日期**:2019.08.31

国食药监械(进)字 2014 第 2574234 号

产品名称:内镜清洗消毒机 (商品名: ENDOCLENS-NSX) (Automatic Endoscope Reprocessor)
规格型号:27000
产品标准:YZB/USA 2787-2013 《内镜清洗消毒机》
性能组成:该产品由主机,水盆,水盆盖板,操作面板,液体储存柜,消毒剂储液罐,电路控制系统,滤水器,软管,空气排压阀组成。
适用范围:该产品用于对可浸泡的软式内镜进行自动清洗及高水平消毒。
生产厂家:美国 Advanced Sterilization Products

注册代理:强生(上海)医疗器材有限公司
服务机构:强生(上海)医疗器材有限公司
发证日期:2014.09.01　**截止日期**:2019.08.31

国食药监械(进)字 2014 第 2404235 号

产品名称:活性凝血酶测试卡片(干式电化学法)(商品名:i-STAT 活性凝血酶测试卡片(干式电化学法))(i-STAT Kaolin ACT Cartridge)
规格型号:25 卡片/盒
产品标准:YZB/USA 5014-2014
性能组成:每个 i-STAT 活性凝血酶测试卡片(干式电化学法)包含一个样品收集室,检测凝集终点的传感器,以及用于启动、允许凝集反应发生的干试剂。稳定剂和试剂覆盖于传感器通道的一部分上,包括以下活性组成部分:高岭土、凝血酶底物。(具体内容详见说明书)。产品有效期:2~8°C 冷藏可保存 180 天;室温 18~30°C 保存 14 天。附件:注册产品标准,产品说明书。
适用范围:本测试卡片用于体外定量检测新鲜全血样本中的活性凝血酶。
生产厂家:美国 Abbott Point of Care Inc.
注册代理:雅培贸易(上海)有限公司
发证日期:2014.09.01　**截止日期**:2019.08.31

国食药监械(进)字 2014 第 2404236 号

产品名称:铁蛋白测定试剂盒(免疫比浊法)(FERRITIN)
规格型号:试剂 1(R1):4 ×24 mL,试剂 2(R2):4 ×12 mL。
产品标准:YZB/USA 4903-2014
性能组成:甘氨酸缓冲液、包被有兔抗-人铁蛋白抗体的乳胶颗粒和防腐剂。(具体内容详见产品说明书)。产品有效期:2~8℃下保存,有效期为 18 个月。附件:注册产品标准,产品说明书。
适用范围:本产品用于体外定量检测人血清和血浆中的铁蛋白浓度。
生产厂家:美国 Beckman Coulter, Inc.
注册代理:贝克曼库尔特商贸(中国)有限公司
发证日期:2014.09.01　**截止日期**:2019.08.31

国食药监械(进)字 2014 第 2404237 号

产品名称:转铁蛋白测定试剂盒(免疫比浊法)(TRANSFERRIN)
规格型号:试剂 1(R1):4 × 7 mL,试剂 2(R2):4 × 8 mL。
产品标准:YZB/USA 4920-2014
性能组成:三羟甲基氨基甲烷 (Tris) 缓冲液、聚乙二醇 6000、山羊抗-转铁蛋白抗体和防腐剂。(具体内容详见产品说明书)。产品有效期:2~8℃保存,有效期为 24 个月。附件:注册产品标准,产品说明书。
适用范围:本产品用于体外定量检测人血清和血浆中的转铁蛋白浓度。
生产厂家:美国 Beckman Coulter, Inc.
注册代理:贝克曼库尔特商贸(中国)有限公司
发证日期:2014.09.01　**截止日期**:2019.08.31

国食药监械(进)字 2014 第 2404238 号

产品名称:乳酸测定试剂盒(酶法)(LACTATE)
规格型号:试剂 1 缓冲液 (R1 Buffer): 4×10 mL,试剂 1 冻干粉 (R1 Lyo):4 瓶。
产品标准:YZB/USA 4922-2014
性能组成:乳酸氧化酶、过氧化物酶、两性离子缓冲液 (Good 缓冲液)、4-氨酰安替比林、N-乙基-N-(2-羟基-3-磺丙基)-3-甲基苯胺和防腐剂。(具体内容详见产品说明书)。产品有效期:2~8℃保存,有效期为 24 个月。附件:注册产品标准,产品说明书。
适用范围:本产品用于体外定量检测人血浆和脑脊液(CSF)中的 L-乳酸盐浓度。
生产厂家:美国 Beckman Coulter, Inc.
注册代理:贝克曼库尔特商贸(中国)有限公司
发证日期:2014.09.01　**截止日期**:2019.08.31

国食药监械(进)字 2014 第 2404239 号

产品名称:免疫球蛋白 M 测定试剂盒(免疫比浊法)(IgM)
规格型号:试剂 1 (R1): 4×14 mL,试剂 2 (R2): 4×11 mL。
产品标准:YZB/USA 4923-2014
性能组成:三羟甲基氨基甲烷 (Tris) 缓冲液 、聚乙二醇 6000、山羊抗-IgM 抗体和防腐剂。(具体内容详见产品说明书)。产品有效期:2~8℃保存,有效期为 24 个月。附件:注册产品标准,产品说明书。
适用范围:本产品用于体外定量检测人血清和血浆中的免疫球蛋白 M 浓度。
生产厂家:美国 Beckman Coulter, Inc.
注册代理:贝克曼库尔特商贸(中国)有限公司
发证日期:2014.09.01　**截止日期**:2019.08.31

国食药监械(进)字 2014 第 2404240 号

产品名称:免疫球蛋白 G 测定试剂盒(免疫比浊法)(IgG)
规格型号:试剂 1 (R1): 4×22 mL,试剂 2 (R2): 4×20 mL。
产品标准:YZB/USA 4927-2014
性能组成:三羟甲基氨基甲烷 (Tris) 缓冲液 、聚乙二醇 6000、山羊抗-IgG 抗体和防腐剂。(具体内容详见产品说明书)。产品有效期:2~8℃保存,有效期为 24 个月。附件:注册产品标准,产品说明书。
适用范围:本产品用于体外定量检测人血清、血浆和脑脊液中的免疫球蛋白 G 浓度。
生产厂家:美国 Beckman Coulter, Inc.
注册代理:贝克曼库尔特商贸(中国)有限公司
发证日期:2014.09.01　**截止日期**:2019.08.31

国食药监械(进)字 2014 第 2404241 号

产品名称:免疫球蛋白 A 测定试剂盒(免疫比浊法)(IgA)
规格型号:试剂 1 (R1): 4×14 mL,试剂 2 (R2): 4×11 mL。
产品标准:YZB/USA 4931-2014
性能组成:三羟甲基氨基甲烷 (Tris) 缓冲液 、聚乙二醇 6000、山羊抗-IgA 抗体和防腐剂。(具体内容详见产品说明书)。产品有效期:2~8℃保存,有效期为 24 个月。附件:注册产品标准,产品说明书。
适用范围:本产品用于体外定量检测人血清和血浆中的免疫球蛋白 A 浓度。
生产厂家:美国 Beckman Coulter, Inc.
注册代理:贝克曼库尔特商贸(中国)有限公司
发证日期:2014.09.01　**截止日期**:2019.08.31

国食药监械(进)字 2014 第 2404242 号

产品名称:触珠蛋白测定试剂盒(免疫比浊法)(HAPTOGLOBIN)
规格型号:试剂 1(R1):4 x 16.5 mL,试剂 2(R2):4 x 4.5 mL。
产品标准:YZB/USA 4934-2014
性能组成:三羟甲基氨基甲烷 (Tris) 缓冲液 、山羊抗人结合珠蛋白抗体和防腐剂。(具体内容详见产品说明书)。产品有效期:2~8℃保存,有效期为 24 个月。附件:注册产品标准,产品说明书。
适用范围:本产品用于体外定量检测人血清和血浆中的触珠蛋白浓度。
生产厂家:美国 Beckman Coulter, Inc.
注册代理:贝克曼库尔特商贸(中国)有限公司
发证日期:2014.09.01　**截止日期**:2019.08.31

国食药监械(进)字 2014 第 2404243 号

产品名称:脂肪酶测定试剂盒(色原底物法)(LIPASE)
规格型号:试剂 1 缓冲液(R1 Buffer):4 x 10 mL,试剂 1 冻干粉(R1 Lyo):4 瓶,试剂 2(R2):4 x 3.3 mL,校准品冻干粉:2 瓶; 试剂 1 缓冲液(R1 Buffer):4 x 30 mL,试剂 1 冻干粉(R1 Lyo):4 瓶,试剂 2(R2):4 x 10 mL,校准品冻干粉:2 瓶。
产品标准:YZB/USA 4942-2014
性能组成:2-吗啉乙磺酸/N, N-双(2-羟乙基)-2-氨基乙磺酸 (MES/BES)缓冲液、1, 2-甘油二酯底物、甘油一酯脂肪酶、甘油激酶、过氧化物酶、4-氨基比林、三羟甲基甲胺基丙磺酸(TAPS)、N-乙基-N-(2-羟基-3-磺丙基)-3-甲基苯胺钠盐(TOOS)、辅脂肪酶、甘油-3-磷酸氧化酶(GPO)、三磷酸腺苷(ATP)、防腐剂及表面活性剂和校准品。(具体内容详见产品说明书)。产品有效期:2~8℃保存,有效期为 24 个月。附件:注册产品标准,产品说明书。
适用范围:本产品用于体外定量检测人血清和血浆中的脂肪酶活性。
生产厂家:美国 Beckman Coulter, Inc.
注册代理:贝克曼库尔特商贸(中国)有限公司
发证日期:2014.09.01　**截止日期**:2019.08.31

国食药监械(进)字 2014 第 2404244 号

产品名称:抗 Jo-1 抗体 IgG 检测试剂盒 (酶联免疫吸附法) (Anti-Jo-1

ELISA(IgG))
规格型号:EA 1661-9601 G: 96 人份/盒
产品标准:YZB/GER 4829-2014
性能组成:微孔板、标准品 1、标准品 2、标准品 3、阳性对照、阴性对照、酶结合物、样本缓冲液、清洗缓冲液、色原/底物液、终止液、靶值参照表。(具体内容详见产品说明书)。产品有效期: 2-8℃保存,避免冰冻。未开封前,除非特别说明,试剂盒自生产日起各成分可稳定 1 年。附件:注册产品标准,产品说明书。
适用范围:该产品用于体外半定量或定量检测人血清或血浆中抗 Jo-1 抗体免疫球蛋白 G (IgG)。
生产厂家:德国 EUROIMMUN Medizinische Labordiagnostika AG
注册代理:北京欧蒙生物技术有限公司
发证日期:2014.09.01 **截止日期**:2019.08.31

国食药监械(进)字 2014 第 2404245 号

产品名称:抗 Scl-70 抗体 IgG 检测试剂盒(酶联免疫吸附法)(Anti-Scl-70 ELISA(IgG))
规格型号:EA 1599-9601 G: 96 人份/盒
产品标准:YZB/GER 4873-2014
性能组成:微孔板、标准品 1、标准品 2、标准品 3、阳性对照、阴性对照、酶结合物、样本缓冲液、清洗缓冲液、色原/底物液、终止液、靶值参照表。(具体内容详见产品说明书)。产品有效期: 2-8℃保存,避免冰冻。未开封前,除非特别说明,试剂盒自生产日起各成分可稳定 1 年。附件:注册产品标准,产品说明书。
适用范围:该产品用于体外半定量或定量检测人血清或血浆中抗 Scl-70 抗体免疫球蛋白 G (IgG)。
生产厂家:德国 EUROIMMUN Medizinische Labordiagnostika AG
注册代理:北京欧蒙生物技术有限公司
发证日期:2014.09.01 **截止日期**:2019.08.31

国食药监械(进)字 2014 第 2404246 号

产品名称:抗 PM-Scl IgG 抗体检测试剂盒(酶联免疫吸附法)(Anti-PM-Scl ELISA(IgG))
规格型号:EA 1584-9601 G: 96 人份/盒
产品标准:YZB/GER 4876-2014
性能组成:微孔板、标准品 1、标准品 2、标准品 3、阳性对照、阴性对照、酶结合物、样本缓冲液、清洗缓冲液、色原/底物液、终止液、靶值参照表。(具体内容详见产品说明书)。产品有效期: 2-8℃保存,避免冰冻。未开封前,除非特别说明,试剂盒自生产日起各成分可稳定 1 年。附件:注册产品标准,产品说明书。
适用范围:该产品用于体外半定量或定量检测人血清或血浆中抗 PM-Scl 抗体免疫球蛋白 G (IgG)。
生产厂家:德国 EUROIMMUN Medizinische Labordiagnostika AG
注册代理:北京欧蒙生物技术有限公司
发证日期:2014.09.01 **截止日期**:2019.08.31

国食药监械(进)字 2014 第 2404247 号

产品名称:抗内因子抗体 IgG 检测试剂盒(酶联免疫吸附法)(Anti-Intrinsic Factor ELISA (IgG))
规格型号:EA 1362-9601 G: 96 人份/盒
产品标准:YZB/GER 4896-2014
性能组成:微孔板、标准品 1、标准品 2、标准品 3、阳性对照、阴性对照、酶结合物、样本缓冲液、清洗缓冲液、色原/底物液、终止液、靶值参照表。(具体内容详见产品说明书)。产品有效期: 2-8℃保存,避免冰冻。未开封前,除非特别说明,试剂盒中各成分自生产日起可稳定 12 个月。附件:注册产品标准,产品说明书。
适用范围:该产品用于体外半定量或定量检测人血清或血浆中抗内因子免疫球蛋白 G (IgG) 抗体。
生产厂家:德国 EUROIMMUN Medizinische Labordiagnostika AG
注册代理:北京欧蒙生物技术有限公司
发证日期:2014.09.01 **截止日期**:2019.08.31

国食药监械(进)字 2014 第 2404248 号

产品名称:抗胃壁细胞、内因子抗体检测试剂盒(间接免疫荧光法)(EUROPLUS Stomach(Monkey)/Intrinsic Factor)
规格型号:FA 1362-1003-1: 30 人份/盒、FA1362-1005-1: 50 人份/盒、FA 1362-1010-1: 100 人份/盒、FA 1362-2005-1: 100 人份/盒、FA 1362-2010-1: 200 人份/盒、FA 1360-1003: 30 人份/盒、FA1360-1005: 50 人份/盒、FA 1360-1010: 100 人份/盒、FA1360-2005: 100 人份/盒、FA 1360-2010: 200 人份/盒。
产品标准:YZB/GER 4908-2014
性能组成:生物载片、荧光素标记的羊抗人免疫球蛋白 G (IgG)、阳性对照、阴性对照、甘氨酸尿素缓冲液、磷酸盐缓冲液 (PBS 盐)、吐温 20,试剂盒中还包括封片介质和盖玻片。(具体内容详见产品说明书)。产品有效期:生物载片及反应试剂应置于 2-8℃保存。如果保存恰当,自生产之日起保质期为 18 个月。附件:注册产品标准,产品说明书。
适用范围:该产品用于体外定性检测人血清或血浆中的抗胃壁细胞抗体(PCA)、抗内因子抗体。
生产厂家:德国 EUROIMMUN Medizinische Labordiagnostika AG
注册代理:北京欧蒙生物技术有限公司
发证日期:2014.09.01 **截止日期**:2019.08.31

国食药监械(进)字 2014 第 2404249 号

产品名称:抗胃壁细胞抗体 IgG 检测试剂盒(酶联免疫吸附法)(Anti-parietal cell antigen ELISA (IgG))
规格型号:EA 1361-9601 G: 96 人份/盒
产品标准:YZB/GER 4910-2014
性能组成:微孔板、标准品 1、标准品 2、标准品 3、阳性对照、阴性对照、酶结合物、样本缓冲液、清洗缓冲液、色原/底物液、终止液、靶值参照表。(具体内容详见产品说明书)。产品有效期: 2-8℃保存,避免冰冻。未开封前,除非特别说明,试剂盒中各成分自生产日起可稳定 12 个月。附件:注册产品标准,产品说明书。
适用范围:该产品用于体外半定量或定量检测人血清或血浆中抗胃壁细胞 (H+-K+ ATP 酶) 免疫球蛋白 G (IgG) 抗体。
生产厂家:德国 EUROIMMUN Medizinische Labordiagnostika AG
注册代理:北京欧蒙生物技术有限公司
发证日期:2014.09.01 **截止日期**:2019.08.31

国食药监械(进)字 2014 第 2404250 号

产品名称:糖化血红蛋白校准品(L-System HbA1c(E) Calibrator)
规格型号:高水平: 1mL × 3 瓶; 低水平: 1mL × 3 瓶。
产品标准:YZB/JAP 4946-2014
性能组成:人血液由来的糖化血红蛋白及人血红蛋白。产品有效期: 2~10℃保存,有效期 12 个月。附件:注册产品标准,产品说明书。
适用范围:该产品用于全血样本中糖化血红蛋白定量检测时的校准。
生产厂家:日本 SYSMEX CORPORATION
注册代理:希森美康医用电子(上海)有限公司
发证日期:2014.09.01 **截止日期**:2019.08.31

国食药监械(进)字 2014 第 2404251 号

产品名称:糖化血红蛋白质控品(L-System HbA1c(E) Control)
规格型号:高水平: 1mL×6 瓶; 低水平: 1mL×6 瓶。
产品标准:YZB/JAP 4948-2014
性能组成:人血液由来的糖化血红蛋白及人血红蛋白。产品有效期: 2~10℃保存,有效期 12 个月。附件:注册产品标准,产品说明书。
适用范围:该产品用于全血样本中糖化血红蛋白定量检测时的质量控制。
生产厂家:日本 SYSMEX CORPORATION
注册代理:希森美康医用电子(上海)有限公司
发证日期:2014.09.01 **截止日期**:2019.08.31

国食药监械(进)字 2014 第 3404252 号

产品名称:人乳头状瘤病毒(HPV)质控试剂盒(Cobas 4800 HPV Controls Kit)
规格型号:10 组
产品标准:YZB/USA 4872-2014
性能组成:cobas 4800 HPV 阳性对照 (HPV (+) C): Tris-HCl 缓冲液、乙二胺四乙酸 (EDTA)、叠氮化钠、Poly rA RNA (合成的)、非传染性的质粒 DNA (微生物的) 包含 HPV16、18、39 序列、非传染性的质粒 DNA (微生物的) 包含 HPV 人 β-球蛋白序列。 cobas 4800 HPV 阴性对照 (HPV (-) C): Tris-HCl 缓冲液、乙二胺四乙酸 (EDTA)、叠氮化钠、Poly rA RNA (合成的)。 (具体内容详见说明书)。产品有效期: 2~8℃

储存，有效期至 24 个月。附件：注册产品标准，产品说明书。
适用范围：用于患者宫颈细胞样本中的人乳头状瘤病毒（HPV）体外定性检测的质量控制。
生产厂家：美国 Roche Molecular Systems, Inc
注册代理：罗氏诊断产品（上海）有限公司
发证日期：2014. 09. 01 截止日期：2019. 08. 31

国食药监械（进）字 2014 第 2404253 号

产品名称：血氨试纸条（AMMONIA TEST KIT Ⅱ）
规格型号：50 条/盒
产品标准：YZB/JAP 4790-2014
性能组成：试纸条：由接受层、定距层、指示层和基础层组成。每 100 条试纸条血样接受层含有硼酸 42.6mg、氢氧化钠 18.7mg，指示层含有溴甲酚绿 4.0mg。产品有效期：储存条件：贮存于室温（1～30℃）。有效期：18 个月。附件：注册产品标准，产品说明书。
适用范围：用于定量测试耳垂处的末梢全血及静脉全血中的氨浓度。
生产厂家：日本 ARKRAY Factory, Inc.
注册代理：爱科来国际贸易（上海）有限公司
发证日期：2014. 09. 01 截止日期：2019. 08. 31

国食药监械（进）字 2014 第 2404254 号

产品名称：N 末端脑钠肽前体检测试剂盒（酶联免疫法）（NT-proBNP）
规格型号：12×8 测试/盒
产品标准：YZB/AUS 4755-2014
性能组成：微孔板（PLATE）、冲缓冲液（WASHBUF）、分析缓冲液（ASYBUF）、校准品（STD）、质控品（CTRL）、酶标记液（CONJ）、底物溶液（SUB）、终止物（STOP）；试剂盒中其它组成：不干胶塑料薄膜、质控缩略图、操作记录图。（具体内容详见产品说明书）。产品有效期：该产品放在 2～8℃，避光及正常湿度下存放，有效期为 12 个月。附件：注册产品标准，产品说明书。
适用范围：该产品用于体外定量检测人血清或乙二胺四乙酸（EDTA）血浆中 N 末端脑钠肽前体（NT-proBNP）的含量。
生产厂家：奥地利 Biomedica Medizinprodukte GmbH & Co KG
注册代理：北京德尔曼生物科技有限责任公司
发证日期：2014. 09. 01 截止日期：2019. 08. 31

国食药监械（进）字 2014 第 2404255 号

产品名称：血气检测试剂包（S2 Fluid Pack）
规格型号：20/30/50/100/100/650/1000 mL
产品标准：YZB/GER 4622-2014
性能组成：基本定标液，酸性定标液，参比溶液 1，参比溶液 2，钠离子调整液，氧零点液，清洁液。（具体内容详见产品说明书）。产品有效期：2～30℃储存 18 个月。附件：注册产品标准，产品说明书。
适用范围：该产品用于钠离子、钾离子、钙离子、氯离子、pH 值、二氧化碳分压和氧分压检测的校准，机器及电极的清洗，钠离子选择性电极的调整，配合相应电极对钠离子、钾离子、钙离子、氯离子的浓度、二氧化碳分压、氧分压和 pH 值进行定量检测。
生产厂家：德国 Roche Diagnostics GmbH
注册代理：罗氏诊断产品（上海）有限公司
发证日期：2014. 09. 01 截止日期：2019. 08. 31

国食药监械（进）字 2014 第 2404256 号

产品名称：血气、电解质检测用试剂包（C3 Fluid Pack）
规格型号：25/30/50/200mL
产品标准：YZB/GER 4626-2014
性能组成：1. 血气、电解质检测用试剂包成分及有效成分：氧分压零点校准液、参比电解液、清洗液、钠电极调整液。2. 血气、电解质检测用试剂包有效成分：氧分压零点校准液、参比电解液、钠电极调整液。（具体内容详见产品说明书）。产品有效期：储存条件：2～30℃；有效期：24 个月。附件：注册产品标准，产品说明书。
适用范围：该产品用于氧分压检测的校准，机器及电极的清洗，钠离子选择性电极的调整，配合相应电极对氧分压、二氧化碳分压、pH，钠离子、钾离子、氯离子、钙离子、红细胞压积、总血红蛋白、血氧饱和度进行定量检测。
生产厂家：德国 Roche Diagnostics GmbH
注册代理：罗氏诊断产品（上海）有限公司
发证日期：2014. 09. 01 截止日期：2019. 08. 31

国食药监械（进）字 2014 第 2404257 号

产品名称：血气血红蛋白模块检测用校准品（HB Calibrator）
规格型号：5×1.2 mL
产品标准：YZB/GER 4628-2014
性能组成：血气血红蛋白模块检测用校准品有效成分：显色剂：7.444 mmol/l；磷酸二氢钾：6.667 mmol/l；磷酸氢二钠：26.664 mmol/l；表面活性剂（Triton X 100）：2.0 g/L。产品有效期：15～30℃保存，有效期 36 个月。附件：注册产品标准，产品说明书。
适用范围：该产品用于红细胞压积、总血红蛋白、血氧饱和度、还原血红蛋白、碳氧血红蛋白、氧合血红蛋白，、高铁血红蛋白、胆红素检测的校准。
生产厂家：德国 Roche Diagnostics GmbH
注册代理：罗氏诊断产品（上海）有限公司
发证日期：2014. 09. 01 截止日期：2019. 08. 31

国食药监械（进）字 2014 第 2404258 号

产品名称：血气、电解质检测用校准品（C1 Calibration Solution 1）
规格型号：C1：2×1750 mL
产品标准：YZB/GER 4631-2014
性能组成：1. 成分：氯化钠：159mmol/L，碳酸钠：8.00mmol/L，碳酸氢钠：29.00mmol/ml，二羟乙基哌嗪乙烷磺酸钠：22.00mmol/L，氯化钾，钠离子，钾离子，氯离子，填充量：1750ml；2. 有效成分：钠离子（Na+）：225.7mmol/L，钾离子（K+）：7.51 mmol/L;。产品有效期：储存条件：2～30℃，有效期：18 个月。附件：注册产品标准，产品说明书。
适用范围：该产品与血气、电解质检测用校准品（C2）配合用于二氧化碳分压、pH、钠离子、钾离子、氯离子、钙离子、红细胞压积检测的校准。
生产厂家：德国 Roche Diagnostics GmbH
注册代理：罗氏诊断产品（上海）有限公司
发证日期：2014. 09. 01 截止日期：2019. 08. 31

国食药监械（进）字 2014 第 2404259 号

产品名称：血气、电解质检测用校准品（C2 Calibration Solution 2）
规格型号：C2：2×1200 mL
产品标准：YZB/GER 4633-2014
性能组成：成分：H-二羟乙基哌嗪乙烷磺酸（游离酸）：73.7 mmoL/L，钙离子：4.158 mmoL/L，填充量：1200 mL。产品有效期：储存条件：2～30℃，有效期：24 个月。附件：注册产品标准，产品说明书。
适用范围：该产品与血气、电解质检测用校准品（C1）配合用于二氧化碳分压、pH、钠离子、钾离子、氯离子、钙离子、红细胞压积检测的校准。
生产厂家：德国 Roche Diagnostics GmbH
注册代理：罗氏诊断产品（上海）有限公司
发证日期：2014. 09. 01 截止日期：2019. 08. 31

国食药监械（进）字 2014 第 2404260 号

产品名称：生化模块定标液（S3 Fluid Pack A）
规格型号：50/50/100/120/200/1250mL
产品标准：YZB/GER 4636-2014
性能组成：生化模块定标液组成：葡萄糖定标液 3：50 mL，葡萄糖定标液 4：50 mL，参比液：100ml，葡萄糖定标液 2：120 mL，葡萄糖定标液 1：200 mL，葡萄糖备用液：1250 mL。产品有效期：储存条件：2～25℃，有效期：18 个月。附件：注册产品标准，产品说明书。
适用范围：该产品用于对葡萄糖、乳酸和尿素（尿素氮）检测的校准，配合相应电极对葡萄糖、乳酸和尿素（尿素氮）进行定量检测。
生产厂家：德国 Roche Diagnostics GmbH
注册代理：罗氏诊断产品（上海）有限公司
发证日期：2014. 09. 01 截止日期：2019. 08. 31

国食药监械（进）字 2014 第 2404261 号

产品名称：白蛋白检测试剂盒（溴甲酚紫法）（Albumin BCP（ALBP））
规格型号：225 测试；400 测试。试剂 1：6 ×65 mL，试剂 2：6 ×42 mL。
产品标准：YZB/GER 4752-2014

性能组成:试剂 - 工作液 试剂 1: 缓冲液，防腐剂，表面活化剂。试剂 2: 溴甲酚紫 (BCP)，526 μmol/L；缓冲液；防腐剂；表面活化剂。对于 cobas c 701/702，为“试剂 1 和试剂 3”；且试剂 1 在位置 B 上，而试剂 3 在位置 C 上。 (具体内容详见产品说明书) 。
适用范围:该产品用于体外定量测定人体内血清、血浆中的白蛋白水平。备注:2015 年 1 月 22 日同意更正主要组成成分内容，2014 年 9 月 1 日核发的医疗器械注册登记表（体外诊断试剂）予以废止。
生产厂家:德国 Roche Diagnostics GmbH
注册代理:罗氏诊断产品(上海)有限公司
发证日期:2014.09.01 **截止日期**:2019.08.31

国食药监械(进)字 2014 第 3404262 号

产品名称:细胞角蛋白 19 片段测定试剂盒(化学发光微粒子免疫检测法)(ARCHITECT CYFRA 21-1 Reagent Kit)
规格型号:1×100 测试/盒
产品标准:YZB/GER 5036-2014
性能组成:微粒子、结合物。(具体内容详见说明书)。产品有效期:2℃～8℃竖直向上储存，有效期 12 个月。附件:注册产品标准，产品说明书。
适用范围:本试剂盒用于体外定量测定人血清和血浆中的细胞角蛋白 19 片段。
生产厂家:德国 Abbott GmbH & Co. KG
注册代理:雅培贸易(上海)有限公司
发证日期:2014.09.01 **截止日期**:2019.08.31

国食药监械(进)字 2014 第 3404263 号

产品名称:人绒毛膜促性腺激素定标液(HCG+β CalSet)
规格型号:4 ×1.0 mL (冻干品，复溶体积)
产品标准:YZB/GER 4822-2014
性能组成:试剂－工作溶液: 人绒毛膜促性腺激素定标液 1: 2 瓶，每瓶含 1.0 mL 定标液 1；人绒毛膜促性腺激素定标液 2: 2 瓶，每瓶含 1.0 mL 定标液 2 。缓冲人血清基质中人绒毛膜促性腺激素（来源于尿液）的两个浓度范围分别约为 1.5 mIU/mL 和约 2000 mIU/mL。 提供的物品: 人绒毛膜促性腺激素定标液，条码卡，定标液定值表，4 个带标签的有盖小空瓶， 2×6 个小瓶标签。 (具体内容详见产品说明书)。产品有效期: 2～8℃储存，可保存 18 个月。附件: 注册产品标准，产品说明书。
适用范围:该产品用于人绒毛膜促性腺激素 (HCG+β) 定量测定的定标。
生产厂家:德国 Roche Diagnostics GmbH
注册代理:罗氏诊断产品(上海)有限公司
发证日期:2014.09.01 **截止日期**:2019.08.31

国食药监械(进)字 2014 第 2404264 号

产品名称:可溶性 fms 样酪氨酸激酶-1 定标液(sFlt-1 CalSet)
规格型号:4×1.0 mL (冻干品，复溶体积)
产品标准:YZB/GER 4825-2014
性能组成:试剂-工作溶液:可溶性 fms 样酪氨酸激酶-1 定标液 1:2 瓶，每瓶 1.0 mL; 可溶性 fms 样酪氨酸激酶-1 定标液 2:2 瓶，每瓶 1.0 mL。缓冲马血清基质中含有两个浓度范围的可溶性 fms 样酪氨酸激酶-1（片段，人，重组)，浓度分别为约 0 pg/mL 和约 15000 pg/mL。 提供的物品: 可溶性 fms 样酪氨酸激酶-1 定标液，条码卡，定标液定值表，4 个带标签的有盖小空瓶，2×6 个小瓶标签。(具体内容详见产品说明书)。产品有效期: 2～8℃储存，可保存 18 个月。附件: 注册产品标准，产品说明书。
适用范围:该产品用于可溶性 fms 样酪氨酸激酶-1 定量测定的定标。
生产厂家:德国 Roche Diagnostics GmbH
注册代理:罗氏诊断产品(上海)有限公司
发证日期:2014.09.01 **截止日期**:2019.08.31

国食药监械(进)字 2014 第 2404265 号

产品名称:载脂蛋白 A-1 测定试剂盒(免疫比浊法)(Apolipoprotein A-1(ApoA)Reagent)
规格型号:2×100 测试/盒
产品标准:YZB/USA 4721-2014
性能组成:反应缓冲液，山羊抗人载脂蛋白 A 单克隆抗体，用于系统性能优化的非反应性物质。(具体内容详见产品说明书)。产品有效期: 2～8℃保存，有效期 24 个月。附件: 注册产品标准，产品说明书。
适用范围:本产品用于体外定量测定人血清或血浆样本中的载脂蛋白 A-1 浓度。
生产厂家:美国 Beckman Coulter, Inc.
注册代理:贝克曼库尔特商贸(中国)有限公司
发证日期:2014.09.01 **截止日期**:2019.08.31

国食药监械(进)字 2014 第 2404266 号

产品名称:促红细胞生成素校准品(Access EPO Calibrators)
规格型号:校准品 0 (S0): 10mL/瓶，校准品 1 (S1): 2.5mL/瓶，校准品 2 (S2): 2.5mL/瓶，校准品 3 (S3): 2.5mL/瓶，校准品 4 (S4): 2.5mL/瓶，校准品 5 (S5): 2.5mL/瓶。
产品标准:YZB/USA 4720-2014
性能组成:校准品 0 (S0): 牛血清白蛋白 (BSA) 缓冲基质、叠氮钠及 ProClin300；校准品 1 (S1)、校准品 2 (S2)、校准品 3 (S3)、校准品 4 (S4)、校准品 5 (S5): 重组人促红细胞生成素、牛血清白蛋白 (BSA) 缓冲基质、叠氮钠及 Omadine 钠； 校准卡。 (具体内容详见产品说明书)。产品有效期: 2～10℃保存，有效期为 24 个月。附件: 注册产品标准，产品说明书。
适用范围:本产品用于促红细胞生成素项目检测时的校准。
生产厂家:美国 Beckman Coulter, Inc.
注册代理:贝克曼库尔特商贸(中国)有限公司
发证日期:2014.09.01 **截止日期**:2019.08.31

国食药监械(进)字 2014 第 2404267 号

产品名称:肌红蛋白检测试剂盒(荧光磁微粒酶免法)(ST AIA-PACK Myoglobin)
规格型号:100 次检测用量(20 试剂 Cup/板×5)
产品标准:YZB/JAP 4788-2014
性能组成:ST AIA-PACK 肌红蛋白检测试剂盒，每 20 个试剂杯排放于一个试剂板上，并保存在铝制的防湿袋中。每次检测所用试剂主要包括以下几种: 鼠抗肌红蛋白单克隆抗体固定化微球、鼠抗肌红蛋白单克隆抗体碱性磷酸酶联标记结合物。(具体内容详见产品说明书)。产品有效期: 检测试剂盒贮存在 2～8℃和避光室内; 有效期: 试剂不开封，生产日期后 1 年内有效。附件: 注册产品标准，产品说明书。
适用范围:该产品用于体外定量测定血清或血浆中肌红蛋白的浓度。
生产厂家:日本 Tosoh Corporation
注册代理:东曹(上海)生物科技有限公司
发证日期:2014.09.01 **截止日期**:2019.08.31

国食药监械(进)字 2014 第 3404268 号

产品名称:乙型肝炎病毒核心抗体质控液(PreciControl Anti-HBc)
规格型号:16× 1.3 mL
产品标准:YZB/GER 4827-2014
性能组成:试剂-工作溶液: 乙型肝炎病毒核心抗体质控液 1: 8 瓶，每瓶含 1.3 mL 质控血清；乙型肝炎病毒核心抗体为阴性的人血清；防腐剂。 乙型肝炎病毒核心抗体质控液 2: 8 瓶，每瓶含 1.3 mL 质控血清；乙型肝炎病毒核心抗体（人源）约为 1 U/mL (Paul-Ehrlich 研究所单位) 的人血清；防腐剂。 提供的材料: 乙型肝炎病毒核心抗体质控液、2 张条形码卡、质控条码单。 (具体内容详见产品说明书)。产品有效期: 2～8℃储存，保存 29 个月。附件: 注册产品标准，产品说明书。
适用范围:该产品用于乙型肝炎病毒核心抗体 (Elecsys Anti-HBc) 免疫测定的质量控制。
生产厂家:德国 Roche Diagnostics GmbH
注册代理:罗氏诊断产品(上海)有限公司
发证日期:2014.09.01 **截止日期**:2019.08.31

国食药监械(进)字 2014 第 3404269 号

产品名称:过敏原特异性 IgE 抗体检测试剂盒（免疫印迹法）(AllergyScreen Test Kit)
规格型号:12 人份/盒
产品标准:YZB/GER 5091-2014
性能组成:检测板、洗脱液、检测抗体、结合物、底物。(具体内容详见产品说明书)。产品有效期: 2～8℃下保存，有效期 2 年。附件: 注册产品标准，产品说明书。
适用范围:该产品用于半定量检测人血清中的过敏原[包括户尘螨、屋尘、桑树、猫毛皮屑、狗毛皮屑、蟑螂、苋、鸡蛋白、牛奶（混合)、虾、牛肉、贝、蟹、芒果、腰果、菠萝、混合霉菌、混合草，树花粉] 特异性 IgE 抗体 (sIgE)。
生产厂家:德国 MEDIWISS Analytic GmbH
注册代理:上海领检科技有限公司
发证日期:2014.09.01 **截止日期**:2019.08.31

国食药监械(进)字 2014 第 2404270 号

产品名称:抗甲状腺过氧化物酶抗体测定试剂盒(化学发光法)(Access TPO Antibody)
规格型号:2 × 50 测试/盒
产品标准:YZB/USA 4716-2014
性能组成:试剂 1 (R1a): 包被着链霉亲和素及结合了生物素化人重组甲状腺过氧化酶 (TPO) 的 Dynabeads 顺磁性微粒，悬浮于 N-氨基甲酰甲基乙磺酸缓冲液 (ACES 缓冲液) [含蛋白质 (牛)、叠氮钠及 ProClin 300]; 试剂 2 (R1b): 溶于缓冲蛋白溶液 (牛) 中的重组蛋白 A 碱性磷酸酶 (牛) 结合物; 试剂 3 (R1c): 缓冲蛋白溶液 (牛)、叠氮钠及 ProClin 300。 (具体内容详见产品说明书)。产品有效期: 2~10℃保存，有效期 12 个月。附件: 注册产品标准，产品说明书。
适用范围:本产品用于体外定量测定人血清和血浆样本中的抗甲状腺过氧化酶抗体。
生产厂家:美国 Beckman Coulter, Inc.
注册代理:贝克曼库尔特商贸(中国)有限公司
发证日期:2014.09.01 **截止日期**:2019.08.31

国食药监械(进)字 2014 第 2404271 号

产品名称:卵泡刺激激素校准品(AIA-PACK FSH CALIBRATOR SET)
规格型号:校准品 (1) - (2): 各 1.0mL×2。
产品标准:YZB/JAP 4888-2014
性能组成:校准品 (1): 卵泡刺激激素阴性人血清; 校准品 (2): 卵泡刺激激素、卵泡刺激激素阴性人血清。 (具体内容详见产品说明书)。产品有效期: 该产品贮存在 2~8℃和避光室内; 有效期: 可以稳定保存一年。附件: 注册产品标准，产品说明书。
适用范围:该产品用于对卵泡刺激激素检测项目进行定标并确定参考曲线，以便定量测定人血清、血浆中卵泡刺激激素的浓度。
生产厂家:日本 Tosoh Corporation
注册代理:东曹(上海)生物科技有限公司
发证日期:2014.09.01 **截止日期**:2019.08.31

国食药监械(进)字 2014 第 2404272 号

产品名称:黄体形成激素校准品(ST AIA-PACK LH II CALIBRATOR SET)
规格型号:校准品 (1): 1.0mL×2; 校准品 (2) - (6): 各 1.0mL×2。
产品标准:YZB/JAP 4897-2014
性能组成:标准品(1): 黄体形成激素阴性人血清; 标准品(2)-(6): 黄体形成激素、黄体形成激素阴性人血清。 (具体内容详见产品说明书)。产品有效期: 该产品贮存在 2~8℃和避光室内，有效期: 可以稳定保存一年。附件: 注册产品标准，产品说明书。
适用范围:该产品用于对黄体形成激素检测项目进行定标并确定参考曲线，以便定量测定人血清或肝素血浆中黄体形成激素的浓度。
生产厂家:日本 Tosoh Corporation
注册代理:东曹(上海)生物科技有限公司
发证日期:2014.09.01 **截止日期**:2019.08.31

国食药监械(进)字 2014 第 3404273 号

产品名称:鳞状上皮细胞癌抗原校准品(ARCHITECT SCC Calibrators)
规格型号:6 瓶(4 mL/瓶)
产品标准:YZB/GER 5092-2014
性能组成:校准品 A 是含蛋白 (牛) 稳定剂的硼酸盐缓冲液; 校准品 B-F 是用硼酸盐缓冲液配制的鳞状上皮细胞癌(SCC)抗原 (人)，含蛋白 (牛) 稳定剂。防腐剂: 叠氮钠和其他抗菌剂。(具体内容详见说明书)。产品有效期: 2~8℃储存，有效期 24 个月。附件: 注册产品标准，产品说明书。
适用范围:本校准品用于体外定量测定人血清和血浆中的鳞状上皮细胞癌抗原 (SCC Ag) 时，对鳞状上皮细胞癌抗原项目进行校准。
生产厂家:德国 Abbott GmbH & Co. KG
注册代理:雅培贸易(上海)有限公司
发证日期:2014.09.01 **截止日期**:2019.08.31

国食药监械(进)字 2014 第 3404274 号

产品名称:人附睾蛋白 4(HE4)检测试剂盒(化学发光法)(HE4 CLIA)
规格型号:96 人份/盒
产品标准:YZB/SWE 5019-2014
性能组成:含微孔板、标准品 A、标准品 B、标准品 C、标准品 D、标准品 E、标准品 F、质控品 1、质控品 2、生物素标记抗的抗-人附睾蛋白 4 (HE4) 抗体、示踪液 (辣根过氧化物酶标记的抗-人附睾蛋白 4 (HE4))、示踪稀释缓冲液、底物液 A、底物液 B、清洗浓缩液 (25×)。(具体内容详见说明书)。产品有效期: 试剂盒贮存于 2~8℃，避免冷冻，有效期为 15 个月。附件: 注册产品标准，产品说明书。
适用范围:本产品用于体外定量测定人血清中人附睾蛋白 4(HE4)的含量。
生产厂家:瑞典 Fujirebio Diagnostics AB
注册代理:康乃格诊断产品(北京)有限公司
发证日期:2014.09.04 **截止日期**:2019.09.03

国食药监械(进)字 2014 第 3404275 号

产品名称:糖类抗原 CA125 测定试剂盒(化学发光法)(CanAg CA125 CLIA)
规格型号:96 人份/盒
产品标准:YZB/SWE 5022-2014
性能组成:含微孔板、标准品 0(0U/mL)、标准品 10(10U/mL)、标准品 40(40U/mL)、标准品 200(200U/mL)、标准品 500(500U/mL)、质控品 1、质控品 2、生物素标记的抗-糖类抗原 CA125 抗体、示踪液 (辣根过氧化物酶标记的抗-糖类抗原 CA125 抗体)、示踪稀释缓冲液、底物液 A、底物液 B、清洗浓缩液 (25×)。(具体内容详见说明书)。产品有效期: 试剂盒贮存于 2~8℃，避免冷冻，有效期为 12 个月。附件: 注册产品标准，产品说明书。
适用范围:糖类抗原 CA125 测定试剂盒(化学发光法)用于体外定量检测人血清中糖类抗原 CA125 的含量。
生产厂家:瑞典 Fujirebio Diagnostics AB
注册代理:康乃格诊断产品(北京)有限公司
发证日期:2014.09.04 **截止日期**:2019.09.03

国食药监械(进)字 2014 第 3404276 号

产品名称:抗甲状腺转录因子-1(SP141)兔单克隆抗体试剂(免疫组织化学法)(anti-Thyroid Transcription Factor-1 (SP141) Rabbit Monoclonal Primary Antibody)
规格型号:50 测试
产品标准:YZB/USA 5032-2014
性能组成:该产品含有足够 50 次测试的试剂。1 支 anti-TTF-1 (SP141) 5 mL 分配器含有约 28.5μg 的兔单克隆抗体。该抗体稀释于 Tris 缓冲液，pH7.5，并含有载体蛋白，非离子型去污剂，以及作为防腐剂的 0.09% 叠氮钠。(具体内容详见产品说明书)。产品有效期: 存放于 2~8℃，有效期至 12 个月。附件: 注册产品标准，产品说明书。
适用范围:该产品用于福尔马林固定、石蜡包埋的组织切片中甲状腺转录因子-1 (TTF-1) 蛋白的定性染色。
生产厂家:美国 Ventana Medical Systems, Inc.
注册代理:罗氏诊断产品(上海)有限公司
发证日期:2014.09.04 **截止日期**:2019.09.03

国食药监械(进)字 2014 第 2304277 号

产品名称:数字乳腺 X 射线摄影系统(Full Field Digital Mammography System)
规格型号:Selenia Dimensions
产品标准:YZB/USA 4545-2014《数字乳腺 X 射线摄影系统》
性能组成:由机架(含 Gantry、高压发生器 (ASY-01273)、高压逆变器、X 射线管组件 (B-115)、X 射线管 (M-113T)、探测器 (PRD-00779-N、PRD-00455-N)、限束器、显示器、电源柜)、采集工作站(含 AWS 操作台 (ASY-01966)、AWS 显示器、计算机)、扫描枪组成。
适用范围:用于获取数字乳腺 X 射线摄影图像，以供乳腺癌的检查。
生产厂家:美国 Hologic, Inc.
注册代理:美中互利(北京)国际贸易有限公司
服务机构:美中互利(北京)国际贸易有限公司
发证日期:2014.09.01 **截止日期**:2019.08.31

国食药监械(进)字2014第2704278号

产品名称:X射线图像骨密度测量软件(Bone Densitometer)
规格型号:OsteoGram 2000, 版本1.12
产品标准:YZB/USA 4865-2014《X射线图像骨密度测量软件》
性能组成:由软件安装光盘、使用手册、加密狗、附件(手部定位模板、校准测试底片)组成。组成模块包括:输入图像(扫描)、输入病人信息、显示测试结果、打印测试报告、图像自动处理模块、骨密度计算模块、骨密度报告产生模块、数据库。
适用范围:用于估算患者骨矿物质密度,帮助医生评估骨折风险和监测骨量变化
生产厂家:美国CompuMed, Inc.
注册代理:康科德(北京)医疗设备有限公司
服务机构:康科德(北京)医疗设备有限公司
发证日期:2014.09.01 **截止日期**:2019.08.31

国食药监械(进)字2014第3544279号

产品名称:婴儿正压呼吸治疗系统(Bubble CPAP System)
规格型号:见附页
产品标准:YZB/NZE 5104-2014《婴儿正压呼吸治疗系统》
性能组成:产品是由BC161-10婴儿气体输送系统、病人界面组成。其中婴儿气体输送系统包括单加热呼吸管路、MR290自动加水式湿化水罐、压力分歧管和BubbleCPAP发生器。病人界面包括前置鼻管、鼻塞和鼻罩。CPAP压力范围3-10cmH2O,最大压力限制:在气体流量为8L/min时不超过17cmH2O。
适用范围:该产品必须与呼吸湿化器、空气源、氧气源和空氧混合器配套使用,利用氧气和/或空气为气源,经鼻通气,提供给有自主呼吸的婴儿(体重小于15公斤的婴儿,包括新生儿)持续正压呼吸支持,设计用于医疗机构为需要辅助呼吸的非插管的婴儿提供呼吸支持,限单一患者,不可多人重复使用,最长可使用7天。
生产厂家:新西兰FISHER &PAYKEL HEALTHCARE Ltd.
注册代理:费雪派克医疗保健(广州)有限公司 Fisher&Paykel Healthcare (Guangzhou) Ltd.
服务机构:费雪派克医疗保健(广州)有限公司 Fisher&Paykel Healthcare (Guangzhou) Ltd.
发证日期:2014.09.01 **截止日期**:2019.08.31

国食药监械(进)字2014第2214280号

产品名称:肺功能测定仪(Spirometer)
规格型号:Spirolab Ⅲ
产品标准:YZB/ITA 4930-2014《肺功能测定仪》
性能组成:肺功能测定仪由肺活量计主机(含彩色显示器和内置打印机)、涡轮流量传感器(包含微流量计和涡轮,其中涡轮分为可重复使用和一次性使用)、电源适配器组成。
适用范围:该产品用于测量用力肺活量(FVC)、缓慢肺活量(VC)和最大通气量(MVV)。
生产厂家:意大利MIR S.R.L.-MEDICAL INTERNATIONAL RESEARCH
注册代理:法液空医疗用品(北京)有限公司
服务机构:法液空医疗用品(北京)有限公司
发证日期:2014.09.01 **截止日期**:2019.08.31

国食药监械(进)字2014第2404281号

产品名称:全自动尿有形成分分析仪(商品名:科宝)(Sediment Analyzer)
规格型号:COBIO XS
产品标准:YZB/HUN 5048-2014《全自动尿有形成分分析仪》
性能组成:该产品主要由维修门、开关按钮、电源连接器、通讯端口、计数池盛装盒、废片盒、试管架移动单元、传输单元、送料单元、分拣单元、机械臂单元、显微镜单元、清洗单元、离心机单元、随机软件组成。
适用范围:该分析仪与随机专用计数池,清洗液等一起合用,通过离心镜检测尿液中的下列有形成分:红细胞(RBC);白细胞(WBC);白细胞团(WBCc);透明管型(HYA);病理管型(PAT);鳞状上皮细胞(EPI);非鳞状上皮细胞(NEC);细菌(BAC);酵母样菌(YEA);结晶(CRY);草酸钙单水化合物(CaOxm);草酸钙二水化合物(CaOxd);尿酸(URI);三联磷酸盐(TRI);黏液丝(MUC);精子(SPRM)。
生产厂家:匈牙利77 ELEKTRONIKA Muszeripari Kft.
注册代理:上海创实医疗设备有限公司
服务机构:上海创实医疗设备有限公司
发证日期:2014.09.01 **截止日期**:2019.08.31

国食药监械(进)字2014第2404282号

产品名称:遗传分析系统(GenomeLab GeXP Genetic Analysis System)
规格型号:GenomeLab GeXP Genetic Analysis System
产品标准:YZB/USA 4950-2014《遗传分析系统》
性能组成:遗传分析系统由样本变性和自动进样系统、毛细管电泳系统和检测系统组成。
适用范围:遗传分析系统用于测定给定DNA样本中的核苷酸序列和估计DNA片段大小。
生产厂家:美国Beckman Coulter, Inc.
注册代理:贝克曼库尔特商贸(中国)有限公司
服务机构:贝克曼库尔特商贸(中国)有限公司
发证日期:2014.09.01 **截止日期**:2019.08.31

国食药监械(进)字2014第2554283号

产品名称:喷砂枪(AIR-FLOW device for dental prophylaxis)
规格型号:AIR-FLOW handy PERIO
产品标准:YZB/SWI 4383-2014《喷砂枪》
性能组成:产品由机头、机体、喷嘴组成。
适用范围:该产品用于清除牙周袋(深达10mm)里的牙菌膜。
生产厂家:瑞士E.M.S. Electro Medical Systems S.A.
注册代理:医迈斯电子医疗系统贸易(上海)有限公司
服务机构:医迈斯电子医疗系统贸易(上海)有限公司
发证日期:2014.09.01 **截止日期**:2019.08.31

国食药监械(进)字2014第3464284号

产品名称:电极导线帽(Lead Cap)
规格型号:4033A
产品标准:YZB/USA 5464-2011《电极导线帽》
性能组成:电极导线帽为植入类产品,由硅橡胶材料构成。
适用范围:电极导线帽用于未使用的IS-1、DF-1或SJ4(DF4、IS4)电极导线终端连接器的绝缘。
生产厂家:美国St. Jude Medical Cardiac Rhythm Management Division
注册代理:圣犹达医疗用品(上海)有限公司
服务机构:圣犹达医疗用品(上海)有限公司
发证日期:2014.09.01 **截止日期**:2019.08.31

国食药监械(进)字2014第3704285号

产品名称:MR心脏图像处理软件(MR心脏画像处理ソフトウエア)
规格型号:Ziostation2 Plus(MR Cardiac),版本2.1
产品标准:YZB/JAP 5165-2014《MR心脏图像处理软件》
性能组成:本软件由软件安装光盘、加密狗和随机文件组成,组成模块包括:Time-Intensity Analysis、Delayed Signal Intensity Analysis。本产品是Ziostation2 Plus的选配软件。
适用范围:用于MR心脏图像的显示、存储和处理,并对心脏功能以及血流进行定量评价,为医师提供诊断或治疗的信息。
生产厂家:日本ザイオソフト株式会社
注册代理:凯捷健生物技术咨询(北京)有限公司
服务机构:凯捷健生物技术咨询(北京)有限公司
发证日期:2014.09.04 **截止日期**:2019.09.03

国食药监械(进)字2014第3704286号

产品名称:CT图像处理软件(CT画像处理ソフトウエア)
规格型号:Ziostation2 Plus(CT),版本2.1
产品标准:YZB/JAP 5168-2014《CT图像处理软件》
性能组成:本软件由软件安装光盘、加密狗和随机文件组成,组成模块包括:Perfusion Analysis、CT Cardiac Function、CT Calcium Scoring、CT Colon Analysis、CT Coronary Analysis、CT Dental Viewer、CT Volume Perfusion Analysis。本产品是Ziostation2 Plus的选配软件。
适用范围:用于CT图像的显示、存储和处理,并针对身体各部位的形态、功能以及血流进行定量评价,为医师提供诊断或治疗的信息。
生产厂家:日本ザイオソフト株式会社

注册代理:凯捷健生物技术咨询(北京)有限公司
服务机构:凯捷健生物技术咨询(北京)有限公司
发证日期:2014.09.04 截止日期:2019.09.03

国食药监械(进)字2014第3544287号

产品名称:麻醉系统(Anaesthesia system)
规格型号:ARKON
产品标准:YZB/UK 5145-2014《麻醉系统》
性能组成:该产品由麻醉机主机、呼吸回路、麻醉气体净化装置、麻醉蒸发器(型号:Datum L(SEV)和Datum L(ISO))、麻醉呼吸机、CO2吸收罐(型号:201-0281-00)、电子流量计、麻醉气体监测模块组成。
适用范围:麻醉系统用于外科手术中对婴幼儿、儿童和成人进行麻醉。
生产厂家:英国 Spacelabs Healthcare Ltd.
注册代理:思培斯太空医疗仪器贸易(上海)有限公司
服务机构:思培斯太空医疗仪器贸易(上海)有限公司
发证日期:2014.09.04 截止日期:2019.09.03

国食药监械(进)字2014第3324288号

产品名称:医用直线加速器(Linear Accelerator)
规格型号:Elekta Infinity
产品标准:YZB/UK 5144-2014《医用直线加速器》
性能组成:该产品由机架、治疗床、Agility多叶准直器、XVI容积影像系统、iViewGT实时影像系统、Integrity控制系统和控制台组成,非均整模式(FFF)可选配。
适用范围:用于由执照医师确定的恶性肿瘤疾病的放射治疗。
备注:该产品暂缓检测,生产企业必须在首台医疗器械入境后、投入使用前完成注册检测,经检测合格后方可投入使用。
生产厂家:英国 Elekta Limited
注册代理:医科达(上海)医疗器械有限公司
服务机构:医科达(上海)医疗器械有限公司
发证日期:2014.09.04 截止日期:2019.09.03

国食药监械(进)字2014第3244289号

产品名称:准分子激光角膜屈光治疗机(Установка эксимерлазерная офтальмологическая компьютеризированная)
规格型号:MicroScan-PIC
产品标准:YZB/RUS 5331-2014《准分子激光角膜屈光治疗机》
性能组成:主机(碎屑清除系统、LeicaMS5手术显微镜、紫外光束塑形和传输系统、CL5100准分子激光发射器、瞄准系统和跟踪系统、控制软件系统、氮净化系统(可选)、混合气的汽瓶、手术区照明系统)LOP614手术床、脚踏开关。激光波长:193nm±5nm;激光脉冲宽度:8-15ns;激光脉冲重复频率:300Hz±10%;激光器窗口脉冲能量:≤12mJ;设备终端脉冲能量:0.5mJ±10%;激光模式:多模。术区能量密度:120-180mJ/cm2;对准光波长:650nm±5nm;对准光功率:≤1mW;瞄准激光波长:650nm±5nm;瞄准光功率:≤1mW。
适用范围:MicroScan治疗仪用于屈光性角膜切削术(PRK)、原位角膜磨镶术(LASIK)等角膜屈光矫正术。用于临床上矫正近视、散光。近视从-1.0D到-6.0D;散光1.0D。
生产厂家:俄罗斯科学院普通物理研究所(ИОФ РАН)
注册代理:北京康复明科贸有限公司
服务机构:北京康复明科贸有限公司
发证日期:2014.09.16 截止日期:2019.09.15

国食药监械(进)字2014第3544290号

产品名称:麻醉系统(Anaesthesia System)
规格型号:BleaseFocus
产品标准:YZB/UK 5146-2014《麻醉系统》
性能组成:麻醉系统由麻醉机主机、麻醉气体输送系统、流量计、麻醉蒸发器(型号:Datum L(ISO)、Datum L(SEV))、麻醉气体净化装置、呼吸回路(型号:CAS I、CAS II)、麻醉呼吸机(型号:BleaseFocus-720/BleaseFocus-730/BleaseFocus-750/BleaseFocus-950/BleaseFocus-970/BleaseFocus-990)、CO2吸收罐、内部电池和电源线组成。
适用范围:麻醉系统用于外科手术中对2岁以上儿童及成人进行麻醉。
生产厂家:英国 Spacelabs Healthcare Ltd.

注册代理:思培斯太空医疗仪器贸易(上海)有限公司
服务机构:思培斯太空医疗仪器贸易(上海)有限公司
发证日期:2014.09.16 截止日期:2019.09.15

国食药监械(进)字2014第3224291号

产品名称:电极(Electrosurgical Instruments)
规格型号:见附页
产品标准:YZB/USA 5174-2014《电极》
性能组成:产品包括电凝钳、电钩和可重复使用双极连线组成;电凝钳由外管鞘、内芯和操作手柄组成。产品规格型号及参数见附页。
适用范围:该产品可与腹腔镜配合使用,用于组织的切割和电凝。
生产厂家:美国 Stryker Endoscopy
注册代理:史赛克(北京)医疗器械有限公司
服务机构:史赛克(北京)医疗器械有限公司
发证日期:2014.09.16 截止日期:2019.09.15

国食药监械(进)字2014第3544292号

产品名称:呼吸机(DeVilbiss SleepCube Bilevel ST CPAP System)
规格型号:DV56UK, DV56SE
产品标准:YZB/USA 5453-2014《呼吸机》
性能组成:产品由主机、滤膜、AC电源线、湿化器(DV5HH型)组成。
适用范围:适用于对体重大于或等于30kg的阻塞性睡眠呼吸暂停患者的通气治疗。设备可用于家庭和临床环境中。
生产厂家:美国 DeVilbiss Healthcare LLC
注册代理:北京市中美特新医疗用品有限责任公司
服务机构:北京市中美特新医疗用品有限责任公司
发证日期:2014.09.16 截止日期:2019.09.15

国食药监械(进)字2014第2304293号

产品名称:牙科X射线机(Dental X-ray Unit)
规格型号:HELIODENT PLUS D3507
产品标准:YZB/GER 5343-2014《牙科X射线机》
性能组成:由管组件(6151836)、X射线管(6151893)、限束器、控制器和曝光控制器组成。
适用范围:供医疗单位作牙科X射线摄影使用
生产厂家:德国 Sirona Dental Systems GmbH
注册代理:西诺德牙科设备商贸(上海)有限公司
服务机构:西诺德牙科设备商贸(上海)有限公司
发证日期:2014.09.16 截止日期:2019.09.15

国食药监械(进)字2014第2554294号

产品名称:高速气涡轮手机(Dental Handpiece)
规格型号:8000B, 8000C
产品标准:YZB/GER 5505-2014《高速气涡轮手机》
性能组成:产品由高速气涡轮手机和软管连接件MULTIflex组成。各型号区别详见附页。
适用范围:该产品利用空气驱动风轮带动轴承旋转,供夹持的牙科车针进行钻牙、磨牙手术用。
生产厂家:德国 Kaltenbach & Voigt GmbH
注册代理:卡瓦盛邦(上海)牙科医疗器械有限公司
服务机构:卡瓦盛邦(上海)牙科医疗器械有限公司
发证日期:2014.09.16 截止日期:2019.09.15

国食药监械(进)字2014第2234295号

产品名称:超声骨密度仪(Ultrasound Bone Densitometer)
规格型号:SONOST3000
产品标准:YZB/ROK 5531-2014《超声骨密度仪》
性能组成:产品由主机、足部定位器、体模和电源线构成。
适用范围:该产品利用超声波测定患者足跟部位的骨密度值,辅助临床医师诊断。
生产厂家:韩国 Osteosys Co., Ltd.
注册代理:澳思托医疗器械(上海)有限公司
服务机构:澳思托医疗器械(上海)有限公司
发证日期:2014.09.16 截止日期:2019.09.15

国食药监械(进)字2014第2214296号

产品名称:声阻抗仪(Impedance Audiometer)
规格型号:AT235 , AT235h
产品标准:YZB/DEN 5096-2014《声阻抗仪》
性能组成:产品由主机、电源线、探头、压耳式耳机、插入式耳机、患者应答器和耳塞。AT235/AT235h 为 4 型纯音听力计、2 型声阻抗仪。
适用范围:用于进行中耳的声阻抗测试。
生产厂家:丹麦 Interacoustics A/S
注册代理:奥迪康国际贸易(上海)有限公司
服务机构:奥迪康国际贸易(上海)有限公司
发证日期:2014.09.16 截止日期:2019.09.15

国食药监械(进)字 2014 第 2224297 号

产品名称:喉镜(Laryngoscope)
规格型号:130307427, 130307317, 130307327, 130307417, 130310327, 130310329, 130310427, 130310429, 130310527, 130310529, 130310627, 130310629
产品标准:YZB/GER 5200-2014《喉镜》
性能组成:喉镜由硬性光学内窥镜组成。
适用范围:XION 喉镜用于喉部内窥镜微创手术和检查
生产厂家:德国 XION GmbH
注册代理:艾克松有限公司杭州办事处
服务机构:艾克松有限公司杭州办事处
发证日期:2014.09.16 截止日期:2019.09.15

国食药监械(进)字 2014 第 2544298 号

产品名称:压力调节器(EasySpray Pressure Regulator)
规格型号:EasySpray
产品标准:YZB/AUS 5149-2014《压力调节器》
性能组成:产品组成包括压力表、连接无菌滤器的鲁尔连接器、静脉输液架夹、带滤器的气源连接器、高压安全阀、压力控制旋钮、低电量指示器和电池盒。
适用范围:用于对压缩气体进行控制和释放,该设备只能与配套的喷雾组件配合使用。与其配套使用的喷雾组件包括:Tisseel/tissucol 喷射发生器、Tisseel/Artiss 喷射发生器、Coseal 喷射发生器(外科用封合剂喷射发生器)。
生产厂家:奥地利 Baxter AG
注册代理:百特医疗用品贸易(上海)有限公司
服务机构:百特医疗用品贸易(上海)有限公司
发证日期:2014.09.16 截止日期:2019.09.15

国食药监械(进)字 2014 第 2404299 号

产品名称:氯电极(Chloride Electrode)
规格型号:Chloride Electrode
产品标准:YZB/GER 5380-2014《氯电极》
性能组成:主要组成部分:外壳,敏感成分,接触针,环形垫圈,内部溶液。
适用范围:用于罗氏的电解质分析仪上进行氯离子的定量检测。
生产厂家:德国 Roche Diagnostics GmbH
注册代理:罗氏诊断产品(上海)有限公司
服务机构:罗氏诊断产品(上海)有限公司
发证日期:2014.09.16 截止日期:2019.09.15

国食药监械(进)字 2014 第 2404300 号

产品名称:锂电极(Lithium Electrode)
规格型号:Lithium Electrode
产品标准:YZB/GER 5401-2014《锂电极》
性能组成:主要组成部分:外壳,敏感成分,接触针,环形垫圈,内部溶液。
适用范围:用于罗氏的电解质分析仪上进行锂离子的定量检测。
生产厂家:德国 Roche Diagnostics GmbH
注册代理:罗氏诊断产品(上海)有限公司
服务机构:罗氏诊断产品(上海)有限公司
发证日期:2014.09.16 截止日期:2019.09.15

国食药监械(进)字 2014 第 2404301 号

产品名称:钠电极(Sodium Electrode)
规格型号:Sodium Electrode
产品标准:YZB/GER 5408-2014《钠电极》
性能组成:主要组成部分:外壳,敏感成分,接触针,环形垫圈,内部溶液。
适用范围:该产品用于罗氏的电解质分析仪上进行钠离子的定量检测。
生产厂家:德国 Roche Diagnostics GmbH
注册代理:罗氏诊断产品(上海)有限公司
服务机构:罗氏诊断产品(上海)有限公司
发证日期:2014.09.16 截止日期:2019.09.15

国食药监械(进)字 2014 第 2224302 号

产品名称:内镜清洗消毒器(Endoscopes washer)
规格型号:EW2/1; EW2/2
产品标准:YZB/ITA 5448-2014《内镜清洗消毒器》
性能组成:由腔体、喷淋系统、计量系统、负载架、供水系统、控制系统组成。
适用范围:用于软式内镜的清洗、消毒和干燥。
生产厂家:意大利 INTERNATIONAL STEEL CO.SPA
服务机构:RED MAPLE CO., LTD 北京瑞德迈普技术开发有限公司
发证日期:2014.09.15 截止日期:2019.09.14

国食药监械(进)字 2014 第 2224303 号

产品名称:验光头(ビューテスター)
规格型号:VT-5
产品标准:YZB/JAP 5207-2014《验光头》
性能组成:验光头由本体部分、近视力刻度杆及近视力表支架组成。
适用范围:验光头用于对患者的眼睛进行眼屈光度(球镜度、柱镜度、柱镜轴、棱镜度)以及两眼视功能的主观验光检查用。
生产厂家:日本株式会社タカギセイコー
注册代理:苏州威视健医疗仪器设备进出口有限公司
服务机构:苏州威视健医疗仪器设备进出口有限公司
发证日期:2014.09.15 截止日期:2019.09.14

国食药监械(进)字 2014 第 2304304 号

产品名称:移动式牙科 X 射线机(Portable Dental X-Ray System)
规格型号:PROX
产品标准:YZB/ROK 5264-2014《移动式牙科 X 射线机》
性能组成:由 X 射线管(D-081B)、X 射线管组件(ERG-602)、限束筒、手持开关、支架、电池、充电器、控制面板组成。
适用范围:供医疗单位行使牙科 X 射线摄影诊断之用
生产厂家:韩国 DIGIMED CO., LTD
注册代理:北京智爱好必特国际贸易有限公司
服务机构:北京智爱好必特国际贸易有限公司
发证日期:2014.09.15 截止日期:2019.09.14

国食药监械(进)字 2014 第 2544305 号

产品名称:电动液压手术床(MOBILE OPERATING TABLE ALPHACACLASSIC PRO)
规格型号:见附页
产品标准:YZB/GER 5137-2014《电动液压手术床》
性能组成:该产品由台面、台柱、电动机、控制装置(线控器、IR 遥控器和台柱应急操作面板)组成。
适用范围:该产品适用于安置病人做外科手术用。
生产厂家:德国 MAQUET GmbH
注册代理:迈柯唯(上海)医疗设备有限公司
服务机构:迈柯唯(上海)医疗设备有限公司
发证日期:2014.09.15 截止日期:2019.09.14

国食药监械(进)字 2014 第 2224306 号

产品名称:数码眼底相机(Digital Fundus Camera)
规格型号:CIRRUS Photo 600, CIRRUS Photo 800
产品标准:YZB/GER 5028-2014《数码眼底相机》
性能组成:由主机、OCT 引擎、电源模块、工作台(IT1060)、患者托架、固视灯、显示器、键盘和鼠标组成。两个型号的区别是 CIRRUS Photo 800 型号含血管造影功能,CIRRUS Photo 600 型号没有。屈光补偿:+35D ~ -35D,连续;视场角:45°;照明光源:氙灯。

适用范围:该产品适用于医院眼科在患者散瞳和非散瞳条件下，对患者眼周边进行摄像、并显示和存储相关数据，以及对眼前节（角膜）和眼底结构(视网膜、视网膜神经纤维层、黄斑和视盘)的查看、轴向断层和三维成像及测量。
生产厂家:德国 Carl Zeiss Meditec AG
注册代理:卡尔蔡司(上海)管理有限公司
服务机构:卡尔蔡司(上海)管理有限公司
发证日期:2014.09.15 **截止日期**:2019.09.14

国食药监械(进)字2014第2214307号

产品名称:咳痰机(CoughAssist)
规格型号:E70
产品标准:YZB/USA 5263-2014《咳痰机》
性能组成:CoughAssist E70系统包含以下组件:CoughAssist E70设备/主机、患者回路(包含:细菌过滤器、1.83米或2.74米柔性管路、不同尺寸的面罩以及气管切开转接头)、交流电源线、可拆卸电池、脚踏开关、口咬器、血氧模块、直流车载适配器以及滚动机座。性能:压力范围为-70至70cmH20。
适用范围:该设备通过提供高频振荡式振动，同时逐渐向气道施加正压，然后迅速转为负压，以此帮助患者松动和移动分泌物，并将其清除。振荡式振动有助于患者松动和移动分泌物，同时压力快速转变引起肺部呼气流速提高，这有利于清除分泌物。该设备可与面罩或口咬器配合使用，或者与患者的气管插管或气管切开转接头配合使用。它适用于清除分泌物困难和/或无力咳嗽的成人或儿童患者。该设备可供医院、医疗机构使用。
生产厂家:美国 Respironics, Inc
注册代理:飞利浦(中国)投资有限公司
服务机构:飞利浦(中国)投资有限公司
发证日期:2014.09.15 **截止日期**:2019.09.14

国食药监械(进)字2014第2224308号

产品名称:光相干断层扫描仪(Cirrus HD-OCT)
规格型号:5000、500
产品标准:YZB/USA 4676-2014《光相干断层扫描仪》
性能组成:由主机、患者托架、工作台、键盘、显示器、无线键盘和鼠标组成。
适用范围:适用于医院眼科在活体上对患者的眼前节和眼底结构(包括角膜、视网膜、视网膜神经纤维层、神经节细胞层内丛状层、黄斑和视盘)的查看、轴向断层和三维成像及测量。
生产厂家:美国 Carl Zeiss Meditec, Inc.
注册代理:卡尔蔡司(上海)管理有限公司
服务机构:卡尔蔡司(上海)管理有限公司
发证日期:2014.09.15 **截止日期**:2019.09.14

国食药监械(进)字2014第2404309号

产品名称:血糖仪（商品名：iBGStar®）(Blood Glucose Meter)
规格型号:iBGStar
产品标准:YZB/USA 5284-2014《血糖仪》
性能组成:主机、Dock接口、内部不可更换3.7伏充电锂电池和操作软件。
适用范围:该产品与BGStar®血糖试纸和血糖质控液结合使用，用于体外监测人体毛细血管全血中的葡萄糖浓度。
备注:2014年12月19日同意更正产品适用范围内容，2014年9月15日核发的医疗器械注册登记表予以废止。
生产厂家:美国 AgaMatrix, Inc.
注册代理:赛诺菲(中国)投资有限公司
发证日期:2014.09.15 **截止日期**:2019.09.14

国食药监械(进)字2014第2404310号

产品名称:血糖仪（商品名：拜安进®）(Contour Plus Blood Glucose Meter)
规格型号:7600P
产品标准:YZB/SWI 5552-2014《血糖仪》
性能组成:该产品由血糖仪主机和操作软件组成。
适用范围:该产品用于定量检测新鲜毛细血管全血样本和静脉全血样本中的葡萄糖的含量。
生产厂家:瑞士 Bayer Consumer Care AG
注册代理:拜耳医药保健有限公司
服务机构:拜耳医药保健有限公司
发证日期:2014.09.15 **截止日期**:2019.09.14

国食药监械(进)字2014第2704311号

产品名称:核医学图像分析软件(MI Images Analyses Software)
规格型号:syngo.via MI Workflows 软件版本号:VA30A
产品标准:YZB/USA 5136-2014《核医学图像分析软件》
性能组成:软件组成包括包含软件应用程序光盘以及用户文档。syngo.via MI Workflows 由如下组件组成:1) syngo. MI Cardiology 2) syngo. MI Reading3) syngo. MI Neurology 4) syngo.PET&CT Oncology（其中 syngo. CT Lung CAD 版本为VC20)。
适用范围:syngo.via MI Workflows 是核医学图像分析软件。其中包括:syngo.MI Cardiology 用于解读 PET.CT、SPECT.CT 和 SPECT 心肌图像和心血管图像。syngo.MI Neurology 用于显示、量化和报告 PET.CT、SPECT.CT、MR.PET、PET 和 SPECT 神经图像。syngo.MIReading 用于 NM、SPECT 和 SPECT/CT 常规核医学检查的图像解读。syngo.PET&CT Oncology 用于对不同成像设备和/或不同时间点的医学图像进行查看、处理、三维显示和比较。该应用程序支持功能数据（PET 或 SPECT）和解剖数据集（CT 或MR)。为肿瘤学工作流程提供支持。
生产厂家:美国 Siemens Medical Solutions USA, Inc.
注册代理:西门子(中国)有限公司
服务机构:西门子(中国)有限公司
发证日期:2014.09.15 **截止日期**:2019.09.14

国食药监械(进)字2014第2404312号

产品名称:钠电极（商品名：pHOx Ultra/CCX 钠传感器）(Stat Profile pHOx Ultra/CCX Sodium Sensor)
规格型号:型号:Stat Profile CCX/pHOx Ultra 规格:1个/盒
产品标准:YZB/USA 4877-2014《钠电极》
性能组成:钠电极由钠离子通透膜组成。
适用范围:用于医学专业人士与 Stat Profile CCX/ pHOx Ultra 血气分析仪一起定量测定肝素化全血中钠离子的含量。
生产厂家:美国 Nova 生物医学公司
注册代理:广州市浩通贸易有限公司
服务机构:广州市浩通贸易有限公司
发证日期:2014.09.15 **截止日期**:2019.09.14

国食药监械(进)字2014第2404313号

产品名称:免疫球蛋白 M 检测试剂盒(免疫比浊法)(Tina-quant IgM CSF(IGM-C))
规格型号:150测试
产品标准:YZB/GER 5195-2014
性能组成:试剂1 三羟甲基氨基甲烷（TRIS） 缓冲液:500 mmol/L, pH 8.5；氯化钠（NaCl）：1000 mmol/L；去污剂；稳定剂；防腐剂。试剂2 三羟甲基氨基甲烷（TRIS）缓冲液中抗人免疫球蛋白 M 多克隆抗体（家兔）包被的乳胶颗粒：10 mmol/L, pH 8.3；稳定剂；防腐剂。（具体内容详见说明书）。产品有效期：2～8℃下有效期：15个月。附件：注册产品标准，产品说明书。
适用范围:用于体外定量测定人脑脊液和相应人血清/血浆中的免疫球蛋白 M 的浓度。
生产厂家:德国 Roche Diagnostics GmbH
注册代理:罗氏诊断产品(上海)有限公司
发证日期:2014.09.11 **截止日期**:2019.09.10

国食药监械(进)字2014第2404314号

产品名称:血糖质控液(商品名：BGStar®)(Control Solution)
规格型号:6ml/瓶
产品标准:YZB/USA 5325-2014
性能组成:d-葡萄糖，惰性成分。(具体内容详见说明书)。产品有效期：2-30℃保存，有效期：24个月。附件：注册产品标准，产品说明书。
适用范围:该产品用于葡萄糖项目检测的质量控制。
生产厂家:美国 AgaMatrix, Inc.
注册代理:赛诺菲(中国)投资有限公司
发证日期:2014.09.11 **截止日期**:2019.09.10

国食药监械(进)字 2014 第 2404315 号

产品名称:抗核抗体检测试剂盒(间接免疫荧光法)(商品名:迈康准®)(AESKUSLIDES ANA HEp-2)
规格型号:产品编号:51.100,包装规格:120 人份/盒;产品编号:51.100.Bulk5,包装规格:600 人份/盒。
产品标准:YZB/GER 5519-2014
性能组成:含反应载片、荧光标记抗人免疫球蛋白抗体、封片液、清洗缓冲液(10×)、样本缓冲液(1×)、阴性对照、阳性对照。(具体内容详见说明书)。产品有效期:所有试剂保存在 2℃-8℃/35-46°F,避强光,有效期为 18 个月。附件:注册产品标准,产品说明书。
适用范围:本试剂盒用于体外定性检测人类血清中抗核抗体。
生产厂家:德国 AESKU.DIAGNOSTICS GmbH&Co.KG
注册代理:广州市康润生物制品开发有限公司
发证日期:2014.09.11 **截止日期**:2019.09.10

国食药监械(进)字 2014 第 2404316 号

产品名称:血糖试纸(葡萄糖氧化酶法)(商品名:BGStar®)(Blood Glucose Test Strips)
规格型号:10 条/盒;25 条/盒;50 条/盒
产品标准:YZB/USA 5318-2014
性能组成:葡萄糖氧化酶、六氨合钌三氯化物(具体内容详见说明书)。产品有效期:8-30℃保存,有效期 21 个月。附件:注册产品标准,产品说明书。
适用范围:该产品用于体外定量检测人指尖中新鲜毛细血管全血中葡萄糖浓度。
生产厂家:美国 AgaMatrix, Inc.
注册代理:赛诺菲(中国)投资有限公司
发证日期:2014.09.11 **截止日期**:2019.09.10

国食药监械(进)字 2014 第 2404317 号

产品名称:抗核抗体校准品(BioPlex 2200 ANA Screen Calibrator Set)
规格型号:7 x 0.5 毫升
产品标准:YZB/USA 5153-2014
性能组成:抗核抗体校准品由去纤维血浆制成的人血清基质和来自病人血浆的已知浓度的分析物组成,含≤0.3%的 ProClin 300,<0.1%的叠氮化钠和≤0.1%的苯甲酸钠的防腐剂。产品有效期:2-8℃保存,有效期 18 个月。附件:注册产品标准,产品说明书。
适用范围:该产品用于抗核抗体谱(IgG)检测试剂盒(流式点阵免疫发光法)的校准控制。
生产厂家:美国 Bio-Rad Laboratories, Inc.
注册代理:伯乐生命医学产品(上海)有限公司
发证日期:2014.09.11 **截止日期**:2019.09.10

国食药监械(进)字 2014 第 2404318 号

产品名称:抗磷脂综合征 IgG 抗体检测试剂盒(流式点阵免疫发光法)(BioPlex 2200 APLS IgG Reagent Pack)
规格型号:100 人份
产品标准:YZB/USA 5337-2014
性能组成:荧光微珠组,结合物,样本稀释液(具体内容详见说明书)。产品有效期:2-8℃保存,有效期:24 个月。附件:注册产品标准,产品说明书。
适用范围:该产品用于半定量检测人血清中的抗心磷脂(aCL)IgG 抗体和抗 β2 糖蛋白 I(aβ2GPI)IgG 抗体。
生产厂家:美国 Bio-Rad Laboratories, Inc.
注册代理:伯乐生命医学产品(上海)有限公司
发证日期:2014.09.11 **截止日期**:2019.09.10

国食药监械(进)字 2014 第 2404319 号

产品名称:甘油三酯检测试剂盒(比色法)(Triglycerides/Glycerol Blanked(TRIGB))
规格型号:试剂瓶 1:6 x 30 mL,试剂瓶 1a:6 x 30mL(配制后体积),试剂瓶 2:6 x 30 mL,试剂瓶 2a:6x 30 mL(配制后体积);试剂瓶 1:6 x 84 mL,试剂瓶 1a:6 x 84 mL(配制后体积),试剂瓶 2:6 x 81 mL,试剂瓶 2a:6 x 81 mL(配制后体积);12 x 120 测试;3×250 测试。
产品标准:YZB/GER 5203-2014
性能组成:试剂 1:三羟甲基氨基甲烷(TRIS)缓冲液,0.15 mol/L,pH 7.6;硫酸镁,17.5 mmol/L;乙二胺四乙酸二钠盐,10 mmol/L;4-氯酚,3.5 mmol/L;亚铁氰化钾(II),6 μmol/L;胆酸钠,0.15%;n-羟月桂醇聚氧乙烯醚,0.12%;三磷酸腺苷(ATP),≥1mmol/L;甘油激酶(假丝酵母),≥0.4 U/mL;甘油磷酸氧化酶(微生物产生的),≥5 U/mL;过氧化酶(辣根),≥0.3 U/mL;防腐剂。试剂 2(cobas 701/702:试剂 3):三羟甲基氨基甲烷(TRIS)缓冲液,0.15mol/L,pH 7.6;硫酸镁,17.5 mmol/L;乙二胺四乙酸二钠盐,10 mmol/L;4-氯酚,3.5 mmol/L;亚铁氰化钾(II),6 μmol/L;胆酸钠,0.15%;n-羟月桂醇聚氧乙烯醚,0.12%;脂酶(假单胞菌属),≥6 U/mL;4-氨基安替比林,0.7 mmol/L;防腐剂。产品有效期:2~8℃下,有效期 12 个月。附件:注册产品标准,产品说明书。
适用范围:体外定量测定人类血清和血浆中甘油三酯。
生产厂家:德国 Roche Diagnostics GmbH
注册代理:罗氏诊断产品(上海)有限公司
发证日期:2014.09.11 **截止日期**:2019.09.10

国食药监械(进)字 2014 第 2404320 号

产品名称:凝血因子 VII 检测试剂盒(凝固法)(Factor VII Deficient Plasma)
规格型号:10×1ml,5×1ml,4×1ml,6×1ml。(复溶后)
产品标准:YZB/GER 4928-2014
性能组成:缺乏凝血因子 VII(不到正常人的 1%)的冻干人血浆。(具体内容详见说明书)。产品有效期:在 2~8°C 保存,有效期为 2 年。附件:注册产品标准,产品说明书。
适用范围:本产品用于体外检测人血浆中凝血因子 VII 的含量。
生产厂家:德国 TECO Medical Instruments, Production + Trading GmbH
注册代理:北京美创新跃医疗器械有限公司
发证日期:2014.09.11 **截止日期**:2019.09.10

国食药监械(进)字 2014 第 2404321 号

产品名称:凝血酶时间测定试剂盒(凝固法)(Thrombin Time)
规格型号:10x1ml,10x2ml,10x4ml,10x5ml,10x8ml,10x10ml,4x1ml,4x2ml,4x4ml,4x5ml。(复溶后)
产品标准:YZB/GER 4935-2014
性能组成:猪凝血酶,冻干粉。(具体内容详见说明书)。产品有效期:在 2 ~ 8°C 保存,有效期为 2 年。附件:注册产品标准,产品说明书。
适用范围:本产品用于体外测定凝血酶时间。
生产厂家:德国 TECO Medical Instruments, Production + Trading GmbH
注册代理:北京美创新跃医疗器械有限公司
发证日期:2014.09.11 **截止日期**:2019.09.10

国食药监械(进)字 2014 第 2404322 号

产品名称:纤维蛋白原测定试剂盒(凝固法)(FIB KIT)
规格型号:凝血酶:5x2ml,10x2ml,10x5ml,4x2ml,4x5ml,5x5ml(复溶后);定标液:3x1ml(复溶后);咪唑盐缓冲液:1x100ml。
产品标准:YZB/GER 4939-2014
性能组成:凝血酶:牛凝血酶;定标液:冻干人血浆;IBS 缓冲液:咪唑盐缓冲液。(具体内容详见说明书)。产品有效期:在 2~8℃保存,有效期为 2 年。避免冷冻。附件:注册产品标准,产品说明书。
适用范围:本产品用于体外定量测定血浆中纤维蛋白原。
生产厂家:德国 TECO Medical Instruments, Production + Trading GmbH
注册代理:北京美创新跃医疗器械有限公司
发证日期:2014.09.11 **截止日期**:2019.09.10

国食药监械(进)字 2014 第 2404323 号

产品名称:纤维蛋白原测定试剂盒(凝固法)(FIB KIT-liquid)
规格型号:凝血酶试剂:5×2ml,10×2ml,10×4ml,10×5ml,10×8ml,10×10ml,4×2ml,4×5ml;定标液:3×1ml(复溶后);咪唑盐缓冲液:1×100ml。
产品标准:YZB/GER 4938-2014
性能组成:凝血酶:牛凝血酶;定标液:冻干人血浆;IBS 缓冲液:咪唑盐缓冲液。(具体内容详见说明书)。产品有效期:在 2~8℃保存,有效期为 1 年。附件:注册产品标准,产品说明书。

适用范围:本产品用于体外定量测定血浆中纤维蛋白原。
生产厂家:德国 TECO Medical Instruments, Production + Trading GmbH
注册代理:北京美创新跃医疗器械有限公司
发证日期:2014.09.11 截止日期:2019.09.10

国食药监械(进)字 2014 第 2404324 号

产品名称:活化部分凝血酶时间测定试剂盒(凝固法)(APTT)
规格型号:1. 活化部分凝血酶时间测定试剂: 5×4ml; 氯化钙: 5×4ml。2. 活化部分凝血酶时间测定试剂: 10×4ml, 10×5ml, 10×2ml, 10×8ml, 10×10ml; 氯化钙: 10×4ml, 10×5ml, 10×2ml, 10×8ml, 10×10ml。3. 活化部分凝血酶时间测定试剂: 4×4ml, 4×2ml, 4×8ml, 4×5ml, 10×1ml, 4×1ml; 氯化钙: 4×4ml, 4×2ml, 4×8ml, 4×5ml, 10×1ml, 4×1ml。
产品标准:YZB/GER 4951-2014
性能组成:该产品结合了一种对因子缺乏和肝素敏感的胶状活化粒子(镁、铝硅酸盐)。试剂也含有来源于兔脑组织的氯仿提取液、以及缓冲液和稳定剂。产品有效期: 2-8℃保存, 有效期 2 年。附件: 注册产品标准, 产品说明书。
适用范围:本产品用于体外测定活化部分凝血酶时间。
生产厂家:德国 TECO Medical Instruments, Production + Trading GmbH
注册代理:北京美创新跃医疗器械有限公司
发证日期:2014.09.11 截止日期:2019.09.10

国食药监械(进)字 2014 第 2404325 号

产品名称:凝血两项检测用质控品(商品名: 凝血质控血浆)(Coagulation control plasma)
规格型号:正常质控血浆 (复溶后): 5x1ml, 4x1ml, 10x1ml, 6X1ml; 异常质控血浆 (复溶后): 5x1ml, 4x1ml, 10x1ml, 6X1ml。
产品标准:YZB/GER 4976-2014
性能组成:正常质控血浆: 冻干粉。本试剂盒的正常质控是由人的正常血浆制备而成的。用 4%枸橼酸钠为抗凝剂所收集的血浆用来做凝血项目凝血酶原时间测定试剂盒(凝固法)和活化部分凝血酶时间测定试剂盒(凝固法)的正常质控。异常质控血浆: 冻干粉。本试剂盒的异常质控是由人的异常血浆制备而成的。用 4%枸橼酸钠为抗凝剂所收集的血浆用来做凝血项目凝血酶原时间测定试剂盒(凝固法)和活化部分凝血酶时间测定试剂盒(凝固法)的异常质控。产品有效期: 在 2~8℃保存, 有效期为 2 年。附件: 注册产品标准, 产品说明书。
适用范围:本产品用于凝血酶原时间和活化部分凝血酶时间检测项目的质控。
生产厂家:德国 TECO Medical Instruments, Production + Trading GmbH
注册代理:北京美创新跃医疗器械有限公司
发证日期:2014.09.11 截止日期:2019.09.10

国食药监械(进)字 2014 第 3404326 号

产品名称:鳞状细胞癌抗原(SCC)检测试剂盒(酶联免疫法)(CanAg SCC EIA)
规格型号:96 人份/盒
产品标准:YZB/SWE 5188-2014
性能组成:含微孔板、鳞状细胞癌抗原 (SCC) 标准品、生物素标记 (抗-鳞状细胞癌抗原)、酶结合物 (抗-鳞状细胞癌抗原)、底物液 (TMB)、终止液、清洗液 (25×)。(具体内容详见说明书)。产品有效期: 2~8℃储存, 禁止冷冻, 有效期 12 个月。附件: 注册产品标准, 产品说明书。
适用范围:用于体外定量检测人血清中鳞状细胞癌抗原(SCC)的含量。
生产厂家:瑞典 Fujirebio Diagnostics AB
注册代理:康乃格诊断产品(北京)有限公司
发证日期:2014.09.11 截止日期:2019.09.10

国食药监械(进)字 2014 第 3404327 号

产品名称:抗表皮生长因子受体(5B7)兔单克隆抗体试剂(免疫组织化学法)(CONFIRM anti-EGFR(5B7) Rabbit Monoclonal Primary Antibody)
规格型号:50 测试
产品标准:YZB/USA 5053-2014
性能组成:该产品含有足够供 50 张检测的试剂。抗表皮生长因子受体 (5B7) 兔单克隆抗体试剂 (免疫组织化学法) 的一只 5mL 分配器含有大约 2μg 的兔单克隆抗体。采用含有 2%载体蛋白的 0.05M Tris-HCl 和 0.10% ProClin®300 (防腐剂, 含有活性成分 5-chloro-2-methyl-4-isothiazolin-3-one 和 2-methyl-4-isothiazolin-3-one) 来稀释抗体。(具体内容详见产品说明书)。产品有效期: 保存在 2~8℃下, 有效期至 24 个月。切勿冷冻。附件: 注册产品标准, 产品说明书。
适用范围:该产品借助光学显微镜用于定性检测福尔马林固定的石蜡包埋的组织中存在的 EGFR 内部结构域。
生产厂家:美国 Ventana Medical Systems, Inc.
注册代理:罗氏诊断产品(上海)有限公司
发证日期:2014.09.11 截止日期:2019.09.10

国食药监械(进)字 2014 第 3404328 号

产品名称:抗 LMO2(1A9-1)鼠单克隆抗体试剂(免疫组织化学法)(CONFIRM anti-LMO2 (1A9-1) Mouse Monoclonal Primary Antibody)
规格型号:50 测试
产品标准:YZB/USA 5058-2014
性能组成:该产品含有足够供 50 次检测的试剂。抗 LMO2(1A9-1) 鼠单克隆抗体试剂 (免疫组织化学法) 的一只 5mL 分配器含有约 2.5μg 的鼠单克隆抗体。抗体稀释液中含有 0.1M PBS, 3% 载体蛋白和 0.10%ProClin®300。(具体内容详见产品说明书)。产品有效期: 保存在 2~8℃温度下, 有效期至 24 个月。切勿冷冻。附件: 注册产品标准, 产品说明书。
适用范围:该产品用于在光学显微镜下定性检测福尔马林固定的、石蜡包埋的组织中的 LMO2 表达细胞。
生产厂家:美国 Ventana Medical Systems, Inc.
注册代理:罗氏诊断产品(上海)有限公司
发证日期:2014.09.11 截止日期:2019.09.10

国食药监械(进)字 2014 第 3404329 号

产品名称:抗拓扑异构酶 II α (JS5B4)兔单克隆抗体试剂(免疫组织化学法)(CONFIRM anti-Topoisomerase IIa(JS5B4)Rabbit Monoclonal Primary Antibody)
规格型号:50 测试
产品标准:YZB/USA 5062-2014
性能组成:该产品含有足够供 50 次检测的试剂。CONFIRM 抗-拓扑异构酶 IIa (JS5B4) 的一只 5mL 分配器含有大约 1.25μg 的兔单克隆抗体。采用含有 2%载体蛋白的 0.05MTris-HCl 和 0.10% ProClin 300 (防腐剂, 含有活性成分 5-chloro-2-methyl-4-isothiazolin-3-one 和 2-methyl-4-isothiazolin-3-one) 来稀释抗体。(具体内容详见产品说明书)。产品有效期: 保存在 2~8℃温度下, 有效期至 24 个月。切勿冷冻。附件: 注册产品标准, 产品说明书。
适用范围:该产品用于 Ventana BenchMark XT 仪器染色后, 在光学显微镜下定性检测福尔马林固定的、石蜡包埋的组织中表达的拓扑异构酶 IIa 。
生产厂家:美国 Ventana Medical Systems, Inc.
注册代理:罗氏诊断产品(上海)有限公司
发证日期:2014.09.11 截止日期:2019.09.10

国食药监械(进)字 2014 第 3404330 号

产品名称:抗 CD79a (SP18)兔单克隆抗体试剂(免疫组织化学法)(CONFIRM anti-CD79a (SP18) Rabbit Monoclonal Primary Antibody)
规格型号:50 测试
产品标准:YZB/USA 5071-2014
性能组成:该产品含有足够 50 次检测的试剂。抗 CD79a(SP18) 兔单克隆抗体试剂(免疫组织化学法)的一只 5mL 分配器含有大约 1.67μg 的兔单克隆 (SP18) 抗体。采用含有 0.3%载体蛋白的 0.1M 磷酸缓冲液和 0.10%ProClin 300(防腐剂)来稀释抗体。(具体内容详见产品说明书)。产品有效期: 保存在 2~8℃下, 有效期至 24 个月。切勿冷冻。附件: 注册产品标准, 产品说明书。
适用范围:该产品用于检测人类正常组织和肿瘤组织中的 CD79a, 对福尔马林固定、石蜡包埋的组织切片进行定性染色。
生产厂家:美国 Ventana Medical Systems, Inc.
注册代理:罗氏诊断产品(上海)有限公司
发证日期:2014.09.11 截止日期:2019.09.10

国食药监械(进)字 2014 第 3404331 号

产品名称:抗表皮生长因子受体(3C6)鼠单克隆抗体试剂(免疫组织化学

法）(CONFIRMTM anti-Epidermal Growth Factor Receptor (3C6) Primary Antibody)
规格型号:50 测试
产品标准:YZB/USA 5078-2014
性能组成:该产品含有足够 50 次测试的试剂。CONFIRManti-EGFR (3C6) 的一只 5 mL 分配器含有约 5μg (1μg/mL) 针对于组织中存在的 EGFR 的鼠单克隆抗体。采用含有载体蛋白和防腐剂的生理缓冲盐溶液来稀释抗体。这种试剂的总蛋白浓度约为 3mg/mL。产品有效期：保存在 2～8℃下，有效期至 24 个月。切勿冷冻。附件：注册产品标准，产品说明书。
适用范围:该产品是一种鼠单抗克隆抗体 (IgG1)，直接作用于人 170kD EGFR 蛋白的细胞外域。这种抗体还可识别其 145kD 的 III 型变异体。该产品用于实验室内在 Ventana 自动切片染色仪上通过光学显微镜定性检测染色福尔马林固定的、石蜡包埋的组织中的 EGFR。
生产厂家:美国 Ventana Medical Systems, Inc.
注册代理:罗氏诊断产品(上海)有限公司
发证日期:2014.09.11　**截止日期**:2019.09.10

国食药监械(进)字 2014 第 3404332 号

产品名称:抗 Pax5 (SP34) 兔单克隆抗体试剂(免疫组织化学法)(CONFIRM anti-PAX5 (SP34) Rabbit Monoclonal Primary Antibody)
规格型号:50 测试
产品标准:YZB/USA 5079-2014
性能组成:该产品含有足够供 50 次检测的试剂。抗 Pax5(SP34)兔单克隆抗体的一只 5mL 分配器含有约 5μg 的重组兔单克隆抗体。采用含有 1%载体蛋白的 0.05M Tris-HCl 和 0.10% ProClin300 (防腐剂) 来稀释抗体。(具体内容详见产品说明书)。产品有效期：保存在 2～8℃下，有效期至 24 个月。切勿冷冻。附件：注册产品标准，产品说明书。
适用范围:该产品用于定性染色福尔马林固定、石蜡包埋的组织切片，直接作用于人 B-淋巴细胞中存在的细胞核表位。
生产厂家:美国 Ventana Medical Systems, Inc.
注册代理:罗氏诊断产品(上海)有限公司
发证日期:2014.09.11　**截止日期**:2019.09.10

国食药监械(进)字 2014 第 3404333 号

产品名称:抗 D(IgM+IgG)血型定型试剂 (单克隆抗体) (Anti-D Blood Grouping Reagent (Monoclonal Human IgM/IgG Blend))
规格型号:10 瓶/盒。
产品标准:YZB/UK 5113-2014
性能组成:由人源化单克隆 IgM 抗 D(TH-28 细胞系)和人源化单克隆 IgG 抗 D (MS-26 细胞系) 混合，用含大分子化学增强剂的缓冲液中制备得来。该试剂包含 0.1% (w/v) 叠氮钠和牛血清白蛋白 (非疫区来源)。产品有效期：2～8℃保存，有效期三年。附件：注册产品标准，产品说明书。
适用范围:该产品用于玻片法、室温盐水试管法、微孔板法和间接抗人球蛋白法检测人红细胞中的 D 抗原。仅用于临床检测，不用于血源筛查。
生产厂家:英国 Millipore(UK)Limited
注册代理:默克化工技术(上海)有限公司
发证日期:2014.09.11　**截止日期**:2019.09.10

国食药监械(进)字 2014 第 2404334 号

产品名称:β2-微球蛋白检测试剂盒(荧光磁微粒酶免法)(ST AIA-PACK BMG)
规格型号:100 次检测用量(20 试剂 Cup/板×5)
产品标准:YZB/JAP 5072-2014
性能组成:该产品每 20 个试剂杯并排放于一个试剂板上，并保存在铝制的防湿袋中。每次检测所用试剂主要包括以下几种：抗β2-微球蛋白鼠单克隆抗体固定化微球、抗β2-微球蛋白兔多克隆抗体碱性磷酸酶联标记结合物。(具体内容详见产品说明书)。产品有效期：检测试剂盒贮存在 2～8℃和避光室内；有效期：试剂不开封，生产日期后 1 年内有效。附件：注册产品标准，产品说明书。
适用范围:该产品用于体外定量测定血清或血浆中β2-微球蛋白的浓度。
生产厂家:日本 Tosoh Corporation
注册代理:东曹(上海)生物科技有限公司
发证日期:2014.09.11　**截止日期**:2019.09.10

国食药监械(进)字 2014 第 2404335 号

产品名称:人绒毛膜促性腺激素-β亚基检测试剂盒(荧光磁微粒酶免法)(ST AIA-PACK βHCG)
规格型号:100 次检测用量(20 试剂 Cup/板×5)
产品标准:YZB/JAP 5074-2014
性能组成:该产品每 20 个试剂杯并排放于一个试剂板上，并保存在铝制的防湿袋中。每次检测所用试剂主要包括以下几种：抗人绒毛膜促性腺激素-β亚基鼠单克隆抗体固定化微球、抗人绒毛膜促性腺激素-β亚基鼠单克隆抗体碱性磷酸酶联标记结合物。(具体内容详见产品说明书)。产品有效期：检测试剂盒贮存在 2～8℃和避光室内；有效期：试剂不开封，生产日期后 1 年内有效。附件：注册产品标准，产品说明书。
适用范围:该产品用于体外定量测定血清或血浆中人绒毛膜促性腺激素-β亚基的浓度。
生产厂家:日本 Tosoh Corporation
注册代理:东曹(上海)生物科技有限公司
发证日期:2014.09.11　**截止日期**:2019.09.10

国食药监械(进)字 2014 第 2404336 号

产品名称:普乐可复测定试剂盒(化学发光微粒子免疫检测法)(ARCHITECT Tacrolimus Reagent Kit)
规格型号:1×100 测试/盒，1×500 测试/盒。
产品标准:YZB/USA 5178-2014
性能组成:微粒子，结合物，项目稀释液。(具体内容详见说明书)。产品有效期：2～8 ℃储存，有效期 18 个月。附件：注册产品标准，产品说明书。
适用范围:本试剂盒用于体外定量测定人全血中的普乐可复。
生产厂家:美国 Abbott Laboratories
注册代理:雅培贸易(上海)有限公司
发证日期:2014.09.11　**截止日期**:2019.09.10

国食药监械(进)字 2014 第 2404337 号

产品名称:雷帕霉素测定试剂盒(化学发光微粒子免疫检测法)(ARCHITECT Sirolimus Reagent Kit)
规格型号:1×100 测试/盒
产品标准:YZB/USA 5179-2014
性能组成:微粒子，结合物，项目稀释液。(具体内容详见说明书)。产品有效期：2～8℃储存，有效期 18 个月。附件：注册产品标准，产品说明书。
适用范围:本试剂盒用于体外定量测定人全血中的雷帕霉素。
生产厂家:美国 Abbott Laboratories
注册代理:雅培贸易(上海)有限公司
发证日期:2014.09.11　**截止日期**:2019.09.10

国食药监械(进)字 2014 第 2404338 号

产品名称:D-二聚体质控品(HemosIL D-Dimer Controls)
规格型号:低值：5 瓶×1mL，高值：5×1mL。
产品标准:YZB/USA 5106-2014
性能组成:低值：部分纯化 D-二聚体冻干液，来自人纤溶酶对纤维蛋白的降解，含牛血清白蛋白、缓冲液和防腐剂；高值：部分纯化 D-二聚体冻干液，来自人纤溶酶对纤维蛋白的降解，含牛血清白蛋白、缓冲液和防腐剂。产品有效期：2～8℃保存，有效期 30 个月。附件：注册产品标准，产品说明书。
适用范围:本产品用于 D-二聚体检测的质量控制。
生产厂家:美国 Instrumentation Laboratory Co.
注册代理:沃芬医疗器械商贸(北京)有限公司
发证日期:2014.09.11　**截止日期**:2019.09.10

国食药监械(进)字 2014 第 2404339 号

产品名称:总三碘甲状腺原氨酸检测试剂盒(荧光磁微粒酶免法)(ST AIA-PACK TT3)
规格型号:100 次检测用量(20 试剂 Cup/板×5)
产品标准:YZB/JAP 4955-2014
性能组成:该产品每 20 个试剂杯并排放于一个试剂板上，并保存在铝制的防湿袋中。每次检测所用试剂主要包括以下几种：抗三碘甲状腺原氨酸羊单克隆抗体固定化微球、碱性磷酸酶联标记三碘甲状腺原氨酸抗原。(具体内容详见产品说明书)。产品有效期：检测试剂盒贮存在 2～8℃

和避光室内。有效期：试剂不开封，生产日期后1年内有效。附件：注册产品标准，产品说明书。
适用范围：该产品用于体外定量测定血清或血浆中三碘甲状腺原氨酸的浓度。
生产厂家：日本 Tosoh Corporation
注册代理：东曹（上海）生物科技有限公司
发证日期：2014.09.11 截止日期：2019.09.10

国食药监械（进）字2014第2404340号

产品名称：游离甲状腺素检测试剂盒（荧光磁微粒酶免法）(ST AIA-PACK FT4)
规格型号：100次检测用量（20试剂Cup/板×5）
产品标准：YZB/JAP 4956-2014
性能组成：该产品每20个试剂杯并排放于一个试剂板上，并保存在铝制的防湿袋中。每次检测所用试剂主要包括以下几种：抗甲状腺素兔多克隆抗体固定化微球、碱性磷酸酶联标记甲状腺素抗原。（具体内容详见产品说明书）。产品有效期：检测试剂盒贮存在2～8℃和避光室内；有效期：试剂不开封，生产日期后1年内有效。附件：注册产品标准，产品说明书。
适用范围：该产品用于体外定量测定血清或血浆中游离甲状腺素的浓度。
生产厂家：日本 Tosoh Corporation
注册代理：东曹（上海）生物科技有限公司
发证日期：2014.09.11 截止日期：2019.09.10

国食药监械（进）字2014第2404341号

产品名称：总甲状腺素检测试剂盒（荧光磁微粒酶免法）(ST AIA-PACK T4)
规格型号：100次检测用量（20试剂Cup/板× 5）
产品标准：YZB/JAP 4957-2014
性能组成：该产品每20个试剂杯排放于一个试剂板上，并保存在铝制的防湿袋中。每次检测所用试剂主要包括以下几种：抗甲状腺素兔多克隆抗体固定化微球、甲状腺素碱性磷酸酶联标记结合物。（具体内容详见产品说明书）。产品有效期：检测试剂盒贮存在2～8℃和避光室内；有效期：试剂不开封，生产日期后1年内有效。附件：注册产品标准，产品说明书。
适用范围：该产品用于体外定量测定血清或血浆中甲状腺素的浓度。
生产厂家：日本 Tosoh Corporation
注册代理：东曹（上海）生物科技有限公司
发证日期：2014.09.11 截止日期：2019.09.10

国食药监械（进）字2014第2404342号

产品名称：C肽检测试剂盒（电化学发光法）(C-Peptide)
规格型号：100测试/盒
产品标准：YZB/GER 5035-2014
性能组成：试剂-工作溶液： 包被链霉亲合素的磁珠微粒（透明瓶盖），1瓶，6.5ml；包被链霉亲合素的磁珠微粒，0.72mg/mL；防腐剂。生物素化的抗C肽抗体（灰色瓶盖），1瓶，9ml：生物素化的抗C肽单克隆抗体（小鼠）1 mg/ L，磷酸盐缓冲液50 mmol/L，pH6.0；防腐剂。钌复合物标记的抗C肽抗体（黑色瓶盖），每瓶9ml：钌复合物标记的抗C肽抗体（小鼠）0.4mg/L；磷酸盐缓冲液50mmol/L，pH6.0；防腐剂。（具体内容详见产品说明书）。产品有效期：存放于2～8℃，保存19个月。附件：注册产品标准，产品说明书。
适用范围：该产品用于体外定量检测人体血清、血浆和尿液中的C肽。
生产厂家：德国 Roche Diagnostics GmbH
注册代理：罗氏诊断产品（上海）有限公司
发证日期：2014.09.11 截止日期：2019.09.10

国食药监械（进）字2014第2404343号

产品名称：尿液分析仪校准试条（URISYS 2400 Calibration Strip/ cobas u calibration strip）
规格型号：25测试。
产品标准：YZB/GER 5040-2014
性能组成：这种即用型校准试纸条是由惰性灰色塑料材料制成，具有固定的反射特征。产品有效期：2～30℃下可保存至60个月。附件：注册产品标准，产品说明书。
适用范围：该产品主要用于校准罗氏配套的全自动尿液分析仪的反射光度计以及用于检查分析仪性能。
生产厂家：德国 Roche Diagnostics GmbH
注册代理：罗氏诊断产品（上海）有限公司
发证日期：2014.09.11 截止日期：2019.09.10

国食药监械（进）字2014第2404344号

产品名称：尿液分析仪校准试条（Control-Test M）
规格型号：50条/桶
产品标准：YZB/GER 5041-2014
性能组成：本品为即用型校准试条由具有持续反射特性的惰性灰色塑料材料制成。产品有效期：在2～30℃下将校准试条储存在原瓶中，可保存60个月。附件：注册产品标准，产品说明书。
适用范围：该产品用于对罗氏配套的尿液分析仪的反射式光度计进行校准，以及检查分析仪的性能。
生产厂家：德国 Roche Diagnostics GmbH
注册代理：罗氏诊断产品（上海）有限公司
发证日期：2014.09.11 截止日期：2019.09.10

国食药监械（进）字2014第2404345号

产品名称：人绒毛膜促性腺激素检测试剂盒（荧光磁微粒酶免法）(ST AIA-PACK HCG)
规格型号：100次检测用量（20试剂Cup/板× 5）
产品标准：YZB/JAP 4960-2014
性能组成：该产品每20杯试剂排放于一个试剂板上，并保存在铝制的防湿袋中。每次检测所用试剂主要包括以下几种：抗人绒毛膜促性腺激素鼠单克隆抗体固定化微球、抗人绒毛膜促性腺激素鼠单克隆抗体碱性磷酸酶联标记结合物。（具体内容详见产品说明书）。产品有效期：检测试剂盒贮存在 2～8℃和避光室内；有效期：试剂不开封，生产日期后1年内有效。附件：注册产品标准，产品说明书。
适用范围：本品用于体外定量测定血清或血浆中人绒毛膜促性腺激素的浓度。
生产厂家：日本 Tosoh Corporation
注册代理：东曹（上海）生物科技有限公司
发证日期：2014.09.11 截止日期：2019.09.10

国食药监械（进）字2014第2404346号

产品名称：预激发液（ARCHITECT PRE-TRIGGER SOLUTION）
规格型号：975mL/瓶，4瓶/盒
产品标准：YZB/IRE 4730-2014
性能组成：含1.32%(w/v)过氧化氢酸性溶液。产品有效期：储存于2～8℃条件下，有效期12个月。附件：注册产品标准，产品说明书。
适用范围：将标记物从反应复合物上裂解下来，并提供一个酸性的环境防止反应过早发生。预激发液配套使用试剂盒请参见说明书随附附件。
生产厂家：爱尔兰 Abbott Ireland Diagnostics Division
注册代理：雅培贸易（上海）有限公司
发证日期：2014.09.11 截止日期：2019.09.10

国食药监械（进）字2014第2404347号

产品名称：人绒毛膜促性腺激素定标液（Human Chorionic Gonadotropin Calibrator(HCG CAL)）
规格型号：产品编号：RC430；包装规格： 水平1：2×2.0mL（复溶后）；水平2：2×2.0mL（复溶后）； 水平3：2×2.0mL（复溶后）； 水平4：2×2.0mL（复溶后）； 水平5：2×2.0mL（复溶后）。
产品标准：YZB/USA 5181-2014
性能组成：本产品是一种冻干的马血清基质的产品。定标液水平1不含有可检测到的人绒毛膜促性腺激素。水平2-5含人体尿液绒毛膜促性腺激素。产品有效期：在2～8℃的条件下储存，有效期18个月。附件：注册产品标准，产品说明书。
适用范围：该定标液用于人绒毛膜促性腺激素检测时定标。
生产厂家：美国 Siemens Healthcare Diagnostics Inc.
注册代理：西门子医学诊断产品（上海）有限公司
发证日期：2014.09.11 截止日期：2019.09.10

国食药监械（进）字2014第2404348号

产品名称：葡萄糖测定试剂盒（酶法）(Glucose Flex Reagent Cartridge

(GLUC))
规格型号:产品编号: DF40; 包装规格: 1440 测试/盒 (4×360 测试/盒)。
产品标准:YZB/USA 4816-2014
性能组成:己糖激酶 (HK) ,葡萄糖-6-磷酸盐,烟酰胺腺嘌呤二核苷酸 (NAD),5'-三磷酸腺苷 (ATP),镁离子 (MG++),稳定剂,缓冲液。(具体内容详见说明书)。产品有效期: 在 2~8°C 条件下保存,有效期 12 个月。附件: 注册产品标准,产品说明书。
适用范围:该产品用于体外定量测定人血清、血浆、尿液和脑脊液中的葡萄糖。
生产厂家:美国 Siemens Healthcare Diagnostics Inc.
注册代理:西门子医学诊断产品(上海)有限公司
发证日期:2014.09.11 **截止日期**:2019.09.10

国食药监械(进)字 2014 第 2404349 号

产品名称:C 肽测定试剂盒(化学发光法)(IMMULITE 2000 C-Peptide)
规格型号:200 人份/盒,600 人份/盒。
产品标准:YZB/UK 5039-2014
性能组成:C 肽包被珠 (L2PEP12), C 肽试剂楔 (L2PEPA2),C 肽校正品 (LPEPL, LPEPH)。产品有效期: 在 2~8℃条件下保存,有效期 12 个月。附件: 注册产品标准,产品说明书。
适用范围:本产品用于体外定量检测血清、肝素化血浆中 C 肽含量。
生产厂家:英国 Siemens Healthcare Diagnostics Products Limited
注册代理:西门子医学诊断产品(上海)有限公司
发证日期:2014.09.11 **截止日期**:2019.09.10

国食药监械(进)字 2014 第 2404350 号

产品名称:白介素-1β 测定试剂盒(化学发光法)(IMMULITE/IMMULITE 1000 IL-1β)
规格型号:100 人份/盒
产品标准:YZB/UK 4797-2014
性能组成:白介素-1β 检测单位 (LL11),白介素-1β 试剂楔 (LL12),白介素-1β 校正品 (LL1L, LL1H)。(具体内容详见说明书)。产品有效期: 在 2~8℃条件下保存,有效期 12 个月。附件: 注册产品标准,产品说明书。
适用范围:该产品用于体外定量检测血清或肝素化血浆中白介素-1β (IL-1β) 的含量。
生产厂家:英国 Siemens Healthcare Diagnostics Products Limited
注册代理:西门子医学诊断产品(上海)有限公司
发证日期:2014.09.11 **截止日期**:2019.09.10

国食药监械(进)字 2014 第 2404351 号

产品名称:血糖质控液(商品名: 倍佳) (Control Solution)
规格型号:3.5ml/瓶×1, 浓度水平: M 型号: plus
产品标准:YZB/GER 5192-2014
性能组成:产品组成: 葡萄糖 0.11%, 非活性成分 99.89%。产品有效期: 8-30℃保存, 有效期 24 个月。附件: 注册产品标准, 产品说明书。
适用范围:该产品用于 Omnitest® plus 血糖仪和 Omnitest® plus 血糖试纸组成的血糖监测系统的质量控制。
生产厂家:德国 B. Braun Melsungen AG, OPM
注册代理:贝朗医疗(上海)国际贸易有限公司
发证日期:2014.09.11 **截止日期**:2019.09.10

国食药监械(进)字 2014 第 2404352 号

产品名称:肌酸激酶同工酶活性测定试剂盒(酶法)(Creatine Kinase MB Flex® Reagent Cartridge (MBI))
规格型号:产品编号: DF32; 规格: 120 测试/盒 (4×30 测试/盒)。
产品标准:YZB/USA 4947-2014
性能组成:试剂 1: 尼克酰胺腺嘌呤二核苷酸磷酸 (NADP),二磷酸腺苷 (ADP),磷酸腺苷 (AMP),二腺苷五磷酸 (AP5A),N-乙酰-半胱氨酸,己糖激酶,葡萄糖-6-磷酸脱氢酶 (G-6-PDH),乙二胺四乙酸 (EDTA),醋酸镁,咪唑缓冲液; 试剂 2: 葡萄糖,磷酸肌酸,抗肌酸激酶-M 亚基抗体,醋酸镁,3- (环己胺) -2-羟基-1-丙磺酸 (CAPSO) 缓冲液,乙二胺四乙酸 (EDTA)。(具体内容详见说明书)。产品有效期: 在 2~8°C 条件下保存,有效期 12 个月。附件: 注册产品标准,产品说明书。
适用范围:本产品用于体外定量检测人血清和血浆中肌酸激酶 MB 同工酶的活性。
生产厂家:美国 Siemens Healthcare Diagnostics Inc.
注册代理:西门子医学诊断产品(上海)有限公司
发证日期:2014.09.11 **截止日期**:2019.09.10

国食药监械(进)字 2014 第 3404353 号

产品名称:CD3 小鼠单克隆抗体试剂浓缩液 (免疫组织化学法) (NovocastraTM Liquid Mouse Monoclonal Antibody CD3)
规格型号:1mL/支
产品标准:YZB/UK 5138-2014
性能组成:该产品含有叠氮化钠作为防腐剂的液态组织培养上清液。经酶联免疫吸附测定 (ELISA) 大于或等于 32 mg/L。各批次特定的免疫球蛋白浓度,请参阅试剂瓶标签。 克隆号 LN10 免疫原 与人 CD3 分子 C-末端区相对应的原核重组蛋白。 特异性 人 CD3 抗原。 免疫球蛋白种类 IgG1。产品有效期: 2℃~8℃条件下贮存,有效期 36 个月。禁止冷冻。附件: 注册产品标准,产品说明书。
适用范围:该产品通过光学显微镜技术对石蜡切片内的 CD3 抗原进行定性鉴别。
生产厂家:英国 Leica Biosystems Newcastle Ltd
注册代理:徕卡显微系统(上海)贸易有限公司
发证日期:2014.09.15 **截止日期**:2019.09.14

国食药监械(进)字 2014 第 3404354 号

产品名称:乙型肝炎病毒表面抗体质控品(ADVIA Centaur Anti-HBs2 QC Material (QC aHBs2))
规格型号:阴性质控品:2×10.0 mL/瓶; 阳性质控品:2×10.0 mL/瓶。
产品标准:YZB/USA 5107-2014
性能组成:由阴性质控品、阳性质控品、质控品赋值单和条形码标签组成。质控成分: 经处理的乙型肝炎病毒表面抗原 (HBsAg) 抗体阴性和阳性人血浆,含防腐剂。产品有效期: 在 2~8℃的条件下贮存,有效期 18 个月。附件: 注册产品标准,产品说明书。
适用范围:该产品用于监测乙型肝炎病毒表面抗体检测试验的性能。
生产厂家:美国 Siemens Healthcare Diagnostics Inc.
注册代理:西门子医学诊断产品(上海)有限公司
发证日期:2014.09.15 **截止日期**:2019.09.14

国食药监械(进)字 2014 第 3404355 号

产品名称:乙型肝炎病毒表面抗体测定试剂盒(化学发光法)(ADVIA Centaur Anti-HBs2 (aHBs2))
规格型号:200 测试/盒
产品标准:YZB/USA 5214-2014
性能组成:主要组成成分包括: 1 个主试剂包,含乙型肝炎病毒表面抗体 (ADVIA Centaur®Anti-HBs2) 的标记试剂、固相试剂和辅助试剂; 乙型肝炎病毒表面抗体 (ADVIA CentaurAnti-HBs2) 标准曲线卡; 1 瓶乙型肝炎病毒表面抗体 (Anti-HBs2) 低值校准品; 1 瓶乙型肝炎病毒表面抗体 (Anti-HBs2) 高值校准品; 乙型肝炎病毒表面抗体 (ADVIACentaurAnti-HBs2) 校准品定值卡。(具体内容详见说明书)。产品有效期: 试剂盒在 2~8℃的环境中避光直立保存,有效期 24 个月。附件: 注册产品标准,产品说明书。
适用范围:该产品用于体外定性和定量检测成人、青少年和儿童血清或血浆 (乙二胺四乙酸、肝素锂或肝素钠) 样本中的乙型肝炎病毒表面抗原的总抗体。
生产厂家:美国 Siemens Healthcare Diagnostics Inc.
注册代理:西门子医学诊断产品(上海)有限公司
发证日期:2014.09.15 **截止日期**:2019.09.14

国食药监械(进)字 2014 第 3404356 号

产品名称:细胞分选仪器(CliniMACS Plus Instrument)
规格型号:151-01
产品标准:YZB/GER 4918-2014《细胞分选仪器》
性能组成:产品由一体化的电脑、一个磁性分选单元、一个蠕动泵、一个液体感受器和多个挤压阀组成。
适用范围:该分选仪器利用磁性细胞分选技术,与管道系统、细胞分选微珠和缓冲液联合使用,在临床上用于靶细胞的富集或去除。
生产厂家:德国 Miltenyi Biotec GmbH
服务机构:德国美天旎生物技术有限公司上海代表处 Miltenyi Biotec

GmbH Shanghai Representative Office
发证日期:2014.09.15 **截止日期**:2019.09.14

国食药监械(进)字 2014 第 2544357 号

产品名称:输液泵(Infusion Pump)
规格型号:AutoMed3300 AutoMed3400
产品标准:YZB/ROK 5131-2014《输液泵》
性能组成:由主机组成。
适用范围:用于手术后的疼痛控制。输液途径包括静脉注射、硬膜外注射。本产品的使用场所为医院。
备注:1.开展上市后临床跟踪工作,应详细说明用于输注液体的临床使用情况,包括输液的途径、临床使用效果、有无发生软件出错、人为因素(包括但不限于使用错误)、元器件破损、电池故障、警报故障、输液过量以及输液不足等不良事件。2.说明使用过程中的副作用以及采取的措施及结果,详述临床使用中的所有不良事件投诉发生情况并提交统计数据,提交对不良事件、投诉原因分析与处理情况(包括措施、效果以及对市场再用产品采取的措施)。3.以上资料应形成正式文件并在重新注册时提交。
生产厂家:韩国 ACE MEDICAL CO., LTD.
服务机构:上海梵华实业有限公司
发证日期:2014.09.15 **截止日期**:2019.09.14

国食药监械(进)字 2014 第 2264358 号

产品名称:妇科检查椅(Gynaecological Examination Chair)
规格型号:medi-matic 115.725 medi-matic 115.715
产品标准:YZB/GER 5150-2014《妇科检查椅》
性能组成:见附页。
适用范围:该产品适用于妇科检查或治疗过程中短期对患者进行定位。
生产厂家:德国 Schmitz u. Sohne GmbH & Co. KG
注册代理:上海华瀚医疗设备有限公司
服务机构:上海华瀚医疗设备有限公司
发证日期:2014.09.15 **截止日期**:2019.09.14

国食药监械(进)字 2014 第 2224359 号

产品名称:电子喉镜(ビデオ硬性挿管用喉頭鏡)
规格型号:VLP-100
产品标准:YZB/JAP 5159-2014《电子喉镜》
性能组成:电子喉镜由显示器、手柄、摄像头、刃部、充电器和电源线组成。刃部有 BMIL-000、BMIL-001、BMIL-002、BMIL-003、BMIL-004 五种不同规格。
适用范围:本产品是为在麻醉或急救医疗中,在向气管内插入及配置特殊软管时,为了保护气管(人的气道)而使用的辅助性喉镜。另外还装载了液晶显示屏,可以提供插入口腔后用于口腔内观察,诊断,摄影及治疗的画面。
生产厂家:日本大研医器株式会社
注册代理:珠海成富医疗器材有限公司
服务机构:珠海成富医疗器材有限公司
发证日期:2014.09.15 **截止日期**:2019.09.14

国食药监械(进)字 2014 第 2214360 号

产品名称:压力治疗系统(Compressible Limb Therapy System)
规格型号:Power-Q6000, Power-Q3000
产品标准:YZB/ROK 5433-2014《压力治疗系统》
性能组成:Power-Q6000 由主机、六腔手臂压力带、六腔腰部压力带、六腔腿部压力带、电源线、连接软管组成。Power-Q3000 由主机、四腔手臂压力带、四腔腰部压力带、四腔腿部压力带、电源线、连接软管组成。
适用范围:该产品通过为压力带充气,从而压迫患者肢体,适用于促进手臂及腿部的血液循环。
生产厂家:韩国元金物产株式会社(Wonjin Mulsan Co., Ltd)
注册代理:北京承康基业医用设备有限公司
服务机构:北京承康基业医用设备有限公司
发证日期:2014.09.15 **截止日期**:2019.09.14

国食药监械(进)字 2014 第 3254361 号

产品名称:高频电外科系统(VIO HF Electrosurgical Equipment including Accessories)
规格型号:见附页
产品标准:YZB/GER 4902-2014《高频电外科系统》
性能组成:由 VIO 系列高频电外科系统主机和可供选配的氩等离子体凝固器(俗称氩气控制器)、VIO 台车、仪器筐、双极等离子适配器及连接电缆、氩气电弧测试器、单极连接电缆、双极连接电缆、脚踏开关和电源线组成。具有单极电切、单极电凝、双极电切、双极电凝、氩等离子凝固、大血管闭合以及盐水下等离子切割功能。具体型号、输出模式及参数见附页。
适用范围:用于高频电外科手术中,可对生物组织产生切割、凝血物理效应。开放手术及腔镜手术,百克钳模式下可闭合管径达 7mm 的大血管(包括动脉血管、静脉血管及淋巴腺等)。
生产厂家:德国爱尔博电子医疗仪器公司
注册代理:爱尔博(上海)医疗器械有限公司
服务机构:爱尔博(上海)医疗器械有限公司
发证日期:2014.09.15 **截止日期**:2019.09.14

国食药监械(进)字 2014 第 2304362 号

产品名称:移动式 C 形臂 X 射线机(Mobile fluoroscophic/radiographic units)
规格型号:TCA 6 S
产品标准:YZB/ITA 8071-2013《移动式 C 形臂 X 射线机》
性能组成:产品由组合机头(I-40S3, 5RF),X 射线管(OX/110-5),影像增强器和显示器组成.不具有数字减影血管造影功能。
适用范围:用于 X 射线透视和拍片检查。
生产厂家:意大利 TECHNIX SPA
注册代理:康达医疗器械(上海)有限公司
服务机构:康达医疗器械(上海)有限公司
发证日期:2014.09.15 **截止日期**:2019.09.14

国食药监械(进)字 2014 第 3244363 号

产品名称:共焦激光扫描检眼镜(共焦点走查型ダイオードレーザ検眼鏡)
规格型号:F-10
产品标准:YZB/JAP 5437-2014《共焦激光扫描检眼镜》
性能组成:检眼镜由主机(内含激光发生器、光学系统、扫描摄像系统)、广角镜、工作台、脚踏开关以及外部固视灯(可选配)组成。光学系统由全反射镜、多面反射镜及凹面镜构成,扫描摄像系统由检测器、图像信号处理系统、电源及电缆组成。产品性能参数详见注册产品标准。
适用范围:用于拍摄和记录眼底情况,同时应用共焦作用,利用微小的反射率(屈光率)差通过四种波长的激光扫描潜在的眼底病变部位并进行影像化,为诊断提供其图像信息。
备注:2014 年 12 月 19 日同意更正注册号内容,2014 年 9 月 15 日核发的医疗器械注册证、医疗器械注册登记表予以废止。
生产厂家:日本尼德克株式会社
注册代理:日本尼德克株式会社北京代表处
发证日期:2014.09.15 **截止日期**:2019.09.14

国食药监械(进)字 2014 第 2404364 号

产品名称:黄疸计(Jaundice Meter)
规格型号:JM-103
产品标准:YZB/JAP 4926-2014《黄疸计》
性能组成:主机(黄疸计 JM-103),充电器装置 JM-A30,AC 适配器 JM-A32;性能:测量精度±1.5mg/dL 或±25.5μmol/L。
适用范围:用于无创伤测定新生儿(黑种婴儿除外)血清总胆红素浓度值。
生产厂家:日本 Konica Minolta, Inc.(コニカミノルタ株式会社)
注册代理:柯尼卡美能达(中国)投资有限公司
服务机构:广州文广医疗器械有限公司
发证日期:2014.09.15 **截止日期**:2019.09.14

国食药监械(进)字 2014 第 2544365 号

产品名称:呼吸机(Continuous Positive Airway Pressure)
规格型号:HC254AEA
产品标准:YZB/NZE 5468-2014《呼吸机》
性能组成:CPAP 系统由主机(含外壳,加热盘,鼓风机,控制电路板、显示屏及电源线)、湿化水罐(HC385S)、呼吸管路(900HC221)、空气过滤片(900HC240)组成。
适用范围:该产品是由经口、鼻持续正压气流发生器和加温湿化器一起共同构成的一体化系统,用于在家中或睡眠试验室治疗患有阻塞性睡眠呼吸暂停症(OSA)的成年患者。本系统必须和与其配套的呼吸面罩共同使用。
生产厂家:新西兰 FISHER & PAYKEL HEALTHCARE Ltd.
注册代理:费雪派克医疗保健(广州)有限公司 Fisher&Paykel Healthcare (Guangzhou) Ltd.
服务机构:费雪派克医疗保健(广州)有限公司 Fisher&Paykel Healthcare (Guangzhou) Ltd.
发证日期:2014.09.15 截止日期:2019.09.14

国食药监械(进)字 2014 第 2404366 号

产品名称:免疫层析检测仪(Nano-Checker 710)
规格型号:Nano-Checker 710
产品标准:YZB/USA 5373-2014《免疫层析检测仪》
性能组成:产品组成:外接式电源,检测室,LED 光源,图像采集模块,存储介质,分析系统及触摸式显示屏。
适用范围:该产品用于定量分析免疫层析检测卡的检测结果。
生产厂家:美国 Nano-Ditech 公司
注册代理:上海贝西生物科技有限公司
服务机构:上海贝西生物科技有限公司
发证日期:2014.09.15 截止日期:2019.09.14

国食药监械(进)字 2014 第 3214367 号

产品名称:双极临时起搏电极导管(PacelTM Flow Directed Pacing Catheters)
规格型号:401761、401762、401763、401764
产品标准:YZB/USA 5160-2014《双极临时起搏电极导管》
性能组成:由电极导管(含适配器)、电极导管保护套、导管鞘、注射器、穿刺针和电极组成。
适用范围:适用于在临时经静脉右心室起搏中使用。
生产厂家:美国 St.Jude Medical
注册代理:圣犹达医疗用品(上海)有限公司
服务机构:圣犹达医疗用品(上海)有限公司
发证日期:2014.09.15 截止日期:2019.09.14

国食药监械(进)字 2014 第 2234368 号

产品名称:超声诊断仪(Ultrasound Diagnostic Equipment)
规格型号:SONOACE R7
产品标准:YZB/ROK 4742-2014《超声诊断仪》
性能组成:该产品由主机、探头(型号见附件)、19″LCD、附件(接地线、电源线、VTR 转接线、保险丝、DVI2RGB 转接器)、脚踏开关、ECG(选配)组成。产品性能及功能见产品标准。
适用范围:该产品用于临床超声诊断检查。
生产厂家:韩国三星麦迪逊有限公司(SAMSUNG MEDISON CO., LTD.)
注册代理:三星(中国)投资有限公司
服务机构:三星电子(北京)技术服务有限公司
发证日期:2014.09.15 截止日期:2019.09.14

国食药监械(进)字 2014 第 3254369 号

产品名称:口腔高频电刀(High-frequency current generator used for incision and coagulation)
规格型号:Servotome
产品标准:YZB/FRA 5018-2014《口腔高频电刀》
性能组成:该产品由电刀发生器,脚踏开关,中性电极,电刀头(I22S、I22CA、TR22T、TR22R、TR22L、I40S、I40CA、FC10N、FC25B 和 FC32B)、电刀头手柄和电缆组成。产品有切割模式和混合模式两种工作模式,输出频率为 1.2 MHZ,在额定负载 600 Ω下的额定功率为 30 W。
适用范围:本产品用于口腔软组织的切割和电凝。
生产厂家:法国 SATELEC A Company of ACTEON Group
注册代理:法国艾龙集团公司北京办事处
服务机构:上海思越医疗器械有限公司
发证日期:2014.09.15 截止日期:2019.09.14

国食药监械(进)字 2014 第 2234370 号

产品名称:超声诊断仪(Diagnostic Ultrasound Scanner)
规格型号:Voluson i, Voluson e
产品标准:YZB/AUS 5064-2014《超声诊断仪》
性能组成:见《产品性能结构及组成附页》。
适用范围:用于诊断目的的图像采集,包括对已采集图像的测量。
生产厂家:奥地利 GE Healthcare Austria GmbH & Co OG
注册代理:通用电气医疗系统贸易发展(上海)有限公司
服务机构:通用电气医疗系统贸易发展(上海)有限公司
发证日期:2014.09.15 截止日期:2019.09.14

国食药监械(进)字 2014 第 2404371 号

产品名称:全自动凝血分析仪(ACL Elite and ACL Elite Pro)
规格型号:ACL Elite/ACL Elite Pro
产品标准:YZB/USA 5110-2014《全自动凝血分析仪》
性能组成:样品区、试剂区、比色杯区、反应区、加载装置和分析区、显示器、使用手册。
适用范围:本分析仪属于体外诊断用仪器,与专用的测试试剂一起使用,用来进行凝血和纤溶测试。
生产厂家:美国 Instrumentation Laboratory Co.
注册代理:沃芬医疗器械商贸(北京)有限公司
服务机构:沃芬医疗器械商贸(北京)有限公司
发证日期:2014.09.15 截止日期:2019.09.14

国食药监械(进)字 2014 第 2404372 号

产品名称:全自动生化分析仪(Clinical Chemistry Analyzer)
规格型号:Viva-E
产品标准:YZB/NET 5109-2014《全自动生化分析仪》
性能组成:产品主要组成成分:主机、冷却单位、废物容器及软件组成。
适用范围:该产品是自动化的生化分析仪,用于临床免疫化学检测,以测定患者体液中的多种化学物的成分。
变更情况:变更日期:2014.12.04。"生产企业名称:Vital Scientific B.V.代理人地址:上海市外高桥保税区加太路 78 号第一幢第一层 Q1 部位"变更为"注册人名称:ELITechGroup B.V.代理人住所:中国(上海)自由贸易试验区加太路 78 号第一幢第一层 Q1 部位"。
生产厂家:荷兰 Vital Scientific B.V.
注册代理:西门子医学诊断产品(上海)有限公司
服务机构:西门子医学诊断产品(上海)有限公司
发证日期:2014.09.15 截止日期:2019.09.14

国食药监械(进)字 2014 第 2304373 号

产品名称:移动式 C 形臂 X 射线机(Mobile C-arm X-ray Equipment)
规格型号:Ziehm Vision FD/Ziehm Vision FD Vario 3D
产品标准:YZB/GER 1636-2011《移动式 C 形臂 X 射线机》
性能组成:X 射线机由移动 C 臂架及监示台车 2 部分组成。C 臂架包括 X 射线发生器,X 射线管,X 射线管套,探测器,C 型臂和显示器。监示台车包括显示器和显示器推车。性能:X 射线管 D-064R,(固定阳极,焦点 0.6);管电压调节范围:40-110kV,透视管电流调节范围:X 光透视:1.5-20mA;数字透视:0.1-20mA。
适用范围:用于需要透视的医学场合,广泛用于创伤科,整形外科,神经外科,泌尿科,口腔及颌面外科。
生产厂家:德国 Ziehm Imaging GmbH
注册代理:奇目医疗器械贸易(上海)有限公司
服务机构:奇目医疗器械贸易(上海)有限公司
发证日期:2014.09.15 截止日期:2019.09.14

国食药监械(进)字 2014 第 2304374 号

产品名称:移动式 C 形臂 X 射线机(Mobile C-arm X-ray Equipment)
规格型号:Ziehm Vision Vario 3D
产品标准:YZB/GEM 0443-2011《移动式 C 形臂 X 射线机》
性能组成:产品由移动 C 臂架及监示台车 2 部分组成。性能:X 射线管组件(固定阳极,焦点 0.6);配有影像增强器;管电压调节范围:40-110kV;管电流调节范围 1.5-20mA。
适用范围:用于需要透视的医学场合,适用于创伤科,整形外科,神经外科,泌尿科,口腔及颌面外科。

生产厂家:德国 Ziehm Imaging GmbH
注册代理:奇目医疗器械贸易(上海)有限公司
服务机构:奇目医疗器械贸易(上海)有限公司
发证日期:2014.09.15 截止日期:2019.09.14

国食药监械(进)字 2014 第 2404375 号

产品名称:血糖仪(商品名:罗氏卓越纤巧型血糖仪)(ACCU-CHEK Performa Nano)
规格型号:ACCU-CHEK Performa Nano
产品标准:YZB/GER 5376-2014《血糖仪》
性能组成:由血糖仪、黑色密码牌、操作软件组成。
适用范围:该产品用于定量检测新鲜毛细血管全血、静脉血、动脉血和新生儿血中的葡萄糖浓度。
生产厂家:德国罗氏诊断有限公司
注册代理:罗氏诊断产品(上海)有限公司
服务机构:罗氏诊断产品(上海)有限公司
发证日期:2014.09.15 截止日期:2019.09.14

国食药监械(进)字 2014 第 3244376 号

产品名称:半导体激光治疗仪(Diode Laser System)
规格型号:LASEmaR1500
产品标准:YZB/ITA 5021-2014《半导体激光治疗仪》
性能组成:结构组成:主机,脚踏开关,电源线,不包含光纤。主要性能:波长 1470nm,功率 12W,允差见标准。单脉冲持续时间为 1ms 到 9000ms;重复脉冲间隔时间为 1ms 到 9000ms;脉冲串间的间隔时间为 10ms 到 10s。
适用范围:该仪器适用于浅表静脉曲张疾病的治疗,配合使用芯径为 200μm、400μm、600μm、800μm、1000μm 的光纤。
生产厂家:意大利 EUFOTON S.R.L
注册代理:上海优福通医疗设备有限公司
服务机构:上海优福通医疗设备有限公司
发证日期:2014.09.15 截止日期:2019.09.14

国食药监械(进)字 2014 第 3544377 号

产品名称:神经外科手术导航系统(商品名:外科机器人系统)(Robotized Stereotactic Assistant)
规格型号:ROSA
产品标准:YZB/FRA 5122-2014《神经外科手术导航系统》
性能组成:由机器臂、纯触摸屏、头部固定系统连接臂、可移动手推车、抗静电轮及注册用探针组成。
适用范围:在神经外科手术过程中采用探针注册模式对手术器械进行空间定位和定向
生产厂家:法国 MEDTECH S.A.S
注册代理:北京市北科数字医疗技术有限公司
服务机构:北京市北科数字医疗技术有限公司
发证日期:2014.09.15 截止日期:2019.09.14

国食药监械(进)字 2014 第 3264378 号

产品名称:单人高压氧舱(商品名:Sechrist)(Monoplace Hyperbaric Chamber)
规格型号:3300H、3600H
产品标准:YZB/USA 5237-2014《单人高压氧舱》。
性能组成:产品由舱体(壳体、舱门、安全阀)、控制系统、辅助系统和通信系统组成。加压介质为医用氧气,最大工作压力 0.2Mpa。
适用范围:该产品可用于治疗空气或气体栓塞、一氧化碳中毒(氰化物中毒导致的一氧化碳中毒)、气性坏疽和肌坏死(气性坏疽)、挤压伤,骨筋膜间室综合征,和其它急性外伤性缺血、减压病、动脉不足(视网膜中央动脉阻塞、选择性问题伤口愈合的促进)、重症贫血、颅内脓肿、骨髓炎(难治性)、坏死软组织感染、延迟性放射性损伤(软组织和骨坏死)、低免疫的移植瓣和皮瓣、热灼伤。
生产厂家:美国 Sechrist Industries, Inc.
注册代理:西安优孚商贸有限公司
服务机构:西安优孚商贸有限公司
发证日期:2014.09.15 截止日期:2019.09.14

国食药监械(进)字 2014 第 3234379 号

产品名称:彩色超声诊断系统(Diagnostic Ultrasound System and Transducers)
规格型号:EPIQ 7C
产品标准:YZB/USA 5101-2014《彩色超声诊断系统》
性能组成:该产品由主机(含显示器、控制面板、台车)、探头、可选部件(彩色打印机、黑白打印机、录像机、脚踏开关、报告打印机、ECG 导联线)组成,可选探头的种类及探头的主要性能要求见附件。
适用范围:用于人体超声诊断成像。
生产厂家:美国 Philips Ultrasound, Inc.
注册代理:飞利浦(中国)投资有限公司
服务机构:飞利浦(中国)投资有限公司
发证日期:2014.09.15 截止日期:2019.09.14

国食药监械(进)字 2014 第 3224380 号

产品名称:电子上消化道内窥镜(ビデオ軟性胃十二指腸鏡)
规格型号:EG-L590WR
产品标准:YZB/JAP 5446-2014《电子上消化道内窥镜》
性能组成:该产品是由插入部(头端部、弯曲部和软性部)、操作部、LG 软性部、LG 连接器、图像连接器、中继线软性部组成。与富士生产的电子图像处理器 VP-4450HD、内窥镜光源装置 LL-4450 及附件组合使用。
适用范围:插入到体内、管腔、体腔或体内腔,提供用于对体内、管腔、体腔或体内腔进行观察、诊断、拍摄或治疗的图像。该产品于医疗设施内在医生的管理下,用于对食道、胃、十二指肠进行观察、诊断和治疗。
生产厂家:日本富士胶片株式会社,富士フイルム株式会社
注册代理:富士胶片(中国)投资有限公司
服务机构:富士胶片(中国)投资有限公司
发证日期:2014.09.15 截止日期:2019.09.14

国食药监械(进)字 2014 第 3224381 号

产品名称:电子上消化道内窥镜(ビデオ軟性胃十二指腸鏡)
规格型号:EG-L590ZW
产品标准:YZB/JAP 5447-2014《电子上消化道内窥镜》
性能组成:该产品是由插入部(头端部、弯曲部和软性部)、操作部、LG 软性部、LG 连接器、图像连接器、中继线软性部组成。与富士生产的电子图像处理器 VP-4450HD、内窥镜光源装置 LL-4450 及附件组合使用。
适用范围:插入到体内、管腔、体腔或体内腔,提供用于对体内、管腔、体腔或体内腔进行观察、诊断、拍摄或治疗的图像。该产品于医疗设施内在医生的管理下,用于对食道、胃、十二指肠进行观察、诊断和治疗。
生产厂家:日本富士胶片株式会社,富士フイルム株式会社
注册代理:富士胶片(中国)投资有限公司
服务机构:富士胶片(中国)投资有限公司
发证日期:2014.09.15 截止日期:2019.09.14

国食药监械(进)字 2014 第 3244382 号

产品名称:二氧化碳激光治疗机(Carbon Dioxide Laser)
规格型号:AcuPulse Duo 30、AcuPulse Duo 30 ST、AcuPulse Duo 40、AcuPulse Duo 40 ST
产品标准:YZB/ISR 4968-2014《二氧化碳激光治疗机》
性能组成:CO2 激光主机(包括 CO2 激光器,操作控制和显示面板,电源及带光纤智能识别装置(SIS)的控制系统,安全及防护系统,冷却系统)、CO2 激光关节臂传输系统、CO2 激光光纤连接装置、可更换微粒过滤器、脚踏开关、SurgiTouch 扫描系统、关节臂激光传输附件以及 CO2 激光光纤及附件组成。详细规格参数见附页。
适用范围:该产品用于人体软组织的汽化、碳化、凝固和照射,以达到治疗的目的。
生产厂家:以色列 Lumenis Limited
注册代理:科医人医疗激光设备贸易(北京)有限公司
服务机构:科医人医疗激光设备贸易(北京)有限公司
发证日期:2014.09.15 截止日期:2019.09.14

国食药监械(进)字 2014 第 3774383 号

产品名称:压力测量导管(商品名:LiquoGuard 7)(Infusion test set)
规格型号:3499
产品标准:YZB/GER 5001-2014《压力测量导管》
性能组成:该产品由压力测量导管和穿刺针组成。该产品为灭菌包装、一次性使用产品。

适用范围：该产品作为液体通路，与脑脊液引流泵配套使用，在预防压力过高的同时持续测量患者的压力，也可在根据稳态和初始时压力计算流动阻力中应用。
生产厂家：德国 Moeller Medical GmbH
注册代理：北京泰升景康医药科技有限公司
服务机构：上海屹邦医疗器械科技发展有限公司
发证日期：2014.09.15　　截止日期：2019.09.14

国食药监械（进）字 2014 第 3234384 号

产品名称：眼科超声乳化治疗仪（商品名：SOVEREIGN）(Sovereign Compact Phacoemulsification System)
规格型号：Sovereign Compact
产品标准：YZB/USA 4743-2014《眼科超声乳化治疗仪》
性能组成：由控制台、超声乳化手柄、电凝手柄、玻璃体切除手柄、脚踏开关、遥控器和推车组成，详见附件。
适用范围：用于在白内障手术中利用超声将白内障破碎并吸出。
生产厂家：美国 Abbott Medical Optics, Inc
注册代理：眼力健（上海）医疗器械贸易有限公司
服务机构：眼力健（上海）医疗器械贸易有限公司
发证日期：2014.09.15　　截止日期：2019.09.14

国食药监械（进）字 2014 第 3284385 号

产品名称：医用磁共振成像系统(Magnetic Resonance Imaging system)
规格型号：SM160
产品标准：YZB/ROK 5088-2014《医用磁共振成像系统》
性能组成：超导磁体（F2000）场强 1.5T(63.87MHz+/-500KHz)，谱仪(SCR-01)，射频系统(射频放大器 AN8120)，头线圈(HDC-01，应用部位：头颅)，颈线圈(NKC-01，应用部位：颈部)，脊柱线圈(SPC-01，应用部位：脊椎)，膝线圈(KNC-01，应用部位：膝盖)，TORSO 线圈(TRC-01，应用部位：腹部，盆腔)，肩线圈(SHC-01，应用部位：肩部关节)，腕线圈(WRC-01，应用部位：腕关节)，体线圈(BDC-01，应用部位：全身)，梯度系统(梯度线圈，MFC19，梯度放大器，C781)，脉冲序列(PSD-01)，图像处理(IMP-01)，患者床(PTU-01)，工作站计算机系统(CONSOLE-01)，激光定位装置(POM-01)，传导板(PPU-01)，电源分配装置(PDR-01)，FEIF 和接口装置(FUR-01)，冷却装置(HC-8E)，系统软件(CUI0001)。
适用范围：供临床 MRI 诊断
备注：根据《医疗器械注册管理办法》第十五条有关规定，该产品暂缓注册检验。生产企业必须在首台医疗器械入境后，投入使用前完成注册检测。经检测合格后方可投入使用。
生产厂家：韩国 SCIMEDIX CO., LTD.
注册代理：北京国药恒瑞美联信息技术有限公司
服务机构：北京国药恒瑞美联信息技术有限公司
发证日期：2014.09.15　　截止日期：2019.09.14

国食药监械（进）字 2014 第 3244386 号

产品名称：准分子激光治疗系统(XTRAC Velocity Excimer Laser System)
规格型号：AL10000
产品标准：YZB/USA 4729-2014《准分子激光治疗系统》
性能组成：产品结构及组成：主机：脉冲准分子激光电源及控制系统、气体(氯化氙)自制系统；激光传输系统：光纤、瞄准光系统；应用附件：可重复使用手柄和可重复使用手柄末端标记器、MED 模版及其他治疗模版；脚踏开关。产品性能：输出激光波长：工作激光：308nm±1nm；瞄准光：532nm±10nm；额定单脉冲能量密度：2mJ/cm2～5mJ/cm2；最大激光能量：15mJ±20%；瞄准光输出功率：＜5mW；光束发散角：750mrad±5%；脉冲宽度：30ns±5ns；脉冲重复频率：250Hz ±2Hz；光斑尺寸：2cm×2cm，误差不大于±10%。
适用范围：用于牛皮癣、白癜风、遗传过敏性皮炎和白斑病的 UVB 光线疗法。
变更情况：变更日期：2015.02.17。“武汉奇致激光技术有限公司”变更为“武汉奇致激光技术股份有限公司”。
生产厂家：美国 PhotoMedex, Inc.
注册代理：武汉奇致激光技术有限公司
服务机构：武汉奇致激光技术有限公司
发证日期：2014.09.15　　截止日期：2019.09.14

国食药监械（进）字 2014 第 3214387 号

产品名称：病人监护仪(Spacelabs Healthcare qube Compact Monitor)
规格型号：详见产品性能结构及组成
产品标准：YZB/USA 5097-2014《病人监护仪》
性能组成：该产品由主机(91390)、多参数模块(91496，包括 91496-A、91496-B、91496-C、91496-I)、二氧化碳模块(92516)、麻醉气体（多种复合气体分析）模块(92518)、BISx 脑电双频谱指数模块(91482)、插件箱(90499)及附件组成，详见附页。
适用范围：该产品用于对成人和小儿患者的体征参数进行测量和监护，其中呼吸、无创血压、脉搏血氧饱和度、二氧化碳气体、氧气、氧化亚氮和麻醉气体监护也适用于新生儿。ST 段测量仅适用于成人患者。该产品还具有中央监护功能，能够同时远程查看一台其他监护仪的各种参数，可以同时监视 32 台其他监护仪的报警信息。产品应在持有行医执照的医务人员直接监督下使用或者由在医院接受过适当的设备使用方法培训的人员使用。多参数模块(91496)可用于心电（含 ST 段测量和心律失常）、心率、阻抗呼吸、脉搏血氧饱和度、无创血压、体温、有创血压、心输出量监护。二氧化碳模块(92516)可用于二氧化碳气体监护。麻醉气体（多种复合气体分析）模块(92518)可用于二氧化碳气体、氧气、氧化亚氮和麻醉气体监护。BISx 脑电双频谱指数模块(91482)可用于脑电双频谱指数监护。
生产厂家：美国 Spacelabs Healthcare, Inc.
注册代理：思培斯太空医疗仪器贸易（上海）有限公司
服务机构：思培斯太空医疗仪器贸易（上海）有限公司
发证日期：2014.09.15　　截止日期：2019.09.14

国食药监械（进）字 2014 第 3334388 号

产品名称：后装治疗机(Afterloader System)
规格型号：Flexitron Cobalt-60
产品标准：YZB/NET 5011-2014《后装治疗机》
性能组成：Flexitron Cobalt-60 使用钴(Co-60)源进行近距离放射治疗，该产品由以下部件组成：治疗实施设备、治疗控制面板、治疗通信控制台、应急安全容器、输送管、施源器。
适用范围：Flexitron Cobalt-60 是可远程遥控的近距离放射治疗后装系统，通过遥控装置，可将放射性核素施加到病人体内或体表以行放射治疗。
生产厂家：荷兰 Nucletron B.V.
注册代理：医科达（上海）医疗器械有限公司
服务机构：医科达（上海）医疗器械有限公司
发证日期：2014.09.15　　截止日期：2019.09.14

国食药监械（进）字 2014 第 2214389 号

产品名称：胃肠动力诊断系统(Gastrointestinal Motility System)
规格型号：InSIGHT Model S980000
产品标准：YZB/USA 5443-2014《胃肠动力诊断系统》
性能组成：由主机、分析软件（Suite N3）、电缆及附件组成，部件型号详见产品标准。
适用范围：本产品与记录器、探头联合使用，测量阻抗值、压力值并可校正酸碱度 PH 值，用于胃肠动力紊乱的记录和诊断
生产厂家：美国 Sandhill Scientific, Inc.
注册代理：北京爱博容科技有限公司
服务机构：北京爱博容科技有限公司
发证日期：2014.09.16　　截止日期：2019.09.15

国食药监械（进）字 2014 第 2704390 号

产品名称：听力调适软件(Fitting Software)
规格型号：Nucleus Fitting Software，版本 1.0
产品标准：YZB/AUL 5444-2014《听力调适软件》
性能组成：产品由安装光盘和随机文件组成，组成模块包括：Cochlear 设备检测器(CDD)、Cochlear 器械接口(CDI)、数据访问层(DAL)。
适用范围：通过调机设备及远程助手设置和修改声音处理器的听力曲线，保证患者听到声音。
生产厂家：澳大利亚 Cochlear Limited
注册代理：澳科利耳医疗器械（北京）有限公司
服务机构：澳科利耳医疗器械（北京）有限公司
发证日期：2014.09.16　　截止日期：2019.09.15

国食药监械(进)字 2014 第 2224391 号

产品名称:手术显微镜(Surgical Microscope)
规格型号:OPMI Lumera 700
产品标准:YZB/GER 5288-2014《手术显微镜》
性能组成:OPMI Lumera 700 手术显微镜由显微镜体、XY 联接器、支架(包括落地式支架和悬吊式支架)、脚控面板和 Medlialink100/MidiliveMindstream 视频记录设备(选配)组成。显微镜体包括镜筒、内置双轴照明、物镜、裂隙照明器(选配)、角膜观察器(选配)、分光器、适配器、摄像头(可选)、助手镜;支架包括悬挂臂、灯箱、承重臂、设备托盘(选配)、视频显示器、支架杆和支架底座;灯箱中的照明系统包括氙灯、卤素灯及 LED 照明。
适用范围:该产品用于眼科手术区域的照明和放大以及支持眼科领域手术过程中的视野观察。
生产厂家:德国 Carl Zeiss Meditec AG
注册代理:卡尔蔡司(上海)管理有限公司
服务机构:卡尔蔡司(上海)管理有限公司
发证日期:2014.09.16 截止日期:2019.09.15

国食药监械(进)字 2014 第 2224392 号

产品名称:角膜地形图仪(商品名:Cassini)(Corneal Topographer System)
规格型号:Cassini
产品标准:YZB/NET 5370-2014《角膜地形图仪》
性能组成:该产品组成部分包括角膜地形图仪、校准工具、随机软件(版本号 1.0.2)、用于角膜地形图仪的医疗电源、独立的电磁干扰滤波器和两根 USB 电缆组成。角膜地形图仪通过两根 USB 电缆与电脑相连接。角膜地形图仪由头托模块、LED 圆顶、操纵杆、系统基座和底座组成。
适用范围:该产品用于医疗环境,可测定和评价角膜形状、眼前段其他部分的特征,适用于一般角膜检查。
生产厂家:荷兰 i-Optics BV
注册代理:杭州泰格医药科技股份有限公司
服务机构:杭州泰格医药科技股份有限公司
发证日期:2014.09.16 截止日期:2019.09.15

国食药监械(进)字 2014 第 2404393 号

产品名称:全自动酶联免疫分析仪(Elisys)
规格型号:Elisys Quattro, Elisys Duo。
产品标准:YZB/GER 5427-2014《全自动酶联免疫分析仪》
性能组成:主要组成:进板单元、孵育单元、移液单元、清洗单元、光学单元、条码阅读及适配器、随机软件。(具体内容详见产品标准)。
适用范围:该产品为一系列自动化微孔板分析仪,可以自动完成全部样本的处理和分析过程,如样本稀释、样本和试剂分配、孵育、清洗、微孔板的移动、光学检测以及数据处理。
生产厂家:德国 HUMAN Gesellschaft für Biochemica und Diagnostica mbH
注册代理:德国胡曼生化诊断有限责任公司北京代表处
服务机构:德国胡曼生化诊断有限责任公司北京代表处
发证日期:2014.09.16 截止日期:2019.09.15

国食药监械(进)字 2014 第 2404394 号

产品名称:全自动生化分析仪(EasyRA Clinical Chemistry Analyzer)
规格型号:EasyRA
产品标准:YZB/USA 5559-2014《全自动生化分析仪》
性能组成:分析仪包含:试剂/样品区、反应区域、传送臂/探针、流体抽屉、清洗液瓶/废液瓶、电子元件,操作软件(版本号:7.0.0)。
适用范围:该产品用于以血清、尿为样本的临床化学分析、尿检查、免疫学检查。
生产厂家:美国 Medica Corporation
注册代理:麦迪卡医疗设备(苏州)有限公司
服务机构:麦迪卡医疗设备(苏州)有限公司
发证日期:2014.09.16 截止日期:2019.09.15

国食药监械(进)字 2014 第 2404395 号

产品名称:自动扫描显微镜和图像分析系统(Image Analysis and Capture System)
规格型号:GSL-10, GSL-120, MB8。
产品标准:YZB/USA 5558-2014《自动扫描显微镜和图像分析系统》
性能组成:该产品主要由 GSL-10/GSL-120/MB8 玻片装载器及自动平台(由加油机、条码扫描器、装载器和玻片升降台组成)、Capture(数字 CCD 相机)、生物显微镜、Review(计算机)、软件、不间断电源组成。
适用范围:该产品为快速中期寻找、图像采集和计算机辅助染色体分析系统,协助操作人员观察染色体视图,寻找细胞异常。能让一个有资质的细胞遗传学家快速和准确地分析染色体带型。
生产厂家:美国 Leica Biosystems Richmond Inc.
注册代理:徕卡显微系统(上海)贸易有限公司
服务机构:徕卡显微系统(上海)贸易有限公司
发证日期:2014.09.16 截止日期:2019.09.15

国食药监械(进)字 2014 第 2704396 号

产品名称:全自动模块式血液体液分析仪 XN 系列 XN IG master 软件(Automated Hematology Analyzer XN series XN IG master)
规格型号:XN IG master
产品标准:YZB/GER 5524-2014《全自动模块式血液体液分析仪 XN 系列 XN IG master 软件》
性能组成:产品由 XN IG master 软件光盘和说明书组成,软件版本为 00-01。
适用范围:该产品用于 IG#(未成熟粒细胞计数)、IG%(未成熟粒细胞百分比)的结果计算和显示,对指定的质控品(XN CHECK)实施精度管理和测定数据的输出功能。
生产厂家:德国 SYSMEX EUROPE GMBH
注册代理:希森美康医用电子(上海)有限公司
服务机构:希森美康医用电子(上海)有限公司
发证日期:2014.09.16 截止日期:2019.09.15

国食药监械(进)字 2014 第 2704397 号

产品名称:全自动模块式血液体液分析仪 XN 系列 XN IPF master 软件(Automated Hematology Analyzer XN series XN IPF master)
规格型号:XN IPF master
产品标准:YZB/GER 5525-2014《全自动模块式血液体液分析仪 XN 系列 XN IPF master 软件》
性能组成:产品由 XN IPF master 软件光盘和说明书组成,软件版本为 00-01。
适用范围:该产品用于 IPF(未成熟血小板比率)的结果计算和显示,对指定的质控品(XN CHECK)实施精度管理和测定数据的输出功能。
生产厂家:德国 SYSMEX EUROPE GMBH
注册代理:希森美康医用电子(上海)有限公司
服务机构:希森美康医用电子(上海)有限公司
发证日期:2014.09.16 截止日期:2019.09.15

国食药监械(进)字 2014 第 2704398 号

产品名称:全自动模块式血液体液分析仪 XN 系列 XN HPC master 软件(Automated Hematology Analyzer XN series XN HPC master)
规格型号:XN HPC master
产品标准:YZB/GER 5526-2014《全自动模块式血液体液分析仪 XN 系列 XN HPC master 软件》
性能组成:产品由 XN HPC master 软件光盘和说明书组成,软件版本为 00-01。
适用范围:该产品用于 HPC(造血元细胞计数)的结果计算和显示,对指定的质控品(XN CHECK)实施精度管理和测定数据的输出功能。
生产厂家:德国 SYSMEX EUROPE GMBH
注册代理:希森美康医用电子(上海)有限公司
服务机构:希森美康医用电子(上海)有限公司
发证日期:2014.09.16 截止日期:2019.09.15

国食药监械(进)字 2014 第 2554399 号

产品名称:种植用直手机(Implant Handpiece-Straight)
规格型号:SURGmatic S11 L, SURGmatic S11 C
产品标准:YZB/GER 5435-2014《种植用直手机》
性能组成:产品由直手机组成。各型号区别详见附页。
适用范围:产品适用于牙科种植手术。
生产厂家:德国 Kaltenbach &Voigt GmbH

注册代理:卡瓦盛邦(上海)牙科医疗器械有限公司
服务机构:卡瓦盛邦(上海)牙科医疗器械有限公司
发证日期:2014.09.16　**截止日期**:2019.09.15

国食药监械(进)字 2014 第 2554400 号

产品名称:种植用弯手机(Implant Handpiece- Contra-angle)
规格型号:SURGmatic S201 L, SURGmatic S201 XL, SURGmatic S201 C, SURGmatic S201 XC
产品标准:YZB/GER 5442-2014《种植用弯手机》
性能组成:产品由弯手机组成。各型号区别详见附页。
适用范围:产品适用于牙科种植手术。
生产厂家:德国 Kaltenbach & Voigt GmbH
注册代理:卡瓦盛邦(上海)牙科医疗器械有限公司
服务机构:卡瓦盛邦(上海)牙科医疗器械有限公司
发证日期:2014.09.16　**截止日期**:2019.09.15

国食药监械(进)字 2014 第 2224401 号

产品名称:内窥镜冷光源(Light source)
规格型号:51, 420, 015, 142, 002
产品标准:YZB/GER 5087-2014《内窥镜冷光源》
性能组成:本产品由光源主机和转接头组成,详见《型号附页》。
适用范围:该产品用于为内窥镜提供照明光源。
生产厂家:德国 Richard Wolf GmbH
注册代理:北京德华信达技术有限公司
服务机构:见附页
发证日期:2014.09.15　**截止日期**:2019.09.14

国食药监械(进)字 2014 第 2574402 号

产品名称:内镜清洗消毒机(Medivators Advantage Plus Endoscope Reprocessing System)
规格型号:ADVANTAGE PLUS
产品标准:YZB/USA 5167-2014《内镜清洗消毒机》
性能组成:产品由主机,泵,阀门,控制面板,电脑组成。
适用范围:该产品用于软式内镜的清洗和消毒。
备注:2014 年 11 月 24 日同意更正注册号内容,2014 年 9 月 15 日核发的医疗器械注册证、医疗器械注册登记表予以废止。
生产厂家:美国 Medivators Inc.
注册代理:美国美涤威公司北京代表处
发证日期:2014.09.15　**截止日期**:2019.09.14

国食药监械(进)字 2014 第 3234403 号

产品名称:彩色超声诊断仪(商品名:风范)(汎用超音波画像診断装置)
规格型号:Prosound F75
产品标准:YZB/JAP 5707-2014《彩色超声诊断仪》
性能组成:见附页。
适用范围:该产品适用于对人体进行临床超声检查诊断。
生产厂家:日本日立阿洛卡医疗株式会社(日立アロカメディカル株式会社)
注册代理:日立医疗(广州)有限公司
服务机构:日立医疗(广州)有限公司
发证日期:2014.09.22　**截止日期**:2019.09.21

国食药监械(进)字 2014 第 3254404 号

产品名称:射频治疗仪(Radio Frequency Medical Multifunctional Device)
规格型号:Accent Pro
产品标准:YZB/ISR 5896-2014《射频治疗仪》
性能组成:射频治疗仪由主机(包括射频发射装置、水冷却系统、微控制面板)、控制面板、单极射频手柄和双极射频手柄组成。额定工作频率 40.68MHz,脉冲调制频率 10kHz。输出功率:单极 2～300W 可调,双极 1～150W 可调。
适用范围:用于皮肤科针对皱纹的非侵入性治疗。
生产厂家:以色列 Alma Lasers Ltd
注册代理:北京飞顿医学科技发展有限公司
服务机构:北京飞顿医学科技发展有限公司
发证日期:2014.09.22　**截止日期**:2019.09.21

国食药监械(进)字 2014 第 3544405 号

产品名称:麻醉系统(Anaesthesia systems)
规格型号:BleaseSirius
产品标准:YZB/UK 5147-2014《麻醉系统》
性能组成:产品由麻醉机主机、麻醉气体输送系统、流量计、麻醉蒸发器(型号:Datuml (ISO), Datuml (SEV))、麻醉气体净化装置、呼吸回路(型号:CAS I、CAS II)、麻醉呼吸机(型号:BleaseSirius (950)、BleaseSirius (970)、BleaseSirius (990))、CO2 吸收罐、内部电池和电源线组成。
适用范围:麻醉系统用于外科手术中对婴幼儿、儿童和成人进行麻醉。
生产厂家:英国 Spacelabs Healthcare Ltd.
注册代理:思培斯太空医疗仪器贸易(上海)有限公司
服务机构:思培斯太空医疗仪器贸易(上海)有限公司
发证日期:2014.09.22　**截止日期**:2019.09.21

国食药监械(进)字 2014 第 2224406 号

产品名称:纤维支气管内窥镜(軟性気管支鏡)
规格型号:见附页
产品标准:YZB/JAP 5413-2014《纤维支气管内窥镜》
性能组成:本产品由纤维支气管内窥镜及其附件组成,具体性能结构参见附页。
适用范围:本产品与奥林巴斯光源、记录设备、监视器、内镜诊疗附件及其他周边设备配套使用,用于在气管/支气管内的内镜检查和治疗。
生产厂家:日本奥林巴斯医疗株式会社
注册代理:奥林巴斯贸易(上海)有限公司
服务机构:奥林巴斯(北京)销售服务有限公司
发证日期:2014.09.22　**截止日期**:2019.09.21

国食药监械(进)字 2014 第 3544407 号

产品名称:组织粉碎器(MORCE POWER PLUS)
规格型号:见附页
产品标准:YZB/GER 5729-2014《组织粉碎器》
性能组成:该产品由主机、脚踏开关、电机、粉碎手柄、连接手柄、粉碎管、穿刺针、穿刺鞘和转接器组成。
适用范围:该产品适用于腹腔镜手术中的组织粉碎和切除。
生产厂家:德国 Richard Wolf GmbH
注册代理:北京德华信达技术有限公司
服务机构:见附页
发证日期:2014.09.22　**截止日期**:2019.09.21

国食药监械(进)字 2014 第 2554408 号

产品名称:牙科手机(Dental handpieces without light)
规格型号:见附页
产品标准:YZB/AUS 5807-2014《牙科手机》
性能组成:该产品包括直手机和弯手机。具体性能见附页。
适用范围:本产品用于口腔科钻、磨牙手术。
生产厂家:奥地利 W&H Dentalwerk Bürmoos GmbH
注册代理:达颀医疗器械(上海)有限公司
服务机构:达颀医疗器械(上海)有限公司
发证日期:2014.09.22　**截止日期**:2019.09.21

国食药监械(进)字 2014 第 2234409 号

产品名称:眼科广域成像系统(Ophthalmic Wide Field Imaging System)
规格型号:RetCam 3
产品标准:YZB/USA 2146-2011《眼科广域成像系统》
性能组成:该产品包括以下组成部分:显示器、控制面板、手柄(内置摄像头。可配镜头:130°、120°、30°、80°、人像镜头)、机架、脚踏开关、存储抽拉式隔间、荧光造影光源(可选蓝光准分子源用于 FA 荧光造影)、报告打印机。
适用范围:本产品用于常规眼科成像,包括视网膜、角膜和外部成像。
生产厂家:美国 CLARITY MEDICAL SYSTEMS
注册代理:上海中智科技应用发展公司
服务机构:上海中智科技应用发展公司
发证日期:2014.09.22　**截止日期**:2019.09.21

国食药监械(进)字2014第2214410号

产品名称:脉搏血氧仪(Digital Pulse Oximeter)
规格型号:7500
产品标准:YZB/USA 5783-2014《脉搏血氧仪》
性能组成:该产品由主机(7500)、成人可重复用脉搏血氧探头(8000AA)组成。
适用范围:该产品用于测量显示成人患者的血氧饱和度(SpO2)及脉搏率。
生产厂家:美国Nonin Medical, Inc.
注册代理:广州市赫特仪器有限公司
服务机构:广州市赫特仪器有限公司
发证日期:2014.09.22 **截止日期**:2019.09.21

国食药监械(进)字2014第2404411号

产品名称:全自动血细胞分析仪(Coulter LH 750 System)
规格型号:LH 750
产品标准:YZB/USA 5985-2014《全自动血细胞分析仪》
性能组成:由分析器、稀释器、电源、手持扫描器组成。
适用范围:本产品是一款定量测定自动化血液分析仪和白细胞分类计数仪,用于临床实验室的体外诊断使用,可提供26个参数用于体外诊断,包括:白细胞计数(WBC)、红细胞计数(RBC)、血红蛋白浓度(HGB)、红细胞压积(HCT)、平均红细胞体积(MCV)、平均血红蛋白含量(MCH)、平均血红蛋白浓度(MCHC)、红细胞分布宽度(RDW)、血小板计数(PLT)、平均血小板体积(MPV)、中性粒细胞百分比(NE%)、中性粒细胞数量(NE#)、淋巴细胞百分比(LY%)、淋巴细胞数量(LY#)、单核细胞百分比(MO%)、单核细胞数量(MO#)、嗜酸性粒细胞百分比(EO%)、嗜酸性粒细胞数量(EO#)、嗜碱性粒细胞百分比(BA%)、嗜碱性粒细胞数量(BA#)、有核红细胞百分比(NRBC%)、有核红细胞数量(NRBC#)、网织红细胞百分比(RET%)、网织红细胞数量(RET#)、未成熟网织红细胞指数(IRF)、平均网织红细胞体积(MRV)。
生产厂家:美国Beckman Coulter, Inc.
注册代理:贝克曼库尔特商贸(中国)有限公司
服务机构:贝克曼库尔特商贸(中国)有限公司
发证日期:2014.09.22 **截止日期**:2019.09.21

国食药监械(进)字2014第2404412号

产品名称:血糖仪(Blood Glucose Monitoring System)
规格型号:AGM-2200
产品标准:YZB/ROK 5799-2014《血糖仪》
性能组成:组成:血糖测试仪主机和操作软件组成。
适用范围:该产品用于体外定量测试新鲜毛细血管全血中的葡萄糖浓度。
生产厂家:韩国All Medicus Co., Ltd.
注册代理:北京唐博士医学科技有限公司
服务机构:北京唐博士医学科技有限公司
发证日期:2014.09.22 **截止日期**:2019.09.21

国食药监械(进)字2014第3404413号

产品名称:全自动化学发光免疫分析仪(ADVIA Centaur CP Immunoassay System)
规格型号:ADVIA Centaur CP
产品标准:YZB/USA 6004-2014《全自动化学发光免疫分析仪》
性能组成:该分析系统由主机、工作站(控制系统、显示器)、条码扫描仪、打印机及其附件构成。
适用范围:该分析仪用于医学临床实验室作体外免疫项目检测。
生产厂家:美国Siemens Healthcare Diagnostics Inc.
注册代理:西门子医学诊断产品(上海)有限公司
服务机构:西门子医学诊断产品(上海)有限公司
发证日期:2014.09.22 **截止日期**:2019.09.21

国食药监械(进)字2014第2224414号

产品名称:手术显微镜(Surgical Microscope)
规格型号:S100 / OPMI Pico
产品标准:YZB/GER 5953-2014《手术显微镜》
性能组成:显微镜由照明系统、显微镜体、支架组成。其中:照明系统由卤素灯或氙灯或LED光源组成;显微镜体由显微镜体、手柄、MORA连接件、目视配套件、可折叠镜筒(f170/f260)、Varioscope100、HD video cameralive&streaming组成;支架由S100落地式支架/悬吊式支架(包括悬挂系统)、悬吊臂、承重臂/支柱,工具盘(选配)、平板显示器(选配)和底座组成。本系统可以连接标准C接口摄像系统配合使用。
适用范围:适用于医院等医疗机构外科手术中手术区域的照明与放大以及手术过程的观察与支持,不能用于眼科的检查及手术。
生产厂家:德国Carl Zeiss Meditec AG
注册代理:卡尔蔡司(上海)管理有限公司
服务机构:卡尔蔡司(上海)管理有限公司
发证日期:2014.09.22 **截止日期**:2019.09.21

国食药监械(进)字2014第2404415号

产品名称:血糖检测仪(商品名:智能型)(ACCU-CHEK Inform II System)
规格型号:ACCU-CHEK Inform II
产品标准:YZB/GER 5796-2014《血糖检测仪》
性能组成:由血糖检测仪、密码阅读器、充电基座、操作软件组成。
适用范围:该产品用于定量检测患者全血血样中的血糖浓度(全血血样包括:毛细血管血,静脉血,动脉血,新生儿血)。
生产厂家:德国罗氏诊断有限公司
注册代理:罗氏诊断产品(上海)有限公司
服务机构:罗氏诊断产品(上海)有限公司
发证日期:2014.09.22 **截止日期**:2019.09.21

国食药监械(进)字2014第2404416号

产品名称:全自动尿有形成份分析仪(Fully Automated Urine Particle Analyzer)
规格型号:UF-500i
产品标准:YZB/JAP 5711-2014《全自动尿有形成份分析仪》
性能组成:分析仪由主机、进样器装置和软件组成。
适用范围:该产品用于临床化验室尿液有形成份的体外分析。
生产厂家:日本希森美康株式会社
注册代理:希森美康医用电子(上海)有限公司
服务机构:希森美康医用电子(上海)有限公司
发证日期:2014.09.22 **截止日期**:2019.09.21

国食药监械(进)字2014第2404417号

产品名称:肌酐分析仪(Nova StatSensor Creatinine Hospital Meter)
规格型号:StatSensor
产品标准:YZB/USA 5954-2014《肌酐分析仪》
性能组成:肌酐分析仪主要由肌酐测试干片插入口、触摸屏、功能按键、激光扫描器、3.7V锂电池、充电器座和软件组成。
适用范围:该产品定量测量毛细管、静脉、动脉全血中的肌酐含量。
生产厂家:美国Nova生物医学公司
注册代理:广州市浩通贸易有限公司
服务机构:广州市浩通贸易有限公司
发证日期:2014.09.22 **截止日期**:2019.09.21

国食药监械(进)字2014第3224418号

产品名称:腹腔镜手术器械(Laparoscope HF surgical devices)
规格型号:见附页
产品标准:YZB/GER 5842-2014《腹腔镜手术器械》
性能组成:产品由腹腔镜手术器械组成(见附录)。本产品为非无菌包装。
适用范围:该产品临床适用于腹腔手术中检查、诊断和治疗用。
生产厂家:德国MGB Endoskopische Gerate GmbH Berlin
注册代理:宝施医疗用品(深圳)有限公司
服务机构:宝施医疗用品(深圳)有限公司
发证日期:2014.09.22 **截止日期**:2019.09.21

国食药监械(进)字2014第2264419号

产品名称:平衡及稳定性测试系统(Posturography system for balance assessment)
规格型号:Tetrax
产品标准:YZB/ISR 3408-2010《平衡及稳定性测试系统》
性能组成:产品由测量平台(平衡台)、测量用脚垫组成。
适用范围:该产品用于诊断评估及训练人体平衡能力及稳定性。
生产厂家:以色列BeamMed Ltd.

注册代理:以色列毕美特有限公司上海代表处
服务机构:上海毕迈电子科技有限公司
发证日期:2014.09.22　　**截止日期**:2019.09.21

国食药监械(进)字 2014 第 2404420 号

产品名称:全自动血沉仪(ESR Automated Analyser)
规格型号:Mixrate-X20
产品标准:YZB/ITA 5509-2014《全自动血沉仪》
性能组成:该全自动血沉仪由主机、电源装置、血沉管、随机软件组成。
适用范围:用于测定红细胞沉降速率。
生产厂家:意大利 Vital Diagnostics S.r.l.
注册代理:北京许腾创鑫商贸有限公司
服务机构:北京许腾创鑫商贸有限公司
发证日期:2014.09.25　　**截止日期**:2019.09.24

国食药监械(进)字 2014 第 2264421 号

产品名称:上肢综合训练器(ReoGO)
规格型号:ReoGo
产品标准:YZB/ISR 6015-2014《上肢综合训练器》
性能组成:由扬声器、推动把手、支撑杆、操作面板、可拆卸手柄、机械臂、脚轮组成。
适用范围:用于上肢运动功能障碍的患者进行上肢康复训练。
生产厂家:以色列 Motorika medical (Israel)Ltd.
注册代理:北京蝶禾谊安信息技术有限公司
服务机构:北京蝶禾谊安信息技术有限公司
发证日期:2014.09.25　　**截止日期**:2019.09.24

国食药监械(进)字 2014 第 2214422 号

产品名称:一次性同心针电极(Disposable Concentric Needle Electrodes)
规格型号:见附页
产品标准:YZB/DEN 4993-2014《一次性同心针电极》
性能组成:该产品由针电极和配套电缆线组成。
适用范围:该产品用于肌电图(EMG)测量。
生产厂家:丹麦 Alpine bioMed ApS
注册代理:上海本迪医疗器械有限公司
服务机构:上海本迪医疗器械有限公司
发证日期:2014.09.25　　**截止日期**:2019.09.24

国食药监械(进)字 2014 第 2234423 号

产品名称:超声用电磁定位工具(Electromagnetic Tracking System)
规格型号:见附页
产品标准:YZB/USA 6014-2014《超声用电磁定位工具》
性能组成:由插针(手柄、针管、针鞘和保护管)、插针传感器、通用传感器、Virtual 追踪连接器、针导引器、针导引器镶嵌件、护套、托架和电缆夹组成。
适用范围:本产品配合 GE Logiq E9 超声诊断仪使用,可在超声影像下实现消融针、抽吸针、活检设备和引流设备的电磁定位。
生产厂家:美国 CIVCO Medical Instruments Co., Inc.
注册代理:上海儒博贸易有限公司
服务机构:上海儒博贸易有限公司
发证日期:2014.09.25　　**截止日期**:2019.09.24

国食药监械(进)字 2014 第 2554424 号

产品名称:弯手机(ストレート・ギアードアングルハンドピース)
规格型号:Z45L
产品标准:YZB/JAP 5957-2014《弯手机》
性能组成:本产品由弯手机组成。产品性能:1)压盖式夹头;2)变速比 1:4.2;3)拔出力 22N 以上,扭矩大于 1.6N·cm;4)径向跳动不超过 0.08mm;5)带水、气冷却;6)带照明功能。
适用范围:本产品用于口腔科切削或研磨牙齿。
生产厂家:日本株式会社 中西/株式会社ナカニシ
注册代理:上海弩速克国际贸易有限公司
服务机构:上海弩速克国际贸易有限公司
发证日期:2014.09.25　　**截止日期**:2019.09.24

国食药监械(进)字 2014 第 2254425 号

产品名称:双极电凝手术钳(Bipolar Coagulator Forceps)
规格型号:BH686R、BH687R、BH689R
产品标准:YZB/GER 5992-2014《双极电凝手术钳》
性能组成:该双极电凝手术钳为双极电极,其原材料由符合 GB/T 1220-2007 和 YY/T 0177-2005 中的钢号为 2Cr13 的不锈钢、陶瓷及 PEEK(聚醚醚酮)组成。
适用范围:用于外科手术过程中夹住、切割、凝结组织。
生产厂家:德国 AESCULAP AG
注册代理:贝朗医疗(上海)国际贸易有限公司
服务机构:贝朗医疗(上海)国际贸易有限公司
发证日期:2014.09.25　　**截止日期**:2019.09.24

国食药监械(进)字 2014 第 2404426 号

产品名称:苯妥英校准品(ARCHITECT iPhenytoin Calibrators)
规格型号:6 瓶(4.0 mL/瓶)
产品标准:YZB/USA 5485-2014
性能组成:校准品 A-F 含有人血清。校准品 B-F 含有苯妥英。防腐剂:叠氮钠、ProClin 300 和 ProClin 950。产品有效期:储存于 2~8℃,有效期 18 个月。附件:注册产品标准,产品说明书。
适用范围:本校准品用于体外定量测定人血清或血浆中的苯妥英时,对苯妥英项目进行校准。
生产厂家:美国 Abbott Laboratories
注册代理:雅培贸易(上海)有限公司
发证日期:2014.09.25　　**截止日期**:2019.09.24

国食药监械(进)字 2014 第 2404427 号

产品名称:铁蛋白测定试剂盒(化学发光微粒子免疫检测法)(ARCHITECT Ferritin Reagent Kit)
规格型号:1×100 测试/盒、4×100 测试/盒、4×500 测试/盒、1×500 测试/盒。
产品标准:YZB/IRE 5473-2014
性能组成:微粒子,结合物。(具体内容详见说明书)。产品有效期:2~8℃储存,有效期 14 个月。附件:注册产品标准,产品说明书。
适用范围:本试剂盒用于体外定量测定人血清和血浆中的铁蛋白。
生产厂家:爱尔兰 Abbott Ireland Diagnostics Division
注册代理:雅培贸易(上海)有限公司
发证日期:2014.09.25　　**截止日期**:2019.09.24

国食药监械(进)字 2014 第 3404428 号

产品名称:乙型肝炎病毒核心抗体质控品(ADVIA Centaur HBc Total Quality Control Material(QC HBc Total, QC HBcT))
规格型号:阴性质控品:2×7.0mL;阳性质控品:2×7.0mL。
产品标准:YZB/USA 5641-2014
性能组成:试剂盒组成:阴性质控品、阳性质控品、质控品赋值单和条形码标签。质控成分:经处理的乙型肝炎病毒核心抗体呈阴性和阳性的人血浆和防腐剂。产品有效期:在 2~8℃条件下保存,有效期 18 个月。附件:注册产品标准,产品说明书。
适用范围:本产品用于监测乙型肝炎病毒核心抗体检测试验的性能。
生产厂家:美国 Siemens Healthcare Diagnostics Inc.
注册代理:西门子医学诊断产品(上海)有限公司
发证日期:2014.09.25　　**截止日期**:2019.09.24

国食药监械(进)字 2014 第 3404429 号

产品名称:乙型肝炎病毒表面抗原确认试剂盒(化学发光法)(商品名:Conf)(ADVIA Centaur HBsAg Confirmatory(HBsAg Confirmatory))
规格型号:100 测试/盒
产品标准:YZB/USA 5647-2014
性能组成:产品组成:1 个辅助试剂包,内含乙型肝炎病毒表面抗原确认试剂 A;1 个辅助试剂包,内含乙型肝炎病毒表面抗原确认试剂 B。(具体内容详见说明书)。产品有效期:在 2~8℃的环境中直立保存,有效期 24 个月。附件:注册产品标准,产品说明书。
适用范围:本产品用于定性确认人血清或血浆(乙二胺四乙酸,肝素锂或肝素钠,枸橼酸抗凝)中的乙型肝炎病毒表面抗原(HBsAg)。
生产厂家:美国 Siemens Healthcare Diagnostics Inc.
注册代理:西门子医学诊断产品(上海)有限公司

发证日期:2014.09.25　　截止日期:2019.09.24

国食药监械(进)字2014第3404430号

产品名称:乙型肝炎病毒表面抗原质控品(ADVIA Centaur HBsAg Quality Control Material(QC HBsAg, QC HBs))
规格型号:阴性质控品:2×10.0 mL;阳性质控品:2×10.0 mL
产品标准:YZB/USA 5649-2014
性能组成:试剂盒组成:阴性质控品、阳性质控品、质控品赋值单和条形码标签。质控成分:经处理的乙型肝炎病毒表面抗原呈阴性和阳性的复钙人血浆和防腐剂。产品有效期:在2~8°C条件下保存,有效期12个月。附件:注册产品标准,产品说明书。
适用范围:本产品用于监测乙型肝炎病毒表面抗原检测试验及乙型肝炎病毒表面抗原确认检测试验的性能。
生产厂家:美国Siemens Healthcare Diagnostics Inc.
注册代理:西门子医学诊断产品(上海)有限公司
发证日期:2014.09.25　　截止日期:2019.09.24

国食药监械(进)字2014第3404431号

产品名称:幽门螺旋杆菌IgG抗体检测试剂盒(胶体金法)(MP Diagnostics ASSURE H. pylori Rapid Test)
规格型号:20人份/盒
产品标准:YZB/SIN 5664-2014
性能组成:幽门螺旋杆菌快速检测反应板、缓冲液;试剂盒中还包括加样管。(具体内容详见产品说明书)。产品有效期:2℃~28℃贮存,有效期15个月。附件:注册产品标准,产品说明书。
适用范围:该产品用于人血清、血浆或全血中幽门螺旋杆菌IgG抗体的定性检测。
生产厂家:新加坡MP Biomedicals Asia Pacific Pte Ltd
注册代理:安倍医疗器械贸易(上海)有限公司
发证日期:2014.09.25　　截止日期:2019.09.24

国食药监械(进)字2014第2404432号

产品名称:铁蛋白检测试剂盒(电化学发光法)(Ferritin)
规格型号:100测试/盒;200测试/盒。
产品标准:YZB/GER 5581-2014
性能组成:试剂-工作溶液:包被链霉亲合素的磁性微粒(透明盖),1瓶;生物素化的抗铁蛋白抗体(灰色盖),1瓶;钌标记的抗铁蛋白抗体(黑色盖),1瓶。(具体内容详见产品说明书)。产品有效期:储存在2~8℃,效期为18个月。附件:注册产品标准,产品说明书。
适用范围:该产品用于体外定量测定人血清和血浆中的铁蛋白的含量。
生产厂家:德国Roche Diagnostics GmbH
注册代理:罗氏诊断产品(上海)有限公司
发证日期:2014.09.25　　截止日期:2019.09.24

国食药监械(进)字2014第2404433号

产品名称:睾酮校准品(ST AIA-PACK Testosterone CALIBRATOR SET)
规格型号:校准品1:1.0mL×2,校准品2:1.0mL×2,校准品3:1.0mL×2,校准品4:1.0mL×2,校准品5:1.0mL×2,校准品6:1.0mL×2。
产品标准:YZB/JAP 5643-2014
性能组成:校准品1:三羟甲基氨基甲烷(Tris)缓冲液和血清白蛋白;校准品2、3、4、5和6:睾酮、三羟甲基氨基甲烷(Tris)缓冲液和血清白蛋白。(具体内容详见产品说明书)。产品有效期:2~8℃避光保存,有效期12个月。附件:注册产品标准,产品说明书。
适用范围:本产品用于睾酮项目检测时的校准。
生产厂家:日本Tosoh Corporation
注册代理:东曹(上海)生物科技有限公司
发证日期:2014.09.25　　截止日期:2019.09.24

国食药监械(进)字2014第2404434号

产品名称:黄体酮校准品(AIA-PACK PROG CALIBRATOR SET)
规格型号:校准品1:1.0mL×2,校准品2:1.0mL×2,校准品3:1.0mL×2,校准品4:1.0mL×2,校准品5:1.0mL×2,校准品6:1.0mL×2。
产品标准:YZB/JAP 5629-2014
性能组成:校准品1:黄体酮阴性人血清;校准品2、3、4、5和6:黄体酮阴性人血清和黄体酮。(具体内容详见产品说明书)。产品有效期:2~8℃避光保存,有效期12个月。附件:注册产品标准,产品说明书。
适用范围:本产品用于黄体酮项目检测时的校准。
生产厂家:日本Tosoh Corporation
注册代理:东曹(上海)生物科技有限公司
发证日期:2014.09.25　　截止日期:2019.09.24

国食药监械(进)字2014第2404435号

产品名称:多项蛋白定标液(Special Protein Calibrator(SP-C))
规格型号:产品编号:DC51;包装规格:水平1:2×1.5 mL;水平2:2×1.5 mL;水平3:2×1.5 mL;水平4:2×1.5 mL;水平5:2×1.5 mL。
产品标准:YZB/USA 5653-2014
性能组成:多项蛋白定标液是一种以人液体血清为基质的产品。该定标液含有在其检测范围内的免疫球蛋白A、免疫球蛋白G、免疫球蛋白M、补体C3、补体C4和转铁蛋白。产品有效期:在2~8℃的条件下保存,有效期为18个月。附件:注册产品标准,产品说明书。
适用范围:该产品用于免疫球蛋白A、免疫球蛋白G、免疫球蛋白M、补体C3、补体C4和转铁蛋白检测方法的定标。
生产厂家:美国Siemens Healthcare Diagnostics Inc.
注册代理:西门子医学诊断产品(上海)有限公司
发证日期:2014.09.25　　截止日期:2019.09.24

国食药监械(进)字2014第2404436号

产品名称:泌乳激素校准品(AIA-PACK PRL CALIBRATOR SET)
规格型号:校准品1:1.0mL×2,校准品2:1.0mL×2。
产品标准:YZB/JAP 5679-2014
性能组成:校准品1:马血清;校准品2:泌乳激素和马血清。(具体内容详见产品说明书)。产品有效期:2~8℃避光保存,有效期12个月。附件:注册产品标准,产品说明书。
适用范围:本产品用于泌乳激素项目检测时的校准。
生产厂家:日本Tosoh Corporation
注册代理:东曹(上海)生物科技有限公司
发证日期:2014.09.25　　截止日期:2019.09.24

国食药监械(进)字2014第2404437号

产品名称:人绒毛膜促性腺激素校准品(AIA-PACK HCG CALIBRATOR SET)
规格型号:校准品1:1.0mL×2,校准品2:1.0mL×2。
产品标准:YZB/JAP 5648-2014
性能组成:校准品1:人绒毛膜促性腺激素阴性人血清;校准品2:人绒毛膜促性腺激素和人绒毛膜促性腺激素阴性人血清。(具体内容详见产品说明书)。产品有效期:2~8℃避光保存,有效期12个月。附件:注册产品标准,产品说明书。
适用范围:本产品用于人绒毛膜促性腺激素项目检测时的校准。
生产厂家:日本Tosoh Corporation
注册代理:东曹(上海)生物科技有限公司
发证日期:2014.09.25　　截止日期:2019.09.24

国食药监械(进)字2014第2404438号

产品名称:游离甲状腺激素/甲状腺刺激素定标液(Thyroid Calibrator(THY CAL))
规格型号:产品编号:RC410;包装规格:水平1:2×2.0mL;水平2:2×2.0mL;水平3:2×2.0mL;水平4:2×2.0mL;水平5:2×2.0mL。
产品标准:YZB/USA 5658-2014
性能组成:游离甲状腺激素/甲状腺刺激素定标液是一种液体牛血清白蛋白为基质的产品。水平1定标液不含可检测出的甲状腺激素或甲状腺刺激素(TSH)。水平2到5含甲状腺素和人甲状腺刺激素(TSH)。产品有效期:在2~8℃条件下保存,有效期18个月。附件:注册产品标准,产品说明书。
适用范围:用于游离甲状腺激素(FT4)和甲状腺刺激素(TSH)检测方法的定标。
生产厂家:美国Siemens Healthcare Diagnostics Inc.
注册代理:西门子医学诊断产品(上海)有限公司
发证日期:2014.09.25　　截止日期:2019.09.24

国食药监械(进)字2014第2404439号

产品名称:铁蛋白定标液(Ferritin Calibrator(FERR CAL))
规格型号:产品编号:RC440;包装规格:水平1:2×1.0mL;水平2:2×

1.0mL；水平 3:2×1.0mL；水平 4:2×1.0mL；水平 5:2×1.0mL。
产品标准:YZB/USA 5662-2014
性能组成:铁蛋白定标液是一种以液体牛血清白蛋白为基质的产品。定标液水平 1 不含可检测到的铁蛋白。水平 2-5 含人肝脏铁蛋白。产品有效期：在 2～8℃的条件下保存，有效期 18 个月。附件：注册产品标准，产品说明书。
适用范围:该产品用于铁蛋白(FERR)检测方法的定标。
生产厂家:美国 Siemens Healthcare Diagnostics Inc.
注册代理:西门子医学诊断产品(上海)有限公司
发证日期:2014.09.25 **截止日期**:2019.09.24

国食药监械(进)字 2014 第 2404440 号

产品名称:人绒毛膜促性腺激素测定试剂盒(非均相免疫法)(Dimension® Human Chorionic Gonadotropin Flex® Reagent Cartridge)
规格型号:产品编号:RF430；包装规格:120 测试/盒(4×30 测试/盒)。产品编号:RF530；包装规格:60 测试/盒(4×15 测试/盒)。
产品标准:YZB/USA 5681-2014
性能组成:试剂船位 1，2(液体):人绒毛膜促性腺激素抗体-β-半乳糖苷酶；试剂船位 3(片剂):包被抗体的二氧化铬；试剂船位 4、5、6(片剂):氯酚红-β-半乳糖苷酯(CPRG)；试剂船位 7(液体):底物稀释和缓冲液；试剂船位 8(液体):铬稀释缓冲液。(具体内容详见说明书)。产品有效期：在 2～8℃条件下保存，有效期 18 个月。附件：注册产品标准，产品说明书。
适用范围:该产品用于体外定量测定人类血清和血浆中未受损的人绒毛膜促性腺激素以辅助诊断早期怀孕。
生产厂家:美国 Siemens Healthcare Diagnostics Inc.
注册代理:西门子医学诊断产品(上海)有限公司
发证日期:2014.09.25 **截止日期**:2019.09.24

国食药监械(进)字 2014 第 2404441 号

产品名称:铁蛋白测定试剂盒(非均相免疫法)(Ferritin Flex® reagent cartridge (FERR))
规格型号:产品编号:RF440；包装规格:120 测试/盒(4×30 测试/盒)。
产品标准:YZB/USA 5686-2014
性能组成:试剂船位 1(液体):铁蛋白抗体-β-半乳糖苷酶 ；试剂船位 3(片剂):包被抗体的二氧化铬颗粒；试剂船位 4、5、6(片剂):氯酚红-β-d-半乳糖苷(CPRG) ；试剂船位 7(液体):底物稀释剂，缓冲液 。(具体内容详见说明书)。产品有效期：在 2～8℃条件下，有效期 12 个月。附件：注册产品标准，产品说明书。
适用范围:该产品用于体外定量测定人类血清和肝素化血浆中的铁蛋白。
生产厂家:美国 Siemens Healthcare Diagnostics Inc.
注册代理:西门子医学诊断产品(上海)有限公司
发证日期:2014.09.25 **截止日期**:2019.09.24

国食药监械(进)字 2014 第 2404442 号

产品名称:肌红蛋白校准品(ST AIA-PACK Myoglobin CALIBRATOR SET)
规格型号:校准品 1：1.0mL×2，校准品 2：1.0mL×2，校准品 3：1.0mL×2，校准品 4：1.0mL×2，校准品 5：1.0mL×2，校准品 6：1.0mL×2。
产品标准:YZB/JAP 5614-2014
性能组成:校准品 1：血清白蛋白、磷酸缓冲液；校准品 2、3、4、5 和 6：磷酸缓冲液、血清白蛋白、肌红蛋白。(具体内容详见产品说明书)。产品有效期：2～8℃避光保存，有效期 12 个月。附件：注册产品标准，产品说明书。
适用范围:本产品用于肌红蛋白项目检测时的校准。
生产厂家:日本 Tosoh Corporation
注册代理:东曹(上海)生物科技有限公司
发证日期:2014.09.25 **截止日期**:2019.09.24

国食药监械(进)字 2014 第 3404443 号

产品名称:白细胞分化抗原 CD19 检测试剂盒(流式细胞仪法-PE-Cy7)(CD19 PE-Cy7 Reagent)
规格型号:100 检测人份
产品标准:YZB/USA 5666-2014
性能组成:CD19，克隆 SJ25C1，来源于小鼠 Sp2/0 骨髓瘤细胞和用 NALM1+NALM16 细胞免疫的 BALB/c 小鼠脾细胞融合的杂交瘤细胞。CD19 由小鼠 IgG1 重链和 kappa 轻链所组成。试剂溶解在含有明胶和 0.1%叠氮化钠的磷酸盐缓冲液 (PBS) 中。(具体内容详见产品说明书)。产品有效期：存储在 2～8℃，避免光线直射条件下，有效期限为 12 个月。附件：注册产品标准，产品说明书。
适用范围:该产品用于体外诊断，通过 BD FACSTM 流式细胞仪鉴定表达 CD19 抗原的细胞。
生产厂家:美国 Becton, Dickinson and Company, BD Biosciences
注册代理:碧迪医疗器械(上海)有限公司
发证日期:2014.09.25 **截止日期**:2019.09.24

国食药监械(进)字 2014 第 3404444 号

产品名称:白细胞分化抗原 CD19 检测试剂盒(流式细胞仪法-FITC)(CD19 FITC(SJ25C1) Reagent)
规格型号:50 检测人份
产品标准:YZB/USA 5667-2014
性能组成:CD19，克隆 SJ25C1，来源于小鼠 Sp2/0 骨髓瘤细胞和用 NALM1+NALM16 细胞免疫的 BALB/c 小鼠脾细胞融合的杂交瘤细胞。CD19 由小鼠 IgG1 重链和 kappa 轻链所组成。试剂溶解在含有明胶和 0.1%叠氮化钠的磷酸盐缓冲液 (PBS) 中。(具体内容详见产品说明书)。产品有效期：存储在 2～8℃，避免光线直射条件下，有效期限为 24 个月。附件：注册产品标准，产品说明书。
适用范围:该产品用于体外诊断，通过 BD FACSTM 流式细胞仪鉴定表达 CD19 抗原的细胞。
生产厂家:美国 Becton, Dickinson and Company, BD Biosciences
注册代理:碧迪医疗器械(上海)有限公司
发证日期:2014.09.25 **截止日期**:2019.09.24

国食药监械(进)字 2014 第 3404445 号

产品名称:白细胞分化抗原 CD8 检测试剂盒(流式细胞仪法-PE-Cy7)(CD8 PE-Cy7 Reagent)
规格型号:100 检测人份
产品标准:YZB/USA 5668-2014
性能组成:CD8，SK1 克隆，来源于鼠 NS-1 骨髓瘤细胞和用人外周血 T 淋巴细胞免疫的 BALB/c 鼠脾细胞融合产生的杂交瘤细胞。CD8 由小鼠 IgG1 重链和 kappa 轻链所组成。试剂溶解在含有明胶和 0.1%叠氮化钠的磷酸盐缓冲液 (PBS) 中。(具体内容详见产品说明书)。产品有效期：存储在 2～8℃，避免光线直射条件下，有效期限为 12 个月。附件：注册产品标准，产品说明书。
适用范围:该产品用于体外诊断，通过 BD FACSTM 流式细胞仪鉴定表达 CD8 抗原的细胞。
生产厂家:美国 Becton, Dickinson and Company, BD Biosciences
注册代理:碧迪医疗器械(上海)有限公司
发证日期:2014.09.25 **截止日期**:2019.09.24

国食药监械(进)字 2014 第 3404446 号

产品名称:白细胞分化抗原 CD38 检测试剂盒(流式细胞仪法-FITC)(CD38 FITC Reagent)
规格型号:50 检测人份
产品标准:YZB/USA 5669-2014
性能组成:CD38，HB7 克隆，来源于小鼠 P3-X63-Ag8.653 骨髓瘤细胞和 BJAB 细胞免疫的 BALB/c 小鼠脾细胞融合的杂交瘤细胞。CD38 由小鼠 IgG1 重链和 kappa 轻链所组成。试剂存放在含有明胶和 0.1%叠氮化钠的磷酸盐缓冲液 (PBS) 中。(具体内容详见产品说明书)。产品有效期：存储在 2～8℃，避免光线直射条件下，有效期限为 15 个月。附件：注册产品标准，产品说明书。
适用范围:该产品用于体外诊断，通过 BD FACSTM 流式细胞仪鉴定表达 CD38 抗原的细胞。
生产厂家:美国 Becton, Dickinson and Company, BD Biosciences
注册代理:碧迪医疗器械(上海)有限公司
发证日期:2014.09.25 **截止日期**:2019.09.24

国食药监械(进)字 2014 第 3404447 号

产品名称:白细胞分化抗原 CD11b 检测试剂盒(流式细胞仪法-PE)(CD11b PE Reagent)
规格型号:100 检测人份

产品标准:YZB/USA 5670-2014

性能组成:CD11b, D12 克隆，来源于小鼠 NS-1 骨髓瘤细胞和用人外周血 T 淋巴细胞免疫的 BALB/c 小鼠脾细胞融合的杂交瘤细胞。CD11b 由小鼠 IgG2a 重链和 kappa 轻链所组成。试剂溶解在含有明胶和 0.1%叠氮化钠的磷酸盐缓冲液 (PBS) 中。(具体内容详见产品说明书)。产品有效期：存储在 2～8℃，避免光线直射条件下，有效期限为 15 个月。附件：注册产品标准，产品说明书。

适用范围:该产品用于体外诊断，通过 BD FACSTM 流式细胞仪鉴定表达 CD11b 抗原的细胞。

生产厂家:美国 Becton, Dickinson and Company, BD Biosciences

注册代理:碧迪医疗器械(上海)有限公司

发证日期:2014.09.25 截止日期:2019.09.24

国食药监械(进)字 2014 第 3404448 号

产品名称:白细胞分化抗原 CD16 检测试剂盒(流式细胞仪法-FITC)(CD16 FITC Reagent)

规格型号:100 检测人份

产品标准:YZB/USA 5671-2014

性能组成:CD16 (LeuTM-11a), 克隆 NKP15, 来源于小鼠 P3-X63-Ag8 骨髓瘤细胞和用大颗粒淋巴细胞免疫的 BALB/c 小鼠脾细胞融合的杂交瘤细胞。CD16 (LeuTM-11a) 由小鼠 IgG1 重链和 kappa 轻链所组成。试剂溶解在含有明胶和 0.1%叠氮化钠的磷酸盐缓冲液 (PBS) 中。(具体内容详见产品说明书)。产品有效期：存储在 2～8℃，避免光线直射条件下，有效期限为 24 个月。附件：注册产品标准，产品说明书。

适用范围:该产品用于体外诊断，通过 BD FACSTM 流式细胞仪鉴定表达 CD16 抗原的细胞。

生产厂家:美国 Becton, Dickinson and Company, BD Biosciences

注册代理:碧迪医疗器械(上海)有限公司

发证日期:2014.09.25 截止日期:2019.09.24

国食药监械(进)字 2014 第 2404449 号

产品名称:前白蛋白定标液(Prealbumin Calibrator (PALB CAL))

规格型号:产品编号:DC50; 包装规格：水平 1, 2× 1.0 mL; 水平 2, 2 × 1.0mL; 水平 3, 2× 1.0mL; 水平 4, 2× 1.0mL; 水平 5, 2× 1.0 mL。

产品标准:YZB/USA 5688-2014

性能组成:前白蛋白定标是液以液体牛血清白蛋白为主要基质的产品。产品有效期：在 2～8℃条件下保存，有效期 12 个月。附件：注册产品标准，产品说明书。

适用范围:该定标液用于前白蛋白测定试剂盒(免疫比浊法)(PALB)检测方法的定标。

生产厂家:美国 Siemens Healthcare Diagnostics Inc.

注册代理:西门子医学诊断产品(上海)有限公司

发证日期:2014.09.25 截止日期:2019.09.24

国食药监械(进)字 2014 第 3404450 号

产品名称:Ⅱ型单纯疱疹病毒 IgG 检测试剂盒(电化学发光法)(HSV-2 IgG)

规格型号:100 测试/盒

产品标准:YZB/GER 5583-2014

性能组成:试剂-工作溶液：包被链霉亲合素的磁珠微粒 (透明瓶盖), 1 瓶；生物素化的Ⅱ型单纯疱疹病毒抗原 (灰盖), 1 瓶；钌复合物标记的Ⅱ型单纯疱疹病毒抗原 (黑盖), 1 瓶；阴性定标液 1 (白盖), 2 瓶 (低压冻干)； 阳性定标液 2 (黑盖), 2 瓶 (低压冻干)。 试剂盒还提供的物品：2×6 瓶标签、4 只空标记的带拉环盖的试剂瓶。 (具体内容详见产品说明书)。产品有效期：2～8℃保存，有效期 18 个月。附件：注册产品标准，产品说明书。

适用范围:该产品用于体外定性测定人血清和血浆中的Ⅱ型单纯疱疹病毒 IgG 抗体。

生产厂家:德国 Roche Diagnostics GmbH

注册代理:罗氏诊断产品(上海)有限公司

发证日期:2014.09.25 截止日期:2019.09.24

国食药监械(进)字 2014 第 2404451 号

产品名称:载脂蛋白 B 测定试剂盒(免疫比浊法)(Apolipoprotein B(ApoB)Reagent)

规格型号:2×100 测试/盒

产品标准:YZB/USA 5693-2014

性能组成:反应缓冲液、山羊抗人载脂蛋白 B 单一特异性抗体、用于系统性能优化的非反应性物质。(具体内容详见产品说明书)。产品有效期：2～8℃保存，有效期 24 个月。附件：注册产品标准，产品说明书。

适用范围:本产品用于体外定量检测人血清或血浆中的载脂蛋白 B 浓度。

生产厂家:美国 Beckman Coulter, Inc.

注册代理:贝克曼库尔特商贸(中国)有限公司

发证日期:2014.09.25 截止日期:2019.09.24

国食药监械(进)字 2014 第 2404452 号

产品名称:补体 C4 检测试剂盒(免疫比浊法)(Tina-quant C4(C4))

规格型号:试剂 1: 2×18 mL, 试剂 2: 2×4 mL。

产品标准:YZB/GER 5592-2014

性能组成:试剂 1: 三羟甲基氨基甲烷 (TRIS) 缓冲液：100mmol/L, pH 8.0; 聚乙二醇：3.0%; 防腐剂。 试剂 2 ： 抗人类补体 C4 抗体 (山羊)：根据滴度；三羟甲基氨基甲烷 (TRIS) 缓冲液：33mmol/L; 防腐剂。产品有效期：未打开的试剂盒成分：2～8℃下可稳定保存至有效期结束，有效期 24 个月。附件：注册产品标准，产品说明书。

适用范围:该产品用于体外定量测定人类血清和血浆中的补体 C4。

生产厂家:德国 Roche Diagnostics GmbH

注册代理:罗氏诊断产品(上海)有限公司

发证日期:2014.09.25 截止日期:2019.09.24

国食药监械(进)字 2014 第 2404453 号

产品名称:触珠蛋白检测试剂盒(免疫比浊法)(Tina-quant Haptoglobin (Haptoglobin))

规格型号:试剂 1: 2× 15 mL, 试剂 2: 2 × 6 mL。

产品标准:YZB/GER 5597-2014

性能组成:试剂 1: 磷酸缓冲液：12.7 mmol/L, pH7.2; 氯化钠：0.13 mol/L; 聚乙二醇 (PEG)：40 g/L; 防腐剂。 试剂 2: 抗人触珠蛋白抗体 (兔)：>1.1g/L; 氯化钠：0.10 mol/L; 防腐剂。产品有效期：未打开的试剂盒成分：2～8℃下稳定保存，有效期 24 个月。附件：注册产品标准，产品说明书。

适用范围:该产品用于定量测定人类血清和血浆中的触珠蛋白。

生产厂家:德国 Roche Diagnostics GmbH

注册代理:罗氏诊断产品(上海)有限公司

发证日期:2014.09.25 截止日期:2019.09.24

国食药监械(进)字 2014 第 2404454 号

产品名称:铜蓝蛋白检测试剂盒(免疫比浊法)(Tina-quant Ceruloplasmin(Ceruloplasmin))

规格型号:试剂 1:2×15 mL, 试剂 2:2×6 mL。

产品标准:YZB/GER 5599-2014

性能组成:试剂 1: 磷酸缓冲液：12.7 mmol/L, pH7.2; 氯化钠 (NaCl)：0.13 mol/L; 聚乙二醇 (PEG)：70 g/L; 防腐剂。 试剂 2 ： 抗人血浆铜蓝蛋白抗体 (兔)：与滴度有关；氯化钠 (NaCl)：0.10mol/L; 防腐剂。产品有效期：未打开的试剂盒成分：2～8℃下可稳定保存至有效期结束，有效期 24 个月。附件：注册产品标准，产品说明书。

适用范围:该产品用于定量测定人类血清和血浆中的铜蓝蛋白。

生产厂家:德国 Roche Diagnostics GmbH

注册代理:罗氏诊断产品(上海)有限公司

发证日期:2014.09.25 截止日期:2019.09.24

国食药监械(进)字 2014 第 2404455 号

产品名称:甲状腺素检测试剂盒(电化学发光法)(T4)

规格型号:200 测试/盒

产品标准:YZB/GER 5606-2014

性能组成:试剂-工作溶液：链霉亲合素包被的微粒 (透明瓶盖), 1 瓶；钌复合物标记的羊抗甲状腺素抗体 (灰盖), 1 瓶；生物素化的甲状腺素 (黑盖), 1 瓶。(具体内容详见产品说明书)。产品有效期：2～8℃保存，有效期 18 个月。附件：注册产品标准，产品说明书。

适用范围:该产品用于体外定量测定人血清和血浆中的甲状腺素。

生产厂家:德国 Roche Diagnostics GmbH

注册代理:罗氏诊断产品(上海)有限公司

发证日期:2014.09.25　　**截止日期**:2019.09.24

国食药监械(进)字 2014 第 2404456 号

产品名称:脑利钠肽前体检测试剂盒(电化学发光法)(proBNP Ⅱ)
规格型号:100 测试/盒
产品标准:YZB/GER 5610-2014
性能组成:试剂-工作溶液:包被链霉亲合素的微粒(透明瓶盖),1 瓶;生物素化的抗氨基末端 B 型利钠肽前体抗体(灰盖),1 瓶;钌复合物标记的抗氨基末端 B 型利钠肽前体抗体(黑盖),1 瓶。(具体内容详见产品说明书)。产品有效期:2～8℃保存,有效期 18 个月。附件:注册产品标准,产品说明书。
适用范围:该产品用于体外定量测量人血清和血浆中的氨基末端 B 型利钠肽前体。
生产厂家:德国 Roche Diagnostics GmbH
注册代理:罗氏诊断产品(上海)有限公司
发证日期:2014.09.25　　**截止日期**:2019.09.24

国食药监械(进)字 2014 第 2404457 号

产品名称:高密度脂蛋白胆固醇质控品(Reflotron Precinorm HDL)
规格型号:水平 1:2 X 2mL;水平 2:2 X 2mL。
产品标准:YZB/GER 5616-2014
性能组成:2 瓶,低浓度范围,每瓶为 2ml 质控血清冻干试剂。2 瓶,高浓度范围,每瓶为 2ml 质控血清冻干试剂。冻干试剂中活性成分:人血清,含有化学添加物和动物来源的组织提取物。 生物活性添加物来源如下:高密度脂蛋白胆固醇(干化学),血清(牛), 蛋黄(鸡)。(具体内容详见产品说明书)。产品有效期:2～8℃储存 18 个月。附件:注册产品标准,产品说明书。
适用范围:该产品用于高密度脂蛋白胆固醇检测的质量控制。
生产厂家:德国 Roche Diagnostics GmbH
注册代理:罗氏诊断产品(上海)有限公司
发证日期:2014.09.25　　**截止日期**:2019.09.24

国食药监械(进)字 2014 第 2404458 号

产品名称:甲状旁腺素检测试剂盒(电化学发光法)(PTH)
规格型号:100 测试/盒
产品标准:YZB/GER 5613-2014
性能组成:试剂-工作溶液:包被链霉亲合素的磁性微粒(透明瓶盖),1 瓶;生物素化的抗甲状旁腺素抗体(灰盖),1 瓶;钌复合物标记的抗甲状旁腺素抗体(黑盖),1 瓶。(具体内容详见产品说明书)。产品有效期:2～8℃保存,有效期 18 个月。附件:注册产品标准,产品说明书。
适用范围:该产品用于体外定量测定人血清和血浆中的甲状旁腺素。
生产厂家:德国 Roche Diagnostics GmbH
注册代理:罗氏诊断产品(上海)有限公司
发证日期:2014.09.25　　**截止日期**:2019.09.24

国食药监械(进)字 2014 第 2404459 号

产品名称:孕酮检测试剂盒(电化学发光法)(Progesterone Ⅱ)
规格型号:100 测试/盒
产品标准:YZB/GER 5618-2014
性能组成:试剂-工作溶液:链霉亲合素包被的微粒(透明瓶盖),1 瓶;生物素化的抗孕酮抗体(灰盖),1 瓶;钌复合物标记的孕酮多肽(黑盖),1 瓶。(具体内容详见产品说明书)。产品有效期:2～8℃保存,有效期 19 个月。附件:注册产品标准,产品说明书。
适用范围:该产品用于体外定量测定人血清和血浆中的孕酮。
生产厂家:德国 Roche Diagnostics GmbH
注册代理:罗氏诊断产品(上海)有限公司
发证日期:2014.09.25　　**截止日期**:2019.09.24

国食药监械(进)字 2014 第 2404460 号

产品名称:多标记物质控品(PreciControl Multimarker)
规格型号:6× 2.0 mL(冻干品,复溶体积)
产品标准:YZB/GER 5620-2014
性能组成:试剂-工作溶液:多标记物质控品 1:3 瓶,每瓶含 2.0 mL 质控血清;多标记物质控品 2:3 瓶,每瓶含 2.0 mL 质控血清。马血清基质中物质:促肾上腺皮质激素(合成)、C 肽(合成)、生长激素(大肠杆菌重组)、胰岛素(人源,酵母重组)、白介素 6(人源,重组)、胎盘生长因子(人源,大肠杆菌重组)、可溶性 fms 样酪氨酸激酶(片段,人源,重组)。 试剂盒提供的物品 :多标记物质控品、2 张条码卡、质控品条码单、2 ×3 带标签的压盖式小空瓶、2×10 个瓶标签。产品有效期:2～8℃保存,有效期 15 个月。附件:注册产品标准,产品说明书。
适用范围:该产品用于促肾上腺皮质激素(ACTH)、C 肽(C-Peptide)、人生长激素(hGH)、胰岛素(Insulin)、白介素 6(IL-6)、胎盘生长因子(PlGF)和可溶性 fms 样酪氨酸激酶(sFlt)免疫测定项目的质量控制。
生产厂家:德国 Roche Diagnostics GmbH
注册代理:罗氏诊断产品(上海)有限公司
发证日期:2014.09.25　　**截止日期**:2019.09.24

国食药监械(进)字 2014 第 2404461 号

产品名称:电解质检测用钠电极调整液(Sodium Electrode Conditioner)
规格型号:125mL
产品标准:YZB/GER 5622-2014
性能组成:主要成分:氟化氢铵(NH4HF2)约 0.1mol/L。产品有效期:储存条件:15～30℃,有效期:30 个月。附件:注册产品标准,产品说明书。
适用范围:该产品用于测量体液中钠离子浓度时对钠电极的调整。
生产厂家:德国 Roche Diagnostics GmbH
注册代理:罗氏诊断产品(上海)有限公司
发证日期:2014.09.25　　**截止日期**:2019.09.24

国食药监械(进)字 2014 第 2564462 号

产品名称:医用控温仪系统(商品名:Blanketrol)(Hyper/Hypothermia System)
规格型号:222S, 233
产品标准:YZB/USA 5929-2014《医用控温仪系统》
性能组成:本产品由主机和水毯/垫组成。其中主机由一个加热器,一个压缩机,一个循环泵和一个微处理器组成。水毯/垫的型号见附录。
适用范围:通过热传导的方式,用于降低或升高患者温度和/或維持预期患者温度。本产品供临床使用。
生产厂家:美国 Cincinnati Sub-Zero Products, Inc.
注册代理:杭州沃克医疗器械有限公司
服务机构:杭州沃克医疗器械有限公司
发证日期:2014.09.22　　**截止日期**:2019.09.21

国食药监械(进)字 2014 第 2264463 号

产品名称:体外冲击波治疗仪(Extracorporeal Shock Wave Therapy Systems)
规格型号:Swiss DolorClast Smart
产品标准:YZB/SWI 5430-2014《体外冲击波治疗仪》
性能组成:本产品由主机(包括空压机)、配件和手推车组成,其中配件包括手柄套件和手柄套件升级。手柄套件包括手柄(外管道、触发器、计数器、手柄线)、冲击头(φ6mm、φ10mm、φ15mm、φ15mm 触发)、0 型密封环、螺丝帽、远端固定螺母、软把手。手柄套件升级包括手柄(外管道、触发器、计数器、手柄线)、冲击头(φ10mm、φ15mm、φ15mm 触发、φ15mm 聚焦、φ36mm)、手柄支架、螺丝帽、0 型密封环、远端固定螺母、软把手。
适用范围:供临床矫形外科治疗骨骼附近软组织慢性疼痛。其适应症如下:肩钙化性肌腱炎肩峰下疼痛综合征网球肘股骨大转子疼痛综合征髌骨尖综合征胫骨结节骨软骨炎 胫骨内侧应力综合征止点性跟腱炎非止点性跟腱炎足底筋膜炎(或足底筋膜病变)肌筋膜疼痛综合征(触发点治疗),特异性和根性腰背疼痛综合征
生产厂家:瑞士 E.M.S. 电子医疗系统有限公司
注册代理:医迈斯电子医疗系统贸易(上海)有限公司
服务机构:医迈斯电子医疗系统贸易(上海)有限公司
发证日期:2014.09.22　　**截止日期**:2019.09.21

国食药监械(进)字 2014 第 2554464 号

产品名称:光固化机(LED Curing Light)
规格型号:Demi Plus

产品标准:YZB/USA 5934-2014《光固化机》
性能组成:该产品由充电器、光导纤维管、保护灯罩、手持 LED 辐射计(手机)、电池组、隔离罩组成。
适用范围:DemiPlus LED(发光二极管)固化灯是一种可见光固化装置,供牙科专业人员用于光固化材料的聚合。
生产厂家:美国 Kerr Corporation
注册代理:卡瓦盛邦(上海)牙科医疗器械有限公司
服务机构:卡瓦盛邦(上海)牙科医疗器械有限公司
发证日期:2014.09.22 **截止日期**:2019.09.21

国食药监械(进)字 2014 第 2224465 号

产品名称:宫腔内窥镜(Hysteroscope)
规格型号:41.0047a、41.0049a、41.0055a、41.0057a、41.0059a、41.0121a、41.0160a、41.1001a、41.1005a、41.1011a、41.1021a、41.1101a、41.1111a、41.1121a、41.1131a、41.1141a
产品标准:YZB/GER 6002-2014《宫腔内窥镜》
性能组成:该产品由宫腔内窥镜组成。
适用范围:该产品适用于显示宫腔和尿道。
生产厂家:德国 SCHOELLY FIBEROPTIC GMBH
注册代理:雪力(广州)内窥镜技术有限公司
服务机构:雪力(广州)内窥镜技术有限公司
发证日期:2014.09.22 **截止日期**:2019.09.21

国食药监械(进)字 2014 第 2204466 号

产品名称:数字视力图表(Digital Chart)
规格型号:HDC-9000N 和 HDC-9000PF
产品标准:YZB/ROK 5809-2014《数字视力图表》
性能组成:该产品由主机(数据存储模块,显示器,控制模块)、遥控器、适配器、电源线、壁挂架、台式支架(可选)、移动支架(可选)组成。
适用范围:该产品用于通过在可视距离对显示在液晶屏的文字或符号进行识别来进行视力检测。
生产厂家:韩国 HUVITZ CO., LTD
注册代理:上海湖碧驰精密仪器有限公司
服务机构:上海湖碧驰精密仪器有限公司
发证日期:2014.09.22 **截止日期**:2019.09.21

国食药监械(进)字 2014 第 2214467 号

产品名称:心电电极(ECG Electrodes)
规格型号:见附页
产品标准:YZB/AUS 5786-2014《心电电极》
性能组成:该产品由电极片和连接夹组成。该产品为一次性使用、非无菌包装。
适用范围:该产品可用于采集心电信号。
生产厂家:奥地利 Leonhard Lang GmbH
注册代理:捷通埃默高(北京)医药科技有限公司
服务机构:捷通埃默高(北京)医药科技有限公司
发证日期:2014.09.22 **截止日期**:2019.09.21

国食药监械(进)字 2014 第 2214468 号

产品名称:心电电极(ECG Electrodes)
规格型号:见附页
产品标准:YZB/AUS 5787-2014《心电电极》
性能组成:该产品由电极片和连接夹组成。该产品为一次性使用、非无菌包装。
适用范围:该产品可用于采集心电信号。
生产厂家:奥地利 Leonhard Lang GmbH
注册代理:捷通埃默高(北京)医药科技有限公司
服务机构:捷通埃默高(北京)医药科技有限公司
发证日期:2014.09.22 **截止日期**:2019.09.21

国食药监械(进)字 2014 第 2214469 号

产品名称:心电电极(ECG Electrodes)
规格型号:见附页
产品标准:YZB/AUS 5788-2014《心电电极》
性能组成:该产品由电极片和连接夹组成。该产品为一次性使用、非无菌包装。
适用范围:该产品可用于采集心电信号。
生产厂家:奥地利 Leonhard Lang GmbH
注册代理:捷通埃默高(北京)医药科技有限公司
服务机构:捷通埃默高(北京)医药科技有限公司
发证日期:2014.09.22 **截止日期**:2019.09.21

国食药监械(进)字 2014 第 2224470 号

产品名称:喉镜(Laryngoscopes)
规格型号:见附页
产品标准:YZB/GER 5579-2014《喉镜》
性能组成:产品由窥视片,手柄,电池和相应充电器组成。具体窥视片,手柄尺寸见型号规格附页。
适用范围:本产品用于插入咽喉做麻醉或抢救窒息用。
生产厂家:德国 Rudolf Riester GmbH
注册代理:英国豪迈国际有限公司北京代表处
服务机构:英国豪迈国际有限公司北京代表处
发证日期:2014.09.22 **截止日期**:2019.09.21

国食药监械(进)字 2014 第 2404471 号

产品名称:γ放射免疫计数器(Gamma radioimmunoassay counter)
规格型号:Dream Gamma 10
产品标准:YZB/ROK 5977-2014《γ放射免疫计数器》
性能组成:产品为多探头γ计数器,由探头、模拟数字转换器、嵌入式处理器、计算机系统组成。
适用范围:该产品通过测量反应管中同位素标记的抗原或抗体示踪物的放射数,自动对结果进行定性、定量及半定量分析。
生产厂家:韩国 Shin Jin Medics Inc.
注册代理:北京北方生物技术研究所
服务机构:北京北方生物技术研究所
发证日期:2014.09.22 **截止日期**:2019.09.21

国食药监械(进)字 2014 第 2214472 号

产品名称:周边血管诊断系统(Falcon peripheral vascular diagnosis systems)
规格型号:Falcon/Pro、Falcon/Quad、Falcon/ABI+
产品标准:YZB/ISR 6047-2014《周边血管诊断系统》
性能组成:主机、压脉带、光电容积脉搏波描记(PPG)传感器、温度传感器、多普勒探头、电源适配器、USB 线、遥控器组成。
适用范围:该产品是一套外挂式的周边血管诊断系统,可藉 USB 连接外挂于个人计算机上进行操作、数据呈现与存储用于对血流、血压、心率(HR)、脉搏波动率(PVR)进行测量。
生产厂家:以色列 Viasonix Ltd.
注册代理:厦门兴东兴业医疗器械贸易有限公司
服务机构:厦门兴东兴业医疗器械贸易有限公司
发证日期:2014.09.22 **截止日期**:2019.09.21

国食药监械(进)字 2014 第 2214473 号

产品名称:心电图机(商品名:Welch Allyn CP150)(Electrocardiograph)
规格型号:901049
产品标准:YZB/USA 5675-2014《心电图机》
性能组成:该产品由心电图机主机(901049)、患者导联线(714508)和电线组件(V3203+V1625,由豪利士电线装配(越南)有限公司生产)组成。
适用范围:该产品是临床医生用于诊断、评估患者心脏功能的工具,专供卫生机构中经过培训的操作员使用,提供以下诊断功能:使用心电图前端模块(患者电缆)及相关附件采集、查看、存储和打印心电图波形,前端模块及相关附件可借助连接至身体的体表电极,提供最多 12 个导联的患者心电图波形信号采集。12 导联心电图解释性算法可提供对潜在患者心脏异常的计算机生成分析,这些异常必须由医生通过其他相关临床信息进行确诊。使用可选算法生成测量、数据表达、图形表达和解释语句供参考。临床医生会根据对患者、体检结果、心电图描记和其他临床症状的了解,对提供的这些资料进行审核和解释。
生产厂家:美国 Welch Allyn, Inc.
注册代理:伟伦医疗设备(苏州)有限公司
服务机构:伟伦医疗设备(苏州)有限公司

发证日期:2014.09.22 截止日期:2019.09.21

国食药监械(进)字 2014 第 2314474 号

产品名称:X 射线平板探测器(X 線フラットパネルイメージャ)
规格型号:FDX3543RP
产品标准:YZB/JAP 2039-2014《X 射线平板探测器》
性能组成:产品由平板传感器单元和接口盒组成。
适用范围:产品与医用 X 射线诊断设备配套使用,实现数字化成像。
生产厂家:日本东芝电子管器件株式会社
注册代理:东芝电子元器件材料贸易(上海)有限公司
服务机构:东芝电子元器件材料贸易(上海)有限公司
发证日期:2014.09.22 截止日期:2019.09.21

国食药监械(进)字 2014 第 2304475 号

产品名称:数字化移动式摄影 X 射线机(Mobile radiographic units)
规格型号:TMB 300 DR
产品标准:YZB/ITA 2767-2014《数字化移动式摄影 X 射线机》
性能组成:产品由组合机头 (HF1 R/7),X 射线管(X22),限束器,平板探测器,数字图像处理系统,机臂组成。
适用范围:用于医用诊断 X 射线数字化摄影。
生产厂家:意大利 TECHNIX SPA
注册代理:康达医疗器械(上海)有限公司
服务机构:康达医疗器械(上海)有限公司
发证日期:2014.09.22 截止日期:2019.09.21

国食药监械(进)字 2014 第 2544476 号

产品名称:电子注射器(Digital Syringe Injector)
规格型号:Panasi-DS-10
产品标准:YZB/ROK 6063-2014《电子注射器》
性能组成:本产品由注射器主机、抽吸泵、抽吸管、集液瓶、脚踏开关、电源连接线组成。
适用范围:本产品与 Panace 公司生产的注射针配套使用,用于面部真皮层注射透明质酸钠,不与身体或药物直接接触。本产品只可由具有资质的医护人员操作,限定在医疗机构使用。
生产厂家:韩国 Panace Co., Ltd.
注册代理:北京林特医药科技有限公司
服务机构:北京林特医药科技有限公司
发证日期:2014.09.22 截止日期:2019.09.21

国食药监械(进)字 2014 第 2214477 号

产品名称:一次性使用心电电极(Disposable ECG Electrode)
规格型号:989803183081 989803183091 989803183101 989803183111 989803183121 989803183131 989803183141 989803183151
产品标准:YZB/USA 5789-2014《一次性使用心电电极》
性能组成:该产品由背衬、传感器及导电凝胶组成。
适用范围:该产品专供在医院内为新生儿和儿科患者进行静息心电监护时使用。
生产厂家:美国 Philips Medical Systems
注册代理:飞利浦(中国)投资有限公司
服务机构:飞利浦(中国)投资有限公司
发证日期:2014.09.22 截止日期:2019.09.21

国食药监械(进)字 2014 第 2234478 号

产品名称:超声诊断设备(汎用超音波画像診断装置)
规格型号:XARIO 100 TUS-X100
产品标准:YZB/JAP 5982-2014《超声诊断设备》
性能组成:见附页。
适用范围:本产品适用于临床超声诊断。
备注:生产企业必须在首台医疗器械入境后、投入使用前完成注册检测。经检测合格后方可投入使用。
生产厂家:日本东芝医疗系统株式会社(東芝メディカルシステムズ株式会社)
注册代理:东芝医疗系统(中国)有限公司
服务机构:东芝医疗系统(中国)有限公司
发证日期:2014.09.22 截止日期:2019.09.21

国食药监械(进)字 2014 第 2404479 号

产品名称:全自动血细胞形态学分析仪(商品名:CellaVision® DM1200)(Automated Hematology Analyzer)
规格型号:XU-10127-01
产品标准:YZB/SWE 5903-2014《全自动血细胞形态学分析仪》
性能组成:分析仪由涂片扫描装置(SSU)、软件(版本号 4.0.1)、电脑主机组成。其中涂片扫描装置(SSU)包括:电动显微镜,数码彩色摄像机,浸油装置,机器人夹具装置,条形码阅读器,控制单元,外壳。
适用范围:本分析仪用于对涂片上的血细胞、体液细胞的形态进行图像摄取、可视化观察及描述,白细胞单细胞图像摄取、分类、计数,红细胞形态描述及血小板计数。
生产厂家:瑞典 Cella Vision AB
注册代理:威士达医疗设备(上海)有限公司
服务机构:见附页
发证日期:2014.09.22 截止日期:2019.09.21

国食药监械(进)字 2014 第 2224480 号

产品名称:检影镜(Retinoscope)
规格型号:ri-scope
产品标准:YZB/GER 5938-2014《检影镜》
性能组成:该产品由充电器、检影镜镜头(由照明光路、观察镜片、调整旋钮和封装外壳封装而成)、照明灯泡(点状光灯泡和带状光灯泡)、手柄、充电电池构成。部件规格编号见附表。
适用范围:该产品主要用于临床对患者眼睛屈光状态的检查。
生产厂家:德国 Rudolf Riester GmbH
注册代理:英国豪迈国际有限公司北京代表处
服务机构:英国豪迈国际有限公司北京代表处
发证日期:2014.09.22 截止日期:2019.09.21

国食药监械(进)字 2014 第 2224481 号

产品名称:氙灯光源(Nova 300 Xenon Light Source)
规格型号:QED-3010
产品标准:YZB/USA 5942-2014《氙灯光源》
性能组成:该产品由主机和电源线组成。
适用范围:该产品用于光纤头灯系统,可提供适配 QED、Wolf、Storz、、Olympus、 ACMI 的光源适配口。该产品通过光纤为附件头灯传输照明,为手术和临床操作提供辅助照明。
生产厂家:美国 QED, INC.
注册代理:上海尚隆医疗器械有限公司
服务机构:上海尚隆医疗器械有限公司
发证日期:2014.09.22 截止日期:2019.09.21

国食药监械(进)字 2014 第 2404482 号

产品名称:血气分析仪(商品名:Prime)(Nova Stat Profile Prime CCS Analyzer System)
规格型号:Prime CCS Comp、 Prime CCS
产品标准:YZB/USA 5793-2014《血气分析仪》
性能组成:分析仪由触摸屏显示器、内置打印机、采样针、废液管、参比管,泵、泵管、空气检测器和操作软件组成。
适用范围:该产品用于定量测定肝素化全血中的 pH、PCO2、PO2、Hct、Na+、K+、Cl-、iCa、Glu(血糖)和 Lac(乳酸盐)的含量。其中 Prime CCS Comp 分析仪用于定量测定肝素化全血中的 pH、PCO2、PO2、Hct、Na+、K+、Cl-、iCa、Glu(血糖)和 Lac(乳酸盐)的含量;Prime CCS 分析仪用于定量测定肝素化全血中的 pH、PCO2、PO2、Hct、Na+、K+、Cl-、iCa 的含量。
生产厂家:美国 Nova 生物医学公司
注册代理:广州市浩通贸易有限公司
服务机构:广州市浩通贸易有限公司
发证日期:2014.09.22 截止日期:2019.09.21

国食药监械(进)字 2014 第 2314483 号

产品名称:数字化医用 X 射线摄影系统(X-ray system, Diagnostic, general-purpose, Digital)
规格型号:DIAMOND-5A
产品标准:YZB/ROK 5766-2014《数字化医用 X 射线摄影系统》
性能组成:产品由高压发生器(GXR-52)1 台;操作台(XCTC-R1)1 台;X

射线管(RAD-14)1 套；患者床(PDT-1)1 台；限束器(R302MLP/A)1 台；摄影架(UTS-AU)1 台；平板探测器(4343R)1 台；计算机(HPZ210)1 台；显示器(2007FPb)1 台及高压电缆组成。
适用范围:适用于生成人体解剖部位的 X 射线摄影图像，不用于乳腺 X 射线摄影成像。
生产厂家:韩国 DRGEM Corporation
注册代理:四川西南医用设备有限公司
服务机构:四川西南医用设备有限公司
发证日期:2014.09.22 **截止日期**:2019.09.21

国食药监械(进)字 2014 第 3404484 号

产品名称:七项呼吸道病毒检测试剂盒（免疫荧光法）(D3 Ultra DFA Respiratory Virus Screening & ID Kit)
规格型号:400 测试/盒，80 次鉴定测试/盒。
产品标准:YZB/USA 5571-2014
性能组成:呼吸道病毒荧光试剂、流感病毒 A 型荧光试剂、流感病毒 B 型荧光试剂、呼吸道合胞病毒（RSV）荧光试剂、腺病毒荧光试剂、副流感病毒 1 型荧光试剂、副流感病毒 2 型荧光试剂、副流感病毒 3 型荧光试剂、呼吸道病毒抗原对照玻片、正常鼠 γ 球蛋白荧光试剂、浓缩洗涤液、封固液。(具体内容详见说明书)。产品有效期：2～8℃避光储存，有效期 18 个月。附件：注册产品标准，产品说明书。
适用范围:本试剂盒用于定性检测人鼻咽吸取液和灌洗液样本中的流感病毒 A 型，流感病毒 B 型，呼吸道合胞病毒，腺病毒，副流感病毒 1 型，副流感病毒 2 型和副流感病毒 3 型。
生产厂家:美国 Diagnostic Hybrids, Inc.
注册代理:上海贝西生物科技有限公司
发证日期:2014.09.25 **截止日期**:2019.09.24

国食药监械(进)字 2014 第 3404485 号

产品名称:人类免疫缺陷病毒抗原及抗体联合测定试剂盒(化学发光微粒子免疫检测法)(ARCHITECT HIV Ag/Ab Combo Reagent Kit)
规格型号:1x100 测试/盒，4x100 测试/盒，4x500 测试/盒。
产品标准:YZB/GER 5594-2014
性能组成:微粒子、结合物、项目稀释液。(具体内容详见说明书)。产品有效期：2～8℃竖直向上储存，有效期 10 个月。附件：注册产品标准，产品说明书。
适用范围:本试剂盒用于体外定性检测人血清或血浆中的人类免疫缺陷病毒(HIV) p24 抗原及人类免疫缺陷病毒 1 型和/或 2 型(HIV-1/HIV-2)抗体。
生产厂家:德国 Abbott GmbH & Co. KG
注册代理:雅培贸易(上海)有限公司
发证日期:2014.09.25 **截止日期**:2019.09.24

国食药监械(进)字 2014 第 2404486 号

产品名称:卡马西平校准品(ARCHITECT iCarbamazepine Calibrators)
规格型号:6 瓶(4.0 mL/瓶)
产品标准:YZB/GER 5484-2014
性能组成:校准品 A 为正常人血清。校准品 B-F 为含有不同浓度卡马西平的正常人血清。防腐剂：ProClin 950 和叠氮钠。产品有效期：2～8℃储存，有效期 12 个月。附件：注册产品标准，产品说明书。
适用范围:本校准品用于体外定量测定人血清或血浆中的卡马西平时，对卡马西平项目进行校准。
生产厂家:德国 Abbott GmbH & Co. KG
注册代理:雅培贸易(上海)有限公司
发证日期:2014.09.25 **截止日期**:2019.09.24

国食药监械(进)字 2014 第 2404487 号

产品名称:茶碱校准品(ARCHITECT iTheophylline Calibrators)
规格型号:6 瓶(4.0 mL/瓶)
产品标准:YZB/GER 5489-2014
性能组成:校准品 A-F 含有正常人血清。校准品 B-F 还含有茶碱。防腐剂：叠氮钠。产品有效期：储存于 2～8℃，有效期 18 个月。附件：注册产品标准，产品说明书。
适用范围:本校准品用于体外定量测定人血清或血浆中的茶碱时，对茶碱项目进行校准。
生产厂家:德国 Abbott GmbH & Co. KG
注册代理:雅培贸易(上海)有限公司
发证日期:2014.09.25 **截止日期**:2019.09.24

国食药监械(进)字 2014 第 2404488 号

产品名称:雌二醇测定试剂盒（直接化学发光法）(Enhanced Estradiol(eE2))
规格型号:500 测试/盒，100 测试/盒。
产品标准:YZB/USA 5685-2014
性能组成:该试剂盒由含雌二醇标记试剂、固相试剂和辅助孔试剂的主试剂包，含雌二醇辅助试剂的辅助包，以及雌二醇主曲线卡组成。(具体内容详见说明书)。产品有效期：在 2～8°C 的环境中避光直立保存，有效期 11 个月。附件：注册产品标准，产品说明书。
适用范围:该产品用于体外定量测定人血清和血浆（肝素和乙二胺四乙酸抗凝）中的雌二醇。
生产厂家:美国 Siemens Healthcare Diagnostics Inc.
注册代理:西门子医学诊断产品(上海)有限公司
发证日期:2014.09.25 **截止日期**:2019.09.24

国食药监械(进)字 2014 第 2404489 号

产品名称:胎盘生长因子定标液(PlGF CalSet)
规格型号:4×1.0 mL（冻干品，复溶体积）
产品标准:YZB/GER 5573-2014
性能组成:试剂-工作溶液：胎盘生长因子定标液 1：2 瓶，每瓶 1.0 mL；胎盘生长因子定标液 2：2 瓶，每瓶 1.0mL。 缓冲马血清基质中含有两个浓度范围的胎盘生长因子-1（突变蛋白，人，重组，大肠杆菌来源)，浓度分别为约 5 pg/mL 和约 1200 pg/mL。提供的材料： 胎盘生长因子定标液，条码卡，定标液定值表，4 个带标签的有盖小空瓶， 2×6 个小瓶标签。 (具体内容详见产品说明书)。产品有效期：2～8℃保存，有效期 18 个月。附件：注册产品标准，产品说明书。
适用范围:该产品用于胎盘生长因子定量测定的定标。
生产厂家:德国 Roche Diagnostics GmbH
注册代理:罗氏诊断产品(上海)有限公司
发证日期:2014.09.25 **截止日期**:2019.09.24

国食药监械(进)字 2014 第 3224490 号

产品名称:输尿管肾盂镜(Uretheroscopy)
规格型号:见附页
产品标准:YZB/GER 5918-2014 《输尿管肾盂镜》
性能组成:输尿管肾盂镜由硬性光学内窥镜组成。内窥镜由目镜、镜体和光学接口组成。
适用范围:本产品适用于在输尿管及肾盂进行观察和手术中使用。不能与作为高频手术设备应用部分的内窥镜附件共同使用。
生产厂家:德国 Schoelly Fiberoptic GmbH
注册代理:北京瑞奇美德科技发展有限公司
服务机构:雪力(广州)内窥镜技术有限公司
发证日期:2014.09.22 **截止日期**:2019.09.21

国食药监械(进)字 2014 第 2454491 号

产品名称:透析器复用机(Dialyzer Reprocessing System)
规格型号:Renatron II 100, Renatron PA 100
产品标准:YZB/USA 5765-2014《透析器复用机》
性能组成:由透析器复用机主机、托盘组成，型号差异在于 Renatron II 100 有数据接口，而 Renatron PA 100 无数据接口。
适用范围:与冷式清洗灭菌剂(Renalin 100)联合使用，用于可复用空心纤维透析器的清洗和消毒。
生产厂家:美国 Medivators Inc.
注册代理:美国美涤威公司北京代表处
服务机构:美国美涤威公司北京代表处
发证日期:2014.09.22 **截止日期**:2019.09.21

国食药监械(进)字 2014 第 2314492 号

产品名称:高压注射系统(Stellant Injetion System)
规格型号:Stellant Sx, Stellant D
产品标准:YZB/USA 5946-2014《高压注射系统》
性能组成:Stellant Sx 的组件包括单头注射头，触摸屏显示控制装置（DCU)，主机，加热套，手动开关，电源线和电缆。订货号为 SCT 121,

支持立式注射头装置的安装方式。StellantD 的组件包括双头注射头，触摸屏显示控制装置（DCU），主机，加热套，手动开关，电源线和电缆。订货号为 SCT211 和 SCT221，支持立式注射头装置的安装方式。
适用范围:专用于将造影剂静脉注射到人体，供 CT 诊断使用。
变更情况:变更日期：2014.12.04。"生产企业名称:Medrad, Inc. 企业注册地址:One Medrad Drive Indianola Pennsylvania 15051 USA"变更为"生产企业名称:Bayer Medical Care Inc. 企业注册地址:1 Bayer Drive Indianola Pennsylvania 15051 USA"。
生产厂家:美国 Medrad, Inc.
注册代理:美德瑞达医疗器械贸易（北京）有限公司
服务机构:美德瑞达医疗器械贸易（北京）有限公司
发证日期:2014.09.22 **截止日期**:2019.09.21

国食药监械（进）字 2014 第 3404493 号

产品名称:微生物鉴定和药敏分析系统（BIOMIC VIDEO PLATE READER）
规格型号:V3
产品标准:YZB/USA 5869-2014《微生物鉴定和药敏分析系统》
性能组成:该产品由分析系统主机、分析软件及供电电源连接线组成。
适用范围:该产品主要用于微生物鉴定和抗菌敏感试验。
生产厂家:美国 GILES Scientific, Inc.
注册代理:北京五洲东方科技发展有限公司
服务机构:北京五洲东方科技发展有限公司
发证日期:2014.09.22 **截止日期**:2019.09.21

国食药监械（进）字 2014 第 2664494 号

产品名称:无菌接管机（Sterile Tubing Welders）
规格型号:CompoDock
产品标准:YZB/GER 5810-2014《无菌接管机》
性能组成:该产品由主机、不锈钢血袋托盘和计数器组成。
适用范围:该产品适用于将两根无菌的标准医用 PVC 管路焊接（融合）在一起，使连接好的管路达到无菌连接目的。
生产厂家:德国 Fresenius Kabi AG
注册代理:费森尤斯卡比（中国）投资有限公司
服务机构:费森尤斯卡比（中国）投资有限公司
发证日期:2014.09.22 **截止日期**:2019.09.21

国食药监械（进）字 2014 第 3254495 号

产品名称:一次性使用射频电极（Single-use RF Electrode）
规格型号:见附页
产品标准:YZB/USA 5717-2014《一次性使用射频电极》
性能组成:一次性使用射频电极由插头、绝缘包被和电极探头组成。电极探头有：切割线圈电极（CuttingLoop），凝固带孔切除电极（Cook CoagulatingPerforatedResector），旋涡汽化转子电极（Cook DimpledVaporization Roller），转子球形和转子滚桶形电极（CookRoller Ball and Roller Barrel），Collings 刀形电极（Cook Collings Knife）。该电机为单极，配套使用的中性电极由相容的电切镜提供。该产品为一次性使用，为无菌包装，采用环氧乙烷灭菌。
适用范围:该产品与相容的前列腺电切镜一起使用，对软组织进行切割、凝血。
变更情况:变更日期：2015.01.06。"库克泌尿外科公司 1100 West Morgan Street Spencer, Indiana 47460 USA"变更为"库克公司（Cook Incorporated）750 Daniels Way, Bloomington, Indiana 47404, USA"。
生产厂家:美国库克泌尿外科公司
注册代理:库克（中国）医疗贸易有限公司
服务机构:库克（中国）医疗贸易有限公司
发证日期:2014.09.22 **截止日期**:2019.09.21

国食药监械（进）字 2014 第 2554496 号

产品名称:牙科气动马达（Dental air motors）
规格型号:见附页
产品标准:YZB/AUS 5805-2014《牙科气动马达》
性能组成:该产品由牙科气动马达组成。具体描述详见附页。
适用范围:该产品用于驱动牙科手机进行牙科治疗。
生产厂家:奥地利 W&H Dentalwerk Bürmoos GmbH
注册代理:达颀医疗器械（上海）有限公司
服务机构:达颀医疗器械（上海）有限公司
发证日期:2014.09.22 **截止日期**:2019.09.21

国食药监械（进）字 2014 第 3224497 号

产品名称:腹腔内窥镜（Laparoscope）
规格型号:11.0031a、11.0041a、11.0043a、11.0055a、11.0057a、11.0121a、11.0123a、11.0700a
产品标准:YZB/GER 6010-2014《腹腔内窥镜》
性能组成:该产品由腹腔内窥镜组成。
适用范围:该产品在腹腔观察、手术中使用。
生产厂家:德国 SCHOELLY FIBEROPTIC GMBH
注册代理:雪力（广州）内窥镜技术有限公司
服务机构:雪力（广州）内窥镜技术有限公司
发证日期:2014.09.22 **截止日期**:2019.09.21

国食药监械（进）字 2014 第 3244498 号

产品名称:双波长眼科激光光凝仪（Ophthalmic Photocoagulator）
规格型号:SUPRA T 660
产品标准:YZB/FRA 5919-2014《双波长眼科激光光凝仪》
性能组成:该产品由主机、脚踏开关、532nm 激光防护镜（XL 532 PROT）、660nm 激光防护镜（XL 689 PROT）、手术显微镜滤光镜（532nm:XL 532 FMZCN2, XL 532 FMWCN2, XL532 FMZ, XL 532 FMW; 660nm:XL 660 FMZCN2, XL 660FMWCN2）、传输系统：裂隙灯适配器（型号：BMBQ(532/660nm:XLHSD1)；BMBQ(532nm:XL532HSDST)，SUPRA SCAN（扫描适配器，用于 532nm 激光），均为选配件）和电源线组成。
适用范围:532nm 临床用于青光眼和眼底病的光凝治疗中，660nm 临床用于视网膜血管疾病的光凝治疗中。
生产厂家:法国 QUANTEL MEDICAL
注册代理:北京高视远望科技有限责任公司
服务机构:北京高视远望科技有限责任公司
发证日期:2014.09.22 **截止日期**:2019.09.21

国食药监械（进）字 2014 第 2224499 号

产品名称:膀胱内窥镜（Cystoscope）
规格型号:41.0047a、41.0049a、41.0055a、41.0057a、41.0059a、41.0121a、41.0160a、、41.1001a、41.1005a、41.1011a、41.1021a、41.1101a、41.1111a、41.1121a、41.1131a、41.1141a
产品标准:YZB/GER 6019-2014《膀胱内窥镜》
性能组成:该产品由膀胱内窥镜组成。
适用范围:该产品用于在膀胱手术中诊断、检查用。
生产厂家:德国 SCHOELLY FIBEROPTIC GMBH
注册代理:雪力（广州）内窥镜技术有限公司
服务机构:雪力（广州）内窥镜技术有限公司
发证日期:2014.09.22 **截止日期**:2019.09.21

国食药监械（进）字 2014 第 2224500 号

产品名称:纤维鼻咽喉镜（软性鼻咽喉镜）
规格型号:ENF TYPE T3
产品标准:YZB/JAP 6027-2014《纤维鼻咽喉镜》
性能组成:该产品是由纤维鼻咽喉镜 ENF TYPE T3 以及附件（吸引按钮座 MD 51、注射阀 MB-884、一次性钳子管道开口阀 MAJ-210、一次性钳子管道开口阀 MAJ-1218 和吸引按钮 MD-493）组成。其中 MAJ-210 和 MAJ-1218 为一次性辐射灭菌产品，灭菌有效期为 3 年。
适用范围:该纤维内镜与各种内镜用光源装置、摄像装置和诊疗附件配合使用，用于对鼻咽喉的各个范围进行观察、摄像和为诊疗附件提供通道，不能与高频或激光设备附件配合使用。
生产厂家:日本奥林巴斯医疗株式会社，**オリンパスメディカルシステムズ**株式会社
注册代理:奥林巴斯贸易（上海）有限公司
服务机构:奥林巴斯（北京）销售服务有限公司
发证日期:2014.09.22 **截止日期**:2019.09.21

国食药监械（进）字 2014 第 3244501 号

产品名称:激光眼科诊断仪（Ophthalmic Laser Diagnosis Device）
规格型号:见附页
产品标准:YZB/GER 6070-2014《激光眼科诊断仪》
性能组成:见附页。

适用范围:临床供眼科进行视网膜结构的成像以及眼后节疾病的辅助诊断，和眼前节组织的观察及测量(HRA 无眼前节组织的观察及测量功能)。
生产厂家:德国海德堡公司(Heidelberg Engineering GmbH)
注册代理:北京高视远望科技有限责任公司
服务机构:北京高视远望科技有限责任公司
发证日期:2014.09.22 截止日期:2019.09.21

国食药监械(进)字 2014 第 3234502 号

产品名称:超声眼科乳化治疗仪(Phacoemulsification system & accessory)
规格型号:Visalis 100
产品标准:YZB/GER 6085-2014《超声眼科乳化治疗仪》
性能组成:产品由主机、超乳附件、玻切附件、注吸附件、电凝附件、套包附件和脚踏开关组成。部件名称和标号详见附件。
适用范围:该系统由合格的医疗人员(眼科医生)进行手术方法治疗治疗人眼前节。仪器设计用于灌注，灌注/抽吸，晶状体超乳术，前节玻切以及双极电凝术。系统用于诊所，医院或其他人类医疗机构中。
生产厂家:德国 Carl Zeiss Meditec AG
注册代理:卡尔蔡司(上海)管理有限公司
服务机构:卡尔蔡司(上海)管理有限公司
发证日期:2014.09.22 截止日期:2019.09.21

国食药监械(进)字 2014 第 3404503 号

产品名称:电化学发光全自动免疫分析仪(cobas e 411)
规格型号:cobas e 411
产品标准:YZB/GER 5983-2014《电化学发光全自动免疫分析仪》
性能组成:分析单元、控制单元、电源部件和软件。
适用范围:用于临床多种免疫项目的检测。
生产厂家:德国 Roche Diagnostics GmbH
注册代理:罗氏诊断产品(上海)有限公司
服务机构:罗氏诊断产品(上海)有限公司
发证日期:2014.09.22 截止日期:2019.09.21

国食药监械(进)字 2014 第 2224504 号

产品名称:氙灯冷光源(Xenon Light Source)
规格型号:MS-L
产品标准:YZB/GER 5947-2014《氙灯冷光源》
性能组成:该产品由主机、电源线和光缆组成。色温 6000K±10%; 显色指数>90; 光缆(402-11105)长 3.0m。
适用范围:该产品用于为内窥镜提供照明光源。
生产厂家:德国 MGB Endoskopische Gerate GmbH Berlin
注册代理:宝施医疗用品(深圳)有限公司
服务机构:宝施医疗用品(深圳)有限公司
发证日期:2014.09.22 截止日期:2019.09.21

国食药监械(进)字 2014 第 2224505 号

产品名称:氙灯冷光源(Xenon Light Source)
规格型号:ML-L
产品标准:YZB/GER 5951-2014《氙灯冷光源》
性能组成:该产品由主机、电源线和光缆组成。灯泡分为主灯和应急灯，其中主灯为 300W 照度氙灯，应急灯为 150W 卤素灯;色温 6000K±10%(主灯)，3400K±10%(应急灯); 显色指数>90(主灯/应急灯); 光缆(402-11512)长 3.0m。
适用范围:该产品用于为内窥镜提供照明光源。
生产厂家:德国 MGB Endoskopische Gerate GmbH Berlin
注册代理:宝施医疗用品(深圳)有限公司
服务机构:宝施医疗用品(深圳)有限公司
发证日期:2014.09.22 截止日期:2019.09.21

国食药监械(进)字 2014 第 3704506 号

产品名称:牙科种植体手术计划软件(Software for Dental Implant Surgery Planning)
规格型号:Simplant Pro, 版本 14.0.1.2
产品标准:YZB/BEL 5665-2014《牙科种植体手术计划软件》
性能组成:由系统软件安装光盘和系统随机文件组成。组成模块包括:应用层、用户界面层、应用内容转换层、核心层(包括鼠标键盘控制器模块、访问应用层应用模块主要功能的界面模块、通知模块、图形对象模块、医疗器械管理模块、偏好设置模块)、功能层(包括图像导入模块、视角导航模块、图像旋转模块、图像转换模块、分割模块、测量模块、光学和双重扫描模块、全景曲线模块、神经模块、虚拟牙齿、骨移植、种植体、种植体库、向导设计、DentalPlanit 模块、订购模块、基础功能模块)、通用功能库和第三方功能库。
适用范围:用于制定牙科种植体手术计划。
生产厂家:比利时 Materialise Dental N.V.
注册代理:登士柏(天津)国际贸易有限公司
服务机构:登士柏(天津)国际贸易有限公司
发证日期:2014.09.28 截止日期:2019.09.27

国食药监械(进)字 2014 第 3224507 号

产品名称:宫腔电切镜(商品名: Versapoint)(GYNECARE VERSAPOINT Resectoscopic System Resectoscope)
规格型号:见附页
产品标准:YZB/USA 5853-2014《宫腔电切镜》
性能组成:宫腔电切镜由宫腔镜和附件组成，具体内容及参数详见附页。
适用范围:本产品用于妇科宫腔镜电外科手术中执行组织切割、切除和干燥。
生产厂家:美国 Ethicon, Inc.
注册代理:强生(上海)医疗器材有限公司
服务机构:强生(上海)医疗器材有限公司
发证日期:2014.09.28 截止日期:2019.09.27

国食药监械(进)字 2014 第 3214508 号

产品名称:病人监护仪(IntelliVue Patient Monitor MX500/MX550)
规格型号:866064 866066
产品标准:YZB/GER 5891-2014《病人监护仪》
性能组成:该产品由主机、电源线、M3001A 多测量模块、M3012A 血液动力学测量扩展件模块(血液动力 MMS 扩展件)、M3014A 二氧化碳描记扩展件模块(二氧化碳描记 MMS 扩展件)、M3015A/B 微流二氧化碳扩展件模块(微流 CO2 MMS 扩展件)、M1006B 有创压力模块、M1029A 温度模块、M1020B SpO2 模块、M1012A 心输出量模块、M1027A 脑电图模块、M1014A 肺量测量模块、M1013A/M1019A 气体模块、865115 IntelliBridge EC10 模块、M1116C 记录模块、865383 IntelliVue NMT 测量模块、865298 经皮气体模块、M1011A 静脉血氧饱和度测量模块及相关附件组成，详见附表。
适用范围:该产品专供在医院环境内经过培训的医务人员使用，用于在卫生机构中对成人、小儿和新生儿的心电(含 ST 段测量和心律失常)、阻抗呼吸、脉搏血氧饱和度、血管内氧饱和度、有创血压、无创血压、温度、二氧化碳、心输出量/连续心输出量、血温和注射液温度、肺功能、脑电、经皮气体、气体及肌松程度进行监护、记录和生成报警，同时也用于医院环境内转移病人途中的监护。该产品同一时间仅供一名病人使用。ST 段监护仅为成人设计，因用于新生儿和小儿的 ST 段测量功能尚未经过临床验证，不建议临床环境下对新生儿和小儿患者使用 ST 段测量功能。经皮气体测量(tcGas)只能用于新生儿病人身上。ProtocolWatch 临床决策支持工具中的 SSC 败血症规程仅限成人病人使用。IBP 监护中，脉搏变异压力(PPV)数值计算的条件是否具有临床意义、是否适用、是否可靠及导出的 PPV 信息的临床价值，必须由临床医生判断。PPV 信息仅限于指令机械通气并且没有发生心率失常的镇静病人使用。PPV 测量只对成年病人进行过验证，建议临床环境下仅对成人患者使用该功能。综合肺指数(IPI)仅限于成人和 1-12 岁的小儿使用。IPI 是辅助参数，不能代替生命体征监护。IntelliVueNMT 模块设计用作客观的神经肌肉传导功能监护仪，使用加速计测量电极刺激周围神经引起的肌肉收缩，该功能可用于成人和儿科病人。各模块的功能详见附表。
生产厂家:德国 Philips Medizin Systeme Boeblingen GmbH
注册代理:飞利浦(中国)投资有限公司
服务机构:飞利浦(中国)投资有限公司
发证日期:2014.09.28 截止日期:2019.09.27

国食药监械(进)字 2014 第 3214509 号

产品名称:病人监护仪(IntelliVue Patient Monitor MX400/MX450)
规格型号:866060 866062

产品标准:YZB/GER 5895-2014《病人监护仪》
性能组成:该产品由主机、电源线、M3001A 多测量模块、M3012A 血液动力学测量扩展件模块(血液动力 MMS 扩展件)、M3014A 二氧化碳描记扩展件模块(二氧化碳描记 MMS 扩展件)、M3015A/B 微流二氧化碳扩展件模块(微流 CO2MMS 扩展件)、M1013A/M1019A 气体模块及相关附件组成,详见附表。
适用范围:该产品专供在医院环境内经过培训的医务人员使用,用于在卫生机构中对成人、小儿和新生儿的心电(含 ST 段测量和心律失常)、血氧饱和度,有创血压,无创血压,温度,二氧化碳,心输出量/连续心输出量及气体进行监护、记录和生成报警,同时也用于医院环境内转移病人途中的监护。该产品同一时间仅供一名病人使用。ST 段监护仅为成人设计,因用于新生儿和小儿的 ST 段测量功能尚未经过临床验证,不建议临床环境下对新生儿和小儿患者使用 ST 段测量功能。ProtocolWatch 临床决策支持工具中的 SSC 败血症规程仅限成人病人使用。IBP 监护中,脉搏变异压力(PPV)数值计算的条件是否具有临床意义、是否适用、是否可靠及导出的 PPV 信息的临床价值,必须由临床医生判断。PPV 信息仅限于指令机械通气并且没有发生心率失常的镇静病人使用。PPV 测量只对成年病人进行过验证,建议临床环境下仅对成人患者使用该功能。综合肺指数(IPI)仅限于成人和 1-12 岁的小儿使用。IPI 是辅助参数,不能代替生命体征监护。各模块的功能详见附表。
生产厂家:德国 Philips Medizin Systeme Boeblingen GmbH
注册代理:飞利浦(中国)投资有限公司
服务机构:飞利浦(中国)投资有限公司
发证日期:2014.09.28 截止日期:2019.09.27

国食药监械(进)字 2014 第 3304510 号

产品名称:全身用 X 射线计算机体层摄影装置(Computed tomography system)
规格型号:Discovery CT590 RT
产品标准:YZB/USA 5450-2014《全身用 X 射线计算机体层摄影装置》
性能组成:产品由基本组成和选件组成,基本组成包括扫描架、患者支架、控制台,电源分配装置,其中扫描架包含 X 射线发生器、高压发生器、限束器、探测器,控制台包含计算机图像处理系统。选件见产品注册标准。探测器物理结构 24 排,单次轴向扫描重建后产生的图像数据最多 16 层。扫描架开口直径 800mm。
适用范围:用于头部和全身的计算机 X 射线断层成像。
生产厂家:美国 GE Medical Systems, LLC
注册代理:通用电气医疗系统贸易发展(上海)有限公司
服务机构:通用电气医疗系统贸易发展(上海)有限公司
发证日期:2014.09.28 截止日期:2019.09.27

国食药监械(进)字 2014 第 2664511 号

产品名称:两件式造口袋(商品名:New Image)(Two-Piece Pouching System)
规格型号:18404、18403、18402、18374、18373、18372、18194、18193、18192、18184、18183、18182、18006、18364、18363、1836214906、14905、14904、14903、14804、14803、14802、14604、14603、14602、14206、14204、14203、14202
产品标准:YZB/USA 5698-2014《两件式造口袋》
性能组成:两件式造口袋由袋体和胶板两部分组成,另外根据型号不同配有过滤器、引流管、排放口三种附件。
适用范围:该产品用于结肠造口术、回肠造口术或尿路造口术的术后护理。
生产厂家:美国 Hollister Incorporated
注册代理:北京威尼汇力医疗器械有限公司
服务机构:北京威尼汇力医疗器械有限公司
发证日期:2014.09.28 截止日期:2019.09.27

国食药监械(进)字 2014 第 2634512 号

产品名称:正畸粘接剂(Orthodontic Adhesive)
规格型号:3.5g/支、5g/支
产品标准:YZB/MEX 5656-2014《正畸粘接剂》
性能组成:该产品主要由二氧化硅、双酚 A-双甲基丙烯酸甘油酯、双甲基丙烯酸二缩三乙二醇酯组成。
适用范围:该产品用于粘接金属托槽。
生产厂家:墨西哥 Conamco S.A. de C.V.
注册代理:北京美博佳业医疗器械有限公司
服务机构:北京美博佳业医疗器械有限公司
发证日期:2014.09.28 截止日期:2019.09.27

国食药监械(进)字 2014 第 2554513 号

产品名称:种植体手术用牙钻及其配件(Surgical Drills)
规格型号:见附页
产品标准:YZB/SWI 4980-2014《种植体手术用牙钻及其配件》
性能组成:该产品由种植体取出工具、牙龈环切刀、轮廓钻、骨修整工具和螺纹钻组成。产品材质为不锈钢材质。其中轮廓钻为无菌产品,经过伽马射线灭菌。其余产品为非灭菌产品。
适用范围:该产品用于种植体牙科手术中种植体窝洞的制备。
生产厂家:瑞士 Thommen Medical AG
注册代理:北京捷通康诺医药科技有限公司
服务机构:上海宇井贸易有限公司
发证日期:2014.09.28 截止日期:2019.09.27

国食药监械(进)字 2014 第 2034514 号

产品名称:头部固定系统附件(Headrest System)
规格型号:见页
产品标准:YZB/GER 5127-2014《头部固定系统附件》
性能组成:该产品为不锈钢固定头钉,采用符合 DIN17000 标准规定的 1.4542 不锈钢材料制成,非无菌包装。
适用范围:适用于神经外科手术中患者头部固定,使用时间不能超过 24 小时,配合头部固定系统使用。
生产厂家:德国 pro med instruments GmbH
注册代理:北京美科创新科技有限公司
服务机构:北京美科创新科技有限公司
发证日期:2014.09.28 截止日期:2019.09.27

国食药监械(进)字 2014 第 2104515 号

产品名称:软骨移植器械(MOSAICPLASTY Chondral Resurfacing Instrument)
规格型号:见附页
产品标准:YZB/USA 5126-2014《软骨移植器械》
性能组成:该产品包括凿,管状凿导引器,捣棒,环锯,钻头,钻头导引器,扩张器,环锯适配器,一次性移植套装(包括钻头,凿和捣棒)。凿,管状凿导引器,捣棒,环踞,钻头导引器,扩张器,环踞适配器采用符合 ASTM F899 的 630 号不锈钢制造。钻头采用符合 ASTM F899 的 440A 号不锈钢制造。一次性移植套装中的钻头采用符合 ASTM F899 的 440A 号不锈钢制造,一次性移植套装中的凿采用符合 ASTM F899 的 630 号不锈钢制造,一次性移植套装中的捣棒采用符合 YY/T0294.1 的 N 号不锈钢制造。
适用范围:用于骨软骨损伤的诊断、治疗及修复,适用于四肢关节(肩、肘、腕、髋、膝、踝关节)。
生产厂家:美国 Smith & Nephew Inc.
注册代理:施乐辉医用产品国际贸易(上海)有限公司
服务机构:施乐辉医用产品国际贸易(上海)有限公司
发证日期:2014.09.28 截止日期:2019.09.27

国食药监械(进)字 2014 第 2664516 号

产品名称:一次性无菌肠内用注射器(商品名:福瑞可 ENLock 注射器)(Freka® Connect ENLock)
规格型号:10ml, 20ml, 60ml
产品标准:YZB/GER 5476-2014《一次性无菌肠内用注射器》
性能组成:产品由外套、活塞、芯杆和润滑剂组成。
适用范围:产品适用于向肠内专用管路中注射药物和进行管路的清洗。
生产厂家:德国 Fresenius Kabi AG
注册代理:华瑞制药有限公司
服务机构:华瑞制药有限公司
发证日期:2014.09.28 截止日期:2019.09.27

国食药监械(进)字 2014 第 2644517 号

产品名称:皮肤伤口吻合贴(商品名:3MTM Steri-StripTM)(3MTM Steri-StripTM Blend Tone Skin Closures)
规格型号:B1550, B1551, B1553, B1557, B1559

产品标准:YZB/USA 5026-2014《皮肤伤口吻合贴》
性能组成:该产品是用多孔无纺材料再生纤维素无纺布作为背衬,涂一层丙烯酸酯粘接剂。产品无菌,灭菌方式为辐照灭菌。
适用范围:该产品可作为撕裂处理和外科切口中的皮肤闭合器。它还可以与皮肤缝合物和包扎物一起使用,或在拆除缝合物和包扎物之后用作伤口支撑。
生产厂家:美国 3M Health Care
注册代理:明尼苏达矿业制造(上海)国际贸易有限公司
服务机构:明尼苏达矿业制造(上海)国际贸易有限公司
发证日期:2014.09.28 截止日期:2019.09.27

国食药监械(进)字 2014 第 2634518 号

产品名称:齿科抛光膏(Cleanic)
规格型号:见附页
产品标准:YZB/SWI 5283-2014《齿科抛光膏》
性能组成:本产品是由浮石,碳酸钙,水剂,氧化铝,苯丙氨酸,甘油,皂土,乙醇,纤维素羧甲醚,羟苯甲酯,二氧化钛,香料组成。
适用范围:适用于口腔科修复后对牙齿进行清洁,抛光。
生产厂家:瑞士 KerrHawe S.A.
注册代理:卡瓦盛邦(上海)牙科医疗器械有限公司
服务机构:卡瓦盛邦(上海)牙科医疗器械有限公司
发证日期:2014.09.28 截止日期:2019.09.27

国食药监械(进)字 2014 第 2634519 号

产品名称:齿科抛光膏(Cleanic)
规格型号:见附页
产品标准:YZB/SWI 5286-2014《齿科抛光膏》
性能组成:本产品是由浮石,碳酸钙,水剂,氧化铝,苯丙氨酸,甘油,皂土,乙醇,纤维素羧甲醚,羟苯甲酯,食用香料,二氧化钛,氟化钠组成。
适用范围:适用于口腔科修复后对牙齿进行清洁,抛光。
变更情况:变更日期:2015.01.26。"卡雅盛邦(上海)牙科医疗器械有限公司"变更为"卡瓦盛邦(上海)牙科医疗器械有限公司"。
生产厂家:瑞士 KerrHawe S.A.
注册代理:卡雅盛邦(上海)牙科医疗器械有限公司
服务机构:卡雅盛邦(上海)牙科医疗器械有限公司
发证日期:2014.09.28 截止日期:2019.09.27

国食药监械(进)字 2014 第 2224520 号

产品名称:胸腔镜手术器械(Thoracic VATS Instruments)
规格型号:见附页
产品标准:YZB/GER 5772-2014《胸腔镜手术器械》
性能组成:该产品由组织剪、组织钳和持针钳组成。产品材料为 YY/T 0294.1 中代号为 B 的不锈钢。非灭菌包装。
适用范围:该产品与胸腔镜配合使用,用于心血管手术。
生产厂家:德国 August Reuchlen GmbH
注册代理:北京嘉联诚业医疗器械销售有限公司
服务机构:北京嘉联诚业医疗器械销售有限公司
发证日期:2014.09.28 截止日期:2019.09.27

国食药监械(进)字 2014 第 2554521 号

产品名称:种植体手术用牙钻(Drills for dental implant)
规格型号:见附页
产品标准:YZB/ISR 5320-2014《种植体手术用牙钻》
性能组成:本产品由定心钻和麻花钻组成。
适用范围:用于上、下颌骨的钻孔以便进行骨内牙科种植体的植入。
生产厂家:以色列 ADIN DENTAL IMPLANT SYSTEMS LTD.
注册代理:北京信然宜诚医疗科技有限公司
服务机构:北京信然宜诚医疗科技有限公司
发证日期:2014.09.28 截止日期:2019.09.27

国食药监械(进)字 2014 第 2554522 号

产品名称:根管锉针(TF Adaptive Files)
规格型号:817-4203、817-4207、817-4353、817-4357、817-6253、817-6257、817-6353、817-6357、817-8253、817-8257、817-4503、817-4507、817-3003、817-3007、817-4003、817-4007.
产品标准:YZB/USA 5258-2014《根管锉针》
性能组成:本产品由锉针和橡胶限位块组成。锉针由 GB 24627-2009 中规定的镍钛合金制成。
适用范围:本产品专门用于牙科根管预备成型,可重复使用。
生产厂家:美国 Ormco Corporation also trading as SybronEndo
注册代理:卡瓦盛邦(上海)牙科医疗器械有限公司
服务机构:卡瓦盛邦(上海)牙科医疗器械有限公司
发证日期:2014.09.28 截止日期:2019.09.27

国食药监械(进)字 2014 第 2064523 号

产品名称:根管锉(Endodontic Rotary Files)
规格型号:见附页
产品标准:YZB/USA 5840-2014《根管锉》
性能组成:该产品由工作部分和柄部两部分组成。工作部分由镍钛合金制成,其中 HyFlex NT Files 锉的柄部由不锈钢 20Cr13(S42020)制成;HyFlex GPF Files 锉的柄部由 360 半硬黄铜制成。
适用范围:该产品用于去除牙本质及根管成形。
生产厂家:美国 Coltène/Whaledent, Inc.
注册代理:康特威尔登特齿科贸易(北京)有限公司
服务机构:康特威尔登特齿科贸易(北京)有限公司
发证日期:2014.09.28 截止日期:2019.09.27

国食药监械(进)字 2014 第 3544524 号

产品名称:胚胎活检液(商品名:G-PGD)(Embryo Biopsy Medium)
规格型号:1X10 mL
产品标准:YZB/SWE 5252-2014《胚胎活检液》
性能组成:该产品为无菌液体,产品配方为:丙氨酸,葡萄糖,脯氨酸,乳酸钠,丙氨酰谷氨酰胺,谷氨酸,丝氨酸,丙酮酸钠,天冬酰胺,甘氨酸,碳酸氢钠,注射用水,天冬氨酸,4-吗啉丙磺酸,氯化钠,庆大霉素,氯化钾,磷酸二氢钠。
适用范围:该产品适用于胚胎活检。
生产厂家:瑞典 Vitrolife Sweden AB
注册代理:瑞典瑞利芙瑞典有限公司北京代表处
服务机构:瑞典瑞利芙瑞典有限公司北京代表处
发证日期:2014.09.28 截止日期:2019.09.27

国食药监械(进)字 2014 第 3544525 号

产品名称:缓冲输卵管液培养液(Quinn's Advantage® Medium w/HEPES)
规格型号:100ml、500ml
产品标准:YZB/USA 5196-2014《缓冲输卵管液培养液》
性能组成:该产品为无菌、澄清液体,产品配方为:氯化钠、氯化钾、七水硫酸镁、磷酸二氢钾、碳酸氢钠、4-羟乙基哌嗪乙磺酸(HEPES)、无水葡萄糖、丙酮酸钠、五水乳酸钙、乙二胺四乙酸四钠盐(依地酸)、牛磺酸、丙氨酰-谷氨酰胺、无水 L-天冬酰胺、L-天冬氨酸、甘氨酸、L-脯氨酸、L-丝氨酸、二水柠檬酸钠、水溶性酚红、硫酸庆大霉素、无菌水组成。
适用范围:该产品主要用于辅助生育培养过程中无需使用 CO2 孵育箱的配子及胚胎的孵育培养。
备注:2015 年 1 月 6 日同意更正企业注册地址内容,2014 年 9 月 28 日核发的医疗器械注册登记表予以废止。
生产厂家:美国 Sage In-Vitro Fertilization, Inc., A CooperSurgical Company
注册代理:深圳市金协同医疗器械有限公司
服务机构:深圳市金协同医疗器械有限公司
发证日期:2014.09.28 截止日期:2019.09.27

国食药监械(进)字 2014 第 3544526 号

产品名称:卵裂输卵管液培养液(Quinn's Advantage® Cleavage Medium)
规格型号:50ml
产品标准:YZB/USA 5193-2014《卵裂输卵管液培养液》
性能组成:该产品为无菌、澄清液体,产品配方为:氯化钠、氯化钾、七水硫酸镁、碳酸氢钠、无水葡萄糖、丙酮酸钠、五水乳酸钙、乙二胺四乙酸四钠盐(依地酸)、牛磺酸、丙氨酰-谷氨酰胺、无水 L-天冬酰胺、L-天冬氨酸、甘氨酸、L-脯氨酸、L-丝氨酸、二水柠檬酸钠、水溶性酚红、硫酸庆大霉素、无菌水。

适用范围:该产品主要用于辅助生育培养过程中卵裂期胚胎的培养。
备注:2015 年 1 月 6 日同意更正产品性能结构及组成内容,2014 年 9 月 28 日核发的医疗器械注册登记表予以废止。
生产厂家:美国 Sage In-Vitro Fertilization, Inc., A CooperSurgical Company
注册代理:深圳市金协同医疗器械有限公司
服务机构:深圳市金协同医疗器械有限公司
发证日期:2014.09.28 截止日期:2019.09.27

国食药监械(进)字 2014 第 3544527 号

产品名称:囊胚输卵管液培养液(Quinn's Advantage® Blastocyst Medium)
规格型号:50ml
产品标准:YZB/USA 5198-2014《囊胚输卵管液培养液》
性能组成:该产品为无菌、澄清液体,产品配方为:氯化钠、氯化钾、七水硫酸镁、磷酸二氢钾、碳酸氢钠、无水葡萄糖、丙酮酸钠、五水乳酸钙、牛磺酸、丙氨酰-谷氨酰胺、无水 L-天冬酰胺、L-天冬氨酸、甘氨酸、L-脯氨酸、L-丝氨酸、L-亮氨酸、L-缬氨酸、L-苏氨酸、L-胱氨酸二盐酸盐、L-异亮氨酸、L-蛋氨酸、L-苯丙氨酸、L-色氨酸、L-酪氨酸、L-盐酸组氨酸一水物、L-精氨酸盐酸盐、L-赖氨酸盐酸盐、D-泛酸钙、氯化胆碱、叶酸、肌醇、烟酰胺、盐酸吡哆辛、核黄素、盐酸硫胺、二水柠檬酸钠、水溶性酚红、硫酸庆大霉素、无菌水。
适用范围:该产品主要用于辅助生育培养过程中从发育第三天的紧密化阶段到囊胚期的胚胎培养。
生产厂家:美国 Sage In-Vitro Fertilization, Inc., A CooperSurgical Company
注册代理:深圳市金协同医疗器械有限公司
服务机构:深圳市金协同医疗器械有限公司
发证日期:2014.09.28 截止日期:2019.09.27

国食药监械(进)字 2014 第 3544528 号

产品名称:梯度离心培养液(PureCeptionTM)
规格型号:40% 100mL、80% 100mL、24 双层检测组件 12×12mL
产品标准:YZB/USA 5199-2014《梯度离心培养液》
性能组成:该产品为无菌液体,产品配方为:氯化钠、氯化钾、七水硫酸镁、磷酸二氢钾、二水氯化钙、碳酸氢钠、无水葡萄糖、60%DL-乳酸钠、乙二胺四乙酸四钠盐(依地酸)、硫酸庆大霉素、牛磺酸、4-羟乙基哌嗪乙磺酸(HEPES)、丙氨酰-谷氨酰胺、氢氧化钠、盐酸、无菌水、丙酮酸钠、水溶性酚红、硅烷化硅胶培养基。
适用范围:该产品主要用于辅助生育培养过程中精子的分离。
生产厂家:美国 Sage In-Vitro Fertilization, Inc., A CooperSurgical Company
注册代理:深圳市金协同医疗器械有限公司
服务机构:深圳市金协同医疗器械有限公司
发证日期:2014.09.28 截止日期:2019.09.27

国食药监械(进)字 2014 第 3544529 号

产品名称:胚胎冷冻液(Quinn's Advantage® Embryo Freeze Kit)
规格型号:12ml×5
产品标准:YZB/USA 5208-2014《胚胎冷冻液》
性能组成:该产品为无菌、澄清液体,产品配方为:氯化钠、氯化钾、七水硫酸镁、磷酸二氢钾、二水氯化钙、碳酸氢钠、无水葡萄糖、60%DL-乳酸钠、谷酰胺、乙二胺四乙酸四钠盐(依地酸)、硫酸庆大霉素、白蛋白(人体,25%溶液)、4-羟乙基哌嗪乙磺酸(HEPES)、氢氧化钠、无菌水、丙酮酸钠、蔗糖、丙二醇、水溶性酚红。
适用范围:该产品主要用于辅助生育培养过程中原核期及卵裂期的胚胎冷冻培养。
生产厂家:美国 Sage In-Vitro Fertilization, Inc., A CooperSurgical Company
注册代理:深圳市金协同医疗器械有限公司
服务机构:深圳市金协同医疗器械有限公司
发证日期:2014.09.28 截止日期:2019.09.27

国食药监械(进)字 2014 第 3544530 号

产品名称:胚胎解冻液(Quinn's Advantage® Thaw Kit)
规格型号:12ml
产品标准:YZB/USA 5209-2014《胚胎解冻液》
性能组成:该产品为无菌、澄清液体,产品配方为:氯化钠、氯化钾、七水硫酸镁、磷酸二氢钾、二水氯化钙、碳酸氢钠、无水葡萄糖、60%DL-乳酸钠、谷酰胺、乙二胺四乙酸四钠盐(依地酸)、硫酸庆大霉素、白蛋白(人体,25%溶液)、4-羟乙基哌嗪乙磺酸(HEPES)、氢氧化钠、无菌水、丙酮酸钠、蔗糖、水溶性酚红。
适用范围:该产品主要用于辅助生育培养过程中原核期及卵裂期胚胎和囊胚的解冻培养。
生产厂家:美国 Sage In-Vitro Fertilization, Inc., A CooperSurgical Company
注册代理:深圳市金协同医疗器械有限公司
服务机构:深圳市金协同医疗器械有限公司
发证日期:2014.09.28 截止日期:2019.09.27

国食药监械(进)字 2014 第 3544531 号

产品名称:精子冲洗培养液(Quinn's® Sperm Wash)
规格型号:12ml×12、100ml
产品标准:YZB/USA 5210-2014《精子冲洗培养液》
性能组成:该产品为无菌、澄清液体,产品配方为:氯化钠、氯化钾、七水硫酸镁、磷酸二氢钾、二水氯化钙、碳酸氢钠、无水葡萄糖、60%DL-乳酸钠、乙二胺四乙酸四钠盐(依地酸)、硫酸庆大霉素、牛磺酸、白蛋白(人体,25%溶液)、4-羟乙基哌嗪乙磺酸(HEPES)、丙氨酰-谷氨酰胺、氢氧化钠、10%盐酸、无菌水、丙酮酸钠、水溶性酚红。
适用范围:产品主要用于辅助生育培养过程中体外授精阶段的精子冲洗及孵育培养。
生产厂家:美国 Sage In-Vitro Fertilization, Inc., A CooperSurgical Company
注册代理:深圳市金协同医疗器械有限公司
服务机构:深圳市金协同医疗器械有限公司
发证日期:2014.09.28 截止日期:2019.09.27

国食药监械(进)字 2014 第 3544532 号

产品名称:组织培养油(Oil for Tissue Culture)
规格型号:100ml、500ml
产品标准:YZB/USA 5211-2014《组织培养油》
性能组成:该产品为无菌、澄清液体,产品配方为:矿物油。
适用范围:产品主要用于辅助生育培养过程中覆盖组织培养液。
生产厂家:美国 Sage In-Vitro Fertilization, Inc., A CooperSurgical Company
注册代理:深圳市金协同医疗器械有限公司
服务机构:深圳市金协同医疗器械有限公司
发证日期:2014.09.28 截止日期:2019.09.27

国食药监械(进)字 2014 第 3544533 号

产品名称:授精输卵管液培养液(Quinn's Advantage® Fertilization Medium)
规格型号:50ml
产品标准:YZB/USA 5212-2014《授精输卵管液培养液》
性能组成:该产品为无菌、澄清液体,产品配方为:氯化钠、氯化钾、七水硫酸镁、磷酸二氢钾、碳酸氢钠、无水葡萄糖、丙酮酸钠、五水乳酸钙、牛磺酸、L-丙胺酸、L-谷氨酸、无水 L-天冬酰胺、L-天冬氨酸、甘氨酸、L-脯氨酸、L-丝氨酸、二水柠檬酸钠、水溶性酚红、硫酸庆大霉素、无菌水。
适用范围:产品主要用于辅助生育培养过程中配子受精期的培养。
生产厂家:美国 Sage In-Vitro Fertilization, Inc., A CooperSurgical Company
注册代理:深圳市金协同医疗器械有限公司
服务机构:深圳市金协同医疗器械有限公司
发证日期:2014.09.28 截止日期:2019.09.27

国食药监械(进)字 2014 第 3544534 号

产品名称:配子准备液(mHTF)(Modified HTF Medium-HEPES)
规格型号:100ml/瓶, 500ml/瓶
产品标准:YZB/USA 4965-2014《配子准备液(mHTF)》
性能组成:该产品为无菌、红橙色澄清液体、无颗粒样物,产品配方为:氯化钠、氯化钾、无水葡萄糖、无水硫酸镁、无水酚红钠、磷酸钾(一

元碱)、丙酮酸钠、碳酸氢钠、无水氯化钙、DL-乳酸钠、HEPES（半钠盐)、HEPES（钠盐)、硫酸庆大霉素、注射用水。
适用范围:本产品模拟女性输卵管液体成分进行配制，为人胚胎生长提供生理环境，用于人配子和胚胎提取、培养、转运、储存和转移。
生产厂家:美国 IRVINE SCIENTIFIC SALES CO., INC.
注册代理:佛山市欧亚医疗科技有限公司
服务机构:佛山市欧亚医疗科技有限公司
发证日期:2014.09.28　**截止日期**:2019.09.27

国食药监械(进)字2014第3544535号

产品名称:授精液(HTF Medium)
规格型号:100ml/瓶，500ml/瓶
产品标准:YZB/USA 4669-2014《授精液》
性能组成:该产品为无菌、红橙色澄清液体、无颗粒样物，产品配方为:氯化钠、氯化钾、无水葡萄糖、无水硫酸镁、无水酚红钠、磷酸钾（一元碱)、丙酮酸钠、碳酸氢钠、无水氯化钙、DL-乳酸钠、硫酸庆大霉素、注射用水。
适用范围:该产品模拟女性输卵管液体成分进行配制，为人胚胎生长提供生理环境，用于人配子和胚胎提取、培养、转运、储存和转移。
生产厂家:美国 IRVINE SCIENTIFIC SALES CO., INC.
注册代理:佛山市欧亚医疗科技有限公司
服务机构:佛山市欧亚医疗科技有限公司
发证日期:2014.09.28　**截止日期**:2019.09.27

国食药监械(进)字2014第3224536号

产品名称:预装式着色非球面后房人工晶状体（商品名: Nex-Load System SP) (Blue Light-absorbing Aspherical Posterior Chamber Intraocular Lenses System)
规格型号:SZ-1
产品标准:YZB/JAP 5227-2014《预装式着色非球面后房人工晶状体》
性能组成:该产品为预装于植入器内的单件式后房人工晶状体，襻形为C。主体/支撑部分材料由乙二醇苯基醚丙烯酸酯、丁基甲基丙烯酸酯、丁基丙烯酸酯、1，4-丁二醇丙烯酸酯聚合而成的共聚物材料制成，添加紫外吸收剂和黄色、红色着色剂。屈光度范围: +1.00D～+30.00D。光学设计: 单焦，非球面（在孔径光栏半径1.5mm范围内模拟眼状态下的轴截面光焦度分布符合反球差分布特征)。该产品经环氧乙烷灭菌，一次性使用。
适用范围:该产品适用于无晶状体眼的视力矫正。
生产厂家:日本 NIDEK CO., LTD.
注册代理:日本尼德克株式会社北京代表处
服务机构:日本尼德克株式会社北京代表处
发证日期:2014.09.28　**截止日期**:2019.09.27

国食药监械(进)字2014第3464537号

产品名称:索绑系统（商品名: Pioneer) (Cable-Ready System)
规格型号:见附页
产品标准:YZB/USA 5379-2014《索绑系统》
性能组成:该产品由大粗隆再接合装置和固定扣组成。大转子再接合装置中，钢板和螺母由符合GB/T13810标准要求的TC4 ELI钛合金材料制成、套管和缆栓由符合GB/T13810标准要求的2级纯钛材料制成、缆索由符合 ASTMF90 标准要求的钴铬钨镍合金材料制成；固定扣由符合ISO5832-1标准要求的不锈钢材料制成。灭菌包装。
适用范围:大转子再接合装置是临时性植入物，用于在全髋关节置换术截骨后、股骨假体周围骨折手术截骨后和大转子骨折后的大转子复位及内固定。固定扣适用于金属丝、线缆或环扎带与同种材料类型骨螺钉、接骨板联合使用的部位，对骨量不足、多发性骨折、蝶形骨折和长骨骨折进行内固定。
生产厂家:美国 Pioneer Surgical Technology, Inc.
注册代理:捷迈(上海)医疗国际贸易有限公司
服务机构:捷迈(上海)医疗国际贸易有限公司
发证日期:2014.09.28　**截止日期**:2019.09.27

国食药监械(进)字2014第3464538号

产品名称:椎间融合器（商品名: Ibex®) (Ibex® Spinal System)
规格型号:见附页
产品标准:YZB/USA 4921-2014《椎间融合器》
性能组成:该产品由符合YY/T0660标准要求的PEEK optima LT1聚醚醚酮材料制成，内有由符合ISO13782标准要求的纯钽材料制成的显影标记。灭菌包装。
适用范围:该产品与脊柱内固定产品配合使用，适用于发生在L2-S1由于治疗退行性椎间盘疾病和I级脊柱滑脱所进行的单个节段的椎间融合手术，手术入路及术式为脊柱后路开放式手术。
生产厂家:美国 EBI, LLC.
注册代理:邦美(上海)商贸有限公司
服务机构:邦美(上海)商贸有限公司
发证日期:2014.09.28　**截止日期**:2019.09.27

国食药监械(进)字2014第3464539号

产品名称:钛锁定接骨板系统（商品名: PERI-LOC) (PERI-LOC Titanium Periarticular Locked Plating System)
规格型号:见附页
产品标准:YZB/USA 5358-2014《钛锁定接骨板系统》
性能组成:该产品由符合ISO 5832-3标准要求的Ti6Al4V钛合金材料制成。产品表面经阳极氧化着色处理。灭菌包装。
适用范围:适用于成人各种扁骨、短骨和长骨骨折的固定，包括胫骨、腓骨、股骨、骨盆、髋臼、掌骨、跖骨、肱骨、尺骨、桡骨、跟骨和锁骨。
生产厂家:美国 Smith & Nephew, Inc.
注册代理:施乐辉医用产品国际贸易(上海)有限公司
服务机构:施乐辉医用产品国际贸易(上海)有限公司
发证日期:2014.09.28　**截止日期**:2019.09.27

国食药监械(进)字2014第3464540号

产品名称:接骨螺钉(Screws)
规格型号:见附页
产品标准:YZB/SWI 5133-2014《接骨螺钉》
性能组成:该产品选用符合 ISO 5832-1 的不锈钢材料和符合 ISO 5832-11的Ti6Al7Nb材料制造。Ti6Al7Nb材料制造的接骨螺钉表面经阳极化处理。包装分为灭菌包装和非灭菌包装。
适用范围:本产品用于四肢骨、锁骨、肩胛骨及骨盆的骨折内固定。
生产厂家:瑞士 Synthes GmbH
注册代理:强生(上海)医疗器材有限公司
服务机构:辛迪思(上海)医疗器械贸易有限公司；强生(上海)医疗器材有限公司
发证日期:2014.09.28　**截止日期**:2019.09.27

国食药监械(进)字2014第3214541号

产品名称:心脏除颤仪(Defibrillator)
规格型号:LiFEGAIN CU-HD1
产品标准:YZB/ROK 5899-2014《心脏除颤仪》
性能组成:详见附表。
适用范围:该设备需要由接受过关于设备操作的培训并且在基础生命支持、高级心脏生命支持方面培训合格的医疗服务提供者或紧急医疗服务人员在医院内或外使用。该产品具有下述预期用途: 半自动除颤(AED)用于治疗心脏骤停，用于大于等于1周岁且小于8周岁的小儿和成人。手动异步除颤用于治疗心脏骤停；手动同步除颤用于治疗心房颤动。无创经皮起搏用于治疗有脉搏的症状性心动过缓，用于大于等于1周岁且小于8周岁的小儿和成人。同时，该产品可进行心电、心率、无创血压、脉搏血氧饱和度（体重大于40kg的成人）监护。
生产厂家:韩国 CU Medical Systems, Inc.
注册代理:捷通埃默高(北京)医药科技有限公司
服务机构:捷通埃默高(北京)医药科技有限公司
发证日期:2014.09.26　**截止日期**:2019.09.25

国食药监械(进)字2014第3214542号

产品名称:主动脉内球囊反搏泵（商品名: CARDIOSAVE) (Intra-Aortic Balloon Pump)
规格型号:CARDIOSAVE Hybrid、CARDIOSAVE Rescue
产品标准:YZB/USA 5927-2014《主动脉内球囊反搏泵》
性能组成:CARDIOSAVE 主动脉内球囊反搏泵由主机、ECG 导联线(主线0012-00-1812-02 导联线 0012-00-1814-02)、压力适配线(0012-00-1815)组成，内含热敏打印机，配备可充电电池。

适用范围:球囊反搏泵为电子医疗装置，用于对主动脉球囊进行充气和排气。它通过反搏原理为左心室提供了暂时的支持。主动脉球囊放置在下行主动脉中，正好位于左锁骨动脉分支的末端，放置好球囊之后，将反搏泵调整为以心电图(ECG)或动脉压力波形同步触发，以确保在心动周期中的相应位置进行充气和排气。目标人群为成人。

生产厂家:美国 Datascope Corp.

注册代理:迈柯唯(上海)医疗设备有限公司

服务机构:迈柯唯(上海)医疗设备有限公司

发证日期:2014.09.26　　截止日期:2019.09.25

国食药监械(进)字 2014 第 3214543 号

产品名称:无线发射器(Wi-Box)

规格型号:C12783

产品标准:YZB/SWE 4050-2014《无线发射器》

性能组成:本产品由无线发射器(C12783)、无线发射器 Xpress 电缆(C12784)、无线发射器外部电源盒(含励磁插头)(C12785)、AO USB 接收器(C12782)和 PW USB 接收器(C12781)组成。

适用范围:调节来自测量设备(PressureWire 和外部压力传感器)的生理信号，通过射频收发信号并将信号修复到最初的格式，以便信号可在接收器，(RadiAnalyzerTM Xpress 或其他监控系统)上显示和/或记录。生理信号(压力)也可通过电缆分配。

生产厂家:瑞典 St. Jude Medical Systems AB

注册代理:圣犹达医疗用品(上海)有限公司

服务机构:圣犹达医疗用品(上海)有限公司

发证日期:2014.09.26　　截止日期:2019.09.25

国食药监械(进)字 2014 第 3214544 号

产品名称:植入式心脏复律/除颤器(Implantable Cardioverter / Defibrillators)

规格型号:Iforia 3 HF-T

产品标准:YZB/GER 5779-2014《植入式心脏复律/除颤器》

性能组成:植入式心脏复律/除颤器由混合电路、电池、连接头端(IS-1, DF-1)、外壳(钛)、放电电容、高频电路(包括馈通电路和天线)组成。包装盒内包含扭转扳手。

适用范围:借助抗心动过速的起搏和除颤功能，对危及生命的室性心律失常进行治疗。

生产厂家:德国百多力欧洲股份两合公司(BIOTRONIK SE & Co. KG)

注册代理:百多力(北京)医疗器械有限公司

服务机构:百多力(北京)医疗器械有限公司

发证日期:2014.09.26　　截止日期:2019.09.25

国食药监械(进)字 2014 第 3404545 号

产品名称:艰难梭菌毒素 A/B 检测试剂盒(酶联免疫法)(C. DIFFICILE TOX A/B II)

规格型号:96 人份/盒

产品标准:YZB/USA 5261-2014

性能组成:稀释液、结合物、底物、阳性对照、浓缩洗液、终止液、微孔板，此外还包含:洗液标签、一次性塑料滴管、封板膜、涂抹棒。(具体内容详见说明书)。产品有效期:2~8℃保存，有效期为 24 个月。附件:注册产品标准，产品说明书。

适用范围:用于体外定性检测艰难梭菌疑似感染患者的粪便样本中的艰难梭菌毒素 A 和毒素 B。

生产厂家:美国 Techlab, Inc

注册代理:美艾利尔(中国)医疗器械有限公司

发证日期:2014.09.26　　截止日期:2019.09.25

国食药监械(进)字 2014 第 3404546 号

产品名称:鳞状上皮细胞癌抗原(SCC)测定试剂盒(化学发光法)(CanAg SCC CLIA)

规格型号:96 人份/盒

产品标准:YZB/SWE 5023-2014

性能组成:含微孔板、标准品 A、标准品 B、标准品 C、标准品 D、标准品 E、生物素标记的抗-鳞状上皮细胞癌抗原抗体、示踪液(辣根过氧化物酶标记的抗-鳞状上皮细胞癌抗原抗体)、底物液 A、底物液 B、清洗浓缩液(25×)。(具体内容详见说明书)。产品有效期:试剂盒贮存于 2~8℃，避免冷冻，有效期为 15 个月。附件:注册产品标准，产品说明书。

适用范围:鳞状上皮细胞癌抗原(SCC)测定试剂盒(化学发光法)用于体外定量检测人血清中鳞状上皮细胞癌抗原(SCC)的含量。

生产厂家:瑞典 Fujirebio Diagnostics AB

注册代理:康乃格诊断产品(北京)有限公司

发证日期:2014.09.26　　截止日期:2019.09.25

国食药监械(进)字 2014 第 3404547 号

产品名称:沙眼衣原体(CT)/淋球菌(NG)质控试剂盒(cobas 4800 CT/NG Controls Kit)

规格型号:10 组

产品标准:YZB/USA 5251-2014

性能组成:cobas 4800 CT/NG 阳性对照、cobas 4800 CT/NG 阴性对照、cobas 4800 CT/NG 内标。(具体内容详见说明书)。产品有效期:2~8℃储存，有效期至 24 个月。附件:注册产品标准，产品说明书。

适用范围:用于沙眼衣原体(CT)/淋球菌(NG)扩增/检测试剂盒(PCR 荧光法)的质量控制。

生产厂家:美国 Roche Molecular Systems, Inc.

注册代理:罗氏诊断产品(上海)有限公司

发证日期:2014.09.26　　截止日期:2019.09.25

国食药监械(进)字 2014 第 3404548 号

产品名称:甲胎蛋白标准品(AFP Calibrator)

规格型号:0 ng/mL: 1mLx5; 30ng/mL: 1mLx5; 120ng/mL: 1mLx5; 300ng/mL: 1mLx5。

产品标准:YZB/JAP 4603-2014

性能组成:甲胎蛋白。(具体内容详见说明书)。产品有效期:避光贮存于 2~10 ℃，有效期 2 年。附件:注册产品标准，产品说明书。

适用范围:本试剂盒用于体外定量测定人血清中甲胎蛋白(AFP)时的校准。

生产厂家:日本 DENKA SEIKEN CO., LTD.

注册代理:上海盈科医学生物科技有限责任公司

发证日期:2014.09.26　　截止日期:2019.09.25

国食药监械(进)字 2014 第 3404549 号

产品名称:淋巴细胞亚群检测试剂(流式细胞仪法-6 色)(BD Multitest 6-Color TBNK Reagent)

规格型号:50 检测人份

产品标准:YZB/USA 5359-2014

性能组成:该产品保存在含 0.1%叠氮化钠的 1mL 缓冲盐溶液中。它包含 FITC 标记的 CD3 细胞，克隆 SK7; PE 标记的 CD16，克隆的 B73.1 和 CD56，克隆 NCAM16.2; PerCP-Cy5.5 标记的 CD45 细胞，克隆 2D1 (Hle-1); PE-Cy7 标记的 CD4，克隆 SK3; APC 标记的 CD19，克隆 SJ25C1;和 APC-Cy7 标记的 CD8，克隆 SK1。(具体内容详见产品说明书)。产品有效期:试剂存储在 2 到 8℃的环境中，有效期 14 个月。附件:注册产品标准，产品说明书。

适用范围:该产品是一种 6 色直接免疫荧光试剂，与 BDTrucountTM 绝对计数管及 BD FACSCantoTM 流式细胞仪配合使用，可用于鉴别和确定外周血中 T 淋巴细胞、B 淋巴细胞和自然杀伤细胞(NK)以及 T 细胞的 CD4+ 和 CD8+亚群的百分比和绝对计数值。

生产厂家:美国 Becton, Dickinson and Company, BD Biosciences

注册代理:碧迪医疗器械(上海)有限公司

发证日期:2014.09.26　　截止日期:2019.09.25

国食药监械(进)字 2014 第 3404550 号

产品名称:白细胞分化抗原 CD4/CD8/CD3 检测试剂(流式细胞仪法-FITC/PE/PerCP)(BD Tritest CD4/CD8/CD3)

规格型号:50 检测人份

产品标准:YZB/USA 5396-2014

性能组成:该产品包含 0.1%叠氮化钠的 1mL 缓冲盐溶液，FITC 标记的 CD4，克隆 SK3，PE 标记 CD8，克隆 SK1，以及 PerCP 标记 CD3，克隆 SK7。产品有效期:试剂保存在 2~8° C 条件下，有效期 24 个月。附件:注册产品标准，产品说明书。

适用范围:该产品与 BD Trucount 绝对计数管配合使用，用以鉴别并确定已裂解红细胞的全血中，成熟 T 淋巴细胞(CD3+)、辅助/诱导性(CD3+CD4+)T 淋巴细胞和抑制/细胞毒性(CD3+CD8+)T 淋巴细胞的绝对计数。
生产厂家:美国 Becton, Dickinson and Company, BD Biosciences
注册代理:碧迪医疗器械(上海)有限公司
发证日期:2014.09.26 **截止日期**:2019.09.25

国食药监械(进)字 2014 第 3634551 号

产品名称:牙科种植体系统(HIOSSEN Implant System)
规格型号:见附页
产品标准:YZB/USA 5449-2014《牙科种植体系统》
性能组成:本系统包括种植体、覆盖螺丝和种植体连接器。种植体为长期植入器械,覆盖螺丝为表面接触器械,种植体连接器为一类手术器械,不与口腔接触。其中种植体材料为纯钛,表面酸蚀处理;覆盖螺丝材料为纯钛,表面阳极氧化处理;连接器材料为钛合金,表面阳极氧化处理。本产品为无菌包装,仅供一次性使用,采用伽马射线灭菌。
适用范围:该产品通过口腔外科手术植入上颌或下颌牙槽骨,在种植体与牙槽骨进行骨结合后,通过连接基台可替代缺损牙齿的功能。
生产厂家:美国 HIOSSEN, INC.
注册代理:奥齿泰(北京)商贸有限公司
服务机构:奥齿泰(北京)商贸有限公司
发证日期:2014.09.30 **截止日期**:2019.09.29

国食药监械(进)字 2014 第 3464552 号

产品名称:足踝锁定内固定系统-螺钉(商品名:FPS)(Foot Plating System-Screws)
规格型号:见附页
产品标准:YZB/USA 4901-2014《足踝锁定内固定系统-螺钉》
性能组成:该产品包括锁定螺钉和标准螺钉。由符合 GB/T13810 标准要求的 TC4ELI 钛合金材料制成,表面经阳极氧化着色,非灭菌包装。
适用范围:该螺钉与同一企业锁定接骨板配合,预期用于创伤治疗、一般手术和重建,适用于足、踝部器械规格所适用的骨骼。
生产厂家:美国 OsteoMed L.P
注册代理:北京市麦迪戴克医疗技术有限公司
服务机构:北京市麦迪戴克医疗技术有限公司;艾派(广州)医疗器械有限公司
发证日期:2014.09.30 **截止日期**:2019.09.29

国食药监械(进)字 2014 第 3664553 号

产品名称:泵用精密过滤输液器(商品名:英贝宁)(Infusomat Space Line)
规格型号:8700095SP
产品标准:YZB/GER 5033-2014《泵用精密过滤输液器》
性能组成:泵用精密过滤输液器主要由瓶塞穿刺器,滴壶,管路,流量调节器,泵段管路,止流夹,鲁尔接头,保护帽及药液过滤器组成。
适用范围:泵用输液器产品用于与匹配的输液泵配合使用;适用于标准输液和肠外营养的静脉输入(例如:肠外营养液和静脉输注液)。
生产厂家:德国 B. Braun Melsungen AG
注册代理:贝朗医疗(上海)国际贸易有限公司
服务机构:贝朗医疗(上海)国际贸易有限公司
发证日期:2014.09.30 **截止日期**:2019.09.29

国食药监械(进)字 2014 第 3644554 号

产品名称:水胶体敷料(商品名:Suprasorb®H)(Hydrocolloid Wound Dressing)
规格型号:标准型:20401,20402,20403;带边型:20420;骶骨型:20430;薄型:20410,20411,20412,20413,20414,20424。
产品标准:YZB/GER 5459-2014《水胶体敷料》
性能组成:Suprasorb® H 水胶体敷料是自粘性敷料,由水胶体涂层涂于聚氨酯薄膜上制成。分为标准型、带边型骶骨型及薄型,每个敷料单独包装,即开即用,用 β 射线灭菌,Suprasorb®H 水胶体敷料为一次性用品,不能重新灭菌。当与伤口渗液接触时,敷料形成凝胶,为伤口创造一个湿润的环境,敷料单次使用时间不超过 7 天。累积使用时间不超过 28 天。
适用范围:Suprasorb® H 水胶体敷料适用于浅表型、有少量渗出液的表皮伤口(薄型)或者有中等量渗出液的表皮伤口(标准型、带边型、骶骨型)。
变更情况:变更日期:2015.01.19。“原代理人:绍兴托美医疗用品有限公司原代理人地址:浙江省绍兴市越城区皋埠镇皋北工业区(皋北村)”变更为“新代理人:洛曼劳仕(中国)医疗用品有限公司新代理人地址:中国(上海)自由贸易试验区美盛路 56 号 2 层 221 室”。
生产厂家:德国 Lohmann & Rauscher International GmbH & Co.KG
注册代理:绍兴托美医疗用品有限公司
服务机构:绍兴托美医疗用品有限公司
发证日期:2014.09.30 **截止日期**:2019.09.29

国食药监械(进)字 2014 第 3464555 号

产品名称:聚醚醚酮骨锚钉系统(PEEK Suture Anchor)
规格型号:见附页
产品标准:YZB/USA 5114-2014《聚醚醚酮骨锚钉系统》
性能组成:该产品由一系列用于运动医学手术的骨锚钉组成,包括 Corkscrew, Pushlock 和 Swivelock,由符合 YY/T 0660 标准要求的 PEEK optima LT1 聚醚醚酮材料制成,所带缝线由超高分子量聚乙烯材料制成,缝线的蓝色染料为符合 21 CFR 74.3106 D&C 要求 的蓝色六号,黑色染料为符合 21 CFR 73.1410 要求的 logwood extract。灭菌包装。
适用范围:用于如下软组织固定:肩:旋转肩袖固定,肩关节撕脱性损伤,SLAP 损伤修复,二头肌,肩峰-锁骨修复,三角肌修复,关节囊重建。髋:关节囊修复术及髋臼盂唇修复术。膝:前交叉韧带重建,中交叉韧带重建,后交叉韧带重建,半月板肌腱修复,胫骨带重建。
生产厂家:美国 Arthrex, Inc.
注册代理:锐适医疗器械(上海)有限公司
服务机构:锐适医疗器械(上海)有限公司
发证日期:2014.09.30 **截止日期**:2019.09.29

国食药监械(进)字 2014 第 3544556 号

产品名称:血管通路泵系统(Vascular Access Port System)
规格型号:见附页
产品标准:YZB/SWI 5152-2014《血管通路泵系统》
性能组成:产品为无源器械,由输注座、导管、Huber 针、接头(卡口式连接器)、穿刺针、隧道针、导丝、扩张器、撕开鞘、静脉剥离器、冲洗针组成。其中,输注座、导管和接头(卡口式连接器)为植入人体的组件,其余为一次性使用的手术工具附件。导丝头端为 J 形。
适用范围:本产品适用于植入人体后,经皮向注射座内输注药物,经导管至所需部位。
生产厂家:瑞士 pfm medical cpp SA
注册代理:德国 PFM 医疗集团北京代表处
服务机构:德国 PFM 医疗集团北京代表处
发证日期:2014.09.30 **截止日期**:2019.09.29

国食药监械(进)字 2014 第 3644557 号

产品名称:脂质水胶敷料(商品名:优妥)(Urgotul)
规格型号:5cm×5cm,10cm×10cm,15cm×20cm,20cm×30cm,10cm×40cm
产品标准:YZB/FRA 5066-2014《脂质水胶敷料》
性能组成:优妥由浸有脂质水胶体复合物的聚酯网构成,并有硅化聚酯薄膜保护(使用时去除)。聚酯网的化学成分是聚对苯二甲酸乙酯,脂质水胶体复合物主要成分为羧甲基纤维素钠(水胶体)、液体石蜡、凡士林,及载体复合物。
适用范围:适用于急性伤口的覆盖(如:烧伤、创伤、皮肤擦伤、术后伤口等);慢性伤口(如:小腿溃疡、压力性溃疡、糖尿病足溃疡等)的肉芽形成及表皮再生阶段的覆盖;大疱表皮松懈症的覆盖;特殊部位伤口,如:难包扎部位,窦道、瘘管等深部伤口的覆盖。
生产厂家:法国 LABORATOIRES URGO
注册代理:法国优格制药公司北京代表处
服务机构:法国优格制药公司北京代表处
发证日期:2014.09.30 **截止日期**:2019.09.29

国食药监械(进)字 2014 第 3154558 号

产品名称:一次性使用留置针(商品名:尼赛安)(原文:セーフタッチFキャス)
规格型号:NIC SF 1650P ET, NIC SF 1832P ET, NIC SF 1850P ET, NIC SF 2032P ET, NIC SF 2050P ET, NIC SF 2225P ET, NIC SF 2232P ET, NIC SF 2419P ET, NIC SF 2425P ET
产品标准:YZB/JAP 5500-2014《一次性使用留置针》

性能组成:本产品由套管、套管座、内针、内针针座、防针刺保护装置、排气接头和保护套组成。原材料为聚氨酯、聚丙烯、不锈钢、聚碳酸酯、聚缩醛、聚丙烯和玻璃纤维复合材料。
适用范围:本产品适用于留置在静脉内输注药液。
生产厂家:日本ニプロ株式会社
注册代理:尼普洛贸易(上海)有限公司
服务机构:尼普洛贸易(上海)有限公司
发证日期:2014.09.30 **截止日期**:2019.09.29

国食药监械(进)字2014第3774559号

产品名称:经桡动脉通路套件(TransRadial Artery Access kit)
规格型号:AA-10407-1、AA-10507-1、AA-10607-1、AA-10411-1、AA-10511-1、AA-10611-1、AA-10524-1、AA-10624-1、AA-15511-S、AA-15611-S、AA-15511-3、AA-15611-3、AA-20407-1、AA-20411-1、AA-20507-1、AA-20511-1、AA-20524-1、AA-20607-1、AA-20611-1、AA-20624-1
产品标准:YZB/USA 5434-2014《经桡动脉通路套件》
性能组成:本产品是一个套装，组件包括:导丝 、穿刺针、扩张器、鞘。环氧乙烷灭菌，一次性使用。
适用范围:本产品用于医院导管室进行诊断和治疗时将器械经皮导入桡动脉内。
生产厂家:美国Arrow International, Inc.
注册代理:泰利福医疗器械商贸(上海)有限公司
服务机构:泰利福医疗器械商贸(上海)有限公司
发证日期:2014.09.30 **截止日期**:2019.09.29

国食药监械(进)字2014第3774560号

产品名称:导丝(商品名: RADIFOCUS GUIDE WIRE M)(心臓・中心循環系用カテーテルガイドワイヤ)
规格型号:见附页
产品标准:YZB/JAP 5452-2014《导丝》
性能组成:该产品由芯丝和涂层组成。芯丝的材料为镍钛合金；芯丝涂有两层涂层，内涂层材料为含钨的聚氨酯，外涂层主要为甲基乙烯基醚无水马来酸共聚物。环氧乙烷灭菌，一次性使用。
适用范围:该产品是在诊断、治疗含有血管的管腔器官时，通过血管、消化管、胆管、尿管将导管引入目标部位的器械(导丝)。
生产厂家:日本泰尔茂株式会社(テルモ株式会社)
注册代理:日本泰尔茂株式会社北京办事处
服务机构:泰尔茂医疗产品(上海)有限公司
发证日期:2014.09.30 **截止日期**:2019.09.29

国食药监械(进)字2014第3774561号

产品名称:PTCA导丝(商品名: ASAHI SION black)(ガイドワイヤーIV)
规格型号:APW14R010S，APW14R010J，APW14R010P，APW14R310S，APW14R310J，APW14R310P
产品标准:YZB/JAP 5262-2014《PTCA导丝》
性能组成:产品由芯丝、绕丝和安全丝组成，外表面覆有PTFE涂层、亲水涂层和聚氨酯涂层。芯丝和安全丝由不锈钢制成，绕丝由铂镍合金和不锈钢制成。产品经环氧乙烷灭菌，一次性使用。
适用范围:导丝适用于经皮腔内冠状动脉成形术(PTCA)。
生产厂家:日本朝日インテック株式会社(ASAHI INTECC CO., LTD.)
注册代理:朝日英达科贸(北京)有限公司
服务机构:朝日英达科贸(北京)有限公司
发证日期:2014.09.30 **截止日期**:2019.09.29

国食药监械(进)字2014第3464562号

产品名称:股骨柄组件(商品名: Taperloc Complete Microplasty)(Taperloc Complete Microplasty Hip System)
规格型号:见附页
产品标准:YZB/USA 5492-2014《股骨柄组件》
性能组成:股骨柄组件基体采用符合GB/T 13810中牌号为TC4 ELI的锻造钛合金材料制造，股骨柄表面采用符合ASTM F1580的Ti6Al4V钛合金粉末等离子喷涂形成微孔表面。灭菌包装。
适用范围:作为非骨水泥型髋关节假体使用，适用于髋关节置换。
生产厂家:美国Biomet Orthopedics
注册代理:邦美(上海)商贸有限公司
服务机构:邦美(上海)商贸有限公司
发证日期:2014.09.30 **截止日期**:2019.09.29

国食药监械(进)字2014第3224563号

产品名称:软性亲水接触镜(商品名: 博乐纯日抛)(Biotrue ONEday (nesofilcon A) Contact Lenses)
规格型号:nesofilcon A
产品标准:YZB/USA 5539-2014《软性亲水接触镜》
性能组成:该产品为日戴型软性亲水接触镜。由甲基丙烯酸羟乙酯、N-乙烯基吡咯烷酮、二甲基丙烯酸乙二醇酯、甲基丙烯酸烯丙酯、4-异丁基2-环己羟基甲基丙烯酸酯、紫外线吸收剂及着色剂等聚合而成，带有表面活性剂、稀释剂。着淡水蓝色。聚丙烯杯包装。各参数标称值:含水量: 78%，折射率: 1.3737，透氧系数: 42.0×10^{-11}(cm2/s)[mLO2/(mL×mmHg)]，-3D镜片透氧量:39.4×10^{-9}(cm/s) [mLO2/(mL×mmHg)]，后顶焦度范围: -0.25D～ -9.00D，可见光透过率>92%。UV-A段平均透过率τUVA<0.50τ(λV)，UV-B段平均透过率τUVB<0.05τ(λV)。推荐更换周期一天。产品经高温湿热灭菌。
适用范围:该产品为日戴型接触镜，用于矫正近视。
生产厂家:美国Bausch & Lomb Incorporated
注册代理:北京博士伦眼睛护理产品有限公司
服务机构:北京博士伦眼睛护理产品有限公司、博士伦(上海)贸易有限公司
发证日期:2014.09.30 **截止日期**:2019.09.29

国食药监械(进)字2014第3774564号

产品名称:一次性使用动脉导管套装(Argon CareflowTM Artery Catheter Kit)
规格型号:见附页
产品标准:YZB/SIN 5712-2014《一次性使用动脉导管套装》
性能组成:本产品由动脉导管、导丝、穿刺针、鲁尔端帽组成。
适用范围:本产品适用于测量股动脉和桡动脉血液参数和血压监测，采集血液样本、以及注入药物或溶液。
生产厂家:新加坡Argon Critical Care Systems Singapore Pte Ltd
注册代理:爱琅医疗器械技术咨询(上海)有限公司
服务机构:爱琅医疗器械技术咨询(上海)有限公司
发证日期:2014.09.30 **截止日期**:2019.09.29

国食药监械(进)字2014第3654565号

产品名称:可吸收缝合线(商品名: 爱迪)(Absorable suture)
规格型号:见附页
产品标准:YZB/FRA 5697-2014《可吸收缝合线》
性能组成:产品为乙交酯和己内酯共聚物(乙交酯/己内酯比例为75:25)制成的单丝可吸收缝合线，分为紫色和无色。
适用范围:本产品适用于需要使用可吸收缝合线的软组织的缝合/结扎。
生产厂家:法国PETERS SURGICAL
注册代理:北京派特迪鑫医疗设备有限公司
服务机构:北京派特迪鑫医疗设备有限公司
发证日期:2014.09.30 **截止日期**:2019.09.29

国食药监械(进)字2014第3224566号

产品名称:软性亲水接触镜(Soft Hydrophilic Contact Lenses)
规格型号:Proclear 1 day
产品标准:YZB/USA 5546-2014《软性亲水接触镜(型号:Proclear 1 day)》
性能组成:该产品为日戴型软性亲水接触镜。镜片材料为omafilconA，着蓝色，聚丙烯杯包装。各参数标称值: 含水量: 60%，折射率: 1.395，透氧系数: 27×10^{-11}(cm2/s)(mLO2/(mL×mmHg))，-3D镜片透氧量:30 $\times10^{-9}$(cm/s) (mLO2/(mL×mmHg))，后顶焦度范围:-20.00D～ +10.00D，可见光透过率>90%。每日抛弃型。产品经高压蒸汽灭菌。
适用范围:本产品用于矫正屈光不正(近视和远视)，适用于无眼部疾病的有晶体眼人群。散光度数小于等于2.00D者配戴该镜片不会干扰视力。
生产厂家:美国CooperVision Inc.
注册代理:库博光学产品贸易(上海)有限公司
服务机构:库博光学产品贸易(上海)有限公司

发证日期:2014.09.30　　截止日期:2019.09.29

国食药监械(进)字2014第3664567号

产品名称:三通联板(商品名:斯克旋阀)(Discofix C)
规格型号:16608C,16609C,16612C,16613C,16614C
产品标准:YZB/GER 5798-2014《三通联板》
性能组成:三通联板由联板主板、保护套、带/不带延长管、带/不带近端旋塞组成。产品由聚苯乙烯、聚酰胺、聚碳酸酯、聚丙烯、聚氯乙烯(增塑剂为DEHT)、甲基丙烯酸甲酯一丙烯腈一丁二烯一苯乙烯共聚物、聚乙烯材料制成。射线灭菌。
适用范围:产品适用于静脉输液及配合压力监测设备进行压力监测。
生产厂家:德国B. Braun Melsungen AG
注册代理:贝朗医疗(上海)国际贸易有限公司
服务机构:贝朗医疗(上海)国际贸易有限公司
发证日期:2014.09.30　　截止日期:2019.09.29

国食药监械(进)字2014第3664568号

产品名称:注射液体配药接头(Fluid Dispensing Connector)
规格型号:415080
产品标准:YZB/USA 5704-2014《注射液体配药接头》
性能组成:本产品由注射液体配药接头,外圆锥接头和保护套组成。产品由聚丙烯材料制成。经环氧乙烷灭菌,一次性使用。
适用范围:本产品用于从大的主注射器向单位计量注射器转移液体。
生产厂家:美国B. Braun Medical Inc.
注册代理:贝朗医疗(上海)国际贸易有限公司
服务机构:贝朗医疗(上海)国际贸易有限公司
发证日期:2014.09.30　　截止日期:2019.09.29

国食药监械(进)字2014第3154569号

产品名称:一次性使用无菌注射针(商品名:微型注射针)(MicronJet 600 Needle)
规格型号:MicronJet 600
产品标准:YZB/ISR 5834-2014《一次性使用无菌注射针》
性能组成:该产品由针座,针管,针管衬板和保护套组成。经环氧乙烷灭菌,一次性使用。
适用范围:该产品需与预充注容器或注射器连接配套使用,用于皮内注射。
生产厂家:以色列NanoPass Technologies Ltd.
注册代理:北京迈迪克豪尔医药技术咨询服务有限公司
服务机构:北京佰利天成科贸有限公司
发证日期:2014.09.30　　截止日期:2019.09.29

国食药监械(进)字2014第3774570号

产品名称:微穿刺血管鞘(商品名:Micropuncture)(Introducer Set)
规格型号:MPIS-401-NT-SST,MPIS-501-NT-SST
产品标准:YZB/USA 5663-2014《微穿刺血管鞘》
性能组成:本产品由穿刺针、导丝、内鞘管和导入鞘管组成。材料:穿刺针针管:304不锈钢,针座:聚碳酸酯;内鞘管和导入鞘管管身:聚乙烯;不透射线材料:氯氧化铋;内鞘管和导入鞘管座:高密度聚乙烯;导丝芯丝:镍钛锆,绕丝:铂金。产品经环氧乙烷灭菌,一次性使用。
适用范围:本产品预期用于通过穿刺针,将导丝放置在血管系统内。
生产厂家:美国Cook Incorporated
注册代理:库克(中国)医疗贸易有限公司
服务机构:库克(中国)医疗贸易有限公司
发证日期:2014.09.30　　截止日期:2019.09.29

国食药监械(进)字2014第3154571号

产品名称:穿刺针(Percutaneous Entry Needles)
规格型号:SDN-15-5.0,SDN-15-7.0,SDN-17.8-7.0,BSDN-17.8-7.0
产品标准:YZB/USA 5737-2014《穿刺针》
性能组成:穿刺针由针管和针座组成。针管材质:304不锈钢,针座材质:聚碳酸酯。
适用范围:本产品预期用于血管穿刺。
生产厂家:美国Cook Incorporated
注册代理:库克(中国)医疗贸易有限公司
服务机构:库克(中国)医疗贸易有限公司
发证日期:2014.09.30　　截止日期:2019.09.29

国食药监械(进)字2014第3224572号

产品名称:眼科手术用重水(商品名:FCI-OCTA)(Liquid perfluorocarbone for ophthalmic use)
规格型号:S5.8250,S5.8270
产品标准:YZB/FRA 6000-2014《眼科手术用重水》
性能组成:该产品为纯化全氟辛烷,玻璃瓶包装,有5ml及7ml两种包装剂量,经过滤除菌及高压蒸汽灭菌。产品内附经环氧乙烷灭菌的针头(20G)和注射器。
适用范围:该产品适用于暂时性眼内填塞术,尤其是视网膜脱离、伴有巨大裂孔的视网膜脱离、伴有增生性视网膜病变(包括糖尿病性增生性视网膜病变)的视网膜脱离和脱位晶体或人工晶体的取出等手术。
生产厂家:法国FCI
注册代理:上海普延医疗设备有限公司
服务机构:上海普延医疗设备有限公司
发证日期:2014.09.30　　截止日期:2019.09.29

国食药监械(进)字2014第3224573号

产品名称:眼科手术用重水(商品名:FCI-DECA)(Liquid perfluorocarbone for ophthalmic use)
规格型号:S5.8130,S5.8150,S5.8170
产品标准:YZB/FRA 6006-2014《眼科手术用重水》
性能组成:该产品为纯化全氟萘烷,玻璃瓶包装,有3ml、5ml及7ml三种包装剂量,经过滤除菌及高压蒸汽灭菌。产品内附经环氧乙烷灭菌的针头(20G)和注射器。
适用范围:该产品适用于暂时性眼内填塞术,尤其是视网膜脱离、伴有巨大裂孔的视网膜脱离、伴有增生性视网膜病变(包括糖尿病性增生性视网膜病变)的视网膜脱离和脱位晶体或人工晶体的取出等手术。
生产厂家:法国FCI
注册代理:上海普延医疗设备有限公司
服务机构:上海普延医疗设备有限公司
发证日期:2014.09.30　　截止日期:2019.09.29

国食药监械(进)字2014第3464574号

产品名称:硅橡胶面部假体(商品名:太阳)(Silicone Facial Implants)
规格型号:见附页
产品标准:YZB/ROK 5847-2014《硅橡胶面部假体》
性能组成:该产品由硅橡胶材料组成。非无菌状态提供,使用前需按照说明书进行灭菌,一次性使用。
适用范围:该产品用于鼻骨扩大及重建、下颚骨扩大及重建、鼻孔重建、鼻侧扩大及重建、鬓骨扩大及重建、颧骨扩大及重建或额骨扩大及重建。
变更情况:变更日期:2015.01.19。"代理人名称:凯纳西科技(北京)有限公司代理人住所:北京市朝阳区吉庆里9、10号楼E座2区1502"变更为"代理人名称:武汉塔安思国际贸易有限公司代理人住所:洪山区雄楚大街209号御景名门2幢25层28A号"。
生产厂家:韩国SUN MEDICAL CORPORATION
注册代理:凯纳西科技(北京)有限公司
服务机构:武汉市欧博雅医疗器械有限公司
发证日期:2014.09.30　　截止日期:2019.09.29

国食药监械(进)字2014第3154575号

产品名称:骨髓抽吸针(商品名:OnControl)(Bone Marrow Aspiration System)
规格型号:9403;9425-VC-006;9468-VC-006;9490-VC-006
产品标准:YZB/USA 5609-2014《骨髓抽吸针》
性能组成:该产品由带无菌套接头、抽吸穿刺针、尖锐物品保护器组成(详见标准),需与电钻配合使用。
适用范围:适用于成人的前路或后路髂嵴骨髓抽吸。
生产厂家:美国Vidacare Corporation
注册代理:北京威尼汇力医疗器械有限公司
服务机构:北京格乐瑞思经贸有限责任公司;宁波海泰科迈医疗器械销售有限公司
发证日期:2014.09.30　　截止日期:2019.09.29

国食药监械(进)字2014第3154576号

产品名称:骨髓活检针（商品名：OnControl）(Bone Marrow Biopsy Needle)
规格型号:9408-VC-006；9407-VC-006；9411-VC-006；9402-VC-006；9403
产品标准:YZB/USA 5611-2014《骨髓活检针》
性能组成:该产品由活检穿刺针、带无菌套接头、顶出杆、校准器、尖锐物品保护器组成（详见标准），需与电钻配合使用。
适用范围:适用于成人患者的前路或后路髂嵴骨髓针芯活检。
生产厂家:美国 Vidacare Corporation
注册代理:北京威尼汇力医疗器械有限公司
服务机构:北京格乐瑞思经贸有限责任公司；宁波海泰科迈医疗器械销售有限公司
发证日期:2014.09.30 **截止日期**:2019.09.29

国食药监械（进）字 2014 第 3774577 号

产品名称:血管内造影导管（商品名：RADIFOCUS GLIDECATH）(中心循環系血管造影用カテーテル)
规格型号:见附页
产品标准:YZB/JAP 6033-2014《血管内造影导管》
性能组成:该产品由导管、导管座和保护套管组成。制造材料为：导管第一层：含硫酸钡的聚氨酯和 Pebax 混合物；导管编织层：不锈钢；导管第二层和导管尖端：含钨的聚氨酯；导管第三层：涂层；导管座：尼龙。导产品经环氧乙烷灭菌，一次性使用。
适用范围:该产品用于血管造影术，将造影剂和药物输送到血管系统中，也可以用于导丝或导管进入目标位置。
生产厂家:日本テルモ株式会社(泰尔茂株式会社)
注册代理:日本泰尔茂株式会社北京办事处
服务机构:泰尔茂医疗产品(上海)有限公司
发证日期:2014.09.30 **截止日期**:2019.09.29

国食药监械（进）字 2014 第 3774578 号

产品名称:血管内造影导管（商品名：RADIFOCUS GLIDECATH）(中心循環系血管造影用カテーテル)
规格型号:见附页
产品标准:YZB/JAP 6036-2014《血管内造影导管》
性能组成:该产品由导管、导管座组成，外表面涂覆涂层。制造材料：导管本体和尖端柔软部分：含钨的聚氨酯；编织层：不锈钢；导管座：尼龙。产品经环氧乙烷灭菌，一次性使用。
适用范围:该产品用于血管造影术，将造影剂和药物输送到血管系统中，也可以用于导丝或导管进入目标位置。
生产厂家:日本テルモ株式会社（泰尔茂株式会社）
注册代理:日本泰尔茂株式会社北京办事处
服务机构:泰尔茂医疗产品(上海)有限公司
发证日期:2014.09.30 **截止日期**:2019.09.29

国食药监械（进）字 2014 第 3774579 号

产品名称:主动脉内阻断导管（商品名：IntraClude）(Intra-Aortic Occlusion Device)
规格型号:ICF100
产品标准:YZB/USA 4273-2014《主动脉内阻断导管》
性能组成:本产品为三腔球囊导管，配有止血阀，Y 形连接管，三通活塞，压力管，0.038” 导丝，35ml 注射器，堵帽和缝线固定夹。球囊导管的球囊由热塑性聚氨酯制成，压力缓冲管由 Pebax、热塑性聚氨酯、尼龙和不锈钢制成，导管管体由 Pebax、热塑性聚氨酯和尼龙制成，球囊延长管和压力延长管由 Pebax 制成，腔芯丝由镍钛合金制成。产品经环氧乙烷灭菌，一次性使用。
适用范围:主动脉阻断导管适用于进行心肺旁路手术的病人。当主动脉阻断导管的球囊充盈时，可阻断和引流升主动脉。导管中心腔用于输送心麻痹液以暂停心脏。压力腔用来监测主动脉根部压力。
生产厂家:美国 Edwards Lifesciences LLC
注册代理:爱德华(上海)医疗用品有限公司
服务机构:爱德华(上海)医疗用品有限公司
发证日期:2014.09.30 **截止日期**:2019.09.29

国食药监械（进）字 2014 第 3774579 号

产品名称:主动脉内阻断导管（商品名：IntraClude）(Intra-Aortic Occlusion Device)
规格型号:ICF100
产品标准:YZB/USA 4273-2014《主动脉内阻断导管》
性能组成:本产品为三腔球囊导管，配有止血阀，Y 形连接管，三通活塞，压力管，0.038” 导丝，35ml 注射器，堵帽和缝线固定夹。球囊导管的球囊由热塑性聚氨酯制成，压力缓冲管由 Pebax、热塑性聚氨酯、尼龙和不锈钢制成，导管管体由 Pebax、热塑性聚氨酯和尼龙制成，球囊延长管和压力延长管由 Pebax 制成，腔芯丝由镍钛合金制成。产品经环氧乙烷灭菌，一次性使用。
适用范围:主动脉阻断导管适用于进行心肺旁路手术的病人。当主动脉阻断导管的球囊充盈时，可阻断和引流升主动脉。导管中心腔用于输送心麻痹液以暂停心脏。压力腔用来监测主动脉根部压力。
生产厂家:美国 Edwards Lifesciences LLC
注册代理:爱德华(上海)医疗用品有限公司
服务机构:爱德华(上海)医疗用品有限公司
发证日期:2014.09.30 **截止日期**:2019.09.29

国食药监械（进）字 2014 第 3464580 号

产品名称:胰管支架(膵管ステント)
规格型号:见附页
产品标准:YZB/JAP 5720-2014《胰管支架》
性能组成:产品由胰管支架和保护套组成。支架分直线型和 S 型，带有侧翼和侧孔。支架材料为含 30%氧化铋的乙烯-醋酸乙烯共聚物。保护套材质为氟树脂。产品经环氧乙烷灭菌，一次性使用。
适用范围:本产品是与本公司指定的内镜和辅助插入器械结合使用，通过内镜在胰管内放置支架，排出胰液。
生产厂家:日本オリンパスメディカルシステムズ株式会社
注册代理:奥林巴斯贸易(上海)有限公司
服务机构:奥林巴斯(北京)销售服务有限公司
发证日期:2014.09.30 **截止日期**:2019.09.29

国食药监械（进）字 2014 第 3464581 号

产品名称:压配式球形臼系统组件-陶瓷内衬（商品名：EP-FIT Delta liner）(EP-FIT PLUS Press-fit Acetabular Cup System-ceramic inserts)
规格型号:见附页
产品标准:YZB/SWI 5770-2014《压配式球形臼系统组件-陶瓷内衬》
性能组成:该产品材料为 X 型氧化铝氧化锆复合陶瓷，符合 ISO 6474-2 标准的要求。灭菌包装。
适用范围:与该企业同一系统的髋臼杯及陶瓷球头配合使用，适用于髋臼的置换。
生产厂家:瑞士 Smith&Nephew Orthopaedics AG
注册代理:施乐辉医用产品国际贸易(上海)有限公司
服务机构:施乐辉医用产品国际贸易(上海)有限公司
发证日期:2014.09.30 **截止日期**:2019.09.29

国食药监械（进）字 2014 第 3774582 号

产品名称:导丝（商品名：Avigo）(Avigo Hydrophilic Guidewire)
规格型号:103-0606-200
产品标准:YZB/USA 3976-2014《导丝(商品名:Avigo)》
性能组成:该产品由导丝、导丝导入器和扭矩装置组成。导丝的制造材料：芯丝：不锈钢；远端线圈：铂钨合金；焊接点：锡银；聚合物护套：含有钨的聚氨酯，外涂覆亲水涂层。产品经环氧乙烷灭菌，一次性使用。
适用范围:亲水性导丝适用于在一般血管结构中进行诊断性和/或治疗性手术时，辅助微导管在到外周、脑血管结构中的超选到位。丝扭控器用于在介入手术期间辅助导丝的操控。导丝导入器可方便导丝插入微导管尾端接头或止血阀接头。
生产厂家:美国 Micro Therapeutics Inc. dba ev3 Neurovascular
注册代理:柯惠医疗器材国际贸易(上海)有限公司
服务机构:柯惠医疗器材国际贸易(上海)有限公司
发证日期:2014.09.30 **截止日期**:2019.09.29

国食药监械（进）字 2014 第 3154583 号

产品名称:经支气管抽吸针（商品名：eXcelon）(eXcelon Transbronchial Aspiration Needle)
规格型号:M00564101、M00564111、M00564121，详见附页

产品标准:YZB/USA 5277-2014《经支气管抽吸针》
性能组成:经支气管吸引针是一种远端带有针头的导管，具有带鲁尔锁定接头的手柄，用于连接注射器进行吸引。环氧乙烷灭菌。包装内含有经支气管抽吸针和一支注射器。
适用范围:该产品用于在支气管树隆凸、气管旁和门病变内进行吸引；在这些位置，活检钳无法获得粘膜下标本。
备注:2015年2月15日同意更正企业注册地址内容，2014年9月30日核发的医疗器械注册登记表予以废止。
生产厂家:美国 Boston Scientific Corporation
注册代理:波科国际医疗贸易(上海)有限公司
服务机构:波科国际医疗贸易(上海)有限公司
发证日期:2014.09.30 **截止日期**:2019.09.29

国食药监械(进)字2014第3464584号

产品名称:前交叉韧带固定针系统(商品名:Rigidfix Curve)(Rigidfix Curve PLA Cross Pin System)
规格型号:见附页
产品标准:YZB/USA 5885-2014《前交叉韧带固定针系统》
性能组成:该产品由固定针和配套工具组成，配套工具包括套管、互锁套管针、推杆和骨测量针。固定针由符合YY/T 0661标准规定的左旋聚乳酸材料制成;套管、推杆和骨测量针与人体接触部分由符合ASTM F899标准规定的304不锈钢材料制成；互锁套管针与人体接触部分由符合ASTM F899标准规定的630不锈钢材料制成。灭菌包装。
适用范围:适用于前交叉韧带自体移植物或异体移植物与股骨和/或胫骨的固定。
生产厂家:美国 DePuy Mitek
注册代理:强生(上海)医疗器材有限公司
服务机构:强生(上海)医疗器材有限公司
发证日期:2014.09.30 **截止日期**:2019.09.29

国食药监械(进)字2014第3224585号

产品名称:软性亲水接触镜（商品名：FreshKon 58 UV）(Soft Contact Lens)
规格型号:FreshKon 58 UV Soft Contact Lens
产品标准:YZB/SIN 5867-2014《软性亲水接触镜》
性能组成:该产品为日戴型软性亲水接触镜。由甲基丙烯酸羟乙酯、甲基丙烯酸、乙二醇二甲基丙烯酸酯、三羟甲基丙烷三甲基丙烯酸酯、紫外线吸收剂及着色剂等聚合而成，着淡蓝色。聚丙乙烯杯包装。各参数标称值：含水量：58%，折射率：1.4，透氧系数标称值：19.73×10^{-11}(cm2/s)(mLO2/(mL×mmHg))，-3D镜片透氧量:24.6×10^{-9}(cm/s)(mLO2/(mL×mmHg))，后顶焦度范围：0.00D～-12.00D，可见光透过率＞90%。UV-A段（316nm～380nm）平均透射率＜50%，UV-B段（280nm～315nm）平均透射率＜5%。推荐更换周期一个月。产品经高压蒸汽灭菌。
适用范围:用于矫正患者近视。
生产厂家:新加坡 Oculus Private Limited
注册代理:上海菲士康隐形眼镜有限公司
服务机构:上海菲士康隐形眼镜有限公司
发证日期:2014.09.30 **截止日期**:2019.09.29

国食药监械(进)字2014第3644586号

产品名称:亲水性纤维敷料（商品名：爱康肤 TM 尼龙加强敷料）(AquacelTM Burn Dressings and Gloves)
规格型号:403776, 403777, 403778, 403779, 403780; 403781, 403782, 403783, 403784, 403785。
产品标准:YZB/UK 5981-2014《亲水性纤维敷料》
性能组成:亲水性纤维敷料属于吸收性创面敷料，包括片状平面敷料和手套敷料。材料由亲水性纤维(羧甲基纤维素钠)及沿长轴缝合的尼龙线组成。手套敷料是由片状平面敷料切割并由聚酯纤维缝合成的手套形状敷料。射线灭菌。
适用范围:在医护专业人员的监督下，本产品可用于管理:部分皮层(II度)烧伤；糖尿病足溃疡，下肢溃疡(静脉曲张性溃疡，动脉型溃疡及混合型溃疡)和压疮(部分及全部皮层)；留待二期愈合的外科伤口，如裂开的手术切口；一期愈合的外科伤口，如皮肤科及外科切口(如骨科和血管外科)；皮肤科伤口；创伤伤口；容易出血的伤口，如做过机械性或手术清创的伤口和供皮区；疼痛伤口的处理。其中手套形亲水性纤维敷料可用于手部的上述症状。

生产厂家:英国 ConvaTec Limited
注册代理:康维德(中国)医疗用品有限公司
服务机构:康维德(中国)医疗用品有限公司
发证日期:2014.09.30 **截止日期**:2019.09.29

国食药监械(进)字2014第3464587号

产品名称:钛合金带线锚钉(带针)（商品名：Twinfix）(Twinfix ultra Ti suture anchor with needles)
规格型号:见附页
产品标准:YZB/USA 5922-2014《钛合金带线锚钉(带针)》
性能组成:该产品由植入物(带线锚钉)和配套工具组成。植入物包括缝线和锚钉；辅助工具包括插入器(包括手柄和杆)、缝针。带线锚钉的缝线为两种:一种为超高分子量聚乙烯制成的无涂层、非可吸收编织缝线，另外一种为超高分子量聚乙烯加聚丙烯单丝制成的，非可吸收，编织缝线。锚钉材料为符合ASTM F136中Ti6Al4VELI。辅助工具中插入器杆和缝针的材料为符合ASTM F899-12的S46500号不锈钢。灭菌包装。
适用范围:用于在肩关节、足部、踝关节、肘关节和膝关节手术中软组织与骨的连接固定。
生产厂家:美国 Smith & Nephew Inc. Endoscopy Division
注册代理:施乐辉医用产品国际贸易(上海)有限公司
服务机构:施乐辉医用产品国际贸易(上海)有限公司
发证日期:2014.09.30 **截止日期**:2019.09.29

国食药监械(进)字2014第3634588号

产品名称:基台及附件（商品名：瑞西欧）(RatioPlant Abutment and Accessories)
规格型号:见附页
产品标准:YZB/GER 5928-2014《基台及附件》
性能组成:该产品组成材料为TC4 ELI。
适用范围:该产品同种植体系统一起使用，为牙修复体提供支持。
生产厂家:德国 HumanTech Germany GmbH
注册代理:深圳市瑞西欧医用有限公司
服务机构:深圳市瑞西欧医用有限公司
发证日期:2014.09.30 **截止日期**:2019.09.29

国食药监械(进)字2014第3464589号

产品名称:股骨柄（商品名：PROFEMUR）(PROFEMUR Z Classic Stems)
规格型号:见附页
产品标准:YZB/USA 5924-2014《股骨柄》
性能组成:股骨柄由符合ISO 5832-3的锻造Ti6Al4V制造。部分股骨柄表面经过等离子喷涂处理，涂层材料为符合ISO 5832-2的TA3纯钛；部分股骨柄表面经过喷砂处理。股骨柄为灭菌包装，经伽马射线灭菌，灭菌有效期为8年。
适用范围:该产品适用于为减轻或缓解骨骼完全发育患者的病痛和/或改善其髋关节功能而进行的全髋关节成形术。适用症包括：1）非炎症退行性关节病，如骨关节炎、缺血性坏死、关节强直、髋臼内陷和有痛觉的髋关节发育不良；2）炎症退行性关节病，如类风湿性关节炎；3）功能性畸形矫正；4）其它治疗方法或装置失败后的修复术。该产品粗糙的喷砂表面和钛等离子喷涂层适用于不使用骨水泥的关节成形术。
生产厂家:美国 MicroPort Orthopedics Inc.
注册代理:上海微创骨科医疗科技有限公司
服务机构:上海微创骨科医疗科技有限公司
发证日期:2014.09.30 **截止日期**:2019.09.29

国食药监械(进)字2014第3234590号

产品名称:超声影像引导系统(Clarity System)
规格型号:Clarity
产品标准:YZB/CAN 5714-2014《超声影像引导系统》
性能组成:超声影像引导系统组成：a)Clarity超声系统主机（包括光学跟踪系统），b)Clarity凸阵探头（C5-2/60），c)Clarity床位指示器（CPI）套件，d)Clarity标定/QA模体，e)Clarity QA模体，f)Clarity AFC工作站和服务器，g)Clarity AFC工作站，h)Clarity软件。
适用范围:Clarity®系统可将超声与CT图像配准融合，用于前列腺IGRT放射治疗的支持与补充。
生产厂家:加拿大 Elekta Ltd.
注册代理:医科达(上海)医疗器械有限公司

服务机构:医科达(上海)医疗器械有限公司
发证日期:2014.09.26 截止日期:2019.09.25

国食药监械(进)字 2014 第 3544591 号

产品名称:呼吸机(Ventilator)
规格型号:iTERNIS ADV, iTERNIS BASE
产品标准:YZB/GER 6061-2014《呼吸机》
性能组成:呼吸机由主机，机架，机械臂，二氧化碳传感器(选配)和近端流量传感器(选配)组成。其中二氧化碳传感器和近端流量传感器仅适用于 iTERNIS ADV 机型。
适用范围:该产品可短期或长期用于成人、儿童、新生儿(iTERNIS BASE 可选配 NEO-INF 模块)需要有创或无创通气支持的患者，并可监测主要的通气参数。
生产厂家:德国 Heyer Medical AG
注册代理:禾珥(北京)国际医疗器械贸易有限公司
服务机构:禾珥(北京)国际医疗器械贸易有限公司
发证日期:2014.09.26 截止日期:2019.09.25

国食药监械(进)字 2014 第 3584592 号

产品名称:冷冻消融针(FPRPR3510 IceRod Plus Needle FPRPR3508 IceRod Plus 90° Needle)
规格型号:FPRPR3510, FPRPR3508
产品标准:YZB/ISR 5776-2014《冷冻消融针》
性能组成:性能结构:针体由牌号为 022Cr17Ni12Mo2 (316L) 不锈钢制成，分别有 5mm、10mm、50mm、100mm、150mm 标记。组成:针头、针体、针柄、气体管路、连接头。
适用范围:本产品为一次性使用产品，与 Galil Medical 公司生产的冷冻消融系统 FPRCH6000 联合使用，用于临床上冷冻毁损组织。
生产厂家:以色列 Galil Medical
注册代理:美中互利(北京)国际贸易有限公司
服务机构:美中互利(北京)国际贸易有限公司
发证日期:2014.09.26 截止日期:2019.09.25

国食药监械(进)字 2014 第 3774593 号

产品名称:灌注消融导管(商品名:MediGuide)(Cool Path Duo Ablation Catheter, MediGuide Enabled)
规格型号:见附页
产品标准:YZB/BEL 5986-2014《灌注消融导管》
性能组成:产品由导管主体、头端电极以及环电极、盐水灌注管腔、手柄、MediGuide 尾线以及射频仪尾线组成。产品为环氧乙烷灭菌，一次性使用。
适用范围:灌注消融导管用于在治疗心律失常的心脏消融术中产生病灶性心脏消融创口、进行心脏电生理标测和提供诊断性起搏刺激。本导管配合 MediGuide 技术，可以进行实时头端定位。
生产厂家:比利时 St. Jude Medical Coordination Center BVBA
注册代理:圣犹达医疗用品(上海)有限公司
服务机构:圣犹达医疗用品(上海)有限公司
发证日期:2014.09.26 截止日期:2019.09.25

国食药监械(进)字 2014 第 3544594 号

产品名称:呼吸机(Positive airway pressure unit, bi-level)
规格型号:S9 VPAP Tx
产品标准:YZB/AUL 6044-2014《呼吸机》
性能组成:呼吸机主机、90W 电源适配器、SD 卡、空气过滤器、Tx Link 连接装置、直流 5 伏电源组、连接 Tx Link 和可兼容的瑞思迈治疗装置的带有插头附件的电缆线、以太网跳接线、软件光盘 EasyCare Tx (版本号: 7.00)。
适用范围:S9 VPAPTx 用于治疗和滴定患有阻塞性睡眠呼吸暂停(OSA)、呼吸功能不全、中枢性或混合型呼吸暂停，或周期性呼吸的患者。CPAP, S, ST, T 和 PAC 模式用于体重在 13 公斤以上的患者。所有其他模式适用于体重 30 公斤以上的患者。EasyCareTx 适用于通过 Tx Link 与 ResMed 兼容的治疗设备一起使用。EasyCare Tx 显示实时的数据和治疗设置，并能够远程更改治疗设备设置。Tx Link 连接模块为瑞思迈 EasyCareTx 软件和瑞思迈兼容治疗设备提供了连接。Tx Link 也向 PSG (多导睡眠监测仪)传递兼容治疗装置测得的实时信号。S9 VPAP Tx, EasyCare Tx 和 Tx Link 预期用于临床环境。
生产厂家:澳大利亚 ResMed Limited
注册代理:瑞思迈(北京)医疗器械有限公司
服务机构:瑞思迈(北京)医疗器械有限公司
发证日期:2014.09.26 截止日期:2019.09.25

国食药监械(进)字 2014 第 2104595 号

产品名称:真空骨水泥混合/传输系统(Optivac® Vacuum Mixing System)
规格型号:见附页
产品标准:YZB/FRA 6029-2014《真空骨水泥混合/传输系统》
性能组成:真空骨水泥混合/传输系统由真空搅拌器、真空泵、喷嘴、骨水泥注入枪、喷嘴切割钳和股骨加压器组成。其中真空泵、骨水泥注入枪、喷嘴切割钳和股骨加压器为非灭菌包装，真空搅拌器和喷嘴为灭菌包装。
适用范围:适用于高真空条件下丙烯酸树脂骨水泥的混合搅拌及随后的骨水泥注入。
生产厂家:法国 Biomet France SARL
注册代理:邦美(上海)商贸有限公司
服务机构:邦美(上海)商贸有限公司
发证日期:2014.09.30 截止日期:2019.09.29

国食药监械(进)字 2014 第 2634596 号

产品名称:舌侧正畸矫治器(IncognitoTM Orthodontic Appliance System)
规格型号:见附页
产品标准:YZB/GER 6111-2014《舌侧正畸矫治器》
性能组成:本产品包括托槽和正畸丝，托槽材料为金合金；正畸丝材料为医用不锈钢 S30408、镍钛合金和钛合金。
适用范围:该产品适用于口腔科牙列正畸治疗。
生产厂家:德国 TOP-Service für Lingualtechnik GmbH
注册代理:明尼苏达矿业制造(上海)国际贸易有限公司
服务机构:明尼苏达矿业制造(上海)国际贸易有限公司
发证日期:2014.09.30 截止日期:2019.09.29

国食药监械(进)字 2014 第 2634597 号

产品名称:正畸丝 (商品名: FORESTADENT) (Wires)
规格型号:见附页
产品标准:YZB/GER 5844-2014《正畸丝》
性能组成:正畸丝由镍钛合金材料制成，正畸丝为预制弓形丝。
适用范围:用于在口腔正畸治疗时与托槽等矫正器配合使用，用于矫治牙齿畸形。
生产厂家:德国 Bernhard Forster GmbH
注册代理:北京泰克莱恩医疗器械有限公司
服务机构:北京泰克莱恩医疗器械有限公司
发证日期:2014.09.30 截止日期:2019.09.29

国食药监械(进)字 2014 第 2634598 号

产品名称:临时冠桥树脂 (商品名: TUFF-TEMP PROVISIONAL VENEER, CROWN & BRIDGE RESIN) (Temporary Crown and Bridge Resin)
规格型号:见附页
产品标准:YZB/USA 6117-2014《临时冠桥树脂》
性能组成:该产品为双组分糊剂材料，组分 A 的化学组成有:二脲烷二甲基丙烯酸酯、聚丁烷二醇尿烷二甲基丙烯酸酯、1, 6-己二醇二甲基丙烯酸酯、甲基丙烯酸二甲氨基乙酯、樟脑醌、N, N-二羟乙基对甲苯胺、过氧化苯甲酰、钡硼硅酸盐玻璃、二氧化硅、色素柠檬黄、色素诱惑红、色素氧化亚铁和色素二氧化钛；组分 B 的化学组成有:二脲烷二甲基丙烯酸酯、过氧化苯甲酰、钡硼硅酸盐玻璃和二氧化硅。产品有 6 个色号，分别是:A1、A2、A3、A3.5、B1 和 Bleach。固化方式为双固化。本产品在临床使用时留在口腔内不超过 2 周。
适用范围:该产品适用于永久修复前制作临时用冠桥修复体，在临床使用时留在口腔内不超过 2 周。
生产厂家:美国 Pulpdent Corporation
注册代理:北京天实润业医疗器械有限公司
服务机构:北京天实润业医疗器械有限公司
发证日期:2014.09.30 截止日期:2019.09.29

国食药监械(进)字 2014 第 2654599 号

产品名称:聚酰胺不可吸收缝合线（商品名：爱惜良）(ETHILON* Blue Monofilament(Polyamide 6) Synthetic Non Absorbable Suture)
规格型号:见附页
产品标准:YZB/BEL 6246-2014《聚酰胺不可吸收缝合线》
性能组成:蓝色 ETHILON 缝线为一种单股、合成、不可吸收的无菌外科缝线，由聚酰胺 6[NH-CO-(CH2)5]n 制成。聚酰胺 6 由 ε-己内酰胺聚合而成。蓝色 ETHILON 缝线用蓝色染料染色。颜色指数为 74160/69800. 本产品经辐射灭菌，一次性使用。缝线带有不锈钢缝针。
适用范围:适用于皮肤缝合
生产厂家:比利时 Johnson & Johnson International c/o European Logistics Centre
注册代理:强生(上海)医疗器材有限公司
服务机构:强生(上海)医疗器材有限公司
发证日期:2014.09.30　**截止日期**:2019.09.29

国食药监械(进)字 2014 第 2634600 号

产品名称:含丁香酚水门汀(Temp-Bond)
规格型号:型号：00370 规格（基质：50g/支+催化剂：15g/ 支×1 支）/盒；型号：33215 规格（11.8g/支×2 支）/盒
产品标准:YZB/USA 6160-2014《含丁香酚水门汀》
性能组成:本产品是由基质和催化剂组成。基质的化学成分及含量：矿物油 10 %、氧化锌 89 %、氧化铁 1%。催化剂的化学成分及含量：天然树脂 61%、丁香酚 38%、醋酸锌盐 1%。产品性状为膏状。产品主要性能：固化时间 2-7 分钟、抗压强度应不大于 35 MPa，薄膜厚度不大于 25 μm。
适用范围:本品为临时修复材料，主要用于临时修复体包括临时冠、桥、嵌体、高嵌体的粘固。本产品在患者口腔中停留的时间不大于 15 天。
生产厂家:美国 Kerr Corporation
注册代理:卡瓦盛邦(上海)牙科医疗器械有限公司
服务机构:卡瓦盛邦(上海)牙科医疗器械有限公司
发证日期:2014.09.30　**截止日期**:2019.09.29

国食药监械(进)字 2014 第 2554601 号

产品名称:钨钢车针(Bluwhite Carbide Burs)
规格型号:见附页
产品标准:YZB/USA 6125-2014《钨钢车针》
性能组成:车针柄部由不锈钢制成，工作部分由碳化钨材料制成。
适用范围:本产品用于配合手机打磨研光钻削牙齿用。
生产厂家:美国 Kerr Corporation
注册代理:卡瓦盛邦(上海)牙科医疗器械有限公司
服务机构:卡瓦盛邦(上海)牙科医疗器械有限公司
发证日期:2014.09.30　**截止日期**:2019.09.29

国食药监械(进)字 2014 第 2054602 号

产品名称:鼻窦冲洗导管（商品名：Relieva Vortex 2）(Relieva Vortex 2 Sinus Irrigation Catheter)
规格型号:RV02，RV02Z
产品标准:YZB/USA 6165-2014《鼻窦冲洗导管》
性能组成:本产品由冲洗导管和冲洗软管组成。冲洗导管为可弯曲窦冲洗导管，带有冲洗孔及不透射线标记带。冲洗软管两端带标准鲁尔接头。冲洗导管远端管身材料为尼龙，头端不透射线标记带为铂铱合金；冲洗软管鲁尔接头材料为聚碳酸酯，管身材料为聚亚胺酯；本产品经过环氧乙烷灭菌，一次性使用。规格型号:RV02 为 5 个/盒。RV02Z 为 1 个/盒。
适用范围:产品旨在提供一种对目标鼻窦冲洗的方法，以协助诊断和治疗。
生产厂家:美国 Acclarent, Inc.
注册代理:强生(上海) 医疗器材有限公司
服务机构:强生(上海) 医疗器材有限公司
发证日期:2014.09.30　**截止日期**:2019.09.29

国食药监械(进)字 2014 第 2654603 号

产品名称:不可吸收外科缝线(带针)（商品名：PremiCron(康福)）(Non-absorbableSuture)
规格型号:见附页
产品标准:YZB/SPA 6113-2014《不可吸收外科缝线(带针)》
性能组成:本产品包括缝合线和缝合针，其中缝合线由聚对苯二甲酸乙二醇酯(PET)制成的聚酯纤维构成，结构为多股，有硅树脂涂层，白色（未染色）或染成绿色，缝合针由 AISI 302 号不锈钢制成；产品经伽马射线灭菌。
适用范围:该产品适用于普外科，心脏和血管应用。
生产厂家:西班牙 B.Braun Surgical SA
注册代理:贝朗医疗(上海)国际贸易有限公司
服务机构:贝朗医疗(上海)国际贸易有限公司
发证日期:2014.09.30　**截止日期**:2019.09.29

国食药监械(进)字 2014 第 2224604 号

产品名称:关节镜用器械(Instruments for Arthroscope)
规格型号:见附页
产品标准:YZB/GER 5993-2014《关节镜用器械》
性能组成:该产品为无源内窥镜手术器械，由镜鞘、穿刺针、闭孔器、冲洗套管、打孔钳、打孔剪、抓钳、钩剪、微粉碎器、粗锉、凿、钩探针、手术刀头、刮匙、手柄组成。与人体接触部件由符合 YY/T0294.1 标准规定的代号为 B、D、M、N 和 O 不锈钢材料制成。非灭菌包装。
适用范围:产品与关节镜配合，适用于四肢关节的检查和治疗。
生产厂家:德国 RUDOLF MEDICAL GmbH + Co.KG
注册代理:深圳市洛克氏医疗器械有限公司
服务机构:深圳市洛克氏医疗器械有限公司
发证日期:2014.09.30　**截止日期**:2019.09.29

国食药监械(进)字 2014 第 2104605 号

产品名称:钻头(Drills)
规格型号:2023-FO-140、2023-FO-200、2023-FO-250、2023-FO-140-C1
产品标准:YZB/FRA 6137-2014《钻头》
性能组成:该产品材料为 YY/T 0294.1 代号为 C 的不锈钢。非灭菌包装。
适用范围:该产品用于颅骨手术打孔。
生产厂家:法国 ALCIS
注册代理:北京市北科数字医疗技术有限公司
服务机构:北京市北科数字医疗技术有限公司
发证日期:2014.09.30　**截止日期**:2019.09.29

国食药监械(进)字 2014 第 2664606 号

产品名称:间歇性导尿管(セフティカテ)
规格型号:见附页
产品标准:YZB/JAP 6161-2014《间歇性导尿管》
性能组成:本产品组成:由导尿管和管套组成。导尿管由前端部、管身及末端部构成，导尿管分标准型和女性专用型两种。管套由管套和帽构成，管套分标准型和女性专用型。材质:导尿管:硅胶；管套(标准型):聚乙烯；管套(女性专用型):聚丙烯、丙烯腈-苯乙烯-丁二烯共聚物；帽(标准型):聚丙烯；帽(女性专用型):聚丙烯、硅胶。本产品为无菌产品，灭菌方式为环氧乙烷灭菌。产品可间歇性使用 29 天。
适用范围:用于尿道、膀胱、尿管或尿路变更手术后，在排液口处临时插入，用于排尿。
生产厂家:日本 CREATE MEDIC 株式会社
注册代理:库利艾特国际贸易(大连)有限公司
服务机构:库利艾特国际贸易(大连)有限公司
发证日期:2014.09.30　**截止日期**:2019.09.29

国食药监械(进)字 2014 第 2554607 号

产品名称:牙科钻头(Dental Drills)
规格型号:见附页
产品标准:YZB/ITA 5940-2014《牙科钻头》
性能组成:本产品由精密钻(不锈钢 S17400)、麻花钻(不锈钢 S17400)和骨碾磨工具(不锈钢 S42020)组成。该产品为非灭菌产品，使用前需进行灭菌。
适用范围:该产品用于种植窝洞制备。
生产厂家:意大利 JDentalCare S.r.l
注册代理:北京医捷通科技有限公司
服务机构:北京医捷通科技有限公司
发证日期:2014.09.30　**截止日期**:2019.09.29

国食药监械(进)字 2014 第 2554608 号

产品名称:种植体手术用牙钻(Surgical Drills)
规格型号:见附页
产品标准:YZB/JAP 5944-2014《种植体手术用牙钻》
性能组成:本产品包括定位钻(不锈钢 SUS420F)、锥形扩孔钻(不锈钢 SUS440C)、皮质骨磨钻(不锈钢SUS440A)和AB扩孔钻(钛合金 Ti-6AL-4V ELI)。该产品为非无菌产品，需使用前灭菌。
适用范围:本产品为牙科种植体手术前窝洞制备以及钻取牙槽骨的钻头。
生产厂家:日本京セラメディカル株式会社
注册代理:北京优百伟业科贸有限公司
服务机构:北京优百伟业科贸有限公司
发证日期:2014.09.30 **截止日期**:2019.09.29

国食药监械(进)字2014第2554609号

产品名称:牙钻(Drills)
规格型号:见附页
产品标准:YZB/ROK 5945-2014《牙钻》
性能组成:该产品由成型钻(不锈钢 S42010)、骨皮质成形钻(不锈钢 S42010)和骨皮质扩孔钻(不锈钢 S42010)组成。该产品为非无菌产品，使用前需按说明书进行灭菌处理。
适用范围:本产品为牙科种植体手术前钻取牙槽骨制备各种种植窝洞的钻头。
生产厂家:韩国 CSM Implant
注册代理:京冠(天津)国际贸易有限公司
服务机构:京冠(天津)国际贸易有限公司
发证日期:2014.09.30 **截止日期**:2019.09.29

国食药监械(进)字2014第3774610号

产品名称:血栓保护系统 (商品名: FilterWire EZ) (FilterWire EZ Embolic Protection System)
规格型号:见附页
产品标准:YZB/USA 4293-2014《血栓保护系统》
性能组成:该产品由一根远端带有可自由旋转型结构的过滤器的经皮导丝(保护导丝)、一个 EZ 植入鞘、一个 EZ 取物鞘以及一只内含一只导丝扭转器、一只鞘管导入器和一只止血阀扩张器的附件箱组成。保护导丝有300cm和190cm两种长度可供选择。一根EZ 取物鞘可单独包装。射线灭菌，一次性使用。
适用范围:用作导丝和血栓保护系统，以便在颈动脉、冠状动脉和隐静脉移植物中实施血管成形术以及支架手术过程中容纳并取出血栓物质(血栓/碎屑)。用于直径为3.5 mm 至5.5 mm 的血管。
生产厂家:美国波士顿科学公司(Boston Scientific Corporation)
注册代理:波科国际医疗贸易(上海)有限公司
服务机构:波科国际医疗贸易(上海)有限公司
发证日期:2014.09.26 **截止日期**:2019.09.25

国食药监械(进)字2014第2664611号

产品名称:经皮内镜引导下胃造口装置 (商品名: 福瑞可胃造口装置) (Freka PEG Set Gastric)
规格型号:FR 9、FR 15、FR 20
产品标准:YZB/GER 4728-2014《经皮内镜引导下胃造口装置》
性能组成:产品由胃造口管、双股导引线、引导装置、穿刺套管针、手术刀、腹壁外固定盘片、截流夹、鲁尔锁定接头、漏斗形连接头(适用于FR 20)和通用漏斗连接头组成。
适用范围:该产品通过适当的经皮穿刺技术，在胃内形成安全有效的喂养通道，用于肠内营养。包括:1、进行长期胃内管饲营养; 2、胃内减压/重力引流; 3、经胃造口进行仪器治疗或诊断; 4、在置入小肠喂养管后可在小肠喂养的同时进行胃内减压。
生产厂家:德国 Fresenius Kabi AG
注册代理:华瑞制药有限公司
服务机构:华瑞制药有限公司
发证日期:2014.09.26 **截止日期**:2019.09.25

国食药监械(进)字2014第3664612号

产品名称:一次性使用重力输液器 (商品名: 英舒敏) (Intrafix Primeline)
规格型号:4062181, 4021819, 4060369
产品标准:YZB/GER 5350-2014《一次性使用重力输液器》
性能组成:一次性使用重力输液器由瓶塞穿刺器、滴壶(含15μm药液过滤器)、管路、流量调节器、鲁尔锁定接头和保护套组成; 根据产品不同，有的货号还包括Y型注射口或三通。一次性使用重力输液器适用于重力输注。产品由聚苯乙烯、苯乙烯-丁二烯塑料、聚酰胺、聚氯乙烯、甲基丙烯酸甲酯-丙烯腈-丁二烯-苯乙烯、低密度聚乙烯、聚碳酸酯及聚乙烯材料制成。
适用范围:本产品适用于重力输注。
生产厂家:德国 B.Braun Melsungen AG
注册代理:贝朗医疗(上海)国际贸易有限公司
服务机构:贝朗医疗(上海)国际贸易有限公司
发证日期:2014.09.26 **截止日期**:2019.09.25

国食药监械(进)字2014第2634613号

产品名称:冠桥通用铸造合金(Crown & Bridge Alloys)
规格型号:Harmony Hard (装量: 5g, 10g, 25g 和 100g) XL-X(装量: 5g, 10g, 25g 和 100g) Academy Gold (装量: 5g, 10g, 25g 和 100g)Minigold (装量: 5g, 10g, 25g 和 100g)
产品标准:YZB/USA 4414-2014《冠桥通用铸造合金》
性能组成:Harmony Hard 由金、钯、银、铜、铟、锌、铱组成; XL-X 由金、钯、银、铜、锌、铱组成; Academy Gold 由金、铂、银、铜、钯、铟、锌、铱组成; Minigold 由金、钯、银、铜、锌、铟、铱组成。
适用范围:Harmony Hard:用于嵌体，高嵌体，3/4冠，冠，套筒冠，锥形冠，短桥(3个单位的桥)XL-X:用于高嵌体，3/4冠，冠，套筒冠，锥形冠，短桥(3个单位的桥)和长桥(超过3个单位的桥)，桩，种植体上部结构，局部义齿 Academy Gold: 用于嵌体，高嵌体，3/4 冠，冠 Minigold: 用于嵌体，高嵌体，3/4冠，冠，套筒冠，锥形冠，短桥(3个单位的桥)和长桥(超过3个单位的桥)，桩
生产厂家:美国 Ivoclar Vivadent, Inc.
注册代理:义获嘉伟瓦登特(上海)商贸有限公司
服务机构:义获嘉伟瓦登特(上海)商贸有限公司
发证日期:2014.09.26 **截止日期**:2019.09.25

国食药监械(进)字2014第2154614号

产品名称:活检器(商品名:活检器 Multiple Biopsy Device)(Multiple Biopsy Device)
规格型号:MBD-23
产品标准:YZB/USA 4645-2014《活检器》
性能组成:活检器用耐腐蚀材料制造，由弹射、释放、制动部分构成。MBD-23 穿透行程23mm。产品未灭菌。
适用范围:其用途是与组织活检针配套使用，取活体检验样本，用于下列临床科室的组织(core)活检:泌尿科(对前列腺所做的穿直肠或穿会阴活检)、放射科(对肾、肝、肺和乳房进行的穿皮肤活检)。
生产厂家:美国 Promex Technologies, LLC
注册代理:北京新健桥技术发展有限公司
服务机构:北京新健桥技术发展有限公司
发证日期:2014.09.26 **截止日期**:2019.09.25

国食药监械(进)字2014第3464615号

产品名称:部分覆膜快速交换胆道金属支架系统(商品名: Wallflex RX)(Wallflex Biliary RX Partially Covered Stent System)
规格型号:见附页
产品标准:YZB/USA 4290-2014《部分覆膜快速交换胆道金属支架系统》
性能组成:该产品由支架和输送系统组成，支架为采用 DFT 工艺的金属丝编制而成，金属丝外层为镍钛合金，内芯为铂; 部分覆膜为 permalume(硅树脂); 支架上有一个回收环，可在首次支架放置过程中取出支架; 支架两端各有一个扩展口。输送系统为快速交换型，由外管、内管、远端手柄、近端手柄和心轴组成。环氧乙烷灭菌，一次性使用。
适用范围:该产品用于恶性肿瘤引起的胆管狭窄的姑息治疗。
生产厂家:美国波士顿科学公司(Boston Scientific Corporation)
注册代理:波科国际医疗贸易(上海)有限公司
服务机构:波科国际医疗贸易(上海)有限公司
发证日期:2014.09.26 **截止日期**:2019.09.25

国食药监械(进)字2014第3464616号

产品名称:锁定型金属接骨板螺钉系统（商品名：NCB）(Plates and Screws System)
规格型号:见附页
产品标准:YZB/SWI 4544-2014《锁定型金属接骨板螺钉系统》
性能组成:该产品包括接骨板、螺钉、螺钉塞、锁定帽。采用符合 ISO 5832-3 的 Ti6A14V 钛合金制成。产品表面无着色。分为灭菌及分灭菌两种包装。
适用范围:该产品用于骨折的临时性内固定以及长管状骨截骨术后的固定。
生产厂家:瑞士 Zimmer GmbH
注册代理:捷迈(上海)医疗国际贸易有限公司
服务机构:捷迈(上海)医疗国际贸易有限公司
发证日期:2014.09.26 **截止日期**:2019.09.25

国食药监械(进)字 2014 第 3464617 号

产品名称:皮下尿路改道支架(Paterson-Forrester Subcutaneous Urinary Diversion Stent)
规格型号:SDSB-856500
产品标准:YZB/USA 4592-2014《皮下尿路改道支架》
性能组成:皮下尿路改道支架的两末端为猪尾型，带侧孔；“近端”为肾脏节段，带有锥形头“远端”为膀胱端。支架由含有硫酸钡的聚氨酯材料制成。环氧乙烷灭菌，一次性使用。
适用范围:皮下尿路改道支架用于在肾盂至泌尿膀胱之间建立新的通道，以便在晚期疾病患者体内置放泌尿支架。
生产厂家:美国 Cook Incorporated
注册代理:库克(中国)医疗贸易有限公司
服务机构:库克(中国)医疗贸易有限公司
发证日期:2014.09.26 **截止日期**:2019.09.25

国食药监械(进)字 2014 第 2024618 号

产品名称:一次性使用活检钳（商品名：SpyBite）(SpyBite Single-Use Biopsy Forceps)
规格型号:4627(M00546270)
产品标准:YZB/USA 5414-2014《一次性使用活检钳》
性能组成:SpyBite 一次性使用活检钳是供患者一次性使用的无菌医疗器械。使用环氧乙烷灭菌。SpyBite 活检钳由远端的钳口（连接在带扳手的软管上）和近端的拇指环手柄组成。前后滑动扳手即可打开或合上钳口。钳口设计用于撕裂组织并将其留在钳口内。手柄为 ABS 塑料，钳口为不锈钢材料制成。
适用范围:适用于胰胆系统中的组织采集。
生产厂家:美国 Boston Scientific Corporation
注册代理:波科国际医疗贸易(上海)有限公司
服务机构:波科国际医疗贸易(上海)有限公司
发证日期:2014.09.26 **截止日期**:2019.09.25

国食药监械(进)字 2014 第 3224619 号

产品名称:软性亲水接触镜（商品名：睛彩天天抛）(DAILIES FreshLook Illuminate One-Day Color Contact Lenses)
产品标准:YZB/USA 5246-2014《软性亲水接触镜(商品名:睛彩天天抛)》
性能组成:该产品为日戴型软性亲水接触镜。镜片由缩醛化 PVA 等聚合而成，着星绽黑、星绽棕和浅棕。聚丙烯杯包装。各参数标称值：含水量：69%，折射率：1.383，透氧系数：25.8×10^{-11}(cm2/s)(mLO2/(mL×mmHg))，-3D 镜片透氧量：25.8×10^{-9}(cm/s) (mLO2/(mL×mmHg))，后顶焦度范围：0.00D～ -8.00D，可见光透过率＞88%。推荐更换周期 1 天。产品经蒸汽灭菌。
适用范围:用于无眼疾病且具有不干扰视力的极小散光人群的屈光不正(近视)的光学矫正。
备注:此次为变更重新注册，申报产品的商品名由“视康睛彩天天抛”改为“睛彩天天抛”。2015 年 1 月 6 日同意更正备注内容，2014 年 9 月 26 日核发的医疗器械注册登记表予以废止。
生产厂家:美国 Alcon Laboratories, Inc.
注册代理:爱尔康(中国)眼科产品有限公司
服务机构:爱尔康(中国)眼科产品有限公司
发证日期:2014.09.26 **截止日期**:2019.09.25

国食药监械(进)字 2014 第 2544620 号

产品名称:胚胎转移导管(Embryo Transfer Catheter)
规格型号:K-JETS-7019-SIVF；K-PETS-5000；K-JETS-551910-S；K-JETS-551910-L
产品标准:YZB/USA 4416-2014《胚胎转移导管》
性能组成:胚胎转移导管由导引导管和转移导管组成。该产品一次性使用。
适用范围:胚胎转移导管用于经阴道向子宫内转移经过体外受精(IVF)的胚胎或受精卵。
生产厂家:美国 Cook Incorporated
注册代理:库克(中国)医疗贸易有限公司
服务机构:库克(中国)医疗贸易有限公司
发证日期:2014.09.26 **截止日期**:2019.09.25

国食药监械(进)字 2014 第 3154621 号

产品名称:一次性使用无菌注射针(BD PrecisionGlideTM Needle)
规格型号:见附页
产品标准:YZB/SIN 4719-2014《一次性使用无菌注射针》
性能组成:该产品由针管、护帽、针座组成。
适用范围:该产品与一次性使用无菌注射器配套用于皮下、肌肉、静脉注射药液或静脉抽血。
生产厂家:新加坡 Becton Dickinson Medical(S)Pte. Ltd.
注册代理:碧迪医疗器械(上海)有限公司
服务机构:碧迪医疗器械(上海)有限公司
发证日期:2014.09.26 **截止日期**:2019.09.25

国食药监械(进)字 2014 第 3664622 号

产品名称:绒毛取样套装(Cook Chorionic Villus Sampling Set)
规格型号:J-CVS-532400，J-CVS-572700
产品标准:YZB/USA 4697-2011《绒毛取样套装》
性能组成:该产品由取样导管、导管芯和座组成。取样导管:聚乙烯；导管芯:304 不锈钢；座：聚碳酸酯。
适用范围:绒毛取样套装适用于在孕 10-12 周进行经宫颈绒毛取样，以进行产前遗传学诊断。
生产厂家:美国库克公司(Cook Incorporated)
注册代理:库克(中国)医疗贸易有限公司
服务机构:库克(中国)医疗贸易有限公司
发证日期:2014.09.26 **截止日期**:2019.09.25

国食药监械(进)字 2014 第 3774623 号

产品名称:子宫角套管(Novy Cornual Cannulation Set)
规格型号:J-NCS-503570，J-NCS-504070，J-NCS-503500
产品标准:YZB/USA 4630-2011《子宫角套管》
性能组成:该产品由导管(聚乙烯)、内导管(透明特氟隆)、导丝(304 不锈钢和特氟隆涂层)和导管塞(304 不锈钢)组成。
适用范围:该产品可通过宫腔镜操作通道或其他子宫介入器械使用，在宫腔镜或 X 线透视引导下进行近端输卵管的选择性插管和疏通，随后经通色素液或注入造影剂来评估输卵管的功能。
生产厂家:美国库克公司(Cook Incorporated)
注册代理:库克(中国)医疗贸易有限公司
服务机构:库克(中国)医疗贸易有限公司
发证日期:2014.09.26 **截止日期**:2019.09.25

国食药监械(进)字 2014 第 3774624 号

产品名称:导引导丝（商品名：Hi-Torque Spartacore 14）(Guide Wire)
规格型号:1005201、1005202、1005203、1005204、1005205、1005206
产品标准:YZB/USA 4356-2014《导引导丝》
性能组成:该产品由芯丝和头端绕丝组成。芯丝的材料为 304 不锈钢，绕丝的材料为铂镍合金，导丝远端涂有 Microglide 疏水涂层，近端涂有 PTFE 涂层。该产品是一种可控性导引导丝，导丝远端尖端可塑成各种形状。射线灭菌，一次性使用。
适用范围:本产品用于在进行经皮冠状动脉腔内成形术(PTCA)和经皮腔内血管成形术(PTA)的过程中帮助球囊扩张导管的置入。也可在手术过程中辅助匹配的支架植入体内。
生产厂家:美国 Abbott Vascular
注册代理:雅培医疗器械贸易(上海)有限公司
服务机构:雅培医疗器械贸易(上海)有限公司

发证日期:2014.09.26 **截止日期**:2019.09.25

国食药监械(进)字2014第2644625号

产品名称:Invotec聚乙烯醇鼻腔止血海绵(Invotec PVA nasal sponge)
规格型号:见附页
产品标准:YZB/USA 2919-2005《Invotec聚乙烯醇鼻腔止血海绵》
性能组成:Invotec鼻腔止血海绵的结构组成为聚乙烯醇,具有海绵状多孔的而富有弹性的结构,浸湿时膨胀。甲醛残留量小于300mg/kg。
适用范围:Invotec鼻腔止血海绵为抑制鼻腔出血设计。也可用于鼻中隔整形、鼻整形及其他内鼻手术的鼻腔出血。
生产厂家:美国INVOTEC INTERNATIONAL, INC.
注册代理:北京新华国康科技有限公司
服务机构:北京新华国康科技有限公司
发证日期:2014.09.26 **截止日期**:2019.09.25

国食药监械(进)字2014第3664626号

产品名称:膜型血浆分离器(商品名:Plasmaflo)(膜型血漿分離器)
规格型号:OP-02W, OP-05W, OP-08W
产品标准:YZB/JAP 2747-2011《膜型血浆分离器》及标准修改单
性能组成:本产品由容器、中空纤维(聚乙烯)、血液口、血液口用盖、血浆口用盖、O形环及粘合剂(聚氨酯树脂)构成,容器内充填生理盐水。本产品为一次性使用产品,灭菌方法为γ射线灭菌。
适用范围:本产品在血浆交换疗法中,用于将血浆从血液中分离,一次性使用。
生产厂家:日本旭化成メディカル株式会社
注册代理:旭化成医疗器械(杭州)有限公司
服务机构:旭化成医疗器械(杭州)有限公司
发证日期:2014.09.26 **截止日期**:2019.09.25

国食药监械(进)字2014第2664627号

产品名称:经皮骨水泥搅拌注入系统(Percutaneous Cement Delivery System)
规格型号:见附页
产品标准:YZB/USA 3292-2010《经皮骨水泥搅拌注入系统》
性能组成:产品主要由以下部分组成:搅拌器,穿刺针,注入喷嘴,注射器,骨水泥枪。工具套装包含搅拌器、穿刺针、注入喷嘴和注射器。
适用范围:该产品适用于真空状态下骨水泥的搅拌及注入,如椎体成形术或椎体后凸成形术等。
生产厂家:美国Stryker Instruments
注册代理:史赛克(北京)医疗器械有限公司
服务机构:史赛克(北京)医疗器械有限公司
发证日期:2014.09.26 **截止日期**:2019.09.25

国食药监械(进)字2014第3464628号

产品名称:骨水泥髓腔塞(Cement Restrictors)
规格型号:见附页
产品标准:YZB/USA 5280-2014《骨水泥髓腔塞》
性能组成:该产品由符合ISO 5834-2标准中2型要求的超高分子量聚乙烯材料制成,内含由符合ISO 5832-1标准要求的不锈钢材料制成的金属显影环,灭菌包装。
适用范围:与同企业同系列产品匹配,适用于骨水泥型关节置换手术
生产厂家:美国DePuy Orthopaedics, Inc.
注册代理:强生(上海)医疗器材有限公司
服务机构:强生(上海)医疗器材有限公司
发证日期:2014.09.26 **截止日期**:2019.09.25

国食药监械(进)字2014第3464629号

产品名称:软组织铆钉用垫圈(Linvatec Soft Tissue Anchoring Implants)
规格型号:C2620、C2621、C2622、C2630、C2631、C2632、8814S、8817S
产品标准:YZB/USA 3374-2011《软组织铆钉用垫圈》
性能组成:该产品材料为Ti6A14V钛合金。灭菌包装。
适用范围:于同一系统软组织铆钉配合,适用于将韧带、肌腱和其他软组织固定到长骨上。
生产厂家:美国Linvatec Corporation d/b/a ConMed Linvatec
注册代理:康美林弗泰克(北京)医疗器械有限公司
服务机构:康美林弗泰克(北京)医疗器械有限公司
发证日期:2014.09.26 **截止日期**:2019.09.25

国食药监械(进)字2014第3464630号

产品名称:脊柱内固定矫形系统(商品名:DynaFix)(Spinal interlaminal fixation orthosis)
规格型号:见附页
产品标准:YZB/ROK 5172-2014《脊柱内固定矫形系统》
性能组成:该产品由可转向椎弓根螺钉,固定螺帽,连接棒和横向连接杆组成。材料为符合GB/T 13810的TC4 ELI。非灭菌包装。一次性使用。
适用范围:该产品用于胸、腰椎骨折脱位,椎管狭窄后路内固定。
生产厂家:韩国BK MEDITECH CO., LTD
注册代理:郑州凯斯特医疗器械有限公司
服务机构:郑州凯斯特医疗器械有限公司
发证日期:2014.09.26 **截止日期**:2019.09.25

国食药监械(进)字2014第3464631号

产品名称:中置器(Exactech Centralizer)
规格型号:PC-10, PC-11, PC-12, PC-13, PC-14, PC-15, PC-16, PC-17
产品标准:YZB/USA 4966-2014《中置器》
性能组成:该产品采用符合ASTM D788的PMMA材料制造。灭菌包装。
适用范围:与其他组件配合使用,适用于髋关节置换术。
生产厂家:美国Exactech, Inc.
注册代理:美精技医疗器械(上海)有限公司
服务机构:美精技医疗器械(上海)有限公司
发证日期:2014.09.26 **截止日期**:2019.09.25

国食药监械(进)字2014第3224632号

产品名称:多功能隐形眼镜护理液(商品名:Opto-Pharm Multi-Purpose Solution)(Multi-Purpose Solution)
规格型号:500ml、360ml、350ml、260ml、240ml、120ml、15ml、10ml
产品标准:YZB/SIN 5230-2014《多功能隐形眼镜护理液(商品名:Opto-Pharm Multi-Purpose Solution)》
性能组成:一种无菌等渗溶液,由聚亚己基缩二胍、泊洛沙姆407、乙二胺四乙酸二钠、羟丙基甲基纤维素、氯化钠、硼酸钠、硼酸、盐酸和纯水组成。pH值为6.80-7.40,渗透压为280-319mOsm/kg。
适用范围:适用于软性隐形眼镜,具有清洁、除蛋白、消毒、储存、冲洗、保湿、润滑功能。
生产厂家:新加坡Opto-Pharm Pte Ltd
注册代理:北京爱尔默医药技术开发有限公司
服务机构:北京爱尔默医药技术开发有限公司
发证日期:2014.09.28 **截止日期**:2019.09.27

国食药监械(进)字2014第3464633号

产品名称:无头加压空心螺钉(商品名:Acutrak系列螺钉)(ACUTRAK Screw System)
规格型号:见附页
产品标准:YZB/USA 5190-2014《无头加压空心螺钉》
性能组成:该产品由符合ISO 5832-3标准要求的TI6A14V钛合金材料制成,部分产品表面经阳极氧化处理,灭菌或非灭菌包装。
适用范围:该产品专用于手足部的关节融合、骨折或骨切开术的内固定。
生产厂家:美国ACUMED LLC
注册代理:艾克曼(北京)咨询有限公司
服务机构:艾派(广州)医疗器械有限公司
发证日期:2014.09.28 **截止日期**:2019.09.27

国食药监械(进)字2014第2664634号

产品名称:空肠造口装置(商品名:福瑞可空肠造口装置)(Freka FKJ Set)
规格型号:CH/FR 9
产品标准:YZB/GER 5186-2014《空肠造口装置》
性能组成:产品由空肠造口管、可裂开式短套管针、可裂开式长套管针、腹壁固定盘片、鲁尔锁定接头、转换接头和截流夹组成。
适用范围:产品用于腹部手术或腹腔镜手术后早期开始的长期空肠内喂养。

生产厂家:德国 Fresenius Kabi AG
注册代理:华瑞制药有限公司
服务机构:华瑞制药有限公司
发证日期:2014.09.28 截止日期:2019.09.27

国食药监械(进)字 2014 第 2664635 号

产品名称:小肠喂养管(商品名:福瑞可小肠喂养管)(Freka Intestinal Tube)
规格型号:FR 9(胃造口管 FR 15 用)article no.7901191FR 12(胃造口管 FR 20 用) article no.7901351
产品标准:YZB/GER 5282-2014《小肠喂养管》
性能组成:小肠喂养管经胃造口管进入小肠,将配制好的营养物质经此导管输入消化道内,为患者提供营养。小肠喂养管由内置导丝的小肠喂养管、Y 型转换接头和搭扣转换接头组成。小肠喂养管的材质为聚氨酯。
适用范围:小肠喂养管与经皮内镜引导下胃造口装置配套使用,用于长期小肠内喂养,小肠喂养同时进行胃肠减压和重力引流以及长期的药物输注。
生产厂家:德国 Fresenius Kabi AG
注册代理:华瑞制药有限公司
服务机构:华瑞制药有限公司
发证日期:2014.09.28 截止日期:2019.09.27

国食药监械(进)字 2014 第 2664636 号

产品名称:三腔喂养管(商品名:福瑞可三腔喂养管)(Freka Trelumina)
规格型号:CH 16/9, 150cm
产品标准:YZB/GER 5285-2014《三腔喂养管》
性能组成:产品是具有三个腔道的喂养管,三个腔道分别为喂养腔、吸引腔、压力调节腔。喂养管可经鼻插入,喂养腔末端可至空肠,用于肠内营养液喂养;吸引腔末端可至胃,用于胃部减压;压力调节腔末端可至胃,用于胃部减压时的压力控制。
适用范围:产品是为重症患者进行肠内喂养、诊断、治疗和监护而设计的特殊喂养管,适用于胃麻痹/胃排空障碍、幽门狭窄等患者。除用于肠内营养治疗外,本品还可适用于重症监护病人进行胃液引流、胃液 PH 值的测定、胃出血的早期诊断和治疗。
生产厂家:德国 Fresenius Kabi AG
注册代理:华瑞制药有限公司
服务机构:华瑞制药有限公司
发证日期:2014.09.28 截止日期:2019.09.27

国食药监械(进)字 2014 第 3664637 号

产品名称:一次性使用离心带式血液成分分离器(COBE Spectra Set)
规格型号:1.COBE Spectra Dual Needle Extended Life Platelet Set with Sharp Protection COBE Spectra 双针延长血小板寿命管路 2.COBE Spectra AutoPBSC Set COBE Spectra AutoPBSC 管路
产品标准:YZB/USA 5290-2014《一次性使用离心带式血液成分分离器》
性能组成:由 PVC 软管及袋体组成。
适用范围:和 COBE Spectra 血细胞分离机配套使用,用于血细胞分离。
生产厂家:美国 Terumo BCT, Inc.
注册代理:泰尔茂比司特医疗产品贸易(上海)有限公司
服务机构:泰尔茂比司特医疗产品贸易(上海)有限公司
发证日期:2014.09.28 截止日期:2019.09.27

国食药监械(进)字 2014 第 3634638 号

产品名称:义齿基托聚合物(商品名:Re-fine Bright)(歯科汎用アクリル系レジン)
规格型号:2 型 1 类。色号:②PINK、④ LF PINK、 ⑤ CLEAR、A1、A2、A3、A3.5、A4、B1、B2、B3、B4、C1、C2、C3、C4、D2、D3、D4。包装规格:粉剂:250g;液体:260ml;套装:250g(粉)/260ml(液)。
产品标准:YY 0270.1-2011 《牙科学 基托聚合物 第 1 部分:义齿基托聚合物》
性能组成:粉剂以甲基丙烯酸甲酯聚合物为主要成分,液体以甲基丙烯酸甲酯为主要成分。
适用范围:本品用来制作临时托盘、冠、桥,以及制作和修补基托的常温硬化树脂。
生产厂家:日本山八齿材工业株式会社 山八歯材工業株式会社
注册代理:山八齿材工业(常熟)有限公司
服务机构:山八齿材工业(常熟)有限公司
发证日期:2014.09.28 截止日期:2019.09.27

国食药监械(进)字 2014 第 2224639 号

产品名称:清洗用管鞘(レンズ洗滌シース)
规格型号:MAJ-1345
产品标准:YZB/JAP 5289-2014《清洗用管鞘》
性能组成:本产品由封盖、灌流/吸引接口、主体、管道、套管、套管连接固定部、先端部构成。直接接触黏膜部的材料为 ABS 树脂。工作长度为 309mm±3%,插入部最大外径≤φ12.2mm,主通道最小内径≥φ9.2mm。
适用范围:本产品与通过穿刺器插入腹腔、胸腔等体腔中进行观察的内镜配套使用,内镜观察时对内镜物镜送水、吸引或送气。
生产厂家:日本オリンパスメデイカルシステムズ株式会社
注册代理:奥林巴斯贸易(上海)有限公司
服务机构:奥林巴斯(北京)销售服务有限公司
发证日期:2014.09.28 截止日期:2019.09.27

国食药监械(进)字 2014 第 3774640 号

产品名称:PTCA 扩张导管 (商品名: Apex Monorail) (PTCA Dilatation Catheter)
规格型号:见附页
产品标准:YZB/USA 5228-2014《PTCA 扩张导管》
性能组成:PTCA 扩张导管为远端尖端附近装有半顺应性球囊的快速交换导管。导管远端部分为双腔同轴导管,外腔可扩张球囊,内腔可使用导丝(≤ 0.014 in/0.36mm),,以便易于将导管向前推送并穿过有待扩张的狭窄部位或支架。导管的近端部分为单腔、带护套的不锈钢海波管,海波管上配有一个用于扩张/收缩球囊的 Luer 端口。产品主要材质有 PEBAX 及 Grilamid 尼龙,带有 Bioslide 亲水涂层、Xtra 疏水涂层及铂铱合金不透射线标记。1.5mm 的 PTCA 扩张导管有 Push 和 Flex 两种设计。产品一次性使用,环氧乙烷灭菌。
适用范围:该产品适用于为改善心肌灌注,而针对冠状动脉狭窄部分或旁路移植物狭窄所进行的球囊扩张和球囊扩张支架送达目标位置后的扩张。
生产厂家:美国 Boston Scientific Corporation
注册代理:波科国际医疗贸易(上海)有限公司
服务机构:波科国际医疗贸易(上海)有限公司
发证日期:2014.09.28 截止日期:2019.09.27

国食药监械(进)字 2014 第 3774641 号

产品名称:PTCA 扩张导管 (商品名: Apex OVER-THE-WIRE) (PTCA Dilatation Catheter)
规格型号:见附页
产品标准:YZB/USA 5253-2014《PTCA 扩张导管》
性能组成:PTCA 扩张导管为远端尖端附近装有半顺应性球囊的 OTW 型导管。导管的远端部分和近端部分为双腔同轴导管。外腔可扩张球囊,内腔 可使用导丝 (≤ 0.014in/0.36 mm),以便易于将导管向前推送并穿过有待扩张的狭窄部位或支架。导管的近端部分配有双 Luer 端口。产品带有 Bioslide 亲水涂层和 Xtra 疏水涂层。1.5mm 的 PTCA 扩张导管有 Push 和 Flex 两种设计,其余规格均为 Flex 设计。产品一次性使用,环氧乙烷灭菌。
适用范围:该产品适用于为改善心肌灌注,而针对冠状动脉狭窄部分或旁路移植物狭窄所进行的球囊扩张和球囊扩张支架送达目标位置后的扩张。
生产厂家:美国 Boston Scientific Corporation
注册代理:波科国际医疗贸易(上海)有限公司
服务机构:波科国际医疗贸易(上海)有限公司
发证日期:2014.09.28 截止日期:2019.09.27

国食药监械(进)字 2014 第 2064642 号

产品名称:牙锉(WaveOne File)
规格型号:见附页
产品标准:YZB/SWI 5194-2014《牙锉》
性能组成:牙锉都是由工作部分和柄部两部分组成。工作部分由镍钛合金材料制成;止动片为硅胶材质;柄部里层为黄铜,镀镍后表层用镀金涂层。是无菌、一次性使用产品。
适用范围:该工具只能在临床或医院环境下由合格用户遵照良好牙科规

范操作(使用手套，眼镜，橡皮障)来使用。用于根管治疗，修整并清洁根管系统。只能与特定的登士柏迈菲马达配合使用。
备注:2015 年 1 月 6 日同意更正生产企业名称内容，2014 年 9 月 28 日核发的医疗器械注册证、医疗器械注册登记表予以废止。
生产厂家:瑞士 MAILLEFER INSTRUMENTS HOLDING SARL
注册代理:登士柏(天津)国际贸易有限公司
服务机构:登士柏(天津)国际贸易有限公司
发证日期:2014.09.28 **截止日期**:2019.09.27

国食药监械(进)字 2014 第 2664643 号

产品名称:海水鼻腔喷雾器（商品名：菲丝摩尔）(Nasal spray)
规格型号:成人型/婴儿型 每瓶 5、10、35、50、75、100、115、135、210、315ml。
产品标准:YZB/FRA 5428-2014《海水鼻腔喷雾器》
性能组成:该产品由外壳、内胆、喷嘴和喷嘴盖组成。外壳材质为聚对苯二甲酸类塑料，内胆材质为聚对苯二甲酸类塑料外加压力橡胶套。喷嘴材质为高密度聚乙烯。有效成分:海水；赋形剂:纯净水。(液体成分经 0.22 微米滤膜过滤除菌，灌装过程中臭氧灭菌，包装部件均由放射线照射法灭菌)。
适用范围:该产品适用于冲洗鼻腔。
生产厂家:法国 LABORATOIRE DE LA MER
注册代理:北京明康安医药科技有限公司
服务机构:北京明康安医药科技有限公司
发证日期:2014.09.28 **截止日期**:2019.09.27

国食药监械(进)字 2014 第 3664644 号

产品名称:经皮胃造瘘套件(経皮的瘻用カテーテルキット)
规格型号:见附页
产品标准:YZB/JAP 5470-2014《经皮胃造瘘套件》
性能组成:本产品结构组成:由导管、胃壁固定器、持撑套及穿刺针和固定板组成。材质:导管为硅橡胶；胃壁固定器为不锈钢(SUS 304)，聚碳酸酯；持撑套为聚乙烯；穿刺针为不锈钢(SUS 304)；固定板为硅橡胶材质。本产品为一次性使用无菌产品，灭菌方式为环氧乙烷灭菌。
适用范围:用于经皮给胃供给营养。
生产厂家:日本クリエート メディック株式会社
注册代理:库利艾特国际贸易(大连)有限公司
服务机构:库利艾特国际贸易(大连)有限公司
发证日期:2014.09.28 **截止日期**:2019.09.27

国食药监械(进)字 2014 第 3464645 号

产品名称:陶瓷股骨头（商品名：BIOLOX DELTA）(BIOLOX DELAT Ceramic Femoral Head)
规格型号:见附页
产品标准:YZB/USA 4389-2014《陶瓷股骨头》
性能组成:该产品由符合 ISO 6474 标准要求的 X 型氧化铝氧化锆复合陶瓷制成。灭菌包装。
适用范围:与该企业同一系统组件配合，适用于全髋关节置换。
生产厂家:美国 Smith & Nephew, Inc.
注册代理:施乐辉医用产品国际贸易(上海)有限公司
服务机构:施乐辉医用产品国际贸易(上海)有限公司
发证日期:2014.09.28 **截止日期**:2019.09.27

国食药监械(进)字 2014 第 3154646 号

产品名称:一次性使用无菌注射针（商品名：TSK）(Hypodermic Needle)
规格型号:HPC-30013A(30G x 1/2″) HPC-27013A(27G x 1/2″) HPC-30019A(30G x 3/4″)
产品标准:YZB/JAP 5082-2014《一次性使用无菌注射针》
性能组成:该产品由针管、针座和保护套组成，一次性使用。射线辐照灭菌。其中针管由不锈钢(钢号 0Cr18Ni9)制成；针座为聚碳酸酯制成；保护套由聚丙烯制成。
适用范围:该产品与一次性使用无菌注射器配套，供人体皮内、皮下、肌肉、静脉注射药液或抽取血液用。
生产厂家:日本株式会社タスク
注册代理:艾尔建信息咨询(上海)有限公司
服务机构:康德乐(上海)医药有限公司
发证日期:2014.09.28 **截止日期**:2019.09.27

国食药监械(进)字 2014 第 2664647 号

产品名称:造口护理用品（商品名：特舒）(Ostomy Care Products)
规格型号:02832；02833；14246；14249；14262；14263；01692；01693；01697；01698；01758；01759
产品标准:YZB/DEN 5416-2014《造口护理用品》
性能组成:该产品属于二件式造口护理产品，包括造口袋和底盘。造口袋包括肠造口袋和尿路造口袋。底盘包括透明底盘、透明凸面底盘和轻微凸面底盘。造口袋原材料由聚乙烯、乙烯-醋酸乙烯共聚物、聚酯纤维、聚偏二氯乙烯、氯化聚乙烯、丙烯腈-丁二烯-苯乙烯共聚物材料组成。底盘原材料由聚异丁烯、羧甲基纤维素钠、明胶、羟乙基纤维素、果胶材料组成。该产品需将尺寸匹配的底盘和造口袋组合一起才能使用。
适用范围:适用于造口患者收集造口排泄物。
生产厂家:丹麦康乐保公司(Coloplast A/S)
注册代理:康乐保(中国)医疗用品有限公司
服务机构:康乐保(中国)医疗用品有限公司
发证日期:2014.09.28 **截止日期**:2019.09.27

国食药监械(进)字 2014 第 3154648 号

产品名称:一次性使用无菌注射器 带/不带注射针(Hypodermic syringes (with/without needle))
规格型号:见附页
产品标准:YZB/SIN 5129-2014《一次性使用无菌注射器 带/不带注射针》
性能组成:该产品由针管、护帽、针座、活塞、芯杆、外套和按手组成。
适用范围:该产品用于皮下、肌肉、静脉注射药液或静脉抽血。
生产厂家:新加坡 Becton Dickinson Medical(S)Pte. Ltd.
注册代理:碧迪医疗器械(上海)有限公司
服务机构:碧迪医疗器械(上海)有限公司
发证日期:2014.09.28 **截止日期**:2019.09.27

国食药监械(进)字 2014 第 2634649 号

产品名称:塑料托槽(Orthodontic Plastic Bracket)
规格型号:见附页
产品标准:YZB/USA 5334-2014《塑料托槽》
性能组成:托槽由聚碳酸酯材料制成。
适用范围:该产品用于口腔牙齿正畸，是粘贴在牙齿表面上的附件，矫正用弓丝结扎在塑料托槽内。
生产厂家:美国 American Orthodontics
注册代理:美奥正畸(上海)贸易有限公司
服务机构:美奥正畸(上海)贸易有限公司
发证日期:2014.09.28 **截止日期**:2019.09.27

国食药监械(进)字 2014 第 3664650 号

产品名称:结扎钉夹（商品名：ABSOLOK® EXTRA）(ABSOLOK Extra Ligating Clips)
规格型号:AP100, AP101, AP200, AP201, AP203, AP300, AP301, AP302, AP303, AP306, AP400, AP401, AP402, AP403, AP404, AP406
产品标准:YZB/GER 5451-2014《结扎钉夹》
性能组成:本产品由聚二氧六环酮聚酯构成，可降解。环氧乙烷灭菌。
适用范围:ABSOLOK EXTRA 可作为结扎工具用于所有不需要永久结扎的手术适应症中。在 Ethi-Endo-夹(Lahodny)缝合装置中，该钉夹可用于无张力缝线的固定。不同于金属夹，X 射线可透过 ABSOLOK EXTRA 钉夹，因此，其不会干扰计算机 X 射线断层造影或核磁共振断层造影。
生产厂家:德国 Johnson & Johnson MEDICAL GmbH
注册代理:强生(上海)医疗器材有限公司
服务机构:强生(上海)医疗器材有限公司
发证日期:2014.09.28 **截止日期**:2019.09.27

国食药监械(进)字 2014 第 3774651 号

产品名称:外周插管中心静脉导管(商品名:巴德高压注射型 PICC 导管)(PowerPICC Catheter)
规格型号:3174335、3175335、3275335、3276335、3386335、3174355、3175355、3275355、3276355、3386355、0688950
产品标准:YZB/USA 5454-2014《外周插管中心静脉导管》

性能组成:本产品包括 PowerPICC 导管(单腔、双腔或三腔)、微插管鞘、导丝、刀片、带穿刺针的导引套管、穿刺针、注射器、护帽、测量尺和 Statlock 导管固定器。
适用范围:本产品可短期或长期使用,经外周静脉进入中心静脉系统,以便进行造影剂的高压注射,同时还可允许进行中心静脉压监测,在血液取样、静脉输注或治疗中使用 4Fr 或更大的导管。
备注:2015 年 1 月 6 日同意更正注册号内容,2014 年 9 月 28 日核发的医疗器械注册证、医疗器械注册登记表予以废止。
生产厂家:美国 Bard Access Systems, Inc.
注册代理:巴德医疗科技(上海)有限公司
服务机构:巴德医疗科技(上海)有限公司
发证日期:2014.09.28 截止日期:2019.09.27

国食药监械(进)字 2014 第 3464652 号

产品名称:人工骨(商品名: ATLANTIK)(ATLANTIK synthetic bone substitutes)
规格型号:见附页
产品标准:YZB/FRA 5790-2014《人工骨》
性能组成:该产品由 70%的羟基磷灰石和 30%的β-磷酸三钙组成。灭菌包装。
适用范围:适用于外科手术及外伤引起的非承重部位骨缺损的填充。
生产厂家:法国 Medical Biomat
注册代理:大连益众经贸有限公司
服务机构:大连益众经贸有限公司
发证日期:2014.09.28 截止日期:2019.09.27

国食药监械(进)字 2014 第 3644653 号

产品名称:磺胺嘧啶银脂质水胶敷料(商品名:优拓 SSD)(Urgotul SSD)
规格型号:10cm×12cm, 15cm×20cm
产品标准:YZB/FRA 5862-2014《磺胺嘧啶银脂质水胶敷料》
性能组成:优拓 SSD 采用法国优格公司脂质水胶技术,是一种没有粘性、非闭合性脂质水胶敷料,不与伤口和周围组织粘连,为伤口提供愈合环境。优拓 SSD 是由浸渍着水胶颗粒(羧甲基纤维素钠)、凡士林和磺胺嘧啶银的聚酯网组成。
适用范围:优拓 SSD 适用于有感染风险的浅 II 度和深 II 度烧伤。所含药物发挥减少创面感染的辅助作用。
生产厂家:法国 LABORATOIRES URGO
注册代理:法国优格制药公司北京代表处
服务机构:法国优格制药公司北京代表处
发证日期:2014.09.28 截止日期:2019.09.27

国食药监械(进)字 2014 第 3464654 号

产品名称:跟骨骨板骨钉系统(商品名: CalFix)(Calcaneal Plate and Screw System)
规格型号:见附页
产品标准:YZB/USA 5830-2014《跟骨骨板骨钉系统》
性能组成:该系统由骨板和骨钉组成。骨板采用 ISO5832-2 的纯钛材料制造,骨钉采用符合 GB/T 13810 的 TC4ELI 钛合金材料制造。产品表面无着色。非灭菌包装。
适用范围:该产品适用于跟骨的骨折和跟骨截骨术,包括但不仅限于:关节内、关节外或者关节塌陷性骨折,以及严重的粉碎性骨折。
生产厂家:美国 OsteoMed
注册代理:北京市麦迪戴克医疗技术有限公司
服务机构:艾派(广州)医疗器械有限公司
发证日期:2014.09.28 截止日期:2019.09.27

国食药监械(进)字 2014 第 3664655 号

产品名称:负压辅助愈合治疗系统用耗材(V.A.C. Therapy System Disposables)
规格型号:见附页
产品标准:YZB/USA 5841-2014《负压辅助愈合治疗系统用耗材》
性能组成:负压辅助愈合治疗系统用耗材包括敷料组合包装、积液罐、粘性密封薄膜、三通接头。敷料组合包装包括敷料、粘性密封薄膜、密封垫和管路、尺子;其中敷料有黑色敷料和白色敷料两种类型。敷料及积液罐型号见附件 1。灭菌方式:伽马射线灭菌。本品为一次性使用产品。
适用范围:本产品仅限与 KCI 公司生产的负压创伤治疗仪配合使用,覆盖于伤口,引流渗出液,组成 V.A.C.治疗系统,通过可控制的负压来创造一种密闭的湿润环境,使得伤口边缘合拢,体积缩小,减低水肿,促进肉芽组织的形成和血流灌注,以及清除伤口内的渗液,来促进伤口的愈合。可用于慢性、急性、外伤性、亚急性及裂开伤口,烧伤,溃疡(例如糖尿病溃疡及压力性溃疡),皮瓣和植皮前后等类型的伤口。
生产厂家:美国 KCI USA, Inc.
注册代理:上海铠晞尔医疗器械贸易有限公司
服务机构:上海铠晞尔医疗器械贸易有限公司
发证日期:2014.09.28 截止日期:2019.09.27

国食药监械(进)字 2014 第 2224656 号

产品名称:宫腔镜手术工具(Hysteroscopy Instruments)
规格型号:见附页
产品标准:YZB/USA 5661-2014《宫腔镜手术工具》
性能组成:该产品包括钳、剪和适配器组成等。与人体接触的部件选用符合 ASTM F899 的 420 不锈钢制成。非灭菌包装。
适用范围:适用于宫腔镜手术,与宫腔镜配合使用,进行人体宫腔的检查和手术。
生产厂家:美国 Stryker Endoscopy
注册代理:史赛克(北京)医疗器械有限公司
服务机构:史赛克(北京)医疗器械有限公司
发证日期:2014.09.28 截止日期:2019.09.27

国食药监械(进)字 2014 第 3664657 号

产品名称:一次性内镜用软性导引套管(フレキシブルトロッカー)
规格型号:MAJ-1058
产品标准:YZB/JAP 5887-2014《一次性内镜用软性导引套管》
性能组成:一、尺寸:外套管内径 φ8.4mm;外套管外径φ10mm;外套管有效长度 60mm;二、本产品由外套管及闭孔器组成,其中外套管由接口、环、套管针管组成;接触黏膜部材料为不锈钢、聚乙烯、聚四氟乙烯。本产品为一次性使用无菌产品,采用环氧乙烷气体灭菌,灭菌有效期限为 5 年。三、拉伸强度:用 29.4N 的力量拉伸套管针管时,不应破损。四、闭孔器的抗压强度:用 19.6N 的力挤压闭孔器的先端部,不会出现影响闭孔器和套管针管间装卸的变形。
适用范围:本产品作为将内镜插入体腔时的导引管使用。
生产厂家:日本オリンパスメデイカルシステムズ株式会社
注册代理:奥林巴斯贸易(上海)有限公司
服务机构:奥林巴斯(北京)销售服务有限公司
发证日期:2014.09.28 截止日期:2019.09.27

国食药监械(进)字 2014 第 2224658 号

产品名称:穿刺器(Trocar Systems)
规格型号:见附页
产品标准:YZB/GER 5901-2014《穿刺器》
性能组成:穿刺器由穿刺鞘、穿刺锥、扩张鞘、闭孔器、缩小器等组成,详见附件。非无菌,可重复使用。
适用范围:穿刺器适用于医疗单位适用于腹腔镜手术以及其它外科需建立内窥镜手术通道的手术。
生产厂家:德国 XION GmbH
注册代理:艾克松有限公司杭州办事处
服务机构:艾克松有限公司杭州办事处
发证日期:2014.09.28 截止日期:2019.09.27

国食药监械(进)字 2014 第 2634659 号

产品名称:齿科铸造合金(Dental Casting Alloys)
规格型号:型号:Biosil f 规格:1000g/盒
产品标准:YZB/GER 5774-2014《齿科铸造合金》
性能组成:本品为钴铬铸造合金,产品主要组成成份为 Co 、Cr 、Mo 、Si 、Mn、C。
适用范围:本产品用于制作局部活动义齿。不适用于制造金属-烤瓷修复体的合金。
生产厂家:德国 DeguDent GmbH
注册代理:登士柏(天津)国际贸易有限公司
服务机构:登士柏(天津)国际贸易有限公司
发证日期:2014.09.28 截止日期:2019.09.27

国食药监械(进)字2014第3644660号

产品名称:水胶体敷料(商品名:多爱肤 TM 有边)(DuoDERMTM CGFTM Control Gel Formula Border Dressing)

规格型号:187970, 187971, 187972, 187973, 187974

产品标准:YZB/USA 5890-2014《水胶体敷料》

性能组成:本产品为接触性创面敷料,无菌包装,一次性使用.敷料中心(同多爱肤 TM 标准敷料)为水胶体粘附基质(含 14.9%CMC-Na),外层为聚氨酯海绵覆聚氨酯薄膜。

适用范围:本产品可用于皮肤溃疡,包括全层创伤(第一期至第四期压疮护理,下肢溃疡护理);表面创伤-例如轻微擦伤;烧伤-二度;供皮区的创伤保护。

生产厂家:美国 ConvaTec Inc.

注册代理:康维德(中国)医疗用品有限公司

服务机构:康维德(中国)医疗用品有限公司

发证日期:2014.09.28 **截止日期**:2019.09.27

国食药监械(进)字2014第3634661号

产品名称:玻璃离子水门汀(商品名:而至富士 IX GP CAPSULE)(GC Fuji IX GP CAPSULE)

规格型号:色号:A2、A3、A3.5 单品包装:50 支 胶囊的标准填充量:粉 0.40克,液 0.11克

产品标准:YZB/JAP 5855-2014《玻璃离子水门汀》

性能组成:该产品为胶囊型,由粉剂和液剂两部分组成。粉剂由硅铝氟玻璃处理粉末、聚丙烯酸粉末和颜料(棕色、黄色、灰色)组成;液剂由蒸馏水、聚丙烯酸水溶液和酒石酸组成。

适用范围:用于牙齿窝洞或牙体缺损的修复充填。

生产厂家:日本株式会社ジーシー(GC Corporation) 株式会社而至

注册代理:而至齿科(苏州)有限公司

服务机构:而至齿科(苏州)有限公司

发证日期:2014.09.28 **截止日期**:2019.09.27

国食药监械(进)字2014第3464662号

产品名称:髋关节假体-髋臼外杯(商品名:Trilogy)(Hip Joint Prostheses - Acetabular System)

规格型号:见附页

产品标准:YZB/USA 5829-2014《髋关节假体-髋臼外杯》

性能组成:髋臼外杯(含锁定环)由符合 ISO 5832-3 标准规定的 Ti6Al4V 钛合金材料制成,髋臼外杯外表面由符合 ISO 5832-2 标准规定的纯钛制成的钛丝盘绕覆盖。灭菌包装。

适用范围:作为非骨水泥型髋关节假体,与同一系统组件配合,适用于骨骼成熟患者髋关节初次置换术或翻修术。

生产厂家:美国 Zimmer, Inc.

注册代理:捷迈(上海)医疗国际贸易有限公司

服务机构:捷迈(上海)医疗国际贸易有限公司

发证日期:2014.09.28 **截止日期**:2019.09.27

国食药监械(进)字2014第3774663号

产品名称:球囊扩张导管(商品名:Sprinter OTW)(Sprinter Over-The-Wire Balloon Dilatation Catheter)

规格型号:见附页

产品标准:YZB/USA 5506-2014《球囊扩张导管(商品名:Sprinter OTW)》

性能组成:产品包括一个球囊扩张导管和一个球囊再折叠工具。.球囊扩张导管带有金不透射线标记,球囊及导管远端涂覆亲水涂层。制造材料为:球囊、导管远端头端、远端外轴、远端内层轴杆的外层及应变消除件:Pebax;导管远端内层轴杆的内层及近端内轴:HDPE;导管远端内层轴杆的中层:Plexar 树脂;鲁尔接头:聚碳酸酯;近端导管外轴:尼龙。产品为环氧乙烷灭菌,一次性使用。

适用范围:Sprinter OTW 球囊扩张导管用于冠状动脉或者桥血管狭窄处进行球囊扩张术,从而改善心肌灌注。球囊直径为 2.5mm-4.0mm 的球囊扩张导管也可以用于球囊扩张支架放置后扩张。

生产厂家:美国 Medtronic Inc.

注册代理:美敦力(上海)管理有限公司

服务机构:美敦力(上海)管理有限公司

发证日期:2014.09.28 **截止日期**:2019.09.27

国食药监械(进)字2014第3464664号

产品名称:可吸收固定系统(商品名:PolyMax RAPID)(RapidSorb Resorbable Implant System)

规格型号:见附页

产品标准:YZB/SWI 5804-2014《可吸收固定系统》

性能组成:该产品由接骨板、接骨螺钉和无孔薄板组成。由 L-丙交酯-乙交酯共聚物制成。灭菌包装。

适用范围:适用于颅颌面骨折内固定和身体其它部位的保护型内固定。接骨板、接骨螺钉和平头钉只可用于颅颌面骨折等低生物力学负荷部位,即用于保护而非加压的骨接合术。

生产厂家:瑞士 Synthes GmbH

注册代理:强生(上海)医疗器材有限公司

服务机构:辛迪思(上海)医疗器械贸易有限公司;强生(上海)医疗器材有限公司

发证日期:2014.09.28 **截止日期**:2019.09.27

国食药监械(进)字2014第3774665号

产品名称:OTW 球囊扩张导管(商品名:Sprinter Legend)(Sprinter Legend Over-The-Wire Balloon Dilatation Catheter)

规格型号:SPL12506WL、SPL12510WL、SPL12512WL、SPL12515WL、SPL12520WL

产品标准:YZB/USA 5933-2014《OTW 球囊扩张导管》

性能组成:该产品为 OTW 型球囊扩张导管,分为近端和远端部分。导管近端由外推送杆和内推杆组成,近端粘结至鲁尔接头;导管远端由 Pebax 6333 头端、Pellethane2363 球囊、Pebax7233 外推送杆和三层内推杆组成,内推杆上有一个不透射线标记带,球囊和导管远端涂有亲水涂层;产品具有针对肱动脉和股动脉管腔内定位的轴杆标记。环氧乙烷灭菌,一次性使用。

适用范围:该产品用于对冠状动脉或搭桥的狭窄部分进行球囊扩张,以改善心肌灌注。

生产厂家:美国 Medtronic Inc.

注册代理:美敦力(上海)管理有限公司

服务机构:美敦力(上海)管理有限公司

发证日期:2014.09.28 **截止日期**:2019.09.27

国食药监械(进)字2014第3464666号

产品名称:股骨柄(Component of hip prosthesis)

规格型号:见附页

产品标准:YZB/ITA 5785-2014《股骨柄》

性能组成:该产品由符合 YY0117.1 标准规定的 Ti6Al4V 钛合金材料制成,表面经喷砂处理形成粗糙面。灭菌包装。

适用范围:与该企业同一系统组件配合,作为非骨水泥型髋关节假体,适用于髋关节置换。

生产厂家:意大利 Limacorporate S.p.A.

注册代理:美中互利(北京)国际贸易有限公司

服务机构:美中互利(北京)国际贸易有限公司

发证日期:2014.09.28 **截止日期**:2019.09.27

国食药监械(进)字2014第2224667号

产品名称:细胞活检刷(Cytology Brush)

规格型号:DLB-21-1.5-S, DLB-21-3.5-S, DLB-35-S, DLB-35-1.5-S, DLB-35-3.5-S, FS-CB-1.5-S, FS-CB-6

产品标准:YZB/USA 3467-2010《细胞活检刷》

性能组成:细胞活检刷由细胞刷刷头、鞘管、控制手柄和冲洗接头组成。材料:细胞刷刷头:304 不锈钢丝和尼龙;鞘管:聚四氟乙烯;手柄:聚碳酸酯;冲洗接头:聚碳酸酯。产品采用环氧乙烷灭菌,仅限一次性使用。

适用范围:细胞活检刷被设计用于收集胆道系统内的细胞。

生产厂家:美国 Wilson-Cook Medical Incorporated

注册代理:库克(中国)医疗贸易有限公司 Cook (China) Medical Trading Co., Ltd

服务机构:库克(中国)医疗贸易有限公司 Cook (China) Medical Trading Co., Ltd

发证日期:2014.09.28 **截止日期**:2019.09.27

国食药监械(进)字2014第2224668号

产品名称:细胞活检刷(Cytology Brush)

规格型号:BCB-5-120-1-S, BCB -5-120-2-S, BCB-5-120-3-S, CCB-7-240-3-S, ECB-5-180-2-S, ECB-5-180-3-S
产品标准:YZB/USA 3466-2010《细胞活检刷》
性能组成:细胞活检刷由细胞刷刷头、鞘管和控制手柄组成。材料:细胞刷:304 不锈钢丝和尼龙;鞘管:聚四氟乙烯;手柄:聚碳酸酯。产品采用环氧乙烷灭菌,仅限一次性使用。
适用范围:细胞活检刷被设计用于在内窥镜下进入消化道或上呼吸道取样,进行细胞学或组织检查。
备注:2015年2月15日同意更正型号、规格内容,2014年9月28日核发的医疗器械注册登记表予以废止。
生产厂家:美国 Wilson-Cook Medical Incorporated
注册代理:库克(中国)医疗贸易有限公司 Cook (China) Medical Trading Co., Ltd
服务机构:库克(中国)医疗贸易有限公司 Cook (China) Medical Trading Co., Ltd
发证日期:2014.09.28 **截止日期**:2019.09.27

国食药监械(进)字 2014 第 3154669 号

产品名称:一次性使用静脉采血器(商品名:BD Vacutainer®)(Flashback Blood Collection Needle)
规格型号:22GA×1″ 21GA×1″ 22GA ×11/4 ″
产品标准:YZB/USA 5690-2014《一次性使用静脉采血器》
性能组成:一次性使用静脉采血器由采血针护帽、采血针、针座(含可视窗)、穿刺针、穿刺针封套和穿刺针护帽 6 部分组成。产品特别的设计,可以让操作者在静脉穿刺中看到针管内的血液回流,以表明针管在静脉血管内,易于采血。射线灭菌,一次性使用。
适用范围:该产品辅助用于从静脉抽取血液样本。
备注:2015年1月30日同意更正产品性能结构及组成内容,2014年9月28日核发的医疗器械注册登记表予以废止。
生产厂家:美国 Becton Dickinson and Company
注册代理:碧迪医疗器械(上海)有限公司
服务机构:碧迪医疗器械(上海)有限公司
发证日期:2014.09.28 **截止日期**:2019.09.27

国食药监械(进)字 2014 第 3634670 号

产品名称:种植体系统配件(商品名:ANKYLOS)(Dental Implant System Accessories)
规格型号:见附页
产品标准:YZB/GER 5820-2014《种植体系统配件》
性能组成:本产品是牙科种植修复中种植体的辅助器具,与种植体配合使用。产品组成包括:基台,牙龈成型器和螺丝。基台有直基台和角度基台,牙龈成型器为直形结构。基台或牙龈成型器与种植体采用圆锥形抗旋转连接,用螺纹固位。制造本品的材料均为 TC4ELI。产品加工成型后表面不做任何处理。产品为非灭菌,使用前需要清洁和灭菌。
适用范围:该产品用于牙科种植修复。
生产厂家:德国 DENTSPLY Implants Manufacturing GmbH
注册代理:启安华锐(北京)技术有限公司
服务机构:启安华锐(北京)技术有限公司
发证日期:2014.09.28 **截止日期**:2019.09.27

国食药监械(进)字 2014 第 3774671 号

产品名称:导丝(商品名:GuideRight)(Guidewires)
规格型号:见附页
产品标准:YZB/USA 4410-2012《GuideRightTM 导丝》
性能组成:该产品由芯丝、绕丝和安全丝组成。制造材料为 304 不锈钢,杆芯外有聚四氟乙烯(PTFE)涂层。产品经环氧乙烷灭菌,一次性使用。
适用范围:用于经皮导管插管术。
生产厂家:美国 St. Jude Medical
注册代理:圣犹达医疗用品(上海)有限公司
服务机构:圣犹达医疗用品(上海)有限公司
发证日期:2014.09.28 **截止日期**:2019.09.27

国食药监械(进)字 2014 第 2014672 号

产品名称:一次性使用无刃穿刺器(VERSAPORT/VERSAPORT PLUS SINGLE USE BLADELESS Trocar)
规格型号:见附页
产品标准:YZB/USA 5265-2012《一次性使用无刃穿刺器》
性能组成:产品由穿刺套管,穿刺锥、自调节气密盖和三腔气阀组成。其中 5mm 穿刺器未含气密盖,10-15mm 穿刺器带有转换器一个;产品一次性使用,环氧乙烷灭菌。
适用范围:临床应用于妇科、普外科、胸外科和泌尿外科的内镜手术中建立和维持器械进入的通道。
备注:2014年11月28日同意更正注册号内容,2014年9月28日核发的医疗器械注册证、医疗器械注册登记表、附页予以废止。
生产厂家:美国 Covidien llc
注册代理:柯惠医疗器材商贸(上海)有限公司
发证日期:2014.09.28 **截止日期**:2019.09.27

国食药监械(进)字 2014 第 3464673 号

产品名称:髋关节假体-骨水泥股骨柄(商品名:Metabloc)(Hip Joint Prostheses - Bone Cemented Stem)
规格型号:见附页
产品标准:YZB/SWI 5915-2014《髋关节假体-骨水泥股骨柄》
性能组成:该产品由符合 ISO 5832-9 标准规定的锻造高氮不锈钢材料制成。灭菌包装。
适用范围:与该企业同一系统组件配合,做为骨水泥型髋关节假体,适用于髋关节置换。
生产厂家:瑞士 Zimmer GmbH
注册代理:捷迈(上海)医疗国际贸易有限公司
服务机构:捷迈(上海)医疗国际贸易有限公司
发证日期:2014.09.28 **截止日期**:2019.09.27

国食药监械(进)字 2014 第 2154674 号

产品名称:单腔取卵针(Single Lumen Ovum Pick-up Needle)
规格型号:见附页
产品标准:YZB/AUL 5780-2014《单腔取卵针》
性能组成:单腔取卵针由取卵针、手柄、吸引管、试管塞、真空管、冲洗管、真空管接头和连接管组成。产品的组成部件根据具体型号有所不同。材料:取卵针针管:304 不锈钢;针座:聚碳酸酯;吸引管:聚四氟乙烯/氟化乙丙烯;试管塞:硅胶;真空管、冲洗管和连接管:氟化乙丙烯;真空管接头:聚碳酸酯。一次性使用。
适用范围:单腔取卵针被设计用于在腹腔镜或者超声波引导下进行卵巢卵泡穿刺,将卵母细胞抽吸和冲洗出来。
生产厂家:澳大利亚库克澳大利亚公司(William A. Cook Australia, Pty. Ltd.)
注册代理:库克(中国)医疗贸易有限公司
服务机构:库克(中国)医疗贸易有限公司
发证日期:2014.09.28 **截止日期**:2019.09.27

国食药监械(进)字 2014 第 2634675 号

产品名称:正畸颊面管(Buccal Tubes)
规格型号:见附页
产品标准:YZB/USA 5904-2014《正畸颊面管》
性能组成:正畸颊面管由 Accent 系列、Damon 系列、Gingivally Offset 系列、Micro 系列、Peerless Cast 系列、Titanium Orthos 2.0 系列组成。Damon 系列和 Titanium Orthos 2.0 系列颊面管由符合 GB/T3620.1-2007 中的工业纯钛 TA4 制成;Accent 系列颊面管由符合 GB/T 1220-2007 中的 S31608 不锈钢制成,牌号为 06Cr17Ni12Mo2;Gingivally Offset 系列、Micro 系列、Peerless Cast 系列颊面管的主体、牵引钩及底板由符合 GB/T 1220-2007 中的 S31608 不锈钢制成,牌号为 06Cr17Ni12Mo2;揭盖及滑板由符合 GB/T 1220-2007 中的 S30458 不锈钢制成,牌号为 06Cr19Ni10N。正畸颊面管为非自锁颊面管。
适用范围:正畸颊面管在口腔正畸治疗时用于矫治牙齿畸形。
生产厂家:美国 Ormco Corporation
注册代理:卡瓦盛邦(上海)牙科医疗器械有限公司
服务机构:卡瓦盛邦(上海)牙科医疗器械有限公司
发证日期:2014.09.28 **截止日期**:2019.09.27

国食药监械(进)字 2014 第 2664676 号

产品名称:尿动力学导管(Urodynamic Catheters)
规格型号:020205-30, 020607, 020707, 020243

产品标准:YZB/USA 4006-2011《尿动力学导管》
性能组成:尿动力学导管由导管和接头组成。材料:导管(聚亚氨酯);接头(聚碳酸酯)。产品经环氧乙烷灭菌,仅供一次性使用。
适用范围:尿动力学导管用于膀胱内压力检测和尿道压力分布检测。
生产厂家:美国 Cook Incorporated
注册代理:库克(中国)医疗贸易有限公司
服务机构:库克(中国)医疗贸易有限公司
发证日期:2014.09.28 **截止日期**:2019.09.27

国食药监械(进)字 2014 第 2644677 号

产品名称:供体和受体角膜环钻(Barron Vacuum Punch & Barron Vacuum Trephine)
规格型号:见附页
产品标准:YZB/USA 5529-2014《供体和受体角膜环钻》
性能组成:该产品包括环钻和助推系统(注射器和管路),环钻分为切除受体病变角膜和切割供体角膜两种规格。刀片采用 440F 不锈钢材料制成,支架部分采用聚丙烯和硅橡胶制成。环氧乙烷灭菌,一次性使用。
适用范围:该产品用于受体病变角膜的切除和供体角膜的切割。
生产厂家:美国 Katena Products, Inc.
注册代理:北京天鼎经济技术开发公司
服务机构:北京天鼎经济技术开发公司
发证日期:2014.09.30 **截止日期**:2019.09.29

国食药监械(进)字 2014 第 2664678 号

产品名称:气囊导尿管(Foley Catheters)
规格型号:见附页
产品标准:YZB/MAL 5700-2014《气囊导尿管》
性能组成:本产品由排泄锥形接口、充起锥形接口、冲洗锥形接口(三腔)、阀、球囊(有球囊型)、管身组成;不同类型产品设计成不同的尖端、阀门、涂层、管长和管径。管身材料为硅化涂层的乳胶和硅树脂涂层的乳胶、阀材料为橡胶或 PVC(含 DEHP)。Haematuria 型导尿管带有聚酰胺螺旋加强丝.一次性使用。射线灭菌。
适用范围:用于常规的膀胱引流或术后膀胱引流和冲洗。
生产厂家:马来西亚 Unomedical Sdn. Bhd.
注册代理:康维德(中国)医疗用品有限公司
服务机构:康维德(中国)医疗用品有限公司
发证日期:2014.09.30 **截止日期**:2019.09.29

国食药监械(进)字 2014 第 3664679 号

产品名称:静脉输液过滤器(Pall Posidyne ELD Intravenous Filter)
规格型号:ELD96LYL、ELD96LL、ELD96LYLS
产品标准:YZB/USA 5624-2014《静脉输液过滤器》
性能组成:本产品为非有源一次性使用产品。灭菌包装,灭菌有效期 5 年。过滤器的壳体采用甲基丙烯酸甲酯、苯乙烯、丙烯酸乙酯的聚合物,甲基丙烯酸甲酯、丁二烯、苯乙烯的共聚物制造;药液滤膜采用聚酰胺(Polyamide)、空气滤膜采用聚四氟乙烯(PTFE)制造;进口端采用甲基丙烯酸甲酯、苯乙烯、丙烯酸乙酯的聚合物,甲基丙烯酸甲酯、丁二烯、苯乙烯的共聚物制造;进口端保护帽采用聚乙烯(Polyethylene)材料制造;止流夹采用聚乙烯(Polyethylene)材料制造;鲁尔接头采用丙烯腈-丁二烯-苯乙烯(ABS)制造;Y 型注药口采用丙烯腈-丁二烯-苯乙烯(ABS)和聚异戊二烯制造,针头适配器采用丙烯腈-丁二烯-苯乙烯(ABS)制造;针头适配器保护帽采用聚乙烯制造,管路采用 PVC(增塑剂为 TOTM)材料制造。本产品标称孔径为 0.2 微米。
适用范围:本产品可适用于过滤静脉输注液体中可能携入的空气,颗粒碎片,微生物污染物和内毒素。
生产厂家:美国 Pall Corporation
注册代理:颇尔过滤器(北京)有限公司
服务机构:颇尔过滤器(北京)有限公司
发证日期:2014.09.30 **截止日期**:2019.09.29

国食药监械(进)字 2014 第 3634680 号

产品名称:牙科光固化复合树脂(商品名:Composan LCM)(Light-curing micro hybrid composite)
规格型号:A1, A2, A3, A3.5, B2, B3
产品标准:YZB/GER 5472-2014《牙科光固化复合树脂》
性能组成:本品为牙科复合树脂充填材料,包括甲基丙烯酸缩水甘油酯,双甲基丙烯酸尿烷酯,三乙二醇二甲基丙烯酸酯,气相二氧化硅,钡铝硅酸盐,颜料,樟脑酮,二甲氨基苯甲酸乙酯。
适用范围:-承受咬合力的后牙区域的Ⅰ、Ⅱ、Ⅴ类窝洞。-受创前牙的重建。-松动前牙的固定。-前牙区域的Ⅲ、Ⅳ、Ⅴ类窝洞。-制作内冠。-复合嵌体。
生产厂家:德国 Promedica Dental Material GmbH
注册代理:广州松麟贸易有限公司
服务机构:邯郸市冠达医疗器材有限公司
发证日期:2014.09.30 **截止日期**:2019.09.29

国食药监械(进)字 2014 第 3774681 号

产品名称:球囊扩张导管(商品名:Atlas PTA)(PTA Balloon Dilatation Catheters)
规格型号:见附页
产品标准:YZB/USA 5239-2014《球囊扩张导管》
性能组成:该产品为同轴式非顺应性球囊扩张导管,由一个经皮腔内血管成形术导管与一个组合球囊组成。带有铂铱合金标记带。球囊的基底层制造材料为 PET,薄膜制造材料为 MEDIFILM810;导管管体的外轴制造材料为尼龙,内轴制造材料为聚酰亚胺,尖端管件及头端的制造材料为 Pebax、尼龙和钨混合物。产品采用环氧乙烷灭菌。一次性使用。
适用范围:推荐用于髂动脉的经皮腔内血管成形术以及用于原发性阻塞病变或人造动静脉透析造瘘管中阻塞性损害的治疗。此导管不得用于冠状动脉。
生产厂家:美国 Bard Peripheral Vascular, Inc.
注册代理:巴德医疗科技(上海)有限公司
服务机构:巴德医疗科技(上海)有限公司
发证日期:2014.09.30 **截止日期**:2019.09.29

国食药监械(进)字 2014 第 3224682 号

产品名称:腹腔镜附件(Accessories For Laparoscopic Objects)
规格型号:见附页
产品标准:YZB/GER 5054-2014《腹腔镜附件》
性能组成:该产品为腹腔镜下无源手术器械,由气腹针、冲吸管、钳、剪、接头组成。产品接触人体的材料为 YY/T 0294.1 中代号为 M 的不锈钢。部分气腹针产品采用灭菌包装,其他为非灭菌包装。
适用范围:该产品配合腹腔镜使用,用于腹腔镜手术及手术中的诊断和治疗。
生产厂家:德国 PAJUNK GmbH Medizintechnologie
注册代理:北京恒润泰医药科技有限公司
服务机构:北京恒润泰医药科技有限公司
发证日期:2014.09.30 **截止日期**:2019.09.29

国食药监械(进)字 2014 第 3654683 号

产品名称:骨水泥(商品名:Simplex)(Radiopaque Bone Cement)
规格型号:见附页
产品标准:YZB/USA 5458-2014《骨水泥》
性能组成:该产品由液剂及粉剂组成.液剂成分为甲基丙烯酸甲酯单体、对苯二酚和 N, N-二甲基聚合甲苯胺;粉剂成分为甲基丙烯酸甲酯-苯乙烯共聚物、过氧苯甲酰、聚甲基丙烯酸甲酯和硫酸钡。灭菌包装。不含抗生素。
适用范围:该产品用于假体与正常骨胳之间的固定。
生产厂家:美国 Howmedica Osteonics Corp
注册代理:史赛克(北京)医疗器械有限公司
服务机构:史赛克(北京)医疗器械有限公司
发证日期:2014.09.30 **截止日期**:2019.09.29

国食药监械(进)字 2014 第 3224684 号

产品名称:软性角膜接触镜(商品名:欧舒适)(Acuvue Oasys Brand Contact Lenses with Hydraclear Plus)
产品标准:YZB/USA 5313-2014《软性角膜接触镜(商品名:欧舒适)》
性能组成:镜片材料为 senofilconA,着淡蓝色。聚丙烯塑泡包装。各参数标称值:含水量:38%,折射率:1.42,透氧系数:103 × 10^{-11}(cm2/s)(mLO2/(mL × mmHg)),-3D 镜片透氧量:109 × 10^{-9}(cm/s)(mLO2/(mL × mmHg)),后顶焦度范围:+8.00D~-12.00D,可见光透过率＞89%。UV-A 段平均透过率＜10%,UV-B 段平均透过率＜1%。可用于日戴,推荐更换周期 2 周。可用于连续长戴,最长 6 夜 7 天。产品经湿热蒸汽灭菌。
适用范围:用于矫正有晶体和无晶体的无疾病眼的屈光不正（远视、近视），1.00D 以下散光患者配戴不影响视敏度。可用于日戴、连续配戴（最长6夜7天）和作为绷带镜片使用。是否可以连续配戴和作为绷带镜片，应由医生根据使用者个人情况决定，并严格按要求使用。
生产厂家:美国 Johnson&Johnson Vision Care Inc.
注册代理:强生视力健商贸(上海)有限公司
服务机构:强生视力健商贸(上海)有限公司
发证日期:2014.09.30 **截止日期**:2019.09.29

国食药监械(进)字 2014 第 3774685 号

产品名称:静脉曲张剥脱导管（商品名：静欣）(Stripper)
规格型号:02R2000/02R2004/02R2004L/02R2000SQ/02R2000SQ+
产品标准:YZB/FRA 5256-2014《静脉曲张剥脱导管》
性能组成:该产品由剥脱管、端子和橄榄头组成，剥脱管两端分别有直头端子和猪尾端子，中间有两个固定端子并配有活动橄榄头。剥脱管、端子和橄榄头的材料为聚酰胺。环氧乙烷灭菌，一次性使用。
适用范围:该产品用于大隐静脉及小隐静脉的静脉血管曲张剥脱术，也适用于隐静脉外剥脱术。
生产厂家:法国 Gamida Tech
注册代理:广州市景达斯医疗器械有限公司
服务机构:广州市景达斯医疗器械有限公司
发证日期:2014.09.30 **截止日期**:2019.09.29

国食药监械(进)字 2014 第 3774686 号

产品名称:球囊扩张导管（商品名：Maxi LD）(Maxi LD Large Diameter Balloon PTA Dilatation Catheter)
规格型号:见附页
产品标准:YZB/IRE 5132-2014《球囊扩张导管（商品名：Maxi LD)》
性能组成:该产品由导管内体(75D 尼龙复合物，蓝色 Vestamid)，外体(Pebax7033SA00/Grilamid ELY60)，头端(Pebax4033SA01/Pebax5533SA01 深蓝)，球囊（尼龙 12, L2101FVestamid Natural)，编织内体(304 不锈钢)，应力释放(Pebax4033SA01/Pebax5533SA01 深蓝)和底座(聚碳酸酯)构成。产品由环氧乙烷灭菌，一次性使用。
适用范围:该产品用于主动脉弓下外周动脉的狭窄处扩张。
生产厂家:爱尔兰 Cordis Cashel
注册代理:强生（上海）医疗器材有限公司
服务机构:强生（上海）医疗器材有限公司
发证日期:2014.09.30 **截止日期**:2019.09.29

国食药监械(进)字 2014 第 2224687 号

产品名称:一次性使用视芯套(Single-Use GVL Stats)
规格型号:0574-0104, 0270-0679, 0270-0680, 0574-0026, 0270-0428, 0270-0430, 0574-0027, 0270-0429, 0270-0431, 0574-0100, 0270-0626, 0270-0627, 0574-0101, 0270-0628, 0270-0629, 0574-0110, 0270-0709, 0270-0710
产品标准:YZB/USA 5753-2014《一次性使用视芯套》
性能组成:一次性使用视芯套根据尺寸分为六种规格，其中 GVL 0 Stat、GVL 1 Stat、GVL 2 Stat 和 GVL 2.5Stat 的材料为:聚乙烯(双酚-A-碳酸酯)“Poly(bisphenol-A-carbonate)”；GVL 3 Stat 和 GVL 4Stat 的材料为：丁苯共聚物“Styrene-ButadieneCopolymer ”。各型号具体参数如下:叶片尖端到喉镜柄前端:GVL 0 STAT(36mm)、GVL 1 STAT(44mm)、GVL2STAT(56mm)、GVL 2.5 STAT(63mm)、GVL 3STAT(78mm)、GVL 4 STAT(92mm)；摄像头处叶片厚度(高度):GVL 0 STAT(9mm)、GVL 1 STAT(9mm)、GVL2STAT(9mm)、GVL 2.5 STAT(9mm)、GVL 3 STAT(16mm)、GVL 4 STAT(15mm)；摄像头处叶片宽度:GVL 0STAT(11mm)、GVL 1 STAT(10mm)、GVL 2 STAT(11mm)、GVL 2.5 STAT(13mm)、GVL 3 STAT(16mm)、GVL 4STAT(20mm)；摄像头前端叶片长度:GVL 0 STAT(7mm)、GVL1 STAT(15mm)、GVL 2 STAT(28mm)、GVL 2.5STAT(37mm)、GVL 3 STAT(36mm)、GVL 4 STAT(54mm)；摄像头前端叶片最大宽度:GVL 0 STAT(11mm)、GVL 1STAT(13mm)、GVL 2STAT(16mm)、GVL 2.5 STAT(20mm)、GVL 3 STAT(21mm)、GVL 4 STAT(28mm)。
适用范围:该产品配合 Verathon Inc. 公司生产的视频喉镜的视芯使用，气管插管过程中起到支撑和保护视芯的作用。
生产厂家:美国 Verathon Inc.
注册代理:上海景年医疗器械有限公司
服务机构:上海景年医疗器械有限公司
发证日期:2014.09.30 **截止日期**:2019.09.29

国食药监械(进)字 2014 第 3774688 号

产品名称:导引导管（商品名：Heartrail）(中心循環系ガイディング用血管内カテーテル)
规格型号:见附页
产品标准:YZB/JAP 4778-2014《导引导管》
性能组成:该产品由双层编制的导管部，套节(鲁尔接头)和耐扭折保护套组成。导管外层的材料为聚酯弹性体，编织层的材料为 SUS304 不锈钢，内层的材料为聚四氟乙烯。环氧乙烷灭菌，一次性使用。
适用范围:该产品用于前端位于冠状动脉的入口部位，使冠状动脉扩张用导管能方便的进入目标冠状动脉狭窄位置；用于介入性装置和/或导丝的导入，也可用于向冠状动脉中输送造影剂。
生产厂家:日本テルモ株式会社(泰尔茂株式会社)
注册代理:泰尔茂(中国)投资有限公司
服务机构:泰尔茂医疗产品(上海)有限公司
发证日期:2014.09.30 **截止日期**:2019.09.29

国食药监械(进)字 2014 第 3774689 号

产品名称:房间隔穿刺鞘(商品名:Fast-Cath)(Fast-Cath Transseptal Guiding Introducer)
规格型号:见附页
产品标准:YZB/USA 5605-2014《房间隔穿刺鞘》
性能组成:该产品由导管鞘、导丝和扩张器组成。主要材料有聚亚胺酯、高密度聚乙烯、聚丙烯和带有 PTFE 涂层的 304 不锈钢。环氧乙烷灭菌，一次性使用。
适用范围:该产品用于经房间隔将各种心血管导管插入左侧心脏。
变更情况:变更日期：2015.01.20。“14901 DeVeau Place Minnetonka, Minnesota 55345 USA”变更为“5050 Nathan Lane North Plymouth, MN USA 55442”。
生产厂家:美国 St.Jude Medical
注册代理:圣犹达医疗用品(上海)有限公司
服务机构:圣犹达医疗用品(上海)有限公司
发证日期:2014.09.30 **截止日期**:2019.09.29

国食药监械(进)字 2014 第 3224690 号

产品名称:软性角膜接触镜(商品名:欧舒适散光)(ACUVUE OASYS Brand Contact Lenses for ASTIGMATISM with HYDRACLEAR plus)
产品标准:YZB/USA 3459-2014《软性角膜接触镜(商品名:欧舒适散光)》
性能组成:该产品为日戴型软性亲水接触镜。镜片材料为 senofilconA，着淡蓝色。铝箔盖塑料包装。各参数标称值：含水量：38%，折射率：1.42，透氧系数：103×10^{-11}(cm2/s)(mLO2/(mL×mmHg))，-3D 镜片透氧量：129×10^{-9}(cm/s)(mLO2/(mL×mmHg))，后顶焦度范围：-10.00D～+10.00D，柱镜焦度范围：-0.25D～-4.00D，可见光透过率>89%。UV-A 段平均透过率<10%，UV-B 段平均透过率<1%。推荐更换周期 2 周。产品经高温高压灭菌。
适用范围:用于矫正屈光不正患者的视力，适用于近视和远视、散光度数 4.00D 以下的患者配戴。
生产厂家:美国 Johnson & Johnson Vision Care Inc.
注册代理:强生视力健商贸(上海)有限公司
服务机构:强生视力健商贸(上海)有限公司
发证日期:2014.09.30 **截止日期**:2019.09.29

国食药监械(进)字 2014 第 3224691 号

产品名称:软性角膜接触镜（商品名：亮眸）(ACUVUE ADVANCE Brand Contact Lenses with HYDRACLEAR)
产品标准:YZB/USA 3477-2014《软性角膜接触镜（商品名：亮眸)》
性能组成:该产品为日戴型软性亲水接触镜。镜片材料为 galyfilconA，着淡蓝色。铝箔盖塑料包装。各参数标称值：含水量：47%，折射率：1.41，透氧系数：60.0×10^{-11}(cm2/s)(mLO2/(mL×mmHg))，-3D 镜片透氧量：85.7×10^{-9}(cm/s)(mLO2/(mL×mmHg))，后顶焦度范围：+8.00D～-20.00D，可见光透过率>89%。UV-A 段平均透过率<10%，UV-B 段平均透过率<1%。推荐更换周期 2 周。产品经高温高压灭菌。
适用范围:用于矫正有晶体和无晶体的无疾病眼的屈光不正（远视和近

视），1.00D 以下散光患者配戴不影响视敏度。
生产厂家:美国 Johnson & Johnson Vision Care Inc.
注册代理:强生视力健商贸（上海）有限公司
服务机构:强生视力健商贸（上海）有限公司
发证日期:2014.09.30 **截止日期**:2019.09.29

国食药监械（进）字 2014 第 3224692 号

产品名称:软性角膜接触镜（商品名：美瞳）（1 DAY ACUVUE DEFINE Brand Contact Lenses）
产品标准:YZB/USA 5441-2014《软性角膜接触镜（商品名：美瞳）》
性能组成:该产品为日戴型软性亲水接触镜。镜片材料为 etafilconA，着黑色、棕褐色及灰金色。铝箔盖塑料包装。各参数标称值：含水量：59%，折射率：1.400，透氧系数：21.4×10^{-11}(cm2/s)(mLO2/(mL×mmHg))，-3D 镜片透氧量：25.5×10^{-9}(cm/s)（mLO2/(mL×mmHg)），后顶焦度范围：+3.75D～ -10.00D，可见光透过率＞90%。UV-A 段平均透过率＜30%，UV-B 段平均透过率＜5%。推荐更换周期 1 天。产品经湿热蒸汽灭菌。
适用范围:用于矫正有晶体和无晶体的无疾病眼的屈光不正（近视和远视），1.00D 以下散光患者配戴不影响视敏感，可增强或改变配戴者眼镜的色彩。
生产厂家:美国 Johnson &Johnson Vision Care Inc.
注册代理:强生视力健商贸（上海）有限公司
服务机构:强生视力健商贸（上海）有限公司
发证日期:2014.09.30 **截止日期**:2019.09.29

国食药监械（进）字 2014 第 3224693 号

产品名称:球面人工晶状体（Spheric Lens）
规格型号:PCA81
产品标准:YZB/NET 5566-2014《球面人工晶状体》
性能组成:该产品为一片式/后房人工晶状体，可折叠，襻形为 C 形。主体部分和支撑部分均由甲基丙烯酸羟乙酯、甲基丙烯酸乙氧基乙酯、乙二醇二甲基丙烯酸酯等聚合而成的共聚物材料制成，添加紫外线吸收剂。屈光度范围：-10～30D；光学设计：单焦，球面。该产品经高压湿热灭菌，一次性使用。
适用范围:该产品主要用于植入眼内，取代天然晶状体，以作为白内障手术后的无晶体矫正。
生产厂家:荷兰 Oculentis B.V.
注册代理:北京海润创业科技有限责任公司
服务机构:北京海润创业科技有限责任公司
发证日期:2014.09.30 **截止日期**:2019.09.29

国食药监械（进）字 2014 第 3224694 号

产品名称:硬性角膜接触镜护理液（商品名：博视顿新洁）（Boston Simplus Multi-Action Solution）
规格型号:360ml，240ml，120ml，105ml，90ml，60ml，30ml.
产品标准:YZB/USA 5134-2014《硬性角膜接触镜护理液》
性能组成:该产品主要成分为：波洛沙默、羟基磷酸盐、硼酸、硼酸钠、氯化钠、羟基纤维素、聚丙胺双胍、氯己胺葡萄糖酸盐、甲基葡萄糖衍生物。
适用范围:该产品适用于清洁、除蛋白、冲洗、消毒、贮存氟化硅酮丙烯酸酯及硅酮丙烯酸酯硬性透气角膜接触镜。
生产厂家:美国 Bausch & Lomb Incorporated
注册代理:北京博士伦眼睛护理产品有限公司
服务机构:北京博士伦眼睛护理产品有限公司
发证日期:2014.09.30 **截止日期**:2019.09.29

国食药监械（进）字 2014 第 2224695 号

产品名称:喉镜用手术器械（Instruments for Laryngoscopes）
规格型号:见附页
产品标准:YZB/GER 5767-2014《喉镜用手术器械》
性能组成:该产品由可替换鞘、Klossek 窥镜套管和抽吸灌注手柄组成。产品材料为黄铜、PA6.6、tecapee、YY/T 0294.1 中代号为 M 的不锈钢。非灭菌包装。
适用范围:该产品适用于对患者喉部进行临床诊断检查。
生产厂家:德国 Richard Wolf GmbH
注册代理:北京德华信达技术有限公司
服务机构:见附页
发证日期:2014.09.30 **截止日期**:2019.09.29

国食药监械（进）字 2014 第 3224696 号

产品名称:软性亲水接触镜（Soft Contact Lens）
规格型号:茵洛高解像散光镜片 Polyvue Toric Multifocal High Definition Soft Contact Lens
产品标准:YZB/ROK 5503-2014《软性亲水接触镜》
性能组成:该产品为日戴型软性亲水接触镜。镜片由 HEMA、EDMA、紫外线吸收剂及着色剂等聚合而成，着淡蓝色。玻璃瓶包装。各参数标称值：含水量：38%，折射率：1.440，透氧系数：8.9×10^{-11}(cm2/s)(mLO2/(mL×mmHg))，-3D 镜片透氧量：11.0×10^{-9}(cm/s)(mLO2/(mL×mmHg))，后顶焦度范围：+4.00D～-12.00D，柱镜焦度范围：0.00D～ -5.00D，可见光透过率≥95%。UV-A 段平均透过率≤45.8%，UV-B 段平均透过率≤4.58%。推荐更换周期 1 年。产品经蒸汽湿热灭菌。
适用范围:适用于无禁忌症患者矫正远视、近视及散光。
生产厂家:韩国 INTEROJO INC.
注册代理:上海茵洛光学产品有限公司
服务机构:上海茵洛光学产品有限公司
发证日期:2014.09.30 **截止日期**:2019.09.29

国食药监械（进）字 2014 第 3224697 号

产品名称:软性角膜接触镜（商品名：美瞳两周）（ACUVUE 2 DEFINE Brand Contact Lenses）
产品标准:YZB/USA 5017-2014《软性角膜接触镜（商品名：美瞳两周）》
性能组成:该产品为日戴型软性亲水接触镜。镜片材料为 etafilconA，含有染色剂。按颜色分为棕褐色、黑灰色或黑绿色镜片。聚丙烯杯包装。各参数标称值：含水量：59%，折射率：1.400，透氧系数标称值：21.4×10^{-11}(cm2/s)(mLO2/(mL×mmHg))，-3D 镜片透氧量：25.5×10^{-9}(cm/s)(mLO2/(mL×mmHg))，后顶焦度范围：-9.00D～ +1.00D，可见光透射率≥90%。UV-A 段光谱透射率＜30%，UV-B 段光谱透射率＜5%。推荐更换周期两周。产品经高压蒸汽灭菌。
适用范围:适用于矫正有晶体和无晶体的无疾病眼的屈光不正（近视和远视），1.00D 以下散光患者配戴不影响视敏度，可增强或改变虹膜颜色。
生产厂家:美国 Johnson &Johnson Vision Care Inc.
注册代理:强生视力健商贸（上海）有限公司
服务机构:强生视力健商贸（上海）有限公司
发证日期:2014.09.30 **截止日期**:2019.09.29

国食药监械（进）字 2014 第 2644698 号

产品名称:透明敷料（商品名：3M Tegaderm 透明敷料）（3M Tegaderm Transparent Dressing）
规格型号:3M Tegaderm Film-Transparent FilmDressing with Border：1614，1616 3M TegadermFilm-Transparent Film Dressing Frist Aid Style：1620，1621 3M Tegaderm Film-Transparent FilmDressing Frame Style：1622W，1624W，1626，1626W，1627，1628，1629，1630，1634，9505W，9506W
产品标准:YZB/USA 5456-2014《透明敷料》
性能组成:本产品由薄膜背衬、粘合剂和离型纸组成，其中 1614 和 1616 薄膜背衬内侧边沿有无纺布，外侧有离型框；1622W，1624W，1626，1626W，1627，1628，1629，1630，1634，9505W 和 9506W 薄膜背衬外侧有离型框。背衬的材料为聚氨酯，粘合剂的材料为丙烯酸酯，离型纸和离型框均为纸。经伽马射线灭菌，一次性使用。
适用范围:适用于导管和器械的固定，覆盖保护伤口，提供湿润环境；可作为次级敷料，将器械固定在皮肤上。
生产厂家:美国 3M Health Care
注册代理:明尼苏达矿业制造（上海）国际贸易有限公司
服务机构:明尼苏达矿业制造（上海）国际贸易有限公司
发证日期:2014.09.30 **截止日期**:2019.09.29

国食药监械（进）字 2014 第 3224699 号

产品名称:软性亲水接触镜（商品名：舒视氧散光）（Air Optix for Astigmatism Soft Contact Lenses）
产品标准:YZB/USA 5537-2014《软性亲水接触镜（商品名：舒视氧散光）》
性能组成:该产品为日戴型软性亲水接触镜。镜片材料为 LotrafilconB，着淡蓝色，PP 杯包装。各参数标称值：含水量：33%，折射率：1.42，透氧系数：110×10^{-11}(cm2/s)(mLO2/(mL×mmHg))，-3D 镜片透氧量：108×10^{-9}(cm/s)(mLO2/(mL×mmHg))，后顶焦度：0.00D～-10.00D，柱镜焦度：-0.75D，-1.25D，-1.75D，-2.25D，可见光透过率>93%。推荐更换周期一个月。产品经高压蒸汽灭菌。
适用范围：适用于矫正适用光度范围的有晶状体或无晶状体非疾病眼的屈光不正(近视及散光)。
备注：商品名由原“视康舒适氧散光”变为“舒视氧散光”。2015 年 1 月 6 日同意更正备注内容，2014 年 9 月 30 日核发的医疗器械注册登记表予以废止。
生产厂家：美国 Alcon Laboratories, Inc.
注册代理：爱尔康(中国)眼科产品有限公司
服务机构：爱尔康(中国)眼科产品有限公司
发证日期：2014.09.30 **截止日期**：2019.09.29

国食药监械(进)字 2014 第 3774700 号

产品名称：中心静脉压监测及输液套件（商品名：Medifix）(见附件)
规格型号：4276612，4276620，4276728，4279913
产品标准：YZB/GER 5694-2014《中心静脉压监测及输液套件》
性能组成：产品由穿刺器、滴壶（底部含药液过滤器）、流量调节器、管路、保护帽、三通阀、测压管路和中心静脉压测压标尺组成；产品主要由聚苯乙烯，苯乙烯-丁二烯，聚氯乙稀(增塑剂为 DEHT)，聚乙烯，聚碳酸酯和甲基丙烯酸甲酯-丙烯腈-丁二烯-苯乙烯材料制成。
适用范围：用于输液和中心静脉压的监测。
生产厂家：德国 B. Braun Melsungen AG
注册代理：贝朗医疗(上海)国际贸易有限公司
服务机构：贝朗医疗(上海)国际贸易有限公司
发证日期：2014.09.30 **截止日期**：2019.09.29

国食药监械(进)字 2014 第 3774701 号

产品名称：Van Schie 导丝辅助血管造影导管(Van Schie Over-the-Top Angiographic Catheter)
规格型号：HN8.0-35-80-Y-6S-VOTT，HN8.0-35-120-Y-6S-VOTT
产品标准：YZB/USA 4489-2014《Van Schie 导丝辅助血管造影导管》
性能组成：该产品由导管、Y 接头和单通组成。导管的材料为尼龙 12，导管前端有一个 18K 黄金不透射线标记和六个侧孔。环氧乙烷灭菌，产品一次性使用。
适用范围：该产品用于在血管内手术时的血管造影。
生产厂家：美国 Cook Incorporated
注册代理：库克(中国)医疗贸易有限公司
服务机构：库克(中国)医疗贸易有限公司
发证日期：2014.09.30 **截止日期**：2019.09.29

国食药监械(进)字 2014 第 3464702 号

产品名称：胸腰椎用横向连接器（商品名：Pangea）(Pangea Spine System-Connector)
规格型号：见附页
产品标准：YZB/SWI 5556-2014《胸腰椎用横向连接器》
性能组成：该产品由横向连接器组成，由符合 ISO 5832-11 的钛 6 铝 7 铌（Ti Al6 Nb7)材料制成。产品表面经阳极氧化处理。包括灭菌和非灭菌包装。
适用范围：该产品作为胸腰椎固定系统的组件，与同一系统其他组件配合使用，用于胸腰椎脊柱后路内固定。
生产厂家：瑞士 Synthes GmbH
注册代理：强生(上海)医疗器材有限公司
服务机构：见附页
发证日期：2014.09.30 **截止日期**：2019.09.29

国食药监械(进)字 2014 第 2634703 号

产品名称：烤瓷牙用陶瓷粉（商品名：创意瓷粉）(Dental Ceramics)
规格型号：见附页
产品标准：YZB/AUS 5561-2014《烤瓷牙用陶瓷粉》
性能组成：本品为牙科烤瓷用陶瓷粉，主要成份：二氧化硅、三氧化二铝、氧化钾、氧化钡、氧化钙、氧化锡等。
适用范围：本品适用于牙科修复中贵金属、非贵金属的烤瓷修复。
生产厂家：奥地利 KLEMA Dentalprodukte GmbH
注册代理：深圳市施崴特齿科器材有限公司
服务机构：深圳市施崴特齿科器材有限公司
发证日期：2014.09.30 **截止日期**：2019.09.29

国食药监械(进)字 2014 第 2544704 号

产品名称：鼻罩(Mask Air, oxygen.)
规格型号：Mirage FX; Mirage FX for Her
产品标准：YZB/AUL 5564-2014《鼻罩》
性能组成：本产品由鼻罩框架、前额托架、护垫、通气孔、头带、弯头祥扣、弯头组合组成。本产品为非灭菌包装，可供患者重复使用。
适用范围：用于持续气道正压通气(CPAP)或双水平装置，以无创方式向患者供气。
生产厂家：澳大利亚 ResMed Limited
注册代理：瑞思迈(北京)医疗器械有限公司
服务机构：瑞思迈(北京)医疗器械有限公司
发证日期：2014.09.30 **截止日期**：2019.09.29

国食药监械(进)字 2014 第 3664705 号

产品名称：三连三通旋塞（商品名：Angiodyn High Pressure Manifolds）(Angiographic Manifolds)
规格型号：5012759、5012813、5012848、5012015、5012104、5012893、5012094、5012163
产品标准：YZB/GER 5438-2014《三连三通旋塞》
性能组成：该产品由外壳、旋转接头、开关等组成。材料为聚碳酸酯、高密度聚乙烯和树脂。产品经环氧乙烷灭菌，一次性使用。
适用范围：该产品用于血管介入手术中控制液体流路、连接器械。
备注：2015 年 1 月 6 日同意更正产品禁忌症内容，2014 年 9 月 30 日核发的医疗器械注册登记表予以废止。
生产厂家：德国 B. Braun Melsungen AG
注册代理：贝朗医疗(上海)国际贸易有限公司
服务机构：贝朗医疗(上海)国际贸易有限公司
发证日期：2014.09.30 **截止日期**：2019.09.29

国食药监械(进)字 2014 第 2634706 号

产品名称：正畸丝(Archwire)
规格型号：见附页
产品标准：YZB/USA 5541-2014《正畸丝》
性能组成：正畸丝由镍钛合金材料制成，按照形状可分为圆形和方形。
适用范围：正畸丝在口腔正畸治疗时与托槽等矫正器配合使用，用于矫治牙齿畸形。
生产厂家：美国 Ormco Corporation
注册代理：卡瓦盛邦(上海)牙科医疗器械有限公司
服务机构：卡瓦盛邦(上海)牙科医疗器械有限公司
发证日期：2014.09.30 **截止日期**：2019.09.29

国食药监械(进)字 2014 第 2224707 号

产品名称：人工晶状体推注器(Injector)
规格型号：DK 7784
产品标准：YZB/UK 5821-2014《人工晶状体推注器》
性能组成：该产品分为主体与推进杆两部分。主体材料为 Ti6Al4V，推进杆材料为聚醚醚酮和 Ti6Al4V。非灭菌包装。
适用范围：该产品为将指定人工晶状体植入晶体囊袋内的操作工具。
生产厂家：英国 Duckworth & Kent Ltd
注册代理：卡尔蔡司(上海)管理有限公司
服务机构：卡尔蔡司(上海)管理有限公司
发证日期：2014.09.30 **截止日期**：2019.09.29

国食药监械(进)字 2014 第 3154708 号

产品名称：一次性使用吸引活检针(ディスポーザブル吸引生検针)
规格型号：NA-201SX-4021
产品标准：YZB/JAP 3168-2011《一次性使用吸引活检针》
性能组成：本产品由主体一次性使用吸引活检针(NA-201SX-4021)、附件一次性接头活检阀(MAJ-1414)及 Medallion 吸引活检针筒组成。接触黏膜部材料为镍钛合金、医用不锈钢(SUS304)、聚四氟乙烯。本产品为一次性已灭菌产品，采用环氧乙烷灭菌方式，灭菌有效期限为 3 年。
适用范围：本产品与超声内镜配套使用，用于对气管支气管树和食道的黏膜下层和管腔外的病变进行超声引导下细针穿刺(FNA)活检。

生产厂家:日本奥林巴斯医疗株式会社
注册代理:奥林巴斯贸易(上海)有限公司
服务机构:奥林巴斯(北京)销售服务有限公司
发证日期:2014.09.30 截止日期:2019.09.29

国食药监械(进)字2014第3224709号

产品名称:软性角膜接触镜(商品名:舒日)(1 DAY ACUVUE MOIST Brand Contact Lenses)
产品标准:YZB/USA 5309-2014《软性角膜接触镜(商品名:舒日)》
性能组成:该产品为日戴型软性亲水接触镜。镜片材料为etafilconA,着淡蓝色。铝箔盖塑料包装。各参数标称值:含水量:59%,折射率:1.400,透氧系数:21.4×10^{-11}(cm2/s)(mLO2/(mL×mmHg)),-3D镜片透氧量:25.5×10^{-9}(cm/s)(mLO2/(mL×mmHg)),后顶焦度范围:+6.00D~-20.00D,可见光透过率≥90%。UV-A段平均透过率<30%,UV-B段平均透过率<5%。推荐更换周期1天。产品经湿热蒸汽灭菌。
适用范围:用于矫正有晶体和无晶体的无疾病眼的屈光不正(远视和近视),1.00D以下散光患者配戴不影响视敏度。
生产厂家:美国Johnson & Johnson Vision Care Inc.
注册代理:强生视力健商贸(上海)有限公司
服务机构:强生视力健商贸(上海)有限公司
发证日期:2014.09.30 截止日期:2019.09.29

国食药监械(进)字2014第3464710号

产品名称:空心螺钉(商品名:Asnis Ⅲ)(Cannulated Screws)
规格型号:见附页
产品标准:YZB/SWI 5419-2014《空心螺钉》
性能组成:产品由空心钉、垫圈和螺帽组成。产品均采用符合ISO5832-3的Ti6A14V钛合金材料制成,表面经阳极氧化处理。产品含灭菌包装和非灭菌包装。
适用范围:适用于四肢长骨干骺端骨折内固定。
生产厂家:瑞士Stryker Trauma AG
注册代理:史赛克(北京)医疗器械有限公司
服务机构:史赛克(北京)医疗器械有限公司
发证日期:2014.09.30 截止日期:2019.09.29

国食药监械(进)字2014第3464711号

产品名称:锁定接骨板(Locking Plates)
规格型号:见附页
产品标准:YZB/SWI 5387-2014《锁定接骨板》
性能组成:该产品选用符合ISO 5832-11的Ti6A17Nb合金,符合ISO 5832-2的纯钛或符合ISO 5832-1的不锈钢材料,钛合金和纯钛产品表面经阳极化处理。分为灭菌包装和非灭菌包装。
适用范围:锁定接骨板与SYNTHES接骨螺钉配合用于四肢骨、锁骨、肩胛骨及骨盆的骨折内固定。
生产厂家:瑞士Synthes GmbH
注册代理:强生(上海)医疗器材有限公司
服务机构:见附页
发证日期:2014.09.30 截止日期:2019.09.29

国食药监械(进)字2014第3774712号

产品名称:导引导丝(商品名:HI-TORQUE WHISPER LS/MS)(Guide Wire with Hydrophilic Coating)
规格型号:见附页
产品标准:YZB/USA 5130-2014《导引导丝(商品名:HI-TORQUE WHISPER LS/MS)》
性能组成:该产品由芯丝和远端绕丝组成。芯丝的材料为304V不锈钢,近段芯丝涂有聚四氟乙烯涂层;远端绕丝的远段材料为90/10铂钨合金,远端绕丝的近段材料为304V不锈钢;导丝远端被含钨的聚氨基甲酸酯包被;导丝远段涂有Turbocoat亲水涂层。电子束灭菌,一次性使用。
适用范围:该产品用于在进行经皮冠状动脉腔内成形术(PTCA)和经皮腔内血管成形术(PTA)的过程中帮助球囊扩张导管的置入。
生产厂家:美国Abbott Vascular
注册代理:雅培医疗器械贸易(上海)有限公司
服务机构:雅培医疗器械贸易(上海)有限公司
发证日期:2014.09.30 截止日期:2019.09.29

国食药监械(进)字2014第3224713号

产品名称:软性角膜接触镜(商品名:润眸)(ACUVUE 2 Brand Contact Lenses)
产品标准:YZB/USA 5310-2014《软性角膜接触镜(商品名:润眸)》
性能组成:该产品为日戴型软性亲水接触镜。镜片材料为etafilconA,着淡蓝色。铝箔盖塑料包装。各参数标称值:含水量:59%,折射率:1.400,透氧系数:21.4×10^{-11}(cm2/s)(mLO2/(mL×mmHg)),-3D镜片透氧量:25.5×10^{-9}(cm/s)(mLO2/(mL×mmHg)),后顶焦度范围:+3.75D~-20.00D,可见光透过率≥90%。UV-A段平均透过率<30%,UV-B段平均透过率<5%。推荐更换周期2周。产品经高温高压灭菌。
适用范围:用于矫正有晶体和无晶体的无疾病眼的屈光不正(远视和近视),1.00D以下散光患者配戴不影响视敏度。
生产厂家:美国Johnson &Johnson Vision Care Inc.
注册代理:强生视力健商贸(上海)有限公司
服务机构:强生视力健商贸(上海)有限公司
发证日期:2014.09.30 截止日期:2019.09.29

国食药监械(进)字2014第3774714号

产品名称:神经导丝(商品名:Synchro)(Synchro Neuro Guidewires)
规格型号:见附页
产品标准:YZB/USA 5371-2014《神经导丝》
性能组成:该产品包括导丝、扭控器和导入器。导丝为可操控型,由芯丝、绕丝、可塑性远端组成;芯丝的材料为304不锈钢,绕丝的材料为白金/钨,可塑性远端材料为镍钛合金;导丝近端涂有PTFE涂层,远端涂有Parylene亲水涂层;导丝头端的远端部分具有不透X射线性。射线灭菌,一次性使用。
适用范围:该产品用于在神经血管系统内有选择性地导入和放置导管和其它介入器械。
生产厂家:美国Stryker Neurovascular
注册代理:史赛克(北京)医疗器械有限公司
服务机构:史赛克(北京)医疗器械有限公司
发证日期:2014.09.30 截止日期:2019.09.29

国食药监械(进)字2014第2644715号

产品名称:透明敷料(商品名:3M Tegaderm HP 透明敷料)(3M Tegaderm HP Transparent Film Dressing)
规格型号:HP Transparent Film Dressing Frame Style:9519HP,9534HP,9536HP,9543HP,9545HP,9546HP,9548HP;IV Transparent Film Dressing with Border:9525HP
产品标准:YZB/USA 5457-2014《透明敷料》
性能组成:本产品是由薄膜背衬、粘合剂、离型纸和离型框组成,其中9525HP薄膜背衬侧边沿有无纺布、薄膜背衬的材料为聚氨酯,粘合剂的材料为丙烯酸酯。辐照灭菌,一次性使用。
适用范围:本产品可用于覆盖和保护导管部位和伤口,为伤口愈合维持一个湿润的环境,其还可以作为次级敷料,并对那些容易受损、擦伤的皮肤区域进行护盖,或用作将器械固定。
生产厂家:美国3M Health Care
注册代理:明尼苏达矿业制造(上海)国际贸易有限公司
服务机构:明尼苏达矿业制造(上海)国际贸易有限公司
发证日期:2014.09.30 截止日期:2019.09.29

国食药监械(进)字2014第3774716号

产品名称:球囊扩张导管(商品名:ATB ADVANCE)(ATB Advance PTA Dilation Catheter)
规格型号:见附页
产品标准:YZB/USA 5333-2014《球囊扩张导管》
性能组成:球囊扩张导管由球囊、导管和导管座组成。材料:球囊、导管和导管座的材料均为尼龙12,黏合剂为Loctite4011,不透射线标记为黄金。环氧乙烷灭菌,产品一次性使用。
适用范围:球囊扩张导管被设计用于经皮穿刺外周血管成形术,包括髂动脉、肾动脉、腘动脉、腘下动脉、股动脉以及髂股动脉;也可以在先天性或者人造的动静脉透析瘘管的堵塞性损伤中使用;还可用于球囊扩张的外周血管支架的后扩张。
生产厂家:美国Cook Incorporated
注册代理:库克(中国)医疗贸易有限公司

服务机构:库克(中国)医疗贸易有限公司
发证日期:2014.09.30　　**截止日期**:2019.09.29

国食药监械(进)字2014第2044717号

产品名称:人工晶状体推注器(Implantation System)
规格型号:DK7786
产品标准:YZB/UK 5545-2014《人工晶状体推注器》
性能组成:该产品主体前端的折叠夹槽用于安装人工晶状体折叠夹,弹簧柱塞和推针用于推动人工晶状体。活塞和套管部件材料为 PEEK,其余部件材料为 Ti6Al4V。非灭菌包装。
适用范围:该产品与人工晶状体折叠夹(商品名:One Series, 型号1VIPR30))配合使用,以便折叠和协助插入AMO 丙烯酸酯单件式人工晶状体。仅适用于插入到囊袋中。
生产厂家:英国 Duckworth &; amp; Kent Ltd.
注册代理:眼力健(上海)医疗器械贸易有限公司
服务机构:眼力健(上海)医疗器械贸易有限公司
发证日期:2014.09.30　　**截止日期**:2019.09.29

国食药监械(进)字2014第2044717号

产品名称:人工晶状体推注器(Implantation System)
规格型号:DK7786
产品标准:YZB/UK 5545-2014《人工晶状体推注器》
性能组成:该产品主体前端的折叠夹槽用于安装人工晶状体折叠夹,弹簧柱塞和推针用于推动人工晶状体。活塞和套管部件材料为 PEEK,其余部件材料为 Ti6Al4V。非灭菌包装。
适用范围:该产品与人工晶状体折叠夹(商品名:One Series, 型号1VIPR30))配合使用,以便折叠和协助插入AMO 丙烯酸酯单件式人工晶状体。仅适用于插入到囊袋中。
生产厂家:英国 Duckworth & Kent Ltd.
注册代理:眼力健(上海)医疗器械贸易有限公司
服务机构:眼力健(上海)医疗器械贸易有限公司
发证日期:2014.09.30　　**截止日期**:2019.09.29

国食药监械(进)字2014第3774718号

产品名称:PTA 球囊导管(商品名:Gateway)(Gateway PTA Balloon Catheter)
规格型号:见附页
产品标准:YZB/USA 0820-2010《PTA球囊导管(商品名:Gateway)》
性能组成:该产品为沿导丝操作的共轴导管,导管远端末端附近带有一只球囊。导管外腔用于充盈球囊,而导丝腔则可用于使用导丝以便将导管输送至并穿过需要扩张的狭窄部位。导管外层涂有 BIOSLIDE 亲水涂层。环氧乙烷灭菌,一次性使用。
适用范围:该产品适用于对颅内动脉血管狭窄部位进行球囊扩张处理,以便改善颅内供血。
生产厂家:美国波士顿科学公司(Boston Scientific Corporation)
注册代理:史赛克(北京)医疗器械有限公司
服务机构:史赛克(北京)医疗器械有限公司
发证日期:2014.09.30　　**截止日期**:2019.09.29

国食药监械(进)字2014第3464719号

产品名称:骨水泥型股骨柄(AcuMatch L-Series Cemented Femoral Stems)
规格型号:见附页
产品标准:YZB/USA 5455-2014《骨水泥型股骨柄》
性能组成:本产品由符合 YY0117.3 的铸造钴铬钼合金制造。灭菌包装。
适用范围:与该企业同一系统组件配合,作为骨水泥型髋关节假体使用,适用于髋关节置换。
生产厂家:美国 Exactech, Inc.
注册代理:美精技医疗器械(上海)有限公司
服务机构:美精技医疗器械(上海)有限公司
发证日期:2014.09.30　　**截止日期**:2019.09.29

国食药监械(进)字2014第2104720号

产品名称:内窥镜手术手动工具(Smith & Nephew Endoscopic Manual Instruments)
规格型号:见附页
产品标准:YZB/USA 3997-2010《内窥镜手术手动工具》
性能组成:该产品由骨科用钳、剪、刀组成。与人体接触部件由符合YY/T0294 标准规定的 O、M、N 和 P 不锈钢钢材料制成。灭菌和非灭菌包装。
适用范围:与硬性内窥镜配合,适用于骨科手术中诊断和治疗。
生产厂家:美国 Smith &Nephew, Inc.Endoscopy Division
注册代理:施乐辉医用产品国际贸易(上海)有限公司
服务机构:施乐辉医用产品国际贸易(上海)有限公司
发证日期:2014.09.30　　**截止日期**:2019.09.29

国食药监械(进)字2014第3154721号

产品名称:一次性使用无菌胰岛素注射器 带针(商品名:Omnican)(Insulin syringes)
规格型号:9151117, 9151117S, 9151125, 9151125S, 9151133, 9151133S, 9151141, 9151141S, 9161619, 9161619S, 9161627, 9161627S, 9161635, 9161635S
产品标准:YZB/GER 5474-2014《一次性使用无菌胰岛素注射器 带针》
性能组成:一次性使用无菌胰岛素注射器 带针 由针筒、芯杆、活塞、注射针及保护套组成。注射器主要由聚苯乙烯和聚乙烯制成;注射针由不锈钢材料(304 不锈钢)制成。采用环氧乙烷灭菌。
适用范围:该产品用于注射胰岛素。
生产厂家:德国 B.Braun Melsungen AG, OPM
注册代理:贝朗医疗(上海)国际贸易有限公司
服务机构:贝朗医疗(上海)国际贸易有限公司
发证日期:2014.09.30　　**截止日期**:2019.09.29

国食药监械(进)字2014第3464722号

产品名称:硅胶鼻部假体和面部假体(Silicone Nasal Implants and Silicone Facial Implants)
规格型号:见附页
产品标准:YZB/国 3055-2010《硅胶鼻部假体和面部假体》
性能组成:该产品由硅橡胶制成,一次性使用,无菌包装。
适用范围:该产品用于鼻部及其它面部部位的修复整形和凹陷填充。
生产厂家:韩国 Hans Biomed Corp.
注册代理:上海鸿满贸易有限公司
服务机构:上海鸿满贸易有限公司
发证日期:2014.09.30　　**截止日期**:2019.09.29

国食药监械(进)字2014第2224723号

产品名称:肛肠镜用无源手术器械(Non-active Instruments for Proctoscopy)
规格型号:见附页
产品标准:YZB/GER 5565-2014《肛肠镜用无源手术器械》
性能组成:该产品由操作鞘、闭孔器、工作配件、抓钳、活检钳、剪刀、牵开器、持针器、打结器、冲洗吸引管、操作器、钩、套管、转接器、密封帽组成。材料为硅橡胶和 YY/T 0294.1 中代号为 M 的不锈钢。非灭菌包装。
适用范围:适用于肛肠镜临床手术中的检查、诊断和治疗用。
生产厂家:德国 Karl Storz GmbH & Co. KG
注册代理:卡尔史托斯内窥镜(上海)有限公司
服务机构:卡尔史托斯内窥镜(上海)有限公司
发证日期:2014.09.30　　**截止日期**:2019.09.29

国食药监械(进)字2014第2224724号

产品名称:经皮肾镜用无源手术器械(Non-active Instruments for Percutaneous Nephroscopes)
规格型号:见附页
产品标准:YZB/GER 5549-2014《经皮肾镜用无源手术器械》
性能组成:该产品由抓钳、刀、内镜扩张套件、吸引管、剪刀、转接器、密封帽、镜鞘、闭孔器组成。产品材料为硅橡胶和 YY/T 0294.1 中代号为 M 的不锈钢。非灭菌包装。
适用范围:该产品用于经皮肾镜临床手术中的检查、诊断和治疗用。
生产厂家:德国 Karl Storz GmbH & Co. KG
注册代理:卡尔史托斯内窥镜(上海)有限公司
服务机构:卡尔史托斯内窥镜(上海)有限公司
发证日期:2014.09.30　　**截止日期**:2019.09.29

国食药监械(进)字 2014 第 3774725 号

产品名称:血栓抽吸导管套装(商品名:Diver C.E.Max)(Clot Extraction Catheter)
规格型号:DVC060014145 DVC061014145 DVC070014145 DVC071014145
产品标准:YZB/ITA 5477-2014《血栓抽吸导管套装》
性能组成:该产品由导管、抽吸器、两通阀、过滤网、延长管路组成。其中，导管是由连接器、近端管、远端管、中间管、双腔管以及不透射线标记物组成。导管包含亲水涂层，不含药物。该产品环氧乙烷灭菌，一次性使用。
适用范围:该产品专门用于血管(直径大于等于 2 毫米)中的凝块(血栓)抽吸:这些血管指通过诊断造影显示存在血栓或疑似血栓的自身冠脉、搭桥移植血管以及外周动脉。
生产厂家:意大利 Invatec S.p.A.
注册代理:美敦力(上海)管理有限公司
服务机构:美敦力(上海)管理有限公司
发证日期:2014.09.30　**截止日期**:2019.09.29

国食药监械(进)字 2014 第 3154726 号

产品名称:一次性使用静脉留置针(商品名: BD AngiocathTM)(BD AngiocathTM Intravenous Catheters)
规格型号:见附页
产品标准:YZB/USA 5471-2014《一次性使用静脉留置针》
性能组成:留置针系列产品均包含护套(静脉导管有效长度大于 48 mm 的留置针产品还有护套加长管)、静脉导管组合件、针管组合件及透气塞。
适用范围:主要用于静脉输液治疗使用。
生产厂家:美国 Becton Dickinson Infusion Therapy Systems Inc.
注册代理:碧迪医疗器械(上海)有限公司
服务机构:碧迪医疗器械(上海)有限公司
发证日期:2014.09.30　**截止日期**:2019.09.29

国食药监械(进)字 2014 第 2664727 号

产品名称:充盈装置系列(商品名: Dolphin)(Inflation Device)
规格型号:0185NA、0185ND、0185NF
产品标准:YZB/FRC 0977-2010《充盈装置系列》
性能组成:该产品为整体组合，由一个 30cc 注射器体、一个旋转手柄，一个压力表和高压连接器组成。充盈装置的材料为聚碳酸酯，旋塞为聚甲醛。环氧乙烷灭菌，一次性使用。
适用范围:该产品用于血管成形手术中，扩张球囊导管、控制压力，使球囊导管释放收缩。
生产厂家:法国 Perouse Medical
注册代理:贝鲁斯医疗器材(上海)有限公司
服务机构:贝鲁斯医疗器材(上海)有限公司
发证日期:2014.09.30　**截止日期**:2019.09.29

国食药监械(进)字 2014 第 3154728 号

产品名称:一次性使用泵用注射器(商品名: Omnifix® Luer Lock Solo)(Hypodermic three-piece syringes, Luer lock fitting)
规格型号:4617029V, 4617022V-03, 4617053V-03, 4617100V-03, 4617207V-03, 4617304F-03, 4617509F-03, 4617509F
产品标准:YZB/GER 4340-2010《一次性使用泵用注射器》
性能组成:产品由外套、芯杆和活塞组成。
适用范围:本产品适与输注泵配套使用，用于药液输注；或其他形式的液体输注。
生产厂家:德国 B. Braun Melsungen AG
注册代理:贝朗医疗(上海)国际贸易有限公司
服务机构:贝朗医疗(上海)国际贸易有限公司
发证日期:2014.09.30　**截止日期**:2019.09.29

国食药监械(进)字 2014 第 3154729 号

产品名称:静脉留置针(商品名: Optiva)(Intravenous Catheters)
规格型号:见附页
产品标准:YZB/UK 5475-2014《静脉留置针》
性能组成:静脉留置针主要有保护帽、导管管路、导管座、针管、针座、排气接头、导管组件组成。柄翼和与导管座一体的注射部件(又称加药壶)为可选组成。根据结构不同分为 Optiva, Optiva W 和 Optiva 2 三个系列。Optiva 不含可选组件；Optiva W 含有柄翼；Optiva 2 同时含有柄翼和注射部件。针管采用医用不锈钢材料制造，导管部分采用聚氨酯和聚丙烯材料制造，药壶采用硅橡胶制造。
适用范围:该产品适用于外周静脉输液和血液样本的采集，留置时间不大于 72 小时。
备注:2015 年 1 月 6 日同意更正企业注册地址内容，2014 年 9 月 30 日核发的医疗器械注册登记表予以废止。
生产厂家:英国 Smiths Medical International Ltd
注册代理:史密斯医疗器械(北京)有限公司
服务机构:史密斯医疗器械(北京)有限公司
发证日期:2014.09.30　**截止日期**:2019.09.29

国食药监械(进)字 2014 第 2544730 号

产品名称:便携式自动复苏器(PORTABLE RESUSCITATOR)
规格型号:P-6
产品标准:YZB/JAP 0964-2010《便携式自动复苏器》
性能组成:该产品由自动人工呼吸器，吸引器，吸引管，密封面罩(L, M, S)，试验气囊，开口器，氧气瓶用板子，加湿器，流量计，高压充填管(30cm)，气管(大，中，小)，带管的吸氧面罩，轻量铝合金 300L 氧气瓶组成。
适用范围:用于急救复苏。
生产厂家:日本 SHIN-EI INDUSTRIES, INC.
注册代理:北京中财诚科贸有限公司
服务机构:北京中财诚科贸有限公司
发证日期:2014.09.30　**截止日期**:2019.09.29

国食药监械(进)字 2014 第 3774731 号

产品名称:导引导管(商品名: Vista Brite Tip)(Vista Brite Tip Guiding Catheter)
规格型号:见附页
产品标准:YZB/USA 5515-2014《导引导管》
性能组成:该产品主要由座、体部、Trans Tip Ⅱ、Trans Tip Ⅰ、头端、头端涂层、内体、编织部、应力释放部分组成。座材料为聚碳酸酯复合物，体部材料为 Vestamid 68D 复合物，Trans Tip Ⅱ材料为 Vestamid64D 复合物，Trans Tip Ⅰ材料为 Vestamid 64D 复合物/Pebax 40D，头端材料为 Pellethane 80AE 复合物，头端涂层材料为黄色巴西棕榈蜡和三氯乙烯，内体材料为 PTFE，编织部材料为 304 SST 钢丝，应力释放部分材料为聚烯烃。管体有效长度为 50cm-125cm，导管内径(规格/英寸)：5F/0.056”、6F/0.070”、7F/0.078”、8F/0.088”、9F/0.098”、10F/0.110”。环氧乙烷灭菌，一次性使用。
适用范围:该产品用于将介入器械或诊断器械引入冠状动脉或外周血管系统。
生产厂家:美国 Cordis corporation
注册代理:强生(上海)医疗器材有限公司
服务机构:强生(上海)医疗器材有限公司
发证日期:2014.09.30　**截止日期**:2019.09.29

国食药监械(进)字 2014 第 2664732 号

产品名称:心脏定位装置(テンタクルズ)
规格型号:MD-27310
产品标准:YZB/JAP 3367-2011《心脏定位装置》
性能组成:本产品包括吸盘、吸管、固定管、旋塞、防逆阀、分支接头、末端吸管和接头。吸盘材料为硅橡胶和聚对苯二甲酸乙二酯，吸管和固定管材料为硅橡胶，旋塞材料为聚碳酸酯、聚甲醛，防逆阀材料为硅橡胶、聚氯乙烯，分支接头、末端吸管和接头材料为聚氯乙烯。其中聚氯乙烯以 DEHP(邻苯二甲酸二乙酯)为增塑剂。产品使用环氧乙烷灭菌。
适用范围:用于冠动脉的辅助手术中，为了扩大视野，令其吸附于心脏之上，以保持手术时心脏的位置及朝向。
生产厂家:日本秋田住友电木株式会社
注册代理:东西贸易(上海浦东新区)有限公司
服务机构:东西贸易(上海浦东新区)有限公司
发证日期:2014.09.30　**截止日期**:2019.09.29

国食药监械(进)字 2014 第 3154733 号

产品名称:一次性胰岛素笔用针头(商品名: Omnican fine)(Pen needle for pen injection devices)

规格型号:9167889, 9168934EX, 9168982EX, 9168956, 9168990EX, 9167684, 9167625, 9168990, 9167668, 9167811EX, 9168978, 9168978EX, 9168956EX, 9168982
产品标准:YZB/GER 5191-2014《一次性胰岛素笔用针头》
性能组成:由连接装置、注射针管、针管保护内帽和外保护帽组成。其中连接装置由共聚多醚制成,注射针管由 304 不锈钢制成,针管保护内帽由苯乙烯-丁二烯共聚物(SB)制成,外保护帽由聚乙烯(PE)制成。
适用范围:该产品主要与胰岛素笔配套使用注射胰岛素。
生产厂家:德国 B.Braun Melsungen AG, OPM
注册代理:贝朗医疗(上海)国际贸易有限公司
服务机构:贝朗医疗(上海)国际贸易有限公司
发证日期:2014.09.30 截止日期:2019.09.29

国食药监械(进)字 2014 第 2544734 号

产品名称:桡动脉压迫止血带(商品名:RadiStop)(RadiStop Compression Assist Device)
规格型号:C11177
产品标准:YZB/SWE 1258-2012《桡动脉压迫止血带》
性能组成:桡动脉压迫止血带由一个支撑板和一个带皮带的压迫垫组成。支撑板材质为聚丙烯,支撑板带材质为热塑性橡胶,压迫垫材质为聚丙烯和热塑橡胶,压迫垫皮带材质为热塑性橡胶、聚乙烯和尼龙。产品为辐射灭菌,一次性使用。
适用范围:桡动脉压迫止血带适用于桡动脉导管插管术后压迫
生产厂家:瑞典 St.Jude Medical Systems AB
注册代理:圣犹达医疗用品(上海)有限公司
服务机构:圣犹达医疗用品(上海)有限公司
发证日期:2014.09.30 截止日期:2019.09.29

国食药监械(进)字 2014 第 3544735 号

产品名称:骨组织活检器械(Bone Biopsy Kit)
规格型号:306-105, 306-115, 306-135, 306-195
产品标准:YZB/USA 2263-2011《骨组织活检器械》
性能组成:本产品由活检针、衬芯、注射器组成。
适用范围:骨组织活检器械与 ACM 经皮输注系统和 PCD 经皮骨水泥搅拌注入系统结合使用,用于获取诊断用的骨组织样本。
生产厂家:美国 Stryker Instruments
注册代理:史赛克(北京)医疗器械有限公司
服务机构:史赛克(北京)医疗器械有限公司
发证日期:2014.09.30 截止日期:2019.09.29

国食药监械(进)字 2014 第 3464736 号

产品名称:膝关节衬垫(商品名:Scorpio X3 Inserts)(Scorpio Total Knee System)
规格型号:见附页
产品标准:YZB/USA 5128-2014《膝关节衬垫》
性能组成:该产品为膝关节衬垫,由符合 GB/T19701.2 中 2 型要求的超高分子量聚乙烯材料制成,外部带有由符合 ISO5832-5 标准要求的钴铬钨镍合金材料制成的金属显影丝。灭菌包装。
适用范围:该产品与同企业同系列产品匹配,适用于由于以下原因引起的膝盖疼痛和致残性关节疾病:变性关节炎、类风湿性关节炎、创伤后关节炎;膝关节构造和功能创伤后丧失;中度内翻足、外翻足或弯曲畸形,患者的韧带组织可充分恢复功能和稳定性;修正以前不成功的膝关节置换或其它手术。
生产厂家:美国 Howmedica Osteonics Corp.
注册代理:史赛克(北京)医疗器械有限公司
服务机构:史赛克(北京)医疗器械有限公司
发证日期:2014.09.30 截止日期:2019.09.29

国食药监械(进)字 2014 第 3154737 号

产品名称:一次性使用冠状动脉造影注射器(商品名:麦瑞通一次性冠状动脉造影注射器)(Coronary Control Syringes)
规格型号:CCS100, CCS101, CCS200, CCS201, CCS320, CCS321, CCS460, CCS461, CCS600, CCS601, CCS800, CCS801, CCSB700, CCSB701, CCSB710, CCSB711, CCSB900, CCSB901, CCSB910, CCSB911
产品标准:YZB/USA 5508-2014《一次性使用冠状动脉造影注射器》
性能组成:本产品由注射筒(聚碳酸酯),芯杆(丙烯腈-丁二烯-苯乙烯),活塞(硅橡胶),固定鲁尔接头(聚碳酸酯)或旋转鲁尔接头(聚碳酸酯),锁紧环(丙烯腈-丁二烯-苯乙烯),0 型环(硅橡胶)和固定体帽(聚乙烯)组成。γ 射线灭菌,为一次性使用,配有不同类型的手柄和指环。
适用范围:本产品临床用于冠状动脉造影时注射对比液。
生产厂家:美国 Merit Medical Systems, Inc.
注册代理:麦瑞通医疗器械(北京)有限公司
服务机构:麦瑞通医疗器械(北京)有限公司
发证日期:2014.09.30 截止日期:2019.09.29

国食药监械(进)字 2014 第 3664738 号

产品名称:灌注系统(商品名:Pulse Spray)(Infusion System)
规格型号:见附页
产品标准:YZB/USA 5169-2014《灌注系统》
性能组成:本产品由聚氨酯注射接头、尼龙接头、尼龙导管、侧孔、不透 X 线标记点、304 不锈钢闭塞导丝组成。一次性使用。
适用范围:适用于包括溶栓剂和造影剂进入外周血管的液体给药。
生产厂家:美国 AngioDynamics, Inc
注册代理:上海美创医疗器械有限公司
服务机构:上海美创医疗器械有限公司
发证日期:2014.09.30 截止日期:2019.09.29

国食药监械(进)字 2014 第 3224739 号

产品名称:隐形眼镜护理液(商品名:Sauflon)(Multi-purpose solution)
规格型号:100ml, 250ml, 380ml
产品标准:YZB/UK 7646-2013《隐形眼镜护理液(商品名:Sauflon)》
性能组成:无菌溶液。组成成份为:聚己缩胍、泊洛沙姆 188、乙二胺四乙酸二钠、无水磷酸钠、磷酸二氢钠、氯化钠、纯水。
适用范围:适用于软性隐形眼镜(含硅水凝胶镜片),可以提供清洁、消毒、润滑、储存、湿润、冲洗功能。
生产厂家:英国 SAUFLON PHARMACEUTICALS LIMITED
注册代理:英国沙福隆医药有限公司上海代表处
服务机构:见附页
发证日期:2014.09.30 截止日期:2019.09.29

国食药监械(进)字 2014 第 3224740 号

产品名称:隐形眼镜护理液(商品名:CyClean)(Multi-purpose solution)
规格型号:100ml, 250ml, 380ml
产品标准:YZB/UK 7434-2013《隐形眼镜护理液(商品名:CyClean)》
性能组成:无菌溶液。组成成份:聚己缩胍、泊洛沙姆 188、乙二胺四乙酸二钠、羟丙基甲基纤维素、氯化钠、无水磷酸钠、磷酸二氢钠、纯水。
适用范围:适用于软性隐形眼镜(含硅水凝胶镜片),可以提供清洁、消毒、润滑、储存、湿润、冲洗功能。
生产厂家:英国 SAUFLON PHARMACEUTICALS LIMITED
注册代理:英国沙福隆医药有限公司上海代表处
服务机构:见附页
发证日期:2014.09.30 截止日期:2019.09.29

国食药监械(进)字 2014 第 3454741 号

产品名称:血液滤过器(商品名:持续徐缓式血液滤过器 CUREFLO)(原文:血液濾過器)
规格型号:ACF-130W, ACF-180W
产品标准:YZB/JAP 4728-2011《血液滤过器》
性能组成:本产品由中空纤维丝、封口胶、端口盖、顶盖和外壳组成。
适用范围:该产品用于具有严重并发症,间歇透析治疗难以处理的肾功能衰竭患者,这些严重并发症包括多脏器功能衰竭、心脏循环器官功能不全如心功能不全和水肿。也用于通过持续血液滤过(通常超过 10 个小时)纠正和净化体液。
生产厂家:日本旭化成医疗株式会社(旭化成メディカル株式会社)
注册代理:旭化成医疗器械(杭州)有限公司
服务机构:旭化成医疗器械(杭州)有限公司
发证日期:2014.09.30 截止日期:2019.09.29

国食药监械(进)字 2014 第 3464742 号

产品名称:骨水泥型髋关节假体组件(商品名:百康)(Centrament Hip

System, cemented)
规格型号:见附页
产品标准:YZB/GER 3635-2010《骨水泥型髋关节假体组件》
性能组成:该产品包括髋臼、股骨柄及中置器。髋臼材料为符合 ISO 5834-2 标准的 1 型超高分子量聚乙烯；股骨柄材料为符合 ISO 5832-12 的锻造钴铬钼合金；中置器材料为符合 ISO 5833 的 PMMA。灭菌包装。
适用范围:与企业同一系统组件配合，适用于髋关节置换。
生产厂家:德国 Aesculap AG
注册代理:贝朗医疗(上海)国际贸易有限公司
服务机构:贝朗医疗(上海)国际贸易有限公司
发证日期:2014.09.30 **截止日期**:2019.09.29

国食药监械(进)字 2014 第 3464743 号

产品名称:股骨髓内钉系统（商品名：亚洲型）(Asian IMHS System)
规格型号:见附页
产品标准:YZB/USA 0021-2011《股骨髓内钉系统（商品名：亚洲型)》
性能组成:该产品由主钉、拉力螺钉、稳定螺钉、交锁钉、加压尾钉和尾帽组成。材料采用 Ti6Al4V 钛合金。表面经阳极氧化处理。包装为灭菌包装和非灭菌包装。
适用范围:适用于股骨粗隆间、粗隆下骨折，股骨干、股骨颈骨折内固定。
生产厂家:美国 Smith & Nephew, Inc.
注册代理:施乐辉医用产品国际贸易(上海)有限公司
服务机构:施乐辉医用产品国际贸易(上海)有限公司
发证日期:2014.09.30 **截止日期**:2019.09.29

国食药监械(进)字 2014 第 3464744 号

产品名称:前路颈椎椎间融合器（商品名：ROI-C）(Anterior Cervical Cage)
规格型号:见附页
产品标准:YZB/FRA 3195-2011《前路颈椎椎间融合器》
性能组成:该产品由颈椎融合器、融合器固定夹组成。颈椎融合器由聚醚醚酮（PEEK-Optima）材料制成，显影点由金属钽材料制成。融合器固定夹由 Ti6Al4V 钛合金材料制成。融合器固定夹表面无着色。灭菌包装。
适用范围:适用于颈椎前路椎间融合术。
生产厂家:法国 LDR MEDICAL
注册代理:法国 LDR 医疗公司北京代表处
服务机构:法国 LDR 医疗公司北京代表处
发证日期:2014.09.30 **截止日期**:2019.09.29

国食药监械(进)字 2014 第 3464745 号

产品名称:金属带锁髓内钉（商品名：Sirus）(Metallic Lockable Intramedullary Nail)
规格型号:见附页
产品标准:YZB/SWI 1753-2011《 金属带锁髓内钉 》
性能组成:该产品由胫骨髓内钉(实心/中空)、股骨髓内钉、股骨颈螺钉(实心/中空)、自攻型螺钉及其配套使用的螺帽部件组成。材料为符合 ISO5832-11 的 Ti6Al7Nb 钛合金，表面无着色。产品分灭菌包装和非灭菌包装。
适用范围:该产品适用于股骨干、股骨颈、股骨粗隆间、转子下、胫骨干骨折的内固定。
生产厂家:瑞士 Zimmer GmbH
注册代理:捷迈(上海)医疗国际贸易有限公司
服务机构:捷迈(上海)医疗国际贸易有限公司
发证日期:2014.09.30 **截止日期**:2019.09.29

国食药监械(进)字 2014 第 2664746 号

产品名称:引流导管(Drainage Catheter)
规格型号:见附页
产品标准:YZB/USA 3452-2011《引流导管》
性能组成:引流导管由引流导管(导管、导管座和固定拉线)、导管导入套管、套管针、皮肤固定器组成。材料:引流导管:导管:聚亚氨酯，导管座:ABS 材料(丙烯腈-丁二烯-苯乙烯)、304 不锈钢，固定拉线:3-0 尼龙缝线；涂层:AQ 亲水涂层(聚乙烯吡咯烷酮)；套管针:针管和针芯:304 不锈钢，接头:聚碳酸酯；导管导入套管:套管:聚乙烯，接头:聚碳酸酯；皮肤固定器:导管固定座:ABS(丙烯腈-丁二烯-苯乙烯)、硅胶；皮肤贴:聚丙烯和丙烯酸胶。
适用范围:引流导管被设计用于放射介入诊断和治疗手术时，经皮插入胆道、肾盂或脓肿进行引流.
生产厂家:美国 Cook Incorporated
注册代理:库克(中国)医疗贸易有限公司
服务机构:库克(中国)医疗贸易有限公司
发证日期:2014.09.30 **截止日期**:2019.09.29

国食药监械(进)字 2014 第 3464747 号

产品名称:手骨重建金属接骨板、接骨螺钉(Titanium plating systems for Osteosynthesis in hand surgery)
规格型号:见附页
产品标准:YZB/GER 2521-2005《手骨重建金属接骨板、接骨螺钉》
性能组成:该产品由接骨板、接骨螺钉组成。其中接骨板采用材料为纯钛，接骨螺钉采用材料为 Ti6Al4V 钛合金，表面经阳极氧化处理。非灭菌包装。
适用范围:适用于手外科整形，固定。
生产厂家:德国 NORMED Medizintechnik GmbH
注册代理:捷迈(上海)医疗国际贸易有限公司
服务机构:捷迈(上海)医疗国际贸易有限公司
发证日期:2014.09.30 **截止日期**:2019.09.29

国食药监械(进)字 2014 第 3464748 号

产品名称:髋关节假体（商品名：SDC and PLC）(SDC & PLC Hip Endoprosthesis)
规格型号:见附页
产品标准:YZB/GER 5773-2014《髋关节假体》
性能组成:该产品由股骨柄、球头、髋臼组成，髋臼包括外杯、内衬及螺钉。股骨柄采用符合 ISO5832-3 标准规定 Ti6Al4V 钛合金制成，表面经喷砂处理；球头采用符合 ISO5832-12 标准规定的锻造钴铬钼合金材料制成，髋臼帽基体及螺钉采用符合 ISO5832-3 标准规定 Ti6Al4V 钛合金制成，髋臼帽表面涂层为符合 ISO5832-2 标准规定纯钛，内衬采用符合 ISO5834-2 标准规定的 1 型超高分子量聚乙烯材料制成。灭菌包装。
适用范围:做为非骨水泥型髋关节假体使用，适用于髋关节置换。
生产厂家:德国 Aesculap AG
注册代理:贝朗医疗(上海)国际贸易有限公司
服务机构:贝朗医疗(上海)国际贸易有限公司
发证日期:2014.09.30 **截止日期**:2019.09.29

国食药监械(进)字 2014 第 3464749 号

产品名称:金属骨小梁髋臼系统(Porous Metal Acetabular Systems)
规格型号:见附页
产品标准:YZB/USA 2309-2011《金属骨小梁髋臼系统》
性能组成:该产品由髋臼外杯、补块、堵孔塞和锁环组成。髋臼外杯基体、补块由符合 ASTM F1580 的钛合金粉末烧结而形成微孔金属骨小梁结构，髋臼外杯边缘由 Ti6Al4V 钛合金材料制成。锁环由纯钛材料制成。灭菌包装。
适用范围:作为非骨水泥型髋关节假体，与同一系统组件配合，适用于骨骼成熟患者的初次髋关节置换术，对因炎性或非炎性退行性髋关节疾病或下述原因导致的髋关节损伤进行关节表面置换：1.骨关节炎；2.血管坏死；3.运动创伤；4.风湿性关节炎；5.软骨症；6.青少年风湿性关节炎；7.系统性全身红斑狼疮跛行等。
生产厂家:美国 Biomet Orthopedics
注册代理:邦美(上海)商贸有限公司
服务机构:邦美(上海)商贸有限公司
发证日期:2014.09.30 **截止日期**:2019.09.29

国食药监械(进)字 2014 第 3154750 号

产品名称:一次性使用自毁型无菌注射器（商品名：BD SoloMedTM）(BD SoloMedTM Two Pieces Breakable Plunger Syringe (with/without Needles))
规格型号:见附页
产品标准:YZB/SPA 5617-2014《一次性使用自毁型无菌注射器》
性能组成:本产品的结构为两件式注射器，分为带针和不带针两种。带针的型号由注射针(针管、针座、护帽)和注射器(芯杆、外套、按手)

组成，不带针的型号由注射器(芯杆、外套、按手)组成。
适用范围:临床上用于吸入药液后立即注射药液，并具有在输送固定剂量的药液后按压注射器芯杆使其断裂、从而使注射器丧失功能、防止重复使用的特性。
生产厂家:西班牙 Becton Dickinson, S.A.
注册代理:碧迪医疗器械(上海)有限公司
服务机构:碧迪医疗器械(上海)有限公司
发证日期:2014.09.30 **截止日期**:2019.09.29

国食药监械(进)字 2014 第 2094751 号

产品名称:痔吻合器及附件(EEA Hemorrhoid and Prolapse Stapler Set with DST Series Technology)
规格型号:HEM3335; HEM3348
产品标准:YZB/USA 5553-2014《痔吻合器及附件》
性能组成:该吻合器械提供双排圆形 DST 钛钉夹，直径 33mm，钉腿高度有 3.5mm 和 4.8mm 两种规格。所附带配件包括肛门套管、扩张器及肛镜。
适用范围:痔吻合器及附件通过肛管实施外科手术来治疗痔疮疾病。痔吻合器及附件也用于末梢消化道来创建端对端及端对侧吻合。
生产厂家:美国 Covidien llc
注册代理:柯惠医疗器材国际贸易(上海)有限公司
服务机构:柯惠医疗器材国际贸易(上海)有限公司
发证日期:2014.09.30 **截止日期**:2019.09.29

国食药监械(进)字 2014 第 3464752 号

产品名称:颈椎前路钢板固定系统（商品名：ZEPHIR）(Zephir Anterior Cervical System)
规格型号:见附页
产品标准:YZB/USA 5689-2014《颈椎前路钢板固定系统》
性能组成:该产品包括钢板和螺钉。材料为符合 GB/T 13810 的 TC4ELI 钛合金。表面经阳极氧化处理。非灭菌包装。
适用范围:适用于颈椎椎间融合时的前路内固定。
生产厂家:美国 Medtronic Sofamor Danek USA, Inc.
注册代理:美敦力(上海)管理有限公司
服务机构:美敦力(上海)管理有限公司
发证日期:2014.09.30 **截止日期**:2019.09.29

国食药监械(进)字 2014 第 3464753 号

产品名称:骨移植替代物（商品名：OSTEOSET XR）(Bone Graft Substitute)
规格型号:84SR4V02, 84SR4V05, 84SR4V10, 84SR4820, 84SR3001, 84SR4805
产品标准:YZB/USA 4727-2011《骨移植替代物》
性能组成:该产品为瓶装或一次性使用推射器装的骨移植替代物颗粒，其中骨移植替代物颗粒由硫酸钙/磷酸钙粉体和羟基乙酸钠溶液混合制成。该产品无菌状态提供，一次性使用。
适用范围:该产品适用于轻轻地塞入不影响骨骼系统(即四肢、脊柱和骨盆)骨性结构稳定性的开放性骨腔或缝隙之间，以使其原位愈合。这些开放性骨腔可能是手术造成的，也可能是因外伤造成的。
生产厂家:美国 Wright Medical Technology, Inc.
注册代理:上海中智恒康医疗器械有限公司
服务机构:上海中智恒康医疗器械有限公司
发证日期:2014.09.30 **截止日期**:2019.09.29

国食药监械(进)字 2014 第 2634754 号

产品名称:牙科复合树脂暂时冠/桥材料（商品名：Cool Temp NATURAL）(Dentistry-Composite Resin Material for Temporary)
规格型号:Cool Temp Cartidge A1, A2, A3.5 规格：(50mL/85g)/盒
产品标准:YZB/SWI 6073-2014《牙科复合树脂暂时冠/桥材料》
性能组成:该产品是一种“弹药筒”装的双组分自动调和材料，可用于多种技术；在椅旁用初印模制作暂时冠桥，或使用成形片、模板制作暂时冠桥，也可在技工室制作。该产品由三羟甲基丙烷三甲基丙烯酸酯，氨基甲酸乙酯二甲基丙烯酸酯，丙二酚-A-二乙氧基丙烯酸甲酯，乙二烯酞酸酯，钡玻璃，无定型氧化硅和色素（黄、红、蓝）组成。
适用范围:临床或技工室作为牙科复合树脂暂时（不超过 30 天）冠/桥材料。
生产厂家:瑞士 Coltène/Whaledent AG
注册代理:康特威尔登特齿科贸易(北京)有限公司
服务机构:康特威尔登特齿科贸易(北京)有限公司
发证日期:2014.09.30 **截止日期**:2019.09.29

国食药监械(进)字 2014 第 3634755 号

产品名称:牙科骨粉(Dental Bone Powder)
规格型号:型号:Cerasorb, 规格 50-150μm、150-500μm、500-1000μm、1000-2000μm 型号:Cerasorb M, 规格 150-500μm、500-1000μm、1000-2000μm
产品标准:YZB/GER 6023-2014《牙科骨粉》
性能组成:由β-磷酸三钙制成，纯度不小于 99%。
适用范围:适用于口腔和上颌面部位的填充，具体包括：窦提升和窦底抬高，拔牙后牙槽缺损的填补；骨囊肿切除后的缺损；骨囊两臂层和多臂层及牙齿双分叉和三分叉的填补，萎缩牙槽的增升。
生产厂家:德国 RIEMSER Pharma GmbH
注册代理:优诺康(北京)医药技术服务有限公司
服务机构:上海世洋医疗器械贸易有限公司
发证日期:2014.09.30 **截止日期**:2019.09.29

国食药监械(进)字 2014 第 3464756 号

产品名称:金属接骨钢板螺钉系统（商品名：Versa-FX II Femoral Fixation System）(Versa-FX II Femoral Fixation System)
规格型号:见附页
产品标准:YZB/USA 5759-2014《金属接骨钢板螺钉系统》
性能组成:系统由股骨内固定标准管钢板、髁上压缩弓形钢板、连接型阻滞螺钉及无键压缩螺钉组成。无键压缩螺钉材料为符合 ISO 5832-1 标准的不锈钢，其他不锈钢材料符合 ASTM F1314。产品经辐照灭菌，一次性使用。
适用范围:该产品用于对股骨近端和髁上骨折内固定。
生产厂家:美国 Zimmer, Inc.
注册代理:捷迈(上海)医疗国际贸易有限公司
服务机构:捷迈(上海)医疗国际贸易有限公司
发证日期:2014.09.30 **截止日期**:2019.09.29

国食药监械(进)字 2014 第 3454757 号

产品名称:一次性使用血液灌流器（商品名：碳肾）(Haemoperfusion cartridge)
规格型号:Adsorba 150 C, Adsorba 300 C
产品标准:YZB/GER 6048-2014《一次性使用血液灌流器》
性能组成:该产品由活性炭吸附剂，纤维素包被材料，聚丙烯填充材料（仅 ADSORBA 150C 适用）和聚丙烯外壳组成。
适用范围:该产品用于血液灌流，治疗急性严重药物中毒。
生产厂家:德国 Gambro Dialysatoren GmbH
注册代理:金宝肾护理产品(上海)有限公司
服务机构:金宝肾护理产品(上海)有限公司
发证日期:2014.09.30 **截止日期**:2019.09.29

国食药监械(进)字 2014 第 3634758 号

产品名称:牙科用光固化树脂(Light curing composite resin for dental use)
规格型号:型号:DenFil 2100A1; DenFil 2100A2; DenFil 2100A3; DenFil 2100A3.5; DenFil 2100A4; DenFil 2100B1; DenFil 2100B2; DenFil 2100B3; DenFil 2100C2; DenFil 2100C3; DenFil 2100D3。 规格：4g/支。
产品标准:YZB/ROK 5926-2014《牙科用光固化树脂》
性能组成:主要组成：铝矽酸钡、锻制二氧化硅、缩水甘油基甲基丙烯酸双酚 A、二甲基丙烯酸基三乙烯基乙二酯、光引发剂、色素、无机填料。挠曲强度不低于 50 MPa，吸水值不大于 40μg/mm3，溶解值不大于 7.5μg/mm3。
适用范围:用于前后牙直接修复、筑桩。
生产厂家:韩国 Vericom Co., Ltd.
注册代理:北京永轩科技有限公司
服务机构:明光圣睿（北京）医学技术有限公司；德联科贸（北京）有限公司
发证日期:2014.09.30 **截止日期**:2019.09.29

国食药监械(进)字 2014 第 2634759 号

产品名称:亲水加聚型硅橡胶印模材料(VPS Impression Material)
规格型号:见附页
产品标准:YZB/GER 6028-2014《亲水加聚型硅橡胶印模材料》
性能组成:弹性回复率不小于 96.5%,线形尺寸变化不大于 1.5%,0 和 1 类材料的压应变为 0.8%-20%,2 和 3 类材料的压应变为 2.0%-20%。产品由本剂和催化剂组成。
适用范围:精确印模的制取。
生产厂家:德国 3M Deutschland GmbH
注册代理:明尼苏达矿业制造(上海)国际贸易有限公司
服务机构:明尼苏达矿业制造(上海)国际贸易有限公司
发证日期:2014.09.30　**截止日期**:2019.09.29

国食药监械(进)字 2014 第 2634760 号

产品名称:支架铸造合金(商品名:TUFF COBALT)(原文名称:歯科鋳造用コベルト.クロム合金)
产品标准:YZB/JAP 0508-2010《支架铸造合金》
性能组成:本品成分和含量:钴:58.0%,铬:30.0%,钼:6.0%,铁:3.0%,锰:1.4%,硅:0.8%,钨:0.8%。
适用范围:该产品用于铸造部分牙列缺失支架的高强度钴铬合金,适用于全口支架、局部义齿支架、卡环、杆的制作。
生产厂家:日本株式会社 RUBY 株式会社ルビー
注册代理:上海璐碧国际贸易有限公司
服务机构:上海璐碧国际贸易有限公司
发证日期:2014.09.30　**截止日期**:2019.09.29

国食药监械(进)字 2014 第 2634761 号

产品名称:根管清洗糊剂(MD-ChelCream)
规格型号:MD-ChelCream
产品标准:YZB/ROK 5937-2014《根管清洗糊剂》
性能组成:该产品由乙二胺四乙酸(EDTA)和聚乙二醇(PEG)组成,是白色糊剂状材料。
适用范围:用于牙科手术中清洗、去除牙根管、牙髓组织等部位残渣。
生产厂家:韩国 META BIOMED CO., LTD.
注册代理:北京美塔医疗器械有限公司
服务机构:北京美塔医疗器械有限公司
发证日期:2014.09.30　**截止日期**:2019.09.29

国食药监械(进)字 2014 第 2034762 号

产品名称:钻石刀(商品名:蛇牌)(Diamond knife)
规格型号:FD113D、FD114D、FD115D、FD116D
产品标准:YZB/GER 3268-2010《钻石刀》
性能组成:该产品由刀片部分,刀柄部分,保护套和活动套组成。刀片部分包括刀片和刀片固定物。刀片为钻石材质,刀片固定物材质为不锈钢。产品未灭菌供货。
适用范围:用于神经外科手术。
生产厂家:德国 Aesculap AG
注册代理:贝朗医疗(上海)国际贸易有限公司
服务机构:贝朗医疗(上海)国际贸易有限公司
发证日期:2014.09.30　**截止日期**:2019.09.29

国食药监械(进)字 2014 第 3664763 号

产品名称:一次性使用输注导管套件(Therapeutic Infusion System)
规格型号:见附页
产品标准:YZB/USA 5817-2014《一次性使用输注导管套件》
性能组成:该产品包括输注导管,配套用啮合导丝,止血阀,检查安全阀,注射器或压力分配装置。
适用范围:用于将治疗溶液输注入患者的外周血管中。
生产厂家:美国 Merit Medical System, Inc.
注册代理:麦瑞通医疗器械(北京)有限公司
服务机构:麦瑞通医疗器械(北京)有限公司
发证日期:2014.09.30　**截止日期**:2019.09.29

国食药监械(进)字 2014 第 2014764 号

产品名称:施夹器(Rinsable Endoscopic Clip Applier for ABSOLOK Clips)
规格型号:AP2010S, AP3010S, AP4010S
产品标准:YZB/GER 6106-2014《施夹器》
性能组成:本产品由钳牙、中空长杆和手柄组成,材料为不锈钢(牌号为 2Cr13, Y1Cr18Ni9, 1Cr17Ni7, 0Cr19Ni9)。
适用范围:该产品适用于微创手术中结扎钉夹的递送。
生产厂家:德国 Johnson & Johnson MEDICAL GmbH
注册代理:强生(上海)医疗器材有限公司
服务机构:强生(上海)医疗器材有限公司
发证日期:2014.09.30　**截止日期**:2019.09.29

国食药监械(进)字 2014 第 3464765 号

产品名称:髋关节假体组件(商品名:Charnley)(Total Hip system)
规格型号:见附页
产品标准:YZB/UK 5692-2014《髋关节假体组件》
性能组成:股骨柄材料采用符合 ISO 5832-9 的高氮不锈钢制成。灭菌包装。
适用范围:作为骨水泥型假体,与其他组件配合使用,适用于髋关节置换。
生产厂家:英国 DePuy International, Limited
注册代理:强生(上海)医疗器材有限公司
服务机构:强生(上海)医疗器材有限公司
发证日期:2014.09.30　**截止日期**:2019.09.29

国食药监械(进)字 2014 第 2634766 号

产品名称:牙科硅橡胶弹性印模材料(Dental Silicone Impression Materials)
规格型号:见附页
产品标准:YZB/SWI 5898-2014《牙科硅橡胶弹性印模材料》
性能组成:本品为牙科硅橡胶弹性印模材料,由加成型聚乙烯基硅氧烷组成。
适用范围:用于口腔临床或技工室制取印模。
备注:2015 年 1 月 21 日同意更正企业注册地址、生产地址内容,2014 年 9 月 30 日核发的医疗器械注册登记表、附页予以废止。
生产厂家:瑞士 Coltène/Whaledent AG
注册代理:康特威尔登特齿科贸易(北京)有限公司
服务机构:康特威尔登特齿科贸易(北京)有限公司
发证日期:2014.09.30　**截止日期**:2019.09.29

国食药监械(进)字 2014 第 3664767 号

产品名称:引流导管(商品名:LiquoGuard 7)(Drainage set)
规格型号:00003497 00003501
产品标准:YZB/GER 5000-2014《引流导管》
性能组成:该产品由引流导管和引流袋组成。该产品为灭菌包装、一次性使用产品,引流袋以与引流导管整体灭菌包装和单独灭菌包装(00003149)两种方式提供。
适用范围:该产品与脑脊液引流泵配套连接,作为通路进行液体引流,适用于临时性鞘内脑脊液的引流和持续性脑脊液的引流。
生产厂家:德国 Moeller Medical GmbH
注册代理:北京泰升景康医药科技有限公司
服务机构:上海屹邦医疗器械科技发展有限公司
发证日期:2014.09.28　**截止日期**:2019.09.27

国食药监械(进)字 2014 第 3244768 号

产品名称:Nd:YAG/KTP 激光治疗机(Aesthetic Dermatology Laser System)
规格型号:Excel V
产品标准:YZB/USA 5628-2014《Nd:YAG/KTP 激光治疗机》
性能组成:治疗机由主机、治疗手柄(CoolView, Genesis V)、脚踏开关组成。主机由激光器、激光电源及控制装置、安全防护系统、冷却系统组成;治疗手柄由机头及导缆组成。性能参数见附页。
适用范围:CoolView 手柄中 1064nm 激光用于治疗良性血管病变和良性皮肤病变;532nm 激光用于治疗良性血管病变、良性皮肤病变和良性色素病变。Genesis V 手柄中 Nd:YAG 1064nm 激光用于治疗良性血管病变、减少皱纹。
生产厂家:美国 CUTERA, INC.
注册代理:捷通埃默高(北京)医药科技有限公司

服务机构:捷通埃默高(北京)医药科技有限公司
发证日期:2014.09.28 **截止日期**:2019.09.27

国食药监械(进)字2014第3304769号

产品名称:移动式C形臂X射线机(Mobile fluoroscophic/radiographic units)
规格型号:TCA 6R
产品标准:YZB/ITA 4959-2014《移动式C形臂X射线机》
性能组成:产品由组合机头(I-40R 5 RF),X射线管(X20P),影像增强器和显示器组成.具有数字减影血管造影(DSA)功能。
适用范围:用于X射线透视和拍片检查。
生产厂家:意大利TECHNIX SPA
注册代理:康达医疗器械(上海)有限公司
服务机构:康达医疗器械(上海)有限公司
发证日期:2014.09.28 **截止日期**:2019.09.27

国食药监械(进)字2014第3774770号

产品名称:压力导丝(Pressure Guide Wire)
规格型号:9185
产品标准:YZB/USA 5672-2014《压力导丝》
性能组成:该产品由导丝组件和连接器组件组成。
适用范围:该产品适用于在诊断性血管造影术和(或)介入手术中测量冠状动脉和外周血管内的压力。该产品在医院中由经过培训的医生操作。
生产厂家:美国Volcano Corporation
注册代理:北京伟龙科仪贸易有限公司
服务机构:北京伟龙科仪贸易有限公司
发证日期:2014.09.28 **截止日期**:2019.09.27

国食药监械(进)字2014第3304771号

产品名称:全身X射线计算机断层扫描系统(Computed tomography x-ray system)
规格型号:Discovery CT
产品标准:YZB/USA 5344-2014《全身X射线计算机断层扫描系统》
性能组成:本产品由基本组件和选件组成,其中基本组件包括扫描架(机架,内含X射线管组件、准直器、高压发生器和探测器)、扫描床、控制台和配电装置(电源分配装置),选件详见注册产品标准。探测器物理结构64排,最多生成128层图像,扫描架开口直径700mm。
适用范围:用于头部、全身、心脏和血管的X射线计算机断层成像应用。GSI作为可选功能,可采集两个不同能级的数据以创建单色图像或材料密度图像,从而显示解剖和病理结构的相关信息。Veo作为可选功能,可获得头部、全身扫描更好的图像质量并降低扫描剂量。
生产厂家:美国GE Medical systems, LLC
注册代理:通用电气医疗系统贸易发展(上海)有限公司
服务机构:通用电气医疗系统贸易发展(上海)有限公司
发证日期:2014.09.28 **截止日期**:2019.09.27

国食药监械(进)字2014第3244772号

产品名称:无菌二氧化碳激光光纤及附件(Sterilized CO2 Laser Fiber and Accessories)
规格型号:见附页
产品标准:YZB/ISR 4697-2014《无菌二氧化碳激光光纤及附件》
性能组成:无菌二氧化碳激光光纤由光纤和激光器SMA 905连接头组成;FiberLase光纤手具由不锈钢探针管、手柄和光纤固定螺帽组成;FiberLase内窥镜保护套管由保护套管和光纤固定螺帽组成。FiberLase机械导入套管由不锈钢保护套管和光纤固定螺帽组成。
适用范围:该产品与Lumenis公司生产的二氧化碳激光治疗机配合使用,将医用激光设备的激光传输到患者病变部位。
生产厂家:以色列Lumenis Limited
注册代理:科医人医疗激光设备贸易(北京)有限公司
服务机构:科医人医疗激光设备贸易(北京)有限公司
发证日期:2014.09.28 **截止日期**:2019.09.27

国食药监械(进)字2014第3454773号

产品名称:血液透析装置(多用途透析装置)
规格型号:GC-110N(B型)
产品标准:YZB/JAP 5769-2014《血液透析装置》
性能组成:由血泵、肝素泵、静脉气泡检测器、超滤泵、透析液供给装置(BC-PURER02)、电导检测器、流量调整阀、透析液压传感器、静脉压传感器、动脉压传感器、加热器温度传感器、动脉气泡检测器、壶液面调整泵(选配件)、余液管夹子、漏血检测器、肝素泵2(选配件)、呼叫护士系统(选配件)组成。
适用范围:临床供慢性肾功能不全患者血液透析用
生产厂家:日本株式会社ジェイ・エム・エス
注册代理:大连万德电子有限公司
服务机构:大连万德电子有限公司
发证日期:2014.09.28 **截止日期**:2019.09.27

国食药监械(进)字2014第3224774号

产品名称:电子下消化道内窥镜(ビデオ軟性大腸鏡)
规格型号:EC-L590WM
产品标准:YZB/JAP 5422-2014《电子下消化道内窥镜》
性能组成:该产品是由插入部(头端部、弯曲部和软性部)、操作部、LG软性部、LG连接器、图像连接器、中继线软性部组成。与富士生产的电子图像处理器VP-4450HD、内窥镜光源装置LL-4450及附件组合使用。
适用范围:插入到体内、管腔、体腔或体内腔,提供用于对体内、管腔、体腔或体内腔进行观察、诊断、拍摄或治疗的图像。该产品于医疗设施内在医生的管理下,用于对直肠、S字结肠、大肠、回盲部进行观察、诊断和治疗。
生产厂家:日本富士胶片株式会社,富士フイルム株式会社
注册代理:富士胶片(中国)投资有限公司
服务机构:富士胶片(中国)投资有限公司
发证日期:2014.09.28 **截止日期**:2019.09.27

国食药监械(进)字2014第3224775号

产品名称:电子下消化道内窥镜(ビデオ軟性大腸鏡)
规格型号:EC-L590ZW
产品标准:YZB/JAP 5429-2014《电子下消化道内窥镜》
性能组成:该产品是由插入部(头端部、弯曲部和软性部)、操作部、LG软性部、LG连接器、图像连接器、中继线软性部组成。与富士生产的电子图像处理器VP-4450HD、内窥镜光源装置LL-4450及附件组合使用。
适用范围:插入到体内、管腔、体腔或体内腔,提供用于对体内、管腔、体腔或体内腔进行观察、诊断、拍摄或治疗的图像。该产品于医疗设施内在医生的管理下,用于对直肠、S字结肠、大肠、回盲部进行观察、诊断和治疗。
生产厂家:日本富士胶片株式会社,富士フイルム株式会社
注册代理:富士胶片(中国)投资有限公司
服务机构:富士胶片(中国)投资有限公司
发证日期:2014.09.28 **截止日期**:2019.09.27

国食药监械(进)字2014第3704776号

产品名称:CT结肠图像CAD软件(Computed Tomographic Colonography (CTC) Computer-Aided Detection (CAD) Software)
规格型号:VeraLook CTC CAD,版本1.0.9
产品标准:YZB/USA 5490-2014《CT结肠图像CAD软件》
性能组成:由系统软件安装光盘和系统随机文件组成,组成模块包括:结肠断层扫描数据读取模块、结肠识别处理模块、息肉探测模块、息肉分割模块、息肉分类模块、CAD标记模块。
适用范围:用于自动检测CT结肠图像中的潜在息肉,并将已识别的息肉突出显示给医生,医生必须先阅片方能使用本产品。
生产厂家:美国iCAD, Inc.
注册代理:捷通埃默高(北京)医药科技有限公司
服务机构:捷通埃默高(北京)医药科技有限公司
发证日期:2014.09.28 **截止日期**:2019.09.27

国食药监械(进)字2014第3214777号

产品名称:植入式心脏复律/除颤器(Implantable Cardioverter/Defibrillator System with a conditional intended use in a MRI environment)
规格型号:Iforia 7 HF-T
产品标准:YZB/GER 5757-2014《植入式心脏复律/除颤器》
性能组成:由混合电路、电池、连接头端(IS-1、DF-1)、外壳(钛)、放

电电容、高频电路(包括馈通电路和天线)组成。包装盒内包含扭转扳手。
适用范围:借助抗心动过速的起搏和除颤功能，对危及生命的室性心律失常进行治疗。在特定的前提和条件下，在保证对患者和植入设备采取了特殊保护措施的情况下，可以进行核磁共振成像检查。
生产厂家:德国百多力欧洲股份两合公司(BIOTRONIK SE & Co.KG)
注册代理:百多力(北京)医疗器械有限公司
服务机构:百多力(北京)医疗器械有限公司
发证日期:2014.09.28 **截止日期**:2019.09.27

国食药监械(进)字 2014 第 3334778 号

产品名称:后装治疗机(Afterloader System)
规格型号:Flexitron HDR
产品标准:YZB/NET 5010-2014《后装治疗机》
性能组成:Flexitron HDR 使用铱(Ir-192)源进行近距离放射治疗，该产品由以下部件组成:治疗实施设备、治疗控制面板、治疗通信控制台、应急安全容器、输送管、施源器。
适用范围:Flexitron HDR 是可远程遥控的近距离放射治疗后装系统，通过遥控装置，可将放射性核素施加到病人体内或体表以行放射治疗。
生产厂家:荷兰 Nucletron B.V.
注册代理:医科达(上海)医疗器械有限公司
服务机构:医科达(上海)医疗器械有限公司
发证日期:2014.09.28 **截止日期**:2019.09.27

国食药监械(进)字 2014 第 3254779 号

产品名称:射频切割凝闭器械(Caiman Seal & Cut Instruments)
规格型号:PL720SU、PL730SU、PL731SU
产品标准:YZB/GER 5306-2014《射频切割凝闭器械》
性能组成:本器械由高频激活按钮、旋转轮、带标记的活动式钳口、刀片启动手柄、钳口启动手柄和带接头的高频电缆组成。高频使用方式为双极。产品均为一次性使用，环氧乙烷灭菌。
适用范围:该器械与 Aesculap AG 生产的射频组织凝闭系统 GN200 配合使用，用于开放手术或微创手术中的血管或组织的凝血和机械切割，可凝血直径 7mm(含)以内的血管。
生产厂家:德国 Aesculap AG
注册代理:贝朗医疗(上海)国际贸易有限公司
服务机构:贝朗医疗(上海)国际贸易有限公司
发证日期:2014.09.28 **截止日期**:2019.09.27

国食药监械(进)字 2014 第 2544780 号

产品名称:电动分娩台(分娩台)
规格型号:DG-820
产品标准:YZB/JAP 5511-2014《电动分娩台》
性能组成:该产品由分娩台(含背板、腰板、脚板)、脚踏开关组成。
适用范围:该产品临床用于妇产科分娩时使用，用于支持患者在妇产科手术中的各种体位。
生产厂家:日本タカラベルモント株式会社
注册代理:北京阿义玛经贸有限公司
服务机构:北京阿义玛经贸有限公司
发证日期:2014.09.22 **截止日期**:2019.09.21

国食药监械(进)字 2014 第 3234781 号

产品名称:彩色超声诊断仪 (商品名: 典晶) (汎用超音波画像診断装置)
规格型号:Prosound α 7
产品标准:YZB/JAP 5081-2014《彩色超声诊断仪》
性能组成:见《产品性能结构及组成附页》。
适用范围:该产品适用于对人体进行临床超声检查诊断。
生产厂家:日本日立阿洛卡医疗株式会社
注册代理:日立医疗(广州)有限公司
服务机构:日立医疗(广州)有限公司
发证日期:2014.09.26 **截止日期**:2019.09.25

国食药监械(进)字 2014 第 3454782 号

产品名称:自体血回收机(Autotransfusion Equipment)
规格型号:C.A.T.S
产品标准:YZB/GER 5440-2014《自体血回收机》
性能组成:由显示器、离心机、血泵、PRC 泵、盐水泵、手推车、IV 杆、废液袋吊钩组成，不包括联合使用的一次性耗材。
适用范围:用于术中、术后或外伤后血液的收集、分离和洗涤，并将压积红细胞转移至回输袋。
生产厂家:德国 Fresenius Kabi AG
注册代理:费森尤斯卡比(中国)投资有限公司
服务机构:费森尤斯卡比(中国)投资有限公司
发证日期:2014.09.22 **截止日期**:2019.09.21

国食药监械(进)字 2014 第 2264783 号

产品名称:紫外线准分子照射系统(VTRAC Excimer Lamp System)
规格型号:VTRAC
产品标准:YZB/USA 5706-2014《紫外线准分子照射系统》
性能组成:该产品由 DBD 准分子灯(包括一个通过软管与系统连接的手柄)、脉冲灯电源、独立冷却交换系统、显示控制系统、气动脚踏开关和软件组成。光波长: 308nm±2nm; 额定输出光辐照度:150mW/cm2±20%; 最大输出光能量密度:4500mJ/cm2; 光脉冲重复频率:300KHz-5%-300KHz+10%; 光斑尺寸:6.1cm×3.1cm。
适用范围:该产品临床适用于牛皮癣、白癜风、遗传性过敏性皮炎和白斑病的辅助照射治疗。
变更情况:变更日期: 2015.02.09。“武汉奇致激光技术有限公司”变更为“武汉奇致激光技术股份有限公司”。
生产厂家:美国 PhotoMedex, Inc
注册代理:武汉奇致激光技术有限公司
服务机构:武汉奇致激光技术有限公司
发证日期:2014.09.22 **截止日期**:2019.09.21

国食药监械(进)字 2014 第 2574784 号

产品名称:蒸汽消毒器(Steam Disinfector)
规格型号:GED 111226、GED 111826
产品标准:YZB/SWE 5782-2014《蒸汽消毒器》
性能组成:由消毒室腔体、门、消毒器管道系统、电气系统和控制系统组成。
适用范围:该蒸汽消毒器供医院床上用品包括床垫、被褥、枕头等织物物品的消毒。消毒采用热力方式(蒸汽)。
备注:2015 年 1 月 13 日同意更正型号、规格内容，2014 年 9 月 22 日核发的医疗器械注册登记表予以废止。
生产厂家:瑞典 Getinge Sterilization AB
注册代理:洁定贸易(上海)有限公司
服务机构:洁定贸易(上海)有限公司
发证日期:2014.09.22 **截止日期**:2019.09.21

国食药监械(进)字 2014 第 3214785 号

产品名称:植入式心脏复律除颤器电极导线(Implantable ICD Lead)
规格型号:Linox Smart T 65 、Linox Smart TD 65/16、Linox Smart TD 65/18、Linox Smart TD 75/18
产品标准:YZB/GER 5512-2014《植入式心脏复律除颤器电极导线》
性能组成:产品由电极导线及附件组成:电极导线包括 1 根 IS-1 连接器、传导电线、电极导线体、电极导线固定套管、分岔、环形电极、类固醇药套、硅胶叉齿、2 根 DF-1 连接器 (T 为 1 根)、2 个放电线圈 (T 为 1 根)。附件见附表。
适用范围:该电极导线与相匹配的 ICD 一起植入，适用于右心室的长期感知和起搏以及除颤、心律转复治疗。
生产厂家:德国百多力欧洲股份两合公司(BIOTRONIK SE & Co.KG)
注册代理:百多力(北京)医疗器械有限公司
服务机构:百多力(北京)医疗器械有限公司
发证日期:2014.09.22 **截止日期**:2019.09.21

国食药监械(进)字 2014 第 3244786 号

产品名称:半导体激光治疗仪(Hair removal Diode laser system)
规格型号:Soprano XL
产品标准:YZB/ISR 4761-2014《半导体激光治疗仪》
性能组成:该产品由主机(激光系统控制台)、半导体激光机头、近红外光机头、远程互锁系统、脚踏开关(气动)组成。 半导体激光:激光波长:810±10nm; 能量密度:1-120J/cm2±20%; 重复频率: 0.5Hz, 1Hz, 2Hz, 3Hz, 5Hz, 10Hz; 脉宽:4-1350ms±10%; 脉冲输出窗尺寸:12x 10mm; 近红外光手柄:不窄于 900nm-2000nm; 输出功率:20w - 100W 可调, 调节精度:1W; 脉宽:20ms - 80ms ±10%; 能量控制方式:脉冲调制, 调制频率为:10Hz; 光斑尺寸:28 x 56mm (15.6cm2)。
适用范围:该产品半导体激光机头临床适用于毛发去除, 近红外光机头通过皮肤组织加热用于缓解疼痛的辅助治疗。
生产厂家:以色列 Alma Lasers Ltd
注册代理:以色列飞顿激光有限公司北京代表处
服务机构:北京飞顿医学科技发展有限公司
发证日期:2014.09.22 截止日期:2019.09.21

国食药监械(进)字 2014 第 3214787 号

产品名称:植入式心脏复律除颤器(Implantable Cardioverter/Defibrillator Systems)
规格型号:Lumax 540 DR-T, Lumax 540 VR-T, Lumax 540 VR-T DX
产品标准:YZB/GER 5383-2014《植入式心脏复律除颤器》
性能组成:由混合电路、电池(具体规格见产品标准)、连接端、外壳(钛)、馈通系统、放电电容、高频电路(包括馈通电路和天线)组成。包装盒内包含扭转扳手。
适用范围:借助抗心动过速的的起搏和除颤功能, 对危及生命的室性心律失常进行治疗。
生产厂家:德国百多力欧洲股份两合公司(BIOTRONIK SE & Co.KG)
注册代理:百多力(北京)医疗器械有限公司
服务机构:百多力(北京)医疗器械有限公司
发证日期:2014.09.22 截止日期:2019.09.21

国食药监械(进)字 2014 第 3214788 号

产品名称:植入式心脏复律除颤器(Implantable Cardioverter/Defibrillator Systems)
规格型号:Lumax 540 HF-T
产品标准:YZB/GER 5384-2014《植入式心脏复律除颤器》
性能组成:由混合电路、电池(具体规格见产品标准)、连接端、外壳(钛)、馈通系统、放电电容、高频电路(包括馈通电路和天线)组成。包装盒内包含扭转扳手。
适用范围:借助抗心动过速的起搏和除颤功能, 对危及生命的室性心律失常进行治疗。
生产厂家:德国百多力欧洲股份两合公司(BIOTRONIK SE & Co.KG)
注册代理:百多力(北京)医疗器械有限公司
服务机构:百多力(北京)医疗器械有限公司
发证日期:2014.09.22 截止日期:2019.09.21

国食药监械(进)字 2014 第 3214789 号

产品名称:植入式冠状窦电极导线(Implantable Coronary Sinus Lead)
规格型号:Corox OTW-L 75-BP, Corox OTW-L 85-BP
产品标准:YZB/GER 5385-2014《植入式冠状窦电极导线》
性能组成:产品包括电极导线和附件组成。电极导线由 IS-1 接口、导线缠绕芯、头端电极、环形电极、电极导线体、类固醇药套、电极导线固定套管组成。各型号附件包含:Corox OTW-L 75-BP:钢丝, 型号为 S 75-K OTW、S75-G OTW; 电极导线固定套管, 型号为 EFH-6F OTW; 静脉拉钩, 型号为 VL; 导引钢丝扳手 1 个; 套管 1 个。CoroxOTW-L 85-BP: 钢丝, 型号为 S 85-K OTW、S 85-G OTW; 电极导线固定套管, 型号为 EFH-6F OTW; 静脉拉钩, 型号为 VL; 导引钢丝扳手 1 个; 套管 1 个。
适用范围:该电极导线与有源植入设备(除颤器或起搏器)一起使用, 构成一个起搏系统。电极导线适应证和禁忌证与相应的除颤器或起搏器的相似, 适用于需要心室再同步治疗的患者。
生产厂家:德国百多力欧洲股份两合公司(BIOTRONIK SE & Co.KG)
注册代理:百多力(北京)医疗器械有限公司
服务机构:百多力(北京)医疗器械有限公司
发证日期:2014.09.22 截止日期:2019.09.21

国食药监械(进)字 2014 第 2584790 号

产品名称:接触式速冻箱(Contact Shock Freezers)
规格型号:MBF 12 MBF 21 MBF 42
产品标准:YZB/LUX 5274-2014《接触式速冻箱》
性能组成:由制冷系统、冷板、温度控制系统、报警系统、记录系统组成。致冷系统包括比泽尔压缩机、冷凝器、蒸发器和致冷管路冷板包括冷板和驱动其运动的线性马达和马达控制器温度控制系统及记录系统包括 Imago500 控制器和温度探头产品型号由 MBF12, MBF21, MBF42, 型号间的主要差异是冷冻能力的差异, 部件型号及具体型号差异见附件。
适用范围:供医院、血站急速冷冻血浆、药物和生物制品。
生产厂家:卢森堡 Dometic S.à r.l.
注册代理:苏州市苏医生物基因技术有限公司
服务机构:苏州市苏医生物基因技术有限公司
发证日期:2014.09.22 截止日期:2019.09.21

国食药监械(进)字 2014 第 2214791 号

产品名称:脉搏血氧仪(Handheld Oximeters)
规格型号:2500 8500
产品标准:YZB/USA 5098-2014《脉搏血氧仪》
性能组成:该产品由主机(2500 型、8500 型)和指夹式血氧传感器(8000AA 型)组成。
适用范围:该产品临床适用于对成人及儿科患者(体重大于 30kg)的血氧饱和度及脉搏进行测量。
生产厂家:美国 Nonin Medical, Inc.
注册代理:广州市赫特仪器有限公司
服务机构:广州市赫特仪器有限公司
发证日期:2014.09.22 截止日期:2019.09.21

国食药监械(进)字 2014 第 2574792 号

产品名称:清洗消毒机(Washer Disinfector)
规格型号:G 7881, G 7891, G 7882, G 7882 CD, G 7883, G 7883 CD
产品标准:YZB/GER 5806-2014《清洗消毒机》
性能组成:该产品由消毒柜主机、筛架组成。
适用范围:G 7881 用于自动清洗与消毒牙科器械。G7882 用于对可重复使用的牙科器械进行清洗消毒。G 7882CD 用于外科、妇科、泌尿科、耳鼻喉科、麻醉科和整形外科器械的清洗和消毒。G 7883 和 G 7883 CD 用于外科、妇科、泌尿科、耳鼻喉科、麻醉科、整形外科器械的清洗和消毒。G 7891 用于对可重复使用的牙科器械进行清洗消毒。
备注:2015 年 1 月 12 日同意更正生产地址内容, 2014 年 9 月 22 日核发的医疗器械注册登记表予以废止。
生产厂家:德国 Miele & Cie.KG
注册代理:美诺电器有限公司
服务机构:美诺电器有限公司
发证日期:2014.09.22 截止日期:2019.09.21

国食药监械(进)字 2014 第 3244793 号

产品名称:眼科 Nd:YAG 激光治疗仪(Ophthalmic Photodisruptor)
规格型号:Optimis II
产品标准:YZB/FRA 5645-2014《眼科 Nd:YAG 激光治疗仪》
性能组成:产品组成:激光治疗仪控制组件(包括裂隙灯显微镜、治疗激光系统、瞄准激光系统)、遥控联锁连接器、颏托和带有后盖的激光操作台。性能参数:工作激光 1)激光波长:1064nm±5nm; 2)光束模式:多模; 3)单脉冲输出激光脉冲持续时间:4ns±20%; 4)激光脉冲串最大可发射重复频率:1.5Hz±0.3Hz; 5)激光输出焦斑直径:10μm±2μm; 6)激光终端输出能量:单脉冲时预置值最大为 10mJ, 预置值与实际值的误差应不大于±20%; 双脉冲时预置值最大为 18mJ, 预置值与实际值的误差应不大于±20%; 三脉冲时预置值最大为 25mJ, 预置值与实际值的误差应不大于±20%; 7)激光输出光束会聚角:应不小于 14°; 8)激光终端输出能量不稳定度:<±10%; 9)激光终端输出能量复现性:应优于±10%。瞄准激光:1)激光波长:637nm±30nm; 2)激光输出功率:<1.0mW。
适用范围:该产品临床适用于眼前节虹膜、后囊切开术中。
生产厂家:法国光太医疗公司(QUANTEL MEDICAL)
注册代理:北京高视远望科技有限责任公司
服务机构:北京高视远望科技有限责任公司
发证日期:2014.09.22 截止日期:2019.09.21

国食药监械(进)字 2014 第 2404794 号

产品名称:全自动血液分析仪(Automated Hematology Analyzer)
规格型号:XE-5000
产品标准:YZB/JAP 5687-2014《全自动血液分析仪》
性能组成:分析仪由主机、进样器装置、压缩机、软件组成。
适用范围:该产品用于在临床实验室中对血液或体液样品进行检验。
生产厂家:日本希森美康株式会社

注册代理:希森美康医用电子(上海)有限公司
服务机构:希森美康医用电子(上海)有限公司
发证日期:2014.09.22　　截止日期:2019.09.21

国食药监械(进)字2014第2314795号

产品名称:X射线管组件(旋转阳极)(X線管装置)
规格型号:E7869X
产品标准:YZB/JAP 5356-2014《X射线管组件(旋转阳极)》
性能组成:产品由管套、定子线圈、X射线球管(包括阳极、阴极)、高压电缆插座和绝缘油组成。
适用范围:作为医用X射线诊断设备的部件,用于高能X射线照相。
生产厂家:日本东芝电子管器件株式会社
注册代理:东芝电子元器件材料贸易(上海)有限公司
服务机构:东芝电子元器件材料贸易(上海)有限公司
发证日期:2014.09.22　　截止日期:2019.09.21

国食药监械(进)字2014第2314796号

产品名称:X射线管组件(旋转阳极)(X線管装置)
规格型号:E7833X
产品标准:YZB/JAP 5363-2014《X射线管组件(旋转阳极)》
性能组成:产品由管套、定子线圈、X射线球管(包括阳极、阴极)、高压电缆插座和绝缘油组成。
适用范围:针对外科用C型臂装置而开发。
生产厂家:日本东芝电子管器件株式会社
注册代理:东芝电子元器件材料贸易(上海)有限公司
服务机构:东芝电子元器件材料贸易(上海)有限公司
发证日期:2014.09.22　　截止日期:2019.09.21

国食药监械(进)字2014第2314797号

产品名称:X射线管组件(旋转阳极)(X線管装置)
规格型号:E7876X
产品标准:YZB/JAP 5374-2014《X射线管组件(旋转阳极)》
性能组成:产品由管套、定子线圈、X射线球管(包括阳极、阴极)、高压电缆插座和绝缘油组成。
适用范围:该产品供医用诊断X射线设备配套使用。用于高能透视和照相诊断。
生产厂家:日本东芝电子管器件株式会社
注册代理:东芝电子元器件材料贸易(上海)有限公司
服务机构:东芝电子元器件材料贸易(上海)有限公司
发证日期:2014.09.22　　截止日期:2019.09.21

国食药监械(进)字2014第2314798号

产品名称:X射线管组件(旋转阳极)(X線管装置ロータノード)
规格型号:E7252X, E7252FX
产品标准:YZB/JAP 5378-2014《X射线管组件(旋转阳极)》
性能组成:产品由管套、定子线圈、X射线球管(包括阳极、阴极)、高压电缆插座和绝缘油组成。
适用范围:产品作为医用X射线诊断设备的部件,用于高能X射线照相和透视。
生产厂家:日本东芝电子管器件株式会社
注册代理:东芝电子元器件材料贸易(上海)有限公司
服务机构:东芝电子元器件材料贸易(上海)有限公司
发证日期:2014.09.22　　截止日期:2019.09.21

国食药监械(进)字2014第2404799号

产品名称:葡萄糖/乳酸电极(GLU/LAC Cassette)
规格型号:GLU/LAC Cassette
产品标准:YZB/GER 5595-2014《葡萄糖/乳酸 电极》
性能组成:主要由葡萄糖/乳酸电极盒组成。
适用范围:该产品用于罗氏血气、电解质和生化分析仪上进行葡萄糖、乳酸的定量检测。
生产厂家:德国Roche Diagnostics GmbH
注册代理:罗氏诊断产品(上海)有限公司
服务机构:罗氏诊断产品(上海)有限公司
发证日期:2014.09.22　　截止日期:2019.09.21

国食药监械(进)字2014第2404800号

产品名称:钙电极(Calcium Electrode)
规格型号:Calcium Electrode
产品标准:YZB/GER 5601-2014《钙电极》
性能组成:主要组成部分: 外壳,敏感成分,接触针,环形垫圈,内部溶液。
适用范围:该产品用于罗氏的电解质分析仪上进行钙离子定量检测。
生产厂家:德国Roche Diagnostics GmbH
注册代理:罗氏诊断产品(上海)有限公司
服务机构:罗氏诊断产品(上海)有限公司
发证日期:2014.09.22　　截止日期:2019.09.21

国食药监械(进)字2014第2214801号

产品名称:肺功能仪(Spirometer)
规格型号:FlowScreen
产品标准:YZB/GER 5677-2014《肺功能仪》
性能组成:该产品由主机(83210327)、电源线、手柄(706241)、传感器(709554)、转接头(852358)、滤网(892190)、弯头(852352)、FlowScreen基础软件组成。
适用范围:该产品用于在医疗环境中,对年龄在4岁以上、体重在20公斤以上患者的吸气及呼气肺功能的检测与评估。
生产厂家:德国eResearchTechnology GmbH
注册代理:北京先锋世纪医学仪器有限公司
服务机构:北京先锋世纪医学仪器有限公司
发证日期:2014.09.22　　截止日期:2019.09.21

国食药监械(进)字2014第2214802号

产品名称:脑电图仪(Full-montage Standard Electroencephalograph)
规格型号:8050
产品标准:YZB/USA 5771-2014《脑电图仪》
性能组成:该产品由头盒、系统单元、电源、电源线、连接线、Scan软件(版本号: 4.3)组成。产品性能: 电压测量误差不超过±5%; 时间间隔误差不超过±5%; 噪声电平$<0.5\mu V$; 共模抑制比$>80dB$; 幅频特性: 0.05Hz～30Hz, 偏差不超过+5%～-30%; 功率谱频率偏差不超过±5%; 功率谱幅度偏差不超过±10%; 耐极化电压:加±300mV的直流极化电压,偏差不超过±5%。
适用范围:本产品用于记录患者脑电图。
生产厂家:美国Compumedics USA, Inc.
注册代理:北京飞宇星电子科技有限公司
服务机构:北京飞宇星电子科技有限公司
发证日期:2014.09.22　　截止日期:2019.09.21

国食药监械(进)字2014第2554803号

产品名称:电动式口腔正畸辅助仪(AcceleDentTM System)
规格型号:10004
产品标准:YZB/USA 5528-2014《电动式口腔正畸辅助仪》
性能组成:该产品由执行器、咬嘴、充电器和旅行壳组成。执行器产生的振动频率为30Hz±2Hz,产生的压力为0.25N±0.05N。
适用范围:该产品适用于口腔正畸辅助治疗。产品通过咬嘴振动牙齿的方式,用于加快牙齿的移动速度。
生产厂家:美国OrthoAccel Technologies, Inc.
注册代理:捷通埃默高(北京)医药科技有限公司
服务机构:捷通埃默高(北京)医药科技有限公司
发证日期:2014.09.22　　截止日期:2019.09.21

国食药监械(进)字2014第2704804号

产品名称:医学图像处理软件(医用画像処理ソフトウエア)
规格型号:Ziostation2 Plus, 版本2.1
产品标准:YZB/JAP 5164-2014《医学图像处理软件》
性能组成:本软件由软件安装光盘、加密狗和随机文件组成,组成模块包括: Cine Viewer、Fusion、Standard Protocols、Ziostation。
适用范围:用于符合DICOM标准的医学图像的获取、显示、存储、处理,为医师提供诊断和治疗的信息。
生产厂家:日本ザイオソフト株式会社
注册代理:凯捷健生物技术咨询(北京)有限公司
服务机构:凯捷健生物技术咨询(北京)有限公司

发证日期:2014.09.22 截止日期:2019.09.21

国食药监械(进)字 2014 第 2314805 号

产品名称:高压注射器(Injector)
规格型号:Accutron CT 871
产品标准:YZB/GER 5727-2014《高压注射器》
性能组成:高压注射器(包括带触摸屏的控制面板、加热容器、可旋转注射器、外置变压器、手动开关、立柱、脚轮),配件:触摸屏遥控装置(Accutron CT875)。
适用范围:该设备用于进行电脑断层扫描时将 x 射线吸收的造影剂溶液注入到病人体内。
生产厂家:德国 MEDTRON AG
注册代理:上海高朗医疗设备有限公司
服务机构:上海高朗医疗设备有限公司
发证日期:2014.09.22 截止日期:2019.09.21

国食药监械(进)字 2014 第 2214806 号

产品名称:睡眠参数记录仪(Actigraph)
规格型号:SOMNOwatch Plus
产品标准:YZB/GER 5676-2014《睡眠参数记录仪》
性能组成:本产品由主机、底座、USB 数据线、腕带、便携包、配套软件(软件名称:DOMNIO light,版本 1.2.0)组成。
适用范围:该产品用于记录和分析患者体位、肢体活动度及所处环境光强的变化。
生产厂家:德国 SOMNOmedics GmbH
注册代理:北京伟康世纪医疗科技有限公司
服务机构:北京伟康世纪医疗科技有限公司
发证日期:2014.09.22 截止日期:2019.09.21

国食药监械(进)字 2014 第 2214807 号

产品名称:中央监护工作站(セントラルモニタ)
规格型号:CNS-6201
产品标准:YZB/JAP 5775-2014《中央监护工作站》
性能组成:该产品由主机 PU-621R、系统程序(CNS-6000 软件)、LCD 显示器 VL-611R、记录装置 WS-960P、报警指示器 YL-611P/YL-612P、附加报警指示器装置 YS-098P1/YS098-P2、记录装置 WS-960P 电源 SC-611R、遥控器 RY-910PA、VL 电缆套件(主件)YS-097P5/YS-097P6、VL 电缆套件(次要件)YS-097P8/YS-097P9、电源单元 SM-930AK 组成。
适用范围:该产品是对多位患者的心脏以及生命体征进行集中监护的设备,通过特定的床旁监护仪或发射盒接收信号来显示和记录生命体征信息,并在测量的数据超过设定的限制时或通过床旁监护仪/遥测单元检测出心律失常时发出报警的设备。该产品在医疗设施内由医疗工作者使用,适用于成人、小儿(含婴儿)和新生儿。
生产厂家:日本光电工业株式会社/日本光電工業株式
注册代理:上海光电医用电子仪器有限公司
服务机构: 上海光电医用电子仪器有限公司
发证日期:2014.09.22 截止日期:2019.09.21

国食药监械(进)字 2014 第 2214808 号

产品名称:一次性使用心电电极(Electrocardiograph electrode)
规格型号:INMD010022
产品标准:YZB/USA 5673-2014《一次性使用心电电极》
性能组成:该产品由手套状外壳、电极片、导电水凝胶、背衬、柔性电路层、电缆连接器组成。
适用范围:该产品配合心电图机,通过完整皮肤测量心电信号,用于成人的心电图诊断和心电监护。
生产厂家:美国 INEEDMD, Inc.
注册代理:北京明瑞康达科贸有限公司
服务机构:北京明瑞康达科贸有限公司
发证日期:2014.09.22 截止日期:2019.09.21

国食药监械(进)字 2014 第 2214809 号

产品名称:一次性使用心电电极(ECG electrode)
规格型号:见附页
产品标准:YZB/DEN 5674-2014《一次性使用心电电极》
性能组成:该产品由海绵、导电胶、医用粘合剂、背衬、传导片、导线(含导线连接头)组成。
适用范围:该产品用于检测心脏电信号。
生产厂家:丹麦 Ambu A/S
注册代理:安保(厦门)贸易有限公司
服务机构:安保(厦门)贸易有限公司
发证日期:2014.09.22 截止日期:2019.09.21

国食药监械(进)字 2014 第 2304810 号

产品名称:数字化医用 X 射线摄影系统(X-Ray Tube Ceiling Suspension Radiographic System)
规格型号:NOVA FA-T
产品标准:YZB/SPA 5486-2014《数字化医用 X 射线摄影系统》
性能组成:由高压发生器(SHF-635,包含自耦变压器 50509009)、X 射线管组件(管套 E7252X,管芯 E7252)、限束器、升降摄影床(NET)、简易摄影床(A6849-02,选配)、立式胸片架、悬吊架、平板探测器(CXDI-401GCOMPACT、CXDI-401C COMPACT、CXDI-501G、CXDI-501C、CXDI-70C Wireless、CXDI-701C Wireless、CXDI-701GWireless、CXDI-80C Wireless、CXDI-801C Wireless、CXDI-801G Wireless、CXDI-55G、FDX4343R、FDX3543RP)、图像处理系统(包含显示器、图像处理软件)组成。
适用范围:临床用于数字化 X 射线摄影诊断
生产厂家:西班牙 SEDECAL(Sociedad Espanola de Electromedicina y Calidad, S.A.)
注册代理:北京赛德科医疗设备有限公司
服务机构:北京赛德科医疗设备有限公司
发证日期:2014.09.22 截止日期:2019.09.21

国食药监械(进)字 2014 第 2304811 号

产品名称:数字化医用 X 射线摄影系统(X-Ray Tube Ceiling Suspension Radiographic System)
规格型号:NOVA FA-G
产品标准:YZB/SPA 5487-2014《数字化医用 X 射线摄影系统》
性能组成:由高压发生器(SHF-535)、X 射线管组件(管套 E7884X,管芯 E7884)、限束器、升降摄影床(NET)、简易摄影床(A6849-02,选配)、立式胸片架、悬吊架、平板探测器(CXDI-401G COMPACT、CXDI-401C COMPACT、CXDI-501G、CXDI-501C、CXDI-70C Wireless、CXDI-701CWireless、CXDI-701G Wireless、CXDI-80C Wireless、CXDI-801C Wireless、CXDI-801G Wireless、CXDI-55G、FDX4343R、FDX3543RP)、图像处理系统(包含显示器、图像处理软件)组成。
适用范围:临床用于数字化 X 射线摄影诊断
生产厂家:西班牙 SEDECAL(Sociedad Espanola de Electromedicina y Calidad, S.A.)
注册代理:北京赛德科医疗设备有限公司
服务机构:北京赛德科医疗设备有限公司
发证日期:2014.09.22 截止日期:2019.09.21

国食药监械(进)字 2014 第 2404812 号

产品名称:葡萄糖电极膜(商品名:pHOx Plus L 葡萄糖传感器膜)(Stat Profile pHOx Plus L Glucose Membrane Kit)
规格型号:型号:Stat Profile pHOx/Plus/C/L;规格:3 个/盒
产品标准:YZB/USA 5642-2014《葡萄糖电极膜》
性能组成:葡萄糖电极膜由葡萄糖氧化酶组成。
适用范围:用于医学专业人士,葡萄糖电极与电极膜配套使用,与 Stat Profile pHOx/Plus/C/L 血气分析仪一起定量测定肝素化全血中的葡萄糖的含量。
生产厂家:美国 Nova 生物医学公司
注册代理:广州市浩通贸易有限公司
服务机构:广州市浩通贸易有限公司
发证日期:2014.09.22 截止日期:2019.09.21

国食药监械(进)字 2014 第 2404813 号

产品名称:残余白细胞计数仪(Residual leukocyte counter)
规格型号:ADAM-rWBC
产品标准:YZB/ROK 5482-2014《残余白细胞计数仪》
性能组成:残余白细胞计数仪由残余白细胞计数仪主机,r-载玻片,外部视频监视器,条形码扫描器和软件组成。

适用范围:该产品用于体外诊断，适用于计算输血中血液成分内残余白细胞数量。
生产厂家:韩国 NanoEnTek Inc.
注册代理:益思开医疗器械(北京)有限公司
服务机构:益思开医疗器械(北京)有限公司
发证日期:2014.09.15　　截止日期:2019.09.14

国食药监械(进)字 2014 第 3334814 号

产品名称:放射治疗患者定位系统(Patient Positioning System)
规格型号:ExacTrac (软件版本 6.0)
产品标准:YZB/GER 6021-2014《放射治疗患者定位系统》
性能组成:产品组成详见附件，定位方式包括红外光学定位和 x 射线定位 (可选)。
适用范围:用于立体定向放射治疗或放射治疗过程中的患者定位
生产厂家:德国 Brainlab AG
注册代理:博医来(北京)医疗设备贸易有限公司
服务机构:博医来(北京)医疗设备贸易有限公司
发证日期:2014.09.26　　截止日期:2019.09.25

国食药监械(进)字 2014 第 3324815 号

产品名称:医用直线加速器(Linear Accelerator)
规格型号:TrueBeam, TrueBeam STx, Edge
产品标准:YZB/USA 6013-2014《医用直线加速器》
性能组成:由机架、控制台、高压脉冲调制器、治疗床(配六维床面或者普通床面)、多叶光栅 (Millennium MLC120 或 HD120MLC)、锥形光栏验证装置(包括条形码锥形光栏验证装置(BCCV)、集成锥形光栏验证与安全联锁装置(ICVI))、MV 成像装置(配 aS1200 探测器或 aS1000 探测器)、kV 成像装置和呼吸门控装置组成。
适用范围:用于对人体适合接受放射治疗的病灶和肿瘤提供立体定向放射外科治疗与放射治疗，其中立体定向放射外科治疗可用于放疗临床应用成熟、疗效确切的良性疾病和部分功能性疾病，具体适应症应由临床医生根据实际情况确定。
生产厂家:美国 Varian Medical Systems, Inc.
注册代理:瓦里安医疗器械贸易(北京)有限公司
服务机构:瓦里安医疗器械贸易(北京)有限公司
发证日期:2014.09.26　　截止日期:2019.09.25

国食药监械(进)字 2014 第 3324815 号

产品名称:医用直线加速器(Linear Accelerator)
规格型号:TrueBeam, TrueBeam STx, Edge
产品标准:YZB/USA 6013-2014《医用直线加速器》
性能组成:由机架、控制台、高压脉冲调制器、治疗床(配六维床面或者普通床面)、多叶光栅 (Millennium MLC120 或 HD120MLC)、锥形光栏验证装置(包括条形码锥形光栏验证装置(BCCV)、集成锥形光栏验证与安全联锁装置(ICVI))、MV 成像装置(配 aS1200 探测器或 aS1000 探测器)、kV 成像装置和呼吸门控装置组成。
适用范围:用于对人体适合接受放射治疗的病灶和肿瘤提供立体定向放射外科治疗与放射治疗，其中立体定向放射外科治疗可用于放疗临床应用成熟、疗效确切的良性疾病和部分功能性疾病，具体适应症应由临床医生根据实际情况确定。
生产厂家:美国 Varian Medical Systems, Inc.
注册代理:瓦里安医疗设备(中国)有限公司
服务机构:瓦里安医疗器械贸易(北京)有限公司
发证日期:2014.09.26　　截止日期:2019.09.25

国食药监械(进)字 2014 第 3284816 号

产品名称:磁共振成像系统(MRI System)
规格型号:MAGNETOM Skyra
产品标准:YZB/GER 6127-2014《磁共振成像系统》
性能组成:由 3T 超导磁体、梯度系统、射频系统(双通道发射)、射频线圈、工作站、生理信号门控系统、检查床组成。部件型号请参见附件。
适用范围:用于临床 MRI 诊断。
生产厂家:德国 Siemens AG
注册代理:西门子(中国)有限公司
服务机构:西门子(中国)有限公司
发证日期:2014.09.26　　截止日期:2019.09.25

国食药监械(进)字 2014 第 2554817 号

产品名称:直手机(ストレート・ギアードアングルハンドピース)
规格型号:X65L、X65
产品标准:YZB/JAP 5975-2014《直手机》
性能组成:本产品由直手机组成。产品性能：1)机械式夹头；2)变速比 1:1；3)拔出力 45N 以上，扭矩大于 2N·cm；4)径向跳动不超过 0.08mm；5)带水、气冷却；6)区别在于型号 X65L 带照明功能，型号 X65 不带照明功能。
适用范围:本产品用于口腔科钻、磨牙手术。
生产厂家:日本株式会社 中西/株式会社ナカニシ
注册代理:上海얼速克国际贸易有限公司
服务机构:上海얼速克国际贸易有限公司
发证日期:2014.09.26　　截止日期:2019.09.25

国食药监械(进)字 2014 第 2544818 号

产品名称:造影剂注射器(injector)
规格型号:missouri-XD2001, ohio tandem-XD2002
产品标准:YZB/GER 6100-2014《造影剂注射器》
性能组成:造影剂注射器由注射器和操作终端组成。
适用范围:用于 CT 检查过程中造影剂的注射，不得于核磁检查时使用。
生产厂家:德国 ulrich GmbH & Co.KG
注册代理:上海嘉蓝仪器设备有限公司
服务机构:上海嘉蓝仪器设备有限公司
发证日期:2014.09.26　　截止日期:2019.09.25

国食药监械(进)字 2014 第 2304819 号

产品名称:数字化医用 X 射线摄影系统 (商品名: DX-D300) (Digital Radiographic X-Ray system)
规格型号:型号:8207/050; 规格: SHF535/50KW
产品标准:YZB/BEL 3642-2014《数字化医用 X 射线摄影系统》
性能组成:产品由高压发生器 SHF-535；U 臂摄影架及摄影架电源箱；X 射线源组件(X 射线管组件 E7884X 及限束器 R 225 ACS DHHS(自动限束和配有 DAP (剂量面积乘积仪))；探测器 4343R；移动摄影床 A6849-02；图像处理系统及显示器组成。
适用范围:DX-D300 系统是医学物理师、放射治疗技师和放射科医师在医院、诊所和医疗实践中使用的集成 X 射线成像系统，能够产生、处理和查看成人、儿科或新生儿患者的骨骼(包括颅骨、脊柱和四肢)、胸部、腹部和其他身体部位的静态 X 射线摄影图像。可以应用于坐姿、站姿或卧姿的患者。此设备不可用于乳房造影术应用。
生产厂家:比利时 Agfa HealthCare N.V.
注册代理:爱克发医疗系统设备(上海)有限公司
服务机构:爱克发医疗系统设备(上海)有限公司
发证日期:2014.09.26　　截止日期:2019.09.25

国食药监械(进)字 2014 第 2314820 号

产品名称:口腔数字 X 射线成像系统(Intraoral X-ray system)
规格型号:D3495 XIOS Plus Wall Module
产品标准:YZB/GER 6120-2014《口腔数字 X 射线成像系统》
性能组成:该产品由 X 射线图像采集器和传感器(Size 1 和/或 Size 2)组成。
适用范围:本产品用于获取数字式口内 X 射线图像。
备注:2014 年 12 月 22 日同意更正注册号内容，2014 年 9 月 26 日核发的医疗器械注册证、医疗器械注册登记表予以废止。
生产厂家:德国 Sirona Dental Systems GmbH
注册代理:西诺德牙科设备商贸(上海)有限公司
发证日期:2014.09.26　　截止日期:2019.09.25

国食药监械(进)字 2014 第 2404821 号

产品名称:参比电极 (商品名: Prime 参比传感器) (Prime Reference Cartridge)
规格型号:型号:Prime CCS Comp; 规格:1 个/盒
产品标准:YZB/USA 5639-2014《参比电极》
性能组成:参比电极由氯化银、PVC 组成。
适用范围:用于医学专业人士，与 Stat Profile Prime 血气分析仪一起定量测定肝素化全血中的钠、钾、氯的含量。

生产厂家:美国 Nova 生物医学公司
注册代理:广州市浩通贸易有限公司
服务机构:广州市浩通贸易有限公司
发证日期:2014.09.22　　**截止日期**:2019.09.21

国食药监械(进)字2014第2404822号

产品名称:乳酸电极膜(商品名:pHOx Plus L 乳酸传感器膜)(Stat Profile pHOx Plus L Lactate Membrane Kit)
规格型号:型号:Stat Profile pHOx/Plus/C/L;规格:6个/盒
产品标准:YZB/USA 5637-2014《乳酸电极膜》
性能组成:乳酸电极膜由乳酸氧化酶+透气膜组成。
适用范围:用于医学专业人士,乳酸电极与电极膜配套使用,与 Stat Profile pHOx/Plus/C/L 血气分析仪一起定量测定肝素化全血中的乳酸的含量。
生产厂家:美国 Nova 生物医学公司
注册代理:广州市浩通贸易有限公司
服务机构:广州市浩通贸易有限公司
发证日期:2014.09.22　　**截止日期**:2019.09.21

国食药监械(进)字2014第2404823号

产品名称:全自动间接免疫荧光法分析仪(HELIOS)
规格型号:IOS-1000
产品标准:YZB/GER 5462-2014《全自动间接免疫荧光法分析仪》
性能组成:该产品主要由黑色机盖、仪器手柄、Z单元装置(含Z-电机)和探针、样本架(包含样本架1和样本架2)、锁定机盖装置、试剂架、载片放置台、反应孔板转盘、自带物镜及摄像头的显微镜以及随机软件组成。
适用范围:该产品与 AESKU 间接免疫荧光法(IFA)试剂盒配套使用,在医学临床上可对来源于人体的样本进行全自动间接免疫荧光实验,包括全自动化实验操作、图像采集和结果判读建议。
生产厂家:德国 AESKU.SYSTEMS GmbH & Co.KG
注册代理:广州市康润生物制品开发有限公司
服务机构:广州市康润生物制品开发有限公司
发证日期:2014.09.22　　**截止日期**:2019.09.21

国械注进20143464824

产品名称:全肘关节假体(商品名:Coonrad/Morrey)(Total Elbow System)
规格型号:见附页
性能组成:该产品由尺骨干、肱骨干以及其替换部件(铰链钉和衬套)组成,其中尺骨干与铰链钉内钉由符合 ISO5832-3 标准要求的 Ti6Al4V 钛合金材料制成,其中肱骨干中段为化学成分符合 ISO 5832-2 标准要求的纯钛材料经烧结工艺处理后的纯钛珠多孔涂层,肱骨干经烧结工艺处理后化学成分符合符合 ISO5832-3 标准要求显微组织等于或优于 A24 级,尺骨干中段为化学成分符合 ISO5832-3 标准要求的 Ti6Al4V 钛合金材料经等离子喷涂的多孔涂层,铰链钉外钉由符合 ISO5832-12 标准要求的钴铬钼合金材料制成,衬套由符合 GB/T19701.2 中 II 型要求的超高分子量聚乙烯材料制成。灭菌包装。
适用范围:该产品与骨水泥配合使用,适用于全肘关节置换的初次和翻修手术。
生产厂家:美国 Zimmer Inc.
注册代理:捷迈(上海)医疗国际贸易有限公司
发证日期:2014.10.11　　**截止日期**:2019.10.10

国械注进20143634825

产品名称:复合树脂粘合剂(商品名:可乐丽菲露 SAC)(歯科接着用レジンセメント)
规格型号:白色和通用色 包装规格:见附页
性能组成:可乐丽菲露 SAC 由 A 糊剂和 B 糊剂组成。A 糊剂的化学成分主要为(Bis-GMA、TEGDMA、其他甲基丙烯酸类单体、MDP)单体、无机填料(表面处理钡玻璃、表面处理轻质无水硅酸酐)、光固化触媒、化学固化触媒;B 糊剂的化学成分主要为:(Bis-GMA、其他甲基丙烯酸类单体)单体、无机填料(表面处理钡玻璃、表面处理轻质无水硅酸酐、表面处理氟化钠)、固化触媒、染色剂、其他。
适用范围:该产品适用于金属、氧化锆/氧化铝等金属氧化物类陶瓷、含有无机填料的树脂类材料制成的冠、桥、嵌体/高嵌体以及金属核、树脂核、金属桩、玻璃纤维桩的粘接。
生产厂家:日本可乐丽则武齿科株式会社
注册代理:可乐丽国际贸易(上海)有限公司
发证日期:2014.10.11　　**截止日期**:2019.10.10

国械注进20142634826

产品名称:烤瓷粉(商品名:Vintage ZR)(ZR Porcelain Powders)
规格型号:型号:Vintage ZR 规格:5g、15g、50g、200g、500g、1kg/瓶 类别色号见附件
性能组成:本产品由遮色瓷、颈部瓷、体瓷、透明瓷、添加瓷、调拌液组成。遮色瓷主要成分包括:二氧化硅、氧化铝、氧化钾、氧化钠、氧化钙、氧化镁、霞石、硅石、微粒子硅酸盐、硝酸钙。颈部瓷主要成分包括:二氧化硅、氧化铝、氧化钾、氧化钠、氧化钙、氧化镁、霞石、硅石、碳酸镁、碳酸钡、碳酸锶、氧化铈、硝酸钙。体瓷主要成分包括:二氧化硅、氧化铝、氧化钾、氧化钠、氧化钙、氧化镁、氧化硼、霞石、硅石、碳酸镁、碳酸钡、碳酸锶、氧化铈、硝酸钙、瓷粉识别用染料。透明瓷主要成分包括:二氧化硅、氧化铝、氧化钾、氧化钠、氧化钙、氧化镁、氧化硼、氧化铈、氧化锶、碳酸镁、碳酸钡、碳酸锶、氧化铈、硝酸钙。添加瓷主要成分包括:二氧化硅、氧化铝、氧化钾、氧化钠、氧化钙、氧化镁、氧化硼、氧化锶、硅石、碳酸镁、碳酸钡、碳酸锶、氧化铈、硝酸钙。调拌液主要成分包括:精制水、丙二醇、硝酸氨、次氯酸钠、甘油、丙三醇。
适用范围:本产品适用于在氧化锆基底冠上堆筑烤制成符合临床需要的烤瓷牙。
生产厂家:日本 SHOFU INC.
注册代理:松风齿科器材贸易(上海)有限公司
发证日期:2014.10.11　　**截止日期**:2019.10.10

国械注进20143224827

产品名称:后房型丙烯酸酯非球面人工晶状体(商品名:MC X11 ASP)(Posterior Acrylic IOL)
规格型号:MC X11 ASP
性能组成:该产品为一件式/后房人工晶状体,可折叠,襻形为H型。主体部分和支撑部分材料由甲基丙烯酸-2-羟基乙酯、甲基丙烯酸甲酯和二甲基丙烯酸乙二醇酯聚合而成,添加催化剂和紫外吸收剂;屈光度范围:-6~40D。光学设计:单焦,非球面(实测光焦度轴截面分布与等同光焦度的球面人工晶状体理论光焦度轴截面分布比较,应具有显著的反向球差设计特征);无菌状态提供,一次性使用。
适用范围:该产品用于囊袋内植入,适用于手术后取出晶状体的无晶体眼的矫正。
生产厂家:德国 HumanOptics Aktiengesellschaft
注册代理:北京世代保康科技发展有限公司
发证日期:2014.10.11　　**截止日期**:2019.10.10

国械注进20143634828

产品名称:粘结剂(商品名:Solobond M)(Dental Adhesive)
规格型号:规格装量:4ml/瓶
性能组成:本品主要成分为 HEMA 磷酸酯、甲基丙烯酸羟乙酯、甲基丙烯酸羟丙酯、丙酮、双酚A甲基丙烯酸缩水甘油酯(BIS-GMA)。
适用范围:该产品适用于光固化复合树脂修复材料与牙釉质及牙本质的粘接。
生产厂家:德国 VOCO GmbH
注册代理:德国沃柯有限公司上海代表处
发证日期:2014.10.11　　**截止日期**:2019.10.10

国械注进20143664829

产品名称:三通联板(商品名:斯克旋阀)(Discofix C)
规格型号:16605C, 16600C, 16610C, 16611C, 16615C
性能组成:三通联板由联板主板、保护帽、带/不带延长管、带/不带近端旋塞组成。产品由聚丙烯、聚酰胺、聚碳酸酯、聚氯乙烯、聚乙烯材料制成。增塑剂为 DEHT。产品对以下药物在96小时内具有抗应力开裂作用:Lipofundin MCT 20%, Lipofundin 20% N, Propofol-Lipuro 2%, Nimotop S, Endoxan, VepesidJ, Phenhydan Injektionsl, sung, Kodan-Spray, Sandimmun Losungskonzentrat, Buffer solution pH11.0。
适用范围:用于输液治疗和压力监测。

生产厂家:德国 B.Braun Melsungen AG
注册代理:贝朗医疗(上海)国际贸易有限公司
发证日期:2014.10.11 截止日期:2019.10.10

国械注进 20142634830

产品名称:非金属正畸托槽(Orthodontic Nonmetal Brackets)
规格型号:见附页
性能组成:非金属正畸托槽分为 ClarityMetal-Reinforced 金属加强陶瓷托槽、TranscendTM6000 陶瓷托槽, Gemini Clear 陶瓷托槽, APCTM II 粘结剂预置 Gemini Clear 陶瓷托槽四个类型产品。ClarityMetal-Reinforced 金属加强陶瓷托槽由氧化铝、二氧化硅混合物、镍合金、医用不锈钢 316L 构成;TranscendTM6000 陶瓷托槽和 Gemini Clear 陶瓷托槽由氧化铝和二氧化硅混合物构成; APCTM II 粘结剂预置 Gemini Clear 陶瓷托槽由氧化铝、二氧化硅混合物和 APCTM II 粘结剂构成。APCTM II 粘结剂主要成分: 硅烷化石英、双酚-A-二缩水甘油醚二甲基丙烯酸酯、双酚-A-双 (2-羟乙基醚) 二甲基丙烯酸酯。
适用范围:用于口腔科正畸治疗。
生产厂家:美国 3M Unitek Corporation
注册代理:明尼苏达矿业制造(上海)国际贸易有限公司
发证日期:2014.10.11 截止日期:2019.10.10

国械注进 20143634831

产品名称:光固化玻璃离子水门汀(Light Cure Glass Ionomer)
规格型号:玻璃离子修复材料(Vitremer Core Buildup/Restorative)、光固化玻璃离子垫基材料(Vitrebond Light Cure Glass Ionomer Liner/Base)
性能组成:主要组成:两种产品均为粉和液组成, 玻璃离子修复材料的粉包括:硅烷化的无机填料、甲基丙烯酸乙二醇酯, 液包括:丙烯酸衣康酸共聚物、水和甲基丙烯酸乙二醇酯; 光固化玻璃离子垫基材料的粉包括:氟铝硅玻璃粉、苯基氯碘化物, 液包括:丙烯酸衣康酸共聚物、水和甲基丙烯酸乙二醇酯。主要性能:挠曲强度不低于 10 Mpa, X 射线阻射性以及良好的生物性能。
适用范围:玻璃离子修复材料用于三类洞和五类洞的修复、牙颈部磨损/磨耗的修复、牙根龋的修复、乳牙一二类洞的修复、折裂牙的暂时修复、冠预备体的瑕疵区和倒凹区的充填、至少存留一半牙冠的牙齿作内核修复, 以利于后续的冠修复、三明治式修复、暂时性修复。光固化玻璃离子垫基材料用于下列类型修复材料衬层或垫底:复合树脂、银汞、金属和陶瓷。
生产厂家:美国 3M ESPE Dental Products
注册代理:明尼苏达矿业制造(上海)国际贸易有限公司
发证日期:2014.10.11 截止日期:2019.10.10

国械注进 20143634832

产品名称:种植体、基台及配件 (商品名: Rescue) (Rescue Internal Implant System)
规格型号:见附页
性能组成:本品为牙列缺损修复器械, 系统包括种植体、盖帽螺钉、愈合基台、基台螺钉, 基台 (空心基台、实心基台) 和临时基台。种植体与基台由符合 GB/T 13810 规定的纯钛 TA4 制造; 种植体表面经喷砂处理, 基台经表面氧化处理 (详见附页)。
适用范围:用于口腔牙缺失的种植和修复。
生产厂家:韩国 MegaGen Implant Co., Ltd.
注册代理:宁波美格真医疗器械有限公司
发证日期:2014.10.11 截止日期:2019.10.10

国械注进 20142664833

产品名称:呼吸麻醉管路及配件(Ventilator, Anaesthetic Breathing Systems and Accessories)
规格型号:见附页
性能组成:该产品包括呼吸机管路及配件和麻醉机管路及配件。呼吸机管路及配件包括波纹管, 可伸缩管和平纹管呼吸回路, 配件包括积水杯, 增湿罐, 二氧化碳监测管, 单管和接头。麻醉机管路及配件包括波纹管, 可伸缩管和平纹管麻醉呼吸回路, 配件包括麻醉面罩, APL 阀, 气囊, 积水杯, 单管和接头。一次性使用。
适用范围:呼吸麻醉管路及配件用于患者呼吸治疗。
生产厂家:英国 Intersurgical Ltd.
注册代理:英特赛克医疗器械(常州)有限公司
发证日期:2014.10.11 截止日期:2019.10.10

国械注进 20143654834

产品名称:合成可吸收性外科缝线 (商品名: 乐福) (Synthetic Absorbable Surgical Suture)
规格型号:见附页
性能组成:该产品由 AISI 302 不锈钢针和聚乙二醇酸线组成。线为多股, 聚乙二醇酸为原材料, 表面覆有可水解的葡萄糖酸合成涂层, 未染色。产品经环氧乙烷灭菌。
适用范围:该产品适用于软组织缝合中那些需要短暂支持的伤口部位和那些快速吸收缝线可带来特别益处的伤口部位。根据乐福的吸收特性, 乐福适用于皮肤缝合, 尤其是儿外科, 会阴侧切, 包皮环切术, 口腔粘膜缝合和眼科的结膜缝合。
生产厂家:西班牙 B.Braun Surgical SA
注册代理:贝朗医疗(上海)国际贸易有限公司
发证日期:2014.10.11 截止日期:2019.10.10

国械注进 20142664835

产品名称:气管切开插管(Tracheostomy Tube)
规格型号:见附页
性能组成:气管切开插管为一次性使用产品, 按原材料不同可分为 Teflon(聚四氟乙烯)和硅橡胶两种。其中 Teflon 气管切开插管分为双管、双管带发声膜两种型式(发声膜亦可作为配件单独提供); 硅橡胶气管切开插管分为无套囊和有套囊两种型式, 均带有 X 光显影标记线, 在 X 光下清晰可见。本产品无菌, 环氧乙烷灭菌。
适用范围:适用于手术或治疗中, 通过气管切开术插入到气管内, 辅助呼吸困难者呼吸。
生产厂家:韩国 Sewoon Medical Co., Ltd
注册代理:青岛世远医疗器具有限公司
发证日期:2014.10.11 截止日期:2019.10.10

国械注进 20143634836

产品名称:种植体附件(abutment and screw)
规格型号:见附页
性能组成:种植体附件包括多功能基台, 八角基台, 多能基台, 临时基台, 中央螺钉及颌面螺丝。种植体附件由符合 GB/T 13810 的 TC20 钛合金, 即 Ti-6Al-7Nb 合金制成。部分产品表面经阳极氧化处理。种植体附件为非无菌产品, 使用前由使用者自行灭菌。种植体附件为一次性使用产品。
适用范围:种植体附件用于牙科种植体上部修复。
生产厂家:瑞士 Institut Straumann AG
注册代理:士卓曼(北京)医疗器械贸易有限公司
发证日期:2014.10.11 截止日期:2019.10.10

国械注进 20142664837

产品名称:呼吸回路及配件(Breathing circuit and accessories)
规格型号:见附页
性能组成:呼吸管及呼吸套装是呼吸机、麻醉机的配件, 是连接机器与病人之间, 为病人输送气体的管路。呼吸回路套件产品由管路、接头、过滤器、气囊、接水瓶这些主要配件及管路支架辅助配件组成。所有产品均为洁净包装。
适用范围:用于呼吸机、麻醉机与患者之间的连接
生产厂家:德国 VBM Medizintechnik GmbH
注册代理:北京伊杉麟贸易有限公司
发证日期:2014.10.11 截止日期:2019.10.10

国械注进 20143414838

产品名称:封闭式采血器(Blood Sampling Accessories)
规格型号:TA-BPN TA-STV
性能组成:TA-BPN 由塑料针针管、塑料针护套和鲁尔座(连接注射器用)组成; TA-STV 由 TA-BPN、鲁尔连接器(针座、采血针封套、采血针(304 不锈钢))和套筒式护套组成。
适用范围:该产品与采血隔膜(Blood Sampling Septum)组合在一起使用, 用于抽取血样, 并将血液转送至真空采血管, 或直接将血液抽至真空采血管内。

生产厂家:新加坡 Argon Critical Care Systems Singapore Pte. Ltd.
注册代理:爱琅医疗器械技术咨询(上海)有限公司
发证日期:2014.10.11　**截止日期**:2019.10.10

国械注进 20143154839

产品名称:一次性静脉留置针(I.V.Catheter)
规格型号:见附页
性能组成:产品由针帽、针管、导管、导管座、针体、针头接口、接口帽、螺旋塞、封管帽(只适用于带针翼和注射阀的型号),硅管(只适用于带针翼和注射阀的型号)和过滤器(只适用于不带针翼和注射阀的型号)组成。一次性使用,环氧乙烷灭菌。
适用范围:1:本产品供插入人体周围血液循环系统输液和血液样品的采集。2:留置人体时间不超过72小时。
生产厂家:德国 Helm Medical GmbH
注册代理:浙江省医药保健品进出口有限责任公司
发证日期:2014.10.11　**截止日期**:2019.10.10

国食药监械(进)字 2014 第 3404840 号

产品名称:前列腺特异性抗原测定试剂盒(化学发光法)(IMMULITE2000 PSA)
规格型号:200人份/盒,600人份/盒。
产品标准:YZB/UK 5739-2014
性能组成:含前列腺特异性抗原包被珠(L2PS12)、前列腺特异性抗原试剂楔(L2PSA2)、前列腺特异性抗原校准品(LPSL,LPSH)。(具体内容详见说明书)。产品有效期:在2~8℃的条件下保存,有效期12个月。附件:注册产品标准,产品说明书。
适用范围:本产品用于体外定量测定人血清中的前列腺特异性抗原(PSA)。
生产厂家:英国 Siemens Healthcare Diagnostics Products Limited
注册代理:西门子医学诊断产品(上海)有限公司
发证日期:2014.09.30　**截止日期**:2019.09.29

国食药监械(进)字 2014 第 3404841 号

产品名称:抗EB病毒衣壳抗原IgG抗体亲合力检测试剂盒(酶联免疫吸附法)(Avidity: Anti-EBV-CA-ELISA (IgG) 2)
规格型号:EI 2791-9601-21 G: 96人份/盒
产品标准:YZB/GER 5510-2014
性能组成:微孔板、阳性对照(高亲合力)、阳性对照(低亲合力)、酶结合物、样本缓冲液、清洗缓冲液、色原/底物液、终止液、磷酸盐缓冲液、尿素溶液。(具体内容详见产品说明书)。产品有效期:2-8℃保存,避免冰冻。未开封前,除非特别说明,试剂盒中各成分自生产日起可稳定12个月。附件:注册产品标准,产品说明书。
适用范围:该产品用于体外检测人血清或血浆中的抗EB病毒衣壳抗原(EBV-CA)IgG抗体亲合力。
生产厂家:德国 EUROIMMUN Medizinische Labordiagnostika AG
注册代理:北京欧蒙生物技术有限公司
发证日期:2014.09.30　**截止日期**:2019.09.29

国食药监械(进)字 2014 第 3404842 号

产品名称:乙型肝炎病毒表面抗体检测试剂盒(化学发光法)(HISCL Anti-HBs Assay Kit)
规格型号:100测试/盒
产品标准:YZB/JAP 5522-2014
性能组成:乙型肝炎病毒表面抗体试剂1(简称R1试剂),乙型肝炎病毒表面抗体试剂2(简称R2试剂)。(具体内容详见产品说明书)。产品有效期:2~8℃保存,有效期12个月。附件:注册产品标准,产品说明书。
适用范围:该产品用于人血清或血浆中乙型肝炎病毒表面抗体的定量检测。
生产厂家:日本 Japan Lyophilization Laboratory
注册代理:希森美康医用电子(上海)有限公司
发证日期:2014.09.30　**截止日期**:2019.09.29

国食药监械(进)字 2014 第 3404843 号

产品名称:乙型肝炎病毒表面抗体校准品(HISCL Anti-HBs Calibrator)
规格型号:1mL×4瓶
产品标准:YZB/JAP 5523-2014
性能组成:乙型肝炎病毒表面抗体校准品C0、乙型肝炎病毒表面抗体校准品C1、乙型肝炎病毒表面抗体校准品C2、乙型肝炎病毒表面抗体校准品C3。(具体内容详见产品说明书)。产品有效期:2~8°C保存,有效期12个月。附件:注册产品标准,产品说明书。
适用范围:该产品用于对人血清或血浆中乙型肝炎病毒表面抗体的检测进行校准。
生产厂家:日本 Japan Lyophilization Laboratory
注册代理:希森美康医用电子(上海)有限公司
发证日期:2014.09.30　**截止日期**:2019.09.29

国食药监械(进)字 2014 第 3404844 号

产品名称:人乳头状瘤病毒 16 18/45 基因型检测试剂盒(捕获杂交法)(APTIMA HPV 16 18/45 Genotype Assay)
规格型号:100人份/盒
产品标准:YZB/USA 5695-2014
性能组成:冷藏盒、室温盒、校准品盒、测定液试剂盒、自动检测试剂盒、样本转移试剂盒。(具体内容详见产品说明书)。产品有效期:冷藏盒、校准品盒储存于2℃~8℃;室温盒、测定液试剂盒、自动检测试剂盒、样本转移试剂盒储存于15℃~30℃。本产品有效期为24个月。附件:注册产品标准,产品说明书。
适用范围:该产品用于定性检测源自宫颈样本中人乳头状瘤病毒(HPV)16,18和45亚型的E6/E7病毒信使RNA(mRNA),但不区分18和45亚型。
生产厂家:美国 Gen-Probe Incorporated
注册代理:豪洛捷医疗科技(北京)有限公司
发证日期:2014.09.30　**截止日期**:2019.09.29

国食药监械(进)字 2014 第 2404845 号

产品名称:胰岛素测定试剂盒(ELISA法)(Insulin ELISA)
规格型号:96人份/盒
产品标准:YZB/GER 5496-2014
性能组成:微孔板、零标准品、标准品(标准品1-5)、酶联物、酶复合物、底物液、终止液、清洗液。(具体内容详见说明书)。产品有效期:2~8℃储存,有效期12个月。附件:注册产品标准,产品说明书。
适用范围:用于定量检测人血清和血浆中的胰岛素(Insulin)含量。
生产厂家:德国 DRG Instruments GmbH
注册代理:北京康思尔泰医学科技发展中心
发证日期:2014.09.22　**截止日期**:2019.09.21

国食药监械(进)字 2014 第 2404846 号

产品名称:D-二聚体测定试剂盒(乳胶凝集法)(D-DIMER)
规格型号:试剂1(R1):2 x 12.5 mL,试剂2(R2):2 x 12.5 mL。
产品标准:YZB/USA 5600-2014
性能组成:三羟甲基氨基甲烷(Tris/HCl)、氯化钠、牛血清白蛋白、包被了单克隆抗人D-二聚体抗体(小鼠)的乳胶和防腐剂。(具体内容详见产品说明书)。产品有效期:2~8℃保存,有效期15个月。附件:注册产品标准,产品说明书。
适用范围:本产品用于体外定量检测人血浆中的D-二聚体浓度。
生产厂家:美国 Beckman Coulter, Inc.
注册代理:贝克曼库尔特商贸(中国)有限公司
发证日期:2014.09.22　**截止日期**:2019.09.21

国食药监械(进)字 2014 第 2404847 号

产品名称:D-二聚体质控品(D-DIMER CONTROL)
规格型号:水平1:2 x 0.5 mL,水平2:2 x 0.5 mL。
产品标准:YZB/USA 5602-2014
性能组成:含有D-二聚体和防腐剂的冻干人血清。(具体内容详见产品说明书)。产品有效期:2~8℃保存,有效期15个月。附件:注册产品标准,产品说明书。
适用范围:本产品用于D-二聚体项目检测时的质量控制。
生产厂家:美国 Beckman Coulter, Inc.
注册代理:贝克曼库尔特商贸(中国)有限公司
发证日期:2014.09.22　**截止日期**:2019.09.21

国食药监械(进)字 2014 第 2404848 号

产品名称:抗核抗体 IgG 检测试剂盒(间接免疫荧光法)(IIFT: ANA Mosaic 1 EUROPattern)
规格型号:FC 1510-1005-1: 50 人份/盒、FC1510-1010-1: 100 人份/盒、FC 1510-1050-1: 500 人份/盒、FC 1510-2005-1: 100 人份/盒、FC 1510-2010-1:200 人份/盒、FC 1520-1005:50 人份/盒、FC1520-1010: 100 人份/盒、FC 1520-1050: 500 人份/盒、FC 1520-2005: 100 人份/盒、FC 1520-2010: 200 人份/盒。
产品标准:YZB/GER 5518-2014
性能组成:生物载片、异硫氰酸荧光素 (FITC) 标记的羊抗人 IgG、阳性对照血清、阴性对照血清、磷酸盐 (PBS 盐)、吐温 20。试剂盒中还包含封片介质和盖玻片。(具体内容详见产品说明书)。产品有效期: 2-8℃保存。如保存恰当,自生产之日起,试剂盒可稳定至 18 个月。附件: 注册产品标准,产品说明书。
适用范围:该产品用于体外定性检测人血清或血浆中的抗核抗体。
生产厂家:德国 EUROIMMUN Medizinische Labordiagnostika AG
注册代理:欧蒙医学诊断(中国)有限公司
发证日期:2014.09.22 截止日期:2019.09.21

国食药监械(进)字 2014 第 2404849 号

产品名称:D-二聚体非定值高值质控品(TechnoLEIA D-Dimer Control high)
规格型号:5×1mL
产品标准:YZB/AUS 5691-2014
性能组成:来源于健康人处理过的血浆,并添加人 D-二聚体片段和化学防腐剂。本品为冻干品。(具体内容详见说明书)。产品有效期: 在 2~8℃下保存,有效期为 24 个月。附件: 注册产品标准,产品说明书。
适用范围:本质控品用于体外定量检测人血浆中 D-二聚体含量时的质量控制。
生产厂家:奥地利 Technoclone GmbH
注册代理:武汉塞力斯医疗科技股份有限公司
发证日期:2014.09.22 截止日期:2019.09.21

国食药监械(进)字 2014 第 2404850 号

产品名称:碱性磷酸酶测定试剂盒(NPP-AMP 缓冲液法)(Alkaline Phosphatase Flex Reagent Cartridge (ALPI))
规格型号:产品编号:DF150; 包装规格:360 测试/盒(4×90 测试/盒)。
产品标准:YZB/USA 5550-2014
性能组成:试剂船位 1~6(液体): 2-氨基-2-甲基-1-丙醇(AMP)、乙酸镁 、硫酸锌、羟乙基乙二胺三乙酸(HEDTA); 试剂船位 7~8(液体): 对硝基苯磷酸盐缓冲液(p-NPP) 。(具体内容详见说明书)。产品有效期: 在 2~8℃的条件下保存,有效期 12 个月。附件: 注册产品标准,产品说明书。
适用范围:该产品用于体外定量测定人类血清或血浆中碱性磷酸酶的活性。
生产厂家:美国 Siemens Healthcare Diagnostics Inc.
注册代理:西门子医学诊断产品(上海)有限公司
发证日期:2014.09.22 截止日期:2019.09.21

国食药监械(进)字 2014 第 3404851 号

产品名称:吸入性及食物性过敏原特异性 IgE 抗体检测试剂盒(欧蒙印迹法)(EUROLINE Atopy China (IgE))
规格型号:DP 3713-1601 E: 16 人份/盒
产品标准:YZB/GER 5494-2014
性能组成:包被过敏原的检测膜条、酶结合物、通用缓冲液、色原/底物液。试剂盒中还包含温育盘和塑料封膜。(具体内容详见产品说明书)。产品有效期: 2-8℃保存,避免冷冻。未开封前,除非特别说明,试剂盒中各成分自生产之日起可稳定 18 个月。附件: 注册产品标准,产品说明书。
适用范围:该产品用于体外半定量检测人血清或血浆中柳树/杨树/榆树,普通豚草,艾蒿,屋尘螨/粉尘螨,屋尘,猫毛,狗上皮,蟑螂,点青霉/分支孢霉/烟曲霉/交链孢霉,葎草,鸡蛋白,牛奶,花生,黄豆,牛肉,羊肉,鳕鱼/龙虾/扇贝,虾,蟹共 19 种过敏原特异性抗体免疫球蛋白 E。
生产厂家:德国 EUROIMMUN Medizinische Labordiagnostika AG
注册代理:北京欧蒙生物技术有限公司
发证日期:2014.09.22 截止日期:2019.09.21

国食药监械(进)字 2014 第 2404852 号

产品名称:循环免疫复合物 (含 IgG 抗体) 检测试剂盒 (酶联免疫吸附法) (CIC-C1q ELISA (IgG))
规格型号:EA 1818-9601 G: 96 人份/盒
产品标准:YZB/GER 5497-2014
性能组成:微孔板、标准品 1、标准品 2、标准品 3、阳性对照、阴性对照、酶结合物、样本缓冲液、清洗缓冲液、色原/底物液、终止液。试剂盒中还包含塑料膜和靶值参照表。产品有效期: 2-8℃保存,避免冷冻。未开封前,除非特别说明,试剂盒中各成分自生产之日起可稳定 1 年。附件: 注册产品标准,产品说明书。
适用范围:该产品用于体外半定量或定量检测人血清或血浆中含免疫球蛋白 G 抗体的 C1q-结合的循环免疫复合物。
生产厂家:德国 EUROIMMUN Medizinische Labordiagnostika AG
注册代理:欧蒙医学诊断(中国)有限公司
发证日期:2014.09.22 截止日期:2019.09.21

国食药监械(进)字 2014 第 2404853 号

产品名称:类风湿因子(IgG 类)检测试剂盒(酶联免疫吸附法)(IgG Rheumatoid Factor ELISA)
规格型号:EA 1814-9601 G: 96 人份/盒
产品标准:YZB/GER 5498-2014
性能组成:微孔板、标准品 1、标准品 2、标准品 3、阳性对照、阴性对照、酶结合物、样本缓冲液、清洗缓冲液、色原/底物液、终止液。试剂盒中还包含靶值参照表。产品有效期: 2-8℃保存,避免冷冻。未开封前,除非特别说明,试剂盒中各成分自生产之日起可稳定 1 年。标准品和阳性对照必须分装后储存在-20℃。附件: 注册产品标准,产品说明书。
适用范围:该产品用于体外半定量或定量检测人血清或血浆中类风湿因子免疫球蛋白 G (抗人 IgG 的 IgG 类抗体)。
生产厂家:德国 EUROIMMUN Medizinische Labordiagnostika AG
注册代理:欧蒙医学诊断(中国)有限公司
发证日期:2014.09.22 截止日期:2019.09.21

国食药监械(进)字 2014 第 2404854 号

产品名称:D-二聚体检测试剂盒(免疫比浊法)(Tina-quant D-Dimer Gen.2(D-DI2))
规格型号:试剂 1:1 x 15 mL, 试剂 3:1 x 15 mL; 4 x 50 测试; 100 测试。
产品标准:YZB/GER 5219-2014
性能组成:试剂 1: 三羟甲基氨基甲烷/盐酸 (TRIS/HCl) 缓冲液, 250 mmol/L, pH 8.2; 防腐剂 (液体)。 试剂 3: 包被有单克隆抗人 D-二聚体抗体 (小鼠) 的乳胶颗粒, 0.12%; 防腐剂 (液体)。产品有效期: 2~8℃, 保存 15 个月。附件: 注册产品标准,产品说明书。
适用范围:体外定量测定人血浆中纤维蛋白降解物 D-二聚体和 X-寡聚体。
生产厂家:德国 Roche Diagnostics GmbH
注册代理:罗氏诊断产品(上海)有限公司
发证日期:2014.09.22 截止日期:2019.09.21

国食药监械(进)字 2014 第 2404855 号

产品名称:β2-微球蛋白检测试剂盒(免疫比浊法)(Tina-quant β2-Microglobulin (B2MG))
规格型号:试剂 1 (R1): 2×12mL; 试剂 2 (R2): 2×12mL; 校准品: 1×1mL (复溶后体积)。 2×70 测试; 校准品: 1×1mL (复溶后体积)。140 测试; 校准品: 1×1mL (复溶后体积)。
产品标准:YZB/GER 4612-2014
性能组成:试剂 1 (R1): 三 (羟甲基) 氨基甲烷 (TRIS/HCl) 缓冲液, 23 g/L, pH 8.7; 氯化钠 (NaCl), 19 g/L; 乙二胺四乙酸 (EDTA), 2 g/L; 防腐剂。试剂 2 (R2): 抗人β2-微球蛋白多克隆抗体 (兔) 包被的乳胶颗粒, 0.5 g/L; 防腐剂。 校准品: β2-微球蛋白 (人)。 试剂 2 (R2) 在 cobas c 701/702 机型上表示为试剂 3 (R3)。产品有效期: 2~8℃可储存 16 个月。附件: 注册产品标准,产品说明书。
适用范围:免疫比浊定量测定人血清和血浆的β2 -微球蛋白。
生产厂家:德国 Roche Diagnostics GmbH
注册代理:罗氏诊断产品(上海)有限公司

发证日期:2014. 09. 22　　截止日期:2019. 09. 21

国食药监械(进)字 2014 第 3404856 号

产品名称:人附睾蛋白 4 测定试剂盒(化学发光微粒子免疫检测法)(ARCHITECT HE4 Reagent Kit)
规格型号:1×100 测试/盒
产品标准:YZB/GER 5467-2014
性能组成:微粒子、结合物。(具体内容详见说明书)。产品有效期:2~8℃竖直向上储存,有效期 12 个月。附件:注册产品标准,产品说明书。
适用范围:本试剂盒用于体外定量测定人血清中的人附睾蛋白 4 抗原。
生产厂家:德国 Abbott GmbH & Co. KG
注册代理:雅培贸易(上海)有限公司
发证日期:2014. 09. 22　　截止日期:2019. 09. 21

国食药监械(进)字 2014 第 3404857 号

产品名称:游离前列腺特异性抗原测定试剂盒(化学发光微粒子免疫检测法)(ARCHITECT Free PSA Reagent Kit)
规格型号:4×100 测试/盒、1×100 测试/盒。
产品标准:YZB/IRE 5157-2014
性能组成:微粒子、结合物。(具体内容详见说明书)。产品有效期:在 2~8℃竖直向上储存,有效期 12 个月。附件:注册产品标准,产品说明书。
适用范围:本试剂盒用于体外定量测定人血清中的游离前列腺特异性抗原(PSA)。
生产厂家:爱尔兰 Abbott Ireland Diagnostics Division
注册代理:雅培贸易(上海)有限公司
发证日期:2014. 09. 22　　截止日期:2019. 09. 21

国食药监械(进)字 2014 第 2404858 号

产品名称:甲状旁腺激素测定试剂盒(化学发光法)(Intact PTH(iPTH))
规格型号:2×50 测试/盒
产品标准:YZB/USA 5223-2014
性能组成:试剂 1 (R1a):包被山羊抗甲状旁腺激素抗体的顺磁性微粒,悬浮于三羟甲基氨基甲烷缓冲盐水(TRIS 缓冲盐水)[含牛血清白蛋白(BSA)、表面活性剂、叠氮钠和 ProClin 300];试剂 2 (R1b):三羟甲基氨基甲烷缓冲盐水(TRIS 缓冲盐水)[含封闭血管紧张素转化酶(ACE)、蛋白质(小鼠、山羊)、表面活性剂、叠氮钠和 ProClin 300];试剂 3 (R1c):小鼠单克隆抗 PTH 碱性磷酸酶结合物含在 N-氨基甲酰甲基乙磺酸(ACES)缓冲盐水[含牛血清白蛋白(BSA)、表面活性剂和叠氮钠、ProClin 300]中。(具体内容详见产品说明书)。产品有效期:2~10℃保存,有效期 12 个月。附件:注册产品标准,产品说明书。
适用范围:本产品用于体外定量测定人血清和血浆中的甲状旁腺激素(iPTH)的浓度。
生产厂家:美国 Beckman Coulter, Inc.
注册代理:贝克曼库尔特商贸(中国)有限公司
发证日期:2014. 09. 22　　截止日期:2019. 09. 21

国食药监械(进)字 2014 第 2404859 号

产品名称:促红细胞生成素测定试剂盒(化学发光法)(Access EPO)
规格型号:2× 50 测试/盒
产品标准:YZB/USA 5224-2014
性能组成:试剂 1 (R1a):包被着山羊抗小鼠 IgG 的顺磁性微粒,小鼠抗-重组人促红细胞生成素(EPO)单克隆抗体、牛血清白蛋白、叠氮钠和 ProClin 300;试剂 2(R1b):鸡抗-重组小鼠促红细胞生成素(EPO)碱性磷酸酶(牛)结合物、牛血清白蛋白、叠氮钠和 ProClin 300;试剂 3 (R1c):三羟甲基氨基甲烷缓冲盐溶液(TRIS 盐缓冲溶液)含牛血清白蛋白、蛋白质(鸡、牛、小鼠)、叠氮钠和 ProClin 300。(具体内容详见产品说明书)。产品有效期:2~10℃保存,有效期 12 个月。附件:注册产品标准,产品说明书。
适用范围:本产品用于体外定量检测人血清和血浆样本中的促红细胞生成素浓度。
生产厂家:美国 Beckman Coulter, Inc.
注册代理:贝克曼库尔特商贸(中国)有限公司
发证日期:2014. 09. 22　　截止日期:2019. 09. 21

国食药监械(进)字 2014 第 3404860 号

产品名称:血管性血友病因子活性检测试剂盒(免疫比浊法)(HemosIL von Willebrand Factor Activity)
规格型号:乳胶试剂:2×4.5mL,缓冲液:2×4.5mL。
产品标准:YZB/USA 5296-2014
性能组成:乳胶试剂和缓冲液。(具体内容详见产品说明书)。产品有效期:2~8℃保存,有效期 18 个月。附件:注册产品标准,产品说明书。
适用范围:本产品用于体外定量检测人血浆样本中的血管性血友病因子活性(VWF 活性)。
生产厂家:美国 Instrumentation Laboratory Co.
注册代理:沃芬医疗器械商贸(北京)有限公司
发证日期:2014. 09. 22　　截止日期:2019. 09. 21

国食药监械(进)字 2014 第 3404861 号

产品名称:血管性血友病因子抗原检测试剂盒(免疫比浊法)(HemosIL Von Willebrand Factor Antigen)
规格型号:乳 胶 试 剂:2×3mL,反应缓冲液:2×4mL。
产品标准:YZB/USA 5300-2014
性能组成:乳胶试剂和反应缓冲液。(具体内容详见产品说明书)。产品有效期:2~8℃保存,有效期 19 个月。附件:注册产品标准,产品说明书。
适用范围:本产品用于体外定量检测人血浆样本中的血管性血友病因子抗原(VWF:Ag)。
生产厂家:美国 Instrumentation Laboratory Co.
注册代理:沃芬医疗器械商贸(北京)有限公司
发证日期:2014. 09. 22　　截止日期:2019. 09. 21

国食药监械(进)字 2014 第 2404862 号

产品名称:谷草转氨酶检测试剂盒(酶法)(AST)
规格型号:试剂 1 (R1): 4 x 6 mL,试剂 2 (R2): 4 x 6 mL; 试剂 1 (R1): 4 x 25 mL,试剂 2 (R2): 4 x 25 mL; 试剂 1 (R1): 4 x 50 mL,试剂 2 (R2): 4 x 50 mL; 试剂 1 (R1): 4 x 104 mL,试剂 2 (R2): 4 x 104 mL。
产品标准:YZB/USA 5225-2014
性能组成:三羟甲基氨基甲烷(Tris)缓冲液、L-天门冬氨酸盐、烟酰胺腺嘌呤二核苷酸(NADH、乳酸脱氢酶(LDH)、α-酮戊二酸、苹果酸脱氢酶(MDH)和防腐剂。(具体内容详见产品说明书)。产品有效期:2~8℃保存,有效期 22 个月。附件:注册产品标准,产品说明书。
适用范围:本产品用于体外定量测定人血清和血浆样本中的谷草转氨酶浓度。
生产厂家:美国 Beckman Coulter, Inc.
注册代理:贝克曼库尔特商贸(中国)有限公司
发证日期:2014. 09. 22　　截止日期:2019. 09. 21

国食药监械(进)字 2014 第 3404863 号

产品名称:抗胰岛素样生长因子受体 1(G11)兔单克隆抗体试剂(免疫组织化学法)(CONFIRM anti-IGF-1R(G11) Rabbit Monoclonal Primary Antibody)
规格型号:50 测试
产品标准:YZB/USA 5399-2014
性能组成:该产品含有足够供 50 次检测的试剂。抗胰岛素样生长因子受体 1 (G11) 兔单克隆抗体试剂(免疫组织化学法)的一只 5mL 分配器含有约 8.5μg 的兔单克隆抗体。抗体稀释液中含有 0.05 M Tris-HCl, 2% 载体蛋白和 0.10% ProClin® 300 防腐剂,含有活性成分 5-chloro-2-methyl-4-isothiazolin-3-one 和 2-methyl-4-isothiazolin-3-one)。(具体内容详见产品说明书)。产品有效期:保存在 2-8℃温度下,有效期至 24 个月。切勿冷冻。附件:注册产品标准,产品说明书。
适用范围:该产品是一种作用于 IGF-1R 的兔单克隆抗体,用于在 Ventana 自动切片染色仪上借助于光学显微镜定性检测福尔马林固定、石蜡包埋的组织切片中 IGF-1R 阳性细胞。
生产厂家:美国 Ventana Medical Systems, Inc.
注册代理:罗氏诊断产品(上海)有限公司
发证日期:2014. 09. 22　　截止日期:2019. 09. 21

国食药监械(进)字 2014 第 3404864 号

产品名称:乙型肝炎病毒核心抗体测定试剂盒(化学发光法)(商品名:

HBcT)(ADVIA Centaur Anti-HBc Total (HBc Total))
规格型号:200 测试/盒
产品标准:YZB/USA 5532-2014
性能组成:产品组成:由 1 个主试剂包，含乙型肝炎病毒核心抗体标记试剂、固相试剂和助溶试剂；1 个辅助试剂包，含乙型肝炎病毒核心抗体辅助试剂；乙型肝炎病毒核心抗体(ADVIA Centaur 和 ADVIA CentaurCP)标准曲线卡；乙型肝炎病毒核心抗体低值校准品 1 瓶；乙型肝炎病毒核心抗体高值校准品 1 瓶；乙型肝炎病毒核心抗体 (ADVIA Centaur 和 ADVIA CentaurCP) 校准品定值卡。(具体内容详见说明书)。产品有效期：在 2～8℃的环境中避光直立保存，有效期 12 个月。附件：注册产品标准，产品说明书。
适用范围:本产品用于定性测定人血清或血浆（乙二胺四乙酸，肝素锂或肝素钠）中的乙型肝炎病毒核心抗原的总抗体（乙型肝炎病毒核心总抗体）。
生产厂家:美国 Siemens Healthcare Diagnostics Inc.
注册代理:西门子医学诊断产品(上海)有限公司
发证日期:2014.09.22　　**截止日期**:2019.09.21

国食药监械(进)字 2014 第 3404865 号

产品名称:乙型肝炎病毒表面抗原测定试剂盒(化学发光法)(商品名：HBs)(ADVIA Centaur HBsAg(HBsAg))
规格型号:200 测试/盒
产品标准:YZB/USA 5536-2014
性能组成:产品组成:1 个主试剂包，内含乙型肝炎病毒表面抗原 (ADVIA Centaur HBsAg) 固相试剂和辅助试剂；1 个辅助试剂包，内含乙型肝炎病毒表面抗原 (ADVIACentaur HBsAg) 标记试剂；乙型肝炎病毒表面抗原 (ADVIA Centaur 和 ADVIA Centaur CP) 标准曲线卡；乙型肝炎病毒表面抗原确认 (ADVIA Centaur 和 ADVIA CentaurCP) 标准曲线卡；乙型肝炎病毒表面抗原低值校准品 2 瓶；乙型肝炎病毒表面抗原高值校准品 2 瓶；乙型肝炎病毒表面抗原(ADVIA Centaur 和 ADVIA CentaurCP)校准品定值卡。(具体内容详见说明书)。产品有效期：在 2～8℃的环境中避光直立保存，有效期 12 个月。附件：注册产品标准，产品说明书。
适用范围:本产品定性检测人血清或血浆 (乙二胺四乙酸，肝素锂或肝素钠，柠檬酸盐) 中的乙型肝炎病毒表面抗原 (HBsAg)。
生产厂家:美国 Siemens Healthcare Diagnostics Inc.
注册代理:西门子医学诊断产品(上海)有限公司
发证日期:2014.09.22　　**截止日期**:2019.09.21

国食药监械(进)字 2014 第 2404866 号

产品名称:α 1-微球蛋白检测试剂盒（免疫比浊法)(Alpha-1-Microglobulin)
规格型号:150 测试/盒
产品标准:YZB/USA 5257-2014
性能组成:α 1-微球蛋 (A1M) 抗体(经过处理的山羊血清)、α 1-微球蛋白 (A1M) 抗原过量溶液(抗原过量试验溶液)、叠氮化钠(作为防腐剂)、用于系统性能优化的非反应性物质。(具体内容详见产品说明书)。产品有效期：2～8℃保存，有效期 24 个月。附件：注册产品标准，产品说明书。
适用范围:本产品用于体外定量检测人尿液样本中的 α 1-微球蛋白 (A1M) 含量。
生产厂家:美国 Beckman Coulter, Inc.
注册代理:贝克曼库尔特商贸(中国)有限公司
发证日期:2014.09.22　　**截止日期**:2019.09.21

国食药监械(进)字 2014 第 2404867 号

产品名称:革兰氏阳性细菌鉴定/药敏板(商品名：菲凡)(BD PhoenixTM PMIC/ID-55)
规格型号:25 块/盒
产品标准:YZB/USA 5521-2014
性能组成:见附页。产品有效期：15～25℃保存，有效期为 12 个月。附件：注册产品标准，产品说明书。
适用范围:该产品用于革兰氏染色阳性需氧和苛性厌氧细菌的鉴定以及抗生素最小抑菌浓度的定量药物敏感性检测。
生产厂家:美国 Becton, Dickinson and Company
注册代理:碧迪医疗器械(上海)有限公司
发证日期:2014.09.22　　**截止日期**:2019.09.21

国食药监械(进)字 2014 第 3404868 号

产品名称:鳞状上皮细胞癌抗原测定试剂盒(化学发光微粒子免疫检测法)(ARCHITECT SCC Reagent Kit)
规格型号:1×100 测试/盒
产品标准:YZB/GER 5360-2014
性能组成:微粒子、结合物。(具体内容详见说明书)。产品有效期：2～8℃竖直向上储存，有效期 12 个月。附件：注册产品标准，产品说明书。
适用范围:本试剂盒用于体外定量测定人血清和血浆中的鳞状上皮细胞癌抗原(SCC Ag)。
生产厂家:德国 Abbott GmbH & Co. KG
注册代理:雅培贸易(上海)有限公司
发证日期:2014.09.22　　**截止日期**:2019.09.21

国食药监械(进)字 2014 第 2404869 号

产品名称:脂类校准品(Lipid Calibrator Set Levels 1 and 2 (Lipid CAL 1, 2))
规格型号:水平 1：3 × 2mL，水平 2：3 × 2mL。
产品标准:YZB/USA 5267-2014
性能组成:经-15℃到-20℃冷冻处理、去纤维蛋白的人血浆，1 个校准软盘和 1 份数值指定单。(具体内容详见产品说明书)。产品有效期：-15～-20℃保存，有效期 18 个月。附件：注册产品标准，产品说明书。
适用范围:本产品用于直接高密度脂蛋白胆固醇项目检测的校准。
生产厂家:美国 Beckman Coulter, Inc.
注册代理:贝克曼库尔特商贸(中国)有限公司
发证日期:2014.09.22　　**截止日期**:2019.09.21

国食药监械(进)字 2014 第 2404870 号

产品名称:转铁蛋白检测试剂盒(免疫比浊法)(Urine Transferrin)
规格型号:150 测试/盒
产品标准:YZB/USA 5270-2014
性能组成:转铁蛋白(TRU)抗体(经过处理的山羊血清)、转铁蛋白(TRU)抗原过剩溶液(经过处理的稀释人血清)、叠氮化钠(作为防腐剂)、用于系统性能优化的非反应性物质。(具体内容详见说明书)。产品有效期：2～8℃保存，有效期 24 个月。附件：注册产品标准，产品说明书。
适用范围:本产品用于体外定量检测人尿液样本中的转铁蛋白(TRU)含量。
生产厂家:美国 Beckman Coulter, Inc.
注册代理:贝克曼库尔特商贸(中国)有限公司
发证日期:2014.09.22　　**截止日期**:2019.09.21

国食药监械(进)字 2014 第 2404871 号

产品名称:环孢霉素质控品(Cyclosporine C2 Control)
规格型号:6×5mL (3 水平，2 瓶/水平)
产品标准:YZB/USA 5543-2014
性能组成:环孢霉素质控品由稳定的人全血溶血产物制备，其中加入了适当浓度的环孢霉素 A。产品有效期:在低于-14° C 的条件下储存，有效期 48 个月。附件：注册产品标准，产品说明书。
适用范围:环孢霉素质控品为定值质控材料，用于监测及评价全血中环孢霉素定量测定的精密度和准确度。
生产厂家:美国 More Diagnostics Inc.
注册代理:西门子医学诊断产品(上海)有限公司
发证日期:2014.09.22　　**截止日期**:2019.09.21

国食药监械(进)字 2014 第 2404872 号

产品名称:微量总蛋白校准品(Microprotein Calibrator (M-TP Calibrator))
规格型号:10 × 2mL
产品标准:YZB/USA 5276-2014
性能组成:经乙二醇稳定处理的人血清、1 个校准软盘和 1 份数值指定单。(具体内容详见产品说明书)。产品有效期：-15～-20℃保存，有效期 18 个月。附件：注册产品标准，产品说明书。
适用范围:本产品用于微量总蛋白项目检测时的校正。
生产厂家:美国 Beckman Coulter, Inc.
注册代理:贝克曼库尔特商贸(中国)有限公司

发证日期:2014.09.22　　**截止日期**:2019.09.21

国食药监械(进)字 2014 第 2404873 号

产品名称:促甲状腺激素检测试剂盒(电化学发光法)(TSH)
规格型号:200 测试/盒
产品标准:YZB/GER 5303-2014
性能组成:试剂－工作溶液 M: 链霉亲合素包被的微粒 (透明瓶盖) 1 瓶, 12 mL : 链霉亲合素包被的微粒 浓度 0.72 mg/mL, 含防腐剂。 R1: 生物素化抗促甲状腺激素抗体 (灰色瓶盖), 1 瓶, 14mL: 生物素标记的抗促甲状腺激素单克隆抗体 (小鼠) 浓度 2.0 mg/L, 磷酸盐缓冲液 100 mmol/L, pH 值 7.2; 含防腐剂。 R2: 钌标记的抗促甲状腺激素抗体 (黑色瓶盖), 1 瓶, 12mL: 钌复合物标记的抗促甲状腺激素单克隆抗体 (小鼠/人) 浓度 1.2mg/L; 磷酸盐缓冲液 100 mmol/L, pH 值 7.2; 含防腐剂。产品有效期: 储存在 2~8℃, 效期为 10 个月。附件: 注册产品标准, 产品说明书。
适用范围:该产品用于体外定量测定人血清和血浆中的促甲状腺激素含量。
生产厂家:德国 Roche Diagnostics GmbH
注册代理:罗氏诊断产品(上海)有限公司
发证日期:2014.09.22　　**截止日期**:2019.09.21

国食药监械(进)字 2014 第 3404874 号

产品名称:甲胎蛋白检测试剂盒(电化学发光法)(AFP)
规格型号:100 测试/盒、200 测试/盒。
产品标准:YZB/GER 5307-2014
性能组成:M: 包被链霉亲合素的磁珠微粒 (透明瓶盖), 1 瓶: 包被链霉亲合素的磁珠微粒, 防腐剂。 R1: 生物素化的抗甲胎蛋白抗体 (灰盖), 1 瓶: 生物素化的抗甲胎蛋白单克隆抗体 (小鼠), 磷酸盐缓冲液, 防腐剂。R2 : 钌标记的抗甲胎蛋白抗体 (黑盖), 1 瓶: 钌复合物标记的抗甲胎蛋白单克隆抗体 (小鼠), 磷酸盐缓冲液, 防腐剂。 (具体内容详见产品说明书)。产品有效期: 存放于 2~8℃, 保存 21 个月。附件: 注册产品标准, 产品说明书。
适用范围:该产品用于体外定量检测人体血清和血浆中的甲胎蛋白。
生产厂家:德国 Roche Diagnostics GmbH
注册代理:罗氏诊断产品(上海)有限公司
发证日期:2014.09.22　　**截止日期**:2019.09.21

国食药监械(进)字 2014 第 2404875 号

产品名称:人生长激素定标液(hGH CalSet)
规格型号:4 × 1.0 mL (冻干品复溶体积)
产品标准:YZB/GER 5139-2014
性能组成:试剂-工作溶液 (冻干品): 由冻干人血清基质制成, 添加了人生长激素 (重组肽) 和防腐剂。 提供的其他物品: 条形码卡、定标液条形码表、4 个贴有标签的压盖式小空瓶、2×6 个试剂瓶标签。 (具体内容详见说明书)。产品有效期: 2~8° C 储存, 可保存 18 个月。附件: 注册产品标准, 产品说明书。
适用范围:用于人生长激素定量测定项目的定标。
生产厂家:德国 Roche Diagnostics GmbH
注册代理:罗氏诊断产品(上海)有限公司
发证日期:2014.09.22　　**截止日期**:2019.09.21

国食药监械(进)字 2014 第 2404876 号

产品名称:甲状腺球蛋白抗体检测试剂盒(电化学发光法)(Anti-Tg)
规格型号:100 测试/盒
产品标准:YZB/GER 5151-2014
性能组成:包被链霉亲合素的磁珠微粒 (透明瓶盖), 生物素标记的甲状腺球蛋白 (灰盖), 钌复合物标记的抗甲状腺球蛋白抗体 (黑盖)。(具体内容详见说明书)。产品有效期: 2~8℃保存, 有效期 15 个月。附件: 注册产品标准, 产品说明书。
适用范围:本产品用于体外定量检测人血清和血浆中的甲状腺球蛋白抗体。
生产厂家:德国 Roche Diagnostics GmbH
注册代理:罗氏诊断产品(上海)有限公司
发证日期:2014.09.22　　**截止日期**:2019.09.21

国食药监械(进)字 2014 第 2404877 号

产品名称:黄体生成激素检测试剂盒(电化学发光法)(LH)
规格型号:100 测试/盒
产品标准:YZB/GER 5156-2014
性能组成:链霉亲合素包被的微粒 (透明瓶盖), 生物素化的抗黄体生成激素抗体 (灰 盖), 钌复合物标记的抗黄体生成激素抗体 (黑盖)。(具体内容详见说明书)。产品有效期: 储存在 2~8℃, 效期为 19 个月。附件: 注册产品标准, 产品说明书。
适用范围:本产品用于体外定量测定人血清和血浆中的黄体生成激素含量。
生产厂家:德国 Roche Diagnostics GmbH
注册代理:罗氏诊断产品(上海)有限公司
发证日期:2014.09.22　　**截止日期**:2019.09.21

国食药监械(进)字 2014 第 3404878 号

产品名称:非小细胞肺癌相关抗原 21-1 定量测定试剂盒(电化学发光法)(CYFRA 21-1)
规格型号:100 测试/盒
产品标准:YZB/GER 5315-2014
性能组成:试剂-工作溶液: M: 包被链霉亲合素的微粒 (透明盖), 1 瓶, 6.5 mL: 包被链霉亲合素的微粒 0.72mg/mL; 防腐剂。 R1: 生物素化的抗细胞角蛋白 19 抗体 (灰盖), 1 瓶, 10 mL: 生物素标记的抗细胞角蛋白 19 单克隆抗体 (KS 19.1; 小鼠) 1.5 mg/L, 磷酸盐缓冲液 100mmol/L, pH 值 7.2; 防腐剂。 R2: 钌标记的抗细胞角蛋白 19 抗体 (黑盖), 1 瓶, 10mL: 钌复合物标记的抗细胞角蛋白 19 单克隆抗体 (BM 19.21; 小鼠) 2 mg/L; 磷酸盐缓冲液 100 mmol/L, pH 值 7.2; 防腐剂。产品有效期: 存放于 2~8℃, 保存 21 个月。附件: 注册产品标准, 产品说明书。
适用范围:该产品用于体外定量测定人血清和血浆中的细胞角蛋白 19 片段。
生产厂家:德国 Roche Diagnostics GmbH
注册代理:罗氏诊断产品(上海)有限公司
发证日期:2014.09.22　　**截止日期**:2019.09.21

国食药监械(进)字 2014 第 2404879 号

产品名称:睾酮检测试剂盒(电化学发光法)(Testosterone II)
规格型号:100 测试/盒
产品标准:YZB/GER 5317-2014
性能组成:试剂－工作溶液: M: 包被链霉亲合素的磁珠微粒 (透明瓶盖), 1 瓶, 6.5mL: 包被链霉亲合素的磁珠微粒, 0.72mg/mL; 防腐剂。R1: 生物素化的抗睾酮抗体 (灰色盖), 1 瓶, 10mL: 生物素标记的抗睾酮单克隆抗体 (羊), 浓度 40ng/mL; 双溴雌二醇释放试剂; 2-吗啉乙磺酸缓冲液 50mmol/L, pH 值 6.0; 防腐剂。 R2: 钌标记的睾酮多肽 (黑色盖), 1 瓶, 9mL: 钌复合物标记的睾酮衍生物, 浓度 1.5ng/mL, 2-吗啉乙磺酸缓冲液 50mmol/L, pH 值 6.0; 防腐剂。产品有效期: 储存在 2~8℃, 效期为 18 个月。附件: 注册产品标准, 产品说明书。
适用范围:该产品用于体外定量检测人血清和血浆中的睾酮。
生产厂家:德国 Roche Diagnostics GmbH
注册代理:罗氏诊断产品(上海)有限公司
发证日期:2014.09.22　　**截止日期**:2019.09.21

国食药监械(进)字 2014 第 2404880 号

产品名称:甲状旁腺素(1-84)检测试剂盒(电化学发光法)(PTH(1-84))
规格型号:100 测试/盒
产品标准:YZB/GER 5140-2014
性能组成:链霉亲合素包被的磁珠微粒 (透明瓶盖), 生物素化的抗甲状旁腺素抗体 (灰色瓶盖), 钌标记的抗甲状旁腺素抗体 (黑色瓶盖)。(具体内容详见说明书)。产品有效期: 保存在 2~8℃, 有效期 15 个月。附件: 注册产品标准, 产品说明书。
适用范围:用于体外定量测定人血清和血浆中生物全段甲状旁腺素 PTH (1-84) 的浓度。
生产厂家:德国 Roche Diagnostics GmbH
注册代理:罗氏诊断产品(上海)有限公司
发证日期:2014.09.22　　**截止日期**:2019.09.21

国食药监械(进)字 2014 第 3404881 号

产品名称:神经元特异性烯醇化酶测定试剂盒(电化学发光法)(NSE)

规格型号:100 测试/盒
产品标准:YZB/GER 5332-2014
性能组成:链霉亲合素包被的微粒（透明瓶盖），1 瓶，6.5 mL：链霉亲合素包被的微粒 0.72 mg/mL；防腐剂。生物素化的抗神经元特异性烯醇化酶抗体（灰色瓶盖），1 瓶，10 mL：生物素标记的抗神经元特异性烯醇化酶单克隆抗体 18E5（小鼠）1.0 mg/L；磷酸盐缓冲液 50mmol/L，PH 值 7.2；防腐剂。钌标记的抗神经元特异性烯醇化酶抗体（黑色瓶盖），1 瓶，10 mL：钌复合物标记的抗神经元特异性烯醇化酶单克隆抗体 84B10（小鼠）1.0mg/L；磷酸盐缓冲液 50 mmol/L，PH 值 7.2；防腐剂。（具体内容详见产品说明书）。产品有效期：存放于 2～8℃，保存 21 个月。附件：注册产品标准，产品说明书。
适用范围:该产品用于体外定量检测人血清中的神经元特异性烯醇化酶(NSE)。
生产厂家:德国 Roche Diagnostics GmbH
注册代理:罗氏诊断产品(上海)有限公司
发证日期:2014.09.22　**截止日期**:2019.09.21

国食药监械(进)字 2014 第 3404882 号

产品名称:总前列腺特异性抗原定标液(total PSA CalSet II)
规格型号:4×1.0 mL（冻干品复溶体积）
产品标准:YZB/GER 5335-2014
性能组成:试剂-工作溶液（冻干品）：由冻干人血清制成，添加了人前列腺特异性抗原（PSA）。总前列腺特异性抗原定标液 1：2 瓶，每瓶复溶后含 1.0 mL 定标液 1；总前列腺特异性抗原定标液 2：2 瓶，每瓶复溶后含 1.0 mL 定标液 2。人血清基质中前列腺特异性抗原（人源）的两个浓度范围分别约为 0 ng/mL 和约 60ng/mL。提供的其他物品：条形码卡、定标液条形码表、4 个贴有标签的压盖式小空瓶、2×6 个试剂瓶标签。(具体内容详见产品说明书)。产品有效期：2～8℃储存，可保存 29 个月。附件：注册产品标准，产品说明书。
适用范围:该产品用于总前列腺特异性抗原定量检测项目的定标。
生产厂家:德国 Roche Diagnostics GmbH
注册代理:罗氏诊断产品(上海)有限公司
发证日期:2014.09.22　**截止日期**:2019.09.21

国食药监械(进)字 2014 第 3404883 号

产品名称:糖类抗原 19-9 定标液(CA 19-9 CalSet)
规格型号:4×1.0 mL（冻干品复溶体积）
产品标准:YZB/GER 5336-2014
性能组成:试剂-工作溶液（冻干品）：由冻干人血清制成，添加了人糖类抗原 19-9（CA 19-9）和防腐剂。糖类抗原 19-9 定标液 1：2 瓶，每瓶复溶后含 1.0 mL 定标液 1；糖类抗原 19-9 定标液 2：2 瓶，每瓶复溶后含 1.0 mL 定标液 2。人血清基质中糖类抗原 19-9（CA 19-9）的两个浓度范围分别约为 20 U/mL 和约 250U/mL。提供的其他物品：条形码卡、定标液条形码表、4 个贴有标签的压盖式小空瓶、2×6 个试剂瓶标签。(具体内容详见产品说明书)。产品有效期：2～8℃储存，可保存 29 个月。附件：注册产品标准，产品说明书。
适用范围:该产品用于糖类抗原 19-9（CA 19-9）定量检测项目的定标。
生产厂家:德国 Roche Diagnostics GmbH
注册代理:罗氏诊断产品(上海)有限公司
发证日期:2014.09.22　**截止日期**:2019.09.21

国食药监械(进)字 2014 第 2404884 号

产品名称:人生长激素检测试剂盒(电化学发光法)(hGH)
规格型号:100 测试/盒
产品标准:YZB/GER 5045-2014
性能组成:链霉亲合素包被的磁性微粒（透明盖），生物素化的抗人生长激素抗体（灰盖），钌标记的抗人生长激素抗体（黑盖）。(具体内容详见说明书)。产品有效期：存放于 2～8℃，保存 18 个月。附件：注册产品标准，产品说明书。
适用范围:本产品用于体外定量测定人血清和血浆中的人生长激素。
生产厂家:德国 Roche Diagnostics GmbH
注册代理:罗氏诊断产品(上海)有限公司
发证日期:2014.09.22　**截止日期**:2019.09.21

国食药监械(进)字 2014 第 3404885 号

产品名称:癌胚抗原定量测定试剂盒(电化学发光法)(CEA)
规格型号:100 测试/盒，200 测试/盒。
产品标准:YZB/GER 5338-2014
性能组成:试剂-工作溶液：包被链霉亲合素的磁珠微粒（透明瓶盖），1 瓶；生物素化的抗癌胚抗原抗体（灰盖），1 瓶；钌标记的抗癌胚抗原抗体（黑盖），1 瓶。(具体内容详见产品说明书)。产品有效期：存放于 2～8℃，保存 18 个月。附件：注册产品标准，产品说明书。
适用范围:该产品用于体外定量测定人血清和血浆中癌胚抗原含量。
生产厂家:德国 Roche Diagnostics GmbH
注册代理:罗氏诊断产品(上海)有限公司
发证日期:2014.09.22　**截止日期**:2019.09.21

国食药监械(进)字 2014 第 3404886 号

产品名称:人类免疫缺陷病毒质控品(PreciControl HIV)
规格型号:6× 2.0 mL（冻干品复溶体积）
产品标准:YZB/GER 5340-2014
性能组成:试剂-工作溶液（冻干品）：由冻干人血清（人类免疫缺陷病毒质控品 1 和人类免疫缺陷病毒质控品 2）和缓冲液（人类免疫缺陷病毒质控品 3）制成，添加了人类免疫缺陷病毒/人类免疫缺陷病毒 p24 抗原（大肠杆菌，rDNA）和防腐剂。提供的其他物品：3 张条码卡、质控条码单、3×2 个带标签的压盖式小空瓶、3×6 个试剂瓶标签。(具体内容详见产品说明书)。产品有效期：2～8℃储存，保存 18 个月。附件：注册产品标准，产品说明书。
适用范围:该产品用于人类免疫缺陷病毒抗体和抗原(p24)(HIV combi、HIV combi PT）和人类免疫缺陷病毒 p24 抗原（HIV Ag）检测的质量控制。
生产厂家:德国 Roche Diagnostics GmbH
注册代理:罗氏诊断产品(上海)有限公司
发证日期:2014.09.22　**截止日期**:2019.09.21

国食药监械(进)字 2014 第 2404887 号

产品名称:肌红蛋白检测试剂盒(电化学发光法)(Myoglobin STAT)
规格型号:100 测试/盒
产品标准:YZB/GER 5046-2014
性能组成:包被链霉亲合素的磁珠微粒（透明盖），生物素化的抗肌红蛋白抗体（灰盖），钌标记的抗肌红蛋白抗体（黑盖）。(具体内容详见说明书)。产品有效期：储存在 2～8℃，效期为 18 个月。附件：注册产品标准，产品说明书。
适用范围:本产品用于体外定量测定人血清和血浆中的肌红蛋白浓度。
生产厂家:德国 Roche Diagnostics GmbH
注册代理:罗氏诊断产品(上海)有限公司
发证日期:2014.09.22　**截止日期**:2019.09.21

国食药监械(进)字 2014 第 2404888 号

产品名称:硫酸脱氢表雄甾酮检测试剂盒(电化学发光法)(DHEA-S)
规格型号:100 测试/盒
产品标准:YZB/GER 5345-2014
性能组成:试剂-工作溶液：链霉亲合素包被的微粒（透明瓶盖），1 瓶；生物素化的兔抗硫酸脱氢表雄甾酮抗体（灰色盖），1 瓶；钌复合物标记的硫酸脱氢表雄甾酮（黑色盖），1 瓶。(具体内容详见产品说明书)。产品有效期：2～8℃保存，有效期 19 个月。附件：注册产品标准，产品说明书。
适用范围:该产品用于体外定量测定人血清和血浆中的硫酸脱氢表雄甾酮。
生产厂家:德国 Roche Diagnostics GmbH
注册代理:罗氏诊断产品(上海)有限公司
发证日期:2014.09.22　**截止日期**:2019.09.21

国食药监械(进)字 2014 第 2404889 号

产品名称:肌红蛋白检测试剂盒(电化学发光法)(Myoglobin)
规格型号:100 测试/盒
产品标准:YZB/GER 5047-2014
性能组成:包被链霉亲合素的磁性微粒（透明瓶盖），生物素标记的抗肌红蛋白抗体（灰盖），钌标记的抗肌红蛋白抗体（黑盖）。(具体内容详见说明书)。产品有效期：储存在 2～8℃，效期为 18 个月。附件：注册产品标准，产品说明书。
适用范围:本产品用于体外定量测定人血清和血浆的肌红蛋白浓度。

生产厂家:德国 Roche Diagnostics GmbH
注册代理:罗氏诊断产品(上海)有限公司
发证日期:2014.09.22　　截止日期:2019.09.21

国食药监械(进)字 2014 第 3404890 号

产品名称:神经元特异性烯醇化酶定标液(NSE CalSet)
规格型号:4×1.0 mL (冻干品，复溶体积)
性能组成:试剂-工作溶液:神经元特异性烯醇化酶定标液 1:2 瓶，每瓶含 1.0 mL 定标液 1;神经元特异性烯醇化酶定标液 2:2 瓶，每瓶含 1.0 mL 定标液 2 。缓冲液/蛋白基质(牛血清白蛋白)中神经元特异性烯醇化酶(人源)的两个浓度范围分别为约 0.5 ng/mL 和约 50 ng/mL，叠氮钠 < 1% (w/w)。提供的物品:神经元特异性烯醇化酶定标液，条码卡，定标液定值表，4 个带标签的有盖小空瓶，2×6 个小瓶标签。(具体内容详见产品说明书)。产品有效期:2～8℃保存，有效期 29 个月。附件:注册产品标准，产品说明书。
适用范围:该产品用于神经元特异性烯醇化酶定量检测项目的定标。
生产厂家:德国 Roche Diagnostics GmbH
注册代理:罗氏诊断产品(上海)有限公司
发证日期:2014.09.22　　截止日期:2019.09.21

国食药监械(进)字 2014 第 3404890 号

产品名称:神经元特异性烯醇化酶定标液(NSE CalSet)
规格型号:4×1.0 mL (冻干品，复溶体积)
产品标准:YZB/GER 5348-2014
性能组成:试剂-工作溶液:神经元特异性烯醇化酶定标液 1:2 瓶，每瓶含 1.0 mL 定标液 1;神经元特异性烯醇化酶定标液 2:2 瓶，每瓶含 1.0 mL 定标液 2 。缓冲液/蛋白基质(牛血清白蛋白)中神经元特异性烯醇化酶(人源)的两个浓度范围分别为约 0.5 ng/mL 和约 50 ng/mL，叠氮钠 < 1% (w/w)。提供的物品:神经元特异性烯醇化酶定标液，条码卡，定标液定值表，4 个带标签的有盖小空瓶，2×6 个小瓶标签。(具体内容详见产品说明书)。产品有效期:2～8℃保存，有效期 29 个月。附件:注册产品标准，产品说明书。
适用范围:该产品用于神经元特异性烯醇化酶定量检测项目的定标。
生产厂家:德国 Roche Diagnostics GmbH
注册代理:罗氏诊断产品(上海)有限公司
发证日期:2014.09.22　　截止日期:2019.09.21

国食药监械(进)字 2014 第 3404891 号

产品名称:绒毛膜促性腺激素及 β 亚单位检测试剂盒(电化学发光法)(HCG+β)
规格型号:100 测试/盒
产品标准:YZB/GER 5390-2014
性能组成:试剂-工作溶液:链霉亲合素包被的磁珠微粒(透明瓶盖)，1 瓶;生物素化的抗人绒毛膜促性腺激素抗体(灰盖)，1 瓶;钌标记的抗人绒毛膜促性腺激素抗体(黑盖)，1 瓶。(具体内容详见产品说明书)。产品有效期:储存在 2～8℃，效期为 18 个月。附件:注册产品标准，产品说明书。
适用范围:该产品用于体外定量测定人血清和血浆中的人绒毛膜促性腺激素(hCG)加人绒毛膜促性腺激素 β 亚单位的总量。
生产厂家:德国 Roche Diagnostics GmbH
注册代理:罗氏诊断产品(上海)有限公司
发证日期:2014.09.22　　截止日期:2019.09.21

国食药监械(进)字 2014 第 3404892 号

产品名称:糖类抗原 15-3 测定试剂盒(电化学发光法)(CA 15-3 II)
规格型号:100 测试/盒
产品标准:YZB/GER 5392-2014
性能组成:试剂:包被链霉亲合素的磁珠微粒(透明瓶盖)，1 瓶;生物素化的抗糖类抗原 15-3 抗体(灰盖)，1 瓶;钌标记的抗糖类抗原 15-3 抗体(黑盖)，1 瓶。(具体内容详见产品说明书)。产品有效期:2～8℃保存，有效期为 18 个月。附件:注册产品标准，产品说明书。
适用范围:该产品用于体外定量检测人体血清和血浆中的糖类抗原 15-3(CA 15-3)。
生产厂家:德国 Roche Diagnostics GmbH
注册代理:罗氏诊断产品(上海)有限公司
发证日期:2014.09.22　　截止日期:2019.09.21

国食药监械(进)字 2014 第 2404893 号

产品名称:25-羟基维生素 D 定标液(Vitamin D total CalSet)
规格型号:4 × 1.0 mL (冻干品复溶体积)
产品标准:YZB/GER 5158-2014
性能组成:试剂-工作溶液(冻干品):由冻干人血清基质制成，添加了 25-羟基维生素 D3 和防腐剂。提供的其他物品:条形码卡、定标液条形码表、4 个贴有标签的压盖式小空瓶、2×6 个试剂瓶标签。(具体内容详见说明书)。产品有效期:保存在 2～8℃，有效期 15 个月。附件:注册产品标准，产品说明书。
适用范围:用于 25-羟基维生素 D 定量检测项目的定标。
生产厂家:德国 Roche Diagnostics GmbH
注册代理:罗氏诊断产品(上海)有限公司
发证日期:2014.09.22　　截止日期:2019.09.21

国食药监械(进)字 2014 第 2404894 号

产品名称:类风湿因子质控品(RF Control Set)
规格型号:水平 1:2×1.0 ml ; 水平 2:2×1.0 ml。
产品标准:YZB/GER 5352-2014
性能组成:反应物质:人类血清中的类风湿因子;非反应物质:4-羟乙基哌嗪乙磺酸(HEPES)缓冲液，牛血清白蛋白，氯化钠，防腐剂。包装盒内还放有条码。(具体内容详见产品说明书)。产品有效期:未打开的试剂盒:2～8℃至 15 个月。附件:注册产品标准，产品说明书。
适用范围:该产品用于类风湿因子定量检测的质量控制。
生产厂家:德国 Roche Diagnostics GmbH
注册代理:罗氏诊断产品(上海)有限公司
发证日期:2014.09.22　　截止日期:2019.09.21

国食药监械(进)字 2014 第 3404895 号

产品名称:糖类抗原 72-4 测定试剂盒(电化学发光法)(CA 72-4)
规格型号:100 测试/盒
产品标准:YZB/GER 5393-2014
性能组成:试剂:包被链霉亲合素的磁珠微粒(透明瓶盖)，1 瓶;生物素化的抗糖类抗原 72-4 抗体(灰盖)，1 瓶;钌标记的抗糖类抗原 72-4 抗体(黑盖)，1 瓶。(具体内容详见产品说明书)。产品有效期:存放于 2～8℃，保存 21 个月。附件:注册产品标准，产品说明书。
适用范围:该产品用于体外定量检测人体血清和血浆中的糖类抗原 72-4(CA 72-4)。
生产厂家:德国 Roche Diagnostics GmbH
注册代理:罗氏诊断产品(上海)有限公司
发证日期:2014.09.22　　截止日期:2019.09.21

国食药监械(进)字 2014 第 2404896 号

产品名称:皮质醇检测试剂盒(电化学发光法)(Cortisol)
规格型号:100 测试/盒
产品标准:YZB/GER 5163-2014
性能组成:链霉亲合素包被的微粒(透明瓶盖)，生物素化的羊抗皮质醇抗体(灰盖)，钌复合物标记的皮质醇-多肽(黑盖)。(具体内容详见说明书)。产品有效期:储存在 2～8℃，效期为 18 个月。附件:注册产品标准，产品说明书。
适用范围:本产品用于体外定量测定人血清、血浆及尿液标本中皮质醇的含量。
生产厂家:德国 Roche Diagnostics GmbH
注册代理:罗氏诊断产品(上海)有限公司
发证日期:2014.09.22　　截止日期:2019.09.21

国食药监械(进)字 2014 第 2404897 号

产品名称:抗甲状腺过氧化物酶抗体检测试剂盒(电化学发光法)(Anti-TPO)
规格型号:100 测试/盒
产品标准:YZB/GER 5162-2014
性能组成:包被链霉亲合素的磁珠微粒(透明瓶盖)，钌标记的抗甲状腺过氧化物酶抗体(灰瓶盖)，生物素化的甲状腺过氧化物酶(黑瓶盖)。(具体内容详见说明书)。产品有效期:2～8℃保存，有效期为 15 个月。附件:注册产品标准，产品说明书。
适用范围:本产品用于体外定量检测人血清和血浆中的抗甲状腺过氧化

物酶抗体的含量。
生产厂家:德国 Roche Diagnostics GmbH
注册代理:罗氏诊断产品(上海)有限公司
发证日期:2014.09.22 **截止日期**:2019.09.21

国食药监械(进)字 2014 第 3404898 号

产品名称:人类免疫缺陷病毒抗体和抗原(P24)检测试剂盒(电化学发光法)(HIV combi PT)
规格型号:100 测试/盒
产品标准:YZB/GER 5397-2014
性能组成:试剂-工作溶液: 包被链霉亲合素的磁珠微粒 (透明盖), 1 瓶; 2-吗啉乙磺酸缓冲液 50 mmol/L, pH 值 5.5; 1.5%乙基苯基聚乙二醇, 防腐剂 (白盖), 1 瓶; 抗 p24~, 1 型/2 型人类免疫缺陷病毒特异性重组抗原 (大肠杆菌) ~, 1 型/2 型人类免疫缺陷病毒特异性肽~生物素 (灰盖), 1 瓶; 抗 p24~, 1 型/2 型人类免疫缺陷病毒特异性重组抗原 (大肠杆菌) ~, 钌标记的 1 型/2 型人类免疫缺陷病毒特异性肽 (黑盖), 1 瓶; 阴性定标液 (白盖), 2 瓶 (冻干品); 阳性定标液 (黑盖), 2 瓶 (冻干品)。 提供的材料: 2× 6 个试剂瓶标签、4 个贴有标签的压盖式小空瓶。 (具体内容详见产品说明书)。产品有效期: 储存在 2~8℃, 效期为 15 个月。附件: 注册产品标准, 产品说明书。
适用范围:该产品用于体外定性测定人血清和血浆中的人类免疫缺陷病毒 (1 型) p24 抗原以及人类免疫缺陷病毒 (1 型, 包括 0 组) 和人类免疫缺陷病毒 (2 型) 抗体。
生产厂家:德国 Roche Diagnostics GmbH
注册代理:罗氏诊断产品(上海)有限公司
发证日期:2014.09.22 **截止日期**:2019.09.21

国食药监械(进)字 2014 第 3404899 号

产品名称:白细胞分化抗原 CD2 检测试剂盒(流式细胞仪法-APC)(CD2 APC Reagent)
规格型号:100 检测人份
产品标准:YZB/USA 5577-2014
性能组成:CD2, 克隆 S5.2, 来源于小鼠 Sp2/0 骨髓瘤细胞和用 T 淋巴细胞 (通过混合淋巴细胞培养激活) 免疫的 BALB/c 小鼠脾细胞融合产生的杂交瘤细胞。CD2 由小鼠 IgG2a 重链和 kappa 轻链所组成。试剂溶解在含有明胶和 0.1%叠氮化钠的磷酸盐缓冲液 (PBS) 中。(具体内容详见产品说明书)。产品有效期: 存储在 2~8℃, 避免光线直射条件下, 有效期限为 11 个月。附件: 注册产品标准, 产品说明书。
适用范围:该产品用于体外诊断, 通过 BD FACSTM 流式细胞仪鉴定表达 CD2 抗原的细胞。
生产厂家:美国 Becton, Dickinson and Company, BD Biosciences
注册代理:碧迪医疗器械(上海)有限公司
发证日期:2014.09.22 **截止日期**:2019.09.21

国食药监械(进)字 2014 第 3404900 号

产品名称:白细胞分化抗原 CD5 检测试剂盒(流式细胞仪法-PerCP-Cy5.5)(CD5 PerCP-Cy5.5 Reagent)
规格型号:50 检测人份
产品标准:YZB/USA 5587-2014
性能组成:CD5, L17F12, 来源于小鼠 NS-1/Ag4 骨髓瘤细胞和用人类急性 T 淋巴细胞白血病细胞免疫的 BALB/c 小鼠脾细胞融合产生的杂交瘤细胞。CD5 由小鼠 IgG2a 重链和 kappa 轻链所组成。试剂溶解在含有明胶和 0.1%叠氮化钠的磷酸盐缓冲液 (PBS) 中。(具体内容详见产品说明书)。产品有效期: 存储在 2~8℃, 避免光线直射条件下, 有效期限为 24 个月。附件: 注册产品标准, 产品说明书。
适用范围:该产品用于体外诊断, 通过 BD FACSTM 流式细胞仪鉴定表达 CD5 抗原的细胞。
生产厂家:美国 Becton, Dickinson and Company, BD Biosciences
注册代理:碧迪医疗器械(上海)有限公司
发证日期:2014.09.22 **截止日期**:2019.09.21

国食药监械(进)字 2014 第 3404901 号

产品名称:白细胞分化抗原 CD33 检测试剂盒(流式细胞仪法-PE-Cy7)(CD33 PE-Cy7 Reagent)
规格型号:100 检测人份
产品标准:YZB/USA 5590-2014
性能组成:CD33, 克隆 P67.6, 来源于小鼠 Sp2/0 骨髓瘤细胞和用 FMY9S5 细胞 (含有 CD33 基因) 免疫的 BALB/c 小鼠脾细胞融合产生的杂交瘤细胞。CD33 由小鼠 IgG1 重链和 kappa 轻链所组成。试剂溶解在含有明胶和 0.1%叠氮化钠的磷酸盐缓冲液 (PBS) 中。(具体内容详见产品说明书)。产品有效期: 存储在 2~8℃, 避免光线直射条件下, 有效期限为 12 个月。附件: 注册产品标准, 产品说明书。
适用范围:利用流式细胞仪技术对人血细胞中的 CD33 抗原阳性细胞进行相对定量检测。
生产厂家:美国 Becton, Dickinson and Company, BD Biosciences
注册代理:碧迪医疗器械(上海)有限公司
发证日期:2014.09.22 **截止日期**:2019.09.21

国食药监械(进)字 2014 第 2404902 号

产品名称:肌红蛋白检测卡(胶体金法)(CARDIAC Myoglobin)
规格型号:20 个/盒
产品标准:YZB/GER 5353-2014
性能组成:一条测试条包括: 鼠源性抗肌红蛋白生物素化单克隆抗体 1.6μg; 鼠源性抗肌红蛋白金标抗体 3.6μg; 缓冲剂和非反应性成分 2.3mg。产品有效期: 2~8 ℃下可储存至标注的失效期, 有效期 18 个月。附件: 注册产品标准, 产品说明书。
适用范围:该产品用于肝素抗凝血中肌红蛋白的定量检测。
生产厂家:德国 Roche Diagnostics GmbH
注册代理:罗氏诊断产品(上海)有限公司
发证日期:2014.09.22 **截止日期**:2019.09.21

国食药监械(进)字 2014 第 2404903 号

产品名称:甲状腺球蛋白抗体定标液(Anti-Tg CalSet)
规格型号:4×1.5 ml (冻干品, 复溶体积)
产品标准:YZB/GER 5166-2014
性能组成:试剂-工作溶液: 分为两种浓度范围的人血清基质中的抗甲状腺球蛋白抗体。 提供的材料: 甲状腺球蛋白抗体定标液, 条码卡, 定标液, 条码数据表, 4 个带标签的空扭盖瓶, 2 x 6 瓶标签。(具体内容详见说明书)。产品有效期: 2~8° C 储存, 可保存 15 个月。附件: 注册产品标准, 产品说明书。
适用范围:本产品用于对甲状腺球蛋白抗体定量测定进行定标。
生产厂家:德国 Roche Diagnostics GmbH
注册代理:罗氏诊断产品(上海)有限公司
发证日期:2014.09.22 **截止日期**:2019.09.21

国食药监械(进)字 2014 第 2404904 号

产品名称:直接胆红素检测试剂盒(重氮比色法)(Direct Bilirubin(D-BILI))
规格型号:试剂瓶 1:6x 62mL, 试剂瓶 2: 6x 15 mL (干粉, 配制后体积), 试剂瓶 2a: 6x 15mL (干粉, 配制后体积) ; 试剂瓶 1:6x 244mL, 试剂瓶 2: 6x 64 mL (干粉, 配制后体积) , 试剂瓶 2a: 6x 64mL (干粉, 配制后体积)。
产品标准:YZB/GER 5202-2014
性能组成:试剂 1 (试剂瓶 1): 盐酸。 试剂 2 (试剂瓶 2 和试剂瓶 2a): 磺胺酸; 盐酸; 亚硝酸钠; 碳酸氢钠。(具体内容详见说明书)。产品有效期: 15~25℃储存, 有效期 24 个月。附件: 注册产品标准, 产品说明书。
适用范围:本产品用于定量测定血清和血浆中的直接胆红素。
生产厂家:德国 Roche Diagnostics GmbH
注册代理:罗氏诊断产品(上海)有限公司
发证日期:2014.09.22 **截止日期**:2019.09.21

国食药监械(进)字 2014 第 2404905 号

产品名称:甘油三酯检测试纸(干化学法)(Reflotron Triglycerides)
规格型号:30 张试纸
产品标准:YZB/GER 5229-2014
性能组成:酯酶, 甘油激酶, 甘油磷酸氧化酶, 过氧化物酶 (POD), 三磷酸腺苷 (ATP), 指示剂(4-<4-二甲胺苯基>-5-甲基-2-<3, 5-二甲氧基-4-羟苯基>-二氢氯咪唑), 缓冲剂。(具体内容详见说明书)。产品有效期: 在 2~30℃保存, 有效期为 11 个月。附件: 注册产品标准, 产品说明书。
适用范围:该产品用于定量测定全血、血清及血浆中的甘油三酯浓度。

生产厂家:德国 Roche Diagnostics GmbH
注册代理:罗氏诊断产品(上海)有限公司
发证日期:2014.09.22 **截止日期**:2019.09.21

国食药监械(进)字 2014 第 2404906 号

产品名称:钾离子检测试纸(干化学法)(Reflotron K+)
规格型号:30 张试纸
产品标准:YZB/GER 5231-2014
性能组成:缬氨酶素，指示剂{4-[(2，6-二溴-4-硝苯基)氮]-2-八葵-1-萘酚}，2，4，6，8-四硝基-5-十八烷环氧基-1-萘酚，缓冲剂。(具体内容详见说明书)。产品有效期：2～30℃保存，有效期为 18 个月。附件：注册产品标准，产品说明书。
适用范围:该产品用于定量测定血清及肝素化血浆中的离子钾浓度。
生产厂家:德国 Roche Diagnostics GmbH
注册代理:罗氏诊断产品(上海)有限公司
发证日期:2014.09.22 **截止日期**:2019.09.21

国食药监械(进)字 2014 第 2404907 号

产品名称:半胱氨酸蛋白酶抑制剂 C 定标液(C.f.a.s.Cystatin C)
规格型号:4 ×1 mL
产品标准:YZB/GER 5354-2014
性能组成:反应性成分：按规定在去脂人血清中添加人半胱氨酸蛋白酶抑制剂 C 重组体，含有化学添加剂和生物来源材料。分析物：人半胱氨酸蛋白酶抑制剂 C；非反应性成分：防腐剂。（具体内容详见产品说明书)。产品有效期：在 2～8℃储存，有效期 24 个月。附件：注册产品标准，产品说明书。
适用范围:该产品用于对半胱氨酸蛋白酶抑制剂 C 检测的校准。
生产厂家:德国 Roche Diagnostics GmbH
注册代理:罗氏诊断产品(上海)有限公司
发证日期:2014.09.22 **截止日期**:2019.09.21

国食药监械(进)字 2014 第 2404908 号

产品名称:谷丙转氨酶检测试纸(干化学法)(Reflotron GPT(ALT))
规格型号:30 张试纸
产品标准:YZB/GER 5232-2014
性能组成:丙酮酸氧化酶 (PyOD)，过氧化物酶 (POD)，丙氨酸，硫胺焦磷酸盐，α-酮戊二酸，指示剂：(4-<4-二甲胺苯基>-5-甲基-2-<3，4-二-间-丁基-4-羟苯基>-二盐酸咪唑)，缓冲剂。(具体内容详见说明书)。产品有效期：在 2～30℃保存，有效期为 18 个月。附件：注册产品标准，产品说明书。
适用范围:该产品用于定量测定全血、血清及血浆中的谷丙转氨酶活力。
生产厂家:德国 Roche Diagnostics GmbH
注册代理:罗氏诊断产品(上海)有限公司
发证日期:2014.09.22 **截止日期**:2019.09.21

国食药监械(进)字 2014 第 2404909 号

产品名称:肌红蛋白检测用质控品(CARDIAC Control Myoglobin)
规格型号:肌红蛋白质控 水平 I：1x1ml；肌红蛋白质控 水平 II：1x1ml。
产品标准:YZB/GER 5369-2014
性能组成:冻干质控血清，水平 I，冻干质控血清，水平 II。活性成分：人肌红蛋白。(具体内容详见说明书)。产品有效期：储存于 2～8°C，有效期 24 个月。附件：注册产品标准，产品说明书。
适用范围:该产品用于对肝素抗凝静脉全血中肌红蛋白检测的质量控制。
生产厂家:德国 Roche Diagnostics GmbH
注册代理:罗氏诊断产品(上海)有限公司
发证日期:2014.09.22 **截止日期**:2019.09.21

国食药监械(进)字 2014 第 2404910 号

产品名称:碱性磷酸酶检测试纸(干化学法)(ReflotronAlkal. Phosphatase)
规格型号:30 张试纸
产品标准:YZB/GER 5233-2014
性能组成:O-磷酸甲酚酞，N-甲基-D 葡糖胺，镁。(具体内容详见说明书)。产品有效期：2～30℃保存，有效期为 12 个月。附件：注册产品标准，产品说明书。
适用范围:该产品用于定量测定全血、血清及血浆中的碱性磷酸酶浓度。
生产厂家:德国 Roche Diagnostics GmbH
注册代理:罗氏诊断产品(上海)有限公司
发证日期:2014.09.22 **截止日期**:2019.09.21

国食药监械(进)字 2014 第 3404911 号

产品名称:游离前列腺特异性抗原测定试剂盒(电化学发光法)(free PSA)
规格型号:100 测试/盒
产品标准:YZB/GER 5398-2014
性能组成:链霉亲合素包被的微粒（透明瓶盖)，1 瓶；生物素化抗前列腺特异性抗原的抗体（灰色瓶盖)，1 瓶；钌标记抗前列腺特异性抗原的抗体（黑色瓶盖)，1 瓶。(具体内容详见产品说明书)。产品有效期：2～8℃保存，有效期为 18 个月。附件：注册产品标准，产品说明书。
适用范围:该产品用于定量测定人体血清和血浆中游离前列腺特异性抗原浓度。
生产厂家:德国 Roche Diagnostics GmbH
注册代理:罗氏诊断产品(上海)有限公司
发证日期:2014.09.22 **截止日期**:2019.09.21

国食药监械(进)字 2014 第 2404912 号

产品名称:D 二聚体检测卡(胶体金法)(Cardiac D-Dimer)
规格型号:10 个/盒
产品标准:YZB/GER 5361-2014
性能组成:每个测试条含有：生物素包被的小鼠单克隆抗 D-二聚体抗体 ＞1.0μg；金标记的小鼠单克隆抗 D-二聚体抗体 ＞1.0μg；缓冲液和非反应成分 ＞2.8mg。产品有效期：2～8℃保存，有效期 12 个月。附件：注册产品标准，产品说明书。
适用范围:该产品用于定量测定肝素化静脉血中 D-二聚体的含量。
生产厂家:德国 Roche Diagnostics GmbH
注册代理:罗氏诊断产品(上海)有限公司
发证日期:2014.09.22 **截止日期**:2019.09.21

国食药监械(进)字 2014 第 2404913 号

产品名称:γ-谷氨酰转移酶检测试纸(干化学法)(Reflotron GGT)
规格型号:30 张试纸
产品标准:YZB/GER 5234-2014
性能组成:γ-谷酰氨-3-羧基-1.4-苯二氨，双甘氨酸，N-氨茴酸甲酯，铁氰化钾，亚铁氰化钾，缓冲剂。(具体内容详见说明书)。产品有效期：在 2～30℃保存，有效期为 15 个月。附件：注册产品标准，产品说明书。
适用范围:该产品用于定量测定全血、血清及血浆中的γ-谷氨酰转肽酶。
生产厂家:德国 Roche Diagnostics GmbH
注册代理:罗氏诊断产品(上海)有限公司
发证日期:2014.09.22 **截止日期**:2019.09.21

国食药监械(进)字 2014 第 3404914 号

产品名称:免疫球蛋白 E 检测试剂盒(电化学发光法)(IgE II)
规格型号:100 测试/盒
产品标准:YZB/GER 5365-2014
性能组成:试剂-工作溶液：包被链霉亲合素的磁性微粒（透明瓶盖)，1 瓶；生物素标记的抗免疫球蛋白 E 抗体（灰盖)，1 瓶；钌复合物标记的抗免疫球蛋白 E 抗体（黑盖)，1 瓶。(具体内容详见产品说明书)。产品有效期：2～8℃保存，有效期 21 个月。附件：注册产品标准，产品说明书。
适用范围:该产品用于体外定量测定人血清和血浆中的免疫球蛋白 E。
生产厂家:德国 Roche Diagnostics GmbH
注册代理:罗氏诊断产品(上海)有限公司
发证日期:2014.09.22 **截止日期**:2019.09.21

国食药监械(进)字 2014 第 2404915 号

产品名称:乳酸脱氢酶检测试剂盒(IFCC 酶比色法)(Lactate dehydrogenase liquid (LDH))
规格型号:试剂 1：6 x 66 mL，试剂 2：6 x 16 mL；试剂 1：6 x 250

mL，试剂 2：6 x 63 mL。
产品标准:YZB/GER 5368-2014
性能组成:试剂-工作液：试剂 1：N-甲基葡萄糖胺：400mmol/L，pH 9.4 (37 ℃)；乳酸锂：62 mmol/L；稳定剂和防腐剂。试剂 2：还原型烟酰胺腺嘌呤二核苷酸（NADH）：62mmol/L；稳定剂和防腐剂。产品有效期：未打开的试剂盒成分：2～8℃下保存，有效期 16 个月。附件：注册产品标准，产品说明书。
适用范围:该产品用于体外定量测定人血清和血浆中乳酸脱氢酶（E.C. 1.1.1.27)。
生产厂家:德国 Roche Diagnostics GmbH
注册代理:罗氏诊断产品(上海)有限公司
发证日期:2014.09.22 **截止日期**:2019.09.21

国食药监械(进)字 2014 第 2404916 号

产品名称:尿酸检测试纸(干化学法)(Reflotron Uric Acid)
规格型号:30 张试纸
产品标准:YZB/GER 5236-2014
性能组成:尿酸酶，过氧化物酶（POD)，抗坏血酸氧化酶，指示剂(4-＜4-二甲胺苯基＞-5-甲基-2-＜3，5-二甲氧基-4-羟苯基＞-二氢氯咪唑)，缓冲剂。(具体内容详见说明书)。产品有效期：2～8℃保存，有效期为 15 个月。附件：注册产品标准，产品说明书。
适用范围:该产品用于定量测定全血、血清及血浆中的尿酸浓度。
生产厂家:德国 Roche Diagnostics GmbH
注册代理:罗氏诊断产品(上海)有限公司
发证日期:2014.09.22 **截止日期**:2019.09.21

国食药监械(进)字 2014 第 2404917 号

产品名称:抗甲状腺过氧化物酶抗体定标液(Anti-TPO CalSet)
规格型号:4 x 1.5 mL（冻干品，复溶体积）
产品标准:YZB/GER 5259-2014
性能组成:试剂 - 工作溶液：在人血清基质中包含两种浓度范围的抗甲状腺过氧化物酶抗体（绵羊）。提供的材料：抗甲状腺过氧化物酶抗体定标液，条码卡，定标液条码表，4 个带空白标签的钮帽瓶，2 x 6 瓶标签。(具体内容详见说明书)。产品有效期：2～8℃保存，有效期 18 个月。附件：注册产品标准，产品说明书。
适用范围:该产品用于对抗甲状腺过氧化物酶抗体定量测定进行定标。
生产厂家:德国 Roche Diagnostics GmbH
注册代理:罗氏诊断产品(上海)有限公司
发证日期:2014.09.22 **截止日期**:2019.09.21

国食药监械(进)字 2014 第 2404918 号

产品名称:血糖检测试纸(干化学法)(Reflotron Glucose)
规格型号:2×15 张试纸
产品标准:YZB/GER 5375-2014
性能组成:每测试条含量：葡萄糖氧化酶（GOD）≥3.2U；过氧化物酶（POD）≥3.2U；指示剂(3，3，5，5-四甲基对二氨基联苯)：72.6ug；缓冲剂。产品有效期：2～30℃储存 15 个月。附件：注册产品标准，产品说明书。
适用范围:该产品用于定量测定全血、血清及血浆中的葡萄糖。
生产厂家:德国 Roche Diagnostics GmbH
注册代理:罗氏诊断产品(上海)有限公司
发证日期:2014.09.22 **截止日期**:2019.09.21

国食药监械(进)字 2014 第 2404919 号

产品名称:高密度胆固醇检测试纸(干化学法)(Reflotron HDL Cholesterol)
规格型号:30 张试纸
产品标准:YZB/GER 5240-2014
性能组成:4-水-醋酸镁，硫酸右旋糖苷(50)，抗坏血酸氧化酶，胆固醇酯酶，胆固醇氧化酶，过氧化物酶（POD），指示剂(4-＜4-二甲苯胺＞-5-甲基-2-＜3，5-二甲氧-4-羟基-苯基＞-二氢氯咪唑)，缓冲剂。(具体内容详见说明书)。产品有效期：2～30℃保存，有效期为 11 个月。附件：注册产品标准，产品说明书。
适用范围:本产品用于定量测定 EDTA 抗凝血浆中的高密度胆固醇的浓度。
生产厂家:德国 Roche Diagnostics GmbH
注册代理:罗氏诊断产品(上海)有限公司
发证日期:2014.09.22 **截止日期**:2019.09.21

国食药监械(进)字 2014 第 2404920 号

产品名称:血红蛋白检测试纸(干化学法)(Reflotron Hemoglobin)
规格型号:30 张试纸
产品标准:YZB/GER 5382-2014
性能组成:每测试条含量：铁氰化钾：324μg；皂角苷：324μg；缓冲剂。产品有效期：2～30℃储存 18 个月。附件：注册产品标准，产品说明书。
适用范围:该产品用于定量测定全血中的血红蛋白。
生产厂家:德国 Roche Diagnostics GmbH
注册代理:罗氏诊断产品(上海)有限公司
发证日期:2014.09.22 **截止日期**:2019.09.21

国食药监械(进)字 2014 第 2404921 号

产品名称:抗链球菌溶血素“O”检测试剂盒(免疫比浊法)(Tina-quant ASLO（Antistreptolysin O))
规格型号:试剂 1：6x 20 mL，试剂 2：6x 20 mL。
产品标准:YZB/GER 5400-2014
性能组成:试剂 1：三羟甲基氨基甲烷（TRIS）缓冲液：170 mmol/L，pH 8.2。试剂 2：硼酸盐缓冲液：10mmol/L，pH 8.2；链球菌溶血素 0 包被的乳胶颗粒：2mL/L。产品有效期：未打开的试剂盒成分：2～8℃下可稳定保存至有效期结束，有效期 15 个月。附件：注册产品标准，产品说明书。
适用范围:该产品用于免疫透射比浊定量测定人血清和血浆的抗链球菌溶血素 O。
生产厂家:德国 Roche Diagnostics GmbH
注册代理:罗氏诊断产品(上海)有限公司
发证日期:2014.09.22 **截止日期**:2019.09.21

国食药监械(进)字 2014 第 2404922 号

产品名称:胆红素检测试纸(干化学法)(Reflotron Bilirubin)
规格型号:30 张试纸
产品标准:YZB/GER 5241-2014
性能组成:丙羟茶碱，2-甲氧基- 4- 硝基苯重氮四氟硼酸盐。(具体内容详见说明书)。产品有效期：在 2～30℃保存，有效期为 12 个月。附件：注册产品标准，产品说明书。
适用范围:该产品用于定量测定全血、血清及血浆中的胆红素浓度。
生产厂家:德国 Roche Diagnostics GmbH
注册代理:罗氏诊断产品(上海)有限公司
发证日期:2014.09.22 **截止日期**:2019.09.21

国食药监械(进)字 2014 第 2404923 号

产品名称:果糖胺质控品(Precinorm Fructosamine and Precipath Fructosamine)
规格型号:果糖胺正常值质控品：3×1 mL（冻干粉，复溶后体积）果糖胺病理值质控品：3×1 mL((冻干粉，复溶后体积)
产品标准:YZB/GER 5367-2014
性能组成:果糖胺正常值质控品（PrecinormFructosamine)：3 瓶，每瓶内含 1ml 冻干质控血清；果糖胺病理值质控品(Precipath Fructosamine)：3 瓶，每瓶内含 1ml 冻干质控血清；反应物质：人类血清中的果糖胺。产品有效期：2～8℃保存，有效期为 36 个月。附件：注册产品标准，产品说明书。
适用范围:该产品用于果糖胺检测的质量控制。
生产厂家:德国 Roche Diagnostics GmbH
注册代理:罗氏诊断产品(上海)有限公司
发证日期:2014.09.22 **截止日期**:2019.09.21

国食药监械(进)字 2014 第 2404924 号

产品名称:甲状腺素结合力检测试剂盒(电化学发光法)(T-Uptake)
规格型号:200 测试/盒
产品标准:YZB/GER 5314-2014
性能组成:链霉亲合素包被的微粒（透明瓶盖)，生物素化的甲状腺素聚半抗原（灰盖)，钌复合物标记的羊抗甲状腺素抗体（黑盖)。(具体内容详见说明书)。产品有效期：2～8℃保存，有效期 18 个月。附件：注册产品标准，产品说明书。
适用范围：该产品用于体外定量测定人血清和血浆中的甲状腺素结合力。
生产厂家：德国 Roche Diagnostics GmbH
注册代理：罗氏诊断产品（上海）有限公司
发证日期：2014.09.22　　截止日期：2019.09.21

国食药监械（进）字 2014 第 2404925 号

产品名称：三碘甲状腺原氨酸检测试剂盒（电化学发光法）(T3)
规格型号：200 测试/盒
产品标准：YZB/GER 5304-2014
性能组成：链霉亲合素包被的微粒（透明瓶盖），钌复合物标记的羊抗三碘甲状腺原氨酸抗体（灰盖），生物素化的三碘甲状腺原氨酸（黑盖）。（具体内容详见说明书）。产品有效期：2～8℃保存，有效期 18 个月。。附件：注册产品标准，产品说明书。
适用范围：本产品用于体外定量测定人血清和血浆中总三碘甲状腺原氨酸的含量。
生产厂家：德国 Roche Diagnostics GmbH
注册代理：罗氏诊断产品（上海）有限公司
发证日期：2014.09.22　　截止日期：2019.09.21

国食药监械（进）字 2014 第 2404926 号

产品名称：肌酐检测试纸（干化学法）(Reflotron Creatinine)
规格型号：30 张试纸
产品标准：YZB/GER 5242-2014
性能组成：肌酐亚氨基水解酶，N－甲基乙内酰脲酶，肌氨酸水解酶，肌氨酸氧化酶，过氧化物酶，抗坏血酸氧化酶，三磷酸腺苷（ATP），指示剂(2-<3, 5-间二-甲基-4-羟苯基->-4-<5>-<9-久洛尼定>-5-<4>-甲基-<1H>氢氯咪唑)，缓冲剂。(具体内容详见说明书)。产品有效期：在 2～30℃保存，有效期为 18 个月。附件：注册产品标准，产品说明书。
适用范围：该产品用于定量测定全血、血清及血浆或者尿液中的肌酐浓度。
生产厂家：德国 Roche Diagnostics GmbH
注册代理：罗氏诊断产品（上海）有限公司
发证日期：2014.09.22　　截止日期：2019.09.21

国食药监械（进）字 2014 第 2404927 号

产品名称：淀粉酶检测试纸（干化学法）(Reflotron Amylase)
规格型号：15 张试纸
产品标准：YZB/GER 5403-2014
性能组成：每测试条含量：吲哚-α，D-麦芽七糖苷：81μg；α-葡萄糖甘酶≥3.1U；2-甲基-4-代苯重氮四氯锌酸吗啉 6.8 μg；缓冲剂。产品有效期：2～30℃储存 15 个月。附件：注册产品标准，产品说明书。
适用范围：该产品用于定量测定全血、血清及血浆中的淀粉酶浓度。
生产厂家：德国 Roche Diagnostics GmbH
注册代理：罗氏诊断产品（上海）有限公司
发证日期：2014.09.22　　截止日期：2019.09.21

国食药监械（进）字 2014 第 2404928 号

产品名称：胆固醇检测试剂盒（酶比色法）(Cholesterol CHOD-PAP(CHOL))
规格型号：12x 65 mL，6x 258 mL，4x 641 mL。
产品标准：YZB/GER 5417-2014
性能组成：试剂 1： 哌嗪-1，4-双（2-乙磺酸）缓冲液，镁（Mg2+），胆酸钠，4-氨基比林，苯酚，脂肪醇聚乙二醇酯，胆固醇酯酶，胆固醇氧化酶，过氧化物酶，稳定剂，防腐剂。(具体内容详见说明书)。产品有效期：在 2～8℃储存，有效期 18 个月。附件：注册产品标准，产品说明书。
适用范围：该产品用于体外直接定量测定人血清和血浆中胆固醇。
生产厂家：德国 Roche Diagnostics GmbH
注册代理：罗氏诊断产品（上海）有限公司
发证日期：2014.09.22　　截止日期：2019.09.21

国食药监械（进）字 2014 第 2404929 号

产品名称：胰淀粉酶检测试纸（干化学法）(Reflotron Pancreatic Amylase)
规格型号：15 张试纸
产品标准：YZB/GER 5244-2014
性能组成：吲哚-α，D-麦芽七糖苷，α-葡萄糖苷酶，2-甲基-4-代苯重氮四氯锌酸吗啉，单克隆抗体，缓冲剂。(具体内容详见说明书)。产品有效期：在 2～30℃环境中保存，有效期为 18 个月。附件：注册产品标准，产品说明书。
适用范围：该产品用于定量测定全血、血清及血浆或尿标本中的特定胰淀粉酶浓度。
生产厂家：德国 Roche Diagnostics GmbH
注册代理：罗氏诊断产品（上海）有限公司
发证日期：2014.09.22　　截止日期：2019.09.21

国食药监械（进）字 2014 第 2404930 号

产品名称：肌酐检测试剂盒（酶比色法）(Creatinine plus(CREA plus))
规格型号：试剂 1：6x 64 mL，试剂 2：6x 35 mL； 试剂 1：6x 216 mL，试剂 2：6x 116 mL。
产品标准：YZB/GER 5421-2014
性能组成：试剂 1： N-三羟甲基代甲基-3-氨基丙磺酸（TAPS）缓冲液，肌酸酶，肌氨酸氧化酶 ，抗坏血酸氧化酶 ，催化剂，2，4，6-三碘-3-羟基苯甲酸(HTIB)，去污剂，防腐剂。试剂 2： N-三羟甲基代甲基 -3-氨基丙磺酸（TAPS）缓冲液，肌酸酶，过氧化物酶，4-氨基安替比林，六氰高铁酸钾 （II），去污剂，防腐剂。（具体内容详见说明书）。产品有效期：在 2～8℃储存，有效期 12 个月。附件：注册产品标准，产品说明书。
适用范围：该产品用于体外定量测定人血清、血浆和尿液中的肌酐水平。
生产厂家：德国 Roche Diagnostics GmbH
注册代理：罗氏诊断产品（上海）有限公司
发证日期：2014.09.22　　截止日期：2019.09.21

国食药监械（进）字 2014 第 2404931 号

产品名称：肌酸激酶检测试纸（干化学法）(Reflotron CK)
规格型号：15 张试纸
产品标准：YZB/GER 5245-2014
性能组成：磷酸肌酸，甘油激酶，甘油，甘油磷酸激酶，过氧化物酶(POD)，抗坏血酸氧化酶，二磷酸腺苷(ADP)，二腺苷五磷酸，指示剂(2-<3, 5-间二-甲基-4-羟苯基->-4-<5>-<9-久洛尼定>-5-<4>-甲基-<1H>咪唑)，N－乙酰半胱氨酸，乙二醇四乙酸（EGTA），缓冲剂。(具体内容详见说明书)。产品有效期：在 2～8℃保存，有效期为 12 个月。附件：注册产品标准，产品说明书。
适用范围：该产品用于定量测定全血、血清及血浆中的肌酸激酶浓度。
生产厂家：德国 Roche Diagnostics GmbH
注册代理：罗氏诊断产品（上海）有限公司
发证日期：2014.09.22　　截止日期：2019.09.21

国食药监械（进）字 2014 第 2404932 号

产品名称：载脂蛋白 B 检测试剂盒（免疫比浊法）(Tina-quant Apolipoprotein B ver.2 (APO B ver.2))
规格型号：试剂 1:6 x 19 mL，试剂 2:6 x 5 mL； 试剂 1:6 x 53 mL，试剂 2:6 x 14 mL。
产品标准：YZB/GER 5405-2014
性能组成：试剂-工作溶液： 试剂 1： 三羟甲基氨基甲烷（TRIS）缓冲液：50 mmol/L，pH8.0；聚乙二醇（PEG）：4.2 %；去污剂；防腐剂。试剂 2： 抗人-载脂蛋白 B 抗体（羊）：取决于滴度；三羟甲基氨基甲烷（TRIS） 缓冲液：100 mmol/L，pH 8.0；防腐剂。产品有效期：未打开的试剂盒成分：2～8℃保存 24 个月。附件：注册产品标准，产品说明书。
适用范围：该产品用于免疫比浊定量测定人血清和血浆的载脂蛋白 B。
生产厂家：德国 Roche Diagnostics GmbH
注册代理：罗氏诊断产品（上海）有限公司
发证日期：2014.09.22　　截止日期：2019.09.21

国食药监械（进）字 2014 第 2404933 号

产品名称：尿素检测试纸（干化学法）(Reflotron Urea)
规格型号：15 张试纸
产品标准：YZB/GER 5406-2014

性能组成:每测试条含量：尿素酶≥4.7U；指示剂(四溴化硫四氯萘酚)：20.4μg；缓冲剂。产品有效期：2～30℃储存 12 个月。附件：注册产品标准，产品说明书。
适用范围:该产品用于定量测定全血、血清及血浆中的尿素浓度。
生产厂家:德国 Roche Diagnostics GmbH
注册代理:罗氏诊断产品(上海)有限公司
发证日期:2014.09.22 **截止日期**:2019.09.21

国食药监械(进)字 2014 第 2404934 号

产品名称:骨钙素检测试剂盒(电化学发光法)(N-MID Osteocalcin)
规格型号:100 测试/盒
产品标准:YZB/GER 5412-2014
性能组成:链霉亲合素包被的微粒(透明瓶盖)，生物素化的抗骨钙素抗体(灰盖)，钌复合物 标记的抗骨钙素抗体(黑盖)。(具体内容详见说明书)。产品有效期：2～8℃保存，有效期 18 个月。附件：注册产品标准，产品说明书。
适用范围:该产品用于体外定量测定人血清和血浆中骨钙素的含量。
生产厂家:德国 Roche Diagnostics GmbH
注册代理:罗氏诊断产品(上海)有限公司
发证日期:2014.09.22 **截止日期**:2019.09.21

国食药监械(进)字 2014 第 2404935 号

产品名称:转铁蛋白检测试剂盒(免疫比浊法)(Tina-quant Transferrin ver.2 (Transferrin ver.2))
规格型号:试剂 1 ：6 x 18mL，试剂 2 ：6x8mL。
产品标准:YZB/GER 5420-2014
性能组成:试剂 1 ：磷酸缓冲液，氯化钠(NaCl)，聚乙二醇(PEG)，防腐剂。试剂 2 ：抗人转铁蛋白抗体，氯化钠(NaCl)，防腐剂。(具体内容详见说明书)。产品有效期：在 2～8℃储存，有效期 24 个月。附件：注册产品标准，产品说明书。
适用范围:该产品用于定量测定人血清和血浆中的转铁蛋白。
生产厂家:德国 Roche Diagnostics GmbH
注册代理:罗氏诊断产品(上海)有限公司
发证日期:2014.09.22 **截止日期**:2019.09.21

国食药监械(进)字 2014 第 2404936 号

产品名称:谷草转氨酶检测试纸(干化学法)(Reflotron GOT(AST))
规格型号:30 张试纸
产品标准:YZB/GER 5247-2014
性能组成:丙酮酸氧化酶(PyOD)，过氧化物酶(POD)，亚磺酸丙氨酸，α－戊酮二酸酯，指示剂(4-＜4-二甲胺苯基＞-5-甲基-2-＜3，4-二-间-丁基-4-羟苯基＞二盐酸咪唑)，缓冲剂。(具体内容详见说明书)。产品有效期：在 2～30℃保存，有效期为 18 个月。附件：注册产品标准，产品说明书。
适用范围:该产品用于定量测定全血、血清及血浆中的谷草转氨酶浓度。
生产厂家:德国 Roche Diagnostics GmbH
注册代理:罗氏诊断产品(上海)有限公司
发证日期:2014.09.22 **截止日期**:2019.09.21

国食药监械(进)字 2014 第 2404937 号

产品名称:葡萄糖检测试剂盒(己糖激酶比色法)(Gluco-quant Glucose/HK (GLU))
规格型号:试剂 1：6x 66 mL；试剂 2：6x 16 mL。试剂 1：6x 267 mL；试剂 2：6x 71 mL。试剂 1：4x 653 mL；试剂 2：4x 283 mL。
产品标准:YZB/GER 5218-2014
性能组成:试剂 1：三羟甲基氨基甲烷(TRIS)缓冲液，镁(Mg2+)，三磷酸腺苷(ATP)，烟酰胺腺嘌呤二核苷酸磷酸(NADP)，防腐剂；试剂 2：2-[4-(2-羟乙基)-1-哌嗪]-乙磺酸(HEPES)缓冲液，镁(Mg2+)，己糖激酶(HK)，葡萄糖-6-磷酸脱氢酶(G-6-PDH)，防腐剂。(具体内容详见说明书)。产品有效期：2～8℃下保存，有效期 21 个月。附件：注册产品标准，产品说明书。
适用范围:用于体外定量测定人血清、血浆、尿液和脑脊液中的葡萄糖。
生产厂家:德国 Roche Diagnostics GmbH
注册代理:罗氏诊断产品(上海)有限公司
发证日期:2014.09.22 **截止日期**:2019.09.21

国食药监械(进)字 2014 第 2404938 号

产品名称:胆碱酯酶检测试剂盒(酶比色法)(Cholinesterase Gen.2 (CHE2))
规格型号:试剂 1：4 x 63 mL，试剂 2：4 x 16 mL。
产品标准:YZB/GER 5381-2014
性能组成:试剂 1：焦磷酸盐缓冲液，铁氰化钾(III)。试剂 2 ：两性离子缓冲液(GOOD' s 缓冲液)，丁酰硫胆碱，稳定剂。(具体内容详见说明书)。产品有效期：2～8℃储存 15 个月。附件：注册产品标准，产品说明书。
适用范围:该产品用于体外定量测定人血清和血浆中的胆碱酯酶(CHE，EC 3.1.1.8)。
生产厂家:德国 Roche Diagnostics GmbH
注册代理:罗氏诊断产品(上海)有限公司
发证日期:2014.09.22 **截止日期**:2019.09.21

国食药监械(进)字 2014 第 2404939 号

产品名称:高密度脂蛋白胆固醇检测试剂盒(酶比色法)(HDL-Cholesterol(HDL-C))
规格型号:试剂 1：6 x 20 mL，试剂 2：6 x 8 mL；试剂 1：6 x 54 mL，试剂 2：6 x 20 mL；试剂 1：6 x 258 mL，试剂 2：6 x 99 mL；试剂 1：4 x 651 mL，试剂 2：4 x 230 mL。
产品标准:YZB/GER 5409-2014
性能组成:试剂 1：2-[4-(2-羟乙基)-1-哌嗪]-乙磺酸(HEPES)缓冲液，2-(N-环己胺)-乙磺酸(CHES)，硫酸葡聚糖，六水硝酸镁，钠 N-(2-羟基-3-磺丙基)-3，5-二甲氧基苯胺(HSDA)，抗坏血酸氧化酶，过氧化物酶，防腐剂。试剂 2：2-[4-(2-羟乙基)-1-哌嗪]-乙磺酸(HEPES)缓冲液，聚乙二醇(PEG)-胆固醇酯酶，聚乙二醇(PEG)-胆固醇氧化酶，过氧化物酶，4-氨基-安替比林，防腐剂。(具体内容详见说明书)。产品有效期：2～8℃下保存，有效期 24 个月。附件：注册产品标准，产品说明书。
适用范围:该产品用于体外直接定量测定人血清和血浆中高密度脂蛋白胆固醇。
生产厂家:德国 Roche Diagnostics GmbH
注册代理:罗氏诊断产品(上海)有限公司
发证日期:2014.09.22 **截止日期**:2019.09.21

国食药监械(进)字 2014 第 2404940 号

产品名称:乳酸检测试剂盒(比色法)(Lactate)
规格型号:试剂 1：2 x 20 mL，试剂 2：2 x 5 mL。
产品标准:YZB/GER 5415-2014
性能组成:试剂 1：氢供体，抗坏血酸氧化酶，缓冲液，防腐剂。试剂 2：4-氨基安替比林，乳酸氧化酶(LOD)，过氧化物酶，缓冲液，防腐剂。(具体内容详见说明书)。产品有效期：2～8℃下保存，有效期 15 个月。附件：注册产品标准，产品说明书。
适用范围:该产品用于定量测定血浆、脑脊液或全血中 L-乳酸。
生产厂家:德国 Roche Diagnostics GmbH
注册代理:罗氏诊断产品(上海)有限公司
发证日期:2014.09.22 **截止日期**:2019.09.21

国食药监械(进)字 2014 第 3224941 号

产品名称:电切镜及附件(Resectoscope and Accessories)
规格型号:见附页
产品标准:YZB/GER 5067-2014《电切镜及附件》
性能组成:该产品由电切镜、电极、操作器和目镜罩组成。
适用范围:该产品用于内窥镜下组织的切除，主要用于尿道前列腺电切术和经尿道膀胱肿瘤电切术。
生产厂家:德国 Richard Wolf GmbH
注册代理:北京德华信达技术有限公司
发证日期:2014.09.26 **截止日期**:2019.09.25

国食药监械(进)字 2014 第 2254942 号

产品名称:微波治疗仪(マイクロ波治療器)
规格型号:见附页
产品标准:YZB/JAP 5142-2014《微波治疗仪》
性能组成:产品由主机和配件组成。产品工作频率 2450MHz±50MHz。产品型号规格、配置及配件见附页。

适用范围:该仪器适用于理疗。通过输出微波供患者照射用,以达到镇痛、消炎、改善局部血液循环的治疗作用。适应症为:丹毒、蜂窝组织炎、乳腺炎的软组织化脓性炎症吸收期、软组织扭挫伤恢复期、肌纤维织炎、棘间韧带损伤、肩关节周围炎、肱骨外上髁炎、术后伤口愈合迟缓、慢性溃疡、压疮、烧伤、冻伤。
生产厂家:日本株式会社 NIHON MEDIX
服务机构:浙江由企画科技股份有限公司
发证日期:2014.09.15 **截止日期**:2019.09.14

国食药监械(进)字 2014 第 2254942 号

产品名称:微波治疗仪(マイクロ波治療器)
规格型号:见附页
产品标准:YZB/JAP 5142-2014《微波治疗仪》
性能组成:产品由主机和配件组成。产品工作频率 2450MHz±50MHz。产品型号规格、配置及配件见附页。
适用范围:该仪器适用于理疗。通过输出微波供患者照射用,以达到镇痛、消炎、改善局部血液循环的治疗作用。适应症为:丹毒、蜂窝组织炎、乳腺炎的软组织化脓性炎症吸收期、软组织扭挫伤恢复期、肌纤维织炎、棘间韧带损伤、肩关节周围炎、肱骨外上髁炎、术后伤口愈合迟缓、慢性溃疡、压疮、烧伤、冻伤。
生产厂家:日本株式会社(NIHON MEDIX)
发证日期:2014.09.15 **截止日期**:2019.09.14

国食药监械(进)字 2014 第 3264943 号

产品名称:电痉挛治疗仪(Thymatron System Ⅳ Electroconvulsive Therapy Instrument)
规格型号:Thymatron System Ⅳ
产品标准:YZB/USA 5105-2014《电痉挛治疗仪》
性能组成:电痉挛治疗仪由主机、电极电缆、电极线和电源线组成,不包含粘附式电极片。
适用范围:用于临床表现为心境低落、闷闷不乐到悲痛欲绝,甚至发生木僵、焦虑和运动性激越,少数表现为躁狂发作的抑郁症的电击治疗。
生产厂家:美国 Somatics, LLC
注册代理:上海申旭仪器有限公司
发证日期:2014.09.15 **截止日期**:2019.09.14

国食药监械(进)字 2014 第 3544944 号

产品名称:呼吸机(Ventilator)
规格型号:V200
产品标准:YZB/USA 6102-2014《呼吸机》
性能组成:组成:由主机、落地台车、电池、氧传感器组成。
适用范围:V200 呼吸机预期由合格的医疗人员使用,为医师指定的成人、儿科患者提供持续或间歇通气。该呼吸机预期用于医疗机构中的有创或无创应用。
生产厂家:美国 Respironics California, Inc.
注册代理:飞利浦(中国)投资有限公司
发证日期:2014.09.26 **截止日期**:2019.09.25

国食药监械(进)字 2014 第 2264945 号

产品名称:空气压力治疗仪(Compressible limb sleeve System)
规格型号:DSM-1200S
产品标准:YZB/ROK 5121-2014 《空气压力治疗仪》
性能组成:产品由主机、加压袋、充气软管和电源线组成。压强调节范围 20 mmHg～200 mmHg,调节步距 10 mmHg。加压袋图示及参数见附页。
适用范围:用于对人体组织施加周期变化的压力,促进并改善血液循环。
生产厂家:韩国大星(株)(Daesung Maref CO., LTD)
注册代理:北京大星联合医疗器材有限公司
发证日期:2014.09.16 **截止日期**:2019.09.15

国食药监械(进)字 2014 第 2554946 号

产品名称:牙科手机(Dental handpieces with light)
规格型号:见附页
产品标准:YZB/AUS 5507-2014《牙科手机》
性能组成:该产品由直手机和弯手机组成。各型号区别详见附页。
适用范围:该产品供口腔科夹持切削工具进行钻、磨牙手术用。
生产厂家:奥地利 W&H Dentalwerk Bürmoos GmbH
注册代理:达丽医疗器械(上海)有限公司
发证日期:2014.09.26 **截止日期**:2019.09.25

国食药监械(进)字 2014 第 2404947 号

产品名称:电子比浊仪(DensiCHEK Plus)
规格型号:Densi CHEK PLUS
产品标准:YZB/USA 5554-2014《电子比浊仪》
性能组成:该产品由 Densi CHEK PLUS 仪器和随机软件组成。
适用范围:该产品用于测量微生物悬液的光密度,按比例表示微生物的浓度。
生产厂家:美国 bioMerieux, Inc.
注册代理:梅里埃诊断产品(上海)有限公司
发证日期:2014.09.26 **截止日期**:2019.09.25

国食药监械(进)字 2014 第 2404948 号

产品名称:血糖仪(商品名:卓越精采型)(ACCU-CHEK Performa)
规格型号:NC
产品标准:YZB/GER 5513-2014《血糖仪》
性能组成:由血糖仪、操作软件组成。
适用范围:该产品与卓越金锐血糖试纸(ACCU-CHEK Performa)配套使用,对新鲜的毛细血管血、静脉血、动脉血、新生儿血进行定量血糖检测。
生产厂家:德国罗氏诊断有限公司
注册代理:罗氏诊断产品(上海)有限公司
发证日期:2014.09.25 **截止日期**:2019.09.24

国食药监械(进)字 2014 第 2404949 号

产品名称:钾电极(Stat Profile pHOx Plus/L/C Potassium Sensor)
规格型号:型号:Stat Profile pHOx/Plus/C/L 规格:1 个/盒
产品标准:YZB/USA 4893-2014《钾电极》
性能组成:钾电极由钾离子通透膜组成。
适用范围:用于医学专业人士与 Stat Profile pHOx/Plus/C/L 血气分析仪一起定量测定肝素化全血中的钾离子的含量。
生产厂家:美国 Nova 生物医学公司
注册代理:广州市浩通贸易有限公司
发证日期:2014.09.26 **截止日期**:2019.09.25

国械注进 20142404950

产品名称:抗肌动蛋白 IgG 抗体检测试剂盒(酶联免疫法)(QUANTA Lite Actin IgG ELISA)
规格型号:96 人份/盒
性能组成:微孔板、阴性对照品、低阳性对照品、高阳性对照品、样品稀释液、清洗液、结合物、显色液、终止液。(具体内容详见说明书)
适用范围:本试剂盒用于体外半定量检测人血清中的抗肌动蛋白 IgG 抗体。
生产厂家:美国 INOVA Diagnostics, Inc.
注册代理:沃芬医疗器械商贸(北京)有限公司
发证日期:2014.10.08 **截止日期**:2019.10.07

国械注进 20142404951

产品名称:抗线粒体(AMA-M2)抗体检测试剂盒(酶联免疫法)(QUANTA Lite M2 EP(MIT3) ELISA)
规格型号:96 人份/盒
性能组成:聚苯乙烯微孔板、阴性对照品、低阳性对照品、高阳性对照品、HRP 样品稀释液、浓缩洗液、结合物、显色液、终止液。(具体内容详见说明书)
适用范围:本试剂盒用于半定量检测人血清中的线粒体抗体。
生产厂家:美国 INOVA Diagnostics, Inc.
注册代理:沃芬医疗器械商贸(北京)有限公司
发证日期:2014.10.08 **截止日期**:2019.10.07

国械注进 20142404952

产品名称:抗心磷脂抗体检测试剂盒(酶联免疫法)(QUANTA Lite ACA Screen Ⅲ)
规格型号:96 人份/盒
性能组成:微孔板、阴性质控品、决定值质控品、筛查质控品、样品稀

释液、浓缩洗液、酶结合物、显色液、终止液。(具体内容详见说明书)
适用范围:本试剂盒用于体外定性检测人血清中的心磷脂抗体。
生产厂家:美国 INOVA Diagnostics, Inc.
注册代理:沃芬医疗器械商贸(北京)有限公司
发证日期:2014.10.08 截止日期:2019.10.07

国械注进 20142404953

产品名称:胎盘生长因子检测试剂盒(电化学发光法)(PlGF)
规格型号:100 测试/盒
性能组成:试剂-工作溶液:包被链霉亲合素的磁珠微粒(透明瓶盖);生物素化的抗胎盘生长因子抗体(灰盖);钌复合物标记的抗胎盘生长因子抗体(黑盖)。(具体内容详见产品说明书)
适用范围:该产品用于体外定量检测人血清中胎盘生长因子(PlGF)浓度。
生产厂家:德国 Roche Diagnostics GmbH
注册代理:罗氏诊断产品(上海)有限公司
发证日期:2014.10.08 截止日期:2019.10.07

国械注进 20142404954

产品名称:可溶性 fms 样酪氨酸激酶-1 检测试剂盒(电化学发光法)(sFlt-1)
规格型号:100 测试/盒
性能组成:试剂-工作溶液:包被链霉亲合素的磁珠微粒(透明瓶盖),1瓶;生物素化的抗可溶性 fms 样酪氨酸激酶-1 抗体(灰盖),1 瓶;钌复合物标记的抗可溶性 fms 样酪氨酸激酶-1 抗体(黑盖),1 瓶。(具体内容详见产品说明书)
适用范围:该产品用于体外定量检测人血清中可溶性 fms 样酪氨酸激酶-1(sFlt-1)浓度。
生产厂家:德国 Roche Diagnostics GmbH
注册代理:罗氏诊断产品(上海)有限公司
发证日期:2014.10.08 截止日期:2019.10.07

国械注进 20142404955

产品名称:美罗培能药敏实验纸片(扩散法)(Meropenem Susceptibility Test Disc)
规格型号:5×50 片/盒
性能组成:每张纸片直径 6 毫米,含美罗培能 10μg,纸片两面都清晰印有抗生素编码缩写 MEM 和剂量 10μg。
适用范围:用于美罗培能体外细菌敏感性检测。
生产厂家:英国 Oxoid Limited
注册代理:赛默飞世尔(上海)仪器有限公司
发证日期:2014.10.08 截止日期:2019.10.07

国械注进 20142404956

产品名称:环丙沙星药敏实验纸片(扩散法)(Ciprofloxacin Susceptibility Test Disc)
规格型号:5×50 片/盒
性能组成:每张纸片直径 6 毫米,含环丙沙星 5μg,纸片两面都清晰印有抗生素编码缩写 CIP 和剂量 5μg。
适用范围:用于环丙沙星体外细菌敏感性检测。
生产厂家:英国 Oxoid Limited
注册代理:赛默飞世尔(上海)仪器有限公司
发证日期:2014.10.08 截止日期:2019.10.07

国械注进 20142404957

产品名称:头孢他啶药敏实验纸片(扩散法)(Ceftazidime Susceptibility Test Disc)
规格型号:5×50 片/盒
性能组成:每张纸片直径 6 毫米,含头孢他啶 30μg,纸片两面都清晰印有抗生素编码缩写 CAZ 和剂量 30μg。
适用范围:用于头孢他啶体外细菌敏感性检测。
生产厂家:英国 Oxoid Limited
注册代理:赛默飞世尔(上海)仪器有限公司
发证日期:2014.10.08 截止日期:2019.10.07

国械注进 20142404958

产品名称:分枝杆菌用乙胺丁醇药敏试剂盒(荧光法)(BD BACTEC(TM) MGIT(TM) 960 EMB 7.5 Kit)
规格型号:20 测试/盒
性能组成:含有 1 瓶乙胺丁醇冻干品,2 瓶 SIRE 添加剂。(具体内容详见产品说明书)
适用范围:该产品用于定性检测纯培养结核分枝杆菌对乙胺丁醇(EMB)的药物敏感性。
生产厂家:美国 Becton, Dickinson and Company
注册代理:碧迪医疗器械(上海)有限公司
发证日期:2014.10.08 截止日期:2019.10.07

国械注进 20142404959

产品名称:链球菌鉴定/药敏板(BD PhoenixTM SMIC/ID-2)
规格型号:25 块/盒
性能组成:见附页。
适用范围:该产品用于纯培养链球菌属细菌的鉴定以及抗生素最小抑菌浓度的定量药物敏感性检测。
生产厂家:美国 Becton, Dickinson and Company
注册代理:碧迪医疗器械(上海)有限公司
发证日期:2014.10.08 截止日期:2019.10.07

国械注进 20142404960

产品名称:革兰氏阴性细菌鉴定/药敏板(BD PhoenixTM NMIC/ID-4)
规格型号:25 块/盒
性能组成:见附页。
适用范围:该产品用于革兰氏染色阴性需氧和苛性厌氧细菌的鉴定以及抗生素最小抑菌浓度的定量药物敏感性检测。
生产厂家:美国 Becton, Dickinson and Company
注册代理:碧迪医疗器械(上海)有限公司
发证日期:2014.10.08 截止日期:2019.10.07

国械注进 20142404961

产品名称:脂质质控品(Lipid Control)
规格型号:脂质质控品 I (Lipid Control I): 1mL x 10; 脂质质控品 II (Lipid Control II): 1mL x 10。
性能组成:从人血清中制备出来的冻干质控品,未掺入任何动物来源的脂质。(具体内容详见说明书)
适用范围:该产品用于对总胆固醇、低密度脂蛋白胆固醇、高密度脂蛋白胆固醇、甘油三酯及磷脂检测的质量控制。
生产厂家:日本 DENKA SEIKEN CO., LTD.
注册代理:上海盈科医学生物科技有限责任公司
发证日期:2014.10.08 截止日期:2019.10.07

国械注进 20142404962

产品名称:类风湿因子标准品(RF Calibrator)
规格型号:类风湿因子标准品 T (RF Calibrator T): 1mL×5; 类风湿因子标准品 H (RF Calibrator H): 1mL×4。
性能组成:采用含有牛血清白蛋白的生理盐水将类风湿因子(RF)稀释后得到各种浓度的 RF 标准品溶液。(具体内容详见说明书)
适用范围:本校准品用于类风湿因子检测时制作工作标准曲线。
生产厂家:日本 DENKA SEIKEN CO., LTD.
注册代理:上海盈科医学生物科技有限责任公司
发证日期:2014.10.08 截止日期:2019.10.07

国械注进 20142404963

产品名称:糖化血红蛋白检测试剂盒(微粒色谱法)(NycoCard® HbA1c)
规格型号:24 人份/盒
性能组成:缓冲液(R1)、洗涤液(R2)、反应板。(具体内容详见说明书)
适用范围:本试剂盒用于体外定量检测人全血中的糖化血红蛋白的含量。
生产厂家:挪威 Axis-Shield PoC AS
注册代理:美艾利尔(中国)医疗器械有限公司
发证日期:2014.10.08 截止日期:2019.10.07

国械注进 20142404964

产品名称:总三碘甲状腺原氨酸校准品(AIA-PACK TT3 CALIBRATOR SET)
规格型号:校准品(1)-(6):各 1.0mL×2
性能组成:校准品(1): T3 阴性人血清; 校准品(2)-(6): T3、T3 阴性人血清。(具体内容详见产品说明书)
适用范围:该产品用于在 AIA 全自动免疫分析仪上对 AIA 的总三碘甲状腺原氨酸检测项目进行定标并确定参考曲线,以便定量测定人血清或肝素血浆中总三碘甲状腺原氨酸的浓度。
生产厂家:日本 Tosoh Corporation
注册代理:东曹(上海)生物科技有限公司
发证日期:2014.10.08 **截止日期**:2019.10.07

国械注进 20142404965

产品名称:总甲状腺素校准品(AIA-PACK T4 CALIBRATOR SET)
规格型号:校准品(1)-(6): 各 1.0 mL×2
性能组成:校准品(1): T4 阴性人血清; 校准品(2)-(6): T4、T4 阴性人血清。(具体内容详见产品说明书)
适用范围:该产品用于在 AIA 全自动免疫分析仪上对 AIA 的总甲状腺素检测项目进行定标并确定参考曲线,以便定量测定人血清或肝素血浆中总甲状腺素的浓度。
生产厂家:日本 Tosoh Corporation
注册代理:东曹(上海)生物科技有限公司
发证日期:2014.10.08 **截止日期**:2019.10.07

国械注进 20142404966

产品名称:抗甲状腺球蛋白抗体校准品(AIA-PACK TgAb CALIBRATOR SET)
规格型号:校准品(1):1.0mL×2; 校准品(2)-(6):各 1.0mL×2
性能组成:校准品(1):0.1M 磷酸缓冲液、血清白蛋白; 校准品(2)-(6):TgAb 阳性血浆、0.1M 磷酸缓冲液、血清白蛋白。(具体内容详见产品说明书)
适用范围:该产品用于在 AIA 全自动免疫分析仪上对 AIA 的抗甲状腺球蛋白抗体检测项目进行定标并确定参考曲线,以便定量测定人血清及肝素血浆中抗甲状腺球蛋白抗体的浓度。
生产厂家:日本 Tosoh Corporation
注册代理:东曹(上海)生物科技有限公司
发证日期:2014.10.08 **截止日期**:2019.10.07

国械注进 20142404967

产品名称:甲状腺刺激激素校准品(AIA-PACK TSH 3rd-Gen CALIBRATOR SET)
规格型号:校准品(1)-(6):各 1.0mL×2
性能组成:校准品(1): 30 mM 磷酸缓冲液、明胶; 校准品(2)-(6): TSH、30 mM 磷酸缓冲液、明胶。(具体内容详见产品说明书)
适用范围:该产品用于在 AIA 全自动免疫分析仪上对 AIA 的甲状腺刺激激素检测项目进行定标并确定参考曲线,以便定量测定人血清或肝素血浆中甲状腺刺激激素的浓度。
生产厂家:日本 Tosoh Corporation
注册代理:东曹(上海)生物科技有限公司
发证日期:2014.10.08 **截止日期**:2019.10.07

国械注进 20142404968

产品名称:雌二醇校准品(ST AIA-PACK E2 CALIBRATOR SET)
规格型号:校准品(1)-(6): 1.0 mL×2 瓶
性能组成:①校准品(1):E2 阴性人血清; ②校准品(2)-(6):E2、E2 阴性人血清。(具体内容详见产品说明书)
适用范围:该产品用于在 AIA 全自动免疫分析仪上对 AIA 的雌二醇检测项目进行定标并确定参考曲线, 以便定量测定人血清、血浆中雌二醇的浓度。
生产厂家:日本 Tosoh Corporation
注册代理:东曹(上海)生物科技有限公司
发证日期:2014.10.08 **截止日期**:2019.10.07

国械注进 20142404969

产品名称:氨测定试剂盒(比色法)(Ammonia (AMM) Reagent)
规格型号:2 ×25 测试/盒, 校准液 1: 5mL, 校准液 2: 5mL。
性能组成:试剂组分: α-酮戊二酸盐、二磷酸腺苷 (ADP)、还原型烟酰胺腺嘌呤二核苷酸磷酸 (NADPH)、谷氨酸脱氢酶 (GLDH) (牛肝)、用于系统性能优化的非反应性物质。 校准液组分: 硫酸铵。(具体内容详见产品说明书)
适用范围:本产品用于体外定量测定人血浆中的氨浓度。
生产厂家:美国 Beckman Coulter, Inc.
注册代理:贝克曼库尔特商贸(中国)有限公司
发证日期:2014.10.08 **截止日期**:2019.10.07

国械注进 20142404970

产品名称:转铁蛋白测定试剂盒(比色法)(Transferrin (TRFN) Reagent)
规格型号:2×150 测试/盒
性能组成:反应缓冲液、人转铁蛋白单一特异性抗体(山羊)、用于系统性能优化的非反应性物质。(具体内容详见产品说明书)
适用范围:本产品用于体外定量测定人血清或血浆中的转铁蛋白浓度。
生产厂家:美国 Beckman Coulter, Inc.
注册代理:贝克曼库尔特商贸(中国)有限公司
发证日期:2014.10.08 **截止日期**:2019.10.07

国械注进 20142404971

产品名称:甘油三酯测定试剂盒(比色法)(Triglycerides GPO (TG) Reagent)
规格型号:2×300 测试/盒
性能组成:脂肪酶、 腺苷三磷酸(ATP)、甘油激酶(GK)、磷酸甘油氧化酶(GPO)、4-氨基安替比林、3, 5-二氯-2-羟基苯磺酸(DHBS)、辣根过氧化物酶(HPO)、用于系统性能优化的非反应性物质。(具体内容详见产品说明书)
适用范围:本产品用于体外定量测定人血清或血浆中的总甘油三酯浓度。
生产厂家:美国 Beckman Coulter, Inc.
注册代理:贝克曼库尔特商贸(中国)有限公司
发证日期:2014.10.08 **截止日期**:2019.10.07

国械注进 20142404972

产品名称:转铁蛋白检测试剂盒(免疫比浊法)(Transferrin)
规格型号:150 测试/盒
性能组成:转铁蛋白 (TRF) 抗体(经过处理的山羊血清) 、叠氮化钠(作为防腐剂) 、用于系统性能优化的非反应性物质。(具体内容详见产品说明书)
适用范围:本产品用于体外定量检测人血清中的转铁蛋白(TRF)含量。
生产厂家:美国 Beckman Coulter, Inc.
注册代理:贝克曼库尔特商贸(中国)有限公司
发证日期:2014.10.08 **截止日期**:2019.10.07

国械注进 20142404973

产品名称:载脂蛋白 A1 检测试剂盒(免疫比浊法)(Apolipoprotein A1)
规格型号:300 测试/盒
性能组成:载脂蛋白 A1 抗体(经过处理的山羊血清)、叠氮化钠(作为防腐剂)、用于系统性能优化的非反应性物资。(具体内容详见产品说明书)
适用范围:本产品用于体外定量测定人血清中的载脂蛋白 A1 含量。
生产厂家:美国 Beckman Coulter, Inc.
注册代理:贝克曼库尔特商贸(中国)有限公司
发证日期:2014.10.08 **截止日期**:2019.10.07

国械注进 20142404974

产品名称:妊娠相关血浆蛋白 A 测定试剂盒(时间分辨荧光法)(DELFIA® Xpress PAPP-A)
规格型号:96 人份、72 人份。
性能组成:含妊娠相关血浆蛋白 A 校准品、妊娠相关血浆蛋白 A 示踪剂、妊娠相关血浆蛋白 A 分析缓冲液、妊娠相关血浆蛋白 A 测试笔、特定批号的质量控制证书。(具体内容详见说明书)
适用范围:用于体外定量测定孕妇血清中的妊娠相关血浆蛋白 A(PAPP-A)的含量
生产厂家:芬兰 Wallac Oy
注册代理:珀金埃尔默医学诊断产品(上海)有限公司
发证日期:2014.10.08 **截止日期**:2019.10.07

国械注进 20142404975

产品名称:妊娠相关血浆蛋白 A 测定试剂盒(时间分辨荧光法)(DELFIA® PAPP-A)

规格型号:96 人份

性能组成:含妊娠相关血浆蛋白标准品、铕示踪剂标记的小鼠抗妊娠相关血浆蛋白 A 单克隆抗体贮存液、生物素标记的小鼠抗妊娠相关血浆蛋白 A 单克隆抗体贮存液、浓缩洗液、通用缓冲液、增强液、链霉亲和素微孔板条、与试剂批号匹配的质量控制证书。(具体内容详见说明书)

适用范围:用于体外定量测定孕妇血清中的妊娠相关血浆蛋白 A(PAPP-A)的含量。

生产厂家:芬兰 Wallac Oy

注册代理:珀金埃尔默医学诊断产品(上海)有限公司

发证日期:2014.10.08 **截止日期**:2019.10.07

国械注进 20142404976

产品名称:妊娠相关血浆蛋白 A 测定试剂盒(时间分辨荧光法)(AutoDELFIA® PAPP-A)

规格型号:96 人份

性能组成:含妊娠相关血浆蛋白标准品、铕示踪剂标记的小鼠抗妊娠相关血浆蛋白 A 单克隆抗体贮存液、生物素标记的小鼠抗妊娠相关血浆蛋白 A 单克隆抗体贮存液、通用缓冲液、链霉亲和素微孔板条、试剂仓条形码标签、备用的微孔板条形码标签、与试剂批号匹配的质量控制证书。(具体内容详见说明书)

适用范围:用于体外定量测定孕妇血清中的妊娠相关血浆蛋白 A(PAPP-A)的含量

生产厂家:芬兰 Wallac Oy

注册代理:珀金埃尔默医学诊断产品(上海)有限公司

发证日期:2014.10.08 **截止日期**:2019.10.07

国械注进 20142404977

产品名称:谷氨酸脱氢酶检测试剂盒(比色法)(Glutamate dehydrogenase (GLDH/GLDH3))

规格型号:试剂瓶 1:4×19mL,试剂瓶 1a:4×19mL,试剂瓶 2:4×5mL;试剂瓶 1:6×66mL,试剂瓶 1a:6×66mL,试剂瓶 2:6×16mL; 3x120 测试; 4x100 测试。

性能组成:试剂 1:包括试剂瓶 1 和试剂瓶 1a 试剂瓶 1:三羟乙基胺缓冲液、乙二胺四乙酸 (EDTA)、乙酸铵、防腐剂、稳定剂; 试剂瓶 1a :二磷酸腺苷 (ADP)、还原型烟酰胺腺嘌呤二核苷酸 (NADH) (酵母)、乳酸脱氢酶 (LDH)(兔肌肉); 试剂 2(试剂瓶 2):三羟乙基胺缓冲液、α-酮戊二酸、防腐剂、稳定剂。 (具体内容详见产品说明书)

适用范围:该产品用于体外定量测定人血清及血浆中的谷氨酸脱氢酶浓度。

生产厂家:德国 Roche Diagnostics GmbH

注册代理:罗氏诊断产品(上海)有限公司

发证日期:2014.10.08 **截止日期**:2019.10.07

国械注进 20142404978

产品名称:肌酸激酶测定试剂盒(酶法)(Creatine Kinase Flex® Reagent Cartridge (CKI))

规格型号:产品编号: DF38; 规格: 480 测试/盒 (4×120 测试/盒)。

性能组成:己糖激酶,葡萄糖-6-磷酸脱氢酶,二磷酸腺苷 (ADP),磷酸腺苷 (AMP),乙二胺四乙酸 (EDTA),乙酸镁,二腺苷五磷酸 (AP5A),尼克酰胺腺嘌呤二核苷磷酸 (NADP),N-乙酰半胱氨酸,咪唑缓冲液,磷酸肌酸,葡萄糖,乙二胺四乙酸 (EDTA),3-(环已胺)-2-羟基-1-丙磺酸 (CAPSO) 缓冲液。(具体内容详见说明书)

适用范围:本产品用于体外定量测定人类血清和血浆中的肌酸激酶的活性。

生产厂家:美国 Siemens Healthcare Diagnostics Inc.

注册代理:西门子医学诊断产品(上海)有限公司

发证日期:2014.10.08 **截止日期**:2019.10.07

国械注进 20142404979

产品名称:盐桥液(Salt Bridge Solution)

规格型号:产品编号: D105; 规格: 3×150mL。

性能组成:氯化钾 (KCl),防腐剂,表面活性剂。(具体内容详见说明书)

适用范围:本产品用于体外测量钠离子 (Na+) /钾离子 (K+) /氯离子 (Cl-) 时作为参考电极。

生产厂家:美国 Siemens Healthcare Diagnostics Inc.

注册代理:西门子医学诊断产品(上海)有限公司

发证日期:2014.10.08 **截止日期**:2019.10.07

国械注进 20142404980

产品名称:乳酸脱氢酶测定试剂盒(酶法)(Lactate Dehydrogenase Flex® reagent cartridge(LDI))

规格型号:产品编号: DF54; 规格: 480 测试/盒 (4×120 测试/盒)。

性能组成:试剂 1 : N-甲基-D-葡糖胺,L(+)-乳酸盐,氯化钠; 试剂 12: β-烟酰胺腺嘌呤二核苷酸 (β-NAD+),β-烟酰胺腺嘌呤二核苷酸锂盐(NAD),防腐剂,稳定剂。(具体内容详见说明书)

适用范围:本产品用于体外定量检测人类血清和血浆中乳酸脱氢酶的含量。

生产厂家:美国 Siemens Healthcare Diagnostics Inc.

注册代理:西门子医学诊断产品(上海)有限公司

发证日期:2014.10.08 **截止日期**:2019.10.07

国械注进 20142404981

产品名称:尿素/尿素氮检测试剂盒(比色法)(Kinetic UV assay for urea/urea nitrogen (UREA/BUN))

规格型号:试剂 1: 6×66 mL,试剂 2: 6×43 mL; 试剂 1: 6×186 mL,试剂 2: 6×118 mL; 试剂 1: 4×470mL,试剂 2: 4×293 mL。

性能组成:试剂 1 : 3-(环已胺)-2-羟基-1-丙磺酸(CAPSO) 缓冲液、烟酰胺腺嘌呤二核苷酸(酵母) 、防腐剂; 试剂 2: N, N-二(2-羟乙基)-甘氨酸 (BICINE) 缓冲液、尿素酶 (刀豆) 、谷氨酸脱氢酶(牛肝)、α-酮戊二酸、防腐剂。 (具体内容详见产品说明书)

适用范围:该产品用于体外定量测定人血清、血浆和尿液中的尿素/尿素氮。

生产厂家:德国 Roche Diagnostics GmbH

注册代理:罗氏诊断产品(上海)有限公司

发证日期:2014.10.08 **截止日期**:2019.10.07

国械注进 20142404982

产品名称:糖化血红蛋白校准品(C.f.a.s HbA1c)

规格型号:3×2 mL (冻干品,复溶后体积)

性能组成:反应成分: 含化学添加剂及注明生物来源材料的溶血性羊血液基质。 分析物: 血红蛋白、糖化血红蛋白。 非反应成分: 防腐剂、稳定剂。 (具体内容详见产品说明书)

适用范围:该产品用于对糖化血红蛋白定量检测进行校准。

生产厂家:德国 Roche Diagnostics GmbH

注册代理:罗氏诊断产品(上海)有限公司

发证日期:2014.10.08 **截止日期**:2019.10.07

国械注进 20143464983

产品名称:条状人工骨(chronOS Strip)

规格型号:见附页

性能组成:该产品将多孔β-磷酸三钙颗粒通过加热粘附于穿孔聚 L-丙交酯-ε-己内酯聚合物薄膜上,多层堆积形成条状人工骨,置于灌注袋内以供与自体骨髓的混合。该产品中β-磷酸三钙、聚 L-丙交酯-ε-己内酯的含量分别为 60%、40%。聚 L-丙交酯-ε-己内酯聚合物中 L-丙交酯、己内酯含量分别为 70%、30%。射线灭菌。

适用范围:与自体骨髓混合,适用于脊柱后外侧融合。

变更情况:变更日期: 2014.12.08。"1.代理人名称:辛迪思(上海)医疗器械贸易有限公司 2.代理人住所:上海市外高桥保税区富特西一路 473 号第二层西部 A 部位"变更为" 1.代理人名称:强生(上海)医疗器材有限公司 2.代理人住所:上海市外高桥保税区富特西一路 439 号第一、二、三层 C 部位"。

生产厂家:瑞士 Synthes GmbH

注册代理:辛迪思(上海)医疗器械贸易有限公司

发证日期:2014.10.09 **截止日期**:2019.10.08

国械注进 20143464984

产品名称:支持型接骨板及螺钉(Bone screws and Bone plates)

规格型号:见附页

性能组成:金属接骨板由符合 GB/T13810 标准规定的纯钛材料制造。螺钉由符合 GB4234 标准规定的 00Cr18Ni14Mo3 不锈钢材料制成。表面无着色。非灭菌包装。
适用范围:与同一系统配合使用，适用于四肢近关节骨折及关节内骨折内固定。
生产厂家:德国 Koenigsee Implantate GmbH
注册代理:长沙德迈医疗器械有限公司
发证日期:2014.10.09 **截止日期**:2019.10.08

国械注进 20143464985

产品名称:直型接骨板及螺钉(Bone screws and Bone plates)
规格型号:见附页
性能组成:金属接骨板由符合 ISO5832-2 标准规定的纯钛材料制造。螺钉由符合 GB4234 标准规定的 00Cr18Ni14Mo3 不锈钢材料制成。表面无着色。非灭菌包装。
适用范围:与同一系统配合使用，适用于四肢长骨的骨干骨折内固定。
生产厂家:德国 Koenigsee Implantate GmbH
注册代理:长沙德迈医疗器械有限公司
发证日期:2014.10.09 **截止日期**:2019.10.08

国械注进 20143454986

产品名称:柠檬酸消毒液(Citrosteril)
规格型号:5L、2L
性能组成:柠檬酸消毒液由一水柠檬酸、乳酸、D，L-苹果酸组成。
适用范围:用于 Fresenius Medical Care AG & Co.KGaA 生产的带比例混合系统的血液透析设备中内部水路的热消毒。
生产厂家:德国 Fresenius Medical Care AG & Co. KGaA
注册代理:费森尤斯医药用品(上海)有限公司
发证日期:2014.10.09 **截止日期**:2019.10.08

国械注进 20143464987

产品名称:颅面重建植入物(SynPOR Implants)
规格型号:见附页
性能组成:该产品部分型号为多孔聚乙烯板，部分型号为多孔聚乙烯板与钛网状板经热压制成。多孔聚乙烯板由符合 ISO 5834-2 标准规定的 2 型超高分子量聚乙烯材料经粒化、热熔融工艺形成的多孔聚乙烯块经切割制成，钛网状板由符合 ISO 5832-2 标准规定的纯钛材料制成。灭菌包装。
适用范围:适用于颅面部非承重性填充和重建。
生产厂家:瑞士 Synthes GmbH
注册代理:强生(上海)医疗器材有限公司
发证日期:2014.10.09 **截止日期**:2019.10.08

国械注进 20143224988

产品名称:硅油（商品名：FCI）(Silicone Oil for Ophthalmic Use)
规格型号:S5.7160、S5.7170
性能组成:眼科手术用硅油成分为聚二甲基硅氧烷。粘度(25℃时)：1000cSt(mm2/second)；一次性使用产品，分别有 10ml 及 15ml 两种装量，玻璃注射器包装，经干热蒸汽灭菌。
适用范围:适用于传统视网膜复位手术，或玻璃体腔气体填塞术注定要失败或已经失败的病例。
生产厂家:法国 FCI
注册代理:上海普延医疗设备有限公司
发证日期:2014.10.09 **截止日期**:2019.10.08

国械注进 20143464989

产品名称:膝关节假体组件（商品名：Trabecular Metal Shapes）(Knee Joint Prostheses Component)
规格型号:见附页
性能组成:该产品由钽金属制成的多孔钽材料（Trabecular Metal）制成。灭菌包装。
适用范围:适用于因膝关节严重退变、创伤或者其他疾病而进行全膝关节置换的患者。当与 NexGen 全膝关节解决方案--旋转铰链膝关节系统(RHK)配合使用时，该产品作为骨水泥型假体使用；当与 NexGen 全膝关节解决方案--Legacy 髁限制性膝关节系统(LCCK)配合使用时，该产品可作为骨水泥型假体使用，或者作为非骨水泥假体使用。
生产厂家:美国 Zimmer Trabecular Metal Technology, Inc.
注册代理:捷迈(上海)医疗国际贸易有限公司
发证日期:2014.10.09 **截止日期**:2019.10.08

国械注进 20143634990

产品名称:基台（商品名：植是道）(abutment)
规格型号:见附页
性能组成:基台材质为 Ti6Al4VELI，无任何表面处理，交付状态为非无菌包装。
适用范围:该产品用于齿科种植修复，可与 ITX，BI，BX，BK，GD 系列种植体兼容。
生产厂家:韩国 KJ MEDITECH Co.，Ltd
注册代理:郑州赛齿医疗器械有限公司
发证日期:2014.10.09 **截止日期**:2019.10.08

国械注进 20143664991

产品名称:脑室外引流系统及导管(External Drainage System and Catheters)
规格型号:LPDC1 / LPDC2 / FVPC1 / FVPC2 / FVB / FVE / FVP/ FVCH5 / FVCH6 / FVCH9 / FVSA / FVRB5 / FVLS / FVBL / FVBL2 / FVBV / FVBV2 / FVEL / FVEL2 / FVEV / FVEV2 / FVPV / FVPV2
性能组成:该产品为无源器械，由外引流导管（包括导管、缝合标签、Tuohy 针、导丝压缩座、阴性鲁尔连接器、套管针等)，外引流装置（包括推紧固件、贮液袋、吊架、阀、四向活塞、患者管路、空气过滤器、阴性鲁尔连接器、滴瓶等)，外引流配件（包括压缩座、刻度纸、外引流袋、阴性鲁尔连接器等）和外引流系统（由上述外引流导管和外引流装置组合而成）组成，详见产品标准
适用范围:该产品主要是用于脑室临时外引流，压力监测和脑脊液的收集。
生产厂家:法国 SOPHYSA
注册代理:上海博纳医疗器械有限公司
发证日期:2014.10.09 **截止日期**:2019.10.08

国械注进 20143664992

产品名称:一次性使用精密调节输液器(Control-A-Flo set with injection site)
规格型号:EMC5905P
性能组成:产品由穿刺针、进气口、带 15μm 过滤器的滴斗、恒速调节器、Y 型注射口、止流夹、鲁尔锁定接头和管路部件组成。这些部件由以 TOTM 为增塑剂的医用聚氯乙烯、低密度聚乙烯、ABS 树脂、高密度聚乙烯、聚丙烯、聚碳酸酯、硅酮、异戊橡胶材料制成。
适用范围:该一次性使用精密调节输液器用于患者静脉输注药液。
生产厂家:瑞士 Baxter Healthcare SA
注册代理:百特医疗用品贸易(上海)有限公司
发证日期:2014.10.09 **截止日期**:2019.10.08

国械注进 20143664993

产品名称:一次性使用输液过滤器(Infusion Filter)
规格型号:40，994，514，099，460
性能组成:由管路、止流夹、过滤器、鲁尔锁定接头和保护套组成。4099460 的过滤器孔径为 1.2μm，4099451 的过滤器孔径为 0.2μm。环氧乙烷灭菌。
适用范围:本输液过滤器可与任何输液器一同使用。4099460 用于新生儿输注脂质溶液，可去除输液中的微粒杂质、气泡和大于 1.2μm 的微生物。4099451 用于新生儿输注非脂质溶液，可去除输液中的微粒杂质、气泡、内毒素和大于 0.2μm 的微生物。
备注:2015 年 1 月 30 日同意更正适用范围内容，2014 年 10 月 9 日核发的中华人民共和国医疗器械注册证予以废止。
生产厂家:德国 B. Braun Melsungen AG
注册代理:贝朗医疗(上海)国际贸易有限公司
发证日期:2014.10.09 **截止日期**:2019.10.08

国械注进 20143224994

产品名称:预装式非球面单件式丙烯酸人工晶状体（商品名：TECNIS）(The TECNIS 1-Piece IOL with the TECNIS iTec Preloaded Delivery System)

规格型号:PCB00
性能组成:该产品为预装在植入系统内的单件式/后房人工晶状体，可折叠，襻形为改良 C。人工晶状体由丙烯酸乙酯、甲基丙烯酸乙酯、2，2，2-甲基丙烯酸三氟乙酯、乙二醇二甲基丙烯酸酯等聚合而成的共聚物材料制成，晶体表面经过 PEG 处理，添加紫外线吸收剂。屈光度范围：5.0～34.0D，间隔 0.5D；光学设计：单焦，非球面（在孔径光栏半径 1.5mm 范围内模拟眼状态下的轴截面光焦度分布符合反球差分布特征）。植入系统由折叠夹、推杆、螺母、柱塞、上部、下部（含晶体储存腔）和尖端保护帽组成。该产品经环氧乙烷灭菌，一次性使用。
适用范围:该产品适用于对已经通过囊外白内障摘除手术取出了白内障晶状体的成年患者进行无晶状体眼的视力矫正，产品预期放置在囊袋内。
生产厂家:美国 Abbott Medical Optics Inc.
注册代理:眼力健（上海）医疗器械贸易有限公司
发证日期:2014.10.09　**截止日期**:2019.10.08

国械注进 20143104995

产品名称:骨成型球囊（Inflatable Bone Tamp）
规格型号:K15A，K15B
性能组成:该产品由球囊、导管、应力消除部件、Y 接头、Y 接头标记、导针、不透射线标记、保护套、充盈口和标记组成。球囊和导管由聚氨酯材料制成；应力消除部件由热塑橡胶材料制成；Y 接头由聚碳酸酯材料制成；导针由 304 不锈钢材料制成；不透射线标记由铂铱合金材料制成；保护套由聚酰胺（尼龙）材料制成；充盈口由聚碳酸酯及硅胶材料制成；标记由银墨制成；Y 接头标记由油墨制成。灭菌包装。
适用范围:适用于为减少脊柱松质骨骨折和/或空腔出现的骨填塞术（包括使用骨水泥的球囊扩张椎体后凸成形术）。
生产厂家:美国 Medtronic Sofamor Danek USA，Inc.
注册代理:美敦力（上海）管理有限公司
发证日期:2014.10.09　**截止日期**:2019.10.08

国械注进 20143774996

产品名称:外周血管慢性闭塞病变导管（商品名：Viance）（Viance Crossing Catheter）
规格型号:VNC-FX-150；VNC-SD-150
性能组成:Viance 导管由管体、鲁尔接头、线圈、扭转器等部件组成，主要材质为聚醚嵌段聚酰胺共聚物、聚氨酯、聚碳酸酯、304 不锈钢等。产品一次性使用，经伽玛射线辐照灭菌。
适用范围:该产品预期在放置其他介入器械之前越过狭窄的外周血管内病变部位（包括慢性完全闭塞部位），协助常规导丝进入管腔。
生产厂家:美国 ev3 Inc.
注册代理:柯惠医疗器材国际贸易（上海）有限公司
发证日期:2014.10.09　**截止日期**:2019.10.08

国械注进 20143464997

产品名称:锁定接骨板（Locking Plates）
规格型号:见附页
性能组成:该产品材料为 ISO 5832-1 规定的不锈钢材料和 ISO 5832-11 规定的钛 6 铝 7 铌材料制造，钛 6 铝 7 铌材料接骨板表面经阳极化处理。包装分为灭菌包装和非灭菌包装。
适用范围:本产品用于骨折内固定。
生产厂家:瑞士 Synthes GmbH
注册代理:强生（上海）医疗器材有限公司
发证日期:2014.10.09　**截止日期**:2019.10.08

国械注进 20143654998

产品名称:可吸收性缝线（商品名：MONOCRYL Plus）（MONOCRYL Plus SYNTHETIC ABSORBABLE SUTURES）
规格型号:见附页
性能组成:缝线是由 poliglecaprone 25 材料制成的无菌可吸收性单股缝线。Poliglecarprone 25 是乙交酯和 ε-己内酮合成的共聚物。缝线上含抗菌物质三氯生（Triclosan），只用于抑制细菌在缝线上的定植。
适用范围:用于一般软组织缝合和/或结扎，但不能用于心血管或神经组织、显微外科或眼科操作。
生产厂家:美国 Ethicon LLC
注册代理:强生（上海）医疗器材有限公司
发证日期:2014.10.09　**截止日期**:2019.10.08

国械注进 20143464999

产品名称:脊柱外科植入物-胸腰椎钉棒固定系统（商品名：Pulse）（Pulse Thoracolumbar Screw System）
规格型号:见附页
性能组成:该产品由一系列螺钉、棒、横连、内锁螺钉组成，其材料符合 GB/T13810 中的 TC4ELI 钛合金。分非灭菌包装及灭菌包装提供。
适用范围:该系统适用于为骨骼发育成熟患者的脊柱节段提供固定和稳定，作为胸、腰、骶椎急慢性不稳定或畸形治疗中融合的辅助手段。预期针对下述适应症用于非颈椎椎弓根固定和非椎弓根固定以进行融合：骨骼发育成熟患者中退行性椎间盘疾病（定义为通过病史和放射照相研究确定的椎间盘源性腰痛伴椎间盘退变）；脊椎前移；创伤（即，断裂或脱位）；椎管狭窄；弯曲（即，脊柱侧凸、驼背、和/或脊柱前凸）；肿瘤；假关节；以及以前融合失败。
生产厂家:瑞士 Medos International SARL
注册代理:强生（上海）医疗器材有限公司
发证日期:2014.10.09　**截止日期**:2019.10.08

国械注进 20143225000

产品名称:中心孔后房屈光型人工晶状体（商品名：Visian® ICL）（COLLAMER IMPLANTABLE CONTACT LENS）
规格型号:VICMO 12.1 VICMO 12.6 VICMO 13.2 VICMO 13.7
性能组成:该产品为单件式后房人工晶状体，可折叠，襻形为扁平襻，光学区中心有直径为 0.36mm 的中心孔。由猪巩膜胶原蛋白、2-甲基丙烯酸羟乙酯、4-甲基丙烯酰氧基-2-羟基二苯甲酮制成；屈光度范围：-0.50D～-18.00D。光学设计：单焦，球面；无菌状态提供，一次性使用。
适用范围:适合用于 21～45 岁成年人有晶状体眼的治疗，矫正/降低成年人-0.50D 到-18.00D 范围内的近视。
备注:作为质量跟踪的要求，注册后生产企业仍需完成以下工作：应在产品上市后定期对产品进行严格随访，重点关注与中心孔设计相关的并发症，尤其是裸眼视力及矫正视力减退、高眼压、青光眼、角膜内皮细胞计数下降、白内障等，重视患者的视觉质量，并对随访资料进行统计分析；同时应制定眼科临床医生的培训计划，详细记录培训的内容和培训的人员、次数等。收集上述两方面资料以完善产品质量分析报告。
生产厂家:瑞士 STAAR Surgical AG
注册代理:达视光学设备技术（上海）有限公司
发证日期:2014.10.09　**截止日期**:2019.10.08

国械注进 20143225001

产品名称:中心孔后房散光屈光型人工晶状体（商品名：Visian® TICL）（COLLAMER IMPLANTABLE CONTACT LENS）
规格型号:VTICMO 12.1 VTICMO 12.6 VTICMO 13.2 VTICMO 13.7
性能组成:该产品为单件式后房人工晶状体，可折叠，襻形为扁平襻，光学区中心有直径为 0.36mm 的中心孔。由猪巩膜胶原蛋白、2-甲基丙烯酸羟乙酯、4-甲基丙烯酰氧基-2-羟基二苯甲酮制成；屈光度范围：-0.50D～-18.00D，柱镜度+0.50D～+6.00D。光学设计：单焦，球面；无菌状态提供，一次性使用。
适用范围:适合用于 21～45 岁成年人有晶状体眼的治疗，矫正/降低成年人-0.50D 到-18.00D 范围内的近视及低于或等于+6.00D 的散光。
备注:作为质量跟踪的要求，注册后生产企业仍需完成以下工作：应在产品上市后定期对产品进行严格随访，重点关注与中心孔设计相关的并发症，尤其是裸眼视力及矫正视力减退、高眼压、青光眼、角膜内皮细胞计数下降、白内障等，重视患者的视觉质量，并对随访资料进行统计分析；同时应制定眼科临床医生的培训计划，详细记录培训的内容和培训的人员、次数等。收集上述两方面资料以完善产品质量分析报告。
生产厂家:瑞士 STAAR Surgical AG
注册代理:达视光学设备技术（上海）有限公司
发证日期:2014.10.09　**截止日期**:2019.10.08

国械注进 20143635002

产品名称:牙科种植体及附件（商品名：BEGO Semados® Implant TiPurePlus）（BEGO Semados® Implant TiPurePlus Dental Implant and Accessories）
规格型号:见附页

性能组成:牙科种植体及附件由种植体、覆盖螺丝、就位杆和就位杆螺钉组成。
适用范围:该产品适用于通过一阶段或两阶段的手术植入上颌及下颌中的齿龈之下。
生产厂家:德国 BEGO Implant Systems GmbH & Co. KG
注册代理:北京友源前景医疗器械有限公司
发证日期:2014.10.09 **截止日期**:2019.10.08

国械注进 20143635003

产品名称:基台及附件(Hybrid Abutment and accessories)
规格型号:见附页
性能组成:该产品包括基台、钛基底、稳定环及钛基底套筒，其中基台和钛基底由四级纯钛(TA4)或四级钛合金(TC4 ELI)制成，稳定环及基底钛套筒由聚甲醛(POM)材料制成。由四级纯钛(TA4)和四级钛合金(TC4 ELI)制成部件与人体直接接触部分未经过表面改性处理，且为非无菌包装，使用前应经过蒸汽灭菌处理。
适用范围:该产品同种植体组合一起使用，为牙修复体提供支持。
生产厂家:德国 ALTATEC GmbH
注册代理:上海汉瑞祥贸易有限公司
发证日期:2014.10.09 **截止日期**:2019.10.08

国械注进 20143225004

产品名称:软性亲水接触镜(DAILIES AquaComfort PLUS TORIC ONE-DAY CONTACT LENSES)
性能组成:该产品为日戴型软性亲水接触镜。镜片材料为NelfilconA，着淡蓝色。聚丙烯泡罩壳体包装。各参数标称值：含水量：69%，折射率：1.383，透氧系数：25.8×10^{-11}(cm2/s)(mLO2/(mL×mmHg))，-3D 镜片透氧量：25.8×10^{-9}(cm/s) (mLO2/(mL×mmHg))，后顶焦度范围：+4.00D～-8.00D，柱镜焦度范围：-0.75D～-1.75D，可见光透过率>92%。推荐更换周期1天。产品经蒸汽灭菌。
适用范围:适用于不大于1.75D 散光的有晶状体且无眼部疾病人群的光学屈光不正(近视和远视)的矫正。
备注:2015年1月6日同意更正结构及组成内容，2014年10月9日核发的中华人民共和国医疗器械注册证予以废止。
生产厂家:美国 Alcon Laboratories, Inc.
注册代理:爱尔康(中国)眼科产品有限公司
发证日期:2014.10.09 **截止日期**:2019.10.08

国械注进 20143635005

产品名称:种植体附件(商品名:Locator)(LOCATOR Implant Attachment Accessories(Restorative Components))
规格型号:见附页
性能组成:该产品由固位帽、固位插件、封堵环和加工插件组成。其中，固位帽由钛合金制成、固位插件由聚酰胺66制成、封堵环由硅橡胶制成，加工插件由聚乙烯制成。
适用范围:该产品适用于上下颌的骨内种植体。
生产厂家:美国 Zest Anchors, LLC
注册代理:诺保科商贸(上海)有限公司
发证日期:2014.10.09 **截止日期**:2019.10.08

国械注进 20143635006

产品名称:种植体配套用基台（商品名：Locator）(Locator Abutment)
规格型号:见附页
性能组成:该产品由钛合金(TC4 ELI)制成。
适用范围:该产品适用于上下颌的骨内种植体。
生产厂家:美国 Zest Anchors, LLC
注册代理:诺保科商贸(上海)有限公司
发证日期:2014.10.09 **截止日期**:2019.10.08

国械注进 20143225007

产品名称:软性亲水接触镜(Soft Contact Lens)
规格型号:Magic Star
性能组成:该产品为日戴型软性亲水接触镜。镜片由HEMA、NVP、DVB、MMA及着色剂等制成，着黑色、灰色、棕色、紫色、绿色、蓝色。聚丙烯盒包装。各参数标称值：含水量：43%，折射率：1.433，透氧系数：10.7×10^{-11}(cm2/s)(mLO2/(mL×mmHg))，-3D 镜片透氧量：14.0×10^{-9}(cm/s) (mLO2/(mL×mmHg))，后顶焦度范围：0.00D～-10.00D，可见光透过率>95%。产品经高压蒸汽灭菌。
适用范围:镜片用于18岁及以上无禁忌症患者矫正近视。
生产厂家:韩国 Medios Co., Ltd.
注册代理:上海科莱博隐形眼镜有限公司
发证日期:2014.10.09 **截止日期**:2019.10.08

国械注进 20143465008

产品名称:椎间融合器(Cornerstone-SR Cage System)
规格型号:见附页
性能组成:该产品采用符合YY/T 0660标准规定的聚醚醚酮(PEEK)制成，等级为OPTIMA LT1，其中含有帮助显影用的纯坦条，纯钽材质符合ISO 13782标准。伽玛射线辐射灭菌，一次性使用产品。
适用范围:该产品用于颈椎融合手术时提供椎体间的稳定支撑，维持椎间隙高度，促进融合。具体适用范围如下:1、椎间盘退化性疾病和不稳定 1)某些慢性椎间盘退化性疾病或大范围前路解压术的初步手术 2)椎间盘手术不成功、狭窄、手术后不稳定的修正手术 2、假关节或关节固定不成功。
生产厂家:美国 Medtronic Sofamor Danek USA, Inc.
注册代理:美敦力(上海)管理有限公司
发证日期:2014.10.09 **截止日期**:2019.10.08

国械注进 20142105009

产品名称:骨水泥输送装置(商品名:OnControl)(Bone Access System)
规格型号:9403；9501-VC-006
性能组成:该产品是由带无菌套接头、骨水泥输注穿刺针、顶出杆、尖锐物品保护器组成（详见标准），需与电钻配合使用。
适用范围:本产品适用于与标准骨水泥输送系统搭配使用，在椎体形成术中输送骨水泥。
生产厂家:美国 Vidacare Corporation
注册代理:北京威尼汇力医疗器械有限公司
发证日期:2014.10.11 **截止日期**:2019.10.10

国械注进 20142455010

产品名称:腹膜透析管(Catheter for Peritoneal Dialysis)
规格型号:见附页
性能组成:本品由导管、接头、螺帽、保护帽、助拧器组成。本品采用环氧乙烷灭菌，一次性使用。
适用范围:本品用于腹膜透析，为腹膜透析植入的腹膜导管。
生产厂家:德国 Fresenius Medical Care AG&Co.KGaA
注册代理:费森尤斯医药用品(上海)有限公司
发证日期:2014.10.11 **截止日期**:2019.10.10

国械注进 20142225011

产品名称:输尿管鞘（商品名：Navigator HD）(Navigator HD Ureteral Access Sheath Set)
规格型号:见附页
性能组成:输尿管鞘由内部的锥形扩张器和外鞘构成，主要材质为聚氨酯。该产品经环氧乙烷灭菌，一次性使用。
适用范围:该产品适用于内窥镜手术，以帮助内窥镜、泌尿科器械通过以及用于注射液体到泌尿道内。
生产厂家:美国 Boston Scientific Corporation
注册代理:波科国际医疗贸易(上海)有限公司
发证日期:2014.10.11 **截止日期**:2019.10.10

国械注进 20142415012

产品名称:采血针（商品名：BGStar®）(Lancets)
规格型号:28G 33G
性能组成:针套:PE；针柄:PE；针体:不锈钢 SUS304。
适用范围:本产品配合采血笔（BGStar®），采集手指、手掌和前臂部位的全血后用于体外血糖检测和监测。
生产厂家:美国 AgaMatrix, Inc.
注册代理:赛诺菲(中国)投资有限公司
发证日期:2014.10.11 **截止日期**:2019.10.10

国械注进 20142665013

产品名称:一次性使用灭菌橡胶外科手套(无粉)(Sterile Surgical Glove, Powderfree)
规格型号:5.5、6、6.5、7、7.5、8、8.5、9
性能组成:本产品主要由天然橡胶胶乳制造，无粉表面。一次性使用，辐照灭菌。
适用范围:本产品适用于适用于外科医生、医疗护理人员或类似人员在无菌条件下的手术和检查过程中戴在手上，作为防护性隔离。
生产厂家:马来西亚 TERANG NUSA SDN. BHD.
注册代理:北京稳大医疗用品有限公司
发证日期:2014.10.11 **截止日期**:2019.10.10

国械注进 20142665014

产品名称:麻醉机和呼吸机用呼吸管路(Non sterile spiral tubes for anesthesia, resuscitation and nebulization)
规格型号:T0911A4、T1525M1、T0911MA、T09119L、T1525M0、T1719F9、T1719MD、T1719MA、T1719MB、T1719G4、T09119K、T1719G5、T1719MC、T1719G1、T1719G6、T1719ME
性能组成:本产品材料为硅橡胶材料，由平滑端部，螺纹部分和管子本体三部分组成。本产品使用前需进行灭菌处理，可以重复使用。
适用范围:麻醉机器和呼吸机用呼吸管路可用作于连接麻醉机或呼吸机与病人之间的气体通道。
生产厂家:法国 SAINT GOBAIN PERFORMANCE PLASTICS FRANCE
注册代理:圣戈班高功能塑料(上海)有限公司
发证日期:2014.10.11 **截止日期**:2019.10.10

国械注进 20142555015

产品名称:正畸支抗配套用钻(VectorTAS Initiator)
规格型号:601-0002
性能组成:该产品由符合 GB/T 1220-2007 的 S44090 不锈钢制成，其牌号为 95Cr18。本产品为非无菌产品。
适用范围:该产品用于植入正畸支抗之前，在骨皮质上钻孔以确定正畸支抗的植入位置。
生产厂家:美国 Ormco Corporation
注册代理:卡瓦盛邦(上海)牙科医疗器械有限公司
发证日期:2014.10.11 **截止日期**:2019.10.10

国械注进 20142555016

产品名称:车针(Riitano Access Burs)
规格型号:见附页
性能组成:产品有金刚石车针和硬质合金车针两种类型，其结构都是由工作部分和杆部组成，按照不同的形状分为直线形车针，按钮形车针，小号橡果形车针，大号橡果形车针和圆形车针。产品材质为 Y12Cr13 牌号的不锈钢，金刚石和碳化钨。
适用范围:本器械用于牙根管治疗中为进行开髓和髓腔预备而使用。
生产厂家:美国 Ultradent Products, Inc.
注册代理:广州市皓齿登医疗器械有限公司
发证日期:2014.10.11 **截止日期**:2019.10.10

国械注进 20142555017

产品名称:纤维桩配套用扩孔钻(Post Drills)
规格型号:见附页
性能组成:该产品分为平行锯齿扩孔钻和锥形扩孔钻，该产品由符合 GB/T 1220-2007 的 S42020 不锈钢制成，牌号为 20Cr13，该产品为非无菌产品.
适用范围:该产品用于预备根管桩就位道钻削根管内壁。
生产厂家:美国 Kerr Corporation also trading as Pentron Clinical
注册代理:卡瓦盛邦(上海)牙科医疗器械有限公司
发证日期:2014.10.11 **截止日期**:2019.10.10

国械注进 20143225018

产品名称:软性亲水接触镜(Soft Contact Lens)
规格型号:茵洛高解像球镜镜片 Polyvue Multifocal High Definition Contact lens
性能组成:该产品为日戴型软性亲水接触镜。镜片由 2-HEMA、EDMA、紫外线吸收剂及着色剂等聚合而成，着淡蓝色。聚丙烯盒或玻璃瓶包装。各参数标称值：含水量：38%，折射率：1.440，透氧系数：8.9×10^{-11}(cm2/s)(mLO2/(mL×mmHg))，-3D 镜片透氧量：11.0×10^{-9}(cm/s)(mLO2/(mL×mmHg))，后顶焦度范围：+6.00D～ -12.00D，可见光透过率>95%。UV-A 段平均透过率<45.8%，UV-B 段平均透过率<4.58%。产品经蒸汽湿热灭菌。
适用范围:适用于无禁忌症的患者矫正近视及远视。
生产厂家:韩国 INTEROJO INC.
注册代理:上海茵洛光学产品有限公司
发证日期:2014.10.27 **截止日期**:2019.10.26

国械注进 20143775019

产品名称:中心静脉导管（商品名：赛托菲）(Central venous catheter set for Seidinger technique, with integrated ECG lead)
规格型号:见附页
性能组成:中心静脉导管由导管（包含导管、Y 形连接器、延长管和可移动固定翼；儿科单腔型号为单独延长管，以鲁尔接头与导管连接，其它型号的延长管与导管为一体化设计）和穿刺针组成，配件还包括导丝、扩张器、Omnifix5ml 注射器、解剖刀、固定夹、Safsite 安全接头、导管固定器和心房内心电图导联监测连接线。主要采用聚氨酯、聚丙烯、丙烯腈-丁二烯-苯乙烯塑料、聚碳酸酯、不锈钢及镍钛合金材料制成。
适用范围:按照塞尔丁格式方法，将导管长期插入上腔静脉，用于输注疗法或肠胃外营养供给；用于采用高渗溶液或强静脉刺激溶液输液；用于持续或间歇性的中心静脉压力监测或抽取血样；用于在休克状态下不能行外周静脉穿刺术的病人，四肢受伤情况下或缺少合适外周静脉的病人。该产品在体内的留置期限为最长不超过 30 天。高流量(HF)型号还可用于急性血液滤过，解毒措施，血液成份分离。
生产厂家:德国 B. Braun Melsungen AG
注册代理:贝朗医疗(上海)国际贸易有限公司
发证日期:2014.10.27 **截止日期**:2019.10.26

国械注进 20143635020

产品名称:光固化正畸粘接用水门汀（商品名：而至富士 ORTHO LC）(歯科合着用グラスポリアルケノエート系レジンセメント(LIGHT-CURED ORTHODONTIC BONDING ADHESIVE))
规格型号:粉末：15g 粉 1 瓶 液体：8g(6.8ml) 1 瓶
性能组成:粉剂:硅铝氟玻璃，颜料等。液剂:聚丙烯酸，蒸馏水，甲基丙烯酸-2-羟乙酯(HEMA)，引发剂等。
适用范围:本品作为齿科用正畸装置（托槽、带环）与牙齿的粘接。
生产厂家:日本株式会社ジーシー 株式会社而至(GC Corporation)
注册代理:而至齿科(苏州)有限公司
发证日期:2014.10.27 **截止日期**:2019.10.26

国械注进 20143635021

产品名称:种植体、基台及配件（商品名：EZ Plus）(EZ Plus Internal Implant System)
规格型号:见附页
性能组成:本品为牙列缺损修复器械，系统包括种植体、基台和螺钉。本产品由符合 ISO 5832 规定的纯钛或钛合金制造，种植体经表面喷砂处理。基台经表面氧化处理(详见附页)。
适用范围:用于牙科牙列缺损的种植修复。
生产厂家:韩国 MegaGen Implant Co., Ltd.
注册代理:宁波美格真医疗器械有限公司
发证日期:2014.10.27 **截止日期**:2019.10.26

国械注进 20143155022

产品名称:口腔用一次性注射针（商品名：口腔用森田注射针）(歯科用注射針)
规格型号:27G, 30G
性能组成:本产品由针管和针套组成。针管材料为不锈钢，针套材料为聚丙烯材料制成。
适用范围:该产品用于牙科局部麻药的注射。
生产厂家:日本ニプロ医工株式会社
注册代理:日本森田株式会社南京办事处
发证日期:2014.10.27 **截止日期**:2019.10.26

国械注进 20143775023

产品名称:诊断导丝（商品名：Emerald）(Emerald Guidewire)

规格型号:见附页
性能组成:Cordis Emerald 诊断导丝由芯丝、绕丝及安全丝构成，材料为 304V 不锈钢。导丝带有 PTFE 涂层。环氧乙烷灭菌，产品一次性使用。
适用范围:该产品用于导管的经皮介入。
生产厂家:美国 Cordis Corporation
注册代理:强生(上海)医疗器材有限公司
发证日期:2014.10.27 截止日期:2019.10.26

国械注进 20143225024

产品名称:软性亲水接触镜(Soft Hydrophilic Contact Lens)
规格型号:Clear38
性能组成:该产品为日戴型软性亲水接触镜。镜片由甲基丙烯酸羟乙酯、乙二醇二甲基丙烯酸酯、紫外线吸收剂及着色剂等聚合而成，着蓝色。聚丙烯盒包装。各参数标称值：含水量：38%，折射率：1.430，透氧系数：10.71×10^{-11}(cm2/s)(mLO2/(mL×mmHg))，-3D 镜片透氧量：11.9×10^{-9}(cm/s)(mLO2/(mL×mmHg))，后顶焦度范围：+6.00D～ -12.00D，可见光透过率>90%。推荐更换周期 1 个月。产品经蒸汽湿热灭菌。
适用范围:用于无禁忌症患者矫正近视及远视。
生产厂家:新加坡 Clearlab SG Pte. Ltd.
注册代理:可丽博(上海)眼镜有限公司
发证日期:2014.10.27 截止日期:2019.10.26

国械注进 20143155025

产品名称:动静脉留置针（商品名：英初康）(I.V. Indwelling Cannula)
规格型号:Introcan:4252071B, 4252098B, 4252110B, 4252322B, 4252136B, 4252160B, 4252217B；Introcan-W:4254074B, 4254090B, 4254112B, 4254325B, 4254139B, 4254171B, 4254210B。
性能组成:产品由导引针及针座、外周血管内导管及导管座、排气接头和保护鞘组成。导引针采用不锈钢(铬镍钢)材料制成，外周血管内导管采用氟化乙烯丙烯共聚物制成，保护鞘及导管座由聚丙烯制成，针座和排气接头由丙烯腈-丁二烯-苯乙烯共聚物制成。
适用范围:本产品适用于建立外周静脉或动脉通路，间歇性外周静脉输液和血液样本的采集，动脉血压的侵入式测量和动脉血液样本的采集。
生产厂家:德国 B. Braun Melsungen AG
注册代理:贝朗医疗(上海)国际贸易有限公司
发证日期:2014.10.27 截止日期:2019.10.26

国械注进 20143465026

产品名称:植入式给药装置（商品名：SOPHYSA）(Implantable access ports and accessories)
规格型号:见附页
性能组成:该产品植入部分由注射座、导管组成，材料为硅橡胶、聚砜和钛合金。配有穿刺用的通针，材料为不锈钢、聚碳酸酯和聚丙烯。该产品无菌状态提供。
适用范围:该产品用于早期肿瘤患者化疗时局部给药。
生产厂家:法国 SOPHYSA
注册代理:北京美科创新科技有限公司
发证日期:2014.10.22 截止日期:2019.10.21

国械注进 20143465027

产品名称:股骨柄(Hip Stem)
规格型号:见附页
性能组成:该产品采用符合 ISO5832-3 标准规定的 Ti6Al4V 钛合金材料制成，表面为符合 ISO13779-2 的羟基磷灰石涂层，灭菌包装。
适用范围:与该企业同一系统组件配合，作为非骨水泥型髋关节假体使用，适用于髋关节置换。
生产厂家:瑞士 Mathys Ltd Bettlach
注册代理:马特仕(上海)医疗器械贸易有限公司
发证日期:2014.10.22 截止日期:2019.10.21

国械注进 20143465028

产品名称:跖骨趾关节假体（商品名：Hemi）(Ist MPJ Hemi Great Toe Implant)
规格型号:375-0001 超小号，375-0002 小号，375-0003 中号，375-0004 中号.
性能组成:该产品由符合 ASTM F899 标准要求的锻造钴铬钼合金材料制成。灭菌包装。
适用范围:适用于治疗患有第一趾骨感染性关节炎，也可用于足拇外翻，拇僵症以及第一趾趾关节不稳定或疼痛的治疗。
生产厂家:美国 OsteoMed
注册代理:北京市麦迪戴克医疗技术有限公司
发证日期:2014.10.22 截止日期:2019.10.21

国械注进 20143465029

产品名称:颅颌面接骨板（商品名：Synthes）(Cranio-Maxillofacial plates)
规格型号:见附页
性能组成:该产品采用 ISO 5832-2 规定的 1 级以及 2 级纯钛材料。纯钛产品的表面经阳极氧化处理。包装分为灭菌包装和非灭菌包装。
适用范围:该产品适用于颅骨及颌面部骨骼内固定。
生产厂家:瑞士 Synthes GmbH
注册代理:强生(上海)医疗器材有限公司
发证日期:2014.10.22 截止日期:2019.10.21

国械注进 20143225030

产品名称:支架回收器（商品名：N-Snare）(N-Snare Stent Retriever)
规格型号:NSR-024115, NSR-045065-UDH
性能组成:支架回收器由套圈、鞘管和控制手柄组成。套圈由镍钛合金丝制成；鞘管内层材料为不锈钢，外层为聚乙烯；控制手柄材料为塑料（高密度聚乙烯)。产品经环氧乙烷灭菌，一次性使用。
适用范围:支架回收器设计用于在内窥镜直视或 X 线下捕获和回收输尿管支架。
变更情况:变更日期：2014.12.25。“上海市外高桥保税区富特北路 402 号第三层中部位”变更为“中国(上海)自由贸易试验区富特北路 402 号第三层中部位”。
生产厂家:美国 Cook Incorporated
注册代理:库克(中国)医疗贸易有限公司
发证日期:2014.10.22 截止日期:2019.10.21

国械注进 20143465031

产品名称:髋关节假体-交联型超高分子量聚乙烯髋臼翻修衬垫（商品名：Trabecular Metal）(Trabecular Metal Revision Shell Liners)
规格型号:见附页
性能组成:该产品由符合 YY/T 0811 标准规定的交联超高分子量聚乙烯材料制成。灭菌包装。
适用范围:该产品与同一系统组件配合，需使用骨水泥与 Trabecular Metal 髋臼翻修杯固定，适用于髋关节翻修术。
生产厂家:美国 Zimmer Inc.
注册代理:捷迈(上海)医疗国际贸易有限公司
发证日期:2014.10.22 截止日期:2019.10.21

国械注进 20142635032

产品名称:则武氧化锆内冠材料(齿科切削加工用セラミックス)
规格型号:KT10, KT11, KT12, KT13, KT14, PSKD10, PSKD12, PSKD13, PSKD15, HT10, HT12, HT13, A Light, A Dark, B Light
性能组成:氧化锆内冠材料，呈长方形块状和圆形块状。由氧化锆粉末经调和后压制而成。本产品属于陶瓷材料。
适用范围:本产品是用于 CAD/CAM 计算机辅助设计与制造系统，加工制作氧化锆内冠的氧化锆材料。适用于牙体缺损、缺少等的修复。
生产厂家:日本可乐丽则武齿科株式会社
注册代理:可乐丽国际贸易(上海)有限公司
发证日期:2014.10.22 截止日期:2019.10.21

国械注进 20143225033

产品名称:折叠式人工晶状体（商品名：优视）(Acrylic Intraocular Lenses)
规格型号:860UV
性能组成:该产品为单件式/后房人工晶状体，可折叠，襻形为改良 C。主体及支撑部分由甲基丙烯酸羟乙酯、甲基丙烯酸甲酯、乙二醇二甲基丙烯酸酯等聚合而成共聚物材料制成，添加紫外线吸收剂。屈光度范围：0～30D，间隔 0.5D；光学设计：单焦，球面。该产品经高温蒸汽灭菌，一次性使用。

适用范围:该产品用于供眼科对无晶状体眼患者做眼内模拟晶状体的人工光学透镜植入，以代替人眼晶状体，恢复弱视或失明的白内障患者视力。
生产厂家:美国 U.S.IOL, INC
注册代理:上海潇莱科贸有限公司
发证日期:2014.10.22 截止日期:2019.10.21

国械注进 20142665034

产品名称:胆道扩张球囊(商品名:Fusion)(Biliary Dilation Balloon)
规格型号:FS-BDB-4X4, FS-BDB-6X4, FS-BDB-8X4, FS-BDB-10X4
性能组成:该产品由球囊、导管、加硬通芯丝和导管座组成。球囊和导管的材料为尼龙12。环氧乙烷灭菌，一次性使用。
适用范围:该产品用于扩张胆道系统的狭窄。
生产厂家:美国库克公司(Cook Incorporated)
注册代理:库克(中国)医疗贸易有限公司
发证日期:2014.10.22 截止日期:2019.10.21

国械注进 20143465035

产品名称:可吸收螺钉(商品名: BioRCI)(BioRCI Screw)
规格型号:见附页
性能组成:该产品由左旋聚乳酸(PLLA)材料制成，经环氧乙烷灭菌，一次性使用。
适用范围:该产品适用于在前十字韧带、后十字韧带再造手术中固定骨-肌腱-骨或者软组织的移植的固定。
生产厂家:美国 Smith & Nephew Inc.
注册代理:施乐辉医用产品国际贸易(上海)有限公司
发证日期:2014.10.22 截止日期:2019.10.21

国械注进 20143465036

产品名称:空心螺钉(Bone Screws)
规格型号:见附页
性能组成:空心螺钉材料为00Cr18Ni14Mo3不锈钢或钛6铝4钒钛合金。表面无着色。非灭菌包装。
适用范围:适用于股骨颈骨折、撕脱性骨折及小骨片的固定。
生产厂家:德国 Konigsee Implantate GmbH
注册代理:长沙德迈医疗器械有限公司
发证日期:2014.10.22 截止日期:2019.10.21

国械注进 20142215037

产品名称:电动动力系统工具(Motor System Tools)
规格型号:见附页
性能组成:本产品由钻头、磨头、锯片、刀片、刨削刀类工具、喷嘴及配套附件组成。
适用范围:该产品为手术工具，用于大型骨骼、小型骨骼外科手术、显微外科手术。
生产厂家:德国 Aesculap AG
注册代理:贝朗医疗(上海)国际贸易有限公司
发证日期:2014.10.22 截止日期:2019.10.21

国械注进 20143465038

产品名称:非骨水泥股骨柄(ECHELON Cementless Stem System)
规格型号:见附页
性能组成:该产品采用符合ISO 5832-4的铸造钴铬钼合金制造，表面经钴铬钼微孔涂层处理，涂层材料符合ISO 5832-4的要求。灭菌包装。
适用范围:该产品为非骨水泥股骨柄，与同一系统组件配合使用，适用于髋关节的置换。
生产厂家:美国 Smith & Nephew, Inc.
注册代理:施乐辉医用产品国际贸易(上海)有限公司
发证日期:2014.10.22 截止日期:2019.10.21

国械注进 20143405039

产品名称:总前列腺特异性抗原测定试剂盒(化学发光微粒子免疫检测法)(ARCHITECT Total PSA Reagent Kit)
规格型号:4×100测试/盒、1×100测试/盒、4×500测试/盒。
性能组成:微粒子、结合物。(具体内容详见说明书)
适用范围:本试剂盒用于体外定量测定人血清中的总前列腺特异性抗原(PSA)(游离前列腺特异性抗原(PSA)与α-1抗糜蛋白酶结合的前列腺特异性抗原(PSA))。
生产厂家:爱尔兰 Abbott Ireland Diagnostics Division
注册代理:雅培贸易(上海)有限公司
发证日期:2014.10.21 截止日期:2019.10.20

国械注进 20142405040

产品名称:氯霉素药敏实验纸片(扩散法)(Chloramphenicol Susceptibility Test Disc)
规格型号:5×50片/盒
性能组成:每张纸片直径6毫米，含氯霉素30μg，纸片两面都清晰印有抗生素编码缩写C和剂量30μg。
适用范围:用于氯霉素体外细菌敏感性检测。
生产厂家:英国 Oxoid Limited
注册代理:赛默飞世尔(上海)仪器有限公司
发证日期:2014.10.21 截止日期:2019.10.20

国械注进 20142405041

产品名称:苯唑西林药敏实验纸片(扩散法)(Oxacillin Susceptibility Test Disc)
规格型号:5 x 50片/盒
性能组成:每张纸片直径6毫米，含苯唑西林1μg，纸片两面都清晰印有抗生素编码缩写OX和剂量1μg。
适用范围:用于苯唑西林体外细菌敏感性检测。
生产厂家:英国 Oxoid Limited
注册代理:赛默飞世尔(上海)仪器有限公司
发证日期:2014.10.21 截止日期:2019.10.20

国械注进 20142405042

产品名称:青霉素药敏实验纸片(扩散法)(Pencillin G Susceptibility Test Disc)
规格型号:5 x 50片/盒
性能组成:每张纸片直径6毫米，含青霉素10unit，纸片两面都清晰印有抗生素编码缩写P和剂量10unit。
适用范围:用于青霉素体外细菌敏感性检测。
生产厂家:英国 Oxoid Limited
注册代理:赛默飞世尔(上海)仪器有限公司
发证日期:2014.10.21 截止日期:2019.10.20

国械注进 20142405043

产品名称:克林霉素药敏实验纸片(扩散法)(Clindamycin Susceptibility Test Disc)
规格型号:5×50片/盒
性能组成:每张纸片直径6毫米，含克林霉素2μg，纸片两面都清晰印有抗生素编码缩写DA和剂量2μg。
适用范围:用于克林霉素体外细菌敏感性检测。
生产厂家:英国 Oxoid Limited
注册代理:赛默飞世尔(上海)仪器有限公司
发证日期:2014.10.21 截止日期:2019.10.20

国械注进 20142405044

产品名称:四环素药敏实验纸片(扩散法)(Tetracycline Susceptibility Test Disc)
规格型号:5 x 50片/盒
性能组成:每张纸片直径6毫米，含四环素30μg，纸片两面都清晰印有抗生素编码缩写TE和剂量30μg。
适用范围:用于四环素体外细菌敏感性检测。
生产厂家:英国 Oxoid Limited
注册代理:赛默飞世尔(上海)仪器有限公司
发证日期:2014.10.21 截止日期:2019.10.20

国械注进 20142405045

产品名称:阿米卡星药敏实验纸片(扩散法)(Amikacin Susceptibility Test Disc)
规格型号:5×50片/盒
性能组成:每张纸片直径6毫米，含阿米卡星30μg，纸片两面都清晰印有抗生素编码缩写 AK 和剂量 30μg。
适用范围:用于阿米卡星体外细菌敏感性检测。
生产厂家:英国 Oxoid Limited
注册代理:赛默飞世尔(上海)仪器有限公司
发证日期:2014.10.21 **截止日期**:2019.10.20

国械注进 20142405046

产品名称:头孢曲松药敏实验纸片(扩散法)(Ceftriaxone Susceptibility Test Disc)
规格型号:5×50片/盒
性能组成:每张纸片直径 6 毫米，含头孢曲松 30μg，纸片两面都清晰印有抗生素编码缩写 CRO 和剂量 30μg。
适用范围:用于头孢曲松体外细菌敏感性检测。
生产厂家:英国 Oxoid Limited
注册代理:赛默飞世尔(上海)仪器有限公司
发证日期:2014.10.21 **截止日期**:2019.10.20

国械注进 20142405047

产品名称:胆固醇检测试纸(干化学法)(Reflotron Cholesterol)
规格型号:30张试纸
性能组成:胆碱酯酶、胆固醇氧化酶、过氧化物酶(POD)、指示剂(3,3,5,5-四甲基对二氨基联苯)、缓冲剂。(具体内容详见产品说明书)
适用范围:该产品用于定量测定全血、血清及血浆中的胆固醇浓度。
生产厂家:德国 Roche Diagnostics GmbH
注册代理:罗氏诊断产品(上海)有限公司
发证日期:2014.10.21 **截止日期**:2019.10.20

国械注进 20142405048

产品名称:微量白蛋白测定试剂盒(比色法)(Microalbumin(MA)Reagent)
规格型号:2× 100测试/盒
性能组成:试剂缓冲液、人白蛋白特异性微白蛋白抗体(山羊)、用于系统性能优化的非反应性物质。(具体内容详见产品说明书)
适用范围:本产品用于体外定量测定人尿液中的白蛋白浓度。
生产厂家:美国 Beckman Coulter, Inc.
注册代理:贝克曼库尔特商贸(中国)有限公司
发证日期:2014.10.21 **截止日期**:2019.10.20

国械注进 20143405049

产品名称:Ⅰ型单纯疱疹病毒 IgG 检测试剂盒(电化学发光法)(HSV-1 IgG)
规格型号:100测试/盒
性能组成:试剂-工作溶液：包被链霉亲合素的磁珠微粒(透明瓶盖)，1瓶；生物素化的Ⅰ型单纯疱疹病毒抗原(灰盖)，1瓶；钌复合物标记的Ⅰ型单纯疱疹病毒抗原(黑盖)，1瓶；阴性定标液1(白盖)，2瓶(低压冻干)；阳性定标液2(黑盖)，2瓶(低压冻干)。试剂盒还提供的物品：2×6瓶标签、4只空标记的带拉环盖的试剂瓶。(具体内容详见产品说明书)
适用范围:该产品用于体外定性测定人血清和血浆中的Ⅰ型单纯疱疹病毒 IgG 抗体。
生产厂家:德国 Roche Diagnostics GmbH
注册代理:罗氏诊断产品(上海)有限公司
发证日期:2014.10.21 **截止日期**:2019.10.20

国械注进 20142405050

产品名称:环孢霉素校准品(Cyclosporine Calibrators)
规格型号:1×2.5mL；5×2 mL。
性能组成:活性成分：人全血溶血产物内的环孢霉素；无活性成分：防腐剂。(具体内容详见产品说明书)
适用范围:该产品用于环孢霉素检测的校准。
生产厂家:德国 Roche Diagnostics GmbH
注册代理:罗氏诊断产品(上海)有限公司
发证日期:2014.10.21 **截止日期**:2019.10.20

国械注进 20142405051

产品名称:脑利钠肽前体定标液(proBNP ⅡCalSet)
规格型号:4×1.0mL(冻干品，复溶体积)
性能组成:试剂-工作溶液：脑利钠肽前体定标液1：2瓶，每瓶含1.0mL定标液1；脑利钠肽前体定标液2：2瓶，每瓶含1.0mL定标液2。缓冲马血清基质中含有两个浓度范围(约为 16.6 pmol/L 或约 140 pg/mL 及约 320 pmol/L 或 2700 pg/mL)的脑利钠肽前体。提供的物品：脑利钠肽前体定标液，条形码标签，定标液条形码单，4个空瓶，2×6的卡口样品瓶。(具体内容详见产品说明书)
适用范围:该产品用于脑利钠肽前体(proBNP Ⅱ)测定项目的定标。
生产厂家:德国 Roche Diagnostics GmbH
注册代理:罗氏诊断产品(上海)有限公司
发证日期:2014.10.21 **截止日期**:2019.10.20

国械注进 20142405052

产品名称:电解质标准液(QuikLYTE Integrated Multisensor Standard A)
规格型号:产品编号：S620；规格：3×1000 mL。
性能组成:钠离子(Na+),钾离子(K+),氯离子(Cl-),总二氧化碳(TCO2),防腐剂，表面活性剂。(具体内容详见说明书)
适用范围:本产品用于体外检测钠离子(Na+)/钾离子(K+)/氯离子(Cl-)/总二氧化碳(TCO2)时定标。
生产厂家:美国 Siemens Healthcare Diagnostics Inc.
注册代理:西门子医学诊断产品(上海)有限公司
发证日期:2014.10.21 **截止日期**:2019.10.20

国械注进 20142405053

产品名称:电解质标准液(QuikLYTE Integrated Multisensor Standard B)
规格型号:产品编号：S625；规格：3×300 mL。
性能组成:钠离子(Na),钾离子(K+),氯离子(Cl-),总二氧化碳(TCO2),防腐剂，表面活性剂。(具体内容详见说明书)
适用范围:本产品用于体外检测钠离子(Na+)/钾离子(K+)/氯离子(Cl-)/总二氧化碳(TCO2)时定标。
生产厂家:美国 Siemens Healthcare Diagnostics Inc.
注册代理:西门子医学诊断产品(上海)有限公司
发证日期:2014.10.21 **截止日期**:2019.10.20

国械注进 20142405054

产品名称:样本稀释液(QuikLYTE Integrated Multisensor Sample Diluent)
规格型号:产品编号：S635；规格：6×500 mL。
性能组成:缓冲液
适用范围:本产品用于体外检测时稀释样本。
生产厂家:美国 Siemens Healthcare Diagnostics Inc.
注册代理:西门子医学诊断产品(上海)有限公司
发证日期:2014.10.21 **截止日期**:2019.10.20

国械注进 20142405055

产品名称:葡萄糖检测试剂盒(氧化酶比色法)(Glucose GOD-PAP(GLU))
规格型号:12×66 ml；6×258 ml。
性能组成:试剂1：磷酸缓冲液、葡萄糖氧化酶(微生物)、过氧化物酶(辣根)、4-氨基比林、苯酚。(具体内容详见产品说明书)
适用范围:该产品用于体外定量测定人类血清、血浆中的葡萄糖。
生产厂家:德国 Roche Diagnostics GmbH
注册代理:罗氏诊断产品(上海)有限公司
发证日期:2014.10.21 **截止日期**:2019.10.20

国械注进 20142405056

产品名称:淀粉酶检测试剂盒(酶比色法)(α-Amylase liquid(AMYL))
规格型号:试剂1：6×66 mL，试剂2：6×16 mL；试剂1：12×22 mL，试剂2：6×10 mL。
性能组成:试剂1：2-[4-(2-羟乙基)-1-哌嗪]-乙磺酸(HEPES)缓冲液、氯化钠、氯化镁、氯化钙、α-葡糖苷酶(微生物)、防腐剂；试剂2：2-[4-(2-羟乙基)-1-哌嗪]-乙磺酸(HEPES)缓冲液、4,6-亚乙基-对硝基苯麦芽糖庚酰(G7PNP)、防腐剂、稳定剂。(具体内容详见产品说明书)
适用范围:该产品用于体外定量测定人类血清、血浆和尿液中α-淀粉酶。

生产厂家:德国 Roche Diagnostics GmbH

注册代理:罗氏诊断产品(上海)有限公司

发证日期:2014. 10. 21　　**截止日期**:2019. 10. 20

国械注进 20142405057

产品名称:类风湿因子检测试剂盒(免疫比浊法)(Tina-quant RF II(RF II))

规格型号:试剂 1: 6×56mL; 试剂 2: 6×20mL。

性能组成:试剂 1: 甘氨酸缓冲液、聚乙二醇、牛血清白蛋白、防腐剂和稳定剂; 试剂 2: 包被有人 IgG 的乳胶颗粒、甘氨酸缓冲液、防腐剂。 (具体内容详见产品说明书)

适用范围:该产品用于定量测定人血清和血浆的类风湿因子 (RF)。

生产厂家:德国 Roche Diagnostics GmbH

注册代理:罗氏诊断产品(上海)有限公司

发证日期:2014. 10. 21　　**截止日期**:2019. 10. 20

国械注进 20142405058

产品名称:前白蛋白检测试剂盒(免疫比浊法)(Tina-quant Prealbumin(Prealbumin))

规格型号:试剂 1: 2×15 mL, 试剂 2: 2×6 mL。

性能组成:试剂 1: 磷酸缓冲液、氯化钠、聚乙二醇、防腐剂; 试剂 2: 抗人前白蛋白抗体 (家兔)、 氯化钠、防腐剂。 (具体内容详见产品说明书)

适用范围:该产品用于体外定量测定人血清中的前白蛋白。

生产厂家:德国 Roche Diagnostics GmbH

注册代理:罗氏诊断产品(上海)有限公司

发证日期:2014. 10. 21　　**截止日期**:2019. 10. 20

国械注进 20142405059

产品名称:丙氨酸氨基转移酶检测试剂盒(IFFC 酶比色法)(Alanine aminotransferase(ALT))

规格型号:试剂瓶 1: 4x66 mL, 试剂瓶 1a: 4x66mL(冻干粉, 复溶后体积), 试剂瓶 2:4 x 16 mL; 试剂瓶 1:6x250mL, 试剂瓶 1a: 6x250mL(冻干粉, 复溶后体积), 试剂瓶 2: 6x66mL; 试剂瓶 1: 4x653mL, 试剂瓶 1a: 4x653mL(冻干粉, 复溶后体积), 试剂瓶 2: 4x283mL; 试剂瓶 1: 12x50mL, 试剂瓶 1a: 12x50mL/24 x25mL(冻干粉, 复溶后体积), 试剂瓶 2: 3x44mL。

性能组成:试剂 1 (试剂瓶 1 和 1a): 三羟甲基氨基甲烷 (TRIS) 缓冲液、L-丙氨酸、还原型辅酶 I (酵母)、乳酸脱氢酶 (微生物)、防腐剂。 试剂 2 (试剂瓶 2) : α-酮戊二酸、防腐剂。 (具体内容详见产品说明书)

适用范围:该产品用于体外定量测定人类血清和血浆中丙氨酸氨基转移酶 (ALT)。

生产厂家:德国 Roche Diagnostics GmbH

注册代理:罗氏诊断产品(上海)有限公司

发证日期:2014. 10. 21　　**截止日期**:2019. 10. 20

国械注进 20142405060

产品名称:乳酸脱氢酶检测试剂盒(酶比色法)(Lactate dehydrogenase optimized(LDH))

规格型号:试剂 1: 6×66 mL, 试剂 2: 6×16 mL。

性能组成:试剂 1: 磷酸缓冲液、丙酮酸、稳定剂和防腐剂。 试剂 2: 还原型辅酶 I 、稳定剂和防腐剂。 (具体内容详见产品说明书)

适用范围:该产品用于体外定量测定人类血清和血浆中乳酸脱氢酶 (LDH)。

生产厂家:德国 Roche Diagnostics GmbH

注册代理:罗氏诊断产品(上海)有限公司

发证日期:2014. 10. 21　　**截止日期**:2019. 10. 20

国械注进 20142405061

产品名称:低密度脂蛋白胆固醇测定试剂盒(直接法)(LDL Cholesterol Direct Reagents (DLDL))

规格型号:09796248(B01-4760-01)(货号): 4×188 测试/盒 (试剂 1: 4×19.2 mL, 试剂 2: 4×8.2 mL)

性能组成:试剂 1: 1, 4-哌嗪二乙磺酸(PIPES)缓冲液, N-乙基-N-(2-羟基-3-璜丙基)-3-甲基苯胺(TOOS), 胆固醇酯酶, 胆固醇氧化酶, 过氧化氢酶; 试剂 2: 两性离子(Goods)缓冲液, 4-氨基安替比林, 过氧化物酶, 叠氮钠。(具体内容详见说明书)

适用范围:本产品用于体外定量测定人血清和血浆中的低密度脂蛋白胆固醇。

生产厂家:美国 Siemens Healthcare Diagnostics Inc.

注册代理:西门子医学诊断产品(上海)有限公司

发证日期:2014. 10. 21　　**截止日期**:2019. 10. 20

国械注进 20142405062

产品名称:前白蛋白测定试剂盒(免疫比浊法)(Prealbumin Reagents (PREALB))

规格型号:03057680 (货号): 2×100 测试/盒 (试剂 1: 2×10.6 mL; 试剂 2: 2×4.2 mL)

性能组成:试剂 1 : 聚乙二醇, 三羟甲基氨基甲烷/盐酸 (Tris/HCl) 缓冲液, 氯化钠, 叠氮钠; 试剂 2 : 抗人前白蛋白, 三羟甲基氨基甲烷/盐酸 (Tris/HCl) 缓冲液, 氯化钠, 叠氮钠。(具体内容详见说明书)

适用范围:该产品用于体外定量测定人血清中的前白蛋白 (转甲状腺素蛋白)。

生产厂家:美国 Siemens Healthcare Diagnostics Inc.

注册代理:西门子医学诊断产品(上海)有限公司

发证日期:2014. 10. 21　　**截止日期**:2019. 10. 20

国械注进 20142405063

产品名称:免疫球蛋白 A 测定试剂盒(免疫比浊法)(Immunoglobulin A_2 Reagents (IGA_2))

规格型号:02194102(货号): 5×75 测试/盒 (试剂 1: 5×9 mL, 试剂 2: 5×3.6 mL)

性能组成:试剂 1: 聚乙二醇, 三羟甲基氨基甲烷/盐酸(Tris/HCL)缓冲液, 氯化钠, 叠氮钠; 试剂 2: 聚乙二醇, 抗人免疫球蛋白 A(IgA), 三羟甲基氨基甲烷/盐酸(Tris/HCL)缓冲液, 氯化钠, 叠氮钠。(具体内容详见说明书)

适用范围:本产品用于体外定量测定人血清和血浆中的免疫球蛋白 A。

生产厂家:美国 Siemens Healthcare Diagnostics Inc.

注册代理:西门子医学诊断产品(上海)有限公司

发证日期:2014. 10. 21　　**截止日期**:2019. 10. 20

国械注进 20142405064

产品名称:脂肪酶测定试剂盒(速率法)(Lipase Reagents (LIP))

规格型号:01984894 (货号): 4×160 测试/盒 (试剂 1: 4×18 mL; 试剂 2: 4×10 mL)

性能组成:试剂 1: 三羟甲基甲胺基丙磺酸 (TAPS), 脱氧胆酸钠, 叠氮钠 试剂 2: (+)-酒石酸, 辅脂酶, 2-丙醇, 1, 2-o-二月桂基-rac-甘油-3-戊二酸-(6' 甲基间苯二酚缔脂)酯(DGGMR)。(具体内容详见说明书)

适用范围:该产品用于体外定量测定人血清和血浆中脂肪酶的活性。

生产厂家:美国 Siemens Healthcare Diagnostics Inc.

注册代理:西门子医学诊断产品(上海)有限公司

发证日期:2014. 10. 21　　**截止日期**:2019. 10. 20

国械注进 20142405065

产品名称:二氧化碳检测试剂盒(比色法)(Bicarbonate liquid(CO2-L))

规格型号:试剂 1: 6 x 20 mL; 试剂 1: 6 x 64 mL 。

性能组成:试剂 1: 磷酸烯醇丙酮酸羧化激酶 (微生物)、苹果酸脱氢酶 (猪源)、还原型辅酶 I (NADH) 、磷酸烯醇丙酮酸(PEP) 、缓冲液、稳定剂、防腐剂。(具体内容详见产品说明书)

适用范围:该产品用于定量检测人血清和血浆中碳酸氢盐 (HCO3-)。

生产厂家:德国 Roche Diagnostics GmbH

注册代理:罗氏诊断产品(上海)有限公司

发证日期:2014. 10. 21　　**截止日期**:2019. 10. 20

国械注进 20142405066

产品名称:补体 C3 检测试剂盒(免疫比浊法)(Tina-quant C3c(C3c))

规格型号:试剂 1: 2×18 mL, 试剂 2: 2×4 mL。

性能组成:试剂 1 : 三羟甲基氨基甲烷 (TRIS) 缓冲液、聚乙二醇、防腐剂；试剂 2 ：抗人 C3/C3b/C3c 抗体(山羊)、三羟甲基氨基甲烷(TRIS)缓冲液、防腐剂。
适用范围:该产品用于体外定量测定人血清和血浆中的人 C3 补体及其降解产物。
生产厂家:德国 Roche Diagnostics GmbH
注册代理:罗氏诊断产品(上海)有限公司
发证日期:2014. 10. 21 **截止日期**:2019. 10. 20

国械注进 20142405067

产品名称：碱性磷酸酶检测试剂盒（酶比色法）(Alkaline phosphatase(ALP))
规格型号:试剂 1: 6×66 mL, 试剂 2:6×16 mL; 试剂 1: 6×267 mL, 试剂 2:6×71 mL; 试剂 1: 4×653 mL, 试剂 2:4×146 mL。
性能组成:试剂 1: 2-氨基-2 甲基-1-丙醇、醋酸镁、硫酸锌、N-(2-羟乙基)-乙二胺三乙酸; 试剂 2: 磷酸对硝基苯酯、防腐剂。 (具体内容详见产品说明书)
适用范围:该产品用于体外定量测定人血清和血浆中碱性磷酸酶。
生产厂家:德国 Roche Diagnostics GmbH
注册代理:罗氏诊断产品(上海)有限公司
发证日期:2014. 10. 21 **截止日期**:2019. 10. 20

国械注进 20142405068

产品名称：不饱和铁结合力检测试剂盒（比色法）(Unsaturated Iron-Binding Capacity (UIBC))
规格型号:试剂 1: 6 x 66 ml, 试剂 2: 6 x 13 ml; 试剂 1: 6 x 243 ml; 试剂 2: 6 x 53 ml。
性能组成:试剂 1: 三羟甲基氨基甲烷(TRIS)缓冲液、硫酸亚铁铵、盐酸羟胺、非离子型表面活性剂、硫脲、硫酸; 试剂 2: 铁三嗪、防腐剂。 (具体内容详见产品说明书)
适用范围:该产品用于定量检测血清和血浆中不饱和铁结合力。
生产厂家:德国 Roche Diagnostics GmbH
注册代理:罗氏诊断产品(上海)有限公司
发证日期:2014. 10. 21 **截止日期**:2019. 10. 20

国械注进 20142405069

产品名称:胰淀粉酶检测试剂盒(酶比色法)(Pancreatic α -amylase liquid (P-AMYL))
规格型号:试剂 1: 6 x 66 mL, 试剂 2: 6 x 16 mL。
性能组成:试剂 1: 2-[4-(2-羟乙基)-1-哌嗪]-乙磺酸 (HEPES) 缓冲液、氯化钠、氯化镁、氯化钙、α-葡糖苷酶 (微生物)、单克隆抗体 (鼠源)、防腐剂; 试剂 2: 2-[4-(2-羟乙基)-1-哌嗪]-乙磺酸 (HEPES) 缓冲液、4, 6-亚乙基-对硝基苯麦芽糖庚酰 (G7PNP)、防腐剂、稳定剂。 (具体内容详见产品说明书)
适用范围:该产品用于体外定量测定人类血清、血浆和尿液中 α -胰淀粉酶。
生产厂家:德国 Roche Diagnostics GmbH
注册代理:罗氏诊断产品(上海)有限公司
发证日期:2014. 10. 21 **截止日期**:2019. 10. 20

国械注进 20142405070

产品名称:无机磷检测试剂盒(比色法)(Inorganic phosphorus(PHOS))
规格型号:试剂 1:6 x 63 mL, 试剂 2:6 x 31 mL; 试剂 1:6 x 238 mL; 试剂 2:6 x 115 mL; 试剂 1:4 x 639 mL; 试剂 2:4 x 294 mL。
性能组成:试剂 1:硫酸、去污剂; 试剂 2:钼酸铵、硫酸、氯化钠。 (具体内容详见产品说明书)
适用范围:该产品用于体外定量测定人类血清、血浆和尿液中的磷含量。
生产厂家:德国 Roche Diagnostics GmbH
注册代理:罗氏诊断产品(上海)有限公司
发证日期:2014. 10. 21 **截止日期**:2019. 10. 20

国械注进 20142405071

产品名称：白蛋白检测试剂盒（免疫比浊法）(Tina-quant Albumin(Albumin))
规格型号:试剂 1: 6 x 20 mL, 试剂 2: 6 x 5 mL。
性能组成:试剂 1: 三羟甲基氨基甲烷(TRIS)缓冲液、聚乙二醇(PEG)、乙二胺四乙酸二钠(EDTA)、防腐剂; 试剂 2: 多克隆抗人类白蛋白抗体(绵羊)、三羟甲基氨基甲烷(TRIS)缓冲液、防腐剂。 (具体内容详见产品说明书)
适用范围:该产品用于体外定量测定人尿、血清、血浆和脑脊液样本中的白蛋白含量。
生产厂家:德国 Roche Diagnostic GmbH
注册代理:罗氏诊断产品(上海)有限公司
发证日期:2014. 10. 21 **截止日期**:2019. 10. 20

国械注进 20142405072

产品名称:镁检测试剂盒(比色法)(Magnesium (Mg))
规格型号:试剂 1: 6x 58 mL; 试剂 2: 6x 59 mL。 试剂 1: 6x 112 mL; 试剂 2: 6x 115 mL。
性能组成:试剂 1: 三(羟甲基)- 氨基甲烷 (TRIS) /6-氨基乙酸缓冲液、乙二醇双(2-氨基乙基醚)四乙酸 (EGTA)、防腐剂; 试剂 2: 二甲苯蓝、去污剂、防腐剂。 (具体内容详见产品说明书)
适用范围:该产品用于体外定量测定人类血清、血浆和尿液中的镁水平。
生产厂家:德国 Roche Diagnostics GmbH
注册代理:罗氏诊断产品(上海)有限公司
发证日期:2014. 10. 21 **截止日期**:2019. 10. 20

国械注进 20142405073

产品名称:α 1-酸性糖蛋白检测试剂盒(免疫比浊法)(Tina-quant α 1-Acid Glycoprotein Gen. 2(AAGP2))
规格型号:100 测试; 150 测试。
性能组成:试剂 1: 三羟甲基氨基甲烷 (TRIS) 缓冲液、氯化钠 (NaCl)、聚乙二醇 (PEG)、防腐剂、稳定剂; 试剂 2: 多克隆抗人 α 1-酸性糖蛋白抗体 (山羊)、三羟甲基氨基甲烷 (TRIS) 缓冲液、氯化钠 (NaCl)、防腐剂。 (具体内容详见产品说明书)
适用范围:该产品用于体外定量测定人体内血清和血浆中的 α 1-酸性糖蛋白的浓度。
生产厂家:德国 Roche Diagnostics GmbH
注册代理:罗氏诊断产品(上海)有限公司
发证日期:2014. 10. 21 **截止日期**:2019. 10. 20

国械注进 20142405074

产品名称：直接胆红素检测试剂盒（重氮法）(Bilirubin Direct Gen. 2(BILD2))
规格型号:350 测试; 500 测试; 试剂 1:4x 50 mL, 试剂 2:4x 12 mL; 试剂 1:4x 66 mL, 试剂 2:4x 16 mL; 2 x 50 测试。
性能组成:试剂 1: 磷酸、N-γ-羟基乙基乙二胺三乙酸 (HEDTA)、氯化钠 (NaCl)、清洁剂; 试剂 2: 3.5 二氯苯重氮盐。 (具体内容详见产品说明书)
适用范围:该产品用于体外定量测定人体血清和血浆中直接胆红素的浓度。
生产厂家:德国 Roche Diagnostics GmbH
注册代理:罗氏诊断产品(上海)有限公司
发证日期:2014. 10. 21 **截止日期**:2019. 10. 20

国械注进 20142405075

产品名称:血清指数检测试剂盒(分光光度法)(Serum Index(SI))
规格型号:6 x 130 mL
性能组成:氯化钠 (NaCl), 0.9 % (154 mmol/L)。
适用范围:该产品用于对人体血清和血浆中的脂血指数 (L)、溶血指数 (H) 和黄疸指数 (I) 进行体外半定量测定。
生产厂家:德国 Roche Diagnostics GmbH
注册代理:罗氏诊断产品(上海)有限公司
发证日期:2014. 10. 21 **截止日期**:2019. 10. 20

国械注进 20142405076

产品名称:游离 β-绒毛膜促性腺激素检测试剂盒(电化学发光法)(free β hCG)
规格型号:100 测试/盒
性能组成:试剂-工作溶液: 链霉亲合素包被的微粒 (透明瓶盖), 1 瓶; 抗 β -绒毛膜促性腺激素抗体～生物素 (灰色瓶盖), 1 瓶; 钌标记抗游离 β -绒毛膜促性腺激素抗体 (黑色瓶盖), 1 瓶。(具体内容详见产品说明书)

适用范围:该产品用于体外定量测定人血清中游离 β -绒毛膜促性腺激素 (free βhCG)。
生产厂家:德国 Roche Diagnostics GmbH
注册代理:罗氏诊断产品(上海)有限公司
发证日期:2014. 10. 21 **截止日期**:2019. 10. 20

国械注进 20142405077

产品名称:抗精子自身抗体检测试剂盒(酶联免疫法)(Anti Sperm Ab ELISA)
规格型号:96 人份/盒
性能组成:包被板、酶联物、标准品、质控品、稀释缓冲液、洗涤缓冲液、底物液、终止液和封板纸。(具体内容详见产品说明书)
适用范围:本产品用于体外定性检测人血清样本中的抗精子自身抗体。
生产厂家:德国 IBL International GmbH
注册代理:深圳市科润达生物工程有限公司
发证日期:2014. 10. 21 **截止日期**:2019. 10. 20

国械注进 20142405078

产品名称:抗心磷脂 IgG 抗体(Anti-Cardiolipin IgG)测定试剂盒(酶联免疫法)(Anti-Cardiolipin IgG)
规格型号:24 人份/盒
性能组成:检测条、洗液和系统液。(具体内容详见产品说明书)
适用范围:本产品用于体外定量检测人血清中的抗心磷脂 IgG 抗体。
生产厂家:德国 ORGENTEC Diagnostika GmbH
注册代理:天津市秀鹏生物技术开发有限公司
发证日期:2014. 10. 21 **截止日期**:2019. 10. 20

国械注进 20142405079

产品名称:抗肖格伦 A IgG 抗体(Anti-SS-A IgG)测定试剂盒(酶联免疫法)(Anti-SS-A IgG)
规格型号:24 人份/盒
性能组成:检测条、洗液和系统液。(具体内容详见产品说明书)
适用范围:本产品用于体外定量检测人血清中的抗肖格伦 A IgG 抗体。
生产厂家:德国 ORGENTEC Diagnostika GmbH
注册代理:天津市秀鹏生物技术开发有限公司
发证日期:2014. 10. 21 **截止日期**:2019. 10. 20

国械注进 20142405080

产品名称:抗史密斯抗原 IgG 抗体(Anti-Sm IgG)测定试剂盒(酶联免疫法)(Anti-Sm IgG)
规格型号:24 人份/盒
性能组成:检测条、洗液和系统液。(具体内容详见产品说明书)
适用范围:本产品用于体外定量检测人血清中的抗史密斯抗原 IgG 抗体。
生产厂家:德国 ORGENTEC Diagnostika GmbH
注册代理:天津市秀鹏生物技术开发有限公司
发证日期:2014. 10. 21 **截止日期**:2019. 10. 20

国械注进 20142405081

产品名称:抗 Jo-1(Anti-Jo-1)IgG 抗体测定试剂盒(酶联免疫法)(Anti-Jo-1 IgG)
规格型号:24 人份/盒
性能组成:检测条、洗液和系统液。(具体内容详见产品说明书)
适用范围:本产品用于体外定量检测人血清中的抗 Jo-1(Anti-Jo-1)IgG 抗体。
生产厂家:德国 ORGENTEC Diagnostika GmbH
注册代理:天津市秀鹏生物技术开发有限公司
发证日期:2014. 10. 21 **截止日期**:2019. 10. 20

国械注进 20142405082

产品名称:抗拓扑异构酶 I-70(Anti-Scl-70)IgG 抗体测定试剂盒(酶联免疫法)(Anti-Scl-70 IgG)
规格型号:24 人份/盒
性能组成:检测条、洗液和系统液。(具体内容详见产品说明书)
适用范围:本产品用于体外定量检测人血清中的抗拓扑异构酶 I-70(Anti-Scl-70)IgG 抗体。
生产厂家:德国 ORGENTEC Diagnostika GmbH
注册代理:天津市秀鹏生物技术开发有限公司
发证日期:2014. 10. 21 **截止日期**:2019. 10. 20

国械注进 20142405083

产品名称:抗肖格伦 B(Anti-SS-B) IgG 抗体测定试剂盒(酶联免疫法)(Anti-SS-B IgG)
规格型号:24 人份/盒
性能组成:检测条、洗液和系统液。(具体内容详见产品说明书)
适用范围:本产品用于体外定量检测人血清中的抗肖格伦 B(Anti-SS-B) IgG 抗体。
生产厂家:德国 ORGENTEC Diagnostika GmbH
注册代理:天津市秀鹏生物技术开发有限公司
发证日期:2014. 10. 21 **截止日期**:2019. 10. 20

国械注进 20142405084

产品名称:血糖试纸(葡萄糖脱氢酶法)(CONTOUR Plus Blood Glucose Test Strips)
规格型号:25 次测试/瓶, 50 次测试/瓶, 25 次测试/瓶×2, 50 次测试/瓶×2。
性能组成:21%FAD 葡萄糖脱氢酶; 54% 介质; 25% 非活性成分
适用范围:该产品用于定量检测新鲜毛细血管全血样本和静脉全血样本中葡萄糖的含量。
生产厂家:瑞士 Bayer Consumer Care AG
注册代理:拜耳医药保健有限公司
发证日期:2014. 10. 21 **截止日期**:2019. 10. 20

国械注进 20142405085

产品名称:铜蓝蛋白测定试剂盒(免疫比浊法)(Ceruloplasmin)
规格型号:试剂 1: 1×42 mL, 试剂 2: 1×8 mL。
性能组成:试剂 1: 磷酸盐缓冲液、聚乙二醇、叠氮钠、去污剂、稳定剂; 试剂 2:抗铜蓝蛋白多克隆抗血清(山羊)、三羟甲基氨基甲烷(TRIS)缓冲液、叠氮钠和稳定剂。 (具体内容详见产品说明书)
适用范围:本产品用于体外定量测定人血清或血浆中的铜蓝蛋白。
生产厂家:意大利 SENTINEL CH. SpA
注册代理:雅培贸易(上海)有限公司
发证日期:2014. 10. 21 **截止日期**:2019. 10. 20

国械注进 20142405086

产品名称:不饱和铁结合力测定试剂盒(酶法)(UIBC)
规格型号:试剂 1(R1): 4 x 27 mL, 试剂 1a(R1a): 4 x 3 mL, 试剂 2(R2): 4 x 6 mL, 试剂 2a(R2a): 4 x 2 mL。
性能组成:三羟甲基氨基甲烷(Tris)缓冲液、铁、2-亚硝基-5-[N-正丙基- (3-磺丙基) 氨基]苯酚 (亚硝基-PSAP)、氯羟铵和防腐剂。(具体内容详见产品说明书)
适用范围:本产品用于体外定量检测人血清或血浆样本中的不饱和铁结合力。
生产厂家:美国 Beckman Coulter, Inc.
注册代理:贝克曼库尔特商贸(中国)有限公司
发证日期:2014. 10. 21 **截止日期**:2019. 10. 20

国械注进 20142405087

产品名称:α -1 酸性糖蛋白测定试剂盒(免疫比浊法)(α -1 ACIDGLYCOPROTEIN)
规格型号:试剂 1 (R1): 4×20 mL, 试剂 2 (R2): 4×4.5 mL。
性能组成:三羟甲基氨基甲烷缓冲液 (Tris 缓冲液)、山羊抗 α -1 酸性糖蛋白抗血清和防腐剂。(具体内容详见产品说明书)
适用范围:本产品用于体外定量测定人血清和血浆中的 α -1 酸性糖蛋白的浓度。
生产厂家:美国 Beckman Coulter, Inc.
注册代理:贝克曼库尔特商贸(中国)有限公司
发证日期:2014. 10. 21 **截止日期**:2019. 10. 20

国械注进 20142405088

产品名称:补体 C4 测定试剂盒(免疫比浊法)(C4)
规格型号:试剂 1 (R1): 4×10 mL, 试剂 2 (R2): 4×8 mL。

性能组成:三羟甲基氨基甲烷缓冲液(Tris 缓冲液)、聚乙二醇 6000、山羊抗-C4 抗体和防腐剂。(具体内容详见产品说明书)
适用范围:本产品用于体外定量测定人血清和血浆中的补体 C4 的浓度。
生产厂家:美国 Beckman Coulter, Inc.
注册代理:贝克曼库尔特商贸(中国)有限公司
发证日期:2014.10.21 **截止日期**:2019.10.20

国械注进 20142405089

产品名称:真菌药敏板(YeastOne plate)
规格型号:10 块/盒
性能组成:试剂盒内有药敏板和封膜。每块板都包被有显色剂和适当稀释度的抗真菌药物。抗真菌药物包括:伏立康唑、5-氟胞嘧啶、氟康唑、卡泊芬净和伊曲康唑。(具体内容详见说明书)
适用范围:用于念珠菌属(即白色念珠菌、光滑念珠菌、克柔念珠菌、近平滑念珠菌和热带念珠菌)对抗真菌药物(伏立康唑、5-氟胞嘧啶、氟康唑、卡泊芬净和伊曲康唑)的体外敏感性检测,测定最低抑菌浓度(MIC)。
生产厂家:英国 Trek Diagnostic Systems Ltd
注册代理:赛默飞世尔(上海)仪器有限公司
发证日期:2014.10.21 **截止日期**:2019.10.20

国械注进 20142405090

产品名称:抗核抗体质控品(BioPlex 2200 ANA Screen Control Set)
规格型号:抗核抗体阳性质控品:4×1.5 毫升 其中抗核抗体阳性质控品 1:2×1.5 毫升 和抗核抗体阳性质控品 2:2×1.5 毫升;抗核抗体阴性质控品:2×1.5 毫升。
性能组成:抗核抗体阳性质控品由去纤维血浆制成的人血清基质和来自病人血浆的已知浓度的分析物组成,含≤0.3%的 ProClin 300,<0.1%的叠氮化钠和≤0.1%的苯甲酸钠作为防腐剂。抗核抗体阴性质控品由去纤维血浆制成的人血清基质组成,含≤0.3%的 ProClin 300,<0.1%的叠氮化钠和≤0.1%的苯甲酸钠作为防腐剂。
适用范围:该产品用于对临床实验室中 BioPlex 2200 仪器与抗核抗体谱(IgG)检测试剂盒整体性能进行质量控制。
生产厂家:美国 Bio-Rad Laboratories, Inc.
注册代理:伯乐生命医学产品(上海)有限公司
发证日期:2014.10.21 **截止日期**:2019.10.20

国械注进 20142405091

产品名称:孕酮质控品(LIAISON® Progesterone II Gen Control Set)
规格型号:质控品 1: 2×1.5 mL,质控品 2: 2×1.5 mL。
性能组成:质控品 1、质控品 2。(具体内容详见说明书)
适用范围:本产品用于体外检测孕酮时的质量控制。
生产厂家:美国 DiaSorin Inc.
注册代理:索灵诊断医疗设备(上海)有限公司
发证日期:2014.10.21 **截止日期**:2019.10.20

国械注进 20142405092

产品名称:血气检测定标液 1(商品名:Eschweiler Calibration Solution Bag BGA1)(Calibration Solution Bag BGA1)
规格型号:130ml×12
性能组成:含磷酸盐缓冲液、无机试剂气体稳定剂、非离子洗涤剂、防腐剂、蒸馏水。
适用范围:该定标液用于血气分析仪 pH、pCO2 项目的定标。
生产厂家:德国 Eschweiler GmbH & Co.KG
注册代理:北京倍肯恒业科技发展有限责任公司
发证日期:2014.10.21 **截止日期**:2019.10.20

国械注进 20143405093

产品名称:恶性疟原虫/间日疟原虫检测试剂盒(胶体金法)(SD BIOLINE Malaria Ag P.f/P.v Rapid test kit)
规格型号:25 人份/盒
性能组成:检测卡、稀释液;试剂盒中还包括一次性加样器。(具体内容详见产品说明书)
适用范围:该产品用于体外定性检测人静脉全血和指尖血样本中的恶性疟原虫(Plasmodium falciparum)特异的 HRP-Ⅱ(富组氨酸蛋白-Ⅱ)和间日疟原虫(Plasmodium. Vivax)特异的 pLDH(疟原虫乳酸脱氢酶)。
生产厂家:韩国 Standard Diagnostics, Inc.
注册代理:美艾利尔(中国)医疗器械有限公司
发证日期:2014.10.23 **截止日期**:2019.10.22

国械注进 20143405094

产品名称:蛋白 S 检测试剂盒(凝固法)(HemosIL Protein S Activity)
规格型号:蛋白 S 试剂:3×2mL,钙试剂:3×6mL,蛋白 S 缺乏血浆:3×2mL。
性能组成:蛋白 S 试剂、钙试剂和蛋白 S 缺乏血浆。(具体内容详见产品说明书)
适用范围:本产品用于体外定量检测人血浆样本中的游离蛋白 S 的活性。
生产厂家:美国 Instrumentation Laboratory Co.
注册代理:沃芬医疗器械商贸(北京)有限公司
发证日期:2014.10.23 **截止日期**:2019.10.22

国械注进 20143405095

产品名称:BRAF V600 基因突变检测试剂盒(PCR 荧光法)(cobas 4800 BRAF V600 Mutation Test)
规格型号:24 测试
性能组成:反应混合物、醋酸镁、BRAF 寡核苷酸混合物、BRAF 突变质控、BRAF 野生型对照、DNA 样本稀释液。(具体内容详见说明书)
适用范围:用于体外定性检测福尔马林固定、石蜡包埋的人类黑色素瘤组织样本和乳头状甲状腺癌组织样本的 DNA 提取物中的 BRAF V600E 突变。
生产厂家:德国 Roche Diagnostics GmbH
注册代理:罗氏诊断产品(上海)有限公司
发证日期:2014.10.23 **截止日期**:2019.10.22

国械注进 20143405096

产品名称:复合质控品水平 3(TOSOH MULTI-CONTROL LEVEL3)
规格型号:Level 3: 5ml×3 瓶。
性能组成:该产品为人源性血清的冻干粉。(具体内容详见产品说明书)
适用范围:该产品仅用于 TosohCorporation 生产的全自动免疫分析仪上对其免疫检测项目甲胎蛋白、癌胚抗原、糖类抗原 CA19-9、糖类抗原 CA125、糖类抗原 CA15-3、前列腺特异抗原、游离前列腺特异抗原、前列腺酸性磷酸酶、甲状腺刺激激素、总三碘甲状腺原氨酸、总甲状腺素、游离甲状腺素、游离三碘甲状腺原氨酸、黄体形成激素、卵泡刺激激素、泌乳激素、人绒毛膜促性腺激素、人绒毛膜促性腺激素-β亚基、雌二醇、黄体酮、睾酮、铁蛋白、免疫球蛋白 E、β2-微球蛋白、胰岛素、人生长激素、皮质醇、肌酸激酶同功酶、肌钙蛋白Ⅰ、肌红蛋白进行质量控制。
生产厂家:日本 Tosoh Corporation
注册代理:东曹(上海)生物科技有限公司
发证日期:2014.10.23 **截止日期**:2019.10.22

国食药监械(进)字 2014 第 3405097 号

产品名称:全自动血型分析仪(Fully Automatic Blood Grouping System)
规格型号:Hemotype
产品标准:YZB/ITA 4408-2014《全自动血型分析仪》
性能组成:该分析仪主要由液体分配系统、离心机、孵育器(包含常温孵育,选配控温孵育)、Cyclop 读数仪、清洗系统(包含选配的微板清洗系统)、及控制系统和应用软件组成。
适用范围:该系统在临床医学上用于对 ABO/Rh 等血型系统下的正定型、反定型等血型检测,以及使用标准 8×12 孔微孔板的所有凝集法检测项目。
生产厂家:意大利 G.S.G. ROBOTIX S.R.L.
注册代理:北京汉泰旭和生物科技有限公司
服务机构:北京汉泰旭和生物科技有限公司
发证日期:2014.09.01 **截止日期**:2019.08.31

国食药监械(进)字 2014 第 2265098 号

产品名称:热疗系统(Equipment for Hyperthermia Therapy)
规格型号:IRATHERM 1000
产品标准:YZB/GER 4193-2014《热疗系统》

性能组成:本产品由主机(发射器单元、水过滤系统、控制面板及电源线),网.状防护床及红外线可透防护塑料膜组成。红外线光谱半高全宽度在 750nm～1380nm 之间,照射温度 38.5℃～40.5℃。
适用范围:该产品利用近红外线的热效应,临床用于缓解神经和肌肉的疼痛。
生产厂家:德国 Von Ardenne Institute of Applied Medical Research GmbH
注册代理:北京大道似水科技有限公司
服务机构:北京大道似水科技有限公司
发证日期:2014.09.01 **截止日期**:2019.08.31

国械注进 20142235099

产品名称:便携式超声诊断设备(Ophthalmic Ultrasound)
规格型号:E/Z-Scan AB5500+
性能组成:产品由主机、B 超探头(型号 B-Mode)、A 超探头(型号 A-Mode)、脚踏开关、打印机(选配)和电源适配器组成。
适用范围:具有 A 超、B 超功能,供医疗单位专业眼科医生用于眼睛 A 超诊断、B 超诊断、眼轴长测量和 IOL 计算。
生产厂家:美国 Sonomed, Inc.
注册代理:深圳市科以康电子仪器设备有限公司
发证日期:2014.10.24 **截止日期**:2019.10.23

国械注进 20143245100

产品名称:眼科激光光凝机(Ophthalmic Photocoagulator)
规格型号:SUPRA T 810、SUPRA 810
性能组成:组成部分:a)主机,型号:SUPRA T 810 和 SUPRA810(包括控制器、激光器、激光电源、治疗激光系统、瞄准激光系统、激光传输系统和冷却系统);b)脚踏开关;c)传输系统:包括光凝探头(无菌)、裂隙灯适配器(型号:BMBQ)、全视网膜光凝<PRP>适配器(型号:XLPRPST)、经瞳孔热疗法<TTT>适配器(型号:XLTTTST),均为选配件;d)电源线;e)钥匙;f)手术显微镜滤光镜(型号:FMZ, FMW);g)810nm 激光防护镜,型号:XL 810PROT;532nm 激光防护镜,型号:XL 532 PROT。光凝探头类别及型号:见附页。 治疗激光性能参数:a) 激光类型:SUPRA T 810 中的 810nm 激光:半导体激光;SUPRA T 810 中的 532nm 激光:半导体泵浦倍频 Nd:YAG 激光。SUPRA 810 中的 810nm 激光:半导体激光。b) 激光波长:SUPRA T810(532nm±5nm 和 810nm±5nm);SUPRA 810(810nm±5nm)。c) 激光终端输出功率范围:532nm 波长激光 30mW～1500mW;810nm 波长激光 50mW～3000mW。d) 激光分类:4 类;e) 激光输出模式:单脉冲模式、重复脉冲模式、Painting 模式、连续模式、微脉冲模式。
适用范围:临床用于青光眼和眼底病的治疗中。
生产厂家:法国 QUANTEL MEDICAL
注册代理:北京高视远望科技有限责任公司
发证日期:2014.10.24 **截止日期**:2019.10.23

国械注进 20143245101

产品名称:眼科多波长激光治疗系统(VISULAS Trion)
规格型号:VISULAS Trion
性能组成:该产品由激光操作台、LSL Trion 激光裂隙灯、脚踏开关、目镜和间接检眼镜组成。治疗激光波长:532nm, 561nm, 659nm, 允差±10nm;最大输出功率:1500mW(532nm), 800mW(561nm), 1000mW(659nm), 误差±20%;脉冲持续时间:10～3000ms±20%;脉冲间隔:100～6000ms±20%;瞄准光波长:630～670nm;激光治疗光斑尺寸:50-1000μm 连续可调,允差±20%。
适用范围:该产品适用于眼科对患者视网膜的光凝固、青光眼治疗的小梁成形术、青光眼治疗的虹膜切开术。
变更情况:变更日期:2015.01.04。"蔡司光学仪器(上海)国际贸易有限公司"变更为"卡尔蔡司(上海)管理有限公司"。
生产厂家:德国 Carl Zeiss Meditec AG
注册代理:蔡司光学仪器(上海)国际贸易有限公司
发证日期:2014.10.24 **截止日期**:2019.10.23

国械注进 20143245102

产品名称:激光/脉冲光工作站(Medical Laser/Pulse light/UV device)
规格型号:Harmony XL
性能组成:产品由主控制台、手持器和脚踏开关组成。主控制台包括控制面板,电源指令舱,冷却系统,开关指令舱,服务面板,绝缘变压器;手持器(连接有电缆以及连接器)包括光学头,组织冷却系统(冷却台)和手持器开关。具体参数见附录。
适用范围:308 ～380nm:用于牛皮癣,白癜风治疗;420～950nm:用于痤疮治疗;540 ～ 950nm:用于毛细血管扩张治疗;570～950nm:用于色素治疗;650～950nm:用于毛发去除;780～950nm:用于改善皮肤纹理;589nm:用于局部加热加速血液循环,缓解疼痛;515～950nm:用于表浅血管治疗;755nm:用于毛发移除;Nd:YAG1064nm:用于静脉曲张治疗;QSNd:YAG1064/532nm:用于色素治疗;1320Nd:YAGnm:用于痤疮疤痕治疗;ER:YAG2940nm:用于皮肤组织加热气化,900～1800nm NIR:用于皮肤组织加热缓解疼痛;900 ～1800nmNIR FACE:用于皮肤组织加热缓解疼痛;500 ～ 600nm:用于血管和色素治疗;550 ～ 650nm:用于血管和色素治疗。
生产厂家:以色列 Alma Lasers Ltd.
注册代理:以色列飞顿激光有限公司北京代表处
发证日期:2014.10.24 **截止日期**:2019.10.23

国械注进 20142215103

产品名称:传感器(Pulse Oximetry Sensors)
规格型号:M-LNCS Adtx、M-LNCS Adtx-3、M-LNCSPdtx、M-LNCS Pdtx-3、M-LNCS Neo、M-LNCS Neo-3、M-LNCS Inf、M-LNCS Inf-3、M-LNCS NeoPt、M-LNCSNeoPt-3、M-LNCS NeoPt-500、M-LNCS Trauma、M-LNCSNewborn Infant/Pediatric、M-LNCS NewbornNeonatal、M-LNCS DCI、M-LNCS DCIP
性能组成:见附件
适用范围:见附件
生产厂家:美国迈心诺公司
注册代理:迈心诺(北京)医疗科技有限公司
发证日期:2014.10.24 **截止日期**:2019.10.23

国械注进 20142305104

产品名称:数字化医用 X 射线摄影系统(Digital medical X-ray radiography system)
规格型号:Discovery XR656
性能组成:产品包括系统机柜(5397035 和 GCC-C1)(包括高压发生器(JEDI 80 RD1T),数字扫描床(5399738 和 GCTBL-C2),胸片架(可选配标准胸片架(5374989 和 GCWS-C1)和延伸臂胸片架(5397837 和 GCEWS-C1)),射线管高位托架(5135678-3),无线探测器(5340000-7),X 射线管组件(MX100)(包括 X 射线管(2336058)和管套(46-155400G285),限束器(AL01C II),放射控制台(5270661-2)。性能:标称电功率:可配置为 50kW, 63kW, 80kW;X 射线管组件(旋转阳极,焦点:0.6/1.25(1.3 IEC))探测器(碘化铯非晶硅);X 射线管电压调节范围:40～150kV;X 射线管电流调节范围:10～630mA(50kW 配置时),10～800mA(65kW 配置时),10～1000mA(80kW 配置时);加载时间调节范围:2～2000ms;电流时间积:0.25～630mAs.
适用范围:本产品预期用于生成人体解剖部位的放射摄影图像。
生产厂家:美国 GE MEDICAL SYSTEMS, LLC
注册代理:通用电气医疗系统贸易发展(上海)有限公司
发证日期:2014.10.24 **截止日期**:2019.10.23

国械注进 20142225105

产品名称:喉镜及附件(Laryngoscopes and accessories)
规格型号:见附页
性能组成:本产品由内窥镜、充气抽吸管和导光杆组成。具体型号详见附页。
适用范围:该产品用于提供进入咽喉的通道和照明,可在喉镜下直视喉入口以及插入导管、内窥镜或工作器械。
生产厂家:德国 Richard Wolf GmbH
注册代理:北京德华信达技术有限公司
发证日期:2014.10.24 **截止日期**:2019.10.23

国械注进 20142555106

产品名称:直手机(ストレート・ギアードアングルハンドピース)
规格型号:FX65
性能组成:本产品由直手机组成。 产品性能:1)机械式夹头;2)变速比 1:1,最大空载转速 40,000rpm±10%;3)拔出力 45N 以上,扭矩大于 2N.cm;4)径向跳动不超过 0.08mm。

适用范围:本产品用于口腔科钻、磨牙手术。
生产厂家:日本株式会社 中西(株式会社ナカニシ)
注册代理:上海磐速克国际贸易有限公司
发证日期:2014.10.24 **截止日期**:2019.10.23

国械注进 20142225107

产品名称:关节镜手术用冲洗装置(商品名:Linvatec 10K)(Irrigation System)
规格型号:见附页
性能组成:该产品由冲洗主机、遥控器、电源线及配套使用一次性冲洗软管(PVC 材料)组成,规格型号见附页。
适用范围:在关节镜手术过程中,提供可控制的液体扩张以及手术区域的冲洗。
生产厂家:美国 Linvatec Corporation d/b/a ConMed Linvatec
注册代理:康美林弗泰克(北京)医疗器械有限公司
发证日期:2014.10.24 **截止日期**:2019.10.23

国械注进 20142545108

产品名称:医用电动床(Rehabilitation Bed)
规格型号:LE-02、LE-04DUO、LE-05、LE-05TRIO、LE-12、LR-03.7、LR-12
性能组成:由床体、头板、背板、臀板、腿板、床侧扶手、床垫、基座、液压传动系统、电压平衡装置、电池充电器、中央控制面板、制动器和定向转向轮踏板、脚轮及线控组成。
适用范围:该产品预期用于医疗监护下成年患者的诊断、治疗或监护。
生产厂家:波兰 FAMED ZYWIEC Sp. z o.o.
注册代理:法迈(北京)医疗技术有限公司
发证日期:2014.10.24 **截止日期**:2019.10.23

国械注进 20142305109

产品名称:移动式摄影 X 射线机(インバータ式コードレス移動型 X 線装置)
规格型号:Sirius 130HP
性能组成:由 X 射线控制部、电源部、X 射线发生部保持装置、X 射线发生部(莫纳坦科,M-5CE-30)、X 射线可变束光器、电动台车、充电器、暗盒夹、触摸传感器、左侧面滤线栅盒组成,选购件详见产品标准。
适用范围:临床用于 X 射线摄影诊断
生产厂家:日本株式会社 日立メディコ
注册代理:日立医疗器械(北京)有限公司
发证日期:2014.10.24 **截止日期**:2019.10.23

国械注进 20142305110

产品名称:移动式 C 形臂 X 射线机(Mobile C-arm X-ray Equipment)
规格型号:Ziehm 8000
性能组成:产品由移动 C 臂支撑架、显示器台车、显示器、图像处理系统、X 射线成像装置、X 射线管、X 射线管组件组成。产品性能:标称电功率 2KW(100kV, 20mA, 0.1s);X 射线管组件:钨靶固定阳极双焦点 X 射线管,阳极倾角 16°,焦点尺寸 0.5/1.5mm;探测器:9 英寸可变视野(23/15/10cm)碘化铯影像增强器;X 射线管电压调节范围:40kV-110kV,最小调节增量 1kV;X 射线管电流调节范围:(透视方式管电流:0.2mA-6mA,最小调节增量 0.1mA;单脉冲方式管电流:固定 8mA;摄影方式管电流:固定 20mA);加载时间调节范围:0.1s-4s,最小调节增量 0.1s;电流时间积:2-80mAs。
适用范围:可用于需要 X 射线透视的医学指征。设备的安装、使用和维护必须由经过培训、具有相应资格的人员进行。
生产厂家:德国 Ziehm Imaging GmbH
注册代理:奇目医疗器械贸易(上海)有限公司
发证日期:2014.10.24 **截止日期**:2019.10.23

国械注进 20142305111

产品名称:移动式 C 形臂 X 射线机(Mobile C-arm X-ray Equipment)
规格型号:Ziehm Solo
性能组成:产品由 X 射线管(GF-181-06-125-65, D-064R)、X 射线管组件(X-RAYGENERATOR)、X 射线成像装置、显示器、外接显示器、显示器台车(选配)、显示器台车控制屏、控制屏、远端控制屏(选配)组成。性能:标称电功率 1000W(100KV, 10mA, 0.1S),X 射线管(焦点 0.6, 固定阳极);X 射线管电压 40-110KV;X 射线管电流(透视管电流:0.2-16mA;数字摄影管电流:1.7-19mA;直接摄影管电流:2-20mA,加载时间:0.1-6.7s;电流时间积范围:0.2-100mAs.
适用范围:可用于需要 X 射线透视的医学指征。本设备不用于长时间透视引导介入操作。本设备适合各年龄段的人类进行 X 线检查。操作医师应负责决定本设备是否适用于某种场合或某种对象,比如婴幼儿童、肥胖病人。就设备本身而言,本设备适用于所有人类 X 线成像的医学需要,比如器官、组织、骨骼、植入物等的医学成像。
生产厂家:德国 Ziehm Imaging GmbH
注册代理:奇目医疗器械贸易(上海)有限公司
发证日期:2014.10.24 **截止日期**:2019.10.23

国械注进 20143235112

产品名称:超声诊断系统(Diagnostic Ultrasound System)
规格型号:ACUSON X300 PREMIUM EDITION
性能组成:见《产品性能结构及组成附页》
适用范围:该产品用于临床超声检查及诊断.
生产厂家:美国西门子医疗系统公司(Siemens Medical Solutions USA, Inc.)
注册代理:西门子(中国)有限公司
发证日期:2014.10.24 **截止日期**:2019.10.23

国械注进 20142255113

产品名称:短波治疗仪(Megapulse Senior 265)
规格型号:92
性能组成:治疗仪由主机、电源线、电容电极、输出电缆、电极臂、输出测试管组成。工作频率:27.12MHz;输出模式:连续模式和脉冲模式;最大输出功率:连续模式平均值:400W,脉冲模式峰值 1000W;脉冲频率 5Hz～800Hz 可调,脉冲宽度 20μs～400μs 可调,治疗时间 0min～30min 可调。
适用范围:利用短波能量对身体组织加热,以达到减轻疼痛、缓解肌肉痉挛和关节挛缩。
生产厂家:英国 EMS Physio Ltd
注册代理:北京威力恒科技股份有限公司
发证日期:2014.10.24 **截止日期**:2019.10.23

国械注进 20143405114

产品名称:全自动时间分辨荧光免疫分析仪(6000 DELFIA® Xpress Immunodiagnostic Analyzer)
规格型号:6000
性能组成:该产品主要由分析仪、手持式条形码阅读器、PC 工作站、随机软件组成。
适用范围:该产品用于免疫项目的定量测定。
生产厂家:芬兰 Walloc Oy
注册代理:珀金埃尔默医学诊断产品(上海)有限公司
发证日期:2014.10.24 **截止日期**:2019.10.23

国械注进 20142405115

产品名称:胎儿纤维连接蛋白分析仪(TLiIQ System)
规格型号:TLiIQ
性能组成:产品主要组成:由 TLiIQ 分析仪(主要组分为显示屏,键区及试剂盒插入区),电源适配器,用户手册,TLiIQ 质控卡及随机软件组成。
适用范围:该产品用于检测宫颈阴道分泌物中的胎儿纤维连接蛋白。
生产厂家:美国 Hologic, Inc
注册代理:豪洛捷医疗科技(北京)有限公司
发证日期:2014.10.24 **截止日期**:2019.10.23

国械注进 20142215116

产品名称:体感诱发电位刺激仪(商品名:PainVision 知觉·痛觉定量分析仪)(体性感覚誘発神経電気刺激装置)
规格型号:PS-2100
性能组成:本产品由刺激仪主机、手动开关、电极线、电源线、USB 线、CD-ROM(专用软件)组成。
适用范围:该装置用于临床检测感应电位及其他研究,目的是将测量所得的数据给予反映、记录,并提供互相演算的结果。
生产厂家:日本株式会社 オサチ(Osachi 株式会社)

注册代理:尼普洛贸易(上海)有限公司
发证日期:2014.10.24 截止日期:2019.10.23

国械注进 20142235117

产品名称:超声诊断系统(Ultrasound Imaging System)
规格型号:E-CUBE 7
性能组成:诊断系统由主机、显示器(19 寸宽屏)、探头(传感器)、输入\输出接口、软件、选配件(彩色打印机(型号:UP-D25MD 和 UP-25MD)、黑白打印机(型号:UP-D897、UP-897MD 和 P95DE)、DVD 刻录机、脚踏开关和 ECG 模块)组成,软件版本号为 3.0 。见附页
适用范围:用于人体超声诊断检查
生产厂家:韩国爱飞纽医疗系统有限公司(ALPINION MEDICAL SYSTEMS CO., LTD.)
注册代理:爱飞纽(广州)医疗器械贸易有限公司
发证日期:2014.10.24 截止日期:2019.10.23

国械注进 20143405118

产品名称:化学发光免疫分析仪(IMMULITE 2000 Xpi Automated Immunoassay Analyzer)
规格型号:IMMULITE 2000 Xpi
性能组成:该分析仪由主机、计算机控制系统、条码控制系统、操作手册、打印机及电源等组成。
适用范围:该分析系统在医学临床检验中用于化学发光免疫分析。
生产厂家:美国 Siemens Healthcare Diagnostics Inc.
注册代理:西门子医学诊断产品(上海)有限公司
发证日期:2014.10.24 截止日期:2019.10.23

国械注进 20142215119

产品名称:一次性使用心电电极(3M Red Dot Resting EKG Electrodes)
规格型号:2330、2360
性能组成:该产品由背衬、导电胶、离型纸组成。
适用范围:该产品用于短期的静息型心电图诊断过程。
生产厂家:美国 3M Health Care
注册代理:明尼苏达矿业制造(上海)国际贸易有限公司
发证日期:2014.10.24 截止日期:2019.10.23

国械注进 20142255120

产品名称:神经射频仪(Leksell Neuro Generator)
规格型号:LNG30-1
性能组成:射频仪由主机、手控开关、电缆组成。输出频率 512kHz±1kHz;最大输出功率 30W(负载为 100Ω时);温度测量范围 32℃~100℃,误差±2℃;阻抗测量范围 20Ω-1000Ω,误差±(20+8%)Ω。
适用范围:在临床医学上可用于神经外科毁损、双极电凝及疼痛治疗,还可用于阻抗测定和神经刺激。
生产厂家:瑞典 Elekta Instrument AB
注册代理:医科达(上海)医疗器械有限公司
发证日期:2014.10.24 截止日期:2019.10.23

国械注进 20142405121

产品名称:抗 BP180 抗体 IgG 检测试剂盒(酶联免疫吸附法)(Anti-BP180-NC16A-4X ELISA (IgG))
规格型号:EA 1502-4801-2G: 48 人份/盒
性能组成:微孔板,标准品 1,标准品 2,标准品 3,阳性对照,阴性对照,酶结合物,样本缓冲液,清洗缓冲液,色原/底物液,终止液,靶值参照表。(具体内容详见产品说明书)
适用范围:该产品用于体外定性检测人血清或血浆中抗 BP180 抗体免疫球蛋白 G (IgG)。
生产厂家:德国 EUROIMMUN Medizinische Labordiagnostika AG
注册代理:北京欧蒙生物技术有限公司
发证日期:2014.10.21 截止日期:2019.10.20

国械注进 20142405122

产品名称:抗桥粒芯糖蛋白 1 抗体 IgG 检测试剂盒(酶联免疫吸附法)(Anti- Desmoglein 1 ELISA (IgG))
规格型号:EA 1495-4801 G: 48 人份/盒
性能组成:微孔板,标准品 1,标准品 2,标准品 3,阳性对照,阴性对照,酶结合物,样本缓冲液,清洗缓冲液,色原/底物液,终止液,靶值参照表。(具体内容详见产品说明书)
适用范围:该产品用于体外定性检测人血清或血浆中抗桥粒芯糖蛋白 1 抗体免疫球蛋白 G (IgG)。
生产厂家:德国 EUROIMMUN Medizinische Labordiagnostika AG
注册代理:北京欧蒙生物技术有限公司
发证日期:2014.10.21 截止日期:2019.10.20

国械注进 20142405123

产品名称:抗 BP230 抗体 IgG 检测试剂盒(酶联免疫吸附法)(Anti-BP230-CF ELISA (IgG))
规格型号:EA 1502-4801-1 G: 48 人份/盒
性能组成:微孔板,标准品 1,标准品 2,标准品 3,阳性对照,阴性对照,酶结合物,样本缓冲液,清洗缓冲液,色原/底物液,终止液,靶值参照表。(具体内容详见产品说明书)
适用范围:该产品用于体外定性检测人血清或血浆中抗 BP230 抗体免疫球蛋白 G (IgG)。
生产厂家:德国 EUROIMMUN Medizinische Labordiagnostika AG
注册代理:北京欧蒙生物技术有限公司
发证日期:2014.10.21 截止日期:2019.10.20

国械注进 20142405124

产品名称:抗桥粒芯糖蛋白 3 抗体 IgG 检测试剂盒(酶联免疫吸附法)(Anti- Desmoglein 3 ELISA (IgG))
规格型号:EA 1496-4801 G: 48 人份/盒
性能组成:微孔板,标准品 1,标准品 2,标准品 3,阳性对照,阴性对照,酶结合物,样本缓冲液,清洗缓冲液,色原/底物液,终止液,靶值参照表。(具体内容详见产品说明书)
适用范围:该产品用于体外定性检测人血清或血浆中抗桥粒芯糖蛋白 3 抗体免疫球蛋白 G (IgG)。
生产厂家:德国 EUROIMMUN Medizinische Labordiagnostika AG
注册代理:北京欧蒙生物技术有限公司
发证日期:2014.10.21 截止日期:2019.10.20

国械注进 20142405125

产品名称:人绒毛膜促性腺激素(HCG)测定试剂盒(化学发光免疫分析法)(LIAISON® XL HCG)
规格型号:100 测试/盒
性能组成:固相,校准品 1,校准品 2,结合物,分析缓冲液和样本稀释液。(具体内容详见说明书)
适用范围:本产品用于体外定量测定人血清中人绒毛膜促性腺激素(hCG 和 β-hCG)的含量。
生产厂家:意大利 DiaSorin S.p.A.
注册代理:索灵诊断医疗设备(上海)有限公司
发证日期:2014.10.21 截止日期:2019.10.20

国械注进 20142405126

产品名称:胱抑素 C 检测试剂盒(免疫比浊法)(Tina-quant Cystatin C Gen.2 (CYSC2))
规格型号:225 测试;试剂 1: 2 × 21 mL,试剂 2: 2 × 5 mL。
性能组成:试剂 1: 多聚体的 3-吗啉丙磺酸(MOPS)缓冲盐溶液;防腐剂,稳定剂; 试剂 2: 抗胱抑素 C(家兔)包被的乳胶颗粒;防腐剂,稳定剂。 (具体内容详见产品说明书)
适用范围:该产品用于体外定量测定人血清和血浆中的胱抑素 C。
生产厂家:德国 Roche Diagnostics GmbH
注册代理:罗氏诊断产品(上海)有限公司
发证日期:2014.10.21 截止日期:2019.10.20

国械注进 20142405127

产品名称:抗促甲状腺激素受体抗体 IgG 检测试剂盒(酶联免疫吸附法)(Anti-TSH Receptor (TRAb) Fast ELISA (IgG))
规格型号:EA 1015-9601-1 G: 96 人份/盒
性能组成:微孔板、标准品 1、标准品 2、标准品 3、标准品 4、阴性对照、阳性对照、样本缓冲液、M22-过氧化物酶、M22-过氧化物酶缓冲液、清洗缓冲液、色原/底物液、终止液、保护膜、靶值参照表。(具体内容详见产品说明书)

适用范围:该产品用于体外定量检测人血清中的抗促甲状腺激素 (TSH) 受体免疫球蛋白 G 抗体 (TRAb-IgG) 。
生产厂家:德国 EUROIMMUN Medizinische Labordiagnostika AG
注册代理:欧蒙医学诊断(中国)有限公司
发证日期:2014.10.21 截止日期:2019.10.20

国械注进 20142405128

产品名称:抗 SS-B 抗体 IgG 检测试剂盒(酶联免疫吸附法)(Anti-SS-B ELISA (IgG))
规格型号:EA 1597-9601 G: 96 人份/盒
性能组成:微孔板、标准品 1、标准品 2、标准品 3、阳性对照、阴性对照、酶结合物、样本缓冲液、清洗缓冲液、色原/底物液、终止液、靶值参照表。(具体内容详见产品说明书)
适用范围:该产品用于体外半定量或定量检测人血清或血浆中抗 SS-B 免疫球蛋白 G 抗体 (IgG)。
生产厂家:德国 EUROIMMUN Medizinische Labordiagnostika AG
注册代理:欧蒙医学诊断(中国)有限公司
发证日期:2014.10.21 截止日期:2019.10.20

国械注进 20142405129

产品名称:抗 nRNP/Sm 抗体 IgG 检测试剂盒 (酶联免疫吸附法)(Anti-nRNP/Sm ELISA (IgG))
规格型号:EA 1591-9601 G: 96 人份/盒。
性能组成:微孔板、标准品 1、标准品 2、标准品 3、阳性对照、阴性对照、酶结合物、样本缓冲液、清洗缓冲液、色原/底物液、终止液、靶值参照表。(具体内容详见产品说明书)
适用范围:该产品用于体外半定量或定量检测人血清或血浆中抗 nRNP/Sm 免疫球蛋白 G 抗体 (IgG)。
生产厂家:德国 EUROIMMUN Medizinische Labordiagnostika AG
注册代理:欧蒙医学诊断(中国)有限公司
发证日期:2014.10.21 截止日期:2019.10.20

国械注进 20142405130

产品名称:抗 Sm 抗体 IgG 检测试剂盒(酶联免疫吸附法)(Anti-Sm ELISA (IgG))
规格型号:EA 1593-9601 G: 96 人份/盒
性能组成:微孔板、标准品 1、标准品 2、标准品 3、阳性对照、阴性对照、酶结合物、样本缓冲液、清洗缓冲液、色原/底物液、终止液、靶值参照表。(具体内容详见产品说明书)
适用范围:该产品用于体外半定量或定量检测人血清或血浆中抗 Sm 免疫球蛋白 G 抗体 (IgG)。
生产厂家:德国 EUROIMMUN Medizinische Labordiagnostika AG
注册代理:欧蒙医学诊断(中国)有限公司
发证日期:2014.10.21 截止日期:2019.10.20

国械注进 20142405131

产品名称:抗 SS-A 抗体 IgG 检测试剂盒(酶联免疫吸附法)(Anti-SS-A ELISA (IgG))
规格型号:EA 1595-9601 G: 96 人份/盒
性能组成:微孔板、标准品 1、标准品 2、标准品 3、阳性对照、阴性对照、酶结合物、样本缓冲液、清洗缓冲液、色原/底物液、终止液、靶值参照表。(具体内容详见产品说明书)
适用范围:该产品用于体外半定量或定量检测人血清或血浆中抗 SS-A 免疫球蛋白 G 抗体 (IgG)。
生产厂家:德国 EUROIMMUN Medizinische Labordiagnostika AG
注册代理:欧蒙医学诊断(中国)有限公司
发证日期:2014.10.21 截止日期:2019.10.20

国械注进 20142405132

产品名称:抗核糖体 P 蛋白抗体 IgG 检测试剂盒 (酶联免疫吸附法)(Anti-ribosomal P Proteins ELISA (IgG))
规格型号:EA 1641-9601 G: 96 人份/盒
性能组成:微孔板、标准品 1、标准品 2、标准品 3、阳性对照、阴性对照、酶结合物、样本缓冲液、清洗缓冲液、色原/底物液、终止液、靶值参照表。(具体内容详见产品说明书)
适用范围:该产品用于体外半定量或定量检测人血清或血浆中抗核糖体 P 蛋白免疫球蛋白 G 抗体 (IgG)。
生产厂家:德国 EUROIMMUN Medizinische Labordiagnostika AG
注册代理:欧蒙医学诊断(中国)有限公司
发证日期:2014.10.21 截止日期:2019.10.20

国械注进 20142405133

产品名称:抗着丝点抗体 IgG 检测试剂盒 (酶联免疫吸附法)(Anti-Centromeres ELISA (IgG))
规格型号:EA 1611-9601 G: 96 人份/盒
性能组成:微孔板、标准品 1、标准品 2、标准品 3、阳性对照、阴性对照、酶结合物、样本缓冲液、清洗缓冲液、色原/底物液、终止液、靶值参照表。(具体内容详见产品说明书)
适用范围:该产品用于体外半定量或定量检测人血清或血浆中抗着丝点免疫球蛋白 G 抗体 (IgG)。
生产厂家:德国 EUROIMMUN Medizinische Labordiagnostika AG
注册代理:欧蒙医学诊断(中国)有限公司
发证日期:2014.10.21 截止日期:2019.10.20

国械注进 20142405134

产品名称:C 反应蛋白检测试剂盒(免疫比浊法)(C-REACTIVE PROTEIN(CRP))
规格型号:CP 2572(货号): 试剂 1-分析缓冲液 7 x 50 mL 试剂 2-抗体试剂 1 x 50 mL; CP 9742(货号): 试剂 1-分析缓冲液 6 x 66 mL 试剂 2-抗体试剂 6 x 13 mL; CP 3826(货号): 试剂 1-分析缓冲液 6 x 20 mL 试剂 2-抗体试剂 3 x 9 mL。
性能组成:试剂 1.分析缓冲液, 试剂 2.抗体试剂。(具体内容详见说明书)
适用范围:本产品用于体外定量测定血清中的 C 反应蛋白。
生产厂家:英国 Randox Laboratories Ltd.
注册代理:英国朗道实验诊断有限公司上海代表处
发证日期:2014.10.21 截止日期:2019.10.20

国械注进 20142405135

产品名称:总霉酚酸校准品(Total MPA Calibrators)
规格型号:校准品 (瓶 A-F) : 6 × 5 mL, 稀释液: 1 × 10 mL。
性能组成:活性成分: 添加霉酚酸的人血清, 非活性成分: 防腐剂。(具体内容详见产品说明书)
适用范围:该产品用于总霉酚酸定量检测的校准。
生产厂家:德国 Roche Diagnostics GmbH
注册代理:罗氏诊断产品(上海)有限公司
发证日期:2014.10.21 截止日期:2019.10.20

国械注进 20142405136

产品名称:C 肽测定试剂盒(化学发光法)(IMMULITE/IMMULITE1000 C-Peptide)
规格型号:100 人份/盒, 500 人份/盒。
性能组成:C-肽检测单位 (LPEP1), C-肽试剂楔 (LPEP2), C-肽校正品 (LPEPL, LPEPH)。(具体内容详见产品说明书)
适用范围:该产品用于体外定量检测血清、肝素血浆中 C-肽含量。
生产厂家:英国 Siemens Healthcare Diagnostics Products Limited
注册代理:西门子医学诊断产品(上海)有限公司
发证日期:2014.10.21 截止日期:2019.10.20

国械注进 20142405137

产品名称:万古霉素校准品(ARCHITECT iVancomycin Calibrators)
规格型号:6 瓶(4.0 mL/瓶)
性能组成:校准品 A-F 含有 2-(N-吗啡啉)乙磺酸(MES)缓冲液和稳定剂。校准品 B-F 还含有万古霉素。防腐剂: ProClin 300。
适用范围:本校准品用于体外定量测定人血清或血浆中的万古霉素时,对万古霉素项目进行校准。
备注:2015 年 2 月 12 日同意更正生产地址内容, 2014 年 10 月 21 日核发的医疗器械注册证 (体外诊断试剂) 予以废止。
生产厂家:德国 Abbott GmbH & Co. KG
注册代理:雅培贸易(上海)有限公司
发证日期:2014.10.21 截止日期:2019.10.20

国械注进 20142405138

产品名称:雌二醇检测试剂盒(荧光磁微粒酶免法)(ST AIA-PACK E2)
规格型号:100 次检测用量 (20 试剂 Cup/板×5)。
性能组成:每 20 个试剂杯排放于一个试剂板上，并保存在铝制的防湿袋中。每次检测所用试剂主要包括以下几种: 抗雌二醇 (E2) 兔多克隆抗体固定化微球、碱性磷酸酶联标记雌二醇 (E2) 抗原。(具体内容详见产品说明书)
适用范围:该产品用于体外定量测定血清或血浆中雌二醇的浓度。
生产厂家:日本 Tosoh Corporation
注册代理:东曹(上海)生物科技有限公司
发证日期:2014.10.21 **截止日期**:2019.10.20

国械注进 20142405139

产品名称:丙戊酸校准品(ARCHITECT iValproic Acid Calibrators)
规格型号:6 瓶(4.0 mL/瓶)
性能组成:校准品 A-F 含有人血清。校准品 B-F 含有丙戊酸和人血清。防腐剂: 叠氮钠。
适用范围:本校准品用于体外定量测定人血清或血浆中的丙戊酸时，对丙戊酸项目进行校准。
生产厂家:美国 Abbott Laboratories
注册代理:雅培贸易(上海)有限公司
发证日期:2014.10.21 **截止日期**:2019.10.20

国械注进 20142405140

产品名称:睾酮检测试剂盒 (荧光磁微粒酶免法)(ST AIA-PACK Testosterone)
规格型号:100 次检测用量(20 试剂 Cup/板×5)
性能组成:每 20 个试剂杯排放于一个试剂板上，并保存在铝制的防湿袋中。每次检测所用试剂主要包括以下几种: 鼠抗睾酮单克隆抗体固定化微球、睾酮抗原碱性磷酸酶联标记结合物。(具体内容详见产品说明书)
适用范围:该产品用于体外定量测定血清或血浆中睾酮的浓度。
生产厂家:日本 Tosoh Corporation
注册代理:东曹(上海)生物科技有限公司
发证日期:2014.10.21 **截止日期**:2019.10.20

国械注进 20142405141

产品名称:黄体酮检测试剂盒(荧光磁微粒酶免法)(ST AIA-PACK PROG)
规格型号:100 次检测用量(20 试剂 Cup/板×5)
性能组成:每 20 个试剂杯并排放于一个试剂板上，并保存在铝制的防湿袋中。每次检测所用试剂主要包括以下几种: 抗黄体酮兔多克隆抗体固定化微球、碱性磷酸酶联标记黄体酮抗原。(具体内容详见产品说明书)
适用范围:该产品用于体外定量测定血清或血浆中黄体酮的浓度。
生产厂家:日本 Tosoh Corporation
注册代理:东曹(上海)生物科技有限公司
发证日期:2014.10.21 **截止日期**:2019.10.20

国械注进 20142405142

产品名称:黄体形成激素检测试剂盒(荧光磁微粒酶免法)(ST AIA-PACK LH II)
规格型号:100 次检测用量(20 试剂 Cup/板×5)
性能组成:每 20 个试剂杯排放于一个试剂板上，并保存在铝制的防湿袋中。每次检测所用试剂主要包括以下几种: 抗黄体形成激素鼠单克隆抗体固定化微球、抗黄体形成激素鼠单克隆抗体碱性磷酸酶联标记结合物。(具体内容详见产品说明书)
适用范围:该产品用于体外定量测定血清或血浆黄体形成激素的浓度。
生产厂家:日本 Tosoh Corporation
注册代理:东曹(上海)生物科技有限公司
发证日期:2014.10.21 **截止日期**:2019.10.20

国械注进 20142405143

产品名称:卵泡刺激激素检测试剂盒(荧光磁微粒酶免法)(ST AIA-PACK FSH)
规格型号:100 次检测用量(20 试剂 Cup/板×5)
性能组成:每 20 个试剂杯排放于一个试剂板上，并保存在铝制的防湿袋中。每次检测所用试剂主要包括以下几种: 抗卵泡刺激激素鼠单克隆抗体固定化微球、抗卵泡刺激激素鼠单克隆抗体碱性磷酸酶联标记结合物。(具体内容详见产品说明书)
适用范围:该产品用于体外定量测定血清或血浆中卵泡刺激激素的浓度。
生产厂家:日本 Tosoh Corporation
注册代理:东曹(上海)生物科技有限公司
发证日期:2014.10.21 **截止日期**:2019.10.20

国械注进 20142405144

产品名称:转铁蛋白测定试剂盒(比浊法)(Transferrin Flex® Reagent Cartridge (TRNF))
规格型号:产品编号: DF103; 包装规格: 120 测试/盒 (4×30 测试/盒)。
性能组成:聚乙二醇、缓冲液、稳定剂，抗转铁蛋白抗体、稳定剂。(具体内容详见说明书)
适用范围:该产品用于体外对血清和肝素化的血浆中转铁蛋白 (TRNF) 进行定量测定。
生产厂家:美国 Siemens Healthcare Diagnostics Inc.
注册代理:西门子医学诊断产品(上海)有限公司
发证日期:2014.10.21 **截止日期**:2019.10.20

国械注进 20143405145

产品名称:梅毒螺旋体抗体校准品(ARCHITECT Syphilis TP Calibrator)
规格型号:1 瓶(4mL)
性能组成:在复钙的人血浆(灭活)中制备; 对梅毒螺旋体(TP)抗体呈反应性。防腐剂: 叠氮钠和其他抗菌剂。(具体内容详见说明书)
适用范围:本校准品用于体外定性测定人血清和血浆中的梅毒螺旋体(TP)抗体时，对梅毒螺旋体抗体项目进行校准。
生产厂家:德国 Abbott GmbH & Co. KG
注册代理:雅培贸易(上海)有限公司
发证日期:2014.10.21 **截止日期**:2019.10.20

国械注进 20142405146

产品名称:比浊器浊度质控管(ATB DENSITOMETER CONTROL KIT)
规格型号:5 个安瓿
性能组成:软化水、胶凝剂、胶乳、Ca++, 五个安瓿浓度分别为 0、0.5、3、6、> 7.5McF。
适用范围:该产品用于调控 ATB1550 或 DENSIMAT 比浊器的准确度，并控制接种的质量。
生产厂家:法国 bioMerieux, sa
注册代理:梅里埃诊断产品(上海)有限公司
发证日期:2014.10.21 **截止日期**:2019.10.20

国械注进 20142405147

产品名称:头孢唑啉药敏实验纸片(扩散法)(Cephazolin Susceptibility Test Disc)
规格型号:5×50 片/盒
性能组成:每张纸片直径 6 毫米，含头孢唑啉 30μg, 纸片两面都清晰印有抗生素编码缩写 KZ 和剂量 30μg。
适用范围:用于头孢唑啉体外细菌敏感性检测。
生产厂家:英国 Oxoid Limited
注册代理:赛默飞世尔(上海)仪器有限公司
发证日期:2014.10.21 **截止日期**:2019.10.20

国械注进 20142405148

产品名称:氨苄西林药敏实验纸片(扩散法)(Ampicillin Susceptibility Test Disc)
规格型号:5×50 片/盒
性能组成:每张纸片直径 6 毫米，含氨苄西林 10μg, 纸片两面都清晰印有抗生素编码缩写 AMP 和剂量 10μg。
适用范围:用于氨苄西林体外细菌敏感性检测。
生产厂家:英国 Oxoid Limited
注册代理:赛默飞世尔(上海)仪器有限公司
发证日期:2014.10.21 **截止日期**:2019.10.20

国械注进 20142405149

产品名称:庆大霉素药敏实验纸片(扩散法)(Gentamicin Susceptibility Test Disc)
规格型号:5×50 片/盒
性能组成:每张纸片直径 6 毫米，含庆大霉素 10μg，纸片两面都清晰印有抗生素编码缩写 CN 和剂量 10μg。
适用范围:用于庆大霉素体外细菌敏感性检测。
生产厂家:英国 Oxoid Limited
注册代理:赛默飞世尔(上海)仪器有限公司
发证日期:2014.10.21 **截止日期**:2019.10.20

国械注进 20142405150

产品名称:诺氟沙星药敏实验纸片(扩散法)(Norfloxacin Susceptibility Test Disc)
规格型号:5 x 50 片/盒
性能组成:每张纸片直径 6 毫米，含诺氟沙星 10μg，纸片两面都清晰印有抗生素编码缩写 NOR 和剂量 10μg。
适用范围:用于诺氟沙星体外细菌敏感性检测。
生产厂家:英国 Oxoid Limited
注册代理:赛默飞世尔(上海)仪器有限公司
发证日期:2014.10.21 **截止日期**:2019.10.20

国械注进 20142405151

产品名称:红霉素药敏实验纸片(扩散法)(Erythromycin Susceptibility Test Disc)
规格型号:5×50 片/盒
性能组成:每张纸片直径 6 毫米，含红霉素 15μg，纸片两面都清晰印有抗生素编码缩写 E 和剂量 15μg。
适用范围:用于红霉素体外细菌敏感性检测。
生产厂家:英国 Oxoid Limited
注册代理:赛默飞世尔(上海)仪器有限公司
发证日期:2014.10.21 **截止日期**:2019.10.20

国械注进 20142405152

产品名称:可溶性转铁蛋白受体质控品(sTfR Control Set)
规格型号:水平Ⅰ:2x 3 mL; 水平Ⅱ:2x 3 mL。
性能组成:活性成分: 含化学添加剂和特殊生物学物质的人血清。 无活性成分: 三羟甲基氨基甲烷 (Tris) 缓冲液，牛血清白蛋白，防腐剂。(具体内容详见说明书)
适用范围:用于可溶性转铁蛋白受体检测的质量控制。
生产厂家:德国 Roche Diagnostics GmbH
注册代理:罗氏诊断产品(上海)有限公司
发证日期:2014.10.21 **截止日期**:2019.10.20

国械注进 20142405153

产品名称:25-羟基维生素 D 检测试剂盒(电化学发光法)(Vitamin D total)
规格型号:100 测试/盒
性能组成:预处理试剂 1 (白色瓶盖)，预处理试剂 2 (灰色瓶盖)，链霉亲合素包被的磁珠微粒 (透明瓶盖)，钌标记的维生素 D 结合蛋白 (灰色瓶盖)，生物素化的 25-羟基维生素 D (黑色瓶盖)。(具体内容详见说明书)
适用范围:该产品用于定量测定人血清和血浆中总 25-羟基维生素 D 的含量。
生产厂家:德国 Roche Diagnostics GmbH
注册代理:罗氏诊断产品(上海)有限公司
发证日期:2014.10.21 **截止日期**:2019.10.20

国械注进 20142405154

产品名称:肌钙蛋白 T 定量检测卡(胶体金法)(CARDIAC Troponin T Quantitative)
规格型号:10 个/盒
性能组成:每个测试条包含: 鼠源性抗肌钙蛋白 T 的生物素化单克隆抗体，鼠源性抗肌钙蛋白 T 的金标单克隆抗体，缓冲剂和非反应性成分。(具体内容详见说明书)
适用范围:该产品用于检测肝素抗凝静脉血中的肌钙蛋白 T。
生产厂家:德国 Roche Diagnostics GmbH
注册代理:罗氏诊断产品(上海)有限公司
发证日期:2014.10.21 **截止日期**:2019.10.20

国械注进 20142405155

产品名称:D-二聚体质控品(D-Dimer Gen.2 Control I/II)
规格型号:水平 1: 2 × 1.0 mL，水平 2: 2 × 1.0 mL
性能组成:活性成分: 含有化学添加剂和生物来源物质的人混合血清，生物添加剂的来源如下: 分析物 来源 D-二聚体片段 人 非活性成分: 防腐剂。
适用范围:该产品通过监测准确度和精密度对 D-二聚体定量检测进行质量控制。
生产厂家:德国 Roche Diagnostics GmbH
注册代理:罗氏诊断产品(上海)有限公司
发证日期:2014.10.21 **截止日期**:2019.10.20

国械注进 20142405156

产品名称:肌酸激酶同工酶检测试剂盒(电化学发光法)(CK-MB STAT)
规格型号:100 测试/盒
性能组成:链霉亲合素包被的微粒 (透明盖)，生物素化的抗肌酸激酶同工酶抗体 (灰色盖)，钌复合物标记的抗肌酸激酶同工酶抗体 (黑色盖)。(具体内容详见说明书)
适用范围:该产品用于体外定量测定人血清和血浆中肌酸激酶同工酶 (MB) 的含量。
生产厂家:德国 Roche Diagnostics GmbH
注册代理:罗氏诊断产品(上海)有限公司
发证日期:2014.10.21 **截止日期**:2019.10.20

国械注进 20142405157

产品名称:甘油三酯零值校准品(Precimat Glycerol)
规格型号:4×30 mL
性能组成:活性成分: 甘油 非活性成分: 稳定剂。(具体内容详见说明书)
适用范围:本产品用于甘油三酯定量检测的零点校准。
生产厂家:德国 Roche Diagnostics GmbH
注册代理:罗氏诊断产品(上海)有限公司
发证日期:2014.10.21 **截止日期**:2019.10.20

国械注进 20142405158

产品名称:微量白蛋白抗原过剩检测试剂盒(免疫比浊法)(Antigen Excess Reagent(ALBU-XS/START))
规格型号:6 x 3.5 mL，11mL。
性能组成:白蛋白，磷酸盐缓冲液，氯化钠，防腐剂。(具体内容详见说明书)
适用范围:该产品用于与白蛋白检测试剂盒一同使用检测尿液样本的抗原过剩情况。
生产厂家:德国 Roche Diagnostics GmbH
注册代理:罗氏诊断产品(上海)有限公司
发证日期:2014.10.21 **截止日期**:2019.10.20

国械注进 20142405159

产品名称:多项生化高值质控品(PreciControl ClinChem Multi 2(PCCC2))
规格型号:4 × 5 mL (冻干粉，复溶后体积); 20 × 5 mL (冻干粉，复溶后体积); 20 × 5 mL (QCS) (冻干粉，复溶后体积)。
性能组成:低压冻干质控品中的反应组分: 含化学添加剂和生物源性材料的人血清; 低压冻干质控品中的非反应成分: 防腐剂和稳定剂。(具体内容详见说明书)
适用范围:该质控品用于对高值水平的多项生化项目的检测进行质量控制 (具体项目见附件)。
生产厂家:德国 Roche Diagnostics GmbH
注册代理:罗氏诊断产品(上海)有限公司
发证日期:2014.10.21 **截止日期**:2019.10.20

国械注进 20142405160

产品名称:脂蛋白(a)校准品(C.f.a.s Lp(a))
规格型号:3×1 mL
性能组成:冻干粉中的活性成分：人血清，添加了化学物质和特殊生物学物质。 添加的生物学物质如下： 分析物 原料 脂蛋白a 人 非活性成分： 稳定剂。
适用范围:本产品用于脂蛋白 (a) 定量检测的校准。
生产厂家:德国 Roche Diagnostics GmbH
注册代理:罗氏诊断产品(上海)有限公司
发证日期:2014.10.21 **截止日期**:2019.10.20

国械注进 20142405161

产品名称:电解质内标液(ISE Internal Standard)
规格型号:即用型：2000 mL； 浓缩型：供配成2 ×2000 mL； 浓缩型：供配成5 × 600 mL。
性能组成:硼酸；二(2—羟乙基)亚胺基三 (羟甲基) 甲烷 (BIS-TRIS) 缓冲液；氯化钠 (NaCl)；碳酸氢钠 (NaHCO3)；磷酸二氢钾 (KH2PO3)；防腐剂。
适用范围:该产品用于电解质模块每个电解质循环后的基准校准。
生产厂家:德国 Roche Diagnostics GmbH
注册代理:罗氏诊断产品(上海)有限公司
发证日期:2014.10.21 **截止日期**:2019.10.20

国械注进 20142405162

产品名称:多项生化低值质控品(PreciControl ClinChem Multi 1(PCCC1))
规格型号:4 × 5 mL (冻干粉，复溶后体积)； 20 × 5 mL (冻干粉，复溶后体积)； 20 × 5 mL (QCS) (冻干粉，复溶后体积)。
性能组成:低压冻干质控品中的反应组分：含化学添加剂和生物源性材料的人血清。 低压冻干质控品中的非反应成分：防腐剂和稳定剂。 (具体内容详见说明书)
适用范围:该质控品用于对低值水平的多项生化项目的检测进行质量控制 (具体项目见附件)。
生产厂家:德国 Roche Diagnostics GmbH
注册代理:罗氏诊断产品(上海)有限公司
发证日期:2014.10.21 **截止日期**:2019.10.20

国械注进 20142405163

产品名称:多项生化校准品(Calibrator for automated systems(C.f.a.s.))
规格型号:12 x 3 mL (冻干粉，复溶后体积)
性能组成:冻干试剂的反应成分：含有注明的化学添加剂与生物材料的人血清； 非反应性成分：稳定剂。(具体内容详见说明书)
适用范围:该校准品用于对多个生化项目检测的校准 (具体项目见附件)。
生产厂家:德国 Roche Diagnostics GmbH
注册代理:罗氏诊断产品(上海)有限公司
发证日期:2014.10.21 **截止日期**:2019.10.20

国械注进 20142405164

产品名称:干式生化多项质控品(Reflotron Precinorm U)
规格型号:4 x 2 mL (冻干粉，复溶后体积)
性能组成:冻干试剂中活性成分：人血清，含有化学添加物和人和动物来源的组织提取物。(具体内容详见说明书)
适用范围:该质控品用于胆红素，肌酐，葡萄糖，尿酸，尿素，钾，胆固醇，甘油三脂，碱性磷酸酶，淀粉酶，胰淀粉酶，激酸激酶，谷草转氨酶，谷丙转氨酶，谷氨酰转移酶检测的质量控制。
生产厂家:德国 Roche Diagnostics GmbH
注册代理:罗氏诊断产品(上海)有限公司
发证日期:2014.10.21 **截止日期**:2019.10.20

国械注进 20142405165

产品名称:总霉酚酸质控品(Total MPA Controls)
规格型号:水平 I：2 x 5 mL， 水平 II： 2 x 5 mL， 水平 III：2 x 5 mL。
性能组成:反应成分：添加霉酚酸的人血清。 非反应成分：防腐剂。
适用范围:该产品用于总霉酚酸检测的质量控制。
生产厂家:德国 Roche Diagnostics GmbH
注册代理:罗氏诊断产品(上海)有限公司
发证日期:2014.10.21 **截止日期**:2019.10.20

国械注进 20142405166

产品名称:液体脂类质控品(Liquichek Lipid Control)
规格型号:6瓶/包装盒 6×3ml (低水平)；6瓶/包装盒 6×3ml (高水平)
性能组成:该产品来自于人血清，并含有人源性和动物源性成分、纯化学品、防腐剂和稳定剂。
适用范围:该产品用于胆固醇、甘油三酯、载脂蛋白A-1、载脂蛋白B、C-反应蛋白、HDL-胆固醇、LDL-胆固醇和脂蛋白(a)的质量控制。
生产厂家:美国 Bio-Rad Laboratories, Inc.
注册代理:伯乐生命医学产品(上海)有限公司
发证日期:2014.10.21 **截止日期**:2019.10.20

国械注进 20142405167

产品名称:高血压标志物质控物(LyphochekHypertension Markers Control)
规格型号:三水平混合包装 6×2ml (每个水平2瓶) 三水平混合小包装 3×2 ml (每个水平1瓶)
性能组成:该产品是由处理过的人血浆并添加了人源性和动物源性成份、化学品、防腐剂和稳定剂制备而成。
适用范围:该产品用于促肾上腺皮质激素和皮质醇的质量控制。
生产厂家:美国 Bio-Rad Laboratories, Inc.
注册代理:伯乐生命医学产品(上海)有限公司
发证日期:2014.10.21 **截止日期**:2019.10.20

国械注进 20142405168

产品名称:多项免疫校准品(Beckman Coulter Calibrator 3)
规格型号:4 × 3mL
性能组成:去纤维蛋白和经过处理的新鲜冷冻人血浆、多项免疫校准品条码卡片、多项免疫校准品条码条带、数值指定单。(具体内容详见产品说明书)
适用范围:本产品用于白蛋白和前白蛋白项目检测时的校准。
生产厂家:美国 Beckman Coulter, Inc.
注册代理:贝克曼库尔特商贸(中国)有限公司
发证日期:2014.10.21 **截止日期**:2019.10.20

国械注进 20142405169

产品名称:铁蛋白检测试剂盒(荧光磁微粒酶免法)(ST AIA-PACK FER)
规格型号:100次检测用量(20试剂Cup/板×5)
性能组成:ST AIA-PACK 铁蛋白检测试剂盒：每20个试剂杯排放于一个试剂板上，并保存在铝制的防湿袋中。每次检测所用试剂主要包括以下几种：抗铁蛋白鼠单克隆抗体固定化微球、抗铁蛋白鼠单克隆抗体碱性磷酸酶联标记结合物。
适用范围:该产品用于体外定量测定血清或血浆中铁蛋白的浓度。
生产厂家:日本 Tosoh Corporation
注册代理:东曹(上海)生物科技有限公司
发证日期:2014.10.21 **截止日期**:2019.10.20

国械注进 20142405170

产品名称:抗甲状腺过氧化物酶抗体校准品(AIA-PACK TPOAb CALIBRATOR SET)
规格型号:校准品(1)-(6)：各1.0mL×2。
性能组成:校准品(1)：0.1M 磷酸缓冲液、血清白蛋白；校准品(2)-(6)：TPOAb 阳性血浆 (Microsomal/Tg positive control)、0.1M 磷酸缓冲液、血清白蛋白。
适用范围:该产品用于在AIA全自动免疫分析仪上对AIA的抗甲状腺过氧化物酶抗体检测项目进行定标并确定参考曲线，以便定量测定人血清及肝素血浆中抗甲状腺过氧化物酶抗体的浓度。
生产厂家:日本 Tosoh Corporation
注册代理:东曹(上海)生物科技有限公司
发证日期:2014.10.21 **截止日期**:2019.10.20

国械注进 20142405171

产品名称:游离三碘甲状腺原氨酸校准品(AIA-PACK FT3 CALIBRATOR SET)
规格型号:校准品(1)-(6)各 1.0mL×2
性能组成:校准品(1):T3 阴性人血清;校准品(2)-(6):T3、T3 阴性人血清。
适用范围:该产品用于在 AIA 全自动免疫分析仪上对 AIA 的游离三碘甲状腺原氨酸检测项目进行定标并确定参考曲线,以便定量测定人血清、血浆中游离三碘甲状腺原氨酸的浓度。
生产厂家:日本 Tosoh Corporation
注册代理:东曹(上海)生物科技有限公司
发证日期:2014.10.21 **截止日期**:2019.10.20

国械注进 20142405172

产品名称:皮质醇校准品(AIA-PACK CORT CALIBRATOR SET)
规格型号:校准品(1)-(6):各 1.0mL×2。
性能组成:校准品(1):CORT 阴性人血清;校准品(2)-(6):CORT、CORT 阴性人血清。
适用范围:该产品用于在 AIA 全自动免疫分析仪上对 AIA 的皮质醇检测项目进行定标并确定参考曲线,以便定量测定人血清及肝素血浆中皮质醇的浓度。
生产厂家:日本 Tosoh Corporation
注册代理:东曹(上海)生物科技有限公司
发证日期:2014.10.21 **截止日期**:2019.10.20

国械注进 20142405173

产品名称:铁蛋白校准品(AIA-PACK FER CALIBRATOR SET)
规格型号:校准品(1)-(2):各 1.0mL×2。
性能组成:校准品(1):Ferritin 阴性人血清;校准品(2):Ferritin(Liver)、Ferritin 阴性人血清。
适用范围:该产品用于在 AIA 全自动免疫分析仪上对 AIA 的铁蛋白检测项目进行定标并确定参考曲线,以便定量测定人血清及肝素血浆中铁蛋白的浓度。
生产厂家:日本 Tosoh Corporation
注册代理:东曹(上海)生物科技有限公司
发证日期:2014.10.21 **截止日期**:2019.10.20

国械注进 20143405174

产品名称:免疫球蛋白 E 校准品(AIA-PACK IgE Ⅱ CALIBRATOR SET)
规格型号:校准品(1)-(6):各 1.0 mL×2。
性能组成:校准品(1):50 mM 磷酸缓冲液、血清白蛋白;校准品(2)-(6):IgE、50 mM 磷酸缓冲液、血清白蛋白。
适用范围:该产品用于在 AIA 全自动免疫分析仪上对 AIA 的免疫球蛋白 E 检测项目进行定标并确定参考曲线,以便定量测定人血清、血浆中免疫球蛋白 E 的浓度。
生产厂家:日本 Tosoh Corporation
注册代理:东曹(上海)生物科技有限公司
发证日期:2014.10.21 **截止日期**:2019.10.20

国械注进 20142405175

产品名称:抗甲状腺过氧化物酶抗体检测试剂盒(荧光磁微粒酶免法)(AIA-PACK TPOAb)
规格型号:100 次检测用量(20 试剂 Cup/板×5、酶联标记试剂 5mL×5)
性能组成:AIA-PACK TPOAb 检测试剂盒由以下试剂组成:1)AIA-PACK TPOAb 检测试剂:甲状腺过氧化物酶抗原固定化微球;2)AIA-PACK TPOAb 酶联标记试剂:鼠抗人 IgG 单克隆抗体碱性磷酸酶连接物溶液。
适用范围:该产品用于体外定量测定血清或血浆中 TPOAb 的浓度。
生产厂家:日本 Tosoh Corporation
注册代理:东曹(上海)生物科技有限公司
发证日期:2014.10.21 **截止日期**:2019.10.20

国械注进 20143405176

产品名称:免疫球蛋白 E 检测试剂盒(荧光磁微粒酶免法)(ST AIA-PACK IgE Ⅱ)
规格型号:100 次检测用量(20 试剂 Cup/板×5)
性能组成:ST AIA-PACK 免疫球蛋白 E 检测试剂盒Ⅱ:每 20 个试剂杯排放于一个试剂板上,并保存在铝制的防湿袋中。每次检测所用试剂主要包括以下几种:鼠抗人 IgE 单克隆抗体固定化微球、鼠抗 IgE 单克隆抗体碱性磷酸酶联标记结合液。
适用范围:该产品用于体外定量测定血清或血浆中 IgE 的浓度。
生产厂家:日本 Tosoh Corporation
注册代理:东曹(上海)生物科技有限公司
发证日期:2014.10.21 **截止日期**:2019.10.20

国械注进 20142405177

产品名称:胰岛素校准品(AIA-PACK IRI CALIBRATOR SET)
规格型号:校准品(1):1.0mL×2;校准品(2)-(6):各 1.0mL×2。
性能组成:校准品(1):IRI 阴性人血清;校准品(2)-(6):IRI、IRI 阴性人血清。
适用范围:该产品用于在 AIA 全自动免疫分析仪上对 AIA 的胰岛素检测项目进行定标并确定参考曲线,以便定量测定人血清或肝素血浆中胰岛素的浓度。
生产厂家:日本 Tosoh Corporation
注册代理:东曹(上海)生物科技有限公司
发证日期:2014.10.21 **截止日期**:2019.10.20

国械注进 20142405178

产品名称:游离甲状腺素校准品(AIA-PACK FT4 CALIBRATOR SET)
规格型号:校准品(1)-(6)各 1.0mL×2
性能组成:校准品(1):T4 阴性人血清;校准品(2)-(6):T4、T4 阴性人血清。
适用范围:该产用于在 AIA 全自动免疫分析仪上对 AIA 的游离甲状腺素检测项目进行定标并确定参考曲线,以便定量测定人血清、血浆中游离甲状腺素的浓度。
生产厂家:日本 Tosoh Corporation
注册代理:东曹(上海)生物科技有限公司
发证日期:2014.10.21 **截止日期**:2019.10.20

国械注进 20142405179

产品名称:皮质醇检测试剂盒(荧光磁微粒酶免法)(ST AIA-PACK CORT)
规格型号:100 次检测用量(20 试剂 Cup/板×5)
性能组成:ST AIA-PACK 皮质醇检测试剂盒:每 20 个试剂并排放于一个试剂盒中,并保存在铝制的防湿袋中。每次检测所用试剂主要包括以下几种:兔抗皮质醇(Cortisol)多克隆抗体固定化微球,碱性磷酸酶联标记 Cortisol 抗原。
适用范围:该产品用于体外定量测定血清或血浆中 CORT 的浓度。
生产厂家:日本 Tosoh Corporation
注册代理:东曹(上海)生物科技有限公司
发证日期:2014.10.21 **截止日期**:2019.10.20

国械注进 20142405180

产品名称:C-肽校准品(AIA-PACK C-Peptide CALIBRATOR SET)
规格型号:校准品(1):1.0mL×2;校准品(2)-(6):各 1.0mL×2。
性能组成:校准品(1):50 mM 磷酸缓冲液、血清白蛋白:校准品(2)-(6):CPep、50 mM 磷酸缓冲液、血清白蛋白。
适用范围:该产品用于在 AIA 全自动免疫分析仪上对 AIA 的 C-肽检测项目进行定标并确定参考曲线,以便定量测定人血清、肝素血浆中 C-肽的浓度。
生产厂家:日本 Tosoh Corporation
注册代理:东曹(上海)生物科技有限公司
发证日期:2014.10.21 **截止日期**:2019.10.20

国械注进 20142405181

产品名称:钙检测试剂盒(比色法)(Calcium(Ca))
规格型号:CA 2807 (货号): 8 x 60 检测
性能组成:氨基乙酸缓冲液,邻甲酚酞/,8-对苯二酚。(具体内容详见说明书)
适用范围:本产品用于体外定量测定血清中的钙。
生产厂家:英国 Randox Laboratories Ltd.
注册代理:英国朗道实验诊断有限公司上海代表处
发证日期:2014.10.21 **截止日期**:2019.10.20

国械注进 20142405182

产品名称:C 反应蛋白检测试剂盒(免疫比浊法)(C- reactive protein(CRP))
规格型号:CP 2852 (货号): 4 x 50 检测
性能组成:抗体试剂: 抗 (人) C 反应蛋白; 分析缓冲液: 聚乙二醇,三羟甲基氨基甲烷/氯化氢缓冲液,氯化钠。(具体内容详见说明书)
适用范围:本产品用于体外定量测定血清中的 C 反应蛋白。
生产厂家:英国 Randox Laboratories Ltd.
注册代理:英国朗道实验诊断有限公司上海代表处
发证日期:2014.10.21 **截止日期**:2019.10.20

国械注进 20143405183

产品名称:ALK 基因重组检测试剂盒(荧光原位杂交法)(Vysis ALK Break Apart FISH Probe Kit)
规格型号:20 检测/盒
性能组成:ALK 基因重组检测试剂、石蜡预处理 IV 和杂交后洗涤缓冲液、ALK 阴性质控片、ALK 阳性质控片。(具体内容详见说明书)
适用范围:本试剂盒适用于定性检测经福尔马林固定的石蜡包埋 (FFPE) 的非小细胞肺癌 (NSCLC) 组织标本中间变型淋巴瘤激酶 (ALK) 基因的重组情况,以帮助判断患者是否适合接受克唑替尼胶囊 (Crizotinib Capsules; 赛克瑞/Xalkori) 的治疗。
生产厂家:美国 Abbott Molecular, Inc.
注册代理:雅培贸易(上海)有限公司
发证日期:2014.10.28 **截止日期**:2019.10.27

国械注进 20143405184

产品名称:结核分枝杆菌复合群核酸(DNA)检测试剂盒(LAMP 法) (商品名: Loopamp® 结核分枝杆菌复合群核酸检测试剂盒) (Loopamp® MTBC Detection Kit)
规格型号:48×2 测试/盒
性能组成:链置换型 DNA 聚合酶 (BST DNA pol)、脱氧腺苷 5’-3 磷酸 (dATP)、脱氧胞苷 5’-3 磷酸 (dCTP)、脱氧鸟苷 5’-3 磷酸 (dGTP)、脱氧胸苷 5’-3 磷酸 (dTTP)、硫酸镁、钙黄绿素、氯化锰、结核分枝杆菌复合群特异性引物 FIP-1 (MTBFIP-1)、结核分枝杆菌复合群特异性引物 FIP-2 (MTBFIP-2)、结核分枝杆菌复合群特异性引物 F3-1 (MTBF3-1)、结核分枝杆菌复合群特异性引物 F3-2 (MTBF3-2)、结核分枝杆菌复合群特异性引物 BIP-1 (MTBBIP-1)、结核分枝杆菌复合群特异性引物 BIP-2 (MTBBIP-2)、结核分枝杆菌复合群特异性引物 B3-1 (MTBB3-1)、结核分枝杆菌复合群特异性引 B3-2 (MTBB3-2)、结核分枝杆菌复合群特异性引物 FL-1 (MTBFL-1)、结核分枝杆菌复合群特异性引物 FL-2 (MTBFL-2)、结核分枝杆菌复合群特异性引物 BL-1 (MTBBL-1)、结核分枝杆菌复合群特异性引物 BL-2 (MTBBL-2)、阳性对照 MTB (PC MTB)、阴性对照 MTB (NCMTB)、阳性对照用滴管。 (具体内容详见产品说明书)
适用范围:本产品用于体外定性检测人痰样本中的结核分枝杆菌复合群核酸 (DNA)。
生产厂家:日本 Eiken Chemical Co., Ltd.
注册代理:荣研生物科技(中国)有限公司
发证日期:2014.10.28 **截止日期**:2019.10.27

国械注进 20143405185

产品名称:抗球蛋白试验质控品(Checkcell)
规格型号:1×10mL、3×10mL。
性能组成:IgG 抗体致敏的单瓶装 O 型混合红细胞。这些红细胞于含腺苷和腺嘌呤的缓冲保存剂溶液中被制备为 4-6%悬浮液; 氯霉素 (0.25 毫克/毫升),硫酸新霉素 (0.1 毫克/毫升) 和硫酸庆大霉素 (0.05 毫克/毫升) 作为保存剂添加。(具体内容详见产品说明书)
适用范围:该产品用于验证抗球蛋白测试阴性结果的有效性。
生产厂家:美国 Immucor, Inc.
注册代理:海尔施生物医药股份有限公司
发证日期:2014.10.28 **截止日期**:2019.10.27

国械注进 20143405186

产品名称:Septin9 基因甲基化检测试剂盒(PCR 荧光探针法)(Epi proColon 2.0 CE)
规格型号:32 人份/盒
性能组成:试剂盒包含: 试剂盒 I-血浆提取试剂盒: 含裂解吸附液、浓缩洗液 A、磁珠、浓缩洗液 B、洗脱液、亚硫酸盐溶液、保护液; 试剂盒 II-PCR 试剂盒: 含 PCR 反应液、PCR 聚合酶; 试剂盒 III:质控品试剂盒: 含阴性对照、阳性对照。(具体内容详见说明书)
适用范围:本产品用于体外定性检测人外周血血浆中 Septin9 基因甲基化。
生产厂家:德国 Epigenomics AG
注册代理:博尔诚(北京)科技有限公司
发证日期:2014.10.28 **截止日期**:2019.10.27

国械注进 20143405187

产品名称:狗毛屑 e5 过敏原特异性 IgE 检测试剂(荧光免疫法)(ImmunoCAP Allergen e5, Dog dander)
规格型号:16 人份/支
性能组成:1. 抗原包被帽: 狗毛屑 e5 过敏原和＜0.003%的防腐剂,防腐剂的成分为 5-氯-2-甲基-4-异噻唑啉-3-酮和 2-甲基-2-氢-异噻唑-3-酮的混合物 (3: 1); 2. 笔状容器筒。
适用范围:该产品用于体外定量检测人血清中的狗毛屑 e5 特异性 IgE。
生产厂家:瑞典 Phadia AB
注册代理:北京法迪亚诊断技术有限公司
发证日期:2014.10.28 **截止日期**:2019.10.27

国械注进 20143405188

产品名称:动物皮毛屑混合 ex1 过敏原特异性 IgE 检测试剂 (荧光免疫法) (ImmunoCAP Allergen ex1, Animal proteins)
规格型号:16 人份/支
性能组成:1. 抗原包被帽: 动物皮毛屑混合 ex1 过敏原(包括猫皮屑、马皮屑、牛皮屑和狗毛屑)和＜0.003%的防腐剂,防腐剂的成分为 5-氯-2-甲基-4-异噻唑啉-3-酮和 2-甲基-2-氢-异噻唑-3-酮的混合物 (3:1); 2. 笔状容器筒。
适用范围:该产品用于体外定性检测人血清中的猫皮屑、马皮屑、牛皮屑和狗毛屑过敏原特异性 IgE。
生产厂家:瑞典 Phadia AB
注册代理:北京法迪亚诊断技术有限公司
发证日期:2014.10.28 **截止日期**:2019.10.27

国械注进 20143405189

产品名称:人类免疫缺陷病毒抗原抗体检测试剂盒(化学发光法)(HISCL HIV Ag+Ab Assay Kit)
规格型号:50 测试/盒
性能组成:(1) 人类免疫缺陷病毒抗原抗体试剂 1 (简称 R1 试剂): 生物素化抗 HIV-1 p24 人单克隆抗体,三乙醇胺盐酸盐,牛血清白蛋白,氯化钠,叠氮钠; (2) 人类免疫缺陷病毒抗原抗体试剂 2 (简称 R2 试剂): 结合 HIV 抗原的磁性粒子,2-(N-吗啉基)乙磺酸 (MES 缓冲液),牛血清白蛋白; (3) 人类免疫缺陷病毒抗原抗体试剂 3(简称 R3 试剂): 碱性磷酸酶 (ALP) 标记的抗 HIV-1p24 人单克隆抗体,ALP 标记的 HIV 抗原,三乙醇胺盐酸盐,牛血清白蛋白,氯化钠,叠氮钠。
适用范围:该产品用于人血清或血浆中 HIV-1 和 HIV-2 抗体以及 HIV-1 p24 抗原的定性检测。
变更情况:变更日期: 2015.02.27。“ 代理人住所:上海市外高桥保税区富特西三路 77 号 6 幢 202 室”变更为“ 代理人住所:中国(上海)自由贸易试验区富特西三路 77 号 6 幢 202 室”。
生产厂家:日本 SYSMEX CORPORATION
注册代理:希森美康医用电子(上海)有限公司
发证日期:2014.10.28 **截止日期**:2019.10.27

国械注进 20142405190

产品名称:抗甲状腺球蛋白抗体检测试剂盒(荧光磁微粒酶免法)(AIA-PACK TgAb)
规格型号:100 次检测用量(20 试剂 Cup/板×5、酶联标记试剂 5mL×5)
性能组成:甲状腺球蛋白抗原固定化微球、鼠抗人 IgG 单克隆抗体碱性磷酸酶连接物溶液。(具体内容详见产品说明书)
适用范围:该产品用于体外定量测定血清或血浆中抗甲状腺球蛋白抗体的浓度。
生产厂家:日本 Tosoh Corporation
注册代理:东曹(上海)生物科技有限公司
发证日期:2014.10.28 **截止日期**:2019.10.27

国械注进 20142405191

产品名称:甲状腺刺激激素检测试剂盒(荧光磁微粒酶免法)(ST AIA-PACK TSH)
规格型号:100 次检测用量(20 试剂 Cup/板×5)
性能组成:每 20 个试剂杯排放于一个试剂板上,并保存在铝制的防湿袋中。每次检测所用试剂主要包括以下几种:抗甲状腺刺激激素鼠单克隆抗体固定化微球、抗甲状腺刺激激素鼠单克隆抗体碱性磷酸酶联标记结合物。(具体内容详见产品说明书)
适用范围:该产品用于体外定量测定血清或血浆中甲状腺刺激激素的浓度。
生产厂家:日本 Tosoh Corporation
注册代理:东曹(上海)生物科技有限公司
发证日期:2014.10.28 **截止日期**:2019.10.27

国械注进 20142405192

产品名称:胰岛素检测试剂盒(荧光磁微粒酶免法)(ST AIA-PACK IRI)
规格型号:100 次检测用量(20 试剂 Cup/板×5)
性能组成:每 20 个试剂并排放于一个试剂板上,并保存在铝制的防湿袋中。每次检测所用试剂主要包括以下几种:抗胰岛素鼠单克隆抗体固定化微球、抗胰岛素鼠单克隆抗体碱性磷酸酶联标记结合物。(具体内容详见产品说明书)
适用范围:该产品用于体外定量测定血清或血浆中胰岛素的浓度。
生产厂家:日本 Tosoh Corporation
注册代理:东曹(上海)生物科技有限公司
发证日期:2014.10.28 **截止日期**:2019.10.27

国械注进 20142405193

产品名称:C-肽检测试剂盒(荧光磁微粒酶免法)(ST AIA-PACK C-Peptide)
规格型号:100 次检测用量(20 试剂 Cup/板×5)
性能组成:每 20 管试剂并排放于一个试剂板上,并保存在铝制的防湿袋中。每次检测所用试剂主要包括以下几种:抗 C-肽兔多克隆抗体固定化微球、抗 C-肽鼠单克隆抗体碱性磷酸酶联标记结合物。(具体内容详见产品说明书)
适用范围:该产品用于体外定量测定血清或血浆中 C-肽的浓度。
生产厂家:日本 Tosoh Corporation
注册代理:东曹(上海)生物科技有限公司
发证日期:2014.10.28 **截止日期**:2019.10.27

国械注进 20143405194

产品名称:乙型肝炎病毒表面抗原测定试剂盒(电化学发光法)(HBsAg II)
规格型号:100 测试/盒
性能组成:试剂-工作溶液:链霉亲合素包被的微粒(透明瓶盖),1 瓶;生物素化抗乙型肝炎表面抗原的抗体(灰色瓶盖),1 瓶;钌标记抗乙型肝炎表面抗原的抗体(黑色瓶盖),1 瓶;阴性定标液 1(白色瓶盖),2 瓶;阳性定标液 2(黑色瓶盖),2 瓶。试剂盒中还提供的物品:2×6 瓶标签。(具体内容详见产品说明书)
适用范围:该产品用于体外定性测定人血清和血浆中的乙型肝炎表面抗原(HBsAg)。
生产厂家:德国 Roche Diagnostics GmbH
注册代理:罗氏诊断产品(上海)有限公司
发证日期:2014.10.28 **截止日期**:2019.10.27

国械注进 20143405195

产品名称:乙型肝炎病毒 e 抗原检测试剂盒(电化学发光法) HBeAg
规格型号:100 测试/盒
性能组成:试剂-工作溶液:链霉亲合素包被的微粒(透明瓶盖),1 瓶;生物素标记的抗乙型肝炎病毒 e 抗原抗体(灰盖),1 瓶;钌复合物标记的抗乙型肝炎病毒 e 抗原抗体(黑盖),1 瓶;阴性定标液(白盖),2 瓶;阳性定标液(黑盖),2 瓶。试剂盒还提供的材料:2 x 6 瓶标签。(具体内容详见产品说明书)
适用范围:该产品用于体外定性测定人血清和血浆中的乙型肝炎病毒 e 抗原(HBeAg)。
生产厂家:德国 Roche Diagnostics GmbH
注册代理:罗氏诊断产品(上海)有限公司
发证日期:2014.10.28 **截止日期**:2019.10.27

国械注进 20143405196

产品名称:乙型肝炎病毒核心抗体检测试剂盒(电化学发光法)(Anti-HBc)
规格型号:100 测试/盒
性能组成:试剂:链霉亲合素包被的微粒(透明瓶盖),1 瓶;DTT(白盖),1 瓶;乙型肝炎病毒核心抗原(灰盖),1 瓶;生物素化的抗乙型肝炎病毒核心抗原抗体,钌复合物标记的抗乙型肝炎病毒核心抗原抗体(黑盖),1 瓶;阴性定标液(白盖),2 瓶;阳性定标液(黑盖),2 瓶。试剂盒还提供的材料:2 x 6 瓶标签。(具体内容详见产品说明书)
适用范围:该产品用于体外定性测定人血清和血浆中乙型肝炎病毒核心抗原的 IgG 和 IgM 抗体。
生产厂家:德国 Roche Diagnostics GmbH
注册代理:罗氏诊断产品(上海)有限公司
发证日期:2014.10.28 **截止日期**:2019.10.27

国械注进 20143405197

产品名称:乙型肝炎病毒表面抗原质控品(PreciControl HBsAg II)
规格型号:16 x 1.3 mL
性能组成:试剂-工作溶液:乙型肝炎病毒表面抗原质控品 1:8 瓶,每瓶含 1.3 mL 质控血清:人血清,乙型肝炎病毒表面抗原阴性;防腐剂。乙型肝炎病毒表面抗原质控品 2:8 瓶,每瓶含 1.3 mL 质控血清:乙型肝炎病毒表面抗原(人源)为约 0.2 IU/mL 人血清;防腐剂。提供的其他物品:2 张条码卡、质控条码单。(具体内容详见产品说明书)
适用范围:该产品用于乙型肝炎病毒表面抗原(HBsAg II)和乙型肝炎病毒表面抗原定量(HBsAg II quant)免疫检测项目的质控。
生产厂家:德国 Roche Diagnostics GmbH
注册代理:罗氏诊断产品(上海)有限公司
发证日期:2014.10.28 **截止日期**:2019.10.27

国械注进 20143405197

产品名称:乙型肝炎病毒表面抗原质控品(PreciControl HBsAg II)
规格型号:16 x 1.3 mL
性能组成:试剂-工作溶液:乙型肝炎病毒表面抗原质控品 1:8 瓶,每瓶含 1.3 mL 质控血清:人血清,乙型肝炎病毒表面抗原阴性;防腐剂。乙型肝炎病毒表面抗原质控品 2:8 瓶,每瓶含 1.3 mL 质控血清:乙型肝炎病毒表面抗原(人源)为约 0.2 IU/mL 人血清;防腐剂。提供的其他物品:2 张条码卡、质控条码单。(具体内容详见产品说明书)
适用范围:该产品用于乙型肝炎病毒表面抗原(HBsAg II)和乙型肝炎病毒表面抗原定量(HBsAg II quant)免疫检测项目的质控。
生产厂家:德国 Roche Diagnostics GmbH
注册代理:罗氏诊断产品(上海)有限公司
发证日期:2014.10.28 **截止日期**:2019.10.27

国械注进 20143405198

产品名称:乙型肝炎病毒表面抗原检测试剂盒(电化学发光法)(HBsAg II quant)
规格型号:100 测试/盒
性能组成:试剂-工作溶液:链霉亲合素包被的微粒(透明瓶盖),1 瓶;生物素化的抗乙型肝炎病毒表面抗原抗体(灰盖),1 瓶;钌标记的抗乙型肝炎病毒表面抗原抗体(黑盖),1 瓶;阴性定标液(白盖),2 瓶;阳性定标液(黑盖),2 瓶;HBSAG-QN DilHepB 2 瓶。提供的材料:2×6 个试剂瓶标签。(具体内容详见产品说明书)
适用范围:该产品用于体外定量检测已确定乙型肝炎表面抗原(HBsAg)为阳性的人血清和血浆中的乙型肝炎表面抗原(HBsAg)。
生产厂家:德国 Roche Diagnostics GmbH
注册代理:罗氏诊断产品(上海)有限公司
发证日期:2014.10.28 **截止日期**:2019.10.27

国械注进 20143405199

产品名称:乙型肝炎病毒表面抗原确认试剂(HBsAg Confirmatory Test)
规格型号:4×1.0 mL
性能组成:试剂-工作溶液:乙型肝炎病毒表面抗原确认试剂 1:确认试剂(黑色瓶盖),2 瓶;乙型肝炎病毒表面抗原确认试剂 2:质控试

剂（白色瓶盖），2 瓶。（具体内容详见产品说明书）

适用范围:该产品用于体外确认乙型肝炎病毒表面抗原（HBsAg II）检测中呈重复反应性的人血清和血浆样本中乙型肝炎病毒表面抗原的存在。

生产厂家:德国 Roche Diagnostics GmbH

注册代理:罗氏诊断产品(上海)有限公司

发证日期:2014. 10. 28 **截止日期**:2019. 10. 27

国械注进 20143405200

产品名称:乙型肝炎病毒 e 抗体检测试剂盒(电化学发光法) Anti-HBe

规格型号:100 测试/盒

性能组成:试剂-工作溶液：链霉亲合素包被的微粒（透明瓶盖），1 瓶；乙型肝炎病毒 e 抗原（灰盖），1 瓶；生物素化的抗乙型肝炎病毒 e 抗原抗体，钌复合物标记的抗乙型肝炎病毒 e 抗原抗体（黑盖），1 瓶；阴性定标液（白盖），2 瓶；阳性定标液（黑盖），2 瓶。试剂盒还提供的材料：2×6 瓶标签。（具体内容详见产品说明书）

适用范围:该产品用于体外定性测定人血清和血浆中乙型肝炎病毒 e 抗原（HBeAg）的抗体。

生产厂家:德国 Roche Diagnostics GmbH

注册代理:罗氏诊断产品(上海)有限公司

发证日期:2014. 10. 28 **截止日期**:2019. 10. 27

国械注进 20143405201

产品名称:糖类抗原 19-9 测定试剂盒(电化学发光法)(CA 19-9)

规格型号:100 测试/盒

性能组成:试剂－工作溶液：包被链霉亲合素的磁珠微粒（透明瓶盖），1 瓶；生物素化的抗糖类抗原 19-9 抗体（灰盖），1 瓶；钌标记的抗糖类抗原 19-9 抗体（黑盖），1 瓶。(具体内容详见产品说明书）

适用范围:该产品用于体外定量检测人体血清和血浆中的糖类抗原 19-9（CA 19-9）含量。

生产厂家:德国 Roche Diagnostics GmbH

注册代理:罗氏诊断产品(上海)有限公司

发证日期:2014. 10. 28 **截止日期**:2019. 10. 27

国械注进 20143405202

产品名称:乙型肝炎病毒表面抗体检测试剂盒(电化学发光法)(Anti-HBs)

规格型号:100 测试/盒

性能组成:试剂-工作溶液：链霉亲合素包被的微粒（透明瓶盖），1 瓶；生物素化的乙型肝炎病毒表面抗原（灰盖），1 瓶；钌复合物标记的乙型肝炎病毒表面抗原（黑盖），1 瓶；定标液 1（白盖），2 瓶；定标液 2（黑盖），2 瓶。试剂盒还提供的材料：2 x 6 瓶标签。（具体内容详见产品说明书）

适用范围:该产品用于体外定量测定人血清和血浆中乙型肝炎病毒表面抗原（HBsAg）的抗体浓度。

生产厂家:德国 Roche Diagnostics GmbH

注册代理:罗氏诊断产品(上海)有限公司

发证日期:2014. 10. 28 **截止日期**:2019. 10. 27

国械注进 20142405203

产品名称:可溶性转铁蛋白受体校准品(Preciset sTfR)

规格型号:5 x 1 mL

性能组成:活性成分：人血清中可溶性转铁蛋白受体；无活性成分：三氨基甲烷盐酸（TRIS）缓冲液，牛血清白蛋白，防腐剂。（具体内容详见产品说明书）

适用范围:该产品用于可溶性转铁蛋白受体检测的校准。

生产厂家:德国 Roche Diagnostics GmbH

注册代理:罗氏诊断产品(上海)有限公司

发证日期:2014. 10. 28 **截止日期**:2019. 10. 27

国械注进 20142405204

产品名称:蛋白质病理值质控品(尿液/脑脊液)(Precipath PUC)

规格型号:4×3 mL

性能组成:活性成分：羟乙基哌嗪乙磺酸（HEPES）缓冲液，以及化学添加物和特殊生物来源的物质，生物活性添加物：白蛋白、免疫球蛋白 A 、免疫球蛋白 G、免疫球蛋白 M、总蛋白、肌酐；无活性成分：防腐剂和稳定剂。（具体内容详见产品说明书）

适用范围:该产品用于尿液或脑脊液标本中微量白蛋白、肌酐、免疫球蛋白 A（IgA）、免疫球蛋白 G（IgG）、免疫球蛋白 M（IgM）及总蛋白检测的质量控制。

生产厂家:德国 Roche Diagnostics GmbH

注册代理:罗氏诊断产品(上海)有限公司

发证日期:2014. 10. 28 **截止日期**:2019. 10. 27

国械注进 20142405205

产品名称:D 二聚体质控品(CARDIAC control D-Dimer)

规格型号:D 二聚体质控品，水平 1：1 瓶 ，1x 1.0 mL（复溶后体积）；D 二聚体质控品，水平 2：1 瓶 ，1x 1.0 mL（复溶后体积）。

性能组成:冻干质控品血清，水平 1，1 瓶 ，1x 1.0 mL（复溶后体积）冻干质控品血清，水平 2，1 瓶 ，1x 1.0 mL（复溶后体积）活性成分：含有人 D-二聚体的碎片。（具体内容详见产品说明书）

适用范围:该产品用于 D 二聚体检测的质量控制。

生产厂家:德国 Roche Diagnostics GmbH

注册代理:罗氏诊断产品(上海)有限公司

发证日期:2014. 10. 28 **截止日期**:2019. 10. 27

国械注进 20142405206

产品名称:多项治疗药物监测用校准品(Preciset TDM I)

规格型号:6 瓶校准品(A-F 瓶)，每一瓶为 5 mL；1 瓶样本稀释液为 10 mL。

性能组成:活性成分：含有化学添加物的人血清（治疗性药物）。非活性成分：防腐剂和稳定剂。稀释液成分：阴性人类血清且可用于稀释高含量样本或作为空白样本。（具体内容详见产品说明书）

适用范围:该产品用于对卡马西平、苯妥英、茶碱、丙戊酸和万古霉素检测进行校准。

生产厂家:德国 Roche Diagnostics GmbH

注册代理:罗氏诊断产品(上海)有限公司

发证日期:2014. 10. 28 **截止日期**:2019. 10. 27

国械注进 20142405207

产品名称:蛋白质多项校准品(C.f.a.s. Proteins)

规格型号:5×1 mL

性能组成:活性成分：人血清，添加了化学物质和特殊生物学物质，添加的生物学物质如下：铁蛋白、C 反应蛋白、抗链球菌溶血素“O”；非活性成分：防腐剂和稳定剂。（具体内容详见产品说明书）

适用范围:该产品用于对 α 1-酸性糖蛋白（AAGP/GPROT）、α 1-抗胰蛋白酶（AAT/ATRYP）、补体 C3c（C3c）、补体 C4（C4）、C 反应蛋白（CRPL2）、铁蛋白（FERRITIN）、触珠蛋白（HAPT/HGLOB）、免疫球蛋白 A（IGA）、免疫球蛋白 G（IGG）、免疫球蛋白 M（IGM）、轻链 κ（Kappa）、轻链 λ（Lambda）、转铁蛋白（TRSF2）检测进行校准。

生产厂家:德国 Roche Diagnostics GmbH

注册代理:罗氏诊断产品(上海)有限公司

发证日期:2014. 10. 28 **截止日期**:2019. 10. 27

国械注进 20142405208

产品名称:D-二聚体校准品(D-Dimer Gen.2 Calibrator)

规格型号:6×0.5 mL（1：零点标准品，2-6：D-二聚体校准品）

性能组成:试剂一工作溶液：1 校准品含有人血清基质的零点标准品；2-6 校准品人血清基质中有 D-二聚体片段的校准品。（具体内容详见产品说明书）

适用范围:该校准品用于对纤维蛋白降解产物 D-二聚体的定量检测进行校准。

生产厂家:德国 Roche Diagnostics GmbH

注册代理:罗氏诊断产品(上海)有限公司

发证日期:2014. 10. 28 **截止日期**:2019. 10. 27

国械注进 20142405209

产品名称:糖化血红蛋白检测用异常值质控品(PreciControl HbA1c path)

规格型号:4×1 mL；4×1.0 mL(QCS)

性能组成:液体质控品中的反应组分：经溶血处理的人血液，外源性糖基化的糖化血红蛋白(HbA1c)。(具体内容详见产品说明书)

适用范围:该产品用于对糖化血红蛋白检测进行质量控制。
生产厂家:德国 Roche Diagnostics GmbH
注册代理:罗氏诊断产品(上海)有限公司
发证日期:2014. 10. 28　　**截止日期**:2019. 10. 27

国械注进 20143405210

产品名称:总前列腺特异性抗原(PSA)测定试剂盒(电化学发光法)(total PSA)
规格型号:100 测试/盒;200 测试/盒。
性能组成:试剂-工作溶液:包被链霉亲合素的磁珠微粒(透明瓶盖)、生物素化的抗前列腺特异性抗原抗体(灰盖)、钌复合物标记的抗前列腺特异性抗原抗体(黑盖)。(具体内容详见产品说明书)
适用范围:用于体外定量检测人体血清或血浆中的总前列腺特异性抗原,包括游离和结合两种形式。
生产厂家:德国 Roche Diagnostics GmbH
注册代理:罗氏诊断产品(上海)有限公司
发证日期:2014. 10. 28　　**截止日期**:2019. 10. 27

国械注进 20142405211

产品名称:β-胶原特殊序列检测试剂盒(电化学发光法)(β-CrossLaps/serum)
规格型号:100 测试/盒
性能组成:试剂-工作溶液:链霉亲合素包被的微粒(透明瓶盖),1 瓶;生物素化的抗β-胶原特殊序列抗体(灰盖),1 瓶;钌复合物标记的抗β-胶原特殊序列抗体(黑盖),1 瓶。(具体内容详见产品说明书)
适用范围:该产品用于体外定量测定人血清和血浆中 I 型胶原的分解产物。
生产厂家:德国 Roche Diagnostics GmbH
注册代理:罗氏诊断产品(上海)有限公司
发证日期:2014. 10. 28　　**截止日期**:2019. 10. 27

国械注进 20142405212

产品名称:肌酸激酶测定试剂盒(IFCC 法)(CK NAC liquiUV)
规格型号:试剂 1:8ml × 10 试剂 2:10ml × 2/盒产品代码:12015;试剂 1:50ml × 2 试剂 2:10ml ×2/盒 产品代码:12019;试剂 1:100ml×2 试剂 2:20ml × 2/盒 产品代码:12020;试剂 1:75ml × 2 试剂 2:15ml × 2/盒 产品代码:022221;试剂 1:30ml× 5 试剂 2:30ml × 1/盒 产品代码:032221;试剂 1:50ml × 5 试剂 2:10ml × 5/盒 产品代码:042221;试剂 1:75ml × 2 试剂 2:15ml × 2/盒 产品代码:052221;试剂 1:50ml × 5 试剂 2:50ml × 1/盒 产品代码:062221;400 ml 产品代码:120151;360 个测试 产品代码:12015600;1L 产品代码:12015B/1;1L 产品代码:12015B/2。
性能组成:试剂 1(R1):咪唑缓冲液(pH6.2)、葡萄糖、乙酸镁、EDTA-Na、AMP、N-乙酰半胱氨酸、二腺苷五磷酸盐、NADP、HK、SH 稳定剂、叠氮钠;试剂 2(R2):ADP、G6P-DH、磷酸肌酸、叠氮钠。(具体内容详见产品说明书)
适用范围:该产品用于测定血清或血浆肌酸激酶(CK)的活性。
生产厂家:德国 HUMAN Gesellschaft fur Biochemica und Diagnostica mbH
注册代理:德国胡曼生化诊断有限责任公司北京代表处
发证日期:2014. 10. 28　　**截止日期**:2019. 10. 27

国械注进 20142405213

产品名称:凝血酶时间测定试剂盒(HemoStat Thrombin Time)
规格型号:试剂:1 ml × 6 产品代码:34002。
性能组成:试剂:凝血酶试剂,干粉剂,牛凝血酶,缓冲液(Nacl 0.09%)。(具体内容详见产品说明书)
适用范围:该产品用于测定血浆凝血酶时间。
生产厂家:德国 HUMAN Gesellschaft fur Biochemica und Diagnostica mbH
注册代理:德国胡曼生化诊断有限责任公司北京代表处
发证日期:2014. 10. 28　　**截止日期**:2019. 10. 27

国械注进 20142405214

产品名称:凝血酶原时间测定试剂盒(HemoStat Thromboplastin-SI)
规格型号:试剂:2 ml × 6 产品代码:31002,试剂:10 ml × 6 产品代码:31003。
性能组成:试剂:凝血酶原试剂,干粉剂:兔脑提取物,氯化钙。(具体内容详见产品说明书)
适用范围:该产品用于测定血浆凝血酶原时间。
生产厂家:德国 HUMAN Gesellschaft fur Biochemica und Diagnostica mbH
注册代理:德国胡曼生化诊断有限责任公司北京代表处
发证日期:2014. 10. 28　　**截止日期**:2019. 10. 27

国械注进 20142405215

产品名称:丙氨酸氨基转移酶测定试剂盒(速率法)(GPT(ALAT) IFCC mod. liquiUV)
规格型号:试剂 1:40 ml × 8 试剂 2:10 ml × 8/盒产品代码:12022;试剂 1:200 ml × 4 试剂 2:50 ml× 4/盒 产品代码:12032;试剂 1:80 ml × 5 试剂 2:20 ml × 5/盒 产品代码:020911;试剂 1:50 ml× 4 试剂 2:50 ml × 1/盒 产品代码:030911;试剂 1:60 ml × 5 试剂 2:15 ml × 5/盒 产品代码:040911;试剂 1:80 ml × 6 试剂 2:20 ml × 6/盒 产品代码:050911;试剂 1:40 ml × 5 试剂 2:50 ml ×1/盒 产品代码:060911;1550 个测试 产品代码:12022600;1L 产品代码:12012B/1;1L 产品代码:12012B/2。
性能组成:试剂 1(R1):TRIS 缓冲液(pH7.4),L-丙氨酸,乳酸脱氢酶(LDH),叠氮钠;试剂 2(R2):2-酮戊二酸,NADH,叠氮钠。(具体内容详见产品说明书)
适用范围:该产品用于测定血清或血浆丙氨酸氨基转移酶(ALT)的活性。
生产厂家:德国 HUMAN Gesellschaft fur Biochemica und Diagnostica mbH
注册代理:德国胡曼生化诊断有限责任公司北京代表处
发证日期:2014. 10. 28　　**截止日期**:2019. 10. 27

国械注进 20142405216

产品名称:尿素测定试剂盒(速率法)(Urea liquiUV)
规格型号:试剂 1:100 ml × 1 试剂 2:100 ml × 1/盒标准品:3 ml × 1 产品代码:10505;试剂 1:40 ml ×8 试剂 2:10 ml × 8/盒 标准品:3 ml × 1 产品代码:10521;试剂 1:80 ml × 5 试剂 2:20 ml × 5/盒 标准品:3 ml × 1 产品代码:021711;试剂 1:50 ml × 4 试剂 2:50 ml × 1/盒 标准品:3 ml × 1 产品代码:031711;试剂 1:60 ml × 5 试剂 2:15 ml × 5/盒 标准品:3 ml × 1 产品代码:041711;试剂 1:80 ml × 6 试剂 2:20 ml × 6/盒 标准品:3 ml × 1 产品代码:051711;1250 个测试 产品代码:10521600。
性能组成:试剂 1(R1):Tris(pH7.8)、ADP、脲酶、GLDH、叠氮钠;试剂 2(R2):α-酮戊二酸、NADH、叠氮钠、标准液、叠氮钠。(具体内容详见产品说明书)
适用范围:该产品用于血清或血浆尿素含量测定。
生产厂家:德国 HUMAN Gesellschaft fur Biochemica und Diagnostica mbH
注册代理:德国胡曼生化诊断有限责任公司北京代表处
发证日期:2014. 10. 28　　**截止日期**:2019. 10. 27

国械注进 20142405217

产品名称:天门冬氨酸氨基转移酶测定试剂盒(速率法)(GOT(ASAT) IFCC mod. liquiUV)
规格型号:试剂 1:40 ml × 8 试剂 2:10 ml × 8/kit 产品号:12021;试剂 1:200 ml × 4 试剂 2:50 ml ×4/kit 产品号:12031;试剂 1:80 ml × 5 试剂 2:20ml × 5/kit 产品号:021011;试剂 1:50 ml × 4 试剂 2:50 ml × 1/kit 产品号:031011;试剂 1:60 ml × 5 试剂 2:15 ml × 5/kit 产品号:041011;试剂 1:80 ml × 6 试剂 2:20 ml × 6/kit 产品号:051011;试剂 1:40 ml × 5 试剂 2:50 ml × 1/kit 产品号:061011;1550 个测试 产品号:12021600;1L 产品号:12011B/1;1L 产品号:12011B/2。
性能组成:试剂 1(R1):TRIS 缓冲液(PH7.9)、L-天门冬氨酸、乳酸脱氢酶(LDH)、苹果酸脱氢酶(MDH)、叠氮钠;试剂 2(R2):α-酮戊二酸、NADH、叠氮钠。(具体内容详见产品说明书)
适用范围:该产品用于测定血清或血浆天门冬氨酸氨基转移酶(AST)的活性。
生产厂家:德国 HUMAN Gesellschaft fur Biochemica und Diagnostica mbH

注册代理:德国胡曼生化诊断有限责任公司北京代表处
发证日期:2014. 10. 28 **截止日期**:2019. 10. 27

国械注进 20142405218

产品名称:糖化血红蛋白(HbA1c)测定试剂盒(HbA1c liquidirect)
规格型号:40 ml ×1 /盒 产品代码: 10770 80 ml ×1 /盒 产品代码: 10771 200 ml 产品代码: 107701 135个测试 产品代码: 10770600
性能组成:胶乳试剂、缓冲液、抗体、溶血试剂。(具体内容详见产品说明书)
适用范围:该产品用于人全血中糖化血红蛋白浓度的测定。
生产厂家:德国 HUMAN Gesellschaft fur Biochemica und Diagnostica mbH
注册代理:德国胡曼生化诊断有限责任公司北京代表处
发证日期:2014. 10. 28 **截止日期**:2019. 10. 27

国械注进 20142405219

产品名称:尿酸测定试剂盒(酶比色法)(Uric acid liquicolor)
规格型号:试剂: 30 ml × 4 /盒 标准品: 3 ml ×1 产品代码: 10690 试剂: 100 ml×4 /盒 标准品: 3ml × 1 产品代码: 10691 试剂: 100 ml×6 /盒 标准品: 3 ml × 1 产品代码: 021821 试剂: 50ml ×6/盒 标准品: 3 ml × 1 产品代码: 031821 试剂: 60ml×6 /盒 标准品: 3 ml × 1 产品代码: 041821 试剂: 100ml×6 /盒 标准品: 3 ml × 1 产品代码: 051821 试剂: 50ml×6 /盒 标准品: 3 ml × 1 产品代码: 061821 1 L 产品代码: 10690B/1
性能组成:试剂:磷酸盐缓冲液(pH7.5), TOOS, 抗坏血酸氧化酶; 标准液, 叠氮钠。(具体内容详见产品说明书)
适用范围:该产品用于测定血清或血浆中尿酸(UA)的含量。
生产厂家:德国 HUMAN Gesellschaft fur Biochemica und Diagnostica mbH
注册代理:德国胡曼生化诊断有限责任公司北京代表处
发证日期:2014. 10. 28 **截止日期**:2019. 10. 27

国械注进 20142405220

产品名称:α-淀粉酶测定试剂盒(速率法)(α-Amylase liquicolor)
规格型号:10 ml × 12 /盒 产品编号: 12018; 50 ml× 6 /盒 产品编号: 12028; 20 ml × 10 /盒 产品编号: 022521; 40 ml × 5 /盒 产品编号: 032521; 20ml × 10 /盒 产品编号: 042521; 20 ml × 10 /盒 产品编号: 052521; 50 ml × 6 /盒 产品编号: 062521; 7 x 50 ml 产品编号: 120281; 780个测试 产品编号: 12028600; 1L 产品编号: 12028B/1。
性能组成:MES 缓冲液(pH6.0), CNPG3, 醋酸钙, 氯化钠, 硫氰酸钾, 叠氮钠。(具体内容详见产品说明书)
适用范围:该产品用于测定血清、血浆中的淀粉酶(α-AMY)的活性。
生产厂家:德国 HUMAN Gesellschaft fur Biochemica und Diagnostica mbH
注册代理:德国胡曼生化诊断有限责任公司北京代表处
发证日期:2014. 10. 28 **截止日期**:2019. 10. 27

国械注进 20142405221

产品名称:γ-谷氨酰转移酶测定试剂盒(速率法)(γ -GT liquicolor)
规格型号:试剂1:40 ml × 8 试剂2:10 ml × 8 /盒产品代码: 12023; 试剂1: 200 ml × 4 试剂2: 50 ml× 4 /盒 产品代码: 12033; 试剂1: 80 ml × 5 试剂2: 20 ml × 5 /盒 产品代码: 021111; 试剂1: 50 ml× 4 试剂2: 50 ml × 1 /盒 产品代码: 031111; 试剂1: 60 ml × 5 试剂2: 15 ml × 5 /盒 产品代码: 041111; 试剂1: 80 ml × 6 试剂2: 20 ml × 6 /盒 产品代码: 051111; 试剂1: 40 ml × 5 试剂2: 50 ml ×1 /盒 产品代码: 061111; 750 个测试 产品代码: 12023600; 1L 产品代码: 12013B/1; 1L 产品代码: 12013B/2。
性能组成:试剂 1(R1):Tris 缓冲液(pH 8.30), 双甘氨肽; 试剂2(R2):L-γ-谷氨酰-3-羧基-4-硝基苯胺。(具体内容详见产品说明书)
适用范围:该产品用于测定血清或血浆γ-谷氨酰转移酶(γ-GT)的浓度。
生产厂家:德国 HUMAN Gesellschaft fur Biochemica und Diagnostica mbH
注册代理:德国胡曼生化诊断有限责任公司北京代表处
发证日期:2014. 10. 28 **截止日期**:2019. 10. 27

国械注进 20142405222

产品名称:葡萄糖测定试剂盒(HK 法)(Glucose liquiUVmono)
规格型号:试剂: 100ml ×4 /盒 标准品:3ml × 1 产品代码: 10785 ; 试剂: 1000ml×1 /盒 标准品:3ml ×1 产品代码: 10786; 试剂: 100ml ×6 /盒 标准品:3ml× 1 产品代码: 023011; 试剂: 50ml ×6 /盒 标准品:3ml × 1 产品代码: 033011; 试剂: 60ml ×6 /盒 标准品:3ml × 1 产品代码: 043011; 试剂: 100ml ×6/盒 标准品:3ml × 1 产品代码: 053011; 试剂: 50ml×6 /盒 标准品:3ml × 1 产品代码: 063011。
性能组成:酶试剂:PIPES 缓冲液(pH7.6), ATP, NAD+ , 镁离子, 己糖激酶, 葡萄糖-6-磷酸脱氢酶, 叠氮钠, 标准液。(具体内容详见产品说明书)
适用范围:该产品用于测定血清或血浆葡萄糖的含量。
生产厂家:德国 HUMAN Gesellschaft fur Biochemica und Diagnostica mbH
注册代理:德国胡曼生化诊断有限责任公司北京代表处
发证日期:2014. 10. 28 **截止日期**:2019. 10. 27

国械注进 20142405223

产品名称:肌酐测定试剂盒(Creatinine liquicolor)
规格型号:见附页
性能组成:试剂1(R1): 苦味酸; 试剂2(R2):氢氧化钠; 标准液。(具体内容详见产品说明书)
适用范围:该产品用于体外测定血清中肌酐(Cr)的含量。
生产厂家:德国 HUMAN Gesellschaft fur Biochemica und Diagnostica mbH
注册代理:德国胡曼生化诊断有限责任公司北京代表处
发证日期:2014. 10. 28 **截止日期**:2019. 10. 27

国械注进 20142405224

产品名称:活化部分凝血活酶时间测定试剂盒(HemoStat aPTT-EL)
规格型号:试剂1: 6 × 4 ml 试剂2: 6 × 4 ml 产品代码: 33002; 试剂1: 6 × 4ml 产品代码: 33012; 试剂1: 6 × 10 ml 产品代码: 33013; 试剂2: 4 × 30 ml 产品代码: 33022。
性能组成:试剂 1:兔脑磷脂, 鞣酸, 缓冲液, 盐类 (NaCl), 稳定剂 (NaN3); 试剂 2: 氯化钙, 盐类 (NaCl 0.09%) 和稳定剂。(具体内容详见产品说明书)
适用范围:该产品用于测定血浆活化部分凝血活酶时间。
生产厂家:德国 HUMAN Gesellschaft fur Biochemica und Diagnostica mbH
注册代理:德国胡曼生化诊断有限责任公司北京代表处
发证日期:2014. 10. 28 **截止日期**:2019. 10. 27

国械注进 20142405225

产品名称:葡萄糖测定试剂盒(GOD 法)(Glucose liquicolor)
规格型号:试剂: 1000 ml × 1 /盒 标准品: 3 ml ×1 产品代码: 10121; 试剂: 100 ml × 4/盒 标准品: 3 ml × 1 产品代码: 10260; 试剂: 100ml × 6 /盒标准品: 3 ml × 1 产品代码: 023021; 试剂: 50 ml× 6 /盒 标准品: 3 ml × 1 产品代码: 033021; 试剂: 60 ml × 6 /盒 标准品: 3 ml × 1 产品代码: 043021; 试剂: 100 ml × 6 /盒 标准品: 3 ml × 1 产品代码: 053021; 试剂: 50 ml × 6 /盒 标准品: 3 ml× 1 产品代码: 063021; 1260 个测试 产品代码: 10260600。
性能组成:磷酸缓冲液(pH7.5), 4 - 氨基安替比林, 苯酚, 葡萄糖氧化酶, 过氧化物酶, 变旋酶, 稳定剂, 标准液。(具体内容详见产品说明书)
适用范围:该产品用于测定血清或血浆葡萄糖的含量。
生产厂家:德国 HUMAN Gesellschaft fur Biochemica und Diagnostica mbH
注册代理:德国胡曼生化诊断有限责任公司北京代表处
发证日期:2014. 10. 28 **截止日期**:2019. 10. 27

国械注进 20142405226

产品名称:纤维蛋白原测定试剂盒(HemoStat Fibrinogen)
规格型号:100 个测试/盒, 产品代码: 32002。
性能组成:R1(凝血酶试剂, 冻干粉): 牛凝血酶; R2: 咪唑缓冲盐溶液, 咪唑, 缓冲液 (NaCl 0.09%) 和 (NaN3 0.05%)。(具体内容详见产品说

明书)
适用范围:该产品用于测定血浆纤维蛋白原的活性。
生产厂家:德国 HUMAN Gesellschaft fur Biochemica und Diagnostica mbH
注册代理:德国胡曼生化诊断有限责任公司北京代表处
发证日期:2014.10.28 **截止日期**:2019.10.27

国械注进 20142405227

产品名称:甘油三酯测定试剂盒(终点法)(Triglycerides liquicolorMono)
规格型号:试剂: 100 ml × 4 / 盒 标准品: 3 ml ×1 产品代码: 10724; 试剂: 250 ml × 3 /盒 标准品: 3 ml × 1 产品代码: 10725; 试剂: 100 ml × 6 /盒标准品: 3 ml × 1 产品代码: 020111; 试剂: 50 ml× 6 /盒 标准品: 3 ml × 1 产品代码: 030111; 试剂: 60 ml × 6 /盒 标准品: 3 ml × 1 产品代码: 040111; 试剂: 100 ml × 6 /盒 标准品: 3 ml × 1 产品代码: 050111; 试剂: 50 ml × 6 /盒 标准品: 3 ml× 1 产品代码: 060111; 630 个测试 产品代码: 10724600; 1L 产品代码: 10724B/1。
性能组成:PIPES 缓冲液(pH7.5), 4-氯酚, 4 氨基安替比林, 镁离子, ATP, 脂酶, 过氧化物酶(POD), 甘油激酶(GK), 甘油-3-磷酸氧化酶(GPO), 叠氮钠, 标准液。(具体内容详见产品说明书)
适用范围:该产品用于测定血清或血浆甘油三酯(TG)的含量。
生产厂家:德国 HUMAN Gesellschaft fur Biochemica und Diagnostica mbH
注册代理:德国胡曼生化诊断有限责任公司北京代表处
发证日期:2014.10.28 **截止日期**:2019.10.27

国械注进 20142405228

产品名称:甘油三酯测定试剂盒(GPO-PAP 法)(TG-KL·R1、TG-KL·R2、TG-P·KL·R1、TG-P·KL·R2)
规格型号:a) 包装规格 1: 1) 酶液 A (TG-KL·R1): 85mL×3; 2) 酶液 B (TG-KL·R2):20mL×3。b) 包装规格 2: 1) 酶液 A(TG-P·KL·R1): 60mL×3; 2) 酶液 B (TG-P·KL·R2): 20mL×3。
性能组成:1) 酶液 A: 甘油激酶, 葡萄糖-6-磷酸脱氢酶, 腺苷-5'-三磷酸; 2) 酶液 B: 脂蛋白脂肪酶, ADP 依赖型己糖激酶, β-烟酰胺腺嘌呤二核苷酸氧化型, 葡萄糖。
适用范围:该产品用于人血清或血浆中甘油三酯的体外定量检测。
生产厂家:日本 SYSMEX CORPORATION
注册代理:希森美康医用电子(上海)有限公司
发证日期:2014.10.28 **截止日期**:2019.10.27

国械注进 20142405229

产品名称:尿微量白蛋白/肌酐质控品(Microalbumin/Creatinine Low and High Control Kit)
规格型号:2 瓶低值质控品(复溶后 3.6mL/瓶); 2 瓶高值质控品(复溶后 3.6mL/瓶); 4 瓶复溶液(3.6mL/瓶)。
性能组成:含有人血清白蛋白和肌酐的稳定冻干产品。本产品还包括: 4 根移液管、4 个滴管吸头、2 份产品说明书、1 张低值/高值质控卡(双面)。
适用范围:本产品用于尿微量白蛋白/肌酐检测的质控。
生产厂家:美国 Siemens Healthcare Diagnostics Inc.
注册代理:西门子医学诊断产品(上海)有限公司
发证日期:2014.10.28 **截止日期**:2019.10.27

国械注进 20142405230

产品名称:果糖胺检测试剂盒(比色法)(Fructosamine (FRUC))
规格型号:试剂瓶 1: 6 × 14 mL; 试剂瓶 1a: 6 × 6 mL。
性能组成:四唑氮蓝(NBT)试剂/缓冲液(试剂瓶 1 和试剂瓶 1a): 氯化硝基四氮唑蓝、胆酸钠、氯化钾、磷酸钾缓冲液、碳酸钾缓冲液、尿酸酶、去污剂。(具体内容详见产品说明书)
适用范围:该产品用于体外定量测定人类血清和血浆中的糖化蛋白(果糖胺)。
生产厂家:德国 Roche Diagnostics GmbH
注册代理:罗氏诊断产品(上海)有限公司
发证日期:2014.10.28 **截止日期**:2019.10.27

国械注进 20142405230

产品名称:果糖胺检测试剂盒(比色法)(Fructosamine (FRUC))
规格型号:试剂瓶 1: 6 × 14 mL; 试剂瓶 1a: 6 × 6 mL。
性能组成:四唑氮蓝(NBT)试剂/缓冲液(试剂瓶 1 和试剂瓶 1a): 氯化硝基四氮唑蓝、胆酸钠、氯化钾、磷酸钾缓冲液、碳酸钾缓冲液、尿酸酶、去污剂。(具体内容详见产品说明书)
适用范围:该产品用于体外定量测定人类血清和血浆中的糖化蛋白(果糖胺)。
生产厂家:德国 Roche Diagnostics GmbH
注册代理:罗氏诊断产品(上海)有限公司
发证日期:2014.10.28 **截止日期**:2019.10.27

国械注进 20142405231

产品名称:糖化血红蛋白质控品(Hemoglobin A1c Normal and Abnormal Control Kit)
规格型号:2 瓶正常质控品(复溶后 0.25mL/瓶); 2 瓶异常质控品(复溶后 0.25mL/瓶); 1 瓶复溶液(2.0mL)。
性能组成:冻干人血红细胞溶解液。本产品还包括: 4 个滴管帽组件, 3 份说明书和 1 张正常/异常质控品卡(双面)。
适用范围:本产品用于糖化血红蛋白检测的质控。
生产厂家:美国 Siemens Healthcare Diagnostics Inc.
注册代理:西门子医学诊断产品(上海)有限公司
发证日期:2014.10.28 **截止日期**:2019.10.27

国械注进 20143465232

产品名称:动力加压型接骨钢板(Bone Plate)
规格型号:见附页
性能组成:该产品由符合 GB4234-2003 规定的 00Cr18Ni14Mo3 不锈钢材料制成。非灭菌包装。
适用范围:产品适用于股骨大转子、股骨颈、股骨髁部骨折内固定。
生产厂家:德国 TREU Instrumente GmbH
注册代理:通用(上海)医疗器材有限公司
发证日期:2014.11.03 **截止日期**:2019.11.02

国械注进 20143775233

产品名称:临时腔静脉过滤器系统(商品名: TEMPOFILTER II)(TEMPOFILTER II Vena cava filter)
规格型号:4430098
性能组成:临时腔静脉过滤器系统由导丝、导管引入装置和过滤装置组成。导丝材料为不锈钢 AISI304V, 带有聚四氟乙烯涂层。引入装置由导鞘、环、扩张器、路厄锁构成。过滤装置中过滤器材料为可锻冷成型的钴-铬-镍-钼-铁合金, 留置导管材料为含有硫酸钡的氟化乙丙烯, 固定装置材料为硅树脂。产品经右颈内静脉植入, 最长植入期限 12 周。环氧乙烷灭菌, 一次性使用。
适用范围:用于几天至 12 周期间防止肺栓塞的形成, 适用于被诊断为具有暂时性血栓栓塞危险的病人。
生产厂家:法国 B.BRAUN MEDICAL
注册代理:贝朗医疗(上海)国际贸易有限公司
发证日期:2014.11.03 **截止日期**:2019.11.02

国械注进 20143665234

产品名称:无张力经阴道的尿道悬吊系统(商品名: TVT Family)(TVT Tension-Free Vaginal Tape System)
规格型号:810041B, 810051, 810061
性能组成:该产品由 TVT 悬吊系统、推针器和引导器组成, 其中悬吊系统包括吊带和导针。吊带由蓝色聚丙烯材料制成, 导针由 304 不锈钢制成, 推针器由 022Cr17Ni12Mo2 不锈钢制成, 导引器由 12Cr17Ni7 不锈钢制成。推针器和导引器为非灭菌产品, 可重复使用。TVT 悬吊系统经环氧乙烷灭菌, 一次性使用。
适用范围:该产品作为尿道中段悬吊带使用, 用于治疗因尿道过度活动和/或尿道内括约肌功能障碍造成的女性压力性尿失禁(SUI)。
生产厂家:瑞士 Ethicon SARL
注册代理:强生(上海)医疗器材有限公司
发证日期:2014.11.03 **截止日期**:2019.11.02

国械注进 20142665235

产品名称：一次性使用封闭式吸痰装置（（商品名：Kimberly-Clark*KimVent*）Trach Care Catheter）
规格型号：见附件
性能组成：主要部件组成：防尘帽（材料：低密度聚乙烯）、拇指控制阀（材料：丙烯腈一丁二烯一苯乙烯共聚物）、套管环（材料：聚丙烯）、管身（材料：聚氯乙烯）、导管套（材料：聚氨酯）、T-型环（材料：聚丙烯）、肘型接头（材料：丙烯酸树脂、丙烯腈一丁二烯一苯乙烯共聚物、聚氯乙烯）或Y型接头（材料：丙烯酸树脂）、密封盖（K树脂）。γ射线灭菌。
适用范围：该一次性使用封闭式吸痰装置是为祛除人工气管上的过量液体、分泌物、渗出物和漏出物所用的导管。适用于要求全范围呼吸和通气支持的置管患者。
生产厂家：美国 Kimberly-Clark
注册代理：上海医疗器械批发部有限公司
发证日期：2014. 11. 03　截止日期：2019. 11. 02

国械注进 20143635236

产品名称：银粉玻璃离子水门汀（商品名：而至 Miracle Mix）（歯科支台築造用グラスポリアルケノエートセメント）
规格型号：1-1 套装：15g 玻璃离子粉 1 瓶；10g(8.0ml)液 1 瓶；17g 银合金粉 1 瓶；小量匙 1 个；调拌纸 1 本；塑料调刀 1 把。单粉装：15g 玻璃离子粉 1 瓶，小量匙 1 个。单液装：10g(8.0ml)液 1 瓶。
性能组成：合金粉：银，锡，铜。粉剂：氟铝硅酸盐玻璃，颜料。液剂：纯净水，聚丙烯酸水溶液（50%水溶液），酒石酸。
适用范围：1. 桩核修复。2. 乳牙龋的充填。3. 需要充填体具有 X 射线阻射的患者。4. 垫底。5. I 类窝洞、局限性 II 类窝洞或暂时充填。
生产厂家：日本株式会社ジーシー
注册代理：而至齿科（苏州）有限公司
发证日期：2014. 11. 03　截止日期：2019. 11. 02

国械注进 20143665237

产品名称：一次性使用压力输液器（商品名：英舒菲）（Intrafix Primeline）
规格型号：4062182, 4062158, 4062957E
性能组成：一次性使用压力输液器由瓶塞穿刺器、滴壶、管路、注射口（4062182）、无针接口（4062158）、鲁尔锁定接头和保护套组成。环氧乙烷灭菌。货号为 4062182 的产品还带有防水膜，防水膜可以使输液器自动排气并防止液体渗漏。药液过滤器标称孔径为 15um。该产品增塑剂为 DEHT。
适用范围：与输液泵配合使用用于压力输注，也可用于重力输注。
生产厂家：德国 B. Braun Melsungen AG
注册代理：贝朗医疗（上海）国际贸易有限公司
发证日期：2014. 11. 03　截止日期：2019. 11. 02

国械注进 20142225238

产品名称：一次性碎石器（商品名：威势(V)）（デイスポーザブル砕石具）
规格型号：BML-V242QR-30, BML-V232QR-30, BML-V232QR-26, BML-V237QR-30, BML-V442QR-30, BML-V437QR-30, MAJ-441
性能组成：该产品由一次性碎石器和 BML 手柄组成，其中一次性碎石器分为推拉式和导丝式。碎石器为灭菌包装，一次性使用；BML 手柄为可重复使用。
适用范围：该产品与奥林巴斯指定内镜配套使用，用于粉碎胆管内的结石。
变更情况：变更日期：2015. 02. 26。“代理人住所：上海市外高桥保税区泰谷路 185 号第三层 E、F 部位”变更为“代理人住所：中国（上海）自由贸易试验区泰谷路 185 号第三层 E、F 部位”。
生产厂家：日本奥林巴斯医疗株式会社
注册代理：奥林巴斯贸易（上海）有限公司
发证日期：2014. 11. 03　截止日期：2019. 11. 02

国械注进 20143465239

产品名称：全覆膜快速交换胆道金属支架系统（商品名：WallFlex RX）（WallFlex Biliary RX Fully Covered Stent System）
规格型号：见附页
性能组成：该产品由支架和输送系统组成，支架为采用 DFT 工艺的金属丝编织而成，金属丝外层为镍钛合金，内芯为铂；支架体覆有 Permalume 膜；支架上有一个回收环，可在首次支架放置过程中取出支架；支架两端各有一个扩展口。输送系统为快速交换型，由外管、内管、远端手柄、近端手柄和心轴组成。环氧乙烷灭菌，一次性使用。
适用范围：该产品用于缓解恶性肿瘤引起的胆管狭窄。
生产厂家：美国波士顿科学公司（Boston Scientific Corporation）
注册代理：波科国际医疗贸易（上海）有限公司
发证日期：2014. 11. 03　截止日期：2019. 11. 02

国械注进 20143645240

产品名称：可降解耳鼻止血绵（商品名：纳吸绵）（Nasopore Nasal & Ear Dressing）
规格型号：Forte(8×2×1.5cm)；Forte(4×2×1.5cm)；Forte(4×2×0.15cm)；Forte(2×Φ1.2cm)。
性能组成：本品为多聚醚酯和聚氨酯合成的聚合海绵，使用后一周内降解成流体，降解物从鼻腔、外耳道或咽鼓管自然流出。
适用范围：用于鼻腔、中耳与外耳术后的暂时压迫止血与支撑。
生产厂家：荷兰 Polyganics BV
注册代理：保佳力科技（北京）有限公司
发证日期：2014. 11. 03　截止日期：2019. 11. 02

国械注进 20143465241

产品名称：结扎钉（商品名：Hemoclip Traditional）（Ligating Clips）
规格型号：523700、523735、523760、523770、523800、523835、523860、523870
性能组成：Hemoclip Traditional 系列结扎钉采用符合 ASTM F67 的钛材料制成。一次性使用产品，环氧乙烷灭菌。
适用范围：结扎钉是用于手术中结扎血管或者组织结构的工具，由外科医生选择最合适的结扎钉。
生产厂家：美国 Teleflex Medical
注册代理：泰利福医疗器械商贸（上海）有限公司
发证日期：2014. 11. 03　截止日期：2019. 11. 02

国械注进 20142665242

产品名称：一次性使用采血器（商品名：BD Microtainer® / 触压式一次性末梢采血器）（Contact-Activated Lancet）
规格型号：1.5 mm x 30G (0.31 mm) 1.8 mm x 21G (0.81 mm) 2.0mm x 1.5mm
性能组成：一次性使用采血器由外壳、内护帽、外护帽、刀片或针头、刀柄或针座、杠杆和弹簧组成。一次性使用采血器是一种无菌、一次性使用的末梢采血器具。该产品采用触压设计，使采血器的内置式针或刀片能快速完成一次弹出与回缩，在采样区形成预期深度和宽度的切口。激活后，刀片或针将回缩至采血器内并且不能再次激活，从而减少发生意外针刺伤的机会。此器械是一种独立的器械，在护帽被移除之前，刀片或者针头无菌。
适用范围：用于末梢血样采集的穿刺。
生产厂家：爱尔兰 Becton, Dickinson and Company Limited
注册代理：碧迪医疗器械（上海）有限公司
发证日期：2014. 11. 03　截止日期：2019. 11. 02

国械注进 20142215243

产品名称：胎儿监护仪（商品名：Sonicaid）（Fetal/Maternal Monitor）
规格型号：FM820Encore, FM830Encore
性能组成：FM830Encore：由主机、超声波探头两只（ACC-OBS-008）、外部宫缩压力探头（ACC-OBS-009）、IUP 导线（ACC-OBS-025）、血压袖带（ACC-MI1159）组成。FM820Encore：由主机、超声波探头两只（ACC-OBS-008）、外部宫缩压力探头（ACC-OBS-009）、IUP 导线（ACC-OBS-025）组成。
适用范围：本产品适用于在分娩中和分娩前监测胎儿和母亲的生理信号。
生产厂家：英国 Huntleigh Healthcare Ltd Diagnostic Products Division
注册代理：北京金协信商贸有限责任公司
发证日期：2014. 10. 31　截止日期：2019. 10. 30

国械注进 20142315244

产品名称：X 射线管组件（X-Ray Tube Housing Assembly）
规格型号：SG-796S / OPTI150

性能组成:管组件由管套、定子线圈、X 射线球管(包括阳极、阴极)、绝缘油组成。
适用范围:该产品用于普通放射成像、电影射线摄影、数字和胶片屏幕血管造影过程,作为医用 X 射线成像设备(R/F)的组件. 仅供整机制造商使用.
生产厂家:美国 Varian Medical Systems Interay
注册代理:瓦里安医疗器械贸易(北京)有限公司
发证日期:2014. 10. 31 **截止日期**:2019. 10. 30

国械注进 20142545245

产品名称:膨宫泵(Fluid Irrigation Pump for Hysteroscopy)
规格型号:H108
性能组成:该产品由泵体主机及附件组成,附件详见《附件列表》
适用范围:用于子宫镜检查并装有平衡系统的冲洗泵,其作用就是将液体注入子宫腔。
变更情况:变更日期:2015. 02. 02。"注册人名称:W. O. M. WORLD OF MEDICINE AG"变更为"注册人名称:W. O. M. WORLD OF MEDICINE GmbH"。
生产厂家:德国 W. O. M. WORLD OF MEDICINE AG
注册代理:杭州萨宾斯医疗设备有限公司
发证日期:2014. 10. 31 **截止日期**:2019. 10. 30

国械注进 20142405246

产品名称:全自动间接免疫荧光操作/酶联免疫一体机(Sprinter XL)
规格型号:Sprinter XL: Sprinter XL (240 通量): IFA/EISA include Incubator、IFA include Incubator、IFA、IFA/ELISA。Sprinter XL (160 通量): IFA/EISA include Incubator、IFA include Incubator、IFA、IFA/ELISA。
性能组成:该产品由样本和试剂加载模块、加样模块、稀释模块、温育模块、清洗模块、结果判读模块(ELISA 适用)和随机软件组成。
适用范围:该产品用于实现间接免疫荧光法从样本准备到最后清洗各个步骤的全自动处理,也可实现用酶联免疫吸附试验(ELISA)对自身免疫性疾病,感染性疾病以及变态反应性疾病病人血清或血浆中的抗体的体外检测。
生产厂家:德国 EUROIMMUN Medizinsche Labordiagnostika AG
注册代理:北京欧蒙生物技术有限公司
发证日期:2014. 10. 31 **截止日期**:2019. 10. 30

国械注进 20142575247

产品名称:清洗消毒机(Washer Disinfector)
规格型号:PG8536
性能组成:由清洗消毒机主机、烘干装置、蒸汽冷凝器、加热器、电导率测量组件、篮架组成。
适用范围:供医疗卫生单位对医疗器械进行清洗、消毒。
生产厂家:德国 Miele & Cie. KG
注册代理:美诺(上海)贸易有限公司
发证日期:2014. 10. 31 **截止日期**:2019. 10. 30

国械注进 20142555248

产品名称:牙科用数字印模仪(商品名:TRIOS)(Intraoral scanner system)
规格型号:T12A
性能组成:由扫描枪、小车、加热保护头、扫描头、校准头、电源电缆和插头组成。
适用范围:可直接获取牙齿形状的三维光学数字影像,用于齿科修复及种植治疗
生产厂家:丹麦 3Shape TRIOS A/S
注册代理:丹麦尚谱有限公司上海代表处
发证日期:2014. 10. 31 **截止日期**:2019. 10. 30

国械注进 20142555249

产品名称:牙科综合治疗机(Dental unit)
规格型号:S320 TR INTERNATIONAL、S320 TR CONTINENTAL、S320 TR SIDE DELIVERY
性能组成:S320 TR 系列牙科综合治疗机由治疗机、牙科椅(STERN 320P TR 型)、助手台、供水系统、口腔灯(VENUS PLUS -L)、脚踏控制(压力式)、器械台(S320 TR CONTINENTAL 器械台为上挂式,S320 TRINTERNATIONAL 器械台为下挂式,S320 TR SIDEDELIVERY 器械台为固定式)组成。
适用范围:供牙科诊断、治疗、手术用。
生产厂家:意大利 CEFLA S.C.
注册代理:苏州公理福医疗器械有限公司
发证日期:2014. 10. 31 **截止日期**:2019. 10. 30

国械注进 20142565250

产品名称:防褥疮床垫(Alternating-pressure bed mattress)
规格型号:Alpha Active 4
性能组成:产品由气泵(型号:648311)和气垫(型号:648324)组成。
适用范围:适用于褥疮的预防和护理。
生产厂家:瑞典 ArjoHuntleigh AB
注册代理:安究(上海)医疗设备贸易有限公司
发证日期:2014. 10. 31 **截止日期**:2019. 10. 30

国械注进 20142565251

产品名称:防褥疮床垫(Alternating-pressure bed mattress)
规格型号:Alpha Active 3
性能组成:产品由气泵(型号:648301)和气垫(型号:648323)组成。
适用范围:适用于褥疮的预防和护理。
生产厂家:瑞典 ArjoHuntleigh AB
注册代理:安究(上海)医疗设备贸易有限公司
发证日期:2014. 10. 31 **截止日期**:2019. 10. 30

国械注进 20142405252

产品名称:全自动免疫荧光核型及滴度判读系统(EUROPattern Microscope)
规格型号:EUROPattern Microscope(V1. 1)
性能组成:该产品由主机、操作系统(EUROLabOffice)和机载软件组成,主机主要包括:显微镜机座、cLED 光源、目镜、物镜、滤光片、条码扫描器、载片盒、减震器、摄像机、3D 手动控制器。
适用范围:该产品用于体外诊断对组织切片和细胞进行的光学微观观察。该系统可结合 LIMS(实验室信息管理系统)软件 EUROLabOffice,用自动的工作流来选择和定位样本,传输拍摄的荧光图片并进行分析和判读。另外,仪器具备一个额外的 USB3D-控制器可手动控制显微镜。通过使用该手动控制器,自动操作过程中的一些不确定结果可由病理学家通过屏幕或荧光显微镜进行检查和分析。
生产厂家:德国 EUROIMMUN Medizinische Labordiagnostika AG
注册代理:北京欧蒙生物技术有限公司
发证日期:2014. 10. 31 **截止日期**:2019. 10. 30

国械注进 20142405253

产品名称:血凝分析仪(血液凝固分析装置)
规格型号:CG02N
性能组成:主要由显示屏、测试室、打印机、操作面板、磁卡阅读器及随机软件组成。
适用范围:该分析仪用于对血液样本进行凝血分析,包括凝血酶原时间(PT)、活化部分凝血活酶时间(APTT)、纤维蛋白原(FIB)。
生产厂家:日本 A&T Corporation
注册代理:东软安德医疗科技有限公司
发证日期:2014. 10. 31 **截止日期**:2019. 10. 30

国械注进 20142575254

产品名称:压力蒸汽灭菌器(Steam Sterilizer)
规格型号:HS6913 HS6915
性能组成:产品由灭菌室腔体、门、灭菌器管道系统、电气系统和控制系统组成。HS6913 HS6915 均有单门和双门两个规格。
适用范围:供医疗机构用于医疗物品的压力蒸汽灭菌。
备注:2015 年 1 月 13 日同意更正代理人住所内容,2014 年 10 月 31 日核发的中华人民共和国医疗器械注册证予以废止。
生产厂家:瑞典 Getinge Sterilization AB
注册代理:洁定贸易(上海)有限公司
发证日期:2014. 10. 31 **截止日期**:2019. 10. 30

国械注进 20142225255

产品名称:手持式眼压计(AccuPen Handheld Tonometer)
规格型号:24-3000
性能组成:该产品由手持式眼压计和一次性使用乳胶套(AccuTip Cover)(非无菌包装)组成,其中手持式眼压计由测压头端、液晶显示屏、操作按钮、电池组成。
适用范围:该产品用于测量病人眼压,以对青光眼进行诊断。
生产厂家:美国 Accutome, Inc.
注册代理:英国豪迈国际有限公司北京代表处
发证日期:2014.10.31 **截止日期**:2019.10.30

国械注进 20142225256

产品名称:裂隙灯显微镜(スリットランプ)
规格型号:SL-1800
性能组成:本产品由主机、校准棒和电源线组成。主机包括光学显微镜、滤光片元件、倍率变换元件、带变压器的基座部件、带固视灯的颚托。性能见产品标准。
适用范围:裂隙灯显微镜适用于对眼球的角膜上皮到晶状体后囊膜的观察、检查以及拍摄。
生产厂家:日本尼德克株式会社
注册代理:日本尼德克株式会社北京代表处
发证日期:2014.10.31 **截止日期**:2019.10.30

国械注进 20142555257

产品名称:高速气涡轮手机)(歯科用ガス圧式ハンドピース)
规格型号:X600BLED、X600WLED、X500BLED、X500WLED、X700BLED、X700WLED
性能组成:见附页。
适用范围:本产品用于口腔科钻、磨牙手术。
生产厂家:日本株式会社 中西(株式会社ナカニシ)
注册代理:上海磐速克国际贸易有限公司
发证日期:2014.10.31 **截止日期**:2019.10.30

国械注进 20142215258

产品名称:医用红外热像仪(Infrared Imaging System)
规格型号:IRIS-XP
性能组成:该产品由红外摄像头, 显示器(包含图像处理及显示单元),打印机,台车,红外摄像头支架,脚踏开关和电源模块组成。
适用范围:本产品为医用红外线热成像装置, 是感知从体表释放出来的红外线,并采集,将体表温度分布用图像来表示的设备
生产厂家:韩国 Medicore Co., Ltd
注册代理:北京高思明创科技有限公司
发证日期:2014.10.31 **截止日期**:2019.10.30

国械注进 20142405259

产品名称:洗板机 (商品名: 405LS) (Microplate Washer)
规格型号:405LSU、405LSUV、405LSUS、405LSUVS、405LSR、405LSRV、405LSRS、405LSRVS。
性能组成:该产品主要由洗板机主机、真空泵、储液瓶、管路、抽气模块及 LHC 软件组成。
适用范围:该产品用于临床检验实验室酶标板的清洗。
生产厂家:美国 BioTek Instruments, Inc.
注册代理:广州市番禺区华鑫科技有限公司
发证日期:2014.10.31 **截止日期**:2019.10.30

国械注进 20142225260

产品名称:角膜地形图仪(Corneal Topographer)
规格型号:Keratron, Keratron Scout
性能组成:Keratron(桌面型):由角膜地形图仪主机(VK), 头托, Keratron Bridge(通信桥, 包括电源与数据传输量部分功能), 和脚踏组成。Keratron Scout(便携型):由角膜地形图仪主机(VK), 头托, Docking Base(通信桥, 包括电源与数据传输量部分功能), 和脚踏组成。
适用范围:该产品临床适用于测量角膜表面数据。
生产厂家:意大利 OPTIKON 2000 S.p.A.
注册代理:上海明望医疗器械有限公司
发证日期:2014.10.31 **截止日期**:2019.10.30

国械注进 20142215261

产品名称:脉搏血氧仪(Finger Pulse Oximeter)
规格型号:Onyx® Vantage 9590
性能组成:该产品由主机组成。
适用范围:该产品用于在正常及低灌注的状态下即时测量及显示成人和小儿的动脉功能性氧饱和度(SpO2)和脉搏率。该产品可在医院、诊所、长期监护机构、受训的护理机构、重症监护室、手术转运及救护车运送需要快速检测的环境下使用。
生产厂家:美国 Nonin Medical, Inc.
注册代理:广州市赫特仪器有限公司
发证日期:2014.10.31 **截止日期**:2019.10.30

国械注进 20142705262

产品名称:患者编程软件(Custom Sound Suite)
规格型号:型号:Custom Sound Suite; 版本 4.0
性能组成:产品结构:由 Custom Sound 模块和 Custom Sound EP 模块组成。产品组成:由安装光盘和随机文件组成。版本:v4.0
适用范围:该软件或界面通过电脑和声音处理器对人工耳蜗系统进行编程。
生产厂家:澳大利亚 Cochlear Limited
注册代理:澳科利耳医疗器械(北京)有限公司
发证日期:2014.10.31 **截止日期**:2019.10.30

国械注进 20142555263

产品名称:种植用弯手机(手術用ドリルアタッチメント)
规格型号:Ti-Max X-DSG20、Ti-Max X-DSG20L、Ti-Max X-DSG20h、Ti-Max X-DSG20Lh
性能组成:本产品由弯手机组成。产品性能: 1)压盖式夹头; 2)拔出力应不小于 45N, 扭矩不小于 4N· cm; 3)水冷却, 外给水; 4)变速比 20:1; 5)径向跳动不超过 0.08mm; 6)光照要求(适用于型号 Ti-Max X-DSG20L、Ti-Max X-DSG20Lh):光照度不小于 6000lx。
适用范围:该产品适用于牙科种植手术。
生产厂家:日本株式会社 中西(株式会社ナカニシ)
注册代理:上海磐速克国际贸易有限公司
发证日期:2014.10.31 **截止日期**:2019.10.30

国械注进 20142265264

产品名称:立式振动训练系统(Galileo Vibration Training Device)
规格型号:Galileo Med S, Galileo Med M, Galileo Med M Plus, Galileo Med L, Galileo Med L Plus
性能组成:Galileo Med S 型产品由主机(包括训练平台、把手、操作部分控制器 0543 和遥控器)和电源线组成。Galileo Med M 型产品由主机(包括训练平台、把手)、固定架、操作架(包括操作部分控制器 0547 和操作部分钥匙)和电源线组成。Galileo Med M Plus 型产品由主机(包括训练平台、把手)、固定架、操作架(包括操作部分控制器 0545 和操作部分钥匙)和电源线组成。Galileo MedL 型产品由主机(包括训练平台、把手、操作部分控制器 0543 和遥控器)、固定架、操作架(包括操作部分控制器 0547 和操作部分钥匙)和电源线组成。Galileo Med LPlus 型产品由主机(包括训练平台、把手、操作部分控制器 0543 和遥控器)、固定架、操作架(包括操作部分控制器 0545 和操作部分钥匙)和电源线组成。
适用范围:产品通过振动训练方式, 用于提高肌肉力量、改善行动障碍患者的肌肉功能、改善平衡和协调性。
生产厂家:德国 Novotec Medical GmbH
注册代理:北京欧培德科技有限公司
发证日期:2014.10.31 **截止日期**:2019.10.30

国械注进 20142705265

产品名称:糖尿病管理软件(FreeStyle Auto-Assist Neo Diabetes Management Software)
规格型号:FreeStyle Auto-Assist Neo, 版本号 1.4
性能组成:该产品由软件应用程序光盘和使用指南组成。应用程序的组成模块包括: 创建报告、胰岛素设置和其他血糖血酮仪设置。
适用范围:该糖尿病管理软件可与辅理善越佳型至新(FreeStyle Optium Neo)血糖血酮仪和辅理善越佳型至新医院用(FreeStyle Optium

NeoH)血糖血酮仪配套使用，供患者及其专业医护人员使用，以帮助查看、分析和评估信息，如：血糖测试结果、血酮测试结果以及从血糖血酮仪上载的其他数据。本软件不用于糖尿病诊断或筛查。
生产厂家:英国 Abbott Diabetes Care Ltd.
注册代理:雅培贸易(上海)有限公司
发证日期:2014.10.31 **截止日期**:2019.10.30

国械注进 20142225266

产品名称:手术显微镜(Surgical Microscope)
规格型号:Leica M822 F20 Leica M822 F40 Leica M822 C40 Leica M822 CT40
性能组成:手术显微镜由显微镜镜体、支架和底座、控制单元、高清摄录像系统、脚踏控制单元、镜内图像投射装置（Leica DI C800)、眼底广角观察镜（LeicaRUV800 WD175, Leica RUV800 WD200，选配）、散光晶体定位目镜（Leica ToricEyePiece）和角膜镜（LeicaKeratoscope）组成。其中显微镜镜体包括显微镜主镜、照明装置、双目镜筒、助手镜、目镜（10×/ 8.33×/12.5×选配）、物镜（WD175/WD200/WD225 选配）和分光器。支架包括水平臂、摇臂和 XY 水平移动装置。
适用范围:该产品主要用于通过放大倍率和照明系统来改善物体的可视性，可以用于观察和记录以及用于病人的医学治疗。
生产厂家:瑞士 Leica Microsystems (Schweiz) AG
注册代理:徕卡显微系统(上海)贸易有限公司
发证日期:2014.10.31 **截止日期**:2019.10.30

国械注进 20142225267

产品名称:生物显微镜(Microscope)
规格型号:ECLIPSE 55i, ECLIPSE Ci-E, ECLIPSE Ci-L, ECLIPSE E200 MV
性能组成:该产品由主机、调焦机构(粗/微调机构)、目镜筒及目镜、物镜、物镜转换器、聚光镜、载物台及照明光源组成。
适用范围:该产品在医疗部门用于病理研究或标本检测。
生产厂家:日本 Nikon Corporation
注册代理:尼康仪器(上海)有限公司
发证日期:2014.10.31 **截止日期**:2019.10.30

国械注进 20142225268

产品名称:LED 内窥镜冷光源(LED Light Source)
规格型号:Light LED 1500、Light LED 3000
性能组成:Light LED 1500 LED 内窥镜冷光源(tk754-LA150)由光源主机、电源线和视频线缆 BNC(tk754-9992)/Y/C(tk 754-9991)组成，不含导光束，照射灯为 LED 光源。Light LED 3000LED 内窥镜冷光源(tk754-LA300)由光源主机、电源线和视频线缆 BNC(tk754-9992)组成，不含导光束，照射灯为 LED 光源。
适用范围:LED 内窥镜冷光源用于为内窥镜提供照明。
生产厂家:德国 Tekno-Medical Optik-Chirurgie GmbH
注册代理:山西埃尔气体系统工程有限公司
发证日期:2014.10.31 **截止日期**:2019.10.30

国械注进 20142405269

产品名称:血气检测用电极（商品名：Prime 传感器卡）(Prime Sensor Card CCS Comp)
规格型号:型号:Prime CCS Comp 规格:1 个/盒
性能组成:血气检测用电极由电极卡组成。
适用范围:该产品用于医学专业人士与 Stat Profile Prime CCS Comp 分析仪一起定量测定肝素化全血中的 pH、PCO2、PO2、Hct、Na+、K+、Cl-、iCa、Glu（血糖）和 Lac（乳酸盐）。
生产厂家:美国 Nova 生物医学公司
注册代理:广州市浩通贸易有限公司
发证日期:2014.10.31 **截止日期**:2019.10.30

国械注进 20143245270

产品名称:长脉冲 Nd:YAG 激光治疗仪
规格型号:Mercury
性能组成:由主机、导光系统、冷却装置和脚踏开关组成；主机由电源装置、触摸屏液晶显示器、激光指示器组成；导光系统由光缆和手柄组成。工作激光波长：1064nm±；10nm。能量密度数值不超过220J/cm2。详细参数见产品标准。
适用范围:用于治疗血管病变（毛细血管扩张和蛛网状血管）和去除多余毛发。
生产厂家:韩国 WON TECH Co., Ltd.
注册代理:北京润美康医药有限公司
发证日期:2014.11.14 **截止日期**:2019.11.13

国械注进 20143255271

产品名称:双极止血套装
规格型号:见审评报告附页
性能组成:产品由一次性使用双极止血刀头、金属管轴、手柄及电缆组成。手柄包含锁止按钮、连接器及密封帽。双极止血刀头为一次性使用，伽马射线灭菌。其他部件为非无菌提供。
适用范围:用于脊柱内窥镜手术中止血。
生产厂家:德国 SPINENDOS GmbH
注册代理:北京安德思考普商贸有限公司
发证日期:2014.11.14 **截止日期**:2019.11.13

国械注进 20143775272

产品名称:压力导丝
规格型号:C12008
性能组成:该产品由导丝、扭矩装置、连接线组成。该产品为灭菌包装，一次性使用。
适用范围:该产品经由经皮导管穿过血管，用于测量心脏、冠状血管的生理参数：血压和血温。
变更情况:变更日期：2015.01.26。“注册人名称:St. Jude Medical Systems AB 注册人住所:Palmbladsgatan 10, Box 6350, SE-751 35 Uppsala, Sweden”变更为“注册人名称:St. Jude Medical 注册人住所： 5050 Nathan Lane North Plymouth Minnesota 55442 USA”。
生产厂家:瑞典 St.Jude Medical Systems AB
注册代理:圣犹达医疗用品(上海)有限公司
发证日期:2014.11.14 **截止日期**:2019.11.13

国械注进 20143775273

产品名称:无线压力导丝
规格型号:无线压力导丝：C12058 接收器：C17040
性能组成:该产品由导丝、扭矩装置、发射器、接收器组成。该产品采用灭菌包装，一次性使用。
适用范围:该产品经由经皮导管穿过血管，用于测量心脏和冠状血管的生理参数：血压。
变更情况:变更日期：2015.01.26。“注册人名称:St. Jude Medical Systems AB 注册人住所:Palmbladsgatan 10, Box 6350, SE-751 35 Uppsala, Sweden”变更为“注册人名称:St. Jude Medical 注册人住所： 5050 Nathan Lane North Plymouth Minnesota 55442 USA”。
生产厂家:瑞典 St.Jude Medical Systems AB
注册代理:圣犹达医疗用品(上海)有限公司
发证日期:2014.11.14 **截止日期**:2019.11.13

国械注进 20143215274

产品名称:测试刺激电极
规格型号:3065U
性能组成:该产品由测试刺激电极（带钢丝）、病人连接电缆、测试刺激电缆、接地垫、穿刺针和无菌附件组成，其中无菌附件含有纱布块（大/小）、手术铺巾、消毒棉棒、病人连接电缆、药杯、滤器、10 毫升注射器、25G 注射针、20G 穿刺针、导管插入器、敷料、外科记号笔。该产品为一次性使用产品。
适用范围:该产品用于临时骶神经电刺激。
生产厂家:美国 Medtronic Inc.
注册代理:美敦力(上海)管理有限公司
发证日期:2014.11.14 **截止日期**:2019.11.13

国械注进 20143215275

产品名称:测试刺激电极
规格型号:3057
性能组成:该产品由测试刺激电极（带钢丝）和测试刺激电缆组成。该产品为一次性使用产品。

适用范围:该产品用于临时骶神经电刺激。
生产厂家:美国 Medtronic Inc.
注册代理:美敦力(上海)管理有限公司
发证日期:2014.11.14 截止日期:2019.11.13

国械注进 20143215276

产品名称:一次性使用注射射频电极(商品名: Cosman RF Injection Electrodes)(RF Injection Electrodes)
规格型号:见附页
性能组成:产品为一次性使用注射射频电极,环氧乙烷灭菌,CP 和 CR 系列一次性使用注射射频电极由电极针管、电极柄、注液管和连接导线组成;TCD 系列一次性使用注射射频电极由电极针、电极柄和连接导线组成。产品规格型号见附页。
适用范围:一次性使用注射射频电极是用于通过局部麻醉溶液或者射频毁损进行经皮神经阻滞,通过电刺激或者通过该设备注射显影剂并结合使用放射学影像对神经进行定位,神经可通过注射麻醉剂或者制造一个射频毁损灶被阻滞。
生产厂家:美国 COSMAN MEDICAL, INC.
注册代理:北京智杰华隆技术发展有限公司
发证日期:2014.11.04 截止日期:2019.11.03

国械注进 20143545277

产品名称:麻醉系统(Anesthesia Workstation)
规格型号:Perseus A500
性能组成:本产品由机架、控制面板、呼吸系统、麻醉气体蒸发器(Vapor 2000 型用于异氟醚、七氟醚;Vapor3000 型用于异氟醚、七氟醚;D-Vapor、D-Vapor3000)、流量控制单元(O2、N2O 和空气)、麻醉气体监测模块、辅助氧气流量计、后备气瓶压力传感器、外部新鲜气体出口(可选)、负压吸引器(可选)。呼吸系统包括涡轮呼吸机、气体采样管、滤水杯、手动皮囊接口、流量传感器、吸气单向阀、呼气单向阀、手动皮囊支撑臂(可选)、可重复使用 CO2 吸收罐、麻醉废气排放系统(AGSS)(可选)、APL 阀、顺磁氧。
适用范围:适用于成人、儿童和新生儿麻醉,可用于机械和手动通气、压力支持自主呼吸和自主呼吸。
生产厂家:德国 Draeger Medical GmbH
注册代理:德尔格医疗设备(上海)有限公司
发证日期:2014.11.04 截止日期:2019.11.03

国械注进 20143265278

产品名称:机械血栓切除系统(商品名: Straub)(Mechanical thrombectomy System)
规格型号:见附页
性能组成:切除系统由 Straub 医疗动力系统、Straub 旋转导管套装(RotarexS 和 AspirexS 产品系列)两部分组成。Straub 医疗动力系统(型号: SRS-Set)包括下列组件:电机(型号: SRS-M),脚踏板(型号: SRS-F),控制仪(型号: SRS-CU),附件(导丝、灭菌覆盖布)组成。
适用范围:Aspirex S 导管配合 Straub 医疗动力系统用于除心肺、冠状动脉和脑循环之外的血管,经皮腔内切除新鲜血栓或血栓栓塞,RotarexS 导管和 Straub 医疗动力系统配合使用,用于除心肺、冠状动脉和脑循环之外的血管内新鲜、亚急性和慢性阻塞中的血栓、血栓栓塞物和动脉粥样硬化物质的经皮腔内切除。产品适用于心肺、冠状动脉和大脑循环外部原生血管或支架安装血管、支架移植物或原生/人造旁支。
变更情况:变更日期: 2015.02.02。“代理人住所:嘉定区环城路 200 号 D110”变更为“代理人住所:上海市嘉定区徐行镇曹胜路 388 号 9 幢 202 室”。
生产厂家:瑞士 Straub Medical AG
注册代理:上海美创医疗器械有限公司
发证日期:2014.11.04 截止日期:2019.11.03

国械注进 20143545279

产品名称:婴儿培养箱(商品名: Incu i)(定置型保育器)
规格型号:Atom Infant Incubator 101
性能组成:产品由主机、显示屏幕、皮肤温度传感器、湿度传感器、氧浓度传感器和罩子组成。
适用范围:该产品属于新生儿、早产儿保育装置,其目的在于管理低温体质新生儿的体温,进行新生儿室内的观察和检查,防止分娩后体温降低、新生儿外科的术前/术后集中看护,主要供医疗单位、妇幼保健院使用。
生产厂家:日本 ATOM MEDICAL 株式会社/アトムメディカル株式会社
注册代理:北京百世和泰医疗器械有限公司
发证日期:2014.11.04 截止日期:2019.11.03

国械注进 20143545280

产品名称:组织粉碎器(Electronic motor system)
规格型号:TCM 3000 BL
性能组成:本产品由主机、脚踏开关、电机、粉碎手柄、连接手柄、粉碎管、保护鞘(含内杆)、穿刺鞘、密封件和肌瘤钻组成。具体型号规格见附页。
适用范围:本产品用于妇科疾病的腹腔镜手术,用于子宫肌瘤和子宫的粉碎和移除。
生产厂家:瑞士 NOUVAG AG
注册代理:北京德华信达技术有限公司
发证日期:2014.11.04 截止日期:2019.11.03

国械注进 20143305281

产品名称:医用血管造影 X 射线系统(Medical Angiography X-ray System)
规格型号:UNIQ Clarity FD20/10
性能组成:产品由高压发生装置(型号:Certeray iX)、X 射线管组件(型号:MRC 200 0407 ROT-GS 1004 和 MRC 2000508 ROT-GS 1003)、限束器、患者支撑装置(型号:Xpertable 或 Xper table standard)、平板探测器(型号:Pixium 3040 和 Pixium 4800)、机架(正面落地臂架和侧面悬吊臂架)、显示器(检查室显示器和控制室显示器)、Xper 模块,几何模块、成像模块、复审模块和电气控制系统(包括 B-Cabinet, R-Cabinet 和 M-Cabinet)组成。
适用范围:该产品用于临床血管和心血管介入过程的 X 射线成像和诊断。
备注:依据食品药品监管总局关于实施《医疗器械注册管理办法》和《体外诊断试剂注册管理办法》有关事项的通知规定,该产品按原规定继续审评审批,根据原《医疗器械注册管理办法》第十五条有关规定,该产品暂缓注册检测。生产企业必须在首台医疗器械入境后、投入使用前完成注册检测。经检验合格后方可投入使用。
生产厂家:荷兰 Philips Medical Systems Nederland B.V.
注册代理:飞利浦(中国)投资有限公司
发证日期:2014.11.04 截止日期:2019.11.03

国械注进 20143305282

产品名称:医用血管造影 X 射线系统(Medical Angiography X-ray System)
规格型号:UNIQ Clarity FD20/20
性能组成:产品由高压发生装置(型号:Certeray iX)、X 射线管组件(型号:MRC 200 0407 ROT-GS 1004 和 MRC 2000508 ROT-GS 1003)、限束器、患者支撑装置(型号:Xpertable 或 Xper table standard)、平板探测器(型号:Pixium 3040 和 Pixium 4700)、机架(正面落地臂架和侧面悬吊臂架)、显示器(检查室显示器和控制室显示器)、Xper 模块,几何模块、成像模块、复审模块和电气控制系统(包括 B-Cabinet, R-Cabinet 和 M-Cabinet)组成。
适用范围:该产品用于临床血管和心血管介入过程的 X 射线成像和诊断。
备注:依据食品药品监管总局关于实施《医疗器械注册管理办法》和《体外诊断试剂注册管理办法》有关事项的通知规定,该产品按原规定继续审评审批,根据原《医疗器械注册管理办法》第十五条有关规定,该产品暂缓注册检测。生产企业必须在首台医疗器械入境后、投入使用前完成注册检测。经检验合格后方可投入使用。
生产厂家:荷兰 Philips Medical Systems Nederland B.V.
注册代理:飞利浦(中国)投资有限公司
发证日期:2014.11.04 截止日期:2019.11.03

国械注进 20143305283

产品名称:医用血管造影 X 射线系统(Medical Angiography X-ray System)
规格型号:UNIQ Clarity FD10/10

性能组成:产品由高压发生装置(型号:Certeray iX)、X 射线管组件(型号:MRC 200 0508 ROT-GS 1003)、限束器、患者支撑装置(型号:Xper table 或 Xper tablestandard)、平板探测器(型号:Pixium 4800)、机架(正面落地臂架和侧面悬吊臂架)、显示器(检查室显示器和控制室显示器)、Xper 模块,几何模块、成像模块、复审模块和电气控制系统(包括 B-Cabinet, R-Cabinet 和 M-Cabinet)组成。
适用范围:该产品用于临床血管和心血管介入过程的 X 射线成像和诊断。
备注:依据食品药品监管总局关于实施《医疗器械注册管理办法》和《体外诊断试剂注册管理办法》有关事项的通知规定,该产品按原规定继续审评审批,根据原《医疗器械注册管理办法》第十五条有关规定,该产品暂缓注册检测。生产企业必须在首台医疗器械入境后、投入使用前完成注册检测。经检验合格后方可投入使用。
生产厂家:荷兰 Philips Medical Systems Nederland B.V.
注册代理:飞利浦(中国) 投资有限公司
发证日期:2014.11.04 **截止日期**:2019.11.03

国械注进 20143305284

产品名称:医用血管造影 X 射线系统(Medical Angiography X-ray System)
规格型号:UNIQ Clarity FD10
性能组成:产品由高压发生装置(型号:Certeray iX)、X 射线管组件(型号:MRC 200 0508 ROT-GS 1003)、限束器、患者支撑装置(型号:Xper table 或 Xper tablestandard)、平板探测器(型号:Pixium 4800)、机架(天悬臂架或落地臂架)、显示器(检查室显示器和控制室显示器)、Xper 模块,几何模块、成像模块、复审模块和电气控制系统(包括 B-Cabinet, R-Cabinet 和 M-Cabinet)组成。
适用范围:该产品用于临床血管和心血管介入过程的 X 射线成像和诊断。
备注:依据食品药品监管总局关于实施《医疗器械注册管理办法》和《体外诊断试剂注册管理办法》有关事项的通知规定,该产品按原规定继续审评审批,根据原《医疗器械注册管理办法》第十五条有关规定,该产品暂缓注册检测。生产企业必须在首台医疗器械入境后、投入使用前完成注册检测。经检验合格后方可投入使用。
生产厂家:荷兰 Philips Medical Systems Nederland B.V.
注册代理:飞利浦(中国) 投资有限公司
发证日期:2014.11.04 **截止日期**:2019.11.03

国械注进 20143305285

产品名称:医用血管造影 X 射线系统(Medical Angiography X-ray System)
规格型号:UNIQ Clarity FD20
性能组成:产品由高压发生装置(型号:Certeray iX)、X 射线管组件(型号:MRC 200 0407 ROT-GS 1004)、限束器、患者支撑装置(型号:Xper table 或 Xper tablestandard)、平板探测器(型号:Pixium3040)、机架(正面落地臂架和侧面悬吊臂架)、显示器(检查室显示器和控制室显示器)、Xper 模块,几何模块、成像模块、复审模块和电气控制系统(包括 B-Cabinet, R-Cabinet 和 M-Cabinet)组成。
适用范围:该产品用于临床血管和心血管介入过程的 X 射线成像和诊断。
备注:依据食品药品监管总局关于实施《医疗器械注册管理办法》和《体外诊断试剂注册管理办法》有关事项的通知规定,该产品按原规定继续审评审批,根据原《医疗器械注册管理办法》第十五条有关规定,该产品暂缓注册检测。生产企业必须在首台医疗器械入境后、投入使用前完成注册检测。经检验合格后方可投入使用。
生产厂家:荷兰 Philips Medical Systems Nederland B.V.
注册代理:飞利浦(中国) 投资有限公司
发证日期:2014.11.04 **截止日期**:2019.11.03

国械注进 20143255286

产品名称:双极器械(Bipolar Instrument)
规格型号:见附页
性能组成:本产品由手柄、套管/外鞘、钳芯/剪芯和连接电缆组成。
适用范围:该器械为应用部分,配合 ERBE 高频手术设备使用,用于腹腔镜手术中的双极电凝、组织的机械分离及同时进行切口边缘的双极电凝。
生产厂家:德国 ERBE Elektromedizin GmbH
注册代理:爱尔博(上海)医疗器械有限公司
发证日期:2014.11.04 **截止日期**:2019.11.03

国械注进 20143305287

产品名称:医用血管造影 X 射线系统(Medical X-ray Angiography System)
规格型号:UNIQ FD20/10
性能组成:产品由高压发生装置(型号:Certeray iX)、X 射线管组件(型号:MRC 200 0407 ROT-GS 1004 和 MRC 2000508 ROT-GS 1003)、限束器、患者支撑装置(型号:Xpertable 或 Xper table standard)、平板探测器(型号:Pixium 3040 和 Pixium 4800)、机架(正面落地臂架和侧面悬吊臂架)、显示器(检查室显示器和控制室显示器)、Xper 模块,几何模块、成像模块、复审模块和电气控制系统(包括 B-Cabinet, R-Cabinet 和 M-Cabinet)组成。
适用范围:该产品用于临床血管和心血管介入过程的 X 射线成像和诊断。
备注:依据食品药品监管总局关于实施《医疗器械注册管理办法》和《体外诊断试剂注册管理办法》有关事项的通知规定,该产品按原规定继续审评审批,根据原《医疗器械注册管理办法》第十五条有关规定,该产品暂缓注册检测。生产企业必须在首台医疗器械入境后、投入使用前完成注册检测。经检验合格后方可投入使用。
生产厂家:荷兰 Philips Medical Systems Nederland B.V.
注册代理:飞利浦(中国) 投资有限公司
发证日期:2014.11.04 **截止日期**:2019.11.03

国械注进 20143305288

产品名称:医用血管造影 X 射线系统(Medical X-ray Angiography System)
规格型号:UNIQ FD10/10
性能组成:产品由高压发生装置(型号:Certeray iX)、X 射线管组件(型号:MRC 200 0508 ROT-GS 1003)、限束器、患者支撑装置(型号:Xper table 或 Xper tablestandard)、平板探测器(型号:Pixium 4800)、机架(正面落地臂架和侧面悬吊臂架)、显示器(检查室显示器和控制室显示器)、Xper 模块,几何模块、成像模块、复审模块和电气控制系统(包括 B-Cabinet, R-Cabinet 和 M-Cabinet)组成。
适用范围:该产品用于临床血管和心血管介入过程的 X 射线成像和诊断。
备注:依据食品药品监管总局关于实施《医疗器械注册管理办法》和《体外诊断试剂注册管理办法》有关事项的通知规定,该产品按原规定继续审评审批,根据原《医疗器械注册管理办法》第十五条有关规定,该产品暂缓注册检测。生产企业必须在首台医疗器械入境后、投入使用前完成注册检测。经检验合格后方可投入使用。
生产厂家:荷兰 Philips Medical Systems Nederland B.V.
注册代理:飞利浦(中国) 投资有限公司
发证日期:2014.11.04 **截止日期**:2019.11.03

国械注进 20143305289

产品名称:医用血管造影 X 射线系统(Medical X-ray Angiography System)
规格型号:UNIQ FD20
性能组成:产品由高压发生装置(型号:Certeray iX)、X 射线管组件(型号:MRC 200 0407 ROT-GS 1004)、限束器、患者支撑装置(型号:Xper table 或 Xper tablestandard)、平板探测器(型号:Pixium3040)、机架(天悬臂架或落地臂架)、显示器(检查室显示器和控制室显示器)、Xper 模块,几何模块、成像模块、复审模块和电气控制系统(包括 B-Cabinet, R-Cabinet 和 M-Cabinet)组成。产品选配件请见产品标准条款 3.5。性能:系统标称电功率:65KW; X 射线管组件(阳极类型:旋转阳极, MRC 200 0407 ROT-GS 1004 焦点:0.4/0.7mm; 管电压范围:摄影:40 KV -125KV; 透视:40KV-120KV; 管电流范围:摄影:10mA-813mA;透视:10mA-160mA; 加载时间范围:摄影:1ms-16s; 电流时间积范围:摄影:0.1mAs-2000mAs。
适用范围:该产品用于临床血管和心血管介入过程的 X 射线成像和诊断。
备注:依据食品药品监管总局关于实施《医疗器械注册管理办法》和《体外诊断试剂注册管理办法》有关事项的通知规定,该产品按原规定继续审评审批，根据原《医疗器械注册管理办法》第十五条有关规定，该产品暂缓注册检测。生产企业必须在首台医疗器械入境后、投入使用前完成注册检测。经检验合格后方可投入使用。
生产厂家:荷兰 Philips Medical Systems Nederland B.V.
注册代理:飞利浦(中国)投资有限公司
发证日期:2014.11.04 **截止日期**:2019.11.03

国械注进 20143305290

产品名称:医用血管造影 X 射线系统(Medical X-ray Angiography System)
规格型号:UNIQ FD10
性能组成:产品由高压发生装置(型号:Certeray iX)、X射线管组件(型号:MRC 200 0508 ROT-GS 1003)、限束器、患者支撑装置(型号:Xper table 或 Xper tablestandard)、平板探测器(型号:Pixium4800)、机架(天悬臂架或落地臂架)、显示器(检查室显示器和控制室显示器)、Xper 模块，几何模块、成像模块、复审模块和电气控制系统(包括 B-Cabinet，R-Cabinet 和 M-Cabinet)组成。产品选配件请见产品标准条款 3.5。性能:系统标称电功率:85KW；X 射线管组件(阳极类型:旋转阳极，MRC 200 0508 ROT-GS 1003 焦点:0.5/0.8mm;)；管电压范围:摄影:40 KV -125KV；透视:40KV-120KV；管电流范围:摄影:10mA-1000mA；透视:10mA-200mA；加载时间范围:摄影:1ms-16s；电流时间积范围:摄影:0.1mAs-2000mAs。
适用范围:该产品用于临床血管和心血管介入过程的 X 射线成像和诊断。
备注:依据食品药品监管总局关于实施《医疗器械注册管理办法》和《体外诊断试剂注册管理办法》有关事项的通知规定，该产品按原规定继续审评审批，根据原《医疗器械注册管理办法》第十五条有关规定，该产品暂缓注册检测。生产企业必须在首台医疗器械入境后、投入使用前完成注册检测。经检验合格后方可投入使用。
生产厂家:荷兰 Philips Medical Systems Nederland B.V.
注册代理:飞利浦(中国)投资有限公司
发证日期:2014.11.04 **截止日期**:2019.11.03

国械注进 20143305291

产品名称:医用血管造影 X 射线系统(Medical X-ray Angiography System)
规格型号:UNIQ FD20/20
性能组成:产品由高压发生装置(型号:Certeray iX)、X射线管组件(型号:MRC 200 0407 ROT-GS 1004 和 MRC 2000508 ROT-GS 1003)、限束器、患者支撑装置(型号:Xpertable 或 Xper table standard)、平板探测器(型号:Pixium 3040 和 Pixium 4700)、机架(正面落地臂架和侧面悬吊臂架)、显示器(检查室显示器和控制室显示器)、Xper 模块，几何模块、成像模块、复审模块和电气控制系统(包括 B-Cabinet，R-Cabinet 和 M-Cabinet)组成。。产品选配件请见产品标准条款 3.5。性能:系统标称电功率:85KW；X 射线管组件(阳极类型:旋转阳极，MRC 200 0407 ROT-GS 1004 焦点:0.4/0.7mm；MRC 200 0508 ROT-GS 1003 焦点:0.5/0.8mm;)；管电压范围:摄影:40 KV -125KV；透视:40KV-120KV；管电流范围:MRC 200 0508 ROT-GS 1003:摄影:10mA-1000mA；透视:10mA-200mA；MRC 200 0407ROT-GS 1004:摄影:10mA-813mA；透视:10mA-160mA；加载时间范围:摄影:1ms-16s；电流时间积范围:摄影:0.1mAs-2000mAs。
适用范围:该产品用于临床血管和心血管介入过程的 X 射线成像和诊断。
备注:依据食品药品监管总局关于实施《医疗器械注册管理办法》和《体外诊断试剂注册管理办法》有关事项的通知规定，该产品按原规定继续审评审批，根据原《医疗器械注册管理办法》第十五条有关规定，该产品暂缓注册检测。生产企业必须在首台医疗器械入境后、投入使用前完成注册检测。经检验合格后方可投入使用。
生产厂家:荷兰 Philips Medical Systems Nederland B.V.
注册代理:飞利浦(中国)投资有限公司
发证日期:2014.11.04 **截止日期**:2019.11.03

国械注进 20143215292

产品名称:植入式心脏除颤电极导线(商品名:Reliance 4-FRONT)(Implantable Cardioversion/Defibrillation, Pace/Sense Leads)
规格型号:0665，0636，0682，0683，0654，0685，0686，0655
性能组成:由电极导线、塑形钢丝、连接器工具、静脉钩组成。塑形钢丝具体规格见产品标准 3.3。
适用范围:与兼容脉冲发生器结合使用时，用于起搏、频率感知，以及发放复律和除颤电击。
生产厂家:美国 Cardiac Pacemakers Incorporated, a wholly owned subsidiary of Guidant Corporation, a wholly owned subsidiary of Boston Scientific Corporation.
注册代理:波科国际医疗贸易(上海)有限公司
发证日期:2014.11.04 **截止日期**:2019.11.03

国械注进 20143285293

产品名称:磁共振成像系统(Magnetic Resonance Imaging Units)
规格型号:S-scan eXP
性能组成:见附页
适用范围:用于临床四肢、关节和脊柱的横断面、矢状面、冠状面和斜截面的 MR 成像。
生产厂家:意大利 ESAOTE SPA
注册代理:百胜(深圳)医疗设备有限公司
发证日期:2014.11.04 **截止日期**:2019.11.03

国械注进 20143285294

产品名称:磁共振成像系统(Magnetic Resonance Imaging Units)
规格型号:G-scan Brio
性能组成:见附页
适用范围:用于临床四肢、关节和脊柱的横断面、矢状面、冠状面和斜截面的 MR 成像。
生产厂家:意大利 ESAOTE SPA
注册代理:百胜(深圳)医疗设备有限公司
发证日期:2014.11.04 **截止日期**:2019.11.03

国械注进 20143305295

产品名称:口腔数字化 X 射线机(Dental X-ray System, panoramic/tomographic, digital)
规格型号:Point 800S HD 3D Plus
性能组成:本产品由主机、限束器、高压发生器、探测器、控制面板、机柱、X射线球管(D-054SB)、架子、头颅位和图像处理软件(CDX-VIEW)组成。本设备具有全景、头颅、体层摄影功能.
适用范围:该设备通过 X 射线曝光信号转化为电信号，获得牙齿、下颌、口腔结构、全景的断层结构的扫描图像。头颅系统用头颅图像来诊断口腔正畸。
生产厂家:韩国 POINTNIX Co., Ltd.
注册代理:北京永轩科技有限公司
发证日期:2014.11.04 **截止日期**:2019.11.03

国械注进 20143245296

产品名称:扫描激光检眼镜(商品名:EasyScan)(Scanning Laser Ophthalmoscope)
规格型号:EasyScan V1.2
性能组成:该产品由主机(包括摄像头、操纵杆、底座、系统底座和头托)、随机软件(版本号 V 1.5.0)和 USB 电缆组成，主机通过 USB 电缆与电脑相连接。
适用范围:该产品与电脑配用，用于采集眼底图像，以帮助诊断和检测表现在视网膜上的疾病和病变。
生产厂家:荷兰 i-Optics BV
注册代理:杭州泰格医药科技股份有限公司
发证日期:2014.11.04 **截止日期**:2019.11.03

国械注进 20143235297

产品名称:彩色超声诊断设备(Ultrasound System)
规格型号:X-Porte
性能组成:本产品具有二维(2D)模式、M 模式、彩色能量多普勒、彩色多普勒、脉波(PW)多普勒、连续波(CW)多普勒等方式的成像。由超声主机、换能器及附件组成，详见附件。可使用换能器型号:C60xp、HFL50xp、ICTxp、L25xp、L38xp、P21xp。
适用范围:适用于临床超声诊断。
生产厂家:美国 FUJIFILM SONOSITE, INC.

注册代理:所诺升医疗器械贸易(上海)有限公司
发证日期:2014.11.04　**截止日期**:2019.11.03

国械注进20143455298

产品名称:脐血分离装置(cord blood separation device)
规格型号:AXP
性能组成:该产品由AXP,对接站和XpressTRAK应用程序软件组成。性能:处理后,冻存袋中液体体积准确度为±1.0mL。
适用范围:与ThermoGenesis提供的专用、兼容一次性使用分离套装相结合,用于实验室应用。AXP系统可实现脐血在密封、无菌环境下的快速、自动、可重复分离。
生产厂家:美国ThermoGenesis Corp.
注册代理:上海赛蒙金生物科技发展有限公司
发证日期:2014.11.04　**截止日期**:2019.11.03

国械注进20143245299

产品名称:半导体激光治疗仪(Medical electrical Diode Laser based device)
规格型号:Soprano ICE
性能组成:产品由主机(激光系统控制台)、755nm半导体激光手柄、810nm半导体激光手柄、NIR近红外光手柄、远程互锁系统、脚踏开关(气动)组成。810nm半导体激光手柄:激光波长810±10nm,能量密度1-120J/cm2 ±20%,重复频率:0.5Hz、1Hz、2Hz、3Hz、5Hz、10Hz,光斑尺寸20×10mm,误差±10%,脉宽:3-350ms ±10%;755nm半导体激光手柄:激光波长755±10nm,能量密度1-60J/cm2±20%,重复频率:0.5Hz、1Hz、2Hz、3Hz、5Hz、10Hz,光斑尺寸15×10mm,误差±10%,脉宽3-125ms±10%;NIR近红外光手柄:光谱范围不窄于900nm-2000nm,输出功率30w-100W可调,步进1W,调制频率为10Hz,脉宽24ms - 80ms ±10%,窗口尺寸30 x60mm(18cm2),误差±10%。
适用范围:该产品的半导体激光手柄临床适用于毛发去除,近红外光手柄通过皮肤组织加热用于缓解疼痛的辅助治疗。
生产厂家:以色列Alma Lasers Ltd
注册代理:以色列飞顿激光有限公司北京代表处
发证日期:2014.11.04　**截止日期**:2019.11.03

国械注进20143545300

产品名称:麻醉系统(Anesthesia System)
规格型号:Aisys CS2
性能组成:产品由主机、麻醉呼吸机(7900)、呼吸系统(呼气单向阀、吸气单向阀、辅助共用气体出口及开关、吸气流量传感器(压差式)、呼气流量传感器(压差式)、重复性使用CO2吸収罐(可选)、吸收罐释放杆、一次性使用CO2吸收罐(可选)、漏气测试塞、呼吸系统释放钮、手动皮囊端口、可调压力限制阀、皮囊/呼吸机开关、风箱组件、样气返回端口、麻醉气体净化系统(可选)、清污气体流量计(可选)、皮囊支撑臂(可选)、EZchange吸收罐(可选)、冷凝器(可选))、麻醉蒸发器(包括Aladin2型用于地氟醚、异氟醚和七氟醚)(可选)、流量计、显示屏、氧气监测仪(可选)、辅助氧流量计(可选)、备用氧气流量控制、气道气体模块(E系列:E-CAiO-00、E-CAiOV-00、E-CAIOVX-00;CARESCAPE系列:E-sCAiO-00、E-sCAiOV-00)、理线臂(可选)、文丘里管吸痰调节器(可选)、折叠托架(可选)、右侧把手(可选)、辅助电源插座(可选)组成。
适用范围:用于为多种类型的患者(新生儿、儿童和成人)提供常规吸入式麻醉和呼吸支持。本设备用于容积或压力控制通气。
生产厂家:美国Datex-Ohmeda, Inc.
注册代理:通用电气医疗系统贸易发展(上海)有限公司
发证日期:2014.11.04　**截止日期**:2019.11.03

国械注进20142315301

产品名称:X射线摄影用影像板成像系统(Computed Radiography Scanner)
规格型号:型号为CR Pro,规格为CR Pro 2100、CR Pro 2200
性能组成:由图像采集系统、图像扫描系统、IP传输系统、车体、电源、控制系统、图像处理站、IP板(8″X10″、10″X12″、14″X17″)组成。
适用范围:供医疗卫生单位对人体各部位进行影像板X射线摄影后的成像。
生产厂家:美国Radlink, Inc.

注册代理:大连奥瑞科技有限公司
发证日期:2014.11.13　**截止日期**:2019.11.12

国械注进20142215302

产品名称:肌松测量仪(Neuromuscular Transmission Monitors)
规格型号:TOF-Watch、TOF-Watch S、TOF-Watch SX
性能组成:该产品由测量仪主机、温度传感器、表层加速度传感器组成,详见附件。
适用范围:该产品用于测量术中患者或者重症监护室患者神经肌肉传递情况。
生产厂家:爱尔兰Organon (Ireland) Ltd.
注册代理:默沙东研发(中国)有限公司
发证日期:2014.11.13　**截止日期**:2019.11.12

国械注进20142215303

产品名称:肺功能仪(Spirometry)
规格型号:SPIROVIT SP-1
性能组成:该产品由主机(SPIROVIT SP-1)、流量传感器(SP-20)及连接电缆、内置可充电电池(12V铅蓄电池)组成。
适用范围:该产品用于测量成人及6岁以上小儿患者的肺功能参数,应由专业医生或经专业培训合格的医务人员在医疗机构中遵医嘱使用。
生产厂家:瑞士SCHILLER AG
注册代理:席勒国际贸易(上海)有限公司
发证日期:2014.11.13　**截止日期**:2019.11.12

国械注进20142255304

产品名称:高频电极(LEEP Electrodes)
规格型号:见附页
性能组成:产品为高频电极,一次性使用环氧乙烷灭菌,不同型号电极的形状尺寸不同,见附页。
适用范围:产品与LEEP System 1000高频电刀系统配合使用,用于妇科手术中对人体软组织或者器官的消融切割。
生产厂家:美国CooperSurgical, Inc.
注册代理:北京威尼汇力医疗器械有限公司
发证日期:2014.11.13　**截止日期**:2019.11.12

国械注进20143705305

产品名称:放射治疗轮廓勾画软件(Atlas-Based Autosegmentation)
规格型号:ABAS,发布版本为2.01
性能组成:由软件安装光盘和随机文件组成,组成模块包括:ABAS应用程序模块、DICOM接收模块、DICOM发送模块、用户通知模块。
适用范围:用于自动生成放射治疗计划所需的解剖轮廓
生产厂家:美国IMPAC Medical Systems, Inc.
注册代理:医科达(上海)医疗器械有限公司
发证日期:2014.11.13　**截止日期**:2019.11.12

国械注进20143705306

产品名称:放射治疗计划系统(Radiation Treatment Planning System)
规格型号:XiO,发布版本为4.80
性能组成:由软件安装光盘和随机文件组成,组成模块包括:患者维护模块(轮廓勾画工具)、远距离治疗模块(轮廓勾画工具、射束支持工具、射野支持工具、剂量支持工具、支持工具、IMRT支持工具)、不规则射野模块、DICOM接口模块、源文件维护模块。
适用范围:用于X射线和电子线外照射二维和三维适形治疗、三维IMRT放射治疗计划的制定
生产厂家:美国IMPAC Medical Systems, Inc.
注册代理:医科达(上海)医疗器械有限公司
发证日期:2014.11.13　**截止日期**:2019.11.12

国械注进20143325307

产品名称:医用直线加速器(Linear Accelerator)
规格型号:Clinac 23EX、Clinac 21EX、Clinac iX、Trilogy、Clinac CX、Novalis TX
性能组成:加速器由机架、控制台、4D综合治疗控制台(4DITC)、高压脉冲调制器、治疗床(EXACT)、多叶光栅系统(Millennium MLC 80、Millennium MLC 120、HD120MLC可选)、实时影像动态验证系统

(PortalVisionAdvanced Imaging 配 AS500-II 或 AS1000 探测器)、呼吸门控系统(RPM Gating)、X 射线机载定位引导系统(On-Board Imager (OBI))、条形码锥形光栏验证装置(BCCV)、集成锥形光栏验证与安全联锁装置(ICVI)组成。其中多叶光栅系统(Millennium MLC 80, Millennium MLC120 或 HD120MLC 可选)、实时影像动态验证系统 (PortalVision Advanced Imaging,配 AS500-II 或 AS1000 探测器)、呼吸门控系统(RPM Gating)、X 射线机载定位引导系统 (On-Board Imager (OBI))、条形码锥形光栏验证装置(BCCV)、集成锥形光栏验证与安全联锁装置(ICVI)为可选件。

适用范围:本设备用于对人体各部位适合接受放射治疗的病灶(lesions)、肿瘤和其它症状提供立体定向放射外科治疗与精确放射治疗。其中用于立体定向放射外科治疗时,设备需配备立体定向放射外科相关软硬件并且满足相关精度要求(具体要求参见附页),可用于放疗临床应用成熟、疗效确切的良性疾病、部分功能性疾病,具体适应症应由临床医生根据实际情况确定。

生产厂家:美国瓦里安医疗系统公司(Varian Medical Systems, Inc.)

注册代理:瓦里安医疗设备(中国)有限公司

发证日期:2014.11.13 **截止日期**:2019.11.12

国械注进 20142555308

产品名称:牙科综合治疗台(Dental Delivery Systems and Chairs)

规格型号:A-dec 300 Systems

性能组成:本产品由 371/372 型口腔灯,361 支撑中心,311 型牙科病人椅,332/333/334/335 型牙科治疗机,361 型痰盂,351/352/353 型牙科助理器械,托盘托架,独立供水系统及脚踏开关(部件号:62.0163.01)组成。

适用范围:该产品供口腔科作诊断、手术用。

生产厂家:美国 A-Dec Inc.

注册代理:北京健德立迈商贸有限公司

发证日期:2014.11.13 **截止日期**:2019.11.12

国械注进 20143245309

产品名称:眼科倍频 Nd:YAG 激光光凝仪(Ophthalmic Photocoagulator)

规格型号:VITRA

性能组成:该产品由光凝仪主机、脚踏开关、电源线、532nm 激光防护镜(型号:XL532PROT)及选配件组成。选配件包括:裂隙灯适配器(型号:BMBQ)、间接检眼镜适配器(型号:XL532CIOH)、手术显微镜滤光镜(型号:XL532FMZCN2, XL532FMWCN2, XL532FMZ, XL532FMW)。本产品可连接间接终端(裂隙灯、手术显微镜、间接检眼镜)和直接终端(一次性使用眼内光纤探头)。激光波长:532nm±20nm。激光输出模式:单脉冲模式、重复脉冲模式、Painting 模式、连续模式四种。激光终端输出功率范围:(1)单脉冲模式和重复脉冲模式下:50mW≤P≤1100mW(间接终端),50mW≤P≤1200mW(直接终端);(2)Painting 模式和连续模式下:50mW≤P≤600mW(直接终端与间接终端均适用)。终端激光功率不稳定度≤±15%。激光输出功率复现性:应优于±10%。光斑尺寸:50~500μm,连续可调(允差为±20%)。瞄准激光:半导体激光;波长:650±20nm;功率:<1.0mW。

适用范围:该产品临床适用于眼科对患者进行眼科光凝手术。

生产厂家:法国 QUANTEL MEDICAL

注册代理:北京高视远望科技有限责任公司

发证日期:2014.11.13 **截止日期**:2019.11.12

国械注进 20143665310

产品名称:分流管调压器(Hydrocephalus Valve Programmer)

规格型号:82-3190

性能组成:该产品由调压器和发送器组成。

适用范围:该产品与 Codman 可调压阀门配合使用,在脑积水治疗中从脑室对脑脊髓液(CSF)分流时,用于调节脑脊液分流的工作压力。

生产厂家:美国 Codman & Shurtleff, Inc.

注册代理:强生(上海) 医疗器材有限公司

发证日期:2014.11.13 **截止日期**:2019.11.12

国械注进 20143215311

产品名称:植入式心脏复律除颤器电极导线(Implantable ICD Lead)

规格型号:Linox Smart S 60, Linox Smart S 65, Linox Smart S 75, Linox Smart SD 60/16, Linox Smart SD 65/16, Linox Smart SD 65/18, Linox Smart SD 75/18, Linox Smart S DX 65/15, Linox Smart S DX 65/17

性能组成:见附页

适用范围:与匹配的 ICD 一起植入,适用于右心室的长期感知和起搏以及除颤、心律转复治疗。

生产厂家:德国百多力欧洲股份两合公司(BIOTRONIK SE & Co.KG)

注册代理:百多力(北京)医疗器械有限公司

发证日期:2014.11.13 **截止日期**:2019.11.12

国械注进 20143215312

产品名称:植入式心律转复除颤器(商品名:TELIGEN)(Implantable Cardioverter Defibrillator)

规格型号:F102、F110

性能组成:由脉冲发生器和扭矩扳手组成。

适用范围:提供心室抗心动过速起搏(ATP)和心室除颤,从而实现对危及生命的室性心律失常的自动治疗。

生产厂家:美国 Cardiac Pacemakers, Incorporated, a wholly owned subsidiary of Guidant Corporation, a wholly owned subsidiary of Boston Scientific Corporation

注册代理:波科国际医疗贸易(上海)有限公司

发证日期:2014.11.13 **截止日期**:2019.11.12

国械注进 20143285313

产品名称:磁共振成像系统(Magnetic Resonance Imaging System)

规格型号:Discovery MR750 3.0T

性能组成:产品组成:3.0T 磁体系统,PGR 电气柜(电源,梯度控制及射频放大器),总开关面板(MDP),紧急失超装置(Magnet RundownUnit),冷却系统,贯穿面板机柜(PEN),次级贯穿壁(SPW),计算机系统及软件(软件版本为 DV24),门控附件(包括心脏门控,指脉门控及呼吸门控),线圈(见表 1)以及扫描床(见表 2)。

适用范围:临床 MRI 诊断。

生产厂家:美国 GE Medical Systems, LLC

注册代理:通用电气医疗系统贸易发展(上海)有限公司

发证日期:2014.11.13 **截止日期**:2019.11.12

国械注进 20143215314

产品名称:水动力辅助吸脂系统(Body-jet System)

规格型号:Body-jet

性能组成:由电源及控制系统、真空抽气系统、压力发生系统(一个带有机电驱动的消毒压力容器)、称量系统(用于系统运行过程中测量液体的消耗)、附件(一次性无菌吸脂治疗系统,型号为 500001;可重复使用的带抽吸插管的手柄套件,型号为 500028、500070、500089、500149、500125、501092、503002、502002)及脚踏开关组成。性能见产品标准。

适用范围:适用于整形外科手术中用于水动力辅助吸脂治疗

变更情况:变更日期:2015.02.16。"武汉奇致激光技术有限公司"变更为"武汉奇致激光技术股份有限公司"。

生产厂家:德国 Human Med AG

注册代理:武汉奇致激光技术有限公司

发证日期:2014.11.13 **截止日期**:2019.11.12

国械注进 20142265315

产品名称:紫外线治疗机(商品名:TheraBeam UV308)(紫外線治療器)

规格型号:ADM002

性能组成:该产品由灯具(含准分子灯管和防尘滤片)、光照射窗(含标准照射附件和突出照射附件)、操作部分及机架部分组成。 波长范围 295~315nm(主波长 308nm),输出辐照度 5~30mW/cm2,照射量 1mJ/cm2~9999mJ/cm2。

适用范围:该产品临床适用于对皮肤病患者的紫外光照辅助治疗。

生产厂家:日本ウシオ電機株式会社

注册代理:牛尾贸易(上海)有限公司

发证日期:2014.11.13 **截止日期**:2019.11.12

国械注进 20142225316

产品名称:生物显微镜(Microscope)

规格型号:ECLIPSE TS100, ECLIPSE TS100-F

性能组成:该产品由主机、调焦机构(粗/微调机构)、目镜筒及目镜、物镜、物镜转换器、聚光镜、载物台、底座及灯室组成。
适用范围:该产品用于细胞及微生物活动的科学研究，在医疗部门用于病理研究或标本检测。
生产厂家:日本Nikon Corporation(株式会社ニコン)
注册代理:尼康仪器(上海)有限公司
发证日期:2014.11.13 **截止日期**:2019.11.12

国械注进 20142215317

产品名称:传感器(Rainbow DC Series Reusable Sensors)
规格型号:Rainbow DCI Rainbow DCIP
性能组成:该产品由探头、连接线、插接头组成。
适用范围:该产品可对动脉血红蛋白的功能血氧饱和度(Sp02)、脉搏率、高铁血红蛋白饱和度(SpMet)、碳氧血红蛋白饱和度(SpCO)进行持续无创测量。
生产厂家:美国迈心诺公司(Masimo Corporation)
注册代理:迈心诺(北京)医疗科技有限公司
发证日期:2014.11.13 **截止日期**:2019.11.12

国械注进 20142555318

产品名称:气动马达(歯科用空気回転駆動装置)
规格型号:S-MAX M205
性能组成:本产品由气动马达组成。产品性能：1)马达顺时针空载转速22000±10%rpm，逆时针空载转速 20000±10%rpm；2)制动转矩＞1.0N·cm；3)水压在 2.0bar 时，喷雾水源水流量≥50ml/min；4)气压在 2.0bar 时，喷雾气源气流量≥1.5L/min；5)推荐工作气压 2.5bar。
适用范围:本产品用于驱动牙科手机，进行牙科治疗。
生产厂家:日本株式会社 中西/株式会社ナカニシ
注册代理:上海謦速克国际贸易有限公司
发证日期:2014.11.13 **截止日期**:2019.11.12

国械注进 20143225319

产品名称:腹腔内窥镜(Laparoscopes)
规格型号:110310130，110310133，110305130，110305133
性能组成:腹腔内窥镜由硬性光学内窥镜组成，各型号基本参数见附件。
适用范围:XION 腹腔内窥镜用于腹腔内窥镜手术和检查
生产厂家:德国 XION GmbH
注册代理:艾克松有限公司杭州办事处
发证日期:2014.11.13 **截止日期**:2019.11.12

国械注进 20142405320

产品名称:全自动酶标仪(Absorbance Microplate Reader)
规格型号:ELx800 ； ELx800UV。
性能组成:ELx800 主机，5 位滤光片轮，24V 外置直流电源，防尘罩，串行电缆，并行电缆，控制软件。
适用范围:该产品在临床检验实验室主要用于使用 ELISA 方法的显色物质吸光度值的测定，通过吸光度值确定待测物质的含量。
生产厂家:美国 BioTek Instruments, Inc.
注册代理:广州市番禺区华鑫科技有限公司
发证日期:2014.11.13 **截止日期**:2019.11.12

国械注进 20142215321

产品名称:传感器(Rainbow Direct Connect Series Reusable Sensors)
规格型号:Rainbow DCI-dc3 Rainbow DCI-dc8 Rainbow DCI-dc12 Rainbow DCIP-dc3 Rainbow DCIP-dc8 Rainbow DCIP-dc12
性能组成:该产品由探头、连接线、插接头组成。
适用范围:该产品可对动脉血氧饱和度(Sp02)、动脉碳氧血红蛋白饱和度(SpCO)、动脉高铁血红蛋白(SpMet)和脉搏率进行点测或连续无创测量。
生产厂家:美国迈心诺公司(Masimo Corporation)
注册代理:迈心诺(北京)医疗科技有限公司
发证日期:2014.11.13 **截止日期**:2019.11.12

国械注进 20142305322

产品名称:数字化医用 X 射线摄影系统(Digital Radiography X-ray Systems)
规格型号:型号:DX-D 600 (5430/120, 5430/110) 规格:SHF-635/64kW
性能组成:产品由 X 射线发生器(SHF-635)、X 射线管组件(E7254FX、E7869XX)、限束器、平板探测器(4343R、4336R、5401/100、5401/200)、图像处理系统(NX 2.0 或 NX 3.0)、监视器、摄影床(NET 4000-AU、NET 4000-AT)、摄影架、悬架组成。其中球管型号 (E7254, E7869)。
适用范围:DX-D600 系统是医学物理学家、放射技师和放射科医师在医院、诊所和其他医疗应用环境中使用的悬吊式数字化 X 射线摄影系统，能够产生、处理和观察成人、儿童或新生儿患者的骨骼(包括颅骨、脊柱和四肢)、胸部、腹部和其他身体部位的静态 X 射线影像。可以应用于坐姿、站姿或卧姿的患者。该产品不用于乳房 X 射线成像。
生产厂家:比利时 Agfa HealthCare N.V.
注册代理:爱克发医疗系统设备(上海)有限公司
发证日期:2014.11.13 **截止日期**:2019.11.12

国械注进 20142305323

产品名称:数字化医用 X 射线摄影系统(Digital Radiography X-ray Systems)
规格型号:型号:DX-D 600 (5430/120, 5430/110) 规格:SHF-835/80kW
性能组成:产品由 X 射线发生器(SHF-835)、X 射线管组件(E7254FX、E7869XX)、限束器、平板探测器(4343R、4336R、5401/100、5401/200)、图像处理系统(NX 2.0 或 NX 3.0)、监视器、摄影床(NET 4000-AU、NET 4000-AT)、摄影架、悬架组成。
适用范围:DX-D600 系统是医学物理学家、放射技师和放射科医师在医院、诊所和其他医疗应用环境中使用的悬吊式数字化 X 射线摄影系统，能够产生、处理和观察成人、儿童或新生儿患者的骨骼(包括颅骨、脊柱和四肢)、胸部、腹部和其他身体部位的静态 X 射线影像。可以应用于坐姿、站姿或卧姿的患者。该产品不用于乳房 X 射线成像。
生产厂家:比利时 Agfa HealthCare N.V.
注册代理:爱克发医疗系统设备(上海)有限公司
发证日期:2014.11.13 **截止日期**:2019.11.12

国械注进 20142215324

产品名称:传感器(Rainbow Series adhesive Sensors)
规格型号:Rainbow R1-20L Rainbow R1-25L
性能组成:该产品由粘贴式探头、胶带、连接线、插接头组成。
适用范围:该产品可对动脉血红蛋白的功能血氧饱和度(Sp02)、脉搏率、高铁血红蛋白饱和度(SpMet)、总血红蛋白浓度(SpHb)进行持续无创测量。
生产厂家:美国迈心诺公司(Masimo Corporation)
注册代理:迈心诺(北京)医疗科技有限公司
发证日期:2014.11.13 **截止日期**:2019.11.12

国械注进 20142255325

产品名称:短波治疗仪(Fysiopuls automatic)
规格型号:11165
性能组成:短波治疗仪由主机、高频电缆、电源线、柔软电极和玻璃电极组成。工作频率:27.12MHz±0.6%；最大输出功率:400W±20%；工作模式:有连续、脉冲两种模式；脉冲频率 100-300Hz，增量 50Hz，允许误差 10%；脉冲时间 400μs，允许误差±10%。
适用范围:短波治疗仪用于对患者进行关节和肌肉的风湿病变及循环障碍的治疗。
生产厂家:比利时 Fysiomed N.v.
注册代理:北京普康科健医疗设备有限公司
发证日期:2014.11.13 **截止日期**:2019.11.12

国械注进 20142215326

产品名称:脑电放大器系统(ELECTROENCEPHALOGRAPHS)
规格型号:EEG32U
性能组成:该系统由脑电放大器及数据连接线组成。
适用范围:该产品用于临床脑电信号的采集、放大，便于医师查看患者常规及睡眠时的脑电图。
生产厂家:加拿大 Natus Medical Incorporated DBA Excel-tech Ltd.(XLTEK)
注册代理:上海本迪医疗器械有限公司
发证日期:2014.11.13 **截止日期**:2019.11.12

国械注进 20142405327

产品名称:干式生化分析仪(Reflotron Plus)
规格型号:Reflotron Plus
性能组成:主机(反射式光度计、开关、操作按钮、电源指示灯、试剂条保持器、翻板盖、显示屏、内置打印机、插孔)、工作站 A 和软件。
适用范围:用于临床快速生化检测。
生产厂家:德国 Roche Diagnostics GmbH
注册代理:罗氏诊断产品(上海)有限公司
发证日期:2014. 11. 13　**截止日期**:2019. 11. 12

国械注进 20142405328

产品名称:血红蛋白测试系统(D-10 Hemoglobin Testing System)
规格型号:D-10
性能组成:由 D-10 主机（包含固化软件）和 D-10 载样架（选配）组成。D-10 主机带有一个内嵌式电脑、条形码扫描器、内嵌式打印机、脱气装置、一个双活塞泵、压力感应器、注射阀、转换阀、分析柱容纳装置和血红蛋白检测器；D-10 载样架由载样架、一个试剂托盘、5 个样本架组成。
适用范围:该产品用于全血中特殊血红蛋白的测定。
生产厂家:美国 Bio-Rad Laboratories, Inc
注册代理:伯乐生命医学产品(上海)有限公司
发证日期:2014. 11. 13　**截止日期**:2019. 11. 12

国械注进 20142405329

产品名称:电解质血气分析仪(EasyStat Analyzer)
规格型号:EasyStat
性能组成:分析仪由主机（键盘操作部件、液晶显示部件、打印部件、试剂仓部件及进样系统）、Na+电极、K+电极、Ca++电极、PO2 电极、pH 电极、PCO2 电极、Hct 电极/气泡探测器、参比电极及操作软件组成。
适用范围:该产品用于测定血样的 pH 值（氢离子活度），PCO2（二氧化碳分压），PO2（氧分压），Hct（红细胞压积），Na+（钠离子），K+（钾离子）以及 Ca++（钙离子）。
生产厂家:美国 Medica Corporation
注册代理:麦迪卡医疗设备(苏州)有限公司
发证日期:2014. 11. 13　**截止日期**:2019. 11. 12

国械注进 20142405330

产品名称:血糖仪（商品名：倍佳）(Blood Glucose Monitor)
规格型号:Plus
性能组成:由血糖仪、校准片、连接电缆和操作软件组成。
适用范围:该产品用于检测新鲜毛细血管全血中的血糖浓度.
生产厂家:德国 B. Braun Melsungen AG, OPM
注册代理:贝朗医疗(上海)国际贸易有限公司
发证日期:2014. 11. 13　**截止日期**:2019. 11. 12

国械注进 20142405331

产品名称:血糖仪（商品名：欧捷）(Blood Glucose Monitor)
规格型号:3
性能组成:由血糖仪、校准片、连接电缆和操作软件组成。
适用范围:该产品用于检测指尖新鲜毛细血管全血中的葡萄糖浓度。
备注:2015 年 2 月 2 日同意更正生产地址内容，2014 年 11 月 13 日核发的中华人民共和国医疗器械注册证予以废止。
生产厂家:德国 B. Braun Melsungen AG, OPM
注册代理:贝朗医疗(上海)国际贸易有限公司
发证日期:2014. 11. 13　**截止日期**:2019. 11. 12

国械注进 20142405332

产品名称:全自动凝血分析仪(Automated Blood Coagulation Analyzer)
规格型号:CS-2000i； CS-2100i。
性能组成:仪器主要由主机、进样器、空压机、清洗液桶和软件组成。
适用范围:该产品用于对纤维蛋白原、纤维蛋白、血小板等止血（抑制出血）成分进行定性、定量以及止血时间的测定。
生产厂家:日本希森美康株式会社
注册代理:希森美康医用电子(上海)有限公司
发证日期:2014. 11. 13　**截止日期**:2019. 11. 12

国械注进 20142215333

产品名称:脉搏血氧传感器(Pulse Oximetry Sensors)
规格型号:M-LNCS TC-I、M-LNCS TF-I、M-LNCS YI、M-LNCS Blue
性能组成:该产品由探头、连接线、插接头组成。
适用范围:M-LNCS TC-I 型号产品可连续无创测量动脉血红蛋白的功能性血氧饱和度和脉搏率，用于静态和低灌注状态下的成人和称重大于 30 千克的小儿患者。M-LNCSTF-I 型号产品可点测或连续无创测量动脉血红蛋白的功能性血氧饱和度和脉搏率，用于静态状态下的成人和称重大于 30 千克的小儿患者。M-LNCS YI 型号产品可点测或连续无创测量动脉血氧饱和度和脉搏率，用于静态、动态和低灌注状态下的成人、小儿（含婴儿）。M-LNCSBlue 型号产品可点测或连续无创测量动脉血氧饱和度和脉搏率，用于静态和低灌注状态下有先天性紫绀型心脏病变的小儿（含婴儿）和新生儿患者。
生产厂家:美国迈心诺公司(Masimo Corporation)
注册代理:迈心诺(北京)医疗科技有限公司
发证日期:2014. 11. 17　**截止日期**:2019. 11. 16

国械注进 20142215334

产品名称:脉搏碳氧血氧测量仪(Pulse CO-Oximeter)
规格型号:Radical 7
性能组成:该产品由主机和患者导联线(Rainbow RC-1、Rainbow RC-4 和 Rainbow RC-12)组成。主机部分包括便携手持部分(Radical 7)和对接站(RDS-1、RDS-2、RDS-3)组成。
适用范围:该产品对动脉血红蛋白的功能性血氧饱和度(SpO2)、脉搏率、碳氧血红蛋白、高铁血红蛋白、总血红蛋白连续的无创测量，适用于处于运动和非运动状态下、灌注良好以及低灌注状态下的成人、小儿和新生儿患者。
生产厂家:美国迈心诺公司(Masimo Corporation)
注册代理:迈心诺(北京)医疗科技有限公司
发证日期:2014. 11. 17　**截止日期**:2019. 11. 16

国械注进 20142225335

产品名称:共焦激光断层扫描仪(Confocal Laser Tomograph)
规格型号:HRT3
性能组成:本产品由 HRT3 主机(含底座/颏托和前额托架)，Rostock 角膜显微物镜，眼睛监视 CCD 摄像头，软件：视网膜模块(版本：2.0.2b)、青光眼模块(版本：3.2a)和角膜模块(版本：1.3a)，1394 线，数据线和电源线，散光补偿镜和脚踏开关组成。激光波长：670nm±20nm，激光功率：≤200μW。横向视野：1)视网膜模块和青光眼模块：(15°±0.5°)×(15°±0.5°)；2)角膜模块：(0.4±0.08)mm×(0.4±0.08)mm。焦距可调范围：1)视网膜模块和青光眼模块：-12D～+12D；2)角膜模块：3mm±0.6mm。光学分辨率：1)视网膜图像和视神经乳头图像横向光学分辨率：≤10μm；2)角膜图像横向光学分辨率：≤2μm。数字分辨率：1)视网膜图像和视神经乳头图像横向数字分辨率：(10μm±2μm)/像素；2)角膜图像横向数字分辨率：(1μm±0.2μm)/像素。纵向步进值：1)视网膜图像和视神经乳头图像纵向步进值：相邻图像递进间距为 62μm±10μm；2)角膜图像纵向步进值：相邻图像递进间距为 2μm±0.4μm。
适用范围:本产品可对视网膜、视神经乳头以及角膜进行断层扫描及分析，临床供眼科对患者视网膜、视神经乳头以及角膜疾病进行分析和随访观察。
生产厂家:德国 Heidelberg Engineering GmbH
注册代理:北京高视远望科技有限责任公司
发证日期:2014. 11. 17　**截止日期**:2019. 11. 16

国械注进 20142215336

产品名称:脉搏碳氧血氧传感器(Rainbow R series adhesive Sensors)
规格型号:Rainbow R20 Rainbow R20-L Rainbow R25 Rainbow R25-L
性能组成:该产品由粘贴式探头、胶带、连接线、插接头组成。
适用范围:该产品可持续无创测量对动脉血氧饱和度(SpO2)、动脉碳氧血红蛋白饱和度(SpCO)、动脉高铁血红蛋白饱和度(SpMet)和脉搏率。SpCO 测量不适用于新生儿和婴儿。不应对运动状态或低灌注状态的患者进行 SpCO 和 SpMet 测量。
生产厂家:美国迈心诺公司(Masimo Corporation)
注册代理:迈心诺(北京)医疗科技有限公司

发证日期:2014.11.17 **截止日期**:2019.11.16

国械注进 20143545337

产品名称:呼吸机(Ventilator)
规格型号:Trilogy 100
性能组成:产品由主机、呼气阀、过滤片、存储卡、交流电源适配器、电源线、血氧连接套件、血氧模块、管路组成。
适用范围:该呼吸机为需要机械通气的患者提供持续或间歇性的通气支持。Trilogy100 预期用于体重为 5kg 以上的幼儿及成人患者。该设备预期在家庭、医疗机构/医院中使用,可以结合轮椅和轮床等移动设备使用,可用于有创和无创通气。预期不能用作转运呼吸机。
生产厂家:美国 Respironics, Inc.
注册代理:飞利浦(中国)投资有限公司
发证日期:2014.11.17 **截止日期**:2019.11.16

国械注进 20143215338

产品名称:主动脉内球囊反搏泵(Intra-Aortic Balloon Pump)
规格型号:CS300
性能组成:CS300 主动脉内球囊反搏泵由主机、ECG 导联线(主线 0012-00-1155-02、导联线 0012-00-1157-02)组成,内含热敏打印机,配备可充电电池。
适用范围:该球囊反搏泵为电子医疗装置,用于对主动脉球囊进行充气和排气。它通过反搏原理为左心室提供了暂时的支持。主动脉球囊放置在下行主动脉中,正好位于左锁骨动脉分支的末端,放置好球囊之后,将反搏泵调整为以心电图(ECG)或动脉压力波形同步触发,以确保在心动周期中的相应位置进行充气和排气。目标人群为成人和儿童。
变更情况:变更日期:2014.12.31。"代理人地址:上海市外高桥保税区美盛路 56 号 4 号楼第一层 D6(01-21)、D7 部位"变更为"代理人地址:中国(上海)自由贸易试验区美盛路 56 号 2 层 227 室"。
生产厂家:美国 Datascope Corp.
注册代理:迈柯唯(上海)医疗设备有限公司
发证日期:2014.11.17 **截止日期**:2019.11.16

国械注进 20143215339

产品名称:主动脉内球囊反搏泵(Intra-Aortic Balloon Pump)
规格型号:CS100
性能组成:CS100 主动脉内球囊反搏泵由主机、ECG 导联线(主线 0012-00-1155-02,导联线 0012-00-1157-02)组成,内含热敏打印机,配备可充电电池。
适用范围:球囊反搏泵为电子医疗装置,用于对主动脉球囊进行充气和排气。它通过反搏原理为左心室提供了暂时的支持。主动脉球囊放置在下行主动脉中,正好位于左锁骨动脉分支的末端,放置好球囊之后,将反搏泵调整为以心电图(ECG)或动脉压力波形同步触发,以确保在心动周期中的相应位置进行充气和排气。目标人群为成人和儿童。
变更情况:变更日期:2015.01.27。"代理人地址:上海市外高桥保税区美盛路 56 号 4 号楼第一层 D6(01-21)、D7 部位"变更为"代理人地址:中国(上海)自由贸易试验区美盛路 56 号 2 层 227 室"。
生产厂家:美国 Datascope Corp.
注册代理:迈柯唯(上海)医疗设备有限公司
发证日期:2014.11.17 **截止日期**:2019.11.16

国械注进 20143335340

产品名称:单光子发射断层及 X 射线计算机体层摄影成像系统(SPECT/CT)
规格型号:Discovery NM/CT 670
性能组成:Discovery NM/CT 670 由 SPECT 机架(包括两个核探测器)、CT 机架(包括多层面探测器(24 排物理探测器,16 层图像数据)、X 射线管、高压发生器以及激光准直灯)、检查床、电源分配单元(PDU)、操作控制台(包括计算机、显示器、KVM 开关、键盘和系统软件)以及选件和附件组成。选件和附件包括:SPECT 准直器(低能高分辨准直器(LEHR)、超低能通用准直器(ELEGP)、中能通用准直器(MEGP)、高能通用准直器(HEGP)、针孔准直器(GPPH)、扇束准直器(FB))和准直器推车、患者附件(头架、床板延伸部分、手臂支架(R-made 或泡沫臂架)、扫描床腿延伸装置(成型腿架)、婴儿定位器、绑带与床垫套件、交互式标尺(切线尺))、6fps 至 16 fps GPU 。
适用范围:Discovery NM/CT 670 系统属于医疗工具,供经适当培训的医学专业人士使用,可帮助检测、定位和诊断疾病以及评估器官功能,以评估疾病、创伤、异常和失调,例如但不限于心血管疾病、神经系统紊乱和癌症。系统结果还可供医生用于对肿瘤的分期和再分期、计划、指导和监控治疗。Discovery NM/CT670 的 SPECT 和 CT 部分都可以作为独立的 SPECT 或 CT 诊断系统使用,但是 CT 部分不支持机架倾斜,也不支持介入扫描方式。
生产厂家:以色列 GE Medical systems Israel, Functional Imaging
注册代理:通用电气医疗系统贸易发展(上海)有限公司
发证日期:2014.11.17 **截止日期**:2019.11.16

国械注进 20143245341

产品名称:激光角膜手术仪(iFS Laser System)
规格型号:iFS
性能组成:产品由激光控制台、控制面板、光束传输装置、视频显微镜、病人接口组件连接器、用户监控器和键盘、USB 端口、紧急关闭按钮、接通开关、脚踏开关、UPS 不间断电源(型号:ABCE1440-22IEC)组成。
性能参数:激光中心波长:1053nm(±5nm);脉冲重复频率:150kHz(±1kHz);激光脉冲宽度:600fs~800fs(±50fs);最大激光脉冲能量:2.5μJ(±0.5μJ);其他性能参数详见注册产品标准。
适用范围:产品临床适用于 用于需实施 LASIK 手术或其它需实施初始角膜板层切除治疗的病人生成角膜瓣; 用于需实施手术或其它需实施初始角膜板层切除治疗的病人; 用于需实施手术或其它需实施初始角膜板层切除治疗的病人,以打造角膜基质环植入通道; 用于板层角膜移植和角膜取材; 用于板层角膜移植的角膜板层切/割,以及穿透性角膜移植的穿透性切口/裂口;用于白内障眼科手术的角膜弧形切割/切口、穿透性切口。
生产厂家:美国 AMO Manufacturing USA, LLC
注册代理:眼力健(上海)医疗器械贸易有限公司
发证日期:2014.11.17 **截止日期**:2019.11.16

国械注进 20143335342

产品名称:正电子发射及 X 射线计算机断层成像系统(PET/CT Imaging System)
规格型号:Gemini TF 16
性能组成:系统由 PET/CT 机架、患者床、电气柜、控制台、图像采集及处理系统组成。其中 PET 平台为 Astonish TF,CT 部分平台为 Brilliance 16。CT 部分可采集 16 层图像,CT 探测器为 24 排,PET 部分为 44 环 LYSO 探测器。
适用范围:产品为融合了正电子发射计算机断层成像和 X 射线计算机断层成像技术的辐射成像系统,用于人体器官以及全身成像和疾病的检查。该系统的 PET 部分和 CT 部分也可用于独立的 PET 或 CT 诊断。
生产厂家:美国 Philips Medical Systems (Cleveland), Inc.
注册代理:飞利浦(中国)投资有限公司
发证日期:2014.11.17 **截止日期**:2019.11.16

国械注进 20142215343

产品名称:声学呼吸传感器(Acoustic Respiration Sensor)
规格型号:RAS-125、RAS-125c
性能组成:传感器由粘贴式探头、连接线、插接头组成。
适用范围:该产品用于连续无创地测量呼吸速率(RRaTM)。RAS-125 型号产品适用于成人患者在医院、医疗机构、移动环境和家庭环境中使用;RAS-125c 型号产品适用于成人和儿科患者在医院、医疗机构、移动环境和家庭环境中使用。
生产厂家:美国迈心诺公司(Masimo Corporation)
注册代理:迈心诺(北京)医疗科技有限公司
发证日期:2014.11.17 **截止日期**:2019.11.16

国械注进 20143405344

产品名称:德国小蠊 i6 过敏原特异性 IgE 抗体检测试剂盒(荧光免疫法)(ImmunoCAP Allergen i6, Cockroach, German)
规格型号:16 人份/支
性能组成:抗原包被帽; 试剂盒中还包括笔状容器筒。(具体内容详见产品说明书)
适用范围:该产品用于体外定量检测人血清中的德国小蠊 i6 特异性 IgE。
生产厂家:瑞典 Phadia AB

注册代理:北京法迪亚诊断技术有限公司
发证日期:2014.11.14 **截止日期**:2019.11.13

国械注进 20143405345

产品名称:屋尘混合 hx2 过敏原特异性 IgE 抗体检测试剂盒(荧光免疫法)(ImmunoCAP Allergen hx2, House dust)
规格型号:16 人份/支
性能组成:抗原包被帽; 试剂盒中还包括笔状容器筒。(具体内容详见产品说明书)
适用范围:该产品用于体外定性检测人血清中的屋尘(Hollister-Stier Labs)、户尘螨、粉尘螨和德国小蠊过敏原特异性 IgE。
生产厂家:瑞典 Phadia AB
注册代理:北京法迪亚诊断技术有限公司
发证日期:2014.11.14 **截止日期**:2019.11.13

国械注进 20143405346

产品名称:花生 f13 过敏原特异性 IgE 抗体检测试剂盒(荧光免疫法)(ImmunoCAP Allergen f13, Peanut)
规格型号:16 人份/支
性能组成:抗原包被帽; 试剂盒中还包括笔状容器筒。(具体内容详见产品说明书)
适用范围:该产品用于体外定量检测人血清中的花生 f13 特异性 IgE。
生产厂家:瑞典 Phadia AB
注册代理:北京法迪亚诊断技术有限公司
发证日期:2014.11.14 **截止日期**:2019.11.13

国械注进 20143405347

产品名称:小麦 f4 过敏原特异性 IgE 抗体检测试剂盒(荧光免疫法)(ImmunoCAP Allergen f4, Wheat)
规格型号:16 人份/支
性能组成:抗原包被帽; 试剂盒中还包括笔状容器筒。(具体内容详见产品说明书)
适用范围:该产品用于体外定量检测人血清中的小麦 f4 特异性 IgE。
生产厂家:瑞典 Phadia AB
注册代理:北京法迪亚诊断技术有限公司
发证日期:2014.11.14 **截止日期**:2019.11.13

国械注进 20143405348

产品名称:食物混合 fx5 过敏原特异性 IgE 抗体检测试剂盒 (荧光免疫法) (ImmunoCAP Allergen fx5, Food)
规格型号:16 人份/支
性能组成:抗原包被帽; 试剂盒中还包括笔状容器筒。(具体内容详见产品说明书)
适用范围:该产品用于体外定性检测人血清中的蛋白、牛奶、鱼(鳕鱼)、小麦、花生和大豆过敏原特异性 IgE。
生产厂家:瑞典 Phadia AB
注册代理:北京法迪亚诊断技术有限公司
发证日期:2014.11.14 **截止日期**:2019.11.13

国械注进 20142405349

产品名称:C-反应蛋白测定试剂盒(高敏感微粒增强型浊度法)(QuikRead go hsCRP)
规格型号:50 人份和 500 人份。
性能组成:CRP 试剂帽、预加缓冲液的检测管。(具体内容详见说明书)
适用范围:体外定量测定指尖全血、静脉全血、血清或血浆中的低浓度 C-反应蛋白 (CRP)。
生产厂家:芬兰 Orion Diagnostica Oy
注册代理:上海基恩科技有限公司
发证日期:2014.11.04 **截止日期**:2019.11.03

国械注进 20142405350

产品名称:铜蓝蛋白测定试剂盒(免疫比浊法)(CERULOPLASMIN)
规格型号:试剂 1 (R1): 4 x 18 mL, 试剂 2 (R2): 4 x 5 mL。
性能组成:含多聚体的磷酸盐缓冲液、聚乙二醇 6000、兔抗人血浆铜蓝蛋白抗血清和防腐剂。(具体内容详见产品说明书)
适用范围:本产品用于体外定量检测人血清或血浆样本中的铜蓝蛋白浓度。
生产厂家:美国 Beckman Coulter, Inc.
注册代理:贝克曼库尔特商贸(中国)有限公司
发证日期:2014.11.04 **截止日期**:2019.11.03

国械注进 20142405351

产品名称:补体 C3 测定试剂盒(免疫比浊法)(C3)
规格型号:试剂 1 (R1): 4×10 mL, 试剂 2 (R2): 4×8 mL。
性能组成:三羟甲基氨基甲烷缓冲液 (Tris 缓冲液)、聚乙二醇 6000、山羊抗-C3 抗体和防腐剂。(具体内容详见产品说明书)
适用范围:本产品用于体外定量测定人血清和血浆中的补体 C3 的浓度。
生产厂家:美国 Beckman Coulter, Inc.
注册代理:贝克曼库尔特商贸(中国)有限公司
发证日期:2014.11.04 **截止日期**:2019.11.03

国械注进 20142405352

产品名称:α-1 抗胰蛋白酶测定试剂盒(免疫比浊法)(α-1 ANTITRYPSIN)
规格型号:试剂 1 (R1): 4×20 mL, 试剂 2 (R2): 4×6.5 mL。
性能组成:三羟甲基氨基甲烷缓冲液 (Tris 缓冲液)、山羊抗α-1 抗胰蛋白酶抗体和防腐剂。(具体内容详见产品说明书)
适用范围:本产品用于体外定量检测人血清和血浆中的α-1 抗胰蛋白酶浓度。
生产厂家:爱尔兰 Beckman Coulter Ireland Inc.
注册代理:贝克曼库尔特商贸(中国)有限公司
发证日期:2014.11.04 **截止日期**:2019.11.03

国械注进 20142405353

产品名称:食物特异性 IgG 抗体检测试剂盒(酶联免疫法)(Bioeurope 4 Food Intolerance Test (ref: 7184))
规格型号:60 人份/盒 (4 项组合 B)
性能组成:包被食物抗原的微孔板,血清稀释液,食物特异性 IgG 标准血清,食物特异性 IgG 阳性质控,清洗液(浓缩),抗人 IgG 抗体-辣根过氧化物酶结合液,底物液 A,底物液 B,终止液。(具体内容详见产品说明书)
适用范围:该产品用于定性检测人血清中 4 种食物 (大豆、牛肉、虾、鳕鱼)特异性 IgG 抗体。
生产厂家:德国 Bioeurope GmbH
注册代理:北京赛瑞博亚科贸有限公司
发证日期:2014.11.13 **截止日期**:2019.11.12

国械注进 20142405354

产品名称:食物特异性 IgG 抗体检测试剂盒(酶联免疫法)(Bioeurope 14 Food Intolerance Test (ref: 7194))
规格型号:18 人份/盒 (14 项组合 A)
性能组成:包被食物抗原的微孔板,血清稀释液,食物特异性 IgG 标准血清,食物特异性 IgG 阳性质控,清洗液(浓缩),抗人 IgG 抗体-辣根过氧化物酶结合液,底物液 A,底物液 B,终止液。(具体内容详见产品说明书)
适用范围:该产品用于定性检测人血清中 14 种食物(牛肉、鸡肉、鳕鱼、玉米、蟹、蛋清/蛋黄、蘑菇、牛奶、猪肉、大米、虾、大豆、西红柿、小麦)特异性 IgG 抗体。
生产厂家:德国 Bioeurope GmbH
注册代理:北京赛瑞博亚科贸有限公司
发证日期:2014.11.13 **截止日期**:2019.11.12

国械注进 20142405355

产品名称:食物特异性 IgG 抗体检测试剂盒(酶联免疫法)(Bioeurope 7 Food Intolerance Test (ref: 7189))
规格型号:36 人份/盒 (7 项组合 A)
性能组成:包被食物抗原的微孔板,血清稀释液,食物特异性 IgG 标准血清,食物特异性 IgG 阳性质控,清洗液(浓缩),抗人 IgG 抗体-辣根过氧化物酶结合液,底物液 A,底物液 B,终止液。(具体内容详见产品说明书)
适用范围:该产品用于定性检测人血清中 7 种食物 (鳕鱼、蛋清/蛋黄、牛奶、牛肉、虾、大豆、小麦)特异性 IgG 抗体。

生产厂家:德国 Bioeurope GmbH
注册代理:北京赛瑞博亚科贸有限公司
发证日期:2014. 11. 13　**截止日期**:2019. 11. 12

国械注进 20142405356

产品名称:食物特异性 IgG 抗体检测试剂盒(酶联免疫法)(Bioeurope 4 Food Intolerance Test (ref:7187))
规格型号:60 人份/盒 (4 项组合 A)
性能组成:包被食物抗原的微孔板，血清稀释液，食物特异性 IgG 标准血清，食物特异性 IgG 阳性质控，清洗液(浓缩)，抗人 IgG 抗体-辣根过氧化物酶结合液，底物液 A，底物液 B，终止液。(具体内容详见产品说明书)
适用范围:该产品用于定性检测人血清中 4 种食物(牛奶、蛋清/蛋黄、小麦、猪肉)特异性 IgG 抗体。
生产厂家:德国 Bioeurope GmbH
注册代理:北京赛瑞博亚科贸有限公司
发证日期:2014. 11. 13　**截止日期**:2019. 11. 12

国械注进 20142405357

产品名称:抗胰岛细胞 IgG 抗体检测试剂盒(酶联免疫法)Isletest-ICA
规格型号:96 人份/盒
性能组成:微孔条 (带支架)、酶标液(浓)、标本稀释液(浓)、酶标稀释液、参考质控、阳性质控、阴性质控、底物液、清洗液(浓)、终止液。(具体内容详见产品说明书)
适用范围:该产品用于定性检测人血清中特异的抗人胰岛细胞 IgG 型自身抗体。
生产厂家:德国 Bioeurope GmbH
注册代理:北京赛瑞博亚科贸有限公司
发证日期:2014. 11. 13　**截止日期**:2019. 11. 12

国械注进 20142405358

产品名称:抗谷氨酸脱羧酶 IgG 抗体检测试剂盒 (酶联免疫法)(Isletest-GAD)
规格型号:96 人份/盒
性能组成:微孔条 (带支架)、酶标液(浓)、标本稀释液(浓)、酶标稀释液、校准液(1, 2, 3)、阳性质控、阴性质控、底物液、清洗液(浓)、终止液。(具体内容详见产品说明书)
适用范围:该产品用于定性检测人血清中特异的抗人谷氨酸脱羧酶 IgG 型自身抗体。
生产厂家:德国 Bioeurope GmbH
注册代理:北京赛瑞博亚科贸有限公司
发证日期:2014. 11. 13　**截止日期**:2019. 11. 12

国械注进 20142405359

产品名称:抗胰岛素 IgG 抗体检测试剂盒 (酶联免疫法) Isletest-IAA
规格型号:96 人份/盒
性能组成:微孔条 (带支架)、酶标液(浓)、标本稀释液(浓)、酶标稀释液、参考质控、阳性质控、阴性质控、底物液、清洗液(浓)、终止液。(具体内容详见产品说明书)
适用范围:该产品用于定性检测人血清中特异的抗人胰岛素 IgG 型自身抗体。
生产厂家:德国 Bioeurope GmbH
注册代理:北京赛瑞博亚科贸有限公司
发证日期:2014. 11. 14　**截止日期**:2019. 11. 13

国械注进 20142405360

产品名称:D-二聚体非定值低值质控品(TechnoLEIA D-Dimer Control low)
规格型号:5×1mL
性能组成:来源于健康人处理过的血浆，并添加人 D-二聚体片段和化学防腐剂。本品为冻干品。(具体内容详见说明书)
适用范围:本质控品用于体外定量检测人血浆中 D-二聚体含量时的质量控制。
生产厂家:奥地利 Technoclone GmbH
注册代理:武汉塞力斯医疗科技股份有限公司
发证日期:2014. 11. 14　**截止日期**:2019. 11. 13

国械注进 20142405361

产品名称:C 反应蛋白检测试剂盒(免疫色谱法)(Afinion CRP)
规格型号:15 测试/盒
性能组成:试剂盒包含检测芯片，每个检测芯片用铝箔袋单独包装，内含干燥剂。(具体内容详见说明书)
适用范围:该产品用于体外定量检测人全血、血清和血浆中的 C 反应蛋白。
生产厂家:挪威 Axis-Shield PoC AS
注册代理:美艾利尔(中国)医疗器械有限公司
发证日期:2014. 11. 04　**截止日期**:2019. 11. 03

国械注进 20142405362

产品名称:糖化血红蛋白校准品(Hemoglobin A1c Calibrators)
规格型号:校准品 1:1 × 1.6 mL, 校准品 2:1 × 1.6 mL。
性能组成:糖化血红蛋白校准品(冻干)包含来源于人全血的血红蛋白和糖化血红蛋白。冻干前，校准品基质为 2-(N-吗啡啉)乙磺酸(MES)缓冲液。校准品 1 和校准品 2 包含防腐剂氧氟沙星。(具体内容详见说明书)
适用范围:本校准品用于体外定量测定人全血和溶血样本中的糖化血红蛋白(HbA1c)百分比时，校准糖化血红蛋白项目。
生产厂家:美国 Abbott Laboratories
注册代理:雅培贸易(上海)有限公司
发证日期:2014. 11. 04　**截止日期**:2019. 11. 03

国械注进 20142405363

产品名称:糖化血红蛋白质控品(Hemoglobin A1c Controls)
规格型号:低值质控品:1 × 1 mL, 高值质控品:1 × 1 mL。
性能组成:糖化血红蛋白质控品(冻干)包含来源于人全血的血红蛋白和糖化血红蛋白。冻干前，质控品基质为 2-(N-吗啡啉)乙磺酸(MES)缓冲液。低值和高值质控品包含防腐剂氧氟沙星。(具体内容详见说明书)
适用范围:本质控品用于体外定量测定人全血和溶血样本中的糖化血红蛋白(HbA1c)百分比时，对糖化血红蛋白项目进行质量控制。
生产厂家:美国 Abbott Laboratories
注册代理:雅培贸易(上海)有限公司
发证日期:2014. 11. 04　**截止日期**:2019. 11. 03

国械注进 20142405364

产品名称:甘油三酯测定干片(比色法)(VITROS Chemistry Products TRIG Slides)
规格型号:300 片, 90 片。
性能组成:干片成分: 每 cm2 的反应成分: 脂肪酶、过氧化物酶、甘油激酶、L-α-甘油磷酸氧化酶、TritonX-100 、2- (3, 5- 二甲氧基-4- 羟苯基) -4, 5- 对 (4-二甲基胺基苯基) 咪唑 (无色染剂)、腺苷三磷酸 。 其它成分: 色素、粘合剂、缓冲液、表面活性剂、稳定剂、清除剂、辅酶因子、染剂增溶剂和交联剂。 (具体内容详见产品说明书)
适用范围:该产品用于定量测定血清和血浆中的甘油三酯 (TRIG) 浓度。
生产厂家:美国 Ortho-Clinical Diagnostics, Inc.
注册代理:强生(上海)医疗器材有限公司
发证日期:2014. 11. 14　**截止日期**:2019. 11. 13

国械注进 20142405365

产品名称:肌钙蛋白 I 质控品(低水平)(LOCI Cardiac Troponin-I Control (low) (LCTNI CON L))
规格型号:产品编号:KC681; 包装规格:12 × 2.2mL。
性能组成:该质控品是一种液体的冷冻人血清基质产品，含有天然人类肌钙蛋白同时也含有其他稳定剂的合成物。
适用范围:该产品是用于定量测定肌钙蛋白 I(TNI)时为精密度和分析偏差的评估进行室内质控。
生产厂家:美国 Siemens Healthcare Diagnostics Inc.
注册代理:西门子医学诊断产品(上海)有限公司
发证日期:2014. 11. 04　**截止日期**:2019. 11. 03

国械注进 20142405366

产品名称:肌钙蛋白 I 质控品(高水平)(LOCI Cardiac Troponin-I

Control (high) (LCTNI CON H))
规格型号:产品编号:KC683; 包装规格:12 × 2.2mL。
性能组成:该质控品是一种液体的冷冻人血清基质产品, 含有天然人类肌钙蛋白同时也含有其他稳定剂的合成物。
适用范围:该产品是用于定量测定肌钙蛋白 I(TNI)时为精密度和分析偏差的评估进行室内质控。
生产厂家:美国 Siemens Healthcare Diagnostics Inc.
注册代理:西门子医学诊断产品(上海)有限公司
发证日期:2014. 11. 04 **截止日期**:2019. 11. 03

国械注进 20142405367

产品名称:肌钙蛋白 I 质控品(中水平)(LOCI Cardiac Troponin-I Control (Medium) (LCTNI CON M))
规格型号:产品编号:KC682; 包装规格:12 × 2.2mL。
性能组成:该质控品是一种液体的冷冻人血清基质产品, 含有天然人类肌钙蛋白同时也含有其他稳定剂的合成物。
适用范围:该产品是用于定量测定肌钙蛋白 I(TNI)时为精密度和分析偏差的评估进行室内质控。
生产厂家:美国 Siemens Healthcare Diagnostics Inc.
注册代理:西门子医学诊断产品(上海)有限公司
发证日期:2014. 11. 04 **截止日期**:2019. 11. 03

国械注进 20142405368

产品名称:血糖质控液(商品名:美迪赛福 斐特)(MEDISAFE FIT Control Solution)
规格型号:高值 (H) :1x4 mL, M 中值 (M) :1x4 mL, 低值 (L) :1x4 mL。
性能组成:羧甲基纤维素钠、D-葡萄糖、哌嗪-1, 4-二乙磺酸 (PIPES)、ProClin300(防腐剂) (具体内容详见说明书)
适用范围:该产品用于葡萄糖检测时的质量控制。
生产厂家:日本 Terumo Corporation
注册代理:泰尔茂(中国)投资有限公司
发证日期:2014. 11. 04 **截止日期**:2019. 11. 03

国械注进 20142405369

产品名称:电解质检测定标液 4 (商品名: Eschweiler Calibration Solution Bottle CAL4) (Calibration Solution Bottle CAL4)
规格型号:150ml × 12; 330ml × 6。
性能组成:有机缓冲液, 氯化钠, 氯化钾, 氯化钙, 氯化锂, 非离子洗涤剂, 防腐剂, 蒸馏水。
适用范围:该定标液用于血气电解质分析仪、电解质分析仪 K+、Na+、Ca2+、Cl-、pH 项目的定标。
生产厂家:德国 Eschweiler GmbH & Co. KG
注册代理:北京倍肯恒业科技发展有限责任公司
发证日期:2014. 11. 04 **截止日期**:2019. 11. 03

国械注进 20142405370

产品名称:血气检测定标液 2 (商品名: Eschweiler Calibration Solution Bag BGA2) (Calibration Solution Bag BGA2)
规格型号:130ml × 12
性能组成:磷酸盐缓冲液、无机试剂气体稳定剂、非离子洗涤剂、防腐剂、蒸馏水。
适用范围:该定标液用于血气分析仪 pH、pCO2 项目的定标。
生产厂家:德国 Eschweiler GmbH & Co. KG
注册代理:北京倍肯恒业科技发展有限责任公司
发证日期:2014. 11. 04 **截止日期**:2019. 11. 03

国械注进 20142405371

产品名称:血气检测定标液 4 (商品名: Eschweiler Calibration Solution Bag BGA4) (Calibration Solution Bag BGA4)
规格型号:130ml × 12
性能组成:有机缓冲液, 氯化钠, 氯化钾, 氯化钙, 氯化锂, 无机试剂气体稳定剂, 非离子洗涤剂, 防腐剂, 蒸馏水。
适用范围:该定标液用于血气电解质分析仪 pCO2 项目的定标。
生产厂家:德国 Eschweiler GmbH & Co. KG
注册代理:北京倍肯恒业科技发展有限责任公司
发证日期:2014. 11. 04 **截止日期**:2019. 11. 03

国械注进 20142405372

产品名称:电解质检测定标液 3 (商品名: Eschweiler Calibration Solution Bottle CAL3) (Calibration Solution Bottle CAL3)
规格型号:150ml × 12; 330ml × 6。
性能组成:有机缓冲液, 氯化钠, 氯化钾, 氯化钙, 氯化锂, 非离子洗涤剂, 防腐剂, 蒸馏水。
适用范围:该定标液用于血气电解质分析仪、电解质分析仪 K+、Na+、Ca 2+ 、Cl-、pH 项目的定标。
生产厂家:德国 Eschweiler GmbH & Co. KG
注册代理:北京倍肯恒业科技发展有限责任公司
发证日期:2014. 11. 04 **截止日期**:2019. 11. 03

国械注进 20142405373

产品名称:血气检测定标液 3 (商品名: Eschweiler Calibration Solution Bag BGA3) (Calibration Solution Bag BGA3)
规格型号:130ml × 12
性能组成:有机缓冲液, 氯化钠, 氯化钾, 氯化钙, 氯化锂, 无机试剂气体稳定剂, 非离子洗涤剂, 防腐剂, 蒸馏水。
适用范围:该定标液用于血气电解质分析仪 pCO2 项目的定标。
生产厂家:德国 Eschweiler GmbH & Co. KG
注册代理:北京倍肯恒业科技发展有限责任公司
发证日期:2014. 11. 04 **截止日期**:2019. 11. 03

国械注进 20142405374

产品名称:碱性磷酸酶定标液(Alkaline Phosphatase Calibrator (APLI CAL))
规格型号:产品编号: DC150; 包装规格: 水平 1: 2 × 1. 0mL; 水平 2: 2 × 1. 0mL; 水平 3: 2 × 1. 0mL。
性能组成:该产品是一种液体的含有猪肾脏碱性磷酸酶的人血清白蛋白基质产品。
适用范围:该定标液用于碱性磷酸酶(ALPI)检测方法的定标。
生产厂家:美国 Siemens Healthcare Diagnostics Inc.
注册代理:西门子医学诊断产品(上海)有限公司
发证日期:2014. 11. 14 **截止日期**:2019. 11. 13

国械注进 20142405375

产品名称:α 1-抗胰蛋白酶检测试剂盒 (免疫比浊法) (Tina-quant α 1-Antitrypsin ver. 2(AAT2))
规格型号:100 测试, 150 测试。
性能组成:试剂 1 (R1): 磷酸盐缓冲液, 12. 7mmol/L, pH 7. 2; 氯化钠, 0. 13 mol/L; 聚乙二醇, 40 g/L; 防腐剂。 试剂 2 (R2): 抗人 α 1-抗胰蛋白酶抗体(兔), >2 g/L; 氯化钠, 0. 1 mol/L; 防腐剂。
适用范围:体外定量测定人体血清和血浆中的 α 1-抗胰蛋白酶的浓度。
生产厂家:德国 Roche Diagnostics GmbH
注册代理:罗氏诊断产品(上海)有限公司
发证日期:2014. 11. 13 **截止日期**:2019. 11. 12

国械注进 20143405376

产品名称:人类免疫缺陷病毒抗原及抗体检测试剂盒 (酶联荧光分析法) (VIDAS HIV DUO Ultra (HIV5))
规格型号:60 测试/盒
性能组成:人类免疫缺陷病毒抗原及抗体 HIV5 试剂条 (STR)、人类免疫缺陷病毒抗原及抗体 HIV5 固相容器 (SPR)、人类免疫缺陷病毒抗原及抗体 HIV5 阳性抗体对照 (C1)、人类免疫缺陷病毒抗原及抗体 HIV5 阴性对照(C2)、人类免疫缺陷病毒抗原及抗体 HIV5 阳性抗原对照(C3)、人类免疫缺陷病毒抗原及抗体 HIV5 抗体标准品 (S1)、人类免疫缺陷病毒抗原及抗体 HIV5 p24 抗原标准品(S2)、夹子封口、主要数据卡(MLE)。(具体内容详见说明书)
适用范围:用于体外定量检测人类血清或血浆 (肝素锂或 EDTA) 样本中抗 HIV1 (M 和 O 组群) 和抗 HIV2 总免疫球蛋白以及 HIV 1 p24 抗原的浓度。
生产厂家:法国 bioMerieux SA
注册代理:梅里埃诊断产品(上海)有限公司
发证日期:2014. 11. 13 **截止日期**:2019. 11. 12

国械注进 20143405377

产品名称:人类免疫缺陷病毒抗原及抗体检测试剂盒(酶联荧光分析法)(VIDAS HIV DUO Quick (HIV6))
规格型号:60 测试/盒
性能组成:人类免疫缺陷病毒抗原及抗体 HIV6 试剂条 (STR)、人类免疫缺陷病毒抗原及抗体 HIV6 固相容器 (SPR)、人类免疫缺陷病毒抗原及抗体 HIV6 阳性抗体对照 (C1)、人类免疫缺陷病毒抗原及抗体 HIV6 阴性对照(C2)、人类免疫缺陷病毒抗原及抗体 HIV6 阳性抗原对照(C3)、人类免疫缺陷病毒抗原及抗体 HIV6 抗体标准品 (S1)、夹子封口、主要数据卡 (MLE)。(具体内容详见说明书)
适用范围:于体外定量检测人类血清或血浆 (肝素锂或 EDTA) 样本中抗 HIV1 (M 和 O 组群) 和抗 HIV2 总免疫球蛋白以及 HIV1 p24 抗原的浓度。
生产厂家:法国 bioMerieux SA
注册代理:梅里埃诊断产品(上海)有限公司
发证日期:2014. 11. 13 **截止日期**:2019. 11. 12

国械注进 20143405378

产品名称:乙型肝炎病毒核酸检测试剂盒(PCR-荧光法)(COBAS AmpliPrep/COBAS TaqMan HBV Test, version 2.0)
规格型号:72 人份/盒
性能组成:HBV 磁性玻璃珠试剂盒、HBV 裂解试剂盒、HBV 多组分试剂盒(蛋白酶溶液、洗脱缓冲液)、HBV 测试-特异性试剂盒 (HBV 定量标准品、HBV 主混合物、HBV 锰溶液)、HBV 强阳性质控品、HBV 弱阳性质控品、COBASTaqMan 阴性质控品 (人血浆)、HBV 强阳性质控品 v2.0 条码夹、HBV 弱阳性质控品 v2.0 条码夹、HBV 阴性质控品条码夹。(具体内容详见说明书)
适用范围:用于定量检测人血浆与血清中的乙型肝炎病毒 (HBV) DNA。
生产厂家:美国 Roche Molecular Systems, Inc.
注册代理:罗氏诊断产品(上海)有限公司
发证日期:2014. 11. 13 **截止日期**:2019. 11. 12

国械注进 20142405379

产品名称:甲胎蛋白测定试剂盒(时间分辨荧光法)(DELFIA®Xpress hAFP)
规格型号:96 人份、72 人份。
性能组成:甲胎蛋白校准品、甲胎蛋白示踪剂、分析缓冲液、甲胎蛋白测试笔、特定批号的质量控制证书。(具体详见说明书)
适用范围:本试剂盒用于体外定量测定母体血清和羊水中甲胎蛋白 (hAFP) 的含量。
生产厂家:芬兰 Wallac Oy
注册代理:珀金埃尔默医学诊断产品(上海)有限公司
发证日期:2014. 11. 13 **截止日期**:2019. 11. 12

国械注进 20143405380

产品名称:梅毒螺旋体抗体质控品(ARCHITECT Syphilis TP Controls)
规格型号:2 瓶(8mL/瓶)
性能组成:在复钙的人血浆中制备。阳性质控品(灭活)对梅毒螺旋体抗体呈反应性。防腐剂: 叠氮钠和其他抗菌剂。
适用范围:本质控品用于体外定性测定人血清和血浆中的梅毒螺旋体抗体时,对梅毒螺旋体抗体项目的校准进行验证。
生产厂家:德国 Abbott GmbH & Co. KG
注册代理:雅培贸易(上海)有限公司
发证日期:2014. 11. 13 **截止日期**:2019. 11. 12

国械注进 20142405381

产品名称:类风湿因子检测试剂盒(乳胶增强免疫比浊法)(RHEUMATOID FACTOR (RF))
规格型号:RF 2881(货号): 4 x 40 测试
性能组成:类风湿因子乳胶试剂,类风湿因子分析缓冲液。(具体内容详见说明书)
适用范围:本产品用于体外定量测定血清中的类风湿因子。
生产厂家:英国 Randox Laboratories Ltd.
注册代理:英国朗道实验诊断有限公司上海代表处
发证日期:2014. 11. 13 **截止日期**:2019. 11. 12

国械注进 20142405382

产品名称:微量白蛋白检测试剂盒(免疫比浊法)(Microalbumin(mALB))
规格型号:MA 2864(货号): 4 x 50 测试
性能组成:抗体试剂,分析缓冲液。(具体内容详见说明书)
适用范围:本产品用于体外定量测定人尿中的微量白蛋白。
生产厂家:英国 Randox Laboratories Ltd.
注册代理:英国朗道实验诊断有限公司上海代表处
发证日期:2014. 11. 13 **截止日期**:2019. 11. 12

国械注进 20142405383

产品名称:甘油三酯检测试剂盒(酶比色法)(TRIGLYCERIDES (TRIGS))
规格型号:TR 2820 (货号): 4 x 60 测试
性能组成:4-安替比林、脂肪酶、3-磷酸甘油氧化酶、叠氮钠,哌嗪-1,4-二乙磺酸缓冲液、4-氯酚、镁离子、三磷酸腺苷、过氧化物酶、甘油激酶、叠氮钠。(具体内容详见说明书)
适用范围:本产品用于体外定量测定血清和血浆中甘油三酯。
生产厂家:英国 Randox Laboratories Ltd.
注册代理:英国朗道实验诊断有限公司上海代表处
发证日期:2014. 11. 13 **截止日期**:2019. 11. 12

国械注进 20142405384

产品名称:直接胆红素检测试剂盒(比色法)(DIRECT BILIRUBIN(D BIL))
规格型号:BR 3807(货号): 生理盐水 2 x 30 mL 对氨基苯磺酸 8 x 4.0 mL 亚硝酸盐试剂 1 x 2 mL
性能组成:生理盐水,对氨基苯磺酸,盐酸,亚硝酸钠。(具体内容详见说明书)
适用范围:本产品用于体外定量测定血清和血浆中的直接胆红素。
生产厂家:英国 Randox Laboratories Ltd.
注册代理:英国朗道实验诊断有限公司上海代表处
发证日期:2014. 11. 13 **截止日期**:2019. 11. 12

国械注进 20142405385

产品名称:尿素检测试剂盒(酶动力法)(UREA)
规格型号:UR 220 (货号): 缓冲液 1 x 100 mL,酶试剂 6 x 15 mL UR 221 (货号): 缓冲液 10 x 50mL,酶试剂 10 x 50 mL UR 2364 (货号): 缓冲液 6 x500 mL,酶试剂 6 x 500 mL UR 446 (货号): 缓冲液 10 x 50 mL,酶试剂 10 x 50 mL UR 456 (货号): 缓冲液 1 x 100 mL,酶试剂 6 x 15 mL UR 457 (货号): 缓冲液 10 x 50 mL,酶试剂 10 x 50 mL
性能组成:缓冲液,酶试剂。(具体内容详见说明书)
适用范围:本产品用于体外定量测定血清,血浆或尿液中的尿素。
生产厂家:英国 Randox Laboratories Ltd.
注册代理:英国朗道实验诊断有限公司上海代表处
发证日期:2014. 11. 13 **截止日期**:2019. 11. 12

国械注进 20142405386

产品名称:总胆汁酸检测试剂盒(酶比色法)(TOTAL BILE ACIDS(TBA))
规格型号:BI 1689/S(货号): 复溶缓冲液 1 x 105 mL,3α-羟基类固醇脱氢酶 1 x 25 mL,空白试剂 10 x 10 mL BI 1689/SS(货号): 复溶缓冲液 10 x 50 mL,空白试剂 10 x 50 mL,3α-羟基类固醇脱氢酶 1 x 125 mL
性能组成:复溶缓冲液,3α-羟基类固醇脱氢酶,空白试剂。(具体内容详见说明书)
适用范围:本产品用于体外定量测定血清和血浆中的总胆汁酸。
生产厂家:英国 Randox Laboratories Ltd.
注册代理:英国朗道实验诊断有限公司上海代表处
发证日期:2014. 11. 13 **截止日期**:2019. 11. 12

国械注进 20142405387

产品名称:γ-谷氨酰转肽酶检测试剂盒 (双比色速率法) (γ-GLUTAMYL TRANSFERASE(GGT))
规格型号:GT 2815 (货号): 4 x 72 测试
性能组成:谷氨酰-羧基-对硝基苯胺,双甘氨肽。(具体内容详见说明书)
适用范围:本产品用于体外定量测定血清和血浆中的γ-谷氨酰转肽酶活性。
生产厂家:英国 Randox Laboratories Ltd.
注册代理:英国朗道实验诊断有限公司上海代表处

发证日期:2014.11.13 **截止日期**:2019.11.12

国械注进 20142405388

产品名称:无机磷检测试剂盒(磷钼酸盐法)(PHOSPHOROUS)
规格型号:PH 2810(货号): 4 x 120 测试
性能组成:钼酸铵、硫酸,硫酸、清洁剂。(具体内容详见说明书)
适用范围:本产品用于体外定量测定血清中的无机磷。
生产厂家:英国 Randox Laboratories Ltd.
注册代理:英国朗道实验诊断有限公司上海代表处
发证日期:2014.11.13 **截止日期**:2019.11.12

国械注进 20142405389

产品名称:胆红素检测试剂盒(分光光度法)(BILIRUBIN(BIL))
规格型号:BR 7939(货号): 去垢剂 6 x 50 mL 二氢嘧啶脱氢酶试剂 3 x 20 mL 二氢嘧啶脱氢酶稀释液 3 x 20 mL
性能组成:去垢剂,二氢嘧啶脱氢酶试剂。(具体内容详见说明书)
适用范围:本产品用于体外定量测定血清和血浆中的胆红素。
生产厂家:英国 Randox Laboratories Ltd.
注册代理:英国朗道实验诊断有限公司上海代表处
发证日期:2014.11.13 **截止日期**:2019.11.12

国械注进 20142405390

产品名称:抗凝血酶Ⅲ检测试剂盒(显色性合成底物法)(Testzym S AT Ⅲ)
规格型号:①因子 Xa 液,6.8mL×2 ②底物液,2.0mL×1;①因子 Xa 液,16.8mL×3 ②底物液,7.5mL×1;①因子 Xa 液,10.2mL×2 ②底物液,3.0mL×1
性能组成:①因子 Xa 液:因子 Xa(从牛中提取),②底物液:乙酰-D-精氨酰-甘氨酰基-L-精氨酰-p-硝基酰苯胺.二盐酸盐(S-2772)。(具体内容详见产品说明书)
适用范围:该产品用于定量检测血浆中抗凝血酶Ⅲ的活性。
生产厂家:日本 SEKISUI MEDICAL CO., LTD
注册代理:积水医疗科技(中国)有限公司
发证日期:2014.11.13 **截止日期**:2019.11.12

国械注进 20142405391

产品名称:血管炎自身抗体检测试剂盒(线性免疫分析法)(IMTEC-Vasculitis-LIA)
规格型号:ITC 82040:24 人份 /盒
性能组成:24 个测试条(紫色标记)、3 瓶脱脂奶粉(蓝盖)、50ml 洗涤缓冲液(黑盖)、29ml 酶结合物液(白盖)、30ml TMB 溶液(黑盖)、26ml 终止溶液(红盖);辅助用品:2 个孵育托盘、1 份/盒 评价表、镊子、粘贴表、透明判读模板。(具体内容详见产品说明书)
适用范围:该产品用于临床定性检测人血清中的 PR3、MPO 和 GBM 的 IgG 抗体。
生产厂家:德国 HUMAN Gesellschaft für Biochemica und Diagnostica mbH
注册代理:德国胡曼生化诊断有限责任公司北京代表处
发证日期:2014.11.13 **截止日期**:2019.11.12

国械注进 20142405392

产品名称:抗 RA33 抗体定量检测试剂盒(酶联免疫法)(IMTEC-RA33-Antibodies)
规格型号:ITC 60015: 96 人份/盒
性能组成:微滴定板条(装在 1 个框内)、校准品 IgG(白盖)、阴性质控血清(绿盖)、阳性质控血清(红盖)、浓缩洗涤缓冲液(黑盖)、样品稀释缓冲液(蓝盖)、酶标(白盖)、TMB 底物(黑盖)、终止液(红盖)、封条胶。(具体内容详见产品说明书)
适用范围:该产品用于体外定量测定人血清中 RA33(hnRNP A2) IgG 抗体。
生产厂家:德国 HUMAN Gesellschaft für Biochemica und Diagnostica mbH
注册代理:德国胡曼生化诊断有限责任公司北京代表处
发证日期:2014.11.13 **截止日期**:2019.11.12

国械注进 20142405393

产品名称:抗核抗体定量检测试剂盒(酶联免疫法)(IMTEC-ANA SCREEN)
规格型号:ITC 60001: 96 人份/盒
性能组成:微滴定板条(装在板框内)、标准品 IgGAM(白盖)、阴性质控血清(绿盖)、阳性质控血清(红盖)、浓缩洗涤缓冲液(黑盖)、样品稀释缓冲液(蓝盖)、酶标(白盖)、TMB ELISA 底物(黑盖)、终止液(红盖)、封条胶。(具体内容详见产品说明书)
适用范围:该产品用于临床定量测定血清中自身免疫抗体 ANA 的含量。
生产厂家:德国 HUMAN Gesellschaft für Biochemica und Diagnostica mbH
注册代理:德国胡曼生化诊断有限责任公司北京代表处
发证日期:2014.11.13 **截止日期**:2019.11.12

国械注进 20143405394

产品名称:白细胞分化抗原 CD2 检测试剂盒(流式细胞仪法)(IOTest CD2-FITC)
规格型号:100 测试/瓶
性能组成:见附页。
适用范围:该荧光素标记的抗体可用于流式细胞仪的定性或定量检测人体生物标本中 CD2 的表达。
生产厂家:法国 IMMUNOTECH S.A.S(a Beckman Coulter Company)
注册代理:贝克曼库尔特商贸(中国)有限公司
发证日期:2014.11.13 **截止日期**:2019.11.12

国械注进 20143405395

产品名称:白细胞分化抗原 CD3/HLA-DR 检测试剂盒(流式细胞仪法)(IOTest® D3-FITC/HLA-DR-PE)
规格型号:50 测试/瓶
性能组成:见附页。
适用范围:该荧光标记抗体用于流式细胞术定性和/或定量检测人体生物标本中 CD3 和 HLA-DR 的表达。
生产厂家:法国 IMMUNOTECH S.A.S(a Beckman Coulter Company)
注册代理:贝克曼库尔特商贸(中国)有限公司
发证日期:2014.11.13 **截止日期**:2019.11.12

国械注进 20142405396

产品名称:链球菌药敏接种培养液(商品名:菲凡)(BD PhoenixTM AST-S Broth)
规格型号:8ml/支,100 支/盒。
性能组成:1 升纯水含有胰消化酪蛋白胨和添加剂 29.2 克,胸苷磷酸化酶 100 IU,聚山梨醇酯 80 0.1 克。
适用范围:该链球菌药敏接种培养液用于定量的药物敏感性检测。
生产厂家:美国 Becton, Dickinson and Company
注册代理:碧迪医疗器械(上海)有限公司
发证日期:2014.11.13 **截止日期**:2019.11.12

国械注进 20142405397

产品名称:链球菌药敏指示剂(BD PhoenixTM AST-S Indicator Solution)
规格型号:6ml/支,10 支/盒。
性能组成:1 升纯水含有不超过 1.5 克的氧化还原指示剂和不超过 20 克的氧化还原稳定剂。
适用范围:该链球菌药敏指示剂在临床上用于定量的药物敏感性检测。
生产厂家:美国 Becton, Dickinson and Company
注册代理:碧迪医疗器械(上海)有限公司
发证日期:2014.11.13 **截止日期**:2019.11.12

国械注进 20143405398

产品名称:白细胞分化抗原 CD8 检测试剂盒(流式细胞仪法)(IOTest CD8-PE)
规格型号:100 测试/瓶
性能组成:见附页。
适用范围:该荧光素标记的抗体用于流式细胞术定性或定量检测人体生物标本中 CD8 的表达。
生产厂家:法国 IMMUNOTECH S.A.S (a Beckman Coulter Company)
注册代理:贝克曼库尔特商贸(中国)有限公司
发证日期:2014.11.13 **截止日期**:2019.11.12

国械注进 20143405399

产品名称:白细胞分化抗原 CD3/ CD(16+56)检测试剂盒(流式细胞仪法)(CD3-FITC/CD (16+56) -PE)

规格型号:50 测试/瓶

性能组成:见附页。

适用范围:该荧光标记抗体用于流式细胞术定性和/或定量检测人体生物标本中 CD3 和 CD (16+56) 抗原的表达。

生产厂家:法国 IMMUNOTECH S.A.S (a Beckman Coulter Company)

注册代理:贝克曼库尔特商贸(中国)有限公司

发证日期:2014.11.13　**截止日期**:2019.11.12

国械注进 20143405400

产品名称:白细胞分化抗原 HLA-DR 检测试剂盒(流式细胞仪法)(HLA-DR-PC5)

规格型号:100 测试/瓶

性能组成:见附页。

适用范围:该荧光素标记的抗体可用于流式细胞术定性或定量检测人体生物标本中 HLA-DR 抗原的表达情况。

生产厂家:法国 IMMUNOTECH S.A.S (a Beckman Coulter Company)

注册代理:贝克曼库尔特商贸(中国)有限公司

发证日期:2014.11.13　**截止日期**:2019.11.12

国械注进 20143405401

产品名称:β2-微球蛋白测定试剂盒(化学发光免疫分析法)(LIAISON® β2-Microglobulin)

规格型号:100 测试/盒

性能组成:固相;校准品 1,低浓度;校准品 2,高浓度;结合物;稀释液。(具体内容详见说明书)

适用范围:本产品用于体外定量测定人血清和血浆中 β2 微球蛋白的含量。

生产厂家:意大利 DiaSorin S.p.A.

注册代理:索灵诊断医疗设备(上海)有限公司

发证日期:2014.11.13　**截止日期**:2019.11.12

国械注进 20142405402

产品名称:肌钙蛋白 I 定标液(LOCI Cardiac Troponin I Calibrator(LOCI TNI CAL))

规格型号:产品编号 RC621 规格:10 小瓶:2 小瓶(定标液 1,每瓶 2.0 mL);2 小瓶(定标液 2,每瓶 2.0 mL);2 小瓶(定标液 3,每瓶 2.0 mL);2 小瓶(定标液 4,每瓶 2.0 mL);2 小瓶(定标液 5,每瓶 2.0 mL)。

性能组成:肌钙蛋白 I 定标液为冰冻的人血清液体产品,含天然人肌钙蛋白复合物及其他用于稳定产品的成分。

适用范围:肌钙蛋白 I 定标液用于体外肌钙蛋白 I (TNI) 检测时定标。

生产厂家:美国 Siemens Healthcare Diagnostics Inc.

注册代理:西门子医学诊断产品(上海)有限公司

发证日期:2014.11.13　**截止日期**:2019.11.12

国械注进 20143465403

产品名称:腹主动脉覆膜血管内支架系统(商品名:GORE® EXCLUDER®)(GORE® EXCLUDER® AAA ENDOPROSTHESIS with C3 Delivery System)

规格型号:见附页

性能组成:产品由腹主动脉覆膜血管内支架和 C3 输送系统两部分构成。支架带有不透射线金标记,由覆膜部分(主要材质为膨体聚四氟乙烯和氟化乙丙烯)和镍钛合金丝制成,被包束于输送系统的前端,从主动脉端向髂动脉端展开。C3 输送系统主要由输送导管体,导管座,展开手柄等部件构成。产品经环氧乙烷灭菌,一次性使用。

适用范围:主体-同侧分支覆膜血管内支架和配用的对侧分支覆膜血管内支架组件:腹主动脉覆膜血管内支架旨在将动脉瘤与血流隔绝,适用于被诊断为肾下腹主动脉瘤(AAA)而且解剖学形态符合以下要求的患者:1.具有足够的髂动脉/股动脉通路 2.肾下主动脉颈治疗直径在 19-32mm 范围之内,主动脉颈长度至少为 15 mm 3.近端主动脉颈角度≤60° 4.髂动脉治疗直径在 8-25 mm 范围之内,髂动脉远端血管密封区长度至少为 10 mm 与本器械配用的主动脉延伸覆膜血管内支架和髂动脉延伸覆膜血管内支架组件:主动脉和髂动脉延伸覆膜血管内支架旨在展开 GORE®EXCLUDER®腹主动脉覆膜血管内支架之后使用。这些延伸段适用于在隔离动脉瘤需要额外长度和/或封闭效果时使用。

生产厂家:美国 W.L. Gore & Associates, Inc.

注册代理:戈尔工业品贸易(上海)有限公司

发证日期:2014.11.21　**截止日期**:2019.11.20

国械注进 20143465404

产品名称:脊柱融合器系统(商品名:Anchor-C)(AVS Anchor-C Cervical Cage System)

规格型号:见附页

性能组成:该融合器采用符合 YY/T 0660 标准的牌号为 PEEK-OPTIMA LTI 的聚醚醚酮和符合 ISO5832-3 标准的 Ti6Al4V 钛合金制造,内部嵌有符合 ISO13782 标准的纯钽制的显影作用的定位针。螺钉采用符合 ISO5832-3 标准的 Ti6Al4V 钛合金制造,表面经阳极氧化处理。非灭菌包装。

适用范围:该产品适用于治疗颈椎(C3-C7 节段)的退行性脊椎疾病、椎间盘和椎体不稳以及颈椎翻修手术。建议在植入物中填充植骨材料。

生产厂家:瑞士 Stryker Spine SA

注册代理:史赛克(北京)医疗器械有限公司

发证日期:2014.11.21　**截止日期**:2019.11.20

国械注进 20143225405

产品名称:软性亲水接触镜(Soft Contact Lens)

规格型号:Shiny Star

性能组成:该产品为日戴型软性亲水接触镜。镜片材料由 HEMA、NVP、EGDMA 及着色剂等制成,着黑色、灰色、棕色、紫色、绿色、蓝色。聚丙烯盒或玻璃瓶包装。各参数标称值:含水量:38%,折射率:1.435,透氧系数:11×10^{-11}(cm2/s)(mLO2/(mL×mmHg)),-3D 镜片透氧量:14 $\times10^{-9}$(cm/s) (mLO2/(mL×mmHg)),后顶焦度范围:0.00D~ -10.00D,可见光透过率>95%。产品经蒸汽湿热灭菌。

适用范围:适用于无禁忌症患者矫正近视。

生产厂家:韩国 Medios Co., Ltd.

注册代理:上海科莱博隐形眼镜有限公司

发证日期:2014.11.21　**截止日期**:2019.11.20

国械注进 20143155406

产品名称:一次性使用静脉留置针(商品名:英全康 3)(Closed IV Catheter)

规格型号:见附页

性能组成:由导引针、外周血管内导管和保护鞘组成。导引针针座包括回血密封腔和排气帽;外周血管内导管管座包括固定翼、推送板和鲁尔锁定接头,内含防逆流阀,有助于避免血液暴露。导引针针管上带有一个安全夹,当导引针脱离导管后会自动闭合,防止针刺伤。导引针针管和安全夹为不锈钢材料,针座为 MABS 材料;外周血管内导管为 PUR 材料,管座为 PP 材料。产品无菌,一次性使用。

适用范围:用于在短期内留置在患者的血管内,以便抽取血样、监测血压或向血管内输送药液和血液。

生产厂家:德国 B.Braun Melsungen AG

注册代理:贝朗医疗(上海)国际贸易有限公司

发证日期:2014.11.21　**截止日期**:2019.11.20

国械注进 20143465407

产品名称:股骨柄系统(商品名:ADR)(ADR Cement less hip stem system)

规格型号:见附页

性能组成:该产品材料为锻造 Ti6Al4V 合金,符合 ISO 5832-3 的要求。灭菌包装。

适用范围:与该企业的系统组件配合使用,适用于先天性髋关节发育不良患者的髋关节重建以及一些骨关节炎患者的关节置换后的翻修手术。适用部位为髋关节股骨侧。

生产厂家:瑞士 Smith&Nephew Orthopaedics AG

注册代理:施乐辉医用产品国际贸易(上海)有限公司

发证日期:2014.11.21　**截止日期**:2019.11.20

国械注进 20143465408

产品名称:冠脉支架及其输送系统(商品名:Coroflex Blue Neo)

(Coronary Stent System)
规格型号:见附页
性能组成:本支架是由一支外科特殊植入材料制成的小型金属管，经精密激光切割而成的。支架在血管中扩张后，形成一个边缘光滑，外径小的金属网架。该支架被预装在一个球囊导管上，导管上带有两个 X 射线标志，指示支架的两端。支架用钴铬合金 L-605 制成。环氧乙烷灭菌，一次性使用。
适用范围:- 原发病变(主要用于各种狭窄或闭塞)- PTCA (经皮冠状动脉腔内成形术)后的残余狭窄- 静脉搭桥血管狭窄或闭塞- PTCA 后的高危再狭窄- PTCA 后的内膜撕裂- PTCA 后的血管弹性回缩-急性血管闭塞- PTCA 后未达到最佳效果
生产厂家:德国 B. Braun Melsungen AG
注册代理:贝朗医疗(上海)国际贸易有限公司
发证日期:2014. 11. 21　　**截止日期**:2019. 11. 20

国械注进 20143465409

产品名称:门型钉固定系统(Compression Staple)
规格型号:见附页
性能组成:产品由门型钉和螺钉组成，采用符合 ISO 5832-1 的不锈钢材料制造，非灭菌包装。
适用范围:该产品适用于足踝关节的骨折内固定，如经内外踝截骨术等。
生产厂家:美国 Arthrex, Inc.
注册代理:锐适医疗器械(上海)有限公司
发证日期:2014. 11. 21　　**截止日期**:2019. 11. 20

国械注进 20143775410

产品名称:冠状动脉球囊扩张导管 (商品名: Powered Lacrosse2) (ラクロス PTCA バルーンカテーテル)
规格型号:见附页
性能组成:本产品以停留在血管内、扩展血管的狭窄部位(经皮冠状动脉成形术-PTCA)为使用目的。本产品由推送杆、球囊、球囊标记、尖端、接口座等组成。球囊材料为尼龙 12。经环氧乙烷灭菌，一次性使用。
适用范围:本产品以停留在血管内、扩展血管的狭窄部位(经皮冠状动脉成形术-PTCA)为使用目的。
生产厂家:日本株式会社 グッドマン
注册代理:戈德曼医疗器械国际贸易(上海)有限公司
发证日期:2014. 11. 21　　**截止日期**:2019. 11. 20

国械注进 20143465411

产品名称:脊柱后路内固定系统组件 (商品名: Java TL) (Spinal Internal Fixation System)
规格型号:见附页
性能组成:该产品由棒和横向连接器部件组成，为符合 ISO 5832-3 的 Ti6A14V 和 ISO 5832-2 纯钛(TA4)。其中预弯棒材料为钛合金(Ti6A14V)材料，直型棒分为钛合金(Ti6A14V)材料和纯钛(TA4)两种，横向连接器材料由钛合金(Ti6A14V)和纯钛(TA4)组成。表面无着色。非灭菌包装。
适用范围:配合同企业 Java 系列脊柱固定系统设计用于后路脊柱融合手术。适用于复位和固定一个或多个脊柱节段(从胸椎至骶骨)，直至获得骨融合(通常需要 6-12 个月)。一旦达到骨融合，应将脊柱固定系统取出。应在权衡每位患者的风险/收益后作出该决定。脊柱固定系统被指定用于通过胸椎、腰椎和/或腰骶节段的骨愈合来达到骨融合，治疗的病症包括退行性疾病、椎间盘脱出、脊椎前移、骨折、脊柱狭窄、前凸或后凸性脊柱畸形、脊柱侧凸、肿瘤和假关节、或翻修失败的骨融合。外科医生应根据具体患者的手术策略评估 Java 脊柱固定系统的正常承压能力。
生产厂家:法国 Zimmer Spine
注册代理:捷迈(上海)医疗国际贸易有限公司
发证日期:2014. 11. 21　　**截止日期**:2019. 11. 20

国械注进 20143225412

产品名称:纤维输尿管肾盂镜
规格型号:URF-P6
性能组成:产品由纤维输尿管肾盂镜及附件 (钳子管道开口阀、钳子/灌流插头) 构成。具体性能参数见附页。
适用范围:本产品经尿道插入输尿管、肾盂内，或经皮插入肾盂内，对输尿管或肾盂进行观察、诊断、摄影、治疗。不与高频器械配合使用。
变更情况:变更日期: 2015. 01. 26。“ 代理人住所:上海市外高桥保税区泰谷路 185 号第三层 E、F 部位” 变更为 “ 代理人住所:中国(上海)自由贸易试验区泰谷路 185 号第三层 E、F 部位”。
生产厂家:日本奥林巴斯医疗株式会社
注册代理:奥林巴斯(北京)销售服务有限公司
发证日期:2014. 11. 14　　**截止日期**:2019. 11. 13

国械注进 20143245413

产品名称:二氧化碳激光治疗仪
规格型号:CO2RE
性能组成:产品由激光系统主机、关节臂部件、可重复使用的手柄、镜头组件-150 μm 光斑尺寸、脚踏开关、远程互锁连接器组成。激光波长: 10.6 μm, 允差± 0.1 μm; 激光最大功率: 30W± 10%。脉冲持续时间 2-1166 微秒; 脉冲重复频率最高不小于 16.7kHz; 最大扫描区域: 10mm 直径。
适用范围:该产品用于人体软组织的汽化、碳化、凝固和照射，以达到治疗的目的。
变更情况:变更日期: 2015. 02. 06。“ 代理人名称:赛诺龙(北京)医疗美容设备有限公司代理人住所:北京市海淀区花园东路甲 32 号仰源大厦 14 层” 变更为 “ 代理人名称:赛诺龙(北京)医疗科技有限公司代理人住所:北京市朝阳区东三环中路 7 号 4 号楼 9 层 1006”。
生产厂家:以色列 Syneron Medical LTD.
注册代理:赛诺龙(北京)医疗美容设备有限公司
发证日期:2014. 11. 14　　**截止日期**:2019. 11. 13

国械注进 20143335414

产品名称:放射治疗电磁定位系统
规格型号:Calypso System
性能组成:由 Beacon 转发器(植入 Beacon 转发器与表面 Beacon 转发器)、导入器、控制台、电磁阵列、光学系统、跟踪站、辐射探测器、动态门控接口控制器(DGI) 组成。
适用范围:仅与经过验证的且经中国获得批准上市的医用直线加速器联合使用，在放射治疗中用于患者定位，其中植入式转发器仅用于前列腺癌，表面转发器用于体表定位参考。
生产厂家:美国 Varian Medical Systems, Inc.
注册代理:瓦里安医疗器械贸易(北京)有限公司
发证日期:2014. 11. 14　　**截止日期**:2019. 11. 13

国械注进 20143255415

产品名称:高频电刀
规格型号:60-8200-230
性能组成:产品仅为高频电刀主机。高频输出模式及参数见附页。
适用范围:产品用于开放和腔镜手术的切割和电凝止血使用。
生产厂家:美国 ConMed Corporation
注册代理:北京合众康美医疗设备有限公司
发证日期:2014. 11. 14　　**截止日期**:2019. 11. 13

国械注进 20143225416

产品名称:光学干涉断层成像系统
规格型号:ILUMIEN OPTIS
性能组成:该产品由一个成像引擎、两个监视器、一个驱动马达和光学控制器(DOC)、一个隔离变压器、主动脉压和 PressureWire 接收器、一台计算机、一个键盘和一个鼠标、一条电缆组成。
适用范围:ILUMIEN OPTIS 和 Dragonfly 成像导管配合使用，用于对冠状动脉的成像，适合可以进行腔内介入治疗的病人。Dragonfly 成像导管适用于直径为 2.0 到 3.5mm 的血管。Dragonfly 成像导管不适用于左主干冠状动脉或以前做过旁路手术的目标血管。ILUMIEN OPTIS 还会获取来自远端冠状动脉内压力传感器和近端主动脉压力传感器的射频信号输出，用于判定血流储备分数(FFR)这一生理参数。
生产厂家:美国 Lightlab Imaging Inc.
注册代理:圣犹达医疗用品(上海)有限公司
发证日期:2014. 11. 14　　**截止日期**:2019. 11. 13

国械注进 20143775417

产品名称:双向消融导管

规格型号:见附页
性能组成:产品由导管主体、头端电极、电极环、导管调节装置、手柄、尾线以及鲁尔接头组成。产品为环氧乙烷灭菌，一次性使用。
适用范围:双向消融导管用于在治疗心律失常的心脏消融术中产生病灶性心脏消融创口、进行心脏电生理标测和提供诊断性起搏刺激。本导管配合 MediGuide 技术，可以进行实时头端定位。
生产厂家:比利时 St. Jude Medical Coordination Center BVBA
注册代理:圣犹达医疗用品(上海)有限公司
发证日期:2014. 11. 14　　截止日期:2019. 11. 13

国械注进 20143215418

产品名称:动脉生理检测仪
规格型号:详见附件
性能组成:详见附件。
适用范围:该产品用于导管和相关的心血管专科，根据来自一个或多个电极、传感器或测量设备的输出计算并显示各种生理学参数，包括：收缩压、舒张压、平均血压、心率和血流储备分数(FFR)以及来自 ECG 的数据。
生产厂家:瑞典 St. Jude Medical Systems AB
注册代理:圣犹达医疗用品(上海)有限公司
发证日期:2014. 11. 14　　截止日期:2019. 11. 13

国械注进 20143545419

产品名称:呼吸机
规格型号:HAMILTON-MR1
性能组成:呼吸机由主机、台车、吊臂、流量传感器、呼气阀膜和盖、氧浓度传感器、内部电池组成。
适用范围:该产品适用于为成人、小儿、婴幼儿提供正压通气支持。
生产厂家:瑞士 Hamilton Medical AG
注册代理:上海禄天同商贸发展有限公司
发证日期:2014. 11. 14　　截止日期:2019. 11. 13

国械注进 20143405420

产品名称:全自动核酸提纯及荧光 PCR 分析系统(BD MAXTM Instrument)
规格型号:BD MAX Clinical
性能组成:该产品主要由包含一个安装在机器手臂上的液体加样头，一个加热模块，温度传感器，荧光检测系统，并附带一台计算机及软件。
适用范围:该产品与经批准的核酸试剂盒联合使用，在临床上可全自动地对来源于人类的样本进行核酸提取和纯化，并对目标核酸序列进行 PCR 扩增和检测。
备注:2015 年 2 月 2 日同意更正注册人名称内容，2014 年 11 月 14 日核发的中华人民共和国医疗器械注册证予以废止。
生产厂家:美国 Becton, Dickinson and Company
注册代理:碧迪医疗器械(上海)有限公司
发证日期:2015. 02. 02　　截止日期:2020. 02. 01

国械注进 20143245421

产品名称:医用超声诊断设备
规格型号:UD-8000
性能组成:产品由主机、15MHz B 超探头(型号 UD-8015)、60MHz UBM 探头(型号 UD-8060)、脚踏开关组成。
适用范围:产品供医疗单位专业眼科医生用于眼睛 B 超诊断。
生产厂家:日本株式会社トーメーコーポレーション
注册代理:上海天视科技发展有限公司
发证日期:2014. 11. 14　　截止日期:2019. 11. 13

国械注进 20143225422

产品名称:关节镜
规格型号:见附页
性能组成:该产品由内窥镜组成，产品非无菌提供，使用前请灭菌。
适用范围:该产品临床用于关节检查和手术过程中观察成像用。
生产厂家:德国 Rudolf Medical GmbH+Co. KG
注册代理:深圳市洛克氏医疗器械有限公司
发证日期:2014. 11. 14　　截止日期:2019. 11. 13

国械注进 20143215423

产品名称:植入式心脏除颤电极导线
规格型号:0692, 0693, 0657
性能组成:由电极导线、塑形钢丝、连接器工具、静脉拉钩组成。塑形钢丝具体规格详见产品标准 3.3。
适用范围:与兼容脉冲发生器结合使用时用于起搏、频率感知以及发放复律和除颤电击。
生产厂家:美国 Cardiac Pacemakers, Incorporated, a wholly owned subsidiary of Guidant Corporation, a wholly owned subsidiary of Boston Scientific Corporation.
注册代理:波科国际医疗贸易(上海)有限公司
发证日期:2014. 11. 14　　截止日期:2019. 11. 13

国械注进 20143405424

产品名称:沙眼衣原体(CT)/淋球菌(NG)核酸检测试剂盒(PCR 荧光探针法)
规格型号:960 测试；240 测试。
性能组成:CT/NG 主混合液和 cobas 4800 CT/NG 锰溶液。(具体内容详见说明书)
适用范围:用于体外定性检测人宫颈内膜拭子标本、置于 PreservCyt 中的宫颈标本、临床医生采集的阴道拭子标本、以及男性和女性尿液标本中的沙眼衣原体 (CT) 和/或淋球菌 (NG) 的核酸。
生产厂家:美国 Roche Molecular Systems, Inc.
注册代理:罗氏诊断产品(上海)有限公司
发证日期:2014. 11. 21　　截止日期:2019. 11. 20

国械注进 20143405425

产品名称:抗 EB 病毒衣壳抗原 IgM、衣壳抗原 IgG 抗体及抗体亲合力、早期抗原 IgG、核抗原抗体检测试剂盒 (间接免疫荧光法) (BIOCHIP Sequence EBV(Avidity determination))
规格型号:FI 2791-1003 X: 30 人份/盒、FI 2791-1005 X: 50 人份/盒、FI 2791-1010 X: 100 人份/盒、FI 2791-2005 X: 100 人份/盒、FI 2799-1001-1X: 10 人份/盒、FI 2799-1002-1X: 20 人份/盒、FI 2799-2001-1X: 20 人份/盒、FI 2799-2002-1X: 40 人份/盒。
性能组成:生物载片、荧光素标记的二抗、阳性对照、阴性对照、磷酸盐缓冲液 (PBS)、吐温 20、尿素溶液、作为补体来源的人血清冻干粉。试剂盒中还包含封片介质和盖玻片。(具体内容详见产品说明书)
适用范围:该产品用于体外定性检测人血清或血浆中抗 EB 病毒核抗原、早期抗原 IgG、衣壳抗原 IgM 和衣壳抗原 IgG 抗体，以及衣壳抗原 IgG 抗体亲合力。
生产厂家:德国 EUROIMMUN Medizinische Labordiagnostika AG
注册代理:北京欧蒙生物技术有限公司
发证日期:2014. 11. 14　　截止日期:2019. 11. 13

国械注进 20143405426

产品名称:呼吸道病原体谱抗体 IgM 检测试剂盒(间接免疫荧光法)
规格型号:FI 2821-1001-16 M: 10 人份/盒、FI 2821-1002-16 M: 20 人份/盒、FI 2821-1001-17 M: 10 人份/盒、FI 2821-1002-17 M: 20 人份/盒。
性能组成:生物载片、异硫氰酸荧光素 (FITC) 标记的羊抗人 IgM 抗体、磷酸盐 (PBS)、吐温 20，试剂盒中还包含封片介质和盖玻片。(具体内容详见产品说明书)
适用范围:该产品用于体外定性检测人血清或血浆中的抗常见呼吸道病原体的 IgM 抗体，常见呼吸道病原体包括呼吸道合胞病毒，腺病毒，流感病毒 A 型，流感病毒 B 型，副流感病毒，肺炎支原体，肺炎衣原体及嗜肺军团菌。
生产厂家:德国 EUROIMMUN Medizinische Labordiagnostika AG
注册代理:欧蒙医学诊断(中国)有限公司
发证日期:2014. 11. 21　　截止日期:2019. 11. 20

国械注进 20143405427

产品名称:乙型肝炎病毒多项质控品
规格型号:3mL×8 瓶
性能组成:乙型肝炎病毒抗原阳性水平 1：重组乙型肝炎病毒表面抗原 (HBsAg)、重组乙型肝炎病毒 e 抗原 (HBeAg)；乙型肝炎病毒抗原阳性水平 2：重组乙型肝炎病毒表面抗原 (HBsAg)、重组乙型肝炎病毒 e 抗原 (HBeAg)；乙型肝炎病毒抗体阳性水平 1：鼠单克隆乙型肝炎病

毒表面抗体 (HBsAb)、鼠单克隆乙型肝炎病毒 e 抗体 (HBeAb); 乙型肝炎病毒抗体阳性水平 2: 鼠单克隆乙型肝炎病毒表面抗体 (HBsAb)、鼠单克隆乙型肝炎病毒核心抗体 (HBcAb)。
适用范围:该产品用于对乙型肝炎病毒表面抗原、e 抗原、表面抗体、e 抗体以及核心抗体项目的检测进行质量控制。
变更情况:变更日期: 2015.01.12。“代理人住所:上海市外高桥保税区富特西三路 77 号 6 幢 202 室”变更为“代理人住所:中国(上海)自由贸易试验区富特西三路 77 号 6 幢 202 室”。
生产厂家:日本 SYSMEX CORPORATION
注册代理:希森美康医用电子(上海)有限公司
发证日期:2014.11.21 **截止日期**:2019.11.20

国械注进 20143405428

产品名称:多项质控品
规格型号:3mL×6 瓶
性能组成:多项质控品水平 1: 含有乙型肝炎病毒表面抗原 (HBsAg)、丙型肝炎病毒抗体 (HCVAb)、梅毒螺旋体抗体 (TPAb) 的人体血清; 多项质控品水平 2: 含有乙型肝炎病毒表面抗原 (HBsAg)、丙型肝炎病毒抗体 (HCVAb)、梅毒螺旋体抗体 (TPAb) 的人体血清。
适用范围:该产品用于对乙型肝炎病毒表面抗原、丙型肝炎病毒抗体、梅毒螺旋体抗体项目的检测进行质量控制。
变更情况:变更日期: 2015.01.12。“代理人住所:上海市外高桥保税区富特西三路 77 号 6 幢 202 室”变更为“代理人住所:中国(上海)自由贸易试验区富特西三路 77 号 6 幢 202 室”。
生产厂家:日本 SYSMEX CORPORATION
注册代理:希森美康医用电子(上海)有限公司
发证日期:2014.11.21 **截止日期**:2019.11.20

国械注进 20142215429

产品名称:疼痛/感觉评估系统
规格型号:PATHWAY
性能组成:该产品由主机、隔离变压器、反应单元、手动触发器、紧急按钮、CoVAS 刻度计、探头、Medoc main station 软件组成，配件见附页。
适用范围:该产品用冷热刺激来评估患者的温度感觉，也可配合脑电图、肌电图设备帮助医生评估患者的疼痛感。
生产厂家:以色列 MEDOC LTD ADVANCED MEDICAL SYSTEMS
注册代理:上海本迪医疗器械有限公司
发证日期:2014.11.13 **截止日期**:2019.11.12

国械注进 20142315430

产品名称:造影剂注射装置
规格型号:SONIC SHOT GX
性能组成:本系统由动力头、落地架、动力头电缆、光纤电缆、电源装置、金属电缆、电源电缆、接线盒、手持开关、控制台用 AC 电源适配器、控制台组成。
适用范围:用于注射核磁共振成像配套使用的 MRI 造影剂和生理盐水。
生产厂家:日本株式会社根本杏林堂
注册代理:日本株式会社根本杏林堂北京代表处
发证日期:2014.11.13 **截止日期**:2019.11.12

国械注进 20142245431

产品名称:医用激光光纤
规格型号:见审评报告附页
性能组成:产品由激光装置连接头、光纤传输体、治疗头、套管、弯曲保护套及保护帽组成。
适用范围:该产品配合采用 SMA905 接口的激光治疗仪使用，起到传导激光能量的作用。
生产厂家:德国莱尼光纤有限公司(LEONI Fiber Optics GmbH)
注册代理:莱尼特种电缆(常州)有限公司
发证日期:2014.11.13 **截止日期**:2019.11.12

国械注进 20142585432

产品名称:血浆冷冻保存箱
规格型号:iPF120; iPF125; HPF120; HPF125
性能组成:血浆融化箱由控制系统、制冷系统、箱体组成。
适用范围:该产品用于医院冷冻储存血液中的血浆样品。
生产厂家:美国 Helmer Inc.
注册代理:山东威高集团医用高分子制品股份有限公司
发证日期:2014.11.13 **截止日期**:2019.11.12

国械注进 20142565433

产品名称:电动充气防褥疮床垫
规格型号:Virtuoso
性能组成:由充气床垫和系统控制单元组成。
适用范围:用于长期卧床患者的褥疮防治。
生产厂家:捷克共和国 Linet spol. s.r.o.
注册代理:北京安蒂艾克医疗设备有限责任公司
发证日期:2014.11.13 **截止日期**:2019.11.12

国械注进 20142655434

产品名称:弯形大钳口开放手术闭合器/分割器
规格型号:LF4318
性能组成:本产品由 LigaSure 电缆连接器、旋转轮、手柄、启动按钮、切割触发器、夹钳、轴杆和刀片组成。轴杆长度 18cm，夹钳长度 36mm。
适用范围:本产品需与 ForceTriad 能量平台(3.50 及以上版本)配合使用，用于开放性手术过程中对直径不超过 7mm 的血管(动脉、静脉、肺部血管和淋巴)和组织束进行切割和闭合，对组织进行切割、夹持和解剖。
生产厂家:美国 Covidien llc
注册代理:柯惠医疗器材国际贸易(上海)有限公司
发证日期:2014.11.13 **截止日期**:2019.11.12

国械注进 20142215435

产品名称:心电图机
规格型号:ECG-2550
性能组成:产品由心电图机主机(含系统程序:Ver.01-01)、电线组件、输入盒 JC-201D、电极连接线 BR-201D、四肢电极 NC-143E、吸着电极Φ 3 6144-011825、吸着电极(小儿用)Φ 3 NC-123D、电池 SB-201D 组成。
适用范围:该产品是通过电极引导心脏活动产生的微小电动势，选择四肢导联、胸部导联等顺序导联，能够收集、测量、解析放大的心电图数据，并通过液晶显示器能显示，通过记录器能进行记录和保存的心电图机。当不进行 ECG 自动解释时，视临床医生的判断，该产品预期用于所有人群。该产品也可提供 ECG 自动解释功能，预期用于 3 岁以上小儿和成人。该自动解释功能预期提供 ECG 形态和节律的评估结论，以帮助临床医生进行诊断。该评估结论不能作为诊断的唯一依据，建议由经过专业训练的有资格的临床医生审阅自动解释功能提供的所有评估结论。
生产厂家:日本光电工业株式会社
注册代理: 上海光电医用电子仪器有限公司
发证日期:2014.11.13 **截止日期**:2019.11.12

国械注进 20142225436

产品名称:内窥镜摄像系统
规格型号:见审评报告《型号附页》
性能组成:产品由各种规格的摄像主机、摄像头、镜头组成。
适用范围:产品适用于医院做内窥镜手术时，将手术区域的视频影像或抓取的图像传输到监视器上，用于手术的视频观察。
生产厂家:德国 STEMA 公司(STEMA Medizintechnik GmbH)
注册代理:上海圣菲实业有限公司
发证日期:2014.11.13 **截止日期**:2019.11.12

国械注进 20142555437

产品名称:牙科综合治疗台
规格型号:S220 TR CONTINENTAL、S220 TR INTERNATIONAL、S220 TR SIDE DELIVERY、S220 TR CONTINENTAL HYBRID、S220 TR IDRICO SINGOLO
性能组成:S220 TR CONTINENTAL 由脚踏开关(多功能型)、医生操作台(上挂式)、助手操作台(带器械盘夹型)、牙科椅(型号 STERN 320 P TR)、口腔灯(型号 VENUSPLUS)、治疗机组成。S220 TR INTERNATIONAL 由脚踏开关(多功能型)、医生操作台(下挂式)、助手操作台(带器械盘夹型)、牙科椅(型号 STERN 320 P TR)、口腔灯(型号 VENUS PLUS)、治疗机组成。S220 TR SIDE DELIVERY 由脚踏开关(多功能型)、医生操作台(右侧下挂式)、助手操作台(带器械盘夹型)、牙科椅(型号 STERN 320 P TR)、口腔灯(型号 VENUS PLUS)、治疗机组成。S220 TR CONTINENTAL HYBRID 由脚踏开关(多功能型)、医生操作台(上挂式)、助手操作台、牙科椅(型号 STENRN320 P TR)、口腔灯(型号 VENUS PLUS)、治疗机组成。S220 TR IDRICO SINGOLO 由脚踏开关(多功能型)、助手操作台(带器械盘夹型)、牙科椅(型号 STENRN 320 P TR)、口腔灯(型号 VENUS PLUS)、治疗机组成。
适用范围:本产品供口腔科作诊断、治疗、手术用。
生产厂家:意大利赛福徕集团(CEFLA S.C.)
注册代理:苏州公理福医疗器械有限公司
发证日期:2014.11.13 **截止日期**:2019.11.12

国械注进 20142405438

产品名称:酶标仪
规格型号:ELx808IULALXH
性能组成:酶标仪主要有以下部件组成:主机,6 位滤光片轮,24V 外置直流电源,防尘罩,串行电缆,并行电缆,软件。
适用范围:该酶标仪用于 96 孔微孔板的吸光度检测,供临床检验和医学单位使用。
生产厂家:美国 BioTek Instruments, Inc.
注册代理:厦门市鲎试剂实验厂有限公司
发证日期:2014.11.13 **截止日期**:2019.11.12

国械注进 20142305439

产品名称:乳腺 X 射线机
规格型号:Mammomat Fusion
性能组成:产品组成:1)X 射线发生装置:高压发生装置、X 射线管组件(型号 SINGLE TANK UNIT P40 MoW-100G)、限束器;2)X 射线成像装置:平板探测器(型号 PaxScan 3024M)、图像采集工作站、显示器;3)附属设备:立柱、乳腺摄影平台、操作台;4)附件及选配件:见注册产品标准。
适用范围:用于在专业医务人员的监控下进行乳腺检查,摄影及诊断。
生产厂家:德国 Siemens AG
注册代理:西门子(中国)有限公司
发证日期:2014.11.13 **截止日期**:2019.11.12

国械注进 20142405440

产品名称:凝血酶原时间测定试剂盒(凝固法)(PT-Liquid)
规格型号:10×4ml, 10×5ml, 10×2ml, 10×8ml, 10×10ml, 4×4ml, 4×2ml, 4x5ml, 4×8ml, 4×10ml。
性能组成:含兔脑浸出液、缓冲液、稳定剂和氯化钙的液体。
适用范围:本产品用于体外测定凝血酶原时间。
生产厂家:德国 TECO Medical Instruments, Production + Trading GmbH
注册代理:北京美创新跃医疗器械有限公司
发证日期:2014.11.27 **截止日期**:2019.11.26

国械注进 20142405441

产品名称:凝血酶原时间测定试剂盒(凝固法)(Prothrombin Time)
规格型号:10x4ml, 10x2ml, 10x5ml, 10x8ml, 10x10ml, 4x4ml, 4x2ml, 4x5ml, 4x8ml。(复溶后)
性能组成:含兔脑浸出液、缓冲液、稳定剂和氯化钙的冻干粉。
适用范围:本产品用于体外测定凝血酶原时间。
生产厂家:德国 TECO Medical Instruments, Production + Trading GmbH
注册代理:北京美创新跃医疗器械有限公司
发证日期:2014.11.27 **截止日期**:2019.11.26

国械注进 20142405442

产品名称:抗核抗体检测试剂盒(间接免疫荧光法)(NOVA Lite HEp-2 ANA Kit)
规格型号:240 人份/盒、60 人份/盒。
性能组成:基质玻片、结合物、阳性质控品、阴性质控品、洗液、封片剂、盖玻片。(具体内容详见说明书)
适用范围:本试剂盒用于体外定性检测人血清中的抗核抗体(ANA)。
生产厂家:美国 INOVA Diagnostics, Inc.
注册代理:沃芬医疗器械商贸(北京)有限公司
发证日期:2014.11.27 **截止日期**:2019.11.26

国械注进 20143405443

产品名称:人类免疫缺陷病毒(I 型)核酸定量检测试剂盒(PCR-荧光法)(COBAS AmpliPrep/COBAS TaqMan HIV-1 Test, version 2.0)
规格型号:人类免疫缺陷病毒(I 型)核酸定量检测试剂盒(PCR-荧光法):48 测试,人类免疫缺陷病毒(I 型)核酸定量检测试剂盒(PCR-荧光法)洗涤试剂:5.1 升。
性能组成:人类免疫缺陷病毒(I 型)核酸定量检测试剂盒(PCR-荧光法):HIV-1 磁性玻璃珠试剂盒、HIV-1 裂解试剂盒、HIV-1 多组分试剂盒、HIV-1 检测-特异性试剂盒、HIV-1 强阳性对照、HIV-1 弱阳性对照、COBASTaqMan 阴性对照(人血浆)、HIV-1 强阳性对照 v2.0 条形码卡、HIV-1 弱阳性对照 v2.0 条形码卡、HIV-1 阴性对照 v2.0 条形码卡);人类免疫缺陷病毒(I 型)核酸定量检测试剂盒(PCR-荧光法)洗涤试剂。(具体内容详见说明书)
适用范围:用于定量检测人血浆中人类免疫缺陷病毒(I 型)(HIV-1)RNA。
生产厂家:美国 Roche Molecular Systems, Inc.
注册代理:罗氏诊断产品(上海)有限公司
发证日期:2014.11.27 **截止日期**:2019.11.26

国械注进 20142405444

产品名称:25-羟基维生素 D 测定试剂盒(ARCHITECT 25-OH Vitamin D Reagent Kit)
规格型号:1×100 测试/盒、1×500 测试/盒。
性能组成:微粒子,结合物,项目稀释液,预处理液 1,预处理液 2。(具体内容详见说明书)
适用范围:该产品用于体外定量测定人血清和血浆中的 25-羟基维生素 D(25-OH Vitamin D)。
生产厂家:德国 Abbott GmbH & Co. KG
注册代理:雅培贸易(上海)有限公司
发证日期:2014.11.27 **截止日期**:2019.11.26

国械注进 20142405445

产品名称:25-羟基维生素 D 质控品(ARCHITECT 25-OH Vitamin D Controls)
规格型号:3 瓶(8.0 mL/瓶)
性能组成:含有 25-羟基维生素 D,储存于含有热灭活马血清的磷酸盐(PBS)缓冲液中。防腐剂:ProClin300、ProClin950。
适用范围:该产品用于体外定量测定人血清和血浆中的 25-羟基维生素 D 时,对 25-羟基维生素 D 项目检测的精密度和系统分析偏差进行验证。
生产厂家:德国 Abbott GmbH & Co. KG
注册代理:雅培贸易(上海)有限公司
发证日期:2014.11.27 **截止日期**:2019.11.26

国械注进 20142405446

产品名称:25-羟基维生素 D 校准品(ARCHITECT 25-OH Vitamin D Calibrators)
规格型号:6 瓶(4.0mL/瓶)
性能组成:校准品 A-F 为含有热灭活马血清的磷酸盐(PBS)缓冲液。校准品 B-F 也含有 25-羟基维生素 D。防腐剂:ProClin 300、ProClin950。
适用范围:该产品用于体外定量测定人血清和血浆中的 25-羟基维生素 D 时,对 25-羟基维生素 D 项目进行校准。
生产厂家:德国 Abbott GmbH & Co. KG
注册代理:雅培贸易(上海)有限公司
发证日期:2014.11.27 **截止日期**:2019.11.26

国械注进 20142405447

产品名称:泌乳激素检测试剂盒(荧光磁微粒酶免法)(ST AIA-PACK PRL)
规格型号:100 次检测用量(20 试剂 Cup/板×5)
性能组成:每 20 个试剂杯并排放于一个试剂板上,并保存在铝制的防湿袋中。每次检测所用试剂主要包括以下几种:抗泌乳激素鼠单克隆抗体固定化微球、抗泌乳激素鼠单克隆抗体碱性磷酸酶联标记结合物。(具体内容详见产品说明书)
适用范围:该产品用于体外定量测定血清或血浆中泌乳激素的浓度。
生产厂家:日本 Tosoh Corporation
注册代理:东曹(上海)生物科技有限公司
发证日期:2014.11.27 **截止日期**:2019.11.26

国械注进 20143405448

产品名称:抗 bcl-2(SP66)兔单克隆抗体试剂(免疫组织化学法)(anti-bcl-2(SP66) Rabbit Monoclonal Primary Antibody)
规格型号:50 测试
性能组成:该产品含有足够 50 次测试的试剂。一只抗 bcl-2(SP66) 兔单克隆抗体试剂 (免疫组织化学法) 的 5 mL 分配器含有约 1.2 μg 的兔单克隆抗体。采用含有 1%载体蛋白和 0.10% ProClin 300 (防腐剂) 的 0.05M Tris-HCl 缓冲液来稀释抗体。(具体内容详见产品说明书)
适用范围:该产品用于福尔马林固定的、石蜡包埋的组织切片的定性染色,直接作用于外套层 B-细胞和滤泡 T 细胞表达的人 bcl-2。
生产厂家:美国 Ventana Medical Systems, Inc.
注册代理:罗氏诊断产品(上海)有限公司
发证日期:2014.11.27 **截止日期**:2019.11.26

国械注进 20142405449

产品名称:游离三碘甲状腺原氨酸检测试剂盒(荧光磁微粒酶免法)(ST AIA-PACK FT3)
规格型号:100 次检测用量(20 试剂 Cup/板×5)
性能组成:该产品每 20 个试剂杯排放于一个试剂板上,并保存在铝制的防湿袋中。每次检测所用试剂主要包括以下几种:抗三碘甲状腺原氨酸羊单克隆抗体固定化微球、碱性磷酸酶联标记三碘甲状腺原氨酸抗原。(具体内容详见产品说明书)
适用范围:该产品用于体外定量测定血清或血浆中游离三碘甲状腺原氨酸的浓度。
生产厂家:日本 Tosoh Corporation
注册代理:东曹(上海)生物科技有限公司
发证日期:2014.11.27 **截止日期**:2019.11.26

国械注进 20143405450

产品名称:甲型肝炎病毒抗体测定试剂盒(电化学发光法)(Anti-HAV)
规格型号:100 测试/盒
性能组成:试剂-工作溶液:链霉亲合素包被的微粒 (透明盖),1 瓶;甲型肝炎病毒抗原 (灰盖) 1 瓶;生物素化的抗甲型肝炎病毒抗体,钌标记的抗甲型肝炎病毒抗体 (黑盖),1 瓶;阴性定标液 1 (白盖),2 瓶 (冻干品);阳性定标液 2 (黑盖),2 瓶 (冻干品)。 试剂盒中还包括:2x6 个试剂瓶标签、4 个贴有标签的压盖式小空瓶。(具体内容详见产品说明书)
适用范围:该产品用于定量测定人血清和血浆中的甲型肝炎病毒总抗体。
生产厂家:德国 Roche Diagnostics GmbH
注册代理:罗氏诊断产品(上海)有限公司
发证日期:2014.11.27 **截止日期**:2019.11.26

国械注进 20143405451

产品名称:抗 EB 病毒核抗原 IgG 抗体检测试剂盒(酶联免疫吸附法)(Anti-EBNA-1 ELISA (IgG))
规格型号:EI 2793-9601 G:96 人份/盒
性能组成:微孔板、标准品 1、标准品 2、标准品 3、阳性对照、阴性对照、酶结合物、样本缓冲液、清洗缓冲液、色原/底物液、终止液、靶值参照表。(具体内容详见产品说明书)
适用范围:该产品用于体外定量或半定量检测人血清或血浆中的抗 EB 病毒核抗原 (EBNA-1) IgG 抗体。
生产厂家:德国 EUROIMMUN Medizinische Labordiagnostika AG
注册代理:欧蒙医学诊断(中国)有限公司
发证日期:2014.11.27 **截止日期**:2019.11.26

国械注进 20142405452

产品名称:地高辛检测试剂盒(免疫比浊法)(Tina-quant Digoxin(Digoxin))
规格型号:试剂1:1 x 21 mL,试剂2:1 x 16 mL。
性能组成:试剂 - 工作溶液: 试剂 1 抗体试剂:二(2—羟乙基)亚胺基三 (羟甲基) 甲烷 (BIS-TRIS) 缓冲液、抗-地高辛抗体 (鼠源单抗)、人源材料、防腐剂; 试剂 2 微球体试剂:包被有地高辛的乳胶颗粒、人源材料、防腐剂。 (具体内容详见产品说明书)
适用范围:该产品用于定量测定人类血清和血浆中地高辛浓度。
生产厂家:德国 Roche Diagnostics GmbH
注册代理:罗氏诊断产品(上海)有限公司
发证日期:2014.11.27 **截止日期**:2019.11.26

国械注进 20142405453

产品名称:对乙酰氨基酚校准品 (COBAS Acetaminophen Calibrator(ACETA Calibrator))
规格型号:A 瓶: 1 × 3 mL; B 瓶: 1 × 3 mL。
性能组成:试剂 -含量和浓度: 对乙酰氨基酚校准品 A 瓶 (0.0 μg/mL):含有稳定剂和防腐剂的缓冲液。对乙酰氨基酚校准品 B 瓶(300 μg/mL):对乙酰氨基酚缓冲液,含有稳定剂和防腐剂。 (具体内容详见产品说明书)
适用范围:该校准品用于对乙酰氨基酚检测的校准。
生产厂家:德国 Roche Diagnostics GmbH
注册代理:罗氏诊断产品(上海)有限公司
发证日期:2014.11.27 **截止日期**:2019.11.26

国械注进 20142405454

产品名称:水杨酸校准品 (COBAS Salicylate Calibrator(SALI Calibrator))
规格型号:A 瓶: 1 × 3 mL; B 瓶: 1 × 3 mL。
性能组成:试剂-成分和浓度: 水杨酸校准品 A 瓶 (0.0 μg/mL):含稳定剂和防腐剂的缓冲液。 水杨酸校准品 B 瓶 (300 μg/mL):水杨酸溶于含稳定剂和防腐剂的缓冲液中。 (具体内容详见产品说明书)
适用范围:该校准品用于水杨酸检测的校准。
生产厂家:德国 Roche Diagnostics GmbH
注册代理:罗氏诊断产品(上海)有限公司
发证日期:2014.11.27 **截止日期**:2019.11.26

国械注进 20142405455

产品名称:总蛋白测定试剂盒(双缩脲法)(Total Protein Ⅱ-HA)
规格型号:60mL;38mL
性能组成:双缩脲溶液: 硫酸铜(II)(5 份结晶水) (具体内容详见说明书)
适用范围:本产品用于体外定量测定血清或血浆中的总蛋白。
生产厂家:日本和光纯药工业株式会社 (Wako Pure Chemical Industries, Ltd.)
注册代理:日立高新技术(上海)国际贸易有限公司
发证日期:2014.11.27 **截止日期**:2019.11.26

国械注进 20142405456

产品名称:不饱和铁结合力测定试剂盒(红菲绕啉直接法)(L-Type UIBC)
规格型号:(试剂 1: 60mL, 试剂 2: 21mL); (试剂 1: 30mL, 试剂 2: 12mL)
性能组成:缓冲液, 显色液。(具体内容详见说明书)
适用范围:本产品用于体外定量测定血清或血浆中不饱和铁结合力(UIBC)。
生产厂家:日本和光纯药工业株式会社 (Wako Pure Chemical Industries, Ltd.)
注册代理:日立高新技术(上海)国际贸易有限公司
发证日期:2014.11.27 **截止日期**:2019.11.26

国械注进 20142405457

产品名称:钙测定试剂盒(甲烷基二甲苯酚蓝法)(Ca E-HA)
规格型号:(试剂 1: 50mL, 试剂 2: 27mL); (试剂 1: 30mL, 试剂 2: 17mL)
性能组成:缓冲液,显色液。(具体内容详见说明书)
适用范围:本产品用于体外定量测定血清、血浆或尿中的钙。
生产厂家:日本和光纯药工业株式会社 (Wako Pure Chemical Industries, Ltd.)
注册代理:日立高新技术(上海)国际贸易有限公司
发证日期:2014.11.27 **截止日期**:2019.11.26

国械注进 20142405458

产品名称:低密度脂蛋白胆固醇测定试剂盒(直接测定法,选择保护

法)(L-Type LDL-C)
规格型号:(试剂 1: 60mL, 试剂 2: 25mL); (试剂 1: 40mL, 试剂 2: 17mL)
性能组成:酶显色液,反应液。(具体内容详见说明书)
适用范围:本产品用于体外定量测定血清或血浆中低密度脂蛋白胆固醇。
生产厂家:日本和光纯药工业株式会社(Wako Pure Chemical Industries, Ltd.)
注册代理:日立高新技术(上海)国际贸易有限公司
发证日期:2014.11.27 **截止日期**:2019.11.26

国械注进 20142405459

产品名称:白蛋白测定试剂盒(溴甲酚绿法)(ALB Ⅱ-HA)
规格型号:60mL; 45mL
性能组成:溴甲酚绿溶液。(具体内容详见说明书)
适用范围:本产品用于体外定量测定血清或血浆中的白蛋白。
生产厂家:日本和光纯药工业株式会社(Wako Pure Chemical Industries, Ltd.)
注册代理:日立高新技术(上海)国际贸易有限公司
发证日期:2014.11.27 **截止日期**:2019.11.26

国械注进 20142405460

产品名称:直接胆红素测定试剂盒(钒酸氧化法)(Direct Bil E-HA)
规格型号:(试剂 1: 60mL, 试剂 2: 21mL); (试剂 1: 30mL, 试剂 2: 12mL)
性能组成:缓冲液,钒酸溶液。(具体内容详见说明书)
适用范围:本产品用于体外定量测定血清或血浆中的直接胆红素。
生产厂家:日本和光纯药工业株式会社(Wako Pure Chemical Industries, Ltd.)
注册代理:日立高新技术(上海)国际贸易有限公司
发证日期:2014.11.27 **截止日期**:2019.11.26

国械注进 20142405461

产品名称:总胆红素测定试剂盒(钒酸氧化法)(Total Bil E-HA)
规格型号:(试剂 1: 60mL, 试剂 2: 21mL); (试剂 1: 30mL, 试剂 2: 12mL)
性能组成:缓冲液,钒酸溶液。(具体内容详见说明书)
适用范围:本产品用于体外定量测定血清或血浆中的总胆红素。
生产厂家:日本和光纯药工业株式会社(Wako Pure Chemical Industries, Ltd.)
注册代理:日立高新技术(上海)国际贸易有限公司
发证日期:2014.11.27 **截止日期**:2019.11.26

国械注进 20142405462

产品名称:氨/乙醇质控品(AMM/ALCOHOL Control)
规格型号:水平 1: 4 × 4mL, 水平 2: 4 × 4mL, 水平 3: 4 × 4mL。
性能组成:含有氨、乙醇以及叠氮化钠(重量比)的牛白蛋白基质。(具体内容详见产品说明书)
适用范围:本产品用于氨和乙醇项目检测时的质量控制。
生产厂家:美国 Beckman Coulter, Inc.
注册代理:贝克曼库尔特商贸(中国)有限公司
发证日期:2014.11.27 **截止日期**:2019.11.26

国械注进 20142405463

产品名称:性激素结合球蛋白测定试剂盒(化学发光法)(Access SHBG)
规格型号:2 × 50 测试/盒
性能组成:试剂 1 (R1a): 包被小鼠单克隆抗性激素结合球蛋白抗体的顺磁性微粒、蛋白(牛、小鼠)缓冲基质、叠氮钠、ProClin 300; 试剂 2 (R1b): 小鼠单克隆抗性激素结合球蛋白碱性磷酸酶(牛)结合物、蛋白缓冲基质(牛)、叠氮钠、ProClin 300; 试剂 3 (R1c): 三羟甲基氨基甲烷缓冲液,叠氮钠和 ProClin 300。(具体内容详见产品说明书)
适用范围:本产品用于体外定量测定人血清中的性激素结合球蛋白水平。
生产厂家:美国 Beckman Coulter, Inc.
注册代理:贝克曼库尔特商贸(中国)有限公司
发证日期:2014.11.27 **截止日期**:2019.11.26

国械注进 20142405464

产品名称:C-反应蛋白检测试剂盒(免疫比浊法)(CRP Latex)
规格型号:试剂 1 (R1): 4 × 30mL, 试剂 2 (R2): 4 × 30mL; 试剂 1 (R1): 4 × 50mL, 试剂 2 (R2): 4 × 50mL。
性能组成:甘氨酸缓冲液、包被有 C 反应蛋白抗体的乳胶和防腐剂。(具体内容详见产品说明书)
适用范围:本产品用于体外定量测定人血清和血浆中的 C-反应蛋白(CRP)。
生产厂家:美国 Beckman Coulter, Inc.
注册代理:贝克曼库尔特商贸(中国)有限公司
发证日期:2014.11.27 **截止日期**:2019.11.26

国械注进 20143405465

产品名称:流式细胞仪质控品 (商品名: Flow-CheckTM) (Flow-Check Fluorospheres)
规格型号:3 x 10 mL/盒
性能组成:由直径为 10 μm (公称直径) 的聚苯乙烯荧光微球组成,这些荧光微球位于包含表面活化剂和防腐剂的浓度为 1 x 106 荧光微球/mL (公称浓度) 的水性悬浮液培养基上。每个荧光微球都包含一种染料,该染料在被激发为 488 nm 时荧光发射范围是 525 nm 到 700 nm。(具体内容详见产品说明书)
适用范围:本产品用于对流式细胞仪的光路和流路进行每日精密度质控验证。
生产厂家:美国 Beckman Coulter, Inc.
注册代理:贝克曼库尔特商贸(中国)有限公司
发证日期:2014.11.27 **截止日期**:2019.11.26

国械注进 20142405466

产品名称:铁蛋白检测试剂盒(免疫比浊法)(Ferritin)
规格型号:150 测试/盒
性能组成:铁蛋白 (FER) 缓冲液(氨基缓冲液)、铁蛋白颗粒试剂(颗粒结合态多克隆抗铁蛋白抗体,兔子)、叠氮化钠(作为防腐剂)、用于系统性能优化的非反应性物质。(具体内容详见产品说明书)
适用范围:本产品用于体外定量检测人血清中的铁蛋白 (FER)含量。
生产厂家:美国 Beckman Coulter, Inc.
注册代理:贝克曼库尔特商贸(中国)有限公司
发证日期:2014.11.27 **截止日期**:2019.11.26

国械注进 20142405467

产品名称:前白蛋白检测试剂盒(免疫比浊法)(Prealbumin)
规格型号:300 测试/盒
性能组成:前白蛋白 (PAB) 抗体(经过处理的山羊血清)、叠氮化钠(作为防腐剂)、用于系统性能优化的非反应性物质。(具体内容详见产品说明书)
适用范围:本产品用于体外定量检测人血清中的前白蛋白 (PAB)含量。
生产厂家:美国 Beckman Coulter, Inc.
注册代理:贝克曼库尔特商贸(中国)有限公司
发证日期:2014.11.27 **截止日期**:2019.11.26

国械注进 20142405468

产品名称:甲状旁腺激素校准品(Access Intact PTH Calibrators)
规格型号:甲状旁腺激素复溶缓冲液 (RB): 4.0mL/瓶×2 瓶,校准品 0 (S0): 1.0mL/瓶,校准品 1 (S1): 1.0mL/瓶,校准品 2 (S2): 1.0mL/瓶,校准品 3 (S3): 1.0mL/瓶,校准品 4 (S4): 1.0mL/瓶,校准品 5 (S5): 1.0mL/瓶。
性能组成:甲状旁腺激素复溶缓冲液 (RB): 缓冲蛋白(牛)基质、ProClin300; 校准品 0 (S0): 磷酸盐缓冲液(PBS)、牛血清白蛋白(BSA)、表面活性剂、叠氮钠; 校准品 1 (S1)、校准品 2 (S2)、校准品 3 (S3)、校准品 4 (S4)、校准品 5 (S5): 甲状旁腺激素 (合成抗原)溶于磷酸盐冲液(含牛血清白蛋白、表面活性剂和叠氮钠); 校准卡。(具体内容详见产品说明书)
适用范围:本产品用于甲状旁腺激素测定时的校准。
生产厂家:美国 Beckman Coulter, Inc.
注册代理:贝克曼库尔特商贸(中国)有限公司
发证日期:2014.11.27 **截止日期**:2019.11.26

国械注进 20142405469

产品名称:亮氨酸氨肽酶测定试剂盒(L-亮氨酰-p-硝酰基苯胺基质法)(L-Type LAP)
规格型号:(试剂 1: 60mL, 试剂 2: 21mL); (试剂 1: 30mL, 试剂 2: 12mL)
性能组成:缓冲液，底物溶液。(具体内容详见说明书)
适用范围:本产品用于体外定量测定血清或血浆中的亮氨酸氨肽酶(LAP)。
生产厂家:日本和光纯药工业株式会社(Wako Pure Chemical Industries, Ltd.)
注册代理:日立高新技术(上海)国际贸易有限公司
发证日期:2014.11.27 **截止日期**:2019.11.26

国械注进 20142405470

产品名称:C-反应蛋白检测试剂盒(干式免疫散射色谱法)(NycoCard CRP)
规格型号:48 人份/盒
性能组成:反应板(TD)、稀释液(R1)、缀合物(R2)、洗涤剂(R3)。(具体内容详见说明书)
适用范围:本试剂盒用于体外定量检测人血清、血浆或全血标本中的 C-反应蛋白 (CRP)。
生产厂家:挪威 Axis-Shield PoC AS
注册代理:美艾利尔(中国)医疗器械有限公司
发证日期:2014.11.27 **截止日期**:2019.11.26

国械注进 20142405471

产品名称:甲状旁腺素检测试剂盒(电化学发光法)(PTH STAT)
规格型号:100 测试/盒
性能组成:试剂-工作溶液: 链霉亲合素包被的微粒 (透明瓶盖), 1 瓶; 生物素化抗甲状旁腺素抗体 (灰色瓶盖), 1 瓶; 钌复合物标记的抗甲状旁腺素抗体 (黑色瓶盖), 1 瓶。(具体内容详见产品说明书)
适用范围:该产品用于体外定量测定人体血清和血浆中的完整甲状旁腺素。
生产厂家:德国 Roche Diagnostics GmbH
注册代理:罗氏诊断产品(上海)有限公司
发证日期:2014.11.27 **截止日期**:2019.11.26

国械注进 20142405472

产品名称:电解质参比液(ISE Reference Eletrolyte)
规格型号:500 mL; 5 × 300 mL。
性能组成:1 mol/L 氯化钾 (KCl)。
适用范围:该产品用于钾、钠、氯离子检测的参比液。
生产厂家:德国 Roche Diagnostics GmbH
注册代理:罗氏诊断产品(上海)有限公司
发证日期:2014.11.27 **截止日期**:2019.11.26

国械注进 20142405473

产品名称:香草扁桃酸分析试剂盒 (色谱-分光光度法) (VANILMANDELIC ACID)
规格型号:货号: COD11003 人份: 20tests
性能组成:试剂 1:0.6mol/L 的磷酸钠缓冲溶液; 试剂 2:0.2mol/L 乙酸钠缓冲溶液, pH 约 6.1; 试剂 3:2mol/L 氯化钠溶液; 试剂 A:3mol/L 碳酸钾; 试剂 B:0.12mol/L 重构化焦亚硫酸-高碘酸钠粉; 试剂 C:0.67mol/L 重构化焦亚硫酸钠粉; 香草扁桃酸标准品:20mg/L 香草扁桃酸溶液; 微柱:阴离子交换树脂。
适用范围:用于测定人体尿液中香草扁桃酸浓度。
生产厂家:西班牙 Biosystems S.A.
注册代理:重庆圣利安医疗设备有限公司
发证日期:2014.11.27 **截止日期**:2019.11.26

国械注进 20142405474

产品名称:17-酮类固醇分析试剂盒 (色谱-分光光度法) (17-KETOSTEROIDS)
规格型号:货号: COD11002 人份: 40tests
性能组成:试剂 1:0.7mol/L 马洛托品; 试剂 2:1mol/L 氢氧化钾溶于 3.4 mol/L 乙醇溶液中; 试剂 3:无水乙醇(分析纯); 试剂 A:60mmol/L m-二硝基苯酚粉溶于乙醇中(复溶后为 20ml); 试剂 B:9mol/L 氢氧化钾; 试剂 C:二氯甲烷; DHEA 标准品:1000mg/L 脱氢表雄酮; 微色谱柱:中性树脂。
适用范围:用于测定人体尿液中 17-酮类固醇浓度。
生产厂家:西班牙 Biosystems S.A.
注册代理:重庆圣利安医疗设备有限公司
发证日期:2014.11.27 **截止日期**:2019.11.26

国械注进 20142405475

产品名称:17-羟类固醇分析试剂盒 (色谱-分光光度法) (17-HYDROXYCORTICOSTEROIDS)
规格型号:货号: COD11006 人份: 40tests
性能组成:试剂 1:8mol/L 硫酸溶液; 试剂 2:1mol/L 磷酸钠缓冲液; 试剂 A:15mol/L 硫酸溶液; 试剂 B:6mmol/L 重构化苯肼粉; 17-羟类固醇标准品:1g/L 皮质醇乙醇溶液; 微柱:中性树脂; 一次性试管:0.25g 活化高岭土/管。
适用范围:该产品适用于测定人体尿液中 17-羟类固醇浓度。
生产厂家:西班牙 Biosystems S.A.
注册代理:重庆圣利安医疗设备有限公司
发证日期:2014.11.27 **截止日期**:2019.11.26

国械注进 20142405476

产品名称:肌红蛋白检测试剂盒(免疫比浊法)(Tina-quant Myoglobin Gen.2(Myoglobin Gen.2))
规格型号:试剂 1: 1 × 21 mL, 试剂 2: 1 × 8 mL。
性能组成:试剂 1:甘氨酸缓冲液、氯化钠(NaCl)、乙二胺四乙酸(EDTA)、防腐剂; 试剂 2: 抗人肌红蛋白抗体 (兔) 包被的乳胶颗粒、甘氨酸缓冲液、氯化钠 (NaCl)、防腐剂。(具体内容详见产品说明书)
适用范围:该产品用于体外定量测定人血清和血浆中的肌红蛋白。
生产厂家:德国 Roche Diagnostics GmbH
注册代理:罗氏诊断产品(上海)有限公司
发证日期:2014.11.27 **截止日期**:2019.11.26

国械注进 20142405477

产品名称:微量白蛋白检测试剂盒(免疫比浊法)(Tina-quant Albumin(Albumin))
规格型号:试剂 1:4 × 66 mL; 试剂 2:4 ×15 mL; 试剂 3:4 × 8 mL。
性能组成:试剂 1: 三 (羟甲基) 氨基甲烷 (TRIS) 缓冲液、聚乙二醇 (PEG)、乙二胺四乙酸 (EDTA)、防腐剂; 试剂 2: 多克隆抗人白蛋白抗体 (羊)、三 (羟甲基) 氨基甲烷 (TRIS) 缓冲液、防腐剂; 试剂 3 白蛋白 (人)、磷酸盐缓冲液、氯化钠、防腐剂。 (具体内容详见产品说明书)
适用范围:该产品用于体外定量测定人尿中的白蛋白。
生产厂家:德国 Roche Diagnostics GmbH
注册代理:罗氏诊断产品(上海)有限公司
发证日期:2014.11.27 **截止日期**:2019.11.26

国械注进 20142405478

产品名称:总蛋白检测试剂盒(比色法)(Total Protein(TP))
规格型号:试剂 1:6 × 66 mL, 试剂 2:6 × 29 mL; 试剂 1:6 × 267 mL; 试剂 2: 6 × 109 mL; 试剂 1: 4 × 653 mL; 试剂 2: 4 × 249 mL。
性能组成:试剂 1: 氢氧化钠、酒石酸钾钠; 试剂 2: 氢氧化钠、酒石酸钾钠、碘化钾、硫酸铜。 (具体内容详见产品说明书)
适用范围:该产品用于体外定量测定人体血清和血浆中总蛋白。
生产厂家:德国 Roche Diagnostics GmbH
注册代理:罗氏诊断产品(上海)有限公司
发证日期:2014.11.27 **截止日期**:2019.11.26

国械注进 20142405479

产品名称:尿酸检测试剂盒(比色法)(Uric Acid plus(UA plus))
规格型号:试剂 1:6 × 66 mL; 试剂 2:6× 16 mL 试剂 1:6× 258 mL; 试剂 2: 6× 68 mL 试剂 1: 4× 641 mL; 试剂 2: 4× 278 mL。
性能组成:试剂 1: 磷酸缓冲液、N-乙基-N- (2-羟基-3-磺丙基) -3-甲基苯胺钠盐 (TOOS)、脂肪醇聚乙二醇醚、抗坏血酸氧化酶; 试剂 2:

磷酸缓冲液、六氰高铁酸钾（II）、4-氨基安替比林、尿酸酶、过氧化物酶。（具体内容详见产品说明书）
适用范围:该产品用于体外定量测定人类血清、血浆和尿液中尿酸。
生产厂家:德国 Roche Diagnostics GmbH
注册代理:罗氏诊断产品(上海)有限公司
发证日期:2014.11.27 **截止日期**:2019.11.26

国械注进 20142405480

产品名称:干式生化分析仪质控条(Reflotron Clean+Check)
规格型号:质控条：15 测试；擦拭布：16 份。
性能组成:异丙醇预湿擦拭布和带有灰色检测区域（具有固定反射率）的质控试纸条。
适用范围:该产品用于对干式生化分析仪的反射式光度计进行校准，以及检查分析仪的性能。
生产厂家:德国 Roche Diagnostics GmbH
注册代理:罗氏诊断产品(上海)有限公司
发证日期:2014.11.27 **截止日期**:2019.11.26

国械注进 20142405481

产品名称:镁测定试剂盒(二甲苯胺蓝法)(Magnesium Reagents (MG))
规格型号:07508865（货号）：7×140 测试/盒（试剂 1：7×15 mL，试剂 2：7×15 mL）；02271328（B01-4148-01）（货号）：4×280 测试/盒（试剂 1：4×30 mL，试剂 2：4×30 mL）
性能组成:试剂 1：三羟甲基氨基甲烷（TRIS）缓冲液，叠氮钠；试剂 2：二甲苯胺蓝，叠氮钠。（具体内容详见说明书）
适用范围:本产品用于体外定量测定人血清和血浆中的镁。
生产厂家:美国 Siemens Healthcare Diagnostics Inc.
注册代理:西门子医学诊断产品(上海)有限公司
发证日期:2014.11.27 **截止日期**:2019.11.26

国械注进 20142405482

产品名称:铁测定试剂盒(亚铁嗪法)(Iron_2 Reagents(IRON_2))
规格型号:02194838（货号）：7×145 测试/盒（试剂 1：7×15.5 mL，试剂 2：7×5.4 mL）；10377510（货号）：6×350 测试/盒（试剂 1：6×38 mL，试剂 2：6×11.5 mL）
性能组成:试剂 1：醋酸盐缓冲液，氯化胍，抗坏血酸维生素 C，清洁剂；试剂 2：亚铁嗪，抗坏血酸维生素 C，氯化胍。（具体内容详见说明书）
适用范围:本产品用于体外定量测定人类血清和血浆(肝素锂)中的铁。
生产厂家:美国 Siemens Healthcare Diagnostics Inc.
注册代理:西门子医学诊断产品(上海)有限公司
发证日期:2014.11.27 **截止日期**:2019.11.26

国械注进 20143215483

产品名称:自动心肺复苏系统（商品名：ZOLL AutoPulse）(External Cardiac Compressor)
规格型号:100
性能组成:心肺复苏系统由 AutoPulse 平台，LifeBand 胸腔按压组件(CCA)，AutoPulse 可充电电池组成。
适用范围:在无自主呼吸和脉搏，定义为临床死亡的情况下，AutoPulse 用于医院临床及急救场所辅助施救人员对缺乏自主呼吸和心跳的病人(仅限成年人)进行心肺复苏救护。
变更情况:变更日期：2015.02.05。"注册人名称:ZOLL Medical Corporation 注册人住所:269 Mill Road, Chelmsford, MA 01824-4105 USA"变更为"注册人名称:ZOLL Circulation, Inc. 注册人住所:2000 Ringwood Avenue, San Jose, CA 95131, USA"。
生产厂家:美国 ZOLL Medical Corporation
注册代理:卓尔奥医疗科技(上海)有限公司
发证日期:2014.11.27 **截止日期**:2019.11.26

国械注进 20143215484

产品名称:除颤起搏监护仪(ZOLL M-Series Defibrillator)
规格型号:M-Series
性能组成:该产品由除颤起搏监护仪主机、除颤手柄(1001-0150-01 型)、除颤起搏电缆线(MFC 型)、AAMI/IEC 标准导联心电患者缆线(1001-00310-12 型)、充电电池(PD4410 型)组成。
适用范围:该产品用于终止患者的心动过速和心室颤动症状，可为患者进行半自动体外除颤、手动异步除颤、同步心脏复律、无创体外起搏治疗，同时也可以对患者进行心电、脉搏血氧饱和度、无创血压、呼气末二氧化碳监护。该产品应由接受过设备操作培训的合格医务人员以及在基本生命支持、高级心脏支持和除颤方面培训合格的人员使用，由医师或遵医嘱使用。半自动体外除颤治疗用于 8 岁以上、无反应、无呼吸且无脉搏的疑似心脏骤停患者。心率分析功能用于 8 岁以上患者，可对心率进行自动分析，按分析结果（建议除颤或不建议除颤）进行后续治疗。手动异步除颤治疗用于治疗无脉搏、无反应患者的室颤和无灌注的室性心动过速，适用于年龄大于等于 29 天的患者。同步心脏复律治疗用于终止心房纤维性颤动，适用于年龄大于等于 29 天患者。无创体外起搏用于治疗症状性心动过缓患者。若作为早期手段，也可以用于帮助心脏停搏患者，适用于年龄大于等于 29 天患者。脉搏血氧饱和度监护可对年龄大于等于 29 天的患者进行血氧饱和度、脉搏率监护。无创血压监护可对上臂周长大于 21 厘米且年龄大于等于 12 周岁的患者无创地进行动脉血压监护。呼气末二氧化碳监护可用于年龄大于等于 29 天的患者并提供呼吸频率数值。
生产厂家:美国 ZOLL Medical Corporation
注册代理:卓尔奥医疗科技(上海)有限公司
发证日期:2014.11.27 **截止日期**:2019.11.26

国械注进 20143235485

产品名称:超声诊断系统(Ultrasound System)
规格型号:见附页
性能组成:产品性能结构及组成见附页。
适用范围:用于患者的超声临床诊断检查。
生产厂家:美国索诺声公司(SonoSite, Inc.)
注册代理:所诺升医疗器械贸易(上海)有限公司
发证日期:2014.11.27 **截止日期**:2019.11.26

国械注进 20143255486

产品名称:单极/双极射频消融电极针(Monopole/Bipolar RF Electrode)
规格型号:见附页
性能组成:产品由电极针、手柄、流出管、流入管、鲁尔接头、缆线组成。配合射频消融治疗系统（VRS01）使用。产品规格型号见附页。
适用范围:本产品通过连接线与相适应的射频治疗系统连接，用于在经皮、腹腔镜手术治疗和术中处理时对肝脏肿瘤消融治疗；用于甲状腺良性结节（直径>2cm、实性 >80%、进行性增大、出现压迫症状、影响美容及心理需求）的消融治疗；用于肺部恶性肿瘤的消融治疗。
生产厂家:韩国 STARmed Co., Ltd.
注册代理:北京海奥思康科技有限公司
发证日期:2014.11.27 **截止日期**:2019.11.26

国械注进 20142215487

产品名称:脉搏血氧测量仪(Pulse Oximeter)
规格型号:Rad-8
性能组成:该产品由主机和患者导联线(Rainbow RC-1、Rainbow RC-4 和 Rainbow RC-12)组成。
适用范围:该产品用于动脉血氧饱和度(SpO2)和脉搏率(PR)的连续无创测量，适用在处于运动和非运动状态下、灌注良好以及低灌注状态下的成人、小儿和新生儿患者。
生产厂家:美国迈心诺公司(Masimo Corporation)
注册代理:迈心诺(北京)医疗科技有限公司
发证日期:2014.11.27 **截止日期**:2019.11.26

国械注进 20142215488

产品名称:血氧饱和度测量仪(oxygen saturation monitor)
规格型号:PULSOX-300i
性能组成:该产品由主机、腕带 WB-300、SR-5C 指夹探测器。
适用范围:该产品可测量动脉血中的氧气饱和度(SpO2)和脉搏率，仅适用于成人。
生产厂家:日本 Konica Minolta, Inc.(コニカミノルタ株式会社)
注册代理:柯尼卡美能达(中国)投资有限公司
发证日期:2014.11.27 **截止日期**:2019.11.26

国械注进 20142255489

产品名称:单极电凝镊(Monpolar Coagulation Forceps)
规格型号:见附页
性能组成:本产品由单极电凝镊组成。型号及参数见附页。
适用范围:该产品与 Aesculap AG 生产的高频电刀(GN300 和 GN640)配合使用,用于外科手术中的单极凝血操作。
生产厂家:德国 Aesculap AG
注册代理:贝朗医疗(上海)国际贸易有限公司
发证日期:2014.11.27 **截止日期**:2019.11.26

国械注进 20142225490

产品名称:摄像头(HD カメラヘッド)
规格型号:OTV-S7ProH-HD-10Q、OTV-S7ProH-HD-10E、OTV-S7ProH-HD-L08E
性能组成:本产品包括 OTV-S7ProH-HD-10E(目镜型,可高温高压灭菌)、OTV-S7ProH-HD-10Q(速锁型,可高温高压灭菌)以及 OTV-S7ProH-HD-L08E(目镜型)三种型号。输出像素数:1920(H)×1080(V);信噪比:>49dB;灵敏度:<3lux;放大率:OTV-S7ProH-HD-10E 和 OTV-S7ProH-HD-10Q:4.0(允差:±10%),OTV-S7ProH-HD-L08E:3.1(允差:±10%)
适用范围:本产品与本公司指定的图像处理装置、内窥镜和周边设备配套使用,实现在监视器上观察内窥镜图像。
生产厂家:日本奥林巴斯医疗株式会社(オリンパスメディカルシステムズ株式会社)
注册代理:奥林巴斯贸易(上海)有限公司
发证日期:2014.11.27 **截止日期**:2019.11.26

国械注进 20143225491

产品名称:腹腔镜(Laparoscopy System)
规格型号:见附页
性能组成:产品由内窥镜和光纤适配器组成。
适用范围:该产品临床适用于腹腔手术中检查、诊断和治疗用。
生产厂家:德国 MGB Endoskopische Gerate GmbH Berlin
注册代理:宝施医疗用品(深圳)有限公司
发证日期:2014.11.27 **截止日期**:2019.11.26

国械注进 20142545492

产品名称:造影剂注射器(injector)
规格型号:mississippi-XD2000, ohio M-XD2004
性能组成:产品由注射器,操作终端,电池和充电器组成。
适用范围:用于 CT/MRI 检查过程中造影剂的注射。
生产厂家:德国 ulrich GmbH & Co.KG
注册代理:上海嘉蓝仪器设备有限公司
发证日期:2014.11.27 **截止日期**:2019.11.26

国械注进 20142335493

产品名称:伽玛射线探测仪(Gamma Finder)
规格型号:Gamma Finder II
性能组成:伽玛射线探测仪由主机、探头、灭菌护套组成。
适用范围:本产品用于在外科手术中探测常用示踪 γ 放射性核素(如:99mTc-140keV),确定被标记的病变组织周围淋巴结的位置。
生产厂家:德国 W.O.M.WORLD OF MEDICINE GmbH
注册代理:LEMKE(北京)贸易有限公司
发证日期:2014.11.27 **截止日期**:2019.11.26

国械注进 20143225494

产品名称:宫腔镜(商品名:MGB)(Hysteroscopy System)
规格型号:见附页
性能组成:该产品由宫腔镜、鞘管和光纤适配器组成。
适用范围:该产品用于宫腔手术中检查、诊断和治疗用。
生产厂家:德国 MGB Endoskopische Gerate GmbH Berlin
注册代理:宝施医疗用品(深圳)有限公司
发证日期:2014.11.27 **截止日期**:2019.11.26

国械注进 20143265495

产品名称:臭氧治疗仪(Hyperbaric Ozonetherapy Device)
规格型号:OZON2000
性能组成:治疗仪由主机、脚踏开关、带流量计的专用减压阀、防气阀(Air bloc)系统、带微孔过滤器的氧气管、移动式设备台组成。
适用范围:用于缓解椎间盘突出引起的疼痛。
生产厂家:德国 Zotzmann + Stahl GmbH + Co.KG
注册代理:北京圣途安科技开发有限责任公司
发证日期:2014.11.27 **截止日期**:2019.11.26

国械注进 20143225496

产品名称:电子支气管镜(Video Bronchoskopes)
规格型号:见附页
性能组成:电子支气管镜的型式为手持式前视型,视场角:115°;照度不低于 40000lx(工作距 10mm);分辨率不低于 9 lp/mm(连接普通摄像时);可清晰观察范围 1-100mm;插入部长度 620mm;最大插入部外径:6.5mm;最小器械孔道内径≥2.2mm。产品型号及描述见附页。
适用范围:电子支气管镜用于支气管的镜下医疗检查、诊断和治疗。
生产厂家:德国 Karl Storz GmbH & Co. KG
注册代理:卡尔史托斯内窥镜(上海)有限公司
发证日期:2014.11.27 **截止日期**:2019.11.26

国械注进 20143305497

产品名称:移动式 C 形臂 X 射线机(Mobile C-arm X-ray Equipment)
规格型号:Ziehm Vision
性能组成:产品由 X 射线移动车及另一个移动车组成。X 射线移动车包括电源系统、控制台、C 臂、C 臂上的 X 射线管组合和影像增强器。另一个移动车包括电视监视器和图像处理系统。
适用范围:用于需要透视的医疗指征。
生产厂家:德国 Ziehm Imaging GmbH
注册代理:奇目医疗器械贸易(上海)有限公司
发证日期:2014.11.27 **截止日期**:2019.11.26

国械注进 20143225498

产品名称:电切镜及附件(Resectoscopy Instruments)
规格型号:见附页
性能组成:由电切镜、连续灌流电切镜用鞘管、冲洗连接器、ELLIK 异物吸出器、可视闭孔器、被动式操作手件、手术电极及前列腺电切型单极导线组成。
适用范围:用于经尿道及尿道切口进行前列腺增生、膀胱肿瘤、膀胱赘生物切除术。和经子宫的宫腔息肉、宫腔肿瘤手术等。
生产厂家:德国 MGB Endoskopische Gerate GmbH Berlin
注册代理:宝施医疗用品(深圳)有限公司
发证日期:2014.11.27 **截止日期**:2019.11.26

国械注进 20142235499

产品名称:超声诊断仪(Ultrasound Diagnostic Equipment)
规格型号:ACCUVIX A30
性能组成:见附页
适用范围:临床超声诊断检查
变更情况:变更日期:2015.01.19。"代理人住所:北京市朝阳区建国路 118 号航华科贸中心招商局大厦 2208-13 单元"变更为"代理人住所:北京市朝阳区东三环中路 5 号楼财富金融中心 4-10 层 01-08 单元"。
生产厂家:韩国三星麦迪逊有限公司(SAMSUNG MEDISON CO., LTD.)
注册代理:三星(中国)投资有限公司
发证日期:2014.11.27 **截止日期**:2019.11.26

国械注进 20142305500

产品名称:数字化移动式摄影 X 射线机(DRX-Revolution Mobile X-Ray System)
规格型号:DRXR-1
性能组成:产品由移动式推车及选配件组成。移动式推车包括 X 射线发生装置(高压发生器(型号:VZW2559RH11-02)、X 射线管组件、限束器)、X 射线成像装置(探测器、系统控制软件、监视器)、电池。选配件见注册产品标准。X 射线管组件(包括 X 射线管套 型号:DIA.150KV 和 X 射线管 型号:RAD-68);GOS-非晶硅探测器(型号:DRX-1 System Detector);碘化铯-非晶硅探测器(型号 DRX-1C System Detector)。
适用范围:该系统用于对儿童和成人解剖部位执行 X 射线检查。

生产厂家:美国 Carestream Health, Inc.
注册代理:锐珂亚太投资管理(上海)有限公司
发证日期:2014.11.27 截止日期:2019.11.26

国械注进 20142225501

产品名称:硬性喉镜(Rigid Laryngoscopy)
规格型号:WA96100A, WA96105A
性能组成:产品由硬性喉镜组成。
适用范围:本产品用于喉镜、喉动态镜和咽上部镜诊断和肉眼观察手术过程。
变更情况:变更日期: 2015.01.22。" 代理人住所:上海市外高桥保税区泰谷路 185 号第三层 E、F 部位" 变更为 " 代理人住所:中国(上海)自由贸易试验区泰谷路 185 号第三层 E、F 部位"。
生产厂家:德国奥林巴斯苇音特和意北公司
注册代理:奥林巴斯贸易(上海)有限公司
发证日期:2014.11.27 截止日期:2019.11.26

国械注进 20142215502

产品名称:一次性电极(体表面電気刺激装置用電極)
规格型号:EL-BAND10
性能组成:产品是与体感诱发电位刺激仪(型号:PS-2100)配合使用的一次性电极,由接头部、凝胶部、粘贴部组成。
适用范围:本产品与体感诱发电位刺激仪(型号:PS-2100)一起使用,用于将电刺激作用于人体皮肤表面。
生产厂家:日本 Osachi 株式会社 (株式会社 オサチ)
注册代理:尼普洛贸易(上海)有限公司
发证日期:2014.11.27 截止日期:2019.11.26

国械注进 20142215503

产品名称:胸腔按压系统(Chest Compression System)
规格型号:Lucas 2
性能组成:该系统主要由以下部分组成:用户控制面板、机罩、患者固定带、松放圈、支腿、爪形锁、背板、直流电输入、风箱、吸盘、电源、电源线、电池、挤压垫、上装部分、通气孔、车用电源线、便携包、缓冲吊带、扣环和支腿带,外部电池充电器。
适用范围:该系统主要用于对急性循环功能停止的成年患者实施急救时进行胸外按压。禁忌症及副作用详见批准的使用说明书。
生产厂家:瑞典 Jolife AB
注册代理:北京捷通康诺医药科技有限公司
发证日期:2014.11.27 截止日期:2019.11.26

国械注进 20142305504

产品名称:数字 X 射线成像系统(デジタルラジオグラフィ)
规格型号:CXDI-401C COMPACT, CXDI-401G COMPACT
性能组成:产品组成:探测器(提供探测器电缆),电源箱(PB-6,选购),CXDI 控制软件 NE (选购)。
适用范围:该产品用于配合 X 射线机,对人体部位进行摄影成像。
备注:2015 年 2 月 12 日同意更正产品名称、适用范围内容,2014 年 11 月 27 日核发的中华人民共和国医疗器械注册证予以废止。
生产厂家:日本佳能公司
注册代理:佳能(中国)有限公司
发证日期:2014.11.27 截止日期:2019.11.26

国械注进 20142225505

产品名称:内窥镜摄像系统(Endoscopic Camera System)
规格型号:TH950-105
性能组成:该产品由摄像机控制单元、摄像机头和连接电缆组成。
适用范围:该产品适用于内窥镜手术应用中捕获静止图像和视频图像。
生产厂家:德国 Think!
注册代理:北京思科微创医疗科技有限公司
发证日期:2014.11.27 截止日期:2019.11.26

国械注进 20142455506

产品名称:热冲洗设备
规格型号:HOTfeed
性能组成:由控制单元、加热棒、泵组成。
适用范围:为反渗透系统到透析设备之间的循环供水管路提供热水进行热冲洗,仅限于透析中心使用。
生产厂家:德国 Fresenius Medical Care AG & Co. KGaA
注册代理:费森尤斯医药用品(上海)有限公司
发证日期:2014.11.27 截止日期:2019.11.26

国械注进 20142225507

产品名称:压平眼压计
规格型号:AT 900 model R、 AT 900 model T、AT 900 model BQ
性能组成:该产品由压平头、施力机构和支撑体构成。压平头由前片、双棱镜光路系统和封装罩构成。眼压计配用可重复使用的测量棱镜或一次性棱镜(Tonosafe)。
适用范围:该产品供医疗单位做眼前房的房水内压诊断用。
生产厂家:瑞士 HAAG-STREIT AG
注册代理:同科林医疗仪器(上海)有限公司
发证日期:2014.11.27 截止日期:2019.11.26

国械注进 20142225508

产品名称:验光仪
规格型号:KR-800、RM-800
性能组成:该产品由主机、颌托部和电源部组成。
适用范围:验光仪 RM-800 型可测量球面屈光度、柱镜屈光度、散光轴方向;验光仪 KR-800 型可测量球面屈光度、柱镜屈光度、散光轴方向、角膜曲率半径、角膜屈光度、角膜散光度、角膜散光轴方向。
生产厂家:日本株式会社拓普康,株式会社トプコン
注册代理:奥腾思格玛(中国)集团有限公司
发证日期:2014.11.27 截止日期:2019.11.26

国械注进 20142305509

产品名称:数字化 X 射线成像系统
规格型号:DR-ID 700
性能组成:产品由平板装置 DR-ID 700PU(包括有线/无线平板探测器(DR-ID 601SE、DR-ID 602SE、DR-ID 611SE、DR-ID 612SE、DR-ID 613SE),控制柜(DR-ID 700AB)),影像处理装置(包括 DR-ID 700CL 影像处理装置软件,版本号:V7.3),选配件(包括电池充电器、电池组、平板探测器用连接线缆、支架、DR-ID 613 SE 用支架、支架用 AC 适配器)。
适用范围:本产品利用平板检测器进行 X 线摄影,为诊疗提供经计算机处理的图像信息。
生产厂家:日本富士胶片株式会社
注册代理:富士胶片(中国)投资有限公司
发证日期:2014.11.27 截止日期:2019.11.26

国械注进 20142255510

产品名称:双极电凝手术剪
规格型号:见附件
性能组成:该产品由双极电凝手术剪和双极器械连接导线组成。与人体接触部分的原材料有符合 YY/T0294.1-2005 的 I 号不锈钢、陶瓷及 Halar® E-CTFE(乙烯-三氟氯乙烯共聚物)绝缘涂层。
适用范围:该产品用于外科开放性手术中对组织进行切割、凝血。
生产厂家:德国 AESCULAP AG
注册代理:贝朗医疗(上海)国际贸易有限公司
发证日期:2014.11.27 截止日期:2019.11.26

国械注进 20142555511

产品名称:电子根尖定位仪
规格型号:ApexNRG-Rider
性能组成:本产品由主机、主导线及围裙卡环、唇钩传统锉夹、传感探头和安全钩组成。
适用范围:本产品由用于通过使用多频率电流计算牙髓锉尖端距主根尖孔的距离。
生产厂家:以色列 MedicNRG Ltd
注册代理:北京迈创医疗器械销售有限公司
发证日期:2014.11.27 截止日期:2019.11.26

国械注进 20142555512

产品名称:电子根尖定位仪

规格型号:ApexNRG-blue
性能组成:本产品由主机、主导线及围裙卡环、锉刀夹和安全钩组成。
适用范围:通过使用多频率电流计算牙髓锉尖端距主根尖孔的距离。
生产厂家:以色列 MedicNRG Ltd
注册代理:北京迈创医疗器械销售有限公司
发证日期:2014.11.27 **截止日期**:2019.11.26

国械注进 20142225513

产品名称:裂隙灯显微镜
规格型号:见附件
性能组成:该产品由双筒显微镜,裂隙光源,底座及调整旋钮组成。
适用范围:该产品临床供检查眼前节及眼内部病变用。
生产厂家:英国 Keeler Ltd
注册代理:英国豪迈国际有限公司北京代表处
发证日期:2014.11.27 **截止日期**:2019.11.26

国械注进 20142705514

产品名称:Ki-67(30-9)病理图像分析软件
规格型号:Ki-67(30-9) Image Analysis Software
性能组成:该软件由软件安装光盘和随机文件组成。版本号: 5.4。
适用范围:该产品用于协助病理学家对采用 Ventana 医疗系统公司 Ki-67 抗体试剂染色的组织内所含 Ki-67 进行半定量的测量。
生产厂家:美国 Ventana Medical Systems, Inc.
注册代理:罗氏诊断产品(上海)有限公司
发证日期:2014.11.27 **截止日期**:2019.11.26

国械注进 20142705515

产品名称:HER2(4B5)病理图像分析软件
规格型号:HER2 (4B5) Image Analysis Software
性能组成:该软件由软件安装光盘和随机文件组成。版本号: 5.4。
适用范围:该产品用于协助病理学家对采用 Ventana 医疗系统公司 HER-2 (4B5) 抗体染色的组织内所含 Her2 进行半定量的测量。
生产厂家:美国 Ventana Medical Systems, Inc.
注册代理:罗氏诊断产品(上海)有限公司
发证日期:2014.11.27 **截止日期**:2019.11.26

国械注进 20142705516

产品名称:孕酮受体(1E2)病理图像分析软件
规格型号:Progesterone Receptor (1E2) Image Analysis Software
性能组成:该软件由软件安装光盘和随机文件组成。版本号: 5.4。
适用范围:该产品用于协助病理学家对采用 Ventana 医疗系统公司孕酮受体抗体试剂染色的组织内所含 PR 进行半定量的测量。
生产厂家:美国 Ventana Medical Systems, Inc.
注册代理:罗氏诊断产品(上海)有限公司
发证日期:2014.11.27 **截止日期**:2019.11.26

国械注进 20142705517

产品名称:p53(DO-7)病理图像分析软件
规格型号:P53(DO-7) Image Analysis Software
性能组成:该软件由软件安装光盘和随机文件组成。版本号: 5.4。
适用范围:该产品用于协助病理学家对采用 Ventana 医疗系统公司抗 p53(DO-7)鼠单克隆抗体试剂染色的组织内所含 p53 进行半定量的测量。
生产厂家:美国 Ventana Medical Systems, Inc.
注册代理:罗氏诊断产品(上海)有限公司
发证日期:2014.11.27 **截止日期**:2019.11.26

国械注进 20142215518

产品名称:呼末二氧化碳检测仪(ETCO2 Monitor)
规格型号:EMMA
性能组成:产品由 EMMA 传感器和一次性 EMMA 气道适配器(成人/小儿型,婴幼儿型)组成。
适用范围:该产品用于在麻醉、恢复和呼吸护理期间测量、显示并检测二氧化碳分压和呼吸频率。此设备可在手术室、重症监护室、病房、门诊部、急救给药和急救转运环境下用于成人、小儿及婴幼儿患者。
生产厂家:瑞典 Masimo Sweden AB
注册代理:迈心诺(北京)医疗科技有限公司
发证日期:2014.11.27 **截止日期**:2019.11.26

国械注进 20142305519

产品名称:数字化医用 X 射线摄影系统
规格型号:RAD E+ DReam
性能组成:由高压发生器(SHF-535)、X 射线管组件(管套 E7884X, 管芯 E7884)、落地式 X 射线管组件支架、限束器、四向浮动摄影床(MULT-FWFTT)、立式胸片架、平板探测器(FDX4343R、FDX3543RP)及图像处理系统组成。
适用范围:临床用于数字化 X 射线摄影诊断
生产厂家:法国 STEPHANIX
注册代理:北京赛德科医疗设备有限公司
发证日期:2014.11.27 **截止日期**:2019.11.26

国械注进 20142215520

产品名称:多普勒胎心仪
规格型号:FD-491、FD-492
性能组成:多普勒胎心仪由主机、探头、电源线及耳机组成,详见《产品性能结构及组成附表》
适用范围:本系列产品适用于检测胎心音及脐带血流音。
生产厂家:日本东一株式会社(トーイツ株式会社)
注册代理:上海飞鸣仪器有限公司
发证日期:2014.11.27 **截止日期**:2019.11.26

国械注进 20142555521

产品名称:口腔检查灯
规格型号:见附页
性能组成:口腔检查灯由照明装置和检测观察装置组成。照明装置包括无线照明手柄(带有可换的紫灯头和白灯头)、充电座、电源适配器和患者护目镜。检测观察装置包括荧光观察镜。规格型号见附页。
适用范围:口腔检查灯用于提供光照来在口腔操作中辅助可视化,增强粘膜异常和口腔损伤的可视化识别。
生产厂家:美国 DENTLIGHT INC.
注册代理:北京嘉联诚业医疗器械销售有限公司
发证日期:2014.11.27 **截止日期**:2019.11.26

国械注进 20142215522

产品名称:呼出一氧化氮测定系统
规格型号:NIOX MINO
性能组成:主机(包括显示器、外壳、电源适配器和 USB 线),附件(包括一氧化氮传感器, 一氧化氮洗涤器和 NIOX 过滤器(一次性吹嘴))。
适用范围:该产品用于测定呼出气中的一氧化氮浓度,可用于 7 岁以上儿童和成人。
生产厂家:瑞典 Aerocrine AB
注册代理:瑞典爱瑞科有限公司北京代表处
发证日期:2014.11.27 **截止日期**:2019.11.26

国械注进 20142575523

产品名称:内镜清洗消毒机
规格型号:CER
性能组成:由主机、消毒液储液槽、过滤器组成。
适用范围:用于软式内镜的清洗和消毒。
生产厂家:美国 Medivators Inc.
注册代理:美国美涤威公司北京代表处
发证日期:2014.11.27 **截止日期**:2019.11.26

国械注进 20142225524

产品名称:便携式内窥镜冷光源
规格型号:请见附件。
性能组成:本产品由便携式光源组成。便携式光源由电池舱、连接口和 LED 灯泡组成。
适用范围:本产品适用于在小腔体内为内窥镜提供短时的照明光源。临床使用的内窥镜需连接内窥镜摄像系统使用。
生产厂家:德国 Karl Storz GmbH & Co. KG
注册代理:卡尔史托斯内窥镜(上海)有限公司

发证日期:2014.11.27 **截止日期**:2019.11.26

国械注进 20143255525

产品名称:冲洗吸引电凝器(Endohook coagulator and blunt coagulator)
规格型号:见附页
性能组成:本产品由冲洗吸引电凝器组成。与患者接触部分分别为钳头、插入人体绝缘管路。本产品为一次性使用产品。
适用范围:本产品用于外科微创手术中将人体组织、血水等污物冲洗吸引或使其凝固,需要配合 LiNA 冲洗吸引装置使用。
生产厂家:丹麦 Lina Medical ApS
发证日期:2014.11.28 **截止日期**:2019.11.27

国械注进 20143545526

产品名称:骨科手术导航系统(Robotic Arm Interactive Orthopedic System)
规格型号:RIO
性能组成:详见附页
适用范围:本产品仅与经过验证的且经中国批准上市的骨科植入系统和手术工具联合使用,辅助外科医生进行膝关节和髋关节手术,包括单髁膝关节置换手术、髌股骨膝关节置换手术和全髋关节置换手术
生产厂家:美国 MAKO Surgical Corp.
注册代理:美中互利(北京)国际贸易有限公司
发证日期:2014.11.28 **截止日期**:2019.11.27

国械注进 20143245527

产品名称:半导体激光治疗机(Semiconductor Laser System)
规格型号:VELURE S800
性能组成:该产品由主机(激光器模块、激光电源系统、微机控制系统、扩束头识别系统)、扩束头(2.5mm、8mm、12mm)和脚踏开关组成。性能参数:1)激光波长:800nm±10nm,多模;2)最大激光能量密度:400J/cm2,终端输出激光能量密度不稳定度:优于±20%;3)瞄准光波长:635nm±20nm,输出功率:<2mW;4)配置 3 种扩束头对应输出激光光斑直径分别为:Φ2.5mm、Φ8mm、Φ12mm;5)激光输出模式:单脉冲、重复脉冲;脉冲宽度:10ms-1000ms 可调,误差优于±20%,频率:0.5Hz-5Hz 可调,步距增量 0.5Hz,误差优于±20%。
适用范围:该治疗机用于去除多余毛发、腿部血管性病变的照射治疗。
生产厂家:意大利镭云公司(LASERING s.r.l.)
注册代理:上海第九人民医院科技开发有限公司
发证日期:2014.11.28 **截止日期**:2019.11.27

国械注进 20143545528

产品名称:电动式切割吻合器(iDrive Ultra Powered Stapling System)
规格型号:见附页
性能组成:电动式切割吻合器由电动手柄、切割吻合器钉匣适配器和蓄电池安全引导槽构成;附件有电动切割吻合器电池及蓄电池充电器。配合腔镜下切割吻合器一次性钉匣使用(一次性钉匣不在此次注册范围)。产品规格型号及图示见附件。
适用范围:当与 EndoGIA®钉匣配合使用时,可用于腹部、妇科、儿科及胸部手术中组织的切除、横断和吻合。也可用于肝脏实质、肝脏血管、胆管结构和胰腺的横断和切除。当与 Endo GIA®弯型顶端的钉匣配合使用时,可用于钝性分离、将目标组织和另一相邻组织分开。当与采用 Tri-Staple 技术的 EndoGIA®钉匣配合使用时,可用于开放或微创腹部、妇科、儿科及胸部手术中组织的切除、横断和吻合。以及应用于盆腔深处,如直肠低位前切除术。也可用于肝脏实质、肝脏血管、胆管结构和胰腺的横断和切除。
生产厂家:美国 Covidien llc
注册代理:柯惠医疗器材国际贸易(上海)有限公司
发证日期:2014.11.28 **截止日期**:2019.11.27

国械注进 20143255529

产品名称:高频电刀(Electrosurgical system)
规格型号:ZATHA、ZATHA S
性能组成:产品仅为主机。额定频率 555kHz。ZATHA 型号单极额定负载 500Ω,额定功率:纯切 200W,混切 150W,电凝 150W;双极电凝额定负载 200Ω,额定功率 70W。ZATHA S 型号单极额定负载 500Ω,额定功率:纯切 300W,混切 200W,电凝 200W;双极电凝额定负载 200Ω,额定功率 100W。
适用范围:该产品在医疗机构供外科医生和专业人士使用,适用于对生物体组织进行切割、凝血。
生产厂家:韩国 JEJOONG MEDICAL CO., LTD.
注册代理:广州恩望贸易有限公司
发证日期:2014.11.28 **截止日期**:2019.11.27

国械注进 20143225530

产品名称:椎间孔镜(Transforaminal Endoscope)
规格型号:TH8700-030L, TH8700-031L, TH8700-040L, TH8700-041L, TH8700-042L, TH8700-043L
性能组成:该产品为硬性光学内窥镜。
适用范围:适用于椎间盘手术时的检查或手术期间,提供病人的影像或图像,不能与高频手术设备配合使用。
生产厂家:德国 think!
注册代理:北京思科微创医疗科技有限公司
发证日期:2014.11.28 **截止日期**:2019.11.27

国械注进 20143545531

产品名称:呼吸机(Ventilation Device)
规格型号:VENTImotion Advance、VENTImotion 30
性能组成:产品由 VENTImotion advance 主机、VENTImotion 30 主机、VENTIclick 湿化器、电源适配器及连接线组成。
适用范围:产品是一种提供无创通气、但不用于生命支持的无创呼吸机。适用于潮气量最低达到 160ml 的自主呼吸功能不全的患者。
生产厂家:德国 Weinmann Geraete für Medizin GmbH+Co.KG
注册代理:德国万曼医疗器械有限公司上海代表处
发证日期:2014.11.28 **截止日期**:2019.11.27

国械注进 20143255532

产品名称:迷你型电极(Mini Polar)
规格型号:见附页
性能组成:产品由拇指柄和电极组成,分为弧形电钩、直形电钩、锥形电钩和钩形电钩。产品为一次性使用,伽马射线灭菌。
适用范围:产品用于在常规腹腔镜手术中对软组织进行电外科切割或凝血。通过经皮穿刺方式刺入人体,在腹腔镜视野下推进至手术部位实施手术,无需建立器械通道。
生产厂家:美国 Mini Lap Technologies, Inc.
注册代理:史赛克(北京)医疗器械有限公司
发证日期:2014.11.28 **截止日期**:2019.11.27

国械注进 20143545533

产品名称:射频灌注泵(商品名:Qiona)(Ablation Irrigation Pump)
规格型号:见附页
性能组成:产品由以下部分组成:灌注泵、标配件(柱体适配器、导管及延长导管)、选配件(脚踏开关、自动流量传感器)。导管及延长导管为一次性使用,环氧乙烷灭菌。灌注泵工作模式分为高流量模式(1-10ml/min)和低流量模式(11-50ml/min)两种。
适用范围:Qiona 射频灌注泵是一种对患有心动过速或心率失常症状的患者进行高频导管消融(高频消融)手术时,用于降温的特殊的射频灌注泵。
生产厂家:德国 M&; ouml; ller Medical GmbH
注册代理:百多力(北京)医疗器械有限公司
发证日期:2014.11.28 **截止日期**:2019.11.27

国械注进 20143225534

产品名称:鼻窦镜及附件(Sinuscopy)
规格型号:见附页
性能组成:鼻窦镜及附件由鼻窦镜、冲洗吸引手柄、冲洗吸引管组成。
适用范围:用于医学临床中对人体鼻窦、鼻腔、鼻咽部检查和手术时观察用。
生产厂家:德国 SOPRO-COMEG GmbH
注册代理:北京安慧康科技有限公司
发证日期:2014.11.28 **截止日期**:2019.11.27

国械注进 20143245535

产品名称:激光/强脉冲光治疗仪(Medical Laser System)

规格型号:Elite MPX

性能组成:该产品由主机柜、导光系统、应用附件、气动脚踏开关组成。主机柜包括闪光灯泵浦固体激光器、冷却系统、激光控制单元、激光传输单元;应用附件包括激光探头/手控开关、脉冲光 IPL 探头(型号:XPL)。软件版本号:V1.26。翠绿宝石激光:波长 755±5nm;脉冲频率:1,1.5,2,5,10Hz±20%;脉冲宽度 1.0-300ms±20%;能量密度 7-50 J/cm2±20%;光斑直径:5mm±0.5mm,10mm±0.5mm,12mm±1mm,15mm±2mm,18mm±2mm。Nd:YAG 激光:波长 1064±3nm;脉冲频率:1,1.5,2,5,10Hz;脉冲宽度 1.0-300ms;能量密度 10-600J/cm2;光斑直径:1.5mm±0.5mm,3mm±0.5mm,5mm±0.5mm,7mm±0.5mm,10mm±0.5mm,12mm±1mm,15mm±2mm,18mm±2mm。复合激光:波长 755nm±5、1064nm±3;脉冲频率:1,1.5 Hz;脉冲宽度 10、20、30、40ms;能量密度 32-200J/cm2;光斑直径:5mm±0.5mm,7mm±0.5mm,10mm±0.5mm,12mm±1mm,15mm±2mm。氙闪光灯:波长 530-590nm±20%;脉冲间隔:1,2,3,4s;脉冲宽度 6-20ms;能量密度最大 24 J/cm2;光斑尺寸 1.1cm×5.0cm。瞄准激光:波长 633±30nm,功率:<5mW。

适用范围:翠绿宝石激光:用于去除多余毛发。也可用于治疗皮肤血管性疾病、良性色素性疾病以及改善皱纹。Nd:YAG 激光:用于良性血管性疾病、良性色素性病变的治疗以及改善皱纹。也可用于去除多余毛发。IPL 脉冲光探头:用于去除多余毛发和治疗皮肤血管性疾病,腿部静脉曲张,良性色素性病变。

生产厂家:美国赛诺秀公司(Cynosure, Inc.)

注册代理:苏州赛诺秀医疗器械有限公司

发证日期:2014.11.28 **截止日期**:2019.11.27

国械注进 20142705536

产品名称:听力调适软件(Nucleus Fitting Software)

规格型号:型号:Nucleus Fitting Software 版本:1.1

性能组成:产品由安装光盘和随机文件组成。

适用范围:该软件通过电脑和声音处理器对人工耳蜗系统进行编程。

生产厂家:澳大利亚 Cochlear Limited

注册代理:澳科利耳医疗器械(北京)有限公司

发证日期:2014.10.31 **截止日期**:2019.10.30

国械注进 20143235537

产品名称:眼科 A 型超声测量仪

规格型号:AL-4000

性能组成:由主机、眼轴长探头(型号 AL-4010)、角膜测厚探头(型号 AL-4020)、电源线和适配器、脚踏开关组成。

适用范围:产品使用超声波测量眼轴长和角膜的厚度,为诊断提供信息。

生产厂家:日本株式会社トーメーコーポレーション

注册代理:上海天视科技发展有限公司

发证日期:2014.12.02 **截止日期**:2019.12.01

国械注进 20143545538

产品名称:液体管理和组织清创系统

规格型号:284002

性能组成:该系统由 FMS VUE 主机 284002、远程手动控制器 283551、可重复使用的非无菌脚踏板和电缆 283573、可重复使用的微型机头 283512 以及连接电缆 282114 组成。

适用范围:该产品用于在肩关节、膝关节、踝关节、肘关节、腕关节和髋关节的关节镜手术中提供可控的流体扩张和抽吸,可控的骨和组织的切割、去毛刺、刮削以及打磨。

生产厂家:美国 DePuy Mitek

注册代理:强生(上海)医疗器材有限公司

发证日期:2014.12.02 **截止日期**:2019.12.01

国械注进 20143245539

产品名称:紫外光皮肤治疗仪

规格型号:UV 308

性能组成:产品由主机、控制面板、电源、指令与监测系统、冷却系统组成。波长 308nm,照射时间 1s-120s,光斑尺寸 4cmX4cm,能量密度 50-6000mJ/cm²。

适用范围:该产品临床适用于牛皮癣及白癜风治疗。

生产厂家:法国 QUANTEL MEDICAL

注册代理:北京飞顿医学科技发展有限公司

发证日期:2014.12.02 **截止日期**:2019.12.01

国械注进 20143705540

产品名称:支气管镜放置计划软件

规格型号:LungPoint Planning,版本 3.1.0

性能组成:由软件(预装于计算机内交付给客户)、USB 密钥组成,组成模块包括:DICOM 导入模块、气道树分割模块、气道树界面模块、气道树中心轴模块、气道树量化模块、气道树标识模块、血管分割模块、ROI 定义模块、路径规划模块、基准计划模块、2D 视图模块、腔内视图模块、腔外球形视图模块、报告生成模块、设置模块。

适用范围:用于制定支气管镜放置计划

变更情况:变更日期:2015.01.20。"代理人名称:先健科技(深圳)有限公司代理人住所:深圳市南山区高新技术产业园北区朗山二路赛霸科研楼 1-5 层"变更为"代理人名称:?堃博生物科技(上海)有限公司代理人住所:上海市嘉定区城北路 1355 号 A 幢 3 层 B 区"。

生产厂家:美国 Broncus Medical Inc.

注册代理:先健科技(深圳)有限公司

发证日期:2014.12.02 **截止日期**:2019.12.01

国械注进 20143705541

产品名称:支气管镜放置导航软件

规格型号:LungPoint VBN,版本 3.1.0

性能组成:由软件(预装于计算机内交付给客户)、USB 密钥、Matrox 影像采集卡组成,组成模块包括:软件由 DICOM 导入模块、气道树分割模块、气道树界面模块、气道树中心轴模块、气道树量化模块、气道树标识模块、血管分割模块、ROI 定义模块、路径规划模块、基准计划模块、2D 视图模块、腔内视图模块、腔外球形视图模块、CT/影像登记模块、报告生成模块、内窥镜校准模块、设置模块。

适用范围:用于制定支气管镜放置计划及进行实时导航

变更情况:变更日期:2015.01.20。"代理人名称:先健科技(深圳)有限公司代理人住所:深圳市南山区高新技术产业园北区朗山二路赛霸科研楼 1-5 层"变更为"代理人名称:堃博生物科技(上海)有限公司代理人住所:上海市嘉定区城北路 1355 号 A 幢 3 层 B 区"。

生产厂家:美国 Broncus Medical Inc.

注册代理:先健科技(深圳)有限公司

发证日期:2014.12.02 **截止日期**:2019.12.01

国械注进 20142665542

产品名称:合成胶乳橡胶避孕套(Synthetic Polyisoprene Latex Condom)

规格型号:普通光面型、普通非光面型、异型结构型

性能组成:本产品主要原材料为合成聚异戊二烯和润滑剂。该产品有储精囊,属润滑型,润滑剂中未添加杀精剂。

适用范围:在正确使用下,有助于避孕和性传播疾病的预防。

生产厂家:英国 Reckitt Benckiser Healthcare (UK) Ltd

注册代理:斯腾爽健贸易(上海)有限公司

发证日期:2014.11.24 **截止日期**:2019.11.23

国械注进 20142655543

产品名称:不可吸收伤口缝合线(V-LOC PBT Non-absorbable Wound Closure Device)

规格型号:见附页

性能组成:不可吸收伤口缝合线由带倒钩的不可吸收缝线,一端的外科手术缝合针以及另一端的环形线圈组成。倒钩和环形线圈的设计使得闭合组织不需要打外科结。不可吸收伤口缝合线由聚对苯二酸丁二酯和聚四甲基醚二醇的共聚物制成。此种不可吸收伤口缝合线由酞菁蓝染色。该缝合线无菌,环氧乙烷灭菌。单股无涂层。

适用范围:不可吸收伤口缝合线适用于软组织缝合。

生产厂家:美国 Covidien llc

注册代理:柯惠医疗器材国际贸易(上海)有限公司

发证日期:2014.11.24 **截止日期**:2019.11.23

国械注进 20142555544

产品名称:牙钻(Dental Reamers)
规格型号:见附页
性能组成:该产品由不锈钢材料 1.4197(X20CrNiMoS13 1)制成。
适用范围:该产品适用于去除根管中已有的填充物，为桩冠修复做准备。
生产厂家:瑞士 Harald Nordin SA
注册代理:北京千树行商贸有限公司
发证日期:2014.11.24 截止日期:2019.11.23

国械注进 20142665545

产品名称:呼吸通路过滤器(Breathing System Filter)
规格型号:BB25, BB25S, BB25D, BB25F, BB25G, BB25GS, BB2000APS, BB100FE, BB100E, BB100ES, BB100P, BB50TP, BB50TE, BB50TES, BB22-15MFS, BB22-15MG, BB22-15MS, BB22-15S
性能组成:本产品为一次性使用呼吸通路过滤器，过滤器应有保护套。其中滤膜采用硼硅玻璃纤维制造，壳体采用苯乙烯/丁二烯共聚物制造，端盖采用聚碳酸酯/乙烯-醋酸乙烯共聚物制造，弯管和带固定角度管路采用聚丙烯制造，弯管(可拆卸)的连接头采用苯乙烯/丁二烯共聚物制造、管路采用聚丙烯制造。其中 BB25S、, BB25GS、BB2000APS、BB100ES、BB50TES、BB22-15MFS、BB22-15MS 和 BB22-15S 经伽马射线灭菌，有效期为 5 年，其余型号为非灭菌产品。
适用范围:该产品用于滤除呼吸通路中的细菌和病毒，其中 BB25, BB25S, BB25D, BB25F, BB25G, BB25GS, BB2000APS, BB100E, BB100ES, BB100P, BB100FE, BB22-15MFS, BB22-15MG, BB22-15MS 和 BB22-15S 具有湿热交换功能。
生产厂家:瑞士 Pall Medical, A Division of Pall International Sarl
注册代理:颇尔过滤器(北京)有限公司
发证日期:2014.11.24 截止日期:2019.11.23

国械注进 20142075546

产品名称:心血管外科手术钳(Cardiovascular Clamps)
规格型号:见附页
性能组成:本产品是由阻断钳组成。产品符合 YY/T 0294.1-2005 中的不锈钢 B 和符合 GB/T 13810-2007 中的钛合金 TC4 制成。
适用范围:本产品为无损伤阻断钳，可重复使用，在大血管手术中阻断动静脉。
生产厂家:德国 August Reuchlen GmbH
注册代理:北京嘉联诚业医疗器械销售有限公司
发证日期:2014.11.24 截止日期:2019.11.23

国械注进 20142105547

产品名称:脊柱用手术工具(Bryan Cervical Disc Instruments)
规格型号:6475000、6474176、6474524、6474525、6474526、6474527、6474528
性能组成:产品由电动适配器、钻头、磨盘组成。电动适配器材料为符合 ASTM F899 的 630、440C 不锈钢，非无菌包装；钻头材料为符合 ASTM F899 的 630 不锈钢，磨盘刀片材料为符合 ASTM F899 的 S46500 不锈钢，其余材料为 PEEK，钻头和磨盘为无菌包装。灭菌组件经伽马射线灭菌，一次性使用。
适用范围:该产品用于骨科脊柱手术。
生产厂家:美国 Medtronic Sofamor Danek USA, Inc.
注册代理:美敦力(上海)管理有限公司
发证日期:2014.11.24 截止日期:2019.11.23

国械注进 20142035548

产品名称:一次性使用脑部扩张器(Vycor ViewSite Brain Access System)
规格型号:C-TC123, C-TC125, C-TC127, C-TC173, C-TC175, C-TC177, C-TC213, C-TC215, C-TC217, C-TC283, C-TC285, C-TC287
性能组成:一次性使用脑部扩张器由一个引导器和一个扩张器(含翼片)组成，这两部分由一个弹簧锁扣连接。弹簧式锁扣包括一个弹簧和一个插销。引导器和扩张器顶端口边缘有润滑剂硅油和墨水涂层。导引器、扩张器和插销的制造材料为聚碳酸酯；弹簧的制造材料为铍铜合金。产品经伽马射线辐射灭菌，一次性使用。
适用范围:一次性使用脑部扩张器旨在用于脑部手术中，作为脑组织的自留一次性使用扩张器，提供工作通道以观察手术部位。
生产厂家:美国 Vycor Medical Inc.
注册代理:捷通埃默高(北京)医药科技有限公司
发证日期:2014.11.24 截止日期:2019.11.23

国械注进 20142665549

产品名称:防漏膏（商品名: Adapt）(Adapt Paste)
规格型号:79300
性能组成:产品组分:PVM/MA 共聚物丁酯，乙醇，果胶，聚山梨醇酯(吐温 20)，羧甲基纤维素钠，聚乙烯纤维，二氧化硅，尿囊素，尼泊金甲酯，尼泊金丁酯，正丁醇。产品为非一次性使用、非无菌包装。
适用范围:本品为外用产品。适用于造口袋系统中黏贴于皮肤表面的胶板，可填补皮肤表面凹凸不平的褶皱和疤痕，防止使用造口袋时渗漏，并且保护造口周围皮肤。
生产厂家:美国 Hollister Incorporated
注册代理:北京威尼汇力医疗器械有限公司
发证日期:2014.11.24 截止日期:2019.11.23

国械注进 20142665550

产品名称:异型气管导管（商品名: air-Q sp）(Intubating Laryngeal Airway)
规格型号:型号 规格 4010 1.0 4015 1.5 4020 2.0 4025 2.5 4035 3.5 4045 4.5
性能组成:异型气管导管由套囊、插管和接头组成。产品为一次性使用，无菌包装，环氧乙烷灭菌。材质信息：套囊：聚氯乙烯 插管：聚氯乙烯树脂 接头：聚氯乙烯。
适用范围:该产品预期用于无需经口气管插管(OETT)时的基本气道，或气道进行气管插管困难情况下的辅助器械。
生产厂家:美国 Cookgas LLC
注册代理:北京威尼汇力医疗器械有限公司
发证日期:2014.11.24 截止日期:2019.11.23

国械注进 20142225551

产品名称:关节镜用手术工具(Arthroscopy Instruments)
规格型号:见附页
性能组成:该产品为无源器械，由组织抓钳，组织剪刀组成。与人体接触部分由符合 ASTM F899 标准的 630 不锈钢制成。非灭菌包装。
适用范围:产品适用于四肢关节的关节镜手术。
生产厂家:美国 DePuy Mitek
注册代理:强生(上海)医疗器材有限公司
发证日期:2014.11.24 截止日期:2019.11.23

国械注进 20142645552

产品名称:袜型医疗压力带(Medical Compression Stocking)
规格型号:T41 T42
性能组成:该产品由 74%尼龙和 21%氨纶组成，压力级别为二级，压力范围 28-38mmHg。无需灭菌，可重复使用。
适用范围:适用于静脉曲张等下肢静脉疾病的预防和治疗.该产品不能直接接触皮肤破损.
生产厂家:意大利 Mimosa S.r.l.
注册代理:北京欧莱联合医疗器械有限公司
发证日期:2014.11.24 截止日期:2019.11.23

国械注进 20142545553

产品名称:呼吸面罩(Full Face Mask)
规格型号:Mojo Full Face Mask; Mojo Full Face Mask, Non Vented; Veraseal Full Face Vented Mask; Veraseal Full Face Non Vented Mask
性能组成:产品由面罩、头带组成。产品外壳材料为聚碳酸酯，凝胶垫材料为硅凝胶，头带材料为聚氨酯和聚酰胺。产品为非灭菌方式提供。每型号分大、中、小三种规格
适用范围:产品预期用于正在使用气道正压治疗的成人患者(>30kg)，可作为连续气道正压通气或双水平气道正压系统的附件。
生产厂家:美国 SleepNet Corporation
注册代理:北京市吉康宁科技发展有限公司
发证日期:2014.11.24 截止日期:2019.11.23

国械注进 20142545554

产品名称:呼吸鼻罩(Nasal Mask)
规格型号:Aura Nasal Vented Mask, MiniMe 2 Pediatric Nasal Vented Mask, MiniMe 2 Pediatric Nasal Non Vented Mask
性能组成:产品由面罩、头带、连接管组成。产品外壳材料为聚碳酸酯,凝胶垫材料为硅凝胶,头带材料为聚氨酯和聚酰胺,连接管材料为聚丙烯。产品为非灭菌方式提供。MiniMe 2 Pediatric Nasal Vented Mask, MiniMe 2Pediatric Nasal Non Vented Mask 每型号分大、小两种规格,Aura Nasal Vented Mask 只一种规格。
适用范围:产品预期用于正在使用气道正压治疗的成人患者(>30kg)或儿童患者(2 岁~12 岁),可作为连续气道正压通气或双水平气道正压系统的附件。
生产厂家:美国 SleepNet Corporation
注册代理:北京市吉康宁科技发展有限公司
发证日期:2014. 11. 24 **截止日期**:2019. 11. 23

国械注进 20142225555

产品名称:关节内窥镜附件(Arthroscopy Accessories)
规格型号:见附页
性能组成: 该产品由镜鞘组及闭孔器组成。其中镜鞘组由符合 ASTM F899 的 304 不锈钢和 630 不锈钢制成,闭孔器由符合 ASTM F899 的 630 不锈钢制成。具体见型号规格列表。非灭菌包装。
适用范围: 该产品为手术工具,适用于关节镜手术,用于插入、拔出内窥镜时支持入路及液体的流入流出。
生产厂家:美国 Linvatec Corporation d/b/a ConMed Linvatec
注册代理:康美林弗泰克(北京)医疗器械有限公司
发证日期:2014. 11. 24 **截止日期**:2019. 11. 23

国械注进 20142555556

产品名称:牙钻(Drills for dental implant)
规格型号:见附页。
性能组成:该产品由不锈钢 1.4112(90Cr18MoV)材料或钛合金 TC4 ELI 材料制成。
适用范围:该产品用于牙科种植体植入手术时钻孔用。
生产厂家:瑞士 Dr. Ihde Dental AG
注册代理:上海博恩登特科技有限公司
发证日期:2014. 11. 24 **截止日期**:2019. 11. 23

国械注进 20142645557

产品名称:一次性使用医用无菌棉拭子(Sterile Swab of AmniSure ROM Test)
性能组成:本产品由棉拭子及杆组成,经环氧乙烷灭菌。
适用范围:本棉拭子与 α 1 微球蛋白检测试剂盒(免疫层析法)配合使用,采集阴道分泌物样本。
生产厂家:美国 Amnisure International LLC.
注册代理:凯杰企业管理(上海)有限公司
发证日期:2014. 11. 24 **截止日期**:2019. 11. 23

国械注进 20143465558

产品名称:支持型接骨板及螺钉
规格型号:见附页
性能组成:金属接骨板由符合 GB4234 标准规定的 00Cr18Ni14Mo3 不锈钢材料制造。螺钉由符合 IS05832-3 标准规定的钛合金材料制成。表面无着色。非灭菌包装。
适用范围:与同一系统配合使用,适用于四肢近关节骨折及关节内骨折内固定。
生产厂家:德国 Konigsee Implantate GmbH
注册代理:长沙德迈医疗器械有限公司
发证日期:2014. 12. 02 **截止日期**:2019. 12. 01

国械注进 20143465559

产品名称:直型接骨板及螺钉
规格型号:见附页
性能组成:金属接骨板由符合 GB4234 标准规定的 00Cr18Ni14Mo3 不锈钢材料制造。螺钉由符合 GB/T13810 标准规定的 TC4 或 TC4ELI 钛合金材料制成。表面无着色。非灭菌包装。
适用范围:与同一系统配合使用,适用于四肢长骨的骨干骨折内固定。
生产厂家:德国 Konigsee Implantate GmbH
注册代理:长沙德迈医疗器械有限公司
发证日期:2014. 12. 02 **截止日期**:2019. 12. 01

国械注进 20143635560

产品名称:基台及配件
规格型号:见附页
性能组成:基台及配件均由两部分组成:塑料基托和金属底座。塑料基托材质为聚甲醛树脂,金属底座材质为 6019 金合金。塑料基托是指基台上部塑料(聚甲醛树脂)部分,其作用是铸造模具,为基台的技工室铸造过程提供模具支持,在技工室的铸造过程中全部燃尽,不与人体接触。
适用范围:基台及配件用于牙科种植手术,连接种植体替代缺失牙部分,为上部修复结构提供支持。该基台及配件为可铸造基台,不属于定制式。
生产厂家:美国 Biomet 3i
注册代理:上海达优科技发展有限公司
发证日期:2014. 12. 02 **截止日期**:2019. 12. 01

国械注进 20143635561

产品名称:光固化粘接剂
规格型号:5.0ml/瓶、3.0ml/瓶
性能组成:该产品由甲基丙烯酸脂、乙醇和光固化引发剂组成。
适用范围:该产品用于牙本质、牙釉质与树脂的粘接。
生产厂家:墨西哥 Conamco S. A. de C.V.
注册代理:北京美博佳业医疗器械有限公司
发证日期:2014. 12. 02 **截止日期**:2019. 12. 01

国械注进 20143635562

产品名称:聚羧酸锌粘接用水门汀
规格型号:粉末:50g/瓶,液体:15ml/瓶、粉末:15g/瓶,液体:15ml/瓶
性能组成:该产品由粉末和液体组成。其中粉末主要组成成分为:氧化锌、氧化镁、次硝酸铋、石英玻璃、去离子水、颜料-氧化铁;液体的主要组成成分为:去离子水、聚丙烯酸。
适用范围:该产品用于粘接金属冠、金属桥及正畸带环。
生产厂家:墨西哥 Conamco S. A. de C.V.
注册代理:北京美博佳业医疗器械有限公司
发证日期:2014. 12. 02 **截止日期**:2019. 12. 01

国械注进 20143635563

产品名称:双固化树脂粘固剂
规格型号:4.0g/支、8.0 g/支、50g/支
性能组成:该产品由基础剂和催化剂组成,基础剂的主要成分是二氧化硅、双甲基丙烯酸二缩三乙二醇酯和双酚 A-双甲基丙烯酸甘油酯。催化剂的主要成分为二氧化硅、双酚 A-双甲基丙烯酸甘油酯、双甲基丙烯酸二缩三乙二醇酯。
适用范围:该产品用于金属和树脂材料的冠、桥修复体的粘接。
生产厂家:墨西哥 Conamco S. A. de C.V.
注册代理:北京美博佳业医疗器械有限公司
发证日期:2014. 12. 02 **截止日期**:2019. 12. 01

国械注进 20143775564

产品名称:外周中心静脉导管
规格型号:见附页
性能组成:产品由导管、导丝、扩张器、注射器、注射针、手术刀、导管固定装置(StatLock 型号:VPPDFP)测量尺组成。产品采用环氧乙烷灭菌,一次性使用。
适用范围:用于短期或长期的经由表面穿刺到中心静脉系统的静脉注射。
生产厂家:美国 ANGIODYNAMICS, INC.
注册代理:北京泰科博曼医疗器械有限公司
发证日期:2014. 12. 02 **截止日期**:2019. 12. 01

国械注进 20143665565

产品名称:一次性使用灭菌橡胶外科手套
规格型号:尺寸代码:5.5, 6.0, 6.5, 7.0, 7.5, 8.0, 8.5, 9.0

性能组成:该手套为麻面、无粉的天然橡胶外科手套。该手套基底内表面涂有含葡萄糖酸洗必泰的涂层,在涂层的上面有一含有水溶性纤维素的保护层,手套的内表面有一聚氨酯蜡复合物。手套为射线灭菌,一次性使用。

适用范围:该产品临床用于外科手术操作中,以防止病人和使用者之间交叉感染。

生产厂家:马来西亚 Ansell N.P.Sdn Bhd

注册代理:安思尔(上海)商贸有限公司

发证日期:2014.12.02 截止日期:2019.12.01

国械注进 20143225566

产品名称:后房型丙烯酸酯非球面蓝光滤过型人工晶状体

规格型号:Aspira-aAY

性能组成:该产品为单件式后房人工晶状体,可折叠,襻形为改良 C 襻。主体及支撑部分均由亲水性丙烯酸酯材料制成,添加紫外吸收剂和黄色染料;屈光度范围: 0.00D~+30.00D;光学设计:单焦,非球面(在孔径光栏半径 1.5mm 范围内,实测非球面设计人工晶状体光焦度轴截面分布与被测人工晶状体等同光焦度的球面人工晶状体的理论光焦度轴截面分布图比较,应具有显著的反向球差分布特征);无菌状态提供,一次性使用。

适用范围:适用于手术后取出天然晶状体的无晶体眼的矫正,用于囊袋植入。

生产厂家:德国 HumanOptics Aktiengesellschaft

注册代理:北京世代保康科技发展有限公司

发证日期:2014.12.02 截止日期:2019.12.01

国械注进 20143465567

产品名称:高交联聚乙烯内衬

规格型号:见附页

性能组成:该产品由符合 ISO5834-2 的高交联超高分子量聚乙烯内衬组成,灭菌包装。

适用范围:本产品与非骨水泥的金属或陶瓷股骨头及髋臼杯配合使用。适用于初次或翻修全髋关节置换中的下列情况:1. 由骨关节炎,外伤性关节炎,风湿性关节炎和先天性髋关节发育不全所引起的严重疼痛和/或关节缺陷 2. 股骨头缺血性坏死 3. 股骨头或股骨颈严重外伤骨折 4. 已失败的髋部外科手术包括髋关节重建,内部固定,关节固定术,半关节置换,表面置换造形术或全髋置换 5. 关节僵硬

生产厂家:美国 DePuy Orthopaedics, Inc.

注册代理:强生(上海)医疗器材有限公司

发证日期:2014.12.02 截止日期:2019.12.01

国械注进 20143455568

产品名称:一次性使用血浆灌流器

规格型号:Mediasorb

性能组成:本产品由吸附剂、外壳、滤网、O 型圈、端盖和生理盐水组成。采用湿热灭菌,为一次性使用。

适用范围:本产品用于血液净化治疗过程中清除中大分子、炎性介质。本产品需要配合血液透析滤过器,用于连续性肾脏替代治疗的机器上,连同体外血液循环所需设备器械一起使用。

生产厂家:意大利 Bellco S.r.l.

注册代理:上海和祥医疗器械有限公司

发证日期:2014.12.02 截止日期:2019.12.01

国械注进 20143775569

产品名称:带止血阀导管鞘

规格型号:见附页

性能组成:该产品由导管鞘、扩张器组成,部分型号产品带有导丝、穿刺针、注射器和复位套管。环氧乙烷灭菌,一次性使用。

适用范围:该产品用于导入血管造影导管、末端封闭型导管、球囊导管和电极到血管中,以减少失血。

变更情况:变更日期: 2015.01.20。“ 14901 DeVeau Place Minnetonka, Minnesota 55345 USA”变更为“ 5050 Nathan Lane North Plymouth, MN USA 55442”。

生产厂家:美国 St. Jude Medical

注册代理:圣犹达医疗用品(上海)有限公司

发证日期:2014.12.02 截止日期:2019.12.01

国械注进 20143635570

产品名称:种植体配套用基台及附件

规格型号:见附页

性能组成:该产品包括基台、钛基底,及螺钉,由纯钛(TA4)或钛合金(TC4 ELI)制成。其中由纯钛(TA4)制成部件表面无处理,由钛合金(TC4 ELI)制成的部件与人体直接接触部分均未经过表面改性处理。部分产品为无菌包装,对于非灭菌包装的产品,使用前应经过蒸汽灭菌处理。

适用范围:该产品同 CAMLOG 种植体系统一起使用,为牙修复体提供支持。

生产厂家:德国 ALTATEC GmbH

注册代理:上海汉瑞祥贸易有限公司

发证日期:2014.12.02 截止日期:2019.12.01

国械注进 20143465571

产品名称:螺钉系统

规格型号:见附页

性能组成:该产品由皮质骨螺钉、松质骨螺钉、加压螺钉和垫圈组成,采用符合 ISO5832-3 标准的 Ti6A14V 合金制造,产品表面经阳极氧化处理,非灭菌包装。

适用范围:该产品适用于四肢骨折的治疗和重建手术。

生产厂家:美国 Biomet Trauma

注册代理:邦美(上海)商贸有限公司

发证日期:2014.12.02 截止日期:2019.12.01

国械注进 20143465572

产品名称:膝关节假体组配柄

规格型号:见附页

性能组成:该产品由符合 ISO 5832-3 标准要求的 Ti6A14V 锻造钛合金材料或符合 ISO 5832-12 标准要求的锻造钴铬钼合金材料制成。灭菌包装。

适用范围:与旋转铰链式膝关节假体系统中的组配型股骨部件、组配型胫骨部件配合使用,骨水泥或非骨水泥固定。一般适应症:严重行动受限性疾病,由于退行性关节炎、类风湿性关节炎或创伤性关节炎或骨性关节炎;接骨重建无法治疗的关节骨折。具体适应症:• 骨坏死 • 髌骨滑槽关节病• 外翻/内翻足＜10° • 外翻/内翻足 10-15° • 外翻/内翻足 15-20° • 铰链膝关节或旋转膝关节翻修手术• 骨量不足/骨质缺陷翻修手术旋转铰链膝关节假体的特殊适应症:• 双髁关节病,侧副韧带部分损坏 • 对钴铬钼合金植入材料的一种或多种成分过敏(包括 TiNbN 涂层成分)铰链膝关节假体的特殊适应症: • 外翻/内翻足畸形 20-30° • 双髁关节病,韧带完全损坏和肌肉不稳

生产厂家:德国 Waldemar Link GmbH & Co. KG

注册代理:北京威联德骨科技术有限公司

发证日期:2014.12.02 截止日期:2019.12.01

国械注进 20143775573

产品名称:导丝

规格型号:见附页

性能组成:该产品由芯丝、绕丝和涂层组成。该产品一次性使用,环氧乙烷灭菌。

适用范围:该产品用于在经皮腔内血管成形术(PTA)或其他血管内介入手术中辅助球囊导管或其他介入器械在外周血管系统中的放置和交换。

生产厂家:爱尔兰 Lake Region Medical Ltd.

注册代理:波科国际医疗贸易(上海)有限公司

发证日期:2014.12.02 截止日期:2019.12.01

国械注进 20143465574

产品名称:脊柱内固定系统

规格型号:见附页

性能组成:脊柱内固定系统由多轴椎弓根螺钉、多轴椎弓根复位空心螺钉、单轴椎弓根螺钉、螺塞、矫形棒、垫圈、横向连接器、侧向连接器、纵向连接器和骨钩组成。除部分矫形棒采用有符合 ISO 5832-2 的 TA2 纯钛材料制成外,所有其他组件均由符合 GB/T 13810 中规定的牌号为 TC4ELI 的超低空隙钛合金材料制造。除侧向连接器和垫圈未经阳极氧化处理外,其他组件均经阳极氧化处理。本系统所有组件均为非灭菌包

装。

适用范围:脊柱内固定系统是一款可用作椎弓根螺钉固定系统、后路骨钩和骶骨/髂骨螺钉固定系统，或者用作前侧固定系统的非颈椎脊柱固定植入物。椎弓根螺钉固定仅限用于骨骼成熟患者。该植入物适用于以下适应症:退行性椎间盘疾病(被定义为可通过患者病史和影像学研究来加以证实的带有椎间盘退化的椎间盘源性背痛)、脊椎前移、创伤(包括骨折或脱位)、畸形或屈曲(如:脊柱侧凸、脊柱后凸和/或脊柱前凸)、肿瘤、椎管狭窄、假关节和既往融合失败。

生产厂家:美国 Biomet Spine, LLC

注册代理:邦美(上海)商贸有限公司

发证日期:2014.12.02　截止日期:2019.12.01

国械注进 20143775575

产品名称:可解脱弹簧圈(商品名:Axium PGLA)(Axium PGLA Detachable Coil)

规格型号:见附页

性能组成:该产品由弹簧圈和传送金属丝组成。弹簧圈由铂钨合金制成，含有聚丙烯抗解旋丝;弹簧圈上带有 PGLA 纤毛丝;解脱区域由 316L 不锈钢制成。环氧乙烷灭菌，一次性使用。

适用范围:该产品适用于颅内动脉瘤的血管内部栓塞，同时也适用其他神经脉管畸形的栓塞，例如动静脉畸形，动静脉瘘管。

生产厂家:美国 Micro Therapeutics Inc. dba ev3 Neurovascular

注册代理:医伟司安医疗器材(北京)有限公司

发证日期:2014.12.05　截止日期:2019.12.04

国械注进 20143465576

产品名称:非骨水泥型股骨柄（商品名：POLAR）(Polarstem Non-Cemented)

规格型号:见附页

性能组成:该产品的柄基体采用符合符合 GB/T13810 标准规定的锻造钛合金 TC4ELI 制成，表面等离子喷涂纯钛涂层和羟基磷灰石涂层，其化学成分分别符合 ISO 5832-2 标准规定的 4 级纯钛和 GB 23101.2 标准规定的羟基磷灰石。灭菌包装。

适用范围:与该企业生产的同一系统产品配合使用，适用于髋关节置换手术，非骨水泥固定。

生产厂家:瑞士 Smith&Nephew Orthopaedics AG

注册代理:施乐辉医用产品国际贸易(上海)有限公司

发证日期:2014.12.05　截止日期:2019.12.04

国械注进 20143155577

产品名称:球囊膨胀注射器(kyphon Inflation Syringe)

规格型号:A08E

性能组成:该产品由液晶显示器(LCD)、球囊膨胀注射器筒、按压释放手柄、活塞、螺旋推杆、延长管、锁定接头、外壳组成。包装里还有一个 30ml 锁定接头注射器。环氧乙烷灭菌包装，一次性使用。

适用范围:球囊膨胀注射器适用于充盈和卸载可膨胀器械(包括椎体成型球囊)并在手术过程中测量可膨胀器械的压力。

生产厂家:美国 Medtronic Sofamor Danek USA, Inc.

注册代理:美敦力(上海)管理有限公司

发证日期:2014.12.05　截止日期:2019.12.04

国械注进 20143665578

产品名称:压力延长管(PRESSURE MONITORING TUBING)

规格型号:PM6006, PM6012, PM6024, PM6036, PM6048, PM6060, PM6072, PM6106, PM6112, PM6124, PM6136, PM6148, PM6160, PM6172, PM6184, PM6196

性能组成:本品采用聚氯乙烯(PVC)材料制成。由管路和接头组成。一次性使用，环氧乙烷灭菌。

适用范围:本品在造影手术中用于连接连通板和传感器，作为压力传输通道。

生产厂家:美国 MERIT MEDICAL SYSTEMS, INC.

注册代理:麦瑞通医疗器械(北京)有限公司

发证日期:2014.12.05　截止日期:2019.12.04

国械注进 20143465579

产品名称:振动成形耦合体(Implantable Hearing Prosthesis Systems Vibroplasty Coupler)

规格型号:见附页

性能组成:该产品为振动成形耦合体，其中卵圆窗振动成形耦合体由耦合体杆部材料（2 级纯钛）和固定夹（1 级纯钛）组成，爪形振动成形耦合体和钟形振动成形耦合体由固定夹（1 级纯钛）、镫骨结构（1 级纯钛）及固定夹和镫骨连接处（2 级纯钛）组成，圆窗振动成形耦合体由圆窗结构（2 级纯钛）和固定夹（1 级纯钛）组成。该产品无菌状态提供，一次性使用。

适用范围:该产品是对振动声桥的 FMT（漂浮质量传感器）和中耳振动结构进行耦合的医疗器械。在消除中耳所有的基础疾病后，根据听小骨残余情况进行假体类型选择。其中卵圆窗振动成形耦合体置于镫骨底板（卵圆窗）上，适用于镫骨上层结构缺失或镫骨上层结构不可选用时；爪形振动成形耦合体和钟形振动成形耦合体置于镫骨和鼓膜之间的镫骨头上；圆窗振动成形耦合体置于圆窗（RW）膜上。

生产厂家:奥地利 VIBRANT MED-EL Hearing Technology GmbH

注册代理:奥地利美迪医疗电子仪器公司北京代表处

发证日期:2014.12.05　截止日期:2019.12.04

国械注进 20143665580

产品名称:前庭大腺扩张球囊(Word Catheter-Silicone Bartholin Gland Balloon Set)

规格型号:J-BGC-015055

性能组成:前庭大腺扩张球囊由硅胶球囊导管、3ml 注射器（带针）和手术刀组成。产品经环氧乙烷灭菌，一次性使用。

适用范围:前庭大腺扩张球囊被设计用于治疗前庭大腺脓肿和囊肿。

生产厂家:美国 Cook OB/GYN

注册代理:库克(中国)医疗贸易有限公司

发证日期:2014.12.05　截止日期:2019.12.04

国械注进 20143465581

产品名称:双极假体(Treasure Bipolar Head)

规格型号:见附页

性能组成:该产品由双极头和双极头内衬组成，双极头中含有卡环。双极头采用符合 ISO5832-12 标准规定的锻造钴铬钼合金制造，卡环和双极头内衬采用符合 ISO5834-2 标准中个规定的 2 型超高分子量聚乙烯制成。灭菌包装。

适用范围:该产品适用于风湿性关节炎，骨性关节炎和创伤性关节炎；股骨近端骨折；股骨头无菌性坏死；近端股骨颈骨折造成的骨不连。该产品与厂商生产的 HELICON 髋关节假体组件（国食药监械（进）字 2013 第 3461452 号）配合使用。非骨水泥固定。

生产厂家:美国 TGM MEDICAL, Inc.

注册代理:上海智康医疗器械有限公司

发证日期:2014.12.05　截止日期:2019.12.04

国械注进 20143465582

产品名称:膝关节组件（商品名：Vanguard）(Vanguard Total Knee System)

规格型号:见附页

性能组成:该产品由股骨假体和股骨髁远侧固定钉组成。股骨假体由符合 ISO 5832-4 标准规定的铸造钴铬钼合金材料制成，股骨髁远侧固定钉由符合 ISO 5832-12 标准规定的锻造钴铬钼合金材料制成。灭菌包装。

适用范围:与该企业同一系统组件配合，做为骨水泥型膝关节假体使用，适用于膝关节置换。

生产厂家:美国 Biomet Orthopedics

注册代理:邦美(上海)商贸有限公司

发证日期:2014.12.05　截止日期:2019.12.04

国械注进 20143155583

产品名称:超声活检针（商品名：SonoTip）(EBUS Needle Systems)

规格型号:GUS-21-18-022、GUS-22-18-022、GUS-25-18-022、GUS-26-18-022、GUS-42-18-022、GUS-45-18-022、GUS-46-18-022

性能组成:该超声活检针为无源器械。型号 GUS-21-18-022 GUS-22-18-022 GUS-25-18-022GUS-26-18-022 由镍钛针芯+盖、不锈钢针、针刻度活塞、针调节锁、活塞式保护套、保护套调节锁、手柄、鲁尔接头、塑料保护套、针管、伸缩限制器组成。并配有注射器和旋塞。型号 GUS-42-18-022 GUS-45-18-022GUS-46-18-022 由镍钛针芯+盖、针柄、针调节扭锁、针调节刻度、保护套调节刻度、保护套调节扭锁、滑动保护套手柄、鲁尔接头、塑料保护套、针管组成。并配有注射器和旋塞。产品一次性使用，环氧乙烷灭菌。
适用范围：该产品用于内镜超声引导下在胃肠道、气管及支气管黏膜下和管腔外病变的细针穿刺。
生产厂家：德国 Medi-Globe GmbH
注册代理：优诺康（北京）医药技术服务有限公司
发证日期：2014.12.05 截止日期：2019.12.04

国械注进 20143465584

产品名称：金属骨针（商品名：I.T.S.）(Metal bone pins)
规格型号：见附页
性能组成：金属骨针主要由导引针（带螺纹）和导引针（不带螺纹）组成。金属骨针由符合 ISO 5832-1:2007 的 00Cr18Ni14Mo3 不锈钢材料制成。产品为非灭菌包装。
适用范围：产品适用于四肢骨折内固定。
生产厂家：奥地利 I.T.S.GmbH
注册代理：通用（上海）医疗器材有限公司
发证日期：2014.12.05 截止日期：2019.12.04

国械注进 20143465585

产品名称：脊柱前路融合器用螺钉(Screw for ALIF)
规格型号：见附页
性能组成：产品采用符合 ISO5832-3 标准规定的 Ti6Al4V 钛合金材料制造，表面无着色，产品为灭菌包装。
适用范围：产品做为组件，与前路融合器配合使用。预期用于腰椎和胸椎水平（L5-S1）的椎间盘破裂或突出，椎间盘退行性病变或不稳定、关节融合术后假关节形成的治疗。
生产厂家：法国 SPINEWAY S.A.S
注册代理：斯潘威医疗科技（北京）有限公司
发证日期：2014.12.05 截止日期：2019.12.04

国械注进 20143465586

产品名称：锁定型金属接骨板系统(Trauma Locking Plate System)
规格型号：见附页
性能组成：该产品由融合钛板、距骨颈钛板、舟骨钛板、直型锁定钛板、网型锁定钛板、侧向柱加长钛板、跟骨锁定钛板及配合使用的皮质骨锁定螺钉、多向锁定螺钉、低切迹皮质骨螺钉、全螺纹锁定螺钉和垫圈组成。由符合 GB/T 13810 标准的 TC4 ELI 合金和符合 ISO 5832-12 的锻造钴铬钼合金制造。钛合金产品表面经阳极氧化处理。产品非灭菌包装。
适用范围：该产品适用于足部骨折的治疗和重建手术。
生产厂家：美国 Biomet Trauma
注册代理：邦美（上海）商贸有限公司
发证日期：2014.12.05 截止日期：2019.12.04

国械注进 20143465587

产品名称：椎间小关节固定系统(Facet Wedge)
规格型号：04.630.130S，04.630.131S，04.630.132S，04.630.135.02S，详见附页。
性能组成：该系统由螺钉和小关节固定器组成，采用符合 ISO 5832-11 的钛 6 铝 7 铌材料制造。表面均经过阳极氧化处理。灭菌包装。
适用范围：可用于腰 1 至骶 1 间的单节段或多节段，无论有无植骨均可通过固定小关节以实现对脊柱固定的辅助作用。也可通过微创方式植入用于增加融合的几率，或单独使用于节段稳定的病例。具体适应症包括椎间盘退行性病变，小关节退变性疾病（单纯由小关节面病症导致的背痛）和前路手术后形成假关节。
生产厂家：瑞士 Synthes GmbH
注册代理：强生（上海）医疗器材有限公司
发证日期：2014.12.05 截止日期：2019.12.04

国械注进 20143635588

产品名称：光固化牙科修复复合树脂（商品名：Te-Econom Plus）(Te-Econom Plus Light-curing dental restorative composite)
规格型号：色号：A1，A2，A3，A3.5，B2，C3
性能组成：该产品由 Bis-GMA、二甲基丙烯酸氨基甲酸酯、三乙二醇二甲基丙烯酸酯、钡玻璃填料、钡铝氟硅酸盐玻璃、高分散二氧化硅、混合氧化物、氟化镱、添加剂、催化剂、稳定剂和颜料组成。
适用范围：该产品适用于 I 类到 V 类窝洞修复，乳牙修复。
生产厂家：列支敦士登 Ivoclar Vivadent AG
注册代理：义获嘉伟瓦登特（上海）商贸有限公司
发证日期：2014.12.05 截止日期：2019.12.04

国械注进 20143155589

产品名称：经支气管吸引活检针(FleXNeedle)
规格型号：18 gauge，21 gauge
性能组成：活检针由手柄、针管、鞘管和通管丝组成。手柄包括远端手柄、近端手柄、手柄连接带和 O 型圈；针管由针头、弹簧管和热缩管组成；鞘管由内管、弹簧和应力消散管组成；通管丝由镍钛丝、公鲁尔和不锈钢套组成。与人体接触的部件为针头（不锈钢 304SS）、弹簧管（不锈钢 304SS）、热缩管（PET）、内管（HDPE）、弹簧（不锈钢 304SS）、镍钛丝（镍钛合金）。该产品经辐射灭菌，一次性使用。
适用范围：该活检针用于获取支气管树的隆突、气管旁以及肺门病变粘膜下层活检样本。
变更情况：变更日期：2015.01.20。“代理人名称：先健科技（深圳）有限公司代理人住所：深圳市南山区高新技术产业园北区朗山二路赛霸科研楼 1-5 层”变更为“代理人名称：堃博生物科技（上海）有限公司代理人住所：上海市嘉定区城北路 1355 号 A 幢 3 层 B 区”。
生产厂家：美国 Broncus Medical，Inc.
注册代理：先健科技（深圳）有限公司
发证日期：2014.12.05 截止日期：2019.12.04

国械注进 20143645590

产品名称：泡沫敷料(PolyMem Wound Dressings)
规格型号：203、405、606、3412、3709、5033、5044、5045、5055、5077、5088、5124、5244、5335、5712、5733、7031、7042、7203、7405、7412、7606、8023、8053、8086.
性能组成：泡沫敷料由聚氨酯泡沫组成.聚氨酯泡沫中添加表面活性剂（泊洛沙姆 Poloxamer 188），丙三醇（ISO18395）和淀粉（ISO10520）。三者含量均约占敷料总重量的 5%。保愈美敷料包括有粘胶敷料、无粘胶敷料、填充性敷料和特殊形状敷料。有粘胶敷料又分为聚氨酯背衬和胶布背衬两种。产品经伽马射线灭菌，一次性使用。
适用范围：泡沫敷料可用于部分皮层和全皮层（不包括 III 度烧伤）伤口，包括浅表伤口，皮肤压力性溃疡（I-IV 级），皮肤溃疡，腿部溃疡，皮肤擦伤，皮肤 I-II 度烧伤，供皮区，皮肤手术伤口，皮肤急性伤口的一期愈合及二期愈合的覆盖。
生产厂家：美国 Ferris Mfg. Corp.
注册代理：大连奥瑞科技有限公司
发证日期：2014.11.24 截止日期：2019.11.23

国械注进 20143465591

产品名称：胸主动脉覆膜支架系统(Valiant Thoracic Stent Graft with the Captivia Delivery System)
规格型号：见附页
性能组成：该产品由 Valiant 胸主动脉覆膜支架和 Captivia 输送系统组成。Valiant 胸主动脉覆膜支架由镍钛记忆合金和聚对苯二甲酸乙二醇酯（PET）构成，并缝有铂-铱不透 X 射线标记。Captivia 输送系统由一个带集成手柄的一次性导管组成，导丝腔可以兼容 0.035“(0.89mm)的导丝。电子束灭菌，产品一次性使用。
适用范围：该产品用于胸降主动脉疾病的治疗，包括但不局限于胸降动脉瘤和胸降主动脉夹层。Valiant 胸主动脉覆膜支架适用于动脉瘤、假腔或破裂位点的隔离，以及恢复流经主动脉覆膜支架腔的血流。该器械主要用于常规手术修补候选患者和因已有风险因素不能进行常规手术修补的候选患者。
备注：2015 年 2 月 15 日同意更正生产地址内容，2014 年 11 月 24 日核发的中华人民共和国医疗器械注册证予以废止。
生产厂家：美国 Medtronic Inc.
注册代理：美敦力（上海）管理有限公司
发证日期：2014.11.21 截止日期：2019.11.20

国械注进 20143655592

产品名称：合成可吸收性外科缝线（商品名：VICRYL）(Coated VICRYL* (Polyglactin 910) Suture w/wo Needles)

规格型号:见附页
性能组成:本产品是由 90%乙交酯和 10%L-丙交酯的共聚物(Polyglactin910)制成的无菌可吸收性外科缝线。缝线涂层以等量的乙交酯和丙交酯的共聚物(聚糖乳酸 370)和硬脂酸钙组成的混合物制成。缝线颜色有紫色和未染色两种。缝线可分为带针缝线和不带针缝线。本产品经环氧乙烷灭菌，一次性使用。
适用范围:本产品用于一般软组织缝合和/或结扎，包括眼科手术，但不能用于心血管和神经组织的缝合。
生产厂家:美国 Ethicon LLC
注册代理:强生(上海)医疗器材有限公司
发证日期:2014.11.24 截止日期:2019.11.23

国械注进 20142665593

产品名称:导管推进系统的传输部件(商品名: QuikCAS)(Cardiodrive Sterile Components)
规格型号:001-001751-1
性能组成:该产品由柔性驱动杆、推进单元、翼形螺钉、止血阀接头、患者使用托架组成。环氧乙烷灭菌，一次性使用。
适用范围:该产品用于将协调磁电生理导管自动插入患者的心脏部位，或者将其抽出。使用时与 Stereotaxis 生产的磁导航系统[MNS]协同工作。不建议使用导管推进系统推进电生理导管和消融导管通过冠状动脉系统和冠状动脉窦。
生产厂家:美国 Stereotaxis, Inc.
注册代理:北京捷通康诺医药科技有限公司
发证日期:2014.11.24 截止日期:2019.11.23

国械注进 20143225594

产品名称:人工晶状体(Intraocular Lens)
规格型号:PH55B
性能组成:该产品为一件式/后房人工晶状体，襻形为 C 型。主体材料和襻采用带紫外吸收剂的聚甲基丙烯酸甲酯(PMMA)制造；屈光度范围：10～30D。光学设计：单焦，球面；无菌状态提供，一次性使用。
适用范围:该产品用于人工晶状体置换。
备注:2015 年 2 月 15 日同意更正注册人住所、生产地址内容，2014 年 11 月 24 日核发的中华人民共和国医疗器械注册证予以废止。
生产厂家:法国 Carl Zeiss Meditec SAS
注册代理:卡尔蔡司(上海)管理有限公司
发证日期:2014.11.21 截止日期:2019.11.20

国械注进 20143225595

产品名称:人工晶状体(商品名: Akreos)(Intraocular Lens)
规格型号:Akreos Adapt AO
性能组成:该产品为单件式/后房人工晶状体，可折叠，襻形为四角襻。主体/支撑部分由含水量 26%的亲水性丙烯酸材料(由甲基丙烯酸羟乙酯、甲基丙烯酸甲酯及交联剂材料聚合)制成，添加紫外吸收剂；屈光度范围：0.0D 至 30.0D。光学设计：单焦，球面/非球面(在孔阑半径 1.5mm 范围内模拟眼状态下的轴截面光焦度分布符合零球差分布特征)；无菌状态提供，一次性使用。
适用范围:该产品用于植入无晶状体的成年患者以矫正视力，这些患者患有白内障的晶状体已经通过囊外摘除术摘除，产品设计用于囊外白内障摘除术后的囊袋内植入。
生产厂家:美国 Bausch&Lomb, Incorporated
注册代理:博士伦(上海)贸易有限公司
发证日期:2014.11.24 截止日期:2019.11.23

国械注进 20143465596

产品名称:胆道支架(商品名: Zilver 635)(Biliary Stent)
规格型号:ZIB6-40-6-4.0、ZIB6-40-6-6.0、ZIB6-40-6-8.0、ZIB6-40-8-4.0、ZIB6-40-8-6.0、ZIB6-40-8-8.0、ZIB6-40-9-4.0、ZIB6-40-9-6.0、ZIB6-40-9-8.0、ZIB6-40-10-4.0、ZIB6-40-10-6.0、ZIB6-40-10-8.0、ZIB6-40-12-4.0、ZIB6-40-12-6.0、ZIB6-40-12-8.0、ZIB6-40-14-4.0、ZIB6-40-14-6.0、ZIB6-40-14-8.0。
性能组成:该产品由支架和放送系统组成，配有注射器。支架的材料为镍钛合金，远近端各有四个嵌入支架的 24k 黄金标记。环氧乙烷灭菌，一次性使用。
适用范围:胆道支架被设计用于胆道系统的恶性肿瘤的姑息性治疗。
生产厂家:爱尔兰库克爱尔兰公司(Cook Ireland Ltd.)
注册代理:库克(中国)医疗贸易有限公司
发证日期:2014.11.24 截止日期:2019.11.23

国械注进 20143665597

产品名称:输卵管导管插入术器械(Fallopian Tube Catheterization Sets)
规格型号:FTC-900、FTC-550、FTC-550-NT
性能组成:该产品由外导管、扭矩控制导管、内导管、导丝和适配器组成，导丝分为直导丝、J 形导丝和 Cope 芯导丝。环氧乙烷灭菌，一次性使用。
适用范围:该产品用于输卵管近端的选择性导管插入、输卵管造影。
生产厂家:美国 Cook Incorporated
注册代理:库克(中国)医疗贸易有限公司
发证日期:2014.11.24 截止日期:2019.11.23

国械注进 20142665598

产品名称:气道交换导管(Cook Airway Exchange Catheter Set)
规格型号:C-CAE-19.0-83
性能组成:COOK 气道交换导管由导管、接头组成。材料：导管：聚乙烯；标记：B 型墨；接头：聚碳酸酯。本产品为环氧乙烷灭菌，一次性使用产品。
适用范围:COOK 气道交换导管被设计用于在需要时进行气管插管的交换。
生产厂家:美国 Cook Incorporated
注册代理:库克(中国)医疗贸易有限公司
发证日期:2014.11.24 截止日期:2019.11.23

国械注进 20142045599

产品名称:人工晶状体植入器(商品名: Sofport Easy-Load)(Lens Insertion Devices)
规格型号:EZ-28
性能组成:该产品由聚丙烯材料制成，主要由注射器状管身、推杆、抽屉和襻拉出器组成，灭菌包装，一次性使用。
适用范围:用于眼科手术辅助植入 LI61AO、LI61AOV 及 LI61SE 型号的人工晶状体。
生产厂家:美国 Bausch&Lomb, Incorporated
注册代理:博士伦(上海)贸易有限公司
发证日期:2014.11.24 截止日期:2019.11.23

国械注进 20143155600

产品名称:一次性吸引活检针(ディスポーザブル吸引生検針)
规格型号:NA-201SX-4022
性能组成:本产品由主体一次性吸引活检针(NA-201SX-4022)、附件一次性接头活检阀(MAJ-1414)及 Medallion 吸引活检针筒组成。接触黏膜部材料为不锈钢、镍钛合金和聚四氟乙烯。本产品为一次性无菌产品，采用环氧乙烷气体灭菌方法。灭菌有效期为 3 年。
适用范围:本产品与超声内镜配套使用，用于对气管支气管树的黏膜下层和管腔外的病变进行超声引导下细针穿刺(FNA)活检。
变更情况:变更日期：2015.02.09。“代理人住所:上海市外高桥保税区泰谷路 185 号第三层 E、F 部位”变更为“代理人住所:中国(上海)自由贸易试验区泰谷路 185 号第三层 E、F 部位”。
生产厂家:日本オリンパスメディカルシステムズ株式会社
注册代理:奥林巴斯贸易(上海)有限公司
发证日期:2014.11.24 截止日期:2019.11.23

国械注进 20142225601

产品名称:应急碎石器(碎石具)
规格型号:BML-110A-1
性能组成:该产品由操作手柄和螺旋外鞘管(MAJ-403)组成。螺旋外鞘管由符合 YY0294.1 规定的代号为 M 的不锈钢制成，其先端由符合 YY0294.1 规定的代号为 N 的不锈钢制成。产品为非灭菌包装。
适用范围:本产品与奥林巴斯碎石器和篮形异物钳配套使用，用于粉碎胆管内的胆结石，并将网篮从患者体内取出。只有当常规治疗时，网篮无法从患者体内取出的情况下，才可以使用本器械。
变更情况:变更日期：2015.02.11。“代理人住所:上海市外高桥保税区泰谷路 185 号第三层 E、F 部位”变更为“代理人住所:中国(上海)自由贸易试验区泰谷路 185 号第三层 E、F 部位”。
生产厂家:日本オリンパスメディカルシステムズ株式会社
注册代理:奥林巴斯贸易(上海)有限公司
发证日期:2014.11.24 **截止日期**:2019.11.23

国械注进 20143665602

产品名称:外科用封合剂备用喷嘴/加长喷嘴(Coseal Surgical Sealant Replacement Applicator/ Extended Applicator)
规格型号:934, 033, 934, 034
性能组成:本产品由管路、连接器顶部、连接器基底部、尖端帽和尖端插入器组成。
适用范围:本品用于混合及传送 Coseal 外科用封合剂的两种成分。
生产厂家:瑞士 Baxter Healthcare SA
注册代理:百特医疗用品贸易(上海)有限公司
发证日期:2014.11.24 **截止日期**:2019.11.23

国械注进 20143635603

产品名称:复合树脂修复材料(Composite restorative material)
规格型号:型号: Ice:A1, A2, A3, A3.5, A4, B1, B2, B3, C1, C2, C3, D2, D3, D4, OA2, OA3, OA3.5, bleach, Incisal Glacier:A1, A2, A3, A3.5, A4, B1, B2, B3, B4, C2, C3, C4, D3, OA2, OA3, OA3.5, OB3, OB4, OC2, OC4, OD3, bleach, Incisal 规格:Ice: 注射器装 4g/支, 2g/支; 子弹装 0.25g/个 Glacier: 注射器装 4g/支, 2g/支; 子弹装 0.25g/个
性能组成:该产品的型号为 Ice 和 Glacier, 附件为 Super Etch disposable tips(Super Etch 用一次性针头)、SDI complet applicator(SDI 树脂胶囊充填枪)和 Points(小刷)。Ice 组成成分:22.5%重量比(39%体积比)多官能团的甲基丙烯酸酯; 77.5%重量比(61%体积比)无机填料(40nm-1.5μm)。Glacier 组成成分:19%重量比(36%体积比)多官能团的甲基丙烯酸酯; 81%重量比(64%体积比)无机填料(40nm-1μm)。
适用范围:本产品用于前牙/后牙直接修复体和饰面, 根管桩的核制作, 间接嵌体、高嵌体和饰面, 牙齿固位, 复合物和陶瓷修复, 与玻璃离子结合用于夹层修复。
生产厂家:澳大利亚 SDI Limited
注册代理:上海汉瑞祥贸易有限公司
发证日期:2014.11.24 **截止日期**:2019.11.23

国械注进 20143155604

产品名称:一次性吸引活检针(ディスポーザブル吸引生検針)
规格型号:NA-401D-1321, NA-401D-1521, NA-411D-1321, NA-411D-1521, NA-601D-1519
性能组成:本产品由操作部和插入部组成, 接触黏膜部材料为不锈钢和聚四氟乙烯。本产品为一次性已灭菌产品, 采用环氧乙烷灭菌方式, 灭菌有效期限为 3 年。
适用范围:本产品与奥林巴斯内镜配套使用, 用于在呼吸器官内采集样本。
变更情况:变更日期: 2015.02.09。“代理人住所:上海市外高桥保税区泰谷路 185 号第三层 E、F 部位”变更为“代理人住所:中国(上海)自由贸易试验区泰谷路 185 号第三层 E、F 部位”。
生产厂家:日本オリンパスメディカルシステムズ株式会社
注册代理:奥林巴斯贸易(上海)有限公司
发证日期:2014.11.24 **截止日期**:2019.11.23

国械注进 20143665605

产品名称:脑脊液分流管及附件(CSF Flow Control Shunts and Accessories)
规格型号:见附页
性能组成:本产品由脑室端导管、储液囊(化疗囊)、流量控制阀、心脏/腹腔端导管、腰骶腹腔端导管以及接头、不锈钢通条、导针和调压工具附件组成。脑脊液分流管由钡浸渍硅橡胶或表面具有水凝胶(BioGlide)的钡浸渍硅橡胶以及聚丙烯制成, 通条及导针由医用级不锈钢制成。一次性使用。
适用范围:本产品适用于将脑脊液从脑室中引入右心房或腹膜腔中, 其中储液囊(化疗囊)可用于注射化疗药物和/或放射性同位素。
生产厂家:美国 Medtronic Inc.
注册代理:美敦力(上海)管理有限公司
发证日期:2014.11.24 **截止日期**:2019.11.23

国械注进 20143665606

产品名称:压力泵 (商品名: Inflation Device) (Inflation Device)
规格型号:622510
性能组成:该产品由一个带有压力计的 25ml 注射器针筒, 螺纹活塞配件、高压延长管和高压三通组成。产品经环氧乙烷灭菌, 一次性使用。
适用范围:该产品用于血管成形术的过程中, 对球囊进行充气和放气, 以及测量此过程中球囊内的压力。
生产厂家:德国 B. Braun Melsungen AG
注册代理:贝朗医疗(上海)国际贸易有限公司
发证日期:2014.11.24 **截止日期**:2019.11.23

国械注进 20142645607

产品名称:防漏膏 (商品名: 康复乐防漏膏) (Stomahesive Paste)
规格型号:183910
性能组成:本产品由防漏膏预混料、乙醇、甘油三乙酸酯、丁酯共聚物组成。其中防漏膏预混料由羧甲基纤维素钠、白明胶、胶质、甘油三 12 羟基硬脂酸组成。本产品为非灭菌产品。
适用范围:本产品可填补不平的皮肤、防止使用造口袋时渗漏和保护皮肤; 也适用于保护瘘管部位周围外露的皮肤、造口底部与造口底盘洞口之间外露的皮肤, 以及填补皮肤褶皱、凹凸的皮肤表面和疤痕。
生产厂家:美国 ConvaTec Inc.
注册代理:康维德(中国)医疗用品有限公司
发证日期:2014.11.24 **截止日期**:2019.11.23

国械注进 20142635608

产品名称:弹性体印模材料(Elastomeric impression materials)
规格型号:见附页
性能组成:A 类硅橡胶主要成分:基质:聚二甲基硅氧烷、甲基氢聚硅氧烷等; 催化剂:聚二甲基硅氧烷、二氧化硅等。C 类硅橡胶主要成分:基质:聚二甲基硅氧烷、辅助材料等; 催化剂:二辛基氧化锡、二氧化硅等; 产品附件:混合头 口内混合注射头注射器(包括注射头)。
适用范围:适用于口腔科取印模。
生产厂家:德国 Heraeus Kulzer GmbH
注册代理:贺利氏古莎齿科有限公司
发证日期:2014.11.24 **截止日期**:2019.11.23

国械注进 20143775609

产品名称:指引导管 (商品名: Launcher) (Launcher Guiding Catheter)
规格型号:见附页
性能组成:该产品由导管体、抗折段、软端头和鲁尔接头组成, 头端带有钨标记带。由尼龙和聚氯乙烯等材料制成。环氧乙烷灭菌, 一次性使用。
适用范围:该产品为治疗器械的引入提供路径, 用于冠状或外周血管系统中。
生产厂家:美国 Medtronic Inc.
注册代理:美敦力(上海)管理有限公司
发证日期:2014.11.24 **截止日期**:2019.11.23

国械注进 20143465610

产品名称:中空螺钉 (商品名: UCSS) (UCSS Screw Set)
规格型号:见附页
性能组成:该产品由符合 GB/T 13810 的 TC4 钛合金制成。表面经阳极氧化处理。非灭菌包装。
适用范围:适用于脊柱内固定手术。
生产厂家:美国 Medtronic Sofamor Danek USA, Inc.
注册代理:美敦力(上海)管理有限公司
发证日期:2014.11.24 **截止日期**:2019.11.23

国械注进 20143155611

产品名称:动静脉留置针 (商品名: 动全康) (I.V. Cannula Safety designed to minimize inadvertent needle sticks, with and without fixation wing)
规格型号:Introcan Safety 系列:4252500-03, 4252519-03,

4252543-03, 4252535-03, 4252527-03, 4252560-03, 4252551-03, 4252586-03, 4252578-03, 4251890-03, 4252594-03 ; Introcan Safety-W 系列:4254503-03, 4254511-03, 4254546-03, 4254538-03, 4254562-03, 4254554-03, 4254570-03, 4254597-03
性能组成:由导引针、外周血管内导管和保护鞘组成。外周血管内导管内部带有一个金属夹，当导引针脱离外周血管内导管后会自动闭合，从而防止使用者被针头刺伤。导引针及金属夹采用不锈钢(铬镍钢)材料制成，外周血管内导管采用全氟乙烯-丙烯制成，保护鞘及导管座由聚丙烯制成，针座由丙烯睛-丁二烯-苯乙烯制成。
适用范围:用防针刺伤装置建立外周静脉、中心静脉或动脉通路，供多次输液、间歇性取血样、有创测量动脉内血压用。
生产厂家:德国 B. Braun Melsungen AG
注册代理:贝朗医疗(上海)国际贸易有限公司
发证日期:2014.11.24 **截止日期**:2019.11.23

国械注进 20142155612

产品名称:双腔卵母细胞回取系统 (商品名: Wallace) (Dual Lumen Oocyte Recovery Set)
规格型号:DNS1633-500, DNS1633-750, DNS1633-950, DNS1733-500, DNS1733-750, DNS1733-950
性能组成:本产品由双腔取卵针、双腔取卵针保护套、手柄、防折套、吸引管、真空管、冲洗管、鲁尔接头、硅橡胶塞和负压接头组成。取卵针尖端带超声回声标记，可在超声下显影。环氧乙烷灭菌，一次性使用。
适用范围:本产品适用于超声引导下，经阴道从卵巢的卵泡内采集卵母细胞。
生产厂家:英国 Smiths Medical International Limited
注册代理:上海景年医疗器械有限公司
发证日期:2014.11.24 **截止日期**:2019.11.23

国械注进 20142665613

产品名称:呼吸机管路(Ventilator Circuits)
规格型号:100/905/300, 100/905/320
性能组成:本产品由呼吸管路和转换接头组成。管路采用 EVA 和聚丙烯制成，转换接头采用聚碳酸酯和硅胶制成。本产品为非灭菌包装一次性使用产品。
适用范围:本产品适用于 PneuPAC 品牌呼吸机，是患者和呼吸机之间进行气体交换的通道，用于呼吸抢救、向医院运送以及在医院内部和医院之间运送患者。
生产厂家:英国 Smiths Medical International Limited
注册代理:史密斯医疗器械(北京)有限公司
发证日期:2014.11.24 **截止日期**:2019.11.23

国械注进 20143225614

产品名称:囊袋张力环(Capsular Tension Rings)
规格型号:14, 14A, 14C, 1G, 1L, 2L, 2S, 2C
性能组成:产品由 CQ/UV PMMA(聚甲基丙烯酸甲酯)及紫外吸收剂制成，是有弹性的开口圆形纤丝。无菌状态提供，一次性使用。
适用范围:该产品用于稳定囊袋。
生产厂家:德国 Morcher GmbH
注册代理:上海丹樱医疗器械有限公司
发证日期:2014.12.01 **截止日期**:2019.11.30

国械注进 20143465615

产品名称:听小骨假体 (商品名: 宾格) (Middle ear implants)
规格型号:见附页
性能组成:该产品使用符合 ISO5832-2 的 4 级纯钛制造，表面无着色，灭菌包装。
适用范围:该产品适用于中耳听骨链的重建。
生产厂家:德国 Spiggle & Theis Medizintechnik GmbH
注册代理:北京贝科达医疗器械有限公司
发证日期:2014.12.01 **截止日期**:2019.11.30

国械注进 20143775616

产品名称:快速交换 PTCA 球囊扩张导管 (商品名: SeQuent II) (PTCA-Catheter)
规格型号:见附页
性能组成:该产品为快速交换 PTCA 球囊扩张导管，由球囊及导管组成，有两个管腔。球囊主要材料为带有硅油涂层的 Grilamid 和 Greenflex，或者 Pebax 和 Plexar。该产品一次性使用，经环氧乙烷灭菌。
适用范围:该产品适用于冠状动脉狭窄段扩张，搭桥血管狭窄段扩张，用于改善心肌血流灌注。
生产厂家:德国 B.Braun Melsungen AG
注册代理:贝朗医疗(上海)国际贸易有限公司
发证日期:2014.12.01 **截止日期**:2019.11.30

国械注进 20142665617

产品名称:呼吸通路过滤器(Breathing Circuit Filter)
规格型号:BB25A, BB50T
性能组成:本产品为一次性使用呼吸通路过滤器。其中滤膜采用硼硅玻璃纤维制造，壳体采用苯乙烯/丁二烯共聚物制造，端盖采用聚碳酸酯/乙烯-醋酸乙烯共聚物制造。本产品为非灭菌产品。
适用范围:该产品用于滤除呼吸通路中的细菌和病毒，其中 BB25A 具有湿热交换功能。
生产厂家:美国 Pall Corporation
注册代理:颇尔过滤器(北京)有限公司
发证日期:2014.12.01 **截止日期**:2019.11.30

国械注进 20143155618

产品名称:一次性钝型动静脉瘘穿刺针(商品名:NIPRO BioHole Needle)(ダル AVF ニードル)
规格型号:16G×1″ HC-15W-D, 16G×1″ HTC-15W-D, 16G×1″ HC-30W-D, 16G×1″ HTC-30W-D, 17G×1″ HC-15W-D, 17G×1″ HTC-15W-D, 17G×1″ HC-30W-D, 17G×1″ HTC-30W-D
性能组成:本产品由保护套、针管、针翼、针座、夹子、软管、鲁尔接头和鲁尔盖组成。原材料为聚氯乙烯、不锈钢、聚丙烯、聚乙烯、聚碳酸酯和聚甲醛。
适用范围:本产品适用于血液净化治疗中，进行定点穿刺(如扣眼穿刺)，建立血管通道。
生产厂家:日本ニプロ株式会社
注册代理:尼普洛贸易(上海)有限公司
发证日期:2014.12.01 **截止日期**:2019.11.30

国械注进 20143155619

产品名称:一次性使用动静脉瘘穿刺针(AVF ニードルセット GA)
规格型号:见附页
性能组成:本产品由保护套、针管、针翼、针座、夹子、软管、鲁尔接头和鲁尔盖组成。原材料为聚氯乙烯、不锈钢、聚乙烯、聚丙烯、聚碳酸酯和聚甲醛。
适用范围:本产品供血液透析穿刺用。在体内留置时间＜24小时。
生产厂家:日本ニプロ株式会社
注册代理:尼普洛贸易(上海)有限公司
发证日期:2014.12.01 **截止日期**:2019.11.30

国械注进 20143155620

产品名称:一次性使用动静脉瘘穿刺针 (商品名: NIPRO SAFETOUCH TULIP)(セーフタッチ AVF ニードルセット GA)
规格型号:见附页
性能组成:本产品由针尖保护套、针管、针翼、针座、夹子、软管、郁金香形保护套、鲁尔接头和鲁尔盖组成。
适用范围:本产品适用于血液净化治疗中建立血管通路。
生产厂家:日本ニプロ株式会社
注册代理:尼普洛贸易(上海)有限公司
发证日期:2014.12.01 **截止日期**:2019.11.30

国械注进 20143455621

产品名称:血液灌流器及管路配套(PRISMAFLEX ADSORBA kit)
规格型号:PRISMAFLEX ADSORBA 150 kit, PRISMAFLEX ADSORBA 300 kit
性能组成:产品由体外循环管路、ADSORBA 吸附器、预冲液收集袋组成。ADSORBA 吸附器采用蒸汽灭菌，管路配套采用环氧乙烷灭菌。
适用范围:该系统仅可与 PRISMAFLEX 控制单元配套使用，执行血液灌流疗法，适用于严重药物中毒或者用于病人需要立即清除有毒物质才能延续生命的情况。
生产厂家:法国 Gambro Industries
注册代理:金宝肾护理产品(上海)有限公司
发证日期:2014.12.01 **截止日期**:2019.11.30

国械注进 20143465622

产品名称:疝修补预裁补片(商品名:Bard SpermaTex)(Bard SpermaTex Pre-shaped Mesh)
规格型号:114700
性能组成:该产品是由单丝聚丙烯编织而成单层网织片,并在其部分表面附有一层由同样的聚丙烯单丝缝合的白色膨体聚四氟乙烯(ePTFE)平片。产品经环氧乙烷灭菌,一次性使用。
适用范围:该产品适用于修复腹股沟疝缺损。
生产厂家:美国 Davol, Inc., Subsidiary of C.R.Bard, Inc.
注册代理:巴德医疗科技(上海)有限公司
发证日期:2014.12.01 **截止日期**:2019.11.30

国械注进 20142075623

产品名称:胸腔心血管外科手术器械(Cardio-Vascular Surgical Instruments)
规格型号:见附页
性能组成:该产品包括血管钳、血管镊、血管夹、哈巴狗夹、吸引管、拉钩。采用 YY/T0294.1 中 B 不锈钢和 GB/T13810 中 TC4 钛合金制成,非灭菌提供。
适用范围:用于胸腔心血管外科手术。
生产厂家:德国 AESCULAP AG
注册代理:贝朗医疗(上海)国际贸易有限公司
发证日期:2014.12.01 **截止日期**:2019.11.30

国械注进 20143465624

产品名称:骨水泥用中置器(Centralisers)
规格型号:见附页
性能组成:该产品是一种由聚甲基丙烯酸甲酯 PMMA 压模而成的与骨水泥型股骨柄配合使用的股骨远端固定器,一次性使用,经伽马射线辐照灭菌。
适用范围:该产品适用于骨水泥型髋关节置换手术中实现股骨柄稳定,中置的远端固定。
生产厂家:英国 DePuy International, Limited
注册代理:强生(上海)医疗器材有限公司
发证日期:2014.12.01 **截止日期**:2019.11.30

国械注进 20143465625

产品名称:髋关节假体-髋臼系统(商品名:Allofit)(Hip Joint Prostheses-Acetabular System)
规格型号:见附页
性能组成:本系统包括髋臼杯(带顶孔螺帽)、内衬及其配套螺钉和螺栓。髋臼杯及配套螺栓采用纯钛材料制成;髋臼杯顶孔螺帽采用锻造钴镍铬钼材料制成;Sulene-PE 内衬采用超高分子量聚乙烯制成;Durasul 内衬采用高交联超高分子量聚乙烯材料制成;配套螺钉采用锻造钛 6 铝 7 铌材料制成。髋臼杯、内衬包装为灭菌包装,螺钉包装为非灭菌包装,螺栓包装为灭菌包装和非灭菌包装。
适用范围:该产品适用于非骨水泥型全髋关节置换术,髋臼杯部件应与 Zimmer 公司生产的股骨头部件联合使用。
生产厂家:瑞士 Zimmer GmbH
注册代理:捷迈(上海)医疗国际贸易有限公司
发证日期:2014.12.01 **截止日期**:2019.11.30

国械注进 20143465626

产品名称:髋臼系统(Reflection Ceramic Acetabular System)
规格型号:71332800、71332804、71332808、71333200、71333204、71333208、71331047、71331048、71331049
性能组成:该产品为氧化铝陶瓷股骨头,材料符合 GB/T 22750。灭菌包装。
适用范围:该产品为非骨水泥髋关节假体部件,与同类产品配合使用,用于全髋或部分髋关节置换手术。
生产厂家:美国 Smith & Nephew, Inc.
注册代理:施乐辉医用产品国际贸易(上海)有限公司
发证日期:2014.12.01 **截止日期**:2019.11.30

国械注进 20143455627

产品名称:血液透析用浓缩干粉
规格型号:bibag 650g, bibag 900g, Granudial BI84, Granudial BI840
性能组成:本品为血液透析用碳酸氢盐浓缩干粉,成分为碳酸氢钠。Bibag 650g、Bibag 900g 适用于 FreseniusMedical Care AG & Co.KGaA 生产的 4008 系列血液透析设备。Granudial BI 84、Granudial BI 840 适用于 Fresenius Medical Care AG & Co.KGaA 生产的 4008 系列和 5008 系列血液透析设备。
适用范围:根据专科医师处方推荐适用于碳酸氢盐血液透析或血液透析滤过。本品可与 Fresenius Medical CareAG & Co.KGaA 生产的酸性浓缩干粉 AF10、AF11、AF13 配合使用。Bibag 650g、Bibag 900g 适用于 FreseniusMedical Care AG & Co.KGaA 生产的 4008 系列血液透析设备。Granudial BI 84、Granudial BI 840 适用于 Fresenius Medical Care AG & Co.KGaA 生产的 4008 系列和 5008 系列血液透析设备。
生产厂家:德国 Fresenius Medical Care AG & Co.KGaA
注册代理:费森尤斯医药用品(上海)有限公司
发证日期:2014.12.01 **截止日期**:2019.11.30

国械注进 20143465628

产品名称:全膝关节假体系统
规格型号:见附页
性能组成:该产品包括股骨部件、胫骨衬垫(部分胫骨衬垫包括锥形塞及螺钉)、胫骨部件及髌骨部件。股骨部件由符合 ASTM F75 标准规定的铸造钴铬钼合金制成,部分股骨部件内表面由符合 ISO 5832-2 标准中 1 级钛规定的纯钛丝盘绕制成;胫骨部件及部分胫骨衬垫材料由符合 ASTMF648 标准中 2 型规定的超高分子量聚乙烯制成;髌骨部件及部分胫骨衬垫材料由符合 YY/T 0811 标准中表 1 规定高交联超高分子量聚乙烯制成;胫骨衬垫配套螺钉及锥形塞材料由符合 ASTM F136-2013 标准的 Ti6A14V 钛合金制成。灭菌包装。
适用范围:作为骨水泥型膝关节假体使用,适用于膝关节置换。
生产厂家:美国 Zimmer Inc.
注册代理:捷迈(上海)医疗国际贸易有限公司
发证日期:2014.12.01 **截止日期**:2019.11.30

国械注进 20143465629

产品名称:髋关节假体组件-髋臼外杯及孔塞
规格型号:见附页
性能组成:该产品包括髋臼外杯及孔塞,髋臼外杯包括锁定环。髋臼外杯及孔塞材料为符合 ISO5832-3 标准的 Ti6A14V 钛合金。髋臼外杯表面为纯钛丝盘绕,符合 ISO 5832 标准的 1 级纯钛。灭菌包装。
适用范围:与该企业同一系统组件配合,作为骨水泥或非骨水泥假体使用,适用于髋关节初次置换及翻修。
生产厂家:美国 Zimmer Inc.
注册代理:捷迈(上海)医疗国际贸易有限公司
发证日期:2014.12.01 **截止日期**:2019.11.30

国械注进 20143635630

产品名称:一步自酸蚀粘结剂
规格型号:Tetric N-Bond Self-Etch Refill: 6g Tetric N-Bond Self-Etch Vivapen: 2mL
性能组成:本产品主要由双丙烯酰胺衍生物,水,双甲基丙烯酰胺磷酸二氢盐,氨基酸丙烯酸酯,羟烷基甲基丙烯酸胺,二氧化硅,催化剂(樟脑醌,2,4,6-三甲基苯甲酰基二苯基氧化膦和对二甲氨基苯甲酸乙酯)和稳定剂(二丁基羟基甲苯)组成。
适用范围:本产品用于直接光固化复合树脂和复合体修复材料与牙釉质及牙本质的粘结。
生产厂家:列支敦士登 IvoclarVivadentAG
注册代理:义获嘉伟瓦登特(上海)商贸有限公司
发证日期:2014.12.01 **截止日期**:2019.11.30

国械注进 20143465631

产品名称:膝关节假体-填充块
规格型号:见附页

性能组成:该产品由股骨锥形填充块、胫骨锥形填充块、股骨假体填充块、髌骨垫块、螺钉组成，髌骨垫块由垫块和髌骨部件组成。股骨锥形填充块、胫骨锥形填充块、股骨假体填充块、垫块由钽金属制成的多孔钽材料 (Trabecular Metal) 制成；垫块外缘和螺钉由符合 ISO5832-3 标准规定的 Ti6Al4V 钛合金材料制成；髌骨部件由符合 GB/T 19701.2 标准规定的 2 型超高分子量聚乙烯材料制成。灭菌包装。
适用范围:与骨水泥配合使用，适用于因膝关节严重退变、创伤、其他疾病而进行膝关节置换以及膝关节翻修术时骨缺损的重建。
生产厂家:美国 Zimmer Trabecular Metal Technology, Inc.
注册代理:捷迈(上海)医疗国际贸易有限公司
发证日期:2014.12.01 截止日期:2019.11.30

国械注进 20142635632

产品名称:起搏导线导丝
规格型号:4.1414151414e+015
性能组成:该产品由 MOND RVOT 起搏导线导丝、夹持工具和固定工具(仅 4140 型和 4150 型提供)组成。导丝材料为 304 不锈钢，配有球形手柄。夹持工具材料为 ABS。固定工具由 ABS 和 304 不锈钢制成。环氧乙烷灭菌，产品一次性使用。
适用范围:用于将 St. Jude Medical 右心室主动固定电极导线置入右室流出道。
生产厂家:美国圣犹达医疗用品有限公司 CRMD(St.Jude Medical Cardiac Rhythm Management Division)
注册代理:圣犹达医疗用品(上海)有限公司
发证日期:2014.12.01 截止日期:2019.11.30

国械注进 20142225633

产品名称:齿科瓷粉
规格型号:Duceratin Kiss(规格色号见附件)
性能组成:本产品主要有以下成分组成:SiO2、Al2O3、K2O、Na2O、Li2O、BaO、B2O3、CaO、TiO2、CeO2、Sb2O3、F。
适用范围:本产品为牙科修复体金属基底冠桥的饰面陶瓷，是适用于热膨胀系数为 9.5-10.0um/m.k(25-500℃)的钛和钛铌合金的饰面瓷粉。
变更情况:变更日期: 2015.02.09。“代理人住所:上海市外高桥保税区泰谷路 185 号第三层 E、F 部位”变更为“代理人住所:中国(上海)自由贸易试验区泰谷路 185 号第三层 E、F 部位”。
生产厂家:德国 DeguDent GmbH
注册代理:登士柏(天津)国际贸易有限公司
发证日期:2014.12.01 截止日期:2019.11.30

国械注进 20142225634

产品名称:活检钳
规格型号:见附页
性能组成:尺寸:参见规格/型号附件。灭菌方式和灭菌有限期: γ射线灭菌，灭菌有效期 5 年。产品结构及组成:本产品由手柄和插入部组成，手柄包括滑动把手、O 形环和护套；插入部包括钳杯、栓、先端罩、操作丝、针和外鞘管。接触黏膜各部件的材质:钳杯(不锈钢 JIS SF-20T)、栓 (不锈钢 JIS G4303:SUS303)、先端罩 (不锈钢 JIS SF-20T)、操作丝 (不锈钢 JISG4314:SUS304-WPB)、针 (不锈钢 JISG4313:SUS301CSP-H)、外鞘管 (聚乙烯)
适用范围:FB-210K、FB-210U、FB-220K、FB-220U、FB-230K、FB-230U、FB-240K、FB-240U、FB-211K、FB-221K、FB-231K、FB-241K 与奥林巴斯内镜配套使用，用于采集消化道内的组织。FB-211D、FB-221D、FB-231D、FB-241D 与奥林巴斯内镜配套使用，用于采集呼吸道内的组织。
生产厂家:日本オリンパスメデイカルシステムズ株式会社
注册代理:奥林巴斯(北京)销售服务有限公司
发证日期:2014.12.01 截止日期:2019.11.30

国械注进 20143775635

产品名称:宫腔镜手术器械
规格型号:426-70015, 426-70025, 426-70035
性能组成:该产品为无源使用手术工具，由半硬抓钳，半硬活检咬切钳和半硬直剪组成。材料为聚烯烃、聚偏二氟乙烯以及 YY/T 0294.1 的代号为 M 的不锈钢。非灭菌包装。
适用范围:该产品用于宫腔手术中检查、诊断和治疗。
生产厂家:德国 MGB Endoskopische Gerate GmbH Berlin
注册代理:宝施医疗用品(深圳)有限公司
发证日期:2014.12.01 截止日期:2019.11.30

国械注进 20143465636

产品名称:空心螺钉、垫片(Cannulate screw and washer)
规格型号:见附页
性能组成:该产品采用医用不锈钢或 Ti6Al4V 钛合金材料制成。表面无着色，非灭菌包装
适用范围:该产品用于四肢干骺端骨折内固定
生产厂家:匈牙利 Sanatmetal Orthopaedic&Traumatologic Equipment Manufacturer Ltd
注册代理:广州幸好医疗器械有限公司
发证日期:2014.12.01 截止日期:2019.11.30

国械注进 20143635637

产品名称:玻璃离子水门汀(グラスアイオノマー FX-Ⅱ)
规格型号:型号: FX-Ⅱ 规格: 15g 粉/8ml(10g)液，6g 粉/2.8ml(3.5g)液
性能组成:粉末: 氟代铝硅酸盐玻璃、黄色氧化铁、三氧化二铁、黑色氧化铁、乳光材料液: 丙烯酸-三羧酸共聚合体水溶液、精制水 (离子交换水)、酒石酸
适用范围:用于非咬合面的窝洞和颈部缺损的修复
生产厂家:日本株式会社松风
注册代理:松风齿科器材贸易(上海)有限公司
发证日期:2014.12.04 截止日期:2019.12.03

国械注进 20143225638

产品名称:软性亲水接触镜 (商品名: 茵洛) (Soft Contact Lens)
规格型号:茵洛高解像彩色镜片 Polyvue High Definition Color Soft Contact lens
性能组成:该产品为日戴型软性亲水接触镜。镜片由 2-HEMA、EDMA、紫外线吸收剂及着色剂等制成，颜色分为单色(1T)、双色(2T)及三色 (3T)(均有褐色、蓝色、灰色、绿色、紫色)，单色亦包含黑色。聚丙烯盒或玻璃瓶包装。各参数标称值: 含水量: 38%，折射率: 1.440，透氧系数: 8.9×10^{-11}(cm2/s)(mLO2/(mL×mmHg))，-3D 镜片透氧量: 11.0×10^{-9}(cm/s) (mLO2/(mL×mmHg))，后顶焦度范围: +6.00D～ -12.00D，可见光透过率＞95%。UVA (316nm-380nm)＜45.8%; UVB (280nm-315nm)＜4.58%。产品经蒸汽湿热灭菌。
适用范围:用于无禁忌症患者矫正近视及远视。
生产厂家:韩国 INTEROJO INC.
注册代理:上海茵洛光学产品有限公司
发证日期:2014.12.04 截止日期:2019.12.03

国械注进 20143465639

产品名称:髋部联合加压交锁髓内钉系统 (商品名: TriGen InterTAN) (TriGen InterTAN Hip Fracture Nailing System)
规格型号:见附页
性能组成:该产品包括联合加压交锁髓内钉、联合加压交锁螺钉、粗隆拉力钉、内六角可把持交锁螺钉、联合加压交锁髓内钉尾帽、加压螺钉、稳定螺钉，采用符合 ISO 5832-3 标准规定的 Ti6Al4V 钛合金材料制造，部分产品经阳极氧化处理。灭菌包装。
适用范围:该产品用于股骨骨折、严重粉碎性骨折、螺旋形骨折、较大的斜形骨折和节段骨折等。
生产厂家:美国 Smith&Nephew, Inc.
注册代理:施乐辉医用产品国际贸易(上海)有限公司
发证日期:2014.12.04 截止日期:2019.12.03

国械注进 20143155640

产品名称:房间隔穿刺针(Transseptal Needle)
规格型号:TSNC-18-71.0, TSNC-19-56.0
性能组成:房间隔穿刺针是由针尖、针管、针芯、针座和导向标组成，材料:房间隔穿刺针的针尖、针管、针芯、针座和导向标:304 不锈钢。环氧乙烷灭菌，产品一次性使用。
适用范围:房间隔穿刺针设计用于心脏介入手术时，行房间隔穿刺建立左心通路。本产品仅限于受过专业训练并富有诊断性和介入性技术经验

的医师使用。应采用放置血管导入鞘、血管造影导管和导丝的标准操作技法。
生产厂家:美国 Cook Incorporated
注册代理:库克(中国)医疗贸易有限公司
发证日期:2014. 12. 04　　**截止日期**:2019. 12. 03

国械注进 20143465641

产品名称:硬膜补片（商品名: DURAFORM）(Dural Graft Implant)
规格型号:见附页
性能组成:该产品是一种可吸收的胶原基质，来源于新西兰牛腱。该产品无菌状态提供，一次性使用。
适用范围:该产品适用于硬膜修补术和硬膜替换术。
生产厂家:美国 Codman & Shurtleff, Inc.
注册代理:强生(上海)医疗器材有限公司
发证日期:2014. 12. 04　　**截止日期**:2019. 12. 03

国械注进 20142635642

产品名称:常速凝固印模材料(Aquasil Ultra DECA Monophase Regular Set Smart Wetting Impression Material)
规格型号:Aquasil Ultra DECA Monophase
性能组成:Aquasil Ultra DECA Monophase 常速凝固印模材料是一种通用的、四官能团亲水加成反应硅橡胶、中等稠度、弹性印模材料。
适用范围:用于常速凝固印模
生产厂家:美国 DENTSPLY Caulk
注册代理:登士柏(天津)国际贸易有限公司
发证日期:2014. 12. 04　　**截止日期**:2019. 12. 03

国械注进 20143455643

产品名称:血液透析器(Hemodialyzers)
规格型号:BLS512G, BLS514G, BLS517G
性能组成:该产品由中空纤维膜、外壳、端盖、封口胶和 O 型圈组成。中空纤维膜的材料为聚醚砜，外壳和端盖的材料为聚碳酸酯，封口胶的材料为聚氨酯，O 型圈的材料为硅树脂。该产品一次性使用。
适用范围:该产品用于病人的血液透析。
生产厂家:意大利 Bellco S.r.l
注册代理:上海和祥医疗器械有限公司
发证日期:2014. 12. 04　　**截止日期**:2019. 12. 03

国械注进 20142665644

产品名称:输卵管造影导管导丝套装（商品名: Cook）(Cook® SSG Injection Catheter Set)
规格型号:J-SICS-030055
性能组成:该产品由导管和导丝组成。导管: 聚四氟乙烯；导管座(包括连接帽与接头): 聚酰胺 6；导丝芯丝: 304 不锈钢；导丝头端绕丝: 92%的铂和 8%的钨。环氧乙烷灭菌，一次性使用。
适用范围:该产品用于经双球囊子宫颈套管插入输卵管，注入染色剂或造影剂，进行输卵管造影，评估输卵管的畅通性。
生产厂家:美国库克公司(Cook Incorporated)
注册代理:库克(中国)医疗贸易有限公司
发证日期:2014. 12. 04　　**截止日期**:2019. 12. 03

国械注进 20143635645

产品名称:义齿软衬材料(Comfort Soft Relining)
规格型号:909087、909088、909089、909090、909951、909950
性能组成:该产品由加聚硅橡胶(乙烯基硅橡胶、氢化硅橡胶)，二氧化硅，添加剂，铂催化剂组成。
适用范围:该产品适用于种植义齿软衬和覆盖义齿软衬。
生产厂家:德国 DMG Chemisch-Pharmazeutische Fabrik GmbH
注册代理:德国 DMG 化学医药集团公司北京代表处
发证日期:2014. 12. 04　　**截止日期**:2019. 12. 03

国械注进 20143635646

产品名称:合成树脂牙（商品名: Livera）(硬質レジン歯)
规格型号:型号:HC3、HC 4、HC 5、HSS3、HSS 4、HSS 5、HT3、HT 4、HT 5、M28、M30、M32。规格:前牙 6 齿/板、后牙 8 齿/板。
性能组成:产品组成牙釉质部:聚甲基丙烯酸甲酯、甲基丙烯酸甲酯、UAM-PEMA、三羟甲基丙烷三甲基丙烯酸酯、荧光材料、紫外线吸收材料、白色染色材料、黄色染色材料、红色染色材料、黑色染色材料。齿颈部:聚甲基丙烯酸甲酯、甲基丙烯酸甲酯、乙二醇二甲基丙烯酸酯、荧光材料、白色染色材料、黄色染色材料、红色染色材料、黑色染色材料。
适用范围:牙科齿冠材料
生产厂家:日本株式会社滋贺松风（株式会社滋賀松風）
注册代理:松风齿科器材贸易(上海)有限公司
发证日期:2014. 12. 04　　**截止日期**:2019. 12. 03

国械注进 20143665647

产品名称:天然胶乳橡胶避孕套(含苯佐卡因)（商品名: 杜蕾斯）(Natural Latex Rubber Condom Containing Benzocaine)
规格型号:普通光面型、异型结构型
性能组成:本品主要原料为天然胶乳，内含苯佐卡因乳剂。苯佐卡因含量为 6-8mg。
适用范围:在正确使用下，避孕套有助于降低受孕风险及减少某些性传播疾病感染的风险，并可延缓男性在性生活中达到性高潮的时间。
生产厂家:泰国 SSL Manufacturing (Thailand) Ltd
注册代理:斯腾爽健贸易(上海)有限公司
发证日期:2014. 12. 04　　**截止日期**:2019. 12. 03

国械注进 20143665648

产品名称:连续硬膜外麻醉包及附件（商品名: Perifix）(Sets and Individual Accessory Devices for continuous Epidural Anaesthesia)
规格型号:见附页
性能组成:连续硬膜外麻醉包及附件由硬膜外穿刺针、硬膜外麻醉导管、导管连接器、药液过滤器、过滤器固定件、L.O.R. 低阻力注射器、Omnifix 皮下注射器和皮下注射针组成。产品无菌，一次性使用。
适用范围:用于连续硬膜外麻醉。
生产厂家:德国 B. Braun Melsungen AG
注册代理:贝朗医疗(上海)国际贸易有限公司
发证日期:2014. 12. 04　　**截止日期**:2019. 12. 03

国械注进 20143465649

产品名称:可吸收结扎夹与可重复使用单发施夹钳(Absorbable Ligating Clip &Single Clip Reusable Appliers)
规格型号:见附页
性能组成:可吸收结扎夹与施夹钳配合使用，施夹钳主要有器械杆、握把构成，器械杆材质为 17-4PH(05Cr17Ni4Cu4Nb)不锈钢；可吸收结扎夹主要有内外两层结构组成，外层夹的材料为聚甘醇酸，内层夹的材质为聚甘醇碳酸。施夹钳为重复使用器械，使用前必须对其进行清洗和灭菌。
适用范围:该产品主要用于胆囊动脉和胆管的结扎及其它普通结扎术。
生产厂家:美国 Covidien llc
注册代理:柯惠医疗器材国际贸易(上海)有限公司
发证日期:2014. 12. 04　　**截止日期**:2019. 12. 03

国械注进 20143465650

产品名称:髋关节假体-陶瓷股骨头和衬垫(商品名:BIOLOX delta)(Hip Joint Prostheses-Ceramic Femoral Head and Liner)
规格型号:见附页
性能组成:该产品由锥形衬垫、股骨头和股骨头接口组成。锥形衬垫、股骨头由氧化铝基复合陶瓷材料制成；股骨头接口由 Ti6Al4V 钛合金材料制成。灭菌包装。
适用范围:与该企业同一系统组件配合，适用于骨骼成熟患者初次或翻修的骨水泥和非骨水泥型髋关节置换。
生产厂家:瑞士 Zimmer GmbH
注册代理:捷迈(上海)医疗国际贸易有限公司
发证日期:2014. 12. 04　　**截止日期**:2019. 12. 03

国械注进 20142665651

产品名称:皮肤缝合器（商品名: PROXIMATE PLUS MD）(PROXIMATE PLUS MD Multi-directional Release Skin Stapler)
规格型号:PMR35, PMW35
性能组成:产品由缝合器和缝合钉组成，缝合器的材料为聚羧酸脂，缝

合钉的材料为 316L 不锈钢。经辐射灭菌，一次性使用。
适用范围:该器械适用于多种外科手术常规的表皮缝合。
生产厂家:美国 Ethicon Endo-Surgery, LLC
注册代理:强生(上海)医疗器材有限公司
发证日期:2014.12.04 **截止日期**:2019.12.03

国械注进 20143665652

产品名称:一次性使用测压用连接导管(Pressure Tubing)
规格型号:见附页
性能组成:一次性使用测压用连接导管由保护盖(低密度聚乙烯)、导管(聚氯乙烯)、圆锥接头(聚碳酸酯)和端帽(聚丙烯)组成。
适用范围:该产品用于压力监控装置中(在传感器和导管之间)，传导压力波，监测血压。
生产厂家:新加坡 Argon Critical Care Systems Singapore Pte. Ltd.
注册代理:爱琅医疗器械技术咨询(上海)有限公司
发证日期:2014.12.04 **截止日期**:2019.12.03

国械注进 20143775653

产品名称:中心静脉导管（商品名: CareflowTM）(CareflowTM Central Venous Catheter Kits)
规格型号:见附页
性能组成:本产品包括 CareflowTM 多腔(一腔-五腔)和 CareflowTM Ultra Basic 多腔(一腔-三腔)的中心静脉导管。单腔中心静脉导管由中心静脉导管、穿刺针、导管穿刺针、导丝前行装置、鲁尔端帽、固定翼、扩口针、解剖刀、注射器、外延滑动夹组成。根据产品尺寸和包装组件的不同分为不同型号。
适用范围:用于静脉输注药物、液体及血液制品，还可用于抽取静脉血样，和/或监测血压或其他测量。产品使用不能超过 30 天。
生产厂家:新加坡 Argon Critical Care Systems Singapore Pte. Ltd.
注册代理:爱琅医疗器械技术咨询(上海)有限公司
发证日期:2014.12.04 **截止日期**:2019.12.03

国械注进 20142635654

产品名称:光固化临时充填材料（商品名: Clip F）(Light-curing one-component filling material with fluoride for temporary restorations)
规格型号:2×4g/盒、3×4g/盒
性能组成:本品是一种用于暂时性充填和封闭的光固化材料。主要由甲基丙烯酸羟乙酯、二氧化硅、聚胺脂丙烯酸盐、氟化钠、聚烷基丙烯酸盐组成。
适用范围:用于各种类型的窝洞的临时性充填、在运用嵌体和高嵌体技术时窝洞暂时性保护性封闭。
生产厂家:德国 VOCO GmbH
注册代理:德国沃柯有限公司上海代表处
发证日期:2014.12.04 **截止日期**:2019.12.03

国械注进 20143635655

产品名称:填压式后牙专用树脂（商品名: X-tra fil）(X-tra fil Light-curing posterior filling material)
规格型号:通用色:注射管装 5g; 子弹装 20×0.25g
性能组成:该产品含 86%的重量比无机填料(70.1%体积比)，并且以甲基丙烯酸为树脂基质(Bis-GMA, UDMA, TEGDMA)。
适用范围:该产品用于后牙 I 类和 II 类窝洞的充填; 用作桩核。
生产厂家:德国 VOCO GmbH
注册代理:德国沃柯有限公司上海代表处
发证日期:2014.12.04 **截止日期**:2019.12.03

国械注进 20143635656

产品名称:自酸蚀粘结剂（商品名: 福托邦）(Futurabond NR Light-curing self-etch-bond reinforced with nano-fillers)
规格型号:瓶装:A 液、B 液各 4ml/瓶; 单剂装:50 个/盒, 200 个/盒。
性能组成:该产品由 A 液和 B 液组成，A 液由甲基丙烯酰磷(52.0%)、甲基丙烯羧酸(10.0%)、BIS-GMA(12.0%)、二甲基丙烯酸(19.0%)、樟脑醌/催化剂(1.0%)、BHT(1.0%)、二氧化硅(5%)组成; B 液由乙醇(50.85%)、水(30.00%)、HEMA(10.00%)、甲基丙烯羧酸(8.00%)、BHT(1.0%)、氟化钾(0.15%)组成。
适用范围:该产品用于与光固化充填材料直接修复所有类型的窝洞。
生产厂家:德国 VOCO GmbH
注册代理:德国沃柯有限公司上海代表处
发证日期:2014.12.04 **截止日期**:2019.12.03

国械注进 20142645657

产品名称:伤口贴(商品名:3M Tegaderm)(3M Tegaderm Absorbent Clear Acrylic Dressing)
规格型号:90800、90801、90802、90803、90805、90807
性能组成:本产品是由夹在两层透明粘性薄膜间的丙烯酸衬垫构成，其中与伤口表面接触的薄膜上有孔，薄膜背衬无孔。丙烯酸衬垫可以吸收伤口的渗出液。本产品提供了一个潮湿的伤口愈合环境，可以加强伤口的愈合。经辐射灭菌，一次性使用。
适用范围:本产品可用在各级皮肤溃疡，包括压力性溃疡、表面损伤、擦伤、一级或二级烧伤，和捐皮区部位。该产品积累使用不得超过 30 天。
生产厂家:美国 3M Health Care
注册代理:明尼苏达矿业制造(上海)国际贸易有限公司
发证日期:2014.12.04 **截止日期**:2019.12.03

国械注进 20143645658

产品名称:水凝胶伤口敷料（商品名: 3M Tegaderm）(3M Tegaderm Hydrogel Wound Filler)
规格型号:91110, 91111
性能组成:该产品是一种无定形的伤口敷料，由四硼酸钠、水、丙二醇和瓜尔豆胶组成。经蒸汽灭菌，一次性使用。
适用范围:该产品可作为没有或者只有少量渗出物的各级皮肤伤口的主要敷料。
生产厂家:美国 3M Health Care
注册代理:明尼苏达矿业制造(上海)国际贸易有限公司
发证日期:2014.12.04 **截止日期**:2019.12.03

国械注进 20142225659

产品名称:电子鼻咽喉镜控制器
规格型号:ATMOS Scope
性能组成:该产品由控制器主机和数据线（BNC 视频线）组成。
适用范围:该产品用于配合电子鼻咽喉镜进行数据信号的传输和提供电源。
生产厂家:德国 ATMOS Medizintechnik GmbH & Co.KG
注册代理:德国艾特莫斯医疗科技有限责任公司上海代表处
发证日期:2014.12.02 **截止日期**:2019.12.01

国械注进 20142455660

产品名称:分离系统
规格型号:见审评报告附页
性能组成:产品由电源主机(M00345100950)、连接线缆(M00345110250)及 2 节 1.5V 电池组成。产品为一次性使用，环氧乙烷灭菌。
适用范围:旨在颅内动脉瘤以及神经和周围血管系统的其他血管畸形的栓塞治疗中与 Stryker 可分离式线圈(Target、GDC 和 Matrix2)配合使用。
生产厂家:美国 Stryker Neurovascular
注册代理:史赛克(北京)医疗器械有限公司
发证日期:2014.12.02 **截止日期**:2019.12.01

国械注进 20142405661

产品名称:凝血分析仪
规格型号:Actalyke Mini II
性能组成:由显示屏、检测室、内置打印机、控制器、角度侦测器、检测管条码器、马达、报警器、加热器、温度侦测器和 C-ACT 专用规格检测管组成。
适用范围:该产品用于进行即时全血凝固时间(ACT)检测。
生产厂家:美国 Helena Laboratories
注册代理:北京柏彬医疗器械有限公司
发证日期:2014.12.02 **截止日期**:2019.12.01

国械注进 20142225662

产品名称:氙灯冷光源
规格型号:XL300
性能组成:该产品由氙灯冷光源主机、电源线组成。
适用范围:该产品作为光源设备与导光束相连，用于为内窥镜下的微创外科手术或微创诊断手术提供照明。
生产厂家:德国 W.O.M. World of Medicine GmbH
注册代理:LEMKE(北京)贸易有限公司
发证日期:2014.12.02 **截止日期**:2019.12.01

国械注进 20142235663

产品名称:超声诊断仪(Ultrasound Diagnostic Equipment)
规格型号:UGEO PT60A
性能组成:见附页《产品性能结构及组成附页》
适用范围:医学临床诊断
变更情况:变更日期: 2015.01.19。"代理人住所:北京市朝阳区建国路118号航华科贸中心招商局大厦2208-13单元"变更为"代理人住所:北京市朝阳区东三环中路5号楼财富金融中心4-10层01-08单元"。
生产厂家:韩国三星麦迪逊有限公司(SAMSUNG MEDISON CO., LTD.)
注册代理:三星(中国)投资有限公司
发证日期:2014.12.02 **截止日期**:2019.12.01

国械注进 20142405664

产品名称:全自动血沉分析仪
规格型号:Auto-Compact
性能组成:血沉仪由主机（电源装置、条形码阅读器、混合器、进样系统）组成。
适用范围:仪器用于医院临床对血液红细胞沉降率的测定。
生产厂家:荷兰 Mechatronics Manufacturing B.V.
注册代理:北京瀚通三昆科技有限公司
发证日期:2014.12.02 **截止日期**:2019.12.01

国械注进 20142405665

产品名称:全自动血沉分析仪
规格型号:Inversa 24M
性能组成:血沉仪由主机（电源装置、条形码阅读器、混合器、进样系统）组成。
适用范围:仪器用于医院临床对血液红细胞沉降率的测定。
生产厂家:荷兰 Mechatronics Manufacturing B.V.
注册代理:北京瀚通三昆科技有限公司
发证日期:2014.12.02 **截止日期**:2019.12.01

国械注进 20142405666

产品名称:血小板功能分析仪
规格型号:PFA-200
性能组成:分析仪由下列组件组成:进样盘，触发缓冲液室，触摸屏，打印机，外部设备端口和随机软件。
适用范围:该产品用于辅助检测柠檬酸盐抗凝人全血样本中的血小板功能障碍的状况，仅用于体外诊断。
生产厂家:德国 Siemens Healthcare Diagnostics Products GmbH
注册代理:西门子医学诊断产品(上海)有限公司
发证日期:2014.12.02 **截止日期**:2019.12.01

国械注进 20142255667

产品名称:可重复使用电凝刷
规格型号:见审评报告附页
性能组成:可重复使用电凝刷由电凝头端，电凝组件和手柄组成。产品规格型号见附页。
适用范围:该产品用于眼科手术过程中视网膜眼内电凝术及巩膜止血。
生产厂家:德国 Bausch & Lomb GmbH
注册代理:博士伦(上海)贸易有限公司
发证日期:2014.12.02 **截止日期**:2019.12.01

国械注进 20143405668

产品名称:凝血因子 VIII 检测试剂盒(凝固法)(HemosIL Factor VIII Deficient Plasma)
规格型号:因子 VIII 缺乏血浆:10×1 mL
性能组成:因子 VIII 缺乏血浆:经人工清除了因子 VIII 的冻干人血浆，含缓冲剂和稳定剂。残余因子 VIII 活性小于等于 1%，而血管性血友病因子和剩余内源性路径因子水平均正常。(具体内容详见产品说明书)
适用范围:本产品用于体外定量检测人血浆样本中的凝血因子 VIII 的活性。
生产厂家:美国 Instrumentation Laboratory Co.
注册代理:沃芬医疗器械商贸(北京)有限公司
发证日期:2014.12.05 **截止日期**:2019.12.04

国械注进 20143405669

产品名称:乙型肝炎病毒表面抗体测定试剂盒(化学发光免疫分析法)(BIO-FLASH anti-HBs)
规格型号:100个测试/盒
性能组成:试剂盒中有4个不同的小管，分别如下:A.一个圆柱状小管，装有包被了乙型肝炎病毒表面抗原的微粒，悬浮于磷酸盐缓冲液中。另含有浓度低于 0.1%的叠氮钠。B. 空位。C. 一支不透明的小管，其中含有异鲁米诺标记的乙型肝炎病毒表面抗原的磷酸盐缓冲液的示踪剂。另含有浓度低于 0.1%的叠氮钠。D.一支空管。
适用范围:该产品用化学发光免疫分析法在全自动化学发光免疫分析仪(BIO-FLASH)上用于定量检测人血清或血浆中的乙型肝炎病毒表面抗体。
生产厂家:西班牙 BIOKIT, S.A.
注册代理:沃芬医疗器械商贸(北京)有限公司
发证日期:2014.12.05 **截止日期**:2019.12.04

国械注进 20143255670

产品名称:射频微针治疗仪
规格型号:INTRAcel
性能组成:产品由主机(射频发生器，内置冷却系统；紧急开关)、脚踏开关、治疗手柄、手柄挂架、电源线组成。输出模式分单、双级两种。额定频率 1MHz。额定负载 200Ω，输出功率 1-4档 12.5W，5档 32W，6档 40.5W，7档 50W。1-7档输出脉冲宽度分别为：30ms、50ms、80ms、100ms、50ms、40ms、60ms。T档用于测试治疗头动作，不输出能量。
适用范围:产品与微针电极（型号：INTRAcel Tip1011、INTRAcel Tip1012、INTRAcel Tip1013）配合使用，产品用于治疗皮肤萎缩性瘢痕。(应严格参照使用说明书中的治疗流程和注意事项，3档以上输出模式需慎用)
生产厂家:韩国 Jeisys Medical Inc.
注册代理:北京美延尔电子技术开发有限公司
发证日期:2014.12.05 **截止日期**:2019.12.04

国械注进 20143245671

产品名称:Nd:YAP 激光治疗仪
规格型号:LOKKI Dt2
性能组成:该产品由主机和脚踏开关组成。不包含激光传输系统（光纤、手持件)。激光波长:1341nm± 15nm;最大平均功率:10W± 20%；脉宽：150μs± 20%；脉冲频率：5Hz、10Hz、30Hz，误差：± 10%。
适用范围:该产品用于牙科中治疗种植体周围炎、慢性牙周炎、牙本质过敏以及唇系带切除术和根管消毒。
生产厂家:法国 LOBEL MEDICAL
注册代理:上海康佳诺医疗科技发展有限公司
发证日期:2014.12.05 **截止日期**:2019.12.04

国械注进 20143245672

产品名称:飞秒眼科固体激光治疗仪
规格型号:FEMTO LDV Z2, FEMTO LDV Z4, FEMTO LDV Z6
性能组成:治疗机由主机、导光系统、应用附件、脚踏开关组成；主机由激光器、激光电源及控制装置、触摸显示控制屏、冷却器组成；应用附件由 MKII 手柄(两个方向移动扫描)和 Z 手柄(两个方向以及第三轴移动扫描)组成。性能参数见产品标准。
适用范围:FEMTO LDV Z2 是一种眼科手术激光，用于在患者进行 LASIK 角膜手术时进行角膜切口的创建，对于角膜表面的恒定深度进行角膜层状切开。FEMTO LDV Z4 是一种眼科手术激光，用于在患者进行 LASIK 角膜手术时进行角膜切口的创建，对角膜表面的不同深度进行角膜层状切开。FEMTO LDVZ6 是一种眼科手术激光，用于在患者进行 LASIK 角膜手术时进行角膜切口的创建、板层角膜移植术和穿透性角膜成形术中进行角膜层状切开，对角膜表面的不同深度进行量化的角膜层状切开。
生产厂家:瑞士 SIE Surgical Instrument Engineering AG
注册代理:同科林医疗仪器(上海)有限公司(其他售后见附表)
发证日期:2014.12.05 **截止日期**:2019.12.04

国械注进 20143225673

产品名称:电子鼻咽喉镜
规格型号:ATMOS Scope
性能组成:该产品由前端可弯曲的插入管和手柄组成。
适用范围:该产品用于咽喉鼻腔及咽部区域的空腔可视诊断。
生产厂家:德国 ATMOS Medizintechnik GmbH & Co.KG
注册代理:德国艾特莫斯医疗科技有限责任公司上海代表处
发证日期:2014.12.05 **截止日期**:2019.12.04

国械注进 20143775674

产品名称:成像导管
规格型号:C408644
性能组成:本产品为一次性使用无菌产品，环氧乙烷灭菌。由内置旋转光纤成像核心（连接器、镍钛合金管、PET 管、间隔部分、牵引丝和镜头）和导管体（导管清洗端口、侧壁鲁尔接口、轴标记带、末端标记、迷你轨道、镜头标记、近端标记、成像窗、聚酰亚胺轴和亲水涂层）组成。
适用范围:该产品与 ILUMIEN 成像系统配合使用，用于冠状动脉的成像，适合可能进行腔内介入治疗的病人。成像导管适用于直径 2.0 到 3.5mm 的血管。成像导管不适用于左冠状动主干或以前做过旁路手术的目标血管。
生产厂家:美国 Lightlab Imaging Inc.
注册代理:圣犹达医疗用品(上海)有限公司
发证日期:2014.12.05 **截止日期**:2019.12.04

国械注进 20143245675

产品名称:Q 开关 Nd:YAG 激光治疗仪
规格型号:RevLite SI
性能组成:产品由控制器、激光器、导光关节臂、手柄适配器(HPA)、SI 手柄、532Lite 手柄、650 nmMultiLite 染料手柄、585 nmMultiLite 染料手柄、脚踏开关及冷却系统组成。激光波长:Nd:YAG 激光 1064± 10nm; 532± 10nm; 染料激光 650± 10nm; 585± 10nm。详细性能参数见产品标准。
适用范围:本产品临床用于去除纹身；治疗血管病变、色素沉着病变；去除或减轻毛发。
生产厂家:美国 Cynosure, Inc. dba ConBio, A Cynosure Company
注册代理:苏州赛诺秀医疗器械有限公司
发证日期:2014.12.05 **截止日期**:2019.12.04

国械注进 20143545676

产品名称:眼科手术定位导航系统
规格型号:VERION Digital Marker M
性能组成:产品由触摸屏电脑及支架、电源及连接线、脚踏开关、校准靶、手术显微镜集成显示装置(MID)和数据线组成。图像配准准确度：＜150μm。
适用范围:该产品通过与手术显微镜配接，使用生物测量及手术计划系统(型号:VERION Reference Unit)获得的生物测量数据、参考图像以及手术计划信息，为手术医生提供切口位置、撕囊术位置、人工晶状体植入位置及定位的标记信息，临床用于眼科白内障手术中。
生产厂家:德国 Alcon GPS - WaveLight GmbH
注册代理:爱尔康(中国)眼科产品有限公司
发证日期:2014.12.05 **截止日期**:2019.12.04

国械注进 20143225677

产品名称:腹腔镜
规格型号:SC9100, SC9130
性能组成:本产品由腹腔镜组成。
适用范围:该产品用于提供腹腔镜手术中检查、诊断和治疗时的影像和图像。
生产厂家:加拿大 Novadaq Technologies Inc
注册代理:久和(中国)医疗科技有限公司
发证日期:2014.12.05 **截止日期**:2019.12.04

国械注进 20143465678

产品名称:界面螺钉(商品名: SoftSilk)(Interference Screws)
规格型号:见附页
性能组成:该产品材料为 Ti6Al4V 钛合金；灭菌包装。
适用范围:适用于韧带或肌腱修复手术中韧带或肌腱的固定。
生产厂家:美国 Smith & Nephew, Inc.
注册代理:施乐辉医用产品国际贸易(上海)有限公司
发证日期:2014.12.01 **截止日期**:2019.11.30

国械注进 20143465679

产品名称:金属髓内钉（商品名：ZNN）(Metallic Intramedullary Nail)
规格型号:见附页
性能组成:该产品包括头髓钉、钉帽、定位螺钉、拉力螺钉。产品材料为 ISO 5832-3 规定的 Ti6Al4V 钛合金，其中定位螺钉塞材料为 ISO 5834-2 规定的 1 型聚乙烯，钛合金产品表面经阳极氧化处理。分灭菌与非灭菌两种包装。
适用范围:该产品用于骨折的临时固定和稳定。用于股骨。
生产厂家:瑞士 Zimmer GmbH
注册代理:捷迈(上海)医疗国际贸易有限公司
发证日期:2014.12.01 **截止日期**:2019.11.30

国械注进 20142545680

产品名称:体外受精显微操作管(Assisted Reproduction Microtools)
规格型号:见附页
性能组成:该产品由显微注射针、精细胞注射针、持卵管、酸打孔针、极体活检针、机械打孔针、卵裂球活检针、剥卵管组成。
适用范围:显微注射针用于卵胞浆内单精子注射；精细胞注射针用于将未成熟的精细胞注射入卵胞浆内；持卵管用于在 ICSI 和其他显微操作过程中固定卵细胞或胚胎；酸打孔针用于将酸性溶液注于卵膜之上从而在卵膜上制造一个裂口来辅助孵化或是胚胎活检；极体活检针用于从人类卵母细胞和胚胎中移除极体来进行种植前基因诊断；机械打孔针用于在卵母细胞的卵膜上机械地划开一个裂口，从而辅助孵化或是胚胎活检；卵裂球活检针用于从胚胎中移取卵裂球来做种植前基因诊断；剥卵管用于清除卵母细胞周围的颗粒细胞或转移胚胎及卵母细胞。
生产厂家:美国 Sunlight Medical, Inc.
注册代理:海南鼎昊医疗器械有限公司
发证日期:2014.12.01 **截止日期**:2019.11.30

国械注进 20142645681

产品名称:宫颈扩张棒（商品名：昆布条）(Laminaria)
规格型号:021002、021003、021004、021005、021006、021008
性能组成:产品由扩张棒、线绳组成，原材料为天然海藻。
适用范围:用于扩张宫颈。
生产厂家:美国 MedGyn Products, Inc.
注册代理:广州三瑞医疗器械有限公司
发证日期:2014.12.01 **截止日期**:2019.11.30

国械注进 20143255682

产品名称:高频手术系统(Surgitron F.F.P.F-EMC)
规格型号:F.F.P.F-EMC
性能组成:高频手术系统由主机(F.F.P.F-EMC(EMC220ANZA))、脚踏开关(DF-FSC)、手柄(HP1)及连接线组成。高频输出模式为单极。额定输出频率 3.80MHz。额定负载 500Ω，最大输出功率：切割模式 90W，凝血模式 35W，切割/凝血模式 72W，电灼模式 35W。
适用范围:用于高频手术中对软组织切割、切凝、凝血和电灼。
生产厂家:美国 Ellman International, Inc.
注册代理:北京华康普美科技有限公司
发证日期:2014.12.02 **截止日期**:2019.12.01

国械注进 20143235683

产品名称:心腔内超声导管（商品名：ACUSON AcuNav）(ACUSON AcuNav Ultrasound Catheter)

规格型号:08255790、10135936、10135910、10043342
性能组成:该产品由超声导管探头和连接器组成，其中超声导管探头为环氧乙烷灭菌一次性使用产品。
适用范围:该产品用于心腔内超声成像，可观察心脏内部及大血管管腔内的解剖和生理结构。
生产厂家:美国 Siemens Medical Solutions USA, Inc.
注册代理:强生(上海)医疗器材有限公司
发证日期:2014.12.02 **截止日期**:2019.12.01

国械注进 20143245684

产品名称:飞秒激光角膜屈光治疗仪(IntraLase FS Laser)
规格型号:IntraLase FS
性能组成:该产品由激光器主机、控制面板、光束传输装置、手术显微镜、病人接口组件连接器、显示器和键盘、紧急开关终止器、USB 接口和光盘驱动器、按键开关、脚踏开关、UPS 不间断电源(型号:ABCE1440-22IEC)组成。
适用范围:用于需实施 LASIK 手术或需实施初始角膜板层切除治疗的病人生成角膜瓣；用于需实施手术或需实施初始角膜板层切除治疗的病人；用于需实施手术或需实施初始角膜板层切除治疗的病人，以打造角膜基质环植入通道；用于板层角膜移植和角膜取材；用于板层角膜移植的角膜板层切／割，以及穿透性角膜移植的穿透性切口／裂口。
生产厂家:美国 AMO Manufacturing USA, LLC
注册代理:眼力健(上海)医疗器械贸易有限公司
发证日期:2014.12.02 **截止日期**:2019.12.01

国械注进 20142265685

产品名称:红外辐照治疗装置(hydrosun®Irradiator VIS+wIRA®therapy hyperthermia and light therapy device)
规格型号:500
性能组成:产品由过滤器、外壳、电源开关和定时器、带有风扇的灯泡座、电源插口及熔断、支撑架、台座、定距杆夹具及 25cm 定距杆、灯泡更换杠杆，产品为台式。
适用范围:产品用于对成人和儿童进行红外线医疗辐照治疗，促进伤口愈合。
生产厂家:德国 Hydrosun 医疗技术有限公司(Hydrosun Medizintechnik GmbH)
注册代理:北京海特科技有限公司
发证日期:2014.12.02 **截止日期**:2019.12.01

国械注进 20142225686

产品名称:生物显微镜(Biological Microscope)
规格型号:CX31
性能组成:本产品由主机和可选件组成。其中主机由机架、镜筒、目镜、物镜转换盘、物镜、、载物台、微调机构、聚光镜、光源、电源线组成。按照使用目的不同，选择适当的可选件来观察不同的标本。具体规格型号见附页。
适用范围:该产品为高倍普及型生物显微镜，用于生物组织切片的明场观察。
生产厂家:日本奥林巴斯株式会社
注册代理:奥林巴斯(中国)有限公司
发证日期:2014.12.02 **截止日期**:2019.12.01

国械注进 20142225687

产品名称:生物显微镜(Biological Microscope)
规格型号:CKX31, CKX41
性能组成:本产品由显微镜主机和可选件组成。其中主机由机架、镜筒、目镜、物镜转换器、物镜、聚光镜、载物台、微调机构、光源、电源线组成。具体规格型号见附页。
适用范围:本产品为倒立的低倍普及型显微镜，用于细胞培养观察。
生产厂家:日本奥林巴斯株式会社
注册代理:奥林巴斯(中国)有限公司
发证日期:2014.12.02 **截止日期**:2019.12.01

国械注进 20142225688

产品名称:电子图像处理器(processor)
规格型号:VP-4450HD
性能组成:该产品是主体处理器及标准配件组成的。标准配件包括:接口电缆 CC1-9R3、数据键盘 DK-4450E、CF 存储卡、存储卡槽盖、电源线、插座保护盖 CAP-201、插座保护盖 CAP-202。
适用范围:该产品与内窥镜中提供照明的光源装置和监视器同时使用，通过内窥镜所捕捉的图像供诊疗所使用。可与内窥镜光源装置 XL-4450 或 LL-4450 组合使用。配合 600 系列内窥镜、500 系列内窥镜和 2004 年后生产的 400 系列内窥镜中的 410/450/470 系列内窥镜使用。
生产厂家:日本富士フイルム株式会社（富士胶片株式会社）
注册代理:富士胶片(中国)投资有限公司
发证日期:2014.12.02 **截止日期**:2019.12.01

国械注进 20142225689

产品名称:纤维气管插管镜(喉頭ファイバースコープ)
规格型号:LF-DP、LF-GP、LF-TP
性能组成:该产品由纤维气管插管镜 LF-DP、LF-GP、LF-TP 及附属品吸引按钮 MD-493、钳子管道开口阀 MD-495 和导光束适配器 MAJ-1413，选购件小型光源 MAJ-524、MAJ-922 组成。性能参数见附件。
适用范围:纤维内窥镜与小型光源或各种内窥镜用导光束、光源装置以及摄影装置组合，用于气道的观察及气管插管。
生产厂家:日本奥林巴斯医疗株式会社，オリンパスメディカルシステムズ株式会社
注册代理:奥林巴斯贸易(上海)有限公司
发证日期:2014.12.02 **截止日期**:2019.12.01

国械注进 20143405690

产品名称:全自动免疫分析仪(ARCHITECT System)
规格型号:ARCHITECT i1000sr, ARCHITECT i2000sr
性能组成:分析仪由系统控制中心(SCC)、样品处理模块、样品传送模块部分组成，各模块可自由组合成系统或工作站。
适用范围:用于测量人类血液或者其他体液中物质的浓度。
生产厂家:美国 Abbott Laboratories
注册代理:雅培贸易(上海)有限公司
发证日期:2014.12.02 **截止日期**:2019.12.01

国械注进 20142405691

产品名称:全自动生化分析仪(Automatic Chemistry Analyzer)
规格型号:Piccolo XPRESS
性能组成:该产品由显示屏、试剂盘托盘、分光光度计、内部打印机和微处理器组成。
适用范围:该产品可对肝素锂全血样本、肝素化血浆或血清进行体外临床化学分析，提供量化分析结果。
生产厂家:美国 Abaxis, Inc.
注册代理:捷通埃默高(北京)医药科技有限公司
发证日期:2014.12.02 **截止日期**:2019.12.01

国械注进 20143225692

产品名称:脊柱外科内窥镜(Endoscopes of Spine Surgery)
规格型号:见附页
性能组成:产品由硬性光学内窥镜组成。
适用范围:该产品用于脊柱检查、诊断和手术中观察成像用
生产厂家:德国 Karl Storz GmbH & Co. KG
注册代理:卡尔史托斯内窥镜(上海)有限公司
发证日期:2014.12.02 **截止日期**:2019.12.01

国械注进 20142265693

产品名称:红外线治疗仪(InfraCare)
规格型号:HP3621/HP3631/HP3643
性能组成:产品由红外卤素灯、滤光器、风扇、基座(HP3621、HP3631)、落地支架(HP3643)组成。三种型号产品的输入功率、辐照距离、辐射度、辐射面积、调整角度等不同。
适用范围:产品适用于缓解肌肉伤病，缓解疼痛的辅助性物理治疗。
生产厂家:荷兰 Philips Consumer Lifestyle B.V.
注册代理:飞利浦(中国)投资有限公司
发证日期:2014.12.02 **截止日期**:2019.12.01

国械注进 20142225694

产品名称:眼底照相机(眼底カメラ)
规格型号:KOWA VX-10 α
性能组成:产品由主机和 35mm 照相机组成。
适用范围:产品用于对被检测者的人眼眼底进行观察、摄像、记录、以及眼底图像信息诊断。
生产厂家:日本興和株式会社
注册代理:兴和(上海)光学商贸有限公司
发证日期:2014. 12. 08 **截止日期**:2019. 12. 07

国械注进 20143545695

产品名称:呼吸机(Ventilation Device)
规格型号:VENTIlogic LS
性能组成:产品由主机、电源线、滤菌器、氧气传感器及其连接线组成。
适用范围:产品为最小潮气量为 50ml、体重大于 5kg, 患有中重度、急慢性呼吸功能不全的患者提供生命维持、有创或无创机械通气治疗。本呼吸机可用于有创通气治疗过渡为面罩通气。本呼吸机可固定或移动使用,既可在医疗机构中也可在家庭使用。
生产厂家:德国 Weinmann Geraete für Medizin GmbH+Co. KG
注册代理:德国万曼医疗器械有限公司上海代表处
发证日期:2014. 12. 08 **截止日期**:2019. 12. 07

国械注进 20143545696

产品名称:呼吸机(Ventilator System)
规格型号:840
性能组成:840 呼吸机由呼吸供气装置(BDU 型号:840)、图形用户界面(GUI)、后备电源(型号:803、802)、压缩机(型号:806)、氧传感器(订货号:10097559)、气源接口、连接管路(见附表)、过滤器(见附表)、标准测试管(订货号:4-018506-00)、近端流量传感器及连接配件、带充电回路台车(型号:10045584)、电源线组成。
适用范围:该产品临床用于对新生儿、儿童和成人提供呼吸支持。
生产厂家:美国 Covidien llc
注册代理:柯惠医疗器材国际贸易(上海)有限公司
发证日期:2014. 12. 08 **截止日期**:2019. 12. 07

国械注进 20143455697

产品名称:心肺转流系统 离心泵(Stockert Centrifugal Pump System)
规格型号:SCP/SCPC
性能组成:本产品(型号:SCP/SCPC)由 Stockert 离心泵(型号:SCP)和 Stockert 离心泵底座(型号:SCPC)两部分组成。其中 SCP 包括泵控制面板、驱动单元(马达驱动单元、紧急驱动单元)和流量探头。SCPC 包括电源和传感器组件[压力传感器(含压力传感器帽)、温度传感器、气泡传感器、液平面传感器(含液平面传感器贴片)]。SCP 可联合使用的人工心肺机型号为:S3/SC/C5/S5。本产品不包括一次性耗材。
适用范围:用于心肺旁路手术中作为离心泵使用。
生产厂家:德国 Sorin Group Deutschland GmbH
注册代理:索林医疗(上海)有限公司
发证日期:2014. 12. 08 **截止日期**:2019. 12. 07

国械注进 20142545698

产品名称:液压手术台(Operating table)
规格型号:RAPIDO
性能组成:液压手术台由头部组件、后背组件、座椅组件、腿部组件、刹车、液压踏板、水平尺、手闸、拉动杆、升降柱、脚轮组成。
适用范围:该手术台供胸、腹外科、眼科、耳鼻喉科、妇产科、泌尿科等施行一般手术用。
生产厂家:美国 Merivaara Corp.
注册代理:北京金协信商贸有限责任公司
发证日期:2014. 12. 08 **截止日期**:2019. 12. 07

国械注进 20143225699

产品名称:电子输尿管镜(Flexible Video-Uretero-Renoscope)
规格型号:11278V、11278VU、11278VS、11278VUS
性能组成:该产品由头端部、插入部、操作部、连接线及内置 LED 光源组成。
适用范围:该产品适用于输尿管的检查、诊断,并可配合相关附件进行镜下治疗。本产品不与高频设备配合使用。
生产厂家:德国 Karl Storz GmbH &; amp; Co. KG
注册代理:卡尔史托斯内窥镜(上海)有限公司
发证日期:2014. 12. 08 **截止日期**:2019. 12. 07

国械注进 20143225699

产品名称:电子输尿管镜(Flexible Video-Uretero-Renoscope)
规格型号:11278V、11278VU、11278VS、11278VUS
性能组成:该产品由头端部、插入部、操作部、连接线及内置 LED 光源组成。
适用范围:该产品适用于输尿管的检查、诊断,并可配合相关附件进行镜下治疗。本产品不与高频设备配合使用。
生产厂家:德国 Karl Storz GmbH & Co. KG
注册代理:卡尔史托斯内窥镜(上海)有限公司
发证日期:2014. 12. 08 **截止日期**:2019. 12. 07

国械注进 20142455700

产品名称:血浆融化仪(CytoTherm Plasma Thawing System)
规格型号:CT-4T、CT-4T. 6C
性能组成:该产品结构组成:CT-4T 型:由主机、水溶箱、血袋架组成;CT-47. 6C 型:由主机、水溶箱、血袋架、冷凝器组成。融化温度范围:CT-4T 型为 23℃~40℃,CT-47. 6C 型为 4℃~20℃,调整步长 0. 1℃,温度精度±0. 2℃;融化时间范围:5min~30min,调整步长 1min,融化时间精度±0. 1min;血袋架容积:能容纳 450mL 的血袋十二个。
适用范围:该产品用于对冷冻的血袋进行融化供临床使用。
生产厂家:美国 CytoTherm LP
注册代理:深圳市达科为生物技术有限公司
发证日期:2014. 12. 08 **截止日期**:2019. 12. 07

国械注进 20142405701

产品名称:血气测定试剂盒(电极法)(GEM Premier 4000 PAK)
规格型号:见附页
性能组成:溶液 A、溶液 B、溶液 C、溶液 D、溶解液和参比液。(具体内容详见产品说明书)
适用范围:本产品用于体外定量测定人全血样本中的 pH(氢离子)、pCO2(二氧化碳分压)、pO2(氧分压)、Na+(钠离子)、K+(钾离子)、Ca++(钙离子)、Cl-(氯离子)、Glu(葡萄糖)、Lac(乳酸)、tBili(总胆红素)、tHb(血红蛋白)、O2Hb(氧合血红蛋白)、COHb(碳氧血红蛋白)、MetHb(高铁血红蛋白)、HHb(还原血红蛋白)、Hct(红细胞压积)和 SO2(血氧饱和度)的浓度。根据规格的不同,测定的项目不同。
生产厂家:美国 Instrumentation Laboratory Co.
注册代理:沃芬医疗器械商贸(北京)有限公司
发证日期:2014. 12. 02 **截止日期**:2019. 12. 01

国械注进 20142405702

产品名称:血浆蛋白校准品(Plasmaproteins Cal 3x)
规格型号:4 × 1 mL
性能组成:由溶于人血清基质中的血浆蛋白溶液组成,叠氮钠作为防腐剂。(具体内容详见产品说明书)
适用范围:本产品用于铜蓝蛋白、免疫球蛋白轻链 κ 和免疫球蛋白轻链 λ 项目检测时的校准。
生产厂家:意大利 SENTINEL CH. SpA
注册代理:雅培贸易(上海)有限公司
发证日期:2014. 12. 02 **截止日期**:2019. 12. 01

国械注进 20142405703

产品名称:尿液分析试纸条(干化学法)(URiSCAN 11 strip)
规格型号:100 条/筒
性能组成:试纸条由 11 项测试块以双面胶粘附于聚氯乙烯片基上构成。主要成分包括:3,3’,5,5’-四甲基联苯胺、过氧化氢枯烯、柠檬酸、柠檬酸钠、2,4-双氯苯胺、磺基水杨酸、对二甲氨基苯甲醛、硝普酸钠、磷酸二氢钠、溴酚蓝、砷酸、葡萄糖氧化酶、过氧化酶、碘化钾、甲基红、溴麝香草酚蓝、萘酚 AS-D 氯乙酸、2-氯-4-苯甲酰胺-5-甲基苯氮氯化物、2,6-二氯酚淀粉钠。(具体内容详见产品说明书)
适用范围:本产品用于体外半定量检测尿液中的潜血、胆红素、尿胆原、酮体、蛋白质、亚硝酸盐、葡萄糖、pH、比重、白细胞、抗坏血酸共 11 个项目。

生产厂家:韩国 YD Diagnostics CORP.
注册代理:盈东生物技术(北京)有限公司
发证日期:2014. 12. 02 截止日期:2019. 12. 01

国械注进 20142405704

产品名称:肌红蛋白测定试剂盒(胶乳增强免疫比浊法)(Mb-LATEX CN “SEIKEN”)
规格型号:试剂 1(R-1)缓冲液: 21mL×1,试剂 2(R-2)胶乳悬浮液: 7mL×1; 试剂 1(R-1)缓冲液: 54mL×1, 试剂 2(R-2)胶乳悬浮液: 18mL×1; 试剂 1(R-1)缓冲液: 18mL×2, 试剂 2(R-2)胶乳悬浮液: 6mL×2。
性能组成:试剂 1 (R-1) 缓冲液、试剂 2 (R-2) 胶乳 (Latex) 悬浮液。(具体内容详见说明书)
适用范围:用于体外定量测定血清中的肌红蛋白 (Mb) 浓度。
生产厂家:日本 DENKA SEIKEN CO., LTD.
注册代理:上海盈科医学生物科技有限责任公司
发证日期:2014. 12. 02 截止日期:2019. 12. 01

国械注进 20142405705

产品名称:食物特异性 IgG 抗体检测试剂盒 (酶联免疫法) (Allerquant IgG Food Allergy Screening ELISA Kit)
规格型号:18 人份/盒
性能组成:包被有 14 种食物抗原(牛肉、鸡肉、鳕鱼、玉米、蟹、蛋清/蛋黄、蘑菇、牛奶、猪肉、大米、虾、大豆、西红柿、小麦)的微孔板、血清稀释液(绿色)、清洗液(浓缩)、食物特异性 IgG 抗体标准血清、食物特异性 IgG 抗体阳性质控、抗人 IgG 抗体-辣根过氧化物酶结合液(红色)、底物液 A、底物液 B、终止液。(具体内容详见产品说明书)
适用范围:该产品用于定性检测人血清中 14 种食物(牛肉、鸡肉、鳕鱼、玉米、蟹、蛋清/蛋黄、蘑菇、牛奶、猪肉、大米、虾、大豆、西红柿、小麦)特异性 IgG 抗体。
生产厂家:美国 Biomerica Inc.
注册代理:北京赛瑞博亚科贸有限公司
发证日期:2014. 12. 08 截止日期:2019. 12. 07

国械注进 20142405706

产品名称:抗胰岛素 IgG 抗体检测试剂盒(酶联免疫法)(Isletest-IAA)
规格型号:96 人份/盒
性能组成:微孔条(带支架)、酶标液(浓)、标本稀释液(浓)、酶标稀释液、参考质控、阳性质控、阴性质控、底物液、清洗液(浓)、反应终止液。(具体内容详见产品说明书)
适用范围:该产品用于定性检测人血清中特异的抗人胰岛素 IgG 抗体。
生产厂家:美国 Biomerica Inc.
注册代理:北京赛瑞博亚科贸有限公司
发证日期:2014. 12. 08 截止日期:2019. 12. 07

国械注进 20142405707

产品名称:抗胰岛细胞抗体检测试剂盒 (酶联免疫法) (Isletest-ICA)
规格型号:96 人份/盒
性能组成:微孔条(带支架)、酶标液(浓)、标本稀释液(浓)、酶标稀释液、参考质控、阳性质控、阴性质控、底物液、清洗液(浓)、反应终止液。(具体内容详见产品说明书)
适用范围:该产品用于定性检测人血清中胰岛细胞特异抗原(ICA)的自身抗体。
生产厂家:美国 Biomerica Inc.
注册代理:北京赛瑞博亚科贸有限公司
发证日期:2014. 12. 08 截止日期:2019. 12. 07

国械注进 20142405708

产品名称:抗谷氨酸脱羧酶抗体检测试剂盒 (酶联免疫法) (Isletest-GAD)
规格型号:96 人份/盒
性能组成:微孔条(带支架)、酶标液(浓)、标本稀释液(浓)、酶标稀释液、校准液(1, 2, 3)、阳性质控、阴性质控、底物液、清洗液(浓)、反应终止液。(具体内容详见产品说明书)
适用范围:该产品用于定性检测人血清中谷氨酸脱羧酶(GAD)抗原的自身抗体。

生产厂家:美国 Biomerica Inc.
注册代理:北京赛瑞博亚科贸有限公司
发证日期:2014. 12. 08 截止日期:2019. 12. 07

国械注进 20142405709

产品名称:胆碱酯酶检测试剂盒(比色法)(BUTYRYL CHOLINESTERASE)
规格型号:CE190(货号): 试剂 1-缓冲液/色原体 5×30mL 试剂 2-底物 5×1mL
性能组成:试剂 1: 缓冲液/色原体, 磷酸缓冲液, 二硫代双 (硝基苯甲酸盐); 试剂 2: 基质 , 碘化丁酰硫代胆碱。(具体内容详见说明书)
适用范围:本品用于体外定量检测血清和血浆中的胆碱酯酶。
生产厂家:英国 Randox Laboratories Ltd.
注册代理:英国朗道实验诊断有限公司上海代表处
发证日期:2014. 12. 08 截止日期:2019. 12. 07

国械注进 20142405710

产品名称:便潜血检测试剂(乳胶免疫比浊法)(OC-Auto 3 Latex Reagent)
规格型号:7mL/瓶 x2 瓶
性能组成:乳胶致敏的兔抗血红蛋白 IgG 抗体。(具体内容详见产品说明书)
适用范围:本产品用于体外定量检测人粪便样本中的血红蛋白含量。
生产厂家:日本 Eiken Chemical Co., Ltd.
注册代理:荣研生物科技(中国)有限公司
发证日期:2014. 12. 08 截止日期:2019. 12. 07

国械注进 20142405711

产品名称:分枝杆菌培养管(BD BBLTM MGITTM Mycobacteria Growth Indicator Tubes, 7ml)
规格型号:7mL/支 x100 支
性能组成:培养管内包含荧光指示剂和培养液。荧光指示剂中包含硅树脂胶状底物中的 4, 7-二苯基-1, 10-啡啉氯化钌五价水合物。培养管内充有 10%二氧化碳并且用聚乙烯管盖密封。培养液中含有经过改进的 Middlebrook 7H9 液体培养基和 酪蛋白胨。(具体内容详见产品说明书)
适用范围:分枝杆菌培养管与分枝杆菌培养添加剂一起用于分枝杆菌的培养、检测。
生产厂家:美国 Becton, Dickinson and Company
注册代理:碧迪医疗器械(上海)有限公司
发证日期:2014. 12. 08 截止日期:2019. 12. 07

国械注进 20142405712

产品名称:分枝杆菌用吡嗪酰胺药敏试剂盒(荧光法)(BD BACTECTM MGITTM 960 PZA Kit)
规格型号:吡嗪酰胺冻干粉: 2 瓶, 吡嗪酰胺营养添加剂: 6 瓶。
性能组成:吡嗪酰胺冻干粉和吡嗪酰胺营养添加剂。(具体内容详见产品说明书)
适用范围:本产品用于体外定性检测结核分枝杆菌对吡嗪酰胺的药物敏感性。
生产厂家:美国 Becton, Dickinson and Company
注册代理:碧迪医疗器械(上海)有限公司
发证日期:2014. 12. 08 截止日期:2019. 12. 07

国械注进 20142405713

产品名称:分枝杆菌用吡嗪酰胺培养基(BD BACTECTM MGITTM 960 PZA Medium)
规格型号:25 测试/盒
性能组成:含有荧光指示剂和 1 吡嗪酰胺培养液。荧光指示剂中包含硅树脂胶状底物中的 4, 7-二苯基-1, 10-啡啉氯化钌五价水合物。培养液中含有经过改进的 Middlebrook 7H9 液体培养基和酪蛋白胨。(具体内容详见产品说明书)
适用范围:本产品用于体外定性检测结核分枝杆菌对吡嗪酰胺的药物敏感性。
生产厂家:美国 Becton, Dickinson and Company
注册代理:碧迪医疗器械(上海)有限公司
发证日期:2014. 12. 08 截止日期:2019. 12. 07

国械注进 20142405714

产品名称:胆碱酯酶测定试剂盒(丁酰硫代胆碱底物法)(Cholinesterase)
规格型号:试剂 1:6×50 mL,试剂 2:6×13 mL。
性能组成:试剂 1:焦磷酸盐缓冲液,铁氰化物(III);试剂 2:丁酰硫代胆碱;非反应成分:试剂 1 含有稳定剂和防腐剂叠氮钠,试剂 2 含有稳定剂和缓冲液。
适用范围:本试剂盒用于体外定量检测血清或血浆中的胆碱酯酶。
生产厂家:意大利 SENTINEL CH SpA
注册代理:雅培贸易(上海)有限公司
发证日期:2014.12.08 **截止日期**:2019.12.07

国械注进 20142405715

产品名称:肌酸激酶同工酶校准品(CK-MB Calibrator)
规格型号:2 × 1 mL
性能组成:为冻干状态,含有人肌酸激酶肌肉型同工酶(CK-MM)和猪脑肌酸激酶脑型同工酶(CK-BB),并添加牛白蛋白基质作为稳定剂。(具体内容详见产品说明书)
适用范围:本产品用于肌酸激酶同工酶项目检测时的校准。
生产厂家:意大利 SENTINEL CH SpA
注册代理:雅培贸易(上海)有限公司
发证日期:2014.12.08 **截止日期**:2019.12.07

国械注进 20142405716

产品名称:肌酸激酶同工酶测定试剂盒(免疫抑制法)(CK-MB)
规格型号:试剂 1:2×53 mL,试剂 2:2×16 mL。
性能组成:试剂 1:咪唑缓冲液,葡萄糖,N-乙酰-L-半胱氨酸,己糖激酶(磷酸化),乙二胺四乙酸(EDTA),醋酸镁,烟酰胺腺嘌呤二核苷酸磷酸(NADP),CK-M 单克隆抗体(小鼠);试剂 2:磷酸肌酸,二磷酸腺苷(ADP),一磷酸腺苷(AMP),5-磷酸二腺苷,葡萄糖-6-磷酸脱氢酶(G6P-DH);非反应成分:试剂 1 和试剂 2 含有叠氮钠。(具体内容详见产品说明书)
适用范围:本产品用于体外定量检测血清或血浆中的肌酸激酶同工酶(CK-MB 和 CK-BB)。
生产厂家:意大利 SENTINEL CH SpA
注册代理:雅培贸易(上海)有限公司
发证日期:2014.12.08 **截止日期**:2019.12.07

国械注进 20142405717

产品名称:α-羟丁酸脱氢酶测定试剂盒(α-酮丁酸底物法)(HBDH)
规格型号:试剂 1:2×48 mL,试剂 2:2×7 mL。
性能组成:试剂 1:三羟甲基氨基甲烷(TRIS)缓冲液,α-酮丁酸;试剂 2:三羟甲基氨基甲烷(TRIS)缓冲液,β-烟酰胺腺嘌呤二核苷酸(β-NADH2);非反应成分:试剂 1 含有缓冲液和防腐剂叠氮钠,试剂 2 含有防腐剂叠氮钠。(具体内容详见产品说明书)
适用范围:本产品用于体外定量检测血清或血浆中的α-羟丁酸脱氢酶。
生产厂家:意大利 SENTINEL CH SpA
注册代理:雅培贸易(上海)有限公司
发证日期:2014.12.08 **截止日期**:2019.12.07

国械注进 20143405718

产品名称:白细胞分化抗原 CD15 检测试剂(流式细胞仪法-FITC)(CD15 FITC Reagent)
规格型号:100 检测人份
性能组成:CD15,MMA 克隆,来自小鼠 P3-X63-Ag8.653 骨髓瘤细胞和 U-937 组织细胞系免疫的 BALB/c 小鼠脾细胞的杂交瘤。CD15 由小鼠 IgM 重链和 kappa 轻链所组成。该试剂存放在含有明胶和 0.1%叠氮化钠的磷酸盐缓冲液(PBS)中。(具体内容详见产品说明书)。
适用范围:该产品用于通过 BD FACSTM 流式细胞仪鉴别表达 CD15 抗原的细胞。
生产厂家:美国 Becton, Dickinson and Company, BD Biosciences
注册代理:碧迪医疗器械(上海)有限公司
发证日期:2014.12.08 **截止日期**:2019.12.07

国械注进 20142405719

产品名称:碱性磷酸酶检测试剂盒(比色法)(Alkaline Phophatase(ALP))
规格型号:AP 2809(货号):4 x 90 测试
性能组成:对硝基苯酚磷酸盐,2-氨基-2-甲基-1-丙醇,镁离子。(具体内容详见说明书)
适用范围:本产品用于体外定量测定血清或血浆中碱性磷酸酶活性。
生产厂家:英国 Randox Laboratories Ltd.
注册代理:英国朗道实验诊断有限公司上海代表处
发证日期:2014.12.08 **截止日期**:2019.12.07

国械注进 20143405720

产品名称:细胞角蛋白 19 片段校准品(ARCHITECT CYFRA 21-1 Calibrators)
规格型号:6 瓶(4.0 mL/瓶)
性能组成:校准品 A-F 用人工基质制备。校准品 B-F 含有来源于人类细胞系的抗原成分。防腐剂:ProClin 300 和 ProClin 950。(具体内容详见说明书)
适用范围:本校准品用于体外定量测定人血清和血浆中的细胞角蛋白 19 片段时,对细胞角蛋白 19 片段项目进行校准。
生产厂家:德国 Abbott GmbH & Co. KG
注册代理:雅培贸易(上海)有限公司
发证日期:2014.12.08 **截止日期**:2019.12.07

国械注进 20143405721

产品名称:细胞角蛋白 19 片段质控品(ARCHITECT CYFRA 21-1 Controls)
规格型号:3 瓶(8.0 mL/瓶)
性能组成:低值质控品、中值质控品和高值质控品用人工基质制备,含有来源于人类细胞系的抗原成分。防腐剂:ProClin 300 和 ProClin 950。(具体内容详见说明书)
适用范围:本质控品用于体外定量测定人血清和血浆中的细胞角蛋白 19 片段时,对细胞角蛋白 19 片段项目的准确性和精密度进行验证。
生产厂家:德国 Abbott GmbH & Co. KG
注册代理:雅培贸易(上海)有限公司
发证日期:2014.12.08 **截止日期**:2019.12.07

国械注进 20142405722

产品名称:抗甲状腺过氧化物酶抗体校准品(Access TPO Antibody Calibrators)
规格型号:校准品 0(S0):2mL/瓶,校准品 1(S1):2 mL/瓶,校准品 2(S2):2 mL/瓶,校准品 3(S3):2 mL/瓶,校准品 4(S4):2 mL/瓶,校准品 5(S5):2 mL/瓶。
性能组成:校准品 0(S0):缓冲蛋白溶液(牛)、叠氮钠、ProClin 300;校准品 1(S1)、校准品 2(S2)、校准品 3(S3)、校准品 4(S4)、校准品 5(S5):在缓冲蛋白溶液(牛)中,兔甲状腺过氧化物酶(TPO)抗血清,叠氮钠、ProClin 300;校准卡。(具体内容详见产品说明书)
适用范围:该产品用于抗甲状腺过氧化物酶抗体检测时的校准。
生产厂家:美国 Beckman Coulter, Inc.
注册代理:贝克曼库尔特商贸(中国)有限公司
发证日期:2014.12.08 **截止日期**:2019.12.07

国械注进 20142405723

产品名称:肌酸激酶同工酶(CK-MB)检测试剂盒(酶促免疫抑制法)(CK-MB)
规格型号:试剂 1-1(R1-1):2 × 22 mL,试剂 1-2(R1-2):2 × 4 mL,试剂 2(R2):2 × 6 mL。
性能组成:咪唑缓冲液、五磷酸二腺苷、己糖激酶(HK)、乙二胺四乙酸(EDTA)、烟酰胺腺嘌呤二核苷酸磷酸(NADP)、葡萄糖、葡萄糖-6-磷酸脱氢酶(G6P-DH)、磷酸肌酸、二磷酸腺苷(ADP)、N-乙酰半胱氨酸、醋酸镁、激活剂、一磷酸腺苷(AMP)、肌酸激酶-M 亚单位抗体、防腐剂。(具体内容详见产品说明书)
适用范围:该产品用于体外定量检测人血清和血浆中的肌酸激酶同工酶(CK-MB)。
生产厂家:美国 Beckman Coulter, Inc.
注册代理:贝克曼库尔特商贸(中国)有限公司
发证日期:2014.12.08 **截止日期**:2019.12.07

国械注进 20142405724

产品名称:胆固醇测定试剂盒(酶法)(Cholesterol)
规格型号:4 × 22.5mL; 4 × 45mL; 4 × 107mL。
性能组成:磷酸盐缓冲液 (PH6.5)、4-氨基安替比林、苯酚、过氧化物酶、胆固醇脂酶、胆固醇氧化酶、防腐剂。 (具体内容详见产品说明书)
适用范围:该产品用于体外定量检测人血清和血浆中胆固醇的浓度。
生产厂家:美国 Beckman Coulter, Inc.
注册代理:贝克曼库尔特商贸(中国)有限公司
发证日期:2014.12.08 **截止日期**:2019.12.07

国械注进 20142405725

产品名称:谷丙转氨酶测定试剂盒(酶法)(ALT)
规格型号:试剂 1 (R1): 4 × 12mL, 试剂 2 (R2): 4 × 6mL; 试剂 1 (R1): 4 × 50mL, 试剂 2 (R2): 4 × 25mL; 试剂 1 (R1): 4 × 102mL, 试剂 2 (R2): 4 × 52mL。
性能组成:三羟甲基氨基甲烷 (TRIS) 缓冲液、L-丙氨酸、烟酰胺腺嘌呤二核苷酸 (NADH)、乳酸脱氢酶、酮戊二酸、防腐剂。 (具体内容详见产品说明书)
适用范围:该产品用于体外定量检测人血清和血浆中谷丙转氨酶的活性。
生产厂家:美国 Beckman Coulter, Inc.
注册代理:贝克曼库尔特商贸(中国)有限公司
发证日期:2014.12.08 **截止日期**:2019.12.07

国械注进 20142405726

产品名称:尿素测定试剂盒(酶法)(UREA)
规格型号:试剂 1 (R1): 4 × 25 mL, 试剂 2 (R2): 4 × 25 mL; 试剂 1 (R1): 4 × 53 mL, 试剂 2 (R2): 4 × 53 mL; 试剂 1 (R1): 4 × 103 mL, 试剂 2 (R2): 4 × 103 mL。
性能组成:三羟甲基氨基甲烷 (TRIS) 缓冲液、烟酰胺腺嘌呤二核苷酸 (NADH)、磷酸盐、乙二胺四乙酸 (EDTA)、a-酮戊二酸、脲素酶、二磷酸腺苷 (ADP)、谷氨酸脱氢酶 (GLDH)、防腐剂。 (具体内容详见产品说明书)
适用范围:该产品用于体外定量检测人血清、血浆和尿液中的尿素浓度。
生产厂家:美国 Beckman Coulter, Inc.
注册代理:贝克曼库尔特商贸(中国)有限公司
发证日期:2014.12.08 **截止日期**:2019.12.07

国械注进 20142405727

产品名称:免疫球蛋白 G 测定试剂盒(免疫比浊法)(Immunoglobulin G_2 Reagents (IGG_2))
规格型号:02193432 (货号): 4×90 测试/盒 (试剂 1: 4×10.5 mL, 试剂 2: 4×4 mL)
性能组成:试剂 1: 聚乙二醇, 三羟甲基氨基甲烷/盐酸 (Tris/HCL) 缓冲液, 氯化钠, 叠氮钠; 试剂 2: 聚乙二醇, 抗人免疫球蛋白 G (IgG), 三羟甲基氨基甲烷/盐酸 (Tris/HCL) 缓冲液, 氯化钠, 叠氮钠。(具体内容详见说明书)
适用范围:本产品用于体外定量测定人血清和血浆中的免疫球蛋白 G (IgG)。
生产厂家:美国 Siemens Healthcare Diagnostics Inc.
注册代理:西门子医学诊断产品(上海)有限公司
发证日期:2014.12.08 **截止日期**:2019.12.07

国械注进 20142405728

产品名称:甘油三酯测定试剂盒(酶法)(Triglycerides Reagents (TRIG))
规格型号:ADVIA 1200: 4×450 测试/盒, ADVIA 1650/1800/2400: 4×575 测试/盒。
性能组成:试剂 1: 4-氯酚、过氧化物酶、甘油激酶、甘油-3-磷酸氧化酶、叠氮钠; 试剂 1 混合液: 4-氨基安替比林、脂肪酶、叠氮钠。(具体内容详见说明书)
适用范围:本产品用于体外定量测定人类血清和血浆(肝素锂)中的甘油三酯。
生产厂家:美国 Siemens Healthcare Diagnostics Inc.
注册代理:西门子医学诊断产品(上海)有限公司
发证日期:2014.12.08 **截止日期**:2019.12.07

国械注进 20142405729

产品名称:钙测定试剂盒(邻甲酚酞络合酮法)(Calcium Reagents (CA))
规格型号:02794363 (B01-4145-01) (货号): 4×675 测试/盒 (试剂 1: 4×68 mL, 试剂 2: 2×65 mL); 04802312 (货号): 6×675 测试/盒 (试剂 1: 6×68.0 mL, 试剂 2: 6×33.5 mL); 07506552 (货号): 7×358 测试/盒 (试剂 1: 7×38 mL, 试剂 2: 7×17.3 mL)。
性能组成:试剂 1 : 乙醇胺缓冲液, 叠氮钠; 试剂 2 : 邻甲酚酞络合酮, 8-羟基喹啉。(具体内容详见说明书)
适用范围:该产品用于体外定量测定人血清和血浆(肝素锂)中的钙。
生产厂家:美国 Siemens Healthcare Diagnostics Inc.
注册代理:西门子医学诊断产品(上海)有限公司
发证日期:2014.12.08 **截止日期**:2019.12.07

国械注进 20142405730

产品名称:尿酸检测试剂盒(酶促显色法)(URIC ACID)
规格型号:试剂 1 (R1): 4 × 12mL, 试剂 2 (R2): 4 × 5mL; 试剂 1 (R1): 4 × 30mL, 试剂 2 (R2): 4 × 12.5mL; 试剂 1 (R1): 4 × 42.3mL, 试剂 2 (R2): 4 × 17.7mL。
性能组成:磷酸盐缓冲液 (pH 7.5)、N, N-二 (4-磺丁基) -3, 5-二甲苯胺二钠盐 (MADB)、4-氨基安替比林、过氧化物酶、尿酸酶、抗坏血酸氧化酶、防腐剂。(具体内容详见产品说明书)
适用范围:本产品用于体外定量检测人血清、血浆和尿液中的尿酸浓度。
生产厂家:美国 Beckman Coulter, Inc.
注册代理:贝克曼库尔特商贸(中国)有限公司
发证日期:2014.12.08 **截止日期**:2019.12.07

国械注进 20142405731

产品名称:白蛋白测定试剂盒(溴甲酚绿法)(Albumin)
规格型号:4 × 29 mL; 4 × 54 mL。
性能组成:琥珀酸盐缓冲液、溴甲酚绿、防腐剂。(具体内容详见产品说明书)
适用范围:该产品用于体外定量检测人血清和血浆中的白蛋白含量。
生产厂家:美国 Beckman Coulter, Inc.
注册代理:贝克曼库尔特商贸(中国)有限公司
发证日期:2014.12.08 **截止日期**:2019.12.07

国械注进 20142405732

产品名称:镁测定试剂盒(二甲苯胺蓝法)(Magnesium)
规格型号:4 x 40 mL
性能组成:∈-氨基-正己酸、三羟甲基氨基甲烷 (Tris)、乙二醇乙醚二胺-N, N, N' N' 四乙酸 (GEDTA)、二甲苯胺蓝、防腐剂。 (具体内容详见产品说明书)
适用范围:本产品用于体外定量检测人血清、血浆和尿液中的镁含量。
生产厂家:美国 Beckman Coulter, Inc.
注册代理:贝克曼库尔特商贸(中国)有限公司
发证日期:2014.12.08 **截止日期**:2019.12.07

国械注进 20142405733

产品名称:微量总蛋白测定试剂盒(比色法)(Microprotein (M-TP) Reagent)
规格型号:2 × 50 测试/盒
性能组成:焦棓酚红、钼酸钠、用于系统性能优化的非反应性物质。 (具体内容详见产品说明书)
适用范围:该产品用于测定人尿液和脑脊液 (CSF) 中的总小分子量蛋白质 (M-TP) 含量。
生产厂家:美国 Beckman Coulter, Inc.
注册代理:贝克曼库尔特商贸(中国)有限公司
发证日期:2014.12.08 **截止日期**:2019.12.07

国械注进 20142405734

产品名称:万古霉素检测试剂盒(均相酶免疫测定法)(Vancomycin)
规格型号:100 测试; 200 测试; 试剂 1: 2 x 20 mL, 试剂 2: 2 x 13 mL; 试剂 1: 2 x 45 mL, 试剂 2: 2 x 30 mL。
性能组成:试剂 1: 缓冲液中细菌葡萄糖-6-磷酸脱氢酶 (G6PDH) 标记的万古霉素; 试剂 2: 缓冲液中的抗万古霉素抗体 (小鼠单克隆)、葡萄糖-6-磷酸（G6P） 和烟酰胺腺嘌呤二核苷酸（NAD）。
适用范围:该产品用于定量测定人血清或血浆中的万古霉素。
生产厂家:德国 Roche Diagnostics GmbH
注册代理:罗氏诊断产品(上海)有限公司
发证日期:2014. 12. 08 **截止日期**:2019. 12. 07

国械注进 20142405735

产品名称:天冬氨酸氨基转移酶检测试剂盒(IFCC 酶比色法)(Aspartate aminotransferase (AST))
规格型号:试剂瓶 1: 4 x 66 mL，试剂瓶 1a: 4x66mL ()冻干品复溶后体积)，试剂瓶 2: 4 x 16 mL； 试剂瓶 1: 6x250mL，试剂瓶 1a: 6x250mL（冻干品复溶后体积)，试剂瓶 2: 6x66mL； 试剂瓶 1: 4x653mL，试剂瓶 1a: 4x653mL（冻干品复溶后体积)，试剂瓶 2: 4x283mL。
性能组成:试剂 1 （试剂瓶 1 和 1a)：三（羟甲基)-氨基甲烷（TRIS）缓冲液、L-天冬氨酸、还原型烟酰胺腺嘌呤二核苷酸（NADH） （酵母)、苹果酸脱氢酶（MDH） （猪心） 、乳酸脱氢酶（LDH） （微生物） 、防腐剂； 试剂 2 （试剂瓶 2)： α-酮戊二酸、防腐剂。(具体内容详见产品说明书)
适用范围:该产品用于体外定量测定人类血清和血浆中天冬氨酸氨基转移酶（AST)。
生产厂家:德国 Roche Diagnostics GmbH
注册代理:罗氏诊断产品(上海)有限公司
发证日期:2014. 12. 08 **截止日期**:2019. 12. 07

国械注进 20142405736

产品名称:低密度脂蛋白胆固醇检测试剂盒(酶比色法)(LDL-Cholesterol (LDL-C plus))
规格型号:试剂 1: 6 x 22 mL，试剂 2: 6 x 8 mL； 试剂 1: 6 x 66 mL，试剂 2: 6 x 27 mL； 试剂 1: 6 x 250 mL，试剂 2: 6 x 97 mL。
性能组成:试剂 1: 3-吗啉基丙磺酸（MOPS） 缓冲液、钠 N-（2-羟基-3-磺丙基）-3，5-二甲氧基苯胺（HSDA)、抗坏血酸氧化酶 （正青霉属，重组)、过氧化氢酶 （辣根)、防腐剂； 试剂 2: 3-吗啉基丙磺酸（MOPS） 缓冲液、硫酸镁（MgSO4·7H20)、4-氨基安替比林、胆固醇酯酶 （假单胞菌属)、胆固醇氧化酶 （短杆细菌属，重组)、过氧化氢酶 （辣根)、去污剂、防腐剂。 (具体内容详见产品说明书)
适用范围:该产品用于体外定量测定人血清和血浆中低密度脂蛋白胆固醇。
生产厂家:德国 Roche Diagnostics GmbH
注册代理:罗氏诊断产品(上海)有限公司
发证日期:2014. 12. 08 **截止日期**:2019. 12. 07

国械注进 20142405737

产品名称:肌酐检测试剂盒(苦味酸比色法)(Creatinine(CREA))
规格型号:试剂 1: 6x 66 mL，试剂 2: 6x 16 mL； 试剂 1: 6x 267 mL，试剂 2: 6x 71 mL； 试剂 1: 4x 653 mL，试剂 2: 4x 283 mL。
性能组成:试剂 1: 氢氧化钠； 试剂 2: 苦味酸。(具体内容详见产品说明书)
适用范围:该产品用于体外定量测定人类血清、血浆和尿液中的肌酐水平。
生产厂家:德国 Roche Diagnostics GmbH
注册代理:罗氏诊断产品(上海)有限公司
发证日期:2014. 12. 08 **截止日期**:2019. 12. 07

国械注进 20143545738

产品名称:便携式呼吸机(Ventilator)
规格型号:EPV200
性能组成:本产品由主机、呼吸传感器组成。具体性能指标见注册产品标准。
适用范围:产品为电子控制的气动急救呼吸机，采用面罩或气道内插管的方式，为患者提供紧急呼吸支持。适用于体重超过 20kg 的患者。
生产厂家:美国 Allied Healthcare Products Inc.
注册代理:北京斯普兰德医疗技术有限公司
发证日期:2014. 12. 10 **截止日期**:2019. 12. 09

国械注进 20143245739

产品名称:ER:YAG 激光治疗仪(ER:YAG laser system)
规格型号:BURANE
性能组成:产品由主机(激光系统控制面板、电源、激光器、指令与监测系统、冷却系统)、光束传输系统(导光臂)、治疗手柄、钥匙、遥控联锁连接器、脚踏开关组成。 波长 2940nm，重复频率 1-30Hz，能量密度 1-22J/cm2，光斑尺寸 1.5mm、2.5mm、3.5mm、5mm、7X7mm、9×9mm。
适用范围:该产品临床适用于瘢痕和皱纹的改善。
生产厂家:德国 QUANTEL DERMA GmbH
注册代理:以色列飞顿激光有限公司北京代表处
发证日期:2014. 12. 10 **截止日期**:2019. 12. 09

国械注进 20143215740

产品名称:植入式心脏起搏器(Implantable Pacemaker)
规格型号:A60A1, A30A1, A20A1, A10A1
性能组成:由一个植入式脉冲发生器和一个小螺丝刀组成。
适用范围:适用于改善心脏输出量、防止病症发生或预防由心脏搏动形成或传导紊乱而导致的心律失常。
生产厂家:荷兰 Vitatron Holding B.V.
注册代理:美敦力(上海)管理有限公司
发证日期:2014. 12. 10 **截止日期**:2019. 12. 09

国械注进 20143305741

产品名称:全身 X 射线计算机断层扫描系统(Computed tomography x-ray system)
规格型号:Revolution CT
性能组成:产品由基本组件和选件组成。基本组件:扫描架(机架)(X 射线管组件 5402800(球管 5402800)、准直器、高压发生器和探测器内置于扫描架内)、扫描仪台式机、扫描床、PDU （配电单元）和系统机柜。选件见注册产品标准。探测器物理结构 256 个单独物理单元位于 z 轴，在轴向扫描模式下，扫描架旋转一周，轴向扫描模式重建提供 512 个重建层面。扫描架开口直径 795mm。
适用范围:本产品用于头部、全身、心脏和血管的 X 射线计算机断层成像应用。
生产厂家:美国 GE Medical systems, LLC
注册代理:通用电气医疗系统贸易发展(上海)有限公司
发证日期:2014. 12. 10 **截止日期**:2019. 12. 09

国械注进 20143215742

产品名称:半自动体外除颤器(Defibrillators)
规格型号:HeartSave AED-M(M250) HeartSave AED(M250) HeartSave PAD(M250)
性能组成:该产品由主机（HeartSave AED-M(M250)、HeartSave AED(M250)、HeartSave PAD(M250))、除颤电极(PRIMEDIC SavePads)、2 极心电图病人导线 (PRIMEDICECG-patient cable, 2-core)、一次性锂电池(PRIMEDICbatterie3、PRIMEDIC batterie6)、蓄电池(PRIMEDICAkuPak LITE)、蓄电池充电器(PRIMEDIC CLIPCharger)、交流转换器(PRIMEDIC PowerLine)组成。
适用范围:该产品可进行半自动体外除颤治疗，对于无意识、无呼吸且无正常脉搏的疑似心脏骤停病人，终止其心动过速和心室颤动症状。该产品由接受过设备操作培训的合格医务人员以及在基本生命支持、高级心脏支持和除颤方面培训的合格人员在急救场合（如医院、急救中心、公共场所） 中使用。
生产厂家:德国曼吉世有限公司(Metrax GmbH)
注册代理:德国曼吉世有限公司上海代表处
发证日期:2014. 12. 11 **截止日期**:2019. 12. 10

国械注进 20143215743

产品名称:颅内压传感器(MicroSensor)
规格型号:82-6631、82-6633、82-6653
性能组成:该产品含有颅内压传感器基本包、颅内压传感器穿刺包、颅内压传感器带脑室导管，详见附件。该产品为经环氧乙烷灭菌包装。
适用范围:颅内压传感器基本包(82-6631)用于测量硬脑膜下压力和脑实质压力。颅内压传感器穿刺包(82-6633)和颅内压传感器带脑室导管(82-6653)用于对一周岁以上患者测量脑室内压和实施脑脊液(CSF)引流。
生产厂家:美国 Codman & Shurtleff, Inc.
注册代理:强生(上海) 医疗器材有限公司

发证日期:2014.12.11 **截止日期**:2019.12.10

国械注进 20143705744

产品名称:医学图像处理软件(Image Processing System)
规格型号:IntelliSpace Portal, V6.0.0
性能组成:软件包括 10 张光盘,组成模块:1) 按照临床应用分为:CT 查看及处理程序, MR 查看及处理程序, NM 查看及处理程序, US 查看及处理程序;2) 按照系统结构分为:客户端,服务器,客户端-服务器连接设备。
适用范围:用于显示和处理计算机断层摄影设备(CT)、磁共振成像设备(MR)、核医学成像设备(NM)和超声成像设备(US)的 DICOM 图像。
生产厂家:荷兰 Philips Medical Systems Nederland B.V.
注册代理:飞利浦(中国)投资有限公司
发证日期:2014.12.11 **截止日期**:2019.12.10

国械注进 20143245745

产品名称:双波长眼科激光治疗仪(Ophthalmic therapy laser)
规格型号:VISULAS YAG III Combi
性能组成:本产品由 VISULAS YAG III 激光系统(包括 VISULAS YAG III 激光头, VISULAS YAG III 激光控制器), VISULAS 532s 激光系统(包括 VISULAS 532s 激光控制器, VISULAS 532s 激光控制面板), LSL YAG III Combi 激光裂隙灯和脚踏开关组成。性能参数见产品标准。
适用范围:该产品适用于眼科激光手术;其中 VISULAS YAG Ⅲ应用于后囊膜切开术以及周边虹膜切开术;VISULAS 532s 激光用于用于视网膜激光光凝;青光眼治疗的小梁成形术;青光眼治疗的虹膜切开术。
生产厂家:德国 Carl Zeiss Meditec AG
注册代理:卡尔蔡司(上海)管理有限公司
发证日期:2014.12.11 **截止日期**:2019.12.10

国械注进 20143245746

产品名称:Nd:YAG 眼科激光治疗仪(Ophthalmic therapy laser)
规格型号:VISULAS YAG III
性能组成:该产品由 VISULAS YAG III 激光头, VISULAS YAG III 激光控制器, LSL YAG III 激光裂隙灯和脚踏开关组成。
适用范围:该产品用于后囊膜切开以及周边虹膜切开的眼科激光手术。
备注:2015 年 2 月 6 日同意更正产品名称内容, 2014 年 12 月 21 日核发的中华人民共和国医疗器械注册证予以废止。
生产厂家:德国 Carl Zeiss Meditec AG
注册代理:卡尔蔡司(上海)管理有限公司
发证日期:2014.12.11 **截止日期**:2019.12.10

国械注进 20143245747

产品名称:倍频 Nd:YVO4 眼科激光治疗仪(Ophthalmic therapy laser)
规格型号:VISULAS 532s
性能组成:该产品由 VISULAS 532s 激光控制器, VISULAS 532s 激光控制面板, LSL 532s 激光裂隙灯和脚踏开关组成。性能参数见产品标准。
适用范围:该产品用于视网膜激光光凝;青光眼治疗的小梁成形术;青光眼治疗的虹膜切开术。
备注:2015 年 2 月 6 日同意更正产品名称内容, 2014 年 12 月 21 日核发的中华人民共和国医疗器械注册证予以废止。
生产厂家:德国 Carl Zeiss Meditec AG
注册代理:卡尔蔡司(上海)管理有限公司
发证日期:2014.12.11 **截止日期**:2019.12.10

国械注进 20143285748

产品名称:磁共振引导聚焦超声治疗系统(商品名:ExAblate)(MR Guided Focused Ultrasound)
规格型号:ExAblate 2000; ExAblate 2100
性能组成:该系统由以下部分组成:操作台、病人床(含子宫肌瘤治疗组架)、冷却系统、机柜、聚焦超声(FUS)PDU 隔离变压器、附件,其中附件包括:DQA 胶、床垫及病人附件包(耦合胶垫、病人膜、胶带、卡片、空白光盘)。ExAblate 2000 型号为固定式组架, ExAblate2100 型号为可分离式架。产品具体性能及功能见注册产品标准。
适用范围:该产品用于对子宫肌瘤患者进行超声治疗。适用于绝经期前或围绝经期患有症状性子宫肌瘤,并希望行子宫保留术患者的子宫肌瘤消融治疗。患者子宫大小不超过 16 孕周(或子宫肌瘤直径范围为 2.5-12cm)的已育妇女。禁忌症及注意事项应严格遵照产品说明书。需配合经注册批准可与本系统配合使用的 GE 公司生产的 Signa EXCITE1.5T HD, Signa EXCITE 3.0T HD; 1.5T Signa HDx, 3.0T Signa HDx; 1.5T SignaHDxt, 3.0T Signa HDxt; Discovery MR750 3.0T, Discovery MR 750w 3.0T 磁共振系统。配套线圈为 1.5T Pelvic Coil, 3.0T BodyCoil。
生产厂家:以色列 InSightec, Ltd
注册代理:通用电气医疗系统贸易发展(上海)有限公司
发证日期:2014.12.11 **截止日期**:2019.12.10

国械注进 20143705749

产品名称:图像编辑和嗓音分析软件(DiVAS Video Archiving and Video Analysis Software)
规格型号:DiVAS V 2.7
性能组成:产品组成:系统软件安装 U 盘,系统随机文件。版本号:DiVAS V 2.7。
适用范围:用于内窥镜检查数据的摄录和编辑,及嗓音学检查
生产厂家:德国 XION GmbH
注册代理:艾克松有限公司杭州办事处
发证日期:2014.12.11 **截止日期**:2019.12.10

国械注进 20142305750

产品名称:数字化医用 X 射线摄影系统(商品名:CARESTREAM DRX-EVOLUTION)(Digital Medical X-ray Radiography System)
规格型号:VX3739-SYS
性能组成:产品由高压发生器(型号:QG-65)、X 射线管组件(包括 X 射线管套 型号:B-130H 和 X 射线管 型号:RAD-60)、限束器、电源/曝光控制盒、控制台(选配)、条形码扫描仪(选配)、平板探测器(包括 DRX-1 SystemDetector、DRX-1C SystemDetector 和 4343R)、计算机主机、显示器、摄影床(QT-750、QT-740 和 SPT2)、胸片架(QW-420-T-D 和 QW-420-D)、悬吊管球机架、电源单元、UPS、系统电池充电器、DAP 测量系统(选配)以及附件组成。附件见注册产品标准。
适用范围:适用于医疗单位通用 X 射线摄影检查。
生产厂家:美国 Carestream Health, Inc.
注册代理:锐珂亚太投资管理(上海)有限公司
发证日期:2014.12.11 **截止日期**:2019.12.10

国械注进 20142305751

产品名称:数字化医用 X 射线摄影系统(DRX-Ascend System)
规格型号:Q-RAD
性能组成:产品由操作控制台、高频 X 射线高压发生器(QG-65)、球管立柱、胸片架、放射诊断摄影床(QT-750)、限束器、X 射线球管组件(E7252X)、X 射线球管(E7252)、电离室(选配 AEC 时)和数字化平板探测器(DRX-1 System Detector 和 DRX-1C System Detector)组成。
适用范围:适用于医疗单位通用 X 射线摄影检查。
生产厂家:美国 Carestream Health, Inc.
注册代理:锐珂亚太投资管理(上海)有限公司
发证日期:2014.12.11 **截止日期**:2019.12.10

国械注进 20142215752

产品名称:一次性使用心电电极(Neonatal Prewired Radiolucent Monitoring Electrode; Monitoring Electrodes)
规格型号:2269T、2268-3
性能组成:2269T 型产品由背衬、感应片、导电胶、导线组成;2268-3 型产品由背衬、感应片、导电胶组成。
适用范围:该产品在新生儿和婴儿的心电监护中使用。
生产厂家:美国 3M Health Care
注册代理:明尼苏达矿业制造(上海)国际贸易有限公司
发证日期:2014.12.11 **截止日期**:2019.12.10

国械注进 20142405753

产品名称:抗 RNP/Sm 抗体(Anti-RNP/Sm)测定试剂盒(酶联免疫法)(Anti-RNP/Sm)
规格型号:24 人份/盒
性能组成:检测条、洗液、系统液。(具体内容详见产品说明书)
适用范围:本试剂盒用于体外定量检测人血清中的抗核糖核蛋白/史密

斯抗原（RNP/Sm）IgG 抗体。
生产厂家:德国 ORGENTEC Diagnostika GmbH
注册代理:天津市秀鹏生物技术开发有限公司
发证日期:2014.12.12　**截止日期**:2019.12.11

国械注进 20142405754

产品名称:抗心磷脂 IgM 抗体(Anti-Cardiolipin IgM)测定试剂盒(酶联免疫法)(Anti-Cardiolipin IgM)
规格型号:24 人份/盒
性能组成:检测条、洗液、系统液。(具体内容详见产品说明书)
适用范围:本产品用于体外定量检测人血清中的抗心磷脂 IgM 抗体。
生产厂家:德国 ORGENTEC Diagnostika GmbH
注册代理:天津市秀鹏生物技术开发有限公司
发证日期:2014.12.12　**截止日期**:2019.12.11

国械注进 20142405755

产品名称:抗蛋白酶 3、抗髓过氧化物酶、抗肾小球基底膜 IgG 抗体测定试剂盒(免疫印迹法)(ANCA-3-Line)
规格型号:16 人份/盒
性能组成:硝酸纤维条、样本缓冲液、酶联溶液、洗液、底物溶液 5-溴-4-氯-3-吲哚基-磷酸盐、温育槽。(具体内容详见产品说明书)
适用范围:本试剂盒用于体外定性检测人血清中的抗蛋白酶 3（PR3）、髓过氧化物酶（MPO）、肾小球基底膜（GBM）的 IgG 抗体。
生产厂家:德国 ORGENTEC Diagnostika GmbH
注册代理:天津市秀鹏生物技术开发有限公司
发证日期:2014.12.12　**截止日期**:2019.12.11

国械注进 20142405756

产品名称:抗核糖核蛋白 70 抗体(Anti-RNP-70)测定试剂盒(酶联免疫法)(Anti-RNP-70)
规格型号:24 人份/盒
性能组成:检测条、洗液、系统液。(具体内容详见产品说明书)
适用范围:本产品用于体外定量检测人血清中的抗核糖核蛋白 70（RNP-70）IgG 抗体。
生产厂家:德国 ORGENTEC Diagnostika GmbH
注册代理:天津市秀鹏生物技术开发有限公司
发证日期:2014.12.12　**截止日期**:2019.12.11

国械注进 20142405757

产品名称:抗可溶性抗原抗体(ENA)测定试剂盒(酶联免疫法)(ENAscreen)
规格型号:24 人份/盒
性能组成:检测条、洗液、系统液。(具体内容详见产品说明书)
适用范围:本产品用于体外定性检测人血清中的 IgG 类抗肖格伦 A(SS-A-52 和 SS-A-60)、肖格伦 B（SS-B）、史密斯抗原（Sm）、核糖核蛋白/史密斯抗原（RNP/Sm）、拓扑异构酶 I-70（Scl-70）、tRNA 合成酶（Jo-1）抗体。
生产厂家:德国 ORGENTEC Diagnostika GmbH
注册代理:天津市秀鹏生物技术开发有限公司
发证日期:2014.12.12　**截止日期**:2019.12.11

国械注进 20142405758

产品名称:抗麦胶蛋白抗体(Anti-Gliadin)测定试剂盒(酶联免疫法)(Anti-Gliadin Screen)
规格型号:96 人份/盒
性能组成:微孔板条、校准品 A、B、C、D、E、F、阴性质控、阳性质控、样本缓冲液、酶结合物、底物液、反应终止液、洗液。(具体内容详见产品说明书)
适用范围:本产品用于体外定量检测人血清中的抗麦胶蛋白(Anti-Gliadin)IgG 和 IgA 抗体。
生产厂家:德国 ORGENTEC Diagnostika GmbH
注册代理:天津市秀鹏生物技术开发有限公司
发证日期:2014.12.12　**截止日期**:2019.12.11

国械注进 20142405759

产品名称:D-二聚体校准品(D-DIMER CALIBRATOR)
规格型号:校准品 1：2 x 2.5 mL，校准品 2：2 x 0.5 mL。
性能组成:校准品 1：液体人血清基质；校准品 2：含有 D-二聚体和防腐剂的冻干人血清。（具体内容详见产品说明书）
适用范围:本产品用于体外定量检测人血浆中的 D-二聚体浓度的校准。
生产厂家:美国 Beckman Coulter, Inc.
注册代理:贝克曼库尔特商贸(中国)有限公司
发证日期:2014.12.12　**截止日期**:2019.12.11

国械注进 20142405760

产品名称:胰岛素样生长因子-1 测定试剂盒(ELISA 法)(IGF-1 600 ELISA)
规格型号:96 人份/盒
性能组成:盐酸、氢氧化钠、微孔板、标准品、酶联物、酶复合物、底物液、终止液、清洗液。(具体内容详见说明书)
适用范围:用于定量检测人血清中胰岛素样生长因子-1(IGF-1)。
生产厂家:德国 DRG Instruments GmbH
注册代理:北京康思尔泰医学科技发展中心
发证日期:2014.12.12　**截止日期**:2019.12.11

国械注进 20142405761

产品名称:真菌药敏板(YeastOne plate)
规格型号:10 块/盒
性能组成:药敏板和封膜。每块板都包被有显色剂和适当稀释度的抗真菌药物。抗真菌药物包括：两性霉素 B、5-氟胞嘧啶、阿尼芬净、卡泊芬净、米卡芬净、氟康唑、伊曲康唑、泊沙康唑和伏立康唑。(具体内容详见说明书)
适用范围:用于非苛养酵母菌包括念珠菌属、隐球菌属和曲霉菌属对抗真菌药物（两性霉素 B、5-氟胞嘧啶、阿尼芬净、卡泊芬净、米卡芬净、氟康唑、伊曲康唑、泊沙康唑和伏立康唑）的体外敏感性检测，测定最低抑菌浓度（MIC）。
生产厂家:英国 Trek Diagnostic Systems Ltd
注册代理:赛默飞世尔(上海)仪器有限公司
发证日期:2014.12.12　**截止日期**:2019.12.11

国械注进 20142405762

产品名称:脂蛋白相关磷脂酶 A2 测定试剂盒(连续监测法)(Lp-PLA2 FS)
规格型号:试剂 1:1×20ml，试剂 2:1× 4.75ml，试剂 3:1×0.25ml。
性能组成:试剂 1:缓冲液 pH 7.6，乙二胺四乙酸(EDTA)；试剂 2:缓冲液 pH 2.7；试剂 3:乙醇，1-肉豆蔻酰-2-(4-硝基苯基琥珀酰基)-sn-丙三基-3-磷酸胆碱。(具体内容详见产品说明书)
适用范围:该产品用于体外定量测定人血清或血浆中的脂蛋白相关磷脂酶 A2(Lp-PLA2)。
生产厂家:德国 DiaSys Diagnostic Systems GmbH
注册代理:德赛诊断系统(上海)有限公司
发证日期:2014.12.12　**截止日期**:2019.12.11

国械注进 20142405763

产品名称:抗β2糖蛋白1抗体 IgA 检测试剂盒(酶联免疫吸附法)(Anti-β2-Glycoprotein1 ELISA(IgA))
规格型号:EA 1632-9601 A：96 人份/盒
性能组成:微孔板、标准品 1、标准品 2、标准品 3、阳性对照、阴性对照、酶结合物、样本缓冲液、清洗缓冲液、色原/底物液、终止液、靶值参照表。(具体内容详见产品说明书)
适用范围:该产品用于体外定量或半定量检测人血清或血浆中抗β2-糖蛋白 1（β2-GP1）抗体免疫球蛋白 A（IgA）。
生产厂家:德国 EUROIMMUN Medizinische Labordiagnostika AG
注册代理:欧蒙医学诊断(中国)有限公司
发证日期:2014.12.12　**截止日期**:2019.12.11

国械注进 20142405764

产品名称:抗心磷脂抗体 IgA 检测试剂盒（酶联免疫吸附法）(Anti-Cardiolipin ELISA (IgA))
规格型号:EA 1621-9601 A：96 人份/盒
性能组成:微孔板、标准品 1、标准品 2、标准品 3、阳性对照、阴性对照、酶结合物、样本缓冲液、清洗缓冲液、色原/底物液、终止液、靶值参照表。(具体内容详见产品说明书)

适用范围:该产品用于体外定量或半定量检测人血清或血浆中抗心磷脂抗体免疫球蛋白 A (IgA)。
生产厂家:德国 EUROIMMUN Medizinische Labordiagnostika AG
注册代理:欧蒙医学诊断(中国)有限公司
发证日期:2014. 12. 12 截止日期:2019. 12. 11

国械注进 20142405765

产品名称:B 型脑钠肽检测试剂盒(干式免疫法)(HUBI BNP)
规格型号:25 人份/盒
性能组成:小鼠抗-B 型脑钠肽单克隆抗体 1、小鼠抗-B 型脑钠肽单克隆抗体 2。(具体内容详见产品说明书)
适用范围:本产品用于体外定量检测人全血或血浆样本中的 B 型脑钠肽(BNP)浓度。
生产厂家:韩国 Humasis Co., Ltd.
注册代理:韩国韩益株式会社北京代表处
发证日期:2014. 12. 12 截止日期:2019. 12. 11

国械注进 20142405766

产品名称:肌钙蛋白 I 检测试剂盒(干式免疫法)(HUBI Troponin I)
规格型号:25 人份/盒
性能组成:小鼠抗-肌钙蛋白 I 单克隆抗体 1、小鼠抗- 肌钙蛋白 I 单克隆抗体 2。
适用范围:本产品用于体外定量检测人全血或血浆样本中的肌钙蛋白 I (cTnI) 浓度。
生产厂家:韩国 Humasis Co., Ltd.
注册代理:韩国韩益株式会社北京代表处
发证日期:2014. 12. 12 截止日期:2019. 12. 11

国械注进 20142405767

产品名称:肌钙蛋白 I、肌酸激酶同工酶和肌红蛋白检测试剂盒 (干式免疫法)(HUBI Cardiac 3-in-1)
规格型号:25 人份/盒
性能组成:小鼠抗-肌酸激酶同工酶单克隆抗体 1、小鼠抗-肌红蛋白单克隆抗体 1、小鼠抗-肌红蛋白单克隆抗体 2、小鼠抗-肌钙蛋白 I 单克隆抗体 1、小鼠抗-肌钙蛋白 I 单克隆抗体 2、羊抗-磷酸肌酸激酶同工酶多克隆抗体。(具体内容详见产品说明书)
适用范围:本产品用于体外定量检测人全血或血浆样本中中肌酸激酶同工酶、肌红蛋白和肌钙蛋白 I 的浓度。
生产厂家:韩国 Humasis Co., Ltd.
注册代理:韩国韩益株式会社北京代表处
发证日期:2014. 12. 12 截止日期:2019. 12. 11

国械注进 20142405768

产品名称:抗磷脂酶 A2 受体抗体 IgG 检测试剂盒(酶联免疫吸附法)(Anti-PLA2R ELISA (IgG))
规格型号:EA 1254-9601 G: 96 人份/盒
性能组成:微孔板、标准品 1、标准品 2、标准品 3、标准品 4、标准品 5、阳性对照、阴性对照、酶结合物、样本缓冲液、清洗缓冲液、色原/底物液、终止液、靶值参照表。(具体内容详见产品说明书)
适用范围:该产品用于体外半定量或定量检测人血清或血浆中抗磷脂酶 A2 受体(PLA2R)抗体免疫球蛋白 G (IgG)。
生产厂家:德国 EUROIMMUN Medizinische Labordiagnostika AG
注册代理:北京欧蒙生物技术有限公司
发证日期:2014. 12. 12 截止日期:2019. 12. 11

国械注进 20142405769

产品名称:胱抑素 C 检测用质控品(Cystatin C Control Set Gen. 2)
规格型号:质控品 1: 3 × 1 mL, 质控品 2: 3 × 1 mL, 质控品 3: 3 × 1 mL。
性能组成:反应性成分: 人类血清以及指定生物来源的化学添加物和材料。 分析物: 胱抑素 C , 无反应性成分: 防腐剂。 (具体内容详见产品说明书)
适用范围:该产品用于对胱抑素 C 检测进行质量控制。
生产厂家:德国 Roche Diagnostics GmbH
注册代理:罗氏诊断产品(上海)有限公司
发证日期:2014. 12. 12 截止日期:2019. 12. 11

国械注进 20142405770

产品名称:降钙素原检测试剂盒(化学发光法)(B.R.A.H.M.S PCT LIA)
规格型号:100 测试/盒
性能组成:由示踪剂、缓冲剂、包被管、调零血清、冲洗液、降钙素原标准品、降钙素原质控品 1, 2 组成。(具体内容详见说明书)
适用范围:本产品用于体外定量测定人血清或血浆中降钙素原的含量。
生产厂家:德国 B.R.A.H.M.S GmbH
注册代理:赛默飞世尔(上海)仪器有限公司
发证日期:2014. 12. 12 截止日期:2019. 12. 11

国械注进 20143405771

产品名称:梅毒螺旋体抗体检测试剂盒(血凝法)(TPHA)
规格型号:200 人份/盒
性能组成:试剂 1(R1)检测细胞、试剂 2(R2)对照细胞、试剂 3(R3)稀释液、试剂 4(R4)阳性对照和试剂 5(R5)阴性对照。(具体内容详见产品说明书)
适用范围:本产品用于体外定性或半定量检测人血清或血浆中的梅毒螺旋体抗体。
生产厂家:英国 Lab21 Healthcare Ltd.
注册代理:乐德行(北京)商贸有限公司
发证日期:2014. 12. 12 截止日期:2019. 12. 11

国械注进 20142405772

产品名称:乳酸测定试剂盒(乳酸氧化酶法)(Lactic Acid)
规格型号:试剂 1: 10×10 mL
性能组成:反应成分: 乳酸氧化酶, 过氧化物酶, 色原前体; 非反应成分: 包含缓冲液、填充剂和稳定剂。(具体内容详见说明书)
适用范围:乳酸项目该产品用于定量测定人血浆中的乳酸。
生产厂家:美国 Abbott Laboratories
注册代理:雅培贸易(上海)有限公司
发证日期:2014. 12. 12 截止日期:2019. 12. 11

国械注进 20142405773

产品名称:免疫球蛋白轻链 λ 测定试剂盒(免疫比浊法)(Lambda Light Chains)
规格型号:试剂 1:1×47 mL, 试剂 2:1×19 mL。
性能组成:反应成份:试剂 1: 磷酸盐缓冲液、聚乙二醇(PEG); 试剂 2: 三羟甲基氨基甲烷(TRIS)缓冲液、免疫球蛋白轻链 λ 多克隆抗体血清(山羊)。非反应成分: 试剂 1 含有稳定剂、洗涤剂和防腐剂叠氮钠; 试剂 2 含有稳定剂和防腐剂叠氮钠。(具体内容详见产品说明书)
适用范围:本产品用于体外定量测定血清或血浆中的结合及游离免疫球蛋白轻链 λ。
生产厂家:意大利 SENTINEL CH SpA
注册代理:雅培贸易(上海)有限公司
发证日期:2014. 12. 12 截止日期:2019. 12. 11

国械注进 20142405774

产品名称:免疫球蛋白轻链 κ 测定试剂盒(免疫比浊法)(Kappa Light Chains)
规格型号:试剂 1:1×46 mL, 试剂 2:1×20 mL。
性能组成:反应成分: 试剂 1: 磷酸盐缓冲液、聚乙二醇(PEG); 试剂 2: 三羟甲基氨基甲烷(TRIS)缓冲液、免疫球蛋白轻链 κ 多克隆抗体抗血清(山羊)。非反应成分: 试剂 1 含有稳定剂、洗涤剂和防腐剂叠氮钠; 试剂 2 含有稳定剂和防腐剂叠氮钠。(具体内容详见产品说明书)
适用范围:本产品用于体外定量测定血清或血浆中的结合及游离免疫球蛋白轻链 κ。
生产厂家:意大利 SENTINEL CH SpA
注册代理:雅培贸易(上海)有限公司
发证日期:2014. 12. 12 截止日期:2019. 12. 11

国械注进 20143405775

产品名称:白细胞分化抗原 CD25 检测试剂盒(流式细胞仪法)(IOTest CD25-PE)
规格型号:100 测试/瓶
性能组成:见附页。

适用范围:该荧光素标记的抗体可用于流式细胞术定性或定量检测人体生物标本中 CD25 的表达情况。
生产厂家:法国 Immunotech S.A.S (a Beckman Coulter Company)
注册代理:贝克曼库尔特商贸(中国)有限公司
发证日期:2014.12.12 **截止日期**:2019.12.11

国械注进 20143405776

产品名称:白细胞分化抗原 CD4 检测试剂盒(流式细胞仪法)(IOTest CD4-FITC)
规格型号:100 测试/瓶
性能组成:见附页。
适用范围:该荧光标记抗体用于流式细胞术定性和定量检测人体生物标本中的 CD4 的表达。
生产厂家:法国 IMMUNOTECH S.A.S (a Beckman Coulter Company)
注册代理:贝克曼库尔特商贸(中国)有限公司
发证日期:2014.12.12 **截止日期**:2019.12.11

国械注进 20143405777

产品名称:白细胞分化抗原 CD4 检测试剂盒(流式细胞仪法)(IOTest CD4-PE)
规格型号:100 测试/瓶
性能组成:见附页。
适用范围:该荧光标记抗体用于流式细胞术定性和定量检测人体生物标本中的 CD4 的表达。
生产厂家:法国 IMMUNOTECH S.A.S (a Beckman Coulter Company)
注册代理:贝克曼库尔特商贸(中国)有限公司
发证日期:2014.12.12 **截止日期**:2019.12.11

国械注进 20143405778

产品名称:白细胞分化抗原 CD45RO 检测试剂盒(流式细胞仪法)(CD45RO-PE)
规格型号:100 测试/瓶
性能组成:见附页。
适用范围:该荧光素标记的抗体,用于在流式细胞仪上检测和定量人细胞表面的 CD45RO 抗原。
生产厂家:法国 IMMUNOTECH S.A.S (a Beckman Coulter Company)
注册代理:贝克曼库尔特商贸(中国)有限公司
发证日期:2014.12.12 **截止日期**:2019.12.11

国械注进 20143405779

产品名称:前列腺酸性磷酸酶检测试剂盒(荧光磁微粒酶免法)(ST AIA-PACK PAP)
规格型号:100 测试
性能组成:抗前列腺酸性磷酸酶 (PAP) 鼠单克隆抗体固定化微球和抗前列腺酸性磷酸酶 (PAP) 鼠单克隆抗体碱性磷酸酶联标记结合物。(具体内容详见产品说明书)
适用范围:本品用于体外定量检测人血清或血浆样本中的前列腺酸性磷酸酶的浓度。
生产厂家:日本 Tosoh Corporation
注册代理:东曹(上海)生物科技有限公司
发证日期:2014.12.12 **截止日期**:2019.12.11

国械注进 20142405780

产品名称:类风湿因子校准液(Preciset RF)
规格型号:5×1ml
性能组成:活性成分:人血清中的类风湿因子 (RF); 非活性成分:羟乙基哌嗪乙磺酸(HEPES)缓冲液,牛血清白蛋白,氯化钠,防腐剂。(具体内容详见产品说明书)
适用范围:本产品用于类风湿因子检测的校准。
生产厂家:德国 Roche Diagnostics GmbH
注册代理:罗氏诊断产品(上海)有限公司
发证日期:2014.12.12 **截止日期**:2019.12.11

国械注进 20142405781

产品名称:总胆红素检测试剂盒(比色法)(Total Bilirubin liquid (TBILI))
规格型号:试剂1: 6 x 62 mL,试剂2: 6 x 19 mL; 试剂1: 6 x 250 mL,试剂2: 6 x 80 mL; 试剂1: 4 x 641 mL,试剂2: 4 x 182 mL
性能组成:试剂1: 乙酸钠缓冲液,氨基磺酸, 表面活化剂,增溶剂;试剂2: 盐酸,重氮基离子。(具体内容详见说明书)
适用范围:该产品用于定量测定成人和新生儿血清和血浆中总胆红素。
生产厂家:德国 Roche Diagnostics GmbH
注册代理:罗氏诊断产品(上海)有限公司
发证日期:2014.12.12 **截止日期**:2019.12.11

国械注进 20142405782

产品名称:可提取性核抗原 IgG 抗体检测试剂盒(酶联免疫吸附法)(Anti-ENA ProfilePlus 1 ELISA (IgG))
规格型号:EA 1590-1208-1 G: 96 人份/盒
性能组成:微孔板、标准品、酶结合物、样本缓冲液、清洗缓冲液、色原/底物液、终止液、靶值参照表。(具体内容详见产品说明书)
适用范围:该产品用于体外半定量检测人血清或血浆中抗下述 6 种抗原的免疫球蛋白 G 类自身抗体:nRNP/Sm、Sm、SS-A、SS-B、Scl-70 和 Jo-1。
生产厂家:德国 EUROIMMUN Medizinische Labordiagnostika AG
注册代理:欧蒙医学诊断(中国)有限公司
发证日期:2014.12.12 **截止日期**:2019.12.11

国械注进 20143405783

产品名称:结核感染 T 细胞检测试剂盒(免疫斑点法)(T-SPOT.TB)
规格型号:24 人份/盒
性能组成:微孔培养板、结核杆菌特异混合多肽 A、结核杆菌特异混合多肽 B、阳性质控、浓缩标记抗体、显色底物溶液、CD 光盘。(具体内容详见产品说明书)
适用范围:本产品用于检测并计数人新鲜外周静脉抗凝全血中的结核特异抗原刺激活化的效应 T 细胞。
生产厂家:英国 Oxford Immunotec Ltd.
注册代理:上海信长医疗器械有限公司
发证日期:2014.12.12 **截止日期**:2019.12.11

国械注进 20142405784

产品名称:抗谷氨酸脱羧酶抗体 IgG 检测试剂盒(酶联免疫吸附法)(Anti-GAD ELISA (IgG))
规格型号:EA 1022-9601 G: 96 人份/盒
性能组成:微孔板、标准品 1-6、阳性对照、阴性对照、GAD、GAD 缓冲液、酶结合物、酶结合物缓冲液、清洗缓冲液、色原/底物液、终止液、保护膜、靶值参考表。(具体内容详见产品说明书)
适用范围:该产品用于体外定量检测人血清或 EDTA 抗凝血浆中抗谷氨酸脱羧酶 (GAD) 抗体免疫球蛋白 G。
生产厂家:德国 EUROIMMUN Medizinische Labordiagnostika AG
注册代理:欧蒙医学诊断(中国)有限公司
发证日期:2014.12.12 **截止日期**:2019.12.11

国械注进 20142405785

产品名称:抗心磷脂抗体 IgG 检测试剂盒(酶联免疫吸附法)(Anti-Cardiolipin ELISA(IgG))
规格型号:EA 1621-9601 G: 96 人份/盒
性能组成:微孔板、标准品 1、标准品 2、标准品 3、阳性对照、阴性对照、酶结合物、样本缓冲液、清洗缓冲液、色原/底物液、终止液、靶值参照表。(具体内容详见产品说明书)
适用范围:该产品用于体外定量或半定量检测人血清或血浆中抗心磷脂抗体免疫球蛋白 G。
生产厂家:德国 EUROIMMUN Medizinische Labordiagnostika AG
注册代理:欧蒙医学诊断(中国)有限公司
发证日期:2014.12.12 **截止日期**:2019.12.11

国械注进 20142405786

产品名称:电解质参比液(ICT Reference Solution)
规格型号:2×2 L
性能组成:钠,钾,氯。(具体内容详见说明书)
适用范围:该产品与电解质检测电极块配合使用,定量测定人血清、血浆或尿液中的钠、钾和氯离子。
生产厂家:美国 Abbott Laboratories

注册代理:雅培贸易(上海)有限公司
发证日期:2014.12.12 **截止日期**:2019.12.11

国械注进 20142405787

产品名称:D-二聚体检测试剂盒(干式免疫散射色谱法)(NycoCard® D-dimer Single test)
规格型号:24 人份/盒
性能组成:检测装置(TD)、结合物(R1)、洗脱溶液(R2)、阳性质控液(C)。(具体内容详见说明书)
适用范围:本试剂盒用于体外定量检测人血浆中 D-二聚体的含量。
生产厂家:挪威 Axis-Shield PoC AS
注册代理:美艾利尔(中国)医疗器械有限公司
发证日期:2014.12.12 **截止日期**:2019.12.11

国械注进 20142405787

产品名称:D-二聚体检测试剂盒(干式免疫散射色谱法)(NycoCard® D-dimer Single test)
规格型号:24 人份/盒
性能组成:检测装置(TD)、结合物(R1)、洗脱溶液(R2)、阳性质控液(C)。(具体内容详见说明书)
适用范围:本试剂盒用于体外定量检测人血浆中 D-二聚体的含量。
生产厂家:挪威 Axis-Shield PoC AS
注册代理:美艾利尔(中国)医疗器械有限公司
发证日期:2014.12.12 **截止日期**:2019.12.11

国械注进 20143405788

产品名称:结核分枝杆菌 IgG 抗体检测试剂盒(胶体金法)(MP Diagnostics (MPD) ASSURE® TB Rapid Test)
规格型号:20 人份/盒
性能组成:结核分枝杆菌 IgG 抗体检测反应板、缓冲液、塑料加样管。(具体内容详见产品说明书)
适用范围:本产品用于定性检测人血清、血浆或全血中的结核分枝杆菌 IgG 抗体。
生产厂家:新加坡 MP Biomedicals Asia Pacific Pte Ltd
注册代理:安倍医疗器械贸易(上海)有限公司
发证日期:2014.12.12 **截止日期**:2019.12.11

国械注进 20143405789

产品名称:人类免疫缺陷病毒(HIV-1)核酸定量检测试剂盒(分子信标实时扩增检测法)(NucliSENS EasyQ® HIV-1 v2.0)
规格型号:48 测试/盒
性能组成:定量内标、定量内标稀释液、酶、酶稀释液、引物、引物稀释液。(具体内容详见产品说明书)
适用范围:该产品用于体外定量检测人类 EDTA 血浆和 EDTA 全血干血斑(DBS)中的 HIV-1 RNA 的浓度。
生产厂家:法国 bioMerieux SA
注册代理:梅里埃诊断产品(上海)有限公司
发证日期:2014.12.12 **截止日期**:2019.12.11

国械注进 20142405790

产品名称:尿液/脑脊液总蛋白检测试剂盒(比浊法)(Total Protein in Urine/Cerebrospinal Fluid(U/CSF Protein))
规格型号:试剂 1:6 x 20 mL,试剂 2:6 x 9 mL。
性能组成:试剂 - 工作溶液:试剂 1: 氢氧化钠、乙二胺四乙酸钠(EDTA-Na);试剂 2: 苄索氯铵。(具体内容详见产品说明书)
适用范围:该产品用于体外定量测定尿液和脑脊液中蛋白质。
生产厂家:德国 Roche Diagnostics GmbH
注册代理:罗氏诊断产品(上海)有限公司
发证日期:2014.12.12 **截止日期**:2019.12.11

国械注进 20142405791

产品名称:糖化血红蛋白 HbA1c 分析试剂盒(色谱-分光光度法)(HEMOGLOBIN A1C)
规格型号:COD 11044 20Tests、COD 11045 100Tests
性能组成:试剂 1:50mmol/L、pH 为 5.0 的苯二甲酸氢钾溶液;试剂 2:30mmol/L、pH 为 6.5 的磷酸缓冲液;0.95g/L 叠氮钠;试剂 3:72mmol/L、pH 为 6.5 的磷酸缓冲液;0.95g/L 叠氮钠;微柱:定量的用磷酸缓冲液平衡的阳离子交换树脂。
适用范围:用于测定血液中糖化血红蛋白 HbA1C 浓度。
生产厂家:西班牙 Biosystems S.A.
注册代理:重庆圣利安医疗设备有限公司
发证日期:2014.12.12 **截止日期**:2019.12.11

国械注进 20142405792

产品名称:心肌标记物质控物(Liquichek Cardiac Markers Plus Control)
规格型号:水平 1 6×3mL 水平 2 6×3mL 水平 3 6×3mL 三水平 6×3mL 三水平小包装 3×3mL
性能组成:本产品由人血清制备,添加了人和动物源组分,防腐剂和稳定剂。
适用范围:心肌标记物质控物是用于 CK-MB 同工酶,同型半胱氨酸,肌红蛋白和肌钙蛋白 I 的质量控制。
生产厂家:美国 Bio-Rad Laboratories, Inc.
注册代理:伯乐生命医学产品(上海)有限公司
发证日期:2014.12.12 **截止日期**:2019.12.11

国械注进 20143405793

产品名称:白细胞分化抗原 CD34/CD45 检测用质控品(流式细胞仪法)(Stem TrolTM Control Cells)
规格型号:10 测试/瓶
性能组成:Stem Trol 质控细胞悬浮于含有稳定剂和 BSA 的等渗溶液中。(具体内容详见产品说明书)
适用范围:该产品是一种质量控制产品,采用 CD45 和/或 CD34 单克隆抗体试剂和流式细胞计量术进行免疫表型分析。
生产厂家:法国 IMMUNOTECH S.A.S (a Beckman Coulter Company)
注册代理:贝克曼库尔特商贸(中国)有限公司
发证日期:2014.12.12 **截止日期**:2019.12.11

国械注进 20142405794

产品名称:全自动血红蛋白分析仪标准模式洗脱缓冲液(G7 HSi Elution Buffer NO.1(S)、G7 HSi Elution Buffer NO.2(S)、G7 HSi Elution Buffer NO.3(S))
规格型号:G7 HSi Elution Buffer NO.1(S):10 × 800mL; G7 HSi Elution Buffer NO.2(S):10 × 800mL; G7 HSi Elution Buffer NO.3(S):10 × 800mL。
性能组成:琥珀酸缓冲液、防腐剂:叠氮钠 < 0.05%。
适用范围:该产品与糖化血红蛋白分析系统配套使用,用于分离全血样本中糖化血红蛋白(s-A1c)进行定量测定。
生产厂家:日本 TOSOH CORPORATION
注册代理:希森美康医用电子(上海)有限公司
发证日期:2014.12.12 **截止日期**:2019.12.11

国械注进 20143405795

产品名称:A 群链球菌抗原检测试剂盒(胶体金法)(BinaxNOW Strep A Card)
规格型号:25 人份/盒
性能组成:检测卡:包被有亲和纯化的兔抗 A 群链球菌多克隆抗体、兔抗羊 IgG 多克隆抗体、胶体金标记的亲和纯化的兔抗 A 群链球菌多克隆抗体、胶体金标记的羊 IgG 多克隆抗体,抽提液 1,抽提液 2,阳性对照拭子。
适用范围:该产品用于定性检测咽拭子标本中的 A 群化脓性链球菌抗原。
生产厂家:美国 Alere Scarborough, Inc.
注册代理:美艾利尔(中国)医疗器械有限公司
发证日期:2014.12.12 **截止日期**:2019.12.11

国械注进 20142405796

产品名称:脑利钠肽前体检测用质控品(CARDIAC control proBNP)
规格型号:脑利钠肽前体检测用质控品 水平 I:1×1mL;脑利钠肽前体检测用质控品 水平 II:1×1mL。
性能组成:活性成分:人工合成的 N-端脑利钠肽前体(1-76)。
适用范围:该产品用于 N-端脑利钠肽前体定量检测质量控制。

生产厂家:德国 Roche Diagnostics GmbH
注册代理:罗氏诊断产品(上海)有限公司
发证日期:2014.12.12　截止日期:2019.12.11

国械注进 20142405797

产品名称:直接胆红素检测试剂盒(重氮比色法)(Direct bilirubin (D-BIL))
规格型号:试剂瓶 1: 2 x 8 mL, 试剂瓶 2: 6 x 70 mL, 试剂瓶 2a: 2 x 22 mL; 试剂瓶 1: 5 x 17 mL, 试剂瓶 2: 5 x 6 mL, 试剂瓶 2a: 1 x 3 mL。
性能组成:规格为"试剂瓶 1: 5 x 17 mL, 试剂瓶 2: 5x 6 mL, 试剂瓶 2a: 1 x 3 mL"的试剂组成成分: 试剂瓶 1: 乙二胺四乙酸 (EDTA)、氯化钠 (NaCl); 试剂瓶 2: 对氨基苯磺酸、盐酸; 试剂瓶 2a: 亚硝酸钠。 规格为"试剂瓶 1: 2 x 8 mL, 试剂瓶 2: 6 x 70 mL, 试剂瓶 2a: 2 x 22 mL"的试剂组成成分: 试剂瓶 1: 乙二胺四乙酸 (EDTA); 试剂瓶 2: 对氨基苯磺酸、盐酸; 试剂瓶 2a: 亚硝酸钠。 (具体内容详见产品说明书)
适用范围:该产品用于体外定量测定人血清和血浆中直接胆红素。
生产厂家:德国 Roche Diagnostics GmbH
注册代理:罗氏诊断产品(上海)有限公司
发证日期:2014.12.12　截止日期:2019.12.11

国械注进 20142405798

产品名称:肌酸激酶同工酶检测试剂盒(酶比色法)(Creatine Kinase-MB liquid(CK-MB))
规格型号:试剂 1: 6x 20 mL; 试剂 2: 6x 5 mL; 试剂 1: 6x 66 mL; 试剂 2: 6x 16 mL; 试剂 1: 12x 22mL; 试剂 2: 6x 10 mL。
性能组成:试剂 1: 咪唑缓冲液、乙二胺四乙酸 (EDTA)、镁 (Mg2+)、二磷酸腺苷 (ADP)、一磷酸腺苷 (AMP)、二腺苷五磷酸、烟酰胺腺嘌呤二核苷酸磷酸 (NADP) (酵母)、N-乙酰半胱氨酸、己糖激酶 (HK) (酵母)、葡萄糖-6-磷酸脱氢酶 (G6P-DH) (大肠杆菌)、防腐剂、稳定剂、添加剂; 试剂 2 : 3-环己胺基－2－羟基-1-丙磺酸 (CAPSO) 缓冲液、葡萄糖、镁 (Mg2+)、乙二胺四乙酸 (EDTA)、磷酸肌酸、4 单克隆抗-肌酸激酶 M 亚基 (CK-M) 抗体 (鼠源)、防腐剂、稳定剂、添加剂。 (具体内容详见产品说明书)
适用范围:该产品用于定量测定人血清、血浆中的肌酸激酶同功酶。
生产厂家:德国 Roche Diagnostics GmbH
注册代理:罗氏诊断产品(上海)有限公司
发证日期:2014.12.12　截止日期:2019.12.11

国械注进 20142405799

产品名称:肌酐测定试剂盒(肌氨酸氧化酶法)(Creatinine(Enzymatic))
规格型号:试剂 1 (R1): 4×45mL, 试剂 2 (R2): 4×15mL。
性能组成:两性离子缓冲液 (Good·s 缓冲液, 肌酸酶, 肌氨酸氧化酶, N- (3- 磺丙基) -3-甲氧基-5-甲基苯胺 (HMMPS), 肌酸酐酶, 过氧化物酶, 4-氨基安替吡啉, 防腐剂。(具体内容详见说明书)
适用范围:本产品用于体外定量检测人血清、血浆和尿液中的肌酐浓度。
生产厂家:爱尔兰 Beckman Coulter Ireland Inc.
注册代理:贝克曼库尔特商贸(中国)有限公司
发证日期:2014.12.12　截止日期:2019.12.11

国械注进 20142405800

产品名称:抗脱氧核糖核酸酶 B 检测试剂盒(免疫比浊法)(Antideoxyribonuclease B)
规格型号:150 测试/盒
性能组成:脱氧核糖核酸酶 B (DNB) 抗原, 叠氮化钠, 用于系统性能优化的非反应性物质。(具体内容详见说明书)
适用范围:本产品用于体外定量检测人血清中的脱氧核糖核酸酶 B(DNB) 抗体含量。
生产厂家:美国 Beckman Coulter, Inc.
注册代理:贝克曼库尔特商贸(中国)有限公司
发证日期:2014.12.12　截止日期:2019.12.11

国械注进 20142405801

产品名称:尿免疫球蛋白 G 检测试剂盒(免疫比浊法)(Urine Immunoglobulin G)
规格型号:150 测试/盒
性能组成:免疫球蛋白 G (IGU) 抗体, 免疫球蛋白 G (IGU) 抗原过剩溶液, 叠氮化钠, 用于系统性能优化的非反应性物质。(具体内容详见说明书)
适用范围:本产品用于体外定量测定人尿液中的免疫球蛋白 G(IGU) 含量。
生产厂家:美国 Beckman Coulter, Inc.
注册代理:贝克曼库尔特商贸(中国)有限公司
发证日期:2014.12.12　截止日期:2019.12.11

国械注进 20142405802

产品名称:卡马西平检测试剂盒(均相酶免疫测定法)(Carbamazepine)
规格型号:100 测试; 试剂 1: 2 x 18 mL, 试剂 2: 2 x 18 mL; 试剂 1: 1 x 37 mL, 试剂 2: 1 x 38 mL。
性能组成:试剂 1 : 卡马西平生物素化半抗原、2- (N-吗啉代) 乙基磺酸 (MES) 缓冲液、防腐剂、表面活性剂; 试剂 2 : 抗卡马西平抗体 (小鼠单克隆)、链霉亲合素包覆的胶乳微粒、N- (2-羟乙基) 哌嗪-N'- (2-乙基磺酸) (HEPES) 缓冲液、防腐剂。 (具体内容详见产品说明书)
适用范围:该产品用于体外定量测定人血清和血浆中的卡马西平。
生产厂家:德国 Roche Diagnostics GmbH
注册代理:罗氏诊断产品(上海)有限公司
发证日期:2014.12.12　截止日期:2019.12.11

国械注进 20142225803

产品名称:生物显微镜(Microscope)
规格型号:ECLIPSE Ni-E, ECLIPSE Ni-U
性能组成:该产品由主机、调焦机构(粗/微调机构)、目镜筒及目镜、物镜、物镜转换器、聚光镜、载物台、控制盒、预制中光纤照明灯 (型号: C-HGFI) 组成。
适用范围:该产品适用于明场、暗场、荧光、相衬、偏光、微分干涉显微术及显微摄影术, 用于细胞及微生物活动的科学研究, 在医疗部门用于病理研究或标本检测。
生产厂家:日本 Nikon Corporation
注册代理:尼康仪器(上海)有限公司
发证日期:2014.12.12　截止日期:2019.12.11

国械注进 20142225804

产品名称:内窥镜摄像系统(Endoscopy Video Camera Systems)
规格型号:E4
性能组成:该产品由主机 (175W 氙灯和摄像系统)、电源线和脚踏开关组成。
适用范围:该产品用于将内窥镜的目视影像转换为视频影像, 为内窥镜提供光源。
生产厂家:美国 Endo Optiks, Inc.
注册代理:同科林医疗仪器(上海)有限公司
发证日期:2014.12.12　截止日期:2019.12.11

国械注进 20142545805

产品名称:腹腔镜用气腹机(Insufflator for laparoscopy)
规格型号:F102、F104
性能组成:气腹机由主机、过滤器及连接管路组成。管路: Z1415-01, 可重复使用, 带加热器插头; Z0452-01, 可重复使用; Z1422-01, 一次性使用。过滤器: Z0536-01。
适用范围:本气腹机用于诊断或治疗性腹腔镜检查过程中的腹腔内的 CO_2 注气。
生产厂家:德国 W.O.M. World of Medicine GmbH
注册代理:LEMKE(北京)贸易有限公司
发证日期:2014.12.12　截止日期:2019.12.11

国械注进 20142235806

产品名称:超声探头(Ultrasound probe)
规格型号:8LA-SC、30CL60
性能组成:见附页
适用范围:本产品配合彩色影像型超声诊断设备(型号:eZono 3000)一起使用, 用于人体超声诊断设备。

生产厂家:德国 eZono AG
注册代理:北京恒润泰医药科技有限公司
发证日期:2014.12.12 **截止日期**:2019.12.11

国械注进 20142555807

产品名称:动力系统(Dental Drill System)
规格型号:iCHIROPRO
性能组成:主机、iPad托架、MX-i LED马达、马达管线、手机CA20:1 L、3钮脚踏开关、支架、一次性输水管、输水管卡子、马达座、螺丝刀。
适用范围:该产品适用于牙科种植。
生产厂家:瑞士 Bien-Air Dental SA
注册代理:北京彼岸医疗器械技术服务有限公司
发证日期:2014.12.12 **截止日期**:2019.12.11

国械注进 20142215808

产品名称:电磁辅助刺激仪(商品名:Orthopulse)(BONE GROWTH STIMULATOR)
规格型号:Orthopulse III
性能组成:该产品 Orthopulse III 由病人装置(型号919135E)、电池盒(型号919230)、长距离捆绑带(型号919832)及骨治疗圈(A型919330、B型919331、C型919332、S型919335、4.5cm型919435和6cm型919436)组成。
适用范围:该产品适用于骨长时间不愈合、骨不能愈合等症状及不成功关节手术的骨修复,还用于初次骨折的治疗。仅适用于长骨、锁骨、舟股、踝骨骨折和骨骼发育完整的成年人。
生产厂家:荷兰 Ossatec Benelux B.V.
注册代理:南京纳德商贸有限公司
发证日期:2014.12.12 **截止日期**:2019.12.11

国械注进 20142215809

产品名称:除颤电极(Defibrillation Electrodes)
规格型号:见附页
性能组成:该产品由电极片,导联线和插头组成。
适用范围:该产品可在体外除颤、复律和起搏中使用。
生产厂家:奥地利 Leonhard Lang GmbH
注册代理:捷通埃默高(北京)医药科技有限公司
发证日期:2014.12.12 **截止日期**:2019.12.11

国械注进 20142225810

产品名称:光学相干断层扫描仪(3D Optical Coherence Tomography)
规格型号:DRI OCT-1
性能组成:该产品由主机、电源及颌托部组成。
适用范围:该产品提供眼底像和视网膜断层像。
生产厂家:日本株式会社拓普康(株式会社トプコン)
注册代理:北京拓普康商贸有限公司
发证日期:2014.12.12 **截止日期**:2019.12.11

国械注进 20142565811

产品名称:产床(Delivery bed)
规格型号:OPTIMA
性能组成:产床由床架、手持控制单元、快速释放装置、中央刹车脚踏板、脚轮、拉出盆和脚托组成。
适用范围:本产品适用于医院的产房和产科病房中使用。
生产厂家:芬兰 Merivaara Corp.
注册代理:北京金协信商贸有限责任公司
发证日期:2014.12.12 **截止日期**:2019.12.11

国械注进 20142225812

产品名称:眼压计(Tonometer)
规格型号:TA01i
性能组成:眼压计由眼压计(TA01i)和探测头(TP01)组成。探测头为一次性使用,非无菌包装。
适用范围:此产品临床适用于眼压的测量。
生产厂家:芬兰 Icare Finland Oy
注册代理:沈阳市银海医疗用品有限公司
发证日期:2014.12.12 **截止日期**:2019.12.11

国械注进 20142585813

产品名称:血液冷藏箱(Blood Storage Refrigerator)
规格型号:REB404V, REB1204V, REB2304V, REB3004V, REB5004V
性能组成:由箱体、制冷系统、控制系统(含报警系统)和用于储存样品的抽屉及抽屉支架配件组成。不同型号差异见附件。
适用范围:该设备供医院和血站储存血液。
生产厂家:美国 Thermo Fisher Scientific (Asheville) LLC
注册代理:赛默飞世尔(上海)仪器有限公司
发证日期:2014.12.12 **截止日期**:2019.12.11

国械注进 20142225814

产品名称:数码耳镜(デジタルメデイカルスコープ)
规格型号:DS-10E
性能组成:数码耳镜由控制单元、镜头、耳套、充电底座、AV接口线、USB接口线、电源适配器、电池以及脚踏开关(可选)组成。调焦范围为5mm~50mm。
适用范围:本产品用于对耳道进行观察与拍摄。
生产厂家:日本尼德克株式会社
注册代理:日本尼德克株式会社北京代表处
发证日期:2014.12.12 **截止日期**:2019.12.11

国械注进 20142225815

产品名称:数码皮肤镜(デジタルメデイカルスコープ)
规格型号:DS-10D
性能组成:数码皮肤镜由控制单元、皮肤镜镜头、充电底座、连接线(AV接口线、USB接口线)、电源适配器、电池和脚踏开关(可选)组成。
适用范围:本产品适用于对皮肤进行观察与拍摄。
生产厂家:日本尼德克株式会社
注册代理:日本尼德克株式会社北京代表处
发证日期:2014.12.12 **截止日期**:2019.12.11

国械注进 20142225816

产品名称:光学相干断层扫描仪(Optical coherence tomography system)
规格型号:RTVue XR
性能组成:该产品由OCT主体和CAM模组组成。OCT主体由光学部件、电源、操纵杆和和三维位移机架(含头托、颚托)构成,其中光学部件由光源、照明光学系统、分光器、成像光学系统和CCD接收器构成。CAM模组:角膜透镜适配器CAM。
适用范围:该产品为光学相干断层扫描系统,适用于视网膜、视神经纤维层、视盘的成像与测量,添加CAM透镜模组后可用于眼角膜和眼前节结构的成像与测量。
生产厂家:美国 Optovue, Inc.
注册代理:同科林医疗仪器(上海)有限公司
发证日期:2014.12.12 **截止日期**:2019.12.11

国械注进 20142225817

产品名称:喉镜(Laryngoscope)
规格型号:见附页
性能组成:产品由手柄、灯泡、窥视片和光纤更换导管组成(光纤更换导管仅限部分型号)。主要性能:照度应不低于4200lux;窥视片与手柄结合/分离力范围10N至45N;手柄与窥视片连接处的缝隙<0.28 mm。
适用范围:该产品是对喉头直接观察和进行检查的辅助工具。
生产厂家:德国 Kirchner & Wilhelm GmbH + Co.KG
注册代理:优诺康(北京)医药技术服务有限公司
发证日期:2014.12.12 **截止日期**:2019.12.11

国械注进 20142215818

产品名称:经皮电神经刺激器(商品名:HiCare-LADY)(Period Pain Reliever)
规格型号:EVE1010
性能组成:本产品由主机(振荡器、扩大器、输出功率调节器,电源装置、安全装置)、电极垫、电极线、充电电线组成。
适用范围:该产品通过电极向下腹部施加低频电流,缓解原发性生理痛。

生产厂家:韩国 Womens Care
注册代理:北京在信新商贸有限公司
发证日期:2014.12.12 截止日期:2019.12.11

国械注进 20142405819

产品名称:血液分析仪(Hematology Analyzer)
规格型号:Pentra DX Nexus
性能组成:该产品由主机组成,其中包含有进样架、进样架接受盘、试剂室、手动进样装置、控制面板、LCD显示器及软件组件。
适用范围:该产品主要用于对全血样品进行细胞分类和计数。
变更情况:变更日期:2015.02.02。"代理人住所:上海市外高桥保税区富特东一路438号天马大楼5楼D部位"变更为"代理人住所:中国(上海)自由贸易试验区富特东一路438号天马大楼5楼D部位"。
生产厂家:法国 HORIBA ABX SAS
注册代理:堀场(中国)贸易有限公司
发证日期:2014.12.12 截止日期:2019.12.11

国械注进 20142405820

产品名称:血液分析仪(Hematology Analyzer)
规格型号:Pentra DF Nexus
性能组成:该产品由主机组成,其中包含有进样架、进样架接受盘、试剂室、手动进样装置、控制面板、LCD显示器及软件组件。
适用范围:该产品主要用于对全血样本进行细胞分类和计数。
变更情况:变更日期:2015.02.02。"代理人住所:上海市外高桥保税区富特东一路438号天马大楼5楼D部位"变更为"代理人住所:中国(上海)自由贸易试验区富特东一路438号天马大楼5楼D部位"。
生产厂家:法国 HORIBA ABX SAS
注册代理:堀场(中国)贸易有限公司
发证日期:2014.12.12 截止日期:2019.12.11

国械注进 20142405821

产品名称:酶免分析加样系统(Microlab STAR)
规格型号:Microlab STAR、Microlab STAR let、Microlab STAR Venus、Microlab STAR let Venus。
性能组成:工作站由加样臂、加样通道、加样尖或加样针、载架、废尖容器组成。(具体内容详见产品说明书)
适用范围:本产品用于酶联免疫吸附试验中加入抗原、抗体、酶或底物等,以进行相应的免疫反应或酶的催化反应。
生产厂家:瑞士 Hamilton Bonaduz AG.
注册代理:烟台澳斯邦生物工程有限公司
发证日期:2014.12.12 截止日期:2019.12.11

国械注进 20142225822

产品名称:半硬性气管插管镜(Retromolar Intubation Endoscopes)
规格型号:见附页
性能组成:该产品由光学内窥镜及氧气接口组成。
适用范围:该产品适用于经口腔磨牙后的气管内插管和检查。
生产厂家:德国 Karl Storz GmbH & Co. KG
注册代理:卡尔史托斯内窥镜(上海)有限公司
发证日期:2014.12.12 截止日期:2019.12.11

国械注进 20142405823

产品名称:全自动尿液分析仪(cobas u 601 urine analyzer)
规格型号:u 601
性能组成:水容器,废液容器、仪器主机(包括仪器开关、出样缓冲区、阅读器、试纸盒舱、进样缓冲区、固体废料容器)、样本架、触摸屏和软件。
适用范围:尿液分析物(包括pH、白细胞、亚硝酸盐、蛋白质、葡萄糖、尿酮体、尿胆原、胆红素、红细胞)以及比重、颜色和浊度的体外定性或半定量测定。
生产厂家:德国 Roche Diagnostics GmbH
注册代理:罗氏诊断产品(上海)有限公司
发证日期:2014.12.12 截止日期:2019.12.11

国械注进 20142555824

产品名称:牙科马达(Dental motors)
规格型号:RC-25E RM
性能组成:该产品由气动马达机身、O型圈、接口、马达组成。
适用范围:该产品在牙科修复和牙病预防时,与牙科手机配套使用,用于驱动手机旋转。
生产厂家:奥地利 W&H Dentalwerk Bürmoos GmbH
注册代理:达质医疗器械(上海)有限公司
发证日期:2014.12.12 截止日期:2019.12.11

国械注进 20142545825

产品名称:气腹机系统(Insufflator)
规格型号:见附页
性能组成:本系统由气腹机主机、气腹管、气体过滤器、电源线、高压管和低压管组成。
适用范围:适用于腹腔镜检查和手术中,利用CO2生成和维持腹腔积气,扩大手术视野。
生产厂家:德国 Karl Storz GmbH & Co. KG
注册代理:卡尔史托斯内窥镜(上海)有限公司
发证日期:2014.12.12 截止日期:2019.12.11

国械注进 20142405826

产品名称:微阵列芯片扫描系统(SureScan Dx Microarray Scanner System)
规格型号:G5761A
性能组成:该产品由微阵列扫描仪、24个芯片夹、配有恢复软件的CD的计算机工作张、电源线和网线、安装的 Agilent 微阵列扫描控制软件和安装的 Agilent 安装验证工具软件组成。
适用范围:该产品用于测量杂交到微阵列芯片上的来源于人体样本目标核酸(DNA或RNA)上标记的荧光信号。
生产厂家:新加坡 Agilent Technologies, Singapore Pte.Ltd.
注册代理:安捷伦科技(中国)有限公司
发证日期:2014.12.12 截止日期:2019.12.11

国械注进 20142215827

产品名称:温度感觉分析仪(Thermal Sensory Analyzer)
规格型号:Q-Sense
性能组成:该产品由主机、电源、反应单元、热电极探头和应用软件组成。
适用范围:该产品是一种疼痛管理和疼痛研究系统,用于小神经纤维功能紊乱的定量评估。设备会对诸如冷感及热感和由于过热致痛的感应阈值进行测量。
生产厂家:以色列 MEDOC LTD ADVANCED MEDICAL SYSTEMS
注册代理:上海本迪医疗器械有限公司
发证日期:2014.12.12 截止日期:2019.12.11

国械注进 20142225828

产品名称:电子麻醉喉镜(C-MAC S Video Laryngoscope)
规格型号:见附页
性能组成:本产品由成像手柄(内置LED光源)、一次性窥视片(环氧乙烷灭菌)组成。
适用范围:本产品适用于气管内插管和口咽喉部位的检查,需配合 KARL STORZ 公司生产的内窥镜图像显示系统或内窥镜摄像系统及显示器。
生产厂家:德国 Karl Storz GmbH & Co. KG
注册代理:卡尔史托斯内窥镜(上海)有限公司
发证日期:2014.12.12 截止日期:2019.12.11

国械注进 20142545829

产品名称:静脉滴注控制设备(商品名:Drip Eye)(医薬品注入コントローラ)
规格型号:NE-1
性能组成:由主机和适配器组成。
适用范围:与特定的输液器配合使用,用于控制输液过程中的输液流速和流量。
生产厂家:日本株式会社パラマ・テック
注册代理:赫升瑞(中国)企业管理有限公司
发证日期:2014.12.12 截止日期:2019.12.11

国械注进 20142235830

产品名称:超声诊断仪(Diagnostic Ultrasound Equipment)
规格型号:Vscan with Dual Probe
性能组成:本产品包含以下组成:a)设备包括可操作主机和永久连接的双面探头 (G3S 和 G8L), 和电池; b)MicroSD 卡(包括备份软件和预设信息); c)充电基座(dockingstation); d)AC/DC 电源适配器; e)CD 文档(包括用户手册) 和快速操作入门卡; f)软包。以下部件可以单独采购: a)电池; b)AC/DC 电源适配器; c) 软包; d)充电基座(docking station)。以下附属配件并非为标配部件，但是可以单独采购:a)Gateway 工作站软件安装光盘; b)携带软包; c)电池充电盒; d)USB 数据线; e)可存储数据的 MicroSD 卡; f)设备保护壳(Protective cover)
适用范围:该超声诊断仪用于超声诊断成像。G3S (深扫描探头) 作用于体表皮肤，临床应用部位包括: 心脏 (心脏、主动脉)，腹部 (肝脏、肾脏、胆囊、脾脏、泌尿系统、选择性外周血管)，产科 (产科/妇科)，胸廓/胸膜运动，液体检测。G8L (浅扫描探头) 作用于体表皮肤，临床应用部位包括: 血管 (外周经脉、动脉)，小器官 (不包含眼部)，儿科，常规肌骨 (长骨、髋关节和膝关节)，胸廓/胸膜运动，液体检测。选择性外周血管指下腔静脉、肝脏血管、股血管和隐静脉血管。
生产厂家:挪威 GE Vingmed Ultrasound AS
注册代理:通用电气医疗系统贸易发展(上海)有限公司
发证日期:2014.12.12 **截止日期**:2019.12.11

国械注进 20142405831

产品名称:血糖仪(Blood Glucose Test Meter)
规格型号:G400
性能组成:由血糖仪和软件组成
适用范围:该产品用于体外定量检测新鲜毛细血管全血和新鲜静脉血中的血糖浓度水平。
生产厂家:韩国 CERAGEM MEDISYS Inc.
注册代理:喜来健医疗器械(北京)有限公司
发证日期:2014.12.12 **截止日期**:2019.12.11

国械注进 20142225832

产品名称:插入形状观测探头(挿入形状観測プローブ)
规格型号:MAJ-1878
性能组成:本产品由主体-插入形状观测探头(MAJ-1878)和附件-卡锁(MAJ-961)组成。磁感应强度:163A/m 以下(0.00204T 以下)。源线圈阻抗:80±10Ω。
适用范围:本产品与内镜插入形状观测装置及内镜配套使用，根据插入形状观测探头的位置信息，可实现以图像形式显示内镜的插入状态。
生产厂家:日本奥林巴斯医疗株式会社
注册代理:奥林巴斯贸易(上海)有限公司
发证日期:2014.12.12 **截止日期**:2019.12.11

国械注进 20143245833

产品名称:激光牙科治疗仪(Dental laser equipment)
规格型号:GENIUS 9SDL
性能组成:激光牙科治疗仪由 Nd:YAG 激光器、光纤 (N600T) 和手柄、电源及控制装置、安全防护装置、脚踏开关装置和冷却系统组成。性能: 激光波长 1064nm，误差±5nm; 激光脉冲宽度 200-400μs 之间，不可调; 激光脉冲重复频率 40-60Hz 之间，不可调。
适用范围:该产品适用于外科手术中，口腔内软组织的治疗。
生产厂家:丹麦 Genius Periodental A/S
注册代理:捷通埃默高(北京)医药科技有限公司
发证日期:2014.12.12 **截止日期**:2019.12.11

国械注进 20143245834

产品名称:二氧化碳激光治疗机(CO2 Laser System)
规格型号:Pixel CO2
性能组成:该产品由二氧化碳激光器、激光器电源与控制装置、导光系统及瞄准装置、冷却系统、脚踏开关组成。性能参数详见产品标准。
适用范围:该产品临床适用于对人体组织的汽化、碳化、凝固和照射，以达到治疗的目的。
生产厂家:以色列 Alma Lasers Ltd
注册代理:以色列飞顿激光有限公司北京代表处
发证日期:2014.12.12 **截止日期**:2019.12.11

国械注进 20143255835

产品名称:高频电刀(High Frequency Unit GN640)
规格型号:GN640
性能组成:本产品仅为高频电刀主机部分，高频输出频率为 447KHz(1±10%)。产品的工作模式有: 单极切割、单极凝血、双极切割、双极凝血。
适用范围:产品与高频电刀附件配合使用，用于单极和双极的电切和电凝。
生产厂家:德国 Aesculap AG
注册代理:贝朗医疗(上海)国际贸易有限公司
发证日期:2014.12.12 **截止日期**:2019.12.11

国械注进 20142305836

产品名称:骨密度仪(X-Ray Bone Densitometer)
规格型号:Discovery A, Discovery SL, Discovery C, Discovery Ci, Discovery W, Discovery Wi
性能组成:见附页
适用范围:用于测量患者骨密度。
生产厂家:美国 Hologic, Inc.
注册代理:北京好乐杰医疗器械有限公司
发证日期:2014.12.12 **截止日期**:2019.12.11

国械注进 20142555837

产品名称:高速气涡轮手机(歯科用ガス圧式ハンドピース)
规格型号:见附页
性能组成:该产品由高速气涡轮手机和软管连接件 (型号: PTL-CL-LED、PTL-CL-LEDⅢ、FM-CL-M4) 组成。性能: 1)夹头形式均为按钮式; 2)提供水气冷却; 3)空载转速及手机配合使用的软管连接件见附页。
适用范围:该产品用于口腔科钻、磨牙手术用。
生产厂家:日本中文名称: 株式会社 中西/原文名称: 株式会社ナカニシ
注册代理:上海磐速克国际贸易有限公司
发证日期:2014.12.12 **截止日期**:2019.12.11

国械注进 20143225838

产品名称:肾镜(Nephroscopes)
规格型号:8965.401、8965.411、8968.421
性能组成:该产品由肾镜组成。
适用范围:该产品用于肾脏检查和治疗过程中观察成像
生产厂家:德国 Richard Wolf GmbH
注册代理:北京德华信达技术有限公司
发证日期:2014.12.12 **截止日期**:2019.12.11

国械注进 20142555839

产品名称:高速气涡轮手机(歯科用ガス圧式ハンドピース)
规格型号:见附页
性能组成:该产品由高速气涡轮手机组成。性能: 1)夹头形式均为按钮式; 2)提供水气冷却; 3)供气压力及空载转速见附页。
适用范围:该产品用于口腔科钻、磨牙手术用。
生产厂家:日本中文名称: 株式会社 中西/原文名称: 株式会社ナカニシ
注册代理:上海磐速克国际贸易有限公司
发证日期:2014.12.12 **截止日期**:2019.12.11

国械注进 20142215840

产品名称:诊断型听力计(Diagnostic Audiometer)
规格型号:AD229e/AD229b/AD226
性能组成:AD229b/AD229e 为 2 型纯音听力计、B 型或 B-E 型言语测听设备产品由主机、电源线、患者应答器、鹅颈麦克风、DD45 耳机、TDH39 耳机(选配)、Eartone5A 插入式耳机(选配)、CIR33 插入式耳机(选配)、HDA200 耳机(选配)、B71 骨导耳机、监听耳机(选配)、USB 数据线、DiagnosticSuite 诊断套件软件(选配)组成。AD226 为 3 型纯音听力计，无言语测试功能。产品由主机、电源线、患者应答器、DD45 耳机、TDH39 耳机(选配)、Eartone 5A 插入式耳机(选配)、CIR33 插入式耳机(选配)、B71 骨导耳机、USB 数据线(可选)、Diagnostic Suite 诊断套件软件(选配)组成。
适用范围:用于人耳听力损失的诊断。
生产厂家:丹麦国际听力设备公司
注册代理:奥迪康国际贸易(上海)有限公司
发证日期:2014.12.12 截止日期:2019.12.11

国械注进 20142225841

产品名称:生物显微镜(Microscope)
规格型号:Axio Lab.A1
性能组成:见附页。
适用范围:产品适合应用于生物和医学领域，可用于观察人体血液和/或组织样本。
生产厂家:德国 Carl Zeiss Microscopy GmbH
注册代理:卡尔蔡司(上海)管理有限公司
发证日期:2014.12.12 截止日期:2019.12.11

国械注进 20143215842

产品名称:植入式心脏起搏器(商品名:Sustain XL)(Pulse Generator)
规格型号:PM2134, PM2136, PM1134, PM1136
性能组成:由植入式心脏起搏器的脉冲发生器和扭矩扳手组成。
适用范围:用于治疗心律失常。
生产厂家:美国 St. Jude Medical Cardiac Rhythm Management Division
注册代理:圣犹达医疗用品(上海)有限公司
发证日期:2014.12.12 截止日期:2019.12.11

国械注进 20142215843

产品名称:中心工作站(Clinical Information Center)
规格型号:CARESCAPE Central Station
性能组成:该产品由主机(MP100D)、记录器(PRN 50-M+)和 CARESCAPE Central Station 软件。CARESCAPE Central Station 软件安装在中心工作站主机，该软件包括：临床应用模块(Clinical Package)、操作平台模块(Platform)、服务模块(Service Package)。
适用范围:该产品需要在持有执照的医疗保健从业人员的直接监督下使用,预期在医院或临床环境中向临床医生提供成人、小儿及新生儿患者数据。该产品可以通过网络收集、显示并打印患者数据，包括患者的人口统计数据、生理信息、波形、报警通告和/或其他通过监护仪和遥测系统获取的非医疗信息。生理参数和波形包括心电图(ECG)、脉搏血氧饱和度(Sp02)、有创血压(IBP)及无创血压(NIBP)、阻抗呼吸(RR)、呼吸机(VNT)、二氧化碳(CO2)、氧气(O2)、质谱法(Gas)、体温(Temp)和脑电双频指数(BIS)。该产品可显示通过床旁和遥测系统获取的患者逐次心搏数据，源自患者数据的参数值可进行计算、显示和打印。病人监护仪和遥测系统的设定值可调整。
生产厂家:美国 GE Medical Systems Information Technologies, Inc.
注册代理:通用电气医疗系统贸易发展(上海)有限公司
发证日期:2014.12.12 截止日期:2019.12.11

国械注进 20143225844

产品名称:电子鼻咽喉镜(Flexible Video-Rhino-Laryngoscope)
规格型号:11101VP
性能组成:该产品由电子鼻咽喉镜，摄像视频连接线(20213070)组成。分辨率≥14lp/mm，视场角 90°，可清晰观察范围 1-100mm。
适用范围:该产品适用于鼻咽喉部位的检查、诊断，不能与高频手术附件配合使用。
生产厂家:德国 Karl Storz GmbH & Co. KG
注册代理:卡尔史托斯内窥镜(上海)有限公司
发证日期:2014.12.08 截止日期:2019.12.07

国械注进 20142405845

产品名称:全自动糖化血红蛋白分析仪(商品名:ADAMS A1c)(Automatic Glycohemoglobin Analyzer)
规格型号:HA-8180
性能组成:由主机、进样器(带采血管搅拌部)、配件、软件组成。
适用范围:该产品用于检测稳定型 HbA1c、HbF 及其组分。
生产厂家:日本 ARKRAY Factory, Inc.
注册代理:爱科来国际贸易(上海)有限公司
发证日期:2014.12.12 截止日期:2019.12.11

国械注进 20143405846

产品名称:全自动血型及配血分析系统(ORTHO AutoVue Innova)
规格型号:Ortho AutoVue Innova
性能组成:该产品由设备、液体系统和个人计算机部件组成。设备主要部件包括：试机卡抓取器臂、自动移液系统、稀释器、样本转子、试剂转子、37℃孵育器、室温保持区 (RTHA)、不搅拌试剂区域、打孔器、自动读取器、离心机、不可判定试剂卡贮存区 (CASUNCA)、定标盘、试剂卡抽屉、机载软件。
适用范围:该产品用于利用 ORTHO BioVue® 系统(BioVue)卡技术和数字图像处理，对人血进行自动体外免疫血液学检验。可以作为独立的仪器，或者与用户的实验室仪器系统(LIS)连接。
生产厂家:美国 Ortho-Clinical Diagnostics, Inc.
注册代理:强生(上海)医疗器材有限公司
发证日期:2014.12.12 截止日期:2019.12.11

国械注进 20142225847

产品名称:冷光源(Linvatec Xenon Light Source)
规格型号:LS7700
性能组成:产品由主机(LS7700)组成，可与型号 LG1050 光纤配用。
适用范围:用于在内窥镜手术中与内窥镜配合使用，为手术提供照明。
生产厂家:美国林弗泰克公司 d/b/a 康美林弗泰克
注册代理:康美林弗泰克(北京)医疗器械有限公司
发证日期:2014.12.12 截止日期:2019.12.11

国械注进 20142225848

产品名称:数字眼底照相机(デジタル眼底カメラ)
规格型号:CX-1
性能组成:由 CX-1 主机、数码相机、电源线、外部眼定影指示灯、视频电缆，以及可选件内部眼定影目标、立体单元组成。
适用范围:不接触受检眼部，通过瞳孔观察眼底，进行拍照或记录，为诊断提供眼底图像信息。
生产厂家:日本佳能公司. キヤノン株式会社
注册代理:佳能(中国)有限公司
发证日期:2014.12.12 截止日期:2019.12.11

国械注进 20142235849

产品名称:超声诊断仪(Diagnostic Ultrasound Equipment)
规格型号:Vscan
性能组成:本产品包含以下组成：a) 设备包括可操作主机和永久连接的探头 (G3S)，和电池；b) Micro SD 卡(包括备份软件和控制单元的预设信息)；c) Vscan 充电基座(Vscan docking station)；d) AC/DC 电源适配器；e)Vscan Gateway 工作站软件安装光盘；f) CD 文档(包括用户手册）和快速操作入门卡；g) 软包；h) USB 数据线；i)可存储数据的 Micro SD 卡。以下系统部件可以单独采购:a) 可存储数据的 Micro SD 卡；b) USB 数据线；c) 电池；d) AC/DC 电源适配器；e) 软包；f) Vscan 充电基座。以下附属配件并非为系统标配部件，可以单独采购：a)携带软包；b) 外接电池充电器。
适用范围:该超声诊断仪用于超声诊断成像。G3S 探头作用于体表皮肤，临床应用部位包括：心脏 (心脏、主动脉)，腹部 (肝脏、肾脏、胆囊、脾脏)，胸部 (胸廓/胸膜运动、液体检测)，泌尿系统，选择性外周血管。选择性外周血管指下腔静脉、肝脏血管、股血管和隐静脉血管。
生产厂家:挪威 GE Vingmed Ultrasound AS
注册代理:通用电气医疗系统贸易发展(上海)有限公司
发证日期:2014.12.12 截止日期:2019.12.11

国械注进 20142455850

产品名称:血浆融化仪(CytoTherm Plasma Thawing System)
规格型号:CT-D4、CT-DR
性能组成:该产品由主机、水浴箱、加热水囊、融化室组成。融化温度范围:23℃～40℃，调整步长 0.1℃，温度精度±0.2℃；融化时间范围:5min～30min，调整步长 1min，融化时间精度±0.1min；融化室容积:CT-D4 型的融化室应能容纳 450mL 的血袋四个或 1000mL 的血袋两个；CT-DR 型的融化室应能容纳 450mL 的血六个或 1000mL 的血袋三个。
适用范围:该产品用于对冷冻的血袋进行融化供临床使用。
生产厂家:美国 CytoTherm LP

注册代理:深圳市达科为生物技术有限公司
发证日期:2014. 12. 12 **截止日期**:2019. 12. 11

国械注进 20142225851

产品名称:眼底成像系统(Fundus Imaging System)
规格型号:RESIGHT 500(手动型); RESIGHT 700(电动和手动型)
性能组成:系统由适配器盘、用于固定 VISULUX 的适配器盘、有内部调焦的调焦单元、镜头支架、非球面镜头、RESIGHT 托盘和 RESIGHT 金属托盘组成。
适用范围:用于眼后节手术的手术显微镜的附件,通过燕尾槽连接到手术显微镜上,用于眼后节和视网膜的立体成像。
生产厂家:德国 Carl Zeiss Meditec AG
注册代理:卡尔蔡司(上海)管理有限公司
发证日期:2014. 12. 12 **截止日期**:2019. 12. 11

国械注进 20142215852

产品名称:间歇脉冲加压抗栓系统(Venaflow Elite System)
规格型号:30BI, 30BI-B
性能组成:本产品由主机 (30BI, 30BI-B 两种型号)、抗血栓梯度加压带 (3040, 3042, 3045, 3046 四种型号) 和充气导管 (3008, 3008XL, 3008XXL, 3008XXXL 四种型号) 组成。
适用范围:该产品用于预防深静脉血栓。
生产厂家:美国 DJO, LLC
注册代理:香港迪杰欧亚太有限公司上海代表处
发证日期:2014. 12. 12 **截止日期**:2019. 12. 11

国械注进 20143405853

产品名称:梅毒螺旋体抗体检测试剂盒(血凝法)(TPHA)
规格型号:100 人份/盒、200 人份/盒、1000 人份/盒。
性能组成:检测细胞、对照细胞、稀释液、阳性对照、阴性对照。(具体内容详见产品说明书)
适用范围:本产品用于体外定性或半定量检测人血清中的梅毒螺旋体抗体。
生产厂家:英国 Newmarket Biomedical Ltd.
注册代理:北京迪亚普洛科技发展有限公司
发证日期:2014. 12. 16 **截止日期**:2019. 12. 15

国械注进 20143405854

产品名称:甲胎蛋白测定试剂盒(胶乳增强免疫比浊法)(AFP-LATEX N “SEIKEN”)
规格型号:缓冲液(R-1): 50mL x 1, 胶乳悬浮液(R-2): 25mL x 1; 缓冲液(R-1): 50mL x 1(DS-1), 胶乳悬浮液(R-2): 25mL x 1(DS-1); 缓冲液(R-1): 150mL x 1, 胶乳悬浮液(R-2): 75mL x 1。
性能组成:缓 冲 液 (R-1)、胶乳悬浮液 (R-2)。(具体内容详见说明书)
适用范围:本试剂盒用于体外定量测定人体血清中甲胎蛋白(AFP)浓度。
生产厂家:日本 DENKA SEIKEN CO., LTD.
注册代理:上海盈科医学生物科技有限责任公司
发证日期:2014. 12. 16 **截止日期**:2019. 12. 15

国械注进 20143405855

产品名称:血小板功能检测试剂盒 (胶原/肾上腺素触发的闭合时间法) (DADE® PFA Collagen/EPI Test Cartridge)
规格型号:20 个/盒
性能组成:20 个检测杯, 每个检测杯含包被 2 μg 马 1 型胶原和 10 μg 肾上腺素酒石酸盐的生物活性膜。
适用范围:用于辅助检测柠檬酸盐抗凝人全血中血小板功能障碍的状况。
生产厂家:德国 Siemens Healthcare Diagnostics Products GmbH
注册代理:西门子医学诊断产品(上海)有限公司
发证日期:2014. 12. 16 **截止日期**:2019. 12. 15

国械注进 20143405856

产品名称:血小板功能检测试剂盒 (胶原/二磷酸腺苷触发的闭合时间法) (DADE® PFA Collagen/ADP Test Cartridge)
规格型号:20 个/盒
性能组成:20 个检测杯, 每个检测杯含包被 2 μg 马 1 型胶原和 50 μg 腺苷-5’-二磷酸 (ADP) 的生物活性膜。
适用范围:用于辅助检测柠檬酸盐抗凝人全血中血小板功能障碍的状况, 与血小板功能检测试剂盒 (胶原/肾上腺素触发的闭合时间法) 配合使用, 提示血小板功能检测试剂盒 (胶原/肾上腺素触发的闭合时间法) 所得出的异常结果是否可能由乙酰水杨酸 (ASA) 或含有乙酰水杨酸 (ASA) 的药物的影响所致。
生产厂家:德国 Siemens Healthcare Diagnostics Products GmbH
注册代理:西门子医学诊断产品(上海)有限公司
发证日期:2014. 12. 16 **截止日期**:2019. 12. 15

国械注进 20143405857

产品名称:抗巨细胞病毒抗体 IgG 亲合力检测试剂盒(酶联免疫吸附法)(Avidity: Anti-CMV ELISA (IgG) 2)
规格型号:EI 2570-9601-21 G: 96 人份/盒
性能组成:微孔板、高亲合力抗体阳性对照、低亲合力抗体阳性对照、酶结合物、样本缓冲液、清洗缓冲液、色原/底物液、终止液、磷酸盐缓冲液、尿素溶液。(具体内容详见产品说明书)
适用范围:该产品用于体外检测人血清或血浆中的抗巨细胞病毒 IgG 抗体亲合力。
生产厂家:德国 EUROIMMUN Medizinische Labordiagnostika AG
注册代理:北京欧蒙生物技术有限公司
发证日期:2014. 12. 16 **截止日期**:2019. 12. 15

国械注进 20143405858

产品名称:直接抗球蛋白试验用阳性质控品(DAT Positive Control Cell)
规格型号:1x10 mL, 4x10 mL。
性能组成:直接抗球蛋白试验用阳性质控品: 一瓶 0 型混合红细胞。这些红细胞于含腺苷和腺嘌呤的缓冲防腐剂溶液中, 被制备成了 4-6%悬液。氯霉素、硫酸新霉素和硫酸庆大霉素作为防腐剂添加。(具体内容详见产品说明书)
适用范围:Immucor 的直接抗球蛋白试验用阳性质控品设计仅用于 Immucor 自动化仪器, 可以用于确认在 Immucor 自动化仪器上执行的直接抗球蛋白试验和其它利用直接抗球蛋白试验的分析的有效性。
生产厂家:美国 Immucor, Inc.
注册代理:海尔施生物医药股份有限公司
发证日期:2014. 12. 16 **截止日期**:2019. 12. 15

国械注进 20142575859

产品名称:小型蒸汽灭菌器(Small Steam Sterilizer)
规格型号:HS K7+ (978047503、978047504)HS K5+ (978046303、978046304)
性能组成:产品由灭菌腔、密封门、安全阀、控制系统构成。
适用范围:用于提供温度在 121℃和 134℃的水蒸气, 对医疗器械进行灭菌。
生产厂家:瑞典 Getinge Skarhamn AB
注册代理:洁定贸易(上海)有限公司
发证日期:2014. 12. 22 **截止日期**:2019. 12. 21

国械注进 20142545860

产品名称:手术台(Operation Table)
规格型号:OPERON D 760、OPERON D 820、OPERON D 850
性能组成:由台座、台柱、台板、控制器、备用控制器(选配)、脚踏开关(选配)组成, 配件型号详见附件。
适用范围:用于医疗单位对患者进行手术治疗
生产厂家:德国 BERCHTOLD GmbH&Co. KG
注册代理:百合医疗器械(上海)有限公司
发证日期:2014. 12. 22 **截止日期**:2019. 12. 21

国械注进 20142215861

产品名称:心电图机(EKG Electrocardiograph)
规格型号:EKG 2000、EKG 3000、CARDIO 7
性能组成:产品由主机、心电导联线(也称患者电缆)、肢体电极、胸部电极、心电图纸和电池组成。
适用范围:用于采集、记录、输出心电图数据。

生产厂家:韩国 Bionet Co., Ltd.
注册代理:北京林特医药科技有限公司
发证日期:2014.12.22 截止日期:2019.12.21

国械注进 20143255862

产品名称:手术电极(Electrodes)
规格型号:504-990-314; 504-990-200; 504-990-600; 504-990-100; 504-990-500; 504-990-800; 502-990-100; 502-990-200; 502-990-300
性能组成:产品由手术电极和电缆组成。
适用范围:本产品用于切除或凝结软组织,必须与 Stryker 前列腺切除器配合使用。
生产厂家:美国 Stryker Endoscopy
注册代理:史赛克(北京)医疗器械有限公司
发证日期:2014.12.22 截止日期:2019.12.21

国械注进 20143305863

产品名称:正电子发射及 X 射线计算机断层成像系统(PET/CT Imaging System and Accessories)
规格型号:Gemini TF Big Bore
性能组成:系统由 PET/CT 机架、扫描床、电气柜、控制台、图像采集及处理系统组成。
适用范围:Gemini TF Big Bore 正电子发射及 X 射线计算机断层成像系统,采用正电子发射断层成像和 X 射线计算机断层成像技术,用于人体器官以及全身成像和疾病的检查。
生产厂家:美国 Philips Medical Systems(Cleveland), Inc.
注册代理:飞利浦(中国)投资有限公司
发证日期:2014.12.22 截止日期:2019.12.21

国械注进 20143705864

产品名称:放射治疗计划系统(Radiotherapy planning system)
规格型号:Oncentra External Beam,发布版本 4.3
性能组成:由软件安装光盘,随机文件光盘和加密狗组成,组成模块包括:OncentraPortal 程序框架、连接模块、解剖结构建模模块(含靶区定义、图像配准(选配))、射束建模模块、计划管理器,计划优化模块(选配,含射束权重优化、调强优化、直接子野优化、VMAT 优化、机架角度优化)、剂量计算模块、计划评估模块、计划分析模块。
适用范围:用于制定外照射治疗计划,包括光子线三维适形、IMRT 和 VMAT 计划和电子线计划。
生产厂家:荷兰 NUCLETRON B.V.
注册代理:医科达(上海)医疗器械有限公司
发证日期:2014.12.22 截止日期:2019.12.21

国械注进 20142555865

产品名称:根管治疗仪(歯科用電動式ハンドピース)
规格型号:见附页
性能组成:产品由充电器(Charger)、马达手机(Motor Handpiece)、弯机头组成。
适用范围:用于根管扩大治疗、齿面研磨、切削用。
生产厂家:日本株式会社 中西/日本株式会社ナカニシ
注册代理:上海瞀速克国际贸易有限公司
发证日期:2014.12.22 截止日期:2019.12.21

国械注进 20142405866

产品名称:血气、电解质分析仪(Combi Line Blood-Gas-Electrolyte-Analyzer)
规格型号:COMBI LINE BGA; COMBI LINE ISE; COMBI LINE BGA+E。
性能组成:分析仪主要由液流系统、控制软件、数据处理器、操作控制键、结果显示系统(液晶显示器、打印机)、信息输出接口、各离子电极(检测电极、参考电极)组成。
适用范围:用于测量全血或血清中 pH、p02、pCO2、K+、Na+、Cl-、Ca2+、Hb 及其衍生物的全自动分析系统。
生产厂家:德国 Eschweiler GmbH & Co.KG
注册代理:北京倍肯恒业科技发展有限责任公司
发证日期:2014.12.22 截止日期:2019.12.21

国械注进 20142305867

产品名称:数字化医用 X 射线摄影系统(商品名:DRX-Evolution)(Digital Medical X-ray System)
规格型号:VX3733-SYS
性能组成:产品组成:高压发生器(CGF-80)、电源分配单元、X 射线管套(B-130H)、X 射线管(RAD-60)、限束器、悬吊球管机架、胸片架、探测器(DRX-1 systemdetector, DRX-1C systemdetector 和 4343R)、固定升降床(VX3733-TAB)、系统控制盒、计算机(含系统控制软件)、显示器、电池充电器、放射诊断拍片站立架、控制台、滤线栅。
适用范围:适用于医疗单位通用 X 射线摄影检查。
生产厂家:美国 Carestream Health, Inc.
注册代理:锐珂亚太投资管理(上海)有限公司
发证日期:2014.12.22 截止日期:2019.12.21

国械注进 20143775868

产品名称:绝缘导丝(Insulated Guidewire)
规格型号:VisionWire (订货号:352023)
性能组成:见附页。
适用范围:适用于在冠脉血管系统中定位,或与体外起搏分析仪连接以在一些位置进行手术测试:例如在冠状窦静脉;测量左心室阈值,测量心内电信号,和左心室临时起搏。VisionWire 导丝可辅助沿导丝推送系统(OTW)起搏电极导线在冠状窦中定位。
生产厂家:爱尔兰 BRIVANT Limited
注册代理:百多力(北京)医疗器械有限公司
发证日期:2014.12.22 截止日期:2019.12.21

国械注进 20142225869

产品名称:电子影像处理机(ビデオプロセッサ)
规格型号:EPK-p(C)
性能组成:该设备由主机 EPK-p(C),键盘(OS-A35)、连接缆线组成。
适用范围:电子影像处理机只能与 Pentax K 系列电子内窥镜及监视器组成一套系统,电子内窥镜(下简称内窥镜)通过电子影像处理机的电信号处理,输出到监视器上成像。供临床观察诊断和手术时提供电子影像用,本机内置光源和气泵,可以为内窥镜提供照明以及送气/送水功能。
生产厂家:日本 HOYA 株式会社
注册代理:宾得医疗器械(上海)有限公司
发证日期:2014.12.22 截止日期:2019.12.21

国械注进 20142305870

产品名称:数字化医用 X 射线摄影系统(商品名:DRX-Evolution)(Digital Medical X-ray System)
规格型号:VX3733-SYS
性能组成:产品组成:高压发生器(VZW2556RD2-02)、高压油箱、电源分配单元、X 射线管套(B-130H)、X 射线管(RAD-60)、限束器、悬吊球管机架、胸片架、探测器(DRX-1 system detector, DRX-1C systemdetector 和 4343R)、固定升降床(VX3733-TAB)、系统控制盒、计算机(含系统控制软件)、显示器、电池充电器、放射诊断拍片站立架、控制台、滤线栅。
适用范围:适用于医疗单位通用 X 射线摄影检查。
生产厂家:美国 Carestream Health, Inc.
注册代理:锐珂亚太投资管理(上海)有限公司
发证日期:2014.12.22 截止日期:2019.12.21

国械注进 20142215871

产品名称:传感器(Rainbow Resposable Pulse CO-Oximeter Sensor System)
规格型号:Rainbow R2-25a Rainbow R2-25r Rainbow R2-20a Rainbow R2-20r
性能组成:该产品由粘贴式探头、胶带、连接线、插接头组成。
适用范围:该产品可对动脉血红蛋白的功能性血氧饱和度(Sp02)、脉搏率、高铁血红蛋白饱和度(SpMet)和总血红蛋白(SpHb)进行持续无创的测量。 Rainbow R2-25a 和 Rainbow R2-25r 型号产品可用于体重大于 30kg 的成人患者;Rainbow R2-20a 和 Rainbow R2-20r 型号产品可用于体重 10kg 至 50kg 的小儿患者。
生产厂家:美国迈心诺公司(Masimo Corporation)
注册代理:迈心诺(北京)医疗科技有限公司

发证日期:2014.12.22　　**截止日期**:2019.12.21

国械注进 20142405872

产品名称:半自动尿液分析仪(cobas u 411)
规格型号:cobas u 411
性能组成:传送臂、废弃试条接受盘、内置打印机、功能键、触摸屏、测试区、随机软件。
适用范围:用于临床尿液化验检查,包括尿的pH、白细胞、亚硝酸盐、蛋白、葡萄糖、酮体、尿胆原、胆红素、红细胞和比重。
生产厂家:德国 Roche Diagnostics GmbH
注册代理:罗氏诊断产品(上海)有限公司
发证日期:2014.12.22　　**截止日期**:2019.12.21

国械注进 20142305873

产品名称:数字化X射线摄影系统(X-ray systems)
规格型号:CALYPSO; CHORUS
性能组成:产品由高压发生器 VZW2556RB2-A7/VZW2556RD2-22; X射线管组件;限束器;平板探测器;数字图像处理系统;诊视床(仅适用于CALYPSO),简易床(仅适用于 CHORUS);悬吊式X射线管支撑装置;胸片架,显示器组成。
适用范围:适用于医疗单位通用X射线摄影检查。
生产厂家:意大利 GENERAL MEDICAL MERATE SPA
注册代理:康达医疗器械(上海)有限公司
发证日期:2014.12.22　　**截止日期**:2019.12.21

国械注进 20142305874

产品名称:数字化医用X射线摄影系统(Diagnostic X-ray System)
规格型号:XGEO GC80
性能组成:产品组成:悬吊系统,限束器,患者摄影床,移动式患者摄影床,立式摄影架,系统机柜(含高压发生器)(型号:SDR-OGCA72B)(高压发生器 型号:VZW2556RD2-16),X射线管组件(型号:E7869X),探测器(型号:S4335-W, S4343-W),工作站及附件。
适用范围:适用于医疗单位通用数字化X射线摄影检查。
生产厂家:韩国三星电子株式会社
注册代理:三星(中国)投资有限公司
发证日期:2014.12.22　　**截止日期**:2019.12.21

国械注进 20142255875

产品名称:中性电极(Neutral Electrode)
规格型号:见附页
性能组成:本产品由一次性使用中性电极板和连接电缆组成。
适用范围:本产品用于电外科手术中分散回路电流,必须与带有可监测电路的高频设备配合使用。
生产厂家:德国 ERBE Elektromedizin GmbH
注册代理:爱尔博(上海)医疗器械有限公司
发证日期:2014.12.22　　**截止日期**:2019.12.21

国械注进 20143225876

产品名称:电子十二指肠镜(商品名:EVIS LUCERA)(ビデオ軟性十二指腸鏡)
规格型号:TJF TYPE 260V
性能组成:见附页
适用范围:本产品是与奥林巴斯图像处理器装置、光源装置、摄影装置、TV监视器装置、各种内镜用治疗附件以及超声波检查装置相组合,用来进行十二指肠的观察、诊断、摄影、处置与治疗以及超声内镜检查。
生产厂家:日本奥林巴斯医疗株式会社
注册代理:奥林巴斯贸易(上海)有限公司
发证日期:2014.12.22　　**截止日期**:2019.12.21

国械注进 20143465877

产品名称:聚左旋丙交酯制生物吸收性接骨材料(商品名:FIXSORB)(フィクソーブ)
规格型号:见附页
性能组成:该产品采用聚左旋丙交酯材料制成,由皮质骨用螺钉、松质骨用螺钉、踝骨用螺钉、销钉、垫圈构成。产品无菌状态提供,一次性使用。
适用范围:该产品适用于骨科内固定。
生产厂家:日本他喜龙株式会社(タキロン株式会社)
注册代理:北京瑞奇美德科技发展有限公司
发证日期:2014.12.16　　**截止日期**:2019.12.15

国械注进 20143465878

产品名称:矫形骨针(Orthopaedic bone wire)
规格型号:见附页
性能组成:该产品采用符合 GB 4234 标准规定的 00Cr18Ni14Mo3 不锈钢材料制成,非灭菌包装。
适用范围:适用于整形外科和创伤骨科作内固定。
生产厂家:德国 MEDICON eG
注册代理:北京嘉联诚业医疗器械销售有限公司
发证日期:2014.12.16　　**截止日期**:2019.12.15

国械注进 20143225879

产品名称:预装式丙烯酸人工晶状体(Acrylic Intraocular Lenses with Preloaded Injector)
规格型号:QUATRIX Aspheric Evolutive
性能组成:该产品为单件式后房人工晶状体,可折叠,襻形为双蝶方边襻。主体和支撑部分均由甲基丙烯酸羟乙酯、甲基丙烯酸乙酯单体聚合而成的共聚物材料制成,添加紫外线吸收剂。晶体预装于植入器中。屈光度范围:10~30D。光学设计:单焦,非球面(在孔径半径1.5mm范围内模拟眼状态下的轴截面光焦度分布符合轴截面光焦度分布图的反球差分布特征);该产品经湿热灭菌,一次性使用。
适用范围:该产品用于白内障摘除术后无晶状体眼病人做眼内模拟晶状体的人工光学透镜植入,以替代人眼晶状体。
生产厂家:奥地利 Croma GmbH
注册代理:北京和邦思特科技发展有限公司
发证日期:2014.12.16　　**截止日期**:2019.12.15

国械注进 20143655880

产品名称:可吸收手术缝合线(商品名:派格力(PETERGLYD))(Absorbable Suture)
规格型号:6/0、5/0、4/0、3/0、2/0、0、1、2
性能组成:本产品由羟基乙酸均聚物纤维编织而成,带针。涂层材料为聚己内酯和硬脂酸钙。本品可吸收。环氧乙烷灭菌。
适用范围:适用于软组织结扎、缝合。
生产厂家:法国 Peters Surgical
注册代理:北京派特迪鑫医疗设备有限公司
发证日期:2014.12.16　　**截止日期**:2019.12.15

国械注进 20142155881

产品名称:笔式胰岛素注射器(商品名:拜林笔3)(Automatic Insulin Pen Injector)
规格型号:Gensupen 2 type 60-1
性能组成:笔式胰岛素注射器由笔帽、笔芯架、内活塞、笔身、、剂量选择器、注射按钮、笔芯架可视窗、剂量选择器可视窗和注射结束信号窗组成。
适用范围:用于 BIOTON S.A.生产,拜耳医药保健有限公司进口分包装,产品规格为3ml:300IU(笔芯),商品名为重和林 R、重和林 N、重和林 M30 的人胰岛素制剂多剂量皮下注射。
生产厂家:波兰 Copernicus Sp. Z O.O.
注册代理:赛真(北京)生物技术有限公司
发证日期:2014.12.16　　**截止日期**:2019.12.15

国械注进 20142155882

产品名称:笔式胰岛素注射器(商品名:佳朋:Sci Lin Pen)(Automatic Insulin Pen Injector)
规格型号:GensuPen 60-1
性能组成:笔式胰岛素注射器由笔帽、笔芯架、内活塞、笔身、剂量选择器、注射按钮、笔芯架可视窗、剂量选择器可视窗和注射结束信号窗。
适用范围:用于 BIOTON S.A.生产,拜耳医药保健有限公司进口分包装,产品规格为3ml:300IU(笔芯),商品名为重和林 R、重和林 N、重和林 M30 的人胰岛素制剂多剂量皮下注射。
生产厂家:波兰 Copernicus Sp. Z O.O.

注册代理:赛真(北京)生物技术有限公司
发证日期:2014. 12. 16 **截止日期**:2019. 12. 15

国械注进 20143645883

产品名称:聚酯泡沫敷料(商品名:3M Tegaderm 聚酯泡沫敷料)(3M Tegaderm Foam Dressing)
规格型号:粘性型:90610, 90611, 90612, 90613, 90614, 90615, 90616, 90619;非粘性型:90600, 90601, 90602, 90603, 90604, 90605
性能组成:本产品主要是由有吸水性的聚酯泡沫构成。粘性型由聚酯泡沫、无纺布吸收垫及有边透明粘性薄膜背衬组成,有纸制离型边框;非粘性型由聚酯泡沫、无纺布吸收垫及无边透明薄膜背衬组成,无离型边框和衬垫。
适用范围:本产品可作为中度到重度渗出物的各级体表性伤口的基础敷料。
生产厂家:美国 3M Health Care
注册代理:明尼苏达矿业制造(上海)国际贸易有限公司
发证日期:2014. 12. 16 **截止日期**:2019. 12. 15

国械注进 20142645884

产品名称:海水鼻腔喷雾护理器(商品名:鼻乐)(Sea Water Nasal Spray)
规格型号:20ml, 50ml
性能组成:由喷雾瓶和喷雾剂组成:1)鼻腔喷雾器主要由喷雾瓶体、喷雾头(进气阀和出水阀)以及防尘盖组成。喷雾器喷雾头由无毒,抗腐蚀的高密度医用聚丙烯材料制成;喷雾器瓶体、防尘盖由无毒,抗腐蚀的高密度医用聚乙烯材料制成。密封圈由银(Ag935/Cu65)制成,弹簧圈由 FDA 和欧盟批准的医用不锈钢材质制成。2)喷雾剂由天然海盐、注射级用水制成 10.5mg/ml(±10%)海盐水溶液。
适用范围:本产品是天然海盐和注射级用水配制的无菌、等渗溶液,能够清洁与湿润鼻腔与鼻粘膜,冲洗鼻腔中花粉、灰尘、烟雾等过敏原。
生产厂家:英国 Nacur Healthcare Ltd
注册代理:保佳力科技(北京)有限公司
发证日期:2014. 12. 16 **截止日期**:2019. 12. 15

国械注进 20142645885

产品名称:软硅胶鼻腔止血系列装置(Invotec Silicone nasal packings)
规格型号:鼻中隔硅胶夹板:20-10500/20-10510/20-10505/20-10680/20-10682/20-10685/20-10686;硅胶鼻腔止血水囊管:20-10700/20-10701/20-10710/20-10715.
性能组成:一次性使用软硅胶鼻腔止血系列装置由硅胶夹、止血导管组成,采用软硅胶制成。环氧乙烷灭菌。
适用范围:本产品主要用于控制鼻腔出血、止血、防止粘连。
生产厂家:美国 Invotec International Inc.
注册代理:北京新华国康科技有限公司
发证日期:2014. 12. 16 **截止日期**:2019. 12. 15

国械注进 20143225886

产品名称:夹子装置(*デイスポーザブル回転クリップ装置*)
规格型号:HX-110LR、HX-110QR、HX-110UR、HX-610-090、HX-610-090L、HX-610-090S、HX-610-090SC、HX-610-135、HX-610-135L、HX-610-135S、HX-610-135XS、HX-201LR-135、HX-201UR-135
性能组成:该产品由 HX-201、HX-110 和 HX-610 系列组成,其中 HX-201 系列由操作部和插入部(含夹子)组成,HX-110 系列产品由操作部和插入部(不含夹子)组成。HX-201 和 HX-110 系列产品为可旋转型。夹子的材料为 SUS304-CSP-H 不锈钢。HX-201 系列为环氧乙烷灭菌产品,HX-610 系列为辐射灭菌产品,一次性使用。HX-110 系列为非灭菌产品,可重复使用。
适用范围:该产品与奥林巴斯内窥镜配套使用,用于内窥镜下在消化道内放置夹子。
变更情况:变更日期:2015. 02. 26。"代理人住所:上海市外高桥保税区泰谷路 185 号第三层 E、F 部位"变更为"代理人住所:中国(上海)自由贸易试验区泰谷路 185 号第三层 E、F 部位"。
生产厂家:日本奥林巴斯医疗株式会社(*オリンパスメデイカルシステムズ*株式会社)
注册代理:奥林巴斯贸易(上海)有限公司
发证日期:2014. 12. 16 **截止日期**:2019. 12. 15

国械注进 20143465887

产品名称:β-磷酸三钙人工骨(chronOS β-tricalcium phosphate Implants)
规格型号:见附页
性能组成:该产品由符合 YY/T 0683 标准规定的β-磷酸三钙材料制成。灭菌包装。
适用范围:适用于非承重性松质骨缺损的填充。
生产厂家:瑞士 Synthes GmbH
注册代理:强生(上海)医疗器材有限公司
发证日期:2014. 12. 16 **截止日期**:2019. 12. 15

国械注进 20142225888

产品名称:经皮肾镜附件(Nephroscope Accessories)
规格型号:见附页
性能组成:该产品为无源使用手术器械,由抓取钳、切开刀、管鞘、引导管、阀、闭孔器、扩张探子、接口、密封帽组成。产品材料为聚四氟乙烯、聚甲醛、聚亚苯基砜树脂、聚苯硫醚、聚醚醚酮、硅胶以及 YY/T 0294.1 中代号为 0、N、M、P、B 的不锈钢。非灭菌包装。
适用范围:该产品用于经皮进行肾脏部位的诊断和手术。
生产厂家:德国 Olympus Winter & Ibe GmbH
注册代理:奥林巴斯贸易(上海)有限公司
发证日期:2014. 12. 16 **截止日期**:2019. 12. 15

国械注进 20142225889

产品名称:一次性细胞刷(商品名:威势(V))(*デイスポーザブル*細胞診*ブラシ*)
规格型号:BC-V600P-3010
性能组成:结构及组成:本产品是由操作部和插入部组成。直接接触黏膜部材料有聚四氟乙烯、不锈钢、聚酰胺合成橡胶-聚氨酯混合物、尼龙、钽、环氧树脂;间接接触黏膜部材料有不锈钢、硅橡胶、丙烯腈-丁二烯-苯乙烯共聚物。尺寸:有效长:1900mm±10%;最大外径:<φ2.9mm;刷长:10mm±10%;刷头外径:φ3mm±10%
适用范围:本产品与奥林巴斯内镜配套使用,用于在胰管和总胆管中采集组织样本。
变更情况:变更日期:2015. 02. 09。"代理人住所:上海市外高桥保税区泰谷路 185 号第三层 E、F 部位"变更为"代理人住所:中国(上海)自由贸易试验区泰谷路 185 号第三层 E、F 部位"。
生产厂家:日本*オリンパスメデイカルシステムズ*株式会社
注册代理:奥林巴斯贸易(上海)有限公司
发证日期:2014. 12. 16 **截止日期**:2019. 12. 15

国械注进 20143225890

产品名称:硅油(Silicone Oil)
规格型号:Siluron 5000(赛龙 5000)
性能组成:该产品为无色透明液体,无悬浮物、混浊物和沉淀物,成分为聚二甲基硅氧烷,粘度为 5000~5400mpas。产品经高温高压灭菌,一次性使用。
适用范围:该产品适用于视网膜脱离后填充玻璃体以固定视网膜,依临床效果在一定时间后取出。适用于传统视网膜复位手术或玻璃体腔气体填塞术注定要失败或已经失败的病例。
生产厂家:德国 Fluoron GmbH
注册代理:广州达美康科技有限公司
发证日期:2014. 12. 16 **截止日期**:2019. 12. 15

国械注进 20142655891

产品名称:非吸收性聚酯缝线(Ticron Coated Braided Polyester Nonabsorbable Suture)
规格型号:见附页
性能组成:非吸收性聚酯缝线的材质为聚对苯二甲酸乙二醇酯,是多股带硅酮涂层的未染色或经 6 号 D&C 染色剂染为蓝色缝线。分为带针和不带针两种。线径从 7-0 到 5.
适用范围:该产品用于一般软组织的缝合和结扎,适用于心血管、神经外科和眼外科手术。
生产厂家:美国 Covidien llc

注册代理:柯惠医疗器材国际贸易(上海)有限公司
发证日期:2014. 12. 16 **截止日期**:2019. 12. 15

国械注进 20143655892

产品名称:合成可吸收性外科缝线(商品名:PDS Ⅱ)(PDS* Ⅱ (Polydioxanone) Monofilament Synthetic Absorbable Suture)
规格型号:见附页
性能组成:本产品是聚对二氧环己酮聚合物制成的合成可吸收性外科缝线。缝线分为染色和未染色。缝线可分为带针缝线和不带针缝线。本产品经环氧乙烷灭菌,一次性使用。
适用范围:本产品适用于软组织的缝合,包括用于小儿心血管组织和眼科手术。普迪思缝线不适用于成人心血管组织、显微手术和神经组织。此缝线尤其适合于需要缝线可吸收,同时需要长时间伤口支持(长达六周)的部位。
生产厂家:美国 Ethicon LLC
注册代理:强生(上海)医疗器材有限公司
发证日期:2014. 12. 16 **截止日期**:2019. 12. 15

国械注进 20143465893

产品名称:颅-颌-面骨重建金属接骨板、接骨螺钉(Titanium plating systems for craniomaxillofacial Osteosynthesis)
规格型号:见附页
性能组成:该产品由接骨板、接骨螺钉组成。其中接骨板采用材料为纯钛,接骨螺钉采用材料为 Ti6Al4V 钛合金,表面经阳极氧化处理。非灭菌包装。
适用范围:适用于颅-颌-面外科整形,固定。
生产厂家:德国 Normed Medizin-Technik GmbH
注册代理:捷迈(上海)医疗国际贸易有限公司
发证日期:2014. 12. 16 **截止日期**:2019. 12. 15

国械注进 20143465894

产品名称:前路腰椎椎间融合器(商品名:ROI-A)(Anterior Lumbar Cage)
规格型号:见附页
性能组成:该产品由腰椎融合器、融合器固定夹组成。腰椎融合器材料采用 PEEK Optima,其中显影点的材料为钽。融合器固定夹材料采用 Ti6Al4V 钛合金。表面无着色。灭菌包装。
适用范围:适用于腰椎前路融合。
生产厂家:法国 LDR MEDICAL
注册代理:法国 LDR 医疗公司北京代表处
发证日期:2014. 12. 16 **截止日期**:2019. 12. 15

国械注进 20143655895

产品名称:合成可吸收性外科缝线(商品名:怡乔)(Coated SYNSYL*VIOLET/UNDYED(POLYGLACTIN 910)BRAIDED ABSORBABLE SUTURE)
规格型号:见附页
性能组成:缝线是合成的可吸收性多股编织缝线,材料由聚糖乳酸(Polyglactin910)制成。聚糖乳酸是一种由 90%的乙交酯和 10%的 L-丙交酯聚合的可吸收聚合物。缝线有涂层,涂层由乙交酯和丙交酯(乙交酯与丙交酯共聚物 370)共聚物和等量的硬脂酸钙混合而成。缝线分为紫色(染色剂:D&C 紫色 2 号,颜色指数为 60725)和未染色缝线。缝线有带缝针和不带缝针两种。带针缝线中缝合针的材料为医用不锈钢。
适用范围:怡乔 TM 缝线适用于一般软组织修复和/或结扎,包括眼科手术、周围神经吻合和显微外科缝合直径小于 2 毫米的血管。
生产厂家:印度 Johnson & Johnson Limited
注册代理:上海迈思强医疗器械有限公司
发证日期:2014. 12. 16 **截止日期**:2019. 12. 15

国械注进 20143655896

产品名称:可吸收性缝线(商品名:SYNSYL Express)(Coated SYNSYL*Express(POLYGLACTIN 910)UNDYED BRAIDED ABSORBABLE SUTURE)
规格型号:CH2289、CH2293、CH2294、CH2910、CH4940、CH917、CH945、CH9913、CH9927、CH9937、CHEKIT
性能组成:缝线是由 Polyglactin 910 材料制成的无菌多股编织可吸收性缝线。Polyglactin 910 是 90%乙交酯和 10%L-丙交酯的共聚物。缝线带涂层,涂层材料是由等量的 Polyglactin 370(30%乙交酯和 70%L-丙交酯的共聚物)和硬脂酸钙混合而成。缝线未染色,种类为带不锈钢针缝线。
适用范围:产品用于一般浅表软组织修复,修复的伤口只需短时间支持和缝线最好能快速被吸收。SYNSYL Express 在皮肤缝合中很有效,尤其是在儿科手术、外阴切开术、包皮环切术和口腔粘膜缝合术中,也可有效地用于眼科手术中的结膜缝合。但不适用于结扎、心血管和神经组织。
生产厂家:印度 Johnson & Johnson Ltd.
注册代理:上海迈思强医疗器械有限公司
发证日期:2014. 12. 16 **截止日期**:2019. 12. 15

国械注进 20143655897

产品名称:非吸收性尼龙缝线(Dermalon Monofilament Nylon Nonabsorbable Suture)
规格型号:见附页
性能组成:该产品是由长链脂肪族聚合物 Nylon6 和 Nylon6.6 构成的单股外科缝线。分为不带针和带针两种,用 2 号 FD&C 蓝染成蓝色。线径从 1 到 6-0。经环氧乙烷灭菌,一次性使用。
适用范围:该产品适用于一般软组织的缝合和结扎,适用于心血管,神经外科和眼科。
生产厂家:美国 Covidien llc
注册代理:柯惠医疗器材国际贸易(上海)有限公司
发证日期:2014. 12. 16 **截止日期**:2019. 12. 15

国械注进 20142225898

产品名称:内窥镜手术手动工具(Smith & Nephew Endoscopic Manual Instruments)
规格型号:见附页
性能组成:该产品包括钻、缝合钩、过线器、骨凿、延长管、适配器、套管、闭孔器、锥、导向器、刮匙、锉、扩张器、骨锯、瞄准器、牵开器、隔断器、压缩器等。组成材料包括 316L 不锈钢、聚碳酸酯、465 不锈钢、420 不锈钢、聚乙烯、聚甲醛以及 YY/T 0294.1 中代号为 M、N、S、O 不锈钢等,具体材料见附页。灭菌情况详见附页。
适用范围:该产品用于矫形外科手术中诊断和修复(只能与硬性内窥镜配合使用)。
生产厂家:美国 Smith & Nephew Inc. Endoscopy Division
注册代理:施乐辉医用产品国际贸易(上海)有限公司
发证日期:2014. 12. 16 **截止日期**:2019. 12. 15

国械注进 20143465899

产品名称:髋关节假体(非骨水泥型)(商品名:百康)(Bicontact Universal Hip System cementless)
规格型号:见附页
性能组成:该产品包括股骨柄、球头、双动头、髋臼及螺钉,髋臼包括外杯及内衬,超高分子量聚乙烯内衬中含有显影丝。股骨柄及髋臼外杯基体材料为符合 ISO 5832-3 的 Ti6Al4V 钛合金,表面为符合 ISO 5832-2 的 TA4 纯钛涂层;髋臼内衬材料为符合 ISO 5834-2 的 1 型超高分子量聚乙烯、符合 ISO6474-1 的高纯氧化铝陶瓷或符合 ISO6474-2 的氧化铝氧化锆复合陶瓷;球头材料为符合 ISO6474-2 的氧化铝氧化锆复合陶瓷或符合 ISO 5832-12 的锻造钴铬钼合金;翻修球头材料为符合 ISO 6474-2 的氧化铝氧化锆复合陶瓷,袖套材料为符合 ISO 5832-3 的 Ti6Al4V;双动头外杯材料为符合 ISO 5832-1 的 00Cr18Ni14Mo3 不锈钢,内衬材料为符合 ISO 5834-2 的 1 型超高分子量聚乙烯;髋臼内衬显影丝材料为符合 ISO5832-2 的 TA4 纯钛;螺钉材料为符合 ISO 5832-3 的 Ti6Al4V 钛合金。螺钉表面经阳极氧化处理。灭菌包装。
适用范围:作为非骨水泥型髋关节假体组件使用,与本企业同一系统组件配合,适用于髋关节置换。
生产厂家:德国 Aesculap AG
注册代理:贝朗医疗(上海)国际贸易有限公司
发证日期:2014. 12. 16 **截止日期**:2019. 12. 15

国械注进 20143655900

产品名称:骨水泥(Palacos Bone Cement)
规格型号:Palacos R, Palacos MV, Palacos LV

性能组成：该产品为含有二氧化锆显影剂的丙烯酸类骨水泥，由粉剂与液剂两部分组成。粉剂包括：丙烯酸甲酯-甲基丙烯酸甲酯聚合物，二氧化锆，过氧化苯酰及少量叶绿素。液剂包括：甲基丙烯酸甲酯，N，N-二甲基-对甲苯胺，对苯二酚及少量叶绿素。
适用范围：该产品适用于关节置换术植入假体的内固定。
生产厂家：德国 Heraeus Medical GmbH
注册代理：雷德睦华医药科技(北京)有限公司
发证日期：2014. 12. 16 截止日期：2019. 12. 15

国械注进 20143655901

产品名称：骨水泥(Bone Cement)
规格型号：Osteopal V
性能组成：Osteopal V 是一种用于填充和稳定椎体的，不透辐射的快凝骨水泥。产品包含粉体和液体。粉体由丙烯酸甲酯-甲基丙烯酸甲酯聚合物、二氧化锆、过氧化苯甲酰、叶绿素组成。液体由甲基丙烯酸甲酯、N，N-二甲基-对甲苯胺、对苯二酚、叶绿素组成。
适用范围：Osteopal V 适用于椎体的充填与稳定：缓解和消除椎体压缩骨折的疼痛、缓解和消除椎体瘤(转移癌或骨髓瘤)的疼痛、症状性椎体血管瘤。
生产厂家：德国 Heraeus Medical GmbH
注册代理：雷德睦华医药科技(北京)有限公司
发证日期：2014. 12. 16 截止日期：2019. 12. 15

国械注进 20142665902

产品名称：逆行性胰/胆管造影导管 (商品名：Fusion Omni) (E. R. C. P. Catheters)
规格型号：FS-GT-OMNI
性能组成：该产品由导管、内导管和导管座组成。制造材料：导管：聚四氟乙烯；内导管：尼龙 6；导管座：聚碳酸酯。导管上的标记：Transtech B 型墨，钽环。该产品无菌状态提供，一次性使用。
适用范围：该产品被设计用于经内窥镜向胰胆管系统插管及注射造影剂。
生产厂家：美国 Wilson-Cook Medical Inc.
注册代理：库克(中国)医疗贸易有限公司
发证日期：2014. 12. 16 截止日期：2019. 12. 15

国械注进 20142545903

产品名称：注射器推动器 (商品名：Rebiject II 自动注射器推动器) (Autoinjector)
规格型号：Rebiject II
性能组成：本品为无源器械，主要由乙缩醛、聚丙烯、聚碳酸酯、热塑性弹性橡胶、ABS 塑料、聚碳酸酯共混物、聚氨酯泡棉、碳钢、不锈钢、聚酰胺制成。包括注射器推动器主体、注射按钮、推动杆、安全锁、注射状态显示窗、注射器安放腔、注射深度调节器和注射针保护帽去除器。不接触药液且可重复使用。
适用范围：用于和预装干扰素的 1ml 带针玻璃注射器配合使用，注射干扰素 β-1a。
生产厂家：瑞士 Ares Trading S.A.
注册代理：默克雪兰诺(北京)医药研发有限公司
发证日期：2014. 12. 16 截止日期：2019. 12. 15

国械注进 20143405904

产品名称：人乳头状瘤病毒(HPV)检测试剂盒(PCR 荧光法)(cobas 4800 HPV Amplification/Detection Kit)
规格型号：960 测试；240 测试。
性能组成：cobas 4800 HPV 主要混合物(HPV MMX)、cobas 4800 HPV Mg/Mn 溶质(HPV Mg/Mn)。(具体内容详见说明书)
适用范围：用于体外定性检测患者宫颈细胞样本中的人乳头状瘤病毒。
生产厂家：美国 Roche Molecular Systems, Inc
注册代理：罗氏诊断产品(上海)有限公司
发证日期：2014. 12. 22 截止日期：2019. 12. 21

国械注进 20143405905

产品名称：白细胞分化抗原 CD45 检测试剂盒(流式细胞仪法)(IOTest CD45-FITC)
规格型号：100 测试/瓶
性能组成：见附页。
适用范围：该荧光素标记的抗体，用于在流式细胞仪上检测和定量人细胞表面的 CD45 抗原。
生产厂家：法国 Immunotech S. A. S (a Beckman Coulter Company)
注册代理：贝克曼库尔特商贸(中国)有限公司
发证日期：2014. 12. 22 截止日期：2019. 12. 21

国械注进 20143405906

产品名称：白细胞分化抗原 CD3 检测试剂盒(流式细胞仪法)(IOTest CD3-PC5)
规格型号：100 测试/瓶
性能组成：见附页。
适用范围：该荧光标记抗体用于流式细胞术定性和定量检测人体生物标本中 CD3 的表达。
生产厂家：法国 Immunotech S. A. S (a Beckman Coulter Company)
注册代理：贝克曼库尔特商贸(中国)有限公司
发证日期：2014. 12. 22 截止日期：2019. 12. 21

国械注进 20143405907

产品名称：白细胞分化抗原 CD3 检测试剂盒(流式细胞仪法)-FITC(IOTest CD3-FITC)
规格型号：100 测试/瓶
性能组成：见附页。
适用范围：该荧光标记抗体用于流式细胞术定性和定量检测人体生物标本中 CD3 的表达。
生产厂家：法国 IMMUNOTECH S. A. S (a Beckman Coulter Company)
注册代理：贝克曼库尔特商贸(中国)有限公司
发证日期：2014. 12. 22 截止日期：2019. 12. 21

国械注进 20143405908

产品名称：CD235a 抗原检测试剂盒(流式细胞仪法-PE)(CD235a-PE)
规格型号：100 测试/瓶
性能组成：见附页。
适用范围：该荧光素标记的抗体，用于在流式细胞仪上检测和定量人细胞表面的 CD235a 抗原。
生产厂家：法国 IMMUNOTECH S. A. S (a Beckman Coulter Company)
注册代理：贝克曼库尔特商贸(中国)有限公司
发证日期：2014. 12. 22 截止日期：2019. 12. 21

国械注进 20143405909

产品名称：白细胞分化抗原 CD3 检测试剂盒(流式细胞仪法)(IOTest CD3-APC)
规格型号：100 测试/瓶
性能组成：见附页。
适用范围：该荧光标记抗体用于流式细胞术定性和定量检测人体生物标本中 CD3 的表达。
生产厂家：法国 Immunotech S. A. S (a Beckman Coulter Company)
注册代理：贝克曼库尔特商贸(中国)有限公司
发证日期：2014. 12. 22 截止日期：2019. 12. 21

国械注进 20143405910

产品名称：白细胞分化抗原 CD19 检测试剂盒(流式细胞仪法)(IOTest CD19-PC5)
规格型号：100 测试/瓶
性能组成：见附页。
适用范围：该荧光标记抗体，用于流式细胞仪上检测和定量人细胞表面的 CD19 抗原。
生产厂家：法国 IMMUNOTECH S. A. S (a Beckman Coulter Company)
注册代理：贝克曼库尔特商贸(中国)有限公司
发证日期：2014. 12. 22 截止日期：2019. 12. 21

国械注进 20142405911

产品名称：微量白蛋白校准品(MA Calibrator)
规格型号：1 × 3 mL
性能组成：人血清白蛋白缓冲液、叠氮钠 (作为防腐剂)、校正光盘和设定值卡。(具体内容详见产品说明书)

适用范围:本产品用于微量白蛋白项目检测时的校准。
生产厂家:美国 Beckman Coulter, Inc.
注册代理:贝克曼库尔特商贸(中国)有限公司
发证日期:2014.12.22 截止日期:2019.12.21

国械注进 20143405912

产品名称:白细胞分化抗原 CD19 检测试剂盒(流式细胞仪法)(IOTest CD19-PC7)
规格型号:100 测试/瓶
性能组成:见附页。
适用范围:该荧光标记抗体用于流式细胞术定性和/或定量检测人体生物标本中 CD19 的表达。
生产厂家:法国 IMMUNOTECH S.A.S (a Beckman Coulter Company)
注册代理:贝克曼库尔特商贸(中国)有限公司
发证日期:2014.12.22 截止日期:2019.12.21

国械注进 20142405913

产品名称:乙醇检测试剂盒(酶法)(Alcohol (ETOH) reagent)
规格型号:2×150 测试/盒
性能组成:三羟甲基氨基甲烷(Tris)反应缓冲液、酒精脱氢酶(酵母)、烟酰胺腺嘌呤二核苷酸(NAD) 溶于三羟甲基氨基甲烷(Tris)缓冲液、用于系统性能优化的非反应性物质。(具体内容详见产品说明书)
适用范围:本产品用于体外定量检测人血清、血浆、尿液和全血样本中的乙醇浓度。
生产厂家:美国 Beckman Coulter, Inc.
注册代理:贝克曼库尔特商贸(中国)有限公司
发证日期:2014.12.22 截止日期:2019.12.21

国械注进 20142405914

产品名称:总三碘甲状腺原氨酸测定试剂盒(化学发光微粒子免疫检测法)(ARCHITECT Total T3 Reagent Kit)
规格型号:4×100 测试/盒, 1×100 测试/盒, 4×500 测试/盒, 1×500 测试/盒。
性能组成:微粒子、结合物。(具体内容详见说明书)
适用范围:本试剂盒用于体外定量测定人血清和血浆中的总三碘甲状腺原氨酸(总 T3)。
生产厂家:爱尔兰 Abbott Ireland Diagnostics Division
注册代理:雅培贸易(上海)有限公司
发证日期:2014.12.22 截止日期:2019.12.21

国械注进 20142405915

产品名称:促甲状腺激素测定试剂盒(化学发光微粒子免疫检测法)(ARCHITECT TSH Reagent Kit)
规格型号:4×100 测试/盒, 1×100 测试/盒, 4×500 测试/盒, 1×500 测试/盒。
性能组成:微粒子、结合物、项目稀释液。(具体内容详见说明书)
适用范围:本试剂盒用于体外定量测定人血清和血浆中的促甲状腺激素(TSH)。
生产厂家:爱尔兰 Abbott Ireland Diagnostics Division
注册代理:雅培贸易(上海)有限公司
发证日期:2014.12.22 截止日期:2019.12.21

国械注进 20142405916

产品名称:游离三碘甲状腺原氨酸测定试剂盒(化学发光微粒子免疫检测法)(ARCHITECT Free T3 Reagent Kit)
规格型号:4×100 测试/盒, 1×100 测试/盒, 4×500 测试/盒, 1×500 测试/盒。
性能组成:微粒子、结合物。(具体内容详见说明书)
适用范围:本试剂盒用于体外定量测定人血清和血浆中的游离三碘甲状腺原氨酸(游离 T3)。
生产厂家:爱尔兰 Abbott Ireland Diagnostics Division
注册代理:雅培贸易(上海)有限公司
发证日期:2014.12.22 截止日期:2019.12.21

国械注进 20142405917

产品名称:血糖试纸(葡萄糖脱氢酶法)(Blood Glucose Test Strip)
规格型号:50 条装(2 筒, 25 条/筒)
性能组成:葡萄糖脱氢酶、铁氰化钾、固定剂、稳定剂。
适用范围:该产品用于测量指尖新鲜毛细血管全血中的葡萄糖含量。
生产厂家:韩国 All Medicus Co., Ltd.
注册代理:北京唐博士医学科技有限公司
发证日期:2014.12.22 截止日期:2019.12.21

国械注进 20142405918

产品名称:液体免疫学和蛋白质控品(商品名: Liquichek Immunology Control)(Liquichek Immunology Control)
规格型号:水平 1 (6x1ml); 水平 1 (6x3ml); 水平 2 (6x1ml); 水平 2 (6x3ml); 水平 3 (6x1ml); 水平 3 (6x3ml); 3 水平混合小包装(3x1ml), 高中低 3 个水平, 每个水平 1 瓶。
性能组成:该产品由去纤维蛋白原的人血浆制备, 添加了血清蛋白、防腐剂和稳定剂。
适用范围:该产品用来监测实验室测定过程精密度的质控血清, 所监测的项目列于产品包装内的说明书上, 为白蛋白、C-反应蛋白、抗链球菌溶血素 O 抗体、β-2-微球蛋白、补体 C3、补体 C4、胱蛋白酶抑制剂 C、铁蛋白、免疫球蛋白 A、免疫球蛋白 E、免疫球蛋白 G、免疫球蛋白 M、前白蛋白、类风湿因子和转铁蛋白。
生产厂家:美国 Bio-Rad Laboratories, Inc.
注册代理:伯乐生命医学产品(上海)有限公司
发证日期:2014.12.22 截止日期:2019.12.21

国械注进 20142405919

产品名称:分枝杆菌培养管(BD BBLTM MGITTM Mycobacteria Growth Indicator Tubes, 4ml)
规格型号:25 支 x4mL/支, 100 支 x4mL/支。
性能组成:BBLTM MGITTM 分枝杆菌 4ml 培养管内包含: 荧光指示剂和培养液。荧光指示剂中包含硅树脂胶状底物中的 4, 7-二苯基-1, 10-啡啉氯化钌五价水合物。培养管内充有二氧化碳并且用聚乙烯管盖密封。每升纯净水中含有: 经过改进的 Middlebrook7H9 液体培养基、酪蛋白胨。(具体内容详见产品说明书)
适用范围:本产品用于培养及检测分枝杆菌。
生产厂家:美国 Becton, Dickinson and Company
注册代理:碧迪医疗器械(上海)有限公司
发证日期:2014.12.22 截止日期:2019.12.21

国械注进 20143405920

产品名称:甲胎蛋白测定试剂盒(化学发光法)(IMMULITE 2000 AFP)
规格型号:200 人份/盒, 600 人份/盒。
性能组成:含甲胎蛋白包被珠(L2AP12)、甲胎蛋白试剂楔(L2APA2)、甲胎蛋白校正品(L2APJ3, L2APJ4)。(具体内容详见产品说明书)
适用范围:本产品用于体外定量检测血清中的甲胎蛋白(AFP)。
生产厂家:英国 Siemens Healthcare Diagnostics Products Ltd.
注册代理:西门子医学诊断产品(上海)有限公司
发证日期:2014.12.22 截止日期:2019.12.21

国械注进 20142405921

产品名称:肌酸激酶 MB 型同工酶测定试剂盒(速率法)(FUJI DRI-CHEM SLIDE CKMB-P)
规格型号:50 个测试片, 校准(QC)卡 1 张。
性能组成:肌磷酸二钠、腺苷二磷酸钙(ADP·K)、己糖激酶(HK)、六-磷酸-葡萄糖脱氢酶(G6PDH)、心肌黄酶(DI)、β-烟酰胺腺嘌呤二核苷酸(β-NAD+)、硝基四氮唑蓝(NTB)。(具体内容详见产品说明书)
适用范围:该产品用于定量检测血清或血浆中的肌酸激酶 MB 型同工酶的活性。
生产厂家:日本 FUJIFILM Corporation
注册代理:希森美康医用电子(上海)有限公司
发证日期:2014.12.22 截止日期:2019.12.21

国械注进 20142405922

产品名称:血氨测定试剂盒(终点法)(FUJI DRI-CHEM SLIDE NH3-WⅡ)
规格型号:50 个测试片, 校准(QC)卡 1 张。
性能组成:溴酚蓝。(具体内容详见产品说明书)
适用范围:该产品用于定量检测全血中的氨的浓度。

生产厂家:日本 FUJIFILM Corporation
注册代理:希森美康医用电子(上海)有限公司
发证日期:2014.12.22 **截止日期**:2019.12.21

国械注进 20142405923

产品名称:C-反应蛋白测定试剂盒(速率法)(FUJI DRI-CHEM SLIDE CRP-SⅢ)
规格型号:50个测试片，校准(QC)卡1张，C-反应蛋白稀释液(DL)1瓶。
性能组成:淀粉酶标识抗人C-反应蛋白鼠抗体(单克隆的)、羧甲基淀粉钠、二芳基咪唑白色素。(具体内容详见产品说明书)
适用范围:该产品用于定量检测血清中C-反应蛋白的浓度。
生产厂家:日本 FUJIFILM Corporation
注册代理:希森美康医用电子(上海)有限公司
发证日期:2014.12.22 **截止日期**:2019.12.21

国械注进 20142405924

产品名称:多项目高值质控品(FUJI DRI-CHEM CONTROL QP-H)
规格型号:3mL×6瓶
性能组成:本品是以血库血清为基础制造的冻干品。另外，在酶测定项目中所添加的是动物来源的酶成分。
适用范围:该产品用于葡萄糖(GLU)，尿素氮(BUN)，尿酸(UA)，总胆固醇(TCHO)，甘油三酯(TG)，肌酐(CRE)，总蛋白(TP)，钙(Ca)，白蛋白(ALB)，总胆红素(TBIL)，无机磷(IP)，γ-谷氨酰转肽酶(GGT)，谷草转氨酶(GOT/AST)，丙氨酸氨基转移酶(GPT/ALT)，磷酸肌酸激酶(CPK)，乳酸脱氢酶(LDH)，碱性磷酸酶(ALP)，淀粉酶(AMYL)，亮氨酸氨基肽酶(LAP)，胆碱酯酶(CHE)检测项目的质量控制。
生产厂家:日本 FUJIFILM Corporation
注册代理:希森美康医用电子(上海)有限公司
发证日期:2014.12.22 **截止日期**:2019.12.21

国械注进 20142405925

产品名称:血红蛋白测定试剂盒(终点法)(FUJI DRI-CHEM SLIDE Hb-WⅡ)
规格型号:50个测试片，校准(QC)卡1张。
性能组成:聚乙烯醇。(具体内容详见产品说明书)
适用范围:该产品用于定量检测血液中血红蛋白的浓度。
生产厂家:日本 FUJIFILM Corporation
注册代理:希森美康医用电子(上海)有限公司
发证日期:2014.12.22 **截止日期**:2019.12.21

国械注进 20142405926

产品名称:C-反应蛋白校准品(FUJI DRI-CHEM CALIBRATOR CP (CRP))
规格型号:1.0mL×3瓶
性能组成:本品是将从C-反应蛋白阳性血清分离出的C-反应蛋白添加到血库血清中调制出的产品。
适用范围:该产品用于C-反应蛋白检测项目的校准。
生产厂家:日本 FUJIFILM Corporation
注册代理:希森美康医用电子(上海)有限公司
发证日期:2014.12.22 **截止日期**:2019.12.21

国械注进 20142405927

产品名称:血氨测定试剂盒(终点法)(FUJI DRI-CHEM SLIDE NH3-PⅡ)
规格型号:50个测试片，校准(QC)卡1张。
性能组成:溴酚蓝。(具体内容详见产品说明书)
适用范围:该产品用于定量检测血浆中的氨的浓度。
生产厂家:日本 FUJIFILM Corporation
注册代理:希森美康医用电子(上海)有限公司
发证日期:2014.12.22 **截止日期**:2019.12.21

国械注进 20142405928

产品名称:多项目低值质控品(FUJI DRI-CHEM CONTROL QP-L)
规格型号:3mL×6瓶
性能组成:本品是以血库血清为基础制造的冻干品。另外，在酶测定项目中所添加的是动物来源的酶成分。
适用范围:该产品用于葡萄糖(GLU)，尿素氮(BUN)，尿酸(UA)，总胆固醇(TCHO)，甘油三酯(TG)，肌酐(CRE)，总蛋白(TP)，钙(Ca)，白蛋白(ALB)，总胆红素(TBIL)，高密度脂蛋白胆固醇(HDL-C)，无机磷(IP)，直接胆红素(DBIL)，镁(Mg)，γ-谷氨酰转肽酶(GGT)，谷草转氨酶(GOT/AST)，丙氨酸氨基转移酶(GPT/ALT)，磷酸肌酸激酶(CPK)，乳酸脱氢酶(LDH)，碱性磷酸酶(ALP)，淀粉酶(AMYL)，亮氨酸氨基肽酶(LAP)，胆碱酯酶(CHE)检测项目的质量控制。
生产厂家:日本 FUJIFILM Corporation
注册代理:希森美康医用电子(上海)有限公司
发证日期:2014.12.22 **截止日期**:2019.12.21

国械注进 20142405929

产品名称:胆碱酯酶测定试剂盒(速率法)(FUJI DRI-CHEM SLIDE CHE-P)
规格型号:50个测试片，校准(QC)卡1张。
性能组成:p羟基-苯甲酰-碘化胆碱、二芳基咪唑白色素。(具体内容详见产品说明书)
适用范围:该产品用于定量检测血浆、血清中的胆碱酯酶的活性。
生产厂家:日本 FUJIFILM Corporation
注册代理:希森美康医用电子(上海)有限公司
发证日期:2014.12.22 **截止日期**:2019.12.21

国械注进 20142405930

产品名称:γ-谷氨酰转肽酶测定试剂盒(速率法)(FUJI DRI-CHEM SLIDE GGT-PIII)
规格型号:50个测试片，校准(QC)卡1张。
性能组成:L-γ-谷氨酰-p硝基苯胺。(具体内容详见产品说明书)
适用范围:该产品用于定量检测血浆、血清中的γ-谷氨酰转肽酶(γ-GTP)的活性。
生产厂家:日本 FUJIFILM Corporation
注册代理:希森美康医用电子(上海)有限公司
发证日期:2014.12.22 **截止日期**:2019.12.21

国械注进 20142405931

产品名称:碱性磷酸酶测定试剂盒(速率法)(FUJI DRI-CHEM SLIDE ALP-PIII)
规格型号:50个测试片，校准(QC)卡1张。
性能组成:磷酸p-硝基苯酯。(具体内容详见产品说明书)
适用范围:该产品用于定量检测血浆、血清中的碱性磷酸酶的活性。
生产厂家:日本 FUJIFILM Corporation
注册代理:希森美康医用电子(上海)有限公司
发证日期:2014.12.22 **截止日期**:2019.12.21

国械注进 20142405932

产品名称:血氨质控品(FUJI DRI-CHEM CONTROL QN)
规格型号:3mL×2瓶
性能组成:硫酸铵。
适用范围:该产品用于血氨检测项目的质量控制。
生产厂家:日本 FUJIFILM Corporation
注册代理:希森美康医用电子(上海)有限公司
发证日期:2014.12.22 **截止日期**:2019.12.21

国械注进 20142215933

产品名称:心电图机(Electrocardiograph)
规格型号:ELI 150c，详见附件
性能组成:该产品由主机、导联线、电极适配夹、AM12有线导联病人连接线、无线导联模块、电线组件组成，详见附件。
适用范围:该产品预期用于获取、分析、显示和打印成人和儿科患者的心电图。在临床情况下，该产品由医师或者受过培训的人员在执证医师的指导下操作，预期提供数据解释，供医师使用。由该产品提供的心电图的解释只有结合医师的对心电图的仔细观察并考虑病人的其它相关数据时才有作用，不作为诊断的唯一根据。
生产厂家:美国 Mortara Instrument, Inc.
注册代理:中国环球租赁有限公司
发证日期:2014.12.22 **截止日期**:2019.12.21

国械注进 20142565934

产品名称:电动床(Electrical Couch)

规格型号:见附页
性能组成:电动床由床身、扶手、脚轮和脚踏开关（仅为 2275 选件）组成。
适用范围:该产品供患者检查和治疗。
生产厂家:瑞典 ArjoHuntleigh AB
注册代理:北京金协信商贸有限责任公司
发证日期:2014.12.22 截止日期:2019.12.21

国械注进 20142215935

产品名称:心电图机(Electrocardiograph Device)
规格型号:BTL-08 LC
性能组成:设备由心电图机主机、心电导联线、电源线、电极(吸球及肢体夹)组成。
适用范围:本产品通过心电传感器采集人体体表生物电信号，经放大、滤波后，生成心电波形显示并打印以供诊断分析之用。
生产厂家:英国实业有限公司
注册代理:北京庄禾盛业科技发展有限公司
发证日期:2014.12.22 截止日期:2019.12.21

国械注进 20142565936

产品名称:电动床(Electrical Couch)
规格型号:见附页
性能组成:电动床由床身、扶手、脚轮组成。
适用范围:该产品供患者检查和治疗。
生产厂家:瑞典 ArjoHuntleigh AB
注册代理:北京金协信商贸有限责任公司
发证日期:2014.12.22 截止日期:2019.12.21

国械注进 20142555937

产品名称:牙科弯手机(Low Speed Handpiece)
规格型号:见附页
性能组成:产品由牙科弯手机组成。具体性能见附件。
适用范围:产品适用于牙科种植手术。
生产厂家:法国 Anthogyr SAS
注册代理:安卓健(北京)医疗器械有限责任公司
发证日期:2014.12.22 截止日期:2019.12.21

国械注进 20142555938

产品名称:牙科手机(Low Speed Handpiece)
规格型号:见附页
性能组成:产品由牙科弯手机和牙科直手机组成。具体性能见附件。
适用范围:本产品适用于口腔科钻牙、磨牙手术。
生产厂家:法国 Anthogyr SAS
注册代理:安卓健(北京)医疗器械有限责任公司
发证日期:2014.12.22 截止日期:2019.12.21

国械注进 20142555939

产品名称:牙科弯手机(Low Speed Handpiece)
规格型号:见附页
性能组成:产品由牙科弯手机组成。具体性能见附件。
适用范围:产品适用于牙科种植手术。
生产厂家:法国 Anthogyr SAS
注册代理:安卓健(北京)医疗器械有限责任公司
发证日期:2014.12.22 截止日期:2019.12.21

国械注进 20142555940

产品名称:牙科弯手机(Low Speed Handpiece)
规格型号:10628MBP、10664MBP、10632MBP、10616MBP、10608MBP、10628MBP-DA、10664MBP-DA
性能组成:产品由机头和机身组成。具体性能见附件。
适用范围:该产品适用于牙科根管预备。
生产厂家:法国 Anthogyr SAS
注册代理:安卓健(北京)医疗器械有限责任公司
发证日期:2014.12.22 截止日期:2019.12.21

国械注进 20142555941

产品名称:牙科手机(Surgical handpiece)
规格型号:见附页
性能组成:该产品由手机机头和机身组成。各型号区别详见附页。
适用范围:该产品供口腔科夹持切削工具进行钻、磨牙手术用。
生产厂家:奥地利 W&H Dentalwerk Bürmoos GmbH
注册代理:达质医疗器械(上海)有限公司
发证日期:2014.12.22 截止日期:2019.12.21

国械注进 20142555942

产品名称:牙科种植手机(Surgical handpiece)
规格型号:见附页
性能组成:该产品由手机机头和机身组成。各型号区别详见附页。
适用范围:该产品用于牙科种植手术。
生产厂家:奥地利 W&H Dentalwerk Bürmoos GmbH
注册代理:达质医疗器械(上海)有限公司
发证日期:2014.12.22 截止日期:2019.12.21

国械注进 20142215943

产品名称:神经肌肉传导附件(Neuromuscular Transmission Accessories)
规格型号:NMT
性能组成:由传感器(888418:NMT 机械传感器；897439:NMT 小儿机械传感器；888416:NMT 电传感器；)、电缆(888415:NMT 传感器电缆；888414:NMT 传感器电缆；)、区域性阻滞适配器(888417:NMT 区域性阻滞适配器)和电极(57268:NMT 电极)组成。
适用范围:本产品与 GE 医疗的 NMT 测量设备联合使用，可用于成人和儿童患者(体重在 5 到 20 千克)神经肌肉刺激的监测。
生产厂家:芬兰 GE Healthcare Finland Oy
注册代理:通用电气医疗系统贸易发展(上海)有限公司
发证日期:2014.12.22 截止日期:2019.12.21

国械注进 20142215944

产品名称:动态心电记录仪(ECG holter system)
规格型号:EC-3H、EC-12H
性能组成:该产品由心电记录仪主机(EC-3H、EC-12H)、3 导联患者导联线(3HV5-10-B)、12 导联患者导联线(3HV5-11)。
适用范围:该产品用于测量和记录患者的动态心电图。
生产厂家:匈牙利 LABTECH Kft.
注册代理:上海欣睿医疗设备有限公司
发证日期:2014.12.22 截止日期:2019.12.21

国械注进 20142225945

产品名称:视频喉镜系统(Video Laryngoscope System)
规格型号:AVL Reusable System
性能组成:视频喉镜系统由显示器、一体式喉镜、12V 直流电源适配器、刚性管芯、HDMI-DVI 影像输出线、通用型附件框、移动脚架、喉镜挂架、系统套装组成。具体内容详见附页。
适用范围:该系统用于气管插管，以获得清晰、通畅的气道和声带区域的图像。
生产厂家:美国 Verathon Inc.
注册代理:上海儒博贸易有限公司
发证日期:2014.12.22 截止日期:2019.12.21

国械注进 20142225946

产品名称:视频喉镜系统(Video Laryngoscope System)
规格型号:AVL Single-Use
性能组成:视频喉镜系统由显示器、AVL 视芯、视芯套、12V 直流电源适配器、HDMI-DVI 影像输出线、移动脚架、喉镜挂架、通用性附件框、视芯挂架、刚性管芯、视芯包、视芯套装、系统套装组成。具体内容详见附页。
适用范围:该系统用于气管插管，以获得清晰、通畅的气道和声带区域的图像。
生产厂家:美国 Verathon Inc.
注册代理:上海儒博贸易有限公司
发证日期:2014.12.22 截止日期:2019.12.21

国械注进 20142225947

产品名称:视频喉镜系统(Video Laryngoscope System)
规格型号:Ranger Single-Use
性能组成:视频喉镜系统由显示器、Ranger 视芯、视芯套、12V 直流电源适配器、刚性管芯、视芯套装、系统套装组成。具体内容详见附页。
适用范围:该系统用于气管插管,以获得清晰、通畅的气道和声带区域的图像。
生产厂家:美国 Verathon Inc.
注册代理:上海儒博贸易有限公司
发证日期:2014.12.22 **截止日期**:2019.12.21

国械注进 20142225948

产品名称:视频喉镜系统(Video Laryngoscope System)
规格型号:Cobalt System
性能组成:视频喉镜系统由显示器、酷蓝视芯、视芯套、影像输出线、移动脚架、通用型附件框、刚性管芯、视芯挂架、喉镜挂架、视芯套装、系统套装组成。具体内容详见附页。
适用范围:该系统用于气管插管,以获得清晰、通畅的气道和声带区域的图像。
生产厂家:美国 Verathon Inc.
注册代理:上海儒博贸易有限公司
发证日期:2014.12.22 **截止日期**:2019.12.21

国械注进 20142225949

产品名称:视频喉镜系统(Video Laryngoscope System)
规格型号:Ranger Reusable System
性能组成:视频喉镜系统由显示器、一体式喉镜、12V 直流电源适配器、刚性管芯、系统套装组成。具体内容详见附页。
适用范围:该系统用于气管插管,以获得清晰、通畅的气道和声带区域的图像。
生产厂家:美国 Verathon Inc.
注册代理:上海儒博贸易有限公司
发证日期:2014.12.22 **截止日期**:2019.12.21

国械注进 20142225950

产品名称:视频喉镜系统(Video Laryngoscope System)
规格型号:GVL Reusable System
性能组成:视频喉镜系统由显示器、一体式喉镜、视芯电缆、影像输出线、刚性管芯、移动脚架、喉镜挂架、通用型附件框、系统套装组成。具体内容详见附页。
适用范围:该系统用于气管插管,以获得清晰、通畅的气道和声带区域的图像。
生产厂家:美国 Verathon Inc.
注册代理:上海儒博贸易有限公司
发证日期:2014.12.22 **截止日期**:2019.12.21

国械注进 20142575951

产品名称:清洗消毒机(HYDRIM C61WD G4 INSTURMENT WASHER DISINFECTOR)
规格型号:C61WD-D12 C61WD-D12-LCS
性能组成:该清洗消毒机由消毒腔体、供水系统、控制系统和干燥系统组成。
适用范围:用于医疗器械的清洗和湿热消毒。
生产厂家:加拿大 SCICAN LTD
注册代理:智汇伟业国际医疗科技(北京)有限公司
发证日期:2014.12.22 **截止日期**:2019.12.21

国械注进 20142555952

产品名称:高速气涡轮手机(Dental Handpiece)
规格型号:MASTERtorque LUX M9000 L MASTERtorque LUX M9000 LS MASTERtorque LUX M9000 L COLOR(anthracite) MASTERtorque LUX M9000 L COLOR(chocolate brown)
性能组成:产品组成:高速气涡轮手机和软管连接件组成。产品性能见附表。
适用范围:本产品利用空气驱动风轮带动轴承旋转,供夹持的牙科车针进行钻牙、磨牙手术用。
生产厂家:德国 Kaltenbach & Voigt GmbH
注册代理:卡瓦盛邦(上海)牙科医疗器械有限公司
发证日期:2014.12.22 **截止日期**:2019.12.21

国械注进 20142265953

产品名称:手部连续被动训练系统(Hand CPM)
规格型号:6000
性能组成:本产品由手部 CPM 主机、患者套件、手持控制器、电源适配器、电源线组成。
适用范围:用于手部关节手术后进行连续被动性康复训练。
生产厂家:美国 QAL Medical LLC.
注册代理:北京永康泰科技有限公司
发证日期:2014.12.22 **截止日期**:2019.12.21

国械注进 20142225954

产品名称:内窥镜摄像系统(デジタルメデイカルスコープ)
规格型号:DS-10EA
性能组成:内窥镜摄像系统由控制单元、充电底座、电缆(AV 端口电缆、USB 端口电缆)、电源适配器、电池、脚踏开关(可选配)以及内窥镜适配器组成。
适用范围:本产品与内窥镜配合使用,对内窥镜观察部位进行显示和拍摄。
生产厂家:日本尼德克株式会社
注册代理:日本尼德克株式会社北京代表处
发证日期:2014.12.22 **截止日期**:2019.12.21

国械注进 20142405955

产品名称:血液分析仪(Hematology Analyzer)
规格型号:DxH 600、DxH 800。
性能组成:分析仪由样品处理模块、气源模块、手持式条形码扫描仪和系统管理器组成。
适用范围:本产品可识别并计算以下样品类型中指示的参数:全血(静脉或毛细管)样本:白细胞计数(WBC)、红细胞计数(RBC)、血红蛋白浓度(HGB)、红细胞压积(HCT)、平均红细胞体积(MCV)、平均血红蛋白含量(MCH)、平均血红蛋白浓度(MCHC)、红细胞分布宽度(RDW)、红细胞分布宽度标准差(RDW-SD)、血小板计数(PLT)、平均血小板体积(MPV)、中性粒细胞百分比(NE%)、中性粒细胞数(NE#)、淋巴细胞百分比(LY%)、淋巴细胞数(LY#)、单核细胞百分比(MO%)、单核细胞数(MO#)、嗜酸性粒细胞百分比(EO%)、嗜酸性粒细胞数(EO#)、嗜碱性粒细胞百分比(BA%)、嗜碱性粒细胞数(BA#)、有核红细胞百分比(NRBC%)、有核红细胞数(NRBC#)、网织红细胞百分比(RET%)、网织红细胞数(RET#)、未成熟网织红细胞指数(IRF)、平均网织红细胞体积(MRV);预稀释血液(静脉或毛细管)样本:白细胞计数(WBC)、红细胞计数(RBC)、血红蛋白浓度(HGB)、红细胞压积(HCT)、平均红细胞体积(MCV)、平均血红蛋白含量(MCH)、平均血红蛋白浓度(MCHC)、红细胞分布宽度(RDW)、红细胞分布宽度标准差(RDW-SD)、血小板计数(PLT)、平均血小板体积(MPV);体液(脑脊髓、浆液或滑液)样本:红细胞计数(RBC)、总有核细胞计数(TNC)。
生产厂家:美国 Beckman Coulter, Inc.
注册代理:贝克曼库尔特商贸(中国)有限公司
发证日期:2014.12.22 **截止日期**:2019.12.21

国械注进 20142545956

产品名称:手术无影灯(TRIOP VOLISTA&STANDOP VOLISTA Surgical light)
规格型号:见附页
性能组成:手术灯由灯头、电源箱、支架、触摸控制屏、手术灯头吊臂、及摄像头吊臂(选配)和摄像头(选配)组成。
适用范围:手术灯为吊顶式安装,供医疗单位作医用手术照明用。
变更情况:变更日期:2015.01.30。"代理人地址:上海市外高桥保税区美盛路 56 号 4 号楼第一层 D6(01-02)、D7 部位"变更为"代理人地址:中国(上海)自由贸易试验区美盛路 56 号 2 层 227 室"。
生产厂家:法国 Maquet SAS
注册代理:迈柯唯(上海)医疗设备有限公司
发证日期:2014.12.22 **截止日期**:2019.12.21

国械注进 20142555957

产品名称:高速气涡轮手机(High-speed air turbine handpieces)
规格型号:见附页
性能组成:该产品由高速气涡轮手机和软管连接件(型号:R、F、B)组成。性能:1)夹头形式均为压盖式;2)提供水气冷却;3)空载转速、光照情况及手机配合使用的软管连接件见附页。
适用范围:该产品利用空气驱动风轮带动轴承旋转,供夹持的牙科车针进行钻、磨牙手术。
生产厂家:德国 Sirona Dental Systems GmbH
注册代理:西诺德牙科设备商贸(上海)有限公司
发证日期:2014.12.22 **截止日期**:2019.12.21

国械注进 20142555958

产品名称:光固化机(Curing light)
规格型号:Poly One
性能组成:产品由光纤、机头软管、LED 灯、手柄和保护灯罩组成。
适用范围:本产品在牙科临床用于对以聚合物为基底的牙科修复材料进行照射使之固化。
生产厂家:德国 Kaltenbach & Voigt GmbH
注册代理:卡瓦盛邦(上海)牙科医疗器械有限公司
发证日期:2014.12.22 **截止日期**:2019.12.21

国械注进 20142235959

产品名称:一次性超声探头(RAR Flexi Probe)
规格型号:RAR 2081
性能组成:由探头本身和与其配套使用的套管组成
适用范围:与痔动脉结扎超声多普勒诊断仪(A.M.I. HAL/RAR System)配合使用,用于痔动脉结扎手术中确定痔动脉的位置。
生产厂家:奥地利 A.M.I. Agency for Medical Innovations GmbH
注册代理:北京润美康医药有限公司
发证日期:2014.12.22 **截止日期**:2019.12.21

国械注进 20142265960

产品名称:红光治疗仪
规格型号:Omnilux Revive
性能组成:该产品由二级管发光治疗头,电源和控制系统组成。辐射波长:633nm±10nm;波宽:20nm±5nm;平均辐射强度:105mW/cm2±10%。
适用范围:该产品临床适用于皮肤科对色素性病变的治疗。
生产厂家:美国 PhotoMedex, Inc.
注册代理:北京康联医用设备有限公司
发证日期:2014.12.22 **截止日期**:2019.12.21

国械注进 20142265961

产品名称:温热治疗器(HENE MASTER ENERGY MACHINE)
规格型号:HY-8800
性能组成:该产品由遥控器、上体部、下体部、辅助透光器(可选项目:2 球、15 球)组成。
适用范围:由各透光器(上体部、下体部、辅助透光器)产生的温热,通过温热、指压对颈椎、腰椎病变引起的肌肉疼痛,具有辅助治疗和改善作用。
生产厂家:韩国(株)美健医疗器
注册代理:北京中韩美健医疗器械有限公司
发证日期:2014.12.22 **截止日期**:2019.12.21

国械注进 20142345962

产品名称:医用 X 射线防护用品(商品名:RADPAD)(Radiation Protection Product)
规格型号:见附页
性能组成:由防护毯和防护单组成。
适用范围:用于管电压小于 90kV 时 X 射线介入治疗的辐射防护,减少 X 射线对人体的危害。
生产厂家:美国 Worldwide Innovations & Technologies, Inc.
注册代理:湖北同济堂瑞新医疗器材有限公司
发证日期:2014.12.22 **截止日期**:2019.12.21

国械注进 20142225963

产品名称:数字视敏度测量系统(ClearChart®2)
规格型号:13760
性能组成:该产品由主机和遥控器组成。
适用范围:该产品由专业医师操作通过视敏度来判断患者的客观屈光。
生产厂家:美国 Reichert Inc.
注册代理:捷通埃默高(北京)医药科技有限公司
发证日期:2014.12.22 **截止日期**:2019.12.21

国械注进 20142305964

产品名称:数字化 X 射线摄影系统(X-ray systems)
规格型号:CALYPSO F
性能组成:产品由高压发生器 VZW2556RC2-A3,X 射线管组件 C100/RTM 101 HS,限束器,立柱式 X 射线管组件支撑装置,探测器支撑装置,摄影床,平板探测器,数字图像处理系统组成。
适用范围:适用于医疗单位通用 X 射线摄影检查。
生产厂家:意大利 GENERAL MEDICAL MERATE SPA
注册代理:康达医疗器械(上海)有限公司
发证日期:2014.12.22 **截止日期**:2019.12.21

国械注进 20142405965

产品名称:肌钙蛋白 I 校准品(Access AccuTnI+3 Calibrators)
规格型号:校准品 0 (S0):1.5mL/瓶,校准品 1 (S1):1.5mL/瓶,校准品 2 (S2):1mL/瓶,校准品 3 (S3):1mL/瓶,校准品 4 (S4):1mL/瓶,校准品 5 (S5):1mL/瓶。
性能组成:校准品 0 (S0):含表面活性剂的牛血清白蛋白(BSA)缓冲基质,叠氮化钠和 Proclin300; 校准品 1 (S1)、校准品 2 (S2)、校准品 3 (S3)、校准品 4 (S4)、校准品 5 (S5):重组肌钙蛋白 I 复合物、含表面活性剂的牛血清白蛋白(BSA)缓冲基质、叠氮化钠和 Proclin300;校准卡。(具体内容详见产品说明书)
适用范围:本产品用于肌钙蛋白 I 测定时的校准。
生产厂家:美国 Beckman Coulter, Inc.
注册代理:贝克曼库尔特商贸(中国)有限公司
发证日期:2014.12.22 **截止日期**:2019.12.21

国械注进 20142405966

产品名称:总 β 亚单位人绒毛膜促性腺激素校准品(Access Total β HCG (5th IS) Calibrators)
规格型号:校准品 0 (S0):4.0 mL/瓶,校准品 1 (S1):4.0 mL/瓶,校准品 2 (S2):4.0 mL/瓶,校准品 3 (S3):4.0 mL/瓶, 校准品 4 (S4):4.0 mL/瓶,校准品 5 (S5):4.0 mL/瓶。
性能组成:校准品 0 (S0):牛血清白蛋白(BSA)缓冲液(内含表面活性剂、叠氮化钠和 ProClin300);校准品 1 (S1)、校准品 2 (S2)、校准品 3 (S3)、校准品 4 (S4)、校准品 5 (S5):含有不同浓度水平的人绒毛膜促性腺激素(hCG),溶解于牛血清白蛋白(BSA)缓冲液(内含表面活性剂、叠氮化钠和 ProClin300)中; 校准卡。(具体内容详见产品说明书)
适用范围:本产品用于总 β 亚单位人绒毛膜促性腺激素测定时的校准。
生产厂家:美国 Beckman Coulter, Inc.
注册代理:贝克曼库尔特商贸(中国)有限公司
发证日期:2014.12.22 **截止日期**:2019.12.21

国械注进 20142405967

产品名称:肌钙蛋白 I 测定试剂盒(化学发光法)(Access AccuTnI+3)
规格型号:2×50 测试/盒
性能组成:试剂 1a (R1a):包被有小鼠单克隆抗人心肌钙蛋白 I (cTnI)的顺磁性微粒悬浮于三羟甲基氨基甲烷缓冲盐溶液中,含表面活性剂、牛血清白蛋白(BSA)基质、叠氮钠以及 ProClin300; 试剂 1b (R1b):氢氧化钠; 试剂 1c (R1c):三羟甲基氨基甲烷缓冲盐溶液、表面活性剂、叠氮钠和 ProClin 300;试剂 1d (R1d):小鼠单克隆抗人心肌钙蛋白 I (cTnI)碱性磷酸酶结合物稀释于 ACES 缓冲盐溶液中,含表面活性剂、牛血清白蛋白(BSA)基质、蛋白质(牛、山羊和小鼠)、叠氮钠以及 ProClin 300。 (具体内容详见产品说明书)
适用范围:本产品用于体外定量测定人血清和血浆中的肌钙蛋白 I(cTnI)水平。
生产厂家:美国 Beckman Coulter, Inc.
注册代理:贝克曼库尔特商贸(中国)有限公司

发证日期:2014. 12. 22 **截止日期**:2019. 12. 21

国械注进 20142405968

产品名称:肌钙蛋白Ⅰ测定试剂盒(化学发光法)(Access AccuTnI+3)
规格型号:2×50 测试/盒
性能组成:试剂 1a (R1a):包被有小鼠单克隆抗人心肌钙蛋白Ⅰ(cTnI)的顺磁性微粒悬浮于三羟甲基氨基甲烷缓冲盐溶液中,含表面活性剂、牛血清白蛋白(BSA)基质、叠氮钠以及 ProClin300;试剂 1b (R1b):氢氧化钠;试剂 1c (R1c):三羟甲基氨基甲烷缓冲盐溶液、表面活性剂、叠氮钠和 ProClin 300;试剂 1d (R1d):小鼠单克隆抗人心肌钙蛋白Ⅰ(cTnI)碱性磷酸酶结合物稀释于 ACES 缓冲盐溶液中,含表面活性剂、牛血清白蛋白(BSA)基质、蛋白质(牛、山羊和小鼠)、叠氮钠以及 ProClin 300。(具体内容详见产品说明书)
适用范围:本产品用于体外定量测定人血清和血浆中的肌钙蛋白Ⅰ(cTnI)水平。
生产厂家:美国 Beckman Coulter, Inc.
注册代理:贝克曼库尔特商贸(中国)有限公司
发证日期:2014. 12. 22 **截止日期**:2019. 12. 21

国械注进 20142405969

产品名称:抗磷脂综合征 IgG 抗体校准品(BioPlex 2200 APLS IgG Calibrator Set)
规格型号:7×0.5 毫升
性能组成:校准品由去纤维血浆制成的人血清基质和来自病人血浆的已知浓度的分析物组成,含≤0.3%的 ProClin 300,<0.1%叠氮化钠和≤0.1%的苯甲酸钠的防腐剂。
适用范围:该产品用于抗磷脂综合征 IgG 抗体检测试剂盒(流式点阵免疫发光)的校准控制。
生产厂家:美国 Bio-Rad Laboratories, Inc.
注册代理:伯乐生命医学产品(上海)有限公司
发证日期:2014. 12. 22 **截止日期**:2019. 12. 21

国械注进 20142405970

产品名称:抗磷脂综合征 IgG 抗体质控品(BioPlex 2200 APLS IgG Control Set)
规格型号:阳性质控品: 4×1.5 mL 阴性质控品: 2×1.5 mL
性能组成:所有质控品均含有 ProClin 300(≤0.3%)、叠氮化钠(<0.1%)和苯甲酸钠(≤0.1%)作为防腐剂。阳性质控品以去纤维血浆制成的人血清基质和来自病人血浆的心磷脂和 Beta-2 糖蛋白 I IgG 抗体组成。阴性对照液以去纤维白血浆制成的人血清基质组成。
适用范围:该产品用于对临床实验室中 BioPlex 2200 仪器与抗磷脂综合征 IgG 抗体检测试剂盒整体性能进行质量控制。
生产厂家:美国 Bio-Rad Laboratories, Inc.
注册代理:伯乐生命医学产品(上海)有限公司
发证日期:2014. 12. 22 **截止日期**:2019. 12. 21

国械注进 20143635971

产品名称:纯钛人工牙种植体(商品名:Cowellmedi 纯钛人工牙种植体)(Dental implant)
规格型号:见附页
性能组成:种植体采用 4 级纯钛制成,表面经阳极氧化处理,采用伽马射线灭菌,无菌状态提供。
适用范围:本产品用于通过种植牙手术植入口腔牙齿缺失部位的颌骨组织内,取代天然牙根,起支持和固位作用。
生产厂家:韩国 Cowell Medi Co., Ltd.
注册代理:北京环中生物医学工程科技开发中心
发证日期:2014. 12. 18 **截止日期**:2019. 12. 17

国械注进 20143225972

产品名称:隐形眼镜护理液(商品名: Zeiss All in One Advance)(Contact Care Solution)
规格型号:360ml/瓶、100ml/瓶
性能组成:一种无菌缓冲溶液,内含氯化钠、聚六亚甲基双胍、二水合乙二胺四乙酸二钠以及蒸馏水。pH 值:6.9-7.4。渗透压:280-320 mOsm/Kg 。
适用范围:适用于软性隐形眼镜的清洁、消毒、保存、除蛋白和脂类。
生产厂家:德国 Woehlk-Contact-Linsen GmbH
注册代理:北京益明眼镜有限责任公司
发证日期:2014. 12. 18 **截止日期**:2019. 12. 17

国械注进 20143775973

产品名称:导引导丝(CPS Excel MediGuide Enabled MediGuide Enabled Guidewire)
规格型号:DS2M027, DS2M028, DS2M029
性能组成:该产品由 1 根导丝、1 个扭矩工具、1 个”J”型调直器组成。导丝主体为 304 不锈钢,头端芯丝为铂钨合金(92%铂,8%钨),绕丝为 304 不锈钢,传感器芯为钼金属,传感器线圈为铜,导丝主体涂有 PTFE 涂层,导丝远端头端涂有聚氨酯及硫酸钡。导丝控制器为聚丙烯和黄铜组成。J 型矫直器为聚丙烯组成。经环氧乙烷灭菌,一次性使用。
适用范围:本产品用于配合 MediGuideTM 系统对冠状动脉和外周血管进行实时的尖端定位及导航。MediGuide 系统是用于对透视检查进行的辅助。
生产厂家:美国 St. Jude Medical CARDIAC RHYTHM MANAGEMENT DIVISION
注册代理:圣犹达医疗用品(上海)有限公司
发证日期:2014. 12. 18 **截止日期**:2019. 12. 17

国械注进 20143775974

产品名称:封堵球囊导管系统(商品名: Scepter C)(Scepter Occlusion Balloon Catheter)
规格型号:BC0410C, BC0415C, BC0420C
性能组成:本产品由球囊、管体和导管座组成,其中管体由同轴内部导丝腔和外部球囊膨胀腔构成。球囊材料为聚氨酯,标记带为铂铱合金;管体材料为聚四氟乙烯、304V 不锈钢、聚醚嵌段酰胺和聚烯烃;导管座材料为尼龙和热塑性弹性体;导管涂有亲水涂层。产品经环氧乙烷灭菌,一次性使用。
适用范围:本产品用于:1)需要暂时性封堵的外周和神经血管,球囊导管可实现暂时性血管封堵,有利于对血流的阻断和控制;2)实施颅内动脉瘤球囊辅助性栓塞术;3)向外周血管输注诊断性制剂(如造影剂)和治疗性制剂(如栓塞材料);4)向神经血管输注诊断性制剂(如造影剂)和经准许或批准用于神经血管且与 Scepter C 球囊导管内径相匹配的治疗性制剂(如栓塞材料)。
变更情况:变更日期:2015.02.02。“青浦区胜利路 539 弄 16 号 5 幢 3 楼 C-2 室”变更为“青浦区南太路 1 号-1 号 6 幢 3 楼 314 室”。
生产厂家:美国 MicroVention, Inc.
注册代理:上海胜迈医疗器械有限公司
发证日期:2014. 12. 18 **截止日期**:2019. 12. 17

国械注进 20143465975

产品名称:椎间融合器(商品名: TM Ardis)(Spinal Devices)
规格型号:见附页
性能组成:产品由多孔钽金属材料制成,灭菌包装
适用范围:产品预期与自体植骨配合使用,用于腰骶区域一个或两个相邻节段(L2 - S1)融合,以治疗椎间盘退变性疾病(DDD)伴病变节段高达 1 级的脊柱前移或后滑脱。病变节段曾接受非融合脊柱手术的患者可以用本器械进行治疗。患者应骨骼成熟并已接受 6 个月的非手术治疗。
生产厂家:美国 Zimmer Trabecular Metal Technology, Inc.
注册代理:捷迈(上海)医疗国际贸易有限公司
发证日期:2014. 12. 18 **截止日期**:2019. 12. 17

国械注进 20143465975

产品名称:椎间融合器(商品名: TM Ardis)(Spinal Devices)
规格型号:见附页
性能组成:产品由多孔钽金属材料制成,灭菌包装
适用范围:产品预期与自体植骨配合使用,用于腰骶区域一个或两个相邻节段(L2 - S1)融合,以治疗椎间盘退变性疾病(DDD)伴病变节段高达 1 级的脊柱前移或后滑脱。病变节段曾接受非融合脊柱手术的患者可以用本器械进行治疗。患者应骨骼成熟并已接受 6 个月的非手术治疗。
生产厂家:美国 Zimmer Trabecular Metal Technology, Inc.
注册代理:捷迈(上海)医疗国际贸易有限公司
发证日期:2014. 12. 18 **截止日期**:2019. 12. 17

国械注进 20143465976

产品名称:脊柱前路融合器(Cage for ALIF)
规格型号:见附页
性能组成:产品采用符合 YY/T 0660 的聚醚醚酮(PEEK-OPTIMA-LT1)材料制造，显影丝采用符合 ISO 13782 的纯钽材料制造。灭菌包装。
适用范围:产品预期用于腰椎和胸椎水平的椎间盘退行性病变、椎间盘功能丧失、关节肥大引起的椎间孔狭窄、节段性不稳定、脊柱畸形:侧突、驼背、脊柱前弯症；失败的手术史。产品与脊柱固定系统配合使用。
生产厂家:法国 SPINEWAY S.A.S
注册代理:斯潘威医疗科技(北京)有限公司
发证日期:2014.12.18 **截止日期**:2019.12.17

国械注进 20143775977

产品名称:带有 ICE 亲水涂层的 PTCA 导丝（商品名：Luge）(Luge Guidewires with ICE Hydrophilic Coating)
规格型号:H74912130010、H74912130012、H7491213001J0、H7491213001J2、H74912100010、H74912100012、H7491210001J0、H7491210001J2
性能组成:该产品由芯丝、绕丝和涂层组成。芯丝为 304V 不锈钢，绕丝为铂钨合金，导丝远端涂有 ICE 涂层，近端涂有 PTFE 涂层。产品经环氧乙烷灭菌，一次性使用。
适用范围:该产品用于帮助在 PTCA 或其他血管内介入手术期间放置球囊扩张导管或其他治疗装置。不应在脑血管内使用。
生产厂家:美国 Boston Scientific Corporation
注册代理:波科国际医疗贸易(上海)有限公司
发证日期:2014.12.18 **截止日期**:2019.12.17

国械注进 20143225978

产品名称:软性亲水接触镜(Soft Contact Lens)
规格型号:Europa
性能组成:彩色日戴软性亲水接触镜，镜片材料由 HEMA、EGDMA、GM、AIBN 及着色剂聚合而成，镜片着单色为黑色、灰色、绿色、紫色、蓝色、褐色、棕色，采用聚丙烯杯或玻璃瓶包装。各参数标称值：含水量：40 %，折射率：1.438，透氧系数：10×10-11 (cm2/s) [ml02/ (ml×mmHg)]，-3D 透氧量：11×10^{-9} (cm/s) [ml02/ (ml×mmHg)]，后顶焦度范围：0.00D～-15.00D，可见光透过率>98%。推荐更换周期半年。产品经高压蒸汽灭菌。
适用范围:适用于无禁忌症患者矫正近视。
生产厂家:韩国 Vision Science Co., Ltd.
注册代理:韩国科尔视有限公司上海代表处
发证日期:2014.12.18 **截止日期**:2019.12.17

国械注进 20143155979

产品名称:一次性使用无菌注射针(商品名:Eclipse)(Eclipse Needle)
规格型号:见附页
性能组成:产品由针座、防护罩、护套、针管组成。其 Eclipse TM 针带有防护罩，具有按压可使注射针针管被固定在凹槽内，防止针尖意外刺伤的特性。
适用范围:该产品配合一次性使用无菌注射器用于常规和皮下注射，以及抽吸液体。
生产厂家:美国 Becton Dickinson and Company
注册代理:碧迪医疗器械(上海)有限公司
发证日期:2014.12.18 **截止日期**:2019.12.17

国械注进 20143155980

产品名称:一次性使用无菌注射针（商品名：SafetyGlide）(SafetyGlideTM Needle)
规格型号:见附页
性能组成:该产品主要由针座、安全防护罩、护套、针管组成。SafetyGlideTM 注射针带有安全防护罩，具有使用后单手拇指前推防护罩曲柄，使其轴向前伸展，将注射针针管完全固定在防护罩凹槽内，具有防止针尖意外刺伤的特性。
适用范围:该产品配合一次性使用无菌注射器可用于抽吸和注射药液。
生产厂家:美国 Becton Dickinson and Company
注册代理:碧迪医疗器械(上海)有限公司
发证日期:2014.12.18 **截止日期**:2019.12.17

国械注进 20143465981

产品名称:带锁金属接骨板系统(Osteosynthesis implants)
规格型号:见附页
性能组成:本产品包括螺钉和接骨板，采用符合 GB/T13810 中钛合金(Ti6Al4V)材料制造。表面进行阳极氧化处理，其中颜色为钛合金本色的产品表面未进行阳极氧化处理。一次性使用，非灭菌包装。
适用范围:1.MaxLock ExtremeTM 系统 a)MaxLockExtremeTM 通用钢板在下述情况下适用于成人或儿童外科手术：－小骨或长骨的骨折固定；－外科准备的骨固定（切骨术）；－关节固定；－骨畸形的矫正；－这些植入物适用于胫骨、腓骨、股骨、肱骨、尺骨、挠骨和掌骨、腕骨、踝骨和足骨的内固定。b)MaxLockExtremeTM 锁骨钢板适用于锁骨的骨折、骨切开和骨融合手术。c) MaxLockExtremeTM TMT、MTP 和 MedialMax 钢板适用于成人和儿童足骨的骨折、融合和切开手术。d) MaxLockExtremeTM 远端腓骨和远端胫骨钢板适用于成人和儿童踝骨的骨折、融合和切开手术。e)MaxLockExtremeTMEdgelock 钢板适用于成人和儿童的跟骨移位截骨术。f) MaxLockExtremeTM 内侧开口楔形钢板、2 孔楔形钢板适用于成人和儿童的足骨切开术。g)MaxLockExtremeTMOrtholink 钢板和 Y 型钢板适用于成人和儿童的掌骨、腕骨、足骨和踝骨的骨折、骨融合和骨切开手术。h) DRLockExtremeTM 钢板适用于成人远端挠骨的骨折和骨切开手术。i) CalClockExtremeTM 钢板旨在用于稳定和支持关节内和关节外跟骨骨折的修复术。2.Mini MaxLock ExtremeTM 系统 Mini MaxLockExtremeTM 植入物系统旨在稳定和辅助小骨和骨块的骨折、融合和切开的修复术。3.MaxTorque®和 MiniMaxTorque®系统 螺钉和垫圈拟用于固定截骨、融合或小骨或长骨的骨折。
生产厂家:法国 TORNIER S.A.S.
注册代理:驿麟科创医疗科技(北京)有限公司
发证日期:2014.12.18 **截止日期**:2019.12.17

国械注进 20143215982

产品名称:分流管调压器（商品名：Codman）(Codman VPV System)
规格型号:82-3192VPV 调压器系统 82-3194VPV 调压发送器
性能组成:该产品由调压器和发送器组成。
适用范围:该调压器只与 CODMAN HAKIM 可调压阀门配合使用，在脑积水治疗过程中对脑脊液（CSF）进行分流。对可调压阀门进行压力调节设定，用于无创调节 CODMAN HAKIM 可调压阀门至所选压力，可提供阀门调节确认，而无需进行射线成像确认调节完成。
生产厂家:美国 Codman & Shurtleff, Inc.
注册代理:强生(上海)医疗器材有限公司
发证日期:2014.12.24 **截止日期**:2019.12.23

国械注进 20143235983

产品名称:眼科手术系统(Ophthalmic Surgical System)
规格型号:CV-9000
性能组成:该产品由主机、带电动杆的架台（可选)、脚踏开关（标准/可选）和附属品组成，附属品的规格型号见附件。
适用范围:该产品用于白内障手术以及玻璃体手术的灌流、抽吸、晶状体破碎、玻璃体切除和电凝。
生产厂家:日本尼德克株式会社，株式会社ニデック(NIDEK CO., LTD.)
注册代理:日本尼德克株式会社北京代表处
发证日期:2014.12.24 **截止日期**:2019.12.23

国械注进 20143545984

产品名称:呼吸机(Ventilator)
规格型号:Elisee 250; Elisee 350
性能组成:该产品由主机、呼气阀、呼气末端二氧化碳 (EtCO2) 监测装置、远程报警器组成。
适用范围:该产品是双模式呼吸机，可为成人或 5 公斤以上儿童患者提供定压或定容的有创或无创通气。本设备不用于新生儿通气。呼吸机用于通气依赖患者的持续通气，可用于：1）转运（公路转运、海运、航空）-用于急救呼吸：复苏，如在交通事故或溺水现场。-用于医院内外的转运：在急救情况下、有计划的长距离转运，或者用于转移需要呼吸支持的患者。2）在恢复室或重症监护室中。呼吸机仅供卫生保健专业人员使用。
生产厂家:法国 ResMed Paris SAS
注册代理:瑞思迈(北京)医疗器械有限公司

发证日期:2014.12.24 **截止日期**:2019.12.23

国械注进 20143215985

产品名称:心输出量测量仪(PulsioFlex)
规格型号:PC4000
性能组成:该产品由主机(PC4000)、PiCCO 模块(PC4510)、ProAQT 传感器缆线(PC45810-300)、CeVOX 模块(PC3040)、LiMON 模块(PC5140)、可重复使用的 LiMON 传感器(PC51100、PC51200、PC51300)、血液温度感受器缆线(PC80150)、注射液温度感受器缆线(PC80109)、压力连接缆线(PMK-206,生产企业: Utah Medical ProductsLtd.)和 AUX 适配器(PC85200,生产企业: W&GElektro-Bauelemente GmbH)组成。
适用范围:该产品预期由经过培训的医疗专业人员在医院和医疗机构中使用,用于测量心肺循环变量,如:心率、收缩压、舒张压、平均动脉压、中心静脉压、连续心输出量、间歇心输出量、血管内外的液体容量。该产品可连接 ProAQT 传感器进行连续测量的动脉脉搏轮廓分析,可测量血压、心输出量趋势、容量反应和血流动力学参数。PiCCO 模块可用于心肺和循环参数的测量。CeVOX 模块可对成人和小儿进行血液内氧饱和度测量以评估氧供和氧耗。LiMON 模块可连续测量动脉血红蛋白功能性氧饱和度和脉搏密度,测量吲哚菁绿的浓度。
生产厂家:德国 PULSION Medical Systems SE
注册代理:上海展阳投资管理有限公司
发证日期:2014.12.24 **截止日期**:2019.12.23

国械注进 20143235986

产品名称:超声诊断系统(Ultrasonic diagnostic system)
规格型号:MyLabTwice eHD
性能组成:见附页
适用范围:用于对患者进行超声诊断
生产厂家:意大利 ESAOTE SPA
注册代理:百胜(深圳)医疗设备有限公司
发证日期:2014.12.24 **截止日期**:2019.12.23

国械注进 20143235987

产品名称:超声诊断系统(Ultrasonic diagnostic system)
规格型号:MyLabClass C Advanced
性能组成:见附页
适用范围:用于对患者进行超声诊断
生产厂家:意大利 ESAOTE SPA
注册代理:百胜(深圳)医疗设备有限公司
发证日期:2014.12.24 **截止日期**:2019.12.23

国械注进 20143545988

产品名称:气道管理系统(AnapnoGuard 100 System)
规格型号:AnapnoGuard 100
性能组成:本产品由主机组成。
适用范围:该产品通过无创测量气囊上方空间的 CO2 浓度提供持续的气管插管气囊压力控制、清洗和吸引声门下分泌物、持续检测气道压力和气管内阻力。
生产厂家:以色列 Hospitech Respiration Ltd.
注册代理:凯迪泰(北京)医疗科技有限公司
发证日期:2014.12.24 **截止日期**:2019.12.23

国械注进 20143545989

产品名称:婴儿辐射保暖台(商品名: Infa Warmer i)(定置型乳児用放射加温器)
规格型号:Atom Infant Warmer 103
性能组成:产品由主机、皮肤温度传感器组成。
适用范围:该产品于新生儿、早产儿用开放式保育装置,其目的在于管理新生儿外科手术前、手术后集中护理、新生儿低温体质新生儿的体温,进行新生儿室内的观察和检查,防止分娩后体温降低。
生产厂家:日本アトムメデイカル株式会社(ATOM MEDICAL 株式会社)
注册代理:北京百世和泰医疗器械有限公司
发证日期:2014.12.24 **截止日期**:2019.12.23

国械注进 20143305990

产品名称:数字化 X 射线透视摄影系统(据置型デジタル式汎用 X 線透視診断装置)
规格型号:SONIALVISION G4
性能组成:产品组成:高压发生装置(D150BC-40S)、X 射线管组件(X 射线管组件 0.7/1.2JG326D-265;限束器 R-300)、患者支撑装置(诊断床 ZS-200)、数字成像系统(平板探测器,监视器,PC)、软件和选配件(详见标准)。
适用范围:该产品供医疗单位做 X 射线透视、摄影及数字减影(可选)用。该装置不能用于心脑血管的介入检查。
生产厂家:日本株式会社 岛津制作所
注册代理:岛津企业管理(中国)有限公司
发证日期:2014.12.24 **截止日期**:2019.12.23

国械注进 20143235991

产品名称:超声内镜图像处理装置(商品名: EVIS EUS)(内視鏡用超音波観測装置)
规格型号:EU-ME2, EU-ME2 PREMIER, EU-ME2 PREMIER PLUS, MAJ-679.
性能组成:本产品由超声内镜图像处理装置和可选件脚踏开关(MAJ-679)组成。产品性能见申请表附页。
适用范围:本产品利用超声波实现体内形状、性状的动态可视从而进行超声检查。
变更情况:变更日期: 2015.01.29。"代理人住所:上海市外高桥保税区泰谷路 185 号第三层 E、F 部位"变更为"代理人住所:中国(上海)自由贸易试验区泰谷路 185 号第三层 E、F 部位"。
生产厂家:日本奥林巴斯医疗株式会社
注册代理:奥林巴斯贸易(上海)有限公司
发证日期:2014.12.24 **截止日期**:2019.12.23

国械注进 20143235991

产品名称:超声内镜图像处理装置(商品名: EVIS EUS)(内視鏡用超音波観測装置)
规格型号:EU-ME2, EU-ME2 PREMIER, EU-ME2 PREMIER PLUS, MAJ-679.
性能组成:本产品由超声内镜图像处理装置和可选件脚踏开关(MAJ-679)组成。产品性能见附页。
适用范围:本产品利用超声波实现体内形状、性状的动态可视从而进行超声检查。
生产厂家:日本奥林巴斯医疗株式会社
注册代理:奥林巴斯贸易(上海)有限公司
发证日期:2014.12.24 **截止日期**:2019.12.23

国械注进 20143405992

产品名称:全自动荧光免疫分析仪(GSP®, Genetic Screening Processor)
规格型号:2021-0010
性能组成:该产品由 GSP®仪器及随机软件组成,其中 GSP®仪器包括:孔板操纵器模块、洗板机模块、去血片机模块、试剂储存模块、试剂移液器模块、测量模块、散装试剂模块、三种振荡孵育器模块、处理废液的液体模块、两个栈架、孔板储存模块、加热孵育器模块、温度控制模块、电子模块及干燥机。随机软件包括: GSP®仪器软件和 GSP®工作站软件。
适用范围:该产品用于对微孔板中样品进行时间分辨和即时荧光分析,并对人体样本中的分析物进行定量或定性测定。
生产厂家:芬兰 Wallac Oy
注册代理:珀金埃尔默医学诊断产品(上海)有限公司
发证日期:2014.12.24 **截止日期**:2019.12.23

国械注进 20143305993

产品名称:全身用 X 射线计算机体层摄影装置(全身用 X 線 CT 診断装置)
规格型号:Optima CT540
性能组成:产品由基本组成和选件组成.基本组成包括扫描架、患者支架、控制台,电源分配装置;其中扫描架包含(X 射线管组件 2137130-13、高压发生器 2371333-5、限束器、探测器);控制台包含计算机图像处理系统。选件及产品配置见产品注册标准。性能:探测器 Z 轴方向上 24 个物理上分离的单元。在轴向扫描模式下,单次轴向扫描重建后产生的图像数据最多达到 16 层。扫描架开口直径 700mm。
适用范围:用于头部和全身的计算机断层成像应用。
生产厂家:日本 GE ヘルスケア.ジヤパン株式会社
注册代理:通用电气医疗系统贸易发展(上海)有限公司

发证日期:2014. 12. 24　　**截止日期**:2019. 12. 23

国械注进 20143255994

产品名称:射频打孔发生器
规格型号:RFP-200
性能组成:射频打孔发生器由高频发生器和连接线组成。连接线为一次性使用，环氧乙烷灭菌。额定输出频率 468kHz。额定输出功率 50W，负载 300Ω。
适用范围:配合 BMC 公司生产的射频器械，用于在心脏手术中制造房间隔缺损。
生产厂家:加拿大 Baylis Medical Company Inc.
注册代理:北京诚诺美迪科技有限公司
发证日期:2014. 12. 24　　**截止日期**:2019. 12. 23

国械注进 20143545995

产品名称:药物注射器
规格型号:KM -7500
性能组成:无线药物注射器由主机、电池、转接线、转接头、药筒、适配器、充电器支架组成。
适用范围:该产品预期用于齿科局部麻醉，适用于口腔内牙龈部位，注射药品为利多卡因。
生产厂家:韩国 KMG Co. Ltd.
注册代理:明光圣睿(北京)医学技术有限公司
发证日期:2014. 12. 24　　**截止日期**:2019. 12. 23

国械注进 20143245996

产品名称:扫描激光传输装置
规格型号:70057、70058、70059、70067、70068、70069
性能组成:该产品由扫描裂隙灯适配器 (SSLO)、控制盒和连接线组成。其中扫描裂隙灯适配器 (SSLO) 的光纤头端含有识别回路。
适用范围:该产品为激光光凝仪的配件，连接上主机后可以传输激光，进行视网膜激光光凝术。
生产厂家:美国 IRIDEX Corporation
注册代理:同科林医疗仪器(上海)有限公司
发证日期:2014. 12. 24　　**截止日期**:2019. 12. 23

国械注进 20143245997

产品名称:Nd:YAG 激光治疗仪(Nd:YAG Laser surgery equipment)
规格型号:TRI-BEAM
性能组成:激光手术设备由主机、导光臂、手柄、电源线、距离规 (仅一个刀头)、脚踏开关组成。治疗激光激光波长:1064 模式和长脉冲模式:1064nm, 误差±10nm; 532 模式:532nm, 误差±10nm。瞄准光激光波长:655nm 误差±10nm。激光脉冲能量:1064 模式脉冲能量为:100～1500mJ, 步进 10mJ, 误差±20%; 532 模式脉冲能量为:100～500mJ, 步进 10mJ, 误差±20%; 长脉冲脉冲能量为:100～3500mJ, 步进 10mJ, 误差±20%。终端脉冲宽度:1064 模式脉冲宽度:180～360ns; 532 模式脉冲宽度:170～250ns; 长脉冲脉冲宽度:180～260μs; 脉冲频率: 1～10Hz, 步进 1Hz, 误差±10%。
适用范围:该产品用于静脉曲张的治疗。
生产厂家:韩国 Jeisys Medical Inc.
注册代理:北京美延尔电子技术开发有限公司
发证日期:2014. 12. 24　　**截止日期**:2019. 12. 23

国械注进 20143245998

产品名称:半导体激光手术系统
规格型号:980nm+1470nm/200W; 980nm+1470nm/150W
性能组成:产品由主机、脚踏开关、防护镜、遥控联锁装置、电源线和光纤组成。主机包含 980nm 砷化镓半导体激光器、1470nm 砷化镓半导体激光器、激光电源、控制系统、冷却系统。光纤型号规格及产品性能参数见附页。
适用范围:用于人体软组织的汽化和凝固。
生产厂家:德国 CeramOptec GmbH
注册代理:佰礼激光科技(上海)有限公司
发证日期:2014. 12. 24　　**截止日期**:2019. 12. 23

国械注进 20143305999

产品名称:数字化口腔全景 X 射线机
规格型号:CRA-2
性能组成:由组合机头(THA-M-3)、X 射线管(D-054SB-C)、限束器、平板探测器(Sensor-M-1)、手动开关、立柱、旋转机构、底座、成像软件(SCANORA, 版本 5.2.2)组成。
适用范围:用于牙科 X 射线全景摄影
生产厂家:芬兰 Soredex, PaloDEx Group Oy
注册代理:卡瓦盛邦(上海)牙科医疗器械有限公司
发证日期:2014. 12. 24　　**截止日期**:2019. 12. 23

国械注进 20143306000

产品名称:口腔 X 射线计算机体层摄影系统
规格型号:SBR3D-2
性能组成:由组合机头(SBR3D-2)、X 射线管(SXR130-15)、X 射线管组件(SBR3D-2)、限束器、数字探测器(CT:SBR3D-3D-3, 全景(选配):SBR3D-P)、控制面板、成像软件(SCANORA, 5.2.3)、患者座椅组成。
适用范围:用于口腔颌面部和耳鼻喉(ENT) X 射线体层摄影和全景摄影(选配)。
生产厂家:芬兰 Soredex, PaloDEx Group Oy
注册代理:卡瓦盛邦(上海)牙科医疗器械有限公司
发证日期:2014. 12. 24　　**截止日期**:2019. 12. 23

国械注进 20143546001

产品名称:吸入笑气镇痛装置 (商品名: Digital MDM) (nitrous oxide delivery systems)
规格型号:401516
性能组成:吸入笑气镇痛装置由控制台、压力表、支架组成。其中控制台由电子流量计、调节控制装置、空气吸入阀组成。
适用范围:该产品用于口腔治疗时进行镇痛。
生产厂家:美国 Parker Hannifin Corp-Porter Instrument Division
注册代理:北京健德立迈商贸有限公司
发证日期:2014. 12. 24　　**截止日期**:2019. 12. 23

国械注进 20143306002

产品名称:数字化乳腺 X 射线诊断系统
规格型号:FDR MS-3500
性能组成:由本体(FDR-3500DRLH)、工作站(FDR-3000AWS)、活检定位器(FDR-2000BPY, 选配)、附属品组成，其中本体包括摄影台(立柱、旋转臂(X 射线管组件(管型号 M-113T)、限束器)、压迫结构)、高压发生器(814Y100564)、平板探测器(FDR-3000DRL)、控制柜、脚踏开关、控制面板。工作站包括 PC 主机、显示器、集线器。附属品详见产品标准。
适用范围:本产品具有二维数字摄影功能和断层合成功能(选配)、立体活检定位功能(选配)，用于乳腺 X 射线摄影检查。
生产厂家:日本富士フイルム株式会社
注册代理:富士胶片(中国)投资有限公司
发证日期:2014. 12. 24　　**截止日期**:2019. 12. 23

国械注进 20143226003

产品名称:眼科生物测量及手术计划系统
规格型号:VERION Reference Unit
性能组成:产品由测量模块(包括测量头、触摸屏电脑及触控笔、十字滑台及操纵杆、颏托、陶瓷校准球、电源模块(MPU30-105)及电源线、数据线)和计划模块(包括触摸屏电脑及支架、电源模块(PMP120-13-2-B15)及电源线、键盘及鼠标)组成。白色 LED 测量光:波长 450nm± 20nm, 功率≤ 1.78mW; 角膜曲率半径测量范围:6.5～9.4 mm。
适用范围:该产品用于眼科白内障手术前眼参数的测量、参考图像的获取及手术计划的测定。
生产厂家:德国 Alcon GPS - WaveLight GmbH
注册代理:爱尔康(中国)眼科产品有限公司
发证日期:2014. 12. 24　　**截止日期**:2019. 12. 23

国械注进 20143216004

产品名称:植入式心脏复律除颤器
规格型号:Iforia 7 VR-T, Iforia 7 VR-T DX, Iforia 7 DR-T
性能组成:由混合电路、电池、连接端 (IS-1, DF-1)、外壳 (钛)、放电电容、高频电路（包括馈通电路和天线）。包装盒内包含扭转扳手。
适用范围：借助抗心动过速的起搏和除颤功能，对危及生命的室性心律失常进行治疗。在特定的前提和条件下，在保证对患者和植入设备采取了特殊保护措施的情况下，可以进行核磁共振成像检查。
备注：企业应遵守涉及患者隐私、人类遗传资源和生物信息安全管理的法律法规和相关规定。
生产厂家：德国百多力欧洲股份两合公司（BIOTRONIK SE & Co.KG）
注册代理：百多力（北京）医疗器械有限公司
发证日期：2014.12.24　　截止日期：2019.12.23

国械注进 20143216005

产品名称：植入式心脏复律除颤器
规格型号：Iforia 3 VR-T, Iforia 3 DR-T
性能组成：由混合电路、电池、连接头端（IS-1、DF-1）、外壳（钛）、放电电容、高频电路（包括馈通电路和天线）组成。包装盒内包含扭转扳手。
适用范围：I 借助抗心动过速的起搏和除颤功能，对危及生命的室性心律失常进行治疗。
备注：企业应遵守涉及患者隐私、人类遗传资源和生物信息安全管理的法律法规和相关规定。
生产厂家：德国百多力欧洲股份两合公司（BIOTRONIK SE & Co.KG）
注册代理：百多力（北京）医疗器械有限公司
发证日期：2014.12.24　　截止日期：2019.12.23

国械注进 20143216006

产品名称：植入式心脏复律除颤器
规格型号：Iforia 7 HF-T
性能组成：产品性能结构及组成：植入式心脏复律除颤器由混合电路、电池、连接端（IS-1，DF-4）、外壳（钛）、放电电容、高频电路（包括馈通电路和天线）。包装盒内包含扭转扳手。
适用范围：借助抗心动过速的起搏和除颤功能，对危及生命的室性心律失常进行治疗。在特定的前提和条件下，在保证对患者和植入设备采取了特殊保护措施的情况下，可以进行核磁共振成像检查。
备注：企业应遵守涉及患者隐私、人类遗传资源和生物信息安全管理的法律法规和相关规定。
生产厂家：德国百多力欧洲股份两合公司（BIOTRONIK SE & Co.KG）
注册代理：百多力（北京）医疗器械有限公司
发证日期：2014.12.24　　截止日期：2019.12.23

国械注进 20143216007

产品名称：植入式起搏电极导线
规格型号：7640，7641，7642
性能组成：本产品为双极，主动固定式，带有 IS-1 接口的植入式起搏电极导线。产品由电极导线，塑形钢丝，固定工具，静脉钩，固定工具，钢丝导引帽组成。产品均为环氧乙烷灭菌，灭菌有效期为 2 年。
适用范围：与兼容脉冲发生器结合使用时，用于对右心房和/或右心室进行长期起搏和感知。
生产厂家：美国 Cardiac Pacemakers, Incorporated, a wholly owned subsidiary of Guidant Corporation, a wholly owned subsidiary of Boston Scientific Corporation
注册代理：波科国际医疗贸易（上海）有限公司
发证日期：2014.12.24　　截止日期：2019.12.23

国械注进 20143216008

产品名称：起搏电极导线
规格型号：5076
性能组成：产品由电极体和附件组成，附件包括固定套管（1 个）、塑形钢丝（1 根）、塑形钢丝导入器（1 个）、静脉拉钩（1 个）、备用塑形钢丝（5 根）、固定夹（2 个）。
适用范围：该电极与植入式心脏起博器共同使用，植入心房或心室内进行起搏和感知。该产品可在 MRI 环境下使用，在使用时须严格按照产品随机文件中的要求进行。
生产厂家：美国 Medtronic, Inc
注册代理：美敦力（上海）管理有限公司
发证日期：2014.12.24　　截止日期：2019.12.23

国械注进 20143336009

产品名称：正电子发射断层及 X 射线计算机体层摄影成像系统
规格型号：Discovery PET/CT 710-64
性能组成：本产品由 PET 子系统（机架、PET 探测器环（4 个 PET 探头环，共 256 个 PET 探头，1024 个光电转换通道）、高速采集电子部件、数据和图像处理装置）、CT 子系统（和 PET 子系统整合为一体的一体式机架、64 排探测器（64 层数据）、配电单元、PET/CT 机架的定位和运动机构、诊断床、操作控制台）、图像软件及可选硬件、可选软件组成。产品可选硬件、可选软件见附页。
适用范围：用于采集头部和全身衰减矫正的 PET 图像，以通过集成的 PET 和 CT 图像定位患者病变部位中的放射活性。本系统供经过培训的医务人员使用，用于对放射药物在身体内的分布情况进行成像，以评估各项分子代谢及生物功能。本系统有助于经过培训的医务人员评估、诊断、分期、再分期并随访损伤部位、疾病和器官功能，如癌症、心血管疾病和脑部功能异常。也有助于制定放疗计划。本系统适用于普通人群。本系统还可用作独立的头部或全身多层 CT 诊断成像系统。
备注：根据有关规定，该产品暂缓注册检测。生产企业必须在首台医疗器械入境后，投入使用前完成注册检测。经检测合格后方可投入使用。
生产厂家：美国 GE Medical Systems, LLC
注册代理：通用电气医疗系统贸易发展（上海）有限公司
发证日期：2014.12.24　　截止日期：2019.12.23

国械注进 20143546010

产品名称：眼科手术计划及导航系统
规格型号：VERION Digital Marker L
性能组成：产品由触摸屏电脑及支架、电源及连接线、脚踏开关和网线组成。
适用范围：该产品通过外部存储介质导入术前检查数据，通过连接 LENSX LASER 型激光手术系统将诊断和手术相关信息传输给眼坐标系统，在诊断和手术过程中进行综合视觉引导，临床用于眼科白内障手术中。
生产厂家：德国 Alcon GPS - WaveLight GmbH
注册代理：爱尔康（中国）眼科产品有限公司
发证日期：2014.12.24　　截止日期：2019.12.23

国械注进 20143546011

产品名称：图像引导穿刺工具定位系统
规格型号：MAXIO V2
性能组成：由集成式计划工作站、电动机械臂（包括 X 轴、Y 轴、Z 轴、A 轴、B 轴）、QA 模块、末端执行器、针管定位器、导针器、稳针器、持针器、护罩（无菌罩）、InstaReg 垫板、脚踏开关、软件（MAXIO，版本：Maxio V 1.4）组成。
适用范围：基于 PET-CT 或 CT 图像制定进针计划，并辅助医生对单针或多针进针路径进行定向定位
生产厂家：印度 Perfint Healthcare Pvt.Ltd.
注册代理：中科迪高投资（北京）有限公司
发证日期：2014.12.24　　截止日期：2019.12.23

国械注进 20142666012

产品名称：透明套管系统（Clear Cannula System）
规格型号：214106、214114、214107、214115、214104、214118、214108、214116、214120、214110、214122、214112（具体见附页）
性能组成：该产品由聚碳酸酯材质的套管和闭孔器、硅树脂材质的密封件、PVC 和 PE 材质的带绳小帽等部件组成。产品经 GAMMA 射线辐照灭菌，一次性使用。
适用范围：该产品适用于一般的关节镜手术，用于插入、拔出器械时支持入路。
生产厂家：美国 DePuy Mitek
注册代理：强生（上海）医疗器材有限公司
发证日期：2014.12.22　　截止日期：2019.12.21

国械注进 20143226013

产品名称：直肠镜用器械（Instruments for TEM）
规格型号：见附页
性能组成：该产品由直肠镜管、闭孔器、手持架、工作连接桥、密封连接桥、连接件、持针器、可回缩针、缝线夹钳、U 型支撑臂、内外鞘管、紧固座、封帽等无源手术器械组成，非灭菌包装。
适用范围：该产品用于直肠腔的检查及治疗。

生产厂家:德国 Richard Wolf GmbH
注册代理:北京德华信达技术有限公司
发证日期:2014. 12. 22　**截止日期**:2019. 12. 21

国械注进 20143466014

产品名称:膝关节髌骨组件（商品名：无）(Duracon Total Knee System-Duration Patellas)
规格型号:见附页
性能组成:该产品为膝关节髌骨组件，使用符合 GB/T 19701.2 的 II 型超高分子量聚乙烯材料制造，灭菌包装。
适用范围:该产品与其它膝关节部件配合，适用于非炎性退行性关节病；类风湿性关节炎；功能畸形的矫正；其他治疗或装置失败处的补救性措施；因创伤后关节解剖结构丧失而进行的骨切除手术；不可修复的关节骨折等膝关节表面置换。
生产厂家:美国 Howmedica Osteonics Corp.
注册代理:史赛克(北京)医疗器械有限公司
发证日期:2014. 12. 22　**截止日期**:2019. 12. 21

国械注进 20142646015

产品名称:外科手术用海绵（商品名：MICROSPONGE & I-SPEAR）(Alcon Surgical Sponge)
规格型号:8065100002, 8065100003, 8065100006, 8065100010
性能组成:由尖端和塑料手柄两部分组成。尖端由微晶纤维素材料制成，手柄为聚丙烯和聚乙烯两种不同材料制成。根据尖端的不同形状和包装数量的不同，分为四个不同的型号。经环氧乙烷灭菌，为一次性使用器械，无菌包装。
适用范围:适用于在眼外科手术中吸收液体。
生产厂家:美国 Alcon Laboratories, Incorporated
注册代理:爱尔康(中国)眼科产品有限公司
发证日期:2014. 12. 22　**截止日期**:2019. 12. 21

国械注进 20143156016

产品名称:注射针(Injection Needle)
规格型号:见附页
性能组成:该产品为无菌包装，由带 Luer 锁(材料:聚丙烯)接口并可在外套管内滑动的充液管道、保险夹和带有释放按钮的手柄(材料:甲基丙烯酸甲酯 ABS)、外导管(材料:聚四氟乙烯)和注射针头(材料:不锈钢 ANSI316L)构成。一次性使用，环氧乙烷灭菌。
适用范围:该产品用于临床供医疗单位通过内窥镜作胃肠道药物注射或抽吸使用。
生产厂家:德国 Medi-Globe GmbH
注册代理:优诺康(北京)医药技术服务有限公司
发证日期:2014. 12. 22　**截止日期**:2019. 12. 21

国械注进 20143666017

产品名称:血管造影注射器(商品名:Angiodyn Angiographic Syringes)(Angiographic Syringes)
规格型号:5011990、5010120
性能组成:该产品由针管、活塞、旋转接头、制动环组成。环氧乙烷灭菌，一次性使用。
适用范围:该产品用于血管造影术中注入造影剂。
生产厂家:德国 B. Braun Melsungen AG
注册代理:贝朗医疗(上海)国际贸易有限公司
发证日期:2014. 12. 22　**截止日期**:2019. 12. 21

国械注进 20143466018

产品名称:结扎夹和自动结扎钳（商品名：Hem-o-lok）(Ligating Clips and Automatic Clip Applier)
规格型号:结扎夹：544214, 544210, 544220, 544230, 544240, 544250, 544233, 544243, 544253 自动结扎钳：543965
性能组成:本产品包括结扎夹和预装结扎夹的自动结扎钳。结扎夹采用乙缩醛二乙醇聚合物(AcetalHomopolymer)材料制成。自动结扎钳采用聚碳酸酯(Polycarbonate)和不锈钢(Stainless Steel)材料制成，自动结扎钳是结扎夹的应用器。结扎夹和自动结扎钳均为一次性使用产品，环氧乙烷灭菌。
适用范围:结扎夹用于手术中结扎血管或者组织。自动结扎钳是中大号不可吸收聚合物结扎夹的传送装置。
生产厂家:美国 Teleflex Medical
注册代理:泰利福医疗器械商贸(上海)有限公司
发证日期:2014. 12. 22　**截止日期**:2019. 12. 21

国械注进 20142546019

产品名称：气管内通气装置及附件(Devices for Trans-Tracheal-Ventilation and Accessories)
规格型号:见附页
性能组成:气管内通气装置分为环甲膜穿刺类及喷射通气类两种。环甲膜穿刺装置产品由穿刺针、针筒式穿刺手柄及通气套管组成；喷射通气装置由穿刺针及通气套管组成。本产品为一次性使用，经环氧乙烷灭菌，无菌包装。
适用范围:用于气管内通气及急救通气
生产厂家:德国 VBM Medizintechnik GmbH
注册代理:北京伊杉麟贸易有限公司
发证日期:2014. 12. 22　**截止日期**:2019. 12. 21

国械注进 20143156020

产品名称:一次性半自动活检针（商品名：NIPRO ELPICK）(单回使用組織生検用針)
规格型号:L1415、L1420、L1610、L1615、L1620、L1710、L1715、L1720、L1810、L1815、L1820、L2010、L2015、L2110、L2115
性能组成:本产品由本体、轨道、推杆、活动座、压力弹簧、加强键、U形弹簧、弹簧复位按钮、外壳、盖子、针管、垫圈、针座、针芯、定位针(选配件)和保护套组成。经γ射线灭菌，一次性使用。
适用范围:本产品供从器官或软组织及骨髓中提取组织样本用。
生产厂家:日本株式会社プラスチツク.ホンダ
注册代理:尼普洛贸易(上海)有限公司
发证日期:2014. 12. 22　**截止日期**:2019. 12. 21

国械注进 20142016021

产品名称:皮肤缝合器(取外し可能な皮膚ステープル)
规格型号:型号:Manipler S-2、Manipler AZ；规格:35W、25W、15W
性能组成:该产品由缝合器(包括:抵针座)和缝合钉组成。缝合器的材料为 ABS 树脂；抵针座的材料为不锈钢；缝合钉的材料为不锈钢(SUS316L)。
适用范围:该产品用于外科手术皮肤缝合和紧急医疗处理。
变更情况:变更日期：2015. 02. 25。“代理人住所:北京市朝阳区建国路乙 118 号 3 层 B008 内 A032 室”变更为“代理人住所:北京市朝阳区呼家楼(京广中心)商务楼 7 层 702 室”。
生产厂家:日本マニー株式会社
注册代理:马尼(北京)贸易有限公司
发证日期:2014. 12. 22　**截止日期**:2019. 12. 21

国械注进 20142666022

产品名称:尿道扩张器(S-Curve Urethral Dilator Set)
规格型号:073701-CD, 073722-CD, 073724-CD, 073726-CD
性能组成:该产品的套装由 7 条不透射线的，具有亲水涂层的 S 弯曲形聚乙烯扩张器组成，直径分别为 8.0Fr.、10.0Fr.、12.0Fr.、14.0Fr.、16.0Fr.、18.0Fr.、20.0Fr.，长度为 37 厘米。单只扩张器的直径分别为 22.0Fr.、24.0Fr.、26.0Fr.，长度为 37 厘米。该产品无菌状态提供，一次性使用。
适用范围:该产品用于男性尿道狭窄的扩张。
生产厂家:美国 Cook Incorporated
注册代理:库克(中国)医疗贸易有限公司
发证日期:2014. 12. 22　**截止日期**:2019. 12. 21

国械注进 20143666023

产品名称:一次性使用血细胞分离器（商品名：血小板/血浆机采耗材）(Disposable Sets for Blood Apheresis System)
规格型号:995E
性能组成:本产品一次性使用，与 MCS 系列血细胞采集仪配合，病人血液经过离心分层和冲浪，由光学感知器配合感知并采集到相应的血液成分，血液的其它组分回输人体。该产品由穿刺针、管路、采集袋、离心杯组成；采用 PVC、304 不锈钢等材料制造。

适用范围:本产品与 MCS 系列血细胞采集仪配合使用，用于对血液成分的分离、去除和采集。
生产厂家:美国 Haemonetics Corporation
注册代理:唯美血液技术医疗器材(上海)国际贸易有限公司
发证日期:2014. 12. 22　**截止日期**:2019. 12. 21

国械注进 20142646024

产品名称:液体敷料（商品名：3M Cavilon）(3M Cavilon No Sting Barrier Film)
规格型号:3343，3344，3345，3346，3343E，3344E，3345E，3346E；
性能组成:该产品是一种罐装的多聚合溶液，由薄膜剂(丙烯酸盐共聚物)、溶剂(六甲基二硅醚、异辛烷)和增塑剂(聚乙基苯甲基硅氧烷)组成。分为涂抹式保护膜和喷涂式保护膜两种。经伽玛射线灭菌，一次性使用。
适用范围:该产品用于涂于患处皮肤，保护皮肤免受污染或擦伤。
生产厂家:美国 3M Health Care
注册代理:明尼苏达矿业制造(上海)国际贸易有限公司
发证日期:2014. 12. 22　**截止日期**:2019. 12. 21

国械注进 20142226025

产品名称:宫腔镜手术器械(Hysterscopes Instruments)
规格型号:见附页
性能组成:该产品为无源使用宫腔镜手术器械，由软性剪刀、软性抓取钳、软性活检钳、举宫器、弯曲闭孔器、镜鞘、镜桥组成。非灭菌包装。
适用范围:该产品用于医疗单位配合宫腔镜检查和手术
生产厂家:德国 XION GmbH
注册代理:艾克松有限公司杭州办事处
发证日期:2014. 12. 16　**截止日期**:2019. 12. 15

国械注进 20143636026

产品名称:玻璃离子水门汀（商品名：FUJI PLUS）(歯科合着用グラスポリアルケノエート系レジンセメント(FUJI RADIOPAQUE REINFORCED GLASS IONOMER LUTING CEMENT))
规格型号:色号:棕色（A3）
性能组成:粉剂主要成分为：氟铝硅酸盐玻璃、颜料。液剂主要成分为：聚丙烯酸、纯净水、甲基丙烯酸-2-羟乙酯(HEMA)、引发剂。
适用范围:适用于如下情况:1.金属冠、烤瓷冠、树脂冠、嵌体、高嵌体以及固定桥的粘接。2.陶瓷嵌体的粘接。3.全瓷冠粘接。
生产厂家:日本株式会社而至　株式会社ジーシー(GC Corporation)
注册代理:而至齿科(苏州)有限公司
发证日期:2014. 12. 16　**截止日期**:2019. 12. 15

国械注进 20142666027

产品名称:一次性使用封闭式吸痰装置(成人涡轮清洁型导管)（(商品名：Kimberly-Clark*KimVent*) Closed Suction System for Adults)
规格型号:见附页
性能组成:见附页。
适用范围:该一次性使用封闭式吸痰装置（成人涡轮清洁型导管）是为祛除人工气管上的过量液体、分泌物、渗出物和漏出物所用的导管。适用于要求全范围呼吸和通气支持的插管患者。
生产厂家:美国 Kimberly-Clark
注册代理:上海医疗器械批发部有限公司
发证日期:2014. 12. 16　**截止日期**:2019. 12. 15

国械注进 20143636028

产品名称:合成树脂牙（商品名：Endura）(硬質レジン歯)
规格型号:见附页
性能组成:本产品是三层构造(牙釉质、牙本质及齿颈部)的合成树脂牙。组成成分:乙二醇二甲基丙烯酸酯、聚甲基丙烯酸甲酯、甲基丙烯酸甲酯、聚氨酯丙烯酸酯、二甲基丙烯酸氨基甲酸酯、Urethane triacrylateoligomer、有机填料、微粒子硅酸、荧光材料、紫外线吸收材料、白色染色材料、红色染色材料、黄色染色材料、黑色染色材料。
适用范围:适用于活动可摘义齿修复。
生产厂家:日本株式会社滋贺松风 株式会社滋賀松風
注册代理:松风齿科器材贸易(上海)有限公司
发证日期:2014. 12. 16　**截止日期**:2019. 12. 15

国械注进 20143776029

产品名称:一次性使用经外周静脉置入的中心静脉导管(Peripherally Inserted Central Catheter)
规格型号:见附页
性能组成:一次性使用经外周静脉置入的中心静脉导管由导管、固定翼、接头和穿刺针组成，其中导管由护鞘、三角翼、圆翼、导管、滑扣、导管座、端帽和导管保护膜组成，接头由护帽、导引针管、针管、翼状针座和接头座组成，穿刺针由护套、针座、导管、导管座和钢针组成。其原料为:不锈钢 AISI304、聚乙烯 PE、聚全氟乙丙烯 FEP、丙烯腈-苯乙烯-丁二烯共聚物 ABS、聚碳酸酯 PC、聚胺酯 PUR 和硅橡胶。
适用范围:该产品适用于通过外周静脉插入中心静脉系统，用于输注药液、抽取血样或压力监测。
生产厂家:法国美德医用导管研制集团(PRODIMED)
注册代理:山东新华安得医疗用品有限公司
发证日期:2014. 12. 16　**截止日期**:2019. 12. 15

国械注进 20142666030

产品名称:一次性使用可弯曲喉罩（商品名：LMA Flexible Single Use)(LMA FlexibleTM Single Use)
规格型号:2 号；2.5 号；3 号；4 号；5 号。
性能组成:本产品由充气罩囊、后板、通气导管、导管接头、充气管、充气指示囊、充气阀、锁销键组成。导管接头由医用级聚碳酸酯制成，锁销键由医用级聚丙烯制成，通气导管由医用级聚氯乙烯和医用级不锈钢制成，其他部分由医用级聚氯乙烯制成。该产品为一次性使用无菌产品，经环氧乙烷灭菌，产品有效期 3 年。
适用范围:用于常规麻醉和急诊治疗中建立气道并维持气道控制，在预期或非预期困难气道情况下也可作为“紧急气道抢救器械”使用。心肺复苏术中，可用于舌咽及喉部反射消失的深度昏迷患者的气道建立，同样适用于气管插管失败或在不具备气管插管的条件及技术的情况下进行气道管理。
生产厂家:塞舌尔 The Laryngeal Mask Company Limited
注册代理:泰利福医疗器械商贸(上海)有限公司
发证日期:2014. 12. 16　**截止日期**:2019. 12. 15

国械注进 20142656031

产品名称:端端吻合器(EEA Autosuture Circular Stapler and EEA OrVIL Autosuture Transoral Circular Stapler Anvil)
规格型号:见附件
性能组成:该产品主要由器身、握把、钉砧、缝钉、环形切刀和旋转尾翼构成。端端吻合器的配件“经口钉砧输送装置”主要由输送管和钉砧组成。主要部件的材质:握把:302 不锈钢；握把外壳:聚碳酸酯；钉砧:301 不锈钢；环形切刀:440 不锈钢；缝钉:钛(符合 ASTM F67 Grade 1)，穿刺器:聚碳酸酯.器身:铝；经口输送导管:聚氯乙烯。一次性使用，环氧乙烷灭菌。
适用范围:用于在开放手术或腔镜手术中全消化道端端、端侧或侧侧吻合重建术中。
生产厂家:美国 Covidien llc
注册代理:柯惠医疗器材国际贸易(上海)有限公司
发证日期:2014. 12. 16　**截止日期**:2019. 12. 15

国械注进 20143776032

产品名称:中心静脉导管套装(Central Venous Catheter Kits)
规格型号:见附页
性能组成:该产品由导管、导丝、扩张器、注射器、穿刺针及手术刀片部件组成，导管材质为聚氨酯、PET 及聚甲醛，导丝及穿刺针材质不锈钢，扩张器材质高密度聚乙烯，注射器材质为聚丙烯及聚异戊二烯橡胶，手术刀片材质为不锈钢、聚丙烯及聚氯乙烯。产品分为单腔和多腔中心静脉导管，经环氧乙烷灭菌，一次性使用。
适用范围:该产品可用于颈静脉、锁骨下静脉或股静脉；单腔和多腔中心静脉导管用于进入成人和儿童的中心静脉循环进行辅助用药、采集血样。
生产厂家:德国 Smiths Medical Deutschland GmbH
注册代理:史密斯医疗器械(北京)有限公司
发证日期:2014. 12. 16　**截止日期**:2019. 12. 15

国械注进 20143656033

产品名称:骨水泥(Palacos G Bone Cement)

规格型号:Palacos R+G, Palacos MV+G, Palacos LV+G

性能组成:本品为含有庆大霉素和二氧化锆显影剂的丙烯酸类骨水泥,由粉剂与液剂两部分组成。粉体包括:丙烯酸甲酯-甲基丙烯酸甲酯聚合物,二氧化锆,过氧化苯甲酰,硫酸庆大霉素及少量叶绿素。液剂包括:甲基丙烯酸甲酯、N, N-二甲基-对甲苯胺、对苯二酚及少量叶绿素。

适用范围:适用于有庆大霉素敏感性微生物感染存在或疑似存在的情况下,在进行部分或全部的髋,膝或其它关节的造形术时对骨中的假体起固定作用。可防止移植物或相邻组织上感染庆大霉素敏感性微生物。

生产厂家:德国 Heraeus Medical GmbH

注册代理:雷德睦华医药科技(北京)有限公司

发证日期:2014.12.16 **截止日期**:2019.12.15

国械注进 20143666034

产品名称:外周中心静脉导管套装(商品名:福彼乐)(BD First PICCTM Kits)

规格型号:请附页

性能组成:套装由外周中心静脉导管(BD FirstPICCTMSilicone Catheter)、导丝、IntrosyteTM 防针刺伤型可撕裂导入鞘(BD IntrosyteTM AutoguardTMShielded Introducer)、测量尺、切割器、止血带、使用指南和患者信息卡组成。外周中心静脉导管套装的重要组成部件之一的 IntrosyteTM 防针刺伤型可撕裂导入鞘具有特殊的安全设计。使用过的导入鞘针柄端的白色按钮一经按压,导入鞘的不锈钢针管即自动回弹至针柄内,针管不会再次脱出,可防止针尖意外伤害。

适用范围:该产品适用于通过外周静脉插入中心静脉系统,输注药液或抽取血样和/或用于压力或其他测量。

生产厂家:美国 Becton Dickinson Infusion Therapy Systems Inc.

注册代理:爱琅医疗器械技术咨询(上海)有限公司

发证日期:2014.12.16 **截止日期**:2019.12.15

国械注进 20143776035

产品名称:中心静脉导管套装(Central Venous Catheter Kits)

规格型号:MXA232X16X12S; MXA232X20X12S; MXA 233X16X12S

性能组成:该产品由导管、导丝、扩张器、注射器、穿刺针及手术刀片部件组成,导管材质为聚氨酯、PET 及聚甲醛,导丝及穿刺针材质不锈钢,扩张器材质高密度聚乙烯,注射器材质为聚丙烯及聚异戊二烯橡胶,手术刀片材质为不锈钢、聚丙烯及聚氯乙烯。产品分为单腔和多腔中心静脉导管,经环氧乙烷灭菌,一次性使用。

适用范围:该产品可用于颈静脉、锁骨下静脉或股静脉;产品适用于临时性或急诊透析时通过中心静脉穿刺进行血液循环管理。

生产厂家:德国 Smiths Medical Deutschland GmbH

注册代理:史密斯医疗器械(北京)有限公司

发证日期:2014.12.16 **截止日期**:2019.12.15

国械注进 20143776035

产品名称:中心静脉导管套装(Central Venous Catheter Kits)

规格型号:MXA232X16X12S; MXA232X20X12S; MXA 233X16X12S

性能组成:该产品由导管、导丝、扩张器、注射器、穿刺针及手术刀片部件组成,导管材质为聚氨酯、PET 及聚甲醛,导丝及穿刺针材质不锈钢,扩张器材质高密度聚乙烯,注射器材质为聚丙烯及聚异戊二烯橡胶,手术刀片材质为不锈钢、聚丙烯及聚氯乙烯。产品分为单腔和多腔中心静脉导管,经环氧乙烷灭菌,一次性使用。

适用范围:该产品可用于颈静脉、锁骨下静脉或股静脉;产品适用于临时性或急诊透析时通过中心静脉穿刺进行血液循环管理。

生产厂家:德国 Smiths Medical Deutschland GmbH

注册代理:史密斯医疗器械(北京)有限公司

发证日期:2014.12.16 **截止日期**:2019.12.15

国械注进 20143776036

产品名称:导引导管(商品名:RunWay)(RunWay Guide Catheter)

规格型号:见附页

性能组成:导引导管由手柄、管杆及末端组成。管杆由聚四氟乙烯的内层、不锈钢编制的中层和外层导管管杆组成。产品根据长度、末端形状的不同分为不同规格型号。产品经环氧乙烷灭菌,一次性使用。

适用范围:导引导管适用于普通血管、冠状动脉和外周血管。该产品可以为球囊扩张导管、导丝或其他治疗器械的导入提供一种通道。导引导管不用于脑血管。

生产厂家:美国 Boston Scientific Corporation

注册代理:波科国际医疗贸易(上海)有限公司

发证日期:2014.12.16 **截止日期**:2019.12.15

国械注进 20143776036

产品名称:导引导管(商品名:RunWay)(RunWay Guide Catheter)

规格型号:见附页

性能组成:导引导管由手柄、管杆及末端组成。管杆由聚四氟乙烯的内层、不锈钢编制的中层和外层导管管杆组成。产品根据长度、末端形状的不同分为不同规格型号。产品经环氧乙烷灭菌,一次性使用。

适用范围:导引导管适用于普通血管、冠状动脉和外周血管。该产品可以为球囊扩张导管、导丝或其他治疗器械的导入提供一种通道。导引导管不用于脑血管。

生产厂家:美国 Boston Scientific Corporation

注册代理:波科国际医疗贸易(上海)有限公司

发证日期:2014.12.16 **截止日期**:2019.12.15

国械注进 20143406037

产品名称:单纯疱疹病毒 1 型 IgG 抗体校准品(BIO-FLASH HSV-1 IgG Calibrators)

规格型号:校准品 1:1x1mL,校准品 2:1x1mL。

性能组成:校准品包含有不同浓度的人抗单纯疱疹病毒 1 型 IgG 抗体,在含有防腐剂(叠氮钠)和聚乙二醇辛基苯基醚的缓冲液中。(具体内容详见说明书)

适用范围:本校准品用于单纯疱疹病毒 1 型 IgG 抗体分析前的校准。

生产厂家:西班牙 BIOKIT, S.A.

注册代理:沃芬医疗器械商贸(北京)有限公司

发证日期:2014.12.24 **截止日期**:2019.12.23

国械注进 20143406038

产品名称:乙型肝炎病毒表面抗体质控品(BIO-FLASH anti-HBs Controls)

规格型号:乙型肝炎病毒表面抗体阴性质控品:2x2mL,乙型肝炎病毒表面抗体阳性质控品:2x2mL,乙型肝炎病毒表面抗体强阳性质控品:2x2mL。

性能组成:阴性质控品、阳性质控品、强阳性质控品。(具体内容详见说明书)

适用范围:本质控品用于乙型肝炎病毒表面抗体分析过程中的质量控制。

生产厂家:西班牙 BIOKIT, S.A.

注册代理:沃芬医疗器械商贸(北京)有限公司

发证日期:2014.12.24 **截止日期**:2019.12.23

国械注进 20143406039

产品名称:单纯疱疹病毒 1 型 IgG 抗体质控品(BIO-FLASH HSV-1 IgG Controls)

规格型号:阴性质控品:3x1mL,阳性质控品:3x1mL。

性能组成:不同浓度的人抗单纯疱疹病毒 1 型 IgG 抗体,防腐剂(叠氮钠)和聚乙二醇辛基苯基醚的缓冲液。(具体内容详见说明书)

适用范围:本质控品用于单纯疱疹病毒 1 型 IgG 抗体分析过程中的质量控制。

生产厂家:西班牙 BIOKIT, S.A.

注册代理:沃芬医疗器械商贸(北京)有限公司

发证日期:2014.12.24 **截止日期**:2019.12.23

国械注进 20143406040

产品名称:乙型肝炎病毒表面抗体校准品(BIO-FLASH anti-HBs Calibrators)

规格型号:校准品 1:1x2mL,校准品 2:1x2mL,校准品 3:1x2mL。

性能组成:校准品 1、校准品 2、校准品 3。(具体内容详见说明书)

适用范围:本校准品用于乙型肝炎病毒表面抗体分析前的校准。

生产厂家:西班牙 BIOKIT, S.A.

注册代理:沃芬医疗器械商贸(北京)有限公司

发证日期:2014.12.24 **截止日期**:2019.12.23

国械注进 20143406041

产品名称:乙型肝炎病毒e抗体质控品(LIAISON®Control Anti-HBe)
规格型号:阴性质控品:2瓶×4.0 mL;阳性质控品:2瓶×3.5 mL。
性能组成:阴性质控品:不含乙型肝炎病毒e抗体的人血清,TRIS缓冲液,0.2% ProClin® 300和防腐剂。阳性质控品:含高水平乙型肝炎病毒e抗体(人)的新生牛血清,0.2% ProClin® 300,防腐剂和惰性橙色染料。
适用范围:本产品用于体外检测乙型肝炎病毒e抗体时的质量控制。
生产厂家:意大利DiaSorin S.p.A.
注册代理:索灵诊断医疗设备(上海)有限公司
发证日期:2014.12.24 **截止日期**:2019.12.23

国械注进 20143406042

产品名称:乙型肝炎病毒核心抗体质控品(LIAISON® Control Anti-HBc)
规格型号:阴性质控品:2瓶×4.0 mL;阳性质控品:2瓶×1.8 mL。
性能组成:阴性质控品:不含乙型肝炎病毒核心抗体的人血清,TRIS缓冲液,0.2% ProClin® 300和防腐剂。阳性质控品:含乙型肝炎病毒核心抗体的人血清/血浆,0.2% ProClin® 300和防腐剂。
适用范围:本产品用于体外检测乙型肝炎病毒核心抗体时的质量控制。
生产厂家:意大利DiaSorin S.p.A.
注册代理:索灵诊断医疗设备(上海)有限公司
发证日期:2014.12.24 **截止日期**:2019.12.23

国械注进 20143406043

产品名称:乙型肝炎病毒e抗原质控品(LIAISON® Control HBeAg)
规格型号:阴性质控品:2瓶×4.0 mL;阳性质控品:2瓶×3.5 mL。
性能组成:阴性质控品:不含乙型肝炎病毒e抗原的人血清,TRIS缓冲液,0.2% ProClin® 300和防腐剂。阳性质控品:含乙型肝炎病毒e抗原(通过重组DNA技术在大肠杆菌中制备)的人血清,TRIS缓冲液,0.2% ProClin® 300,防腐剂和惰性橙色染料。
适用范围:本产品用于体外检测乙型肝炎病毒e抗原时的质量控制。
生产厂家:意大利DiaSorin S.p.A.
注册代理:索灵诊断医疗设备(上海)有限公司
发证日期:2014.12.24 **截止日期**:2019.12.23

国械注进 20142236044

产品名称:超声骨刀系统(商品名:VarioSurg)(電動式骨手術器械)
规格型号:见附页
性能组成:产品由控制主机、手机、工作尖、注水管和脚动控制组成,具体见附页。超声额定激励及尖端振动频率为30kHz,最大输出功率17W。
适用范围:本产品利用超声波,用于牙科及口腔外科骨手术中的切削、切除、截断、穿孔等操作,另外在治疗牙周疾病时可用于从牙齿表面除去牙石等沉着物。
生产厂家:日本株式会社 中西
注册代理:上海訾速克国际贸易有限公司
发证日期:2014.12.26 **截止日期**:2019.12.25

国械注进 20143706045

产品名称:近距离放射治疗计划系统(Radiotherapy planning system)
规格型号:Oncentra Brachy,发布版本4.3
性能组成:由软件安装光盘,随机文件光盘和加密狗组成,组成模块包括:OncentraPortal程序框架、连接模块、解剖结构建模模块(含靶区定义,图像配准(选配))、近距离计划模块(含模拟退火逆向优化(IPSA)、混合逆向计划优化(HIPO),施源器建模(选配))、计划分析模块。
适用范围:用于使用铱-192和钴-60放射源后装治疗机的近距离放射治疗计划的制定。
生产厂家:荷兰NUCLETRON B.V.
注册代理:医科达(上海)医疗器械有限公司
发证日期:2014.12.26 **截止日期**:2019.12.25

国械注进 20142226046

产品名称:手术显微镜(Surgical Microscope)
规格型号:OPMI Lumera i
性能组成:见附页。
适用范围:该产品用于在眼科手术中照明、放大手术区域以及支持视野。
生产厂家:德国Carl Zeiss Meditec AG
注册代理:卡尔蔡司(上海)管理有限公司
发证日期:2014.12.26 **截止日期**:2019.12.25

国械注进 20142266047

产品名称:光疗设备(Phototherapy System)
规格型号:BiliSoft
性能组成:BiliSoft光疗设备由一个光盒,光纤电缆,编织光纤衬垫,BiliSoft光垫套和BiliSoft婴儿包裹巢组成。
适用范围:该产品用于医院为间接性高胆红素血症(通常称作新生儿黄疸)提供光线治疗。
生产厂家:美国Ohmeda Medical
注册代理:通用电气医疗系统贸易发展(上海)有限公司
发证日期:2014.12.26 **截止日期**:2019.12.25

国械注进 20143226048

产品名称:玻切套包(Venturi Posterior Vitrectomy Packs)
规格型号:CX6920;CX6923;CX6925
性能组成:见附页
适用范围:预期用于切割玻璃体或其它眼内组织,设计与博士伦的Millennium眼科手术系统和MVE玻切加速器一起使用。
生产厂家:美国博士伦公司(Bausch&Lomb, Incorporated)
注册代理:博士伦(上海)贸易有限公司
发证日期:2014.12.26 **截止日期**:2019.12.25

国械注进 20142086049

产品名称:内镜用气囊控制器(内視鏡用バルーンポンプ)
规格型号:PB-20
性能组成:产品由内镜用气囊控制器本体PB-20,管套件TY-04、管套件TY-06、管套件TY-400、管套件TY-500、遥控装置RC-20组成。性能指标见标准。
适用范围:该产品在医生的管理下于医疗设施内用于辅助内窥镜插入人体内腔而对安装在内窥镜或外套管上的气囊进行送气或排气。
生产厂家:日本富士胶片株式会社
注册代理:富士胶片(中国)投资有限公司
发证日期:2014.12.26 **截止日期**:2019.12.25

国械注进 20142156050

产品名称:乳房活检与旋切系统(Vacora Vacuum Assisted Biopsy System)
规格型号:VF2019
性能组成:乳房活检与旋切系统由主机、适配器、充电器及底座组成。
适用范围:该产品是一种用于诊断的乳腺真空辅助活检设备,在组织学检查时用来获取组织乳腺异常图像的部分或者全部组织样品。
生产厂家:美国Bard Peripheral Vascular, Inc.
注册代理:巴德医疗科技(上海)有限公司
发证日期:2014.12.26 **截止日期**:2019.12.25

国械注进 20143406051

产品名称:循环上皮细胞分析仪(CellSearch System)
规格型号:9541 循环上皮细胞自动样本处理系统 9555 循环上皮细胞结果分析系统
性能组成:该产品由循环上皮细胞样本处理系统和循环上皮细胞结果分析系统组成,其中自动样本处理系统主要由样本架、马达、探针、光驱、显示屏幕、运动控制器、蠕动泵、样本盒装载器、洗涤液桶、废液桶、键盘、鼠标、不间断电源(UPS)构成。结果分析系统主要由分析仪、一个带CELLTRACKS®软件的专用电脑、显示器、键盘、鼠标和不间断电源(UPS)组成。
适用范围:该产品用于检测循环血中的上皮源循环肿瘤细胞(CTC)。与CELLSEARCH循环上皮细胞检测试剂盒一起使用,用于全血中的上皮源(CD45-、EpCAM+和细胞角蛋白8、18+和/或19+)的循环肿瘤细胞(CTC)的计数。
生产厂家:美国Janssen Diagnostics, LLC
注册代理:强生(上海)医疗器材有限公司

发证日期:2014.12.26　　**截止日期**:2019.12.25

国械注进 20142406052

产品名称:酶标仪(Microplate Absorbance Reader)
规格型号:SUNRISE
性能组成:该产品主要由主机、用户界面、光学元件（6 滤光片 6F 或 4 滤光片 4F)、温度控制 TC（可选件）和软件组成。
适用范围:该产品用于测定液体媒介的吸光度（光密度）。
生产厂家:奥地利 Tecan Austria GmbH
注册代理:帝肯(上海)贸易有限公司
发证日期:2014.12.26　　**截止日期**:2019.12.25

国械注进 20143236053

产品名称:超声诊断设备(汎用超音波画像診断装置)
规格型号:Viamo SSA-640A
性能组成:见附页
适用范围:本产品适用于临床超声诊断。
生产厂家:日本东芝医疗系统株式会社(東芝メディカルシステムズ株式会社)
注册代理:东芝医疗系统(中国)有限公司
发证日期:2014.12.26　　**截止日期**:2019.12.25

国械注进 20142306054

产品名称:医用 X 射线摄影系统（商品名：Q-Rad System）(Stationary X-ray System)
规格型号:Q-RAD
性能组成:由操作控制台(包括一体化触摸操作电脑及电源/曝光控制盒)、高频 X 射线高压发生器(QG-65)、球管立柱、胸片架、放射诊断拍片床(QT-750)、限束器、滤线栅、X 射线球管组件(E7252X)和电离室(选配 AEC 时)组成。
适用范围:适用于医疗单位通用 X 射线摄影检查。
生产厂家:美国 Carestream Health, Inc.
注册代理:锐珂亚太投资管理(上海)有限公司
发证日期:2014.12.26　　**截止日期**:2019.12.25

国械注进 20143216055

产品名称:植入式心律转复除颤器（商品名：TELIGEN）(Implantable Cardioverter Defibrillator)
规格型号:F103、F111
性能组成:由脉冲发生器和扭转扳手组成。
适用范围:该产品适用于心室抗心动过速起搏(ATP)和对危及生命的室性心律失常自动治疗的心室除颤。
生产厂家:美国 Cardiac Pacemakers Incorporated, a wholly owned subsidiary of Guidant Corporation, a wholly owned subsidiary of Boston Scientific Corporation
注册代理:波科国际医疗贸易(上海)有限公司
发证日期:2014.12.26　　**截止日期**:2019.12.25

国械注进 20143216056

产品名称:植入式心律转复除颤器（商品名：COGNIS）(Cardiac Resynchronization Therapy Defibrillator)
规格型号:P106、P107、P108
性能组成:本产品为具有起搏/感知和除颤功能的除颤器，由脉冲发生器和扭矩扳手(6628 型)组成，不含电极导线。电池：锂-二氧化锰电池，型号 401988-105，标称电压 3.0V。脉冲发生器外壳材料为钛，顶端为聚氨酯，粘合剂为硅橡胶，封闭塞为掺铂硅胶。各型号具体规格及性能指标详见产品标准。
适用范围:该产品用于正在接受最佳心衰药物治疗(OPT)以及符合以下任何一种条件的心衰患者：中度到重度心衰(NYHA 分级 III-IV 级)，EF＜35%和 QRS 时间＞120ms。左束支传导阻滞(LBBB)且 QRS 时限＞130 毫秒，EF＜30%，轻度(NYHA 分级 II 级)缺血性或非缺血性心衰或无症状(HYNA 分级 I 级)缺血性心衰。该产品也为危及生命的室性心律失常提供自动的心室抗心动过速起搏和心室除颤治疗。
生产厂家:美国 Cardiac Pacemakers Incorporated, a wholly owned subsidiary of Guidant Corporation, a wholly owned subsidiary of Boston Scientific Corporation
注册代理:波科国际医疗贸易(上海)有限公司
发证日期:2014.12.26　　**截止日期**:2019.12.25

国械注进 20143226057

产品名称:纤维麻醉内窥镜系统(Anesthesia Fiberscope Systems)
规格型号:见附页
性能组成:纤维麻醉内窥镜系统由纤维光学内窥镜组成，内窥镜由目镜、镜体和光纤接口部分构成。
适用范围:该产品用于辅助气管插管的插入。
生产厂家:德国 Karl Storz GmbH & Co. KG
注册代理:卡尔史托斯内窥镜(上海)有限公司
发证日期:2014.12.26　　**截止日期**:2019.12.25

国械注进 20143636058

产品名称:齿科根管充填材料(Root Canal Sealer)
规格型号:型号、规格：RoekoSeal Single Dose(0.53g×40) RoekoSeal Automix(5ml) GuttaFlow®2 胶囊装(0.8g) GuttaFlow®2 注射器装(5ml)
性能组成:GuttaFlow®2（胶囊装和注射器装）由二氧化锆、硅氧烷、氧化锌、杜仲胶、硅酸、微粒银、硫酸钡、六氯铂酸和着色剂组成。RoekoSeal Single Dose 和 RoekoSeal Automix 由氧化锆、聚二甲基硅氧烷、石蜡油、硅油和六氯铂酸组成。
适用范围:该产品用于牙齿根管充填。
生产厂家:德国 Colt& /Whaledent GmbH+Co.KG
注册代理:康特威尔登特齿科贸易(北京)有限公司
发证日期:2014.12.16　　**截止日期**:2019.12.15

国械注进 20143636058

产品名称:齿科根管充填材料(Root Canal Sealer)
规格型号:型号、规格：RoekoSeal Single Dose(0.53g×40) RoekoSeal Automix(5ml) GuttaFlow®2 胶囊装(0.8g) GuttaFlow®2 注射器装(5ml)
性能组成:GuttaFlow®2（胶囊装和注射器装）由二氧化锆、硅氧烷、氧化锌、杜仲胶、硅酸、微粒银、硫酸钡、六氯铂酸和着色剂组成。RoekoSeal Single Dose 和 RoekoSeal Automix 由氧化锆、聚二甲基硅氧烷、石蜡油、硅油和六氯铂酸组成。
适用范围:该产品用于牙齿根管充填。
生产厂家:德国 Coltène/Whaledent GmbH+Co.KG
注册代理:康特威尔登特齿科贸易(北京)有限公司
发证日期:2014.12.16　　**截止日期**:2019.12.15

国械注进 20142636059

产品名称:牙科全瓷瓷块（商品名：易美）(IPS e.max Dental Ingots)
规格型号:见附页
性能组成:IPS e.max ZirCAD 主要由氧化锆、氧化铝、氧化钇、氧化铪组成；IPS e.maxCAD 主要由二氧化硅、氧化锂、氧化钾、五氧化二磷、氧化锆、氧化锌、氧化铝、氧化镁和氧化铈、氧化锰、氧化铒、氧化铽、氧化钒组成；IPS e.maxPress 主要由二氧化硅、氧化锂、氧化钾、五氧化二磷、氧化锆、氧化锌、氧化铝、氧化镁、氧化铈、氧化镧，二氧化锰和颜料（铁铬猛锌棕，颜料黄、铁铬棕和二氧化锡）组成；IPS e.maxZirPress 主要由二氧化硅、氧化锂、氧化钾、五氧化二磷、氧化锆、氧化锌、氧化铝、氧化钠、氧化钙、氟化钠、氧化铈、氧化锶、氧化硼、氧化铁及颜料(颜料黄、铁铬棕，铁铬猛锌棕和二氧化锡)组成。
适用范围:该产品中 IPS e.max ZirCAD 用于制作基底冠、基底桥、嵌体桥、套筒冠内冠、种植体上部结构、叠套冠；IPS e.max CAD 用于制作贴面、嵌体、高嵌体、部分冠、单冠、种植体上部结构及套筒冠内冠；IPS e.maxPress 用于制作贴面、嵌体、高嵌体、部分冠、单冠、3 个单位桥、压铸到表面处理的单冠基底、种植体上部结构及套筒冠内冠；IPS e.max ZirPress 用于压铸到单牙基底、基底桥、嵌体桥、种植体上部结构、基台、基底、种植体基台和种植体上部结构及贴面结构上。
生产厂家:列支敦士登 Ivoclar Vivadent AG
注册代理:义获嘉伟瓦登特(上海)商贸有限公司
发证日期:2014.12.16　　**截止日期**:2019.12.15

国械注进 20142636059

产品名称:牙科全瓷瓷块（商品名：易美）(IPS e.max Dental Ingots)
规格型号:见附页
性能组成:IPS e.max ZirCAD 主要由氧化锆、氧化铝、氧化钇、氧化铪组成；IPS e.maxCAD主要由二氧化硅、氧化锂、氧化钾、五氧化二磷、氧化锆、氧化锌、氧化铝、氧化镁和氧化铈、氧化锰、氧化钼、氧化铽、氧化钒组成；IPS e.maxPress 主要由二氧化硅、氧化锂、氧化钾、五氧化二磷、氧化锆、氧化锌、氧化铝、氧化镁、氧化铈、氧化镧，二氧化锰和颜料(铁铬锰锌棕，颜料黄、铁铬棕和二氧化锡)组成；IPS e.maxZirPress主要由二氧化硅、氧化锂、氧化钾、五氧化二磷、氧化锆、氧化锌、氧化铝、氧化钠、氧化钙、氟化钠、氧化铈、氧化锶、氧化硼、氧化铁及颜料(颜料黄、铁铬棕，铁铬锰锌棕和二氧化锡)组成。

适用范围:该产品中IPS e.max ZirCAD用于制作基底冠、基底桥、嵌体桥、套筒冠内冠、种植体上部结构、叠套冠；IPS e.max CAD用于制作贴面、嵌体、高嵌体、部分冠、单冠、种植体上部结构及套筒冠内冠；IPS e.maxPress用于制作贴面、嵌体、高嵌体、部分冠、单冠、3个单位桥、压铸到表面处理的单冠基底、种植体上部结构及套筒冠内冠；IPS e.max ZirPress 用于压铸到单牙基底、基底桥、嵌体桥、种植体上部结构、基台、基底、种植体基台和种植体上部结构及贴面结构上。

生产厂家:列支敦士登 Ivoclar Vivadent AG

注册代理:义获嘉伟瓦登特(上海)商贸有限公司

发证日期:2014.12.16 **截止日期**:2019.12.15

国械注进 20143636060

产品名称:牙科种植体套装（商品名：Omni-Tight）(Dental Implant Series)

规格型号:见附页

性能组成:牙科种植体套装由种植体、基台、愈合帽、愈合螺钉、临时/永久基台底座、牙龈成形器及配套用工具(基台转移工具、替代体、蜡套、导引管、O-环盖、O-环、可铸式球心、钛球心)组成。套装的组合方式及各组件的材料详见附页。种植体表面经喷砂、酸蚀处理。种植体、愈合帽、愈合螺钉为无菌包装，其余组件均为非无菌包装。

适用范围:该产品用于牙缺失后颌骨内植入修复。种植体:植入人体缺牙部位的上下颌骨内，与基台配合使用，待伤口愈合后在其上部安装修复假牙。基台和临时/永久基台底座:与种植体配合使用，待伤口愈合后在其上安装修复假牙。愈合帽:在骨性愈合阶段防止骨和软组织与种植体发生粘接。愈合螺钉:在骨性愈合阶段防止骨和软组织与种植体发生粘接。牙龈成形器:相当于临时基台，用于控制软组织的生长愈合。基台转移工具:在技工室与种植体替代体结合使用，用于浇铸模型铸件。替代体:在技工室使用，用于浇铸模型铸件。蜡套:在技工室用于辅助帽的制作。导引管:在支架制作时使用。O-环盖、O-环和钛球心:用于固定义齿。可铸式球心:在技工室用于模拟钛球心的作用。

变更情况:变更日期：2015.02.03。“上海市斜土路2669号1904室”变更为“上海市徐汇区天钥桥路500弄8号502室”。

生产厂家:美国 Basic Dental Implant Systems, Inc.

注册代理:欧妮泰医疗器材贸易(上海)有限公司

发证日期:2014.12.16 **截止日期**:2019.12.15

国械注进 20143636060

产品名称:牙科种植体套装（商品名：Omni-Tight）(Dental Implant Series)

规格型号:见附页

性能组成:牙科种植体套装由种植体、基台、愈合帽、愈合螺钉、临时/永久基台底座、牙龈成形器及配套用工具(基台转移工具、替代体、蜡套、导引管、O-环盖、O-环、可铸式球心、钛球心)组成。套装的组合方式及各组件的材料详见附页。种植体表面经喷砂、酸蚀处理。种植体、愈合帽、愈合螺钉为无菌包装，其余组件均为非无菌包装。

适用范围:该产品用于牙缺失后颌骨内植入修复。种植体:植入人体缺牙部位的上下颌骨内，与基台配合使用，待伤口愈合后在其上部安装修复假牙。基台和临时/永久基台底座:与种植体配合使用，待伤口愈合后在其上安装修复假牙。愈合帽:在骨性愈合阶段防止骨和软组织与种植体发生粘接。愈合螺钉:在骨性愈合阶段防止骨和软组织与种植体发生粘接。牙龈成形器:相当于临时基台，用于控制软组织的生长愈合。基台转移工具:在技工室与种植体替代体结合使用，用于浇铸模型铸件。替代体:在技工室使用，用于浇铸模型铸件。蜡套:在技工室用于辅助帽的制作。导引管:在支架制作时使用。O-环盖、O-环和钛球心:用于固定义齿。可铸式球心:在技工室用于模拟钛球心的作用。

生产厂家:美国 Basic Dental Implant Systems, Inc.

注册代理:欧妮泰医疗器材贸易(上海)有限公司

发证日期:2014.12.16 **截止日期**:2019.12.15

国械注进 20143636061

产品名称:贴面粘固剂和试色糊剂(RelyX® Veneer Cement and RelyX® Try-In Paste)

规格型号:见附页

性能组成:本产品是由贴面粘固剂和试色糊剂组成。是一种不透辐射，颜色稳定的光固化树脂水门汀。贴面粘固剂主要由硅烷氧化锆、2-甲基-2-丙烯酸(1-甲基亚乙基)双[4，1-苯氧基(2-羟基-3，1-丙亚)]酯、二缩三乙二醇双甲基丙烯酸酯(TEGDMA)、硅烷化硅石、功能化的二甲基丙烯酸酯的聚合物组成。试色糊剂主要由聚乙二醇、玻璃料化学品、二氧化钛组成。

适用范围:贴面粘固剂用于粘结瓷贴面或树脂贴面，试色糊剂用于贴面粘固剂使用前的颜色指示，以便选择相应的贴面粘固剂。

生产厂家:美国 3M ESPE Dental Products

注册代理:明尼苏达矿业制造(上海)国际贸易有限公司

发证日期:2014.12.16 **截止日期**:2019.12.15

国械注进 20143636061

产品名称:贴面粘固剂和试色糊剂(RelyX® Veneer Cement and RelyX® Try-In Paste)

规格型号:见附页

性能组成:本产品是由贴面粘固剂和试色糊剂组成。是一种不透辐射，颜色稳定的光固化树脂水门汀。贴面粘固剂主要由硅烷氧化锆、2-甲基-2-丙烯酸(1-甲基亚乙基)双[4，1-苯氧基(2-羟基-3，1-丙亚)]酯、二缩三乙二醇双甲基丙烯酸酯(TEGDMA)、硅烷化硅石、功能化的二甲基丙烯酸酯的聚合物组成。试色糊剂主要由聚乙二醇、玻璃料化学品、二氧化钛组成。

适用范围:贴面粘固剂用于粘结瓷贴面或树脂贴面，试色糊剂用于贴面粘固剂使用前的颜色指示，以便选择相应的贴面粘固剂。

生产厂家:美国 3M ESPE Dental Products

注册代理:明尼苏达矿业制造(上海)国际贸易有限公司

发证日期:2014.12.16 **截止日期**:2019.12.15

国械注进 20143636062

产品名称:牙科复合树脂充填材料（商品名：SwissTec Composite）(SwissTec Composite Dental Composite Resin Filling Materials)

规格型号:SwissTec Composite Dentin 复合树脂充填材料；SwissTec Composite Enamel 复合树脂充填材料。

性能组成:该产品由甲基丙烯酸酯、硅烷化钡玻璃、氧化矽、光引发剂、色素组成。

适用范围:用于充填Ⅰ、Ⅱ、III、IV 和 V 类洞(SwissTec Composite Dentin用于修复牙本质；SwissTec Composite Enamel用于修复牙釉质)

生产厂家:瑞士 Coltene/Whaledent AG

注册代理:康特威尔登特齿科贸易(北京)有限公司

发证日期:2014.12.16 **截止日期**:2019.12.15

国械注进 20143636062

产品名称:牙科复合树脂充填材料（商品名：SwissTec Composite）(SwissTec Composite Dental Composite Resin Filling Materials)

规格型号:SwissTec Composite Dentin 复合树脂充填材料；SwissTec Composite Enamel 复合树脂充填材料。

性能组成:该产品由甲基丙烯酸酯、硅烷化钡玻璃、氧化矽、光引发剂、色素组成。

适用范围:用于充填Ⅰ、Ⅱ、III、IV 和 V 类洞(SwissTec Composite Dentin用于修复牙本质；SwissTec Composite Enamel用于修复牙釉质)

生产厂家:瑞士 Coltene/Whaledent AG

注册代理:康特威尔登特齿科贸易(北京)有限公司

发证日期:2014.12.16 **截止日期**:2019.12.15

国械注进 20143666063

产品名称:三叶球囊导管(Gore Tri-Lobe Balloon Catheter)

规格型号:BCM1634、BCL2645

性能组成:该产品为OTW型球囊扩张导管，导管轴末端带有三只独立的顺应性聚亚胺酯球囊。球囊位置带有两个铂/铱标记，导管尖端由不透射线的聚亚胺酯制成。环氧乙烷灭菌，一次性使用。

适用范围:该产品用于协助自膨覆膜支架在大直径血管腔内扩张。

生产厂家:美国戈尔公司(W.L. Gore & Associates, Inc.)
注册代理:戈尔工业品贸易(上海)有限公司
发证日期:2014.12.16　**截止日期**:2019.12.15

国械注进 20143666063

产品名称:三叶球囊导管(Gore Tri-Lobe Balloon Catheter)
规格型号:BCM1634、BCL2645
性能组成:该产品为 OTW 型球囊扩张导管，导管轴末端带有三只独立的顺应性聚亚胺酯球囊。球囊位置带有两个铂/铱标记，导管尖端由不透射线的聚亚胺酯制成。环氧乙烷灭菌，一次性使用。
适用范围:该产品用于协助自膨覆膜支架在大直径血管腔内扩张。
生产厂家:美国戈尔公司(W.L. Gore & Associates, Inc.)
注册代理:戈尔工业品贸易(上海)有限公司
发证日期:2014.12.16　**截止日期**:2019.12.15

国械注进 20143636064

产品名称:模型用丙烯酸树脂（商品名: GC PATTERN RESIN)（齿科用パターンジン)
规格型号:粉 100g, 液 100g(105ml)
性能组成:粉剂和液剂组成。粉剂:聚甲基丙烯酸甲酯, 70%甲基丙烯酸乙酯和 30%甲基丙烯酸甲酯的聚合粉末和劳莫夫塔尔红 BRN; 液剂:甲基丙烯酸甲酯，甲基丙烯酸乙酯，甲基丙烯酸 2-甲氧基乙基，乙二醇二甲基丙烯酸酯，甘油酯白桦脂酸甲酯，甲苯基二乙醇胺，2-(2-羟-甲基苯基)-2H-苯并三氮唑和抗氧剂 BHT(2, 6-二叔丁基对甲酚)
适用范围:该产品可用于制作嵌体、牙冠、卡环、圆锥形套筒冠义齿铸造用模型。
生产厂家:日本株式会社ジーシーデンタルプロダクツ
注册代理:而至齿科(苏州)有限公司
发证日期:2014.12.16　**截止日期**:2019.12.15

国械注进 20143636064

产品名称:模型用丙烯酸树脂（商品名: GC PATTERN RESIN)（齿科用パターンジン)
规格型号:粉 100g, 液 100g(105ml)
性能组成:粉剂和液剂组成。粉剂:聚甲基丙烯酸甲酯, 70%甲基丙烯酸乙酯和 30%甲基丙烯酸甲酯的聚合粉末和劳莫夫塔尔红 BRN; 液剂:甲基丙烯酸甲酯，甲基丙烯酸乙酯，甲基丙烯酸 2-甲氧基乙基，乙二醇二甲基丙烯酸酯，甘油酯白桦脂酸甲酯，甲苯基二乙醇胺，2-(2-羟-甲基苯基)-2H-苯并三氮唑和抗氧剂 BHT(2, 6-二叔丁基对甲酚)
适用范围:该产品可用于制作嵌体、牙冠、卡环、圆锥形套筒冠义齿铸造用模型。
生产厂家:日本株式会社ジーシーデンタルプロダクツ
注册代理:而至齿科(苏州)有限公司
发证日期:2014.12.16　**截止日期**:2019.12.15

国械注进 20142066065

产品名称:取骨器(Trephine Bur)
规格型号:XTP2403、XTP3404、XTP4405、XTP5406、XTP6407、XTP7408、XTP8409、XTP9410
性能组成:本产品为 S51740 不锈钢材质，外覆碳化钨涂层。
适用范围:本产品是口腔科种植体手术时使用的取骨器，用于去除植入的种植体或钻取牙槽骨的部分骨组织用以移植。
生产厂家:韩国 Dentium Co., Ltd.
注册代理:登腾(北京)医疗器械商贸有限公司
发证日期:2014.12.16　**截止日期**:2019.12.15

国械注进 20142066065

产品名称:取骨器(Trephine Bur)
规格型号:XTP2403、XTP3404、XTP4405、XTP5406、XTP6407、XTP7408、XTP8409、XTP9410
性能组成:本产品为 S51740 不锈钢材质，外覆碳化钨涂层。
适用范围:本产品是口腔科种植体手术时使用的取骨器，用于去除植入的种植体或钻取牙槽骨的部分骨组织用以移植。
生产厂家:韩国 Dentium Co., Ltd.
注册代理:登腾(北京)医疗器械商贸有限公司
发证日期:2014.12.16　**截止日期**:2019.12.15

国械注进 20143636066

产品名称:光固化复合树脂(Ceramic Restorative)
规格型号:型号:Ceram.X One Universal; 色号:a1, a2, a3, a3, 5, a4, c1, c2; 规格:注射装 3g。
性能组成:产品的组成为:甲基丙烯酸酯修饰的聚硅氧烷，二甲基丙烯酸树脂，荧光染料，紫外线吸收剂，稳定剂，樟脑醌，4-二甲胺-苯甲酸乙酯，钡铝硼硅玻璃粉，二氧化硅填料，氧化铁颜料，钛白颜料，硫硅酸铝颜料(根据颜色不同而添加)。
适用范围:产品适用于前后牙 I、II 类和 V 类窝洞的修复。
生产厂家:德国 DENTSPLY DeTrey GmbH
注册代理:登士柏(天津)国际贸易有限公司
发证日期:2014.12.16　**截止日期**:2019.12.15

国械注进 20143636066

产品名称:光固化复合树脂(Ceramic Restorative)
规格型号:型号:Ceram.X One Universal; 色号:a1, a2, a3, a3, 5, a4, c1, c2; 规格:注射装 3g。
性能组成:产品的组成为:甲基丙烯酸酯修饰的聚硅氧烷，二甲基丙烯酸树脂，荧光染料，紫外线吸收剂，稳定剂，樟脑醌，4-二甲胺-苯甲酸乙酯，钡铝硼硅玻璃粉，二氧化硅填料，氧化铁颜料，钛白颜料，硫硅酸铝颜料(根据颜色不同而添加)。
适用范围:产品适用于前后牙 I、II 类和 V 类窝洞的修复。
生产厂家:德国 DENTSPLY DeTrey GmbH
注册代理:登士柏(天津)国际贸易有限公司
发证日期:2014.12.16　**截止日期**:2019.12.15

国械注进 20142636067

产品名称:琼脂印模材料（商品名: 寒天印象材 海神)（歯科用寒天印象材)
规格型号:青色、绿色、茶色 包装规格: 盒式包装型（1.8 毫升，54 支包装)，常用普通型（2.7 毫升，60 支包装)，管内包装型（1.7 毫升，56 支包装)
性能组成:琼脂印模材料的主成份为:琼脂、离子交换水。
适用范围:该琼脂印模材料用于采取患者的口腔印模。
生产厂家:日本株式会社デントロケミカル
注册代理:日本森田株式会社南京办事处
发证日期:2014.12.16　**截止日期**:2019.12.15

国械注进 20142636067

产品名称:琼脂印模材料（商品名: 寒天印象材 海神)（歯科用寒天印象材)
规格型号:青色、绿色、茶色 包装规格: 盒式包装型（1.8 毫升，54 支包装)，常用普通型（2.7 毫升，60 支包装)，管内包装型（1.7 毫升，56 支包装)
性能组成:琼脂印模材料的主成份为:琼脂、离子交换水。
适用范围:该琼脂印模材料用于采取患者的口腔印模。
生产厂家:日本株式会社デントロケミカル
注册代理:日本森田株式会社南京办事处
发证日期:2014.12.16　**截止日期**:2019.12.15

国械注进 20143636068

产品名称:聚羧酸锌水门汀（商品名: Poly- F)（Poly- F -Zinc Polycarboxylate Cement)
规格型号:Poly-F:粉剂 70g, 液剂 40ml。
性能组成:粉剂:氧化锌，氢氧化镁，钙-铝-钠-氟-磷-硅酸盐玻璃，氟化锡，氧化铁颜料; 液剂:聚丙烯酸，水。
适用范围:1)适用于间接修复体和正畸托槽的粘接; 2)适用于根管治疗后直接修复体的垫底; 3)作为临时充填材料和乳牙充填材料（禁止用于直接或间接盖髓)。
生产厂家:德国 DENTSPLY DeTrey GmbH
注册代理:登士柏(天津)国际贸易有限公司
发证日期:2014.12.16　**截止日期**:2019.12.15

国械注进 20143636068

产品名称:聚羧酸锌水门汀（商品名: Poly- F)（Poly- F -Zinc

Polycarboxylate Cement)
规格型号:Poly-F:粉剂 70g，液剂 40ml。
性能组成:粉剂:氧化锌，氢氧化镁，钙-铝-钠-氟-磷-硅酸盐玻璃，氟化锡，氧化铁颜料;液剂:聚丙烯酸，水。
适用范围:1)适用于间接修复体和正畸托槽的粘接;2)适用于根管治疗后直接修复体的垫底;3)作为临时充填材料和乳牙充填材料（禁止用于直接或间接盖髓）。
生产厂家:德国 DENTSPLY DeTrey GmbH
注册代理:登士柏(天津)国际贸易有限公司
发证日期:2014.12.16　**截止日期**:2019.12.15

国械注进 20142226069

产品名称:球囊扩张导管(Dilation Balloon Catheter)
规格型号:QBD-4X3, QBD-6X3, QBD-6X3-E, QBD-8X3, QBD-8X3-E, QBD-10X3, QBD-10X3-E
性能组成:该产品包括球囊、导管和导管座。材料:球囊:聚对苯二甲酸乙二醇酯(PET);导管及导管尖端:尼龙(Pebax7033/7233);导丝腔接头:尼龙;球囊腔接头:聚亚胺酯;球囊内标记:18K 金;黏合剂:Loctite 3311&3321;芯丝:304 不锈钢;导管不透射线标记:Transtech B 型黑。环氧乙烷灭菌。一次性使用。
适用范围:适用于经内窥镜导入胆道，进行胆道狭窄的腔内扩张。
生产厂家:美国 Wilson-Cook Medical Inc.
注册代理:库克(中国)医疗贸易有限公司
发证日期:2014.12.16　**截止日期**:2019.12.15

国械注进 20142226069

产品名称:球囊扩张导管(Dilation Balloon Catheter)
规格型号:QBD-4X3, QBD-6X3, QBD-6X3-E, QBD-8X3, QBD-8X3-E, QBD-10X3, QBD-10X3-E
性能组成:该产品包括球囊、导管和导管座。材料:球囊:聚对苯二甲酸乙二醇酯(PET);导管及导管尖端:尼龙(Pebax7033/7233);导丝腔接头:尼龙;球囊腔接头:聚亚胺酯;球囊内标记:18K 金;黏合剂:Loctite 3311&3321;芯丝:304 不锈钢;导管不透射线标记:Transtech B 型黑。环氧乙烷灭菌。一次性使用。
适用范围:适用于经内窥镜导入胆道，进行胆道狭窄的腔内扩张。
生产厂家:美国 Wilson-Cook Medical Inc.
注册代理:库克(中国)医疗贸易有限公司
发证日期:2014.12.16　**截止日期**:2019.12.15

国械注进 20142276070

产品名称:一次性压力敏感止吐腕带(Pressure Right, Single-Use, Disposable, Pressure-Sensitive Emetic-Management Wrist Strip)
规格型号:Pressure Right
性能组成:一次性压力敏感止吐腕带由两部分组成:3M 一次性医用胶带和一个附加在胶带上的医用硬塑料圆钮。产品粘在病人的皮肤表面用来刺激 P6 穴位（内关穴）点。单包装内含二条一次性压力敏感止吐腕带和一个纸质的 P6 穴位（内关穴）定位工具。
适用范围:缓解手术麻醉后导致的呕吐(恶心和呕吐)症状。
生产厂家:美国 Pressure Point Inc
注册代理:武汉健桥医疗器械有限公司
发证日期:2014.12.22　**截止日期**:2019.12.21

国械注进 20142226071

产品名称:腹腔镜附件(Laparoscopy accessories)
规格型号:见附页
性能组成:产品为无源器械，由自动穿刺套管、穿刺套管、止滑套管、穿刺针、钝头穿刺针、安全穿刺针、塑胶减压器组成。产品非灭菌提供、可重复使用。与人体接触的零部件(自动穿刺套管的套管部分、穿刺针、穿刺套管、钝头穿刺针、止滑套管)选用符合 YY0294.1-2005 要求的 M 级不锈钢材料制造。自动穿刺套管:非与人体接触的金属部件选用 GB/T1220-2007 中牌号为 06Cr19Ni10 和 Y12Cr18Ni9 的不锈钢材料制造;阻气阀选用硅树脂材料(CAS 号:67763-03-5)制造;密封圈帽选用硅橡胶材料(CAS 号:63148-60-7)制造;阻气阀壳体的有机材质部分选用多聚甲醛(CAS 号:30525-89-4)制造。穿刺套管:密封圈帽选用硅橡胶材料(CAS 号:63148-60-7)制造。塑胶减压器:主体采用聚酰胺材料(CAS 号:63428-84-2)制造，密封帽选用硅橡胶材料(CAS 号:63148-60-7)制造。安全穿刺针(EH-022-***):锁止棘轮选用聚醚醚酮材料(CAS 号:29658-26-2)制造。有机材质部件均不与人体接触。
适用范围:适用于腹腔内临床手术中检查、诊断和治疗用。
生产厂家:德国 STEMA Medizintechnik GmbH
注册代理:上海安润医疗设备有限公司
发证日期:2014.12.22　**截止日期**:2019.12.21

国械注进 20142106072

产品名称:一次性骨针(Bone Pins)
规格型号:见附页
性能组成:该产品由带螺纹针头、带刻度圆柱体和方形尾部组成。由符合 YY/T0294.1 中代号 P 要求的不锈钢材料制成。灭菌包装。
适用范围:适用于匹配 PKA 应用系统，与机械臂骨科矫形系统（RIO）一起使用，在外科膝部手术中作为辅助工具使用，非植入物。适用于单髁膝关节置换手术和/或髌股骨膝部置换术。
生产厂家:美国 MAKO Surgical Corp.
注册代理:美中互利(北京)国际贸易有限公司
发证日期:2014.12.22　**截止日期**:2019.12.21

国械注进 20142156073

产品名称:穿刺器及其附件(SurgiQuest AirSeal Optical Trocar & Cannula system)
规格型号:iAS5-100, iAS5-120, iAS12-100, iAS12-120, iAS12-150, iAS5-100LP, iAS5-120LP, iAS8-100LP, iAS8-120LP, iASB12-100, iASB12-120, SIM-TUB, SEM-EVAC, ASM-EVAC
性能组成:由穿刺器和过滤器管组组成，详见附页
适用范围:用于诊断和/或治疗性的内窥镜程序中，通过填充气体扩张腹腔，以建立和维持用于内窥镜器械进入和疏散手术烟雾的通道。
生产厂家:美国 SurgiQuest, Inc.
注册代理:北京捷通康诺医药科技有限公司
发证日期:2014.12.22　**截止日期**:2019.12.21

国械注进 20142226074

产品名称:刨削头(shaver burs)
规格型号:见附页
性能组成:该产品由刨削头组成。与人体接触部件由符合 ASTM A276 标准规定的 440A 不锈钢和符合 ASTM A240 标准的 304L 不锈钢材料制成。灭菌包装。
适用范围:与关节镜配合，适用于骨科手术中切割和去除软组织和骨组织。
生产厂家:美国 Linvatec Corporation d/b/a ConMed Linvatec
注册代理:康美林弗泰克(北京)医疗器械有限公司
发证日期:2014.12.22　**截止日期**:2019.12.21

国械注进 20142226075

产品名称:刨削刀头(shaver blades)
规格型号:见附页
性能组成:该产品由一次性使用的无菌刨削刀头及附件（折弯器与清洁条）组成，接触人体的材质为不锈钢、聚醚醚酮及聚酰亚胺。产品经伽马射线辐照灭菌。
适用范围:该产品与主机和手柄配合使用，用来在关节镜下切除术中切割和去除患者的软组织。
生产厂家:美国 Linvatec Corporation d/b/a ConMed Linvatec
注册代理:康美林弗泰克(北京)医疗器械有限公司
发证日期:2014.12.22　**截止日期**:2019.12.21

国械注进 20142046076

产品名称:人工晶状体植入器(Bausch + Lomb IOL Injector)
规格型号:INJ100
性能组成:该产品由植入器主体，装载舱，植入器头端，推杆，推杆垫和弹簧组成。产品材料为 CL-301 ABS、PPR10222 聚丙烯、CL-301 ABS、硅橡胶、302 不锈钢，另外植入器头端为聚氨酯水溶性亲水涂层。环氧乙烷灭菌包装。
适用范围:该产品用于折叠并植入已获批配合该植入器使用的博士伦人工晶状体。
生产厂家:美国 Bausch&Lomb, Incorporated

注册代理:博士伦(上海)贸易有限公司
发证日期:2014. 12. 22 截止日期:2019. 12. 21

国械注进 20142546077

产品名称:止血袖带(商品名:Zimmer)(A. T. S. Cuffs)
规格型号:见附页
性能组成:该产品由止血袖带(带接头)、袖带保护套组成,分为一次性使用型和重复使用型。止血袖带的材质为尼龙,接头材质为聚氨酯,袖带保护套的材质为聚酯纤维。一次性使用袖带及袖带保护套为伽马射线灭菌。袖带不与开放性创面直接接触。
适用范围:该产品适用于医疗机构进行四肢处手术时加压压迫动脉血管暂时止血,为手术提供一个无血的手术视野,该产品仅可与本公司生产的A. T. S. 止血带系统配合使用。
生产厂家:美国 Zimmer Surgical, Inc.
注册代理:捷迈(上海)医疗国际贸易有限公司
发证日期:2014. 12. 22 截止日期:2019. 12. 21

国械注进 20142556078

产品名称:牙钻(商品名:UniCore)(UniCore Drill)
规格型号:见附页
性能组成:该产品由不锈钢材料制成。
适用范围:该产品用于去除现有填充体或根管桩、并进行根管桩的预备。
生产厂家:美国 Ultradent Products Inc.
注册代理:广州市皓齿登医疗器械有限公司
发证日期:2014. 12. 22 截止日期:2019. 12. 21

国械注进 20142666079

产品名称:气道交换气管导管(Cook Airway Exchange Catheter)
规格型号:C-CAE-8. 0-45, C-CAE-11. 0-83, C-CAE-14. 0-83, C-CAE-11. 0-100-DLT-EF-ST, C-CAE-14. 0-100-DLT-EF-ST, C-CAE-19. 0-56-AIC, C-CAE-14. 0-70-LMA.
性能组成:该产品由导管、15mm 接头、鲁尔锁定接头、导丝(仅包含于C-CAE-14. 0-70-LMA 型号)、支气管镜接头(仅包含于C-CAE-19. 0-56-AIC 和 C-CAE-14. 0-70-LMA 型号)组成。环氧乙烷灭菌,一次性使用。
适用范围:C-CAE-8. 0-45, C-CAE-11. 0/14. 0-83, C-CAE-11. 0/14. 0-100-DLT-EF-ST 产品适用于无并发症、无创性气管插管的更换。C-CAE-19. 0-56-AIC 产品适用于纤支镜辅助下气管插管的更换以及无并发症、无创性气管插管的更换。C-CAE-14. 0-70-LMA 产品适用于喉罩通气道和气管插管的更换。
生产厂家:美国 Cook Incorporated
注册代理:库克(中国)医疗贸易有限公司
发证日期:2014. 12. 22 截止日期:2019. 12. 21

国械注进 20142636080

产品名称:齿科烤瓷合金(Dental Porcelain Alloys)
规格型号:型号:GIALLOY Ti 5 Blank 规格:外径×高度 - 98, 5×8, 10, 12, 14, 15, 16, 18, 20, 25 mm 外径×高度 - 99, 5×8, 10, 12, 14, 15, 16, 18, 20, 25 mm
性能组成:化学成分:符合 GB/T 13810-2007《外科植入物用钛及钛合金加工材》中牌号 TC4 的要求。
适用范围:适用于制作多单位烤瓷修复体的金属内冠。
生产厂家:德国 BK Giulini GmbH
注册代理:北京永轩科技有限公司
发证日期:2014. 12. 22 截止日期:2019. 12. 21

国械注进 20142636081

产品名称:活动义齿印模材料(商品名:ISO Functional)(歯科用インプレッションコンパウンド)
性能组成:产品由改性醇酸树脂,滑石,硬脂酸和氧化铁红(颜料)组成。
适用范围:该产品为适用于制作粘膜面及边缘部的印模材料。
生产厂家:日本株式会社ジーシー(GC Corporation)
注册代理:而至齿科(苏州)有限公司
发证日期:2014. 12. 22 截止日期:2019. 12. 21

国械注进 20142666082

产品名称:天然胶乳橡胶避孕套(商品名:避孕套)(Natural Latex Rubber Condoms)
规格型号:Textured Rubber Condoms(异型结构橡胶避孕套)、Smooth Rubber Condoms(光面型橡胶避孕套)、Unusual Smooth Rubber Condoms(非光面型橡胶避孕套)
性能组成:产品由天然橡胶乳胶制成。
适用范围:该避孕套在正确使用下,有助于降低受孕风险及减少某些性传播疾病感染的风险。
生产厂家:马来西亚 INNOLATEX SDN. BHD
注册代理:广州市丽程贸易有限公司
发证日期:2014. 12. 22 截止日期:2019. 12. 21

国械注进 20142666083

产品名称:充盈压力泵系统(商品名:Basix Touch)(Basix Touch Inflation Device)
规格型号:见附页
性能组成:该产品由压力泵、止血阀、导引导丝插入工具、转矩器械、三通阀等部件组成,接触人体的材质为聚碳酸酯及聚亚胺酯。产品经环氧乙烷灭菌,一次性使用。
适用范围:该产品适用于扩张和缩小血管成形术球囊或者其他介入设备,并测试球囊的压力。
生产厂家:美国 Merit Medical Systems, Inc.
注册代理:麦瑞通医疗器械(北京)有限公司
发证日期:2014. 12. 22 截止日期:2019. 12. 21

国械注进 20142216084

产品名称:指趾收缩压测量仪(Systolic Pressure Measurement Systems on Fingers and Toes)
规格型号:SYSTOE
性能组成:本系统由充电器(14315),主机(14112),USB 电缆,PPG 描记器(15533)及绑带(15393)、阻塞绑带(14133)、连接管组成。
适用范围:该产品用于临床无创指趾收缩压力的测量。
生产厂家:法国 ATYS
注册代理:北京嘉和美康医用设备有限公司
发证日期:2014. 12. 26 截止日期:2019. 12. 25

国械注进 20142256085

产品名称:一次性使用电凝刷(Bipolar Eraser, sterile for single use)
规格型号:E7924, E7925, E7926, E7927, E7928, E7929, E7930, E7931.
性能组成:一次性使用电凝刷由电凝头端,电凝组件和手柄组成。无菌包装,辐射灭菌。
适用范围:该产品用于眼科手术过程中视网膜眼内电凝术及巩膜止血。
生产厂家:德国 Bausch & Lomb GmbH
注册代理:博士伦(上海)贸易有限公司
发证日期:2014. 12. 26 截止日期:2019. 12. 25

国械注进 20142566086

产品名称:电动充气防褥疮床垫(Alternating Pressure Mattress)
规格型号:Precioso
性能组成:产品由充气床垫和系统控制单元组成。
适用范围:适用于对长期卧床患者褥疮及溃疡的防治。
生产厂家:捷克共和国 Linet spol. s r.o.
注册代理:北京安蒂艾克医疗设备有限责任公司
发证日期:2014. 12. 26 截止日期:2019. 12. 25

国械注进 20142466087

产品名称:助听器(Body worn hearing aids)
规格型号:BW1
性能组成:本产品由主体、电池和耳机组成。
适用范围:便携助听器将气导放大后的声音经耳道气体传导到内耳,补偿患者的听力损失。适用于轻度至重度的耳聋患者。
生产厂家:奥地利 BHM-Tech Produktionsgesellschaft mbH
注册代理:北京环贸通远商贸有限公司
发证日期:2014. 12. 26 截止日期:2019. 12. 25

国械注进 20142566088

产品名称:医用电动床(Critical Care Bed)
规格型号:2031
性能组成:医用电动床由床体、侧护栏、头端挡板、脚端挡板、后背支撑板、底座、床体提升系统、控制面板、床垫、输液架组成。
适用范围:医用电动床用于医疗监护下成年患者的诊断、治疗和监护。
生产厂家:美国 Stryker Medical
注册代理:史赛克(北京)医疗器械有限公司
发证日期:2014. 12. 26 截止日期:2019. 12. 25

国械注进 20142226089

产品名称:数码倒置显微镜(Primo Vision digital inverted microscope)
规格型号:EVO
性能组成:该产品由显微镜单元、控制单元、图像捕获软件(版本号:4. 3. 1. 11)和分析软件(版本号:4. 3. 1. 11)组成。
适用范围:本产品用于体外辅助生育技术的胚胎形态观察及胚胎发育能力评估。
生产厂家:匈牙利 Vitrolife Kft.
注册代理:瑞典瑞利芙瑞典有限公司北京代表处
发证日期:2014. 12. 26 截止日期:2019. 12. 25

国械注进 20142106090

产品名称:动力系统(Drive System)
规格型号:见附页
性能组成:动力系统由主机、手持件、管路、脚踏开关及手持件连接线组成。
适用范围:该产品用于在膝关节、肩关节手术中切割软组织和骨组织。
生产厂家:美国 Linvatec Corporation D/B/A ConMed Linvatec
注册代理:康美林弗泰克(北京)医疗器械有限公司
发证日期:2014. 12. 26 截止日期:2019. 12. 25

国械注进 20142566091

产品名称:电动轮椅车(Power Wheelchair)
规格型号:C500
性能组成:本产品由底盘、座椅 (Corpus 3G) 和控制面板组成。底盘包括轮椅的电子装置、前轮(驱动轮)、后轮和支撑轮。座椅包括靠座架、座板和靠背、扶手、搁脚和踏板、座椅升降装置和头靠。
适用范围:本产品是供行动有困难的年老体弱者和残疾人使用。
生产厂家:瑞典 Permobil AB
注册代理:昆山博动商贸有限公司
发证日期:2014. 12. 26 截止日期:2019. 12. 25

国械注进 20142566092

产品名称:电动轮椅车(Power Wheelchair)
规格型号:C350
性能组成:本产品由底盘、座椅 (Corpus 3G) 和控制面板组成。底盘包括轮椅的电子装置、前轮、后轮(驱动轮)和支撑轮。座椅包括靠座架、座板和靠背、扶手、搁脚和踏板、座椅升降装置和头靠。
适用范围:本产品是供行动有困难的年老体弱者和残疾人使用。
生产厂家:瑞典 Permobil AB
注册代理:昆山博动商贸有限公司
发证日期:2014. 12. 26 截止日期:2019. 12. 25

国械注进 20142566093

产品名称:电动轮椅车(Power Wheelchair)
规格型号:M400
性能组成:本产品由底盘、座椅 (Corpus 3G) 和控制面板组成。底盘包括轮椅的电子装置、前脚轮、中轮(驱动轮)和后脚轮。座椅包括靠座架、座板和靠背、扶手、搁脚和踏板、座椅升降装置和头靠。
适用范围:本产品是供行动有困难的年老体弱者和残疾人使用。
生产厂家:瑞典 Permobil AB
注册代理:昆山博动商贸有限公司
发证日期:2014. 12. 26 截止日期:2019. 12. 25

国械注进 20142566094

产品名称:电动轮椅车(Power Wheelchair)
规格型号:C400
性能组成:本产品由底盘、座椅 (Corpus 3G) 和控制面板组成。底盘包括轮椅的电子装置、前轮(驱动轮)、后轮和支撑轮。座椅包括靠座架、座板和靠背、扶手、搁脚和踏板、座椅升降装置和头靠。
适用范围:本产品是供行动有困难的年老体弱者和残疾人使用。
生产厂家:瑞典 Permobil AB
注册代理:昆山博动商贸有限公司
发证日期:2014. 12. 26 截止日期:2019. 12. 25

国械注进 20142566095

产品名称:电动轮椅车(Power Wheelchair)
规格型号:C300
性能组成:本产品由底盘、座椅 (Corpus 3G) 和控制面板组成。底盘包括轮椅的电子装置、前轮(驱动轮)、后轮和支撑轮。座椅包括靠座架、座板和靠背、扶手、搁脚和踏板、座椅升降装置和头靠。
适用范围:本产品是供行动有困难的年老体弱者和残疾人使用。
生产厂家:瑞典 Permobil AB
注册代理:昆山博动商贸有限公司
发证日期:2014. 12. 26 截止日期:2019. 12. 25

国械注进 20142566096

产品名称:电动轮椅车(Power Wheelchair)
规格型号:K300
性能组成:本产品由底盘、座椅 (PS Jr) 和控制面板组成。底盘包括轮椅的电子装置、前轮(驱动轮)、后轮和支撑轮。座椅包括靠座架、座板和靠背、扶手、搁脚和踏板、座椅升降装置和头靠。
适用范围:本产品是供行动有困难的儿童或身材矮小的成人使用。
生产厂家:瑞典 Permobil AB
注册代理:昆山博动商贸有限公司
发证日期:2014. 12. 26 截止日期:2019. 12. 25

国械注进 20142226097

产品名称:内窥镜摄像系统(商品名: STEMA HD1)(HD Camera systems for endoscopy)
规格型号:见附页
性能组成:产品由摄像主机、高清摄像头、镜头组成。主要参数见《型号附页》
适用范围:产品适用于医院做内窥镜手术时,将手术区域的视频影像或抓取的图像传输到监视器上,用于手术的视频观察。
生产厂家:德国 STEMA 公司
注册代理:上海安润医疗设备有限公司
发证日期:2014. 12. 26 截止日期:2019. 12. 25

国械注进 20142226098

产品名称:角膜地形图仪(Corneal topographer)
规格型号:MODi 2
性能组成:由 Placido 锥环测试头、摄像系统、工作台三部分组成。
适用范围:用于测量眼角膜曲率分布。
生产厂家:意大利 C. S. O. SRL
注册代理:深圳市科裕康医疗器械有限公司
发证日期:2014. 12. 26 截止日期:2019. 12. 25

国械注进 20142266099

产品名称:牵引理疗仪(Triton/Tru-Trac/Triton DTS Traction)
规格型号:4798、4779、4749
性能组成:4798:Triton DTS 主机、sEMG 模块、sEMG 引线、病人数据卡、病人中断开关和病人中断开关挂钩;4749:Triton 主机、sEMG 模块、sEMG 引线、病人数据卡、病人中断开关和病人中断开关挂钩;4779:Tru-Trac 主机、病人数据卡、病人中断开关和病人中断开关挂钩。
适用范围:该产品用于颈部和腰部的牵引治疗。
生产厂家:美国 DJO, LLC
注册代理:香港迪杰欧亚太有限公司上海代表处
发证日期:2014. 12. 26 截止日期:2019. 12. 25

国械注进 20142706100

产品名称：眼科影像管理系统（Ophthalmic Image and Report Management System）

规格型号：FORUM V3.2

性能组成：由软件安装光盘和随机文件组成。FORUM 包含两个版本，分别为 FORUM Archive 和 FORUM Archive & Viewer。FORUM 包含三个补充附件，分别为 FORUM Glaucoma Workplace（2.0），FORUM ASSIST match（1.3）以及 FORUM Viewer App（1.0）。

适用范围：FORUM 是对眼科数据和影像进行管理和存档的软件。FORUM Archive 主要用作数据存档和/或作为两个或更多 Zeiss 设备的中央数据库。FORUMArchive&Viewer 主要用作对数据存档、显示和管理。附件 FORUM Glaucoma Workplace 可基于 FORUM 中用于视野范围测量的当前数据对青光眼数据进行软件辅助的分析和显示。FORUM ASSIST match 用于 FORUM 数据库较大时对数据记录进行软件辅助调整。FORUM Viewer App 用于通过 iPad 调用 FORUM 中存档的文件用于检查。

生产厂家：德国 Carl Zeiss Meditec AG

注册代理：卡尔蔡司（上海）管理有限公司

发证日期：2014.12.26　**截止日期**：2019.12.25

国械注进 20142266101

产品名称：手指关节持续被动活动仪（Device for the rehabilitation of the hand）

规格型号：GLOREHA PROFESSIONAL

性能组成：由触屏 PC、控制机箱、臂托、电源适配器、滚轮及配件组成，配件包括腕带、手指套、拇指指套、指尖套。

适用范围：该产品用于掌指关节、近端指间关节和远端指间关节的连续性被动活动。

生产厂家：意大利 Idrogenet S.r.l

注册代理：广州市派康运动医学有限公司

发证日期：2014.12.26　**截止日期**：2019.12.25

国械注进 20142266102

产品名称：紫外光疗仪（Digital Phototherapy Device）

规格型号：skintrek PT5

性能组成：紫外光疗仪由触摸控制面板，患者平台，辐射灯管及摄像头组成。

适用范围：该产品临床适用于治疗牛皮癣、白癜风和过敏性皮炎。

生产厂家：德国 Lüllau Engineering GmbH

注册代理：上海希格曼贸易有限公司

发证日期：2014.12.26　**截止日期**：2019.12.25

国械注进 20142216103

产品名称：医用红外热像仪（Digital Medical Infrared Thermal Imaging system）

规格型号：T-1000 SMART

性能组成：基本结构：红外线照相机、电动支架、软件（软件名称为医用热成像系统，型号为 MTIS，版本号为 V1.0.0）组成。性能：1、温度测定范围：14.5℃～40.0℃；2、温度分辨率：≤0.1℃；3、拍摄角度（视场）：在水平和垂直方向均为 50°，误差：±20%；4、色带：8 色以上；5、热像失真度：±5%以内；6、数据的显示：温度及温度范围数值可与热成像图同时显示；7、空间分辨率（瞬时视场）：在水平和垂直方向均≤1.5mrad；8、红外线照相机摄像头采集成像时间（图像场周期）：≤5s；9、工作波段：能够对 7μm～14μm 的红外线做出响应。

适用范围：该产品适用于检查人体表面温度的分布并提供红外热像图。

生产厂家：韩国 Mesh Co., Ltd.

注册代理：景众盛（北京）国际贸易有限公司

发证日期：2014.12.26　**截止日期**：2019.12.25

国械注进 20142656104

产品名称：不可吸收缝合线（商品名：不锈钢缝线）（Surgical Stainless Steel Suture）

规格型号：见附页

性能组成：本产品是由一种 316L 不锈钢制成的不可吸收单股或多股无菌外科缝线。缝线可分为带针和不带针两种。本产品经辐射灭菌，一次性使用。

适用范围：本产品适用于腹部伤口缝合、疝修补、胸骨闭合和矫形手术，如环扎和肌腱修复。

生产厂家：美国 Ethicon, LLC

注册代理：强生（上海）医疗器材有限公司

发证日期：2014.12.29　**截止日期**：2019.12.28

国械注进 20143636105

产品名称：光固化树脂充填材料（Filling Materials）

规格型号：Megafill MH、N-Fill

性能组成：本品主要成分为：二氧化硅纳米填料、玻璃钡填料、2，2-二-4（2-羟基-3-甲基丙烯酰氧基-丙氧基）-苯基-丙烷、7，9，9-三甲基-4，13-二氧代-3，14-二氧杂-5，12-二氮杂-十六烷-1，16-二-基-二-甲基丙烯酸酯。

适用范围：MegafillMH：用于Ⅰ、Ⅱ、Ⅲ、Ⅳ、Ⅴ类窝洞的充填；牙齿美容修复；齿间隙修复；牙釉质发育不全及变色的修复。N-Fill 用于Ⅴ类窝洞的修复（牙颈部龋洞，根部龋，楔形缺损）小后牙的修复前牙的修复（Ⅲ和Ⅳ类洞）微小洞的修复前磨牙和磨牙的预防性合成树脂修复变色前牙的贴面，修理贴面和复合嵌体。

生产厂家：德国 MEGADENTA Dentalprodukte GmbH

注册代理：优诺康（北京）医药技术服务有限公司

发证日期：2014.12.29　**截止日期**：2019.12.28

国械注进 20143156106

产品名称：穿刺针及附件（Needles and Accessory）

规格型号：AD18T71W，AD18T71WT，AD18N91W，AD19U41W，AD19U51W，AD19U71W，AD20T41W，AD20T71W，AD21T21W，AD21T41W，AD21T71W，AD21T91W，AD18T51WS，AD18T71WS，AD19U71WS，AD18T71WC，AD19U41WC，AD19U71WC，AD21T41WC，SL18T71W，SL18T71WS，SL21T71W，SL21T71WS，AD18T51W

性能组成：该产品由针管（304 不锈钢），针座（聚碳酸酯）和护套（低密度聚乙烯）组成。环氧乙烷灭菌，一次性使用，3 年有效期。

适用范围：该产品用于为血管介入器械进行经皮血管穿刺。

生产厂家：美国 MERIT MEDICAL SYSTEMS, INC.

注册代理：麦瑞通医疗器械（北京）有限公司

发证日期：2014.12.29　**截止日期**：2019.12.28

国械注进 20143156107

产品名称：静脉留置针（商品名：英初康）（I.V. Indwelling Cannula）

规格型号：Introcan Certo：4251300，4251318，4251326，4251342，4251334，4251350，4251369；Introcan-WCerto：4253302，4253310，4253310CN，4253329，4253345，4253337，4253353，4253361

性能组成：产品由导引针、外周血管内导管及和保护鞘组成。导引针采用不锈钢（铬镍钢）材料制成，外周血管内导管采用 PUR 制成，保护鞘及导管座由 PP 制成，针座由 ABS 制成。环氧乙烷灭菌，一次性使用。

适用范围：本产品适用于建立外围静脉通路，间歇性外周静脉输液和血液标本的采集。

生产厂家：德国 B. Braun Melsungen AG

注册代理：贝朗医疗（上海）国际贸易有限公司

发证日期：2014.12.29　**截止日期**：2019.12.28

国械注进 20142666108

产品名称：子宫内膜取样器（商品名：TAO BrushTM）（TAO BrushTM I.U.M.C. Endometrial Sampler）

规格型号：J-ES-090500

性能组成：子宫内膜取样器由样品刷、套管、手柄及杆组成。手柄：聚氨酯；套管：聚碳酸酯；圆头：ABS 树脂；标记：B 型墨；样品刷：聚酰胺（尼龙）6/12；杆：金属杆：304 不锈钢，金属杆外套管：聚氨酯。

适用范围：用于采集子宫内膜细胞样品和组织样本。仅供一次性使用。

生产厂家：美国库克公司（Cook Incorporated）

注册代理：库克（中国）医疗贸易有限公司

发证日期：2014.12.29　**截止日期**：2019.12.28

国械注进 20142566109

产品名称：全面罩（商品名：PerforMax SE 全面罩 PerforMax SE Total Face Mask）（Total Face Mask）

规格型号：1052568 PerforMax 全面罩 SE，可重复使用，小号，含四个一次性头套（1052568 PerforMax TotalFace Mask SE Reusable, Small,

Plus 4 disposableheadgears); 1052569 PerforMax 全面罩 SE，可重复使用，大号，含四个一次性头套(1052569 PerforMax TotalFace Mask SE Reusable, Large, Plus 4 disposableheadgears)。

性能组成:产品组成:面罩(面罩面板；材质:聚碳酸酯)、面罩胶垫(材质:硅胶)、蓝色标准弯管 SE(材质:聚碳酸酯)、底部头箍固定夹(材质:乙缩醛)、顶部头箍带孔(材质:聚碳酸酯)、底部头箍固定夹柱(材质:聚碳酸酯)、面板接头(材质:聚碳酸酯)、压力传感器端口(材质:硅胶)、头带(包含:头箍搭扣片；材质:尼龙、聚酯型氨纶、聚氨酯泡沫)。该面罩不含天然乳胶或邻苯二甲酸二异辛酯(DEHP)。该面罩可重复使用。

适用范围:此面罩旨在为无创性通气应用提供患者接口。此面罩可用作呼吸机的辅助设备。要求呼吸机具备适当的警报和安全系统，以防出现通气故障，并且能够在治疗呼吸衰竭、呼吸不足或阻塞性睡眠呼吸暂停等症状的过程中控制 CPAP 或正压通气。该面罩仅适用于多位患者在医院/医疗机构使用。该小尺寸面罩将用于适合接受无创性通气治疗的年满 7 周岁及以上的患者(>20 ㎏)。该大尺寸面罩将用于适合接受无创性通气治疗的患者(>30 ㎏)。 该面罩无内置呼气口，须与独立的呼气设备配套使用。

生产厂家:美国 Respironics, Inc.

注册代理:飞利浦(中国)投资有限公司

发证日期:2014.12.29 **截止日期**:2019.12.28

国械注进 20142666110

产品名称:全面罩(商品名:PerforMax SE 单个患者用全面罩 PerforMax SE Single Patient Use Total Face Mask)(Total Face Mask)

规格型号:1052547 PerforMax SE 全面罩，单个患者使用，小号，每包 10 件 (1052547 PerforMax Total Face MaskSE Single Patient Use, Small, 10 Pack) 1052548PerforMax SE 全面罩，单个患者使用，大号，每包 10 件(1052548 PerforMax Total Face Mask SE SinglePatient Use, Large, 10 Pack)

性能组成:产品组成及材质:面罩(面罩面板，材质:聚碳酸酯)、面罩胶垫(材质:硅胶)、头带(包含:头冠箍带、顶部头箍带，材质:尼龙、聚酯型氨纶、聚氨酯泡沫)、底部头箍固定夹(材质:乙缩醛)、蓝色标准弯管 SE(材质:聚碳酸酯)、顶部头箍带孔(材质:聚碳酸酯)、底部头箍固定夹柱(材质:聚碳酸酯)、面板接头(材质:聚碳酸酯)、压力传感器端口(材质:硅胶)。该产品为非灭菌产品；且仅供单个患者使用。该面罩不含天然乳胶或邻苯二甲酸二异辛酯(DEHP)。

适用范围:此面罩旨在为无创性通气应用提供患者接口。此面罩可用作呼吸机的辅助设备。要求呼吸机具备适当的警报和安全系统以防出现呼吸机故障，并且能够在治疗呼吸衰竭、呼吸不足或阻塞性睡眠呼吸暂停等症状的过程中控制 CPAP 或正压通气。此面罩仅限患者在医院/医疗机构中单个患者使用。该小尺寸面罩将用于适合接受无创性通气治疗的年满 7 岁的患者(>20 ㎏)。该大尺寸面罩将用于适合接受无创性通气治疗的患者(>30 ㎏)。该面罩无内置呼气口，须与独立的呼气设备配套使用。

生产厂家:美国 Respironics, Inc.

注册代理:飞利浦(中国)投资有限公司

发证日期:2014.12.29 **截止日期**:2019.12.28

国械注进 20142546111

产品名称:全面罩(商品名: PerforMax EE 单个患者用全面罩 PerforMax EE Single Patient Use Total Face Mask)(Total Face Mask)

规格型号:1052535 PerforMax EE 全面罩，单个患者使用，小号，每包 10 件 (1052535 PerforMax Total Face MaskEE Single Patient Use, Small, 10 Pack) 1052536PerforMax EE 全面罩，单个患者使用，大号，每包 10 件(1052536 PerforMax Total Face Mask EE SinglePatient Use, Large, 10 Pack)

性能组成:产品组成及材质:面罩(面罩面板，材质:聚碳酸酯)、面罩胶垫(材质:硅胶)、头带(包含:头冠箍带、顶部头箍带，材质:尼龙、聚酯型氨纶、聚氨酯泡沫)、底部头箍固定夹(材质:乙缩醛)、带有新鲜空气入口的弯管(EE)(材质:聚碳酸酯)、顶部头箍带孔(材质:聚碳酸酯)、底部头箍固定夹柱(材质:聚碳酸酯)、面板接头(材质:聚碳酸酯)、呼气口(材质:聚碳酸酯)、压力传感器端口(材质:硅胶)、挡板(材质:硅胶)。该产品为非灭菌产品；且仅供单个患者使用。该面罩不含天然乳胶或邻苯二甲酸二异辛酯(DEHP)。

适用范围:此面罩主要用作患者接受 CPAP 或双水平治疗的接口。此面罩仅限患者在医院/医疗机构中单个患者使用。该小尺寸面罩将用于医生建议进行 CPAP 或双水平治疗的年满 7 岁的患者(体重大于 20 ㎏)；该大尺寸面罩将用于医生建议进行 CPAP 或双水平治疗的患者(体重大于 30 ㎏)。此面罩已内置呼气口，因此无需另外配置呼气口。

生产厂家:美国 Respironics, Inc.

注册代理:飞利浦(中国)投资有限公司

发证日期:2014.12.29 **截止日期**:2019.12.28

国械注进 20143456112

产品名称:一次性使用血细胞分离器(商品名:围手术期自体血回输仪一次性使用附件)(Disposable Sets for Blood Apheresis System)

规格型号:1150H, OPT-P-1000, OPT-R-1000, CPT-P-274, CPT-R-274, 1200, 1300, 1400T, 273

性能组成:产品组成:由贮血器、动态离心盘(以下简称离心盘)、管路系统和自体血收集袋(以下简称收集袋)、废液袋五部分全部或部分组成；动态离心盘由固定部件、弹性膜和旋转轴封组成；管路系统应由溶液袋穿刺器(以下简称穿刺器)、旋塞阀、软管、夹具、术中吸引管路、术后引流管路组成。该产品与围手术期自体血回输仪设备配合，一次性使用。

适用范围:本产品与配套围手术期自体血回输仪设备配合，一次性使用。用于外科手术中和手术后自体血液中血细胞的回收、分离、洗涤和回输。病人血液经过过滤→进液→离心分离→离心洗涤→离心浓缩→回输，回收到压积稳定的浓缩红细胞悬液。1150H, OPT-P-1000, OPT-R-1000 适用于骨科围手术期；CPT-P-274, CPT-R-274 适用于心血管围手术期；1200, 1300, 1400T, 273 同时适用于骨科围手术期及心血管围手术期，从手术部位回收血液和体液的预计处理能力小于或等于每小时两公升。

生产厂家:美国 Haemonetics Corporation

注册代理:唯美血液技术医疗器材(上海)国际贸易有限公司

发证日期:2014.12.29 **截止日期**:2019.12.28

国械注进 20143456113

产品名称:一次性使用血细胞分离器(商品名:血细胞回输仪一次性使用附件)(Disposable sets for Blood Apheresis System)

规格型号:244, 261, 263, 291E

性能组成:主要组成:由离心式血液成分离心杯、管路系统和自体血回输袋、废液袋四部分全部或部分组成；离心杯结构主要由内杯和外杯组成；管路系统应由盐水袋穿刺器、管路、开关、离心杯接口组成。该产品采用 PVC、树脂材料制造，与血细胞回输仪设备配合，一次性使用。

适用范围:本产品与配套血细胞回输仪设备配合，一次性使用，用于外科手术中和手术后自体血红细胞的回收、分离、洗涤、浓缩和回输，以及外科手术期前富血小板血浆的采集。病人血液经过滤→进液→离心分离→离心洗涤→回输，回收到压积稳定的红细胞悬液。261, 263 和 291E 用于术中及术后红细胞回收；244 配合 261 或 263，用于术前富血小板血浆采集。

生产厂家:美国 Haemonetics Corporation

注册代理:唯美血液技术医疗器材(上海)国际贸易有限公司

发证日期:2014.12.29 **截止日期**:2019.12.28

国械注进 20143456114

产品名称:一次性使用血细胞分离器(Cell Saver Elite Disposable Sets)

规格型号:CSE-P-70, CSE-P-125, CSE-P-225, CSE-SQ-1000, CSE-B-1000

性能组成:该产品组成如下:CSE-P-70、CSE-P-125 及 CSE-P-225 型号由泵管、泵管接头、红细胞袋、封闭接头、锁合轧口、管路限位卡、盐水袋穿刺器、分离杯及废液袋组成；CSE-SQ-1000 型号由泵管、泵管接头、接头、封闭接头、锁合轧口、血袋穿刺器、废液管接头、黄、蓝色和透明管锁合轧口、血浆袋锁合轧口、血小板袋锁合轧口、血浆袋、血小板袋组成；CSE-B-1000 型号由废液袋和废液袋封闭接头组成。该产品一次性使用。产品采用环氧乙烷灭菌。

适用范围:该产品与我公司生产的 CSE-E-XX 型号的 Haemonetics Cell SaverElite 血细胞回输仪配合一次性使用。血液将在 CSE-P-70、CSE-P-125、CSE-P-225 装置中进行收集、清洗并分离为红细胞和废液。CSE-SQ-1000 分离装置可在血细胞回收程序开始前分离血小板。CSE-B-1000 废液袋替换装，用于在手术过程中，替换离心杯套装耗材中自带的已经装满废液的废液袋，以保证血液处理过程可以持续进行。

生产厂家:美国 Haemonetics Corporation
注册代理:唯美血液技术医疗器材(上海)国际贸易有限公司
发证日期:2014. 12. 29　　**截止日期**:2019. 12. 28

国械注进 20143456115

产品名称:血液处理机一次性使用附件(ACP215 Red Cells Disposable Sets)
规格型号:225, 235, 236
性能组成:225 型附件是由甘油溶液穿刺器、棘轮夹、血液泵管、细菌过滤器、DPM 过滤器、滑动夹和热合软管组成。235 型附件和 236 型附件都是由高渗溶液管路、洗涤溶液管路、添加液软管、细菌过滤器、溶液泵管、血液泵管、BMB 离心杯(235 型附件离心杯的容积为 275ml、236 型附件离心杯的容积为 325ml)、DPM 过滤器、SPM 过滤器、热合软管、红细胞成分血收集袋、废液袋和滑动夹组成。该产品为一次性使用,采用环氧乙烷灭菌。
适用范围:该产品与全自动细胞处理系统 Haemonetics ACP 215 配合使用,用于在血站的血液成分实验室进行血液处理。225 型附件用于对红细胞进行冰冻前的加甘油,235 型附件和 236 附件用于对含甘油的红细胞进行解冻后的去甘油或洗涤处理。
生产厂家:美国 Haemonetics Corporation
注册代理:唯美血液技术医疗器材(上海)国际贸易有限公司
发证日期:2014. 12. 29　　**截止日期**:2019. 12. 28

国械注进 20142156116

产品名称:双腔取卵针(Double Lumen Ovum Aspiration Needle)
规格型号:K-OPSD-1630-A-L; K-OPSD-1630-B-L; K-OPSD-1633-A-L; K-OPSD-1635-A-L; K-OPSD-1635-B-L; K-OPSD-1730-A-L; K-OPSD-1730-B-L; K-OPSD-1735-A-L; K-OPSD-1735-B-L;
性能组成:本产品由取卵针针管、针座、吸引管、冲洗管、试管塞、冲洗管接头和负压接头组成。取卵针针管由 304 不锈钢制成,针座由聚碳酸酯和聚丙烯制成,吸引管和冲洗管由氟化乙丙烯制成,试管塞由硅胶制成,冲洗管接头和负压接头由聚碳酸酯制成。本产品环氧乙烷灭菌,一次性使用。
适用范围:本产品用于从卵巢卵泡中吸取和冲洗卵母细胞。
生产厂家:澳大利亚 William A. Cook Australia, Pty. Ltd.
注册代理:库克(中国)医疗贸易有限公司
发证日期:2014. 12. 29　　**截止日期**:2019. 12. 28

国械注进 20142636117

产品名称:光固化临时充填树脂(商品名:Systemp)(Light-curing temporary restorative material)
规格型号:Systemp. inlay (Universal); Systemp. onlay (Universal); 2.5g/支。
性能组成:该产品主要由由聚双甲基丙烯酸脲烷酯,甲基丙烯酸乙氧基三甘醇酯,高分散二氧化硅(无机),共聚物(有机),对二甲氨基苯甲酸乙酯(催化剂),樟脑醌(催化剂),三氯生(稳定剂),对苯二酚甲醚(稳定剂),二氧化钛,红色氧化铁,黄色氧化铁和黑色氧化铁组成。
适用范围:该产品用于各种类型窝洞的临时性充填、在运用嵌体和高嵌体技术时窝洞暂时性保护封闭。在口腔内的保留时间不得超过 1 个月。
生产厂家:列支敦士登 IvoclarVivadentAG
注册代理:义获嘉伟瓦登特(上海)商贸有限公司
发证日期:2014. 12. 30　　**截止日期**:2019. 12. 29

国械注进 20142636118

产品名称:矫治和保持器(Orthodontic and Retention Appliances)
规格型号:LM-Activator, LM Multi-P, LM-Trainer.(具体详见附件)
性能组成:本产品为上下颌联体形式,在前牙区间有三个透气孔,由医用硅胶制成。
适用范围:矫治和保持器适用于替牙期 I 类、II 类错颌畸形、口腔不良习惯、III 类牙性错颌畸形和功能性反颌的早期矫治。
生产厂家:芬兰 LM-Instruments Oy
注册代理:北京诚恒健康科技有限公司
发证日期:2014. 12. 30　　**截止日期**:2019. 12. 29

国械注进 20142106119

产品名称:骨动力器械附件(Bone Powered Instruments Attachments)
规格型号:见附页
性能组成:该产品由钻头和锯片组成。钻头和锯片的与人体接触部分分别由符合 ASTM F899 标准规定的 440A 和 420X 不锈钢材料制成。灭菌和非灭菌包装。
适用范围:与骨动力器械配合,适用于对四肢、骨盆和胸骨骨组织进行切割、钻孔。
生产厂家:美国 Stryker Instruments
注册代理:史赛克(北京)医疗器械有限公司
发证日期:2014. 12. 30　　**截止日期**:2019. 12. 29

国械注进 20142106120

产品名称:骨水泥工具(商品名:Zimmer)(Bone Cement Accessories)
规格型号:见附页
性能组成:该产品由股骨刷、一次性使用混合碗、股骨髓腔加压器、可屈曲喷嘴及骨水泥枪组成。股骨刷的材料为低密度聚乙烯;一次性混合碗的材料为高密度聚乙烯(混合碗)和聚酯(刮匙);股骨髓腔加压器的材料为高密度聚乙烯和硅橡胶;可屈曲喷嘴的材料为高密度聚乙烯;骨水泥枪的材料为不锈钢和铝,工作部分为符合 ASTM F899 的 XM-16 不锈钢(对应中国不锈钢牌号为 022Cr12Ni9Cu2NbTi)。
适用范围:本产品为骨水泥配套工具,与 Zimmer 骨水泥系列产品配套使用。
生产厂家:美国 Zimmer, Inc.
注册代理:捷迈(上海)医疗国际贸易有限公司
发证日期:2014. 12. 30　　**截止日期**:2019. 12. 29

国械注进 20142106121

产品名称:椎板咬骨钳(Rongeurs)
规格型号:见附页
性能组成:该产品由宽椎板咬骨钳、窄椎板咬骨钳和颈椎椎板咬骨钳组成。与人体接触部分由符合 YY/T 0294.1 标准规定的 B 号不锈钢材料和氮化铝钛涂层制成。非灭菌包装。
适用范围:产品适用于脊柱手术中去除骨和软组织。
生产厂家:德国 MEDICON eG
注册代理:北京嘉联诚业医疗器械销售有限公司
发证日期:2014. 12. 30　　**截止日期**:2019. 12. 29

国械注进 20142226122

产品名称:膀胱镜附件(Cystoscopy accessories)
规格型号:见附页
性能组成:该产品为无源使用手术器械,由镜鞘、镜桥、工作元件、闭孔器、适配器组成。产品材料包括硅橡胶、聚酰胺、聚碳酸酯以及 YY/T 0294.1 中代号为 M 的不锈钢。非灭菌包装。
适用范围:产品适用于膀胱临床手术中检查、诊断和治疗。
生产厂家:德国 STEMA Medizintechnik GmbH
注册代理:上海安润医疗设备有限公司
发证日期:2014. 12. 30　　**截止日期**:2019. 12. 29

国械注进 20142636123

产品名称:抛光膏(Glitter® Prophy Paste)
规格型号:见附页
性能组成:本品有四种口味:薄荷味、樱桃味、草莓味、泡泡糖味。具体成分请见注册产品标准。
适用范围:该产品用于口腔牙齿的清洁、抛光。
生产厂家:美国 PREMIER DENTAL PRODUCTS CO.
注册代理:北京凡尼斯医疗新技术有限公司
发证日期:2014. 12. 30　　**截止日期**:2019. 12. 29

国械注进 20143666124

产品名称:三通旋塞(Stopcock)
规格型号:ZMC7401
性能组成:本品由旋塞座、旋钮、鲁尔锁接头、进药口保护套和出药口保护套组成。采用医用聚丙烯、高密度聚乙烯和聚碳酸酯材料制成。本品由 γ 射线灭菌。一次性使用。
适用范围:用于导管及管路的连接和延长。
生产厂家:瑞士 Baxter Healthcare SA

注册代理:百特医疗用品贸易(上海)有限公司
发证日期:2014.12.26　截止日期:2019.12.25

国械注进 20143776125

产品名称:球囊扩张导管（商品名：CRE）(CRE Fixed Wire Balloon Dilatation Catheter)
规格型号:见附页
性能组成:CRE 球囊扩张导管有三种独立且尺寸渐次增大的直径，是一种固定导丝球囊扩张导管。球囊由 Pebax7233 制成，球囊涂层是 Medi-Glide(硅酮润滑剂)，不透射线标记是钽。环氧乙烷灭菌，一次性使用。
适用范围:CRE 球囊扩张导管适用于成人和青少年在内窥镜下扩张食管的狭窄。
生产厂家:美国波士顿科学公司(Boston Scientific Corporation)
注册代理:波科国际医疗贸易(上海)有限公司
发证日期:2014.12.26　截止日期:2019.12.25

国械注进 20143666126

产品名称:肾移植支架(Greene Renal Transplant Stent Set)
规格型号:435520, 435620, 435632, 435720, 435820, 435832
性能组成:本产品由肾移植支架、导管、导丝和定位器组成。材质:支架:硅胶(标记:B 型墨); 定位器:聚乙烯; 导管:聚亚安酯(标记:B 型墨); 导丝:304 不锈钢，亲水涂层(不含药物成分)
适用范围:用于输尿管肾盂连接处至膀胱的临时性内引流。
生产厂家:美国 Cook Incorporated
注册代理:库克(中国)医疗贸易有限公司
发证日期:2014.12.26　截止日期:2019.12.25

国械注进 20143636127

产品名称:光固化水门汀(NX3)
规格型号:见附页
性能组成:本产品由二氨甲酸乙酯二甲基丙烯酸酯、二氧化硅、二甲基氨基甲基丙烯酸乙酯、钡铝硅酸盐玻璃、聚氨酯二甲基丙烯酸酯、颜料组成。
适用范围:适用于瓷、陶瓷、树脂、金属基材料以及 CAD/CAM 块的粘固。
生产厂家:美国 Kerr Corporation
注册代理:卡瓦盛邦(上海)牙科医疗器械有限公司
发证日期:2014.12.26　截止日期:2019.12.25

国械注进 20143466128

产品名称:血管支架系统(商品名:Complete SE)(Complete SE Vascular Self-Expanding Stent System)
规格型号:见附页
性能组成:本产品由支架及输送系统组成。支架是由镍钛合金材料制成的自膨胀式支架，带有八个不透 X 射线钽标记(每端四个)。输送系统可与 0.035 英寸(0.89 毫米)的导丝配用。提供两种输送系统长度:80 厘米和 130 厘米。产品射线灭菌，一次性使用。
适用范围:该产品用来改善以前未植入支架的髂总动脉和/或髂外动脉狭窄患者或股浅动脉(SFA)或近端腘动脉(PPA)动脉粥样硬化的血管腔直径，血管参考直径在 3.5mm 和 9.0mm 之间。
生产厂家:美国 Medtronic Inc.
注册代理:美敦力(上海)管理有限公司
发证日期:2014.12.26　截止日期:2019.12.25

国械注进 20143666129

产品名称:Y 阀（商品名：Y-Connector）(PTCA-Accessories)
规格型号:5028550、5021693、5020743
性能组成:该产品由 Y 型连接器、导丝导入器和扭矩组成。产品经环氧乙烷灭菌，一次性使用。
适用范围:该产品用于心血管介入手术诊断和治疗时使用。
生产厂家:德国 B. Braun Melsungen AG
注册代理:贝朗医疗(上海)国际贸易有限公司
发证日期:2014.12.26　截止日期:2019.12.25

国械注进 20142216130

产品名称:立体定向系统(Leksell Stereotactic System)
规格型号:Leksell
性能组成:Leksell 立体定向系统包括 G 型坐标框架、多功能立体定向弧形弓、MR 定位仪、CT 定位仪、神经外科手术器械组成。a)G 型坐标框架包括:坐标基环、固定杆、侧耳塞、前插件、快速固定螺钉。b)多功能立体定向弧形弓包括:半圆弧形弓、器械携带装置、弧形弓支撑、滑尺配件。c)MR 定位仪包括:4 个丙烯酸塑料坐标指示器组成。d)CT 定位仪包括:4 个丙烯酸塑料坐标指示器组成。e)神经外科手术器械包括:侧切活检针、血肿碎吸器、穿刺针、植入管套件组成。
适用范围:该产品用于辅助头部立体定向神经外科手术中确定颅内靶点的坐标位置。
生产厂家:瑞典 Elekta Instrument AB
注册代理:医科达(上海)医疗器械有限公司
发证日期:2014.12.26　截止日期:2019.12.25

国械注进 20143776131

产品名称:腔静脉滤器及其导引系统(商品名:VenaTech LP)(Permanent vena cava filters and introducer systems)
规格型号:4435125
性能组成:该产品由导引系统(导丝、导鞘、扩张器、推送器)和过滤器(装在弹筒内)组成。过滤器由符合 ISO5832-7 的 Phynox 合金制成。环氧乙烷灭菌，一次性使用。
适用范围:该产品通过股静脉通路、锁骨下静脉和颈静脉通路植入下腔静脉.用于截住静脉血流中的血栓快，防止栓塞，为永久性或长期性肺栓塞风险的患者提供保护。
生产厂家:法国 B.BRAUN MEDICAL
注册代理:贝朗医疗(上海)国际贸易有限公司
发证日期:2014.12.26　截止日期:2019.12.25

国械注进 20143156132

产品名称:吸引式手动活检针（商品名：吸引式手动活检针）(吸引式生検針シユアーカツト)
规格型号:11G、12G、13G、14G、15G、16G、17G、18G、19G、20G、21G、22G、23G、25G
性能组成:本产品由内针、针管、针基、针筒、活塞、手柄推杆、固定卡、结合部、硅胶套、粘着剂及保护套管组成，本产品为一次性使用无菌产品，灭菌方式为伽马射线灭菌。
适用范围:用于从肝、肾、前列腺、乳房、脾、淋巴结等软组织或各种软组织瘤获得活检组织。
生产厂家:日本株式会社タスク 惣社第一工厂
注册代理:库利艾特国际贸易(大连)有限公司
发证日期:2014.12.26　截止日期:2019.12.25

国械注进 20142226133

产品名称:腹腔镜抽吸/冲洗管路（商品名：GeniCon 腹腔镜抽吸/冲洗管路）(Laparoscopic Suction Irrigation)
规格型号:700-005-010, 700-010-005, 710-305-033
性能组成:本品由抽吸/冲洗管、探头及带抽吸/冲洗开关按钮的手柄、管夹组成。本产品经环氧乙烷灭菌，一次性使用。
适用范围:适用于一般腹腔镜外科手术，以及一般胸腹腔外科手术中使用。用于在腹腔镜外科手术中对病人腹腔中的积液进行抽吸以及液体冲洗以达到手术视野清晰的目的。
生产厂家:美国 GENICON
注册代理:天津青松华药医药有限公司
发证日期:2014.12.26　截止日期:2019.12.25

国械注进 20142226134

产品名称:腹腔镜手术器械(Laparoscope Instruments)
规格型号:见附页
性能组成:该产品为无源使用手术器械。由气腹针、套针、套管、打结器、钳、插件、持针器、转换器、密封帽、肌瘤转。产品材料为 YY/T 0294.1 中代号为 M、N 的不锈钢和聚甲醛、聚醚醚酮、硅胶。非灭菌包装。
适用范围:该产品临床适用于腹腔手术中检查、诊断和治疗用。
生产厂家:德国 MGB Endoskopische Gerate GmbH Berlin
注册代理:宝施医疗用品(深圳)有限公司
发证日期:2014.12.29　截止日期:2019.12.28

国械注进 20142566135

产品名称:全面罩(商品名:PerforMax 全面罩 PerforMax Total Face Mask)(Total Face Mask)

规格型号:1052555 PerforMax 全面罩 EE,可重复使用,小号,含四个一次性头套 1052556 PerforMax 全面罩 EE,可重复使用,大号,含四个一次性头套 1052553PerforMax 全面罩 EE, SE,可重复使用,小号,含四个一次性头套 1052554 PerforMax 全面罩 EE, SE,可重复使用,大号,含四个一次性头套构及组成。

性能组成:产品组成:面罩(面罩面板;材质:聚碳酸酯)、面罩胶垫(即:衬垫;材质:硅胶)、底部头箍固定夹(材质:乙缩醛)、顶部头箍带孔(材质:聚碳酸酯)、底部头箍固定夹柱(材质:聚碳酸酯)、面板接头(材质:聚碳酸酯)、头带(包含:头冠箍带和顶部头箍带,材质:尼龙、聚酯型氨纶、聚氨酯泡沫)、EE 弯管(包含:1 呼气通风口(呼气口)和防窒息阀,材质:聚碳酸酯;2 压力传感器端口,材质:硅胶;3 挡板,材质:硅胶)、旋转接头(配合 EE 弯管使用,将弯管连接到软管,材质:聚碳酸酯)、SE 弯管(包含:1 蓝色标准弯管 SE,材质:聚碳酸酯;2 压力传感器端口,材质:硅胶)。产品性能:该产品为非灭菌产品。此面罩配合带内置呼气口和通气阀(EE)的弯管使用时,适用于单个患者或多位患者在医院/医疗机构重复使用;此面罩配合标准(SE)弯管使用时,仅适用于多位患者在医院/医疗机构使用。该面罩不含天然乳胶或邻苯二甲酸二异辛酯(DEHP)。

适用范围:此面罩配合带内置呼气口和通气阀(EE)的弯管使用时,主要用作患者接受持续气道正压通气 CPAP 或双水平治疗的接口。该面罩适用于单个患者或多位患者在医院/医疗机构使用。该小尺寸面罩将用于医生建议进行CPAP或双水平治疗的年满7周岁及以上的患者(>20 kg);大尺寸面罩将用于医生建议进行 CPAP 或双水平治疗的患者(>30 kg)。带内置呼气口和通气阀(EE)的弯管已内置呼气口,因此无需另外配置呼气装置。此面罩配合标准(SE)弯管使用时,旨在为无创性通气应用提供患者接口。此面罩可用作呼吸机的辅助设备。要求呼吸机具备适当的警报和安全系统以防出现通气故障,并且能够在治疗呼吸衰竭、呼吸不足或阻塞性睡眠呼吸暂停等症状的过程中控制 CPAP 或正压通气。该面罩仅适用于多位患者在医院/医疗机构使用。该小尺寸面罩将用于适合接受无创性通气治疗的年满 7 周岁及以上的患者(>20 kg);大尺寸面罩将用于适合接受无创性通气治疗的患者(>30 kg)。蓝色 SE 标准弯管未内置呼气口,使用时必须与独立的呼气设备配套使用。

生产厂家:美国 Respironics, Inc.

注册代理:飞利浦(中国)投资有限公司

发证日期:2014.12.29 **截止日期**:2019.12.28

国械注进 20143776136

产品名称:血管鞘(商品名:Check-Flo Performer)(Check-Flo Performer Introducers)

规格型号:见附页

性能组成:血管鞘由扩张器、鞘管、鞘管座、止血阀、接头组成,套装由血管鞘、扩张器、导丝组成。材料:导丝:304 不锈钢,铂钨合金;鞘管:RFEP(不透射线氟化乙丙烯,不透射线物质为硫酸钡);止血阀:高密度聚乙烯、硅胶;不透射线标记为铂铱合金;侧壁连接管:聚氯乙烯;接头:聚碳酸酯。扩张器:聚乙烯;接头:聚碳酸酯;产品经环氧乙烷灭菌,一次性使用。

适用范围:血管鞘被设计用于经皮穿刺介入血管系统,导入球囊导管、电极或导管,进行介入诊断或治疗手术。

生产厂家:美国 Cook Incorporated

注册代理:库克(中国)医疗贸易有限公司

发证日期:2014.12.29 **截止日期**:2019.12.28

国械注进 20143466137

产品名称:髋关节假体一股骨头(商品名:Global Acetabular Cup)(Hip Joint Prostheses)

规格型号:见附页

性能组成:该产品由股骨头组成,由锻造钴铬钼合金,灭菌包装。

适用范围:产品适用于骨骼成熟的患者初次或翻修的骨水泥和非骨水泥手术,用于修复非炎症性的退变性关节病(NIDJD),如骨关节炎、缺血坏死、髋臼突出、创伤性关节炎、股骨头骨骺滑脱、融合髋、骨盆骨折、畸形等所致的髋关节损害。

生产厂家:瑞士 Zimmer GmbH

注册代理:捷迈(上海)医疗国际贸易有限公司

发证日期:2014.12.29 **截止日期**:2019.12.28

国械注进 20143646138

产品名称:自粘性软聚硅酮有边型泡沫敷料(商品名:美皮康 Mepilex Border)(Self-adherent soft silicone foam dressing)

规格型号:295200 7.5×7.5cm;295300 10×10cm;295400 15×15cm;295600 15×20cm;295800 10×20cm;295850 10×25cm;295900 10×30cm。

性能组成:采用聚氨酯和硅树脂材料制成,带有边,其结构由软聚硅酮创面接触层,具有三层结构的吸收垫(聚氨酯泡沫,无纺布层和高吸收性聚丙烯纤维层)及防水透气外层保护膜组成。

适用范围:可以用于渗液较多的创面,压疮,腿或足部溃疡和外伤创面,皮肤撕脱伤和外科创面。

生产厂家:瑞典 Molnlycke Health Care AB

注册代理:瑞典墨尼克医疗用品有限公司北京代表处

发证日期:2014.12.29 **截止日期**:2019.12.28

国械注进 20143466139

产品名称:聚左旋丙交酯制生物吸收性接骨材料(商品名:FIXSORB MX)(フイクソーブ MX)

规格型号:见附页

性能组成:该产品采用聚左旋丙交酯材料制成,由可吸收接骨板及可吸收接骨螺钉构成。产品无菌状态提供,一次性使用。

适用范围:该产品适用于颌面骨及颅骨内固定及矫正重建。

生产厂家:日本タキロン株式会社(日本他喜龙株式会社)

注册代理:北京瑞奇美德科技发展有限公司

发证日期:2014.12.29 **截止日期**:2019.12.28

国械注进 20143466140

产品名称:人工心脏瓣膜(商品名:Hancock II)(Hancock II Porcine Bioprosthesis)

规格型号:见附页

性能组成:该产品由瓣叶、缝合环、支架组成,瓣叶材料为猪主动脉瓣,缝合环的材料为聚四氟乙烯织物,支架的材料为缩醛聚合物和 Haynes 金属铆钉。瓣膜分为主动脉瓣膜(型号:T505;直径 21mm,23mm,25mm,27mm,29mm)和二尖瓣瓣膜(型号为:T510;直径 25mm,27mm,29mm,31mm,33mm),主动脉瓣膜分为标准缝合环和带有 CINCH 夹套植入装置型和窄缝合环型,二尖瓣瓣膜为标准缝合环和带有 CINCH 夹套植入装置型。瓣膜为化学液体灭菌,一次性使用。

适用范围:该产品用于替代病理的或假体的主动脉瓣膜和二尖瓣瓣膜。

备注:注册后生产企业仍需完成以下工作:作为质量跟踪的要求,上市后该企业应:1、按照国家强制性标准的规定保存每位植入其人工心脏瓣膜产品患者的相关信息资料。同时,随着医疗器械监管体系的不断完善,如有其他法律法规或指导性文件亦对此项内容进行了具体规定,生产企业应一并执行。2、对植入其人工心脏瓣膜产品的全部患者进行长期跟踪随访。随访内容应包括但不仅限于:瓣膜失功情况,因瓣膜问题导致的再手术情况,与瓣膜相关的死亡、出血及栓塞事件发生情况。定期形成临床随访报告和随访数据统计分析报告,并在延续注册时一并提交。如果出现重大的安全性问题,应按照有关不良反应监测规定及时上报相关部门。

生产厂家:美国 Medtronic, Inc.

注册代理:美敦力(上海)管理有限公司

发证日期:2014.12.29 **截止日期**:2019.12.28

国械注进 20143466141

产品名称:人造血管(商品名:InterGard Silver)(Vascular Prostheses)

规格型号:见附页

性能组成:该产品由聚酯材料(PET)制成,内外表面涂有牛胶原和醋酸银涂层;人工血管带有聚丙烯支撑环。伽马射线灭菌,一次性使用。

适用范围:该产品用于血管外科手术。

生产厂家:法国 InterVascular SAS

注册代理:迈柯唯(上海)医疗设备有限公司

发证日期:2014.12.29 **截止日期**:2019.12.28

国械注进 20143466142

产品名称:髋关节假体-陶瓷内衬(Alumina Ceramic Insert)
规格型号:见附页
性能组成:该产品由符合 GB/T 22750 标准规定的高纯氧化铝陶瓷材料制成。灭菌包装。
适用范围:与该企业同一系统组件配合，适用于髋关节置换。
生产厂家:美国 Howmedica Osteonics Corp.
注册代理:史赛克(北京)医疗器械有限公司
发证日期:2014.12.29 **截止日期**:2019.12.28

国械注进 20143466143

产品名称:股骨近端锁定钢板系统（商品名：PERI-LOC）(PERI-LOC Proximal Femoral Locking Plate System)
规格型号:见附页
性能组成:该产品包括接骨螺钉、接骨板、缆线固定器与螺孔塞，由符合 ISO5832-1 的不锈钢材料制造，有灭菌及非灭菌两种包装，灭菌产品经伽马射线灭菌。
适用范围:该产品适用于股骨近端骨折的固定。
生产厂家:美国 Smith & Nephew, Inc.
注册代理:施乐辉医用产品国际贸易(上海)有限公司
发证日期:2014.12.29 **截止日期**:2019.12.28

国械注进 20143666144

产品名称:置换液管(シユアフロ—N)
规格型号:NS-4040-5, NS-4040-13, NS-4040-14
性能组成:本产品由保护套、瓶塞穿刺器、滴管、滴筒、泵管、管路、加温袋、单向阀、鲁尔接头、分流接头和夹钳组成。原材料为聚碳酸酯、聚氯乙烯、乙烯-醋酸乙烯共聚物和聚丙烯。本产品经环氧乙烷灭菌，仅供一次性使用。
适用范围:本产品适用于血液透析滤过、血液滤过时，作为补充置换液的管路。
生产厂家:日本尼普洛株式会社（ニプロ株式会社）
注册代理:尼普洛贸易(上海)有限公司
发证日期:2014.12.29 **截止日期**:2019.12.28

国械注进 20142636145

产品名称:钴铬合金(Cobalt- chrome alloy)
规格型号:Biodur soft
性能组成:产品主要组成成分:Co 61.00%, Cr 24.00%, W 8.0 %, Mo 2.50%。
适用范围:该产品用于制作冠桥。
生产厂家:德国 DFS-DIAMON GmbH
注册代理:长沙众邦医疗器械有限公司
发证日期:2014.12.29 **截止日期**:2019.12.28

国械注进 20143776146

产品名称:血管封合器（商品名：Angio-Seal）(Vascular Closure Device)
规格型号:610120、610122、610132、610133
性能组成:该产品由 Angio-Seal 装置、导管鞘（座和外帽：丙烯腈-丁二烯-苯乙烯聚合物；鞘管：聚醚酰胺树脂）、扩张器（高密度聚乙烯）、导丝（304 不锈钢）组成。Angio-Seal 装置由固定块（丙交酯乙交酯聚合物）、止血胶原纱布（牛胶原）、缝线（聚乙二醇酸，部分型号带有聚己内酯二元醇涂层）、塞压管（聚乙烯）、装载管（聚碳酸酯）、装置盖（聚碳酸酯）等组成。产品经辐射灭菌，一次性使用。
适用范围:该产品适用于闭合因动脉穿刺操作而引起的股动脉开口。
生产厂家:美国 St. Jude Medical
注册代理:圣犹达医疗用品(上海)有限公司
发证日期:2014.12.29 **截止日期**:2019.12.28

国械注进 20142226147

产品名称:椎间盘镜用手术器械(Instruments for Spine Surgery)
规格型号:见附页
性能组成:该产品由扩张器、工作套筒、探针、环锯、转接器、导管、把手、脊椎套管、钳子组成。探针和导管的涂层由 NiTi SE 508 材料制成，环锯锯头和钳子钳头由 Custom 455 不锈钢材料制成，其他与人体接触部分由符合 YY/T 0294.1 标准规定的 M、N、B、O 号不锈钢材料制成。灭菌和非灭菌包装。
适用范围:与椎间盘镜配合，适用于脊柱疾病的检查和治疗。
生产厂家:德国 Richard Wolf GmbH
注册代理:北京德华信达技术有限公司
发证日期:2014.12.29 **截止日期**:2019.12.28

国械注进 20143226148

产品名称:软性亲水接触镜(Soft Hydrophilic Contact Lens)
规格型号:Clear58
性能组成:该产品为日戴型软性亲水接触镜。镜片由甲基丙烯酸羟乙酯、三（甲基丙烯酸）三羟甲基丙烷酯、紫外吸收剂及着色剂等聚合而成，着蓝色。聚丙烯盒包装。各参数标称值：含水量：54%，折射率：1.405，透氧系数：20×10^{-11}(cm2/s)(mLO2/(mL×mmHg))，-3D 镜片透氧量：20 $\times10^{-9}$(cm/s) (mLO2/(mL×mmHg))，后顶焦度范围：+6.00D～-10.00D，可见光透过率>90%。推荐更换周期 2 个月。产品经蒸汽湿热灭菌。抗紫外线性能要求见附录。
适用范围:用于无禁忌症患者矫正近视、远视。
生产厂家:新加坡 Clearlab SG Pte. Ltd.
注册代理:可丽博(上海)眼镜有限公司
发证日期:2014.12.29 **截止日期**:2019.12.28

国械注进 20143666149

产品名称:经闭孔经阴道前壁尿道悬吊器（商品名：TVT-O）(Gynecare TVT Obturator System)
规格型号:810081
性能组成:该产品是由 GYNECARE TVT 吊带、螺旋形导针及导杆、无损伤具翼导引器三部分组成。其中 TVT 吊带是由聚丙烯材料制成，螺旋形导针由聚乙烯制成，具翼导引器及导杆由不锈钢制成，导杆手柄材料为聚碳酸酯。产品经环氧乙烷灭菌，一次性使用。
适用范围:该产品作为一种尿道下悬带，用于治疗因尿道运动过度和/或内部括约肌功能障碍造成的女性压力性尿失禁(SUI)。
生产厂家:瑞士 Ethicon SARL
注册代理:强生(上海)医疗器材有限公司
发证日期:2014.12.29 **截止日期**:2019.12.28

国械注进 20143226150

产品名称:软性亲水接触镜（商品名：FreshKon everyDAY uv）(Soft Contact Lens)
规格型号:PVED, PVE8
性能组成:该产品为日戴型软性亲水接触镜。由甲基丙烯酸羟乙酯、乙烯基吡咯烷酮、甲基丙烯酸烯丙酯、紫外线吸收剂及着色剂聚合而成，着淡蓝色。聚丙烯杯包装。各参数标称值:含水量:58%，折射率:1.4107，透氧系数：22.3×10^{-11}(cm2/s)(mLO2/(mL×mmHg))，-3D 镜片透氧量:20.0×10^{-9}(cm/s) (mLO2/(mL×mmHg))，后顶焦度范围：0.00D～-12.50D，可见光透过率＞92%。UV-A 段平均透过率＜50%，UV-B 段平均透过率＜5%。每日抛弃型。产品经高压蒸汽灭菌。
适用范围:用于矫正患者近视。
生产厂家:新加坡 Oculus Private Limited
注册代理:上海菲士康隐形眼镜有限公司
发证日期:2014.12.29 **截止日期**:2019.12.28

国械注进 20143226151

产品名称:人工晶状体（商品名：Acrysof IQ）(Acrysof IQ Aspheric Natural IOL)
规格型号:SN60WF
性能组成:该产品为单件式/单焦/后房人工晶状体，可折叠。主体/支撑部分由相同材料丙烯酸酯和甲基丙烯酸材料制成，添加黄色染料；该人工晶状体在孔阑半径 1.5 范围内模拟眼状态下的轴截面光焦度分布符合反球差分布特征，在标准盐溶液中测量 MTF 值不小于 0.43(100lp/mm)；无菌状态提供，一次性使用。
适用范围:该后房型人工晶状体用于替代人眼晶状体，适用于成年人白内障手术后无晶体眼的视力矫正。植于囊袋内。
生产厂家:美国爱尔康公司
注册代理:爱尔康(中国)眼科产品有限公司
发证日期:2014.12.29 **截止日期**:2019.12.28

国械注进 20143546152

产品名称:精子显微操作液(商品名: ICSI)(Medium for use in ICSI)
规格型号:1×0.1ml 及 5×0.1ml
性能组成:本产品为粘滞性培养液，组成成分为：氯化钙，乙二胺四乙酸，葡萄糖，硫酸镁，聚乙烯吡咯烷酮，氯化钾，磷酸二氢钾，人重组白蛋白，碳酸氢钠，氯化钠，乳酸钠，丙酮酸钠，注射用水。
适用范围:适用于在精子显微注射时用来减缓精子活动力。
生产厂家:瑞典 Vitrolife Sweden AB
注册代理:瑞典瑞利芙瑞典有限公司北京代表处
发证日期:2014. 12. 29 **截止日期**:2019. 12. 28

国械注进 20143546152

产品名称:精子显微操作液(商品名: ICSI)(Medium for use in ICSI)
规格型号:1×0.1ml 及 5×0.1ml
性能组成:本产品为粘滞性培养液，组成成分为：氯化钙，乙二胺四乙酸，葡萄糖，硫酸镁，聚乙烯吡咯烷酮，氯化钾，磷酸二氢钾，人重组白蛋白，碳酸氢钠，氯化钠，乳酸钠，丙酮酸钠，注射用水。
适用范围:适用于在精子显微注射时用来减缓精子活动力。
生产厂家:瑞典 Vitrolife Sweden AB
注册代理:瑞典瑞利芙瑞典有限公司北京代表处
发证日期:2014. 12. 29 **截止日期**:2019. 12. 28

国械注进 20143546153

产品名称:器皿冲洗液(商品名: G-RINSE)(Medium for rinsing)
规格型号:1×125ml
性能组成:该产品组成成分：氯化钙，硫酸镁，青霉素，氯化钾，碳酸氢钠，氯化钠，丙酮酸钠，注射用水。pH 值：7.30±0.10，渗透压：259±5mOsm/kg。不用做培养。
适用范围:本品适用于器皿冲洗。
生产厂家:瑞典 Vitrolife Sweden AB
注册代理:瑞典瑞利芙瑞典有限公司北京代表处
发证日期:2014. 12. 29 **截止日期**:2019. 12. 28

国械注进 20143546153

产品名称:器皿冲洗液(商品名: G-RINSE)(Medium for rinsing)
规格型号:1×125ml
性能组成:该产品组成成分：氯化钙，硫酸镁，青霉素，氯化钾，碳酸氢钠，氯化钠，丙酮酸钠，注射用水。pH 值：7.30±0.10，渗透压：259±5mOsm/kg。不用做培养。
适用范围:本品适用于器皿冲洗。
生产厂家:瑞典 Vitrolife Sweden AB
注册代理:瑞典瑞利芙瑞典有限公司北京代表处
发证日期:2014. 12. 29 **截止日期**:2019. 12. 28

国械注进 20142556154

产品名称:种植体手术用牙钻(Surgical Drills)
规格型号:见附页。
性能组成:产品由定心钻和麻花钻组成，材质见申请表附页。本产品为非灭菌产品。
适用范围:用于所有 Thommen 系统种植体植入位置的制备工作。
生产厂家:瑞士 Thommen Medical AG
注册代理:北京捷通康诺医药科技有限公司
发证日期:2014. 12. 29 **截止日期**:2019. 12. 28

国械注进 20142556154

产品名称:种植体手术用牙钻(Surgical Drills)
规格型号:见附页。
性能组成:产品由定心钻和麻花钻组成，材质见申请表附页。本产品为非灭菌产品。
适用范围:用于所有 Thommen 系统种植体植入位置的制备工作。
生产厂家:瑞士 Thommen Medical AG
注册代理:北京捷通康诺医药科技有限公司
发证日期:2014. 12. 29 **截止日期**:2019. 12. 28

国械注进 20143546155

产品名称:洗精液(商品名: SpermRinse)(Sperm preparation medium)
规格型号:1×30ml
性能组成:产品组成成分为： 氯化钙，乙二胺四乙酸，庆大霉素，葡萄糖，乙磺酸，人血清白蛋白，硫酸镁，氯化钾，磷酸二氢钾，碳酸氢钠，氯化钠，乳酸钠，丙酮酸钠，注射用水。pH 值：7.35±0.10，渗透压：290±5mOsm/kg。
适用范围:本品适用于精子制备。
生产厂家:瑞典 Vitrolife Sweden AB
注册代理:瑞典瑞利芙瑞典有限公司北京代表处
发证日期:2014. 12. 29 **截止日期**:2019. 12. 28

国械注进 20143546155

产品名称:洗精液(商品名: SpermRinse)(Sperm preparation medium)
规格型号:1×30ml
性能组成:产品组成成分为： 氯化钙，乙二胺四乙酸，庆大霉素，葡萄糖，乙磺酸，人血清白蛋白，硫酸镁，氯化钾，磷酸二氢钾，碳酸氢钠，氯化钠，乳酸钠，丙酮酸钠，注射用水。pH 值：7.35±0.10，渗透压：290±5mOsm/kg。
适用范围:本品适用于精子制备。
生产厂家:瑞典 Vitrolife Sweden AB
注册代理:瑞典瑞利芙瑞典有限公司北京代表处
发证日期:2014. 12. 29 **截止日期**:2019. 12. 28

国械注进 20143546156

产品名称:受精-培养液(商品名: IVF)(Fertlization and cleavage Medium)
规格型号:1 ×30ml
性能组成:该产品组成成分为：氯化钙，乙二胺四乙酸，葡萄糖，人血清白蛋白，硫酸镁，青霉素，氯化钾，磷酸二氢钾，碳酸氢钠，氯化钠，乳酸钠，丙酮酸钠，注射用水。pH 值：7.35±0.10，渗透压：283±5mOsm/kg。
适用范围:本品适用于体外生殖技术中受精和卵裂胚的培养。
生产厂家:瑞典 Vitrolife Sweden AB
注册代理:瑞典瑞利芙瑞典有限公司北京代表处
发证日期:2014. 12. 29 **截止日期**:2019. 12. 28

国械注进 20143546156

产品名称:受精-培养液(商品名: IVF)(Fertlization and cleavage Medium)
规格型号:1 ×30ml
性能组成:该产品组成成分为：氯化钙，乙二胺四乙酸，葡萄糖，人血清白蛋白，硫酸镁，青霉素，氯化钾，磷酸二氢钾，碳酸氢钠，氯化钠，乳酸钠，丙酮酸钠，注射用水。pH 值：7.35±0.10，渗透压：283±5mOsm/kg。
适用范围:本品适用于体外生殖技术中受精和卵裂胚的培养。
生产厂家:瑞典 Vitrolife Sweden AB
注册代理:瑞典瑞利芙瑞典有限公司北京代表处
发证日期:2014. 12. 29 **截止日期**:2019. 12. 28

国械注进 20143546157

产品名称:胚胎移植液(商品名: 胚胎胶)(Medium for embryo transfer)
规格型号:1×10ml
性能组成:该产品组分包括：丙氨酸，丙氨酰谷氨酰胺，精氨酸，天冬酰胺，天门冬氨酸，氯化钙，泛酸钙，胱氨酸，葡萄糖，谷氨酸，甘氨酸，组氨酸，透明质酸，异亮氨酸，亮氨酸，赖氨酸，硫酸镁，蛋氨酸，青霉素，苯丙氨酸，氯化钾，脯氨酸，盐酸吡哆醛，人重组白蛋白，核黄素，丝氨酸，碳酸氢钠，氯化钠，柠檬酸钠，磷酸二氢钠，乳酸钠，丙酮酸钠，硫胺，苏氨酸，色氨酸，酪氨酸，缬氨酸，注射用水。pH 值：7.30±0.10，渗透压：252±7 mOsm/kg。
适用范围:本产品适用于体外生殖技术中胚胎移植的培养。
生产厂家:瑞典 Vitrolife Sweden AB
注册代理:瑞典瑞利芙瑞典有限公司北京代表处
发证日期:2014. 12. 29 **截止日期**:2019. 12. 28

国械注进 20143546157

产品名称:胚胎移植液(商品名: 胚胎胶)(Medium for embryo transfer)
规格型号:1×10ml

性能组成:该产品组分包括：丙氨酸，丙氨酰谷氨酰胺，精氨酸，天冬酰胺，天门冬氨酸，氯化钙，泛酸钙，胱氨酸，葡萄糖，谷氨酸，甘氨酸，组氨酸，透明质酸，异亮氨酸，亮氨酸，赖氨酸，硫酸镁，蛋氨酸，青霉素，苯丙氨酸，氯化钾，脯氨酸，盐酸吡哆醛，人重组白蛋白，核黄素，丝氨酸，碳酸氢钠，氯化钠，柠檬酸钠，磷酸二氢钠，乳酸钠，丙酮酸钠，硫胺，苏氨酸，色氨酸，酪氨酸，缬氨酸，注射用水。pH 值：7.30±0.10，渗透压：252±7 mOsm/kg。
适用范围:本产品适用于体外生殖技术中胚胎移植的培养。
生产厂家:瑞典 Vitrolife Sweden AB
注册代理:瑞典瑞利芙瑞典有限公司北京代表处
发证日期:2014.12.29 **截止日期**:2019.12.28

国械注进 20143546158

产品名称:取卵-胚胎处理液(Handling Medium)
规格型号:G-MOPSTM，1×125ml G-MOPSTM PLUS，1×125ml
性能组成:G-MOPSTM 产品组成成分：丙氨酸，丙氨酰谷氨酰胺，天冬酰胺，天门冬氨酸，氯化钙，葡萄糖，谷氨酸，甘氨酸，硫酸镁，4-吗啉丙磺酸，青霉素，氯化钾，脯氨酸，丝氨酸，碳酸氢钠，氯化钠，磷酸二氢钠，乳酸钠，丙酮酸钠，牛磺酸，注射用水。pH 值：7.30±0.10，渗透压：265±5mOsm/kg。G-MOPSTMPLUS 产品组成成分：丙氨酸，丙氨酰谷氨酰胺，天冬酰胺，天门冬氨酸，氯化钙，葡萄糖，谷氨酸，甘氨酸，人血清白蛋白#，硫酸镁，4-吗啉丙磺酸，青霉素，氯化钾，脯氨酸，丝氨酸，碳酸氢钠，氯化钠，磷酸二氢钠，乳酸钠，丙酮酸钠，牛磺酸，注射用水。pH 值：7.30±0.10，渗透压：261±5mOsm/kg。
适用范围:本品适用于取卵和胚胎的处理。
生产厂家:瑞典 Vitrolife Sweden AB
注册代理:瑞典瑞利芙瑞典有限公司北京代表处
发证日期:2014.12.29 **截止日期**:2019.12.28

国械注进 20143546158

产品名称:取卵-胚胎处理液(Handling Medium)
规格型号:G-MOPSTM，1×125ml G-MOPSTM PLUS，1×125ml
性能组成:G-MOPSTM 产品组成成分：丙氨酸，丙氨酰谷氨酰胺，天冬酰胺，天门冬氨酸，氯化钙，葡萄糖，谷氨酸，甘氨酸，硫酸镁，4-吗啉丙磺酸，青霉素，氯化钾，脯氨酸，丝氨酸，碳酸氢钠，氯化钠，磷酸二氢钠，乳酸钠，丙酮酸钠，牛磺酸，注射用水。pH 值：7.30±0.10，渗透压：265±5mOsm/kg。G-MOPSTMPLUS 产品组成成分：丙氨酸，丙氨酰谷氨酰胺，天冬酰胺，天门冬氨酸，氯化钙，葡萄糖，谷氨酸，甘氨酸，人血清白蛋白#，硫酸镁，4-吗啉丙磺酸，青霉素，氯化钾，脯氨酸，丝氨酸，碳酸氢钠，氯化钠，磷酸二氢钠，乳酸钠，丙酮酸钠，牛磺酸，注射用水。pH 值：7.30±0.10，渗透压：261±5mOsm/kg。
适用范围:本品适用于取卵和胚胎的处理。
生产厂家:瑞典 Vitrolife Sweden AB
注册代理:瑞典瑞利芙瑞典有限公司北京代表处
发证日期:2014.12.29 **截止日期**:2019.12.28

国械注进 20143466159

产品名称:足踝钉板系统（商品名：ORTHOLOC）(ORTHOLOC Calcaneal Fracture System)
规格型号:见附页
性能组成:足踝钉板系统由骨板和骨钉组成。骨板材料为符合 ISO5832-2 的纯钛材料，骨钉材料为符合 ISO5832-3 的 Ti6AL4V 钛合金。一次性使用，非无菌产品。产品表面经阳极氧化处理。
适用范围:该产品适用于足部、踝部和脚趾小骨的新鲜骨折稳定、修复手术、关节融合以及重建术，适用于成人和儿童。
变更情况:变更日期：2015.02.15。“代理人名称:上海中智恒康医疗器械有限公司代理人住所:青浦区朱家角镇沪青平公路 6335 号 7 幢 870”变更为“代理人名称:瑞毅医疗器械(上海)有限公司代理人住所:上海市浦东新区浦电路 577 号一夹层 04A 单元”。
生产厂家:美国 Wright Medical Technology, Inc.
注册代理:上海中智恒康医疗器械有限公司
发证日期:2014.12.29 **截止日期**:2019.12.28

国械注进 20143466160

产品名称:足踝系统(商品名：Charlotte)(CHARLOTTE Foot and Ankle System)
规格型号:见附页
性能组成:本产品由带杆骨钉、接骨螺钉、加压接骨螺钉、接骨板、U 型钉和垫圈组成。加压接骨螺钉为中空螺钉。带杆骨钉采用符合 GB/T13810 的 TC4ELI 钛合金制成，其余产品均采用符合 GB 4234 的 00Cr18Ni14Mo3 不锈钢制成。表面无着色，非灭菌包装。
适用范围:本产品适用于足部和踝关节骨折的固定和骨重建。
变更情况:变更日期：2015.02.15。“代理人名称:上海中智恒康医疗器械有限公司代理人住所:青浦区朱家角镇沪青平公路 6335 号 7 幢 870”变更为“代理人名称:瑞毅医疗器械(上海)有限公司代理人住所:上海市浦东新区浦电路 577 号一夹层 04A 单元”。
生产厂家:美国 Wright Medical Technology, Inc.
注册代理:上海中智恒康医疗器械有限公司
发证日期:2014.12.29 **截止日期**:2019.12.28

国械注进 20143466161

产品名称:足踝钉板系统(商品名：ORTHOLOC)(ORTHOLOC 2.0/2.4 Forefoot Fracture System)
规格型号:见附页
性能组成:足踝钉板系统由骨板和骨钉组成。骨板采用符合 ISO5832-2 标准的纯钛材料制造；螺钉采用符合 ISO5832-3 标准的 Ti6A14V 钛合金材料制造，产品表面经阳极氧化处理。非灭菌包装。
适用范围:该产品适用于足部、踝部和脚趾小骨的新鲜骨折稳定、修复手术、关节融合以及重建术，适用于成人和儿童。
变更情况:变更日期：2015.02.15。“代理人名称:上海中智恒康医疗器械有限公司代理人住所:青浦区朱家角镇沪青平公路 6335 号 7 幢 870”变更为“代理人名称:瑞毅医疗器械(上海)有限公司代理人住所:上海市浦东新区浦电路 577 号一夹层 04A 单元”。
生产厂家:美国 Wright Medical Technology, Inc.
注册代理:上海中智恒康医疗器械有限公司
发证日期:2014.12.29 **截止日期**:2019.12.28

国械注进 20143466162

产品名称:足踝钉板系统(商品名：ORTHOLOC)(ORTHOLOC 2.0/2.4 Forefoot Fracture System)
规格型号:见附页
性能组成:足踝钉板系统由骨板和骨钉组成。骨板采用符合 ISO5832-2 标准的纯钛材料制造；螺钉采用符合 ISO5832-3 标准的 Ti6A14V 钛合金材料制造，产品表面经阳极氧化处理。非灭菌包装。
适用范围:该产品适用于足部、踝部和脚趾小骨的新鲜骨折稳定、修复手术、关节融合以及重建术，适用于成人和儿童。
变更情况:变更日期：2015.02.15。“代理人名称:上海中智恒康医疗器械有限公司代理人住所:青浦区朱家角镇沪青平公路 6335 号 7 幢 870”变更为“代理人名称:瑞毅医疗器械(上海)有限公司代理人住所:上海市浦东新区浦电路 577 号一夹层 04A 单元”。
生产厂家:美国瑞特医疗技术公司(Wright Medical Technology, Inc.)
注册代理:上海中智恒康医疗器械有限公司
发证日期:2014.12.29 **截止日期**:2019.12.28

国械注进 20143466163

产品名称:骨填充物(ALLOMATRIX Putty)
规格型号:86000100、86000500、86001000、86002000
性能组成:骨填充物主要由去矿物质骨填充物粉末、无菌水溶液、搅拌碗、注射桶等组件组成。骨填充物粉体的成分为来源于人类的脱矿骨基质材料（DBM）、含水硫酸钙和羧甲基纤维素；搅拌碗和注射桶使用聚碳酸脂材料制造。灭菌包装。
适用范围:用于手术或骨折造成的骨骼间空隙及缝隙的填充。
变更情况:变更日期：2015.02.15。“代理人名称:上海中智恒康医疗器械有限公司代理人住所:青浦区朱家角镇沪青平公路 6335 号 7 幢 870”变更为“代理人名称:瑞毅医疗器械(上海)有限公司代理人住所:上海市浦东新区浦电路 577 号一夹层 04A 单元”。
生产厂家:美国 Wright Medical Technology, Inc.
注册代理:上海中智恒康医疗器械有限公司
发证日期:2014.12.29 **截止日期**:2019.12.28

国械注进 20143466164

产品名称:中空螺钉系统(商品名：DARCO)DARCO Headless Screw System

规格型号:见附页
性能组成:该产品由中空螺钉和垫圈组成，垫圈与 7.0 毫米中空螺钉配合使用。由符合 ASTM F136 标准的锻造钛合金制造。表面经过阳极氧化处理。非灭菌包装或灭菌包装。
适用范围:该产品使用于四肢骨折的固定或骨重建。
变更情况:变更日期：2015.02.15。“代理人名称:上海中智恒康医疗器械有限公司代理人住所:青浦区朱家角镇沪青平公路 6335 号 7 幢 870”变更为“代理人名称:瑞毅医疗器械(上海)有限公司代理人住所:上海市浦东新区浦电路 577 号一夹层 04A 单元”。
生产厂家:美国瑞特医疗技术公司(Wright Medical Technology, Inc.)
注册代理:上海中智恒康医疗器械有限公司
发证日期:2014.12.29 **截止日期**:2019.12.28

国械注进 20143466165

产品名称:骨移植替代物(商品名:PRO-DENSE)(Bone Graft Substitute)
规格型号:87SR-0404，87SR-0410，87SR-0420，87SR-IN04，87SR-IN10
性能组成:该产品由粉体，溶液，混合系统，使用注射器和使用注射针组成。其中粉体由半水合硫酸钙、β-磷酸钙、一水硫酸二氢钙和二水合硫酸钙组成；溶液为羟基乙酸钠溶液；注射器器身材料为聚碳酸酯，活塞材料为硅胶；注射针手柄材料为 ABS，套管针材料为 304 不锈钢。灭菌包装，一次性使用。
适用范围:用于注入或塞入不影响四肢、脊柱和骨盆的骨性结构稳定性的开放性骨腔或缝隙。
变更情况:变更日期：2015.02.15。“代理人名称:上海中智恒康医疗器械有限公司代理人住所:青浦区朱家角镇沪青平公路 6335 号 7 幢 870”变更为“代理人名称:瑞毅医疗器械(上海)有限公司代理人住所:上海市浦东新区浦电路 577 号一夹层 04A 单元”。
生产厂家:美国 Wright Medical Technology, Inc.
注册代理:上海中智恒康医疗器械有限公司
发证日期:2014.12.29 **截止日期**:2019.12.28

国械注进 20143466166

产品名称:足踝髓内钉系统(Valor Ankle Fusion Nail System)
规格型号:见附页
性能组成:足踝髓内钉系统由髓内钉、锁钉和钉帽组成，其中髓内钉和锁钉的表面经过阳极氧化处理。足踝髓内钉系统采用符合 ISO 5832-3 的 Ti6Al4V 钛合金制造。
适用范围:该产品用于辅助胫距跟关节固定术，以治疗严重的足/踝部畸形、关节炎、踝部不稳和肿瘤切除后的骨骼缺损。这些包括神经性骨关节病(Charcot 足)、距骨缺血性坏死、关节置换术失败、踝关节融合失败、胫骨远端骨折骨不连、骨关节炎、风湿性关节炎和假性关节。
变更情况:变更日期：2015.02.15。“代理人名称:上海中智恒康医疗器械有限公司代理人住所:青浦区朱家角镇沪青平公路 6335 号 7 幢 870”变更为“代理人名称:瑞毅医疗器械(上海)有限公司代理人住所:上海市浦东新区浦电路 577 号一夹层 04A 单元”。
生产厂家:美国 Wright Medical Technology, Inc.
注册代理:上海中智恒康医疗器械有限公司
发证日期:2014.12.29 **截止日期**:2019.12.28

国械注进 20143466167

产品名称:微创型注射填充物套件(MIIG)
规格型号:87SR-0404，87SR-0410，87SR-0420，87SR-IN04，87SR-IN10
性能组成:该产品由粉体，溶液，混合系统，使用注射器和使用注射针组成。其中粉体由半水合硫酸钙、β-磷酸钙、一水硫酸二氢钙和二水合硫酸钙组成；溶液为羟基乙酸钠溶液；注射器器身材料为聚碳酸酯，活塞材料为硅胶；注射针手柄材料为 ABS，套管针材料为 304 不锈钢。灭菌包装，一次性使用。
适用范围:用于注入或塞入不影响四肢、脊柱和骨盆的骨性结构稳定性的开放性骨腔或缝隙。
变更情况:变更日期：2015.02.15。“代理人名称:上海中智恒康医疗器械有限公司代理人住所:青浦区朱家角镇沪青平公路 6335 号 7 幢 870”变更为“代理人名称:瑞毅医疗器械(上海)有限公司代理人住所:上海市浦东新区浦电路 577 号一夹层 04A 单元”。
生产厂家:美国 Wright Medical Technology, Inc.
注册代理:上海中智恒康医疗器械有限公司
发证日期:2014.12.29 **截止日期**:2019.12.28

国械注进 20143466168

产品名称:足踝髓内钉系统(Valor Ankle Fusion Nail System)
规格型号:见附页
性能组成:足踝髓内钉系统由髓内钉、锁钉和钉帽组成，其中髓内钉和锁钉的表面经过阳极氧化处理。足踝髓内钉系统采用符合 ISO 5832-3 的 Ti6Al4V 钛合金制造。
适用范围:该产品用于辅助胫距跟关节固定术，以治疗严重的足/踝部畸形、关节炎、踝部不稳和肿瘤切除后的骨骼缺损。这些包括神经性骨关节病(Charcot 足)、距骨缺血性坏死、关节置换术失败、踝关节融合失败、胫骨远端骨折骨不连、骨关节炎、风湿性关节炎和假性关节。
变更情况:变更日期：2015.02.15。“代理人名称:上海中智恒康医疗器械有限公司代理人住所:青浦区朱家角镇沪青平公路 6335 号 7 幢 870”变更为“代理人名称:瑞毅医疗器械(上海)有限公司代理人住所:上海市浦东新区浦电路 577 号一夹层 04A 单元”。
生产厂家:美国 Wright Medical Technology, Inc.
注册代理:上海中智恒康医疗器械有限公司
发证日期:2014.12.29 **截止日期**:2019.12.28

国械注进 20143546169

产品名称:卵裂胚培养液(Cleavage medium)
规格型号:G-1TM，1×30ml G-1 TM PLUS，1×30ml
性能组成:G-1TM 产品组成成分：丙氨酸，丙氨酰谷氨酰胺，天冬酰胺，天冬氨酸，氯化钙，乙二胺四乙酸，葡萄糖，谷氨酸，甘氨酸，透明质酸，硫酸镁，青霉素，氯化钾，脯氨酸，丝氨酸，碳酸氢钠，氯化钠，磷酸二氢钠，乳酸钠，丙酮酸钠，牛磺酸，注射用水。pH 值：7.30±0.10，渗透压：261±5mOsm/kg。G-1TMPLUS 产品组成成分：丙氨酸，丙氨酰谷氨酰胺，天冬酰胺，天冬氨酸，氯化钙，乙二胺四乙酸，葡萄糖，谷氨酸，甘氨酸，人血清白蛋白，透明质酸，硫酸镁，青霉素，氯化钾，脯氨酸，丝氨酸，碳酸氢钠，氯化钠，磷酸二氢钠，乳酸钠，丙酮酸钠，牛磺酸，注射用水。pH 值:7.30±0.10，渗透压:254±5mOsm/kg。
适用范围:本品适用于从原核阶段至第 2-3 天卵裂胚培养。
生产厂家:瑞典 Vitrolife Sweden AB
注册代理:瑞典瑞利芙瑞典有限公司北京代表处
发证日期:2014.12.29 **截止日期**:2019.12.28

国械注进 20143546170

产品名称:囊胚培养液(Culture medium for blastocyst)
规格型号:G-2TM，1×30ml G-2TM PLUS，1×30ml
性能组成:G-2TM 产品组成成分:丙氨酸，丙氨酰谷氨酰胺，精氨酸，天冬酰胺，天门冬氨酸，氯化钙，泛酸钙，胱氨酸，葡萄糖，谷氨酸，甘氨酸，组氨酸，透明质酸，异亮氨酸，亮氨酸，赖氨酸，硫酸镁，蛋氨酸，青霉素，苯丙氨酸，氯化钾，脯氨酸，盐酸吡哆醛，核黄素，丝氨酸，碳酸氢钠，氯化钠，磷酸二氢钠，乳酸钠，丙酮酸钠，硫胺，苏氨酸，色氨酸，酪氨酸，缬氨酸，注射用水。pH 值：7.30±0.10，渗透压：260±5mOsm/kg。G-2TMPLUS 产品组成成分：丙氨酸，丙氨酰谷氨酰胺，精氨酸，天冬酰胺，天门冬氨酸，氯化钙，泛酸钙，胱氨酸，葡萄糖，谷氨酸，甘氨酸，组氨酸，人血清白蛋白#，透明质酸，异亮氨酸，亮氨酸，赖氨酸，硫酸镁，蛋氨酸，青霉素，苯丙氨酸，氯化钾，脯氨酸，盐酸吡哆醛，核黄素，丝氨酸，碳酸氢钠，氯化钠，磷酸二氢钠，乳酸钠，丙酮酸钠，硫胺，苏氨酸，色氨酸，酪氨酸，缬氨酸，注射用水。pH 值：7.30±0.10，渗透压：253±5mOsm/kg。
适用范围:本品适用于从第 3 天卵裂胚至第 5-6 天囊胚培养。
生产厂家:瑞典 Vitrolife Sweden AB
注册代理:瑞典瑞利芙瑞典有限公司北京代表处
发证日期:2014.12.29 **截止日期**:2019.12.28

国械注进 20143466171

产品名称:聚四氟乙烯人工血管(Expanded PTFE Vascular Prosthesis)
规格型号:见附页
性能组成:人工血管由聚四氟乙烯材料制成，加强型支撑环的材料为聚丙烯，封闭型系用明胶处理。
适用范围:该产品适用于血管外科手术。
备注:应加强不良事件监测，及时向有关部门报告不良事件发生情况。
生产厂家:英国 Vascutek Limited
发证日期:2014.12.30 **截止日期**:2019.12.29

国械注进 20143466172

产品名称:人造血管(Vascular Graft)
规格型号:见附页
性能组成:该产品由膨体聚四氟乙烯或表面衬碳层的膨体聚四氟乙烯制造。环氧乙烷灭菌，一次性使用。
适用范围:该产品作为血管假体使用。
生产厂家:美国 Bard Peripheral Vascular, Inc.
注册代理:巴德医疗科技(上海)有限公司
发证日期:2014.12.30　**截止日期**:2019.12.29

国械注进 20143466173

产品名称:人造血管 (商品名: Distaflo) (Vascular Graft)
规格型号:见附页
性能组成:该产品由表面衬碳层的膨体聚四氟乙烯制造。环氧乙烷灭菌，一次性使用。
适用范围:该产品用于外周动脉血管的旁路或重建手术。
生产厂家:美国 Bard Peripheral Vascular, Inc.
注册代理:巴德医疗科技(上海)有限公司
发证日期:2014.12.30　**截止日期**:2019.12.29

国械注进 20143466174

产品名称:人造血管 (商品名: Dynaflo) (Vascular Graft)
规格型号:见附页
性能组成:该产品由表面衬碳层的膨体聚四氟乙烯制造。环氧乙烷灭菌，一次性使用。
适用范围:该产品用于外周动脉血管的旁路或重建手术。
生产厂家:美国 Bard Peripheral Vascular, Inc.
注册代理:巴德医疗科技(上海)有限公司
发证日期:2014.12.30　**截止日期**:2019.12.29

国械注进 20143466175

产品名称:人造血管 (商品名: Venaflo) (Vascular Graft)
规格型号:见附页
性能组成:该产品由表面衬碳层的膨体聚四氟乙烯制造。环氧乙烷灭菌，一次性使用。
适用范围:该产品用于在血液通路手术中作为皮下动静脉导管。
生产厂家:美国 Bard Peripheral Vascular, Inc.
注册代理:巴德医疗科技(上海)有限公司
发证日期:2014.12.30　**截止日期**:2019.12.29

国械注进 20143666176

产品名称:血液透析用中心静脉导管套件 (商品名: Mahurkar 三腔血透导管) (MAHURKAR Acute Triple Lumen Catheter Kit)
规格型号:8888345603、8888345611、8888345629、8888345637
性能组成:血透套装由血透插管(插管主体为聚氨酯，动静脉腔外延管材质是硅胶)、导丝(304 不锈钢)、扩张器(高密度聚乙烯)、穿刺针(304 不锈钢)、伤口敷贴(聚脂薄膜、棉线)、封盖(聚丙烯)组成。棕红色接头:动脉腔; 蓝色接头:静脉腔; 透明接头:输液腔。产品为三腔插管，经环氧乙烷灭菌，一次性使用。
适用范围:适用于血液透析、血浆置换和液体输注，最长留置时间小于 28 天; 如经股静脉置入，最长留置时间小于 4 天。
生产厂家:美国 Covidien llc
注册代理:柯惠医疗器材国际贸易(上海)有限公司
发证日期:2014.12.30　**截止日期**:2019.12.29

国械注进 20143226177

产品名称:聚甲基丙烯酸甲酯人工晶状体(商品名: Isotechnics) (PMMA Intraocular Lenses)
规格型号:UC55B、UG55B、UL600S
性能组成:该产品为单件式后房人工晶状体，不可折叠，襻形为改良 C。主体及支撑部分由聚甲基丙烯酸甲酯材料制成，添加紫外吸收剂; 屈光度范围: -5.0D～+28.0D。光学设计: 单焦，球面; 无菌状态提供，一次性使用。
适用范围:该产品适用于 60 岁或以上患者在囊外白内障摘除术的一期植入，矫正无晶状体眼的视力。
生产厂家:美国 EyeKon Medical, Inc.
注册代理:上海艾本医疗器械有限公司
发证日期:2014.12.30　**截止日期**:2019.12.29

国械注进 20143076178

产品名称:冠状动脉分流栓 (商品名: Flo-Thru) (Flo-Thru Intraluminal Shunt)
规格型号:见附页
性能组成:分流栓由三部分构成:主干、小线及小柄。主干是硅胶管，两端为球囊外形，球囊胶合在主干上，与之合为一体。小线连接主干和小柄，小线是医用白色非吸收涤纶线，小柄是不可透射线的医用硅胶。不可透射线的小柄上标有产品的规格，即球囊的外径。环氧乙烷灭菌，产品一次性使用。
适用范围:本产品用于冠状动脉或外周血管手术，在吻合口处分流血液，当血液流向吻合口远端时，为血管的缝合提供了一个暂时无血的手术野。在血管最后缝合之前，将该产品取出。
生产厂家:美国 Synovis Surgical Innovations, a Division of Synovis Life Technologies, Inc. (A Subsidiary of Baxter International Inc.)
注册代理:百特医疗用品贸易(上海)有限公司
发证日期:2014.12.30　**截止日期**:2019.12.29

国械注进 20142636179

产品名称:牙科烤瓷合金 钴铬合金 (商品名: Keragen (R) (Dental Alloy)
规格型号:1000g/盒
性能组成:钴铬金属烤瓷合金，钴和铬的总含量不低于 85%。具体化学成分及含量为:钴:62.0%，铬:28.0%，钨:8.50%，硅:1.65%，铁:0.5%，锰:0.25%，碳:0.1%。各成分偏差请见产品注册标准。
适用范围:用于承受高应力的薄弱部分，如:薄基底冠，长桥或有小连接体的桥，及上部结构。
生产厂家:德国 Eisenbacher Dentalwaren ED GmbH
注册代理:优诺康(北京)医药技术服务有限公司
发证日期:2014.12.30　**截止日期**:2019.12.29

国械注进 20142636180

产品名称:牙科铸造合金 钴铬合金(商品名:Robur 400®)(CoCr casting alloy)
规格型号:1000g/盒
性能组成:钴铬金属铸造合金，钴和铬的总含量不低于 85%。具体化学成分及含量为:钴:62.0%，铬:29.0%，钼:6.0%，钨:1.0%，锰:0.50%，硅:0.50%，碳:0.50%，铁＜1.0%。各成分偏差请见产品注册标准。
适用范围:用于制作可摘局部义齿的铸造支架部分。
生产厂家:德国 Eisenbacher Dentalwaren ED GmbH
注册代理:优诺康(北京)医药技术服务有限公司
发证日期:2014.12.30　**截止日期**:2019.12.29

国械注进 20143466181

产品名称:单髁膝关节系统 (商品名: Exactech Optetrak) (Exactech Optetrak Unicondylar Knee System)
规格型号:见附页
性能组成:该产品由单髁股骨部件和单髁胫骨部件组成。单髁股骨部件由符合 ISO 5832-4 标准规定的铸造钴铬钼合金材料制成，单髁胫骨部件由符合 ISO 5834-2 标准规定的 2 型超高分子量聚乙烯材料制成。灭菌包装。
适用范围:做为骨水泥型膝关节假体使用，适用于膝关节内侧或外侧关节面的初次置换。
生产厂家:美国 Exactech, Inc.
注册代理:美精技医疗器械(上海)有限公司
发证日期:2014.12.30　**截止日期**:2019.12.29

国械注进 20143466182

产品名称:髋关节假体-股骨头及翻修型髋臼外杯 (商品名: Total Hip System) (Hip Joint Prostheses)
规格型号:见附页
性能组成:该产品由股骨头、髋臼加强环、髋臼加强笼架组成。股骨头由符合 GB/T 22750 标准规定的 A 类高纯氧化铝陶瓷材料制成；髋臼加强环和髋臼加强笼架由符合 ISO 5832-2 标准规定的 2 级纯钛材料制成。灭菌包装。
适用范围:与该企业同一系统组件配合，髋臼加强环、髋臼加强笼架做为骨水泥型髋关节组件，适用于髋关节置换术和翻修术。
生产厂家:瑞士 Zimmer GmbH
注册代理:捷迈(上海)医疗国际贸易有限公司
发证日期:2014.12.30 **截止日期**:2019.12.29

国械注进 20143466183

产品名称:髋臼内衬（商品名：Trident X3）(Trident X3 Inserts)
规格型号:见附页
性能组成:该产品由符合 GB/T19701.2 标准中 2 型要求的超高分子量聚乙烯材料制成，灭菌包装。
适用范围:该产品主要用于在全髋关节重建置换手术中，与同企业同系列股骨头及股骨柄配合使用。
生产厂家:美国 Howmedica Osteonics Corp.
注册代理:史赛克(北京)医疗器械有限公司
发证日期:2014.12.30 **截止日期**:2019.12.29

国械注进 20142636184

产品名称:烤瓷粉(Ceramics for dental use)
规格型号:见附页
性能组成:本品为制作烤瓷牙用的烤瓷粉，组成成分:SiO2，Al2O3，K2O，Na2O，Li2O，BaO，B2O3，CaO，Sb2O3，ZrO2，SnO2，CeO2，F，TiO2。
适用范围:适用于在金属支撑材料上涂覆使用制作烤瓷。
生产厂家:德国 DeguDent GmbH
注册代理:登士柏(天津)国际贸易有限公司
发证日期:2014.12.30 **截止日期**:2019.12.29

国械注进 20143466185

产品名称:非骨水泥型股骨柄（商品名：Summit）(Summit Hip Stem(Cementless))
规格型号:见附页
性能组成:该产品材料为 Ti6Al4V 钛合金，近端表面为烧结纯钛微孔涂层或为烧结纯钛微孔涂层加羟基磷灰石涂层。灭菌包装。
适用范围:与该企业同一系统组件配合，做为生物型或混合型髋关节假体使用，适用于髋关节置换。
生产厂家:美国 DePuy Orthopaedics, Inc.
注册代理:强生(上海)医疗器材有限公司
发证日期:2014.12.30 **截止日期**:2019.12.29

国械注进 20142236186

产品名称:测试腔和灌注套(LAMINAR Flow Irrigation Sleeve and Test Chamber- 20 gauge)
规格型号:OPOHF20L
性能组成:由无菌硅树脂灌注套和测试腔组成。主要特征参数:压力、重复性。灌注套和测试腔为可重复使用产品，最多可使用 20 次，已经过伽马射线灭菌。
适用范围:用于在超声乳化手术中和 AMO 超声乳化手柄(PROFICIENT 超声乳化手柄除外)联合使用。
生产厂家:美国 Abbott Medical Optics Inc.
注册代理:眼力健(上海)医疗器械贸易有限公司
发证日期:2014.12.30 **截止日期**:2019.12.29

国械注进 20142546187

产品名称:胰岛素笔（商品名：得时笔 2(ClikSTAR)）(Insulinpen)
规格型号:ClikSTAR
性能组成:本品由笔帽组件，笔芯固定架和机械装置组件组成；本品不含笔芯和针头。
适用范围:用于糖尿病患者皮下注射胰岛素。
生产厂家:德国 Sanofi-Aventis Deutschland GmbH
注册代理:赛诺菲(中国)投资有限公司
发证日期:2014.12.30 **截止日期**:2019.12.29

国械注进 20142556188

产品名称:金刚砂牙科车针(Dental Diamond Instrument)
规格型号:见附页
性能组成:由柄部和头部组成。柄部材料为符合 ISO1791-1 的不锈钢 06Cr19Ni10，头部(工作部分)材料为金刚砂。
适用范围:用于口腔科治疗室打磨牙用。
生产厂家:美国 Abrasive Technology, Inc.
注册代理:北京嘉联诚业医疗器械销售有限公司
发证日期:2014.12.30 **截止日期**:2019.12.29

国械注进 20143466189

产品名称:接骨板(metallic bone plates)
规格型号:见附页
性能组成:该产品结构为解剖型，材料 00Cr18Ni14Mo3 不锈钢。非灭菌包装。
适用范围:主要适用于四肢骨干骺端骨折支持内固定。
生产厂家:意大利 Gruppo Bioimpianti S.r.l
注册代理:上海以立贸易发展有限公司
发证日期:2014.12.30 **截止日期**:2019.12.29

国械注进 20143636190

产品名称:粘接用玻璃离子水门汀(Reinforced Glass Ionomer Luting Cement)
规格型号:型号:GC FujiCEM ；色号：黄色 包装规格:13.3g(7.2ml)/个
性能组成:该产品由 A 糊剂和 B 糊剂两组分组成。A 糊剂由玻璃离子填料，单体液，二氧化硅微粉末和颜料组成；B 糊剂由聚丙烯酸原液，无机填料，催化剂，二氧化硅微粉末组成。
适用范围:该产品用于金属嵌体、高嵌体、冠、桥的粘接；树脂嵌体、高嵌体、冠、桥的粘接；全瓷嵌体的粘接；高强度全瓷(氧化锆类)冠、桥粘接；金属、陶瓷、纤维桩的粘接。
生产厂家:日本株式会社ジーシー
注册代理:而至齿科(苏州)有限公司
发证日期:2014.12.30 **截止日期**:2019.12.29

国械注进 20143266191

产品名称:强脉冲光治疗系统(IPL P-NAIN System)
规格型号:P-NAIN
性能组成:产品由主机、手柄及电源线组成。主机由高压板、水泵、主板、冷却水箱、风扇、滤波器组成，手柄（560nm 手柄、700nm 手柄）由氙灯、半导体制冷片和滤光块组成。
适用范围:该产品用于治疗皮肤的色素性病变(雀斑)以及脱毛。
生产厂家:韩国 Jeisys Medical Inc.
注册代理:北京美延尔电子技术开发有限公司
发证日期:2014.12.31 **截止日期**:2019.12.30

国械注进 20142216192

产品名称:心输出量测量仪(Cardiac Output Measuring Equipment)
规格型号:USCOM 1A
性能组成:该产品由主机(带显示器)、电源适配器(MW6515F 型，Elpac Power Systems 生产)、手写笔和探头(22-12G 型，Sound Technology 生产)组成。
适用范围:该产品可无创地测量心脏血流，评价心脏每搏的血流动力学参数，例如：心率与心输出量。该产品供训练有素的医生在医院和临床环境中使用，适用于儿科患者和成人患者。
生产厂家:澳大利亚 Uscom Ltd
注册代理:北京格乐瑞思经贸有限责任公司
发证日期:2014.12.31 **截止日期**:2019.12.30

国械注进 20143256193

产品名称:高频电刀(High Frequency Unit)
规格型号:GN300
性能组成:本产品由高频电刀主机 GN300 和脚踏开关 GN325 组成。高频输出频率为 447KHz(偏差±10%)，具有单极切割、单极凝血、双极切割和双极凝血模式。额定功率(偏差±20%):单极电切 1:300W，单极电切 2:200W，单极电切 3:150W，单极电切 4:100W，单极凝:120W，单极喷凝:80W，双极切:80W，双极凝:80W。

适用范围:与高频电刀附件配合使用,用于外科手术中的切割和凝血。
生产厂家:德国 Aesculap AG
注册代理:贝朗医疗(上海)国际贸易有限公司
发证日期:2014.12.31 截止日期:2019.12.30

国械注进 20142216194

产品名称:脑电双频谱指数测量仪(BIS Complete Monitoring System)
规格型号:BIS Complete
性能组成:见附页。
适用范围:该产品可采集脑电信号,经处理获得相关参数,来探测脑部活跃程度,以测量大脑的麻醉和镇静状态。该产品在持证医师或经训练的专业医护人员直接监督下使用,适用于在医疗机构接受治疗及护理的成人或儿科患者。
生产厂家:美国 Covidien llc
注册代理:柯惠医疗器材国际贸易(上海)有限公司
发证日期:2014.12.31 截止日期:2019.12.30

国械注进 20142316195

产品名称:CT/MRI 造影剂注射器(CT/MRI injector)
规格型号:Tennessee-XD2003
性能组成:产品组成:注射器(XD2053)、电源盒(XD2103)、操作终端(XD2060-Touch)、操作终端的电源(XD2061-Touch/XD 2061-M-Touch)和操作终端的电源线(XD2062)。不包括一次性使用的软管、针筒等耗材。
适用范围:用于 CT/MRI 检查过程中造影剂的注射。用于 MRI 环境时,最大磁场<3T。
生产厂家:德国 ulrich GmbH & Co.KG
注册代理:上海嘉蓝仪器设备有限公司
发证日期:2014.12.31 截止日期:2019.12.30

国械注进 20142576196

产品名称:内窥镜自动清洗消毒机(内視鏡自動洗浄器)
规格型号:WINNER
性能组成:主要性能:1、自动程序模式:水洗-酶洗-水洗-消毒-水洗-吹干。2、单次水洗时间:30 秒,误差±10%。3、酶液清洗时间:120 秒,误差±10%。4、消毒液清洗时间:240 秒,误差±10%。5、喷淋入水口水压:喷淋入水口处应能承受不大于 0.3Mpa 的水压。6、工作噪声:不大于 70db。7、报警功能:a)洗消机具有排水管路不通时的报警功能;b)洗消机具有清洗结束时报警功能。结构及组成:主要由泵机部分、洗净槽、制动部分、电源部分和挂架组成。
适用范围:产品用于消化器官用内窥镜的清洗消毒。
生产厂家:日本株式会社大和制作所
注册代理:北京红辉日华科贸有限公司
发证日期:2014.12.31 截止日期:2019.12.30

国械注进 20143776197

产品名称:外周斑块切除系统(商品名:TurboHawk)(Peripheral Plaque Excision System)
规格型号:见附页
性能组成:该产品由一个旋切导管和一个切刀驱动器组成。导管部分经环氧乙烷灭菌,切刀驱动器部分经伽马射线灭菌,均为一次性使用。
适用范围:该产品设计用于外周血管系统的粥样斑块切除。该产品不用于冠脉、颈动脉、髂动脉或肾血管动脉。
生产厂家:美国 ev3, Inc.
注册代理:柯惠医疗器材国际贸易(上海)有限公司
发证日期:2014.12.31 截止日期:2019.12.30

国械注进 20142226198

产品名称:电脑非接触眼压计(COMPUTERIZED TONOMETER)
规格型号:CT-80、CT-80A
性能组成:该产品由主机和支撑架组成。眼压测量范围:0-60mmHg;测量偏差:±1.5mmHg(6-16mmHg),±3mmHg(16-23mmHg),±5mmHg(>23mmHg);测量重复性偏差:应小于 10%。
适用范围:该产品用于患者检查眼内压力。
生产厂家:日本株式会社拓普康,株式会社トプコン
注册代理:北京拓普康商贸有限公司
发证日期:2014.12.31 截止日期:2019.12.30

国械注进 20143216199

产品名称:植入式心脏起搏器(商品名:Advantio)(Implantable Bradycardia Pacemaker)
规格型号:J062、J063、J064
性能组成:产品由脉冲发生器和扭矩扳手组成。
适用范围:用于提供心动过缓起搏和频率适应性起搏,以治疗缓慢性心律失常。具体适应证件说明书。
生产厂家:美国 Cardiac Pacemakers Incorporated, a wholly owned subsidiary of Guidant Corporation, a wholly owned subsidiary of Boston Scientific Corporation
注册代理:波科国际医疗贸易(上海)有限公司
发证日期:2014.12.31 截止日期:2019.12.30

国械注进 20143216200

产品名称:植入式起搏电极导线(商品名:Ingevity)(Implantable Pacing Leads)
规格型号:7635, 7636
性能组成:产品由电极导线,静脉拉钩,塑形钢丝,塑形钢丝导入器组成。
适用范围:与兼容脉冲发生器联合使用时,预制心房 J 型导线用于对右心房进行长期起搏和感知。
生产厂家:美国 Cardiac Pacemakers, Incorporated, a wholly owned subsidiary of Guidant Corporation, a wholly owned subsidiary of Boston Scientific Corporation
注册代理:波科国际医疗贸易(上海)有限公司
发证日期:2014.12.31 截止日期:2019.12.30

国械注进 20143216201

产品名称:植入式起搏电极导线(商品名:Ingevity)(Implantable Pacing Leads)
规格型号:7631, 7632
性能组成:产品由电极导线,静脉拉钩,塑形钢丝,塑形钢丝导入器组成。
适用范围:与兼容脉冲发生器联合使用时,直型导线用于对右心室进行长期起搏和感知。
生产厂家:美国 Cardiac Pacemakers, Incorporated, a wholly owned subsidiary of Guidant Corporation, a wholly owned subsidiary of Boston Scientific Corporation
注册代理:波科国际医疗贸易(上海)有限公司
发证日期:2014.12.31 截止日期:2019.12.30

国械注进 20143216202

产品名称:植入式心脏复律除颤器电极导线(Implantable ICD lead)
规格型号:Protego SD 60/16、Protego SD 65/16、Protego SD 65/18、Protego SD 75/18
性能组成:产品由电极导线和附件组成。电极导线由 DF4 连接器,导体电缆,导体线圈,电极导线体,电极导线固定套管,两个放电线圈,环形电极,类固醇药套和可伸缩固定螺旋组成。产品附件见附表。
适用范围:该电极导线用于长期性、经静脉植入于右心室,与配合使用的 ICD 一起,构成一个植入系统。
生产厂家:德国 BIOTRONIK SE & Co.KG
注册代理:百多力(北京)医疗器械有限公司
发证日期:2014.12.31 截止日期:2019.12.30

国械注进 20143306203

产品名称:X 射线计算机体层摄影设备(全身用 X 線 CT 診断装置)
规格型号:Alexion TSX-034A
性能组成:产品由基本配置和可选配置组成。基本配置 a)扫描架;包括探测器(CDAS-035A);X 射线管组件(CXB-400C);限束器 b)X 射线(高压)发生器(CXXG-010A);c)患者支架;d)控制台;带液晶显示器;包括计算机图像处理系统 e)系统变压器;f)附件。探测器 28 排;单次扫描层面宽度 0.5-20mm 最多可重建出 32 幅图像。扫描架开口直径 720mm。
适用范围:对从多方向穿过患者的 X 射线信号进行计算机处理,为诊断提供重建影像。

备注:注册证备注栏中增加:根据原《医疗器械注册管理办法》第十五条有关规定,该产品暂缓注册检测。生产企业必须在首台医疗器械入境后、投入使用前完成注册检测。经检测合格后方可投入使用。
生产厂家:日本东芝医疗系统株式会社
注册代理:东芝医疗系统(中国)有限公司
发证日期:2014. 12. 31 **截止日期**:2019. 12. 30

国械注进 20143236204

产品名称:彩色多普勒超声系统(Ultrasound System)
规格型号:ZS3
性能组成:见附页
适用范围:用于临床超声诊断检查。
生产厂家:美国 ZONARE Medical Systems Inc.
注册代理:深圳迈瑞生物医疗电子股份有限公司
发证日期:2014. 12. 31 **截止日期**:2019. 12. 30

国械注进 20143226205

产品名称:电子下消化道内窥镜(ビデオ軟性大腸鏡)
规格型号:EC-580RD/M
性能组成:本产品是由插入部(头端部、弯曲部和软性部)、操作部、LG 软性部、LG 连接器、图像连接器、中继线软性部组成。与富士生产的电子图像处理器 VP-4450HD、内窥镜光源装置 XL-4450 及附件组合使用。
适用范围:插入到体内、管腔、体腔或体内腔,提供用于对体内、管腔、体腔或体内腔进行观察、诊断、拍摄或治疗的图像。本产品于医疗设施内在医生的管理下,用于对直肠、S 字结肠、大肠、回盲部进行观察、诊断和治疗。
生产厂家:日本富士胶片株式会社
注册代理:富士胶片(中国)投资有限公司
发证日期:2014. 12. 31 **截止日期**:2019. 12. 30

国械注进 20142406206

产品名称:血小板 P2Y12 受体功能检测试剂盒(闭合时间法)(INNOVANCE® PFA P2Y)
规格型号:20 个/盒
性能组成:20 μg 腺苷-5'-二磷酸(ADP),5 ng 前列腺素 E1(PGE1),125 μg 离子钙(431 μg 二水合氯化钙(CaCl2 x 2 H2O))。
适用范围:用于检测正在接受 P2Y12 受体拮抗剂治疗的患者柠檬酸盐抗凝全血样本中的血小板 P2Y12 受体阻断状况。
生产厂家:德国 Siemens Healthcare Diagnostics Products GmbH
注册代理:西门子医学诊断产品(上海)有限公司
发证日期:2014. 12. 31 **截止日期**:2019. 12. 30

国械注进 20142406207

产品名称:生化多项校准品(SYS-Multicalib neo)
规格型号:5mL×5
性能组成:该产品为添加化学成分的人血清,添加成分来自动物和人。(具体内容详见产品说明书)
适用范围:该产品用于在全自动生化分析仪上进行临床化学参数的校准。测量的参数如下:胆碱酯酶(CHE)、总胆固醇(T-CHO)、总蛋白(TP)、白蛋白(ALB)、铁(Fe)、乳酸脱氢酶(LD)、天门冬氨酸氨基转移酶(AST)、丙氨酸氨基转移酶(ALT)、肌酸激酶(CK)、血清碱性磷酸酶(ALP)、α-淀粉酶(α-AMY)、γ-谷氨酰转肽酶(γ-GT)、葡萄糖(GLU)、尿素(BUN)、肌酐(CRE)、尿酸(UA)、钙(Ca)、磷(IP)。
生产厂家:日本 SYSMEX CORPORATION
注册代理:希森美康医用电子(上海)有限公司
发证日期:2014. 12. 31 **截止日期**:2019. 12. 30

国械注进 20142406208

产品名称:生化多项质控品(SYS-Multitrol 2)
规格型号:5mL×5
性能组成:该产品为添加化学成分的人血清,添加成分来自动物和人。(具体内容详见产品说明书)
适用范围:该产品用于在全自动生化分析仪上进行临床化学参数的质控。测量的参数如下:胆碱酯酶(CHE)、总胆固醇(T-CHO)、总蛋白(TP)、白蛋白(ALB)、铁(Fe)、乳酸脱氢酶(LD)、天门冬氨酸氨基转移酶(AST)、丙氨酸氨基转移酶(ALT)、肌酸激酶(CK)、血清碱性磷酸酶(ALP)、α-淀粉酶(α-AMY)、γ-谷氨酰转肽酶(γ-GT)、葡萄糖(GLU)、尿素(BUN)、肌酐(CRE)、尿酸(UA)、钙(Ca)、磷(IP)、总胆汁酸(TBA)。
生产厂家:日本 SYSMEX CORPORATION
注册代理:希森美康医用电子(上海)有限公司
发证日期:2014. 12. 31 **截止日期**:2019. 12. 30

国械注进 20142406209

产品名称:生化多项质控品(SYS-Multitrol 1)
规格型号:5mL×5
性能组成:该产品为添加化学成分的人血清,添加成分来自动物和人。(具体内容详见产品说明书)
适用范围:该产品用于在全自动生化分析仪上进行临床化学参数的质控。测量的参数如下:胆碱酯酶(CHE)、总胆固醇(T-CHO)、总蛋白(TP)、白蛋白(ALB)、铁(Fe)、乳酸脱氢酶(LD)、天门冬氨酸氨基转移酶(AST)、丙氨酸氨基转移酶(ALT)、肌酸激酶(CK)、血清碱性磷酸酶(ALP)、α-淀粉酶(α-AMY)、γ-谷氨酰转肽酶(γ-GT)、葡萄糖(GLU)、尿素(BUN)、肌酐(CRE)、尿酸(UA)、钙(Ca)、磷(IP)、总胆汁酸(TBA)。
生产厂家:日本 SYSMEX CORPORATION
注册代理:希森美康医用电子(上海)有限公司
发证日期:2014. 12. 31 **截止日期**:2019. 12. 30

国械注进 20142406210

产品名称:肌钙蛋白 I 校准品(Access AccuTnI+3 Calibrators)
规格型号:校准品 0 (S0):1.5mL/瓶,校准品 1 (S1):1.5mL/瓶,校准品 2 (S2):1mL/瓶,校准品 3 (S3):1mL/瓶,校准品 4 (S4):1mL/瓶,校准品 5 (S5):1mL/瓶。
性能组成:校准品 0 (S0):含表面活性剂的牛血清白蛋白 (BSA) 缓冲基质,叠氮化钠和 Proclin300;校准品 1 (S1)、校准品 2 (S2)、校准品 3 (S3)、校准品 4 (S4)、校准品 5 (S5):重组肌钙蛋白 I 复合物、含表面活性剂的牛血清白蛋白(BSA)缓冲基质、叠氮化钠和 Proclin300;校准卡。(具体内容详见产品说明书)
适用范围:本产品用于肌钙蛋白 I 测定时的校准。
生产厂家:美国 Beckman Coulter, Inc.
注册代理:贝克曼库尔特商贸(中国)有限公司
发证日期:2014. 12. 31 **截止日期**:2019. 12. 30

国械注进 20142406211

产品名称:大疱性皮肤病抗体检测试剂盒(间接免疫荧光法)(IIFT: Dermatology Mosaic 60)
规格型号:FA 1495-1003-1:30 人份/盒、FA1495-1005-1:50 人份/盒、FA 1495-1010-1:100 人份/盒、FA 1495-2005-1:100 人份/盒、FA 1495-2010-1:200 人份/盒、FA 1501-1003-7:30 人份/盒、FA1501-1005-7:50 人份/盒、FA 1501-1010-7:100 人份/盒、FA 1501-2005-7:100 人份/盒、FA 1501-2010-7:200 人份/盒、FA 1501-1003-14:30 人份/盒、FA1501-1005-14:50 人份/盒、FA 1501-1010-14:100 人份/盒、FA 1501-2005-14:100 人份/盒、FA1501-1003-20:30 人份/盒、FA 1501-1005-20:50 人份/盒、FA 1501-1010-20:100 人份/盒、FA1501-2005-20:100 人份/盒、FA 1501-2010-20:200 人份/盒、FA 1502-1003-1:30 人份/盒、FA 1502-1005-1:50 人份/盒、FA 1502-1010-1:100 人份/盒、FA1502-2005-1:100 人份/盒、FA 150b-1003:30 人份/盒、FA 150b-1005:50 人份/盒、FA 150b-1010:100 人份/盒、FA 150b-2005:100 人份/盒、FA 1501-1003-60:30 人份/盒、FA 1501-1005-60:50 人份/盒、FA1501-1010-60:100 人份/盒、FA 1501-2005-60:100 人份/盒、FA 1947-1003-50:30 人份/盒、FA 1947-1005-50:50 人份/盒、FA 1947-1010-50:100 人份/盒、FA1947-2005-50:100 人份/盒。
性能组成:生物载片、异硫氰酸荧光素(FITC)标记的二抗、阳性对照、阴性对照、磷酸盐(PBS)、吐温 20,试剂盒中还包含封片介质和盖玻片。(具体内容详见产品说明书)
适用范围:该产品用于体外定性检测人血清或血浆中抗表皮基底膜抗体、抗棘细胞桥粒抗体、抗桥粒芯糖蛋白 1 抗体、抗桥粒芯糖蛋白 3 抗体、抗 BP180 抗体、抗 BP230 抗体、抗 VII 型胶原抗体。
生产厂家:德国 EUROIMMUN Medizinische Labordiagnostika AG
注册代理:北京欧蒙生物技术有限公司
发证日期:2014. 12. 31 **截止日期**:2019. 12. 30

国械注进 20142406212

产品名称:高密度/低密度脂质胆固醇校准品（商品名：梅泰博丽）(Standard For HDL/LDL-Cholesterol measurement)
规格型号:()冻干粉 2ml 用×4 瓶)/盒
性能组成:HDL.LDL-C 测定用血清原液，冻干粉。
适用范围:用于高密度/低密度脂质胆固醇检测项目的定标。
生产厂家:日本 Kyowa Medex Co., Ltd.
注册代理:协和梅迪克斯医疗器械（上海）有限公司
发证日期:2014.12.31 **截止日期**:2019.12.30

国械注进 20142406213

产品名称:蛋白质校准品(尿液/脑脊液)(C.f.a.s. PUC)
规格型号:5 × 1 mL
性能组成:羟乙基哌嗪乙磺酸（HEPES）缓冲液，以及化学添加物和特殊生物来源的物质。无活性成分：防腐剂和稳定剂。(具体内容详见说明书)
适用范围:本产品用于微量白蛋白、免疫球蛋白 G（IgG）、总蛋白（尿液/脑脊液）检测的校准。
生产厂家:德国 Roche Diagnostics GmbH
注册代理:罗氏诊断产品（上海）有限公司
发证日期:2014.12.31 **截止日期**:2019.12.30

国械注进 20142406214

产品名称:产前三项血清质控物(Lyphochek Maternal Serum Control)
规格型号:三水平 6×5mL 三水平小包装 3×5mL
性能组成:本产品为人源性血清，并添加了人和动物源性成份、化学品、防腐剂。
适用范围:用于甲胎蛋白(AFP)，游离雌三醇和人绒毛膜促性腺激素（总 hCG 和 β - hCG）的质量控制。
生产厂家:美国 Bio-Rad Laboratories, Inc.
注册代理:伯乐生命医学产品（上海）有限公司
发证日期:2014.12.31 **截止日期**:2019.12.30

国械注进 20142406215

产品名称:血糖质控液(OneTouch Ultra Control Solution)
规格型号:小瓶装:3.75ml/瓶
性能组成:该产品是一种红色溶液，含 D 型 - 葡萄糖，还包含苯甲酸钠，磷酸氢二钠 EDTA，FD&C 红色颜料和粘度调节剂。
适用范围:该产品用于葡萄糖项目的质量控制。
生产厂家:瑞士 LifeScan Europe
注册代理:强生（上海）医疗器材有限公司
发证日期:2014.12.31 **截止日期**:2019.12.30

国械注进 20142406216

产品名称:定量尿液质控物(Lyphochek Quantitative Urine Control)
规格型号:正常水平（水平 1）单独包装 …… 12×10ml 异常水平（水平 2）单独包装 …… 12×10ml 二水平混合小包装……2×10ml（每水平 1 瓶）
性能组成:本产品是由人尿液并添加了人源性和动物源性成份、治疗性药物、化学品、激素和稳定剂制备而成。
适用范围:用于钙、氯、肌酐、葡萄糖、微量白蛋白、磷、钾、总蛋白、钠、尿素、尿素氮、尿酸的质量控制。
生产厂家:美国 Bio-Rad Laboratories, Inc.
注册代理:伯乐生命医学产品（上海）有限公司
发证日期:2014.12.31 **截止日期**:2019.12.30

国械注进 20142406217

产品名称:免疫分析质控物(LyphochekImmunoassay PlusControl)
规格型号:三水平 12×5ml 水平 1 12×5ml 水平 2 12×5ml 水平 3 12×5ml 三水平小包装 3×5ml
性能组成:该产品为人源性血清，并添加了人和动物源性成分、纯化学品和治疗药物。
适用范围:用于 FT3，TT3，FT4，TT4，TSH，FSH，催乳素，LH，铁蛋白，胰岛素，可的松，C-肽，地高辛，雌二醇，叶酸，人绒毛膜促性腺激素，孕酮，T3 摄入率，睾酮的质量控制。
生产厂家:美国 Bio-Rad Laboratories, Inc.
注册代理:伯乐生命医学产品（上海）有限公司
发证日期:2014.12.31 **截止日期**:2019.12.30

国械注进 20142406218

产品名称:抗核糖体 P 蛋白抗体检测试剂盒(酶联免疫法)(QUANTA Lite Ribosome P ELISA)
规格型号:96 人份/盒
性能组成:微孔板、阴性对照品、低阳性对照品、高阳性对照品、样品稀释液、浓缩清洗液、结合物、底物液、终止液。(具体内容详见说明书)
适用范围:用于体外半定量检测人血清当中的核糖体 P 蛋白抗体。
生产厂家:美国 INOVA Diagnostics, Inc.
注册代理:沃芬医疗器械商贸（北京）有限公司
发证日期:2014.12.31 **截止日期**:2019.12.30

国械注进 20142406219

产品名称:ENA（6 项）抗体检测试剂盒(酶联免疫法)(QUANTA Lite ENA 6 ELISA)
规格型号:96 人份/盒
性能组成:微孔板、阴性对照品、低阳性对照品、高阳性对照品、样品稀释液、浓缩洗液、结合物、底物液、终止液。(具体内容详见说明书)
适用范围:用于体外半定量检测人血清当中 Sm、RNP、SS-A(60kDa 和 52kDa)、SS-B、Scl-70 以及 Jo-1 抗体。
生产厂家:美国 INOVA Diagnostics, Inc.
注册代理:沃芬医疗器械商贸（北京）有限公司
发证日期:2014.12.31 **截止日期**:2019.12.30

国械注进 20143466220

产品名称:可吸收骨接合植入物（商品名：芬力）(Bioabsorbable Implants and Accessories for Bone surgery)
规格型号:见附页
性能组成:该产品是由生物可吸收高分子材料聚(L-乳酸-羟基乙酸)(PLGA)制成。该产品无菌状态提供，一次性使用。
适用范围:该产品适用于骨折的固定，截骨术，骨融合，骨移植和适当固定下的关节面骨折。
生产厂家:芬兰 Bioretec Ltd.
注册代理:齐芬（上海）生物科技有限公司
发证日期:2014.12.31 **截止日期**:2019.12.30

国械注进 20143636221

产品名称:通用粘接系统（商品名：Single bond 通用粘接系统）(Single Bond Universal System)
规格型号:见附页
性能组成:通用粘接剂主要由 2-羟乙基甲基丙烯酸/(HEMA)、2-甲基-2-丙烯酸(1-甲基亚乙基)双[4，1-苯氧基(2-羟基-3，1-丙亚)]酯(Bis-GMA)、无水乙醇、2-甲基-2-丙烯酸-1，10-癸二酯、2-甲基-2-丙烯酸与 1，10-癸二醇在五氧化二磷反应的混合物、硅烷化硅分子、软化水/水组成；通用粘接剂激活剂主要由乙醇、对甲苯磺酸钠盐组成；通用酸蚀剂主要由去离子水/水、磷酸、二氧化硅乳胶、聚乙二醇组成。薄膜厚度不大于 25 μm，牙本质小管封闭率大于 90%。
适用范围:通用粘接剂可用于光固化复合树脂或复合体充填物充填各类洞型（G.V.Black 分类）前的粘接；与 RelyX Ultimate 树脂水门汀配合使用粘固间接修复体；与 RelyXVeneer 树脂水门汀配合使用粘固贴面；粘接光固化复合树脂核材料或其它核材料；配合通用粘接剂激活剂，用于自固化或双固化的水门汀与核材料或复合树脂类充填材料的粘接；对复合树脂充填物或复合体充填物进行修补；可对复合树脂修复体、烤瓷熔附金属修复体和全瓷修复体进行口内修补，无需添加任何预处理剂；窝沟封闭剂的粘接。
生产厂家:德国 3M Deutschland GmbH
注册代理:明尼苏达矿业制造（上海）国际贸易有限公司
发证日期:2014.12.31 **截止日期**:2019.12.30

国械注进 20143656222

产品名称:可吸收缝线(Polydioxanone Suture)
规格型号:见附页
性能组成:该产品是带针缝合线，其中针的材料是医用不锈钢（牌号为

S304)，线是聚对二氧环己酮制成的无菌人工合成吸收性缝线，颜色为紫色。产品经环氧乙烷灭菌，一次性使用。
适用范围:该产品是在手术中对组织进行缝合，结扎，固定使用。
生产厂家:韩国 KJ MEDITECH.CO.，LTD
注册代理:凯纳西科技(北京)有限公司
发证日期:2014.12.31 **截止日期**:2019.12.30

国械注进 20143466223

产品名称:TIPS 覆膜支架系统（商品名：GORE® VIATORR®）(GORE® VIATORR® TIPS Endoprosthesis)
规格型号:PTB084275, PTB106275, PTB085275, PTB107275, PTB086275, PTB108275, PTB087275, PTB124275, PTB088275, PTB126275, PTB104275, PTB128275, PTB105275,
性能组成:TIPS 覆膜支架系统主要由两部份构成:可植入的镍钛合金覆膜支架和经皮输送系统。覆膜支架由一个自膨式电镀镍钛诺合金(镍钛)支架组成，支架支撑着一个低渗透性的膨体聚四氟乙烯(ePTFE)覆膜。覆膜支架分为两个功能区:肝内覆膜区和门脉裸区。由一个环状不透射线黄金标记带划分覆膜区和裸区。还有另外一个不透射线黄金标记位于覆膜支架的尾端。输送系统与直径不大于 0.038 英寸(0.97 毫米)的导丝相容。输送系统主要由 HDPE, EVA, 304 不锈钢，聚碳酸酯，硅胶，膨体聚四氟乙烯，尼龙，铂铱合金，丙烯酸树脂和紫外粘合剂组成。器械经环氧乙烷灭菌，仅限一次性使用。
适用范围:TIPS 覆膜支架系统适用于初治和修复治疗门静脉高血压及其并发症，如静脉曲张出血、胃病、顽固性腹水和/或肝性胸水。
生产厂家:美国 W.L.GORE & ASSOCIATES, INC.
注册代理:戈尔工业品贸易(上海)有限公司
发证日期:2014.12.31 **截止日期**:2019.12.30

国械注进 20143226224

产品名称:等凸双非球面人工晶状体(Intraocular Lens)
规格型号:SOFTEC HDO
性能组成:该产品为单件式后房人工晶状体，可折叠，襻形为改良 C 型。主体部分及支撑部分均由聚甲基丙烯酸羟乙酯材料制成，添加紫外吸收剂；屈光度范围：+5.00～+36.00D。光学设计：单焦，非球面（在孔径光栏直径 3.0mm 范围内模拟眼中的轴截面光焦度分布应符合非球面零球差分布特征)，椭圆形光学区（5.75mm×6.50mm)；无菌状态提供，一次性使用。
适用范围:适用于 18 岁及以上成人超声乳化白内障摘除术后替代自然的晶状体。该人工晶状体应置于囊袋内，适用于通过环形撕囊并保持后囊完整的超声乳化摘除晶状体的初次植入术。
变更情况:变更日期：2015.01.29。“代理人住所:深圳市南山高新区中区深南西路深南花园裙楼 B 区四层 416 号”变更为“代理人住所:深圳市南山高新区南区科技南十路 6 号深圳航天科技创新研究院大厦 D 座 501-503 室”。
生产厂家:巴巴多斯 Lenstec (Barbados) Inc.
注册代理:深圳市新产业眼科新技术有限公司
发证日期:2014.12.31 **截止日期**:2019.12.30

国械注进 20143586225

产品名称:器官保存液(Kidney Perfusion Solution)
规格型号:KPS-1
性能组成:该产品由氯化钙（二水合物)、氢氧化钠、羟乙基哌嗪乙磺酸（游离酸)、钾磷酸盐（一元碱)、甘露醇、葡萄糖、葡萄糖酸钠、葡萄糖酸镁、核糖、羟乙基淀粉、谷胱甘肽（还原态)、腺嘌呤（游离碱)、注射用水组成。该产品无菌状态提供。
适用范围:该产品用于供体捐献的离体肾脏的反复冲洗和低温、持续肾脏机械灌注，在供体肾离体后至移植入受体之前，主要用于供体捐献的离体肾脏的存储，运输。
生产厂家:美国 Organ Recovery Systems Inc.
注册代理:捷通埃默高(北京)医药科技有限公司
发证日期:2014.12.31 **截止日期**:2019.12.30

国械注进 20143586226

产品名称:器官保存液(Static Preservation Solution)
规格型号:SPS-1
性能组成:该产品由羟乙基淀粉、乳糖醛酸、磷酸二氢钾、七水硫酸镁、五水棉子糖、腺苷酸、别嘌呤醇、谷胱甘肽、氢氧化钾、氢氧化钠/盐酸、注射用水组成。该产品无菌状态提供。
适用范围:该产品用于供体捐献器官后，器官储存和运输时，以及最终移植入患者前冲洗和冷藏供体捐献的离体肾脏、肝脏和胰脏器官。
生产厂家:美国 Organ Recovery Systems Inc.
注册代理:捷通埃默高(北京)医药科技有限公司
发证日期:2014.12.31 **截止日期**:2019.12.30

国械注进 20143776227

产品名称:房间隔穿刺鞘（商品名：SWARTZ）(Swartz Braided Transseptal Guiding Introducer)
规格型号:407356、407357、407358、407359、407360、407362、407363、407364、407365、407366、407367、407439、407440、407441、407442、407443、407445、407446、407448、407449、407450、407451、407452、407453、407454、407455、407456、407457、407459
性能组成:房间隔穿刺鞘由不透射线的鞘管、扩张器及导丝组成。主要材料为 Pebax、高密度聚乙烯和带 PTFE 涂层的 304 不锈钢。环氧乙烷灭菌。一次性使用。
适用范围:该产品适用于经房间隔将各种心血管电极导管插入左侧心脏。
变更情况:变更日期：2015.01.30。“14901 DeVeau Place Minnetonka, Minnesota 55345-2126 USA”变更为“5050 Nathan Lane North Plymouth, MN USA 55442”。
生产厂家:美国 St. Jude Medical
注册代理:圣犹达医疗用品(上海)有限公司
发证日期:2014.12.31 **截止日期**:2019.12.30

国械注进 20143776228

产品名称:导引导管（商品名：Convey）(Guiding Catheter)
规格型号:见附页
性能组成:Convey 导引导管的管杆由内层、不锈钢编制的中层和外层导管管杆组成。Convey 导引导管由不同长度，不同末端形状，有无侧孔可供选择。产品经环氧乙烷灭菌，一次性使用。
适用范围:该产品为医疗和诊断器件的导入提供路径。用于冠状血管系统或外周血管系统。
生产厂家:荷兰 PendraCare International B.V.
注册代理:波科国际医疗贸易(上海)有限公司
发证日期:2014.12.31 **截止日期**:2019.12.30

国械注进 20143226229

产品名称:软性亲水接触镜(商品名:多水润天天抛渐进多焦)(DAILIES AquaComfort Plus Multifocal One-Day Contact Lenses)
性能组成:日戴软性亲水接触镜，镜片材料为 nelfilconA，镜片着淡蓝色，采用聚丙烯杯。各参数标称值：含水量：69%，折射率：1.383，透氧系数：25.8×10-11 (cm2/s) [ml02/ (ml×mmHg)]，-3D 透氧量：25.8×10^{-9} (cm/s) [ml02/ (ml×mmHg)]，后顶焦度范围：+6.00D～-10.00D，附加焦度(实测值)高附加:+1.40D，中附加：+1.00D，低附加:+0.50D。可见光透过率≥92%。推荐更换周期一日。产品经高压蒸汽灭菌。
适用范围:适用于可以带有不超过 2.00D 的不影响视觉散光的有晶状体无眼病患者屈光不正(近视或远视)的光学矫正，同时适用患者可能有老花眼，需要不超过+3.00D 阅读附加屈光度矫正。
生产厂家:美国 Alcon Laboratories, Inc.
注册代理:爱尔康(中国)眼科产品有限公司
发证日期:2014.12.31 **截止日期**:2019.12.30

国械注进 20143776230

产品名称:PTA 球囊扩张导管（商品名：Gladiator Elite）(Gladiator Elite PTA Balloon Dilatation Catheter)
规格型号:见附页
性能组成:该产品由球囊、Y 形管、收缩管、应力缓冲器、双腔导管管杆、尖端组成，带有铂铱合金不透射线标记，涂覆硅涂层。球囊直径为 3-4mm 的产品为双层球囊设计，其他产品为三层球囊设计。制造材料为：球囊：Pebax 和聚十二内酰胺；Y 形管、收缩管、双腔导管管杆和缓冲尖端：Pebax；应力缓冲器：乙烯-醋酸乙烯共聚物；内侧尖端：尼龙。产品经环氧乙烷灭菌，一次性使用。

适用范围:该产品适用于外周血管系统(包括髂动脉、股动脉、腘动脉、胫动脉、腓动脉、锁骨下动脉和肾动脉)的经皮腔内血管成形术 (PTA),并适用于治疗自体或人造透析用动静脉瘘的堵塞病变。Gladiator Elite PTA 球囊扩张导管还适用于外周血管系统中的球囊扩张支架或自扩张支架的后扩张。
生产厂家:美国 Boston Scientific Corporation
注册代理:波科国际医疗贸易(上海)有限公司
发证日期:2014. 12. 31 **截止日期**:2019. 12. 30

国械注进 20143226231

产品名称:软性亲水接触镜(Soft Contact Lens)
规格型号:Promir
性能组成:该产品为日戴型软性亲水接触镜,由 HEMA、GM、EGDMA、AIBIN 以及着色剂聚合而成,着棕色、灰色、黑色、绿色、蓝色、紫色、褐色,分为 PP 杯和玻璃瓶两种包装。含水量:40%±2%;折射率:1.438±0.005;透氧系数: 9.0×10^{-11}(cm2/s)[mLO2/(mL×mmHg)],透氧量: 10.0×10^{-9}(cm/s) [mLO2/(mL×mmHg)],光透过率>98%,后顶焦度范围:0.00 ～ -10.00D。产品经蒸汽湿热灭菌。
适用范围:该产品用于无禁忌症患者矫正近视
生产厂家:韩国 Vision Science Co., Ltd.
注册代理:韩国科尔视有限公司上海代表处
发证日期:2014. 12. 31 **截止日期**:2019. 12. 30

国械注进 20143226232

产品名称:软性亲水接触镜(Soft Contact Lens)
规格型号:Colors Nouveau 1-day
性能组成:该产品为日戴型软性亲水接触镜。镜片材料由 HEMA、NVP、EGDMA、GMMA 及着色剂等制成,着棕色、蓝色、绿色、紫色、灰色、黑色、褐色。聚丙烯盒包装。各参数标称值:含水量:48%,折射率:1.438,透氧系数: 12×10^{-11}(cm2/s)(mLO2/(mL×mmHg)),-3D 镜片透氧量: 11×10^{-9}(cm/s) (mLO2/(mL×mmHg)),后顶焦度范围: 0.00D～-10.00D,可见光透过率>95%。推荐更换周期一天。产品经高压蒸汽灭菌。
适用范围:日戴型镜片,用于无禁忌症患者矫正近视
生产厂家:韩国 Vision Science Co., Ltd.
注册代理:韩国科尔视有限公司上海代表处
发证日期:2014. 12. 31 **截止日期**:2019. 12. 30

国械注进 20143226233

产品名称:软性亲水接触镜(Soft Contact Lens)
规格型号:Vision Maxim
性能组成:该产品为日戴型软性亲水接触镜。镜片材料由 HEMA、NVP、EGDMA、GMAA 及着色剂等制成,着棕色、蓝色、绿色、紫色、灰色、黑色、褐色。聚丙烯盒及玻璃瓶包装。各参数标称值: 含水量: 51%,折射率: 1.431,透氧系数: 14×10^{-11}(cm2/s)(mLO2/(mL×mmHg)),-3D 镜片透氧量: 14×10^{-9}(cm/s) (mLO2/(mL×mmHg)),后顶焦度范围: 0.00D～-10.00D,可见光透过率>95%。推荐更换周期一个月。产品经高压蒸汽灭菌。
适用范围:日戴型镜片,用于无禁忌症患者矫正近视
生产厂家:韩国 Vision Science Co., Ltd.
注册代理:韩国科尔视有限公司上海代表处
发证日期:2014. 12. 31 **截止日期**:2019. 12. 30

国械注进 20143546234

产品名称:囊胚玻璃化复苏液(商品名: RapidWarm Blast)(Blastocyst Warming Solution)
规格型号:3 X 10 mL
性能组成:该产品为无菌液体,包装内含有三种应用于囊胚期胚胎玻璃化冷冻后复苏的培养液:warm1TMBlast、warm2TMBlast、warm3TMBlast,需一起配合使用。产品组成成分:丙氨酸,谷氨酸,氯化钾,丙酮酸钠,丙氨酰谷氨酰胺,甘氨酸,丝氨酸,蔗糖(warm3TMBlast 无此成分),天冬酰胺,人血清白蛋白,碳酸氢钠,牛磺酸,天门冬氨酸,透明质酸,氯化钠,注射用水,氯化钙,硫酸镁,磷酸二氢钠,庆大霉素,4-吗啉丙磺酸,葡萄糖,脯氨酸,乳酸钠。
适用范围:本产品适用于囊胚玻璃化冷冻后囊胚复苏。
生产厂家:瑞典 Vitrolife Sweden AB
注册代理:瑞典瑞利芙瑞典有限公司北京代表处
发证日期:2014. 12. 31 **截止日期**:2019. 12. 30

国械注进 20143546235

产品名称:囊胚玻璃化冷冻液(商品名: RapidVit Blast)(Blastocyst Vitrification Solution)
规格型号:3 X 10 mL
性能组成:该产品为无菌液体,包装内含有三种应用于囊胚期胚胎玻璃化冷冻的培养液:vitir 1TMBlast、vitir 2TMBlast、vitir3TMBlast,需一起配合使用。产品组成成分:丙氨酸,庆大霉素,4-吗啉丙磺酸,磷酸二氢钠,丙氨酰谷氨酰胺,葡萄糖,脯氨酸,天冬酰胺,谷氨酸,丙二醇(vitir 1TMBlast 无此成分),乳酸钠,天门冬氨酸,甘氨酸,氯化钾,丙酮酸钠,氯化钙,人血清白蛋白,丝氨酸,乙二醇(vitir1TMBlast 无此成分),透明质酸,碳酸氢钠,牛磺酸,多聚蔗糖 400 (仅 vitir 3TMBlast 含有此成分),硫酸镁,氯化钠,注射用水。
适用范围:本产品适用于囊胚玻璃化冷冻。
生产厂家:瑞典 Vitrolife Sweden AB
注册代理:瑞典瑞利芙瑞典有限公司北京代表处
发证日期:2014. 12. 31 **截止日期**:2019. 12. 30

国械注进 20143546236

产品名称:卵裂胚玻璃化复苏液(商品名:RapidWarm Cleave)(Cleavage Stage Embryo Warming Solution)
规格型号:4 X 10 mL
性能组成:该产品为无菌液体,包装内含有四种应用于卵裂期胚胎玻璃化冷冻后复苏的培养液:warm1TMCleave、warm2TMCleave、warm3TMCleave、warm4TMCleave,需一起配合使用。产品组成成分:丙氨酸,谷氨酸,丙酮酸钠,氯化钾,丙氨酰谷氨酰胺,甘氨酸,丝氨酸,蔗糖(warm4TMCleave 无此成分),天冬酰胺,人血清白蛋白,碳酸氢钠,牛磺酸,天门冬氨酸,透明质酸,氯化钠,注射用水,氯化钙,硫酸镁,磷酸二氢钠,庆大霉素,4-吗啉丙磺酸,乳酸钠,葡萄糖,脯氨酸。
适用范围:本产品适用于卵裂期胚胎玻璃化冷冻后胚胎复苏。
生产厂家:瑞典 Vitrolife Sweden AB
注册代理:瑞典瑞利芙瑞典有限公司北京代表处
发证日期:2014. 12. 31 **截止日期**:2019. 12. 30

国械注进 20143546237

产品名称:卵裂胚玻璃化冷冻液(商品名: RapidVit Cleave)(Cleavage Stage Embryo Vitrification Solution)
规格型号:3 X 10 mL
性能组成:该产品为无菌液体,包装内含有三种应用于卵裂胚玻璃化冷冻的培养液:vitir 1TMcleave、vitir2TMcleave、vitir 3TMcleave,需一起配合使用。产品组成成分: 丙氨酸,庆大霉素,4-吗啉丙磺酸,磷酸二氢钠,丙氨酰谷氨酰胺,葡萄糖,脯氨酸,天冬酰胺,谷氨酸,丙二醇(仅 vitir 3 TMcleave 含有此成分),乳酸钠,天门冬氨酸,甘氨酸,氯化钾,丙酮酸钠,氯化钙,人血清白蛋白,丝氨酸,蔗糖(仅 vitir 3 TMcleave 含有此成分),乙二醇(vitir 1 TMcleave 无此成分),透明质酸,碳酸氢钠,牛磺酸,多聚蔗糖 400 (仅 vitir 3 TMcleave 含有此成分),硫酸镁,氯化钠,注射用水。
适用范围:本产品适用于卵裂胚玻璃化冷冻。
生产厂家:瑞典 Vitrolife Sweden AB
注册代理:瑞典瑞利芙瑞典有限公司北京代表处
发证日期:2014. 12. 31 **截止日期**:2019. 12. 30

国械注进 20143636238

产品名称:牙科粘接剂(OptiBond S)
规格型号:型号 34615 规格 (6ml/支×2 支)/盒; 型号 34719 规格 (0.18ml/支×100 支)/盒; 型号 34614 规格 6ml/支;
性能组成:本产品主要由双酚 A-双 (2-羟基-3-甲基丙烯酰氧基丙基)醚、甲基丙烯酸 2-羟基乙酯、二甲基丙烯酸甘油酯、二甲基丙烯酸磷酸甘油酯、乙醇、1, 7, 7-三甲基二环-[2.2.1]-七-2, 3-二酮、2-(乙基己基)-4-(二甲胺)苯甲酸酯、2, 6-二叔丁基-4-甲酚、气相二氧化硅、γ-甲基丙烯酰氧基丙基三甲氧基硅烷、铝硼硅酸钡和氟硅酸钠组成。固化方式为光固化。
适用范围:本产品用于牙釉质、牙本质与树脂材料的粘接。

生产厂家:美国 Kerr Corporation
注册代理:卡瓦盛邦(上海)牙科医疗器械有限公司
发证日期:2014.12.31 **截止日期**:2019.12.30

国械注进 20143636239

产品名称:光固化复合树脂 (商品名: Tetric N-Ceram Bulk Fill)(Tetric N-Ceram Bulk Fill Light-curing resin-based dental restorative material)
规格型号:通用色号:IVA(3.5g/支、0.25g/支、1g/支)、IVB(3.5g/支、0.25g/支)、IVW(3.5g/支、0.25g/支)
性能组成:该产品主要由钡玻璃填料、预聚物(钡玻璃, 氟化镱, Bis-GMA、双甲基丙烯酸氨基烷酯和癸二醇二丙烯酸酯)、氟化镱、甲基丙烯酸缩水甘油酯和双甲基丙烯酸氨基烷酯组成。
适用范围:该产品适用于乳牙的充填性修复; 后牙 I、II 类洞型的充填性修复; 前、后牙 V 类洞型的充填性修复; 后牙的预防性树脂充填。
生产厂家:列支敦士登 Ivoclar Vivadent AG
注册代理:义获嘉伟瓦登特(上海)商贸有限公司
发证日期:2014.12.31 **截止日期**:2019.12.30

国械注进 20143636240

产品名称:树脂基托材料 (商品名: SR Ivocap High Impact) (SR Ivocap High Impact Heat-curing denture base material)
规格型号:Pink、Pink-V、US-L、US-P、S、preference、US-D、Pink-V Implant、Preference Implant
性能组成:该产品包括粉末和液体, 粉末由聚甲基丙烯酸甲酯、共聚合物、过氧化苯甲酰、颜料组成。液体由甲基丙烯酸甲酯、二甲基丙烯酸(交联剂)、苯乙烯、氢醌组成。
适用范围:产品用于制作全口义齿、局部义齿、基托和重衬、正畸矫治器、丙烯酸树脂牙合垫夹板。
生产厂家:列支敦士登 Ivoclar Vivadent AG
注册代理:义获嘉伟瓦登特(上海)商贸有限公司
发证日期:2014.12.31 **截止日期**:2019.12.30

国械注进 20143226241

产品名称:后房型丙烯酸酯多焦非球面蓝光滤过型人工晶状体(商品名: Diff-aAY) (Acrylic-IOL posterior chamber)
规格型号:Diff-aAY
性能组成:该产品为单件式后房人工晶状体, 可折叠, 襻形为改良 C 型襻。主体及支撑部分由亲水性丙烯酸酯材料制成, 添加紫外吸收剂和黄色染料; 屈光度范围: +10.00D～+30.00D; 光学设计: 多焦, 非球面 (在孔径光栏半径 1.5mm 范围内, 实测非球面设计人工晶状体光焦度轴截面分布与被测人工晶状体等同光焦度的球面人工晶状体的理论光焦度轴截面分布图比较, 应具有显著的反向球差设计特征); 无菌状态提供, 一次性使用。
适用范围:适用于手术后取出天然晶状体的无晶体眼的矫正。
生产厂家:德国 HumanOptics Aktiengesellschaft
注册代理:北京世代保康科技发展有限公司
发证日期:2014.12.31 **截止日期**:2019.12.30

国械注进 20143226242

产品名称:后房型丙烯酸酯多焦非球面人工晶状体 (商品名: Diff-aA) (Acrylic-IOL posterior chamber)
规格型号:Diff-aA
性能组成:该产品为单件式后房人工晶状体, 可折叠, 襻形为改良 C 型襻。主体及支撑部分由亲水性丙烯酸酯材料制成, 添加紫外吸收剂; 屈光度范围: +10.00D～+30.00D; 光学设计: 多焦, 非球面 (在孔径光栏半径 1.5mm 范围内, 实测非球面设计人工晶状体光焦度轴截面分布与被测人工晶状体等同光焦度的球面人工晶状体的理论光焦度轴截面分布图比较, 应具有显著的反向球差设计特征); 无菌状态提供, 一次性使用。
适用范围:适用于手术后取出天然晶状体的无晶体眼的矫正。
生产厂家:德国 HumanOptics Aktiengesellschaft
注册代理:北京世代保康科技发展有限公司
发证日期:2014.12.31 **截止日期**:2019.12.30

国械注进 20143226243

产品名称:软性亲水接触镜(Menicon 1 DAY Flat Pack)
性能组成:日戴软性亲水接触镜, 镜片材料为 Hioxifilcon A, 着浅蓝色, 采用 PP 盒扁平封装。各参数标称值: 含水量: 57%, 折射率: 1.409, 透氧系数: 19×10-11 (cm2/s)[ml02/ (ml×mmHg)], -3D 透氧量: 19×10^{-9}(cm/s)[ml02/(ml×mmHg)], 后顶焦度范围:-0.50D～-10.00D, 可见光透过率>94%。建议镜片更换周期为一天。
适用范围:适用于矫正近视。
生产厂家:日本 Menicon Co., Ltd
注册代理:上海开眼商贸有限公司
发证日期:2014.12.31 **截止日期**:2019.12.30

国械注进 20143156244

产品名称:注射笔用针头(Unifine Pentips)
规格型号:Unifine Pentips 32G×4mm、Unifine Pentips 31G×5mm, 包装规格为 10 个/盒。
性能组成:该产品由针座(聚丙烯)、针管(不锈钢 06Cr19Ni10)、针帽(高密度聚乙烯)、针体套(高密度聚乙烯)和封口纸(无菌纸)组成。产品采用环氧乙烷灭菌, 产品有效期 5 年。
适用范围:该产品是与注射笔配合使用的一次性使用无菌注射针, 用于注射已批准上市的药品。与其配合使用的注射笔见附录 A。
生产厂家:英国 Owen Mumford Limited
注册代理:欧曼福德医疗器械(上海)有限公司
发证日期:2014.12.31 **截止日期**:2019.12.30

国械注进 20143636245

产品名称:牙齿美白胶(10% Hydrogen Peroxide Teeth Whitening Gel)
规格型号:wy10(1ml, 2ml, 3ml, 4ml, 5ml)
性能组成:牙齿美白胶的成分:过氧化氢, 水, 聚丙烯酸钠盐, 氨基醇。产品组成:一支 4:1 的双管, 一根推筒, 一个混合头。
适用范围:该产品用于去除牙齿色斑, 美白牙齿。
生产厂家:德国 S&C PolymerSilicon- und Composite-Spezialitaten GmbH
注册代理:北京富辰伟思医疗设备有限公司
发证日期:2014.12.31 **截止日期**:2019.12.30

国械注进 20143776246

产品名称:栓塞弹簧圈 (商品名: MReye) (Embolization Coil)
规格型号:见附页
性能组成:该产品由弹簧圈和装载筒组成。弹簧圈由铬镍铁合金和人造纤毛 (尼龙 6, 6) 制成。产品环氧乙烷灭菌, 一次性使用。
适用范围:栓塞弹簧圈预期用于外周动脉和静脉血管的栓塞治疗。
生产厂家:美国 Cook Incorporated
注册代理:库克(中国)医疗贸易有限公司
发证日期:2014.12.31 **截止日期**:2019.12.30

国械注进 20143466247

产品名称:脊柱内固定系统—椎弓根螺钉组件 (商品名: CD Horizon)(CD Horizon® Spinal System)
规格型号:见附页
性能组成:该产品万向螺钉和螺塞组成, 其中万向螺钉的顶丝部分采用符合 GB/T 13810 标准规定的 TA2 纯钛材料制成, 万向螺钉的其余部分及螺塞采用符合 GB/T 13810 标准规定的 TC4 ELI 钛合金材料制成, 表面经阳极氧化处理。非灭菌包装。
适用范围:与该企业生产的同一系统产品配合使用, 用于胸部、腰部及/或骶部脊柱的椎间盘退行性疾病; 脊柱前移; 损伤 (即: 骨折或移位); 椎管狭窄; 弯曲 (即: 脊柱侧凸、脊柱后凸、及/或脊柱前凸); 肿瘤; 假关节; 及/或以前进行的脊柱融合术不成功的情形的后路内固定。该产品不适用于儿童患者。
生产厂家:美国 Medtronic Sofamor Danek USA, Inc.
注册代理:美敦力(上海)管理有限公司
发证日期:2014.12.31 **截止日期**:2019.12.30

国械注进 20143776248

产品名称:颅内支撑导管 (商品名: Navien) (Navien Intracranial Support Catheter)
规格型号:见附页

性能组成:该产品是一根单腔、有弹性的、由不同硬度的复合材料制成的导管。导管管身带有亲水性涂层；管身使用镍钛合金线圈层加强；可在 X 线透视下显影。导管内腔可容纳直径不超过 0.038 英寸的导丝，以辅助导管系统的到位；内衬为 PTFE。导管远端有铂金不透射线的标记带；近端带有鲁尔接头，可连接配件和通过该系统注射液体。环氧乙烷灭菌，一次性使用。
适用范围:该产品用于在外周和神经血管里输送介入器材。
生产厂家:美国 Micro Therapeutics Inc. dba ev3 Neurovascular
注册代理:柯惠医疗器材国际贸易(上海)有限公司
发证日期:2014.12.31 截止日期:2019.12.30

国械注进 20143776249

产品名称:PTCA 导丝（商品名：DMS）(PTCA Guidewire)
规格型号:见附页
性能组成:该产品包括 PTCA 导丝和延长导丝两部分，PTCA 导丝由芯丝、绕丝组成，导丝表面覆有亲水涂层。产品经环氧乙烷灭菌，一次性使用。
适用范围:该产品适用于导引冠状动脉血管内诊断或介入器械。延长导丝用于冠状动脉(PTCA)中连接已插入血管的导丝，延长其工作长度，不接触人体。
生产厂家:日本株式会社エフエムデイ(FMD Co., Ltd.)
注册代理:和心伊达(北京)医疗器械有限公司
发证日期:2014.12.31 截止日期:2019.12.30

国械注进 20143636250

产品名称:回填牙胶(Gutta Percha)
规格型号:见附页
性能组成:本产品由反式-1,4-聚异戊二烯(马来树胶)(15%-25%)、氧化锌(60%-70%)、硫酸钡(8%-18%)、碳酸钙(1%-10%)、蜜蜡(1%-10%)、2,6-二叔丁基对甲酚(BHT)(<1%)及染色剂(黄色和红色)(<1%)组成。
适用范围:本产品用于根管预备成型后，固态充填根尖 1/3 段的牙根管，以达到充填根管的目的。
生产厂家:美国 Ormco Corporation also trading as Sybron Endo
注册代理:卡瓦盛邦(上海)牙科医疗器械有限公司
发证日期:2014.12.31 截止日期:2019.12.30

国械注进 20142216251

产品名称:血氧传感器(Sp02 Sensors)
规格型号:DS100A、D-YS、OXI-A/N、OXI-P/I
性能组成:该产品由传感器、连接线、胶带、耳夹(型号:D-YSE)及指夹(型号:D-YSPD)组成。传感器为可重复使用传感器。各型号具体组成如下：DS100A 由传感器、连接线组成。D-YS 由传感器、连接线、胶带(型号:ADH-A/N、FOAM-A/N、ADH-P/I、FOAM-P/I)组成。OXI-A/N 由传感器、连接线和胶带(型号:ADH-A/N、FOAM-A/N)组成。OXI-P/I 由传感器、连接线和胶带(型号:ADH-P/I、FOAM-P/I)组成。主要性能：脉搏血氧饱和度测定范围:1%～100%，脉搏血氧饱和度准确性详见附页；脉率值测定范围:25 次/分～250 次/分，脉率值的准确性:25 次/分～250 次/分，误差:±3 次/分
适用范围:该产品与手持式脉搏血氧饱和度测定仪配合使用，可对脉搏血氧饱和度及脉率进行连续非侵入性监测。具体适用人群及适用测量部位，请见附页。
生产厂家:美国 Covidien llc
注册代理:柯惠医疗器材国际贸易(上海)有限公司
发证日期:2014.12.31 截止日期:2019.12.30

国械注进 20142266252

产品名称:中频治疗仪(干涉電流型低周波治療器)
规格型号:SEDANTE MIOS
性能组成:本设备由主机、配件以及选配件组成；配件包括：电源线、保险丝、手动喷雾器、吸引堵塞管、四联吸引导线、柔软型吸引杯 S、柔软型吸引杯 S 用海绵、吸引杯拆卸工具；选配件包括：大号吸引杯、大号吸引杯用海绵、迷你吸引杯、迷你吸引杯用海绵、吸引杯 W、吸引杯 W 用海绵、吸引杯 S、吸引杯 S 用海绵、柔软型吸引杯 W、柔软型吸引杯 W 用海绵、导子托盘、磁性导子架、四联/二联吸引导线、迷你四联/二联导线、四联/二联软管导线、固定塞、四联导线固定塞、彩色帽、垫纸、输出面板罩和治疗信息 LED 显示灯。
适用范围:产品用于对神经和肌肉进行刺激从而达到镇痛及改善肌肉萎缩的效果。
生产厂家:日本株式会社 NIHON MEDIX
注册代理:浙江由企画科技股份有限公司
发证日期:2014.12.31 截止日期:2019.12.30

国械注进 20142226253

产品名称:内窥镜摄像系统(Synergy HD3 Camera System)
规格型号:见附页
性能组成:该产品由摄像光源图像处理一体机、平板电脑、平板电脑扩展坞、平板电脑套装、DICOM 许可密钥、摄像头、耦合器和光缆组成。
适用范围:该产品用于将内窥镜影像显示在视频监视器上。
生产厂家:美国 Arthrex, Inc.
注册代理:锐适医疗器械(上海)有限公司
发证日期:2014.12.31 截止日期:2019.12.30

国械注进 20142556254

产品名称:喷粉器(3MTMHigh-Resolution Sprayer)
规格型号:68904
性能组成:喷粉器由喷粉器主体、喷头(68912)组成。
适用范围:该产品用于将口腔成像用喷粉喷覆至牙齿和口腔黏膜部位。
生产厂家:美国 3M ESPE Dental Products
注册代理:明尼苏达矿业制造(上海)国际贸易有限公司
发证日期:2014.12.31 截止日期:2019.12.30

国械注进 20142236255

产品名称:一次性超声探头(RAR Precision Probe)
规格型号:RAR 2091
性能组成:由探头本身和与其配套使用的套管组成。
适用范围:与痔动脉结扎超声多普勒诊断仪(A.M.I. HAL/RAR System)配合使用，用于痔动脉结扎手术中确定痔动脉的位置。
生产厂家:奥地利 A.M.I. Agency for Medical Innovations GmbH
注册代理:北京润美康医药有限公司
发证日期:2014.12.31 截止日期:2019.12.30

国械注进 20142266256

产品名称:红外线治疗仪(ROTLICHTSTRAHLER)
规格型号:RL、RLJ、RLE 004
性能组成:红外线治疗仪由设备主体、支架组成。产品性能见附页。
适用范围:红外线治疗仪利用热效应达到促进血液循环或缓解疼痛的目的。
生产厂家:德国 BELA Lampenfabrikation Inhaber Boris Pichler e.K.
注册代理:康美德鑫国际科技(北京)有限公司
发证日期:2014.12.31 截止日期:2019.12.30

国械注进 20142216257

产品名称:一次性使用心电电极(Disposable ECG Electrode)
规格型号:见附页
性能组成:该产品由背衬、传感器及导电凝胶组成。
适用范围:该产品与心电测量、诊断和监护设备连用，用于检测患者的心电信号。13951C、13955C、13952B、13952E、13953B、13953E 型号产品仅适用于小儿和新生儿患者。989803149901 型号产品仅适用于小儿患者。M4612A、M4613A、989803148821、989803156201、989803156241、989803156211、989803156251、989803156221、989803156261、989803156231、989803156271、989803148801 型号产品仅适用于成人患者。
生产厂家:美国 Philips Medical Systems
注册代理:飞利浦（中国）投资有限公司
发证日期:2014.12.31 截止日期:2019.12.30

国械注进 20142266258

产品名称:上肢综合训练器(Armeo Power)
规格型号:1.0
性能组成:产品由主机、机械臂矫形器(包括肩部导向装置、调整旋钮、上臂护套、前臂护套和 Velcro 绑带)、平板显示器和安全运行控制器组成。
适用范围:该产品适合因中枢神经、周围神经、脊髓、肌肉或骨骼相关

疾病引起的上肢功能丧失或功能受限的患者，产品支持特定的练习，以增加肌肉的力量、扩大关节的活动范围，从而改善运动功能；同时还可以协助临床医生对这些功能进行评估。
生产厂家:瑞士 Hocoma AG
注册代理:北京欧培德科技有限公司
发证日期:2014. 12. 31　　**截止日期**:2019. 12. 30

国械注进 20142266259

产品名称:间歇式空气压力仪(Multi-Flo DVT Combo Intermittent Pneumatic Compression Device)
规格型号:IC-1545-DL
性能组成:产品由主机、GID-3045-K 小腿压力带、GI-3045-F 足部压力带、连接软管组成。
适用范围:本品通过为压力带定时充气，压迫患者肢体，促进静脉循环，起到预防深静脉血栓形成的作用。
生产厂家:美国 Bio Compression Systems, Inc.
注册代理:北京修合医药技术有限公司
发证日期:2014. 12. 31　　**截止日期**:2019. 12. 30

一类备案情况

国械备 20140001 号

产品名称:核酸提取或纯化试剂(digene®HC 2 Sample Conversion Kit)
规格型号:digene®HC 2 Sample Conversion Kit
性能组成:样品转换缓冲液：1*100ml；样本转移培养基（STM）：1*30ml；变性试剂：1*12ml；指示剂染料：1*0.35ml。
适用范围:用于核酸的提取、富集、纯化等步骤。其处理后的产物用于临床体外检测使用。
备 案 人:美国 QIAGEN Gaithersburg, Inc.
生产地址:1201 Clopper Road, Gaithersburg, Maryland 20878, USA
代 理 人:凯杰企业管理（上海）有限公司
代理地址:上海市张江高科技园区达尔文路 88 号 20 号楼
代理电话:028-86196860-806
备案日期:2014-07-01

国械备 20140002 号

产品名称:免疫组化抗原修复缓冲液(EnVision® FLEX Target Retrieval Solution, High pH (50x) (Dako Omnis))
规格型号:3×68 mL
性能组成:Tris/EDTA 缓冲液，pH 9。
适用范围:用于免疫组织化学染色前的抗原修复。
备 案 人:丹麦 Dako Denmark A/S
生产地址:Produktionsvej 42, DK-2600 Glostrup, Denmark
代 理 人:丹科医疗器械技术服务(上海)有限公司
代理地址:上海市黄浦区南京西路 338 号 1207-1208 室(邮寄地址：北京市朝阳区望京北路 3 号)
代理电话:13910962543
备案日期:2014-07-08

国械备 20140003 号

产品名称:血细胞分析用稀释液(Quintus 5-part Diluent)
规格型号:20 L
性能组成:由等压稳定性的盐类、抗菌剂和缓冲剂组成
适用范围:用于血细胞分析前，样本的稀释，制备细胞悬液。
备 案 人:瑞典 Boule Medical AB
生产地址:Vastberga allé 32, SE-126 13 Stockholm (Sweden)
代 理 人:布尔医疗设备（北京）有限公司
代理地址:北京市顺义区林河工业开发区林河大街 28 号院内 1 号厂房三层
代理电话:010-89451497
备案日期:2014-07-08

国械备 20140004 号

产品名称:核酸提取或纯化试剂　(QIAsymphony® DSP DNA Midi Kit)
规格型号:96 人份/盒
性能组成:试剂卡夹：2；酶架：2；穿刺盖：2；缓冲液 ATE（20 ml)：20 ml；重复使用密封套件：2；说明书：1。
适用范围:用于核酸的提取、富集、纯化等步骤。其处理后的产物用于临床体外检测使用。
备 案 人:德国 QIAGEN GmbH
生产地址:QIAGEN Strasse 1, 40724 Hilden, Germany
代 理 人:凯杰企业管理（上海）有限公司
代理地址:上海市张江高科技园区达尔文路 88 号 20 号楼
代理电话:010-59822672
备案日期:2014-07-10

国械备 20140005 号

产品名称:核酸提取或纯化试剂(QIAamp® DSP DNA Blood Mini Kit)
规格型号:50 人份/盒
性能组成:带有洗涤管（WT)（2 ml）的 QIAampMini 离心柱　50 个；洗脱管(1.5 ml)50 个；VacConnector 真空连接器：50 个；裂解管(1.5ml)：50 个；　洗涤管（2 ml)：3 x 50 个；裂解缓冲液：12 ml；洗涤缓冲液 1（浓缩液)：19 ml；洗涤缓冲液 2（浓缩液)：13 ml；洗脱缓冲液：25 ml；蛋白酶溶剂：2 ml；QIAGEN 蛋白酶：1 瓶；说明书 1 本。
适用范围:用于核酸的提取、富集、纯化等步骤。其处理后的产物用于临床体外检测使用。
备 案 人:德国 QIAGEN GmbH
生产地址:QIAGEN Strasse 1, 40724 Hilden, Germany
代 理 人:凯杰企业管理（上海）有限公司
代理地址:上海市张江高科技园区达尔文路 88 号 20 号楼
代理电话:010-59822672
备案日期:2014-07-08

国械备 20140006 号

产品名称:核酸提取或纯化试剂(QIAsymphony® DSP Virus/Pathogen Midi Kit)
规格型号:96 人份/盒
性能组成:试剂盒：2；酶架：2；穿刺盖：2；缓冲液 AVE（20 ml)：2；缓冲液 AVE（2 ml)：2；载体 RNA：2 x 1350 μg；重复使用密封套件：2。
适用范围:用于核酸的提取、富集、纯化等步骤。其处理后的产物用于临床体外检测使用。
备 案 人:德国 QIAGEN GmbH
生产地址:QIAGEN Strasse 1, 40724 Hilden, Germany
代 理 人:凯杰企业管理（上海）有限公司
代理地址:上海市张江高科技园区达尔文路 88 号 20 号楼
代理电话:010-59822672
备案日期:2014-07-10

国械备 20140007 号

产品名称:核酸提取或纯化试剂(QIAsymphony® DSP Virus/Pathogen Mini Kit)
规格型号:192 人份/盒
性能组成:试剂盒：2；酶架：2；穿刺盖：2；缓冲液 AVE（20 ml)：2；缓冲液 AVE（2 ml)：2；载体 RNA：2 x 1350 ug；重复使用密封套件：2。
适用范围:用于核酸的提取、富集、纯化等步骤。其处理后的产物用于临床体外检测使用。
备 案 人:德国 QIAGEN GmbH
生产地址:QIAGEN Strasse 1, 40724 Hilden, Germany
代 理 人:凯杰企业管理（上海）有限公司
代理地址:上海市张江高科技园区达尔文路 88 号 20 号楼
代理电话:010-59822672
备案日期:2014-07-08

国械备 20140008 号

产品名称:核酸提取或纯化试剂(QIAamp DSP Virus Spin Kit)

规格型号:50 人份/盒
性能组成:QIAamp MinElute 离心柱与洗涤管 (WT) (2ml): 50 个; 裂解管 (2ml): 50 个; 洗脱管 (1.5ml): 50 个; 洗涤管 (2ml): 5×50 个; 裂解缓冲液 33ml; 洗涤缓冲液 1 (浓缩液): 19ml; 洗涤缓冲液 2 (浓缩液): 13ml; 洗脱缓冲液 (紫色盖): 4×2ml: 蛋白酶溶剂: 4.4ml; 载体 RNA (红盖): 310μg; QIAGEN 蛋白酶: 1 瓶; 说明书 1 本。
适用范围:用于核酸的提取、富集、纯化等步骤。其处理后的产物用于临床体外检测使用。
备 案 人:德国 QIAGEN GmbH
生产地址:QIAGEN Strasse 1, 40724 Hilden, Germany
代 理 人:凯杰企业管理 (上海) 有限公司
代理地址:上海市张江高科技园区达尔文路 88 号 20 号楼
代理电话:010-59822672
备案日期:2014-07-11

国械备 20140009 号

产品名称:样本稀释液(E テスト「TOSOH」Ⅱ (BNP) 検体希釈液)(ST AIA-PACK BNP SAMPLE DILUTING SOLUTION)
规格型号:4.0mL 装×4 瓶
性能组成:磷酸盐,牛血清白蛋白。
适用范围:用于对待测样本进行稀释、液化,以便于使用体外诊断试剂或仪器对待测物进行检测。其本身并不直接参与检测。
备 案 人:日本东曹株式会社(東ソー株式会社) Tosoh Corporation
生产地址:日本国富山県富山市岩瀬古志町 2 番地 2, Iwasekoshi-machi, Toyama, Toyama 931-8501, Japan
代 理 人:东曹 (上海) 生物科技有限公司
代理地址:宜山路 1289 号 B 座 3 楼 301 室
代理电话:021-34610856-209、15900911202
备案日期:2014-07-18

国械备 20140010 号

产品名称:包埋机(Embedding Center)
规格型号:AEC380
性能组成:通常由控制系统、熔蜡系统、冷却系统等组成。
适用范围:用于病理分析前对脱水的人体组织作石蜡包埋处理。
备 案 人:澳大利亚阿莫氏科学企业有限公司 AMOS SCIENTIFIC PTY. LTD
生产地址:37/632 CLAYTON ROAD, CLAYTON SOUTH VIC
代 理 人:常州市阿莫氏医疗器械有限公司
代理地址:常州市新北区黄山路 99-5 号-29 号
代理电话:0519-83988905
备案日期:2014-07-18

国械备 20140011 号

产品名称:清洗液(DELFIA® Wash Concentrate)
规格型号:产品号 B117-100: 250 mL/瓶 x 8、产品号 1244-114: 250 mL/瓶 x 1、产品号 3014-0010: 40 mL/瓶 x 8
性能组成:清洗液为含有 Tween 20 的 Tris-HCl 缓冲盐溶液(pH 7.8)的 25 倍浓缩液。含 Germall II 作防腐剂。
适用范围:用于检测过程中反应体系的清洗,以便对待测物质进行体外检测。
备 案 人:芬兰 Wallac Oy
生产地址:Mustionkatu 6, FI-20750 Turku, Finland
代 理 人:珀金埃尔默医学诊断产品(上海)有限公司
代理地址:上海市张江高科技园区张衡路 1670 号 4 层
代理电话:0512-53378788-860、18606221369
备案日期:2014-07-24

国械备 20140012 号

产品名称:免疫组化抗原修复缓冲液(EnVisionTM FLEX Target Retrieval Solution, Low pH (50x) (Dako Omnis))
规格型号:3×68 mL
性能组成:柠檬酸盐缓冲液,pH 6.1。
适用范围:用于免疫组织化学染色前的抗原修复。
备 案 人:丹麦 Dako Denmark A/S
生产地址:Produktionsvej 42, DK-2600 Glostrup, Denmark
代 理 人:丹科医疗器械技术服务(上海)有限公司
代理地址:上海市黄浦区南京西路 338 号 1207-1208 室(邮寄地址:北京市朝阳区望京北路 3 号)
代理电话:13910962543
备案日期:2014-07-25

国械备 20140013 号

产品名称:核酸提取或纯化试剂(QIAsymphony® DSP DNA Mini Kit)
规格型号:192 人份/盒
性能组成:试剂卡夹:2; 酶架: 2; 穿刺盖: 2; 缓冲液 ATE (20 ml): 20ml; 重复使用密封套件: 2; 说明书: 1。
适用范围:用于核酸的提取、富集、纯化等步骤。其处理后的产物用于临床体外检测使用。
备 案 人:德国 QIAGEN GmbH
生产地址:QIAGEN Strasse 1, 40724 Hilden, Germany
代 理 人:凯杰企业管理 (上海) 有限公司
代理地址:上海市张江高科技园区达尔文路 88 号 20 号楼
代理电话:010-59822672
备案日期:2014-07-28

国械备 20140014 号

产品名称:骨用丝锥(RSP Bone Screw Tap)
规格型号:804-03-017、804-03-018
性能组成:由刃部和柄部组成,刃部由不锈钢材料制成,柄部由不锈钢材料制成。可重复使用。
适用范围:用于骨科手术时在骨骼上攻螺纹孔。
备 案 人:美国 Encore Medical, L.P.
生产地址:9800 Metric Boulevard, Austin, Texas, 78758, USA.
代 理 人:北京纳通医疗技术有限公司
代理地址:北京市海淀区阜石路甲 19 号 (西南区) 162 号楼三层 4102 室
代理电话:010-82292929
备案日期:2014-07-30

国械备 20140015 号

产品名称:清洗液(E テスト[TOSOH]II 洗浄液)(AIA-PACK WASH CONCENTRATE)
规格型号:100 mL ×4 瓶
性能组成:氯化钠,丁二酸,含表面活性剂、防腐剂的缓冲液。
适用范围:用于检测过程中反应体系的清洗,以便于对待测物质进行体外检测,不包含单独用于仪器清洗的清洗液。
备 案 人:日本东曹株式会社(東ソー株式会社) Tosoh Corporation
生产地址:日本国富山県富山市岩瀬古志町 2 番地 2, Iwasekoshi-machi, Toyama, Toyama 931-8501, Japan
代 理 人:东曹 (上海) 生物科技有限公司
代理地址:宜山路 1289 号 B 座 3 楼 301 室
代理电话:021-34610856-209、15900911202
备案日期:2014-08-04

国械备 20140016 号

产品名称:染色机(Fully Automated IHC and ISH Staining System)
规格型号:BOND-III
性能组成:本产品由样品转移系统与染色系统等组成。
适用范围:本产品用于病理分析前细胞、体液和血液组分的染色。
备 案 人:澳大利亚 Leica Biosystems Melbourne Pty Ltd
生产地址:495 Blackburn Road Mt Waverley Victoria 3149 Australia
代 理 人:徕卡显微系统 (上海) 贸易有限公司
代理地址:上海市外高桥保税区富特北路 127 号 3 楼 C 部位
代理电话:010-68492698-167
备案日期:2014-08-07

国械备 20140017 号

产品名称:刚果红染色液(Congo Red Staining Kit)
规格型号:40 测试
性能组成:刚果红染色剂、甘氨酸缓冲液试剂、刚果红苏木精、带吸管的瓶插管。

适用范围:用于定性组织学染色，有选择性地对福尔马林固定、石蜡包埋组织中的淀粉体染色。
备 案 人:美国 Ventana Medical Systems, Inc.
生产地址:1910E.Innovation Park Drive Tucson, Arizona 85755 USA
代 理 人:罗氏诊断产品（上海）有限公司
代理地址:上海市外高桥保税区希雅路 330 号 7 号厂房第二层 I 部位
代理电话:010-85154365; 18801476319
备案日期:2014-08-11

国械备 20140018 号

产品名称:核酸提取或纯化试剂(Loopamp PURE DNA 抽出キット)(Loopamp PURE DNA Extraction Kit)
规格型号:90 测试/盒
性能组成:样本处理试管 90 根；吸附剂试管 90 根；滴注盖 90 个。
适用范围:用于核酸的提取、纯化等步骤。其处理后的产物用于临床体外检测使用。
备 案 人:日本荣研化学株式会社 EIKEN CHEMICAL CO., LTD.
生产地址:日本国栃木県大田原市下石上 1381-3 1381-3 Shimoishigami, Otawara-shi, Tochigi, 324-0036 JAPAN
代 理 人:荣研生物科技（中国）有限公司
代理地址:上海市张江高科技园区哈雷路 1058 号
代理电话:021-5132 3333
备案日期:2014-08-13

国械备 20140019 号

产品名称:清洗液(LIAISON® Wash/System Liquid)
规格型号:6×1 L
性能组成:磷酸盐缓冲液。
适用范围:用于检测过程中反应体系的清洗，以便于对待测物质进行体外检测。
备 案 人:美国 DiaSorin Inc.
生产地址:1951 Northwestern Ave., Stillwater, MN 55082-0285
代 理 人:索灵诊断医疗设备（上海）有限公司
代理地址:上海市外高桥保税区美盛路 56 号 303G 室
代理电话:13488795856
备案日期:2014-08-18

国械备 20140020 号

产品名称:组织染色机(ArtisanTM Link Pro)
规格型号:ArtisanTM Link Pro
性能组成:通常由样品转移系统与染色系统等组成。
适用范围:用于病理分析前细胞的染色。
备 案 人:美国 Dako North America, Inc.
生产地址:200 Prospect Street, Waltham, MA 02454, USA
代 理 人:丹科医疗器械技术服务(上海)有限公司
代理地址:上海市黄浦区南京西路 338 号 1207-1208 室(邮寄地址:北京市朝阳区望京北路 3 号)
代理电话:13910962543
备案日期:2014-08-19

国械备 20140021 号

产品名称:过碘酸雪夫染色液(ArtisanTM Periodic Acid Schiff Stain Kit)
规格型号:50 测试/盒, 100 测试/盒
性能组成:0.5% 过碘酸, Schiff 试剂, Mayer 苏木素, 返蓝剂。
适用范围:用于组织细胞学染色从而定性检测组织切片中的糖原、粘多糖。
备 案 人:美国 Dako North America, Inc.
生产地址:6392 Via Real Carpinteria, CA 93013
代 理 人:丹科医疗器械技术服务(上海)有限公司
代理地址:上海市黄浦区南京西路 338 号 1207-1208 室(邮寄地址:北京市朝阳区望京北路 3 号)
代理电话:13910962543
备案日期:2014-08-19

国械备 20140022 号

产品名称:抗酸染色液(ArtisanTM Acid-Fast Bacillus (AFB)Stain Kit)
规格型号:50 测试/盒, 100 测试/盒
性能组成:石炭酸品红, 1%酸乙醇, 亚甲基蓝。
适用范围:用于分枝杆菌抗酸染色。
备 案 人:美国 Dako North America, Inc.
生产地址:6392 Via Real Carpinteria, CA 93013
代 理 人:丹科医疗器械技术服务(上海)有限公司
代理地址:上海市黄浦区南京西路 338 号 1207-1208 室(邮寄地址:北京市朝阳区望京北路 3 号)
代理电话:13910962543
备案日期:2014-08-19

国械备 20140023 号

产品名称:Masson 三色染色液(ArtisanTM Masson's Trichrome Stain Kit)
规格型号:50 测试/盒, 100 测试/盒
性能组成:Bouin 液, Weigert 苏木素 A, Weigert 苏木素 B, 猩红酸品红, 两包磷钨磷钼酸, 苯胺蓝和 3%乙酸。
适用范围:主要用于组织中结缔组织、肌肉和胶原纤维的组织细胞学染色。
备 案 人:美国 Dako North America, Inc.
生产地址:6392 Via Real Carpinteria, CA 93013
代 理 人:丹科医疗器械技术服务(上海)有限公司
代理地址:上海市黄浦区南京西路 338 号 1207-1208 室(邮寄地址:北京市朝阳区望京北路 3 号)
代理电话:13910962543
备案日期:2014-08-19

国械备 20140024 号

产品名称:防水创可贴(Sol Sol Cure 2X Band)
性能组成:由接触创面的敷垫、背贴和保护层（临用前去除）组成。不含药物。
适用范围:用于真皮浅层及其以上的浅表性小创伤、擦伤等，为浅表创面、皮肤损伤提供愈合环境。
备 案 人:韩国 Chong Kun Dang Pharm. Corp.
生产地址:46, Oegaeil-ro, Mohyeon-myeon, Cheoin-gu, Yongin-si, Gyeonggi-do, Korea
代 理 人:天津青松华药医药有限公司
代理地址:天津空港经济区西二道 82 号 3-618
代理电话:18502689509
备案日期:2014-08-19

国械备 20140025 号

产品名称:根管锉(Dia-PT File)
规格型号:D1(21mm、25mm、28mm)、D2(21mm、25mm、28mm)、D3(21mm、25mm、28mm)、D4(21mm、25mm、28mm)
性能组成:由锉体、柄、橡胶限位块组成。锉体和柄通常由不锈钢等金属材料制成。可重复使用。
适用范围:用于根管治疗时，对根管的清洁与塑形。
备 案 人:韩国 DiaDent Group International
生产地址:16 Osongsaengmyeong 4-ro, Osong-eup, Cheongwon-gun, Chungcheongbuk-do, Korea.
代 理 人:北京达雅鼎医疗器械有限公司
代理地址:北京市昌平区小汤山镇
代理电话:010-61782088
备案日期:2014-08-21

国械备 20140026 号

产品名称:血细胞分析用溶血剂(Quintus 5-part Stopper)
规格型号:5 L, 1 L
性能组成:用于等压稳定性的盐类 <2.5%；抗菌剂 <0.1%；缓冲剂 <1.0%；防腐剂：溶液中含有带抗菌物质以防止细菌或真菌的污染，这些物质是生物所能分解。
适用范围:用于血细胞分析前破坏红细胞、溶出血红蛋白、维持所需分析细胞的形态，从而便于细胞分类计数或血红蛋白定量测定。

备 案 人:瑞典 Boule Medical AB
生产地址:Vastberga Allé 32, SE-126 13 Stockholm (Sweden)
代 理 人:布尔医疗设备(北京)有限公司
代理地址:北京市顺义区林河工业开发区林河大街28号院内1号厂房三层
代理电话:010-89451497
备案日期:2014-08-21

国械备 20140027 号

产品名称:血细胞分析用溶血剂(Quintus 5-part Lyse)
规格型号:5 L
性能组成:季盐 <1.8%; 盐类 <0.5%
适用范围:用于血细胞分析前破坏红细胞、溶出血红蛋白、维持所需分析细胞的形态,从而便于细胞分类计数或血红蛋白定量测定。
备 案 人:瑞典 Boule Medical AB
生产地址:Vastberga Allé 32, SE-126 13 Stockholm (Sweden)
代 理 人:布尔医疗设备(北京)有限公司
代理地址:北京市顺义区林河工业开发区林河大街28号院内1号厂房三层
代理电话:010-89451497
备案日期:2014-08-21

国械备 20140028 号

产品名称:增强液(EnVisionTM FLEX+ Rabbit LINKER (Dako Omnis))
规格型号:22.5 mL
性能组成:鼠抗兔免疫球蛋白, Tris/HCL 50mM, BSA 1%, NaN3 15 mM, pH 7.2。
适用范围:用于与标记在抗体上的标记物形成复合物。
备 案 人:丹麦 Dako Denmark A/S
生产地址:Produktionsvej 42, DK-2600 Glostrup, Denmark
代 理 人:丹科医疗器械技术服务(上海)有限公司
代理地址:上海市黄浦区南京西路 338 号 1207-1208 室(邮寄地址:北京市朝阳区望京北路 3 号)
代理电话:13910962543
备案日期:2014-08-22

国械备 20140029 号

产品名称:自动切片机(Automatic Microtome)
规格型号:AEM 480
性能组成:通常由控制系统、机械系统、驱动系统、刀架、刀片、罩壳等组成。
适用范围:用于病理分析前人体样品组织的切片。
备 案 人:澳大利亚阿莫氏科学企业有限公司 (AMOS SCIENTIFIC PTY. LTD.)
生产地址:37/632 CLAYTON ROAD, CLAYTON SOUTH VIC 3169, AUSTRALIA
代 理 人:常州市阿莫氏医疗器械有限公司
代理地址:常州市新北区黄山路 99-5 号-29 号
代理电话:0519-83988905
备案日期:2014-08-26

国械备 20140030 号

产品名称:染色机(Stainer)
规格型号:AIHS 620
性能组成:通常由样品转移系统与染色系统等组成。
适用范围:用于病理分析前细胞、体液和血液组分的染色。
备 案 人:澳大利亚阿莫氏科学企业有限公司 (AMOS SCIENTIFIC PTY. LTD.)
生产地址:37/632 CLAYTON ROAD, CLAYTON SOUTH VIC 3169, AUSTRALIA
代 理 人:常州市阿莫氏医疗器械有限公司
代理地址:常州市新北区黄山路 99-5 号-29 号
代理电话:0519-83988905
备案日期:2014-08-26

国械备 20140031 号

产品名称:手摇切片机(Manual Microtome)
规格型号:AMR 400
性能组成:通常由控制系统、机械系统、驱动系统、刀架、刀片、罩壳等组成。
适用范围:用于病理分析前人体样品组织的切片。
备 案 人:澳大利亚阿莫氏科学企业有限公司 (AMOS SCIENTIFIC PTY. LTD.)
生产地址:37/632 CLAYTON ROAD, CLAYTON SOUTH VIC 3169, AUSTRALIA
代 理 人:常州市阿莫氏医疗器械有限公司
代理地址:常州市新北区黄山路 99-5 号-29 号
代理电话:0519-83988905
备案日期:2014-08-26

国械备 20140032 号

产品名称:冷冻切片机(Cryostat Microtome)
规格型号:AST550
性能组成:通常由控制系统、机械系统、驱动系统、刀架、刀片、罩壳等组成。
适用范围:用于病理分析前人体样品组织的切片。
备 案 人:澳大利亚阿莫氏科学企业有限公司 (AMOS SCIENTIFIC PTY. LTD.)
生产地址:37/632 CLAYTON ROAD, CLAYTON SOUTH VIC 3169, AUSTRALIA
代 理 人:常州市阿莫氏医疗器械有限公司
代理地址:常州市新北区黄山路 99-5 号-29 号
代理电话:0519-83988905
备案日期:2014-08-26

国械备 20140033 号

产品名称:自动切片机(Automatic Microtome)
规格型号:AEM 460
性能组成:通常由控制系统、机械系统、驱动系统、刀架、刀片、罩壳等组成。
适用范围:用于病理分析前人体样品组织的切片。
备 案 人:澳大利亚阿莫氏科学企业有限公司 (AMOS SCIENTIFIC PTY. LTD.)
生产地址:37/632 CLAYTON ROAD, CLAYTON SOUTH VIC 3169, AUSTRALIA
代 理 人:常州市阿莫氏医疗器械有限公司
代理地址:常州市新北区黄山路 99-5 号-29 号
代理电话:0519-83988905
备案日期:2014-08-26

国械备 20140034 号

产品名称:冷冻切片机(Cryostat Microtome)
规格型号:AST500
性能组成:通常由控制系统、机械系统、驱动系统、刀架、刀片、罩壳等组成。
适用范围:用于病理分析前人体样品组织的切片。
备 案 人:澳大利亚阿莫氏科学企业有限公司 (AMOS SCIENTIFIC PTY. LTD.)
生产地址:37/632 CLAYTON ROAD, CLAYTON SOUTH VIC 3169, AUSTRALIA
代 理 人:常州市阿莫氏医疗器械有限公司
代理地址:常州市新北区黄山路 99-5 号-29 号
代理电话:0519-83988905
备案日期:2014-08-26

国械备 20140035 号

产品名称:自动切片机(Automatic Microtome)
规格型号:AEM 450
性能组成:通常由控制系统、机械系统、驱动系统、刀架、刀片、罩壳等组成。
适用范围:用于病理分析前人体样品组织的切片。
备 案 人:澳大利亚阿莫氏科学企业有限公司 (AMOS SCIENTIFIC PTY. LTD.)
生产地址:37/632 CLAYTON ROAD, CLAYTON SOUTH VIC 3169, AUSTRALIA
代 理 人:常州市阿莫氏医疗器械有限公司
代理地址:常州市新北区黄山路 99-5 号-29 号
代理电话:0519-83988905
备案日期:2014-08-26

国械备 20140037 号

产品名称:药敏接种培养液(Cation Adjusted Mueller-Hinton Broth with TES/Lysed Horse Blood)
规格型号:11ml/支, 10支/盒
性能组成:Mueller Hinton 基础肉汤 21g; TES 缓冲液 11.46g; 溶解的马血 20-25mg; 钙离子 20-25mg; 镁离子 10-12mg; 水 1L。
适用范围:该产品与全自动微生物分析系统一同使用,用于药物敏感性检测。
备 案 人:美国 Remel, Inc
生产地址:12076 Santa Fe Trail Drive Building 1, Lenexa, Kansas 66215, USA
代 理 人:赛默飞世尔(上海)仪器有限公司
代理地址:上海市浦东新区金桥出口加工区秦桥路 211 号 T71-6 幢第一、二层东侧
代理电话:13501051710、010-84193588-3706
备案日期:2014-08-26

国械备 20140038 号

产品名称:轮转式切片机(Rotary Microtome)
规格型号:A550, M530
性能组成:本产品由控制系统、机械系统、驱动系统、刀架、刀片、罩壳等组成。
适用范围:用于病理分析前人体样品组织的切片。
备 案 人:德国 Medite GmbH
生产地址:Wollenweberstrasse 12, 31303 Burgdorf
代 理 人:北京优纳科技有限公司
代理地址:北京市海淀区上地五街 7 号四层 402 室
代理电话:010-62975385
备案日期:2014-08-28

国械备 20140039 号

产品名称:髓腔扩大器(Reamers)
性能组成:具有扩孔切削刃的切削刀具,由不锈钢材料制成。可重复使用。
适用范围:用于骨科手术中扩孔或铰孔、髓腔再造及扩大。
备 案 人:美国 Microport Orthopedics, Inc.
生产地址:5677 Airline Road, Arlington, Tennessee 38002
代 理 人:上海微创骨科医疗科技有限公司
代理地址:浦东新区周浦镇天雄路 588 弄 1-28 号第 23 幢
代理电话:(021)38954600-6519
备案日期:2014-08-28

国械备 20140040 号

产品名称:试模(ACIS Instruments)
性能组成:骨科手术配套基础工具,通常由不锈钢材料、钛合金或高分子材料制成。可重复使用。
适用范围:用于骨科手术时测量直径、深度、孔径、角度、弧度等。
备 案 人:瑞士 Synthes GmbH
生 产 地 址:Eimattstrasse 3, 4436 Oberdorf, Switzerland; Bohnackerweg 5, 2545 Selzach, Switzerland; Hauptstrasse 24, 4437 Waldenburg, Switzerland; Luzernstrasse 19-21, 4528 Zuchwil, Switzerland; Solothurnstrasse 186, 2540 Grenchen, Switzerland; Muracherstrasse 3, 2544 Bettlach, Switzerland; Im Bifang 6, 4614 Hagendorf, Switzerland; Zona Industriale 4, 6805 Mezzovico, Switzerland; Stabile Morina, 6805 Mezzovico, Switzerland; Kanalstrasse West 30, 3942 Raron, Switzerland; Dornacherstrasse 20, 4710 Balsthal, Switzerland; Im Kirchenhürstle 4-6, 79224 Umkirchb. Freiburg, Germany; Karolingerstrasse 16, 5020Salzburg, Austria; 108 Willowbrook Lane, WestChester, PA 19382, USA; 1302 Wrights Lane East, West Chester, PA 19380, USA; 1303 Goshen Parkway, West Chester, PA 19380, USA; 1301 Goshen Parkway, West Chester, PA 19380, USA; 1230 Wilson Drive, West Chester, PA 19380, USA; 1690 Russell Road, Paoli, PA 19301, USA; 1051 Synthes Avenue, Monument, CO 80132, USA; 35 Airport Road, Horseheads, NY 14845, USA
代 理 人:强生(上海)医疗器材有限公司
代理地址:上海市外高桥保税区富特西一路 439 号第一、二、三层 C 部位
代理电话:13811093623
备案日期:2014-09-01

国械备 20140041 号

产品名称:抗酸染色液(Kit RAL Stainer Fluo-RAL)
性能组成:试剂 1-固定液:三氯乙酸,去离子水;试剂 2-金胺:苯酚,金胺 0,乙醇,去离子水;试剂 3-金胺稀释液:苯酚,去离子水;试剂 4-脱色液:乙醇,37%盐酸,去离子水;试剂 5-噻嗪红:碳酸钠,噻嗪红,去离子水;试剂 6-噻嗪红稀释液:苯酚,去离子水。
适用范围:用于分枝杆菌等细菌荧光染色。
备 案 人:法国 RAL DIAGNOSTICS
生产地址:Site Montesquieu-Bordeaux Technopolis, 33650 MARTILLAC, France
代 理 人:梅里埃诊断产品(上海)有限公司
代理地址:上海市外高桥保税区富特西一路 383 号 A2 楼第 4 层 A 部位
代理电话:010-85358360
备案日期:2014-09-01

国械备 20140042 号

产品名称:抗酸染色液(Kit RAL Stainer Cold ZN)
性能组成:试剂 1-固定液:三氯乙酸,去离子水;试剂 2-品红:碱性品红晶体,苯酚,酒精,去离子水;试剂 3-脱色液:乙醇,37%盐酸,去离子水;试剂 4-亚甲蓝:亚甲蓝,去离子水。
适用范围:用于分枝杆菌等细菌抗酸染色。
备 案 人:法国 RAL DIAGNOSTICS
生产地址:Site Montesquieu-Bordeaux Technopolis, 33650 MARTILLAC, France
代 理 人:梅里埃诊断产品(上海)有限公司
代理地址:上海市外高桥保税区富特西一路 383 号 A2 楼第 4 层 A 部位
代理电话:010-85358360
备案日期:2014-09-01

国械备 20140043 号

产品名称:采血笔(CoaguChek® XS Softclix)
规格型号:CoaguChek (R) XS Softclix
性能组成:由主体、弹击机构和调节套等组成。
适用范围:用于采集末梢血。需与一次性采血针配合适用。
备 案 人:德国 Roche Diagnostics GmbH
生 产 地 址:Bergkirchener Straβe 228, 32549 Bad Oeynhausen, Germany
代 理 人:罗氏诊断产品(上海)有限公司
代理地址:上海市外高桥保税区希雅路 330 号 7 号厂房第二层 I 部位
代理电话:010-85154156
备案日期:2014-09-04

国械备 20140044 号

产品名称:高速离心机(Centrifuge)
规格型号:Microfuge 20
性能组成:通常由控制系统、离心腔、驱动系统、转子及安全保护装置等组成。
适用范围:用于病理分析前人体样本的分离。
备 案 人:美国 Beckman Coulter, Inc.
生产地址:An der Unteren Soese 50, 37520 Osterode, GERMANY
代 理 人:贝克曼库尔特商贸(中国)有限公司
代理地址:上海市浦东新区福山路 500 号 1201-1206、1208-1210 室
代理电话:010-65213239
备案日期:2014-09-05

国械备 20140045 号

产品名称:样本稀释液(Diluent 1)
规格型号:4 x 120 mL
性能组成:磷酸缓冲生理盐水:120 mL;叠氮化钠(作为防腐剂)<0.1%(重量/重量)。

适用范围：用于对待测样本进行稀释，以便于使用体外诊断试剂或仪器对待测物进行检测。其本身并不直接参与检测。
备 案 人：美国 Beckman Coulter, Inc.
生产地址：Mervue Business Park Galway, Ireland
代 理 人：贝克曼库尔特商贸（中国）有限公司
代理地址：上海市浦东新区福山路 500 号 1201-1206、1208-1210 室
代理电话：010-65213239
备案日期：2014-09-05

国械备 20140046 号

产品名称：膝关节固定器（Knee Orthosis）
性能组成：骨科创伤手术配套工具。可重复使用。
适用范围：用于骨折固定时夹持骨骼固定或支撑。
备 案 人：法国途安 THUASNE
生产地址：4615 Shepard St. Bakersfield, CA 93313
代 理 人：北京善诺美德医药科技有限公司
代理地址：北京市门头沟区月季园 25 号 1-009 室
代理电话：13701023066
备案日期：2014-09-09

国械备 20140047 号

产品名称：微创牵开器（Mast QuadrantTM Retractor System）
性能组成：手动操作、自锁式手术器械，有各种形式的钩状刀片。由不锈钢材料制成。可重复使用。
适用范围：用于显露手术视野，使手术易于进行，并保护组织，避免意外损伤。
备 案 人：美国 Medtronic Sofamor Danek USA, Inc.
生产地址：4340 Swinnea Rd., Memphis, TN 38118, USA; 2500 Silveus Crossing, Warsaw, IN 46582, USA
代 理 人：美敦力（上海）管理有限公司
代理地址：上海市外高桥保税区日京路 180 号第三层
代理电话：400-820-0869
备案日期：2014-09-10

国械备 20140048 号

产品名称：缓冲液（IMMAGE Buffer 1）
规格型号：4 x 120 mL
性能组成：含高分子强化剂的磷酸盐缓冲液，加防腐剂（< 0.1%的叠氮化钠）。
适用范围：仅用于提供反应环境。
备 案 人：美国 Beckman Coulter, Inc.
生产地址：Mervue Business Park Galway, Ireland
代 理 人：贝克曼库尔特商贸（中国）有限公司
代理地址：上海市浦东新区福山路 500 号 1201-1206、1208-1210 室
代理电话：010-65213206
备案日期：2014-09-10

国械备 20140049 号

产品名称：X 射线防护服及配件
规格型号：见附件
性能组成：本产品由铅橡胶，铅塑料和乙烯基构成射线防护层组成。
适用范围：见附件
备 案 人：德国德国医疗指数公司 Medical Index GmbH
生产地址：德国巴德，拉佩瑙，74906，玛伊尔霍夫 5 号 Mayerhof 5, 74906 Bad Rappenau Germany
代 理 人：北京欧莱联合医疗器械有限公司
代理地址：北京市朝阳区慈云寺 1 号院 4 号楼 17 层 1707
备案日期：2014-09-10

国械备 20140050 号

产品名称：吊顶式病人移位机
规格型号：见附页型号表
性能组成：移位机由主机（含吊带）、手控制器、挂架、悬带组成。
适用范围：该产品适用于病人的位置移动。
备 案 人：丹麦 V. Guldmann A/S
生产地址：Graham Bells Vej 23 8200 Aarhus N. DENMARK
代 理 人：广州中研生物科技有限公司
代理地址：广州市越秀区先烈南路青龙坊 7 号 302 房
备案日期：2014-09-10

国械备 20140051 号

产品名称：移动式病人移位机
规格型号：见附页型号表
性能组成：该产品由推车（包括推行扶手、底架、支柱）、手控制器、挂架、悬带组成。
适用范围：该产品适用于病人的位置移动。
备 案 人：丹麦 V. Guldmann A/S
生产地址：Graham Bells Vej 23 8200 Aarhus N. DENMARK
代 理 人：广州中研生物科技有限公司
代理地址：广州市越秀区先烈南路青龙坊 7 号 302 房
备案日期：2014-09-10

国械备 20140052 号

产品名称：超声清洗机
规格型号：StarsonicFlow
性能组成：标准配置：清洗槽、超声发生器、加热器以及附属的排水管路。
适用范围：该产品用于医疗器械，牙科设备的清洗。
备 案 人：意大利 LIARRE S.r.l.
生产地址：Via G.Di Vittorio, 5 40020 Casalfiumanese BO Italia
代 理 人：南宁市鑫紫竹商贸有限公司
代理地址：南宁市青秀区朱槿路 10 号新加坡园区星岛国际 304
备案日期：2014-09-10

国械备 20140053 号

产品名称：移位机
规格型号：011-01615、010-01320、010-01321
性能组成：011-01615 移位机由主机、手持控制器（018-08021）、脚踏板（50mm：722-11100、100mm：722-11099）、电池（018-08014）组成；010-01320 移位机由主机、手持控制器（018-08021）、2 点支撑杆（58cm：018-03505、48cm：018-03507、36cm：018-03503）电池（018-08014）组成；010-01321 移位机由主机、手持控制器、3 点支撑杆（58cm：018-03505、48cm：018-03507、36cm：018-03503）电池（018-08014）、电池（018-08014）组成。
适用范围：该产品设计用于在狭小的房间，医院，残障康复中心以及家庭护理等场所转移患者。
备 案 人：丹麦 ERGOLET A/S
生产地址：Taarnborgvej 12c, 4220 Korsoer, Denmark
代 理 人：德中韦氏（北京）医疗技术有限公司
代理地址：北京市朝阳区酒仙桥路甲 12 号 1 号楼 1403 室
备案日期：2014-09-10

国械备 20140055 号

产品名称：口镜
规格型号：见附页
性能组成：口镜由头部和柄部组成，两部分采用螺纹连接。头部由镜片与镜帽组成。具体规格型号见附页。
适用范围：用于检查口腔时反射和聚集光线，牵引口颊及推压舌体。
备 案 人：巴基斯坦 Towne Brothers (Pvt.) Limited
生产地址：52-56 B Industrial Estate, Sialkot, 51340, Pakistan
代 理 人：桂林市啄木鸟医疗器械有限公司
代理地址：桂林市国家高新区信息产业园
备案日期：2014-09-10

国械备 20140056 号

产品名称：全自动革兰染片仪
规格型号：PREVI Color Gram V2
性能组成：细胞离心转子、全自动革兰染片仪 12 片附件、全自动革兰染片仪 30 片附件、30 片转盘和 12 片转盘，以及随机软件。
适用范围：用于对微生物纯菌涂片和人体标本进行自动化革兰染色。
备 案 人：法国 bioMerieux SA
生产地址：459 South Main Street, Logan, Utah 84321, USA
代 理 人：梅里埃诊断产品（上海）有限公司

代理地址:中国上海市外高桥保税区富特西一路383号A2楼第4层A部位
备案日期:2014-09-10

国械备20140057号

产品名称:研磨材料
性能组成:研磨材料由磨头(磨杯)和金属柄组成。碳化硅磨头的主要材料为碳化硅研磨粒子、膨润土、霞长石(主成分硅酸盐矿物)。氧化铝磨头的主要材料为氧化铝研磨粒子、粘土、霞长石(主成分硅酸盐矿物);硅酮磨头(磨杯)的主要材料为硅橡胶或氯化聚乙烯、碳化硅或氧化铝研磨粒子。金属柄的主要材料为SUS430系不锈钢(等同于中国不锈钢牌号10Cr17)。
适用范围:该产品用于对齿科修复材料(金属包括合金,烤瓷,树脂,汞合金)的研磨和抛光。
备 案 人:日本马尼株式会社
生产地址:栃木県塩谷郡高根沢町中阿久津743; Tan Huong Commune, Pho Yen District, Thai Nguyen Province, Vietnam
代 理 人:马尼(北京)贸易有限公司
代理地址:北京市朝阳区建国路乙118号3层B008内A032室
备案日期:2014-09-10

国械备20140058号

产品名称:防褥疮床垫
规格型号:见附件
性能组成:该产品由床垫和床垫配件组成,具体情况详见注册产品标准。
适用范围:该产品用于长期卧床患者辅助预防褥疮,适用于40-220kg的患者。
备 案 人:德国Eurofoam GmbH
生产地址:A-4550 Kremsmünster, Greinerstraβe 70; A-4020 Linz, Eduard Sueβ Straβe 25
代 理 人:北京格瑞纳健峰生物技术有限公司
代理地址:北京市西城区广安门内大街6号西砖胡同2号院1号楼2层A室进
备案日期:2014-09-10

国械备20140059号

产品名称:医用剪
规格型号:详见注册申请表附件。
性能组成:医用剪包括:基础外科手术剪、综合组织剪、纱布绷带剪、解剖剪、拆线剪、石膏剪。医用剪采用符合德国DIN 1.4021×20Cr13(GB/T 1220-2007规定的新牌号20Cr13)级不锈钢制成。其中部分型号有碳化钨镀层。
适用范围:用于手术中剪切皮肤、组织、血管、脏器、缝线、敷料等。
备 案 人:德国ELCON Medical Instruments GmbH
生产地址:Dr. Karl-Storz-Strasse 26, D-78532 Tuttlingen, Germany
代 理 人:坦达天成医疗仪器(北京)有限公司
代理地址:北京市朝阳区东三环北路辛2号2幢1208
备案日期:2014-09-10

国械备20140060号

产品名称:医用敷贴
规格型号:71443-07、71443-08、71443-09、71443-10、71443-11、71443-12。
性能组成:医用敷贴由底面、粘胶块、粘性处理纸三部分组成,一次性使用,非灭菌包装。
适用范围:用于伤口敷料的固定,不与损伤皮肤直接接触。
备 案 人:德国BSN medical GmbH
生产地址:Quickbornstr.24 20253 Hamburg Federal Republic of Germany
代 理 人:能盛(上海)医疗器械科技咨询有限公司
代理地址:上海市浦东新区银城中路488号太平金融大厦18层A-11室
备案日期:2014-09-10

国械备20140061号

产品名称:医用透明敷贴
规格型号:72378-08、72378-09、72378-10、72378-11。
性能组成:医用透明敷贴由底面、粘胶块、粘性处理纸三部分组成,一次性使用,非灭菌包装。
适用范围:用于伤口敷料的固定,不与损伤皮肤直接接触,便于观察敷料的固定情况。
备 案 人:德国BSN medical GmbH
生产地址:Quickbornstr.24 20253 Hamburg Federal Republic of Germany
代 理 人:能盛(上海)医疗器械科技咨询有限公司
代理地址:上海市浦东新区银城中路488号太平金融大厦18层A-11室
备案日期:2014-09-10

国械备20140062号

产品名称:两件式造口袋
规格型号:见附录型号表
性能组成:该产品由两件式造口袋袋体和卡环组成。袋体用来收集排泄物,卡环用来与造口底盘连接。其中袋体分为开口和闭口两种。开口袋体提供造口袋夹或者夜间排水阀,其中尿路造口袋的末端还有Accuseal旋塞。为了增加与皮肤接触的舒适性,袋体外单面带面静舒网或者双面均带静舒网。另配有造口腰带,患者可根据需要进行佩戴来加固造口袋与身体的接触。卡环由硬质聚乙烯制造,袋体由EVA/PVdC复合薄膜制成,静舒网由EMA/EVA复合薄膜或者无纺布聚乙烯制成,过滤片材料为活性炭,Accuseal旋塞材质为乙烯醋酸乙烯酯,夜间排水阀材料为硅橡胶,造口袋夹由热塑性弹性体和聚丙烯树脂叠合制成。造口腰带是将棉胶带以聚酯纤维缝线和聚酰胺纤维缝线缝合而成,腰带扣环材料为乙烯醋酸乙烯酯。
适用范围:该产品与造口底盘配合使用,用于人工造口病人处理造口排泄物。
备 案 人:美国ConvaTec Inc.
生产地址:211 American Avenue, Greensboro, North Carolina, 27409, USA; Carretera Sanchez, Km. 18.5, PIISA Industrial Park, Haina, San Cristobal, Dominican
代 理 人:康维德(中国)医疗用品有限公司
代理地址:上海市黄浦区西藏中路268号5116室
备案日期:2014-09-10

国械备20140063号

产品名称:鼻夹板
规格型号:KPS-149BL-01, KPS-149BL-02
性能组成:该产品为片状多孔固体结构,材质为聚乙酸内酯。
适用范围:该产品用于鼻外部的支撑与固定。
备 案 人:韩国KEOSAN TRADING CO
生产地址:#805, #806, Human Teco B/D, 57, Achasan-ro 17-gil, Seongdong-gu, Seoul
代 理 人:北京医康美业医疗技术有限公司
代理地址:北京市朝阳区东四环中路76号楼5层6A01
备案日期:2014-09-10

国械备20140064号

产品名称:水门汀充填器
规格型号:36-1-n(n:0-999); 36-8-n(n:0-999).具体型号规格详见附表。
性能组成:采用AISI-410(不锈钢)材料制成。
适用范围:用于补牙时填塞和压紧水门汀。
备 案 人:巴基斯坦Towne Brothers (Pvt.) Limited
生产地址:52-56 B Industrial Estate, Sialkot, 51340, Pakistan
代 理 人:桂林市啄木鸟医疗器械有限公司
代理地址:桂林市国家高新区信息产业园
备案日期:2014-09-10

国械备20140065号

产品名称:琼脂印模材料注射器
规格型号:14-n(n:0—999).具体型号规格:14-1; 14-2; 14-3; 14-4; 14-5; 14-6。
性能组成:采用Brass(黄铜)材料制成。
适用范围:用于口腔修复科注射琼脂材料。
备 案 人:巴基斯坦Towne Brothers (Pvt.) Limited

生产地址:52-56 B Industrial Estate, Sialkot, 51340, Pakistan
代 理 人:桂林市啄木鸟医疗器械有限公司
代理地址:桂林市国家高新区信息产业园
备案日期:2014-09-10

国械备 20140066 号

产品名称:银汞合金充填器
规格型号:35-1-n(n:0-999); 35-8-n(n:0-999).具体型号规格详见附表。
性能组成:采用 AISI-410(不锈钢)材料制成。
适用范围:用于补牙时充填和压紧银汞合金。
备 案 人:巴基斯坦 Towne Brothers (Pvt.) Limited
生产地址:52-56 B Industrial Estate, Sialkot, 51340, Pakistan
代 理 人:桂林市啄木鸟医疗器械有限公司
代理地址:桂林市国家高新区信息产业园
备案日期:2014-09-10

国械备 20140068 号

产品名称:银汞合金输送器
规格型号:16-n(n:0—999)。具体规格型号:16-1、16-2、16-3、16-4、16-5、16-6、16-7、16-8、16-9、16-10、16-11。
性能组成:采用 Brass(黄铜)材料制成。
适用范围:用于口腔科补牙时输送银汞合金。
备 案 人:巴基斯坦 Towne Brothers (Pvt.) Limited
生产地址:52-56 B Industrial Estate, Sialkot, 51340, Pakistan
代 理 人:桂林市啄木鸟医疗器械有限公司
代理地址:桂林市国家高新区信息产业园
备案日期:2014-09-10

国械备 20140069 号

产品名称:气腹针
规格型号:见附录型号列表
性能组成:气腹针由针管、握把、阀门、进气口、放气口组成。
适用范围:该产品与腹腔镜配套使用,用于腹腔镜手术中气腹穿刺进而实现气腹通气。
备 案 人:德国 SOPRO-COMEG GmbH
生产地址:Dornierstrasse 55 78532 Tuttlingen GERMANY
代 理 人:北京安慧康科技有限公司
代理地址:北京市朝阳区博大路 3 号院 9 号楼 9 层 922
备案日期:2014-09-10

国械备 20140071 号

产品名称:膝盖支具
性能组成:M.4® AGR, M.4®s, M.4® s OA, M.4X-lock, M.3s OA, medi PT control, medi ROM®, mediPTS®, medi Classic, medi Jeans.其中,M.4® AGR 型号由支撑架(铝合金),紧固带(聚酰胺),D 型环(铝合金),关节覆盖垫(棉)及铰链(铝合金)组成;M.4® s 型号由支撑架(铝合金),紧固带(聚酰胺),D 型环(铝合金),关节覆盖垫(棉)及铰链(铝合金)组成;M.4® s OA 型号由支撑架(铝合金),紧固带(聚酰胺),D 型环(铝合金),关节覆盖垫(棉)及铰链(铝合金)组成;M.4 X-lock 型号由支撑架(铝合金),紧固带(聚酰胺),D 型环(铝合金),关节覆盖垫(棉)及铰链(铝合金)组成;M.3s OA 型号由支撑架(铝合金),紧固带(聚酰胺),D 型环(铝合金),关节覆盖垫(棉)及铰链(铝合金)组成;medi PT control 型号由套筒(聚酰胺),紧固带(聚酰胺),侧边支撑条(铝合金),D 型环(聚丙烯)及膝盖骨衬垫(棉)组成;medi ROM®型号由套筒(聚酰胺),紧固带(聚酰胺),铰链(铝合金)及侧边支撑条(铝合金)组成;medi PTS®型号由套筒(聚酰胺),紧固带(聚酰胺),固定条(铝合金)及腿后侧内撑(聚丙烯)组成;medi Classic 型号由套筒(聚酰胺),紧固带(聚酰胺)及固定条(铝合金)组成;medi Jeans 型号由套筒(聚酰胺),紧固带(聚酰胺),固定条(铝合金)及 D 型环(聚丙烯)组成。
非灭菌包装。
适用范围:该产品适用于膝盖损伤或韧带损伤,用于缓解疼痛和术后的固定。
备 案 人:德国 medi GmbH & Co.KG
生产地址:Medicusstrasse 1 95448 Bayreuth Germany
代 理 人:禾玥医疗器械(北京)有限公司
代理地址:北京市顺义区竺园路 8 号(天竺综合保税区 3 号标厂 3 层西侧)
备案日期:2014-09-10

国械备 20140072 号

产品名称:溶血剂
规格型号:1L/瓶
性能组成:表面活性剂、缓冲液、防腐剂、稳定剂、去离子水。(具体内容详见产品说明书)
适用范围:该产品可用于在 IVD-C10A 上对人血液样本进行红细胞 (RBC) 基质溶解和白细胞 (WBC) 定量测定、三部分白细胞差分分析(LYM、MON、GRA) 以及血红蛋白 (Hb) 浓度测定实验中血细胞的溶解。
备 案 人:韩国 SAMSUNG ELECTRONICS CO., LTD.
生产地址:Táblás utca 39., Budapest, 1097, Hungary
代 理 人:三星(中国)投资有限公司
代理地址:北京市朝阳区建国路 118 号航华科贸中心招商局大厦 2208-13 单元
备案日期:2014-09-10

国械备 20140073 号

产品名称:稀释剂
规格型号:20L/瓶
性能组成:氯化钠、缓冲液、防腐剂、稳定剂、去离子水。(具体内容详见产品说明书)
适用范围:该产品可用于在 IVD-C10A 上进行人血液样本自动稀释,红细胞 (RBC)、白细胞 (WBC) 与白细胞亚群及血小板 (PLT) 的定量和定性测定以及血红蛋白 (Hb) 浓度测定。
备 案 人:韩国 SAMSUNG ELECTRONICS CO., LTD.
生产地址:Táblás utca 39., Budapest, 1097, Hungary
代 理 人:三星(中国)投资有限公司
代理地址:北京市朝阳区建国路 118 号航华科贸中心招商局大厦 2208-13 单元
备案日期:2014-09-10

国械备 20140074 号

产品名称:血型分析用稀释液
规格型号:10×11.5mL、6×57mL。
性能组成:该产品是一种含甲基纤维素的等渗溶液,添加叠氮钠 (0.1%) 作为保存剂。
适用范围:该产品是一种拆包即用的等渗溶液,可用于稀释血液样本中的红细胞,以便在 Immucor 自动化仪器上进行检测。
备 案 人:美国 Immucor, Inc.
生产地址:3130 Gateway Drive, Norcross, Georgia 30071, USA
代 理 人:海尔施生物医药股份有限公司
代理地址:宁波市小港街道前进村半港河西 159 号
备案日期:2014-09-10

国械备 20140075 号

产品名称:血型分析用稀释液
规格型号:3×500mL、10×500mL。
性能组成:该产品是包含甲基纤维素和保存剂叠氮钠(0.1%)的等渗溶液。
适用范围:该产品是即用等渗添加溶液,用于稀释血液样本中的红细胞以制备悬液,用于半自动法或者在 Galileo 和 Galileo NEO 自动化血型分析仪上的检测。
备 案 人:德国 Immucor Medizinische Diagnostik GmbH
生产地址:Adam-Opel Strasse 26A, D-63322 Rodermark Germany
代 理 人:海尔施生物医药股份有限公司
代理地址:宁波市小港街道前进村半港河西 159 号
备案日期:2014-09-10

国械备 20140076 号

产品名称:通用底物
规格型号:试剂 4: 40mL×1 瓶
试剂 5: 70mL×1 瓶
性能组成:(1) 试剂 4: 2-(N-吗啉基)乙磺酸 (MES 缓冲液); (2) 试剂

5：二钠2-氯-5-（4-甲氧基螺{1，2-二氧杂环丁烷-3，2′-（5′-氯）-三环[3.3.1.13，7]癸烷}-4-基）-1-苯基磷酸盐（CDP-Star）。
适用范围：该产品用于在全自动免疫分析仪上进行免疫项目检测时使用的化学发光底物。
备 案 人：日本 SYSMEX CORPORATION
生产地址：4-3-2, Takatsukadai, Nishi-ku, Kobe, Hyogo, 651-2271, Japan
代 理 人：希森美康医用电子（上海）有限公司
代理地址：上海市外高桥保税区富特西三路77号6幢202室
备案日期：2014-09-10

国械备20140077号

产品名称：臀部支具
规格型号：medi orthocox、medi Hip orthosis
性能组成：该产品包括以下型号：medi orthocox和mediHip orthosis。其中，medi orthocox型号由腰带（聚酰胺）、固定带（聚酯）及保护垫（棉）组成；medi Hiporthosis型号由衬垫（聚酰胺）、D型环（符合YY/T0294.1的M号不锈钢）、侧面保护垫（聚丙烯）、闭合器（铝合金）、支撑架（铝合金）、保护垫（聚酰胺）、紧固带（聚酰胺）及紧固扣（符合YY/T 0294.1的M号不锈钢）组成。非灭菌包装。
适用范围：适用于股骨粗隆间截骨术后固定，骨折截骨手术后固定，全髋部人工关节术后固定。
备 案 人：德国 medi GmbH & Co.KG
生产地址：Medicusstrasse 1 95448 Bayreuth Germany
代 理 人：禾玥医疗器械（北京）有限公司
代理地址：北京市顺义区竺园路8号（天竺综合保税区3号标厂3层西侧）
备案日期：2014-09-10

国械备20140078号

产品名称：背部支具
性能组成：该产品包括以下型号：Lumbamed® basic、Lumbamed® plus、Lumbamed® disc、Lumbamed®active、Lumbamed® stabil、Spinomed®、medi3C®、medi 4C®、medi 4C® flex.其中，Lumbamed® basic型号由护围（聚酰胺）、支撑棒（符合YY/T 0294.1的M号不锈钢）及紧固扣（聚酰胺）组成；Lumbamed® plus型号由护围（聚酰胺）、弹性垫（聚丙烯）及弹性垫接触人体面（棉）组成；Lumbamed® disc型号由护围（聚酰胺）、内部支撑（符合YY/T 0294.1的M号不锈钢）、支撑架（丙烯腈-苯乙烯-丁二烯共聚物）、束缚带（聚酰胺）及紧固扣（聚酰胺）组成；Lumbamed® active型号由护围（聚酰胺）和支撑杆（铝合金）组成；Lumbamed®stabil型号由护围（聚酰胺）、支撑架（铝合金）及腰带（聚醚砜树脂）组成；medi 3C®型号由盖胸垫（棉）、腰带（聚丙烯）、支撑架（铝合金）及闭合器（聚酰胺）组成；medi4C®型号由胸骨垫（聚丙烯）、底架（聚丙烯）、腰带（聚丙烯）、闭合器（聚酰胺）及支撑架（铝合金）组成；medi4C®flex型号由胸骨垫（聚丙烯）、支撑架（铝合金）、闭合器（聚酰胺）、腰带（聚酰胺）及侧面保护垫（聚氯乙烯）组成；Spinomed®型号由背部支撑条（铝合金）、腰带（聚酰胺）、D型环（聚丙烯）及紧束带（聚酰胺）组成。该产品为非灭菌包装。
适用范围：适用于胸、腰椎压缩性骨折，椎体骨折，椎间盘突出或骨折手术后的固定。
备 案 人：德国 medi GmbH & Co.KG
生产地址：Medicusstrasse 1 95448 Bayreuth Germany
代 理 人：禾玥医疗器械（北京）有限公司
代理地址：北京市顺义区竺园路8号（天竺综合保税区3号标厂3层西侧）
备案日期：2014-09-10

国械备20140079号

产品名称：肩部支具
性能组成：该产品包括以下型号：Omomed®、medishoulder sling、medi Armschlinge、medi SAK®、medi SAS® 15、medi SAS 45®、medi SLK 90.其中，Omomed®型号由护肩（聚酰胺）、固定环（聚丙烯）、束紧带（聚酰胺）、腰带（聚酰胺）及肩带（聚酰胺）组成；mediShoulder sling型号由肩带（聚酰胺）、腰带/臂袋（聚酰胺）及固定扣（聚酰胺）组成；mediSAK®型号由肩部衬垫（聚酯）、固定环（聚丙烯）、肩带（聚酰胺）、手托（铝合金）、垫枕（聚酰胺）、腰带（聚酰胺）、手触垫（聚氨酯）、臂带（聚酰胺）及上臂固定带（聚酰胺）组成；medi Armschlinge型号由肩部衬垫（聚酯）、肩带（聚酰胺）、臂袋（聚酰胺）、腰带（聚酰胺）、固定扣（聚酰胺）组成；medi SAS45®型号由肩部衬垫（聚酯）、连接环（聚丙烯）、肩带（聚酰胺）、肩带扣（聚丙烯）、臂带（聚酯）、手托（铝合金）、垫枕（聚酰胺）、手触垫（聚氨酯）、腰带（聚酰胺）及固定扣（聚酰胺）组成；medi SAS® 15型号由肩部衬垫（聚酯）、D型环（聚丙烯）、肩带（聚酰胺）、肩带扣（聚丙烯）、手袋（聚酯）、固定把手（铝合金）、枕垫（聚氨酯）、腰带扣（聚酰胺）、手触垫（聚氨酯）、腰带（聚酰胺）及固定扣（聚酰胺）组成；medi SLK90型号由肩部衬垫（聚酯）、固定环（聚丙烯）、肩带（聚酰胺）、肩带扣（聚丙烯）、臂袋（聚酰胺）、手托（铝合金）、垫枕（聚酰胺）、手触垫（聚氨酯）、腰带（聚酰胺）及固定扣（聚酰胺）组成。该产品为非灭菌包装。
适用范围：适用于肩膀肌腱，肩部手术，上臂骨折，肩膀假肢植入后的固定。
备 案 人：德国 medi GmbH & Co.KG
生产地址：Medicusstrasse 1 95448 Bayreuth Germany
代 理 人：禾玥医疗器械（北京）有限公司
代理地址：北京市顺义区竺园路8号（天竺综合保税区3号标厂3层西侧）
备案日期：2014-09-10

国械备20140080号

产品名称：臂部支具
性能组成：该产品主要包括：Manumed®T型号由紧束带（聚酰胺）、D型环（聚丙烯）、接触人体部分（聚酰胺）、固定板（铝合金）及透气网（聚酰胺）组成；Epicomed®型号由保护套（聚酰胺）、紧束带（聚酰胺）及衬垫（聚酰胺）组成；medi elbow strap型号由紧束带（聚酰胺）、人体接触面（聚酰胺）及D型环（聚丙烯）组成；medi Epibrace®型号由紧束带（聚酰胺）及D型环（聚丙烯）组成；Ellbowsupport型号由保护套（聚酰胺）组成；Manumed®型号由紧束带（聚酰胺）、D型环（聚丙烯）、接触人体部分（聚酰胺）、固定板（铝合金）及透气网（聚酰胺）组成；medi wrist support型号由紧束带（聚酰胺）、固定板（铝合金）及人体接触面（聚酰胺）组成；medi Thumbsupport型号由护套（聚酰胺）和人体接触面（聚酰胺）组成；Rhizomed®型号由固定架（铝合金）、紧束带（聚酰胺）及衬垫（聚酰胺）组成；Manumed tri型号由紧束带（聚酰胺）、D型环（聚丙烯）及固定板（铝合金）组成；Manumed® active型号由保护套（聚酰胺）、紧束带（聚酰胺）及托板（聚酰胺）组成；medi CTS型号由紧束带（聚酰胺）、D型环（聚丙烯）及固定板（铝合金）组成；medi EpicoROM®s型号由背带（聚酰胺）、支架（铝合金）、护肩（聚酰胺）、D型环（聚丙烯）、铰链（铝合金）及内垫（聚酰胺）组成。该产品为非灭菌包装。
适用范围：适用于臂部、手腕、手指部位，用于缓解疼痛和手术后固定。
备 案 人：德国 medi GmbH & Co.KG
生产地址：Medicusstrasse 1 95448 Bayreuth Germany
代 理 人：禾玥医疗器械（北京）有限公司
代理地址：北京市顺义区竺园路8号（天竺综合保税区3号标厂3层西侧）
备案日期：2014-09-10

国械备20140081号

产品名称：聚左旋乳酸可吸收骨固定系统配套工具
规格型号：见附页。
性能组成：该产品由钻头导向、扭矩螺丝刀、埋头钻、推进器、螺丝刀、导引线、夹板、测深器、助推棒、尺寸测定器、钳子和铰刀组成，采用了符合ASTMF899标准规定的S17400、S42000、S30400、S43100、S41000、S30300不锈钢材料及镍钛合金、铝合金制成，具体详见规格型号列表。非灭菌包装。
适用范围：该产品为手术用工具，适用于聚左旋乳酸可吸收骨固定系统手术。
备 案 人：日本グンゼ株式会社
生产地址：京都府绫部市青野町枣之市46
代 理 人：郡是医疗器材（深圳）有限公司
代理地址：深圳市坪山新区坪山金沙社区生物医药企业加速器二号楼二层
备案日期：2014-09-10

国械备20140082号

产品名称:糖缺失转铁蛋白缓冲液
规格型号:1×500mL;2×20mL。
性能组成:三羟甲基氨基甲烷缓冲液(Tris)、三氯化铁(FeCl3)、碳酸氢钠(NaHCO3)、防腐剂(NaN3)等。
适用范围:用于糖缺失转铁蛋白检测样本的样本前处理。
备 案 人:英国 Helena Biosciences Europe
生产地址:Sunderland Enterprise Park, Colima Avenue, Sunderland, SR5 3XB, United Kingdom
代 理 人:北京柏彬医疗器械有限公司
代理地址:北京市朝阳区慧忠北里 311 号楼 1701 室
备案日期:2014-09-10

国械备 20140083 号

产品名称:萋-尼抗酸染色试剂
性能组成:试剂 1-固定液,试剂 2-品红,试剂 3-脱色液,试剂 4-亚甲蓝。(具体内容详见说明书)
适用范围:本产品用于肺源(痰、支气管肺泡灌洗液、支气管吸出物)及非肺源(结节、腮腺、脑脊液、肝活检、浆液、骨活检、胃管、尿、皮肤活检)人体标本的分枝杆菌或抗酸杆菌(AFB)的鉴别染色。
备 案 人:法国 RAL DIAGNOSTICS
生 产 地 址:Site Montesquieu-Bordeaux Technopolis , 33650 MARTILLAC , France
代 理 人:梅里埃诊断产品(上海)有限公司
代理地址:中国上海市外高桥保税区富特西一路 383 号 A2 楼第四层 A 部位
备案日期:2014-09-10

国械备 20140084 号

产品名称:金胺染色试剂
性能组成:试剂 1-固定液,试剂 2-金胺,试剂 3-金胺稀释液,试剂 4-脱色液,试剂 5-噻嗪红,试剂 6-噻嗪红稀释液。(具体内容详见说明书)
适用范围:本产品用于肺源(痰、支气管肺泡灌洗液、支气管吸出物)及非肺源(结节、腮腺、脑脊液、肝活检、浆液、骨活检、胃管、尿、皮肤活检组织)人体标本的分枝杆菌或抗酸杆菌(AFB)的荧光染色。
备 案 人:法国 RAL DIAGNOSTICS
生 产 地 址:Site Montesquieu-Bordeaux Technopolis , 33650 MARTILLAC , France
代 理 人:梅里埃诊断产品(上海)有限公司
代理地址:中国上海市外高桥保税区富特西一路 383 号 A2 楼第四层 A 部位
备案日期:2014-09-10

国械备 20140085 号

产品名称:牙科空气压缩机
规格型号:Tornado 1, Tornado 2, Quattro, Quattro Tandem, P6000, P9000, P12000
性能组成:为无油空气压缩机,主要由压缩泵、电动机、储气罐、压力开关和安全阀组成,可选配带有空气干燥器。
适用范围:该产品主要供医疗单位的口腔科、牙科或牙科诊所的牙科治疗设备作动力源使用。
备 案 人:德国 DüRR DENTAL AG
生产地址:Hoepfigheimer Strasse 17, 74321 Bietigheim-Bissingen, Germany
代 理 人:德国迪尔齿科公司上海代表处
代理地址:中国上海市外高桥保税区富特西一路 383 号 A2 楼第四层 A 部位
备案日期:2014-09-10

国械备 20140086 号

产品名称:下肢关节固定器
规格型号:见附页
性能组成:该产品由聚酯、聚酰胺、聚氨基甲酸酯纤维、氯丁橡胶材料制成的外包袋和 72A 不锈钢、聚丙烯材料制成的固定夹板构成。非灭菌包装。
适用范围:见附件
备 案 人:美国 Mueller Sports Medicine, Inc.
生产地址:One Quench Drive, PO Box 99, Prairie du Sac, WI 53578
代 理 人:北京威尼汇力医疗器械有限公司
备案日期:2014-09-10

国械备 20140087 号

产品名称:全髋关节置换手术手动工具
规格型号:请见附表
性能组成:本产品由把持器、取出器、扳手、试模、铰刀、拔出器、铰孔钻、髓腔锉、定位器、打入器、钻头等组成,采用符合 ASTM F899 的 630、316、303、304、410、440C、302、420F、301 不锈钢材料,符合 ISO5832-2 的纯钛,符合 ISO 5832-3 的钛 6 铝 4 钒,符合 YY0605.12 的钴铬合金材料,其中不与人体接触的材料采用符合 ISO16061 的 6061-T6 铝、硅橡胶材料,符合 ASTM F702 的聚苯砜材料,符合 ASTM F1855 的共聚甲醛材料组成,非灭菌包装,详见规格型号列表。
适用范围:该产品为手术工具,用于骨科髋关节植入假体的组装和髋关节置换手术中骨接合产品的植入。
备 案 人:美国 Smith & Nephew, Inc.
生 产 地 址:1)1450 Brooks Road, Memphis, Tennessee, 38116, USA2)Alemannenstra β e 14, D-Tuttlingen, 78532, Germany3)2 LengkokTelukKumbar 1, JalanTelukKumbar, 11920 Bayan Lepas, Penang, Malaysia
代 理 人:施乐辉医用产品国际贸易(上海)有限公司
代理地址:上海市外高桥保税区奥纳路 188 号通用厂房楼第四层 B 部位
备案日期:2014-09-10

国械备 20140088 号

产品名称:全自动电泳仪
规格型号:minicap
性能组成:该产品是一种用于处理结果数据的电脑控制的全自动多项毛细管电泳系统。该系统由旋转取样器、分析部分、时间舱、控制部分和数据处理软件组成。
适用范围:该产品用于医学临床检验和血清蛋白、血红蛋白、尿蛋白、本周氏蛋白分析。
备 案 人:法国 SEBIA
代 理 人:法国赛比亚公司上海代表处
代理地址:上海市黄浦区福州路 318 号高腾大厦 2306-2307 室
备案日期:2014-09-10

国械备 20140089 号

产品名称:牙科石膏
规格型号:见附件
性能组成:牙科石膏,主要组成成分为 α 半水硫酸钙和硫酸钙二水合物。
适用范围:本产品用于牙科技工室制作牙科模型。
备 案 人:德国 dentona AG
生产地址:Otto-Hahn-Strasse 27, D-44227 Dortmund, Germany
代 理 人:北京欧亚康桥商贸有限公司
备案日期:2014-09-10

国械备 20140090 号

产品名称:医用剪
规 格 型 号:9009-716SC、9009-738SC、9909-910SC、9009-838SC、9009-840SC、9009-842SC
性能组成:医用剪采用医用级不锈钢材料制成。
适用范围:医用剪用于手术中组织的切割和分离。
备 案 人:美国 Scanlan International, Inc.
生产地址:One Scanlan Plaza, St. Paul, Minnesota 55107 U.S.A
代 理 人:北京德宝朗坤科贸有限责任公司
代理地址:北京市朝阳区广渠门外大街一号院 6 号(住宅)楼 1708 室
备案日期:2014-09-10

国械备 20140091 号

产品名称:医用剪
性能组成:医用剪采用符合 ASTM F899 的 420 医用不锈钢材料制成。
适用范围:医用剪用于手术中组织的切割和分离。
备 案 人:美国 Scanlan International, Inc.

生产地址:One Scanlan Plaza, St. Paul, Minnesota 55107 U.S.A
代 理 人:北京德宝朗坤科贸有限责任公司
代理地址:北京市海淀区中关村南大街1号北京友谊宾馆64712室
备案日期:2014-09-10

国械备20140092号

产品名称:乳牙预成冠
规格型号:见附件
性能组成:该产品由合成橡胶共聚物(2-丙烯酸甲酯与1,3-丁二烯和2-丙烯腈的聚合物)组成;产品内外表面光滑无痕。
适用范围:该产品为牙科辅助充填材料成型的工具,主要用于帮助乳前牙修复充填材料成型。
备 案 人:美国3M ESPE Dental Products
生产地址:2111 McGaw Avenue, Irvine CA 92614, USA
代 理 人:明尼苏达矿业制造(上海)国际贸易有限公司
代理地址:上海市外高桥保税区英伦路858号
备案日期:2014-09-10

国械备20140093号

产品名称:医用镊
规格型号:3049-90N; 3049-92N; 3003-842; 3788-08N; 3788-10N; 3789-07N; 3789-08N; 3789-20N
性能组成:医用镊采用外科用钛合金和符合ASTM F899的420医用不锈钢材料制成。
适用范围:医用镊用于外科手术中的夹持和分离。
备 案 人:美国Scanlan International, Inc.
生产地址:One Scanlan Plaza, St. Paul, Minnesota 55107 U.S.A
代 理 人:北京德宝朗坤科贸有限责任公司
代理地址:北京市海淀区中关村南大街1号北京友谊宾馆64712室
备案日期:2014-09-10

国械备20140094号

产品名称:解热贴
规格型号:DecoDeco Cool-S for Adults
性能组成:产品为外用局部冷却贴片,由衬垫、黏附凝胶及背衬无纺布三部分组成。凝胶状物质延展于无纺布上,表面覆盖衬垫聚乙烯薄膜。产品未灭菌。
适用范围:产品为外用降温辅助工具,用于急性发热时的局部降温。
备 案 人:日本久光製薬株式会社
生产地址:佐賀県鳥栖市田代大官町408番地
代 理 人:久光制药技术咨询(北京)有限公司
代理地址:北京市朝阳区建国门外大街甲24号504室
备案日期:2014-09-10

国械备20140095号

产品名称:解热贴
规格型号:DecoDeco Cool for Babies
性能组成:产品为外用局部冷却贴片,由衬垫、黏附凝胶及背衬无纺布三部分组成。凝胶状物质延展于无纺布上,表面覆盖衬垫聚乙烯薄膜。产品未灭菌。
适用范围:产品为外用降温辅助工具,用于急性发热时的局部降温。
备 案 人:日本久光製薬株式会社
生产地址:佐賀県鳥栖市田代大官町408番地
代 理 人:久光制药技术咨询(北京)有限公司
代理地址:北京市朝阳区建国门外大街甲24号504室
备案日期:2014-09-10

国械备20140096号

产品名称:绷带
规格型号:请参见附件型号。
性能组成:绷带是由聚氨酯树脂注入编织的玻璃纤维构成。
适用范围:该产品用于最普通的整形外科固定的构造以及专业弥补术和矫形装置上。
备 案 人:德国3M Deutschland GmbH
生产地址:ul. Kwidzynska 6-51-416 Wroclaw-Poland
代 理 人:明尼苏达矿业制造(上海)国际贸易有限公司
代理地址:上海市外高桥保税区英伦路858号
备案日期:2014-09-10

国械备20140097号

产品名称:绷带
性能组成:该产品是由注入了聚亚胺酯树脂的编制玻璃纤维组成。根据产品颜色(R:红色、B:蓝色、U:紫色、无字母:白色)、长度及宽度不同,分为17个型号。
适用范围:用于最普通的整形外科外固定的构造。
备 案 人:德国3M Deutschland GmbH
生产地址:ul. Kwidzynska 6-51-416 Wroclaw-Poland
代 理 人:明尼苏达矿业制造(上海)国际贸易有限公司
代理地址:上海市外高桥保税区英伦路858号
备案日期:2014-09-10

国械备20140098号

产品名称:弹性医用胶布
规格型号:详见附页
性能组成:由强捻棉纱和粘着剂组成。其中,粘着剂的成分为59.3%合成橡胶、25.4%黏着剂、12.7%无机化合物及2.6%油剂。
适用范围:适用于对创面敷料、绷带或器械等提供粘贴力,以起到固定作用。不能与开放伤口直接接触。
备 案 人:日本爱乐康公司
生产地址:289-4 Chigusa-Cho, Hanamigawa-Ku, Chiba-Shi, Chiba, Japan
代 理 人:北京佰利天成科贸有限公司
代理地址:北京市西城区儒福里41号717室
备案日期:2014-09-10

国械备20140099号

产品名称:两件式造口袋
规格型号:请见申请表附件1.
性能组成:该产品由两件式造口袋袋体和卡环组成。袋体用来收集排泄物,卡环用来与造口底盘连接。其中袋体分为开口和闭口两种。开口袋体提供造口袋夹或者夜间排水阀。为了增加与皮肤接触的舒适性,袋体外单面带面静舒网或者双面均带静舒网。卡环由硬质聚乙烯制造,袋体由EVA/PVdC复合薄膜制成,静舒网由EMA/EVA复合薄膜制成,过滤片材料为活性炭,夜间排水阀材料为硅橡胶,造口袋夹由热塑性弹性体和聚丙烯树脂叠合制成。
适用范围:该产品与造口底盘配合使用,用于人工造口病人处理造口排泄物。
备 案 人:英国ConvaTec Limited
生产地址:First Avenue Deeside Industrial Park, Deeside, Flintshire, CH5 2NU United Kingdom; Priemyselny Park 3 07101 Michalovce, Slovakia.
代 理 人:康维德(中国)医疗用品有限公司
代理地址:上海市黄浦区西藏中路268号5116室
备案日期:2014-09-10

国械备20140100号

产品名称:聚酯绷带
规格型号:23034, 23035, 23036, 23037, 23038, 23040, 23041, 23042, 23043, 23045, 23046, 23047, 23048
性能组成:聚酯绷带是由聚酯纤维织物作为载体,浸入了聚氨基甲酸乙酯树酯制成。是一次性非灭菌产品。
适用范围:适用于骨或关节疾病治疗中的矫正和固定、以及整形手术后的矫正及固定。
备 案 人:德国Lohmann & Rauscher International GmbH & Co.KG
生产地址:Irlicher Strasse 55, 56567 Neuwied, Germany
代 理 人:绍兴托美医疗用品有限公司
代理地址:浙江省绍兴市越城区皋埠镇皋北工业区(皋北村)
备案日期:2014-09-10

国械备20140101号

产品名称:一次性使用医用橡胶检查手套
规格型号:光面有粉:XS, S, M, L, XL; 光面无粉:XS, S, M, L, XL; 麻

面有粉:XS, S, M, L, XL; 麻面无粉:XS, S, M, L, XL
性能组成:本产品主要由天然橡胶乳胶组成，有粉产品含有玉米淀粉。该产品为非无菌产品，产品有效期为3年。
适用范围:该产品用于医疗检查和卫生防护的一次性使用医用橡胶检查手套。
备 案 人:马来西亚 LATEXX MANUFACTURING SDN. BHD.
生产地址:Lot 10558, Jalan Perusahaan 3, Kamunting Industrial Estate, 34600 Kamunting, Perak, MALAYSIA
代 理 人:艾迈柯思贸易(上海)有限公司
代理地址:上海市浦东新区航津路658号882室
备案日期:2014-09-10

国械备 20140102 号

产品名称:种植体系统工具
规格型号:见附件。
性能组成:种植体系统工具由手柄，骨挤压器，螺丝起，覆盖帽取出器，种植体方向测量器，扭力扳手，棘轮扳手，钻延长器，方向指示器，种植体连接器，牙骨锤，牙刮匙组成。
适用范围:该产品用于牙科种植体植入手术。
备 案 人:韩国 KJ MEDITECH Co., Ltd
生产地址:959-21, Dae Chon-dong, Buk-gu, Gwangju
代 理 人:郑州赛齿医疗器械有限公司
代理地址:郑州市中原区中原中路171号11号楼综合楼1单元11层1125, 1128, 1129号
备案日期:2014-09-10

国械备 20140103 号

产品名称:分枝杆菌染色液
规格型号:REF 55521 (货号) 品红溶液: 1×450mL/瓶; REF 55531 甲基兰溶液: 1×450ml/瓶。
性能组成:品红溶液: 碱性品红、石碳酸 (80%)、无水酒精、去离子水; 甲基兰溶液: 亚甲基兰、浓硫酸、无水酒精、去离子水。(具体内容详见说明书)
适用范围:用于分枝杆菌培养物的染色。
备 案 人:法国 bioMerieux, sa
生产地址:Chemin de l' Orme 69280 Marcy L' Etoile, FRANCE
代 理 人:梅里埃诊断产品(上海)有限公司
代理地址:中国上海市外高桥保税区富特西一路383号A2楼第四层A部位
备案日期:2014-09-10

国械备 20140104 号

产品名称:血细胞分析仪用溶血剂
规格型号:MEK-680 (型号): 500mL×3
性能组成:由季铵盐表面活性剂≥5%和纯净水组成。
适用范围:本产品用于破坏人血液样本中的红细胞，释放血红蛋白。
备 案 人:日本日本光电工业株式会社
生产地址:日本群马县富冈市七日市486
代 理 人:上海光电医用电子仪器有限公司
代理地址:上海市奉贤区环城北路567号(上海市工业综合开发区内)
备案日期:2014-09-10

国械备 20140105 号

产品名称:血细胞分析仪用稀释液
规格型号:MEK-640 (型号): 18L
性能组成:产品由氯化钠≥0.4%，无水硫酸钠≥0.9%，三羟甲基氨基甲烷 (Tris) ≥0.1%，季铵钠≥0.03%，乙二胺四乙酸 (EDTA) 盐≥0.01%和纯净水组成。
适用范围:本产品用于稀释人血液样本。
备 案 人:日本日本光电工业株式会社
生产地址:日本群马县富冈市七日市486
代 理 人:上海光电医用电子仪器有限公司
代理地址:上海市奉贤区环城北路567号(上海市工业综合开发区内)
备案日期:2014-09-10

国械备 20140106 号

产品名称:血细胞分析仪用溶血剂
规格型号:MEK-910 (型号): 500mL×3
性能组成:产品由氯化钠≥0.9%，磷酸氢二钠≥0.2%，表面活性剂≥0.4%和纯净水组成。
适用范围:本产品用于破坏人血样本中的红细胞，同时保持白细胞原始状态。
备 案 人:日本日本光电工业株式会社
生产地址:日本群马县富冈市七日市486
代 理 人:上海光电医用电子仪器有限公司
代理地址:上海市奉贤区环城北路567号(上海市工业综合开发区内)
备案日期:2014-09-10

国械备 20140107 号

产品名称:溶血剂
规格型号:2×100mL
性能组成:抗坏血酸。(具体内容详见产品说明书)
适用范围:本产品在叶酸检测中，用于红细胞溶血产物的制备。
备 案 人:美国 Beckman Coulter, Inc.
生产地址:1000 Lake Hazeltine Drive Chaska, MN 55318-1084 USA
代 理 人:贝克曼库尔特商贸(中国)有限公司
代理地址:上海市浦东新区福山路500号1201、1208-1210室
备案日期:2014-09-10

国械备 20140108 号

产品名称:神经元特异性烯醇化酶稀释液
规格型号:4 × 3 mL
性能组成:试剂-工作溶液: 4瓶，每瓶含量3 mL，内含物: 胎牛血清; <0.1% 防腐剂。
适用范围:该产品用作与 Elecsys 神经元特异性烯醇化酶检测试剂盒一起进行测定时样本的稀释液。
备 案 人:德国 Roche Diagnostics GmbH
生产地址:Sandhofer Strasse 116, 68305 Mannheim, Germany
代 理 人:罗氏诊断产品(上海)有限公司
代理地址:上海市外高桥保税区希雅路330号7号厂房第二层I部位(通讯地址:北京市东城区东方广场东方经贸城C1-7层)
备案日期:2014-09-10

国械备 20140109 号

产品名称:样品稀释液
规格型号:4mL/瓶、2 x 32.9mL/盒。
性能组成:缓冲的牛血清白蛋白基质液（含表面活性剂)、叠氮钠和 Proclin 300。(具体内容详见产品说明书)
适用范围:本产品对分析物浓度大于特定校准品 5 (S5) 的患者样本进行稀释。
备 案 人:美国 Beckman Coulter, Inc.
生产地址:1000 Lake Hazeltine Drive Chaska, MN 55318-1084 USA
代 理 人:贝克曼库尔特商贸(中国)有限公司
代理地址:上海市浦东新区福山路500号1201、1208-1210室
备案日期:2014-09-10

国械备 20140110 号

产品名称:固定用弹力束带
规格型号:MS01, MS02, MS03, MS04, MS06, MS08, MS10。
性能组成:本产品是由聚酯纱线编织而成。该产品为非无菌产品，且不与皮肤直接接触，不用于开放性创面。
适用范围:该产品与矫形石膏配合使用，构成修复和矫形器械，衬于石膏衬垫和石膏绷带内。
备 案 人:美国 3M Health Care
生产地址:425 North Gateway Avenue. Rockwood, TN 37854 USA
代 理 人:明尼苏达矿业制造(上海)国际贸易有限公司
代理地址:上海市外高桥保税区英伦路858号
备案日期:2014-09-10

国械备 20140111 号

产品名称:口腔麻醉剂助推器
规格型号:15-n(n:0-999).具体型号规格:15-1、15-2、15-3、15-4、15-5。

性能组成:采用 Brass(黄铜)材料制成。
适用范围:用于口腔科注射麻醉剂。
备 案 人:巴基斯坦 Towne Brothers (Pvt.) Limited
生产地址:52-56 B Industrial Estate, Sialkot, 51340, Pakistan
代 理 人:桂林市啄木鸟医疗器械有限公司
代理地址:桂林市国家高新区信息产业园
备案日期:2014-09-10

国械备 20140112 号

产品名称:根管刷
规格型号:S, M, L
性能组成:该产品由刷头和刷柄构成,材料均为聚丙烯(100%),该产品为一次性使用产品。
适用范围:该产品用于根管预备期间手动清洁根管(本产品只可手动使用,不与牙科手机等有源器械配合使用)。
备 案 人:德国 Coltène/Whaledent GmbH + Co. KG
生产地址:Raiffeisenstrasse 30, 89129 Langenau, Germany
代 理 人:康特威尔登特齿科贸易(北京)有限公司
代理地址:北京市西城区车公庄大街 9 号院 1 号楼 2 门 1103-1104 室
备案日期:2014-09-10

国械备 20140116 号

产品名称:麻醉剂助推器
规格型号:Standard(Gold)、Petit(Blue)、Fusion(Titanium)
性能组成:该产品由管筒、推杆、手柄和环状把手组成。手柄和环状把手由符合 GB/T 3190-2008 的铝合金(牌号:6061)制成,其他部分由符合 GB/T20878-2007 的不锈钢(牌号:Y12Cr18Ni9)制成。该产品可配合 1.7ml 及 1.8ml 标准容积的麻醉剂注射筒和注射针使用,产品为非灭菌包装,可重复使用,使用前需灭菌。
适用范围:该产品与口腔麻醉剂注射器械配合使用,在麻醉剂的注射过程中起助推作用(产品本身不与人体接触,不具有注射功能或无针注射功能)。
备 案 人:加拿大 NOVOCOL PHARMACEUTICAL OF CANADA INC.
生产地址:97 Main Street, Hamburg, New York 14075 USA
代 理 人:赛谱敦(上海)贸易有限公司
代理地址:上海市长宁区天山路 30 号甲 1206、1207 室
备案日期:2014-09-10

国械备 20140117 号

产品名称:细胞块制备试剂盒
规格型号:50个Cytoblock收集盒、1份Cytoblock试剂1、1份Cytoblock试剂 2。
性能组成:Cytoblock 收集盒:底纸、插入板;Cytoblock 试剂 1:氯化钙溶液、H20;Cytoblock 试剂 2:甲醛、C.I. Acid blue 9, disodium、藻酸、H20。(具体内容详见产品说明书)
适用范围:该产品可用于从细针穿刺、切割针活检、体液、以及其他细胞学制备的残余沉积物中生产石蜡包埋块。该产品也可作为一种方法,用于处理小切片、骨切片、及其他因太小而不能使用标准收集盒处理的标本等组织碎片。
备 案 人:美国 Richard-Allan Scientific Co.
生产地址:4481 Campus Drive, Kalamazoo, Michigan 49008 USA
代 理 人:赛默飞世尔(上海)仪器有限公司
代理地址:上海市浦东新区金桥出口加工区秦桥路 211 号 T71-6 幢第一、二层东侧
备案日期:2014-09-10

国械备 20140118 号

产品名称:脱钙液
规格型号:3.8L/瓶×4 瓶、946mL/瓶×6 瓶。
性能组成:甲酸、甲醛。
适用范围:本产品用于体外诊断样本组织的固定和脱钙。
备 案 人:美国 Leica Biosystems Richmond, Inc.
生产地址:5205 Route 12 P.O.Box 528 Richmond Illinois 60071 USA
代 理 人:徕卡显微系统(上海)贸易有限公司
代理地址:上海市外高桥保税区福特北路 127 号 3 楼 C 部位
备案日期:2014-09-10

国械备 20140119 号

产品名称:脱钙液
规格型号:3.8L/瓶×4 瓶、946mL/瓶×6 瓶。
性能组成:盐酸、乙二胺四乙酸。
适用范围:本产品用于体外诊断组织样本的脱钙。
备 案 人:美国 Leica Biosystems Richmond, Inc.
生产地址:5205 Route 12 P.O.Box 528 Richmond Illinois 60071 USA
代 理 人:徕卡显微系统(上海)贸易有限公司
代理地址:上海市外高桥保税区福特北路 127 号 3 楼 C 部位
备案日期:2014-09-10

国械备 20140120 号

产品名称:样本萃取液及流动相溶剂包(串联质谱法)
规格型号:3041-0020:2 瓶,每瓶 400 mL(流动相溶剂);1 瓶,140 mL(萃取溶液)。
性能组成:流动相溶剂,萃取溶液。(具体内容详见说明书)
适用范围:本试剂包用于体外测量与评估滤纸干血斑样本(DBS)中氨基酸、琥珀酰丙酮、游离肉碱以及酰基肉碱浓度实验中的样本处理。
备 案 人:芬兰 Wallac Oy
生产地址:Mustionkatu 6, FI-20750 Turku, Finland
代 理 人:珀金埃尔默仪器(上海)有限公司
代理地址:上海市外高桥保税区希雅路 33 号 14#楼 3 层 D 部位
备案日期:2014-09-10

国械备 20140121 号

产品名称:痰消化液
规格型号:10×7.5mL
性能组成:二硫苏糖醇:0.1g;氯化钠:0.78g;氯化钾:0.02g;磷酸氢二钠:0.112g;磷酸二氢钾:0.02g。
适用范围:用于体外痰样本的均质化处理。
备 案 人:英国 Oxoid Limited
生产地址:Wade Road, Basingstoke, RG24 8PW, Untied Kingdom
代 理 人:赛默飞世尔(上海)仪器有限公司
代理地址:上海市浦东新区金桥出口加工区秦桥路 211 号 T71 - -6 幢第一、二层东侧
备案日期:2014-09-10

国械备 20140122 号

产品名称:脱蜡热修复液
规格型号:10 ×100 ml
性能组成:水、聚乙二醇、曲拉通 X-100、专属成份、乙二胺四乙酸、乙二胺四乙酸四钠、4-羟乙基哌嗪乙磺酸钠盐、2-甲基-3-异噻唑啉酮。(具体内容详见产品说明书)
适用范围:该产品在免疫组织化学中用于染色前组织切片预处理过程,包括对福尔马林固定、石蜡包埋组织切片进行脱蜡和热诱导的抗原修复。
备 案 人:美国 Lab Vision Corporation
生产地址:4481 Campus Drive, Kalamazoo, Michigan 49008 USA
代 理 人:赛默飞世尔(上海)仪器有限公司
代理地址:上海市浦东新区金桥出口加工区秦桥路 211 号 T71-6 幢第一、二层东侧
备案日期:2014-09-10

国械备 20140123 号

产品名称:脱蜡热修复液
规格型号:10 ×100 ml
性能组成:水、聚乙二醇、专属成份、2-甲基-3-异噻唑啉酮、柠檬酸钠二水合物、柠檬酸一水合物。(具体内容详见产品说明书)
适用范围:该产品用于在免疫组织化学中用于染色前组织切片预处理过程,包括对福尔马林固定、石蜡包埋组织切片进行脱蜡和热诱导的抗原修复。
备 案 人:美国 Lab Vision Corporation
生产地址:4481 Campus Drive, Kalamazoo, Michigan 49008 USA
代 理 人:赛默飞世尔(上海)仪器有限公司
代理地址:上海市浦东新区金桥出口加工区秦桥路 211 号 T71-6 幢第一、

二层东侧
备案日期:2014-09-10

国械备 20140124 号

产品名称:脱蜡热修复液
规格型号:10 ×100 ml
性能组成:水、聚乙二醇、曲拉通 X-100、专属成份、乙二胺四乙酸、乙二胺四乙酸四钠、三羟甲基氨基甲烷、聚乙二醇单辛基苯基醚、2-甲基-3-异噻唑啉酮。(具体内容详见产品说明书)
适用范围:该产品在免疫组织化学中用于染色前组织切片预处理过程,包括对福尔马林固定、石蜡包埋组织切片进行脱蜡和热诱导的抗原修复。
备 案 人:美国 Lab Vision Corporation
生产地址:4481 Campus Drive, Kalamazoo, Michigan 49008 USA
代 理 人:赛默飞世尔(上海)仪器有限公司
代理地址:上海市浦东新区金桥出口加工区秦桥路 211 号 T71-6 幢第一、二层东侧
备案日期:2014-09-10

国械备 20140125 号

产品名称:冷冻包埋剂
规格型号:118ml
性能组成:聚乙烯醇,聚乙二醇,双十烷基二甲基氯化铵,亚甲蓝
适用范围:该产品用于保存和封装切除的人体组织、骨骼或软组织标本以制作冷冻切片。
备 案 人:美国 Leica Biosystems Richmond, Inc.
生产地址:5205 Route 12, P.O.Box 528 Richmond, Illinois 60071, USA
代 理 人:徕卡显微系统(上海)贸易有限公司
代理地址:上海市外高桥保税区福特北路 127 号 3 楼 C 部位
备案日期:2014-09-10

国械备 20140126 号

产品名称:冷冻包埋剂
规格型号:118ml
性能组成:聚乙烯醇,聚乙二醇,双十烷基二甲基氯化铵。
适用范围:该产品用于保存和封装切除的人体组织、骨骼或软组织标本以制作冷冻切片。
备 案 人:美国 Leica Biosystems Richmond, Inc.
生产地址:5205 Route 12, P.O.Box 528 Richmond, Illinois 60071, USA
代 理 人:徕卡显微系统(上海)贸易有限公司
代理地址:上海市外高桥保税区福特北路 127 号 3 楼 C 部位
备案日期:2014-09-10

国械备 20140127 号

产品名称:质谱样品处理基质
规格型号:10×2.5mg/包装
性能组成:α-氰基-4-羟基肉桂酸
适用范围:本产品用于基质辅助激光解吸电离飞行时间质谱仪检测细菌、酵母时作为样本基质溶液。
备 案 人:德国 Bruker Daltonik GmbH
生产地址:Fahrenheitstrasse 4, 28359 Bremen, Germany
代 理 人:布鲁克(北京)科技有限公司
代理地址:北京市海淀区中关村南大街 11 号 1 号楼 5116 室
备案日期:2014-09-10

国械备 20140128 号

产品名称:质谱样品预处理溶液
规格型号:5×0.5 mL
性能组成:甲酸
适用范围:该产品用于对酵母菌样品进行预处理。
备 案 人:法国 bioMerieux, SA
生 产 地 址 :3 route de Port Michaud-38390 La Balme les Grottes-France
代 理 人:梅里埃诊断产品(上海)有限公司
代理地址:中国上海市外高桥保税区富特西一路 383 号 A2 楼第四层 A 部位
备案日期:2014-09-10

国械备 20140129 号

产品名称:激发液
规格型号:激发液 1: 1×250 mL、激发液 2: 1×250 mL。
性能组成:氢氧化钠、过氧化脲。
适用范围:本产品用于在全自动化学发光免疫分析仪上作为激发液使用。
备 案 人:美国 Instrumentation Laboratory Co.
生产地址:Can Male 08186 Llica d Amunt Barcelona Spain
代 理 人:沃芬医疗设备国际贸易(上海)有限公司
代理地址:上海市外高桥保税区华京路 8 号 538 室
备案日期:2014-09-10

国械备 20140130 号

产品名称:上肢关节固定器
规格型号:222, 74618, 74619, 300, 306, 6261ML, 307, 308, 4518
性能组成:该产品包括腕护托、腕部固定器(带夹板)、稳定性腕部固定器、拇指固定器。分别由外包袋和内支持物组成。其中外包装袋材料采用聚酯、乙烯、尼龙、聚丙烯、氨纶、聚氨酯、聚氯乙烯、棉、麻等,内支持物材料采用不锈钢或铝。
适用范围:主要用于对脆弱或受过伤的手腕或拇指提供高水平的支持和防护,帮助避免受伤和再次受伤。
备 案 人:美国 Mueller Sports Medicine, Inc.
生产地址:One Quench Drive, PO Box 99, Prairie du Sac, WI 53578
代 理 人:北京威尼汇力医疗器械有限公司
代理地址:北京市朝阳区朝外大街 22 号 1511 室
备案日期:2014-09-10

国械备 20140131 号

产品名称:硼酸盐亲和层析柱
规格型号:5cmX5mm
性能组成:成分: 固定项为硼酸盐。
适用范围:该产品用于与糖化血红蛋白分析系统配套使用,用来体外诊断分析血液标本中糖化血红蛋白(HbA1c)的含量,其主要用途是根据功能基团结构差别,选择吸附血蛋白。
备 案 人:美国 Trinity Biotech (Primus Corporation dba Trinity Biotech)
生产地址:4231 E.75th Terrace Kansas City, Missouri, 64132, USA
代 理 人:普莱默斯医疗器械(上海)有限公司
代理地址:上海市外高桥保税区富特北路 225 号第二层 E13 部位
备案日期:2014-09-10

国械备 20140132 号

产品名称:溶血洗净液
规格型号:HSi 溶血洗净液(L):5×2000mL; HSi 溶血洗净液(LL):2×4000mL
性能组成:含去离子水, EDTA, Triton X。含有小于 0.1%的叠氮钠作为防腐剂。
适用范围:该产品用于稀释、溶血标本。
备 案 人:日本 Tosoh Corporation
生产地址:4560, Kaisei-cho, Shunan, Yamaguchi 746-8501
代 理 人:东曹(上海)生物科技有限公司
代理地址:宜山路 1289 号 B 座 3 楼 301 室
备案日期:2014-09-10

国械备 20140133 号

产品名称:环孢霉素样品预处理液
规格型号:4 × 40 mL
性能组成:含有硫酸酮、甲醇、乙二醇、TRIS 缓冲液、叠氮钠、链霉素和表面活性剂。(具体内容详见说明书)
适用范围:用于对需进行环孢霉素检测的样本、校准品和质控品进行预处理。
备 案 人:德国 Roche Diagnostics GmbH
生产地址:Indianapolis, Indiana, USA
代 理 人:罗氏诊断产品(上海)有限公司

代理地址:上海市外高桥保税区希雅路 330 号 7 号厂房第二层 I 部位
备案日期:2014-09-10

国械备 20140134 号

产品名称:隔离套
规格型号:LF40 (Double Pack)
性能组成:本产品为一次性使用产品，是由医用聚丙烯制造而成。产品的生产环境为非无菌环境，成品的包装形式也为非无菌包装。
适用范围:用于隔离耳腔式体温计探头与检查对象，预防交叉感染，仅配合博朗耳温计使用。
备 案 人:瑞士 KAZ Europe S.A.
生产地址:11287 Kiley Drive, Huntley, IL 60142 United States
代 理 人:恒茂国际贸易(上海)有限公司
代理地址:上海市外高桥保税区基隆路 1 号 1628 室
备案日期:2014-09-10

国械备 20140135 号

产品名称:一次性使用丁腈橡胶检查手套
规格型号:X-Small、Small、Medium、Large、X-Large
性能组成:该产品由丁腈橡胶胶乳制成，是一次性使用非无菌产品，表面形式无粉麻面。
适用范围:一次性丁腈橡胶使用手套适用于医用检查和诊断治疗，降低病人与使用者之间交叉感染的风险。
备 案 人:马来西亚 MULTISAFE SDN.BHD.
生产地址:Lot 764, Bidor Industrial Estate, 35500 Bidor, Perak Darul Ridzuan, Malaysia
代 理 人:广州市得仙达医疗器械贸易有限公司
代理地址:广州市海珠区同福东路 488 号 9 层自编 03 房(仅作办公功能使用)
备案日期:2014-09-10

国械备 20140136 号

产品名称:眼科手术器械
规格型号:见附件
性能组成:本产品是由眼睑拉钩、拉钩、眼用板铲、虹膜钩、斜视钩、人工晶体钩、视网膜脱离钩、摘出钩、调节器、超乳劈刀、晶状体铲、晶状体推进器、被膜抛光器、复位钩、手指钩、劈开钩、核旋转器、核劈刀、超乳调节器、手术刀、钻石刀、角膜劈刀、角膜解剖刀、白内障刀、角膜刀、刺囊刀、剥离器、虹膜刀、泪囊凿、止血器、截囊刀、定位器、铲、角膜移植铲、晶状体铲、虹膜铲、睫状体分离铲、核铲、异物铲、异物针、异物铲刮、刮匙和铲、双头铲、白内障匙、睑板腺囊肿刮匙、眼球摘除勺、摘掏匙、双头睑板腺囊肿刮匙、晶状体线环、泪道探针、滤帘切开探针、猪尾状探针、泪点扩张器、膜咬切器、巩膜咬切器、角巩膜咬切器、咬切器、角膜环钻、角膜环钻手柄、卡尺、尺子、光学标记器、角膜标记器、球形固定环、固定环、冲洗管、泪腺管、前房冲洗管、眼线管、探针管、皮层提取器、注入管、冲洗吸气管、冲洗式抛光器、冲洗手柄组成。其材质包含符合 YY/T0294.1-2005 中的钢号 B、M、N、D、O 的不锈钢、符合 GB/T13810 中的钛合金 TC4、符合德国标准 DIN EN 1652 中牌号为 2.0740 的 CuNi18Zn20、符合德国标准 DIN EN10204 中的 AgCu20、符合德国标准 DIN EN 12449 中牌号 2.0401 的 CuZn39Pb3 制成或天然钻石 (C) 制成。非灭菌包装。
适用范围:本产品适用于眼科手术中。
备 案 人:德国 Precisemed GmbH
生产地址:Josef-Haas-Weg 1, 78532 Tuttlingen, Germany
代 理 人:北京嘉联诚业医疗器械销售有限公司
代理地址:北京市海淀区永定路甲 108 号嘉德公寓 423 室(住宅)
备案日期:2014-09-10

国械备 20140137 号

产品名称:脊柱内固定配套工具
规格型号:见附页
性能组成:产品由套筒、克氏针、丝攻、开路锥、持取器、持棒器组件、撑开器组件、扭力扳手组件、钳、外固定器、内固定器、取出器、滑锤、探针、椎弓根螺钉持取器内芯、组合螺钉起子、柔性扩张器、弯棒器、连接头组件、扳手、复位工具、去旋转帽和手柄组成。接触人体的工具使用符合 ISO 5832-1 的不锈钢、符合 GB/T 3191 的铝合金和符合 ASTM D5205 的聚醚酰亚胺制造，详见型号规格列表。产品不与有源器械联用。非灭菌包装。
适用范围:该产品作为手术工具使用，适用于应用 Trio 脊柱内固定系统植入物装配的外科手术。
备 案 人:法国 Stryker Spine S.A.S.
生产地址:ZI Marticot, 33610 Cestas, France
代 理 人:史赛克(北京)医疗器械有限公司
代理地址:北京市东城区王府井大街 138 号新东安写字楼 1 座 919 室
备案日期:2014-09-10

国械备 20140138 号

产品名称:脊柱微创操作系统工具
规格型号:见附页
性能组成:该产品由牵开器底座、叶片、固定针、起子、定位器、旋棒栓、前路支架、后路支架、蛇形臂、臂杆、锐型导针、导向器、解剖标记确认器、扩张器、微型刀、试模、滑锤、插入器、打击器、取出器、植骨块、手柄组成。接触人体的部分由符合 ISO 5832-1 的不锈钢，符合 ISO 5832-3 的钛合金，符合 GB/T 3191 的铝合金材料制成，非灭菌包装，具体详见规格型号列表。
适用范围:该产品为手术工具，适用于应用 ARIA 脊柱微创操作系统植入物装配的外科手术。
备 案 人:法国 Stryker Spine S.A.S.
生产地址:ZI Marticot, 33610 Cestas, France
代 理 人:史赛克(北京)医疗器械有限公司
代理地址:北京市东城区王府井大街 138 号新东安写字楼 1 座 919 室
备案日期:2014-09-10

国械备 20140139 号

产品名称:膝关节翻修手术工具
规格型号:见附页
性能组成:产品由龙骨骨凿、模板、导向器、打拔器、探子、临时固定钉、髓内杆、力线杆、间隙块、滑锤、拔出器、打入器、远端补充块间隔片、套管、截骨板、改锥、间隙补充块、连接件、关节线尺、延长杆、扳手、骨导向器调节件、支持臂组件、止动挡板、手柄和试模组成。接触人体的工具和试模使用符合 ASTM F899 的不锈钢，牌号 630、316 和 304，符合 ASTM D6394 的聚苯砜，符合 ISO9988-1 的聚甲醛和符合 ISO 5832-3 的钛合金制造，详见型号规格列表。产品不与有源器械联用。非灭菌包装。
适用范围:该产品作为手术工具使用，适用于膝关节翻修外科手术。
备 案 人:美国 Howmedica Osteonics Corp.
生产地址:325 Corporate Drive, Mahwah, NJ 07430, USA
代 理 人:史赛克(北京)医疗器械有限公司
代理地址:北京市东城区王府井大街 138 号新东安写字楼 1 座 919 室
备案日期:2014-09-10

国械备 20140141 号

产品名称:骨科手术工具
规格型号:见附录 A。
性能组成:该产品由解剖型塑形模板、自钻丝锥、长丝锥、改锥头、钻头、丝锥、空心钻头、空心丝锥、六角形空心改锥杆、六角形改锥杆、夹持器、钻套、埋头器、空心埋头器、测深尺、导向丝、螺钉剪切钳、刻度尺、小空心手柄、大空心手柄、导向器和导向器内芯组成。由符合 ASTM F899 的 440A、440B、302、303、304、316、420B、420C 不锈钢材料，由符合 ISO 5832-2 的纯钛，符合 YY/T0726 的聚甲醛和医用硅橡胶材料制成。非灭菌包装，详见规格型号列表。
适用范围:该手术工具与 Inion Oy 公司生产的医疗器械配合使用，适用于四肢、骨盆和颅颌面外科内固定、修复和重建手术。
备 案 人:芬兰 Inion Oy
生产地址:Laakarinkatu 2 Tampere 33520 Finland
代 理 人:北京威联德骨科技术有限公司
代理地址:北京市海淀区阜石路甲 19 号 (西南区) 162 号楼三层 4101 室
备案日期:2014-09-10

国械备 20140142 号

产品名称:牙科种植体手术工具

规格型号:见附件
性能组成:本产品由棘轮扳手(不锈钢 S31603), 螺丝起(不锈钢 S42010), 定位导向杆(不锈钢 S31603), 塑料帽(聚甲醛 POM), 开口扳手(不锈钢 S31603), 方向测量杆(纯钛 TA3), 停钻器(钛合金 Ti-6Al-4VELI 和不锈钢 S42010), 骨挤压器(不锈钢 S42010), 牙钻延长杆(不锈钢S42010), 替代体(不锈钢S31603和纯钛TA4), 印模帽(不锈钢 S31603 和聚甲醛 POM), 平行杆(纯钛 TA3), 手用骨磨刀(不锈钢 S42010), 环形切刀(不锈钢 S42010), 骨成形器(不锈钢 S42010), 上颌窦外提升工具(不锈钢 S42010 和(钛合金 Ti-6Al-4VELI), 扭力扳手(不锈钢S31603), 深度测量尺(纯钛TA4和不锈S31603), 转接头(不锈钢 S42010), 基台取出杆(碳化钨), 基台取出杆手柄(不锈钢 S42010), 导向杆(钛合金 Ti-6Al-4V ELI), 种植体携带体(不锈钢 S42010)组成。产品为非灭菌包装, 其中塑料帽和材质为 POM 的印模帽为一次性使用工具, 其余可重复使用, 使用前应灭菌。
适用范围:本产品是在牙科种植体外科手术、修复过程中使用的多种工具。
备 案 人:韩国 DIO Corporation
生产地址:66, Centumseo-ro, Haeundae-gu, Busan, Korea
代 理 人:北京迪斯艾科贸有限公司
代理地址:北京市朝阳区望京北路 18 号 4 层 403、404 室
备案日期:2014-09-10

国械备 20140143 号

产品名称:骨桥可重复使用手术器械
规格型号:见附页
性能组成:本产品为骨桥可重复使用手术器械, 组成材料为不锈钢及钛制成。
适用范围:骨桥可重复使用手术器械适用于外科手术中使用。
备 案 人:奥地利 VIBRANT MED-EL Hearing Technology GmbH
生产地址:Fürstenweg 77, 6020 Innsbruck, AUSTRIA
代 理 人:美笛乐听力植入技术服务(北京)有限公司
代理地址:北京市朝阳区建国路 88 号 8 号楼 8 层 901
备案日期:2014-09-10

国械备 20140144 号

产品名称:环扎系统-手术工具
规格型号:见附页
性能组成:本产品由张力器、导向器、拆除器、AO 钻头、攻丝套筒、六角螺钉起子、AO 六角螺钉起子杆、测深器、通用钻套、骨板试模、拆除工具组成。与人体接触部分均采用符合 ASTM F899 中规定的代号为 304、316、420A、420B、630 的不锈钢材料制造或符合 GB13810 中规定的钛合金材料制造。手术工具为非灭菌包装。
适用范围:本产品与环扎系统植入物配合使用, 适用于外伤引起的长骨骨折修复或者重建, 全髋关节成形术中的大转子复置、关节表面成形术、或者其他涉及转子骨切开的手术, 胸骨切开术的闭合, 脊柱的锥板下和锥间小关节的捆绑术。
备 案 人:美国 Kinamed, Inc.
生产地址:820 Flynn Road, Camarillo, California 93012-8701, USA
代 理 人:艾文泰(上海)商业有限公司
代理地址:上海市浦东新区张杨路 158 号 1610 室
备案日期:2014-09-10

国械备 20140145 号

产品名称:颅面修复系统-手术工具
规格型号:见附页
性能组成:该产品由导向钻头、金属剪、钛板镊、通用手柄、通用螺丝刀、钛网塑形钳组成。与人体接触的材料采用 YY/T 0294.1 中的 B、C、D、M、S 的不锈钢。非灭菌包装, 可重复使用。
适用范围:该产品用于颅面骨骨折及切开术的内固定, 颅骨切开术后颅骨骨瓣的内固定, 颅面骨缺损和缺失的重建, 与植入物配合使用。
备 案 人:美国 Kinamed, Inc.
生产地址:820 Flynn Road, Camarillo, California 93012-8701, USA
代 理 人:艾文泰(上海)商业有限公司
代理地址:上海市浦东新区张杨路 158 号 1610 室
备案日期:2014-09-10

国械备 20140146 号

产品名称:显微外科手术器械
规格型号:见附件
性能组成:显微外科手术器械包括显微镊、显微钳、显微持针钳、显微止血夹。该产品由不锈钢材料制成。
适用范围:用于显微外科手术。
备 案 人:德国 AESCULAP AG
生产地址:Am Aesculap-Platz78532 TuttlingenGERMAY
代 理 人:贝朗医疗(上海)国际贸易有限公司
代理地址:上海市外高桥保税区港澳路 285 号 S、P 及 Q 部分
备案日期:2014-09-10

国械备 20140147 号

产品名称:髋臼杯系统工具
规格型号:见附页
性能组成:该产品包括在髋关节置换手术中使用的钻、钻头、钻头体、骨凿、环锯、螺丝刀、骨凿刀片、骨刀、拉钩、刮匙、锤子、镊子、钳子、咬骨钳、锁钳、试模、探针、扳手、手柄、拔出器、开口器、打入器、打入器头、插入器、导向器、深度测量器、适配器、分离器、升降器、保护器、六角螺丝刀、X 光片刻度尺、工具盘以及工具盒等组成。其中与人体接触的工具主要由符合 ASTMF899 的 304、630、420A、X-M16、440C 不锈钢及符合 ASTMD6778 的乙缩醛共聚物组成。非接触人体的工具主要由聚苯砜、铝及不锈钢组成。为无源骨科手术工具, 仅用于手动, 非灭菌包装。
适用范围:配合 DePuy 公司生产的植入物使用, 适用于髋关节置换手术。
备 案 人:美国 DePuy Orthopaedics, Inc.
生产地址:700 Orthopaedic Drive Warsaw Indiana 46582 USA
代 理 人:强生(上海)医疗器材有限公司
代理地址:上海市外高桥保税区富特西一路 439 号第一、二、三层 C 部位
备案日期:2014-09-10

国械备 20140148 号

产品名称:血型及配血离心孵育工作组
规格型号:6904629
性能组成:该产品由离心机、孵育器、及相应软件组件组成。
适用范围:该产品用于通过孵育和离心 BioVue®试剂卡支持体外对人体血液进行免疫血液学测试。
备 案 人:英国 Ortho-Clinical Diagnostics
生产地址:2400 Millbrook Drive, Buffalo Grove, IL 60089, USA
代 理 人:强生(上海)医疗器材有限公司
代理地址:上海市外高桥保税区富特西一路 439 号第一、二、三层 C 部位
备案日期:2014-09-10

国械备 20140149 号

产品名称:牙科修复塑形工具
规格型号:型号: OptraSculpt, OptraSculpt Pad (详见附件)。
性能组成:本产品中的 OptraSculpt 由手柄和塑形头组成, 塑形头材质为乙烯-醋酸乙烯酯共聚物(EVA), 手柄的手握部分材质为 PEEK, 手柄金属部分材质为不锈钢 2Cr13。OptraSculptPad 由手柄和衬垫(衬垫又分为体部和底部)组成, 衬垫体部材质为聚乙烯(PE), 底部材质为乙烯-醋酸乙烯酯共聚物(EVA), 手柄的手握部分材质为 PEEK, 手柄金属部分材质为不锈钢 2Cr13。
适用范围:该产品中的 OptraSculpt 用于各类型牙齿窝洞充填时未固化树脂材料的塑形; OptraSculpt Pad 用于大面积充填(一般指前牙)时未固化树脂材料的塑形。
备 案 人:列支敦士登 Ivoclar Vivadent AG
生产地址:Bendererstrasse 2, 9494 Schaan, Liechtenstein; 1376 Cheyenne Avenue, Grafton, WI 53024 USA ; D-78606 Seitingen-Oberflacht, Germany; Schweizerbildstrasse 57, CH-8200 Schaffhausen, Switzerland
代 理 人:义获嘉伟瓦登特 (上海) 商贸有限公司
代理地址:上海市静安区武定路 881 号 1 号楼 3 楼
备案日期:2014-09-10

国械备 20140150 号

产品名称:种植辅助器械
规格型号:见附件
性能组成:牙科种植修复工具包括试戴基台套盒，套盒内包含试戴基台0°、试戴基台15°、试戴基台25°，试戴基台采用聚碳酸酯材料制成，本产品为非灭菌包装，可重复使用。
适用范围:将试戴基台放置于种植体替代体上用以测量角度和穿龈高度，本产品仅限牙科技工室使用，不与人体接触，无需调改，不可用于连模熔铸。
备 案 人:意大利 B.&B.Dental s.r.l
生产地址:Via S. Benedetto, 1837, 40018 S.Pietro in Casale (BO), ITALY
代 理 人:北京莱顿医疗器械有限责任公司
代理地址:北京市海淀区阜石路甲 19 号(西南区)162 号楼 2102 室
备案日期:2014-09-10

国械备 20140151 号

产品名称:骨关节手术器械
规格型号:见附页
性能组成:该产品由丝攻、钻头导杆、闭孔器、钻、钻头、扩孔器、移植物/肌腱尺寸测量器、骨锥、顶针、瞄准器、探钩、导针、起子、螺丝刀、交换棒、穿线器、套管、缝线剪刀组成。非灭菌包装。
适用范围:该产品为用于四肢骨关节手术的辅助器械。
备 案 人:美国 DePuy Mitek
生产地址:325 Paramount Drive , Raynham, MA 02767 , USA; Puits Godet 20 NeuchatelCH-2000 Switzerland; Kibbutz GaatonKibbutz Gaaton25130 Israel
代 理 人:强生(上海)医疗器材有限公司
代理地址:上海浦东外高桥保税区富特西一路 439 号第一二三层 C 部位
备案日期:2014-09-10

国械备 20140152 号

产品名称:膝关节手术器械
规格型号:见附录
性能组成:本产品由螺钉导向器、固定螺钉、2.5mm 六角扳手、T 型手柄扳手、胫骨垫块、通用胫骨垫块、工具盒底盘、工具盒盖、导入器、尺寸测量器、后参考垫块、股骨完成器、胫骨垫块试模、定制插入托盘组成。其中螺钉导向器、固定螺钉、尺寸测量器、后参考垫块、股骨完成器和定制插入托盘制造材料为符合 ASTM F899 标准的 630 不锈钢;2.5mm 六角扳手、T 型手柄扳手制造材料为符合 ASTMA564 标准的 465 不锈钢;工具盒底盘、工具盒盖制造材料为符合 ASTM F899 标准的 304 不锈钢;导入器的制造材料为符合 ASTM F899 标准的 302 不锈钢;胫骨垫块、通用胫骨垫块和胫骨垫块试模的制造材料为聚碳酸酯。产品非灭菌包装，可重复使用。
适用范围:本产品适用于全膝关节置换术中帮助进行软组织平衡的手术工具。LIBRA 膝关节动态平衡器械仅可本公司生产的 eLIBRA 软组织应力感应器配套使用，为可重复使用的非灭菌产品。
备 案 人:美国 Synvasive Technology, Inc.
生产地址:8690 Technology Way Reno, NV 89521 USA
代 理 人:捷迈(上海)医疗国际贸易有限公司
代理地址:上海市外高桥保税区荷丹路 190 号 2 层 A 部位
备案日期:2014-09-10

国械备 20140153 号

产品名称:弹性创可贴
规格型号:大号
性能组成:该产品由接触创面的敷垫[透明水胶体含水分和羧甲基纤维素（CMC）]、背贴（聚氨酯薄膜，附着压敏胶;外层膜与内层水胶体防护膜有一层聚酯纤维膜）和保护层[(最外层为聚酯纤维剥离衬垫，最里层为低密度聚乙烯（LDPE）衬垫，临用前去除）]组成。不含药物。
适用范围:该产品用于无创，帮助预防和治疗未破损的水泡。
备 案 人:英国 Reckitt Benckiser Healthcare (UK) Ltd
生产地址:Hilldrop Lane, Ramsbury, Marlborough, SN8 2RB, United Kingdom
代 理 人:斯腾爽健贸易(上海)有限公司
代理地址:上海市浦东新区商城路 660 号 1605 室
备案日期:2014-09-10

国械备 20140154 号

产品名称:医用 X 射线自动洗片机(Medical X-Ray Processor)
规格型号:102
性能组成:可以自动完成从胶片传送，药液循环，药液补充，药液温度控制，显影时间控制，到水洗干燥等一系列使胶片显示可见影像的环节。
适用范围:用于冲洗 X 射线胶片。
备 案 人:美国 Carestream Health, Inc.
生产地址:In Den Dorfwiesen 14, 71720 Oberstenfeld, Germany
代 理 人:锐珂亚太投资管理(上海)有限公司
代理地址:上海市浦东新区金桥出口加工区新金桥路 27 号 15 号楼
代理电话:13911098944
备案日期:2014-09-11

国械备 20140155 号

产品名称:缓冲液(IMMAGE Buffer 4)
规格型号:4 x 120 mL
性能组成:含高分子强化剂的三羟甲基氨基甲烷缓冲液，加防腐剂（<0.1%的叠氮化钠)。
适用范围:仅用于提供反应环境。
备 案 人:美国 Beckman Coulter, Inc.
生产地址:Mervue Business Park Galway, Ireland; 2470 Faraday Avenue, Carlsbad, CA 92010, USA
代 理 人:贝克曼库尔特商贸（中国）有限公司
代理地址:上海市浦东新区福山路 500 号 1201-1206、1208-1210 室
代理电话:010-65213206
备案日期:2014-09-12

国械备 20140157 号

产品名称:骨用丝锥(Tap Insert)
规格型号:790.100.004.010
性能组成:由刃部和柄部组成，刃部由不锈钢材料制成，柄部由不锈钢材料制成。可重复使用。
适用范围:用于骨科手术时在骨骼上攻螺纹孔。
备 案 人:德国 bricon GmbH
生产地址:Wasserkuppenstrasse 29-31 - 36043 Fulda Germany
代 理 人:北京威联德骨科技术有限公司
代理地址:北京市海淀区阜石路甲 19 号(西南区)162 号楼三层 4101 室
代理电话:010-82292929
备案日期:2014-09-15

国械备 20140158 号

产品名称:全自动免疫检验系统用底物液(Access Substrate)
规格型号:4 × 130 mL
性能组成:Lumi-Phos*530 （含二氧杂环己烷 Lumigen* PPD、荧光剂和表面活性剂的缓冲溶液)。
适用范围:与其他多种试剂（如一抗、二抗、标准品等）配合使用，完成基于免疫原理的体外诊断检测，仅用于确定的检测系统。(“确定的检测系统”是指与本企业的试剂配合使用的。)
备 案 人:美国 Beckman coulter, Inc.
生产地址:1000 Lake Hazeltine Drive Chaska, MN 55318 USA
代 理 人:贝克曼库尔特商贸（中国）有限公司
代理地址:上海市浦东新区福山路 500 号 1201-1206、1208-1210 室
代理电话:010-65213091
备案日期:2014-09-16

国械备 20140159 号

产品名称:血细胞分析用稀释液(DxH Diluent)
规格型号:1 × 10 L
性能组成:硫酸钠………………………13.73g/L; 氯化钠………………………1.04g/L; 盐酸丁卡因………………………0.02g/L; 咪唑………………………2.85g/L
适用范围:用于血细胞分析前，样本的稀释，制备细胞悬液。
备 案 人:美国 Beckman coulter, Inc.
生产地址:7381 Empire Drive, Florence, Kentucky 41042, USA

代 理 人:贝克曼库尔特商贸（中国）有限公司
代理地址:上海市浦东新区福山路 500 号 1201-1206、1208-1210 室
代理电话:010-65213091
备案日期:2014-09-18

国械备 20140160 号

产品名称:自动染片机(BenchMark GX)
规格型号:BenchMark GX
性能组成:由染色系统等组成。
适用范围:用于病理分析前细胞、体液和血液组分的染色。
备 案 人:美国 Ventana Medical Systems, Inc.
生产地址:1)1910E. Innovation Park Drive Tucson, Arizona 85755 USA(染色模块); 2) Km 15.5 No. 29, Plant 06 Carr. Chapala-Guadalajara, Jalisco 45640 Mexico（自动射流模块；废液模块；载玻片抽屉）
代 理 人:罗氏诊断产品（上海）有限公司
代理地址:上海市外高桥保税区希雅路 330 号 7 号厂房第二层 I 部位
代理电话:010-85154365, 18801476319
备案日期:2014-09-19

国械备 20140161 号

产品名称:样本稀释液(E テスト「TOSOH」Ⅱ（コルチゾール）検体希釈液)(AIA-PACK CORT SAMPLE DILUTING SOLUTION)
规格型号:4.0 mL 装×4 瓶
性能组成:甾族化合物阴性人血清、甾族化合物、防腐剂。
适用范围:用于对待测样本进行稀释、液化，以便于使用体外诊断试剂或仪器对待测物进行检测。其本身并不直接参与检测。
备 案 人:日本东曹株式会社(東ソー株式会社) Tosoh Corporation
生产地址:日本国富山県富山市岩瀬古志町 2 番地 2, Iwasekoshi-machi, Toyama, Toyama , Japan
代 理 人:东曹（上海）生物科技有限公司
代理地址:宜山路 1289 号 B 座 3 楼 301 室
代理电话:021-34610856-209、15900911202
备案日期:2014-09-19

国械备 20140162 号

产品名称:样本稀释液(Eテスト「TOSOH」II（TT3）検体希釈液)(AIA-PACK TT3 SAMPLE DILUTING SOLUTION)
规格型号:4.0 mL 装×4 瓶
性能组成:炭末处理人血清、防腐剂。
适用范围:用于对待测样本进行稀释、液化，以便于使用体外诊断试剂或仪器对待测物进行检测。其本身并不直接参与检测。
备 案 人:日本东曹株式会社(東ソー株式会社) Tosoh Corporation
生产地址:日本国富山県富山市岩瀬古志町 2 番地 2, Iwasekoshi-machi, Toyama, Toyama, Japan
代 理 人:东曹（上海）生物科技有限公司
代理地址:宜山路 1289 号 B 座 3 楼 301 室
代理电话:021-34610856-209、15900911202
备案日期:2014-09-19

国械备 20140163 号

产品名称:样本稀释液(E テスト「TOSOH」Ⅱ(IRI)検体希釈液)(AIA-PACK IRI SAMPLE DILUTING SOLUTION)
规格型号:4.0 mL 装×4 瓶
性能组成:胰岛素阴性人血清、含防腐剂的 Tris 缓冲液。
适用范围:用于对待测样本进行稀释、液化，以便于使用体外诊断试剂或仪器对待测物进行检测。其本身并不直接参与检测。
备 案 人:日本东曹株式会社(東ソー株式会社) Tosoh Corporation
生产地址:日本国富山県富山市岩瀬古志町 2 番地 2, Iwasekoshi-machi, Toyama, Toyama , Japan
代 理 人:东曹（上海）生物科技有限公司
代理地址:宜山路 1289 号 B 座 3 楼 301 室
代理电话:021-34610856-209、15900911202
备案日期:2014-09-19

国械备 20140164 号

产品名称:样本稀释液(E テスト「TOSOH」Ⅱ（C－ペプチド）検体希釈液)(AIA-PACK C-Peptide SAMPLE DILUTING SOLUTION)
规格型号:100 mL 装×4 瓶
性能组成:50 mM 磷酸缓冲液、血清白蛋白。
适用范围:用于对待测样本进行稀释、液化，以便于使用体外诊断试剂或仪器对待测物进行检测。其本身并不直接参与检测。
备 案 人:日本东曹株式会社(東ソー株式会社) Tosoh Corporation
生产地址:日本国富山県富山市岩瀬古志町 2 番地 2, Iwasekoshi-machi, Toyama, Toyama , Japan
代 理 人:东曹（上海）生物科技有限公司
代理地址:宜山路 1289 号 B 座 3 楼 301 室
代理电话:021-34610856-209、15900911202
备案日期:2014-09-19

国械备 20140165 号

产品名称:样本稀释液(Eテスト「TOSOH」II（PAP）検体希釈液)(AIA-PACK PAP SAMPLE DILUTING SOLUTION)
规格型号:4.0 mL 装×4 瓶
性能组成:正常女性人血清、盐、含防腐剂的 PIPES 缓冲溶液。
适用范围:用于对待测样本进行稀释、液化，以便于使用体外诊断试剂或仪器对待测物进行检测。其本身并不直接参与检测。
备 案 人:日本东曹株式会社(東ソー株式会社) Tosoh Corporation
生产地址:日本国富山県富山市岩瀬古志町 2 番地 2, Iwasekoshi-machi, Toyama, Toyama , Japan
代 理 人:东曹（上海）生物科技有限公司
代理地址:宜山路 1289 号 B 座 3 楼 301 室
代理电话:021-34610856-209、15900911202
备案日期:2014-09-19

国械备 20140166 号

产品名称:样本稀释液(E テスト「TOSOH」Ⅱ（TPOAb/TgAb）検体希釈液)(AIA-PACK TPOAb/TgAb SAMPLE DILUTING SOLUTION)
规格型号:100 mL 装×4 瓶
性能组成:0.1M Tris 缓冲液、血清白蛋白。
适用范围:用于对待测样本进行稀释、液化，以便于使用体外诊断试剂或仪器对待测物进行检测。其本身并不直接参与检测。
备 案 人:日本东曹株式会社(東ソー株式会社) Tosoh Corporation
生产地址:日本国富山県富山市岩瀬古志町 2 番地 2, Iwasekoshi-machi, Toyama, Toyama , Japan
代 理 人:东曹（上海）生物科技有限公司
代理地址:宜山路 1289 号 B 座 3 楼 301 室
代理电话:021-34610856-209、15900911202
备案日期:2014-09-19

国械备 20140167 号

产品名称:样本稀释液(E テスト「TOSOH」II PRL 検体希釈液)(AIA-PACK PRL SAMPLE DILUTING SOLUTION)
规格型号:4.0 mL 装×4 瓶
性能组成:正常血清、含防腐剂的磷酸缓冲溶液。
适用范围:用于对待测样本进行稀释、液化，以便于使用体外诊断试剂或仪器对待测物进行检测。其本身并不直接参与检测。
备 案 人:日本东曹株式会社(東ソー株式会社) Tosoh Corporation
生产地址:日本国富山県富山市岩瀬古志町 2 番地 2, Iwasekoshi-machi, Toyama, Toyama , Japan
代 理 人:东曹（上海）生物科技有限公司
代理地址:宜山路 1289 号 B 座 3 楼 301 室
代理电话:021-34610856-209、15900911202
备案日期:2014-09-22

国械备 20140168 号

产品名称:样本稀释液(Eテスト「TOSOH」II（テストステロン）検体希釈液)(ST AIA-PACK Testosterone SAMPLE DILUTING SOLUTION)
规格型号:4.0 mL 装×4 瓶
性能组成:血清白蛋白、糖、含防腐剂的 Tris 缓冲溶液。
适用范围:用于对待测样本进行稀释、液化，以便于使用体外诊断试剂或仪器对待测物进行检测。其本身并不直接参与检测。

备 案 人:日本东曹株式会社(東ソ一株式会社) Tosoh Corporation
生产地址:日本国富山県富山市岩瀬古志町 2 番地 2, Iwasekoshi-machi, Toyama, Toyama , Japan
代 理 人:东曹(上海)生物科技有限公司
代理地址:宜山路 1289 号 B 座 3 楼 301 室
代理电话:021-34610856-209、15900911202
备案日期:2014-09-22

国械备 20140169 号

产品名称:组织染色机(Tissue Stainer)
规格型号:TST 44
性能组成:本产品由样品转移系统与染色系统等组成。
适用范围:用于病理分析前细胞、体液和血液组分的染色。
备 案 人:德国 Medite GmbH
生产地址:Wollenweberstrasse 12, 31303 Burgdorf
代 理 人:北京优纳科技有限公司
代理地址:北京市海淀区上地五街 7 号四层 402 室
代理电话:010-62975385
备案日期:2014-09-22

国械备 20140170 号

产品名称:自动组织脱水机(Tissue Processing Center)
规格型号:TPC 15
性能组成:本产品由控制系统、样本传输系统、脱水缸、石蜡缸等组成。
适用范围:用于病理分析前脱去人体组织中的水分。
备 案 人:德国 Medite GmbH
生产地址:Wollenweberstrasse 12, 31303 Burgdorf
代 理 人:北京优纳科技有限公司
代理地址:北京市海淀区上地五街 7 号四层 402 室
代理电话:010-62975385
备案日期:2014-09-22

国械备 20140171 号

产品名称:样本稀释液(E テスト「TOSOH」II(TSH)検体希釈液)(AIA-PACK TSH 3rd-Gen SAMPLE DILUTING SOLUTION)
规格型号:4.0 mL 装×4 瓶
性能组成:含防腐剂的 Tris 缓冲液、明胶。
适用范围:用于对待测样本进行稀释、液化,以便于使用体外诊断试剂或仪器对待测物进行检测。其本身并不直接参与检测。
备 案 人:日本东曹株式会社(東ソ一株式会社) Tosoh Corporation
生产地址:日本国富山県富山市岩瀬古志町 2 番地 2, Iwasekoshi-machi, Toyama, Toyama , Japan
代 理 人:东曹(上海)生物科技有限公司
代理地址:宜山路 1289 号 B 座 3 楼 301 室
代理电话:021-34610856-209、15900911202
备案日期:2014-09-22

国械备 20140172 号

产品名称:样本稀释液(E テスト「TOSOH」II(IgE II)検体希釈液)(AIA-PACK IgE II SAMPLE DILUTING SOLUTION)
规格型号:4.0 mL 装×4 瓶
性能组成:血清蛋白、含防腐剂的 Tris 缓冲溶液。
适用范围:用于对待测样本进行稀释、液化,以便于使用体外诊断试剂或仪器对待测物进行检测。其本身并不直接参与检测。
备 案 人:日本东曹株式会社(東ソ一株式会社) Tosoh Corporation
生产地址:日本国富山県富山市岩瀬古志町 2 番地 2, Iwasekoshi-machi, Toyama, Toyama , Japan
代 理 人:东曹(上海)生物科技有限公司
代理地址:宜山路 1289 号 B 座 3 楼 301 室
代理电话:021-34610856-209、15900911202
备案日期:2014-09-22

国械备 20140173 号

产品名称:扭力扳手(Ratchet)
规格型号:TRT -000-000
性能组成:用于牙科种植体安装过程的工具。可重复使用。
适用范围:用于种植体植入后,安装基台、牙冠,取模等。
备 案 人:美国 ZUGA MEDICAL, INC.
生产地址:1163 E.40th St Ste 202 Cleveland, OH USA 44114
代 理 人:北京信然宜诚医疗科技有限公司
代理地址:北京市西城区广安门内大街 6 号 1-1202
代理电话:010-63512181
备案日期:2014-09-22

国械备 20140174 号

产品名称:样本稀释液(E テスト「TOSOH」II(フエリチン)検体希釈液)(AIA-PACK FER SAMPLE DILUTING SOLUTION)
规格型号:4.0 mL 装×4 瓶
性能组成:FER 抗原阴性人血清。
适用范围:用于对待测样本进行稀释、液化,以便于使用体外诊断试剂或仪器对待测物进行检测。其本身并不直接参与检测。
备 案 人:日本东曹株式会社(東ソ一株式会社) Tosoh Corporation
生产地址:日本国富山県富山市岩瀬古志町 2 番地 2, Iwasekoshi-machi, Toyama, Toyama , Japan
代 理 人:东曹(上海)生物科技有限公司
代理地址:宜山路 1289 号 B 座 3 楼 301 室
代理电话:021-34610856-209、15900911202
备案日期:2014-09-23

国械备 20140175 号

产品名称:样本稀释液(E テスト「TOSOH」II(T4)検体希釈液)(AIA-PACK T4 SAMPLE DILUTING SOLUTION)
规格型号:4.0 mL 装×4 瓶
性能组成:牛血清白蛋白、含防腐剂的水溶液。
适用范围:用于对待测样本进行稀释、液化,以便于使用体外诊断试剂或仪器对待测物进行检测。其本身并不直接参与检测。
备 案 人:日本东曹株式会社(東ソ一株式会社) Tosoh Corporation
生产地址:日本国富山県富山市岩瀬古志町 2 番地 2, Iwasekoshi-machi, Toyama, Toyama , Japan
代 理 人:东曹(上海)生物科技有限公司
代理地址:宜山路 1289 号 B 座 3 楼 301 室
代理电话:021-34610856-209、15900911202
备案日期:2014-09-23

国械备 20140176 号

产品名称:吉姆萨染色液(COULTER® TruColorTM Giemsa Stain)
规格型号:24 × 30 mL
性能组成:甲醇中含有吉姆萨染料 7.415g/L。
适用范围:用于组织细胞学染色从而鉴别骨髓和其他造血组织(淋巴结)中的白细胞,还可用于鉴定某些微生物。
备 案 人:美国 Beckman coulter, Inc.
生产地址:400 Valley Road Warrington, Pennsylvania 18976 USA
代 理 人:贝克曼库尔特商贸(中国)有限公司
代理地址:上海市浦东新区福山路 500 号 1201-1206、1208-1210 室
代理电话:010-65213091
备案日期:2014-10-09

国械备 20140177 号

产品名称:高速冷冻离心机(Centrifuge)
规格型号:Microfuge 20R
性能组成:通常由控制系统、离心腔、驱动系统、转子、制冷系统及安全保护装置等组成。
适用范围:用于病理分析前人体样本的分离。
备 案 人:美国贝克曼库尔特有限公司 Beckman Coulter, Inc.
生产地址:An der Unteren Soese 50, 37520 Osterode, GERMANY
代 理 人:贝克曼库尔特商贸(中国)有限公司
代理地址:上海市浦东新区福山路 500 号 1201-1206、1208-1210 室
代理电话:010-65213239
备案日期:2014-10-09

国械备 20140178 号

产品名称:医用离心机(Centrifuge)

规格型号:Allegra X-5
性能组成:通常由控制系统、离心腔、驱动系统、转子及安全保护装置等组成。
适用范围:用于病理分析前人体样本的分离。
备 案 人:美国 Beckman Coulter, Inc.
生产地址:An der Unteren Soese 50, 37520 Osterode, GERMANY
代 理 人:贝克曼库尔特商贸（中国）有限公司
代理地址:上海市浦东新区福山路 500 号 1201-1206、1208-1210 室
代理电话:010-65213239
备案日期:2014-10-09

国械备 20140179 号

产品名称:瑞氏-吉姆萨染色液(COULTER® TruColorTM Wright-Giemsa Stain)
规格型号:4 × 2 L, 12 × 50 mL
性能组成:瑞氏染料…………………………1.53g/L；吉姆萨染料……………………1.67g/L；甲醇中含有甘油……………100mL/L
适用范围:主要用于对血细胞进行染色。
备 案 人:美国 Beckman coulter, Inc.
生产地址:400 Valley Road Warrington, Pennsylvania 18976 USA
代 理 人:贝克曼库尔特商贸（中国）有限公司
代理地址:上海市浦东新区福山路 500 号 1201-1206、1208-1210 室
代理电话:010-65213091
备案日期:2014-10-09

国械备 20140180 号

产品名称:样本稀释液(Diluent 2)
规格型号:4 x 120 mL
性能组成:含高分子强化剂和去垢剂的磷酸缓冲生理盐水：120 mL；叠氮化钠（作为防腐剂）＜ 0.1%（重量/重量）。
适用范围:用于对待测样本进行稀释，以便于使用体外诊断试剂或仪器对待测物进行检测。其本身并不直接参与检测。
备 案 人:美国 Beckman Coulter, Inc.
生产地址:Mervue Business Park Galway, Ireland
代 理 人:贝克曼库尔特商贸（中国）有限公司
代理地址:上海市浦东新区福山路 500 号 1201-1206、1208-1210 室
代理电话:010-65213239
备案日期:2014-10-09

国械备 20140181 号

产品名称:缓冲液(IMMAGE Buffer 2)
规格型号:4 x 120 mL
性能组成:含高分子强化剂和抗凝剂的磷酸盐缓冲生理盐水，加防腐剂（＜ 0.1%的叠氮化钠）。
适用范围:仅用于提供反应环境。
备 案 人:美国 Beckman Coulter, Inc.
生产地址:Mervue Business Park Galway, Ireland
代 理 人:贝克曼库尔特商贸（中国）有限公司
代理地址:上海市浦东新区福山路 500 号 1201-1206、1208-1210 室
代理电话:010-65213206
备案日期:2014-10-09

国械备 20140182 号

产品名称:尿液分析用稀释液(Iris® Diluent Pack)
规格型号:4 × 475 mL
性能组成:2-苯氧基乙醇 1%盐溶液。
适用范围:用于尿液分析前，样本的稀释，制备细胞悬液。
备 案 人:美国 IRIS International, Inc.
生产地址:2470 Faraday Avenue Carlsbad CA 92010 USA
代 理 人:贝克曼库尔特商贸（中国）有限公司
代理地址:上海市浦东新区福山路 500 号 1201-1206、1208-1210 室
代理电话:010-65213091
备案日期:2014-10-09

国械备 20140183 号

产品名称:清洗液(iChem® VELOCITY(TM) Wash Solution)
规格型号:2 × 7 L
性能组成:含百里酚＜1‰。
适用范围:用于检测过程中反应体系的清洗，以便于对待测物质进行体外检测，不包含单独用于仪器清洗的清洗液。
备 案 人:美国 IRIS International, Inc.
生产地址:2470 Faraday Avenue Carlsbad CA 92010 USA
代 理 人:贝克曼库尔特商贸（中国）有限公司
代理地址:上海市浦东新区福山路 500 号 1201-1206、1208-1210 室
代理电话:010-65213091
备案日期:2014-10-09

国械备 20140184 号

产品名称:血细胞分析用溶血剂(COULTER DxH Diff Pack)
规格型号:溶血剂：1 × 1900 mL；稳定剂：1 × 850 mL。
性能组成:血细胞分析用溶血剂包含以下成分：溶血剂（COULTER ErythrolyseTM II 试剂）：湿性剂：0.3-1.5g/L；蚁酸：1.2mL/L；稳定剂(COULTER StabiLyseTM 试剂)：碳酸钠：6.0g/L；氯化钠：14.5g/L；硫酸钠：31.3g/L。
适用范围:用于血细胞分析前破坏红细胞、溶出血红蛋白、维持所需分析细胞的形态，从而便于细胞分类计数或血红蛋白定量测定。
备 案 人:美国 Beckman coulter, Inc.
生产地址:7381 Empire Drive, Florence, Kentucky 41042, USA
代 理 人:贝克曼库尔特商贸（中国）有限公司
代理地址:上海市浦东新区福山路 500 号 1201-1206、1208-1210 室
代理电话:010-65213091
备案日期:2014-10-09

国械备 20140185 号

产品名称:尿液分析用鞘液(iQ® LaminaTM)
规格型号:2 × 7 L
性能组成:盐水溶液.
适用范围:适用于采用流式细胞分析原理的分析仪。用于对尿液样本稀释，形成鞘流，利于分析仪器进行细胞计数、分类。
备 案 人:美国 IRIS International, Inc.
生产地址:7381 Empire Drive, Florence, Kentucky 41042, USA
代 理 人:贝克曼库尔特商贸（中国）有限公司
代理地址:上海市浦东新区福山路 500 号 1201-1206、1208-1210 室
代理电话:010-65213091
备案日期:2014-10-09

国械备 20140187 号

产品名称:瑞氏染色液(COULTER® TruColorTM Wright Stain)
规格型号:4 × 2 L, 12 × 50 mL
性能组成:甲醇中含有瑞氏染料 1.7g/L.
适用范围:主要用于对血细胞进行染色。
备 案 人:美国 Beckman coulter, Inc.
生产地址:400 Valley Road Warrington, Pennsylvania 18976 USA
代 理 人:贝克曼库尔特商贸（中国）有限公司
代理地址:上海市浦东新区福山路 500 号 1201-1206、1208-1210 室
代理电话:010-65213091
备案日期:2014-10-09

国械备 20140188 号

产品名称:缓冲液(IMMAGE Buffer 3)
规格型号:4 x 120 mL
性能组成:含高分子强化剂的磷酸盐缓冲液，加防腐剂(＜ 0.1%的叠氮化钠)。
适用范围:仅用于提供反应环境。
备 案 人:美国 Beckman Coulter, Inc.
生产地址:Mervue Business Park Galway, Ireland; 2470 Faraday Avenue, Carlsbad, CA 92010, USA
代 理 人:贝克曼库尔特商贸（中国）有限公司
代理地址:上海市浦东新区福山路 500 号 1201-1206、1208-1210 室
代理电话:010-65213206
备案日期:2014-10-09

国械备20140189号

产品名称:血细胞分析用溶血剂(VersaLyse Lysing Solution)
规格型号:100测试
性能组成:剂型：液体；容量：100mL；包装瓶数量：1瓶；每次检测用量：1mL（如果使用时没有同时进行固定，可直接使用）
适用范围:用于血细胞分析前破坏红细胞、溶出血红蛋白、维持所需分析细胞的形态，从而便于细胞分类计数或血红蛋白定量测定。
备 案 人:法国Immunotech S.A.S (a Beckman Coulter Company)
生产地址:130 Avenue de Lattre de Tassigny BP 177, 13276 Marseille Cedex 9 France
代 理 人:贝克曼库尔特商贸（中国）有限公司
代理地址:上海市浦东新区福山路500号1201-1206、1208-1210室
代理电话:010-65213068
备案日期:2014-10-10

国械备20140190号

产品名称:样本稀释液(Eテスト「TOSOH」Ⅱ（ミオグロビン）検体希釈液)(ST AIA-PACK Myoglobin SAMPLE DILUTING SOLUTION)
规格型号:4.0mL装×4瓶
性能组成:牛血清白蛋白，盐、含防腐剂的Tris缓冲液。
适用范围:用于对待测样本进行稀释、液化，以便于使用体外诊断试剂或仪器对待测物进行检测。其本身并不直接参与检测。
备 案 人:日本东曹株式会社(東ソー株式会社) Tosoh Corporation
生产地址:日本国富山県富山市岩瀬古志町2番地 2, Iwasekoshi-machi, Toyama, Toyama, Japan
代 理 人:东曹（上海）生物科技有限公司
代理地址:上海市宜山路1289号B座3楼301室
代理电话:021-34610856-209 15900911202
备案日期:2014-10-10

国械备20140191号

产品名称:样本稀释液(Eテスト「TOSOH」II (LH II) 検体希釈液)(AIA-PACK LH II SAMPLE DILUTING SOLUTION)
规格型号:4.0 mL装×4瓶
性能组成:正常男性人血清、防腐剂。
适用范围:用于对待测样本进行稀释、液化，以便于使用体外诊断试剂或仪器对待测物进行检测。其本身并不直接参与检测。
备 案 人:日本东曹株式会社(東ソー株式会社) Tosoh Corporation
生产地址:日本国富山県富山市岩瀬古志町2番地 2, Iwasekoshi-machi, Toyama, Toyama, Japan
代 理 人:东曹（上海）生物科技有限公司
代理地址:上海市宜山路1289号B座3楼301室
代理电话:021-34610856-209 15900911202
备案日期:2014-10-10

国械备20140192号

产品名称:样本稀释液(Eテスト「TOSOH」II (FSH) 検体希釈液)(AIA-PACK FSH SAMPLE DILUTING SOLUTION)
规格型号:4.0 mL装×4瓶
性能组成:正常男性人血清、含防腐剂的磷酸缓冲溶液。
适用范围:用于对待测样本进行稀释、液化，以便于使用体外诊断试剂或仪器对待测物进行检测。其本身并不直接参与检测。
备 案 人:日本东曹株式会社(東ソー株式会社) Tosoh Corporation
生产地址:日本国富山県富山市岩瀬古志町2番地 2, Iwasekoshi-machi, Toyama, Toyama, Japan
代 理 人:东曹（上海）生物科技有限公司
代理地址:上海市宜山路1289号B座3楼301室
代理电话:021-34610856-209 15900911202
备案日期:2014-10-10

国械备20140193号

产品名称:样本稀释液(Eテスト「TOSOH」Ⅱ(E2)検体希釈液)(AIA-PACK E2 SAMPLE DILUTING SOLUTION)
规格型号:4.0mL装×4瓶
性能组成:雌二醇阴性人血清、甾族化合物、盐、防腐剂。
适用范围:用于对待测样本进行稀释、液化，以便于使用体外诊断试剂或仪器对待测物进行检测。其本身并不直接参与检测。
备 案 人:日本东曹株式会社(東ソー株式会社) Tosoh Corporation
生产地址:日本国富山県富山市岩瀬古志町2番地 2, Iwasekoshi-machi, Toyama, Toyama, Japan
代 理 人:东曹（上海）生物科技有限公司
代理地址:上海市宜山路1289号B座3楼301室
代理电话:021-34610856-209 15900911202
备案日期:2014-10-10

国械备20140194号

产品名称:样本稀释液(Eテスト「TOSOH」II (CKMB) 検体希釈液)(AIA-PACK CK-MB SAMPLE DILUTING SOLUTION)
规格型号:4.0 mL装×4瓶
性能组成:正常血清，糖、盐、含防腐剂的磷酸缓冲液。
适用范围:用于对待测样本进行稀释、液化，以便于使用体外诊断试剂或仪器对待测物进行检测。其本身并不直接参与检测。
备 案 人:日本东曹株式会社(東ソー株式会社) Tosoh Corporation
生产地址:日本国富山県富山市岩瀬古志町2番地 2, Iwasekoshi-machi, Toyama, Toyama, Japan
代 理 人:东曹（上海）生物科技有限公司
代理地址:上海市宜山路1289号B座3楼301室
代理电话:021-34610856-209 15900911202
备案日期:2014-10-10

国械备20140195号

产品名称:样本稀释液(Eテスト「TOSOH」II HCG検体希釈液)(AIA-PACK HCG SAMPLE DILUTING SOLUTION)
规格型号:4.0 mL装×4瓶
性能组成:正常男性人血清、防腐剂。
适用范围:用于对待测样本进行稀释、液化，以便于使用体外诊断试剂或仪器对待测物进行检测。其本身并不直接参与检测。
备 案 人:日本东曹株式会社(東ソー株式会社) Tosoh Corporation
生产地址:日本国富山県富山市岩瀬古志町2番地 2, Iwasekoshi-machi, Toyama, Toyama, Japan
代 理 人:东曹（上海）生物科技有限公司
代理地址:上海市宜山路1289号B座3楼301室
代理电话:021-34610856-209 15900911202
备案日期:2014-10-10

国械备20140196号

产品名称:样本稀释液(Eテスト「TOSOH」Ⅱ（βHCG）検体希釈液)(AIA-PACK βHCG SAMPLE DILUTING SOLUTION)
规格型号:4.0mL装×4瓶
性能组成:正常男性人血清、防腐剂。
适用范围:用于对待测样本进行稀释、液化，以便于使用体外诊断试剂或仪器对待测物进行检测。其本身并不直接参与检测。
备 案 人:日本东曹株式会社(東ソー株式会社) Tosoh Corporation
生产地址:日本国富山県富山市岩瀬古志町2番地 2, Iwasekoshi-machi, Toyama, Toyama, Japan
代 理 人:东曹（上海）生物科技有限公司
代理地址:上海市宜山路1289号B座3楼301室
代理电话:021-34610856-209 15900911202
备案日期:2014-10-11

国械备20140197号

产品名称:细胞保存液(PreservCyt Solution)
规格型号:20ml, 946ml
性能组成:该产品由甲醇和水组成。
适用范围:用于保存、运输取自人体的细胞，仅用于体外分析检测目的，不用于治疗性用途。
备 案 人:美国Hologic, Inc.
生产地址:250 Campus Drive, Marlborough, Massachusetts, 01752, USA
代 理 人:豪洛捷医疗科技（北京）有限公司
代理地址:北京市海淀区海淀南路19号时代网络大厦4007室
代理电话:010-62290000

备案日期:2014-10-11

国械备 20140198 号

产品名称:样本稀释液(Eテスト「TOSOH」II(BMG)検体希釈濃縮液)(AIA-PACK BMG SAMPLE DILUTING CONCENTRATE)
规格型号:10.0 mL 装×4 瓶
性能组成:牛血清白蛋白，糖、盐、含防腐剂的磷酸缓冲液。
适用范围:用于对待测样本进行稀释、液化，以便于使用体外诊断试剂或仪器对待测物进行检测。其本身并不直接参与检测。
备 案 人:日本东曹株式会社(東ソー株式会社) Tosoh Corporation
生产地址:日本国富山県富山市岩瀬古志町 2 番地 2, Iwasekoshi-machi, Toyama, Toyama, Japan
代 理 人:东曹(上海)生物科技有限公司
代理地址:上海市宜山路 1289 号 B 座 3 楼 301 室
代理电话:021-34610856-209 15900911202
备案日期:2014-10-11

国械备 20140199 号

产品名称:吸潮纸尖(Absorbent Paper Points)
规格型号:见附页。
性能组成:由吸水纸制成的纸尖，易吸水，无粘性，硬且有韧性，容易放进牙根管内。
适用范围:用于根管治疗中根管的干燥。
备 案 人:韩国 META BIOMED CO., LTD.
生产地址:136, Mochung-ro, Heungdeok-gu Cheongju -si, Chungcheongbuk-do
代 理 人:北京美塔医疗器械有限公司
代理地址:北京市朝阳区东四环中路 41 号 8 层 825-826 室
代理电话:010-62253808
备案日期:2014-10-13

国械备 20140200 号

产品名称:医用固定带(OPTIMA CAST)
性能组成:骨科创伤手术配套工具。通常由不锈钢材料制成。可重复使用。
适用范围:用于骨折外固定。
备 案 人:韩国 Join Enterprise Co., Ltd
生产地址:韩国京畿道龙仁市处仁区南四面京畿东路 45 45, Gyeonggidongro, Namsa-myeon, Cheoin-gu, Yong-in-si, Gyeonggi-do, Korea
代 理 人:青岛博旭医疗器械有限公司
代理地址:青岛市城阳区流亭街道渤海湾花园 109 号网点
代理电话:0532-82537211
备案日期:2014-10-15

国械备 20140201 号

产品名称:血细胞分析用溶血剂(IOTest®3 Lysing Solution)
规格型号:100 测试
性能组成:剂型：液体；活性成份：NH_4Cl；容量：20mL；包装瓶数量：1 瓶；每次检测用量：2mL 工作溶液（将原液稀释至 1/10）
适用范围:10 倍浓缩溶液在 2~8℃保存，有效期：12 个月。切勿冷冻。开瓶后，可稳定 90 天。每天制备 1 倍工作溶液，未用完的液体当天丢弃。
备 案 人:法国 Immunotech S.A.S (a Beckman Coulter Company)
生产地址:130 Avenue de Lattre de Tassigny BP 177, 13276 Marseille Cedex 9 France
代 理 人:贝克曼库尔特商贸（中国）有限公司
代理地址:上海市浦东新区福山路 500 号 1201-1206、1208-1210 室
代理电话:010-65213068
备案日期:2014-10-15

国械备 20140203 号

产品名称:医用高分子夹板(OPTIMA SPLINT)
性能组成:骨科创伤手术配套工具。通常由不锈钢材料制成。可重复使用。
适用范围:用于骨折外固定。
备 案 人:韩国 Join Enterprise Co., Ltd
生产地址:韩国京畿道龙仁市处仁区南四面京畿东路 45 45, Gyeonggidongro, Namsa-myeon, Cheoin-gu, Yong-in-si, Gyeonggi-do, Korea
代 理 人:青岛博旭医疗器械有限公司
代理地址:青岛市城阳区流亭街道渤海湾花园 109 号网点
代理电话:0532-82537211
备案日期:2014-10-15

国械备 20140204 号

产品名称:网状纤维染色液(ArtisanTM Reticulin-No Counterstain Kit)
规格型号:50 测试/盒，100 测试/盒
性能组成:1%高锰酸钾，5%草酸，2.5%硫酸铁铵，氨化硝酸银，30% 乙醇福尔马林，0.2%氯化金，5%硫代硫酸钠。
适用范围:主要用于组织中网状纤维的组织细胞学染色。
备 案 人:美国 Dako North America, Inc.
生产地址:6392 Via Real Carpinteria, CA 93013
代 理 人:丹科医疗器械技术服务(上海)有限公司
代理地址:上海市黄浦区南京西路 338 号 1207-1208 室(邮寄地址：北京市朝阳区望京北路 3 号)
代理电话:13910962543
备案日期:2014-10-16

国械备 20140205 号

产品名称:铁染色液(ArtisanTM Colloidal Iron Stain Kit)
规格型号:50 测试/盒，100 测试/盒
性能组成:12% 醋酸，胶体铁溶液，10% 亚铁氰化钾，10% 盐酸，核固红。
适用范围:用于组织细胞学染色从而定性检测组织切片中的粘液多糖类物质。
备 案 人:美国 Dako North America, Inc.
生产地址:6392 Via Real Carpinteria, CA 93013
代 理 人:丹科医疗器械技术服务(上海)有限公司
代理地址:上海市黄浦区南京西路 338 号 1207-1208 室(邮寄地址：北京市朝阳区望京北路 3 号)
代理电话:13910962543
备案日期:2014-10-16

国械备 20140206 号

产品名称:吉姆萨染色液(ArtisanTM Giemsa Stain Kit)
规格型号:50 测试/盒，100 测试/盒
性能组成:Giemsa 溶液，醋酸脱色剂
适用范围:用于组织细胞学染色从而鉴别骨髓中的白细胞。
备 案 人:美国 Dako North America, Inc.
生产地址:6392 Via Real Carpinteria, CA 93013
代 理 人:丹科医疗器械技术服务(上海)有限公司
代理地址:上海市黄浦区南京西路 338 号 1207-1208 室(邮寄地址：北京市朝阳区望京北路 3 号)
代理电话:13910962543
备案日期:2014-10-16

国械备 20140207 号

产品名称:六胺银染色液(ArtisanTM Grocott’s Methenamine Silver Stain Kit)
规格型号:50 测试/盒，100 测试/盒
性能组成:10%铬酸钠，10% 高氯酸，0.21%硝酸银，3% 乌洛托品硼酸，0.2% 氯化金，1% 硫酸氢钠，2% 硫代硫酸钠，0.2% 品绿。
适用范围:用于定性组织学染色，对福尔马林固定、石蜡包埋组织中的真菌中的多糖染色。
备 案 人:美国 Dako North America, Inc.
生产地址:6392 Via Real Carpinteria, CA 93013
代 理 人:丹科医疗器械技术服务(上海)有限公司
代理地址:上海市黄浦区南京西路 338 号 1207-1208 室(邮寄地址：北京市朝阳区望京北路 3 号)
代理电话:13910962543

备案日期:2014-10-16

国械备 20140208 号

产品名称:刚果红染色液(ArtisanTM Congo Red Stain Kit)
规格型号:50 测试/盒，100 测试/盒
性能组成:乙醇刚果红，碱性乙醇，Mayer 苏木素缓冲液。
适用范围:用于定性组织学染色，有选择性地对福尔马林固定、石蜡包埋组织中的淀粉体染色。
备 案 人:美国 Dako North America, Inc.
生产地址:6392 Via Real Carpinteria, CA 93013
代 理 人:丹科医疗器械技术服务(上海)有限公司
代理地址:上海市黄浦区南京西路 338 号 1207-1208 室(邮寄地址:北京市朝阳区望京北路 3 号)
代理电话:13910962543
备案日期:2014-10-16

国械备 20140209 号

产品名称:阿利辛蓝染色液(ArtisanTM Alcian Blue pH 2.5 Stain Kit)
规格型号:50 测试/盒，100 测试/盒
性能组成:1%阿尔新蓝，pH 2.5，核固红，3% 醋酸
适用范围:15-30°C 保存，有效期 10 个月。
备 案 人:美国 Dako North America, Inc.
生产地址:6392 Via Real Carpinteria, CA 93013
代 理 人:丹科医疗器械技术服务(上海)有限公司
代理地址:上海市黄浦区南京西路 338 号 1207-1208 室(邮寄地址:北京市朝阳区望京北路 3 号)
代理电话:13910962543
备案日期:2014-10-16

国械备 20140210 号

产品名称:粘蛋白胭脂红染色液(ArtisanTM Mucicarmine Stain Kit)
规格型号:50 测试/盒，100 测试/盒
性能组成:用于组织细胞学染色从而定性检测组织切片中的酸性粘多糖。
适用范围:用于组织细胞学染色从而定性检测组织切片中的酸性粘多糖。
备 案 人:美国 Dako North America, Inc.
生产地址:6392 Via Real Carpinteria, CA 93013
代 理 人:丹科医疗器械技术服务(上海)有限公司
代理地址:上海市黄浦区南京西路 338 号 1207-1208 室(邮寄地址:北京市朝阳区望京北路 3 号)
代理电话:13910962543
备案日期:2014-10-16

国械备 20140211 号

产品名称:丝攻(Modular Tap)
规格型号:480401540、48040154、48040155、48040156、48040157、48040158
性能组成:由刃部和柄部组成，刃部由不锈钢材料制成，柄部由不锈钢材料制成。可重复使用。
适用范围:用于骨科手术时在骨骼上攻螺纹孔。
备 案 人:法国 STRYKER SPINE, INC
生产地址:ZI Marticot 33610 Cestas, France
代 理 人:史赛克(北京)医疗器械有限公司
代理地址:北京市东城区王府井大街 138 号新东安市场办公写字楼第二座 9 层 917 室
代理电话:010-85209157、13810813580
备案日期:2014-10-16

国械备 20140212 号

产品名称:网状纤维染色液(ArtisanTM Reticulin-No Counterstain Kit)
规格型号:50 测试/盒，100 测试/盒
性能组成:1%高锰酸钾，5%草酸，2.5%硫酸铁铵，氨化硝酸银，30% 乙醇福尔马林，0.2%氯化金，5%硫代硫酸钠。
适用范围:第一盒 2-8°C 保存，第二盒 15-30°C 保存，有效期 12 个月。
备 案 人:美国 Dako North America, Inc.
生产地址:6392 Via Real Carpinteria, CA 93013
代 理 人:丹科医疗器械技术服务(上海)有限公司
代理地址:上海市黄浦区南京西路 338 号 1207-1208 室(邮寄地址:北京市朝阳区望京北路 3 号)
代理电话:13910962543
备案日期:2014-10-16

国械备 20140213 号

产品名称:病理石蜡包埋机(Tissue Embedding Center)
规格型号:TES 99, TES Valida
性能组成:本产品由控制系统、熔蜡系统、冷却系统等组成。
适用范围:用于病理分析前对脱水的人体组织作石蜡包埋处理。
备 案 人:德国 Medite GmbH
生产地址:Wollenweberstrasse 12, 31303 Burgdorf
代 理 人:北京优纳科技有限公司
代理地址:北京市海淀区上地五街 7 号四层 402 室
代理电话:010-62975385
备案日期:2014-10-20

国械备 20140214 号

产品名称:细胞清洗液(CytoLyt Solution)
规格型号:946ml; 30ml/支（杯装）; 30ml/支（试管装）
性能组成:该产品由甲醇和水组成。
适用范围:该产品是一种清洗细胞的缓冲水溶液，可以用作溶解血红细胞、防止蛋白质沉淀、溶解粘液，并在使用 ThinPrep 2000 处理器制备玻片前完好保存常规标本的细胞形态。
备 案 人:美国 Hologic, Inc.
生产地址:250 Campus Drive, Marlborough, Massachusetts, 01752, USA
代 理 人:豪洛捷医疗科技（北京）有限公司
代理地址:北京市海淀区海淀南路 19 号时代网络大厦 4007 室
代理电话:010-62290000
备案日期:2014-10-20

国械备 20140215 号

产品名称:检查手套(LATEX MEDICAL EXAMINATION GLOVES(SUPERMAX LABEL))
规格型号:XS、S、M、L、XL
性能组成:医疗检查过程中穿戴于检查者手、指、头等部位的用品。
适用范围:用于防止医生与患者之间的交叉感染。
备 案 人:马来西亚 SUPERMAX GLOVE MANUFACTURING SDN.BHD
生产地址:Lot38, Putra Industrial Park, Bukit Rahman Putra 47000 Sungai Buloh, Selangor Darul Ehsan, MALAYSIA
代 理 人:扬州市瑞峰进出口有限公司
代理地址:扬州市广陵区头桥镇通达路 239 号
代理电话:0514-87481723
备案日期:2014-10-21

国械备 20140216 号

产品名称:采血笔(Lancet Device(except for Blood Lancet))
规格型号:BCI-104
性能组成:通常由主体、弹击机构和调节套等组成。
适用范围:用于采集末梢血。需与一次性采血针配合适用。
备 案 人:韩国亚细亚 ME 株式会社 ASIA MEDICAL ELECTRONICS CO., LTD
生产地址:469, Anseongmatchum-daero, Miyang-myeon, Anseong-si, Gyeonggi-do, Korea
代 理 人:郑州润金生医疗器械有限公司
代理地址:郑州市中原区颖河路 66 号 403、406、407、408 房间
代理电话:0371-69326870
备案日期:2014-10-21

国械备 20140217 号

产品名称:采血笔(Lancet Device(except for Blood Lancet))
规格型号:BCI-103

性能组成:通常由主体、弹击机构和调节套等组成。
适用范围:用于采集末梢血。需与一次性采血针配合适用。
备 案 人:韩国亚细亚 ME 株式会社 ASIA MEDICAL ELECTRONICS CO., LTD
生产地址:469, Anseongmatchum-daero, Miyang-myeon, Anseong-si, Gyeonggi-do, Korea
代 理 人:郑州润金生医疗器械有限公司
代理地址:郑州市中原区颖河路 66 号 403、406、407、408 房间
代理电话:0371-69326870
备案日期:2014-10-21

国械备 20140218 号

产品名称:采血笔(Lancet Device(except for Blood Lancet))
规格型号:BCI-102
性能组成:通常由主体、弹击机构和调节套等组成。
适用范围:用于采集末梢血。需与一次性采血针配合适用。
备 案 人:韩国亚细亚 ME 株式会社 ASIA MEDICAL ELECTRONICS CO., LTD
生产地址:469, Anseongmatchum-daero, Miyang-myeon, Anseong-si, Gyeonggi-do, Korea
代 理 人:郑州润金生医疗器械有限公司
代理地址:郑州市中原区颖河路 66 号 403、406、407、408 房间
代理电话:0371-69326870
备案日期:2014-10-21

国械备 20140219 号

产品名称:试模(Trident Insert Trial)
规格型号:见附页
性能组成:骨科手术配套基础工具，由高分子材料制成。可重复使用。
适用范围:用于骨科手术时测量直径、深度、角度、弧度等。
备 案 人:美国 Howmedica Osteonics Corp.
生产地址:325 Corporate Drive Mahwah, NJ 07430, USA
代 理 人:史赛克(北京)医疗器械有限公司
代理地址:北京市东城区王府井大街 138 号新东安市场办公写字楼第二座 9 层 917 室
代理电话:010-85209157/13810813580
备案日期:2014-10-20

国械备 20140220 号

产品名称:药敏接种培养液(Autoread Cation Adjusted Mueller-Hinton Broth with TES/Lysed Horse Blood)
规格型号:11ml/支, 10 支/盒
性能组成:Mueller Hinton 基础肉汤 21g、TES 缓冲液 11.46g、溶解的马血 20-25mg、钙离子 20-25mg、镁离子 10-12mg、水 1L。
适用范围:该产品与全自动微生物分析系统一同使用，用于药物敏感性检测。
备 案 人:美国 Remel, Inc
生产地址:12076 Santa Fe Trail Drive Building 1, Lenexa, Kansas 66215, USA
代 理 人:赛默飞世尔（上海）仪器有限公司
代理地址:上海市浦东新区金桥出口加工区秦桥路 211 号 T71-6 幢第一、二层东侧
代理电话:13501051710、84193588-3706
备案日期:2014-10-22

国械备 20140221 号

产品名称:革兰染色液(Color Gram 2 (COLOR GRAM 2-F))
性能组成:R1 结晶紫草酸盐溶液、R2 改良卢戈氏碘液、R3 脱色剂、R4 沙黄溶液。
适用范围:用于细菌或真菌的涂片染色。
备 案 人:法国 bioMérieux SA
生产地址:Site de Montesquieu - Bordeaux Technopolis 33650 MARTILLAC France
代 理 人:梅里埃诊断产品（上海）有限公司
代理地址:上海市外高桥保税区富特西一路 383 号 A2 楼第 4 层 A 部位
代理电话:010-85358357
备案日期:2014-10-22

国械备 20140222 号

产品名称:全自动电泳仪(SPIFE 4000 ANALYZER)
规格型号:SPIFE 4000
性能组成:由电源、电泳槽等组成。可分离分子，包括血浆蛋白、脂蛋白、酶和血球蛋白等。
适用范围:用于人体样本的分离。
备 案 人:美国海伦娜实验室 HELENA LABORATORIES
生产地址:1530 Lindbergh Dr. P.o. Box 752 Beaumont, TX 77704
代 理 人:北京柏彬医疗器械有限公司
代理地址:北京市朝阳区慧忠北里 311 号楼 1701 室
代理电话:010-84803387
备案日期:2014-10-22

国械备 20140223 号

产品名称:螺丝起(Screwdriver)
规格型号:EF75M.3.5-28, EF75M.4.0-5.5-28, EF76M.3.5-28, EF76M.4.0-5.5-28, EF79BULL
性能组成:用于牙科种植体安装过程的工具。可重复使用。
适用范围:用于种植体植入后，安装基台、牙冠，取模。
备 案 人:意大利 Easyfor Medical Device Srl
生产地址:Via San Firmino, 31 10070 Torino (TO)
代 理 人:北京信然宜诚医疗科技有限公司
代理地址:北京市西城区广内大街 6 号 1-1202
代理电话:010-63512286
备案日期:2014-10-23

国械备 20140224 号

产品名称:样本保存液
规格型号:128mL
性能组成:本产品由蔗糖，纤维素羟乙基醚和防腐剂组成。
适用范围:本产品用于组织、细胞病理学分析样本的保存。
备 案 人:美国 Leica Biosystems Richmond, Inc.
生产地址:5205 Route 12 P.O. Box 528 Richmond Illinois 60071 USA
代 理 人:徕卡显微系统（上海）贸易有限公司
代理地址:上海市外高桥保税区富特北路 127 号 3 楼 C 部位
代理电话:010-68492698-167
备案日期:2014-10-23

国械备 20140226 号

产品名称:螺丝起(Driver)
规格型号:CT-S110, CT-S107, CT-S115, CT-S215, CT-S207, CT-S210, CT-S218, CT-0510, CM-0041
性能组成:用于牙科种植体安装过程的工具。可重复使用。
适用范围:用于种植体植入后，安装基台、牙冠，取模等。
备 案 人:以色列 Cortex Dental Implants Industries Ltd.
生产地址:Shlomi Industrial Zone, Ya’ara Street26, P.O.Box125, 22832, Israel
代 理 人:广州市和茂医疗器械有限公司
代理地址:广州市越秀区八旗二马路 48 号内自编 1 号主楼 501-502 室
代理电话:020-83295503
备案日期:2014-10-27

国械备 20140227 号

产品名称:扭力扳手(Ratchet)
规格型号:CT-0861, CT-0230
性能组成:用于牙科种植体安装过程的工具。可重复使用。
适用范围:用于种植体植入后，安装基台、牙冠，取模等。
备 案 人:以色列 Cortex Dental Implants Industries Ltd.
生产地址:Shlomi Industrial Zone, Ya’ara Street26, P.O.Box125, 22832, Israel
代 理 人:广州市和茂医疗器械有限公司
代理地址:广州市越秀区八旗二马路 48 号内自编 1 号主楼 501-502 室
代理电话:020-83295503
备案日期:2014-10-28

国械备20140228号

产品名称:骨铰刀(X-REAM® Expandable Reamer)
性能组成:该产品为具有扩孔切削刃的切削刀具。由不锈钢材料制成。可重复使用。
适用范围:该产品预期用于骨科手术中扩孔或铰孔、髓腔再造及扩大。
备案人:美国Wright Medical Technology, Inc.
生产地址:11576 Memphis Arlington Road, Arlington, TN, 38002, USA
代理人:瑞毅医疗器械(上海)有限公司
代理地址:上海市浦东新区张杨路500号华润时代广场17楼1703K室
代理电话:13701313504
备案日期:2014-10-27

国械备20140229号

产品名称:眼用剪(Офтальмолог ножницы)(Ophthalmology scissors)
规格型号:详见附表
性能组成:由一对中间连接的叶片组成，头部为刀刃，尾部为弹簧片。可重复使用。
适用范围:用于剪切眼内组织。
备案人:俄罗斯MEDIN-URAL有限公司(ООО Медин-Урал) Medin-Ural Co., Ltd
生产地址:620137, Свердловская область, г. Екатеринбург, ул, Студенческая, д. 9, корп. 16, литер Р, 2и (620137, east 2nd and 3rd floors, No.9-16 St.Student Ekaterinburg Sverdlovsk region.)
代理人:北京米赫奥童商贸有限责任公司
代理地址:北京市石景山区八大处高科技园区西井路3号3号楼1588室
代理电话:13051275435
备案日期:2014-10-27

国械备20140230号

产品名称:眼科镊(Офтальмолог пинцет)(Ophthalmic forceps)
规格型号:详见附表
性能组成:由一对尾部叠合的叶片组成。头部有直形和弯形两种，可有齿、钩或平台。通常采用不锈钢材料制成。可重复使用。
适用范围:用于眼科手术时夹持眼部组织、夹持囊肿等。
备案人:俄罗斯MEDIN-URAL有限公司(ООО Медин-Урал) Medin-Ural Co., Ltd
生产地址:620137, Свердловская область, г. Екатеринбург, ул, Студенческая, д. 9, корп. 16, литер Р, 2и (620137, east 2nd and 3rd floors, No.9-16 St.Student Ekaterinburg Sverdlovsk region.)
代理人:北京米赫奥童商贸有限责任公司
代理地址:北京市石景山区八大处高科技园区西井路3号3号楼1588室
代理电话:13051275435
备案日期:2014-10-27

国械备20140231号

产品名称:眼用持针钳(Офтальмологический иглодержатель)(Eye ophthalmic holding needle clamp)
规格型号:详见附表
性能组成:由钳喙、关节和钳柄组成。头端有凹凸齿，起夹持作用。可重复使用。
适用范围:用于眼部手术时夹持缝针等器械。
备案人:俄罗斯MEDIN-URAL有限公司(ООО Медин-Урал) Medin-Ural Co., Ltd
代理人:北京米赫奥童商贸有限责任公司
代理地址:北京市石景山区八大处高科技园区西井路3号3号楼1588室
代理电话:13051275435
备案日期:2014-10-27

国械备20140232号

产品名称:咬嘴(Mouthpiece)
规格型号:QT00854-P, QT00827-P, QT00892, QT04204
性能组成:手术或检查时患者开口的辅助器械，采用聚乙烯等高分子材料制成。
适用范围:用于经口腔手术或检查时维持患者的开口状态，防止非预期咬合。
备案人:美国QUINTRON INSTRUMENT CO.INC.
生产地址:2208 S 38th St Milwaukee, WI 53215
代理人:北京爱博咨科技有限公司
代理地址:北京市西城区德胜门外大街11号(德胜园区)
代理电话:010-62363545
备案日期:2014-10-28

国械备20140233号

产品名称:缓冲液(COULTER® TruColor™ Wright-Giemsa Stain Buffer)
规格型号:4 × 2 L
性能组成:焦磷酸钾，单价，无水························4.570g/L；焦磷酸钠，二价，无水····················4.697g/L。
适用范围:仅用于提供/维持反应环境。
备案人:美国Beckman coulter, Inc.
生产地址:400 Valley Road Warrington, Pennsylvania 18976 USA
代理人:贝克曼库尔特商贸(中国)有限公司
代理地址:上海市浦东新区福山路500号1201-1206、1208-1210室
代理电话:010-65213091
备案日期:2014-10-29

国械备20140234号

产品名称:医用镊(Forceps)
性能组成:由一对尾部叠合的叶片组成。镊端有齿，有粗齿和细齿之分。通常采用不锈钢材料制成。可重复使用。
适用范围:用于夹持人体组织。
备案人:瑞典西迪尔Stille AB
生产地址:Ekbacken 11, SE-644 30 Torshalla (Sweden)
代理人:中瑞汇达(北京)科技发展有限公司
代理地址:北京市朝阳区朝外大街乙12号办公楼20层0-2311
代理电话:010-62682458、15801320912
备案日期:2014-10-30

国械备20140235号

产品名称:全自动核酸提取纯化仪(Abbott m2000sp)
规格型号:m2000sp E系列
性能组成:由机械部分和电气部分组成，配合试剂盒使用，实现样品中核酸的分离提取。
适用范围:用于人体样本中核酸的提取、纯化。
备案人:美国Abbott Molecular Inc.
生产地址:1300 East Touhy Avenue, Des Plaines, IL 60018, USA
代理人:雅培贸易(上海)有限公司
代理地址:中国(上海)自由贸易试验区美盛路56号4号楼109部位
代理电话:010-68028080-202、13911948339
备案日期:2014-10-30

国械备20140236号

产品名称:头戴式放大镜(Loupe)
性能组成:由光学系统和镜架组成。利用透镜放大原理、显微放大原理的光学放大器件。(LED光源除外)
适用范围:增大操作者视角，便于观察物体细节。
备案人:美国Metrex Research LLC dba Orascoptic
生产地址:3225 Deming Way Suite 190 Middleton, WI 53562
代理人:卡瓦盛邦(上海)牙科医疗器械有限公司
代理地址:中国(上海)自由贸易试验区泰谷路18号1号楼第7层701A部位
代理电话:010-84608368-618、13311130266
备案日期:2014-10-30

国械备20140237号

产品名称:缓冲液(COULTER® TruColor™ Wright Stain Buffer)
规格型号:4 × 2 L

性能组成:焦磷酸钾,单价,无水 1.371g/L;焦磷酸钠,二价,无水 1.409g/L。
适用范围:仅用于提供/维持反应环境。
备 案 人:美国 Beckman coulter, Inc.
代 理 人:贝克曼库尔特商贸(中国)有限公司
代理地址:上海市浦东新区福山路 500 号 1201-1206、1208-1210 室
代理电话:010-65213091
备案日期:2014-10-30

国械备 20140238 号

产品名称:石膏衬垫(3M Scotchcast Wet or Dry Cast Padding)
规格型号:WDP2, WDP3, WDP4, WDP6
性能组成:病人在治疗过程中对病人进行一般性防护的用品或材料。
适用范围:对病人提供一般性防护,以免受其他器械或外界的伤害。
备 案 人:美国 3M 医疗产品事业部 3M Health Care
生产地址:Marialoopsteenweg 51 8760 Meulebeke(Tielt), Belgium
代 理 人:明尼苏达矿业制造(上海)国际贸易有限公司
代理地址:中国(上海)自由贸易试验区英伦路 858 号
代理电话:13810308514
备案日期:2014-10-31

国械备 20140239 号

产品名称:测瓣器(Sizers and Obturarors)
性能组成:测瓣器头部和手柄组成,测瓣器头部由聚砜材料制成,手柄由不锈钢材料制成,可重复使用。
适用范围:在心脏瓣膜置换手术中,用于测量需要置换的人体生理瓣膜尺寸,以帮助外科手术医生选择合适尺寸的人工心脏瓣膜。
备 案 人:美国 Medtronic Inc.
生产地址:1851 E.Deere Avenue, Santa, Ana , CA 92705, USA
代 理 人:美敦力(上海)管理有限公司
代理地址:中国(上海)自由贸易区试验区日京路 180 号第三层
代理电话:010-53227264
备案日期:2014-10-30

国械备 20140240 号

产品名称:髋臼锉(Reamer Domes)
性能组成:本髋臼锉由锉身组成,用于锉平骨的断端,为弯曲型式。锉身由不锈钢材料制成。可重复使用。
适用范围:用于骨科手术时手术锉削骨骼、锉平骨断端。
备 案 人:美国 Smith & Nephew, Inc.
生产地址:Boulevard Héctor Terán Terán #20120, Ciudad Industrial, Tijuana, B.C., 22444, Mexico.
代 理 人:施乐辉医用产品国际贸易(上海)有限公司
代理地址:中国(上海)自由贸易试验区奥纳路 188 号通用厂房楼第四层 B 部分
代理电话:010-64198387
备案日期:2014-11-02

国械备 20140241 号

产品名称:采血笔(BGStar® Lancing Device)
规格型号:BGStar Lancing Device
性能组成:通常由主体、弹击机构和调节套等组成。
适用范围:用于采集末梢血。需与一次性采血针配合适用。
备 案 人:美国 AgaMatrix, Inc.
生产地址:7C Raymond Ave.Salem, NH 03079 USA
代 理 人:赛诺菲(中国)投资有限公司
代理地址:北京市朝阳区建国路 112 号 7 层
代理电话:15910710925
备案日期:2014-11-04

国械备 20140242 号

产品名称:样本稀释液(LIAISON® 25 OH Vitamin D TOTAL Specimen Diluent Set)
规格型号:4 瓶×5.0 mL
性能组成:含蛋白质、表面活性剂和 0.2% ProClin® 300 的缓冲液。
适用范围:用于对待测样本进行稀释,以便于使用体外诊断试剂或仪器对待测物进行检测。其本身并不直接参与检测。
备 案 人:美国 DiaSorin Inc.
生产地址:1951 Northwestern Avenue P.O. Box 285 Stillwater, Minnesota 55082 USA
代 理 人:索灵诊断医疗设备(上海)有限公司
代理地址:中国(上海)自由贸易试验区美盛路 56 号 303G 室(邮寄地址:上海浦东银城中路 488 号太平金融大厦 2803 室)
代理电话:13611755910
备案日期:2014-11-04

国械备 20140244 号

产品名称:医用图像打印机(Printer)
规格型号:5364/300
性能组成:利用 X 射线设备提供的输入信号,在胶片上产生不可擦除图像的装置。
适用范围:用于使胶片产生 X 射线图像。
备 案 人:比利时 AGFA HEALTHCARE N.V.
生产地址:Max-Planck-Strasse 1, 82380 Peiβenberg, Germany
代 理 人:爱克发医疗系统设备(上海)有限公司
代理地址:上海市外高桥保税区富特北路 458 号 429 室
代理电话:010-68063566
备案日期:2014-11-04

国械备 20140245 号

产品名称:医用 X 射线胶片(Radiographic Film)
规格型号:GAFCHROMIC EBT3, GAFCHROMIC RTQA2, GAFCHROMIC XR-QA2, GAFCHROMIC EBT2
性能组成:由在透明胶片基的一侧涂上感光材料制作而成,用于记录、显示与储存医学影像。
适用范围:用于 X 射线摄影时记录射线影像图像。
备 案 人:美国 ASHLAND INC.
生产地址:1005 Us Highway No.202/206, Bridgewater, NJ 08807
代 理 人:亚什兰(中国)投资有限公司
代理地址:上海市闵行区青杉路 369 号 202 室
代理电话:021-60906637
备案日期:2014-11-05

国械备 20140246 号

产品名称:全自动免疫检验系统用底物液(Eテスト「TOSOH」II 基質セット)(AIA-PACK SUBSTRATE SET II)
规格型号:AIA-PACK 底物 2 瓶、AIA-PACK 底物溶解液 100 mL×2 瓶
性能组成:AIA-PACK 底物:磷酸-4-甲基伞形酮 26mg;AIA-PACK 底物溶解液:2-氨基-2 甲基-1 丙酮 4.5g。
适用范围:与其他多种试剂(如一抗、二抗、标准品、终止液等)配合使用,完成基于免疫原理的体外诊断检测,仅用于确定的检测系统。("确定的检测系统"是指与本企业的试剂配合使用的。)
备 案 人:日本东曹株式会社(東ソー株式会社) Tosoh Corporation
生产地址:日本国富山県富山市岩瀬古志町 2 番地 2, Iwasekoshi-machi, Toyama, Toyama, Japan
代 理 人:东曹(上海)生物科技有限公司
代理地址:上海市宜山路 1289 号 B 座 3 楼 301 室
代理电话:021-34610856-209 15900911202
备案日期:2014-11-06

国械备 20140247 号

产品名称:头戴式放大镜(Loupe)
规格型号:见附页
性能组成:由光学系统和镜架组成。利用透镜放大原理、显微放大原理的光学放大器件。(LED 光源除外)
适用范围:增大操作者视角,便于观察物体细节。
备 案 人:美国 Metrex Research LLC dba Orascoptic
生产地址:3225 Deming Way Suite 190 Middleton, WI 53562
代 理 人:卡瓦盛邦(上海)牙科医疗器械有限公司
代理地址:中国(上海)自由贸易试验区泰谷路 18 号 1 号楼第 7 层 701A 部位
代理电话:010-84608368-618、13311130266

备案日期:2014-11-06

国械备 20140248 号

产品名称:尿液分析用染色液(UFII SEARCH-SED)
规格型号:沉渣模式: 29mL/袋。
性能组成:1. 组成及成份: 聚甲炔染料 0.03% (w/w)、乙二醇 99.9% (w/w); 2. 检验必需但未包含的其他试剂: UFII SEARCH -SED 仅指定使用 SYSMEX 稀释液 UFII PACK -SED。若使用其他试剂, SYSMEX 仪器的产品性能不能得到保证。
适用范围:用于尿液中的有形成分进行染色, 从而观察其形态与结构, 以便于分析仪器进行细胞分类计数。
备 案 人:日本希森美康株式会社 (シスメックス株式会社) SYSMEX CORPORATION
生产地址:兵庫県小野市匠台 1 7 番地 17 Takumidai, Ono, Hyogo 675 -1322, Japan
代 理 人:希森美康医用电子(上海)有限公司
代理地址:上海市外高桥保税区富特西三路 77 号 6 幢 202 室
代理电话:010-65665262-885、13683056546
备案日期:2014-11-06

国械备 20140249 号

产品名称:尿液分析用染色液(UFII SEARCH-BAC)
规格型号:细菌模式: 25mL/袋。
性能组成:1. 组成及成份: 聚甲炔染料 0.01% (w/w)、乙二醇 99.9% (w/w); 2. 检验必需但未包含的其他试剂: UFII SEARCH -BAC 仅指定使用 SYSMEX 稀释液 UFII PACK -BAC。若使用其他试剂, SYSMEX 仪器的产品性能不能得到保证。
适用范围:用于尿液中的有形成分进行染色, 从而观察其形态与结构, 以便于分析仪器进行细胞分类计数。
备 案 人:日本希森美康株式会社 (シスメックス株式会社) SYSMEX CORPORATION
生产地址:兵庫県小野市匠台 1 7 番地 17 Takumidai, Ono, Hyogo 675 -1322, Japan
代 理 人:希森美康医用电子(上海)有限公司
代理地址:上海市外高桥保税区富特西三路 77 号 6 幢 202 室
代理电话:010-65665262-885、13683056546
备案日期:2014-11-06

国械备 20140250 号

产品名称:试模(Exactech® Instrument Trials)
规格型号:见附表
性能组成:试模为骨科手术配套基础工具, 由不锈钢材料和高分子材料制成。可重复使用。
适用范围:用于骨科手术时测量直径、深度、孔径、角度、弧度等。
备 案 人:美国 Exactech, Inc.
生产地址:2320 NW 66th Court Gainesville, Florida 32653, USA
代 理 人:美精技医疗器械 (上海) 有限公司
代理地址:上海市外高桥保税区美盛路 56 号 4 号楼 E2 (1-26) 及 E1 (25-26) 部位
代理电话:021-61363825
备案日期:2014-11-06

国械备 20140251 号

产品名称:牙骨锤(Mallet)
规格型号:MT-01 和 MT-414
性能组成:不锈钢材料制成的牙科用锤。可重复使用。
适用范围:用于口腔科手术中敲击牙骨凿。
备 案 人:韩国 SURGIDENT
生产地址:#2-201, 27, Dunchon-daero 457beon-gil, Jungwon-gu, Seongnam-si, Gyeonggi-do, 462-806, KOREA
代 理 人:北京美塔医疗器械有限公司
代理地址:北京市朝阳区东四环中路 41 号 8 层 825-826 室
代理电话:010-62253808
备案日期:2014-11-13

国械备 20140252 号

产品名称:药敏接种培养液(Cation Adjusted Mueller-Hinton Broth with TES)
规格型号:5ml/支, 100 支/盒; 11ml/支, 100 支/盒
性能组成:Mueller Hinton 基础肉汤 21g; TES 缓冲液 11.46g; 钙离子 20-25mg; 镁离子 10-12mg; 水 1L。
适用范围:该产品与全自动微生物分析系统一同使用, 用于药物敏感性检测。
备 案 人:美国 Remel, Inc
生产地址:12076 Santa Fe Trail Drive Building 1, Lenexa, Kansas 66215, USA
代 理 人:赛默飞世尔 (上海) 仪器有限公司
代理地址:上海市浦东新区金桥出口加工区秦桥路 211 号 T71-6 幢第一、二层东侧
代理电话:13501051710、84193588-3706
备案日期:2014-11-13

国械备 20140253 号

产品名称:药敏接种培养液(HTM Broth)
规格型号:11ml/支, 10 支/盒
性能组成:Mueller Hinton 基础肉汤 21g; 酵母提取物 5g; NAD 0.015g; 血红素 0.015g; 水 1L。
适用范围:该产品与全自动微生物分析系统一同使用, 用于药物敏感性检测。
备 案 人:美国 Remel, Inc
生产地址:12076 Santa Fe Trail Drive Building 1, Lenexa, Kansas 66215, USA
代 理 人:赛默飞世尔 (上海) 仪器有限公司
代理地址:上海市浦东新区金桥出口加工区秦桥路 211 号 T71-6 幢第一、二层东侧
代理电话:13501051710、84193588-3706
备案日期:2014-11-13

国械备 20140254 号

产品名称:检查手套(LATEX MEDICAL EXAMINATION GLOVES (AURELIA LABEL))
规格型号:XS、S、M、L、XL
性能组成:医疗检查过程中穿戴于检查者手、指、头等部位的用品。
适用范围:用于防止医生与患者之间的交叉感染。
备 案 人:马来西亚 SUPERMAX GLOVE MANUFACTURING SDN. BHD.
生产地址:Lot38, Putra Industrial Park, Bukit Rahman Putra 47000 Sungai Buloh, Selangor Darul Ehsan, MALAYSIA
代 理 人:连云港听雪贸易有限公司
代理地址:连云港新浦区朝阳东路 21-2 号楼 716 室
代理电话:0518-81066081
备案日期:2014-11-13

国械备 20140255 号

产品名称:样本稀释液(Eテスト「TOSOH」II (プロゲステロン) 検体希釈液)(AIA-PACK PROG SAMPLE DILUTING SOLUTION)
规格型号:4.0 mL 装×4 瓶
性能组成:黄体酮阴性人血清、盐、防腐剂。
适用范围:用于对待测样本进行稀释、液化, 以便于使用体外诊断试剂或仪器对待测物进行检测。其本身并不直接参与检测。
备 案 人:日本东曹株式会社(東ソー株式会社) Tosoh Corporation
生产地址:日本国富山県富山市岩瀬古志町 2 番地 2, Iwasekoshi-machi, Toyama, Toyama, Japan
代 理 人:东曹 (上海) 生物科技有限公司
代理地址:宜山路 1289 号 B 座 3 楼 301 室
代理电话:021-34610856-209、15900911202
备案日期:2014-11-14

国械备 20140256 号

产品名称:医用离心机(Centrifuge)
规格型号:Allegra X-15R
性能组成:由控制系统、离心腔、驱动系统、转子、制冷系统 (为冷冻型医用离心机) 及安全保护装置等组成。

适用范围:用于病理分析前人体样本的分离。
备 案 人:美国 Beckman Coulter, Inc.
生产地址:5355 West 76th Street, Indianapolis, IN 46268, USA
代 理 人:贝克曼库尔特商贸（中国）有限公司
代理地址:上海市浦东新区福山路 500 号 1201-1206、1208-1210 室
代理电话:010-65213068
备案日期:2014-11-14

国械备 20140258 号

产品名称:医用离心机(Centrifuge)
规格型号:Allegra X-12R
性能组成:由控制系统、离心腔、驱动系统、转子、制冷系统（为冷冻型医用离心机）及安全保护装置等组成。
适用范围:用于病理分析前人体样本的分离。
备 案 人:美国 Beckman Coulter, Inc.
生产地址:5355 West 76th Street, Indianapolis, IN 46268, USA
代 理 人:贝克曼库尔特商贸（中国）有限公司
代理地址:上海市浦东新区福山路 500 号 1201-1206、1208-1210 室
代理电话:010-65213068
备案日期:2014-11-14

国械备 20140259 号

产品名称:高速冷冻离心机(High-Performance Centrifuge)
规格型号:Avanti J-26S XP
性能组成:由控制系统、离心腔、驱动系统、转子、制冷系统（为冷冻型医用离心机）及安全保护装置等组成。
适用范围:用于病理分析前人体样本的分离。
备 案 人:美国 Beckman Coulter, Inc.
生产地址:5355 West 76th Street, Indianapolis, IN 46268, USA
代 理 人:贝克曼库尔特商贸（中国）有限公司
代理地址:上海市浦东新区福山路 500 号 1201-1206、1208-1210 室
代理电话:010-65213068
备案日期:2014-11-14

国械备 20140260 号

产品名称:手术放大镜(Loupes or Surgical binoculars, reusable)
规格型号:见附表
性能组成:由光学系统和镜架组成。利用透镜放大原理的光学放大器件。
适用范围:用于增大操作者视角，便于观察物体细节。
备 案 人:英国 Keeler Ltd.
生产地址:Clewer Hill Rd., Windsor, Berkshire, SL4 4AA
代 理 人:英国豪迈国际有限公司北京代表处
代理地址:北京市朝阳区朝外大街乙 12 号昆泰国际大厦 16 层 0-1601
代理电话:010-51261868-826、13601277116
备案日期:2014-11-15

国械备 20140261 号

产品名称:采血笔(Lancing Device MyStar SylkFeel type 700)
规格型号:700
性能组成:由主体、弹击机构和调节套等组成。
适用范围:用于采集末梢血。需与一次性采血针配合适用。
备 案 人:波兰 HTL-Strefa S.A.
生产地址:ul. Adamówek 7 95-035 Ozorków, Poland
代 理 人:赛诺菲（中国）投资有限公司
代理地址:北京市朝阳区建国路 112 号 7 层
代理电话:18611791686
备案日期:2014-11-15

国械备 20140262 号

产品名称:琼斯亮绿染色液(ArtisanTM Jones' Basement Membrane H&E Stain Kit)
规格型号:50 测试/盒，100 测试/盒
性能组成:1%过碘酸，0.5%银强化剂，3%乌洛托品硼酸，1%硝酸银，0.2%氯化金，5% 硫代硫酸钠，Dako 苏木素，Dako 伊红。
适用范围:用于定性组织学染色，鉴别毛细血管基底膜。
备 案 人:美国 Dako North America, Inc.
生产地址:6392 Via Real Carpinteria, CA 93013
代 理 人:丹科医疗器械技术服务(上海)有限公司
代理地址:上海市黄浦区南京西路 338 号 1207-1208 室(邮寄地址：北京市朝阳区望京北路 3 号)
代理电话:13910962543
备案日期:2014-11-15

国械备 20140263 号

产品名称:弹性纤维染色液(ArtisanTM Elastic Stain Kit)
规格型号:50 测试/盒，100 测试/盒
性能组成:5% 乙醇苏木素，10% 氯化铁，Lugol 碘酒，Van Gieson 溶液。
适用范围:用于组织细胞学染色从而定性检测组织切片中的弹性纤维。
备 案 人:美国 Dako North America, Inc.
生产地址:6392 Via Real Carpinteria, CA 93013
代 理 人:丹科医疗器械技术服务(上海)有限公司
代理地址:上海市黄浦区南京西路 338 号 1207-1208 室(邮寄地址：北京市朝阳区望京北路 3 号)
代理电话:13910962543
备案日期:2014-11-17

国械备 20140264 号

产品名称:吉姆萨染色液(ArtisanTM Jenner Wright Giemsa Stain Kit)
规格型号:50 测试/盒，100 测试/盒
性能组成:甲醇，Jenner 溶液，Wright Giemsa 溶液，缓冲液 pH 6.75，1% 醋酸。
适用范围:用于组织细胞学染色从而鉴别骨髓中的白细胞。
备 案 人:美国 Dako North America, Inc.
生产地址:6392 Via Real Carpinteria, CA 93013
代 理 人:丹科医疗器械技术服务(上海)有限公司
代理地址:上海市黄浦区南京西路 338 号 1207-1208 室(邮寄地址：北京市朝阳区望京北路 3 号)
代理电话:13910962543
备案日期:2014-11-15

国械备 20140265 号

产品名称:琼斯亮绿染色液(ArtisanTM Jones' Basement Membrane Stain Kit)
规格型号:50 测试/盒，100 测试/盒
性能组成:1%过碘酸，0.5%银强化剂，3%乌洛托品硼酸，1%硝酸银，0.2%氯化金，5% 硫代硫酸钠，核固红。
适用范围:用于定性组织学染色，鉴别毛细血管基底膜。
备 案 人:美国 Dako North America, Inc.
生产地址:6392 Via Real Carpinteria, CA 93013
代 理 人:丹科医疗器械技术服务(上海)有限公司
代理地址:上海市黄浦区南京西路 338 号 1207-1208 室(邮寄地址：北京市朝阳区望京北路 3 号)
代理电话:13910962543
备案日期:2014-11-15

国械备 20140266 号

产品名称:过碘酸雪夫染色液(ArtisanTM Alpha Amylase)
规格型号:50 测试/盒，100 测试/盒
性能组成:α-淀粉酶
适用范围:用于组织细胞学染色从而定性检测组织切片中的糖原、粘多糖。
备 案 人:美国 Dako North America, Inc.
代 理 人:丹科医疗器械技术服务(上海)有限公司
代理地址:上海市黄浦区南京西路 338 号 1207-1208 室(邮寄地址：北京市朝阳区望京北路 3 号)
代理电话:13910962543
备案日期:2014-11-17

国械备 20140267 号

产品名称:人体定位袋(Head Holder)
规格型号:8002046；8002048 ；8002049.

性能组成:放疗中的固定袋，头颅固定架，体部固定架，各类托架、托板，聚氨酯定型头枕，可塑固定面膜等都属于放疗定位设备。
适用范围:用于放疗患者的体位固定。
备 案 人:美国 QFix
生产地址:440 Church Road Avondale, PA 19311
代 理 人:北京华光普泰科贸有限公司
代理地址:北京市丰台区西四环南路 46 号国润商务大厦 A 座 2505 室
代理电话:010-83659534-832
备案日期:2014-11-17

国械备 20140268 号

产品名称:高速冷冻离心机(High Performance Centrifuge)
规格型号:Avanti JXN-26
性能组成:由控制系统、离心腔、驱动系统、转子、制冷系统（为冷冻型医用离心机）及安全保护装置等组成。
适用范围:用于病理分析前人体样本的分离。
备 案 人:美国 Beckman Coulter, Inc.
生产地址:5355 West 76th Street, Indianapolis, IN 46268, USA
代 理 人:贝克曼库尔特商贸（中国）有限公司
代理地址:上海市浦东新区福山路 500 号 1201-1206、1208-1210 室
代理电话:010-65213068
备案日期:2014-11-17

国械备 20140269 号

产品名称:医用离心机(Centrifuge)
规格型号:Allegra X-12
性能组成:由控制系统、离心腔、驱动系统、转子及安全保护装置等组成。
适用范围:用于病理分析前人体样本的分离。
备 案 人:美国 Beckman Coulter, Inc.
生产地址:5355 West 76th Street, Indianapolis, IN 46268, USA
代 理 人:贝克曼库尔特商贸（中国）有限公司
代理地址:上海市浦东新区福山路 500 号 1201-1206、1208-1210 室
代理电话:010-65213068
备案日期:2014-11-17

国械备 20140270 号

产品名称:持棒钳(Rod Holder)
规格型号:11000619　11000620
性能组成:由钳柄、钳头、鳃轴螺钉构成，钳柄之间设置锁合装置。可重复使用。
适用范围:持棒钳适用于骨科手术中夹持并固定植入物，或夹持器械。
备 案 人:法国 SYNIMED s.àr.l.
生产地址:Z.A. de l' Angle 19370 - CHAMBERET
代 理 人:上海朗迈医疗器械科技有限公司
代理地址:上海市松江区大江路 198 号 4 幢底层
代理电话:021-67657130
备案日期:2014-11-17

国械备 20140271 号

产品名称:环形牵开器(Bookwalter Retractor)
规格型号:见附页
性能组成:由叶片、拉钩、支撑杆、支架、齿条组成。由不锈钢材料或钛合金材料制成。可重复使用。
适用范围:用于腹部手术时，牵开手术切口，暴露手术视野。
备 案 人:美国 Symmetry Surgical A Div of Symmetry Medical
生产地址:3034 Owen Dr, Antioch, TN 37013
代 理 人:北京浩川志业经贸有限责任公司
代理地址:北京市西城区南滨河路 27 号 7 号楼 17 层 1705 室
代理电话:010-66002603-220, 18612943707
备案日期:2014-11-18

国械备 20140272 号

产品名称:核酸提取或纯化试剂(CytoScan® Dx Assay)
规格型号:96 人份/盒
性能组成:见附件
适用范围:用于核酸的提取、富集、纯化等步骤。其处理后的产物用于临床体外检测使用。
备 案 人:美国 Affymetrix. Inc
生产地址:7 Gul Circle, #2m-01/08 Keppel Logistic Building Jurong West, SINGAPORE 629563
代 理 人:昂飞申科贸易（上海）有限公司
代理地址:上海市黄浦区淮海中路 381 号第 7 层第 701(701-12&739-41)室
代理电话:021-63915511-800
备案日期:2014-11-18

国械备 20140273 号

产品名称:清洗液(cobas® TaqScreen Wash Reagent)
规格型号:5.1L
性能组成:二羟柠檬酸钠，0.1%对羟基苯甲酸甲酯防腐剂。
适用范围:用于检测过程中反应体系的清洗，以便于对待测物质进行体外检测，不包含单独用于仪器清洗的清洗液。
备 案 人:美国 Roche Molecular Systems, Inc.
生产地址:1080 US Highway 202 South Branchburg, NJ 08876, USA
代 理 人:罗氏诊断产品（上海）有限公司
代理地址:中国（上海）自由贸易试验区希雅路 330 号 7 号厂房第二层 I 部位
代理电话:010-85154060, 13311491802
备案日期:2014-11-18

国械备 20140274 号

产品名称:医用射线防护屏 (Cabine Radioprotection) (Radiation Protective Cabin)
规格型号:Cathpax AF Adjustable、Cathpax AF Chair、Cathpax AF Short Foot、Cathpax AF Telescopic
性能组成:其应用材料透明部分是铅玻璃或铅有机玻璃，不透明部分是内铅板外包不锈钢板组合而成。
适用范围:用于医用射线的防护。
备 案 人:法国 LEMER PAX
生产地址:3, RUE DE L' EUROPE ZI FR-44477 CARQUEFOU CEDEX
代 理 人:上海双普生物科技有限公司
代理地址:上海市闵行区光华路 2118 号 3 幢一层 B176 室
代理电话:021-64312936
备案日期:2014-11-19

国械备 20140275 号

产品名称:咬骨钳(Rongeur)
规格型号:见附件
性能组成:由钳柄、钳头、弹簧片和鳃轴螺钉组成，型式为单关节和双关节。其中单关节咬骨钳钳头为直型，双关节咬骨钳钳头有直型、角(前)弯型。头部采用不锈钢材料制成。可重复使用。
适用范围:用于咬除死骨或软组织息肉或修整骨残端。
备 案 人:德国德国郝仕尔手术器械有限公司 Max Hauser Süddeutsche Chirurgie-Mechanik GmbH
生产地址:Fohrenstraβe 33, 78532 Tuttlingen Germany
代 理 人:郝仕尔南德手术器械(太仓)有限公司
代理地址:太仓经济开发区苏州路南
代理电话:0512-82708892
备案日期:2014-11-20

国械备 20140276 号

产品名称:固定针(kirschner wire)
规格型号:292.120、492.120、02.111.304.01、02.111.304.10、02.111.902.01、02.111.902.10、02.108.295
性能组成:通常由头部、针体和尾部组成，可分为螺纹型和光杆型两种型式。一般由不锈钢材料或钛合金材料制成。可重复使用。
适用范围:用于在骨折手术过程中牵引、导引或固定。
备 案 人:瑞士 Synthes GmbH
生产地址:Eimattstrasse 3, 4436 Oberdorf, Switzerland; Bohnackerweg 5, 2545 Selzach, Switzerland; Hauptstrasse 24, 4437 Waldenburg, Switzerland; Luzernstrasse 19-21, 4528 Zuchwil,

Switzerland; Solothurnstrasse 186, 2540 Grenchen, Switzerland; Muracherstrasse 3, 2544 Bettlach, Switzerland; Im Bifang 6, 4614 Hagendorf, Switzerland; Zona Industriale 4, 6805 Mezzovico, Switzerland; Stabile Morina, 6805 Mezzovico, Switzerland; Kanalstrasse West 30, 3942 Raron, Switzerland; Dornacherstrasse 20, 4710 Balsthal, Switzerland; Im Kirchenhürstle 4-6, 79224 Umkirchb.Freiburg, Germany; Karolingerstrasse 16, 5020Salzburg, Austria; 108 Willowbrook Lane, WestChester, PA 19382, USA; 1302 Wrights Lane East, West Chester, PA 19380, USA; 1303 Goshen Parkway, West Chester, PA 19380, USA; 1301 Goshen Parkway, West Chester, PA 19380, USA; 1230 Wilson Drive, West Chester, PA 19380, USA; 1690 Russell Road, Paoli, PA 19301, USA; 1051 Synthes Avenue, Monument, CO 80132, USA; 35 Airport Road, Horseheads, NY 14845, USA。

代 理 人:强生(上海)医疗器材有限公司

代理地址:上海市外高桥保税区富特西一路 439 号第一、二、三层 C 部位

代理电话:18693251345

备案日期:2014-11-20

国械备 20140277 号

产品名称:染色机(Fully Automated IHC and ISH Staining System)

规格型号:BOND-MAX (21.0051, 49.0001, 49.0051)

性能组成:本产品由样品转移系统与染色系统等组成。

适用范围:本产品用于病理分析前细胞、体液和血液组分的染色。

备 案 人:澳大利亚 Leica Biosystems Melbourne Pty Ltd

生产地址:495 Blackburn Road Mt Waverley Victoria 3149 Australia

代 理 人:徕卡显微系统(上海)贸易有限公司

代理地址:上海市外高桥保税区富特北路 127 号 3 楼 C 部位

代理电话:010-68492698-167

备案日期:2014-11-24

国械备 20140278 号

产品名称:大容量冷冻离心机(Centrifuge)

规格型号: Sorvall RC 12BP+, Heraeus Cryofuge 6000i, Heraeus Cryofuge 5500i, Heraeus Multifuge 4KR

性能组成:通常由控制系统、离心腔、驱动系统、转子、制冷系统及安全保护装置等组成。

适用范围:用于病理分析前人体样本的分离。

备 案 人:德国 Thermo Electron LED GmbH Zweigniederlassung Osterode

生产地址: Am Kalkberg, 37520 Osterode am Harz, Germany

代 理 人:赛默飞世尔(上海)仪器有限公司

代理地址:上海市浦东新区金桥出口加工区秦桥路 211 号 T71-6 幢第一、二层东侧

代理电话:13401091216

备案日期:2014-11-27

国械备 20140279 号

产品名称:种植用手术导板(Polymer Guide)

规格型号:见附页

性能组成:导向定位器,在牙科种植手术中辅助安装工作的器械。

适用范围:牙科种植手术中辅助安装种植体。

备 案 人:韩国 Genoss Co., Ltd.

生产地址:1F, Gyeonggi R&DB Center/ 226, 2F, GSBC, 105 Gwanggyo-ro, Yeongtong-gu, Suwon-si, Gyeonggi-do, Korea

代 理 人:登腾(北京)医疗器械商贸有限公司

代理地址:北京市朝阳区望京西路甲 50 号 1 号楼 10 层 1-12 内 1006 单元

代理电话:010-84763006

备案日期:2014-11-27

国械备 20140280 号

产品名称:药敏接种培养液(YeastOneTM Broth)

规格型号:11ml/支, 10 支/盒

性能组成:RPMI 1640 培养基: 10g; MOPS: 35g; 添加剂 YO: 13g; 水: 1L。

适用范围:该产品与全自动微生物分析系统一同使用,用于药物敏感性检测。

备 案 人:美国 Remel, Inc

生产地址:12076 Santa Fe Trail Drive Building 1, Lenexa, Kansas 66215, USA

代 理 人:赛默飞世尔(上海)仪器有限公司

代理地址:上海市浦东新区金桥出口加工区秦桥路 211 号 T71-6 幢第一、二层东侧

代理电话:13501051710、84193588-3706

备案日期:2014-11-27

国械备 20140281 号

产品名称:软轴牵开器(BUDDETM Halo Retractor)

规格型号:A1040、A1040A、A1067、A1096

性能组成:手动操作、自锁式手术器械。用于暂时性分离组织,暴露术中接近的内部组织。可重复使用。不得接触椎间隙。

适用范围:用于神经外科手术时牵拉软组织,暴露手术视野。

备 案 人:美国 Integra LifeSciences Corporation

生产地址:4900 Charlemar Dr. Building A, Cincinnati, OH 45227 USA

代 理 人:因络嘉(上海)营销咨询有限公司

代理地址:上海市黄浦区南京西路 288 号 1226 室

代理电话:021-61357201

备案日期:2014-12-04

国械备 20140283 号

产品名称:脑压板(Retractor Blades)

性能组成:有直形、弯形、单头、匙形等多种形式。手术中脑压板以软轴牵开器固定。可重复使用。

适用范围:用于牵压或保护脑膜。

备 案 人:美国 Integra LifeSciences Corporation

生产地址:4900 Charlemar Dr. Building A, Cincinnati, OH 45227 USA

代 理 人:因络嘉(上海)营销咨询有限公司

代理地址:上海市黄浦区南京西路 288 号 1226 室

代理电话:021-61357201

备案日期:2014-12-04

国械备 20140285 号

产品名称:螺丝起(Screwdriver)

规格型号:见附件

性能组成:螺丝起,用于牙科种植体安装过程的工具。可重复使用。

适用范围:用于种植体植入后,安装基台、牙冠,取模等。

备 案 人:瑞典 Nobel Biocare AB

生产地址: Dimbovagen 2 SE-691 51 Karlskoga Sweden; 22715 Savi Ranch Parkway, Yorba Linda, California, 92887, USA; Engvej 33, 3330 Gorlose, Denmark.

代 理 人:诺保科商贸(上海)有限公司

代理地址:上海市长宁区新华路 664 号 2 号楼第 6 层 601 室、第 7 层 701 室

代理电话:021-52066655

备案日期:2014-12-04

国械备 20140286 号

产品名称:细胞保存液(Fixative Solution IOTest (R) 3 10× Concentrate)

规格型号:100 测试; 10mL

性能组成:甲醛

适用范围:用于保存、运输取自人体的细胞,仅用于体外分析检测目的,不用于治疗性用途。

备 案 人:法国 Immunotech S.A.S a Beckman Coulter Company

生产地址:130 Avenue de Lattre de Tassigny BP 177, 13276 Marseille Cedex 9 France

代 理 人:贝克曼库尔特商贸(中国)有限公司

代理地址:上海市浦东新区福山路 500 号 1201-1206、1208-1210 室

代理电话:010-65213032

备案日期:2014-12-04

国械备 20140287 号

产品名称:脊柱牵开器(Lumbar Retractor Set Super Slide)
规格型号:Super Slide Retractor
性能组成:手动操作、自锁式手术器械，有钩状刀片。由不锈钢材料制成。可重复使用。
适用范围:用于显露手术视野，使手术易于进行，并保护组织，避免意外损伤。
备 案 人:美国 KOROS USA, INC.
生产地址:610 Flinn Ave Moorpark, CA 93021
代 理 人:北京信然宜诚医疗科技有限公司
代理地址:北京市西城区广安门内大街 6 号 1-1202
代理电话:010-63512286
备案日期:2014-12-05

国械备 20140288 号

产品名称:颈椎组织牵开器(Cervical Retractor System Black Belt)
规格型号:Black Belt Retractor
性能组成:手动操作、自锁式手术器械，有钩状刀片。由不锈钢材料制成。可重复使用。
适用范围:用于显露手术视野，使手术易于进行，并保护组织，避免意外损伤。
备 案 人:美国 KOROS USA, INC.
代 理 人:北京信然宜诚医疗科技有限公司
代理地址:北京市西城区广安门内大街 6 号 1-1202
代理电话:010-63512286
备案日期:2014-12-05

国械备 20140289 号

产品名称:压力绷带(Coban 2)
规格型号:2094
性能组成:间接作用于创面，捆绑到病人某个部位。
适用范围:该产品可用于加压包扎。
备 案 人:德国 3M Deutschland GmbH
生产地址:Edisonstrasse 6, D-59157 Kamen
代 理 人:明尼苏达矿业制造（上海）国际贸易有限公司
代理地址:中国(上海)自由贸易试验区英伦路 858 号
代理电话:13121985092
备案日期:2014-12-05

国械备 20140291 号

产品名称:膝关节手术器械(Knee Instruments)
规格型号:见附件
性能组成:本器械包括截骨刀、骨科用螺丝刀、导钻、骨科钻头、持骨钳、骨凿、骨锉、骨探针、骨测量器、膝关节伸直间隙评估垫片、试模、骨科钻孔瞄准器、打入器、拔出器和开路器组成。可重复使用。截骨刀由刀片和手柄组成，远端有坚硬、锋利、单刃配置的切割刀片，手柄位于其近端。由不锈钢制成；骨科用螺丝刀由头部和手柄组成，头部通常有薄楔形、六方形、梅花形等形状。头部由不锈钢材料制成；导钻由手柄和导套组成，有双头或单头结构。由不锈钢材料制成；骨科钻头由头部和手柄组成，远端头部有锥形尖端，近端有 T 形手柄。头部由不锈钢材料制成，手柄由不锈钢或合成材料制成；持骨钳由钳柄、钳头、鳃轴螺钉构成，钳头内表面多设有齿，钳柄之间可设置锁合装置。由不锈钢材料制成；骨凿为切削器具，由柄部和刀头组成，刀头是斜面锋利刃口。由不锈钢材料制成，或刀片为金属材料、手柄采用合成材料；骨锉由锉身和手柄组成，用于锉平骨的断端，有扁平和弯曲等型式。锉身由不锈钢材料制成；骨探针由头部和柄部组成，有直型、弯型和角弯型。由不锈钢材料制成；骨测量器、膝关节伸直间隙评估垫片、试模、骨科钻孔瞄准器、打入器、开路器和拔出器为骨科手术配套基础工具，由不锈钢材料或高分子材料制成。
适用范围:截骨刀主要用于切除、截断骨；骨科用螺丝刀用于骨科手术时旋入或旋出螺钉；导钻用于钻头或丝锥导向定位；骨科钻头用于钻孔、攻螺纹；持骨钳用于骨科手术中夹持并固定骨骼、植入物，或夹持器械；骨凿用于骨科手术时修整骨骼、取骨和凿骨；骨锉用于骨科手术时手术锉削骨骼、锉平骨断端；骨探针用于骨科手术中探测方向和深度；骨测量器、膝关节伸直间隙评估垫片和试模用于骨科手术时测量直径、深度、孔径、角度、弧度等；骨科钻孔瞄准器用于定位、导向和组织保护；打入器和拔出器用于将植入物或骨植入体内或者从体内取出；开路器用于骨科手术时打孔、钻孔、扩孔。
备 案 人:美国 Smith & Nephew, Inc.
生产地址:1450 Brooks Road Memphis Tennessee 38116 USA; 2 Lengkok Teluk Kumbar 1 Jalan Teluk Kumbar 11920 Bayan Lepas, Penang Malaysia
代 理 人:施乐辉医用产品国际贸易(上海)有限公司
代理地址:中国（上海）自由贸易试验区奥纳路 188 号通用厂房楼第四层 B 部分
代理电话:010-64198387
备案日期:2014-12-09

国械备 20140292 号

产品名称:液基薄层细胞制片机(ThinPrep 2000 Processor)
规格型号:ThinPrep 2000
性能组成:由搅拌，细胞吸附，细胞转移，细胞过滤装置组成。
适用范围:用于病理分析前对人体细胞标本的制片。
备 案 人:美国 Hologic, Inc.
生产地址:250 Campus Drive, Marlborough, Massachusetts, 01752, USA
代 理 人:豪洛捷医疗科技（北京）有限公司
代理地址:北京市海淀区海淀南路 19 号时代网络大厦 4007 室
代理电话:010-62290000
备案日期:2014-12-09

国械备 20140293 号

产品名称:清洗液(BondTM Dewax Solution)
规格型号:1L
性能组成:本产品由异烷烃（C11-C13, ISO-）及<2%的芳烃组成。
适用范围:用于检测过程中反应体系的清洗，以便于对待测物质进行体外检测，不包含单独用于仪器清洗的清洗液。
备 案 人:英国 Leica Biosystems Newcastle Ltd
生产地址:Balliol Business Park West Benton Lane Newcastle upon Tyne NE12 8EW United Kingdom
代 理 人:徕卡显微系统（上海）贸易有限公司
代理地址:上海市外高桥保税区富特北路 127 号 3 楼 C 部位
代理电话:010-68492698-167
备案日期:2014-12-09

国械备 20140294 号

产品名称:丝攻(Tap)
性能组成:由刃部和柄部组成，刃部由不锈钢材料制成，柄部由不锈钢材料制成。可重复使用。
适用范围:用于骨科手术时在骨骼上攻螺纹孔。
备 案 人:美国 STRYKER SPINE, INC
生产地址:ZI Marticot 33610 Cestas, France
代 理 人:史赛克(北京)医疗器械有限公司
代理地址:北京市东城区王府井大街 138 号新东安市场办公写字楼第二座 9 层 917 室
代理电话:010-85209157、13810813580
备案日期:2014-12-10

国械备 20140295 号

产品名称:头灯(Headlight)
性能组成:由灯头、头箍、电池、电源盒和充电器组成。(LED 光源除外)。
适用范围:用于除眼科外的医疗领域，戴在操作者头上，为临床检查提供照明。
备 案 人:美国 QED, INC.
生产地址:750 Enterprise Dr. Lexington, KY 40510
代 理 人:上海尚隆医疗器械有限公司
代理地址:上海市金山区吕巷镇金张公路 2528 号 306 室
代理电话:021-54258350
备案日期:2014-12-11

国械备 20140299 号

产品名称:种植用手术导板(Surgical Guide)
规格型号:见附件
性能组成:在牙科种植手术中辅助安装工作的器械。
适用范围:牙科种植手术中辅助安装种植体。
备 案 人:韩国 DIO Corporation
生产地址:66, Centum seo-ro, Haeundae-gu, Busan 612-020, REPUBLIC OF KOREA
代 理 人:北京迪斯艾科贸有限公司
代理地址:北京市朝阳区望京北路 18 号 4 层 403、404 室
代理电话:010-64391890
备案日期:2014-12-12

国械备 20140300 号

产品名称:组织染色机(Dako CoverStainer)
规格型号:Dako CoverStainer
性能组成:由样品转移系统与染色系统等组成。
适用范围:用于病理分析前细胞的染色。
备 案 人:丹麦 Dako Denmark A/S
生产地址:Am Kronberger Hang 3 65824 Schwalbach Germany
代 理 人:丹科医疗器械技术服务(上海)有限公司
代理地址:上海市黄浦区南京西路 338 号 1207-1208 室(邮寄地址:北京市朝阳区望京北路 3 号)
代理电话:13910962543
备案日期:2014-12-12

国械备 20140301 号

产品名称:免疫显色试剂(EnVisionTM FLEX, High pH(Dako Omnis)/EnVisionTM FLEX Mini Kit, High pH(Dako Omnis))
规格型号:600 测试/盒、150 测试/盒
性能组成:过氧化物酶阻断剂，辣根过氧化物酶，DAB 染色液，底物缓冲液，免疫组化抗原修复缓冲液。
适用范围:在免疫组化反应中与首要抗原抗体结合，通过染色，将靶点进行标记。
备 案 人:丹麦 Dako Denmark A/S
生产地址:Produktionsvej 42, DK-2600 Glostrup, Denmark
代 理 人:丹科医疗器械技术服务(上海)有限公司
代理地址:上海市黄浦区南京西路 338 号 1207-1208 室(邮寄地址:北京市朝阳区望京北路 3 号)
代理电话:13910962543
备案日期:2014-12-12

国械备 20140302 号

产品名称:填充块(Filling blocks)
规格型号:03.010.470
性能组成:骨科手术配套基础工具，通常由不锈钢材料、钛合金或高分子材料制成。可重复使用。
适用范围:用于骨科手术时测量直径、深度、孔径、角度、弧度等。
备 案 人:瑞士 Synthes GmbH
生 产 地 址:Eimattstrasse 3, 4436 Oberdorf, Switzerland; Bohnackerweg 5, 2545 Selzach, Switzerland; Hauptstrasse 24, 4437 Waldenburg, Switzerland; Luzernstrasse 19-21, 4528 Zuchwil, Switzerland; Solothurnstrasse 186, 2540 Grenchen, Switzerland; Muracherstrasse 3, 2544 Bettlach, Switzerland; Im Bifang 6, 4614 Hagendorf, Switzerland; Zona Industriale 4, 6805 Mezzovico, Switzerland; Stabile Morina, 6805 Mezzovico, Switzerland; Kanalstrasse West 30, 3942 Raron, Switzerland; Dornacherstrasse 20, 4710 Balsthal, Switzerland; Im Kirchenh ü rstle 4-6, 79224 Umkirchb.Freiburg, Germany; Karolingerstrasse 16, 5020Salzburg, Austria; 108 Willowbrook Lane, WestChester, PA 19382, USA; 1302 Wrights Lane East, West Chester, PA 19380, USA; 1303 Goshen Parkway, West Chester, PA 19380, USA; 1301 Goshen Parkway, West Chester, PA 19380, USA; 1230 Wilson Drive, West Chester, PA 19380, USA; 1690 Russell Road, Paoli, PA 19301, USA; 1051 Synthes Avenue, Monument, CO 80132, USA; 35 Airport Road, Horseheads, NY 14845, USA.
代 理 人:强生(上海)医疗器材有限公司
代理地址:上海市外高桥保税区富特西一路 439 号第一、二、三层 C 部位
代理电话:18693251345
备案日期:2014-12-15

国械备 20140303 号

产品名称:骨导引针(Bong traction wires)
规格型号:292.620、310.243、356.205、357.392、357.399、02.111.500、02.111.501、357.129、324.174、324.175
性能组成:通常由头部、针体和尾部组成，可分为螺纹型和光杆型两种型式。一般由不锈钢材料或钛合金材料制成。可重复使用。
适用范围:用于在骨折手术过程中牵引、导引或固定。
备 案 人:瑞士 Synthes GmbH
生 产 地 址:Eimattstrasse 3, 4436 Oberdorf, Switzerland; Bohnackerweg 5, 2545 Selzach, Switzerland; Hauptstrasse 24, 4437 Waldenburg, Switzerland; Luzernstrasse 19-21, 4528 Zuchwil, Switzerland; Solothurnstrasse 186, 2540 Grenchen, Switzerland; Muracherstrasse 3, 2544 Bettlach, Switzerland; Im Bifang 6, 4614 Hagendorf, Switzerland; Zona Industriale 4, 6805 Mezzovico, Switzerland; Stabile Morina, 6805 Mezzovico, Switzerland; Kanalstrasse West 30, 3942 Raron, Switzerland; Dornacherstrasse 20, 4710 Balsthal, Switzerland; Im Kirchenh ü rstle 4-6, 79224 Umkirchb.Freiburg, Germany; Karolingerstrasse 16, 5020Salzburg, Austria; 108 Willowbrook Lane, WestChester, PA 19382, USA; 1302 Wrights Lane East, West Chester, PA 19380, USA; 1303 Goshen Parkway, West Chester, PA 19380, USA; 1301 Goshen Parkway, West Chester, PA 19380, USA; 1230 Wilson Drive, West Chester, PA 19380, USA; 1690 Russell Road, Paoli, PA 19301, USA; 1051 Synthes Avenue, Monument, CO 80132, USA; 35 Airport Road, Horseheads, NY 14845, USA.
代 理 人:强生(上海)医疗器材有限公司
代理地址:上海市外高桥保税区富特西一路 439 号第一、二、三层 C 部位
代理电话:18693251345
备案日期:2014-12-15

国械备 20140304 号

产品名称:取钉器(Extraction screws)
规格型号:357.133、03.224.005、03.224.006、03.224.008、03.010.411
性能组成:骨科手术配套基础工具，通常由不锈钢材料、钛合金或高分子材料制成。可重复使用。
适用范围:用于将植入物或骨植入体内或者从体内取出。
备 案 人:瑞士 Synthes GmbH
生 产 地 址:Eimattstrasse 3, 4436 Oberdorf, Switzerland; Bohnackerweg 5, 2545 Selzach, Switzerland; Hauptstrasse 24, 4437 Waldenburg, Switzerland; Luzernstrasse 19-21, 4528 Zuchwil, Switzerland; Solothurnstrasse 186, 2540 Grenchen, Switzerland; Muracherstrasse 3, 2544 Bettlach, Switzerland; Im Bifang 6, 4614 Hagendorf, Switzerland; Zona Industriale 4, 6805 Mezzovico, Switzerland; Stabile Morina, 6805 Mezzovico, Switzerland; Kanalstrasse West 30, 3942 Raron, Switzerland; Dornacherstrasse 20, 4710 Balsthal, Switzerland; Im Kirchenh ü rstle 4-6, 79224 Umkirchb.Freiburg, Germany; Karolingerstrasse 16, 5020Salzburg, Austria; 108 Willowbrook Lane, WestChester, PA 19382, USA; 1302 Wrights Lane East, West Chester, PA 19380, USA; 1303 Goshen Parkway, West Chester, PA 19380, USA; 1301 Goshen Parkway, West Chester, PA 19380, USA; 1230 Wilson Drive, West Chester, PA 19380, USA; 1690 Russell Road, Paoli, PA 19301, USA; 1051 Synthes Avenue, Monument, CO 80132, USA; 35 Airport Road, Horseheads, NY 14845, USA.
代 理 人:强生(上海)医疗器材有限公司
代理地址:上海市外高桥保税区富特西一路 439 号第一、二、三层 C 部位

代理电话:18693251345
备案日期:2014-12-15

国械备 20140305 号

产品名称:护套(Protective sleeves)
性能组成:骨科创伤手术配套工具。通常由不锈钢材料制成。可重复使用。
适用范围:用于骨折手术时，与其它手术器械配用辅助完成内固定器材安装。
备 案 人:瑞士 Synthes GmbH
生 产 地 址:Eimattstrasse 3, 4436 Oberdorf, Switzerland; Bohnackerweg 5, 2545 Selzach, Switzerland; Hauptstrasse 24, 4437 Waldenburg, Switzerland; Luzernstrasse 19-21, 4528 Zuchwil, Switzerland; Solothurnstrasse 186, 2540 Grenchen, Switzerland; Muracherstrasse 3, 2544 Bettlach, Switzerland; Im Bifang 6, 4614 Hagendorf, Switzerland; Zona Industriale 4, 6805 Mezzovico, Switzerland; Stabile Morina, 6805 Mezzovico, Switzerland; Kanalstrasse West 30, 3942 Raron, Switzerland; Dornacherstrasse 20, 4710 Balsthal, Switzerland; Im Kirchenh ü rstle 4-6, 79224 Umkirchb. Freiburg, Germany; Karolingerstrasse 16, 5020Salzburg, Austria; 108 Willowbrook Lane, WestChester, PA 19382, USA; 1302 Wrights Lane East, West Chester, PA 19380, USA; 1303 Goshen Parkway, West Chester, PA 19380, USA; 1301 Goshen Parkway, West Chester, PA 19380, USA; 1230 Wilson Drive, West Chester, PA 19380, USA; 1690 Russell Road, Paoli, PA 19301, USA; 1051 Synthes Avenue, Monument, CO 80132, USA; 35 Airport Road, Horseheads, NY 14845, USA.
代 理 人:强生(上海)医疗器材有限公司
代理地址:上海市外高桥保税区富特西一路 439 号第一、二、三层 C 部位
代理电话:18693251345
备案日期:2014-12-15

国械备 20140306 号

产品名称:骨探针(Bone probes)
规格型号:319.461、03.122.052
性能组成:通常由头部和柄部组成，有直型、弯型和角弯型。一般由不锈钢材料制成。可重复使用。
适用范围:用于骨科手术中探测方向和深度。
备 案 人:瑞士 Synthes GmbH
生 产 地 址:Eimattstrasse 3, 4436 Oberdorf, Switzerland; Bohnackerweg 5, 2545 Selzach, Switzerland; Hauptstrasse 24, 4437 Waldenburg, Switzerland; Luzernstrasse 19-21, 4528 Zuchwil, Switzerland; Solothurnstrasse 186, 2540 Grenchen, Switzerland; Muracherstrasse 3, 2544 Bettlach, Switzerland; Im Bifang 6, 4614 Hagendorf, Switzerland; Zona Industriale 4, 6805 Mezzovico, Switzerland; Stabile Morina, 6805 Mezzovico, Switzerland; Kanalstrasse West 30, 3942 Raron, Switzerland; Dornacherstrasse 20, 4710 Balsthal, Switzerland; Im Kirchenh ü rstle 4-6, 79224 Umkirchb. Freiburg, Germany; Karolingerstrasse 16, 5020Salzburg, Austria; 108 Willowbrook Lane, WestChester, PA 19382, USA; 1302 Wrights Lane East, West Chester, PA 19380, USA; 1303 Goshen Parkway, West Chester, PA 19380, USA; 1301 Goshen Parkway, West Chester, PA 19380, USA; 1230 Wilson Drive, West Chester, PA 19380, USA; 1690 Russell Road, Paoli, PA 19301, USA; 1051 Synthes Avenue, Monument, CO 80132, USA; 35 Airport Road, Horseheads, NY 14845, USA.
代 理 人:强生(上海)医疗器材有限公司
代理地址:上海市外高桥保税区富特西一路 439 号第一、二、三层 C 部位
代理电话:18693251345
备案日期:2014-12-15

国械备 20140307 号

产品名称:扳手(The Wrenches)
规格型号:324.305、324.306、324.308、329.040、329.050、329.020、03.120.029
性能组成:骨科手术配套基础工具，通常由不锈钢材料、钛合金或高分子材料制成。可重复使用。
适用范围:用于将植入物或骨植入体内或者从体内取出。
备 案 人:瑞士 Synthes GmbH
生 产 地 址:Eimattstrasse 3, 4436 Oberdorf, Switzerland; Bohnackerweg 5, 2545 Selzach, Switzerland; Hauptstrasse 24, 4437 Waldenburg, Switzerland; Luzernstrasse 19-21, 4528 Zuchwil, Switzerland; Solothurnstrasse 186, 2540 Grenchen, Switzerland; Muracherstrasse 3, 2544 Bettlach, Switzerland; Im Bifang 6, 4614 Hagendorf, Switzerland; Zona Industriale 4, 6805 Mezzovico, Switzerland; Stabile Morina, 6805 Mezzovico, Switzerland; Kanalstrasse West 30, 3942 Raron, Switzerland; Dornacherstrasse 20, 4710 Balsthal, Switzerland; Im Kirchenh ü rstle 4-6, 79224 Umkirchb. Freiburg, Germany; Karolingerstrasse 16, 5020Salzburg, Austria; 108 Willowbrook Lane, WestChester, PA 19382, USA; 1302 Wrights Lane East, West Chester, PA 19380, USA; 1303 Goshen Parkway, West Chester, PA 19380, USA; 1301 Goshen Parkway, West Chester, PA 19380, USA; 1230 Wilson Drive, West Chester, PA 19380, USA; 1690 Russell Road, Paoli, PA 19301, USA; 1051 Synthes Avenue, Monument, CO 80132, USA; 35 Airport Road, Horseheads, NY 14845, USA.
代 理 人:强生(上海)医疗器材有限公司
代理地址:上海市外高桥保税区富特西一路 439 号第一、二、三层 C 部位
代理电话:18693251345
备案日期:2014-12-15

国械备 20140308 号

产品名称:剪切钳(Plate cutters)
规格型号:391.951
性能组成:由手柄和钳口通过单或双连接轴连接组成，具有直型或弯曲手柄，有各种尺寸。通常由不锈钢材料或硬质合金制造。可重复使用。
适用范围:用于骨科手术时剪断、弯曲、结扎。
备 案 人:瑞士 Synthes GmbH
生 产 地 址:Eimattstrasse 3, 4436 Oberdorf, Switzerland; Bohnackerweg 5, 2545 Selzach, Switzerland; Hauptstrasse 24, 4437 Waldenburg, Switzerland; Luzernstrasse 19-21, 4528 Zuchwil, Switzerland; Solothurnstrasse 186, 2540 Grenchen, Switzerland; Muracherstrasse 3, 2544 Bettlach, Switzerland; Im Bifang 6, 4614 Hagendorf, Switzerland; Zona Industriale 4, 6805 Mezzovico, Switzerland; Stabile Morina, 6805 Mezzovico, Switzerland; Kanalstrasse West 30, 3942 Raron, Switzerland; Dornacherstrasse 20, 4710 Balsthal, Switzerland; Im Kirchenh ü rstle 4-6, 79224 Umkirchb. Freiburg, Germany; Karolingerstrasse 16, 5020Salzburg, Austria; 108 Willowbrook Lane, WestChester, PA 19382, USA; 1302 Wrights Lane East, West Chester, PA 19380, USA; 1303 Goshen Parkway, West Chester, PA 19380, USA; 1301 Goshen Parkway, West Chester, PA 19380, USA; 1230 Wilson Drive, West Chester, PA 19380, USA; 1690 Russell Road, Paoli, PA 19301, USA; 1051 Synthes Avenue, Monument, CO 80132, USA; 35 Airport Road, Horseheads, NY 14845, USA.
代 理 人:强生(上海)医疗器材有限公司
代理地址:上海市外高桥保税区富特西一路 439 号第一、二、三层 C 部位
代理电话:18693251345
备案日期:2014-12-15

国械备 20140309 号

产品名称:骨测量器(Sphenometers)
规格型号:03.010.021、356.590、03.019.001
性能组成:骨科手术配套基础工具，通常由不锈钢材料、钛合金或高分

子材料制成。可重复使用。
适用范围:用于骨科手术时测量直径、深度、孔径、角度、弧度等。
备 案 人:瑞士 Synthes GmbH
生 产 地 址:Eimattstrasse 3, 4436 Oberdorf, Switzerland; Bohnackerweg 5, 2545 Selzach, Switzerland; Hauptstrasse 24, 4437 Waldenburg, Switzerland; Luzernstrasse 19-21, 4528 Zuchwil, Switzerland; Solothurnstrasse 186, 2540 Grenchen, Switzerland; Muracherstrasse 3, 2544 Bettlach, Switzerland; Im Bifang 6, 4614 Hagendorf, Switzerland; Zona Industriale 4, 6805 Mezzovico, Switzerland; Stabile Morina, 6805 Mezzovico, Switzerland; Kanalstrasse West 30, 3942 Raron, Switzerland; Dornacherstrasse 20, 4710 Balsthal, Switzerland; Im Kirchenh ü rstle 4-6, 79224 Umkirchb.Freiburg, Germany; Karolingerstrasse 16, 5020Salzburg, Austria; 108 Willowbrook Lane, WestChester, PA 19382, USA; 1302 Wrights Lane East, West Chester, PA 19380, USA; 1303 Goshen Parkway, West Chester, PA 19380, USA; 1301 Goshen Parkway, West Chester, PA 19380, USA; 1230 Wilson Drive, West Chester, PA 19380, USA; 1690 Russell Road, Paoli, PA 19301, USA; 1051 Synthes Avenue, Monument, CO 80132, USA; 35 Airport Road, Horseheads, NY 14845, USA.
代 理 人:强生(上海)医疗器材有限公司
代理地址:上海市外高桥保税区富特西一路 439 号第一、二、三层 C 部位
代理电话:18693251345
备案日期:2014-12-15

国械备 20140310 号

产品名称:丝攻(Screw taps)
规格型号:311.682、03.226.040
性能组成:通常由刃部和柄部组成，刃部一般由不锈钢材料制成，柄部可由不锈钢、铝材等材料制成。可重复使用。
适用范围:用于骨科手术时在骨骼上攻螺纹孔。
备 案 人:瑞士 Synthes GmbH
生 产 地 址:Eimattstrasse 3, 4436 Oberdorf, Switzerland; Bohnackerweg 5, 2545 Selzach, Switzerland; Hauptstrasse 24, 4437 Waldenburg, Switzerland; Luzernstrasse 19-21, 4528 Zuchwil, Switzerland; Solothurnstrasse 186, 2540 Grenchen, Switzerland; Muracherstrasse 3, 2544 Bettlach, Switzerland; Im Bifang 6, 4614 Hagendorf, Switzerland; Zona Industriale 4, 6805 Mezzovico, Switzerland; Stabile Morina, 6805 Mezzovico, Switzerland; Kanalstrasse West 30, 3942 Raron, Switzerland; Dornacherstrasse 20, 4710 Balsthal, Switzerland; Im Kirchenh ü rstle 4-6, 79224 Umkirchb.Freiburg, Germany; Karolingerstrasse 16, 5020Salzburg, Austria; 108 Willowbrook Lane, WestChester, PA 19382, USA; 1302 Wrights Lane East, West Chester, PA 19380, USA; 1303 Goshen Parkway, West Chester, PA 19380, USA; 1301 Goshen Parkway, West Chester, PA 19380, USA; 1230 Wilson Drive, West Chester, PA 19380, USA; 1690 Russell Road, Paoli, PA 19301, USA; 1051 Synthes Avenue, Monument, CO 80132, USA; 35 Airport Road, Horseheads, NY 14845, USA.
代 理 人:强生(上海)医疗器材有限公司
代理地址:上海市外高桥保税区富特西一路 439 号第一、二、三层 C 部位
代理电话:18693251345
备案日期:2014-12-15

国械备 20140311 号

产品名称:骨科复位钳(Orthopaedic reduction forceps)
规格型号:398.226、398.228、03.111.750、398.850、398.880、399.990、398.740、399.94
性能组成:通常由钳柄、钳头、鳃轴螺钉构成，钳头内表面多设有齿，钳柄之间可设置锁合装置。一般由不锈钢材料制成。可重复使用
适用范围:用于骨科手术中夹持并固定骨骼、植入物，或夹持器械。
备 案 人:瑞士 Synthes GmbH
生 产 地 址:Eimattstrasse 3, 4436 Oberdorf, Switzerland; Bohnackerweg 5, 2545 Selzach, Switzerland; Hauptstrasse 24, 4437 Waldenburg, Switzerland; Luzernstrasse 19-21, 4528 Zuchwil, Switzerland; Solothurnstrasse 186, 2540 Grenchen, Switzerland; Muracherstrasse 3, 2544 Bettlach, Switzerland; Im Bifang 6, 4614 Hagendorf, Switzerland; Zona Industriale 4, 6805 Mezzovico, Switzerland; Stabile Morina, 6805 Mezzovico, Switzerland; Kanalstrasse West 30, 3942 Raron, Switzerland; Dornacherstrasse 20, 4710 Balsthal, Switzerland; Im Kirchenh ü rstle 4-6, 79224 Umkirchb.Freiburg, Germany; Karolingerstrasse 16, 5020Salzburg, Austria; 108 Willowbrook Lane, WestChester, PA 19382, USA; 1302 Wrights Lane East, West Chester, PA 19380, USA; 1303 Goshen Parkway, West Chester, PA 19380, USA; 1301 Goshen Parkway, West Chester, PA 19380, USA; 1230 Wilson Drive, West Chester, PA 19380, USA; 1690 Russell Road, Paoli, PA 19301, USA; 1051 Synthes Avenue, Monument, CO 80132, USA; 35 Airport Road, Horseheads, NY 14845, USA.
代 理 人:强生(上海)医疗器材有限公司
代理地址:上海市外高桥保税区富特西一路 439 号第一、二、三层 C 部位
代理电话:18693251345
备案日期:2014-12-15

国械备 20140312 号

产品名称:骨定位针(Bone positioning wires)
规格型号:356.224、03.113.010、02.113.001
性能组成:通常由头部、针体和尾部组成，可分为螺纹型和光杆型两种型式。一般由不锈钢材料或钛合金材料制成。可重复使用。
适用范围:用于在骨折手术过程中牵引、导引或固定。
备 案 人:瑞士 Synthes GmbH
生 产 地 址:Eimattstrasse 3, 4436 Oberdorf, Switzerland; Bohnackerweg 5, 2545 Selzach, Switzerland; Hauptstrasse 24, 4437 Waldenburg, Switzerland; Luzernstrasse 19-21, 4528 Zuchwil, Switzerland; Solothurnstrasse 186, 2540 Grenchen, Switzerland; Muracherstrasse 3, 2544 Bettlach, Switzerland; Im Bifang 6, 4614 Hagendorf, Switzerland; Zona Industriale 4, 6805 Mezzovico, Switzerland; Stabile Morina, 6805 Mezzovico, Switzerland; Kanalstrasse West 30, 3942 Raron, Switzerland; Dornacherstrasse 20, 4710 Balsthal, Switzerland; Im Kirchenh ü rstle 4-6, 79224 Umkirchb.Freiburg, Germany; Karolingerstrasse 16, 5020Salzburg, Austria; 108 Willowbrook Lane, WestChester, PA 19382, USA; 1302 Wrights Lane East, West Chester, PA 19380, USA; 1303 Goshen Parkway, West Chester, PA 19380, USA; 1301 Goshen Parkway, West Chester, PA 19380, USA; 1230 Wilson Drive, West Chester, PA 19380, USA; 1690 Russell Road, Paoli, PA 19301, USA; 1051 Synthes Avenue, Monument, CO 80132, USA; 35 Airport Road, Horseheads, NY 14845, USA.
代 理 人:强生(上海)医疗器材有限公司
代理地址:上海市外高桥保税区富特西一路 439 号第一、二、三层 C 部位
代理电话:18693251345
备案日期:2014-12-15

国械备 20140313 号

产品名称:骨科定位片(Orthopedic positioning plates)
规格型号:03.111.905
性能组成:骨科手术配套基础工具，通常由不锈钢材料、钛合金或高分子材料制成。可重复使用。
适用范围:用于定位、导向和组织保护。
备 案 人:瑞士 Synthes GmbH
生 产 地 址:Eimattstrasse 3, 4436 Oberdorf, Switzerland; Bohnackerweg 5, 2545 Selzach, Switzerland; Hauptstrasse 24, 4437 Waldenburg, Switzerland; Luzernstrasse 19-21, 4528 Zuchwil, Switzerland; Solothurnstrasse 186, 2540 Grenchen, Switzerland;

Muracherstrasse 3, 2544 Bettlach, Switzerland; Im Bifang 6, 4614 Hagendorf, Switzerland; Zona Industriale 4, 6805 Mezzovico, Switzerland; Stabile Morina, 6805 Mezzovico, Switzerland; Kanalstrasse West 30, 3942 Raron, Switzerland; Dornacherstrasse 20, 4710 Balsthal, Switzerland; Im Kirchenh ü rstle 4-6, 79224 Umkirchb.Freiburg, Germany; Karolingerstrasse 16, 5020Salzburg, Austria; 108 Willowbrook Lane, WestChester, PA 19382, USA; 1302 Wrights Lane East, West Chester, PA 19380, USA; 1303 Goshen Parkway, West Chester, PA 19380, USA; 1301 Goshen Parkway, West Chester, PA 19380, USA; 1230 Wilson Drive, West Chester, PA 19380, USA; 1690 Russell Road, Paoli, PA 19301, USA; 1051 Synthes Avenue, Monument, CO 80132, USA; 35 Airport Road, Horseheads, NY 14845, USA.
代 理 人:强生(上海)医疗器材有限公司
代理地址:上海市外高桥保税区富特西一路439号第一、二、三层C部位
代理电话:18693251345
备案日期:2014-12-15

国械备 20140314 号

产品名称:开路器(Cutters)
规格型号:03.010.008、03.010.511、329.151
性能组成:骨科手术配套基础工具,通常由不锈钢材料、钛合金或高分子材料制成。可重复使用。
适用范围:用于骨科手术时打孔、钻孔、扩孔。
备 案 人:瑞士 Synthes GmbH
生 产 地 址:Eimattstrasse 3, 4436 Oberdorf, Switzerland; Bohnackerweg 5, 2545 Selzach, Switzerland; Hauptstrasse 24, 4437 Waldenburg, Switzerland; Luzernstrasse 19-21, 4528 Zuchwil, Switzerland; Solothurnstrasse 186, 2540 Grenchen, Switzerland; Muracherstrasse 3, 2544 Bettlach, Switzerland; Im Bifang 6, 4614 Hagendorf, Switzerland; Zona Industriale 4, 6805 Mezzovico, Switzerland; Stabile Morina, 6805 Mezzovico, Switzerland; Kanalstrasse West 30, 3942 Raron, Switzerland; Dornacherstrasse 20, 4710 Balsthal, Switzerland; Im Kirchenh ü rstle 4-6, 79224 Umkirchb.Freiburg, Germany; Karolingerstrasse 16, 5020Salzburg, Austria; 108 Willowbrook Lane, WestChester, PA 19382, USA; 1302 Wrights Lane East, West Chester, PA 19380, USA; 1303 Goshen Parkway, West Chester, PA 19380, USA; 1301 Goshen Parkway, West Chester, PA 19380, USA; 1230 Wilson Drive, West Chester, PA 19380, USA; 1690 Russell Road, Paoli, PA 19301, USA; 1051 Synthes Avenue, Monument, CO 80132, USA; 35 Airport Road, Horseheads, NY 14845, USA.
代 理 人:强生(上海)医疗器材有限公司
代理地址:上海市外高桥保税区富特西一路439号第一、二、三层C部位
代理电话:18693251345
备案日期:2014-12-15

国械备 20140315 号

产品名称:缓冲液(Dade PFA Trigger Solution)
规格型号:3 × 11 mL
性能组成:等渗的生理盐水(0.9%)。
适用范围:用于提供/维持反应环境。
备 案 人:德国 Siemens Healthcare Diagnostics Products GmbH
生产地址:Emil-von-Behring-Str.76, 35041 Marburg, Germany
代 理 人:西门子医学诊断产品(上海)有限公司
代理地址:中国(上海)自由贸易试验区加太路78号第一幢第一层Q1部位
代理电话:010-64764297
备案日期:2014-12-15

国械备 20140316 号

产品名称:骨牵引针(Bone traction wires)
规格型号:03.122.059
性能组成:通常由头部、针体和尾部组成,可分为螺纹型和光杆型两种型式。一般由不锈钢材料或钛合金材料制成。可重复使用。
适用范围:用于在骨折手术过程中牵引、导引或固定。
备 案 人:瑞士 Synthes GmbH
生 产 地 址:Eimattstrasse 3, 4436 Oberdorf, Switzerland; Bohnackerweg 5, 2545 Selzach, Switzerland; Hauptstrasse 24, 4437 Waldenburg, Switzerland; Luzernstrasse 19-21, 4528 Zuchwil, Switzerland; Solothurnstrasse 186, 2540 Grenchen, Switzerland; Muracherstrasse 3, 2544 Bettlach, Switzerland; Im Bifang 6, 4614 Hagendorf, Switzerland; Zona Industriale 4, 6805 Mezzovico, Switzerland; Stabile Morina, 6805 Mezzovico, Switzerland; Kanalstrasse West 30, 3942 Raron, Switzerland; Dornacherstrasse 20, 4710 Balsthal, Switzerland; Im Kirchenh ü rstle 4-6, 79224 Umkirchb.Freiburg, Germany; Karolingerstrasse 16, 5020Salzburg, Austria; 108 Willowbrook Lane, WestChester, PA 19382, USA; 1302 Wrights Lane East, West Chester, PA 19380, USA; 1303 Goshen Parkway, West Chester, PA 19380, USA; 1301 Goshen Parkway, West Chester, PA 19380, USA; 1230 Wilson Drive, West Chester, PA 19380, USA; 1690 Russell Road, Paoli, PA 19301, USA; 1051 Synthes Avenue, Monument, CO 80132, USA; 35 Airport Road, Horseheads, NY 14845, USA.
代 理 人:强生(上海)医疗器材有限公司
代理地址:上海市外高桥保税区富特西一路439号第一、二、三层C部位
代理电话:18693251345
备案日期:2014-12-15

国械备 20140317 号

产品名称:下肢骨折整复器(Reduction apparatus for fracture of lower limbs)
规格型号:03.113.015、03.108.030、03.108.031、03.108.032、03.010.495
性能组成:骨科创伤手术配套工具。通常由不锈钢材料制成。可重复使用。
适用范围:用于股骨干、胫骨、骨盆骨折固定手术前的整复定位。
备 案 人:瑞士 Synthes GmbH
生 产 地 址:Eimattstrasse 3, 4436 Oberdorf, Switzerland; Bohnackerweg 5, 2545 Selzach, Switzerland; Hauptstrasse 24, 4437 Waldenburg, Switzerland; Luzernstrasse 19-21, 4528 Zuchwil, Switzerland; Solothurnstrasse 186, 2540 Grenchen, Switzerland; Muracherstrasse 3, 2544 Bettlach, Switzerland; Im Bifang 6, 4614 Hagendorf, Switzerland; Zona Industriale 4, 6805 Mezzovico, Switzerland; Stabile Morina, 6805 Mezzovico, Switzerland; Kanalstrasse West 30, 3942 Raron, Switzerland; Dornacherstrasse 20, 4710 Balsthal, Switzerland; Im Kirchenh ü rstle 4-6, 79224 Umkirchb.Freiburg, Germany; Karolingerstrasse 16, 5020Salzburg, Austria; 108 Willowbrook Lane, WestChester, PA 19382, USA; 1302 Wrights Lane East, West Chester, PA 19380, USA; 1303 Goshen Parkway, West Chester, PA 19380, USA; 1301 Goshen Parkway, West Chester, PA 19380, USA; 1230 Wilson Drive, West Chester, PA 19380, USA; 1690 Russell Road, Paoli, PA 19301, USA; 1051 Synthes Avenue, Monument, CO 80132, USA; 35 Airport Road, Horseheads, NY 14845, USA.
代 理 人:强生(上海)医疗器材有限公司
代理地址:上海市外高桥保税区富特西一路439号第一、二、三层C部位
代理电话:18693251345
备案日期:2014-12-15

国械备 20140319 号

产品名称:锁针加压器(Compression devices)
性能组成:骨科创伤手术配套工具。通常由不锈钢材料制成。可重复使用。

适用范围:用于骨折端加压与牵引达到理想的对位。
备 案 人:瑞士 Synthes GmbH
生 产 地 址:Eimattstrasse 3, 4436 Oberdorf, Switzerland; Bohnackerweg 5, 2545 Selzach, Switzerland; Hauptstrasse 24, 4437 Waldenburg, Switzerland; Luzernstrasse 19-21, 4528 Zuchwil, Switzerland; Solothurnstrasse 186, 2540 Grenchen, Switzerland; Muracherstrasse 3, 2544 Bettlach, Switzerland; Im Bifang 6, 4614 Hagendorf, Switzerland; Zona Industriale 4, 6805 Mezzovico, Switzerland; Stabile Morina, 6805 Mezzovico, Switzerland; Kanalstrasse West 30, 3942 Raron, Switzerland; Dornacherstrasse 20, 4710 Balsthal, Switzerland; Im Kirchenh ü rstle 4-6, 79224 Umkirchb. Freiburg, Germany; Karolingerstrasse 16, 5020Salzburg, Austria; 108 Willowbrook Lane, WestChester, PA 19382, USA; 1302 Wrights Lane East, West Chester, PA 19380, USA; 1303 Goshen Parkway, West Chester, PA 19380, USA; 1301 Goshen Parkway, West Chester, PA 19380, USA; 1230 Wilson Drive, West Chester, PA 19380, USA; 1690 Russell Road, Paoli, PA 19301, USA; 1051 Synthes Avenue, Monument, CO 80132, USA; 35 Airport Road, Horseheads, NY 14845, USA.
代 理 人:强生(上海)医疗器材有限公司
代理地址:上海市外高桥保税区富特西一路 439 号第一、二、三层 C 部位
代理电话:18693251345
备案日期:2014-12-15

国械备 20140320 号

产品名称:骨科用螺丝刀(Orthopedic screwdrivers)
性能组成:由头部和手柄组成，头部通常有薄楔形、六方形、梅花形等形状。头部一般由不锈钢材料制成。手柄一般由不锈钢、胶木、聚碳酸酯、钛合金或铝合金等材料制造。可重复使用。
适用范围:用于骨科手术时旋入或旋出螺钉。
备 案 人:瑞士 Synthes GmbH
生 产 地 址:Eimattstrasse 3, 4436 Oberdorf, Switzerland; Bohnackerweg 5, 2545 Selzach, Switzerland; Hauptstrasse 24, 4437 Waldenburg, Switzerland; Luzernstrasse 19-21, 4528 Zuchwil, Switzerland; Solothurnstrasse 186, 2540 Grenchen, Switzerland; Muracherstrasse 3, 2544 Bettlach, Switzerland; Im Bifang 6, 4614 Hagendorf, Switzerland; Zona Industriale 4, 6805 Mezzovico, Switzerland; Stabile Morina, 6805 Mezzovico, Switzerland; Kanalstrasse West 30, 3942 Raron, Switzerland; Dornacherstrasse 20, 4710 Balsthal, Switzerland; Im Kirchenh ü rstle 4-6, 79224 Umkirchb. Freiburg, Germany; Karolingerstrasse 16, 5020Salzburg, Austria; 108 Willowbrook Lane, WestChester, PA 19382, USA; 1302 Wrights Lane East, West Chester, PA 19380, USA; 1303 Goshen Parkway, West Chester, PA 19380, USA; 1301 Goshen Parkway, West Chester, PA 19380, USA; 1230 Wilson Drive, West Chester, PA 19380, USA; 1690 Russell Road, Paoli, PA 19301, USA; 1051 Synthes Avenue, Monument, CO 80132, USA; 35 Airport Road, Horseheads, NY 14845, USA.
代 理 人:强生(上海)医疗器材有限公司
代理地址:上海市外高桥保税区富特西一路 439 号第一、二、三层 C 部位
代理电话:18693251345
备案日期:2014-12-15

国械备 20140321 号

产品名称:测深器(Depth gauges)
性能组成:骨科手术配套基础工具，通常由不锈钢材料、钛合金或高分子材料制成。可重复使用。
适用范围:用于骨科手术时测量直径、深度、孔径、角度、弧度等。
备 案 人:瑞士 Synthes GmbH
生 产 地 址:Eimattstrasse 3, 4436 Oberdorf, Switzerland; Bohnackerweg 5, 2545 Selzach, Switzerland; Hauptstrasse 24, 4437 Waldenburg, Switzerland; Luzernstrasse 19-21, 4528 Zuchwil, Switzerland; Solothurnstrasse 186, 2540 Grenchen, Switzerland; Muracherstrasse 3, 2544 Bettlach, Switzerland; Im Bifang 6, 4614 Hagendorf, Switzerland; Zona Industriale 4, 6805 Mezzovico, Switzerland; Stabile Morina, 6805 Mezzovico, Switzerland; Kanalstrasse West 30, 3942 Raron, Switzerland; Dornacherstrasse 20, 4710 Balsthal, Switzerland; Im Kirchenh ü rstle 4-6, 79224 Umkirchb. Freiburg, Germany; Karolingerstrasse 16, 5020Salzburg, Austria; 108 Willowbrook Lane, WestChester, PA 19382, USA; 1302 Wrights Lane East, West Chester, PA 19380, USA; 1303 Goshen Parkway, West Chester, PA 19380, USA; 1301 Goshen Parkway, West Chester, PA 19380, USA; 1230 Wilson Drive, West Chester, PA 19380, USA; 1690 Russell Road, Paoli, PA 19301, USA; 1051 Synthes Avenue, Monument, CO 80132, USA; 35 Airport Road, Horseheads, NY 14845, USA.
代 理 人:强生(上海)医疗器材有限公司
代理地址:上海市外高桥保税区富特西一路 439 号第一、二、三层 C 部位
代理电话:18693251345
备案日期:2014-12-15

国械备 20140322 号

产品名称:打入器(Bone drivers)
性能组成:骨科手术配套基础工具，通常由不锈钢材料、钛合金或高分子材料制成。可重复使用。
适用范围:用于将植入物或骨植入体内或者从体内取出。
备 案 人:瑞士 Synthes GmbH
生 产 地 址:Eimattstrasse 3, 4436 Oberdorf, Switzerland; Bohnackerweg 5, 2545 Selzach, Switzerland; Hauptstrasse 24, 4437 Waldenburg, Switzerland; Luzernstrasse 19-21, 4528 Zuchwil, Switzerland; Solothurnstrasse 186, 2540 Grenchen, Switzerland; Muracherstrasse 3, 2544 Bettlach, Switzerland; Im Bifang 6, 4614 Hagendorf, Switzerland; Zona Industriale 4, 6805 Mezzovico, Switzerland; Stabile Morina, 6805 Mezzovico, Switzerland; Kanalstrasse West 30, 3942 Raron, Switzerland; Dornacherstrasse 20, 4710 Balsthal, Switzerland; Im Kirchenh ü rstle 4-6, 79224 Umkirchb. Freiburg, Germany; Karolingerstrasse 16, 5020Salzburg, Austria; 108 Willowbrook Lane, WestChester, PA 19382, USA; 1302 Wrights Lane East, West Chester, PA 19380, USA; 1303 Goshen Parkway, West Chester, PA 19380, USA; 1301 Goshen Parkway, West Chester, PA 19380, USA; 1230 Wilson Drive, West Chester, PA 19380, USA; 1690 Russell Road, Paoli, PA 19301, USA; 1051 Synthes Avenue, Monument, CO 80132, USA; 35 Airport Road, Horseheads, NY 14845, USA.
代 理 人:强生(上海)医疗器材有限公司
代理地址:上海市外高桥保税区富特西一路 439 号第一、二、三层 C 部位
代理电话:18693251345
备案日期:2014-12-15

国械备 20140323 号

产品名称:钢板弯曲钳(Bending pliers for plates)
规格型号:329.291
性能组成:由手柄和钳口通过单或双连接轴连接组成，具有直型或弯曲手柄，有各种尺寸。通常由不锈钢材料或硬质合金制造。可重复使用。
适用范围:用于骨科手术时剪断、弯曲、结扎。
备 案 人:瑞士 Synthes GmbH
生 产 地 址:Eimattstrasse 3, 4436 Oberdorf, Switzerland; Bohnackerweg 5, 2545 Selzach, Switzerland; Hauptstrasse 24, 4437 Waldenburg, Switzerland; Luzernstrasse 19-21, 4528 Zuchwil, Switzerland; Solothurnstrasse 186, 2540 Grenchen, Switzerland; Muracherstrasse 3, 2544 Bettlach, Switzerland; Im Bifang 6, 4614 Hagendorf, Switzerland; Zona Industriale 4, 6805 Mezzovico, Switzerland; Stabile Morina, 6805 Mezzovico, Switzerland; Kanalstrasse West 30, 3942 Raron, Switzerland;

Dornacherstrasse 20, 4710 Balsthal, Switzerland; Im Kirchenh ü rstle 4-6, 79224 Umkirchb. Freiburg, Germany; Karolingerstrasse 16, 5020Salzburg, Austria; 108 Willowbrook Lane, WestChester, PA 19382, USA; 1302 Wrights Lane East, West Chester, PA 19380, USA; 1303 Goshen Parkway, West Chester, PA 19380, USA; 1301 Goshen Parkway, West Chester, PA 19380, USA; 1230 Wilson Drive, West Chester, PA 19380, USA; 1690 Russell Road, Paoli, PA 19301, USA; 1051 Synthes Avenue, Monument, CO 80132, USA; 35 Airport Road, Horseheads, NY 14845, USA.

代 理 人:强生(上海)医疗器材有限公司

代理地址:上海市外高桥保税区富特西一路 439 号第一、二、三层 C 部位

代理电话:18693251345

备案日期:2014-12-15

国械备 20140324 号

产品名称:骨科钻头(Orthopedic drill bits)

性能组成:通常由头部和手柄组成,远端头部有锥形尖端,近端有 T 形手柄。头部一般由不锈钢材料制成,手柄一般由不锈钢、钛或合成材料(如特氟龙)制成。可重复使用。(不与有源器械联用)

适用范围:用于钻孔、攻螺纹。

备 案 人:瑞士 Synthes GmbH

生 产 地 址:Eimattstrasse 3, 4436 Oberdorf, Switzerland; Bohnackerweg 5, 2545 Selzach, Switzerland; Hauptstrasse 24, 4437 Waldenburg, Switzerland; Luzernstrasse 19-21, 4528 Zuchwil, Switzerland; Solothurnstrasse 186, 2540 Grenchen, Switzerland; Muracherstrasse 3, 2544 Bettlach, Switzerland; Im Bifang 6, 4614 Hagendorf, Switzerland; Zona Industriale 4, 6805 Mezzovico, Switzerland; Stabile Morina, 6805 Mezzovico, Switzerland; Kanalstrasse West 30, 3942 Raron, Switzerland; Dornacherstrasse 20, 4710 Balsthal, Switzerland; Im Kirchenh ü rstle 4-6, 79224 Umkirchb. Freiburg, Germany; Karolingerstrasse 16, 5020Salzburg, Austria; 108 Willowbrook Lane, WestChester, PA 19382, USA; 1302 Wrights Lane East, West Chester, PA 19380, USA; 1303 Goshen Parkway, West Chester, PA 19380, USA; 1301 Goshen Parkway, West Chester, PA 19380, USA; 1230 Wilson Drive, West Chester, PA 19380, USA; 1690 Russell Road, Paoli, PA 19301, USA; 1051 Synthes Avenue, Monument, CO 80132, USA; 35 Airport Road, Horseheads, NY 14845, USA.

代 理 人:强生(上海)医疗器材有限公司

代理地址:上海市外高桥保税区富特西一路 439 号第一、二、三层 C 部位

代理电话:18693251345

备案日期:2014-12-15

国械备 20140325 号

产品名称:快装手柄(Quick-release handles)

性能组成:骨科创伤手术配套工具。通常由不锈钢材料制成。可重复使用。

适用范围:用于骨折手术时,与其它手术器械配用辅助完成内固定器材安装。

备 案 人:瑞士 Synthes GmbH

生 产 地 址:Eimattstrasse 3, 4436 Oberdorf, Switzerland; Bohnackerweg 5, 2545 Selzach, Switzerland; Hauptstrasse 24, 4437 Waldenburg, Switzerland; Luzernstrasse 19-21, 4528 Zuchwil, Switzerland; Solothurnstrasse 186, 2540 Grenchen, Switzerland; Muracherstrasse 3, 2544 Bettlach, Switzerland; Im Bifang 6, 4614 Hagendorf, Switzerland; Zona Industriale 4, 6805 Mezzovico, Switzerland; Stabile Morina, 6805 Mezzovico, Switzerland; Kanalstrasse West 30, 3942 Raron, Switzerland; Dornacherstrasse 20, 4710 Balsthal, Switzerland; Im Kirchenh ü rstle 4-6, 79224 Umkirchb. Freiburg, Germany; Karolingerstrasse 16, 5020Salzburg, Austria; 108 Willowbrook Lane, WestChester, PA 19382, USA; 1302 Wrights Lane East, West Chester, PA 19380, USA; 1303 Goshen Parkway, West Chester, PA 19380, USA; 1301 Goshen Parkway, West Chester, PA 19380, USA; 1230 Wilson Drive, West Chester, PA 19380, USA; 1690 Russell Road, Paoli, PA 19301, USA; 1051 Synthes Avenue, Monument, CO 80132, USA; 35 Airport Road, Horseheads, NY 14845, USA.

代 理 人:强生(上海)医疗器材有限公司

代理地址:上海市外高桥保税区富特西一路 439 号第一、二、三层 C 部位

代理电话:18693251345

备案日期:2014-12-15

国械备 20140326 号

产品名称:持骨钳(Bone-holding forceps)

规格型号:398.820、398.830

性能组成:通常由钳柄、钳头、鳃轴螺钉构成,钳头内表面多设有齿,钳柄之间可设置锁合装置。一般由不锈钢材料制成。可重复使用。

适用范围:用于在骨折手术过程中夹持并固定骨骼、植入物,或夹持器械。

备 案 人:瑞士 Synthes GmbH

生 产 地 址:Eimattstrasse 3, 4436 Oberdorf, Switzerland; Bohnackerweg 5, 2545 Selzach, Switzerland; Hauptstrasse 24, 4437 Waldenburg, Switzerland; Luzernstrasse 19-21, 4528 Zuchwil, Switzerland; Solothurnstrasse 186, 2540 Grenchen, Switzerland; Muracherstrasse 3, 2544 Bettlach, Switzerland; Im Bifang 6, 4614 Hagendorf, Switzerland; Zona Industriale 4, 6805 Mezzovico, Switzerland; Stabile Morina, 6805 Mezzovico, Switzerland; Kanalstrasse West 30, 3942 Raron, Switzerland; Dornacherstrasse 20, 4710 Balsthal, Switzerland; Im Kirchenh ü rstle 4-6, 79224 Umkirchb. Freiburg, Germany; Karolingerstrasse 16, 5020Salzburg, Austria; 108 Willowbrook Lane, WestChester, PA 19382, USA; 1302 Wrights Lane East, West Chester, PA 19380, USA; 1303 Goshen Parkway, West Chester, PA 19380, USA; 1301 Goshen Parkway, West Chester, PA 19380, USA; 1230 Wilson Drive, West Chester, PA 19380, USA; 1690 Russell Road, Paoli, PA 19301, USA; 1051 Synthes Avenue, Monument, CO 80132, USA; 35 Airport Road, Horseheads, NY 14845, USA.

代 理 人:强生(上海)医疗器材有限公司

代理地址:上海市外高桥保税区富特西一路 439 号第一、二、三层 C 部位

代理电话:18693251345

备案日期:2014-12-15

国械备 20140327 号

产品名称:骨刮匙(Bone curettes)

规格型号:356.226、389.494

性能组成:通常由头部和柄部组成。在近端有手柄,远端为具锋利边缘的匙形凹尖,也可以是双端的。一般由不锈钢材料制成。可重复使用。

适用范围:用于刮除病灶、窦道内的瘢痕、肉芽组织,以及骨腔和潜在腔隙的死骨或病理组织等。

备 案 人:瑞士 Synthes GmbH

生 产 地 址:Eimattstrasse 3, 4436 Oberdorf, Switzerland; Bohnackerweg 5, 2545 Selzach, Switzerland; Hauptstrasse 24, 4437 Waldenburg, Switzerland; Luzernstrasse 19-21, 4528 Zuchwil, Switzerland; Solothurnstrasse 186, 2540 Grenchen, Switzerland; Muracherstrasse 3, 2544 Bettlach, Switzerland; Im Bifang 6, 4614 Hagendorf, Switzerland; Zona Industriale 4, 6805 Mezzovico, Switzerland; Stabile Morina, 6805 Mezzovico, Switzerland; Kanalstrasse West 30, 3942 Raron, Switzerland; Dornacherstrasse 20, 4710 Balsthal, Switzerland; Im Kirchenh ü rstle 4-6, 79224 Umkirchb. Freiburg, Germany; Karolingerstrasse 16, 5020Salzburg, Austria; 108 Willowbrook Lane, WestChester, PA 19382, USA; 1302 Wrights Lane East, West Chester, PA 19380, USA; 1303 Goshen Parkway, West Chester, PA 19380, USA; 1301 Goshen Parkway, West Chester, PA 19380,

USA; 1230 Wilson Drive, West Chester, PA 19380, USA; 1690 Russell Road, Paoli, PA 19301, USA; 1051 Synthes Avenue, Monument, CO 80132, USA; 35 Airport Road, Horseheads, NY 14845, USA.
代 理 人:强生(上海)医疗器材有限公司
代理地址:上海市外高桥保税区富特西一路 439 号第一、二、三层 C 部位
代理电话:18693251345
备案日期:2014-12-15

国械备 20140328 号

产品名称:骨科用撑开钳(Orthopedic spreader forceps)
规格型号:399.100、399.130、395.000
性能组成:手柄坚固,头部渐薄,其型式有直型和弯型,有多种尺寸,牵引刀片位于工作端,通过一个单或双枢轴动作,枢轴传递牵引所需的力。通常由不锈钢材料制成。可重复使用。
适用范围:用于骨科手术中撑开椎体、组织或植入物。
备 案 人:瑞士 Synthes GmbH
生 产 地 址:Eimattstrasse 3, 4436 Oberdorf, Switzerland; Bohnackerweg 5, 2545 Selzach, Switzerland; Hauptstrasse 24, 4437 Waldenburg, Switzerland; Luzernstrasse 19-21, 4528 Zuchwil, Switzerland; Solothurnstrasse 186, 2540 Grenchen, Switzerland; Muracherstrasse 3, 2544 Bettlach, Switzerland; Im Bifang 6, 4614 Hagendorf, Switzerland; Zona Industriale 4, 6805 Mezzovico, Switzerland; Stabile Morina, 6805 Mezzovico, Switzerland; Kanalstrasse West 30, 3942 Raron, Switzerland; Dornacherstrasse 20, 4710 Balsthal, Switzerland; Im Kirchenh ü rstle 4-6, 79224 Umkirchb.Freiburg, Germany; Karolingerstrasse 16, 5020Salzburg, Austria; 108 Willowbrook Lane, WestChester, PA 19382, USA; 1302 Wrights Lane East, West Chester, PA 19380, USA; 1303 Goshen Parkway, West Chester, PA 19380, USA; 1301 Goshen Parkway, West Chester, PA 19380, USA; 1230 Wilson Drive, West Chester, PA 19380, USA; 1690 Russell Road, Paoli, PA 19301, USA; 1051 Synthes Avenue, Monument, CO 80132, USA; 35 Airport Road, Horseheads, NY 14845, USA.
代 理 人:强生(上海)医疗器材有限公司
代理地址:上海市外高桥保税区富特西一路 439 号第一、二、三层 C 部位
代理电话:18693251345
备案日期:2014-12-15

国械备 20140329 号

产品名称:医用体位胶垫(Gel Positioning System)
性能组成:一次性使用病床或检查床上用的卫生护理用品。
适用范围:用于卧床病人保洁或预防褥疮。
备 案 人:韩国韩国科利尔维医疗科技股份公司 Clearview Healthcare Products, Inc.
生产地址:京畿道华城市麻道面锦唐里 191-4 #191-4, Keumdang-Ri, Mado-Myeon, Hwaseong-City, Gyeonggi-do, Korea
代 理 人:北京大星联合医疗器材有限公司
代理地址:北京市海淀区学清路 16 号学知轩 1806
代理电话:010-82755575
备案日期:2014-12-16

国械备 20140330 号

产品名称:分枝杆菌抗生素补充检测试剂盒(VersaTREK Myco PVNA)
规格型号:5×25 mL/盒
性能组成:多粘菌素 B,萘啶酸,两性霉素 B,万古霉素,增溶剂。
适用范围:与细菌分枝杆菌监测系统同时使用,以检测和分离非血液的无菌体液样本和消化、去污染的临床样品中的分枝杆菌。
备 案 人:美国 Remel, Inc.
生产地址:12076 Santa Fe Trail Drive Building 1, Lenexa, Kansas, 66215, USA
代 理 人:赛默飞世尔(上海)仪器有限公司
代理地址:上海市浦东新区金桥出口加工区秦桥路 211 号 T71-6 幢第一、二层东侧
代理电话:138-1129-2535, 010-84193588 转 3774
备案日期:2014-12-16

国械备 20140331 号

产品名称:分枝杆菌抗生素补充检测试剂盒(VersaTREK Myco AS)
规格型号:5×25 mL/盒
性能组成:试剂含多粘菌素 B (0.02%w/v),阿洛西林 (0.0075%w/v),磷霉素 (0.054%w/v),萘啶酸 (0.042%w/v),两性霉素 B (0.015%w/v),稳定剂 (1%w/v),填充剂 (7.7%w/v)。
适用范围:与细菌分枝杆菌监测系统同时使用,以检测和分离非血液的无菌体液样本和消化、去污染的临床样品中的分枝杆菌。
备 案 人:美国 Remel, Inc.
生产地址:12076 Santa Fe Trail Drive Building 1, Lenexa, Kansas, 66215, USA
代 理 人:赛默飞世尔(上海)仪器有限公司
代理地址:上海市浦东新区金桥出口加工区秦桥路 211 号 T71-6 幢第一、二层东侧
代理电话:138-1129-2535, 010-84193588 转 3774
备案日期:2014-12-16

国械备 20140339 号

产品名称:固定针(Fixation Wires)
规格型号:329.921、329.922、292.622
性能组成:通常由头部、针体和尾部组成,可分为螺纹型和光杆型两种型式。一般由不锈钢材料或钛合金材料制成。可重复使用。
适用范围:用于在骨折手术过程中牵引、导引或固定。
备 案 人:瑞士 Synthes GmbH
生 产 地 址:Eimattstrasse 3, 4436 Oberdorf, Switzerland; Bohnackerweg 5, 2545 Selzach, Switzerland; Hauptstrasse 24, 4437 Waldenburg, Switzerland; Luzernstrasse 19-21, 4528 Zuchwil, Switzerland; Solothurnstrasse 186, 2540 Grenchen, Switzerland; Muracherstrasse 3, 2544 Bettlach, Switzerland; Im Bifang 6, 4614 Hagendorf, Switzerland; Zona Industriale 4, 6805 Mezzovico, Switzerland; Stabile Morina, 6805 Mezzovico, Switzerland; Kanalstrasse West 30, 3942 Raron, Switzerland; Dornacherstrasse 20, 4710 Balsthal, Switzerland; Im Kirchenh ü rstle 4-6, 79224 Umkirchb.Freiburg, Germany; Karolingerstrasse 16, 5020Salzburg, Austria; 108 Willowbrook Lane, WestChester, PA 19382, USA; 1302 Wrights Lane East, West Chester, PA 19380, USA; 1303 Goshen Parkway, West Chester, PA 19380, USA; 1301 Goshen Parkway, West Chester, PA 19380, USA; 1230 Wilson Drive, West Chester, PA 19380, USA; 1690 Russell Road, Paoli, PA 19301, USA; 1051 Synthes Avenue, Monument, CO 80132, USA; 35 Airport Road, Horseheads, NY 14845, USA.
代 理 人:强生(上海)医疗器材有限公司
代理地址:上海市外高桥保税区富特西一路 439 号第一、二、三层 C 部位
代理电话:18693251345
备案日期:2014-12-17

国械备 20140341 号

产品名称:骨科钻孔瞄准器(Orthopedic drill aiming devices)
规格型号:见附件
性能组成:骨科手术配套基础工具,通常由不锈钢材料、钛合金或高分子材料制成。可重复使用。
适用范围:用于定位、导向和组织保护。
备 案 人:瑞士 Synthes GmbH
生 产 地 址:Eimattstrasse 3, 4436 Oberdorf, Switzerland; Bohnackerweg 5, 2545 Selzach, Switzerland; Hauptstrasse 24, 4437 Waldenburg, Switzerland; Luzernstrasse 19-21, 4528 Zuchwil, Switzerland; Solothurnstrasse 186, 2540 Grenchen, Switzerland; Muracherstrasse 3, 2544 Bettlach, Switzerland; Im Bifang 6, 4614 Hagendorf, Switzerland; Zona Industriale 4, 6805 Mezzovico, Switzerland; Stabile Morina, 6805 Mezzovico, Switzerland;

Kanalstrasse West 30, 3942 Raron, Switzerland; Dornacherstrasse 20, 4710 Balsthal, Switzerland; Im Kirchenh ü rstle 4-6, 79224 Umkirchb. Freiburg, Germany; Karolingerstrasse 16, 5020Salzburg, Austria; 108 Willowbrook Lane, WestChester, PA 19382, USA; 1302 Wrights Lane East, West Chester, PA 19380, USA; 1303 Goshen Parkway, West Chester, PA 19380, USA; 1301 Goshen Parkway, West Chester, PA 19380, USA; 1230 Wilson Drive, West Chester, PA 19380, USA; 1690 Russell Road, Paoli, PA 19301, USA; 1051 Synthes Avenue, Monument, CO 80132, USA; 35 Airport Road, Horseheads, NY 14845, USA.
代 理 人:强生(上海)医疗器材有限公司
代理地址:上海市外高桥保税区富特西一路 439 号第一、二、三层 C 部位
代理电话:18693251345
备案日期:2014-12-17

国械备 20140342 号

产品名称:骨锤(Bone hammers)
规格型号:03.010.522、399.410、03.010.364
性能组成:骨科手术配套基础工具，通常由不锈钢材料、钛合金或高分子材料制成。可重复使用。
适用范围:用于骨科手术时作敲击、撬拨。
备 案 人:瑞士 Synthes GmbH
代 理 人:强生(上海)医疗器材有限公司
代理地址:上海市外高桥保税区富特西一路 439 号第一、二、三层 C 部位
代理电话:18693251345
备案日期:2014-12-17

国械备 20140346 号

产品名称:骨凿(Bone chisels)
规格型号:389.492、389.493、328.180、03.100.301
性能组成:切削器具，由柄部和刀头组成，刀头是斜面锋利刃口。通常由不锈钢材料制成，或刀片为金属材料、手柄采用合成材料(如特氟龙)。不用于脊柱。可重复使用。
适用范围:用于骨科手术时修整骨骼、取骨和凿骨。
备 案 人:瑞士 Synthes GmbH
代 理 人:强生(上海)医疗器材有限公司
代理地址:上海市外高桥保税区富特西一路 439 号第一、二、三层 C 部位
代理电话:18693251345
备案日期:2014-12-17

国械备 20140347 号

产品名称:骨用牵开器(Retractors)
规格型号:399.220、03.401.040
性能组成:手动操作、自锁式手术器械，有各种形式（如钝型、锐型、开窗型、深型）的钩状刀片。通常由不锈钢材料制成。可重复使用。
适用范围:用于显露手术视野，使手术易于进行，并保护组织，避免意外损伤。
备 案 人:瑞士 Synthes GmbH
生 产 地 址 :Eimattstrasse 3, 4436 Oberdorf, Switzerland; Bohnackerweg 5, 2545 Selzach, Switzerland; Hauptstrasse 24, 4437 Waldenburg, Switzerland; Luzernstrasse 19-21, 4528 Zuchwil, Switzerland; Solothurnstrasse 186, 2540 Grenchen, Switzerland; Muracherstrasse 3, 2544 Bettlach, Switzerland; Im Bifang 6, 4614 Hagendorf, Switzerland; Zona Industriale 4, 6805 Mezzovico, Switzerland; Stabile Morina, 6805 Mezzovico, Switzerland; Kanalstrasse West 30, 3942 Raron, Switzerland; Dornacherstrasse 20, 4710 Balsthal, Switzerland; Im Kirchenh ü rstle 4-6, 79224 Umkirchb. Freiburg, Germany; Karolingerstrasse 16, 5020Salzburg, Austria; 108 Willowbrook Lane, WestChester, PA 19382, USA; 1302 Wrights Lane East, West Chester, PA 19380, USA; 1303 Goshen Parkway, West Chester, PA 19380, USA; 1301 Goshen Parkway, West Chester, PA 19380, USA; 1230 Wilson Drive, West Chester, PA 19380, USA; 1690 Russell Road, Paoli, PA 19301, USA; 1051 Synthes Avenue, Monument, CO 80132, USA; 35 Airport Road, Horseheads, NY 14845, USA.
代 理 人:强生(上海)医疗器材有限公司
代理地址:上海市外高桥保税区富特西一路 439 号第一、二、三层 C 部位
代理电话:18693251345
备案日期:2014-12-17

国械备 20140348 号

产品名称:骨科复位钳(Persuader)
规格型号:22PER01US
性能组成:由钳柄、钳头、鳃轴螺钉构成，钳头内表面多设有齿，钳柄之间可设置锁合装置。由不锈钢材料制成。可重复使用。
适用范围:用于骨科手术中夹持并固定骨骼、植入物，或夹持器械。
备 案 人:法国 SCIENT' X SAS
生产地址:22 rue Jean Bart 78960 VOISINS LE BRETONNEUX FRANCE
代 理 人:通用（上海）医疗器材有限公司
代理地址:上海市外高桥保税区富特北路 458 号 321-322 室
代理电话:13817826476
备案日期:2014-12-17

国械备 20140349 号

产品名称:压缩钳(Compression Pliers)
规格型号:22CNT09
性能组成:由左右钳柄、弹簧片和齿条组成，单关节或双关节。由不锈钢材料制成。可重复使用。
适用范围:用于骨科手术时矫形金属钩、钉压缩固定。
备 案 人:法国 SCIENT' X SAS
生产地址:22 rue Jean Bart 78960 VOISINS LE BRETONNEUX FRANCE
代 理 人:通用（上海）医疗器材有限公司
代理地址:上海市外高桥保税区富特北路 458 号 321-322 室
代理电话:13817826476
备案日期:2014-12-17

国械备 20140350 号

产品名称:扳手(Instruments for Spinal Surgery)
规格型号:22CCC10、22DYN02
性能组成:骨科手术配套基础工具，由不锈钢材料制成。可重复使用。
适用范围:用于将植入物或骨植入体内或者从体内取出。
备 案 人:法国 SCIENT' X SAS
生产地址:22 rue Jean Bart 78960 VOISINS LE BRETONNEUX FRANCE
代 理 人:通用（上海）医疗器材有限公司
代理地址:上海市外高桥保税区富特北路 458 号 321-322 室
代理电话:13817826476
备案日期:2014-12-17

国械备 20140351 号

产品名称:DAB 染色液(EnVisionTM FLEX DAB+ Substrate Chromogen System (Dako Omnis))
规格型号:2 × 1mL、4 × 26 mL
性能组成:DAB 发色团， 底物缓冲液。
适用范围:2-8° C 避光保存，有效期 12 个月。
备 案 人:丹麦 Dako Denmark A/S
生产地址:Produktionsvej 42, DK-2600 Glostrup, Denmark
代 理 人:丹科医疗器械技术服务(上海)有限公司
代理地址:上海市黄浦区南京西路 338 号 1207-1208 室(邮寄地址：北京市朝阳区望京北路 3 号)
代理电话:13910962543
备案日期:2014-12-18

国械备 20140352 号

产品名称:手术刀(Scalpel)
性能组成:由手术刀片和刀柄组成。可重复使用。
适用范围:用于外科手术时切割软组织。

备 案 人:德国 Aesculap AG
生产地址:Am Aesculap-Platz, 78532 Tuttlingen, Germany
代 理 人:贝朗医疗（上海）国际贸易有限公司
代理地址:上海市外高桥保税区港澳路 285 号 S、P 及 Q 部分
代理电话:010-57632737
备案日期:2014-12-18

国械备 20140353 号

产品名称:苏木素染色液(Hematoxylin (Dako Omnis))
规格型号:8 x 22.5 mL
性能组成:苏木素水溶液
适用范围:用于对组织切片的细胞核染色。
备 案 人:丹麦 Dako Denmark A/S
生产地址:Produktionsvej 42, DK-2600 Glostrup, Denmark
代 理 人:丹科医疗器械技术服务(上海)有限公司
代理地址:上海市黄浦区南京西路 338 号 1207-1208 室(邮寄地址: 北京市朝阳区望京北路 3 号)
代理电话:13910962543
备案日期:2014-12-18

国械备 20140354 号

产品名称:清洗液(Wash Buffer (20x) (Dako Omnis))
规格型号:20 x 175 mL
性能组成:Tris 缓冲盐溶液，内含 Tween 20，pH 7.6（±0.1）。
适用范围:用于检测过程中反应体系的清洗，以便于对待测物质进行体外检测，不包含单独用于仪器清洗的清洗液。
备 案 人:丹麦 Dako Denmark A/S
生产地址:Produktionsvej 42, DK-2600 Glostrup, Denmark
代 理 人:丹科医疗器械技术服务(上海)有限公司
代理地址:上海市黄浦区南京西路 338 号 1207-1208 室(邮寄地址: 北京市朝阳区望京北路 3 号)
代理电话:13910962543
备案日期:2014-12-18

国械备 20140355 号

产品名称:人体定位袋(Patient Fixation & Supporting System)
规格型号:见附件
性能组成:放疗中的固定袋，头颅固定架，体部固定架，各类托架、托板，聚氨酯定型头枕，可塑固定面膜等都属于放疗定位设备。
适用范围:用于放疗患者的体位固定。
备 案 人:美国 CIVCO Medical Solutions
生产地址:1401 8th St. SE, Orange City, IA, 51041, United States
代 理 人:广州安仁医疗器械有限公司
代理地址:广州市天河区体育东路 108 号东塔 1001A 单元
代理电话:020-38080211-632
备案日期:2014-12-22

国械备 20140356 号

产品名称:样本稀释液(eE2 Diluent)
规格型号:2 ×5mL/包；25mL/瓶。
性能组成:含牛血清白蛋白和防腐剂的缓冲液。
适用范围:用于对待测样本进行稀释、液化，以便于使用体外诊断试剂或仪器对待测物进行检测。其本身并不直接参与检测。
备 案 人:美国 Siemens Healthcare Diagnostics Inc.
生产地址:333 Coney Street, East Walpole, Massachusetts 02032, USA
代 理 人:西门子医学诊断产品（上海）有限公司
代理地址:中国（上海）自由贸易试验区加太路 78 号第一幢第一层 Q1 部位
代理电话:13811424657
备案日期:2014-12-22

国械备 20140358 号

产品名称:凝血分析用稀释液(INNOVANCE D-Dimer Sample Diluent)
规格型号:10×5.0 mL。
性能组成:异吡唑缓冲液(6.8 g/L)；防腐剂：叠氮化钠(<1 g/L)。
适用范围:用于在凝血测试中稀释病人血浆标本。
备 案 人:德国 Siemens Healthcare Diagnostics Products GmbH
生产地址:Emil-von-Behring-Str.76 35041 Marburg Germany
代 理 人:希森美康医用电子(上海)有限公司
代理地址:上海市外高桥保税区富特西三路 77 号 6 幢 202 室
代理电话:010-65665262-885、13683056546
备案日期:2014-12-23

国械备 20140359 号

产品名称:人工心脏瓣膜测瓣器套件(Bioprosthetic Heart Valve Sizer Set)
规格型号:B1000
性能组成:由 6 个双头主动脉测瓣器、5 个二尖瓣测瓣器、1 个瓣膜持瓣器手柄组成，采用聚苯砜、聚苯砜、镍钛合金、不锈钢材料制造。可重复使用。
适用范围:在心脏瓣膜置换手术中，用于测量需置换的人体生理瓣膜尺寸，以帮助外科手术医生选择合适尺寸的人工心脏瓣膜。
备 案 人:美国 St. Jude Medical
生产地址:177 County Road B East St Paul Minnesota 55117 USA
代 理 人:圣犹达医疗用品（上海）有限公司
代理地址:上海市外高桥保税区泰谷路 169 号 B 楼四层 402 室(邮件地址: 北京市朝阳区太阳宫中路 12 号太阳宫大厦 1201)
代理电话:15810854222
备案日期:2014-12-24

国械备 20140360 号

产品名称:骨锉(Attune RASP)
规格型号:254500048
性能组成:通常由锉身和手柄组成，用于锉平骨的断端，有扁平和弯曲等形式。锉身一般由不锈钢材料制成，可重复使用。
适用范围:用于骨科手术时手术锉削骨骼，锉平骨断端
备 案 人:爱尔兰 DePuy Ireland
生产地址:Loughbeg Ringaskiddy Co.Cork Ireland
代 理 人:强生(上海)医疗器材有限公司
代理地址:上海市外高桥保税区富特西一路 439 号第一、二、三层 C 部位
代理电话:13917131588
备案日期:2014-12-25

国械备 20140361 号

产品名称:造口袋(Ostomy care pouch and accessories)
规格型号:见附页
性能组成:回肠、结肠、直肠或尿道造口的护理器械。产品接触完好皮肤和肠内腔。(不包括造口袋底盘、造口防漏膏、造口皮肤保护剂)
适用范围:用于造口清洗、护理和排泄物的收集等。
备 案 人:日本爱乐康公司 ALCARE CO., LTD.
生 产 地 址:289-4 CHIGUSA-CHO, HANAMIGAWA-KU, CHIBA-SHI, CHIBA, JAPAN
代 理 人:北京迈迪克豪尔医药技术咨询服务有限公司
代理地址:北京市西城区平原里 21 号楼 12 层 B1303 室
代理电话:010-63323201
备案日期:2014-12-25

国械备 20140362 号

产品名称:医用放大镜(Lenses)
规格型号:见附件
性能组成:由光学系统和镜架组成。利用透镜放大原理、显微放大原理的光学放大器件。(LED 光源除外)
适用范围:增大操作者视角，便于观察物体细节。
备 案 人:美国 OCULAR INSTRUMENTS, INC
生产地址:2255 116th Avenue N.E. Bellevue, WA 98004 USA
代 理 人:北京市捷瑞嘉科技有限责任公司
代理地址:北京市西城区马连道南街 6 号院 1 号楼 1410 室
代理电话:010-52693784
备案日期:2014-12-25

国械备 20140363 号

产品名称:试模(Trial Femoral Head)
规格型号:见附件
性能组成:骨科手术配套基础工具，由高分子材料制成。可重复使用。
适用范围:主要用于骨科手术时测量直径、深度、孔径、角度、弧度等。
备 案 人:瑞士 Smith & Nephew Orthopaedics AG
生产地址:Schachenallee 29, 5001 Aarau, Switzerland; Dammweg 39, 5001 Aarau, Switzerland.
代 理 人:施乐辉医用产品国际贸易(上海)有限公司
代理地址:中国（上海）自由贸易试验区奥纳路 188 号通用厂房楼第四层 B 部分
代理电话:010-64198384
备案日期:2014-12-25

国械备 20140364 号

产品名称:扭力扳手(Torque Wrench)
规格型号:4011、4572
性能组成:用于牙科种植体安装过程中的工具。可重复使用。
适用范围:用于种植体植入后，安装基台、牙冠，取模等。
备 案 人:以色列 Alpha-Bio Tec Ltd.
生产地址:7 Hatnufa St., Kiryat Arye, POB 3936, Petach Tikva, 49510 Israel
代 理 人:雅植医疗科技（上海）有限责任公司
代理地址:上海市普陀区大渡河路 388 弄 5 号 14 楼 1405-1406 室
代理电话:010-62253808
备案日期:2014-12-26

国械备 20140365 号

产品名称:上颌窦提升器(Maxillary Sinus Lifter)
规格型号:4260、4261
性能组成:在牙科种植手术中辅助安装工作的器械。可重复使用。
适用范围:用牙科种植手术中辅助安装种植体。
备 案 人:以色列 Alpha-Bio Tec Ltd.
生产地址:7 Hatnufa St., Kiryat Arye, POB 3936, Petach Tikva, 49510 Israel
代 理 人:雅植医疗科技（上海）有限责任公司
代理地址:上海市普陀区大渡河路 388 弄 5 号 14 楼 1405-1406 室
代理电话:010-62253808
备案日期:2014-12-26

国械备 20140366 号

产品名称:牙科种植定位器(Dental Implantation Locator)
性能组成:在牙科种植手术中辅助安装工作的器械。可重复使用。
适用范围:用牙科种植手术中辅助安装种植体。
备 案 人:以色列 Alpha-Bio Tec Ltd.
生产地址:7 Hatnufa St., Kiryat Arye, POB 3936, Petach Tikva, 49510 Israel
代 理 人:雅植医疗科技（上海）有限责任公司
代理地址:上海市普陀区大渡河路 388 弄 5 号 14 楼 1405-1406 室
代理电话:010-62253808
备案日期:2014-12-26

国械备 20140367 号

产品名称:细胞保存液(PreservCyt Solution)
规格型号:20ml, 946ml
性能组成:该产品由甲醇和水组成。
适用范围:用于保存、运输取自人体的细胞，仅用于体外分析检测目的，不用于治疗性用途。
备 案 人:美国 Hologic, Inc.
生 产 地 址:250 Campus Drive, Marlborough, Massachusetts, 01752, USA
代 理 人:豪洛捷医疗科技（北京）有限公司
代理地址:北京市海淀区海淀南路 19 号时代网络大厦 4007 室
代理电话:15210410579
备案日期:2014-12-30

国械备 20140368 号

产品名称:定位膜(Thermoplast)
规格型号:见附件
性能组成:放疗中的固定袋，头颅固定架，体部固定架，各类托架、托板，聚氨酯定型头枕，可塑固定面膜等都属于放疗定位设备。
适用范围:用于放疗患者的体位固定。
备 案 人:美国 Qfix
生产地址:440 Church Road Avondale, PA 19311
代 理 人:北京华光普泰科贸有限公司
代理地址:北京市丰台区西四环南路 46 号国润商务大厦 A 座 2505 室
代理电话:010-83659534-832
备案日期:2014-12-30

国械备 20140369 号

产品名称:样本稀释液(LIAISON (R) N-TACT (R) PTH Gen II Specimen Diluent)
规格型号:4×3.0 mL/瓶
性能组成:活性炭处理马血清，0.09%叠氮钠。
适用范围:用于对待测样本进行稀释，以便于使用体外诊断试剂或仪器对待测物进行检测。其本身并不直接参与检测。
备 案 人:美国 DiaSorin Inc.
生 产 地 址:1951 Northwestern Avenue P.O. Box 285 Stillwater, Minnesota 55082 USA
代 理 人:索灵诊断医疗设备(上海)有限公司
代理地址:中国(上海)自由贸易试验区美盛路 56 号 303G 室
代理电话:021-58825570
备案日期:2014-12-30

国械备 20140370 号

产品名称:清洗液(GSP® Wash Concentrate)
规格型号:4080-001Z: 1 瓶, 1000 mL
性能组成:为含有 Tween 20 的 Tris-HCl 缓冲盐溶液（pH 7.8）的 25 倍浓缩液。含 Germall II 作防腐剂。
适用范围:用于检测过程中反应体系的清洗，以便对待测物质进行体外检测。
备 案 人:芬兰 Wallac Oy
生产地址:Mustionkatu 6, FI-20750 Turku, Finland
代 理 人:珀金埃尔默医学诊断产品(上海)有限公司
代理地址:上海市张江高科技园区张衡路 1670 号 4 层
代理电话:010-84348923、13611329403
备案日期:2014-12-31

国械备 20140371 号

产品名称:螺丝起(Driver)
性能组成:用于牙科种植体安装过程中的工具。可重复使用。
适用范围:用于种植体植入后，安装基台、牙冠，取模等。
备 案 人:以色列 Alpha-Bio Tec Ltd.
生产地址:7 Hatnufa St., Kiryat Arye, POB 3936, Petach Tikva, 49510 Israel
代 理 人:雅植医疗科技（上海）有限责任公司
代理地址:上海市普陀区大渡河路 388 弄 5 号 14 楼 1405-1406 室
代理电话:010-62253808
备案日期:2014-12-31

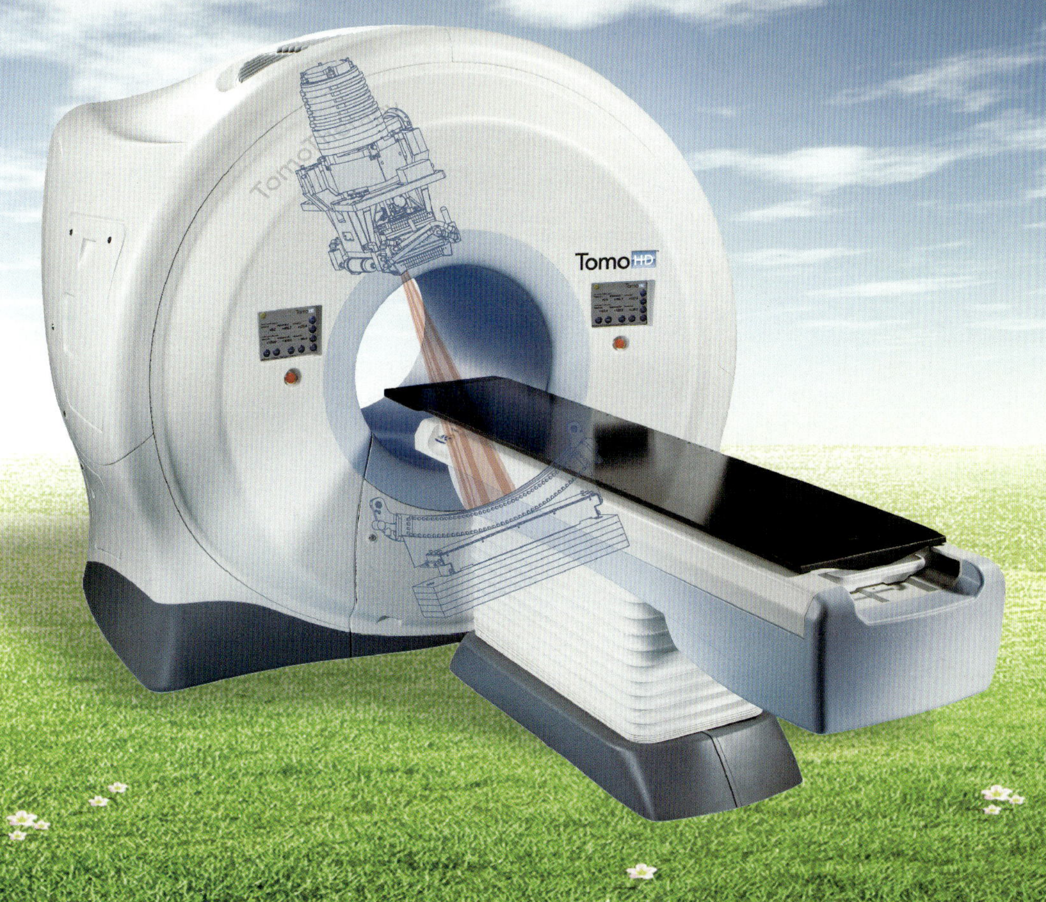
TomoHD

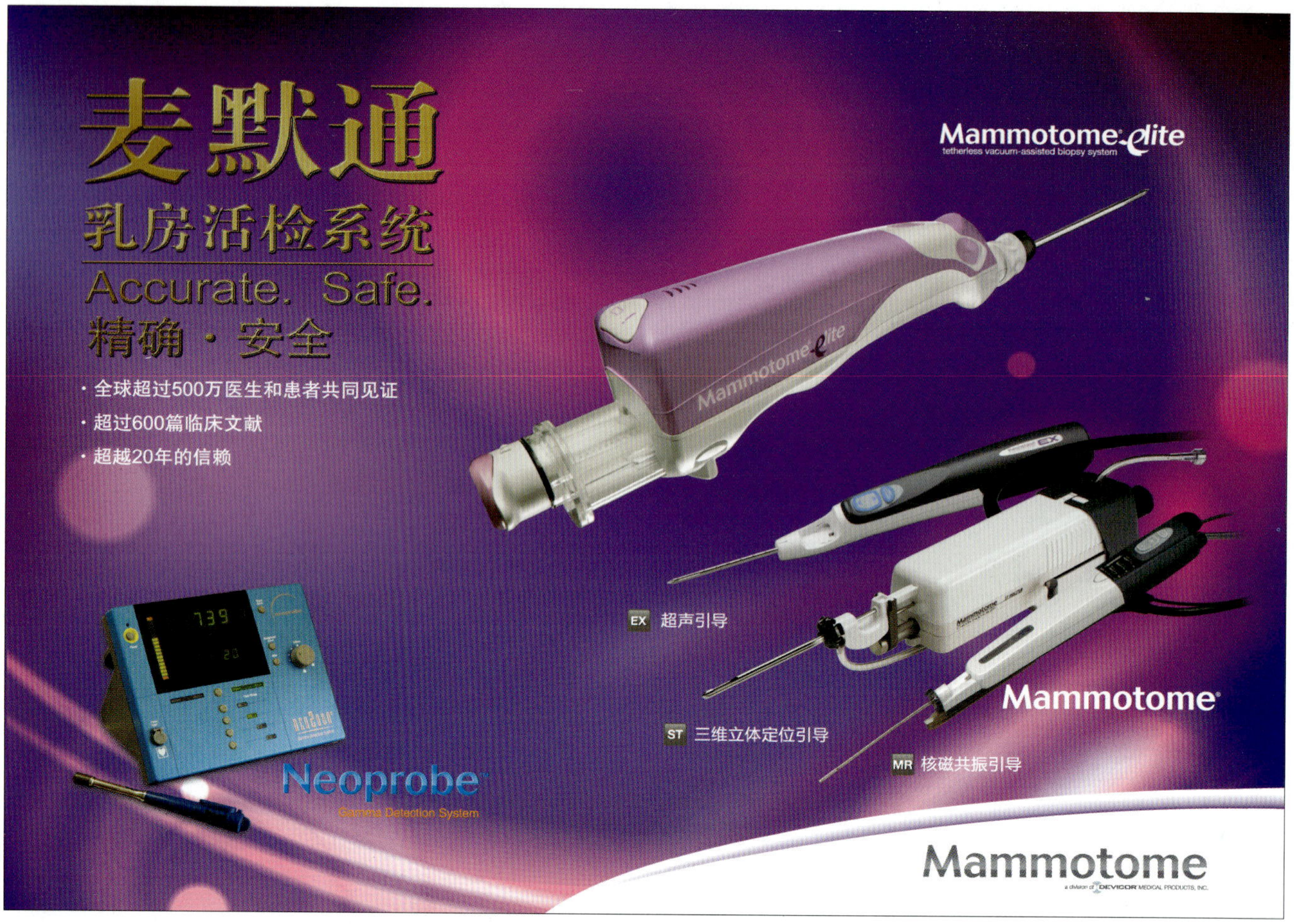
麦默通
乳房活检系统
Accurate. Safe.
精确·安全
· 全球超过500万医生和患者共同见证
· 超过600篇临床文献
· 超越20年的信赖
Mammotome elite
tetherless vacuum-assisted biopsy system
EX 超声引导
ST 三维立体定位引导
MR 核磁共振引导
Mammotome
Neoprobe
Gamma Detection System
Mammotome

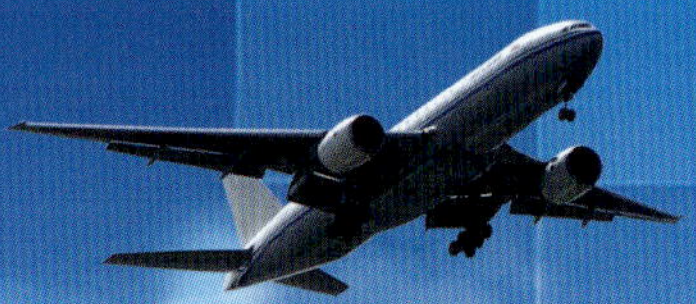

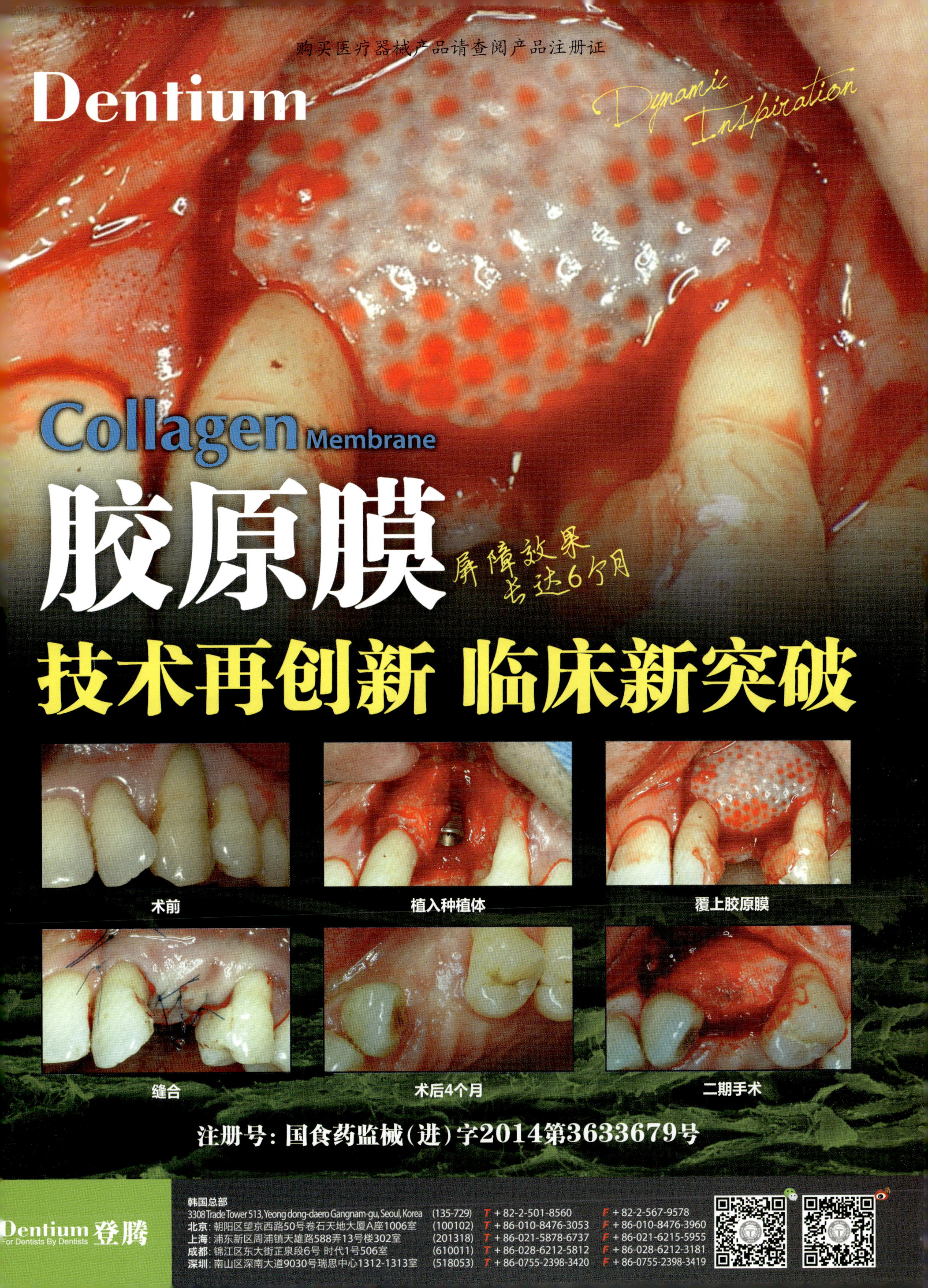

购买医疗器械产品请查阅产品注册证
Dentium
Dynamic Inspiration
Collagen Membrane
胶原膜
屏障效果
长达6个月
技术再创新 临床新突破
术前
植入种植体
覆上胶原膜
缝合
术后4个月
二期手术
注册号：国食药监械（进）字2014第3633679号
Dentium 登腾
For Dentists By Dentists
韩国总部
3308 Trade Tower 513, Yeong dong-daero Gangnam-gu, Seoul, Korea (135-729) T + 82-2-501-8560 F + 82-2-567-9578
北京：朝阳区望京西路50号卷石天地大厦A座1006室 (100102) T + 86-010-8476-3053 F + 86-010-8476-3960
上海：浦东新区周浦镇天雄路588弄13号楼302室 (201318) T + 86-021-5878-6737 F + 86-021-6215-5955
成都：锦江区东大街芷泉段6号 时代1号506室 (610011) T + 86-028-6212-5812 F + 86-028-6212-3181
深圳：南山区深南大道9030号瑞思中心1312-1313室 (518053) T + 86-0755-2398-3420 F + 86-0755-2398-3419

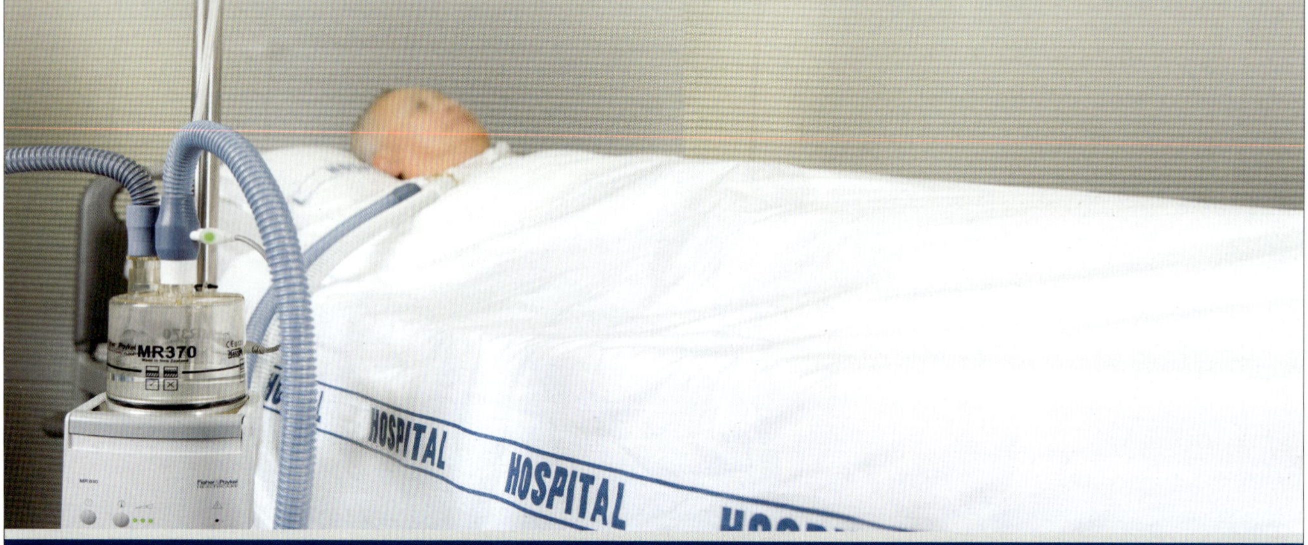

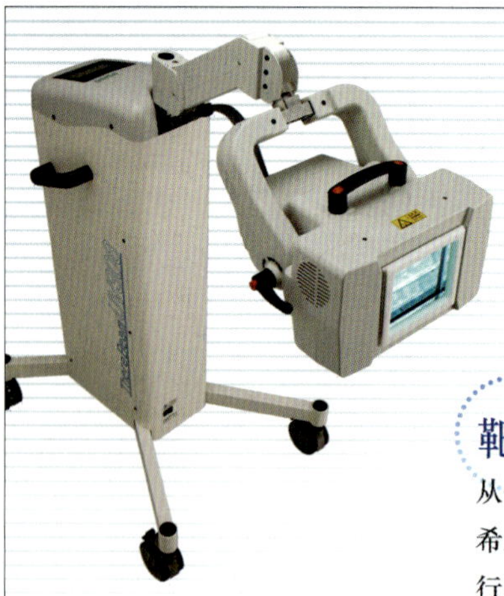

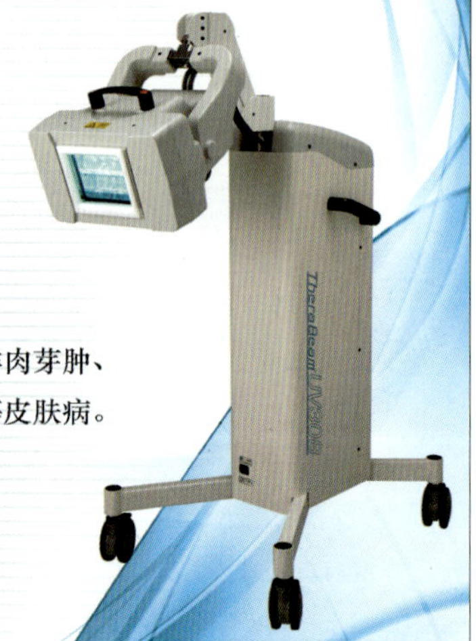

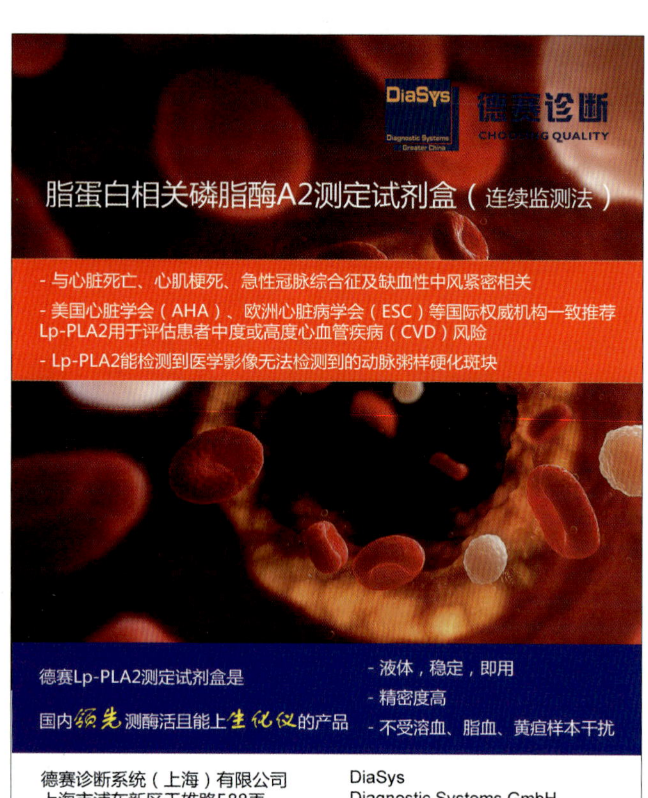

德赛诊断系统（上海）有限公司
上海市浦东新区天雄路588弄
上海国际医学园现代商务园16号楼
订货电话：021-68119618
传真：021-68119700
免费技术热线：800-820-3319
E-mail: mail@diasys.cn
网址: http://www.diasys.cn

DiaSys
Diagnostic Systems GmbH
Alte Strasse 9 65558
Holzheim, Germany
Tel: +49(0)6432-9146-0
Fax: +49(0)6432-9146-32
E-mail: mail@diasys.de
Website: www.diasys-diagnostics.com

上海贵群经贸有限公司

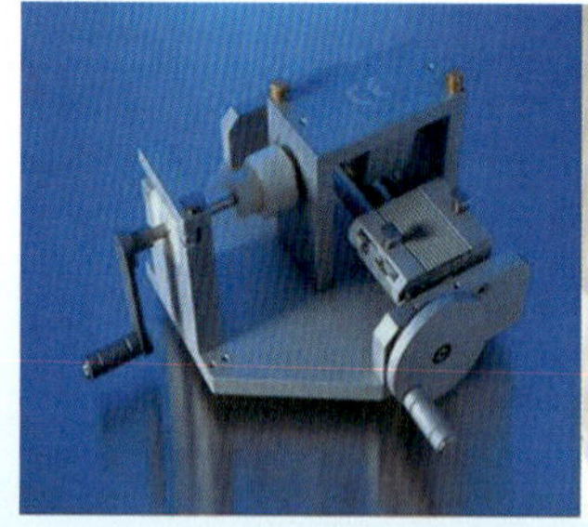

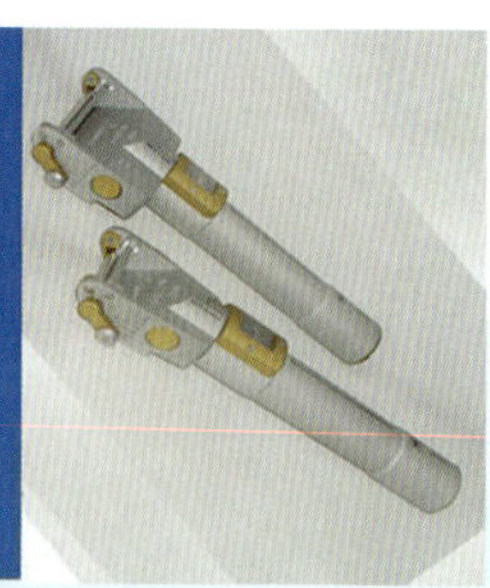

来自荷兰HUMECA公司长期研发的MEEK植皮技术，经大面积皮肤缺损的移植临床试用，解决皮源缺乏且展现和提供了一个实用可行的方法。MEEK植皮技术的研发成功和在世界五大洲的推广和普及，尤其是在中国烧伤外科临床广泛应用的兴起，已经对烧伤外科临床救治的发展产生巨大和深远的影响。总体发展趋势表明，MEEK微型皮片移植技术在中国烧伤外科临床的应用，将形成对特大面积深度烧伤救治的新潮流。

地址：上海浦东新区松林路111号海怡花园3幢12A
电话：021-68765925　传真：021-68759418
网址：www.meekcn.com
E-mail：gepr_shcncom@vip.sohu.com

DENTEX 登泰克®

许可证号：吉食药监械生产许2011031号
产品范围：III类6863口腔材料
经营方式：自产自销

登泰克牙科材料有限公司是专业生产优质齿科材料的高新技术企业。经过多年的技术积累和实践，实现了多项高端牙科材料的国产化。

公司取得的多项发明专利已经完全融入到产品的生产之中，有多个产品被评为国家级重点新产品。通过德国莱茵公司的产品CE认证和ISO13485、ISO9001质量体系认证，公司可以确保产品质量。

您可以登陆我公司网站：www.sinodentex.com，其中有更加详尽的信息。同时您也可以拨打本公司的服务电话，我们的技术人员可以随时解答您对登泰克产品的疑问。

品质是登泰克发展的根本，我们会不断努力，秉承质量至上，诚信经营的理念，期望为医患提供更加优质的产品与服务。

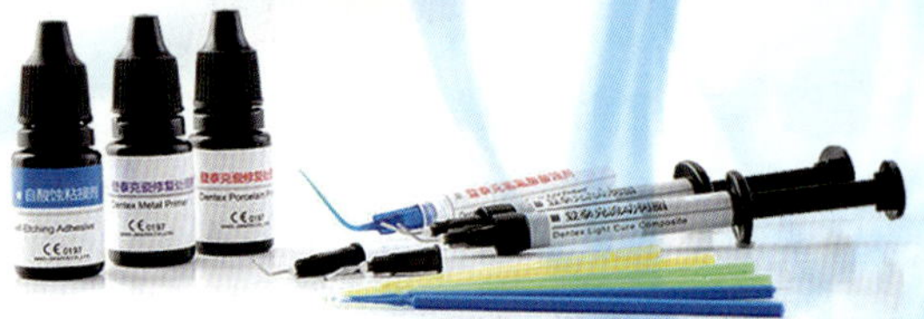

吉林省登泰克牙科材料有限公司

公司地址：吉林省长春市皓月大路12358号
公司网址：www.sinodentex.com　总机电话：0431-87855156
销售电话：0431-87855155　传真电话：0431-87855157

VENTURE 唯卓®

毒品现场检测专家

☑ 快速
☑ 准确
☑ 简便

协作单位：公安部第三研究所
上海市公安局刑事科学院
◀ 扫描二维码进入公司网站了解详细信息

上海八通生物科技有限公司
SHANGHAI VENTURE BIO-TECH CO.LTD
地址：上海市龙吴路2715号聚科生物园区2A楼313
电话：021-34621799　网址：www.venture-sh.com

购买医疗器械产品请查阅产品注册证

上海华鲲贸易有限公司

SINOROC Trading Ltd.,Shanghai

上海华鲲贸易有限公司成立于1998年,是一家以销售及售后服务于一体的专业医疗设备公司，办公地址位于杨浦区五角场中心商业地区。公司经营范围涉及Ⅱ类Ⅲ类外科(骨科）、手术器械及医用激光等医疗器械。

上海华鲲贸易有限公司是德国W.O.M公司U100PLUS腔内激光碎石系统在中国大陆地区的总代理商。该产品是专业的治疗人体内部结石的设备，也是在所有腔内碎石治疗过程中更安全、效率更高、可多科室使用的碎石设备，在国外被称之为“Smart Laser”即聪明的激光，其注册证号为国食药监械（进）字2013第3242308号。

产品特点

1、碎石过程中不产生热量，对周围组织没有损伤，实现安全而真正微创的碎石治疗。

2、应用范围广：可适合所有腔镜（如：术中、术后胆道镜；经皮胆道镜，ERCP子母镜；X光引导下的ERCP；胰胆管镜；膀胱镜；输尿管肾镜；经皮肾镜等）下进行碎石治疗。

3、具有可在非直视下进行碎石手术的设备。

公司在业务发展的同时，也培养出一批高素质的专业销售团队及技术精湛的售后服务团队，本着“以科技为本、与时俱进、共创双赢”的经营理念，坚持永久、以优质服务为原则，期待与每一位新老用户携手共进，共创辉煌！

※各个科室使用介绍※

消化内科

●配合ERCP（在X光透视下“盲打”；在胆道子母镜直视下、在鼻胃镜直视下）进行胆总管及胰腺结石的无损伤碎石、取石。

肝胆外科

●胆道镜下（术中、术后经T管、经皮肝穿）及消化内镜下可以随意进入肝胆胰系统内碎石、取石。

泌尿外科

●膀胱镜下激光碎石术；

●输尿管肾镜（软镜、硬镜、半硬镜软镜）下激光碎石术；

●经皮肾镜下激光碎石术（治疗鹿角形结石）

●配合超细光纤可对肾脏，输尿管上、下端，膀胱，尿道等各个位置的结石进行高效、安全治疗。

※微创激光治疗的好处※

给医院带来的好处

●一台机器多科室使用，明显的提高设备的使用率，微创高效的治疗，带来良好的经济效益，不会因治疗产生的并发症，造成医院及患者更大的损失，优异的口碑为医院带来良好的社会效应，碎石治疗的科技含量高。

给科室带来的好处

●可增加科室核心竞争力，提高结石治疗的科技含量，避免因并发症引起的医疗纠纷，高效、安全的碎石明显提高碎石成功率，缩短手术时间，由于结石病人众多，可给科室带来巨大的经济效益。

给患者带来的好处

●碎石后并发症少；术后恢复快；明显缩短住院时间，降低围术期的诊疗费用，术后生活质量高，没有远期并发症，大大的提高患者的生活质量。

地址：上海市杨浦区创智天地，大学路136号602–702室　　邮政编码：200433

电话：021－55663118 转8004　64327306　传真：021－55663116

E-mail：huakun_shanghai@126.com　　上海华鲲微信号：sinoroc_shanghai